第四批國家珍貴古籍名録圖録

第一册

中國國家圖書館
中國國家古籍保護中心 編

國家圖書館出版社

圖書在版編目（CIP）數據

第四批國家珍貴古籍名録圖録：全六册 / 中國國家圖書館，中國國家古籍保護中心編. — 北京：國家圖書館出版社，2014.3
ISBN 978-7-5013-5249-4

Ⅰ. ①第… Ⅱ. ①中… ②中… Ⅲ. ①古籍－圖書目録－中國②善本－圖書目録－中國 Ⅳ. ①Z838

中國版本圖書館 CIP 數據核字 (2013) 第 293967 號

書　　名　第四批國家珍貴古籍名録圖録（全六册）
著　　者　中國國家圖書館　中國國家古籍保護中心　編
責任編輯　殷夢霞　張愛芳　南江濤

出　　版　國家圖書館出版社（100034 北京市西城區文津街 7 號）
（原書目文獻出版社　北京圖書館出版社）
發　　行　(010)66114536 66126153 66151313 66175620
66121706(傳真) 66126156(門市部)
E-mail　btsfxb@nlc.gov.cn(郵購)
Website　www.nlcpress.com →投稿中心
經　　銷　新華書店
印　　裝　北京信彩瑞禾印刷廠
版　　次　2014 年 3 月第 1 版　2014 年 3 月第 1 次印刷

開　　本　889×1194（毫米）　1/16
印　　張　125
字　　數　200 千字

書　　號　ISBN 978-7-5013-5249-4
定　　價　2600.00 圓

000671

国务院文件

国发〔2013〕12 号

国务院关于公布第四批国家珍贵古籍名录和第四批全国古籍重点保护单位名单的通知

各省、自治区、直辖市人民政府，国务院各部委、各直属机构：

国务院批准文化部确定的第四批国家珍贵古籍（1516 部）名录和第四批全国古籍重点保护单位（16 个）名单，现予公布。

各地区、各部门要继续贯彻“保护为主、抢救第一、合理利用、加强管理”的指导方针，认真总结经验，切实加大工作力度，进一步做好珍贵古籍的保护、管理和合理利用工作。

中华人民共和国国务院

2013年3月8日

《第四批國家珍貴古籍名録圖録》編輯委員會

前言

在數千年歷史發展過程中，中華民族創造了光輝燦爛的文化，留下了燦若群星、獨具特色的古代文獻典籍。這些珍貴古籍是我們民族悠久歷史的見證，是民族智慧的結晶、民族精神的象徵，是民族生命力和創造力的重要載體，也是人類文明的瑰寶。保護好、傳承好、利用好這些古籍，對於繼承和發揚中華民族優秀傳統文化，弘揚以愛國主義爲核心的民族精神和以改革創新爲核心的時代精神，維護國家統一和民族團結，推動社會主義文化大發展大繁榮，促進國際文化交流和人類共同發展，具有十分重要的意義。

黨和國家歷來高度重視古籍保護工作。黨的十六大以來，黨中央從弘揚中華文化、發展社會主義先進文化的高度，將保護古籍放到更加重要的位置。黨的十七大報告中指出，要弘揚中華文化，建設中華民族共有精神家園。報告中強調，中華文化是中華民族生生不息、團結奮進的不竭動力。要全面認識祖國傳統文化，取其精華，去其糟粕，使之與當代社會相適應、與現代文明相協調，保持民族性，體現時代性。要加強中華優秀文化傳統教育，運用現代科技手段開發利用民族文化豐富資源。要加強對各民族文化的挖掘和保護，重視文物和非物質文化遺産保護，做好文化典籍整理工作。黨的十八大報告中提出，建設優秀傳統文化傳承體系，弘揚中華優秀傳統文化。這是我們做好古籍保護工作的重要指導思想。

2007年1月，國務院辦公廳頒發《關於進一步加強古籍保護工作的意見》（國辦發〔2007〕6號），明確“保護爲主、搶救第一、合理利用、加強管理”的古籍保護方針，標誌着“中華古籍保護計劃”啓動，全國古籍保護工作全面開展。四年來，各地區各部門認真貫徹中央決策部署，採取有效措施，扎實推進各項工作，廣大古籍工作者積極參與，古籍保護工作呈現蓬勃發展的可喜局面，古籍保護工作逐項落實，目標陸續實現。主要表現在：古籍保護工作體系進一步完善；全國古籍普查登記有序進行，古籍普查平臺在全國各地運行；古籍庫房更新改造、在職人員培訓、高校學歷教育、古籍標準規範體系完善、實驗研究有計劃開展、數字化逐步推進、珍貴古籍影印出版等等；在做好古籍原生性保護同時，古籍影印、數字化、縮微複製等再生性保護逐步展開，"中華再造善本續編"工程穩步推進；同時，按照中央領導批示，啓動《中華醫藏》項目，爲再生性保護工作再添濃墨重彩；"國家珍貴古籍數字化"項目啓動，開始實施珍貴古籍的數字化工作。爲確保珍貴古籍安全傳承，文化部命名了首批12家國家級修復中心，修復中心工作穩步開展；"西藏古籍保護工作""新疆古籍保護工作"啓動，少數民族文字文獻的全面保護工作有序展開；海外中華文獻典籍合作項目啓動，海外古籍的調查、海內外合作逐步開展。總之，古籍保護工作在保護中傳承、在開拓中前進，有效發揮了傳承文明、服務社會的作用，爲提高全民族思想道德素質和科學文化素質，擴大中外文化交流，增強中華文化國際影響力作出了重要貢獻。

按照中央的部署，文化部協同全國古籍保護工作部際聯席會議成員單位共同推進《國家珍貴古籍名録》和"全國古籍重點保護單位"的申報、評審和公佈。2008年、2009年和2010年，國務院先後公佈首批、第二批和第三批《國家珍貴古籍名録》及"全國古籍重點保護單位"名單，2013年3月8日，國務院公佈第四批《國家珍貴古籍名録》及"全國古籍重點保護單位"，使入選《國家珍貴古籍名録》的古籍總數達到11375部，全國古籍重點保護單位達到166家。

第四批《國家珍貴古籍名録》名單裏，同前兩批一樣，有許多令人震撼的寶貴典籍。第四批《國家珍貴古籍名録》的一大亮點是甲骨文首次入選。甲骨文是我國最古老的地下出土成文文獻第一手資料，是迄今發現的商周時期最重要的文獻載體。在我國已發現的古代文字中時代最早、體系較爲完整，與古埃及紙草、古巴比倫泥版文字等共同構成世界古文明寶庫中的瑰寶。殷墟甲骨文有着珍貴文物與中國最古老“文化典籍”的雙重價值。其刻辭內容涉及商代的天文、地理、軍事、農業、交通、宗教等多個方面，是研究商代歷史、社會與思想文化的重要資料。爲加强對甲骨文的保護，共有7家單位收藏的53872片甲骨文首次入選《國家珍貴古籍名録》中。

此外，徐州市圖書館申報的《四書章句集注》，在《中國古籍善本書目》中未曾著録，不爲世人所知，這部珍貴古籍的出現引人矚目。上海圖書館申報入選的一批碑帖拓本，數量較多，楮墨精良。名録選取以早拓本爲先，初拓本爲主，名家書寫者爲重。少數民族文字古籍申報愈發踴躍，涵蓋藏文、回鶻文、西夏文、蒙古文、察合台文、彝文、滿文、東巴文、傣文、水文、古壯字、布依文等12種民族文字，其中藏文古籍達143部，種類繁多，精品紛呈。西藏自治區博物館收藏的《釋量論》爲元刻本，在少數民族文字古籍中實屬珍稀。

在各單位的熱情支持下，先後編輯出版《第一批國家珍貴古籍名録圖録》《第二批國家珍貴古籍名録圖録》《第三批國家珍貴古籍名録圖録》。這三部圖録爲古籍編目、鑒定特别是後續的國家珍貴古籍申報提供了珍貴的參考資料，也使中華古籍保護計劃受到國內外古籍同行更多的關注。

今天，《第四批國家珍貴古籍名録圖録》即將面世。我們編輯出版四批名録圖録的目的是，希望它們能爲今後各批次《國家珍貴古籍名録》申報提供參照，也希望它們能爲廣大古籍愛好者提供研究資料，更希望通過珍貴古籍的逐批公佈，揭示中華文化豐厚的底藴，彰顯中華民族對世界文化發展的卓越貢獻。

《第四批國家珍貴古籍名録圖録》編排體例與前三批基本相同，努力體現科學性並尊重學術傳統，總體上採取以文字分類、以時代先後爲序的原則。首先按文字類型將入選古籍劃分爲漢文珍貴古籍、民族文字珍貴古籍和其他文字珍貴古籍三大類。漢文古籍的編排以時代先後爲序，分先秦兩漢、魏晉南北朝隋唐五代、宋遼夏金元、明清四個時期。先秦兩漢時期古籍主要爲甲骨、簡帛，按照出土地編排。其他各時期內的古籍一般按傳統方式編排。魏晉南北朝隋唐五代時期古籍主體爲敦煌文書，按照佛教文獻、其他宗教文獻、四部文獻的順序編排，佛教文獻按照《開元釋教録》的順序編排，其他宗教文獻按照宗教類别編排，四部文獻按照經史子集的順序編排；宋遼夏金元時期和明清時期古籍按照經史子集順序編排。碑帖拓片、輿圖集中附於四部文獻之後。民族文字古籍原則上按民族文字出現的先後順序依次排列。各小類中的多部古籍，一般按時代先後排序。此次在其他文字珍貴古籍類中，收録了幾種西文善本，版本珍稀，也見證了中西文化交流的歷史進程，成爲具有獨特意義的文化遺産和記憶遺産。

古籍承載着中華民族的輝煌歷史，銘刻着中華民族的偉大創造，是弘揚優秀傳統文化、開展愛國主義教育的重要載體。古籍生動展示了中華民族豐富的歷史文化遺産和燦爛的文明進步成就，古籍保護工作成就展示了在中國共産黨領導下創造美好生活、實現中華民族偉大復興的艱辛歷程和輝煌成就。當前，黨和國家各項事業發展站在了一個新的歷史起點上，我國社會主義文化建設面臨着進一步繁榮發展的良好機遇。加快古籍保護工作的步伐，是深入貫徹落實科學發展觀、促進經濟社會又好又快發展的迫切需要，是弘揚中華民族優秀傳統文化、傳播社會主義先進文化、推動社會主義文化大發展大繁榮的迫切需要，是滿足人民群衆日益增長的精神文化需求、提高全民族思想道德素質和科學文化素質的迫切需要，是增進民族團結、維護國家統一和社會穩定的迫切需要，是提高國家文化軟實力、增強中華文化國際影響力的迫切需要，是維護世界文化多樣性和創造性、促進人類共同發展的迫切需要。

古籍保護工作責任重大，使命光榮。我們廣大古籍保護工作者在鄧小平理論和“三個代表”重要思想指導下，深入貫徹落實科學發展觀，抓住機遇，開拓進取，奮發有爲，努力工作。我們相信，隨着中華古籍保護計劃的推進，未來將有更多的成果呈現給大家。

《第四批國家珍貴古籍名録圖録》編委會

2013年6月

凡例

經全國古籍評審工作委員會反復審議、遴選、論證，並徵求全國古籍保護工作部際聯席會議成員單位及有關方面的意見，現出版《第四批國家珍貴古籍名録圖録》。

爲使圖録能夠準確、簡明地反映珍貴古籍特點，特制定此凡例。

一、收録原則：本書所收古籍，是經國務院審批頒佈的《第四批國家珍貴古籍名録》中的古籍。

二、編排原則：本書分漢文珍貴古籍、少數民族文字珍貴古籍和其他文字珍貴古籍三大類。漢文珍貴古籍按時間編排，主要爲先秦兩漢时期、魏晉南北朝隋唐五代時期、宋遼夏金元時期、明清時期，各時期内根據文獻類型慣常的分類方式分類；少數民族文字珍貴古籍按語種編排；其他文字珍貴古籍按時間編排。

三、選圖原則：本書圖片由珍貴古籍名録入選單位和個人提供，每種古籍選擇一至二幀能反映該書版本特徵的圖片，具體原則爲：

（一）題名葉。多卷本，原則上選取正文首卷卷端原刻原印葉，如首卷卷端缺失、補刻、補抄等，則另選其他卷端的原刻原印葉；單卷本，即不分卷或一卷，原則上選取卷端或正文首葉原刻原印葉，如卷端或首葉缺失、補刻、補抄等，則選取其他的原刻原印葉；合刻本，原則上選取合刻書的題名葉，如没有或缺失，則選擇能反映該書爲合刻本的原刻原印葉。

（二）責任者葉。選取正文首卷卷端，或序跋等反映責任者的書葉。

（三）出版者、出版時間葉。選取牌記、刻書題記，或與出版者、出版時間相關的序、跋等葉。

（四）彩色套印葉。選取色彩最多最清晰的書葉，不可選取無套印葉。

（五）版印方式葉。選取具有本書版本或材料特徵的書葉，或具有相關文字記載的序、跋等書葉。如銅活字印刷，選取反映銅活字印刷的書葉或序跋等。

（六）特色葉。本書特有的著名藏書家印章、批、校、題、跋等葉。

（七）裝幀特色。具有裝幀特色的古籍，可以選取反映特色裝幀的圖片。如梵夾裝、旋風裝等。

四、著録原則：主要進行客觀著録，著録本書珍貴古籍名録編號、書名、卷數、著者、版本、存卷、流傳過程、裝幀形式（綫裝形式者不著録）、現藏單位等。

五、本書按第四批《國家珍貴古籍名録》條目選配書影，加以著録。如有書目完全相同而收藏地不同者，則併爲一條著録，所有收藏地信息在釋文最後依先後順序注明，圖片選用最有特色、效果最佳者一至二幀。

六、根據第四批《國家珍貴古籍名録》的特點，在以上著録原則的基礎上，特作如下幾點説明：

（一）某一版本多家收藏，而各家所存卷數等狀況不同，在藏書單位之後題某某存全，某某存殘。如國家圖書館、上海圖書館存全，南京圖書館、四川省圖書館存殘；一书卷帙較大，而某館僅存卷數極少者，不著具體存卷數，題存殘。（各藏書單位的具體存卷情況見本圖録所附《第四批國家珍貴古籍名録圖録》總目録）

（二）版本雖同，但遞修深度不同，將遞修深度相同各館集中注記，題某某館所藏爲**遞修本；某某館爲**遞修本。

（三）各館藏書來源不同，其上所鈐藏印也不同，衹著録時代早或藏家影響深遠之印記，一般藏印不予著録。

總目録

一、漢文珍貴古籍

（一）先秦兩漢時期

09860 殷墟甲骨文 商代後期 龜甲獸骨
國家圖書館 34783片
上海博物館 4911片
北京大學 2929片
中國社會科學院歷史研究所 1961片
天津博物館 1769片
清華大學圖書館 1495片

09861 殷墟小屯南地甲骨文 商代後期 龜甲獸骨 中國社會科學院考古研究所 5335片

09862 殷墟花園莊東地甲骨文 商代後期 龜甲獸骨 中國社會科學院考古研究所 689片

09863 尹至 戰國 竹簡 清華大學

09864 尹誥 戰國 竹簡 清華大學

09865 程寤 戰國 竹簡 清華大學

09866 保訓 戰國 竹簡 清華大學

09867 郜夜 戰國 竹簡 清華大學

09868 周武王又疾周公所自以弋王之志（金縢） 戰國 竹簡 清華大學

09869 皇門 戰國 竹簡 清華大學

09870 攆（祭）公之顧（顧）命（祭公） 戰國 竹簡 清華大學

09871 楚居 戰國 竹簡 清華大學

09872 繫年 戰國 竹簡 清華大學

09873 爲吏治官及黔首 秦代 竹簡 湖南大學嶽麓書院

09874 占夢書 秦代 竹簡 湖南大學嶽麓書院

09875 質日 秦代 竹簡 湖南大學嶽麓書院

09876 論語・子張 西漢 木簡 1992年甘肅敦煌懸泉置遺址 甘肅簡牘保護研究中心

09877 地圖 西漢 紙質 甘肅天水放馬灘五號漢墓 甘肅簡牘保護研究中心

09878 蒼頡篇 西漢 竹簡 北京大學

09879 趙正書 西漢 竹簡 北京大學

09880 老子 西漢 竹簡 北京大學

09881 周馴 西漢 竹簡 北京大學

09882 妄稽 西漢 竹簡 北京大學

09883 反淫 西漢 竹簡 北京大學

09884 日約 西漢 竹簡 北京大學

09885 雨書 西漢 竹簡 北京大學

09886 六博 西漢 竹簡 北京大學

09887 荆决 西漢 竹簡 北京大學

（二）魏晉南北朝隋唐五代时期

09888 大方等大集經 （北凉）釋曇無讖譯 梁大通二年（528）寫本 中國文化遺産研究院

09889 大方廣佛華嚴經卷第二十二 （唐）釋實叉難陀譯 唐寫本 國家圖書館

09890 妙法蓮華經卷第四 （後秦）釋鳩摩羅什譯 吐蕃統治敦煌時期寫本 國家圖書館

09891 佛名經卷第五 卷背 乙巳年八月盈德納柴曆 唐寫本（十六卷本） 國家圖書館

09892 佛名經卷第十三 唐寫本（十六卷本） 國家圖書館

09893 佛名經卷第三 後梁貞明六年（920）寫本（十六卷本） 國家圖書館

09894 四分律卷第二十六 （後秦）釋佛陀耶舍釋竺佛念等譯 南北朝寫本 國家圖書館

09895 四分律卷第二十九 （後秦）釋佛陀耶舍釋竺佛念等譯 南北朝寫本 國家圖書館

09896 四分律卷第三十五 （後秦）釋佛陀耶舍釋竺佛念等譯 南北朝寫本 國家圖書館

09897 金剛般若論 （北魏）釋菩提流支譯 唐寫本 國家圖書館

09898 道行般若經卷第三 （東漢）釋支婁迦讖譯 （東晉）帛氏注 東晉寫本 中國文化遺產研究院

09899 [大方等大集經賢護分疏] 唐寫本 國家圖書館

09900 [維摩詰經疏] 南北朝寫本 國家圖書館

09901 [法華經疏] 唐寫本 國家圖書館

09902 [勝鬘經疏] 南北朝寫本 國家圖書館

09903 涅槃經要義抄 唐寫本 國家圖書館

09904 四分戒本疏卷第二 歸義軍時期寫本 國家圖書館

09905 十誦律一卷 （後秦）釋弗若多羅 釋鳩摩羅什譯 南北朝寫本 重慶中國三峽博物館 國家圖書館

09906 四分律删繁補缺行事抄 （唐）釋道宣撰 唐寫本 國家圖書館

09907 大乘起信論略述 （唐）釋曇曠撰 歸義軍時期寫本 國家圖書館

09908 [治昏怠方] 卷背 謹檢大小乘經食胡荽菜得惡趣報 歸義軍時期寫本 國家圖書館

09909 西方淨土贊文 歸義軍時期寫本 國家圖書館

09910 妙法蓮華經度量天地品 唐天寶三年（744）寫本 國家圖書館

09911 [道教布施發願講經文] 唐寫本 國家圖書館

09912 文選・運命論 （三國魏）李康撰 隋寫本 敦煌研究院

09913 郭毡醜勳告身 唐寫本 吐魯番博物館

09914 北京緣禾五年民杜犢辭 北凉寫本 吐魯番博物館

09915 蒙求 （唐）李翰撰 歸義軍時期寫本 敦煌研究院

（三）宋遼夏金元時期

09916 周易本義十二卷五贊一卷筮儀一卷 （宋）朱熹撰 宋刻本 遼寧省圖書館
存一卷（下經）

09917 易學啓蒙通釋二卷 （宋）胡方平撰 元刻明修本 武漢大學圖書館

09918 附釋音毛詩註疏二十卷 （漢）毛萇傳 （漢）鄭玄箋 （唐）孔穎達疏 （唐）陸德明音義 元刻明修本 江西省樂平市圖書館
存十七卷（三、五至二十）

09919 附釋音毛詩註疏二十卷 （漢）毛萇傳 （漢）鄭玄箋 （唐）孔穎達疏 （唐）陸德明音義 元刻明修本 鳳儀書堂
存十一卷（一、四至十三）

09920 附釋音周禮註疏四十二卷 （漢）鄭玄注 （唐）賈公彦等疏 （唐）陸德明釋文 元刻明修本 吉林大學圖書館

09921 監本纂圖重言重意互註禮記二十卷 （漢）鄭玄注 （唐）陸德明音義 宋刻本 丁丙跋 佚名校 南京圖書館
存二卷（九至十）

09922 附釋音禮記註疏六十三卷 （漢）鄭玄註 （唐）孔穎達疏 （唐）陸德明釋文 元刻明修本 湖南師範大學圖書館
存三十五卷（一至二、五至十、十九至二十四、二十九至四十六、五十二至五十四）

09923 附釋音禮記註疏六十三卷 （漢）鄭玄註 （唐）孔穎達疏 （唐）陸德明釋文 元刻明修本 江西省樂平市圖書館
存五十卷（七至九、十七至六十三）

09924 大戴禮記十三卷 （漢）戴德撰 （北周）

盧辯注 元至正十四年（1354）嘉興路儒學刻本（配明刻本） 丁丙跋 南京圖書館

09925 **樂書二百卷目録二十卷** （宋）陳暘撰 元至正七年（1347）福州路儒學刻明修本（有補配） 中國藝術研究院

09926 **春秋經傳集解三十卷** （晉）杜預注（唐）陸德明釋文 宋刻本 國家圖書館

09927 **附釋音春秋左傳註疏六十卷** （晉）杜預註 （唐）孔穎達疏 （唐）陸德明釋文 元刻明修本 （卷四十一、四十九、六十配明刻本，卷五十五配清抄本） 天津圖書館

09928 **附釋音春秋左傳註疏六十卷** （晉）杜預註 （唐）孔穎達疏 （唐）陸德明釋文 元刻明修本 江西省樂平市圖書館
存十九卷（四十二至六十）

09929 **春秋左氏傳補注十卷** （元）趙汸撰 元至正二十四年（1364）休寧商山義塾刻明弘治六年（1493）高忠重修本 湖南師範大學圖書館

09930 **春秋傳三十卷** （宋）胡安國撰 宋刻本 袁克文題簽並跋 國家圖書館

09931 **春秋師説三卷附録二卷** （元）趙汸撰 元至正二十四年（1364）休寧商山義塾刻明弘治六年（1493）高忠重修本 丁丙跋 南京圖書館

09932 **春秋屬辭十五卷** （元）趙汸撰 元至正二十四年（1364）休寧商山義塾刻明弘治六年（1493）高忠重修本 福建師範大學圖書館

09933 **論語註疏解經二十卷** （三國魏）何晏集解 （宋）邢昺疏 宋刻元明遞修本 重慶圖書館
存十卷（十一至二十）

09934 **四書章句集注二十八卷** （宋）朱熹撰 宋刻本（有影抄補配） 徐州市圖書館

09935 **四書章句集注二十八卷** （宋）朱熹撰 元刻本（孟子集注卷三至四配清咸豐九年抄本） 蔣培澤 高望曾 丁丙跋 南京圖書館

09936 **羣經音辨七卷** （宋）賈昌朝撰 宋紹興十二年（1142）汀州寧化縣學刻本 唐寅題款 李盛鐸 袁克文跋 國家圖書館

09937 **六書統二十卷** （元）楊桓撰 元至大元年（1308）江浙行省儒學刻元明遞修本 北京師範大學圖書館

09938 **六書統溯原十三卷** （元）楊桓撰 元至大元年（1308）江浙行省儒學刻元明遞修本 北京師範大學圖書館

09939 **漢隸分韻七卷** 元刻本 丁丙跋 南京圖書館
存三卷（五至七）

09940 **史記一百三十卷** （漢）司馬遷撰 （南朝宋）裴駰集解 （唐）司馬貞索隱 蒙古中統二年（1261）段子成刻明修本（卷二十配清抄本，卷二十一至二十二配明嘉靖四年汪諒刻本） 國家圖書館

09941 **古史六十卷** （宋）蘇轍撰 宋刻元明遞修本 何紹基録 李璧跋 湖南圖書館

09942 **北史一百卷** （唐）李延壽撰 元大德信州路儒學刻明嘉靖遞修本 重慶圖書館
存九十六卷（本紀一至十二，列傳一至十、十五至八十八）

09943 **北史一百卷** （唐）李延壽撰 元大德信州路儒學刻明嘉靖遞修本 丁丙跋 南京圖書館

09944 **後漢書九十卷** （南朝宋）范曄撰 （唐）李賢註 **志三十卷** （晉）司馬彪撰 （南朝梁）劉昭註 宋白鷺洲書院刻本 國家圖書館

09945 **隋書八十五卷** （唐）魏徵等撰 元刻明正德嘉靖遞修本 北京師範大學圖書館

09946 **資治通鑑二百九十四卷** （宋）司馬光撰（元）胡三省音註 元刻本 錦州市圖書館
存一卷（六十六）

09947 **資治通鑑二百九十四卷** （宋）司馬光撰（元）胡三省音註 **通鑑釋文辯誤十二卷**（元）胡三省撰 元刻明弘治正德嘉靖遞修本 首都圖書館

09948 **資治通鑑二百九十四卷** （宋）司馬光撰（元）胡三省音註 **通鑑釋文辯誤十二卷**（元）胡三省撰 元刻明弘治正德嘉靖遞修本（卷一至六配清刻本） 新疆大學圖書館

09949 **資治通鑑外紀十卷目録五卷** （宋）劉恕撰 元延祐刻明修本 寧波市天一閣博物館
存十三卷（一至十、目録一至三）

09950 **宋季三朝政要六卷** 元至治三年（1323）雲衢張氏刻本 國家圖書館

09951 **註陸宣公奏議十五卷** （唐）陸贄撰（宋）郎曄注 元至正十四年（1354）劉氏翠巖精舍刻本 清華大學圖書館

09952 **五朝名臣言行録前集十卷後集十四卷**（宋）朱熹輯 **續集八卷別集二十六卷外集十七卷** （宋）李幼武輯 元刻本（別集下卷一至五補配） 安徽省圖書館
存七十二卷（前集全、後集全、續集四至八、別集全、外集全）

09953 **東萊先生校正隋書詳節二十卷** （宋）呂祖謙輯 元刻十七史詳節本 四川省圖書館

09954 **新編方輿勝覽七十卷** （宋）祝穆輯 元刻本 鄧邦述跋 南京圖書館
存三十六卷（三至八、十三至三十、四十至四十五、四十七至四十九、六十五至六十七）

09955 **文獻通考三百四十八卷** （元）馬端臨撰 元泰定元年（1324）西湖書院刻元明遞修本（序表、目録、卷一至二、九至十二、六十八至七十五、一百至一百五配明抄本，卷三十二至三十四、一百三十四至一百七十、一百九十九、二百十五至二百二十配清抄本） 丁丙跋 南京圖書館

09956 **呂氏鄉約一卷鄉儀一卷** （宋）呂大鈞撰 宋嘉定五年（1212）李大有刻本 國家圖書館

09957 **雜阿毗曇心論十一卷** （南朝宋）釋僧伽跋摩等譯 北宋至和二年（1055）寫大藏本 山西博物院
存一卷（十一）

09958 **崇寧萬壽大藏** 北宋元豐三年至政和二年（1080-1112）福州東禪等覺禪院刻本 北京大學圖書館
存十二種十二卷（辯正論卷第二、大般涅槃經後分卷下、大方廣佛華嚴經修慈分、歷代三寶紀卷第十三、佛説辯意長者子所問經、無垢優婆夷問經、彌沙塞部五分律卷第八、阿毗達磨大毗婆沙論卷第一百八、阿毗達磨順正理論卷第二十三、雜阿毗曇心論卷第十一、大唐西域記卷第四、弘明集卷第四）

09959 **毗盧藏** 宋紹興十八年（1148）福州開元寺刻本 北京大學圖書館
存四種四卷（法苑珠林卷第四十四、佛説優填王經一卷、不空羂索神變真言經卷第十三、大方廣佛華嚴經合論卷第七）

09960 **法苑珠林一百卷** （唐）釋道世撰 北宋重和元年（1118）福州開元寺刻毗盧藏本 鳳儀書堂
存一卷（二十）

09961 **金藏** 金皇統九年至大定十三年（1149-1173）解州天寧寺刻趙城金藏本 北京大學圖書館

存七種七卷（大般若波羅蜜多經卷第三十四、集神州三寶感通録卷上、大威燈光仙人問疑經一卷、妙法蓮華經文句卷第三、優婆塞戒經卷第四、佛説聖最上燈明如來陀羅尼經一卷、佛説諸行有爲經一卷）

09962 **妙法蓮華經七卷** （後秦）釋鳩摩羅什譯 宋刻本 國家圖書館

09963 **妙法蓮華經七卷** （後秦）釋鳩摩羅什譯 宋紹興二十四年（1154）袁得純抄本 國家圖書館

09964 **金光明經四卷** （北凉）釋曇無讖譯 北元宣光六年（1376）刻本 雲南省圖書館
存一卷（三）

09965 **妙法蓮華經會解七卷** 元刻本 國家圖書館

09966 **妙法蓮華經觀世音普門品一卷** （後秦）釋鳩摩羅什譯 宋刻本 國家圖書館

09967 **佛祖統紀五十四卷** （宋）釋志磐撰 宋咸淳元年至六年（1265-1270）胡慶宗、季奎等募刻本 國家圖書館
存三十六卷（一至二、四至十八、二十二至四十）

09968 **佛祖歷代通載二十二卷** （元）釋念常撰 元至正七年（1347）釋念常募刻本 國家圖書館

09969 **大藏經綱目指要録八卷** （宋）釋惟白撰 宋刻本 國家圖書館

09970 **嘉泰普燈録三十卷** （宋）釋正受撰 宋嘉定四年（1211）淨慈寺刻本 國家圖書館
存六卷（一至三、二十八至三十）

09971 **景德傳燈録三十卷** （宋）釋道原撰 宋刻本 國家圖書館

09972 **建中靖國續燈録三十卷** （宋）釋惟白編 宋刻本 山西博物院
存一卷（十四）

09973 **佛日圓明大師別岸和尚語録五卷偈頌贊跋一卷** （元）釋若舟撰 元刻本 國家圖書館

09974 **高仰山古梅和尚語録全集一卷龍窟重開山古梅和尚語録一卷** （宋）釋道原撰 元刻本 國家圖書館

09975 **佛説相輪陀羅尼** 北宋天禧元年（1017）寫本 蘇州博物館
存一百五件

09976 **箋註陶淵明集十卷** （晉）陶潛撰 （宋）湯漢等箋註 **總論一卷** （宋）李公焕輯 元刻本（卷三至四抄配） 邵淵耀 宋康濟跋 傅增湘題款 國家圖書館

09977 **分類補註李太白詩二十五卷** （唐）李白撰 （宋）楊齊賢集註 （元）蕭士贇補註 元建安余氏勤有堂刻明修本 天津圖書館

09978 **韋蘇州集十卷** （唐）韋應物撰 宋刻元修本 勞健 季振宜題款 國家圖書館

09979 **集千家註分類杜工部詩二十五卷文集二卷** （唐）杜甫撰 （宋）徐居仁編次 （宋）黄鶴補註 **年譜一卷** （宋）黄鶴撰 元廣勤書堂刻本 國家圖書館

09980 **昌黎先生文集四十卷** （唐）韓愈撰 宋刻本（卷十至十六配另兩部宋刻本） 翁同書 劉庠 汪鳴鑾跋 國家圖書館
存十五卷（一至六、八至十六）

09981 **朱文公校昌黎先生集四十卷外集十卷** （唐）韓愈撰 宋紹定六年（1233）臨江軍學刻本 南京圖書館
存二卷（外集三至四）

09982 **增廣註釋音辯唐柳先生集四十三卷別集二卷外集二卷** （唐）柳宗元撰 （宋）童宗説註釋 （宋）張敦頤音辯 （宋）潘緯音

義 **年譜一卷** （宋）文安禮撰 **附録一卷** 元刻本 袁克文跋 國家圖書館

09983 **增廣音註唐郢州刺史丁卯詩集二卷** （唐）許渾撰 （元）祝德子訂正 **續集一卷** 元刻本 國家圖書館

09984 **歐陽文忠公集一百五十三卷** （宋）歐陽修撰 **年譜一卷** （宋）胡柯撰 **附録五卷** 宋慶元二年（1196）周必大刻本 國家圖書館
存四十卷（四至七、五十五至六十七、七十二至七十三、八十七至八十九、一百十二至一百十七、一百二十至一百二十四、一百四十六、一百四十八至一百五十三）

09985 **臨川先生文集一百卷目録二卷** （宋）王安石撰 宋紹興二十一年（1151）兩浙西路轉運司王珏刻元明遞修本 安徽省圖書館
存二十三卷（二十八至五十）

09986 **王狀元集百家註分類東坡先生詩二十五卷** （宋）蘇軾撰 題（宋）王十朋纂集 （宋）劉辰翁批點 元刻本 眉山市三蘇祠博物館
存十九卷（七至二十五）

09987 **王狀元集諸家注分類東坡先生詩二十五卷** （宋）蘇軾撰 題（宋）王十朋纂集 （宋）劉辰翁批點 元刻本 眉山市三蘇祠博物館
存十五卷（四、六至十九）

09988 **經進東坡文集事略六十卷** （宋）蘇軾撰 （宋）郎曄注 宋刻本 袁克文題簽並跋 田炤跋並録島田重禮跋 國家圖書館
存三十二卷（一至二十五、三十四至三十九、四十六）

09989 **范德機詩集七卷** （元）范梈撰 元後至元六年（1340）益友書堂刻本 丁丙跋 南京圖書館

09990 **真文忠公續文章正宗二十卷** （宋）真德秀輯 宋刻元大德七年（1303）處州路儒學馮德秀補修本 中國科學院國家科學圖書館
存三卷（八至十）

09991 **標音古文句解精粹大全前集四卷後集四卷** （元）何如愚輯 元刻本 華東師範大學圖書館
存二卷（前集一至二）

09992 **國朝文類七十卷目録三卷** （元）蘇天爵輯 元至元至正間西湖書院刻明修本 河北大學圖書館

09993 **天發神讖碑** （三國吳）皇象書 三國吳天璽元年（276）刻石 元拓本 梁章鉅 孫毓溎 崇恩題跋 中國藝術研究院

09994 **九成宫醴泉銘** （唐）魏徵撰 （唐）歐陽詢書 唐貞觀六年（632）刻石 宋拓本 顧元熙 王同愈題簽 羅振玉題端 薛明益 陳承修 方還 吳湖帆 沈尹默題跋 吳湖帆繪《九成宫圖》 上海圖書館

09995 **九成宫醴泉銘** （唐）魏徵撰 （唐）歐陽詢書 唐貞觀六年（632）刻石 南宋拓本 費念慈題簽 顧篪 施城 韓敏 施南金 顧紹韓題跋 上海圖書館

09996 **九成宫醴泉銘** （唐）魏徵撰 （唐）歐陽詢書 唐貞觀六年（632）刻石 宋元拓本 王澍題跋 上海圖書館

09997 **温彦博碑** （唐）岑文本撰 （唐）歐陽詢書 唐貞觀十一年（637）刻石 宋拓本 朱孝臧題端 翁方綱 江鳳彝 朱昌頤 吳湖帆 潘静淑題跋 吳湖帆繪《四歐堂讀碑圖》 上海圖書館

09998 **皇甫誕碑** （唐）于志寧撰 （唐）歐陽詢書 唐貞觀十七年（643）刻石 宋拓本 吳郁生題端 王同愈 羅振玉 吳湖帆 鄧邦述等題跋 吳湖帆繪《四歐堂校碑圖》 上海圖書館

09999 **道因法師碑** （唐）李儼撰 （唐）歐陽通書 唐龍朔三年（663）十月十日刻石 宋拓本 潘寧 何紹基題跋 王存善校並跋 上海圖書館

10000 **道因法師碑** （唐）李儼撰 （唐）歐陽通書 唐龍朔三年（663）十月十日刻石 南宋拓本 潘志萬 翁闓運等題跋 上海圖書館

10001 **三藏聖教序** （唐）太宗李世民撰序 （唐）高宗李治撰記 （唐）釋懷仁集王羲之行書 唐咸亨三年（672）刻石 北宋拓本 王澍 蔣衡 孫義釜 魏錫曾等題跋 上海圖書館

10002 **三藏聖教序** （唐）太宗李世民撰序 （唐）高宗李治撰記 （唐）釋懷仁集王羲之行書 唐咸亨三年（672）刻石 北宋拓本 李守 翁方綱 伊秉綬 郭尚先等題跋 董國華 鄧熾昌觀款 上海圖書館

10003 **三藏聖教序** （唐）太宗李世民撰序 （唐）高宗李治撰記 （唐）釋懷仁集王羲之行書 唐咸亨三年（672）刻石 南宋拓本 杜庭珠題跋 何焯觀款 上海圖書館

10004 **三藏聖教序** （唐）太宗李世民撰序 （唐）高宗李治撰記 （唐）釋懷仁集王羲之行書 唐咸亨三年（672）刻石 南宋拓本 勵宗萬題跋 徐良觀款 上海圖書館

10005 **岑植德政碑** （唐）張景毓撰 （唐）釋翹微書 唐景龍二年（708）刻石 宋拓本 毛端海 姚廣平題跋 上海圖書館

10006 **麓山寺碑並陰** （唐）李邕撰並書 （唐）黃仙鶴刻 唐開元十八年（730）刻石 南宋拓本 何紹基 羅汝懷題跋 上海圖書館

10007 **李玄靖碑** （唐）柳識撰 （唐）張從申書 （唐）李陽冰篆額 唐大曆七年（772）刻石 宋拓本 上海圖書館

10008 **嘉祐石經** 北宋嘉祐六年（1061）刻石 宋拓本 劉體乾 吳士鑒題跋 陳詩 錢駿祥 金蓉鏡題詩 上海圖書館

10009 **嘉祐石經** 北宋嘉祐六年（1061）刻石 宋拓本 朱琦 葉名澧 丁賜福題跋 丁晏 何紹基 楊傳第 湯修 孔憲庚（孔憲彝代書） 李汝鈞 孔憲瑴題詩 上海圖書館

10010 **絳帖二十卷** （宋）潘師旦摹 北宋皇祐至嘉祐年間刻石 宋拓東庫本 潘浣 畢星題跋 上海圖書館
存一卷（下十卷第四）

10011 **群玉堂帖十卷** （宋）米芾書 （宋）韓侂胄輯 （宋）向若水摹刻 南宋嘉泰元年至開禧元年（1201-1205）刻石 宋拓本 張廷濟 戴熙題跋 附張廷濟致程文榮手札 上海圖書館
存一卷（八）

10012 **寶晉齋法帖十卷** （宋）米芾書 （宋）曹之格輯刻 南宋咸淳四年（1268）刻石 宋拓本 張廷濟題簽 馮銓 程文榮題跋 上海圖書館
存二卷（九至十）

10013 **玉枕蘭亭** （晉）王羲之撰 宋拓本 孫承澤 吳正治 黃機 龔鼎孳 翁方綱 李宗瀚等題跋 王震觀款 上海圖書館

10014 **蘭亭序三種附陸柬之蘭亭詩一種** （晉）王羲之撰並書 宋拓本 游似 翁方綱 龔心釗 高振霄題跋 上海圖書館

10015 **黃庭經** 題（晉）王羲之書 宋拓本 貢奎 王世貞 詹景鳳 劉然 陳廷敬 張英靜 元熙

趙烈文 吳郁生 劉公魯 任覺庵題跋 張祖翼觀款 上海圖書館

10016 **黄庭經** 題（晉）王羲之書 宋拓本 汪怙思 汪育璋 瞿澍珊 胡樹敏題跋 上海圖書館

10017 **黄庭經** 題（晉）王羲之書 宋拓本 繆曰藻題跋 上海圖書館

10018 **黄庭内景經** 題（晉）王羲之書 宋拓本 惲應翼 文從簡 邵曾訓 王澍 邵之鵬 王邦采題跋 上海圖書館

10019 **曹娥碑** 題（晉）王羲之書 宋拓本 趙執信 趙懷玉 李兆洛等題跋 鮑震觀款 上海圖書館

10020 **晉唐小楷九種** （晉）王羲之 （唐）虞世南 褚遂良等書 宋拓本 薛明益 翁方綱 譚尚忠等題跋 葉昌熾 邵松年等觀款 上海圖書館

黄庭經 樂毅論 曹娥碑 東方朔畫贊 洛神賦十三行 破邪論序 蘭亭序 黄庭經 唐太宗哀册

10021 **茶録** （宋）蔡襄撰並書 北宋治平元年（1064）刻石 宋拓本 翁方綱 蔡之定 林則徐題跋 張子唯 李鴻裔 吳湖帆觀款 上海圖書館

10022 **洛神賦十三行** （三國魏）曹植撰 （晉）王獻之書 宋刻石 宋拓本 吳仲坰題端 汪豹書 葉恭綽等題跋 仇英繪《人物圖》 上海圖書館

10023 **陰符經護命經靈寶度人經合册** （唐）褚遂良 柳公權書 宋刻石 宋拓本 邵松年 翁同龢 楊峴 李鴻章 譚宗浚 黄彭年等題跋 上海圖書館

（四）明清時期

10024 **五經四書大全□□卷** （明）胡廣等輯 明内府寫本 中國科學院國家科學圖書館

存二十一卷（周易傳義大全二十三至二十四，書傳大全六至八，詩傳大全十一至十三、十八、二十、凡例綱領一卷，論語集注大全十一至十二、十五至十六，孟子集注大全三至八）

10025 **相臺五經附考證九十六卷** （元）岳浚輯 清乾隆四十八年（1783）武英殿刻本 周廣業校並跋 浙江圖書館

10026 **鄭氏周易三卷** （漢）鄭玄撰 （宋）王應麟輯 （清）惠棟增補 稿本 蔡孫峰跋 上海圖書館

10027 **程氏易傳十二卷** （宋）程頤撰 明嘉靖八年（1529）姜梁刻本 南京圖書館

10028 **易小傳六卷附繫辭補注一卷** （宋）沈該撰 明祁氏澹生堂抄本 沈復粲 張鈞衡跋 上海圖書館

10029 **周易本義四卷圖説一卷** （宋）朱熹撰 明嘉靖四十五年（1566）周樂軒書坊刻本 南京圖書館

10030 **周易傳義十卷** （宋）程頤 朱熹撰 **上下篇義一卷** （宋）程頤撰 **易圖集録一卷易五贊一卷筮儀一卷** （宋）朱熹撰 **易説綱領一卷** （宋）程頤 朱熹撰 明正統十二年（1447）司禮監刻本 南京圖書館

10031 **周易傳義十卷** （宋）程頤 朱熹撰 **上下篇義一卷** （宋）程頤撰 **易圖集録一卷易五贊一卷筮儀一卷** （宋）朱熹撰 **易説綱領一卷** （宋）程頤 朱熹撰 明前期刻本 華希閔跋 寧波市天一閣博物館

10032 周易傳義十卷 （宋）程頤 朱熹撰 明嘉靖三十五年（1556）廣東崇正堂刻本 湖南圖書館

10033 周易程朱先生傳義十九卷 （宋）程頤 朱熹撰 程子上下篇義一卷 （宋）程頤撰 朱子周易五贊一卷筮儀一卷 （宋）朱熹撰 明前期刻本 山東大學圖書館

10034 周易經傳傳義二十四卷 （宋）程頤 朱熹撰 上下篇義一卷 （宋）程頤撰 朱子圖説一卷五贊一卷筮儀一卷 （宋）朱熹撰 明前期刻本 天津圖書館

10035 方舟先生易學二卷 （宋）李石撰 清吳氏繡谷亭抄本 曹元忠跋 上海圖書館

10036 張先生校正楊寶學易傳二十卷 （宋）楊萬里撰 （宋）張敬之校正 明嘉靖二十三年（1544）魯藩敏學書院刻本 北京大學圖書館

10037 易學變通六卷 （元）曾貫撰 清四庫館永樂大典輯佚寫本[四庫底本] 湖南圖書館
存三卷（四至六）

10038 周易旁註二卷前圖二卷卦傳十卷 （明）朱升撰 明嘉靖元年（1522）刻本 首都圖書館

10039 周易傳義大全二十四卷綱領一卷朱子圖説一卷 （明）胡廣等輯 明前期刻本 山東大學圖書館

10040 讀易餘言五卷 （明）崔銑撰 明崔氏家塾刻本 重慶圖書館

10041 周易贊義十七卷 （明）馬理撰 明嘉靖三十五年（1556）鄭綗刻本 丁申 丁丙跋 南京圖書館
存七卷（一至六、繫辭上）

10042 易窺不分卷 （明）程玉潤撰 明抄本 寧波市天一閣博物館

10043 船山王氏周易内傳七卷 （清）郭嵩燾箋 未刊樣稿本 湖南師範大學圖書館

10044 學易慎餘録四卷 （清）葉佩蓀撰 清抄本 錢大昕批 王鳴盛批並跋 南京圖書館

10045 易圖略八卷 （清）焦循撰 稿本 焦循跋 南京圖書館

10046 周易乾鑿度股術一卷 （清）孫詒讓撰 稿本 浙江大學圖書館

10047 尚書二卷 明前期刻本 天津師範大學圖書館

10048 書經集註六卷 （宋）蔡沈撰 明前期刻本 廣西桂林圖書館

10049 書疑九卷 （宋）王柏撰 清初抄本 湖南圖書館

10050 書經大全十卷 （明）胡廣等輯 明嘉靖十一年（1532）書林劉氏明德堂刻本 南京圖書館

10051 尚書疑義詩疑義鄉黨義訂三卷 （清）郭嵩燾撰 未刊樣稿本 湖南師範大學圖書館

10052 詩經四卷 明前期刻本 中國人民大學圖書館

10053 詩總聞二十卷 （宋）王質撰 明祁氏澹生堂抄本 上海圖書館

10054 詩疑二卷 （宋）王柏撰 清初抄本 湖南圖書館

10055 詩經大全二十卷綱領一卷圖一卷 （明）胡廣等輯 詩序辨説一卷 （宋）朱熹撰 明嘉靖元年（1522）建寧書戶劉輝刻本 浙江圖書館

10056 詩經大全二十卷綱領一卷圖一卷 （明）胡廣等輯 詩序辨説一卷 （宋）朱熹撰 明嘉靖二十七年（1548）宗文堂刻本 南京圖書館

10057 詩經識餘□卷 （清）徐秉義撰 清徐樹閎

抄本 江蘇省常熟市圖書館 存四卷

10058 **詩經纂一卷** （清）邵晉涵撰 稿本 寧波市天一閣博物館

10059 **詩經小學四卷** （清）段玉裁撰 清嘉慶二年（1797）武進臧氏同述觀刻拜經堂叢書本 焦循校並跋 南京圖書館

10060 **毛鄭詩釋一卷續録一卷** （清）丁晏撰 稿本 西北大學圖書館

10061 **毛詩名物解二十卷** （宋）蔡卞撰 明秦氏雁里草堂抄本 上海圖書館

10062 **詩集傳名物鈔音釋八卷** （元）羅復撰 明姚氏茶夢齋抄本 上海圖書館
存七卷（一、三至八）

10063 **毛詩鳥獸草木本旨十三卷** （清）陸以諴撰 稿本 張元濟跋 南京圖書館
存十一卷（一至七、十至十三）

10064 **詩外傳十卷** （漢）韓嬰撰 明嘉靖十四年（1535）蘇獻可通津草堂刻本 重慶圖書館

10065 **韓詩外傳十卷** （漢）韓嬰撰 明嘉靖十八年（1539）薛來芙蓉泉書屋刻本 四川師範大學圖書館

10066 **韓詩外傳節鈔二卷** （漢）韓嬰撰 （明）韓錫輯 **薛子一卷** （明）薛瑄撰 **歌譜一卷** 明天啓五年（1625）韓錫抄本 蔣鳳藻跋 湖北省博物館

10067 **周禮句解十二卷** （宋）朱申撰 明嘉靖三十五年（1556）蔡揚金刻本 丁丙跋 南京圖書館

10068 **周禮集註七卷** （明）何喬新撰 明嘉靖七年（1528）褚選刻本 南京圖書館

10069 **周禮全經釋原十二卷周禮通論一卷周禮傳敘論一卷** （明）柯尚遷撰 明隆慶四年（1570）張大忠刻本 天津圖書館

10070 **周禮全經釋原十二卷周禮通論一卷周禮傳敘論一卷周禮源流敘論一卷周禮全經目問一卷** （明）柯尚遷撰 明隆慶四年（1570）張大忠刻本 丁丙跋 南京圖書館

10071 **儀禮注疏十七卷** （漢）鄭玄注 （唐）賈公彦等疏 （唐）陸德明音義 明嘉靖汪文盛等刻本 丁丙跋 南京圖書館

10072 **儀禮注疏十七卷** （漢）鄭玄注 （唐）賈公彦等疏 （唐）陸德明音義 清乾隆四年（1739）武英殿刻十三經注疏本 盧文弨校並跋 黄彭年 黄嗣東跋 上海圖書館

10073 **儀禮圖十七卷旁通圖一卷** （宋）楊復撰 明嘉靖十五年（1536）吕柟刻本 北京大學圖書館

10074 **儀禮要義五十卷** （宋）魏了翁撰 清乾隆五十七年（1792）嚴元照抄本 盧文弨 徐養原 顧廣圻校 嚴元照 莫棠 王秉恩 胡嗣芬 葉德輝 陳祺壽跋 上海圖書館

10075 **禮記不分卷** 明刻本 錢陸燦批 莫棠跋 上海圖書館

10076 **禮記纂言三十六卷** （元）吳澄撰 明正德十五年（1520）胡東皋刻本 國家圖書館

10077 **禮記日録三十卷圖解一卷** （明）黄乾行撰 明嘉靖三十四年（1555）鍾一元刻本 北京大學圖書館

10078 **禮運注一卷** 康有爲撰 稿本 天津圖書館

10079 **檀弓藂訓二卷** （明）楊慎撰 明嘉靖三十五年（1556）姚安府刻本 南京圖書館

10080 **大戴禮記十三卷** （漢）戴德撰 （北周）盧辯注 清刻本 惠棟 戈襄批校並跋 顧廣圻批校 國家圖書館

10081 **大戴禮記補注十三卷序録一卷** （清）孔廣森撰 清同治十三年（1874）淮南書局刻

本 孫詒讓校跋並録王念孫 王引之 丁杰 嚴元照 趙鉞等校 浙江大學圖書館

10082 **大戴禮記斠補三卷** （清）孫詒讓撰 稿本 浙江大學圖書館

10083 **夏小正正義不分卷** （清）王筠撰 稿本 浙江大學圖書館

10084 **夏時考五卷** （清）安吉撰 稿本 無錫市圖書館

10085 **三禮考註六十四卷序録一卷綱領一卷** （元）吳澄撰 明成化九年（1473）謝士元刻本 國家圖書館

10086 **文公家禮會通十卷** （明）湯鐸撰 明景泰元年（1450）湯氏執中堂刻本 國家圖書館

10087 **文公家禮儀節八卷** （明）丘濬撰 明正德十二年（1517）直隸太平府刻本 湖南圖書館

10088 **諭俗恒言一卷** （明）吕柟撰 明嘉靖二十六年（1547）刻本 西安碑林博物館

10089 **大樂律吕元聲六卷大樂律吕考注四卷** （明）李文利撰 （明）李元校補 明嘉靖三年（1524）范輅刻本 丁丙跋 南京圖書館

10090 **樂律纂要一卷** （明）季本撰 明嘉靖十八年（1539）宋楫刻本 丁丙跋 南京圖書館

10091 **律吕别書一卷** （明）季本撰 明嘉靖李有則刻本 南京圖書館

10092 **樂經元義八卷** （明）劉濂撰 明嘉靖刻本 河南省圖書館

10093 **瑟譜十卷** （明）朱載堉撰 清初毛氏汲古閣抄本 黄丕烈跋 國家圖書館

10094 **音點春秋左傳十六卷** 明弘治十五年（1502）陳理刻本 丁丙跋 南京圖書館

10095 **春秋經傳集解三十卷** （晉）杜預撰 （唐）陸德明釋文 明刻本 章炳麟跋 南京師範大學圖書館

10096 **精選東萊先生博議句解十六卷** （宋）吕祖謙撰 （宋）張成招注 明前期刻本 寧波市天一閣博物館

存八卷（九至十六）

10097 **精選東萊先生左氏博議句解十六卷** （宋）吕祖謙撰 明弘治七年（1494）蔡紳刻本 丁丙跋 南京圖書館

10098 **音點春秋左傳詳節句解三十五卷** （宋）朱申撰 明前期刻本 國家圖書館

10099 **春秋胡傳三十卷** （宋）胡安國撰 明正統十二年（1447）司禮監刻本 首都圖書館

10100 **春秋胡傳三十卷** （宋）胡安國撰 明正統十二年（1447）司禮監刻本 中共中央黨校圖書館

10101 **春秋胡傳三十卷** （宋）胡安國撰 （宋）林堯叟音注 明慎獨齋刻本 寧波市天一閣博物館

10102 **春秋讞義九卷** （元）王元杰撰 明末抄本 山東省圖書館

10103 **春秋集傳十五卷** （元）趙汸撰 明嘉靖三十四年（1555）金日鏞刻藍印本 丁丙跋 南京圖書館

10104 **春秋四傳三十八卷綱領一卷提要一卷列國東坡圖説一卷春秋二十國年表一卷諸國興廢説一卷** 明嘉靖十一年（1532）建寧府刻本 故宮博物院

10105 **春秋正傳三十七卷** （明）湛若水撰 明嘉靖刻本 北京大學圖書館

10106 **春秋私考三十六卷首一卷** （明）季本撰 明嘉靖刻本 四川省圖書館

10107 **春秋公羊傳二十卷穀梁傳十二卷** 明隆慶刻本 吉林省社會科學院圖書館

10108 **春秋平義十二卷** （清）俞汝言撰 稿本 丁丙跋 南京圖書館

10109 **春秋三傳異同考一卷** （清）吳陳琰撰 清鄭珍抄本 貴州省博物館

10110 **春秋胡傳考正四卷續録二卷** （清）丁晏撰 稿本 國家圖書館

10111 **春秋説五卷** （清）惠士奇撰 稿本 蘇州圖書館

存三卷（三至五）

10112 **春秋比類觀例二卷** （清）王銘西撰 稿本 夏煒如跋 戴望 駱棨 陳鼎 許棫 湯成烈 陸鼎翰 吳康壽題款 南京圖書館

10113 **春秋屬比考例二卷** （清）王銘西撰 稿本 王先謙跋 南京圖書館

10114 **春秋筆削大義微言考十一卷** 康有爲撰 稿本 廣東省立中山圖書館

存六卷（一至六）

10115 **春秋繁露十七卷** （漢）董仲舒撰 明前期刻本 山東省圖書館

10116 **春秋繁露十七卷** （漢）董仲舒撰 明嘉靖三十三年（1554）趙維垣刻本 黄丕烈校並跋 國家圖書館

10117 **春秋繁露十七卷** （漢）董仲舒撰 明刻本 鄧邦述跋並録孔繼涵校跋 南京圖書館

10118 **孝經一卷** 明黄道周抄本 黄道周題識 顧莼 羅嘉杰 鄭孝胥 吳昌碩跋 西泠印社

10119 **論語注二卷** 康有爲撰 稿本 天津圖書館

10120 **孟子章指一卷** （漢）趙岐撰 （清）周廣業校注 稿本 寧波市天一閣博物館

10121 **孟子微二卷** 康有爲撰 稿本 天津圖書館

10122 **四書釋地一卷續一卷又續一卷三續一卷 孟子生卒年月考一卷** （清）閻若璩撰 清抄本 吳騫校跋並録周春批校 周春校 上海圖書館

10123 **鄭志三卷** （三國魏）鄭小同撰 **補一卷** （清）吳騫輯 清乾隆武英殿活字印聚珍版叢書本 吳騫 陳鱣校並跋 唐翰題題款 上海圖書館

10124 **鄭志八卷** （三國魏）鄭小同撰 （清）孔廣林輯 清乾隆三十九年（1774）古俊樓刻本 陳鱣校跋並録吳騫跋 上海圖書館

10125 **相臺書塾刊正九經三傳沿革例一卷** （元）岳浚撰 清初錢氏也是園影元抄本 吳志忠跋 國家圖書館

10126 **相臺書塾刊正九經三傳沿革例一卷** （元）岳浚撰 清乾隆二十一年（1756）鮑氏困學齋抄本 鮑廷博校並跋 上海圖書館

10127 **經書後語三卷** （明）任瀛撰 明嘉靖二十九年（1550）刻本 天津圖書館

10128 **經學通論五卷** （清）皮錫瑞撰 稿本 湖南師範大學圖書館

10129 **經學歷史二卷** （清）皮錫瑞撰 稿本 湖南師範大學圖書館

10130 **宋太學石經考一卷附魯齋先生武林金石録校跋一卷** （清）羅以智撰 稿本 浙江大學圖書館

10131 **爾雅三卷** （晉）郭璞注 明嘉靖十七年（1538）吳元恭刻本 錢孫保校並跋 上海圖書館

10132 **爾雅二卷** （晉）郭璞註 **音釋二卷** 明刻本 廣東省立中山圖書館

10133 **爾雅新義二十卷** （宋）陸佃撰 清伊嵩學廬抄本 雲南省圖書館

10134 **輶軒使者絶代語釋別國方言十三卷** （漢）揚雄撰 （晉）郭璞注 （清）盧文弨校正 **校正補遺一卷** （清）盧文弨撰 清乾

隆盧文弨刻抱經堂叢書本 吳騫批校 沈嵩門校並跋 上海圖書館

10135 **群經音辨七卷** （宋）賈昌朝撰 清抄本 周廣業校並跋 寧波市天一閣博物館

10136 **埤雅二十卷** （宋）陸佃撰 明嘉靖元年（1522）贛州府清獻堂刻本 江西省圖書館

10137 **埤雅二十卷** （宋）陸佃撰 明前期刻本 山東省圖書館

10138 **續方言二卷** （清）杭世駿撰 **續方言補二卷** （清）程際盛撰 清雍正刻本[四庫底本] 湖南圖書館

10139 **倉頡篇校證三卷補遺一卷** （清）孫星衍輯 （清）梁章鉅重編 稿本 寧波市天一閣博物館

10140 **倉頡篇校證三卷補遺一卷** （清）孫星衍輯 （清）梁章鉅重編 稿本 寧波市天一閣博物館

10141 **説文解字十五卷** （漢）許慎撰 清嘉慶十三年（1808）孫氏平津館影宋抄本 孫星衍跋 上海圖書館

10142 **説文解字十五卷** （漢）許慎撰 清初毛氏汲古閣刻本 桂馥簽注 孟廣均跋 國家圖書館

10143 **説文解字注三十卷六書音均表五卷** （清）段玉裁撰 清乾隆嘉慶間段氏經韻樓刻本 龔自珍 龔橙校並跋 鈕樹玉校 上海圖書館

10144 **重刊許氏説文解字五音韻譜十二卷** （宋）李燾撰 明嘉靖七年（1528）郭雨山刻本 南京圖書館

10145 **許氏説文解字六書論正二十四卷首一卷** （清）王育撰 清宋賓王抄本 宋賓王校並跋 上海圖書館

10146 **説文解字句讀十五卷** （清）王筠撰 稿本 厦門市圖書館 存十四卷（一至十四）

10147 **説文聲類譜十七卷** （清）陳澧撰 稿本 廣東省立中山圖書館

10148 **大廣益會玉篇三十卷** （南朝梁）顧野王撰 （唐）孫強增字 （宋）陳彭年等重修 **玉篇廣韻指南一卷** 明前期刻本 濟南市圖書館

10149 **大廣益會玉篇三十卷** （南朝梁）顧野王撰 （唐）孫強增字 （宋）陳彭年等重修 **玉篇廣韻指南一卷** 明刻本 西北大學圖書館

10150 **佩觿三卷** （宋）郭忠恕撰 清康熙四十九年（1710）張士俊刻澤存堂五種本 錢泰吉録吳騫 翁方綱 桂馥 羅有高 丁杰批校題跋 四川大學圖書館

10151 **説文字原一卷** （元）周伯琦撰 明嘉靖元年（1522）于鏊刻本 江西省圖書館

10152 **六書本義十二卷圖一卷** （明）趙撝謙撰 明正德十五年（1520）胡東皋刻本 劉孚周校 北京大學圖書館

10153 **廣金石韻府五卷字略一卷** （清）林尚葵輯 清康熙九年（1670）周亮工賴古堂刻朱墨套印本 方功惠跋 烟臺圖書館

10154 **廣金石韻府五卷** （清）林尚葵輯 明崇禎蓮庵刻三色套印本 福建省圖書館

10155 **華夷譯語不分卷** （明）火源潔撰 **譯文備覽不分卷高昌館來文不分卷** （明）佚名撰 明抄本 復旦大學圖書館

10156 **集韻十卷** （宋）丁度等撰 清康熙四十五年（1706）曹寅揚州使院刻嘉慶十九年（1814）重修本 方成珪校 浙江大學圖書館

10157 **韻補五卷** （宋）吳棫撰 明嘉靖許宗魯刻

本 重慶圖書館

10158 **增修互註禮部韻略五卷** （宋）毛晃增註 （宋）毛居正重增 清乾隆桂馥家抄本 桂馥校並跋 上海圖書館

10159 **韻經五卷** （明）張之象撰 明嘉靖十八年（1539）長水書院刻本 錢陸燦批注 北京大學圖書館

10160 **史記一百三十卷** （漢）司馬遷撰 （南朝宋）裴駰集解 （唐）司馬貞索隱 明正德十三年（1518）邵宗周刻本 歐陽輔跋 江西省圖書館

存一百二十六卷（三至九、十二至一百三十）

10161 **史記一百三十卷** （漢）司馬遷撰 （南朝宋）裴駰集解 （唐）司馬貞索隱 （唐）張守節正義 明嘉靖四至六年（1525-1527）王延喆刻本（卷一百二十九抄配） 青島市博物館

10162 **史記一百三十卷** （漢）司馬遷撰 （南朝宋）裴駰集解 （唐）司馬貞索隱 （唐）張守節正義 （明）徐孚遠 陳子龍測議 明末刻本 郭嵩燾批注 湖南師範大學圖書館

10163 **史記題評一百三十卷** （明）楊慎 李元陽輯 明嘉靖十六年（1537）胡有恒、胡瑞刻公文紙印本（卷一至十七、十九至二十、二十三配清抄本） 南京圖書館

10164 **南史八十卷** （唐）李延壽撰 明崇禎十三年（1640）毛氏汲古閣刻本 王鳴盛批校並跋 上海圖書館

10165 **北史一百卷** （唐）李延壽撰 明崇禎十二年（1639）毛氏汲古閣刻本 王鳴盛批校並跋 上海圖書館

10166 **漢書一百卷** （漢）班固撰 （唐）顏師古注 明正統八至十年（1443-1445）刻本（卷一至五配清抄本） 南京圖書館

10167 **後漢書九十卷** （南朝宋）范曄撰 （唐）李賢注 **志三十卷** （晉）司馬彪撰 （南朝梁）劉昭注 明正統八至十一年（1443-1446）刻本 鹽城市圖書館

存十卷（後漢書五十、六十，志十四至二十一）

10168 **後漢書九十卷** （南朝宋）范曄撰 （唐）李賢注 **志三十卷** （晉）司馬彪撰 （南朝梁）劉昭注 明正統八至十一年（1443-1446）刻本（目録抄配） 丁丙跋 南京圖書館

10169 **後漢書九十卷** （南朝宋）范曄撰 （唐）李賢注 **志三十卷** （晉）司馬彪撰 （南朝梁）劉昭注 明嘉靖汪文盛等刻本（有抄配） 北京市文物局圖書資料中心

10170 **後漢書旁證不分卷** （清）王先謙撰 稿本 中國科學院國家科學圖書館

10171 **三國志注補六十五卷** （清）趙一清撰 稿本 丁丙跋 陶濬宣校並跋 南京圖書館

10172 **季漢書六十四卷** （清）湯成烈撰 稿本（原缺卷五十二） 黄元壽跋 南京圖書館

10173 **唐書二百卷** （後晉）劉昫等撰 明嘉靖十八年（1539）聞人詮刻本 中國科學院上海生命科學信息中心

10174 **唐書二百卷** （後晉）劉昫等撰 明嘉靖十八年（1539）聞人詮刻本 雲南大學圖書館

10175 **唐書二百二十五卷** （宋）歐陽修 宋祁等撰 明崇禎二年（1629）毛氏汲古閣刻本 王闓運批校 湖南師範大學圖書館

10176 **新舊唐書合注二百二十五卷** （清）王先謙撰 稿本 中國科學院國家科學圖書館

存四十二卷（一至十、七十六至一百四、一百九至一百十一）

10177 **南唐書三十卷** （宋）馬令撰 明嘉靖二十九年（1550）顧汝達刻本 丁丙跋 南京圖書館

10178 **南唐書三十卷** （宋）馬令撰 明嘉靖二十九年（1550）顧汝達刻本 北京市文物局圖書資料中心

10179 **南唐書十八卷** （宋）陸游撰 （清）周在浚箋注 **音釋一卷** （元）戚光撰 清抄本（卷四至八配另一抄本） 周廣業校 陳鱣校並跋又録朱允達 吳騫校 葉景葵校並跋 上海圖書館

10180 **唐餘紀傳十八卷** （明）陳霆撰 明嘉靖二十三年（1544）馮煥刻本 北京大學圖書館

10181 **宋史四百九十六卷目録三卷** （元）脱脱等撰 明成化七至十六年（1471-1480）朱英刻遞修本（目録、卷四十六至四十七、二百三十八至二百四十一配清抄本，卷一百八十二至一百八十五配明金鏞抄本，卷一百八十六至一百九十配明釋無念抄本，卷二百十至二百十四配明嘉靖三十五年重修本，卷二百四十二至二百五十二、三百四十一至三百四十五、三百五十五至三百六十六、三百七十二至三百七十七、三百八十六至三百九十配明錢穀抄本） 錢穀補目並跋 陸僎 丁丙跋 南京圖書館

10182 **宋史質一百卷舊宋史目録一卷** （明）王洙撰 明嘉靖刻本 丁丙跋 南京圖書館

10183 **遼史拾遺續三卷** （清）楊復吉撰 稿本 汪曰楨 丁丙跋 南京圖書館

10184 **皇朝本紀一卷** 明抄本 南京圖書館

10185 **明史抄略不分卷** （清）莊廷鑨撰 清呂無黨家抄本 周圭璋 章炳麟 張元濟 趙萬里跋 國家圖書館

10186 **南疆繹史勘本三十卷首二卷摭遺十八卷恤謚考八卷** （清）温睿臨撰 （清）李瑶勘定 清道光十年（1830）泥活字印本 紹興圖書館

10187 **竹書紀年不分卷** 題（南朝梁）沈約註 明天啓七年（1627）謝恒抄本 馮舒校並跋 國家圖書館

10188 **資治通鑑考異三十卷** （宋）司馬光撰 明嘉靖二十三至二十四年（1544-1545）孔天胤刻本 江西省圖書館

10189 **司馬温公經進稽古録二十卷** （宋）司馬光撰 明弘治十四年（1501）楊璋刻本 復旦大學圖書館

存十九卷（一至十三、十五至二十）

10190 **司馬温公稽古録二十卷** （宋）司馬光撰 明范氏天一閣刻本 中國書店

10191 **新編纂註資治通鑑外紀增義五卷** （宋）劉恕撰 （明）王逢訂正 （明）劉剡纂輯 **讀通鑑法一卷資治通鑑釋例一卷** 明宣德三年（1428）書林劉文壽刻本 國家圖書館

10192 **少微通鑑節要五十卷外紀四卷** （宋）江贄撰 明正德九年（1514）司禮監刻本 洛陽市文物工作隊

10193 **少微通鑑節要五十卷外紀四卷** （宋）江贄撰 明正德九年（1514）司禮監刻本 哈爾濱市圖書館

10194 **少微通鑑節要五十卷外紀四卷** （宋）江贄撰 **資治通鑑節要續編三十卷** （明）張光啓撰 明正德九年（1514）司禮監刻本 天津師範大學圖書館

10195 **資治通鑑綱目五十九卷** （宋）朱熹撰 明

嘉靖三十五年（1556）趙府居敬堂刻本 西北大學圖書館

10196 **資治通鑑綱目集覽五十九卷** （元）王幼學撰 明景泰元年（1450）魏氏仁實書堂刻本 國家圖書館

10197 **新刊紫陽朱子綱目大全五十九卷首一卷** （宋）朱熹撰 （宋）尹起莘發明 （元）劉友益書法 （元）汪克寬考異 （元）徐昭文考證 （元）王幼學集覽 （明）陳濟正誤 （明）馮智舒質實 明嘉靖十年（1531）書林楊氏清江書堂刻本 重慶圖書館

10198 **續資治通鑑綱目二十七卷** （明）商輅等撰 （明）周禮發明 （明）張時泰廣義 明弘治十七年（1504）慎獨齋刻本 南京大學圖書館

10199 **續資治通鑑綱目二十七卷** （明）商輅等撰 （明）周禮發明 （明）張時泰廣義 明弘治十七年（1504）慎獨齋刻本 蘇州博物館

10200 **續編資治宋元綱目大全二十七卷** （明）商輅等撰 明嘉靖十年（1531）書林楊氏清江堂刻本 湖南圖書館

存二十六卷（一至四、六至二十七）

10201 **大事記續編七十七卷** （明）王褘撰 明成化二十年（1484）陸淵之刻本 浙江圖書館

10202 **資治通鑑節要續編三十卷** （明）張光啓撰 明正德九年（1514）司禮監刻本 湖南圖書館

10203 **資治通鑑節要續編三十卷** （明）張光啓撰 明正德九年（1514）司禮監刻本 山東省圖書館

10204 **世史正綱三十二卷** （明）丘濬撰 明弘治三年（1490）刻本 寧波市天一閣博物館

10205 **世史正綱三十二卷** （明）丘濬撰 明嘉靖四十二年（1563）孫應鰲刻本 青島市博物館

10206 **兩漢紀六十卷** 明嘉靖二十七年（1548）黄姬水刻本 雲南大學圖書館

10207 **漢紀三十卷** （漢）荀悦撰 明正德十六年（1521）何景明、翟清刻本 江西省圖書館

10208 **漢紀三十卷** （漢）荀悦撰 明正德十六年（1521）何景明、翟清刻本 南京圖書館

10209 **三朝北盟會編二百五十卷** （宋）徐夢莘撰 明抄本 丁丙跋 南京圖書館

10210 **秘閣元龜政要十六卷** 清抄本[四庫底本] 河北大學圖書館

10211 **龍飛紀略十四卷** （明）吳樸撰 明嘉靖三十一年（1552）金陵王氏刻本 北京大學圖書館

10212 **大明太祖高皇帝實録二百五十七卷** （明）胡廣等纂修 明抄本 南京大學圖書館

存十一卷（一至十一）

10213 **大明太祖高皇帝實録二百五十七卷** （明）胡廣等纂修 明抄本 南京圖書館

存十一卷（一百八十八至一百九十八）

10214 **大明太宗文皇帝實録一百三十卷** （明）張輔 楊士奇等纂修 明抄本 南京圖書館

存三十二卷（九十五至一百、一百五至一百三十）

10215 **大明太宗文皇帝實録一百三十卷** （明）張輔 楊士奇等纂修 明抄本 南京圖書館

存十三卷（七十四至八十六）

10216 **大明太宗文皇帝實録一百三十卷** （明）張輔 楊士奇等纂修 明抄本 南京圖書館

存九卷（一百十九至一百二十四、一百二十八至一百三十）

10217 **大明宣宗章皇帝實録一百十五卷** （明）

張輔 楊士奇等纂修 明抄本 南京圖書館
存四十一卷（三十五至四十二、七十五至一百七）

10218 **大明恭穆獻皇帝實録五十卷** （明）徐光祚 費宏等纂修 明南雲閣抄本 天津圖書館
存四十卷（十一至五十）

10219 **大明世宗肅皇帝實録五百六十六卷** （明）張溶 徐階等纂修 明抄本 曲阜文物管理委員會孔府文物檔案館
存十三卷（八十四至九十六）

10220 **鴻猷録十六卷** （明）高岱撰 明嘉靖四十四年（1565）高思誠刻本 首都圖書館

10221 **靖海紀不分卷** （清）施琅撰 清木活字印本 遼寧省圖書館

10222 **渚宮舊事五卷** （唐）余知古撰 **補遺一卷** （清）吴翌鳳輯 清乾隆四十三年（1778）吴氏古歡堂抄本 吴翌鳳跋 沈欽韓批校並跋 上海圖書館

10223 **汲冢周書十卷** （晉）孔晁註 明嘉靖二十二年（1543）章檗刻本 重慶圖書館

10224 **逸周書十卷** （晉）孔晁注 清乾隆五十一年（1786）盧文弨刻抱經堂叢書本 孫詒讓批校 浙江大學圖書館

10225 **逸周書集訓校釋十卷逸文一卷** （清）朱右曾撰 清光緒三年（1877）崇文書局刻本 孫詒讓批校 浙江大學圖書館

10226 **國語二十一卷** （三國吳）韋昭注 明嘉靖十五年（1536）葉邦榮刻本 華東師範大學圖書館

10227 **國語二十一卷** （三國吳）韋昭注 （宋）宋庠補音 明刻本 陸貽典 葉萬 章鈺校並跋 沈岩校 唐翰題跋 國家圖書館

10228 **春秋別典十五卷** （明）薛虞畿輯 清抄本 [四庫底本] 上海圖書館

10229 **鮑氏國策十卷** （宋）鮑彪校注 明嘉靖七年（1528）龔雷影宋刻三十一年（1552）吳郡杜詩印本 汪由敦 秦更年批校 南開大學圖書館

10230 **戰國策十卷** （宋）鮑彪校注 （元）吳師道重校 明刻本 雲南省圖書館

10231 **戰國策十卷** （宋）鮑彪校注 明刻本 佚名批校 重慶市北碚圖書館

10232 **世本一卷** （漢）宋衷注 （清）沈清瑞輯 清吳翌鳳抄本 吳翌鳳跋 上海圖書館

10233 **越絶書十五卷** （漢）袁康撰 明刻本 孫詒讓校 浙江大學圖書館

10234 **華陽國志十二卷** （晉）常璩撰 明萬曆吳琯刻古今逸史本（有抄配） 吳騫校並跋 沈樹鏞題識 上海圖書館

10235 **江南野史十卷** （宋）龍衮撰 清抄本 勞權校並跋 上海圖書館

10236 **隆平集二十卷** （宋）曾鞏撰 明董氏萬卷堂刻本 南京博物院

10237 **契丹國史二十七卷** （宋）葉隆禮撰 明數卷齋抄本 佚名批校 復旦大學圖書館

10238 **大金國志四十卷** 題（宋）宇文懋昭撰 清初葉樹廉抄本 顧廣圻 書巢道人跋 周鑾詒觀款 上海圖書館

10239 **金國南遷録一卷** 題（金）張師顔撰 清勞格抄本 勞權校並跋 勞格校 上海圖書館

10240 **吾學編六十九卷** （明）鄭曉撰 明隆慶元年（1567）鄭履淳刻本 南京大學圖書館

10241 **鄭端簡公徵吾録二卷** （明）鄭曉撰 明嘉靖四十五年（1566）鄭履淳刻本 羅振玉跋 吉林大學圖書館

10242 **虛菴李公奉使録一卷附録一卷** （明）李

實撰 明嘉靖元年（1522）刻本 北京大學圖書舘

10243 **歷代名臣奏議三百五十卷** （明）黄淮 楊士奇等輯 明永樂内府刻本 華東師範大學圖書館

10244 **陸宣公奏議四卷** （唐）陸贄撰 清乾隆十一年（1746）聯腋書院活字印本 山西博物院

10245 **太師王端毅公奏議十五卷** （明）王恕撰 明正德十六年（1521）王成章刻本 無錫市圖書館

10246 **晉溪本兵敷奏十四卷** （明）王瓊撰 明嘉靖二十三年（1544）廖希顔、江濬刻本 重慶圖書館

10247 **南宫奏議三十卷** （明）嚴嵩撰 明嘉靖二十六年（1547）嚴氏鈐山堂刻本 北京大學圖書館

10248 **江西奏議二卷** （明）唐龍撰 **附録一卷** （明）陳金等撰 明嘉靖刻張鯤重修本 首都圖書館

10249 **桂洲奏議十二卷** （明）夏言撰 明嘉靖二十五年（1546）刻本 天津圖書館

10250 **經略疏稿二卷** （明）楊博撰 明嘉靖三十二年（1553）刻本 厦門市圖書館

10251 **受菴疏稿二卷** （明）周滿撰 明刻本 厦門大學圖書館

10252 **撫津疏草不分卷** （明）畢自嚴撰 明末抄本 大連圖書館

10253 **按吴奏疏不分卷** （明）祁彪佳撰 稿本 國家圖書館

10254 **古今列女傳三卷** （明）解縉等撰 明内府刻本 河北大學圖書館

10255 **古今列女傳三卷** （明）解縉等撰 明内府刻本 丁丙跋 南京圖書館

10256 **高士傳三卷** （晉）皇甫謐撰 （明）黄省曾頌 明嘉靖三十一年（1552）黄魯曾刻漢唐三傳本 吉林大學圖書館

10257 **續高士傳十卷** （明）皇甫涍撰 明姚氏茶夢齋抄本 上海圖書館

10258 **孝順事實十卷** （明）成祖朱棣撰 明永樂十八年（1420）内府刻本 天津圖書館

10259 **帝鑑直解二卷** （明）張居正撰 明抄本 復旦大學圖書館

10260 **續觀感録十二卷** （明）方鵬輯 明張元電刻本 湖北省圖書館

10261 **人鏡陽秋二十二卷** （明）汪廷訥撰 明萬曆二十八年（1600）汪廷訥環翠堂刻本 西北大學圖書館

10262 **小隱書不分卷** 題（明）敬虚子輯 明萬曆刻藍印本 國家圖書館

10263 **新刊名臣碑傳琬琰之集上集二十七卷中集五十五卷下集二十五卷** （宋）杜大珪輯 明抄本 天津圖書館

10264 **新刊皇明名臣言行録四卷** （明）楊廉輯 （明）徐咸續輯 明嘉靖二十年（1541）魏有本刻本 北京大學圖書館

10265 **皇明名臣言行録新編三十四卷** （明）沈應魁輯 明嘉靖三十二年（1553）自刻本 南京圖書館

10266 **革朝遺忠録二卷附録一卷** （明）郁衮撰 明嘉靖四年（1525）敖英刻本 蘇州圖書館

10267 **東家雜記二卷** （宋）孔傳撰 清初毛氏汲古閣影宋抄本 席鑒 勞健跋 國家圖書館

10268 **重編義勇武安王集八卷** （清）錢謙益輯 稿本 陳奐 吴毓芬 毛懷 曹元忠跋 魏源題詩 國家圖書館

10269 **李深之文集六卷** （唐）李絳撰 清彭氏知聖道齋抄本 彭元瑞校並跋 上海圖書館

10270 **朱子實紀十二卷** （明）戴銑輯 明正德八年（1513）鮑雄刻本 北京大學圖書館

10271 **陸右丞蹈海録一卷** （明）丁元吉輯 **李江州遺墨題跋一卷** 清康熙十二年（1673）王乃昭抄本 潘承厚 潘承弼跋 上海圖書館

10272 **先大夫世培府君殉節述一卷** （清）祁理孫撰 南明弘光元年（1645）自刻本 國家圖書館

10273 **紫陽文公先生年譜五卷** （明）李默 朱河重訂 明嘉靖三十六年（1557）建寧董燧刻本 重慶圖書館

10274 **注易日記三卷** （清）焦循撰 稿本 國家圖書館

存清嘉慶十八年二月至二十一年三月

10275 **蜀輶日記一卷** （清）陶澍撰 稿本 湖南省社會科學院圖書館

存清嘉慶十五年五月至十一月

10276 **濟美録四卷** （明）鄭燭輯 明嘉靖十四年（1535）刻本 北京大學圖書館

10277 **休寧東門汪氏家乘十卷** （明）汪七寶纂修 明嘉靖二十年（1541）刻本 北京大學圖書館

10278 **新安休寧汪溪金氏族譜五卷附録一卷** （明）金弁 陳有守等纂修 明嘉靖三十二年（1553）刻本 北京大學圖書館

10279 **清華胡氏族譜六卷** （明）胡尚仁 胡天民等纂修 明天順二年（1458）家刻本 國家圖書館

10280 **重梓遂邑純峰張氏宗譜一卷** （明）張邦聘纂修 明萬曆三十九年（1611）木活字印本 北京師範大學圖書館

10281 **陳氏大成宗譜八卷** （明）陳塈纂修 明嘉靖刻本 厦門市同安區圖書館

10282 **新安黄氏會通譜十六卷文獻録二卷外集三卷** （明）黄禄 程天相纂修 明弘治十四年（1501）刻本 復旦大學圖書館

10283 **竦塘黄氏統宗譜十卷附録一卷** （明）方信纂修 明嘉靖四十一年（1562）刻本 安徽省博物館

10284 **歙西堨田程氏本宗譜一卷** （明）程顯爵纂修 明嘉靖四十五年（1566）涵春軒刻本 許承堯跋 安徽省博物館

10285 **涇川水東翟氏宗譜不分卷** （明）翟臺纂修 清咸豐七年（1857）涇川翟金生泥活字印本 安徽省博物館

10286 **成化二年進士登科録一卷** 明成化刻本 國家圖書館

10287 **嘉靖三十八年己未科會試同年齒録一卷** 明隆慶四年（1570）陳省刻本 吉林大學圖書館

10288 **[明代鄉試録]二百七十三種** 寧波市天一閣博物館

成化十年順天府鄉試録一卷 明成化刻本

成化十三年順天府鄉試録一卷 明成化刻本

成化十六年順天府鄉試録一卷 明成化刻本

弘治五年順天府鄉試録一卷 明弘治刻本

弘治十一年順天府鄉試録一卷 明弘治刻本

弘治十四年順天府鄉試録一卷 明弘治刻本

弘治十七年順天府鄉試録一卷 明弘治刻本

正德二年順天府鄉試録一卷 明正德刻本

正德五年順天府鄉試録一卷 明正德刻本

正德八年順天府鄉試録一卷 明正德刻本

正德十一年順天府鄉試録一卷 明正德刻本

嘉靖四年順天府鄉試録一卷 明嘉靖刻本

嘉靖七年順天府鄉試録一卷　明嘉靖刻本
嘉靖十三年順天府鄉試録一卷　明嘉靖刻本
嘉靖十九年順天府鄉試録一卷　明嘉靖刻本
嘉靖二十二年順天府鄉試録一卷　明嘉靖刻本
嘉靖二十五年順天府鄉試録一卷　明嘉靖刻本
嘉靖二十八年順天府鄉試録一卷　明嘉靖刻本
嘉靖三十一年順天府鄉試録一卷　明嘉靖刻本
嘉靖三十四年順天府鄉試録一卷　明嘉靖刻本
嘉靖三十七年順天府鄉試録一卷　明嘉靖刻本
隆慶元年順天府鄉試録一卷　明隆慶刻本
隆慶四年順天府鄉試録一卷　明隆慶刻本
萬曆元年順天府鄉試録一卷　明萬曆刻本
萬曆四年順天府鄉試録一卷　明萬曆刻本
萬曆七年順天府鄉試録一卷　明萬曆刻本
萬曆十年順天府鄉試録一卷　明萬曆刻本
景泰元年應天府鄉試小録一卷　明景泰刻本
天順六年應天府鄉試録一卷　明天順刻本
成化四年應天府鄉試録一卷　明成化刻本
成化七年應天府鄉試録一卷　明成化刻本
成化十年應天府鄉試録一卷　明成化刻本
成化十三年應天府鄉試録一卷　明成化刻本
成化十六年應天府鄉試録一卷　明成化刻本
正德二年應天府鄉試録一卷　明正德刻本
正德五年應天府鄉試録一卷　明正德刻本
正德八年應天府鄉試録一卷　明正德刻本
正德十一年應天府鄉試録一卷　明正德刻本
正德十四年應天府鄉試録一卷　明正德刻本
嘉靖七年應天府鄉試録一卷　明嘉靖刻本
嘉靖十三年應天府鄉試録一卷　明嘉靖刻本
嘉靖十六年應天府鄉試録一卷　明嘉靖刻本
嘉靖二十二年應天府鄉試録一卷　明嘉靖刻本
嘉靖二十五年應天府鄉試録一卷　明嘉靖刻本
嘉靖二十八年應天府鄉試録一卷　明嘉靖刻本
嘉靖三十一年應天府鄉試録一卷　明嘉靖刻本
嘉靖三十七年應天府鄉試録一卷　明嘉靖刻本
嘉靖四十三年應天府鄉試録一卷　明嘉靖刻本
隆慶元年應天府鄉試録一卷　明隆慶刻本
隆慶四年應天府鄉試録一卷　明隆慶刻本
萬曆元年應天府鄉試録一卷　明萬曆刻本
萬曆四年應天府鄉試録一卷　明萬曆刻本
萬曆七年應天府鄉試録一卷　明萬曆刻本
萬曆十年應天府鄉試録一卷　明萬曆刻本
天順六年山西鄉試録一卷　明天順刻本
成化二十二年山西鄉試録一卷　明成化刻本
弘治五年山西鄉試録一卷　明弘治刻本
正德二年山西鄉試録一卷　明正德刻本
正德八年山西鄉試録一卷　明正德刻本
正德十一年山西鄉試録一卷　明正德刻本
正德十四年山西鄉試録一卷　明正德刻本
嘉靖元年山西鄉試録一卷　明嘉靖刻本
嘉靖十六年山西鄉試録一卷　明嘉靖刻本
嘉靖二十五年山西鄉試録一卷　明嘉靖刻本
嘉靖二十八年山西鄉試録一卷　明嘉靖刻本
嘉靖三十一年山西鄉試録一卷　明嘉靖刻本
嘉靖三十四年山西鄉試録一卷　明嘉靖刻本
嘉靖四十三年山西鄉試録一卷　明嘉靖刻本
隆慶元年山西鄉試録一卷　明隆慶刻本
隆慶四年山西鄉試録一卷　明隆慶刻本
萬曆元年山西鄉試録一卷　明萬曆刻本
萬曆四年山西鄉試録一卷　明萬曆刻本
萬曆七年山西鄉試録一卷　明萬曆刻本
萬曆十年山西鄉試録一卷　明萬曆刻本
天順六年山東鄉試録一卷　明天順刻本
成化元年山東鄉試録一卷　明成化刻本
成化十年山東鄉試録一卷　明成化刻本
成化十六年山東鄉試録一卷　明成化刻本

成化十九年山東鄉試録一卷 明成化刻本
弘治八年山東鄉試録一卷 明弘治刻本
正德八年山東鄉試録一卷 明正德刻本
正德十一年山東鄉試録一卷 明正德刻本
嘉靖四年山東鄉試録一卷 明嘉靖刻本
嘉靖七年山東鄉試録一卷 明嘉靖刻本
嘉靖十九年山東鄉試録一卷 明嘉靖刻本
嘉靖二十八年山東鄉試録一卷 明嘉靖刻本
嘉靖三十四年山東鄉試録一卷 明嘉靖刻本
嘉靖三十七年山東鄉試録一卷 明嘉靖刻本
嘉靖四十三年山東鄉試録一卷 明嘉靖刻本
隆慶四年山東鄉試録一卷 明隆慶刻本
萬曆四年山東鄉試録一卷 明萬曆刻本
萬曆七年山東鄉試録一卷 明萬曆刻本
萬曆十年山東鄉試録一卷 明萬曆刻本
成化二十二年河南鄉試録一卷 明成化刻本
弘治八年河南鄉試録一卷 明弘治刻本
弘治十一年河南鄉試録一卷 明弘治刻本
弘治十四年河南鄉試録一卷 明弘治刻本
正德二年河南鄉試録一卷 明正德刻本
正德八年河南鄉試録一卷 明正德刻本
正德十四年河南鄉試録一卷 明正德刻本
嘉靖元年河南鄉試録一卷 明嘉靖刻本
嘉靖七年河南鄉試録一卷 明嘉靖刻本
嘉靖十三年河南鄉試録一卷 明嘉靖刻本
嘉靖十六年河南鄉試録一卷 明嘉靖刻本
嘉靖十九年河南鄉試録一卷 明嘉靖刻本
嘉靖二十二年河南鄉試録一卷 明嘉靖刻本
嘉靖二十五年河南鄉試録一卷 明嘉靖刻本
嘉靖二十八年河南鄉試録一卷 明嘉靖刻本
嘉靖三十一年河南鄉試録一卷 明嘉靖刻本
嘉靖三十四年河南鄉試録一卷 明嘉靖刻本
嘉靖三十七年河南鄉試録一卷 明嘉靖刻本
嘉靖四十三年河南鄉試録一卷 明嘉靖刻本
隆慶元年河南鄉試録一卷 明隆慶刻本
隆慶四年河南鄉試録一卷 明隆慶刻本
萬曆元年河南鄉試録一卷 明萬曆刻本
萬曆四年河南鄉試録一卷 明萬曆刻本
成化七年陝西鄉試録一卷 明成化刻本
成化十年陝西鄉試録一卷 明成化刻本
弘治八年陝西鄉試録一卷 明弘治刻本
弘治十一年陝西鄉試録一卷 明弘治刻本
弘治十七年陝西鄉試録一卷 明弘治刻本
正德十一年陝西鄉試録一卷 明正德刻本
嘉靖四年陝西鄉試録一卷 明嘉靖刻本
嘉靖十六年陝西鄉試録一卷 明嘉靖刻本
嘉靖二十八年陝西鄉試録一卷 明嘉靖刻本
嘉靖三十一年陝西鄉試録一卷 明嘉靖刻本
嘉靖三十七年陝西鄉試録一卷 明嘉靖刻本
隆慶四年陝西鄉試録一卷 明隆慶刻本
萬曆元年陝西鄉試録一卷 明萬曆刻本
萬曆七年陝西鄉試録一卷 明萬曆刻本
萬曆十年陝西鄉試録一卷 明萬曆刻本
永樂十八年浙江鄉闈小録一卷 明抄本
天順六年浙江鄉試録一卷 明天順刻本
成化七年浙江鄉試録一卷 明抄本
成化十年浙江鄉試録一卷 明成化刻本
成化十三年浙江鄉試録一卷 明成化刻本
成化十六年浙江鄉試録一卷 明成化刻本
成化十九年浙江鄉試録一卷 明成化刻本
成化二十二年浙江鄉試録一卷 明成化刻本
正德五年浙江鄉試録一卷 明正德刻本
正德八年浙江鄉試録一卷 明抄本
嘉靖七年浙江鄉試録一卷 明嘉靖刻本
嘉靖七年浙江同年録一卷 明嘉靖刻本
嘉靖十三年浙江鄉試録一卷 明嘉靖刻本

嘉靖二十二年浙江鄉試録一卷　明嘉靖刻本
嘉靖二十八年浙江鄉試録一卷　明嘉靖刻本
嘉靖四十年浙江鄉試録一卷　明嘉靖刻本
隆慶四年浙江鄉試録一卷　明隆慶刻本
萬曆元年浙江鄉試録一卷　明萬曆刻本
萬曆四年浙江鄉試録一卷　明萬曆刻本
萬曆七年浙江鄉試録一卷　明萬曆刻本
萬曆十年浙江鄉試録一卷　明萬曆刻本
天順三年江西鄉試録一卷　明天順刻本
成化十年江西鄉試録一卷　明成化刻本
成化十三年江西鄉試録一卷　明成化刻本
弘治二年江西鄉試録一卷　明弘治刻本
弘治五年江西鄉試録一卷　明弘治刻本
弘治十四年江西鄉試録一卷　明弘治刻本
正德二年江西鄉試録一卷　明正德刻本
正德十一年江西鄉試録一卷　明正德刻本
嘉靖元年江西鄉試録一卷　明嘉靖刻本
嘉靖四年江西鄉試録一卷　明嘉靖刻本
嘉靖七年江西鄉試録一卷　明嘉靖刻本
嘉靖十三年江西鄉試録一卷　明嘉靖刻本
嘉靖十六年江西鄉試録一卷　明嘉靖刻本
嘉靖十九年江西鄉試録一卷　明嘉靖刻本
嘉靖二十二年江西鄉試録一卷　明嘉靖刻本
嘉靖二十五年江西鄉試録一卷　明嘉靖刻本
嘉靖三十一年江西鄉試録一卷　明嘉靖刻本
嘉靖四十年江西鄉試録一卷　明嘉靖刻本
嘉靖四十三年江西鄉試録一卷　明嘉靖刻本
隆慶四年江西鄉試録一卷　明隆慶刻本
萬曆四年江西鄉試録一卷　明萬曆刻本
萬曆七年江西鄉試録一卷　明萬曆刻本
成化七年湖廣鄉試録一卷　明成化刻本
成化十六年湖廣鄉試録一卷　明成化刻本
弘治五年湖廣鄉試録一卷　明弘治刻本
弘治十一年湖廣鄉試録一卷　明弘治刻本
正德十一年湖廣鄉試録一卷　明正德刻本
正德十四年湖廣鄉試録一卷　明正德刻本
嘉靖七年湖廣鄉試録一卷　明嘉靖刻本
嘉靖十年湖廣鄉試録一卷　明嘉靖刻本
嘉靖十九年湖廣鄉試録一卷　明嘉靖刻本
嘉靖二十二年湖廣鄉試録一卷　明嘉靖刻本
嘉靖二十五年湖廣鄉試録一卷　明嘉靖刻本
嘉靖三十一年湖廣鄉試録一卷　明嘉靖刻本
嘉靖三十七年湖廣鄉試録一卷　明嘉靖刻本
萬曆元年湖廣鄉試録一卷　明萬曆刻本
萬曆十年湖廣鄉試録一卷　明萬曆刻本
成化元年四川鄉試録一卷　明成化刻本
正德八年四川鄉試録一卷　明正德刻本
嘉靖十六年四川鄉試録一卷　明嘉靖刻本
嘉靖十九年四川鄉試録一卷　明嘉靖刻本
嘉靖二十二年四川鄉試録一卷　明嘉靖刻本
嘉靖二十五年四川鄉試録一卷　明嘉靖刻本
隆慶四年四川鄉試録一卷　明隆慶刻本
萬曆元年四川鄉試録一卷　明萬曆刻本
萬曆十年四川鄉試録一卷　明萬曆刻本
永樂十二年福建鄉試録一卷　明抄本
宣德元年福建鄉試録一卷　明抄本
景泰四年福建鄉試録一卷　明抄本
弘治八年福建鄉試録一卷　明弘治刻本
弘治十一年福建鄉試録一卷　明弘治刻本
弘治十四年福建鄉試録一卷　明弘治刻本
正德五年福建鄉試録一卷　明正德刻本
正德八年福建鄉試録一卷　明正德刻本
正德十一年福建鄉試録一卷　明正德刻本
嘉靖七年福建鄉試録一卷　明嘉靖刻本
嘉靖十三年福建鄉試録一卷　明嘉靖刻本
嘉靖十六年福建鄉試録一卷　明嘉靖刻本

嘉靖二十五年福建鄉試録一卷　明嘉靖刻本
嘉靖二十八年福建鄉試録一卷　明嘉靖刻本
嘉靖三十一年福建鄉試録一卷　明嘉靖刻本
嘉靖四十三年福建鄉試録一卷　明嘉靖刻本
隆慶元年福建鄉試録一卷　明隆慶刻本
隆慶四年福建鄉試録一卷　明隆慶刻本
萬曆元年福建鄉試録一卷　明萬曆刻本
萬曆四年福建鄉試録一卷　明萬曆刻本
萬曆七年福建鄉試録一卷　明萬曆刻本
萬曆十年福建鄉試録一卷　明萬曆刻本
成化四年廣東鄉試録一卷　明成化刻本
成化七年廣東鄉試録一卷　明成化刻本
成化十年廣東鄉試録一卷　明成化刻本
成化二十二年廣東鄉試録一卷　明成化刻本
弘治二年廣東鄉試録一卷　明弘治刻本
弘治八年廣東鄉試録一卷　明弘治刻本
正德二年廣東鄉試録一卷　明正德刻本
正德五年廣東鄉試録一卷　明正德刻本
正德十四年廣東鄉試録一卷　明正德刻本
嘉靖十三年廣東鄉試録一卷　明嘉靖刻本
嘉靖十六年廣東鄉試録一卷　明嘉靖刻本
嘉靖十九年廣東鄉試録一卷　明嘉靖刻本
嘉靖二十二年廣東鄉試録一卷　明嘉靖刻本
嘉靖二十五年廣東鄉試録一卷　明嘉靖刻本
嘉靖二十八年廣東鄉試録一卷　明嘉靖刻本
嘉靖三十一年廣東鄉試録一卷　明嘉靖刻本
嘉靖四十年廣東鄉試録一卷　明嘉靖刻本
嘉靖四十三年廣東鄉試録一卷　明嘉靖刻本
隆慶四年廣東鄉試録一卷　明隆慶刻本
萬曆元年廣東鄉試録一卷　明萬曆刻本
萬曆四年廣東鄉試録一卷　明萬曆刻本
萬曆七年廣東鄉試録一卷　明萬曆刻本
萬曆十年廣東鄉試録一卷　明萬曆刻本

弘治五年廣西鄉試録一卷　明弘治刻本
正德二年廣西鄉試録一卷　明正德刻本
正德八年廣西鄉試録一卷　明正德刻本
正德十四年廣西鄉試録一卷　明正德刻本
嘉靖十六年廣西鄉試録一卷　明嘉靖刻本
嘉靖二十八年廣西鄉試録一卷　明嘉靖刻本
嘉靖四十年廣西鄉試録一卷　明嘉靖刻本
嘉靖四十三年廣西鄉試録一卷　明嘉靖刻本
隆慶四年廣西鄉試録一卷　明隆慶刻本
萬曆元年廣西鄉試録一卷　明萬曆刻本
萬曆四年廣西鄉試録一卷　明萬曆刻本
萬曆七年廣西鄉試録一卷　明萬曆刻本
萬曆十年廣西鄉試録一卷　明萬曆刻本
弘治十四年雲貴鄉試録一卷　明弘治刻本
正德二年雲貴鄉試録一卷　明正德刻本
嘉靖元年雲貴鄉試録一卷　明嘉靖刻本
嘉靖四年雲貴鄉試録一卷　明嘉靖刻本
嘉靖十三年雲貴鄉試録一卷　明嘉靖刻本
嘉靖十六年雲南鄉試録一卷　明嘉靖刻本
嘉靖二十五年雲南鄉試録一卷　明嘉靖刻本
嘉靖四十三年雲南鄉試録一卷　明嘉靖刻本
萬曆四年雲南鄉試録一卷　明萬曆刻本
萬曆十年雲南鄉試録一卷　明萬曆刻本
嘉靖二十五年貴州鄉試録一卷　明嘉靖刻本
嘉靖三十一年貴州鄉試録一卷　明嘉靖刻本
嘉靖三十四年貴州鄉試録一卷　明嘉靖刻本
嘉靖四十年貴州鄉試録一卷　明嘉靖刻本
隆慶四年貴州鄉試録一卷　明隆慶刻本
萬曆四年貴州鄉試録一卷　明萬曆刻本
萬曆十年貴州鄉試録一卷　明萬曆刻本

10289 **順治十八年縉紳册不分卷**　清順治洪氏剞劂齋刻本　翁方綱　法式善　阮元　丁嘉葆　潘祖頤跋　朱珪　邵懿辰　吴存義題詩　伊秉綬　葉

志詵 沈濤 李文田 李鴻裔題款 國家圖書館

10290 **十七史詳節二百七十四卷** （宋）吕祖謙輯 明正德十三年（1518）劉弘毅慎獨齋刻本 清華大學圖書館

10291 **通鑑總類二十卷** （宋）沈樞輯 明萬曆二十三年（1595）孫隆刻本 汪士鐘跋 山東大學圖書館

10292 **新集分類通鑑不分卷** 明弘治十二年（1499）施槃刻本 首都圖書館

10293 **兩漢博聞十二卷** （宋）楊侃輯 明嘉靖三十七年（1558）黄魯曾刻本 南京圖書館

10294 **元史節要二卷釋文一卷** （明）張美和輯 明洪武三十年（1397）建安書堂刻本 宋筠跋 國家圖書館

10295 **歲時節氣集解一卷** （明）洪常撰 明正德八年（1513）洪氏家塾夢莊草堂刻本 國家圖書館

10296 **輿地略一卷天文略一卷** （明）蔡汝楠撰 明嘉靖白石精舍刻本 羅士琳批校 北京大學圖書館

10297 **[嘉靖]霸州志九卷** （明）唐交 高濬等纂修 明嘉靖刻本 北京大學圖書館

10298 **[萬曆]灤志六卷** （明）周宇纂修 明萬曆刻本 中國科學院南京地理與湖泊研究所

10299 **[光緒]湘陰縣志不分卷** （清）郭嵩燾撰 稿本 曾國藩批校 湖南師範大學圖書館

10300 **[正德]姑蘇志六十卷** （明）林世遠 王鏊等纂修 明正德元年（1506）刻嘉靖增修本 寧波市天一閣博物館

10301 **[萬曆]武進縣誌八卷** （明）晏文輝 唐鶴徵纂修 明萬曆刻本 天津圖書館

10302 **[萬曆]重修鎮江府志三十六卷** （明）王應麟 王樵等纂修 明萬曆刻天啓增修本 天津圖書館

10303 **[萬曆]徐州志六卷** （明）姚應龍等纂修 明萬曆刻本 天津圖書館

10304 **[嘉靖]徽州府志二十二卷圖一卷** （明）何東序 汪尚寧纂修 明嘉靖刻本 天津圖書館

10305 **[正統]和州志五卷** （明）朱沅 陳鈞纂修 明正統六年（1441）刻本 國家圖書館

10306 **[萬曆]沃史二十六卷** （明）趙彦復纂修 明萬曆刻本 天津圖書館

10307 **[萬曆]鄒誌四卷** （明）胡繼先纂修 明萬曆刻本 天津圖書館

10308 **[嘉靖]浙江通志七十二卷** （明）胡宗憲 薛應旂纂修 明嘉靖刻本 天津圖書館

10309 **[萬曆]温州府志十八卷** （明）湯日昭 王光藴纂修 明萬曆刻本 温州市圖書館

10310 **中吴紀聞六卷** （宋）龔明之撰 明正德九年（1514）龔弘刻本 錢穀 錢允治校 葉景葵跋 上海圖書館

10311 **晉陵問一卷** （明）常志學撰 （明）周治隆注 明萬曆十二年（1584）李備刻本 蘇州圖書館

10312 **荆溪外紀二十五卷** （明）沈敕撰 明嘉靖二十四年（1545）刻本 中國書店

10313 **武林舊事逸四卷** （宋）周密撰 明抄本 鮑廷博校 國家圖書館

10314 **吴興掌故集十七卷** （明）徐獻忠撰 清抄本 吴騫校 周廣業 唐翰題跋 上海圖書館

10315 **永嘉聞見録四卷** （清）孫同元撰 清抄本 勞格校 上海圖書館

10316 **下雉纂一卷** （明）馬歘撰 明天啓四年（1624）徐𤊹抄本 徐𤊹跋 福建省圖書館

10317 **岳陽風土記一卷** （宋）范致明撰 明嘉靖四十二年（1563）許嶽刻本 國家圖書館

10318 **東南防守利便三卷** （宋）陳克 吳若撰 明崇禎八年（1635）浣花居刻本 大連圖書館

10319 **古今游名山記十七卷總録三卷** （明）何鏜輯 明嘉靖四十四年（1565）自刻本 四川省圖書館

10320 **水經注四十卷** （北魏）酈道元撰 明抄本 章炳麟 王國維跋 國家圖書館

10321 **治河通考十卷** （明）吳山撰 明嘉靖刻本 北京大學圖書館

10322 **西瀆大河志六卷** （明）張光孝撰 明萬曆三十八年（1610）刻本 中國科學院國家科學圖書館

10323 **泉河紀略七卷圖二卷** （明）張純撰 （明）徐淵校 明隆慶三年（1569）清風堂刻本 首都圖書館

10324 **三輔黄圖六卷** 明嘉靖四十三年（1564）薛晨刻本 北京大學圖書館

10325 **南泉慈化寺志二卷** （明）錢文薦撰 明刻本 福建省圖書館

10326 **遊志續編一卷** （明）陶宗儀輯 清遲雲樓抄本 勞權 勞格校 上海圖書館

10327 **瀛涯勝覽一卷** （明）馬歡撰 明祁氏澹生堂抄本 福建省圖書館

10328 **朝鮮賦一卷** （明）董越撰 明弘治三年（1490）吳必顯、王政刻本 上海博物館

10329 **安南志一卷** （明）蘇濬撰 明刻本 福建省圖書館

10330 **中興館閣録十卷** （宋）陳騤等撰 清乾隆二十九年（1764）盧文弨抄本 盧文弨校並跋 丁丙跋 南京圖書館

存三卷（七至八、十）

10331 **南京太僕寺誌十六卷** （明）雷禮纂修 明嘉靖刻本 丁丙跋 南京圖書館

10332 **南廱志二十四卷** （明）黄佐等撰 明嘉靖刻隆慶增修本 南京圖書館

10333 **無錫縣學筆記十二卷** （明）談修撰 明萬曆刻本 無錫市圖書館

10334 **山屋百官箴六卷** （宋）許月卿撰 明嘉靖十四年（1535）潘滋刻本 南京圖書館

10335 **官箴集要二卷** （明）汪天錫輯 明嘉靖刻本 北京大學圖書館

10336 **開州政蹟八卷** （明）李呈祥輯 明嘉靖十六年（1537）李崧祥刻本 南京圖書館

10337 **新刊增入諸儒議論杜氏通典詳節四十二卷** 明刻本（有補配） 復旦大學圖書館

10338 **杜氏通典纂要四卷** 明刻本 山東省圖書館

10339 **文獻通考三百四十八卷** （元）馬端臨撰 明正德十一至十四年（1516-1519）劉洪慎獨齋刻本 新疆大學圖書館

10340 **唐會要一百卷** （宋）王溥撰 清抄本 彭元瑞校並跋 上海圖書館

存九十八卷（一至九十二、九十五至一百）

10341 **五代會要三十卷** （宋）王溥撰 清抄本 錢大昕校 黄丕烈校並跋 國家圖書館

10342 **六部纂修條例不分卷** 明抄本 天津圖書館

10343 **大明集禮五十三卷** （明）徐一夔 梁寅等撰 明刻本 南京大學圖書館

10344 **故唐律疏議三十卷** （唐）長孫無忌等撰 清孫氏平津館影抄本 孫星衍校 上海圖書館

10345 **大明律解附例三十卷** （明）胡瓊撰 明刻本 上海社會科學院圖書館

10346 **祥刑要覽二卷** （明）吳訥撰 明成化二十二年（1486）林符刻本 國家圖書館

10347 **欽定四庫全書總目二百卷** （清）紀昀等撰 清乾隆内府寫文溯閣四庫全書本 天津圖書館

存一百三十八卷（一至三十三、三十五至三十六、三十八至四十一、四十四至四十七、五十至八十、八十二至九十、一百十七至一百十八、一百二十四、一百二十九、一百三十六至一百三十七、一百四十六至一百五十一、一百五十六至一百七十四、一百七十七至二百）

10348 **讀書敏求記四卷** （清）錢曾撰 清雍正四年（1726）趙孟升刻乾隆十年（1745）沈尚傑雙桂草堂重修本 黄丕烈校 上海圖書館

10349 **求古居宋本書目一卷** （清）黄丕烈藏並撰 清嘉慶十七年（1812）黄氏求古居抄本 黄丕烈校並跋 吳梅校 吳湖帆跋 國家圖書館

10350 **國史經籍志六卷** （明）焦竑撰 清金俊明抄本 唐翰題跋 上海圖書館

10351 **四部寓眼録不分卷** （清）周廣業撰 稿本 上海圖書館

10352 **金石録三十卷** （宋）趙明誠撰 明崇禎五年（1632）謝恒抄本 葉奕 沈顥 羅振玉 周叔弢跋 馮彪 葉萬題款 國家圖書館

10353 **金石録三十卷** （宋）趙明誠撰 清呂無黨抄本（卷二十五至三十配呂無黨家抄本）呂無黨校並跋 張元濟跋 上海圖書館

10354 **金石古文十四卷** （明）楊慎輯 明嘉靖十八年（1539）張紀刻本 青島市博物館

10355 **兩漢金石記二十二卷** （清）翁方綱撰 清乾隆五十四年（1789）翁方綱南昌使院刻本 張穆批校 何紹基題簽 葉啓勳跋 湖南圖書館

10356 **集古印譜五卷** （明）甘暘輯 **印正附説一卷** （明）甘暘撰 明萬曆二十四年（1596）自刻鈐印本 蘇州圖書館

10357 **宣和集古印史八卷** （明）來行學輯 明萬曆二十四年（1596）來氏寶印齋刻鈐印本 蘇州圖書館

10358 **集古印譜十卷** （明）范汝桐輯 明萬曆二十八年（1600）卧雲山房刻鈐印本 蔣學鏞 方介堪 葉豐 沙文若跋 西泠印社

10359 **印品七卷首一卷附一卷** （明）朱簡輯 明萬曆三十九年（1611）刻鈐印本 武漢圖書館

10360 **史通二十卷** （唐）劉知幾撰 明嘉靖十四年（1535）陸深刻本 黄丕烈跋 孫毓修校並録何焯 顧廣圻校跋 南京圖書館

10361 **史通二十卷** （唐）劉知幾撰 明刻本 顧廣圻校並跋 鄧邦述 葉景葵 洪業 顧廷龍跋 上海圖書館

10362 **史通訓故補二十卷** （清）黄叔琳撰 清乾隆十二年（1747）黄氏養素堂刻本 盧文弨校跋並録馮舒 錢曾 何焯校 丁丙跋 南京圖書館

10363 **小學史斷二卷** （宋）南宫靖一撰 **續一卷** （明）晏彦文撰 明嘉靖十二年（1533）遼藩朱寵瀼刻本 大連圖書館

10364 **小學史斷二卷** （宋）南宫靖一撰 **續一卷** （明）晏彦文撰 明嘉靖十七年（1538）張木刻藍印本 南京圖書館

10365 **泉南新刊古板大字小學史斷二卷首一卷** （宋）南宫靖一撰 **續一卷** （明）晏彦文撰 明嘉靖三十七年（1558）泉南翰墨餘香堂刻本 南京圖書館

10366 **學史十三卷** （明）邵寶撰 明正德十六年（1521）陳察刻本 南京圖書館

10367 **學史十三卷** （明）邵寶撰 明嘉靖二十三年（1544）秦汶刻本 河北大學圖書館

10368 **唐宋名賢歷代確論一百卷** 明弘治十七年（1504）錢孟濬刻本 復旦大學圖書館

10369 **唐宋名賢歷代確論一百卷** 明弘治十七年

（1504）錢孟濬刻本 丁丙跋 南京圖書館

10370 通鑑稾鑰十卷 明嘉靖刻本 四川大學圖書館 存八卷（一至五、八至十）

10371 五子書八卷 （明）歐陽清編 明嘉靖二十三年（1544）歐陽清刻本 北京大學圖書館

10372 五子書八卷 （明）歐陽清編 明嘉靖二十三年（1544）歐陽清刻本 南京圖書館

10373 六子書六十卷 （明）顧春編 明嘉靖十二年（1533）顧春世德堂刻本 首都圖書館

10374 六子書六十卷 （明）顧春編 明嘉靖十二年（1533）顧春世德堂刻本 南京圖書館

10375 十二子十五卷 明刻本 南京圖書館

10376 劉宋二子四卷 明嘉靖三十五年（1556）何鏜刻本 丁丙跋 南京圖書館

10377 孔子家語十卷 題（三國魏）王肅注 明嘉靖三十三年（1554）黄魯曾刻本 耕蘭氏校並跋 丁丙跋 南京圖書館

10378 孔子家語八卷 （明）何孟春註 明嘉靖二年（1523）高應禎刻本 北京大學圖書館

10379 新語二卷 （漢）陸賈撰 明弘治十五年（1502）李廷梧刻本 錢謙益跋 國家圖書館

10380 新書十卷 （漢）賈誼撰 明正德十年（1515）吉府刻本 唐翰題跋 國家圖書館

10381 新書十卷 （漢）賈誼撰 明正德十年（1515）吉府刻本 丁丙跋 南京圖書館

10382 賈太傅新書十卷 （漢）賈誼撰 （明）何孟春訂註 明正德十四年（1519）刻本 丁丙跋 南京圖書館

10383 鹽鐵論十二卷 （漢）桓寬撰 （明）張之象註 明嘉靖三十三年（1554）張氏猗蘭堂刻本 丁丙跋 南京圖書館

10384 重刻説苑新序三十卷 （漢）劉向撰 明嘉靖二十六年（1547）何良俊刻本 南京圖書館

10385 纂圖互註揚子法言十卷 （漢）揚雄撰 （晉）李軌 （唐）柳宗元 （宋）宋咸 吳祕 司馬光註 明初刻本 華東師範大學圖書館

10386 纂圖互註揚子法言十卷 （漢）揚雄撰 （晉）李軌 （唐）柳宗元 （宋）宋咸 吳祕 司馬光註 明刻本 武漢大學圖書館

10387 中説十卷 題（隋）王通撰 （宋）阮逸註 明初刻本 周星詒跋 國家圖書館

10388 中説十卷 題（隋）王通撰 （宋）阮逸註 明刻本 戴望校 南開大學圖書館

10389 二程先生書五十一卷 （宋）程顥 程頤撰 明隆慶四年（1570）金立敬刻本 江西省圖書館

10390 童蒙訓三卷 （宋）呂本中撰 明刻本 天津圖書館

10391 文公先生經世大訓十六卷 （明）余祐輯 明嘉靖元年（1522）河南按察司刻本 天津圖書館

10392 大學衍義四十三卷 （宋）真德秀撰 明嘉靖六年（1527）司禮監刻本 山東省圖書館

10393 大學衍義四十三卷 （宋）真德秀撰 明嘉靖吉澄刻本 湖南師範大學圖書館

10394 慈溪黄氏日抄分類九十七卷古今紀要十九卷 （宋）黄震撰 明正德十四年（1519）書林龔氏明實堂刻本 復旦大學圖書館

10395 理學類編八卷 （明）張九韶撰 明嘉靖二十一年（1542）益府刻本 丁丙跋 南京圖書館

10396 讀書録十卷續録十二卷 （明）薛瑄撰 明嘉靖三十四年（1555）沈維藩刻本 復旦大學圖書館

10397 **思菴野録三卷** （明）薛敬之撰 **思菴薛先生行實一卷附録一卷** （明）薛檻等輯 明天啓張經世刻本 山東大學圖書館

10398 **聖學格物通一百卷** （明）湛若水撰 明嘉靖十二年（1533）陳升刻本 無錫市圖書館

10399 **閑闢録十卷** （明）程曈撰 明嘉靖四十三年（1564）程纘洛刻本 新疆大學圖書館

10400 **學蔀通辨前編三卷後編三卷續編三卷終編三卷** （明）陳建撰 明嘉靖刻本 北京大學圖書館

10401 **堂廡箴銘二卷** （明）李懋檜輯 明萬曆四十三年（1615）何慶元、黄元立刻本 蘇州圖書館

10402 **太平經國之書十一卷首一卷** （宋）鄭伯謙撰 明嘉靖十五年（1536）高叔嗣刻本 重慶圖書館

10403 **新鐫武經七書七卷** （明）王守仁批評 （明）胡宗憲參評 明天啓元年（1621）茅震東刻套印本 江西省圖書館

10404 **新鐫武經七書七卷** （明）王守仁批評 （明）胡宗憲參評 明天啓元年（1621）茅震東刻套印本 哈爾濱市圖書館

10405 **武學經傳三種三十九卷** （明）翁溥編 明嘉靖三十二年（1553）刻本 北京大學圖書館

10406 **水陸攻守戰略秘書七種三十七卷** 題（清）澼絖道人輯 清咸豐三年（1853）麟桂活字印本 甘肅省圖書館

10407 **孫子集註十三卷** （漢）曹操 （唐）杜牧等撰 明嘉靖三十四年（1555）談愷刻本 重慶圖書館

10408 **孫子集註十三卷** （漢）曹操 （唐）杜牧等撰 明嘉靖三十四年（1555）談愷刻本 軍事科學院軍事圖書資料館

10409 **保生管見一卷附固本迂談一卷** （明）馮清撰 明嘉靖四年（1525）刻本 北京大學圖書館

10410 **江南經略八卷** （明）鄭若曾撰 明隆慶二年（1568）林潤刻本 首都圖書館

10411 **師律十六卷** （明）范景文撰 明崇禎刻本 山東省圖書館

10412 **古今將略四卷** （明）馮孜撰 明萬曆十八年（1590）刻本 遼寧省圖書館

10413 **管子二十四卷** 明劉氏安正書堂刻本 冒廣生 郭沫若跋 上海圖書館

10414 **管子二十四卷** （唐）房玄齡註 明萬曆十年（1582）趙用賢刻管韓合刻本 戴望校跋並録孫星衍 洪頤煊 王念孫 王引之 丁士涵 俞樾校 張其鍠跋 上海圖書館

10415 **管子二十四卷** （唐）房玄齡註 清陳奐家抄本 陳奐校跋並録陸貽典 黄丕烈跋 郭沫若 潘承弼跋 上海圖書館

10416 **韓非子二十卷** 明嘉靖四十年（1561）張鼎文刻本 丁丙跋 南京圖書館

10417 **韓非子二十卷** 明萬曆十年（1582）趙用賢刻管韓合刻本 黄丕烈校 上海圖書館

10418 **法家裒集一卷** （明）蘇祐輯 明嘉靖三十年（1551）唐堯臣刻本 南京圖書館

10419 **東垣十書三十二卷** 明吳門書林德馨堂刻本 蘇州博物館

10420 **石山醫案八種三十二卷** （明）汪機撰 明嘉靖刻崇禎祁門樸墅增刻本 中國中醫科學院圖書館

10421 **補註釋文黄帝內經素問十二卷** （唐）王冰註 （宋）林億等校正 （宋）孫兆改誤 **遺篇一卷 黄帝素問靈樞經十二卷** （宋）史崧音釋 明趙府居敬堂刻本 南京圖

書館

10422 **重廣補註黄帝内經素問二十四卷** （唐）王冰註 （宋）林億等校正 （宋）孫兆改誤 明嘉靖二十九年（1550）顧從德影宋刻本 丁丙跋 南京圖書館

10423 **新刊黄帝内經靈樞二十四卷** （宋）史崧音釋 明刻本 湖南省社會科學院圖書館

10424 **重修政和經史證類備用本草三十卷** （宋）唐慎微撰 （宋）寇宗奭衍義 明嘉靖十六年（1537）楚府崇本書院刻本 四川大學圖書館

10425 **本草圖譜□卷** 明周榮起抄周淑祜、周淑禧彩繪本 國家圖書館

存三卷（金石類、草類、木類）

10426 **家傳太素脉秘訣二卷** （明）劉伯祥註 明周文煒刻本 遼寧省圖書館

10427 **仲景全書二十六卷** （漢）張機撰 明萬曆二十七年（1599）趙開美刻本 中國醫科大學圖書館

10428 **註解傷寒論十卷** （金）成無己撰 **圖解運氣圖一卷** 明嘉靖二十四年（1545）汪通值主式齋刻本 吉林大學圖書館

10429 **太平聖惠方一百卷** （宋）王懷隱等撰 清抄本 楊守敬跋 四川省圖書館

10430 **類證普濟本事方十卷** （宋）許叔微撰 清抄本 陳鱣校跋並録黄丕烈題識 楊沂孫校並跋 丁丙跋 南京圖書館

10431 **新編南北經驗醫方大成十卷** （元）孫允賢撰 （明）熊彦明輯 明初刻本 丁丙 森立之跋 南京圖書館

10432 **易庵先生編註丹溪纂要四卷** （元）朱震亨撰 （明）盧和注 明嘉靖刻本 南京圖書館

10433 **醫林類證集要十卷** （明）王璽撰 明成化十八年（1482）春德堂刻本 南京圖書館

10434 **一萬社草十二卷** （明）盧明銓輯 明天啓刻本 無錫市圖書館

存八卷（一至八）

10435 **産寶百問二卷産寶百問前論九篇** （元）朱震亨輯 明嘉靖三十八年（1559）刻本 吉林大學圖書館

10436 **幼科類萃二十八卷** 明嘉靖十三年（1534）白玶刻本 北京大學圖書館

10437 **聞人氏痘疹論四卷** （宋）聞人規撰 明嘉靖二十三年（1544）黄標刻本 中國中醫科學院圖書館

10438 **養生類纂二十二卷養生月覽二卷** （宋）周守忠撰 明成化十年（1474）謝潁刻本 清華大學圖書館

存十七卷（養生類纂一至十七）

10439 **養生月覽二卷** （宋）周守忠撰 明成化十年（1474）謝潁刻本 國家圖書館

10440 **步天歌一卷** 明抄本 徐㶿批校 福建省圖書館

10441 **天文略步天歌二卷** 明嘉靖刻本 中國科學院上海生命科學信息中心

10442 **天問略一卷** （葡萄牙）陽瑪諾撰 明萬曆刻本 山東省圖書館

10443 **太玄經十卷** （漢）揚雄撰 （晉）范望解贊 **説玄一卷** （唐）王涯撰 **釋文一卷** 明嘉靖孫沐萬玉堂刻本 南京圖書館

10444 **康節先生觀物篇解五卷附皇極經世解起數訣一卷** （宋）祝泌撰 明抄本 孟繼儒丁丙跋 南京圖書館

10445 **皇極經世書傳八卷** （明）黄畿撰 明嘉靖三十三年（1554）黄佐刻本 南京圖書館

10446 **新編性理三書圖解九卷** （明）韓萬鍾撰 明嘉靖四十一年（1562）張敏德刻本 南京

圖書館

10447 素問六氣玄珠密語十六卷 題（唐）王冰撰 清抄本 吳騫 陳鱣 莫友芝跋 上海圖書館

10448 象緯占候三卷 明抄本 北京師範大學圖書館

10449 玉髓真經三十卷 （宋）張洞玄撰 （宋）劉允中注釋 （宋）蔡元定發揮 後卷二十一卷 明嘉靖二十九年（1550）福州府刻本 北京大學圖書館

10450 焦氏易林二卷 題（漢）焦延壽撰 明嘉靖四十年（1561）瀋藩勉學書院刻本 顧廣圻跋並録陸貽典校跋 丁丙跋 南京圖書館

10451 焦氏易林四卷 題（漢）焦延壽撰 明崇禎毛氏汲古閣刻津逮秘書本 顧廣圻録陸貽典校並跋 上海圖書館

10452 遁甲句解烟波釣叟歌十二卷 題（宋）趙普撰 （明）羅通遁法 （明）池紀解 明抄本 大連圖書館

10453 江邨銷夏録三卷 （清）高士奇輯 清乾隆三十七年（1772）陸時化抄本 陸時化 顧雲跋 上海圖書館

10454 書則三卷 （元）趙觽撰 明刻本 山東省圖書館

10455 書法鈎玄四卷 （元）蘇霖撰 明刻本 趙宧光批校 吳起潛跋 上海圖書館

10456 書史會要九卷補遺一卷 （明）陶宗儀撰 明洪武九年（1376）盧祥、林應麟等刻本 上海圖書館

10457 論碑帖詩一卷論書絶句一卷 （清）王芑孫撰 稿本 端方跋 國家圖書館

10458 純全集四卷 （宋）韓拙撰 明沈辨之野竹家抄本 國家圖書館

10459 歷代名公畫譜四卷 （明）顧炳輯 明萬曆三十一年（1603）顧三聘、顧三錫刻本 國家圖書館

10460 詩餘畫譜不分卷 明萬曆四十年（1612）汪□刻本 紹興圖書館

10461 古今印史一卷附録一卷 （明）徐官撰 明隆慶三年（1569）自刻本 北京大學圖書館

10462 皇明印史四卷 （明）邵潛篆刻並輯 明天啓刻鈐印本 北京師範大學圖書館

10463 金一甫印選不分卷 （明）金光先篆刻並輯 明萬曆刻鈐印本 蘇州圖書館

10464 黄易自存印譜一卷 （清）黄易篆刻 清鈐印本 蘇州圖書館

10465 印章法不分卷 （明）潘茂弘撰 明崇禎八年（1635）刻朱墨印本 西泠印社

10466 研林鐵書一卷 （清）丁敬篆刻 清鈐印本 蘇州圖書館

10467 太音傳習五卷 （明）李仁撰 明嘉靖四十年（1561）周桂山刻本 國家圖書館

10468 猶賢集四卷 （明）汪雲程撰 明嘉靖活字印本 國家圖書館
存二卷（一、四）

10469 吳氏墨紀一卷 （明）吳楚輯 山泉吳氏小傳一卷 （明）彭年等撰 秋水玄思一卷 （明）吳頤元輯 明嘉靖四十年（1561）吳景明刻本 江西省圖書館

10470 飲膳正要三卷 （元）忽思慧撰 明景泰七年（1456）内府刻本 無錫市圖書館

10471 茶董二卷酒顛二卷 （明）夏樹芳輯 明萬曆夏氏清遠樓刻本 遼寧省圖書館

10472 花史左編二十四卷 （明）王路撰 花麈一卷 題百花主人輯 明萬曆刻本 南京農業大學圖書館

10473 亳州牡丹史四卷 （明）薛鳳翔撰 明萬曆刻本 蘇州圖書館

10474 鶡冠子三卷 （宋）陸佃注 明刻本 重慶圖書館

10475 呂氏春秋二十六卷 （漢）高誘注 明弘治十一年（1498）李瀚刻本 天津師範大學圖書館

10476 淮南鴻烈解二十一卷 （漢）劉安撰 （漢）高誘注 明萬曆八年（1580）茅一桂刻本 孫詒讓批校 浙江省瑞安市文物館

10477 淮南鴻烈解二十一卷 （漢）劉安撰 （漢）高誘注 清抄本 陳奐校並跋 上海圖書館

10478 白虎通德論二卷 （漢）班固撰 明嘉靖元年（1522）傅鑰刻本 孫星衍校並跋 上海圖書館

10479 風俗通義十卷 （漢）應劭撰 明末刻本 朱筠 朱錫庚校並跋 翁同書跋 國家圖書館

10480 天祿閣外史八卷 題（漢）黄憲撰 明銅活字印本 上海圖書館

10481 因話録六卷 （唐）趙璘撰 清順治十五年（1658）葉仁祖抄本 葉萬跋 國家圖書館

10482 齊丘子六卷 （五代）譚峭撰 明天啓五年（1625）張鴻舉刻本 南通市圖書館

10483 麈史三卷 （宋）王得臣撰 明抄本 錢曾 沈欽韓 繆荃孫校 黄丕烈跋 國家圖書館

10484 麈史三卷 （宋）王得臣撰 清抄本 李文藻批校 山東省圖書館

10485 猗覺寮雜記二卷 （宋）朱翌撰 清抄本[四庫底本] 國家圖書館

10486 學林十卷 （宋）王觀國撰 清吳氏繡谷亭抄本[四庫底本] 上海圖書館

10487 西溪叢語二卷 （宋）姚寬撰 明嘉靖二十七年（1548）俞憲鴸鳴館刻本 吳翌鳳録何煌校跋 張紹仁校並跋 黄丕烈跋 國家圖書館

10488 雲麓漫抄十五卷 （宋）趙彦衛撰 清吳氏繡谷亭抄本 吳焯 王禮培跋 上海圖書館

10489 鶴林玉露六卷 （宋）羅大經撰 明活字印本 李宏信校並跋 國家圖書館

10490 齊東埜語二十卷 （宋）周密撰 明正德十年（1515）胡文璧刻本[四庫底本] 北京大學圖書館

10491 錢磬室雜録不分卷 （明）錢穀撰 稿本 文從簡跋 天津圖書館

10492 推篷寤語九卷餘録一卷 （明）李豫亨撰 明隆慶五年（1571）李氏思敬堂刻本（有抄配） 首都圖書館

10493 群賢要語二卷 （明）李佑輯 明隆慶五年（1571）刻本 安徽省圖書館

10494 群賢要語二卷 （明）李佑輯 明隆慶五年（1571）刻後印本 寧波市天一閣博物館

10495 比璞山房罪言十四卷 （明）談修撰 明萬曆二十二年（1594）自刻本 無錫市圖書館

10496 鬱岡齋筆麈四卷 （明）王肯堂撰 明萬曆刻本[四庫進呈本] 吉林市圖書館
存三卷（一至二、四）

10497 桃溪客語二卷 （清）吳騫撰 清抄本 錢大昕 吳騫校 國家圖書館

10498 里堂道聽録四十卷又一卷 （清）焦循撰 稿本 國家圖書館

10499 東觀餘論二卷 （宋）黄伯思撰 明抄本 上海圖書館

10500 困學紀聞二十卷 （宋）王應麟撰 （清）閻若璩箋 清乾隆三年（1738）馬氏叢書樓刻本 盧文弨校跋並録何焯 全祖望批校 上海圖書館

10501 識遺十卷 （宋）羅璧撰 清抄本 吳騫校

陳鱣校並跋 上海圖書館

10502 **丹鉛摘録十三卷** （明）楊慎撰 明嘉靖二十六年（1547）石簡刻本 北京大學圖書館

10503 **正楊四卷** （明）陳耀文撰 明隆慶三年（1569）刻本 蘇州圖書館

10504 **日知録八卷譎觚十事一卷** （清）顧炎武撰 清康熙九年（1670）自刻本 傅增湘跋 國家圖書館

10505 **世説新語三卷** （南朝宋）劉義慶撰 （南朝梁）劉孝標注 明嘉靖十四年（1535）袁褧嘉趣堂刻本 馮舒批校 何煌校並録陳景雲等校語 國家圖書館

10506 **唐摭言十五卷** （五代）王定保撰 明抄本 鄧邦述 李祖年跋 上海圖書館

10507 **澠水燕譚録十卷** （宋）王辟之撰 明柳僉抄本（卷十配清黄氏士禮居抄本） 黄丕烈校並跋 周星詒跋 上海圖書館

10508 **玉照新志五卷** （宋）王明清撰 明萬曆十四年（1586）秦四麟抄本（卷三至五配明抄本） 秦四麟 孫江 黄丕烈跋 國家圖書館

10509 **家世舊聞二卷** （宋）陸游撰 明穴研齋抄本 鄧邦述跋 國家圖書館

10510 **漫堂隨筆一卷** 明嘉靖三十五年（1556）姚咨抄本 姚咨跋 國家圖書館

10511 **孤樹裒談二十卷** （明）李默撰 明鈕氏世學樓抄本 上海圖書館

10512 **張恭懿松窗夢語八卷** （明）張瀚撰 清抄本 謝國楨跋 南開大學圖書館

10513 **聚善傳芳録八卷** （明）竇卿輯 明萬曆三年（1575）竇文照刻本 蘇州圖書館

10514 **戍樓閒話四卷** （明）茅元儀撰 明天啓刻本 無錫市圖書館

10515 **自敘宦夢録四卷** （明）黄景昉撰 清抄本 遼寧省圖書館

10516 **涉園瑣記□卷** （清）徐開禧撰 清初抄本 江蘇省吴江市圖書館

存三卷（一至二、七）

10517 **鄭桐菴筆記一卷** （清）鄭敷教撰 清嘉慶十四年（1809）黄氏士禮居抄本 黄丕烈跋 上海圖書館

10518 **雲烟過眼録一卷** （宋）周密撰 明馮舒家抄本 國家圖書館

10519 **紺珠集十三卷** 明天順刻本 無錫市圖書館

10520 **紺珠集十三卷** 明天順刻本（卷一至二配明抄本） 毛晉 毛扆校 國家圖書館

10521 **清異録二卷** （宋）陶穀撰 清魏錫曾抄本 丁仁跋 上海師範大學圖書館

10522 **灼艾集二卷續集二卷别集二卷餘集二卷** （明）萬表輯 明嘉靖刻本 北京大學圖書館

10523 **古今韻史十二卷** （明）陳繼儒 程銓撰 明刻本 遼寧省圖書館

10524 **北堂書鈔一百六十卷** （唐）虞世南輯 明正德十三年（1518）竹東書舍抄本 上海圖書館

存一百五十卷（一至七十二、七十八至八十一、八十七至一百六十）

10525 **唐宋白孔六帖一百卷目録二卷** （唐）白居易 （宋）孔傳輯 明刻本 四川師範大學圖書館

10526 **事物紀原集類十卷** （宋）高承輯 明正統十二年（1447）閻敬刻本 首都圖書館

10527 **敏求機要十六卷** （元）劉實撰 （元）劉茂實注 清乾隆四十二年（1777）鮑氏知不足齋抄本 上海圖書館

10528 **新增説文韻府群玉二十卷** （元）陰時夫輯 （元）陰中夫註 明天順六年（1462）葉

氏南山書堂刻本 丁丙跋 南京圖書館

10529 **新刊類聚古今故事韻府大全四十卷** （明）包瑜輯 明嘉靖四年（1525）劉氏日新書堂刻本 雲南大學圖書館

10530 **聯新事備詩學大成三十卷** （元）林楨輯 明內府刻本 華東師範大學圖書館

10531 **原始祕書十卷** （明）朱權輯 明刻本 華東師範大學圖書館

10532 **群書集事淵海四十七卷** 明正德八年（1513）慎獨齋刻本 北京大學圖書館

10533 **左粹類纂十二卷** （明）施仁輯 明嘉靖安國弘仁堂刻本 北京師範大學圖書館

10534 **左粹類纂十二卷** （明）施仁輯 明嘉靖安國弘仁堂刻本 吉林大學圖書館

存二卷（六十九至七十）

10535 **類選苑詩秀句十二卷** （明）顧起綸輯 明萬曆刻本 無錫市圖書館

10536 **朱翼十二卷** （明）江旭奇輯 明萬曆四十四年（1616）刻本 衡陽市圖書館

10537 **永樂北藏六千三百六十一卷續藏四百十卷** 明永樂十九年至正統五年（1421-1440）刻萬曆十二年（1584）續刻本 山西省隰縣文物旅游局

10538 **潤州焦山碩機聖禪師語録一卷** （南明）釋通英 釋上綏輯 南明弘光元年（1645）釋玄嚴、釋玄貞等募刻本 國家圖書館

10539 **彌陀往生淨土懺儀不分卷** 明永樂十八年（1420）朱高熾刻本 首都圖書館

10540 **天地冥陽水陸雜文二卷壇場式一卷** （宋）楊諤撰 （宋）宗賾編 明初刻本 湖南省社會科學院圖書館

10541 **老子道德經二卷** （三國魏）王弼注 **音義一卷** （唐）陸德明撰 清光緒元年（1875）浙江書局刻二十二子本 王仁俊校並跋 遼寧省圖書館

10542 **纂圖互註南華真經十卷** （晉）郭象註 （唐）陸德明音義 明初刻本 廣東省博物館

10543 **莊子郭註十卷** （晉）郭象撰 （唐）陸德明音義 明萬曆三十三年（1605）鄒之嶧刻本 王獻唐校並跋 山東大學圖書館

10544 **南華經十六卷** （晉）郭象註 （宋）林希逸口義 （宋）劉辰翁點校 （明）王世貞評點 （明）陳仁錫批注 明刻四色套印本 中國書店

10545 **莊子删註六卷** （明）呂繼儒撰 明萬曆刻本 蘇州圖書館

10546 **南華真經旁注五卷** （明）方虛名撰 明萬曆二十二年（1594）刻本（有抄配） 嚴虞惇批並跋 上海社會科學院圖書館

10547 **金丹先天纂要八卷** （明）任拱辰編 明嘉靖二十八年（1549）自刻本 北京大學圖書館

10548 **群仙要語纂集一卷** （元）董漢醇輯 明刻本 復旦大學圖書館

10549 **龍門子凝道記三卷** （明）宋濂撰 明正德三年（1508）刻本 北京大學圖書館

10550 **賜號太和先生圖相贊不分卷** （明）顧鼎臣撰 明嘉靖刻本 國家圖書館

10551 **百川學海一百種一百七十九卷** （宋）左圭編 明弘治十四年（1501）華珵刻本（有抄配） 浙江大學圖書館

10552 **合諸家真評先秦十五種一百四十九卷附一種二卷** （明）黄汝亨編 明刻本 山東省圖書館

10553 **武英殿聚珍版書一百三十八種二千四百十六卷** 清乾隆武英殿活字印本（易緯、漢宮舊儀、魏鄭公諫續録、帝範注

配清乾隆三十八年武英殿刻本） 湖北省圖書館

10554 **海琱集四種九卷** （明）毛㸅撰並編 明末刻本 首都圖書館

10555 **養一齋全集八種五十八卷** （清）潘德輿撰 稿本 姚瑩 丁晏 張際亮 魯一同批校 南京圖書館

10556 **楚辭章句十七卷** （漢）王逸撰 **疑字直音補一卷** 明隆慶五年（1571）豫章夫容館刻本 湖南圖書館

10557 **楚辭章句十七卷** （漢）王逸撰 **疑字直音補一卷** 明隆慶五年（1571）豫章夫容館刻天啓三年（1623）叢桂堂重修本 山東大學圖書館

10558 **楚辭章句十七卷** （漢）王逸撰 **疑字直音補一卷** 明隆慶五年（1571）豫章夫容館刻天啓三年（1623）叢桂堂重修本 北京師範大學圖書館

10559 **楚辭集註八卷辯證二卷後語六卷** （宋）朱熹撰 明正德十四年（1519）沈圻刻本 北京師範大學圖書館

10560 **楚辭集註八卷辯證二卷後語六卷** （宋）朱熹撰 **反離騷一卷** （漢）揚雄撰 明嘉靖十四年（1535）袁褧刻本 北京師範大學圖書館

10561 **天問天對解一卷** （宋）楊萬里撰 明崇禎十年（1637）古香齋刻本 清華大學圖書館

10562 **曹子建集十卷** （三國魏）曹植撰 明銅活字印本 王士禛跋 國家圖書館

10563 **嵇中散集十卷** （三國魏）嵇康撰 明嘉靖四年（1525）黄省曾南星精舍刻本（敘、卷一至四、十配清抄本） 黄丕烈校並跋 上海圖書館

10564 **支遁集二卷** （晉）釋支遁撰 明嘉靖十四年（1535）楊氏七檜山房抄本 莫棠 傅增湘跋 上海圖書館

10565 **謝朓集五卷** （南朝齊）謝朓撰 明嘉靖十六年（1537）黎晨刻本 北京大學圖書館

10566 **東皋子集三卷** （唐）王績撰 明萬曆二十七年（1599）趙琦美家抄本 趙琦美校並跋 錢謙益題簽 國家圖書館

10567 **陳伯玉文集十卷** （唐）陳子昂撰 清抄本 許乃普校 董文渙跋 武漢大學圖書館

10568 **張説之文集二十五卷** （唐）張説撰 明嘉靖十六年（1537）伍氏龍池草堂刻本 朱文鈞校補並録黄丕烈校跋 北京大學圖書館

10569 **唐儲光羲詩集五卷** （唐）儲光羲撰 明嘉靖二十九年（1550）刻本 高世異批校 河南大學圖書館

10570 **唐王右丞集十卷** （唐）王維撰 明崇禎三年（1630）馮班抄本 馮班跋 上海圖書館 存二卷（九至十）

10571 **類箋唐王右丞詩集十卷** （唐）王維撰 （明）顧起經注 **文集四卷集外編一卷** （唐）王維撰 （明）顧起經輯 **年譜一卷** （明）顧起經撰 明嘉靖三十五年（1556）顧氏奇字齋刻本 湖南圖書館

10572 **唐王右丞詩集六卷** （唐）王維撰 （明）顧可久註 明嘉靖三十八年（1559）洞易書院刻本 重慶圖書館

10573 **唐劉隨州詩集十一卷外集一卷** （唐）劉長卿撰 明刻本 吉林大學圖書館

10574 **顔魯公文集十五卷補遺一卷** （唐）顔真卿撰 **年譜一卷** （宋）留元剛撰 **附録一卷** 明嘉靖二年（1523）安國安氏館刻本 重慶圖書館

10575 **唐李白詩十二卷** （唐）李白撰 明嘉靖刻本 北京師範大學圖書館

10576 **唐翰林李白詩類編十二卷** （唐）李白撰 明刻本 重慶圖書館

10577 **分類補註李太白詩二十五卷** （唐）李白撰 （宋）楊齊賢集註 （元）蕭士贇補註 明正德十五年（1520）安正書堂刻本 湖南圖書館

10578 **集千家註分類杜工部詩二十五卷文集二卷** （唐）杜甫撰 （宋）徐居仁編次 （宋）黃鶴補註 **年譜一卷** （宋）黃鶴撰 明正德十四年（1519）汪諒金臺書院刻本 清華大學圖書館

10579 **集千家註杜工部詩集二十卷文集二卷** （唐）杜甫撰 （宋）黃鶴補註 明刻本 佚名録查慎行批校 山東省圖書館

10580 **集千家註批點杜工部詩集二十卷文集二卷** （唐）杜甫撰 （宋）黃鶴補註 （宋）劉辰翁評點 **年譜一卷附録一卷** 明洪武元年（1368）會文堂刻本 山東大學圖書館
存三卷（文集一至二，附録）

10581 **集千家註批點杜工部詩集二十卷** （唐）杜甫撰 （宋）黃鶴補註 （宋）劉辰翁評點 **年譜一卷** 明初刻本 北京師範大學圖書館
存十四卷（一、四至十二、十八至二十、年譜）

10582 **虞邵庵分類杜詩註不分卷** （唐）杜甫撰 （元）虞集註 明正統石璞刻本 國家圖書館

10583 **杜律七言註解一卷** （唐）杜甫撰 （元）虞集注 明刻本 山東省圖書館

10584 **杜律五七言四卷** 明龔雷刻本 華東師範大學圖書館

10585 **杜工部全集六十六卷目録六卷** （唐）杜甫撰 （明）劉世教輯 **年譜一卷** （宋）黃鶴撰 明萬曆四十年（1612）刻合刻分體李杜全集本 吕留良批 吕葆中跋 浙江大學圖書館

10586 **讀杜詩愚得十八卷** （明）單復撰 明天順元年（1457）朱熊梅月軒刻弘治十四年（1501）重修本 山東省圖書館
存十三卷（一、三至六、八至九、十一至十三、十六至十八）

10587 **杜工部集二十卷** （唐）杜甫撰 （清）錢謙益箋註 **年譜一卷諸家詩話一卷唱酬題詠附録一卷附録一卷** 清康熙六年（1667）季氏靜思堂刻本 桂馥批校 山東省圖書館
存十三卷（一至五、十一至十五，諸家詩話，唱酬題詠附録，附録）

10588 **九家集注杜詩三十六卷** （唐）杜甫撰 （宋）郭知達編注 清乾隆武英殿刻本 故宫博物院

10589 **杜詩精華六卷** （唐）杜甫撰 （清）朱琦輯 清乾隆抄本 山東省圖書館

10590 **元次山集十二卷** （唐）元結撰 清陳氏向山閣抄本 上海圖書館

10591 **毘陵集二十卷** （唐）獨孤及撰 明抄本 厦門市圖書館
存十二卷（一至十二）

10592 **唐陸宣公集二十二卷** （唐）陸贄撰 明刻本 天津師範大學圖書館

10593 **唐陸宣公集二十四卷** （唐）陸贄撰 明嘉靖二十七年（1548）沈伯咸西清書舍刻本 吉林大學圖書館

10594 **唐陸宣公集二十四卷** （唐）陸贄撰 明不負堂刻本 清華大學圖書館

10595 玉川子詩集二卷集外詩一卷 （唐）盧同撰 清康熙顧夏珍抄本 秦更年題識 南開大學圖書館

10596 李長吉昌谷集句解定本四卷 （唐）李賀撰 （清）姚佺箋 （清）陳愫 丘象隨辯註 清初丘象隨西軒刻梅村書屋印本 何焯批並跋 浙江大學圖書館

10597 唐李元賓文集五卷 （唐）李觀撰 清西圃蔣氏抄本 王貢忱録吳翌鳳批校 山東省圖書館

10598 顧瑞屏太史評閱韓昌黎先生集四十卷 （唐）韓愈撰 （明）顧錫疇評 明崇禎六年（1633）胡文柱刻本 山東省圖書館

10599 增廣註釋音辯唐柳先生集四十三卷別集二卷外集二卷 （唐）柳宗元撰 （宋）童宗説註釋 （宋）張敦頤音辯 （宋）潘緯音義 附録一卷 明正統十三年（1448）善敬堂刻遞修本 復旦大學圖書館

10600 增廣註釋音辯唐柳先生集四十三卷別集二卷外集二卷 （唐）柳宗元撰 （宋）童宗説註釋 （宋）張敦頤音辯 （宋）潘緯音義 附録一卷 明正德十年（1515）張景暘、胡韶、劉玉刻本 安璿跋 北京師範大學圖書館

10601 孟東野先生詩集十卷 （唐）孟郊撰 （宋）國材評 明刻本 山東省圖書館

10602 呂和叔文集十卷 （唐）呂溫撰 清初錢氏述古堂抄本 國家圖書館

10603 張司業詩集三卷 （唐）張籍撰 清初公文紙影宋抄本 劉位坦跋 上海圖書館

10604 白氏文集七十一卷 （唐）白居易撰 明嘉靖十七年（1538）伍忠光龍池草堂刻錢應龍重修本 傅增湘校 山西博物院

10605 樊川文集二十卷外集一卷別集一卷 （唐）杜牧撰 明刻本（文集卷一首葉、序首葉莫棠抄配） 莫棠跋 北京師範大學圖書館

10606 文泉子集八卷 （唐）劉蜕撰 清乾隆五十七年（1792）任兆麟抄本 任兆麟校並跋 江蘇省吳江市圖書館

10607 唐皮日休文藪十卷 （唐）皮日休撰 明正德十五年（1520）袁表刻本 江西省圖書館

10608 唐皮日休文藪十卷 （唐）皮日休撰 明正德十五年（1520）袁表刻本 北京師範大學圖書館

10609 笠澤叢書八卷 （唐）陸龜蒙撰 清抄本 黄丕烈 戈載校並跋 上海圖書館

10610 周太朴詩一卷 （唐）周朴撰 太朴詩補遺一卷 （明）徐𤊹輯 明萬曆三十五年（1607）刻本 黄宗彝 郭柏蒼批校 湖南師範大學圖書館

10611 浣花集十卷 （唐）韋莊撰 明正德朱承爵朱氏文房刻本 傅增湘跋 國家圖書館

10612 徐公文集三十卷 （宋）徐鉉撰 清康熙五十一年（1712）翁栻抄本 翁栻跋 上海圖書館

10613 徐公文集三十卷 （宋）徐鉉撰 清貝氏友漢居抄本 貝墉校 國家圖書館

10614 安陽集五十卷 （宋）韓琦撰 別録三卷 （宋）王巖叟撰 遺事一卷 （宋）强至撰 忠獻韓魏王家傳十卷 明正德九年（1514）張士隆刻本 華東師範大學圖書館

10615 安陽集五十卷 （宋）韓琦撰 別録三卷 （宋）王巖叟撰 遺事一卷 （宋）强至撰 忠獻韓魏王家傳十卷 明正德九年（1514）張士隆刻本 中國科學院上海生命科學信息中心

10616 鐔津文集二十二卷 （宋）釋契嵩撰 明弘治十二年（1499）釋如巹刻本 中共中央黨

校圖書館

10617 司馬太師温國文正公傳家集八十卷目録二卷　（宋）司馬光撰　明刻本　曲阜文物管理委員會孔府文物檔案館

10618 趙清獻公文集十卷　（宋）趙抃撰　附録一卷　明成化七年（1471）閻鐸刻本　華東師範大學圖書館

10619 趙清獻公文集十卷　（宋）趙抃撰　附録一卷　明成化七年（1471）閻鐸刻本　四川大學圖書館

存五卷（一至五）

10620 直講李先生文集三十七卷　（宋）李覯撰　外集三卷年譜一卷門人録一卷　明正德十三年（1518）孫甫刻本　中共北京市委圖書館

10621 新刻石室先生丹淵集四十卷拾遺二卷　（宋）文同撰　年譜一卷　（宋）家誠之撰　續編諸公書翰詩文一卷雜紀一卷　明萬曆四十年（1612）蒲以懌刻本　保定市圖書館

10622 南豐先生元豐類稿五十一卷　（宋）曾鞏撰　明成化八年（1472）南豐縣刻遞修本　山東省圖書館

10623 南豐先生元豐類稿五十一卷　（宋）曾鞏撰　明嘉靖四十一年（1562）黄希憲刻本　江西省圖書館

10624 南豐先生元豐類稿五十一卷　（宋）曾鞏撰　明嘉靖王忬刻本　北京師範大學圖書館

10625 文潞公文集四十卷　（宋）文彦博撰　明嘉靖五年（1526）王溱刻本　北京師範大學圖書館

10626 濂溪集六卷　（宋）周敦頤撰　明嘉靖十四年（1535）黄敏才刻本　重慶圖書館

10627 節孝先生文集三十卷　（宋）徐積撰　語録一卷事實一卷　明嘉靖四十四年（1565）劉祐刻本　湖北省圖書館

10628 節孝先生文集三十卷　（宋）徐積撰　語録一卷事實一卷　明嘉靖四十四年（1565）劉祐刻本　山東大學圖書館

10629 新刊歐陽文忠公集五十卷　（宋）歐陽修撰　（明）曾魯考異　明正德元年（1506）日新書堂刻本　天津圖書館

10630 重刊嘉祐集十五卷　（宋）蘇洵撰　明嘉靖十一年（1532）太原府刻本　宋育德跋　江西省圖書館

10631 重刊嘉祐集十五卷　（宋）蘇洵撰　明嘉靖十一年（1532）太原府刻本　首都圖書館

10632 重刊嘉祐集十五卷　（宋）蘇洵撰　明嘉靖十一年（1532）太原府刻本　軍事科學院軍事圖書資料館

10633 重刊嘉祐集十五卷　（宋）蘇洵撰　明刻本　眉山市三蘇祠博物館

10634 蘇文忠公全集一百十一卷　（宋）蘇軾撰　年譜一卷　（宋）王宗稷撰　明嘉靖十三年（1534）江西布政司刻本　寧夏回族自治區圖書館

10635 蘇文忠詩注補正三卷　（清）沈欽韓撰　稿本　蔣鳳藻　王頌蔚跋　國家圖書館

10636 豫章黄先生文集三十卷外集十四卷别集二十卷簡尺二卷詞一卷　（宋）黄庭堅撰　伐檀集二卷　（宋）黄庶撰　山谷先生年譜三十卷　（宋）黄㽦撰　明弘治葉天爵刻嘉靖六年（1527）喬遷、余載仕重修本　北京師範大學圖書館

10637 豫章黄先生文集三十卷外集十四卷别集二十卷簡尺二卷詞一卷　（宋）黄庭堅撰　伐檀集二卷　（宋）黄庶撰　山谷先生年譜

三十卷 （宋）黄㽦撰 明弘治葉天爵刻嘉靖六年（1527）喬遷、余載仕重修隆慶二年（1568）修補本 重慶圖書館

10638 **后山詩註十二卷** （宋）陳師道撰 （宋）任淵註 明嘉靖十年（1531）遼藩朱寵瀼梅南書屋刻本 湖南圖書館

10639 **淮海集四十卷後集六卷長短句三卷** （宋）秦觀撰 明嘉靖二十四年（1545）胡民表刻本 復旦大學圖書館

10640 **劉給諫文集五卷** （宋）劉安上撰 清抄本 孫衣言校並跋 北京師範大學圖書館

10641 **龜山先生集三十五卷** （宋）楊時撰 **年譜一卷** （宋）黄去疾撰 **附録一卷** 明正德十二年（1517）沈輝刻本 復旦大學圖書館

10642 **浮溪文粹十五卷** （宋）汪藻撰 **附録一卷** 明正德元年（1506）馬金刻本 復旦大學圖書館

10643 **浮溪文粹十五卷** （宋）汪藻撰 **附録一卷** 明嘉靖九年（1530）汪栻刻本 天津師範大學圖書館

存九卷（一至九）

10644 **豫章羅先生文集十七卷** （宋）羅從彦撰 **年譜一卷** （元）曹道振撰 明嘉靖三十三年（1554）謝鸞刻本 復旦大學圖書館

存十卷（八至十七）

10645 **和靖尹先生文集十卷** （宋）尹焞撰 **附録一卷** 明嘉靖九年（1530）洪珠刻本 重慶圖書館

10646 **汪文定公集十三卷** （宋）汪應辰撰 **附録一卷** 明嘉靖二十五年（1546）夏浚刻本 重慶圖書館

10647 **拙齋文集二十卷拾遺一卷** （宋）林之奇撰 清影宋抄本[四庫底本] 上海圖書館

10648 **晦庵先生朱文公詩集十二卷** （宋）朱熹撰 （明）程瓅輯 明正德十六年（1521）程瓅刻本 北京大學圖書館

10649 **止齋先生奥論八卷** （宋）陳傅良撰 明萬曆元年（1573）書林吴桂泉刻本 蘇州圖書館

10650 **會稽三賦一卷** （宋）王十朋撰 （明）南逢吉校注 明嘉靖二年（1523）南大吉刻本 北京大學圖書館

10651 **攻媿先生文集一百二十卷目録三卷** （宋）樓鑰撰 清抄本（原缺卷七十七至七十九） 翁心存跋 上海圖書館

10652 **象山先生文集二十八卷外集五卷** （宋）陸九淵撰 明正德十六年（1521）安正書堂刻本（卷十五至十九抄配） 重慶圖書館

10653 **象山先生全集三十六卷** （宋）陸九淵撰 明嘉靖三十八年（1559）張喬相刻本 青島市圖書館

10654 **誠齋集一百三十三卷** （宋）楊萬里撰 明末毛氏汲古閣抄本 上海圖書館

10655 **南軒先生文集四十四卷** （宋）張栻撰 明嘉靖繆輔之刻本（卷一有抄配） 北京師範大學圖書館

10656 **南軒文集節要八卷** （宋）張栻撰 （明）聶豹輯 明嘉靖十年（1531）聶豹刻本 湖南圖書館

10657 **南軒文集節要八卷** （宋）張栻撰 （明）聶豹輯 明嘉靖十年（1531）聶豹刻本 北京師範大學圖書館

存六卷（一至六）

10658 **程端明公洺水集二十六卷首一卷** （宋）程珌撰 明嘉靖三十五年（1556）程元昞刻本 首都圖書館

10659 **龍洲道人集十卷** （宋）劉過撰 清知不足

齋抄本 鮑廷博校並跋 羅振常跋 浙江大學圖書館

10660 **西山先生真文忠公文集五十五卷目録二卷** （宋）真德秀撰 明正德十五年（1520）張文麟、黄鞏刻本 湖北省圖書館

10661 **白石道人歌曲六卷別集一卷** （宋）姜夔撰 清小玲瓏山館抄本 厲鶚 袁克文 羅振常跋 浙江大學圖書館

10662 **西園康範詩集一卷** （宋）汪晫撰 **實録一卷續録一卷附録外集一卷** 明嘉靖二十年（1541）汪茂槐刻本 安徽省圖書館

10663 **文山先生文集十七卷** （宋）文天祥撰 明正德九年（1514）張祥刻本 吉林大學圖書館

10664 **文山先生全集二十八卷** （宋）文天祥撰 明嘉靖三十一年（1552）鄢懋卿、寧寵刻本 軍事科學院軍事圖書資料館

10665 **疊山集十六卷** （宋）謝枋得撰 明景泰五年（1454）刻本 吉林大學圖書館

10666 **柴氏四隱集二卷** （宋）柴望撰 **附録一卷** 清鮑氏知不足齋抄本 鮑廷博校 劉履芬跋 上海圖書館

10667 **有宋福建莆陽黄仲元四如先生文稿五卷** （宋）黄仲元撰 明嘉靖二十一年（1542）黄文炳刻藍印本 北京大學圖書館

10668 **有宋福建莆陽黄仲元四如先生文稿五卷** （宋）黄仲元撰 明嘉靖二十一年（1542）黄文炳刻藍印本 湖南師範大學圖書館

10669 **心史七卷** （宋）鄭思肖撰 明崇禎十二年（1639）張國維刻本 山東大學圖書館

10670 **林屋山人漫稿一卷** （宋）俞琰撰 清抄本 鎮江市圖書館

10671 **閑閑老人滏水文集二十卷附録一卷** （金）趙秉文撰 清抄本 張子有校並跋 吴重熹校並跋 南開大學圖書館

10672 **滹南遺老王先生文集四十五卷續集一卷** （金）王若虚撰 明祁氏澹生堂抄本 吴焯題記 中國科學院國家科學圖書館

10673 **湛然居士文集十四卷** （元）耶律楚材撰 清乾隆劉鳳岐抄本 北京師範大學圖書館

10674 **郝文忠公陵川文集三十九卷** （元）郝經撰 明正德二年（1507）李瀚刻本 北京大學圖書館

10675 **松雪齋文集十卷外集一卷** （元）趙孟頫撰 明天順六年（1462）岳璿刻本 徐州師範大學圖書館

存七卷（一至二、五至六、九至十，外集）

10676 **魯齋全書七卷** （元）許衡撰 明正德十三年（1518）高傑刻本 安徽省博物館

10677 **魯齋全書七卷** （元）許衡撰 明正德十三年（1518）高傑刻本 湖南師範大學圖書館

10678 **魯齋遺書十卷** （元）許衡撰 明嘉靖四年（1525）蕭鳴鳳刻本 重慶圖書館

10679 **靜修先生丁亥集六卷遺文六卷遺詩六卷拾遺七卷續集三卷** （元）劉因撰 **附録二卷** 明弘治十八年（1505）崔暠刻本 復旦大學圖書館

10680 **雲峰胡先生文集十卷** （元）胡炳文撰 明正德三年（1508）何歆、羅縉刻本 首都圖書館

10681 **秋澗先生大全文集一百卷** （元）王惲撰 **附録一卷** 明弘治十一年（1498）馬龍、金舜臣刻本（卷二十一至二十九、八十四配抄本） 無錫市圖書館

存九十五卷（一至五十八、六十五至一百、附録）

10682 **漢泉曹文貞公詩集十卷** （元）曹伯啓撰

後録一卷　明祁氏澹生堂抄本　上海圖書館

10683 **陳剛中詩集三卷**（元）陳孚撰 **附録一卷** 清汪氏摛藻堂抄本　上海圖書館

10684 **靜春堂詩集八卷靜春翰墨一卷**（元）袁易撰　明抄本（序一册配清抄本）　黄丕烈校並跋　丁祖蔭校　上海圖書館

存四卷（一至四，卷五至八原缺）

10685 **翰林珠玉六卷**（元）虞集撰　清道光顧氏藝海樓抄本　山東省圖書館

10686 **揭曼碩詩集三卷續二卷**（元）揭傒斯撰　清初抄本　宋賓王校　上海圖書館

10687 **揭文安公文集九卷補遺一卷**（元）揭傒斯撰　清初抄本　宋賓王校並跋　莫棠跋　上海圖書館

10688 **存復齋文集十卷**（元）朱德潤撰 **附録一卷** 明成化十一年（1475）項璁刻本（序、卷一葉一至五、卷七葉一、附録葉八至九清顧廣圻抄配）　黄丕烈跋　上海圖書館

10689 **淵潁吴先生集十二卷**（元）吴萊撰 **附録一卷** 明嘉靖元年（1522）祝鑾刻本　重慶圖書館

10690 **石屋和尚山居詩一卷**（元）釋清珙撰 **石屋和尚住嘉興當湖福源禪寺語録一卷**（明）釋至柔輯 **石屋和尚塔銘一卷**（元）釋元旭撰　明弘治二年（1489）林竹坡刻本　復旦大學圖書館

10691 **周翰林近光集三卷扈從詩一卷**（元）周伯琦撰　清初抄本　黄丕烈跋　上海圖書館

10692 **蜕菴詩五卷補遺一卷**（元）張翥撰 **附録一卷** 清鮑氏知不足齋抄本　奚岡補佚詩　上海圖書館

10693 **栲栳山人詩集三卷**（元）岑安卿撰　清汪氏摛藻堂抄本　丁祖蔭校並跋　上海圖書館

10694 **林外野言二卷**（元）郭翼撰　清乾隆抄本　鮑廷博　勞格批校　丁祖蔭批　蘇州博物館

10695 **吴文定公手抄明太祖文不分卷**（明）太祖朱元璋撰　明吴寬抄本　吴寬　項元汴　吴榮光　羅天池跋　上海圖書館

10696 **宋學士文集七十五卷**（明）宋濂撰　明正德九年（1514）張縉刻公文紙印本　無錫市圖書館

存四十九卷（一至四、二十一至三十、四十一至七十五）

10697 **重刊宋濂學士先生文集二十八卷**（明）宋濂撰　明嘉靖三年（1524）安正堂刻本　重慶圖書館

10698 **誠意伯劉先生文集二十卷**（明）劉基撰　明正德十四年（1519）林富刻嘉靖七年（1528）方遠宜增修本　湖南師範大學圖書館

10699 **誠意伯劉先生文集二十卷**（明）劉基撰　明正德十四年（1519）林富刻嘉靖七年（1528）方遠宜增修本　吉林大學圖書館

10700 **槎翁文集十八卷**（明）劉崧撰　明嘉靖元年（1522）徐冠刻本　北京大學圖書館

10701 **清江貝先生文集三十卷詩集十卷詩餘一卷**（明）貝瓊撰　明洪武刻本　湖南師範大學圖書館

存三十卷（文集一至三十）

10702 **西隱文稿十卷**（明）宋訥撰 **附録一卷** 清初抄本　宋賓王校並補序　上海圖書館

10703 **始豐稿十四卷**（明）徐一夔撰　清抄本　唐翰題校　中國社會科學院歷史研究所圖書館

10704 **槎軒集十卷**（明）高啓撰 **附録一卷** 清抄本　黄丕烈跋　上海圖書館

10705 **高太史大全集十八卷**（明）高啓撰　明刻本　吉林大學圖書館

10706 高太史大全集十八卷 （明）高啓撰 明刻本 江蘇省常熟市博物館

10707 張來儀先生文集一卷 （明）張羽撰 補遺一卷 （清）勞格輯 清抄本 黄丕烈跋 邵恩多校 勞格校並録補遺目録 勞權校 上海圖書館

10708 覆瓿集七卷 （明）朱同撰 附録一卷 清抄本[四庫底本] 吉林大學圖書館

10709 畦樂先生詩集一卷 （明）梁蘭撰 附録一卷 清初刻本 蘇州圖書館

10710 泊菴先生文集十六卷 （明）梁潛撰 附録一卷 清初刻本 蘇州圖書館

10711 遜志齋集二十四卷 （明）方孝孺撰 附録一卷 明正德十五年（1520）顧璘刻本 新疆大學圖書館

10712 東里文集二十五卷 （明）楊士奇撰 明正統刻本 復旦大學圖書館

10713 蘭庭集不分卷 （明）謝晉撰 清抄本 山西大學圖書館

10714 坦菴先生文集八卷 （明）梁本之撰 清初刻本 蘇州圖書館

10715 觀光詩集二卷助教侯先生詩集二卷文集四卷 （明）侯復撰 清金氏文瑞樓抄本 天津圖書館

10716 刻曾西墅先生集十卷 （明）曾棨撰 明萬曆十九年（1591）吴期炤刻本 石家莊市圖書館

10717 芳洲文集十卷詩集四卷 （明）陳循撰 附録一卷 明萬曆陳以躍刻本 山東省圖書館
存十二卷（文集一至四、七至十，詩集全）

10718 芳洲文集續編六卷 （明）陳循撰 明萬曆四十六年（1618）陳以躍刻本 山東省圖書館
存四卷（三至六）

10719 敬軒薛先生文集二十四卷 （明）薛瑄撰 明弘治十六年（1503）李越刻遞修本 復旦大學圖書館

10720 文清公薛先生文集二十四卷 （明）薛瑄撰 行實録五卷 清雍正十二年（1734）薛氏家刻乾隆印本 王筠跋 山東大學圖書館

10721 馬學士文集八卷 （明）馬愉撰 明嘉靖四十一年（1562）遲鳳翔刻本 華東師範大學圖書館

10722 拙菴集四卷 （明）李紹撰 明刻本 江西省圖書館

10723 增刊詠梅花集句二卷 （明）沈行撰 明正德元年（1506）吳俊刻本 北京大學圖書館

10724 沈蘭軒集五卷 （明）沈彬撰 明萬曆刻武康四先生集本 杭州圖書館

10725 沈蘭軒集五卷 （明）沈彬撰 明萬曆刻武康四先生集本 貴州省圖書館

10726 古直先生文集十六卷 （明）劉珝撰 附録一卷 明嘉靖刻本（有抄配） 山東省圖書館

10727 白沙先生全集二十一卷 （明）陳獻章撰 明萬曆元年（1573）何子明刻本 湖南師範大學圖書館

10728 楊文懿公文集三十卷 （明）楊守陳撰 明弘治十二年（1499）楊茂仁刻本 浙江圖書館

10729 彭惠安公文集十一卷 （明）彭韶撰 明萬曆彭繼美刻本 蘇州圖書館

10730 彭東瀧先生遺稿四卷 （明）彭教撰 明萬曆三十八年（1610）孫之益刻本 江西省南康市圖書館

10731 懷麓堂詩續稿八卷 （明）李東陽撰 明正德十二年（1517）張汝立刻本 陳甚跋 華東師範大學圖書館
存四卷（一至四）

10732 擬古樂府二卷 （明）李東陽撰 （明）謝鐸 潘辰評點 （明）何孟春音註 明嘉靖三十一年（1552）唐堯臣刻本 北京大學圖書館

10733 康齋先生文集十二卷 （明）吴與弼撰 附録一卷 明嘉靖五年（1526）林維德刻本 重慶圖書館

10734 布衣陳先生存稿八卷 （明）陳真晟撰 明正德十一年（1516）林魁刻本 北京大學圖書館

10735 一峰先生文集十四卷 （明）羅倫撰 明萬卷樓刻本 山東省圖書館

10736 篁墩程先生文粹二十五卷 （明）程敏政撰 （明）程曾 戴銑輯 明正德元年（1506）張九逵刻本 華東師範大學圖書館

10737 楓山章先生文集四卷 （明）章懋撰 明嘉靖二十一年（1542）虞守愚刻本 吉林大學圖書館

10738 未軒公文集十二卷補遺二卷 （明）黄仲昭撰 附録一卷 明嘉靖三十四年（1555）黄希白刻清雍正十三年（1735）黄邁琮增修本 北京師範大學圖書館

10739 大明一統賦三卷 （明）莫旦撰 明嘉靖十五年（1536）鄭普刻本 北京大學圖書館

10740 梅花集詠一卷 （明）楊光溥撰 明楊東野刻本 青島市博物館

10741 匏翁家藏集七十七卷補遺一卷 （明）吴寬撰 明正德三年（1508）吴奭刻本 復旦大學圖書館

10742 匏翁家藏集七十七卷補遺一卷 （明）吴寬撰 明正德三年（1508）吴奭刻本 首都圖書館

10743 文温州集十二卷 （明）文林撰 明刻本 黄丕烈跋 上海圖書館

10744 馬東田文集六卷 （明）馬中錫撰 附録一卷 明嘉靖二十一年（1542）刻本 北京師範大學圖書館

10745 梅巖小稿三十卷 （明）張旭撰 明正德元年（1506）刻本 北京大學圖書館

10746 見素詩集十四卷 （明）林俊撰 明嘉靖元年（1522）林有年刻本 吉林大學圖書館

10747 荷亭文集十四卷 （明）盧格撰 明崇禎十二年（1639）盧迪刻本 蘇州圖書館

10748 容春堂前集二十卷後集十四卷續集十八卷别集九卷 （明）邵寶撰 明秦榛刻清雍正華希閎重修本 無錫市圖書館

10749 太保費文憲公摘稿二十卷 （明）費宏撰 明嘉靖三十四年（1555）吴遵之刻本 重慶圖書館

10750 王文莊公集十卷 （明）王鴻儒撰 明崇禎元年（1628）王應修刻本 南陽市圖書館

10751 振鷺集一卷 （明）陳鎬撰 明刻本 山東省圖書館

10752 楊文恪公集六十二卷 （明）楊廉撰 明刻本（目録配清抄本） 山東省圖書館

10753 戒菴文集二十卷 （明）靳貴撰 明嘉靖十九年（1540）刻本 北京大學圖書館

10754 元山文選五卷 （明）席書撰 明嘉靖二十年（1541）席中、席和刻本 北京大學圖書館

10755 祝氏集略三十卷 （明）祝允明撰 明嘉靖三十六年（1557）張景賢刻本（卷一至五、十至十七配抄本） 吴梅跋 蘇州大學圖書館

10756 南塢集詩八卷文十卷 （明）賈詠撰 明嘉靖二十一年（1542）刻隆慶二年（1568）重修本 北京大學圖書館

10757 渼陂集十六卷 （明）王九思撰 明嘉靖十二年（1533）王獻等刻本 北京大學圖書館

10758 熊士選集一卷 （明）熊卓撰 附録一卷 明嘉靖二十二年（1543）范欽刻本 北京師範大學圖書館

10759 熊士選集一卷 （明）熊卓撰 附録一卷 明嘉靖二十二年（1543）范欽刻本 北京大學圖書館

10760 浮湘稿四卷山中集四卷憑几集五卷續集二卷息園存稿十四卷又九卷緩慟集一卷國寶新編一卷近言一卷 （明）顧璘撰 明嘉靖吴郡沈氏繁露堂刻本 無錫市圖書館

10761 南川漫游稿十卷 （明）陶諧撰 明嘉靖十二年（1533）刻本 華東師範大學圖書館

10762 華泉詩集八卷 （明）邊貢撰 明嘉靖十七年（1538）蘇祐刻本 北京大學圖書館

10763 河東重刻陽明先生文録五卷外集九卷別録十卷 （明）王守仁撰 明嘉靖三十二年（1553）宋儀望刻本 四川大學圖書館

10764 貞翁淨稿十二卷 （明）周倫撰 附録一卷 明嘉靖三十七年（1558）周鳳起刻本 蘇州圖書館

10765 何栢齋文集八卷 （明）何瑭撰 明嘉靖三十三年（1554）周鎬刻本 北京大學圖書館

10766 竹澗先生文集八卷奏議四卷 （明）潘希曾撰 附録一卷 明嘉靖二十年（1541）黄省曾刻本 北京大學圖書館

10767 水南稿十九卷 （明）陳霆撰 明正德五年（1510）刻本 北京大學圖書館

10768 直廬稿十卷 （明）嚴嵩撰 明嘉靖三十一年（1552）自刻本 天津圖書館

10769 鈐山堂詩選四卷 （明）嚴嵩撰 （明）楊慎輯並評 明嘉靖三十一年（1552）楊可刻本 北京大學圖書館

10770 甘泉先生文集内編二十八卷外編十二卷 （明）湛若水撰 明嘉靖十五年（1536）火增刻本 北京大學圖書館

10771 儼山文集一百卷目録二卷外集四十卷續集十卷 （明）陸深撰 明嘉靖二十五年（1546）、三十年（1551）陸楫刻本 北京師範大學圖書館

10772 張文定公文選三十九卷 （明）張邦奇撰 明嘉靖二十九年（1550）張時徹刻本 北京大學圖書館

10773 太白山人詩五卷 （明）孫一元撰 明正德十五年（1520）刻本 重慶圖書館

10774 涇野先生文集三十六卷 （明）吕柟撰 明嘉靖三十四年（1555）于德昌刻本 湖南省社會科學院圖書館

10775 涇野先生文集□□卷 （明）吕柟撰 明嘉靖刻本 河南省圖書館
存十八卷（一至十八）

10776 筠谿文集三十卷 （明）鍾芳撰 明嘉靖二十七年（1548）鍾允謙刻本 北京大學圖書館

10777 唐漁石集四卷 （明）唐龍撰 明嘉靖十一年（1532）王惟賢刻本 吉林大學圖書館

10778 漁石集四卷 （明）唐龍撰 明嘉靖刻本 重慶圖書館

10779 升菴南中集七卷 （明）楊慎撰 明嘉靖十六年（1537）王廷刻本 上海博物館

10780 升菴南中集六卷 （明）楊慎撰 明嘉靖刻本 北京大學圖書館

10781 升菴文集十二卷 （明）楊慎撰 明嘉靖三十六年（1557）刻本 徐時棟跋 中國書店

10782 鄒東廓先生文選四卷 （明）鄒守益撰 （明）鄒善輯 明隆慶六年（1572）宋儀望刻本 天津圖書館

10783 舒梓溪先生全集二十卷 （明）舒芬撰 明萬曆四年（1576）漆彬刻本 揚州市圖書館

10784 夢澤集十七卷 （明）王廷陳撰 明嘉靖刻藍印本 國家圖書館

10785 夢澤集十七卷 （明）王廷陳撰 明嘉靖四十四年（1565）王同道、吳中刻明末補修本 首都圖書館

10786 泰泉集六十卷 （明）黄佐撰 明萬曆元年（1573）黄在中、黄在素等刻本 蘇州圖書館

10787 文翰林甫田詩選二卷 （明）文徵明撰 明萬曆二十二年（1594）文從龍承天寺重雲精舍刻本 山東省圖書館

10788 謝子象詩集十五卷 （明）謝承舉撰 附録一卷 明嘉靖二十二年（1543）謝少南刻本 青島市博物館

存十二卷（一至十二）

10789 歐陽南野先生文選四卷 （明）歐陽德撰 （明）王畿 李春芳輯 明嘉靖刻本 無錫市圖書館

10790 芝園定集五十一卷 （明）張時徹撰 明嘉靖刻本 北京大學圖書館

10791 田叔禾小集十二卷 （明）田汝成撰 明嘉靖四十二年（1563）田藝蘅刻本 吉林省圖書館

10792 遵巖王先生文粹十六卷 （明）王慎中撰 （明）施觀民輯 明隆慶六年（1572）施觀民刻本 四川省圖書館

10793 念菴羅先生文集四卷 （明）羅洪先撰 明嘉靖三十四年（1555）安如磐刻本 華東師範大學圖書館

10794 祐山先生文集十卷 （明）馮汝弼撰 明刻本 蘇州圖書館

10795 五嶽山人集三十八卷 （明）黄省曾撰 明嘉靖刻本 重慶圖書館

10796 洞麓堂集三十八卷 （明）尹臺撰 明萬曆三十五年（1607）黄承玄刻本 蘇州圖書館

10797 留省稿二十卷 （明）康大和撰 明嘉靖四十四年（1565）刻本 安徽省圖書館

存十三卷（一至六、九至十五）

10798 二谷山人集十卷 （明）侯一元撰 明嘉靖刻本 山西大學圖書館

10799 吳皋先生續集四卷 （明）喻時撰 明嘉靖四十五年（1566）安希堯刻隆慶增修本 河南大學圖書館

10800 白華樓藏稿十一卷續稿十五卷吟稿十卷 （明）茅坤撰 明嘉靖萬曆間遞刻本 山東省圖書館

10801 馮光禄詩集十卷 （明）馮惟訥撰 明萬曆十四年（1586）馮琦、馮珣刻本 山東省青州市圖書館

存三卷（五至七）

10802 何翰林集二十八卷 （明）何良俊撰 明嘉靖四十四年（1565）何氏香嚴精舍刻本 重慶圖書館

10803 黔南類編八卷 （明）陳善撰 明隆慶五年（1571）任鏜活字印本 國家圖書館

10804 劉唐巖先生文集八卷 （明）劉慤撰 明萬曆三年（1575）何子壽刻本 湖北省圖書館

10805 鳳洲筆記二十四卷 （明）王世貞撰 明隆慶三年（1569）黄美中活字印本 國家圖書館

10806 宗子相集八卷 （明）宗臣撰 明嘉靖三十九年（1560）林朝聘、黄中等刻本 重慶圖書館

10807 馬文莊公文集選十五卷 （明）馬自强撰 明萬曆刻本 陝西省圖書館

10808 交繡閣詩草四卷文一卷 （明）張夢鯉撰 清抄本 山東省圖書館

10809 鄭襄敏公赤牘十九卷 （明）鄭洛撰 明萬曆三十五年（1607）刻本 山東大學圖書館

10810 穆考功逍遥園集選二十卷 （明）穆文熙撰 （明）南師仲輯 明萬曆二十九年（1601）穆光胤刻本 王獻唐跋 山東省圖書館

10811 張中丞詩集二卷 （明）張煥撰 明萬曆刻本 山東省圖書館

10812 賁感録二卷拾遺録一卷 （明）徐經撰 明嘉靖二十九年（1550）刻本 吉林大學圖書館

10813 練谿小集四卷 （明）陳師儉撰 明嘉靖四十二年（1563）自刻藍印本 國家圖書館

10814 燕市集二卷 （明）王穉登撰 明隆慶四年（1570）朱宅快閣刻本 天津圖書館

10815 止菴集二十卷 （明）黄鳳翔撰 明萬曆三十九年（1611）刻本 蘇州圖書館

10816 遠志堂集十三卷 （明）喬因阜撰 明萬曆三十七年（1609）自刻本 陝西省圖書館

10817 賜餘堂集十四卷 （明）吴中行撰 明萬曆二十八年（1600）吴亮、吴奕等刻本 羅振常跋 陝西省圖書館

10818 馮元成寶善編選刻二卷 （明）馮時可撰 明承訓堂刻本 蘇州圖書館

10819 越吟一卷 （明）包大炣撰 明萬曆元年（1573）木活字藍印本 國家圖書館

10820 文敏馮先生詩集六卷 （明）馮琦撰 明末刻本 山東省圖書館

10821 宗伯馮先生尺牘四卷 （明）馮琦撰 明末刻本 山東省圖書館

10822 松門稿一卷金臺稿一卷鳳臺稿一卷 （明）雷暎撰 明抄本 江西省圖書館

10823 豫章雲嶠劉先生遺稿二卷 （明）劉曰寧撰 明萬曆四十二年（1614）徐縉芳刻本 山東省圖書館

10824 畢自嚴遺稿一卷 （明）畢自嚴撰 明末抄本 唐夢賚校 山東省圖書館

10825 中丞念山公集不分卷 （明）張潑撰 明刻明清遞修本 山東省圖書館

10826 問山亭詩十卷 （明）王象春撰 明萬曆刻本 山東省圖書館

10827 東日堂詩稿一卷 （明）瞿式耜撰 清初東日堂刻本 江蘇省常熟市圖書館

10828 希聲館藏稿十卷 （明）黄廷鵠撰 附録一卷 明崇禎刻本 山東省圖書館

10829 淮南集六卷 （明）馬斯臧撰 明萬曆四十年（1612）刻本 寧波市天一閣博物館

10830 三峰藏禪師山居詩一卷三峰三十景詩一卷 （明）釋法藏撰 明萬曆刻本 徐州市圖書館

10831 假菴詩草不分卷 （明）歸昌世撰 稿本 郭鳴之跋 國家圖書館

10832 湯慈明詩集三十二卷 （明）湯有光撰 明天啓二年（1622）周長應刻本 山東省圖書館

10833 禱雨文一卷 （明）祁彪佳撰 明崇禎十七年（1644）蘇州府刻藍印本 國家圖書館

10834 吴忠節公遺集四卷 （明）吴麟徵撰 年譜一卷 （清）吴蕃昌撰 南明弘光刻本 山西大學圖書館

10835 吴忠節公遺集四卷 （明）吴麟徵撰 年譜一卷 （清）吴蕃昌撰 南明弘光刻本 吉林大學圖書館

10836 吴忠節公遺集四卷 （明）吴麟徵撰 年譜一卷 （清）吴蕃昌撰 南明弘光刻本 無錫

市圖書館

10837 **許大司成遺集四卷** （明）許士柔撰 清抄本 江蘇省常熟市圖書館

10838 **嶽歸堂合集十卷** （明）譚元春撰 明刻本 山東省圖書館

10839 **太霞洞集三十二卷** （明）杜文焕撰 明天啓刻本 山東省圖書館

10840 **倘湖遺稿不分卷** （明）來集之撰 稿本 杭州圖書館

存八册（三至七、九至十一）

10841 **煙餘草一卷** （明）安廣譽撰 清安璿抄本 無錫市圖書館

10842 **有學集箋註十四卷** （清）錢謙益撰 （清）錢曾註 清初抄本 黄丕烈校並跋 上海圖書館

10843 **錢牧齋先生集外詩一卷文集補遺三卷** （清）錢謙益撰 清抄本 江蘇省常熟市圖書館

10844 **擬山園初集七十一卷王子二卷** （清）王鐸撰 明崇禎刻本 河南省圖書館

10845 **湘吼堂集二十六卷** （清）傅占衡撰 清康熙六十一年（1722）青峰書屋活字印本 無錫市圖書館

10846 **罨畫樓詩草五卷集韓一卷詩餘一卷** （清）安璿撰 稿本 無錫市圖書館

10847 **圓沙文集七卷** （清）錢陸燦撰 稿本 首都圖書館

10848 **江南草三卷** （清）張拱端撰 明崇禎刻本 蘇州圖書館

10849 **懷古堂詩選十二卷** （清）楊炤撰 **懷古堂詩選二卷遊黄山記一卷** （清）楊補撰 清葉昌熾五百經幢館抄本 蘇州博物館

10850 **新安遊草一卷** （清）邵標春撰 稿本 湖南師範大學圖書館

10851 **寒松堂詩稿初集不分卷** （清）張嘉撰 清順治刻本 吉林大學圖書館

10852 **話雨山房詩草二卷** （清）傅㡾撰 稿本 山東省圖書館

10853 **嘯翁老人村居以後詩三卷** （清）釋顯鵬撰 清吴氏繡谷亭抄本 吴城校並跋 上海圖書館

10854 **未信堂近稿不分卷** （清）顔光敏撰 清康熙刻本 曲阜師範大學圖書館

10855 **閑止書堂集鈔二卷** （清）陳夢雷撰 清康熙刻本 蘇州圖書館

10856 **培林堂文集十四卷** （清）徐秉義撰 清抄本 江蘇省常熟市圖書館

存十二卷（一至十二）

10857 **顔太史真稿一卷** （清）顔光猷撰 清康熙刻本 曲阜師範大學圖書館

10858 **陳檢討集二十卷** （清）陳維崧撰 （清）程師恭註 清康熙刻本 蕭穆批並跋 西南大學圖書館

10859 **曝書亭集八十卷** （清）朱彝尊撰 **附録一卷** 清康熙五十三年（1714）朱稻孫刻本 何紹基批校 邵陽市松坡圖書館

10860 **揖雲齋集不分卷** （清）鈕琇撰 稿本 山東省圖書館

10861 **鶴軒筆札不分卷** （清）蒲松齡撰 稿本 青島市博物館

10862 **晴川集一卷** （清）馮廷櫆撰 清抄本 山東省圖書館

10863 **顔學山近稿一卷** （清）顔光斆撰 清康熙刻本 曲阜師範大學圖書館

10864 **南山集偶鈔不分卷** （清）戴名世撰 清康熙四十年（1701）寶翰樓刻本 安徽省博物館

10865 **西圃詩册一卷** （清）田同之撰 稿本 山

東省圖書館

10866 **紅椒山房詩八卷** （清）宮翼宸撰 清康熙四十九年（1710）刻本 山西大學圖書館

10867 **安懷堂全集六卷** （清）孔傳鐸撰 清抄本 曲阜文物管理委員會孔府文物檔案館

10868 **丁隱君手迹遺稿** （清）丁敬撰 手稿本 西泠印社

10869 **謝中丞詩稿不分卷** （清）謝啓昆撰 稿本 胡思敬題款 江西省圖書館

10870 **阮文達公致仕後家書不分卷** （清）阮元撰 稿本 國家圖書館

10871 **漚波舫近文不分卷** （清）王芑孫撰 手稿本 南開大學圖書館

10872 **思補堂文抄一卷** （清）潘世恩撰 稿本 蘇州博物館

10873 **思補堂詩稿一卷雜録一卷** （清）潘世恩撰 稿本 蘇州博物館

10874 **賡揚集不分卷** （清）英和撰 稿本 大連圖書館

10875 **恭和御製詩一卷** （清）姚文田撰 稿本 江蘇省吳江市圖書館

10876 **太鶴山館初稿一卷** （清）端木國瑚撰 稿本 周星詒跋 浙江省瑞安市文物館

10877 **半巖廬遺詩一卷** （清）邵懿辰撰 稿本 朱學勤 潘祖蔭 孫詒經 譚獻 楊文瑩 吳慶坻跋 杜文瀾 林啓 陳豪 梁鼎芬題詩 國家圖書館

10878 **日邊酬唱一卷** （清）俞樾等撰 稿本 中國科學院國家科學圖書館

10879 **越縵堂遺稿二卷** （清）李慈銘撰 稿本 上海師範大學圖書館

10880 **葉鞠裳手寫本文選注引書稿不分卷** （清）葉昌熾撰 稿本 錢復跋 蘇州博物館

10881 **大蔭堂集不分卷** （清）洪嘉植撰 清初刻本 北京師範大學圖書館

10882 **六朝詩集五十五卷** 明嘉靖刻本 鄭振鐸跋 國家圖書館

10883 **三唐人文集三十四卷** （明）毛晉編 明末毛氏汲古閣刻本 何焯批校並跋 鄧邦述 章鈺 傅增湘跋 國家圖書館

10884 **六家詩選十二卷** （明）楊巍編 明隆慶三年（1569）楊綵刻本 天津圖書館

10885 **盛明百家詩三百二十四卷** （明）俞憲編 明嘉靖隆慶間刻本 丁丙跋 南京圖書館

10886 **文選六十卷** （南朝梁）蕭統輯 （唐）李善注 明成化二十三年（1487）唐藩朱芝址刻本 南京圖書館

10887 **文選六十卷** （南朝梁）蕭統輯 （唐）李善注 明成化二十三年（1487）唐藩朱芝址刻本 馮武校並跋 江蘇省常熟市博物館

10888 **文選六十卷** （南朝梁）蕭統輯 （唐）李善注 明隆慶五年（1571）唐藩刻本 華東師範大學圖書館

10889 **六家文選六十卷** （南朝梁）蕭統輯 （唐）李善 呂延濟 劉良 張銑 呂向 李周翰註 明嘉靖十三至二十八年（1534-1549）袁褧嘉趣堂刻本 暨南大學圖書館

10890 **六家文選六十卷** （南朝梁）蕭統輯 （唐）李善 呂延濟 劉良 張銑 呂向 李周翰註 明丁覲刻本 蘇州圖書館

10891 **六臣註文選六十卷** （南朝梁）蕭統輯 （唐）李善 呂延濟 劉良 張銑 呂向 李周翰註 明潘惟時、潘惟德刻本 吉林省圖書館

10892 **文選纂註十二卷** （南朝梁）蕭統輯 （明）張鳳翼纂註 明萬曆刻本 朱彝尊批校 重慶圖書館

10893 **文選拔萃三卷** （明）方弘靜輯 明嘉靖三十年（1551）吳尚恕刻本 北京大學圖書館

10894 **文選考異四卷** （清）孫志祖撰 清嘉慶四年（1799）顧修刻讀畫齋叢書本 顧廣圻批校並跋 江蘇省興化市圖書館

10895 **文苑英華一千卷** （宋）李昉等輯 明隆慶元年（1567）胡維新、戚繼光刻本 重慶圖書館

10896 **文苑英華一千卷** （宋）李昉等輯 明隆慶元年（1567）胡維新、戚繼光刻本 魯迅美術學院圖書館

10897 **廣文選六十卷** （明）劉節輯 明嘉靖十六年（1537）陳蕙刻本 廣東省立中山圖書館

10898 **玉臺新詠十卷** （南朝陳）徐陵輯 明五雲溪舘銅活字印本 鄧邦述校並跋又録李維楨馮班 葉萬跋 國家圖書館

10899 **玉臺新詠十卷** （南朝陳）徐陵輯 **續五卷** （明）鄭玄撫輯 明嘉靖二十二年（1543）楊士開刻本 北京大學圖書館

10900 **古樂府十卷** （元）左克明輯 明刻本 南京圖書館

10901 **古樂府十卷** （元）左克明輯 明嘉靖二十六年（1547）汪尚磨刻本 湖南圖書館

10902 **漢魏詩集十四卷** （明）劉成德輯 明正德十二年（1517）何景暘刻本 復旦大學圖書館

10903 **新刊古今歲時雜詠四十六卷** （宋）蒲積中輯 明抄本 何焯 黃丕烈跋 上海圖書館

10904 **周詩遺軌十卷** （明）劉節輯 明嘉靖刻本 北京大學圖書館

10905 **周詩遺軌十卷** （明）劉節輯 明嘉靖刻本 湖南師範大學圖書館
存八卷（一至八）

10906 **詩紀一百三十卷前集十卷外集四卷別集十二卷** （明）馮惟訥輯 明嘉靖三十九年（1560）甄敬刻本 雲南省圖書館

10907 **詩紀一百三十卷前集十卷外集四卷別集十二卷** （明）馮惟訥輯 明嘉靖三十九年（1560）甄敬刻本 重慶圖書館

10908 **詩紀一百三十卷前集十卷附録一卷外集四卷別集十二卷** （明）馮惟訥輯 明萬曆四十一年（1613）黃承玄、馮珣刻本 南京師範大學圖書館

10909 **讀本詩六卷** （清）顧我錡輯 稿本 江蘇省吳江市圖書館

10910 **御選唐宋詩醇四十七卷目録二卷** （清）高宗弘曆輯 清謝氏活字四色套印本 曾國藩跋 湖南省社會科學院圖書館

10911 **五七言今體詩抄十八卷** （清）姚鼐輯 清嘉慶十三年（1808）刻本 姚鼐批注 安徽省博物館

10912 **四六菁華二卷** （明）胡松輯 明嘉靖二十一年（1542）劉大寶刻本 北京大學圖書館

10913 **西山先生真文忠公文章正宗二十四卷** （宋）真德秀輯 明安正書堂刻本 首都圖書館

10914 **西山先生真文忠公文章正宗二十六卷** （宋）真德秀輯 （明）唐順之批點 明歸仁齋刻本 山東大學圖書館

10915 **文髓九卷附録一卷** （宋）周應龍註 明宣德三年（1428）周岐鳳刻本 江西省圖書館

10916 **文章軌範七卷** （宋）謝枋得輯 明劉氏刻本 杭州圖書館

10917 **文章辨體五十卷外集五卷總論一卷** （明）吳訥輯 明天順八年（1464）劉孜等刻本 吉林省圖書館

10918 **學約古文二卷** （明）何景明輯 **何大復**

論一卷 （明）何景明撰 明嘉靖十二年（1533）黄時刻本 北京大學圖書館

10919 **古文選要五卷** （明）張舜臣輯 明嘉靖三十三年（1554）黎堯勛刻本 重慶圖書館

10920 **秦漢魏晉文選十卷** （明）余震啓 鄭玄撫輯 明嘉靖二十四年（1545）新安洪廷論刻本 北京大學圖書館

10921 **歷代文選十四卷** （明）凌雲翼輯 明嘉靖四十年（1561）温州官刻本 温州市圖書館 存十二卷（一至二、四、六至十四）

10922 **珠淵異寶十二卷** （明）傅振商輯 明萬曆四十七年（1619）刻本 鎮江市圖書館

10923 **赤牘清裁五卷** （明）楊慎輯 明嘉靖十三年（1534）刻本 北京大學圖書館

10924 **唐文粹一百卷** （宋）姚鉉輯 明嘉靖八年（1529）晉府養德書院刻本 廣東省立中山圖書館

10925 **唐詩品彙九十卷拾遺十卷** （明）高棅輯 明嘉靖十六年（1537）姚芹泉刻本 湖南圖書館

10926 **唐詩品彙九十卷拾遺十卷** （明）高棅輯 明嘉靖十八年（1539）牛斗刻本 國家圖書館

10927 **唐詩品彙九十卷拾遺十卷** （明）高棅輯 明刻本 廣東省立中山圖書館

10928 **批點唐詩正聲二十二卷** （明）高棅輯（明）桂天祥批點 明萬世德刻本 徐州市圖書館

10929 **唐雅八卷** （明）胡纘宗輯 明嘉靖二十八年（1549）文斗山堂刻本 甘肅省圖書館

10930 **詩宗彙韻二十六卷** （明）司馬泰輯 明抄本 鄭州大學圖書館

10931 **唐音戊籤二百一卷餘閏六十四卷** （明）胡震亨輯 清康熙二十五年（1686）胡氏南益堂刻本 何焯批校並跋 上海圖書館

10932 **千首宋人絶句十卷** （清）嚴長明輯 清乾隆三十五年（1770）畢沅刻本 潘德輿批校 揚州市圖書館

10933 **大宋文鑑一百五十卷目録三卷** （宋）吕祖謙輯 明正德十三年（1518）慎獨齋刻本 北京師範大學圖書館

10934 **宋文鑑一百五十卷目録三卷** （宋）吕祖謙輯 明嘉靖五年（1526）晉藩養德書院刻本 廣東省立中山圖書館

10935 **官台公手書宋四六話不分卷** （清）彭元瑞撰 稿本 山東大學圖書館

10936 **元詩體要十四卷** （明）宋緒輯 明正德十四年（1519）遼藩朱寵涭刻本 國家圖書館

10937 **士林詩選二卷** （明）懷悦輯 明天順五年（1461）自刻本 國家圖書館

10938 **明音類選十二卷** （明）黄佐 黎民表輯 明嘉靖三十七年（1558）潘光統刻本 四川省圖書館

10939 **遊嵩集一卷** （明）喬宇 薛蕙撰 明嘉靖二十二年（1543）薛萁刻本 北京大學圖書館

10940 **忠靖江淮詩一卷** （明）陳德鳴輯 明正德七年（1512）寫本 國家圖書館

10941 **明詩選不分卷** （清）錢謙益輯 稿本 蔣鳳藻 翁同龢跋 國家圖書館

10942 **皇明經濟文録四十一卷** （明）萬表輯 明嘉靖三十三年（1554）曲入繩、游居敬刻本 湖北省圖書館

10943 **皇明文選二十卷** （明）汪宗元輯 明嘉靖三十三年（1554）自刻本 北京師範大學圖書館

10944 **精選繩尺論二卷** 明隆慶三年（1569）王建勳刻本 北京師範大學圖書館

10945 千叟宴詩四卷 （清）聖祖玄燁等撰 清康熙六十一年（1722）內府刻本 遼寧省圖書館

10946 朋舊及見録六十四卷 （清）法式善輯 稿本 中國科學院國家科學圖書館

10947 崑山襍詠六卷 （明）王理之輯 明嘉靖二十年（1541）孟紹曾刻本 陸梅圈評並跋 國家圖書館

10948 新安文獻志一百卷先賢事略二卷目録二卷 （明）程敏政輯 明弘治十年（1497）祁司員、彭哲等刻本 丁丙跋 南京圖書館

10949 南滁會景編十二卷 （明）趙廷瑞輯 明嘉靖三十四年（1555）高□刻本 北京大學圖書館

10950 三蘇先生文粹七十卷 （宋）蘇洵 蘇軾 蘇轍撰 明刻本 吉林市圖書館

10951 三蘇先生文粹七十卷 （宋）蘇洵 蘇軾 蘇轍撰 明刻本 廣西壯族自治區圖書館

10952 大宋眉山蘇氏家傳心學文集大全七十卷首一卷 （宋）蘇洵 蘇軾 蘇轍撰 明刻本 山東省圖書館

10953 新刻三蘇論策選粹八卷 （明）李時漸輯 明萬曆刻本 石家莊市圖書館

10954 文心雕龍十卷 （南朝梁）劉勰撰 明弘治十七年（1504）馮允中刻本 國家圖書館

10955 文心雕龍十卷 （南朝梁）劉勰撰 明嘉靖十九年（1540）汪一元刻本 北京大學圖書館

10956 詩品三卷 （南朝梁）鍾嶸撰 明正德元年（1506）退翁書院抄本 黄丕烈跋 國家圖書館

10957 樂府古題要解二卷 （唐）吴兢撰 明抄本 傅增湘跋 吴昌綬題詩 國家圖書館

10958 石門洪覺範天厨禁臠三卷 （宋）釋惠洪撰 明活字印本 國家圖書館

10959 增修詩話總龜四十八卷後集五十卷 （宋）阮閱輯 明嘉靖二十四年（1545）月窗道人刻本 中共北京市委圖書館

10960 唐詩紀事八十一卷 （宋）計有功撰 明嘉靖二十四年（1545）洪楩清平山堂刻本 重慶圖書館

10961 詩人玉屑二十卷 （宋）魏慶之輯 明嘉靖六年（1527）洪都濳仙刻本 重慶圖書館

10962 詩人玉屑二十卷 （宋）魏慶之輯 明汪元臣刻遞修本 無錫市圖書館

10963 精選古今名賢叢話詩林廣記十卷後集十卷 （宋）蔡正孫輯 明弘治十年（1497）張鼐刻本 無錫市圖書館

10964 文筌八卷附詩小譜二卷 （元）陳繹曾撰 明初朱權刻本 山東省圖書館

10965 文斷不分卷 （明）唐之淳輯 明成化十六年（1480）唐珣刻本 葉德輝跋 國家圖書館

10966 文式二卷 （明）曾鼎撰 明嘉靖八年（1529）高仲芳刻本 廣東省社會科學院圖書館

10967 蓉塘詩話二十卷 （明）姜南撰 明隆慶五年（1571）刻本 無錫市圖書館

10968 東坡詩話一卷 （清）潘世恩輯 稿本 蘇州博物館

10969 詞苑英華四十五卷 （明）毛晉編 明末毛氏汲古閣刻本 國家圖書館

10970 南唐二主詞一卷 （南唐）中主李璟 後主李煜撰 清光緒三十四年（1908）王國維抄本 王國維跋 國家圖書館

10971 蘆川詞二卷 （宋）張元幹撰 明影宋抄本 何焯跋 黄丕烈校跋題詩並倩人影宋抄補 繆荃孫跋 國家圖書館

10972 簫臺公餘詞一卷 （宋）姚述堯撰 清吴氏繡谷亭抄本 吴焯跋 黄丕烈校並跋 上海圖

書館

10973 **玉照堂詞鈔一卷** （宋）張鎡撰 清吳氏繡谷亭抄本 黃丕烈校並跋 上海圖書館

10974 **鶴山長短句一卷** （宋）魏了翁撰 清抄本 勞權校並跋 朱孝臧 吳昌綬校補並跋 國家圖書館

10975 **席月山房詞一卷** （清）桂文燿撰 清抄本 陳澧批校 汪兆鏞 葉恭綽題識 中山大學圖書館

10976 **影山詞二卷外集一卷** （清）莫友芝撰 稿本 黎伯容批注圈點 貴州省博物館

10977 **疏影樓詞續鈔一卷** （清）姚燮撰 稿本 國家圖書館

10978 **小鷗波館詞鈔□卷歲可年譜不分卷花間笛譜一卷** （清）潘曾瑩撰 稿本 蘇州博物館 存二卷（三，花間笛譜）

10979 **御選歷代詩餘一百二十卷** （清）沈辰垣 王奕清等輯 清康熙四十六年（1707）内府刻本 故宮博物院

10980 **元曲選十集一百卷** （明）臧懋循編 **論曲一卷** （明）陶宗儀等撰 **元曲論一卷** 明萬曆刻本 無錫市圖書館

10981 **雜劇十段錦十集十卷** （明）朱有燉撰 明嘉靖三十七年（1558）紹陶室刻本 袁克文跋 國家圖書館

10982 **四聲猿四卷** （明）徐渭撰 明延閣刻本 吳梅批點並跋 國家圖書館

10983 **藥繪圖十回** 清抄本 山東省圖書館

10984 **琵琶記四卷** （元）高明撰 **附録一卷** 明凌濛初刻朱墨套印本 浙江圖書館

10985 **進瓜記不分卷** （明）王昆玉撰 清內府四色抄本 許葉芬跋 上海圖書館

10986 **雪韵堂批點燕子箋記二卷** （明）阮大鋮撰 明末刻本 黃裳跋 山東省蓬萊市文化局慕湘藏書館

10987 **桃花扇傳奇二卷** （清）孔尚任撰 （清）王縈緒重訂 清燕山堂抄本 許少懷批校 山東省圖書館

10988 **江流記不分卷** 清內府四色抄本 上海圖書館

10989 **山歌十卷** （明）馮夢龍輯 明末刻本 國家圖書館

10990 **誠齋樂府二卷** （明）朱有燉撰 明宣德九年（1434）自刻本 吳梅跋 國家圖書館

10991 **雍熙樂府二十卷** （明）郭勛輯 明嘉靖十年（1531）刻本 北京大學圖書館

10992 **詞林逸響四卷** （明）許宇輯 明天啓三年（1623）刻本 山東大學圖書館

10993 **曲譜十二卷首一卷末一卷** （清）王奕清等撰 清康熙內府刻朱墨套印本 襄陽市少年兒童圖書館

10994 **劇説六卷** （清）焦循撰 稿本 國家圖書館

10995 **幽怪詩譚六卷** 題（明）碧山卧樵撰 明崇禎刻本 南京大學圖書館

10996 **新鐫東西晉演義十二卷五十回** （明）楊爾曾撰 明末刻本 北京師範大學圖書館

10997 **新刊大宋宣和遺事四卷** 明金陵王氏洛川刻本 盛昱校並跋 國家圖書館

10998 **第五才子書施耐菴水滸傳七十五卷七十回** （元）施耐菴撰 （清）金人瑞評 明崇禎貫華堂刻本 清華大學圖書館

10999 **繡像雲合奇蹤二十卷** 題（明）徐渭撰 明刻本 大連圖書館

11000 **開母廟石闕銘** 東漢延光二年（123）刻石 明拓本 郭尚先 伊秉綬 彭暄隝 端方 李葆恂 孫多巘題記 上海圖書館

11001 **開母廟石闕銘** 東漢延光二年（123）刻石

明末拓本 吳昌碩題跋 上海圖書館

11002 **武氏祠畫像題字** 東漢建和元年（147）刻石 清嘉慶元年（1796）拓本 陸恢題簽 黃易題跋 王熙彭題記 上海圖書館

11003 **石門頌** （東漢）王升書 東漢建和二年（148）十一月刻石 清初拓本 張伯英 王瓘題簽 周肇祥題跋 北京市文物局圖書資料中心

11004 **石門頌** （東漢）王升書 東漢建和二年（148）十一月刻石 清乾隆拓本 徐復仲題跋 北京市文物局圖書資料中心

11005 **禮器碑並陰** 東漢永壽二年（156）刻石 碑陽明拓本 碑陰清初拓本 陶洙題簽 上海圖書館

11006 **史晨前碑** 東漢建寧二年（169）三月刻石 明拓本 郭宗昌題簽 李經畬題跋 上海圖書館

11007 **郙閣頌** 東漢建寧五年（172）二月刻石 清初拓本 上海圖書館

11008 **武榮碑** 東漢建寧年間刻石 清乾隆初年拓本 上海圖書館

11009 **魯峻碑** 東漢熹平二年（173）四月十二日刻石 清初拓本 翁方綱校並手録碑陰文字及考釋 上海圖書館

11010 **張遷碑** 東漢中平三年（186）刻石 清初拓本 梁章鉅題跋 殷惟禮 夏子迪觀款 上海圖書館

11011 **孔羨碑** 三國魏黃初元年（220）刻石 明中後期拓本 周大烈題簽 上海圖書館

11012 **上尊號碑** 三國魏黃初元年（220）刻石 明初拓本 吳文桂 潘景鄭題跋 沈樹鏞校記 上海圖書館

11013 **正始石經** 三國魏正始年間刻石 民國出土初拓本 王廣慶 章炳麟 李健 胡韞玉題跋 上海圖書館

11014 **天發神讖碑** （三國吳）皇象書 三國吳天璽元年（276）刻石 明拓本 葉昌熾 李文田 翁同龢題跋 國家圖書館

11015 **天發神讖碑** （三國吳）皇象書 三國吳天璽元年（276）刻石 明拓本 趙烈文 趙之謙題跋 趙烈文手録碑文圖式 上海圖書館

11016 **天發神讖碑** （三國吳）皇象書 三國吳天璽元年（276）刻石 清雍正乾隆年間拓本 吳昌碩題跋 上海圖書館

11017 **石門銘** （北魏）王遠撰並書 （北魏）武阿仁刻 北魏永平二年（509）刻石 清乾隆拓本 姚華題簽 北京市文物局圖書資料中心

11018 **瘞鶴銘** （南朝梁）華陽真逸撰 （南朝梁）上皇山樵書 南朝梁天監十三年（514）刻石 明末水前拓本 莫棠 繆荃孫 楊守敬 吳郁生題記 上海圖書館

11019 **司馬景和妻孟敬訓墓誌** 北魏延昌三年（514）正月十二日刻石 清乾隆初拓本 朱文藻 王昶題跋 翁方綱題記 沈景修觀款 上海圖書館

11020 **董美人墓誌** （隋）楊秀撰 隋開皇十七年（597）十月十二日刻石 清嘉慶道光年間拓本 陳景陶題端 上海圖書館

11021 **董美人墓誌** （隋）楊秀撰 隋開皇十七年（597）十月十二日刻石 清嘉慶道光年間拓本 吳湖帆題跋 附彈民學 董壽慈 潘承謀 顧煒昌《董美人詞稿》散葉四紙 上海圖書館

11022 **常醜奴墓誌** 隋大業三年（607）八月二十六日刻石 清初拓本 張祖翼題簽 褚德彝題端 端方 張祖翼 王瓘 楊守敬 趙于密 羅振玉 褚德彝 吳湖帆題跋 程志和 許星璧 沈銘昌 熊希齡等觀款 上海圖書館

11023 **常醜奴墓誌** 隋大業三年（607）八月

二十六日刻石 清初拓本 翁方綱題跋 張塤校記 上海圖書館

11024 **伊闕佛龕碑** （唐）岑文本撰 （唐）褚遂良書 唐貞觀十五年（641）刻石 明拓本 葉奕苞題跋 上海圖書館

11025 **三藏聖教序** （唐）太宗李世民撰序 （唐）高宗李治撰記 （唐）褚遂良書 唐永徽四年（653）刻石 明末清初拓本 上海圖書館

存序文碑

11026 **三藏聖教序** （唐）太宗李世民撰序 （唐）高宗李治撰記 （唐）褚遂良書 唐永徽四年（653）刻石 明末清初拓本 項琪題跋 上海圖書館

11027 **王居士塔銘** （唐）上官靈芝撰 （唐）敬客書 唐顯慶三年（658）刻石 明萬曆出土初拓本 翁方綱 吳雲 褚德彝 吳湖帆題跋 上海圖書館

11028 **程夫人塔銘** 唐文明元年（684）十月五日刻石 清康熙拓本 蔣節 方平 吳湖帆題跋 上海圖書館

11029 **馬懷素墓誌** 唐開元六年（718）十月十三日刻石 明拓本 顧苓 毛端海 瞿中溶 陳驥德 徐康等題跋 上海圖書館

11030 **石臺孝經碑** 唐天寶四年（745）刻石 明拓本 周肇祥題簽 北京市文物局圖書資料中心

11031 **公孫僑廟碑** 唐天寶年間刻石 明末清初拓本 翁方綱 張廷濟 沈樹鏞 吳郁生 褚德彝等題跋 上海圖書館

11032 **顔氏家廟碑** （唐）顔真卿撰並書 （唐）李陽冰篆額 唐建中元年（780）刻石 明拓本 譚澤闓 錢崇威題簽 上海圖書館

11033 **雪浪石盆銘** （宋）蘇軾撰並書 北宋紹聖元年（1094）四月刻石 清拓本 吳大澂 沈樹鏞 楊沂孫 陳承修題跋 國家圖書館

11034 **章吉老墓誌** （宋）周紳撰 （宋）米芾書 （宋）陳敦復篆蓋 北宋崇寧四年（1105）刻石 明初拓本 唐翰題題跋 王同愈觀款 吳湖帆繪《米家山水圖》並題跋 上海圖書館

11035 **鮮于光祖墓誌** （元）周砥撰 （元）趙孟頫書序 （元）盛彪書合葬緣故 元大德二年（1298）刻石 明拓本 沈樹鏞 梁同書題簽 王澍題跋 上海圖書館

11036 **五百羅漢圖** （清）王方嶽繪 （清）高宗弘曆撰記並書 清乾隆二十二年（1757）刻石 初拓本 國家圖書館

11037 **大觀帖十卷** （宋）蔡京等輯 北宋大觀三年（1109）刻石 清康熙年間出土殘石初拓本 宋犖 王時新題跋 上海圖書館

存一卷（九）

11038 **真賞齋帖三卷** （明）華夏輯 （明）章簡父摹刻 明嘉靖元年（1522）刻石 明嘉靖年間火前拓本 秦更年 高時豐題端 陳昌齊題跋 吳湖帆繪《破帖齋圖》 上海圖書館

11039 **十排皇輿全圖** 清乾隆繪本 國家圖書館

存五十七幅

11040 **皇輿全圖** 清乾隆二十五年（1760）銅版印本 國家圖書館

11041 **皇輿全圖** 清嘉慶彩繪本 國家圖書館

11042 **大清萬年一統地理全圖** （清）黄千人原繪 清嘉慶藍緑拓本 國家圖書館

11043 **大清萬年一統天下全圖** （清）黄千人原繪 （清）曉峰摹繪 清嘉慶五年（1800）彩繪本 國家圖書館

11044 **大清萬年一統天下全圖** （清）黃千人原繪 （清）朱錫齡增補 清嘉慶刻本 國家圖書館

11045 **皇上展謁西陵禮成後巡幸山西五臺啓鑾回鑾經由直隸程站圖並説** 清嘉慶十六年（1811）刻本 國家圖書館

11046 **木蘭圖式** （清）慶興繪圖 清嘉慶彩繪本 國家圖書館

11047 **盛京通省全圖式** 清嘉慶彩繪本 國家圖書館

11048 **洛陽十邑輿圖** 清嘉慶繪本 國家圖書館

11049 **江西省府縣分圖** 清初彩色絹繪本 國家圖書館

存八十四幅

11050 **廣州十四屬地圖** （清）禹之鼎繪 清康熙三十六年（1697）禹氏彩繪本 中山大學圖書館

存廣州府（東莞縣、順德縣、新會縣、香山縣、增城縣、三水縣、清遠縣、花縣、新寧縣、新安縣、從化縣、龍門縣）

11051 **雲南地輿全圖** （清）佚名繪並寫 清彩色絹繪本 中山大學圖書館

11052 **宜都灌灣腦全圖** （清）惠齡奏呈 清嘉慶彩繪本 國家圖書館

11053 **長陽凉山全圖** （清）惠齡奏呈 清嘉慶彩繪本 國家圖書館

11054 **碭山境内南北兩岸土壩全圖** 清嘉慶彩繪本 國家圖書館

11055 **淮南北軍情圖説不分卷** （清）翁同書撰 稿本 國家圖書館

11056 **九邊圖論一卷** （明）許論撰 明嘉靖謝少南、宋宜刻本 河南省圖書館

11057 **沿海疆域圖** （清）郭劍繪 清乾隆年間彩繪本 中國文化遺産研究院

11058 **江海扼隘圖** （清）高培源繪 清嘉慶十四年（1809）繪本 王昶 李逢辰 譚鵬霄跋 國家圖書館

11059 **江南省黄運圖** 清嘉慶彩繪本 國家圖書館

11060 **江南省黄運圖** 清嘉慶彩繪本 國家圖書館

11061 **江南省黄運圖** 清嘉慶彩繪本 國家圖書館

11062 **堵築豐汛六堡漫工現在辦理情形圖** 清嘉慶彩繪本 國家圖書館

11063 **豐汛大壩淤灘並唐家灣引河情形圖** 清嘉慶彩繪本 國家圖書館

11064 **豐汛六堡漫工添建壩基並挑浚引河情形圖** 清嘉慶彩繪本 國家圖書館

11065 **豐汛六堡漫工添建壩基並展挑引河頭情形圖** 清嘉慶彩繪本 國家圖書館

11066 **會勘豐汛六堡漫工展寬引河並宣泄漫水情形圖** 清嘉慶彩繪本 國家圖書館

11067 **會勘海安阜三州縣境内淤地情形總圖** 清嘉慶二十一年（1816）彩繪本 國家圖書館

11068 **繪造江南清黄河道各工事宜全圖** 清嘉慶彩繪本 國家圖書館

11069 **嘉慶十八年挑挖獅子溝一帶旱河圖説** 清嘉慶十八年（1813）彩繪本 國家圖書館

11070 **嘉慶十六年堵閉蕭南李家樓因見冰凌誤挑新引河情形圖** 清嘉慶十六年（1811）彩繪本 國家圖書館

11071 **外河减壩至海口一帶河道堤堰水勢情形圖** 清嘉慶彩繪本 國家圖書館

11072 **外河廳屬老壩工攔黄土壩上下淤灘圖** 清嘉慶彩繪本 國家圖書館

11073 **外南廳屬河灘築堰阻遏河流情形圖** 清嘉慶二十年（1815）彩繪本 國家圖書館

11074 **外南汛順清河一帶情形圖** 清嘉慶彩繪本 國家圖書館

11075 **洪澤湖口北部黄河堤工圖** 清嘉慶彩繪本 國家圖書館

11076 **運河圖説** （清）朱偉卿繪 清彩繪本 山東大學圖書館

11077 **淮揚河工圖** 清嘉慶彩繪本 國家圖書館

11078 **揚河揚糧二廳塌卸磚石各工情形圖** 清嘉慶彩繪本 國家圖書館

11079 **淮揚十一廳事宜圖説** 清嘉慶彩繪本 國家圖書館

11080 **西湖全圖** 清嘉慶四年（1799）彩繪本 國家圖書館

二、少數民族文字珍貴古籍

（一）藏文

11081 **大乘無量壽宗要經** 九至十世紀敦煌寫本 敦煌研究院

存三紙

11082 **大乘無量壽宗要經** 九至十世紀敦煌寫本 甘肅省圖書館

11083 **般若波羅蜜多經** 九至十世紀寫本 西藏自治區貢噶縣曲德寺

11084 **般若波羅蜜多十萬頌** 九至十世紀寫本 甘肅省圖書館

11085 **釋量論** （印度）法稱撰 （宋）俄·洛丹西饒等譯 元至元第三帝師達瑪巴拉大都刻本 西藏博物館

11086 **法本詮釋明義** 洛加喜若則巴譯 羅錯校 元抄本 中國民族圖書館

11087 **貢唐喇嘛響·尊追扎巴文集目録** 響·尊追扎巴撰 元抄本 西藏圖書館

11088 **續密概論詮釋** 薇巴瑪爾頓注 元抄本 西藏圖書館

11089 **巴協** 巴·賽囊撰 元抄本 拉薩市政協文史民宗法制委員會

11090 **哇協** 巴·賽囊撰 元抄本 拉薩市政協文史民宗法制委員會

11091 **阿底峽傳** 傾·朗卡扎撰 元抄本 拉薩市政協文史民宗法制委員會

11092 **衛藏僧伽支系** （明）尊追森格撰 元抄本 拉薩市政協文史民宗法制委員會

11093 **薩迦昆氏史** 西繞多吉撰 元抄本 拉薩市政協文史民宗法制委員會

11094 **七部量論要義** （宋）薩迦·貢嘎堅贊撰 元抄本 西藏博物館

11095 **大乘寶性論** （宋）俄·洛丹西饒撰 元抄本 拉薩市百慈藏文古籍研究室

11096 **諸續之王具德密宗根本續次第** （宋）仁欽桑波譯 恰譯師曲杰貝校 元抄本 中國民族圖書館

11097 **佛教源流詳文** 元抄本 拉薩市政協文史民宗法制委員會

11098 **除惡途續注釋本** 元抄本 西藏博物館

11099 **集量論自釋** 元抄本 西藏博物館

11100 **正量理滴論廣論** 元抄本 西藏博物館

11101 **般若波羅蜜多經** 元抄本 西藏自治區江孜縣熱龍寺

11102 **鄂達袞乃·經部** 元抄本 西藏自治區乃東縣温吉如拉康

11103 **菩薩戒二十一** 元抄本 甘肅省瓜州縣博物館

存十六葉

11104 **甘珠爾** 明永樂八年（1410）刻本 西藏自治區色拉寺

11105 **甘珠爾目録** 明永樂刻本 西藏自治區布達拉宮

11106 **青史** 桂・旬努貝撰 明楊巴堅刻本 拉薩市政協文史民宗法制委員會

11107 **布頓佛教源流** （元）布頓・仁欽珠撰 明刻本 拉薩市政協文史民宗法制委員會

11108 **第四世噶瑪夏瑪巴・曲杰扎巴自傳** （明）第四世噶瑪夏瑪巴・曲杰扎巴撰 明刻本 拉薩市政協文史民宗法制委員會

11109 **宗喀巴大師密傳** 克珠・格勒白桑撰 明刻本 拉薩市政協文史民宗法制委員會

11110 **宗喀巴大師傳信仰入門** 克珠・格勒白桑撰 明刻本 拉薩市政協文史民宗法制委員會

11111 **吉祥真實心要法本明鑒** 珀東・却勒朗杰撰 明刻本 西藏自治區色拉寺

11112 **瑜伽四續概論** 珀東・却勒朗杰撰 明刻本 西藏自治區色拉寺

11113 **瑪爾巴譯師傳** 乳白堅贊撰 明刻本 拉薩市政協文史民宗法制委員會

11114 **解脱道莊嚴論** 塔波醫師・索朗仁青撰 明刻本 西藏圖書館

11115 **密宗道次第廣論** （明）宗喀巴・洛桑扎巴撰 明刻本 西藏圖書館

11116 **覺巴・仁欽白文集目録** 覺巴・仁欽白撰 明刻本 西藏圖書館

11117 **入菩薩行論** 賢狄瓦・洛智堅贊撰 明刻本 拉薩市百慈藏文古籍研究室

11118 **解答舍利佛造像量度經** （明）薩迦・扎巴堅贊譯 明抄本 西藏圖書館

11119 **吐蕃歷代贊普** （明）薩迦・扎巴堅贊撰 明抄本 拉薩市政協文史民宗法制委員會

11120 **布頓甘珠爾目録** （元）布頓・仁欽珠撰 明抄本 西藏博物館

11121 **教法源流史** （元）布頓・仁欽珠撰 明抄本 西藏博物館

11122 **金剛界曼陀羅儀軌** （元）布頓・仁欽珠撰 明抄本 西藏博物館

11123 **金剛界曼陀羅儀軌灌頂明解** （元）布頓・仁欽珠撰 明抄本 西藏博物館

11124 **金剛界語自在曼陀羅贊** （元）布頓・仁欽珠撰 明抄本 西藏博物館

11125 **金剛薩埵末日儀軌入解脱城** （元）布頓・仁欽珠撰 明抄本 西藏博物館

11126 **毗盧遮那息災護摩儀軌能息苦厄** （元）布頓・仁欽珠撰 明抄本 西藏博物館

11127 **千尊脅侍佛贊** （元）布頓・仁欽珠撰 明抄本 西藏博物館

11128 **入瑜伽續航海之舟** （元）布頓・仁欽珠撰 明抄本 西藏博物館

11129 **攝真義之釋要布頓仁欽珠** （元）布頓・仁欽珠撰 明抄本 西藏博物館

11130 **勝吉祥本初續贊** （元）布頓・仁欽珠撰 明抄本 西藏博物館

11131 **勝吉祥本初續種曼陀羅儀軌量度** （元）布頓・仁欽珠撰 明抄本 西藏博物館

11132 **勝吉祥本初續種攝金剛修法** （元）布頓・仁欽珠撰 明抄本 西藏博物館

11133 **勝吉祥續金剛薩埵曼陀羅儀軌** （元）布頓・仁欽珠撰 明抄本 西藏博物館

11134 **勝吉祥續金剛薩埵息災護摩** （元）布頓・仁欽珠撰 明抄本 西藏博物館

11135 **勝吉祥續曼陀羅佛尊吉祥頌** （元）布頓・仁欽珠撰 明抄本 西藏博物館

11136 **殊勝三界壇城儀軌** （元）布頓・仁欽珠撰 明抄本 西藏博物館

11137 **瑜伽供養儀軌無上供養雲** （元）布頓・仁欽珠撰 明抄本 西藏博物館

11138 **入菩薩行** 噶瓦白雜等譯 明抄本 西藏博物館

11139 **入菩薩行論注釋** （明）尊追森格撰 明抄本 拉薩市百慈藏文古籍研究室

11140 **薩迦派深法作明佛母法與釋文** 達波·扎西南加撰 貢嘎洛追注釋 明抄本 中國民族圖書館

11141 **薩迦·霞卡巴傳** 達倉·西繞仁青撰 明抄本 拉薩市政協文史民宗法制委員會

11142 **印藏史集目録** 達倉·西繞仁青撰 明抄本 拉薩市政協文史民宗法制委員會

11143 **大司徒文集** 大司徒·降曲堅贊撰 明抄本 拉薩市政協文史民宗法制委員會

11144 **續部目録志** （明）第三世達賴喇嘛索朗嘉措撰 明抄本 西藏圖書館

11145 **一切智益桑慈巴祥傳** （明）第四世噶瑪夏瑪巴·曲杰扎巴撰 明抄本 拉薩市政協文史民宗法制委員會

11146 **第吾教法史** 第吾·覺色撰 明抄本 拉薩市政協文史民宗法制委員會

11147 **噶爾林著論** 多吉旺久等撰 明抄本 西藏圖書館

11148 **釋尊本生傳如意藤** 格衛旺波撰 雄頓·多杰堅贊譯 明抄本 西藏博物館

11149 **具德上師扎巴仁波切簡傳** 故究兒·桑杰白撰 明抄本 拉薩市政協文史民宗法制委員會

11150 **教派廣論** 甲且喀瓦·益西多杰撰 明抄本 拉薩市百慈藏文古籍研究室

11151 **文殊菩薩真言集** 賈敦·仁青扎西撰 明抄本 拉薩市百慈藏文古籍研究室

11152 **直貢法尊覺巴仁青貝大傳記無敵金剛焰** 敬安·西繞瓊乃撰 明抄本 拉薩市政協文史民宗法制委員會

11153 **佛教史略** 拉頓·朗卡堅贊撰 明抄本 西藏自治區羅布林卡

11154 **教派總論** 勒巴頓珠撰 明抄本 西藏自治區日喀則市扎什倫布寺

11155 **勸誡親友書** 明抄本 拉薩市政協文史民宗法制委員會

11156 **瑪爾巴大師教誡** （宋）瑪爾巴·曲吉洛追撰 明抄本 西藏圖書館

11157 **勝樂天城儀軌** （宋）瑪爾巴·曲吉洛追等譯 明抄本 西藏圖書館

11158 **班智達西日布扎傳** 米娘·扎巴仁青撰 明抄本 拉薩市政協文史民宗法制委員會

11159 **甘露光芒** 納若巴撰 明抄本 拉薩市政協文史民宗法制委員會

11160 **王子悉達本生事記** 娘匿桑布撰 明抄本 西藏圖書館

11161 **教法源流寶庫** 娘普哇·索南桑布撰 明抄本 拉薩市政協文史民宗法制委員會

11162 **毗盧遮那大師傳** 毗盧遮那撰 明抄本 西藏自治區羅布林卡

11163 **韻律學注釋** 仁欽迥乃希瓦譯 明抄本 西藏博物館

11164 **佛説文殊名梵贊** （宋）仁欽桑波等譯 明抄本 西藏圖書館

11165 **薩迦·貢嘎堅贊文集目録** （宋）薩迦·貢嘎堅贊撰 明抄本 西藏圖書館

11166 **入智者之門** （宋）薩迦·貢嘎堅贊撰 明抄本 拉薩市政協文史民宗法制委員會

11167 **具德上師扎巴仁波切頌傳** 桑杰多吉撰 明抄本 拉薩市政協文史民宗法制委員會

11168 **瑪爾巴大師耳傳二要經** 尚尊追扎輯 明抄本 西藏博物館

11169 **修行教誡** 尚尊追扎輯 明抄本 西藏博物館

11170 **協昂史籍** 釋迦拉旺撰 明抄本 拉薩市政協文史民宗法制委員會

11171 **熱·多杰扎譯師傳** 烏優巴·曲迥撰 明抄本 拉薩市政協文史民宗法制委員會

11172 **文集如意寶** 向玉·扎巴尊哲扎撰 明抄本 西藏博物館

11173 **心贊** 向玉·扎巴尊哲扎撰 明抄本 西藏博物館

11174 **明述十萬之攝小續第一章注釋** 雄頓·洛智丹巴譯 明抄本 中國民族圖書館

11175 **王子悉達本生傳世間衆樂** （明）薩迦·扎巴堅贊等譯 明抄本 西藏圖書館

11176 **道果法** （明）薩迦·扎巴堅贊撰 明抄本 西藏自治區薩迦縣薩迦寺

11177 **薩迦·貢嘎堅贊傳** 尊巴·仁青白撰 明抄本 拉薩市政協文史民宗法制委員會

11178 **佛本生傳** 讓瓊多吉撰 明抄本 西北民族大學圖書館

11179 **佛本生傳** 明抄本 拉薩市政協文史民宗法制委員會

11180 **般若波羅蜜多八千頌** 明金汁抄本 西藏自治區仁布縣維色曲林寺

11181 **般若波羅蜜多八千頌** 明金汁抄本 西藏自治區日喀則市俄爾寺

11182 **甘珠爾** 明金汁抄本 西藏自治區日喀則市夏魯寺

11183 **般若波羅蜜多經** 明金汁抄本 西藏自治區日喀則市夏魯寺

11184 **般若波羅蜜多經** 明抄本 西藏自治區色拉寺

11185 **般若波羅蜜多經** 明抄本 西藏自治區日喀則市俄爾寺

11186 **般若波羅蜜多經** 明抄本 西藏自治區江孜縣熱龍寺

11187 **般若波羅蜜多經** 明抄本 西藏自治區薩迦縣薩迦寺

11188 **般若波羅蜜多經** 明抄本 西藏自治區日喀則市夏魯寺

11189 **古覺多丹·布達西日傳及祈願文** 明抄本 拉薩市政協文史民宗法制委員會

11190 **至尊比如巴傳** 明抄本 拉薩市政協文史民宗法制委員會

11191 **温頓一切智傳** 明抄本 拉薩市政協文史民宗法制委員會

11192 **桑杰頓巴傳** 明抄本 拉薩市政協文史民宗法制委員會

11193 **金光明經** 明抄本 青海藏醫藥文化博物館

11194 **熱赤耳傳金剛偈** 明抄本 拉薩市政協文史民宗法制委員會

11195 **續他論** 明抄本 西藏博物館

11196 **因明關係廣論** 明抄本 西藏博物館

11197 **達瑪熱雜傳信仰五穀豐登悉地降雨** （元）布頓·仁欽珠撰 明末抄本 拉薩市政協文史民宗法制委員會

11198 **具德上師扎巴仁青內傳寶珠** 桑杰多吉撰 明末抄本 拉薩市政協文史民宗法制委員會

11199 **松贊干布傳** 明末抄本 拉薩市政協文史民宗法制委員會

11200 **至尊羅追杰參傳·信仰水之寶庫** 貢確楚塵撰 明末抄本 拉薩市政協文史民宗法制委員會

11201 **吉祥桑普寺法嗣歷史明鏡** 仁青覺丹撰 明末抄本 拉薩市政協文史民宗法制委員會

11202 **五守護神大乘經** 清康熙六十一年（1722）刻本 中國科學院新疆分院文獻信息中心

11203 **十八醫術與實踐寶集十八卷** 宇妥·雲丹貢布撰 清康熙刻本 中國民族圖書館

11204 **甘珠爾** 清嘉慶十二年（1807）抄本 西藏自治區布達拉宮

11205 **具德勝樂現觀釋** 多羅那他輯 清初稿本 中國民族圖書館

11206 **三律儀論説三卷** （宋）薩迦·貢嘎堅贊撰 清刻本 中國民族圖書館

11207 **蓮花生傳** 覺囊·多羅那他撰 清刻本 拉薩市政協文史民宗法制委員會

11208 **四部醫典** 宇妥·雲丹貢布撰 清刻本 拉薩市曲杰桑布

11209 **道次第續論** 噶瑪·松饒嘉措撰 清初抄本 西藏自治區布達拉宮

11210 **正字寶匣** 夏魯·去窘桑布撰 清初抄本 西藏圖書館

11211 **塔波噶舉正法總綱鑰匙** 清刻本 拉薩市政協文史民宗法制委員會

11212 **般若波羅蜜多八千頌** 清刺綉本 青海藏醫藥文化博物館

11213 **松贊干布遺訓** 清銀汁抄本 青海藏醫藥文化博物館

11214 **密宗修行次第** 清銀汁抄本 玉樹藏族自治州東倉大藏經珍藏館

11215 **詩鏡注釋** 邦·羅追丹巴撰 清抄本 西藏圖書館

11216 **薩迦·貢嘎堅贊傳** 仁邦·阿旺久扎撰 清抄本 西藏博物館

11217 **赤吉預言** 瓊貴贊撰 清抄本 西藏自治區尼瑪縣雍仲桑丹林寺

11218 **尊勝陀羅尼經** 頓巴西熱撰 清抄本 西藏自治區尼瑪縣雍仲桑丹林寺

11219 **薩迦·貢嘎堅贊等信函** （宋）薩迦·貢嘎堅贊等撰 清抄本 拉薩市甲日巴·洛桑朗杰

11220 **藥物圖釋白銀鏡** 松巴·益喜班覺撰 清抄本 青海藏醫藥文化博物館

11221 **萬年曆表** 楞智嘉措撰 清抄本 西北民族大學圖書館

11222 **柱間史** 清抄本 西藏博物館

11223 **苯教典藏經文** 清抄本 西藏自治區丁青縣丁青寺

（二）回鶻文

11224 **十姓回鶻王及其疆域記録** 十至十一世紀寫本 中國文化遺産研究院

11225 **阿毗達磨俱舍論卷第五** 元抄本 國家圖書館

11226 **中阿含經卷第三** 元抄本 國家圖書館

11227 **雜阿含經卷第一** 元抄本 國家圖書館

（三）西夏文

11228 **三才雜字** 西夏寫本 敦煌研究院
存一葉

11229 **星宿母陀羅尼** 西夏刻本 武威市博物館
存一葉

11230 **金剛般若波羅蜜多經集一卷** 西夏刻本 寧夏文物考古研究所

11231 **大方廣佛華嚴經卷第五十一** 西夏活字本 國家圖書館

11232 **大方廣佛華嚴經卷第七十一** 西夏活字本 國家圖書館

11233 **六祖大師法寶壇經** 卷背 **瓜州審案記録** 西夏寫本 國家圖書館
存二葉

（四）蒙古文

11234 **五守護神大乘經** 清康熙十二年（1673）刻本 中國科學院新疆分院文獻信息中心

11235 **諸品積咒經三卷** （清）蘇魯木 索瑪第阿目格希迪譯 清康熙四十六年（1707）北京刻本 中國民族圖書館

存二卷（目録、二）

11236 **譬喻之海** （明）錫力固什·綽爾濟譯 清康熙五十三年（1714）刻本 國家圖書館

11237 **聖般若波羅蜜多二萬五千頌四卷** （明）噶布楚·莫日根·岱固什譯 清康熙五十九年（1720）刻本 中國民族圖書館

存一卷（四）

11238 **聖懺悔滅罪大解脱普聞成等正覺勝莊嚴大乘經** （明）貢嘎厄斯爾譯 清康熙刻本 國家圖書館

11239 **譬喻之海** （明）錫力固什·綽爾濟譯 清雍正六年（1728）刻本 國家圖書館

11240 **四部醫典四卷** 宇妥·雲丹貢布撰 （清）敏珠爾多譯 清乾隆北京刻本 中國民族圖書館

存三卷（二至四）

11241 **章嘉若必多吉傳酬願如意經** （清）固什·阿旺丹培勒譯 清乾隆北京刻本 中國民族圖書館

11242 **米拉日巴傳** 清乾隆刻本 國家圖書館

11243 **能斷金剛般若波羅蜜多經** 清中期抄本 中國民族圖書館

11244 **蓮花生大師傳七卷** （明）薩迦·端珠卜譯 清北京刻本 中國民族圖書館

11245 **善語寶藏** （宋）薩迦·貢嘎堅贊撰 （清）丹畢堅贊譯 清刻本 國家圖書館

11246 **善説蒙文文法語飾** （清）阿旺丹德爾撰 清刻本 國家圖書館

11247 **烏訥素珠克圖舊土爾扈特與青色特奇勒圖新土爾扈特之汗諾顔世系源流** 清末抄本 巴音郭楞蒙古自治州和靜縣博物館

11248 **江格爾擊敗殘暴古日古木之章** 清抄本 新疆維吾爾自治區少數民族古籍搜集整理出版規劃領導小組辦公室

（五）察合台文

11249 **艾合拉庫穆赫斯恁尼（穆斯林美德）** 明末抄本 新疆維吾爾自治區少數民族古籍搜集整理出版規劃領導小組辦公室

11250 **海米塞（五卷詩）** 清乾隆四十一年（1776）抄本 新疆大學圖書館

11251 **卡里萊與笛木乃** 清嘉慶五年（1800）抄本 新疆維吾爾自治區少數民族古籍搜集整理出版規劃領導小組辦公室

11252 **布格拉汗塔孜克日斯（布格拉汗的傳説）** 清嘉慶九年（1804）抄本 新疆大學圖書館

11253 **麥赫布布里庫魯夫（鐘心之鎖）** 清嘉慶十三年（1808）抄本 新疆維吾爾自治區少數民族古籍搜集整理出版規劃領導小組辦公室

11254 **安瓦爾蘇海里** 清嘉慶二十年（1815）抄本 新疆維吾爾自治區少數民族古籍搜集整理出版規劃領導小組辦公室

11255 **麥吉買吐里一艾合卡姆（斷法叢書）** 清嘉慶二十五年（1820）抄本 新疆維吾爾自治區少數民族古籍搜集整理出版規劃領導小組辦公室

11256 **曼特庫特塔伊爾（鳥語）** 清嘉慶二十五年（1820）抄本 新疆維吾爾自治區圖書館

11257 **孜牙烏里稀法（治療之光）** 清道光六年（1826）抄本 新疆維吾爾自治區少數民族古籍搜集整理出版規劃領導小組辦公室

11258 **蘇圖克·布格拉汗傳** 清道光十年（1830）抄本 新疆維吾爾自治區少數民族古籍搜集整理出版規劃領導小組辦公室

11259 **扎帕爾拿馬（凱旋書）** 清同治五年（1866）抄本 新疆社會科學院圖書館

11260 **伊布拉音麥稀胡爾詩集（麥稀胡爾詩集）** 清同治八年（1869）抄本 新疆維吾爾自治區少數民族古籍搜集整理出版規劃領導小組辦公室

11261 **埃米爾·穆賽依甫·喀孜傳** 清光緒六年（1880）抄本 新疆維吾爾自治區少數民族古籍搜集整理出版規劃領導小組辦公室

11262 **曼開白提艾孜熱提謝赫阿不都卡迪爾吉拉尼傳（賢人吉拉尼傳）** 清光緒十九年（1893）抄本 新疆維吾爾自治區圖書館

11263 **太孜克然伊瑪木熱巴尼（伊瑪木熱巴尼傳）** 清光緒二十八年（1902）抄本 新疆維吾爾自治區圖書館

11264 **祖布達圖里麥薩依里（精選問答）** 清抄本 新疆維吾爾自治區少數民族古籍搜集整理出版規劃領導小組辦公室

11265 **熱沙萊依摩茲朵孜里克（鞋匠工藝經）** 清抄本 新疆維吾爾自治區少數民族古籍搜集整理出版規劃領導小組辦公室

11266 **卡爾巴拉烏茹稀（卡爾巴拉戰爭）** 清抄本 新疆維吾爾自治區少數民族古籍搜集整理出版規劃領導小組辦公室

11267 **伊瑪目艾則目（伊瑪目生平事跡傳）** 清抄本 新疆維吾爾自治區少數民族古籍搜集整理出版規劃領導小組辦公室

11268 **薩勒納麻（天文之書）** 清抄本 新疆維吾爾自治區圖書館

11269 **伊瑪目艾山與伊瑪目玉賽音塔孜克日（伊瑪目艾山與伊瑪目玉賽音傳）** 清抄本 中國民族圖書館

11270 **提比吾克曼（醫療手册）** 清抄本 新疆維吾爾自治區圖書館

11271 **提比·庫爾塞體曼（醫療指南）** 清抄本 新疆維吾爾醫學高等專科學校維吾爾醫藥文獻研究所

11272 **扎合熱·哈熱孜姆·夏（國王醫學之寶）** 清抄本 新疆維吾爾醫學高等專科學校維吾爾醫藥文獻研究所

11273 **提比·依拉吉（醫療手册）** 清抄本 新疆維吾爾醫學高等專科學校維吾爾醫藥文獻研究所

11274 **克它備·提比（醫藥書）** 清抄本 新疆維吾爾醫學高等專科學校維吾爾醫藥文獻研究所

11275 **木熱克巴體提比（複方藥物治療手册）** 清抄本 新疆維吾爾醫學高等專科學校維吾爾醫藥文獻研究所

（六）彝文

11276 **六部經書** 明嘉靖四十四年（1565）抄本 國家圖書館

11277 **勸善經** 明刻本 西南民族大學民族文獻研究中心

11278 **勸善經** 明刻本 楚雄彝族文化研究院

11279 **賣查** 清乾隆十九年（1754）抄本 楚雄彝族文化研究院

11280 **祭奠經** 清乾隆三十二年（1767）東戴抄本 楚雄彝族文化研究院

11281 **彝漢教典** 清乾隆五十八年（1793）抄本 國家圖書館

11282 **喪儀細沓把** 清嘉慶三年（1798）抄本 畢節地區彝文文獻翻譯研究中心

11283 **彝文字集** 清嘉慶九年（1804）抄本 國家圖書館

11284 **嫁歌歌詞集** 清嘉慶抄本 貴州民族文化宫圖書館

11285 **十二部勾則** 清道光元年（1821）抄本 畢節地區彝文文獻翻譯研究中心

11286 **哭祭亡靈經** 清道光二年（1822）抄本 畢節地區彝文文獻翻譯研究中心

11287 **喪祭驅鬼經** 清道光四年（1824）抄本 畢節地區彝文文獻翻譯研究中心

11288 **物始紀略** 清道光七年（1827）抄本 畢節地區彝文文獻翻譯研究中心

11289 **局卓布蘇** 清道光八年（1828）抄本 畢節地區彝文文獻翻譯研究中心

11290 **倫理經** 清道光八年（1828）抄本 畢節地區彝文文獻翻譯研究中心

11291 **支嘎阿魯喪儀經** 清道光九年（1829）抄本 畢節地區彝文文獻翻譯研究中心

11292 **婚姻起源書** 清道光十年（1830）抄本 畢節地區彝文文獻翻譯研究中心

11293 **婚嫁曲姐蘇** 清道光十年（1830）抄本 畢節地區彝文文獻翻譯研究中心

11294 **畢摩溯源經** 清道光十年（1830）抄本 畢節地區彝文文獻翻譯研究中心

11295 **諾漚曲姐書** 清道光十年（1830）抄本 畢節地區彝文文獻翻譯研究中心

11296 **池普納氏族轄地及敘譜書** 清道光十年（1830）抄本 楚雄彝族文化研究院

11297 **安頓祖靈經** 清道光十三年（1833）抄本 畢節地區彝文文獻翻譯研究中心

11298 **婚姻史話** 清道光十三年（1833）抄本 畢節地區彝文文獻翻譯研究中心

11299 **喪祭獻酒經** 清道光十四年（1834）抄本 畢節地區彝文文獻翻譯研究中心

11300 **烏撒彝族祭祖經** 清道光十五年（1835）抄本 畢節地區彝文文獻翻譯研究中心

11301 **喪葬習俗經** 清道光十五年（1835）抄本 畢節地區彝文文獻翻譯研究中心

11302 **祭祖儀式經** 清道光十七年（1837）抄本 畢節地區彝文文獻翻譯研究中心

11303 **經玉改結開路經** 清道光二十二年（1842）抄本 六盤水市少數民族古籍整理辦公室

11304 **祭祖大典示範經** 清道光二十三年（1843）抄本 畢節地區彝文文獻翻譯研究中心

11305 **家園消災祈福經** 清道光二十四年（1844）抄本 畢節地區彝文文獻翻譯研究中心

11306 **洪水與篤慕** 清道光二十六年（1846）抄本 貴州民族文化宫圖書館

11307 **摩史敘史録** 清道光二十七年（1847）抄本 畢節地區彝文文獻翻譯研究中心

11308 **婚儀誦本** 清道光三十年（1850）抄本 貴州民族文化宫圖書館

11309 **阿哲君長世系** 清道光三十年（1850）抄本 貴州民族文化宫圖書館

11310 **動植物譜** 清道光抄本 西南民族大學民族文獻研究中心

11311 **敘譜續代書** 清咸豐四年（1854）抄本 楚雄彝族文化研究院

11312 **阿魯預測書** 清咸豐抄本 貴州民族文化宫

圖書館

11313 **彝家婚禮敘事詩** 清同治五年（1866）抄本 畢節地區彝文文獻翻譯研究中心

11314 **宗法與祭祖** 清同治七年（1868）抄本 畢節地區彝文文獻翻譯研究中心

11315 **驅病退災書** 清光緒十五年（1889）抄本 畢節地區彝文文獻翻譯研究中心

11316 **祭奠哭靈書** 清光緒二十二年（1896）抄本 畢節地區彝文文獻翻譯研究中心

11317 **祭場解口舌罪經** 清光緒二十三年（1897）李格抄本 楚雄彝族文化研究院

11318 **摩史蘇四卷** 清光緒二十五年（1899）刻本 畢節地區彝文文獻翻譯研究中心

11319 **擇期書** 清光緒二十六年（1900）抄本 畢節地區彝文文獻翻譯研究中心

11320 **播勒對歌記** 清光緒二十七年（1901）抄本 畢節地區彝文文獻翻譯研究中心

11321 **畢摩儀式經** 清光緒二十八年（1902）抄本 西南民族大學民族文獻研究中心

11322 **梅查書** 清光緒抄本 西南民族大學民族文獻研究中心

11323 **北方尼諾史** 清宣統三年（1911）李芝林抄本 楚雄彝族文化研究院

（七）滿文

11324 **新刻滿漢字詩經六卷** 清順治十一年（1654）聽松樓刻本 齊齊哈爾市圖書館

11325 **朱子節要十四卷** （宋）朱熹撰 （明）高攀龍輯 清康熙十四年（1675）刻本 國家圖書館

11326 **資治通鑑綱目一百十一卷** （清）和素譯 清康熙三十年（1691）內府刻本 中國民族圖書館
存二十四卷（一至八、十五至二十、二十八至三十七）

11327 **金瓶梅一百回** （明）蘭陵笑笑生撰 （清）和素等譯 清康熙四十七年（1708）刻本 國家圖書館

11328 **金瓶梅一百回** （明）蘭陵笑笑生撰 （清）和素等譯 清康熙四十七年（1708）刻本 中國民族圖書館

11329 **御製避暑山莊詩二卷** （清）聖祖玄燁撰 （清）揆敘等注釋 （清）沈崳繪圖 清康熙五十一年（1712）內府刻本 國家圖書館

11330 **喪葬婚嫁之儀禮** 清雍正元年（1723）刻本 國家圖書館

11331 **十排皇輿全圖** 清乾隆二十四年（1759）刻本 國家圖書館
存一百一幅

11332 **廟碑紀事筆記** （清）瑞保輯録 清乾隆四十年（1775）抄本 國家圖書館

11333 **漢國書** 清光緒二十四年（1898）抄本 伊犁哈薩克自治州文物局

11334 **玉匣記** 清抄本 國家圖書館

（八）東巴文

11335 **延壽道場·看羊五臟吉兇** 清抄本 雲南省玉龍納西族自治縣圖書館

11336 **延壽道場·祭勝利神獻飯** 清抄本 雲南省玉龍納西族自治縣圖書館

11337 **魯般魯饒二册** 抄本 國家圖書館

11338 **蝙蝠使者求靈經** 抄本 國家圖書館

11339 **祭薩拉阿巴解口神經** 抄本 國家圖書館

（九）傣文

11340 **沙薩納芒鑒** 清抄本 雲南省少數民族古籍整理出版規劃辦公室

11341 **尖達塔度第三册** 清抄本 重慶市黔江區圖書館

（十）水文

11342 **題解書旨** 清咸豐元年（1851）抄本 貴州省三都水族自治縣檔案館

11343 **子午卯酉年探** 清同治元年（1862）抄本 中國民族圖書館

11344 **子午卯酉寅申** 清同治九年（1870）抄本 黔南布依族苗族自治州圖書館

11345 **大柱** 清光緒二年（1876）韋銀受抄本 貴州省三都水族自治縣檔案館

11346 **子午卯酉** 清光緒八年（1882）陸光文抄本 貴州省三都水族自治縣檔案館

11347 **子午年正七** 清光緒八年（1882）陸光文抄本 貴州省三都水族自治縣檔案館

11348 **立碑擇吉** 清光緒十年（1884）抄本 貴州省荔波縣檔案館

11349 **正辰甲** 清光緒二十年（1894）抄本 貴州省三都水族自治縣檔案館

11350 **六十年吉兇日** 清光緒二十六年（1900）抄本 黔南民族師範學院

11351 **子午卯酉辰** 清光緒三十年（1904）抄本 貴州民族文化宮圖書館

11352 **九星配日** 清光緒三十年（1904）抄本 貴州民族文化宮圖書館

11353 **擋華** 清光緒三十四年（1908）楊永青抄本 貴州省荔波縣檔案館

（十一）古壯字

11354 **卦書** 清道光四年（1824）許文經抄本 廣西壯族自治區少數民族古籍整理出版規劃領導小組辦公室

11355 **經洛掌書便覓吉日科** 清光緒二年（1876）黄道誠抄本 廣西壯族自治區少數民族古籍整理出版規劃領導小組辦公室

11356 **小除服 連滿服在尾 功德牒在尾** 清韋道宏抄本 廣西壯族自治區少數民族古籍整理出版規劃領導小組辦公室

11357 **羽化度籙科** 清潘道清抄本 廣西壯族自治區少數民族古籍整理出版規劃領導小組辦公室

11358 **初夜登壇科** 清末韋學文抄本 中國民族圖書館

11359 **祝別科** 清末韋承教抄本 中國民族圖書館

11360 **破五獄唱** 清末抄本 中國民族圖書館

（十二）布依文

11361 **盤古前皇** 清嘉慶十六年（1811）抄本 貴州省荔波縣民族宗教事務局布依文古籍研究館

11362 **祭解全卷大小通用** 清光緒六年（1880）抄本 貴州省荔波縣民族宗教事務局布依文古籍研究館

11363 **祈請婆王** 清光緒三十年（1904）抄本 貴州省荔波縣民族宗教事務局布依文古籍研究館

11364 **鉅鹿氏** 清抄本 貴州省荔波縣民族宗教事務局布依文古籍研究館

11365 **做橋** 清抄本 貴州省荔波縣民族宗教事務局布依文古籍研究館

（十三）多文種

11366 **九姓回鶻可汗碑** （唐）頡于伽思撰 粟特突厥漢合璧 唐元和九年（814）刻石 清拓本 國家圖書館

三、其他文字珍貴古籍

（一）梵文

11367 **佛説普遍光明焰鬘清淨熾盛思惟如意寶印心無能勝總持大明王大隨求陀羅尼** 北宋景德二年（1005）刻本 蘇州博物館

（二）波斯文

11368 **瑪斯納維** （波斯）魯米著 公元1610年抄本 新疆維吾爾自治區少數民族古籍搜集整理出版規劃領導小組辦公室

（三）拉丁文

11369 **反異教大全** （意大利）托馬斯·阿奎納著 公元1473-1477年威尼斯印本 國家圖書館

11370 **天體運行論** （波蘭）尼古拉·哥白尼著 公元1566年巴塞爾印本 國家圖書館

11371 **安哲羅全集** （意大利）安哲羅著 公元1492年威尼斯印本 國家圖書館

11372 **聖事禮典提要** （葡萄牙）路易斯·德·塞凱拉編著 公元1605年日本長崎印本 國家圖書館

（四）意大利文

11373 **德里格小提琴奏鳴曲** （意大利）德里格作曲 十八世紀稿本 國家圖書館

（五）古敘利亞文

11374 **聖經** 十三世紀寫本 敦煌研究院 存四頁

（六）多文種

11375 **法漢蒙滿詞典** （法國）孫璋編 公元1758—1767年稿本 國家圖書館

第一册目録

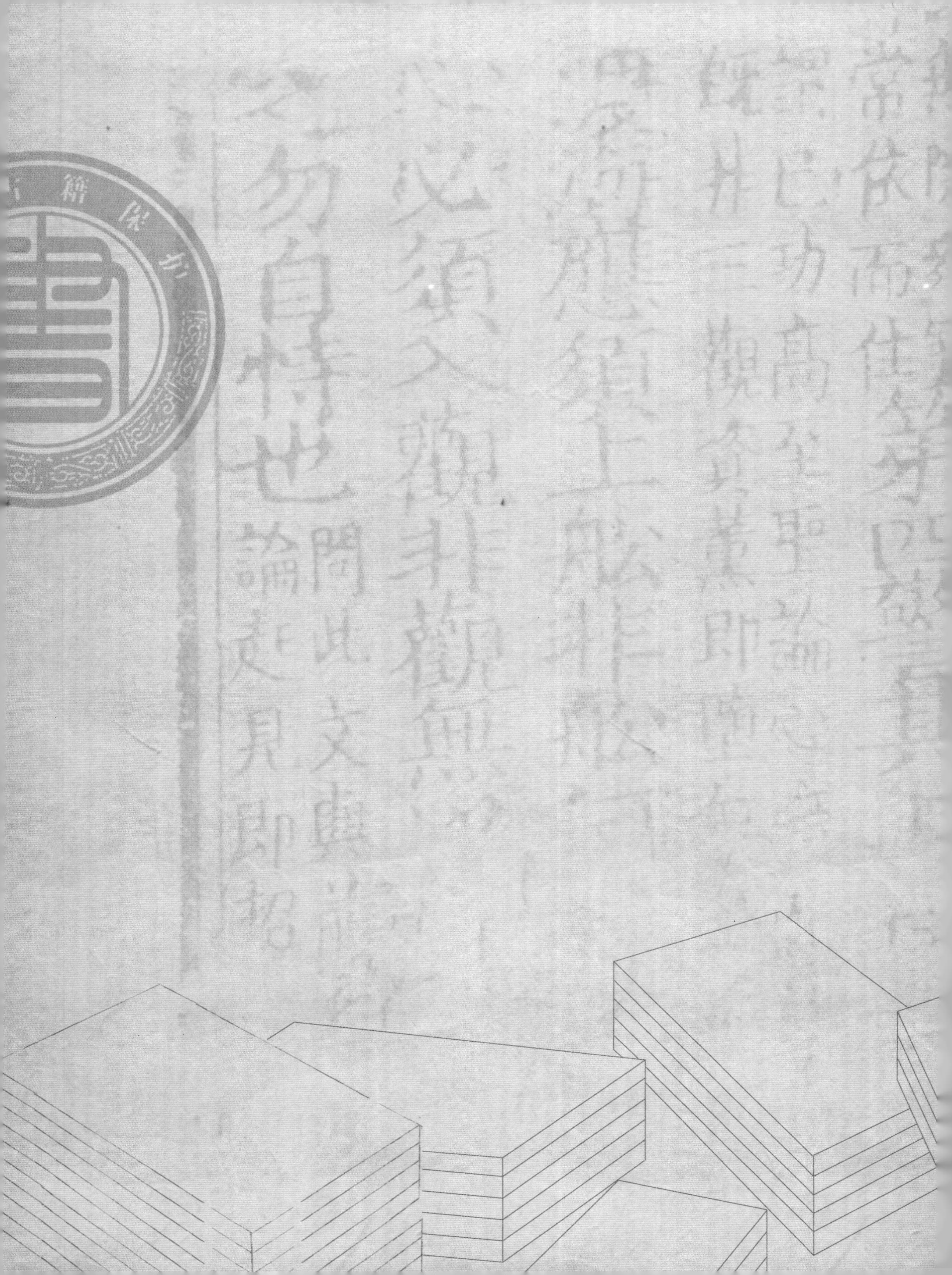

第四批國家珍貴古籍名録圖録

漢文珍貴古籍名録

09860 殷墟甲骨文 商代後期 龜甲獸骨 國家圖書館藏 34783 片

北圖 4454，商武丁時期，33 字（合文 3）。《甲骨文合集》12628 著録。

09860 殷墟甲骨文 商代後期 龜甲獸骨 國家圖書館藏 34783 片

北圖 5405，商武乙文丁時期，正面 196 字，背面 22 字。《甲骨文合集》33747 著録。

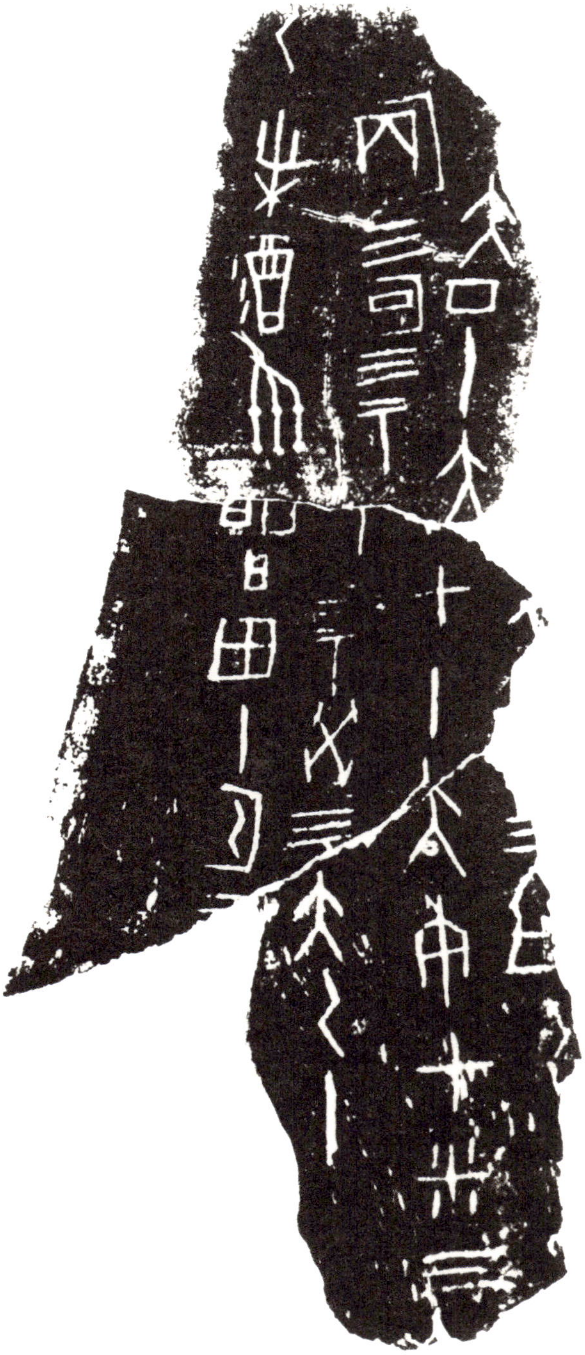

09860 殷墟甲骨文 商代後期 龜甲獸骨 國家圖書館藏 34783 片

北圖 6006，商武乙文丁時期，12 字（合文 1）。《甲骨文合集》32384（部分）著録。

09860 殷墟甲骨文 商代後期 龜甲獸骨 國家圖書館藏 34783 片

北圖 12789，商武丁時期，24 字，《甲骨文合集》14294 著録 。

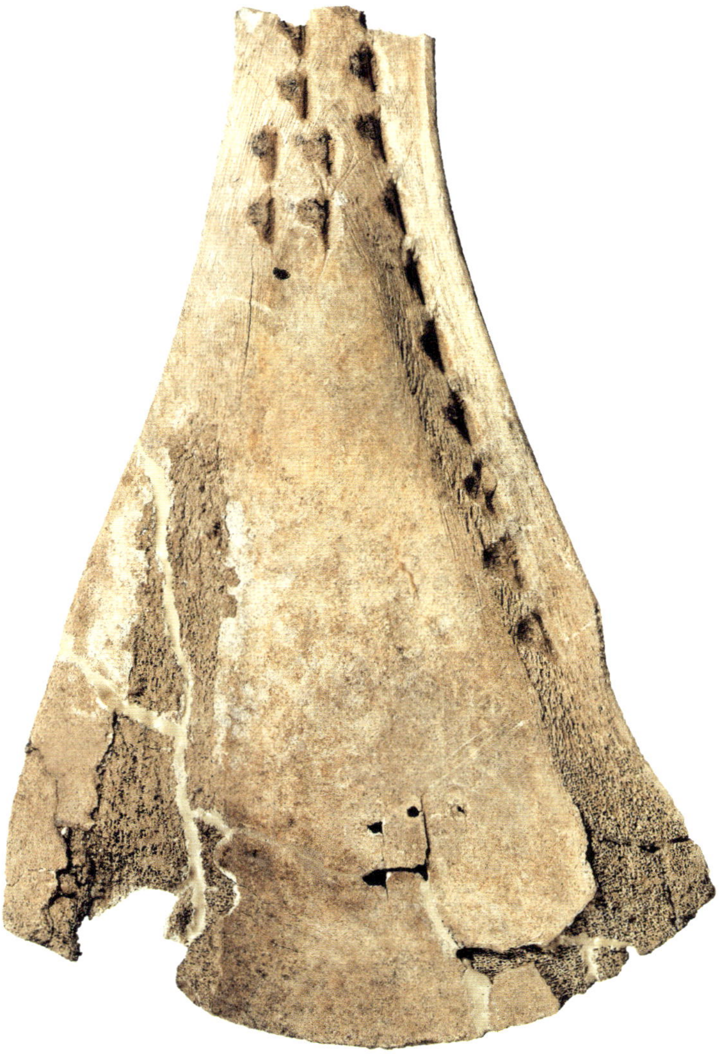

09860 殷墟甲骨文 商代後期 龜甲獸骨 上海博物館藏 4911 片

上博 2426.2，商武乙文丁時期。《甲骨文合集》32028、《上海博物館藏甲骨文字》2426.2 著録。

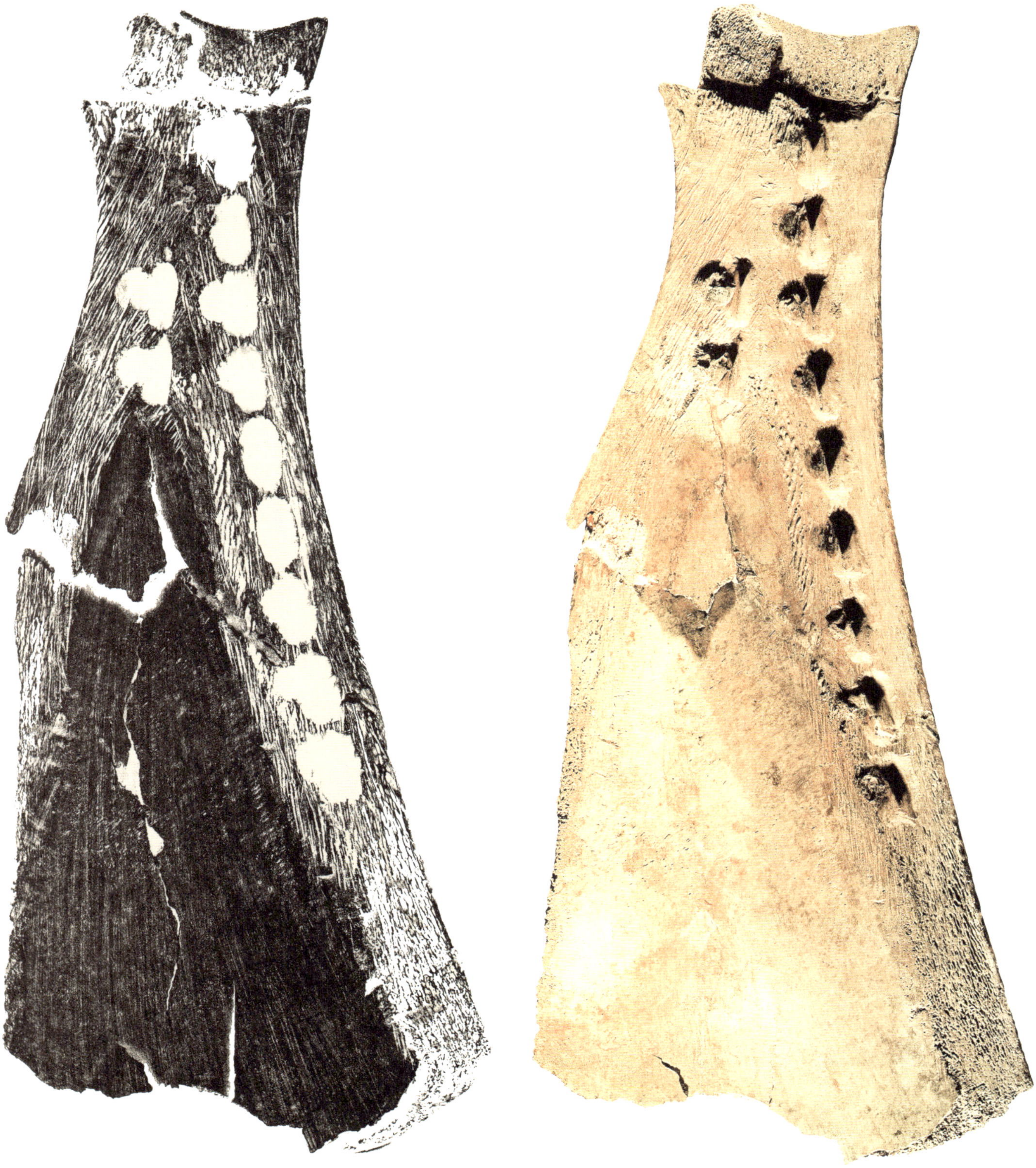

09860 殷墟甲骨文 商代後期 龜甲獸骨 上海博物館藏 4911 片

上博 64006，商武乙文丁時期。《甲骨文合集》32616、《上海博物館藏甲骨文字》64006 著録。

09860 殷墟甲骨文 商代後期 龜甲獸骨 北京大學藏 2929 片

北大 0808，商武丁時期，30 字。《甲骨文合集》6441、《北京大學珍藏甲骨文字》0808 著録。

09860 殷墟甲骨文 商代後期 龜甲獸骨 北京大學藏 2929 片

北大 1436，商武丁時期，35 字。《甲骨文合集》13399、《北京大學珍藏甲骨文字》1436 著録。

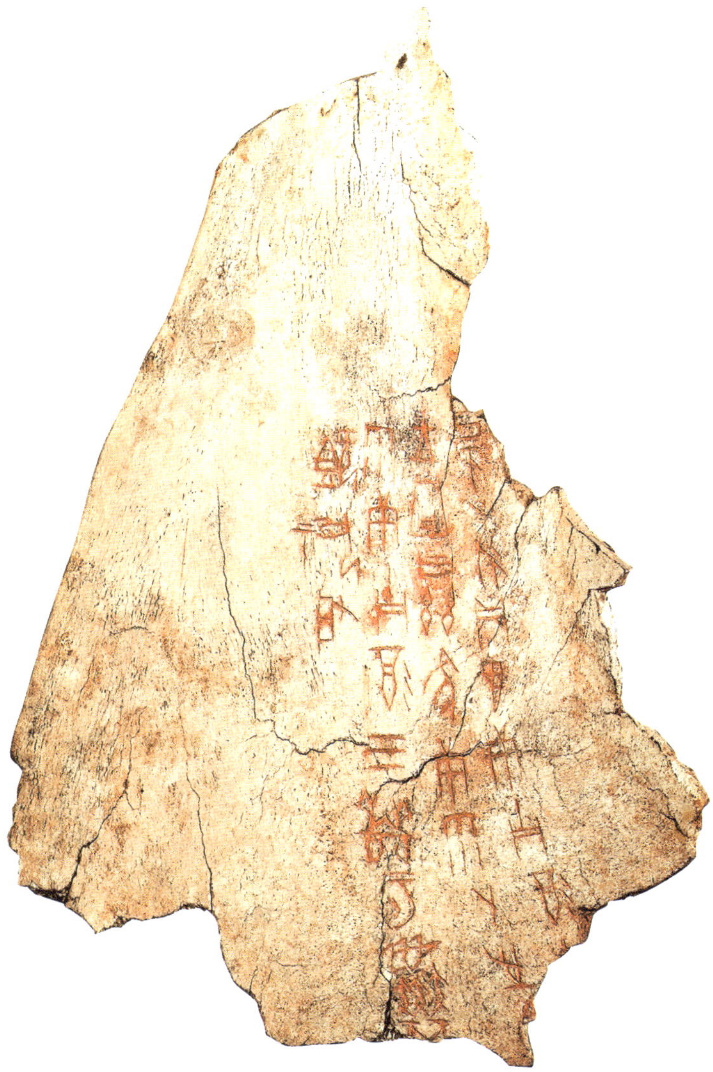

09860 殷墟甲骨文 商代後期 龜甲獸骨 中國社會科學院歷史研究所藏 1961 片

歷史所 272，商武丁時期，44 字。《甲骨文合集》6174 著録。

09860 殷墟甲骨文 商代後期 龜甲獸骨 中國社會科學院歷史研究所藏 1961 片

歷史所 537，商武丁時期，10 字。《甲骨文合集》9716 著録。

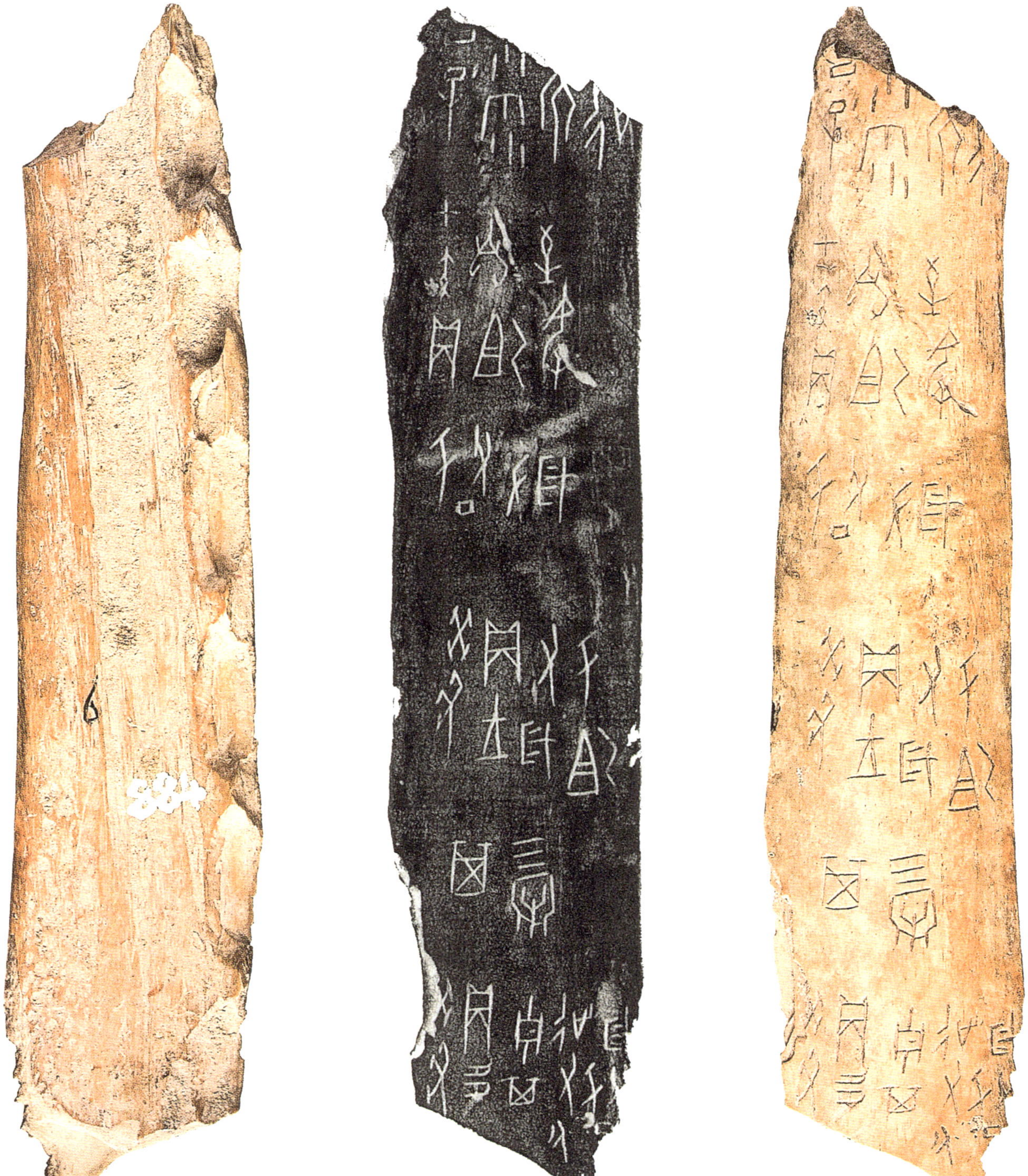

09860 殷墟甲骨文 商代後期 龜甲獸骨 中國社會科學院歷史研究所藏 1961 片

歷史所 1555，商武乙文丁時期，41 字。《甲骨文合集》32517 著録。

09860 殷墟甲骨文 商代後期 龜甲獸骨 中國社會科學院歷史研究所藏 1961 片

歷史所 1578，商武乙文丁時期，41 字。《甲骨文合集》32454 著録。

09862 殷墟花園莊東地甲骨文 商代後期 龜甲獸骨 中國社會科學院考古研究所藏 689 片

花東 450，商武丁時期，63 字。

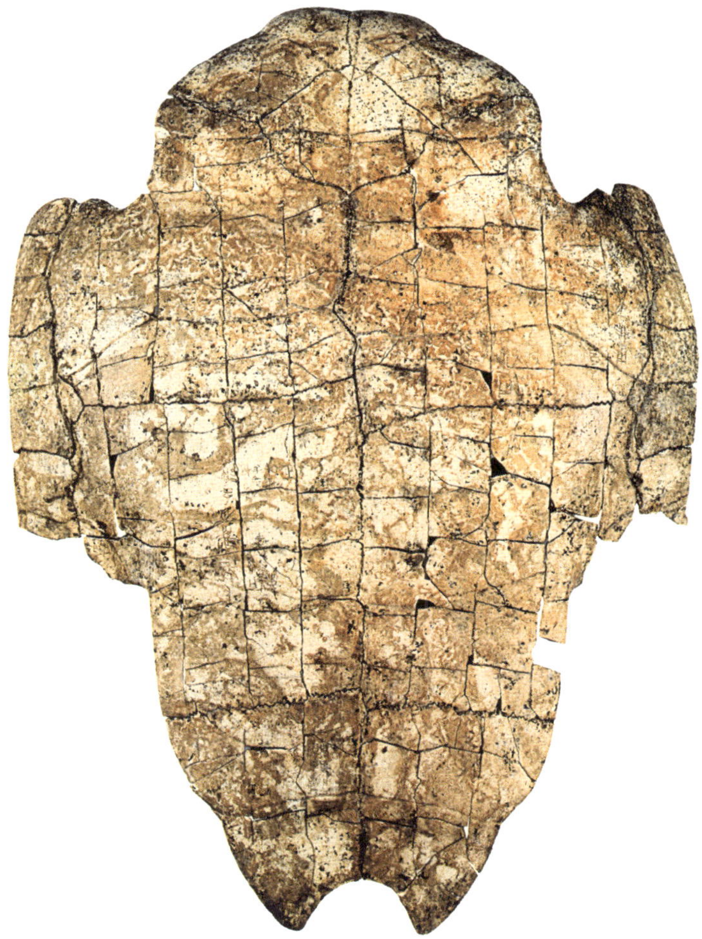

09862 殷墟花園莊東地甲骨文 商代後期 龜甲獸骨 中國社會科學院考古研究所藏 689 片

花東 487，商武丁時期，61 字。

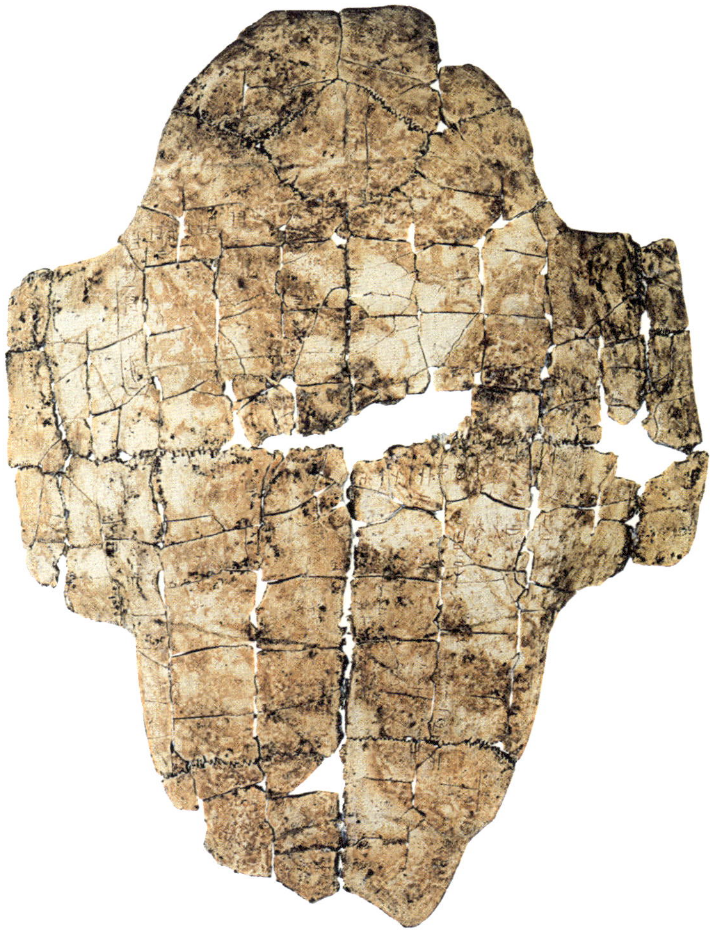

09863 尹至 戰國 竹簡

清華大學藏。

09864 尹誥 戰國 竹簡

清華大學藏。

09865 程寤 戰國 竹簡

清華大學藏。

09866 保訓 戰國 竹簡

清華大學藏。

09867 𨛭夜 戰國 竹簡

清華大學藏。

09868 周武王又疾周公所自以弋王之志（金縢） 戰國 竹簡

清華大學藏。

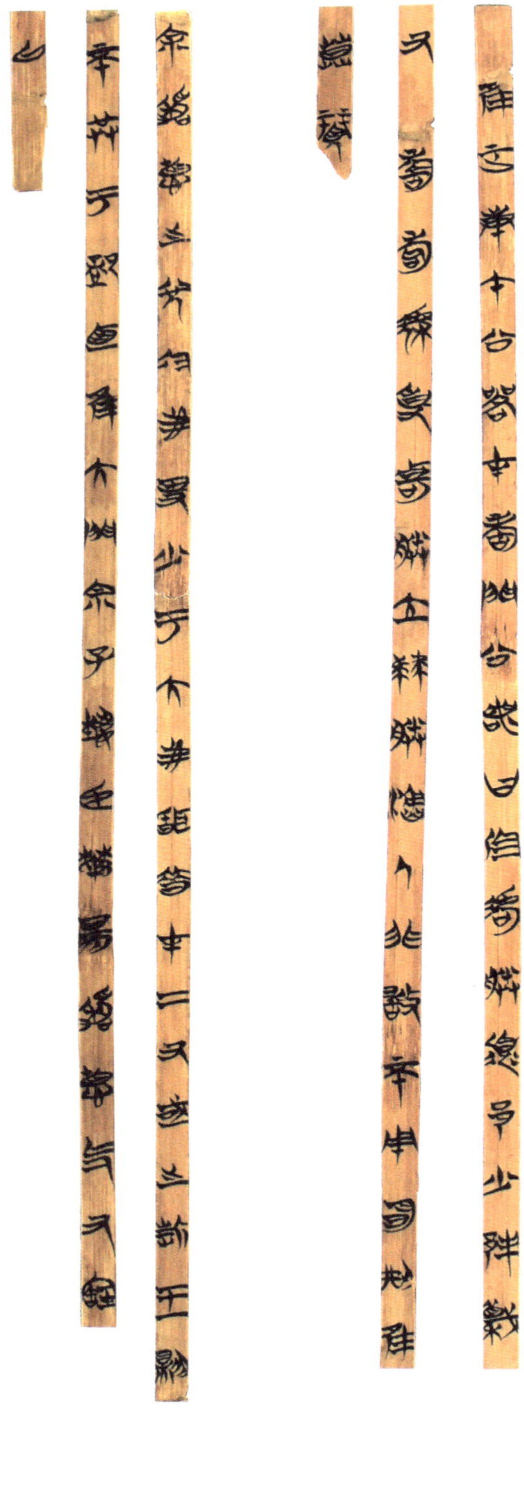

09869 皇門 戰國 竹簡

清華大學藏。

09870 𢷎（祭）公之䝸（顧）命（祭公） 戰國 竹簡

清華大學藏。

09871 楚居 戰國 竹簡

清華大學藏。

09872 繫年 戰國 竹簡

清華大學藏。

1535+1498　1491　0313　1504　0072　1541　1531　1531背

09873 爲吏治官及黔首　秦代 竹簡

湖南大學嶽麓書院藏。

1518 0312 2190 0031 1526 1514 0102 1525 1523＋1522（残）

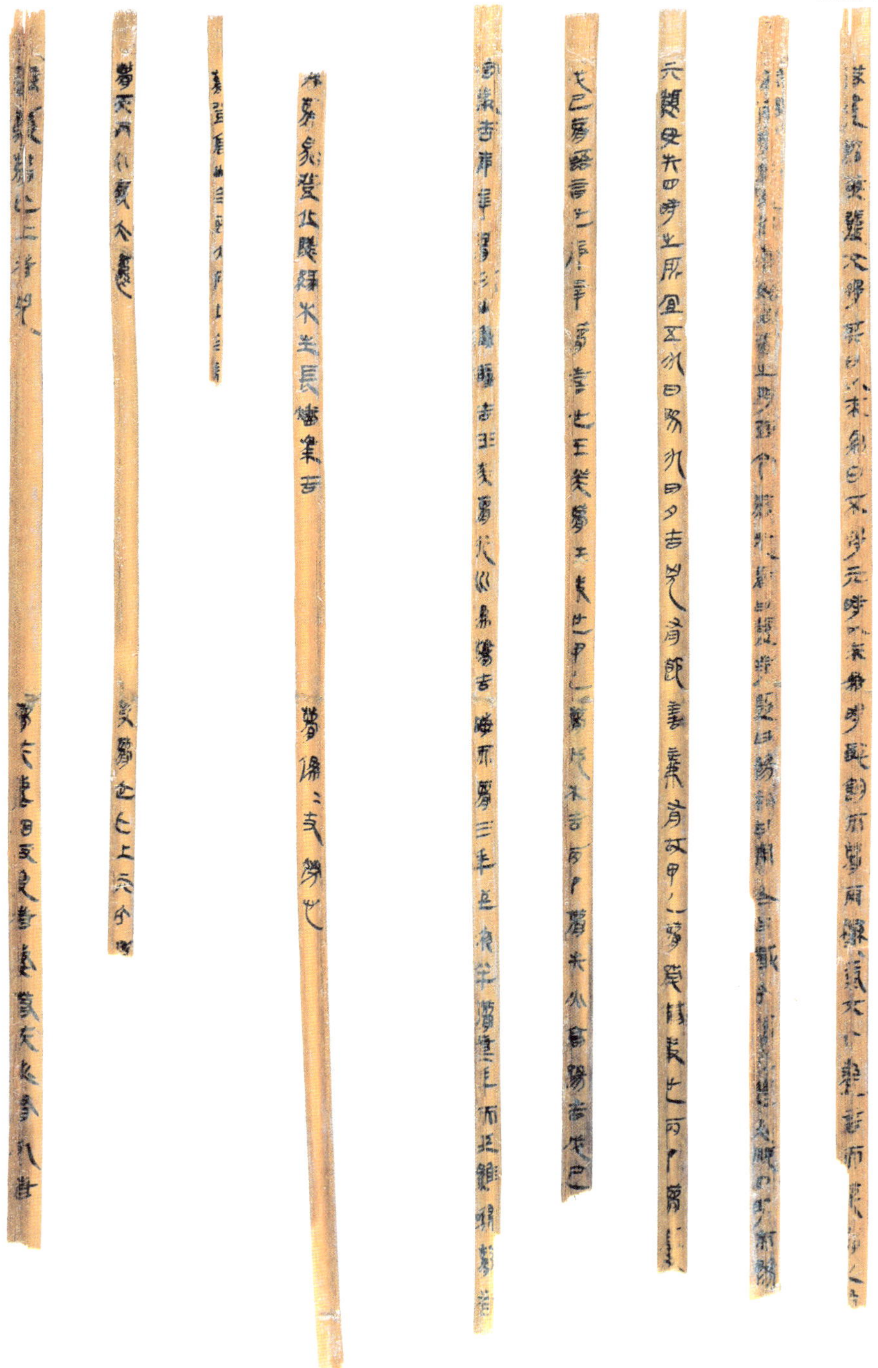

09874 占夢書 秦代 竹簡

湖南大學嶽麓書院藏。

0612 0535 0420 0540 j68 0703 0576 0699

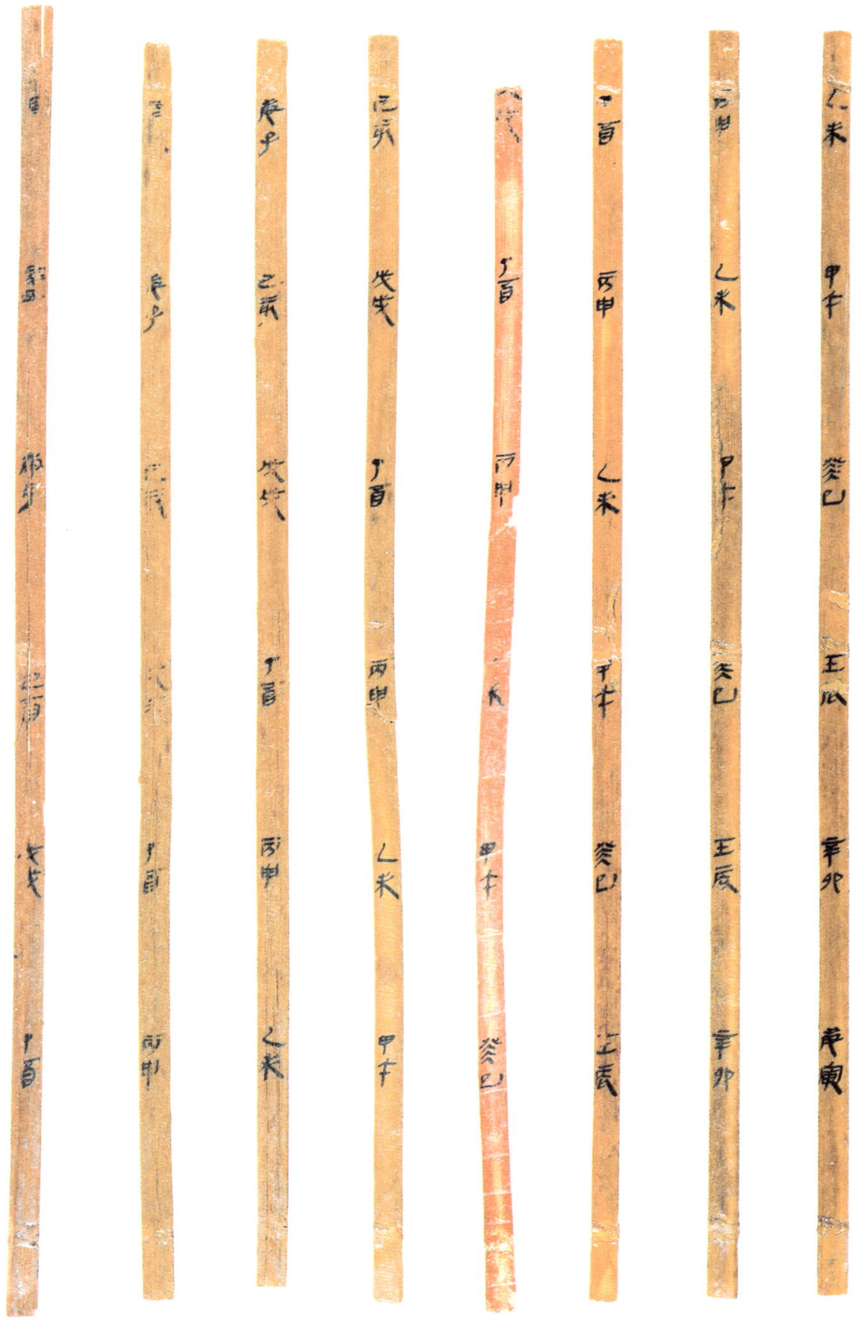

09875 質日 秦代 竹簡

湖南大學嶽麓書院藏。

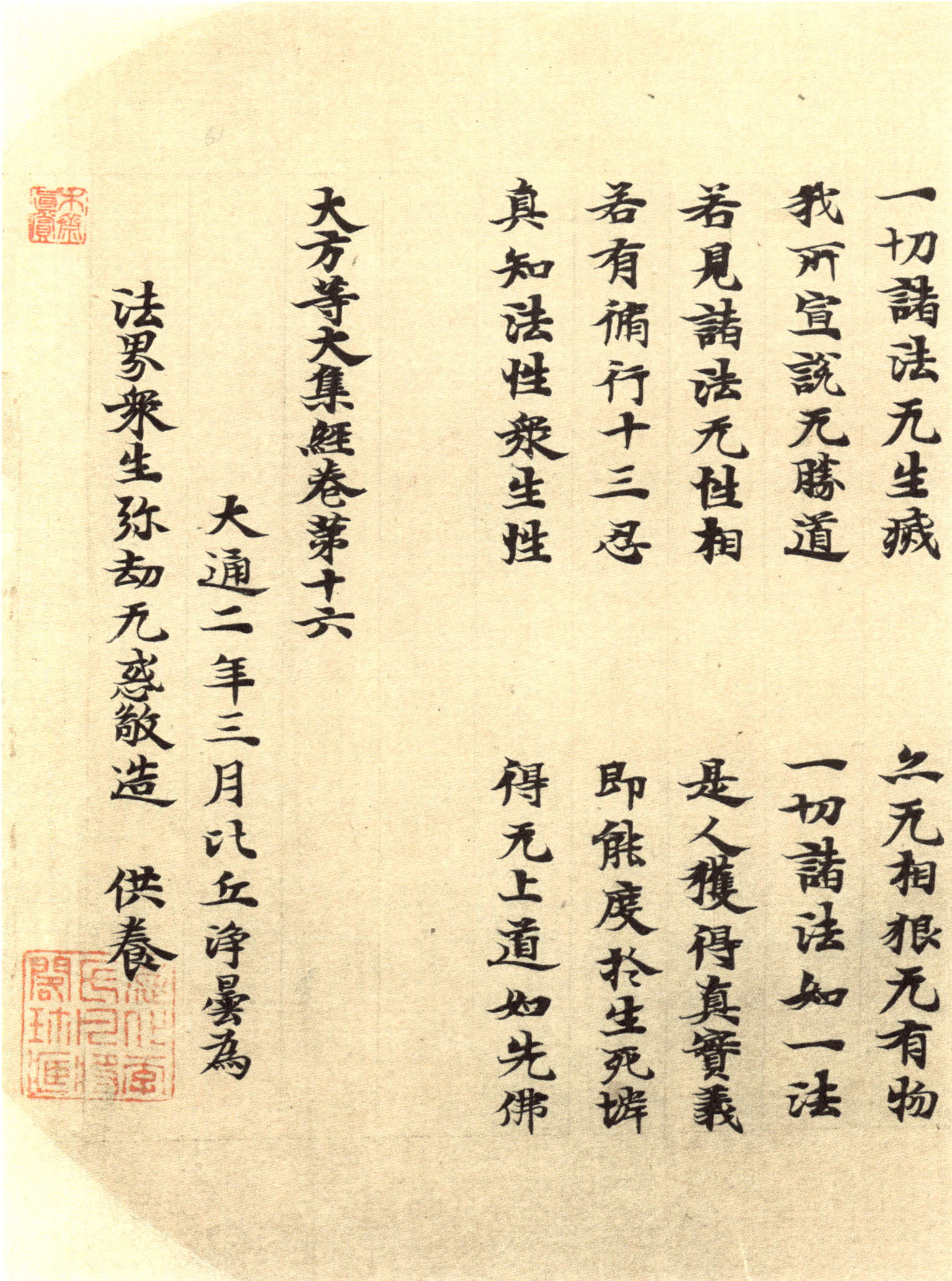

一切諸法无生藏　之无相狼无有物
我所宣說无勝道　一切諸法如一法
若見諸法无性相　是人獲得真實義
若有脩行十三忍　即能度於生死岸
真知法性衆生性　得无上道如先佛

大方等大集經卷第十六

大通二年三月比丘淨曇為
法界衆生弥劫无惑敬造　供養

09888 大方等大集經（北凉）釋曇無讖譯 梁大通二年（528）寫本

册裝。共六十一葉。高 25.5 釐米，每葉長 17.8–19.1 釐米不等。册内二十二紙相接，整紙二十八行，行十四或十七字。烏絲欄。中國文化遺産研究院藏。

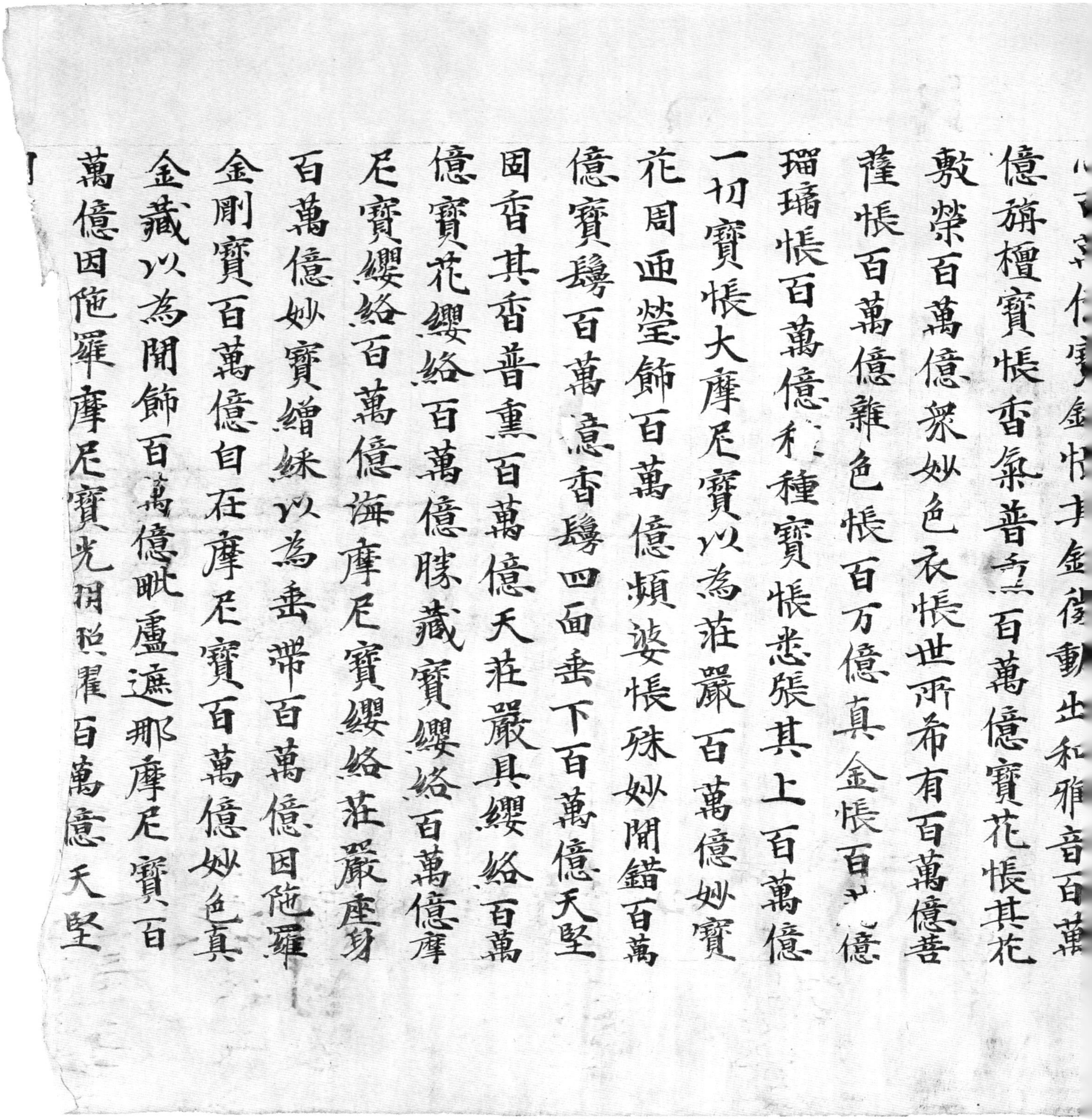

億旃檀寶帳香氣普熏百萬億寶花帳其花
敷榮百萬億衆妙色衣帳世所希有百萬億菩
薩帳百萬億雜色帳百万億真金帳百萬億
瑠璃帳百萬億種種寶帳悉張其上百萬億
一切寶帳大摩尼寶以為莊嚴百萬億妙寶
花周迊瑩飾百萬億頻婆帳殊妙間錯百萬
億寶鐸百萬億香鐸四面垂下百萬億天堅
固香其香普熏百萬億天莊嚴具瓔珞百萬
億寶花瓔珞百萬億勝藏寶瓔珞百萬億摩
尼寶瓔珞百萬億海摩尼寶瓔珞莊嚴座身
百萬億妙寶繒綵以為垂帶百萬億因陁羅
金剛寶百萬億自在摩尼寶百萬億妙色真
金藏以為間飾百萬億毗盧遮那摩尼寶百
萬億因陁羅摩尼寶光明照耀百萬億天堅

09889 大方廣佛華嚴經卷第二十二 （唐）釋實叉難陀譯 唐寫本

卷軸裝。高 27 釐米，長 68.2 釐米。存一紙，八十行，行字不等。烏絲欄。

國家圖書館藏。

所集諸過去修行善根所得一切如來神力
所現无量百千億那由他阿僧祇善根所生
一切如來淨法所起无邊福力之所嚴瑩清
淨業報不可沮壞觀者欣樂无有猒足是出
世法非世所染一切衆生咸來觀察无有能
得究其妙好有百萬億層級周帀圍繞百萬
億金網百萬億花帳百萬億寶帳百萬億
鬘帳百萬億香帳張施其上花鬘垂下香氣普
薰百萬億花蓋百萬億鬘蓋百萬億寶蓋
諸天執持四面行列百萬億寶衣以敷其上百万
億樓閣綺煥莊嚴百萬億摩尼網百萬億寶
網弥覆其上百萬億寶纓絡網四面垂下百
萬億莊嚴具網百萬億蓋網百万億衣網百
萬億寶帳網以張其上百萬億寶蓮華網開
敷光榮百萬億寶香網其香美妙稱悅衆

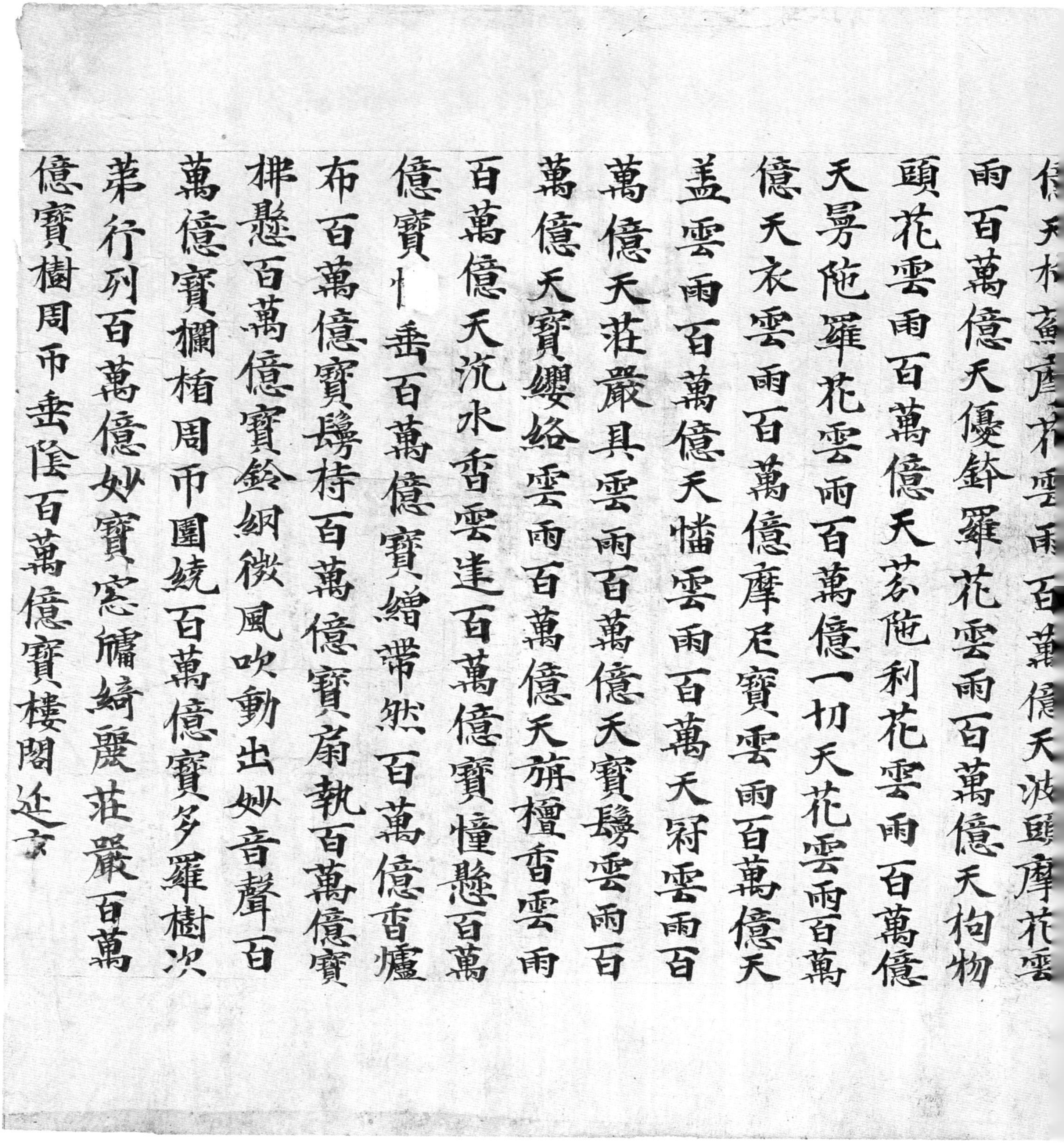

億天[illegible][illegible]摩花雲雨百萬億天波頭摩花雲
雨百萬億天優鉢羅花雲雨百萬億天拘物
頭花雲雨百萬億天芬陁利花雲雨百萬億
天曼陁羅花雲雨百萬億一切天花雲雨百萬
億天衣雲雨百萬億摩尼寶雲雨百萬億天
蓋雲雨百萬億天幡雲雨百萬天冠雲雨百
萬億天莊嚴具雲雨百萬億天寶鬘雲雨百
萬億天寶瓔珞雲雨百萬億天旃檀香雲雨
百萬億天沉水香雲逢百萬億寶幢懸百萬
億寶幰垂百萬億寶繒帶然百萬億香爐
布百萬億寶鬘持百萬億寶扇執百萬億寶
拂懸百萬億寶鈴網微風吹動出妙音聲百
萬億寶欄楯周帀圍繞百萬億寶多羅樹次
第行列百萬億妙寶窓牖綺麗莊嚴百萬
億寶樹周帀垂陰百萬億寶樓閣延袤

09889 大方廣佛華嚴經卷第二十二

明摩尼寶纓絡周帀垂布以為莊嚴百萬億
摩尼身殊妙嚴飾百萬億因陁羅妙色寶百
萬億黑栴檀香百萬億不思議境界香百萬
億十方妙香百萬億最勝香百萬億甚可愛
樂香咸發香氣普熏十方百萬億頻婆羅香
普散十方百萬億淨光香普熏衆生百萬億
无邊際種種色香普熏一切諸佛國土永不
歇滅百萬億塗香百萬億熏香百萬億燒
香香氣發越普熏一切百萬億蓮花藏沉水
香出大音聲百萬億遊戲香能轉衆心百萬
億阿樓那香香氣普熏其味甘美百萬億能開
悟香普遍一切令其聞者諸根寂靜復有百萬
億无比香王[illegible]種莊嚴雨百萬億天花雲雨
百萬億天香雲雨百萬億天末香雲雨百萬

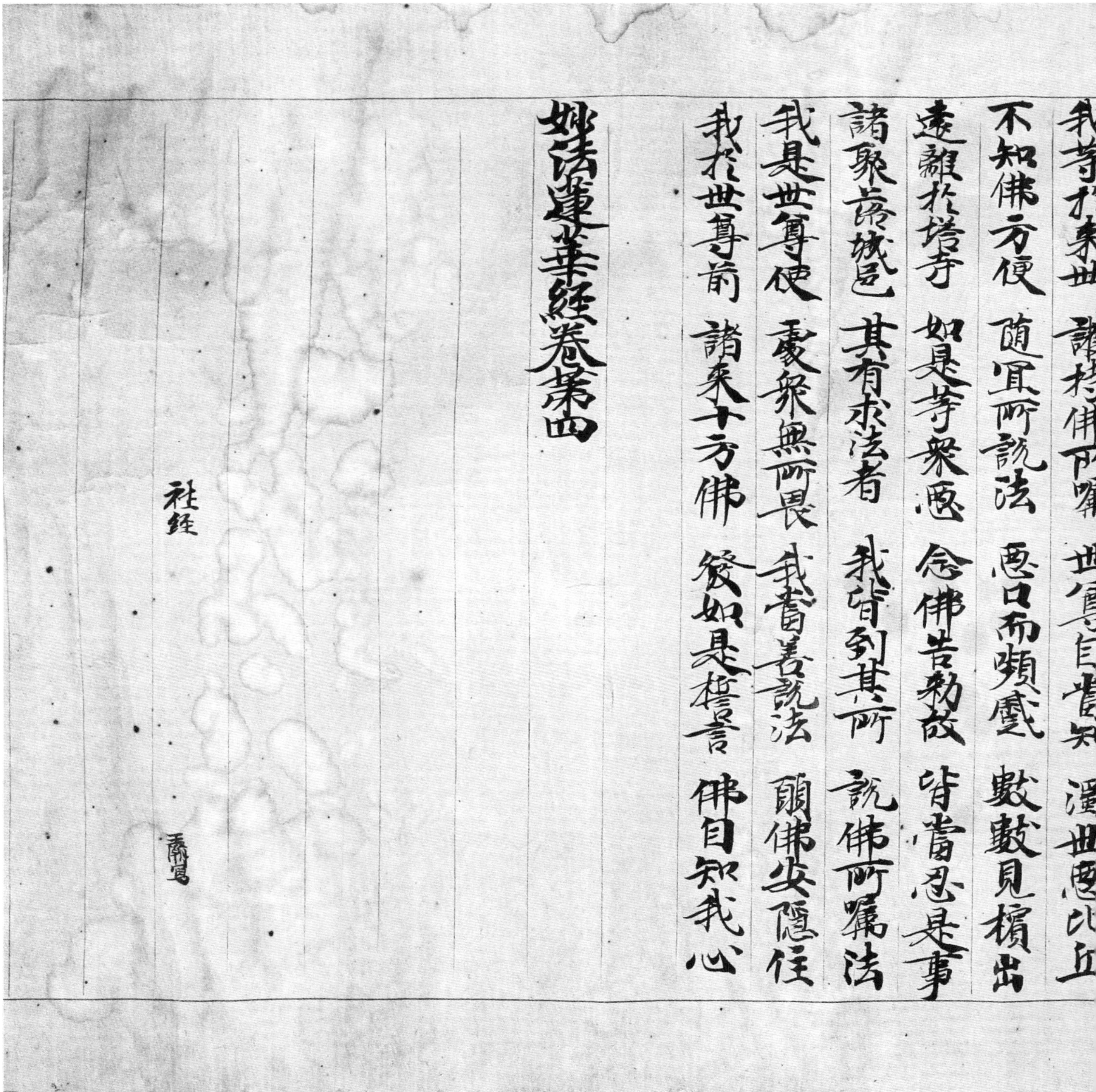

我等於來世　讀持佛所囑　世尊自當知　濁世惡比丘
不知佛方便　隨宜所說法　惡口而顰蹙　數數見擯出
遠離於塔寺　如是等衆惡　念佛告勅故　皆當忍是事
諸聚落城邑　其有求法者　我皆到其所　說佛所囑法
我是世尊使　處衆無所畏　我當善說法　願佛安隱住
我於世尊前　諸來十方佛　發如是誓言　佛自知我心
妙法蓮華經卷第四

社經

[illegible]寫

09890 妙法蓮華經卷第四　（後秦）釋鳩摩羅什譯　吐蕃統治敦煌時期寫本

卷軸裝。高 25 釐米，長 1069.7 釐米。存二十三紙，六百三十行。烏絲欄。國家圖書館藏。

俱同發聲而說偈言
唯願不為慮　於佛滅度後　恐怖惡世中　我等當廣說
有諸無智人　惡口罵詈等　及加刀杖者　我等皆當忍
惡世中比丘　耶智心諂曲　未得謂為得　我慢心充滿
或有阿練若　納衣在空閑　自謂行真道　輕賤人間者
貪著利養故　與白衣說法　為世所恭敬　如六通羅漢
是人懷惡心　常念世俗事　假名阿練若　好出我等過
而作如是言　此諸比丘等　為貪利養故　說外道論議
自作此經典　誑惑世間人　為求名聞故　分別於是經
常在大眾中　欲毀我等故　向國王大臣　婆羅門居士
及餘比丘眾　誹謗說我惡　謂是邪見人　說外道論議
我等敬佛故　悉忍是諸惡　為斯所輕言　汝等皆是佛
如斯輕慢言　皆當忍受之　濁劫惡世中　多有諸恐怖
惡鬼入其身　罵詈毀辱我　我等敬信佛　當著忍辱鎧
為說是經故　忍此諸難事　我不愛身命　但惜無上道

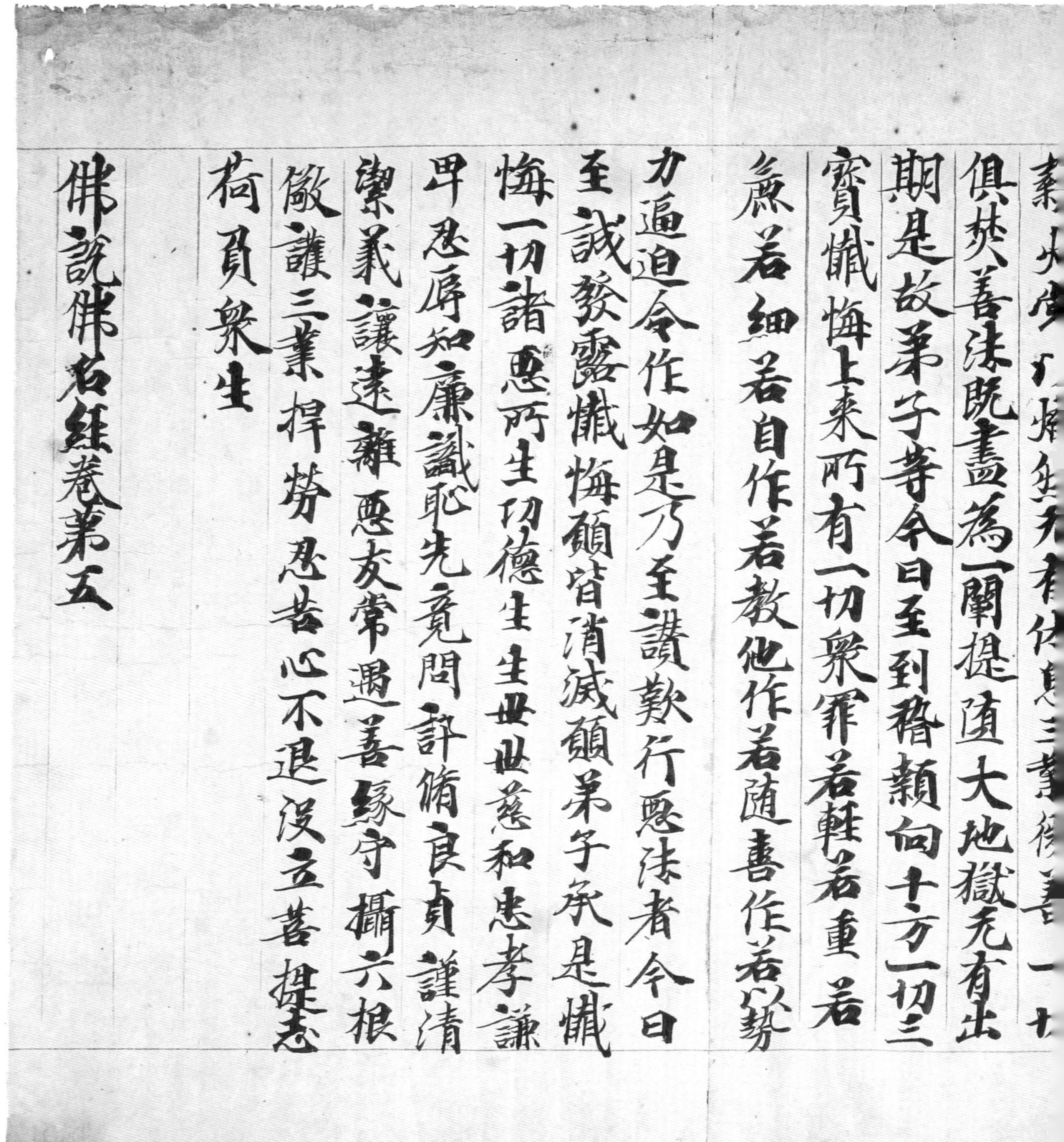

俱焚善法既盡爲一闡提墮大地獄无有出
期是故弟子等今日至到稽顙向十方一切三
寶懺悔上來所有一切衆罪若輕若重若
麁若細若自作若教他作若隨喜作若勢
力逼迫令作如是乃至讃歎行惡法者今日
至誠發露懺悔悔願皆消滅願弟子承是懺
悔一切諸惡所生功德生生世世慈和忠孝謙
卑忍辱知廉識恥先意問訊脩良貞謹清
潔義讓遠離惡友常遇善緣守攝六根
儆護三業捍勞忍苦心不退没立菩提志
荷負衆生

佛說佛名經卷第五

09891 佛名經卷第五 卷背 **乙巳年八月盈德納柴曆** 唐寫本（十六卷本）

卷軸裝。高 29.8 釐米，長 1162.3 釐米。存二十八紙，六百四十四行。烏絲欄。國家圖書館藏。

畫繢像排穿行竟絲心長者六天門杖邊
遠善人狎近惡友如是等罪今悉懺悔
或貢高矯假偃蹇自用凌邑扺突尊長不
識人情自是非他希望僥倖如是等罪今悉
懺悔或臨財无讓不廉不恥屠肉沽酒欺誑
自活或出入息利計時賣日聚積慨充貪求
不猒愛人供養不慙不愧或无戒德虛納信施
如是等罪今悉懺悔　或捶撻奴僕縛妄駈
使僮吏不問飢渴不問寒暑或撥徹橋梁杜
絶行路如是等罪今悉懺悔　或放逸自恣
无記散亂摴蒱圍碁羣會屯聚飲酒食肉更相
僥賤无趣談話論說天下從年竟歲空喪天
日初中後夜禪誦不脩懈怠墮懶尸臥
終日於六念處心不經理見他勝事便生嫉
妬心懷嫌毒陰起煩惱致使諸惡倍風火罪

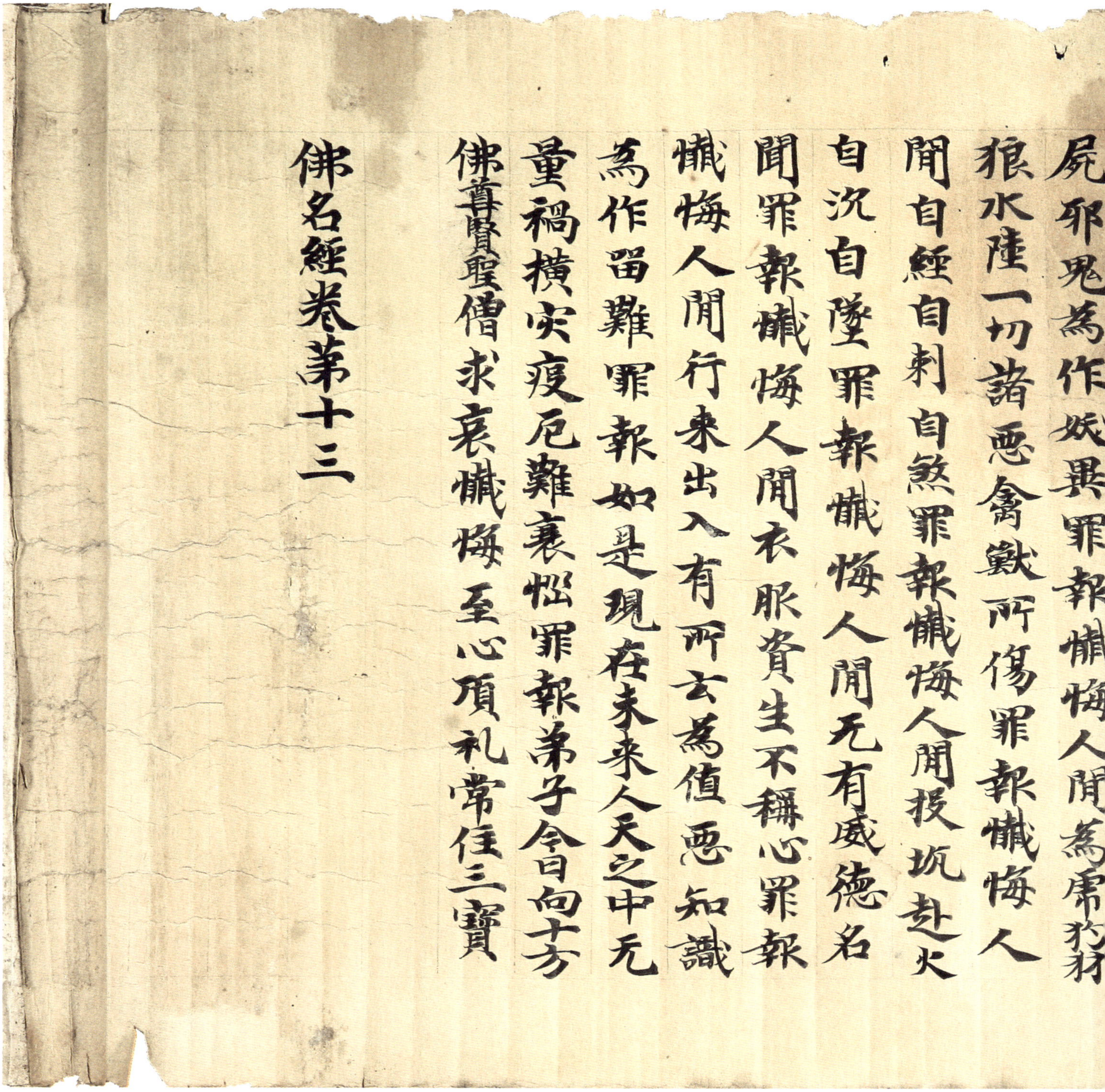
屍邪鬼爲作妖異罪報懺悔人間爲虎豺
狼水陸一切諸惡禽獸所傷罪報懺悔人
間自經自刺自煞罪報懺悔人間投坑赴火
自沉自墜罪報懺悔人間无有威德名
聞罪報懺悔人間衣服資生不稱心罪報
懺悔人間行來出入有所云爲值惡知識
爲作留難罪報如是現在未來人天之中无
量禍横灾疫厄難衰惱罪報弟子今日向十方
佛尊賢聖僧求哀懺悔至心頂礼常住三寶

佛名經卷第十三

09892 佛名經卷第十三 唐寫本（十六卷本）

卷軸裝。高 25.5 釐米，長 1183.6 釐米。存二十三紙，五百七十六行。烏絲欄。國家圖書館藏。

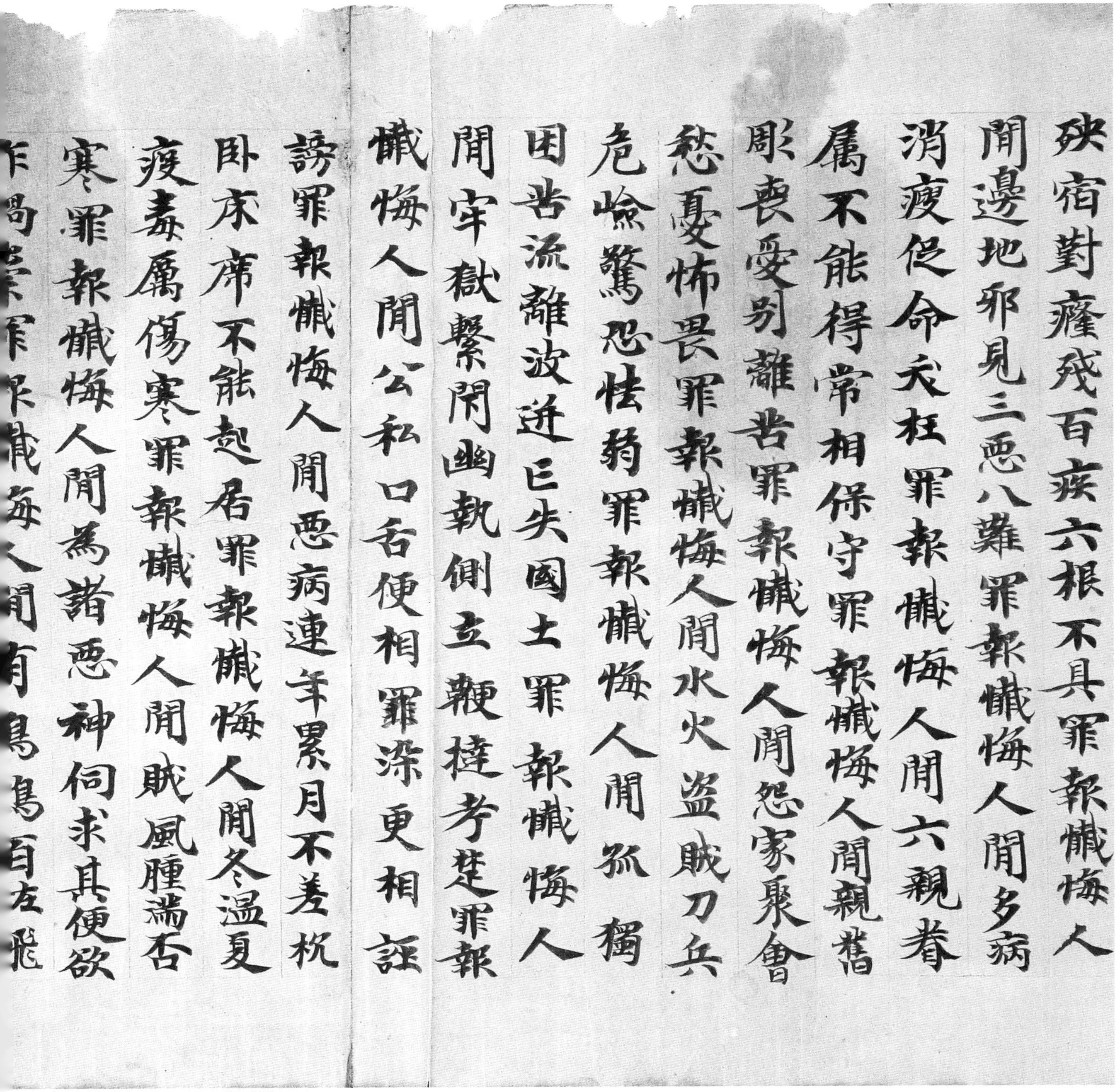

殃宿對癃殘百疾六根不具罪報懺悔人
聞邊地邪見三惡八難罪報懺悔人聞多病
消瘦促命夭枉罪報懺悔人聞六親眷
屬不能得常相保守罪報懺悔人聞親舊
彫喪愛別離苦罪報懺悔人聞怨家聚會
愁憂怖畏罪報懺悔人聞水火盜賊刀兵
危嶮驚恐怯弱罪報懺悔人聞孤獨
困苦流離波迸亡失國土罪報懺悔人
聞牢獄繫閉幽執側立鞭撻考楚罪報
懺悔人聞公私口舌便相羅染更相誣
謗罪報懺悔人聞惡病連年累月不差枕
臥床席不能起居罪報懺悔人聞冬溫夏
疫毒厲傷寒罪報懺悔人聞賊風腫滿否
塞罪報懺悔人聞為諸惡神伺求其便欲
作禍祟罪報懺悔人聞有[illegible]鳥百[illegible]飛

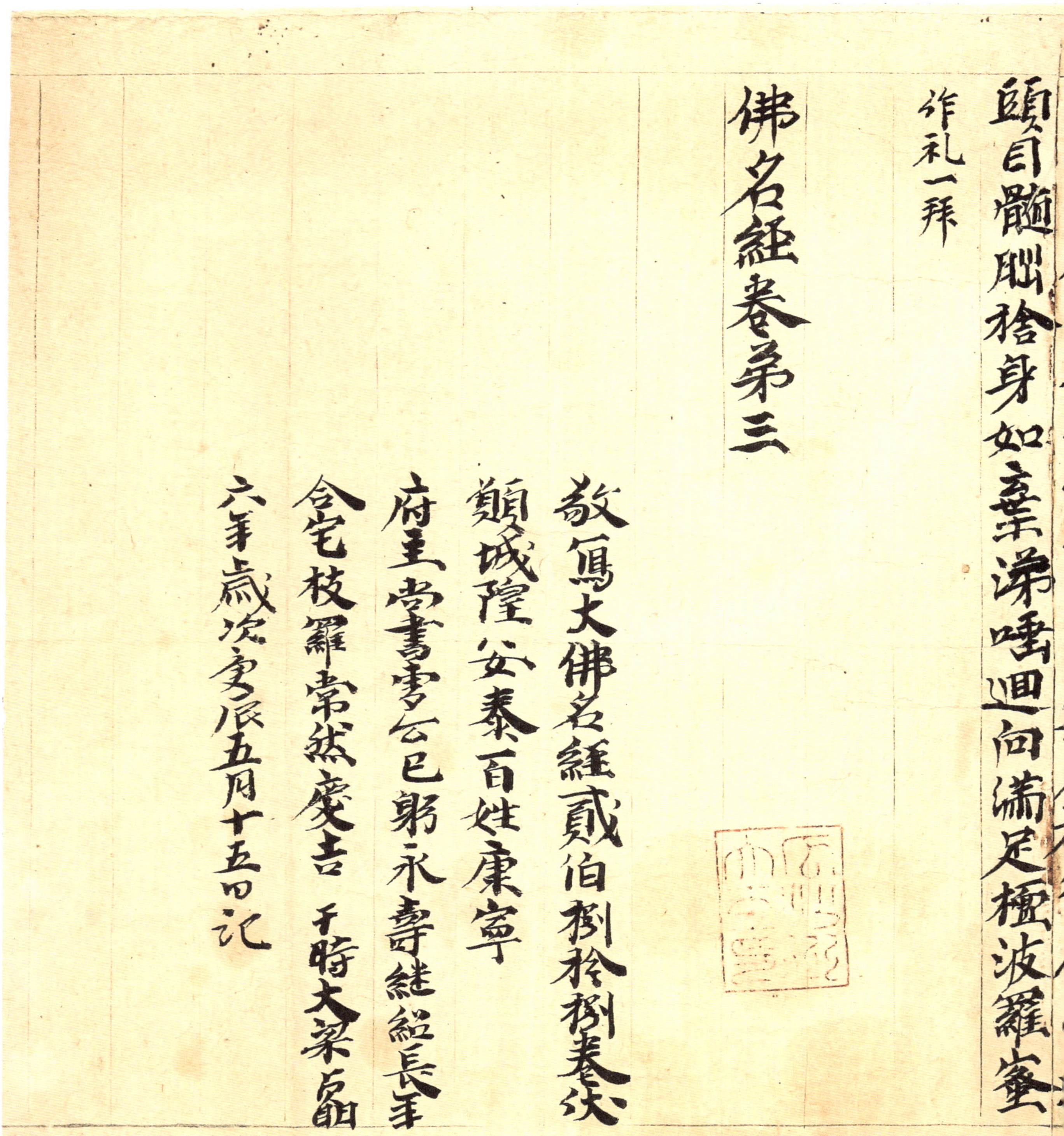
頭目髓腦捨身如棄涕唾迴向滿足檀波羅蜜
作礼一拜
佛名經卷弟三
敬寫大佛名經貳伯捌拾捌卷伏
願城隍安泰百姓康寧
府主常書令公已躬永壽繼紹長年
合宅枝羅常然慶吉　于時大梁貞明
六年歲次庚辰五月十五日記

09893 佛名經卷第三　後梁貞明六年（920）寫本（十六卷本）

卷軸裝。高 31.5 釐米，長 1286.4 釐米。存二十九紙，五百六十五行。烏絲欄。國家圖書館藏。

罪无量无邊今悉至到盡心懺悔
又復无始以來至于今日或高倨博貨邸店市易
輕秤小斗減割尺寸盜竊分銖欺罔圭合以麤易好
以短換長巧欺百端希望豪利如是等罪今悉懺悔
又復无始以來至于今日穿窬墻壁斷道抄掠抵捍
債息負情違要面欺心口或非道陵奪鬼神禽獸
四生之物或假託卜相取人財寶如是乃至以利求利
惡求多求无猒无足如是等罪无量无邊不可說盡
今日至到向十方佛尊法聖衆皆悉懺悔
願弟子等承是懺悔劫盜等罪所生功德生生世世
得如意寶常雨七珍上妙衣服百味甘露種種湯
藥隨意所須應念即至令一切衆生无偷奪相一切

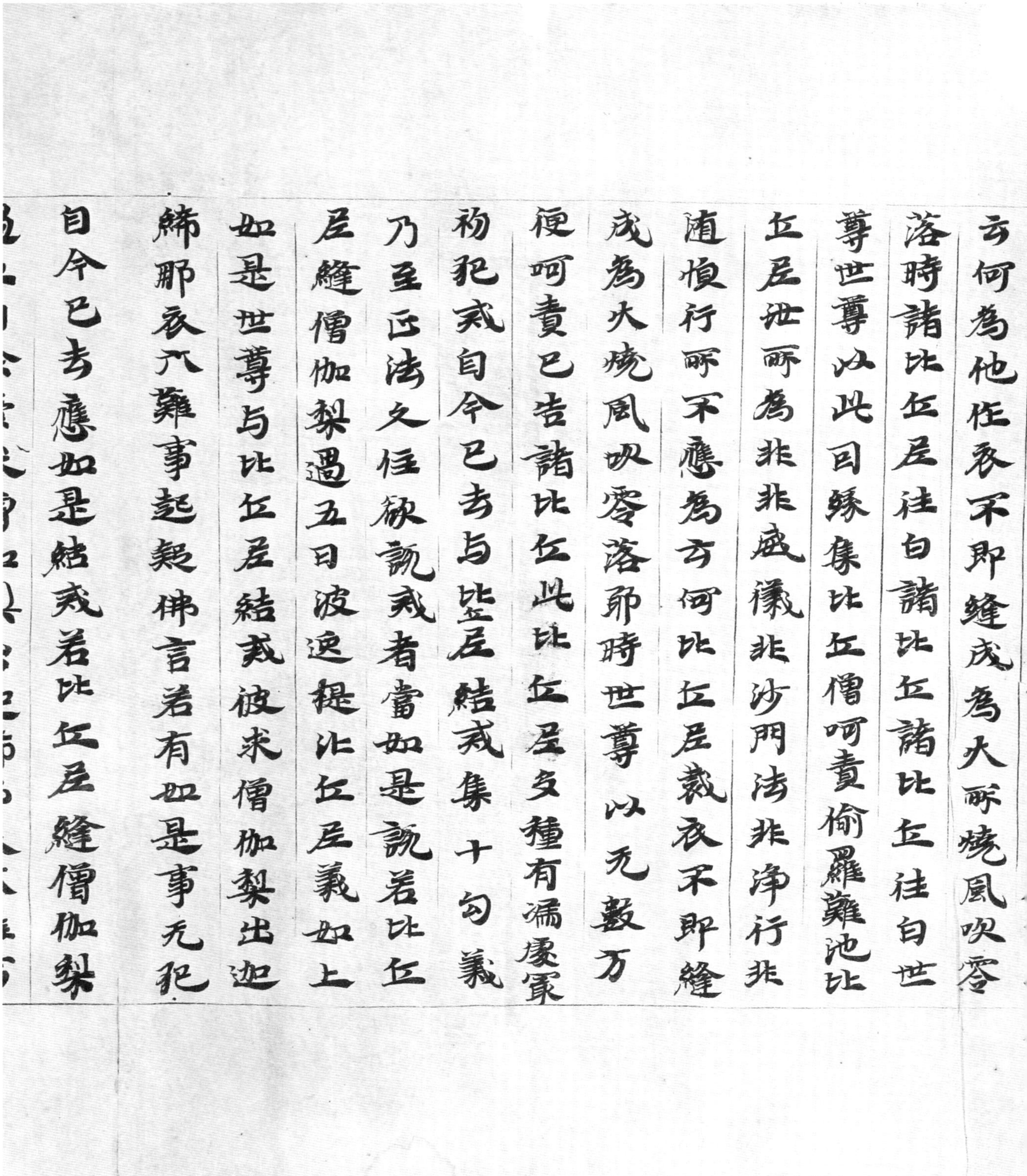
云何為他作衣不即縫成為大所燒風吹零
落時諸比丘往白諸比丘諸比丘往白世
尊世尊以此因緣集比丘僧呵責偷羅難陁比
丘尼汝所為非非威儀非沙門法非淨行非
隨順行所不應為云何比丘尼裁衣不即縫
成為大燒風吹零落耶時世尊以无數万
便呵責已告諸比丘此比丘尼多種有漏處最
初犯戒自今已去与比丘尼結戒集十句義
乃至正法久住欲說戒者當如是說若比丘
尼縫僧伽梨過五日波逸提比丘尼義如上
如是世尊与比丘尼結戒彼求僧伽梨出迦
絺那衣六難事起疑佛言若有如是事无犯
自今已去應如是結戒若比丘尼縫僧伽梨

09894 四分律卷第二十六 （後秦）釋佛陀耶舍 釋竺佛念等譯 南北朝寫本

卷軸裝。高 26.4 釐米，長 1206.3 釐米。存三十一紙，七百四十二行。烏絲欄。

國家圖書館藏。

尼律藏第二分卷第五

尒時婆伽婆在舍衛國祇樹給孤獨園尒時
有一比丘尼欲裁縫僧伽梨時偷羅難陀比
丘尼聰明多知識善能教化偷羅難陀比丘
尼作是意欲使彼比丘尼之作供養故便為
裁衣不即為縫成時偷羅難陀比丘尼所作
精舍失火裁衣為火所燒右為風吹零落時
居士見已皆譏嫌言此比丘尼不知慚愧外
自稱言我脩正法如是有何正法云何比丘
尼裁他衣而不即縫成為火所燒風吹零落
時諸比丘尼聞其中有少欲知足行頭陀樂學

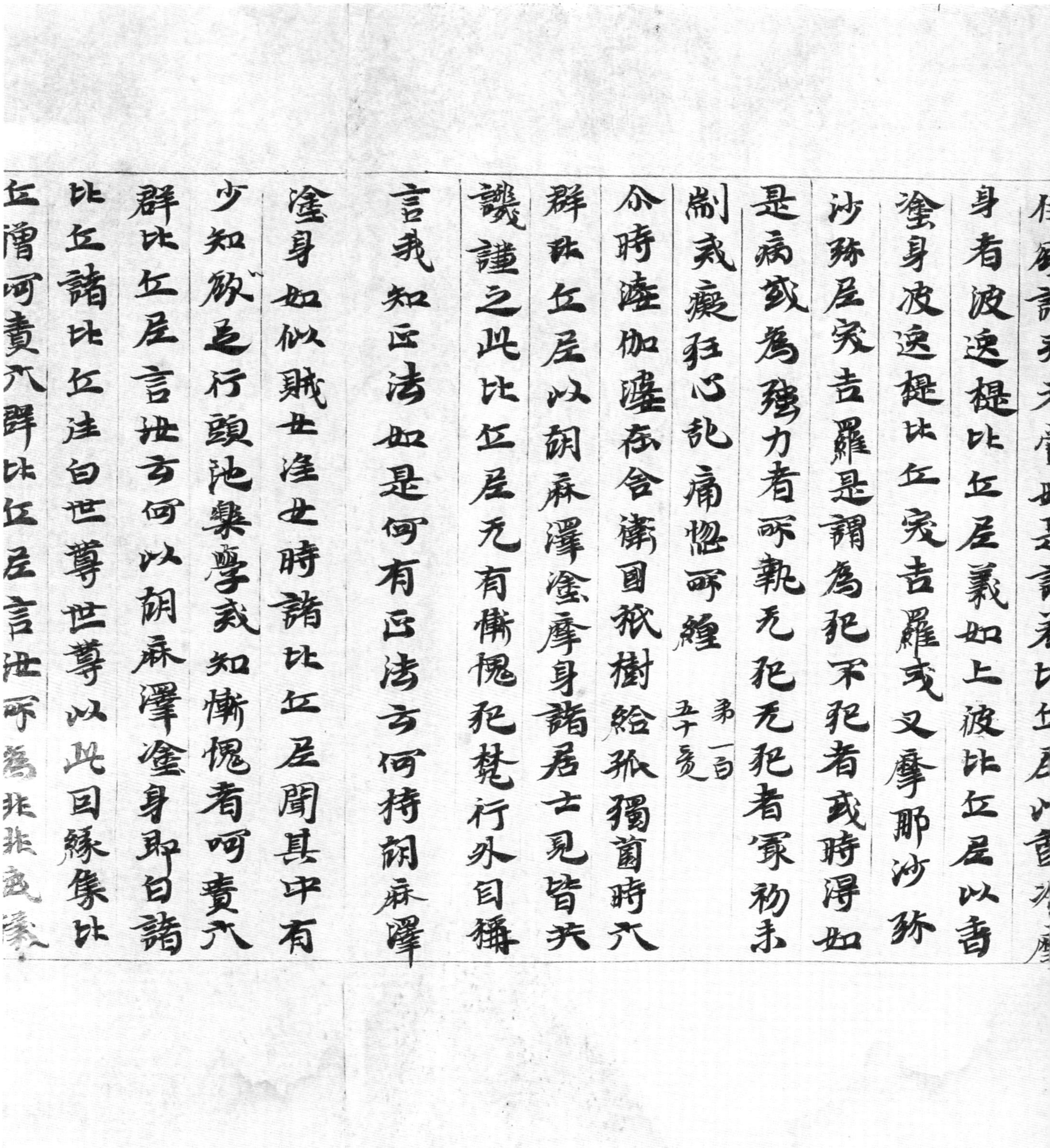
身者波逸提比丘尼義如上彼比丘尼以香
塗身波逸提比丘突吉羅式叉摩那沙彌
沙彌尼突吉羅是謂為犯不犯者或時得如
是病或為強力者所執无犯无犯者最初未
制戒癡狂心亂痛惱所纏 第一百五十八竟
尒時婆伽婆在舍衛國祇樹給孤獨園時六
群比丘尼以胡麻滓塗摩身諸居士見皆共
譏嫌之此比丘尼无有慚愧犯梵行外自稱
言我知正法如是何有正法云何持胡麻滓
塗身如似賊女婬女時諸比丘尼聞其中有
少欲知足行頭陀樂學戒知慚愧者呵責六
群比丘尼言汝云何以胡麻滓塗身耶白諸
比丘尼諸比丘往白世尊世尊以此因緣集比
丘僧呵責六群比丘尼言汝所為非非威儀

09895 四分律卷第二十九 （後秦）釋佛陀耶舍 釋竺佛念等譯 南北朝寫本

卷軸裝。高 26.5 釐米，長 1039.5 釐米。存二十六紙，六百四十九行。烏絲欄。國家圖書館藏。

尼律藏第二分卷第七

尒時婆伽婆在舍衛國祇樹給孤獨園時六
群比丘尼以香塗摩身諸居士見皆共譏嫌
言此比丘尼等不知慚愧犯梵行外自稱言
我知正法如是何有正法乃以香塗身如似
婬女賊女時諸比丘尼聞其中有少欲知足
行頭陀樂學戒知慚愧者嫌責六群比丘尼
言汝等云何乃以衆香塗身耶即白諸比
丘諸比丘往白世尊世尊以此因緣集比丘僧
呵責六群比丘尼言汝所為非非威儀非沙
門法非淨行非隨順行所不應為云何比丘
尼以香塗身以无數方便呵責已告諸比丘
此六群比丘尼多種有漏處最初犯戒自今
已去与比丘尼結戒集十句義乃至正法久

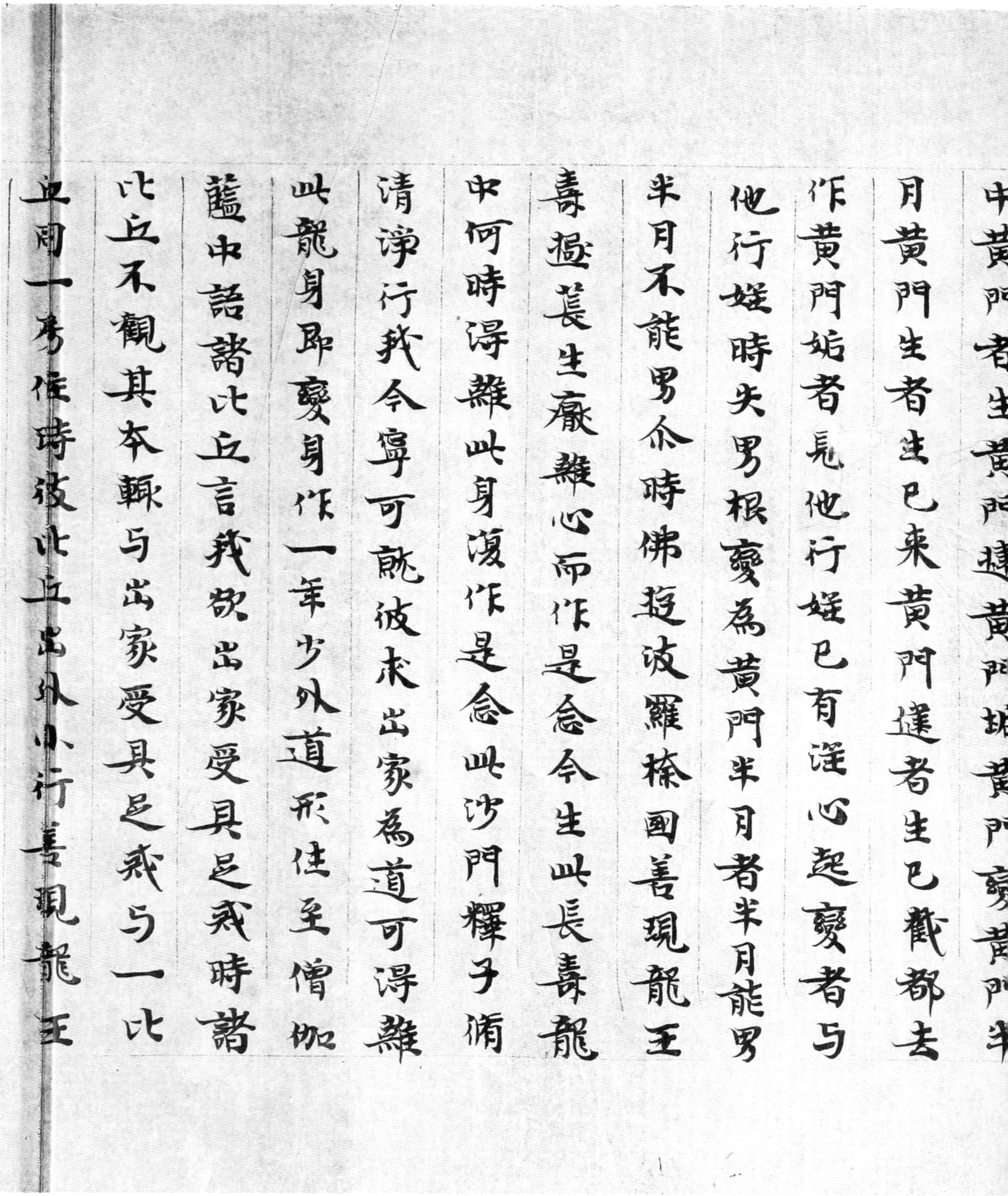
中黃門者生黃門犍黃門妒黃門變黃門半
月黃門生者生已來截都去
作黃門妒者見他行婬已有婬心起變者与
他行婬時失男根變爲黃門半月者半月能男
半月不能男尒時佛在波羅㮈國善現龍王
壽極長生厭離心而作是念今生此長壽龍
中何時得離此身作是念此沙門釋子脩
清淨行我今寧可就彼求出家爲道可得離
此龍身即變身作一年少外道形往至僧伽
藍中語諸比丘言我欲出家受具足戒時諸
比丘不觀其本輒与出家受具足戒与一比
丘同一房住時彼比丘出外小行善現龍王

09896 四分律卷第三十五 （後秦）釋佛陀耶舍 釋竺佛念等譯 南北朝寫本

卷軸裝。高 27 釐米，長 1343 釐米。存二十六紙，七百七行。烏絲欄。國家圖書館藏。

第二分卷第十四
尒時有黄門來至僧伽藍中語諸比丘言我
欲出家受具足戒諸比丘即与出家受具足
戒受具足戒已語諸比丘言共我作如是如
是事來比丘荅言汝滅去失去何用汝爲彼
復至守薗人沙弥所語言共我作如是如
是事守薗人沙弥語言汝滅去失去何用汝
爲彼黄門出寺外共放牛羊人作婬欲事時
諸居士見已譏嫌言沙門釋子是黄門中有
男子者共作婬欲事時諸比丘以此因緣白
佛佛言黄門於我法中无所長益不得与出
家受具足戒若已出家受具足戒應滅擯是

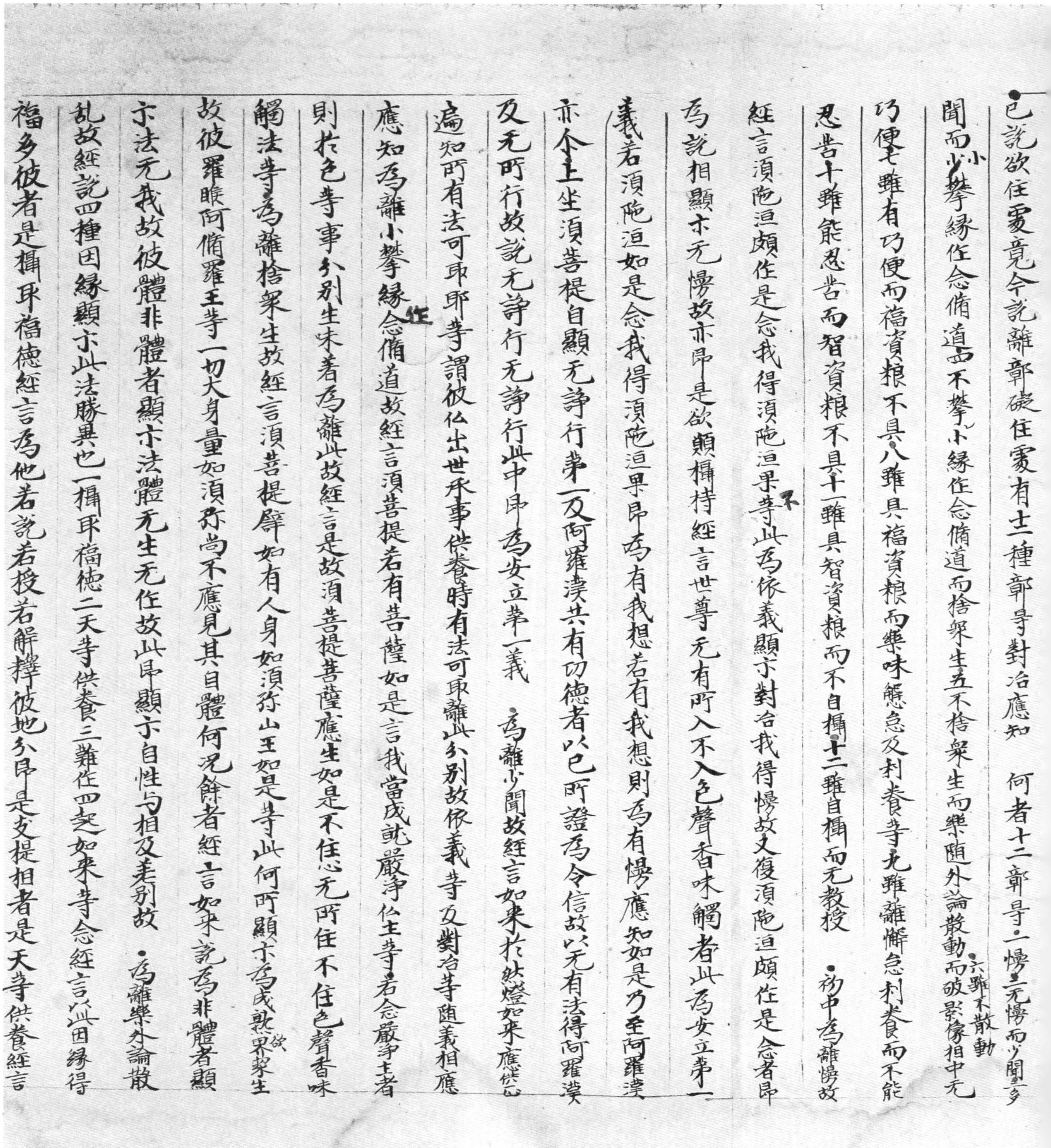

已說欲住處竟今說離鄣㝵住處有十二種鄣㝵對治應知　何者十二鄣㝵•一慢•二无慢而少聞三多
聞而小攀緣作念脩道四不攀小緣作念脩道而捨衆生五不捨衆生而樂隨外論散動六不散動而破影像相中无
巧便七雖有巧便而福資粮不具八雖具福資粮而樂味懈怠及利養等九雖離懈怠利養而不能
忍苦十雖能忍苦而智資粮不具十一雖具智資粮而不自攝十二雖自攝而无教授　•初中為離慢故
經言須陁洹頗作是念我得須陁洹果不等此為依義顯示對治我得慢故又復須陁洹頗作是念者即
為說相顯亦无慢故亦即是欲顯攝持經言世尊无有所入不入色聲香味觸者此為安立第一
義若須陁洹如是念我得須陁洹果即為有我想若有我想則為有慢應知如是乃至阿羅漢
亦令上坐須菩提自顯无諍行第一及阿羅漢共有功德者以已所證為令信故以无有法得阿羅漢
及无所行故說无諍行无諍行此中即為安立第一義　為離少聞故經言如來於然燈如來應供正
遍知所有法可取耶等謂彼佛出世承事供養時有法可取離此分別故依義等及對治等隨義相應
應知為離小攀緣作念脩道故經言須菩提若有菩薩如是言我當成就莊嚴佛土等若念嚴淨土者
則於色等事分別生味著為離此故經言是故須菩提菩薩應生如是不住心无所住不住色聲香味
觸法等為離捨衆生故經言須菩提譬如有人身如須彌山王如是等此何所顯示為成熟欲界衆生
故彼羅睺阿脩羅王等一切大身量如須彌尚不應見其自體何况餘者經言如來說為非體者顯
示法无我故彼體非體者顯示法體无生无住故此即顯示自性與相及差別故　•為離樂外論散
亂故經說四種因緣顯示此法勝異也一攝取福德二天等供養三難作四起如來等念經言以此因緣得
福多彼者是攝取福德經言為他者說若授若解釋彼地分即是支提相者是天等供養經言

09897 金剛般若論　（北魏）釋菩提流支譯 唐寫本

卷軸裝。高 23 釐米，長 1489 釐米。存二十三紙，六百三十行。烏絲欄。國家圖書館藏。

諸住處中未說无爲得名於此說阿耨多羅三藐三菩提
中无爲已竟福相至得法身住處云何顯示即彼所有言
說法身出生如來福相至得法身於彼乃至說一四句偈
生福甚多況復如來所有福相至得法身以何因緣於言
說法身中如是說一四句偈能生多福爲成就此義故經
言何以故如來阿耨多羅三藐三菩提從此出者於中普
集十法行阿含故諸仏世尊從此生者世諦故言佛出生
以有菩提故即此二並故名爲仏法以菩提及佛故經言須
菩提佛法佛法者即非仏法復次經言其所生福勝彼无
量阿僧祇者此爲法義顯示對治福不生故於中其福者
此爲說相顯示福相法身故勝彼者顯示欲顛攝持故經言
世尊是福聚即非福聚是故如來說福聚及言須菩提佛
法佛法者即非佛法是名佛法者以此福聚及佛法爲攝
取如來福相法身中安立第一義爲隨順无爲得名故相應
三摩鉢帝及折伏乱散不復顯了言甚多婆伽婆甚多脩伽
陁二語者顯示攝心持心以攝自心故言受持爲他說者解
釋句味故无量者過辟喻故阿僧祇者顯多故

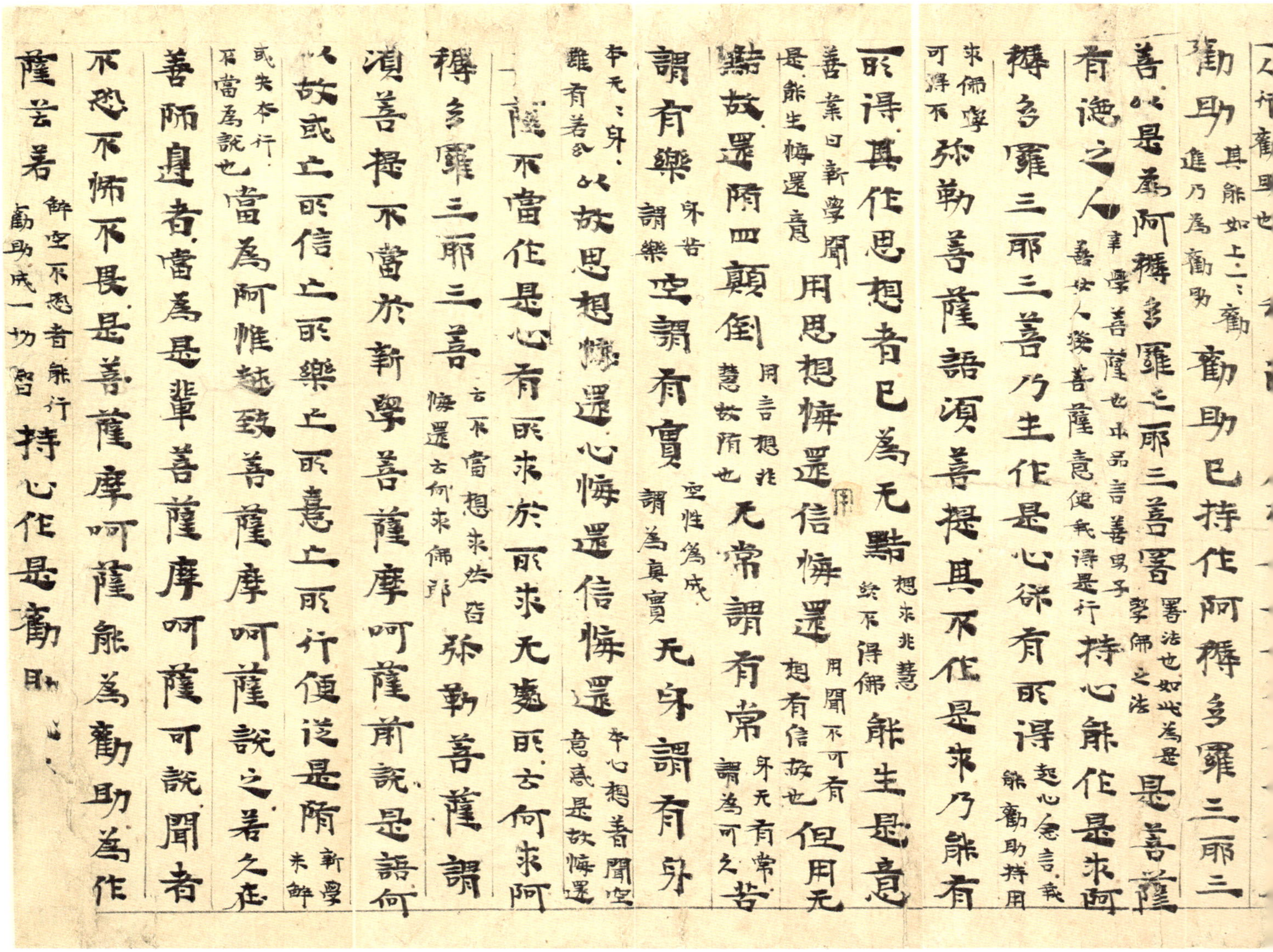

09898 道行般若經卷第三 （東漢）釋支婁迦讖譯 （東晉）帛氏注 東晉寫本

册裝。共九葉。高 24.6 釐米，每葉長 6.6–8.7 釐米不等。存三十七行，行字不等。烏絲欄。中國文化遺産研究院藏。

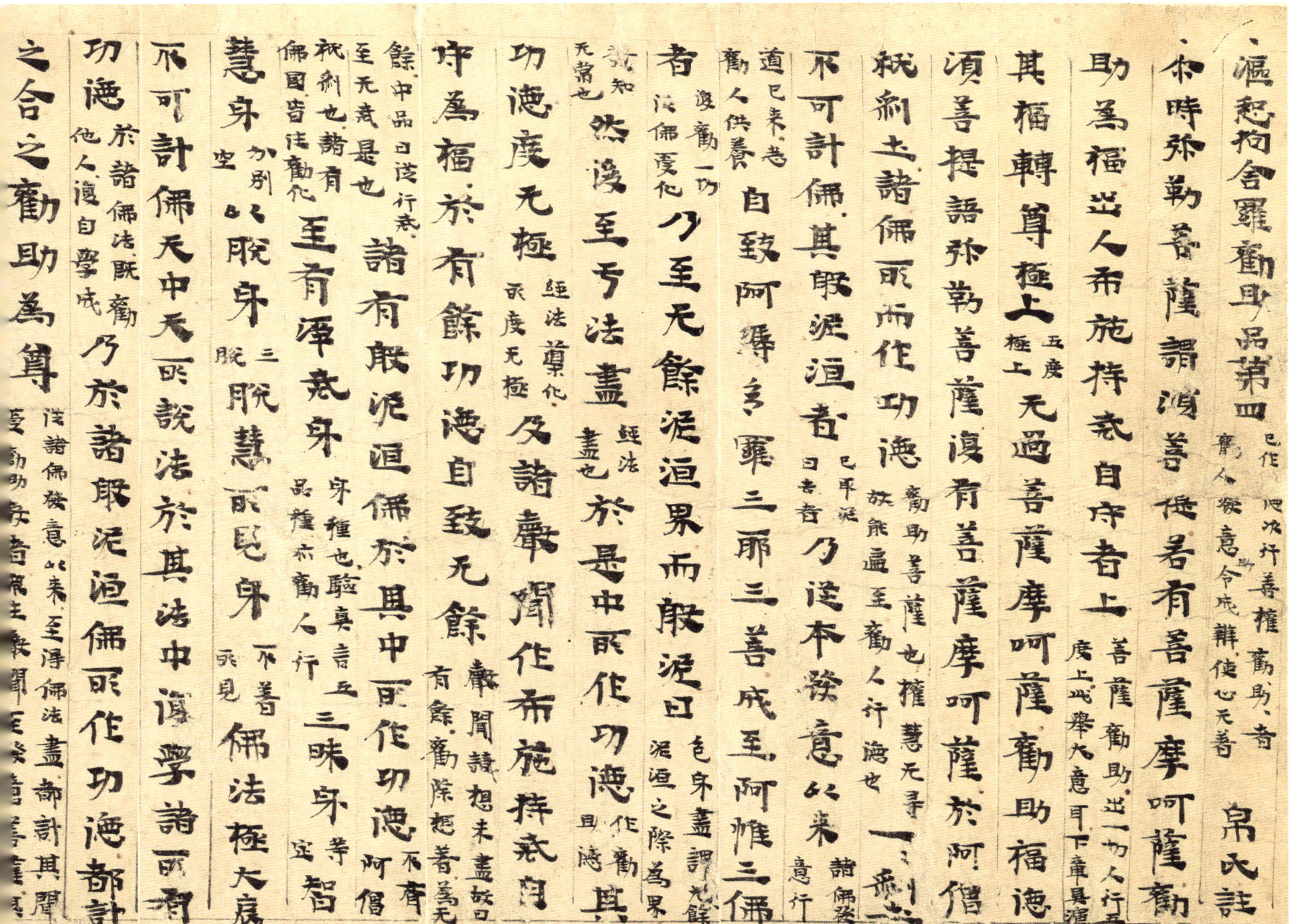

漚惒拘舍羅勸助品第四　帛氏註
爾時彌勒菩薩謂須菩提若有菩薩摩訶薩勸
助爲福出人布施持戒自守者上　菩薩勸助出一切人行五度上此舉大意耳下章具演
其福轉尊極上　五度極上　無過菩薩摩訶薩勸助福德
須菩提語彌勒菩薩復有菩薩摩訶薩於阿僧
祇刹土諸佛所而作功德　勸助菩薩也權慧無尋故能盡至勸人行德也　一一刹土
不可計佛其般泥洹者　已般泥曰去者　乃從本發意以來　諸佛發意行
道已來悉勸人供養　自致阿耨多羅三耶三菩成至阿惟三佛
者　復勸一切從佛變化　乃至無餘泥洹界而般泥曰　色身盡謂無餘泥洹之際爲界
教知無常也　然後至於法盡　經法盡也　於是中所作功德　作勸助德　其
功德度無極　經法尊化所度無極　及諸弟子聞作布施持戒自
守爲福於有餘功德自致無餘　弟子聞識想未盡故曰有餘勸際起著爲無
餘中品曰從行戒至無戒是也　諸有般泥洹佛於其中所作功德　不齊阿僧
祇刹也諸有佛國皆往勸化　至有淨戒身　身種也驗真言五品種亦勸人行　三昧身　等定　智
慧身　分別空　以脫身　三脫　脫慧所見身　不著所見　佛法極大哀
不可計佛天中天所說法於其法中復學諸所有
功德於諸佛法　既勸他人復自學成　乃於諸般泥洹佛所作功德都計
之合之勸助爲尊　從諸佛發意以來至淨佛法盡都計其聞

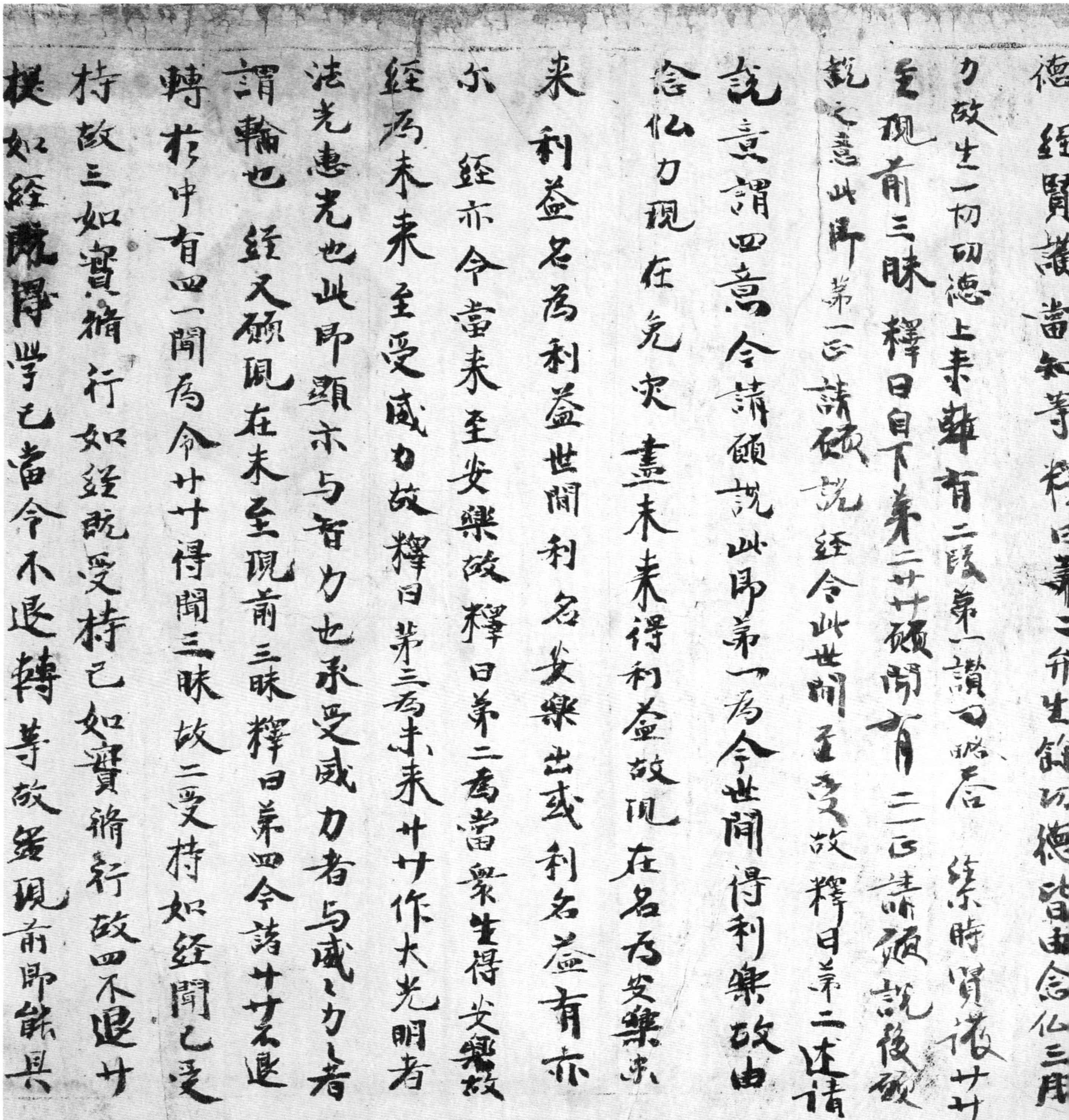

09899［大方等大集經賢護分疏］ 唐寫本

卷軸裝。高 28 釐米，長 1072 釐米。存二十七紙，五百五十四行。烏絲欄、折疊欄。國家圖書館藏。

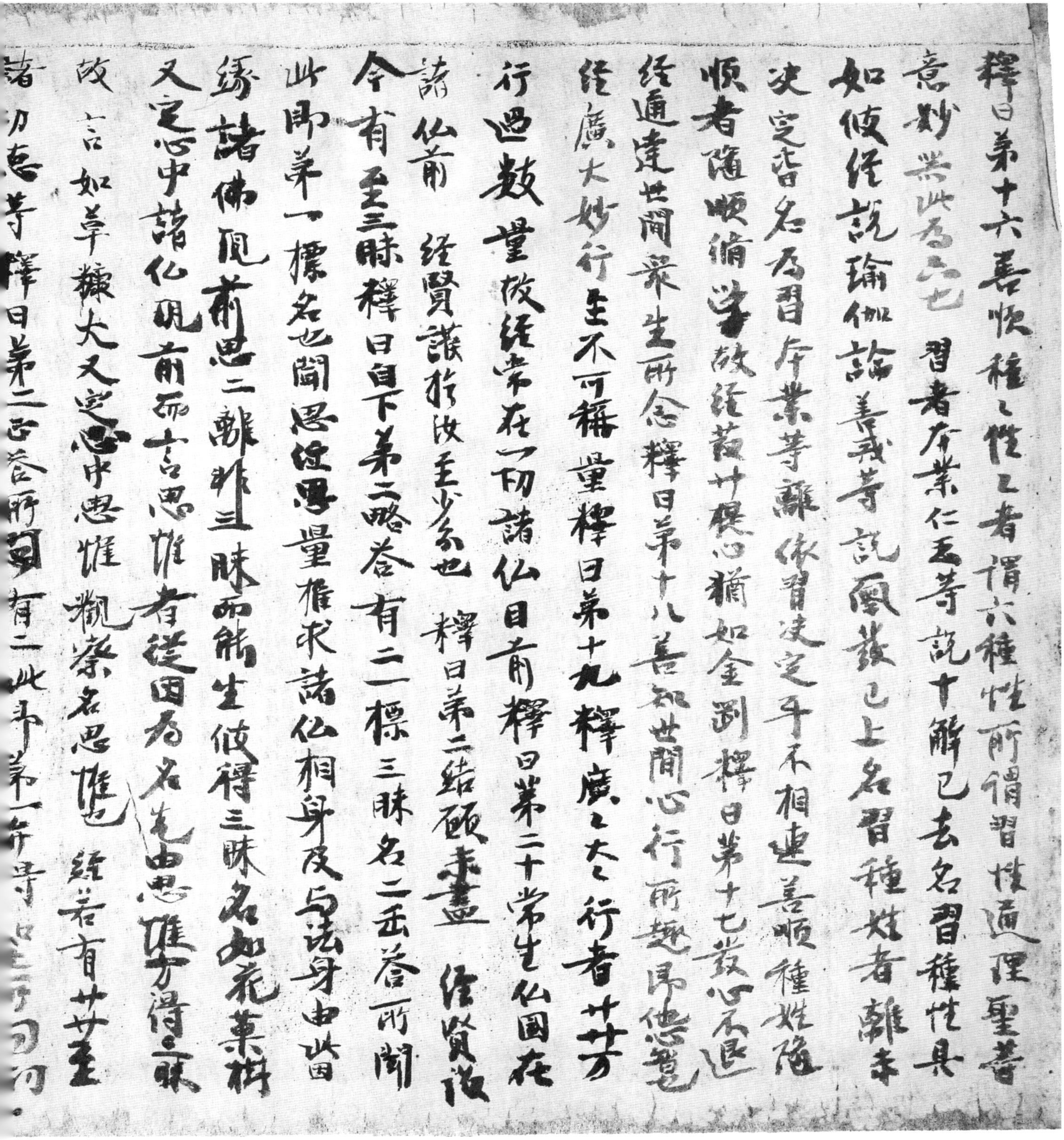
釋曰第十六善知種種性者謂六種性所謂習性道性聖善
意妙覺此為六也 習者本業仁王等說十解已去名習種性具
如彼經說瑜伽論善戒等說關發已上名習種姓者離未
決定名為習本業等離依習決定乎不相違善順種姓隨
順者隨順修學故經說廿堅心猶如金剛 釋曰第十七發心不退
經通達世間眾生所念 釋曰第十八善知世間心行所趣歸德業
經廣大妙行生不可稱量 釋曰第十九釋廣廣大行者廿芳
行四數量故經常在一切諸仏目前 釋曰第二十常生仏國在
諸仏前 經賢護於下至少分也 釋曰第二結顯未盡 經賢護
今有三昧 釋曰自下第二略答有二一標三昧名二正答所聞
此即第一標名也聞思修量推求諸仏相身及法身由皆
緣諸佛現前思二離非三昧而能生彼得三昧名如花葉樹
又定心中諸仏現前而言思惟者從因為名先由思惟方得三昧
故言如草糅大又定心中思惟觀察名思惟也 經若有廿莖
諸切惡等 釋曰第二正答所問有二此第一弁……

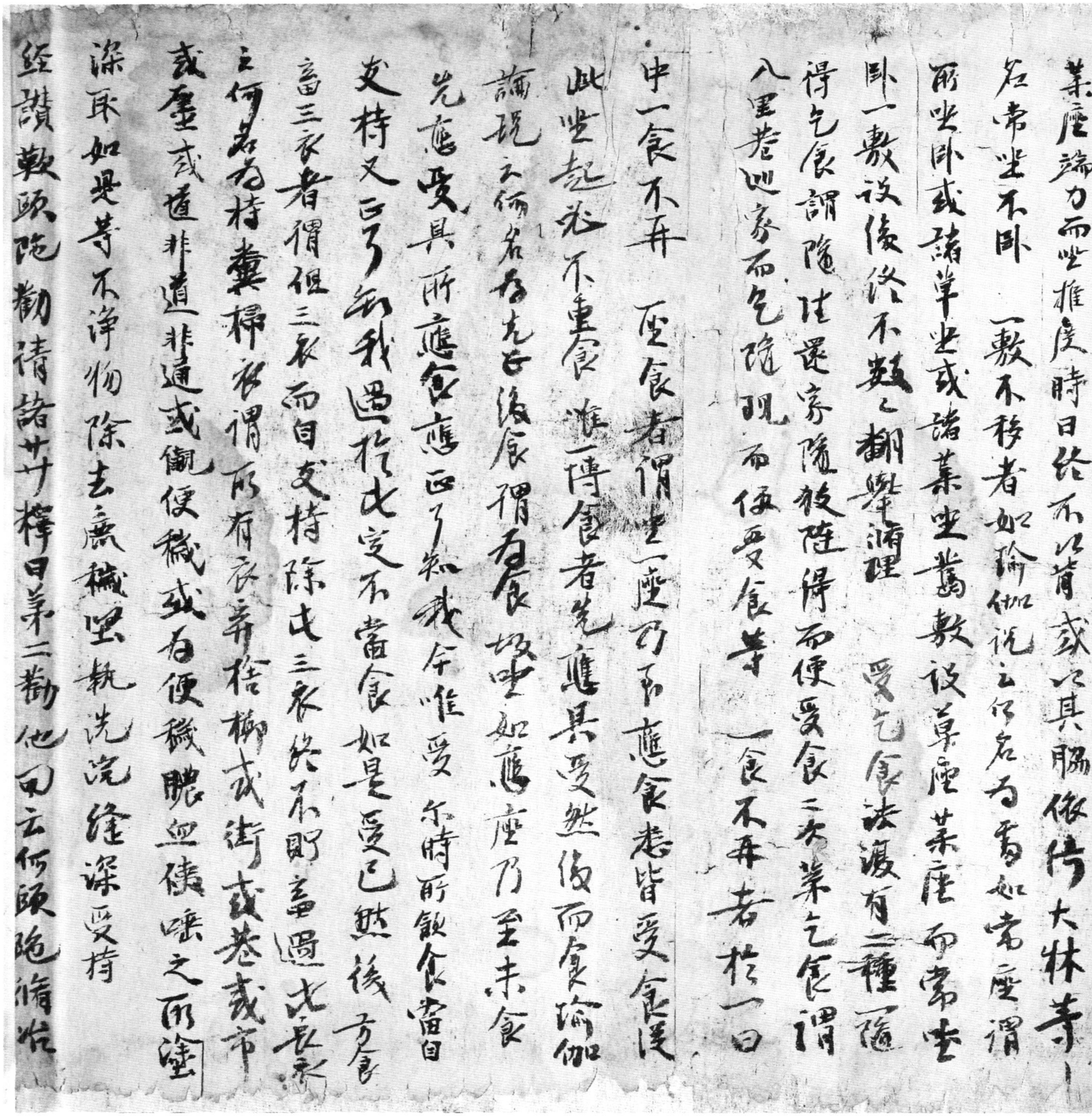
業處端力而坐推度時日終不以背或以其脇依倚大林等
名常坐不卧　一敷不移者如瑜伽說云何名爲當如常座謂
所坐卧或諸草坐或諸葉坐舊敷設草座葉座而常坐
卧一敷設後終不數數翻舉脩理
得乞食謂隨往還家隨放隨得而便受食二次第乞食謂
入里巷巡家而乞隨現而便受食等　一食不再者於一日
中一食不再　座食者謂坐一座乃至應食悉皆受食
此坐起不更食　唯一座食者先應具受然後而食瑜伽
論說云何名爲先後食謂若食坐如應座乃至未食
先應受具所應食應正了知我今唯受尔時所飲食當自
支持又正了知我過於此定不當食如是受已然後方食
畜三衣者謂但三衣而自支持除此三衣終不服畜過此長衣
云何名爲持糞掃衣謂所有衣弃捨欄或街衢或巷或市
或塵或道非道非道或廁便穢或有便穢膿血涕唾之所塗
深取如是等不淨物除去麁穢堅執洗浣縫深受持
經讚歎頭陀勸請諸菩薩釋曰第二勸他司云何頭陀脩治

09899［大方等大集經賢護分疏］

如瑜伽論二十五說云何謂離雜住言羞
答云々
欲求他知謂他知我具足少欲成就功德
隨一衣服等事便生歡喜生正知足謂恒樂閑靜及糞掃衣
一頭陀功德有十二種一阿練若處二居冢間三在樹下四露地
坐五常坐不臥六數不移七受乞食法八一食不再九一坐食十
一揣食十一畜三衣十二糞掃衣 依瑜伽論有十二種或十三種
如彼十五說云何成就杜多功德謂常期乞食次第乞食但
一坐食先並後食但持三衣但持毳衣持糞掃衣住阿練若
常居樹下常居迥露常居冢間常期端坐處如常生如是依
此若食若衣若諸敷具杜多功德或十二種或十三或於乞食
中分為二種一者隨得乞食二者次第乞食若依彼論除一食不再但
說一坐食先已後食所得者何一食不再即一坐食攝 阿練若處者
謂住空閑山林迥野受用邊際臥具遠離村邑聚落名住阿
練若 云何名為常居冢間謂常期頗住冢墓間 云何名為
在樹下謂常期頗往於樹下依止樹坐亦露地坐者謂期頗

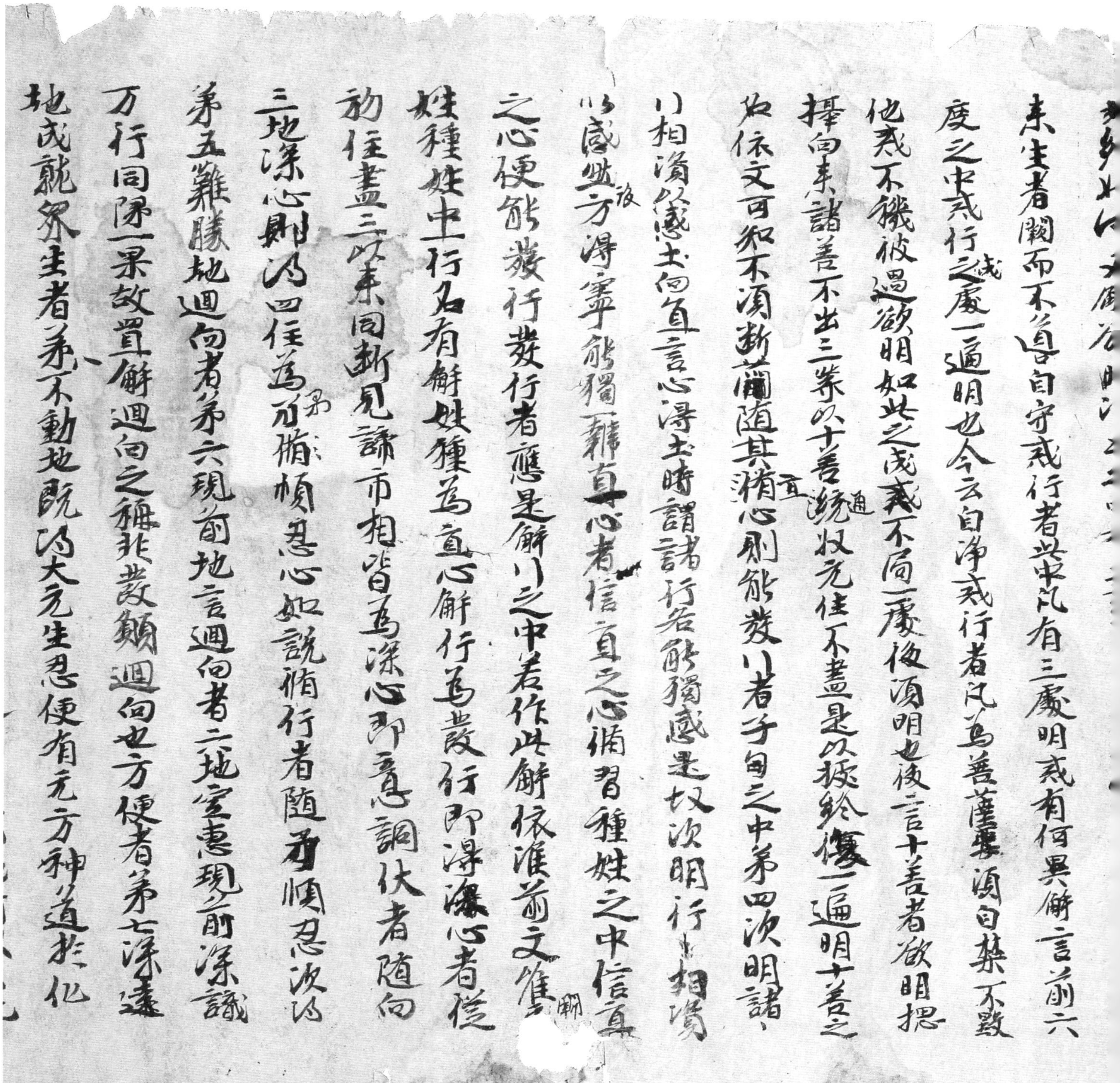

09900［維摩詰經疏］ 南北朝寫本

卷軸裝。高 25.5 釐米，長 287.1 釐米。存九紙，一百六十六行。烏絲欄。國家圖書館藏。

而界[illegible]

聖曰於中施化令云何豫云來生其國似若難解云云理是衆生先生後

方聖但所生之土屬于菩薩是故猶得來生其國不論者前後

異名海心者因果為異是之獨心說深而乃切果由不扶疎而脩

治持戒是淨土雖承能持之心為其土因不承而持无作為土國十善

滿願者十善是菩薩戒亦雖承行十善之行以為其言滿願者戒

衆行之本之具故來則佈是故稱滿而名戒為衆行之本者戒正諸

行中行中惠近惠不局非本如因四寸四攝是土者業諸行十地皆行

不局一處但六地惠觀業四義顯故在此中又解向者次第能說

所攝六度一称義却相屬不得中間列餘行故六後方明也來生者一

為涅槃解脫所攝之者來生菩薩國有解四攝本為攝攝下之人

令未生者非本士不說故言能解脫所攝之人方來生何故不云解脫

四等之者一解亡漏為之文解四等容通上人故不言說四等之人不生其國

方便為者亦是七地卅七品等者作緣生以勝道為緣故得好處无畏

須陀洹等雖有上三界生正以道品无漏緣義來具故不得往生若尒

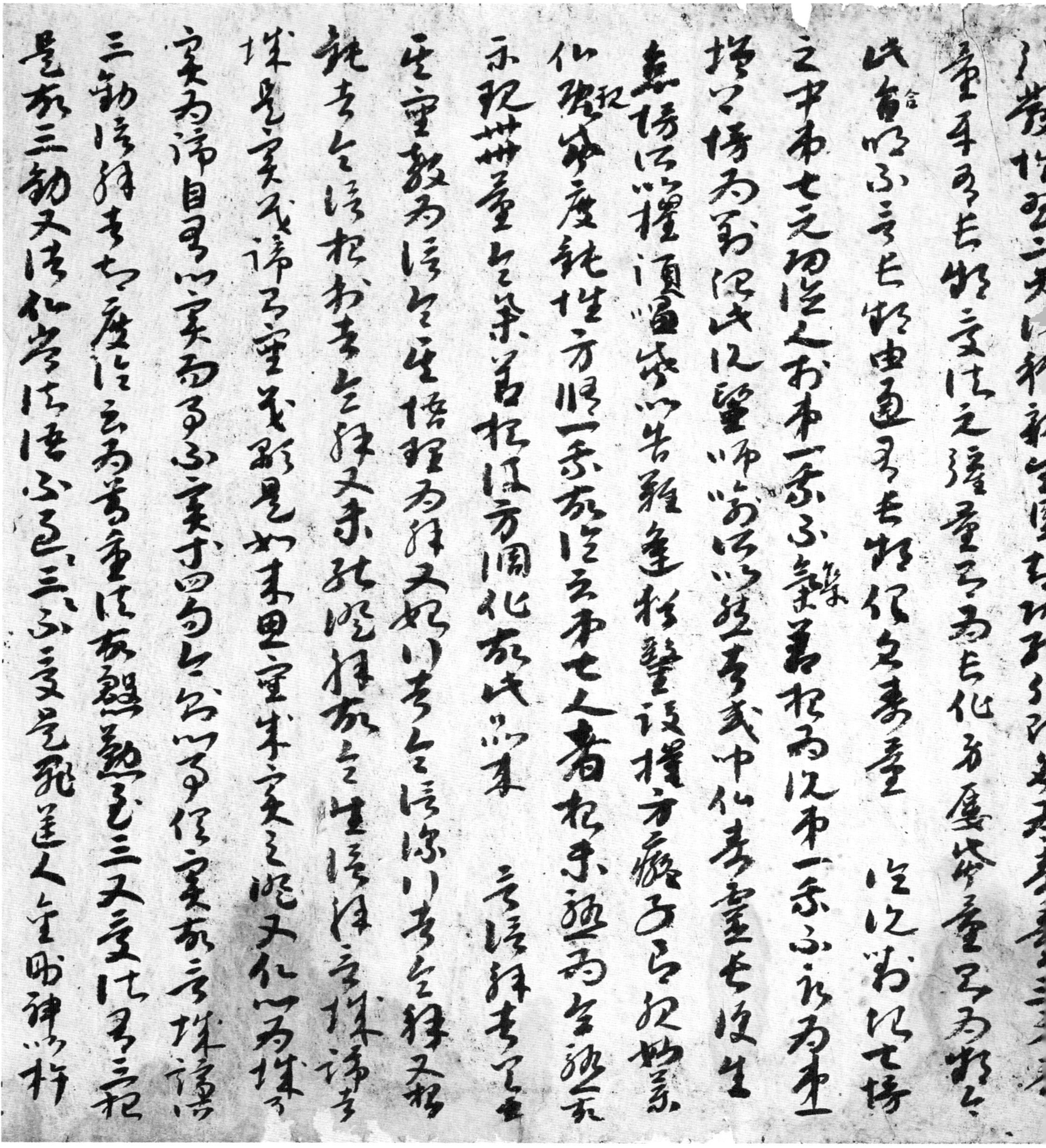

09901 ［法華經疏］ 唐寫本

卷軸裝。高 28.3 釐米，長 1473.3 釐米。存三十六紙，七百九十六行。國家圖書館藏。

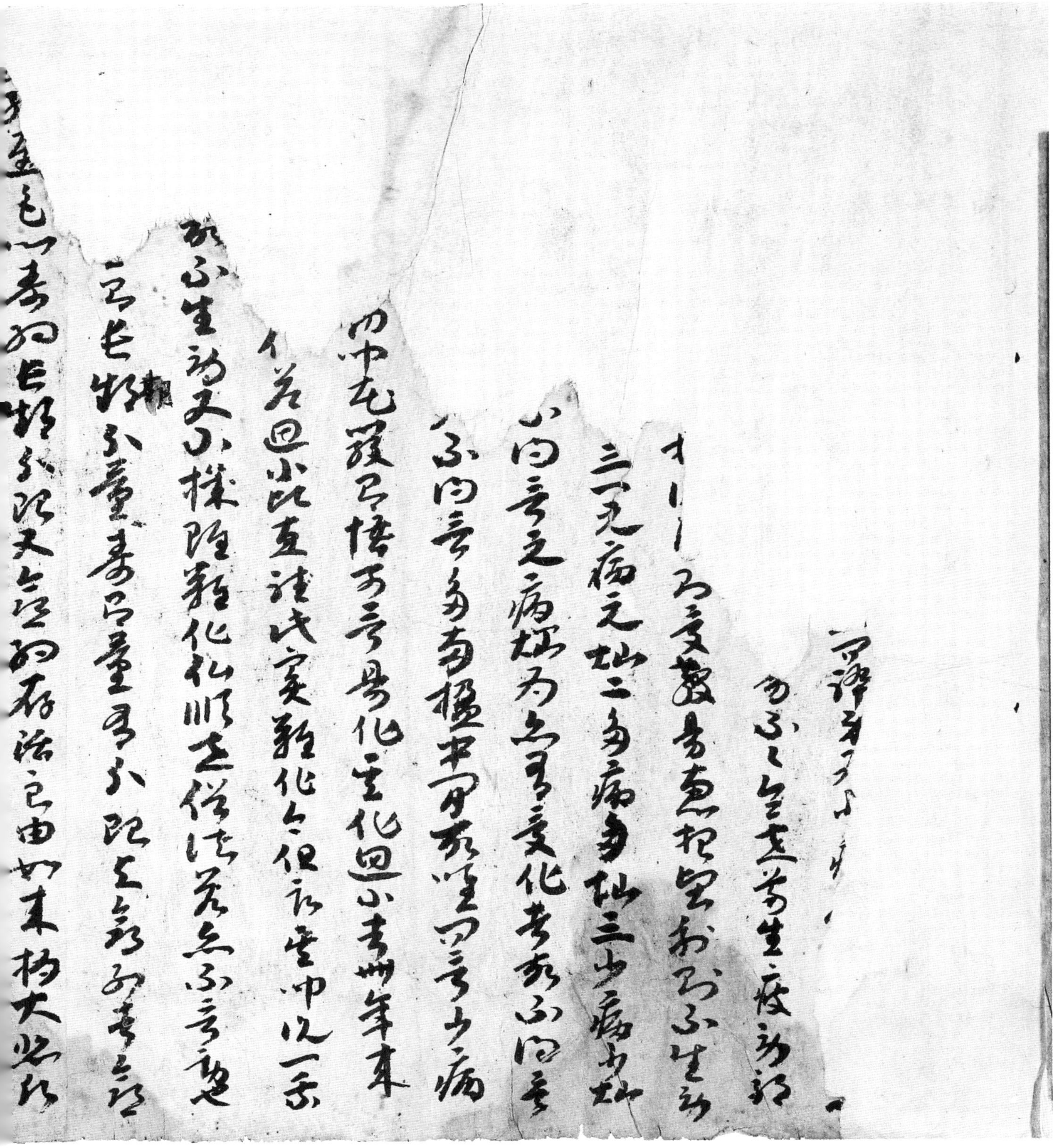

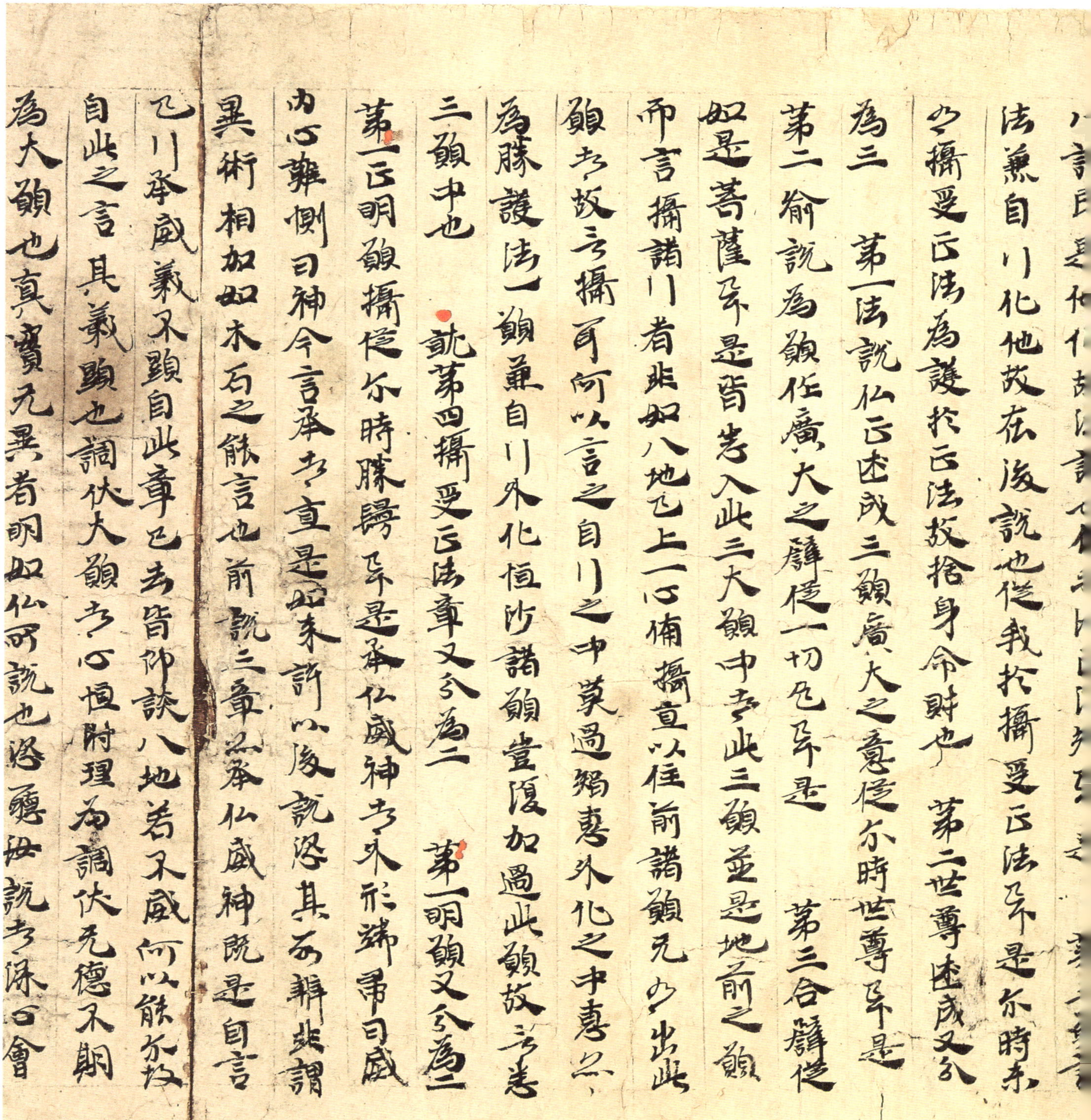

法兼自身化他故在後說也從我於攝受正法乃至是尒時未
名攝受正法為護於正法故捨身命財也　第二世尊述成又分
為三　第一法說仏正述成三願廣大之意從尒時世尊乃至是
第二喻說為願作廣大之譬從一切色乃至是　第三合譬從
如是菩薩乃至是皆出入此三大願中出此三願並是地前之願
而言攝諸身者此如八地已上一心備攝宣以往前諸願无不出此
願出故云攝耳何以言之自身之中莫過獨惠外化之中惠為
為勝護法一願兼自身外化恒涉諸願豈復加過此願故云為
三願中也　就第四攝受正法章又分為二　第一明願又分為二
第一正明願攝從尒時勝鬘乃至是承仏威神出外形瑞帶曰威
内心難惻曰神今言承出宣是如來許以後說悉其前辯此謂
異術相加如木石之能言也前說三章不承仏威神既是自言
已身承威義不顯自此章已去皆仰談八地若不威何以能尒故
自此之言具義顯也調伏大願出心恒附理為調伏无德不朝
為大願也真實无異者明如仏所說也悉應如說出怵口會

09902［勝鬘經疏］ 南北朝寫本

卷軸裝。高26釐米，長1348.6釐米。存三十八紙，八百六十三行。烏絲欄。國家圖書館藏。

必不可忘爲多因
則以攝受先列欲則
所失蓋此所趣意也　第三結
我見如是乃至是　第二明見福從又見未來乃至是言見未來
不辱攝受菩薩乃大福也　第三立誓以斷疑又分爲四
第一引證以立誓從法王世尊　第二雨花當聲以證此誓聲
以證言不虛花以證川應果從說是語時乃至是
第三衆疑得斷而發願言從彼見已下是　第四世尊記之
從世尊遙記乃至是　第三〻大願章又分爲二　第一爲願作
願將述三願故先以此願安慰衆生大士立懷必不自爲故迴
願爲物也初廿八字是也實願亦應川其川也　第二正發三
〻願〻即分爲三　第一願〻得正法〻智〻亦上住之智也昔時
所願〻斷滅果耳今歸戒並破故願之殊也勝歸逆苦住下今
之所願〻得登住智也此願是自川故在先也從以此善根乃至是
以此爲願佐願之善根及歸依十受之善根也　第二願爲衆

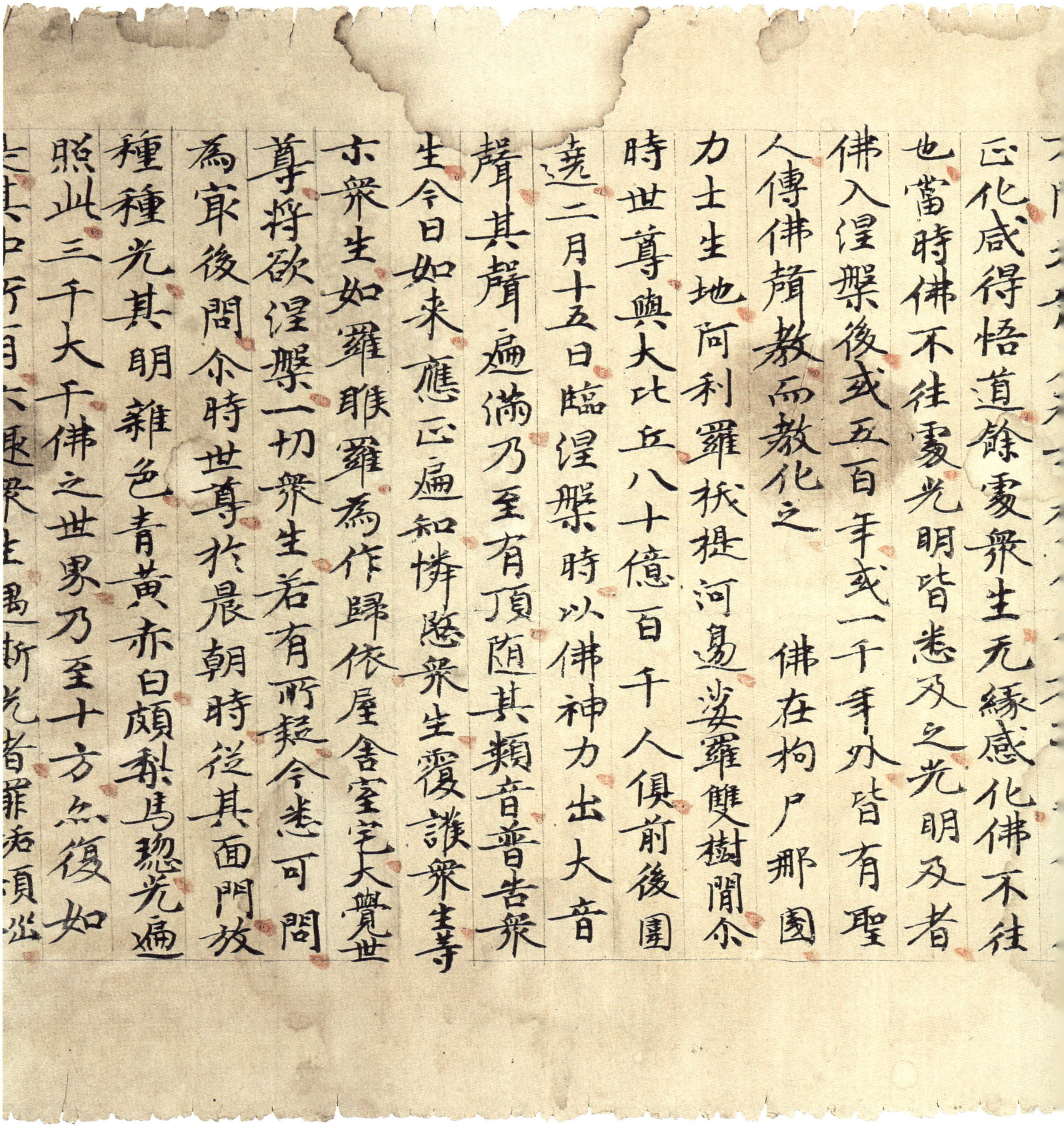
正化咸得悟道餘處衆生无緣感化佛不往
也當時佛不往處光明皆悉及之光明及者
佛入涅槃後或五百年或一千年外皆有聖
人傳佛聲教而教化之　佛在拘尸那國
力士生地阿利羅拔提河邊娑羅雙樹間尒
時世尊與大比丘八十億百千人俱前後圍
遶二月十五日臨涅槃時以佛神力出大音
聲其聲遍滿乃至有頂隨其類音普告衆
生今日如來應正遍知憐愍衆生覆護衆生等
示衆生如羅睺羅為作歸依屋舍室宅大覺世
尊將欲涅槃一切衆生若有所疑今悉可問
為最後問尒時世尊於晨朝時從其面門放
種種光其明雜色青黃赤白頗梨馬瑙光遍
照此三千大千佛之世界乃至十方亦復如
是其中所有六趣衆生遇斯光者罪垢煩惱

09903 涅槃經要義抄　唐寫本

卷軸裝。高 26.1 釐米，長 1248.8 釐米。存二十八紙，七百五十五行。烏絲欄。國家圖書館藏。

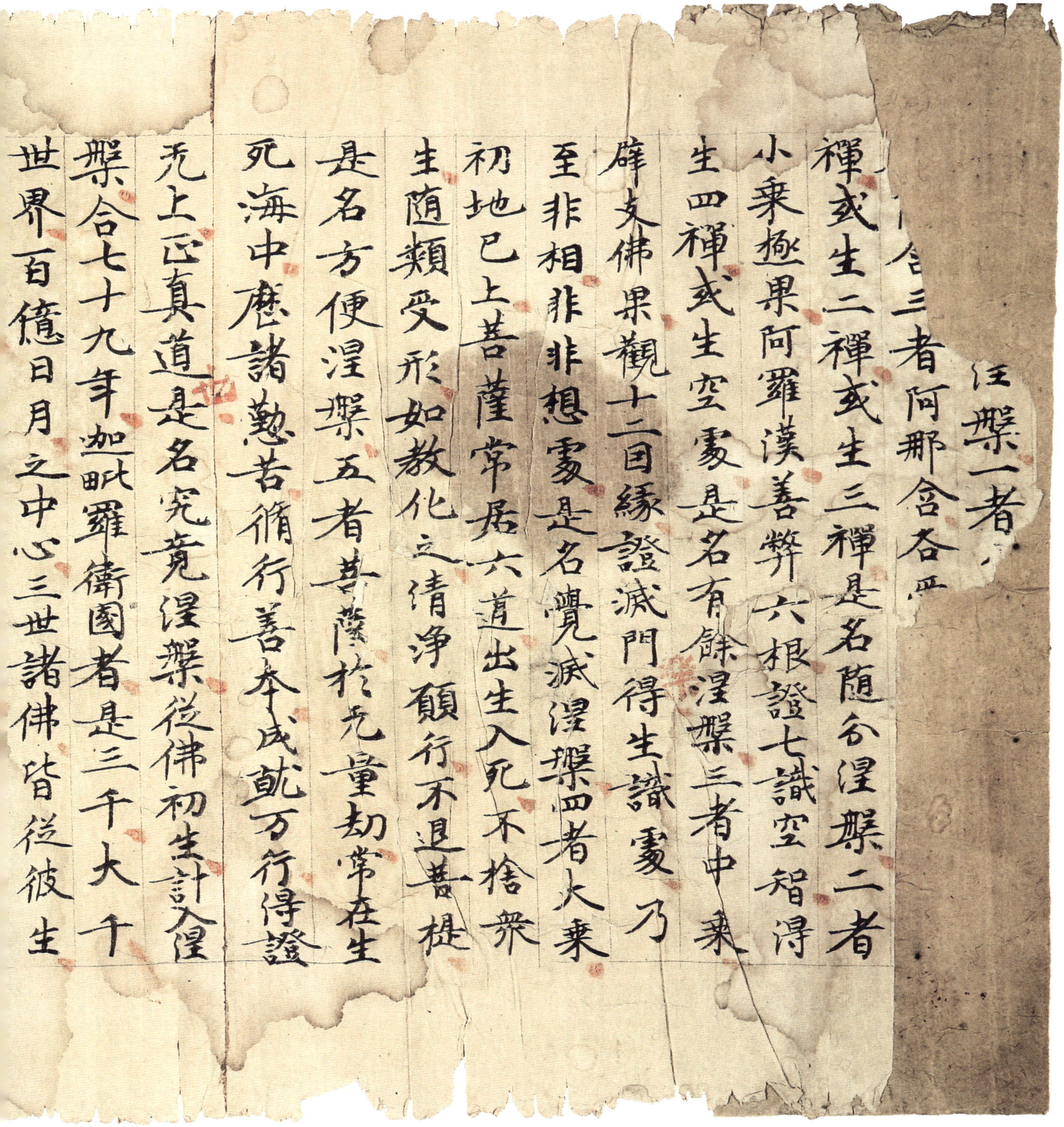

涅槃一者

含三者阿那含各

禪或生二禪或生三禪是名隨分涅槃二者

小乘極果阿羅漢善斷六根證七識空智得

生四禪或生空處是名有餘涅槃三者中乘

辟支佛果觀十二因緣證滅門得生識處乃

至非相非非想處是名覺滅涅槃四者大乘

初地已上菩薩常居六道出生入死不捨衆

生隨類受形如教化之清淨願行不退菩提

是名方便涅槃五者菩薩於无量劫常在生

死海中歷諸懃苦循行善本成就万行得證

无上正真道是名究竟涅槃從佛初生計入涅

槃合七十九年迦毗羅衛國者是三千大千

世界百億日月之中心三世諸佛皆從彼生

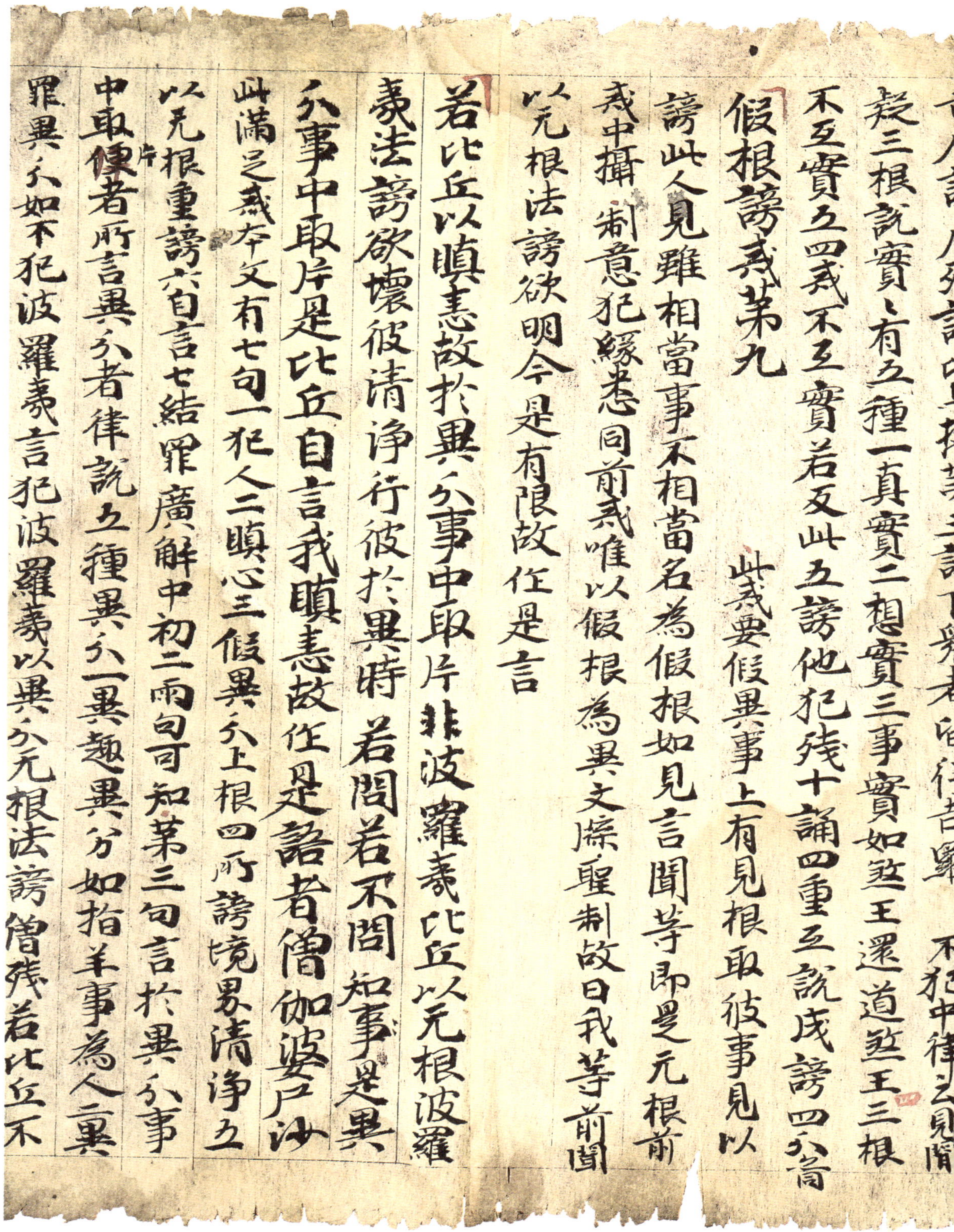

09904 四分戒本疏卷第二 歸義軍時期寫本

卷軸裝。高 27.6 釐米，長 1556.5 釐米。存三十九紙，九百八十八行。烏絲欄。國家圖書館藏。

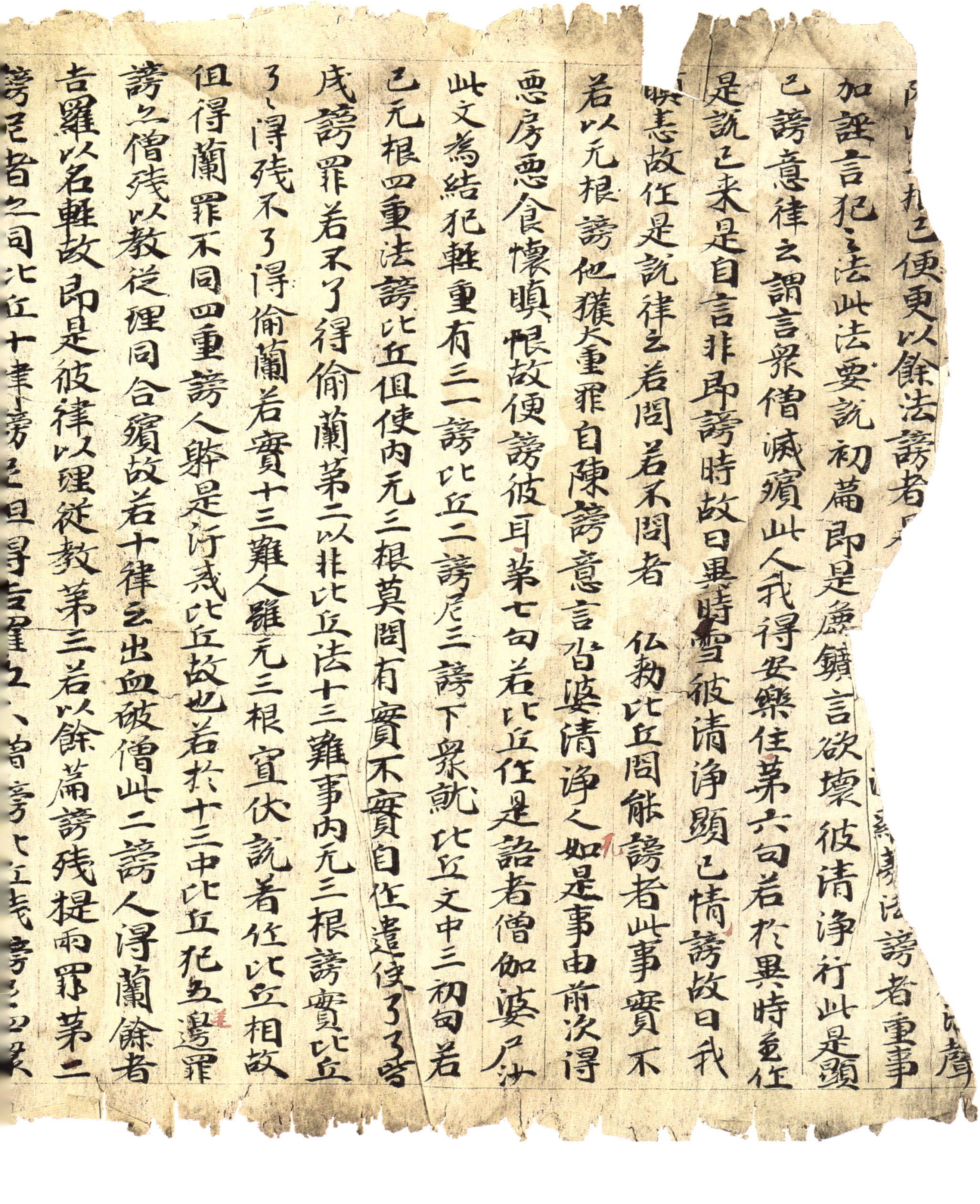

阿[illegible]扎己便更以餘法謗者足[illegible]緣法謗者重事[illegible]摩
加誣言犯之法此法要說初篇即是[illegible]言欲壞彼清淨行此是顯
已謗意律云謂言衆僧滅擯此人我得安樂住第六句若於異時更住
是說已來是自言非即謗時故曰異時雪彼清淨顯己情謗故曰我
瞋恚故作是說律云若問若不問者　仏勅比丘問能謗者此事實不
若以无根謗他獲大重罪自陳謗意言皆婆清淨之如是事由前次得
惡房惡食懷瞋恨故便謗彼耳第七句若比丘作是語者僧伽婆尸沙
此文為結犯輕重有三一謗比丘二謗尼三謗下衆就比丘文中三初句若
已无根四重法謗比丘但使内无三根莫問有實不實自作遣使了了言
戌謗罪若不了得偷蘭第二以非比丘法十三難事内无三根謗實比丘
了了得殘不了得偷蘭若實十三難人雖无三根宜伏說着作比丘相故
但得蘭罪不同四重謗人躰是汙戒比丘故也若於十三中比丘犯五邊罪
謗之僧殘以教從理同合擯故若十律云出血破僧此二謗人得蘭餘者
吉羅以名輕故即是彼律以理從教第三若以餘篇謗殘提兩罪第二
謗尼者之同比丘十律謗之但得吉羅五八皆謗比丘尼謗之四衆

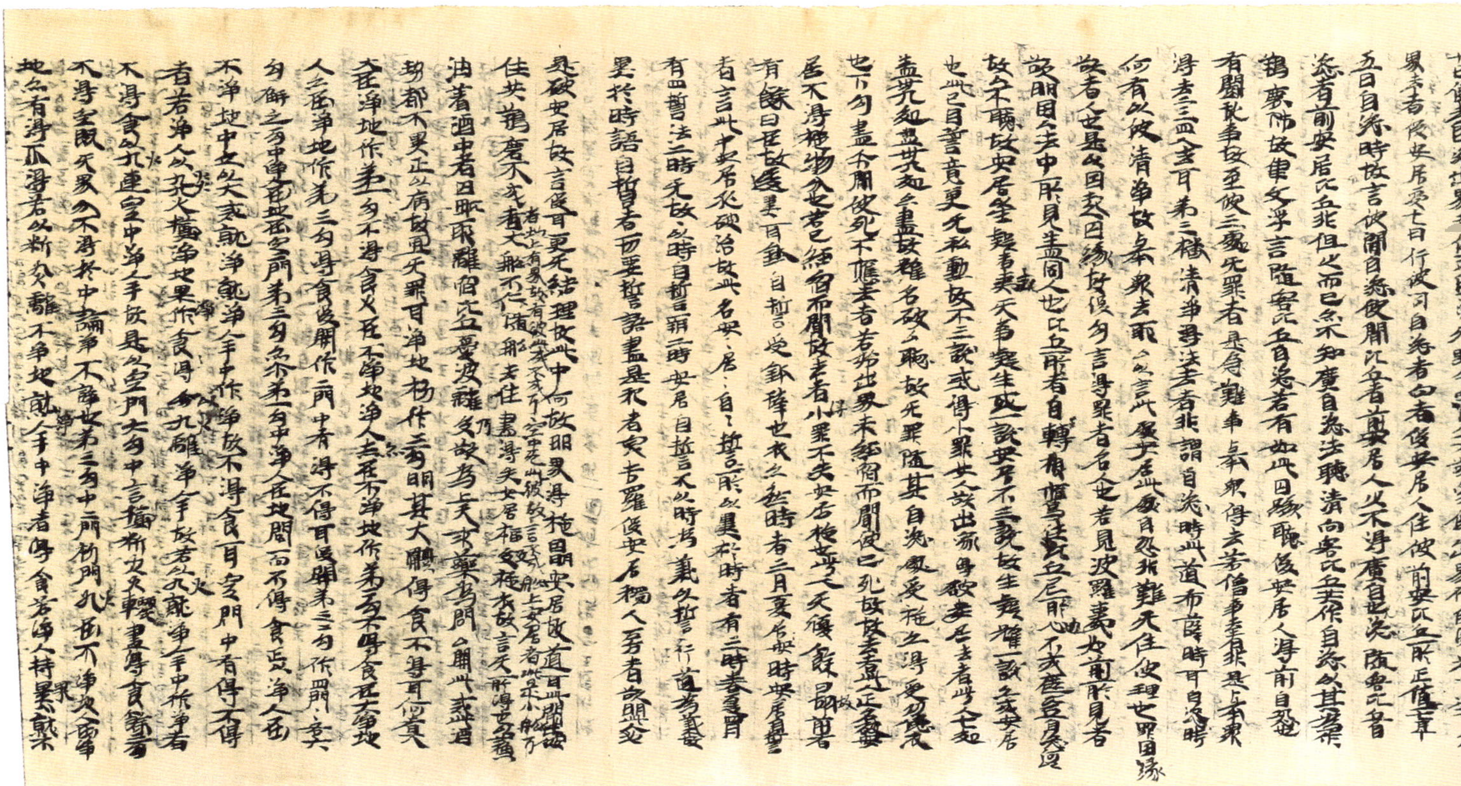

09905 十誦律一卷 （後秦）釋弗若多羅 釋鳩摩羅什譯 南北朝寫本

卷軸裝。行二十六至二十八字不等。重慶中國三峽博物館、國家圖書館藏。

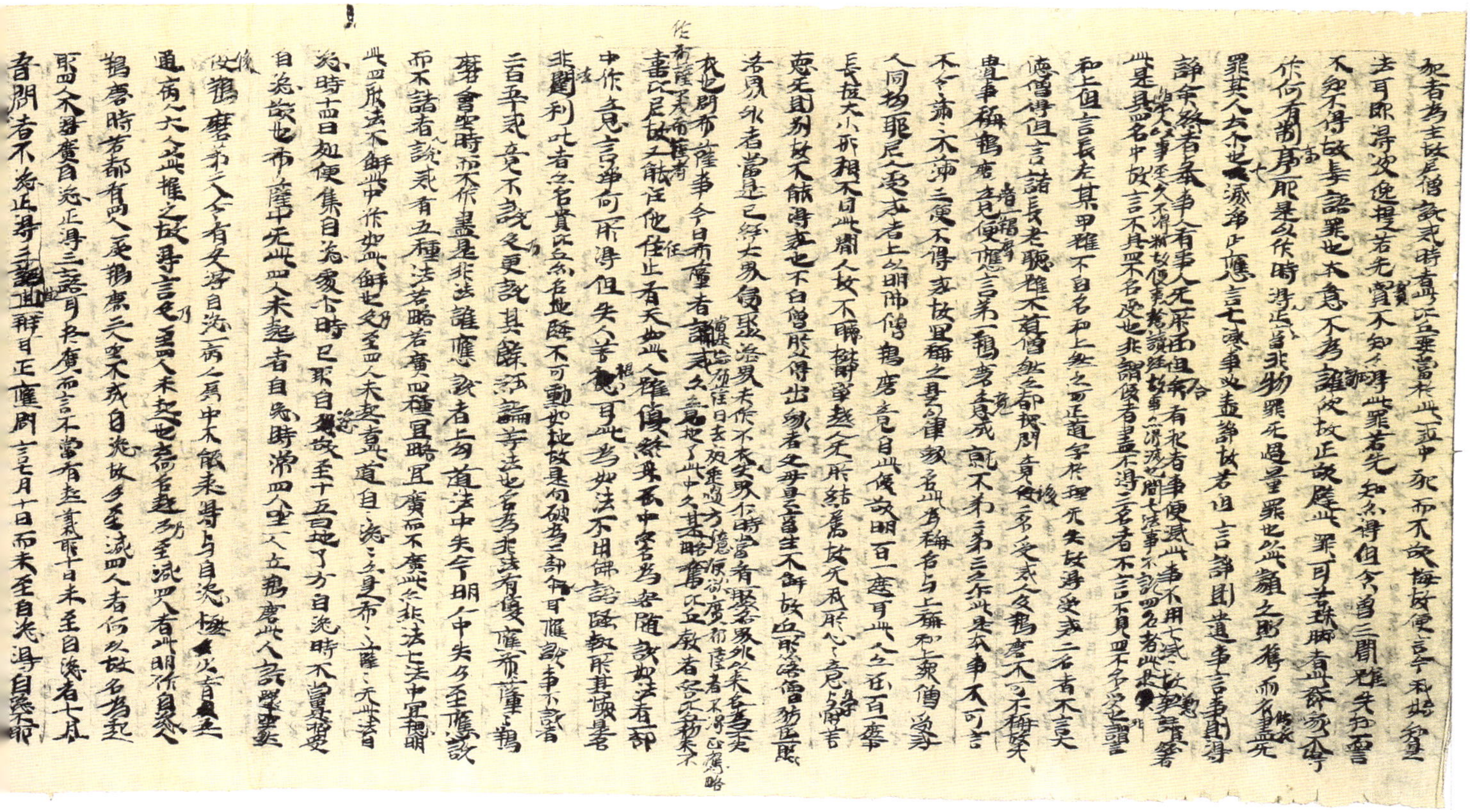

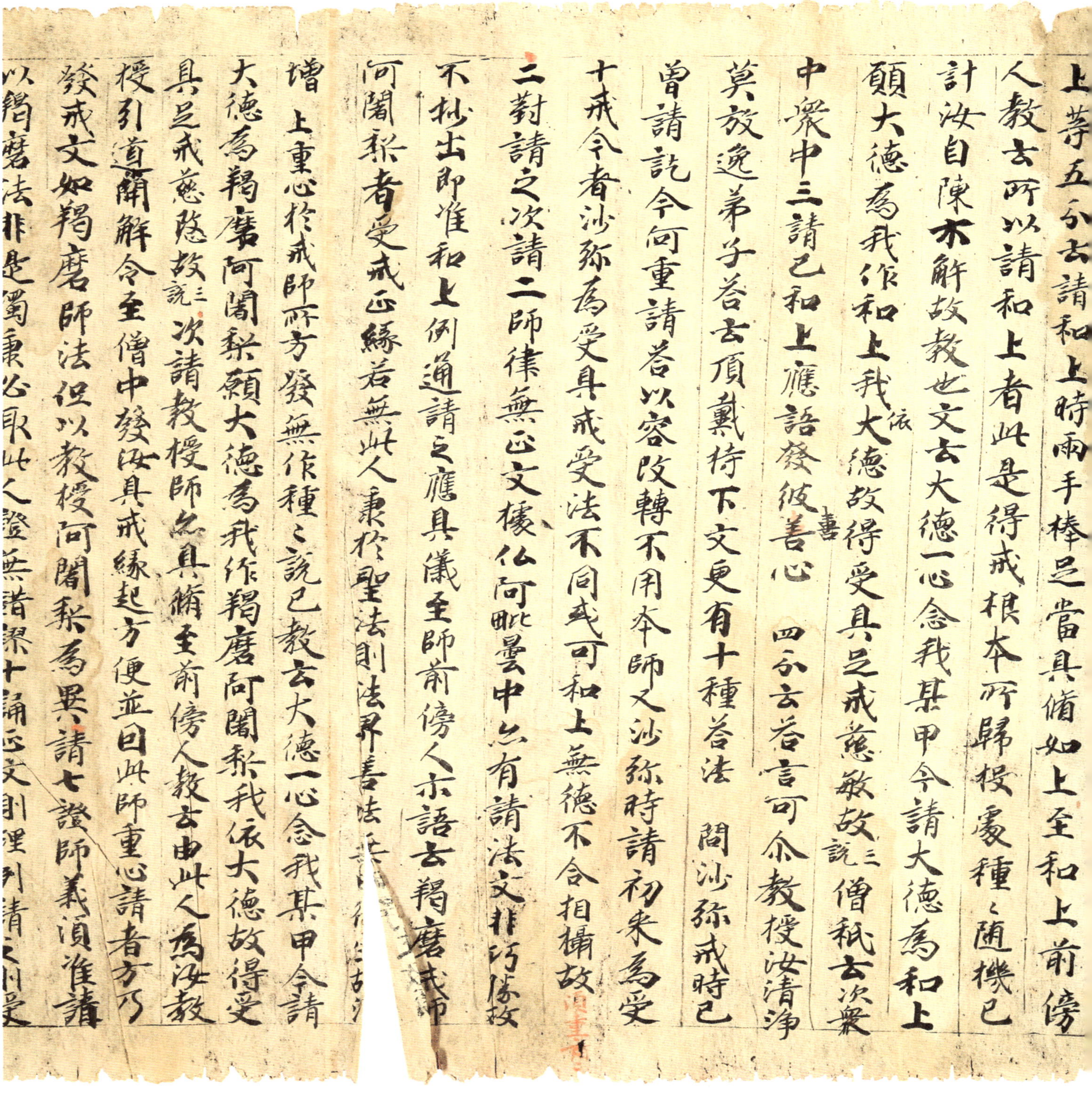

09906 四分律删繁補缺行事抄 （唐）釋道宣撰 唐寫本

卷軸裝。高 28.1 釐米，長 2008 釐米。存四十九紙，一千二百一十三行。烏絲欄。

國家圖書館藏。

前僧非法，不令受者起心境，不稱心也。薩婆多云：若慇重心受，則
有无教。若輕心受，但有其教，无无教也。菜五事成究竟：始從請師
終至白四，九法往來，片无乖諍，界非別衆，僧无不足，羯磨无非，受
者心至，則成也。与上相違，則成非法。[illegible]文證，母論云：五緣得戒。
一和上如法，二〻阿闍梨如法，三七僧清淨，四羯磨成就，五衆僧
和合与欲。多論云：若受者在家受五戒、八戒，出家受十戒，隨五
戒破一重，受八戒不得，乃至不得受具，及作和上，即十三難中初難攝。必
有受者，前准上緣，必不堪任，聖教不許。二加法中亦二：初緣起方便，
二明幹用。若集僧羯磨，方法如前篇中，故重明之，以事大故也。緣中
有十一，受者得法，以不四律所明，必須十戒於先，後聽受具。文中不
与受十戒，衆僧得罪。多云：所以制十戒者，為染習仏法故，不同外道一
往頓受。仏法不尔，猶如大海漸深漸入。二明請師。初請和上者，以得是
戒根本。若無此人，承習莫由，關於亦導，不相生長，必須請之。見論
云：以不請故，不請多違非法，諸師呵責，及云誰請大德為我
和上。佛曰：制之。若不請者不得，与受得罪。四分：請法不云僧羿計
理別處，顯受何損。大理今在衆中者，十誦云：令受戒人先入僧中

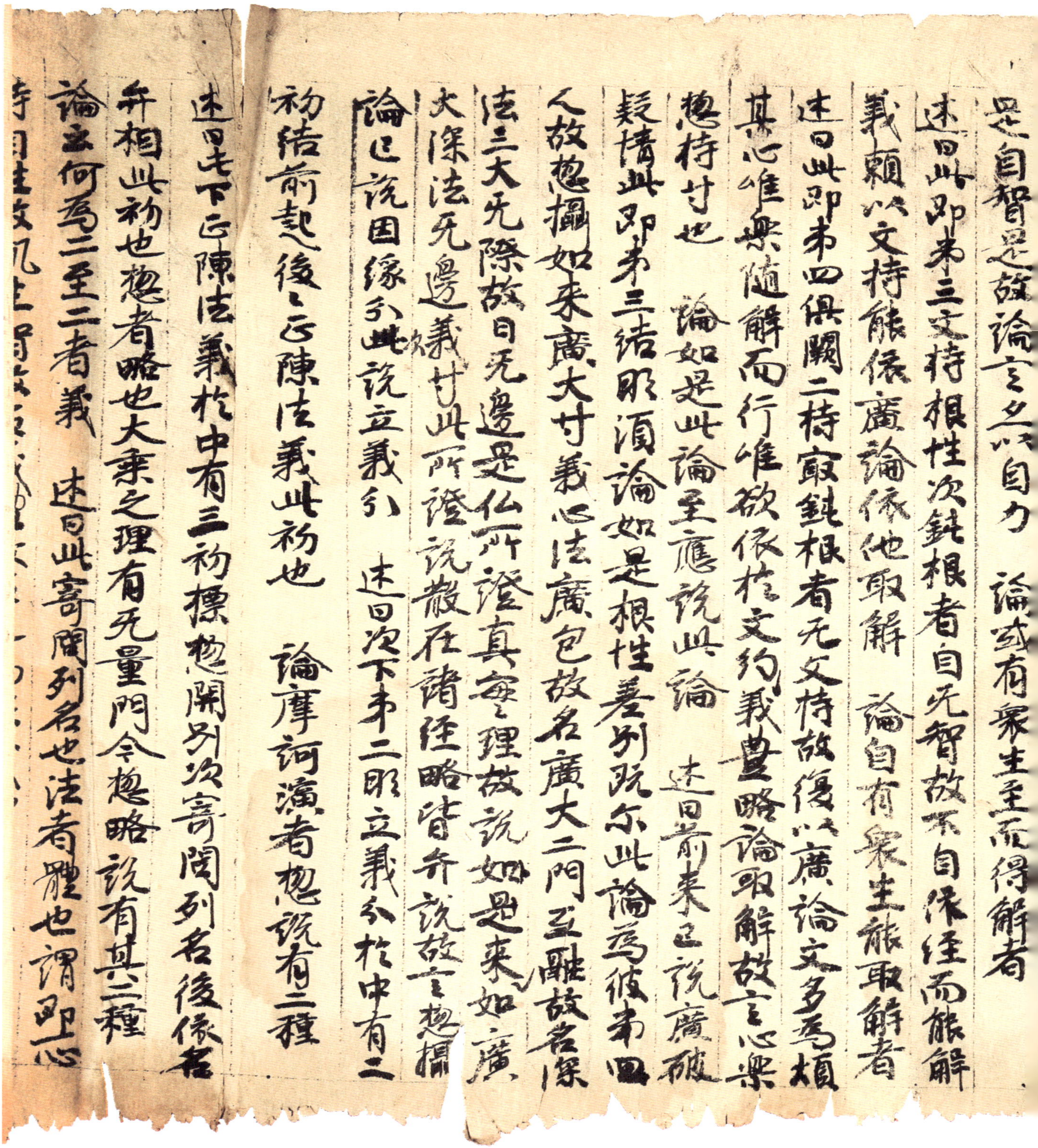
是自智是故論言乃以自力　論或有衆生亦得解者
述曰此即第三文持根性次鈍根者自无智故不自依經而能解
義賴以文持能依廣論依他取解　論自有衆生能取解者
述曰此即第四俱闕二持寂鈍根者无文持故復以廣論文多爲煩
其心唯樂隨解而行唯欲依於文約義豐略論取解故言心樂
總持等也　論如是此論至應說此論　述曰前來已說廣破
疑情此即第三結略須論如是根性差別既尔此論爲彼第四
人故總攝如來廣大等義心法廣包故名廣大二門互融故名深
法三大无際故曰无邊是佛所證真如之理故說如是來如廣
大深法无邊義等此所證說散在諸經略皆弁說故言總攝
論已說因緣分此說立義分　述曰次下第二明立義分於中有二
初結前起後二正陳法義此初也　論摩訶衍者總說有二種
述曰已下正陳法義於中有三初標總開別次寄關列名後依名
弁相此初也總者略也大乘之理有无量門今總略說有其二種
論云何爲二至二者義　述曰此寄關列名也法者體也謂即上心

09907 大乘起信論略述　（唐）釋曇曠撰　歸義軍時期寫本

卷軸裝。高 29.5 釐米，長 1085.5 釐米。存三十紙，六百四十六行。烏絲欄。國家圖書館藏。

子法請經論廣略文義依此三種[illegible]受解故言受解[illegible]
勝緣强雖不假論根微緣劣寧癈論乎 論所謂如來室則
不須論 述曰次下第二廣破疑情於中有二初顯根緣俱勝不須
造論後顯根緣差別必須於論此初也其初二句舉彼勝時以明
根勝能說人下舉仏三業以顯緣强色業勝者具相好故心業勝
者知根器故語業勝者圓音演故根緣既勝此時尚无紙竹之
經何更須論圓音一演異類解者謂仏音聲无障无㝵一即一切
[一切]即一以一切音故[即一音]能以一音演說一切法无不顯了又以一音即一切
能以一音作一切音无不窮盡然一一音悉遍法界而其音者[illegible]
不雜乱若乜音聲曲而不遍音而非圓若由寸遍失其音曲
則圓非音然今不壞曲而寸遍不動遍而差韻由是義故方
成圓音故仏音聲名語異足乃令衆生異類寸解也
論若如[來]至而取解者 述曰七下第二顯緣差別必依於論於中別
顯四種根性即分為四此初具足二持根性最利根者依廣經緣而
能取解言自力者即自智力由自智力依廣經而能解義不假
論故 論或有衆生至而多解者 述曰此第二義持根性次利
[illegible]

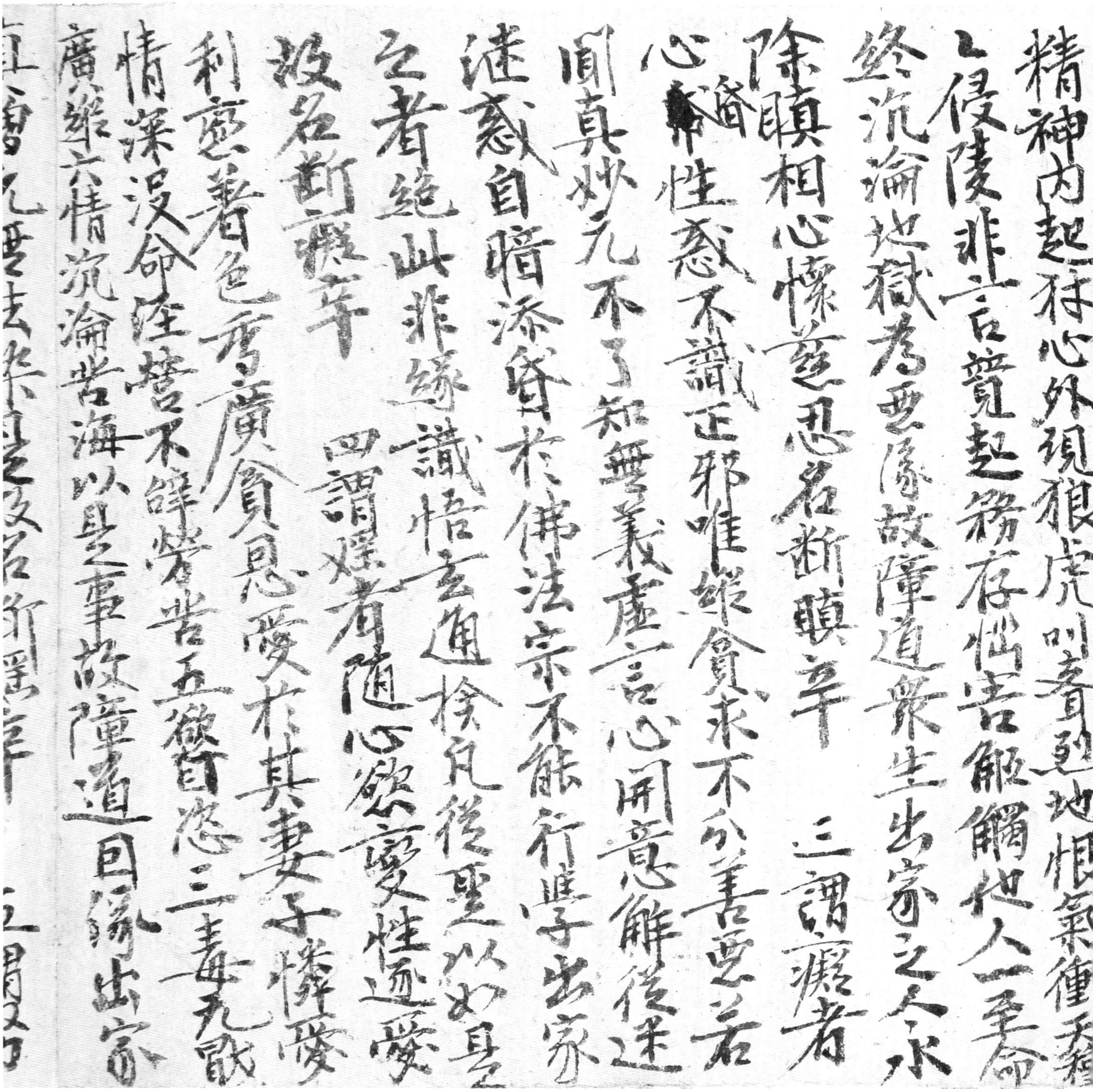

09908［治昏怠方］ 卷背 **謹檢大小乘經食胡荽菜得惡趣報** 歸義軍時期寫本

卷軸裝。高 15 釐米，長 137.5 釐米。存四紙，一百五十八行。烏絲欄。國家圖書館藏。

畜乘貯備淫營摅意稱情由貪不足望遠一
切苦已逕求智者遠之愚人以愛著故名身
薰辛　如斯五種生在五門二中薰
辛具載出家僧衆斷絕不行慎讓禁防是真
臭穢能障聖道隨悟衆生智者斷除不令染
汙以茲薰行名為薰辛得證涅槃能超彼岸
第三內五辛　貪愛 毒惡　瞋恨 迷惑　愚癡 辛暴　婬欲 妻妾　努財 寶　一謂貪者處
求万物積聚無厭種之貪婪不肯為足內心起
計外事則成內外相應心隨境變念念不住種之
攀緣其此貪心猶如大海吞併百川竟不能盡滿
以無滿故積罪無邊出家之人當須禁斷以
之事故名貪辛　二謂瞋者毒心熾盛隳動

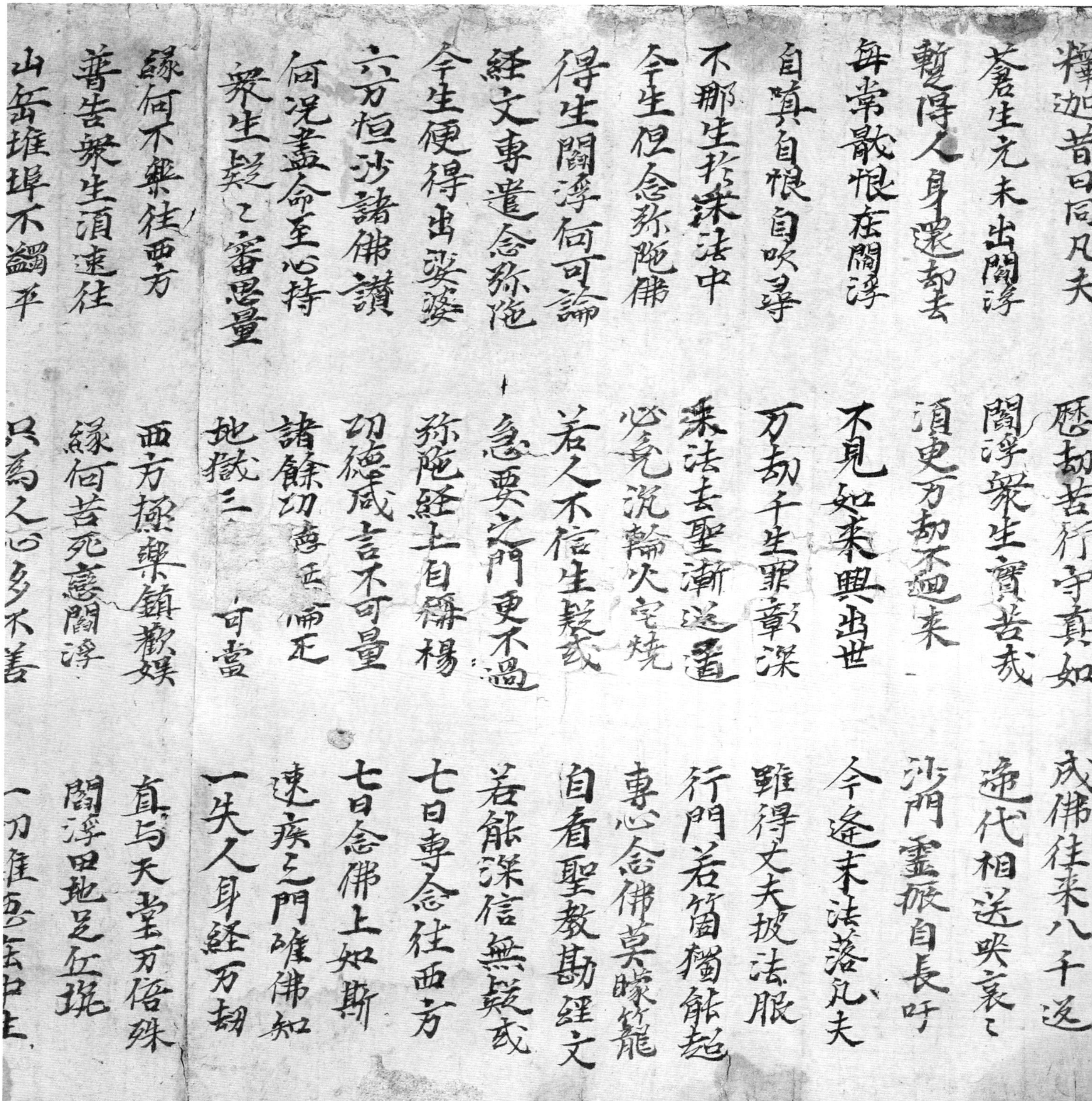
釋迦昔日同凡夫　歷劫苦行守真如　成佛往来八千返
蒼生元未出閻浮　閻浮衆生實苦哉　逐代相送哭哀ㄟ
蹔得人身還却去　須臾万劫不迴来　沙門霊派自長吁
每常歎恨在閻浮　不見如来興出世　今逢末法落凡夫
自嗔自恨自吹尋　万劫千生罪彰深　雖得丈夫披法服
不那生於末法中　末法去聖漸遙遙　行門若箇獨能超
今生但念弥陁佛　必免流輪火宅燒　專心念佛莫曚籠
得生閻浮何可論　若人不信生疑惑　自看聖教勘經文
經文專遣念弥陁　急要之門更不過　若能深信無疑惑
今生便得出娑婆　弥陁經上自稱揚　七日專念往西方
六方恒沙諸佛讚　功德咸言不可量　七日念佛上如斯
何況盡命至心持　諸餘功[illegible]　速疾之門唯佛知
衆生疑ㄟ審思量　地獄三ㄟ[illegible]可當　一失人身經万劫
緣何不樂往西方　西方極樂鎮歡娛　直与天堂万倍殊
普告衆生須速往　緣何苦死戀閻浮　閻浮田地足丘坑
山岳堆埠不鐲平　只為人心多不善　一切唯[illegible]

09909 西方淨土贊文　歸義軍時期寫本

卷軸裝。高 31 釐米，長 441.9 釐米。存十紙，二百二十二行。烏絲欄。國家圖書館藏。

至心發願作清淨梵唱四礼即散正作道場時若有難起魔
事起念法照名當須至心稱念當本遺言作道場時若有
諸惡事起時念我名隨聲即救若不入道場人若不入道場
時空念無益念佛了欲散時起贊念一百法照名　南无法照和上
散花樂讚　散〻花〻樂〻　奉請釋迦如來入道場　散花樂
散〻花〻樂〻　奉請十方如來入道場散花樂　散〻花〻樂〻
奉請阿彌陁如來入道場　散花樂　散〻花〻樂〻　奉請觀音勢
志入道場　散花樂　道場莊嚴極清淨　散花樂　天下人間無比量
散花樂　極樂莊嚴間雜飾　寶是希奇聞未聞　寶鳥臨空讚佛
會　哀鸞鴈雅亮發人心　文文句句理相同　或說五覺根七覺分
或說地獄對人天　或說他方雜惡道　或說八聖慈悲門　或說讚
善波羅蜜　或說定惠入深禪　或說長時脩菩行　或說无上菩提回
菩薩聲聞聞此法　處〻分身轉法輪　願此法輪相續轉　道場衆等益
長年　衆等迴心生淨土　手執香花往西方　歡樂踊躍[illegible]讚

妙法蓮華經卷第九
天寶三載九月十七日玉門行人在此襟經廿日有餘於獄寫了有人受持讀誦楚客除
罪万万劫記之
同襟人馬希晏 其人是河東郡 樂泉縣 上柱國樊客

09910 妙法蓮華經度量天地品 唐天寶三年（744）寫本

卷軸裝。高 28.4 釐米，長 330 釐米。存八紙，一百六十二行。國家圖書館藏。

若食若不食　悉皆同平等　百億須彌山　高下及大小
四方諸大地　闊狹與多少　鐵圍大鐵圍　諸大海水等
小海江河水　高下及深淺　如是種種事　悉等无有異
百億諸日月　高下及周圍　寒熱與明暗　一切皆同等
天下諸衆生　性分及大小　衣食不衣食　貧富与貴賤
受樂及受苦　長短与好醜　善惡業力報　在於四方生
三千世界中　一切皆如是　觀世音菩薩　聞佛說是已
心懷大歡喜　以偈而讚言　稱讚言善哉　善哉无上尊
我常遊諸國　饒益於衆生　下至阿鼻獄　上至有頂天
盡皆入其中　現身為說法　而未知天地　深淺及遠近

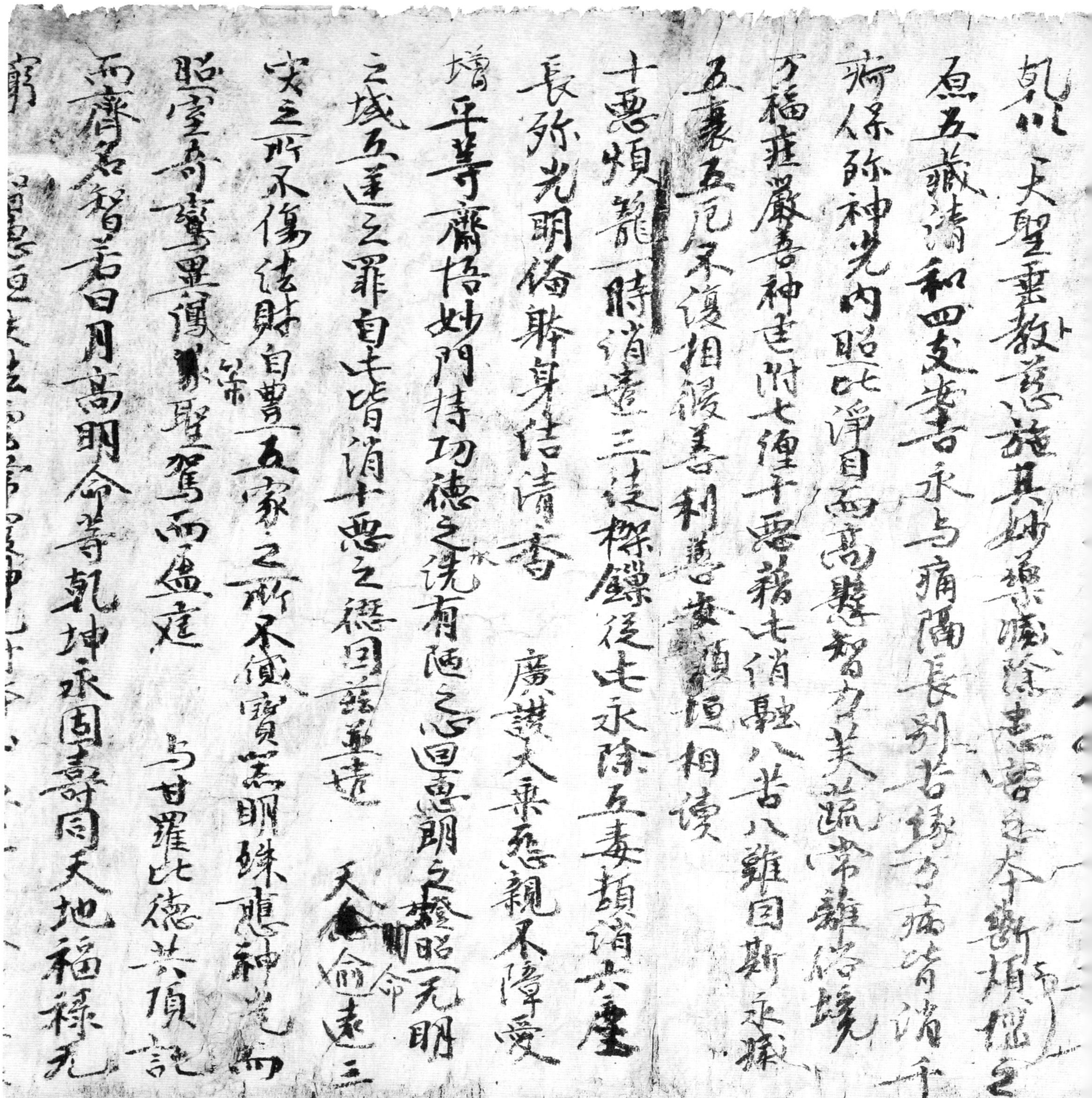

09911 [道教布施發願講經文] 唐寫本

卷軸裝。高 27.6 釐米，長 110.1 釐米。存三紙，五十行。國家圖書館藏。

布施已後願家門眷屬壽等金山所有親緣命同長岳兒
郎諸伯侶无殊子姪諸賢聖不剎宗親和睦內外六
安昌遊魂三塗安超度九厄還那百鬼无敢侵傷福慶千
神或來擁護並使形同桂月命比松柏恒淨照恒明唯
長唯大大九玄七祖遊出離三徒徒代父三魂超踰八難乘法輪
之棹輦落長樂之鄉從不死之身上无爲之岸
善緣福報應念便來罪累罪曰即斯而滅長辭八難
若永離三塗之酸喜諸靈液之池栝神消陽之館
三清妙境與聖侶爲朋玉闕京金堂其眞人爲友无來无
去恒證道場不滅不生會无爲之正道
病除雜肉疾離身中天降甘露之將風吹丹妙藥空中

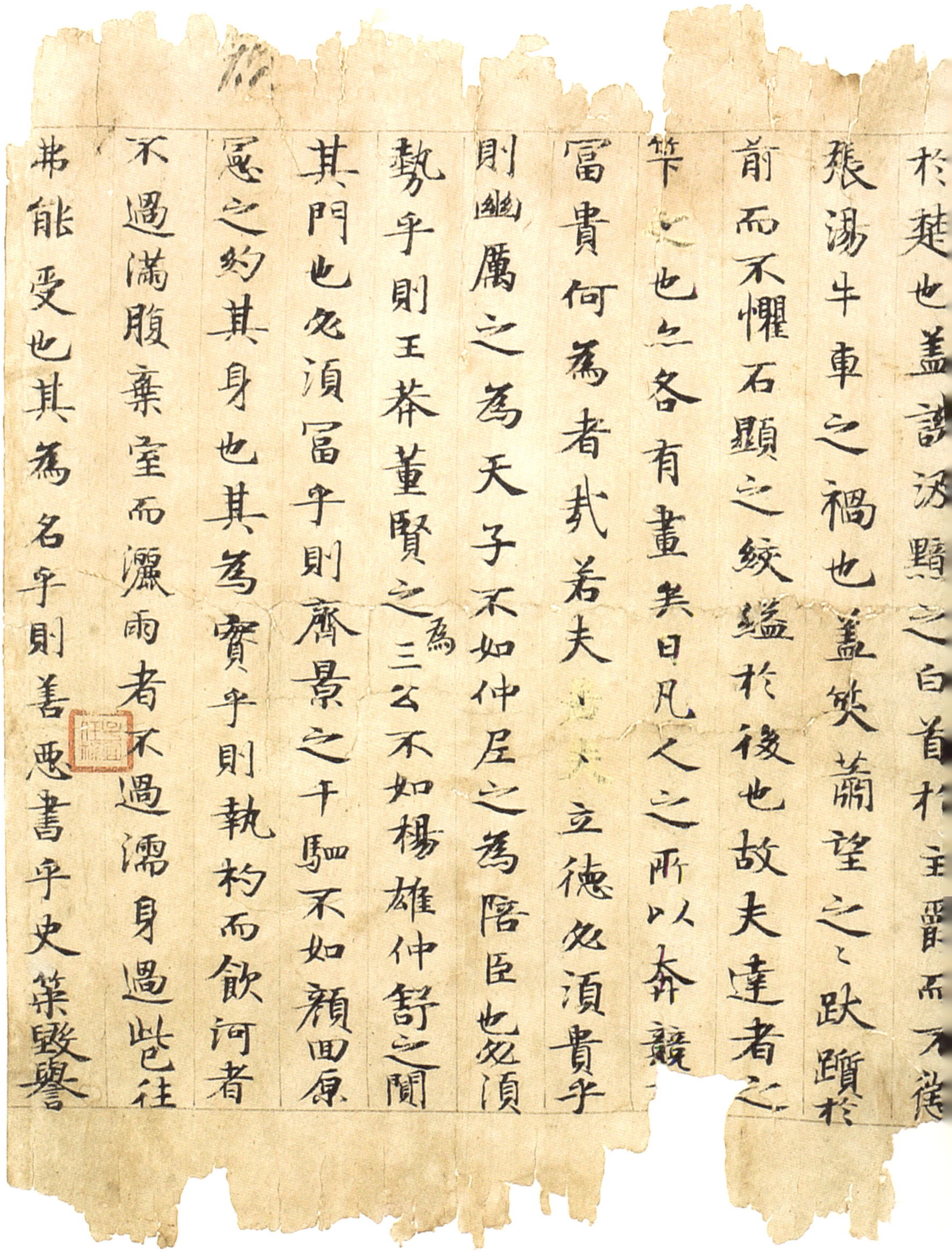

09912 文選·運命論 （三國魏）李康撰 隋寫本

高 28.3 釐米，長 42.4 釐米。存一紙，二十二行。烏絲欄。敦煌研究院藏。

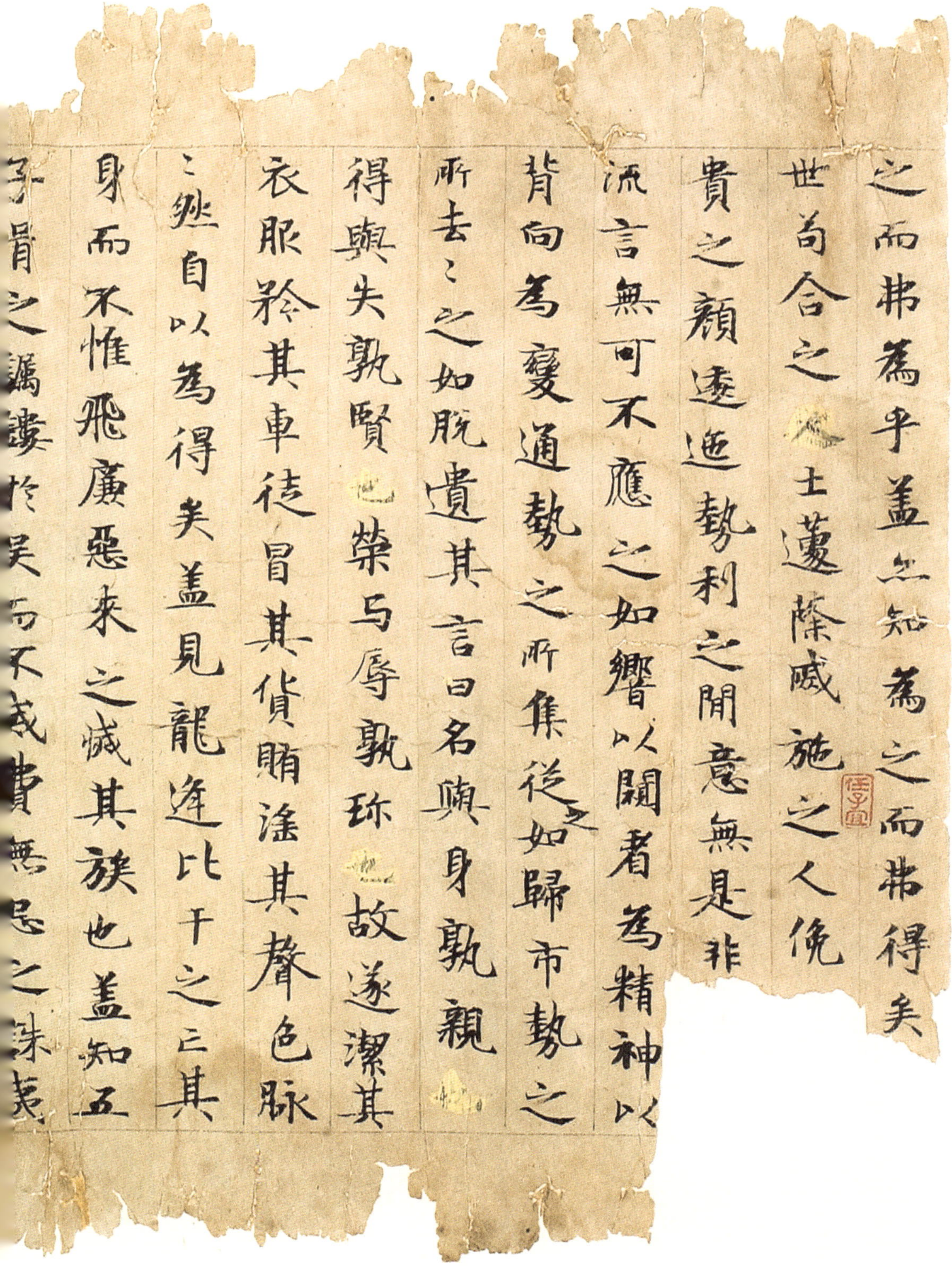

之而弗為乎蓋不知為之而弗得矣
世苟合之士蘧蒢戚施之人俛
貴之顏遂迹勢利之間意無是非
流言無可不應之如響以關者為精神以
背向為變通勢之所集從之如歸市勢之
所去〻之如脫遺其言曰名與身孰親
得與失孰賢榮与辱孰珎故遂潔其
衣服矜其車徒冒其貨賄淫其聲色脉
〻然自以為得矣蓋見龍逢比干之〻其
身而不惟飛廉惡來之滅其族也蓋知五
子胥之屬鏤於吳而不戒費無忌之誅矣

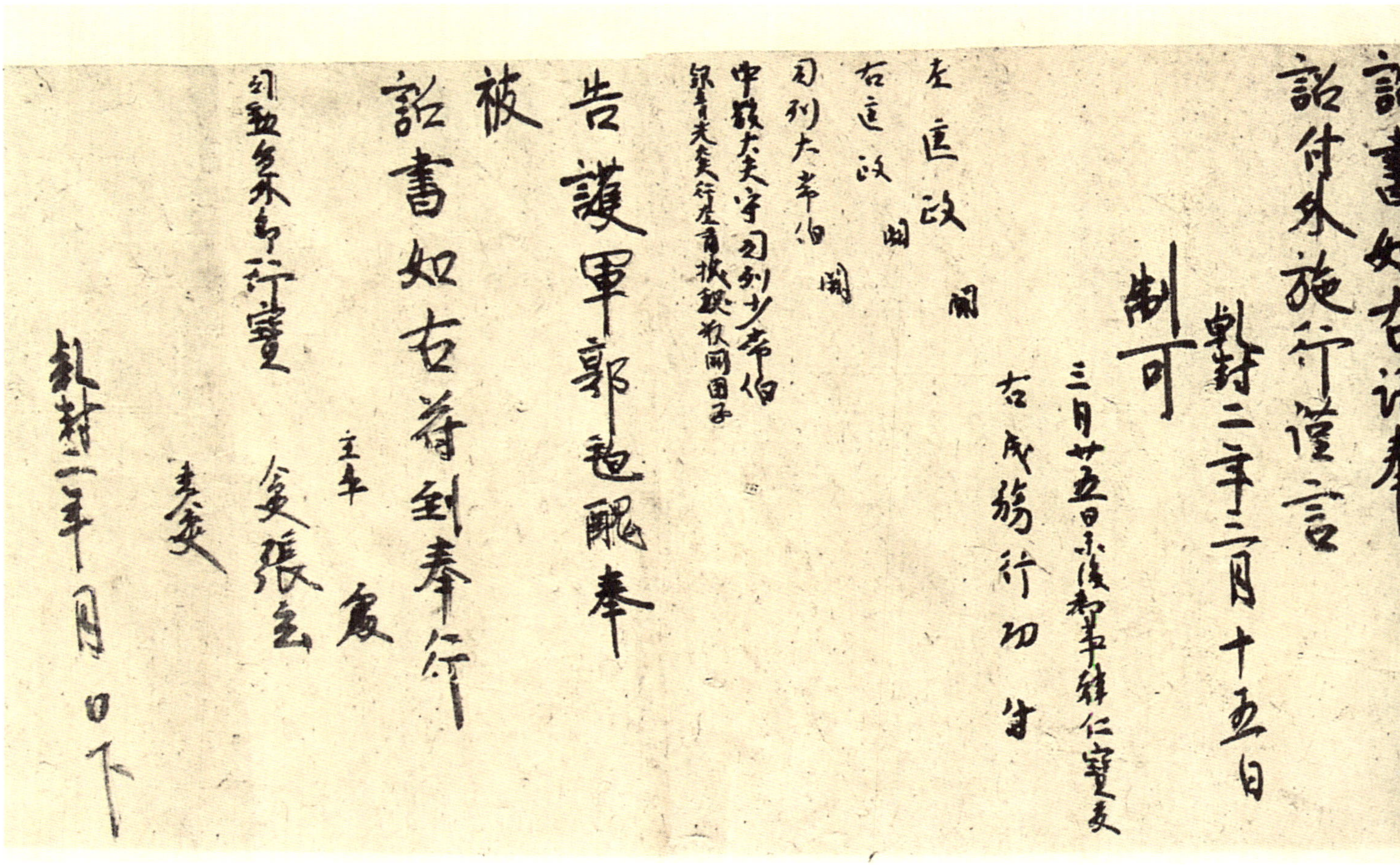

09913 郭毡醜勳告身 唐寫本

長 118 釐米。存三十五行，行字不等。吐魯番博物館藏。

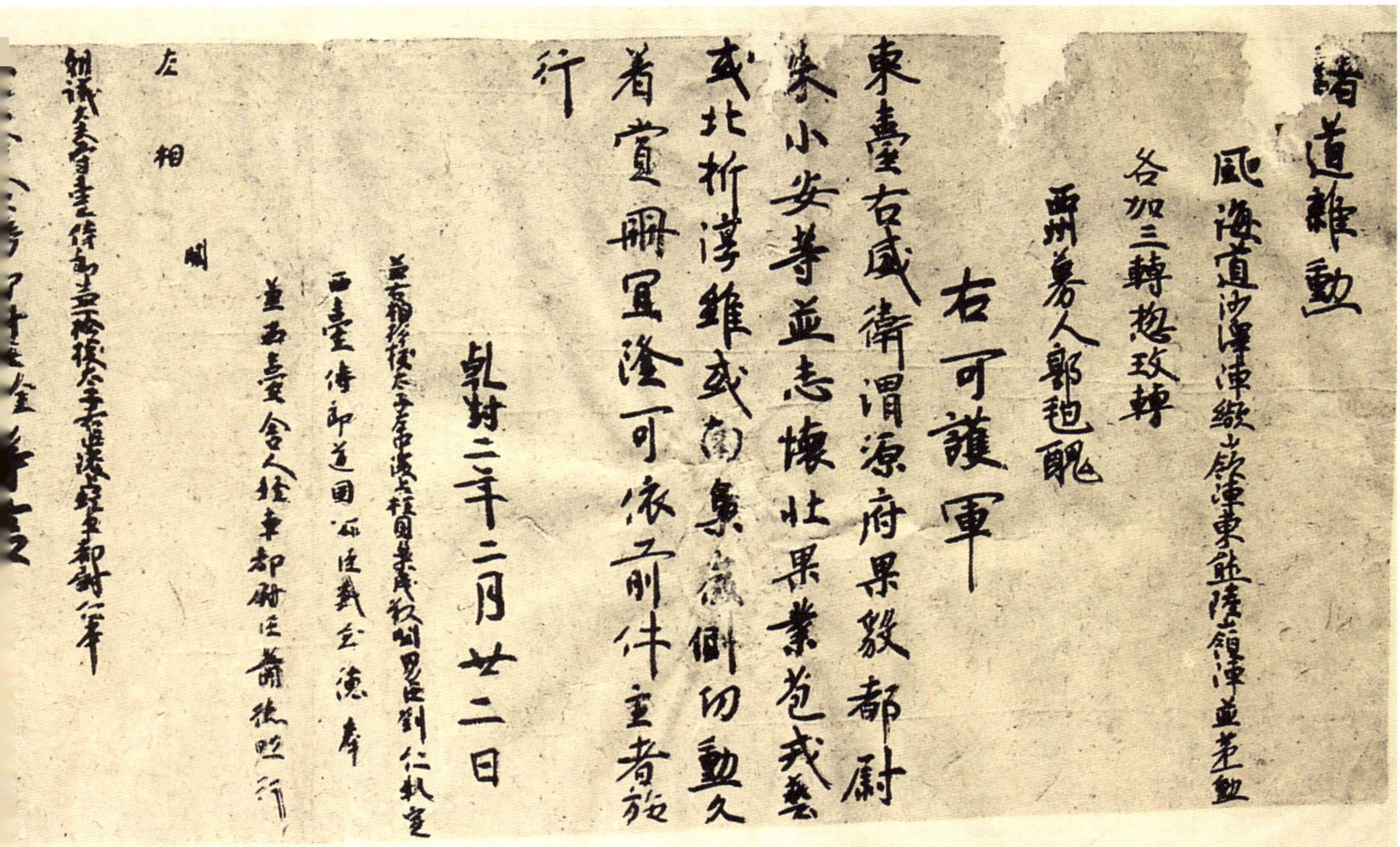

諸道雜勳
颭海道沙澤陣、欲山陣、東鉗陸山陣、領陣並第一勳
各加三轉總玖轉
西州募人郭毯醜
右可護軍
東臺右威衛渭源府果毅都尉
宋小安等並志懷壯果業苞戎藝
或北折瀚維或南梟藏例切勳久
著寵册冝隆可依前件主者施
行
乾封二年二月廿二日
兼右相檢校太子左中護上柱國樂成縣開國男臣劉仁軌宣
西臺侍郎道國公臣戴至德奉
兼西臺舍人輕車都尉臣蕭德昭行
左相　闕
朝議大夫守東臺侍郎兼檢校太子右中護輕車都尉

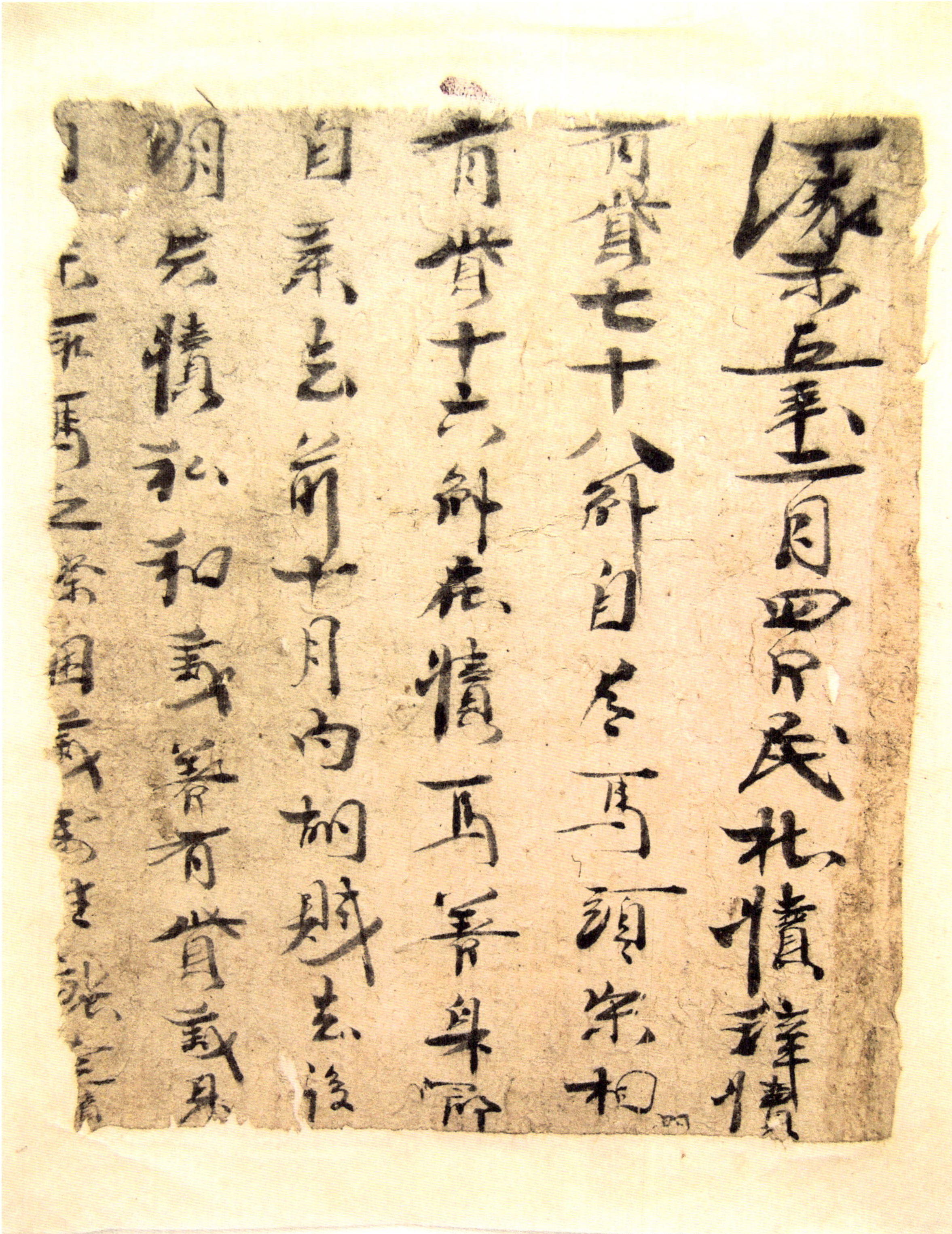

09914 北凉緣禾五年民杜犢辭 北凉寫本

高 24.3 釐米，長 19.5 釐米。存六行，行字不等。烏絲欄。吐魯番博物館藏。

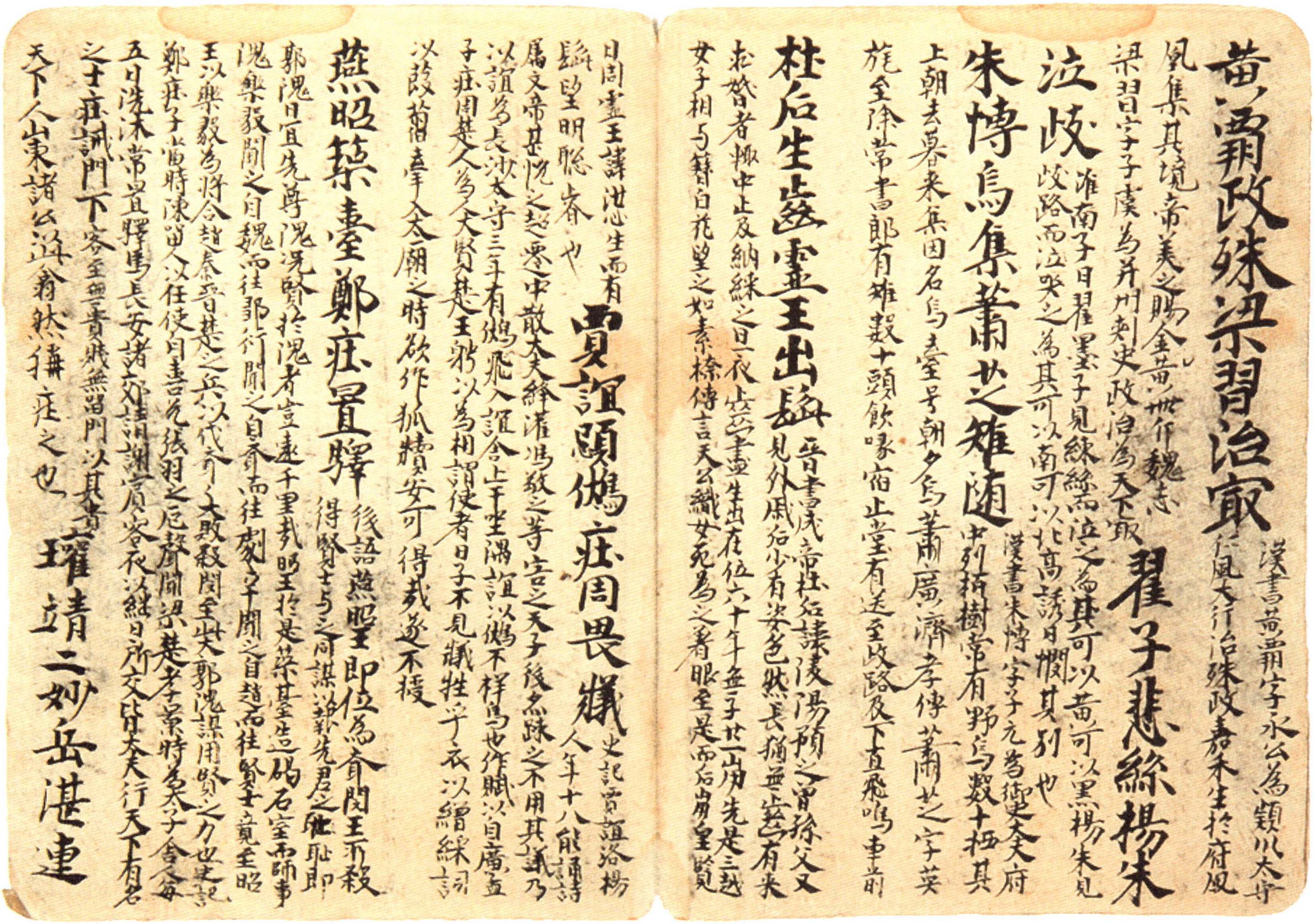

09915 蒙求 （唐）李翰撰 歸義軍時期寫本

蝴蝶裝。殘高 22.7 釐米，廣 15.8 釐米。存五葉，七十三行。敦煌研究院藏。

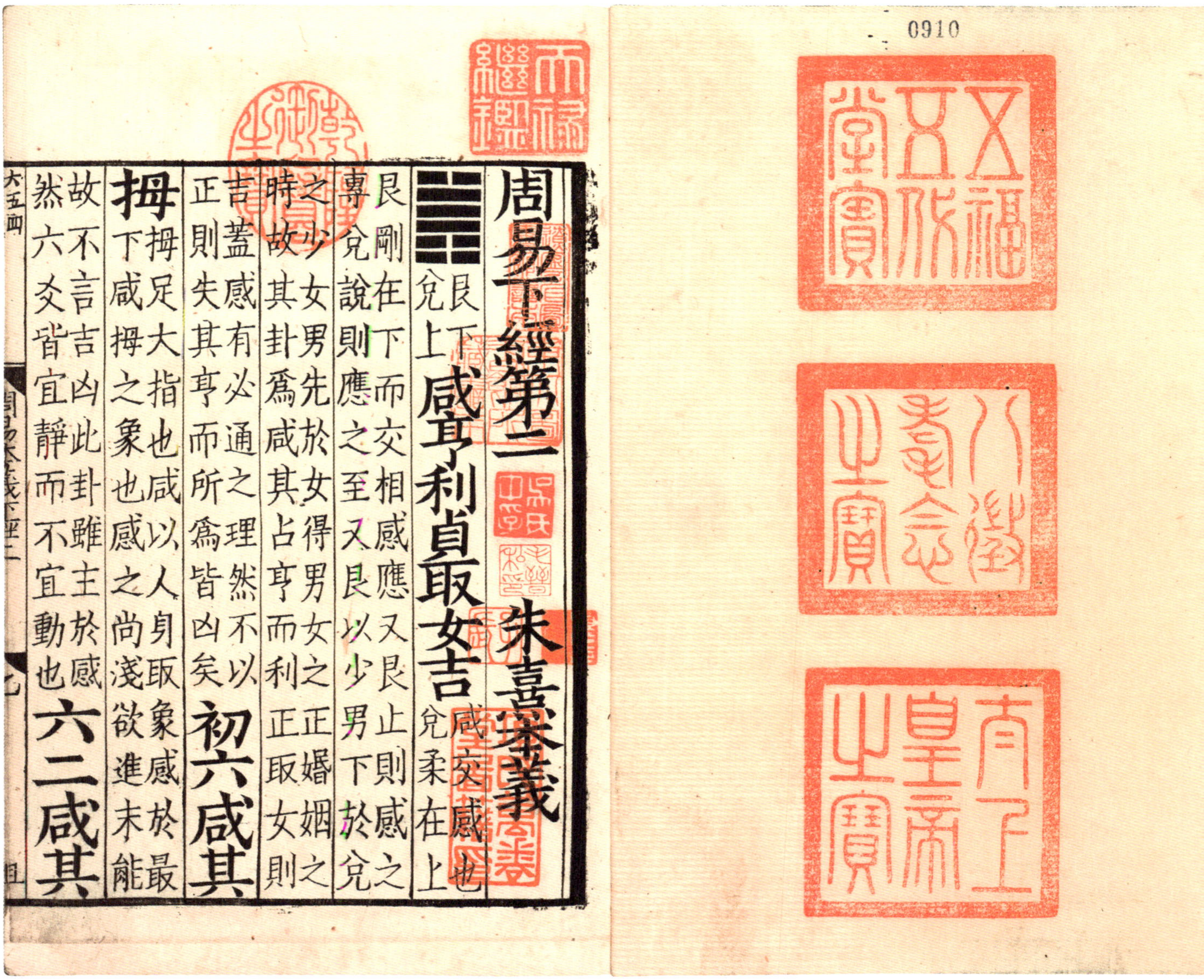

09916 周易本義十二卷五贊一卷筮儀一卷 （宋）朱熹撰 宋刻本

匡高 18.9 釐米，廣 14.4 釐米。半葉七行，行十五字，小字雙行同，白口，左右雙邊。有“毛晉私印”、“項氏萬卷堂圖籍印”、“天禄繼鑑”、“乾隆御覽之寶”等印。遼寧省圖書館藏，存一卷。

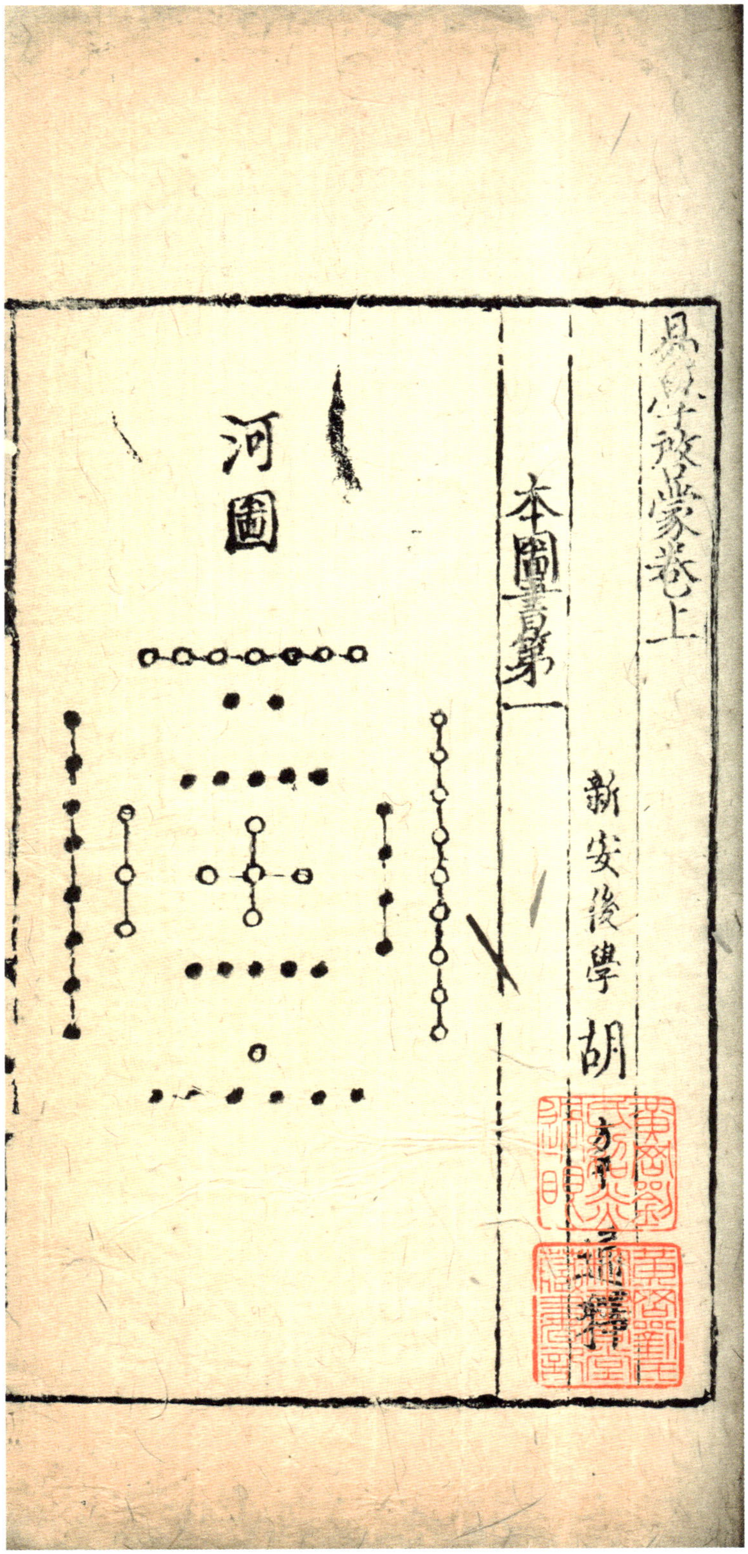

09917 易學啓蒙通釋二卷 （宋）胡方平撰 元刻明修本

匡高20釐米，廣12.5釐米。半葉十行，行二十字，小字雙行十八、十九字不等，黑口，四周單邊。有“黄岡劉氏紹炎過眼”、“黄岡劉氏校書堂藏書記”等印。武漢大學圖書館藏。

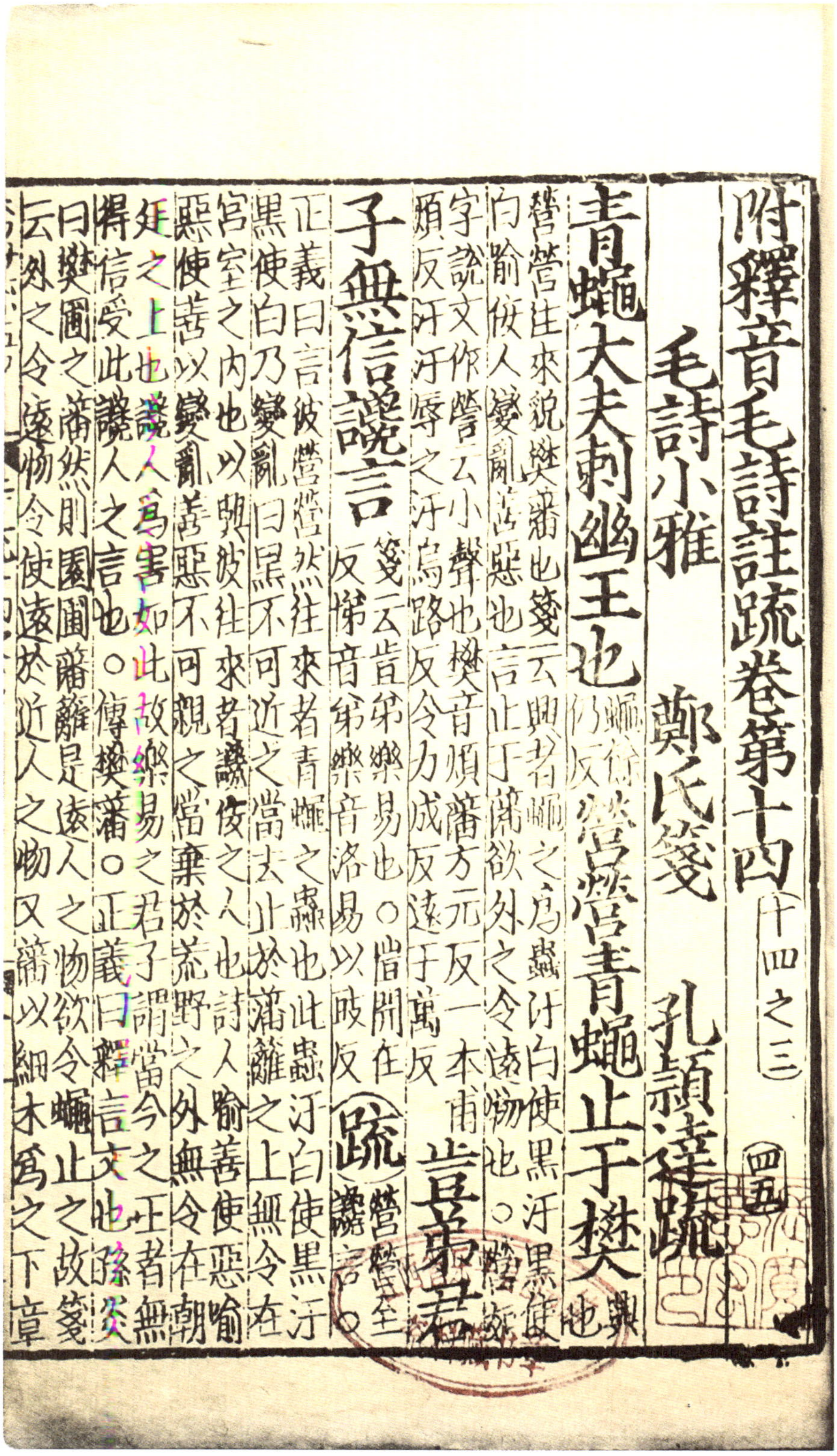
附釋音毛詩註疏卷第十四（十四之三）
毛詩小雅　鄭氏箋　孔穎達疏　（四五）
青蠅大夫刺幽王也　蠅余仍反　營營青蠅止于樊　興也
營營往來貌樊藩也箋云興者蠅之爲蟲汙白使黑汙黑使白喻佞人變亂善惡也言止于藩欲外之令遠物也○營於傾反字說文作營云小聲也樊音煩藩方元反一本甫煩反汙汙辱之汙烏路反令力成反遠于萬反　豈弟君子無信讒言　箋云豈弟樂易也○豈開在反悌音弟樂音洛易以豉反
疏　營營至讒言○正義曰言彼營營然往來者青蠅之蟲也此蟲汙白使黑汙黑使白乃變亂白黑不可近之當去止於藩籬之上無令在宮室之內也以興彼往來者讒佞之人也詩人喻善使惡喻惡使善以變亂善惡不可親之當棄於荒野之外無令在朝廷之上也讒人爲害如此故樂易之君子謂當今之王者無得信受此讒人之言也○傳樊藩○正義曰釋言文也孫炎曰樊圃之藩然則園圃藩籬是遠人之物欲令蠅止之故箋云外之令遠物令使遠於近人之物又藩以細木爲之下章

09918、09919 附釋音毛詩註疏二十卷　（漢）毛萇傳　（漢）鄭玄箋　（唐）孔穎達疏　（唐）陸德明音義　元刻明修本

匡高 20 釐米，廣 13.4 釐米。半葉十行，行十八字，小字雙行二十三字，白口間黑口，左右雙邊。江西省樂平市圖書館藏，有“孔繼涵印”等印，存十七卷；鳳儀書堂藏，有“叔剛”、“桂軒”、“壹經堂”等印記，存十一卷。

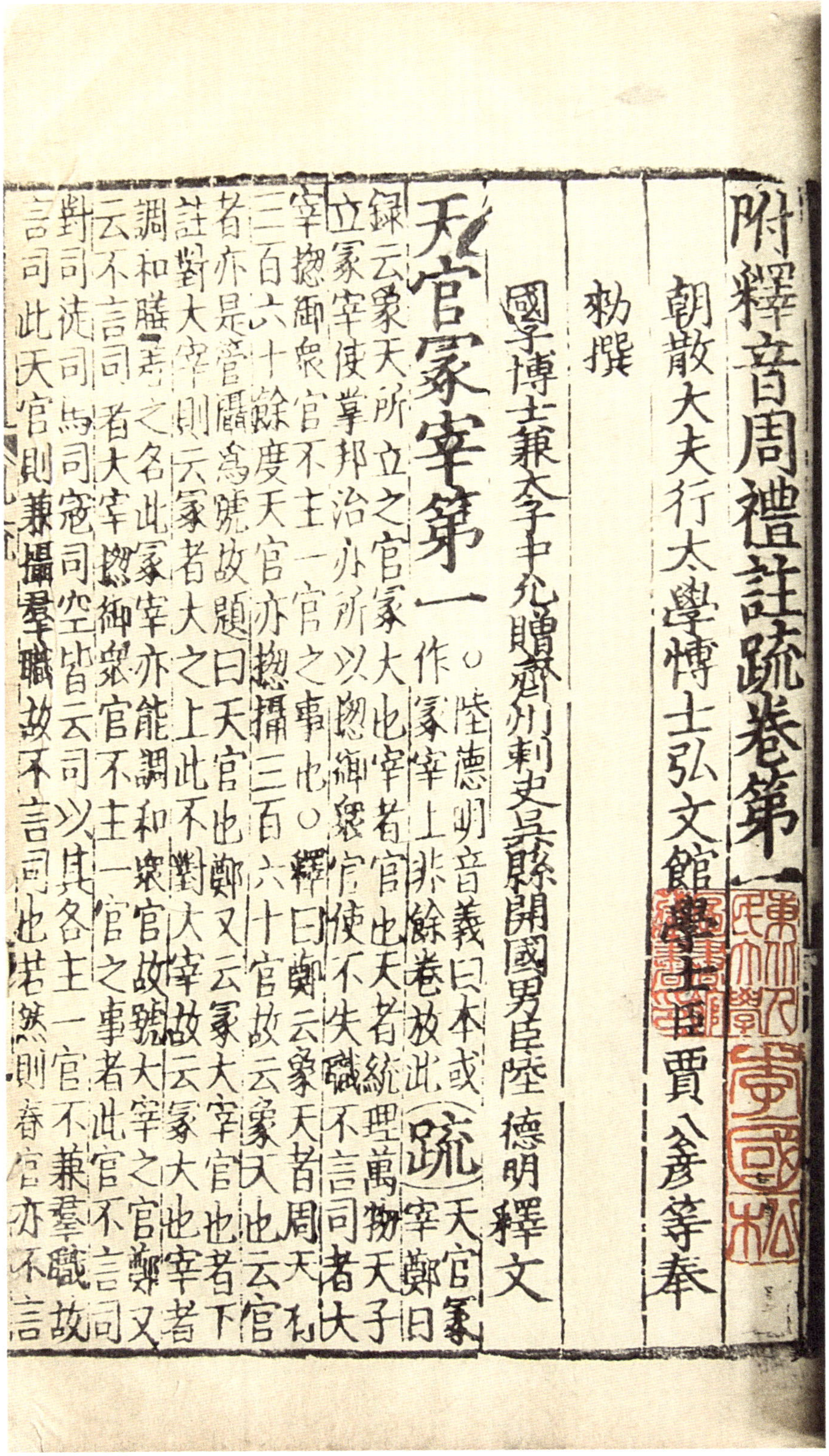

附釋音周禮註疏卷第一

朝散大夫行太學博士弘文館學士臣賈公彦等奉

勑撰

國子博士兼太子中允贈齊州刺史吳縣開國男臣陸德明釋文

天官冢宰第一 ○陸德明音義曰本或作冢宰上非餘卷放此【疏】天官冢宰鄭曰録云象天所立之官冢大也宰者官也天者統理萬物天子立冢宰使掌邦治亦所以總御衆官使不失職不言司者大宰總御衆官不主一官之事也○釋曰鄭云象天者周天有三百六十餘度天官亦總攝三百六十官故云象天也云官者亦是管領爲號故題曰天官也鄭又云冢大宰也者下註對大宰則云冢者大之上此不對大宰故云冢大也宰者調和膳羞之名此冢宰亦能調和衆官故號大宰之官鄭又云不言司者大宰總御衆官不主一官之事者此官不言司對司徒司馬司寇司空皆云司以其各主一官不兼羣職故言司此天官則兼攝羣職故不言司也若然則春官亦不言

09920 附釋音周禮註疏四十二卷 （漢）鄭玄注 （唐）賈公彦等疏 （唐）陸德明釋文 元刻明修本

匡高 24.2 釐米，廣 15 釐米。半葉十行，行十七字，小字雙行二十三字，黑口，左右雙邊。有“海寧陳氏向山閣圖書”等印。吉林大學圖書館藏。

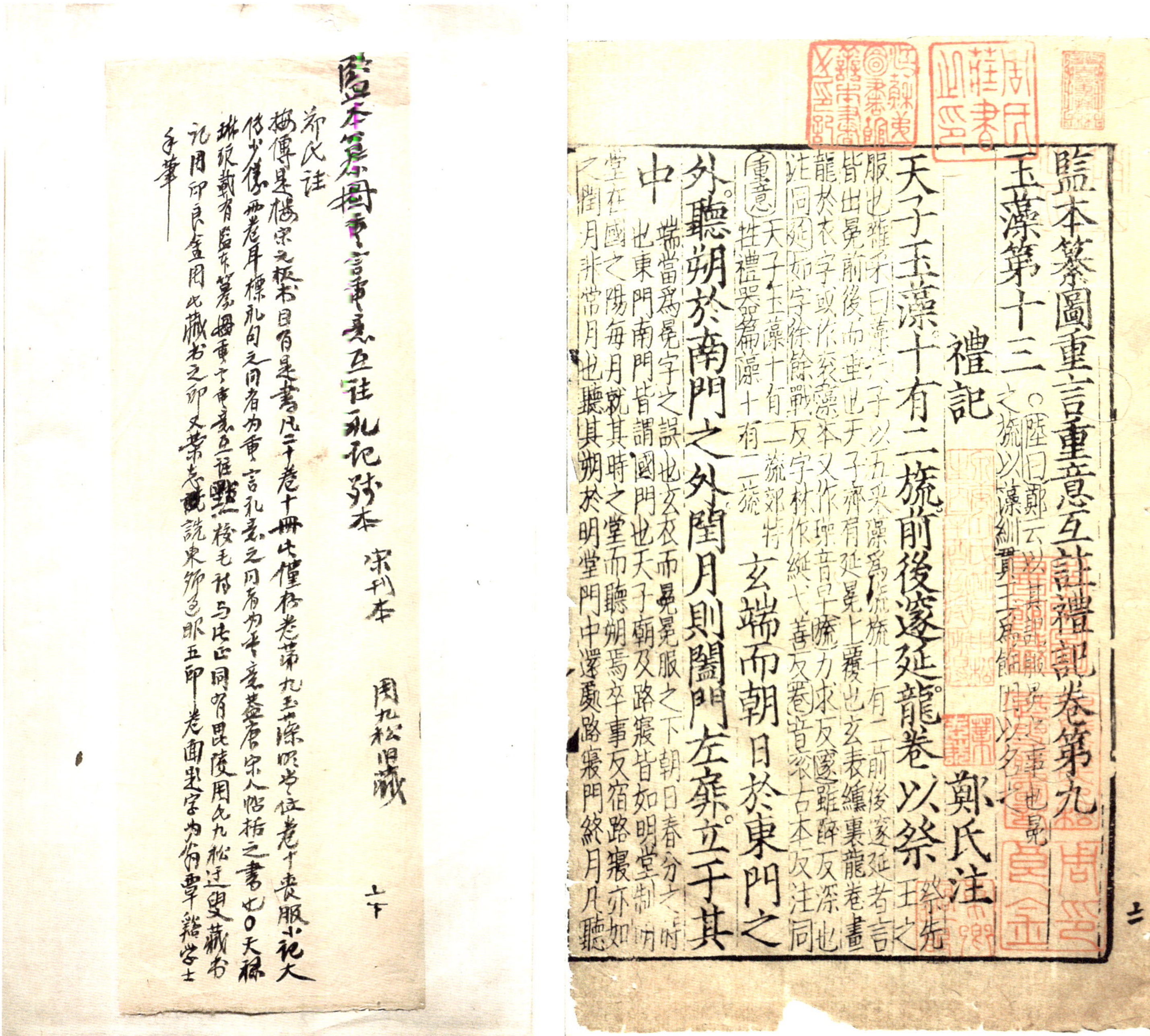
監本纂圖重言重意互註禮記卷第九
玉藻第十三
禮記　鄭氏注
天子玉藻十有二旒前後邃延龍卷以祭
玄端而朝日於東門之外聽朔於南門之外閏月則闔門左扉立于其中

09921 監本纂圖重言重意互註禮記二十卷 （漢）鄭玄注　（唐）陸德明音義　宋刻本

匡高26.2釐米，廣16.3釐米。半葉十行，行十八字，小字雙行二十四字，黑口，左右雙邊。有“毘陵周氏九松迂叟藏書記”、“周印良金”、“東卿過眼”、“葉志詵”等印。丁丙跋，佚名校。南京圖書館藏，存二卷。

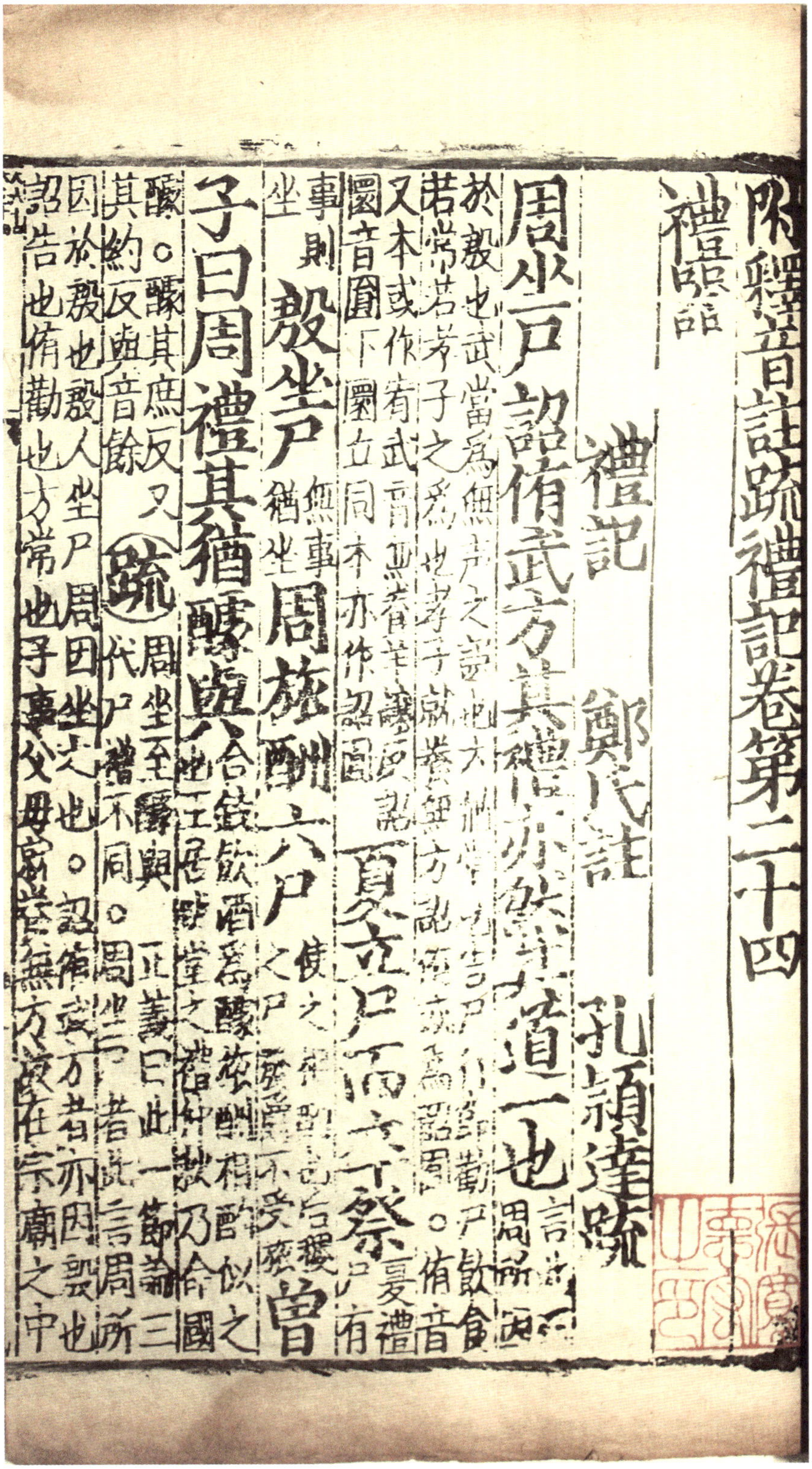

附釋音註疏禮記卷第二十四

禮器

禮記　鄭氏註　孔穎達疏

周坐尸詔侑武方其禮亦然其道一也

夏立尸而卒祭

殷坐尸

周旅酬六尸

曾子曰周禮其猶醵與

09922、09923 附釋音禮記註疏六十三卷　（漢）鄭玄註　（唐）孔穎達疏　（唐）陸德明釋文　元刻明修本

匡高 19.8 釐米，廣 13.3 釐米。半葉十行，行十七字，小字雙行二十三字，黑口間白口，左右雙邊間四周雙邊。湖南師範大學圖書館藏，有“古湘南袁氏藏書畫印”、“袁芳瑛印”、“錢陸燦印”、“陸燦之印”等印，存三十五卷；江西省樂平市圖書館藏，存五十卷。

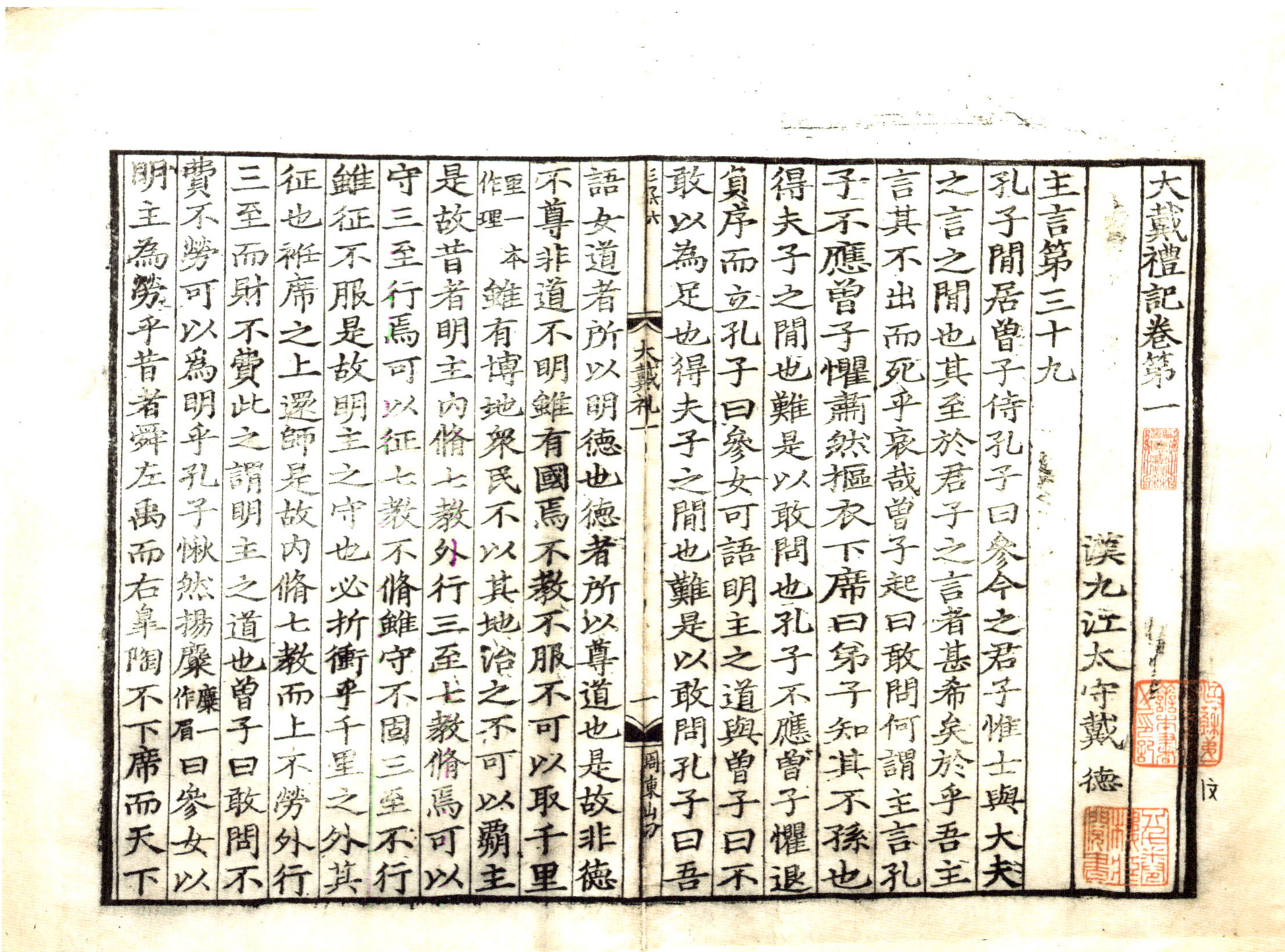

大戴禮記卷第一

漢九江太守戴德

主言第三十九

孔子閒居曾子侍孔子曰參今之君子惟士與大夫之言之閒也其至於君子之言者甚希矣於乎吾主言其不出而死乎哀哉曾子起曰敢問何謂主言孔子不應曾子懼肅然摳衣下席曰弟子知其不孫也得夫子之閒也難是以敢問也孔子不應曾子懼退負序而立孔子曰參女可語明主之道與曾子曰不敢以為足也得夫子之閒也難是以敢問孔子曰吾

大戴礼一　一

語女道者所以明德也德者所以尊道也是故非德不尊非道不明雖有國焉不教不服不可以取千里里一本作理雖有博地衆民不以其地治之不可以霸主是故昔者明主內脩七教外行三至七教脩焉可以守三至行焉可以征七教不脩雖守不固三至不行雖征不服是故明主之守也必折衝乎千里之外其征也衽席之上還師是故內脩七教而上不勞外行三至而財不費此之謂明主之道也曾子曰敢問不費不勞可以為明乎孔子愀然揚麋麋一作眉曰參女以明主為勞乎昔者舜左禹而右皋陶不下席而天下

09924 大戴禮記十三卷 （漢）戴德撰 （北周）盧辯注 元至正十四年（1354）嘉興路儒學刻本（配明刻本）

匡高 23.8 釐米，廣 15.6 釐米。半葉十行，行二十字，小字雙行同，黑口，左右雙邊。有“八千卷樓藏閱書”等印。丁丙跋。南京圖書館藏。

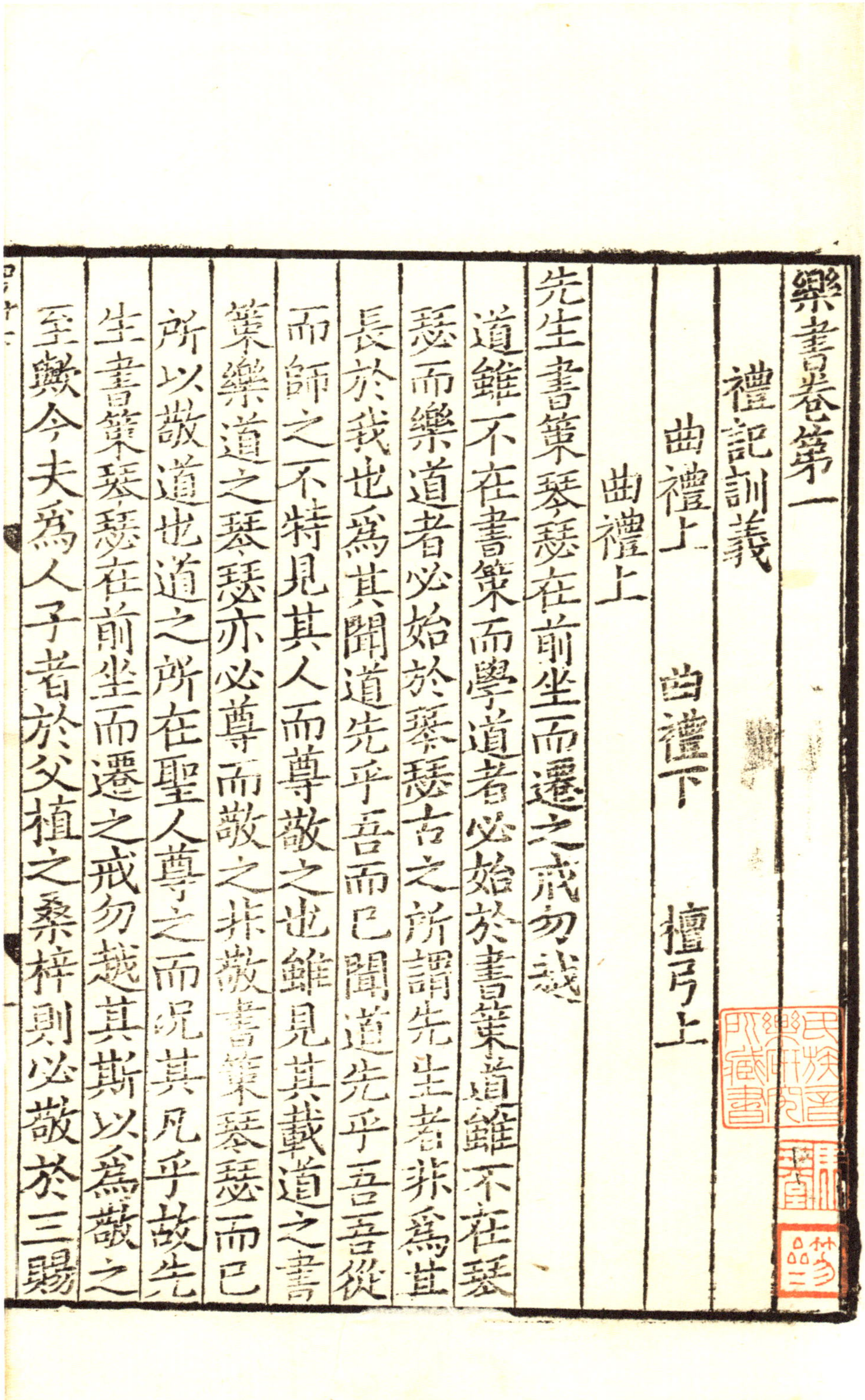

樂書卷第一

禮記訓義

曲禮上　曲禮下　檀弓上

曲禮上

先生書策琴瑟在前坐而遷之戒勿越

道雖不在書策而學道者必始於書策道雖不在琴瑟而樂道者必始於琴瑟古之所謂先生者非爲其長於我也爲其聞道先乎吾而已聞道先乎吾吾從而師之不特見其人而尊敬之也雖見其載道之書策樂道之琴瑟亦必尊而敬之非敬書策琴瑟而已所以敬道也道之所在聖人尊之而况其凡乎故先生書策琴瑟在前坐而遷之戒勿越其斯以爲敬之至歟今夫爲人子者於父植之桑梓則必敬於三賜

09925 樂書二百卷目録二十卷　（宋）陳暘撰　元至正七年（1347）福州路儒學刻明修本（有補配）

匡高 21 釐米，廣 16 釐米。半葉十三行，行二十一字，小字雙行同，白口，左右雙邊。有“吴郡趙頤光家經籍”、“李國松藏”等印。中國藝術研究院藏。

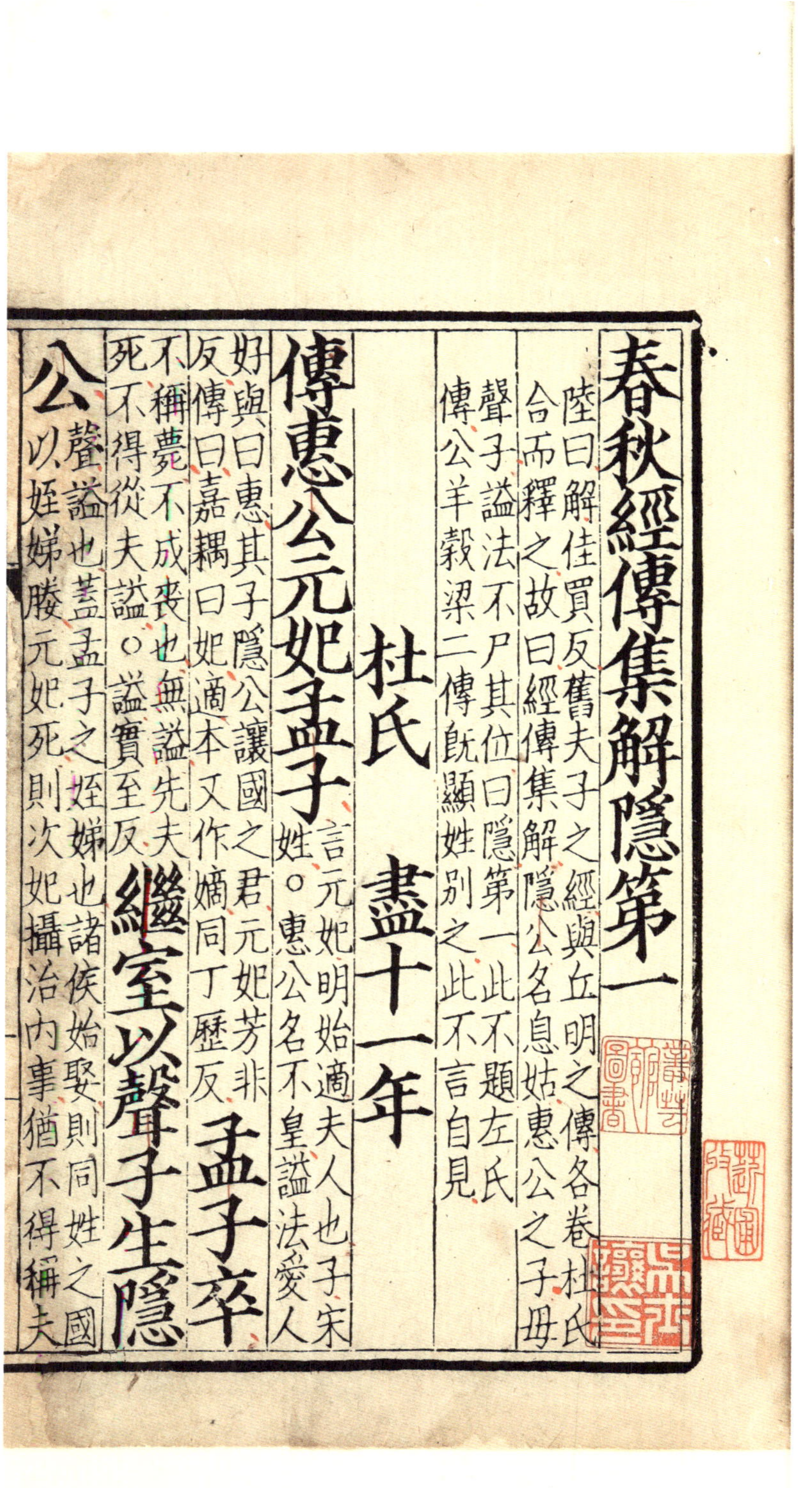

春秋經傳集解隱第一
陸曰解佳買反舊夫子之經與丘明之傳各卷杜氏合而釋之故曰經傳集解隱公名息姑惠公之子母聲子謚法不尸其位曰隱第一此不題左氏傳公羊穀梁二傳旣顯姓别之此不言自見
杜氏　盡十一年
傳惠公元妃孟子言元妃明始適夫人也子宋姓○惠公名不皇謚法愛人好與曰惠其子隱公讓國之君元妃芳非反傳曰嘉耦曰妃適本又作嫡同丁歷反孟子卒不稱薨不成喪也無謚先夫死不得從夫謚○謚實至反繼室以聲子生隱公聲謚也蓋孟子之姪娣也諸侯始娶則同姓之國以姪娣媵元妃死則次妃攝治内事猶不得稱夫

09926 春秋經傳集解三十卷（晉）杜預注（唐）陸德明釋文 宋刻本

匡高 21.8 釐米，廣 13.9 釐米。半葉八行，行十五至十六字，小字雙行二十一字，白口，四周雙邊。有“季振宜讀書”、“徐健菴”、“乾學”、“茝圃收藏”等印。國家圖書館藏。

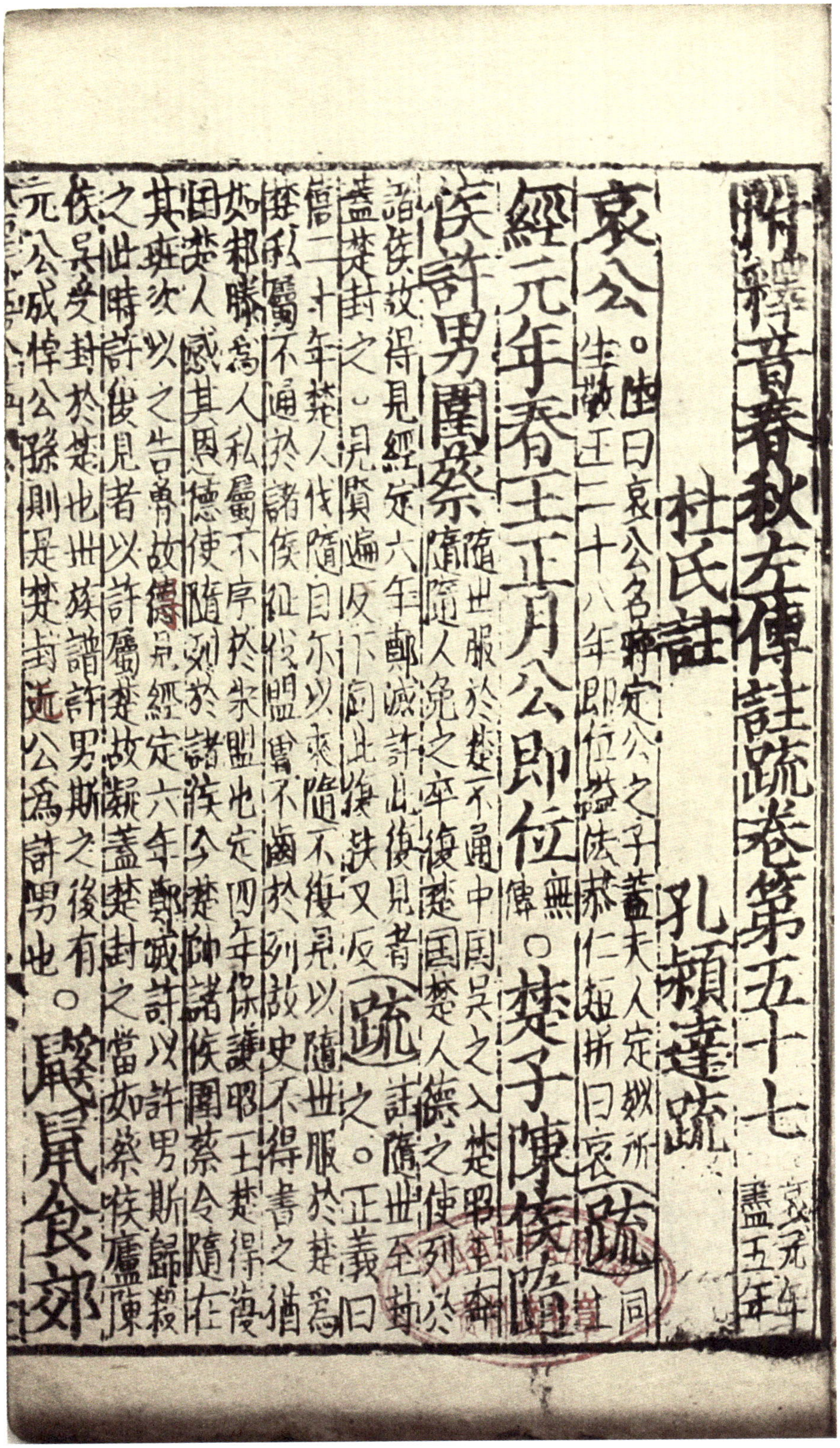
附釋音春秋左傳註疏卷第五十七 哀元年盡五年
杜氏註　孔穎達疏
哀公。音曰哀公名蔣定公之子蓋夫人定姒所生以敬王二十八年即位謚法恭仁短折曰哀疏同
經元年春王正月公即位。無傳楚子陳侯隨侯許男圍蔡。隨世服於楚不通中國吳之入楚昭王奔隨隨人免之卒復楚國楚人德之使列於諸侯故得見經定六年鄭滅許此復見者蓋楚封之。○見賢遍反下同此復扶又反疏註隨世至封之。○正義曰僖二十年楚人伐隨自爾以來隨不復見以隨世服於楚爲楚私屬不通於諸侯征伐盟會不與於列故史不得書之猶如邾滕爲人私屬不序於宋盟也定四年傳說昭王奔隨隨因楚人感其恩德使隨列於諸侯今從楚師圍蔡令隨在其班次以之告魯故得見經定六年鄭滅許以許男斯歸殺之此時許侯見者以許屬楚故蓋楚封之當如蔡侯廬陳侯吳受封於楚也世族譜許男斯之後有元公成悼公結則是楚封之公爲許男也。
鼷鼠食郊

09927、09928 附釋音春秋左傳註疏六十卷　（晉）杜預註　（唐）孔穎達疏　（唐）陸德明釋文　元刻明修本

匡高 19.5 釐米，廣 13.3 釐米。半葉十行，行十七字，小字雙行二十三字，白口，左右雙邊。天津圖書館藏，卷四十一、四十九、六十配明刻本，卷五十五配清抄本；江西省樂平市圖書館藏，存十九卷。

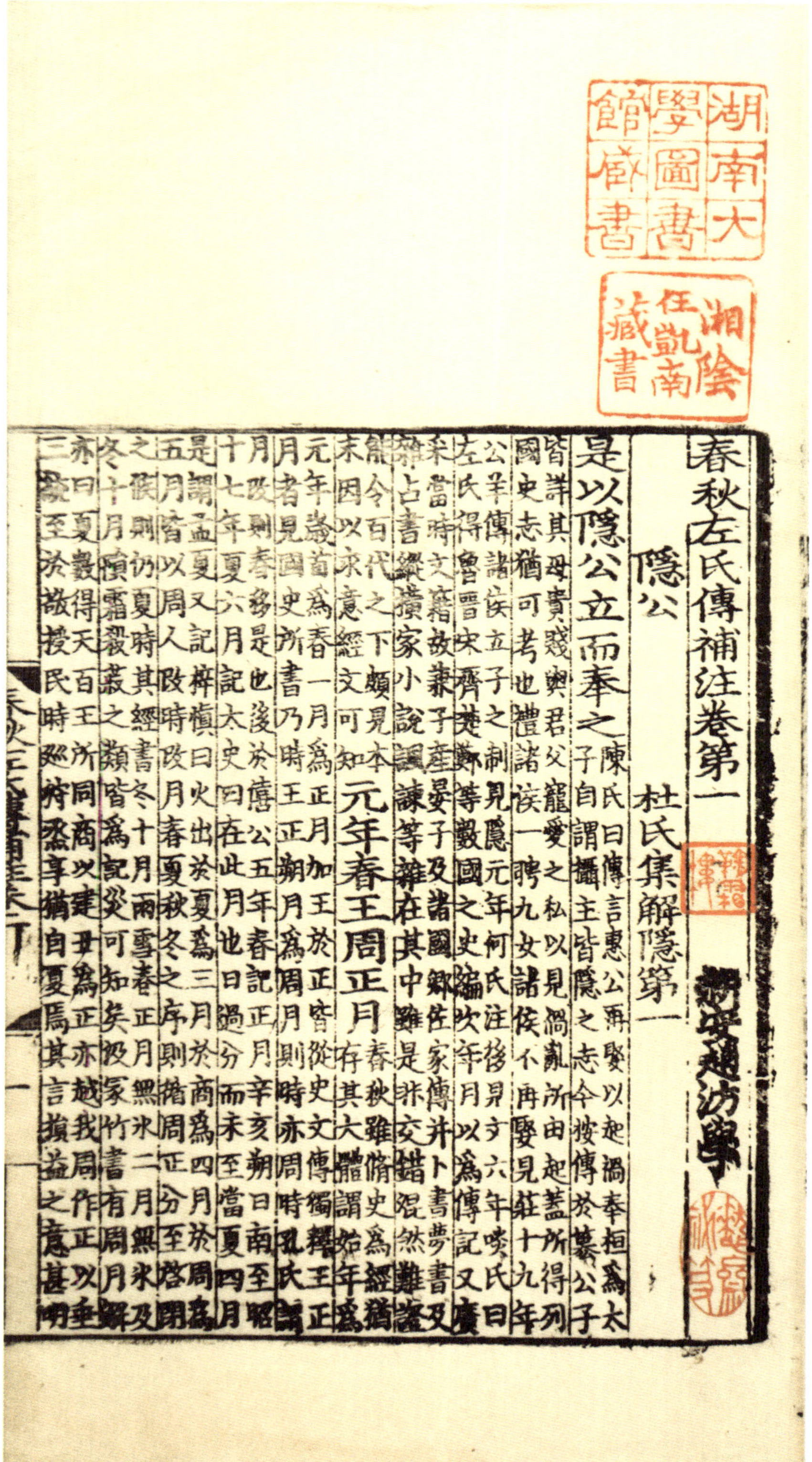

09929 春秋左氏傳補注十卷 （元）趙汸撰 元至正二十四年（1364）休寧商山義塾刻明弘治六年（1493）高忠重修本

匡高 17 釐米，廣 13.8 釐米。半葉十二行，行二十四字，小字雙行同，黑口，左右雙邊。有“愁齋秘笈”、“鞠霜樓”、“許氏鞠霜樓藏書”、“徐恕”等印。湖南師範大學圖書館藏。

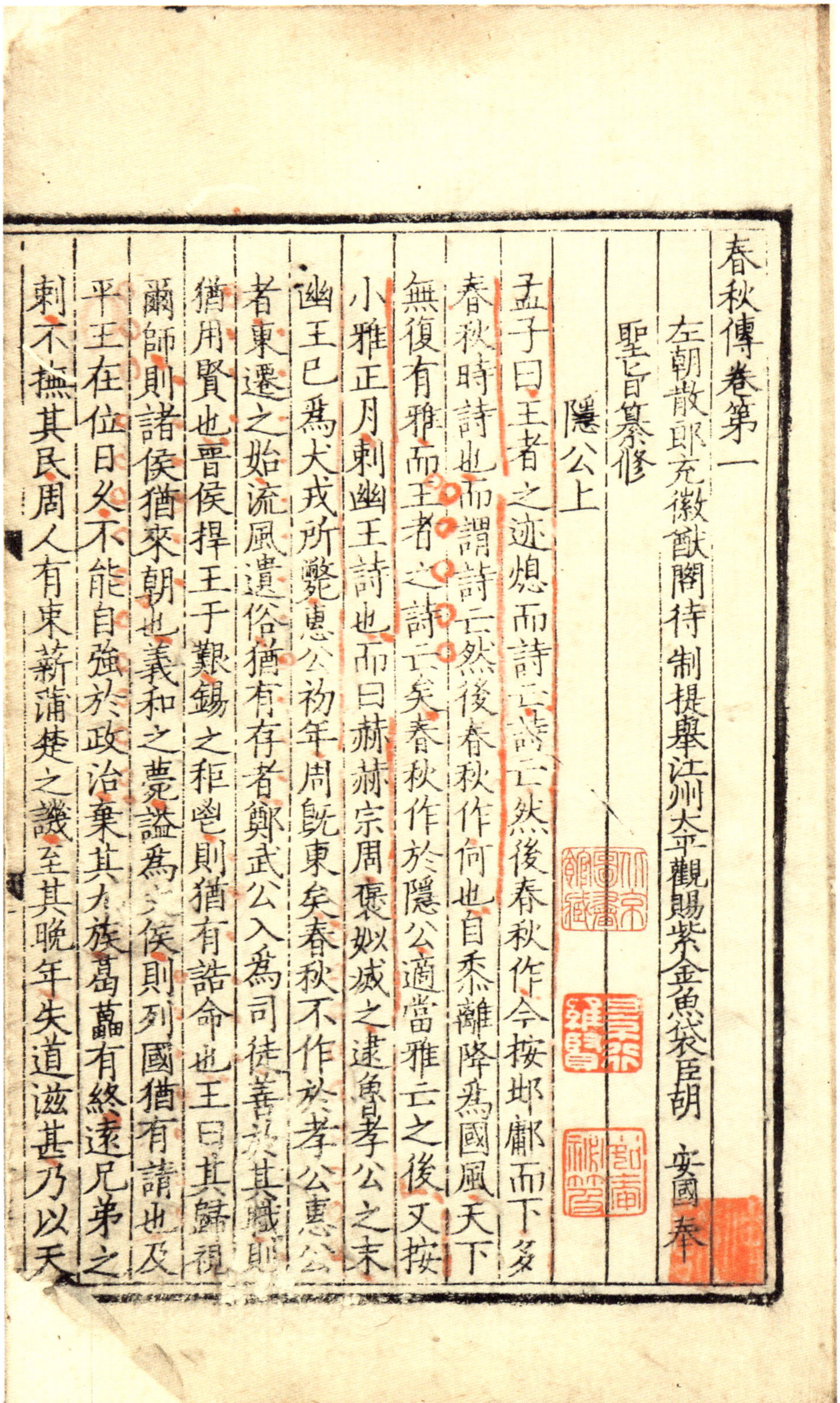
春秋傳卷第一
左朝散郎充徽猷閣待制提舉江州太平觀賜紫金魚袋臣胡　安國奉
聖旨纂修
隱公上
孟子曰王者之迹熄而詩亡詩亡然後春秋作今按邶鄘而下多
春秋時詩也而謂詩亡然後春秋作何也自黍離降爲國風天下
無復有雅而王者之詩亡矣春秋作於隱公適當雅亡之後又按
小雅正月刺幽王詩也而曰赫赫宗周褒姒烕之逮魯孝公之末
幽王已爲犬戎所斃惠公初年周既東矣春秋不作於孝公惠公
者東遷之始流風遺俗猶有存者鄭武公入爲司徒善於其職則
猶用賢也晉侯捍王于艱錫之秬鬯則猶有誥命也王曰其歸視
爾師則諸侯猶來朝也義和之薨謚爲文侯則列國猶有請也及
平王在位日久不能自強於政治棄其九族葛藟有終遠兄弟之
刺不撫其民周人有束薪蒲楚之譏至其晚年失道滋甚乃以天

09930 春秋傳三十卷 （宋）胡安國撰 宋刻本

匡高 17 釐米，廣 11.9 釐米。半葉十四行，行二十六字，白口，四周雙邊。有“景行維賢”等印。袁克文題簽並跋。國家圖書館藏。

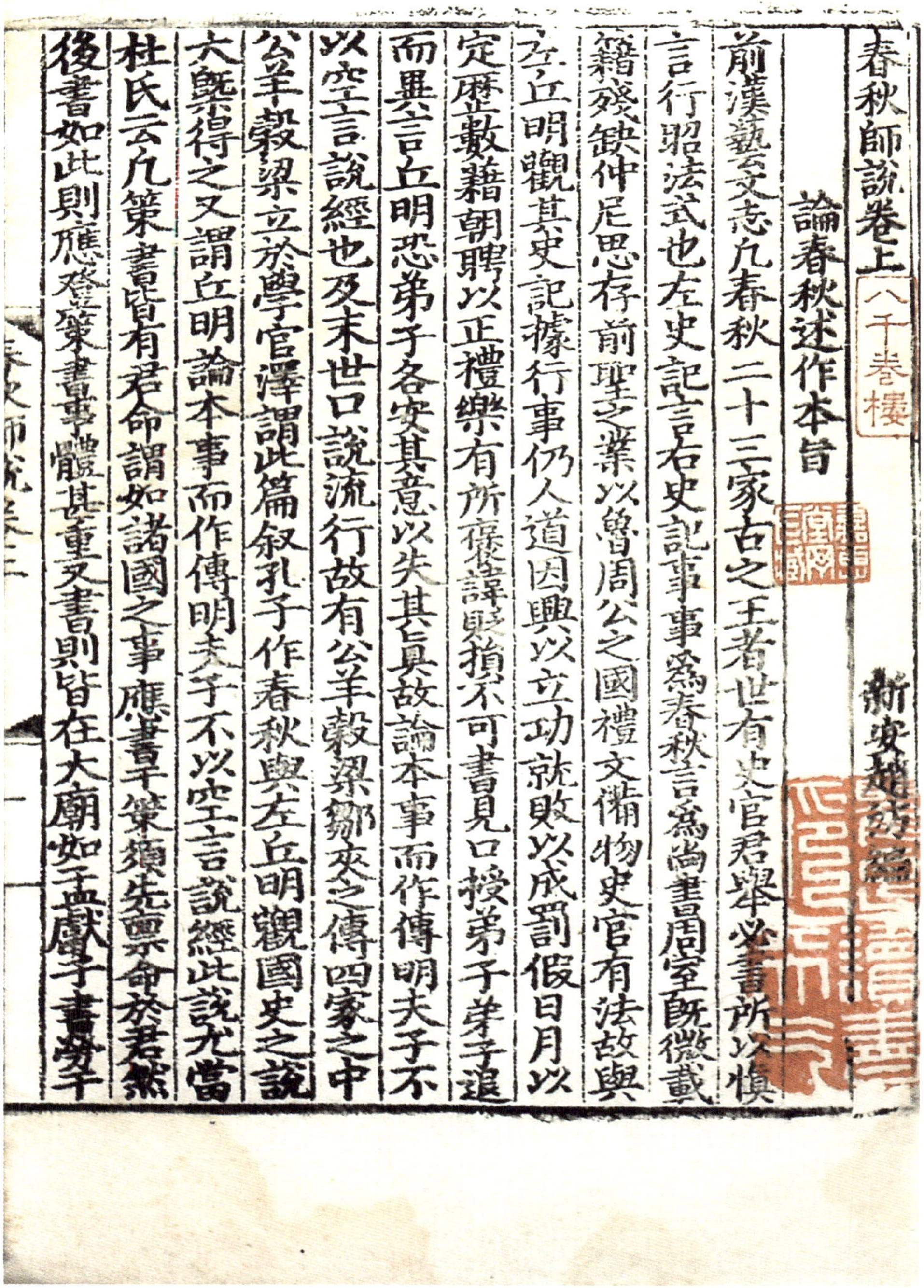

春秋師說卷上　　新安趙汸編

論春秋述作本旨

前漢藝文志凡春秋二十三家古之王者世有史官君舉必書所以慎言行昭法式也左史記言右史記事事爲春秋言爲尚書周室既微載籍殘缺仲尼思存前聖之業以魯周公之國禮文備物史官有法故與左丘明觀其史記據行事仍人道因興以立功就敗以成罰假日月以定曆數藉朝聘以正禮樂有所褒諱貶損不可書見口授弟子弟子退而異言丘明恐弟子各安其意以失其真故論本事而作傳明夫子不以空言說經也及末世口說流行故有公羊穀梁鄒夾之傳四家之中公羊穀梁立於學官澤謂此篇叙孔子作春秋與左丘明觀國史之說大槩得之又謂丘明論本事而作傳明夫子不以空言說經此說尤當杜氏云凡策書皆有君命謂如諸國之事應書于策須先稟命於君然後書如此則應登策書事體甚重又書則皆在大廟如孟獻子書勞于

09931 春秋師説三卷附録二卷　（元）趙汸撰　元至正二十四年（1364）休寧商山義塾刻明弘治六年（1493）高忠重修本

匡高 16.8 釐米，廣 13.9 釐米。半葉十三行，行二十七字，黑口，左右雙邊。有“八千卷樓”等印。丁丙跋。南京圖書館藏。

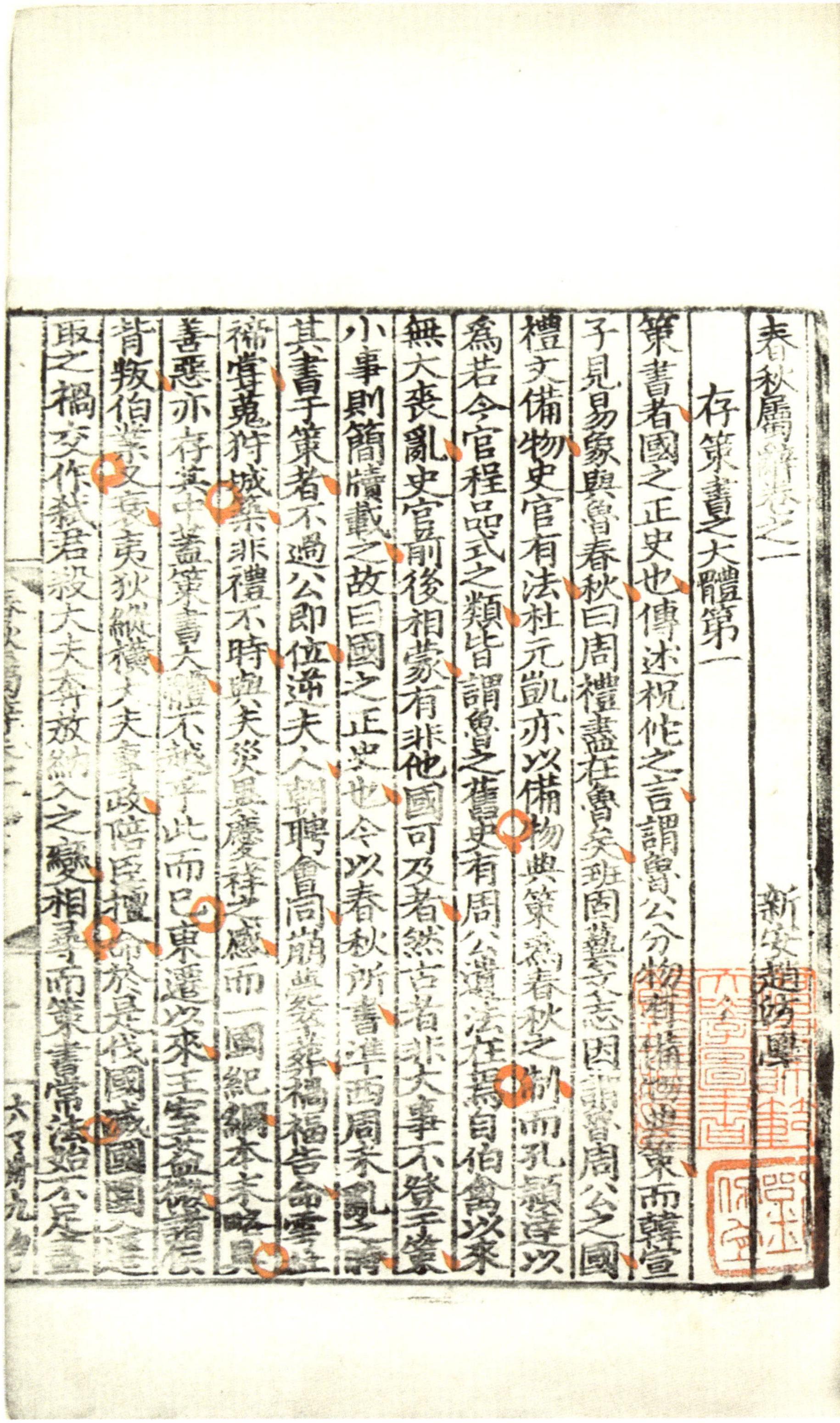

09932 春秋屬辭十五卷 （元）趙汸撰 元至正二十四年（1364）休寧商山義塾刻明弘治六年（1493）高忠重修本

匡高 16.8 釐米，廣 13.9 釐米。半葉十三行，行二十七字，黑口，左右雙邊。有“錫山浦氏珍藏”、“徐乃昌讀”等印。福建師範大學圖書館藏。

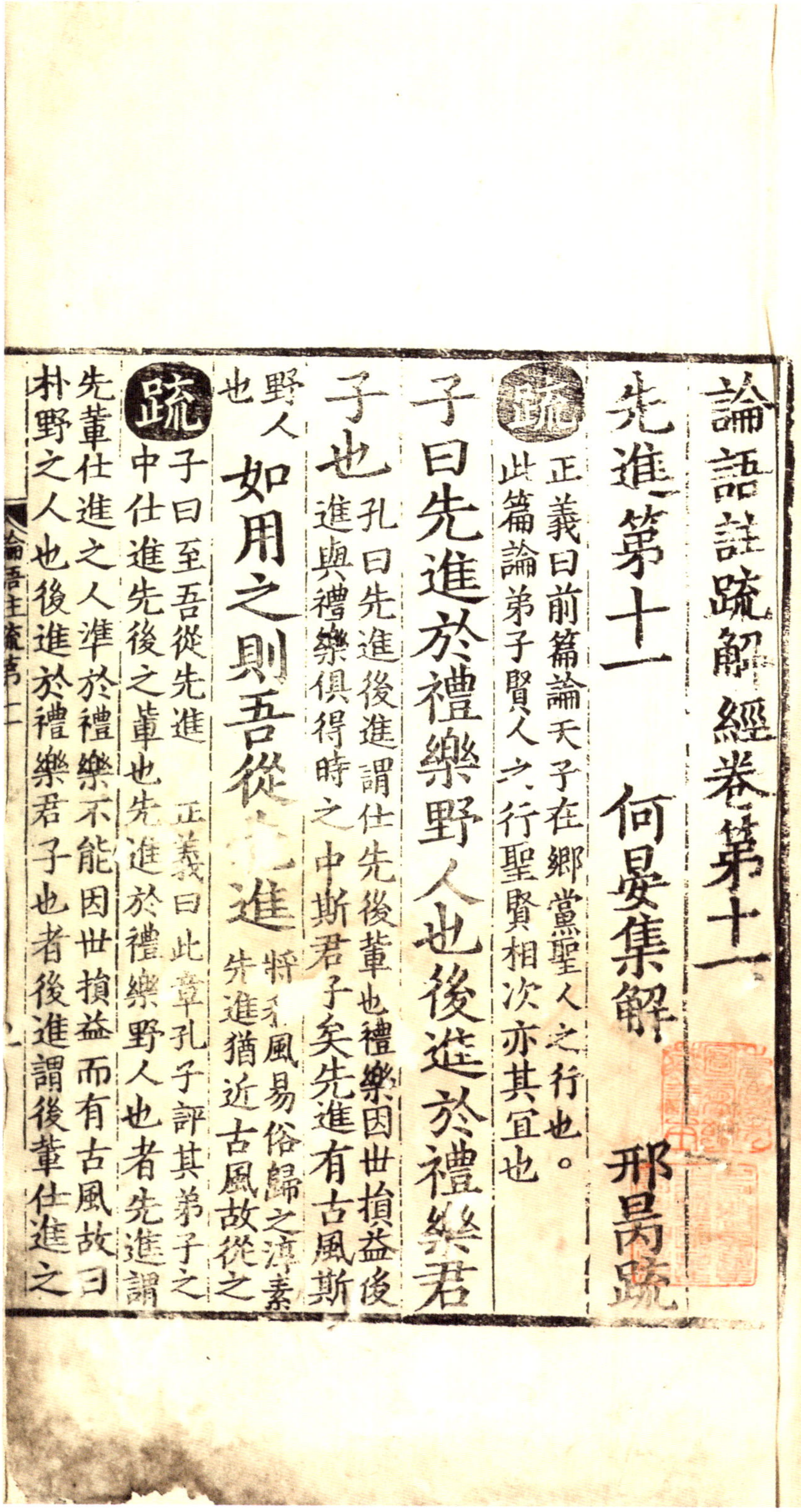

09933 論語註疏解經二十卷 （三國魏）何晏集解 （宋）邢昺疏 宋刻元明遞修本

匡高21.7釐米，廣17.5釐米。半葉八行，行十六字，小字雙行二十二字，白口，左右雙邊。重慶圖書館藏，存十卷。

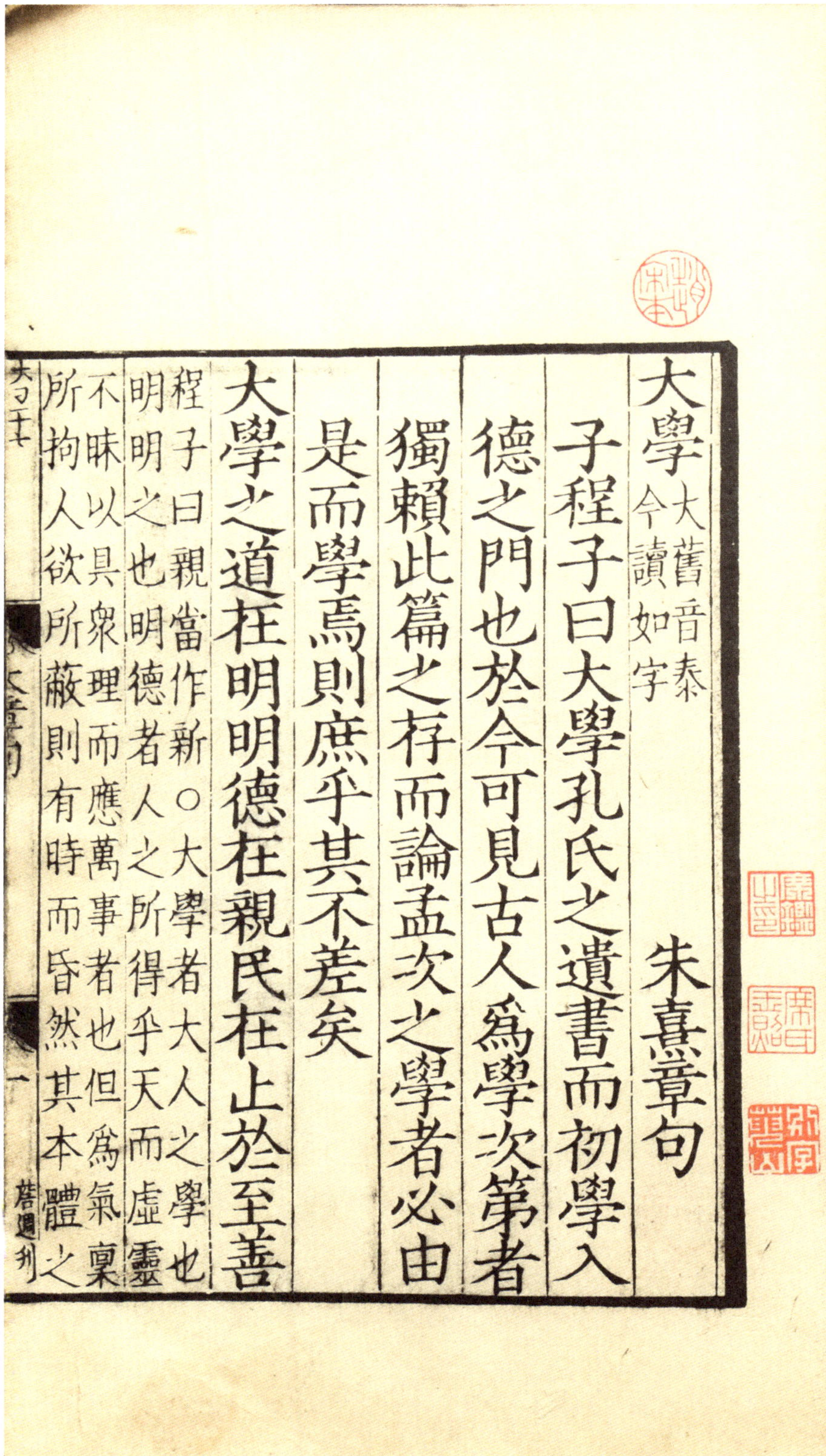

大學（大舊音泰今讀如字）　朱熹章句

子程子曰大學孔氏之遺書而初學入德之門也於今可見古人爲學次第者獨賴此篇之存而論孟次之學者必由是而學焉則庶乎其不差矣

大學之道在明明德在親民在止於至善

程子曰親當作新○大學者大人之學也明明之也明德者人之所得乎天而虛靈不昧以具衆理而應萬事者也但爲氣稟所拘人欲所蔽則有時而昏然其本體之

09934 四書章句集注二十八卷（宋）朱熹撰　宋刻本（有影抄補配）

匡高19.1釐米，廣14釐米。半葉八行，行十六字，小字雙行同，白口，左右雙邊。有“席鑑之印”、“席氏玉照”等印。徐州市圖書館藏。

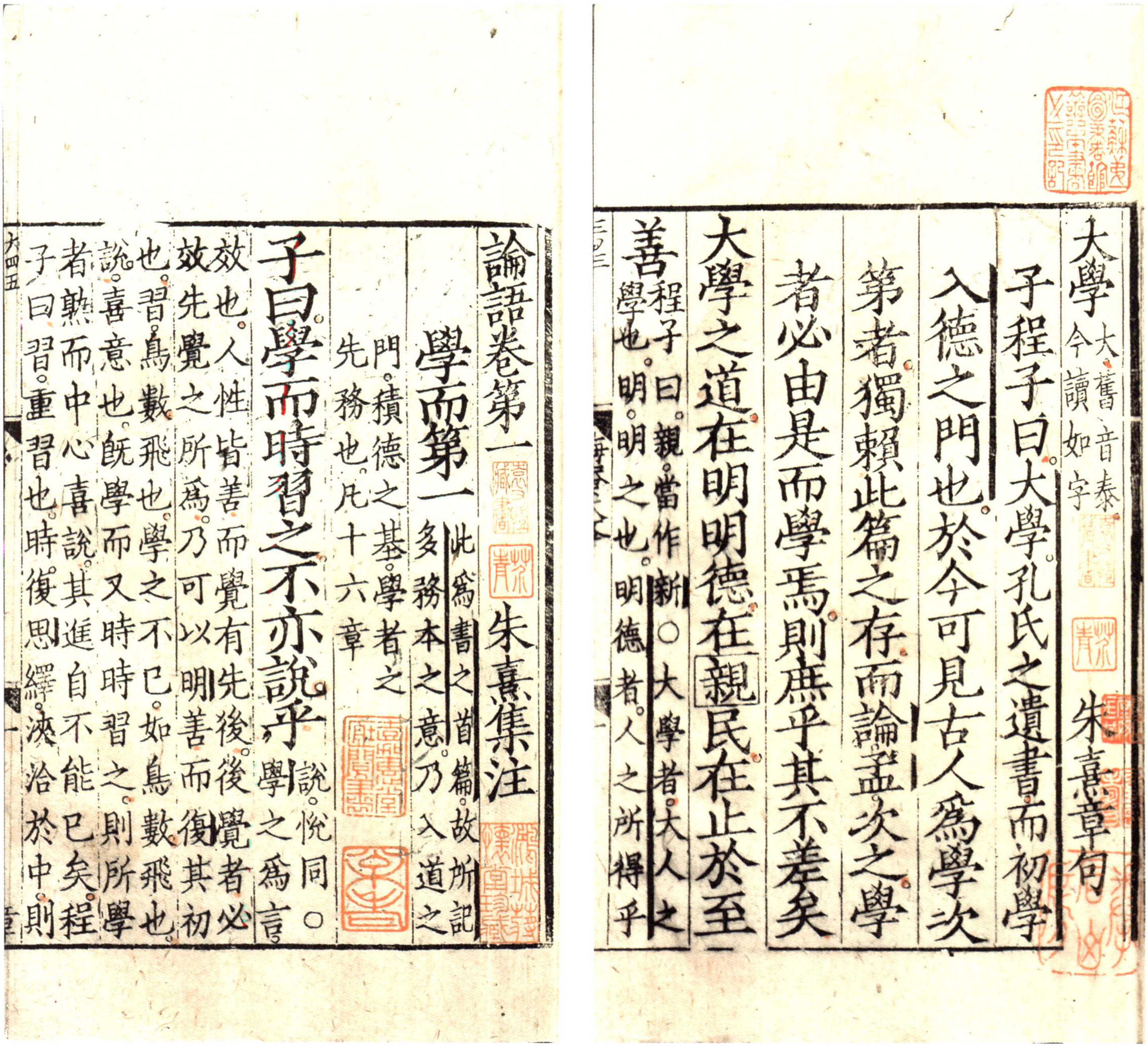

大學 大舊音泰今讀如字 朱熹章句
子程子曰大學孔氏之遺書而初學
入德之門也於今可見古人爲學次
第者獨賴此篇之存而論孟次之學
者必由是而學焉則庶乎其不差矣
大學之道在明明德在親民在止於至
善 程子曰親當作新○大學者大人之學也明明之也明德者人之所得乎

論語卷第一 朱熹集注
學而第一 此爲書之首篇故所記多務本之意乃入道之門積德之基學者之先務也凡十六章
子曰學而時習之不亦說乎 說悅同○學之爲言效也人性皆善而覺有先後後覺者必效先覺之所爲乃可以明善而復其初也習鳥數飛也學之不已如鳥數飛也說喜意也既學而又時時習之則所學者熟而中心喜說其進自不能已矣程子曰習重習也時復思繹浹洽於中則

09935 四書章句集注二十八卷 （宋）朱熹撰 元刻本（孟子集注卷三至四配清咸豐九年抄本）

匡高 18.9 釐米，廣 14.1 釐米。半葉七行，行十五字，小字雙行同，白口，左右雙邊。蔣培澤、高望曾、丁丙跋。南京圖書館藏。

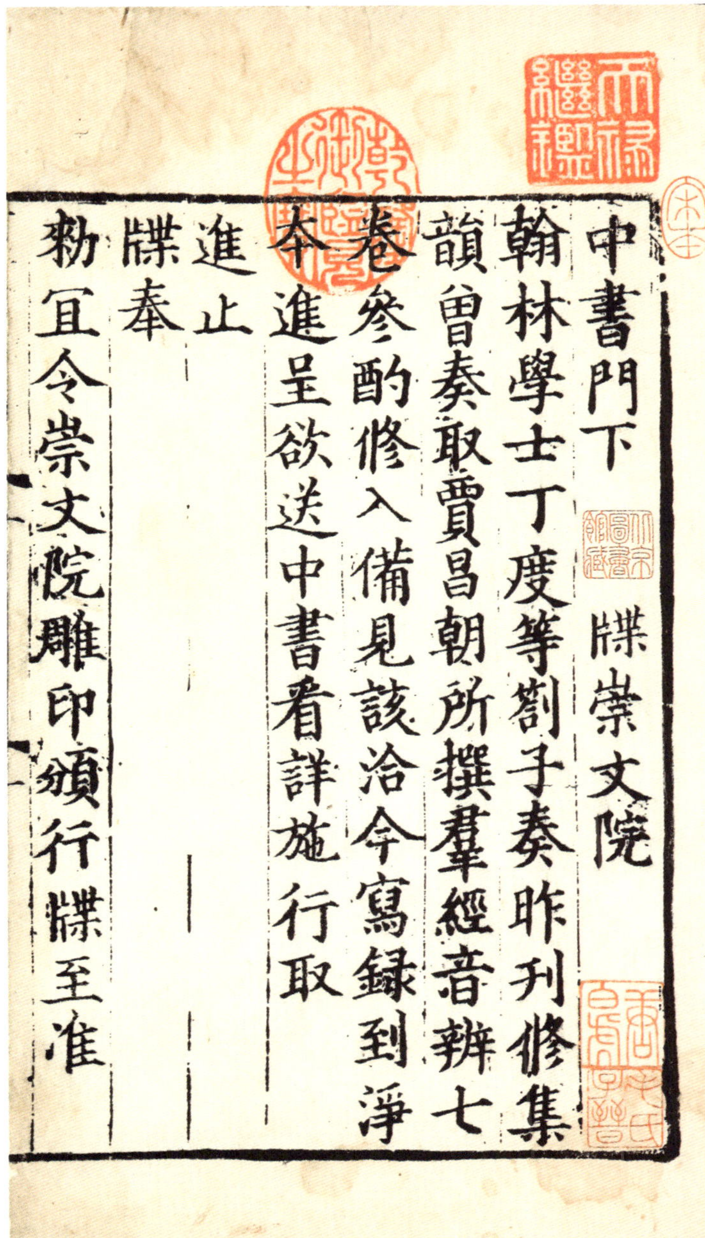
中書門下 牒崇文院
翰林學士丁度等劄子奏昨刋修集
韻曾奏取賈昌朝所撰羣經音辨七
卷參酌修入備見該洽今寫録到淨
本進呈欲送中書看詳施行取
進止
牒奉
勑宜令崇文院雕印頒行牒至准

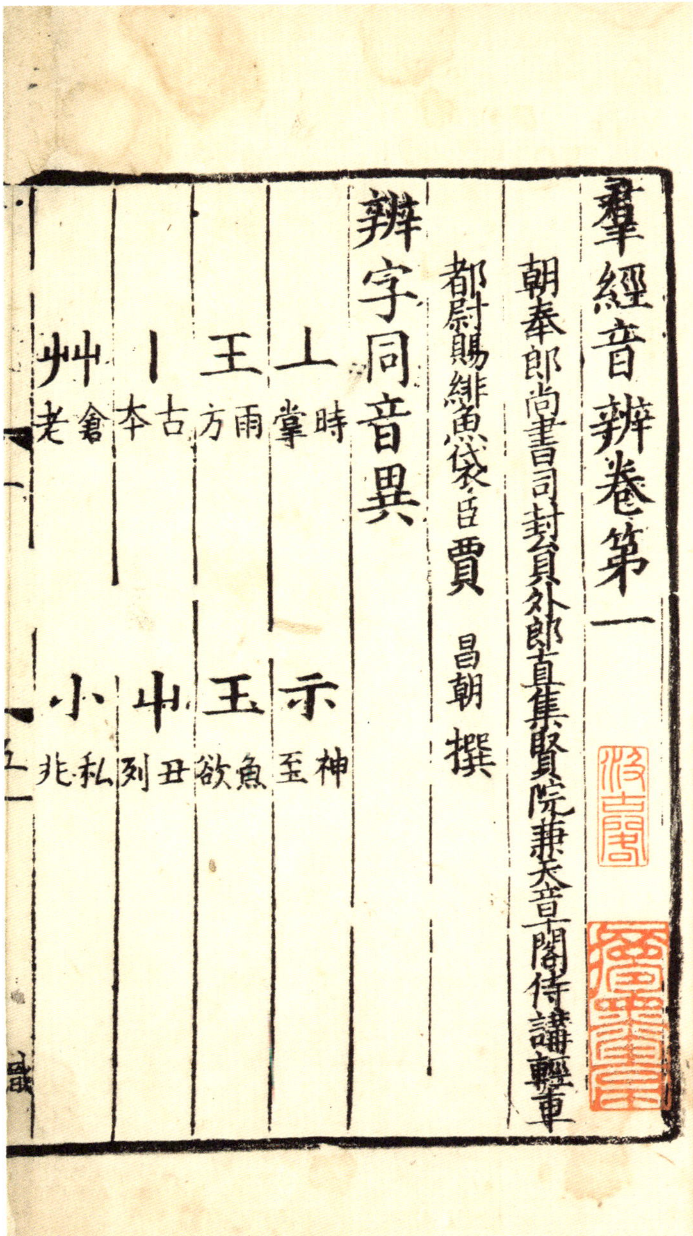
羣經音辨卷第一
朝奉郎尚書司封員外郎直集賢院兼天章閣侍講輕車
都尉賜緋魚袋臣賈 昌朝 撰
辨字同音異
上 時掌　示 神至
王 雨方　玉 魚欲
丨 古本　屮 丑列
艸 倉老　小 私兆

09936 羣經音辨七卷 （宋）賈昌朝撰 宋紹興十二年（1142）汀州寧化縣學刻本

匡高 22.3 釐米，廣 15.1 釐米。半葉八行，行十四至十五字，小字雙行不等，白口，左右雙邊。有“夢墨亭”、“唐白虎”、“毛氏子晉”、“汲古閣”、“天禄繼鑑”、“乾隆御覽之寶”等印。唐寅題款，李盛鐸、袁克文跋。國家圖書館藏。

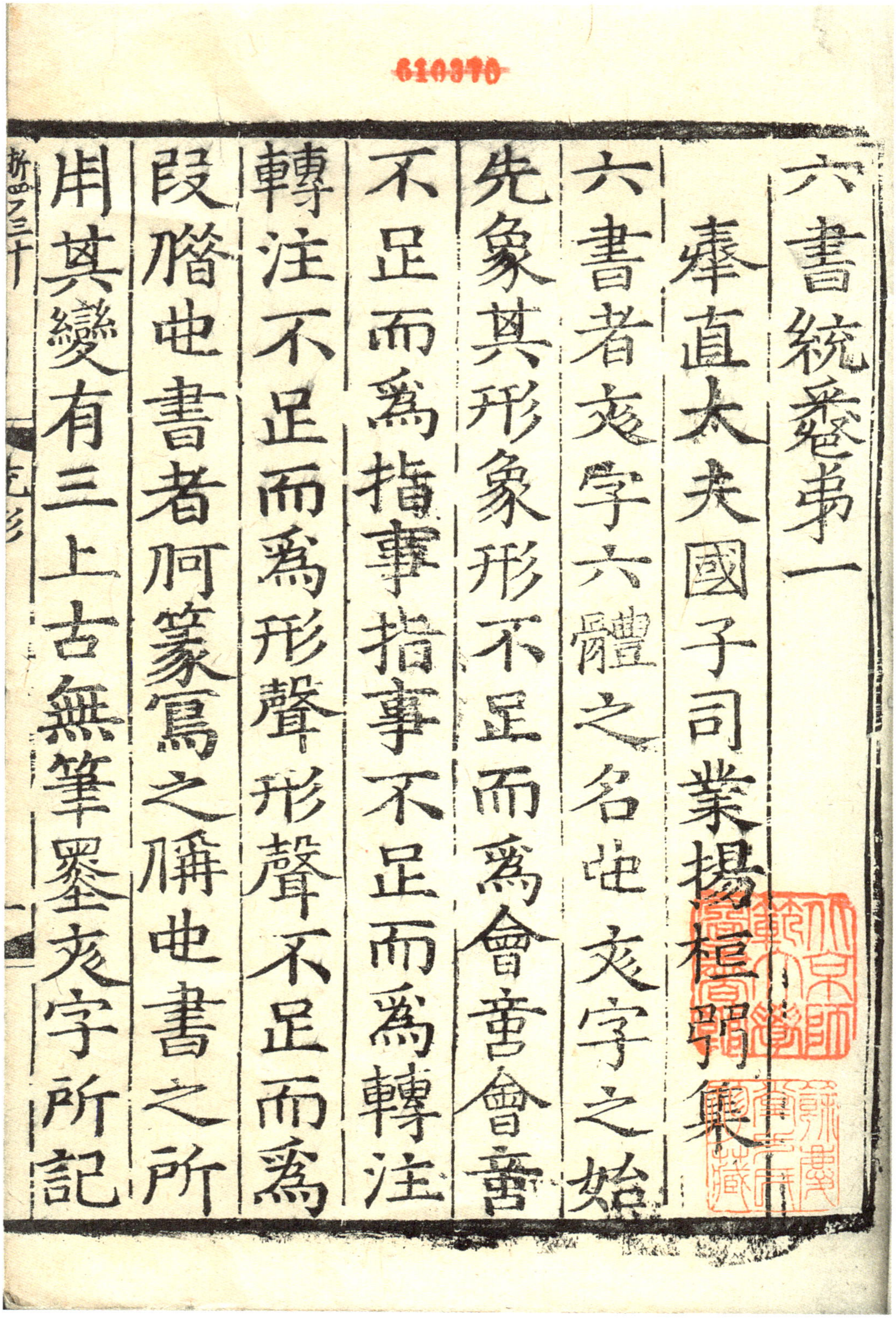
六書統卷第一
奉直大夫國子司業楊桓咢集
六書者亥字六體之名也亥字之始
先象其形象形不足而爲會意會意
不足而爲指事指事不足而爲轉注
轉注不足而爲形聲形聲不足而爲
叚借也書者伺篆寫之偁也書之所
用其變有三上古無筆墨亥字所記

09937 六書統二十卷 （元）楊桓撰 元至大元年（1308）江浙行省儒學刻元明遞修本

匡高 22.3 釐米，廣 16.8 釐米。半葉八行，行十四字，小字雙行二十三字，白口間黑口，左右雙邊。有“餘慶堂方氏珍藏”印。北京師範大學圖書館藏。

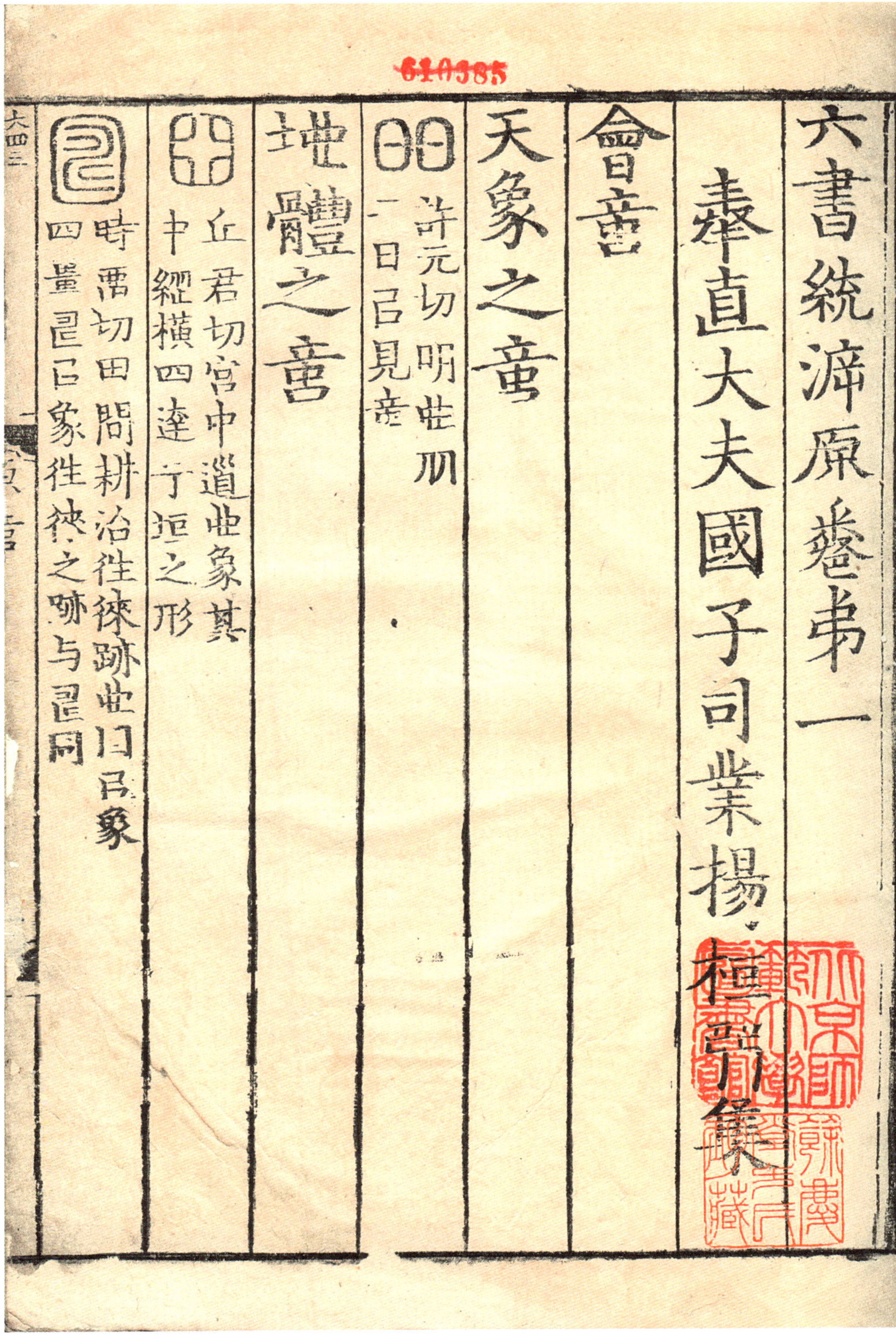

09938 六書統溯原十三卷 （元）楊桓撰 元至大元年（1308）江浙行省儒學刻元明遞修本

匡高 23.2 釐米，廣 17.2 釐米。半葉八行，行十四字，小字雙行二十三字，白口間黑口，左右雙邊。有“餘慶堂方氏珍藏”印。北京師範大學圖書館藏。

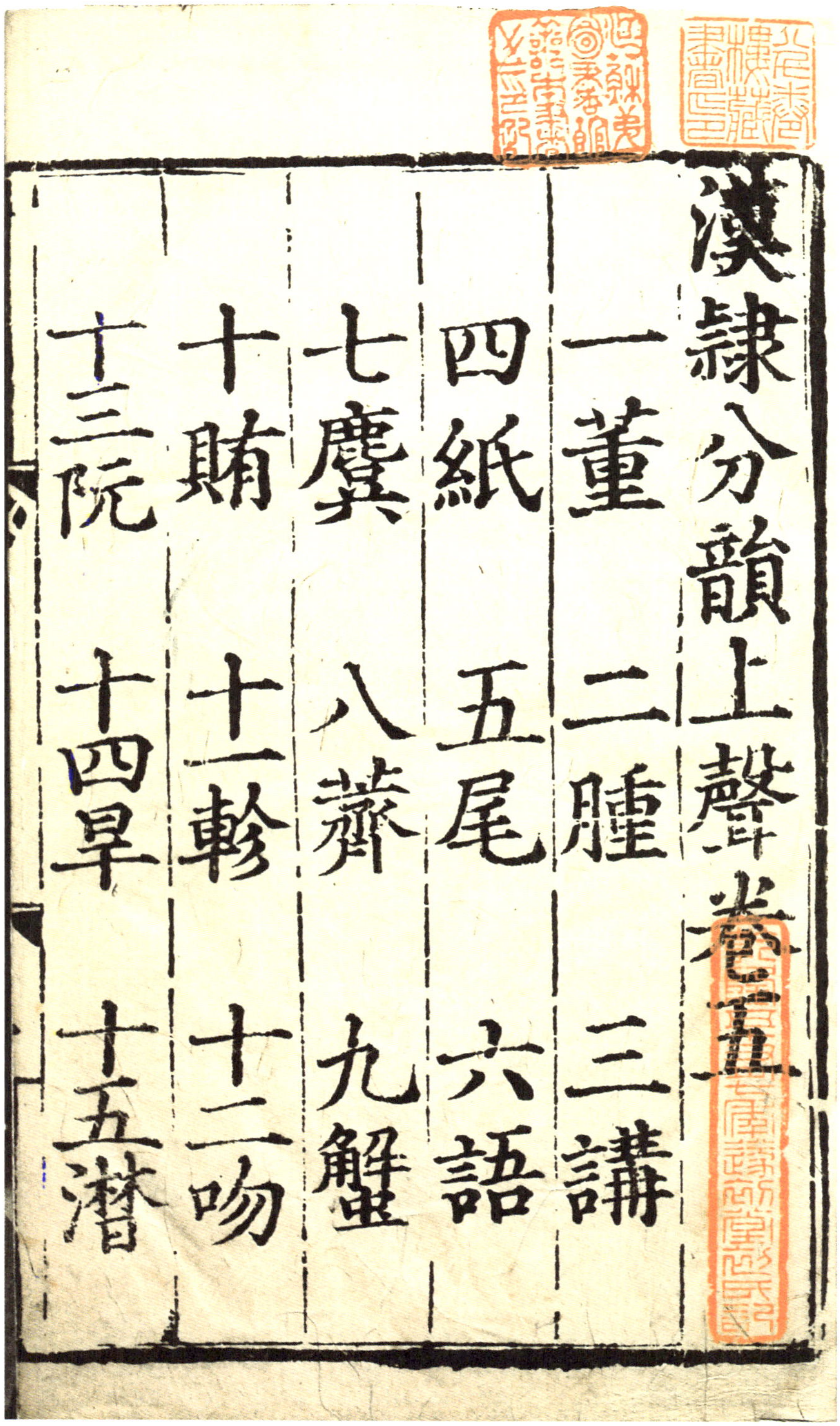

漢隸分韻上聲卷五

一董　二腫　三講

四紙　五尾　六語

七麌　八薺　九蟹

十賄　十一軫　十二吻

十三阮　十四旱　十五潸

09939 漢隸分韻七卷　元刻本

匡高21.3釐米，廣14釐米。半葉六行，行十字，小字雙行不等，黑口，四周雙邊。有“乾隆五十有七年遂初堂初氏記”、“八千卷樓藏書印”等印。丁丙跋。南京圖書館藏，存三卷。

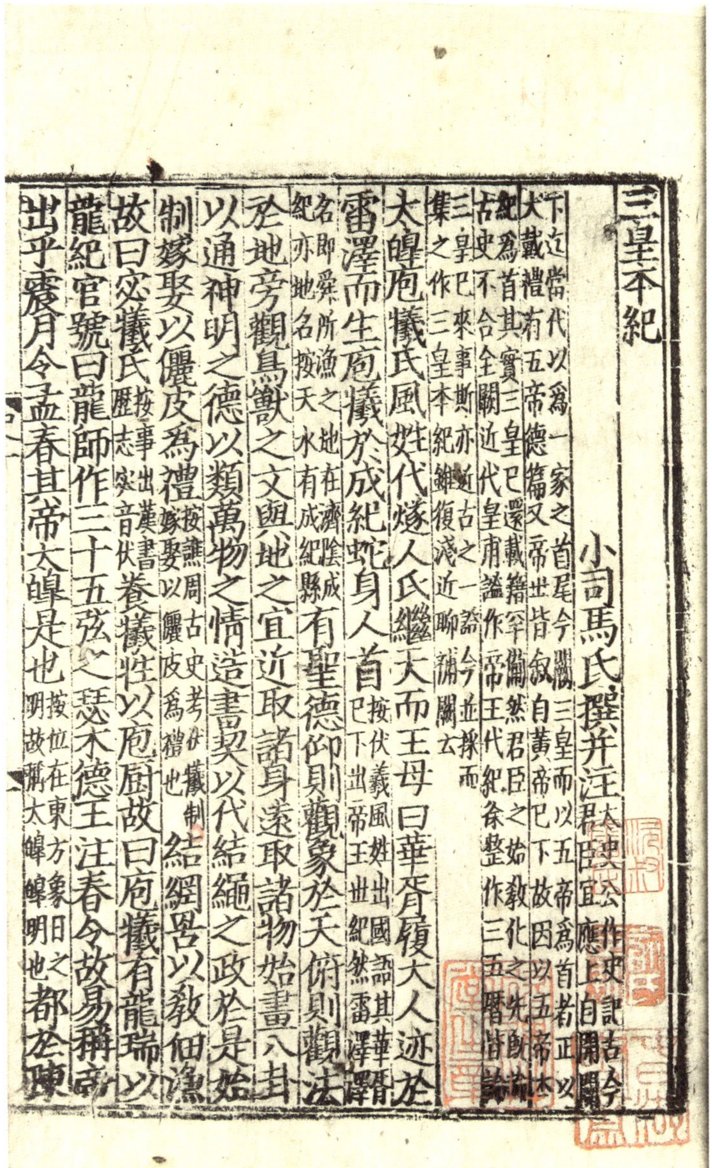

09940 史記一百三十卷 （漢）司馬遷撰 （南朝宋）裴駰集解 （唐）司馬貞索隱 蒙古中統二年（1261）段子成刻明修本（卷二十配清抄本，卷二十一至二十二配明嘉靖四年汪諒刻本）

匡高 19.5 釐米，廣 12.6 釐米。半葉十四行，行二十五字，小字雙行同，白口，四周雙邊。有“澹生堂經籍記”、“曠翁手識”、“山陰祁氏藏書之章”、“惠階校閲”、“欣遇草堂之章”、“海曲馬氏”、“雙鑑樓珍藏印”、“晉生心賞”、“忠謨繼鑑”等印。國家圖書館藏。

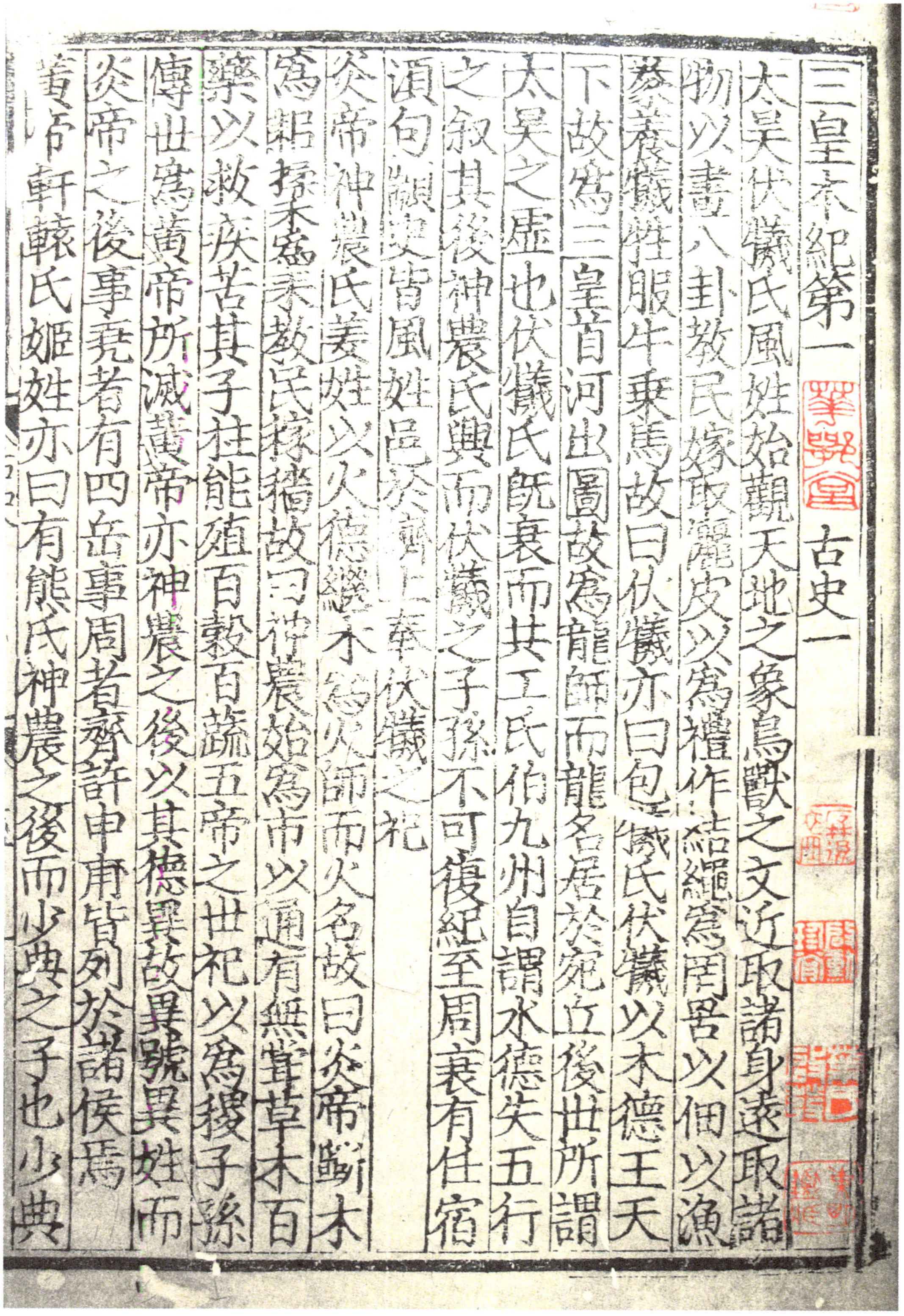

三皇本紀第一　古史一

太昊伏犧氏風姓始觀天地之象鳥獸之文近取諸身遠取諸物以畫八卦教民嫁娶麗皮以為禮作結繩為罔罟以佃以漁豢養犧牲服牛乘馬故曰伏犧亦曰包犧氏伏犧以木德王天下故為三皇首河出圖故為龍師而龍名居於宛丘後世所謂太昊之虛也伏犧氏既衰而共工氏伯九州自謂水德失五行之叙其後神農氏興而伏犧之子孫不可復紀至周衰有任宿須句顓臾皆風姓邑於濟上奉伏犧之祀

炎帝神農氏姜姓以火德繼木故以火師而火名故曰炎帝斲木為耜揉木為耒教民稼穡故曰神農始為市以通有無嘗草木百藥以救疾苦其子柱能殖百穀百蔬五帝之世祀以為稷子孫傳世為黃帝所滅黃帝亦神農之後以其德異故異號異姓而炎帝之後事堯者有四岳事周者齊許申甫皆列於諸侯焉

黃帝軒轅氏姬姓亦曰有熊氏神農之後而少典之子也少典

09941 古史六十卷　（宋）蘇轍撰　宋刻元明遞修本

匡高 21 釐米，廣 14 釐米。半葉十四行，行二十二至二十六字不等，黑口或白口，四周雙邊。有“威如氏藏書印”、“啓勳珍賞”等印。何紹基録李璧跋。湖南圖書館藏。

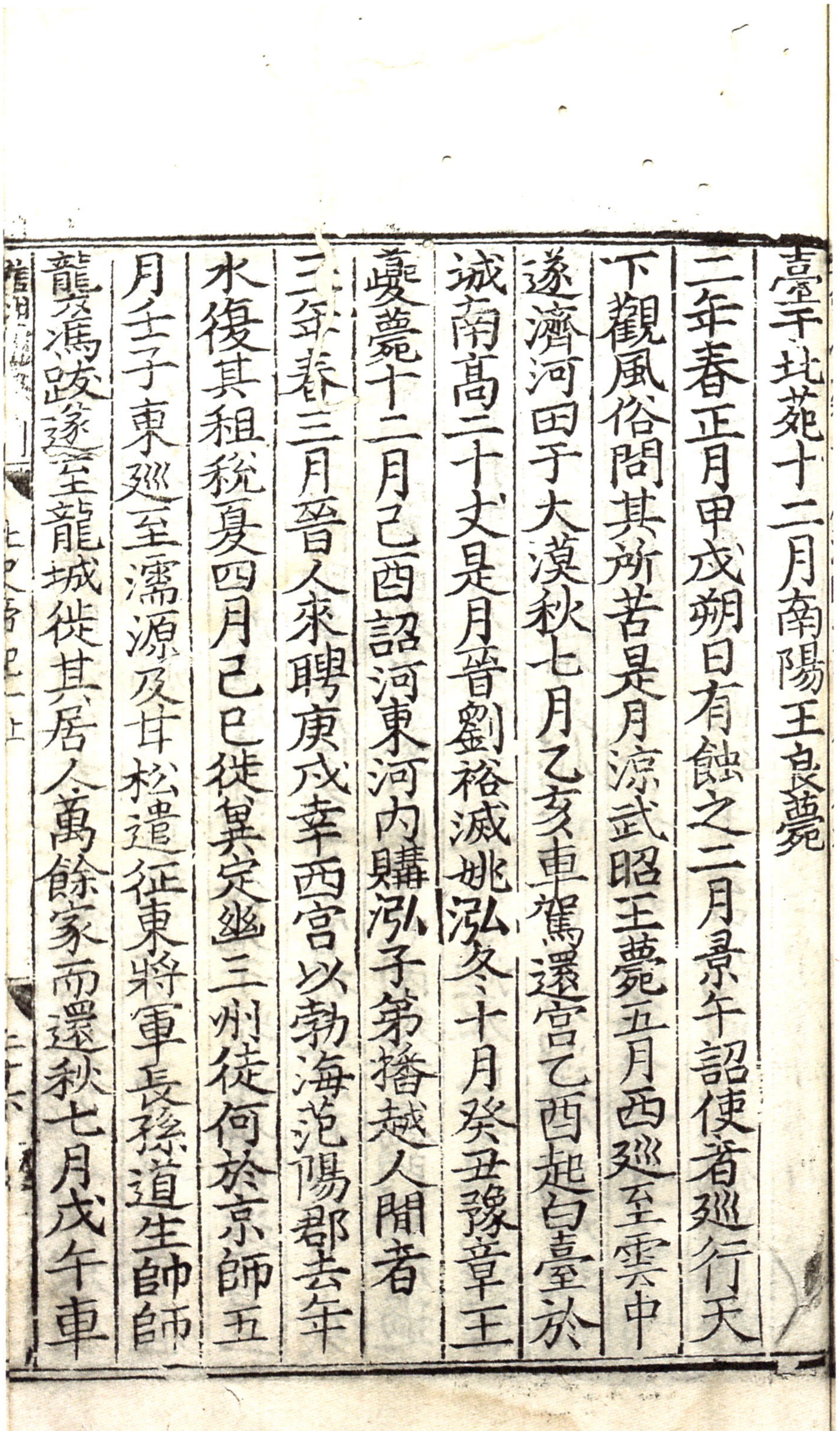
臺于北苑十二月南陽王良薨
二年春正月甲戌朔日有蝕之二月景午詔使者巡行天
下觀風俗問其所苦是月涼武昭王薨五月西巡至雲中
遂濟河田于大漠秋七月乙亥車駕還宮乙酉起白臺於
城南高二十丈是月晉劉裕滅姚泓冬十月癸丑豫章王
夔薨十二月己酉詔河東河內賻泓子弟播越人間者
三年春三月晉人來聘庚戌幸西宮以勃海范陽郡去年
水復其租稅夏四月己巳徙冀定幽三州徒何於京師五
月壬子東巡至濡源及甘松遣征東將軍長孫道生帥師
襲馮跋遂至龍城徙其居人萬餘家而還秋七月戊午車

09942、09943 北史一百卷 （唐）李延壽撰 元大德信州路儒學刻明嘉靖遞修本

匡高 22.1 釐米，廣 16.6 釐米。半葉十行，行二十二字，白口，四周雙邊。

重慶圖書館藏，存九十六卷；南京圖書館藏，丁丙跋。

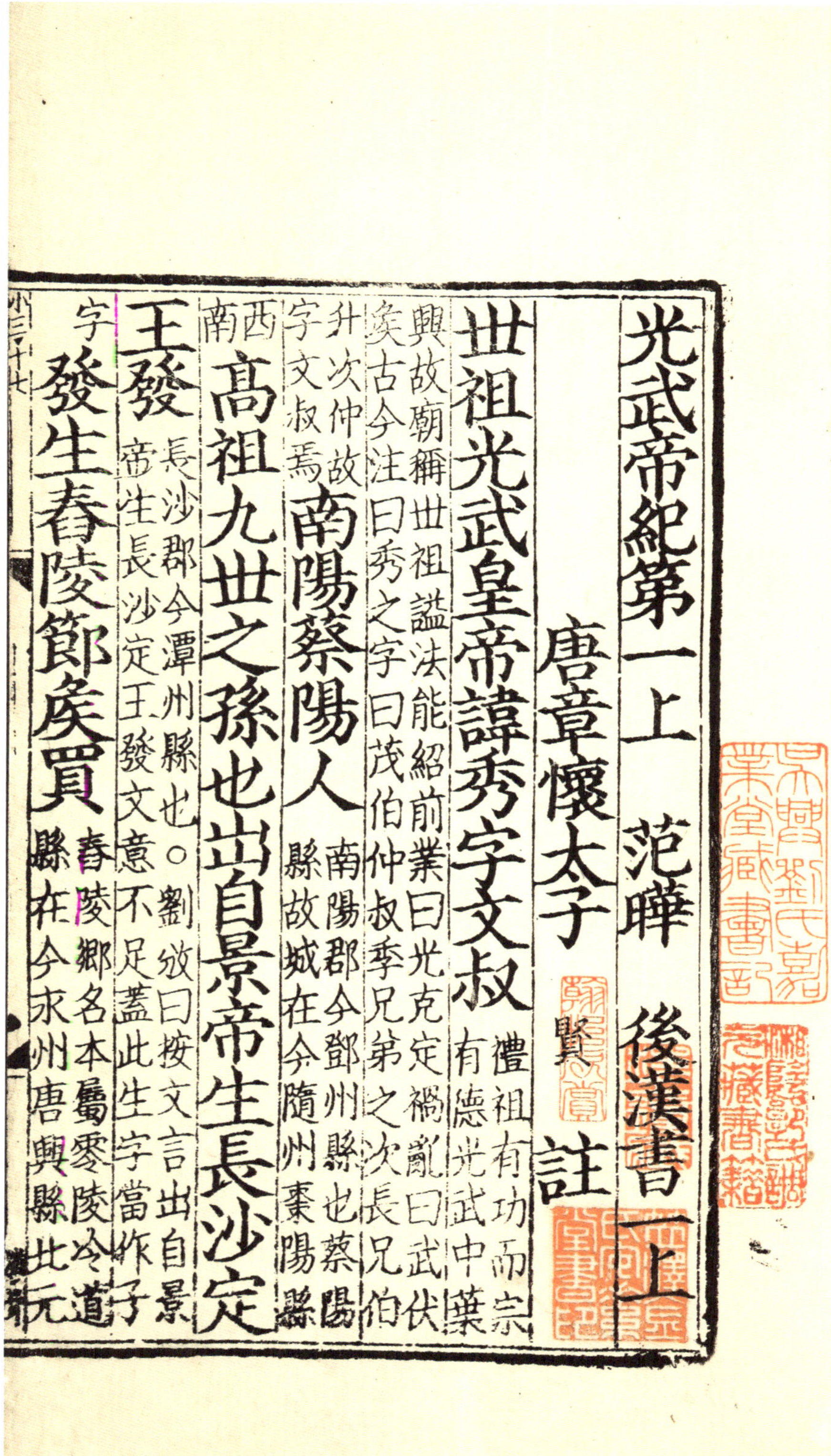

光武帝紀第一上　范曄　後漢書一上
唐章懷太子賢註
世祖光武皇帝諱秀字文叔禮祖有功而宗有德光武中興故廟稱世祖謚法能紹前業曰光克定禍亂曰武伏矦古今注曰秀之字曰茂伯仲叔季兄弟之次長兄伯升次仲故字文叔焉南陽蔡陽人南陽郡今鄧州縣也蔡陽縣故城在今隨州棗陽縣西南高祖九世之孫也出自景帝生長沙定王發長沙郡今潭州縣也。劉攽曰按文言出自景帝生長沙定王發文意不足蓋此生字當作子字發生舂陵節侯買舂陵鄉名本屬零陵冷道縣在今永州唐興縣北元

09944 後漢書九十卷　（南朝宋）范曄撰　（唐）李賢註　**志三十卷**　（晉）司馬彪撰　（南朝梁）劉昭註　宋白鷺洲書院刻本

匡高21.7釐米，廣13.9釐米。半葉八行，行十六字，小字雙行二十一字，細黑口，四周雙邊。有“吴興劉氏嘉業堂藏書記”、“汪士鐘藏”、“汪印振勳”等印。

國家圖書館藏。

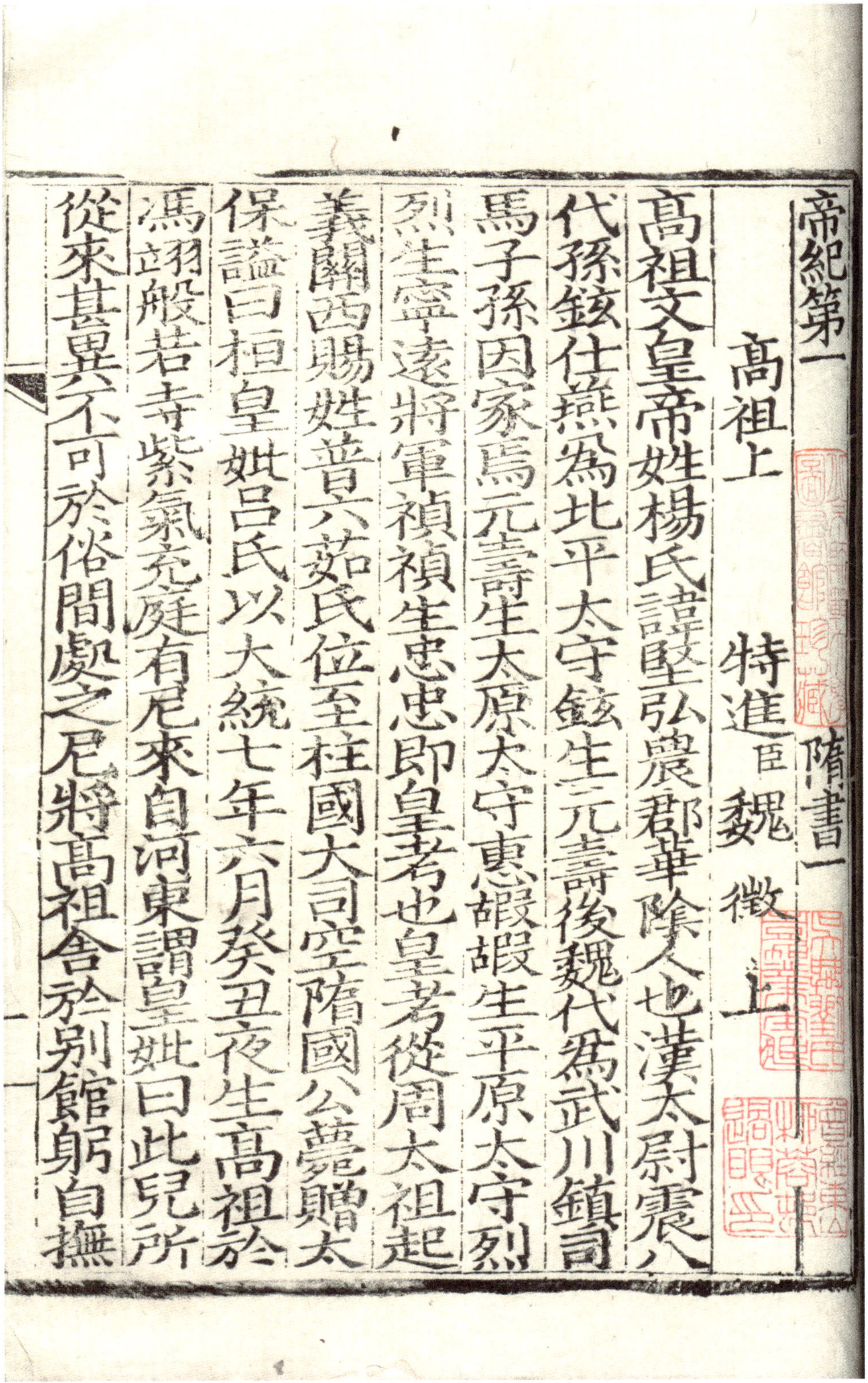
帝紀第一　隋書一
高祖上　特進臣魏徵上
高祖文皇帝姓楊氏諱堅弘農郡華陰人也漢太尉震八
代孫鉉仕燕爲北平太守鉉生元壽後魏代爲武川鎮司
馬子孫因家焉元壽生太原太守惠嘏嘏生平原太守烈
烈生寧遠將軍禎禎生忠忠即皇考也皇考從周太祖起
義關西賜姓普六茹氏位至柱國大司空隋國公薨贈太
保謚曰桓皇妣呂氏以大統七年六月癸丑夜生高祖於
馮翊般若寺紫氣充庭有尼來自河東謂皇妣曰此兒所
從來甚異不可於俗間處之尼將高祖舍於別館躬自撫

09945 隋書八十五卷 （唐）魏徵等撰 元刻明正德嘉靖遞修本

匡高 21.8 釐米，廣 16.3 釐米。半葉十行，行二十二字，細黑口或白口，左右雙邊或四周雙邊。有“吳興劉氏嘉業堂藏”、“吳興劉氏嘉業堂藏書印”、“劉承幹字貞一號翰怡”、“曾經東山柳蓉邨過眼印”等印。北京師範大學圖書館藏。

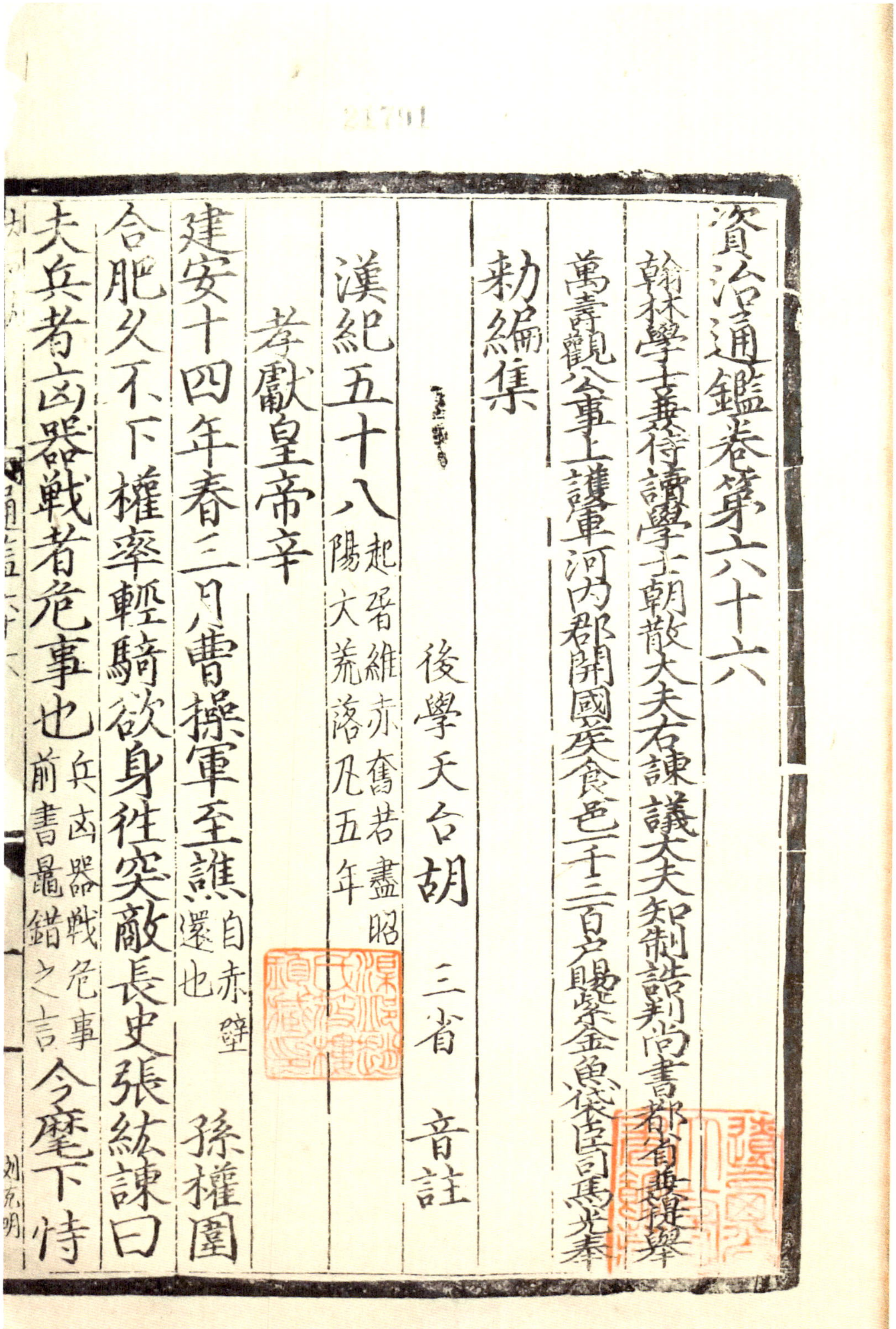
資治通鑑卷第六十六
翰林學士兼侍讀學士朝散大夫右諫議大夫知制誥判尚書都省兼提舉
萬壽觀公事上護軍河內郡開國侯食邑一千三百戶賜紫金魚袋臣司馬光奉
勑編集
後學天台胡三省音註
漢紀五十八 起屠維赤奮若盡昭陽大荒落凡五年
孝獻皇帝辛
建安十四年春三月曹操軍至譙 自赤壁還也
孫權圍合肥久不下權率輕騎欲身往突敵長史張紘諫曰
夫兵者凶器戰者危事也 兵凶器戰危事前書鼂錯之言 今麾下恃

09946 資治通鑑二百九十四卷 （宋）司馬光撰 （元）胡三省音註 元刻本

匡高 22.4 釐米，廣 15.2 釐米。半葉十行，行二十字，小字雙行同，黑口，四周雙邊。錦州市圖書館藏，存一卷。

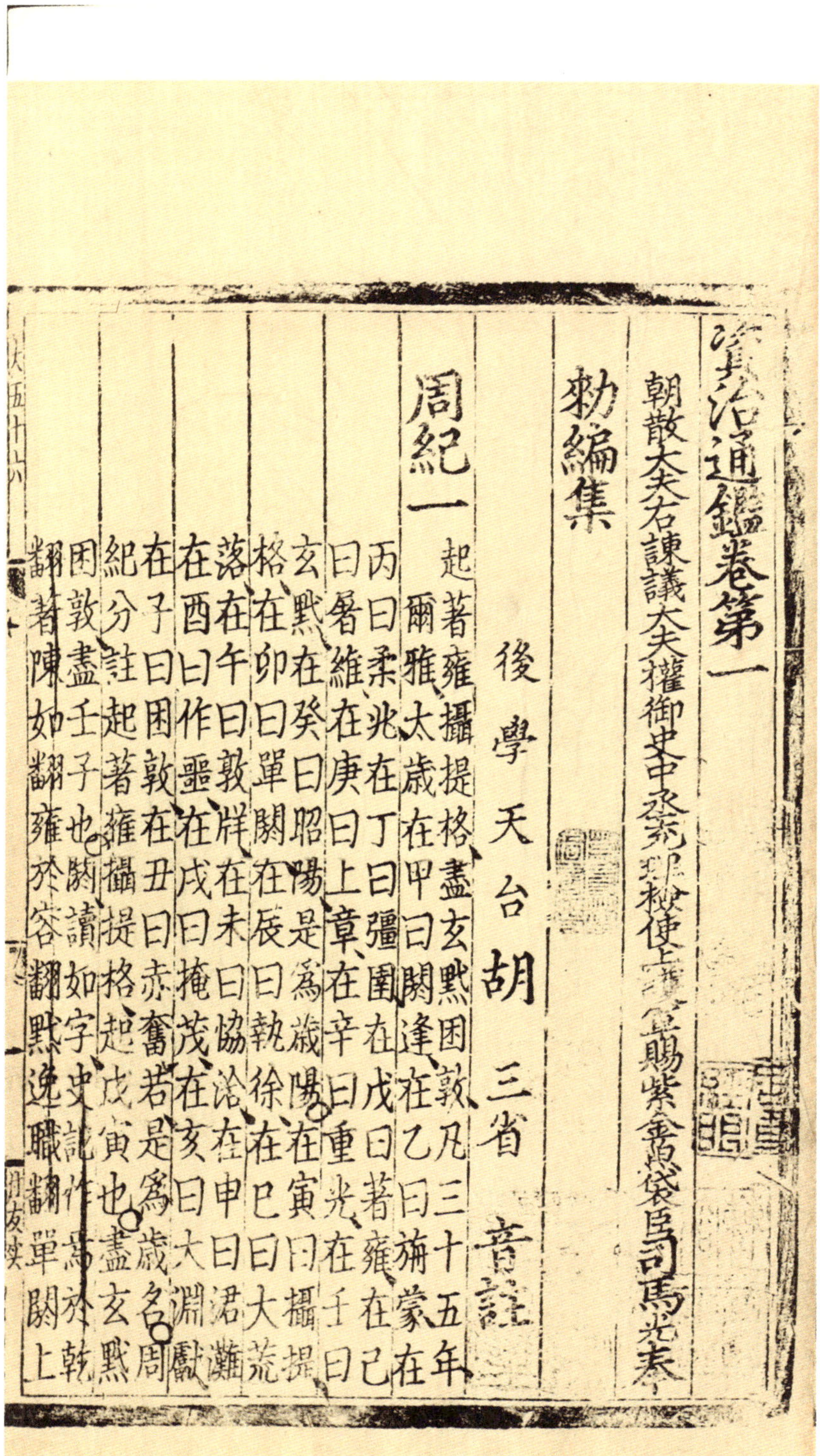

資治通鑑卷第一

朝散大夫右諫議大夫權御史中丞充理檢使上護軍賜紫金魚袋臣司馬光奉

勅編集

後學天台胡三省音註

周紀一 起著雍攝提格盡玄黓困敦凡三十五年

爾雅太歲在甲曰閼逢在乙曰旃蒙在丙曰柔兆在丁曰彊圉在戊曰著雍在己曰屠維在庚曰上章在辛曰重光在壬曰玄黓在癸曰昭陽是爲歲陽在寅曰攝提格在卯曰單閼在辰曰執徐在巳曰大荒落在午曰敦牂在未曰協洽在申曰涒灘在酉曰作噩在戌曰掩茂在亥曰大淵獻在子曰困敦在丑曰赤奮若是爲歲名周紀分註起著雍攝提格起戊寅也盡玄黓困敦盡壬子也閼讀如字史記作焉於乾翻著陳如翻雍於容翻黓逸職翻單闕上

09947、09948 資治通鑑二百九十四卷 （宋）司馬光撰 （元）胡三省音註 **通鑑釋文辯誤十二卷** （元）胡三省撰 元刻明弘治正德嘉靖遞修本

匡高 21.6 釐米，廣 14.6 釐米。半葉十行，行二十字，小字雙行同，黑口，四周雙邊。首都圖書館藏；新疆大學圖書館藏，卷一至六配清刻本。

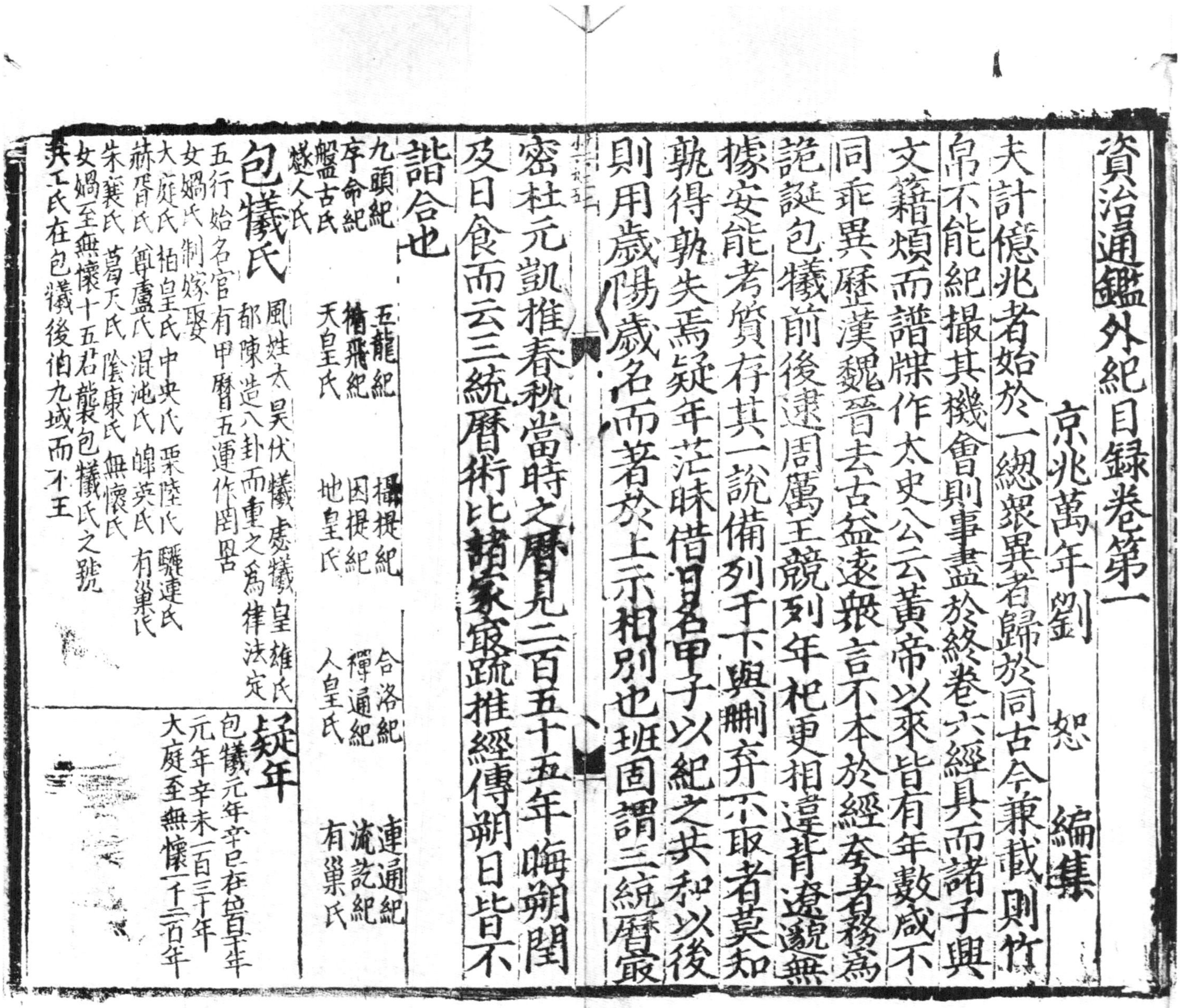

資治通鑑外紀目録卷第一
京兆萬年劉　恕　編集
夫計億兆者始於一總衆異者歸於同古今兼載則竹帛不能紀撮其機會則事盡於終卷六經具而諸子與文籍煩而譜牒作太史公云黄帝以來皆有年數咸不同乖異歷漢魏晉去古益遠衆言不本於經者務爲詭誕包犧前後遠邇周厲王競列年紀更相違背遼邈無據安能考質存其一説備列于下與刪弃不取者莫知孰得孰失焉疑年茫昧借日名甲子以紀之共和以後則用歲陽歲名而著於上示相别也班固謂三統曆最密杜元凱推春秋當時之曆見二百五十五年晦朔閏及日食而云三統曆術比諸家最疏推經傳朔日皆不諧合也

九頭紀　五龍紀　攝提紀　合洛紀　連通紀
序命紀　循蜚紀　因提紀　禪通紀　流訖紀
盤古氏　天皇氏　地皇氏　人皇氏　有巢氏
燧人氏

包犧氏　風姓太昊伏犧虙犧皇雄氏
郁陳造八卦而重之爲律法定
五行始名官有甲曆五運作罔罟
女媧氏制嫁娶
大庭氏　柏皇氏　中央氏　栗陸氏　驪連氏
赫胥氏　尊盧氏　混沌氏　皞英氏　有巢氏
朱襄氏　葛天氏　陰康氏　無懷氏
女媧至無懷十五君襲包犧氏之號
共工氏在包犧後伯九域而不王

疑年
包犧元年辛巳在魯首千年
元年辛未一百三十年
大庭至無懷一千二百年

09949 **資治通鑑外紀十卷目録五卷**（宋）劉恕撰 元延祐刻明修本

匡高 21 釐米，廣 13.7 釐米。半葉十一行，行二十一字，白口，左右雙邊。

寧波市天一閣博物館藏，存十三卷。

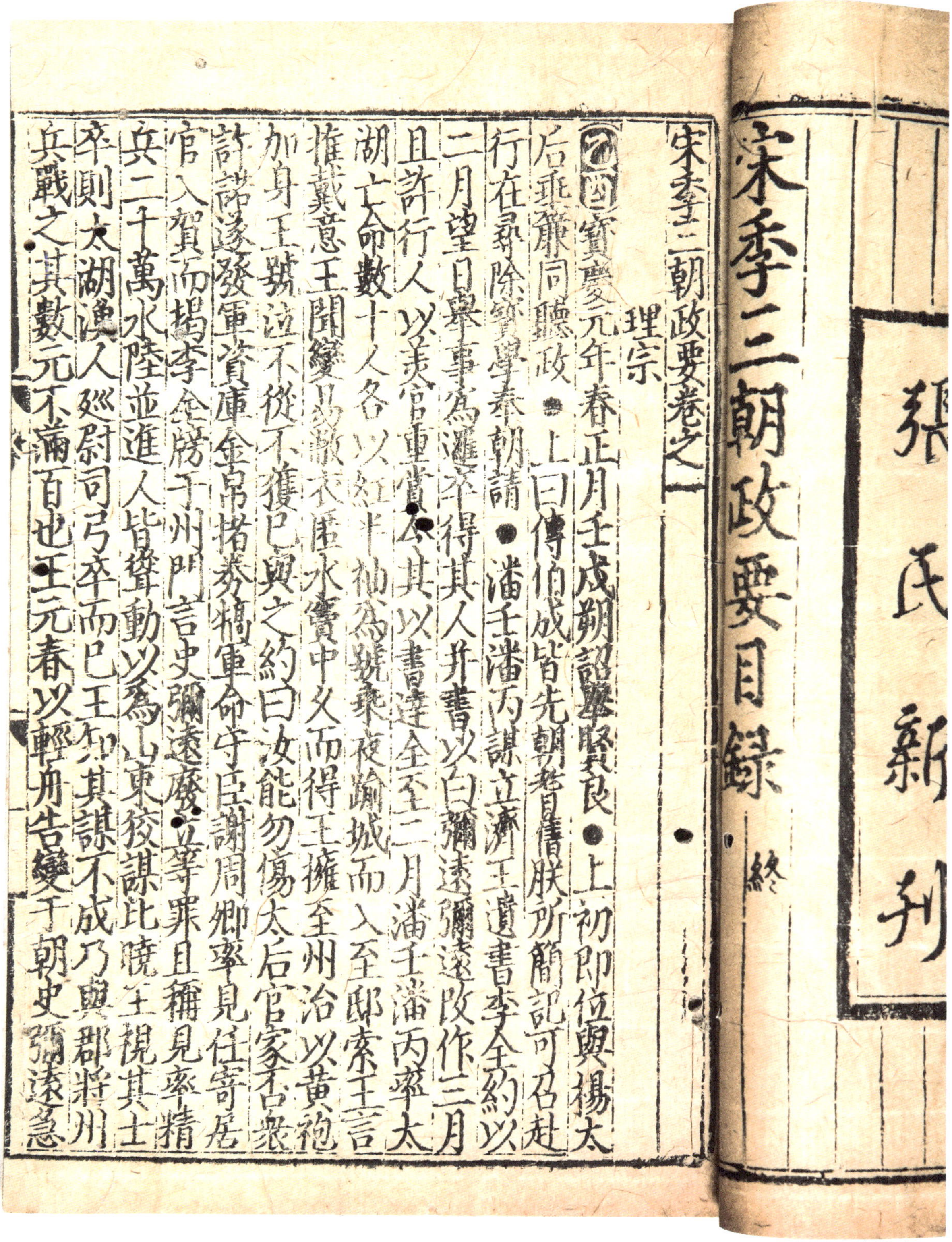

09950 宋季三朝政要六卷 元至治三年（1323）雲衢張氏刻本

匡高 21 釐米，廣 13.8 釐米。半葉十五行，行二十四字，黑口，四周雙邊。有“安樂堂讀書記”、“東郡楊氏宋存書室珍藏”等印。國家圖書館藏。

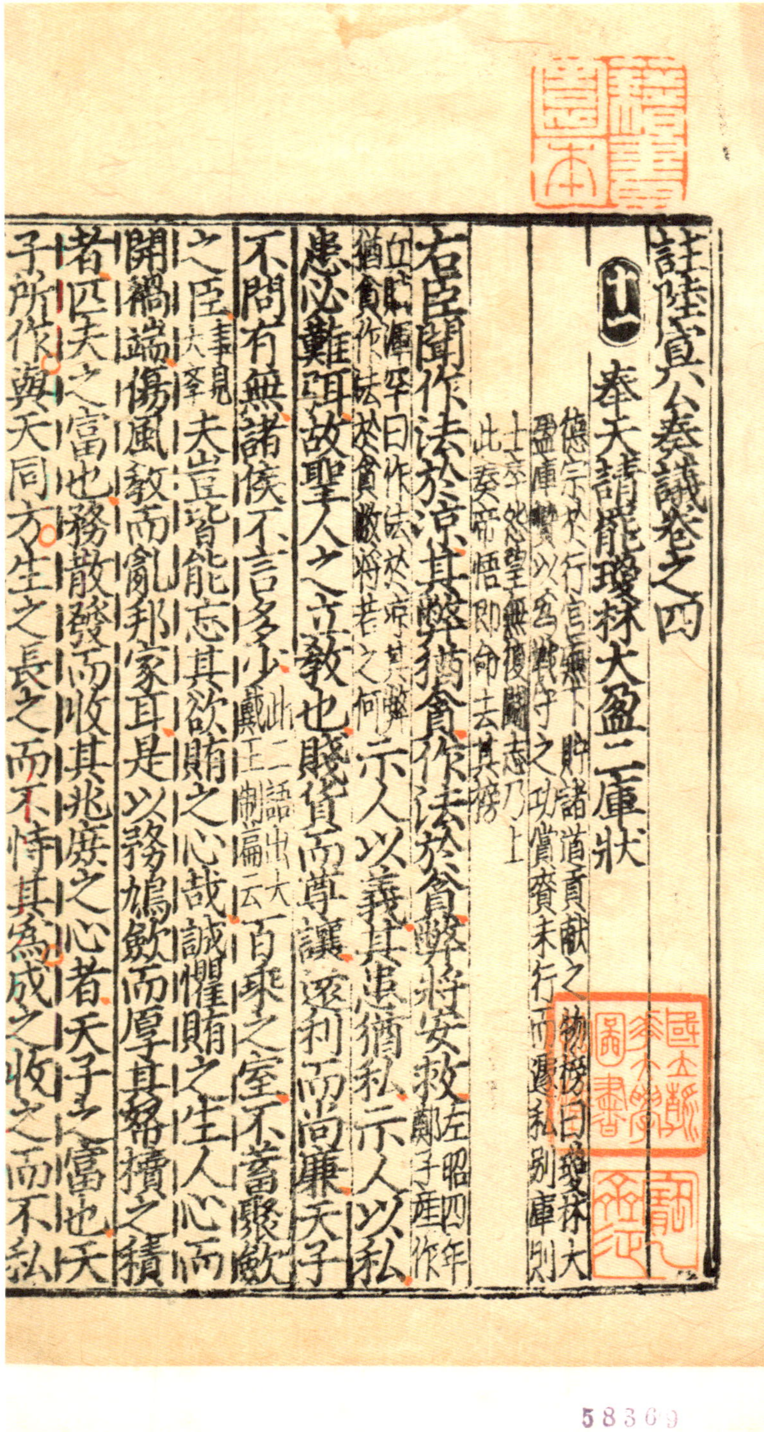
註陸宣公奏議卷之四
十二 奉天請罷瓊林大盈二庫狀
德宗於行宮廡下貯諸道貢獻之物，榜曰瓊林大
盈庫。贄以為戰守之功，賞賚未行，而遽私別庫，則
士卒怨望，無復鬬志，乃上
此奏，帝悟，即命去其榜。
右臣聞作法於涼，其弊猶貪；作法於貪，弊將安救。左昭四年鄭子產作
丘賦，渾罕曰：作法於涼，其敝猶貪；作法於貪，敝將若之何。示人以義，其患猶私；示人以私，
患必難弭。故聖人之立教也，賤貨而尊讓，遠利而尚廉。天子
不問有無，諸侯不言多少，此二語出大戴王制篇云百乘之室，不畜聚斂
之臣。事見大宰夫豈皆能忘其欲賄之心哉？誠懼賄之生人心而
開禍端，傷風教而亂邦家耳。是以務鳩斂而厚其帑櫝之積
者，匹夫之富也；務散發而收其兆庶之心者，天子之富也。天
子所作，與天同方，生之長之，而不恃其為；成之收之，而不私

09951 註陸宣公奏議十五卷 （唐）陸贄撰　（宋）郎曄注　元至正十四年（1354）劉氏翠巖精舍刻本

匡高 18.3 釐米，廣 12.4 釐米。半葉十二行，行二十三字，小字雙行同，黑口，四周雙邊。清華大學圖書館藏。

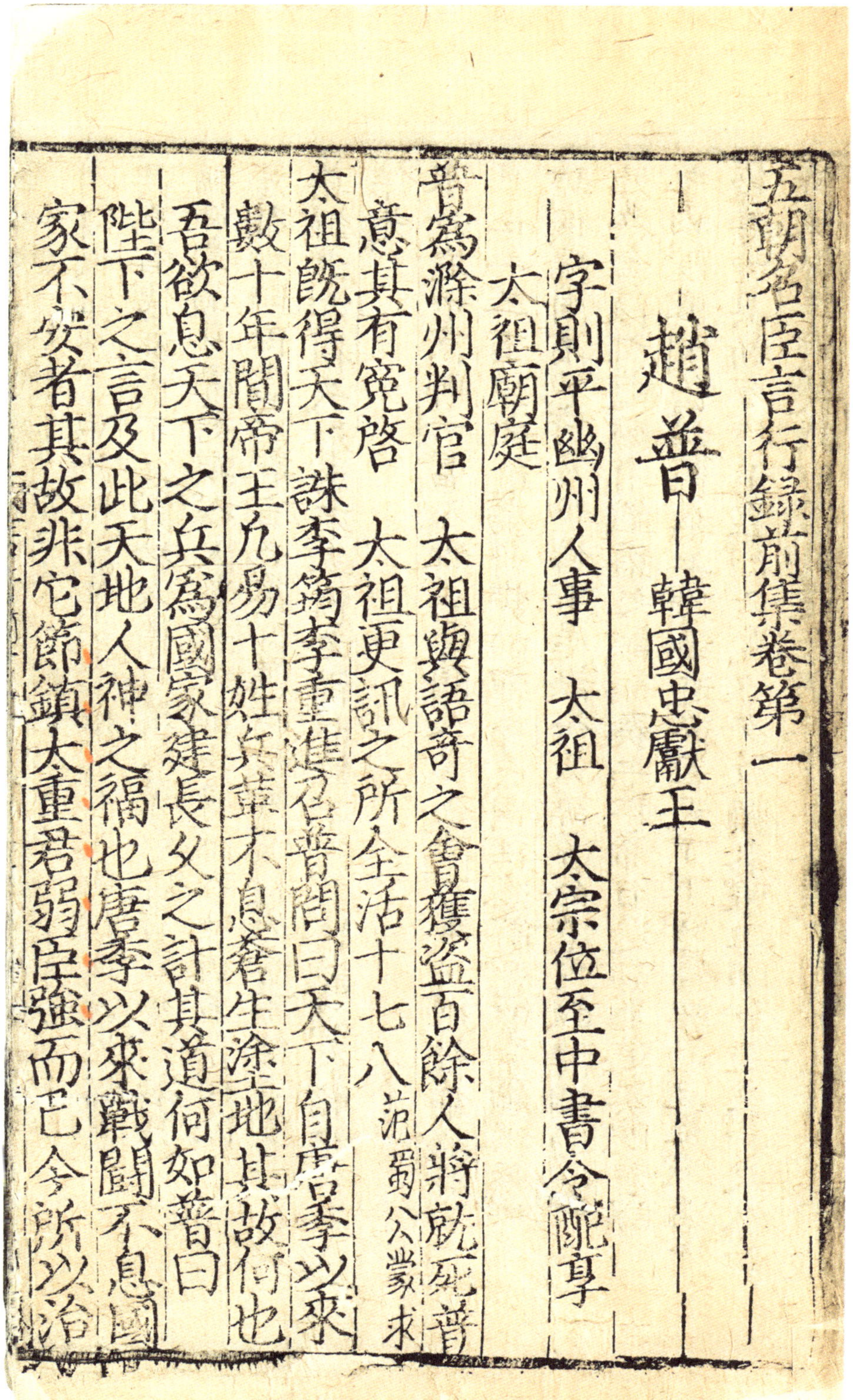

五朝名臣言行録前集卷第一
趙普　韓國忠獻王
字則平幽州人事　太祖　太宗位至中書令配享
太祖廟庭
普爲滁州判官　太祖與語竒之會獲盜百餘人將就死普
意其有寃啓　太祖更訊之所全活十七八范蜀公蒙求
太祖既得天下誅李筠李重進召普問曰天下自唐季以來
數十年閒帝王凡易十姓兵革不息蒼生塗地其故何也
吾欲息天下之兵爲國家建長久之計其道何如普曰
陛下之言及此天地人神之福也唐季以來戰闘不息國
家不安者其故非它節鎮太重君弱臣強而已今所以治

09952 五朝名臣言行録前集十卷後集十四卷（宋）朱熹輯 **續集八卷别集二十六卷外集十七卷**（宋）李幼武輯　元刻本（别集下卷一至五補配）

匡高 19.9 釐米，廣 13.1 釐米。半葉十二行，行二十三字，黑口，左右雙邊。安徽省圖書館藏，存七十二卷。

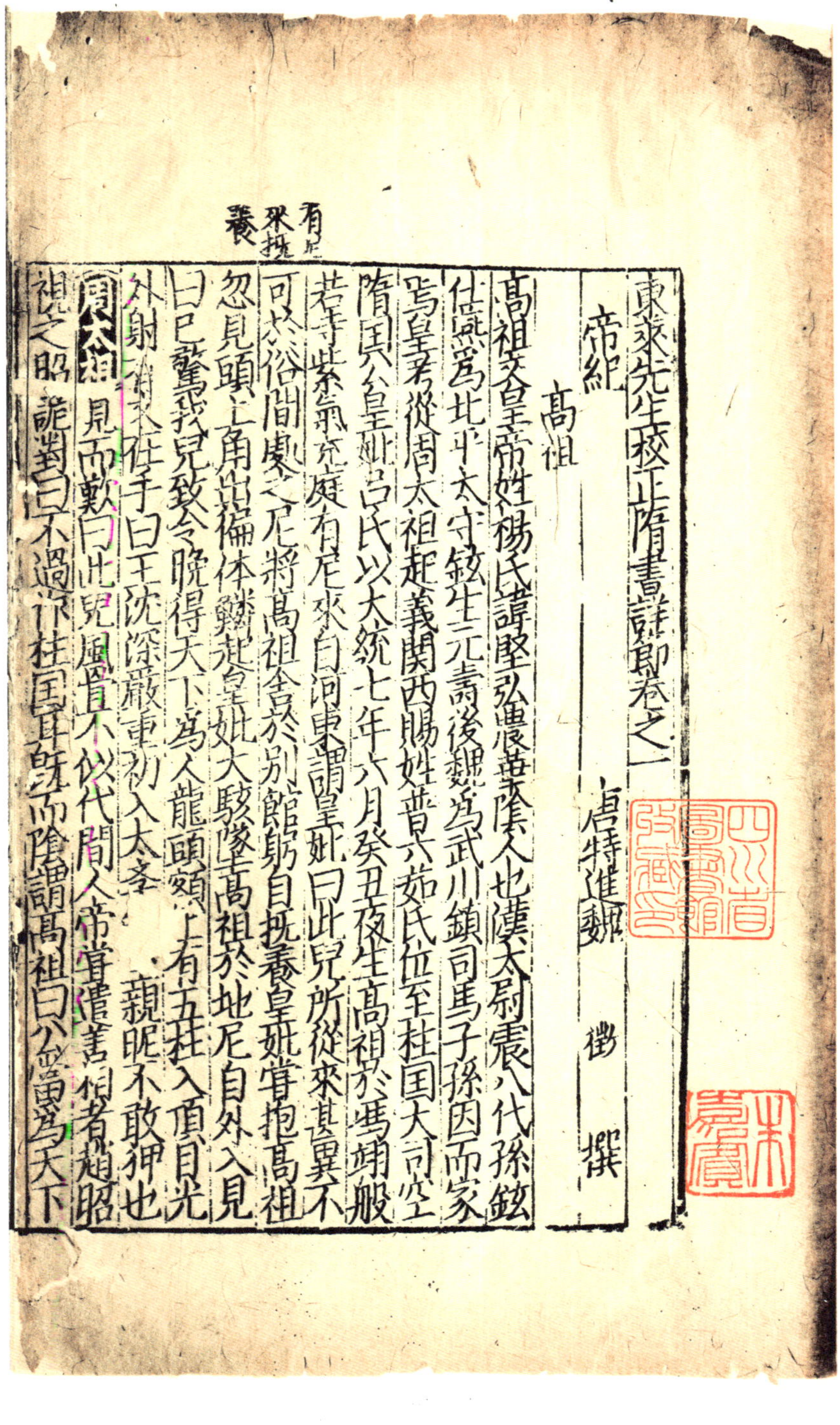
有尼來撫養

東萊先生校正隋書詳節卷之一

帝紀　　[illegible]特進[illegible]　撰

高祖

高祖文皇帝姓楊氏諱堅弘農華陰人也漢太尉震八代孫鉉仕燕爲北平太守鉉生元壽後魏爲武川鎮司馬子孫因而家焉皇考從周太祖起義關西賜姓普六茹氏位至柱国大司空隋国公皇妣呂氏以大統七年六月癸丑夜生高祖於馮翊般若寺紫氣充庭有尼來自河東謂皇妣曰此兒所從來甚異不可於俗間處之尼將高祖舍於別館躬自撫養皇妣嘗抱高祖忽見頭上角出徧体鱗起皇妣大駭墜高祖於地尼自外入見曰已驚我兒致令晚得天下爲人龍頷頭上有五柱入頂目光外射有文在手曰王沉深嚴重初入太学　雖親昵不敢狎也【周太祖】見而歎曰此兒風骨不似代間人帝嘗遣善相者趙昭視之昭詭對曰不過作柱国耳既而陰謂高祖曰公當爲天下

09953 東萊先生校正隋書詳節二十卷　（宋）呂祖謙輯　元刻十七史詳節本

匡高 16 釐米，廣 11 釐米。半葉十四行，行二十四字，黑口，左右雙邊。四川省圖書館藏。

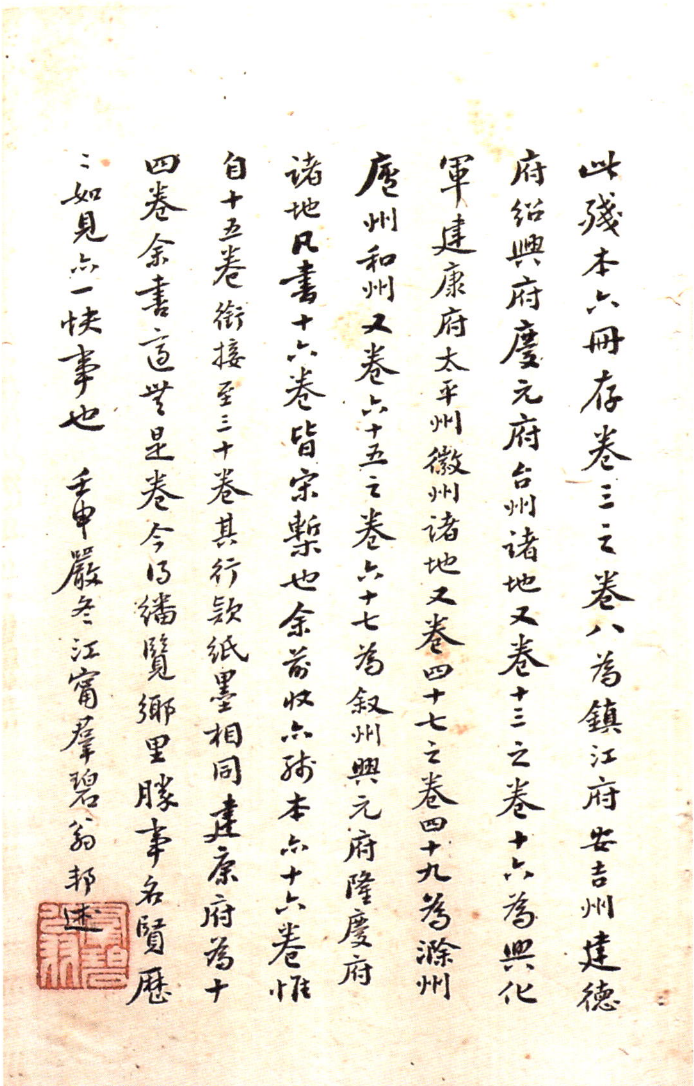
此殘本六册存卷三之卷八為鎮江府安吉州建德府紹興府慶元府台州諸地又卷十三之卷十六為興化軍建康府太平州徽州諸地又卷四十七之卷四十九為滁州廬州和州又卷六十五之卷六十七為叙州興元府隆慶府諸地凡書十六卷皆宋槧也余前收亦殘本亦十六卷惟自十五卷銜接至三十卷其行款紙墨相同建康府為十四卷余書適是卷今得繙覽鄉里勝事名賢歷歷如見亦一快事也 壬申嚴冬江甯羣碧翁邦述

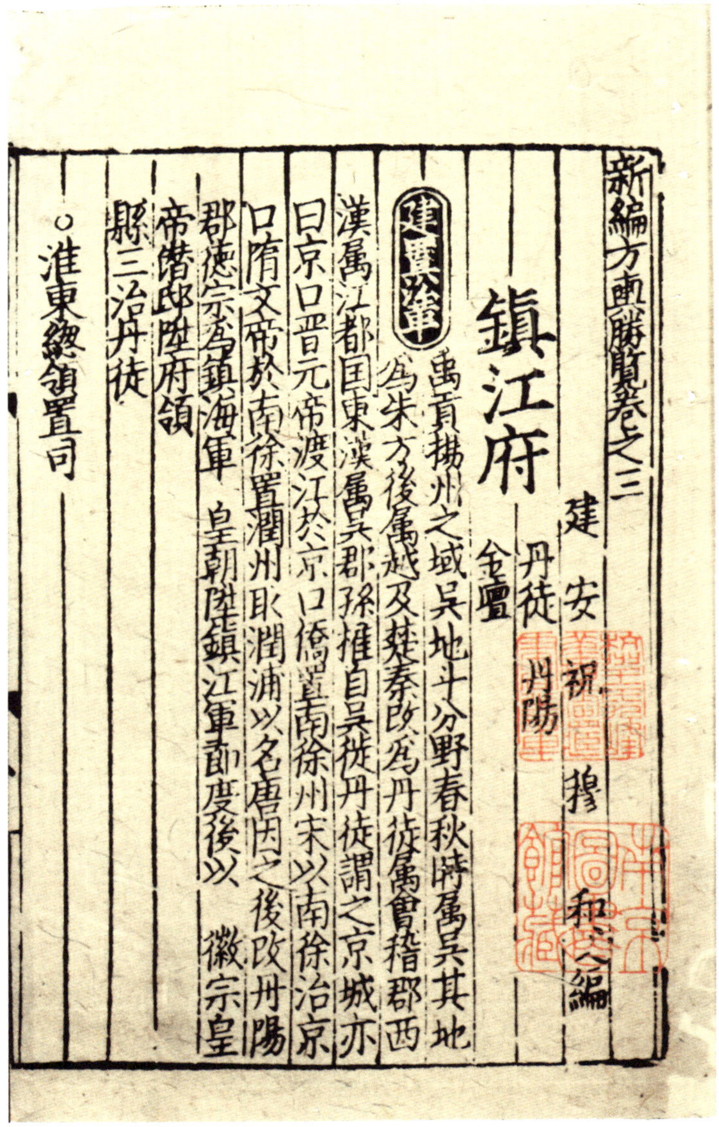
新編方輿勝覽卷之三
建安 祝穆 和父 編
鎮江府 丹徒 丹陽 金壇
建置沿革 禹貢揚州之域吳地斗分野春秋時屬吳其地爲朱方後屬越及楚秦改爲丹徒屬會稽郡西漢屬江都國東漢屬吳郡孫權自吳徙丹徒謂之京城亦曰京口晉元帝渡江於京口僑置南徐州宋以南徐治京口隋文帝於南徐置潤州取潤浦以名唐因之後改丹陽郡德宗爲鎮海軍 皇朝陞鎮江軍節度後以 徽宗皇帝潛邸陞府領縣三治丹徒
○淮東總領置司

09954 新編方輿勝覽七十卷 （宋）祝穆輯 元刻本

匡高 17.3 釐米，廣 12 釐米。半葉十四行，行二十三字，黑口，左右雙邊。鄧邦述跋。南京圖書館藏，存三十六卷。

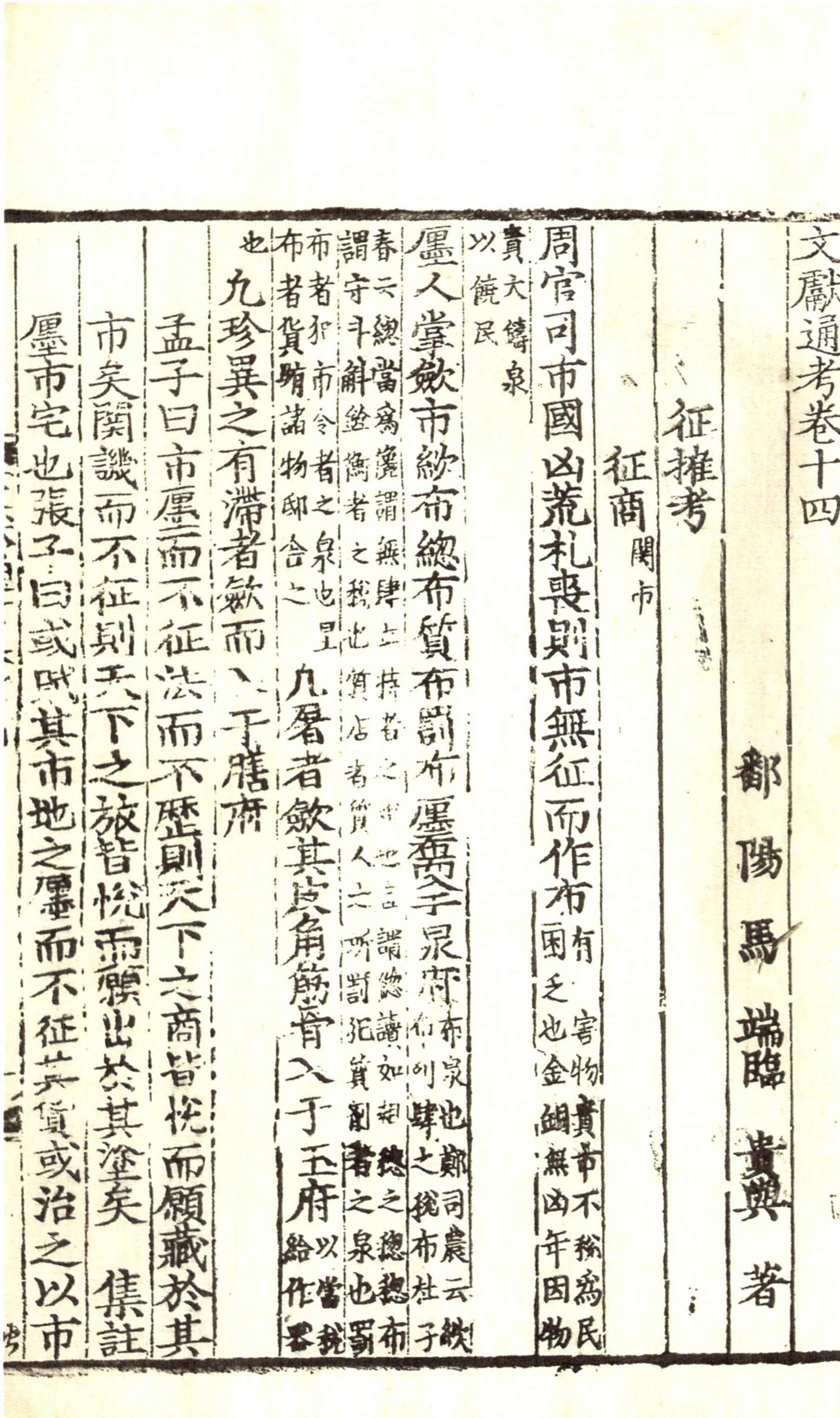

文獻通考卷十四

鄱陽馬端臨貴與著

征榷考

征商 關市

周官司市國凶荒札喪則市無征而作布有害物貴市不稅爲民困乏也金錫無凶年因物貴大鑄泉以饒民

廛人掌斂市絘布總布質布罰布廛布而入于泉府布泉也鄭司農云絘布列肆之稅布杜子春云總當爲儳謂無肆立持者之稅也玄謂總讀如租稯之稯稯布謂守斗斛銓衡者之稅也質布者質人之所罰犯質劑者之泉也罰布者犯市令者之泉也廛布者貨賄諸物邸舍之稅也凡屠者斂其皮角筋骨入于玉府以當稅給作器凡珍異之有滯者斂而入于膳府

孟子曰市廛而不征法而不廛則天下之商皆悅而願藏於其市矣關譏而不征則天下之旅皆悅而願出於其塗矣集註廛市宅也張子曰或賦其市地之廛而不征其貨或治之以市

09955 文獻通考三百四十八卷 （元）馬端臨撰 元泰定元年（1324）西湖書院刻元明遞修本（序表、目録、卷一至二、九至十二、六十八至七十五、一百至一百五配明抄本，卷三十二至三十四、一百三十四至一百七十、一百九十九、二百十五至二百二十配清抄本）

匡高 25.5 釐米，廣 18.8 釐米。半葉十三行，行二十六字，小字雙行同，細黑口，左右雙邊。丁丙跋。南京圖書館藏。

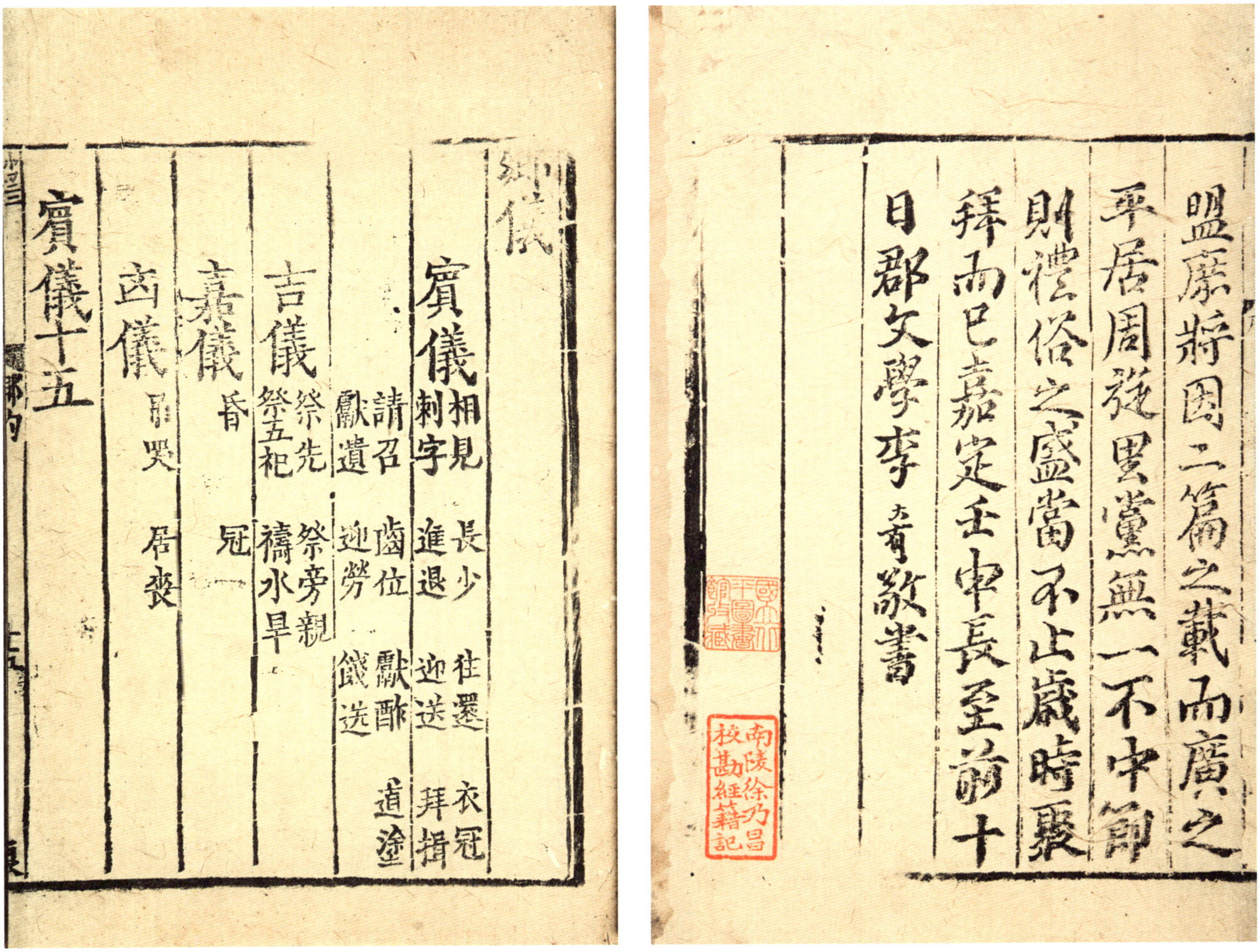

09956 呂氏鄉約一卷鄉儀一卷 （宋）呂大鈞撰 宋嘉定五年（1212）李大有刻本

匡高 19 釐米，廣 14.2 釐米。半葉七行，行十四字，白口，左右雙邊。有“南陵徐乃昌校勘經籍記”等印。國家圖書館藏。

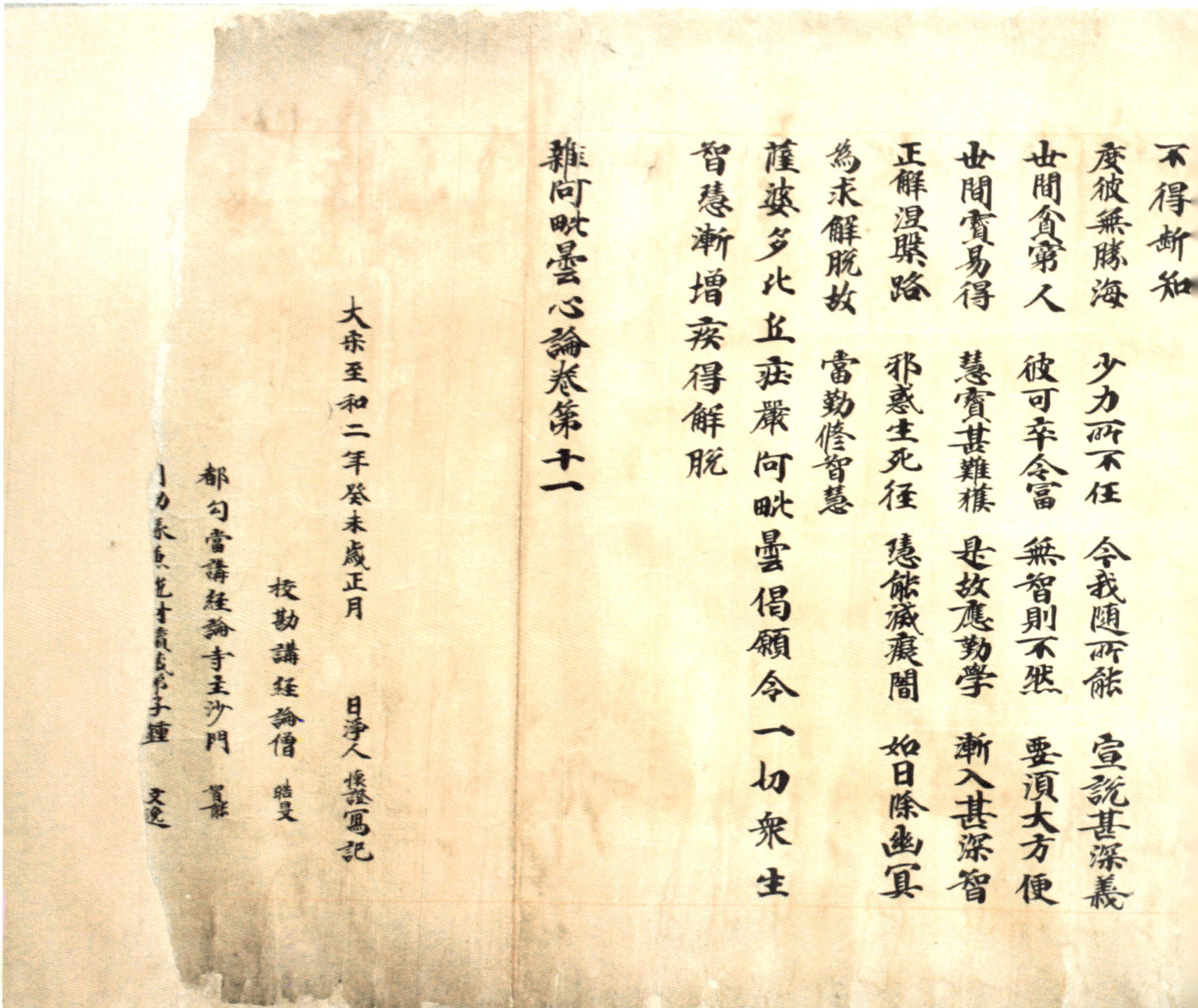

09957 雜阿毗曇心論十一卷 （南朝宋）釋僧伽跋摩等譯 北宋至和二年（1055）寫大藏本

卷軸裝。高 31.5 釐米，長 805 釐米。一紙長 57.5 釐米。存十四紙，每紙二十九行，行十七字，末紙存十九行。朱絲欄。山西博物院藏，存一卷。

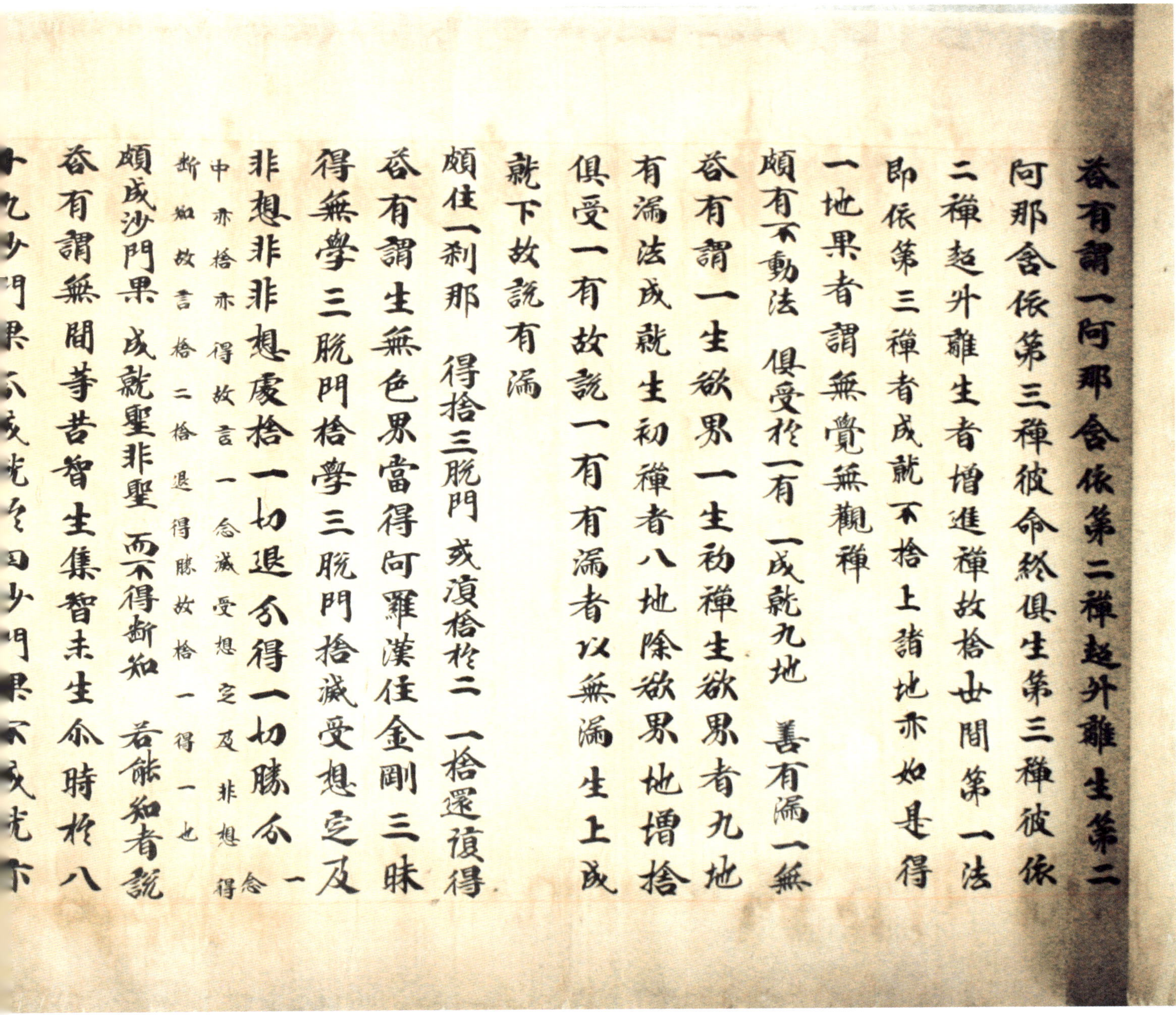
答有謂一阿那含依第二禪起上離生第二
阿那含依第三禪彼命終俱生第三禪彼依
二禪起上離生者增進禪故捨世間第一法
即依第三禪者成就不捨上諸地亦如是得
一地果者謂無覺無觀禪
頌有不動法　俱受於一有　一成就九地　善有漏一無
答有謂一生欲界一生初禪生欲界者九地
有漏法成就生初禪者八地除欲界地增捨
俱受一有故說一有有漏者以無漏生上成
就下故說有漏
頌住一刹那　得捨三脫門　或復捨於二　一捨還復得
答有謂生無色界當得阿羅漢住金剛三昧
得無學三脫門捨學三脫門捨滅受想定及
非想非非想處捨一切退分得一切勝分一念中亦捨亦得故言一念滅受想定及非想得斷知故言捨二捨退得勝故捨一得一也
頌成沙門果　成就聖非聖　而不得斷知　若能知者說
答有謂無間等苦智生集智未生尒時於八
十九沙門果不成就因沙門果不成就下

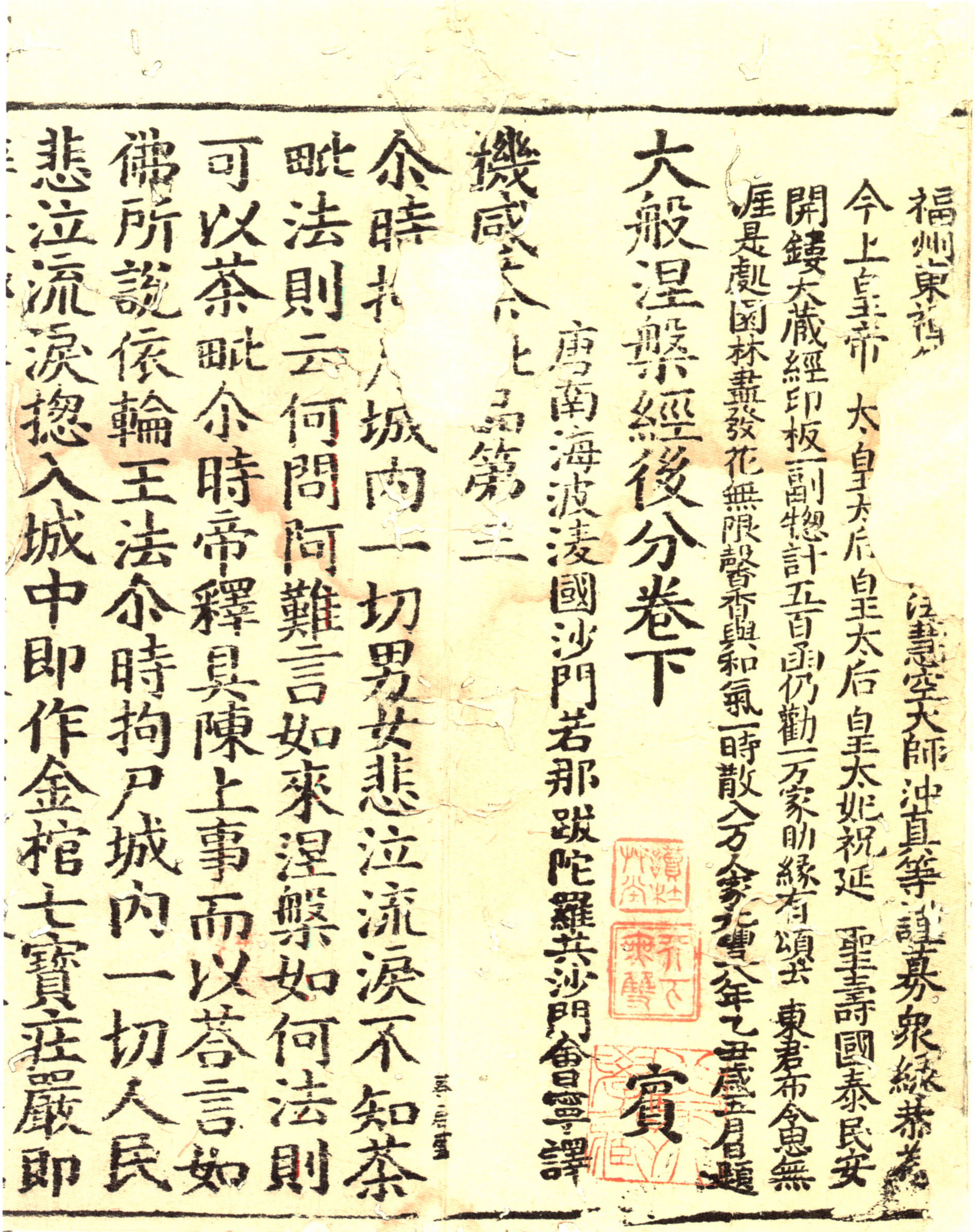

福州東禪……慧空大師沖真等謹募衆緣恭為
今上皇帝 太皇太后 皇太后 皇太妃祝延 聖壽國泰民安
開鏤大藏經印板一副揔計五百餘函仍勸一方家助緣有頌云 東君布令恩無
涯是處園林盡發花無限馨香與和氣一時散入万人家于時元豐八年乙丑歲五月日題
大般涅槃經後分卷下 賓
唐南海波淩國沙門若那跋陀羅共沙門會寧譯
機感荼毗品第三
爾時拘尸城內一切男女悲泣流淚不知荼
毗法則云何問阿難言如來涅槃如何法則
可以荼毗爾時帝釋具陳上事而以荅言如
佛所說依輪王法爾時拘尸城內一切人民
悲泣流淚揔入城中即作金棺七寶莊嚴即

09958 崇寧萬壽大藏 北宋元豐三年至政和二年（1080-1112）福州東禪等覺禪院刻本

經折裝。匡高不等。半葉六行，行十七字，上下單邊。寺田盛業、李盛鐸舊藏。北京大學圖書館藏，存十二種十二卷（辯正論卷第二、大般涅槃經後分卷下、大方廣佛華嚴經修慈分、歷代三寶紀卷第十三、佛説辯意長者子所問經、無垢優婆夷問經、彌沙塞部五分律卷第八、阿毗達磨大毗婆沙論卷第一百八、阿毗達磨順正理論卷第二十三、雜阿毗曇心論卷第十一、大唐西域記卷第四、弘明集卷第四）。

福州東禪等覺院住持傳法慧空大師　沖真等謹募衆緣恭爲
今上皇帝　太皇太后　皇太后　皇太妃祝延　聖壽國泰民安
開鏤大藏經印板一副總計五百餘函各十卷元豐八年乙丑歲五月　日謹題

大方廣佛華嚴經修慈分　伏

唐于闐三藏法師提雲般若等奉　制譯

如是我聞一時佛在王舍城鷲峯山中與無量大菩薩衆俱弥勒菩薩摩訶薩而爲上首尒時東方有十億梵天皆住慈心來詣佛所頂禮佛足以衆妙供養於佛供養畢已各自坐於衆福所生蓮華之座恭敬尊重瞻仰如來南西北方四維上下諸來梵天皆亦如是

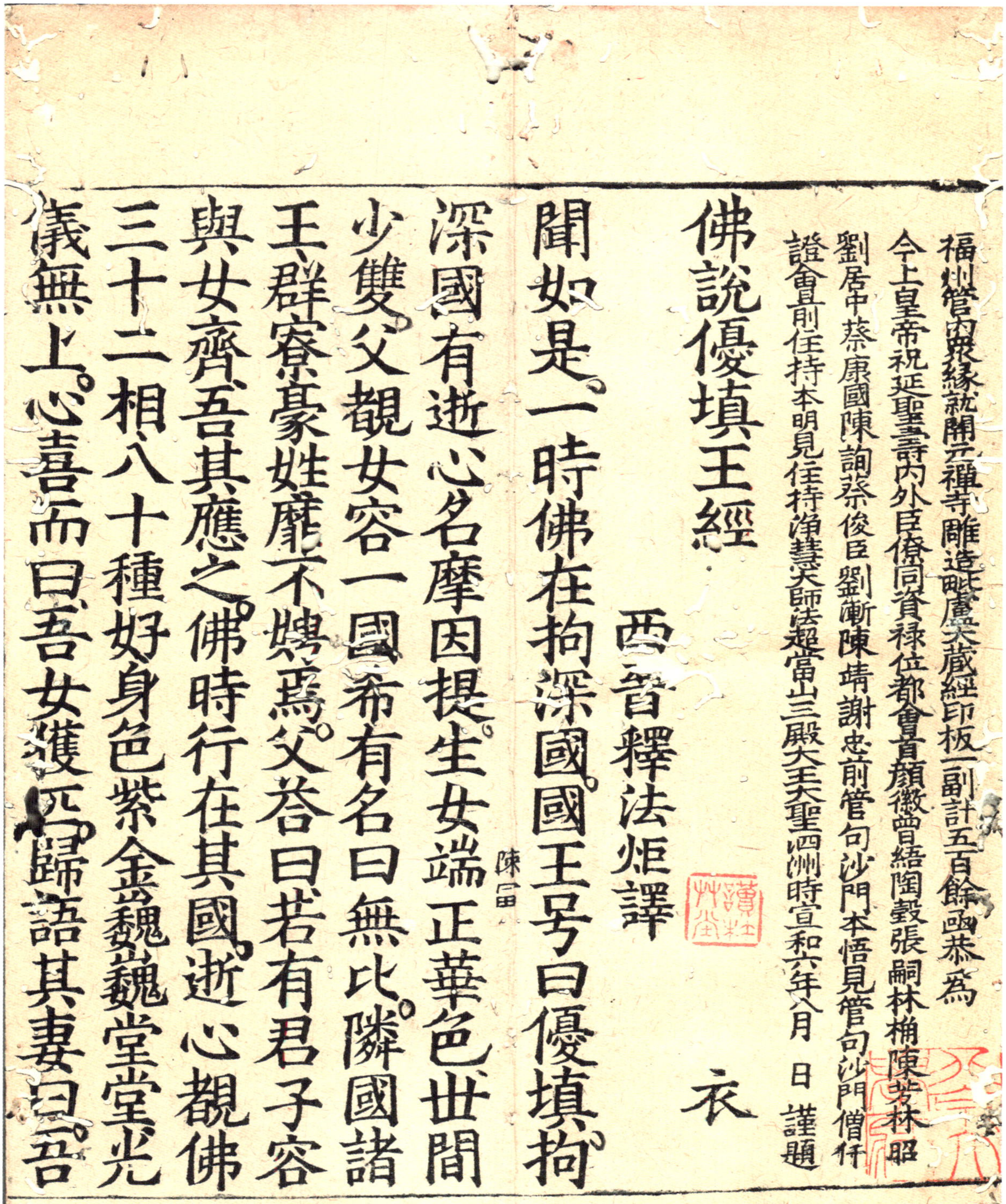

福州管内衆緣就開元禪寺雕造毗盧大藏經印板一副計五百餘函恭為
今上皇帝祝延聖壽内外臣僚同資禄位都會首顔徽曾結陶穀張嗣林楠陳芳林昭
劉居中蔡康國陳詢蔡俊臣劉漸陳靖謝忠前管句沙門本悟見管句沙門僧仟
證會首前住持本明見住持淨慧大師法超當山三殿大王大聖四洲時宣和六年八月 日 謹題

佛說優填王經 衣

西晉釋法炬譯

聞如是。一時佛在拘深國。國王号曰優填。拘
深國有逝心名摩因提。生女端正華色。世間
少雙。父覩女容一國希有。名曰無比。隣國諸
王群寮豪姓靡不娉焉。父荅曰若有君子容
與女齊吾其應之。佛時行在其國。逝心覩佛
三十二相八十種好身色紫金巍巍堂堂光
儀無上。心喜而曰吾女獲匹。歸語其妻曰。吾

陳留

09959 毗盧藏 宋紹興十八年（1148）福州開元寺刻本

經折裝。匡高不等。半葉六行，行十七字，上下單邊。三聖寺、寺田盛業、李盛鐸舊藏。北京大學圖書館藏，存四種四卷（法苑珠林卷第四十四、佛説優填王經一卷、不空羂索神變真言經卷第十三、大方廣佛華嚴經合論卷第七）。

福州管內眾緣寄開元禪寺雕造毗盧大藏經印板一副五百餘函恭為
今上皇帝祝延聖壽文武官僚同資祿位都會首蔡俊臣鄭宏劉居中蔡康國陳詢蔡俊
陳靖謝忠彥劉漸對經沙門德華證會住持沙門本悟證會當山土地大聖泗洲時宣和三年十二月　日題

法苑珠林卷第四十四　漆

大唐上都西明寺沙門釋道世字玄惲撰

君臣篇第四十一　此有六部

述意部　王德部　王過部
王業部　王福部　王都部

述意部第一　昔如來在世預以末法囑累帝釋及諸國王良由天力可以摧萬邪王威可以率兆庶也今遺法所付者意在仗以流

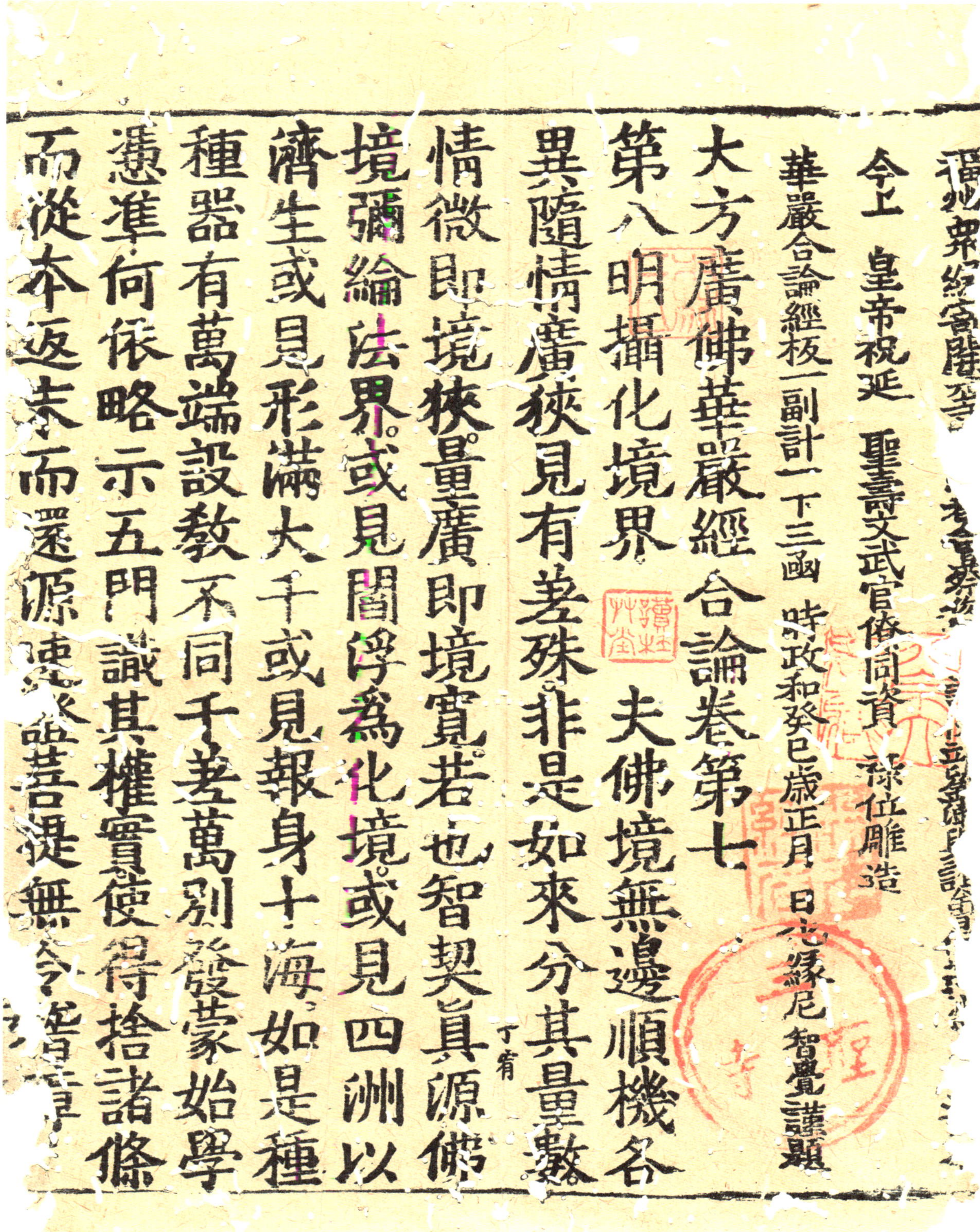

今上　皇帝祝延　聖壽文武官僚同資　祿位雕造
華嚴合論經板一副計一下三函　時政和癸巳歲正月　日化緣尼智覺謹題
大方廣佛華嚴經合論卷第七
第八明攝化境界　夫佛境無邊順機名
異隨情廣狹見有差殊非是如來分其量數
情微即境狹量廣即境寬若也智契眞源佛
境彌綸法界。或見閻浮爲化境。或見四洲以
濟生或見形滿大千或見報身十海。如是種
種器有萬端設教不同千差萬别發蒙始學
憑準向依略示五門識其權實使得捨諸條
而從本返末而還源使[illegible]菩提無[illegible]

09959 毗盧藏

福州管内衆縁就開元禪寺雕造毗盧大藏經印板一副計五百餘函恭爲
今上皇帝祝延聖壽内外臣僚同資禄位都會首葛□鄭康曾縉陶轂張嗣林栫
陳芳林昭劉居中蔡康國陳詢蔡俊臣劉漸陳靖謝忠前管句本悟見管句僧行
證會首前住持本明見住持淨慧大師法超當山三殿大王大聖泗洲時靖康元年十二月　日謹題

不空羂索神變真言經卷第十三　貞

唐南天竺三藏法師菩提流志譯

溥遍心印真言出世間品第二十　高選

爾時觀世音菩薩摩訶薩合掌恭敬歡喜踊躍得未曾有放殑伽沙俱胝那庾多百千光明溥照三千大千世界而自莊嚴又白佛言世尊是不空羂索心王陁羅尼真言廣大解脫蓮華壇印三昧耶中溥遍心印真言三昧

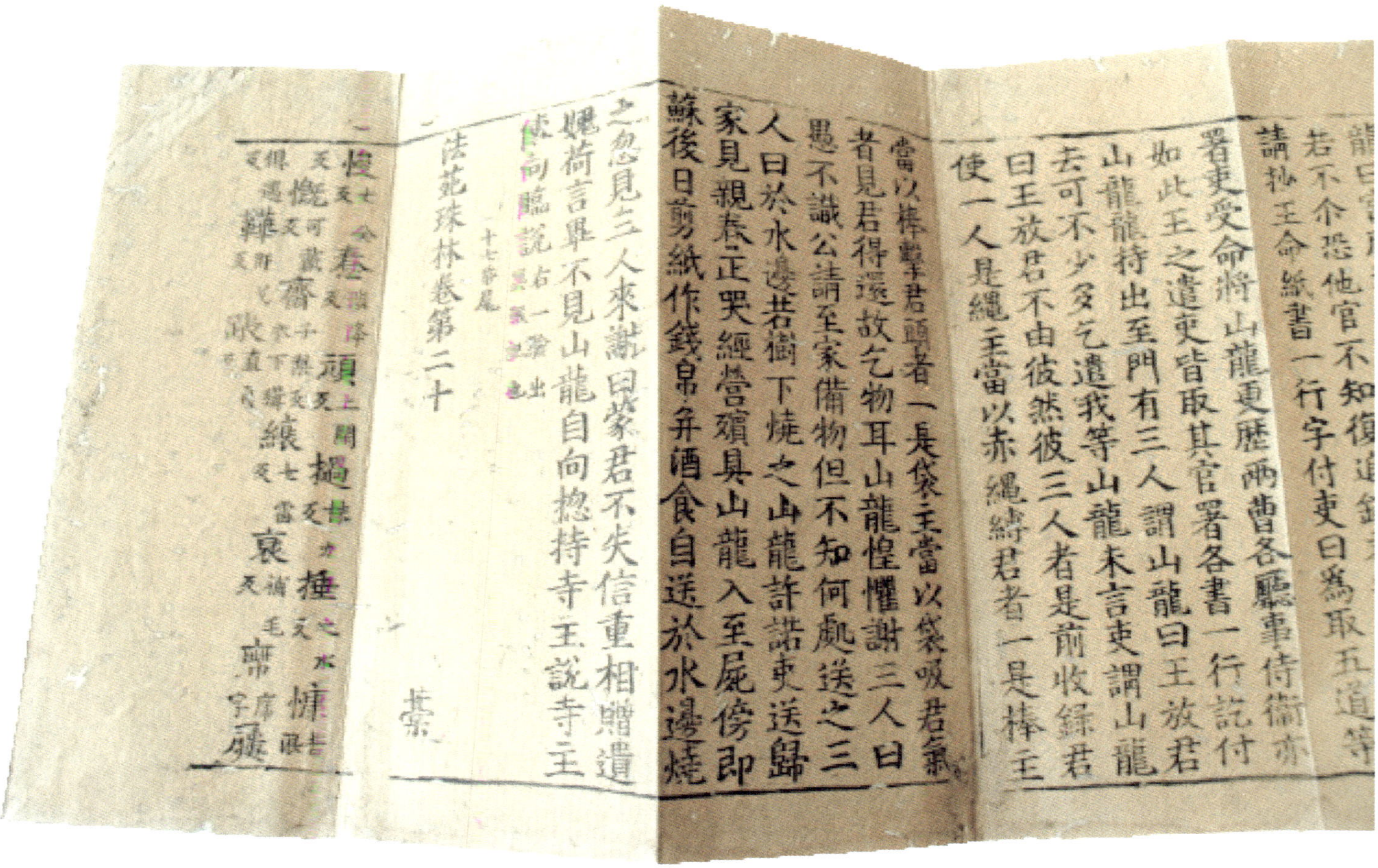

09960 法苑珠林一百卷 （唐）釋道世撰 北宋重和元年（1118）福州開元寺刻毗盧藏本

經折裝。匡高 23 釐米，廣 11 釐米。半葉六行，行十七字，上下單邊。鳳儀書堂藏，存一卷。

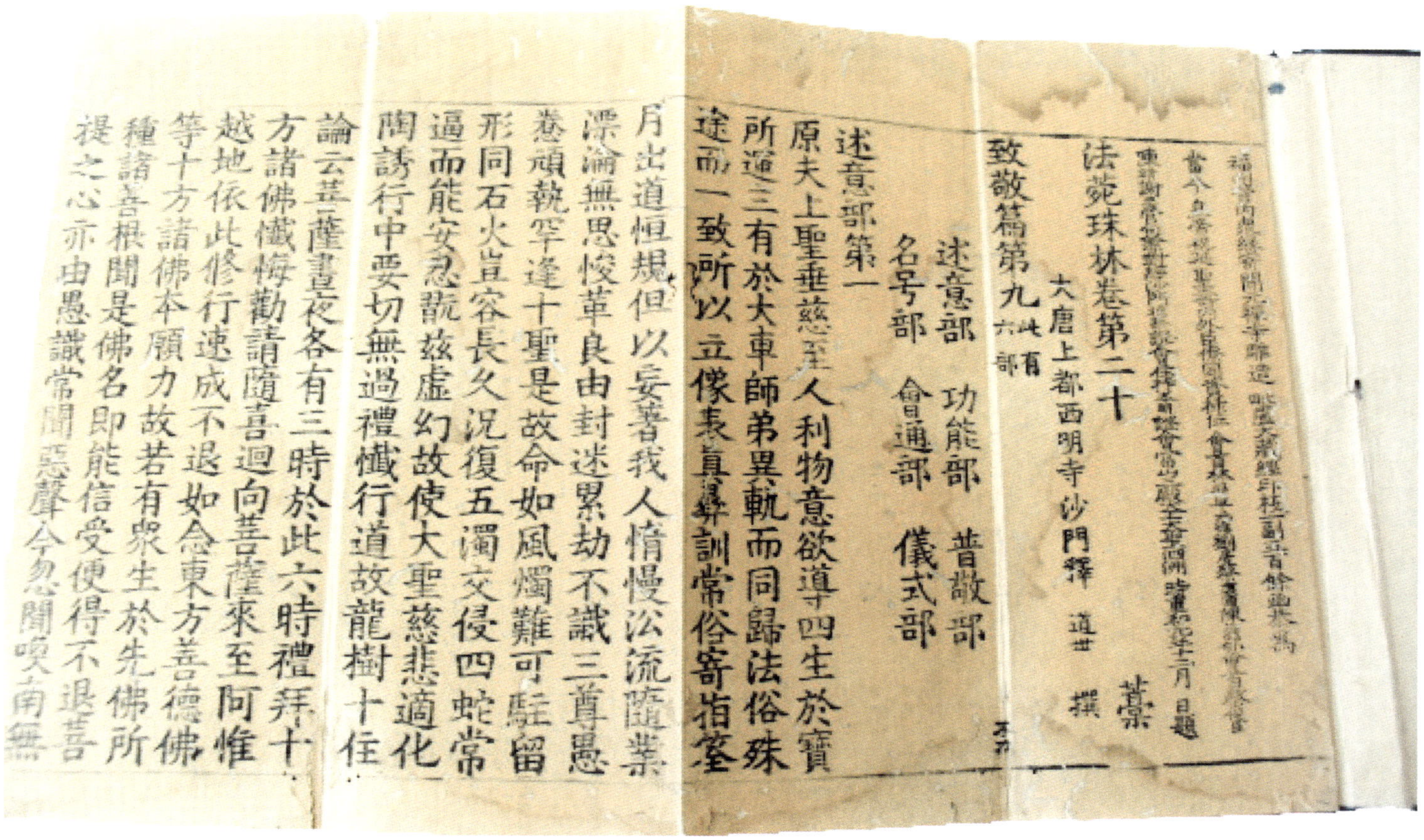

法苑珠林卷第二十　蓋
大唐上都西明寺沙門釋道世撰
致敬篇第九 此有六部
述意部　功能部　普敬部
名号部　會通部　儀式部
述意部第一
原夫上聖垂慈至人利物意欲導四生於寶
所運三有於大車師弟異軌而同歸法俗殊
途而一致所以立像表真尋辞訓常俗寄指筌
月出道恒規但以妄著我人情慢沿流隨業
漂淪無思悛革良由封迷累劫不識三尊愚
惑頑執罕逢十聖是故命如風燭難可駐留
形同石火豈容長久況復五濁交侵四蛇常
逼而能安忍翫茲虛幻故使大聖慈悲適化
開誘行中要切無過禮懺行道故龍樹十住
論云菩薩晝夜各有三時於此六時禮拜十
方諸佛懺悔勸請隨喜迴向菩薩來至阿惟
越地依此修行速成不退如念東方善德佛
等十方諸佛本願力故若有衆生於先佛所
種諸善根聞是佛名即能信受便得不退菩
提之心亦由愚識常聞惡聲今忽聞喚南無

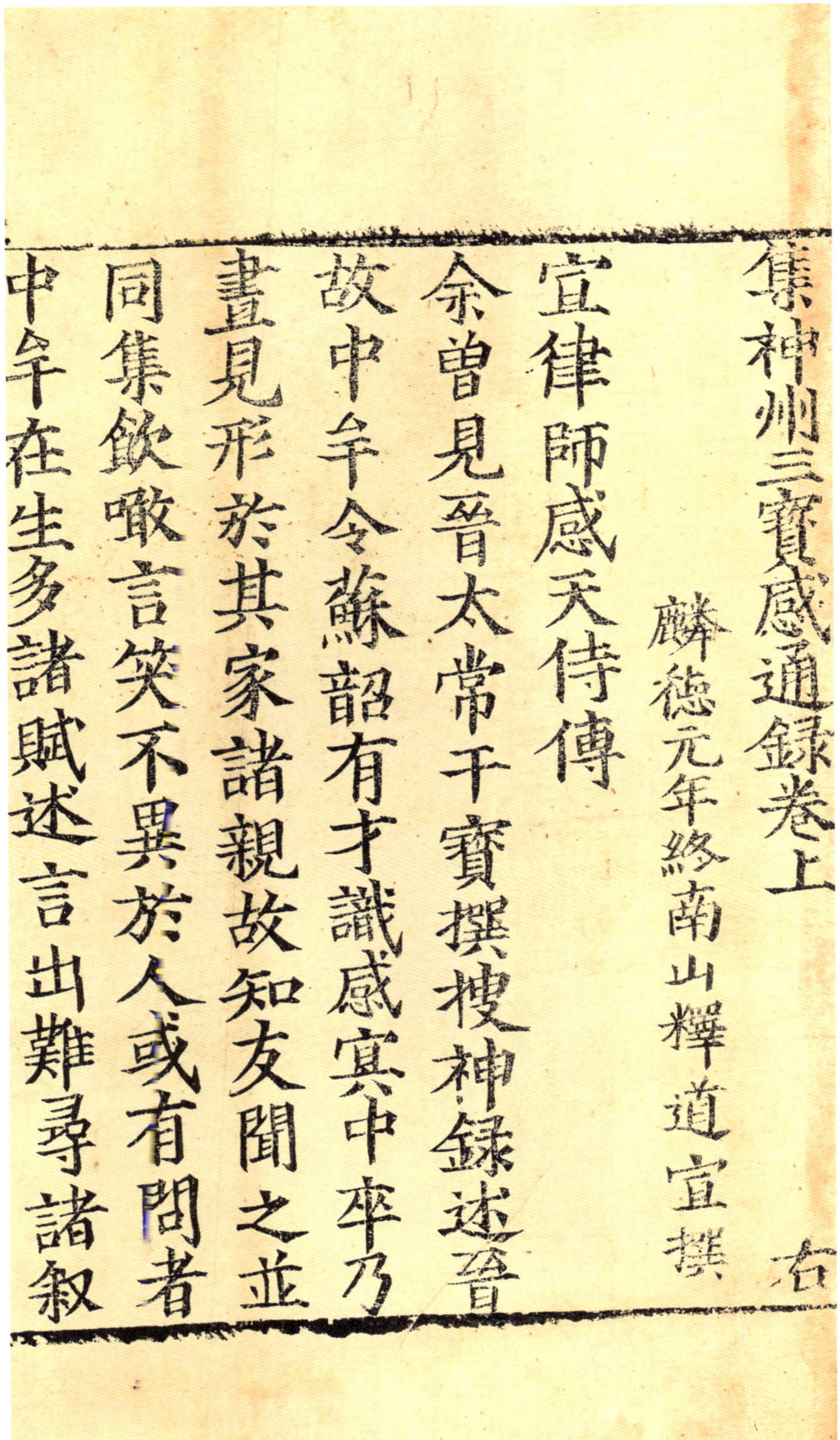
集神州三寶感通録卷上　右
麟德元年終南山釋道宣撰
宣律師感天侍傳
余曾見晉太常干寶撰搜神録述晉
故中牟令蘇韶有才識感冥中卒乃
晝見形於其家諸親故知友聞之並
同集飲噉言笑不異於人或有問者
中牟在生多諸賦述言出難尋諸叙

09961 金藏　金皇統九年至大定十三年（1149-1173）解州天寧寺刻趙城金藏本

卷軸装。各卷匡高、行字不等。北京大學圖書館藏，存七種七卷（大般若波羅蜜多經卷第三十四、集神州三寶感通録卷上、大威燈光仙人問疑經一卷、妙法蓮華經文句卷第三、優婆塞戒經卷第四、佛説聖最上燈明如來陀羅尼經一卷、佛説諸行有爲經一卷）。

大般若波羅蜜多經卷第三十四　黃

三藏法師玄奘奉　詔譯　三

初分教誡教授品第七之二十四

善現汝復觀何義言即三十二大士
相若有煩惱若無煩惱增語非菩薩
摩訶薩即八十隨好若有煩惱若無
煩惱增語非菩薩摩訶薩耶世尊若
三十二大士相有煩惱無煩惱若八

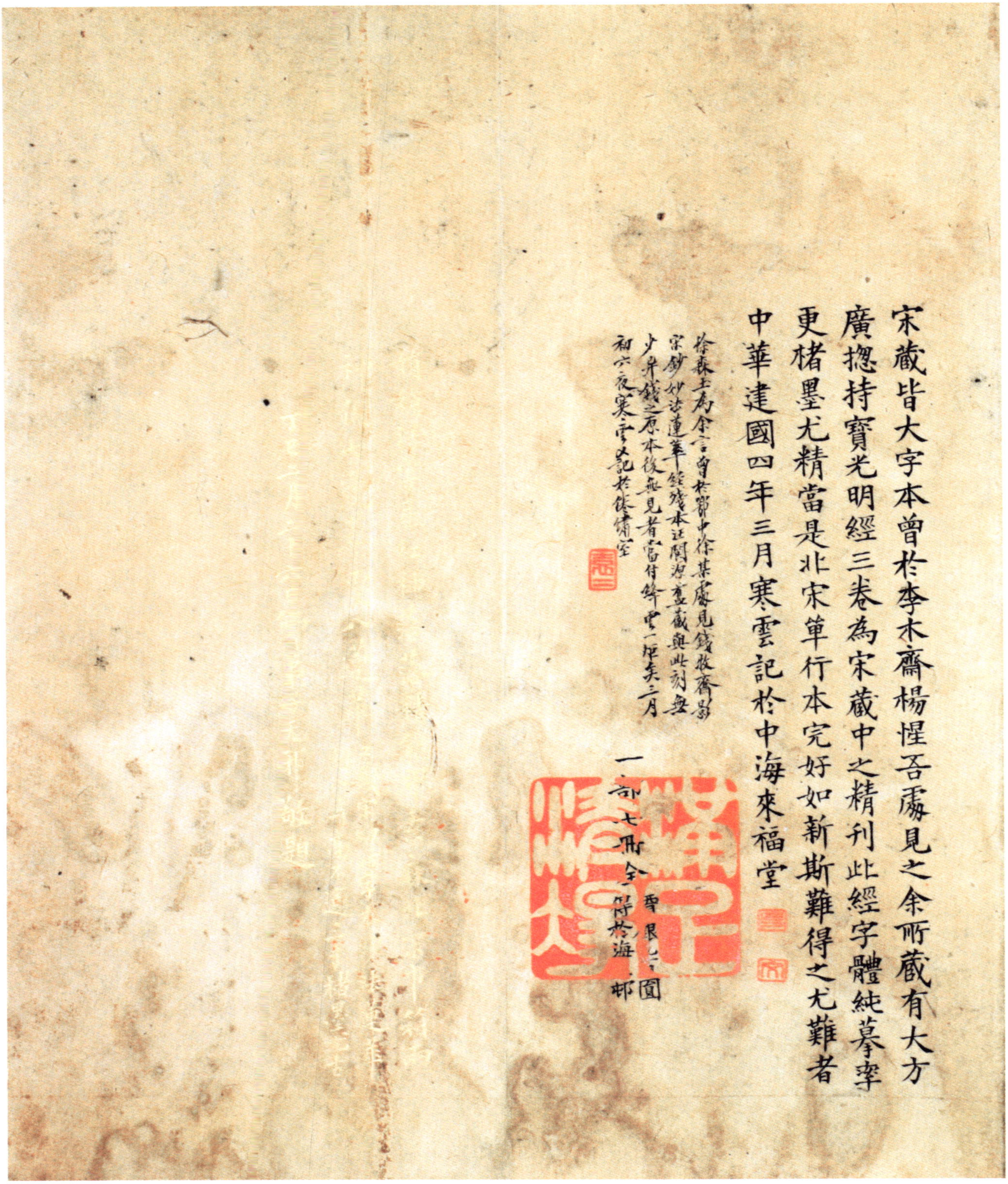

09962 妙法蓮華經七卷 （後秦）釋鳩摩羅什譯 宋刻本

經折裝。匡高 16.8 釐米，廣 8.7 釐米。半葉十行，行二十一字，上下單邊。有袁克文跋並題詩，及“袁二”、“雙蓮花庵”等印。國家圖書館藏。

妙法蓮華經卷第一

姚秦三藏法師鳩摩羅什奉　詔譯

妙法蓮華經序品第一

如是我聞一時佛住王舍城耆闍崛山中與大比丘衆萬二千人俱皆是阿羅漢諸漏已盡無復煩惱逮得已利盡諸有結心得自在其名曰阿若憍陳如摩訶迦葉優樓頻螺迦葉伽耶迦葉那提迦葉舍利弗大目揵連摩訶迦旃延阿㝹樓馱劫賓那憍梵波提離婆多畢陵伽婆蹉薄拘羅摩訶拘絺羅難陀孫陀羅難陀富樓那彌多羅尼子須菩提阿難羅睺羅如是衆所知識大阿羅漢等復有學無學二千人摩訶波闍波提比丘尼與眷屬六千人俱羅睺羅母耶輸陀羅比丘尼亦與眷屬俱菩薩摩訶薩八萬人皆於阿耨多羅三藐三菩提不退轉皆得陀羅尼樂說辯才轉不退轉法輪供養無量百千諸佛於諸佛所植衆德本常爲諸佛之所稱歎以慈修身善入佛慧通達大智到於彼岸名稱普聞無量世界能度無數百千衆生其名曰文殊師利菩薩觀世音菩薩得大勢菩薩常精進菩薩不休息菩薩寶掌菩薩藥王菩薩勇施菩薩寶月菩薩月光菩薩滿月菩薩大力菩薩無量力菩薩越三界菩薩跋陀婆羅菩薩彌

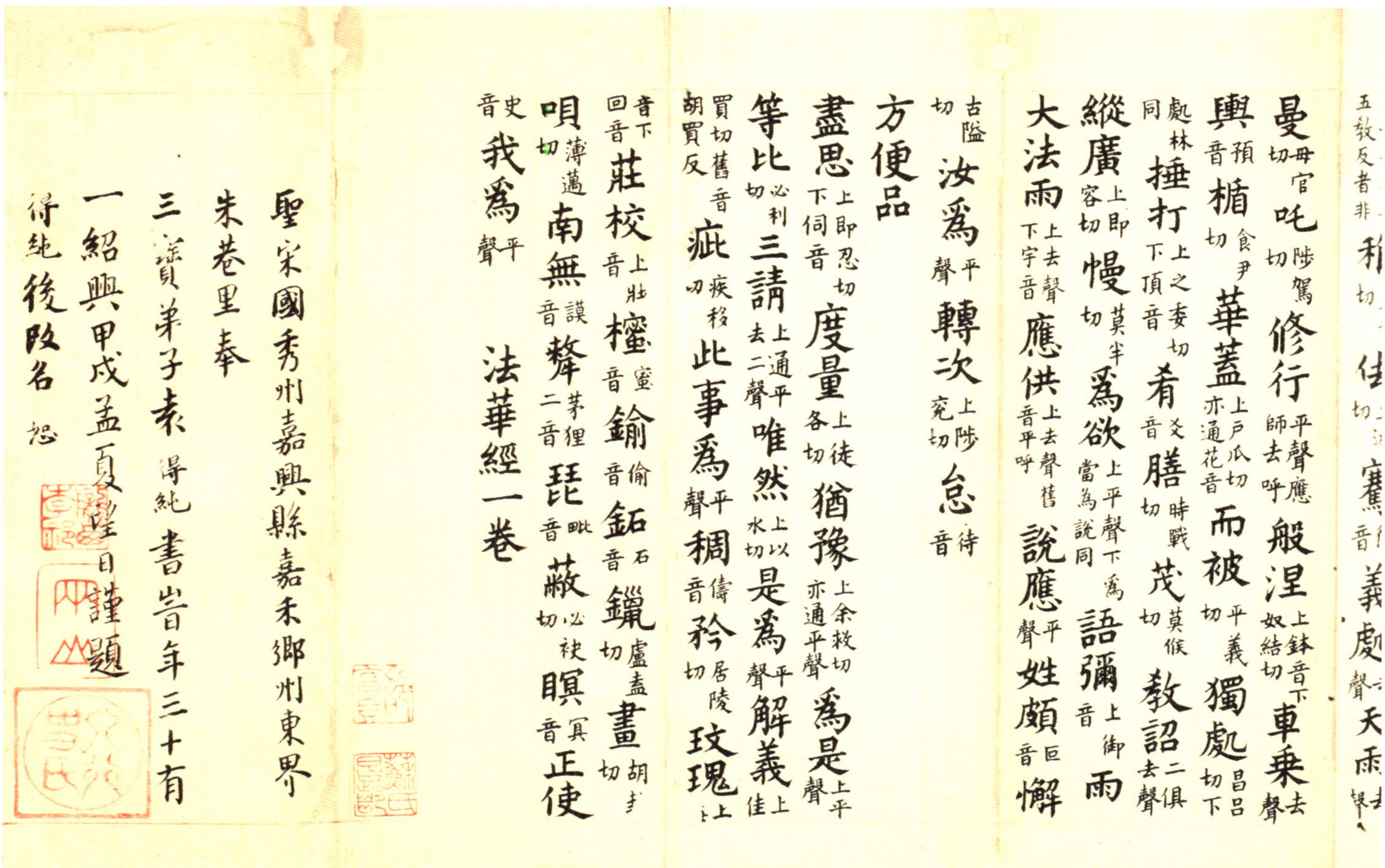

法華經一卷

聖宋國秀州嘉興縣嘉禾鄉州東界
朱巷里奉
三寶弟子袁 得純 書旹年三十有
一紹興甲戌孟夏望日謹題
得純後改名 旭

09963 妙法蓮華經七卷 （後秦）釋鳩摩羅什譯 宋紹興二十四年（1154）

袁得純抄本

經折裝。匡高 25.2 釐米，廣 11.3 釐米。半葉五行，行十七字，上下單邊。

國家圖書館藏。

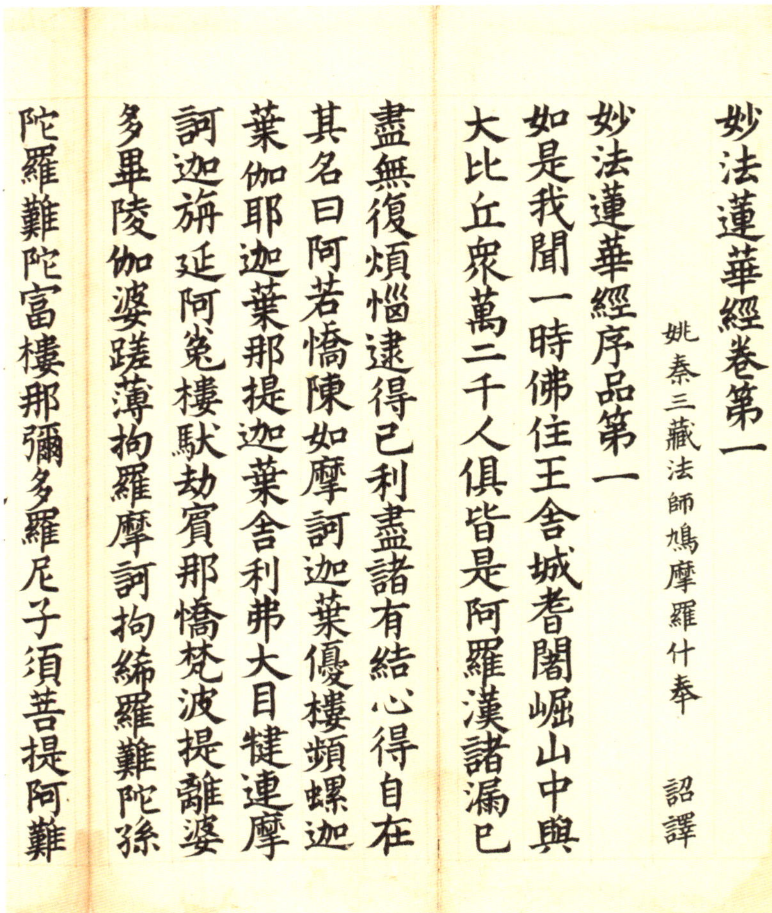

妙法蓮華經卷第一
姚秦三藏法師鳩摩羅什奉　詔譯
妙法蓮華經序品第一
如是我聞一時佛住王舍城耆闍崛山中與
大比丘衆萬二千人俱皆是阿羅漢諸漏已
盡無復煩惱逮得己利盡諸有結心得自在
其名曰阿若憍陳如摩訶迦葉優樓頻螺迦
葉伽耶迦葉那提迦葉舍利弗大目犍連摩
訶迦旃延阿㝹樓馱劫賓那憍梵波提離婆
多畢陵伽婆蹉薄拘羅摩訶拘絺羅難陀孫
陀羅難陀富樓那彌多羅尼子須菩提阿難

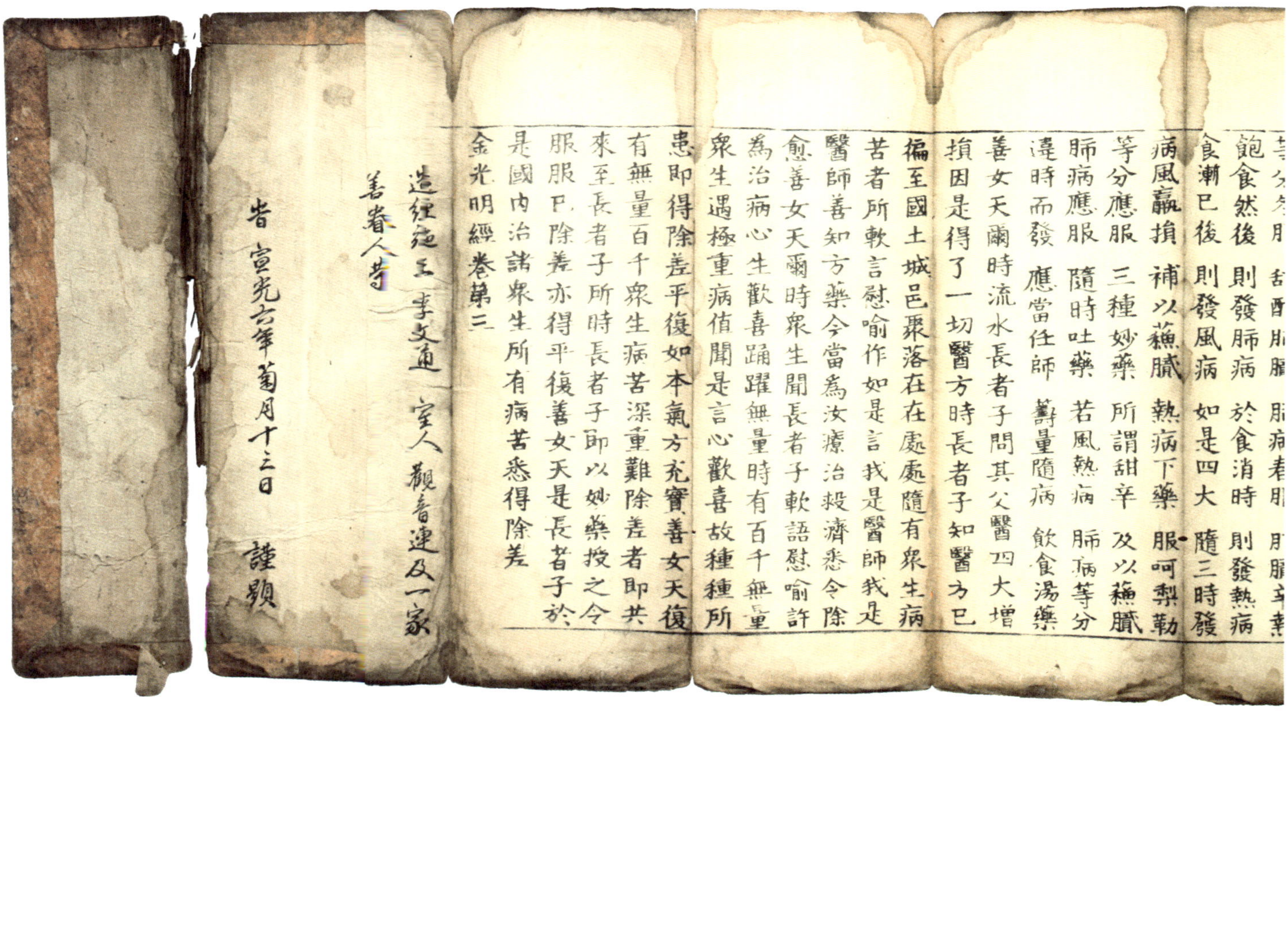

飽食然後　則發肺病　於食消時　則發熱病
食瀨已後　則發風病　如是四大　隨三時發
病風羸損　補以蘓膩　熱病下藥　服呵梨勒
等分應服　三種妙藥　所謂甜辛　及以蘓膩
肺病應服　隨時吐藥　若風熱病　肺病等分
違時而發　應當任師　籌量隨病　飲食湯藥
善女天爾時流水長者子問其父醫四大增
損因是得了一切醫方時長者子知醫方已
徧至國土城邑聚落在在處處隨有衆生病
苦者所軟言慰喻作如是言我是醫師我是
醫師善知方藥今當爲汝療治救濟悉令除
愈善女天爾時衆生聞長者子軟語慰喻許
爲治病心生歡喜踊躍無量時有百千無量
衆生遇極重病值聞是言心歡喜故種種所
患即得除差平復如本氣方充實善女天復
有無量百千衆生病苦深重難除差者即共
來至長者子所時長者子即以妙藥授之令
服服已除差亦得平復善女天是長者子於
是國內治諸衆生所有病苦悉得除差
金光明經卷第三

造經施主李文道　室人　觀音連及一家
善眷人等
旹宣光六年菊月十二日　謹題

09564 金光明經四卷　（北凉）釋曇無讖譯 北元宣光六年（1376）刻本

經折裝。匡高 21.5 釐米，廣 10 釐米。半葉六行，行十七字，上下單邊。雲南省圖書館藏，存一卷。

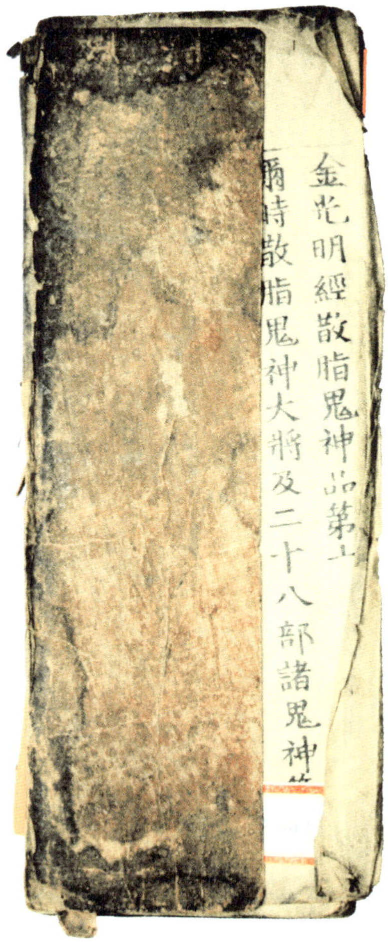
金光明經散脂鬼神品第
爾時散脂鬼神大將及二十八部諸鬼神

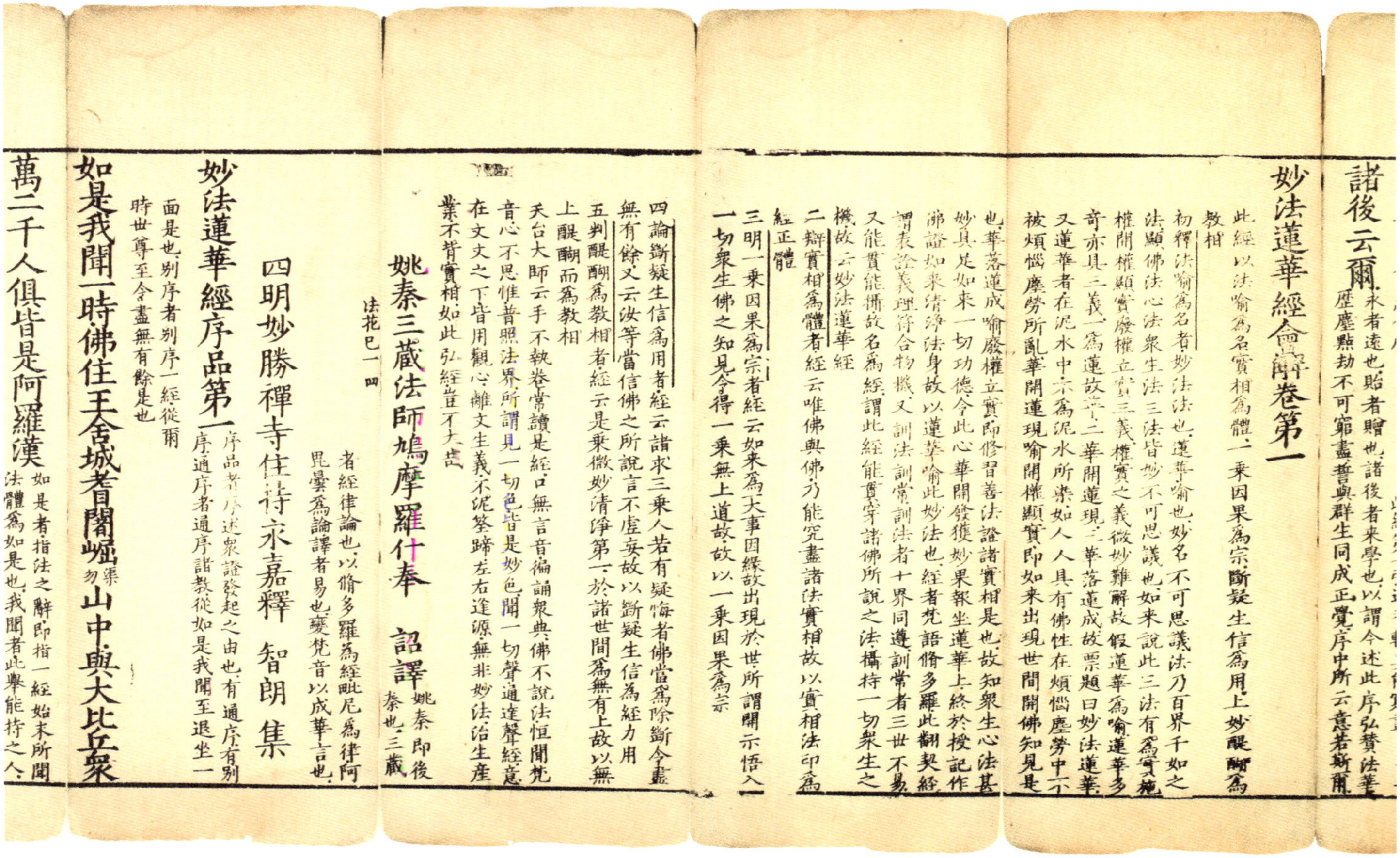
諸後云爾。永者遠也。貽者贈也。諸後者來學也。以謂今述此序弘贊法華，歷塵點劫不可窮盡，普與群生同成正覺。序中所云意若斯爾。

妙法蓮華經會解卷第一

此經以法喻爲名，實相爲體，一乘因果爲宗，斷疑生信爲用，上妙醍醐爲教相

初釋法喻爲名者。妙法法也，蓮華喻也。妙名不可思議，法乃百界千如之法，顯佛法、心法、衆生法，三法皆妙不可思議也。如來說此三法有爲實施權、開權顯實、廢權立實三義，權實之義微妙難解，故假蓮華爲喻。蓮華多奇，亦具三義：一爲蓮故華，二華開蓮現，三華落蓮成，故票題曰妙法蓮華。又蓮華者在泥水中，不爲泥水所染，如人人具有佛性，在煩惱塵勞中，不被煩惱塵勞所亂。華開蓮現，喻開權顯實，即如來出現世間，開佛知見是也。華落蓮成，喻廢權立實，即修習善法，證諸實相是也。故知衆生心法甚妙，具足如來一切功德，令此心華開發，獲妙果報，坐蓮華上，終於授記作佛，證如來清淨法身，故以蓮華喻此妙法也。經者梵語脩多羅，此翻契經，謂表詮義理，符合物機。又訓法，訓常。訓法者十界同遵，訓常者三世不易。又能貫能攝，故名爲經。謂此經能貫穿諸佛所說之法，攝持一切衆生之機，故云妙法蓮華經

二辯實相爲體者。經云唯佛與佛，乃能究盡諸法實相，故以實相法印爲經正體

三明一乘因果爲宗者。經云如來爲一大事因緣故出現於世，所謂開示悟入一切衆生佛之知見，令得一乘無上道故。故以一乘因果爲宗

四論斷疑生信爲用者。經云諸求三乘人，若有疑悔者，佛當爲除斷，令盡無有餘。又云汝等當信佛之所說，言不虛妄，故以斷疑生信爲經力用

五判醍醐爲教相者。經云是乘微妙清淨第一，於諸世間爲無有上，故以無上醍醐而爲教相

天台大師云：手不執卷，常讀是經；口無言音，徧誦衆典；佛不說法，恒聞梵音；心不思惟，普照法界。所謂見一切色皆是妙色，聞一切聲通達聲經，意在文文之下，皆用觀心，離文生義，不泥筌蹄，左右逢源，無非妙法，治生產業不背實相。如此弘經，豈不大哉

法花巳一　四

姚秦三藏法師鳩摩羅什奉　詔譯　姚秦，即後秦也。三藏者，經律論也。以脩多羅爲經，毗尼爲律，阿毘曇爲論。譯者易也，變梵音以成華言也。

四明妙勝禪寺住持永嘉釋　智朗　集

妙法蓮華經序品第一　序品者，序述衆證發起之由也。有通序，有別序。通序者，通序諸教，從如是我聞至退坐一面是也。別序者，別序一經，從爾時世尊至今盡無有餘是也

如是我聞，一時佛住王舍城耆闍崛山中，與大比丘衆萬二千人俱，皆是阿羅漢　如是者，指法之辭，即指一經始末所聞法體，爲如是也。我聞者，此舉能持之人

09965 妙法蓮華經會解七卷　元刻本

經折裝。匡高 23.1 釐米，廣 11.3 釐米。半葉五行，行字不等，上下單邊。

國家圖書館藏。

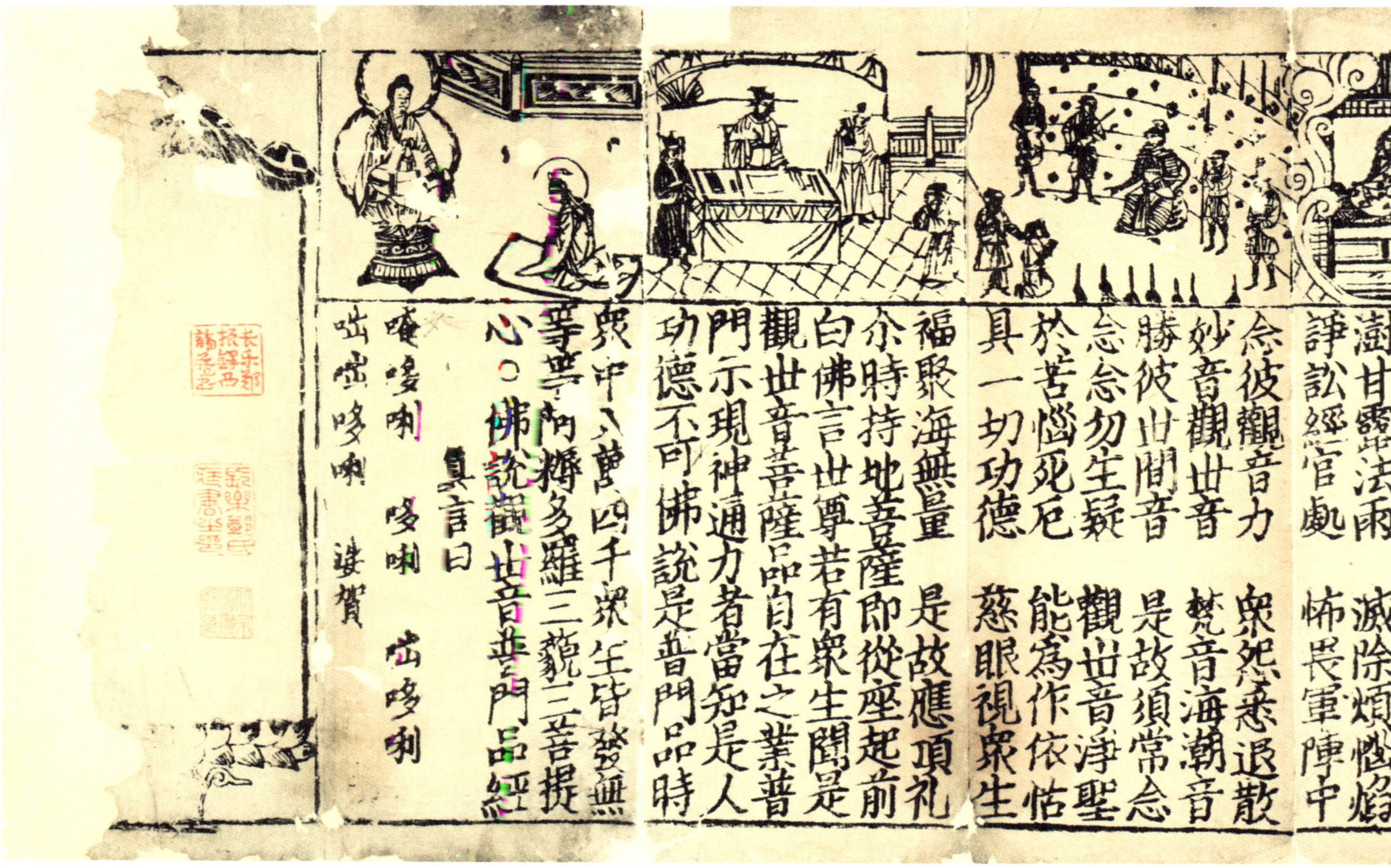
澍甘露法雨　滅除煩惱焰
諍訟經官處　怖畏軍陣中
念彼觀音力　衆怨悉退散
妙音觀世音　梵音海潮音
勝彼世間音　是故須常念
念念勿生疑　觀世音淨聖
於苦惱死厄　能爲作依怙
具一切功德　慈眼視衆生
福聚海無量　是故應頂禮
尒時持地菩薩即從座起前
白佛言世尊若有衆生聞是
觀世音菩薩品自在之業普
門示現神通力者當知是人
功德不少佛說是普門品時
衆中八萬四千衆生皆發無
等等阿耨多羅三藐三菩提
心○佛說觀世音普門品經
真言曰
唵哆唎　哆唎　咄哆唎
咄咄哆唎　娑賀

03966 妙法蓮華經觀世音普門品一卷（後秦）釋鳩摩羅什譯 宋刻本

經折裝。匡高 23.8 釐米，廣 10 釐米。半葉六行，行十一字，上下單邊。封面有徐鴻寶題“紉秋館藏 宋刊冠圖本”。國家圖書館藏。

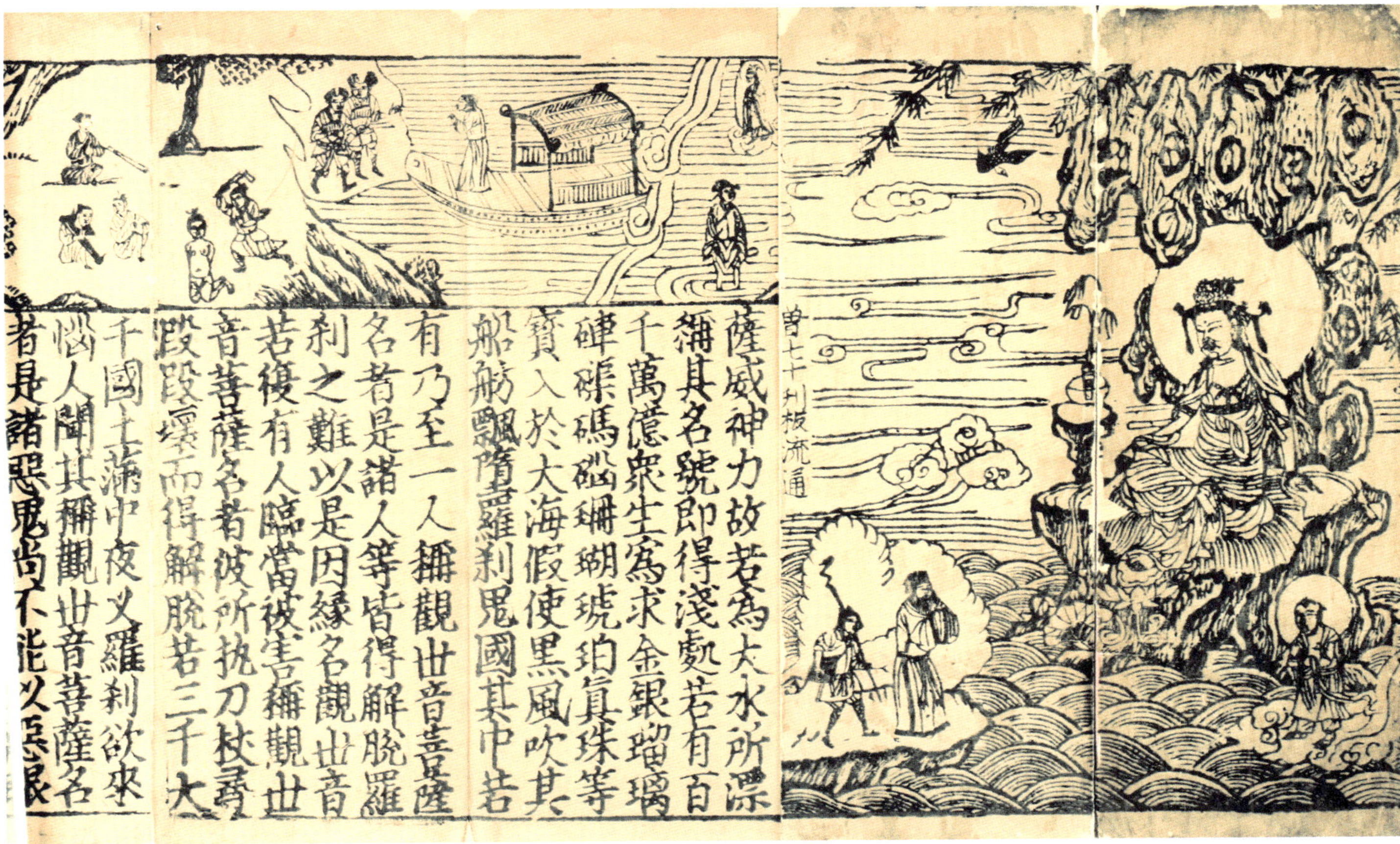

薩威神力故若爲大水所漂稱其名號即得淺處若有百千萬億衆生爲求金銀瑠璃硨磲碼碯珊瑚琥珀眞珠等寶入於大海假使黑風吹其船舫飄墮羅刹鬼國其中若有乃至一人稱觀世音菩薩名者是諸人等皆得解脫羅刹之難以是因緣名觀世音若復有人臨當被害稱觀世音菩薩名者彼所執刀杖尋段段壞而得解脫若三千大千國土滿中夜叉羅刹欲來惱人聞其稱觀世音菩薩名者是諸惡鬼尚不能以惡眼

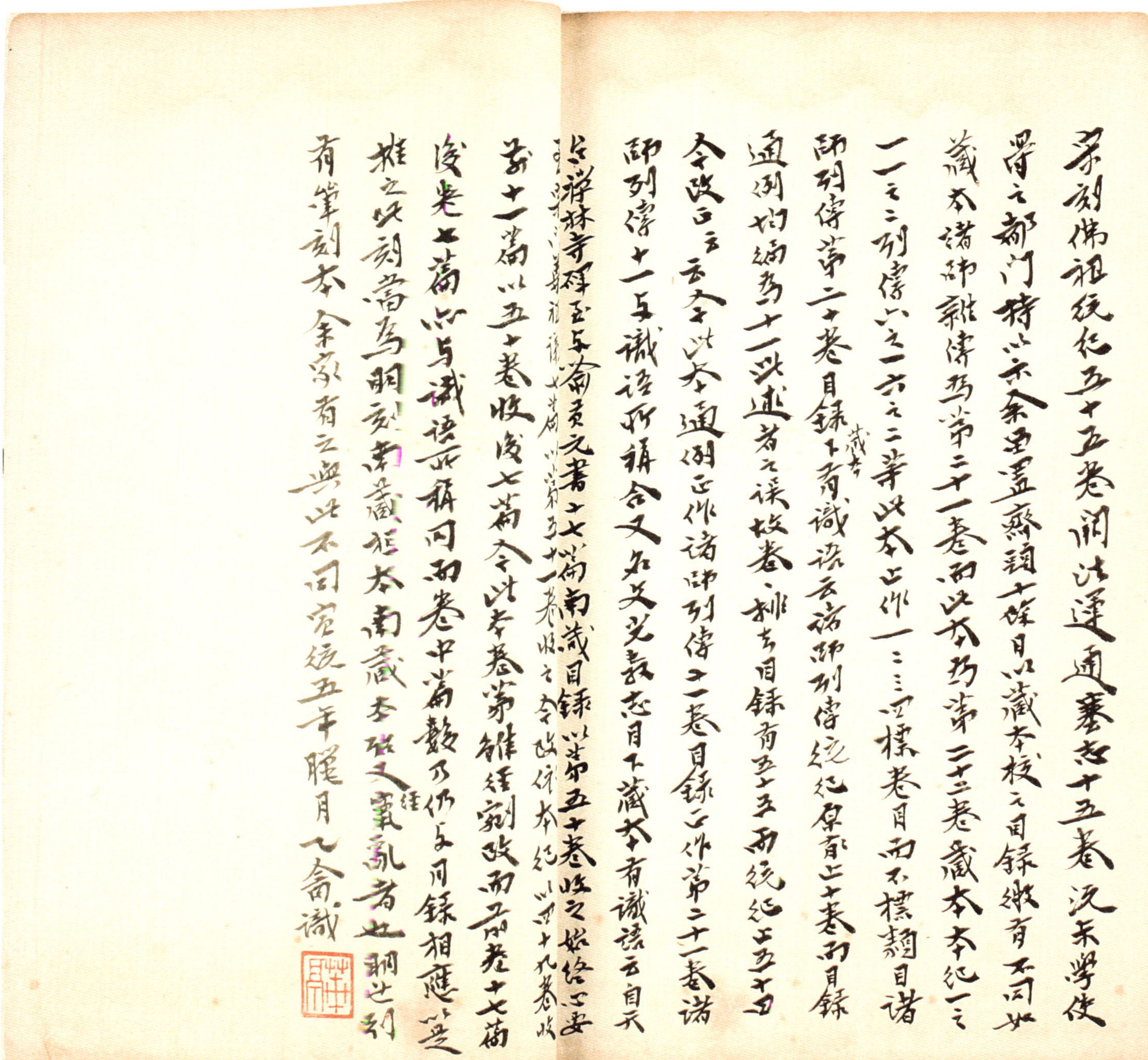

09967 佛祖統紀三十四卷 （宋）釋志磐撰 宋咸淳元年至六年（1265-1270）胡慶宗、季奎等募刻本

匡高 20.9 釐米，廣 15.1 釐米。半葉十一行，行二十二字，黑口，左右雙邊。有沈增植跋，"僧寶月伯明印"、"沅叔藏宋本"、"雙鑒樓"、"胡氏所藏宋本"等印。國家圖書館藏，存三十六卷。

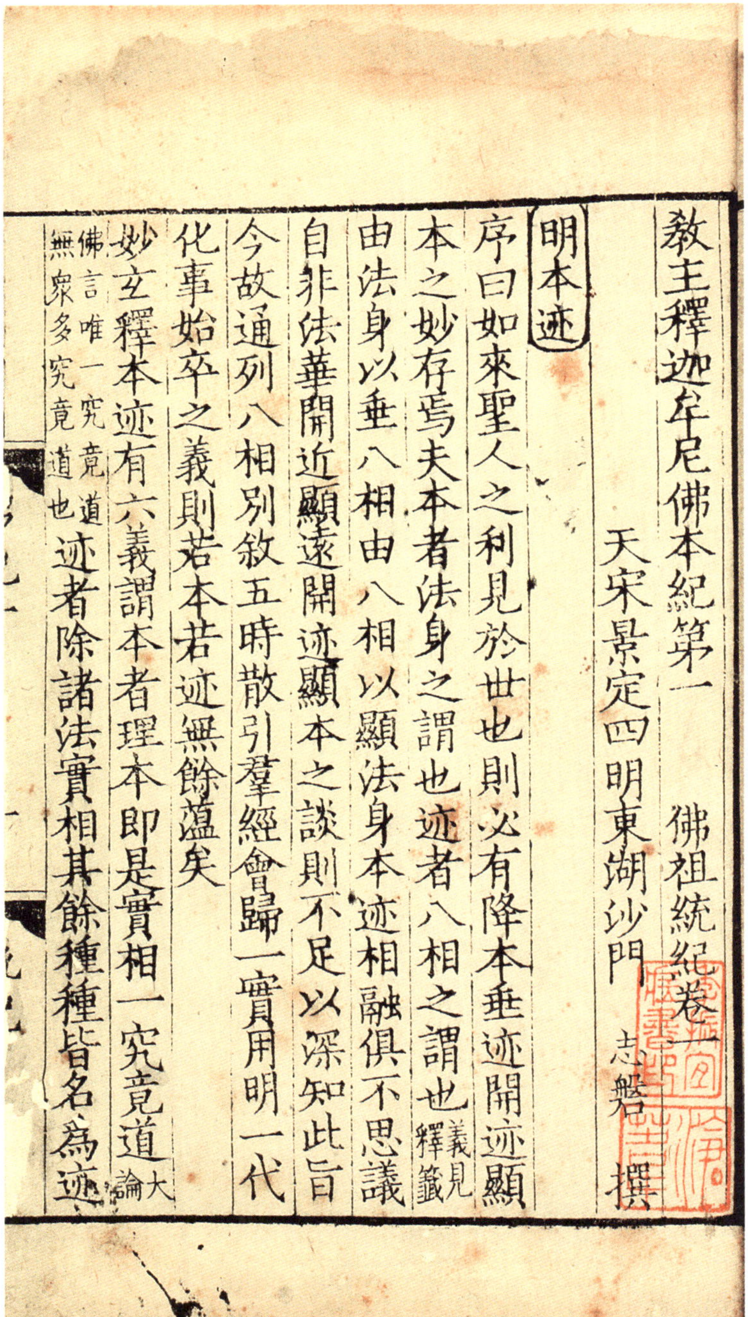

教主釋迦牟尼佛本紀第一　　佛祖統紀卷二

天宋景定四明東湖沙門　志磐　撰

明本迹

序曰如來聖人之利見於世也則必有降本垂迹開迹顯本之妙存焉夫本者法身之謂也迹者八相之謂也義見釋籤由法身以垂八相由八相以顯法身本迹相融俱不思議自非法華開近顯遠開迹顯本之談則不足以深知此旨今故通列八相別敘五時散引羣經會歸一實用明一代化事始卒之義則若本若迹無餘蘊矣

妙玄釋本迹有六義謂本者理本即是實相一究竟道大論佛言唯一究竟道無衆多究竟道也迹者除諸法實相其餘種種皆名為迹

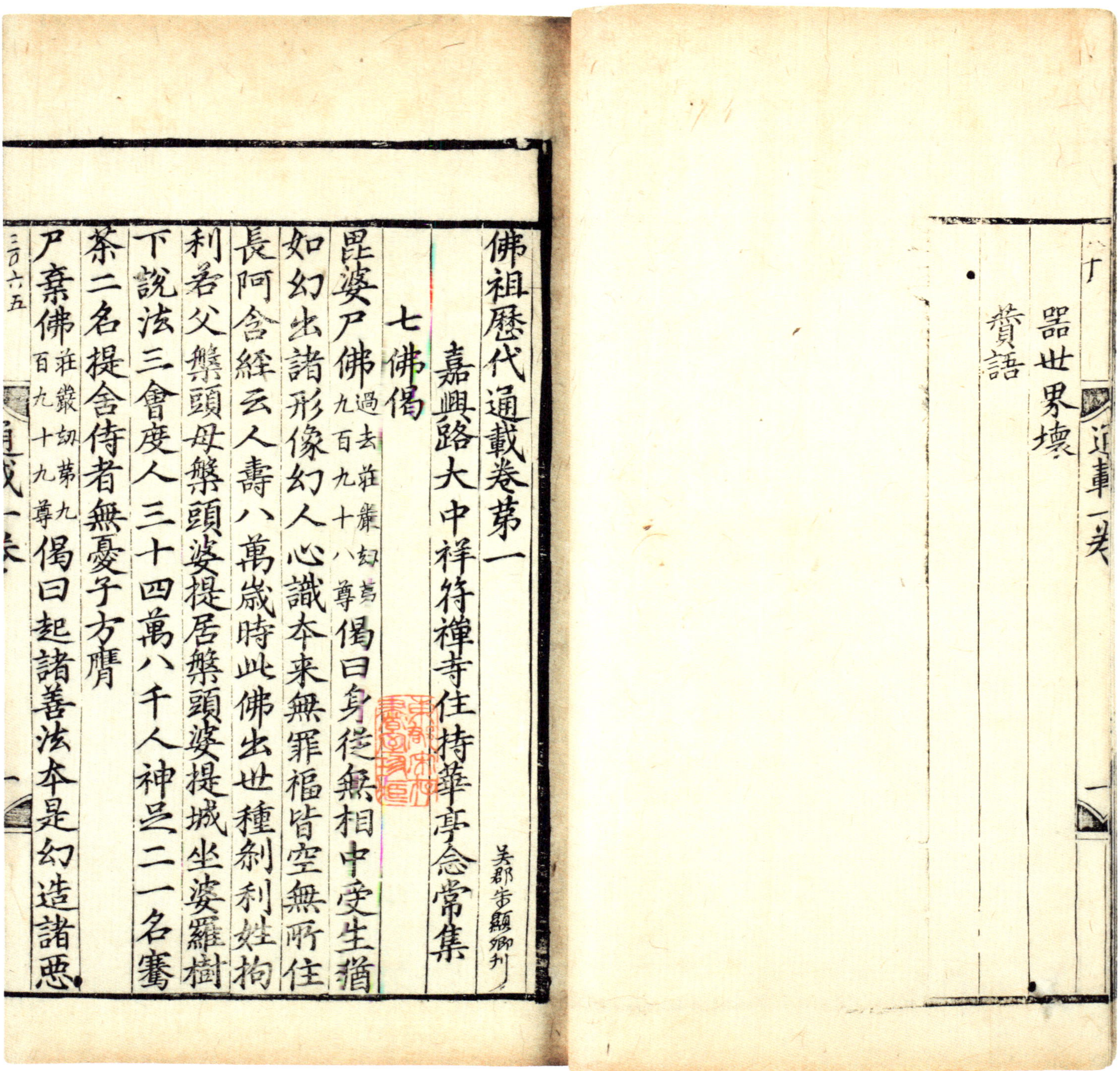
器世界壞
贊語

佛祖歷代通載卷第一
嘉興路大中祥符禪寺住持華亭念常集
吴郡朱顯卿刊
七佛偈
毘婆尸佛過去莊嚴劫第九百九十八尊偈曰身從無相中受生猶
如幻出諸形像幻人心識本来無罪福皆空無所住
長阿含經云人壽八萬歲時此佛出世種剎利姓拘
利若父槃頭母槃頭婆提居槃頭婆提城坐婆羅樹
下說法三會度人三十四萬八千人神足二一名騫
茶二名提舍侍者無憂子方膺
尸棄佛莊嚴劫第九百九十九尊偈曰起諸善法本是幻造諸惡

09968 佛祖歷代通載二十二卷 （元）釋念常撰 元至正七年（1347）釋念常募刻本

匡高 21.8 釐米，廣 13.6 釐米。半葉十行，行二十字，細黑口，左右雙邊。有“安樂堂藏書紀”、“明善堂覽書畫印記”、“宋存書室”、“東郡宋存書室珍藏”、“東郡楊氏鑒藏金石書畫印”等印。虞集序後有“板留嘉興城東雲門庵印行”二行。國家圖書館藏。

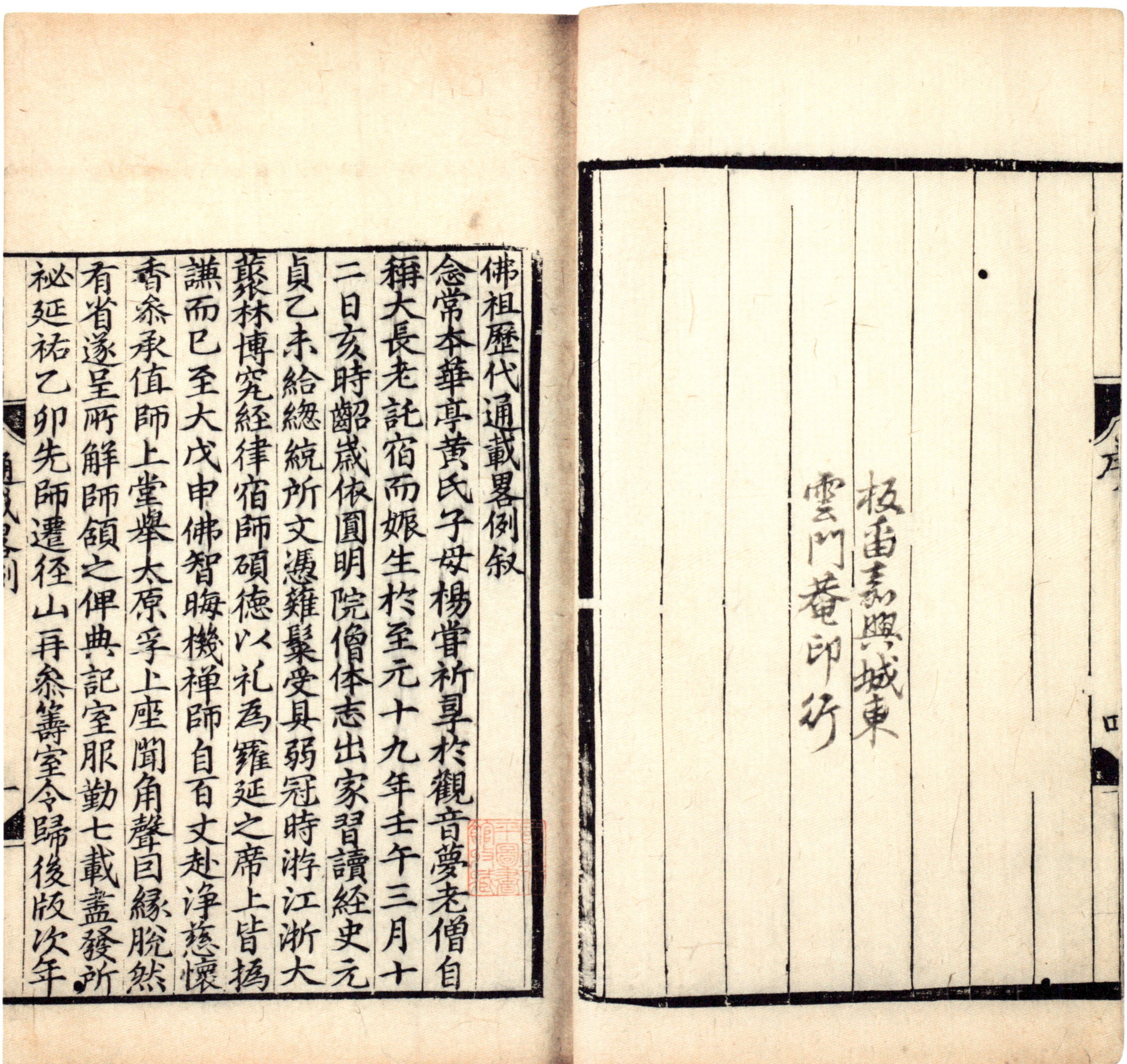

佛祖歷代通載畧例叙
念常本華亭黄氏子母楊嘗祈孕於觀音夢老僧自
稱大長老託宿而娠生於至元十九年壬午三月十
二日亥時齠歲依圓明院僧体志出家習讀經史元
貞乙未給總統所文憑薙髮受具弱冠時游江浙大
叢林博究經律宿師碩德以礼爲羅延之席上皆撝
謙而已至大戊申佛智晦機禪師自百丈赴淨慈懷
香叅承值師上堂舉太原孚上座聞角聲囙緣脫然
有省遂呈所解師領之俾典記室服勤七載盡發所
祕延祐乙卯先師遷徑山再叅籌室令歸後版次年

板留嘉興城東
雲門菴印行

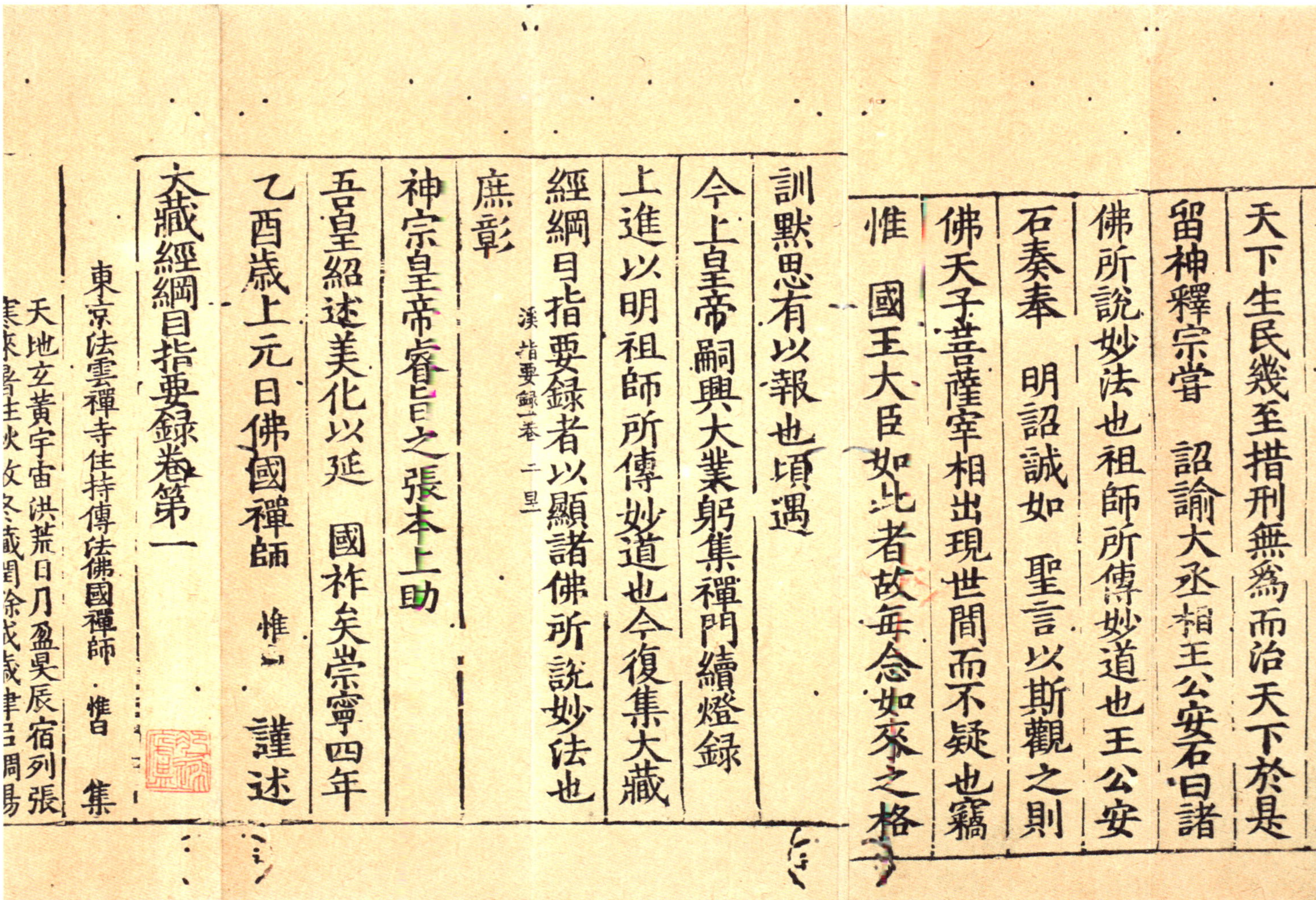
天下生民幾至措刑無爲而治天下於是
留神釋宗嘗　詔諭大丞相王公安石曰諸
佛所説妙法也祖師所傳妙道也王公安
石奏奉　明詔誠如　聖言以斯觀之則
佛天子菩薩宰相出現世間而不疑也竊
惟　國王大臣如此者故每念如來之格
訓默思有以報也頃遇
今上皇帝嗣興大業躬集禪門續燈録
上進以明祖師所傳妙道也今復集大藏
經綱目指要録者以顯諸佛所説妙法也
庶彰
神宗皇帝睿旨之張本上助
吾皇紹述美化以延　國祚矣崇寧四年
乙酉歳上元日佛國禪師　惟白　謹述

大藏經綱目指要録卷第一
東京法雲禪寺住持傳法佛國禪師　惟白　集
天地玄黄宇宙洪荒日月盈昃辰宿列張
寒來暑往秋收冬藏閏餘成歲律呂調陽

099[illegible]9 大藏經綱目指要録八卷 （宋）釋惟白撰 宋刻本

經折裝。匡高 22.4 釐米，廣 10.5 釐米。半葉四行，行十八至二十字不等，上下單邊。國家圖書館藏。

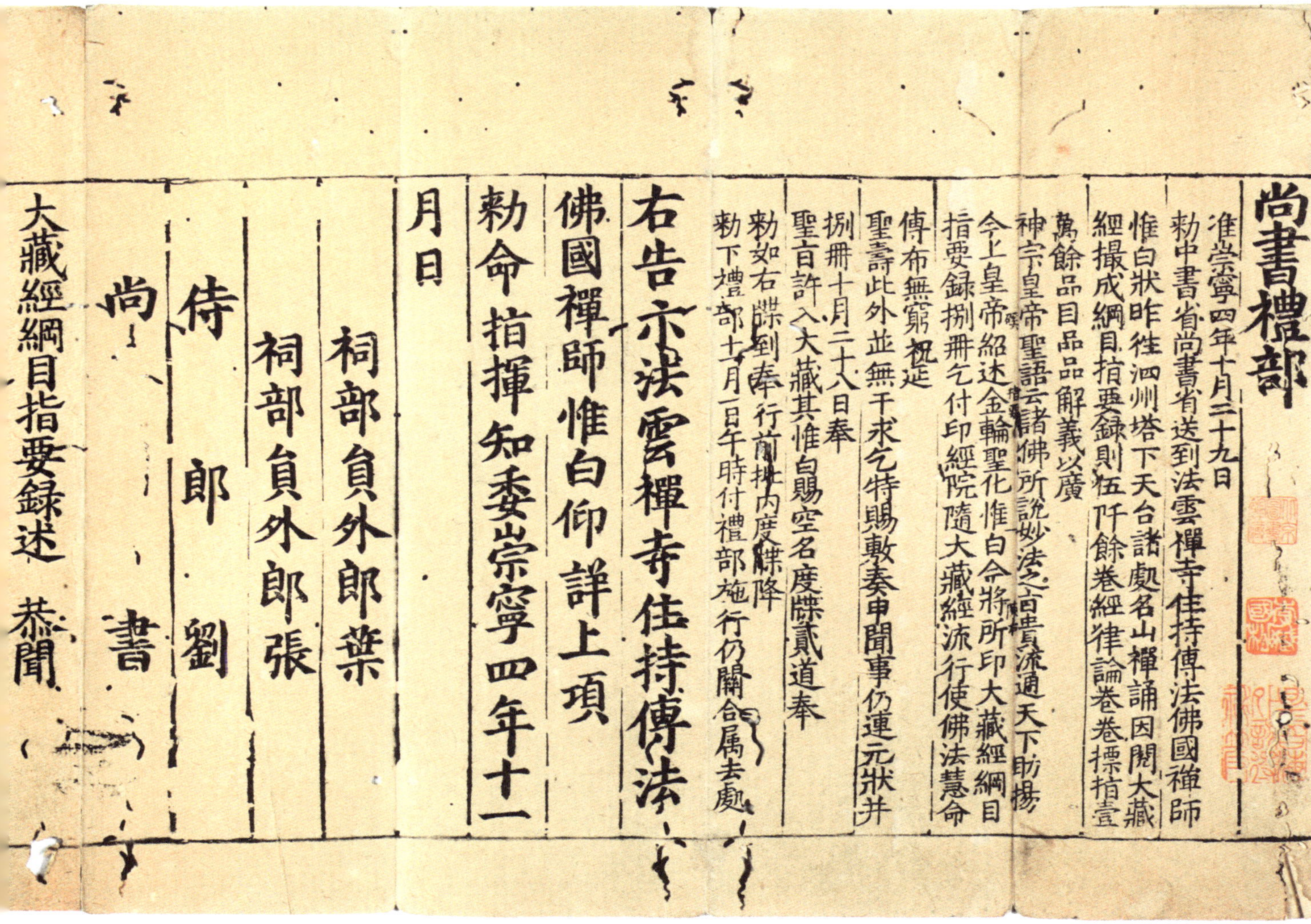

尚書禮部
准崇寧四年十月二十九日
勑中書省尚書省送到法雲禪寺住持傳法佛國禪師
惟白狀昨往泗州塔下天台諸處名山禪誦因閱大藏
經撮成綱目指要録則伍阡餘卷經律論卷卷標指壹
爲餘品目品品解義以廣
神宗皇帝聖語云諸佛所説妙法之旨貴流通天下助揚
今上皇帝紹述金輪聖化惟白今將所印大藏經綱目
指要録捌冊乞付印經院隨大藏經流行使佛法慧命
傳布無窮祝延
聖壽此外並無干求乞特賜敷奏申聞事仍連元狀并
捌冊十月二十八日奉
聖旨許入大藏其惟白賜空名度牒貳道奉
勑如右牒到奉行前批内度牒降
勑下禮部十一月一日午時付禮部施行仍關合屬去處
右告示法雲禪寺住持傳法
佛國禪師惟白仰詳上項
勑命指揮知委崇寧四年十一
月日
祠部員外郎葉
祠部員外郎張
侍郎劉
尚書
大藏經綱目指要録述 恭聞

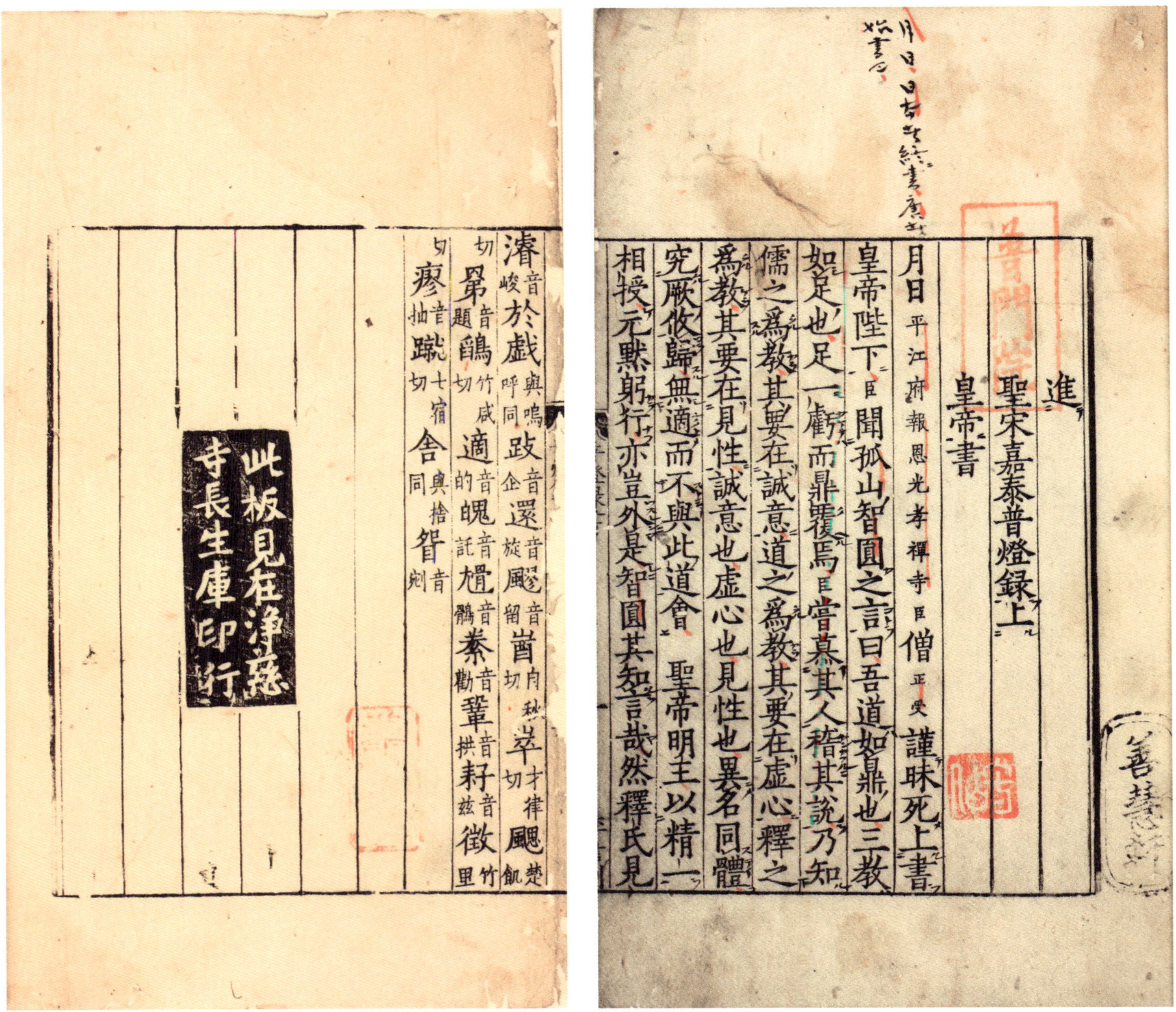

此板見在淨慈寺長生庫印行

進
聖宋嘉泰普燈録上
皇帝書
月日平江府報恩光孝禪寺臣僧正受謹昧死上書
皇帝陛下臣聞孤山智圓之言曰吾道如鼎也三教如足也足一虧而鼎覆焉臣嘗慕其人稽其說乃知儒之爲教其要在誠意道之爲教其要在虛心釋之爲教其要在見性誠意也虛心也見性也異名同體究厥攸歸無適而不與此道會 聖帝明王以精一相授元默躬行亦豈外是智圓其知言哉然釋氏見

09970 嘉泰普燈録三十卷　（宋）釋正受撰 宋嘉定四年（1211）淨慈寺刻本

匡高 19.9 釐米，廣 14.3 釐米。半葉十行，行二十字，白口，左右雙邊。有釋守仙跋，全卷有釋文伯批注。國家圖書館藏，存六卷。

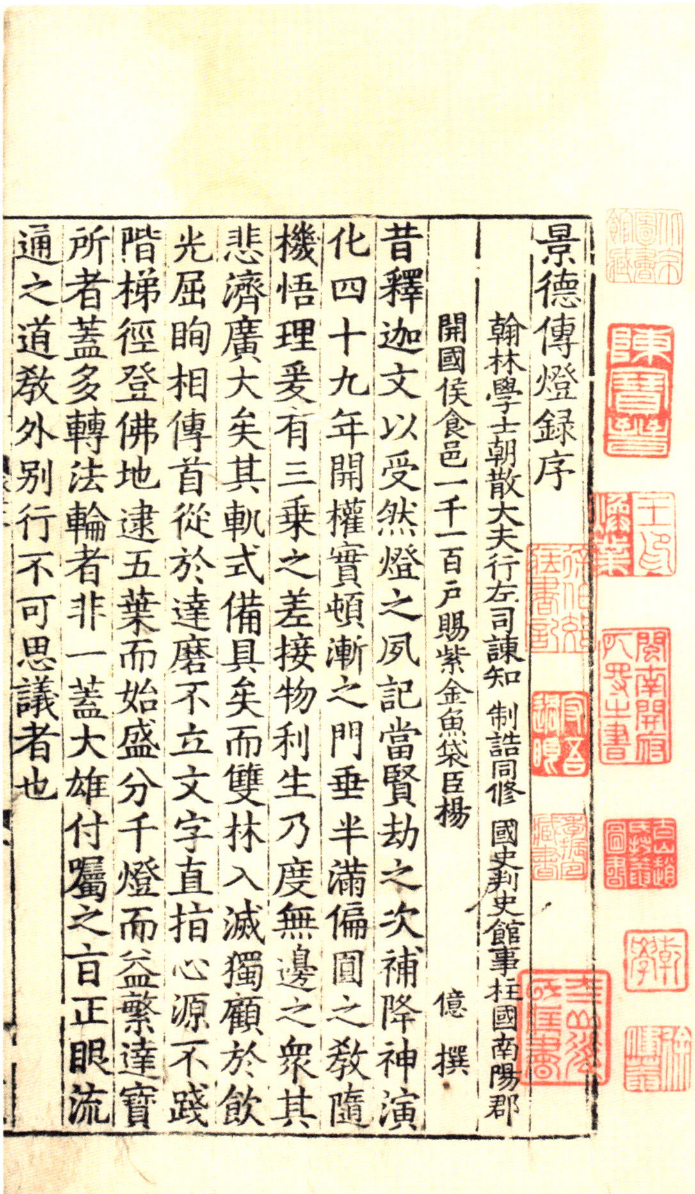
景德傳燈録序
翰林學士朝散大夫行左司諫知 制誥同修 國史判史館事柱國南陽郡
開國侯食邑一千一百戶賜紫金魚袋臣楊 億 撰
昔釋迦文以受然燈之夙記當賢劫之次補降神演化四十九年開權實頓漸之門垂半滿偏圓之教隨機悟理爰有三乘之差接物利生乃度無邊之衆其悲濟廣大矣其軌式備具矣而雙林入滅獨顧於飲光屈眴相傳首從於達磨不立文字直指心源不踐階梯徑登佛地逮五葉而始盛分千燈而益繁達寶所者蓋多轉法輪者非一蓋大雄付囑之旨正眼流通之道敎外別行不可思議者也

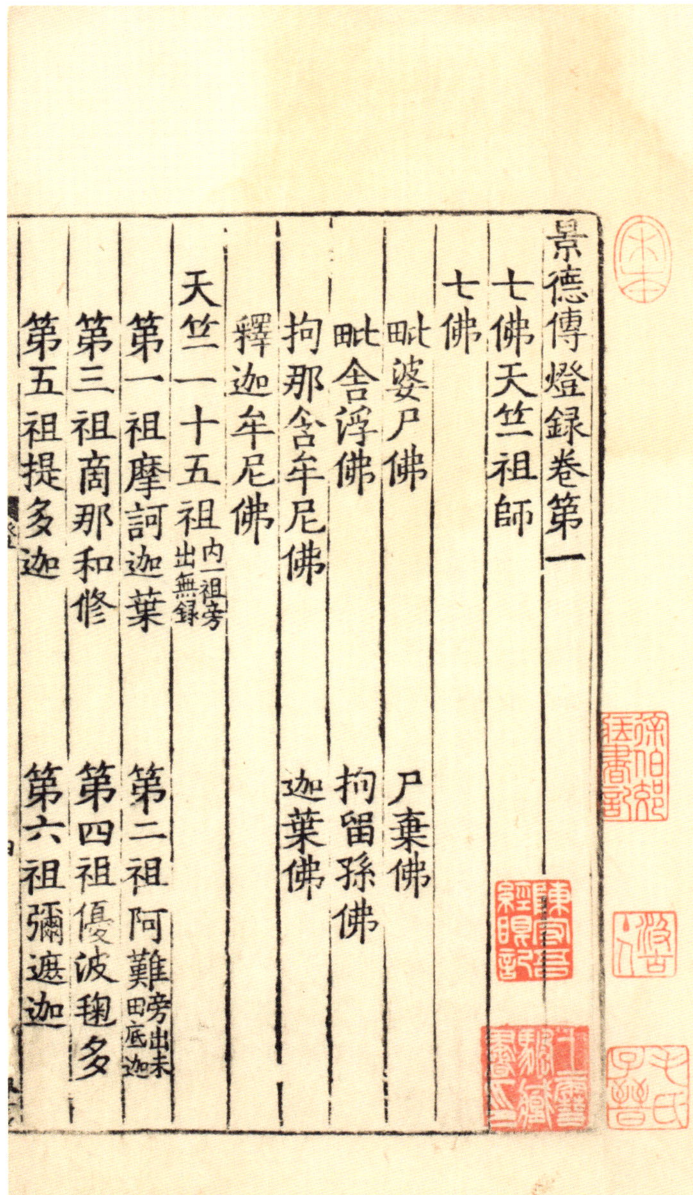
景德傳燈録卷第一
七佛天竺祖師
七佛
毗婆尸佛 尸棄佛
毗舍浮佛 拘留孫佛
拘那含牟尼佛 迦葉佛
釋迦牟尼佛
天竺一十五祖 内一祖旁出無録
第一祖摩訶迦葉 第二祖阿難 旁出末田底迦
第三祖商那和修 第四祖優波毱多
第五祖提多迦 第六祖彌遮迦

09971 景德傳燈録三十卷 （宋）釋道原撰 宋刻本

匡高 19.3 釐米，廣 12.2 釐米。半葉十一行，行二十字，白口，左右雙邊。有“太山趙氏拙菴圖書”、“閩南開府所得之書”、“王印煥業”、“陳寶晉”、“守吾過眼”等印。國家圖書館藏。

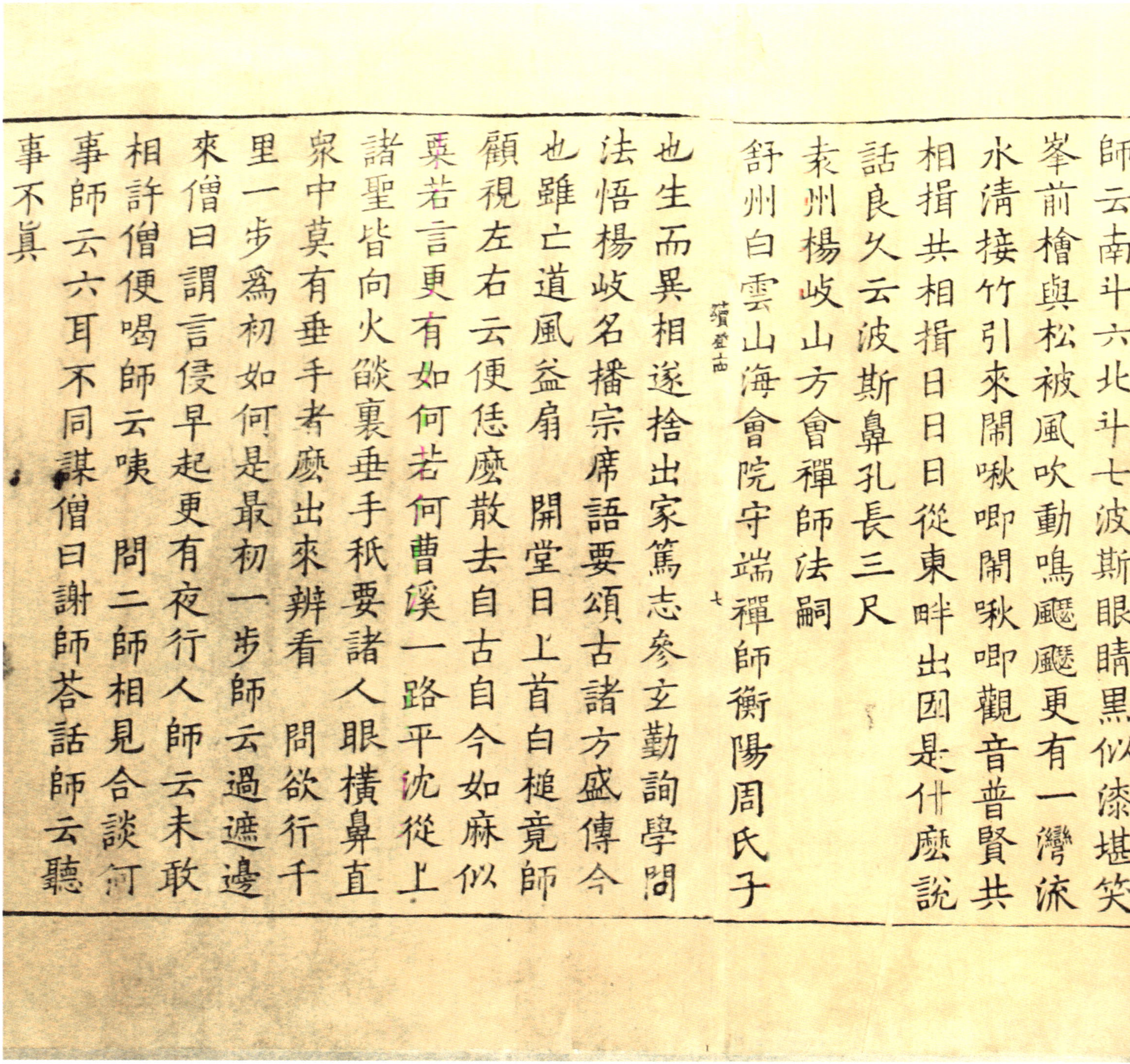

師云南斗六北斗七波斯眼睛黑似漆堪笑
峯前檜與松被風吹動鳴颼颼更有一灣流
水清接竹引來鬧啾唧鬧啾唧觀音普賢共
相揖共相揖日日日從東畔出因是什麼說
話良久云波斯鼻孔長三尺
袁州楊岐山方會禪師法嗣
舒州白雲山海會院守端禪師衡陽周氏子
續燈十　七
也生而異相遂捨出家篤志參玄勤詢學問
法悟楊岐名播宗席語要頌古諸方盛傳今
也雖亡道風益扇　開堂日上首白槌竟師
顧視左右云便恁麼散去自古自今如麻似
粟若言更有如何若何曹溪一路平沈從上
諸聖皆向火燄裏垂手秖要諸人眼横鼻直
衆中莫有垂手者麼出來辨看　問欲行千
里一步爲初如何是最初一步師云過遮邊
來僧曰謂言侵早起更有夜行人師云未敢
相許僧便喝師云咦　問二師相見合談何
事師云六耳不同謀僧曰謝師荅話師云聽
事不真

09972 建中靖國續燈録三十卷　（宋）釋惟白編　宋刻本

卷軸裝。高33釐米，長913.5釐米。一紙長43.5釐米。存二十一紙，每紙二十四行，行十七字。卷內“玄”、“豎”兩字缺筆避諱。山西博物院藏，存一卷。

日中遺影

上堂云抛空追響勞汝心神夢覺覺非竟有何事德山老人在你諸人眉毛眼睫上諸人還覺麼若也覺去夢覺覺非若也未覺抛空追響終無了日直饒向遮裏倜儻分明猶是梯山入貢還有獨遊方外者麼良久云且莫詐明頭參

上堂云山僧本無積蓄且得粥足飯足困來即便打睡一任東卜西卜

上堂云看風使帆諸人盡知斬釘截鐵要在當機且道不傷物義一句作麼生道良久云舉頭天外看誰是箇中人參

師於紹聖二年十月初八日寫偈云昨夜三更風雷忽作雲散長空前溪月落偈畢坐逝茶毗燼餘睛目爪齒堅然如故分葬于京潭二塔餘如大丞相曾公布塔銘

南嶽西林崇奧禪師

問一問一荅賓主歷然不問不荅如何辨別師云坐底坐立底立僧曰便恁麼會時如何

師[illegible]

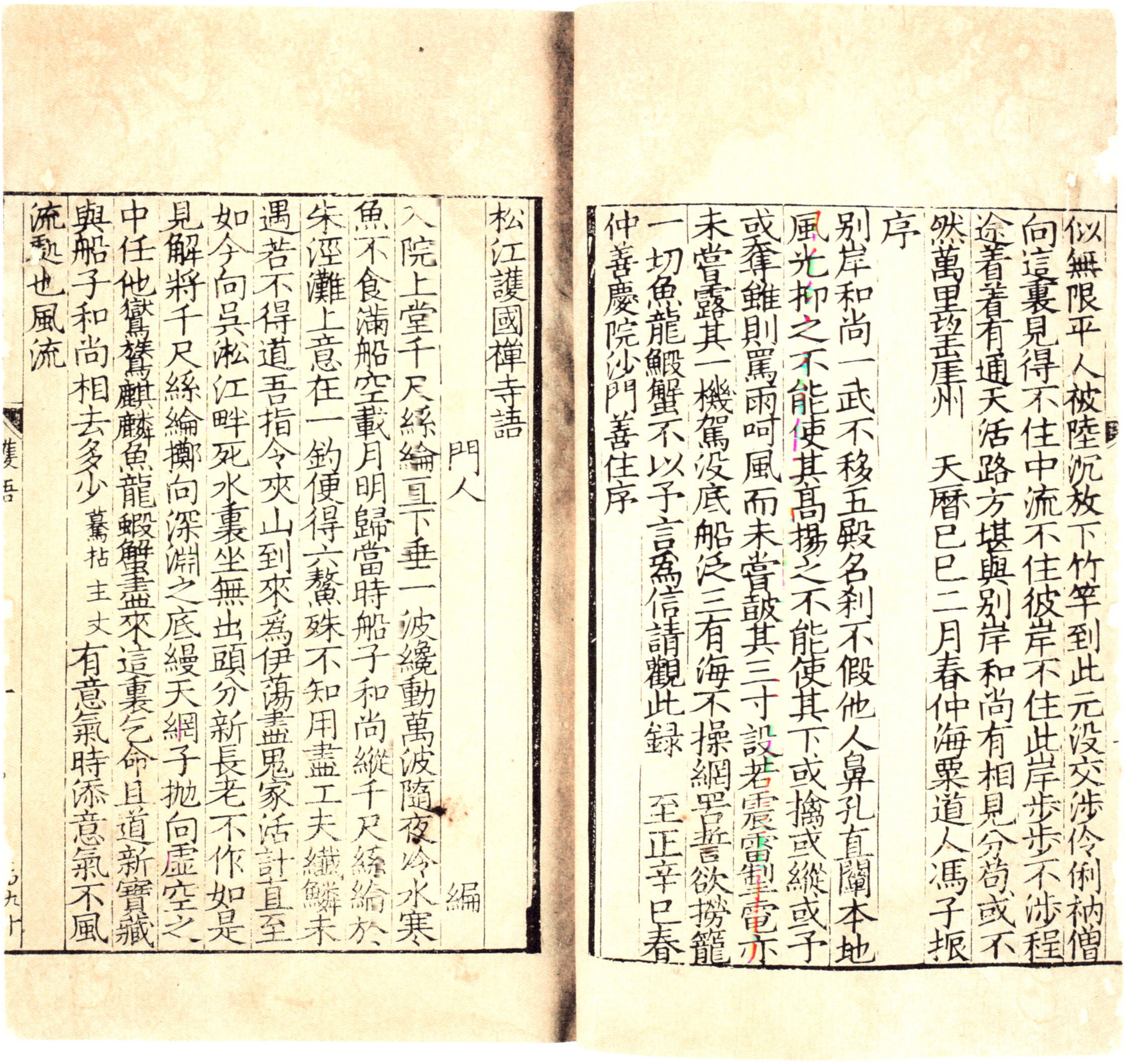
似無限平人被陸沉放下竹竿到此元沒交涉伶俐衲僧向這裏見得不住中流不住彼岸不住此岸步步不涉程途着着有通天活路方堪與別岸和尚有相見分苟或不然萬里望崖州　天曆己巳二月春仲海粟道人馮子振

序

別岸和尚一武不移五殿名刹不假他人鼻孔直闖本地風光抑之不能使其高揚之不能使其下或擒或縱或予或奪雖則罵雨呵風而未嘗敲其三寸設若震雷掣電亦未嘗露其一機駕沒底船泛三有海不操網罟欲撈籠一切魚龍鰕蟹不以予言爲信請觀此録　至正辛巳春仲善慶院沙門善住序

松江護國禪寺語

門人　編

入院上堂千尺絲綸直下垂一波纔動萬波隨夜冷水寒魚不食滿船空載月明歸當時船子和尚縱千尺絲綸於朱涇灘上意在一鈎便得六鰲殊不知用盡工夫纖鱗未遇若不得道吾指令來山到來爲伊蕩盡鬼家活計直至如今向吳淞江畔死水裏坐無出頭分新長老不作如是見解將千尺絲綸擲向深淵之底緩天網子拋向虛空之中任他鸑鷟麒麟魚龍鰕蟹盡來這裏乞命且道新寶藏與船子和尚相去多少　驀拈拄丈　有意氣時添意氣不風流處也風流

09973 佛日圓明大師別岸和尚語録五卷偈頌贊跋一卷　（元）釋若舟撰　元刻本

匡高 16.9 釐米，廣 11.7 釐米。半葉十一行，行二十二字，細黑口，左右雙邊。國家圖書館藏。

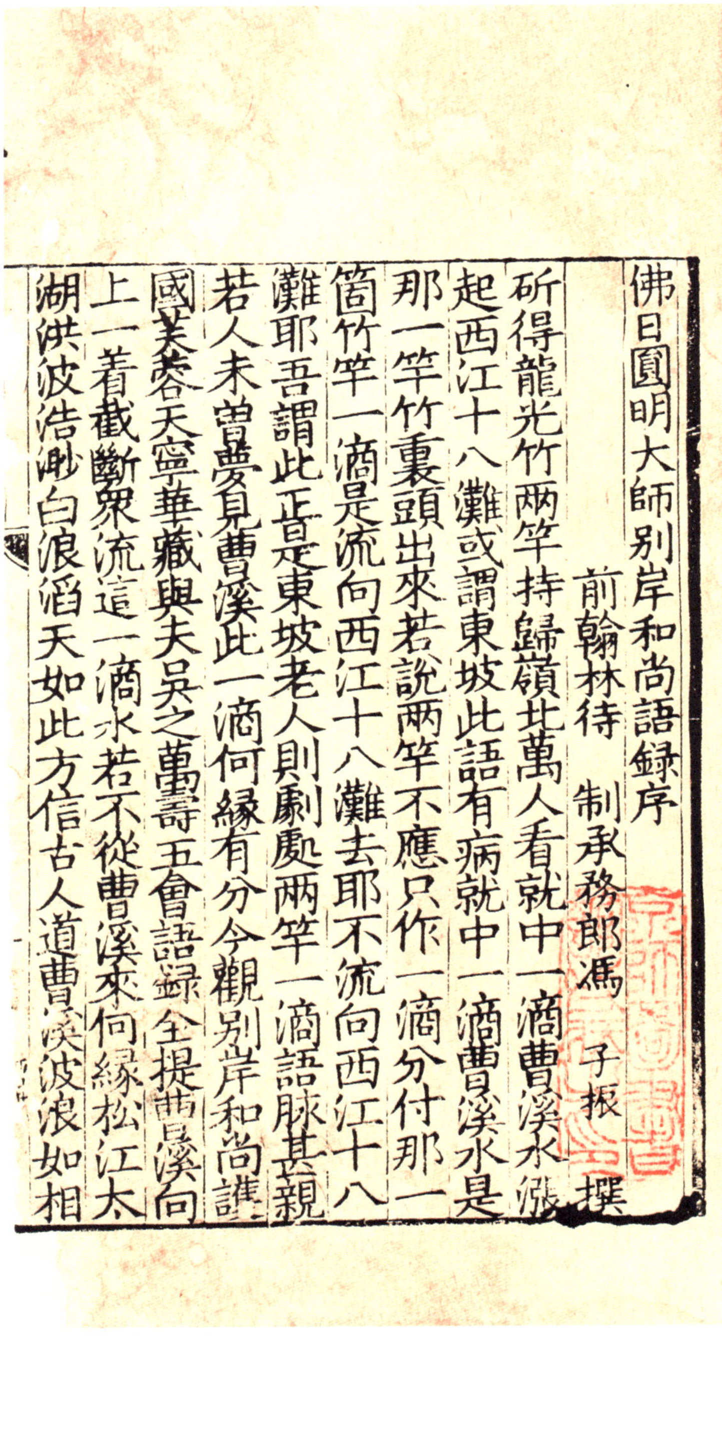

佛日圓明大師別岸和尚語録序

前翰林待　制承務郎馮　子振　撰

斫得龍光竹兩竿持歸嶺北萬人看就中一滴曹溪水漲 起西江十八灘或謂東坡此語有病就中一滴曹溪水是 那一竿竹裏頭出來若說兩竿不應只作一滴分付那一 箇竹竿一滴是流向西江十八灘去耶不流向西江十八 灘耶吾謂此正是東坡老人則劇處兩竿一滴語脉甚親 若人未曾夢見曹溪此一滴何緣有分今觀別岸和尚謹 國美荅天寧華藏與夫吳之萬壽五會語録全提曹溪向 上一着截斷衆流這一滴水若不從曹溪來何緣松江太 湖洪波浩渺白浪滔天如此方信古人道曹溪波浪如相

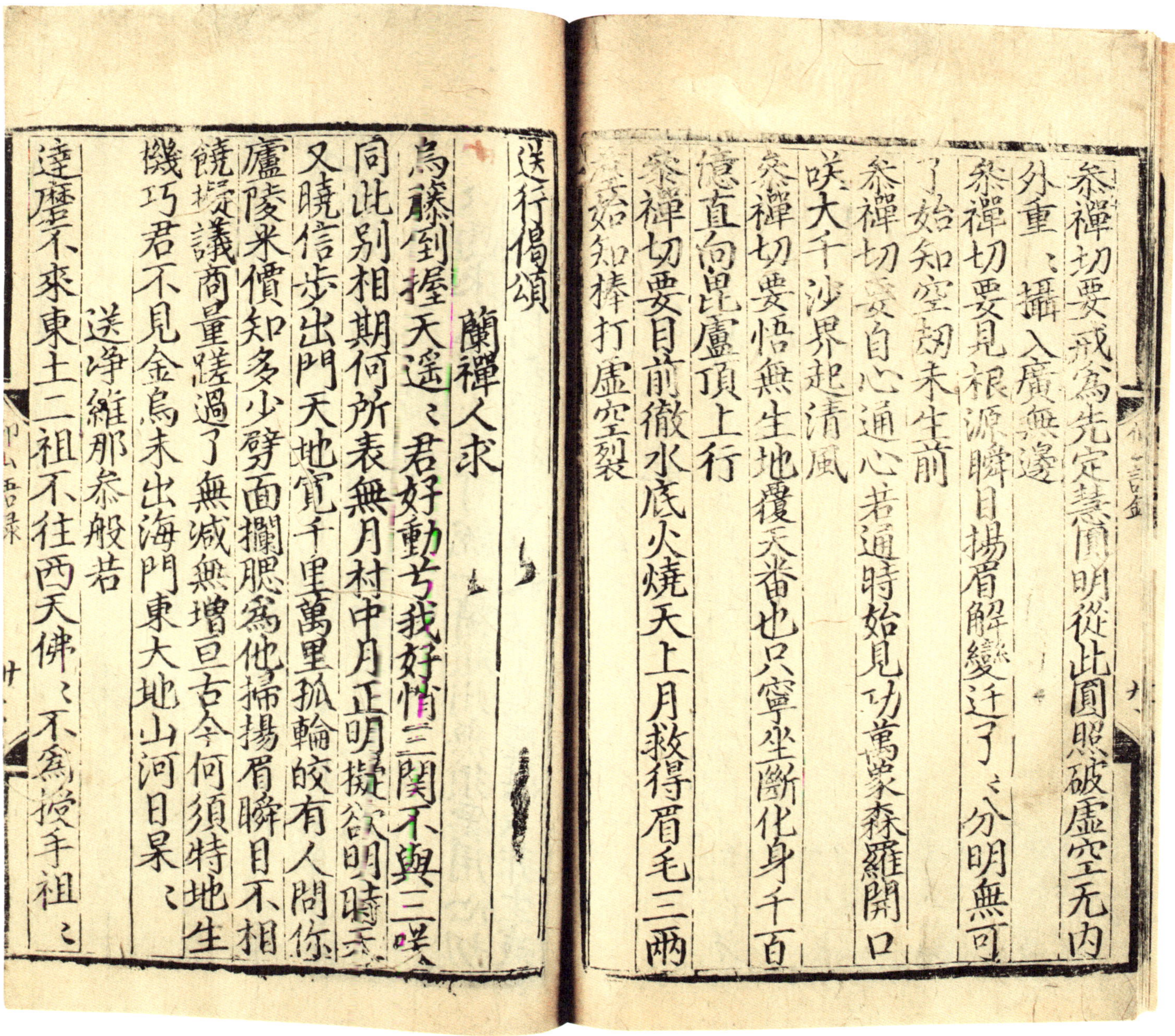

09[illegible]74 高仰山古梅和尚語録全集一卷龍窟重開山古梅和尚語録一卷 （宋）釋道原撰 元刻本

匡高 18.7 釐米，廣 12.5 釐米。半葉十行，行二十字，黑口，四周雙邊。國家圖書館藏。

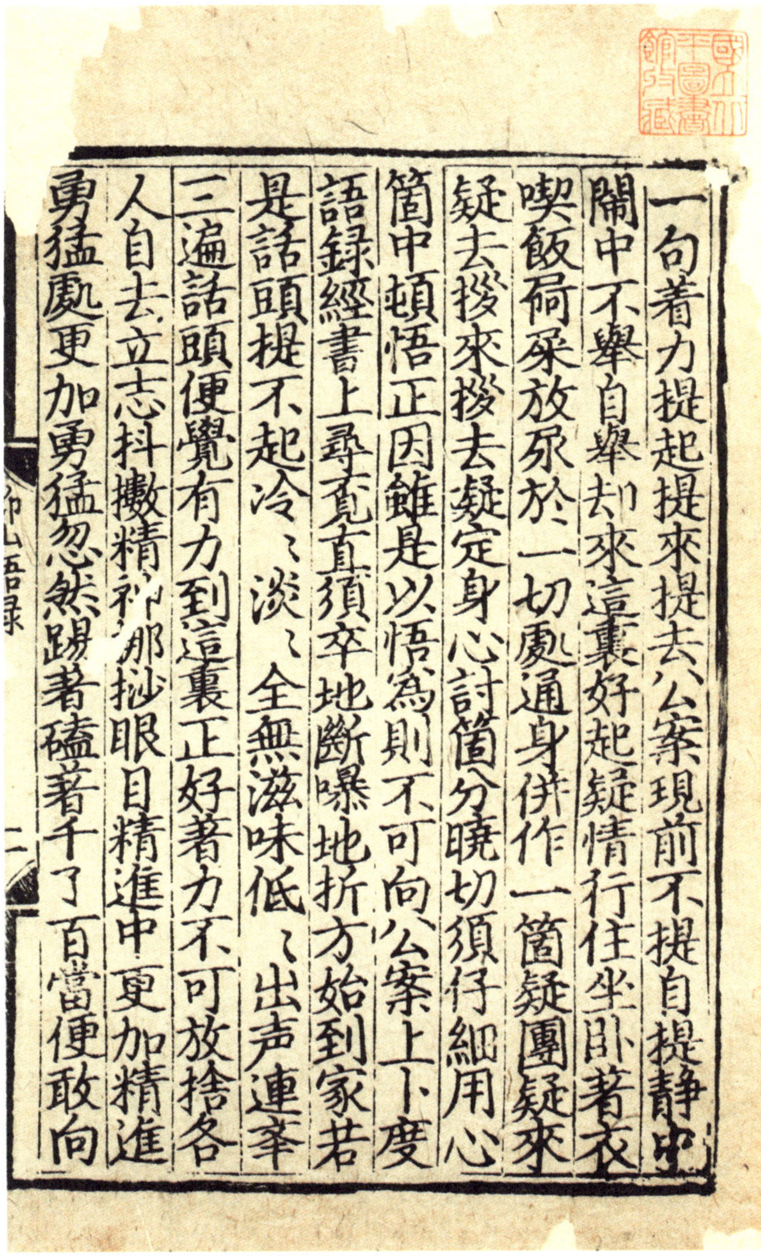

一句着力提起提來提去公案現前不提自提靜中
鬧中不舉自舉却來這裏好起疑情行住坐卧著衣
喫飯屙屎放尿於一切處通身併作一箇疑團疑來
疑去挨來挨去疑定身心討箇分曉切須仔細用心
箇中頓悟正因雖是以悟爲則不可向公案上卜度
語録經書上尋覓直須卒地斷嚗地折方始到家若
是話頭提不起冷冷淡淡全無滋味低低出声連舉
三遍話頭便覺有力到這裏正好着力不可放捨各
人自去立志抖擻精神那抄眼目精進中更加精進
勇猛處更加勇猛忽然踢著磕著千了百當便敢向

仰山語録　二

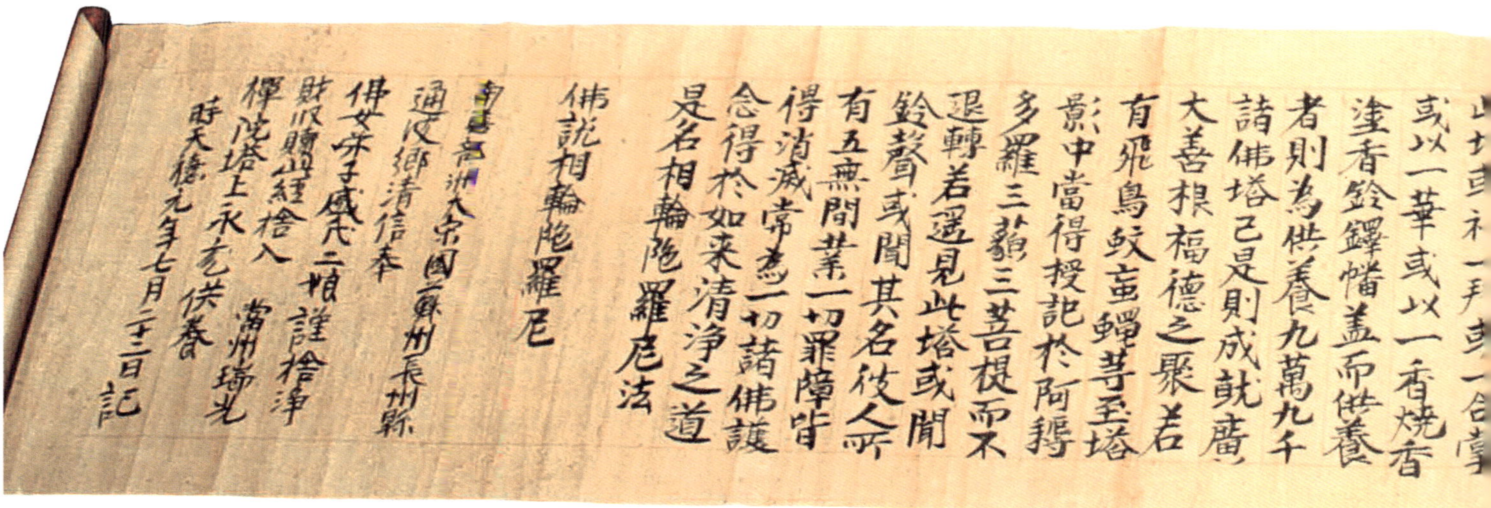

09975 **佛説相輪陀羅尼** 北宋天禧元年（1017）寫本

卷軸裝。各卷匡高、行字不等。朱絲欄。蘇州博物館藏，存一百五件。

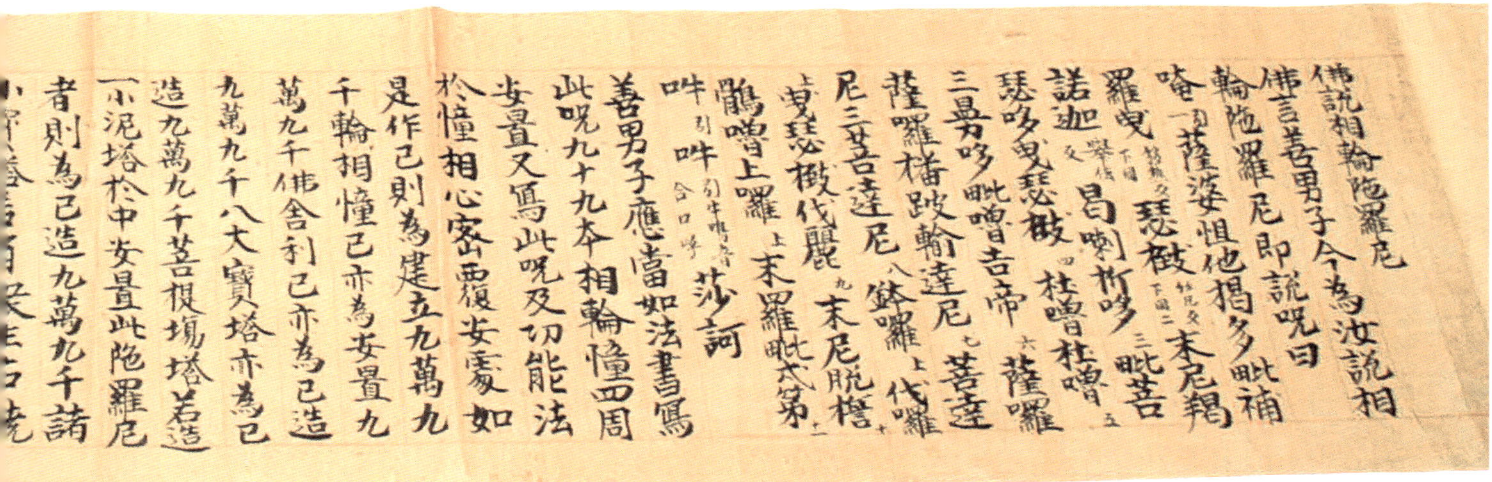
佛說相輪陀羅尼
佛言善男子今為汝說相
輪陀羅尼即說呪曰
唵一薩婆怛他揭多毗補
羅曳瑟瀫末尼羯
諾迦曷喇折哆三毗菩
瑟哆曳瑟瀫四杜嚕杜嚕五
三曇哆毗嚕吉帝六薩囉
薩囉播跛輸達尼七菩達
尼三菩達尼八鉢囉上代囉
度瑟瀫代麗九末尼脫檐十
鶻嚕上囉上末羅毗大第十一
吽吽莎訶
善男子應當如法書寫
此呪九十九本相輪幢四周
安置又寫此呪及切能法
於幢相心密覆安處如
是作已則為建立九萬九
千輪相幢已亦為安置九
萬九千佛舍利已亦為已造
九萬九千八大寶塔亦為已
造九萬九千菩提場塔若造
小泥塔於中安置此陀羅尼
者則為已造九萬九千諸

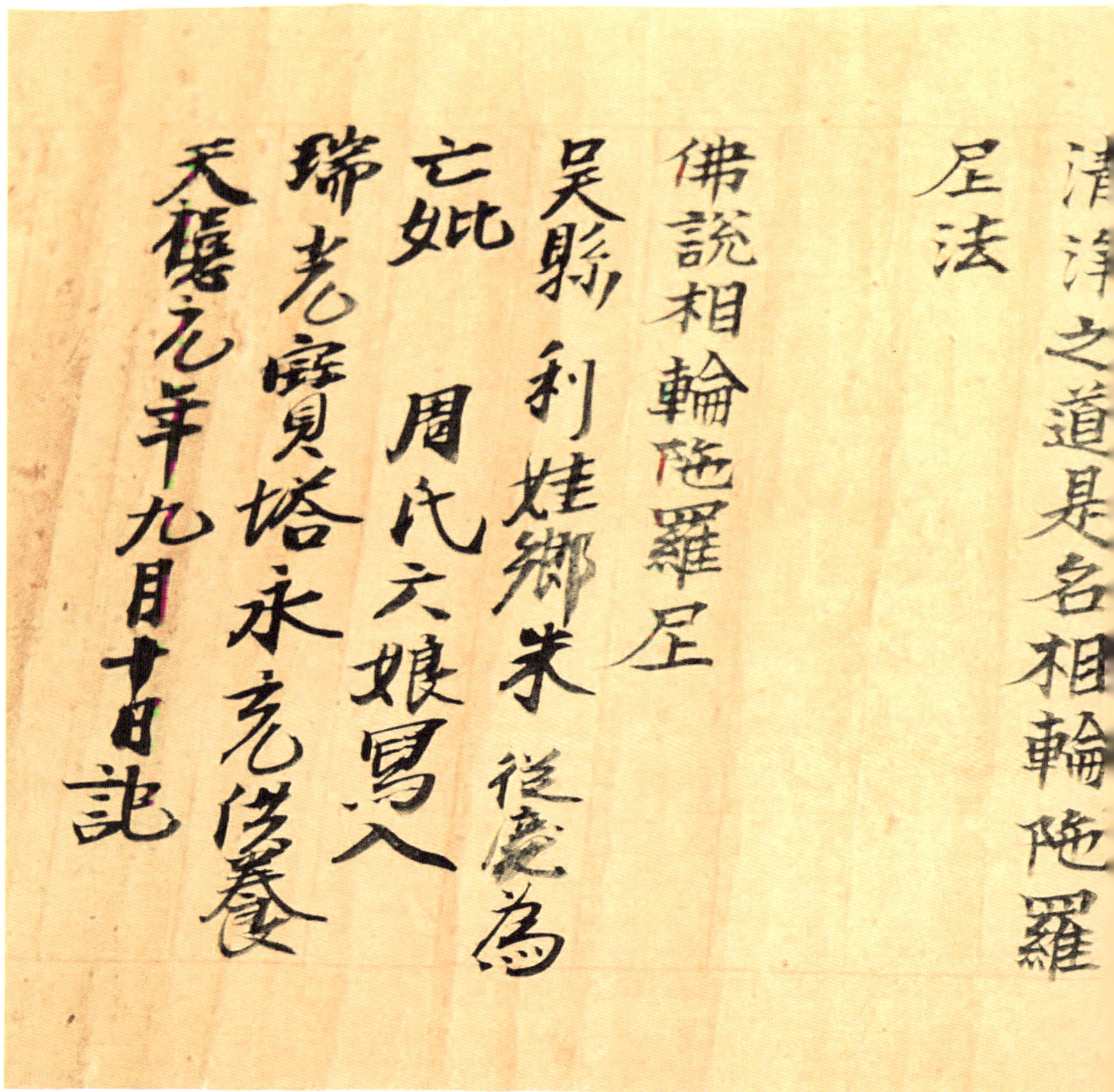

09975 佛說相輪陀羅尼

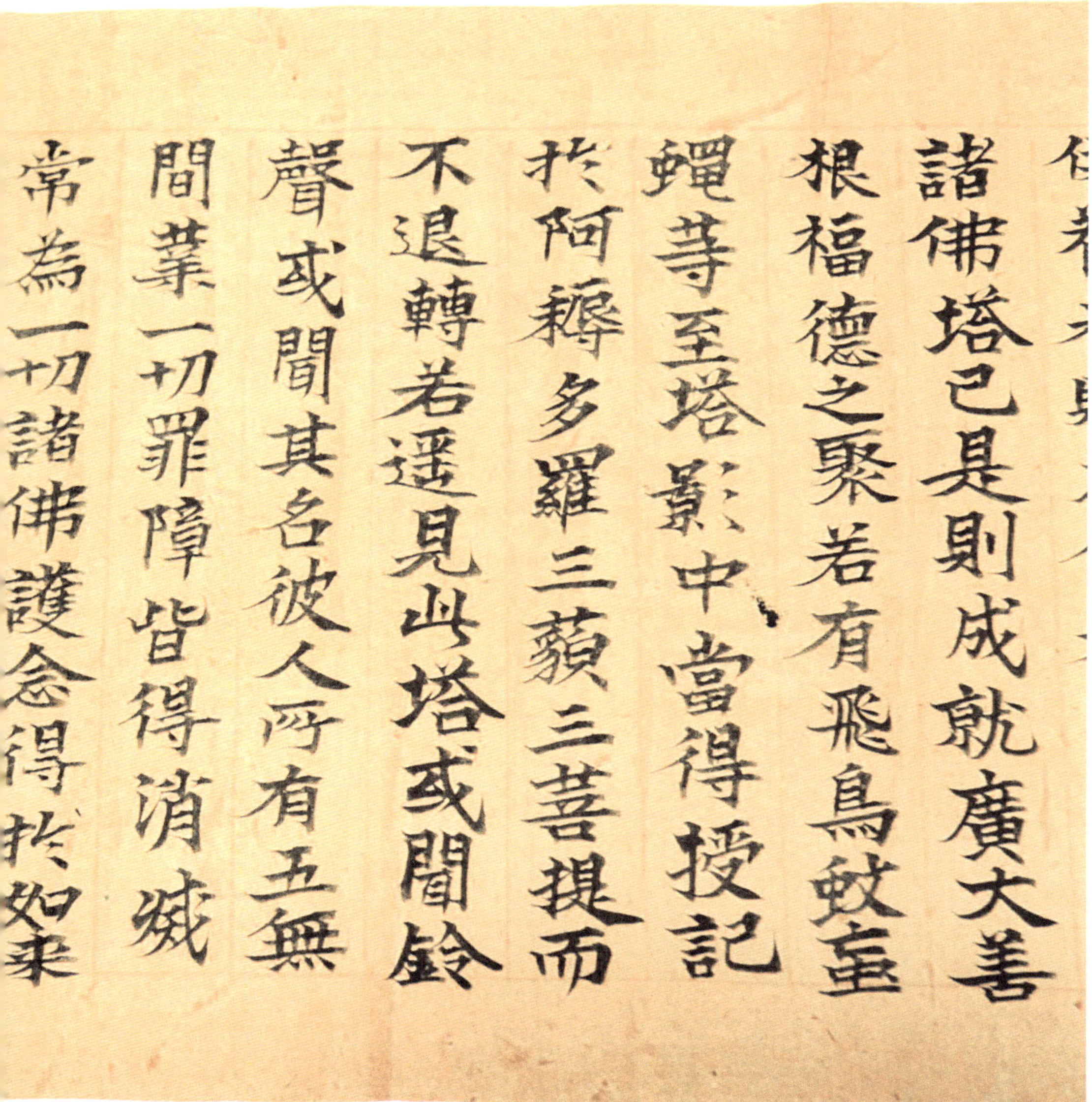
諸佛塔已是則成就廣大善
根福德之聚若有飛鳥蚊蝱
蠅等至塔影中當得授記
於阿耨多羅三藐三菩提而
不退轉若遥見此塔或聞鈴
聲或聞其名彼人所有五無
間業一切罪障皆得消滅
常為一切諸佛護念得於如來

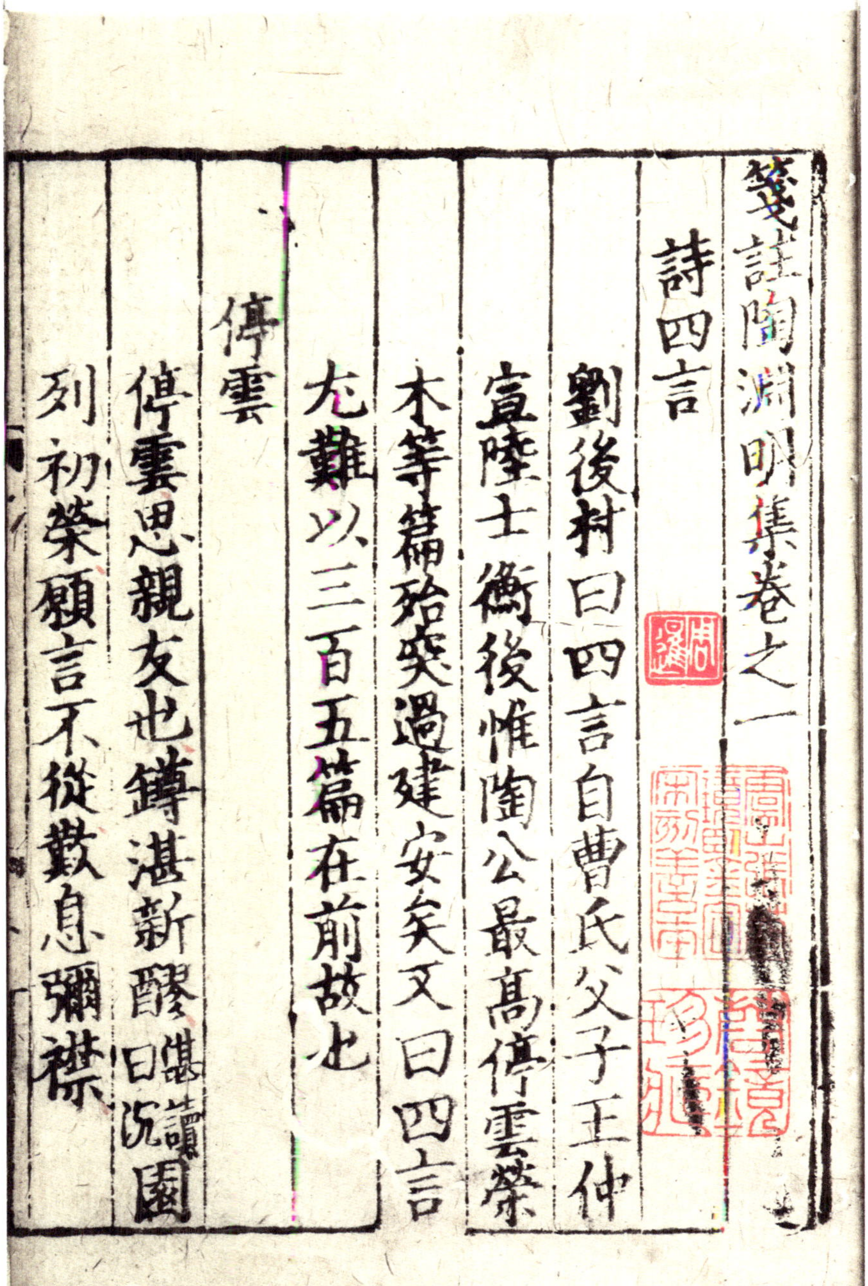
箋註陶淵明集卷之一

詩四言

劉後村曰四言自曹氏父子王仲宣陸士衡後惟陶公最高停雲榮木等篇殆突過建安矣又曰四言尤難以三百五篇在前故也

停雲

停雲思親友也罇湛新醪（湛讀曰沉）園列初榮願言不從歎息彌襟

09976 箋註陶淵明集十卷（晉）陶潛撰（宋）湯漢等箋註 **總論一卷**（宋）李公焕輯 元刻本（卷三至四抄配）

匡高 15.6 釐米，廣 11.3 釐米。半葉九行，行十六字，小字雙行同，細黑口，左右雙邊。有"蓉鏡珍藏"、"周暹"等印，邵淵耀、宋康濟跋，傅增湘題款。國家圖書館藏。

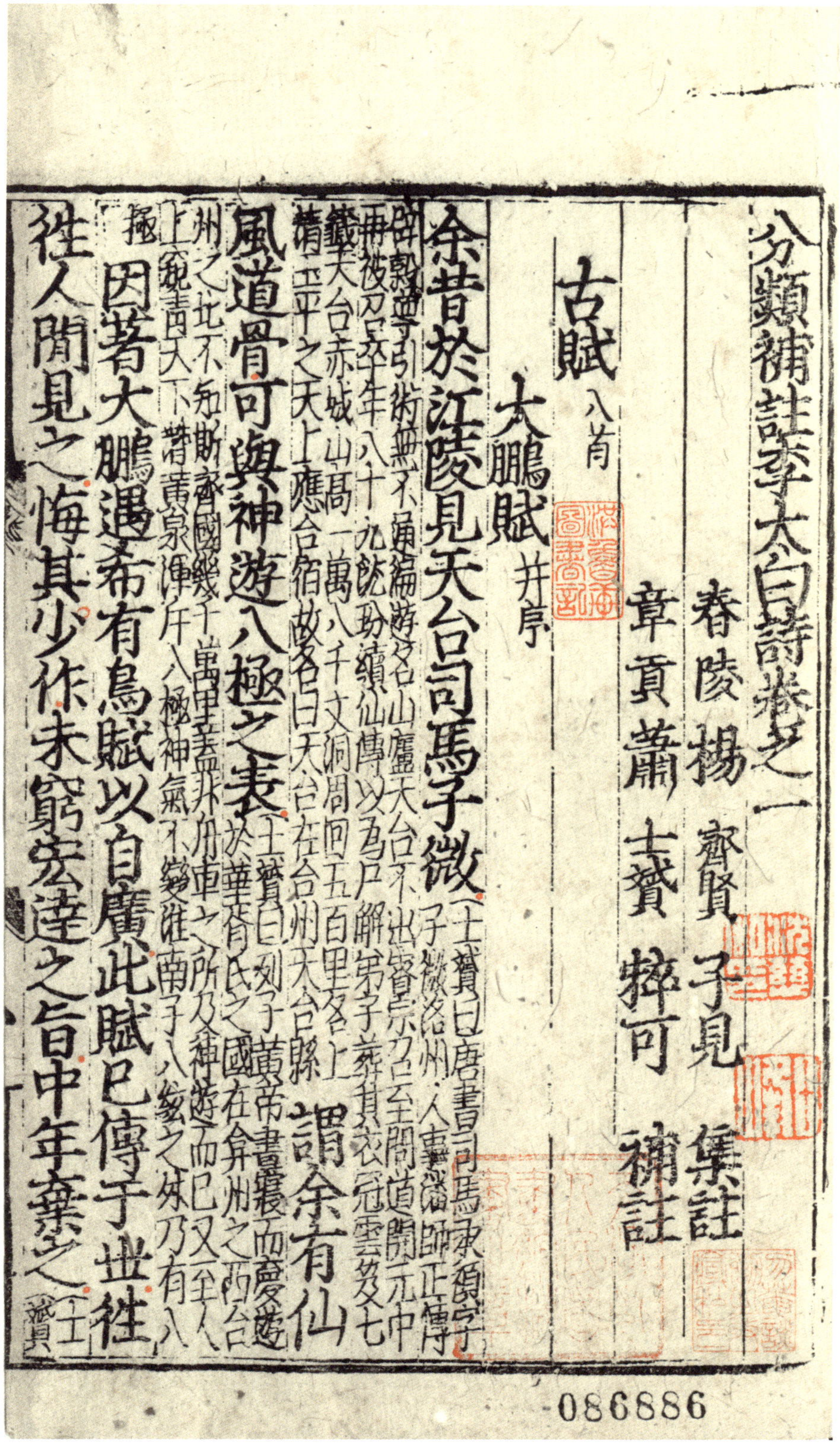

分類補註李太白詩卷之一

舂陵楊　齊賢　子見　集註

章貢蕭　士贇　粹可　補註

古賦八首

大鵬賦并序

余昔於江陵見天台司馬子微（士贇曰唐書司馬承禎字子微洛州人事潘師正傳辟穀導引術無不通遍遊名山廬天台不出睿宗召至問道開元中再被召卒年八十九[illegible]續仙傳以為尸解弟子葬其衣冠雲笈七籤天台赤城山高一萬八千丈洞周回五百里名上清玉平之天上應台宿故名曰天台在台州天台縣）謂余有仙風道骨可與神遊八極之表（士贇曰列子黃帝書寢而夢遊於華胥氏之國在弇州之西台州之北不知斯齊國幾千萬里蓋非舟車足力之所及神遊而已又至人上闚青天下潛黃泉揮斥八極神氣不變淮南子八紘之外乃有八極）因著大鵬遇希有鳥賦以自廣此賦已傳于世往往人間見之悔其少作未窮宏達之旨中年棄之（士贇

-086886

09977 分類補註李太白詩二十五卷（唐）李白撰（宋）楊齊賢集註（元）蕭士贇補註　元建安余氏勤有堂刻明修本

匡高 19.5 釐米，廣 13.1 釐米。半葉十二行，行二十字，小字雙行二十六字，黑口，四周雙邊。天津圖書館藏。

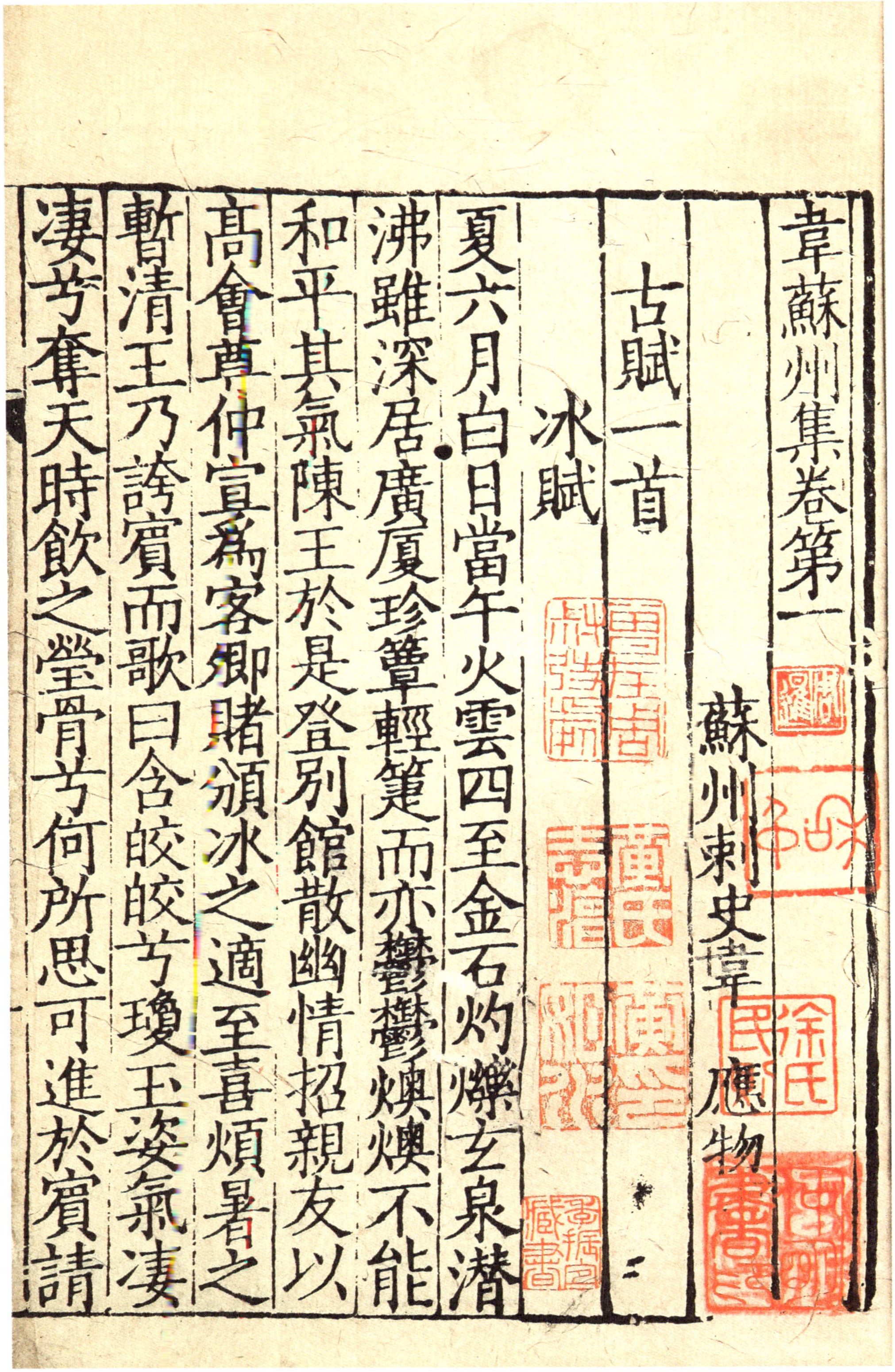
韋蘇州集卷第一　　蘇州刺史韋應物
古賦一首
冰賦
夏六月白日當午火雲四至金石灼爍玄泉潛
沸雖深居廣厦珍簟輕箑而亦鬱鬱燠燠不能
和平其氣陳王於是登别館散幽情招親友以
高會尊仲宣爲客御賭頌冰之適至喜煩暑之
暫清王乃誇賓而歌曰含皎皎兮瓊玉姿氣凄
凄兮奪天時飲之瑩骨兮何所思可進於賓請

09978 韋蘇州集十卷 （唐）韋應物撰 宋刻元修本

匡高 16.9 釐米，廣 12.7 釐米。半葉十行，行十八字，白口，左右雙邊。有"黄印姬水"、"黄氏志淳"、"季振宜藏書"、"周暹"等印。季振宜、勞健題款。國家圖書館藏。

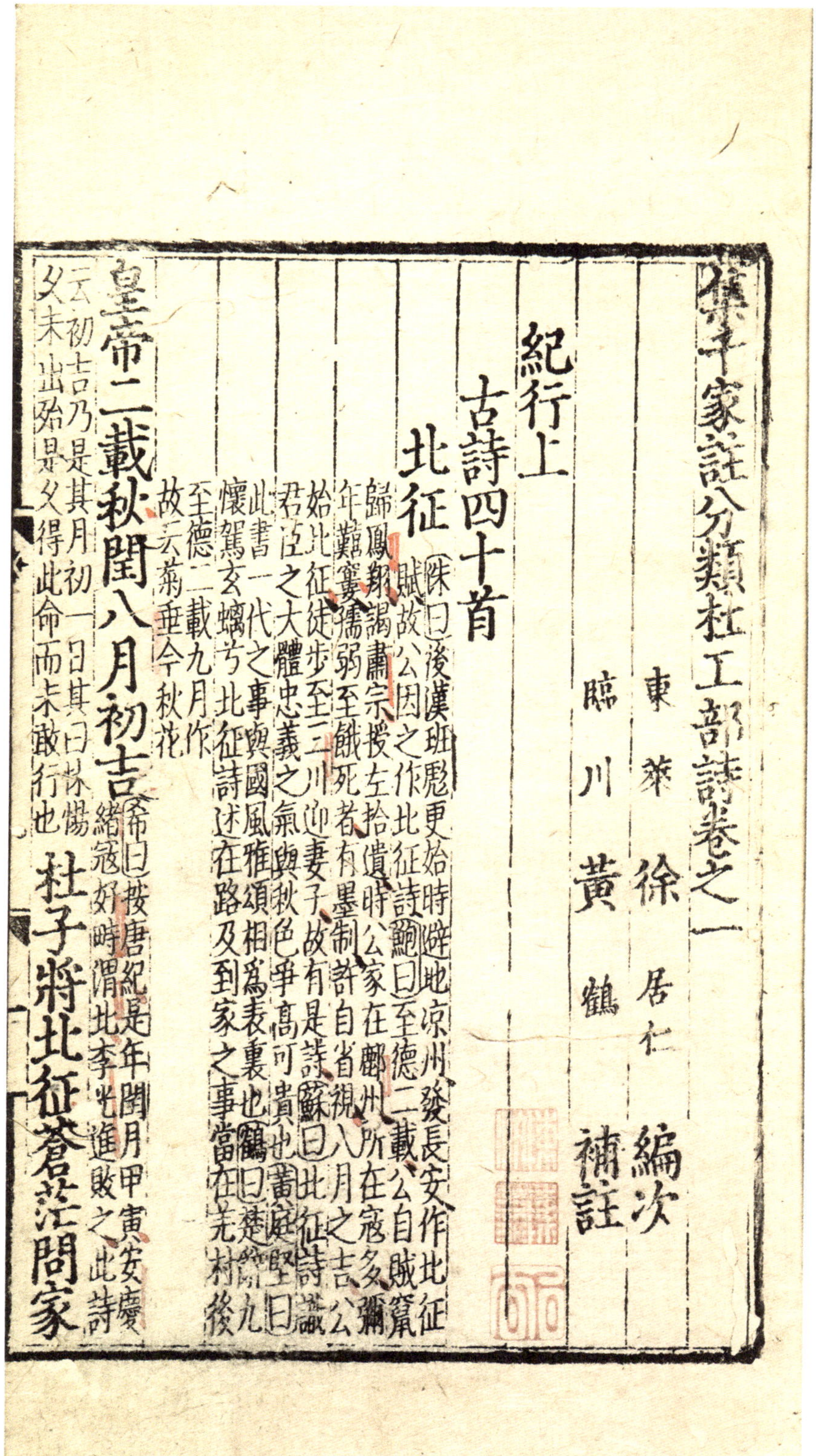

集千家註分類杜工部詩卷之一

東萊 徐 居仁 編次

臨川 黃 鶴 補註

紀行上

古詩四十首

北征（洙曰後漢班彪更始時避地涼州發長安作北征賦故公因之作北征詩鮑曰至德二載公自賊竄歸鳳翔謁肅宗授左拾遺時公家在鄜州所在寇奪年饑寠孺弱至餓死者有墨制許自省視八月之吉公始北征徒步至三川迎妻子故有是詩蘇曰北征詩識君臣之大體忠義之氣與秋色爭高可貴也黃庭堅曰此書一代之事與國風雅頌相爲表裏也鶴曰楚辭九懷駕焉玄螭兮北征詩述在路及到家之事當在羌村後至德二載九月作故云菊垂今秋花）

皇帝二載秋閏八月初吉（希曰按唐紀是年閏月甲寅安慶緒寇好畤渭北李光進敗之此詩云初吉乃是其月初一日其日休暢久未出殆是久得此命而未敢行也）杜子將北征蒼茫問家

09979 集千家註分類杜工部詩二十五卷文集二卷 （唐）杜甫撰 （宋）徐居仁編次 （宋）黃鶴補註 **年譜一卷** （宋）黃鶴撰 元廣勤書堂刻本

匡高 20.3 釐米，廣 13.4 釐米。半葉十二行，行二十字，小字雙行二十六字，黑口，四周雙邊。有“鐵琴銅劍樓”等印。國家圖書館藏。

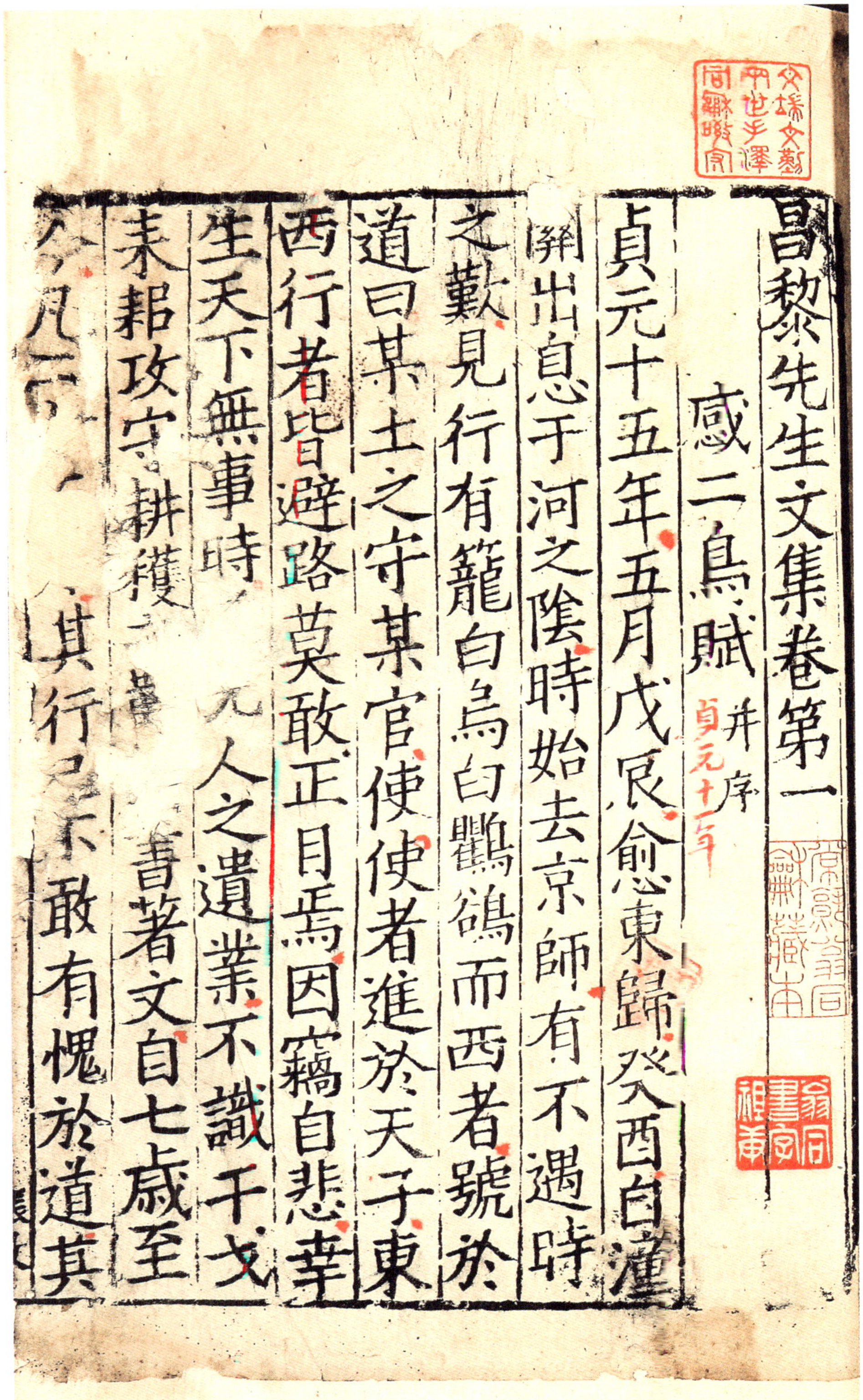
昌黎先生文集卷第一
感二鳥賦 幷序
貞元十五年五月戊辰愈東歸癸酉自潼
關出息于河之陰時始去京師有不遇時
之歎見行有籠白烏白鸜鵒而西者號於
道曰某土之守某官使使者進於天子東
西行者皆避路莫敢正目焉因竊自悲幸
生天下無事時承先人之遺業不識干戈
耒耜攻守耕穫之勤讀書著文自七歲至
今凡二十二年其行己不敢有愧於道其

09980 昌黎先生文集四十卷 （唐）韓愈撰 宋刻本（卷十至一六配另兩部宋刻本）

匡高 21.1 釐米，廣 15.8 釐米。半葉十行，行十六字，小字雙行同，白口，左右雙邊。翁同書、劉庠、汪鳴鑾跋。國家圖書館藏，存十五卷。

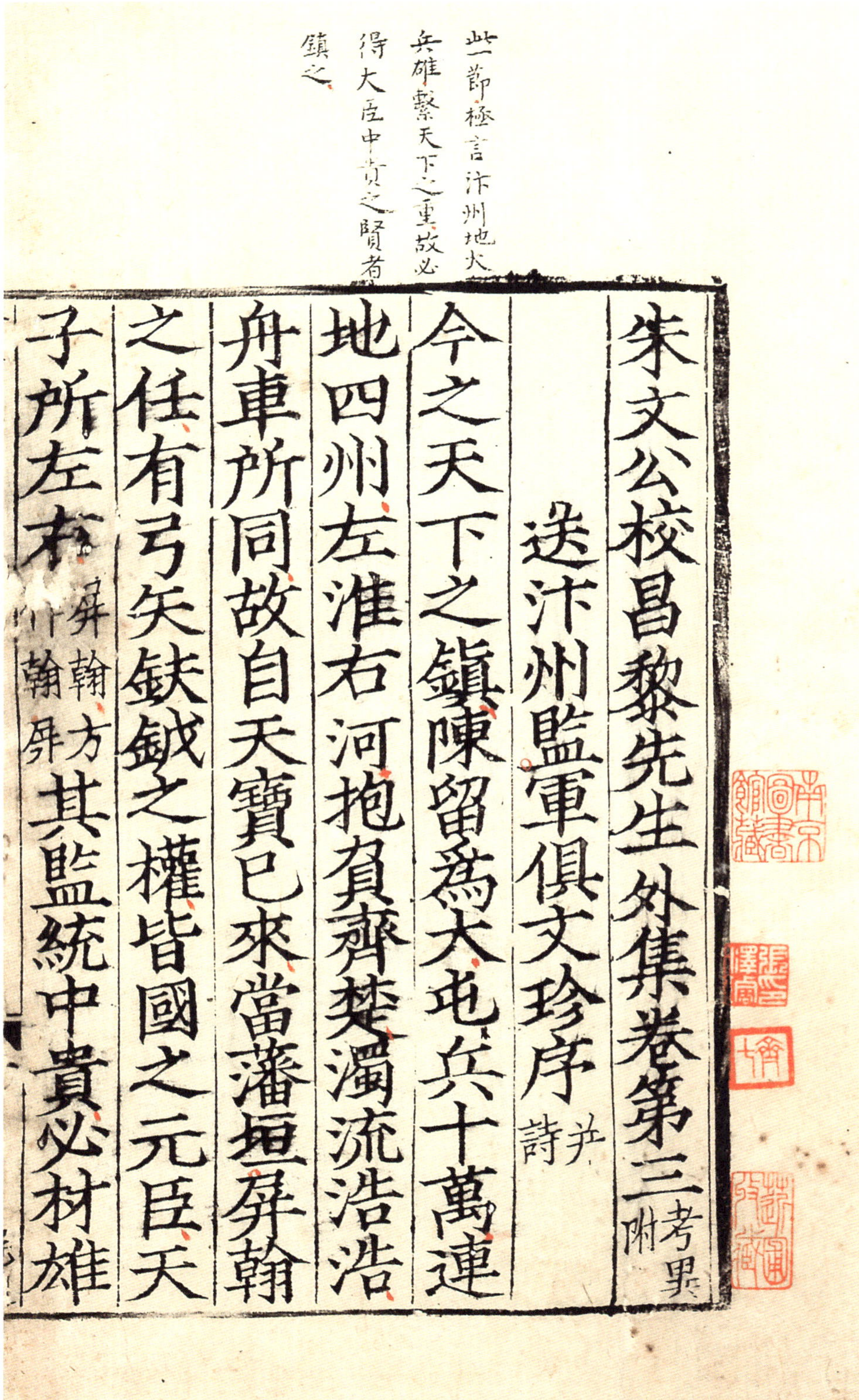
此一節極言汴州地大兵雄繫天下之重故必得大臣中貴之賢者鎮之

朱文公校昌黎先生外集卷第三 考異附

送汴州監軍俱文珍序 并詩

今之天下之鎮陳留爲大屯兵十萬連地四州左淮右河抱負齊楚濁流浩浩舟車所同故自天寶已來當藩垣屏翰之任有弓矢鈇鉞之權皆國之元臣天子所左右 屏翰方作翰屏 其監統中貴必材雄

09981 朱文公校昌黎先生集四十卷外集十卷 （唐）韓愈撰 宋紹定六年（1233）臨江軍學刻本

匡高 21.2 釐米，廣 14.6 釐米。半葉七行，行十五字，小字雙行同，白口，左右雙邊。有“莛圃所藏”等印。南京圖書館藏，存二卷。

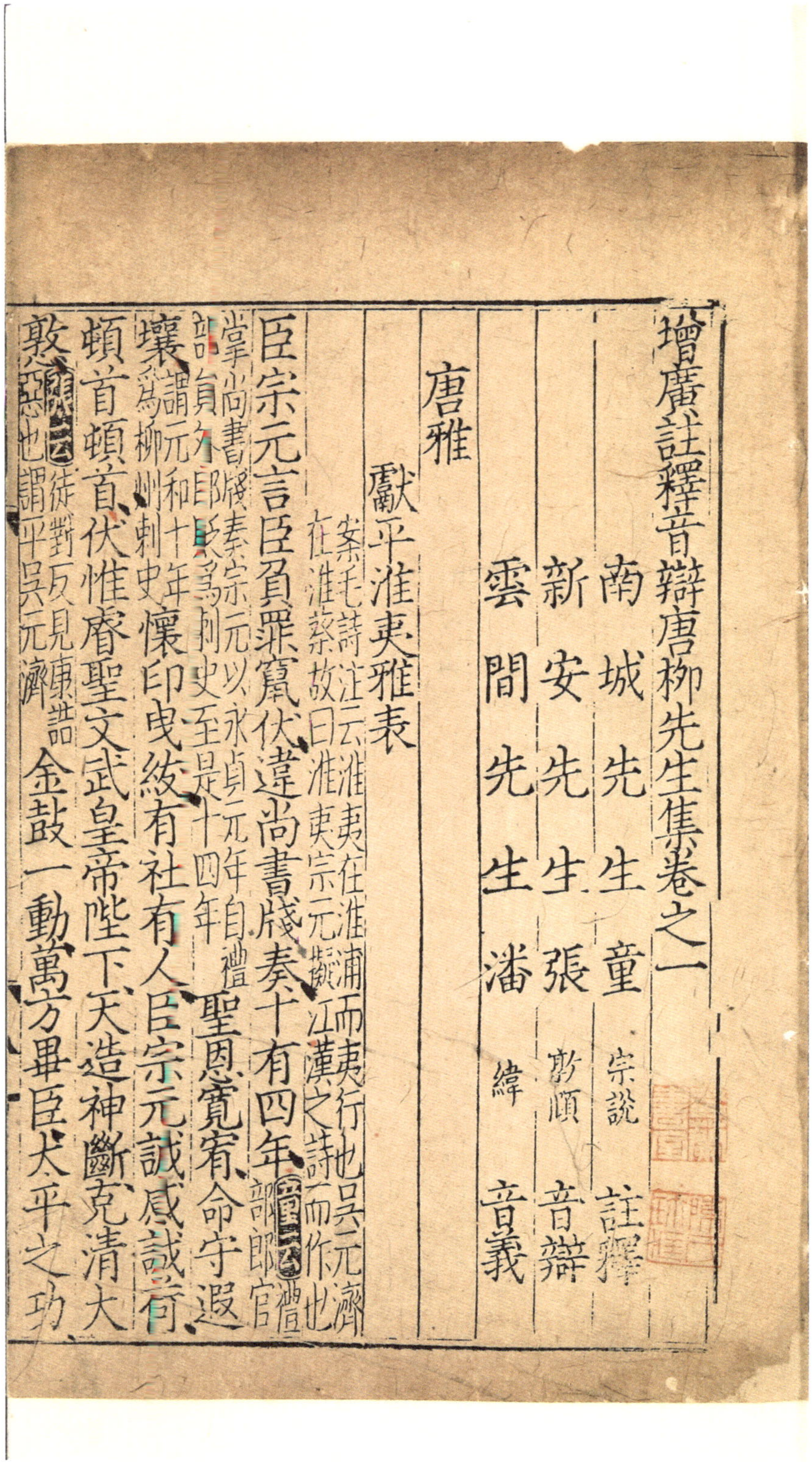
增廣註釋音辯唐柳先生集卷之一
南城先生童　宗説　註釋
新安先生張　敦頤　音辯
雲間先生潘　緯　音義
唐雅
獻平淮夷雅表（案毛詩注云淮夷在淮浦而夷行也吴元濟在淮蔡故曰淮夷宗元擬江漢之詩而作也）
臣宗元言臣負罪竄伏違尚書牋奏十有四年（童云禮部郎官掌尚書牋奏宗元以永貞元年自禮部員外郎貶爲刺史至是十四年）聖恩寛宥命守遐壤（謂元和十年爲柳州刺史）懷印曳紱有社有人臣宗元誠感誠荷頓首頓首伏惟睿聖文武皇帝陛下天造神斷克清大憝（張云徒對反見康誥惡也謂平吴元濟）金鼓一動萬方畢臣太平之功

09982　增廣註釋音辯唐柳先生集四十三卷別集二卷外集二卷　（唐）柳宗元撰　（宋）童宗説註釋　（宋）張敦頤音辯　（宋）潘緯音義　**年譜一卷**　（宋）文安禮撰　**附録一卷**　元刻本

匡高 18.9 釐米，廣 12.5 釐米。半葉十二行，行二十一字，小字雙行同，細黑口，四周雙邊。袁克文跋。國家圖書館藏。

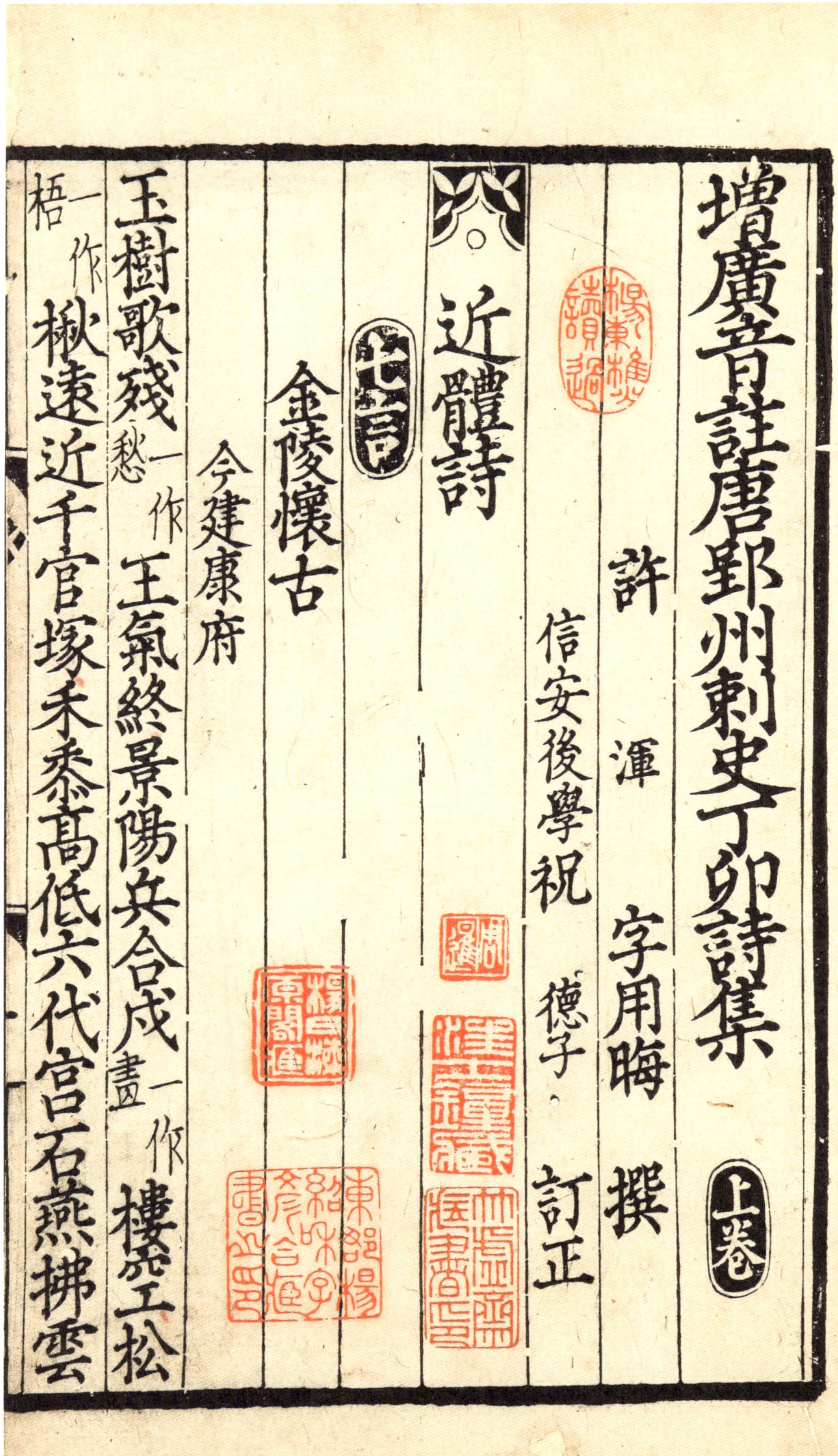

09983 增廣音註唐郢州刺史丁卯詩集二卷 （唐）許渾撰 （元）祝德子訂正 **續集一卷** 元刻本

匡高 19.9 釐米，廣 12.7 釐米。半葉十行，行十九字，小字雙行同，細黑口，左右雙邊。有“平陽汪氏藏書印”、“汪印士鐘”、“彦和珍玩”、“楊氏海原閣藏”、“周暹”等印。國家圖書館藏。

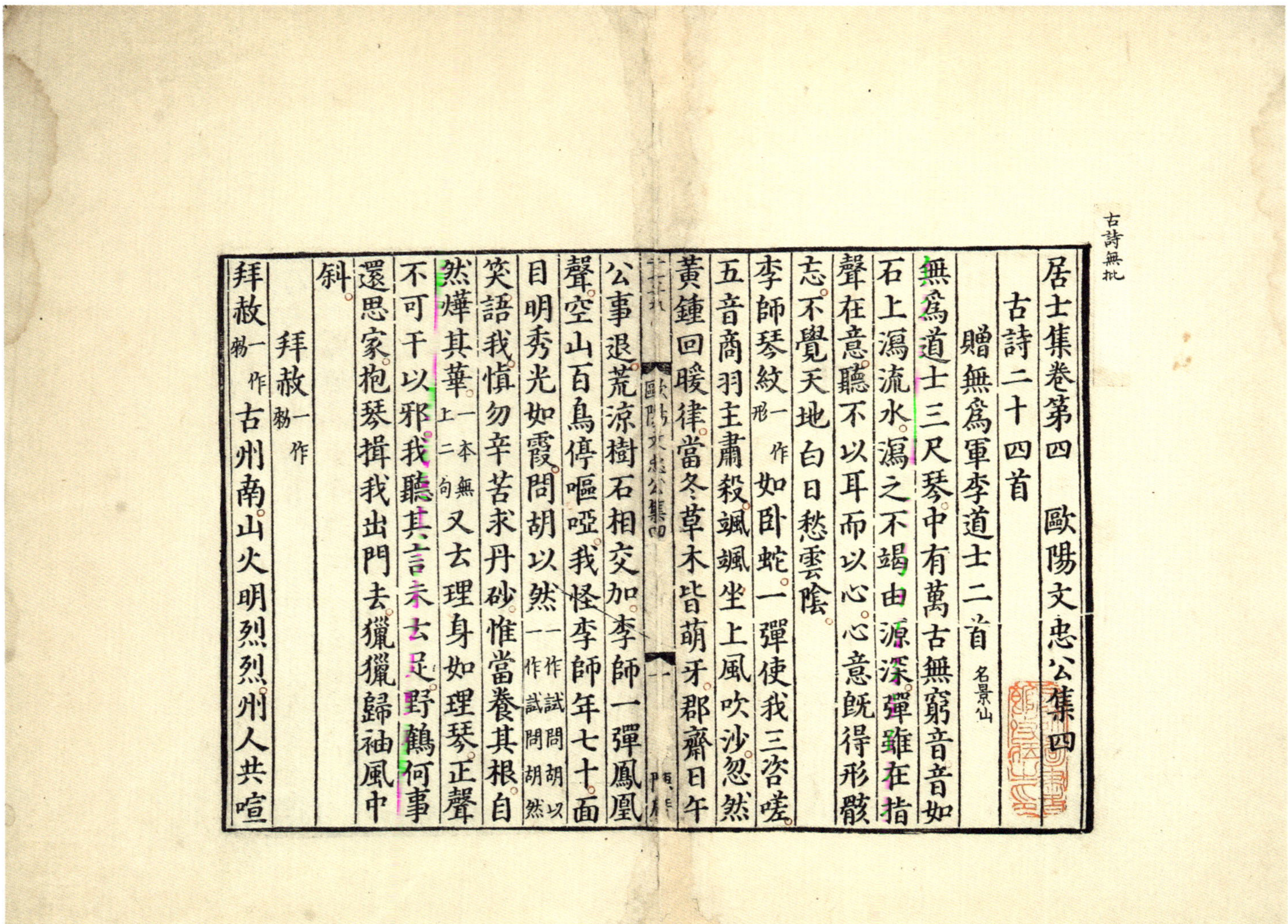
古詩無批

居士集卷第四　歐陽文忠公集四

古詩二十四首

贈無爲軍李道士二首 名景山

無爲道士三尺琴中有萬古無窮音音如石上瀉流水瀉之不竭由源深彈雖在指聲在意聽不以耳而以心心意既得形骸忘不覺天地白日愁雲陰

李師琴紋 一作形 如卧蛇一彈使我三咨嗟五音商羽主肅殺颯颯坐上風吹沙忽然黃鍾回暖律當冬草木皆萌牙郡齋日午公事退荒涼樹石相交加李師一彈鳳凰聲空山百鳥停嘔啞我怪李師年七十面目明秀光如霞問胡以然 一作試問胡以然一作試問胡然 笑語我慎勿辛苦求丹砂惟當養其根自然爗其華 一本無上二句 又古理身如理琴正聲不可干以邪我聽其言未云足野鶴何事還思家抱琴揖我出門去獵獵歸袖風中斜

拜赦 一作勑

拜赦 一作勑 古州南山火明烈烈州人共喧

09984 歐陽文忠公集一百五十三卷　（宋）歐陽修撰　**年譜一卷**　（宋）胡柯撰　**附録五卷**　宋慶元二年（1196）周必大刻本

蝴蝶裝。匡高 2□.7 釐米，廣 15.5 釐米。半葉十行，行十六字，白口，左右雙邊。國家圖書館藏，存四十卷。

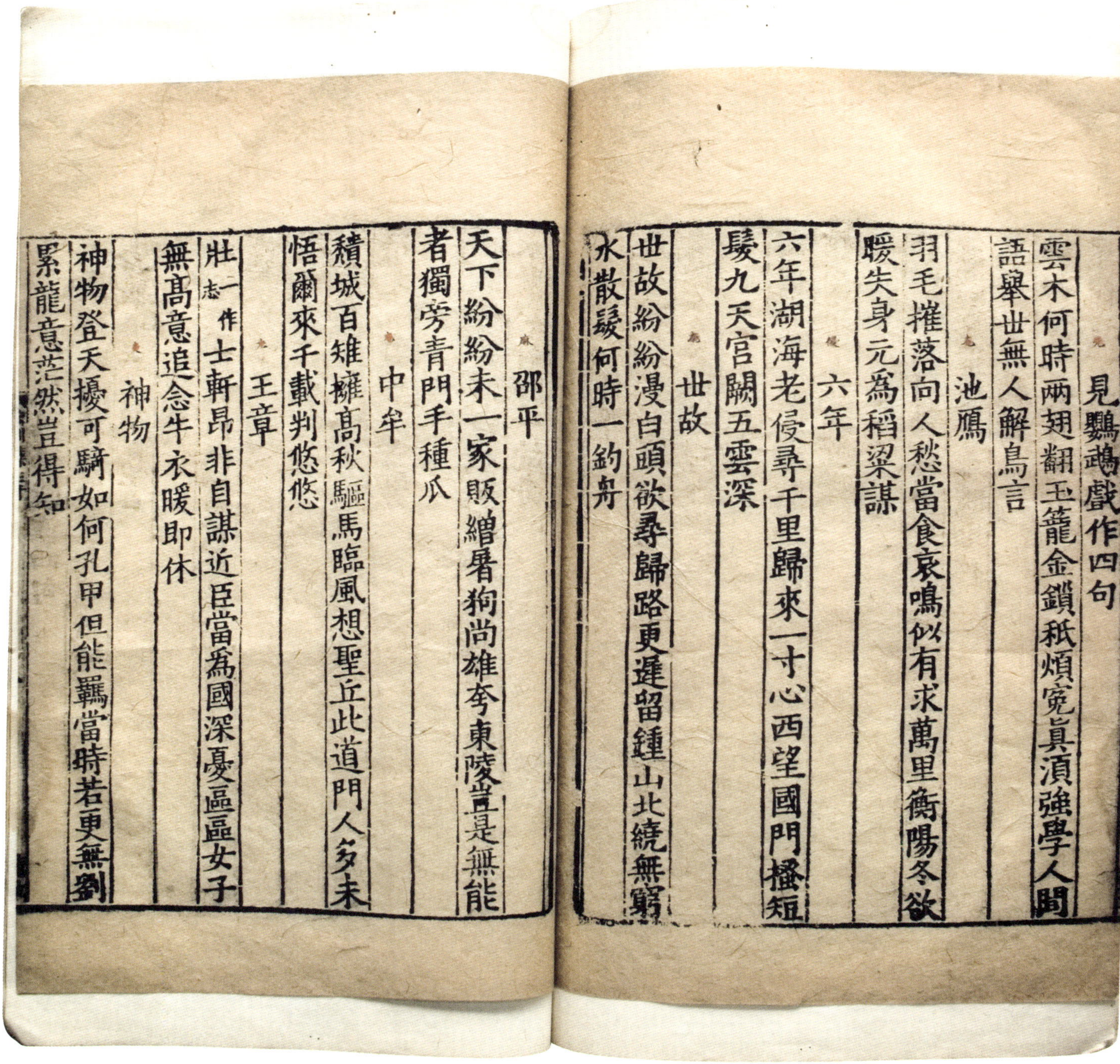

09985 臨川先生文集一百卷目録二卷 （宋）王安石撰 宋紹興二十一年（1151）兩浙西路轉運司王珏刻元明遞修本（有抄配）

匡高 20 釐米，廣 16.2 釐米。半葉十二行，行二十字，白口，左右雙邊。安徽省圖書館藏，存二十三卷。

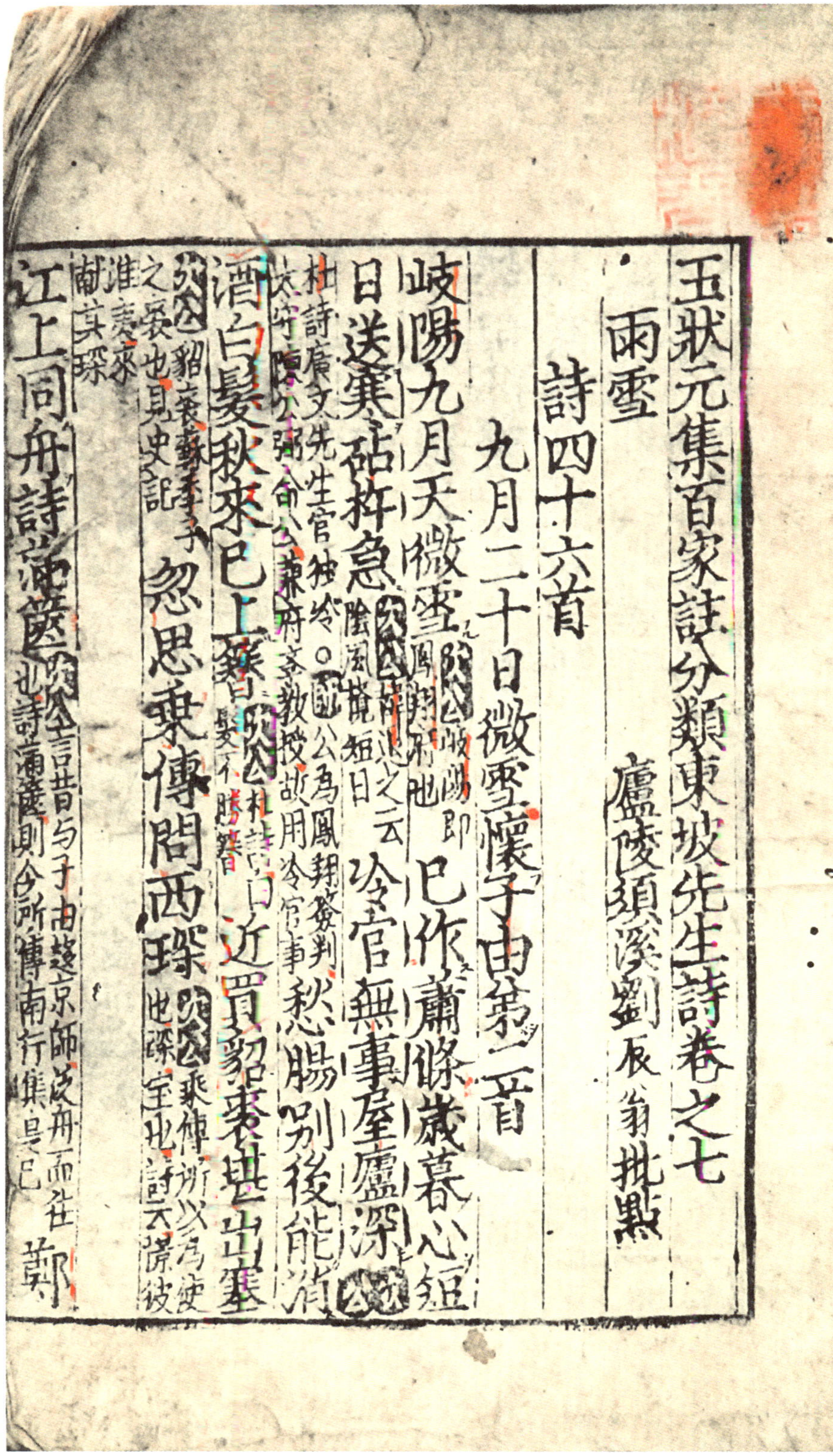

09986 王狀元集百家註分類東坡先生詩二十五卷 （宋）蘇軾撰 題（宋）王十朋纂集 （宋）劉辰翁批點 元刻本

匡高 19.5 釐米，廣 13 釐米。半葉十一行，行十九字，小字雙行二十五字，細黑口，左右雙邊。眉山市三蘇祠博物館藏，存十九卷。

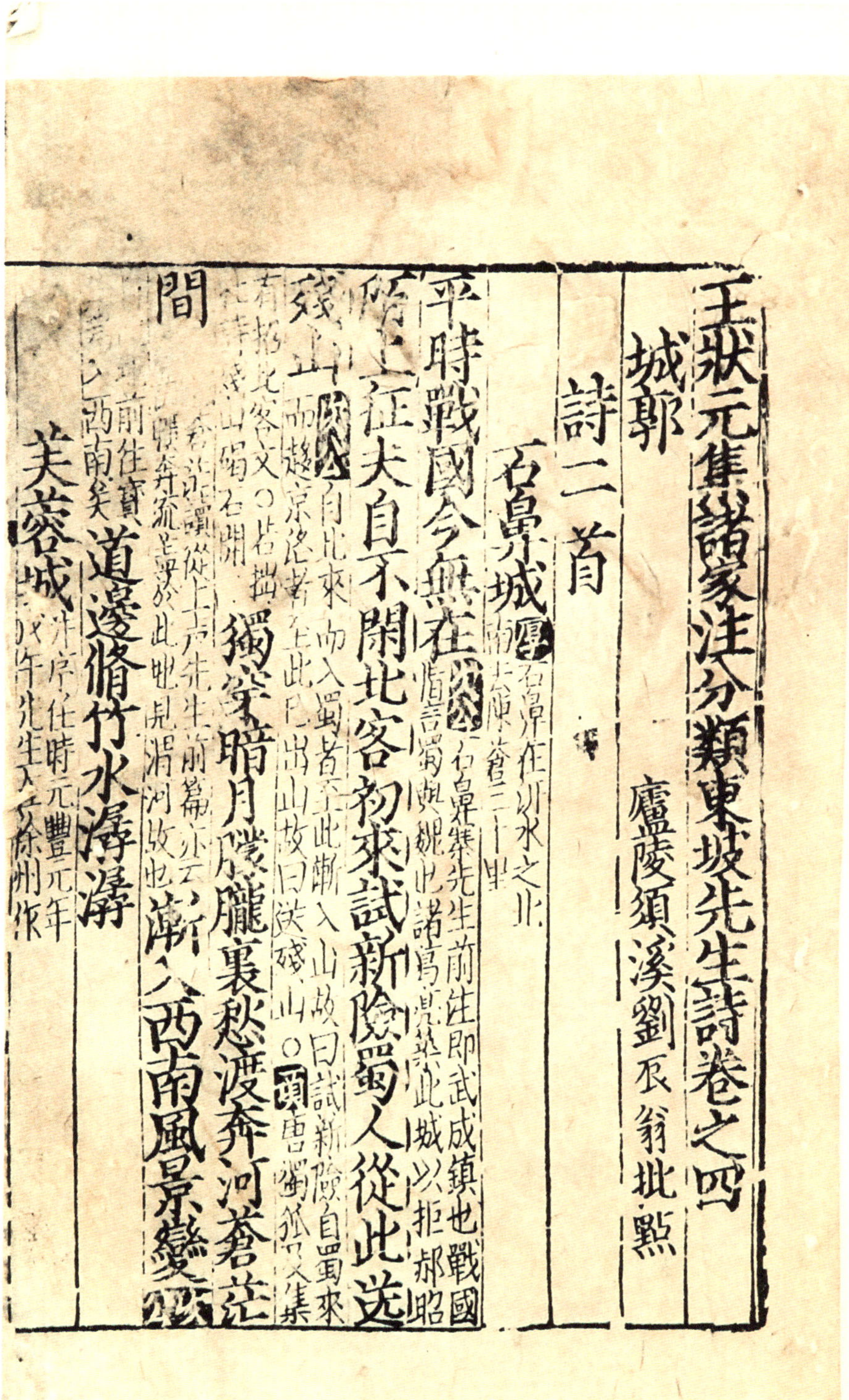
王狀元集諸家注分類東坡先生詩卷之四

城郭

廬陵須溪劉辰翁批點

詩二首

石鼻城

平時戰國今無在陌上征夫自不閑北客初來試新險蜀人從此送殘山獨穿暗月朦朧裏愁渡奔河蒼茫間漸入西南風景變道邊脩竹水潺潺

芙蓉城

09987 王狀元集諸家注分類東坡先生詩二十五卷 （宋）蘇軾撰 題（宋）王十朋纂集 （宋）劉辰翁批點 元刻本

匡高 18.2 釐米，廣 12.8 釐米。半葉十一行，行十九字，小字雙行二十五字，白口，左右雙邊。眉山市三蘇祠博物館藏，存十五卷。

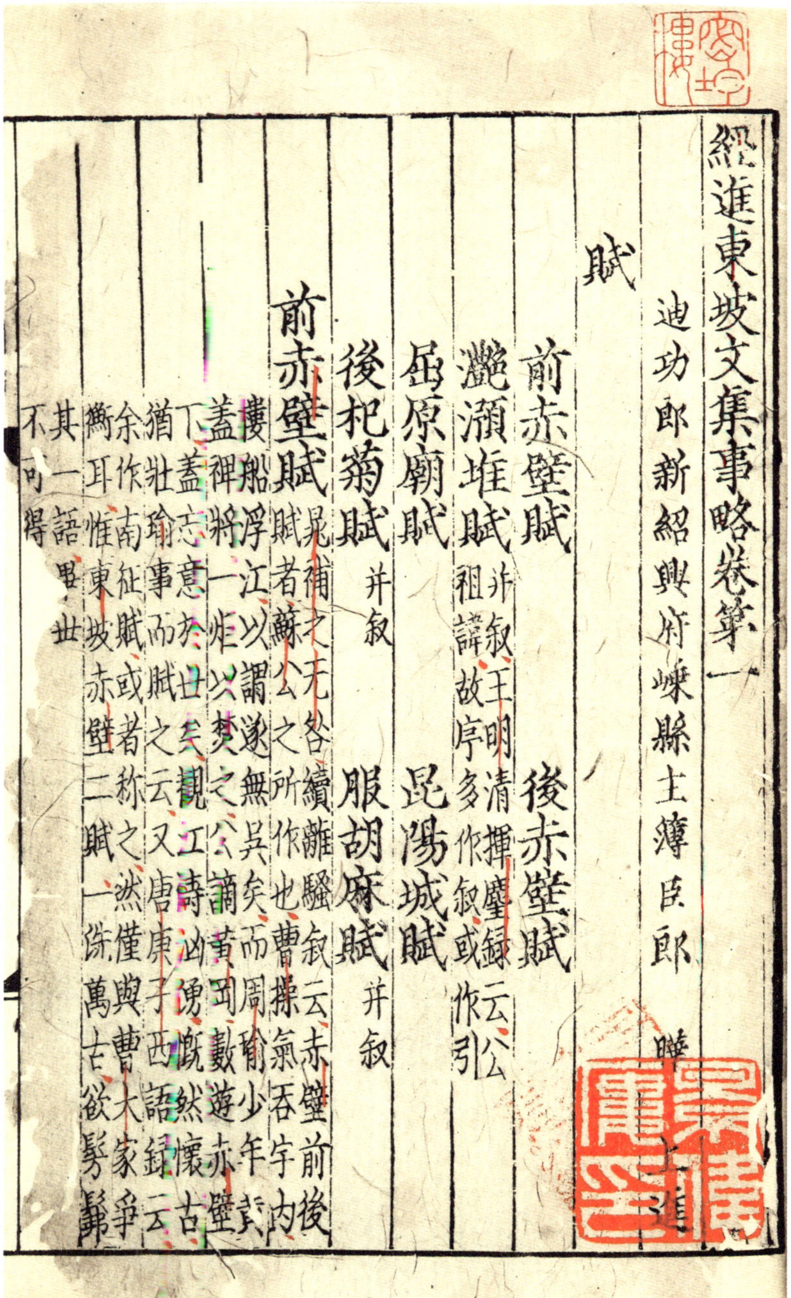
經進東坡文集事略卷第一
迪功郎新紹興府嵊縣主簿臣郎　曄上進
賦
前赤壁賦　後赤壁賦
灔澦堆賦 并叙王明清揮麈録云公祖諱故序多作叙或作引
屈原廟賦　昆陽城賦
後杞菊賦 并叙　服胡麻賦 并叙
前赤壁賦 晁補之无咎續離騷叙云赤壁前後賦者蘇公之所作也曹操氣吞宇内樓船浮江以謂遂無吳矣而周瑜少年黄蓋裨將一炬以焚之公謫黄岡數遊赤壁下蓋忘意於世矣觀江濤洶湧慨然懷古猶壯瑜事而賦之云又唐庚子西語録云余作南征賦或者稱之然僅與曹大家爭衡耳惟東坡赤壁二賦一洗萬古欲彷彿其一語畢世不可得

09988 經進東坡文集事略六十卷　（宋）蘇軾撰　（宋）郎曄注　宋刻本

匡高 19.3 釐米　廣 12.8 釐米。半葉十二行，行二十一字，小字雙行同，細黑口，左右雙邊。有“景偉廔印”、“密均樓”、“寒雲秘笈珍藏之印”、“宋本”等印。袁克文題簽並跋，田炤跋並録島田重禮跋。國家圖書館藏，存三十二卷。

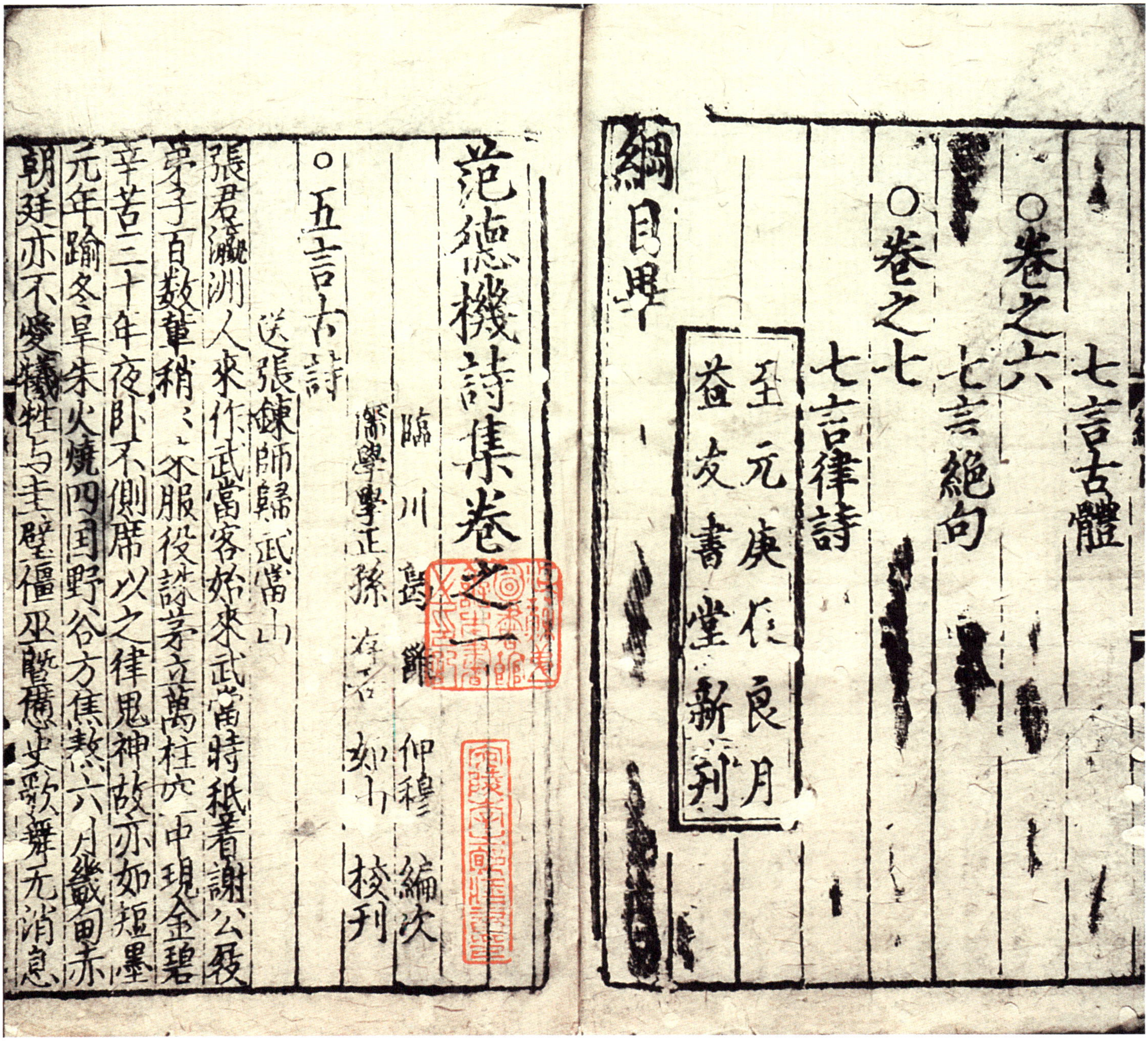

09989 范德機詩集七卷 （元）范梈撰 元後至元六年（1340）益友書堂刻本

匡高 17.1 釐米，廣 10.5 釐米。半葉十一行，行二十字，黑口，左右雙邊。有“至元庚辰良月益友書堂新刊”牌紀。丁丙跋。南京圖書館藏。

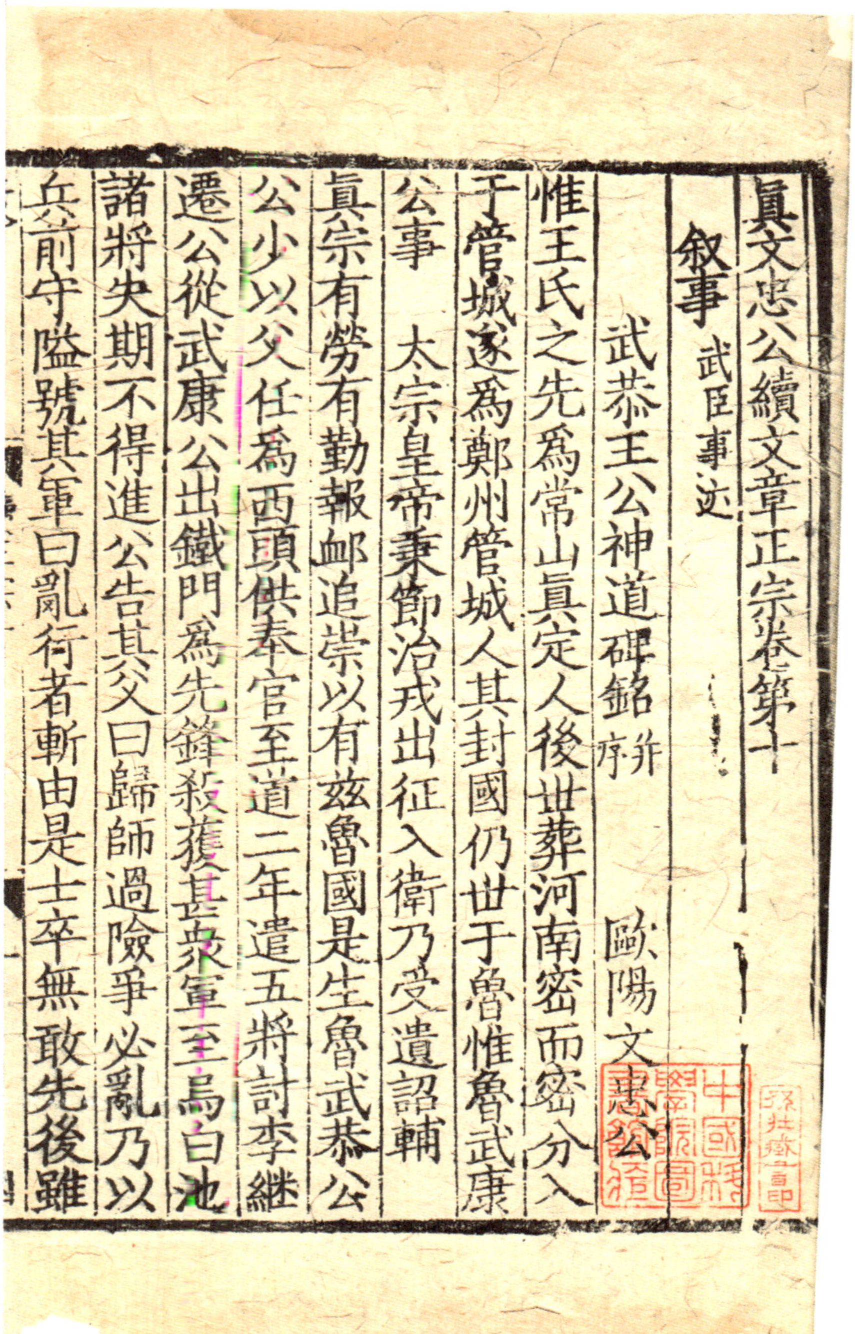

眞文忠公續文章正宗卷第十

叙事 武臣事迹

武恭王公神道碑銘并序　歐陽文忠公

惟王氏之先爲常山眞定人後世葬河南密而密分入于管城遂爲鄭州管城人其封國仍世于魯惟魯武康公事　太宗皇帝秉節治戎出征入衛乃受遺詔輔眞宗有勞有勤報卹追崇以有茲魯國是生魯武恭公公少以父任爲西頭供奉官至道二年遣五將討李繼遷公從武康公出鐵門爲先鋒殺獲甚衆軍至烏白池諸將失期不得進公告其父曰歸師過險爭必亂乃以兵前守隘號其軍曰亂行者斬由是士卒無敢先後雖

09990 眞文忠公續文章正宗二十卷　（宋）真德秀輯　宋刻元大德七年（1303）建州路儒學馮德秀補修本

匡高 23.9 釐米，廣 17.4 釐米。半葉十一行，行二十一字，白口，左右雙邊。中國科學院國家科學圖書館藏，存三卷。

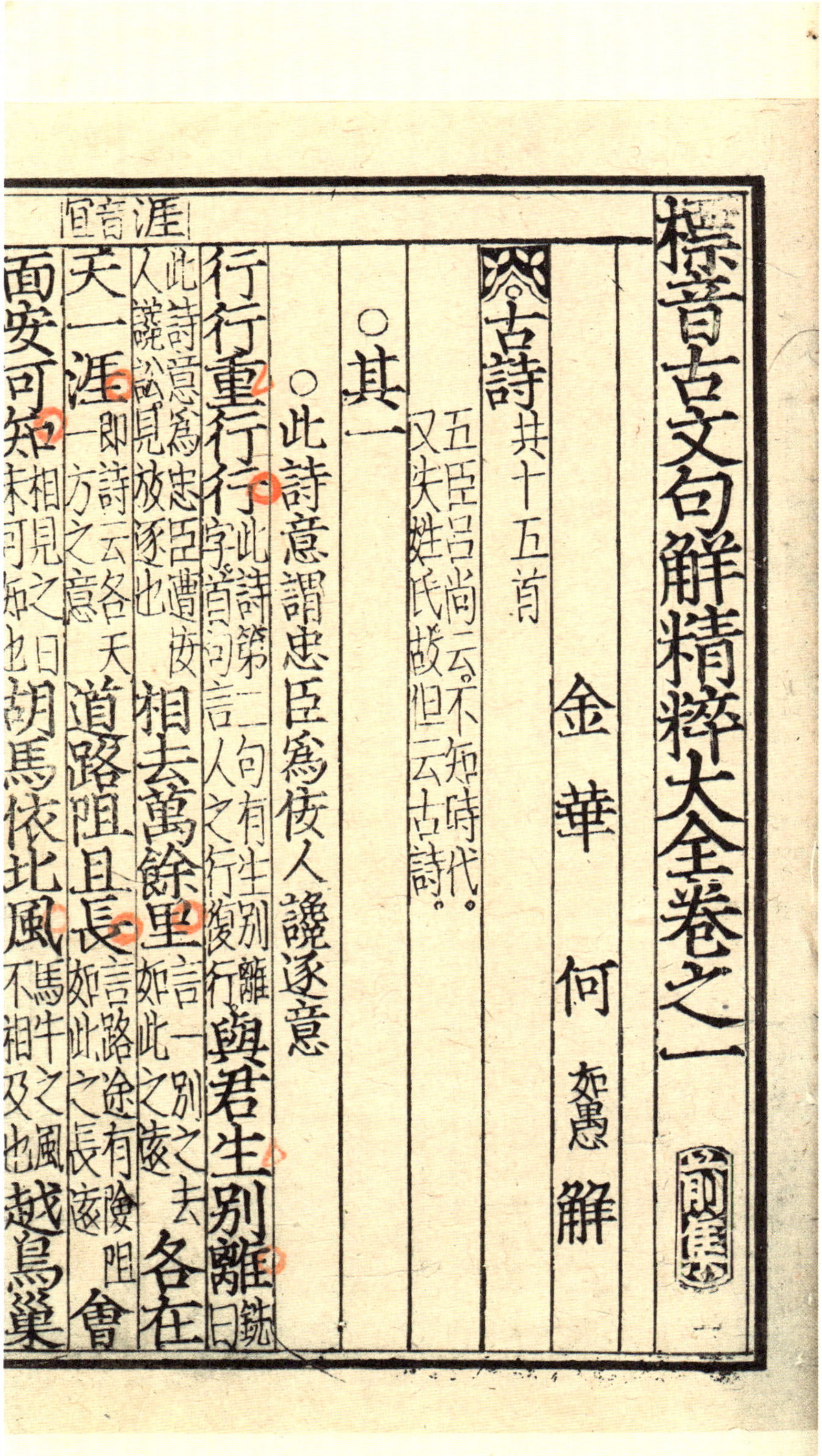

標音古文句解精粹大全卷之一 前集

金華何如愚解

古詩共十五首 五臣呂尚云不知時代又失姓氏故但云古詩

○其一

○此詩意謂忠臣爲佞人讒逐意

行行重行行此詩第二句有生別離字首句言人之行復行與君生別離鈍曰此詩意爲忠臣遭佞人讒訟見放逐也相去萬餘里言一別之去如此之遠各在天一涯即詩云各天一方之意道路阻且長言路途有險阻如此之長遠會

涯音宜

面安可知未相見之日未可知也胡馬依北風馬牛之風不相及也越鳥巢

09991 標音古文句解精粹大全前集四卷後集四卷 （元）何如愚輯　元刻本

匡高 20.6 釐米，廣 12.8 釐米。半葉十一行，行二十字，小字雙行同，黑口，四周雙邊。華東師範大學圖書館藏，存二卷。

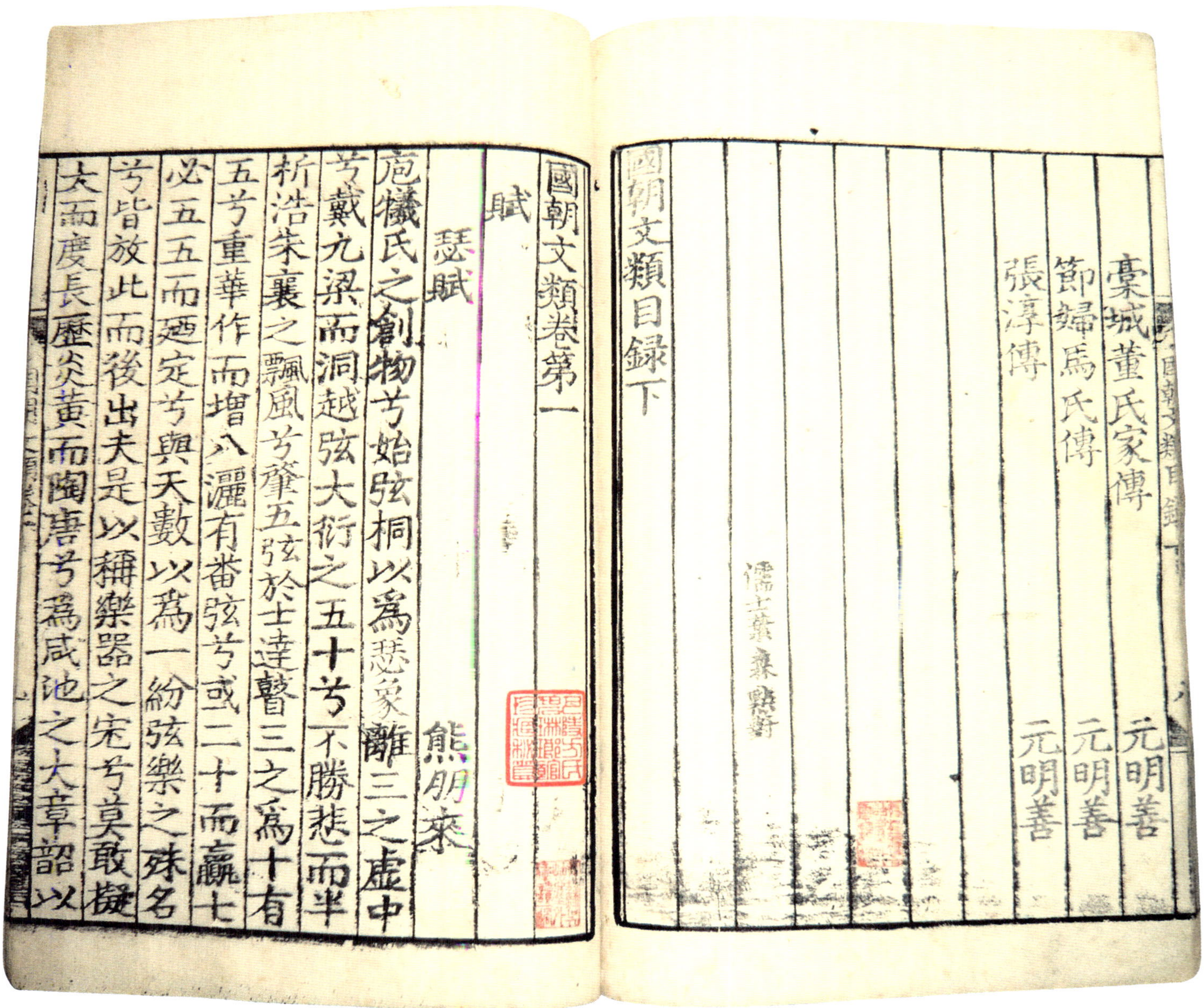

09992 國朝文類七十卷目録三卷　（元）蘇天爵輯　元至元至正間西湖書院刻明修本

匡高 21.6 釐米，廣 16 釐米。半葉十行，行十九字，細黑口，左右雙邊。河北大學圖書館藏。

中华古籍保护

第四批國家珍貴古籍名録圖録

第二册

中國國家圖書館
中國國家古籍保護中心 編

國家圖書館出版社

第二册目録

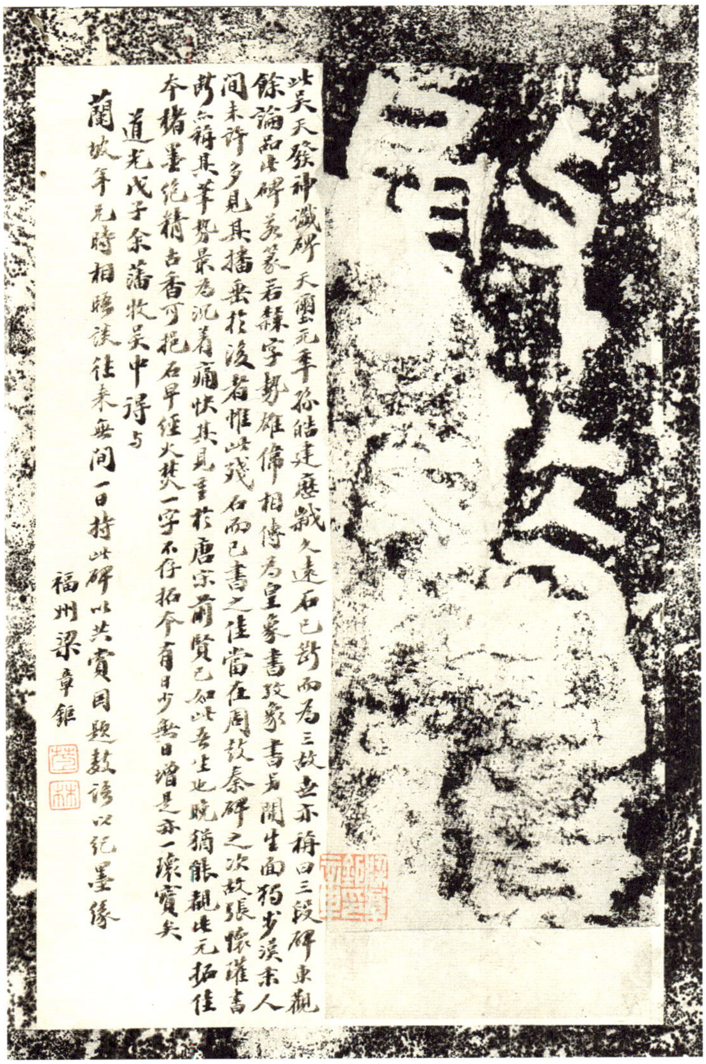

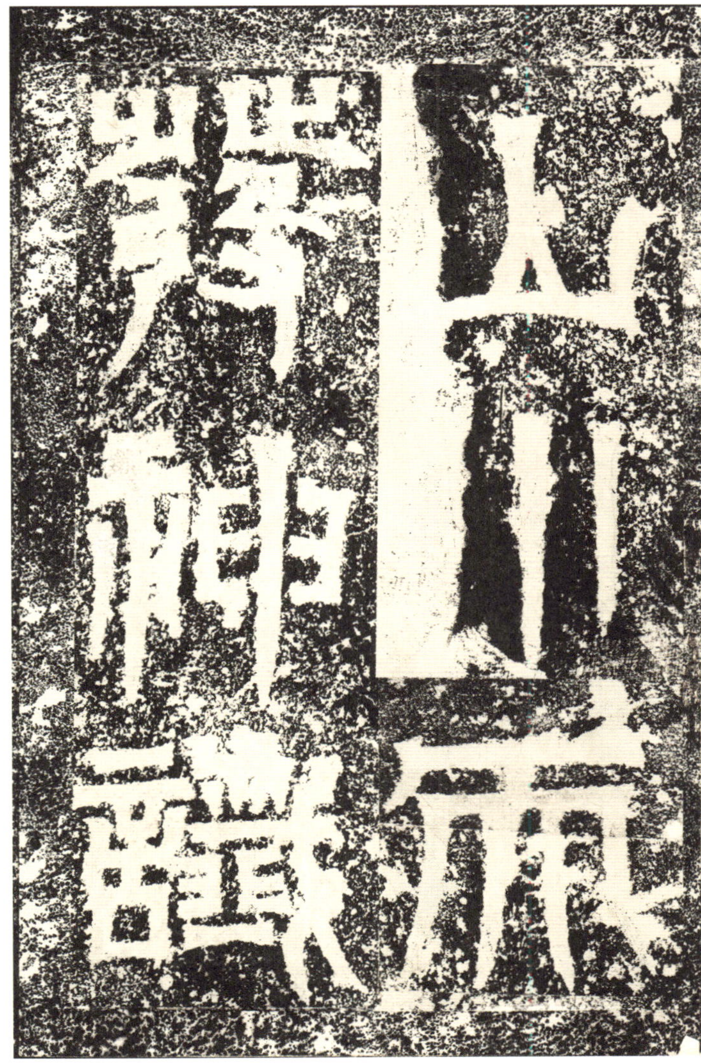

09993 天發神讖碑　（三國吴）皇象書 三國吴天璽元年（276）刻石 元拓本

共二十七開，碑文二十六開。墨本高32釐米，廣20釐米。有“梁章鉅印章”、“茝林”等印。梁章鉅、孫毓溎、崇恩等題跋。中國藝術研究院藏。

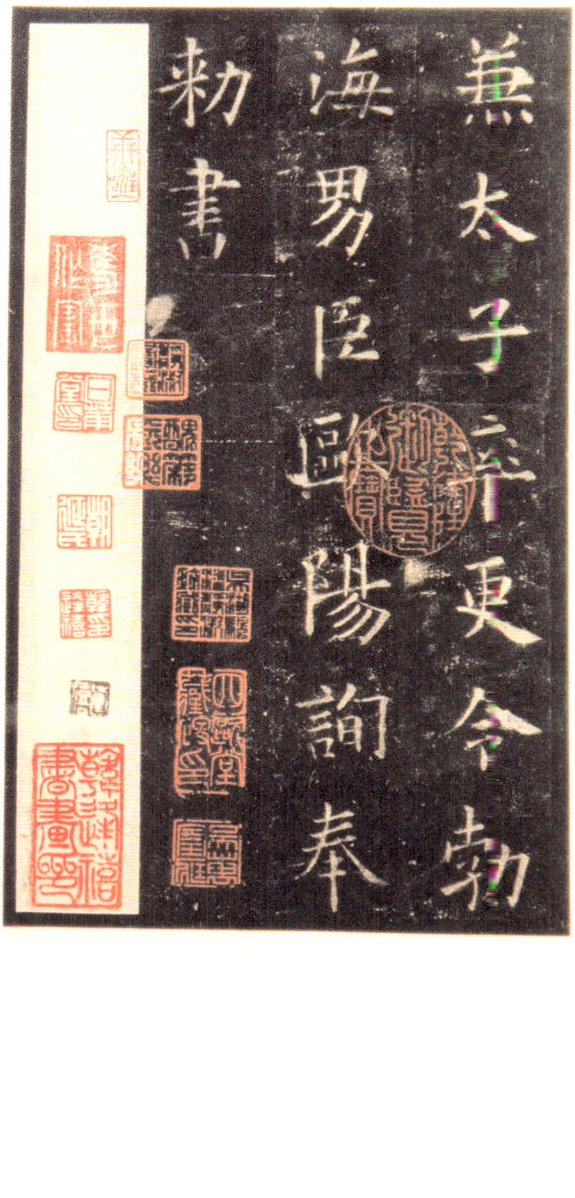

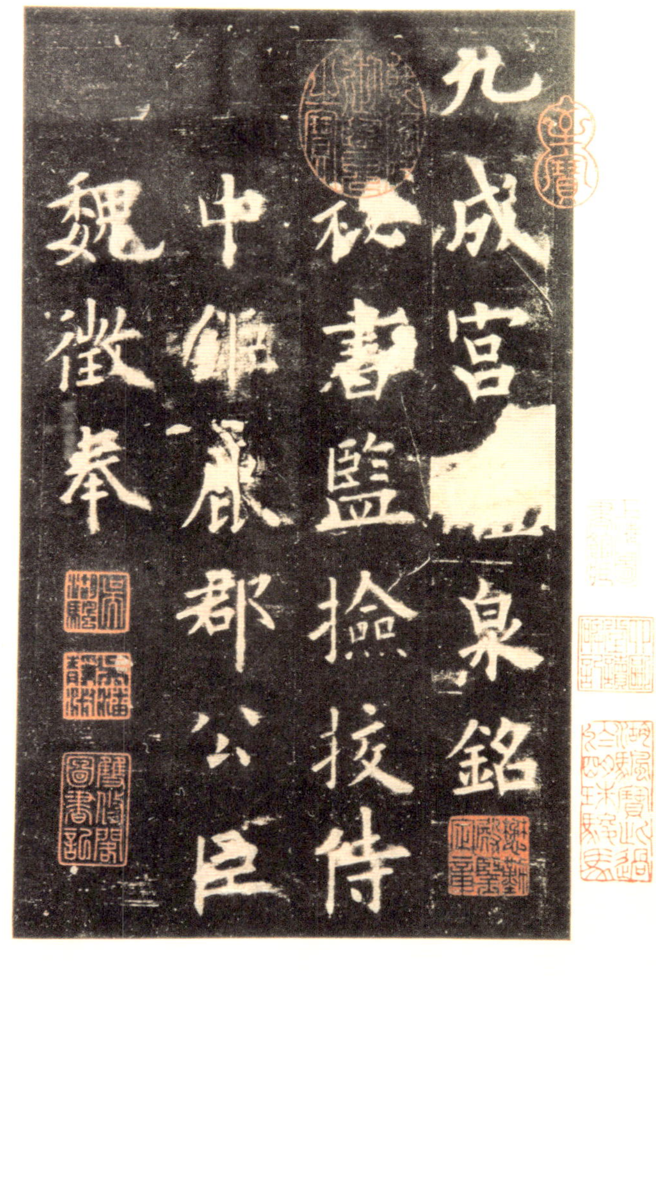

09994 九成宫醴泉銘 （唐）魏徵撰 （唐）歐陽詢書 唐貞觀六年（632）刻石 宋拓本

共二十六開，碑文二十一開。墨本高 24.8 釐米，廣 14.5 釐米。吴湖帆“四歐秘笈”之一。有“乾隆御覽之寶”、“吴湖帆”、“四歐堂讀碑記”等印。顧元熙、王同愈題簽，羅振玉題端，薛明益、陳承修、方還、吴湖帆、沈尹默等題跋，吴湖帆繪《九成宫圖》。上海圖書館藏。

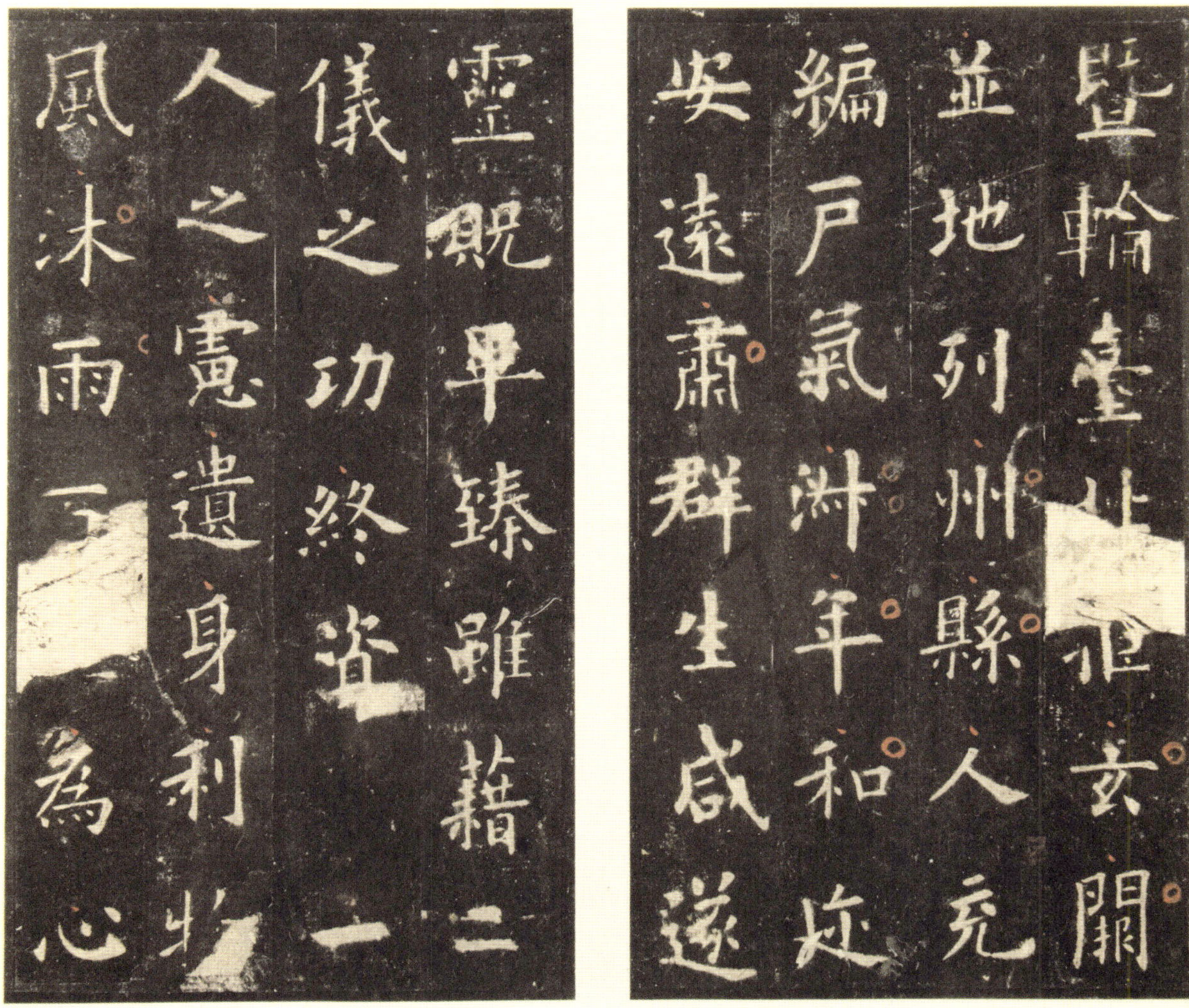

09995 九成宮醴泉銘 （唐）魏徵撰 （唐）歐陽詢書 唐貞觀六年（632）刻石 南宋拓本

共二十五開，碑文二十開。墨本高 25 釐米，廣 13.7 釐米。費念慈題簽，顧篪、施城、韓敏、施南金、顧紹韓等題跋。上海圖書館藏。

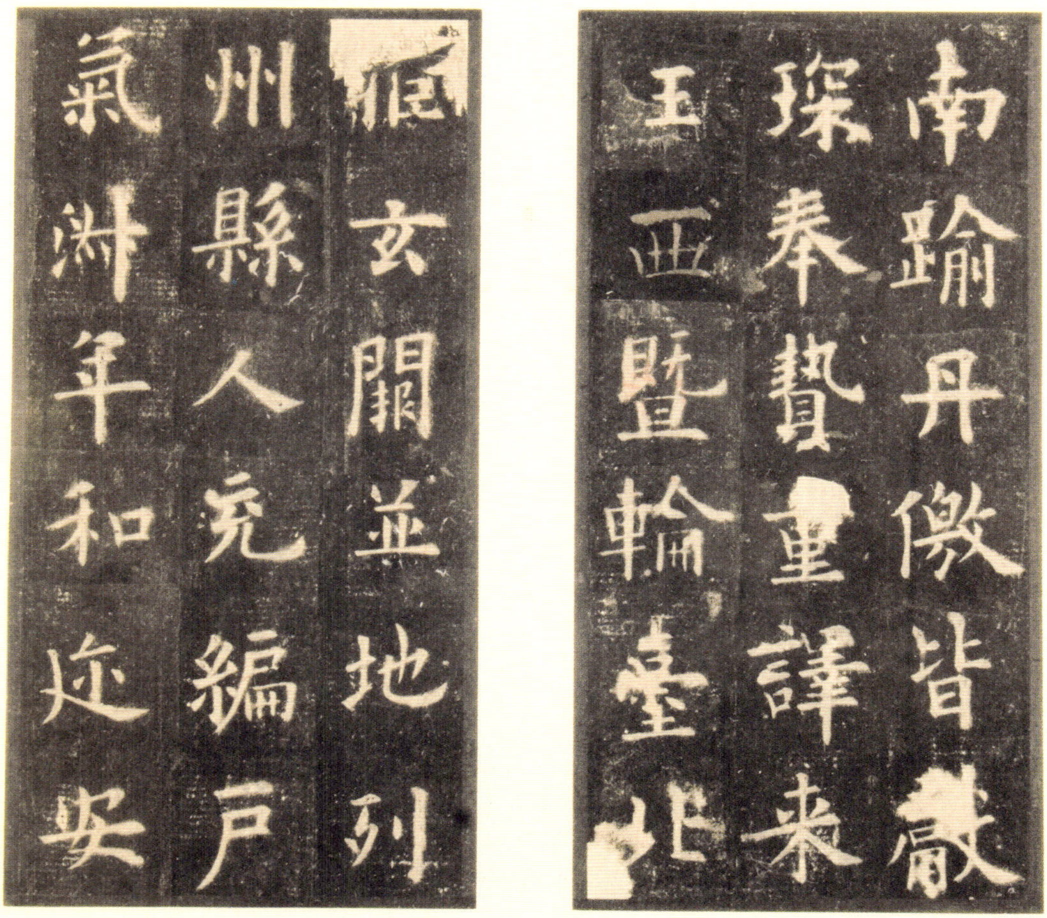

09996 九成宫醴泉銘 （唐）魏徵撰 （唐）歐陽詢書 唐貞觀六年（632）刻石 宋元拓本

共三十五開，碑文三十二開。墨本高 20.8 釐米，廣 10.5 釐米。張祖翼、李經畬、顧復初題簽，王澍題跋，孫晉灝、趙勤、趙筠、趙志鶴等觀款。上海圖書館藏。

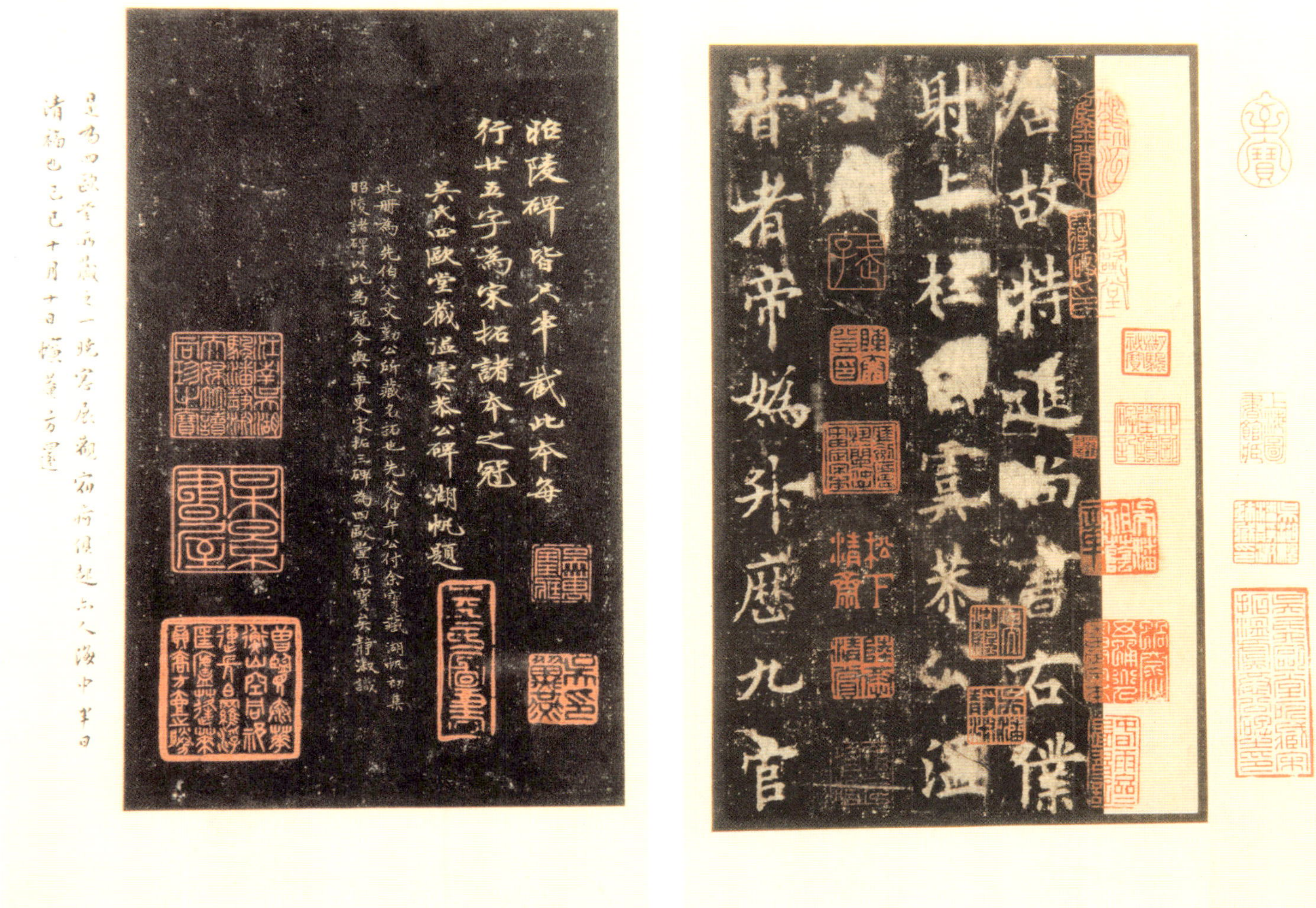

09997 温彦博碑 （唐）岑文本撰 （唐）歐陽詢書 唐貞觀十一年（637）刻石 宋拓本

共十八開，碑文十二開。墨本高 24.1 釐米，廣 14.4 釐米。吴湖帆“四歐秘笈”之一。有“武子”、“松下清齋”、“陸恭清賞”、“吴潘祖蔭章”、“鶴江鑒賞”、“吴湖帆”、“四歐堂藏碑印”、“吴潘静淑”、“羅叔言”、“陳泰登印”、“春雨齋圖書記”、“蝸遂五蛹道人審定宋本”等印。朱孝臧題端，翁方綱、江鳳彝、朱昌頤、吴湖帆、潘静淑等題跋，顧莼、梁同書、李鴻裔、羅振玉、褚德彝、高時顯、鄧邦述、馮超然、吴梅、張茂炯、蔡晉鏞、吴曾源、陳承修、方還、陳曾壽、葉恭綽、李浩生、朱豫卿、沈邁士、沈尹默等觀款，吴湖帆繪《四歐堂讀碑圖》。上海圖書館藏。

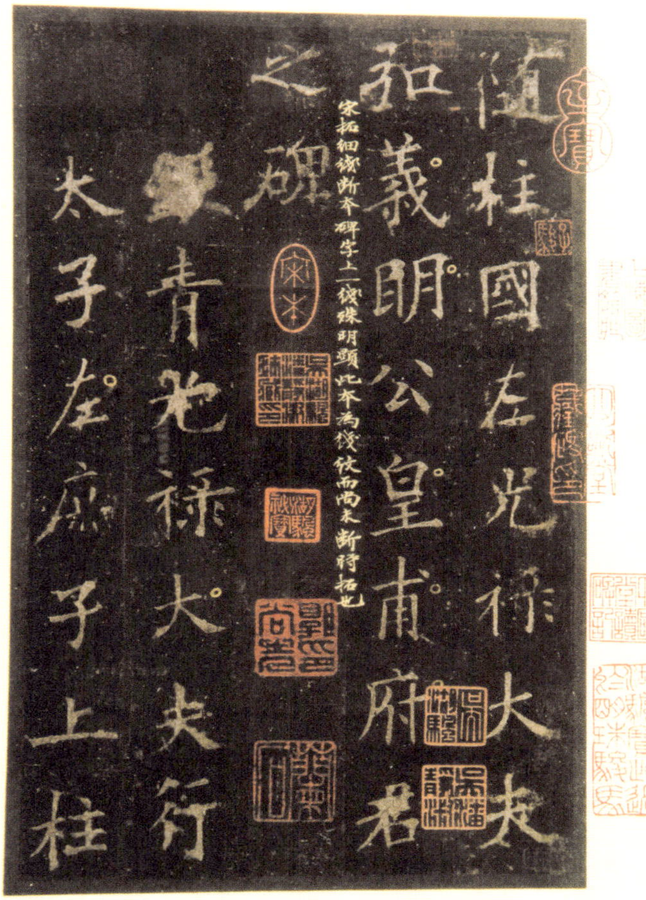

09998 皇甫誕碑 （唐）于志寧撰 （唐）歐陽詢書 唐貞觀十七年（643）刻石 宋拓本

共二十七開，碑文二十開。墨本高 24.6 釐米，廣 15.5 釐米。吴湖帆“四歐秘笈”之一。有“郭印尚先”、“子駿”、“劍泉收藏書籍金石印”、“吴湖帆”等印。吴郁生題端，王同愈、羅振玉、吴湖帆、鄧邦述等題跋，李鴻裔、馮超然、褚德彝、高時顯、朱孝臧、吴梅、吴興讓、陳承修、方還、陳曾壽、葉恭綽、沈尹默、馬公愚等觀款，吴湖帆繪《四歐堂校碑圖》。上海圖書館藏。

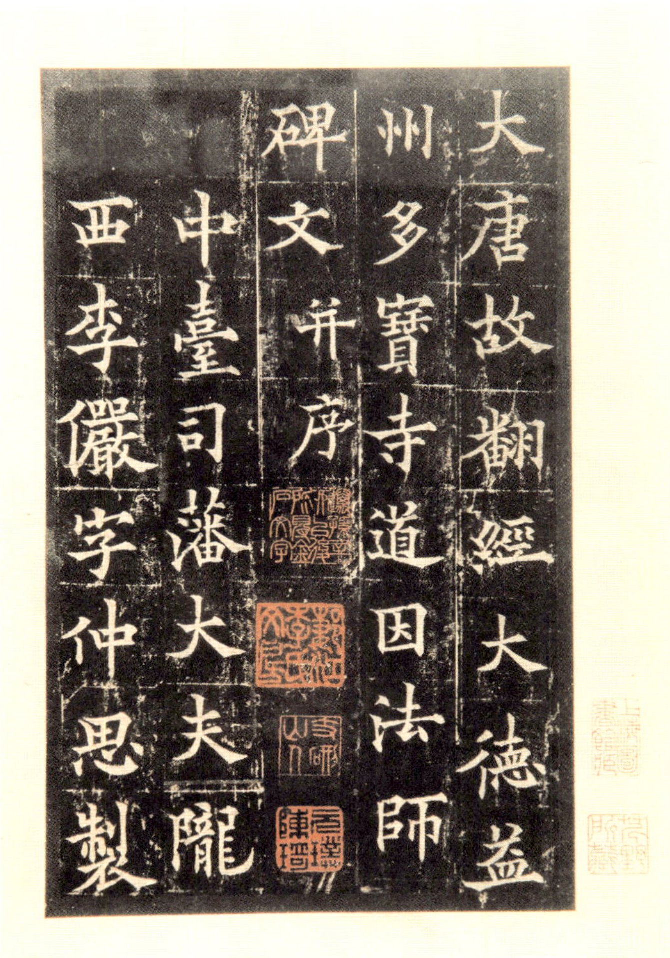

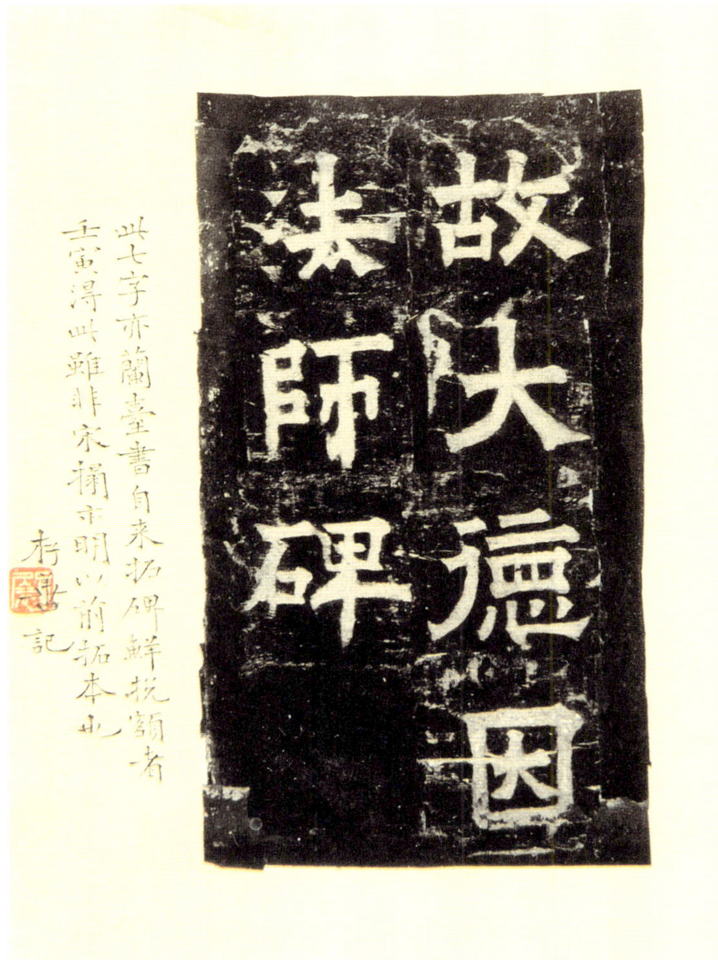

09999 道因法師碑 （唐）李儼撰 （唐）歐陽通書 唐龍朔三年（663）十月十日刻石 宋拓本

共三十三開，碑文三十一開半。墨本高 25.3 釐米，廣 15.2 釐米。有“支硎山人”、“鄞江李氏文房”、“邁孫辛卯以後所得金石文字”、“芹野所藏”等印。潘寧、何紹基題跋，王存善校並跋。上海圖書館藏。

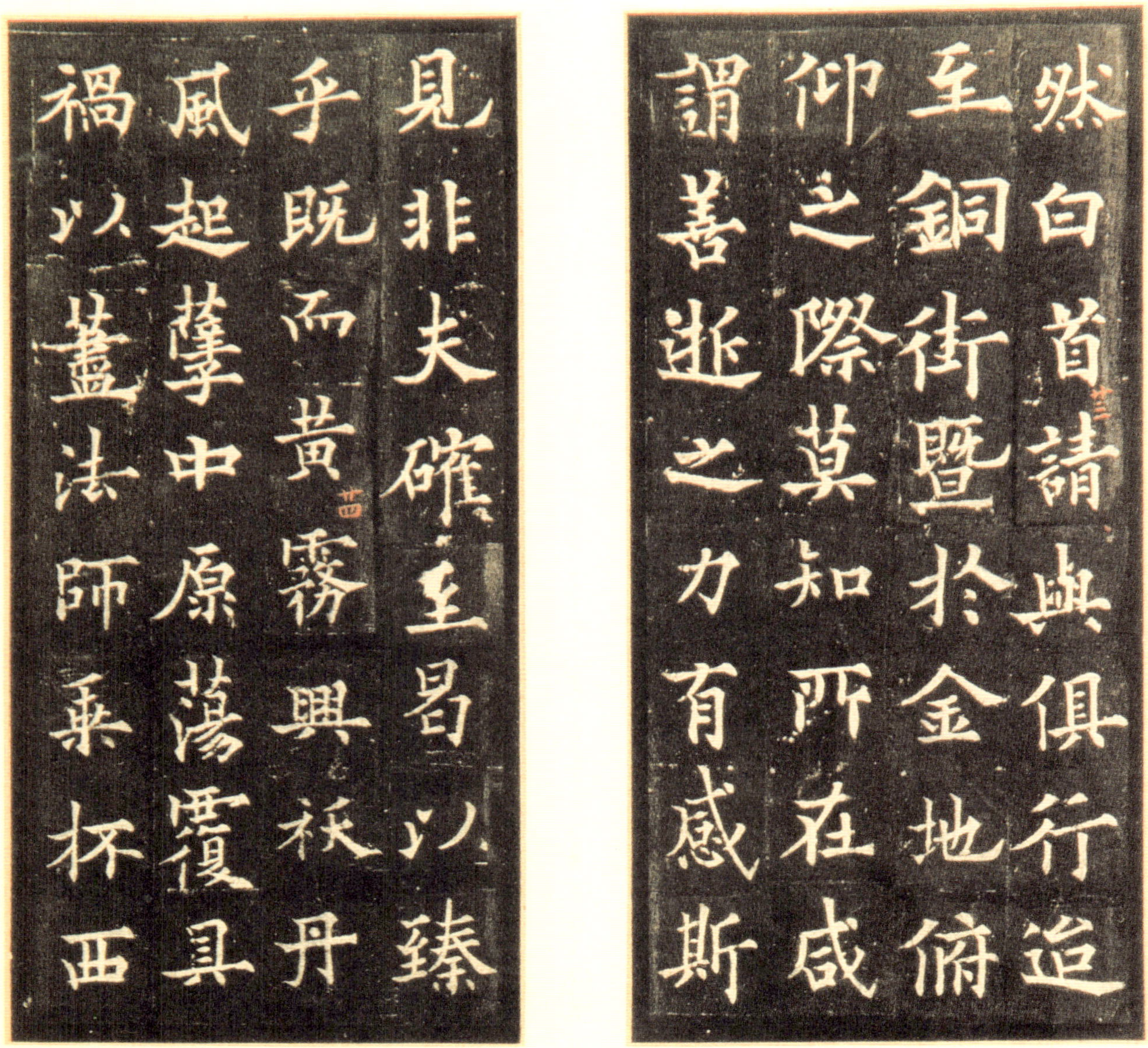

10000 道因法師碑　（唐）李儼撰　（唐）歐陽通書　唐龍朔三年（663）十月十日刻石　南宋拓本

共四十三開，碑文三十九開。墨本高 25.4 釐米，廣 12.6 釐米。有“翁印闓運”等印。潘志萬、翁闓運等題跋。上海圖書館藏。

大唐故翻經大德益
州多寶寺道因法師
碑文并序
中臺司藩大夫隴西

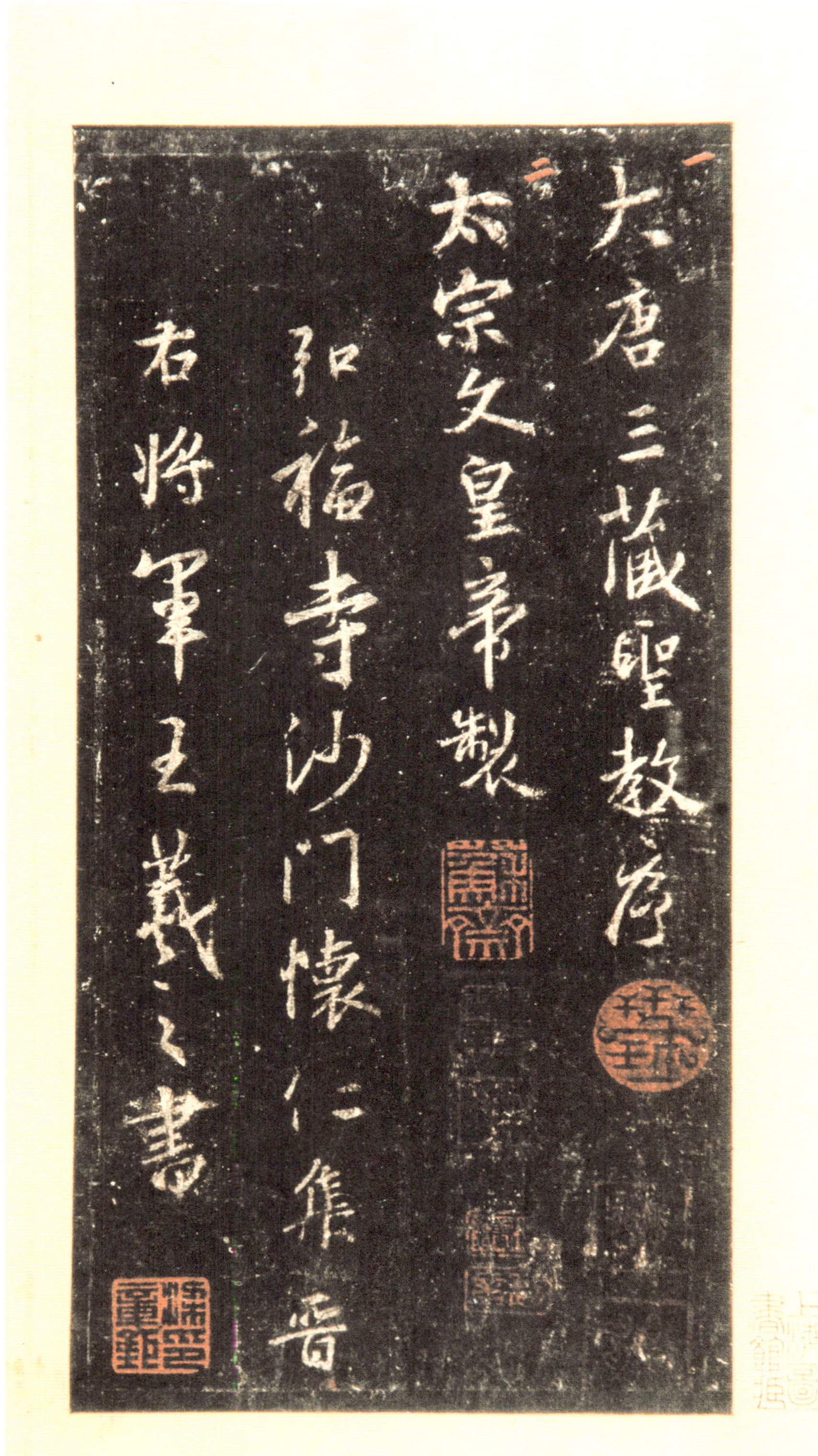

10001 三藏聖教序 （唐）太宗李世民撰序 （唐）高宗李治撰記 （唐）釋懷仁集王羲之行書 唐咸亨三年（672）刻石 北宋拓本

共三十二開，碑文二十五開。墨本高 25.8 釐米，廣 12.7 釐米。有“蘇齋”、“梁印章鉅”等印。王澍、蔣衡、孫義鋆等題跋，魏錫曾題跋並録梁章鉅題跋。上海圖書館藏。

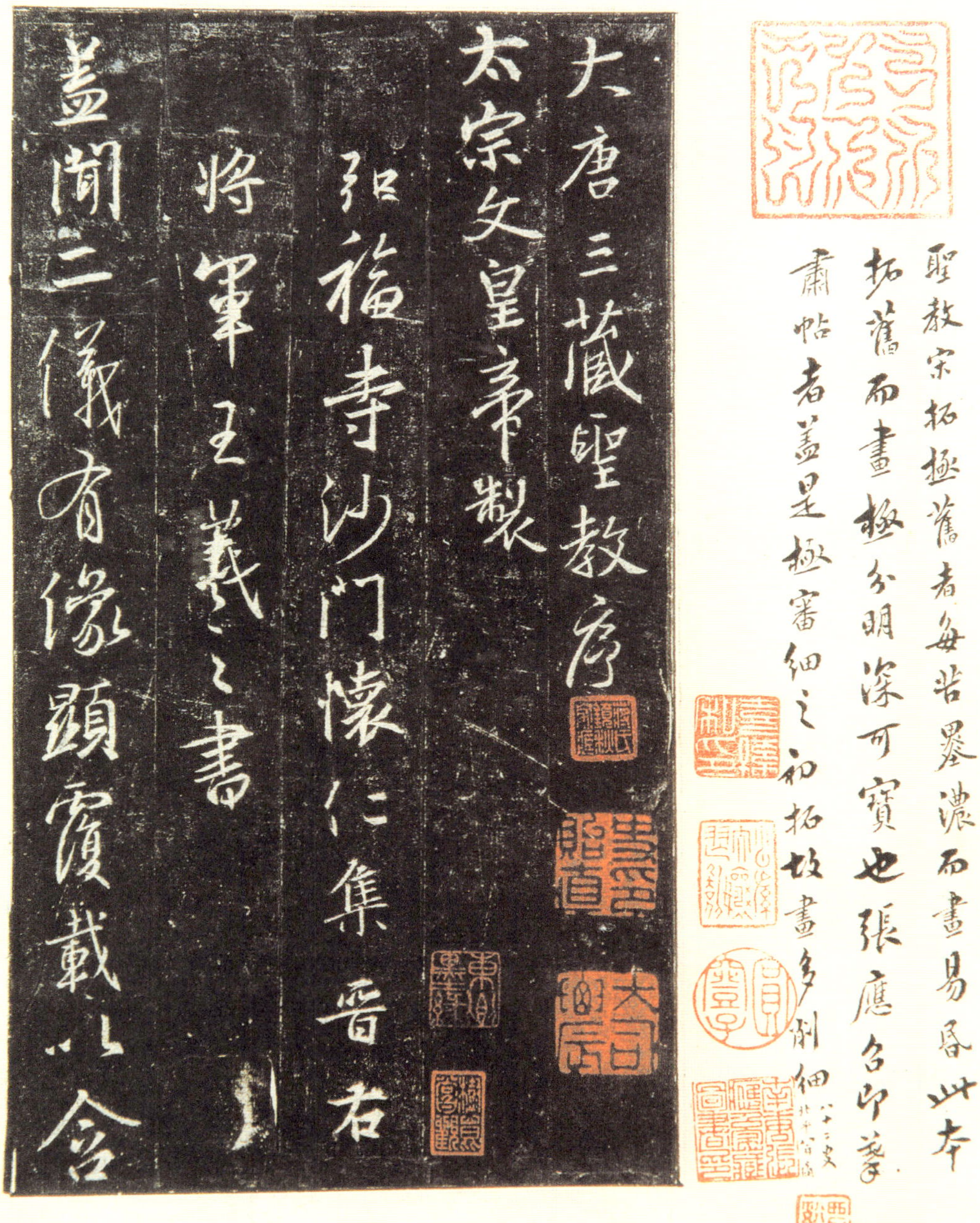

10002 三藏聖教序 （唐）太宗李世民撰序 （唐）高宗李治撰記 （唐）釋懷仁集王羲之行書 唐咸亨三年（672）刻石 北宋拓本

共二十一開，碑文十八開。墨本高 27.4 釐米，廣 15 釐米。有“南唐張應召家藏圖書印”、“史印貽直”、“喜孫私印”、“覃溪”、“蔣氏鏡秋家藏”等印。李守、翁方綱、伊秉綬、郭尚先等題跋，葉志詵題記，董國華、鄧熾昌觀款。上海圖書館藏。

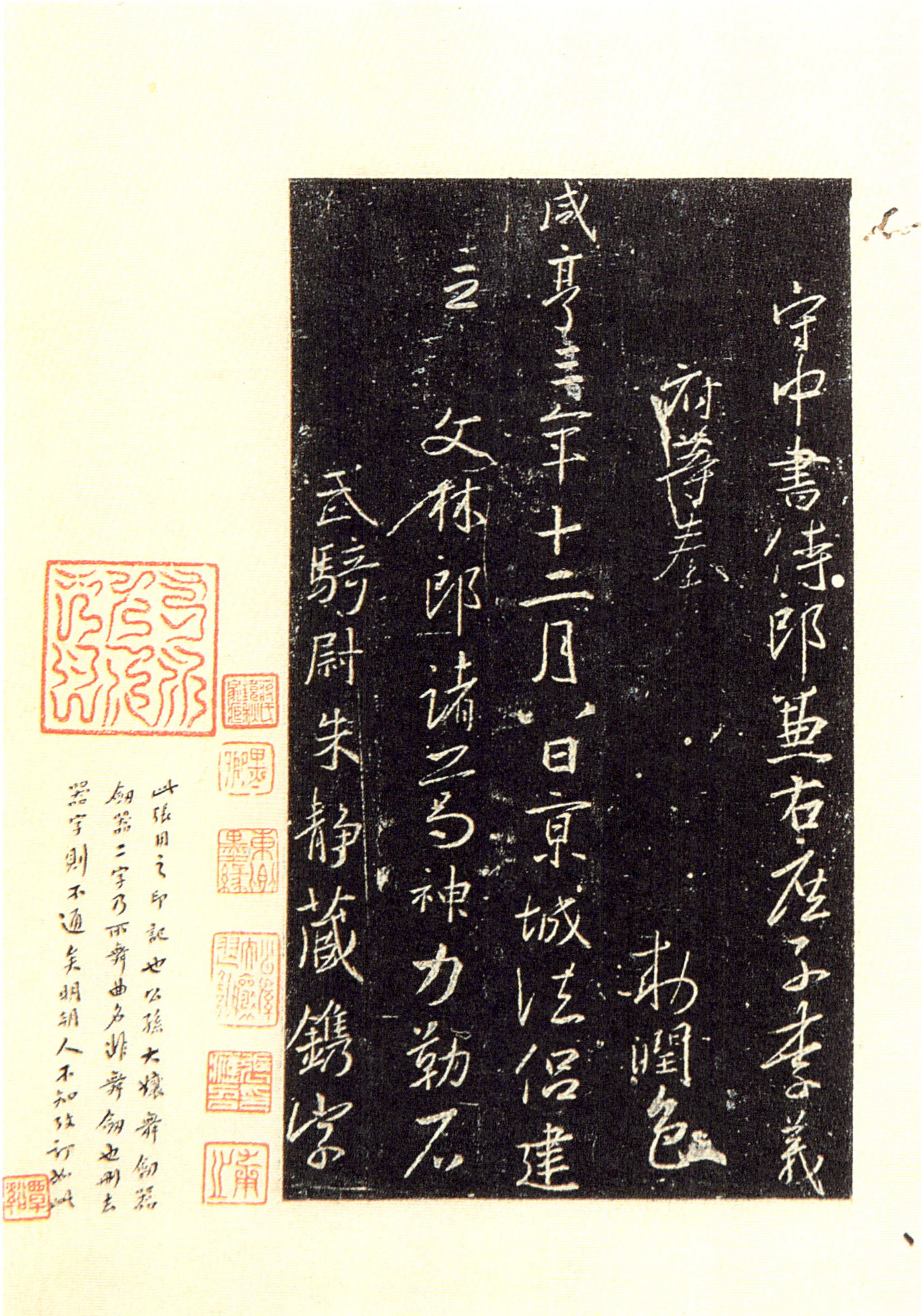

10002 三藏聖教序

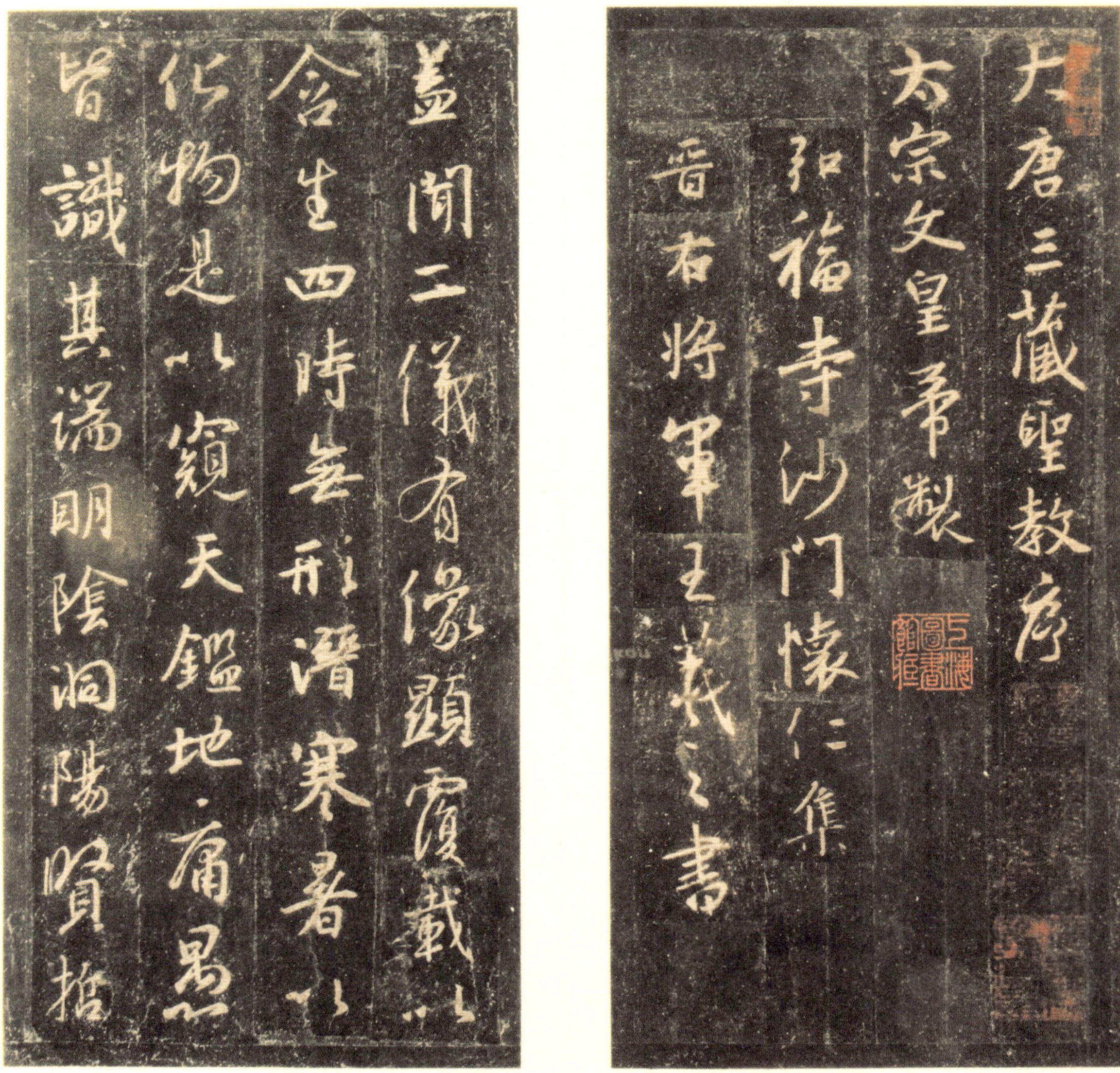

10003 三藏聖教序 （唐）太宗李世民撰序 （唐）高宗李治撰記 （唐）釋懷仁集王羲之行書 唐咸亨三年（672）刻石 南宋拓本

共二十七開，碑文二十四開半。墨本高 26.5 釐米，廣 12.5 釐米。杜庭珠題跋，何焯觀款。上海圖書館藏。

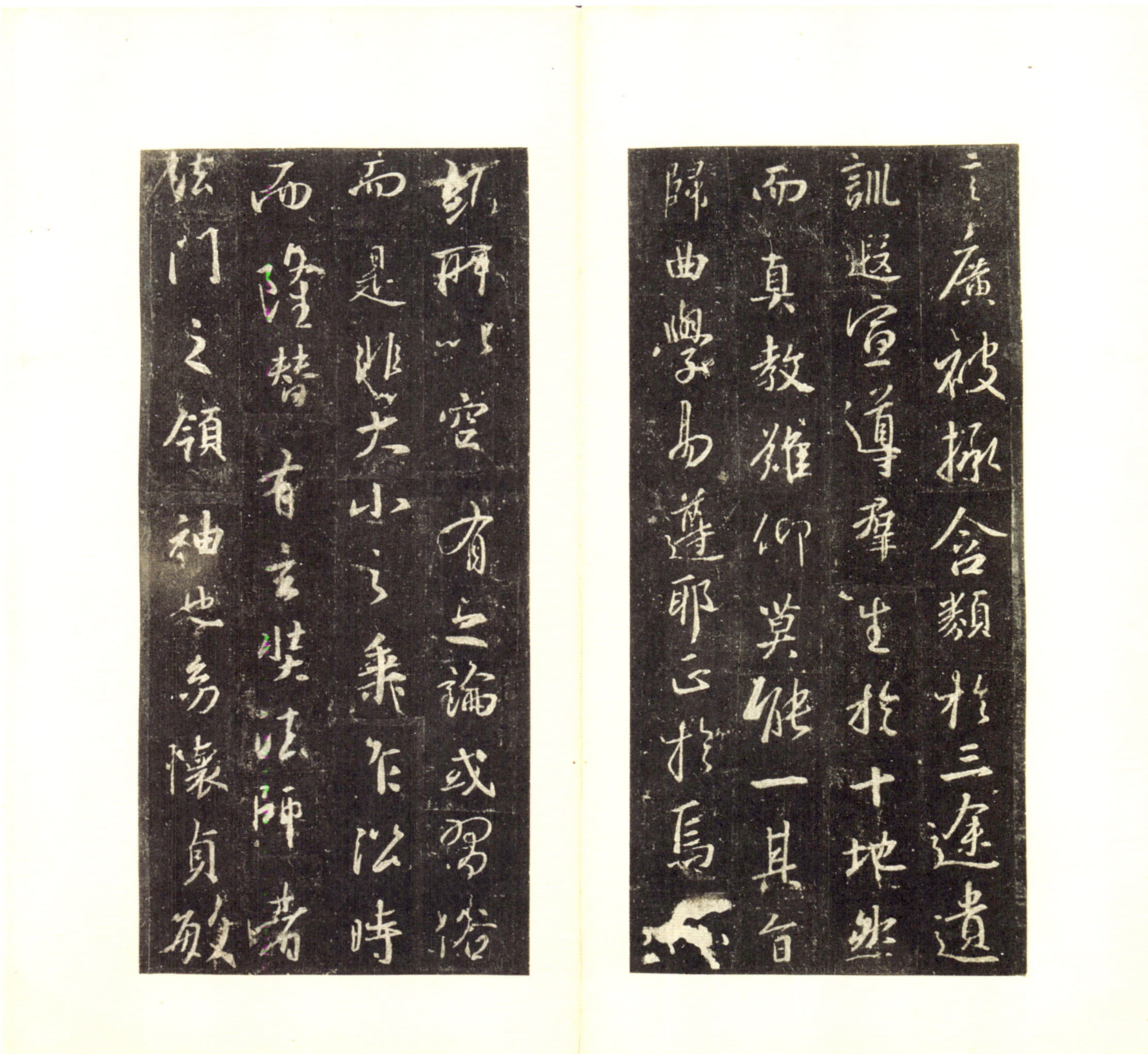

10004 三藏聖教序 （唐）太宗李世民撰序 （唐）高宗李治撰記 （唐）釋懷仁集王羲之行書 唐咸亨三年（672）刻石 南宋拓本

共二十八開，碑文二十五開。墨本高25.2釐米，廣11.6釐米。勵宗萬題跋，徐良觀款。上海圖書館藏。

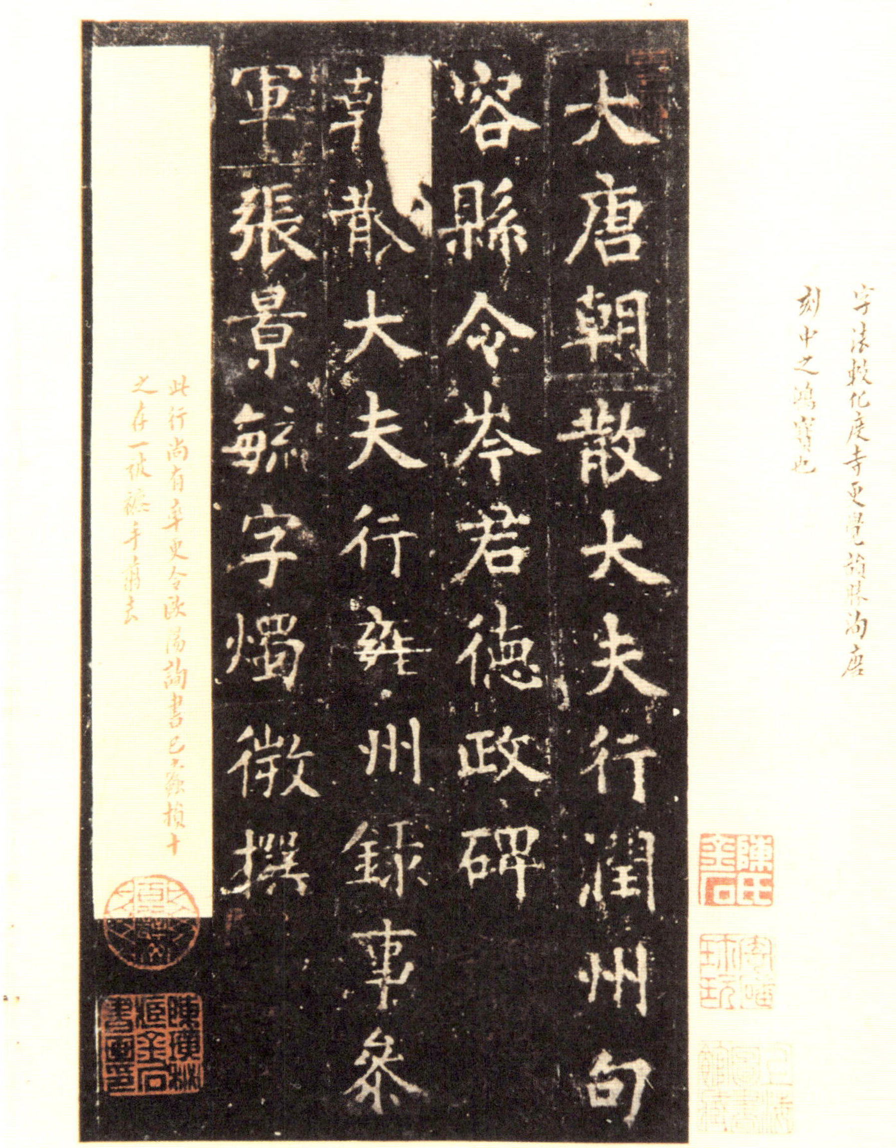

10005 岑植德政碑　（唐）張景毓撰　（唐）釋翹微書 唐景龍二年（708）刻石 宋拓本

共三十開，碑文二十八開半。墨本高 22.7 釐米，廣 11.8 釐米。有“項子京家珍藏”、“墨林秘玩”、“廣平私印”、“寄磻珍玩”、“陳璜秘藏金石書畫印”、“顧千里經眼”等印。毛端海、姚廣平題跋。上海圖書館藏。

10006 麓山寺碑並陰 （唐）李邕撰並書 （唐）黄仙鶴刻 唐開元十八年（730）

刻石 南宋拓本

共五十三開，碑陽三十開，碑陰十開，碑額一開。墨本高 27.8 釐米，廣 14.6 釐米。姚華題簽，何紹基、羅汝懷題跋。上海圖書館藏。

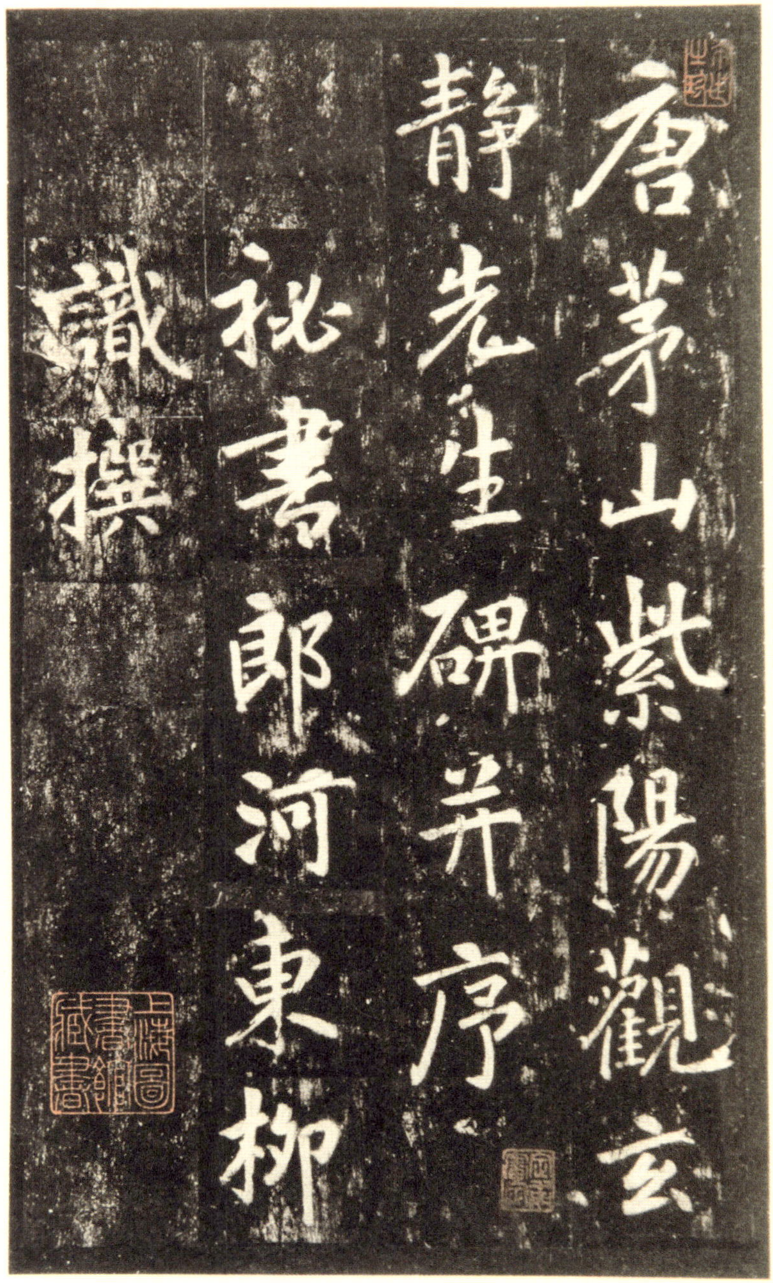

10007 李玄靖碑 （唐）柳識撰 （唐）張從申書 （唐）李陽冰篆額 唐大曆七年（772）刻石 宋拓本

碑文十六開半。墨本高27釐米，廣15.6釐米。有“定甫審定”、“曰藻”、“秉衡私印”、“元淳之印”等印。上海圖書館藏。

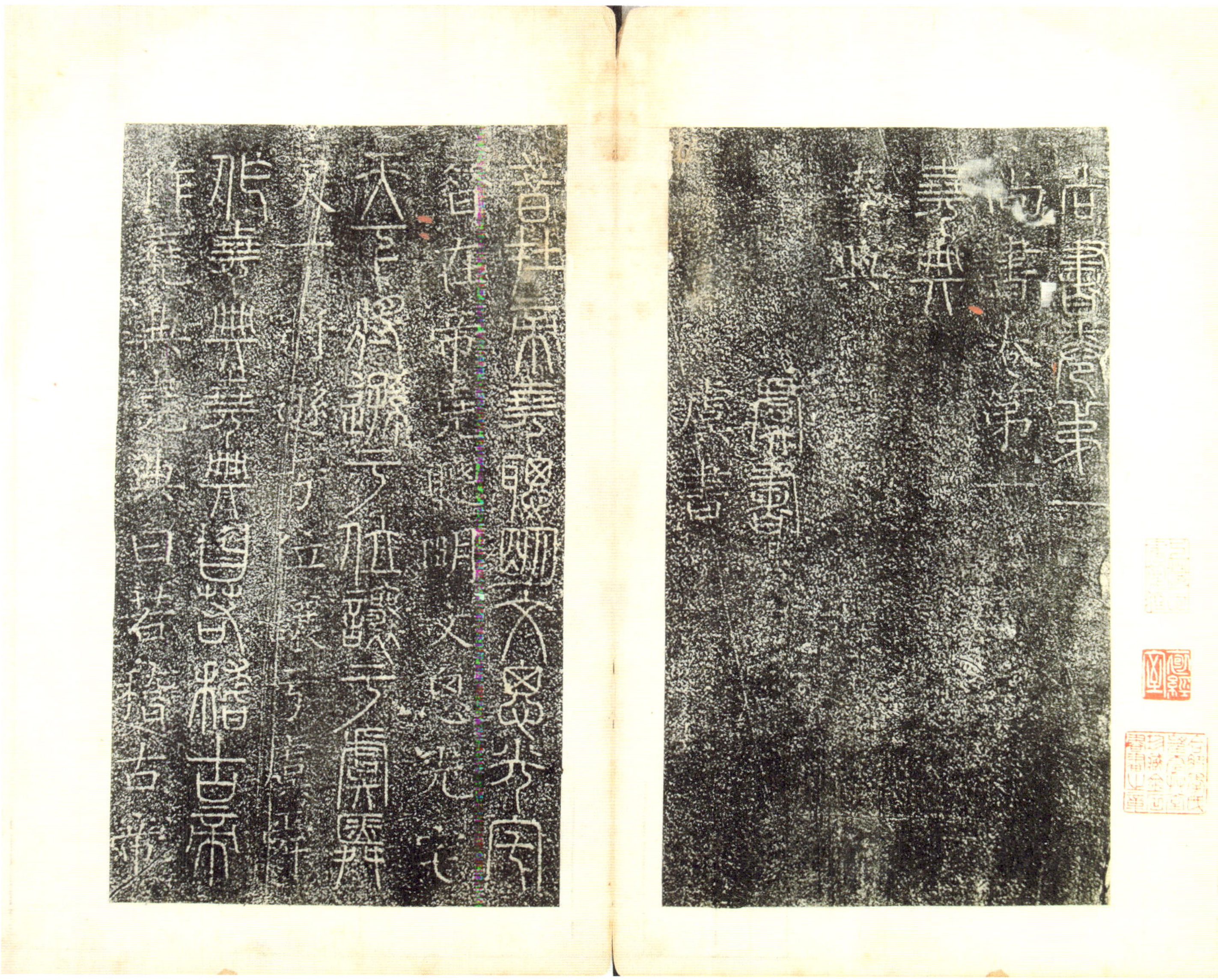

10008 嘉祐石經 北宋嘉祐六年（1061）刻石 宋拓本

碑文二百一開，共四册。題跋一册。册高 32.3 釐米，廣 10.3 釐米。有“合肥李氏望雲草堂珍藏金石書畫之章”、“褱經室”等印。劉體乾、吴士鑒題跋，陳詩、錢駿祥、金蓉鏡題詩。上海圖書館藏。

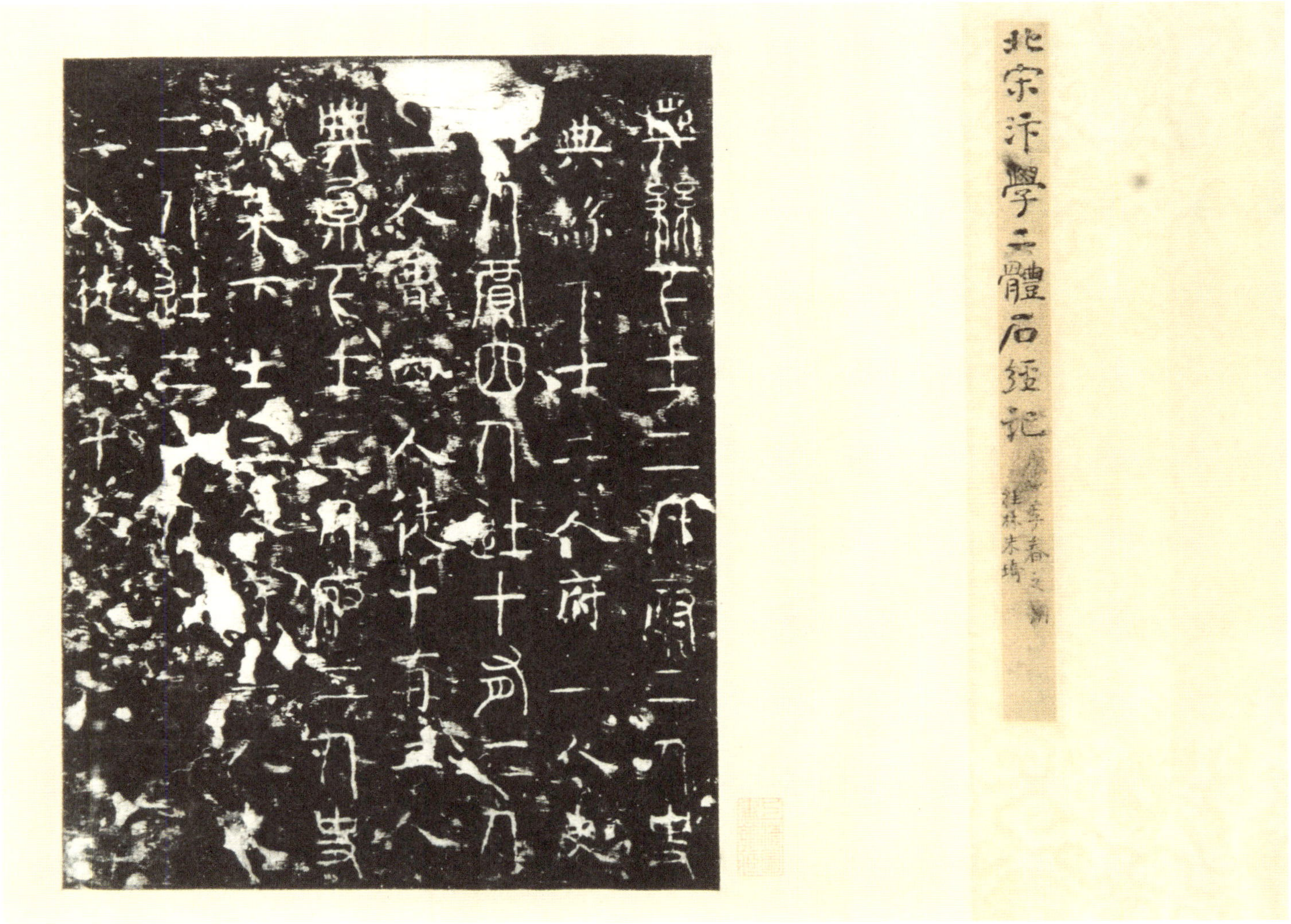

10009 嘉祐石經 北宋嘉祐六年（1061）刻石 宋拓本

卷軸裝。卷軸高 32.5 釐米，廣 1265 釐米。帖芯高 27.2 釐米，廣 105 釐米。祁寯藻署端，朱琦題簽，朱琦、葉名澧、丁賜福題跋，丁晏、何紹基、楊傳第、湯修、孔憲庚（孔憲彝代書）、李汝鈞、孔憲瑴題詩。上海圖書館藏。

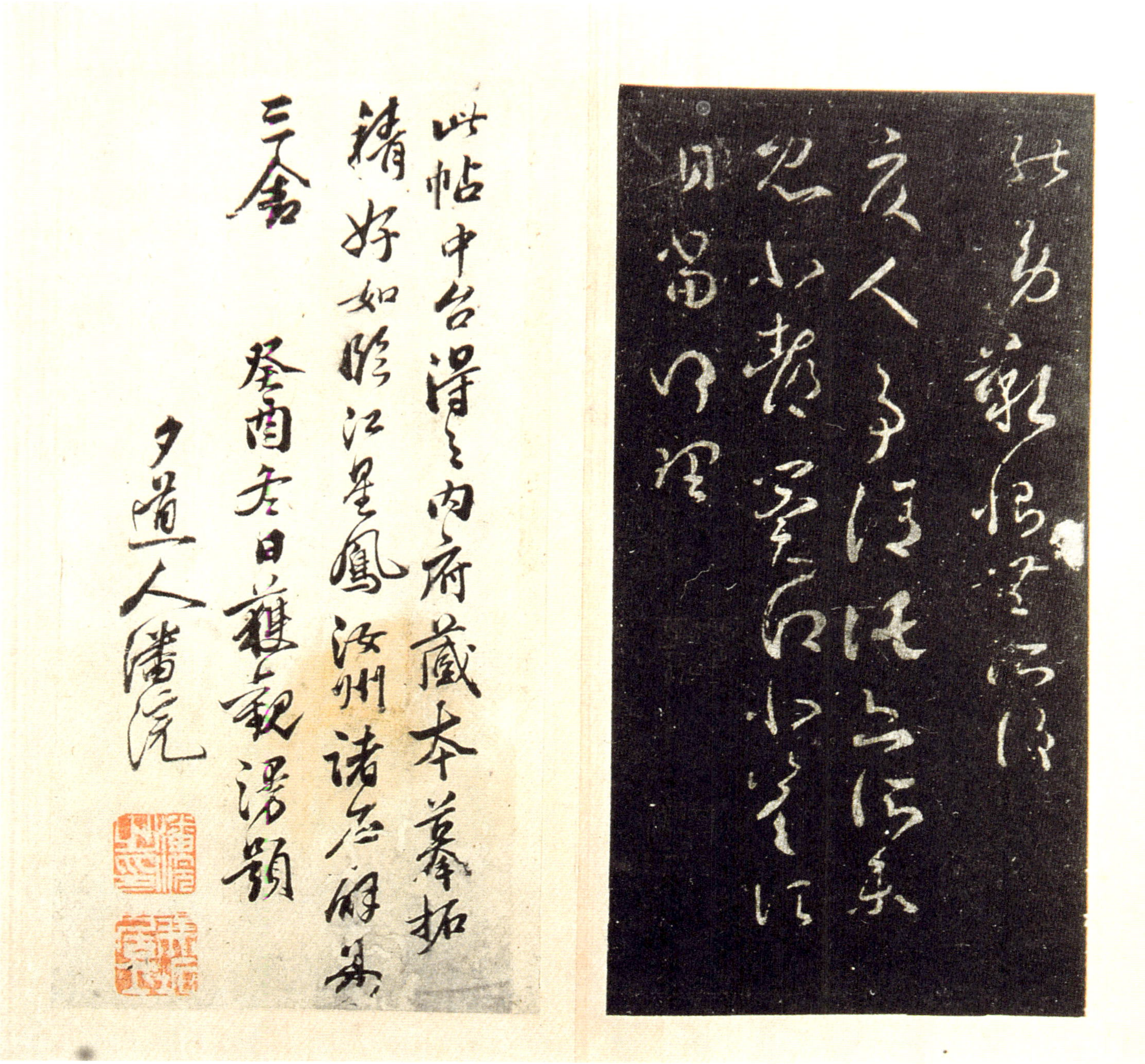

10010 絳帖二十卷　（宋）潘師旦摹　北宋皇祐至嘉祐年間刻石　宋拓東庫本

共二十四開，帖二十二開。墨本高 26.7 釐米，廣 13.5 釐米。有“趙氏子昂”、“潘浣之印”等印。潘浣、畢星題跋，費念慈、吴昌碩題簽。上海圖書館藏。存一卷。

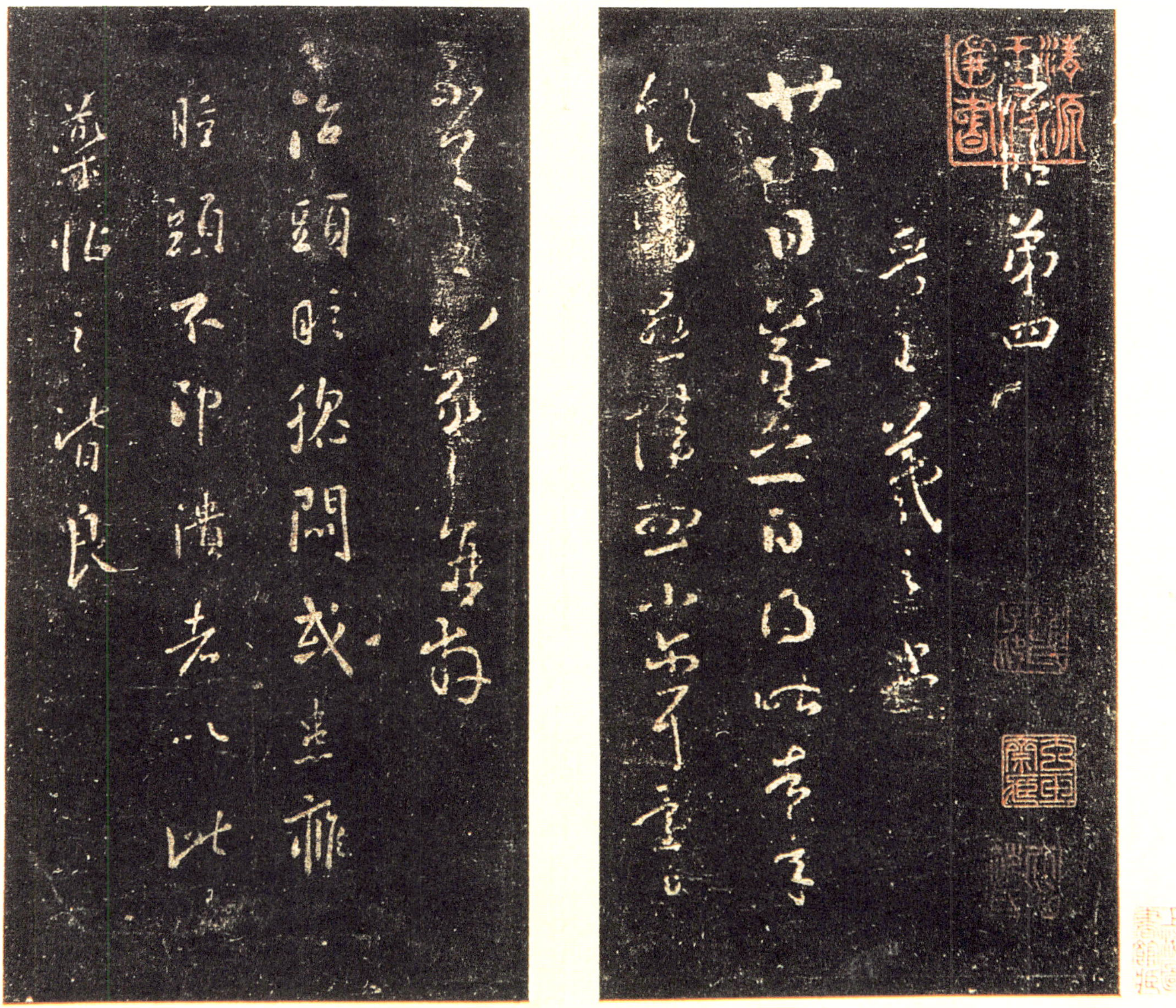

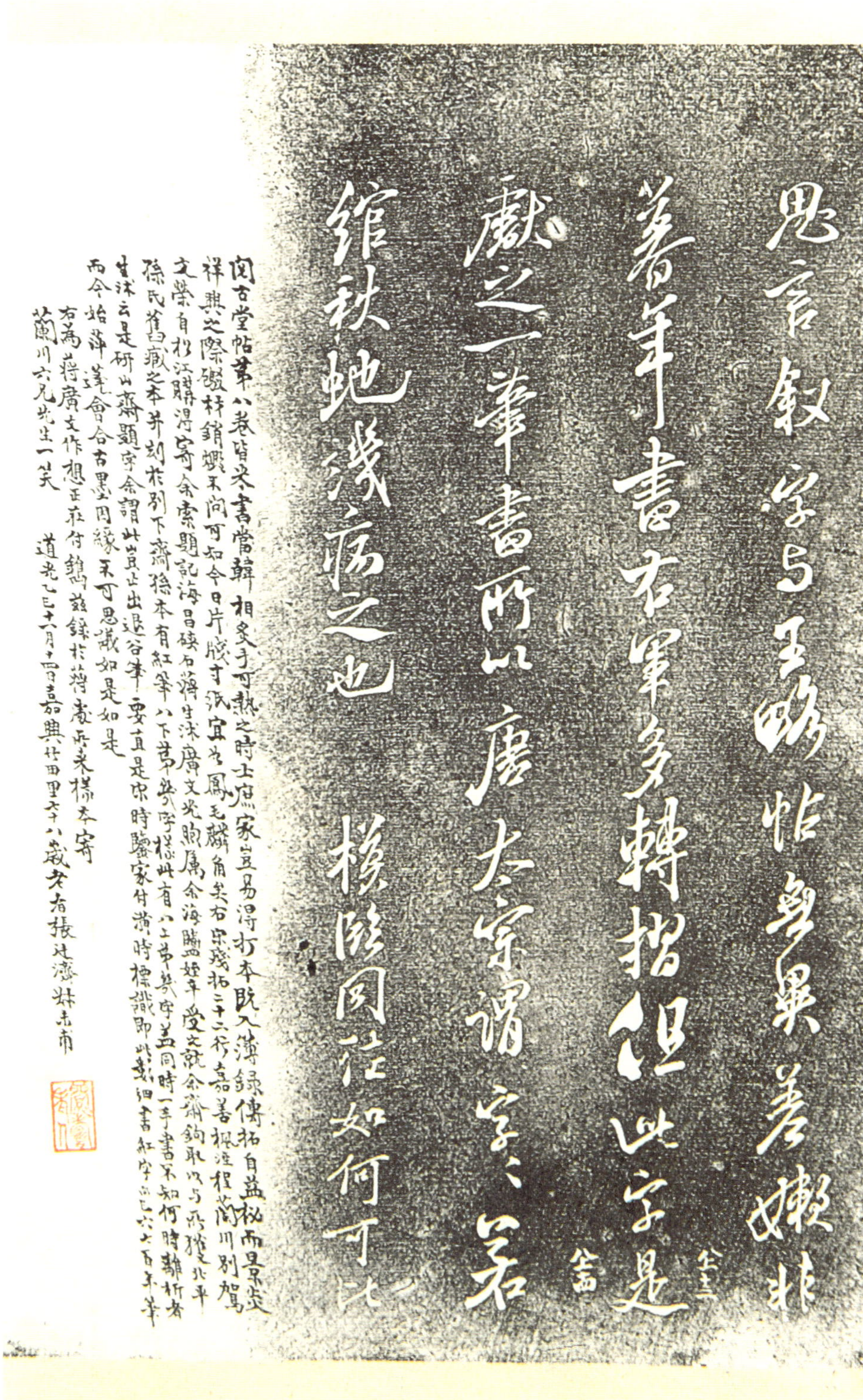

10011 群玉堂帖十卷 （宋）米芾書 （宋）韓侂胄輯 （宋）向若水摹刻 南宋嘉泰元年至開禧元年（1201-1205）刻石 宋拓本

共十八開，帖二十二行。墨本高 31.8 釐米，廣 37.3-49 釐米。有“眉壽老人”等印。侯雲松題簽，張廷濟、戴熙題跋。附清道光二十五年（1845）蔣光煦命張辛摹刻初拓本二種、張廷濟致程文榮手札六通。上海圖書館藏。存一卷。

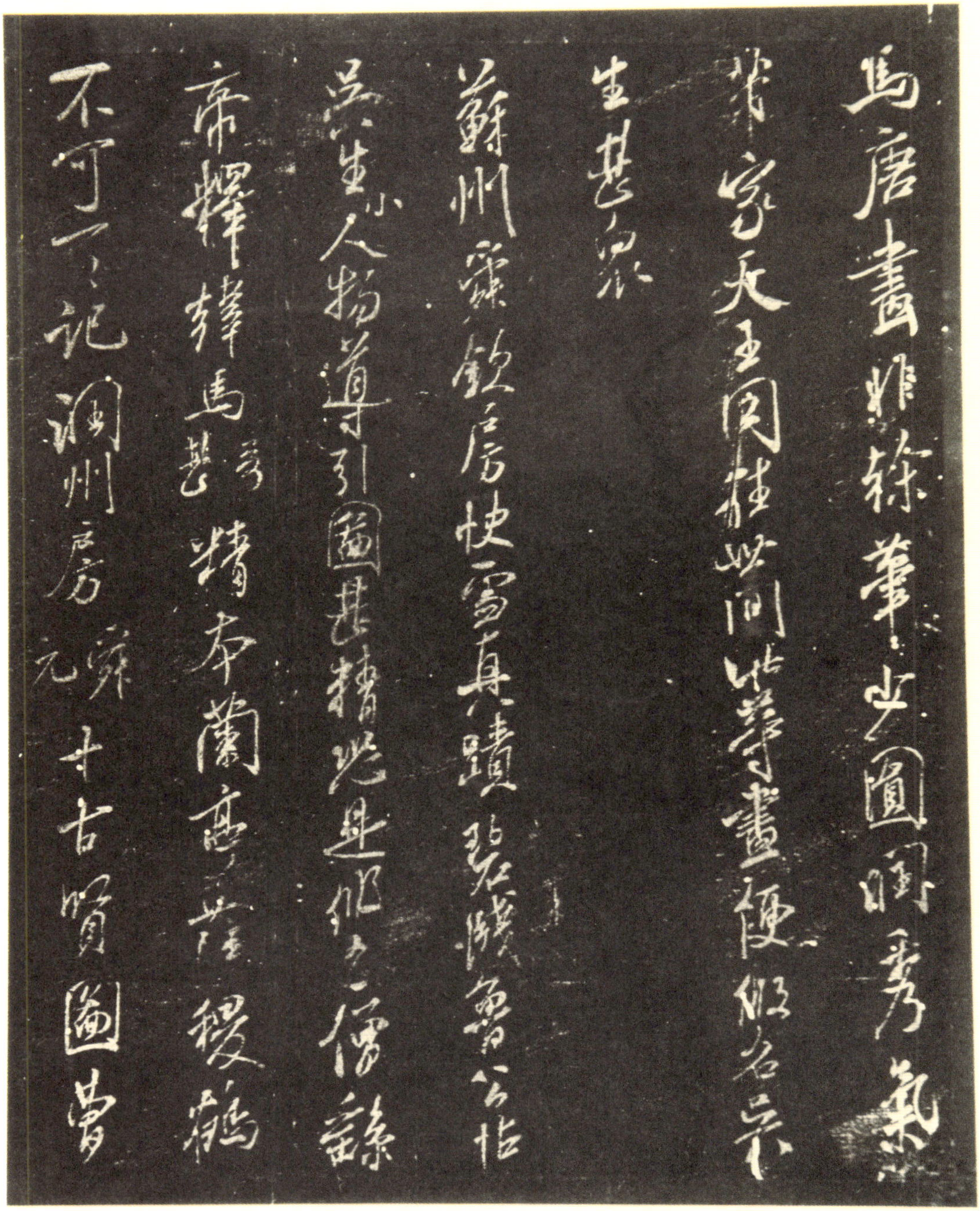

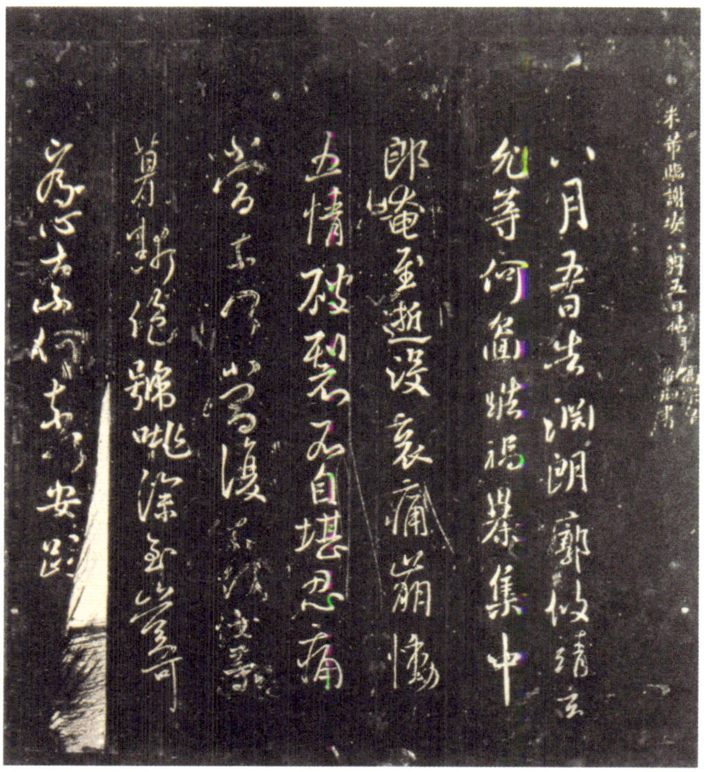

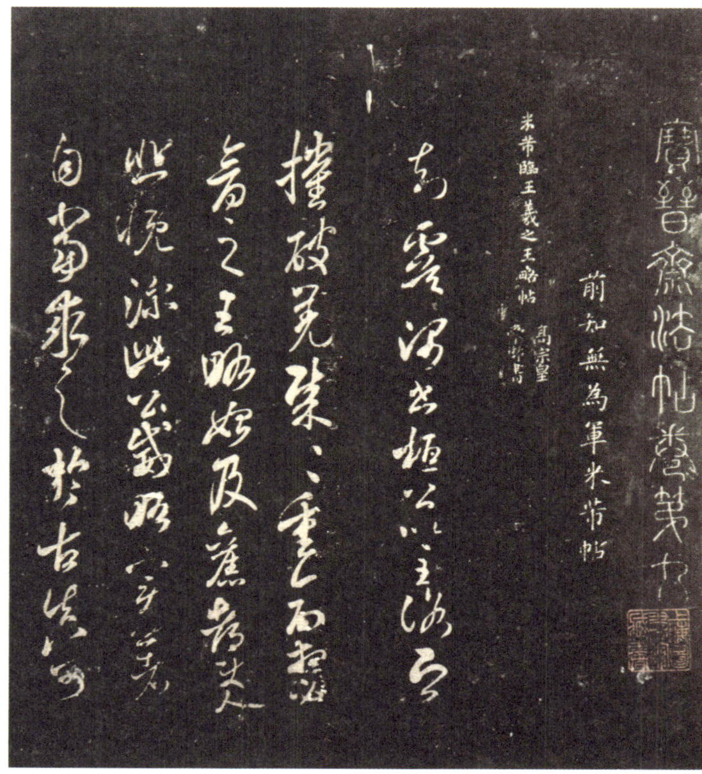

10012 寶晉齋法帖十卷 （宋）米芾書 （宋）曹之格輯刻 南宋咸淳四年（1268）刻石 宋拓本

帖四十二開。冊高 33.1 釐米，廣 14.5 釐米。張廷濟題簽，馮銓、程文榮題跋。上海圖書館藏。存二卷。

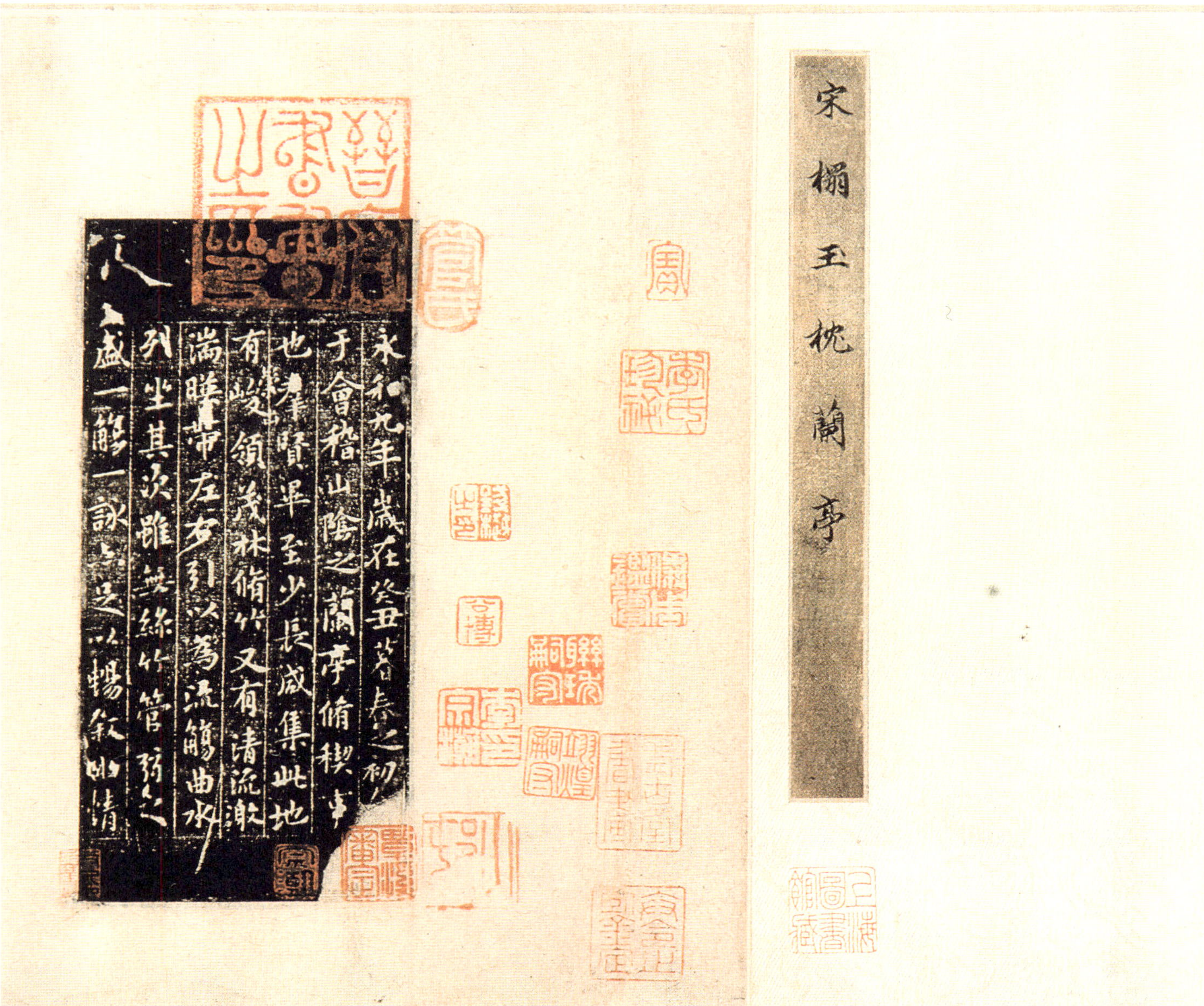

10013 玉枕蘭亭 （晉）王羲之撰 宋拓本

卷軸裝。卷高 22.4 釐米，廣 600 釐米。帖芯高 14.8 釐米，廣 47.6 釐米。有“晉府書畫之印”、“卞印永譽”、“李印宗瀚”、“聯琇嗣守”、“翊煌嗣守”等印。孫承澤、吴正治、黄機、龔鼎孳、翁方綱、李宗瀚等題跋，王震觀款。上海圖書館藏。

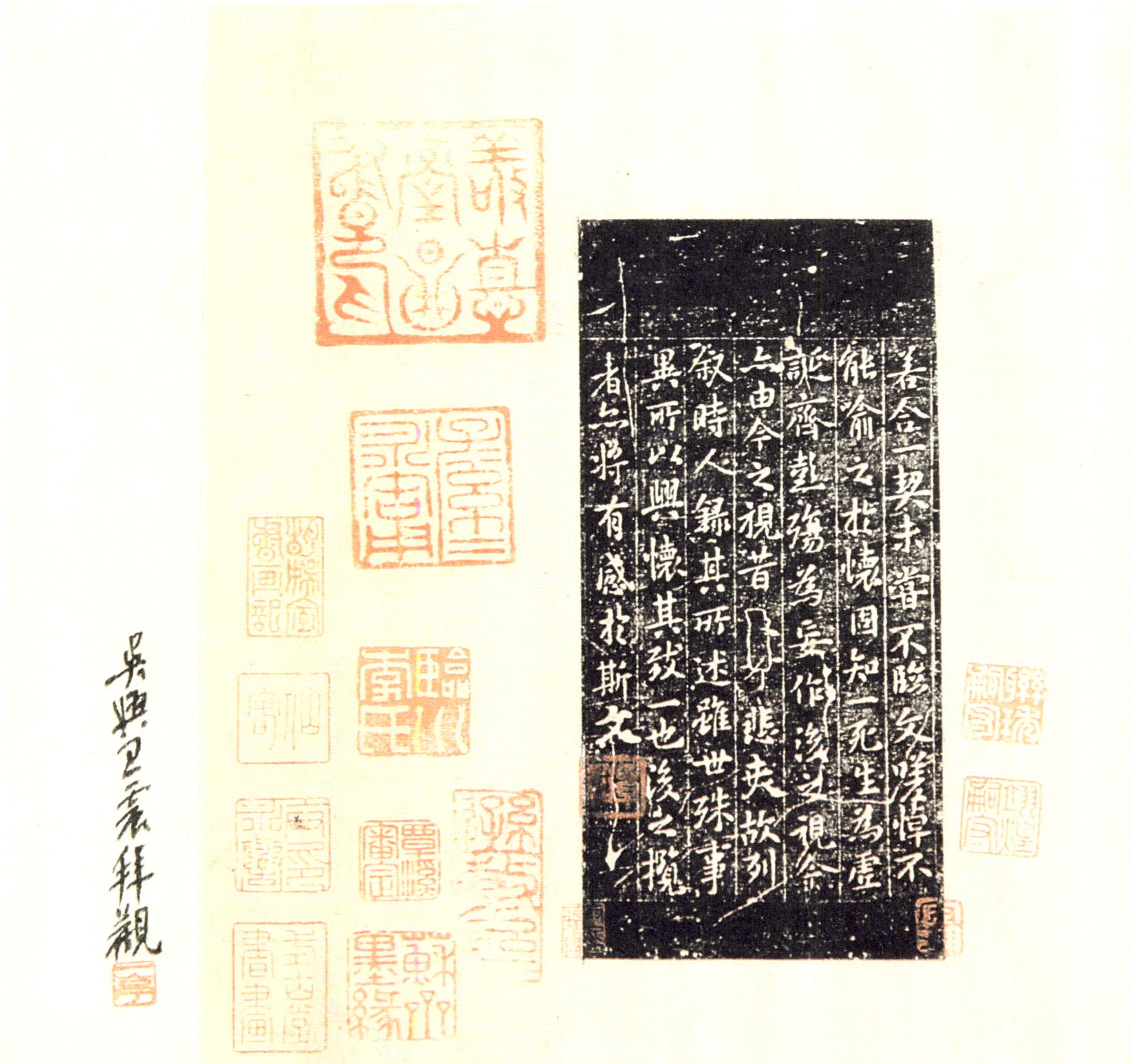
善合一契未嘗不臨文嗟悼不
能喻之於懷固知一死生為虛
誕齊彭殤為妄作後之視今
亦由今之視昔悲夫故列
敘時人錄其所述雖世殊事
異所以興懷其致一也後之攬
者亦將有感於斯文
吳興王震拜觀

10013 玉枕蘭亭

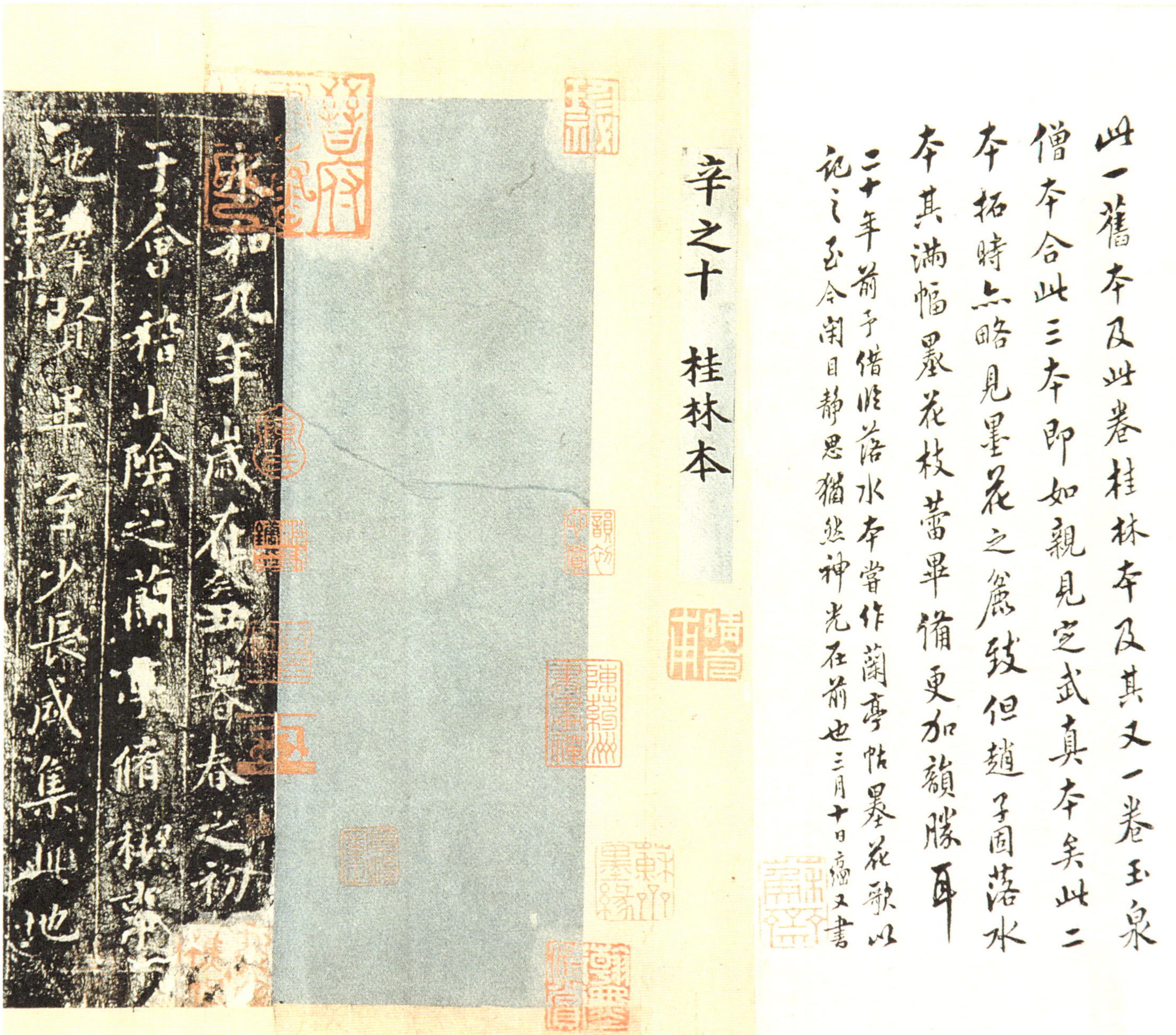

10014 蘭亭序三種附陸柬之蘭亭詩一種 （晉）王羲之撰並書 宋拓本

卷軸裝。卷高 29 釐米，廣 800 釐米。墨本高 25 釐米，廣 293 釐米。有“旌德游氏”、“晉府書畫之印”、“清河張若靄晴嵐氏珍玩之章”、“陳藥洲書畫禪”、“李印宗瀚”、“覃溪審定”、“沈樹鏞印”等印。游似、翁方綱、龔心釗、高振霄題跋。上海圖書館藏。

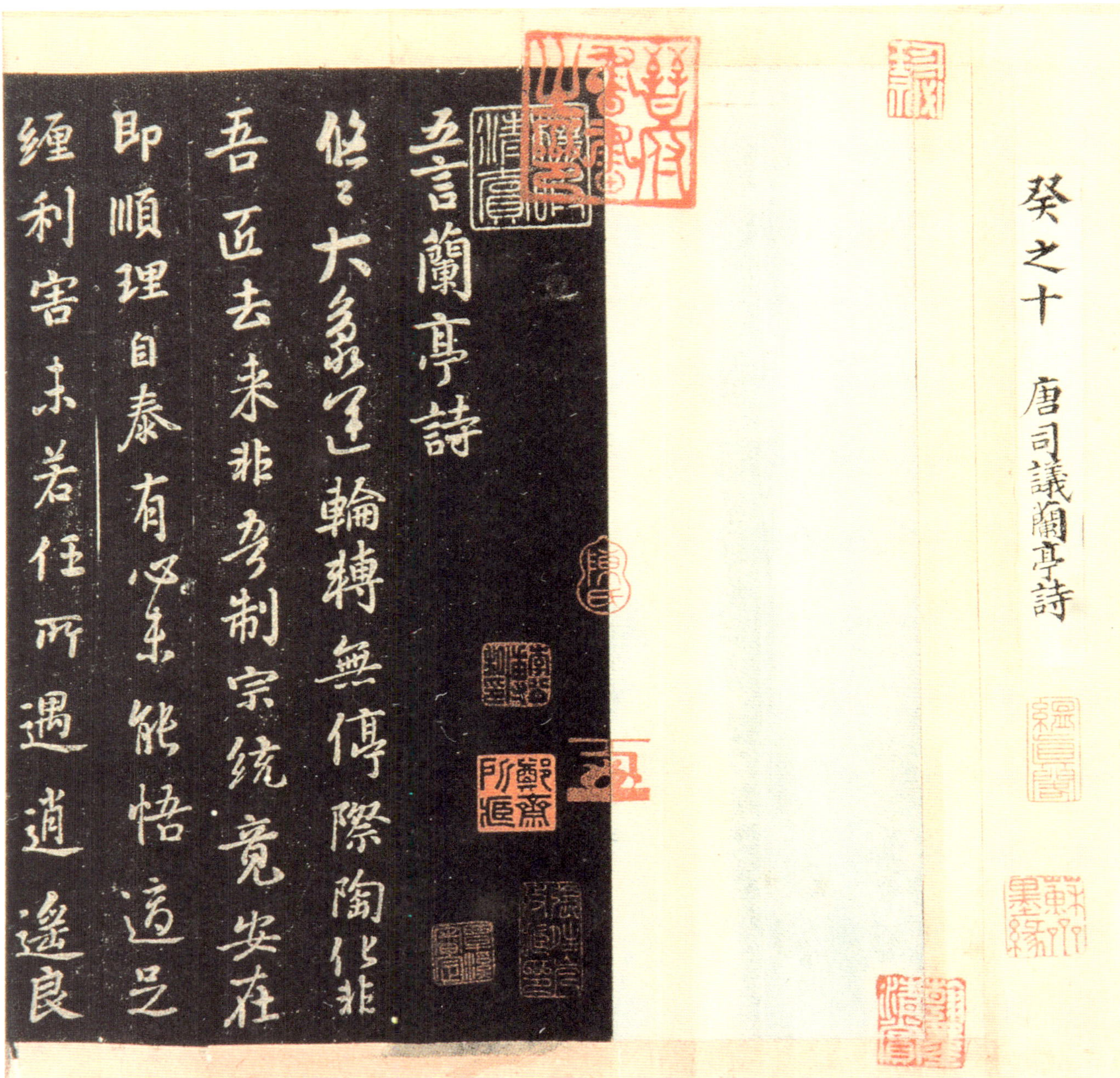

10014 蘭亭序三種附陸柬之蘭亭詩一種

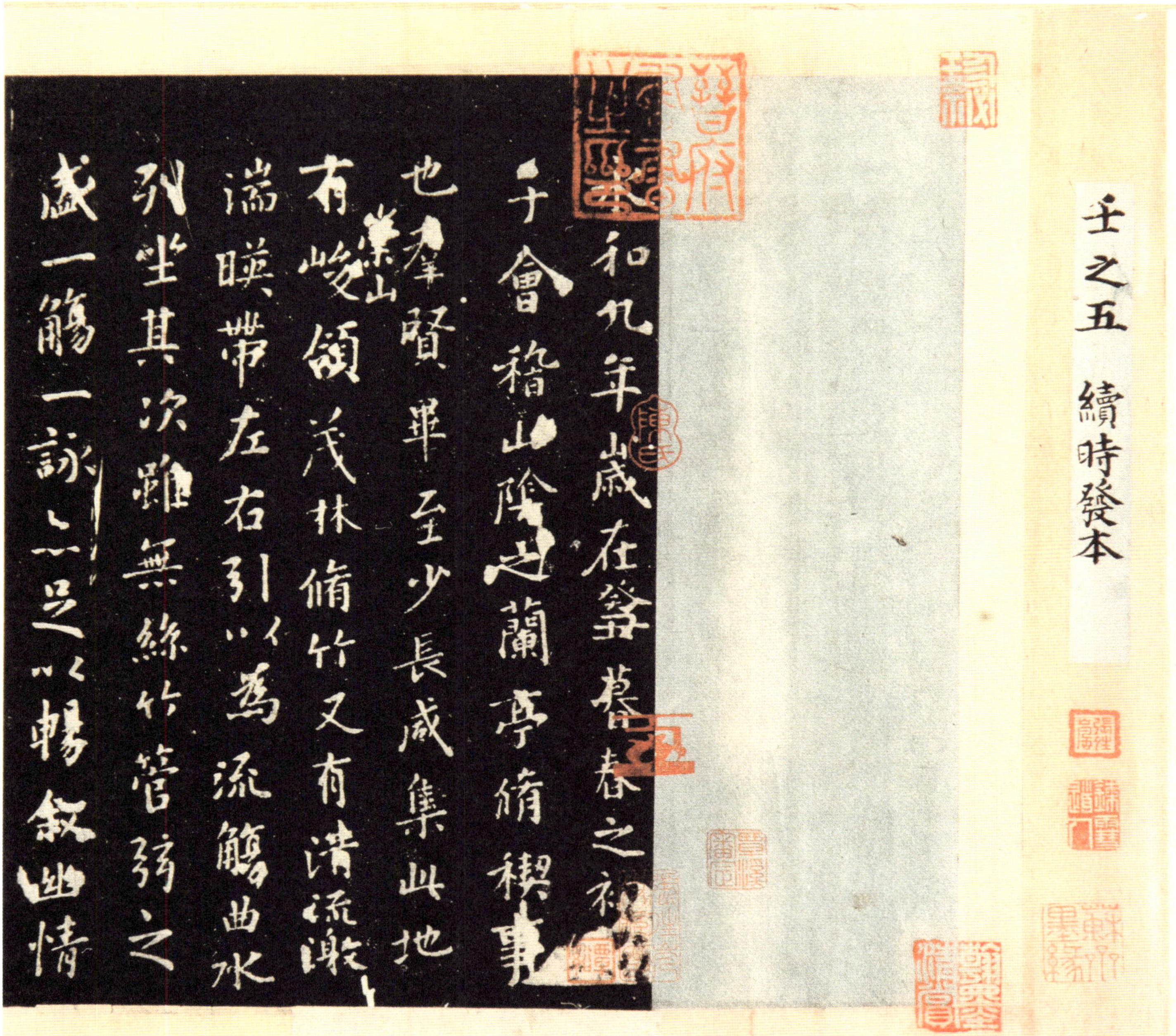
壬之五 續時發本
和九年歲在癸暮春之初
于會稽山陰之蘭亭脩稧事
也羣賢畢至少長咸集此地
有崇山峻領茂林脩竹又有清流激
湍暎帶左右引以爲流觴曲水
列坐其次雖無絲竹管弦之
盛一觴一詠亦足以暢叙幽情

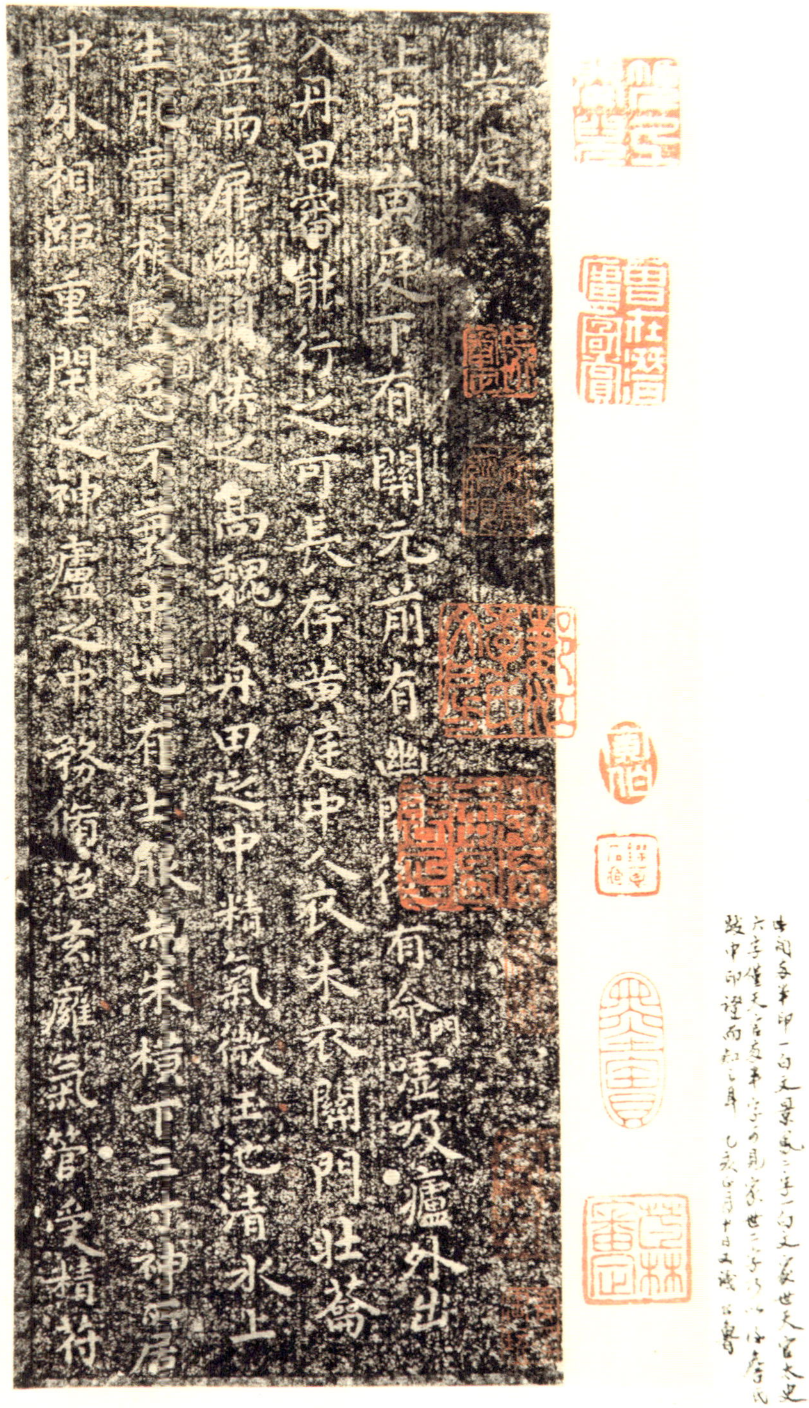

10015 黄庭經 題（晉）王羲之書 宋拓本

共十九開，帖五開。墨本高25.3釐米，廣10釐米。有"莒林審定"、"劉蕙石藏"、"寅伯"、"曾在潛盧寄賞"、"鄞江李氏文房"等印。貢奎、王世貞、詹景鳳、劉然、陳廷敬、張英静、元熙、趙烈文、吴郁生、劉公魯、任覺庵等題跋，張祖翼觀款。上海圖書館藏。

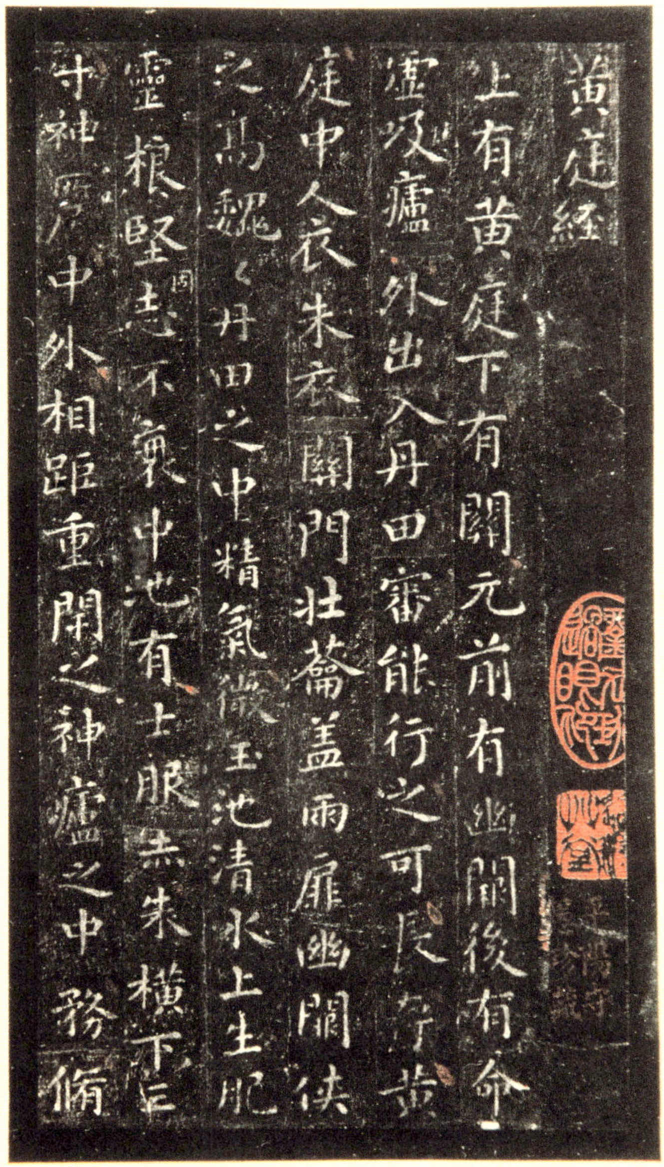

10016 黄庭經 題（晋）王羲之書 宋拓本

共十三開，帖六開。墨本高19.9釐米，廣11.1釐米。有"劉世珩過眼印"等印。汪怙思、汪育璋、瞿澍珊、胡樹敏題跋，吴郁生觀款，楊衍題詩。上海圖書館藏。

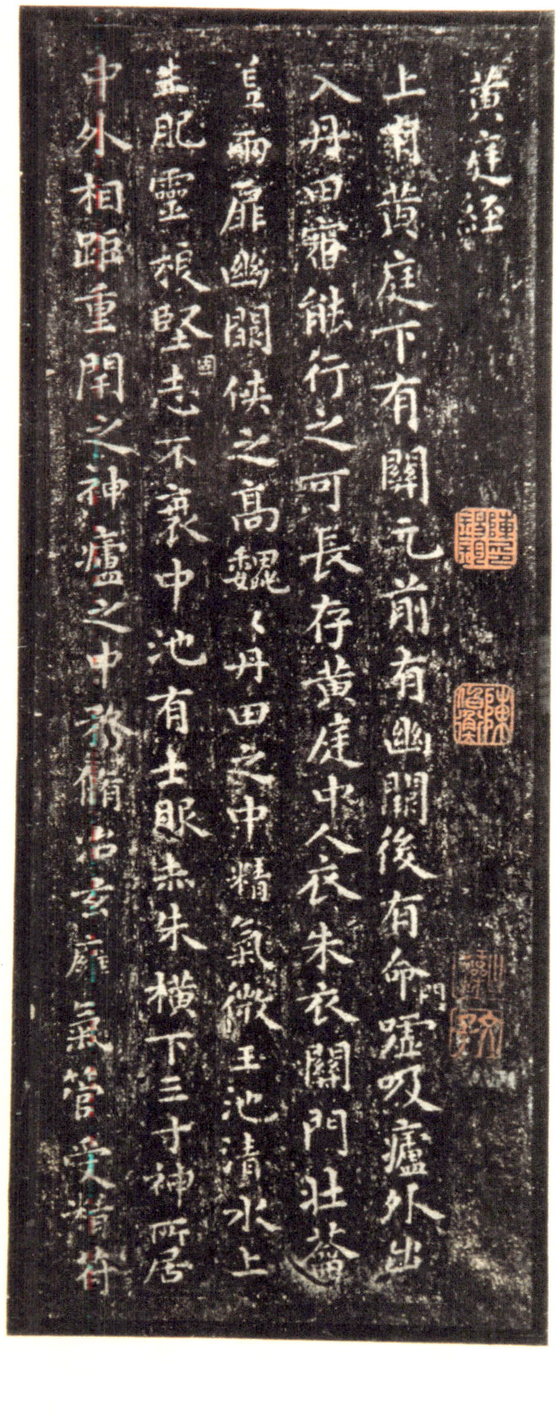

10017 黄庭經　題（晉）王羲之書 宋拓本

共六開，帖五開。墨本高 26.5 釐米，廣 10.8 釐米。有“曰藻”、“陳印錫鈞”等印。繆曰藻題跋。上海圖書館藏。

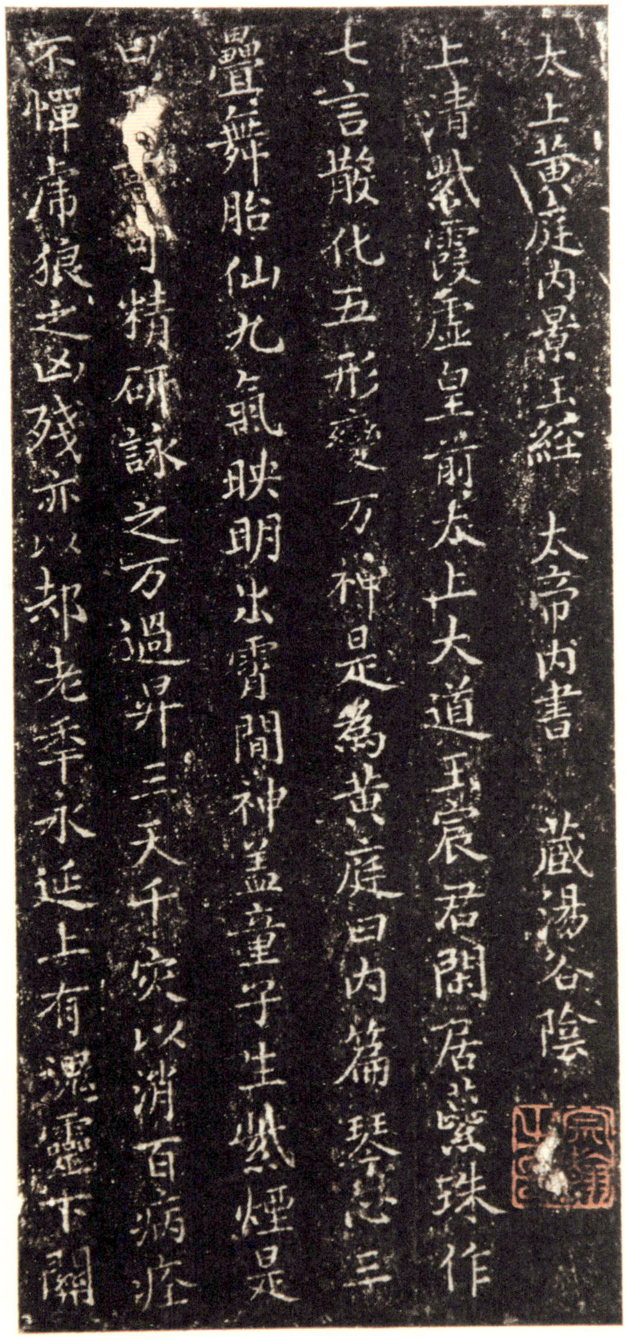

太上黄庭内景玉經　太帝内書　藏湯谷陰
上清紫霞虛皇前太上大道玉宸君閑居蘂珠作
七言散化五形變万神是為黄庭曰内篇琴心三
疊舞胎仙九氣映明出霄間神蓋童子生紫煙是
曰玉書可精研詠之万過昇三天千灾以消百病痊
不憚虎狼之凶殘亦以却老年永延上有魂靈下關

10018 黄庭内景經　題（晉）王羲之書 宋拓本

共十四開，帖十開。墨本高 23.3 釐米，廣 10.4 釐米。有“宗瀚之印”等印。惲應翼、文從簡、邵曾訓、王澍、邵之鵬、王邦采等題跋。上海圖書館藏。

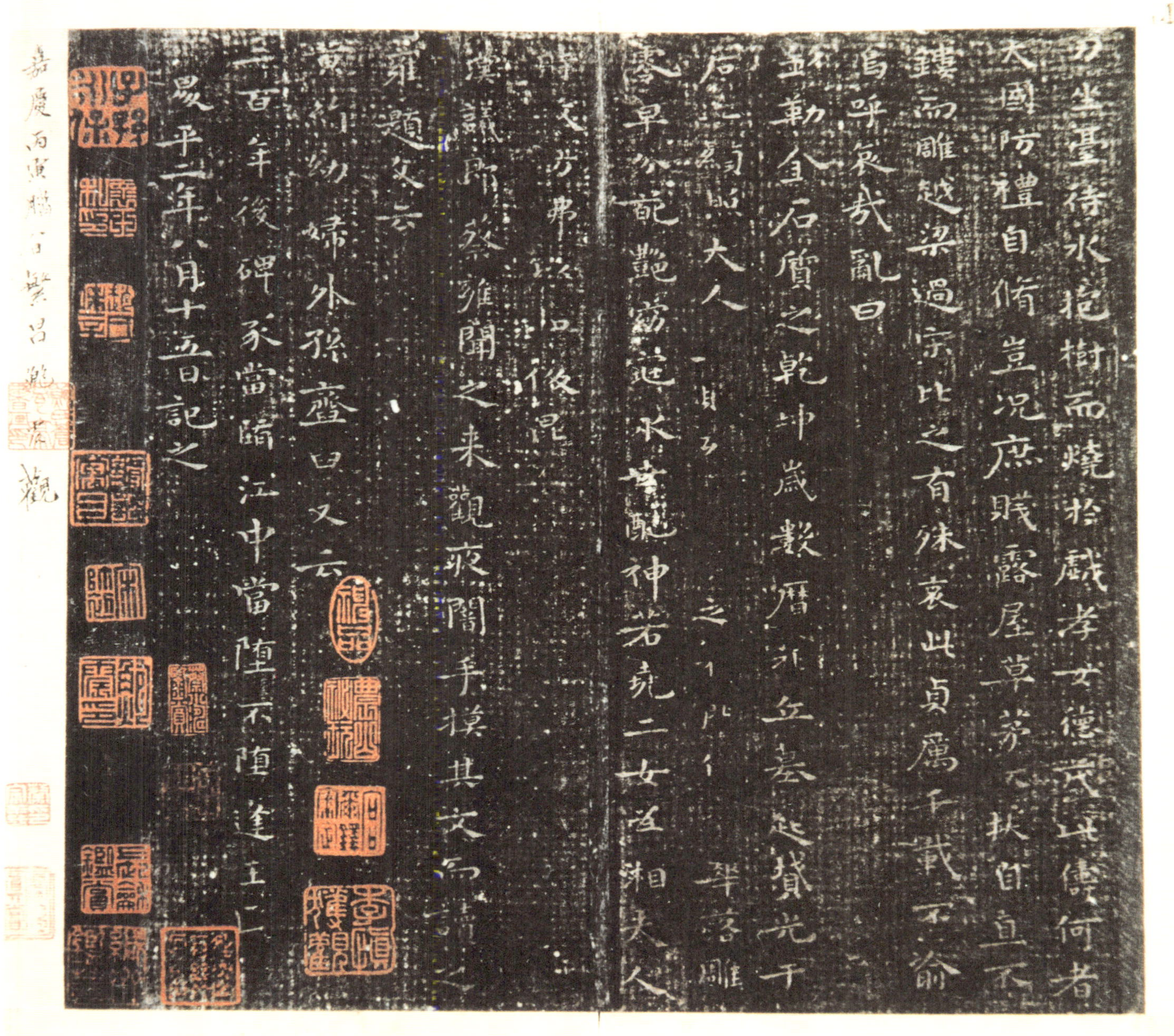

10019 曹娥碑 題（晋）王羲之書 宋拓本

共五開，帖二開。墨本高 23.2 釐米，廣 24.2 釐米。有“裒玉私印”、“臣爾鐸印”、“黄印宗羲”、“鮑震印”等印。趙執信、趙懷玉、李兆洛等題跋，鮑震觀款。上海圖書館藏。

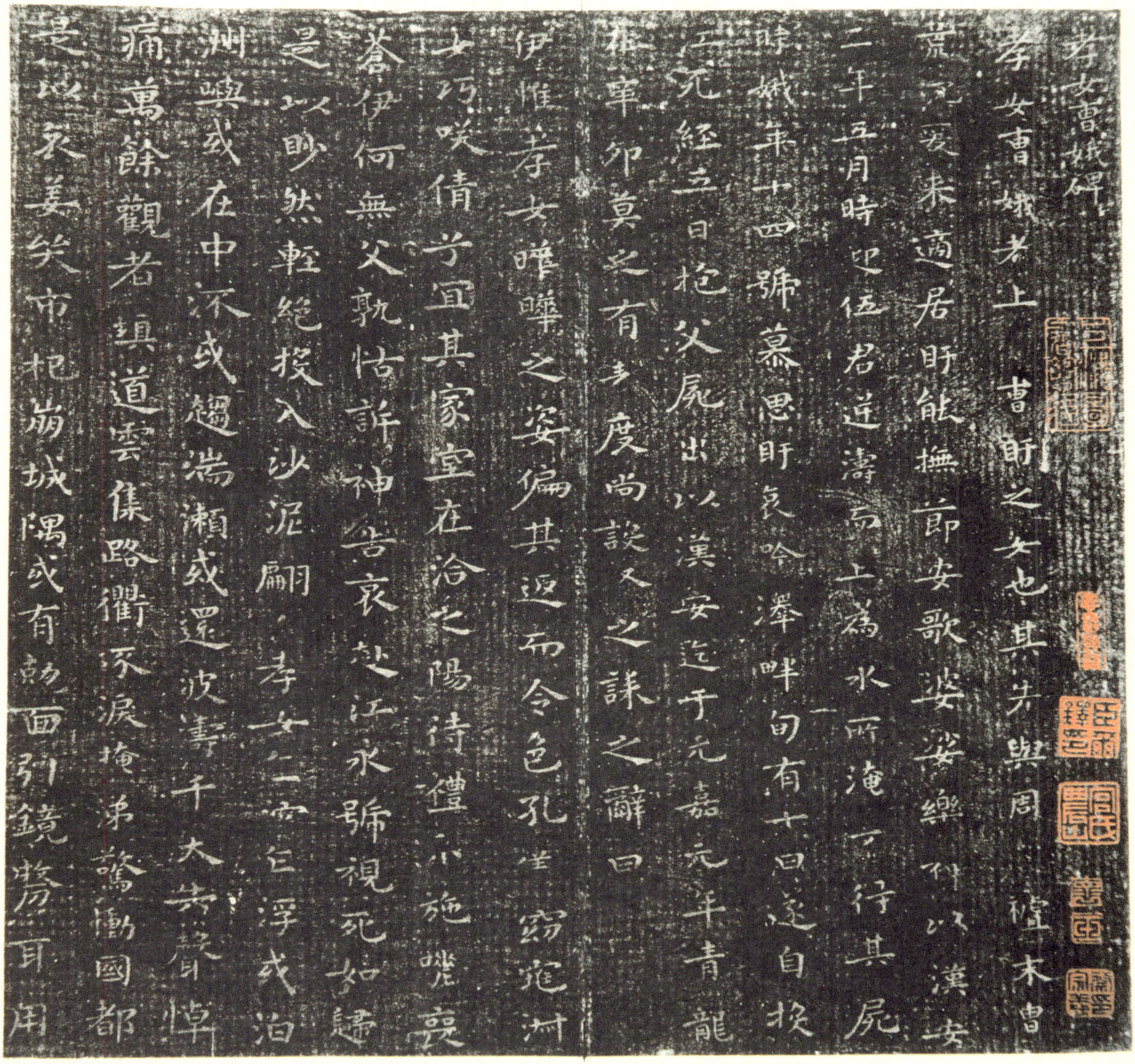
孝女曹娥碑
孝女曹娥者上虞曹盱之女也其先與周同祖末胄
荒沈爰來適居盱能撫節安歌婆娑樂神以漢安
二年五月時迎伍君逆濤而上為水所淹不得其屍
時娥年十四號慕思盱哀吟澤畔旬有七日遂自投
江死經五日抱父屍出以漢安迄于元嘉元年青龍
在辛卯莫之有表度尚設祭之誄之辭曰
伊惟孝女曄曄之姿偏其返而令色孔儀窈窕淑
女巧咲倩兮宜其家室在洽之陽待禮未施嗟喪
蒼伊何無父孰怙訴神告哀赴江永號視死如歸
是以眇然輕絶投入沙泥翩翩孝女乍沈乍浮或泊
洲嶼或在中流或趨湍瀨或還波濤千夫失聲悼
痛萬餘觀者填道雲集路衢流淚掩涕驚慟國都
是以哀姜哭市杞崩城隅或有尅面引鏡剺耳用

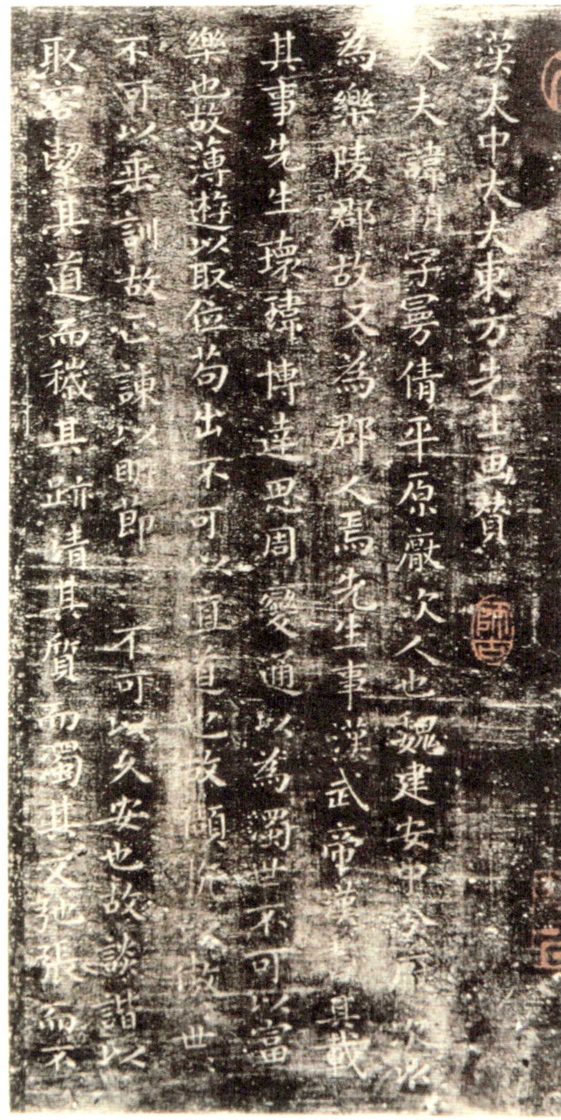

10020 晉唐小楷九種　（晉）王羲之　（唐）虞世南 褚遂良等書 宋拓本

共四十一開，帖三十三開。墨本高 27.7 釐米，廣 13.4 釐米。有“覃溪審定”等印。薛明益、翁方綱、譚尚忠、姚孟起、歐陽輔等題跋，葉昌熾、邵松年等觀款。上海圖書館藏。

黄庭經
上有黄庭下有關元前有幽闕後有命門
噓吸廬外出入丹田審能行之可長存黄庭中人衣朱衣關門壯籥
蓋兩扉幽闕俠之高巍巍丹田之中精氣微玉池清水上
生肥靈根堅志不衰中池有士服赤朱橫下三寸神所居
中外相距重閉之神廬之中務脩治玄膺氣管受精符
急固子精以自持宅中有士常衣絳子能見之可不病橫
理長尺約其上子能守之可無恙呼噏廬間以自償保守

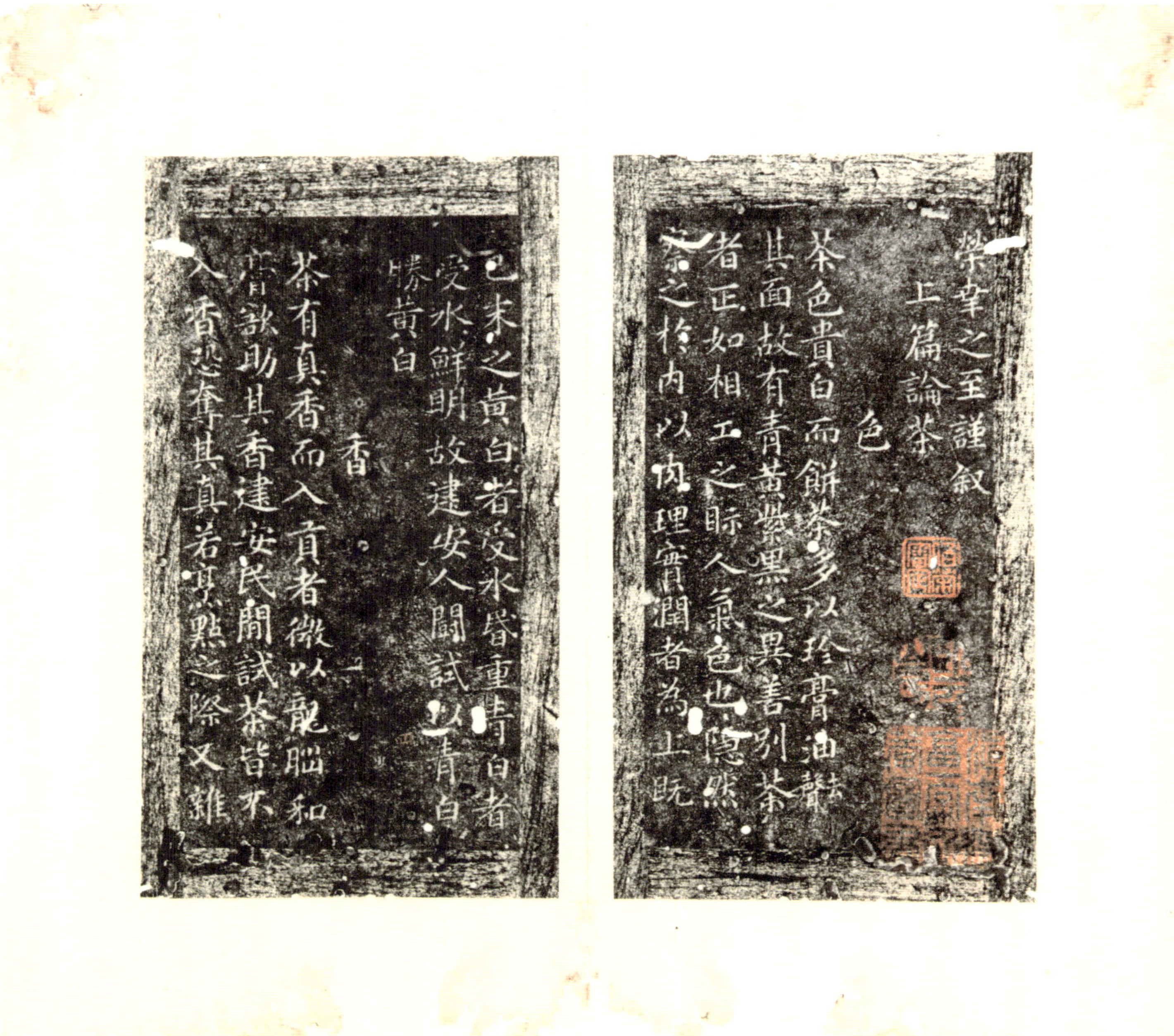

榮幸之至謹叙
上篇論茶
色
茶色貴白而餅茶多以珍膏油去聲
其面故有青黄紫黑之異善别茶
者正如相工之瞟人氣色也隱然
察之於内以肉理實潤者為上既

已末之黄白者受水昏重青白者
受水鮮明故建安人鬭試以青白
勝黄白
香
茶有真香而入貢者微以龍腦和
膏欲助其香建安民間試茶皆不
入香恐奪其真若烹點之際又雜

10021 茶録 （宋）蔡襄撰並書 北宋治平元年（1064）刻石 宋拓本

共十開，帖六開。墨本高 18.8 釐米，廣 9.8 釐米。有“滇南湛富字介菴圖書”、“伯榮審定”等印。翁方綱、蔡之定、林則徐等題跋，張子唯、李鴻裔、吳湖帆等觀款。上海圖書館藏。

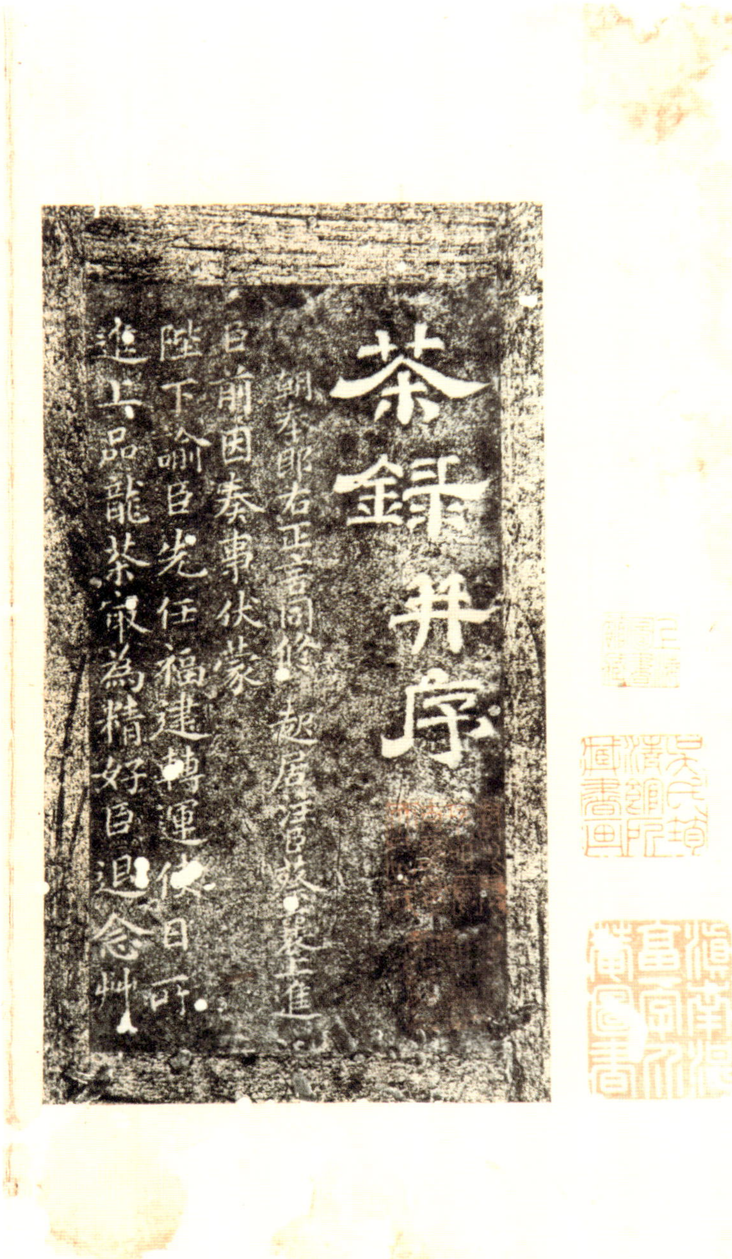
茶錄并序

朝奉郎右正言同修起居注臣蔡襄上進

臣前因奏事伏蒙

陛下諭臣先任福建轉運使日所

進上品龍茶最為精好臣退念艸

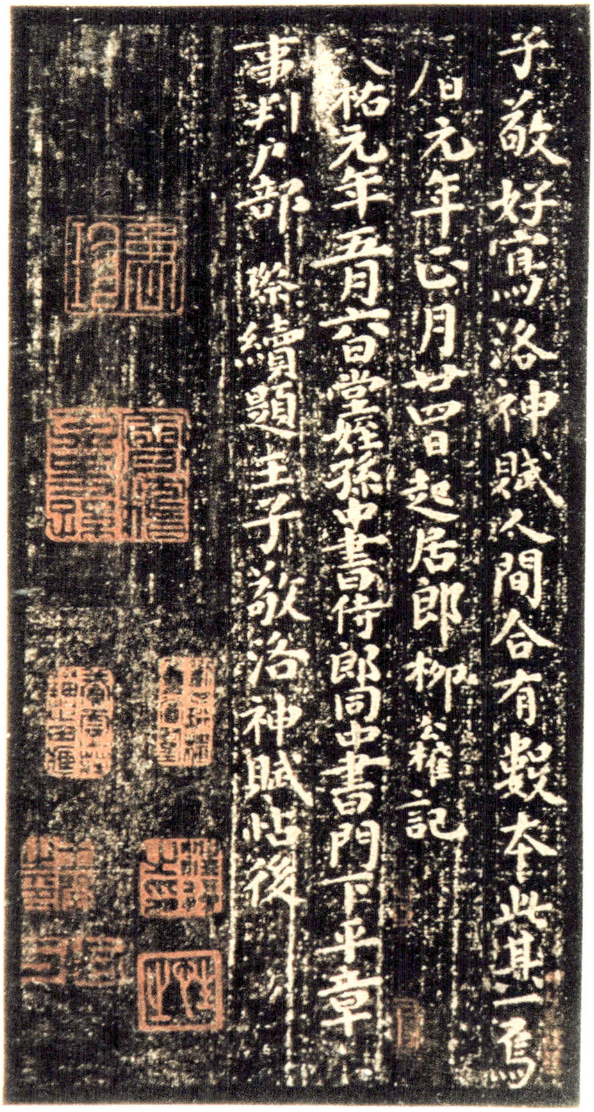

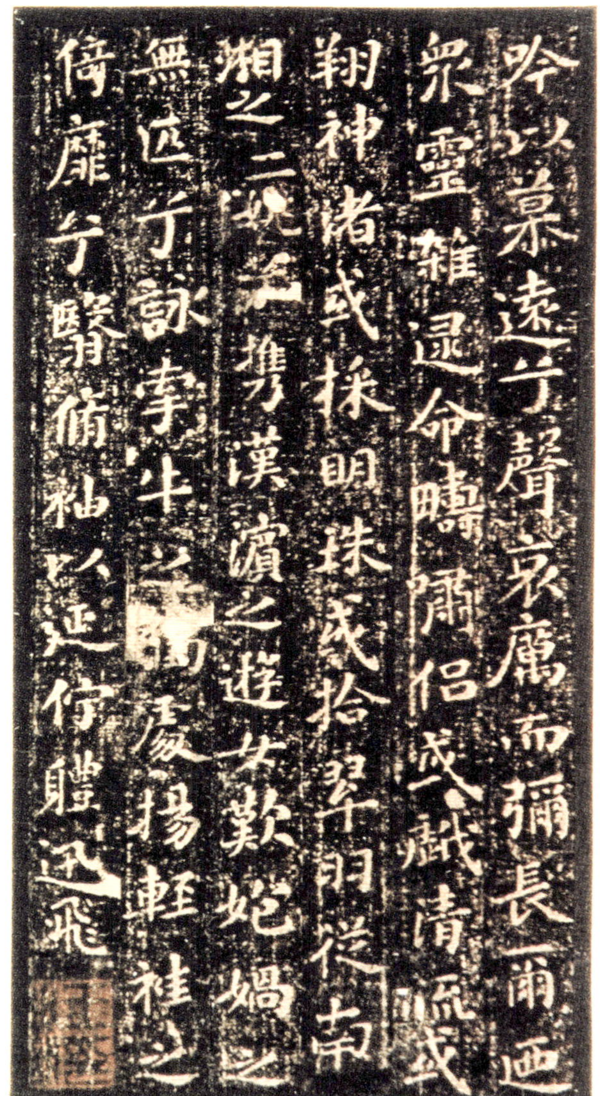

10022 洛神賦十三行　（三國魏）曹植撰　（晉）王獻之書　宋刻石　宋拓本

共六開，帖二開。墨本高 20 釐米，廣 10.1 釐米。有“王聞之印”、“養雲山莊鎦芝田藏”等印。吳仲坰題端，汪豹書、葉恭綽等題跋，仇英繪《人物圖》。上海圖書館藏。

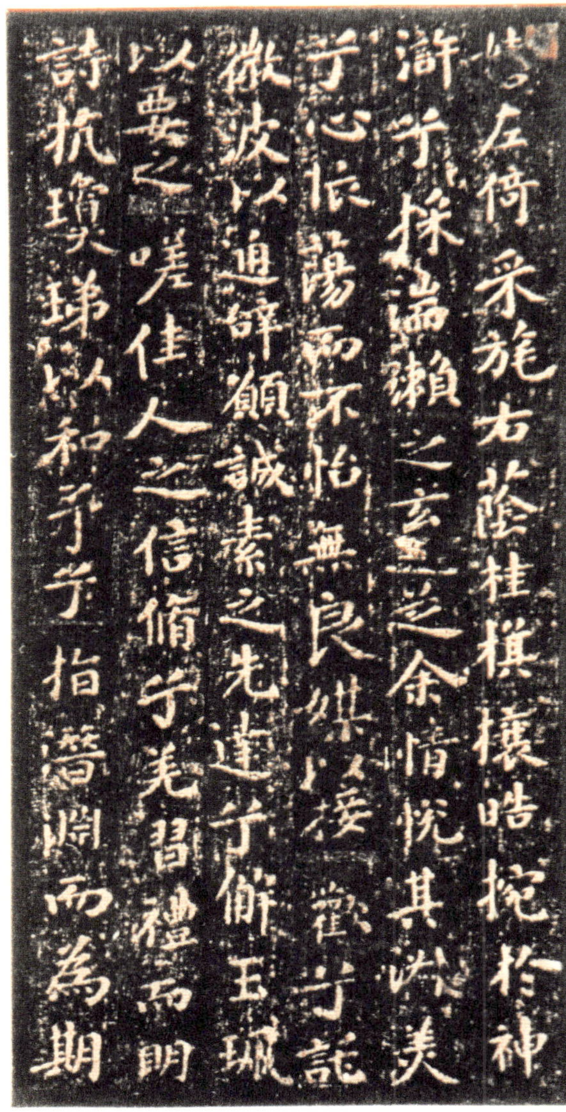

嬉左倚采旄右蔭桂旗攘皓腕於神
滸兮採湍瀨之玄芝余情悅其淑美
兮心振蕩而不怡無良媒以接歡兮託
微波以通辭願誠素之先達兮解玉珮
以要之嗟佳人之信脩兮羌習禮而明
詩抗瓊珶以和予兮指潛淵而為期

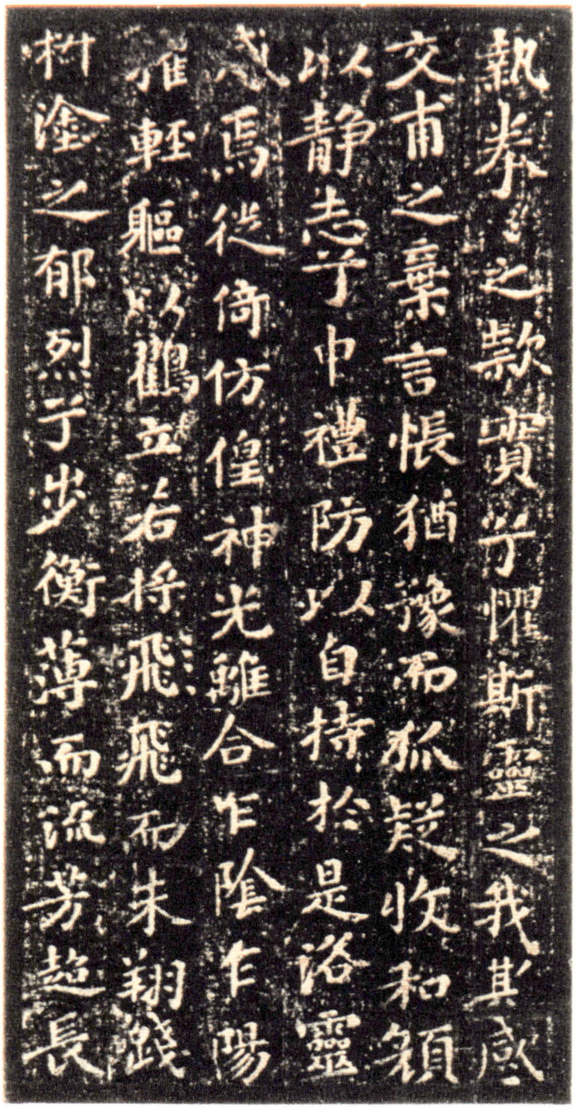

執眷眷之款實兮懼斯靈之我欺感
交甫之棄言兮悵猶豫而狐疑收和顏
以靜志兮申禮防以自持於是洛靈
感焉從倚彷徨神光離合乍陰乍陽
竦輕軀以鶴立若將飛而未翔踐
椒塗之郁烈步衡薄而流芳超長

10023 陰符經護命經靈寶度人經合册 （唐）褚遂良 柳公權書 宋刻石宋拓本

共九開，帖四開半。墨本高23.9釐米，廣11.9釐米。有"孫陟父典衣所得碑帖"等印。邵松年、翁同龢、楊峴、李鴻章、譚宗浚、黄彭年等題跋。上海圖書館藏。

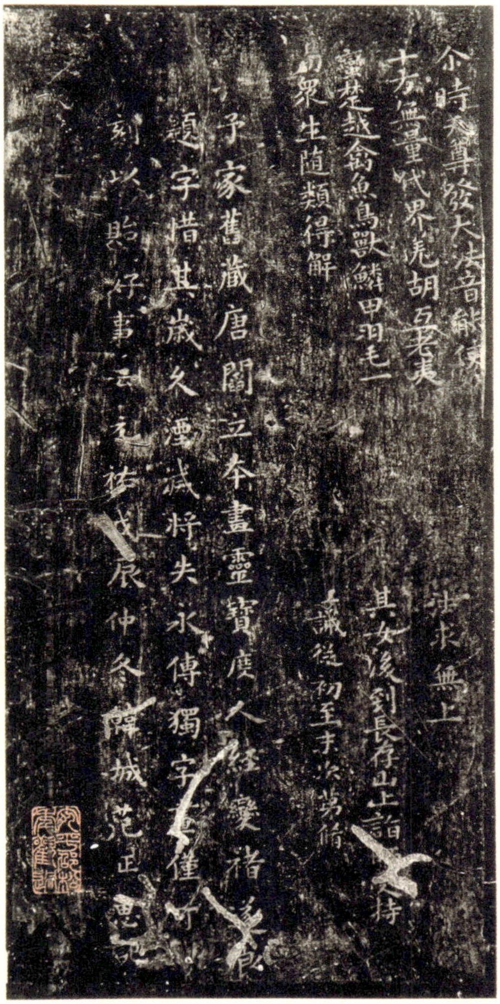

尒時天尊發大梵音能使
十方無量世界羌胡互老夷
蠻楚越禽魚鳥獸鱗甲羽毛一
切衆生隨類得解
法求無上
其女後到長存山上詣[illegible]人持
議從初至末次第俯
予家舊藏唐閻立本畫靈寶度人經變相
題字惜其歲久湮滅將失永傳獨字僅存
刻以貽好事云元祐戊辰仲冬[illegible]城范正思

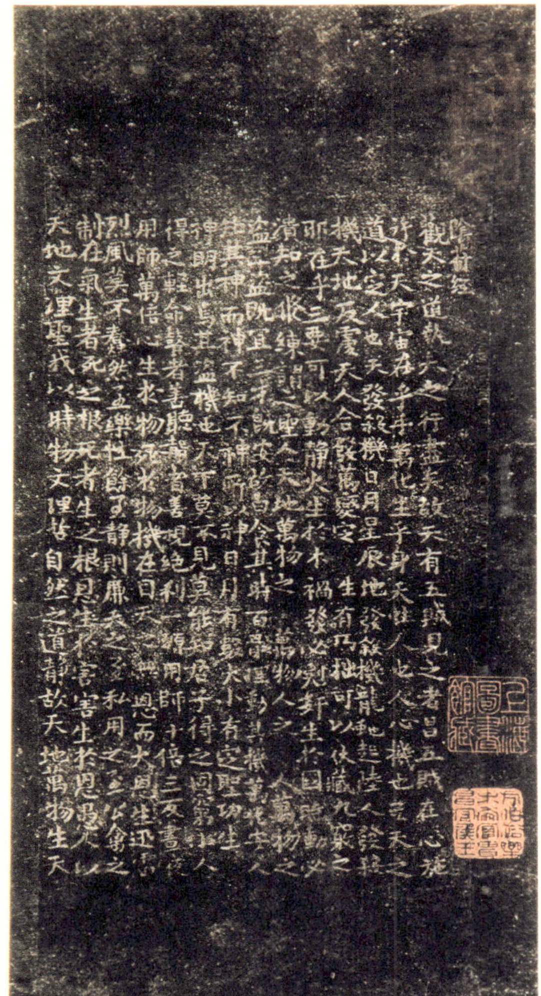

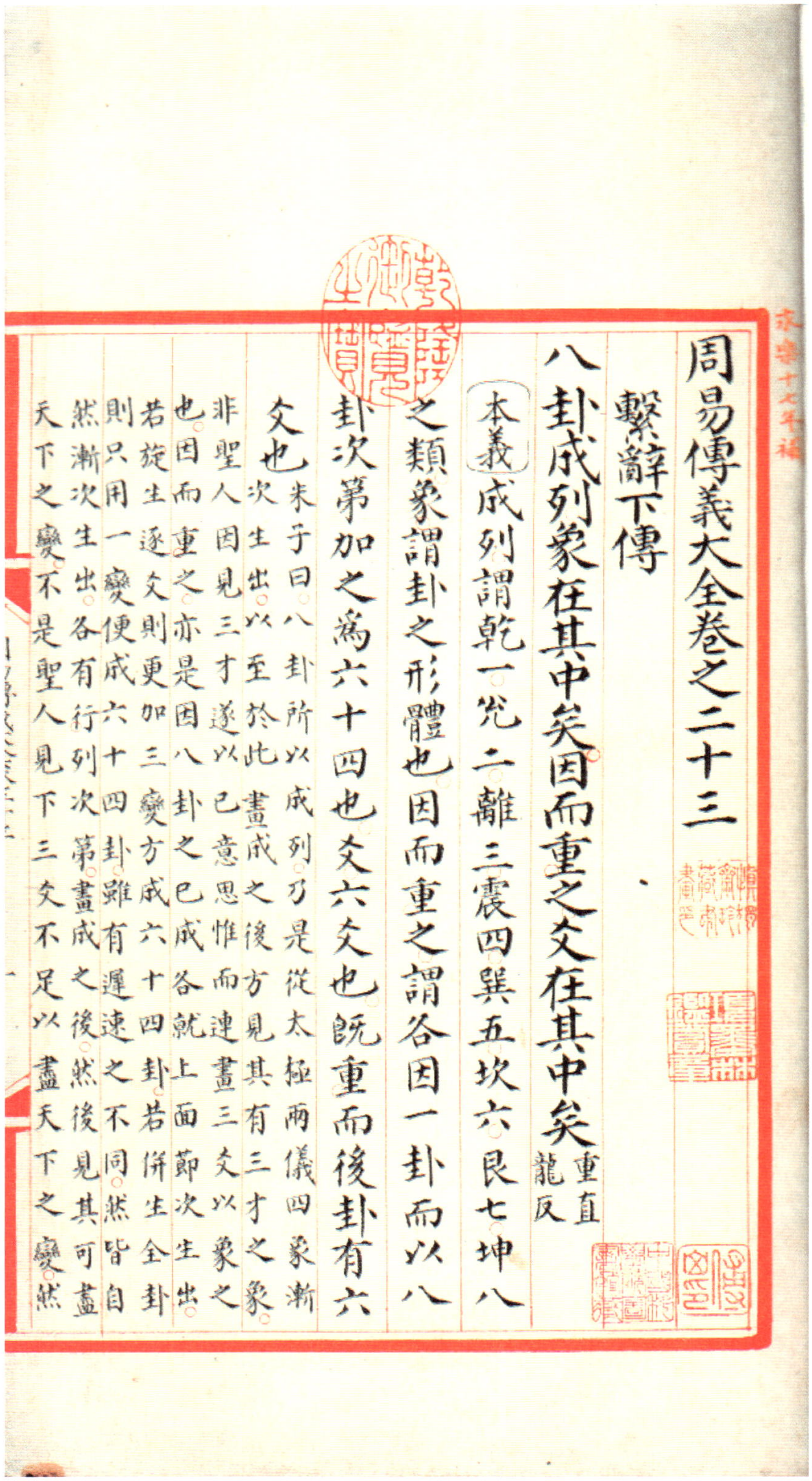

周易傳義大全卷之二十三
繫辭下傳
八卦成列象在其中矣因而重之爻在其中矣重直龍反
本義成列謂乾一兌二離三震四巽五坎六艮七坤八之類象謂卦之形體也因而重之謂各因一卦而以八卦次第加之為六十四也爻六爻也既重而後卦有六爻也
朱子曰八卦所以成列乃是從太極兩儀四象漸次生出以至於此畫成之後方見其有三才之象非聖人因見三才遂以己意思惟而連畫三爻以象之也因而重之亦是因八卦之已成各就上面節次生出若旋生逐爻則更加三變方成六十四卦若併生全卦則只用一變便成六十四卦雖有遲速之不同然皆自然漸次生出各有行列次第畫成之後然後見其可盡天下之變不是聖人見下三爻不足以盡天下之變然

10024 五經四書大全□□卷 （明）胡廣等輯 明內府寫本

匡高 26.5 釐米，廣 19 釐米。半葉十行，行二十二字，小字雙行同，紅格，紅口，四周雙邊。有“項墨林鑑賞章”、“慎獨齋珍藏書畫印”、“乾隆御覽之寶”等印。中國科學院國家科學圖書館藏，存二十一卷。

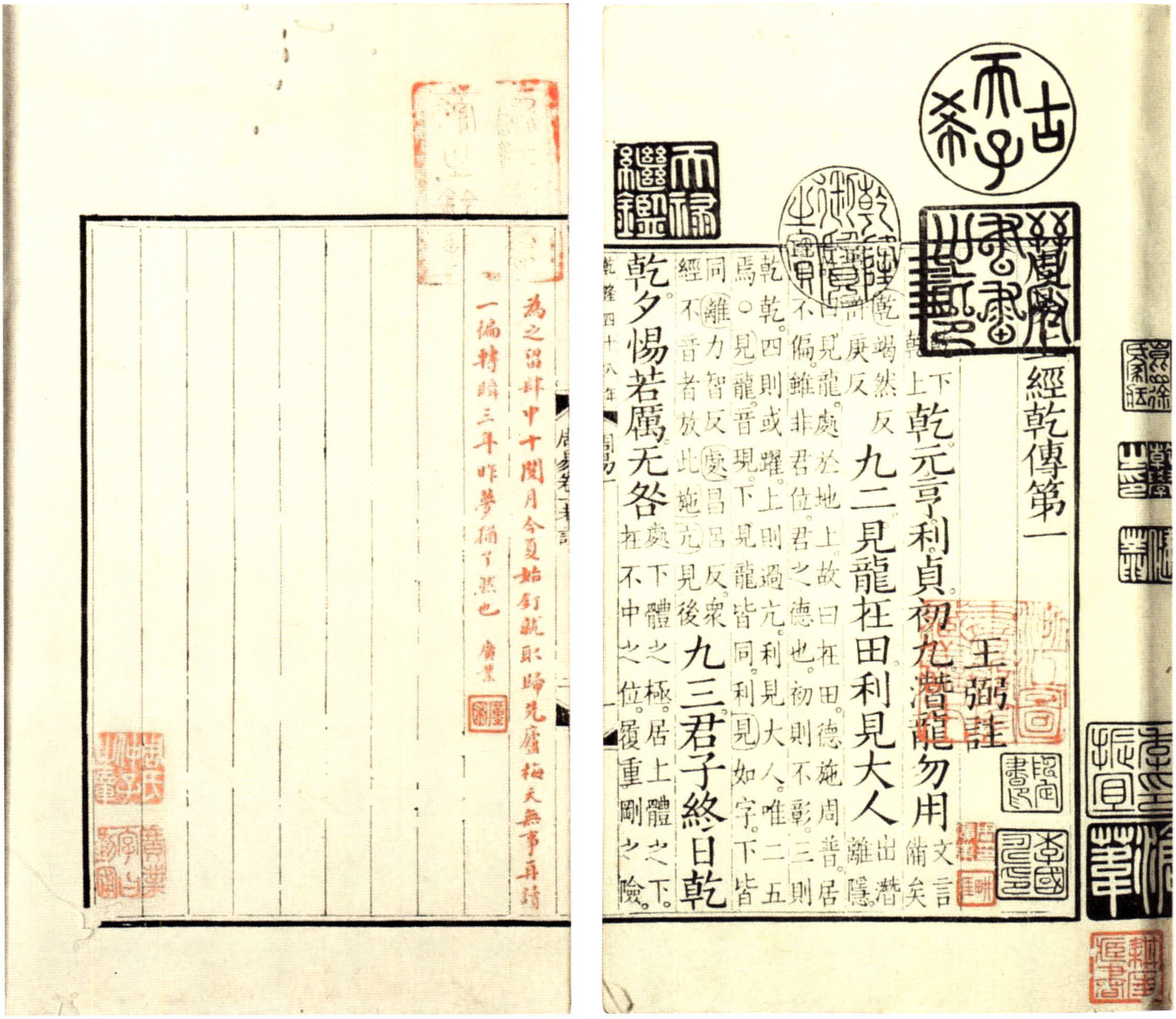

10025 相臺五經附考證九十六卷 （元）岳浚輯 清乾隆四十八年（1783）武英殿刻本

匡高 19.9 釐米，廣 13.5 釐米。半葉八行，行十七字，小字雙行同，白口，四周雙邊。有"耕厓藏書"、"周印廣業"等印。周廣業校並跋。浙江圖書館藏。

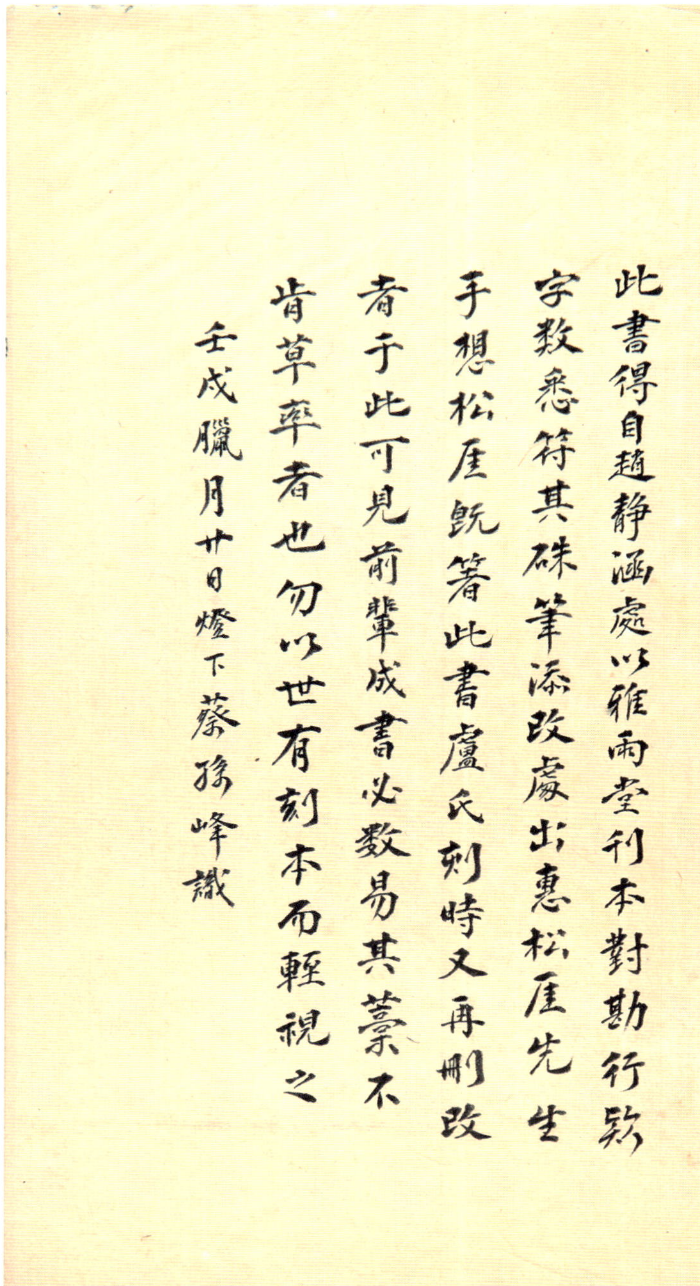

此書得自趙靜涵處以雅雨堂刊本對勘行款
字数悉符其硃筆添改處出惠松厓先生
手想松厓既箸此書盧氏刻時又再删改
者于此可見前輩成書必数易其藁不
肯草率者也勿以世有刻本而輕視之
壬戌臘月廿日燈下蔡孫峰識

10026 鄭氏周易三卷 （漢）鄭玄撰 （宋）王應麟輯 （清）惠棟增補 稿本

匡高 18.3 釐米，廣 13.5 釐米。半葉十行，行二十一字，白口，四周雙邊。蔡孫峰跋。上海圖書館藏。

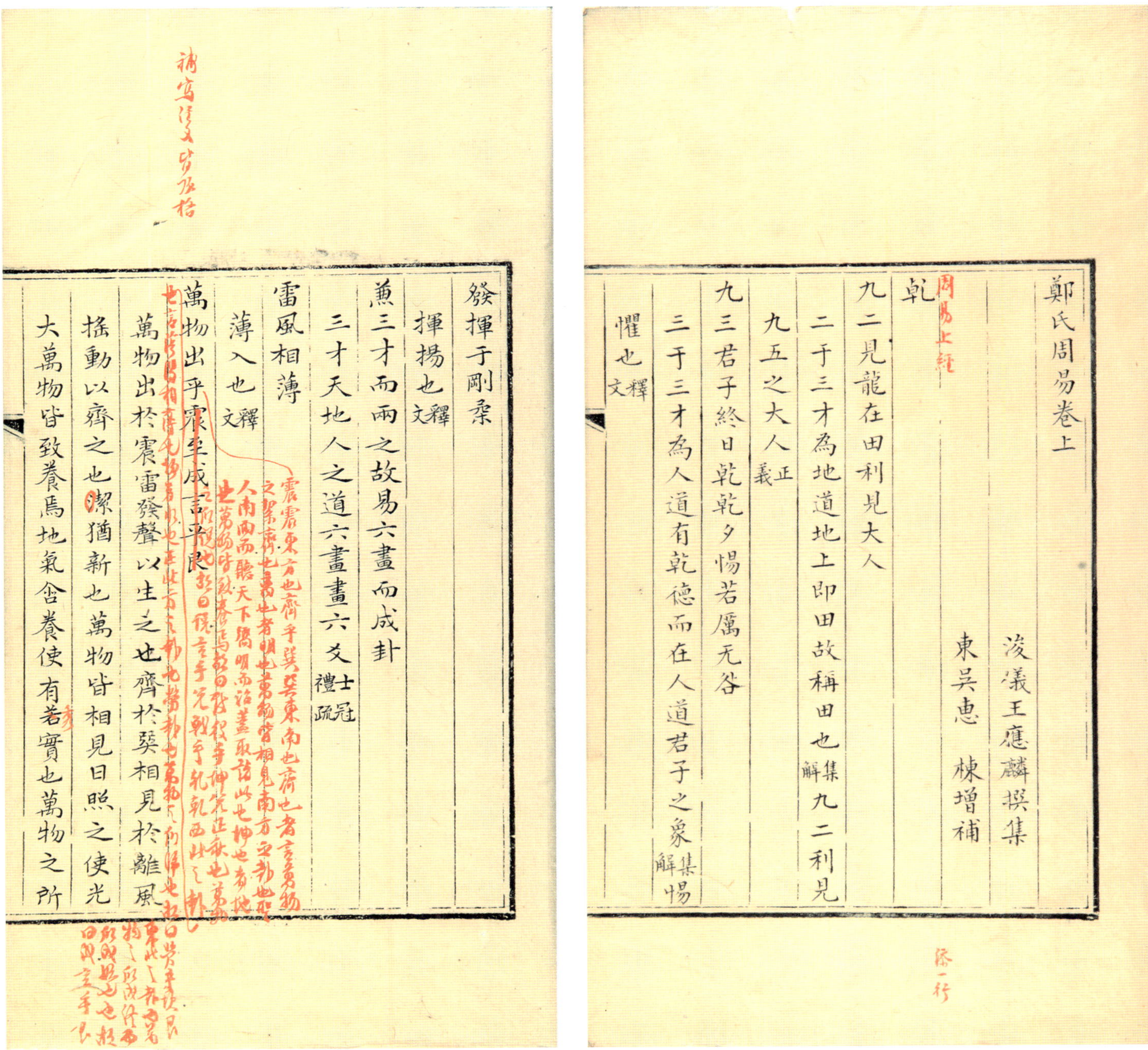

鄭氏周易卷上

浚儀王應麟撰集

東吳惠　棟增補

周易上經

乾

九二見龍在田利見大人

二于三才為地道地上即田故稱田也集解九二利見

九五之大人正義

九三君子終日乾乾夕惕若厲无咎

三于三才為人道有乾德而在人道君子之象集解惕

懼也釋文

發揮于剛柔

揮揚也釋文

爻三才而兩之故易六畫而成卦

三才天地人之道六畫畫六爻士冠禮疏

雷風相薄

薄入也釋文

萬物出乎震至成言乎艮

萬物出於震雷發聲以生之也齊於巽相見於離風

搖動以齊之也潔猶新也萬物皆相見日照之使光

大萬物皆致養焉地氣含養使有若實也萬物之所

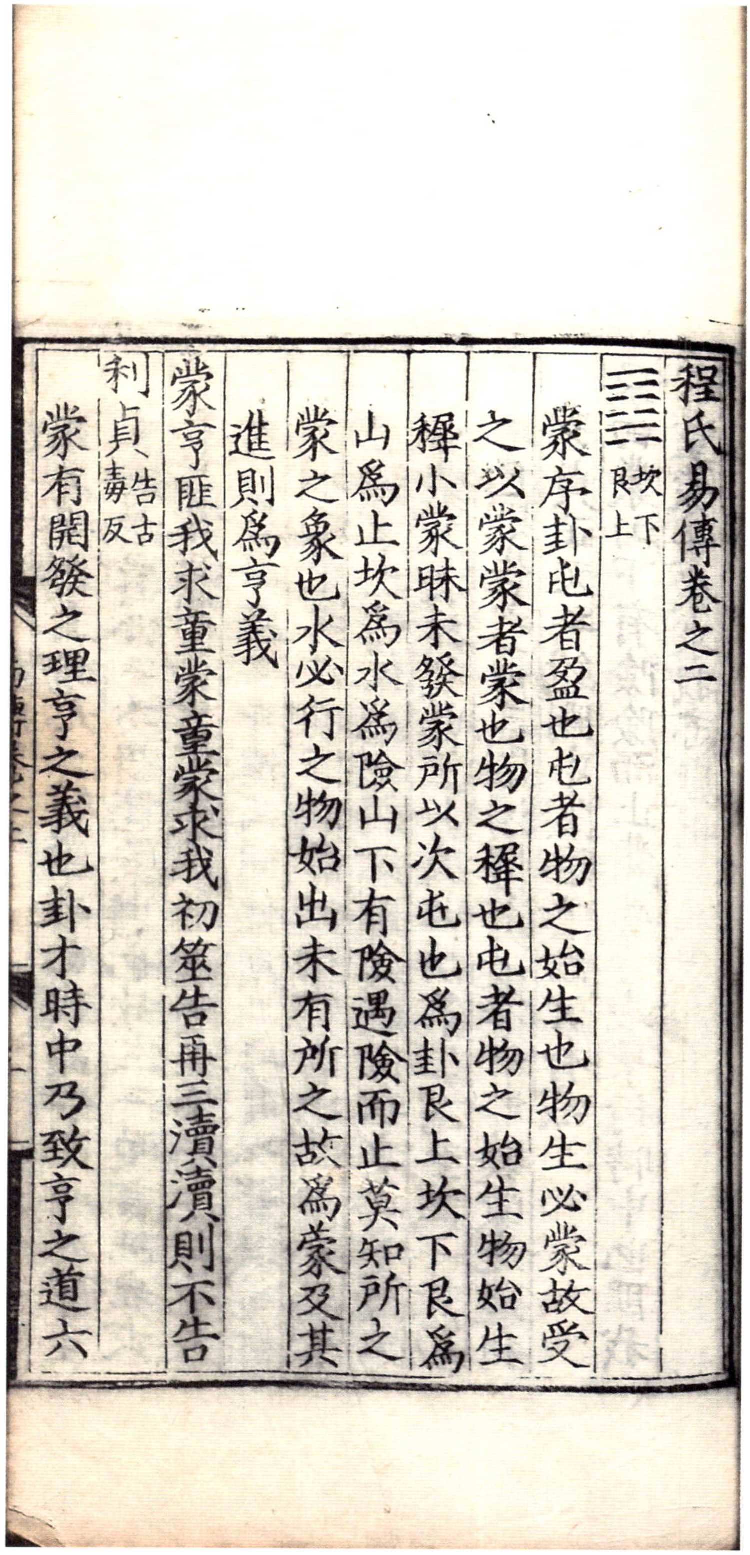

程氏易傳卷之二

䷃坎下艮上

蒙序卦屯者盈也屯者物之始生也物生必蒙故受之以蒙蒙者蒙也物之穉也屯者物之始生物始生穉小蒙昧未發蒙所以次屯也爲卦艮上坎下艮爲山爲止坎爲水爲險山下有險遇險而止莫知所之蒙之象也水必行之物始出未有所之故爲蒙及其進則爲亨義

蒙亨匪我求童蒙童蒙求我初筮告再三瀆瀆則不告利貞告古毒反

蒙有開發之理亨之義也卦才時中乃致亨之道六

10027 程氏易傳十二卷 （宋）程頤撰 明嘉靖八年（1529）姜梁刻本

匡高26.5釐米，廣19釐米。半葉十一行，行二十一字，小字雙行同，黑口，四周雙邊。南京圖書館藏。

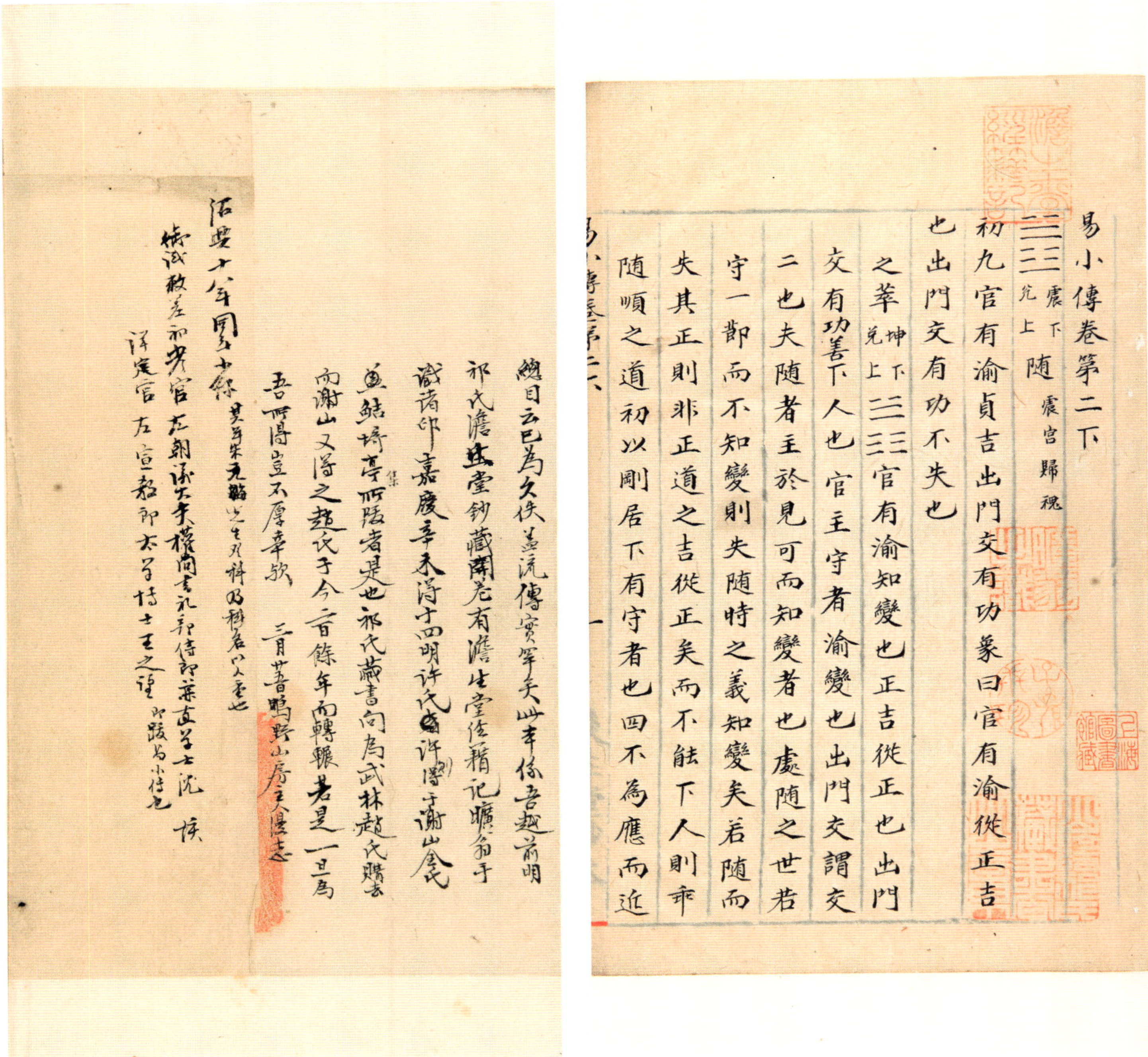

易小傳卷第二下
☳☱ 震下兌上 隨 震宮歸䰟
初九官有渝貞吉出門交有功象曰官有渝從正吉
也出門交有功不失也
之萃 坤下兌上 ☷☱ 官有渝知變也正吉從正也出門
交有功善下人也官主守者渝變也出門交謂交
二也夫隨者主於見可而知變者也處隨之世若
守一節而不知變則失隨時之義知變矣若隨而
失其正則非正道之吉從正矣而不能下人則乖
隨順之道初以剛居下有守者也四不爲應而近

10028 易小傳六卷附繫辭補注一卷 （宋）沈該撰 明祁氏澹生堂抄本

匡高 21.9 釐米，廣 15.2 釐米。半葉十行，行二十字，白口，四周單邊。有“澹生堂經籍記”、“曠翁手識”、“子孫世珍”、“山陰祁氏藏書之章”、“吳興張氏適園收藏圖書”等印。沈復粲、張鈞衡跋。上海圖書館藏。

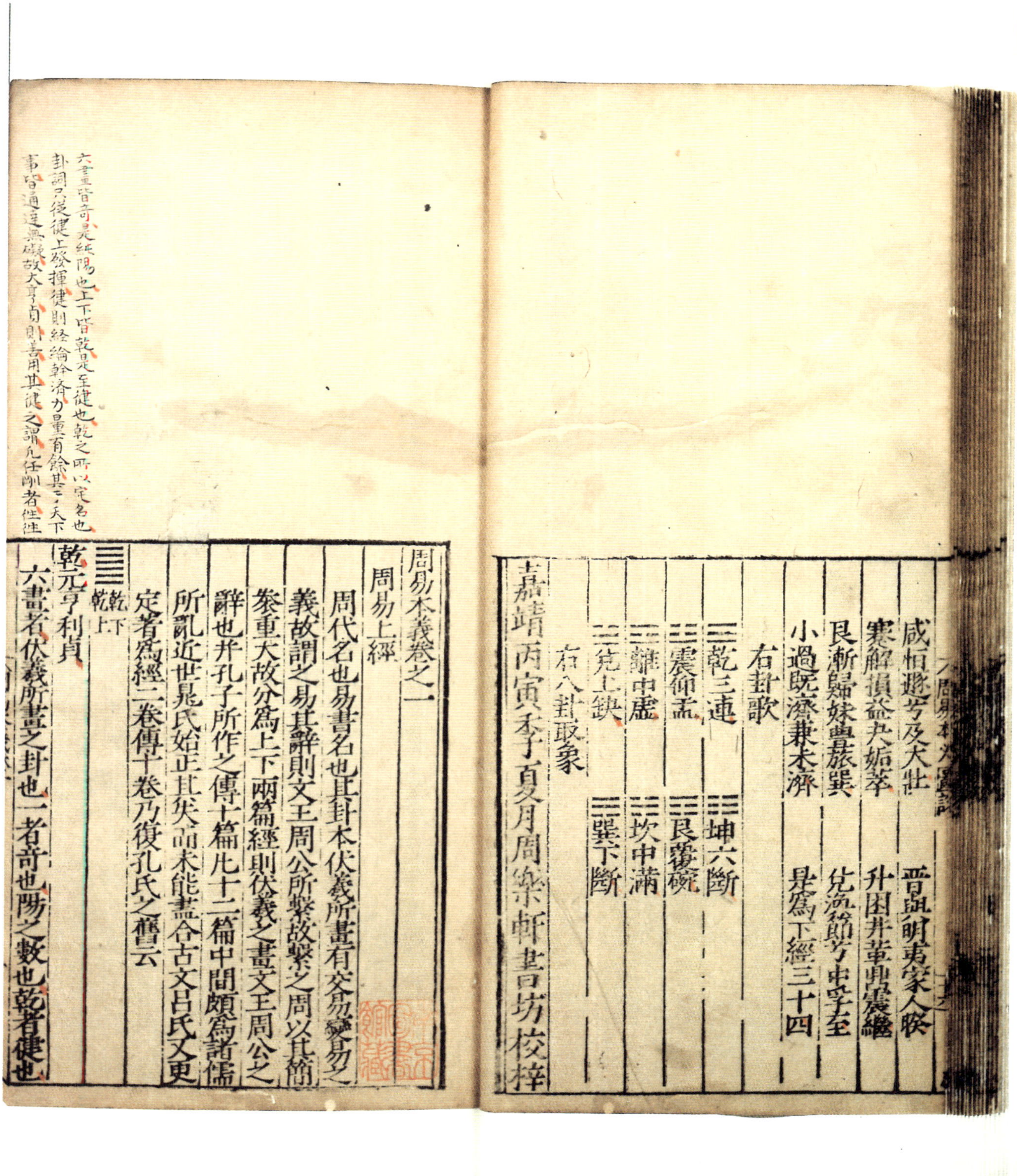

10029 周易本義四卷圖説一卷 （宋）朱熹撰 明嘉靖四十五年（1566）周樂軒書坊刻本

匡高 13.2 釐米，廣 10.5 釐米。半葉十一行，行二十三字，小字雙行同，白口，左右雙邊。南京圖書館藏。

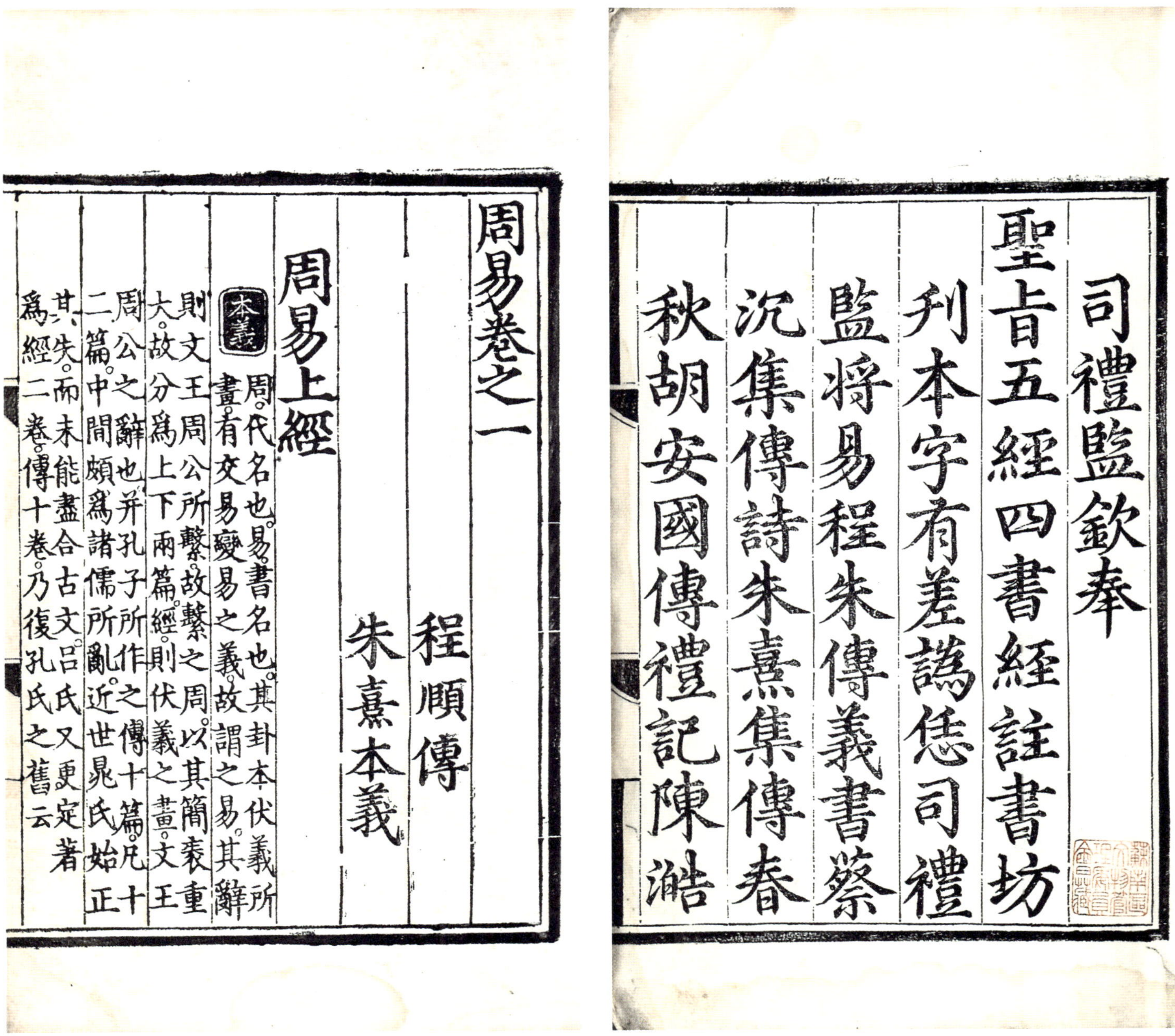
司禮監欽奉
聖旨五經四書經註書坊刋本字有差譌恁司禮監將易程朱傳義書蔡沈集傳詩朱熹集傳春秋胡安國傳禮記陳澔

周易卷之一
程頤傳
朱熹本義
周易上經
本義 周代名也。易書名也。其卦本伏羲所畫有交易變易之義故謂之易其辭則文王周公所繫故繫之周以其簡袠重大故分爲上下兩篇經則伏羲之畫文王周公之辭也并孔子所作之傳十篇凡十二篇中間頗爲諸儒所亂近世晁氏始正其失而未能盡合古文吕氏又更定著爲經二卷傳十卷乃復孔氏之舊云

10030 周易傳義十卷 （宋）程頤 朱熹撰 **上下篇義一卷** （宋）程頤撰 **易圖集録一卷易五贊一卷筮儀一卷** （宋）朱熹撰 **易説綱領一卷** （宋）程頤 朱熹撰 明正統十二年（1447）司禮監刻本

匡高 23 釐米，廣 16.7 釐米。半葉八行，行十四字，小字雙行十八字，黑口，四周雙邊。南京圖書館藏。

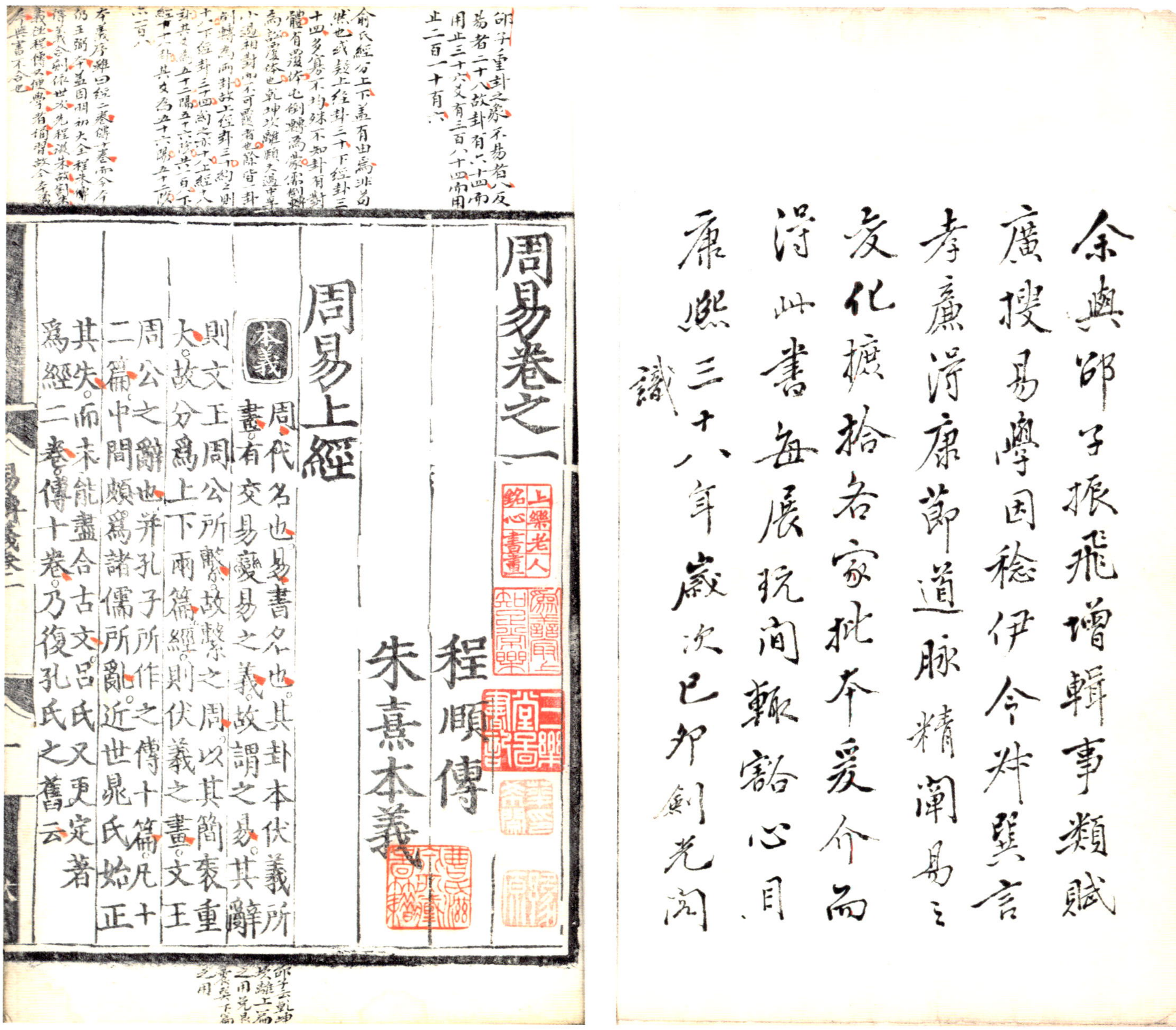

10031 周易傳義十卷 （宋）程頤 朱熹撰 **上下篇義一卷** （宋）程頤撰 **易圖集録一卷易五贊一卷筮儀一卷** （宋）朱熹撰 **易説綱領一卷** （宋）程頤 朱熹撰 明前期刻本

匡高22釐米，廣16釐米。半葉八行，行十七字，小字雙行同，黑口，四周雙邊。有“華印希閔”、“豫原”等印。華希閔跋。寧波市天一閣博物館藏。

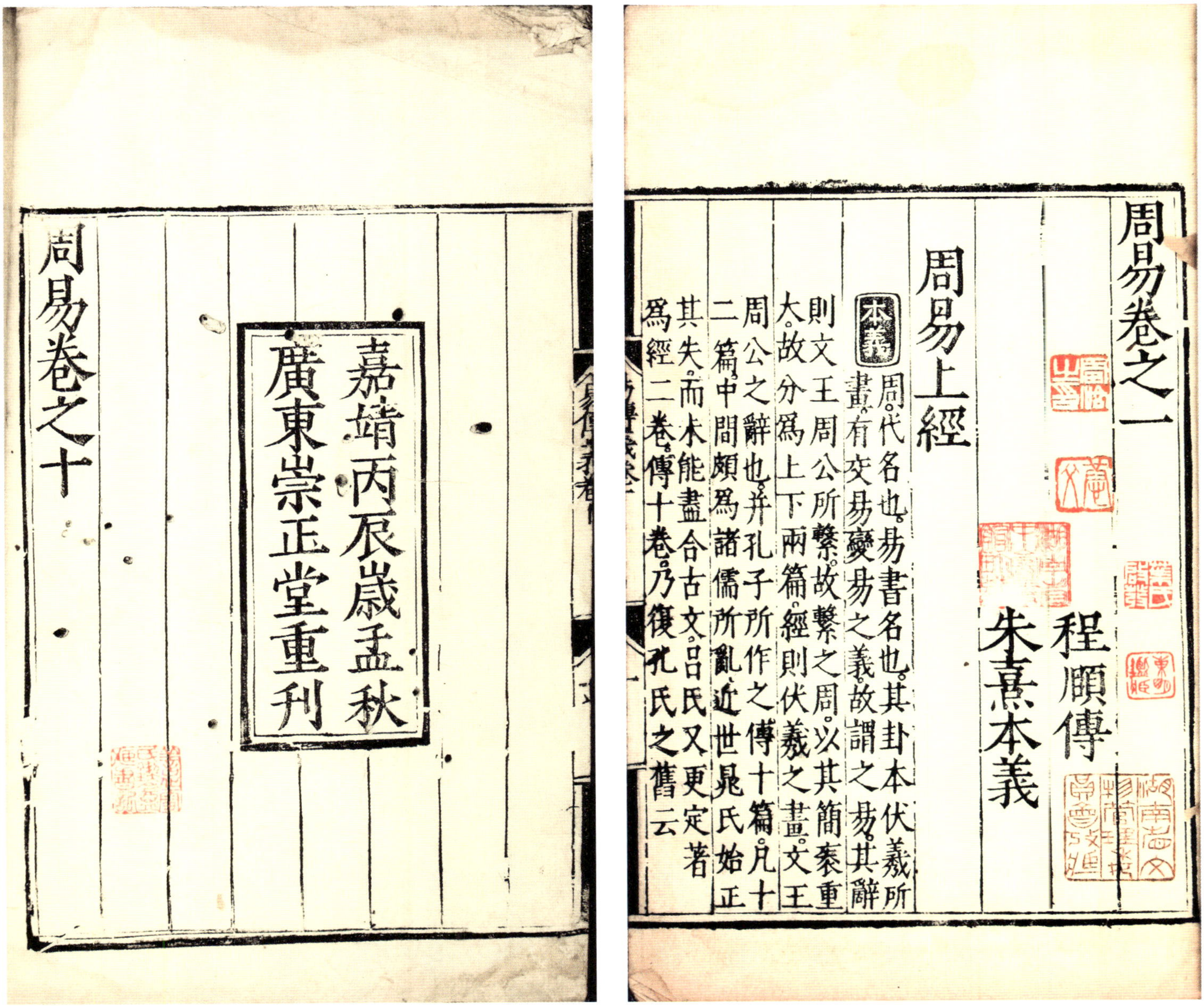

10032 周易傳義十卷 （宋）程頤 朱熹撰 明嘉靖三十五年（1556）廣東崇正堂刻本

匡高 20.5 釐米，廣 15.3 釐米。半葉八行，行十四字，小字雙行十六字，黑口，四周雙邊。有“嘉靖丙辰歲孟秋廣東崇正堂重刊”牌記。有“葉氏啓發”、“東明鑑藏”、“善化雷氏鍥盦藏書記”、“雷愷之印”等印。湖南圖書館藏。

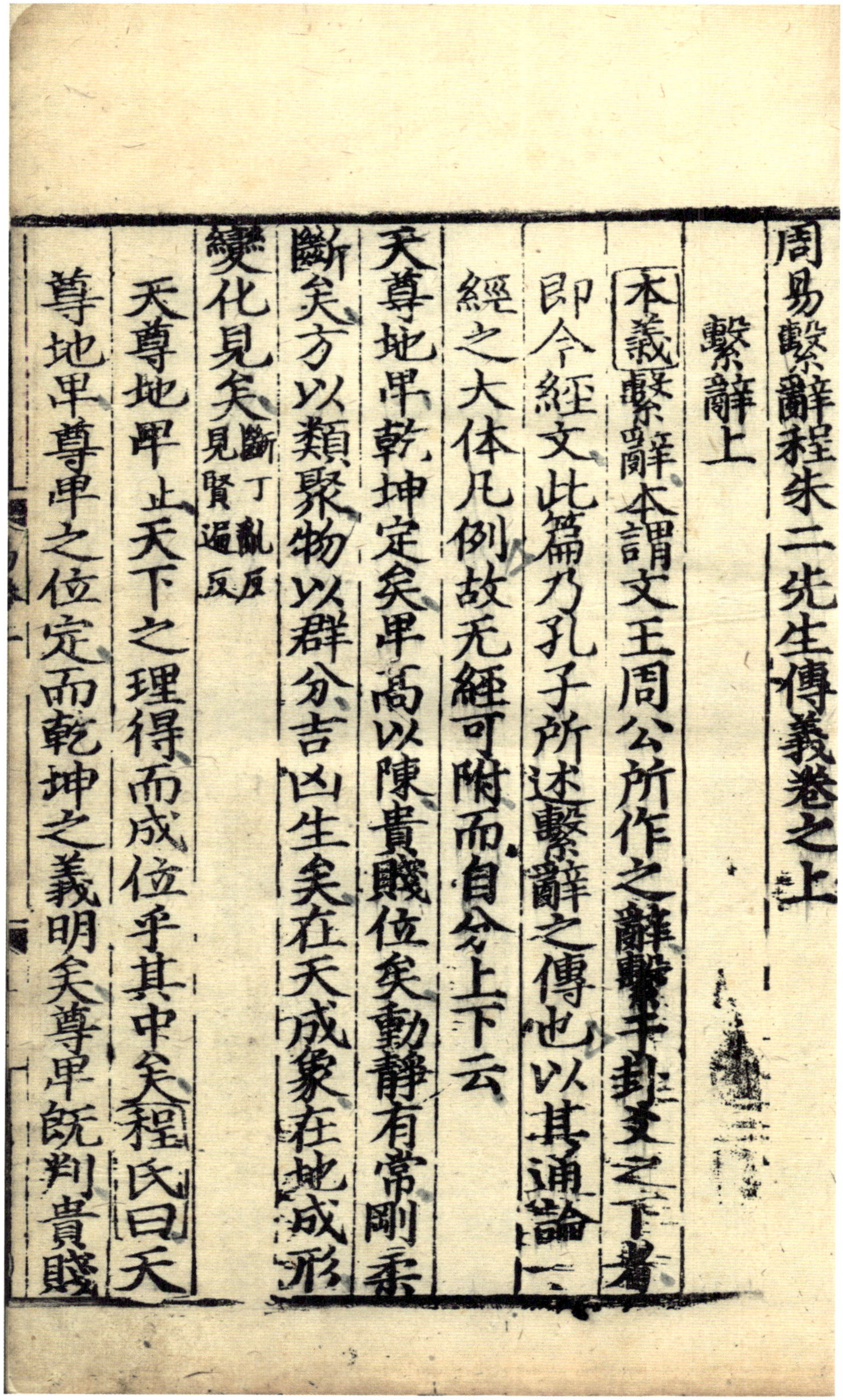

周易繫辭程朱二先生傳義卷之上

繫辭上

本義 繫辭本謂文王周公所作之辭繫于卦爻之下者即今經文此篇乃孔子所述繫辭之傳也以其通論一經之大体凡例故无經可附而自分上下云

天尊地卑乾坤定矣卑高以陳貴賤位矣動靜有常剛柔斷矣方以類聚物以群分吉凶生矣在天成象在地成形變化見矣 斷丁亂反 見賢遍反

天尊地卑 止天下之理得而成位乎其中矣 程氏 曰天尊地卑尊卑之位定而乾坤之義明矣尊卑既判貴賤

10033 周易程朱先生傳義十九卷 （宋）程頤 朱熹撰 **程子上下篇義一卷** （宋）程頤撰 **朱子周易五贊一卷筮儀一卷** （宋）朱熹撰 明前期刻本

匡高 24.2 釐米，廣 17.8 釐米。半葉十行，行二十二字，黑口，左右雙邊。有"邵印晉涵"等印。山東大學圖書館藏。

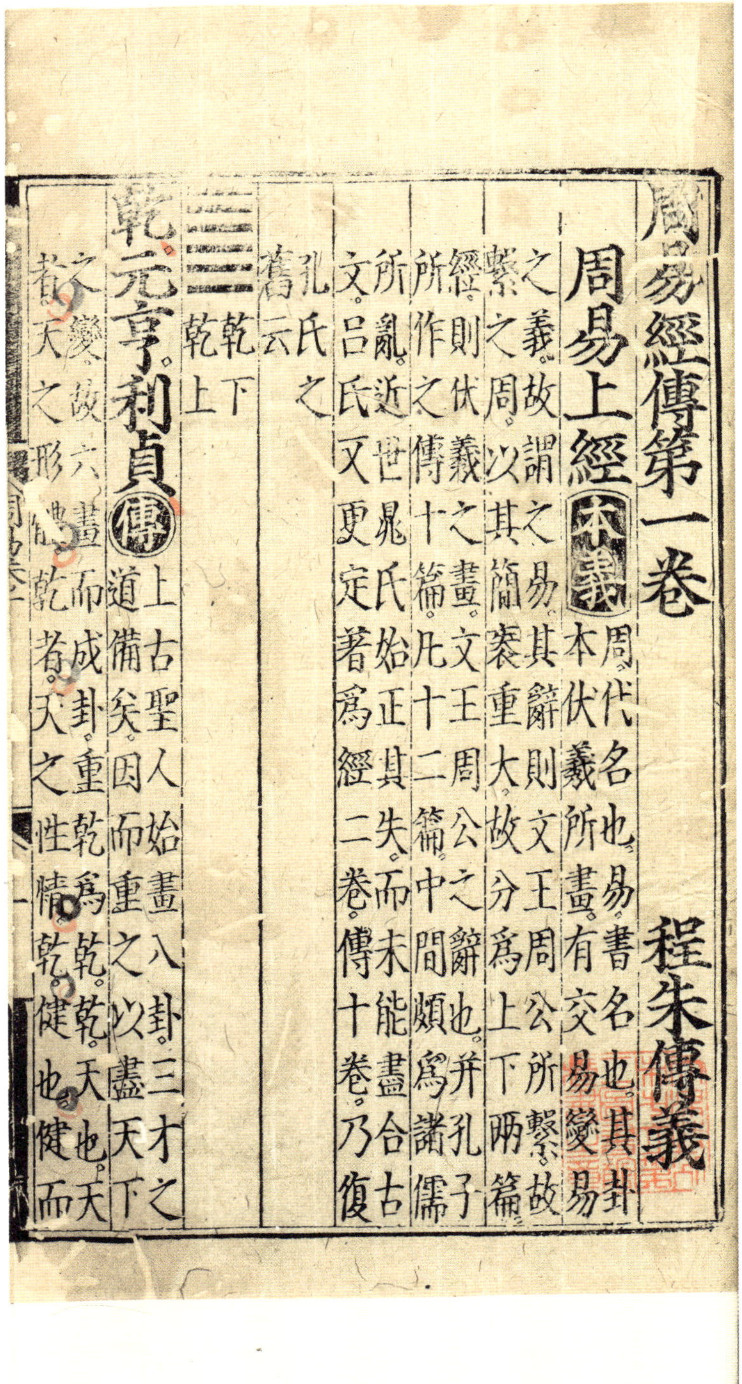
周易經傳第一卷　程朱傳義
周易上經 本義 周代名也易書名也其卦本伏羲所畫有交易變易之義故謂之易其辭則文王周公所繫故繫之周以其簡袠重大故分爲上下兩篇經則伏羲之畫文王周公之辭也并孔子所作之傳十篇凡十二篇中間頗爲諸儒所亂近世晁氏始正其失而未能盡合古文吕氏又更定著爲經二卷傳十卷乃復孔氏之舊云
☰ 乾下乾上
乾元亨利貞 傳 上古聖人始畫八卦三才之道備矣因而重之以盡天下之變故六畫而成卦重乾爲乾乾天也天者天之形體乾者天之性情乾健也健而

10034 周易經傳傳義二十四卷 （宋）程頤 朱熹撰 **上下篇義一卷** （宋）程頤撰 **朱子圖説一卷五贊一卷筮儀一卷** （宋）朱熹撰 明前期刻本

匡高 21.1 釐米，廣 13.8 釐米。半葉九行，行十七字，小字雙行同，黑口，四周雙邊。天津圖書館藏。

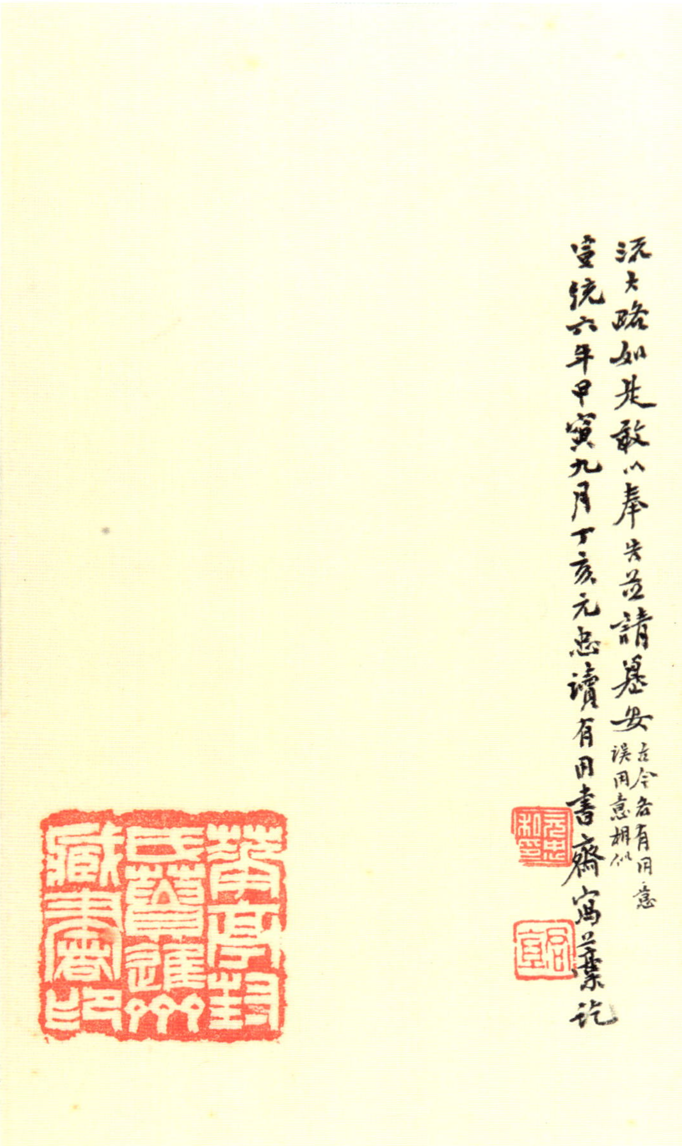

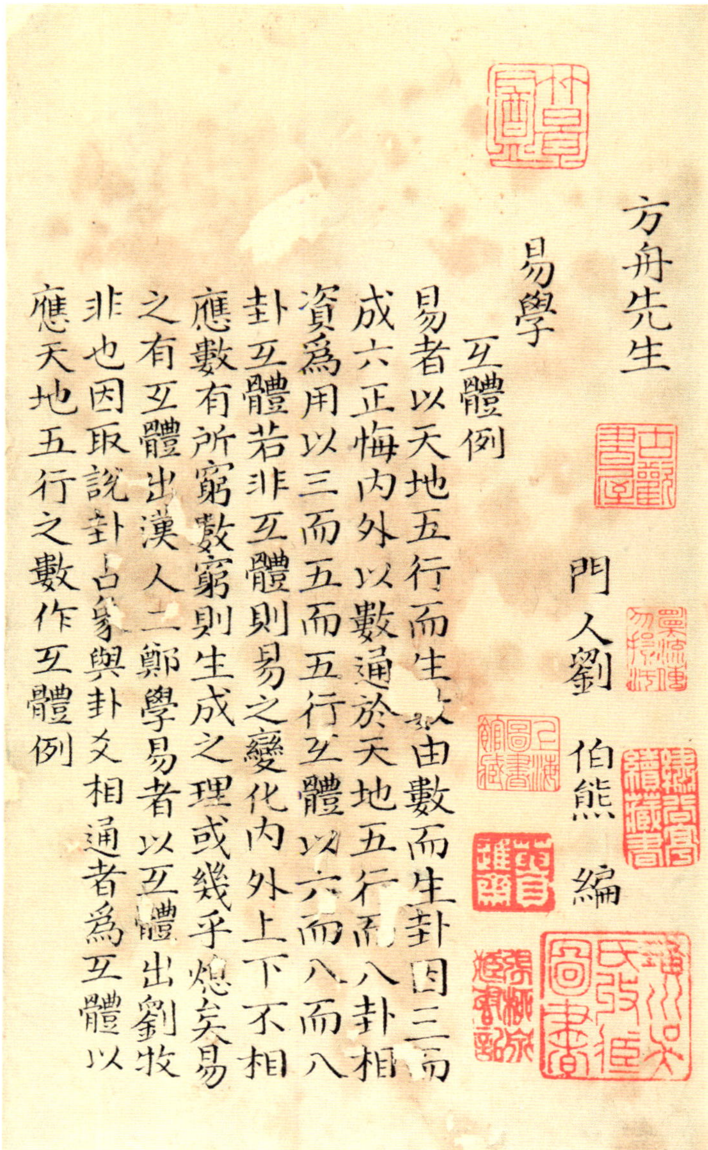

10035 方舟先生易學二卷 （宋）李石撰 清吳氏繡谷亭抄本

半葉十二行，行十九字。有“璜川吳氏收藏圖書”、“繡谷亭續藏書”、“古歡書屋”、“竹景盦”、“趙輯寧印”、“張柳泉藏書記”、“元忠私印”、“華亭封氏簣進齋藏書印”等印。曹元忠跋。上海圖書館藏。

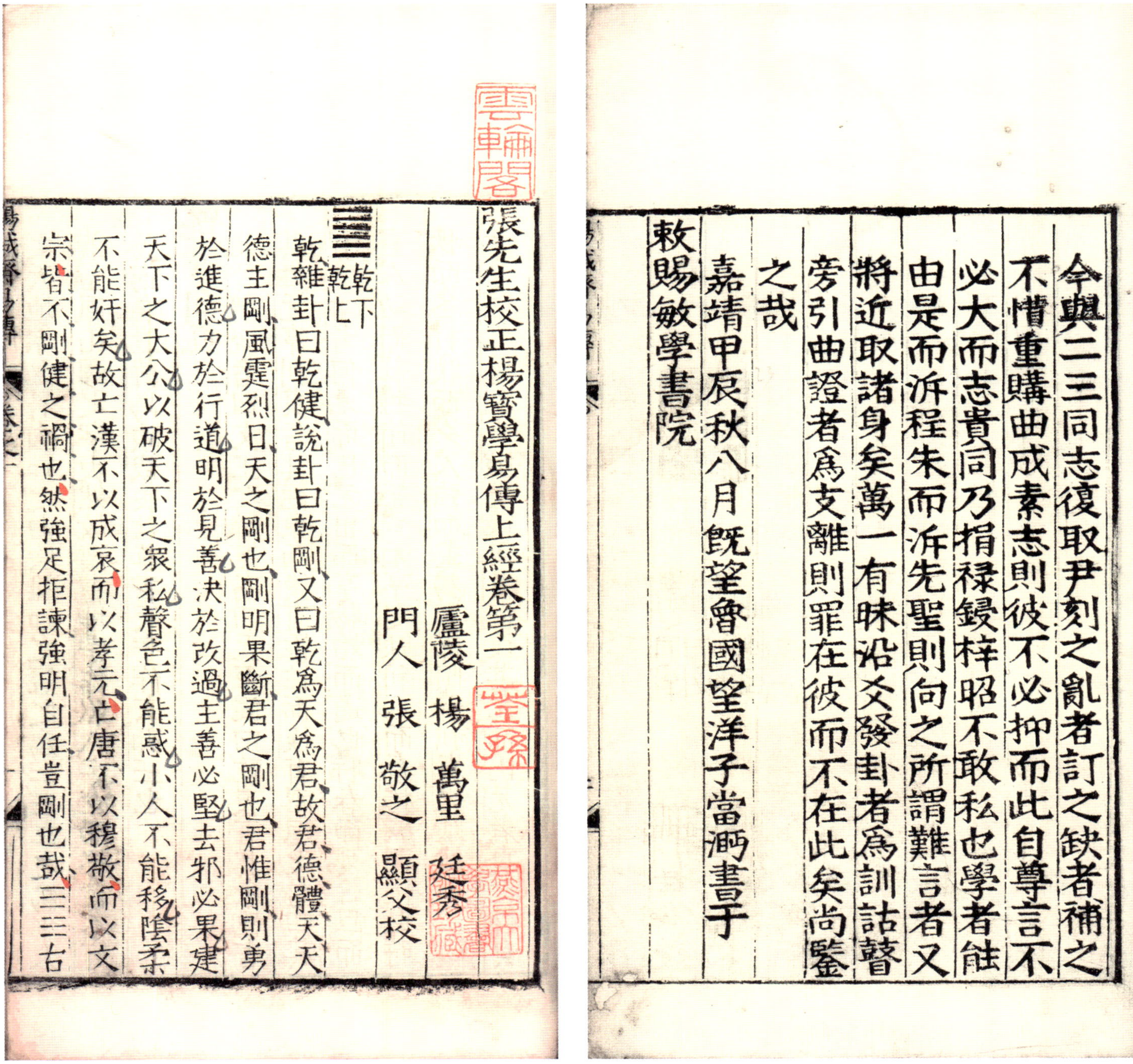

10036 張先生校正楊寶學易傳二十卷 （宋）楊萬里撰 （宋）張敬之校正 明嘉靖二十三年（1544）魯藩敏學書院刻本

匡高 20.4 釐米，廣 13.7 釐米。半葉十行，行二十五字，白口，左右雙邊。有“荃孫”、“雲輪閣”等印。北京大學圖書館藏。

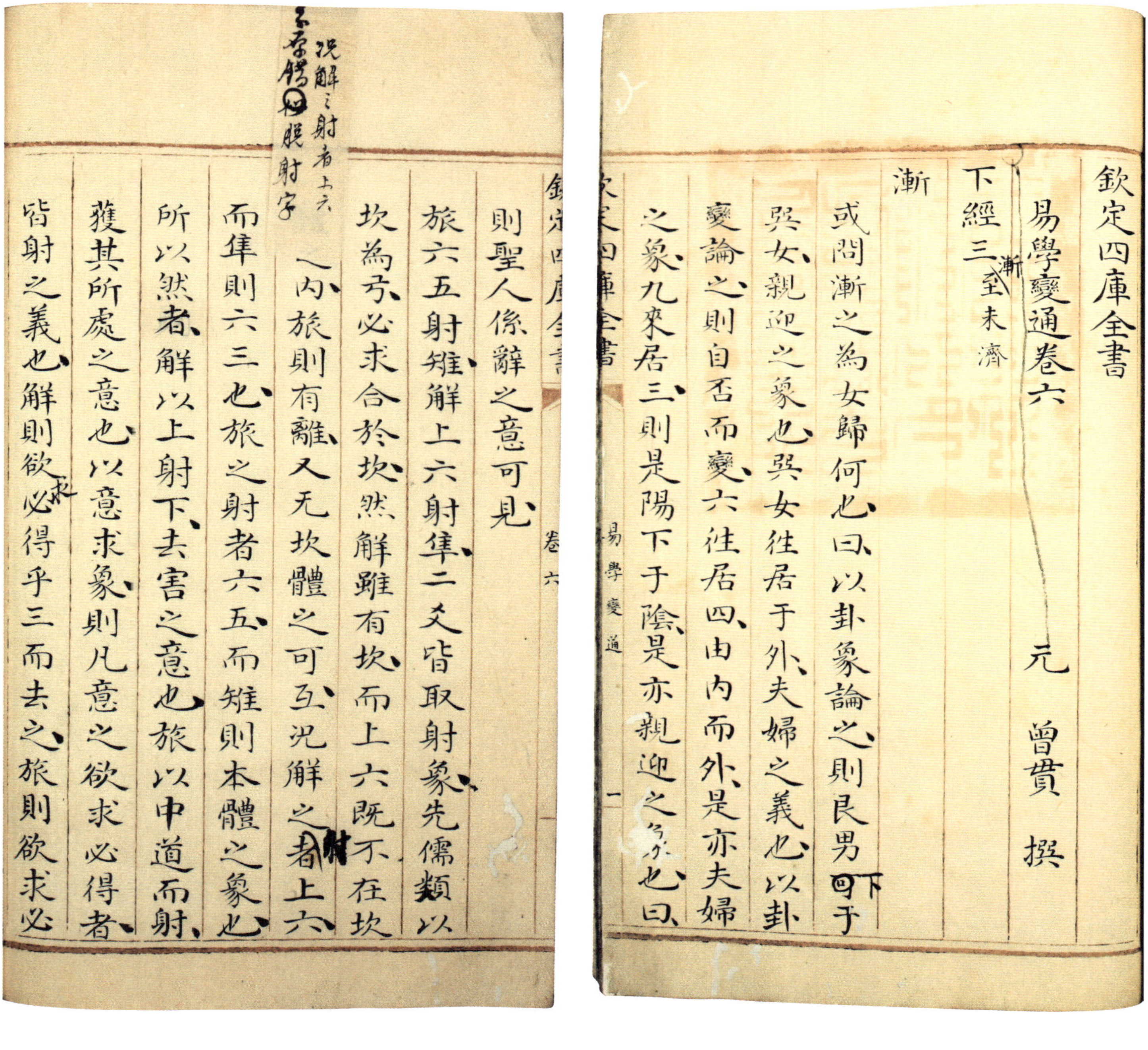
欽定四庫全書
易學變通卷六　　　元　曾貫　撰
下經三 漸至未濟
漸
或問漸之為女歸何也曰以卦象論之則艮男下于
巽女親迎之象也巽女往居于外夫婦之義也以卦
變論之則自否而變六往居四由內而外是亦夫婦
之象九來居三則是陽下于陰是亦親迎之象也曰

欽定四庫全書　易學變通　一

欽定四庫全書　卷六

則聖人係辭之意可見
旅六五射雉解上六射隼二爻皆取射象先儒類以
坎為弓必求合於坎然解雖有坎而上六既不在坎
內旅則有離又无坎體之可互況解之射者上六
而隼則六三也旅之射者六五而雉則本體之象也
所以然者解以上射下去害之意也旅以中道而射
獲其所處之意也以意求象則凡意之欲求必得者
皆射之義也解則欲求必得乎三而去之旅則欲求必

況解之射者上六
……脫射字

10037 易學變通六卷　（元）曾貫撰　清四庫館永樂大典輯佚寫本［四庫底本］

匡高 22.2 釐米，廣 15.2 釐米。半葉八行，行二十一字，白口，四周雙邊。

湖南圖書館藏，存三卷。

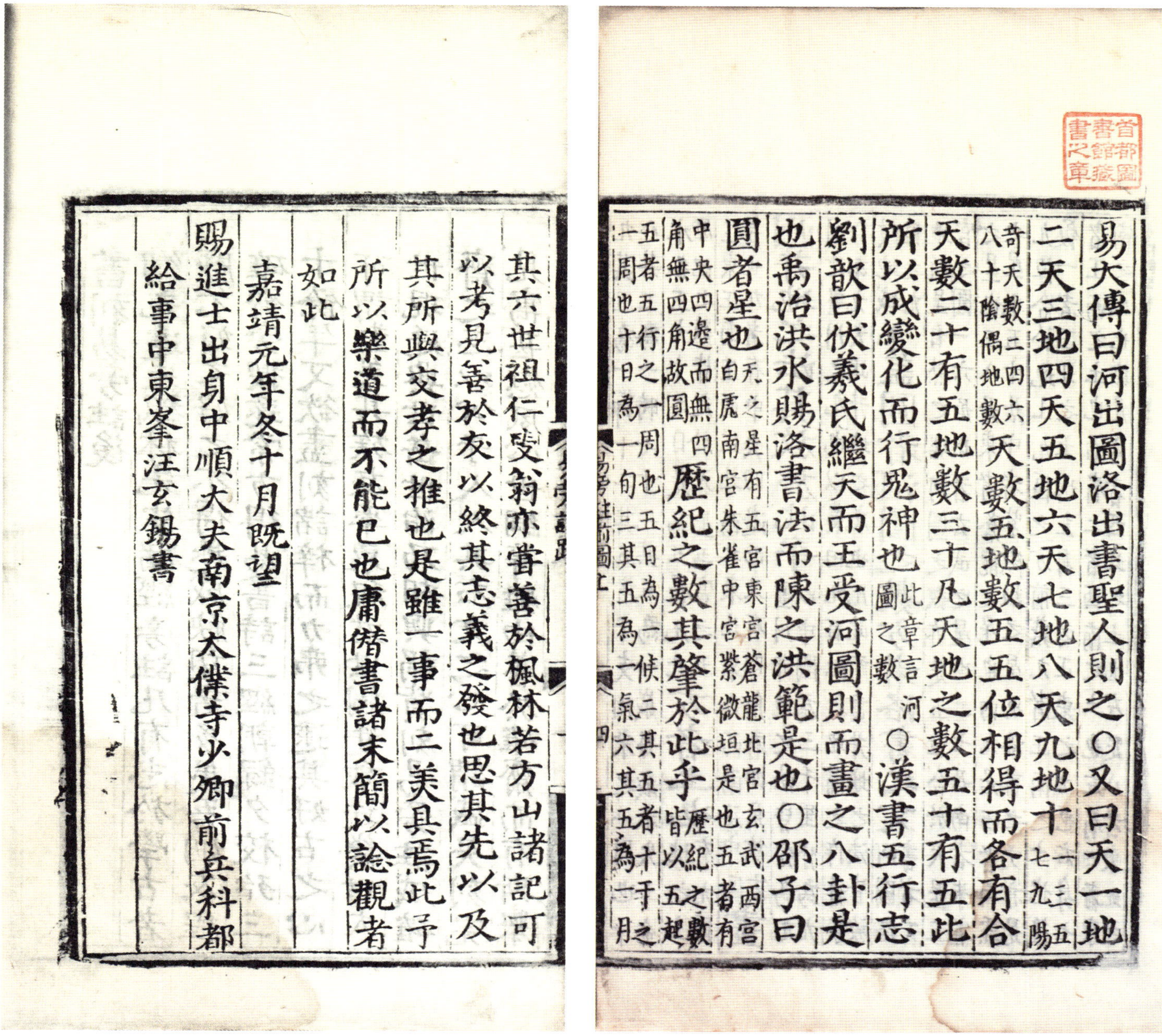
易大傳曰河出圖洛出書聖人則之○又曰天一地二天三地四天五地六天七地八天九地十（一三五七九陽奇天數二四六八十陰偶地數）天數五地數五五位相得而各有合天數二十有五地數三十凡天地之數五十有五此所以成變化而行鬼神也（此章言河圖之數）○漢書五行志劉歆曰伏羲氏繼天而王受河圖則而畫之八卦是也禹治洪水賜洛書法而陳之洪範是也○邵子曰圓者星也（天之星有五宮東宮蒼龍北宮玄武西宮白虎南宮朱雀中宮紫微垣是也五者有中央四邊而無四角無四角故圓）歷紀之數其肇於此乎（歷紀之數皆以五起五者五行之一周也五日為一候二其五者十干之一周也十日為一旬三其五為一氣六其五為一月）

其六世祖仁叟翁亦嘗著善於楓林若方山諸記可以考見善於友以終其志義之發也思其先以及其所與交孝之推也是雖一事而二美具焉此予所以樂道而不能已也庸僭書諸末簡以諗觀者如此

嘉靖元年冬十月既望

賜進士出身中順大夫南京太僕寺少卿前兵科都給事中東峯汪玄錫書

10038 周易旁註二卷前圖二卷卦傳十卷 （明）朱升撰　明嘉靖元年（1522）

刻本

匡高 19.5 釐米，廣 13.7 釐米。半葉十行，行二十字，小字雙行同，黑口，四周雙邊。首都圖書館藏。

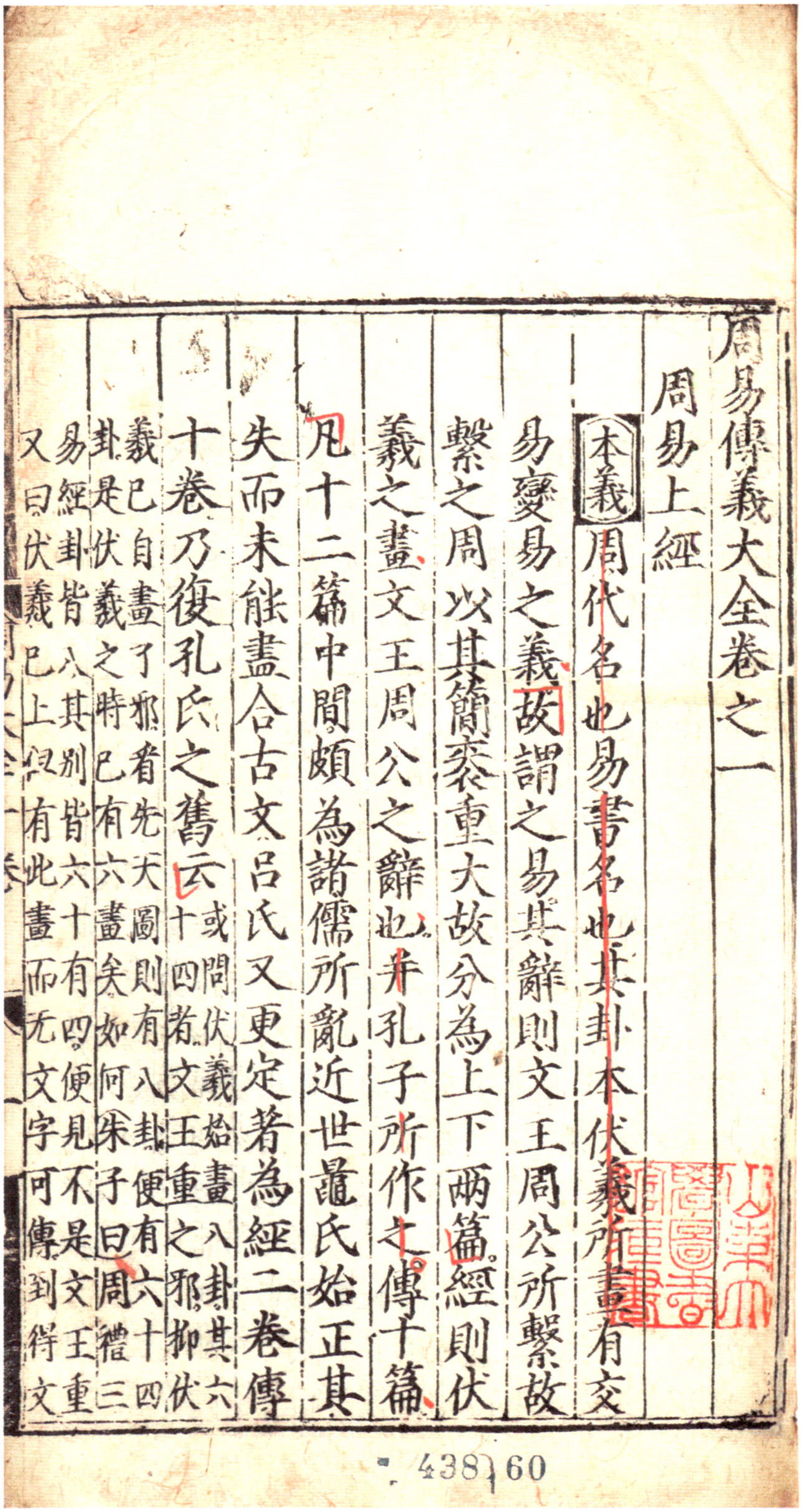
周易傳義大全卷之一
周易上經
【本義】周代名也易書名也其卦本伏羲所畫有交易變易之義故謂之易其辭則文王周公所繫故繫之周以其簡袠重大故分為上下兩篇經則伏羲之畫文王周公之辭也并孔子所作之傳十篇凡十二篇中間頗為諸儒所亂近世晁氏始正其失而未能盡合古文呂氏又更定著為經二卷傳十卷乃復孔氏之舊云或問伏羲始畫八卦其六十四者文王重之耶抑伏羲已自畫了耶看先天圖則有八卦便有六十四卦是伏羲之時已有六畫矣如何朱子曰周禮三易經卦皆八其別皆六十有四便見不是文王重又曰伏羲已上但有此畫而无文字可傳到得文

10039 周易傳義大全二十四卷綱領一卷朱子圖説一卷 （明）胡廣等輯 明前期刻本

匡高 19.5 釐米，廣 12.7 釐米。半葉十一行，行二十一字，黑口，四周雙邊。

山東大學圖書館藏。

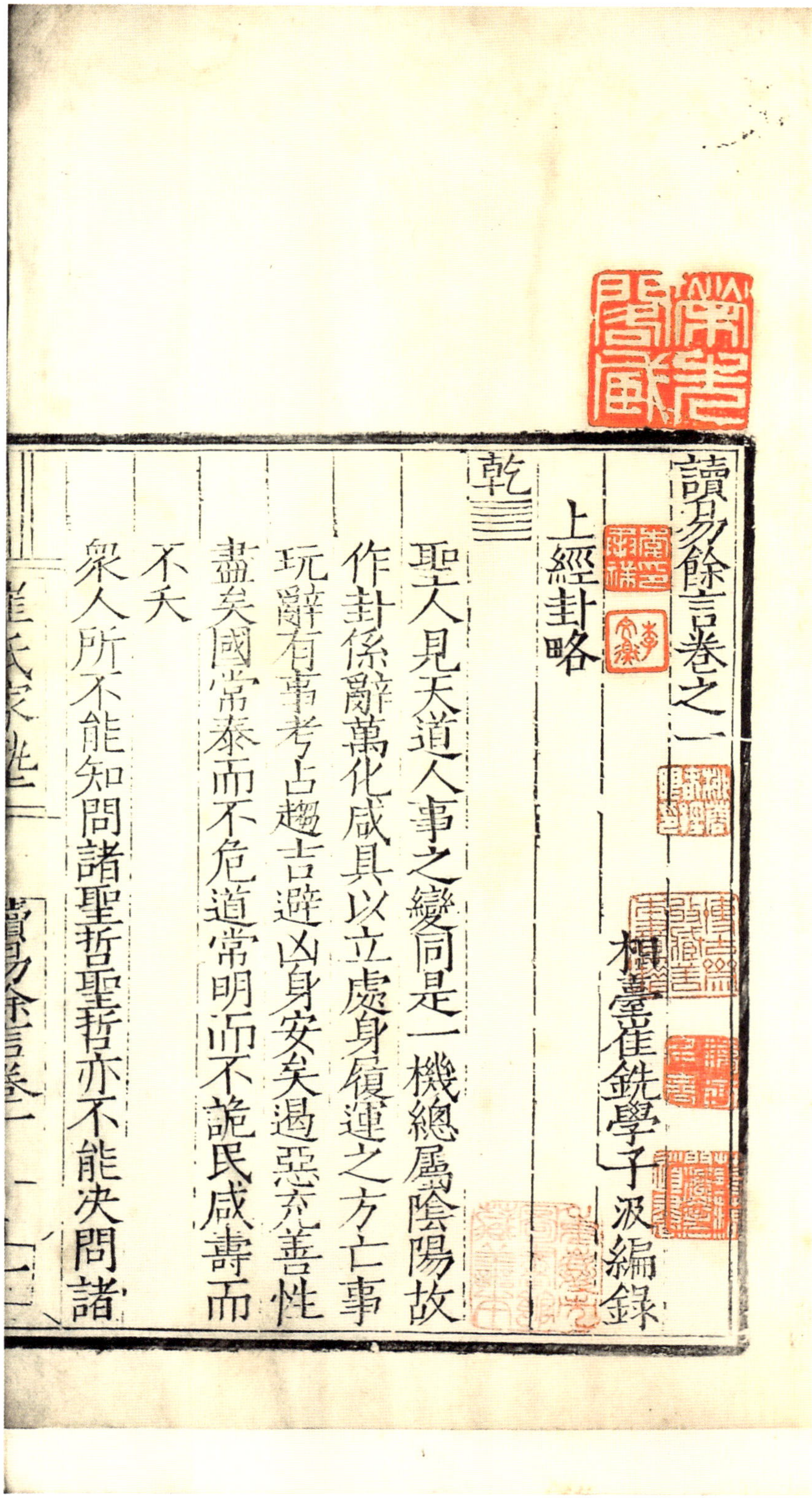
讀易餘言卷之一
相臺崔銑學子汲編録
上經卦略
乾☰
聖人見天道人事之變同是一機總屬陰陽故
作卦係辭萬化咸具以立處身履運之方亡事
玩辭有事考占趨吉避凶身安矣過惡充善性
盡矣國常泰而不危道常明而不詭民咸壽而
不夭
衆人所不能知問諸聖哲聖哲亦不能決問諸

10040 讀易餘言五卷 （明）崔銑撰 明崔氏家塾刻本

匡高 17.8 釐米，廣 14.4 釐米。半葉十行，行二十字，黑口，四周雙邊。重慶圖書館藏。

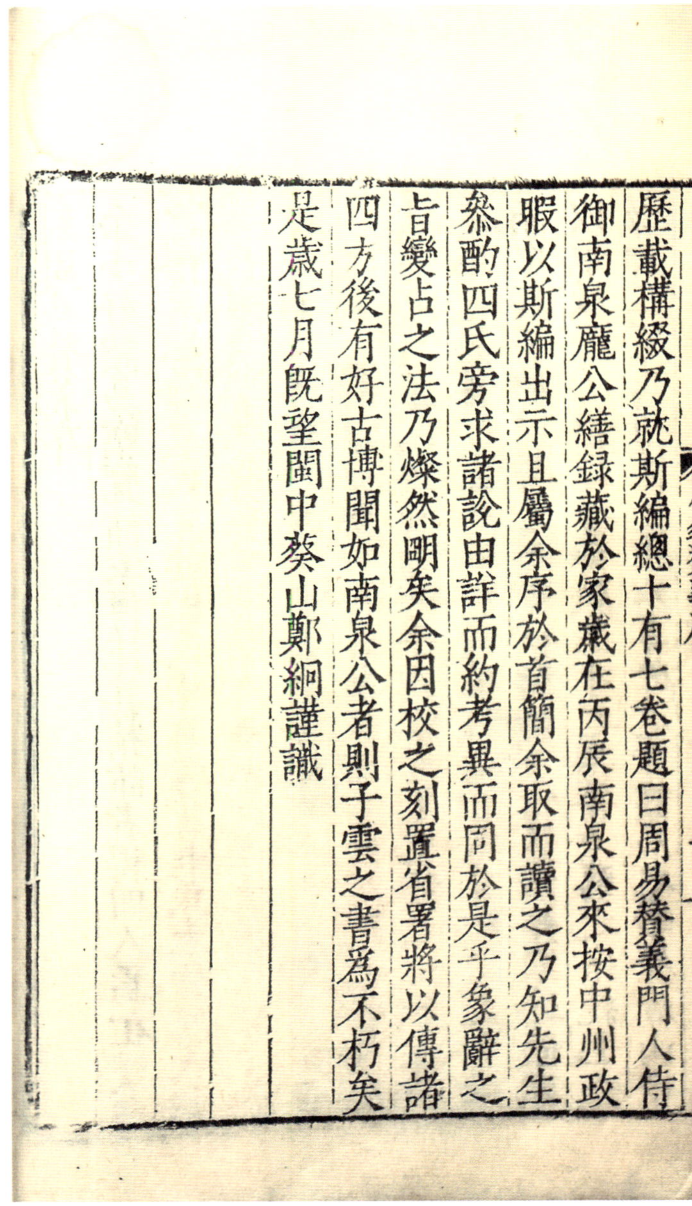

歷載構綴乃就斯編總十有七卷題曰周易贊義門人侍
御南泉龐公繕録藏於家歲在丙辰南泉公來按中州政
暇以斯編出示且屬余序於首簡余取而讀之乃知先生
參酌四氏旁求諸說由詳而約考異而同於是乎象辭之
旨變占之法乃燦然明矣余因校之刻置省署將以傳諸
四方後有好古博聞如南泉公者則子雲之書爲不朽矣
是歳七月既望閩中葵山鄭絅謹識

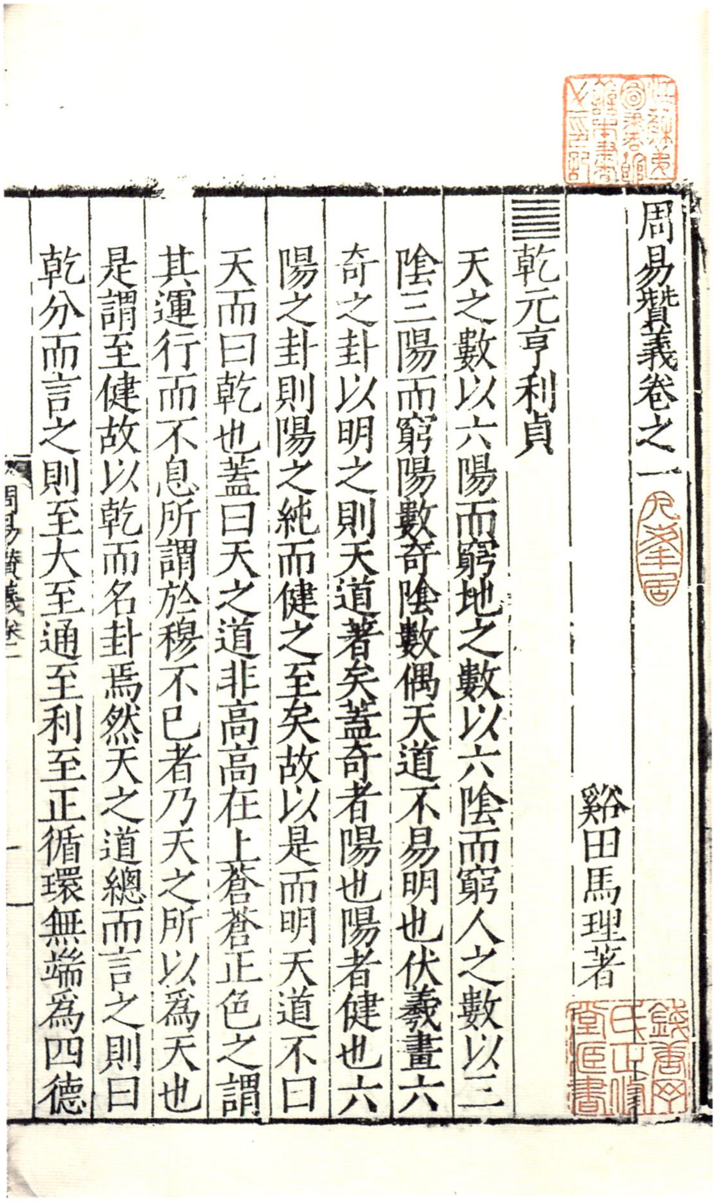

周易贊義卷之一
谿田馬理著
☰乾元亨利貞
天之數以六陽而窮地之數以六陰而窮人之數以三
陰三陽而窮陽數奇陰數偶天道不易明也伏羲畫六
奇之卦以明之則天道著矣蓋奇者陽也陽者健也六
陽之卦則陽之純而健之至矣故以是而明天道不曰
天而曰乾也蓋曰天之道非高高在上蒼蒼正色之謂
其運行而不息所謂於穆不已者乃天之所以爲天也
是謂至健故以乾而名卦焉然天之道總而言之則曰
乾分而言之則至大至通至利至正循環無端爲四德

10041 周易贊義十七卷 （明）馬理撰 明嘉靖三十五年（1556）鄭絅刻本

匡高 21.5 釐米，廣 16.2 釐米。半葉十一行，行二十二字，小字雙行同，白口，左右雙邊。有"錢唐丁氏正修堂藏書"等印。丁申、丁丙跋。南京圖書館藏，存七卷。

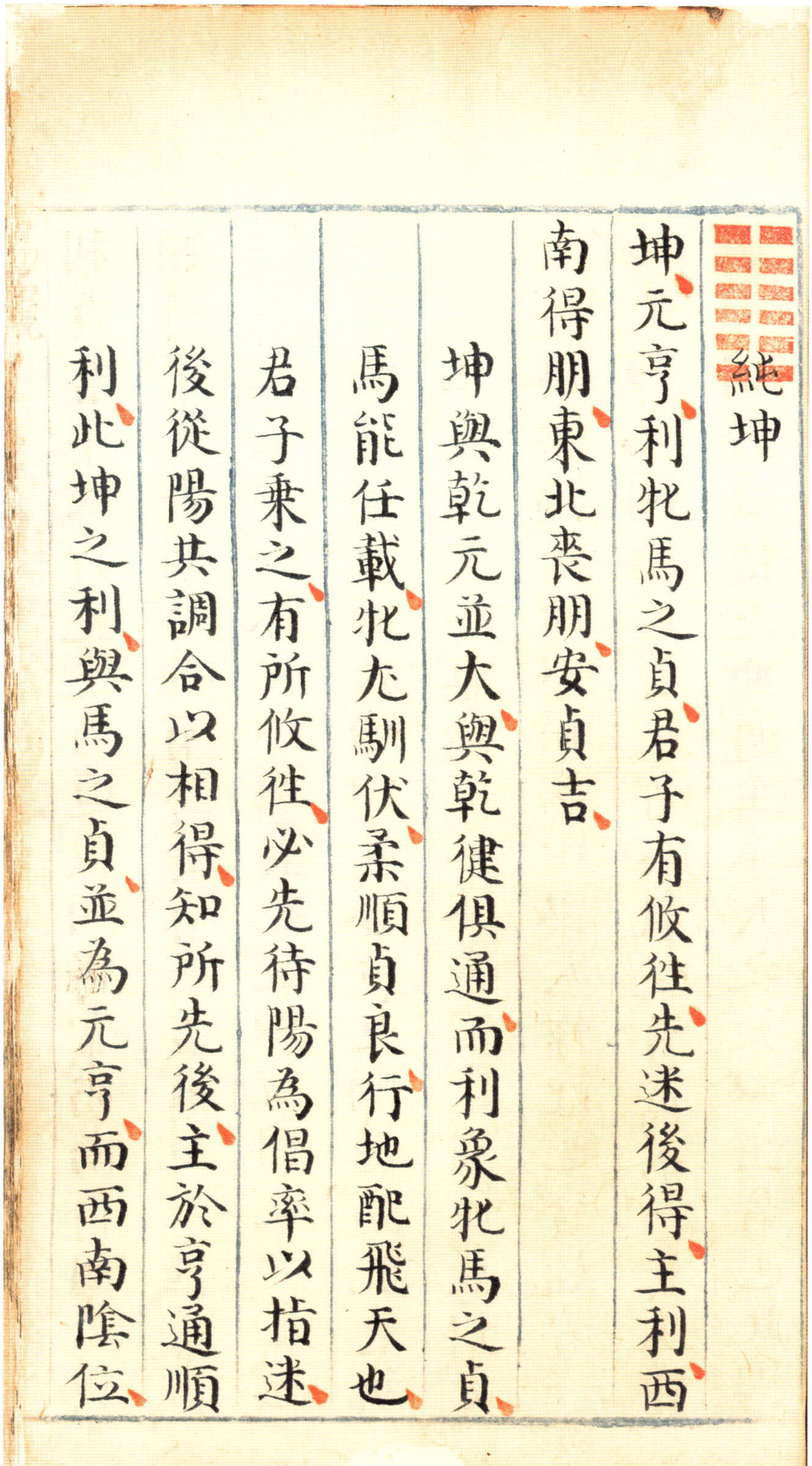

純坤

坤元亨利牝馬之貞君子有攸往先迷後得主利西南得朋東北喪朋安貞吉

坤與乾元並大與乾健俱通而利象牝馬之貞馬能任載牝尤馴伏柔順貞良行地配飛天也君子乘之有所攸往必先待陽為倡率以指迷後從陽共調合以相得知所先後主於亨通順利此坤之利與馬之貞並為元亨而西南陰位

10042 易窺不分卷 （明）程玉潤撰 明抄本

匡高 22.4 釐米，廣 14.1 釐米。半葉八行，行二十二字，藍格，白口，四周單邊。寧波市天一閣博物館藏。

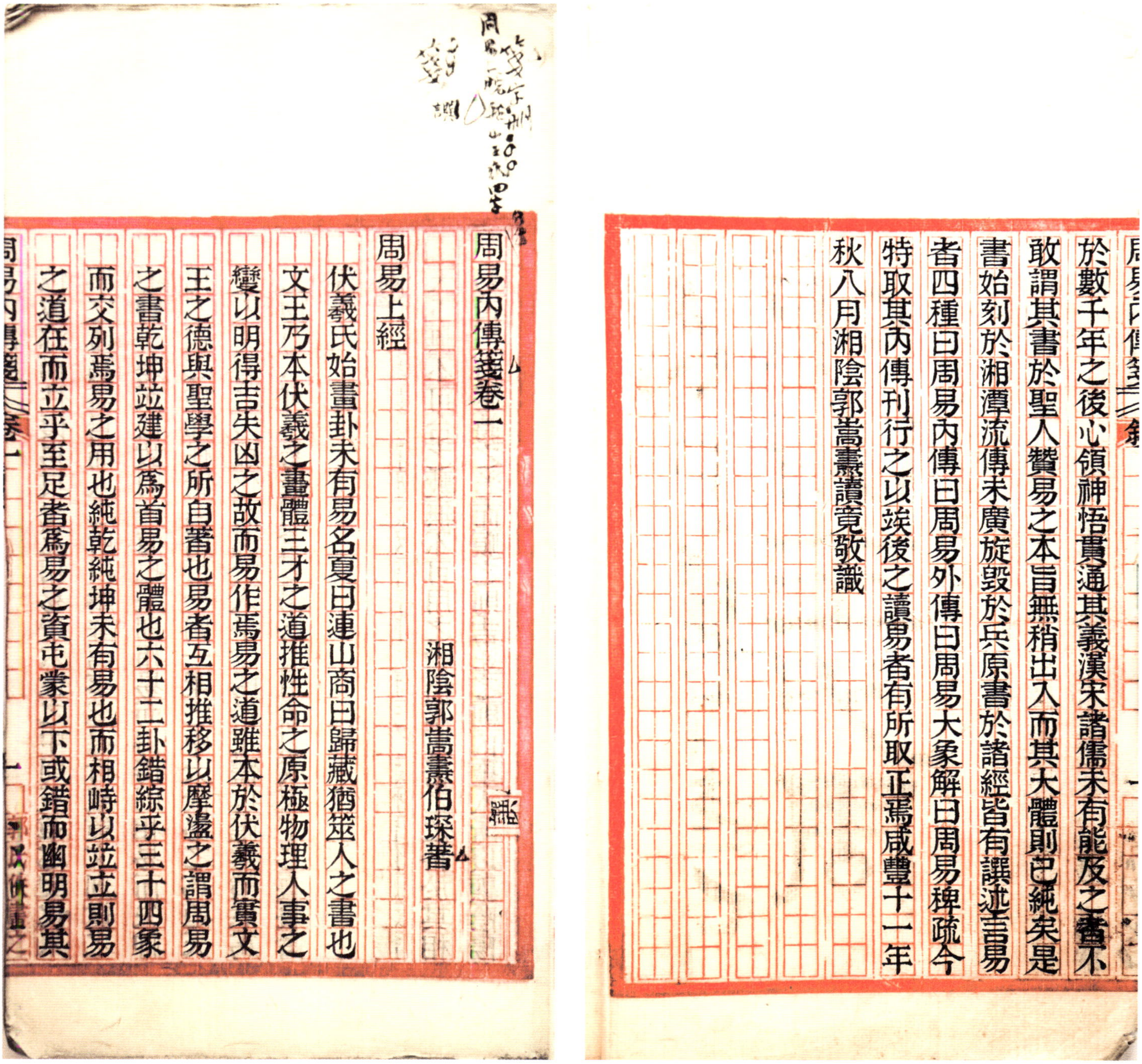
周易內傳箋卷一

於數千年之後心領神悟貫通其義漢宋諸儒未有能及之者不敢謂其書於聖人贊易之本旨無稍出入而其大體則已純矣是書始刻於湘潭流傳未廣旋毀於兵原書於諸經皆有譔述言易者四種曰周易內傳曰周易外傳曰周易大象解曰周易稗疏今特取其內傳刊行之以竢後之讀易者有所取正焉咸豐十一年秋八月湘陰郭嵩燾謹竟敬識

周易內傳箋卷一

湘陰郭嵩燾伯琛著

周易上經

伏羲氏始畫卦未有易名夏曰連山商曰歸藏猶筮人之書也文王乃本伏羲之畫體三才之道推性命之原極物理人事之變以明得吉失凶之故而易作焉易之道雖本於伏羲而實文王之德與聖學之所自著也易者互相推移以摩盪之謂周易之書乾坤並建以爲首易之體也六十二卦錯綜乎三十四象而交列焉易之用也純乾純坤未有易也而相峙以並立則易之道在而立乎至足者爲易之資屯蒙以下或錯而幽明易其

周易內傳箋卷一

10043 船山王氏周易內傳七卷 （清）郭嵩燾箋 未刊樣稿本

匡高 19.2 釐米，廣 13 釐米。半葉十行，行二十五字，小字雙行同，白口，四周單邊。湖南師範大學圖書館藏。

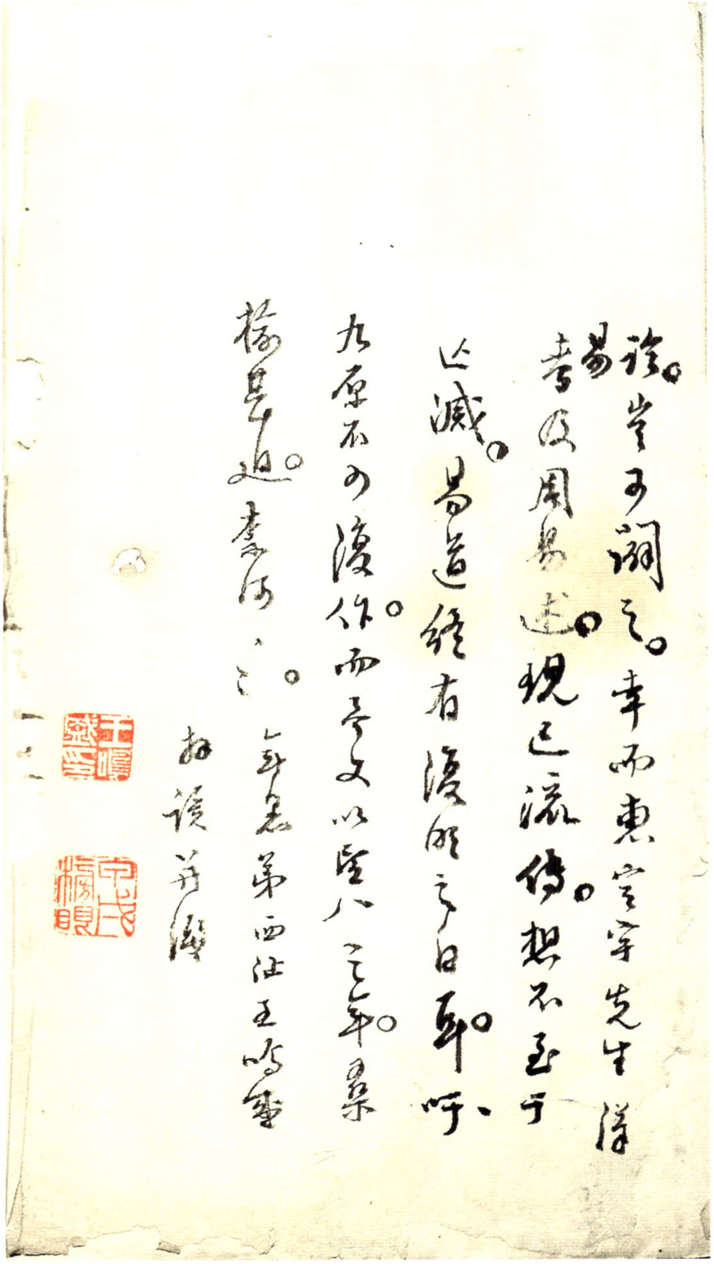

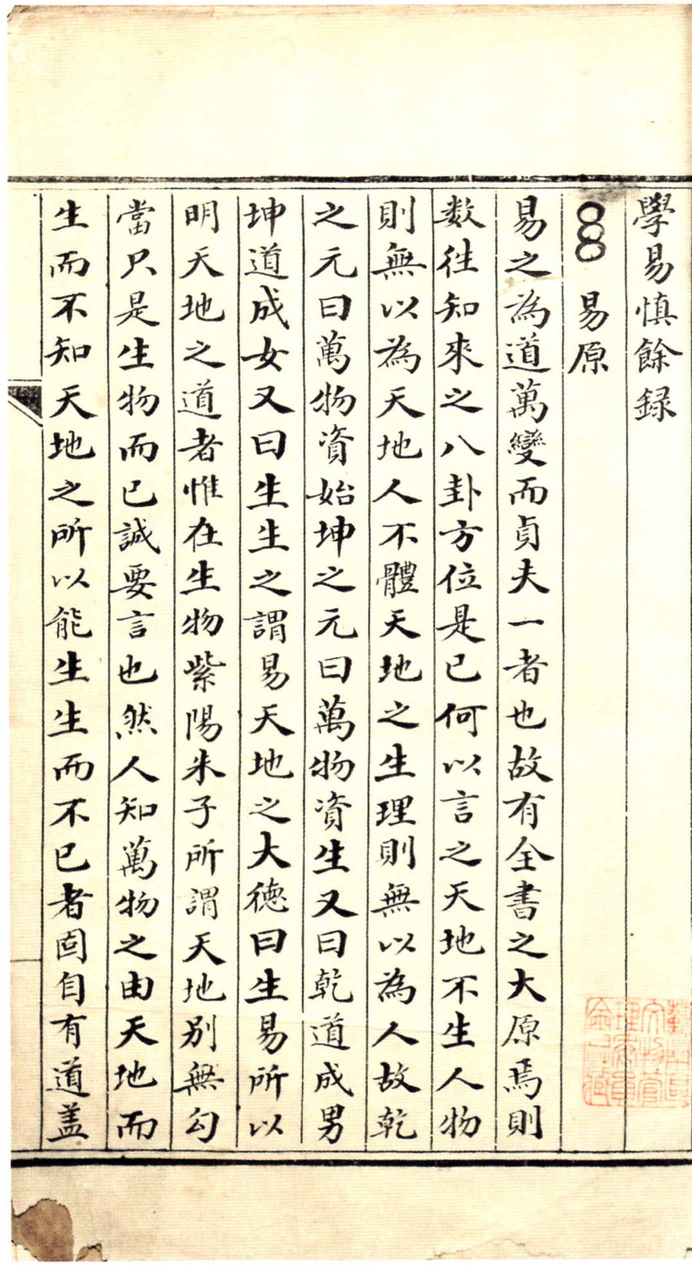

學易慎餘録

易原

易之為道萬變而貞夫一者也故有全書之大原焉則數往知來之八卦方位是已何以言之天地不生人物則無以為天地人不體天地之生理則無以為人故乾之元曰萬物資始坤之元曰萬物資生又曰乾道成男坤道成女又曰生生之謂易天地之大德曰生易所以明天地之道者惟在生物紫陽朱子所謂天地别無勾當只是生物而已誠要言也然人知萬物之由天地而生而不知天地之所以能生生而不已者固自有道蓋

10044 學易慎餘録四卷 （清）葉佩蓀撰 清抄本

匡高 20.5 釐米，廣 14.2 釐米。半葉十行，行二十一字，白口，四周雙邊。錢大昕批，王鳴盛批並跋。南京圖書館藏。

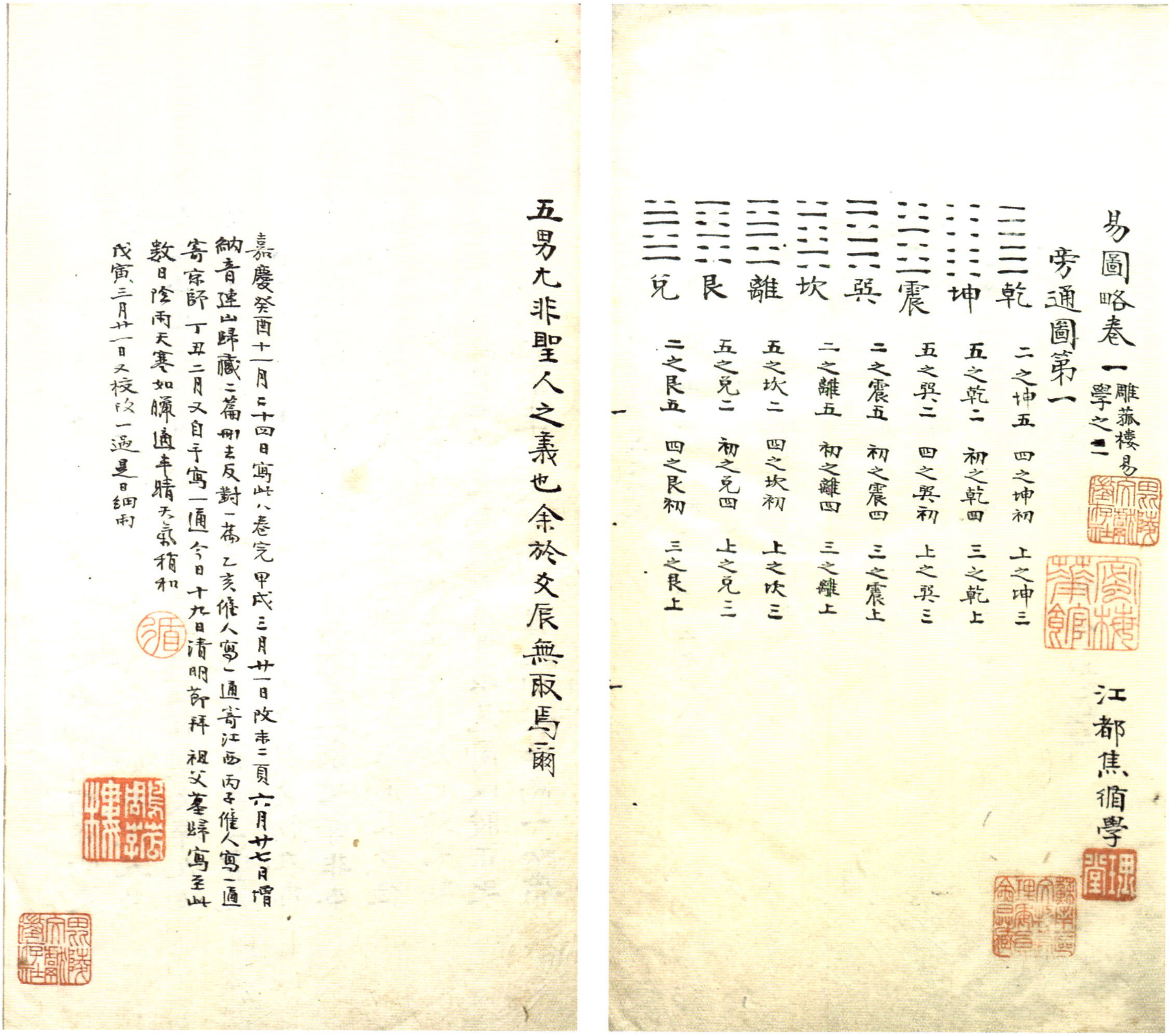

10045 易圖略八卷 （清）焦循撰 稿本

半葉十行，行二十一字，小字雙行三十一字。有“理堂”等印。焦循跋。南京圖書館藏。

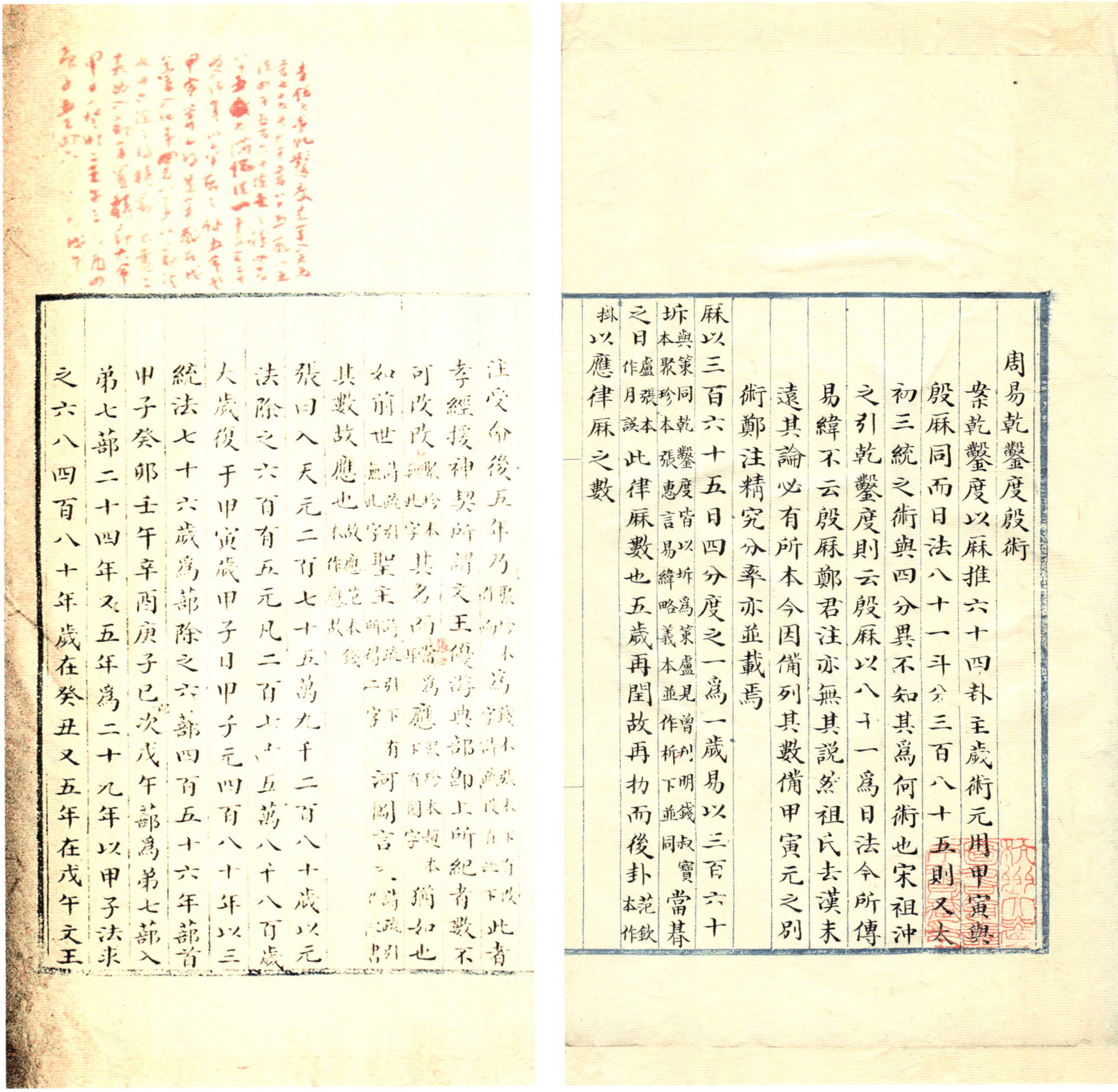

周易乾鑿度殷術
案乾鑿度以厤推六十四卦壬歲術元用甲寅與殷厤同而日法八十一斗分三百八十五則又太初三統之術與四分異不知其爲何術也宋祖沖之引乾鑿度則云殷厤以八十一爲日法今所傳易緯不云殷厤鄭君注亦無其說然祖氏去漢未遠其論必有所本今因備列其數備甲寅元之別術鄭注精究分率亦並載焉
厤以三百六十五日四分度之一爲一歲易以三百六十坼（坼與策同乾鑿度皆以坼爲策盧見曾刊明錢叔寶本聚珍本張惠言易緯略義本並作析下並同）當朞之日（盧本張本作月誤）此律厤數也五歲再閏故再扐而後卦（范欽本作掛）以應律厤之數

10046 周易乾鑿度殷術一卷 （清）孫詒讓撰 稿本

匡高 16.8 釐米，廣 11.9 釐米。半葉十二行，行二十二字，小字雙行同，藍格，藍口，左右雙邊。浙江大學圖書館藏。

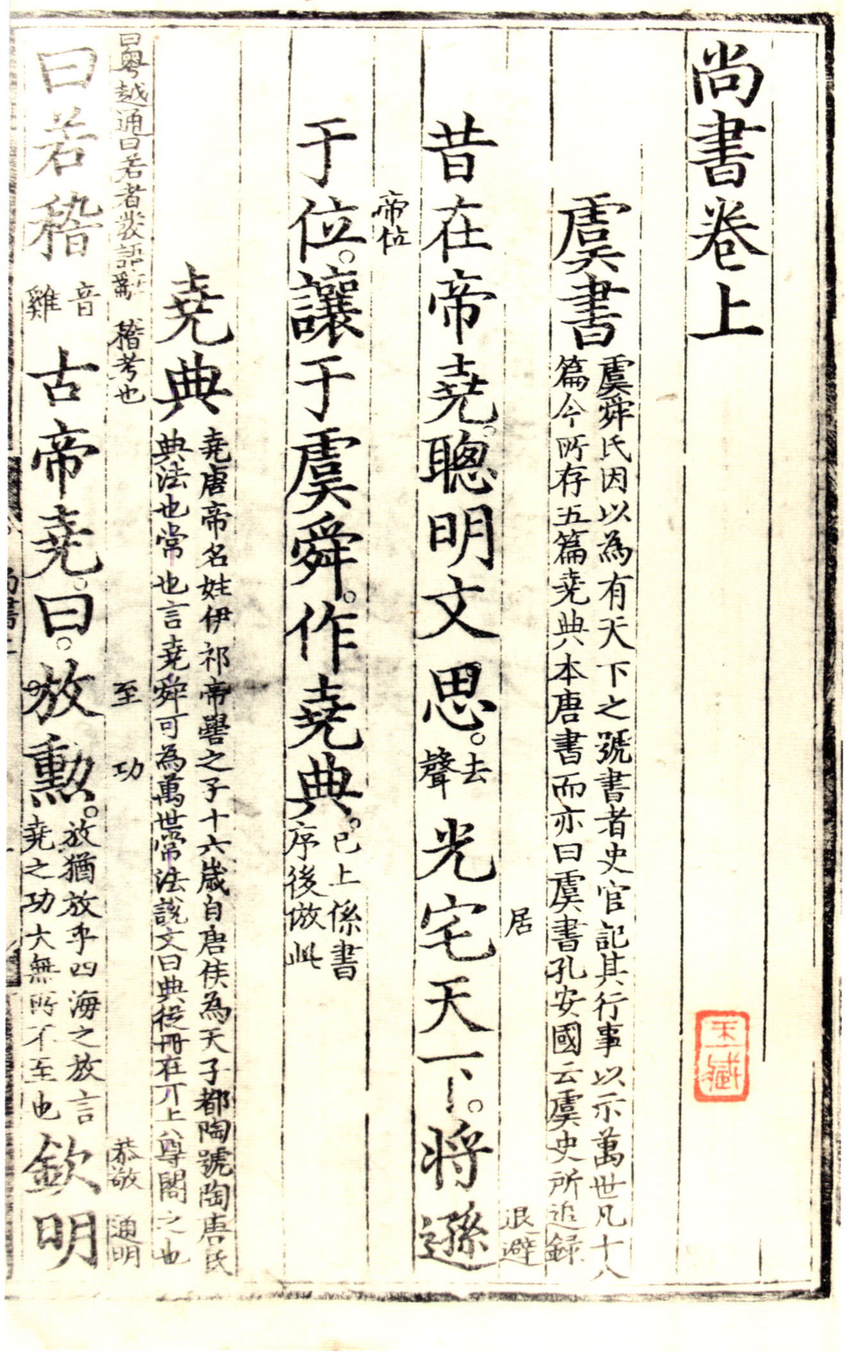
尚書卷上

虞書 虞舜氏因以為有天下之號書者史官記其行事以示萬世凡十八篇今所存五篇堯典本唐書而亦曰虞書孔安國云虞史所追録

昔在帝堯聰明文思去聲光宅天下將遜居退避于位帝位讓于虞舜作堯典已上係書序後倣此

堯典 堯唐帝名姓伊祁帝嚳之子十六歲自唐侯為天子都陶號陶唐氏典法也常也言堯舜可為萬世常法說文曰典從冊在丌上尊閣之也

曰若稽音雞古帝堯曰放勳放猶放爭四海之放言堯之功大無所不至也欽明 曰粵越通曰若者發語辭稽考也 至功 恭敬 通明

10047 尚書二卷 明前期刻本

匡高 28.2 釐米，廣 17.4 釐米。半葉六行，行十六至十七字不等，小字雙行四十二字，黑口，四周雙邊。天津師範大學圖書館藏。

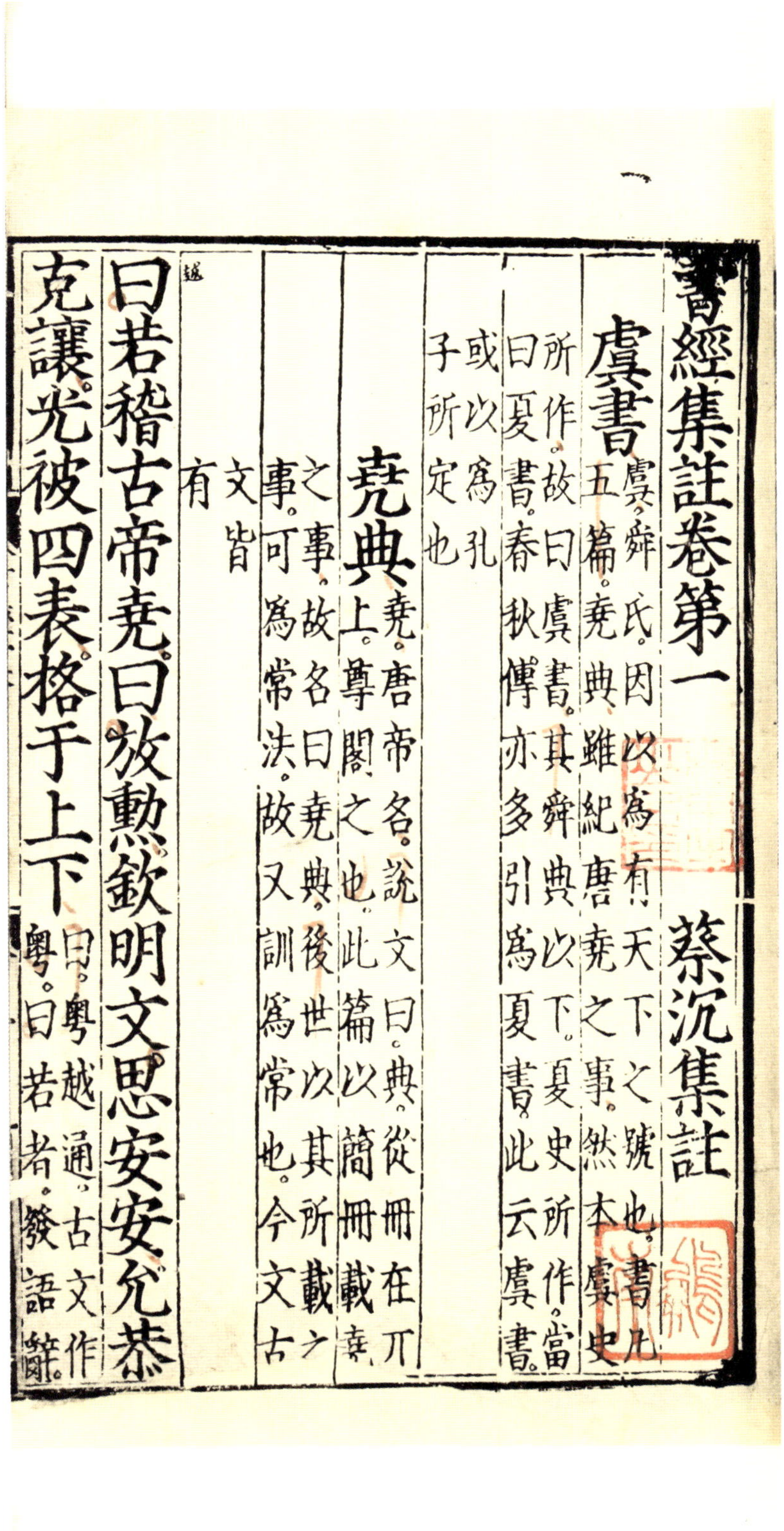

10048 書經集註六卷 （宋）蔡沈撰 明前期刻本

匡高 21.5 釐米，廣 13.5 釐米。半葉九行，行十七字，小字雙行同，黑口，四周雙邊。廣西桂林圖書館藏。

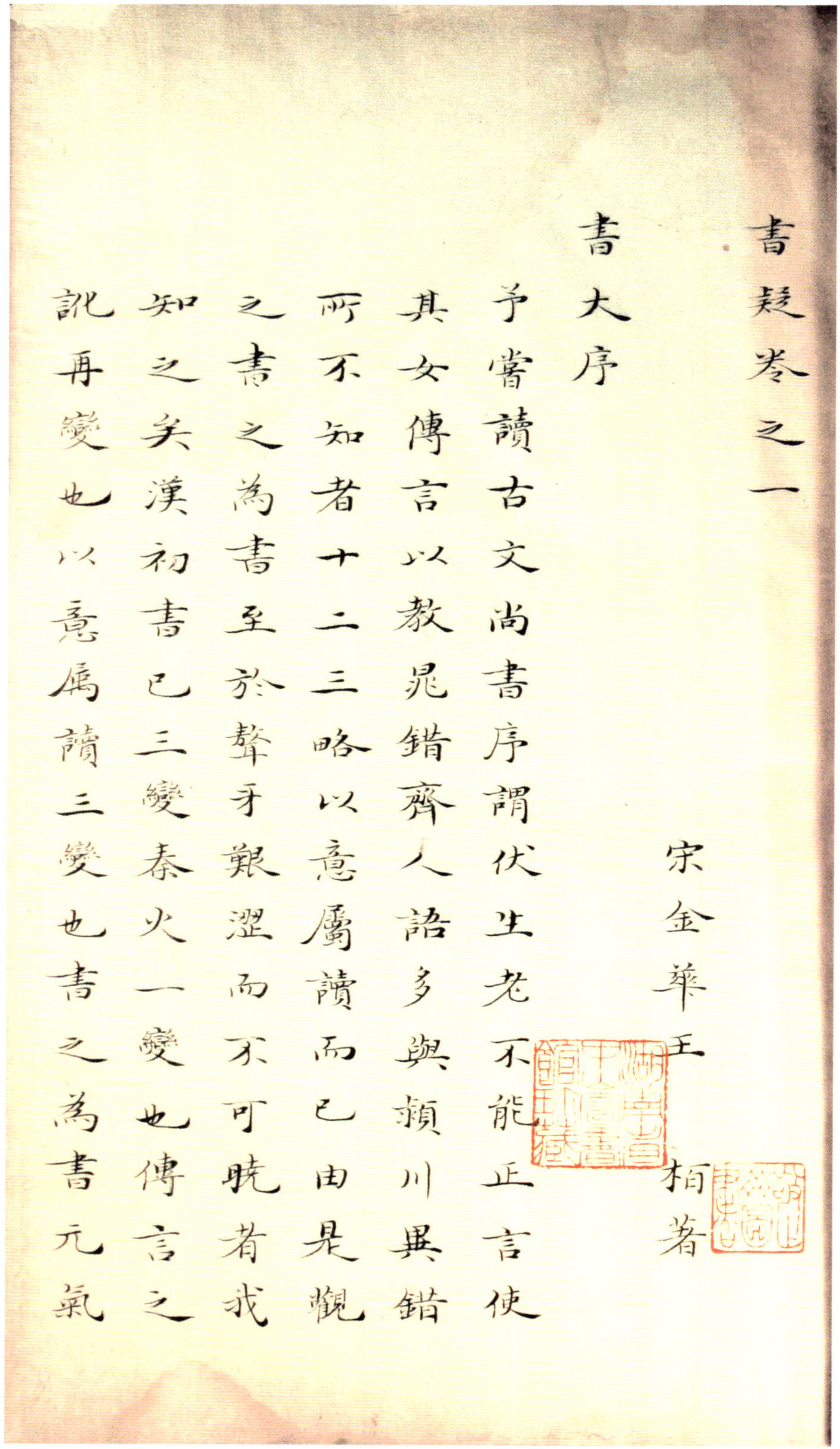
書疑卷之一
宋金華王　柏著
書大序
予嘗讀古文尚書序謂伏生老不能正言使其女傳言以教鼂錯齊人語多與潁川異錯所不知者十二三略以意屬讀而已由是觀之書之爲書至於聱牙艱澀而不可曉者我知之矣漢初書已三變秦火一變也傳言之訛再變也以意屬讀三變也書之爲書元氣

10049 書疑九卷　（宋）王柏撰　清初抄本

半葉九行，行十八字。湖南圖書館藏。

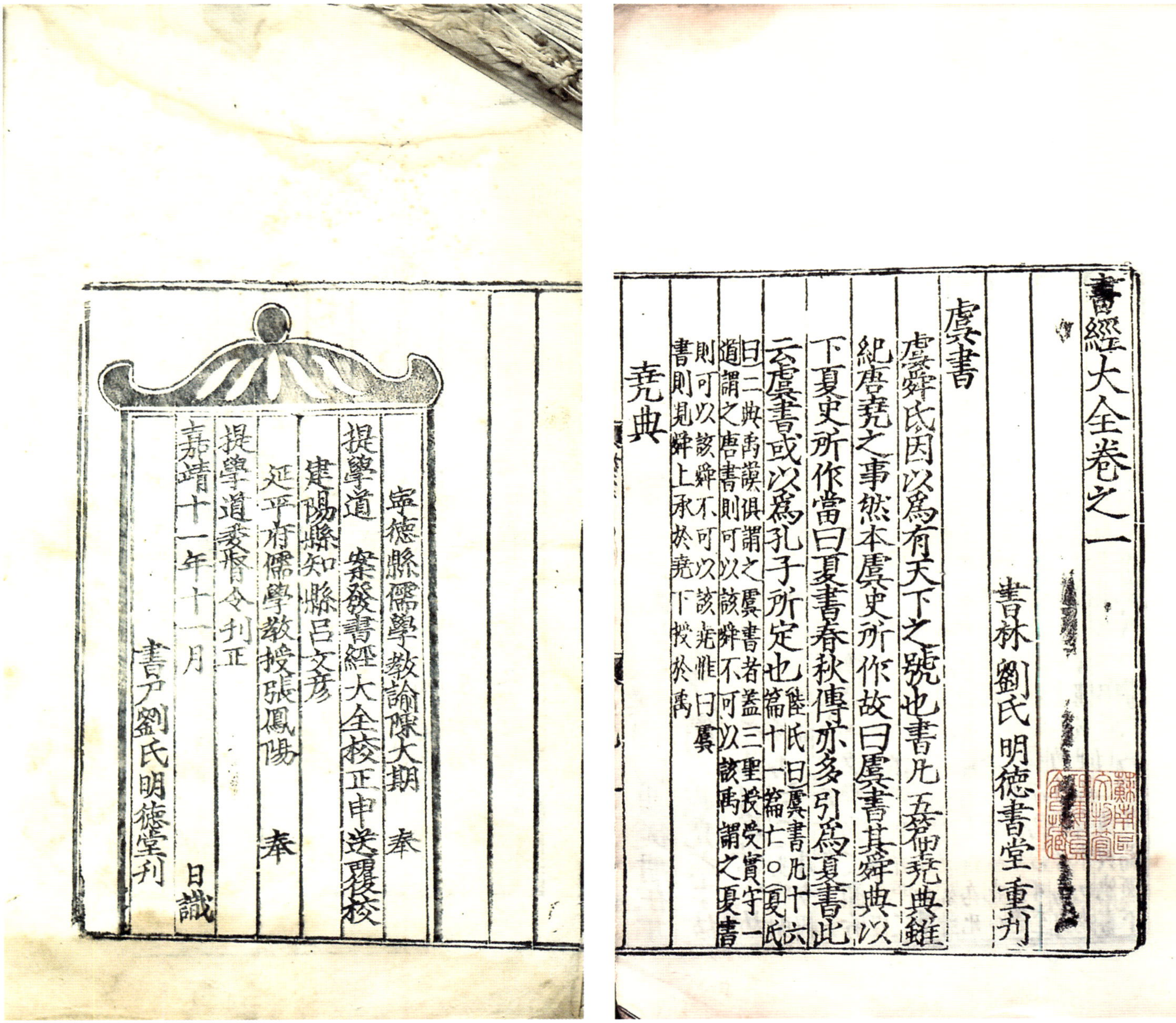
寧德縣儒學教諭陳大期　奉
提學道　案發書經大全校正申送覆校
建陽縣知縣呂文彦
延平府儒學教授張鳳陽　奉
提學道委督令刊正
嘉靖十一年十一月　日識
書戶劉氏明德堂刊

書經大全卷之一
書林　劉氏明德書堂重刊
虞書
虞舜氏因以爲有天下之號也書凡五篇堯典雖紀唐堯之事然本虞史所作故曰虞書其舜典以下夏史所作當曰夏書春秋傳亦多引爲夏書此云虞書或以爲孔子所定也陳氏曰虞書凡十六篇十一篇亡○夏氏曰二典禹謨俱謂之虞書者蓋三聖授受實守一道謂之唐書則可以該堯不可以該舜謂之夏書則可以該舜不可以該禹堯惟曰虞書則見舜上承於堯下授於禹
堯典

10050 書經大全十卷　（明）胡廣等輯　明嘉靖十一年（1532）書林劉氏明德堂刻本

匡高 17.3 釐米，廣 13.1 釐米。半葉十一行，行二十字，小字雙行同，白口，四周雙邊。南京圖書館藏。

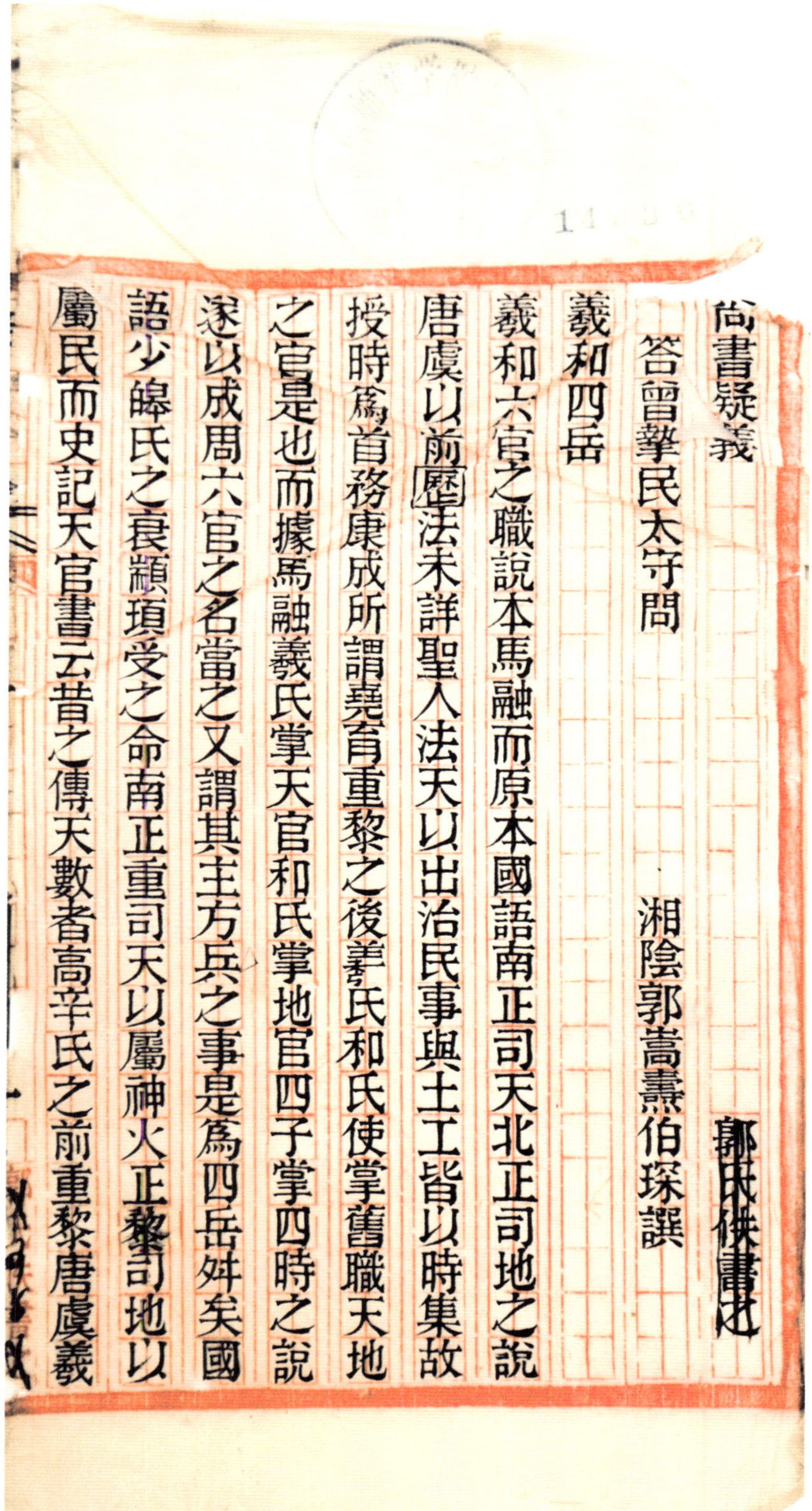
尚書疑義　　郭氏佚書
答曾摯民太守問　　湘陰郭嵩燾伯琛撰
羲和四岳
羲和六官之職說本馬融而原本國語南正司天北正司地之說
唐虞以前曆法未詳聖人法天以出治民事與土工皆以時集故
授時爲首務康成所謂堯育重黎之後羲氏和氏使掌舊職天地
之官是也而據馬融羲氏掌天官和氏掌地官四子掌四時之說
遂以成周六官之名當之又謂其主方兵之事是爲四岳舛矣國
語少皞氏之衰顓頊受之命南正重司天以屬神火正黎司地以
屬民而史記天官書云昔之傳天數者高辛氏之前重黎唐虞羲

10051 尚書疑義詩疑義鄉黨義訂三卷　（清）郭嵩燾撰　未刊樣稿本

匡高 19.3 釐米，廣 13 釐米。半葉十行，行二十五字，小字雙行同，白口，四周單邊。湖南師範大學圖書館藏。

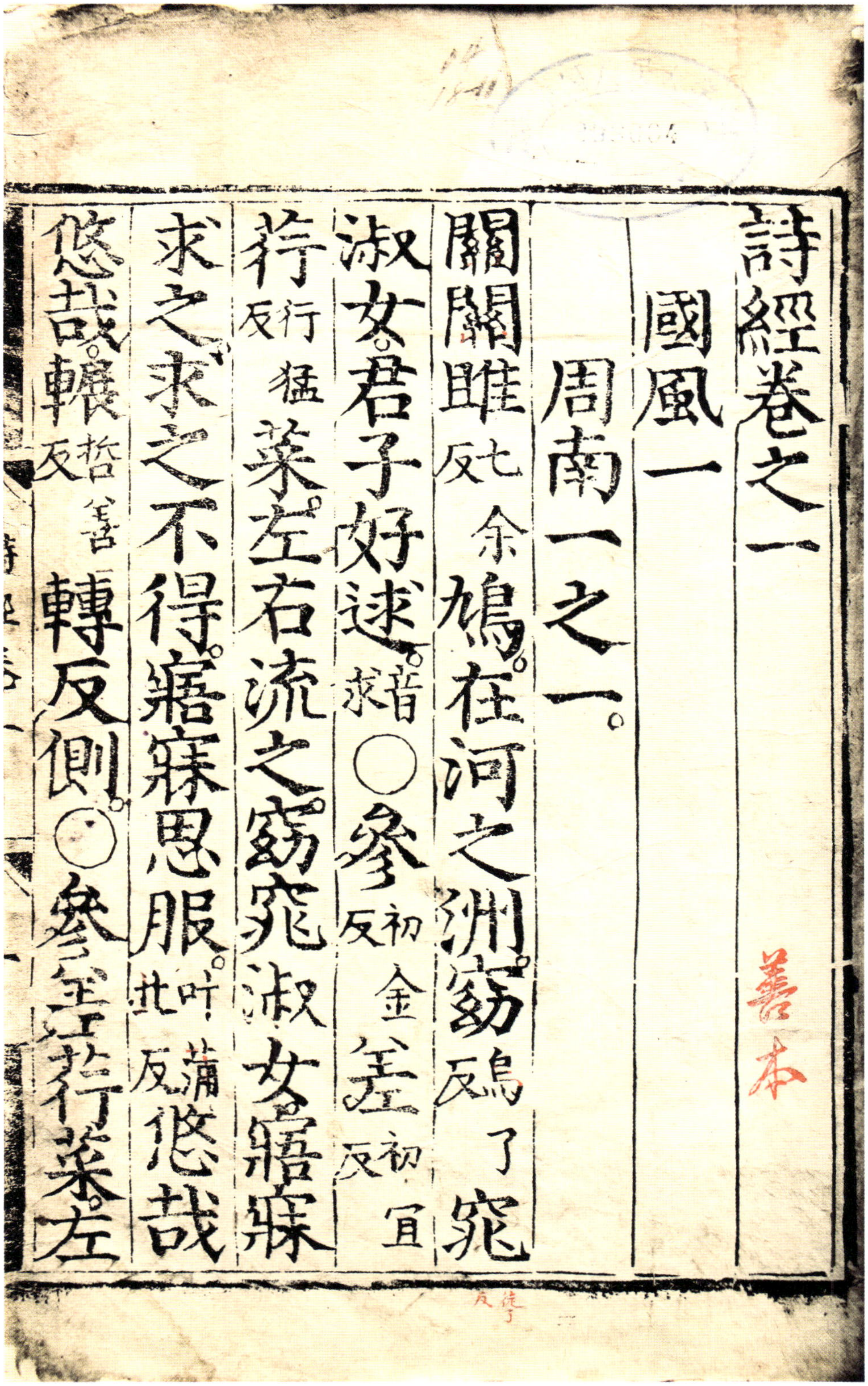

10052 詩經四卷 明前期刻本

匡高 20.4 釐米，廣 15.5 釐米。半葉八行，行十四字，小字雙行同，黑口，四周雙邊。中國人民大學圖書館藏。

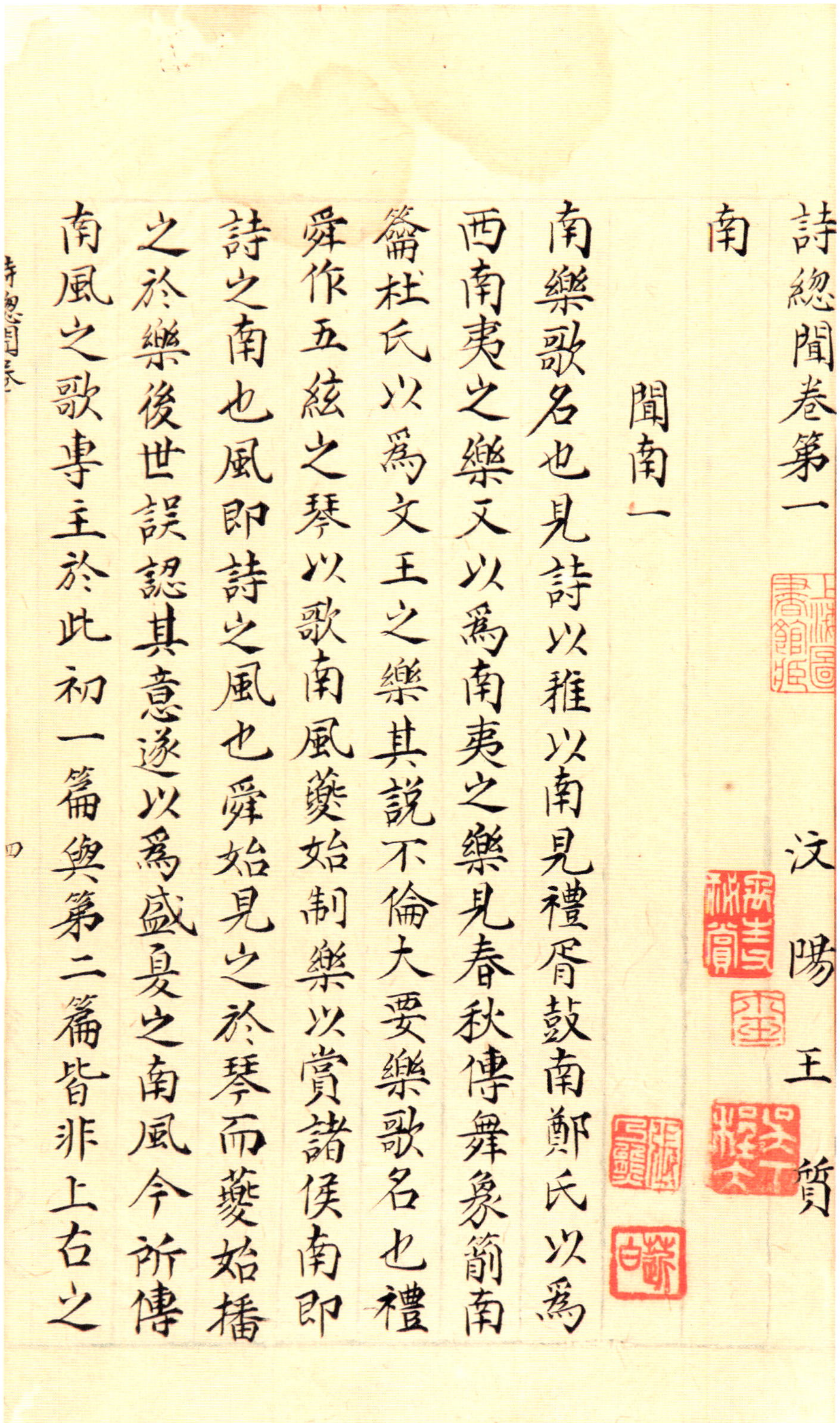

詩總聞卷第一　　汶陽王質

南

聞南一

南樂歌名也見詩以雅以南見禮胥鼓南鄭氏以爲西南夷之樂又以爲南夷之樂見春秋傳舞象箾南籥杜氏以爲文王之樂其説不倫大要樂歌名也禮舜作五絃之琴以歌南風夔始制樂以賞諸侯南即詩之南也風即詩之風也舜始見之於琴而夔始播之於樂後世誤認其意遂以爲盛㚖之南風今所傳南風之歌專主於此初一篇與第二篇皆非上古之

詩總聞卷一　四

10053 詩總聞二十卷　（宋）王質撰　明祁氏澹生堂抄本

匡高22釐米，廣15.5釐米。半葉十行，行二十字，白口，四周單邊。有“何焯之印”、“張乃熊”、“菦白”等印。上海圖書館藏。

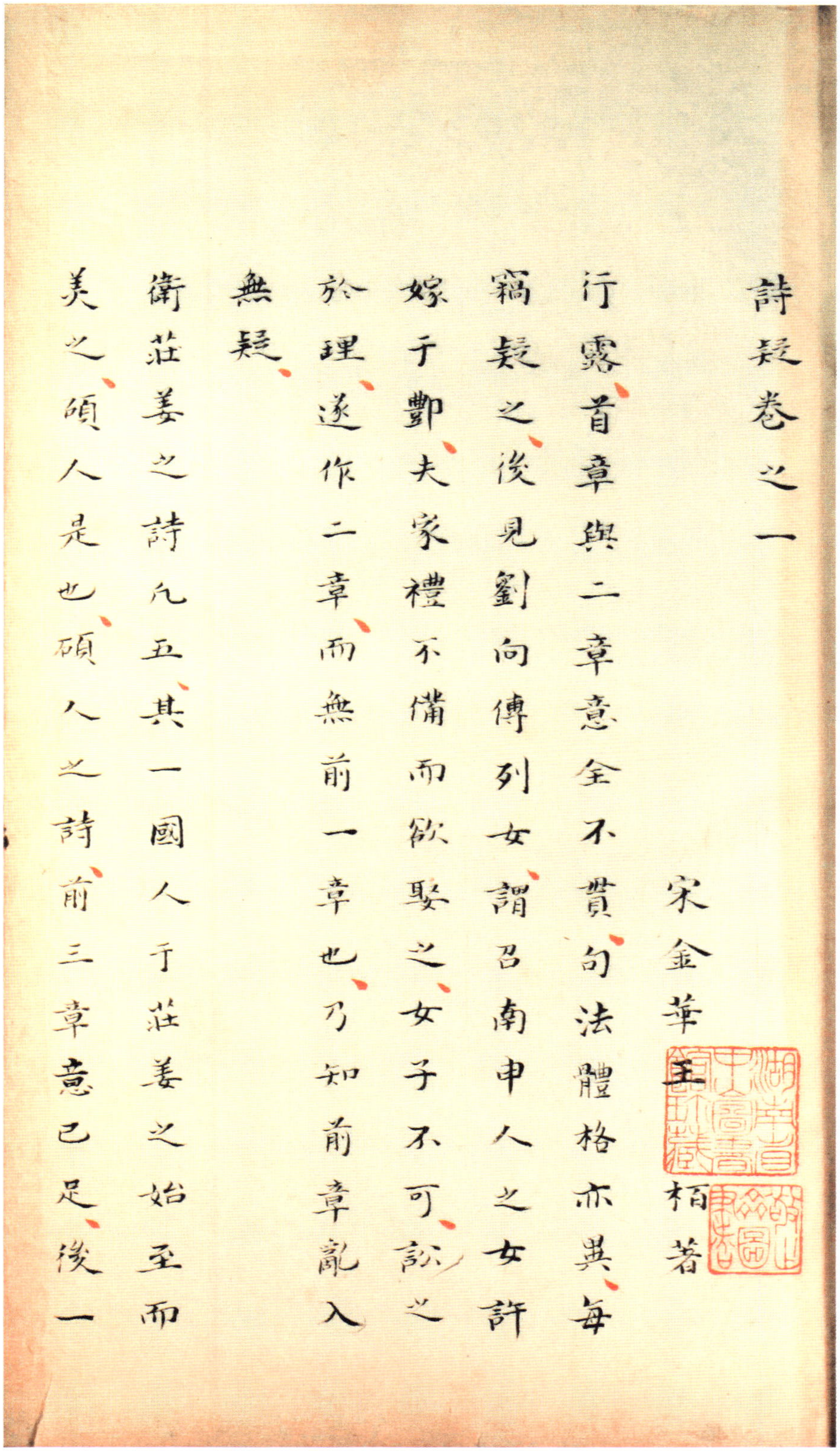
詩疑卷之一
宋金華王栢著
行露首章與二章意全不貫句法體格亦異每
竊疑之後見劉向傳列女謂召南申人之女許
嫁于酆夫家禮不備而欲娶之女子不可訟之
於理遂作二章而無前一章也乃知前章亂入
無疑
衛莊姜之詩凡五其一國人于莊姜之始至而
美之碩人是也碩人之詩前三章意已足後一

10054 詩疑二卷 （宋）王柏撰 清初抄本

半葉九行，行十八字。湖南圖書館藏。

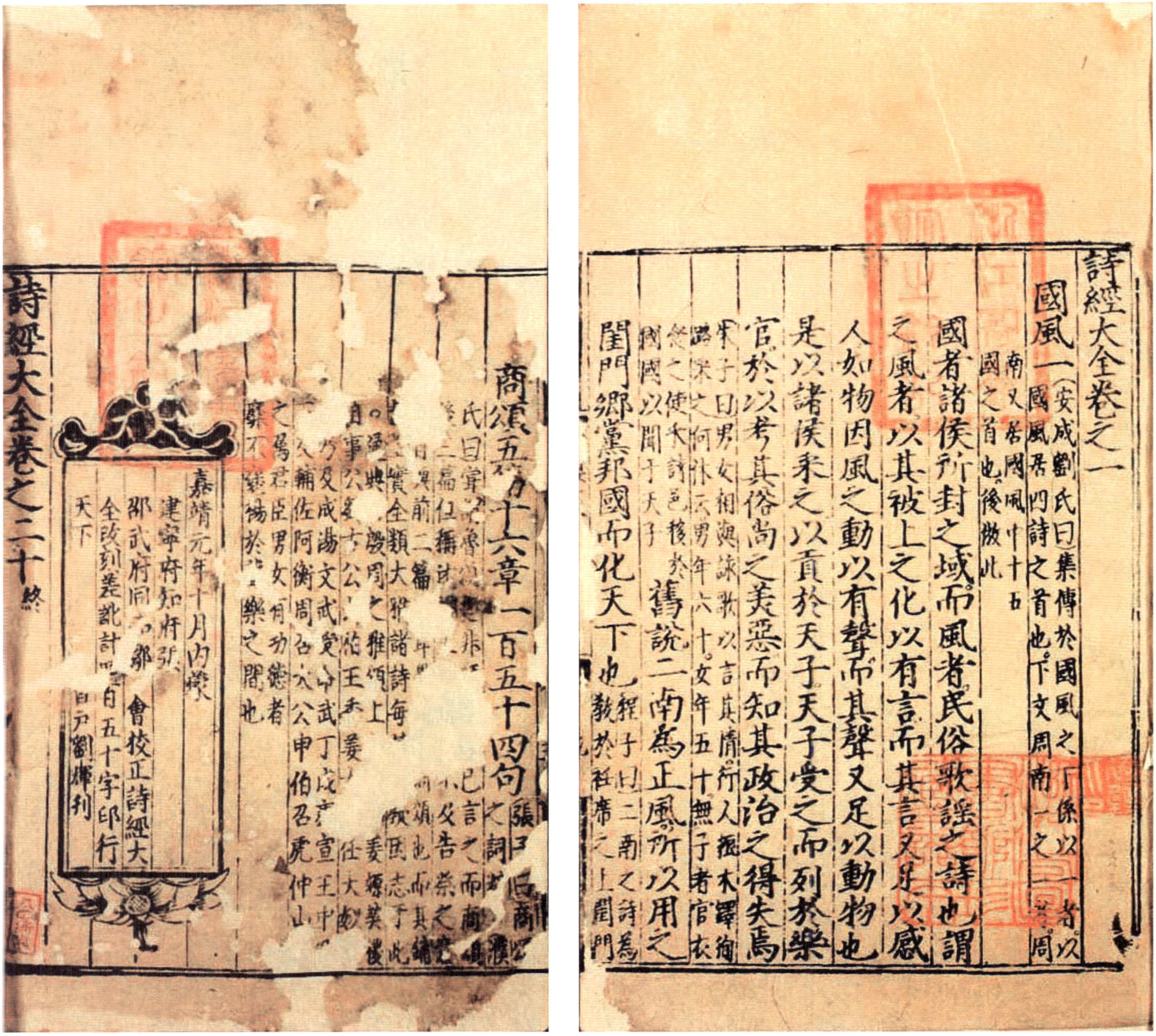
詩經大全卷之二十終

商頌五篇十六章一百五十四句

嘉靖元年十月內蒙
建寧府知府張
邵武府同知鄒　會校正詩經大
全改刻差訛計四百五十字印行
天下
書戶劉輝刊

詩經大全卷之一

國風一

國者諸侯所封之域而風者民俗歌謠之詩也謂之風者以其被上之化以有言而其言又足以感人如物因風之動以有聲而其聲又足以動物也是以諸侯采之以貢於天子天子受之而列於樂官於以考其俗尚之美惡而知其政治之得失焉舊說二南為正風所以用之閨門鄉黨邦國而化天下也

10055 詩經大全二十卷綱領一卷圖一卷（明）胡廣等輯 **詩序辨說一卷**（宋）朱熹撰 明嘉靖元年（1522）建寧書戶劉輝刻本

匡高 17.7 釐米，廣 12.8 釐米。半葉十一行，行二十一字，小字雙行同，黑口，四周雙邊。浙江圖書館藏。

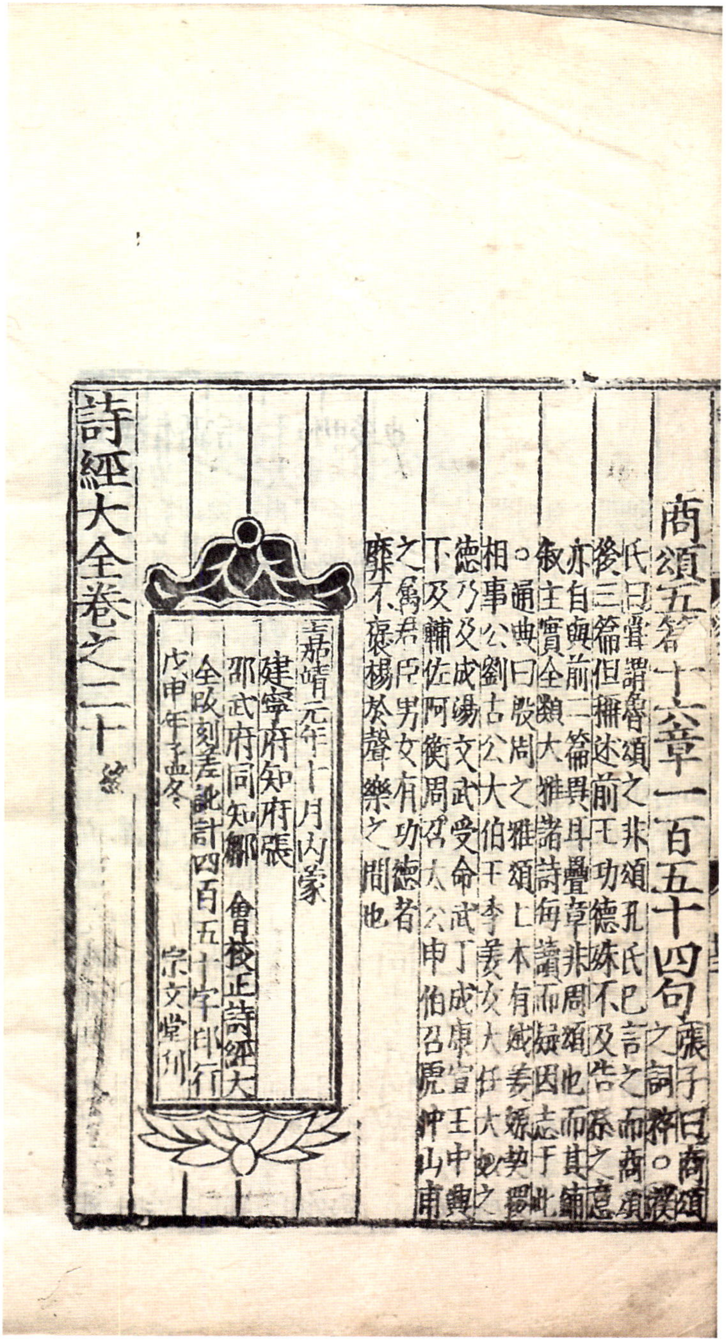

商頌五篇十六章一百五十四句

詩經大全卷之二十

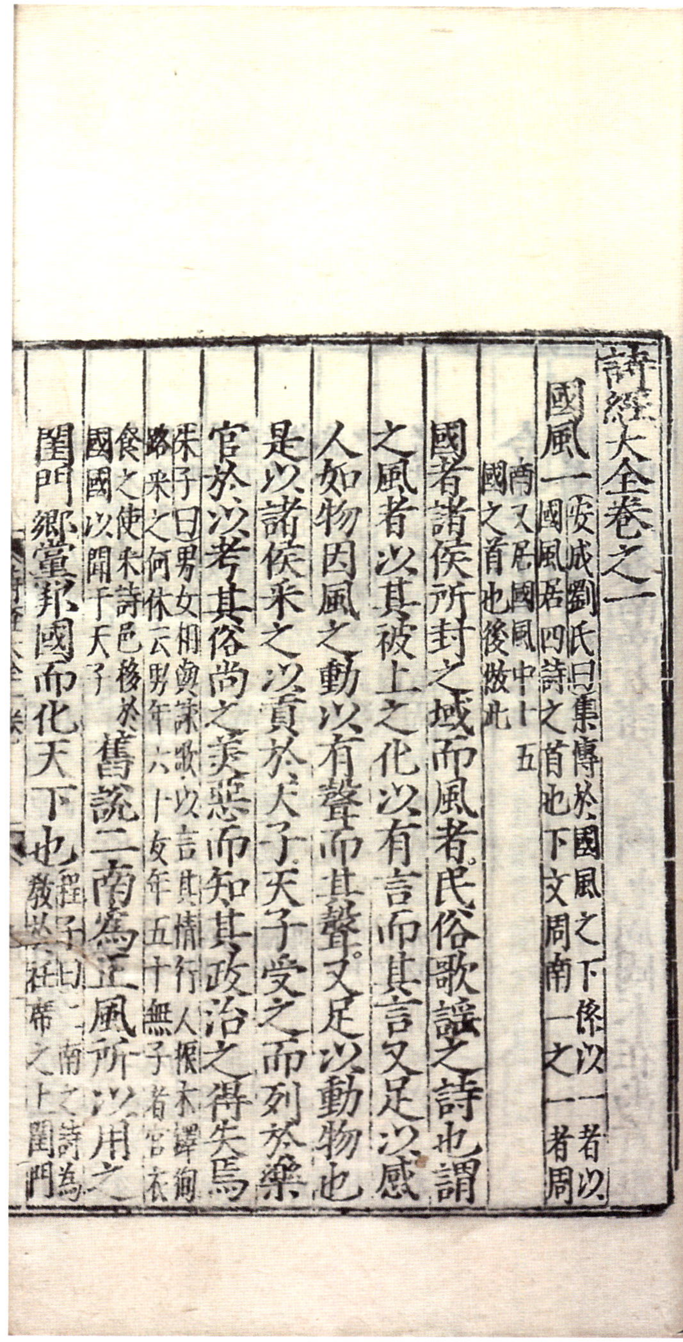

詩經大全卷之一

國風一

國者諸侯所封之域而風者民俗歌謡之詩也謂之風者以其被上之化以有言而其言又足以感人如物因風之動以有聲而其聲又足以動物也是以諸侯采之以貢於天子天子受之而列於樂官於以考其俗尚之美惡而知其政治之得失焉舊説二南爲正風所以用之閨門鄉黨邦國而化天下也

10056 詩經大全二十卷綱領一卷圖一卷 （明）胡廣等輯 **詩序辨説一卷** （宋）朱熹撰 明嘉靖二十七年（1548）宗文堂刻本

匡高 18.2 釐米，廣 12.9 釐米。半葉十一行，行二十一字，小字雙行同，白口間黑口，四周雙邊。南京圖書館藏。

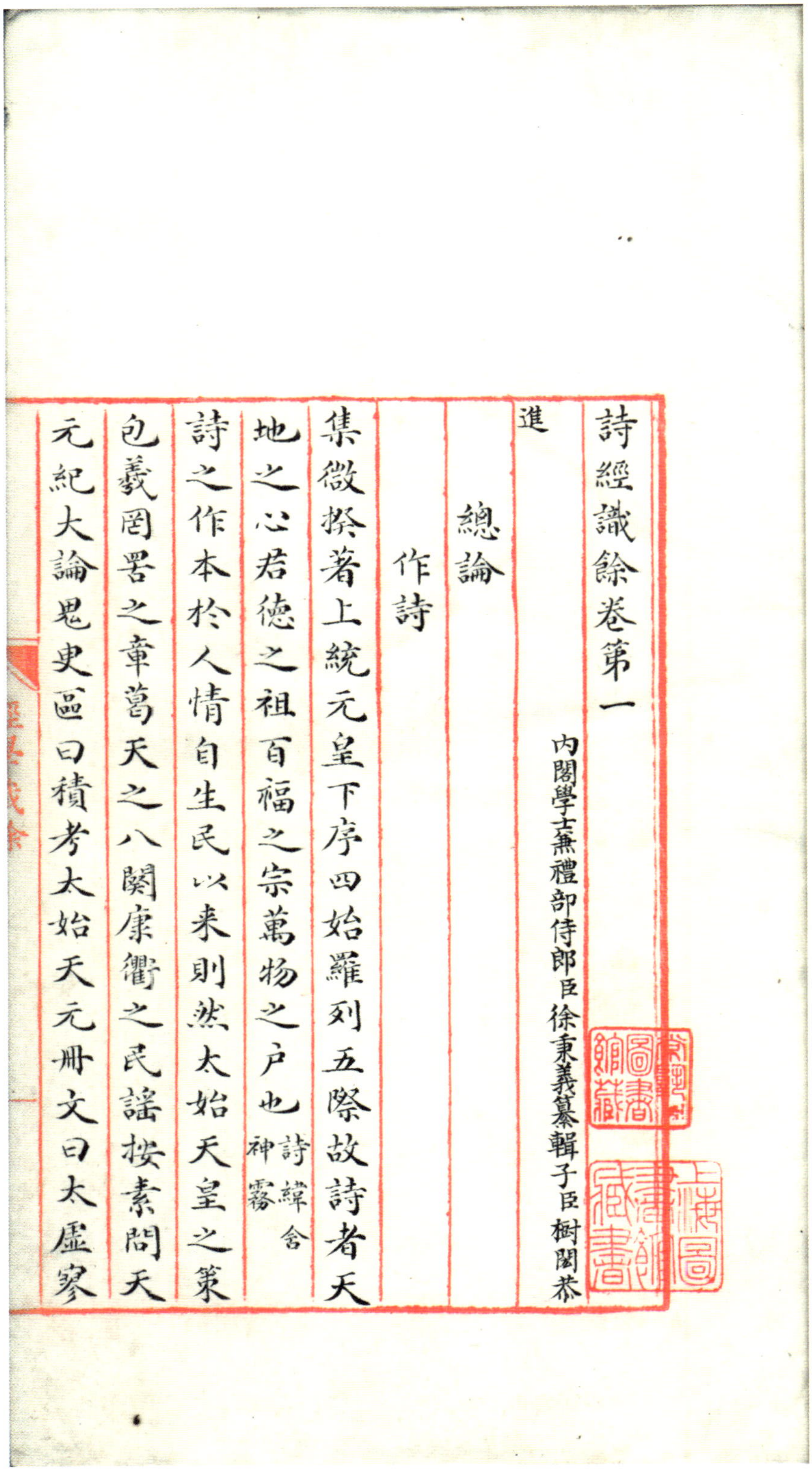

詩經識餘卷第一

內閣學士兼禮部侍郎臣徐秉義纂輯子臣樹閎恭

進

總論

作詩

集徵掞著上統元皇下序四始羅列五際故詩者天地之心君德之祖百福之宗萬物之戶也詩緯含神霧

詩之作本於人情自生民以來則然太始天皇之策包羲罔罟之章葛天之八闋康衢之民謠按素問天元紀大論鬼臾區曰積考太始天元冊文曰太虛寥

10057 詩經識餘□卷 （清）徐秉義撰 清徐樹閎抄本

匡高 18.1 釐米，廣 12.7 釐米。半葉九行，行二十字，小字雙行同，紅格，白口，左右雙邊。江蘇省常熟市圖書館藏，存四卷。

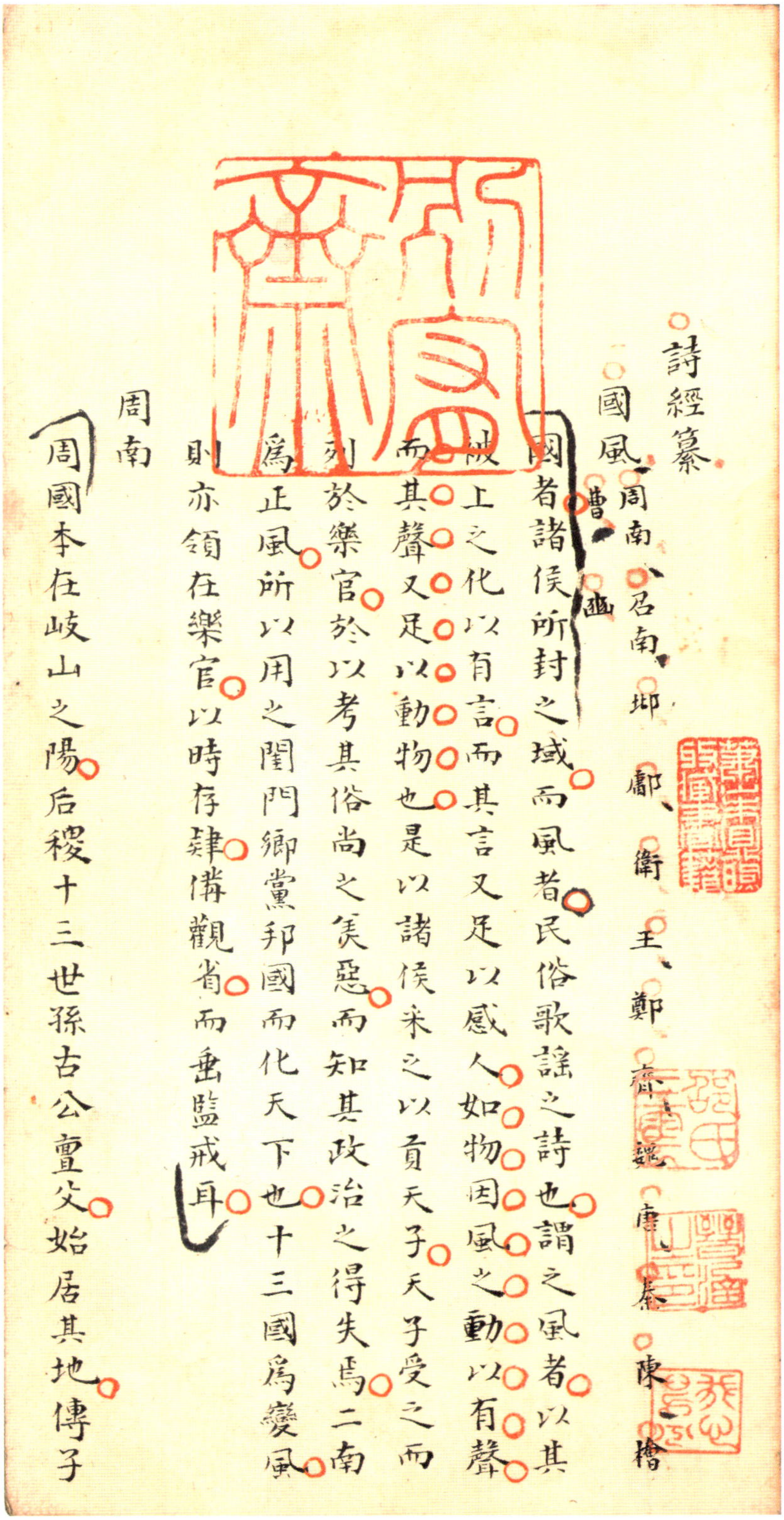

10058 詩經纂一卷 （清）邵晉涵撰 稿本

半葉十行，行二十五字。有“邵氏二雲”、“晉涵之印”、“蕭山朱鼎照收藏書籍”等印。寧波市天一閣博物館藏。

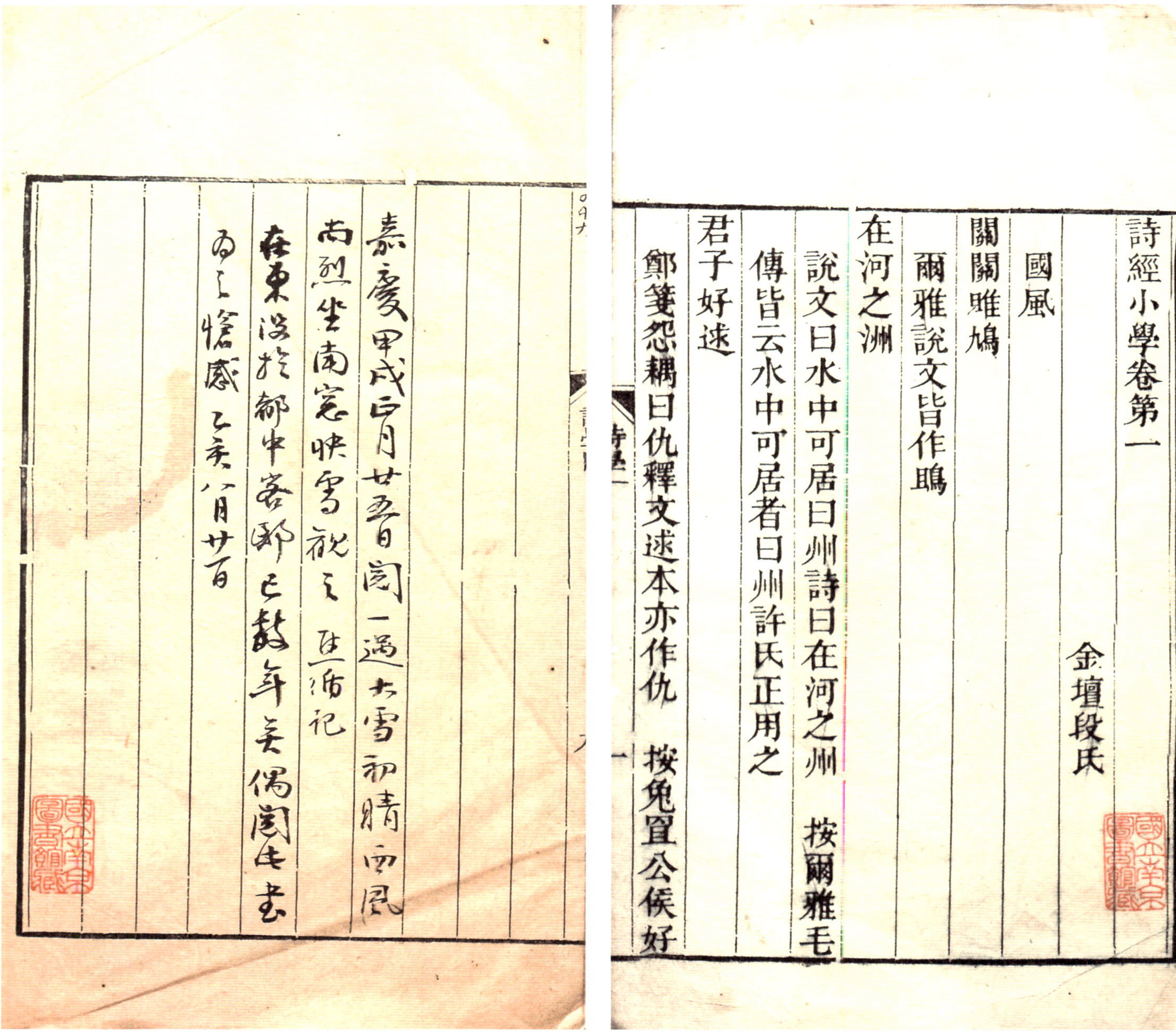

詩經小學卷第一　金壇段氏

國風

關關雎鳩

爾雅說文皆作鴡

在河之洲

說文曰水中可居曰州詩曰在河之州　按爾雅毛傳皆云水中可居者曰州許氏正用之

君子好逑

鄭箋怨耦曰仇釋文逑本亦作仇　按兔罝公侯好

嘉慶甲戌正月廿五日閱一過大雪初晴西風尚烈坐南窗映雪讀之　里堂循記

在東没於鄉中客鄉已數年矣偶閱此書為之愴感　乙亥八月廿日

10059 詩經小學四卷　（清）段玉裁撰　清嘉慶二年（1797）武進臧氏同述觀刻拜經堂叢書本

匡高 18.2 釐米，廣 13.3 釐米。半葉十行，行二十一字，小字雙行同，白口，左右雙邊。焦循校並跋。南京圖書館藏。

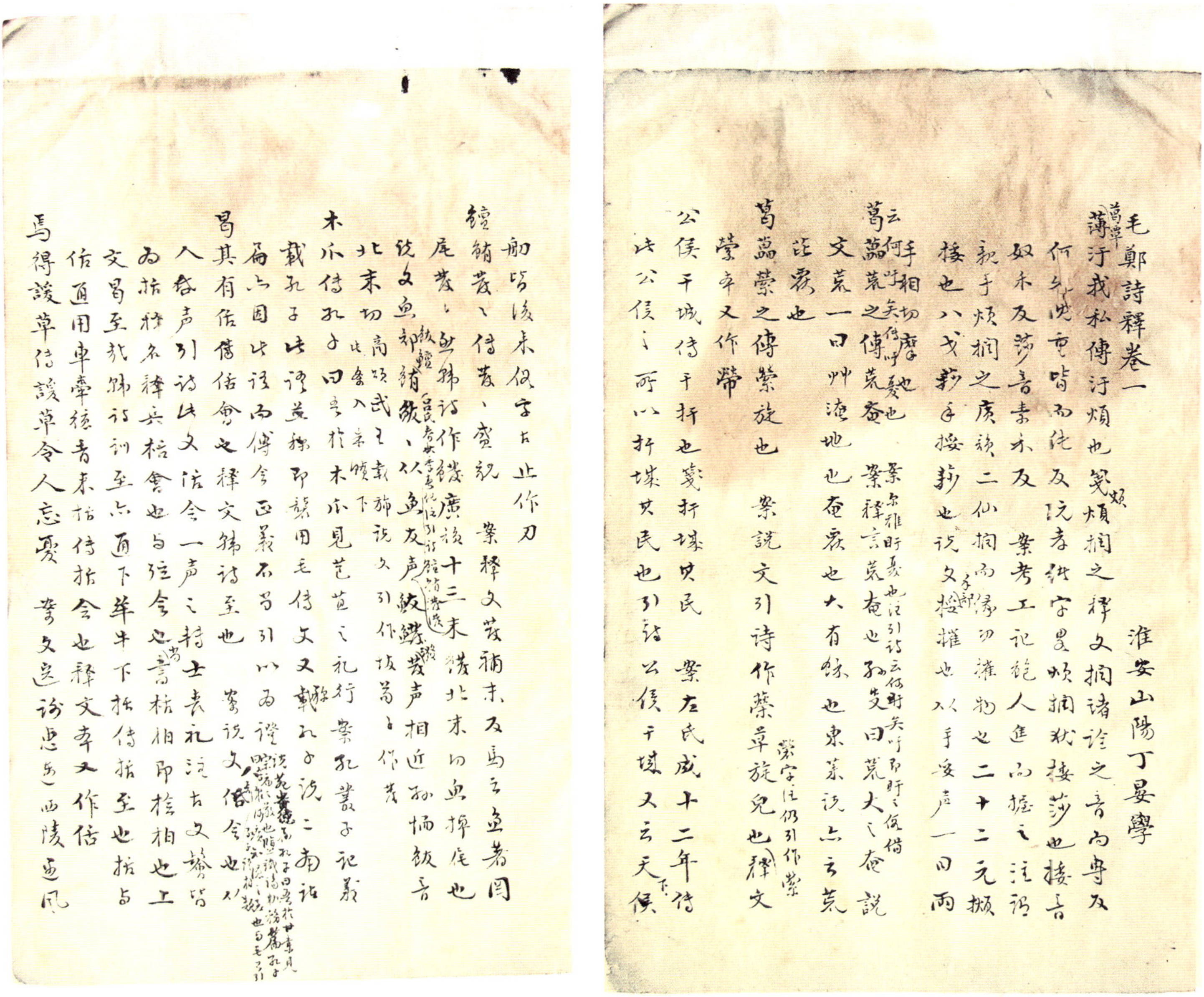

10060 毛鄭詩釋一卷續録一卷 （清）丁晏撰 稿本

半葉十四行。西北大學圖書館藏。

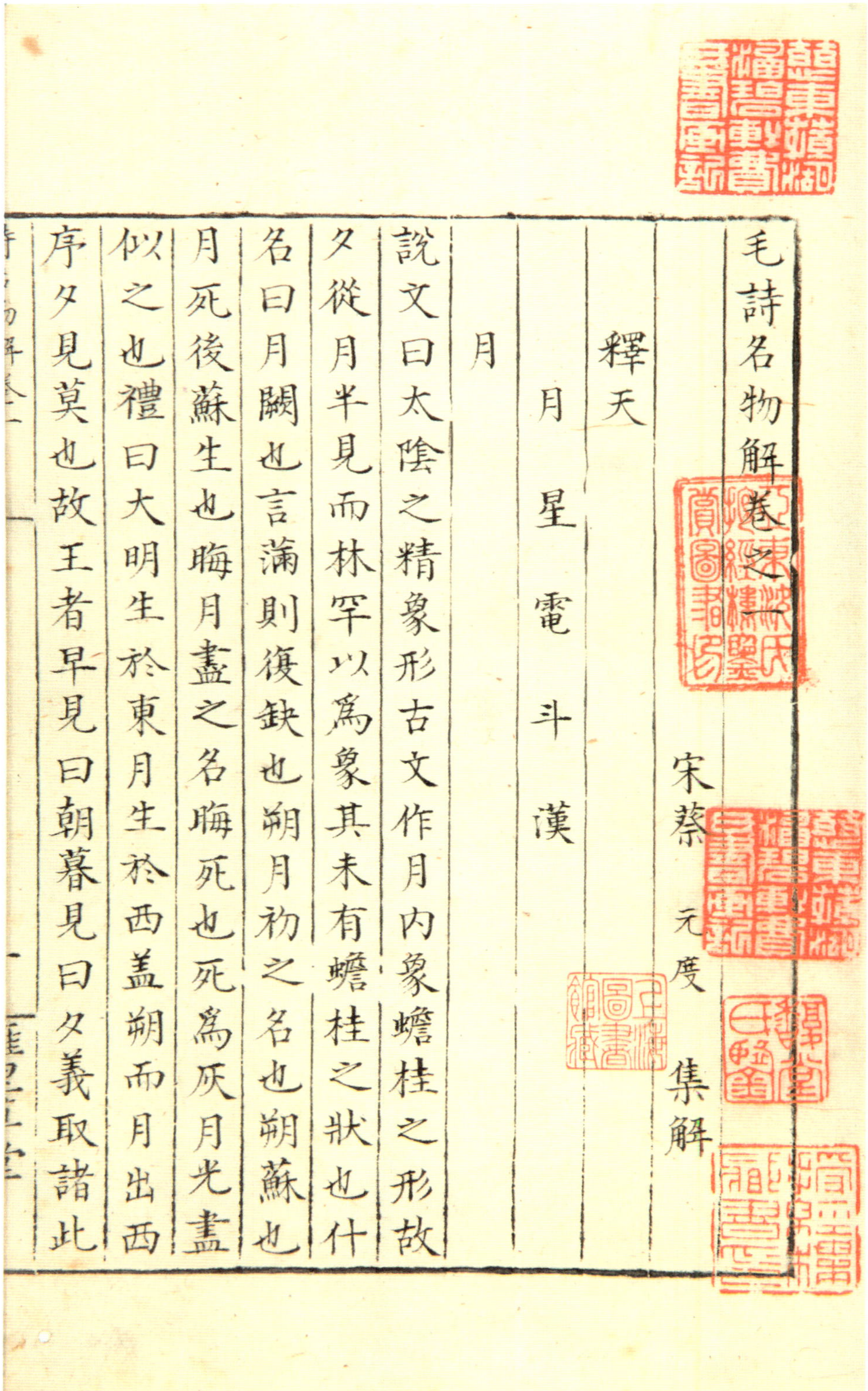
毛詩名物解卷之一
宋蔡　元度　集解
釋天
月　星　電　斗　漢
月
說文曰太陰之精象形古文作月內象蟾桂之形故
夕從月半見而林罕以爲象其未有蟾桂之狀也什
名曰月闕也言滿則復缺也朔月初之名也朔蘇也
月死後蘇生也晦月盡之名晦死也死爲灰月光盡
似之也禮曰大明生於東月生於西蓋朔而月出西
序夕見莫也故王者早見曰朝暮見曰夕義取諸此

10061 毛詩名物解二十卷　（宋）蔡卞撰　明秦氏雁里草堂抄本

半葉十一行，行二十字，白口，四周單邊。有“亞東沈氏抱經樓鑒賞圖書印”、“授經樓藏書印”、“慈東蔡湖涵碧軒費氏書畫記”等印。上海圖書館藏。

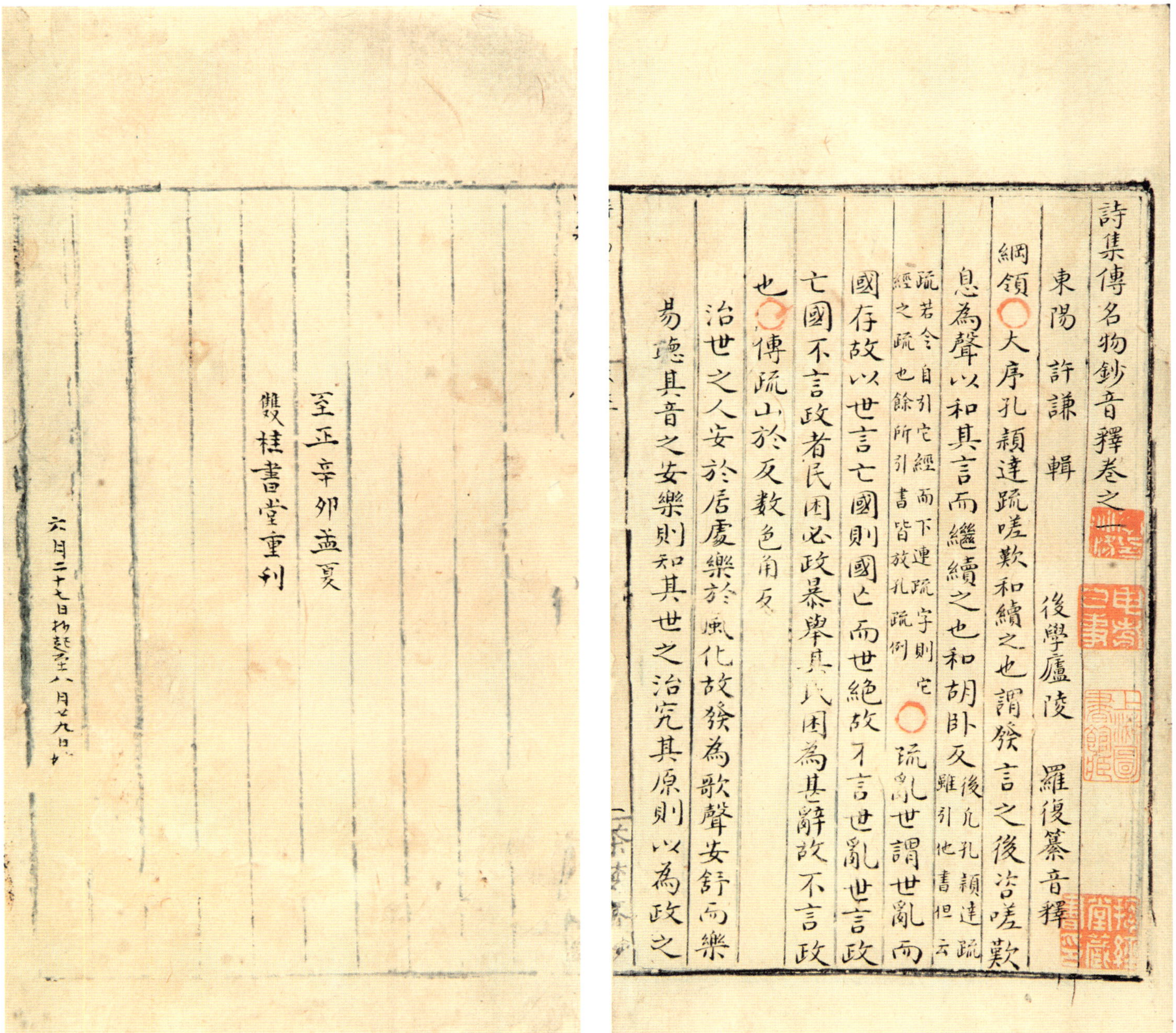

10062 詩集傳名物鈔音釋八卷 （元）羅復撰 明姚氏茶夢齋抄本

半葉十行，行二十四字，藍格，白口，四周單邊。有“抱經堂藏書印”等印。上海圖書館藏，存七卷。

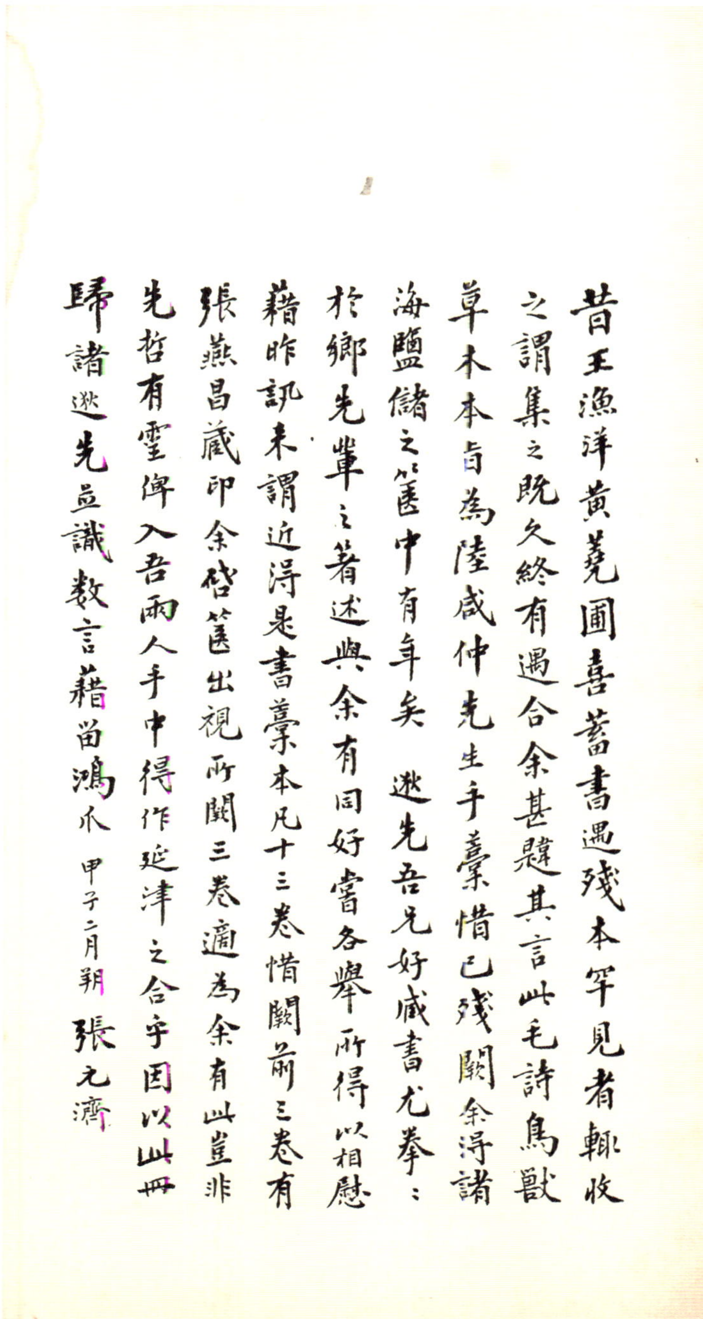
昔王漁洋黄蕘圃喜蓄書遇殘本罕見者輒收之謂集之既久終有遇合余甚韙其言此毛詩鳥獸草木本旨爲陸咸仲先生手稾惜已殘闕余得諸海鹽儲之篋中有年矣 遂先吾兄好藏書尤拳拳於鄉先輩之著述與余有同好嘗各舉所得以相慰藉昨訊來謂近得是書稾本凡十三卷惜闕前三卷有張燕昌藏印余啓篋出視所闕三卷適爲余有此豈非先哲有靈俾入吾兩人手中得作延津之合乎因以此冊歸諸遂先並識數言藉留鴻爪 甲子二月朔 張元濟

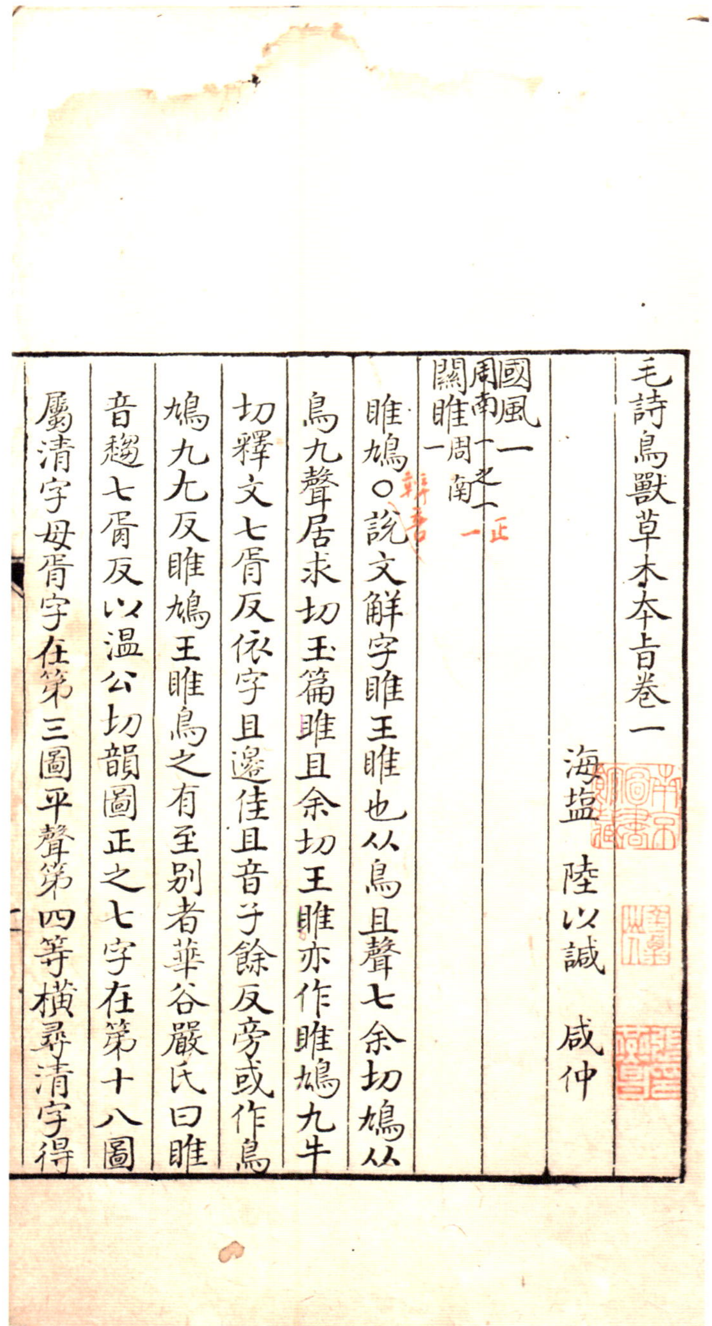
毛詩鳥獸草木本旨卷一
海鹽 陸以誠 咸仲
國風一
周南一之一
關雎 周南一
雎鳩○說文鮮字雎王雎也从鳥且聲七余切鳩从鳥九聲居求切玉篇雎且余切王雎亦作雎鳩九牛切釋文七胥反依字且邊佳且音子餘反旁或作鳥鳩九尤反雎鳩王雎鳥之有至别者華谷嚴氏曰雎音趨七胥反以溫公切韻圖正之七字在第十八圖屬清字母胥字在第三圖平聲第四等橫尋清字得

10063 毛詩鳥獸草木本旨十三卷 （清）陸以誠撰 稿本

匡高 17.8 釐米，廣 14.2 釐米。半葉十行，行二十一字，小字雙行同，白口，四周單邊。有“張印燕昌”等印。張元濟跋。南京圖書館藏，存十一卷。

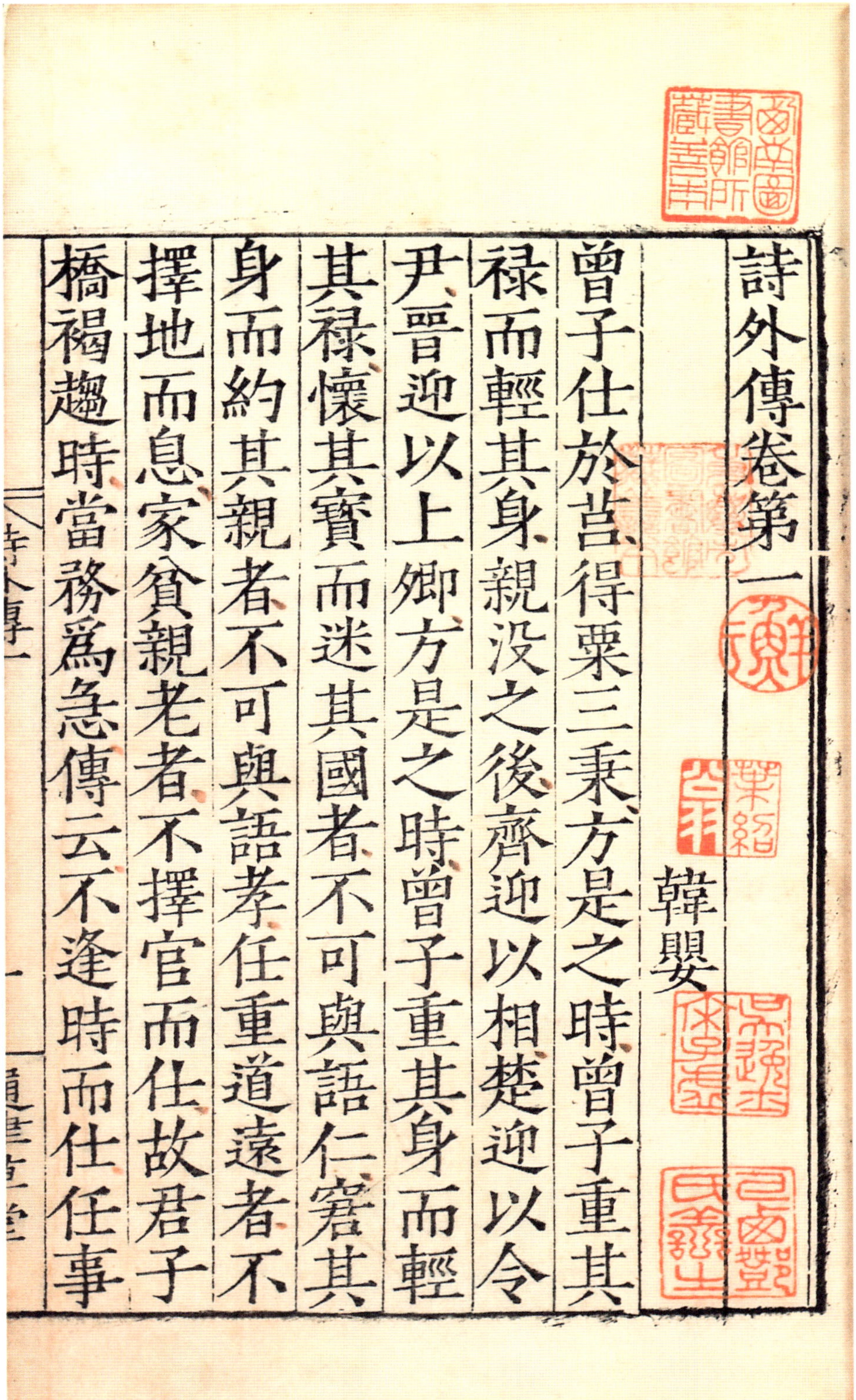

詩外傳卷第一

韓嬰

曾子仕於莒得粟三秉方是之時曾子重其祿而輕其身親没之後齊迎以相楚迎以令尹晋迎以上卿方是之時曾子重其身而輕其祿懷其寶而迷其國者不可與語仁窘其身而約其親者不可與語孝任重道遠者不擇地而息家貧親老者不擇官而仕故君子橋褐趨時當務爲急傳云不逢時而仕任事

10064 詩外傳十卷　（漢）韓嬰撰　明嘉靖十四年（1535）蘇獻可通津草堂刻本

匡高 20.3 釐米，廣 14.9 釐米。半葉九行，行十七字，白口，左右雙邊。重慶圖書館藏。

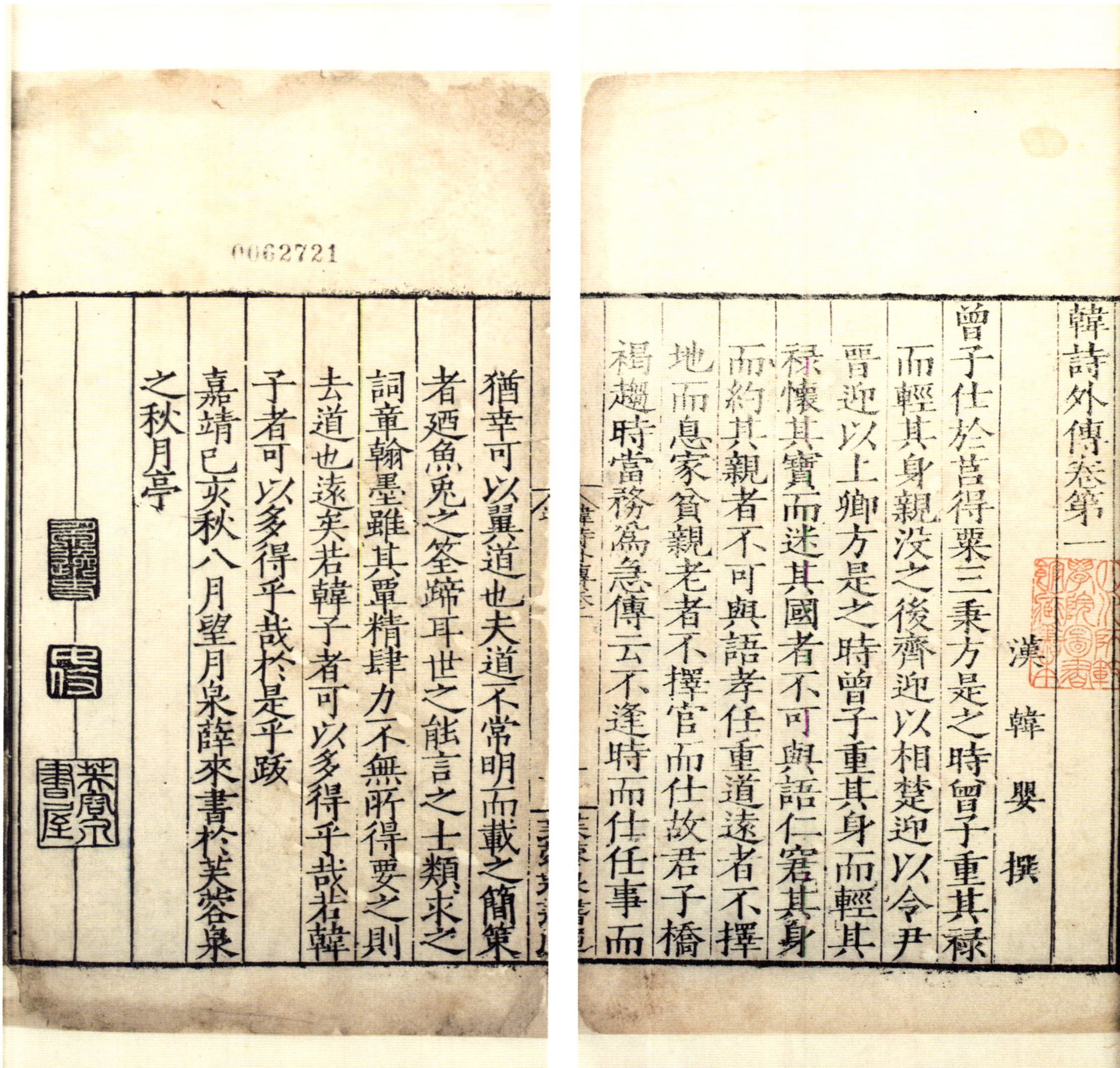

10065 韓詩外傳十卷 （漢）韓嬰撰 明嘉靖十八年（1539）薛來芙蓉泉書屋刻本

匡高 17.3 釐米，廣 14.1 釐米。半葉九行，行十八字，白口，左右雙邊。四川師範大學圖書館藏。

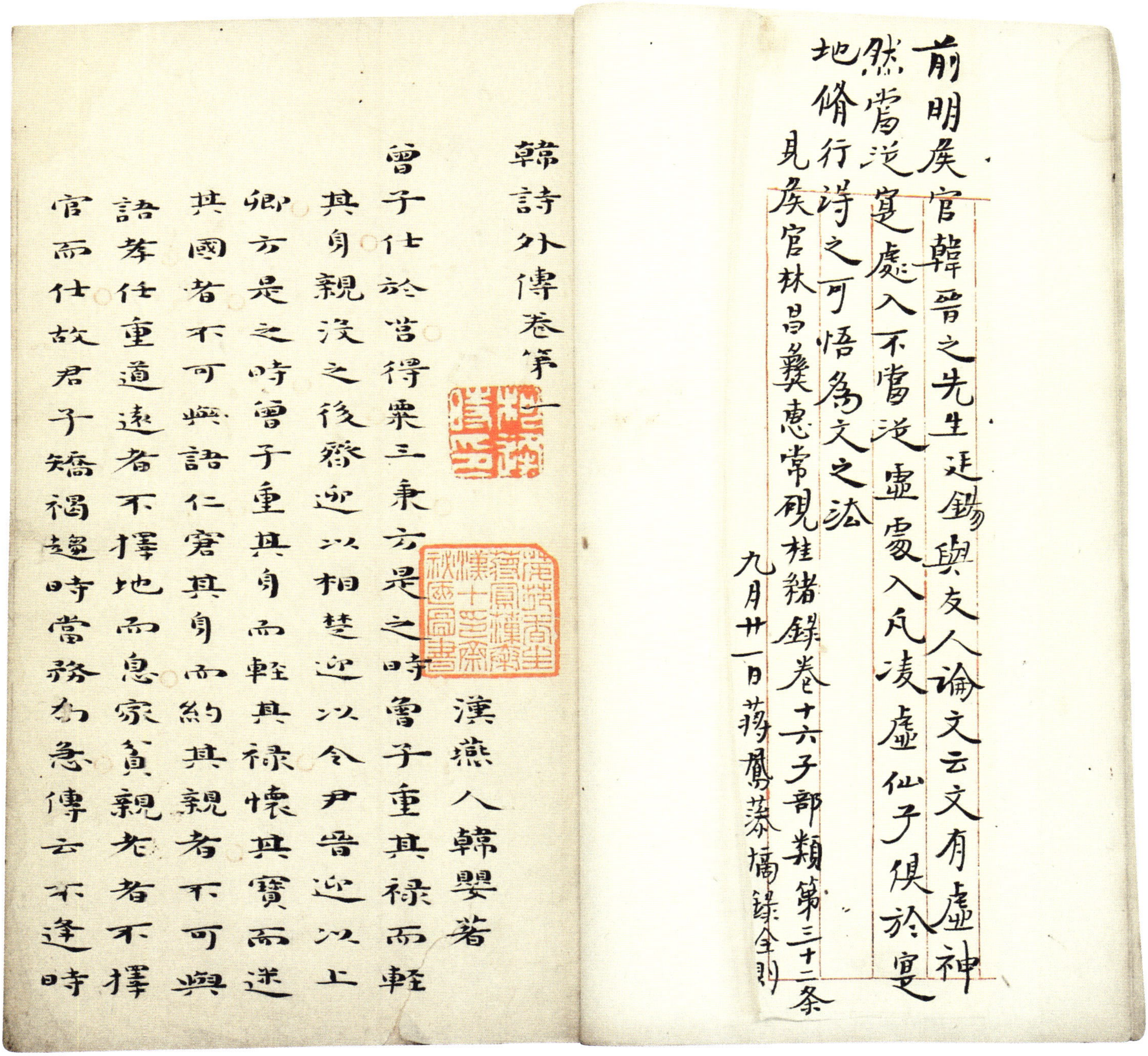

10066 韓詩外傳節鈔二卷 （漢）韓嬰撰 （明）韓錫輯 **薛子一卷** （明）薛瑄撰 **歌譜一卷** 明天啓五年（1625）韓錫抄本

半葉八行，行二十字。有“茂苑香生蔣鳳藻秦漢十印齋祕匧圖書”、“柯逢時印”等印。蔣鳳藻跋。湖北省博物館藏。

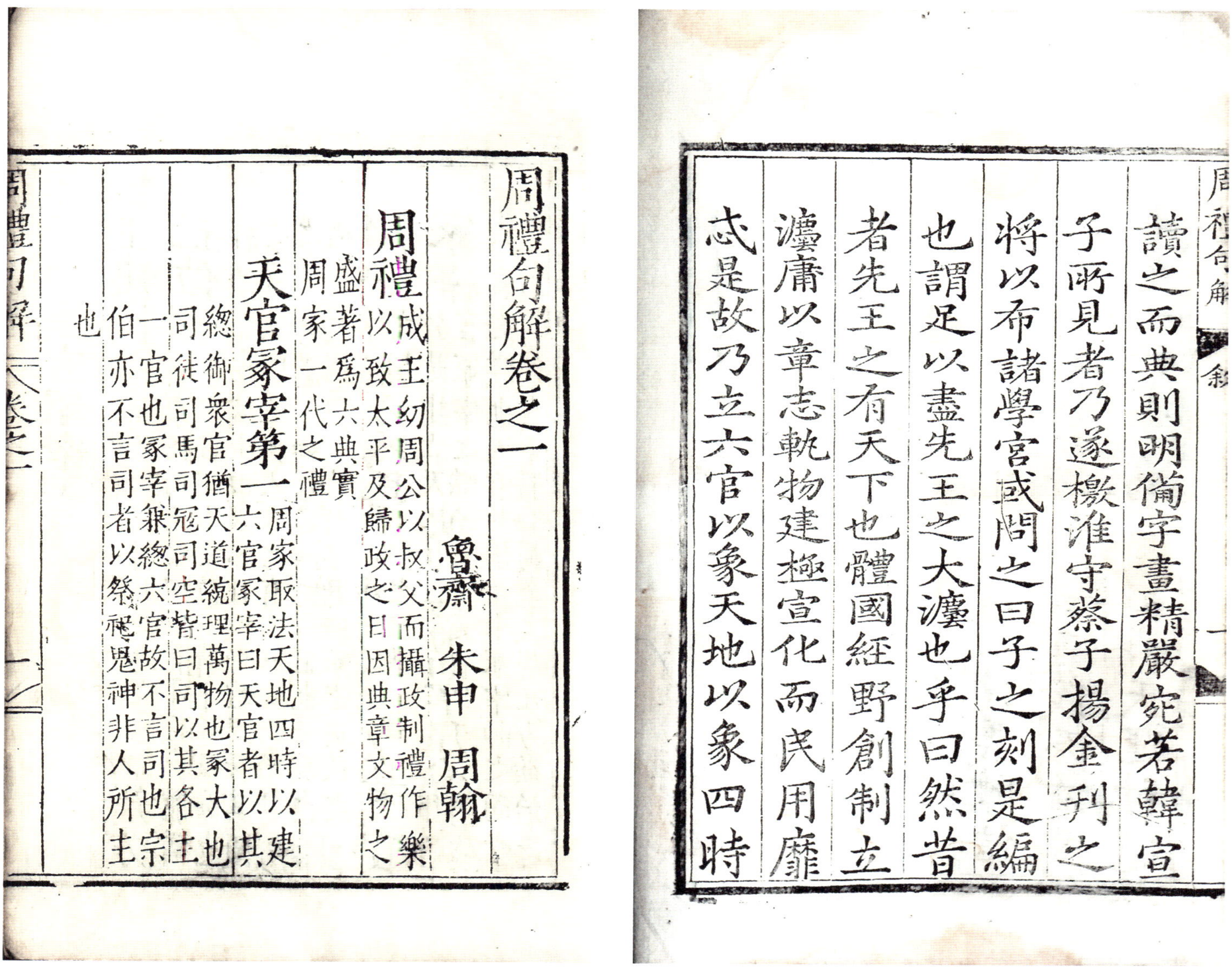
讀之而典則明備字畫精嚴宛若韓宣
子所見者乃遂檄淮守蔡子揚金刊之
將以布諸學宮或問之曰子之刻是編
也謂足以盡先王之大灋也乎曰然昔
者先王之有天下也體國經野創制立
灋庸以章志軌物建極宣化而民用靡
忒是故乃立六官以象天地以象四時

周禮句解卷之一
魯齋 朱申 周翰
周禮成王幼周公以叔父而攝政制禮作樂以致太平及歸政之日因典章文物之盛著爲六典實周家一代之禮
天官冢宰第一周家取法天地四時以建六官冢宰曰天官者以其總御衆官猶天道統理萬物也冢大也司徒司馬司寇司空皆曰司以其各主一官也冢宰兼總六官故不言司也宗伯亦不言司者以祭祀鬼神非人所主也

10067 周禮句解十二卷 （宋）朱申撰 明嘉靖三十五年（1556）蔡揚金刻本

匡高 21.8 釐米，廣 14.5 釐米。半葉八行，行十八字，小字雙行同，白口，四周雙邊。丁丙跋。南京圖書館藏。

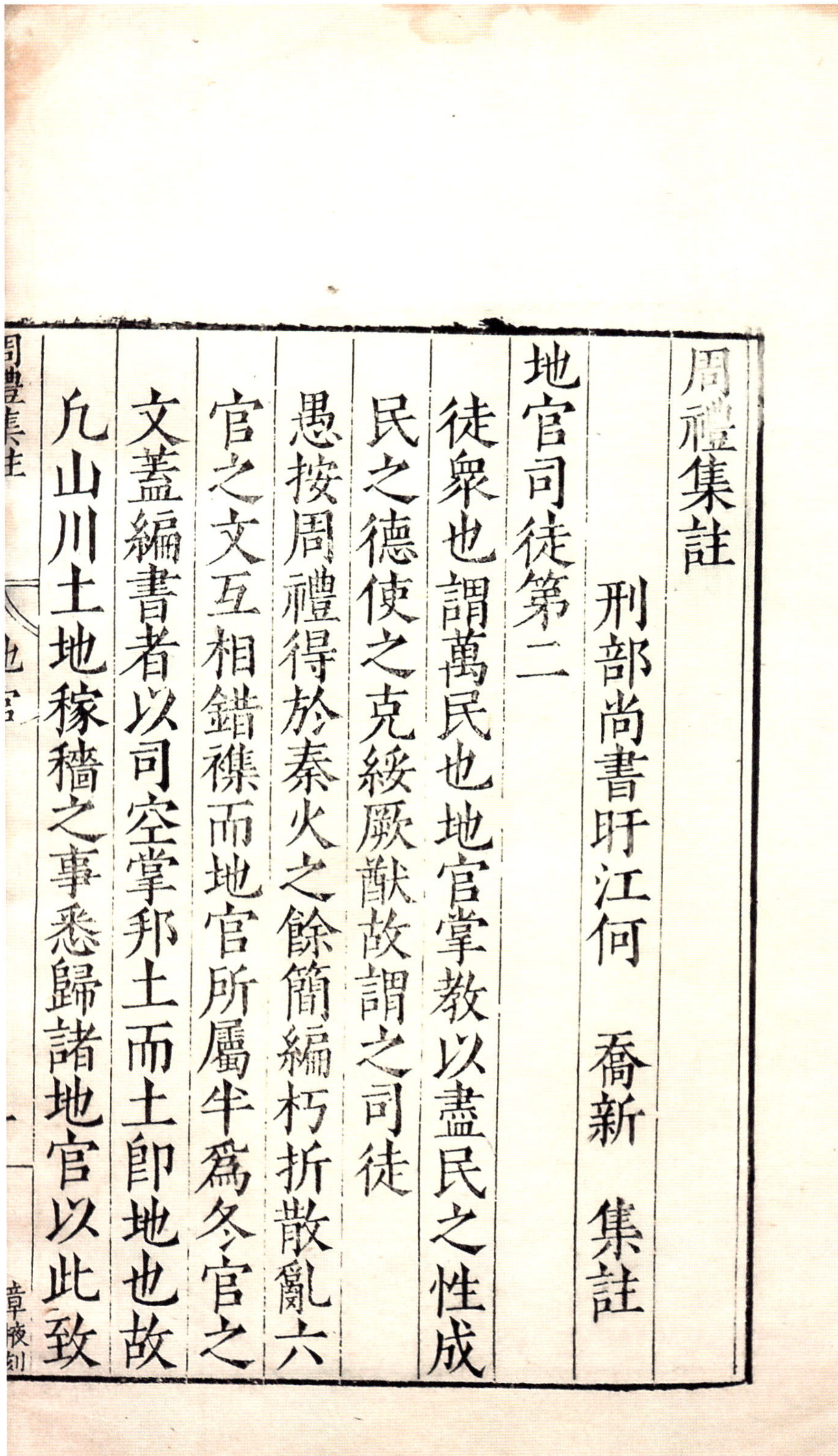
周禮集註
刑部尚書盱江何　喬新　集註
地官司徒第二
徒衆也謂萬民也地官掌教以盡民之性成
民之德使之克綏厥猷故謂之司徒
愚按周禮得於秦火之餘簡編朽折散亂六
官之文互相錯襍而地官所屬半爲冬官之
文蓋編書者以司空掌邦土而土即地也故
凡山川土地稼穡之事悉歸諸地官以此致
周禮集註　地官

10068 周禮集註七卷　（明）何喬新撰　明嘉靖七年（1528）褚選刻本

匡高 20.7 釐米，廣 14.5 釐米。半葉九行，行十八字，小字雙行同，白口，左右雙邊。南京圖書館藏。

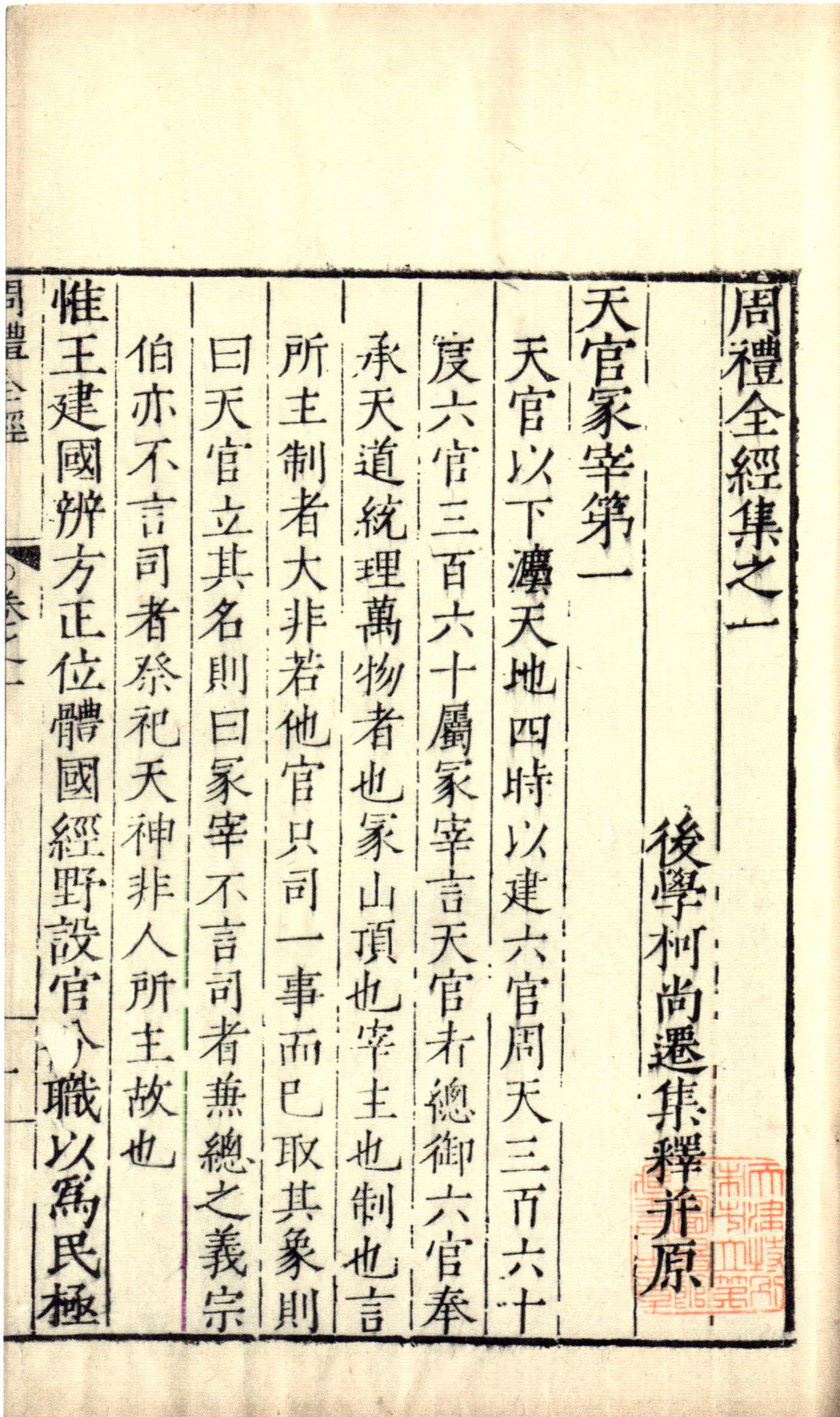
周禮全經集之一
後學柯尚遷集釋并原
天官冢宰第一
天官以下灋天地四時以建六官周天三百六十度六官三百六十屬冢宰言天官者總御六官奉承天道統理萬物者也冢山頂也宰主也制也言所主制者大非若他官只司一事而已取其象則曰天官立其名則曰冢宰不言司者兼總之義宗伯亦不言司者祭祀天神非人所主故也
惟王建國辨方正位體國經野設官分職以爲民極
周禮全經　卷之一　一

10069、10070 周禮全經釋原十二卷周禮通論一卷周禮傳敘論一卷

（明）柯尚遷撰 明隆慶四年（1570）張大忠刻本

匡高 19.1 釐米，廣 14.1 釐米。半葉十行，行二十字，小字雙行同，白口，四周單邊。天津圖書館藏；南京圖書館藏，有“嘉惠堂藏閱書”等印，丁丙跋。

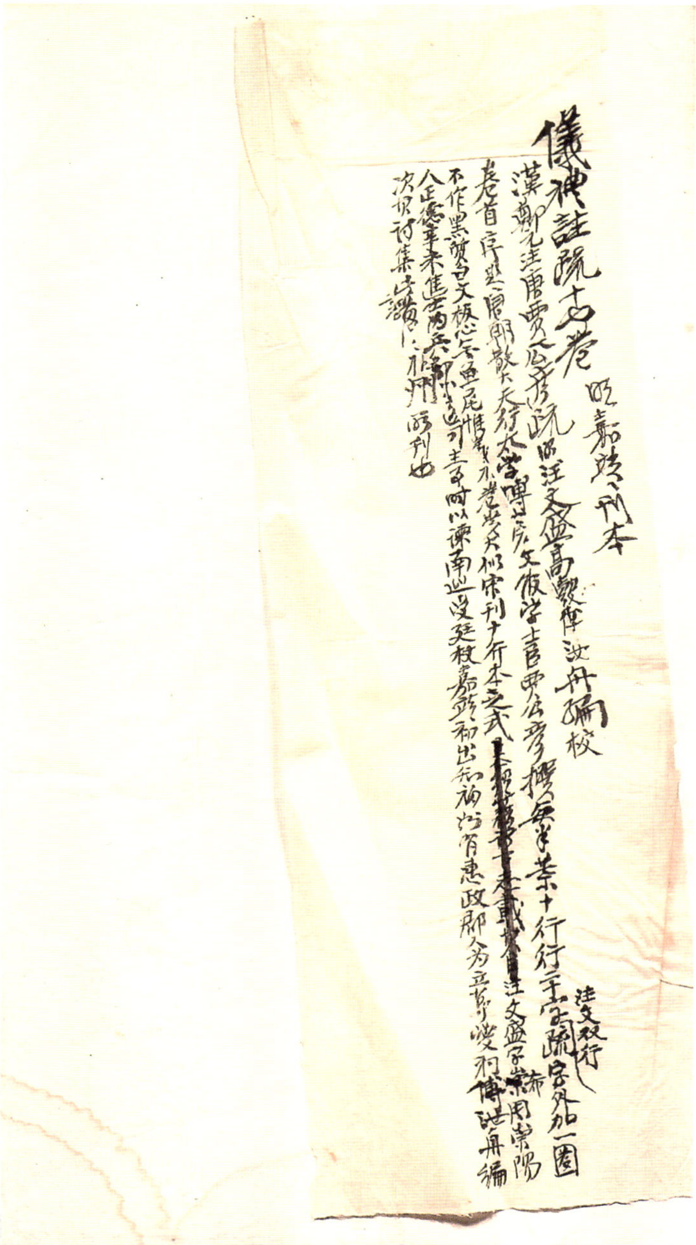

儀禮註疏十七卷 明嘉靖刊本

漢鄭玄注唐賈公彥疏明汪文盛高瀫傅汝舟編校

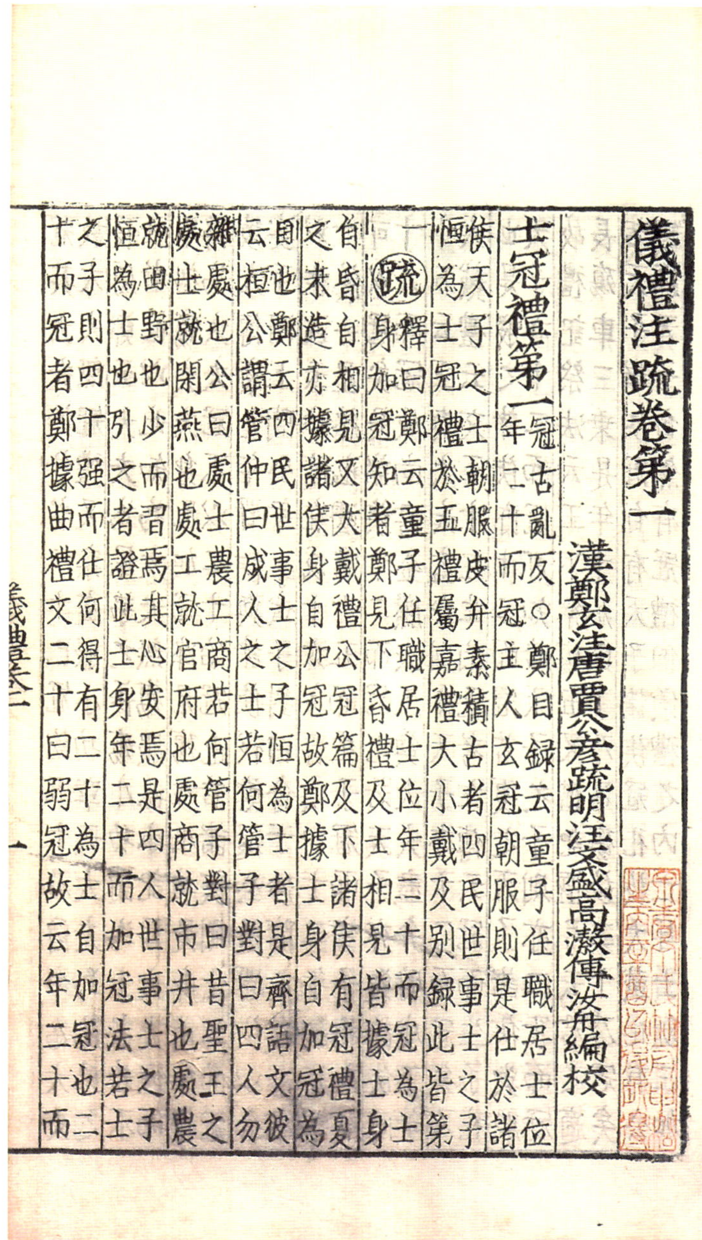

儀禮注疏卷第一

漢鄭玄注唐賈公彥疏明汪文盛高瀫傅汝舟編校

士冠禮第一 冠古亂反○鄭目録云童子任職居士位年二十而冠主人玄冠朝服則是仕於諸侯天子之士朝服皮弁素積古者四民世事士之子恒為士冠禮於五禮屬嘉禮大小戴及別録此皆第一

疏釋曰鄭云童子任職居士位年二十而冠為士身加冠知者鄭見下昏禮及士相見皆據士身自昏自相見又大戴禮公冠篇及下諸侯有冠禮夏之末造亦據諸侯身自加冠故鄭據士身自加冠為自也鄭云四民世事士之子恒為士者是齊語文彼云桓公謂管仲曰成人之士若何管子對曰四人勿雜處也公曰處士農工商若何管子對曰昔聖王之處士就閑燕處工就官府處商就市井處農就田野也少而習焉其心安焉是四人世事士之子恒為士也引之者證此士身年二十而加冠法若士之子則四十強而仕何得有二十為士自加冠也二十而冠者鄭據曲禮文二十曰弱冠故云年二十而

10071 儀禮注疏十七卷 （漢）鄭玄注 （唐）賈公彥等疏 （唐）陸德明音義 明嘉靖汪文盛等刻本

匡高20.3釐米，廣14釐米。半葉十行，行二十字，小字雙行同，白口，四周單邊。丁丙跋。南京圖書館藏。

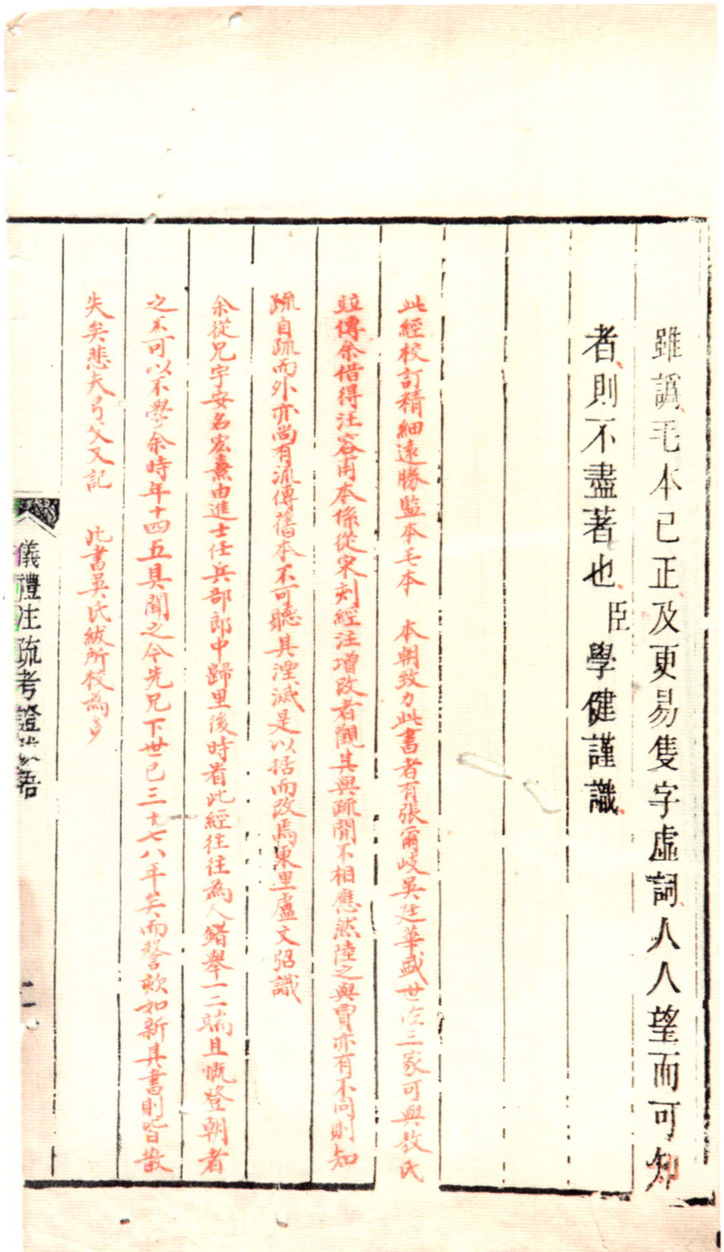
雖譌毛本已正及更易隻字虛詞人人望而可知
者則不盡著也臣學健謹識

此經校訂精細遠勝監本毛本　本朝致力此書者有張爾岐吳廷華盛世佐三家可與敖氏
並傳余借得汪容甫本係從宋刻經注增改者覩其與疏閒不相應然陸之與賈亦有不同則知
疏自疏而外亦尚有流傳舊本不可聽其湮滅是以括而改焉東里盧文弨識
余從兄宇安名宏熹由進士任兵部郎中歸里後時省此經往往爲人錯舉一二端且慨登朝者
之不可以不學余時年十四五具聞之今先兄下世已三十七八年矣而謦欬如新其書則皆散
失矣悲夫弓父又記　此書吳氏紱所校爲多

儀禮注疏考證跋語

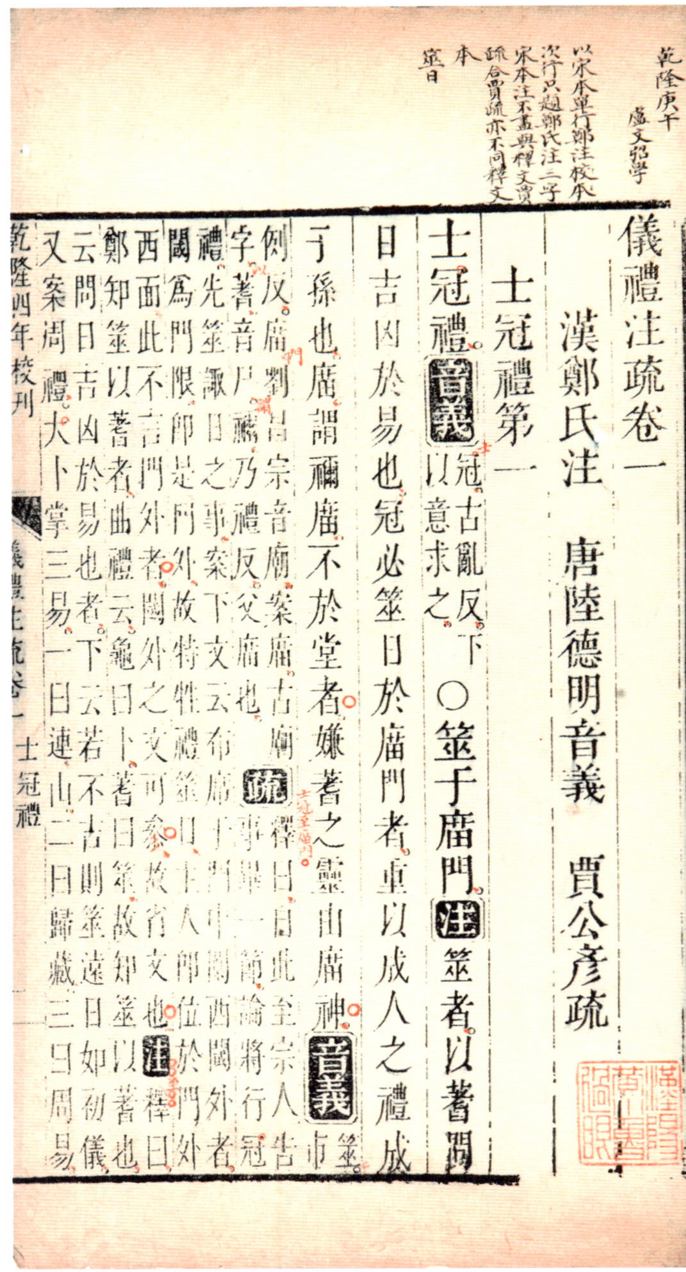
乾隆庚午　盧文弨學
以宋本單行鄭注校本次行只題鄭氏注三字宋本注不盡與釋文賈疏合賈疏亦不同釋文本
盦目

儀禮注疏卷一
漢鄭氏注　唐陸德明音義　賈公彥疏
士冠禮第一
士冠禮【音義】冠古亂反下以意求之○筮于廟門【注】筮者以蓍問
日吉凶於易也冠必筮日於廟門者重以成人之禮成
子孫也廟謂禰廟不於堂者嫌蓍之靈由廟神【音義】筮市
例反廟劉昌宗音廟案廟古廟【疏】釋曰自此至宗人告
字著音尸藏乃禮反父廟也事畢一節論將行冠
禮先筮諏日之事案下文云布席于門中闑西閾外者
闑爲門限即是門外故特牲禮筮日主人即位於門外
西面此不言門外者閾外之文可參故省文也【注】釋曰
鄭知筮以蓍者曲禮云龜曰卜蓍曰筮故知筮以蓍也
云問日吉凶於易也者下云若不吉則筮遠日如初儀
又案周禮大卜掌三易一曰連山二曰歸藏三曰周易

乾隆四年校刊　儀禮注疏卷一　士冠禮

10072 儀禮注疏十七卷 （漢）鄭玄注　（唐）賈公彥等疏　（唐）陸德明音義　清乾隆四年（1739）武英殿刻十三經注疏本

匡高 22.1 釐米，廣 14.2 釐米。半葉十行，行二十一字，小字雙行同，白口，左右雙邊。有“子壽”、“臣黄嗣東”、“祖香堂珍藏”、“漢陽黄小魯過眼”、“曾歸徐氏彊誃”等印。盧文弨校並跋，黄彭年、黄嗣東跋。上海圖書館藏。

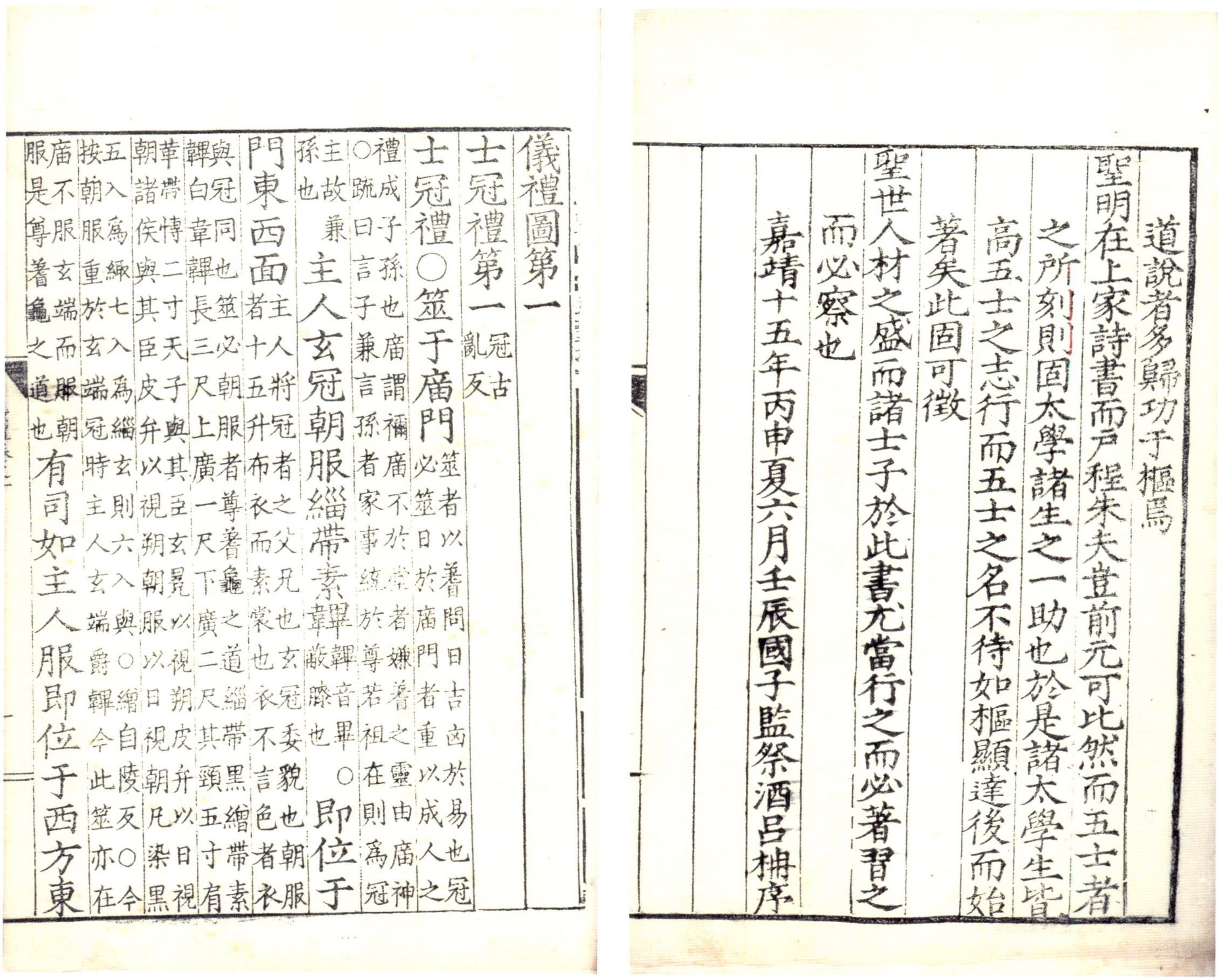
道說者多歸功于樞焉
聖明在上家詩書而戶程朱夫豈前元可比然而五士者
之所刻則固太學諸生之一助也於是諸太學生皆
高五士之志行而五士之名不待如樞顯達後而始
著矣此固可徵
聖世人材之盛而諸士子於此書尤當行之而必著習之
而必察也
嘉靖十五年丙申夏六月壬辰國子監祭酒呂柟序

儀禮圖第一
士冠禮第一冠古亂反
士冠禮○筮于廟門筮者以蓍問日吉凶於易也冠必筮日於廟門者重以成人之禮成子孫也廟謂禰廟不於堂者嫌蓍之靈由廟神○疏曰言子兼言孫者家事統於尊若祖在則爲冠主故兼孫也主人玄冠朝服緇帶素韠韠音畢韠蔽膝也○即位于門東西面主人將冠者之父也玄冠委貌也朝服者十五升布衣而素裳也衣不言色者衣與冠同也筮必朝服者尊蓍龜之道緇帶黑繒帶素韠白韋韠長三尺上廣一尺下廣二尺其頸五寸有華帶博二寸天子與其臣玄冕以視朔皮弁以日視朝諸侯與其臣皮弁以視朔朝服以日視朝凡染黑五入爲緅七入爲緇玄則六入與○繒自陵反○今按朝服重於玄端冠時主人玄端爵韠今此筮亦在廟不服玄端而服朝服是尊蓍龜之道也有司如主人服即位于西方東

10073 儀禮圖十七卷旁通圖一卷 （宋）楊復撰　明嘉靖十五年（1536）呂柟刻本

匡高 21.5 釐米，廣 15.5 釐米。半葉十行，行二十字，小字雙行同，白口，左右雙邊。北京大學圖書館藏。

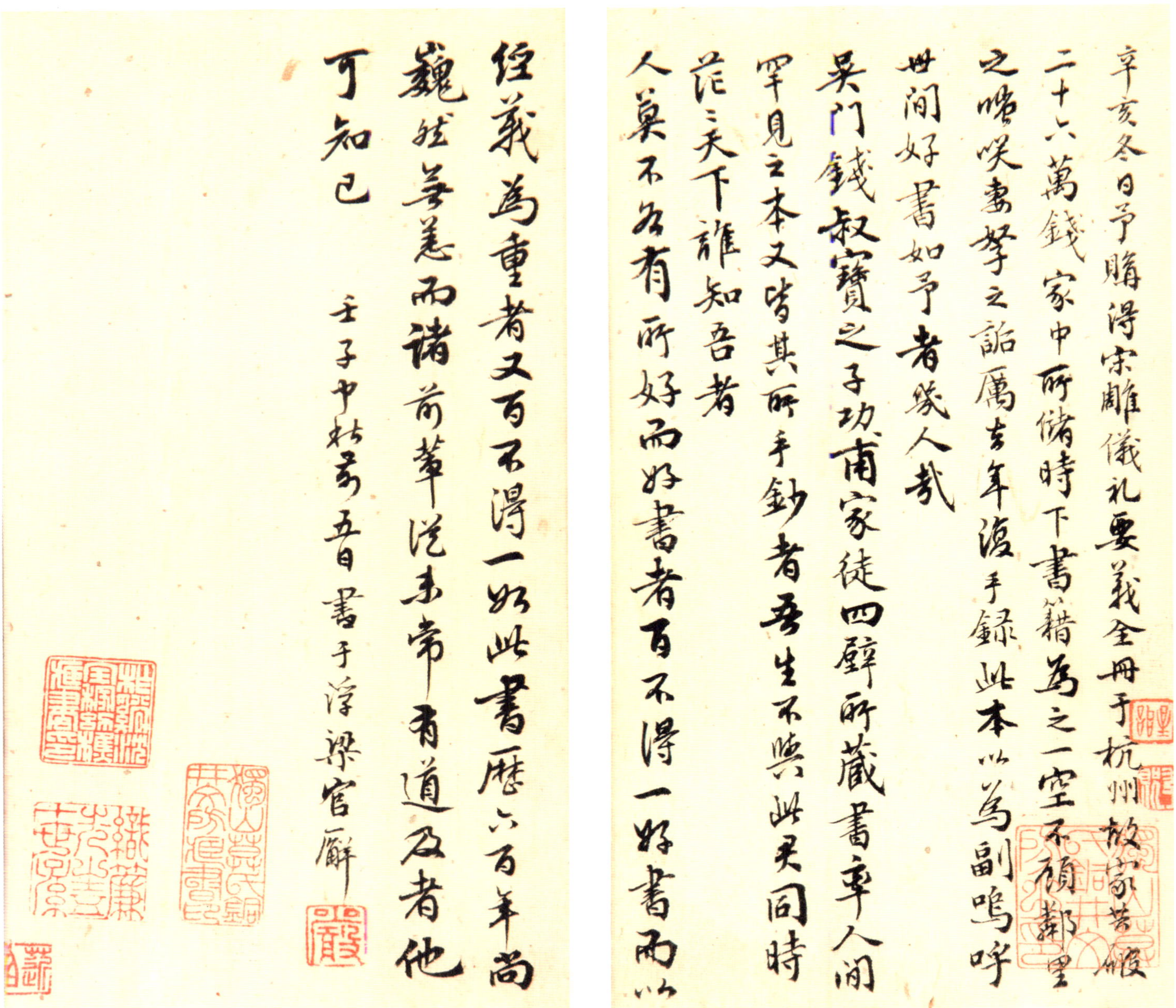
辛亥冬日予購得宋雕儀礼要義全冊于杭州故家，昔費二十六萬錢。家中所儲時下書籍爲之一空，不顧鄰里之嗤笑、妻孥之詬厲，去年復手録此本以爲副。嗚呼！世間好書如予者幾人哉！吳門錢叔寶之子功甫家徒四壁，所藏書率人間罕見之本，又皆其所手鈔者，吾生不與此君同時，茫茫天下誰知吾者。人莫不各有所好，而好書者百不得一，好書而以經義爲重者又百不得一，如此書歷六百年尚巍然無恙，而諸前輩從未嘗有道及者，他可知已。

壬子中秋前五日書于浮梁官廨

10074 儀禮要義五十卷 （宋）魏了翁撰 清乾隆五十七年（1792）嚴元照抄本

半葉九行，行十八字。有“文弨借觀”、“元照之印”、“廣圻審定”、“張敦仁讀過”、“沈印寶稼”、“周印星詒”、“莫棠楚生父印”等印。盧文弨、徐養原、顧廣圻校，嚴元照、莫棠、王秉恩、胡嗣芬、葉德輝、陳祺壽跋。上海圖書館藏。

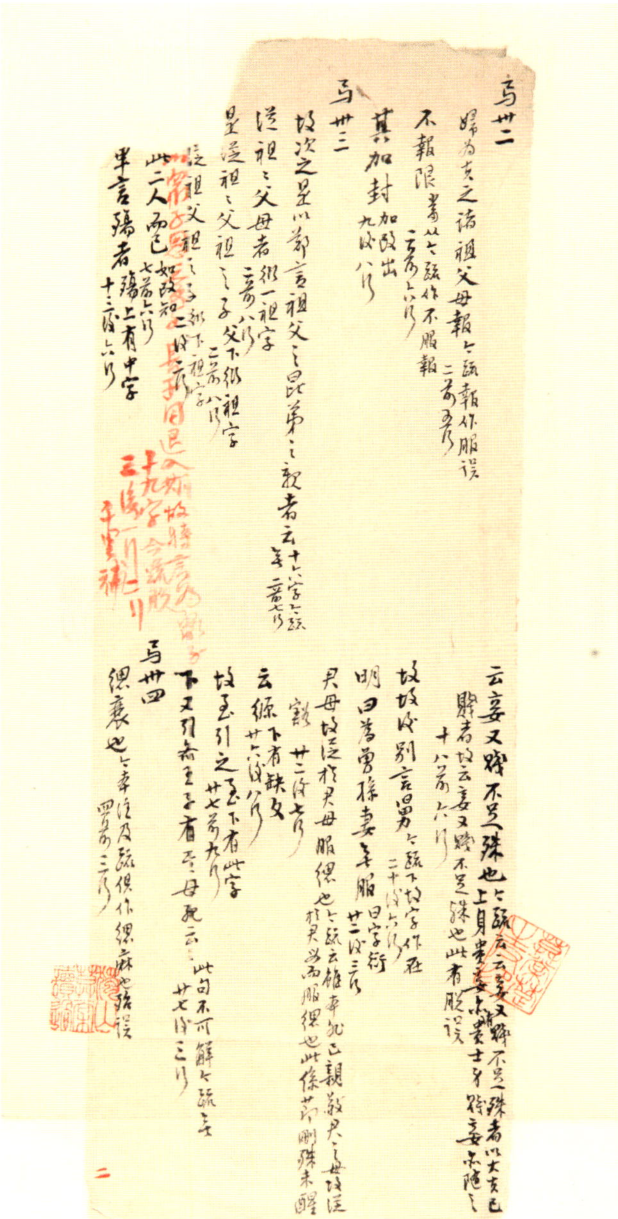

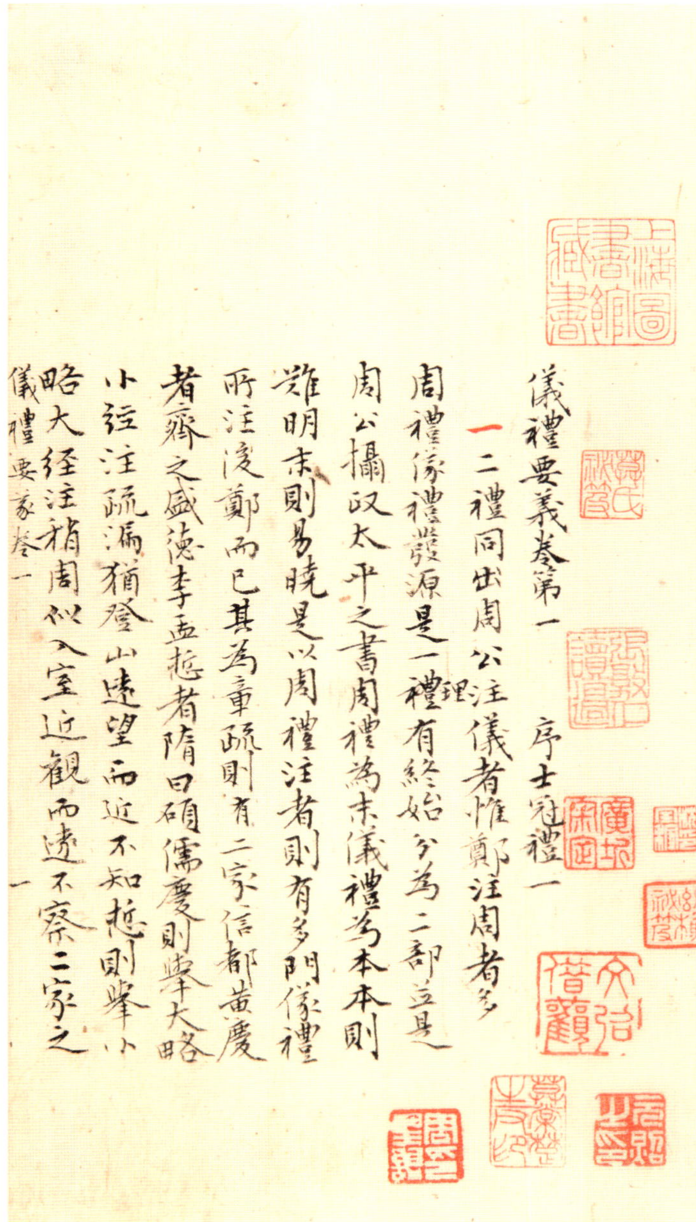
儀禮要義卷第一　序士冠禮一
一二禮同出周公注儀者惟鄭注周者多
周禮儀禮發源是一禮有終始分為二部並是
周公攝政太平之書周禮為末儀禮為本本則
難明末則易曉是以周禮注者則有多門儀禮
所注後鄭而已其為章疏則有二家信都黃慶
者齊之盛德李孟悊者隋日碩儒慶則舉大略
小經注疏漏猶登山遠望而近不知悊則舉小
略大經注稍周似入室近觀而遠不察二家之
儀禮要義卷一

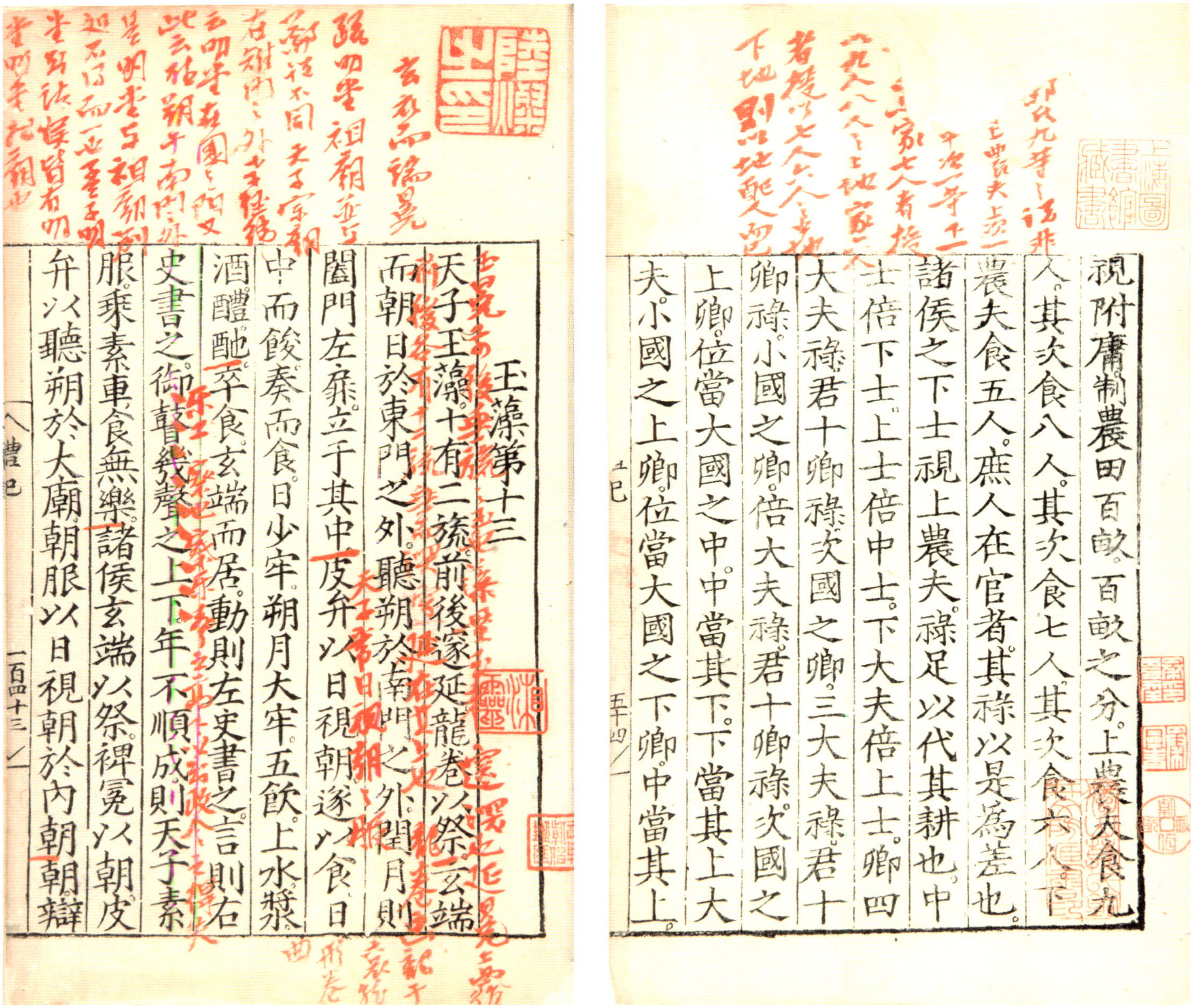

玉藻第十三
天子玉藻十有二旒前後邃延龍卷以祭玄端
而朝日於東門之外聽朔於南門之外閏月則
闔門左扉立于其中皮弁以日視朝遂以食日
中而餕奏而食日少牢朔月大牢五飲上水漿
酒醴酏卒食玄端而居動則左史書之言則右
史書之御瞽幾聲之上下年不順成則天子素
服乘素車食無樂諸侯玄端以祭裨冕以朝皮
弁以聽朔於大廟朝服以日視朝於內朝朝辯

禮記 一百四十三

視附庸制農田百畝百畝之分上農夫食九
人其次食八人其次食七人其次食六人下
農夫食五人庶人在官者其祿以是為差也
諸侯之下士視上農夫祿足以代其耕也中
士倍下士上士倍中士下大夫倍上士卿四
大夫祿君十卿祿次國之卿三大夫祿君十
卿祿小國之卿倍大夫祿君十卿祿次國之
上卿位當大國之中中當其下下當其上大
夫小國之上卿位當大國之下卿中當其上

五十四

10075 禮記不分卷 明刻本

匡高 19.3 釐米，廣 14 釐米。半葉九行，行十七字，白口，四周單邊。有“陸燦之印”、“獨山莫氏銅井文房藏書印”、“秦印更年”、“秦曼青”等印。錢陸燦批，莫棠跋。上海圖書館藏。

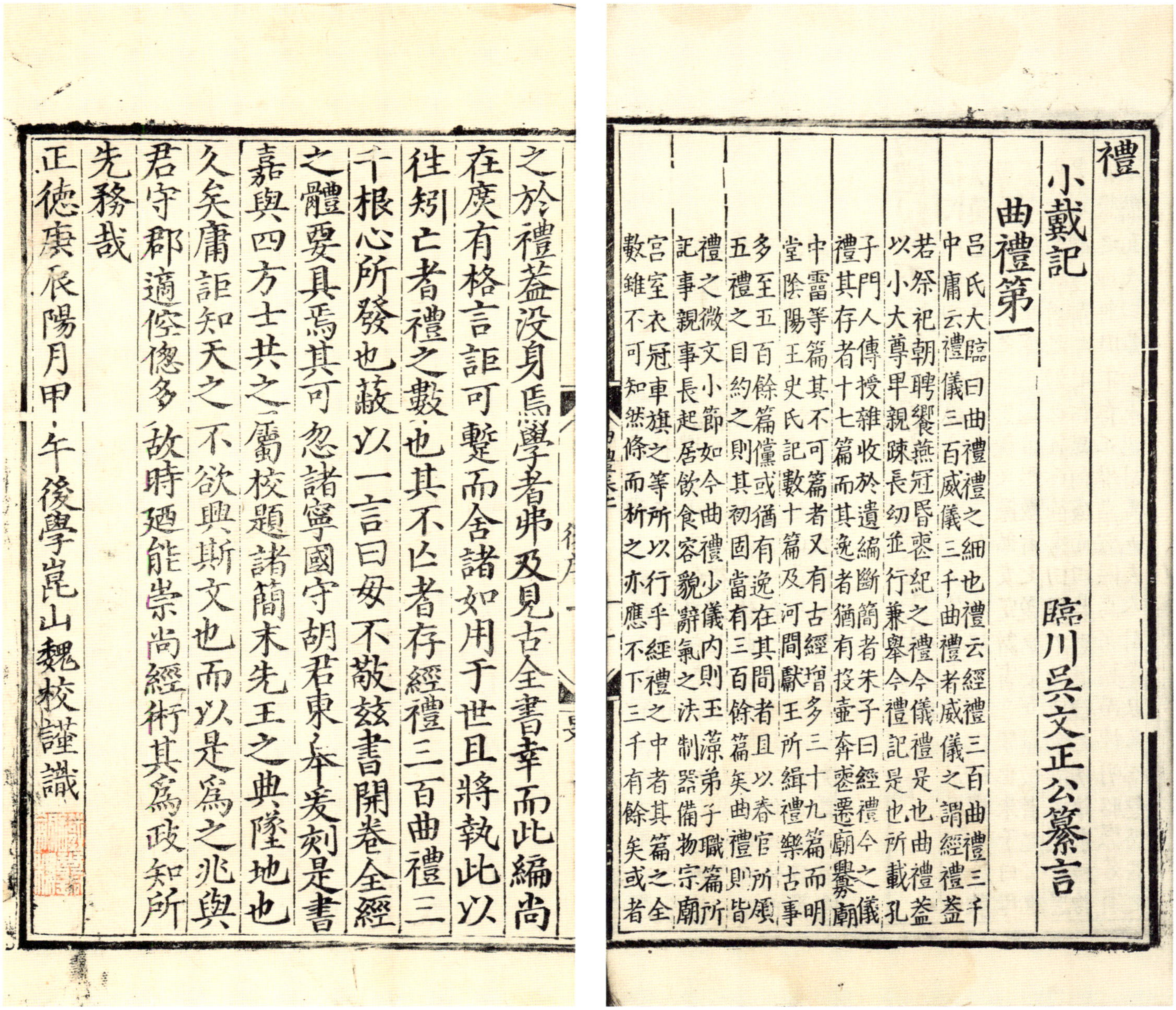
禮
小戴記
曲禮第一
臨川吳文正公纂言
呂氏大臨曰曲禮禮之細也禮云經禮三百曲禮三千中庸云禮儀三百威儀三千曲禮者威儀之謂經禮蓋若祭祀朝聘饗燕冠昏喪紀之禮今儀禮是也曲禮蓋以小大尊卑親疏長幼並行兼舉今禮記是也所載孔子門人傳授雜收於遺編斷簡者朱子曰經禮今之儀禮其存者十七篇而其逸者猶有投壺奔喪遷廟釁廟中霤等篇其不可篇者又有古經增多三十九篇而明堂陰陽王史氏記數十篇及河間獻王所緝禮樂古事多至五百餘篇儻或猶有逸在其間者且以春官所領五禮之目約之則其初固當有三百餘篇矣曲禮則皆禮之微文小節如今曲禮少儀內則玉藻弟子職篇所記事親事長起居飲食容貌辭氣之法制器備物宗廟宮室衣冠車旗之等所以行乎經禮之中者其篇之全數雖不可知然條而析之亦應不下三千有餘矣或者

之於禮蓋沒身焉學者弗及見古全書幸而此編尚在庾有格言詎可斃而舍諸如用于世且將執此以往矧亡者禮之數也其不亡者存經禮三百曲禮三千根心所發也蔽以一言曰毋不敬茲書開卷全經之體要具焉其可忽諸寧國守胡君東皋爰刻是書嘉與四方士共之屬校題諸簡末先王之典墜地也久矣庸詎知天之不欲興斯文也而以是爲之兆與君守郡適傒德多故時廼能崇尚經術其爲政知所先務哉
正德庚辰陽月甲午後學崑山魏校謹識

10076 禮記纂言三十六卷　（元）吳澄撰 明正德十五年（1520）胡東皋刻本

匡高 23.4 釐米，廣 15.2 釐米。半葉十行，行二十四字，小字雙行同，黑口，四周雙邊。有“鐵琴銅劍樓”印。國家圖書館藏。

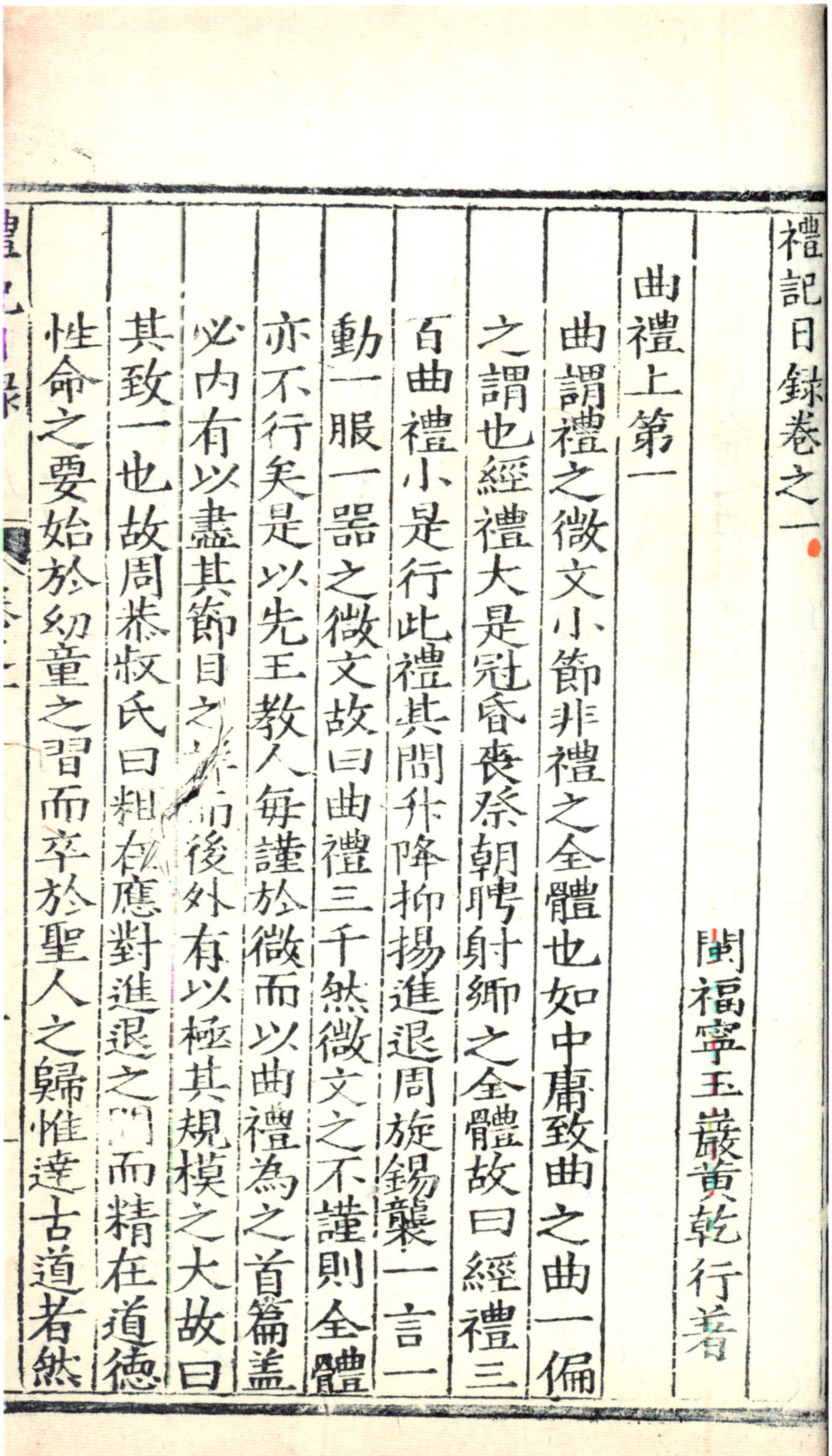

禮記日録卷之一

閩福寧玉巖黄乾行著

曲禮上第一

曲禮之微文小節非禮之全體也如中庸致曲之曲一偏之謂也經禮大是冠昏喪祭朝聘射鄉之全體故曰經禮三百曲禮小是行此禮其間升降抑揚進退周旋錫襲一言一動一服一器之微文故曰曲禮三千然微文之不謹則全體亦不行矣是以先王教人每謹於微而以曲禮為之首篇蓋必内有以盡其節目之詳而後外有以極其規模之大故曰其致一也故周恭叔氏曰粗在應對進退之間而精在道德性命之要始於幼童之習而卒於聖人之歸惟達古道者然

10077 禮記日録三十卷圖解一卷 （明）黄乾行撰 明嘉靖三十四年（1555）鍾一元刻本

匡高 19.8 釐米，廣 14.5 釐米。半葉十一行，行二十五字，白口，四周雙邊。

北京大學圖書館藏。

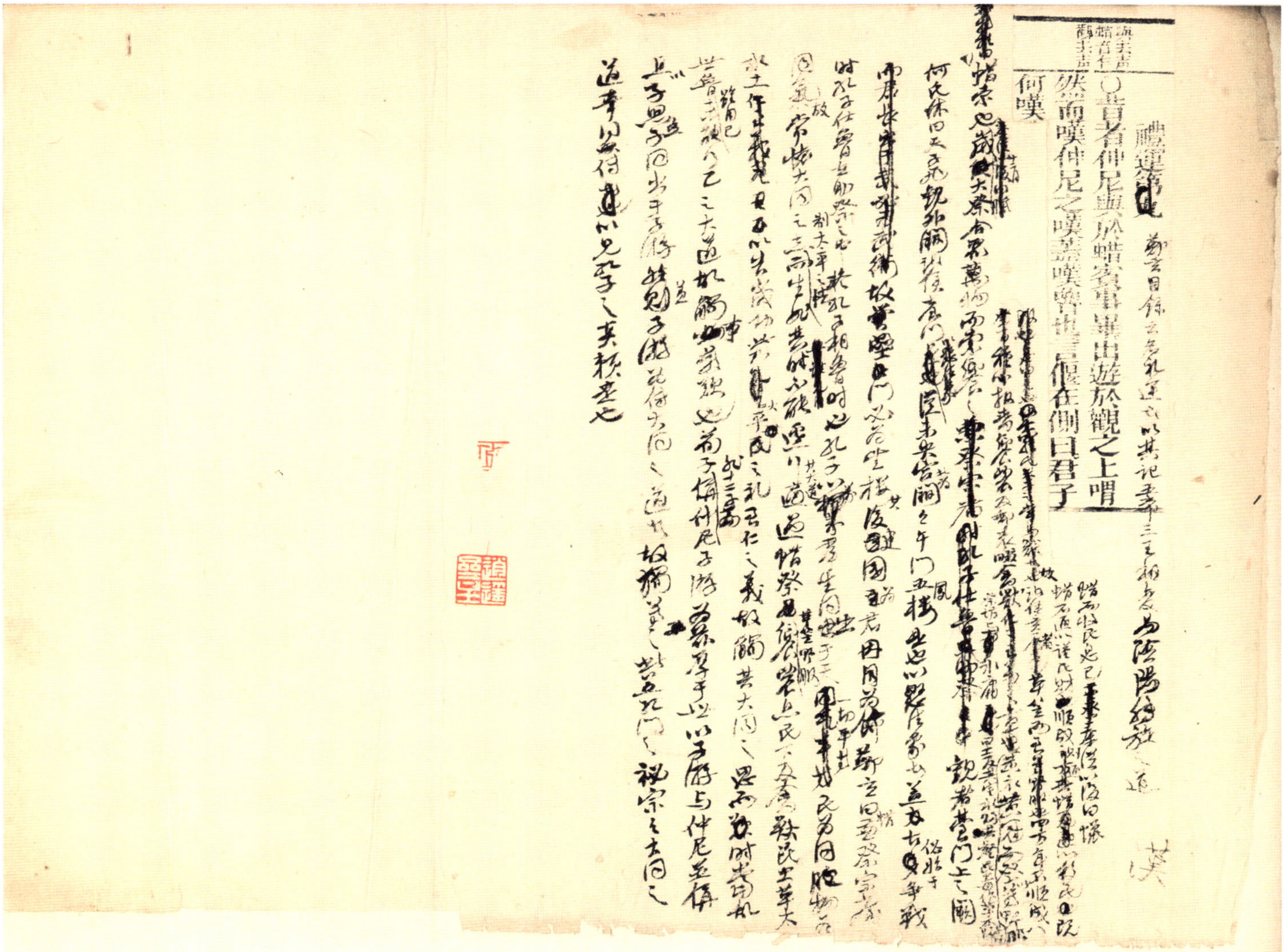

10078 禮運注一卷 康有爲撰 稿本

天津圖書館藏。

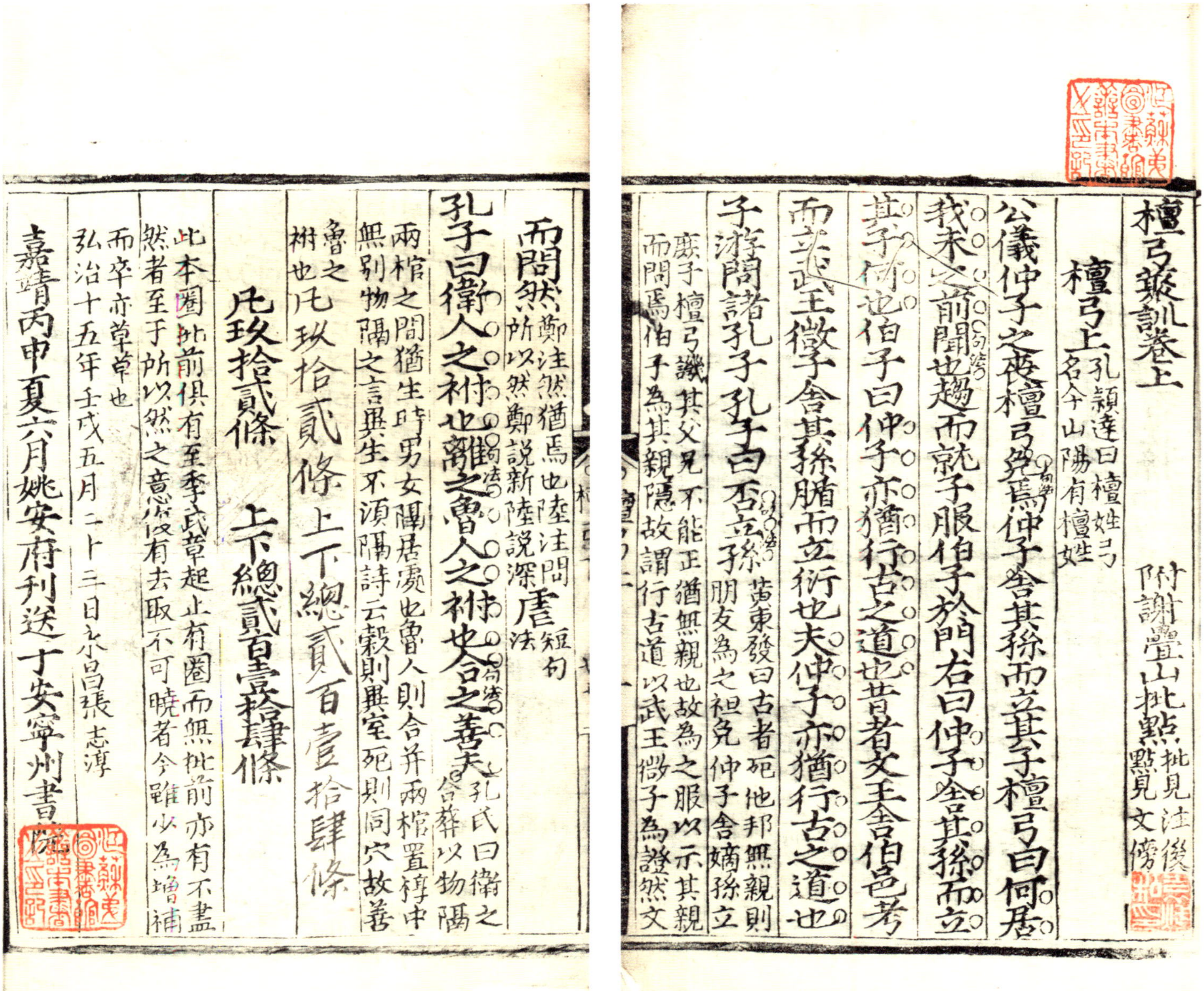

10079 檀弓蘘訓二卷 （明）楊慎撰 明嘉靖三十五年（1556）姚安府刻本

匡高 19.9 釐米，廣 14.6 釐米。半葉八行，行二十四字，小字雙行同，黑口，四周雙邊。南京圖書館藏。

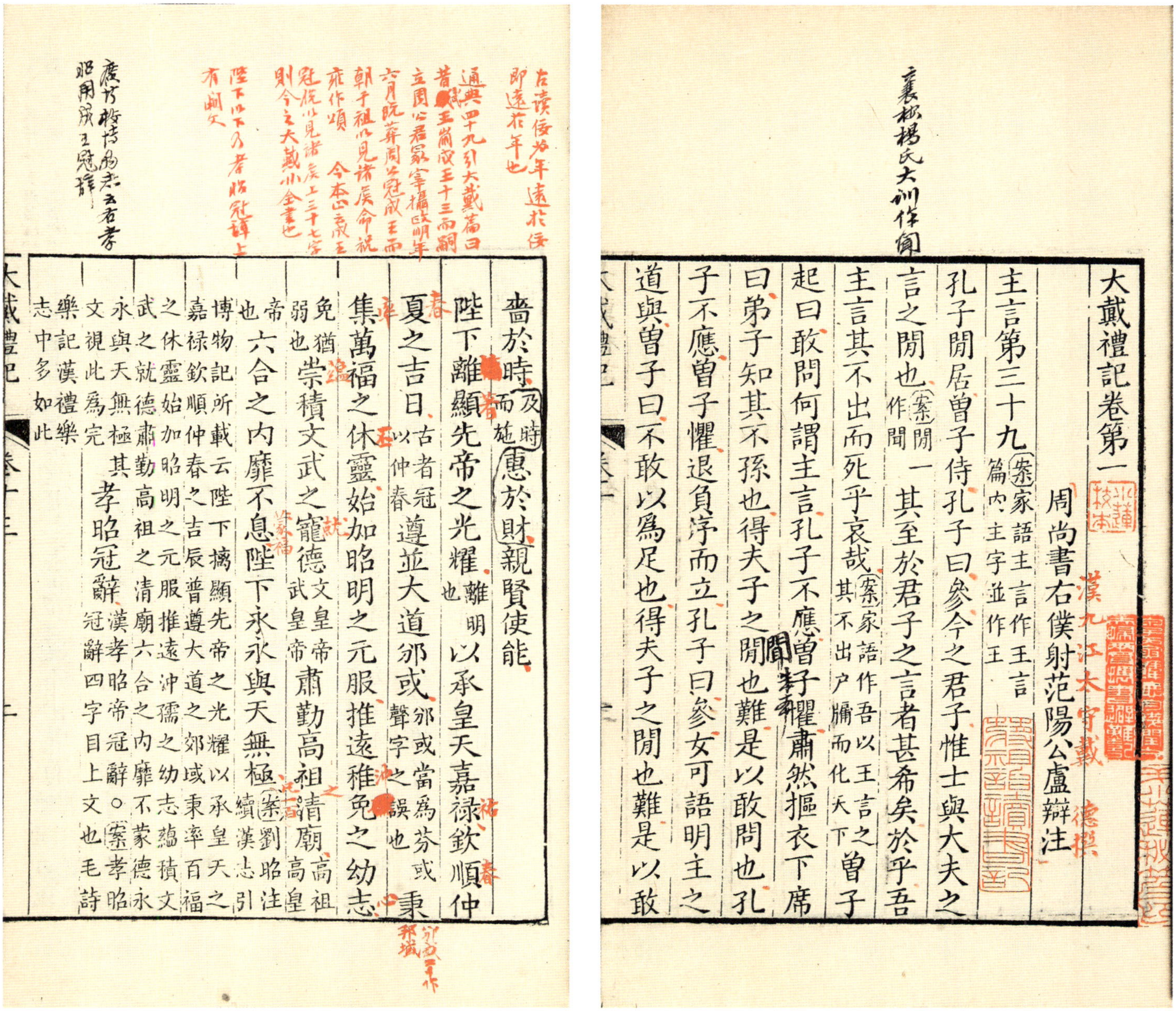

10080 大戴禮記十三卷 （漢）戴德撰 （北周）盧辯注 清刻本

匡高 18.1 釐米，廣 14.4 釐米。半葉十行，行二十一字，白口，四周單邊。有“戈小蓮秘笈印”、“甲子丙寅韓德均錢潤文夫婦兩度攜書避難記”、“蔣祖詒讀書記”等印。惠棟、戈襄批校並跋，顧廣圻批校。國家圖書館藏。

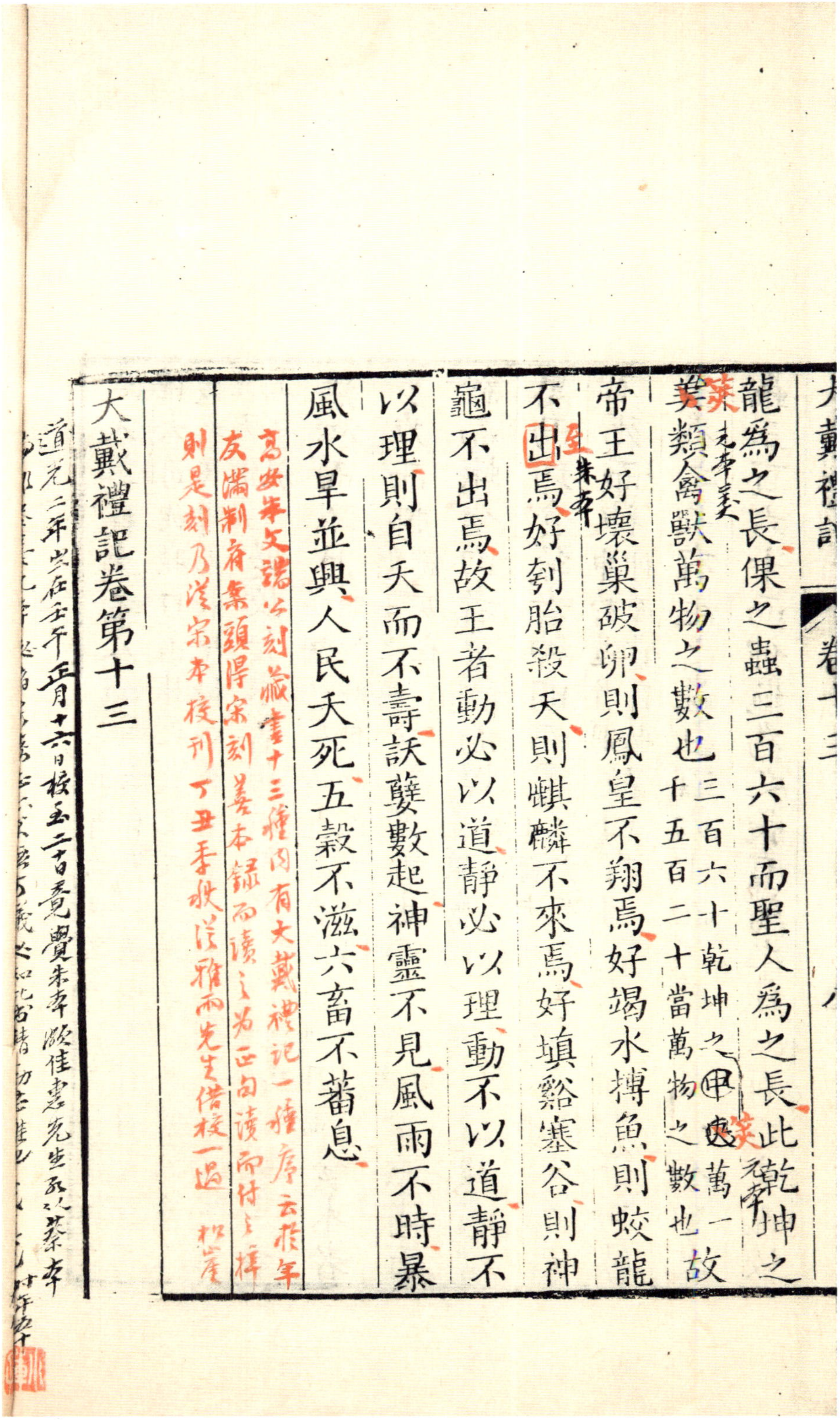
大戴禮記　卷十三
龍爲之長倮之蟲三百六十而聖人爲之長此乾坤之
美類禽獸萬物之數也三百六十乾坤之策也萬一千五百二十當萬物之數也故
帝王好壞巢破卵則鳳皇不翔焉好竭水搏魚則蛟龍
不出焉好刳胎殺夭則麒麟不來焉好填谿塞谷則神
龜不出焉故王者動必以道靜必以理動不以道靜不
以理則自夭而不壽訞孽數起神靈不見風雨不時暴
風水旱並興人民夭死五穀不滋六畜不蕃息
大戴禮記卷第十三

10080 大戴禮記十三卷

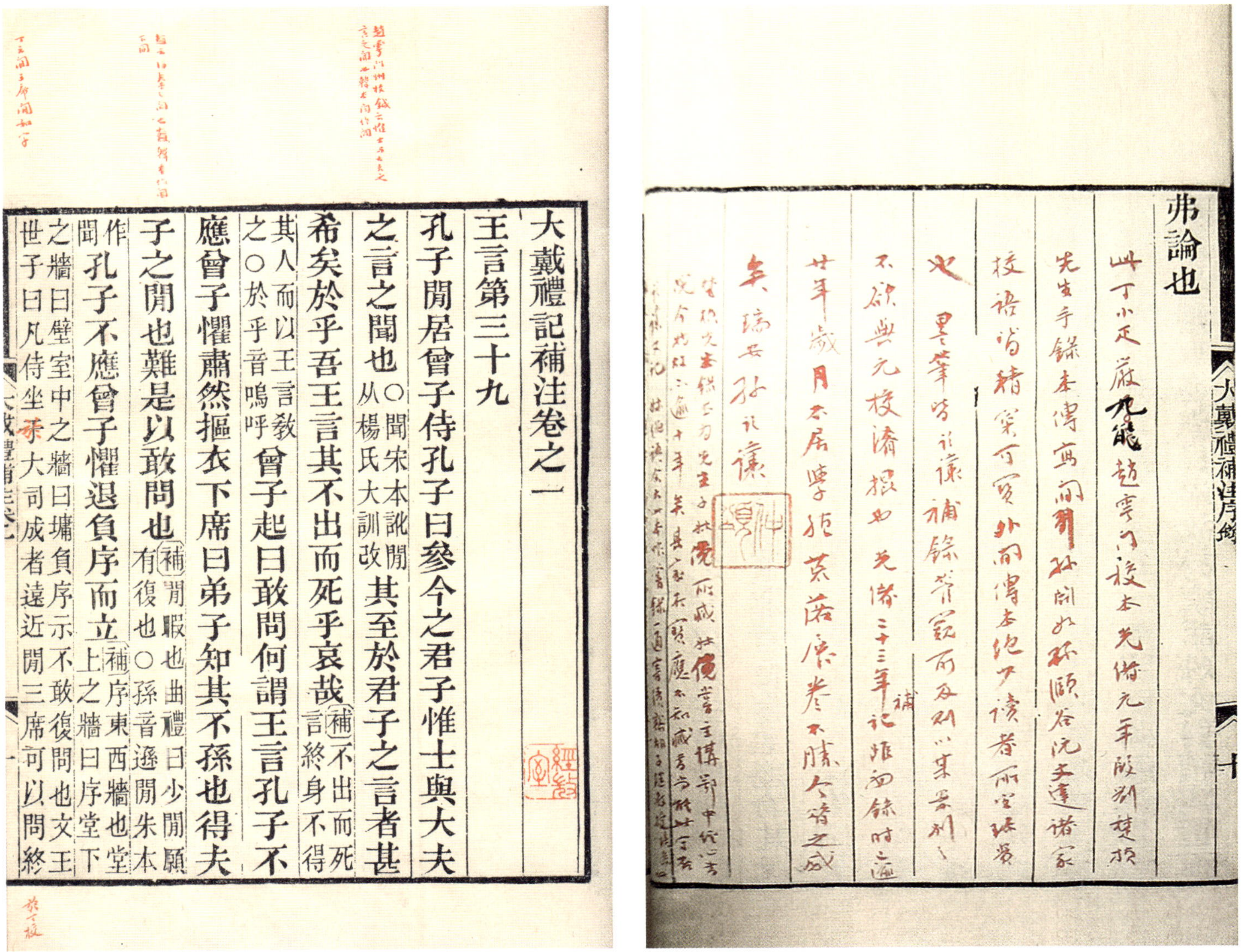

10081 大戴禮記補注十三卷序録一卷 （清）孔廣森撰　清同治十三年（1874）淮南書局刻本

匡高 18.3 釐米，廣 15.2 釐米。半葉十行，行二十字，小字雙行同，黑口，左右雙邊。有“經微室”等印。孫詒讓校跋並録王念孫、王引之、丁杰、嚴元照、趙鉞等校。浙江大學圖書館藏。

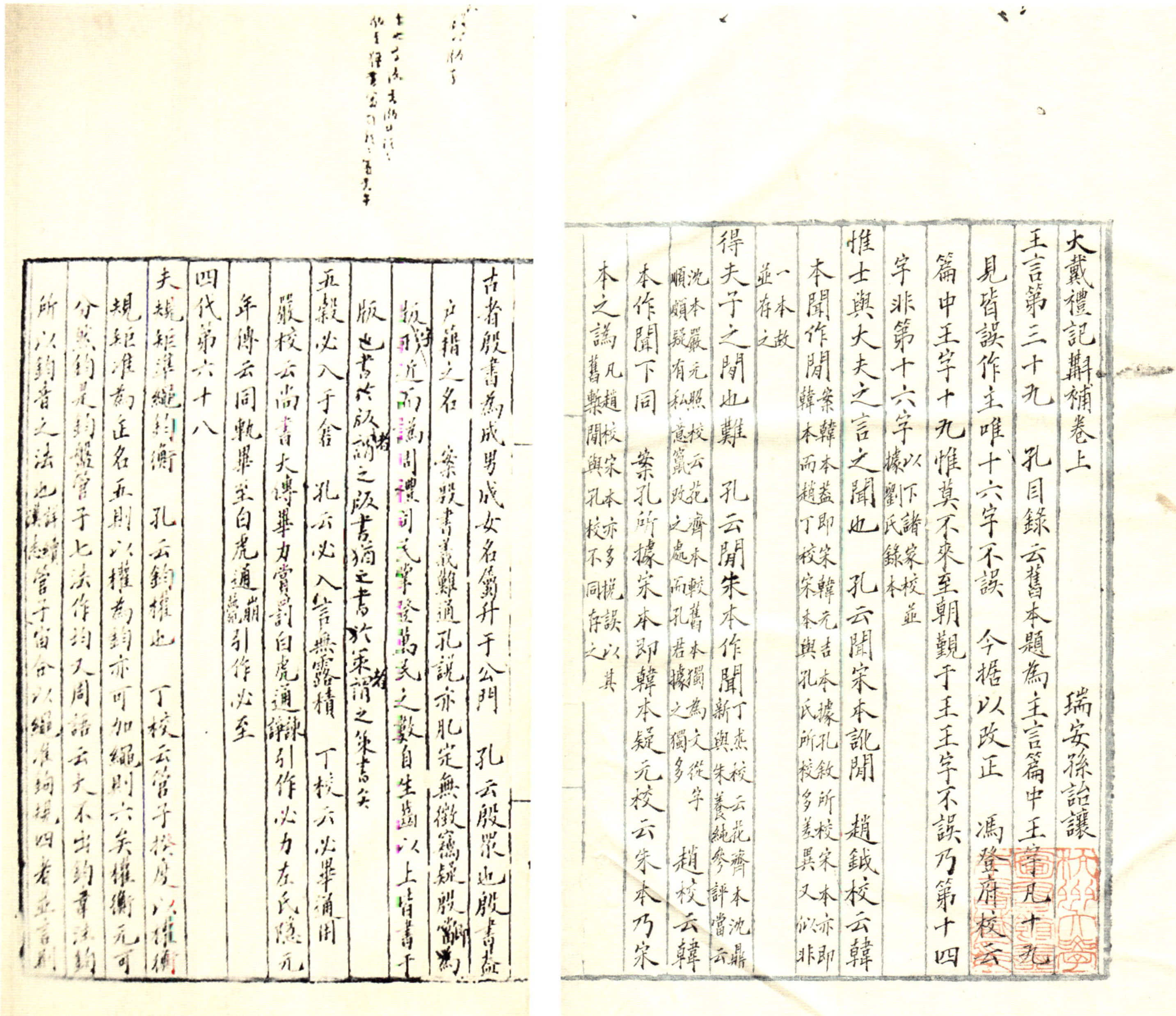

10082 大戴禮記斠補三卷 （清）孫詒讓撰 稿本

匡高 17 釐米，廣 11.9 釐米。半葉十二行，行二十四字，小字雙行同，藍格，藍口，左右雙邊。浙江大學圖書館藏。

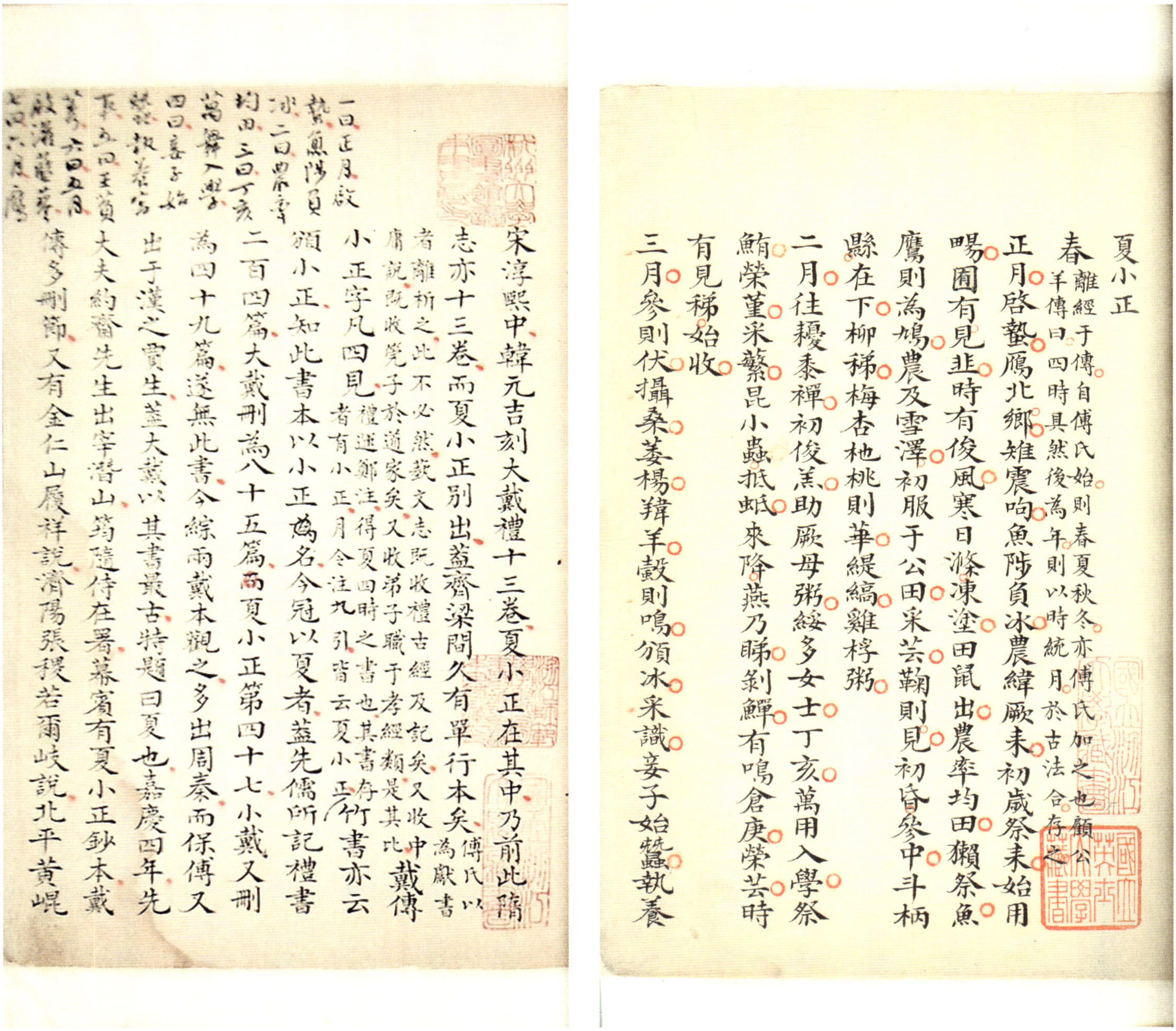

夏小正

春 離經于傳自傳氏始則春夏秋冬亦傳氏加之也顧公羊傳曰四時具然後為年則以時統月於古法合存之

正月啓蟄鴈北鄉雉震呴魚陟負冰農緯厥耒初歲祭耒始用暘囿有見韭時有俊風寒日滌凍塗田鼠出農率均田獺祭魚鷹則為鳩農及雪澤初服于公田采芸鞠則見初昏參中斗柄縣在下柳稊梅杏杝桃則華緹縞雞桴粥

二月往耰黍禪初俊羔助厥母粥綏多女士丁亥萬用入學祭鮪榮堇采蘩昆小蟲抵蚔來降燕乃睇剝鱓有鳴倉庚榮芸時有見稊始收

三月參則伏攝桑委楊韡羊𣪊則鳴頒冰采識妾子始蠶執養

宋淳熙中韓元吉刻大戴禮十三卷夏小正在其中乃前此隋志亦十三卷而夏小正別出蓋齊梁間久有單行本矣傳氏以為獻書者離析之此不必然藝文志既收禮古經及記矣又收中庸說既收筦子於道家矣又收弟子職于孝經類是其比戴傳小正字凡四見禮運鄭注得夏四時之書也其書存者有小正月令注九引皆云夏小正竹書亦云頒小正知此書本以小正為名今冠以夏者蓋先儒所記禮書二百四篇大戴刪為八十五篇而夏小正第四十七小戴又刪為四十九篇遂無此書今綜兩戴本觀之多出周秦而保傅又出于漢之賈生蓋大戴以其書最古特題曰夏也嘉慶四年先大夫約齋先生出宰潛山筠隨侍在署幕賓有夏小正鈔本戴傳多刪節又有金仁山履祥說濟陽張稷若爾岐說北平黃崐

10083 夏小正正義不分卷 （清）王筠撰 稿本

半葉十二行，行二十四字，小字雙行同。浙江大學圖書館藏。

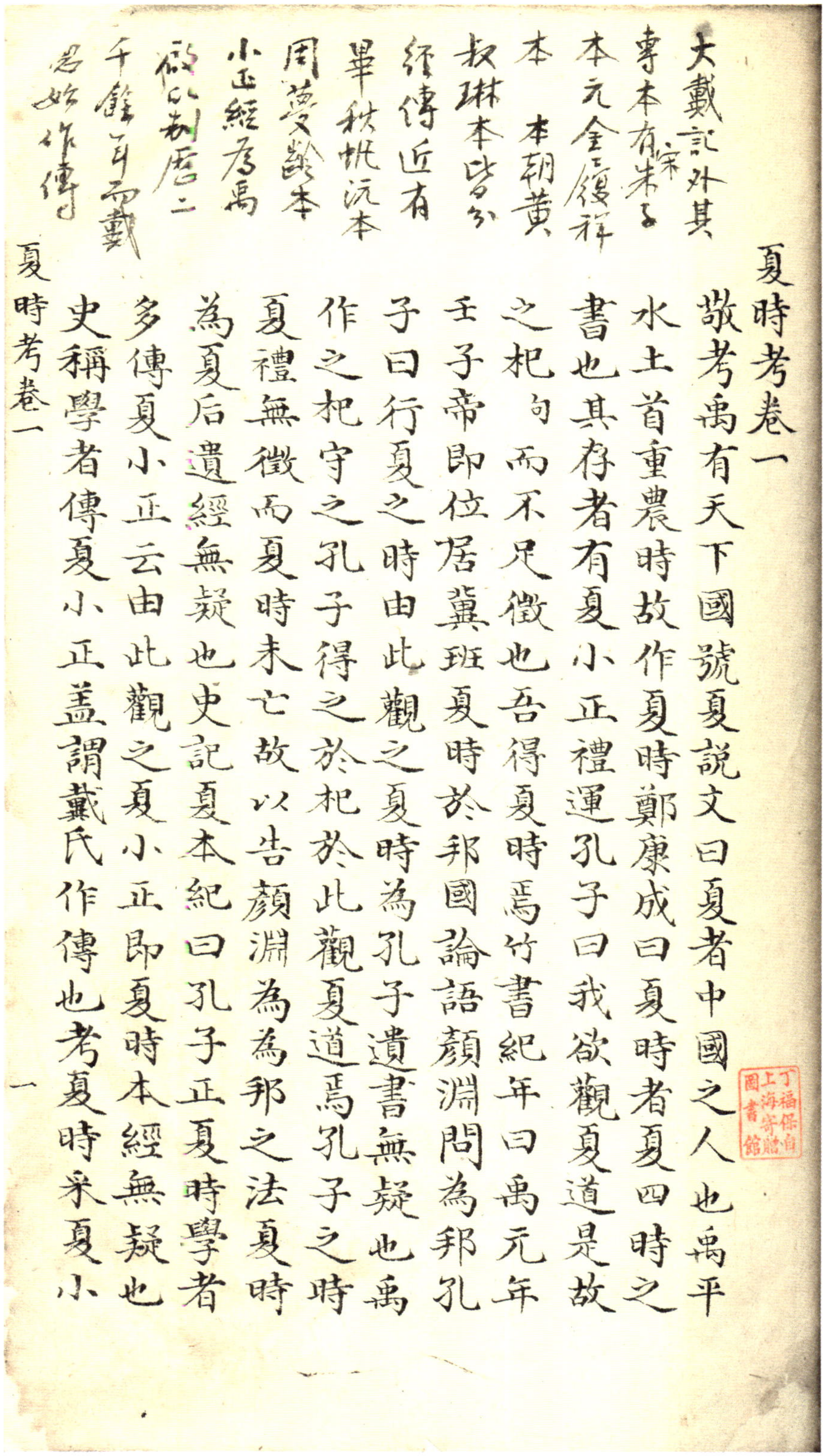

夏時考卷一

敬考禹有天下國號夏說文曰夏者中國之人也禹平水土首重農時故作夏時鄭康成曰夏時者夏四時之書也其存者有夏小正禮運孔子曰我欲觀夏道是故之杞而不足徵也吾得夏時焉竹書紀年曰禹元年壬子帝即位居冀班夏時於邦國論語顏淵問為邦孔子曰行夏之時由此觀之夏時為孔子遺書無疑也禹作之杞守之孔子得之於杞於此觀夏道焉孔子之時夏禮無徵而夏時未亡故以告顏淵為為邦之法夏時為夏后遺經無疑也史記夏本紀曰孔子正夏時學者多傳夏小正云由此觀之夏小正即夏時本經無疑也史稱學者傳夏小正蓋謂戴氏作傳也考夏時采夏小

夏時考卷一　一

10084 夏時考五卷 （清）安吉撰 稿本

半葉十二行，行二十二字。無錫市圖書館藏。

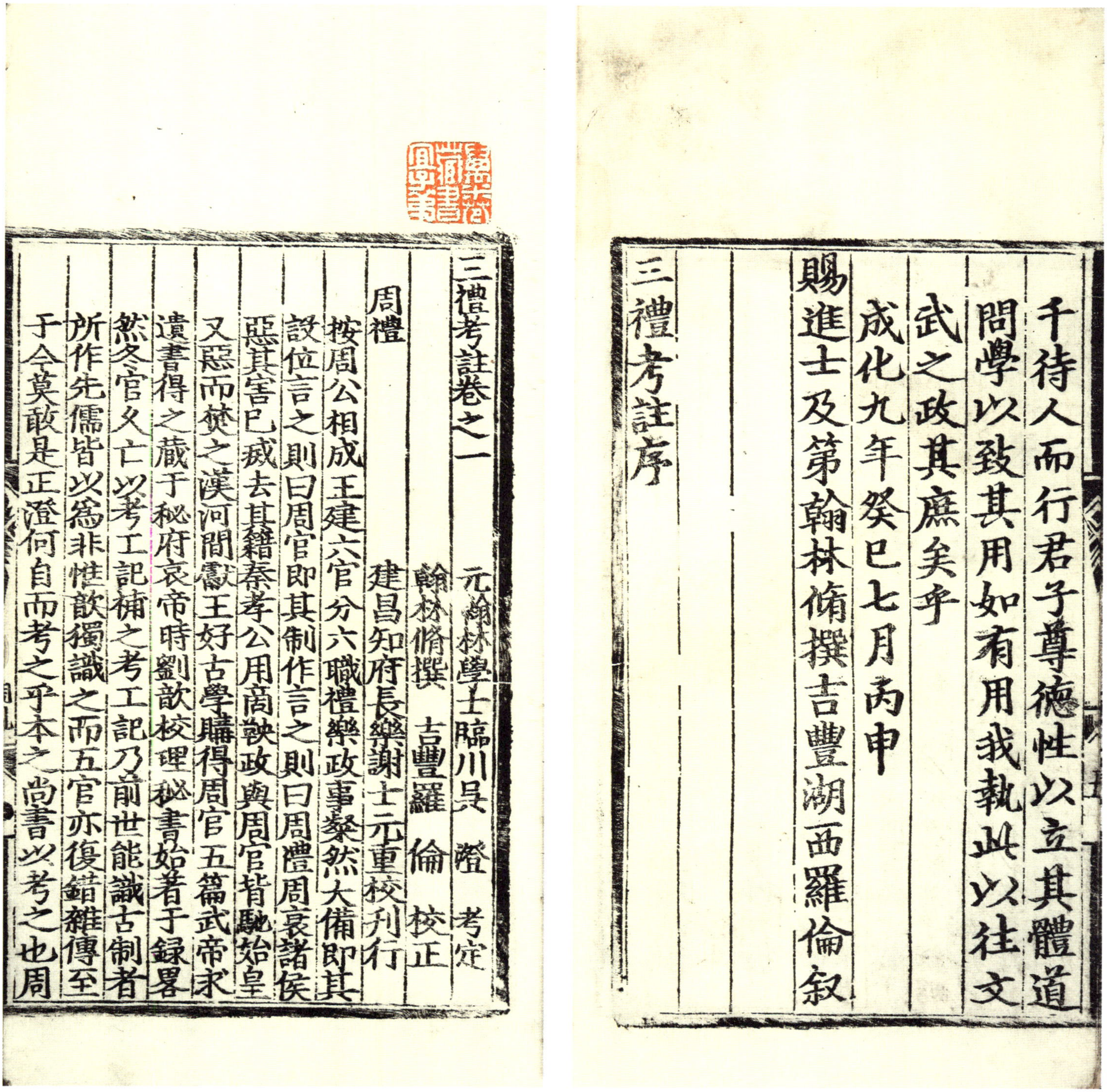

千待人而行君子尊德性以立其體道
問學以致其用如有用我執此以往文
武之政其庶矣乎
成化九年癸巳七月丙申
賜進士及第翰林脩撰吉豐湖西羅倫叙
三禮考註序

三禮考註卷之一
元翰林學士臨川吴澄考定
翰林脩撰吉豐羅倫校正
建昌知府長樂謝士元重校刊行
周禮
按周公相成王建六官分六職禮樂政事粲然大備即其
設位言之則曰周官即其制作言之則曰周禮周衰諸侯
惡其害已滅去其籍秦孝公用商鞅政與周官背馳始皇
又惡而焚之漢河間獻王好古學購得周官五篇武帝求
遺書得之藏于秘府哀帝時劉歆校理秘書始著于録畧
然冬官久亡以考工記補之考工記乃前世能識古制者
所作先儒皆以爲非惟歆獨識之而五官亦復錯雜傳至
于今莫敢是正澄何自而考之乎本之尚書以考之也周

10085 三禮考註六十四卷序録一卷綱領一卷 （元）吴澄撰　明成化九年（1473）謝士元刻本

匡高 22.2 釐米，廣 14 釐米。半葉十一行，行二十四字，黑口，四周雙邊。

國家圖書館藏。

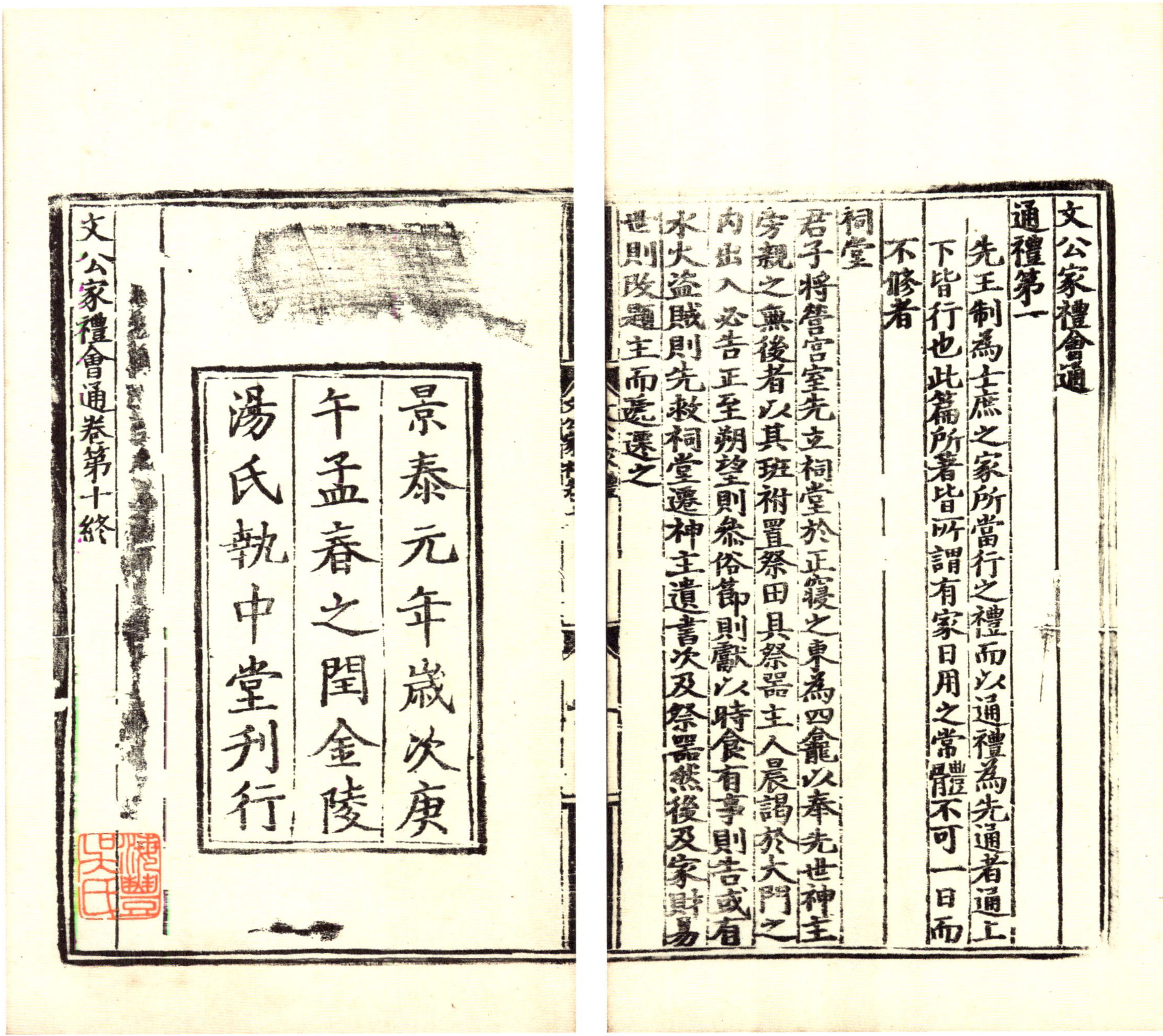

文公家禮會通

通禮第一

先王制為士庶之家所當行之禮而以通禮為先通者通上下皆行也此篇所著皆所謂有家日用之常體不可一日而不修者

祠堂

君子將營宮室先立祠堂於正寢之東為四龕以奉先世神主旁親之無後者以其班祔置祭田具祭器主人晨謁於大門之內出入必告正至朔望則參俗節則獻以時食有事則告或有水火盜賊則先救祠堂遷神主遺書次及祭器然後及家財易世則改題主而遞遷之

文公家禮會通卷第十終

景泰元年歲次庚午孟春之閏金陵湯氏執中堂刊行

10086 文公家禮會通十卷 （明）湯鐸撰 明景泰元年（1450）湯氏執中堂刻本

匡高20.5釐米，廣13.4釐米。半葉十一行，行二十四字，黑口，四周雙邊。有"景泰元年歲次庚午孟春之閏金陵湯氏執中堂刊行"牌記。有"鷗安校勘秘籍"、"石蓮閣所藏書"、"重憙鑒賞"等印。國家圖書館藏。

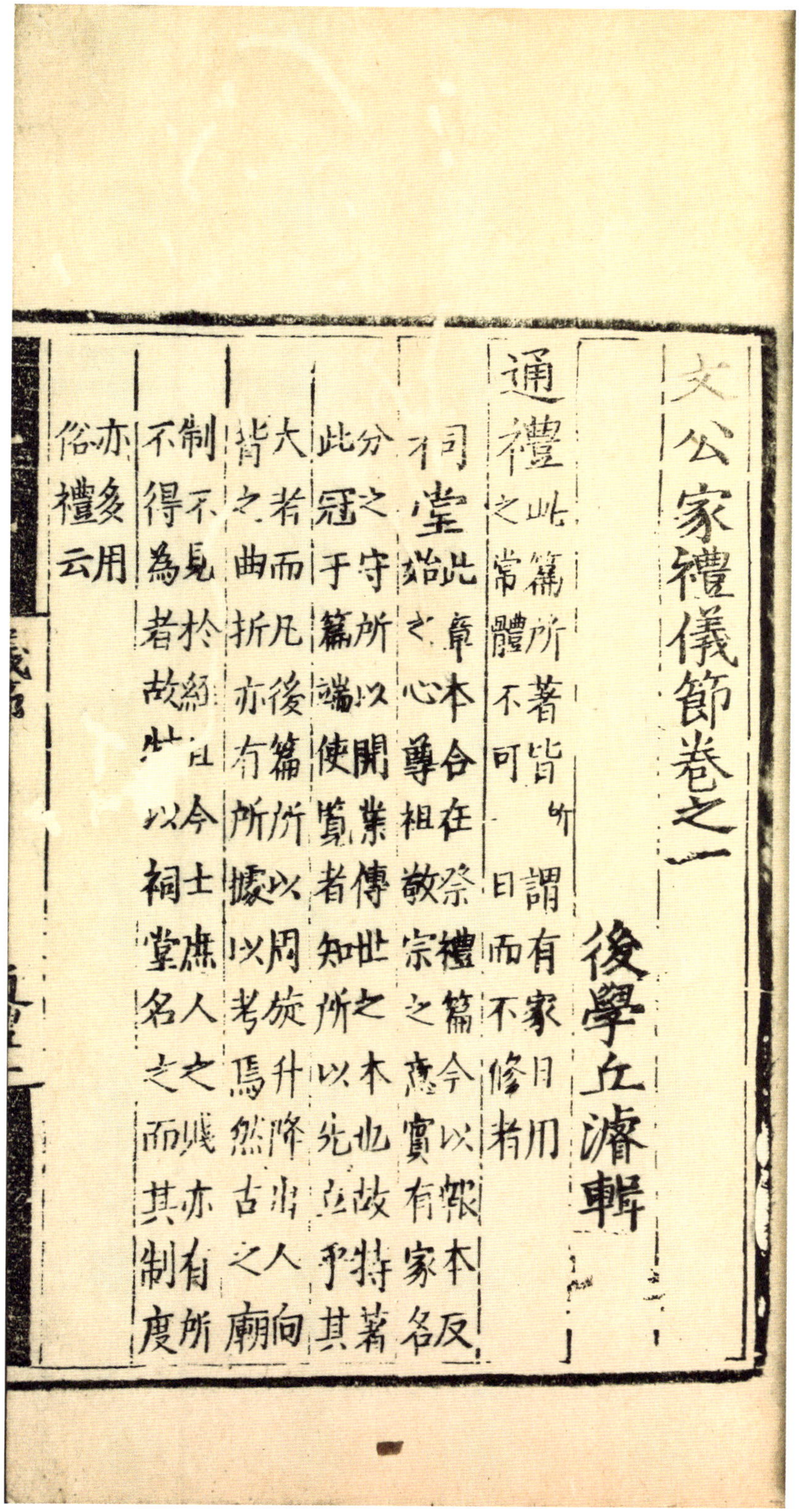

文公家禮儀節卷之一

後學丘濬輯

通禮 此篇所著皆所謂有家日用之常體不可一日而不修者

祠堂 此章本合在祭禮篇今以報本反始之心尊祖敬宗之意實有家名分之守所以開業傳世之本也故特著此冠于篇端使覽者知所以先立乎其大者而凡後篇所以周旋升降出入向背之曲折亦有所據以考焉然古之廟制不見於經且今士庶人之賤亦有所不得為者故特以祠堂名之而其制度亦多用俗禮云

10087 文公家禮儀節八卷 （明）丘濬撰 明正德十二年（1517）直隸太平府刻本

匡高 19 釐米，廣 13.1 釐米。半葉八行，行十六字，小字雙行同，黑口，四周雙邊。湖南圖書館藏。

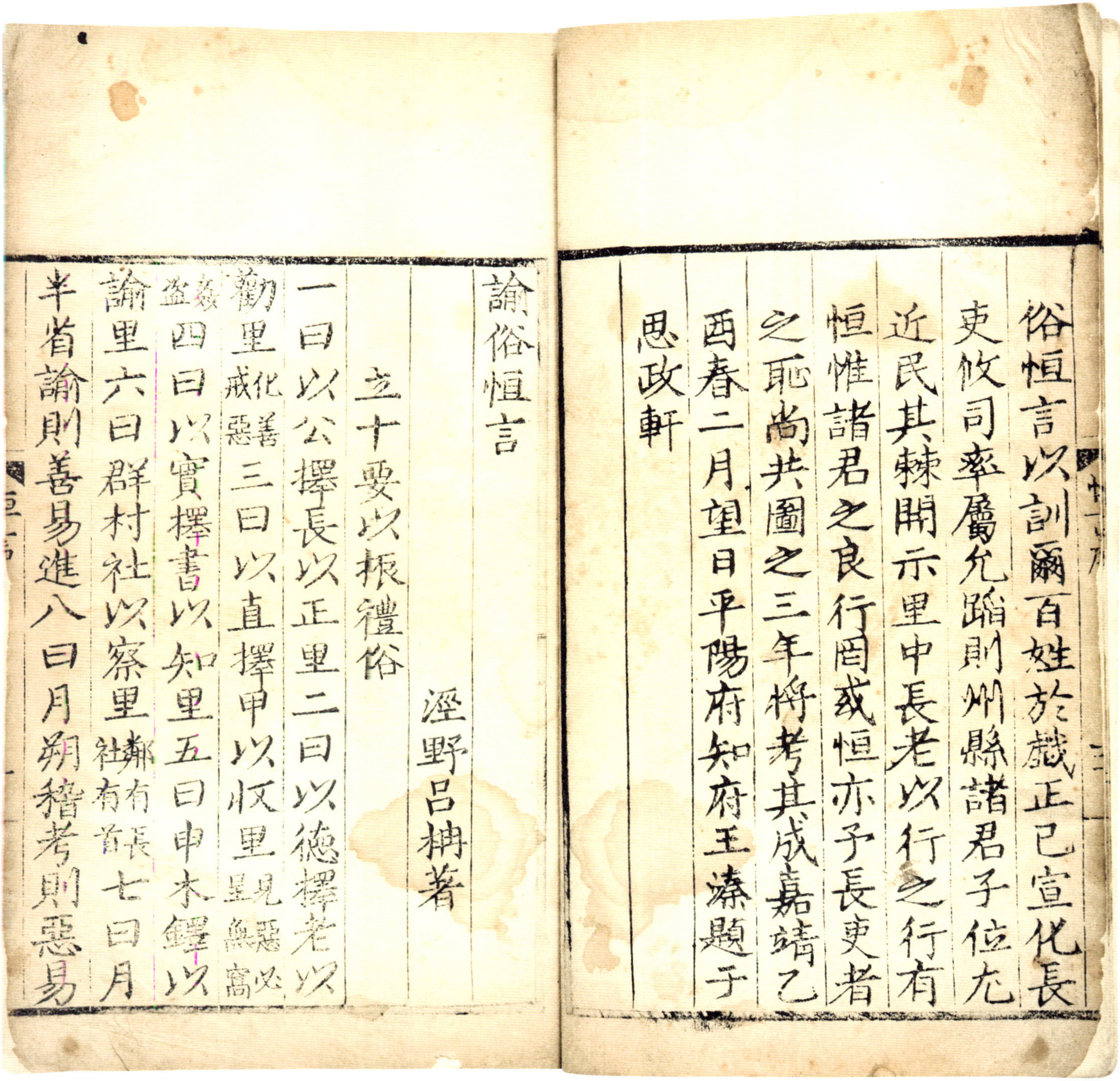

俗恒言以訓爾百姓於戲正已宣化長吏攸司率屬允蹈則州縣諸君子位尤近民其隷開示里中長老以行之行有恒惟諸君之良行罔或恒亦予長吏者之恥尚共圖之三年將考其成嘉靖乙酉春二月望日平陽府知府王溱題于思政軒

諭俗恒言

涇野呂柟著

立十要以振禮俗

一曰以公擇長以正里二曰以德擇老以勸里化善戒惡三曰以直擇甲以収里見惡必里無窩姦盗四曰以實擇書以知里五曰申木鐸以諭里六曰群村社以察里鄰有長社有首七曰月半省諭則善易進八曰月朔稽考則惡易

10088 諭俗恒言一卷 （明）呂柟撰 明嘉靖二十六年（1547）刻本

匡高 18.4 釐米，廣 12.6 釐米。半葉八行，行十六字，白口，四周單邊。西安碑林博物館藏。

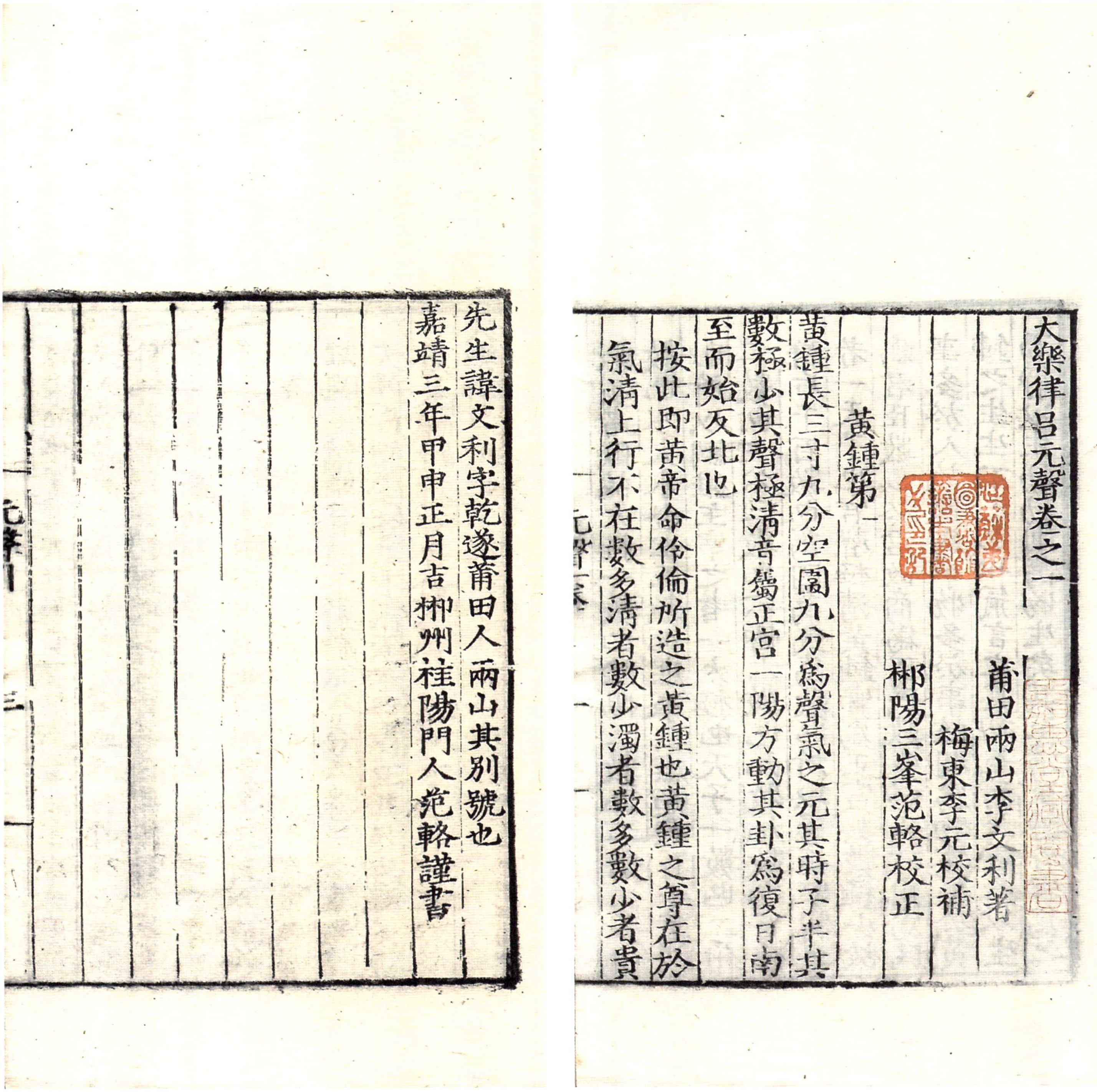

先生諱文利字乾遂莆田人兩山其別號也
嘉靖三年甲申正月吉郴州桂陽門人范輅謹書

大樂律呂元聲卷之一
莆田兩山李文利著
梅東李元校補
郴陽三峯范輅校正
黃鍾第一
黃鍾長三寸九分空圍九分為聲氣之元其時子半其數極少其聲極清音屬正宮一陽方動其卦為復日南至而始反北也
按此即黃帝命伶倫所造之黃鍾也黃鍾之尊在於氣清上行不在數多清者數少濁者數多數少者貴

10089 大樂律呂元聲六卷大樂律呂考注四卷 （明）李文利撰 （明）李元校補 明嘉靖三年（1524）范輅刻本

匡高 17.5 釐米，廣 12.7 釐米。半葉十行，行二十一字，白口，四周單邊。丁丙跋。

南京圖書館藏。

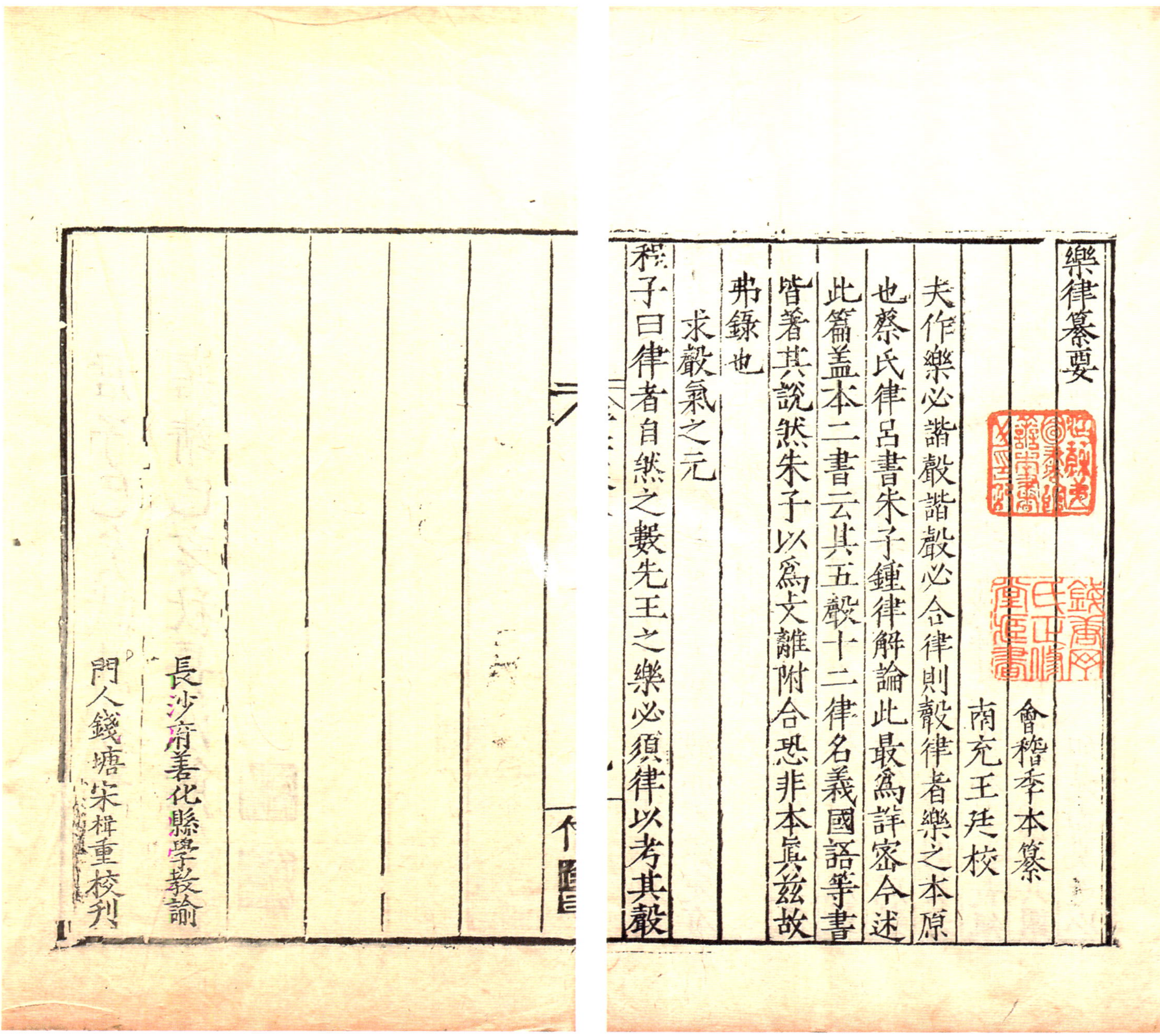

樂律纂要

會稽季本纂

南充王廷校

夫作樂必諧聲諧聲必合律則聲律者樂之本原也蔡氏律吕書朱子鍾律解論此最爲詳密今述此篇蓋本二書云其五聲十二律名義國語等書皆著其説然朱子以爲文雜附合恐非本眞兹故弗録也

求聲氣之元

程子曰律者自然之數先王之樂必須律以考其聲

長沙府善化縣學教諭

門人錢塘宋楫重校刊

10090 樂律纂要一卷 （明）季本撰 明嘉靖十八年（1539）宋楫刻本

匡高 18.2 釐米，廣 12.9 釐米。半葉十行，行二十字，小字雙行同，白口，左右雙邊。有“錢唐丁氏正修堂藏書”等印。丁丙跋。南京圖書館藏。

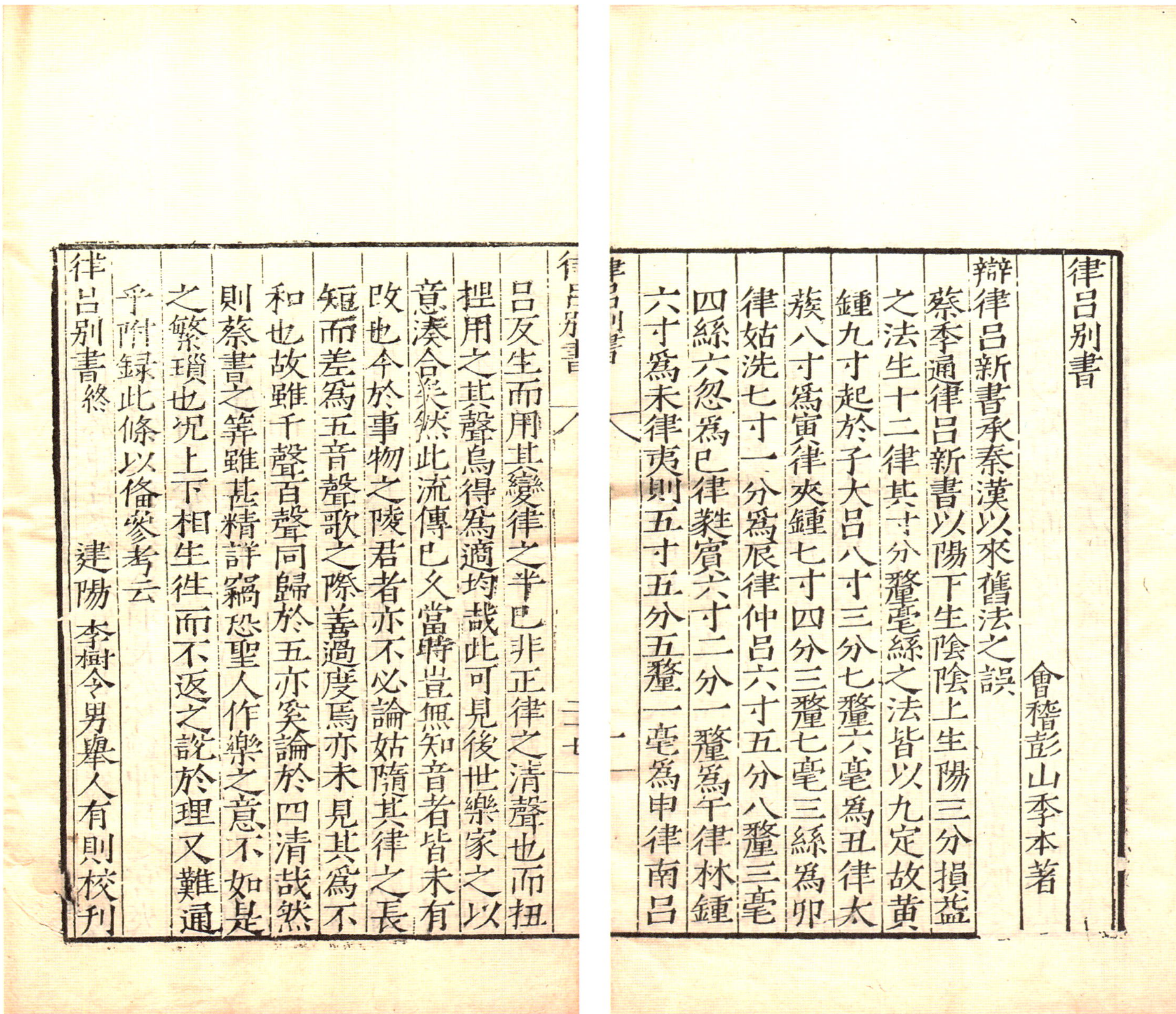

律呂別書

會稽彭山季本著

辯律呂新書承秦漢以來舊法之誤

蔡季通律呂新書以陽下生陰陰上生陽三分損益之法生十二律其寸分釐毫絲之法皆以九定故黄鍾九寸起於子大呂八寸三分七釐六毫爲丑律太蔟八寸爲寅律夾鍾七寸四分三釐七毫三絲爲卯律姑洗七寸一分爲辰律仲呂六寸五分八釐三毫四絲六忽爲巳律蕤賓六寸二分一釐爲午律林鍾六寸爲未律夷則五寸五分五釐一毫爲申律南呂

律呂別書　一

律呂別書　二十七

呂反生而用其變律之半已非正律之清聲也而扭揑用之其聲烏得爲適均哉此可見後世樂家之以意湊合矣然此流傳已久當時豈無知音者皆未有改也今於事物之陵君者亦不必論姑隨其律之長短而差爲五音聲歌之際善過度焉亦未見其爲不和也故雖千聲百聲同歸於五亦奚論於四清哉然則蔡書之筭雖甚精詳竊恐聖人作樂之意不如是之繁瑣也况上下相生往而不返之説於理又難通

予附録此條以備參考云

律呂別書終　建陽　李樹令男舉人有則校刊

10091 律呂別書一卷（明）季本撰　明嘉靖李有則刻本

匡高 18.1 釐米，廣 12.9 釐米。半葉十行，行二十一字，白口，左右雙邊。南京圖書館藏。

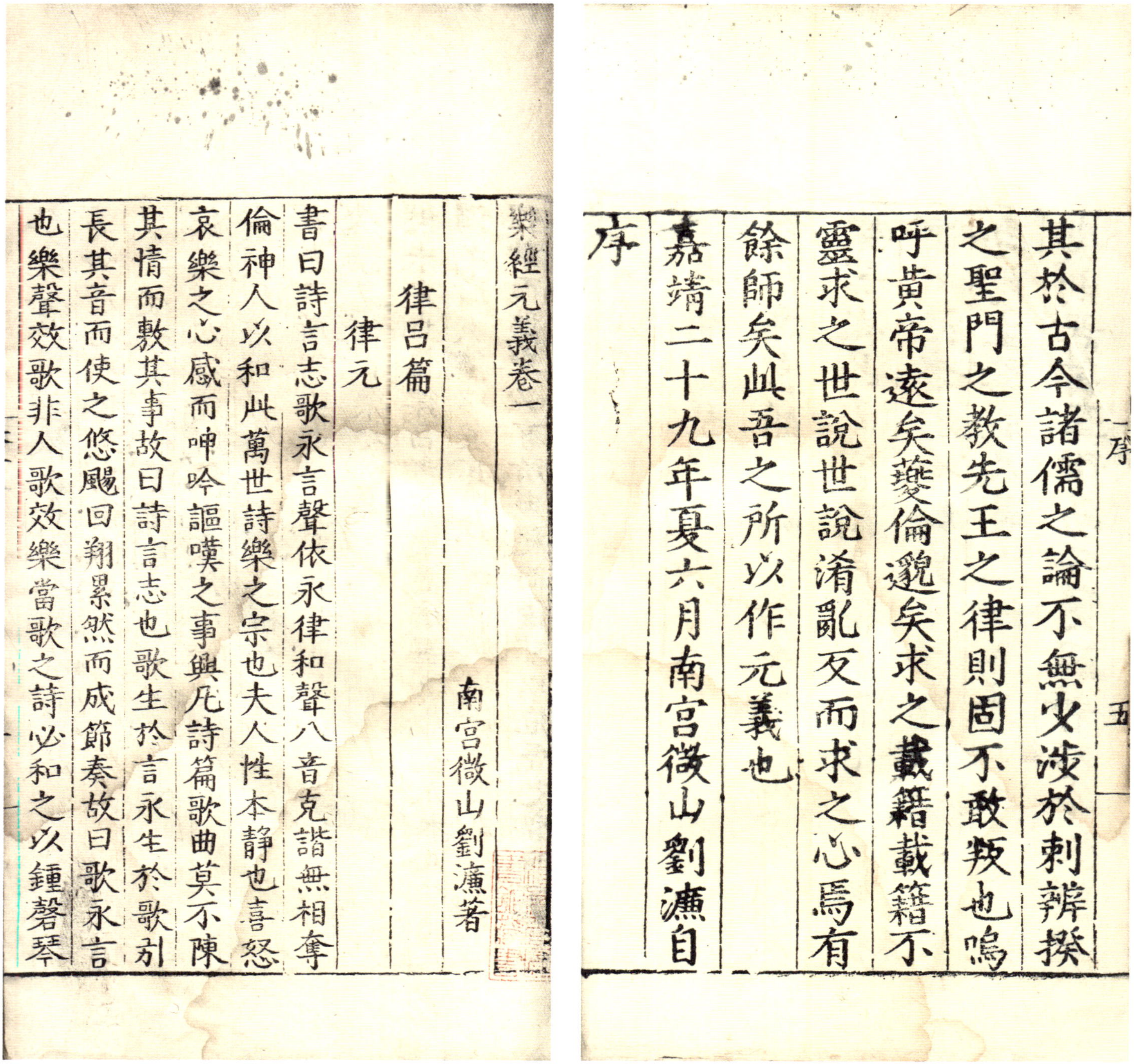

其於古今諸儒之論不無少淺於刺辨撥之聖門之教先王之律則固不敢叛也嗚呼黃帝遠矣夔倫邈矣求之載籍載籍不靈求之世說世說淆亂反而求之心焉有餘師矣此吾之所以作元義也

嘉靖二十九年夏六月南宮微山劉濂自序

序　五

樂經元義卷一

律呂篇

律元

南宮微山劉濂著

書曰詩言志歌永言聲依永律和聲八音克諧無相奪倫神人以和此萬世詩樂之宗也夫人性本靜也喜怒哀樂之心感而呻吟謳嘆之事與凡詩篇歌曲莫不陳其情而敷其事故曰詩言志也歌生於言永生於歌剋長其音而使之悠颺回翔纍然而成節奏故曰歌永言也樂聲效歌非人歌效樂當歌之詩必和之以鍾磬琴

10092 樂經元義八卷 （明）劉濂撰 明嘉靖刻本

匡高 19.5 釐米，廣 13.3 釐米。半葉十行，行二十一字，白口，四周單邊。河南省圖書館藏。

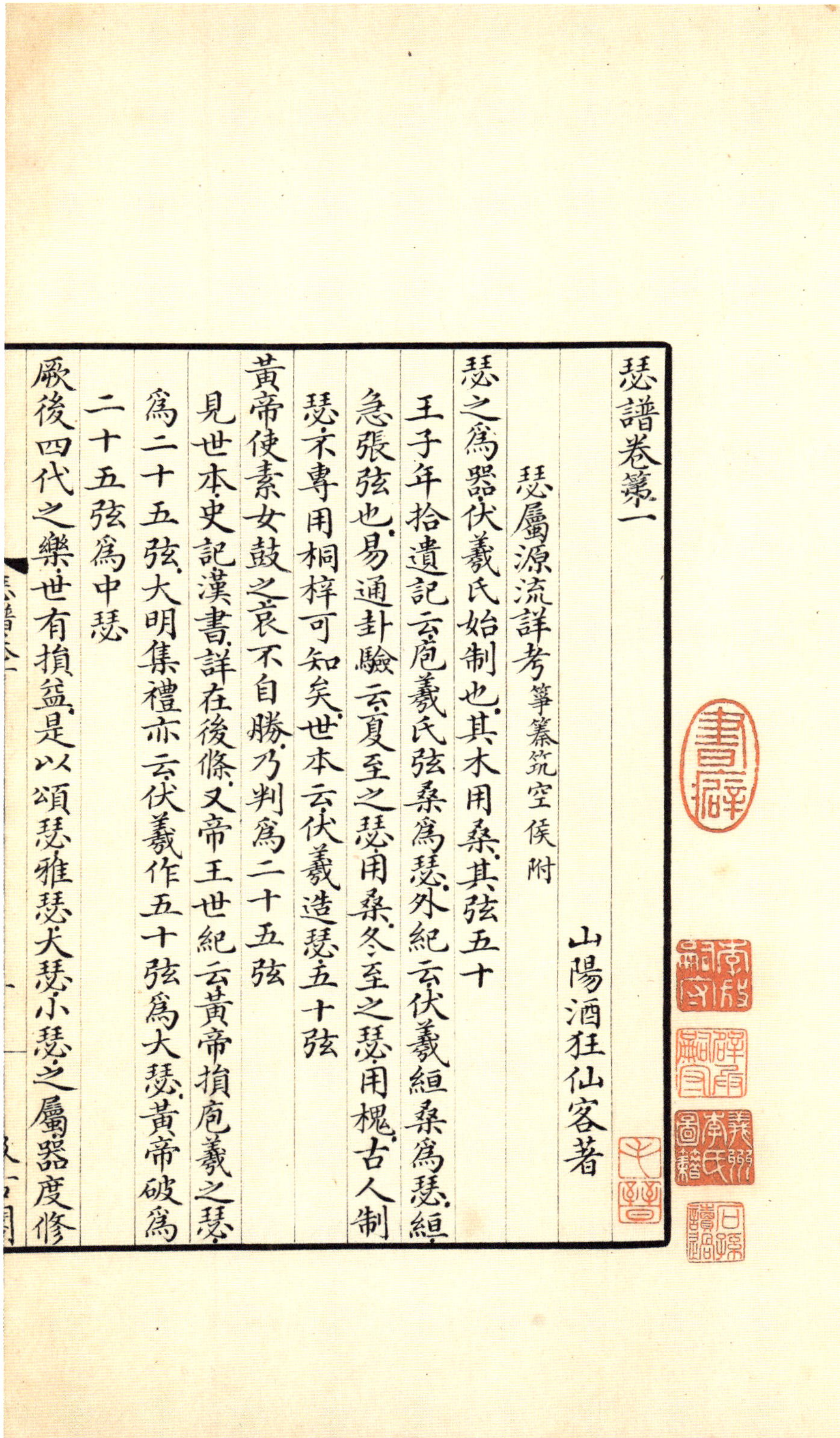

瑟譜卷第一

山陽酒狂仙客著

瑟屬源流詳考 箏纂筑空侯附

瑟之爲器伏羲氏始制也其木用桑其弦五十

王子年拾遺記云庖羲氏弦桑爲瑟外紀云伏羲絙桑爲瑟絙

急張弦也易通卦驗云夏至之瑟用桑冬至之瑟用槐古人制

瑟亦不專用桐梓可知矣世本云伏羲造瑟五十弦

黃帝使素女鼓之哀不自勝乃判爲二十五弦

見世本史記漢書詳在後條又帝王世紀云黃帝損庖羲之瑟

爲二十五弦大明集禮亦云伏羲作五十弦爲大瑟黃帝破爲

二十五弦爲中瑟

厥後四代之樂世有損益是以頌瑟雅瑟大瑟小瑟之屬器度修

10093 瑟譜十卷 （明）朱載堉撰 清初毛氏汲古閣抄本

匡高 18.2 釐米，廣 13 釐米。半葉十二行，行二十五字，白口，四周單邊。有“子晉”、“蕘圃過眼”、“義州李氏圖籍”、“李放嗣守”等印。黃丕烈跋。國家圖書館藏。

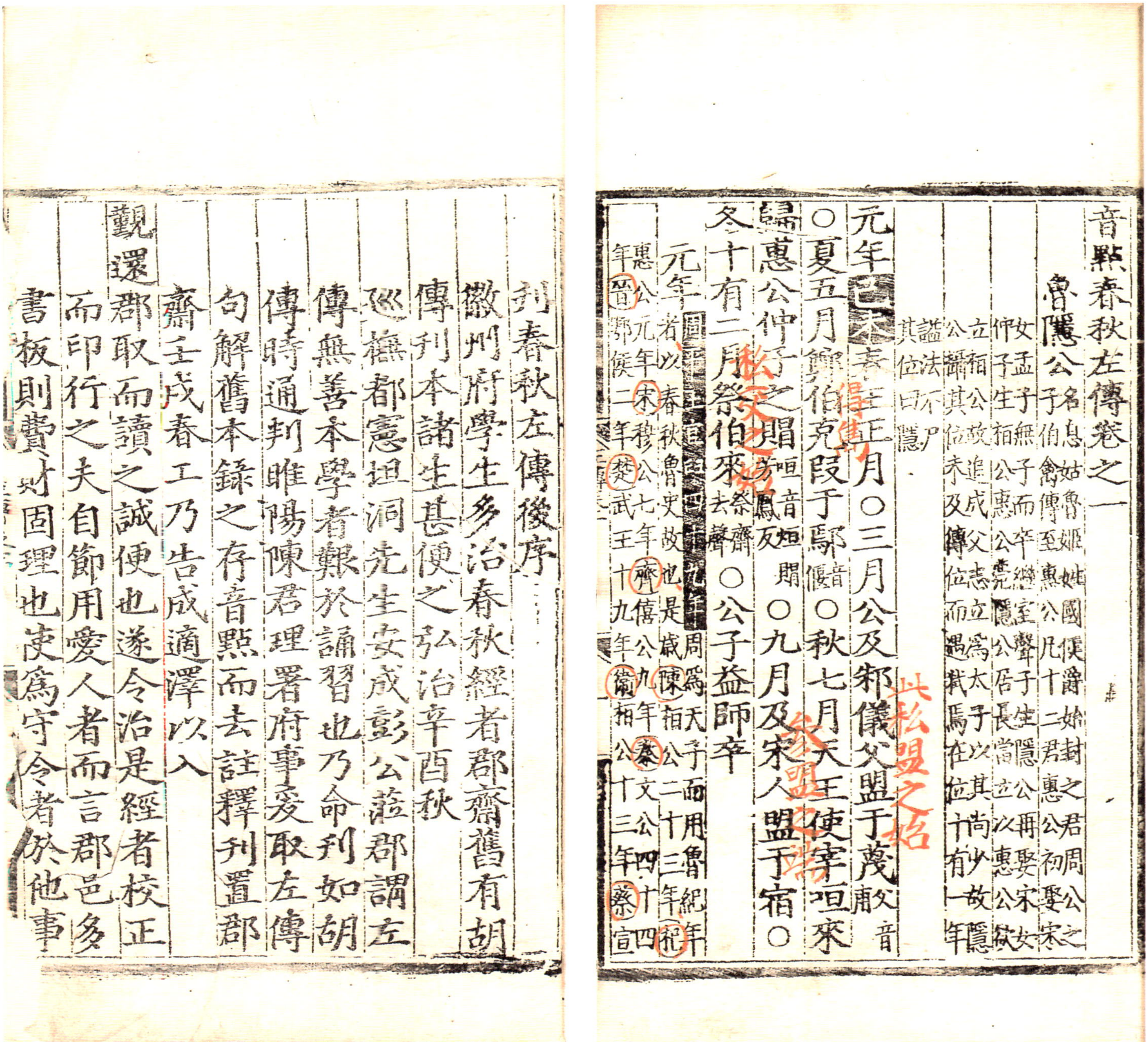

10094 音點春秋左傳十六卷 明弘治十五年（1502）陳理刻本

匡高 19.2 釐米，廣 13.1 釐米。半葉十一行，行二十一字，小字雙行同，黑口，四周雙邊。丁丙跋。南京圖書館藏。

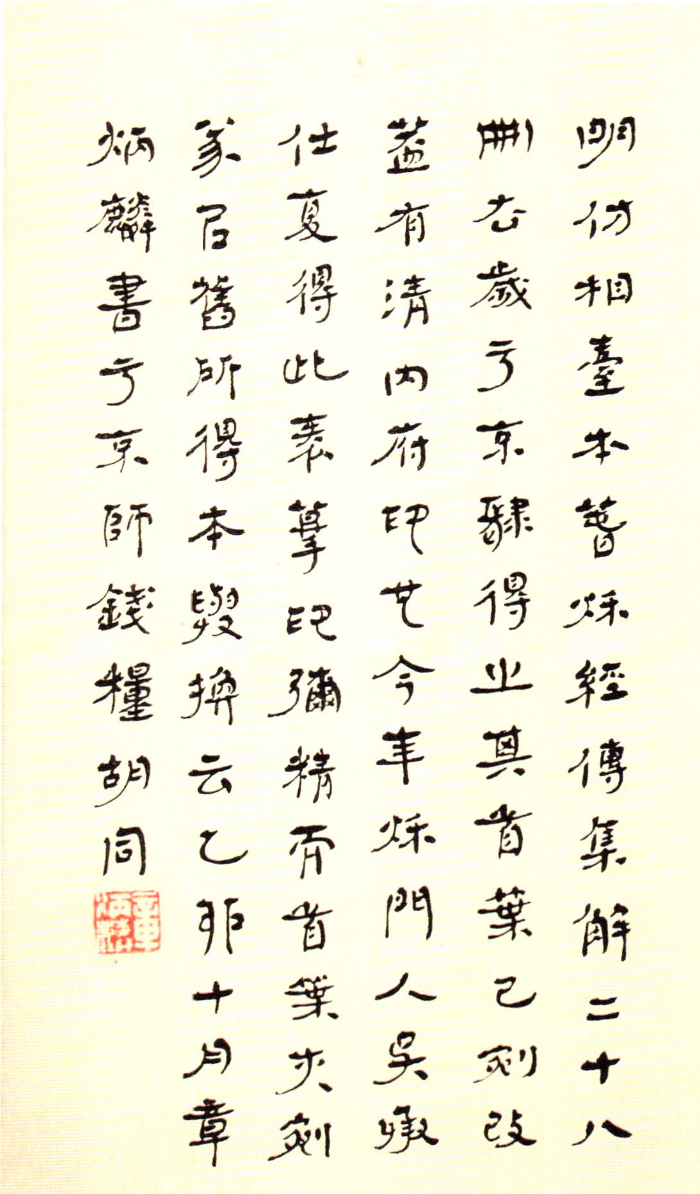
明仿相臺本春秋經傳集解二十八冊，去歲于京肆得之，其首葉已剜改，蓋有清內府印也。今年於門人吳承仕處得此，表葺已彌精，而首葉未剜，家吕舊所得本毀換云。乙卯十月章炳麟書于京師錢糧胡同

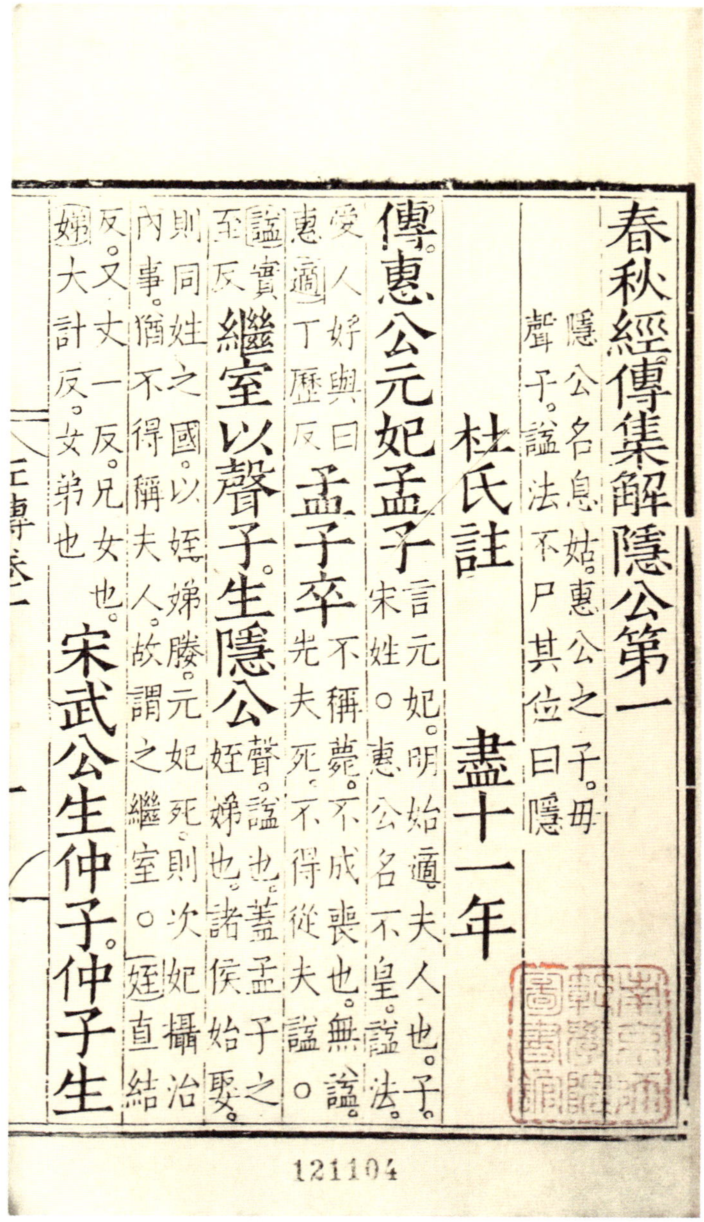
春秋經傳集解隱公第一
隱公名息姑。惠公之子。母聲子。謚法不尸其位曰隱
杜氏註　盡十一年
傳。惠公元妃孟子 言元妃。明始適夫人也。子。宋姓。○惠公名不皇。謚法。愛人好與曰惠。適丁歷反 孟子卒 不稱薨。不成喪也。無謚。先夫死。不得從夫謚。○ 繼室以聲子。生隱公 聲。謚也。蓋孟子之姪娣也。諸侯始娶。則同姓之國。以姪娣媵。元妃死。則次妃攝治內事。猶不得稱夫人。故謂之繼室。○謚實至反 姪直結反。又丈一反。兄女也。娣大計反。女弟也 宋武公生仲子。仲子生
左傳卷一　一
121104

10095 春秋經傳集解三十卷 （晉）杜預撰 （唐）陸德明釋文 明刻本

匡高 22 釐米，廣 13.6 釐米。半葉八行，行十七字，小字雙行同，白口，四周雙邊。章炳麟跋。南京師範大學圖書館藏。

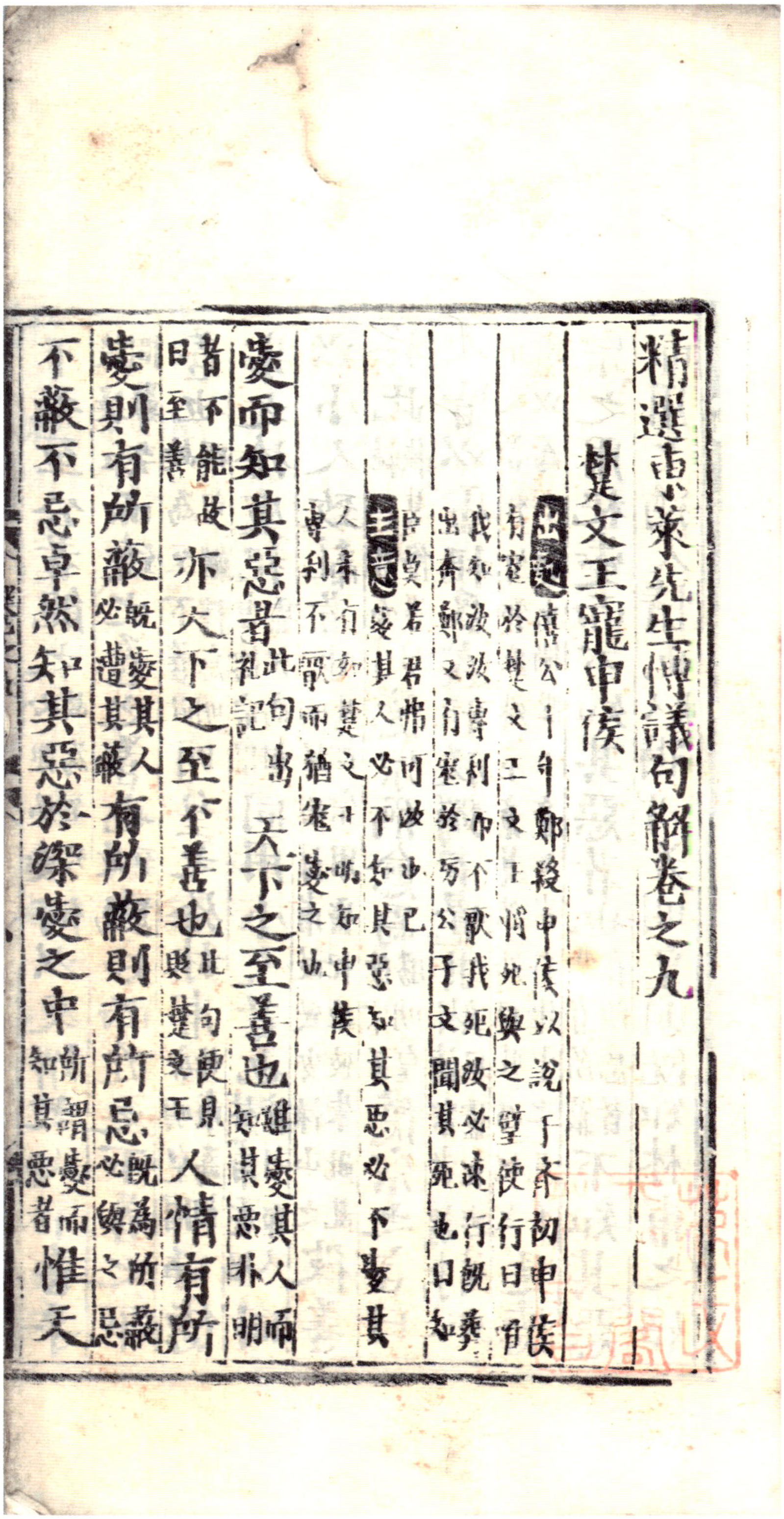

10096 精選東萊先生博議句解十六卷 （宋）呂祖謙撰 （宋）張成招注

明前期刻本

匡高 19.9 釐米，廣 12.8 釐米。半葉十行，行二十字，小字雙行同，黑口，四周雙邊。寧波市天一閣博物館藏，存八卷。

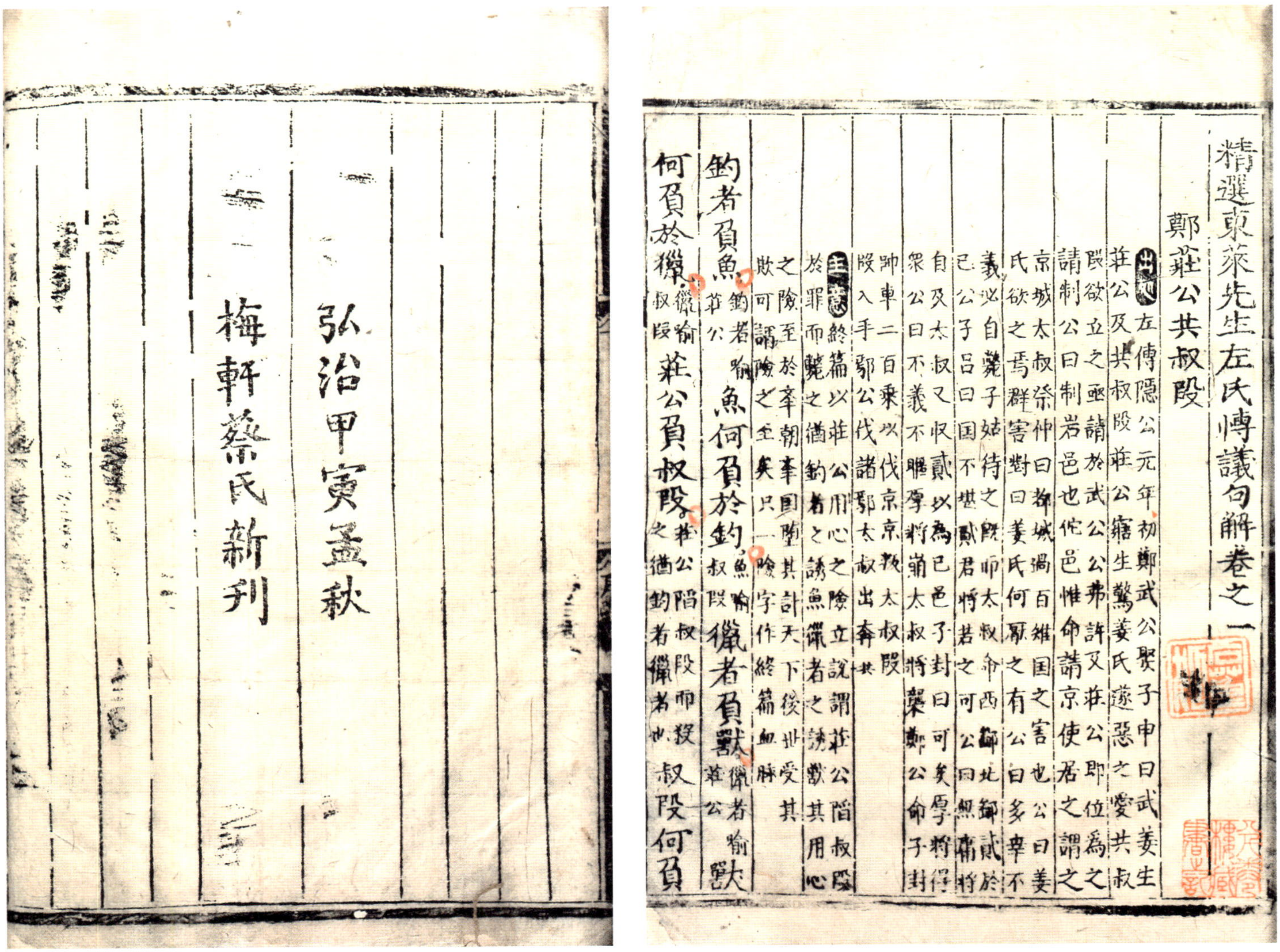
弘治甲寅孟秋
梅軒蔡氏新刊

精選東萊先生左氏博議句解卷之一
鄭莊公共叔段
出處 左傳隱公元年初鄭武公娶于申曰武姜生莊公及共叔段莊公寤生驚姜氏遂惡之愛共叔段欲立之亟請於武公公弗許及莊公即位爲之請制公曰制巖邑也佗邑唯命請京使居之謂之京城太叔祭仲曰都城過百雉國之害也公曰姜氏欲之焉辟害對曰姜氏何厭之有公曰多行不義必自斃子姑待之既而太叔命西鄙北鄙貳於己公子呂曰國不堪貳君將若之何公曰無庸將自及太叔又收貳以爲己邑子封曰可矣厚將得衆公曰不義不暱厚將崩太叔將襲鄭公命子封帥車二百乘以伐京京叛太叔段段入于鄢公伐諸鄢太叔出奔共
主意 終篇以莊公用心之險立說謂莊公陷叔段於罪而斃之猶釣者之誘魚獵者之誘獸其用心之險至於幸朝奉國墮其計天下後世受其欺可謂險之至矣只一險字作終篇血脈
釣者負魚釣者喻莊公魚何負於釣魚喻叔段獵者負獸獵者喻莊公何負於獵獸喻叔段莊公負叔段之莊公陷叔段而殺之猶釣者獵者也叔段何負

10097 精選東萊先生左氏博議句解十六卷 （宋）呂祖謙撰 明弘治七年（1494）蔡紳刻本

匡高 24 釐米，廣 18.2 釐米。半葉十二行，行二十三字，小字雙行同，黑口，四周雙邊。丁丙跋。南京圖書館藏。

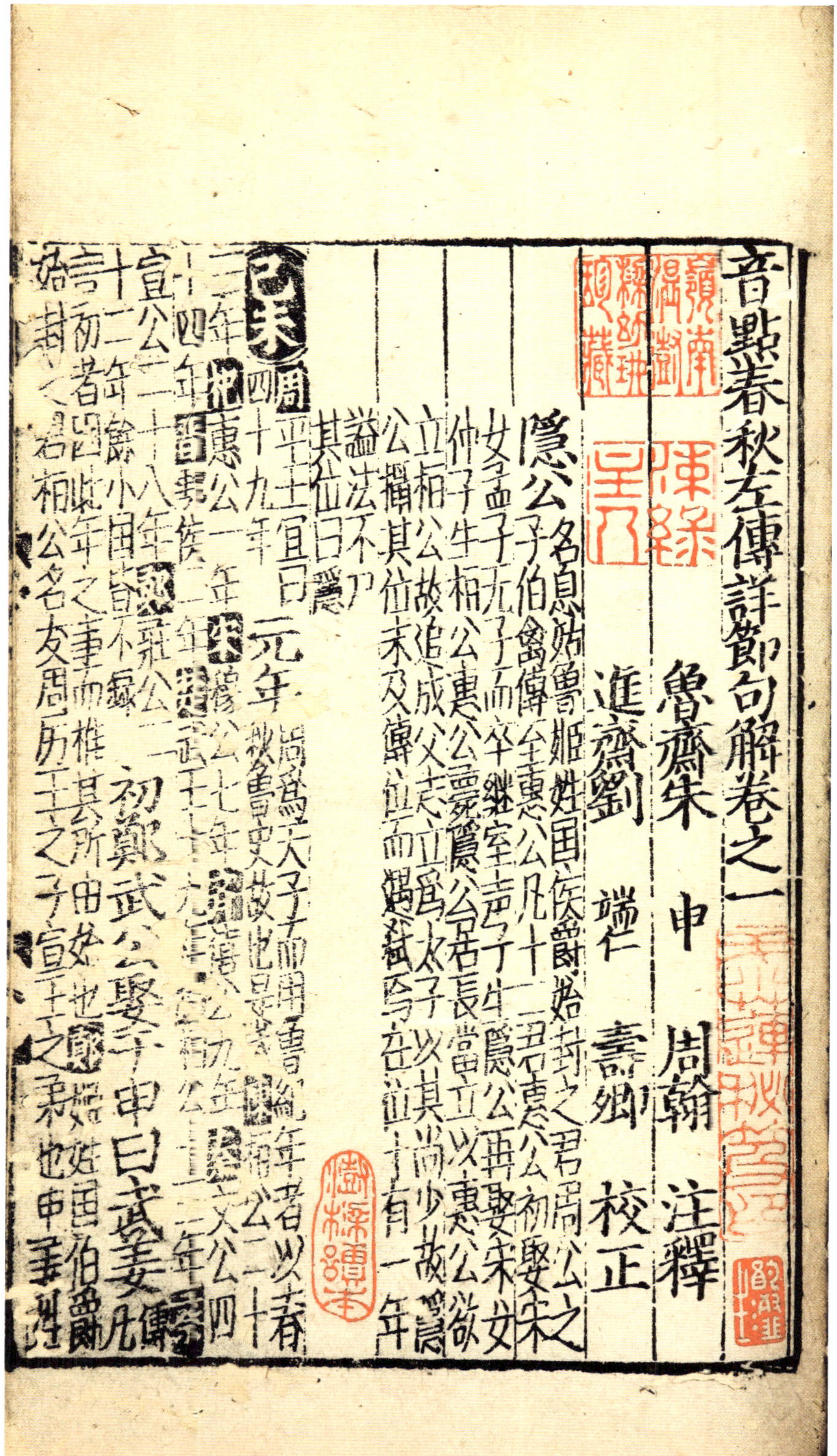
音點春秋左傳詳節句解卷之一
魯齋朱　申　周翰　注釋
進齋劉　端仁　壽卿　校正

10098 音點春秋左傳詳節句解三十五卷 （宋）朱申撰　明前期刻本

匡高 15.9 釐米，廣 10.6 釐米。半葉十一行，行二十一字，小字雙行同，黑口，左右雙邊。有“戈小蓮秘笈印”、“曾釗之印”、“面城樓藏書印”、“温印澍梁”、“涑緑主人”等印。國家圖書館藏。

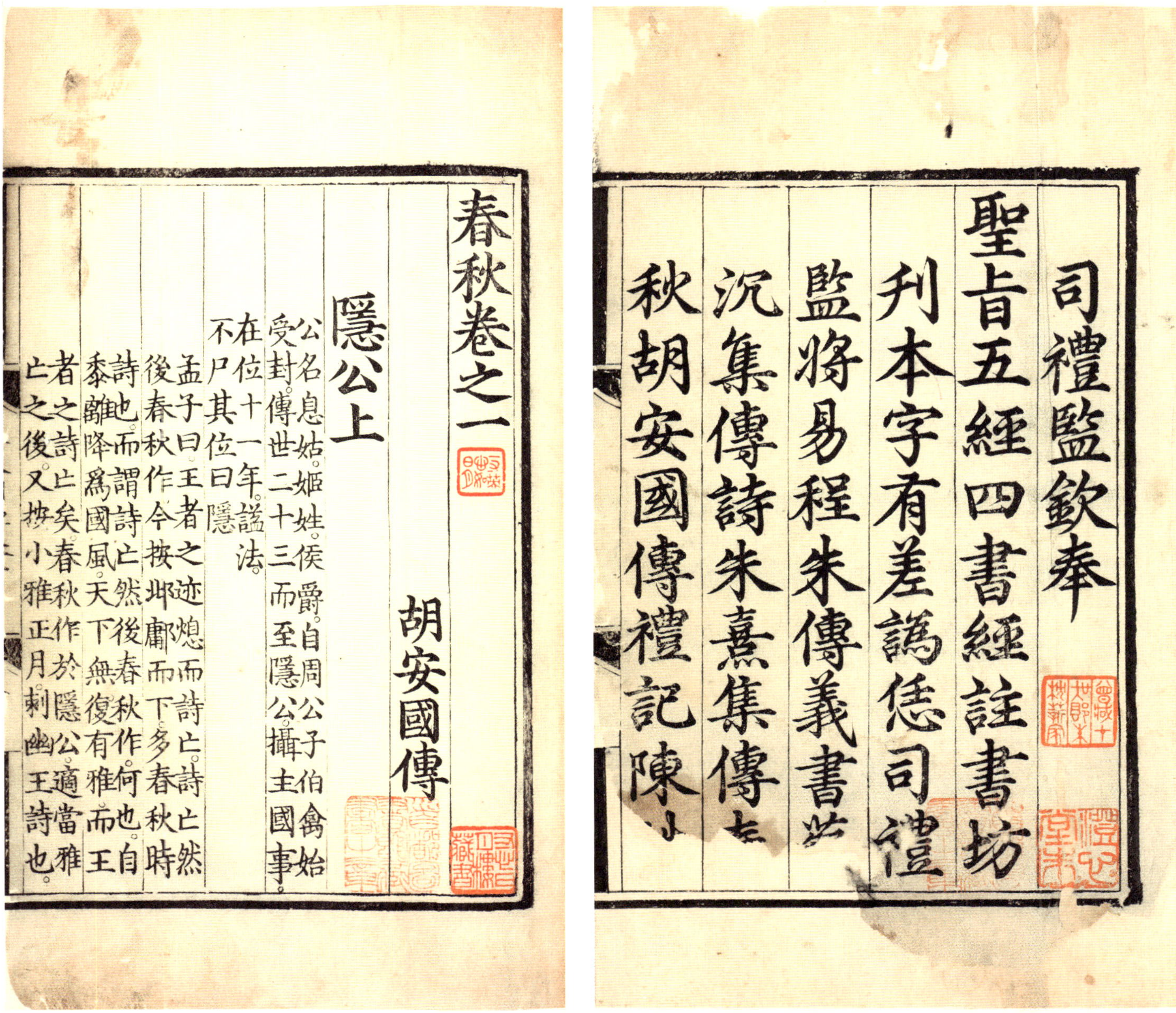

10099、10100 春秋胡傳三十卷 （宋）胡安國撰 明正統十二年（1447）司禮監刻本

匡高 23 釐米，廣 16.3 釐米。半葉八行，行十四字，小字雙行十八字，黑口，四周雙邊。首都圖書館藏，有“澄心堂朱”、“曾藏在吴縣朱枕薪家”、“寸心日月樓藏書”等印；中共中央黨校圖書館藏。

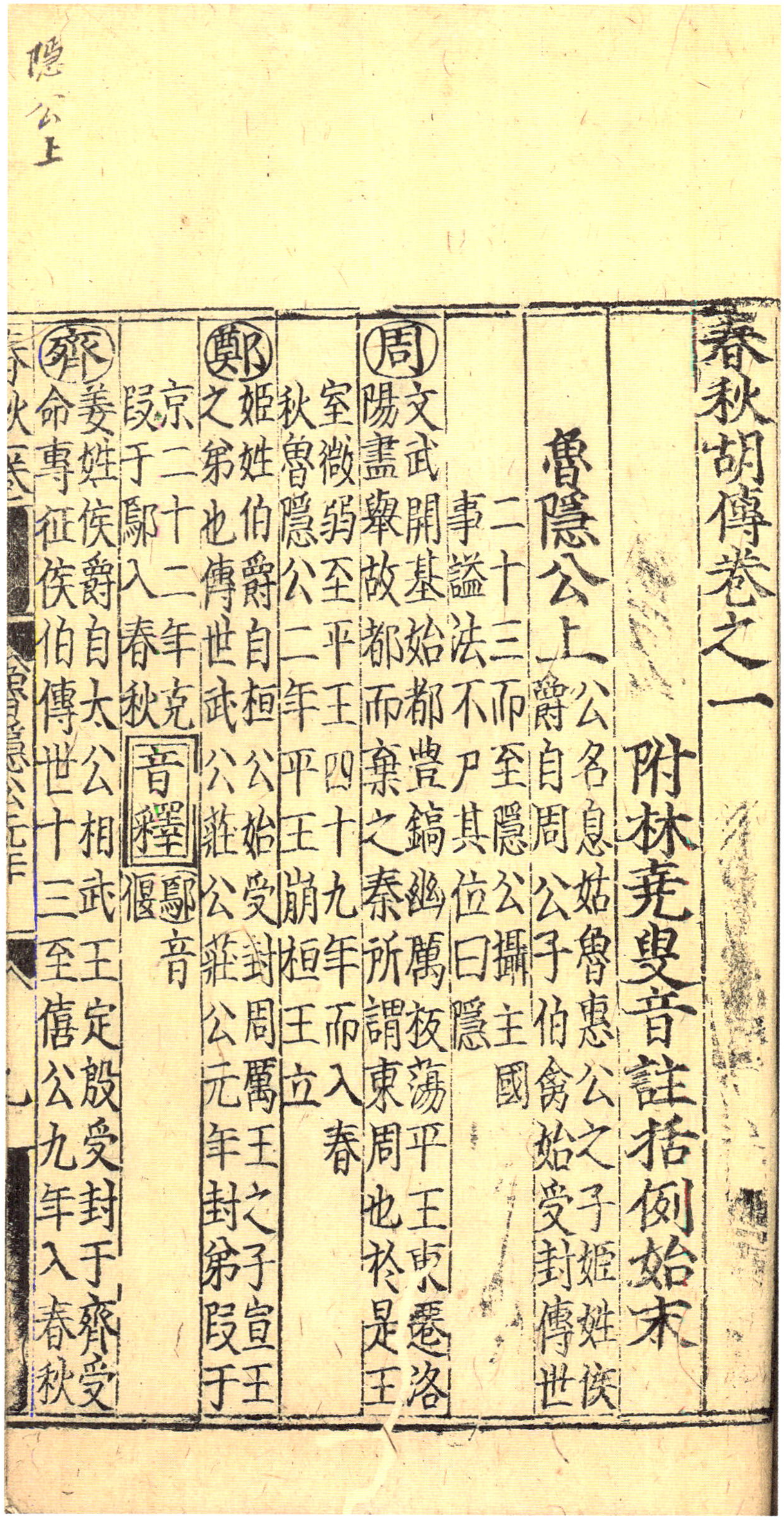

隱公上

春秋胡傳卷之一

附林堯叟音註括例始末

魯隱公上 公名息姑魯惠公之子姬姓侯爵自周公子伯禽始受封傳世二十三而至隱公攝主國事謚法不尸其位曰隱

周 文武開基始都豊鎬幽厲板蕩平王東遷洛陽盡舉故都而棄之秦所謂東周也於是王室微弱至平王四十九年而入春秋魯隱公二年平王崩桓王立

鄭 姬姓伯爵自桓公始受封周厲王之子宣王之弟也傳世武公莊公莊公元年封弟段于京二十二年克段于鄢入春秋 音釋 鄢音偃

齊 姜姓侯爵自太公相武王定殷受封于齊受命專征侯伯傳世十三至僖公九年入春秋

10101 春秋胡傳三十卷 （宋）胡安國撰 （宋）林堯叟音注 明慎獨齋刻本

匡高 17.7 釐米，廣 11.9 釐米。半葉九行，行十八字，小字雙行同，黑口，四周雙邊。寧波市天一閣博物館藏。

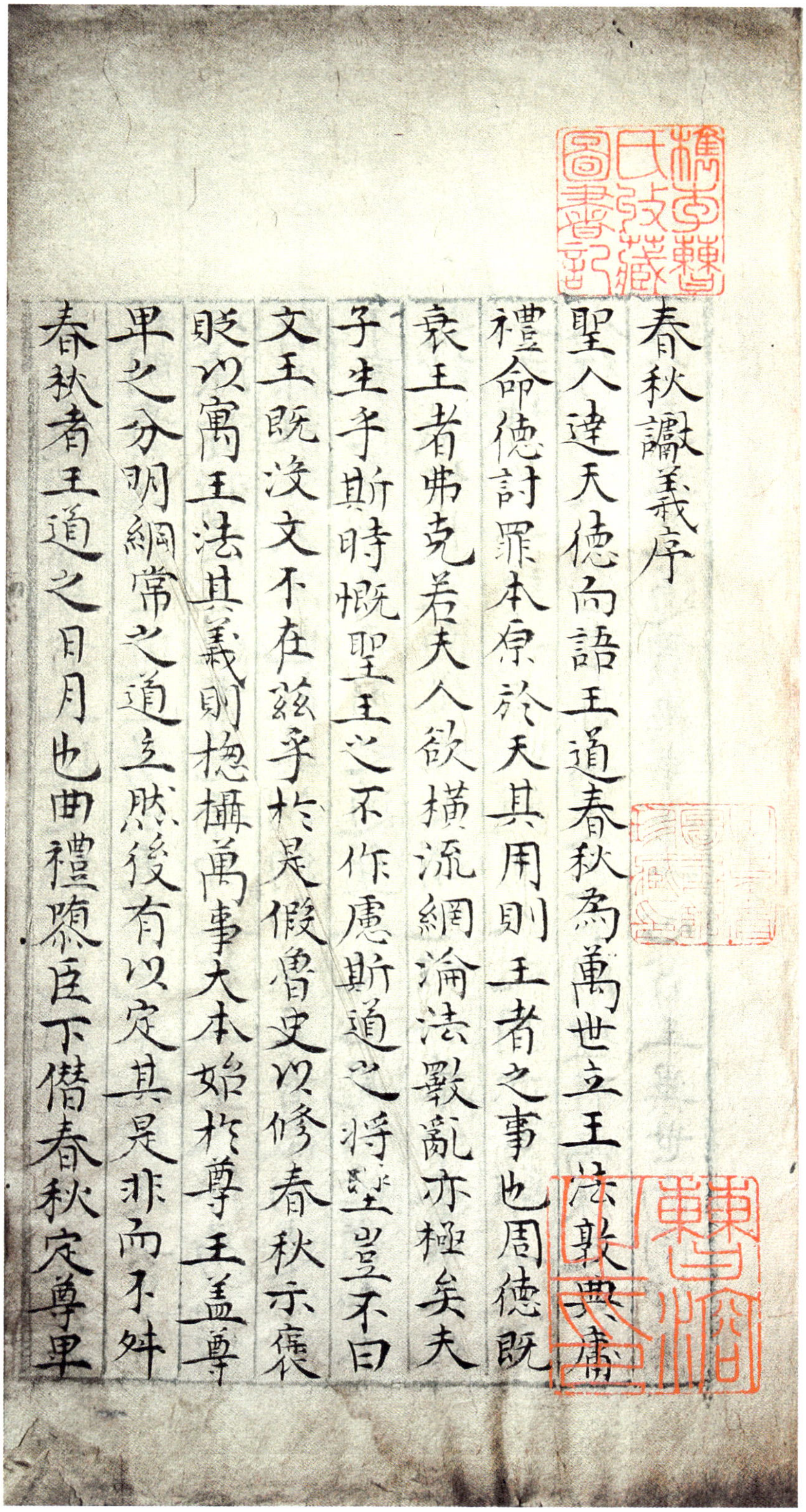

春秋讞義序
聖人達天德向語王道春秋爲萬世立王法典庸
禮命德討罪本原於天其用則王者之事也周德既
衰王者弗克若夫人欲横流綱淪法斁亂亦極矣夫
子生乎斯時慨聖王之不作慮斯道之將墜豈不曰
文王既沒文不在茲乎於是假魯史以修春秋示褒
貶以寓王法其義則總攝萬事大本始於尊王蓋尊
卑之分明綱常之道立然後有以定其是非而不外
春秋者王道之日月也曲禮隳廢臣下僭春秋定尊卑

10102 春秋讞義九卷 （元）王元杰撰 明末抄本

匡高 19 釐米，廣 11.5 釐米。半葉九行，行二十字，藍格，白口，四周單邊。有“檇李曹氏收藏圖書記”、“曹溶之印”等印。山東省圖書館藏。

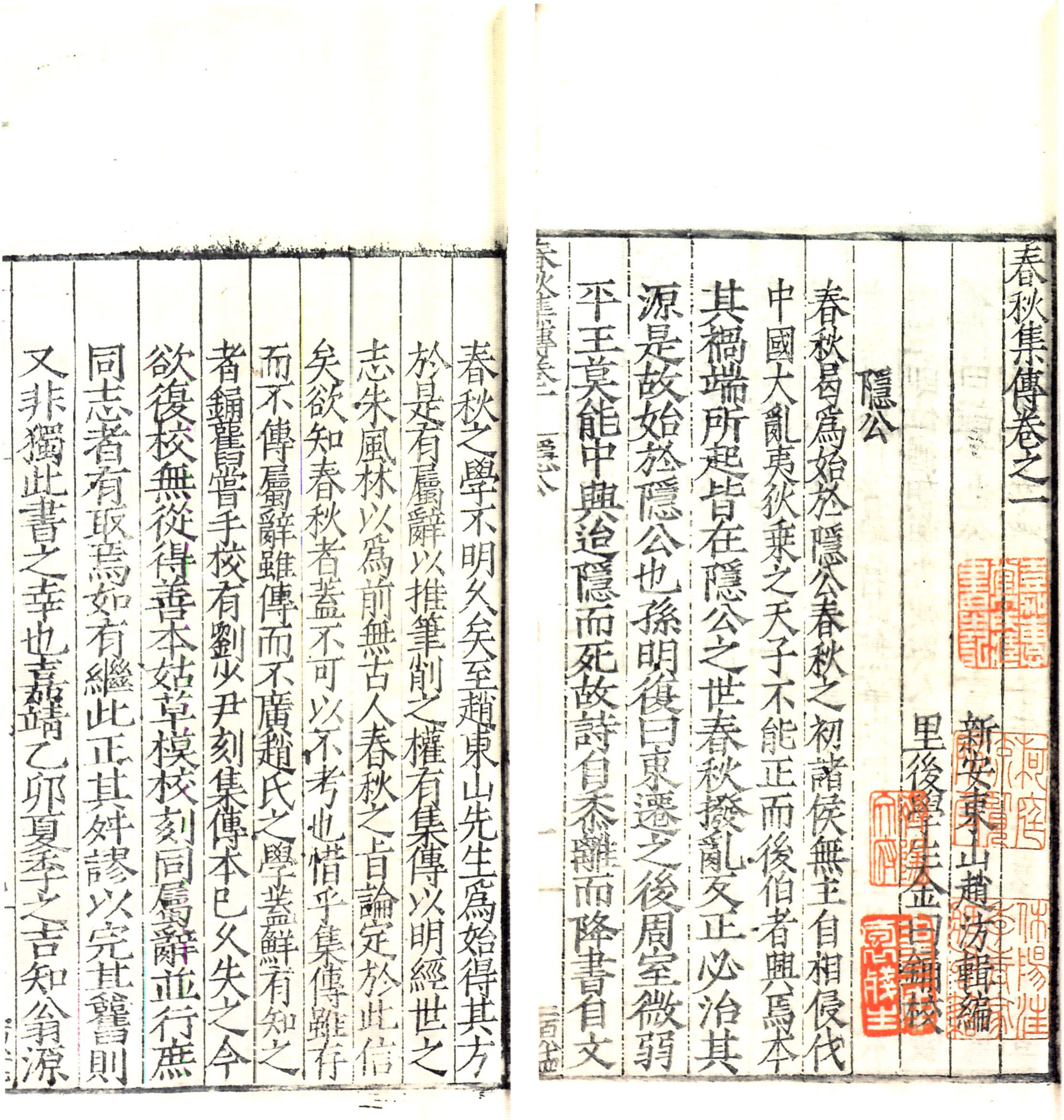

春秋集傳卷之一

新安東山趙汸輯編

里後學金曰鏞校

隱公

春秋曷爲始於隱公春秋之初諸侯無王自相侵伐中國大亂夷狄乘之天子不能正而後伯者興焉本其禍端所起皆在隱公之世春秋撥亂反正必治其源是故始於隱公也孫明復曰東遷之後周室微弱平王莫能中興迨隱而死故詩自黍離而降書自文

春秋之學不明久矣至趙東山先生爲始得其方於是有屬辭以推筆削之權有集傳以明經世之志朱風林以爲前無古人春秋之旨論定於此信矣欲知春秋者蓋不可以不考也惜乎集傳雖存而不傳屬辭雖傳而不廣趙氏之學蓋鮮有知之者鏞舊嘗手校有劉少尹刻集傳本已久失之今欲復校無從得善本姑草模校刻同屬辭並行庶同志者有取焉如有繼此正其舛謬以完其舊則又非獨此書之幸也嘉靖乙卯夏季之吉知谷翁源

10103 春秋集傳十五卷 （元）趙汸撰 明嘉靖三十四年（1555）金曰鏞刻藍印本

匡高 18.6 釐米，廣 12.7 釐米。半葉九行，行二十一字，小字雙行同，白口，四周單邊。有“休陽汪季青家藏圖籍”、“柯庭流覽所及”、“嘉惠堂丁氏藏書之記”等印。丁丙跋。南京圖書館藏。

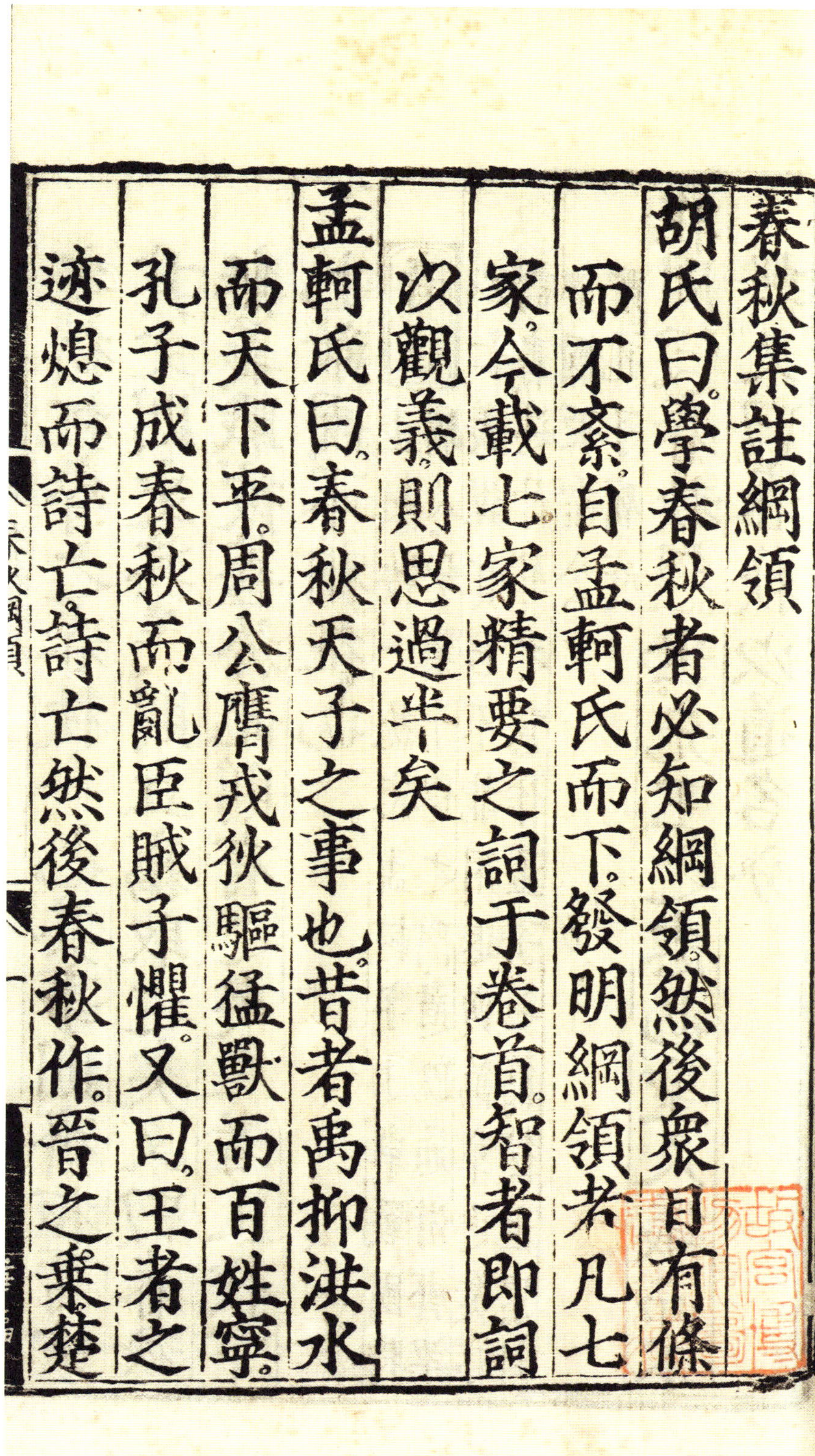
春秋集註綱領
胡氏曰學春秋者必知綱領然後衆目有條
而不紊自孟軻氏而下發明綱領者凡七
家今載七家精要之詞于卷首智者即詞
以觀義則思過半矣
孟軻氏曰春秋天子之事也昔者禹抑洪水
而天下平周公膺戎狄驅猛獸而百姓寧
孔子成春秋而亂臣賊子懼又曰王者之
迹熄而詩亡詩亡然後春秋作晉之乘楚

10104 春秋四傳三十八卷綱領一卷提要一卷列國東坡圖説一卷春秋二十國年表一卷諸國興廢説一卷 明嘉靖十一年（1532）建寧府刻本

匡高 21 釐米，廣 13.6 釐米。半葉九行，行十七字，小字雙行同，黑口，四周雙邊。故宮博物院藏。

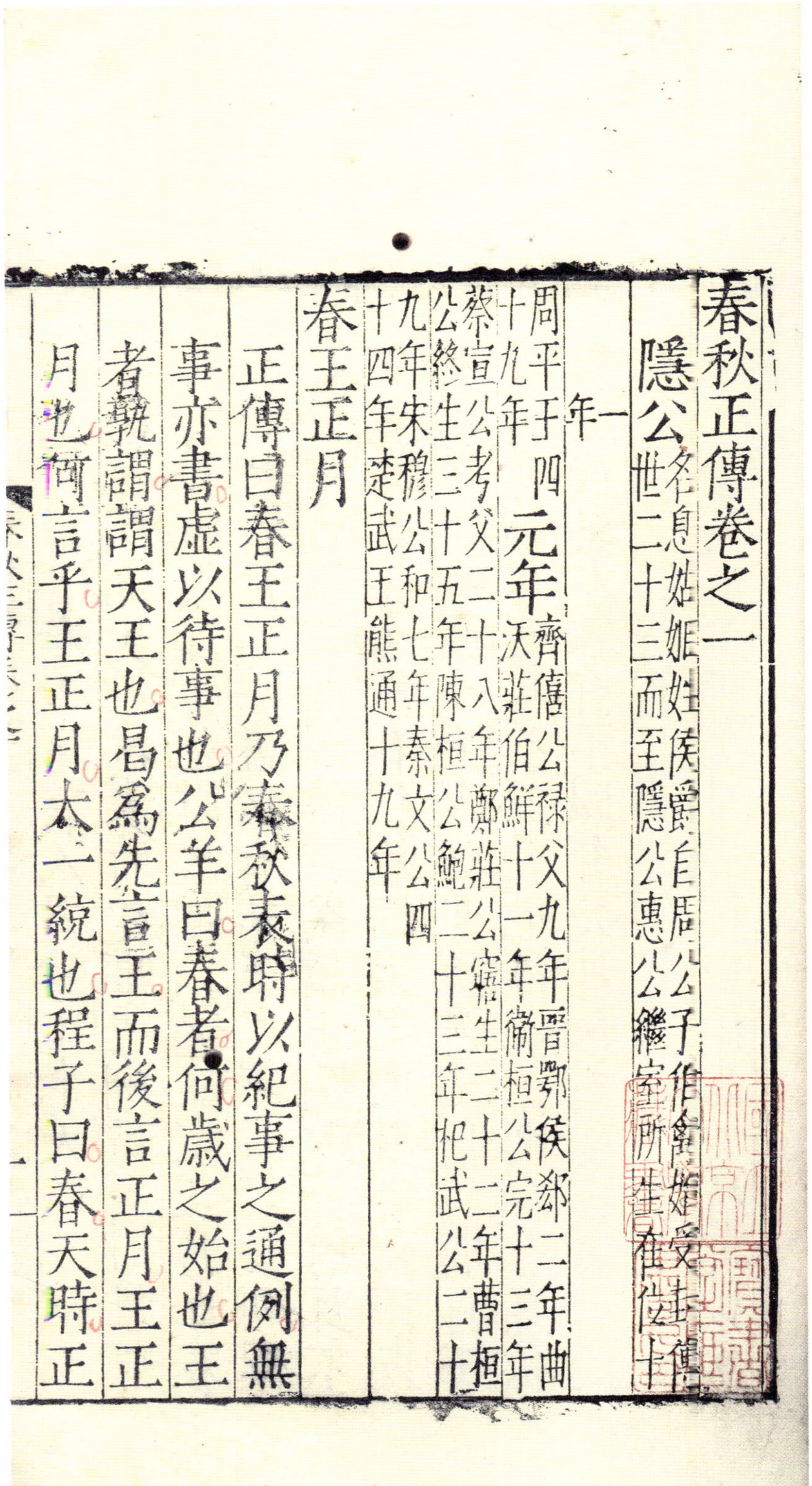

春秋正傳卷之一

隱公名息姑姬姓侯爵自居公子伯禽始受封傳世二十三而至隱公惠公繼室所生在位十一年

元年周平王四十九年齊僖公祿父九年晉鄂侯郄二年曲沃莊伯鮮十一年衛桓公完十三年蔡宣公考父二十八年鄭莊公寤生二十二年曹桓公終生三十五年陳桓公鮑二十三年杞武公二十九年宋穆公和七年秦文公四十四年楚武王熊通十九年

春王正月

正傳曰春王正月乃春秋表時以紀事之通例無事亦書虛以待事也公羊曰春者何歲之始也王者孰謂謂天王也曷爲先言王而後言正月王正月也何言乎王正月大一統也程子曰春天時正

10105 春秋正傳三十七卷 （明）湛若水撰 明嘉靖刻本

匡高 20.9 釐米，廣 14.1 釐米。半葉十一行，行二十字，小字雙行同，白口，左右雙邊。北京大學圖書館藏。

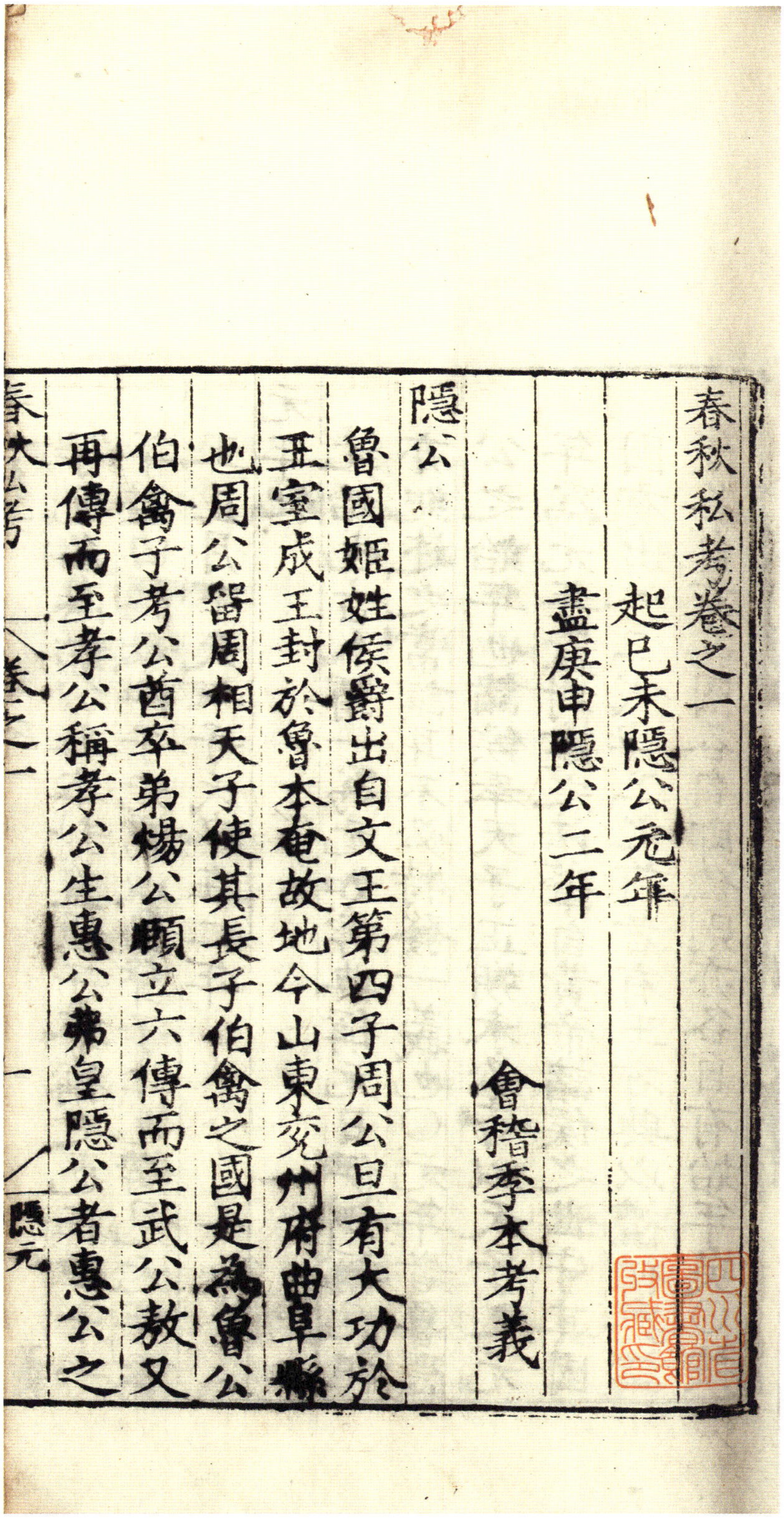

10106 春秋私考三十六卷首一卷 （明）季本撰 明嘉靖刻本

匡高 18.6 釐米，廣 12.8 釐米。半葉十行，行二十一字，白口，左右雙邊。

四川省圖書館藏。

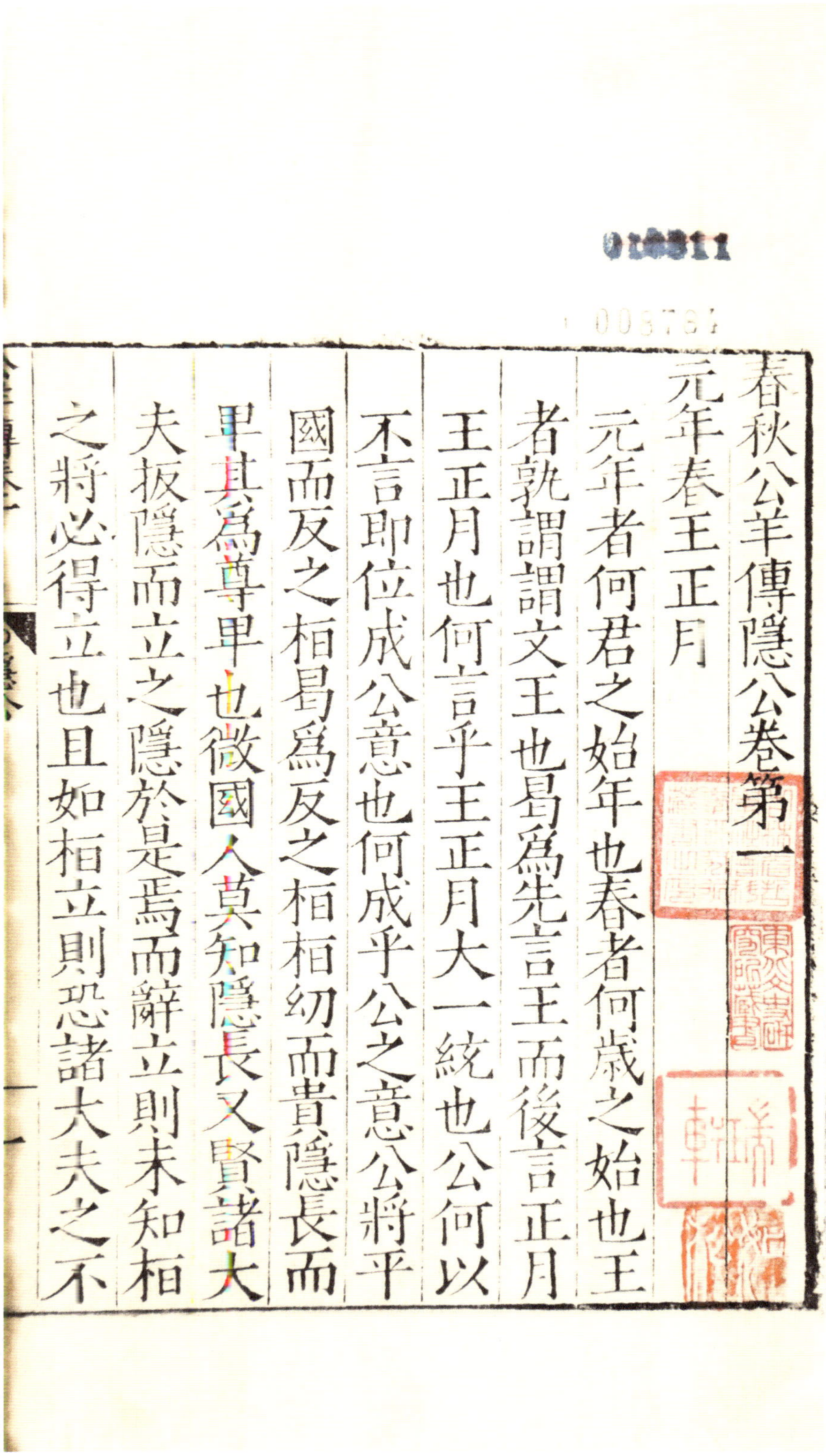

10107 春秋公羊傳二十卷穀梁傳十二卷 明隆慶刻本

匡高 16.3 釐米，廣 13.6 釐米。半葉十行，行十八字，白口，四周單邊。吉林省社會科學院圖書館藏。

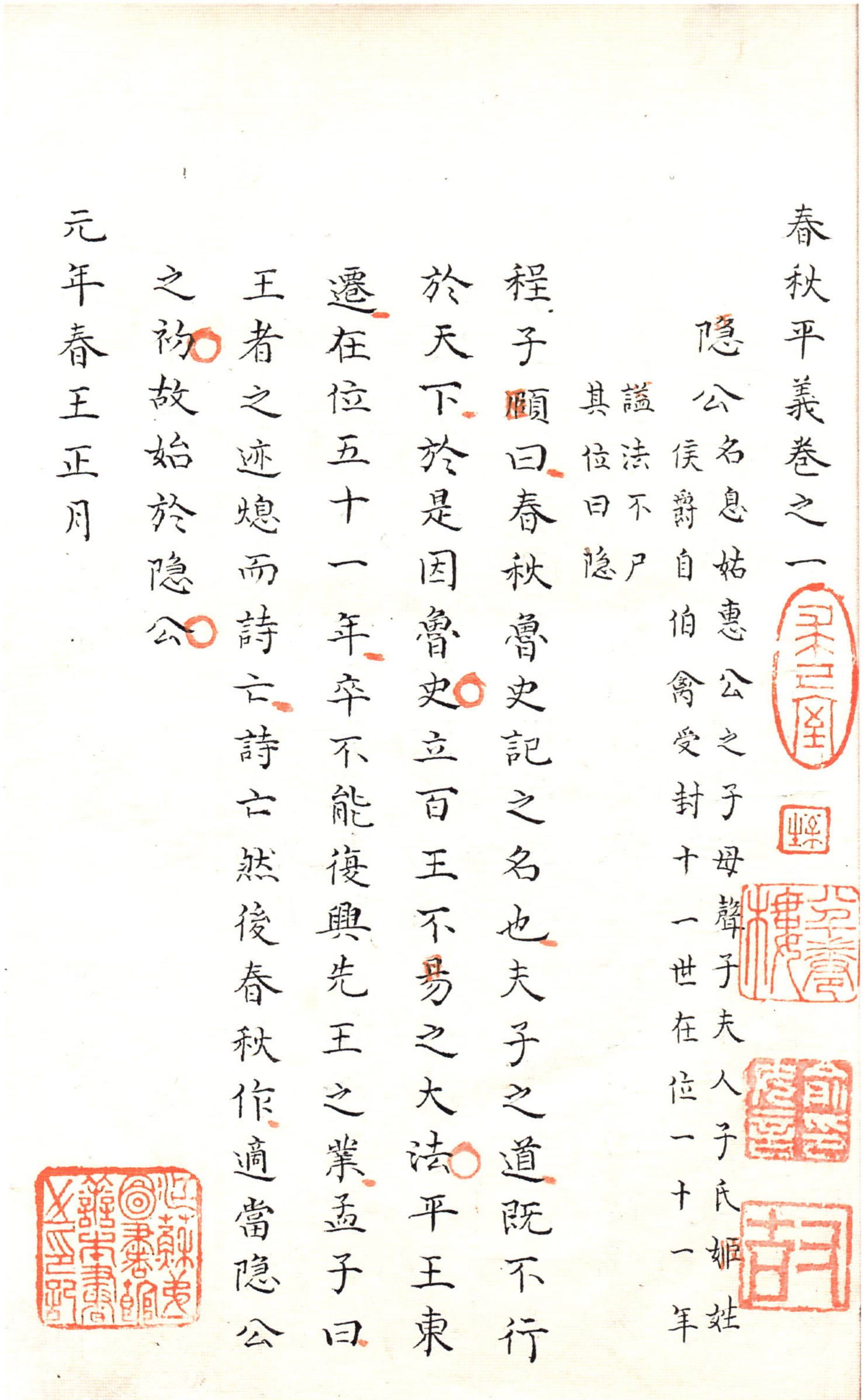

春秋平義卷之一

隱公名息姑惠公之子母聲子夫人子氏姬姓侯爵自伯禽受封十一世在位一十一年諡法不尸其位曰隱

程子頤曰春秋魯史記之名也夫子之道既不行於天下於是因魯史立百王不易之大法平王東遷在位五十一年卒不能復興先王之業孟子曰王者之迹熄而詩亡詩亡然後春秋作適當隱公之初故始於隱公

元年春王正月

10108 春秋平義十二卷 （清）俞汝言撰 稿本

半葉九行，行二十字，小字雙行同。有“俞印汝言”、“八千卷樓”等印。丁丙跋。南京圖書館藏。

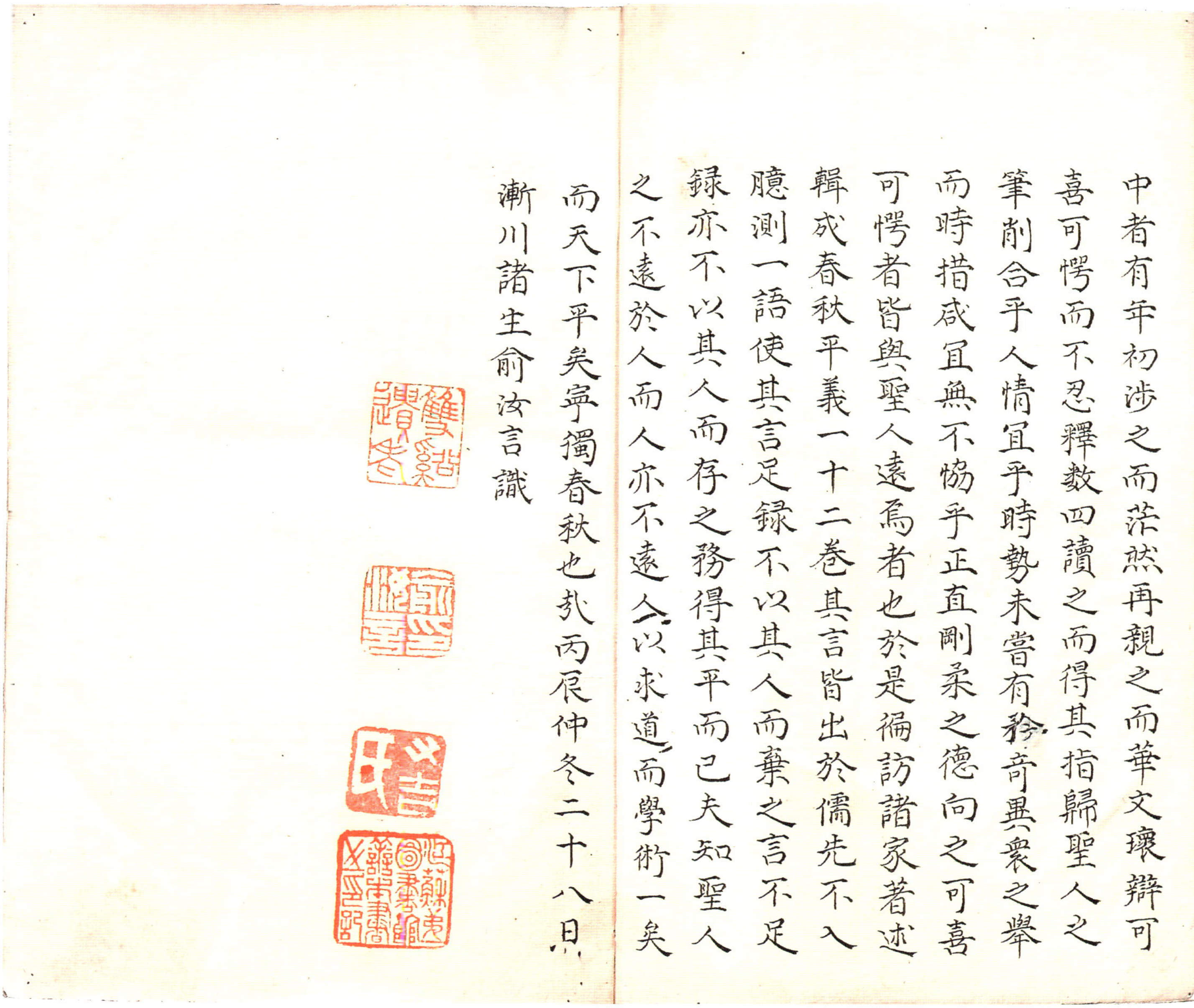

中者有年初涉之而茫然再親之而華文瓌辯可喜可愕而不忍釋數四讀之而得其指歸聖人之筆削合乎人情宜乎時勢未嘗有矜奇異衆之舉而時措咸宜無不協乎正直剛柔之德向之可喜可愕者皆與聖人遠爲者也於是徧訪諸家著述輯成春秋平義一十二卷其言皆出於儒先不入臆測一語使其言足録不以其人而棄之言不足録亦不以其人而存之務得其平而已夫知聖人之不遠於人而人亦不遠人以求道而學術一矣而天下平矣寧獨春秋也哉丙辰仲冬二十八日

漸川諸生俞汝言識

10108 春秋平義十二卷

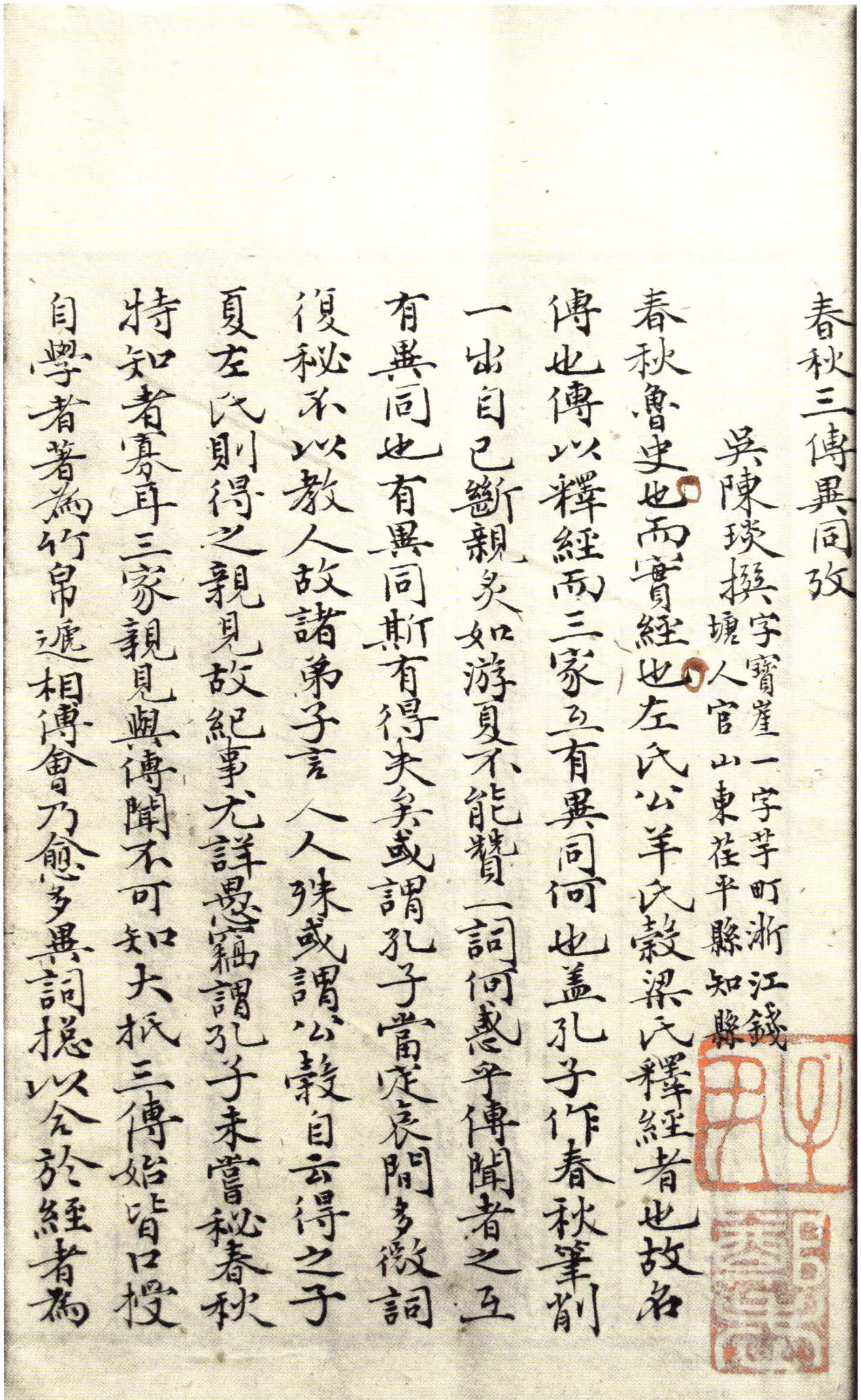
春秋三傳異同攷

吴陳琰撰字寶崖一字芋町浙江錢塘人官山東茌平縣知縣

春秋魯史也而實經也左氏公羊氏穀梁氏釋經者也故名傳也傳以釋經而三家互有異同何也蓋孔子作春秋筆削一出自己斷親炙如游夏不能贊一詞何惑乎傳聞者之互有異同也有異同斯有得失矣或謂孔子當定哀間多微詞復秘不以教人故諸弟子言人人殊或謂公穀自云得之子夏左氏則得之親見故紀事尤詳愚竊謂孔子未嘗秘春秋特知者寡耳三家親見與傳聞不可知大抵三傳始皆口授自學者著爲竹帛遞相傳會乃愈多異詞揔以合於經者爲

10109 春秋三傳異同考一卷 （清）吳陳琰撰 清鄭珍抄本

貴州省博物館藏。

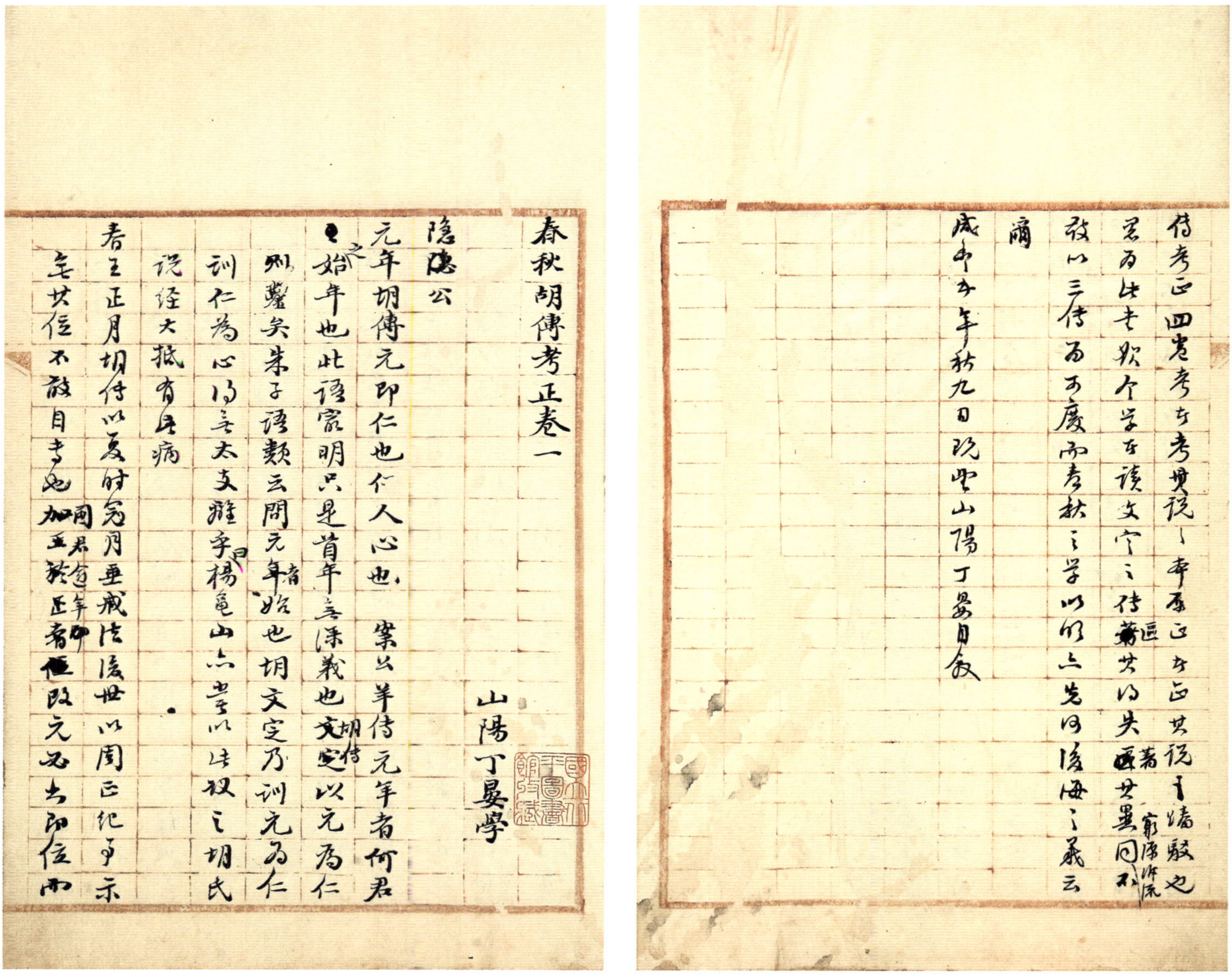

10110 春秋胡傳考正四卷續録二卷 （清）丁晏撰 稿本

匡高18.6釐米，廣14.9釐米。半葉十行，行二十二字，小字雙行同，白口，四周單邊。續録二卷，半葉十一行，行二十三字。有“延古堂李氏藏書”、“積學齋徐乃昌藏書”等印。國家圖書館藏。

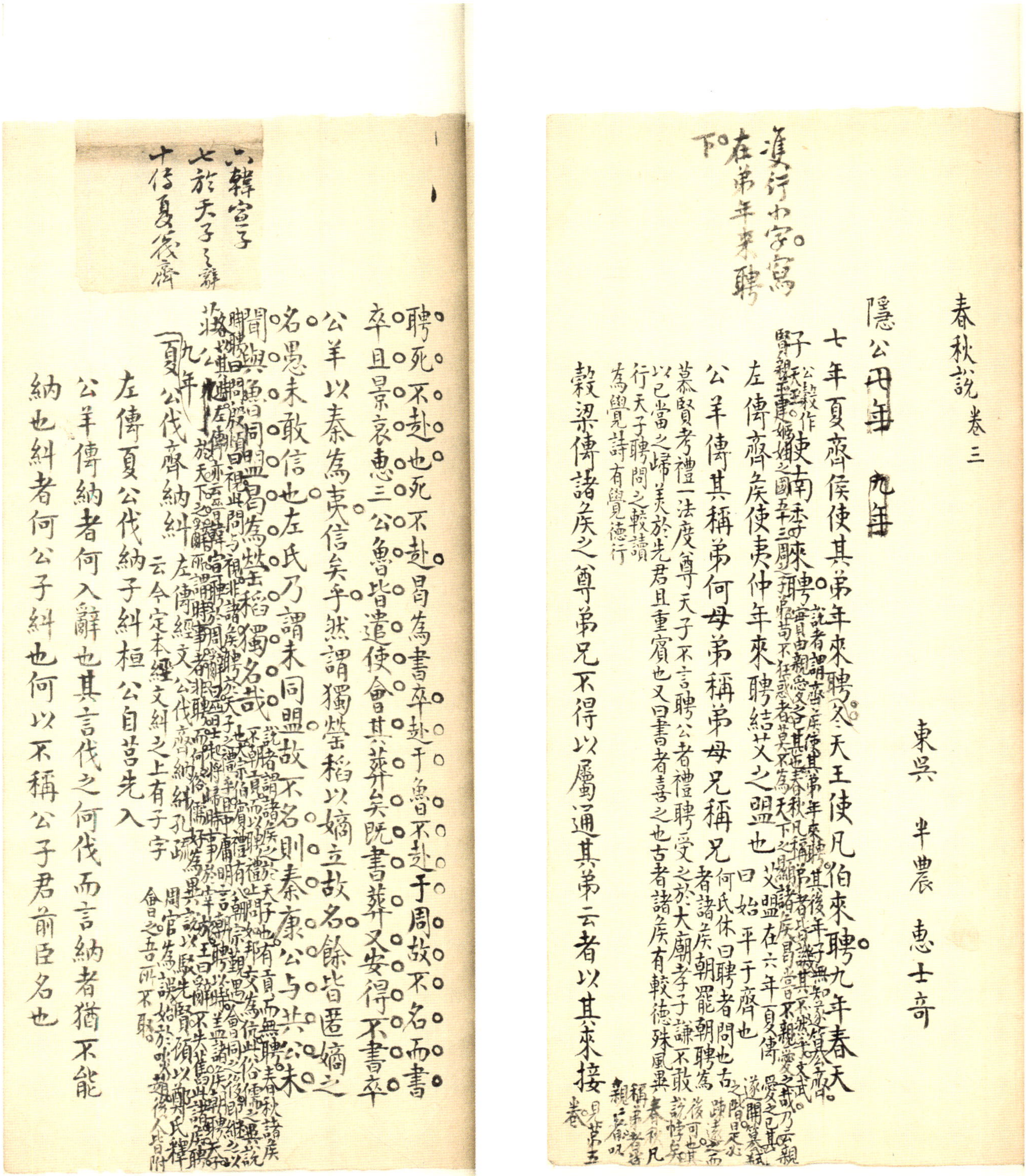

春秋說 卷三

東吳 半農 惠士奇

隱公

七年夏齊侯使其弟年來聘 九年春天

王使南季來聘

左傳齊侯使夷仲年來聘結艾之盟也

公羊傳其稱弟何母弟稱弟母兄稱兄

穀梁傳諸侯之尊弟兄不得以屬通其弟云者以其來接

聘死不赴也死不赴曷為書卒赴于魯不赴于周故不名而書

卒且景哀惠三公魯皆遣使會其葬葬矣既書葬又安得不書卒

公羊以秦為夷信矣乎然謂獨罃稻以嫡立故名餘皆匿嫡之

名愚未敢信也左氏乃謂未同盟故不名則秦康公與共公未

聞與魯同盟曷為罃稻獨名哉

九年 夏公伐齊納糾

左傳夏公伐納子糾桓公自莒先入

公羊傳納者何入辭也其言伐之何伐而言納者猶不能

納也糾者何公子糾也何以不稱公子君前臣名也

10111 春秋説五卷 （清）惠士奇撰 稿本

半葉十行，行字不等。蘇州圖書館藏，存三卷。

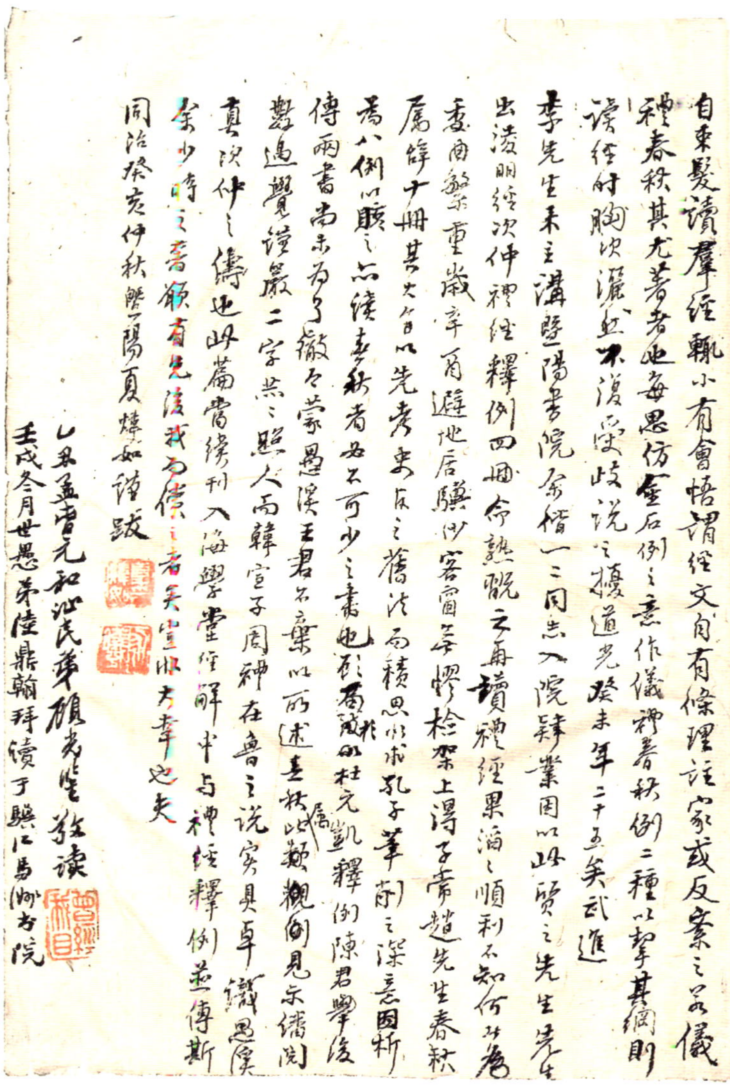

10112 春秋比類觀例二卷 （清）王銘西撰 稿本

半葉十二行，行三十一字，小字雙行同。夏煒如跋，戴望、駱棨、陳鼎、許棫、湯成烈、陸鼎翰、吴康壽題款。南京圖書館藏。

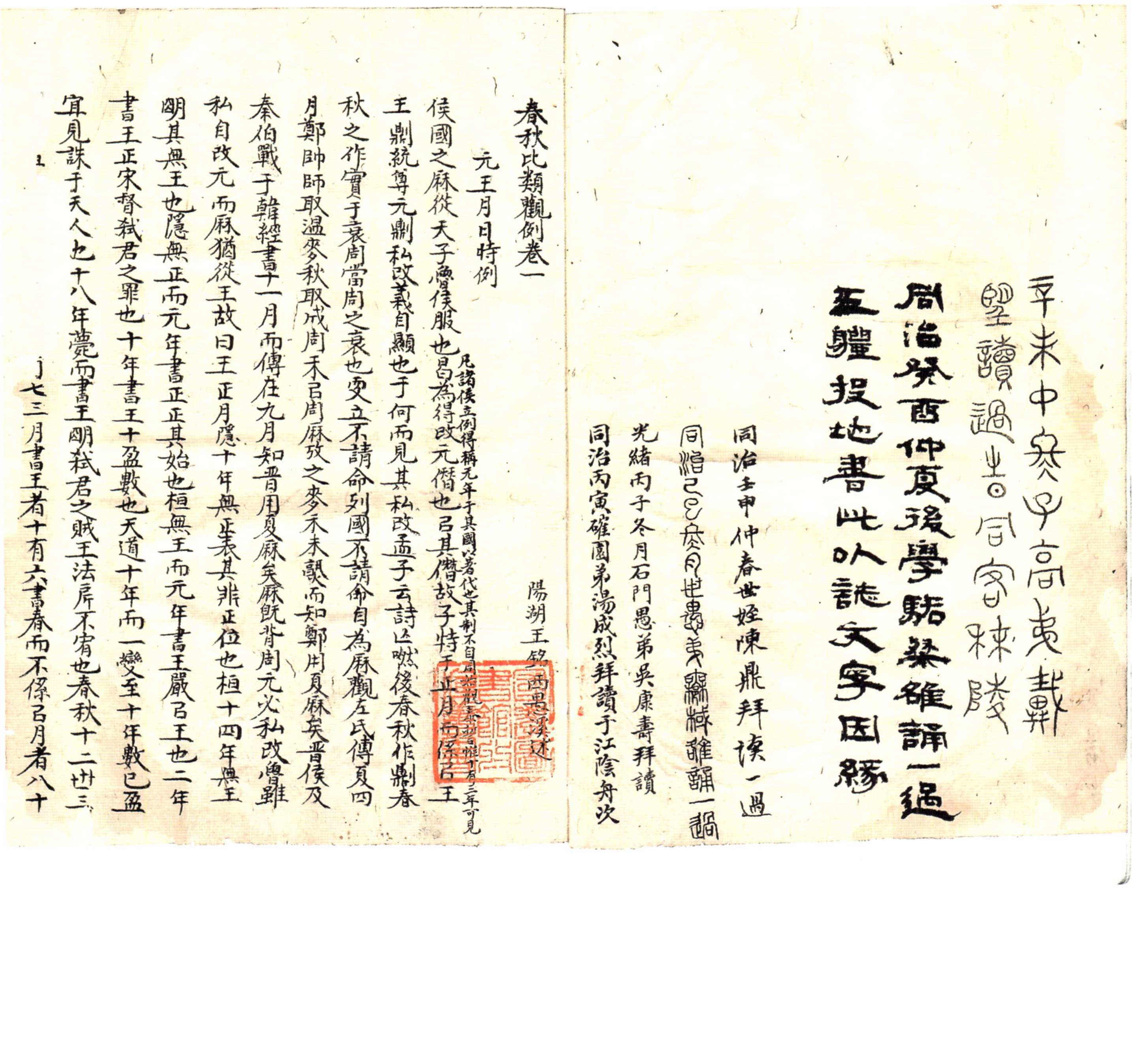
辛未中冬子高戴望讀過吉同客秣陵
同治癸酉仲夏後學賭棨雒誦一過五體投地書此以誌文字因緣
同治壬申仲春世姪陳鼎拜讀一過
同治己巳冬月世愚弟[illegible]雒誦一過
光緒丙子冬月石門愚弟吴康壽拜讀
同治丙寅確園弟湯成烈拜讀于江陰舟次

春秋比類觀例卷一
陽湖王銘西愚述
元王月日時例
侯國之麻從天子魯侯服也曷為得改元僭也昌其僭故子特于正月而係之王（凡諸侯立例得稱元年于其國以著代也其制不自周始……可見）王制統尊元制私改義自顯也于何而見其私改孟子云詩亡然後春秋作制春秋之作實于哀周當周之衰也更立不請命列國不請命自為麻觀左氏傳夏四月鄭師取温麥秋取成周禾曰周麻改之麥禾未熟而知鄭用夏麻矣晉侯及秦伯戰于韓經書十一月而傳在九月知晉用夏麻矣麻既背周元必私改魯雖私自改元而麻猶從王故曰王正月隱十年無正表其非正位也桓十四年無王明其無王也隱無正而元年書正正其始也桓無王而元年書王嚴之王也二年書王正宋督弑君之罪也十年書王十盈數也天道十年而一變至十年數已盈宜見誅于天人也十八年薨而書王明弑君之賊王法所不宥也春秋十二世三百七十三月書王者十有六書春而不係之月者八十

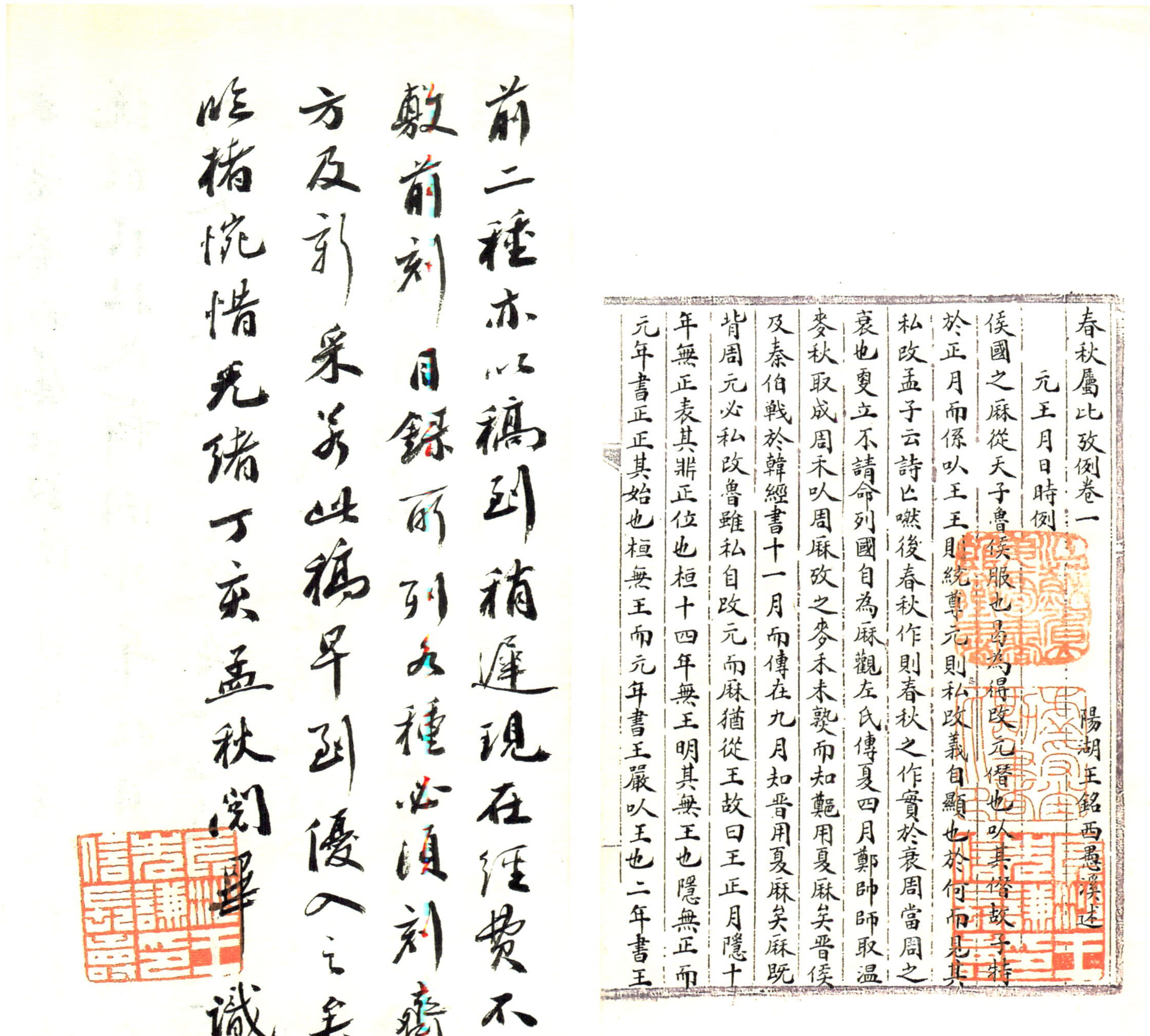

春秋屬比攷例卷一

陽湖王銘西愚溪述

元王月日時例

侯國之厤從天子魯侯服也焉得改元僭也以其終故特於正月而係以王王則統尊元則私改義自顯也於何而見其私改孟子云詩亡然後春秋作則春秋之作實於衰周當周之衰也更立不請命列國自為厤觀左氏傳夏四月鄭師取溫麥秋取成周禾以周厤攷之麥禾未熟而知鄭用夏厤矣晉侯及秦伯戰於韓經書十一月而傳在九月知晉用夏厤矣厤既背周元必私改魯雖私自改元而厤猶從王故曰王正月隱十年無正表其非正位也桓十四年無王明其無王也隱無正而元年書正正其始也桓無王而元年書王嚴以王也二年書王

10113 春秋屬比考例二卷 （清）王銘西撰 稿本

匡高 17.9 釐米，廣 13 釐米。半葉十一行，行二十四字，小字雙行同，白口，左右雙邊。王先謙跋。南京圖書館藏。

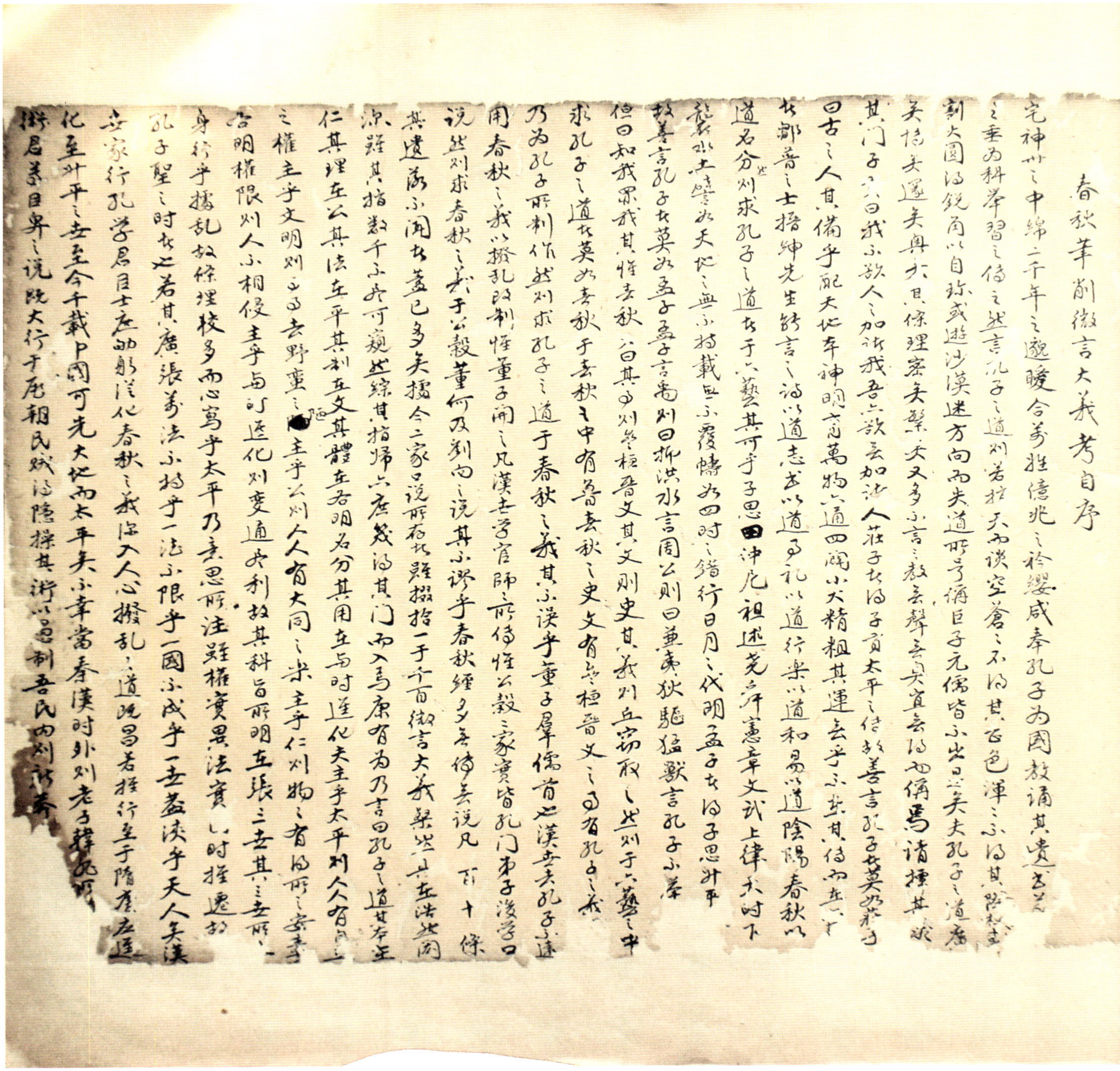

春秋筆削微言大義考自序

宅神州之中綿二千年之邈暖合芬[illegible]億兆之衿纓咸奉孔子爲國教誦其遺文者之垂而科舉習之傳之然言孔子之道則茫茫然天而談空蒼蒼之不得其正色渾渾之不得其[illegible]畔者劉大國得鏡而以自珍或遊沙漠迷方向而失道所號儒臣子元儒皆不出此矣夫孔子之道唐矣[illegible]遥矣與其條理密矣繁矣又多不言之教無聲無臭無得而稱焉請擇其欲其門子貢曰我不欲人之加諸我吾亦欲無加諸人莊子稱子貢太平之傳故善言孔子者莫如莊子曰古之人其備乎配天地本神明育萬物六通四闢小大精粗其運無乎不在其傳而在六才於鄒魯之士搢紳先生能言之詩以道志書以道事禮以道行樂以道和易以道陰陽春秋以道名分則求孔子之道者于六藝其可乎子思曰仲尼祖述堯舜憲章文武上律天時下襲水土譬如天地之無不持載無不覆幬如四時之錯行日月之代明孟子稱子思升平故善言孔子者莫如孟子孟子言禹則曰抑洪水言周公則曰兼夷狄驅猛獸言孔子不舉他曰知我罪我其惟春秋乎其事則齊桓晉文其文則史其義則丘竊取之然則于六藝之中求孔子之道者莫如春秋春秋之中有魯春秋之史文有齊桓晉文之事有孔子之義乃爲孔子所制作然則求孔子之道于春秋之義其不溪乎董子群儒首也漢世去孔子不遠開春秋之義以撥亂改制惟董子開之凡漢世學官師所傳惟公穀二家實皆孔門弟子後學口說然則求春秋之義于公穀董何及劉向之說其不謬乎春秋經多無傳無說凡百十條其遺落不聞者蓋已多矣據今二家之說所存者雖掇拾一千千百微言大義聚然具在法然因源雖其指數千不可窺然綜其指歸亦屬幾得其門而入焉康有爲乃言曰孔子之道其本在仁其理在公其法在平其制在文其體在各明名分其用在與時進化夫主乎太平則人人皆自立之權主乎文明則不得不去野蠻之[illegible]主乎公則人人有大同之樂主乎仁則物物皆得所之安主乎各明權限則人人不相侵主乎與時進化則變通以利故其科旨所明在張三世其三世所身行乎據亂故條理較多而心寫乎太平乃意思所注雖權實異法實則時推遷故孔子聖之時者也若其廣張萬法不執乎一法不限乎一國不成乎一世蓋浹乎天人矣漢世家行孔學君臣士庶劬躬從化春秋之義深入人心撥亂之道既昌若推行至于隋唐應進化至升平之世至今千載中國可先大地而太平矣不幸當秦漢時外則老子韓非所術君尊臣卑之說既大行于歷朝民賊得隱操其術以愚制吾民內則[illegible]

10114 春秋筆削大義微言考十一卷 康有爲撰 稿本

廣東省立中山圖書館藏，存六卷。

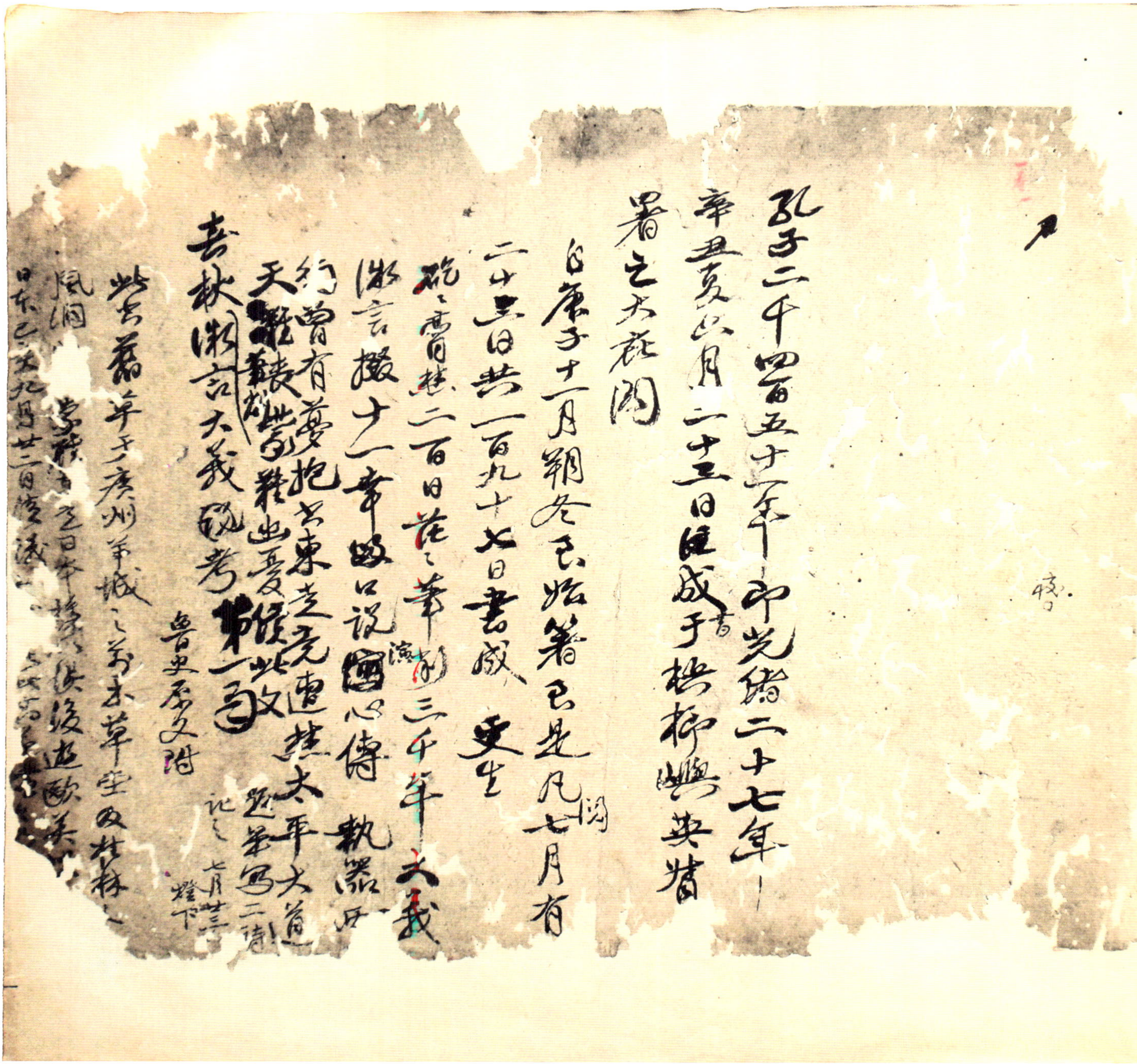

10114 春秋筆削大義微言考十一卷

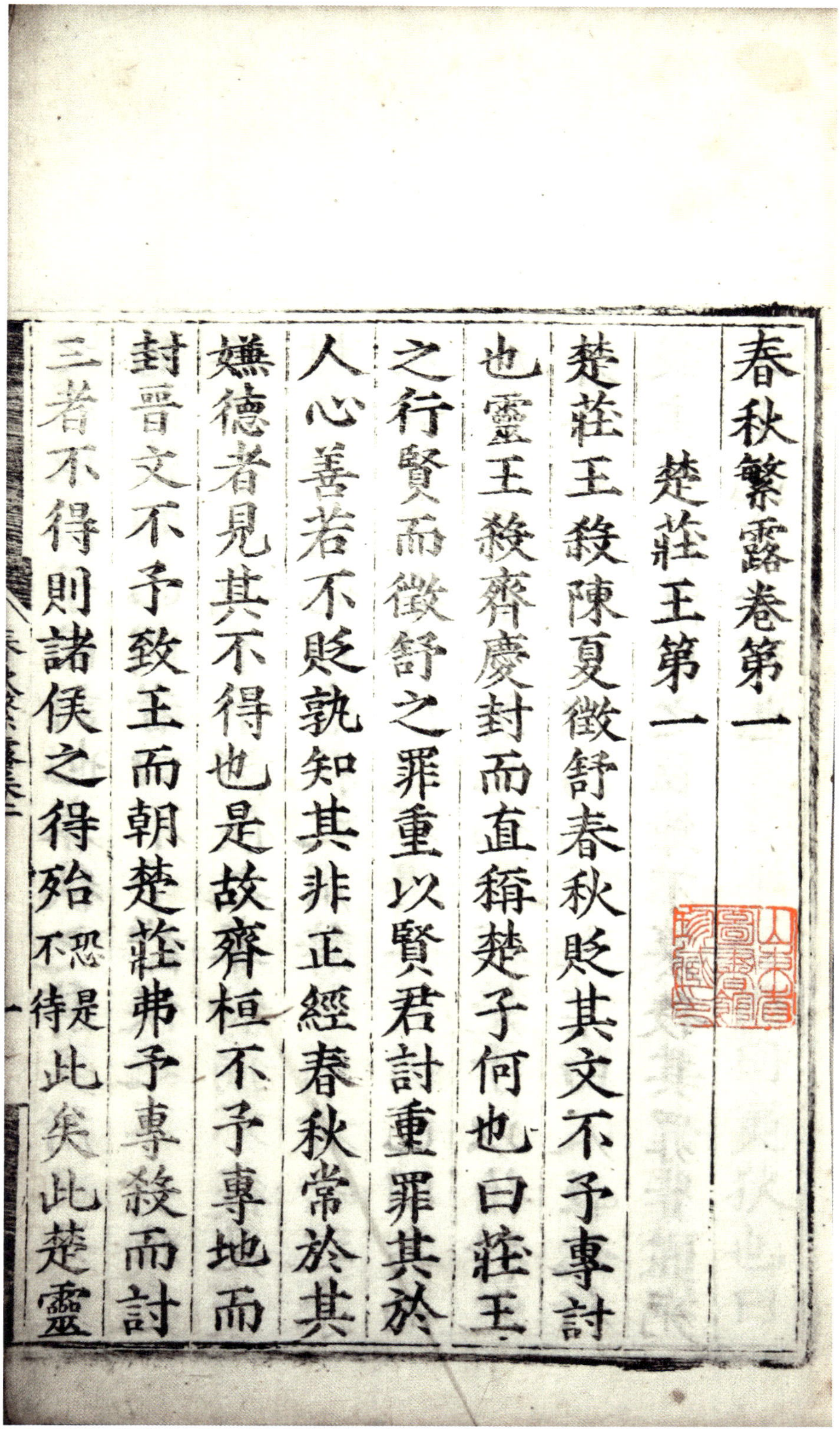

春秋繁露卷第一

楚莊王第一

楚莊王殺陳夏徵舒春秋貶其文不予專討也靈王殺齊慶封而直稱楚子何也曰莊王之行賢而徵舒之罪重以賢君討重罪其於人心善若不貶孰知其非正經春秋常於其嫌德者見其不得也是故齊桓不予專地而封晉文不予致王而朝楚莊弗予專殺而討三者不得則諸侯之得殆恐是不待此矣此楚靈

10115 春秋繁露十七卷 （漢）董仲舒撰 明前期刻本

匡高 20.8 釐米，廣 15.3 釐米。半葉九行，行十七字，黑口，四周雙邊。山東省圖書館藏。

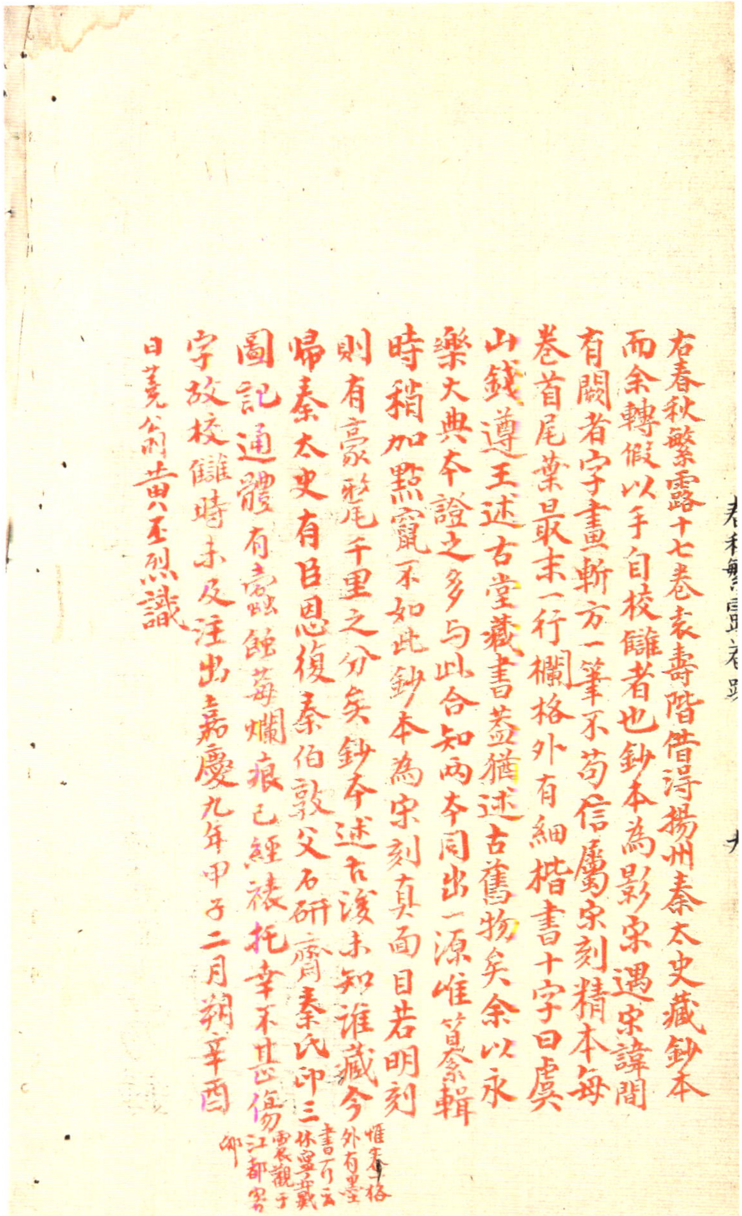

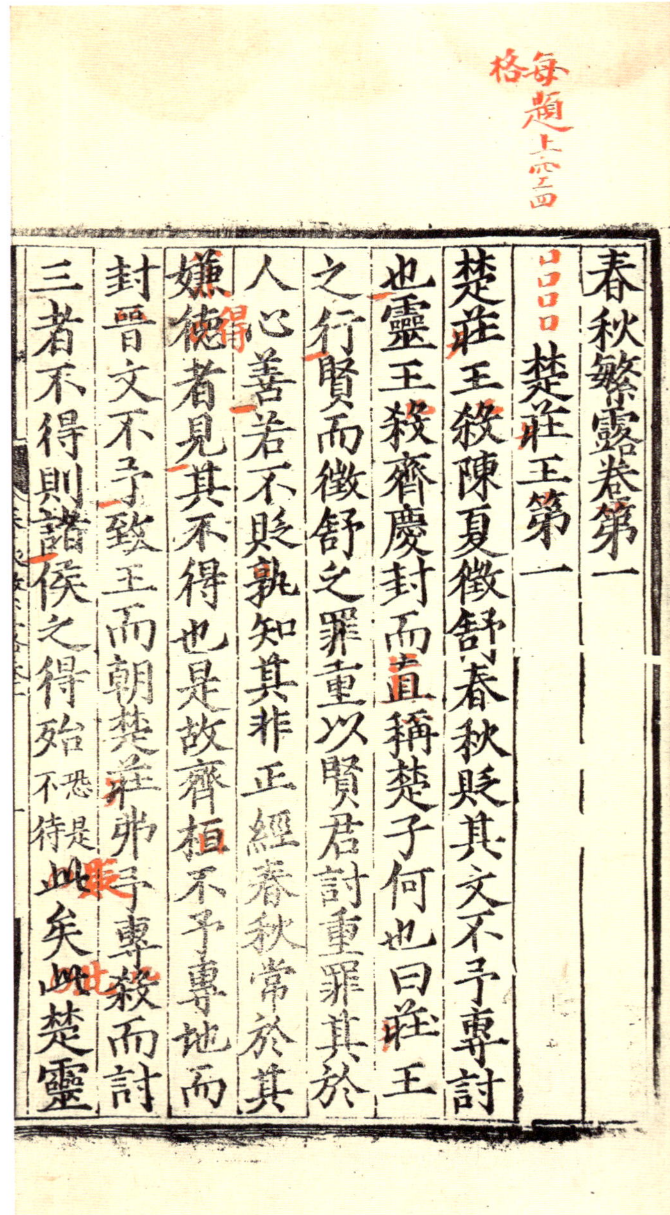

10116 春秋繁露十七卷 （漢）董仲舒撰 明嘉靖三十三年（1554）趙維垣刻本

匡高 20.5 釐米，廣 14.2 釐米。半葉九行，行十七字，黑口，四周雙邊。黄丕烈校並跋。國家圖書館藏。

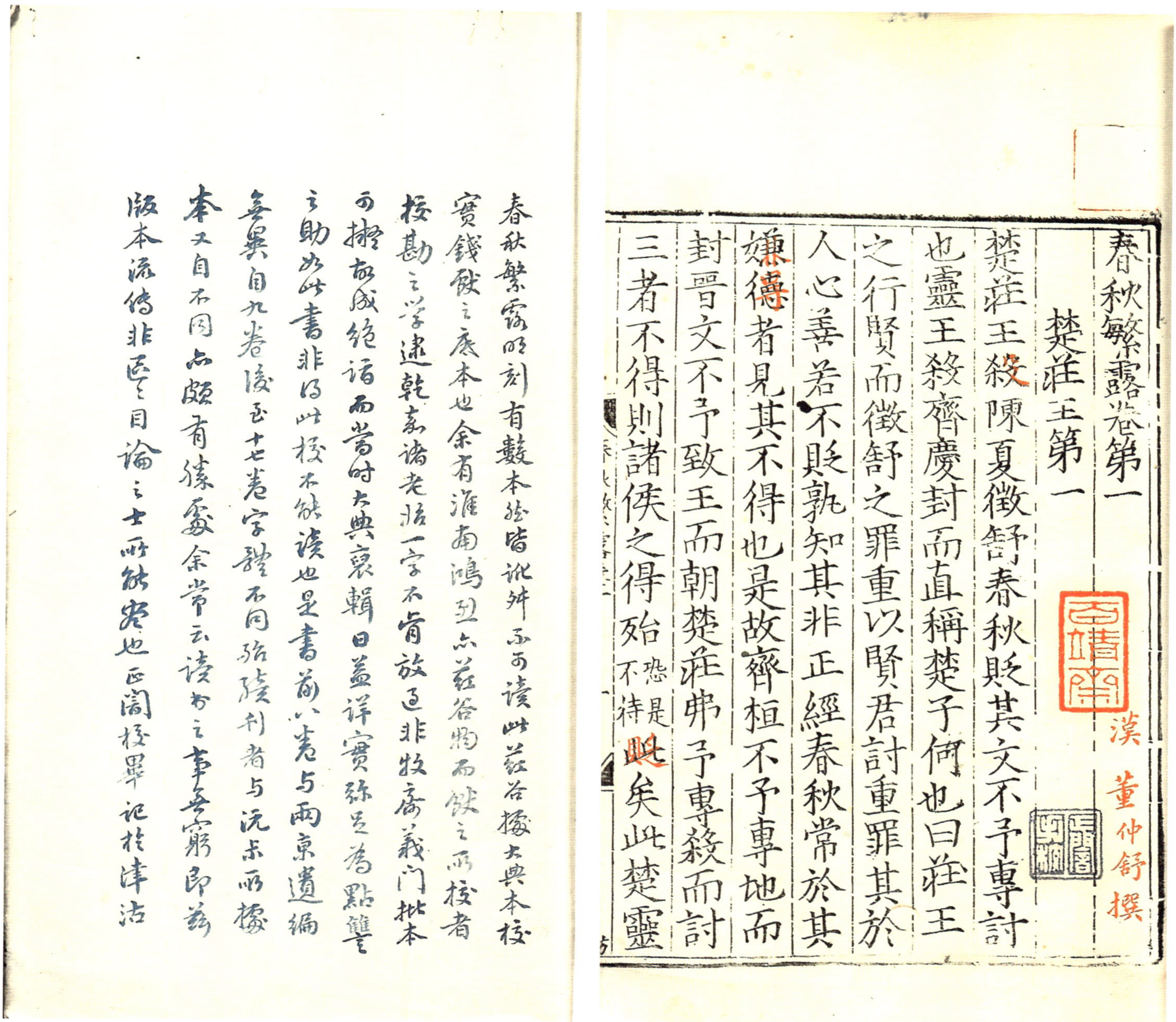

春秋繁露卷第一
楚莊王第一
漢董仲舒撰
楚莊王殺陳夏徵舒春秋貶其文不予專討也靈王殺齊慶封而直稱楚子何也曰莊王之行賢而徵舒之罪重以賢君討重罪其於人心善若不貶孰知其非正經春秋常於其嫌得者見其不得也是故齊桓不予專地而封晉文不予致王而朝楚莊弗予專殺而討三者不得則諸侯之得殆此矣此楚靈

10117 春秋繁露十七卷 （漢）董仲舒撰 明刻本

匡高20釐米，廣14釐米。半葉九行，行十七字，白口，四周雙邊。有“百靖齋”、“正闇手校”等印。鄧邦述跋並録孔繼涵校跋。南京圖書館藏。

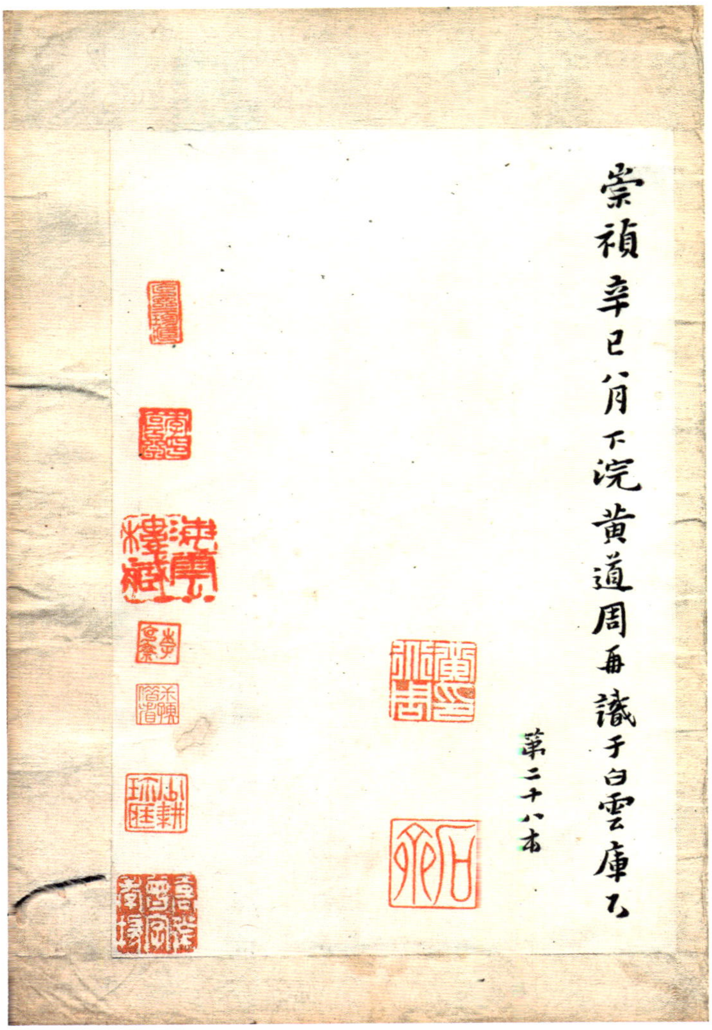

崇禎辛巳八月下浣黃道周再識于白雲庫工

第二十八本

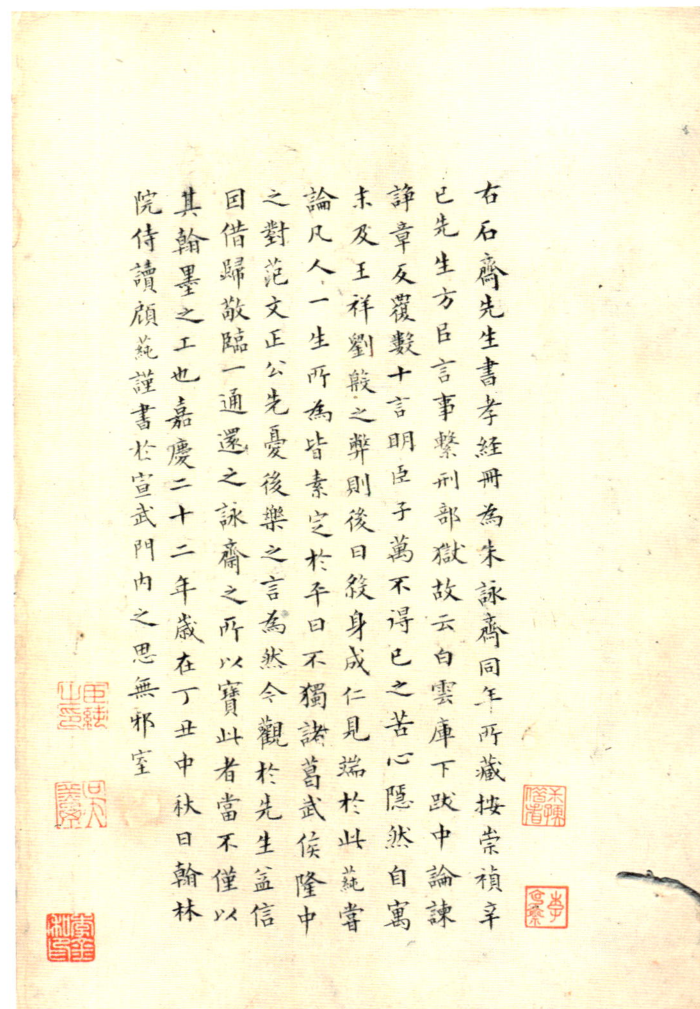

右石齋先生書孝經冊為朱詠齋同年所藏按崇禎辛巳先生方以言事繫刑部獄故云白雲庫下跋中論諫諍章反覆數十言明臣子萬不得已之苦心隱然自寓末及王祥劉毅之弊則後日殺身成仁見端於此蒓嘗論凡人一生所為皆素定於平日不獨諸葛武侯隆中之對范文正公先憂後樂之言為然今觀於先生益信因借歸敬臨一通還之詠齋之所以寶此者當不僅以其翰墨之工也嘉慶二十二年歲在丁丑中秋日翰林院侍讀顧蒓謹書於宣武門內之思無邪室

10118 孝經一卷 明黃道周抄本

黃道周題識，顧蒓、羅嘉杰、鄭孝胥、吳昌碩跋。西泠印社藏。

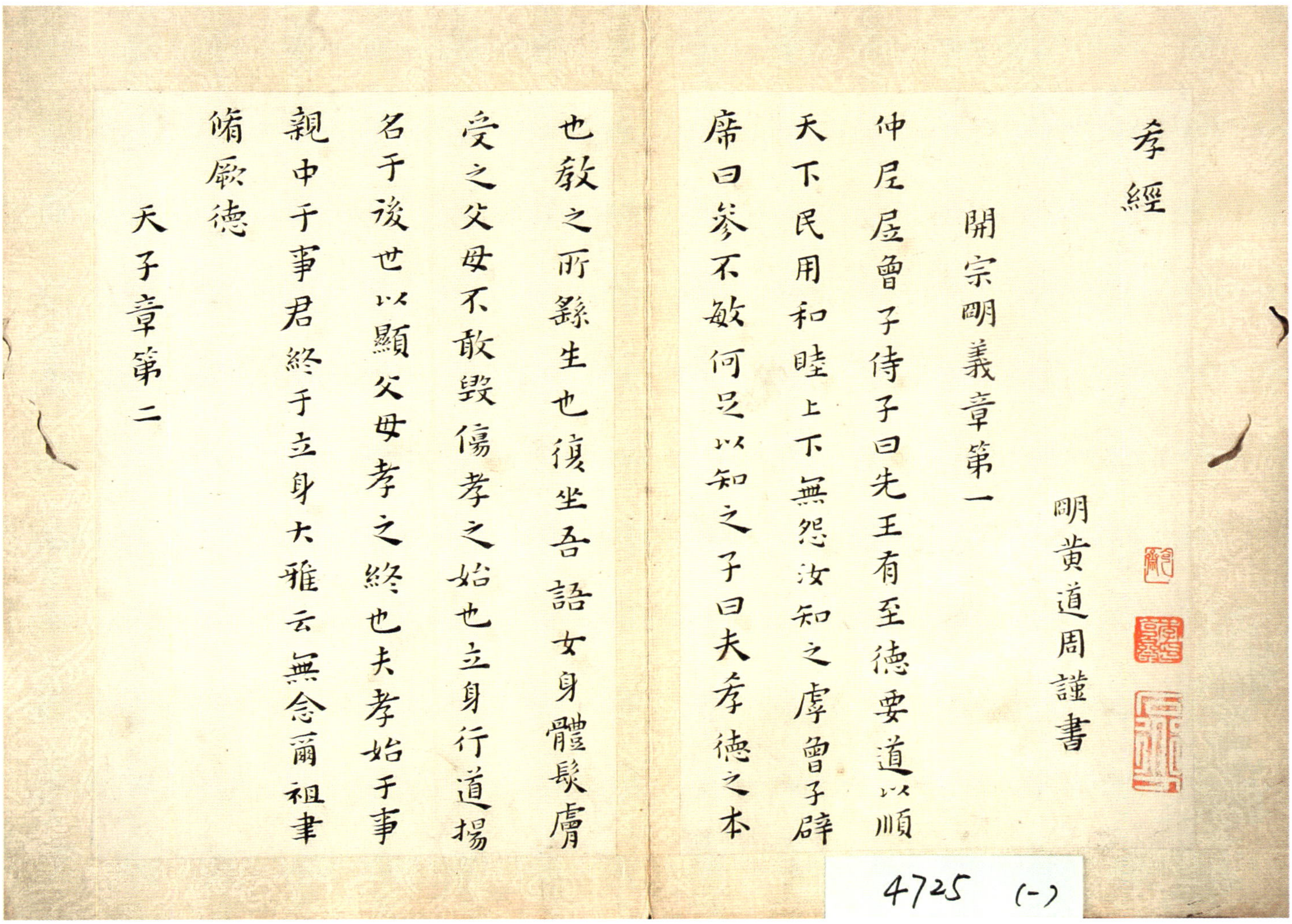
孝經
開宗明義章第一
明黄道周謹書
仲尼居曾子侍子曰先王有至德要道以順
天下民用和睦上下無怨汝知之虖曾子辟
席曰參不敏何足以知之子曰夫孝德之本
也教之所繇生也復坐吾語女身體髮膚
受之父母不敢毀傷孝之始也立身行道揚
名于後世以顯父母孝之終也夫孝始于事
親中于事君終于立身大雅云無念爾祖聿
脩厥德
天子章第二

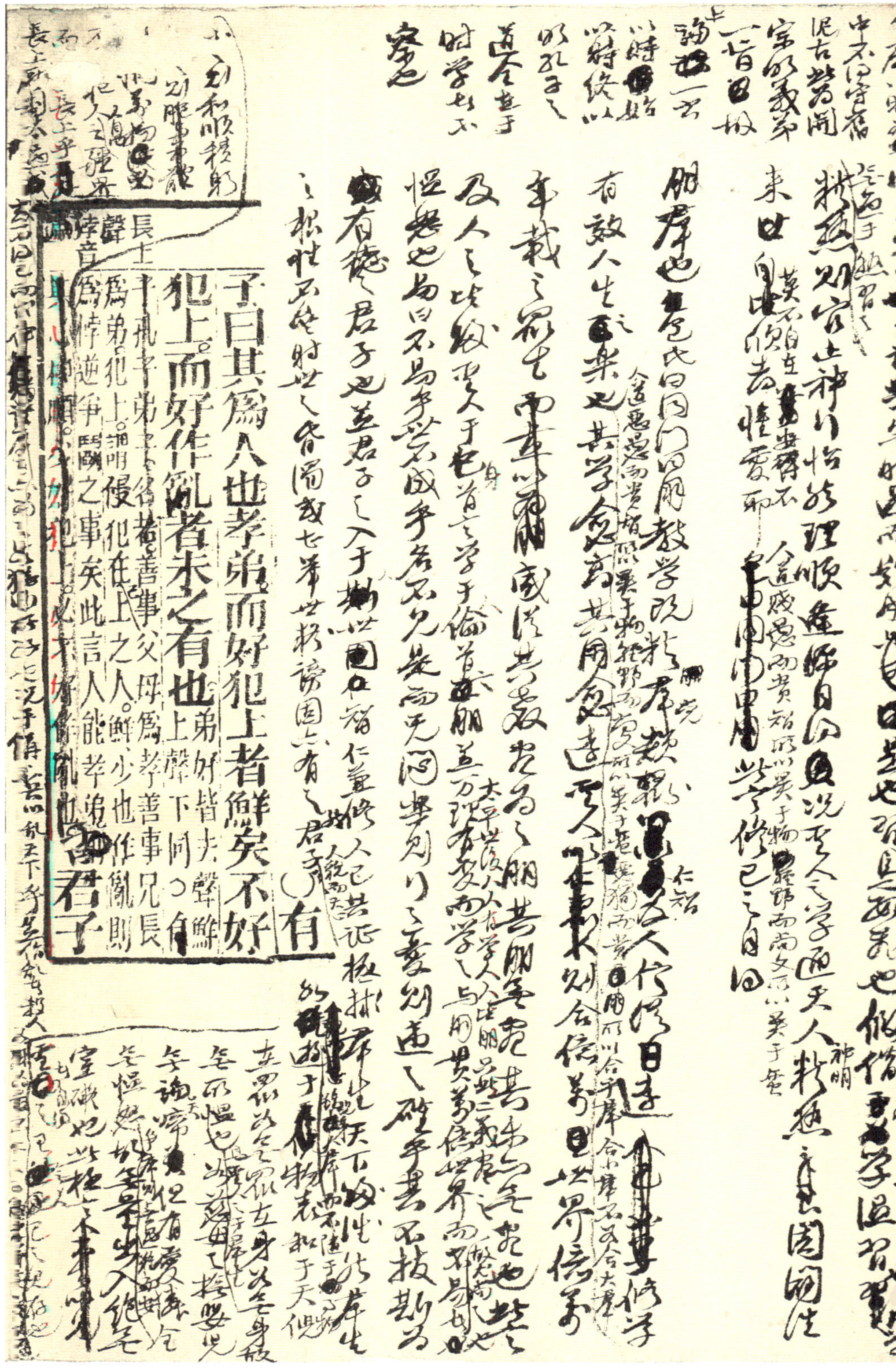
子曰其爲人也孝弟而好犯上者鮮矣不好犯上而好作亂者未之有也

10119 論語注二卷　康有爲撰　稿本

天津圖書館藏。

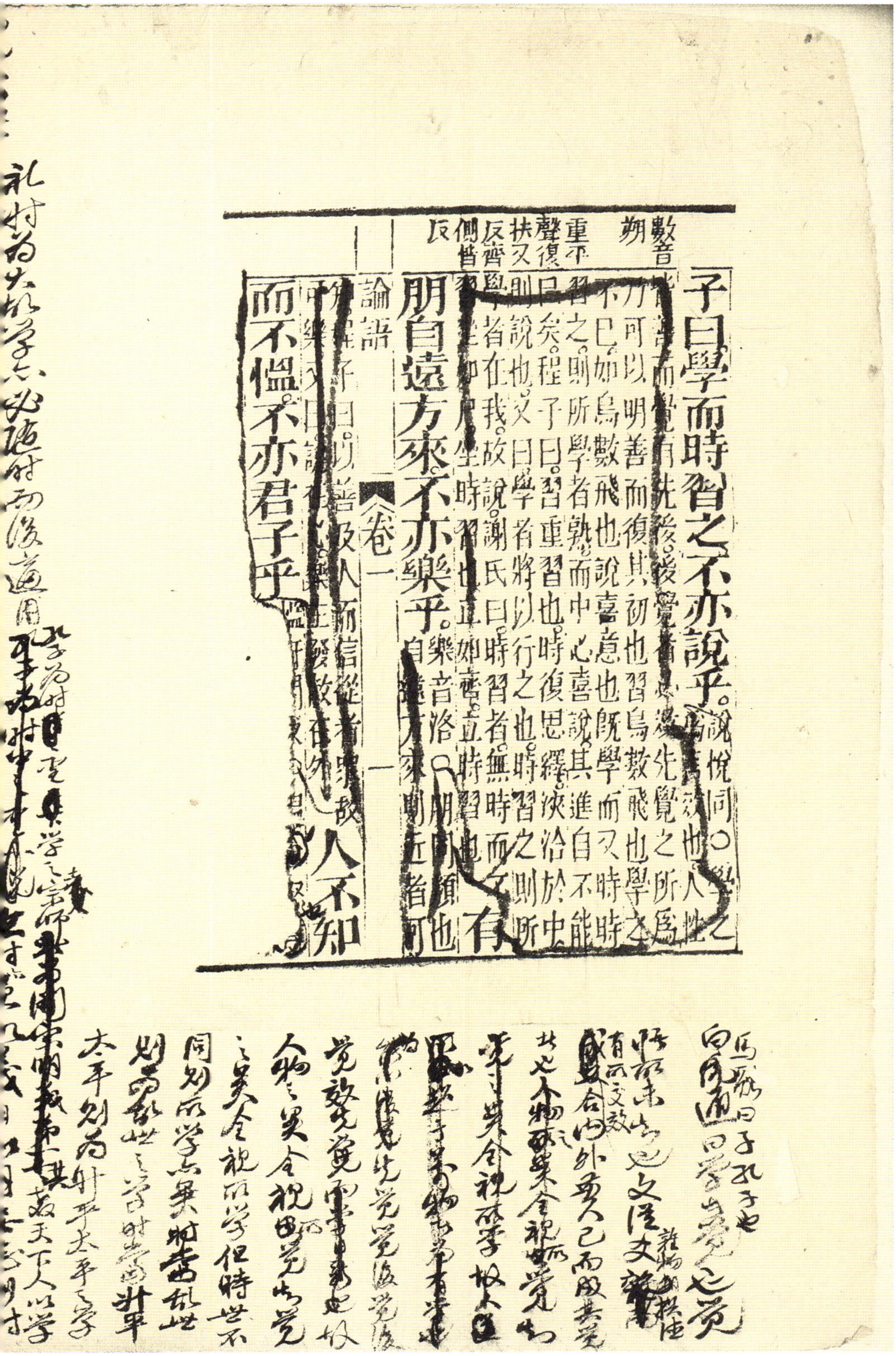
子曰學而時習之不亦說乎。說悅同○學之爲言效也。人性皆善而覺有先後。後覺者必效先覺之所爲乃可以明善而復其初也。習鳥數飛也。學之不已如鳥數飛也。說喜意也。既學而又時時習之則所學者熟而中心喜說其進自不能已矣。程子曰習重習也。時復思繹浹洽於中則說也。又曰學者將以行之也。時習之則所學者在我故說。謝氏曰時習者無時而不習。坐如尸坐時習也。立如齊立時習也。○有朋自遠方來不亦樂乎。樂音洛○朋同類也。自遠方來則近者可知。程子曰以善及人而信從者衆故可樂。又曰說在心樂主發散在外。○人不知而不慍不亦君子乎

數音朔　重不平聲　復扶又反　齊側皆反

論語　卷一　一

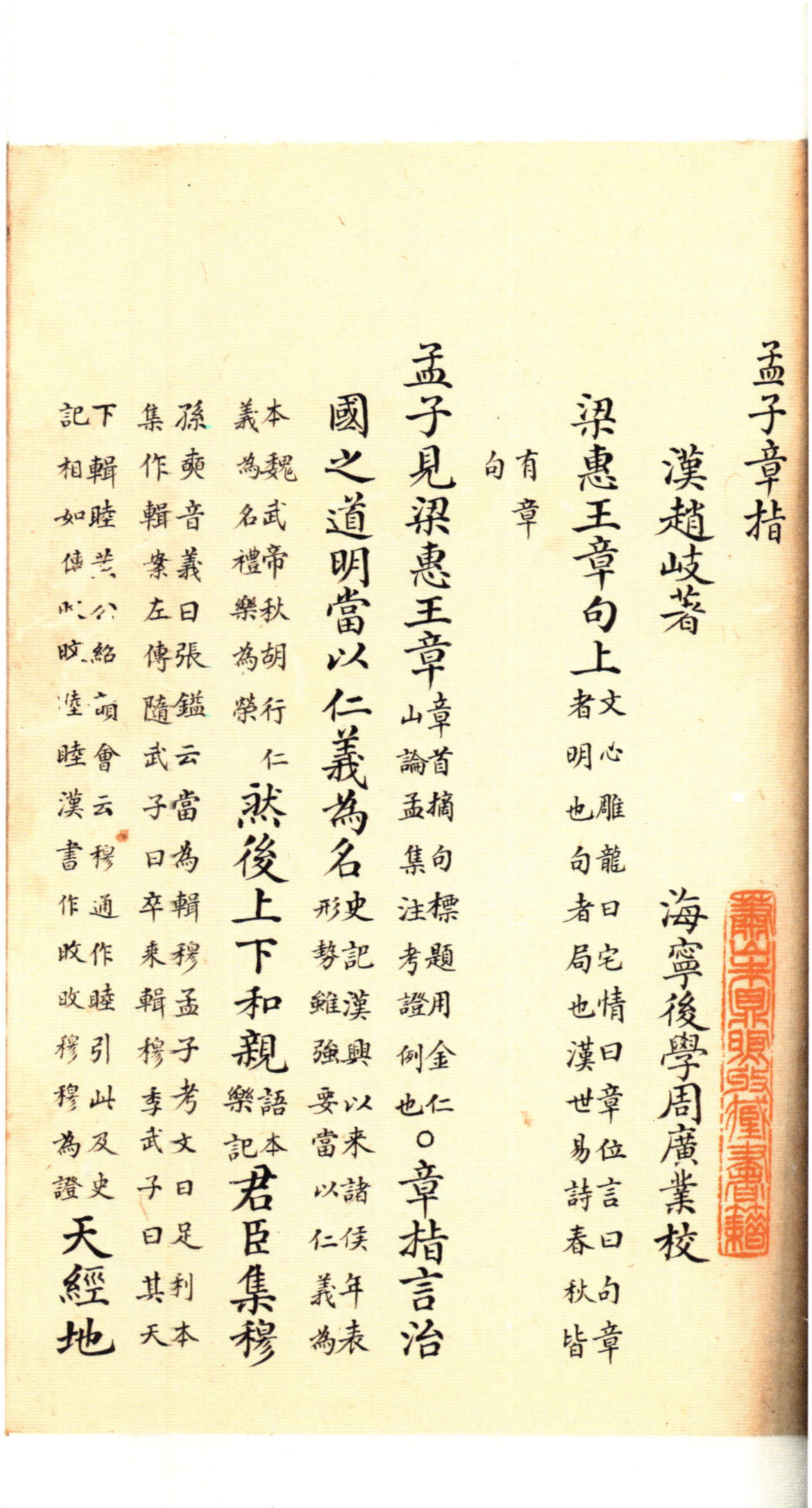

孟子章指

漢趙岐著

海寧後學周廣業校

梁惠王章句上文心雕龍曰宅情曰章位言曰句章者明也句者局也漢世易詩春秋皆有章句

孟子見梁惠王章章首摘句標題用金仁山論孟集注考證例也○章指言治國之道明當以仁義為名史記漢興以来諸侯年表形勢雖強要當以仁義為本魏武帝秋胡行仁義為名禮樂為榮然後上下和親語本樂記君臣集穆孫奭音義曰張鎰云當為輯穆孟子考文曰足利本集作輯案左傳隨武子曰卒乘輯穆季武子曰其天下輯睦黃公紹韻會云穆通作睦引此及史記相如傳旼旼睦睦漢書作旼旼穆穆為證天經地

10120 孟子章指一卷 （漢）趙岐撰 （清）周廣業校注 稿本

半葉九行，行二十一字。有“蕭山朱鼎照收藏書籍”等印。寧波市天一閣博物館藏。

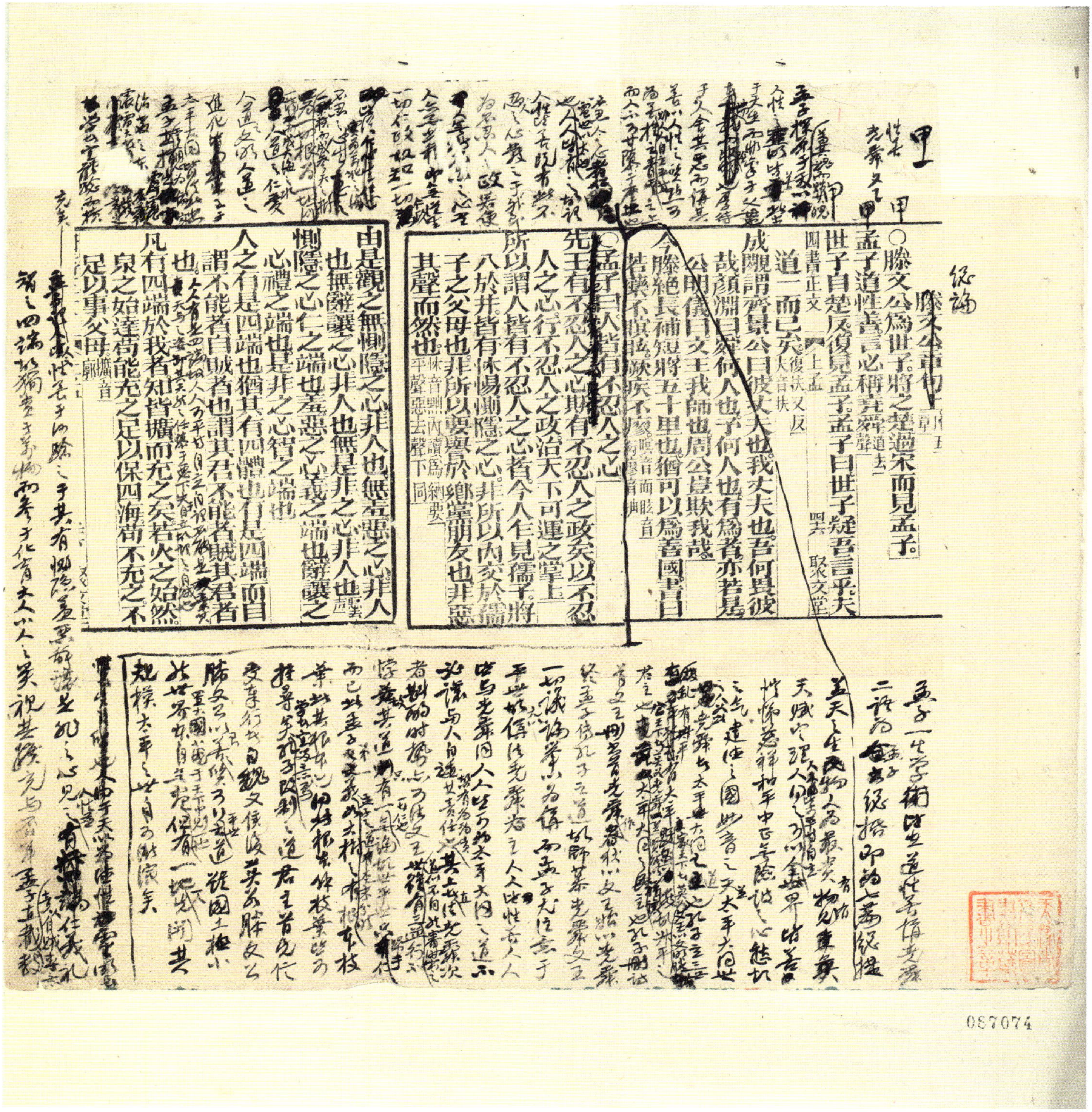

10121 孟子微二卷　康有爲撰　稿本

天津圖書館藏。

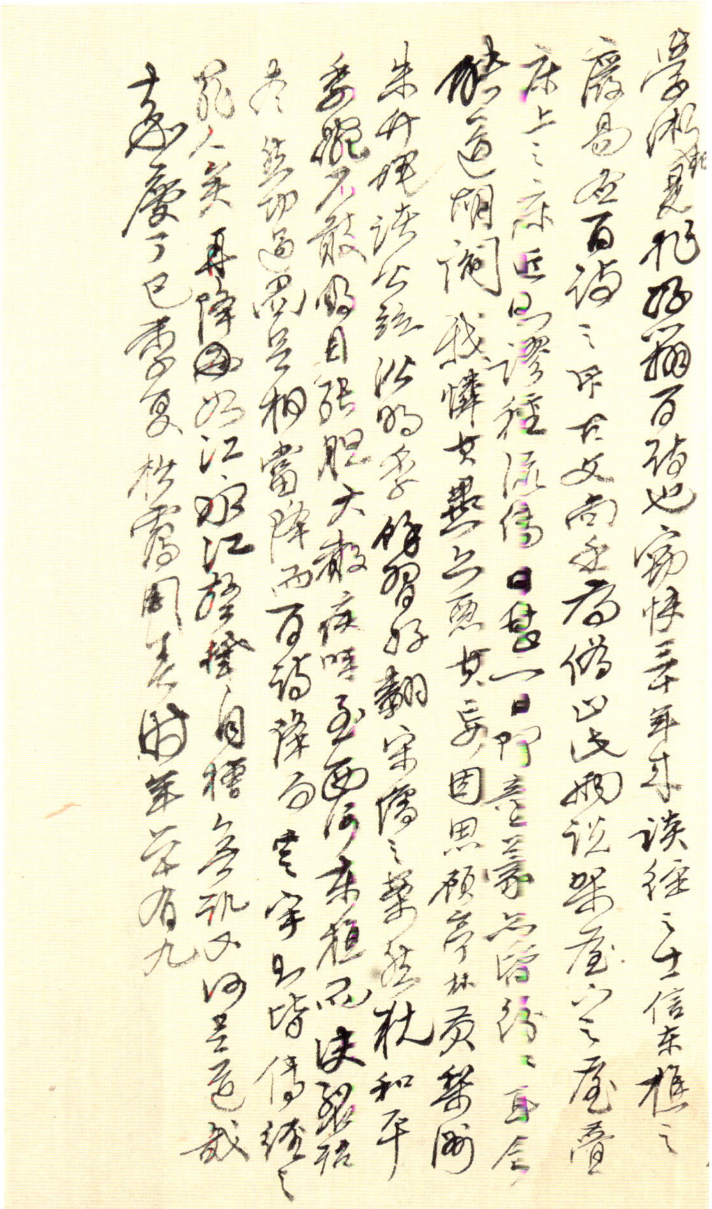

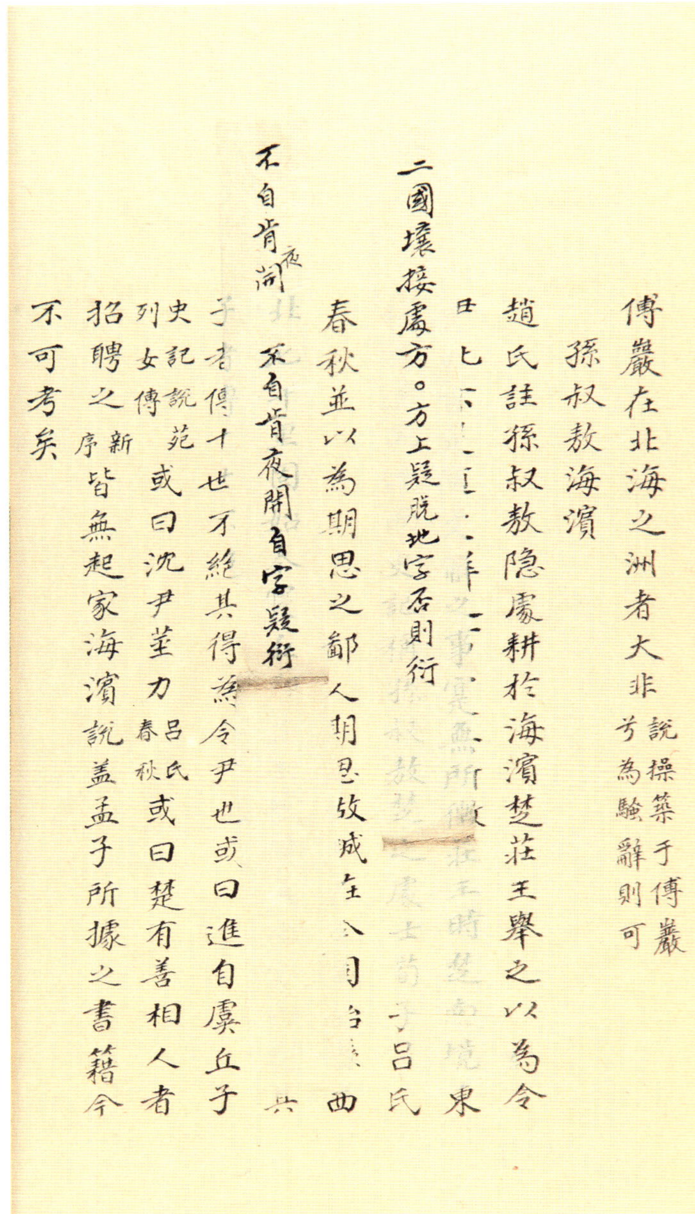

10122 四書釋地一卷續一卷又續一卷三續一卷孟子生卒年月考一卷 （清）閻若璩撰 清抄本

半葉十一行，行二十字。有“朱馬思贊印”、“觳邨子仲安”、“兔牀手校”等印。吳騫校跋並録周春批校，周春校。上海圖書館藏。

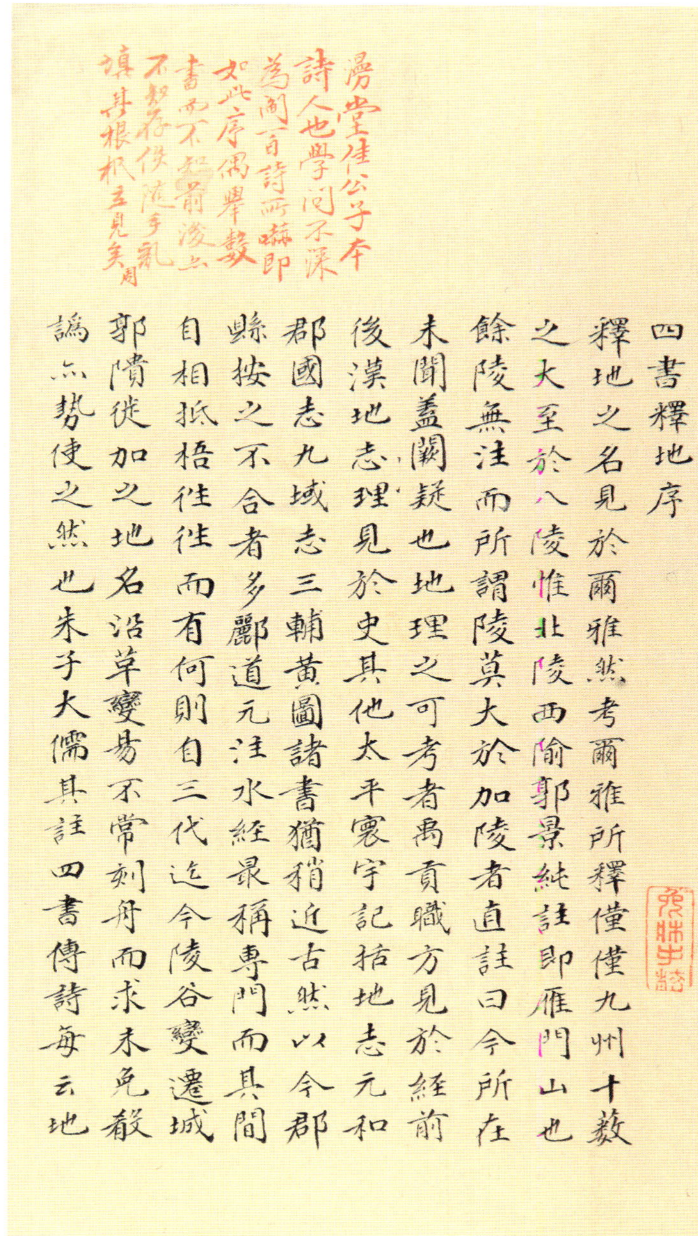

潛堂佳公子本
詩人也學問不深
為閻百詩所嚇即
如此序偶舉數
書而不知前後亦
不知孰後隨手亂
填其根柢立見矣　周

四書釋地序

釋地之名見於爾雅然考爾雅所釋僅僅九州十藪之大至於八陵惟北陵西隃郭景純註即鴈門山也餘陵無注而所謂陵莫大於加陵者直註曰今所在未聞蓋闕疑也地理之可考者禹貢職方見於經前後漢地志理見於史其他太平寰宇記括地志元和郡國志九域志三輔黃圖諸書猶稍近古然以今郡縣按之不合者多酈道元注水經最稱專門而其間自相抵梧往往而有何則自三代迄今陵谷變遷城郭隤徙加之地名沿革變易不常刻舟而求未免𢿱譌亦勢使之然也朱子大儒其註四書傳詩每云地

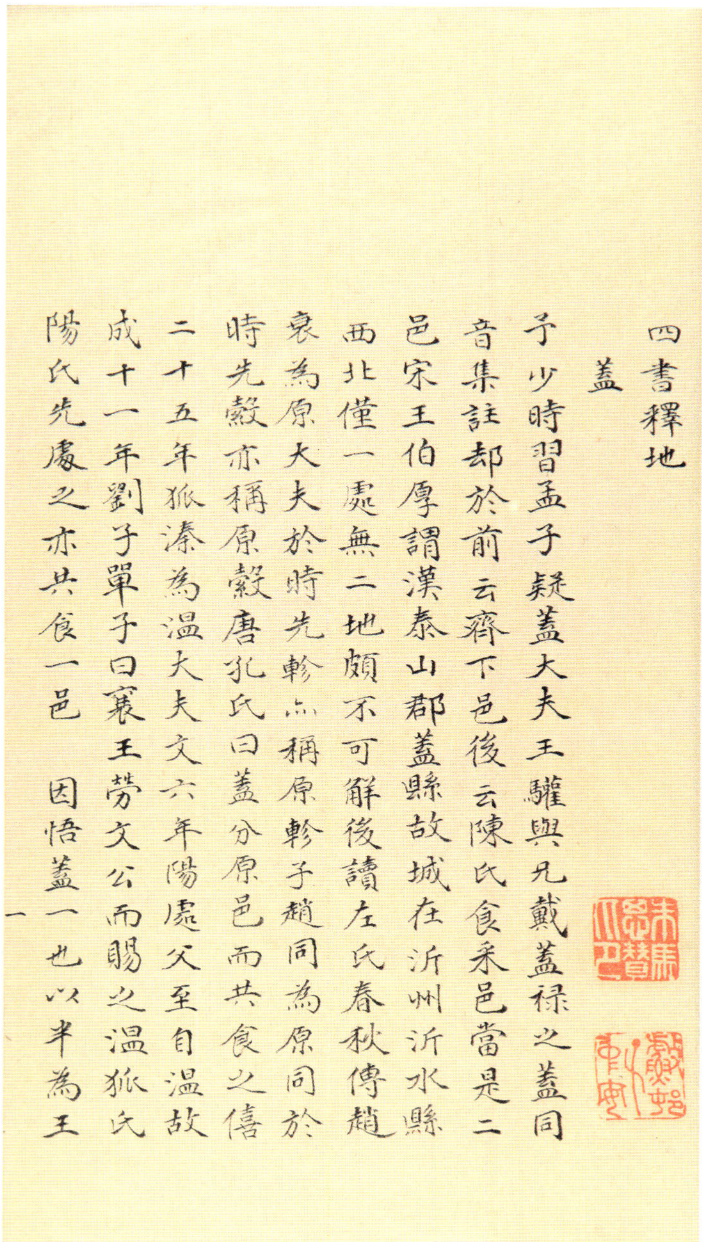

四書釋地

蓋

予少時習孟子疑蓋大夫王驩與孔戴蓋祿之蓋同音集註却於前云齊下邑後云陳氏食采邑當是二邑宋王伯厚謂漢泰山郡蓋縣故城在沂州沂水縣西北僅一處無二地頗不可解後讀左氏春秋傳趙衰為原大夫於時先軫亦稱原軫子趙同為原同於時先縠亦稱原縠唐孔氏曰蓋分原邑而共食之僖二十五年狐溱為溫大夫文六年陽處父至自溫故成十一年劉子單子曰襄王勞文公而賜之溫狐氏陽氏先處之亦共食一邑　因悟蓋一也以半為王

一

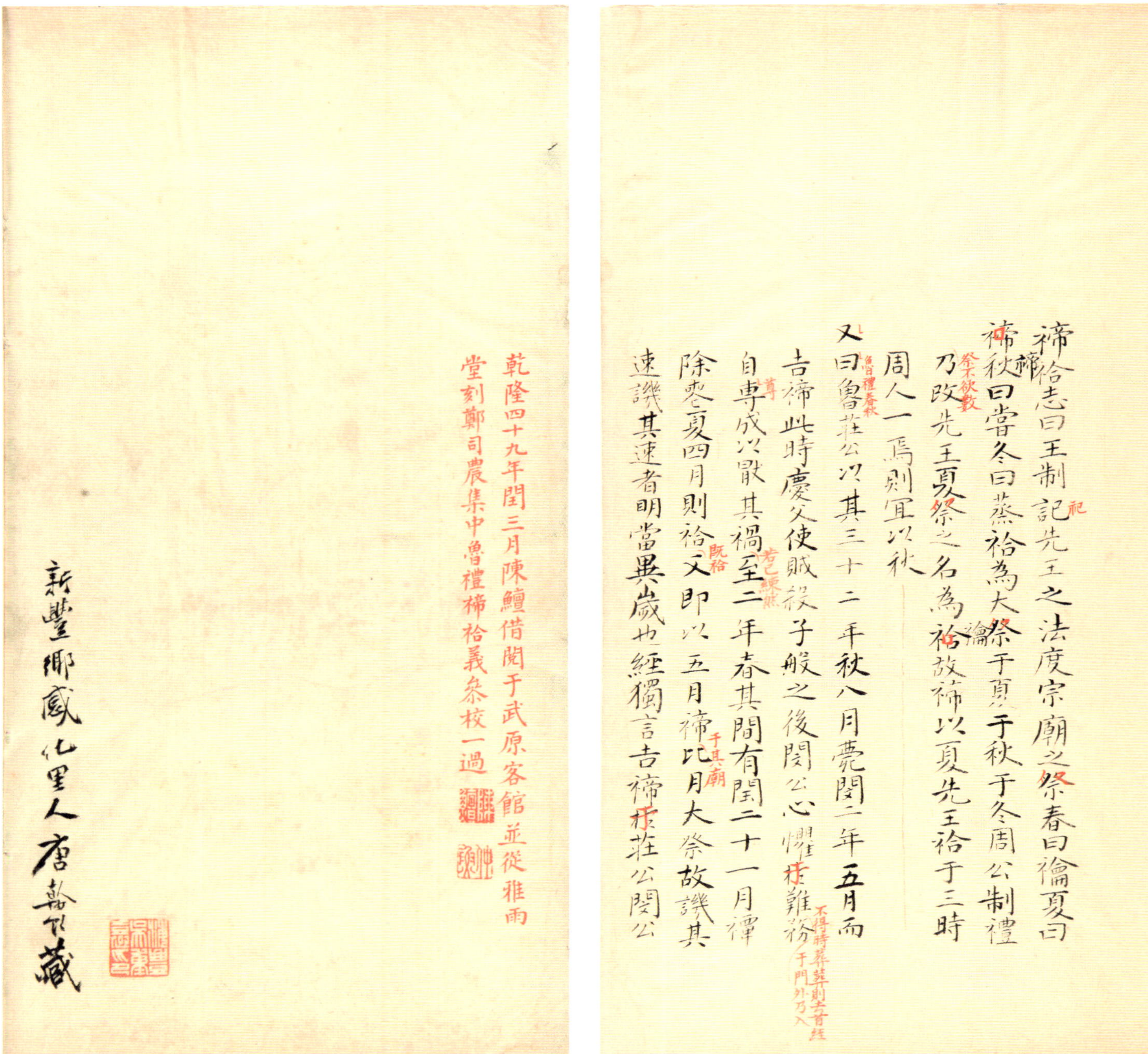
禘祫志曰王制記先王之法度宗廟之祭春曰禴夏曰禘秋曰嘗冬曰蒸祫為大祭于夏于秋于冬周公制禮乃改先王夏祭之名為祫故禘以夏先王祫于三時周人一焉則宜以秋
又曰魯莊公以其三十二年秋八月薨閔二年五月而吉禘此時慶父使賊殺子般之後閔公心懼于難務自専成以厭其禍至二年春其間有閏二十一月禫除喪夏四月則祫又即以五月禘比月大祭故譏其速譏其速者明當異歲也經獨言吉禘于莊公閔公

乾隆四十九年閏三月陳鱣借閱于武原客館並從雅雨堂刻鄭司農集中魯禮禘祫義參校一過

新豐鄉處仙里人唐翰題藏

10123 鄭志三卷 （三國魏）鄭小同撰 **補一卷** （清）吴騫輯 清乾隆武英殿活字印聚珍版叢書本

匡高 18.5 釐米，廣 11.3 釐米。半葉九行，行二十一字，小字雙行同，白口，四周雙邊。有“槎客”、“陳鱣”、“仲魚”、“精校善本得者珍之”、“江山劉履芬觀”、“海豐吴重憙印”、“武林葉氏藏書印”、“景葵秘笈印”等印。吴騫、陳鱣校並跋，唐翰題題款。上海圖書館藏。

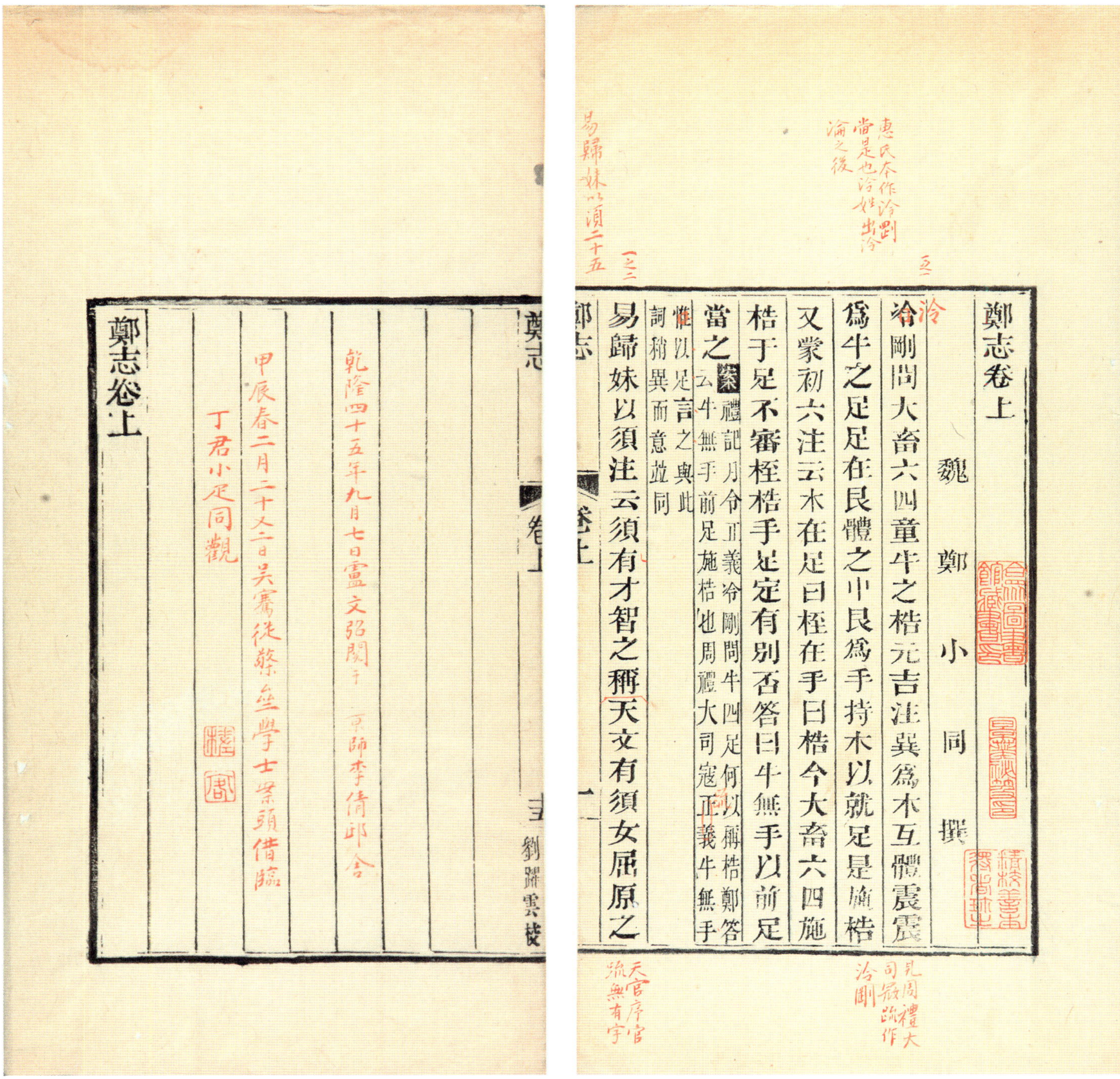

鄭志卷上

乾隆四十五年九月七日盧文弨閱于京師李倩郎舍

甲辰春二月二十又二日吳騫從蔡岳學士案頭借臨

丁君小疋同觀

鄭志卷上

魏　鄭小同　撰

洽剛問大畜六四童牛之梏元吉注巽爲木互體震震爲牛之足足在艮體之中艮爲手持木以就足是施梏又豢初六注云木在足曰桎在手曰梏今大畜六四施梏于足不審桎梏手足定有别否答曰牛無手以前足當之 案禮記月令正義洽剛問牛四足何以稱梏鄭答云牛無手前足施梏也周禮大司寇正義牛無手惟以足言之與此詞稍異而意並同

易歸妹以須注云須有才智之稱天文有須女屈原之

惠氏本作泠劉當是也泠姓出泠淪之後

見周禮大司寇疏作泠剛

易歸妹以須二十五

天官序官疏無有字

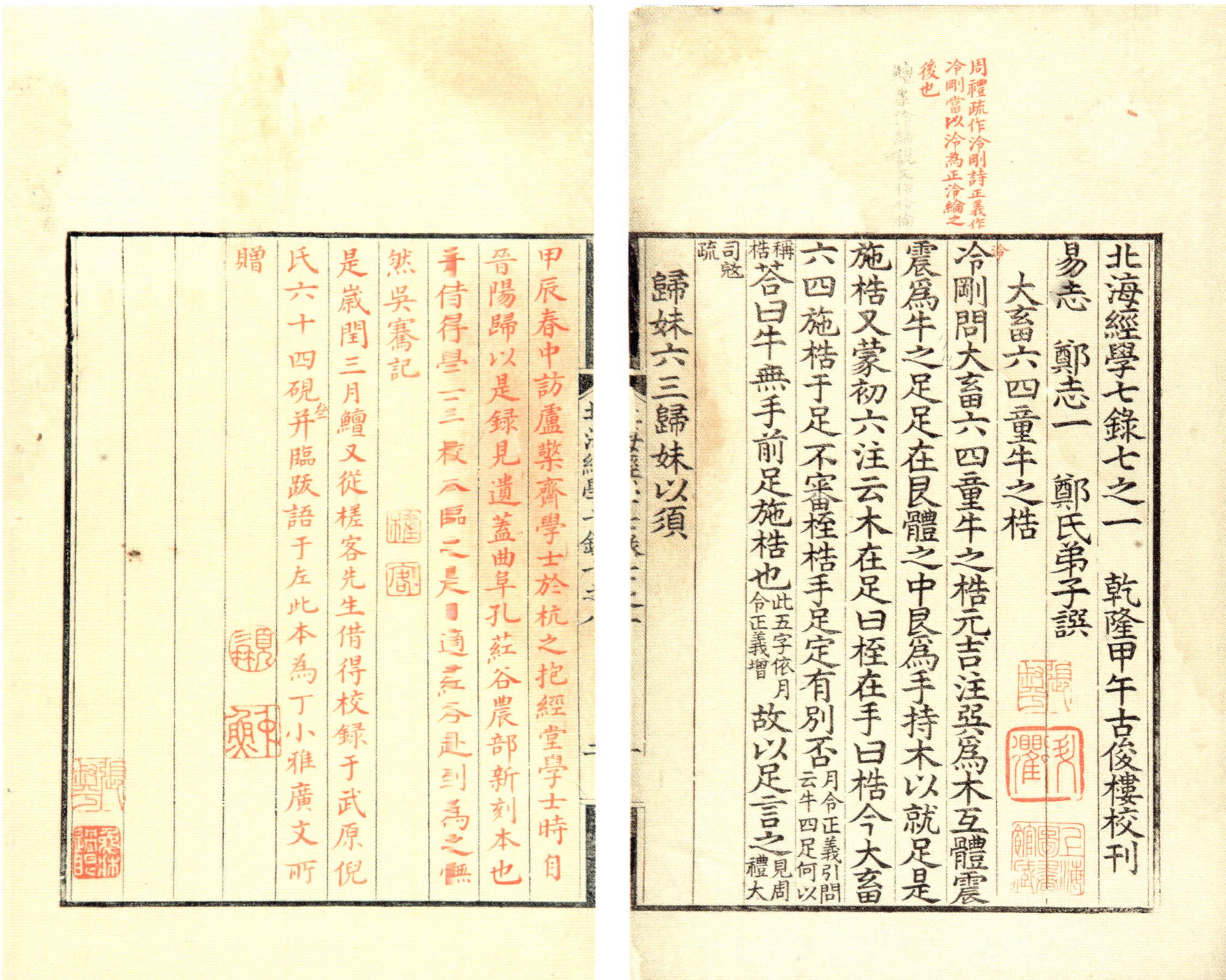

北海經學七錄七之一　乾隆甲午古俊樓校刊
易志　鄭志一　鄭氏弟子譔
大畜六四童牛之梏
泠剛問大畜六四童牛之梏元吉注巽爲木互體震
震爲牛之足足在艮體之中艮爲手持木以就足是
施梏又蒙初六注云木在足曰桎在手曰梏今大畜
六四施梏于足不審桎梏手足定有別否月令正義引問云牛四足何以
稱梏答曰牛無手前足施梏也此五字依月令正義增故以足言之見周禮大司寇疏
歸妹六三歸妹以須

周禮疏作泠剛詩正義作泠剛當以泠為正泠綸之後也

甲辰春中訪盧檠齋學士於杭之抱經堂學士時自
晉陽歸以是録見遺蓋曲阜孔葒谷農部新刻本也
年倩得是一三卷[illegible]臨之是[illegible]適[illegible]予赴引為之[illegible]
然吴騫記
是歲閏三月鱣又從槎客先生借得校録于武原倪
氏六十四硯齋并臨跋語于左此本為丁小雅廣文所
贈

10124 鄭志八卷　（三國魏）鄭小同撰　（清）孔廣林輯　清乾隆三十九年（1774）古俊樓刻本

匡高 17.3 釐米，廣 12.7 釐米。半葉十行，行二十字，小字雙行三十四字，黑口，左右雙邊。有“槎客”、“兔牀過眼”、“陳鱣”、“仲魚”、“髯”、“精校善本得者珍之”、“張叔平”、“蟫隱廬秘籍印”等印。陳鱣校跋並録吳騫跋。上海圖書館藏。

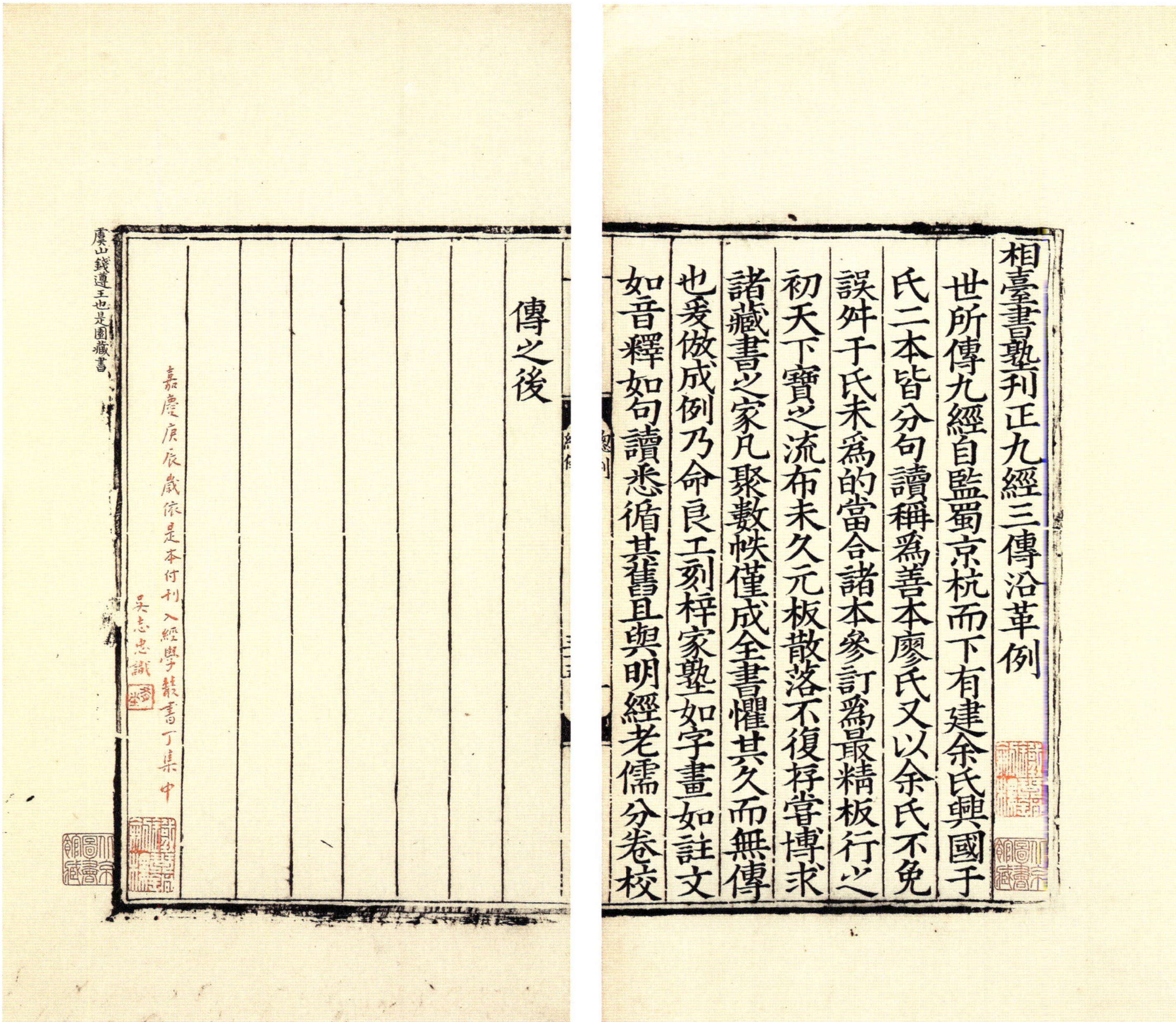

10125 相臺書塾刊正九經三傳沿革例一卷 （元）岳浚撰 清初錢氏也是園影元抄本

匡高 21 釐米，廣 13.8 釐米。半葉八行，行十九字，黑口，四周雙邊。有“鐵琴銅劍樓”等印。吴志忠跋。國家圖書館藏。

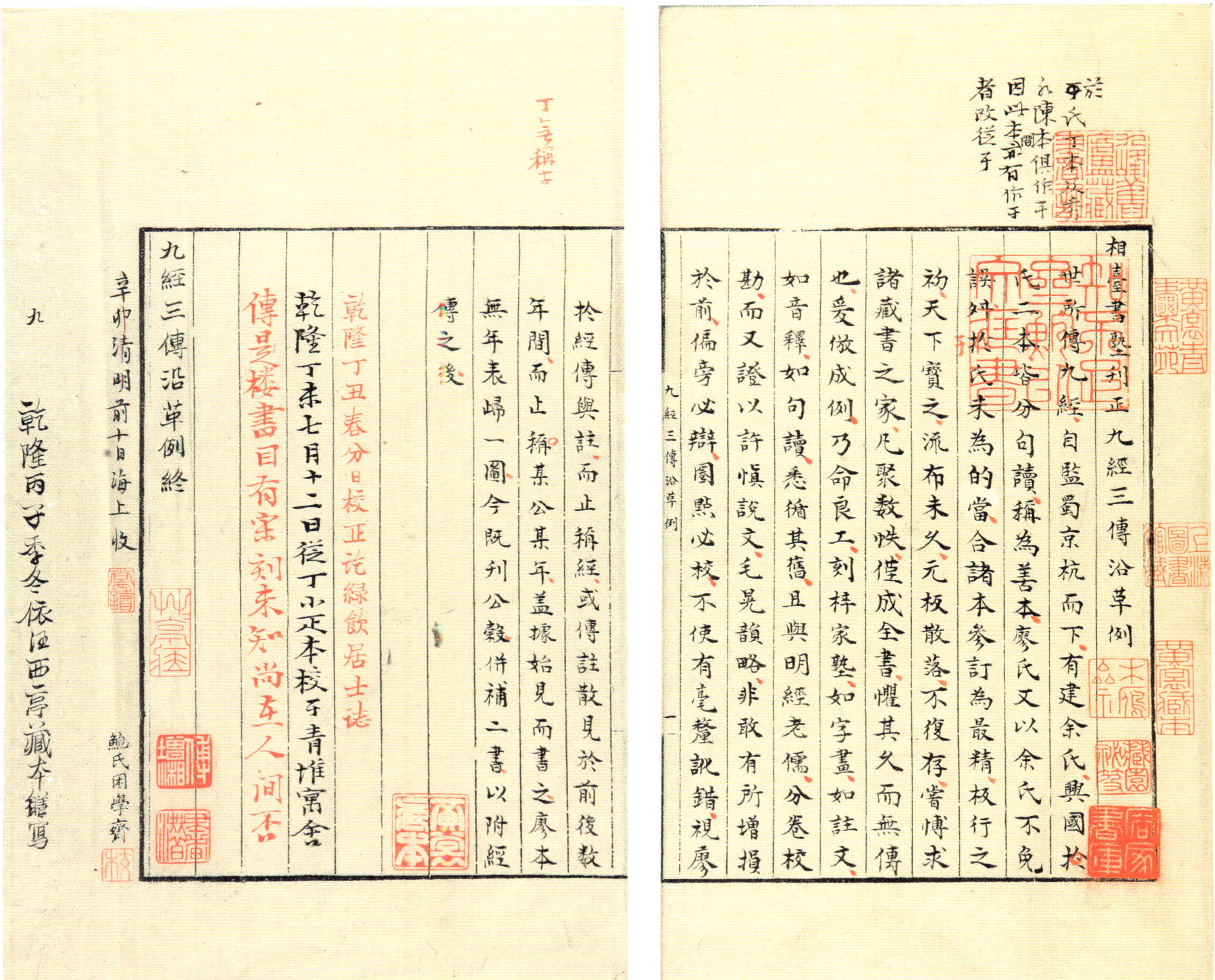

10126 相臺書塾刊正九經三傳沿革例一卷 （元）岳浚撰 清乾隆二十一年（1756）鮑氏困學齋抄本

匡高 18.2 釐米，廣 12.7 釐米。半葉十行，行二十字，小字雙行同，黑口，左右雙邊。有“知不足齋鮑以文藏書”、“九峰舊廬藏書記”、“藏園秘笈”、“傅增湘”、“書潛”等印。鮑廷博校並跋。上海圖書館藏。

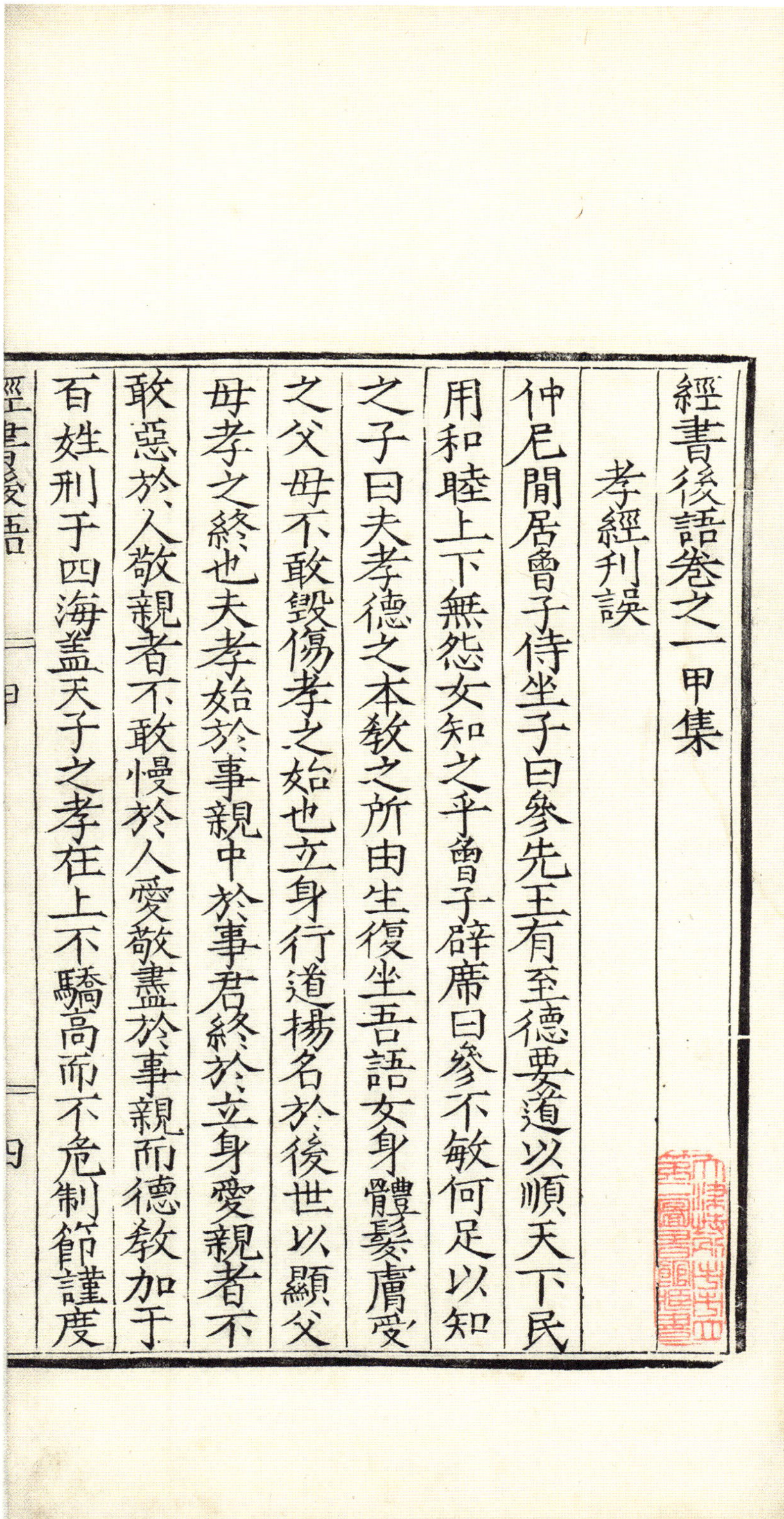

經書後語卷之一甲集

孝經刋誤

仲尼閒居曾子侍坐子曰參先王有至德要道以順天下民用和睦上下無怨女知之乎曾子辟席曰參不敏何足以知之子曰夫孝德之本敎之所由生復坐吾語女身體髮膚受之父母不敢毁傷孝之始也立身行道揚名於後世以顯父母孝之終也夫孝始於事親中於事君終於立身愛親者不敢惡於人敬親者不敢慢於人愛敬盡於事親而德敎加于百姓刑于四海蓋天子之孝在上不驕高而不危制節謹度

經書後語　一　甲　四

10127 經書後語三卷 （明）任瀛撰 明嘉靖二十九年（1550）刻本

匡高 22 釐米，廣 15.5 釐米。半葉九行，行二十三字，白口，四周雙邊。天津圖書館藏。

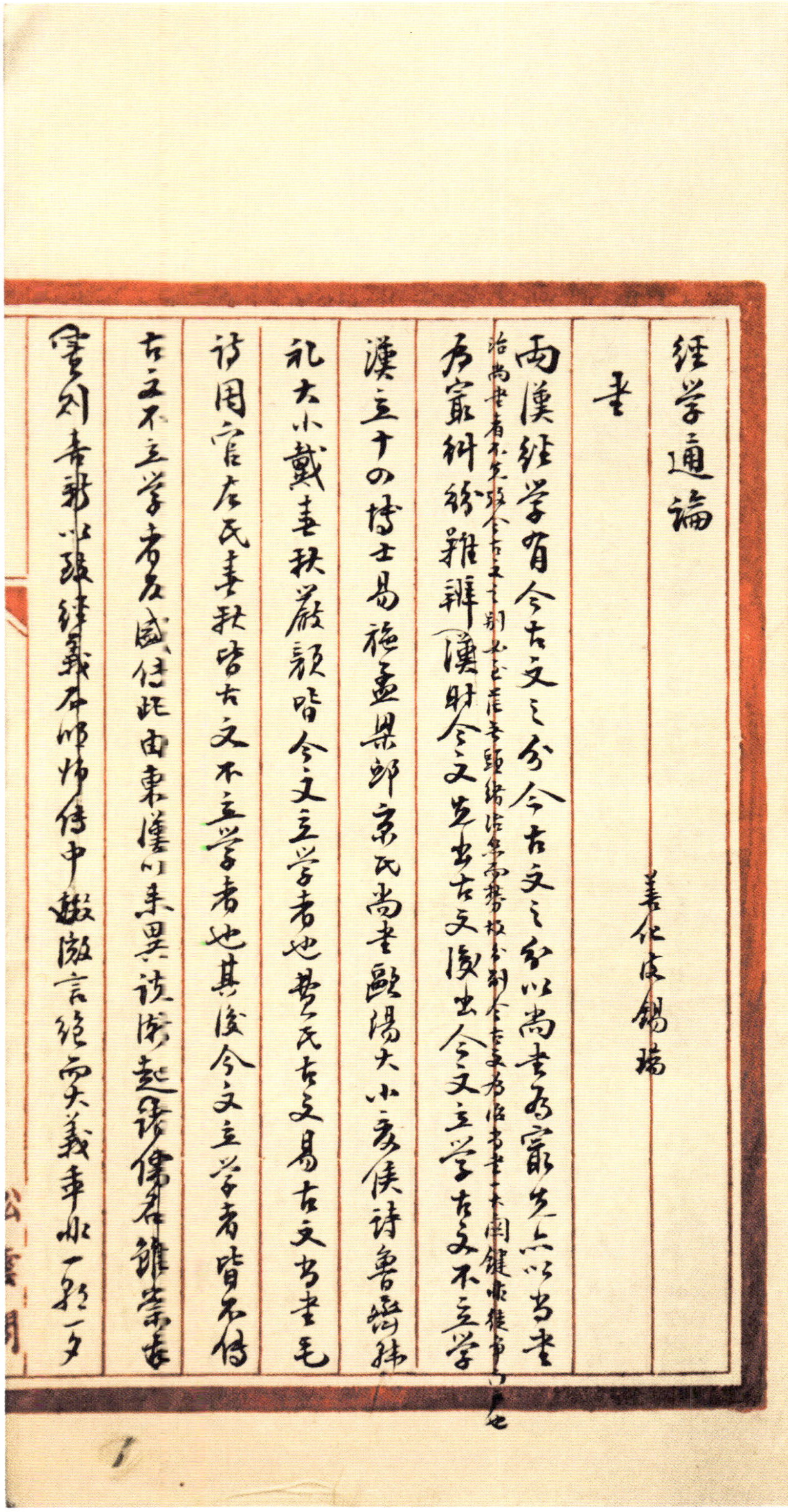

10128 經學通論五卷 （清）皮錫瑞撰 稿本

匡高18.2釐米，廣11.8釐米。半葉九行，行字不等，紅格，白口，四周雙邊。湖南師範大學圖書館藏。

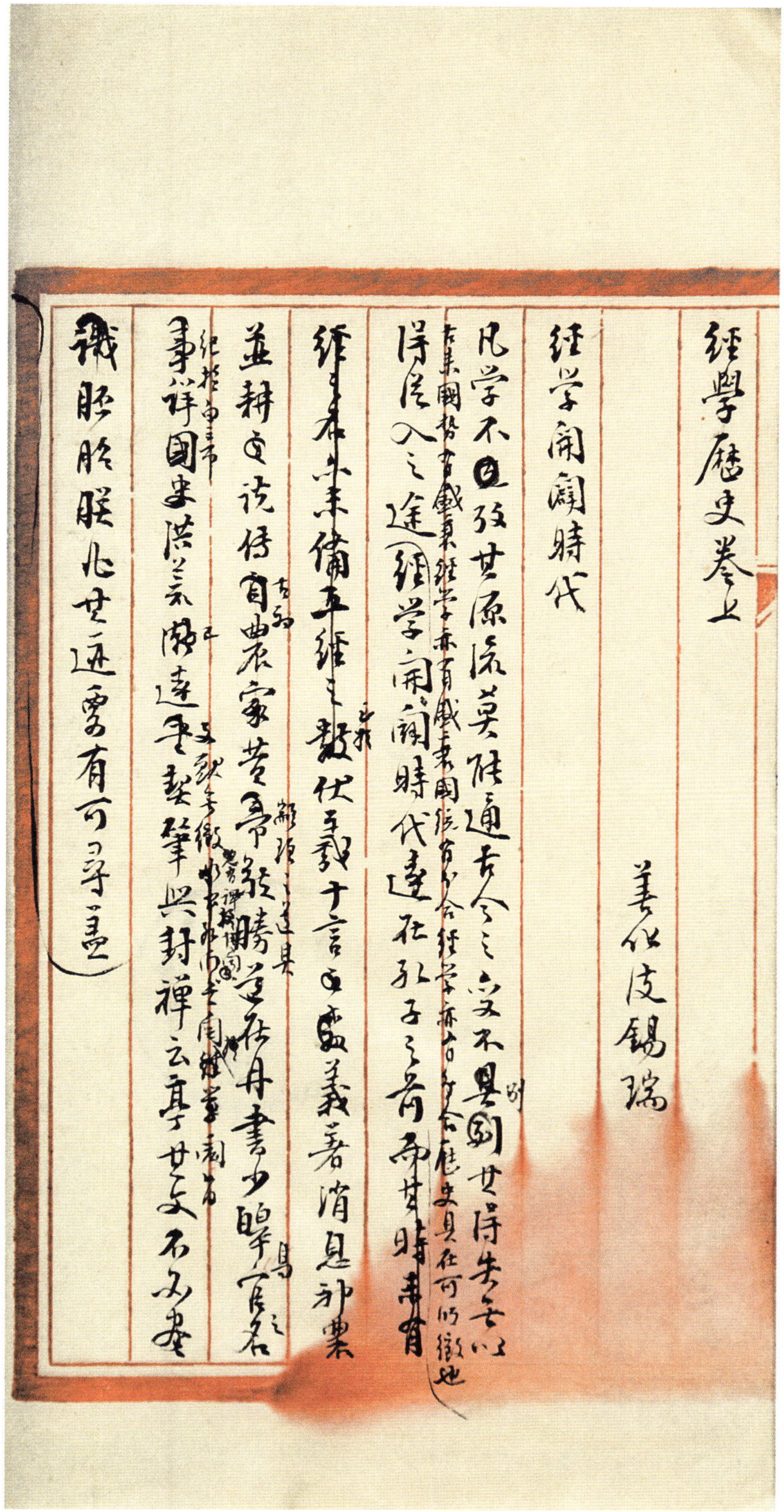

10129 經學歷史二卷 （清）皮錫瑞撰 稿本

匡高 18.1 釐米，廣 11.8 釐米。半葉九行，行字不等，紅格，白口，四周雙邊。湖南師範大學圖書館藏。

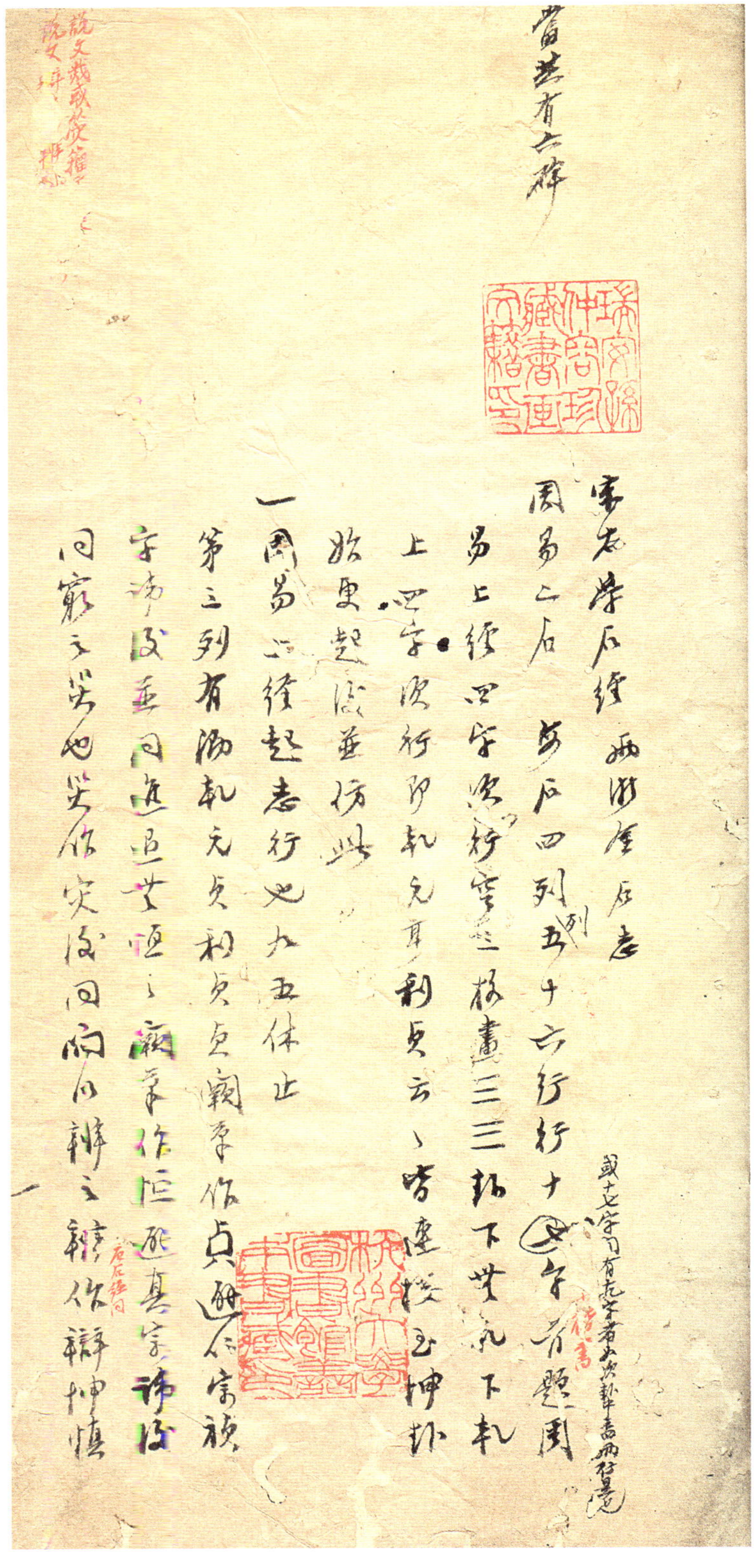

10130 宋太學石經考一卷附魯齋先生武林金石録校跋一卷

（清）羅以智撰 稿本

有"瑞安孫仲䂓珍藏書畫文籍印"等印。浙江大學圖書館藏。

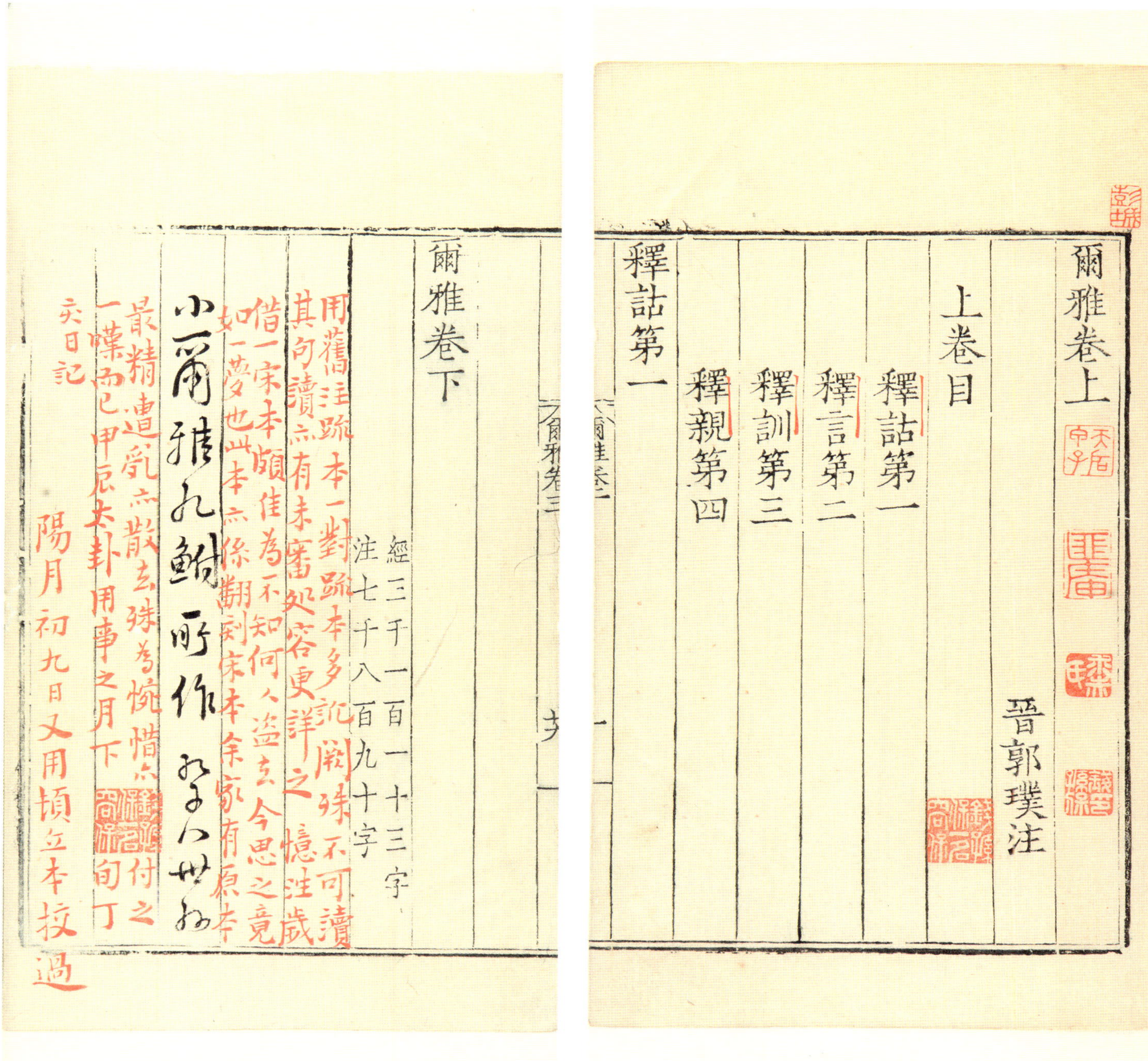

爾雅卷上

晉郭璞注

上卷目

釋詁第一

釋言第二

釋訓第三

釋親第四

釋詁第一

爾雅卷下

經三千一百一十三字

注七千八百九十字

用舊注疏本一對，疏本多訛脱，殊不可讀，其句讀亦有未審處，容更詳之。憶注歲借一宋本，頗佳，為不知何人盜去，今思之竟如一夢也。此本亦係翻刻宋本，余家有原本，最精，遭亂亦散去，殊為惋惜，亦付之一嘆而已。甲辰太卦用事之月下旬丁亥日記

陽月初九日又用頓立本校過

10131 爾雅三卷　（晉）郭璞注　明嘉靖十七年（1538）吴元恭刻本

匡高 19.5 釐米，廣 13.6 釐米。半葉八行，行十七字，小字雙行同，白口，四周雙邊。有“匪庵”、“錢印孫保”、“錢孫保一名容保”等印。錢孫保校並跋。上海圖書館藏。

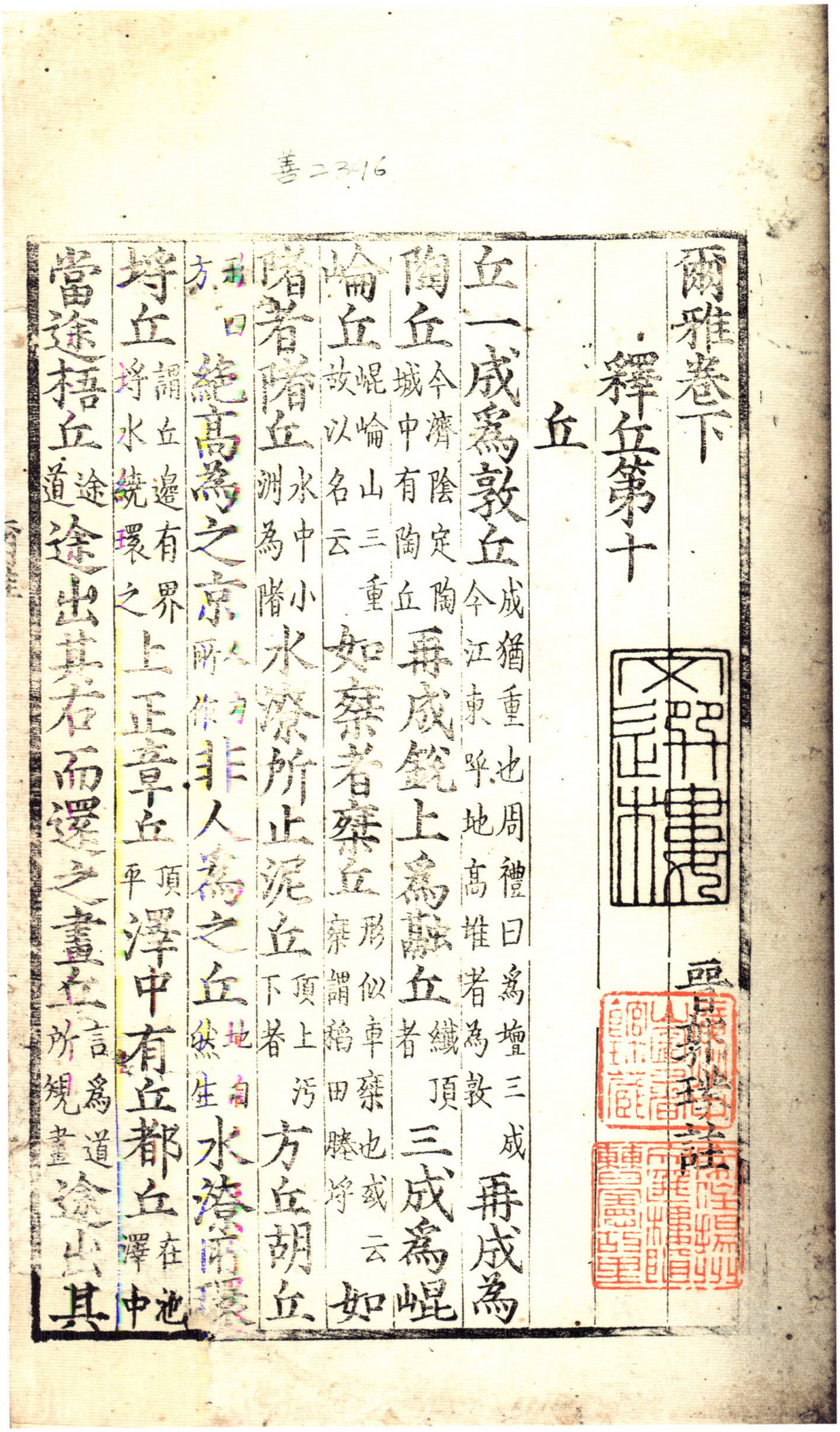

爾雅卷下

釋丘第十　　晉郭璞註

丘

丘一成爲敦丘成猶重也周禮曰爲壇三成今江東呼地高堆者爲敦再成爲陶丘今濟陰定陶城中有陶丘再成銳上爲融丘纖頂者三成爲崐崘丘崐崘山三重故以名云如乘者乘丘形似車乘也或云乘謂稻田塍埒如陼者陼丘水中小洲爲陼水潦所止泥丘頂上污下者方丘胡丘絕高爲之京人力所作非人爲之丘地自然生水潦所還埒丘謂丘邊有界埒水繞環之上正章丘頂平澤中有丘都丘在池澤中當途梧丘途道途出其右而還之畫丘言爲道所規畫途出其

10132 爾雅二卷　（晉）郭璞註　**音釋二卷**　明刻本

匡高 22.4 釐米，廣 14.3 釐米。半葉十行，行二十字，小字雙行同，白口，四周單邊。廣東省立中山圖書館藏。

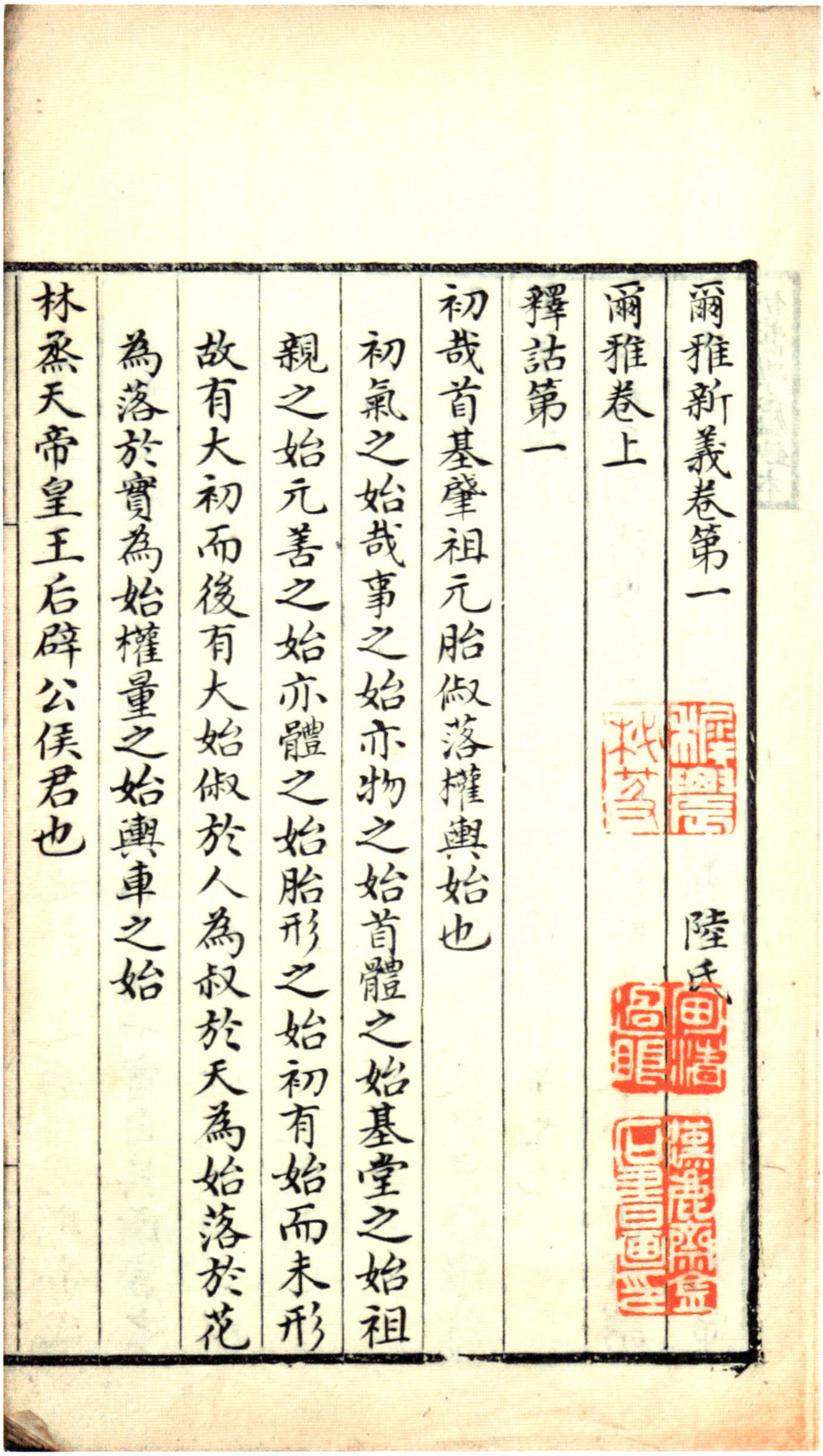

爾雅新義卷第一

爾雅卷上　陸氏

釋詁第一

初哉首基肇祖元胎俶落權輿始也

初氣之始哉事之始亦物之始首體之始基堂之始祖親之始元善之始亦體之始胎形之始初有始而未形故有大初而後有大始俶於人為叔於天為始落於花為落於實為始權量之始輿車之始

林烝天帝皇王后辟公侯君也

10133 爾雅新義二十卷　（宋）陸佃撰　清伊蒿學廬抄本

匡高 19.1 釐米，廣 12.8 釐米。半葉九行，行二十二字，小字雙行同，白口，四周單邊。雲南省圖書館藏。

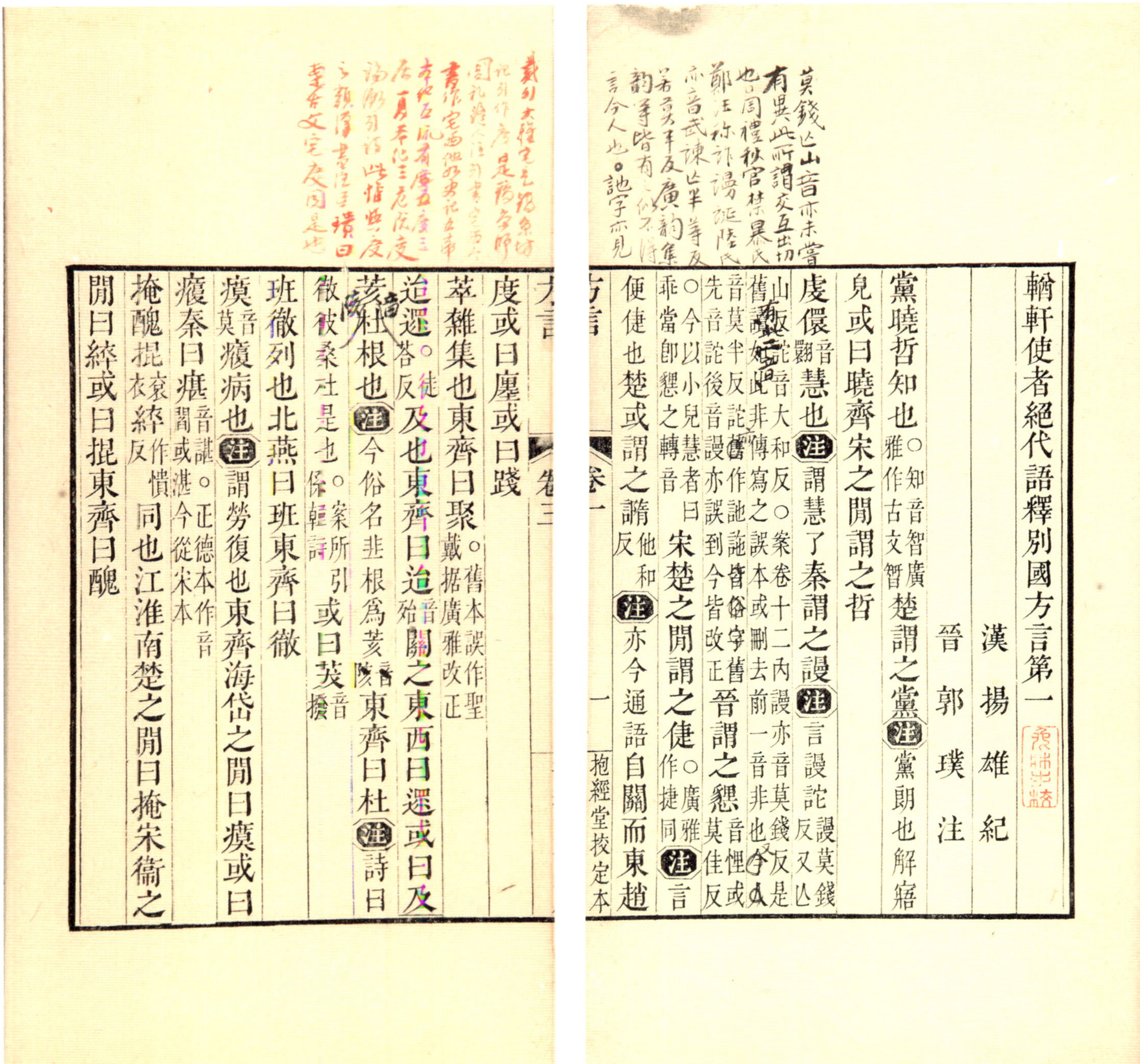

輶軒使者絕代語釋別國方言第一
漢 揚雄 紀
晉 郭璞 注
黨曉哲知也○知音智廣雅作古文智楚謂之黨 注 黨朗也解寤皃或曰曉齊宋之閒謂之哲
虔儇音翾慧也 注 謂慧了秦謂之謾 注 言謾訑謾莫錢反又亾山反訑音大和反○案卷十二內謾亦音莫錢反是舊本此非傳寫之誤本或刪去前一音非也今人音莫半反訑舊作詑訛俗字舊先音詑後音謾亦誤到今皆改正晉謂之㦝音悝或莫佳反○今以小兒慧者曰乖當即㦝之轉音宋楚之閒謂之倢作捷同○廣雅 注 言便使也楚或謂之𧫍他和反 注 亦今通語自關而東趙
方言 卷一 一 抱經堂校定本

方言 卷三
度或曰廛或曰踐
萃雜集也東齊曰聚○舊本誤作聖戴據廣雅改正
迨遝徒荅反及也東齊曰迨音殆關之東西曰遝或曰及
菱杜根也 注 今俗名韭根為菱音陔東齊曰杜 注 詩曰徹彼桑杜是也○案所引韓詩或曰茇音撥
班徹列也北燕曰班東齊曰徹
㿸音莫㿸病也 注 謂勞復也東齊海岱之閒曰㿸或曰瘼秦曰瘎音諶○正德本作音蜀或湛今從宋本
掩醜掍衮衣綷作憒反同也江淮南楚之閒曰掩宋衛之閒曰綷或曰掍東齊曰醜

10134 輶軒使者絕代語釋別國方言十三卷 （漢）揚雄撰 （晉）郭璞注 （清）盧文弨校正 **校正補遺一卷** （清）盧文弨撰 清乾隆盧文弨刻抱經堂叢書本

匡高 18.2 釐米，廣 12.4 釐米。半葉十行，行二十字，小字雙行同，白口，左右雙邊。有“兔牀手校”、“吴郎”等印。吴騫批校，沈嵩門校並跋。上海圖書館藏。

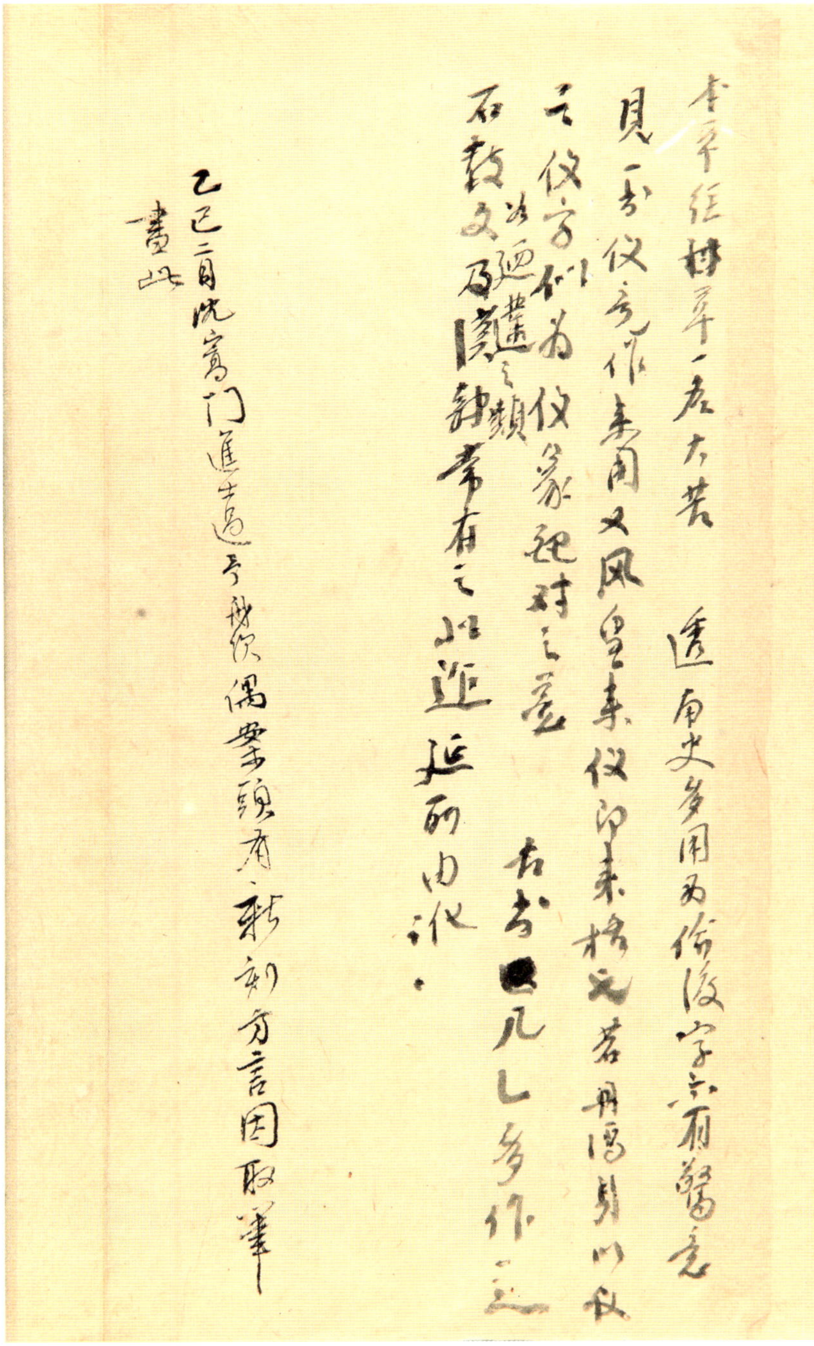

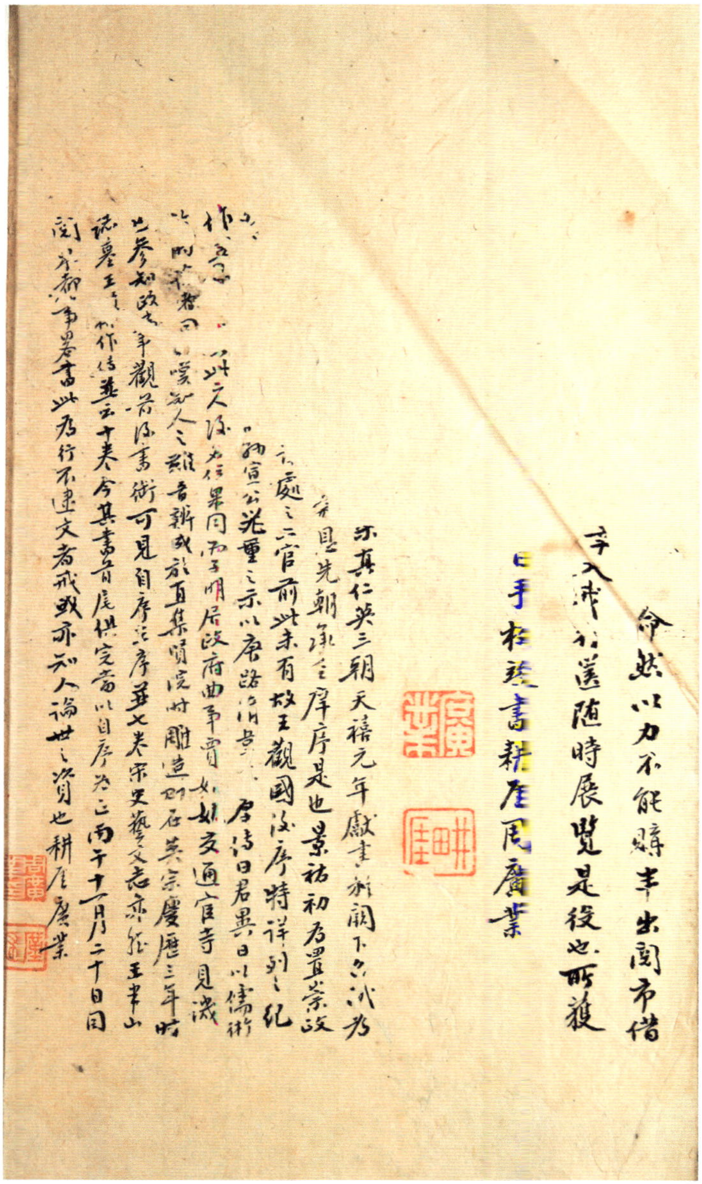

命然以力不能購幸出閣市借
□入沭於窗隨時展覽是役也所獲
日手校並書耕厓周廣業

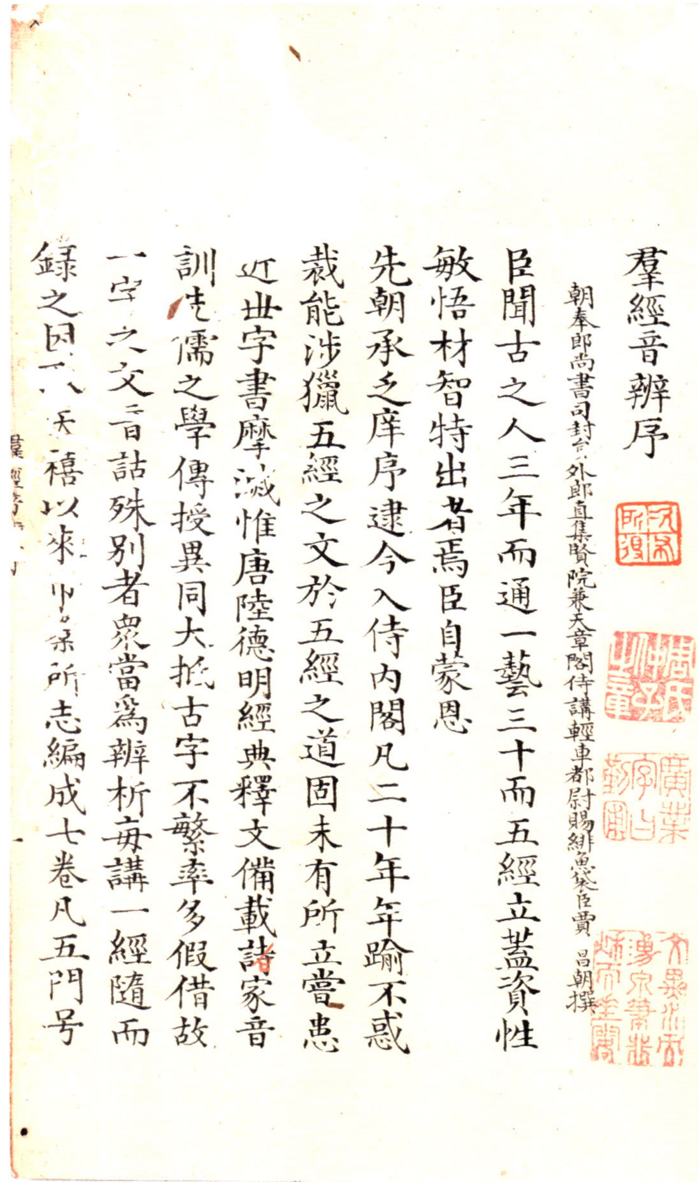

羣經音辨序

朝奉郎尚書司封員外郎直集賢院兼天章閣侍講輕車都尉賜緋魚袋臣賈昌朝撰

臣聞古之人三年而通一藝三十而五經立蓋資性
敏悟材智特出者焉臣自蒙恩
先朝承乏庠序逮今入侍内閣凡二十年年踰不惑
裁能涉獵五經之文於五經之道固未有所立嘗患
近世字書摩滅惟唐陸德明經典釋文備載諸家音
訓先儒之學傳授異同大抵古字不繁率多假借故
一字之文音詁殊別者衆當爲辨析每講一經隨而
録之因以天禧以來中書所志編成七卷凡五門号

10135 群經音辨七卷 （宋）賈昌朝撰 清抄本

半葉十行，行二十字。有“廣業字曰勤圃”、“周氏仲子之章”等印。周廣業校並跋。寧波市天一閣博物館藏。

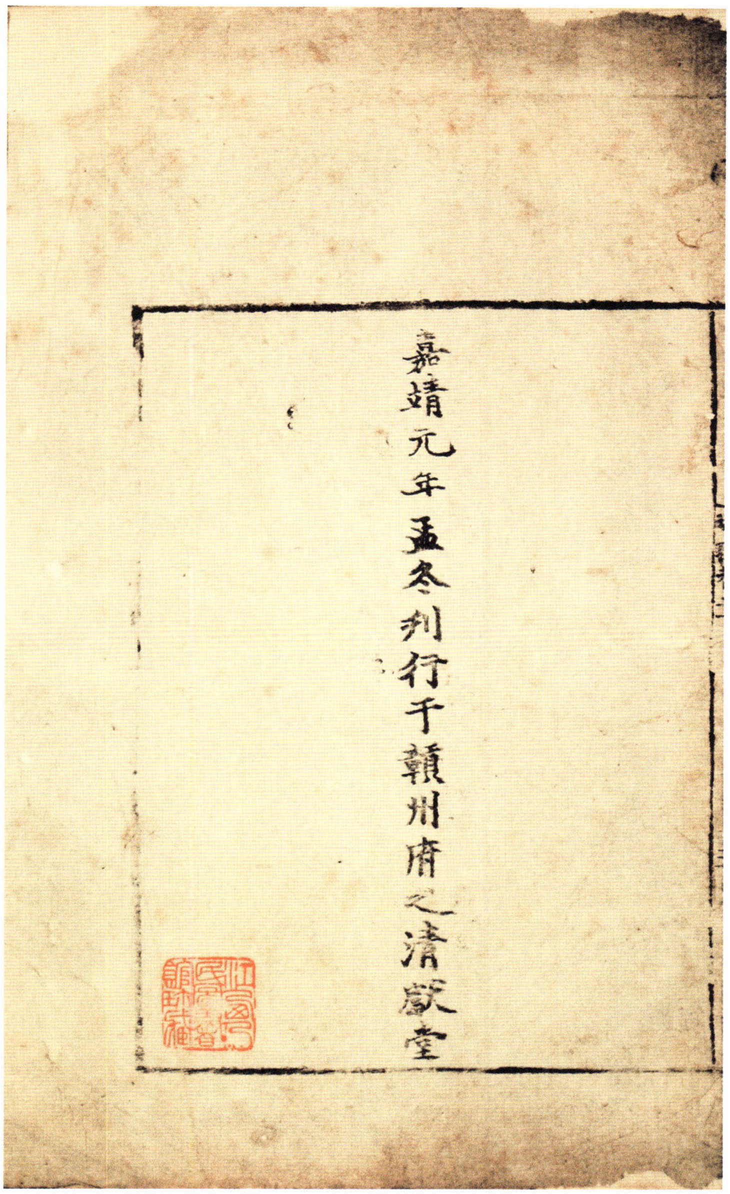

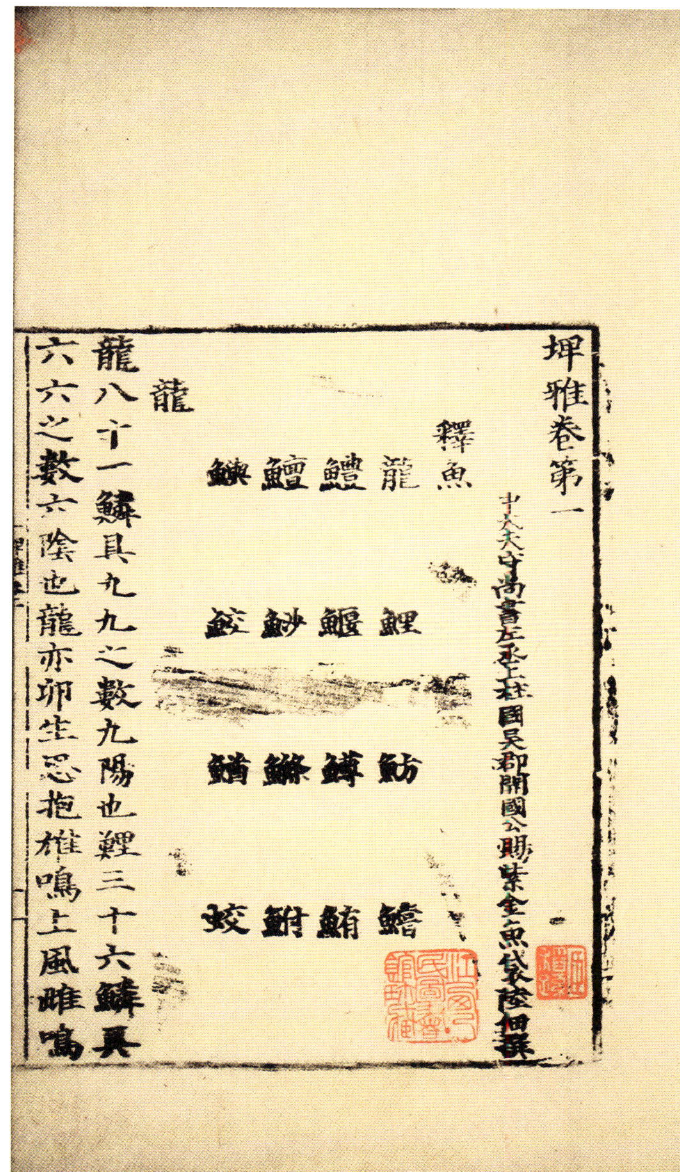

10136 埤雅二十卷 （宋）陸佃撰 明嘉靖元年（1522）贛州府清獻堂刻本

匡高 16.5 釐米，廣 12.8 釐米。半葉十行，行十九字，白口，四周單邊。江西省圖書館藏。

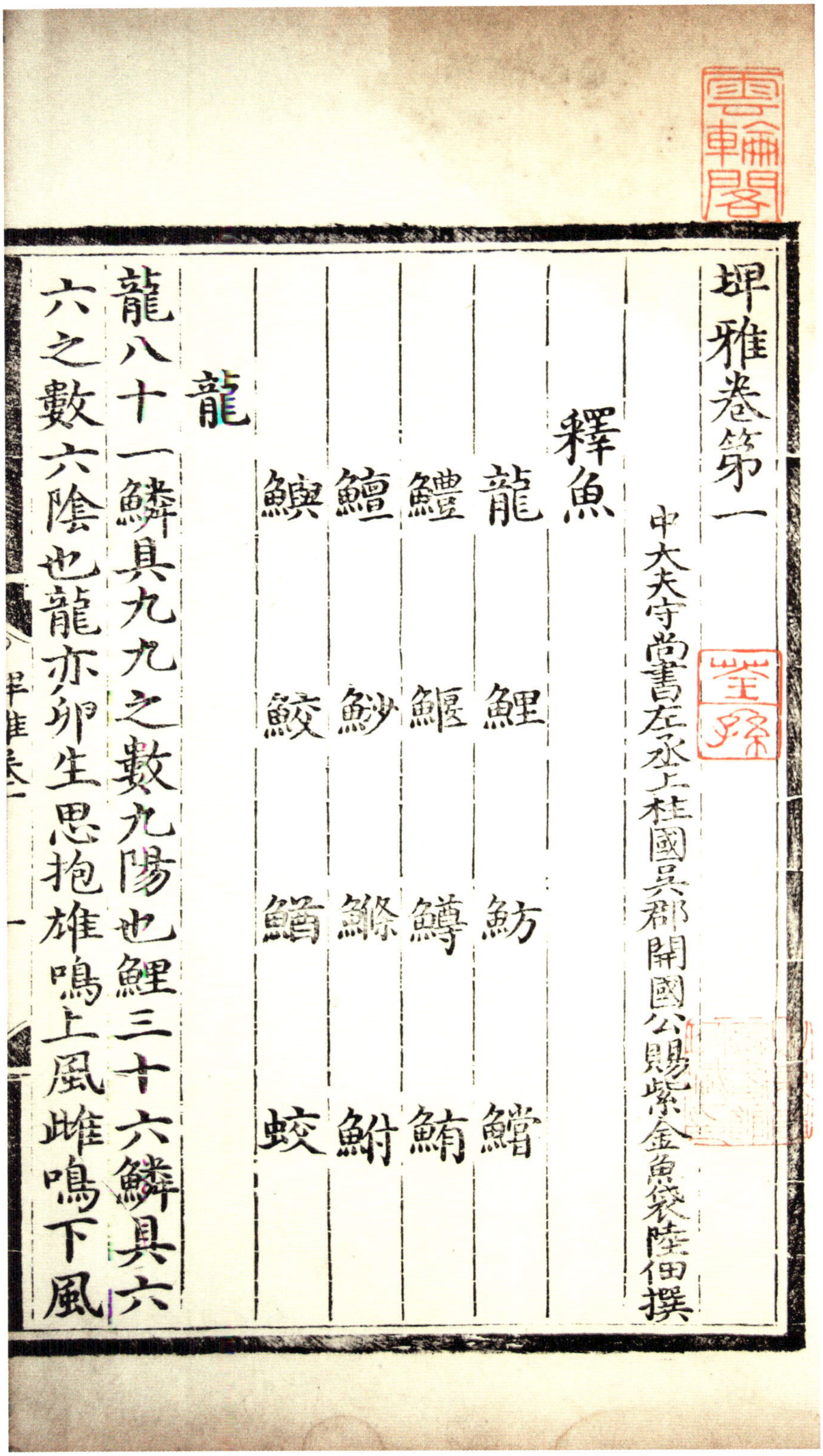

埤雅卷第一

中大夫守尚書左丞上柱國吴郡開國公賜紫金魚袋陸佃撰

釋魚

龍　鯉　魴　鱨

鱧　鰋　鱒　鮪

鱣　魦　鯈　鮒

鱮　鮫　鰌　蛟

龍

龍八十一鱗具九九之數九陽也鯉三十六鱗具六六之數六陰也龍亦卵生思抱雄鳴上風雌鳴下風

10137 埤雅二十卷　（宋）陸佃撰　明前期刻本

匡高22.1釐米，廣15.1釐米。半葉十行，行二十字，黑口，四周雙邊。有“荃孫”、“雲輪閣”等印。山東省圖書館藏。

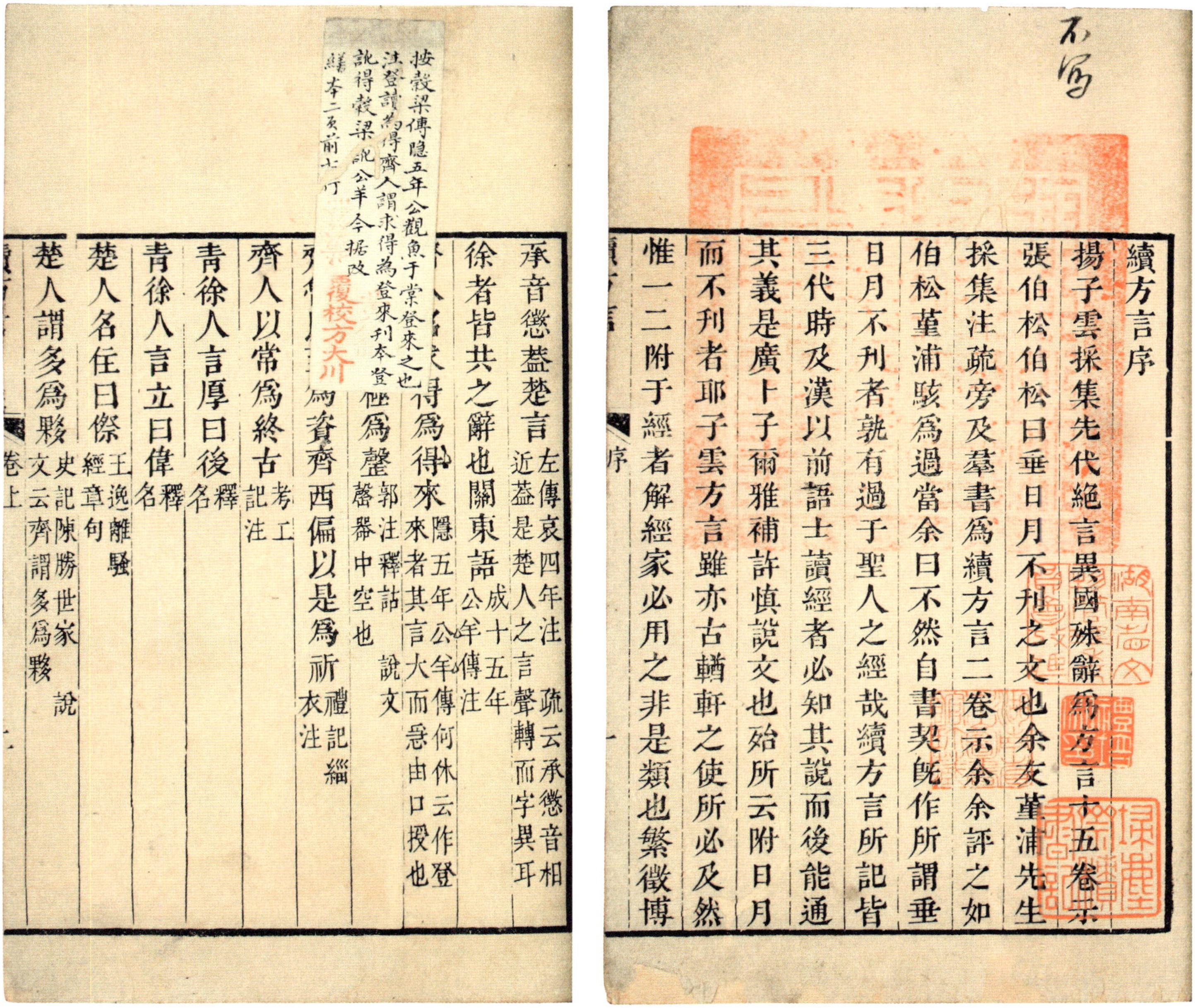

10138 續方言二卷 （清）杭世駿撰 **續方言補二卷** （清）程際盛撰 清雍正刻本［四庫底本］

匡高 17.3 釐米，廣 13.4 釐米。半葉十行，行二十字，小字雙行同，白口，四周單邊。有“翰林院印”、“禮培私印”、“埽塵齋積書記”等印。湖南圖書館藏。

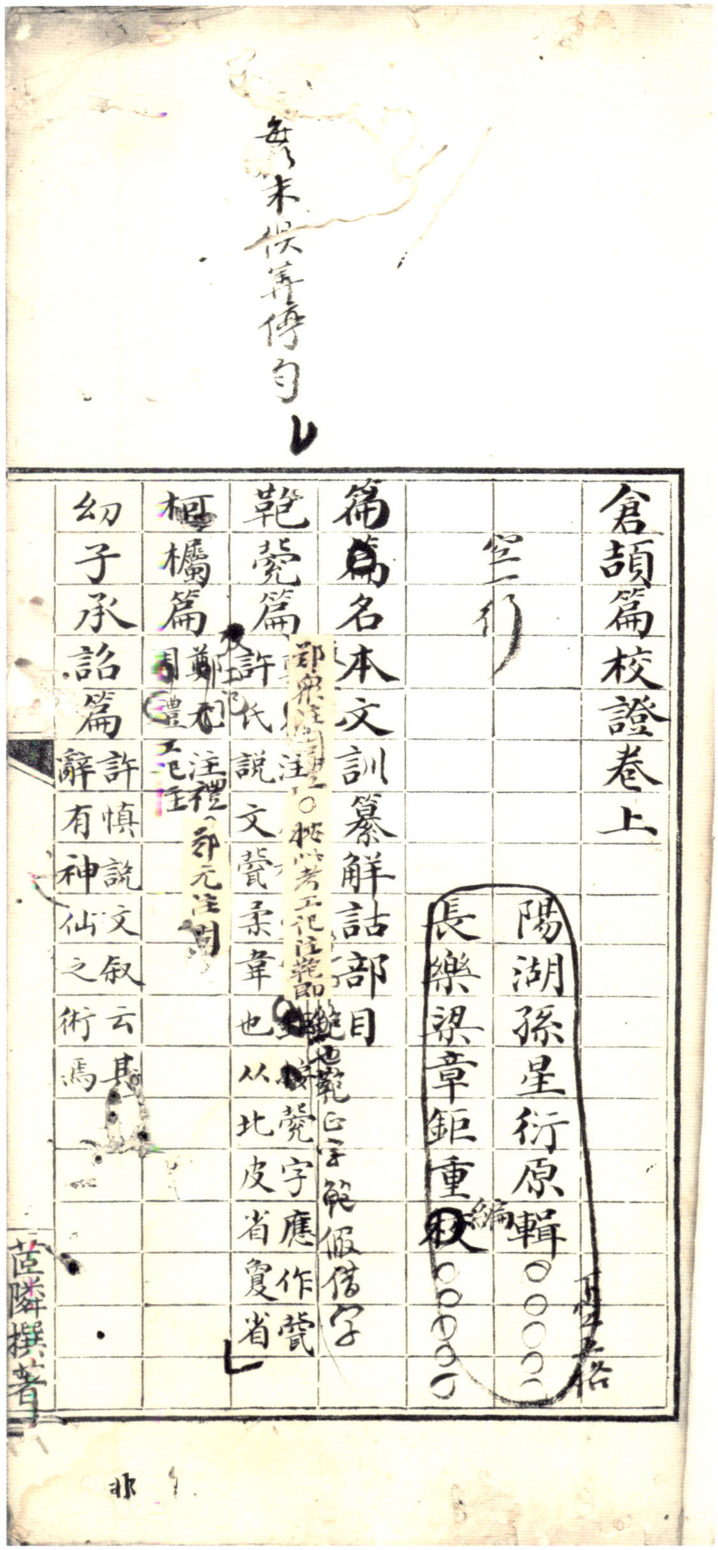

10139 倉頡篇校證三卷補遺一卷 （清）孫星衍輯 （清）梁章鉅重編 稿本

匡高 18.0 釐米　廣 12.2 釐米。寧波市天一閣博物館藏。

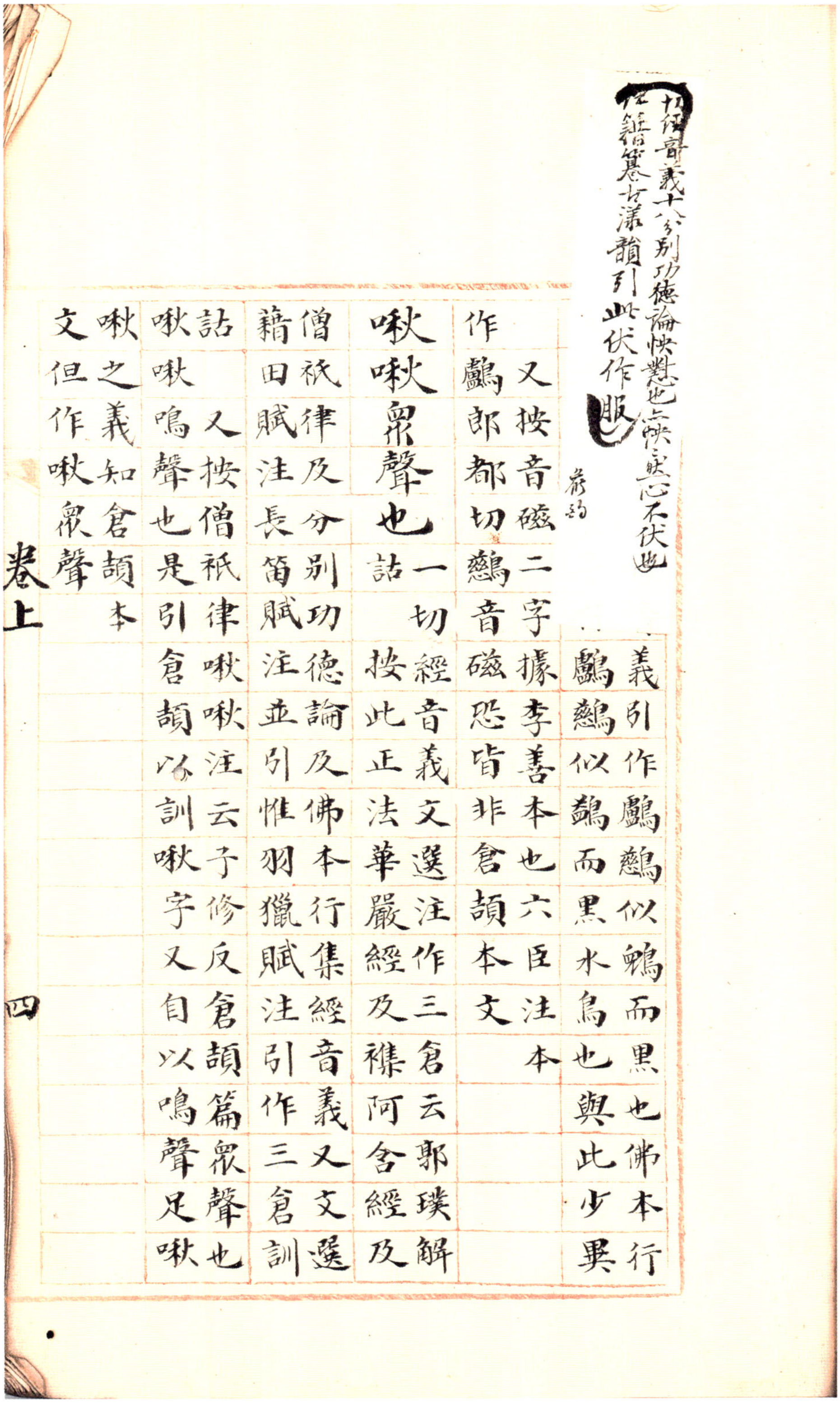
一切經音義十六分別功德論快懟也亦快快然心不伏也
籍篡古漢韻引此伏作服

義引作鸐鷂似鴉而黑也佛本行鸐鷂似鷂而黑水鳥也與此少異
又按音磁二字據李善本也六臣注本作鸐郎都切鷂音磁恐皆非倉頡本文

啾啾衆聲也
一切經音義文選注作三倉云郭璞解詁按此正法華嚴經及襍阿含經及僧祇律及分別功德論及佛本行集經音義又文選籍田賦注長笛賦注並引惟羽獵賦注引作三倉訓詁又按僧祇律啾啾注云子修反倉頡篇衆聲也啾啾鳴聲也是引倉頡以訓啾字又自以鳴聲足啾啾之義知倉頡本文但作啾衆聲

卷上　四

10140 倉頡篇校證三卷補遺一卷（清）孫星衍輯（清）梁章鉅重編 稿本

匡高 20.6 釐米，廣 13.5 釐米。寧波市天一閣博物館藏。

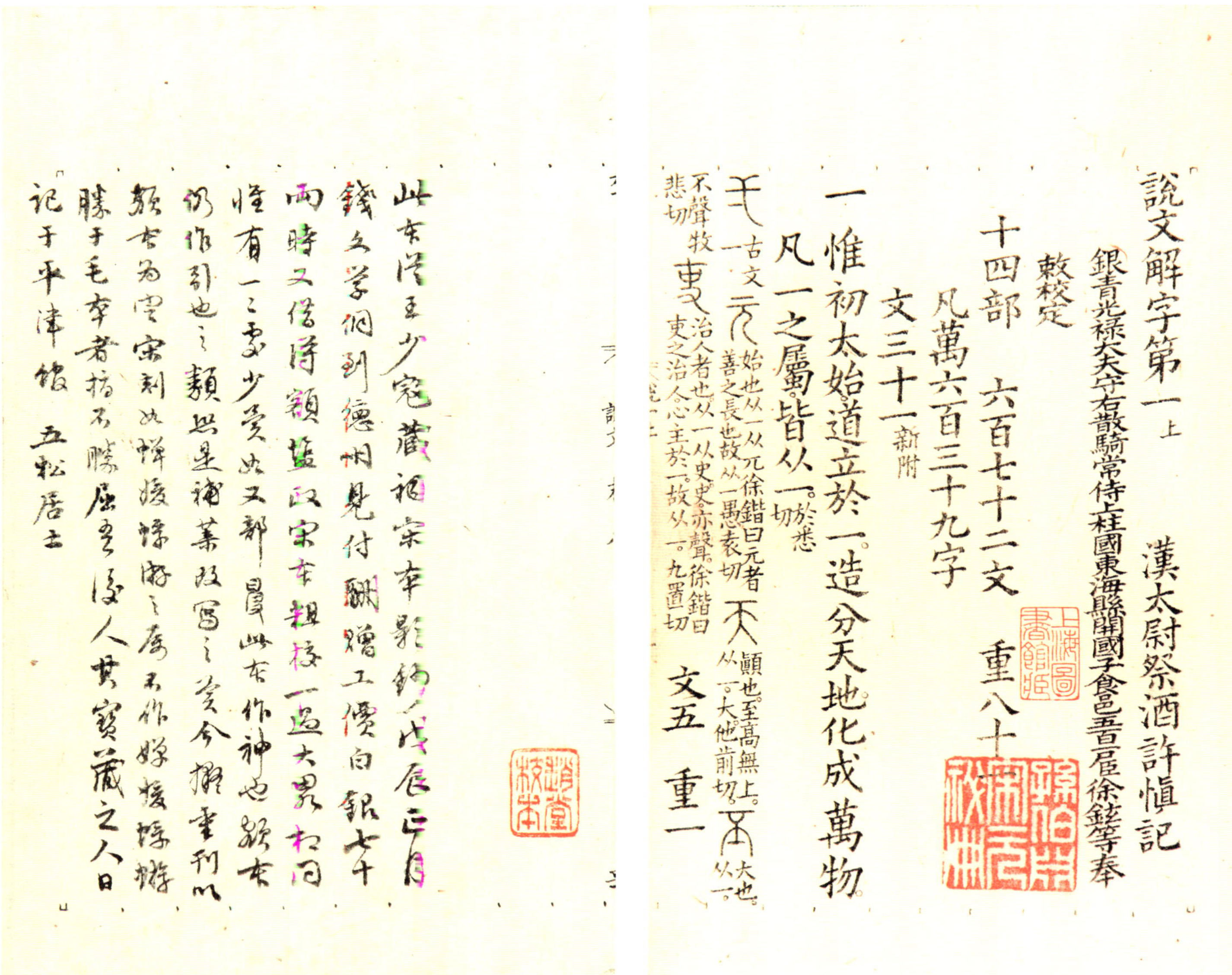

10141 說文解字十五卷 （漢）許慎撰　清嘉慶十三年（1808）孫氏平津館影宋抄本

半葉十行，行十七至十八字不等。有“孫印星衍”、“方伯監司之官”、“孫伯淵宋元秘册”、“頤煊審定”、“趙堂校本”等印。孫星衍跋。上海圖書館藏。

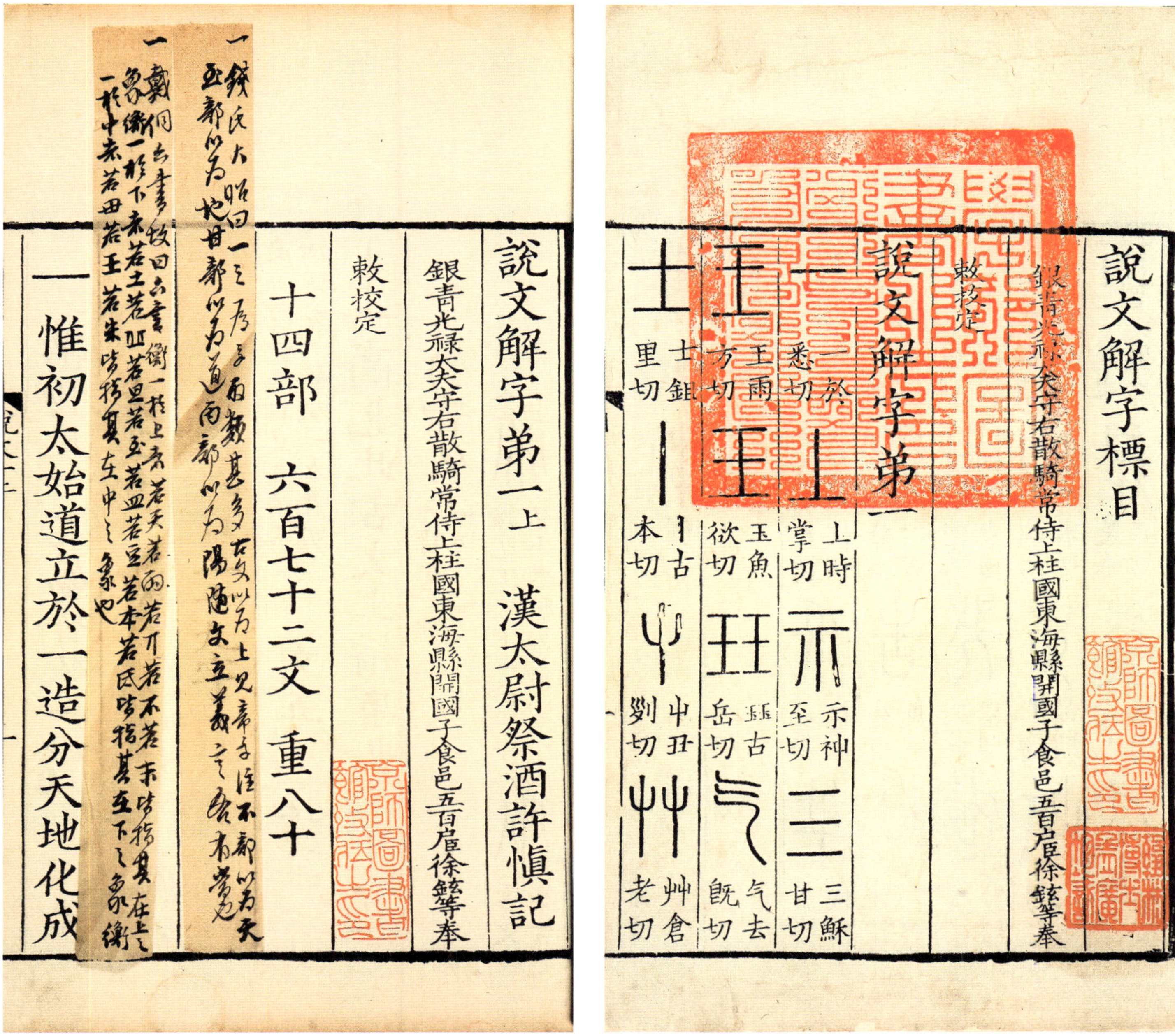

10142 說文解字十五卷　（漢）許慎撰　清初毛氏汲古閣刻本

匡高 20.9 釐米，廣 15.9 釐米。半葉七行，大小字不等，白口，左右雙邊。有“學部圖書之印”、“翰林博士孟廣均識”等印。桂馥簽注，孟廣均跋。國家圖書館藏。

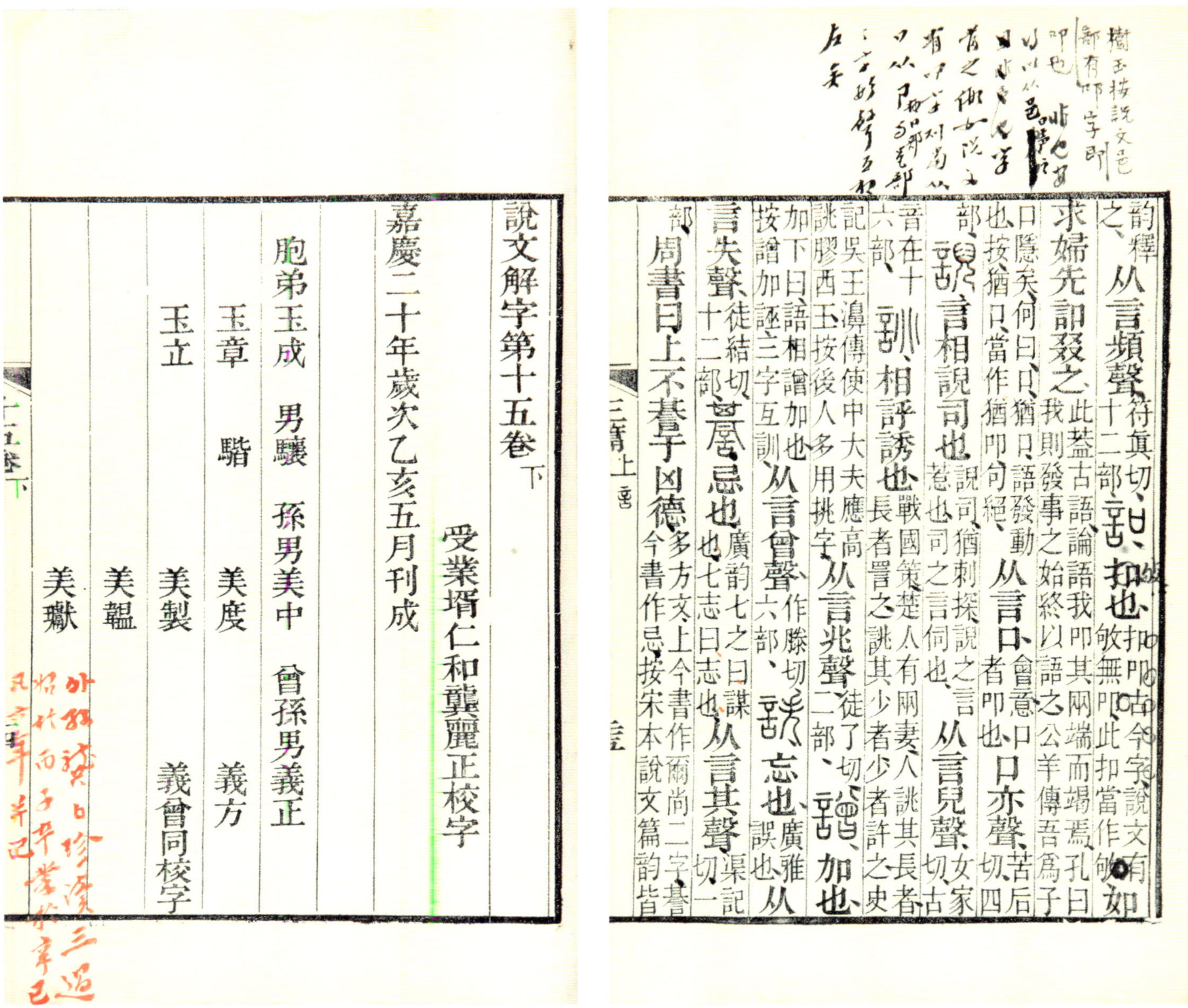

說文解字第十五卷下

受業壻仁和龔麗正校字

嘉慶二十年歲次乙亥五月刊成

胞弟玉成　男驤　孫男美中　曾孫男義正
玉章　驓　美度　義方
玉立　美製　義曾同校字
美韞
美瓛

10143 說文解字注三十卷六書音均表五卷　（清）段玉裁撰　清乾隆嘉慶間段氏經韻樓刻本

匡高 18.9 釐米，廣 12.8 釐米。半葉九行，行二十二字，小字雙行同，白口，左右雙邊。有“自珍讀過”、“積學齋徐乃昌藏書”、“南陵徐氏”等印。龔自珍、龔橙批並跋，鈕樹玉校。上海圖書館藏。

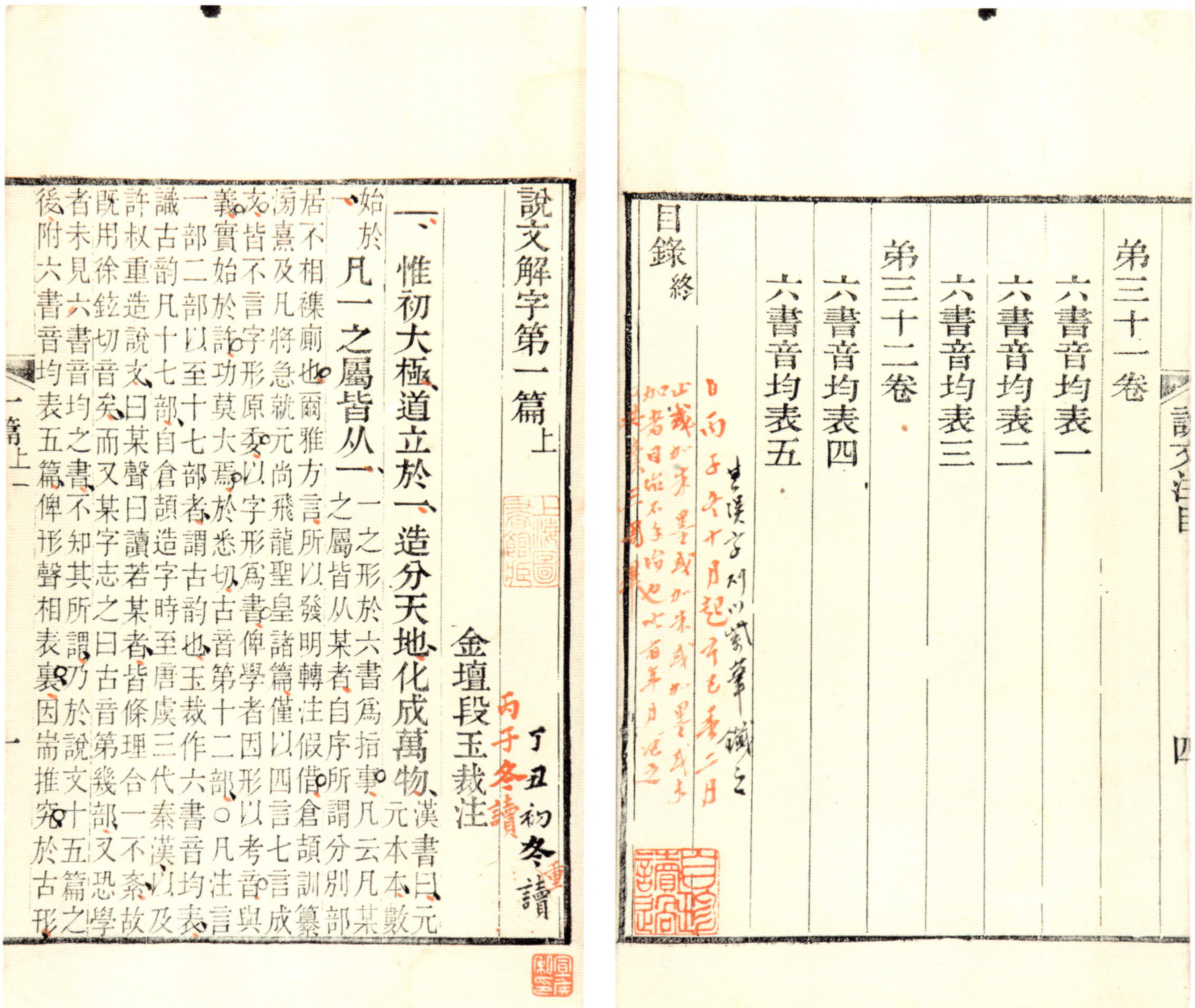
第三十一卷
六書音均表一
六書音均表二
六書音均表三
第三十二卷
六書音均表四
六書音均表五
目錄終
說文注目 四

說文解字第一篇上
金壇段玉裁注
丁丑初冬讀
丙子冬讀
一 惟初大極道立於一造分天地化成萬物漢書曰元元本本數始於一凡一之屬皆从一一之形於六書爲指事凡云凡某之屬皆从某者自序所謂分別部居不相襍廁也爾雅方言所以發明轉注假借倉頡訓纂滂熹及凡將急就元尚飛龍聖皇諸篇僅以四言七言成文皆不言字形原委以字形爲書俾學者因形以考音與義實始於許功莫大焉於悉切古音第十二部凡注言一部二部以至十七部者謂古韵也玉裁作六書音均表識古韵凡十七部自倉頡造字時至唐虞三代秦漢以及許叔重造說文曰某聲曰讀若某者皆條理合一不紊故既用徐鉉切音矣而又某字志之曰古音第幾部又恐學者未見六書音均之書不知其所謂乃於說文十五篇之後附六書音均表五篇俾形聲相表裏因耑推究於古形
一篇上一
一

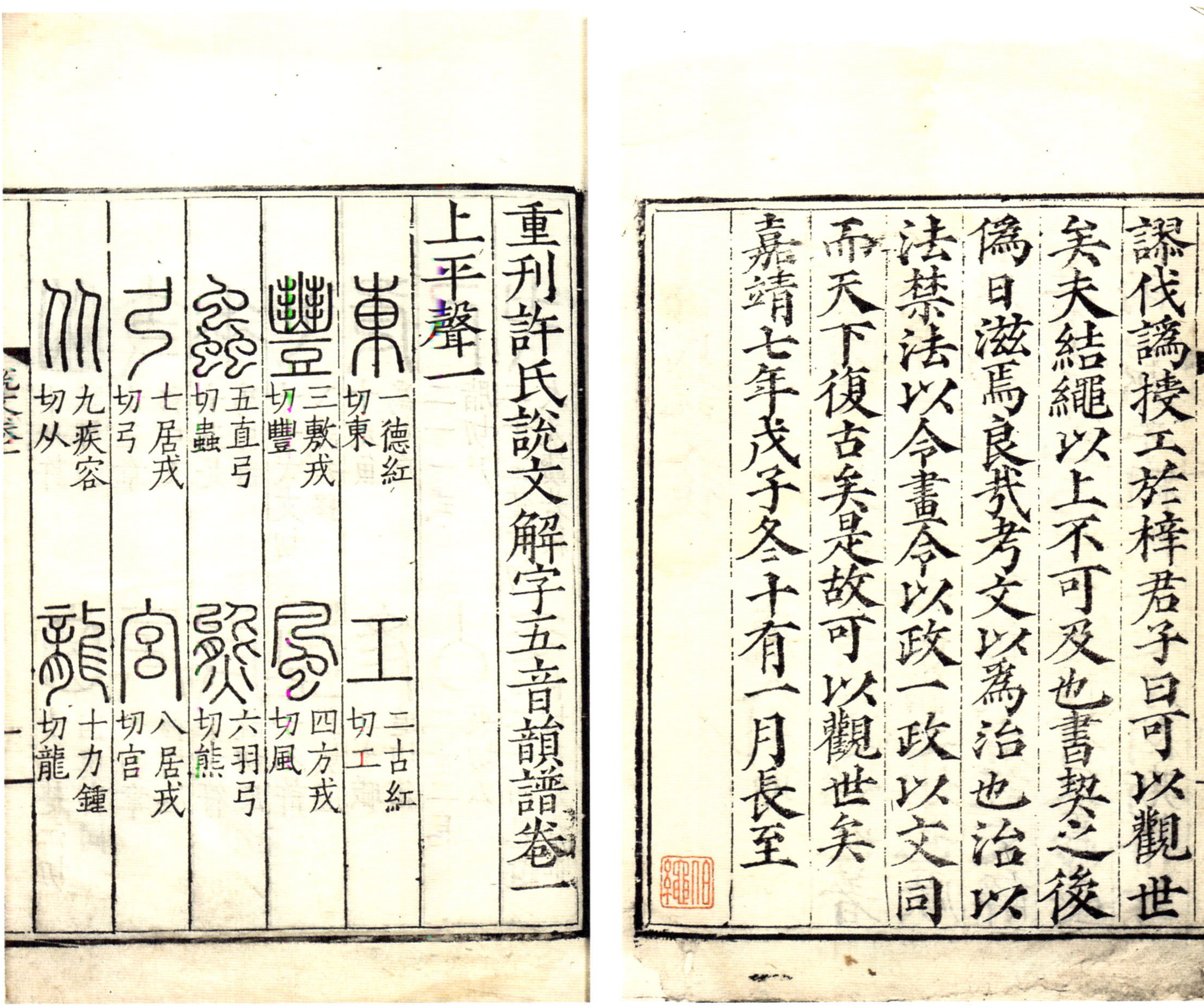

10144 重刊許氏說文解字五音韻譜十二卷 （宋）李燾撰 明嘉靖七年（1528）郭雨山刻本

匡高 20 釐米，廣 14.9 釐米。半葉七行，行字不等，小字雙行二十字，白口，四周雙邊。有“伯繩”等印。南京圖書館藏。

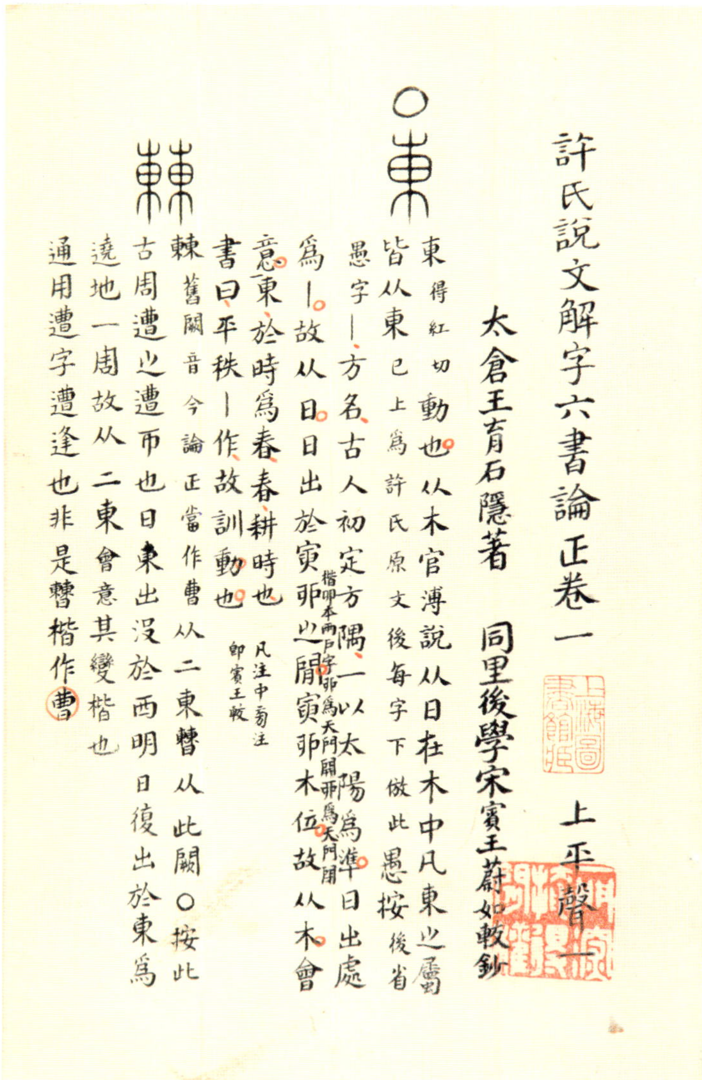

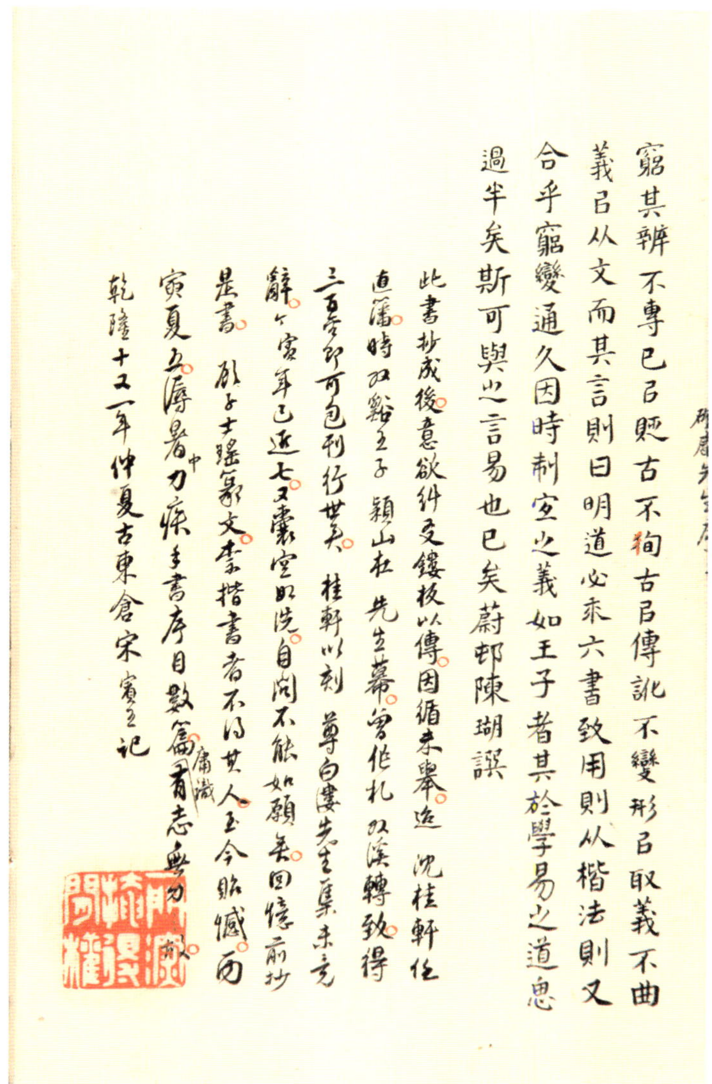

10145 許氏説文解字六書論正二十四卷首一卷 （清）王育撰 清宋賓王抄本

半葉十四行，行二十二字，小字雙行同。有“蔚如”、“宋蔚如收藏印”等印。宋賓王校並跋。上海圖書館藏。

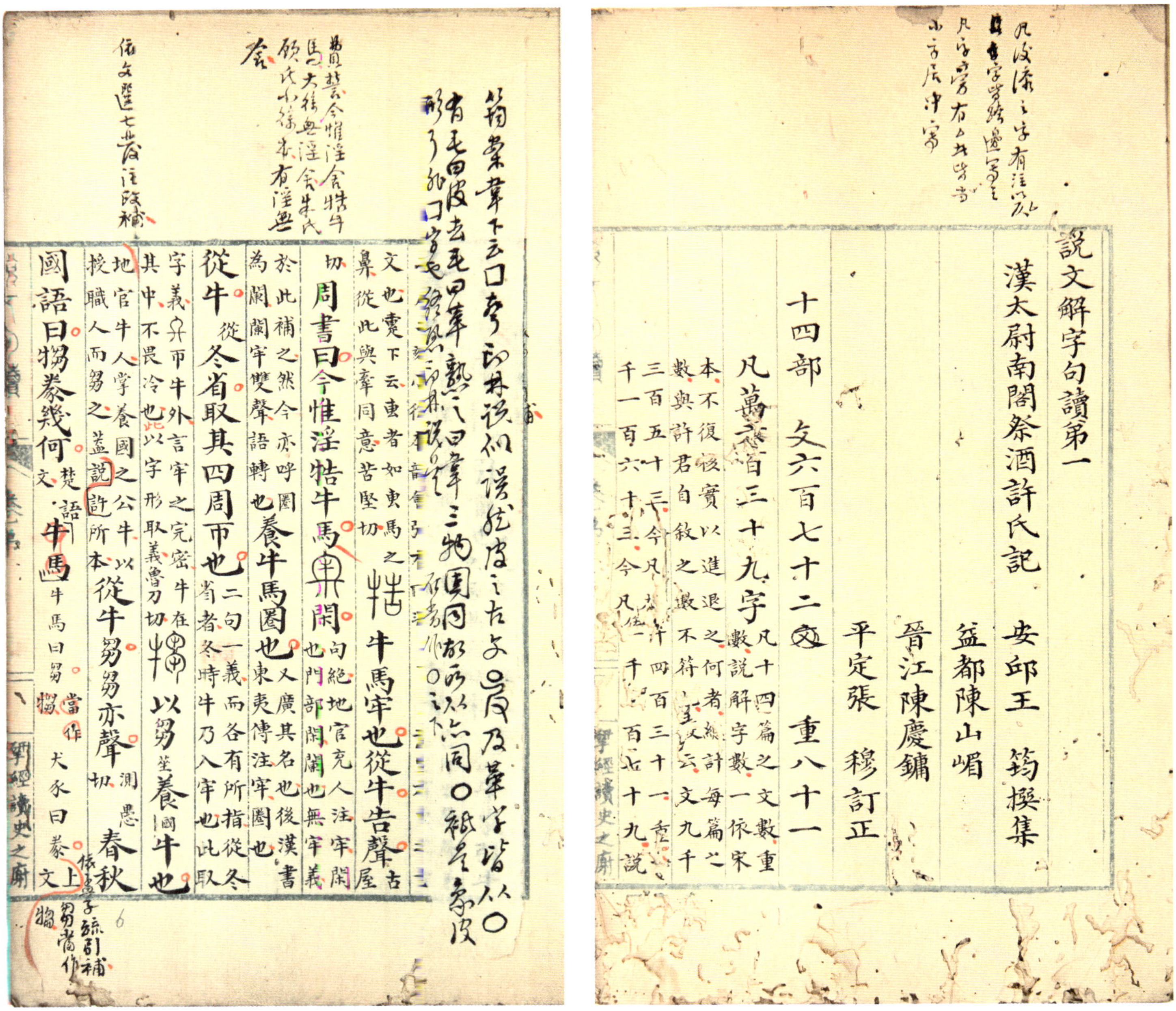
說文解字句讀弟一
漢太尉南閣祭酒許氏記
安邱王　筠撰集
益都陳山嵋
晉江陳慶鏞
平定張　穆訂正
十四部　文六百七十二　重八十一
凡萬有三十九字

10146 說文解字句讀十五卷　（清）王筠撰　稿本

框高19.5釐米，廣15釐米。半葉九行，行二十字，小字雙行同，藍格，白口，左右雙邊。廈門市圖書館藏，存十四卷。

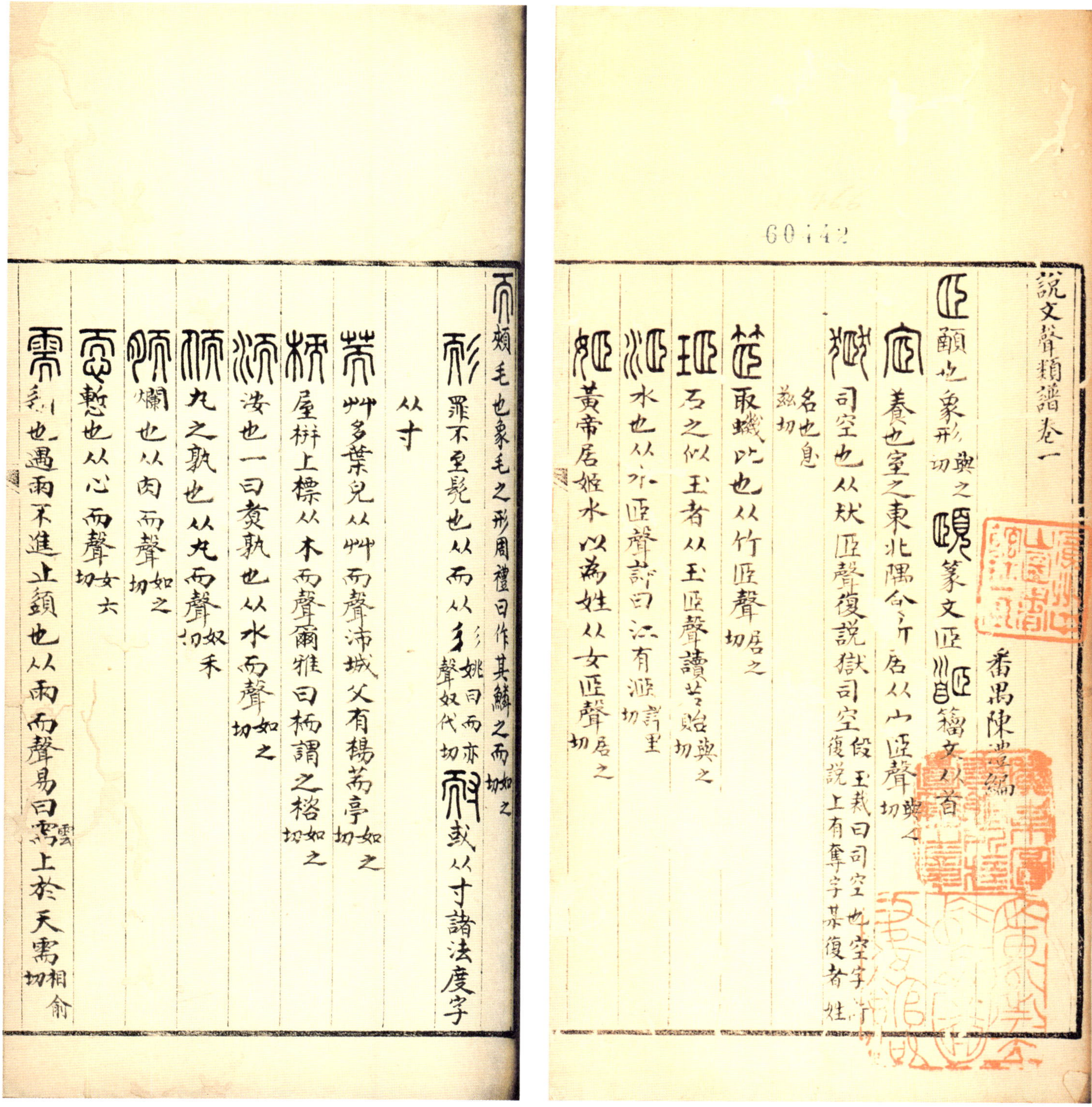

說文聲類譜卷一

番禺陳澧編

10147 說文聲類譜十七卷 （清）陳澧撰 稿本

匡高 19 釐米，廣 12.9 釐米。半葉十行，行字不等，白口，左右雙邊。廣東省立中山圖書館藏。

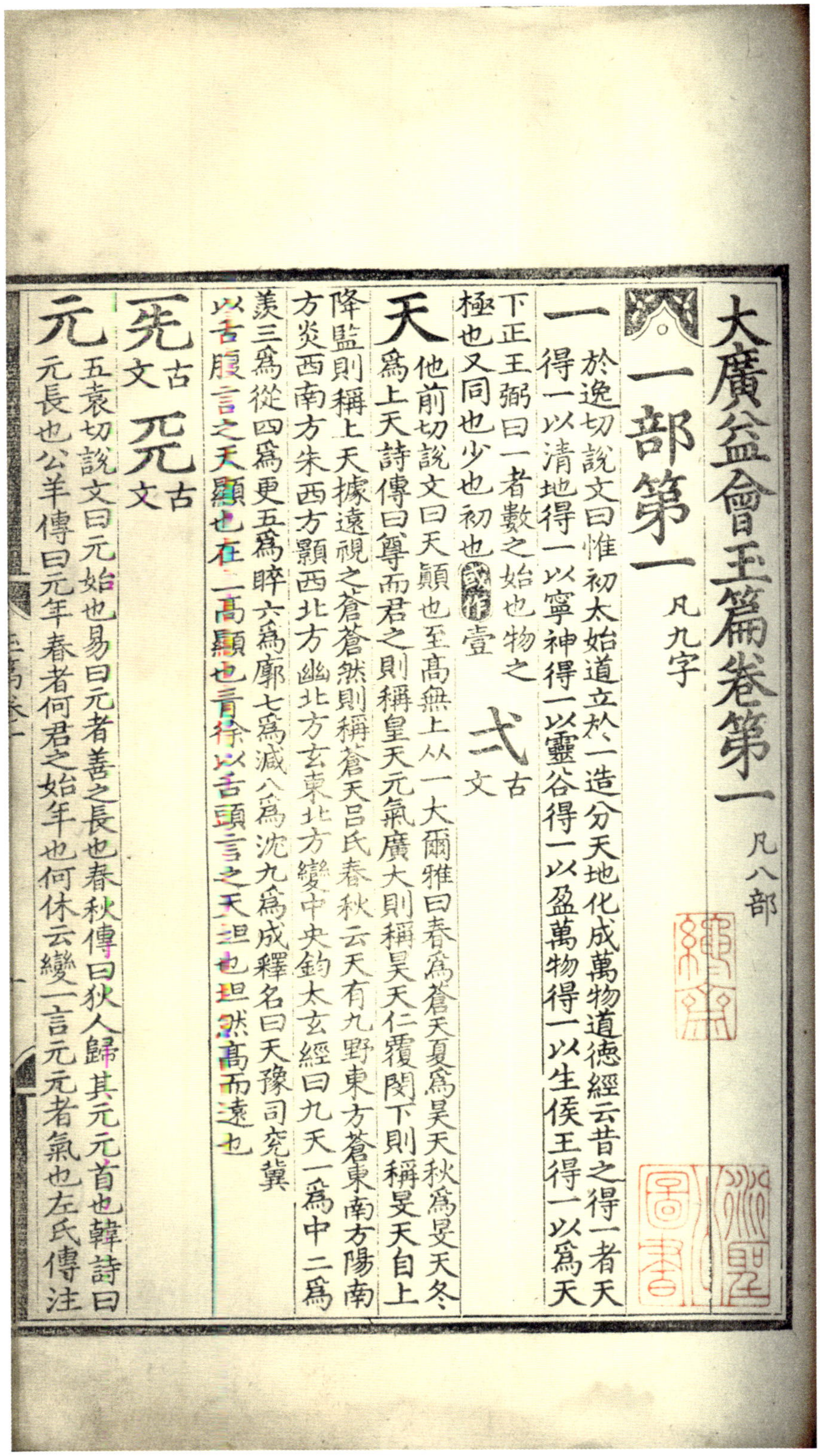

大廣益會玉篇卷第一 凡八部

一部第一 凡九字

一 於逸切說文曰惟初太始道立於一造分天地化成萬物道德經云昔之得一者天得一以清地得一以寧神得一以靈谷得一以盈萬物得一以生侯王得一以爲天下正王弼曰一者數之始也物之極也又同也少也初也或作壹 弌 古文

天 他前切說文曰天顛也至高無上从一大爾雅曰春爲蒼天夏爲昊天秋爲旻天冬爲上天詩傳曰尊而君之則稱皇天元氣廣大則稱昊天仁覆閔下則稱旻天自上降監則稱上天據遠視之蒼蒼然則稱蒼天呂氏春秋云天有九野東方蒼東南方陽南方炎西南方朱西方顥西北方幽北方玄東北方變中央鈞太玄經曰九天一爲中二爲羨三爲從四爲更五爲睟六爲廓七爲減八爲沈九爲成釋名曰天豫司兖冀以舌腹言之天顯也在上高顯也青徐以舌頭言之天坦也坦然高而遠也 兲 古文 𠑹 古文

元 五袁切說文曰元始也易曰元者善之長也春秋傳曰狄人歸其元元首也韓詩曰元長也公羊傳曰元年春者何君之始年也何休云變一言元元者氣也左氏傳注

10148 大廣益會玉篇三十卷 （南朝梁）顧野王撰 （唐）孫强增字 （宋）陳彭年等重修 **玉篇廣韻指南一卷** 明前期刻本

匡高 24.7 釐米 廣 17.9 釐米。半葉九行，行十七字，小字雙行三十四字，黑口，四周雙邊。有“繩齋”、“衍聖公圖書”等印。濟南市圖書館藏。

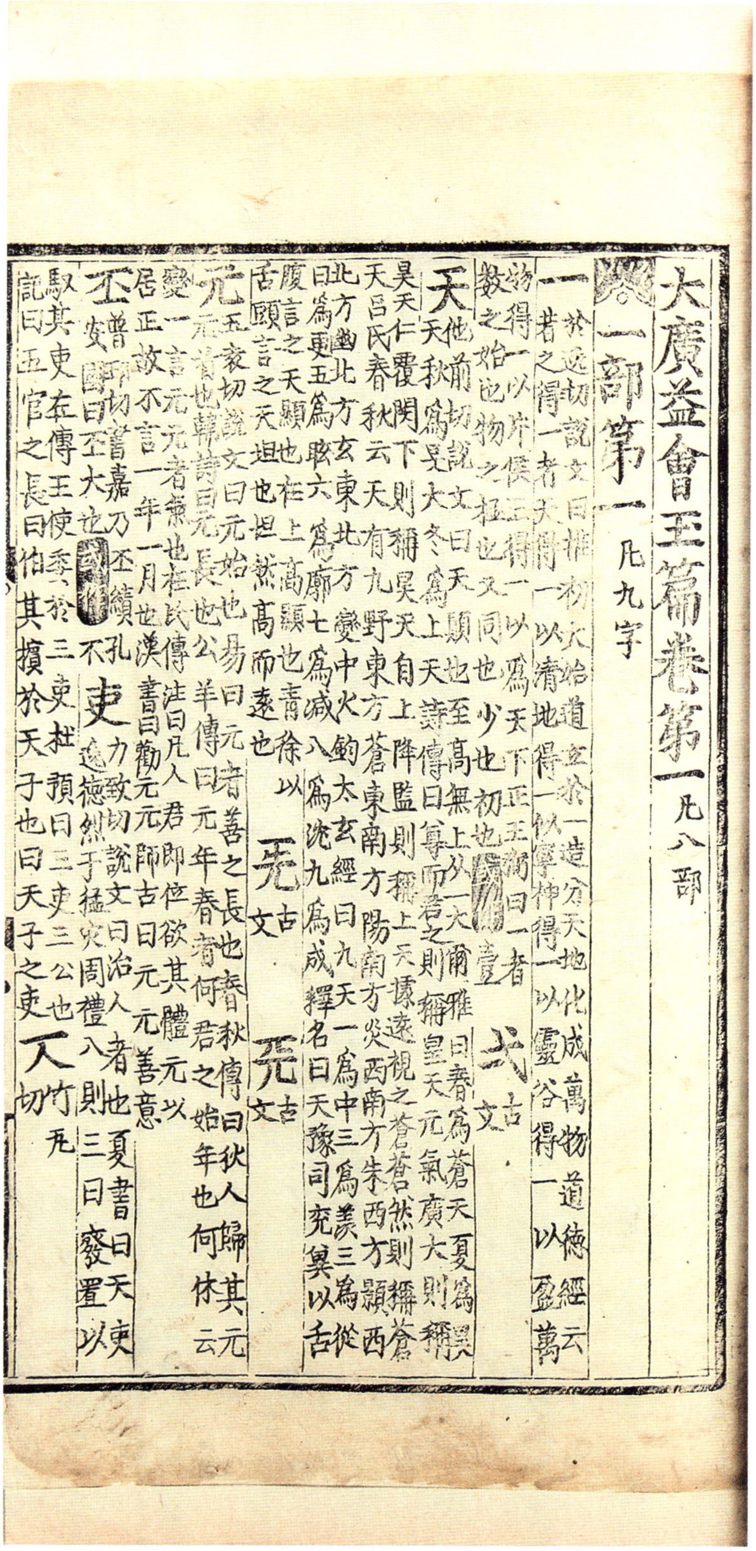

10149 大廣益會玉篇三十卷 （南朝梁）顧野王撰 （唐）孫强增字 （宋）陳彭年等重修 **玉篇廣韻指南一卷** 明刻本

匡高 22.6 釐米，廣 14 釐米。半葉十二行，行字不等，黑口，四周雙邊。西北大學圖書館藏。

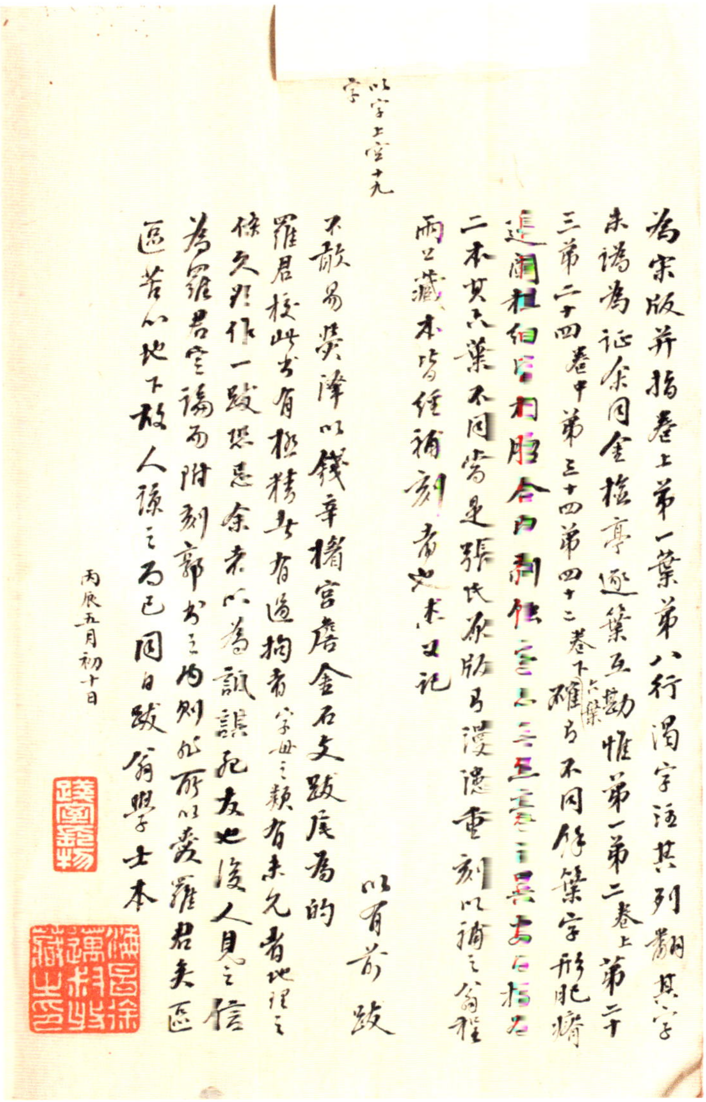

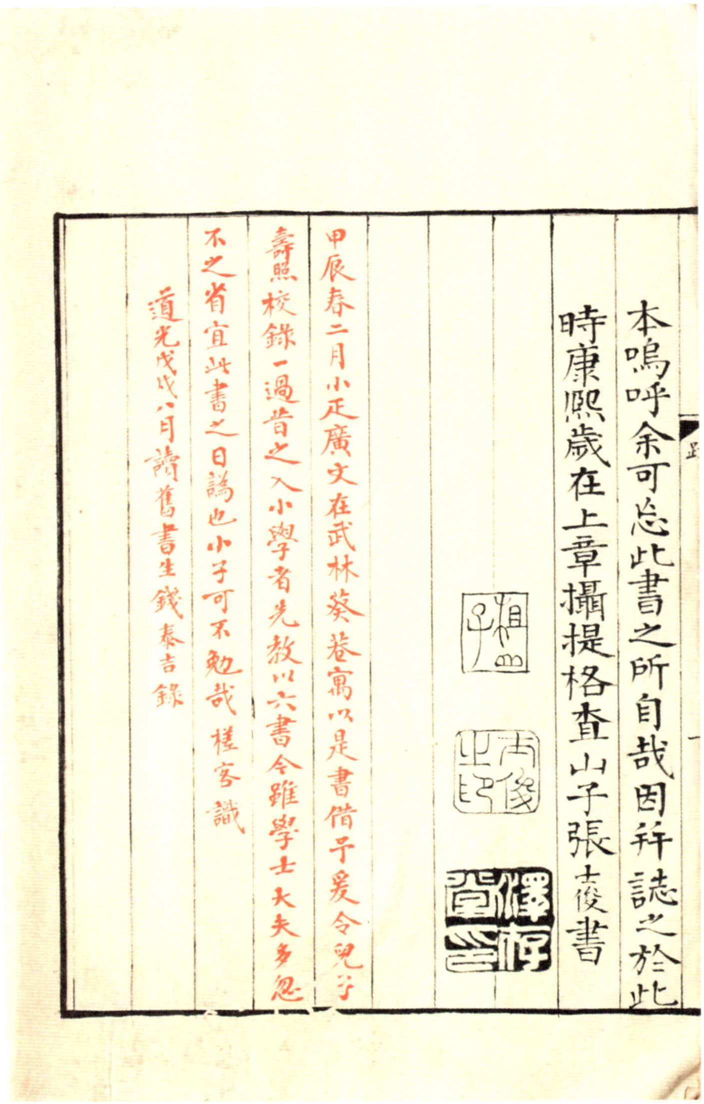

本嗚呼余可怠此書之所自哉因并誌之於此

時康熙歲在上章攝提格查山子張士俊書

甲辰春二月小疋廣文在武林葵巷寓以是書借予爰令兒子壽照校錄一過昔之入小學者先教以六書今雖學士大夫多忽不之省宜此書之日譌也小子可不勉哉 槎客識

道光戊戌八月讀舊書生錢泰吉錄

10150 佩觿三卷 （宋）郭忠恕撰 清康熙四十九年（1710）張士俊刻澤存堂五種本

匡高20.5釐米，廣15.3釐米。半葉八行，行十七字，小字雙行二十五字，白口，左右雙邊。錢泰吉録吳騫、翁方綱、桂馥、羅有高、丁杰批校題跋。四川大學圖書館藏。

佩觿卷上

朝請大夫國子周易博士柱國臣郭忠恕記

佩觿者童子之事得立言於小學者也其一曰造字之旨始於象形孔子曰牛羊之字以形舉也中則止戈反正傳止戈爲武反正爲乏而省聲生焉禮𧽊鷙蟲攫搏鄭注从鳥𧽊省聲今作鷙省非也說文云从執聲至若春秋姓字地名更見尚書宋齊舊本隸寫古文學者知之不可具舉有以氷爲凝說文氷魚陵翻凝筆陵翻亦竝用之有以渴音竭說文字林渴音其列翻水竭字古文

碑殫上都兮翻染繒黑石亦金曰殫人名下都干翻盡也　囂[illegible]上虛嬌翻聲也下牛刀翻讙也

攘欀上汝羊翻有因而盜下息羊翻木皮中似白米擣爲麪

拼栟上兵爭翻以利使人又及下也從也下保呈翻栟櫚木

瞴膴上文扶翻目瞴瞜下火孤翻無骨腊又文扶翻地名在弘農

杸投上臣朱翻軍中之士所持也司馬法執羽杸下徒矦翻擲也

痲痳上莫加翻風病从林林匹賣翻下力吟翻氣疾从山林之林

般股上博干翻辟也象舟之後殳以進之下音班从丹青之丹出漢賈誼傳

脽雎睢上示隹翻脽上立后土祠中七余翻下音綏

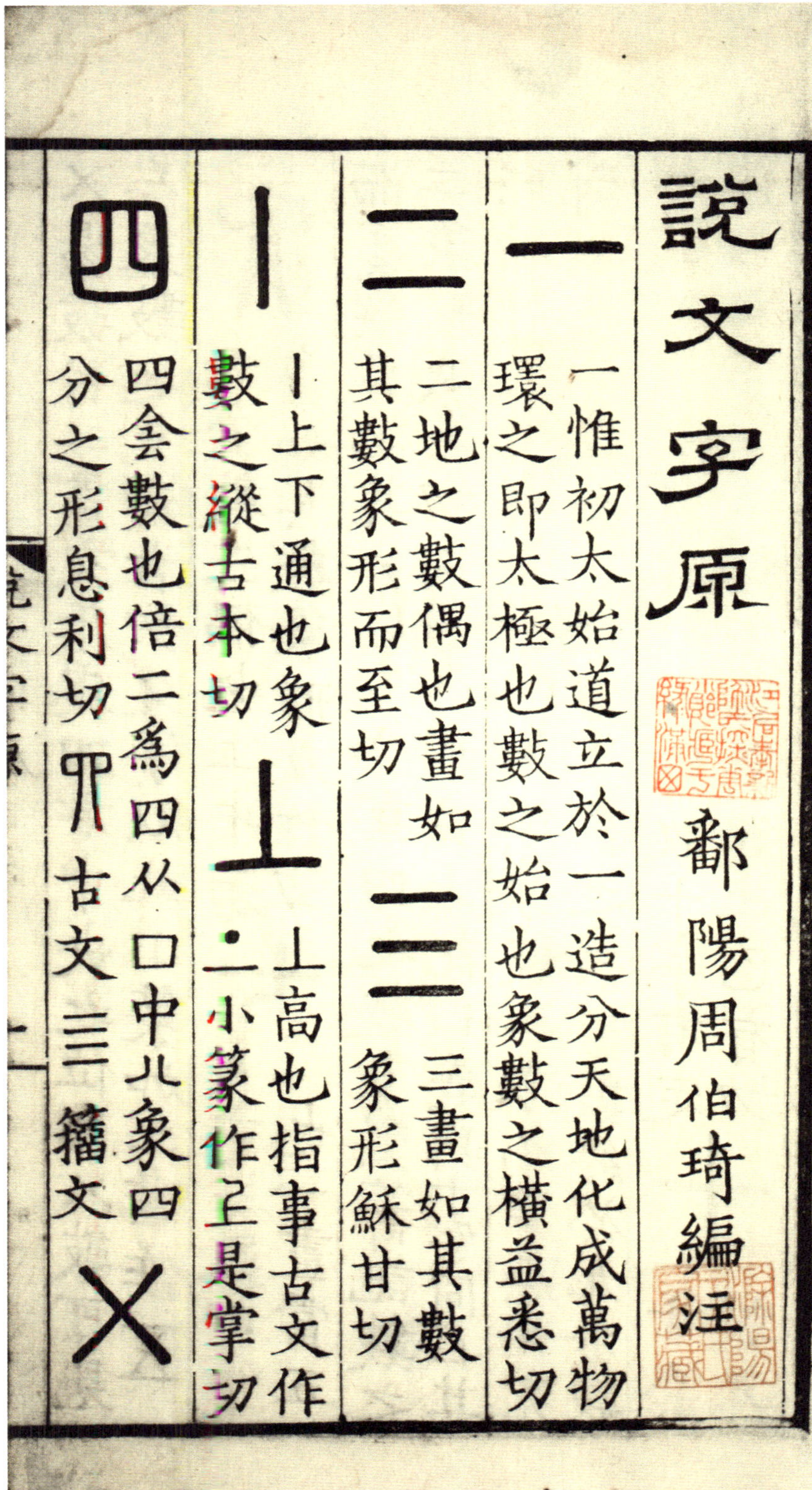
說文字原　鄱陽周伯琦編注

一　一惟初太始道立於一造分天地化成萬物環之即太極也數之始也象數之横益悉切

二　二地之數偶也畫如其數象形而至切

三　三畫如其數象形穌甘切

丨　丨上下通也象數之縱古本切

丄　丄高也指事古文作丄小篆作上是掌切

四　四会數也倍二為四从口中八象四分之形息利切　𠄡古文　亖籀文

乂

10151 說文字原一卷　（元）周伯琦撰　明嘉靖元年（1522）于鏊刻本

匡高 25 釐米，廣 15.3 釐米。半葉五行，行七字，小字雙行二十一字，黑口，左右雙邊。江西省圖書館藏。

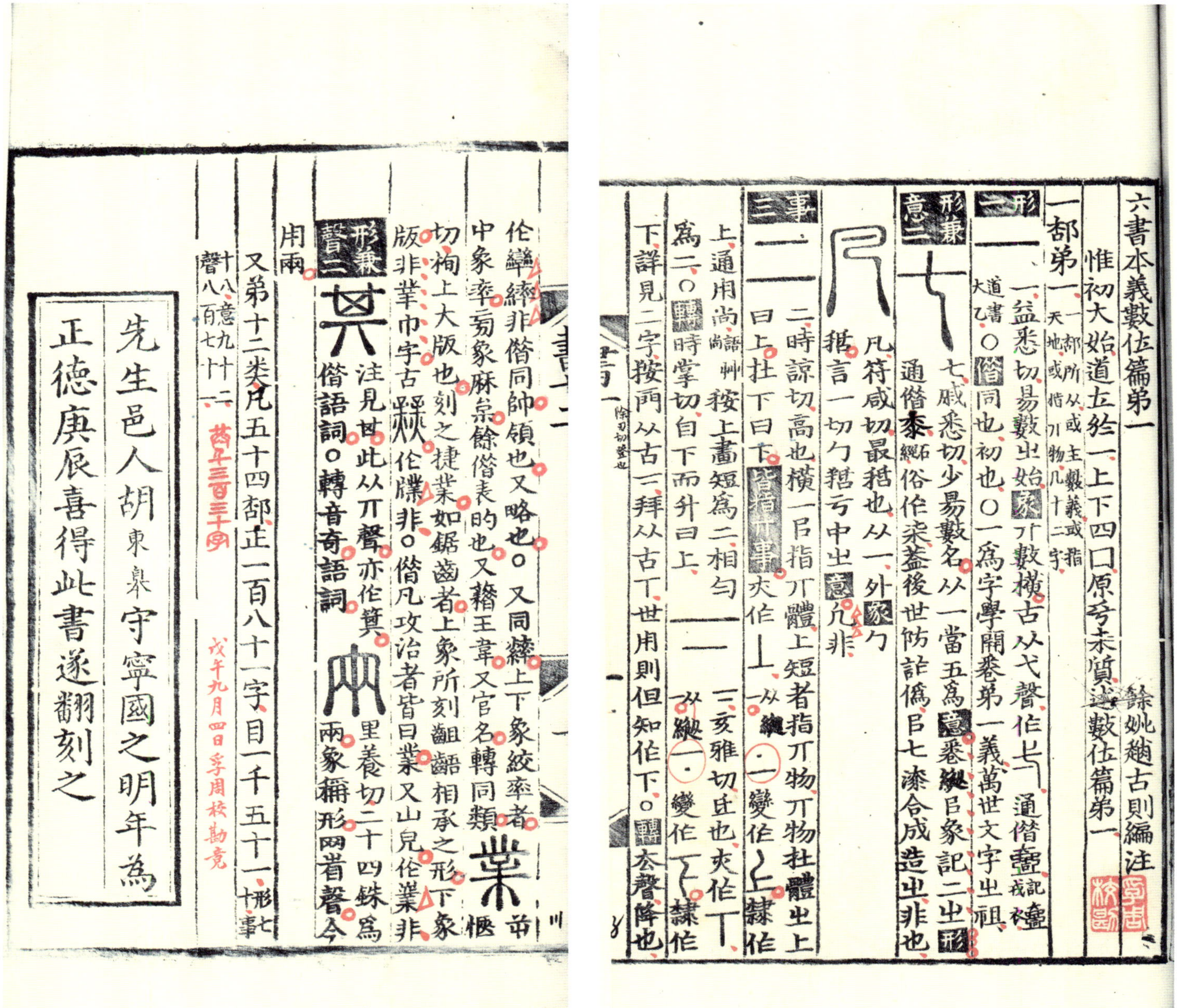

10152 六書本義十二卷圖一卷 （明）趙撝謙撰 明正德十五年（1520）胡東皋刻本

匡高 21.1 釐米，廣 14.9 釐米。半葉寬格七行窄格十四行，行二十八字，間有大字，白口，四周單邊。有“先生邑人胡東皋守寧國之明年爲正德庚辰喜得此書遂翻刻之”牌記。有“南豐劉孚周所藏經籍金石書畫印”、“三安”、“孚周校勘”等印。劉孚周校。北京大學圖書館藏。

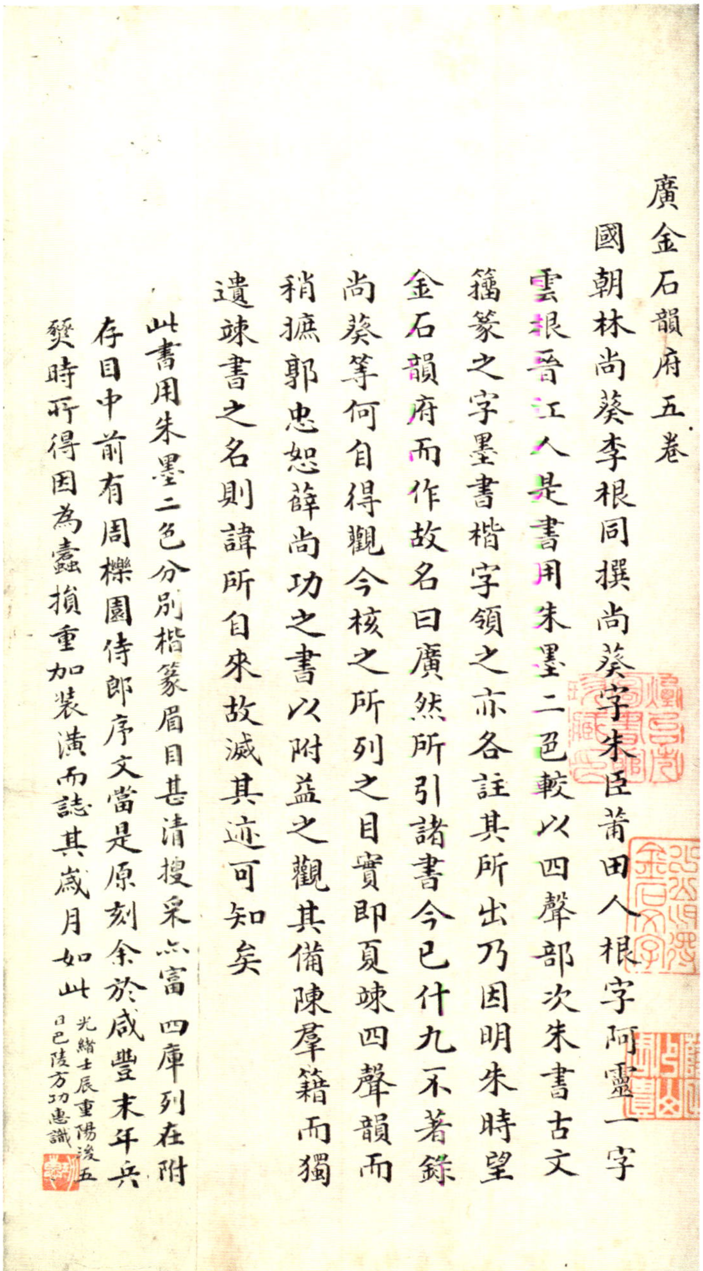

廣金石韻府五卷

國朝林尚葵李根同撰尚葵字朱臣莆田人根字阿靈一字雲根晉江人是書用朱墨二色較以四聲部次朱書古文籀篆之字墨書楷字領之亦各註其所出乃因明朱時望金石韻府而作故名曰廣然所引諸書今已什九不著錄尚葵等何自得覩今核之所列之目實即夏竦四聲韻而稍摭郭忠恕薛尚功之書以附益之觀其備陳羣籍而獨遺竦書之名則諱所自來故滅其迹可知矣

此書用朱墨二色分別楷篆眉目甚清搜采亦富四庫列在附存目中前有周櫟園侍郎序文當是原刻余於咸豐末年兵燹時所得因為蠹損重加裝潢而誌其歲月如此

光緒壬辰重陽後五日巴陵方功惠識

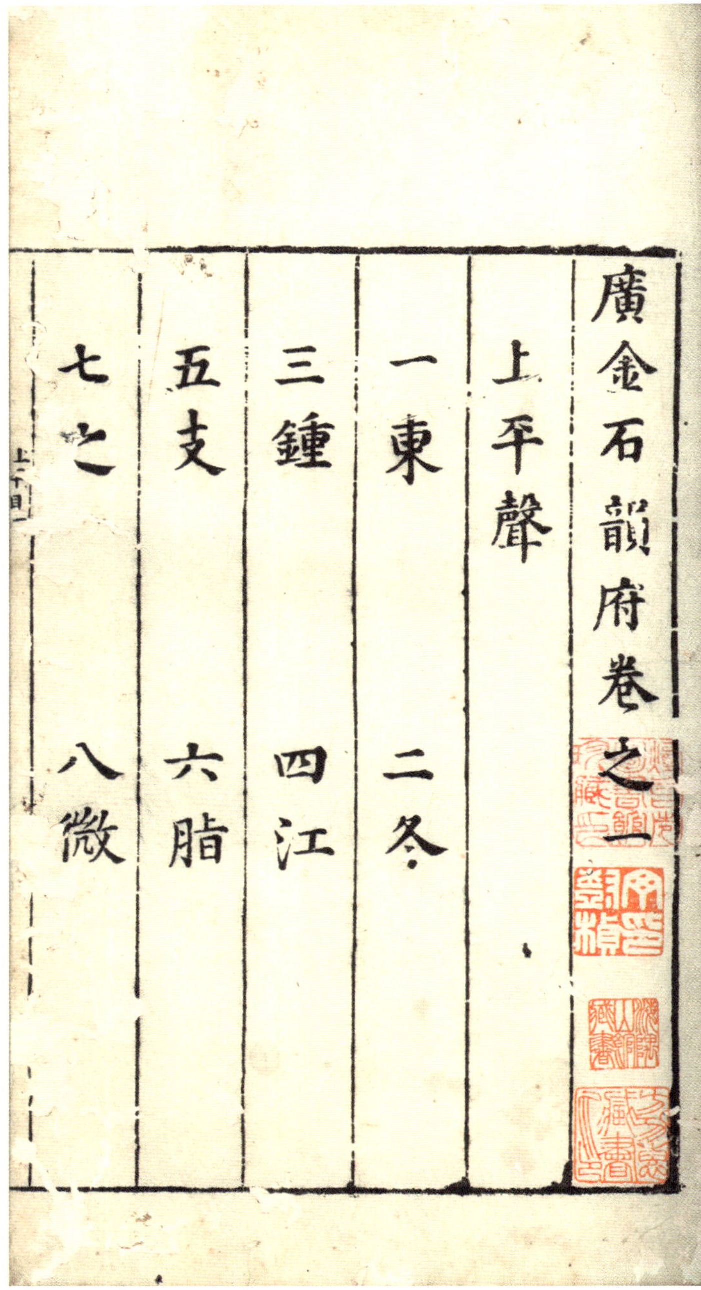

廣金石韻府卷之一

上平聲

一東　二冬

三鍾　四江

五支　六脂

七之　八微

10153 廣金石韻府五卷字略一卷 （清）林尚葵輯　清康熙九年（1670）周亮工賴古堂刻朱墨套印本

匡高 21.5 釐米，廣 15 釐米。半葉六行，行字不等，白口，四周單邊。有“方功惠藏書之印”、“海隅山館藏書”、“丁印封楨”等印。方功惠跋。烟臺圖書館藏。

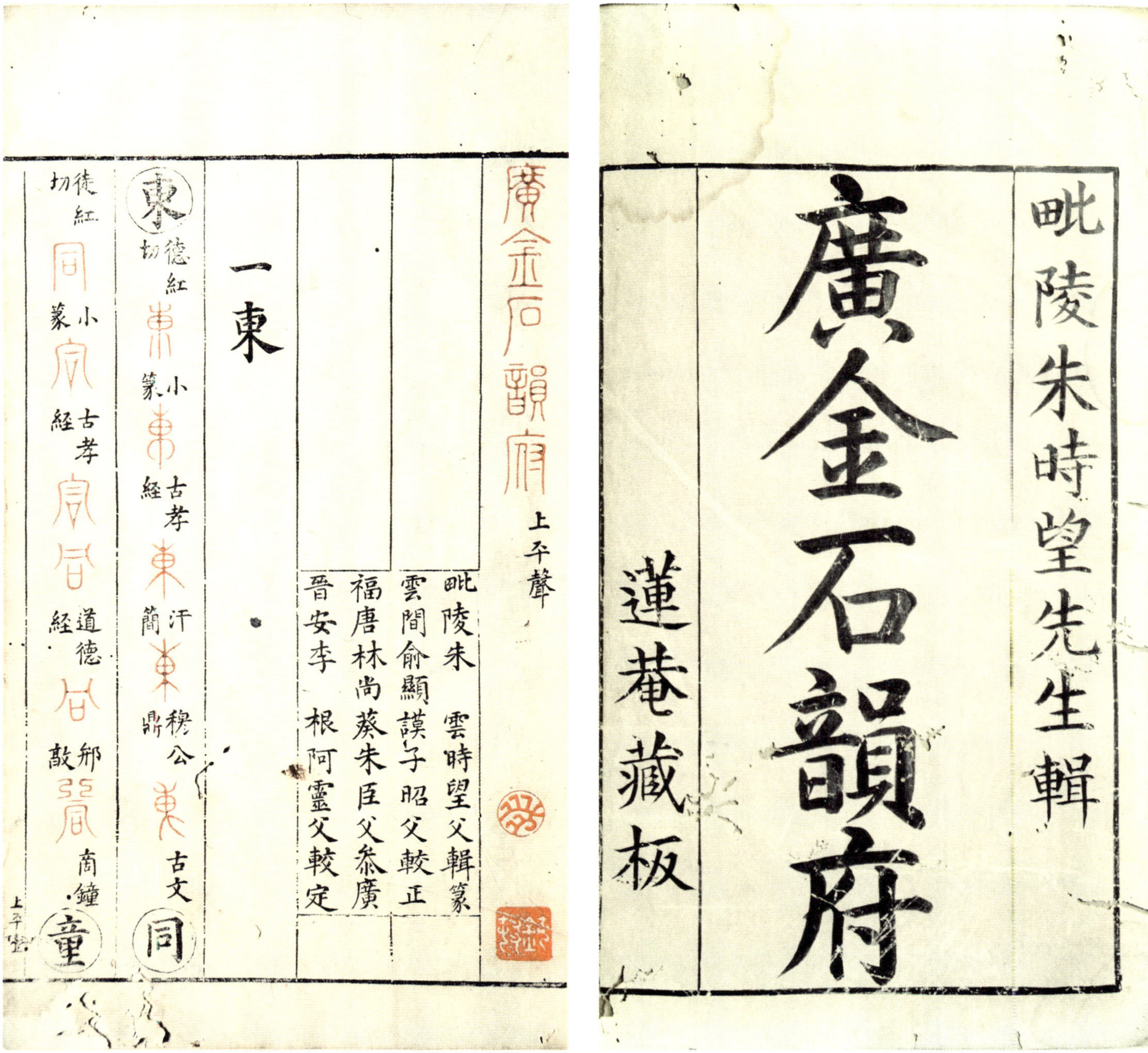
廣金石韻府 上平聲
毗陵朱雲時望父輯篆
雲間俞顯謨子昭父較正
福唐林尚葵朱臣父叅廣
晉安李根阿靈父較定
一東
東 德紅切 小篆 古孝經 汗簡 穆公鼎 古文
同 徒紅切 小篆 古孝經 道德經 郙敲 商鐘
童
毗陵朱時望先生輯
廣金石韻府
蓮菴藏板

10154 廣金石韻府五卷 （清）林尚葵輯 明崇禎蓮庵刻三色套印本

匡高 22.3 釐米，廣 14.7 釐米。半葉六行，行字不等，白口，四周單邊。有“大通樓藏書印”、“龔少文收藏書畫印”等印。福建省圖書館藏。

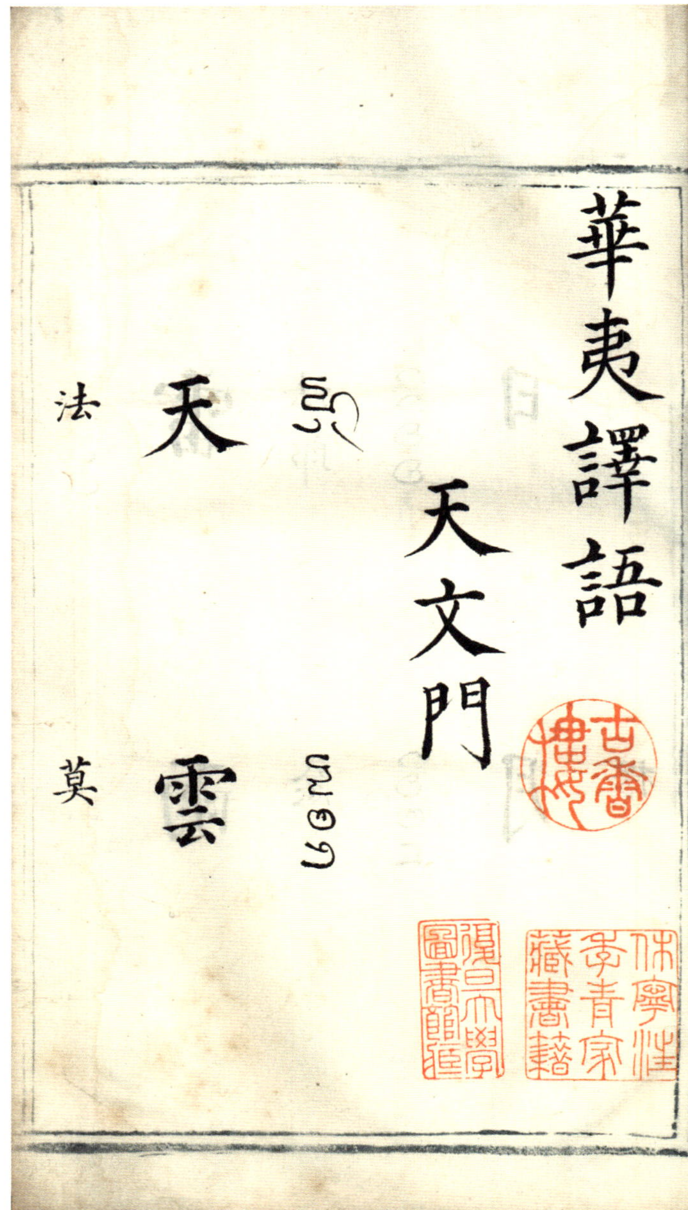

華夷譯語

天文門

天 法

雲 莫

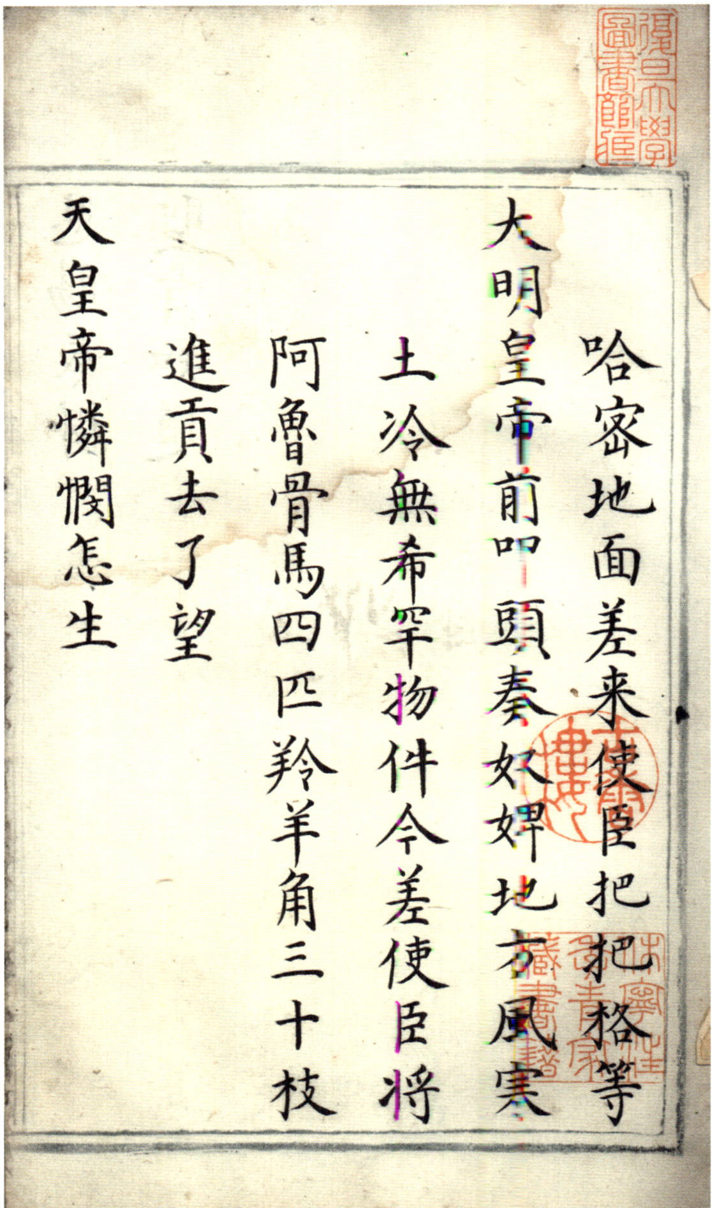

哈密地面差来使臣把把格等

大明皇帝前叩頭奏奴婢地方風寒

土冷無希罕物件令差使臣将

阿魯骨馬四匹羚羊角三十枝

進貢去了望

天皇帝憐憫怎生

10155 華夷譯語不分卷 （明）火源潔撰 **譯文備覽不分卷高昌館來文不分卷** （明）佚名撰 明抄本

匡高 21.5 釐米，廣 14.2 釐米。行字不等，白口，四周雙邊。有“古香樓”、“休寧汪季青家藏書籍”等印。復旦大學圖書館藏。

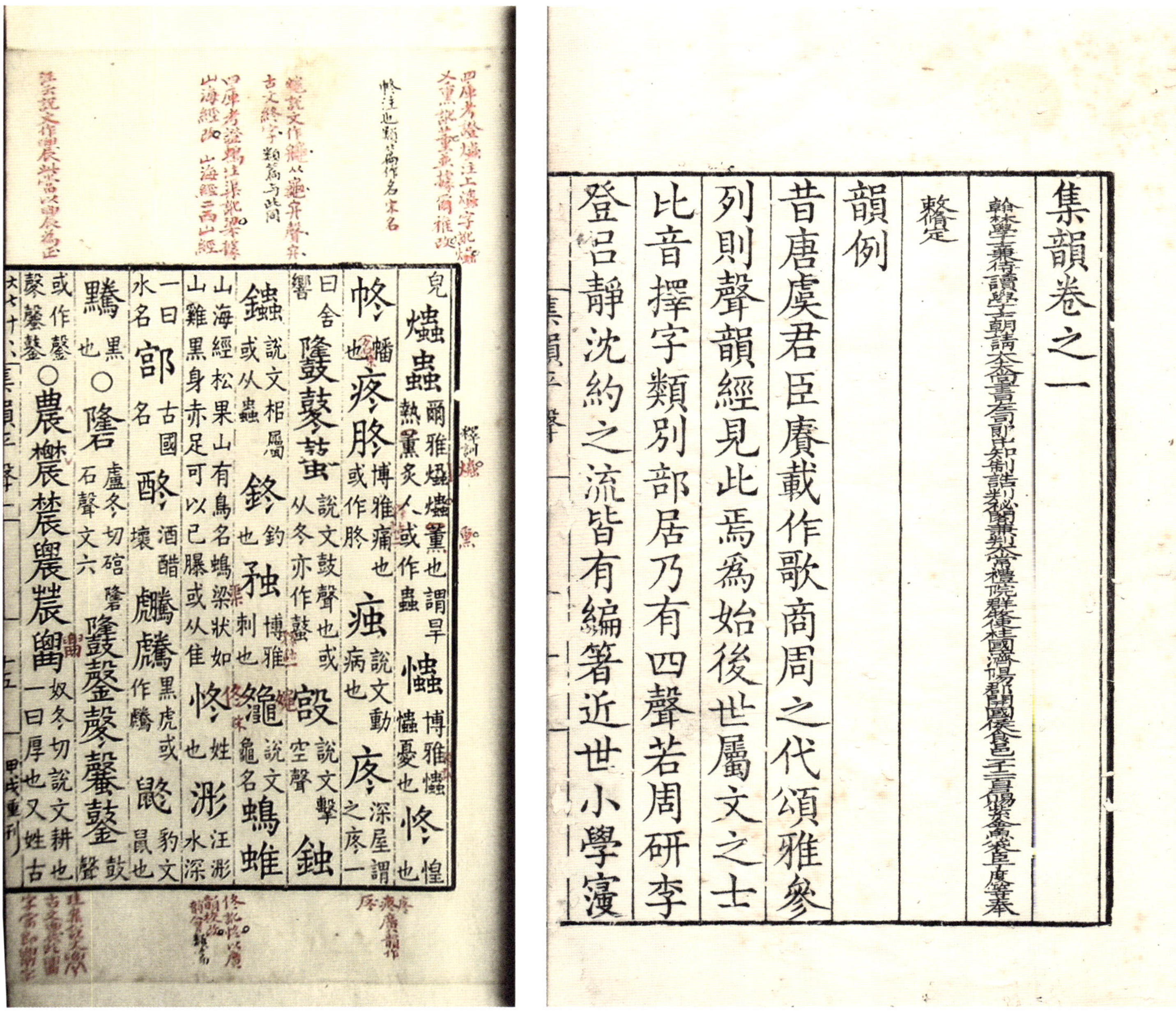

集韻卷之一

韻例

昔唐虞君臣賡載作歌商周之代頌雅參
列則聲韻經見此焉爲始後世屬文之士
比音擇字類別部居乃有四聲若周研李
登呂靜沈約之流皆有編著近世小學寖

10156 集韻十卷 （宋）丁度等撰 清康熙四十五年（1706）曹寅揚州使院刻嘉慶十九年（1814）重修本

匡高 16 釐米，廣 11.6 釐米。半葉八行，行字不等，小字雙行二十字，黑口，左右雙邊。方成珪校。浙江大學圖書館藏。

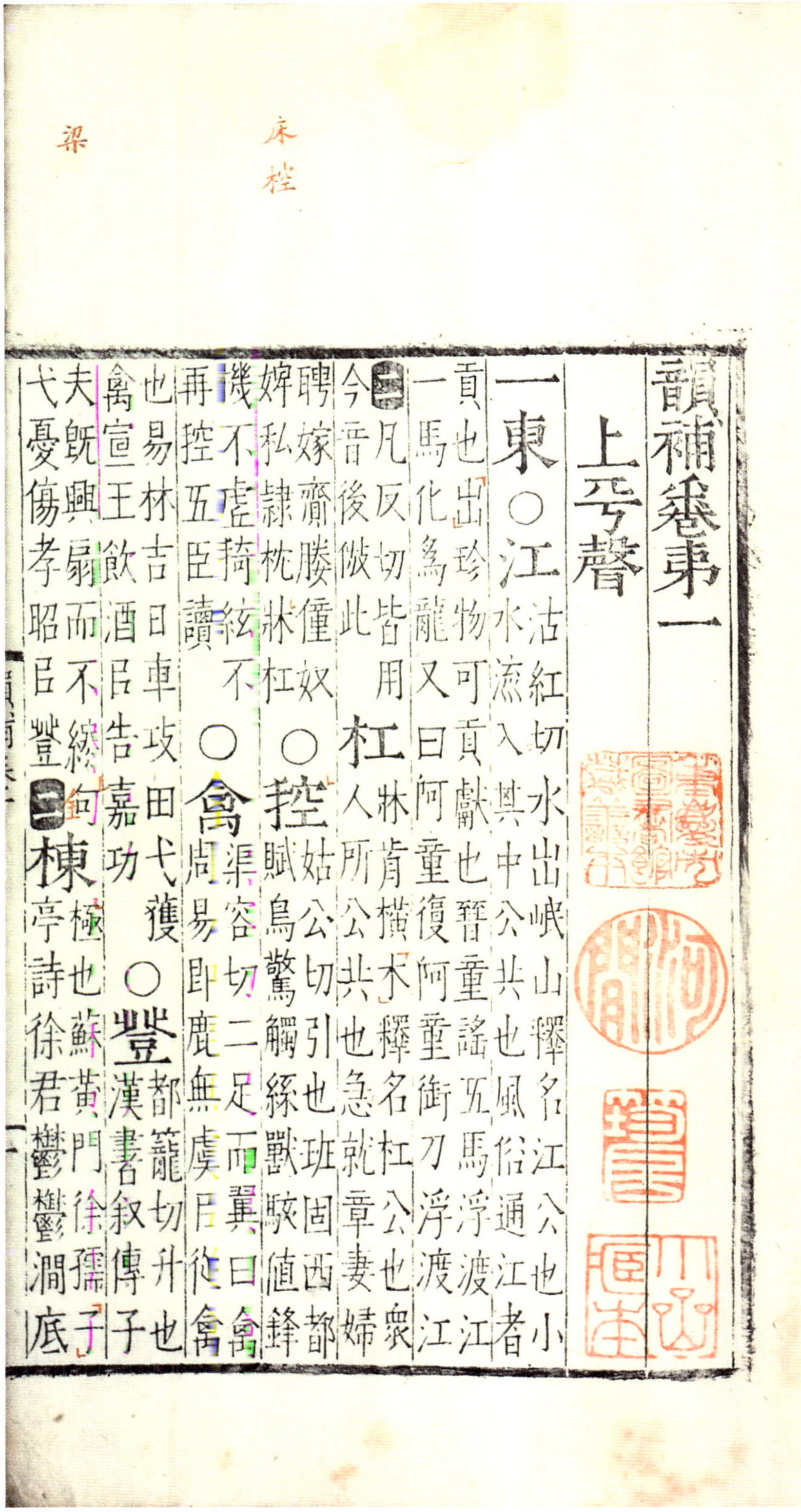

10157 韻補五卷 （宋）吴棫撰 明嘉靖許宗魯刻本

匡高 18.8 釐米，廣 13.3 釐米。半葉九行，行十七字，小字雙行同，白口，左右雙邊。重慶圖書館藏。

第四批國家珍貴古籍名録圖録

第五册

中國國家圖書館
中國國家古籍保護中心 編

國家圖書館出版社

第五册目録

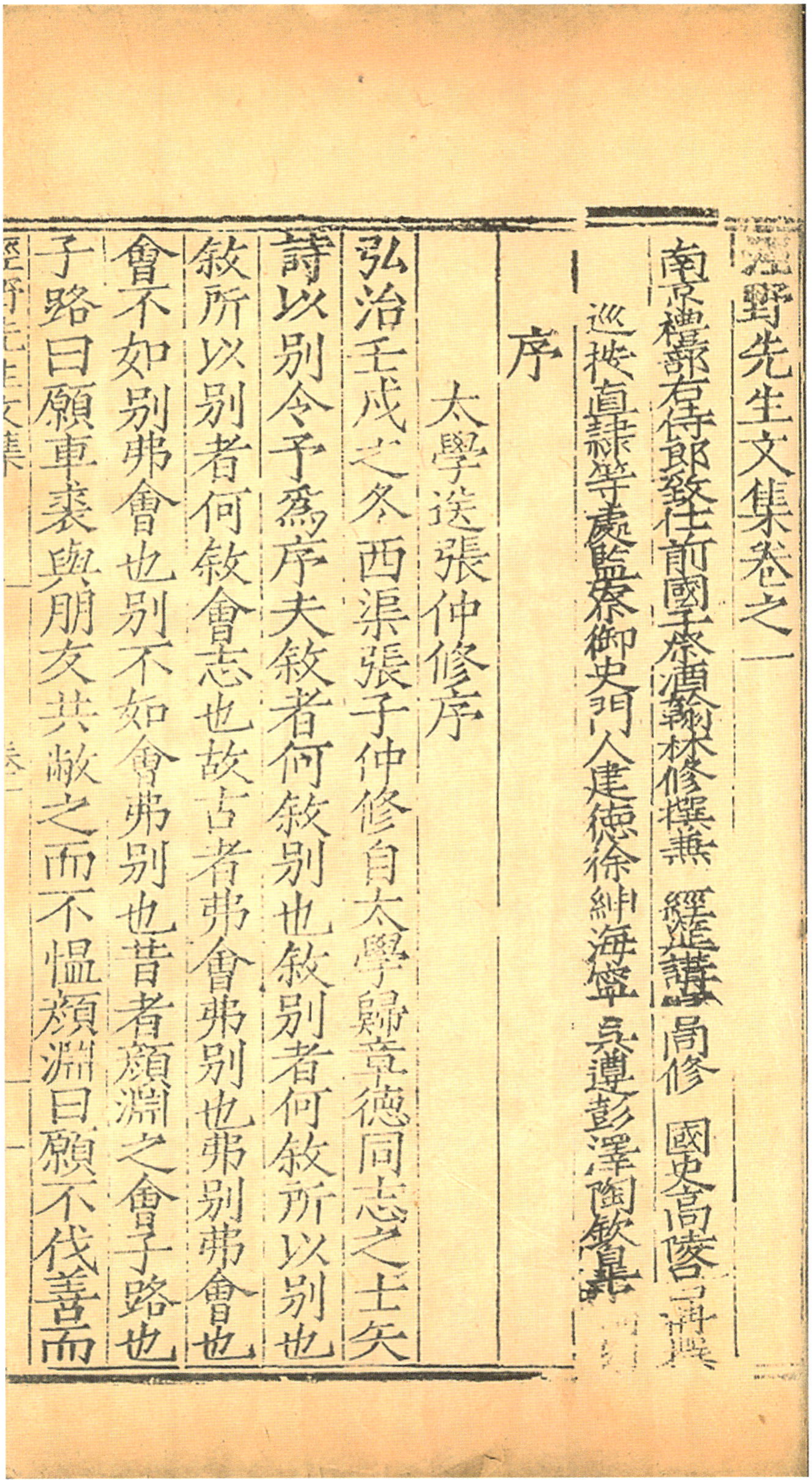

涇野先生文集卷之一

南京禮部右侍郎致仕前國子祭酒翰林修撰兼 經筵講官修 國史高陵呂柟

巡按直隸等處監察御史門人建德徐紳海寧吳遵彭澤陶欽皋

序

太學送張仲修序

弘治壬戌之冬西渠張子仲修自太學歸竟德同志之士矣
詩以别令予爲序夫敘者何敘别也敘别者何敘所以别也
敘所以别者何敘會志也故古者弗會弗别也弗别弗會也
會不如别弗會也别不如會弗别也昔者顏淵之會子路也
子路曰願車裘與朋友共敝之而不慍顏淵曰願不伐善而

涇野先生文集 卷一 一

10774 涇野先生文集三十六卷 （明）呂柟撰 明嘉靖三十四年（1555）于德昌刻本

匡高 21.2 釐米，廣 14.5 釐米。半葉十行，行二十三字，白口，四周雙邊。

湖南省社會科學院圖書館藏。

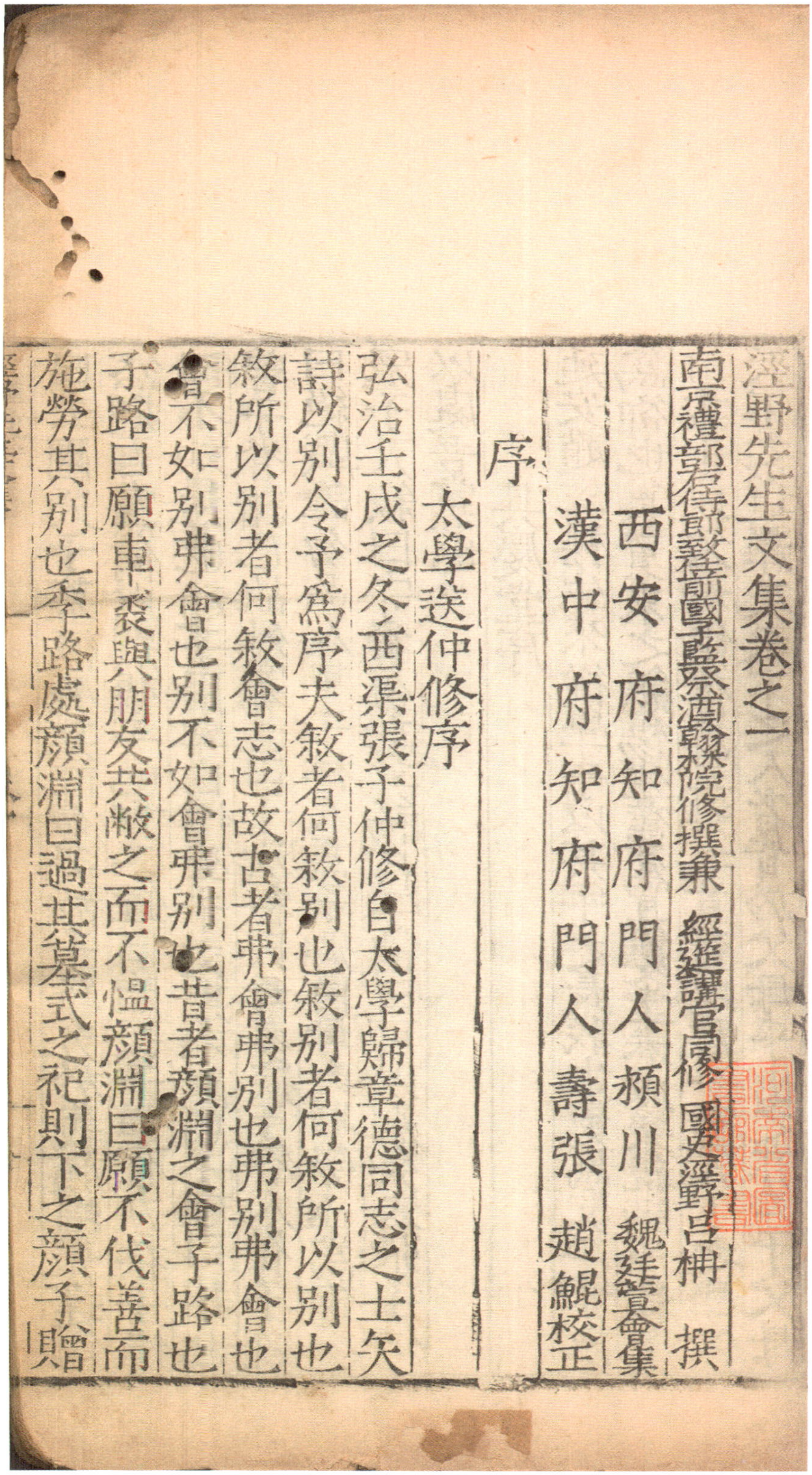

涇野先生文集卷之一

南京禮部右侍郎前國子監祭酒翰林院修撰兼經筵講官同修國史涇野呂柟 撰

西安府知府門人潁川魏廷萱會集

漢中府知府門人壽張趙鯤校正

序

太學送仲修序

弘治壬戌之冬西渠張子仲修自太學歸章德同志之士矢詩以別令予爲序夫敘者何敘別也敘別者何敘所以別也敘所以別者何敘會志也故古者弗會弗別弗別弗會也曾不如別弗會也別不如會弗別也昔者顔淵之會子路也子路曰願車裘與朋友共敝之而不憾顔淵曰願不伐善而施勞其別也季路處顔淵曰過其墓式之祀則下之顔子贈

10775 涇野先生文集□□卷 （明）呂柟撰 明嘉靖刻本

匡高 20 釐米，廣 14.9 釐米。半葉十二行，行二十三字，白口，四周單邊。河南省圖書館藏，存十八卷。

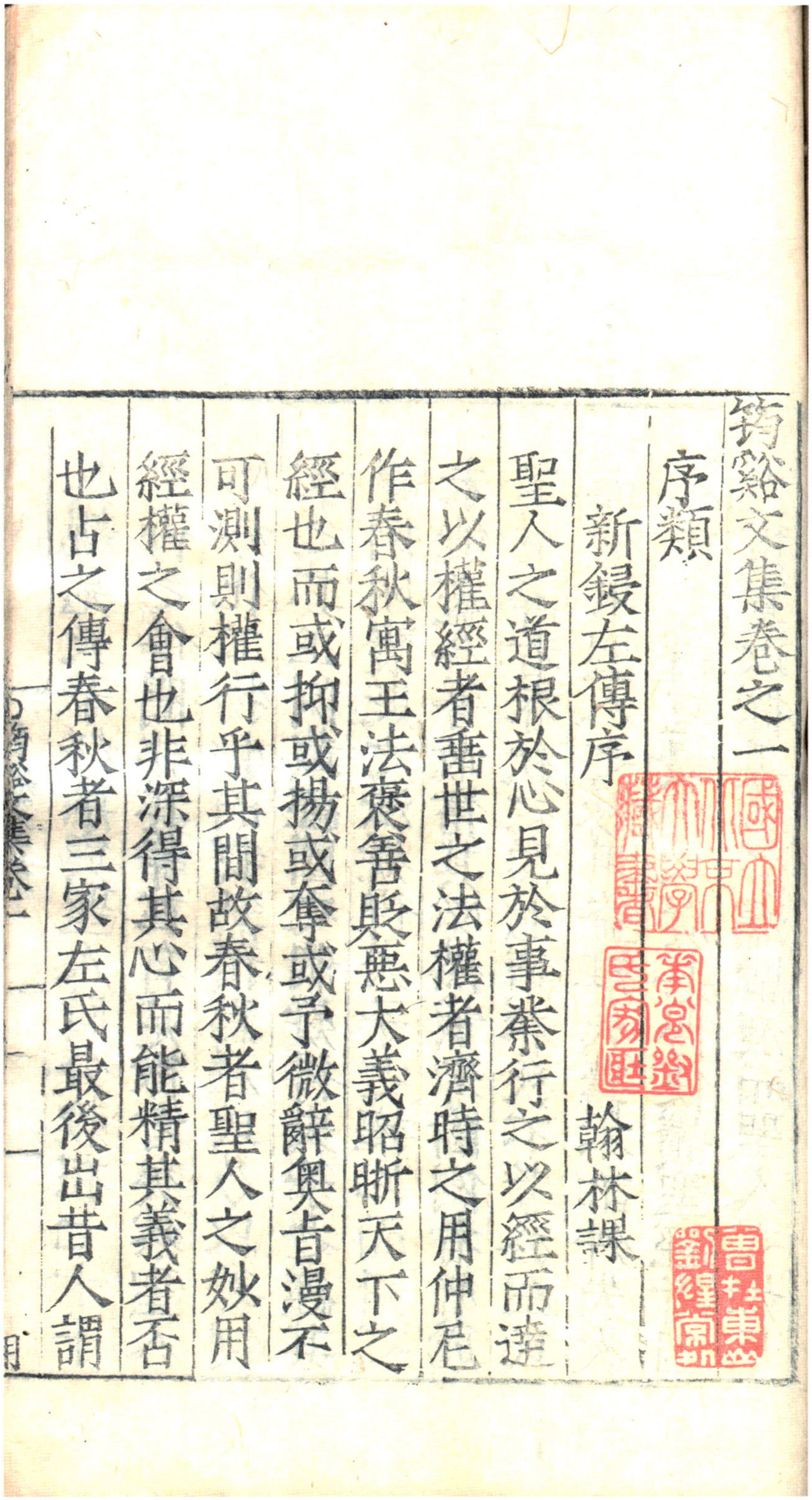

10776 筠谿文集三十卷 （明）鍾芳撰 明嘉靖二十七年（1548）鍾允謙刻本

匡高 18.1 釐米，廣 14.4 釐米。半葉十行，行十八字，白口，四周單邊。有“曾在東山劉惺常處”等印。北京大學圖書館藏。

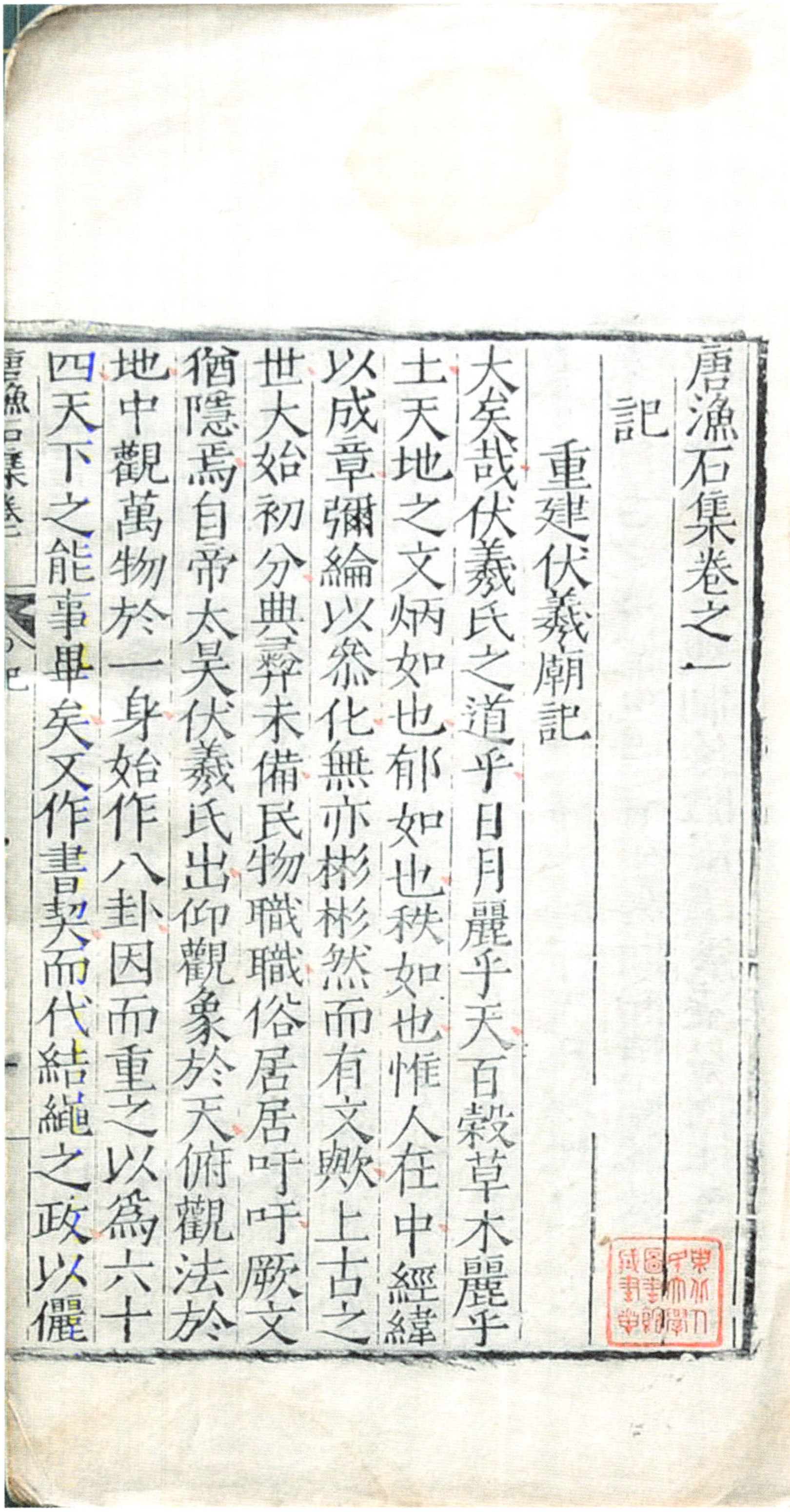
唐漁石集卷之一
記
重建伏羲廟記
大矣哉伏羲氏之道乎日月麗乎天百穀草木麗乎
土天地之文炳如也郁如也秩如也惟人在中經緯
以成章彌綸以參化無亦彬彬然而有文歟上古之
世大始初分典彝未備民物職職俗居居吁厥文
猶隱焉自帝太昊伏羲氏出仰觀象於天俯觀法於
地中觀萬物於一身始作八卦因而重之以爲六十
四天下之能事畢矣又作書契而代結繩之政以儷
唐漁石集卷之一 記 一

10777 唐漁石集四卷 （明）唐龍撰 明嘉靖十一年（1532）王惟賢刻本

匡高 18.5 釐米，廣 13.2 釐米。半葉十行，行二十字，白口，左右雙邊。吉林大學圖書館藏。

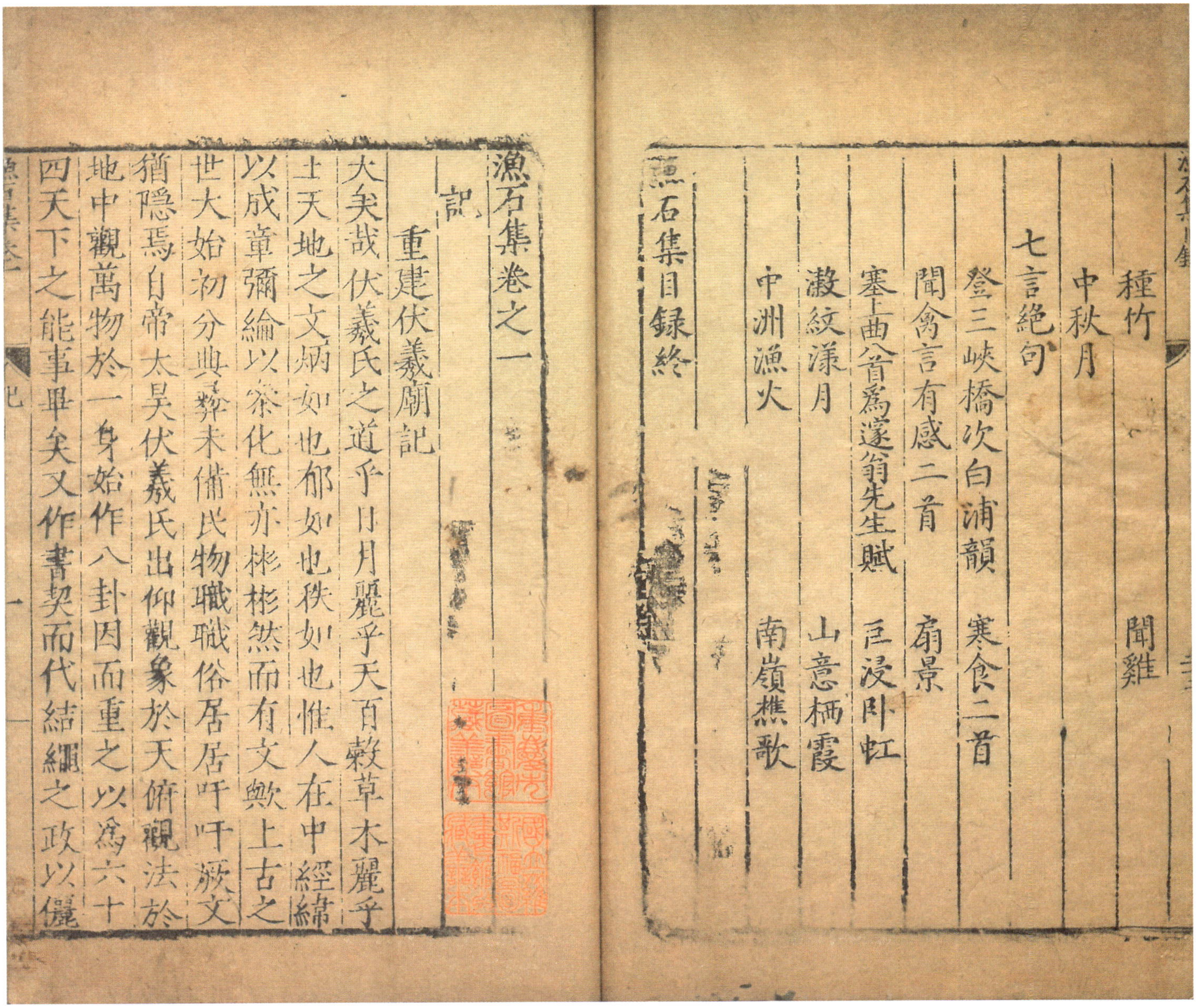

10778 漁石集四卷　（明）唐龍撰　明嘉靖刻本

匡高 19.3 釐米，廣 12.7 釐米。半葉十行，行二十字，白口，四周單邊。重慶圖書館藏。

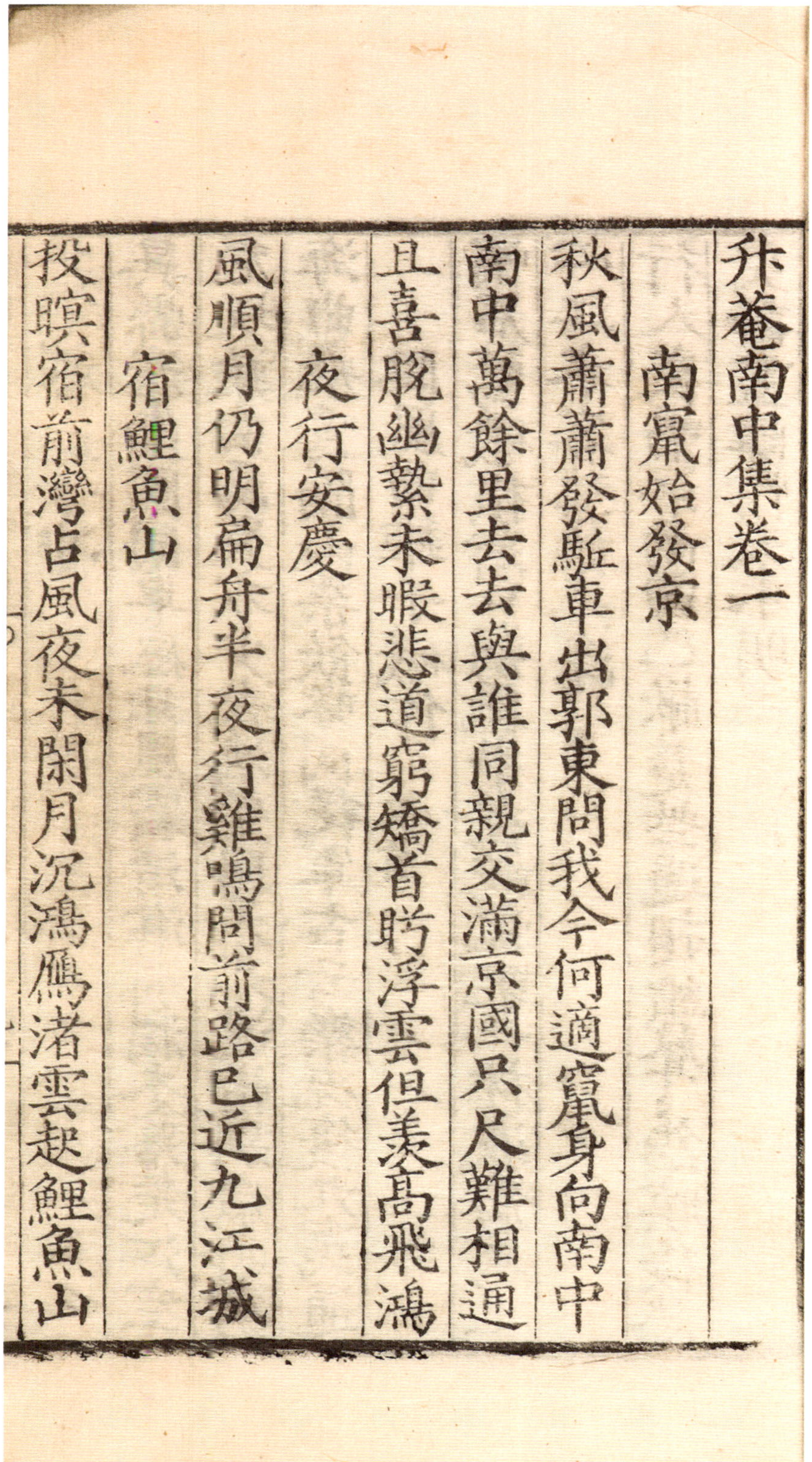

升菴南中集卷一

南寓始發京

秋風蕭蕭發駈車出郭東問我今何適竄身向南中
南中萬餘里去去與誰同親交滿京國只尺難相通
且喜脫幽縶未暇悲道窮矯首眄浮雲但羨高飛鴻

夜行安慶

風順月仍明扁舟半夜行雞鳴問前路已近九江城

宿鯉魚山

投瞑宿前灣占風夜未閑月沉鴻鴈渚雲起鯉魚山

10779 升菴南中集七卷　（明）楊慎撰 明嘉靖十六年（1537）王廷刻本

匡高 20.7 釐米，廣 14.2 釐米。半葉九行，行二十字，細黑口，四周單邊。上海博物館藏。

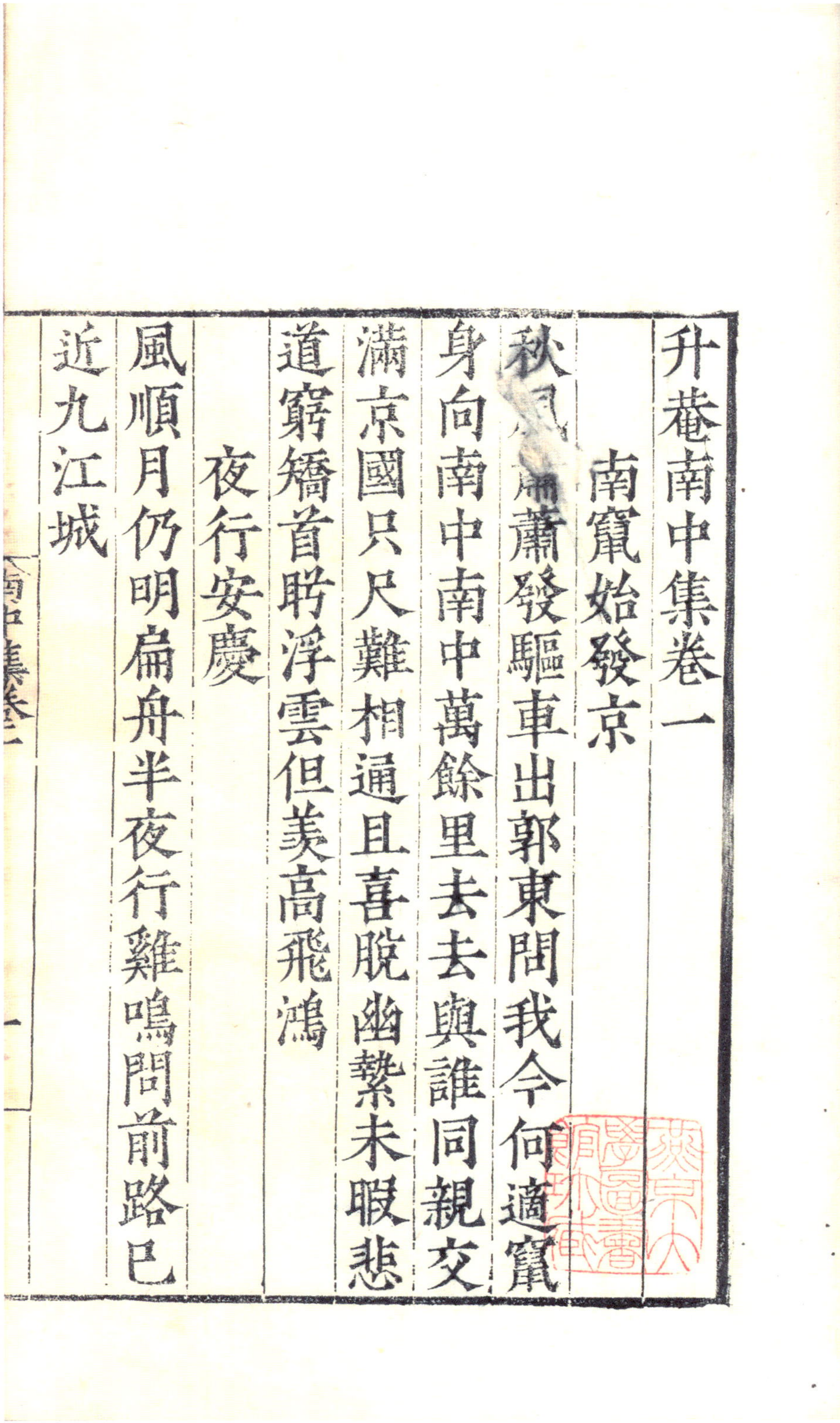

升菴南中集卷一

南竄始發京

秋風蕭蕭發驅車出郭東問我今何適竄身向南中南中萬餘里去去與誰同親交滿京國只尺難相通且喜脫幽縶未暇悲道窮矯首眄浮雲但羨高飛鴻

夜行安慶

風順月仍明扁舟半夜行雞鳴問前路已近九江城

10780 升菴南中集六卷 （明）楊慎撰 明嘉靖刻本

匡高 17.8 釐米，廣 13 釐米。半葉九行，行十六字，白口，四周單邊。北京大學圖書館藏。

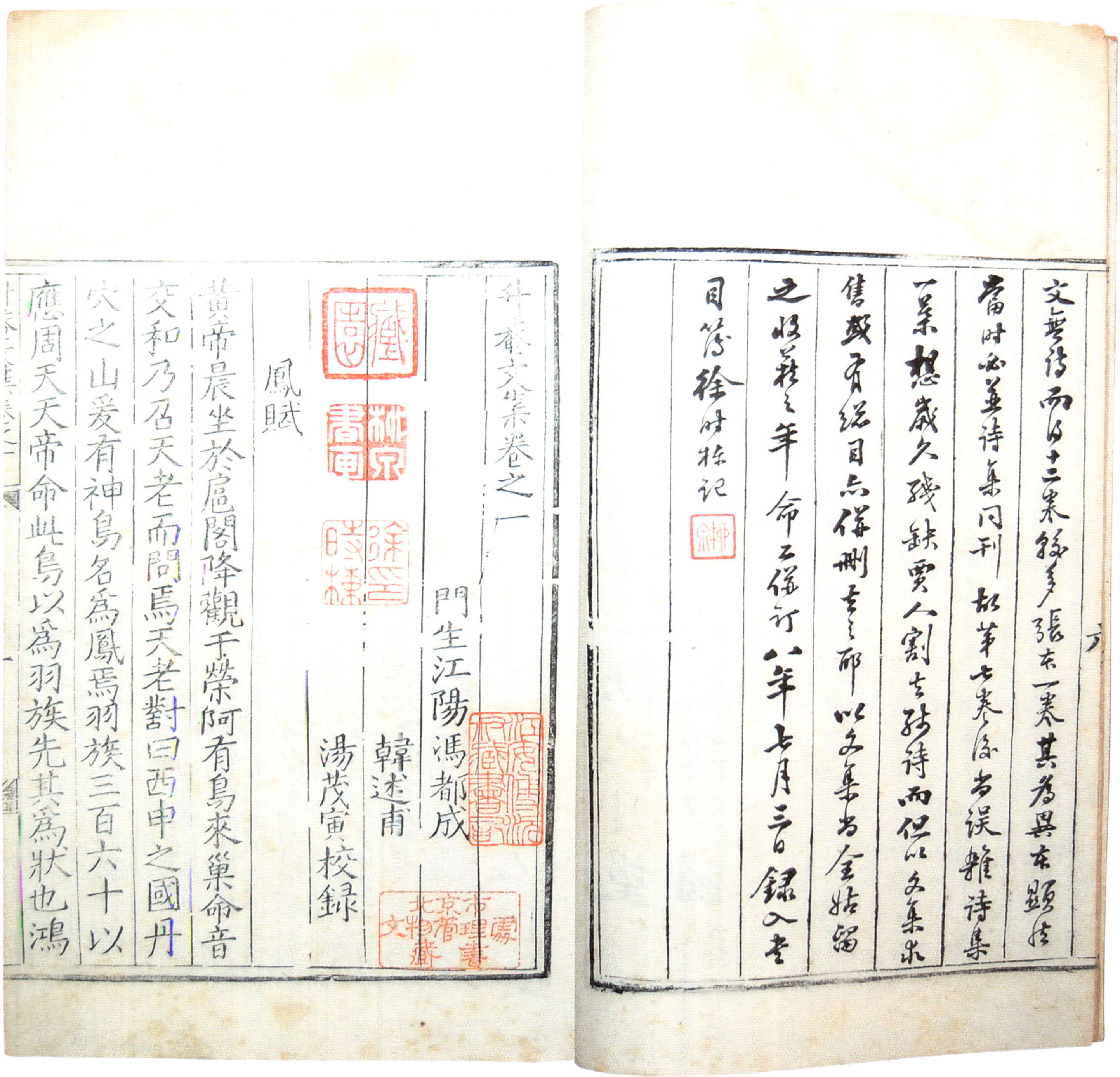
升菴文集卷之一
門生江陽馮都成
韓述甫
湯茂寅校録
鳳賦
黄帝晨坐於扆閣降觀于榮阿有鳥來巢命音
交和乃召天老而問焉天老對曰西中之國丹
穴之山爰有神鳥名爲鳳焉羽族三百六十以
應周天天帝命此鳥以爲羽族先其爲狀也鴻

10781 升菴文集十二卷（明）楊慎撰 明嘉靖三十六年（1557）刻本

匡高 19.5 釐米，廣 14.5 釐米。半葉九行，行十八字，白口，四周雙邊。有“徐印時棟”、“蕺園”等印。徐時棟跋。中國書店藏。

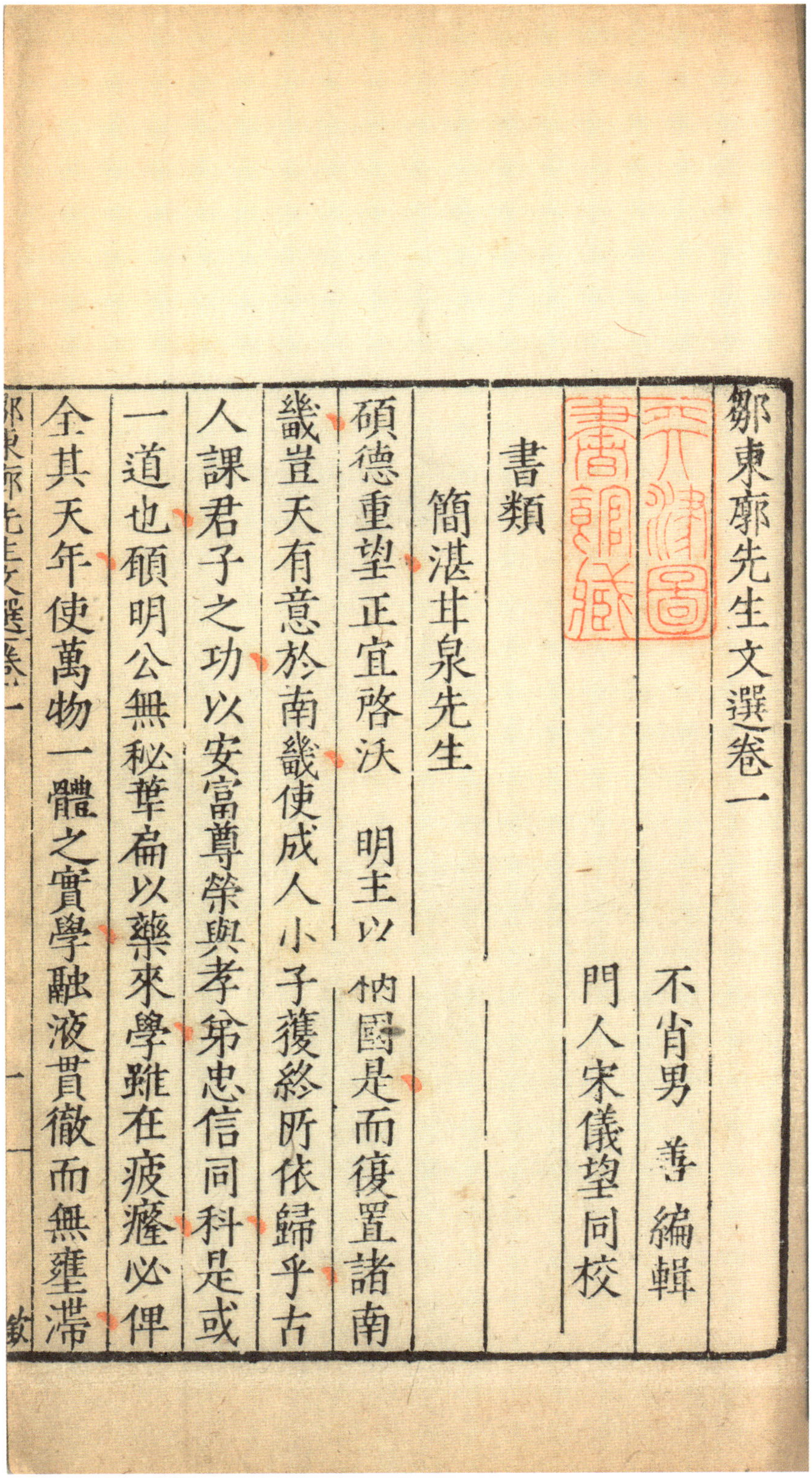

鄒東廓先生文選卷一

不肖男　善　編輯

門人宋儀望同校

書類

簡湛甘泉先生

碩德重望正宜啓沃　明主以　佑國是而復置諸南畿豈天有意於南畿使成人小子獲終所依歸乎古人課君子之功以安富尊榮與孝弟忠信同科是或一道也頤明公無秘華扁以藥來學雖在疲癃必俾全其天年使萬物一體之實學融液貫徹而無壅滯

鄒東廓先生文選卷一　一　欽

10782 鄒東廓先生文選四卷　（明）鄒守益撰　（明）鄒善輯　明隆慶六年（1572）宋儀望刻本

匡高 18.2 釐米，廣 14.5 釐米。半葉十行，行二十字，白口，四周單邊。天津圖書館藏。

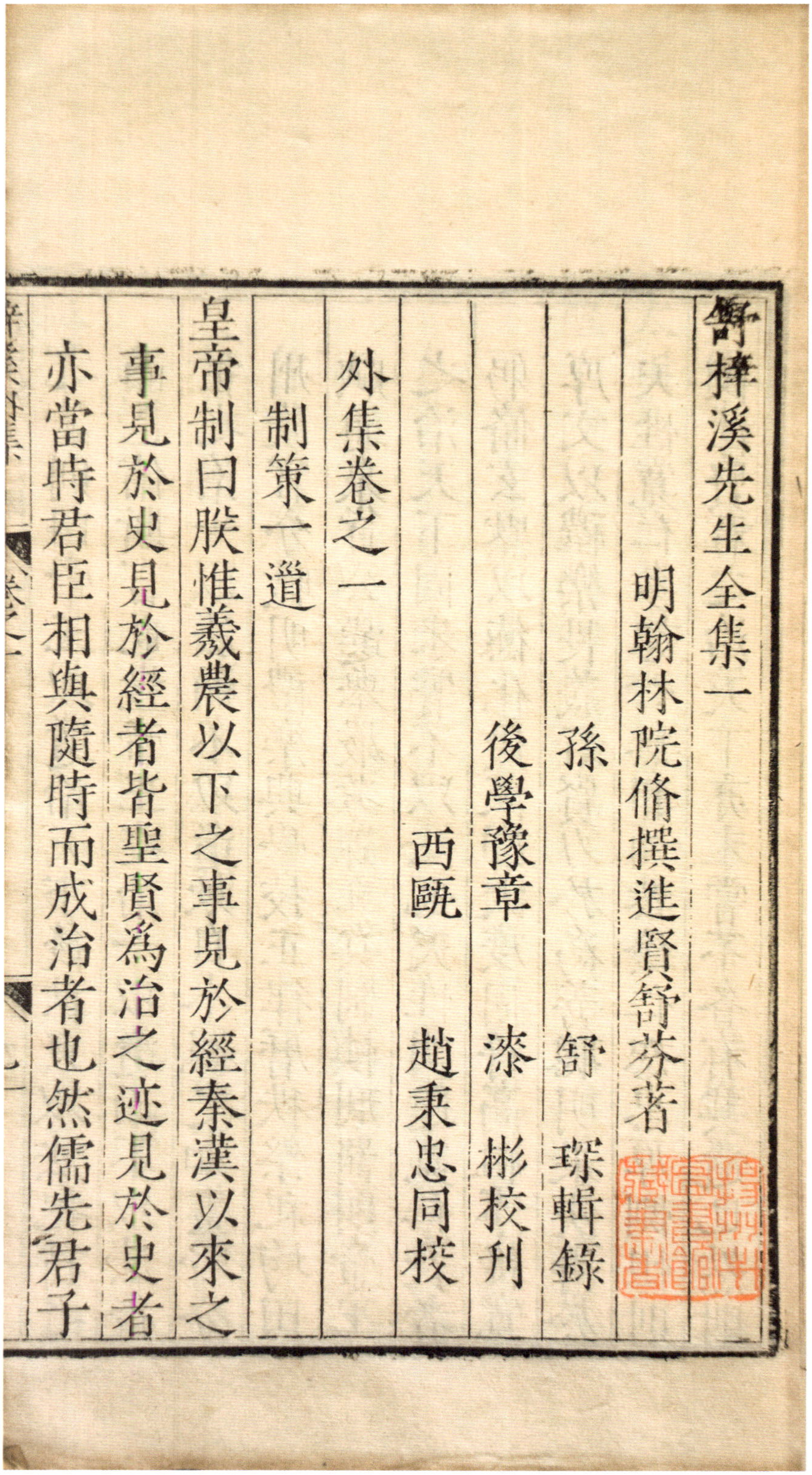

舒梓溪先生全集一

明翰林院脩撰進賢舒芬著

孫　舒　琛輯錄

後學豫章　漆　彬校刊

西甌　趙秉忠同校

外集卷之一

制策一道

皇帝制曰朕惟羲農以下之事見於經秦漢以來之事見於史見於經者皆聖賢爲治之迹見於史者亦當時君臣相與隨時而成治者也然儒先君子

10783 舒梓溪先生全集二十卷 （明）舒芬撰 明萬曆四年（1576）漆彬刻本

匡高 20.3 釐米，廣 13.7 釐米。半葉十行，行二十字，白口，四周雙邊。揚州市圖書館藏。

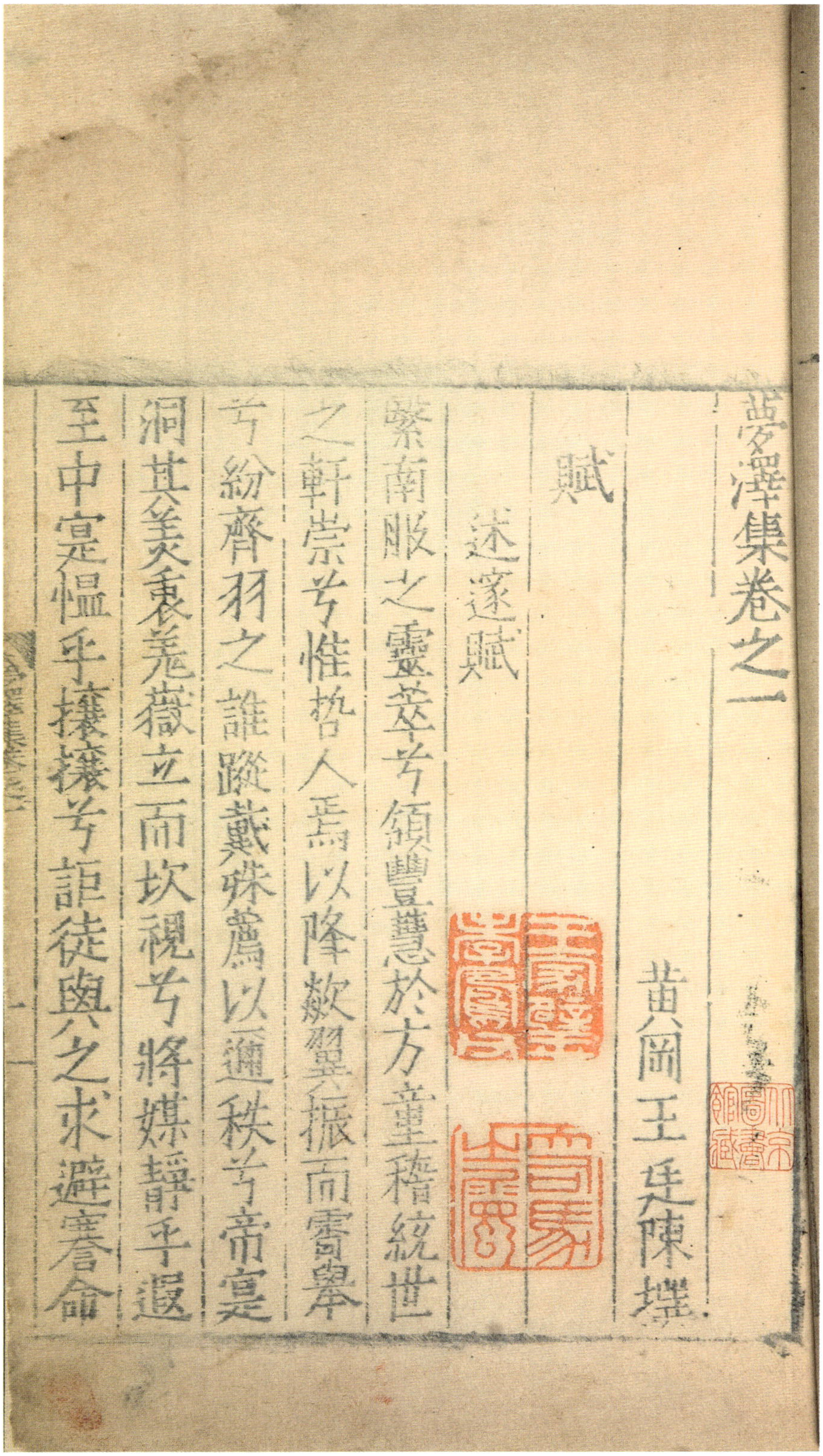
夢澤集卷之一
黄岡王廷陳撰
賦
述遂賦
繄南服之靈萃兮領豐慧於方童稽統世
之軒崇兮惟哲人焉以降欻翼振而雲舉
兮紛齊羽之誰蹤戴殊鶩以邈秩兮帝寔
洞其美褎羌巍立而坎視兮將媒靜乎遐
至中寔愠乎攘攘兮詎徒與之求避蹇命

10784 夢澤集十七卷 （明）王廷陳撰 明嘉靖刻藍印本

匡高 17.5 釐米，廣 14.1 釐米。半葉九行，行十六字，白口，四周單邊。有“王家璧孝鳳父”等印。國家圖書館藏。

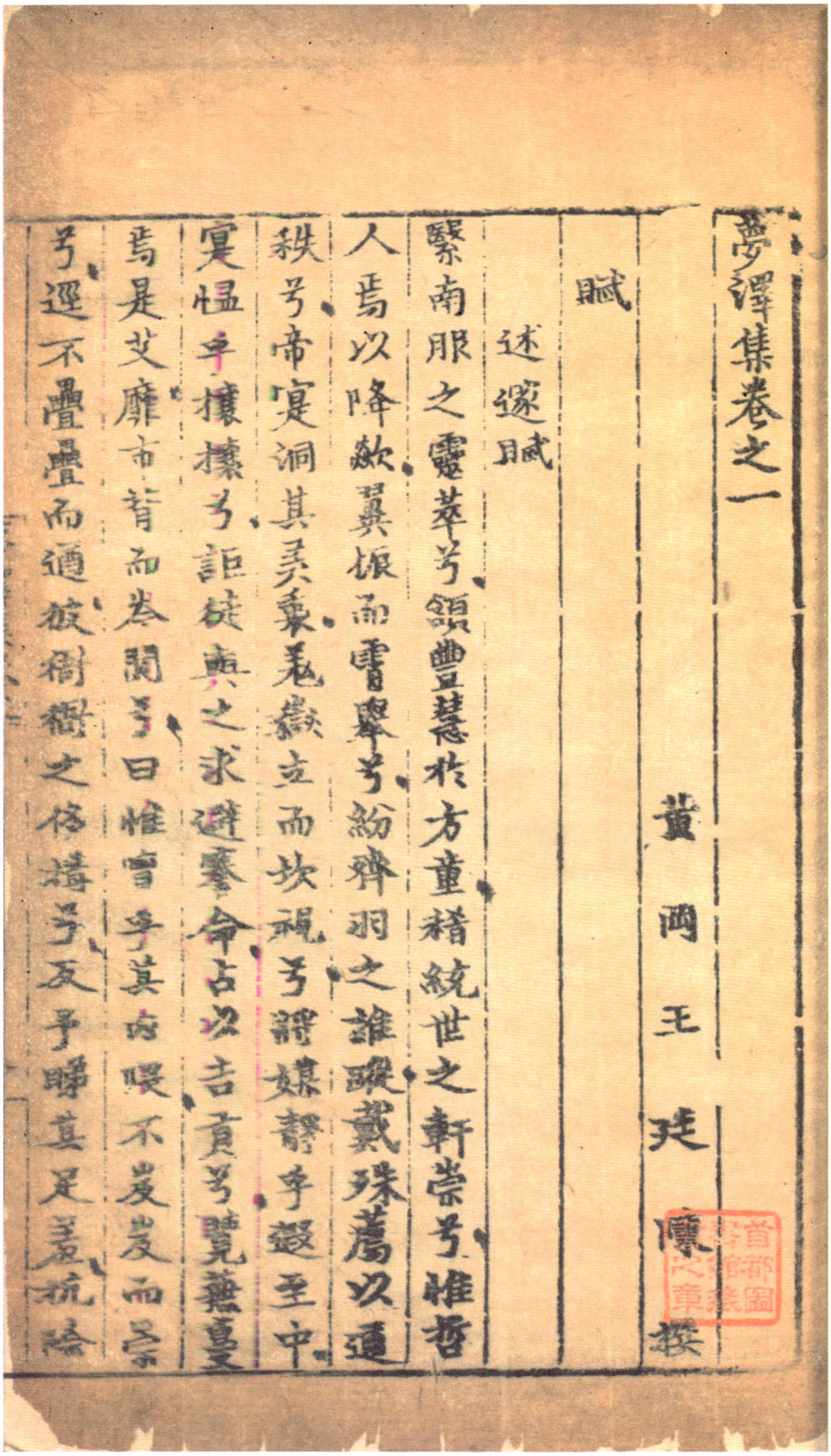
夢澤集卷之一
黃岡王廷陳撰
賦
述遂賦
緊南服之靈華兮領豐慧於方童稽統世之軒崇兮惟哲
人焉以降歎翼振而雷舉兮紛辨羽之誰璇戴殊薦以通
秩兮帝寘洞其炅秉毛嶽立而坎視兮謂嫁帮乎綴至中
寘愊乎攘攘兮詎徒輿之求避睾命古以吉貢兮覽蘂蔓
焉是艾靡亦脊而眷闃兮曰惟曾乎其内喂不发发而崇
兮遲不疊疊而適彼榭樹之修構兮反乎睇其足羞抗陰

10735 夢澤集十七卷 （明）王廷陳撰 明嘉靖四十四年（1565）王同道、吳中刻明末補修本

匡高 20.2 釐米，廣 13.1 釐米。半葉十行，行二十二字，白口，四周單邊。

首都圖書館藏。

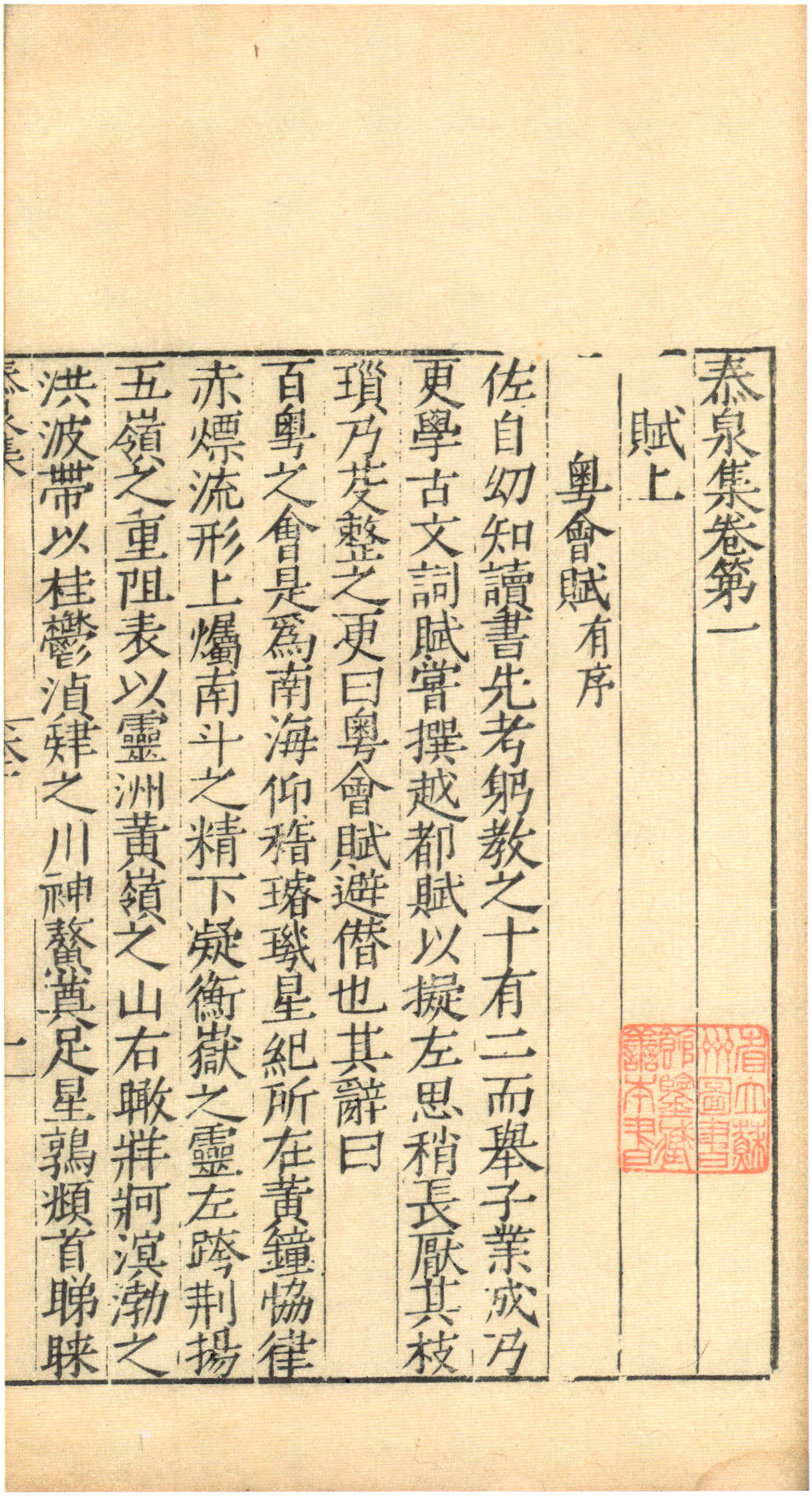

泰泉集卷第一

賦上

粤會賦有序

佐自幼知讀書先考鄉教之十有二而舉子業成乃更學古文詞賦嘗撰越都賦以擬左思稍長厭其枝瑣乃芟盤之更曰粤會賦避僭也其辭曰

百粤之會是爲南海仰稽璿璣星紀所在黄鐘協律赤熛流形上燭南斗之精下凝衡嶽之靈左跨荆揚五嶺之重阻表以靈洲黄嶺之山右瞰牂牁溟渤之洪波帶以桂鬱湞肄之川神鰲負足星鶉頫首睇睞

泰泉集　卷一　一

10786 泰泉集六十卷 （明）黄佐撰 明萬曆元年（1573）黄在中、黄在素等刻本

匡高 18.5 釐米，廣 13.4 釐米。半葉十行，行二十字，白口，四周單邊。蘇州圖書館藏。

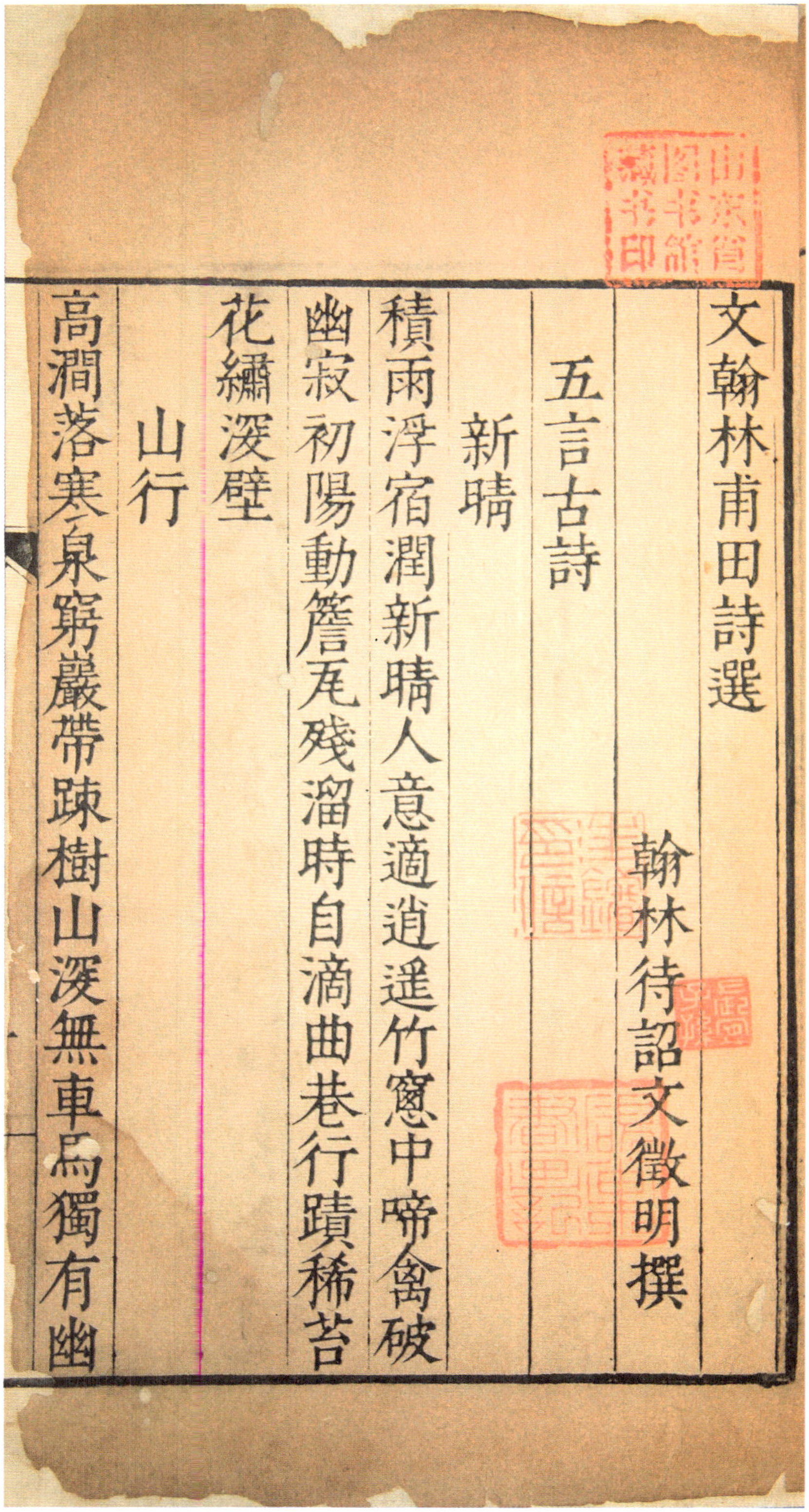

文翰林甫田詩選

翰林待詔文徵明撰

五言古詩

新晴

積雨浮宿潤新晴人意適逍遥竹窻中啼禽破
幽寂初陽動簷尾殘溜時自滴曲巷行蹟稀苔
花繡溪壁

山行

高澗落寒泉窮巖帶疎樹山溪無車馬獨有幽

10787 文翰林甫田詩選二卷 （明）文徵明撰 明萬曆二十二年（1594）文從龍承天寺重雲精舍刻本

匡高 21.1 釐米，廣 14.6 釐米。半葉九行，行十八字，白口，左右雙邊。山東省圖書館藏。

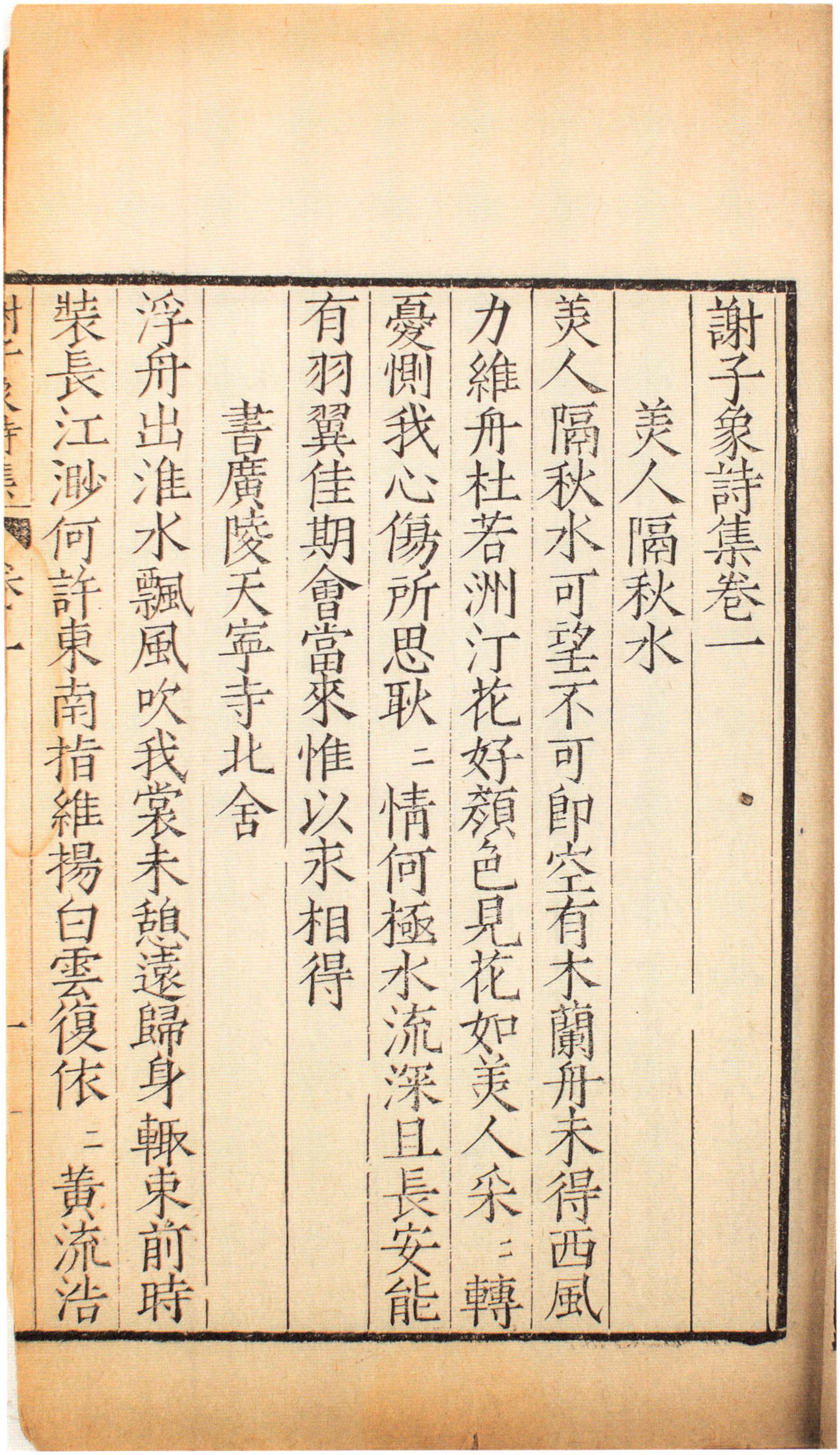
謝子象詩集卷一
美人隔秋水
美人隔秋水可望不可卽空有木蘭舟未得西風力維舟杜若洲汀花好顔色見花如美人朵〻轉憂惻我心傷所思耿〻情何極水流深且長安能有羽翼佳期會當來惟以求相得
書廣陵天寧寺北舍
浮舟出淮水飄風吹我裳未憩遠歸身輒東前時裝長江渺何許東南指維揚白雲復依〻黃流浩

10788 謝子象詩集十五卷 （明）謝承舉撰 **附録一卷** 明嘉靖二十二年（1543）謝少南刻本

匡高 18.6 釐米，廣 13.3 釐米。半葉九行，行十九字，白口，左右雙邊。青島市博物館藏，存十二卷。

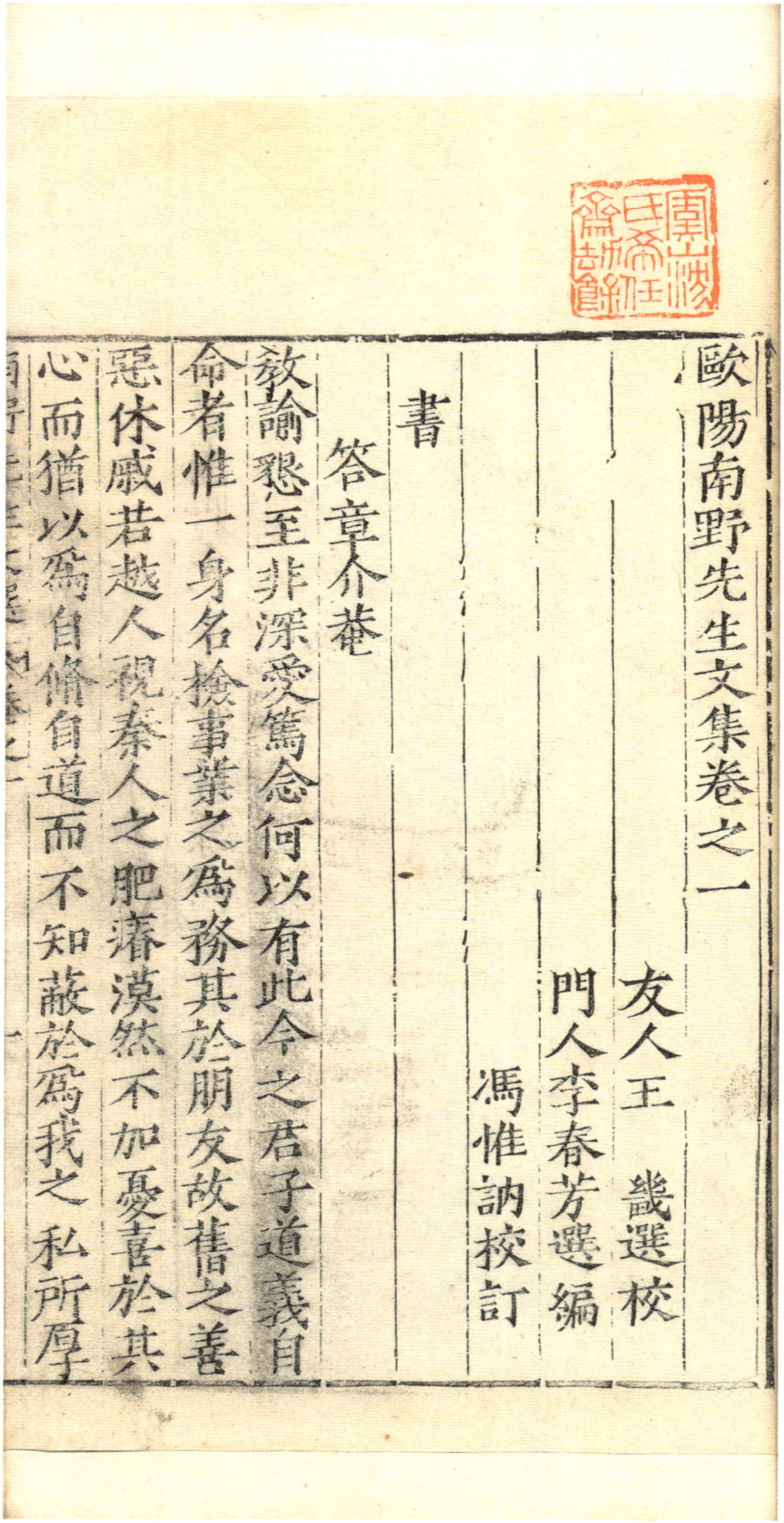

歐陽南野先生文集卷之一
友人王　畿選校
門人李春芳選編
馮惟訥校訂
書
答章介菴
教諭懇至非深愛篤念何以有此令之君子道義自
命者惟一身名檢事業之爲務其於朋友故舊之善
惡休戚若越人視秦人之肥瘠漠然不加憂喜於其
心而猶以爲自脩自道而不知蔽於爲我之私所厚

10789 歐陽南野先生文選四卷 （明）歐陽德撰 （明）王畿 李春芳輯 明嘉靖刻本

匡高 20.2 釐米，廣 14.3 釐米。半葉十行，行二十字，白口，左右雙邊。無錫市圖書館藏。

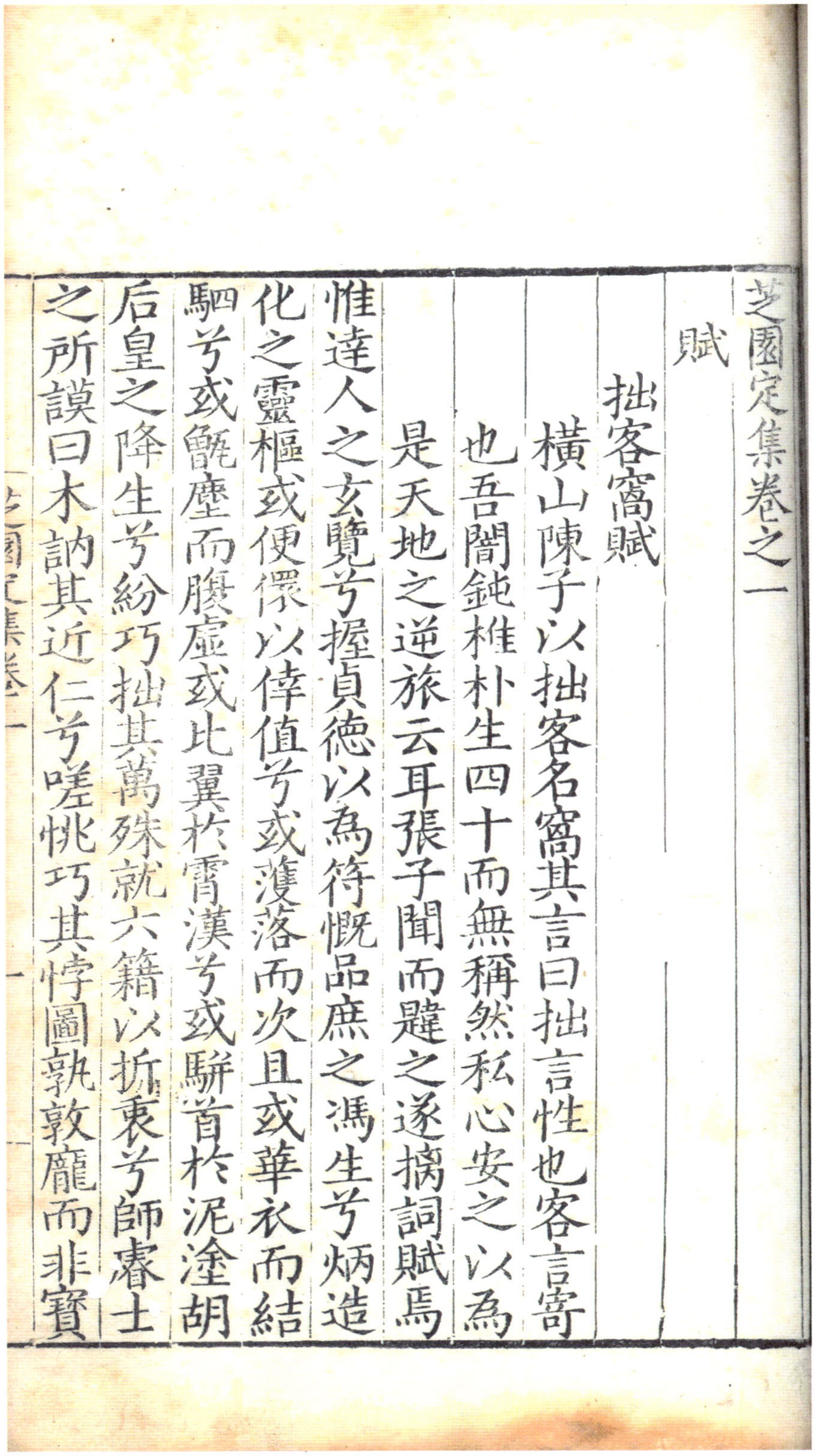

芝園定集卷之一

賦

拙客窩賦

橫山陳子以拙客名窩其言曰拙言性也客言寄
也吾闇鈍椎朴生四十而無稱然私心安之以為
是天地之逆旅云耳張子聞而韙之遂摛詞賦焉
惟達人之玄覽兮握貞德以為符慨品庶之馮生兮炳造
化之靈樞或便儇以倖值兮或濩落而次且或華衣而結
駟兮或甑塵而腹虛或比翼於霄漢兮或駢首於泥塗胡
后皇之降生兮紛巧拙其萬殊就六籍以折衷兮師睿士
之所謨曰木訥其近仁兮嗟恌巧其悖圖孰敦龐而非寶

芝園定集卷之一　一

10790 芝園定集五十一卷　（明）張時徹撰　明嘉靖刻本

匡高 19.5 釐米，廣 14.8 釐米。半葉十一行，行二十二字，白口，左右雙邊。北京大學圖書館藏。

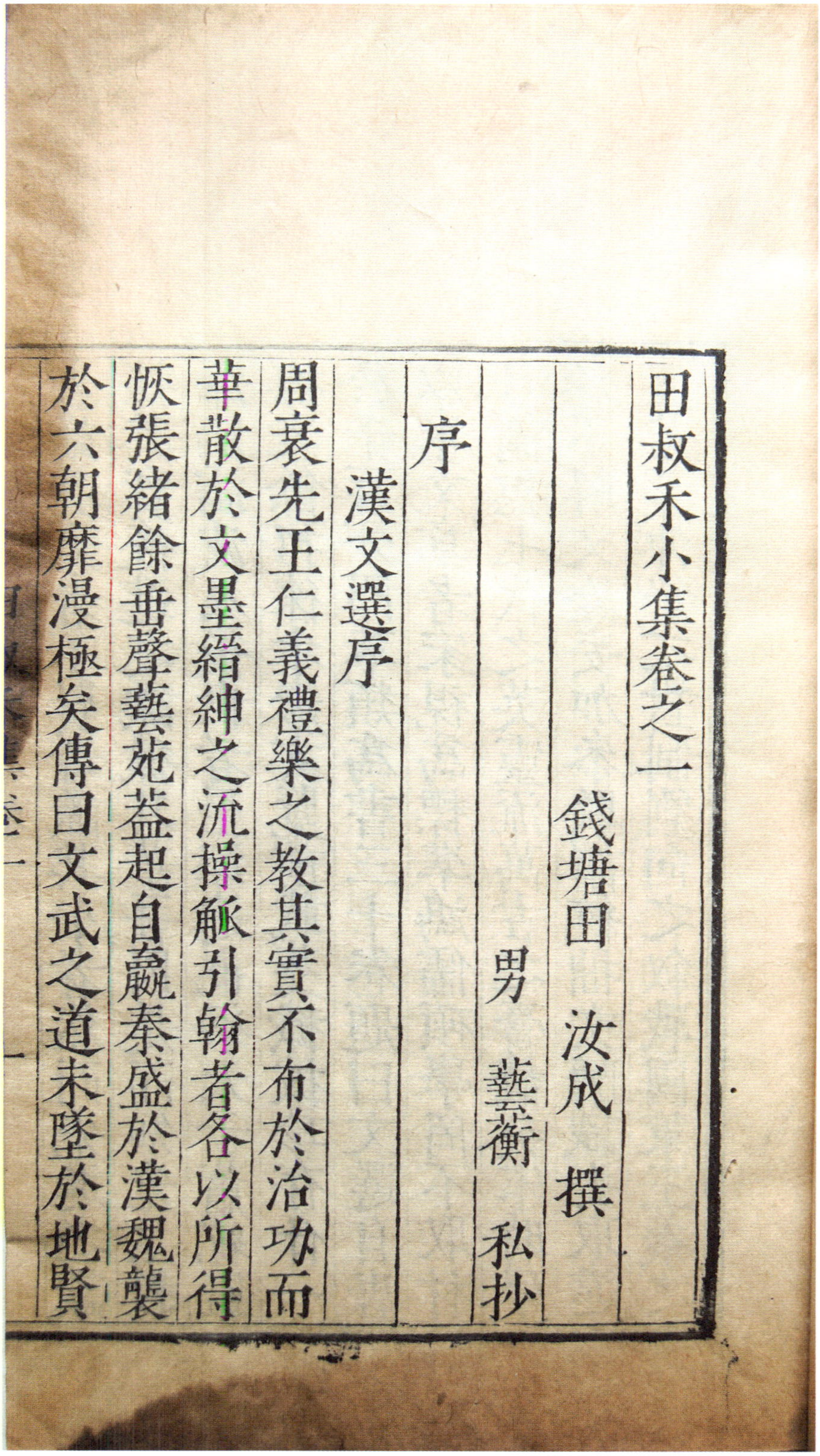

田叔禾小集卷之一
錢塘田　汝成　撰
男　藝衡　私抄
序
漢文選序
周衰先王仁義禮樂之教其實不布於治功而
華散於文墨縉紳之流操觚引翰者各以所得
恢張緒餘埀聲藝苑蓋起自嬴秦盛於漢魏襲
於六朝靡漫極矣傳曰文武之道未墜於地賢

10791 田叔禾小集十二卷　（明）田汝成撰　明嘉靖四十二年（1563）田藝蘅刻本

匡高 18.6 釐米，廣 12.2 釐米。半葉九行，行十八字，白口，四周雙邊。吉林省圖書館藏。

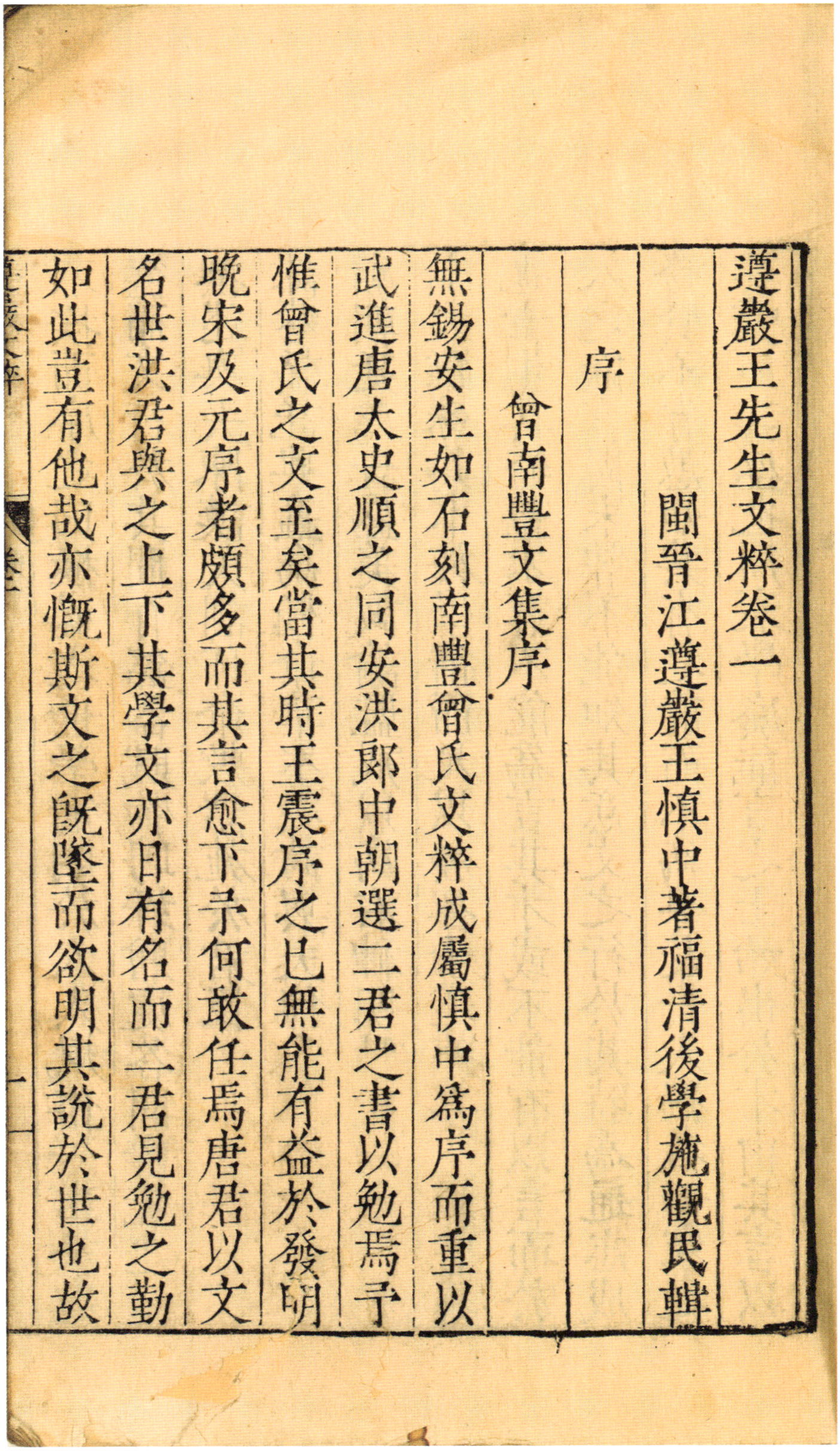
遵巖王先生文粹卷一
閩晉江遵巖王愼中著福清後學施觀民輯
序
曾南豐文集序
無錫安生如石刻南豐曾氏文粹成屬愼中爲序而重以
武進唐太史順之同安洪郎中朝選二君之書以勉焉予
惟曾氏之文至矣當其時王震序之已無能有益於發明
晚宋及元序者頗多而其言愈下予何敢任焉唐君以文
名世洪君與之上下其學文亦日有名而二君見勉之勤
如此豈有他哉亦慨斯文之旣墜而欲明其說於世也故

10792 遵巖王先生文粹十六卷 （明）王愼中撰 （明）施觀民輯 明隆慶六年（1572）施觀民刻本

匡高 19.3 釐米，廣 13.9 釐米。半葉十行，行二十二字，白口，左右雙邊。

四川省圖書館藏。

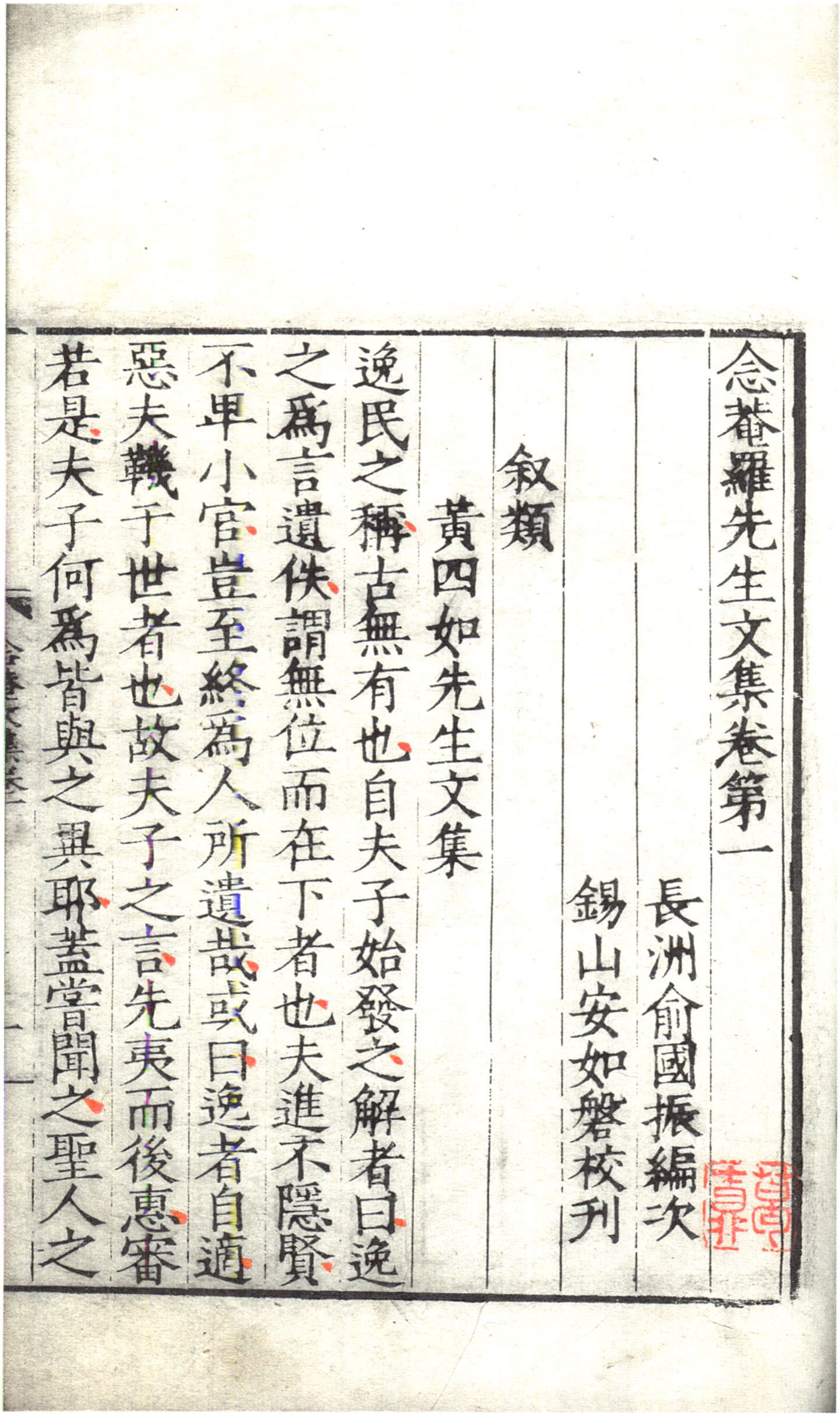
念菴羅先生文集卷第一
長洲俞國振編次
錫山安如磐校刊
敘類
黃四如先生文集
逸民之稱古無有也自夫子始發之解者曰逸
之爲言遺佚謂無位而在下者也夫進不隱賢
不卑小官豈至終爲人所遺哉或曰逸者自適
惡夫譏于世者也故夫子之言先夷而後惠審
若是夫子何爲皆與之異耶蓋嘗聞之聖人之

10793 念菴羅先生文集四卷 （明）羅洪先撰 明嘉靖三十四年（1555）安如磐刻本

匡高 17.9 釐米，廣 14 釐米。半葉十行，行十八字，白口，左右雙邊。華東師範大學圖書館藏。

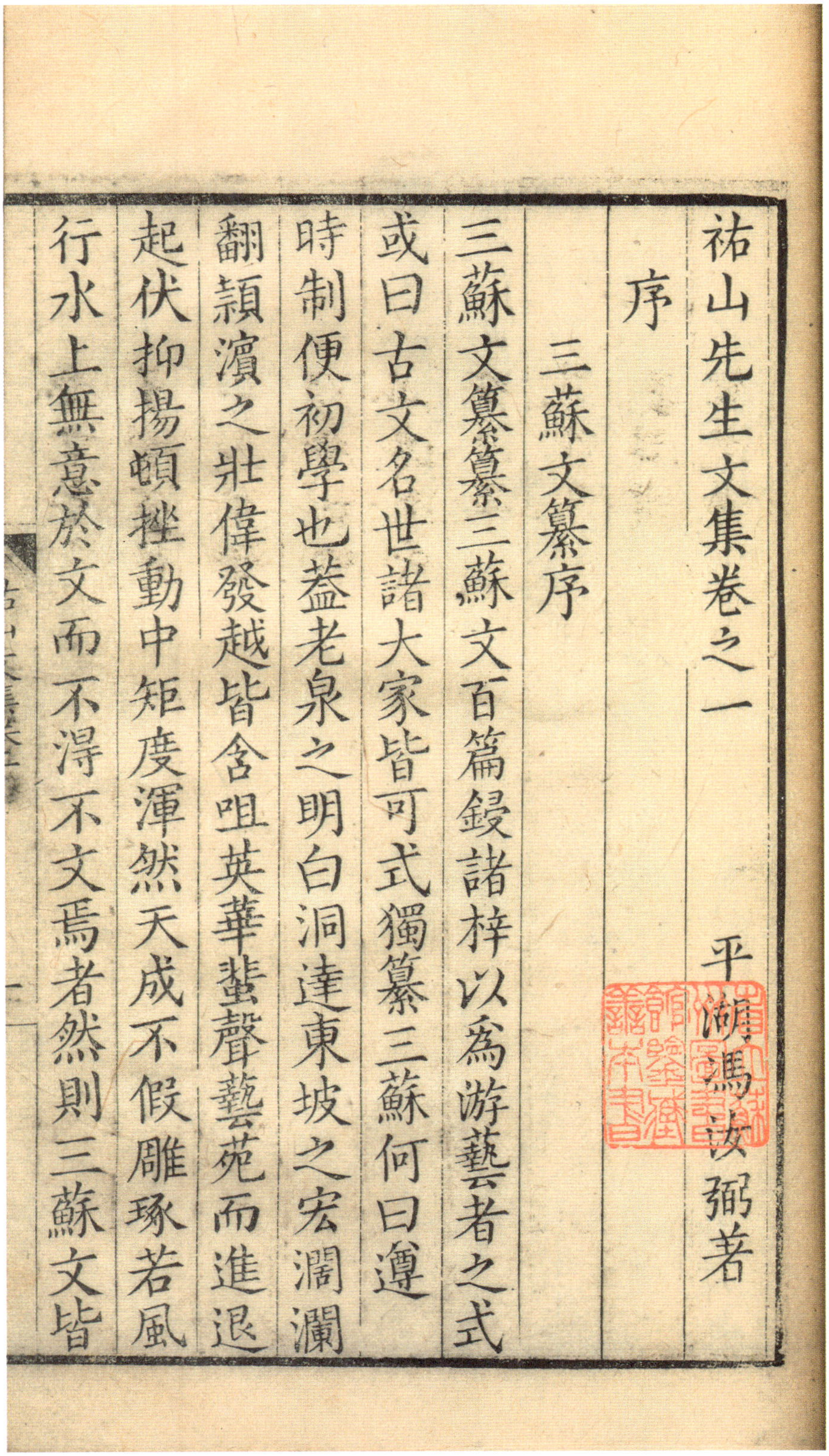
祐山先生文集卷之一　　平湖馮汝弼著

序

三蘇文纂序

三蘇文纂纂三蘇文百篇鋟諸梓以爲游藝者之式或曰古文名世諸大家皆可式獨纂三蘇何曰遵時制便初學也蓋老泉之明白洞達東坡之宏濶瀾翻穎濱之壯偉發越皆含咀英華蜚聲藝苑而進退起伏抑揚頓挫動中矩度渾然天成不假雕琢若風行水上無意於文而不得不文焉者然則三蘇文皆

10794 祐山先生文集十卷　（明）馮汝弼撰　明刻本

匡高 18.9 釐米，廣 12.4 釐米。半葉九行，行二十字，黑口，左右雙邊。蘇州圖書館藏。

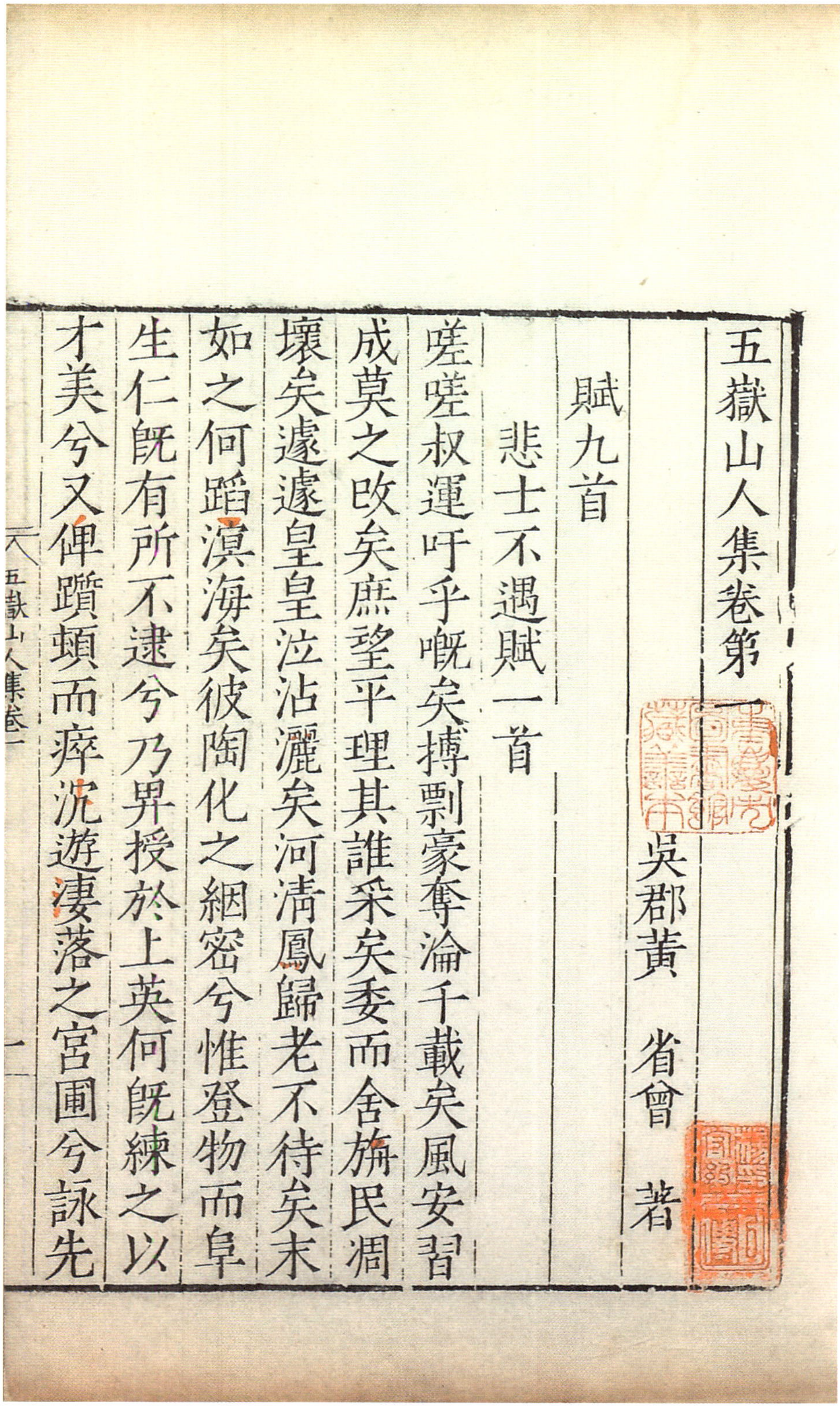

五嶽山人集卷第一

吳郡黃　省曾　著

賦九首

悲士不遇賦一首

嗟嗟叔運吁乎嘅矣摶剽豪奪淪千載矣風安習成莫之攺矣庶望平理其誰采矣委而舍旃民凋壞矣遽遽皇皇泣沾灑矣河清鳳歸老不待矣末如之何蹈溟海矣彼陶化之絪窑兮惟登物而阜生仁既有所不逮兮乃畀授於上英何既練之以才美兮又俾躋頓而瘁沉遊淒落之宮圍兮詠先

五嶽山人集卷一　一

10795 五嶽山人集三十八卷　（明）黃省曾撰　明嘉靖刻本

匡高 18.4 釐米，廣 14.2 釐米。半葉十行，行十九字，白口，左右雙邊。重慶圖書館藏。

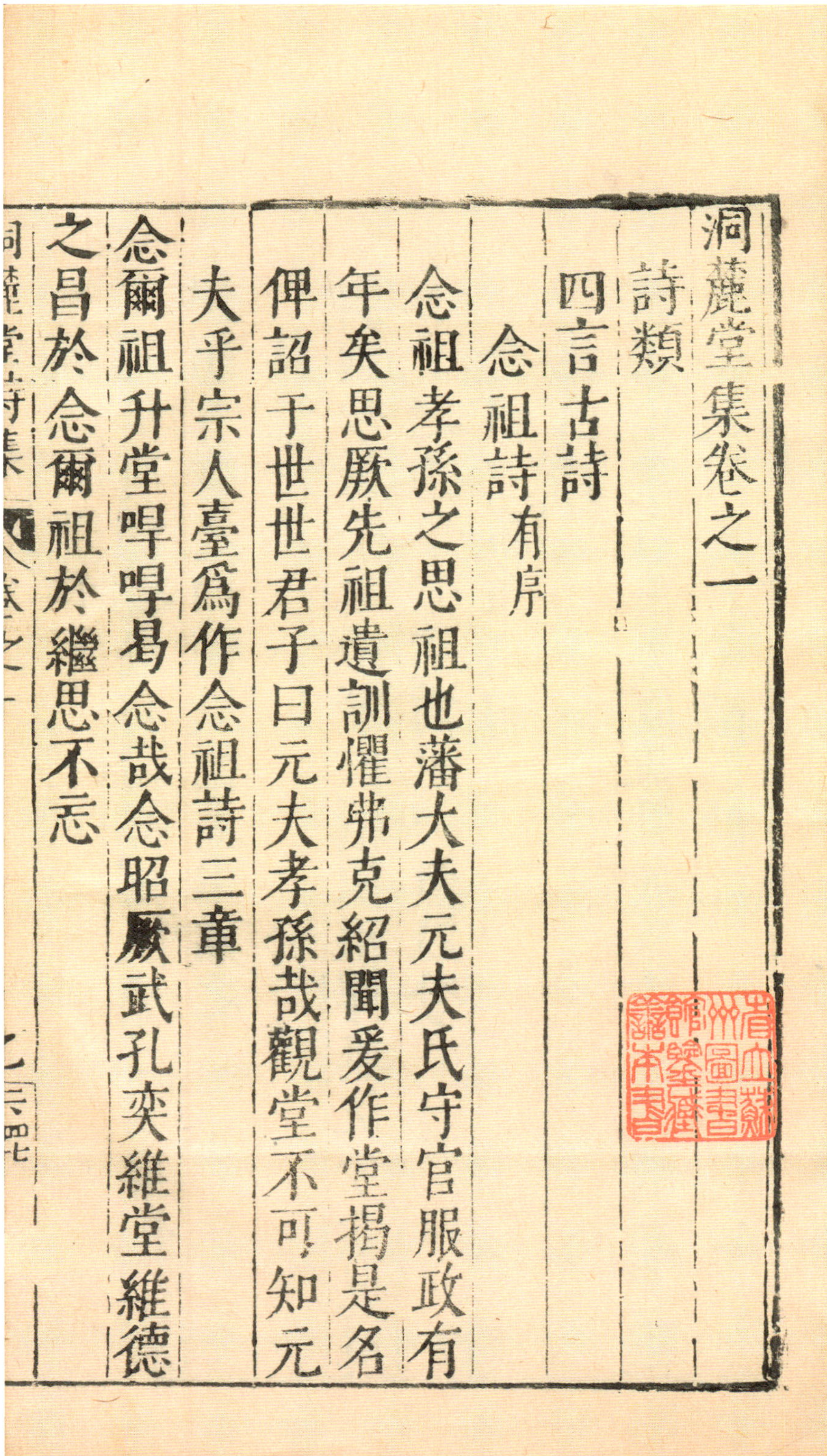
洞麓堂集卷之一
詩類
四言古詩
念祖詩有序
念祖孝孫之思祖也藩大夫元夫氏守官服政有年矣思厥先祖遺訓懼弗克紹聞爰作堂揭是名俾詔于世世君子曰元夫孝孫哉觀堂不可知元夫乎宗人臺爲作念祖詩三章
念爾祖升堂哻哻曷念哉念昭厥武孔奕維堂維德之昌於念爾祖於繼思不忘

10796 洞麓堂集三十八卷 （明）尹臺撰　明萬曆三十五年（1607）黄承玄刻本

匡高 21.1 釐米，廣 13.7 釐米。半葉十行，行二十字，小字雙行同，白口，左右雙邊。蘇州圖書館藏。

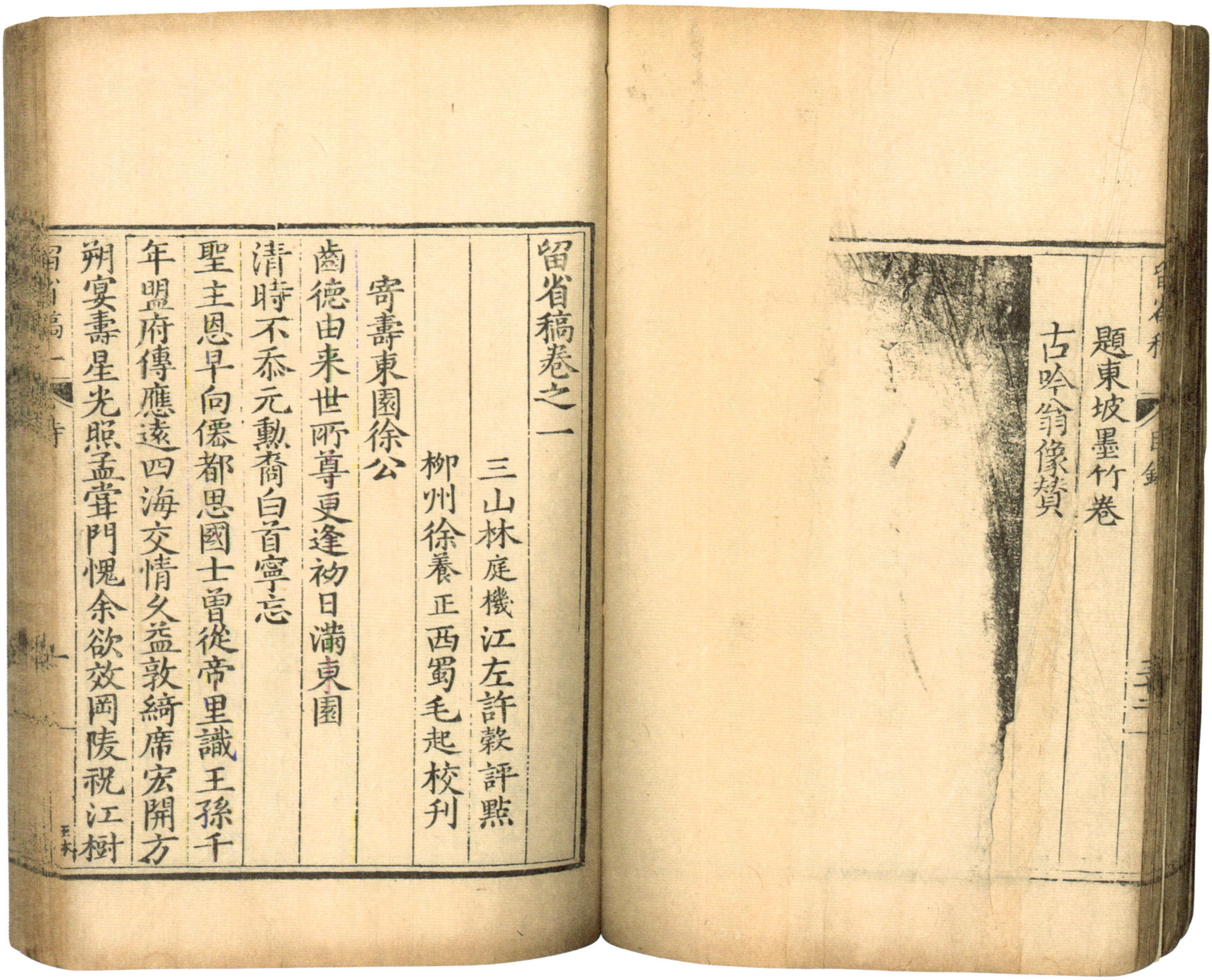
留省稿卷之一
三山林庭機江左許穀評點
柳州徐養正西蜀毛起校刊
寄壽東園徐公
齒德由来世所尊更逢初日滿東園
清時不忝元勲裔白首寧忘
聖主恩早向儒都思國士曾從帝里識王孫千
年盟府傳應遠四海交情久益敦綺席宏開方
朔宴壽星光照孟嘗門愧余欲效岡陵祝江樹

題東坡墨竹卷
古吟翁像贊

10797 留省稿二十卷 （明）康大和撰 明嘉靖四十四年（1565）刻本

匡高 17.1 釐米，廣 14.8 釐米。半葉九行，行十八字，小字雙行同，白口，四周雙邊。安徽省圖書館藏，存十三卷。

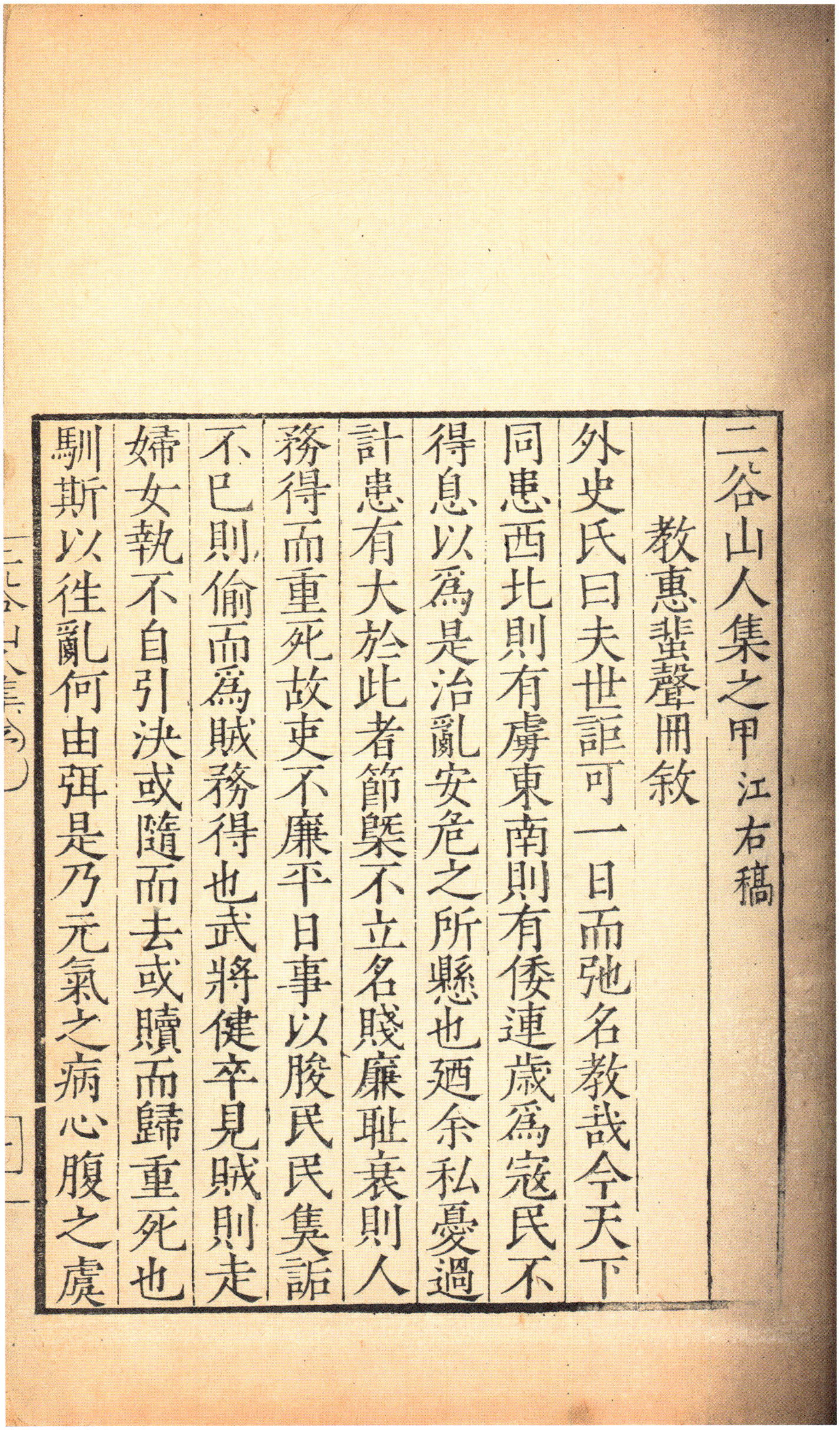

二谷山人集之甲 江右稿

教惠蜚聲冊敘

外史氏曰夫世詎可一日而弛名教哉今天下同患西北則有虜東南則有倭連歲爲寇民不得息以爲是治亂安危之所懸也迺余私憂過計患有大於此者節槩不立名賤廉耻衰則人務得而重死故吏不廉平日事以朘民民集詬不已則偷而爲賊務得也武將健卒見賊則走婦女孰不自引決或隨而去或贖而歸重死也馴斯以往亂何由弭是乃元氣之病心腹之虞

10798 二谷山人集十卷 （明）侯一元撰 明嘉靖刻本

匡高 17 釐米，廣 13.8 釐米。半葉十行，行十八字，白口，四周單邊。山西大學圖書館藏。

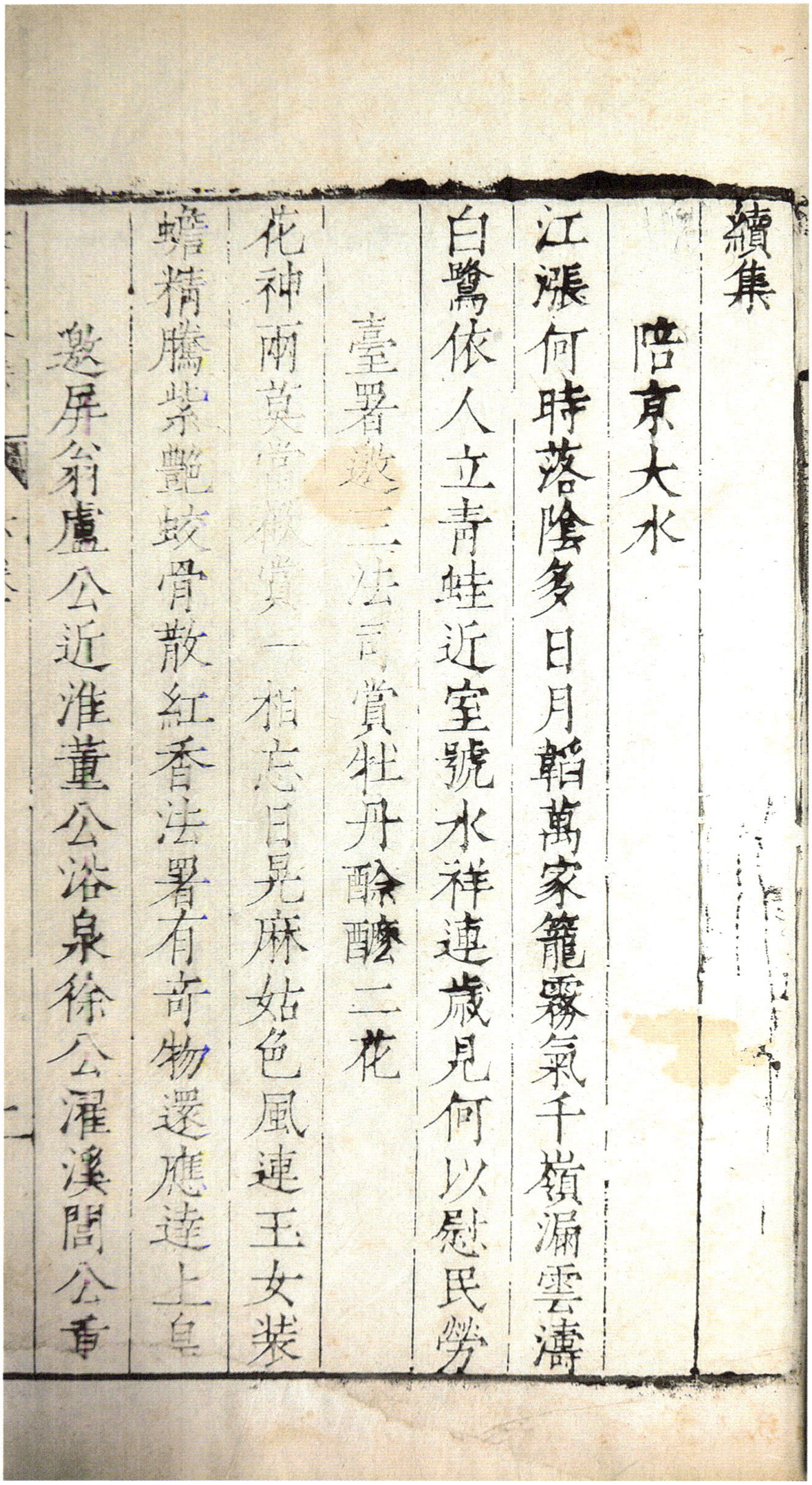

續集

陪京大水

江漲何時落陰多日月韜萬家籠霧氣千嶺漏雲濤
白鷺依人立青蛙近室號水祥連歲見何以慰民勞

臺署邀二法司賞牡丹酴醾二花

花神兩莫當微貴一相忘日見麻姑色風連玉女裝
蟾精騰紫艷蛟骨散紅香法署有奇物還應達上皇
懸屏翁盧公近淮董公浴泉徐公濯溪閻公香

10799 吴皋先生續集四卷 （明）喻時撰 明嘉靖四十五年（1566）安希堯刻隆慶增修本

匡高 20.4 釐米，廣 13.4 釐米。半葉八行，行二十字，白口，四周單邊。有“無竟先生獨志堂物”等印。河南大學圖書館藏。

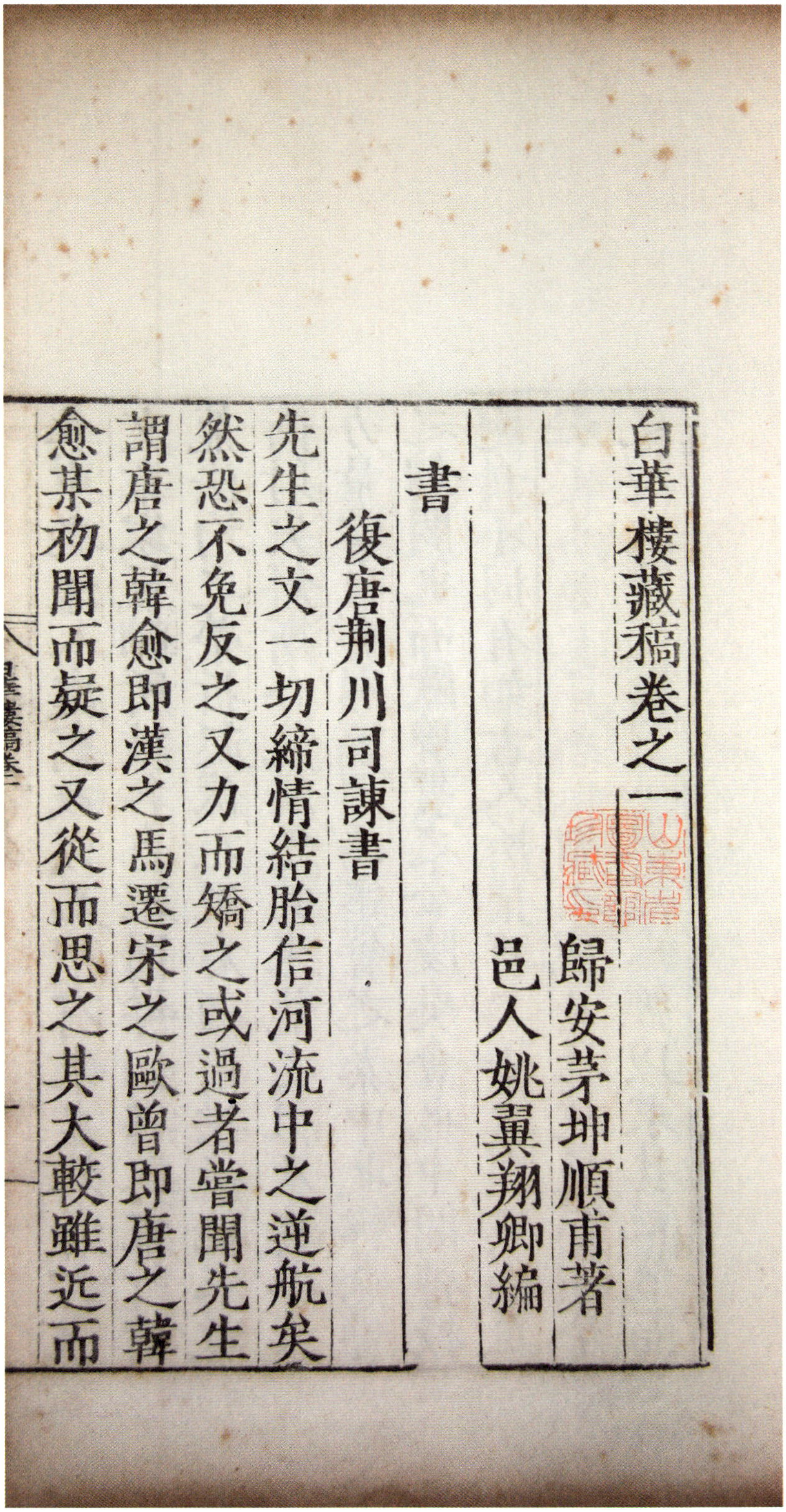

10800 白華樓藏稿十一卷續稿十五卷吟稿十卷 （明）茅坤撰 明嘉靖萬曆間遞刻本

匡高 20.4 釐米，廣 14.5 釐米。半葉九行，行十八字，白口，左右雙邊。山東省圖書館藏。

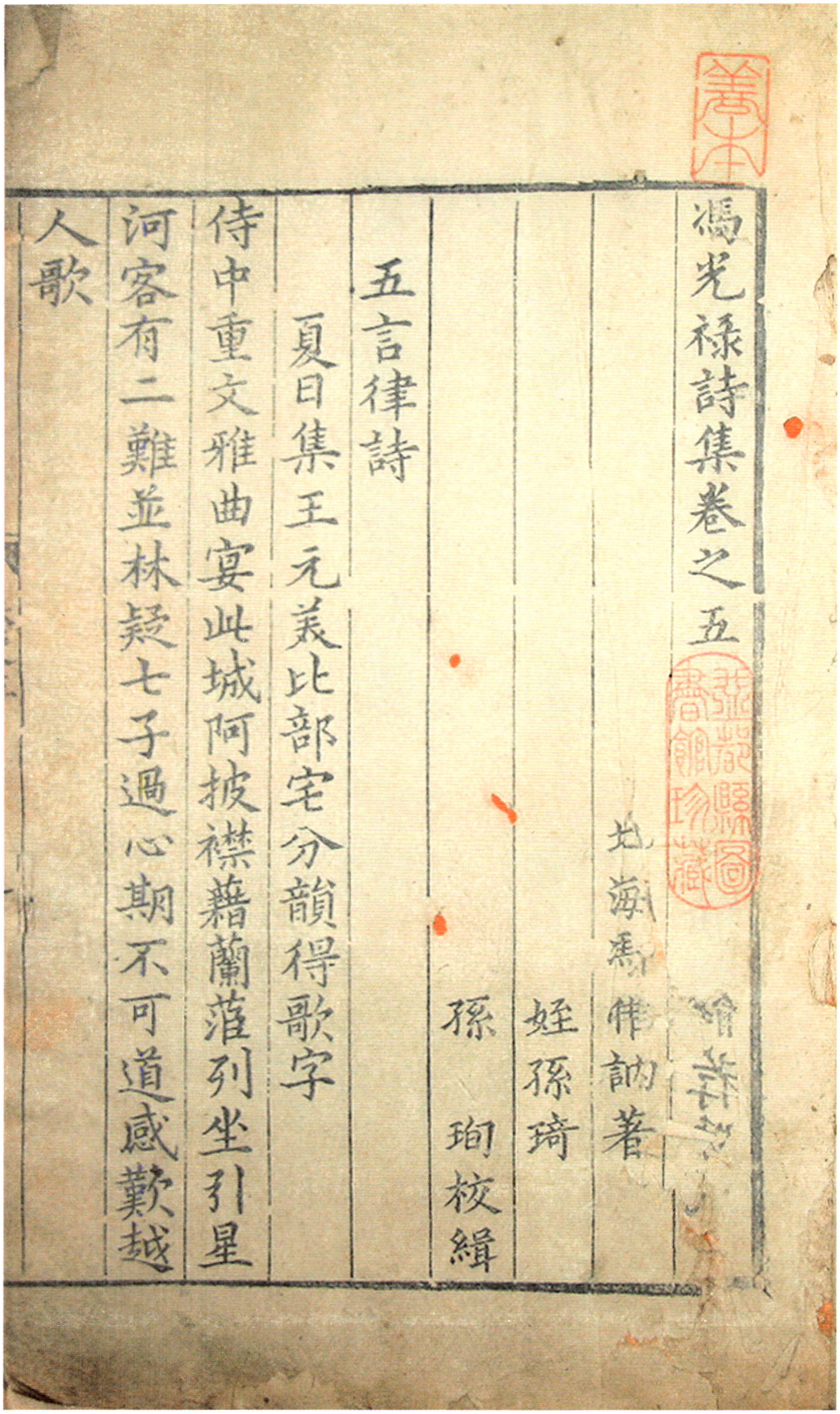

10801 馮光禄詩集十卷 （明）馮惟訥撰　明萬曆十四年（1586）馮琦、馮珣刻本

匡高 19 釐米，廣 13.4 釐米。半葉九行，行十九字，白口，四周單邊。山東省青州市圖書館藏，存三卷。

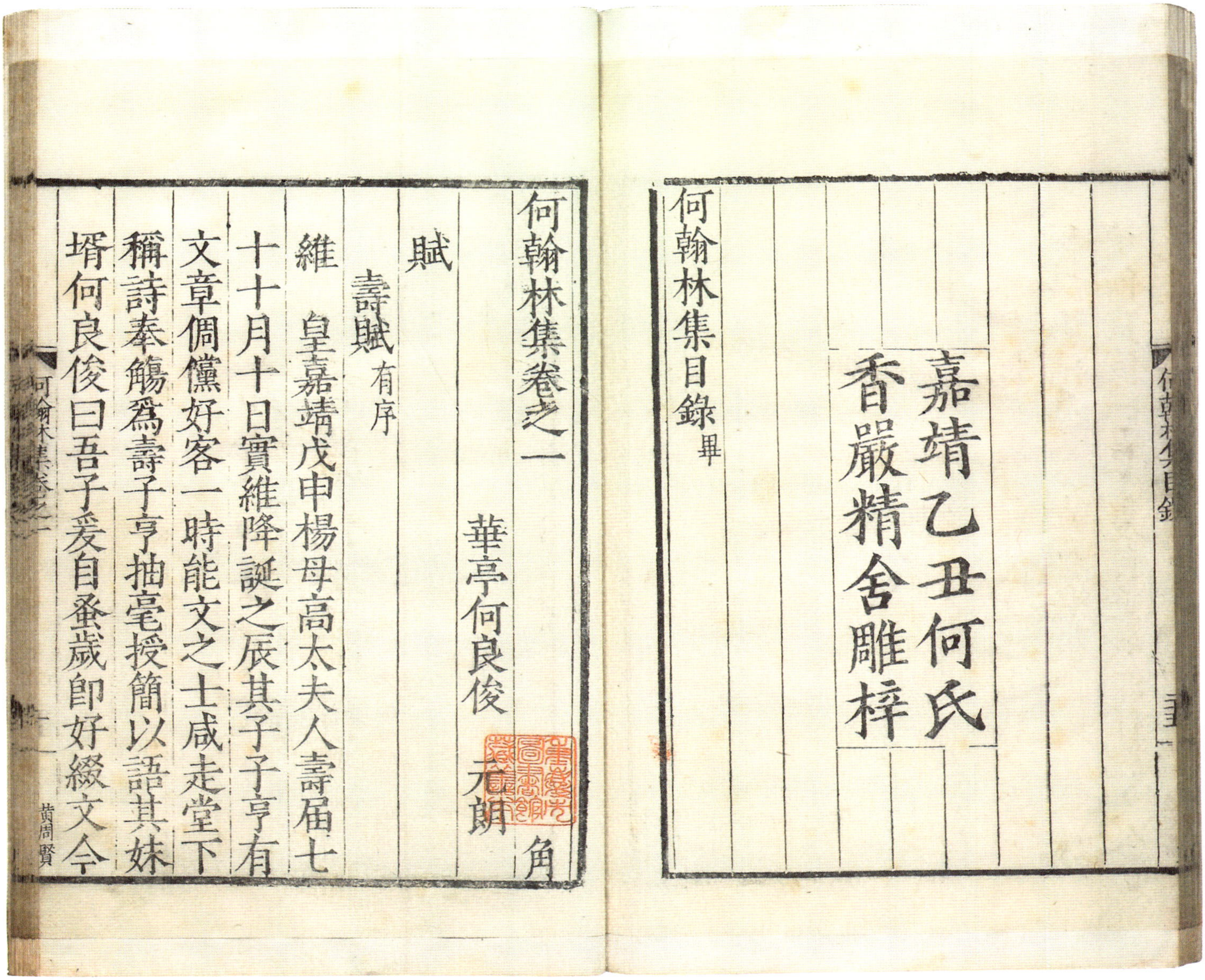
嘉靖乙丑何氏
香嚴精舍雕梓
何翰林集目錄畢

何翰林集卷之一
華亭何良俊元朗
賦
壽賦有序
維皇嘉靖戊申楊母高太夫人壽屆七
十十月十日實維降誕之辰其子子亨有
文章倜儻好客一時能文之士咸走堂下
稱詩奉觴爲壽子亨抽毫授簡以語其妹
壻何良俊曰吾子爰自蚤歲卽好綴文今

10802 何翰林集二十八卷 （明）何良俊撰 明嘉靖四十四年（1565）何氏香嚴精舍刻本

匡高 19.8 釐米，廣 14.1 釐米。半葉九行，行十七字，白口，左右雙邊。有“嘉靖乙丑何氏香嚴精舍雕梓”牌記。重慶圖書館藏。

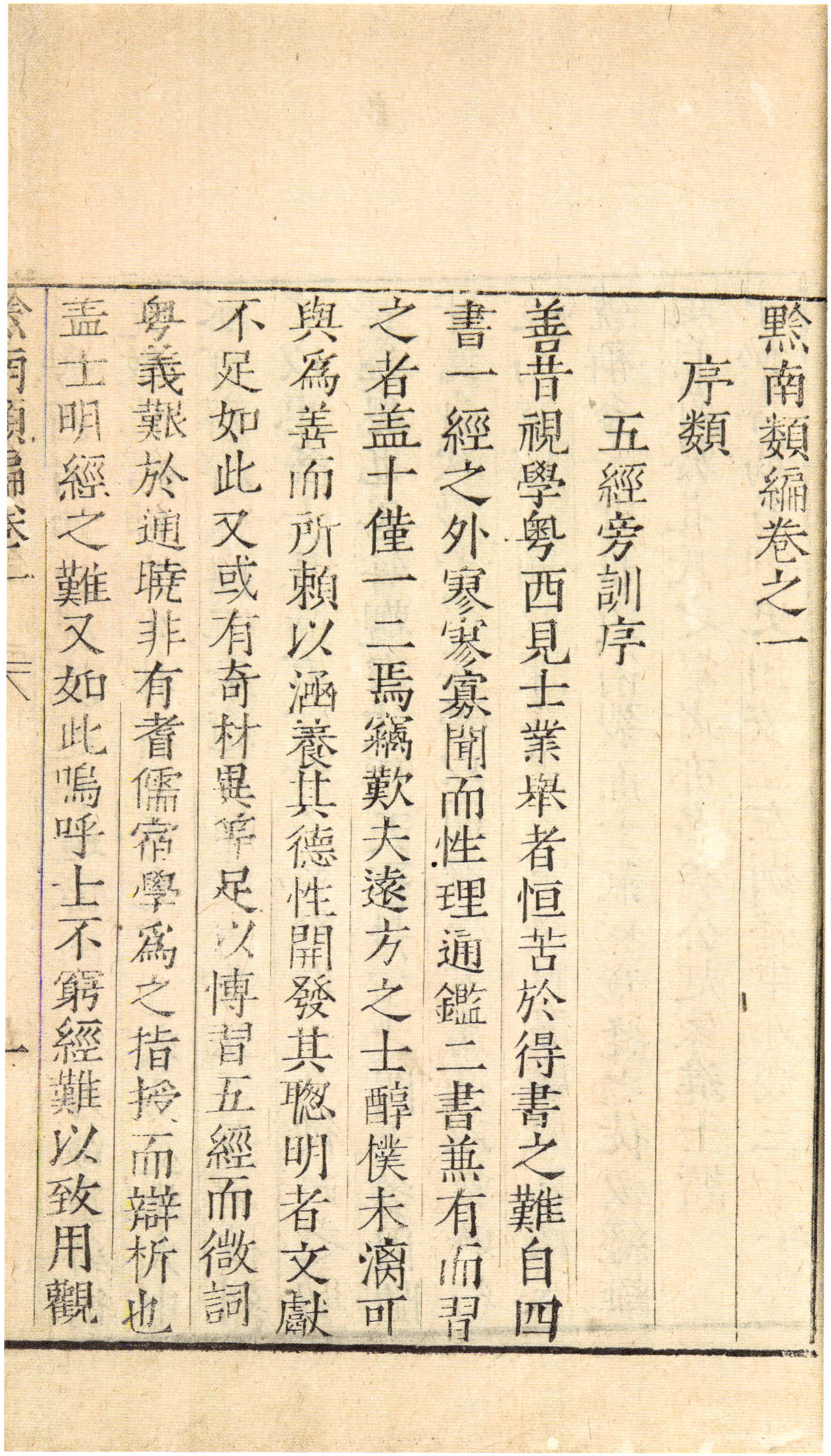
黔南類編卷之一
序類
五經旁訓序
善昔視學粤西見士業舉者恒苦於得書之難自四
書一經之外寥寥寡聞而性理通鑑二書蕪有而習
之者盖十僅一二焉竊歎夫遠方之士醇樸未漓可
與爲善而所賴以涵養其德性開發其聰明者文獻
不足如此又或有奇材異等足以博習五經而微詞
奥義鮮於通曉非有耆儒宿學爲之指授而辯析也
盖士明經之難又如此嗚呼上不窮經難以致用觀
黔南類編卷之一　一

10803 黔南類編八卷　（明）陳善撰　明隆慶五年（1571）任鏜活字印本

匡高 18.9 釐米，廣 13.8 釐米。半葉十行，行二十字，白口，四周單邊。國家圖書館藏。

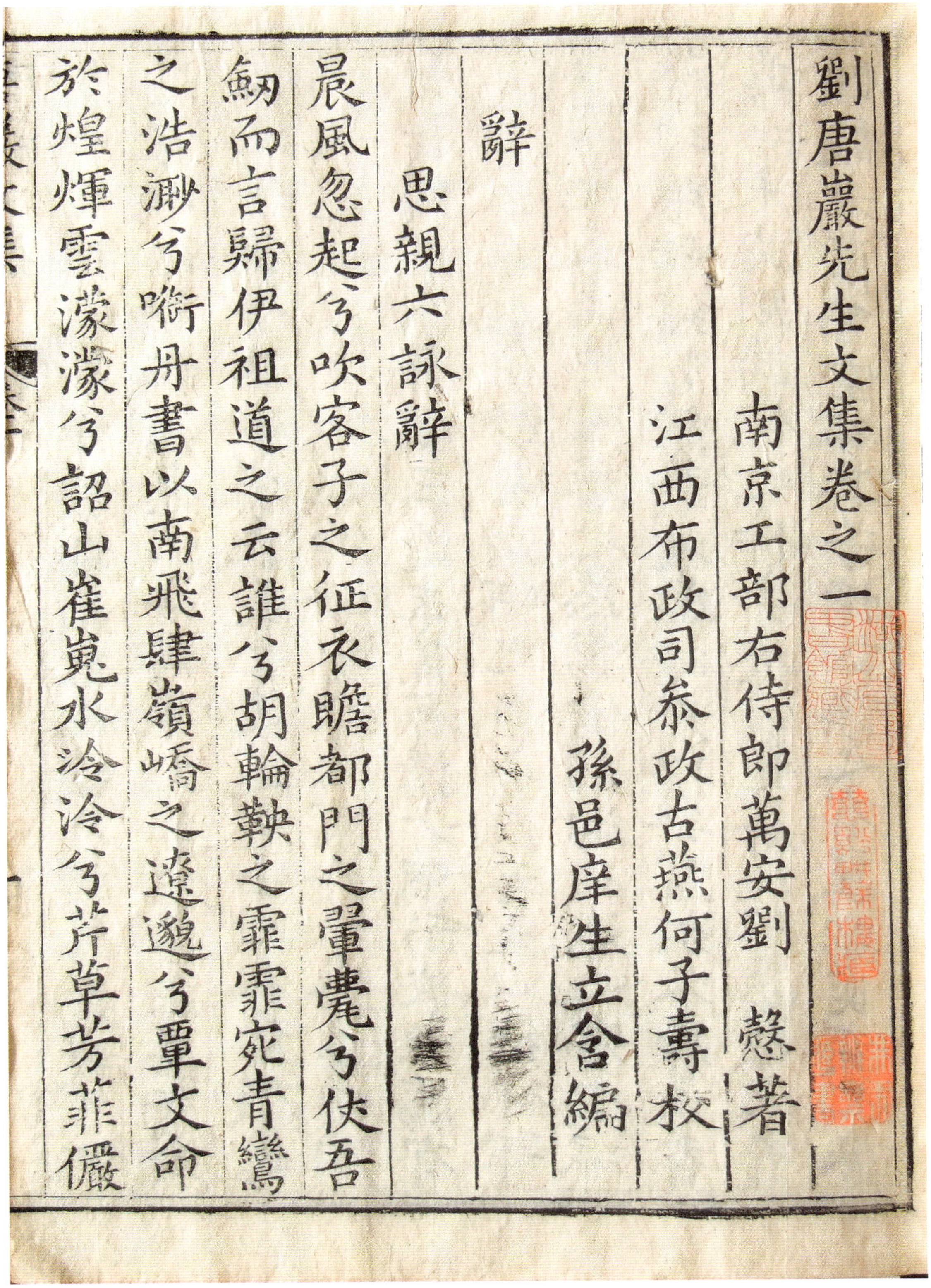

劉唐巖先生文集卷之一
南京工部右侍郎萬安劉　愨著
江西布政司叅政古燕何子壽校
孫邑庠生立含編
辭
思親六詠辭
晨風忽起兮吹客子之征衣瞻都門之翬甍兮佚吾
魵而言歸伊祖道之云誰兮胡輪鞅之霏霏宛青鸞
之浩渺兮嘶舟書以南飛肆嶺嶠之遼邈兮覃文命
於煌煇雲濛濛兮詔山崔嵬水泠泠兮芹草芳菲儼

10804 劉唐巖先生文集八卷 （明）劉愨撰　明萬曆三年（1575）何子壽刻本

匡高 21.1 釐米，廣 15.4 釐米。半葉十行，行二十字，白口，四周雙邊。湖北省圖書館藏。

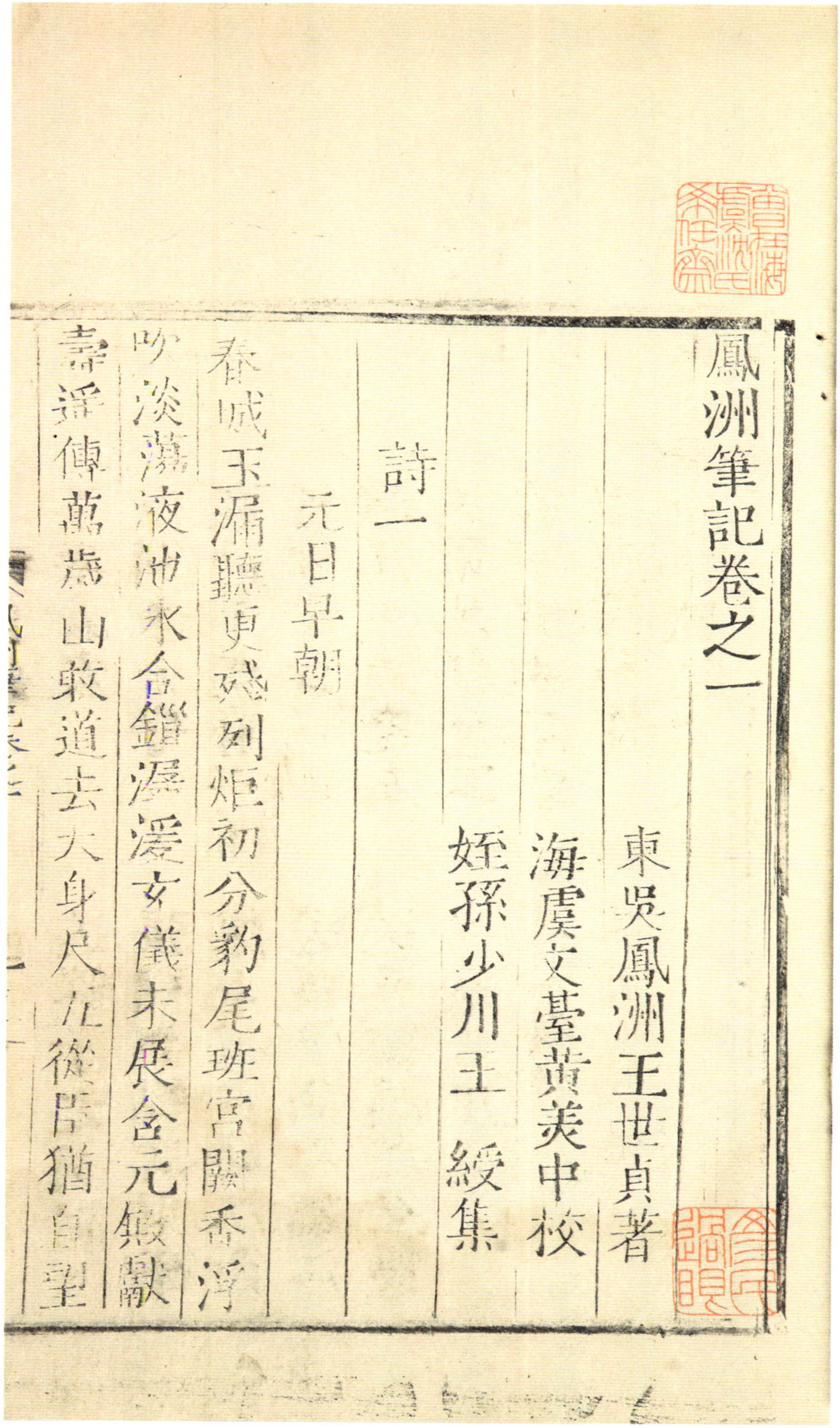

10805 鳳洲筆記二十四卷 （明）王世貞撰 明隆慶三年（1569）黄美中活字印本

匡高 17.6 釐米，廣 13 釐米。半葉九行，行十八字，白口，左右雙邊。國家圖書館藏。

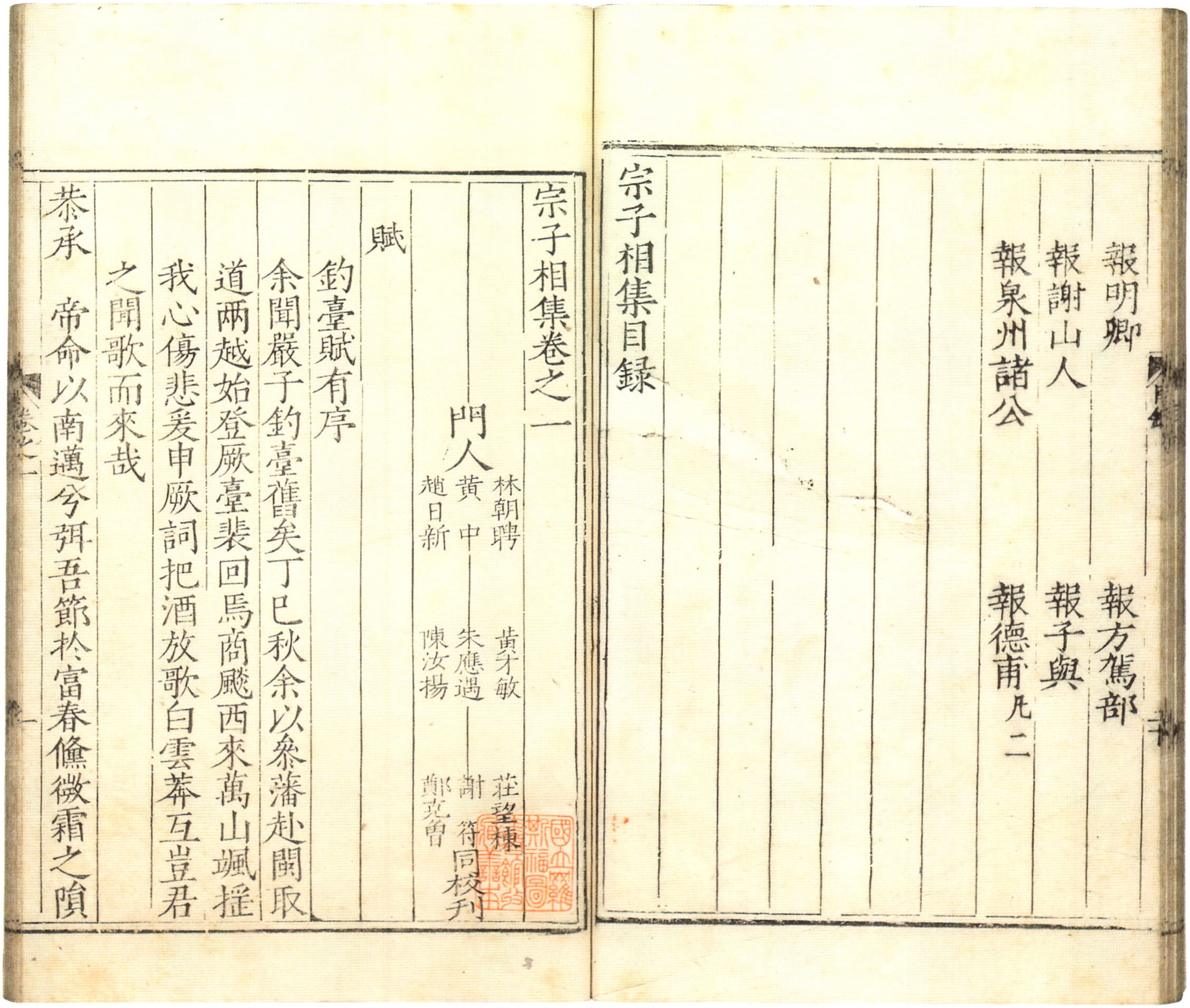

10806 宗子相集八卷 （明）宗臣撰　明嘉靖三十九年（1560）林朝聘、黄中等刻本

匡高20釐米，廣14.2釐米。半葉十行，行二十字，白口，四周雙邊。重慶圖書館藏。

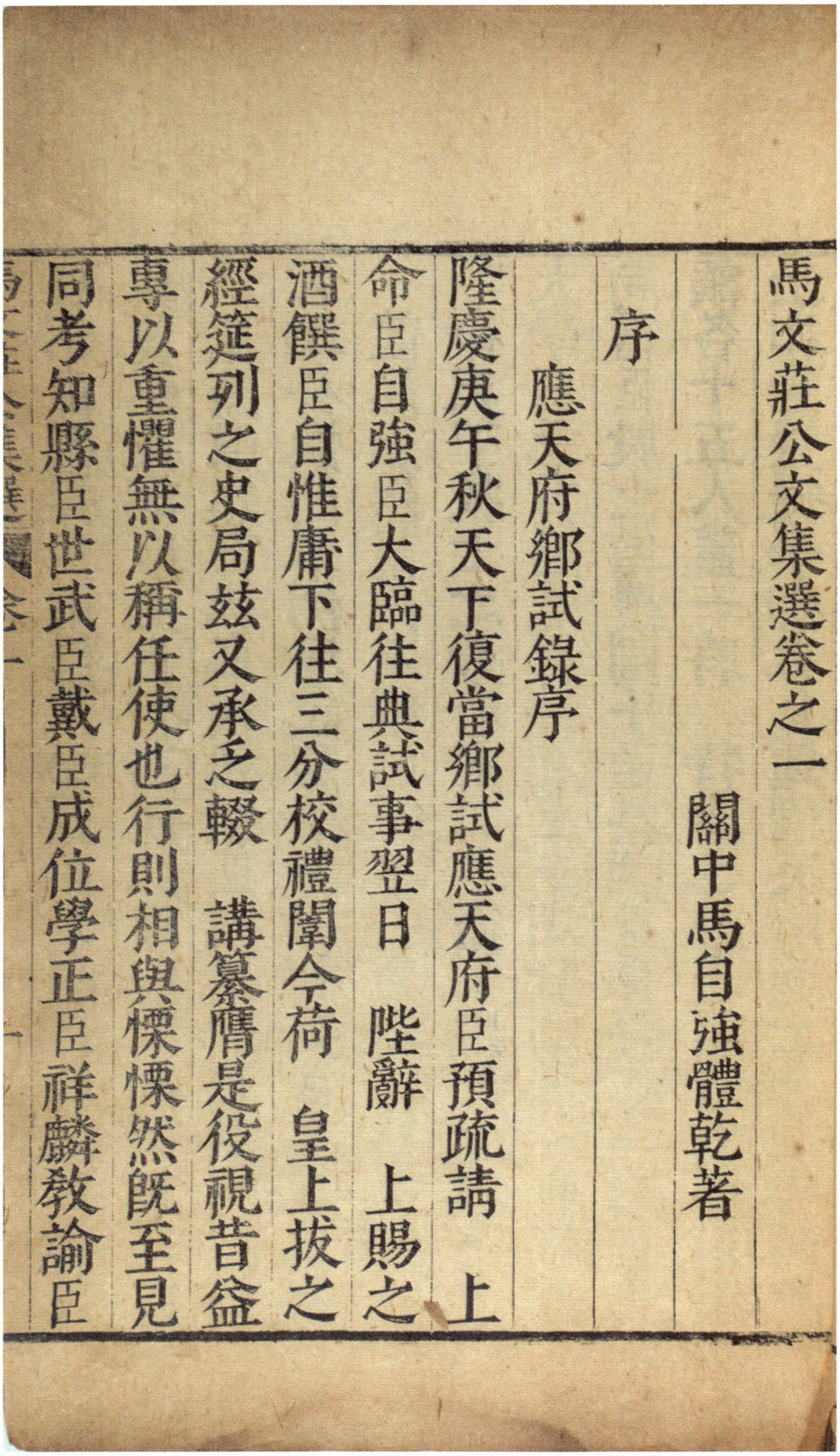

馬文莊公文集選卷之一　　關中馬自強體乾著

序

應天府鄉試録序

隆慶庚午秋天下復當鄉試應天府臣預疏請　上
命臣自強臣大臨往典試事翌日　陛辭　上賜之
酒饌臣自惟庸下往三分校禮闈今荷　皇上拔之
經筵列之史局玆又承乏之輟　講纂脩是役視昔益
專以重懼無以稱任使也行則相與慄慄然既至見
同考知縣臣世武臣戴臣成位學正臣祥麟教諭臣

10807 馬文莊公文集選十五卷　（明）馬自强撰　明萬曆刻本

匡高 20.2 釐米，廣 15.3 釐米。半葉十行，行二十字，白口，左右雙邊。陝西省圖書館藏。

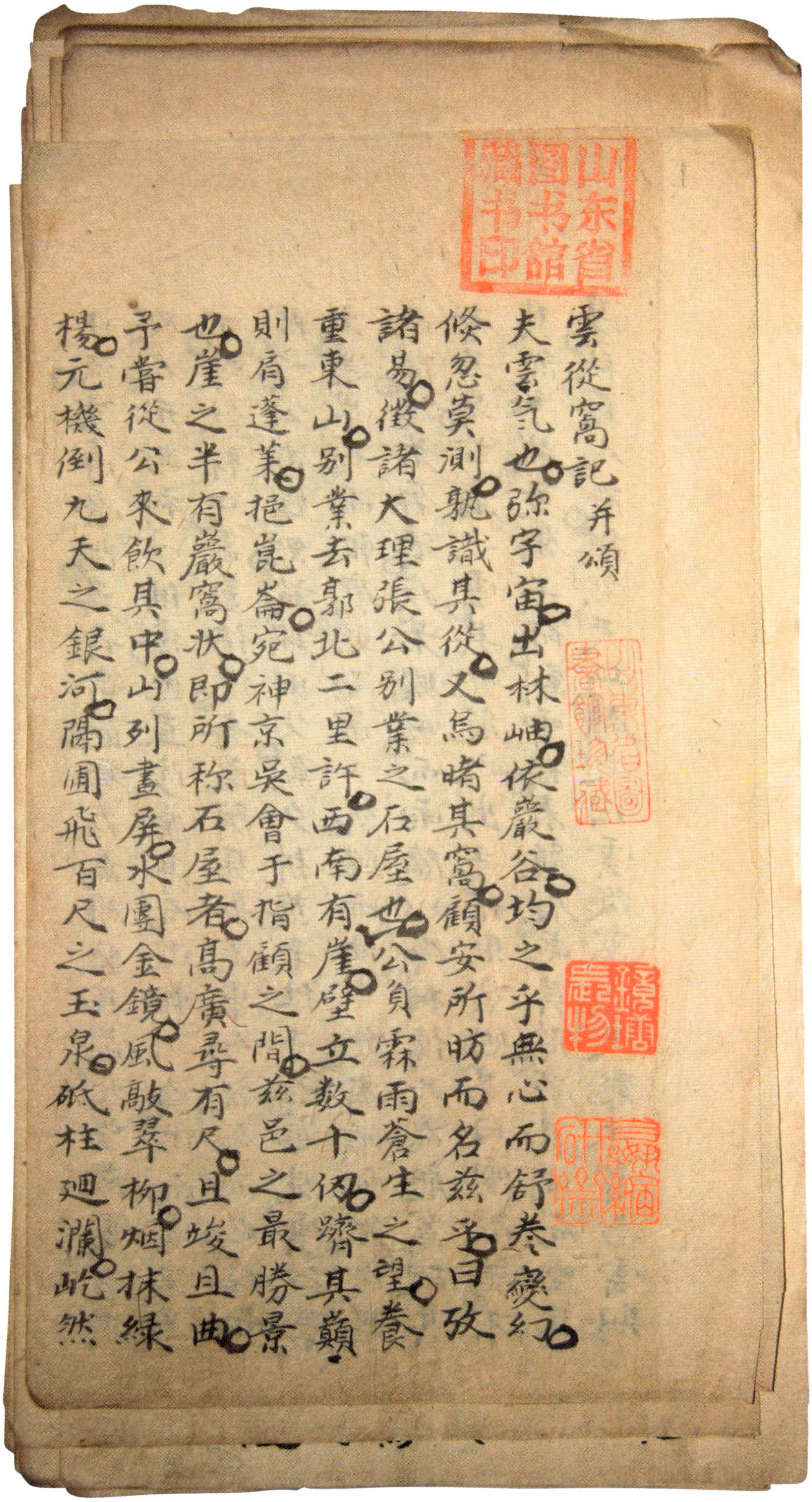

10808 交繡閣詩草四卷文一卷 （明）張夢鯉撰 清抄本

有“贏縮研齋”、“鏡塘長物”等印。山東省圖書館藏。

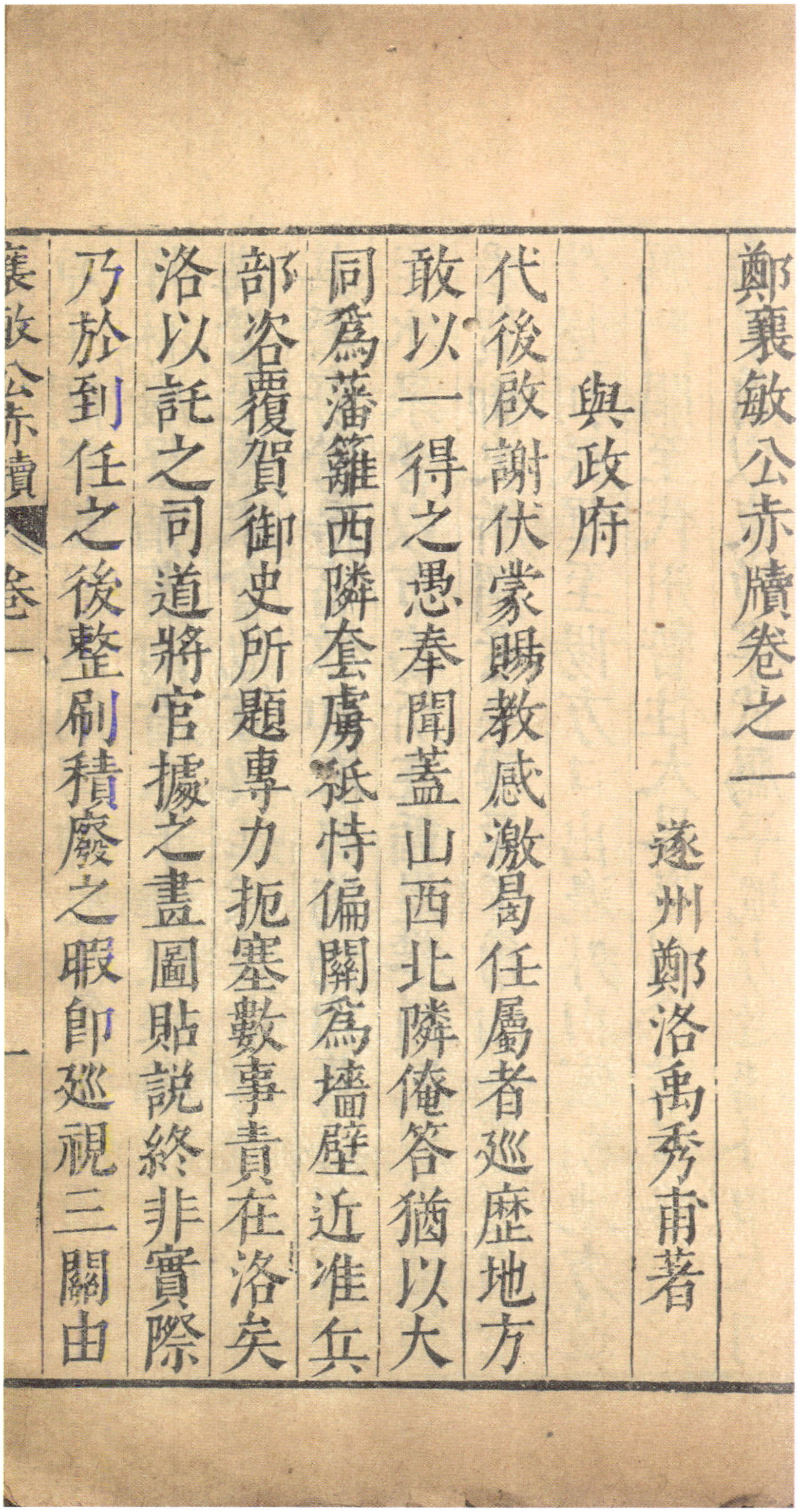

鄭襄敏公赤牘卷之一

遂州鄭洛禹秀甫著

與政府

代後啟謝伏蒙賜教感激曷任屬者廵歷地方敢以一得之愚奉聞蓋山西北隣俺答猶以大同爲藩籬西隣套虜秪恃偏關爲墻壁近准兵部咨覆賀御史所題專力扼塞數事責在洛矣洛以託之司道將官據之畫圖貼說終非實際乃於到任之後整飭積廢之暇即廵視三關由

襄敏公赤牘　卷一　一

10809 鄭襄敏公赤牘十九卷 （明）鄭洛撰 明萬曆三十五年（1607）刻本

匡高 19.8 釐米，廣 12.7 釐米。半葉九行，行十八字，白口，左右雙邊。山東大學圖書館藏。

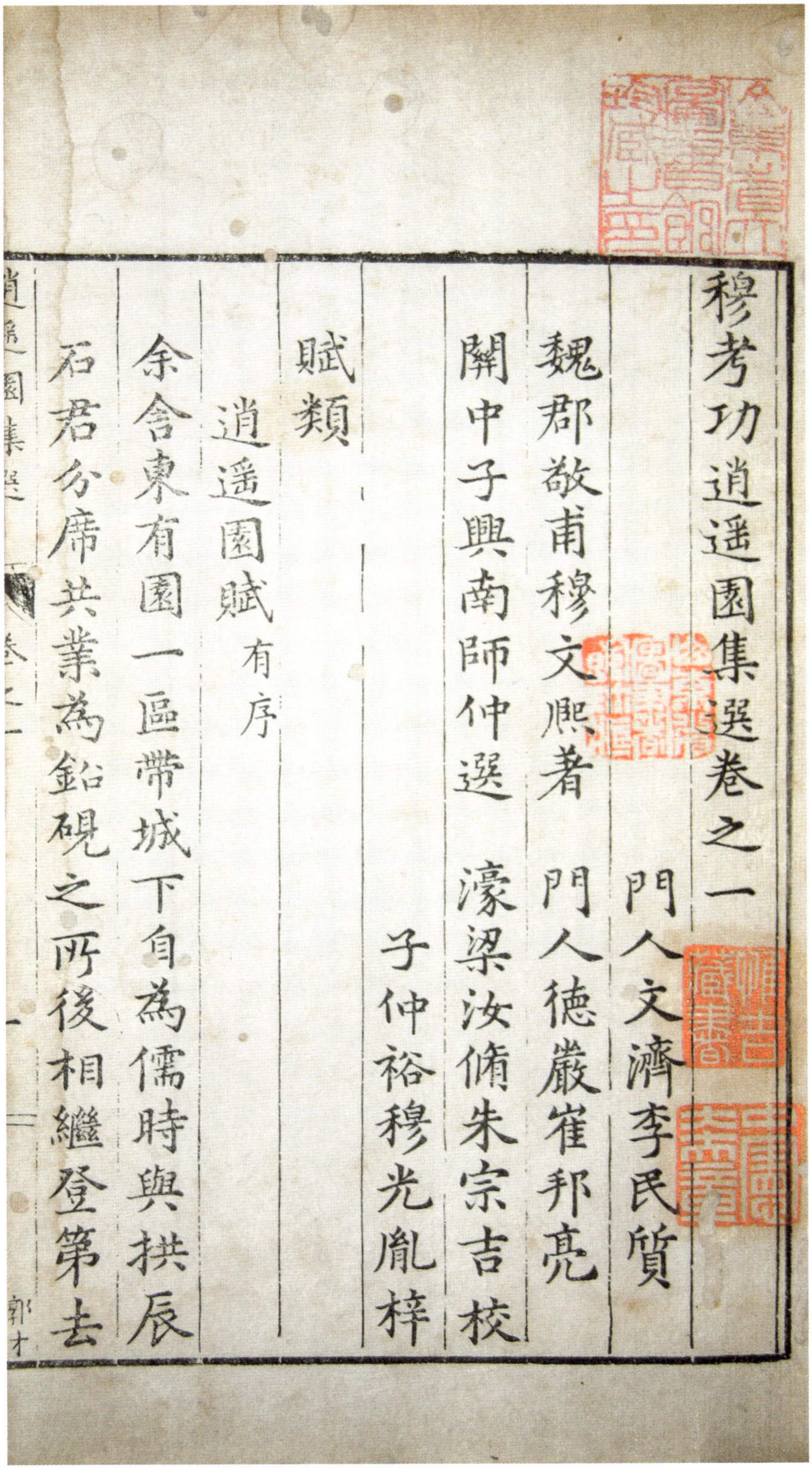

10810 穆考功逍遥園集選二十卷 （明）穆文熙撰 （明）南師仲輯 明萬曆二十九年（1601）穆光胤刻本

匡高 20 釐米，廣 13.7 釐米。半葉九行，行十八字，白口，左右雙邊。王獻唐跋。山東省圖書館藏。

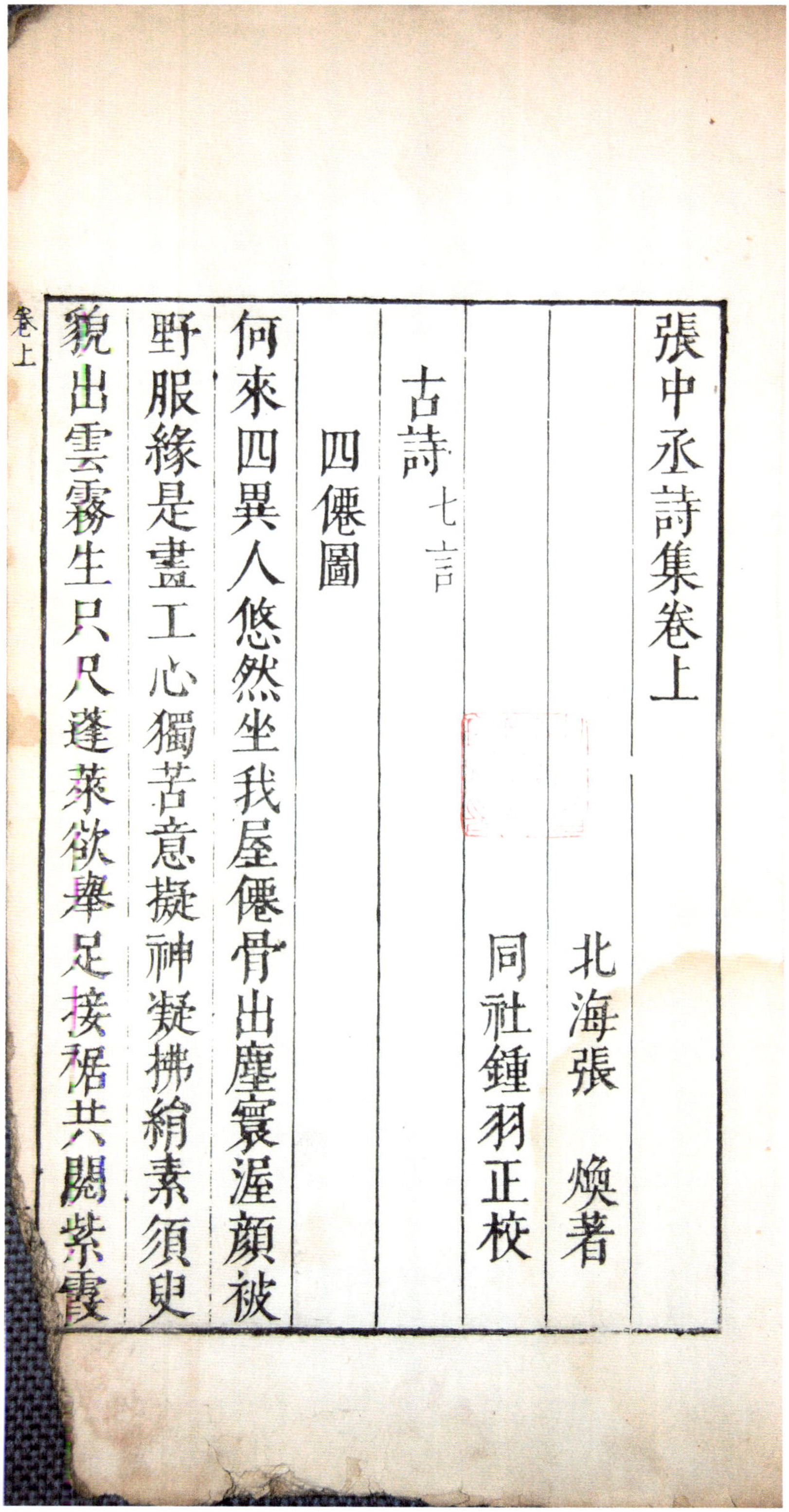
張中丞詩集卷上
北海張　煥著
同社鍾羽正校
古詩七言
四傴圖
何來四異人悠然坐我屋傴骨出塵寰渥顏被
野服緣是畫工心獨苦意擬神凝拂綃素須臾
貌出雲霧生只尺蓬萊欲舉足接裾共闞紫霞
卷上

10811 張中丞詩集二卷 （明）張煥撰 明萬曆刻本

匡高 20.7 釐米，廣 13.8 釐米。半葉八行，行十八字，白口，四周單邊。山東省圖書館藏。

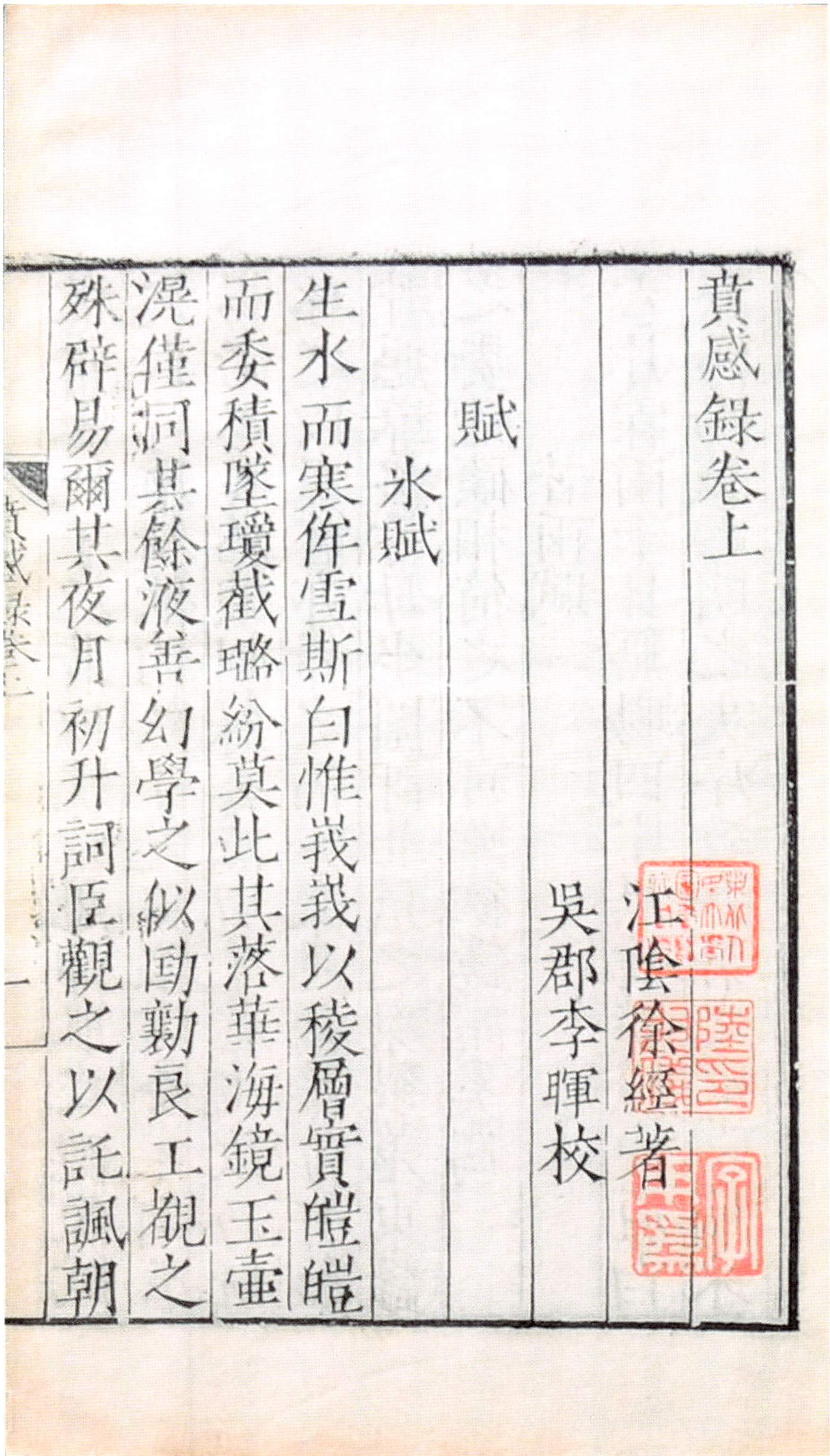

貞感錄卷上

江陰徐經著

吳郡李暉校

賦

氷賦

生水而寒侔雪斯白惟峩峩以稜層實皚皚

而委積墜瓊截璐紛莫此其落華海鏡玉壺

滉僙洞其餘液善幻學之似勵勤良工覩之

殊碎易爾其夜月初升詞臣觀之以託諷朝

貞感錄卷上 一

10812 貞感録二卷拾遺録一卷 （明）徐經撰　明嘉靖二十九年（1550）刻本

匡高 18.5 釐米，廣 13 釐米。半葉九行，行十七字，白口，左右雙邊。吉林大學圖書館藏。

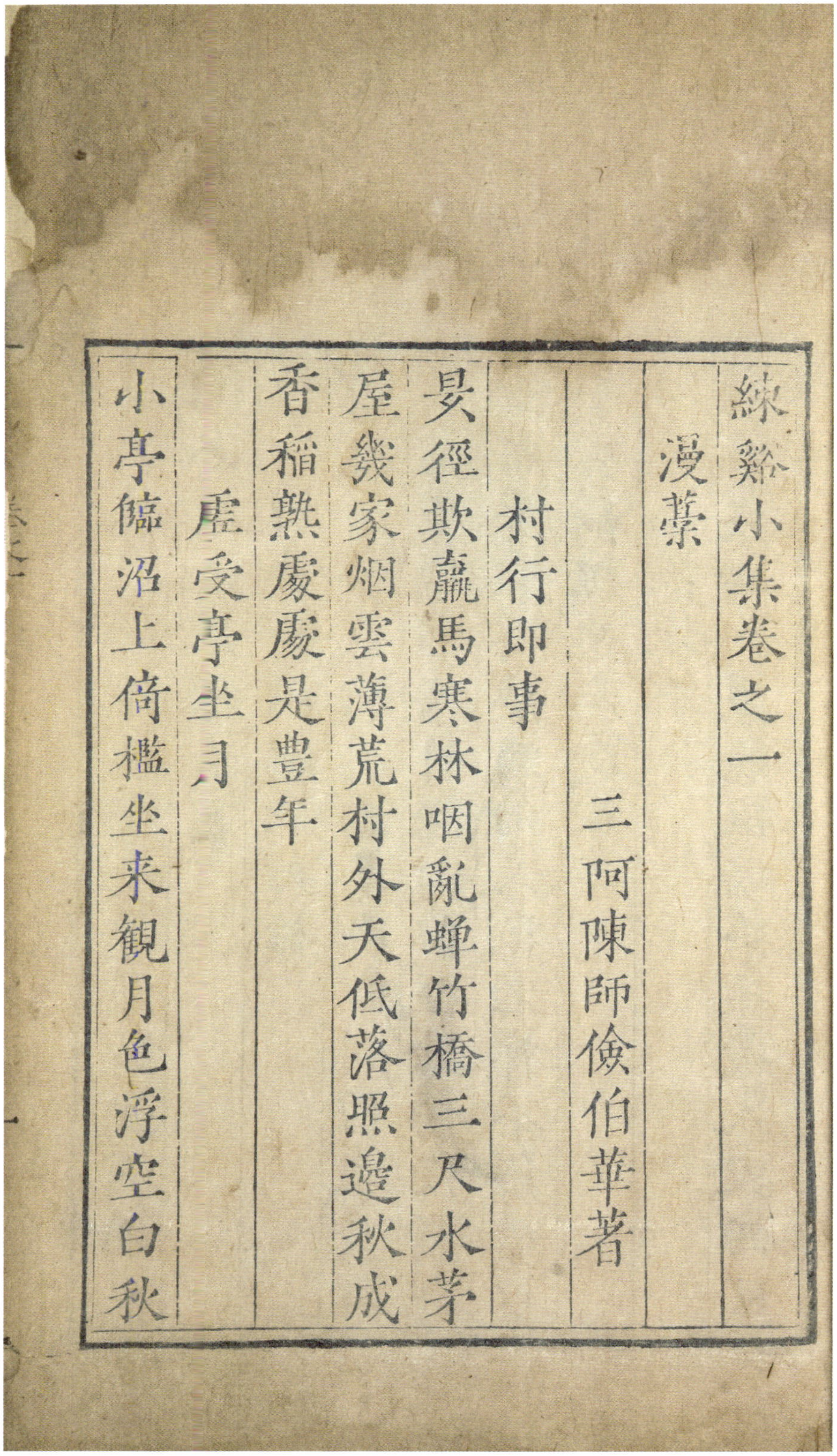

綵谿小集卷之一
漫藁
三阿陳師儉伯華著
村行即事
旻徑欹羸馬寒林咽亂蟬竹橋三尺水茅
屋幾家烟雲薄荒村外天低落照邊秋成
香稻熟處處是豐年
虛受亭坐月
小亭傍沼上倚檻坐来觀月色浮空白秋

10813 練谿小集四卷 （明）陳師儉撰 明嘉靖四十二年（1563）自刻藍印本

匡高 17.7 釐米，廣 12.5 釐米。半葉九行，行十六字，白口，四周雙邊。國家圖書館藏。

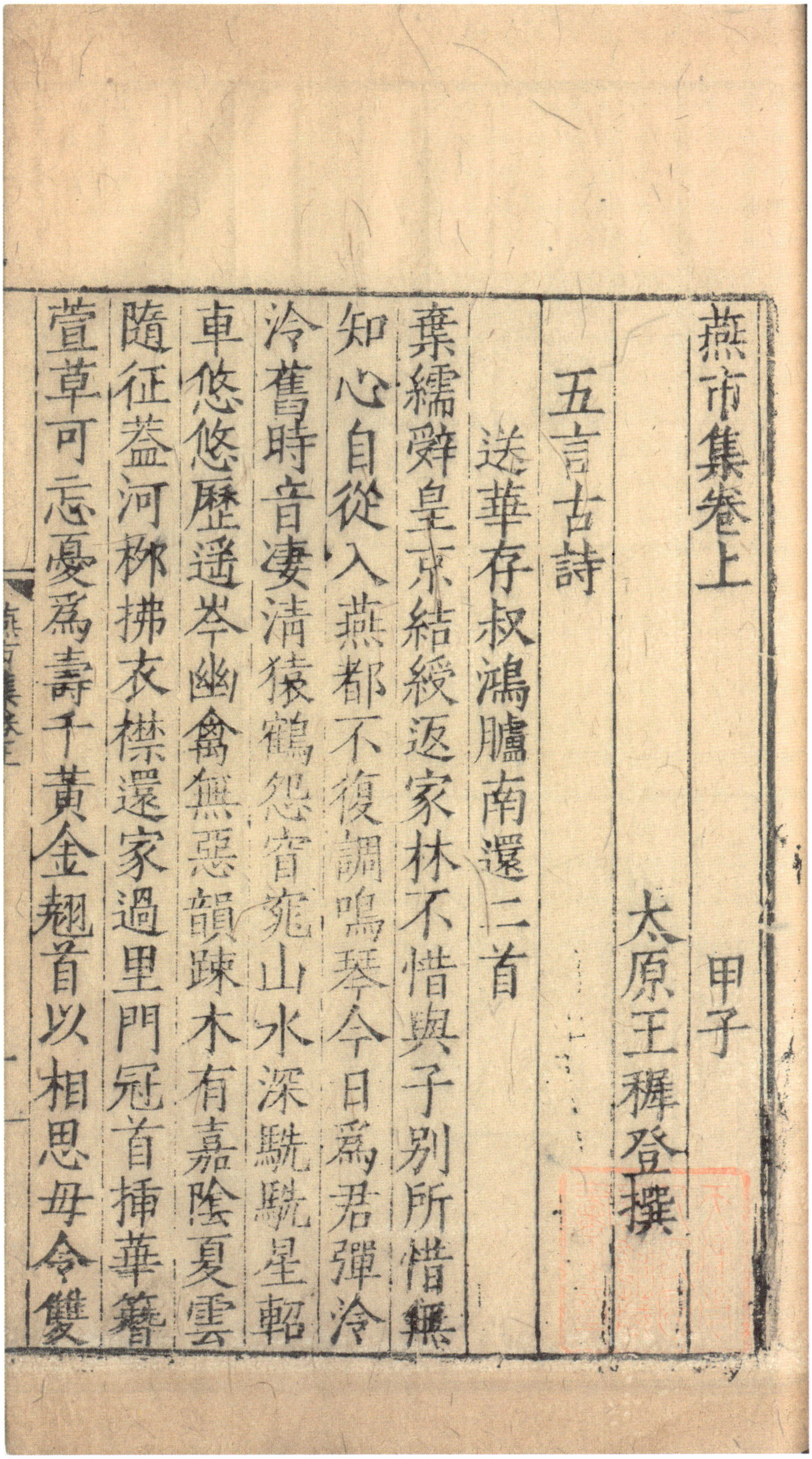

燕市集卷上

甲子

太原王穉登撰

五言古詩

送華存叔鴻臚南還二首

棄繻辭皇京結綬返家林不惜與子別所惜無
知心自從入燕都不復調鳴琴今日爲君彈泠
泠舊時音凄清猨鶴怨窅窕山水深駪駪星軺
車悠悠歷遥岑幽禽無惡韻踈木有嘉陰夏雲
隨征蓋河柳拂衣襟還家過里門冠首揷華簪
萱草可忘憂爲壽千黃金翹首以相思毋令雙

燕市集卷上 一

10814 燕市集二卷　（明）王穉登撰 明隆慶四年（1570）朱宅快閣刻本

匡高 19 釐米，廣 12.9 釐米。半葉十行，行十八字，白口，左右雙邊。天津圖書館藏。

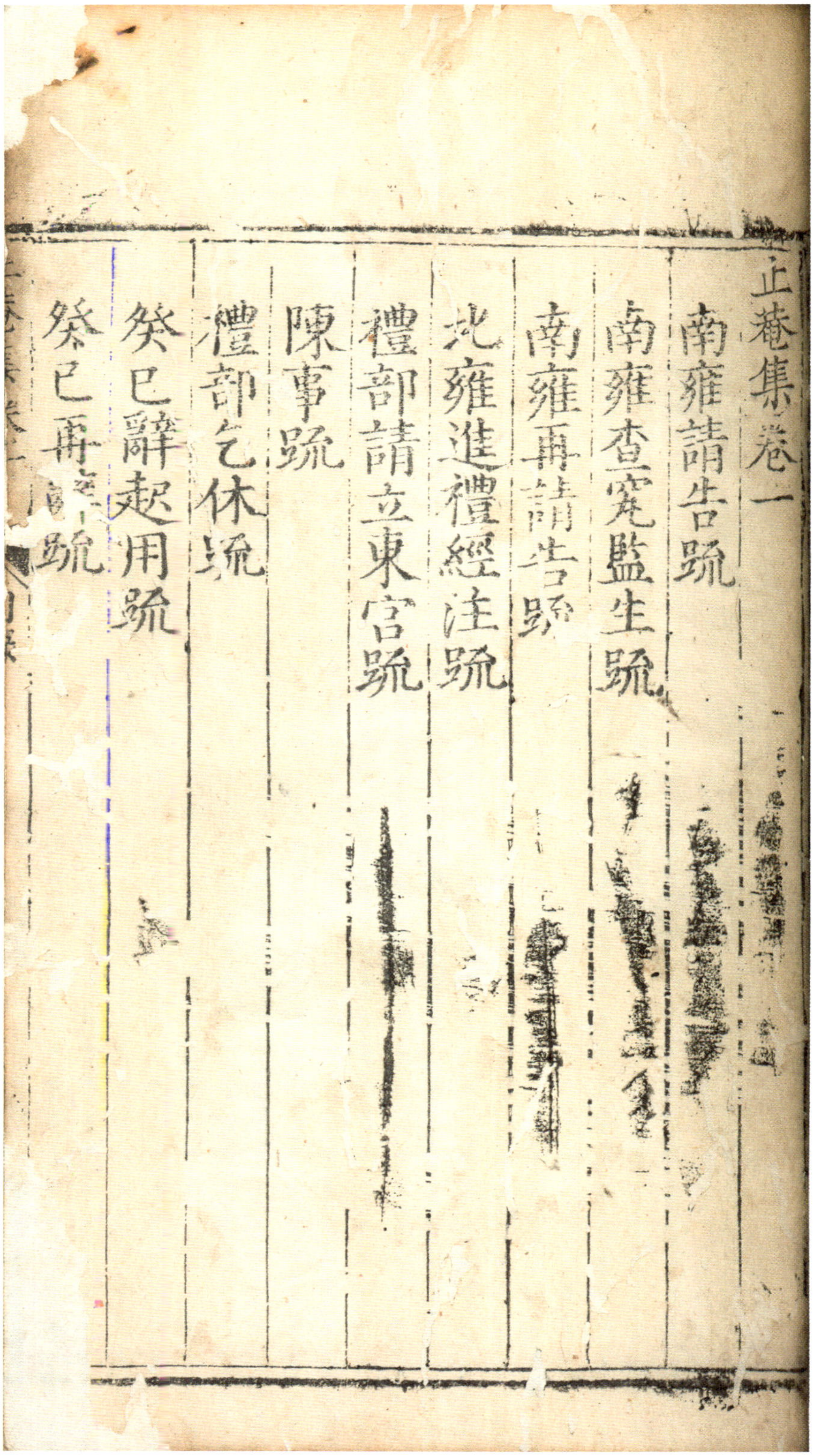
止菴集卷一
南雍請告疏
南雍查究監生疏
南雍再請告疏
北雍進禮經注疏
禮部請立東宫疏
陳事疏
禮部乞休疏
癸巳辭起用疏
癸巳再辭疏

10815 止菴集二十卷 （明）黃鳳翔撰 明萬曆三十九年（1611）刻本

匡高 19. 釐米，廣 13.9 釐米。半葉十行，行二十字，白口，四周雙邊。蘇州圖書館藏。

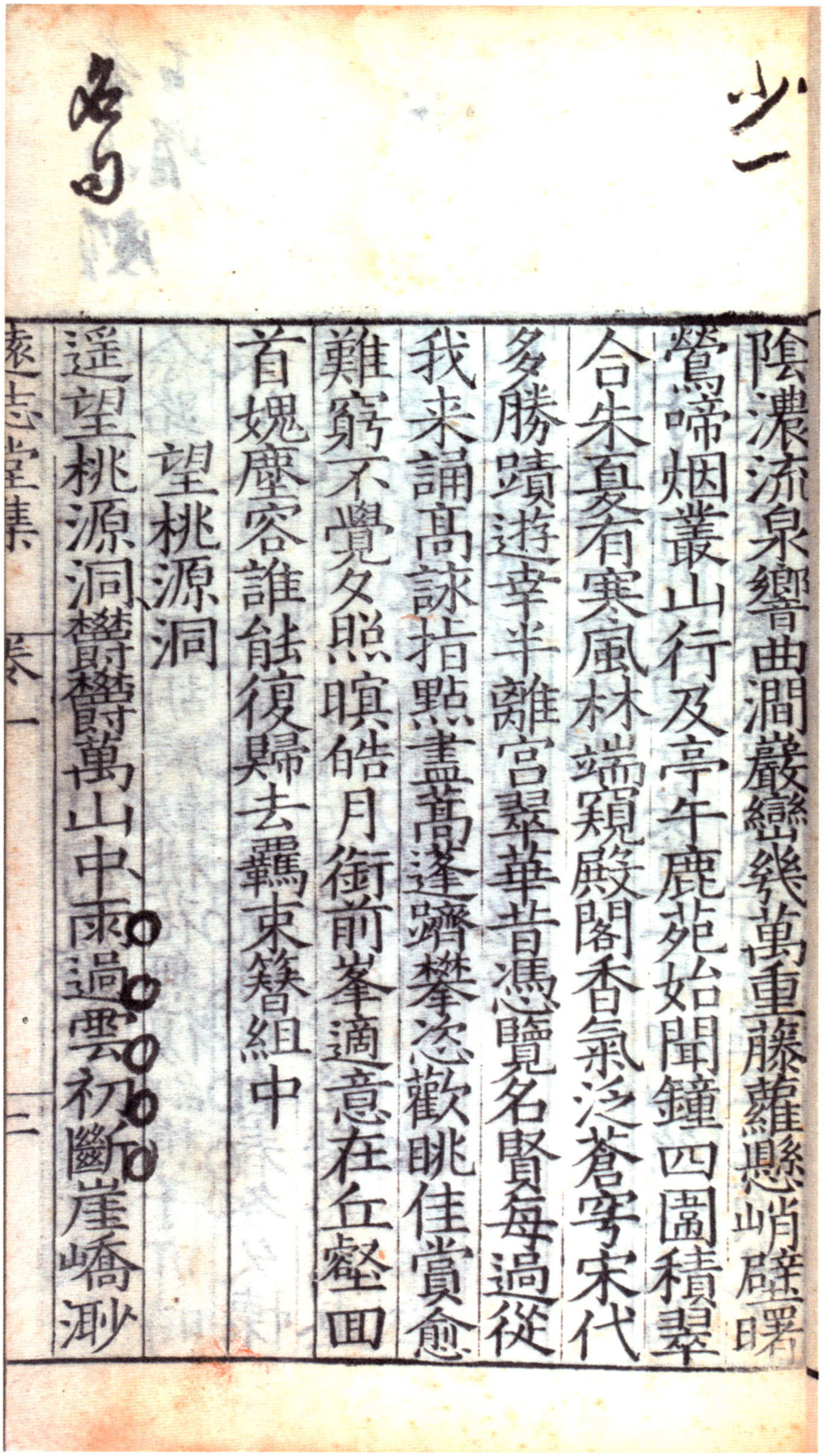

陰濃流泉響曲澗巖巒幾萬重藤蘿懸峭壁曙
鶯啼烟叢山行及亭午鹿苑始聞鐘四圍積翠
合朱夏有寒風林端窺殿閣香氣泛蒼穹宋代
多勝蹟遊幸半離宮翠華昔憑覽名賢每過從
我来誦高詠指點盡蒿蓬躋攀恣歡眺佳賞愈
難窮不覺夕照瞋皓月銜前峯適意在丘壑回
首媿塵容誰能復歸去覊束簪組中

望桃源洞

遥望桃源洞鬱鬱萬山中雨過雲初斷崖嶠渺

遠志堂集　卷一　三

10816 遠志堂集十三卷 （明）喬因阜撰 明萬曆三十七年（1609）自刻本

匡高 18.9 釐米，廣 14.4 釐米。半葉九行，行十八字，白口，四周單邊。陝西省圖書館藏。

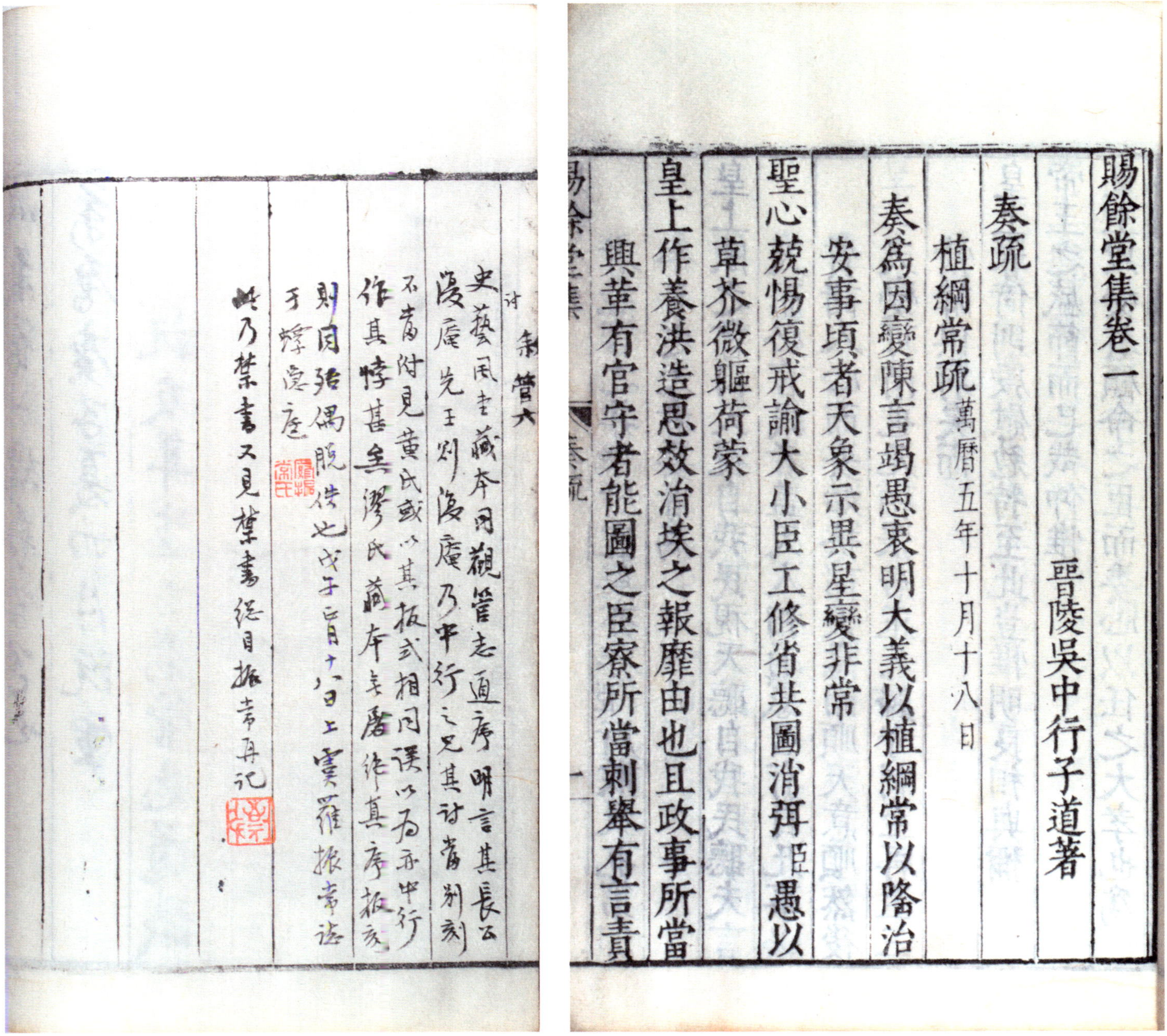

10817 賜餘堂集十四卷 （明）吳中行撰　明萬曆二十八年（1600）吳亮、吳奕等刻本

匡高 21.1 釐米，廣 15 釐米。半葉十行，行二十字，白口，左右雙邊。有“羅振常氏”等印。羅振常跋。陝西省圖書館藏。

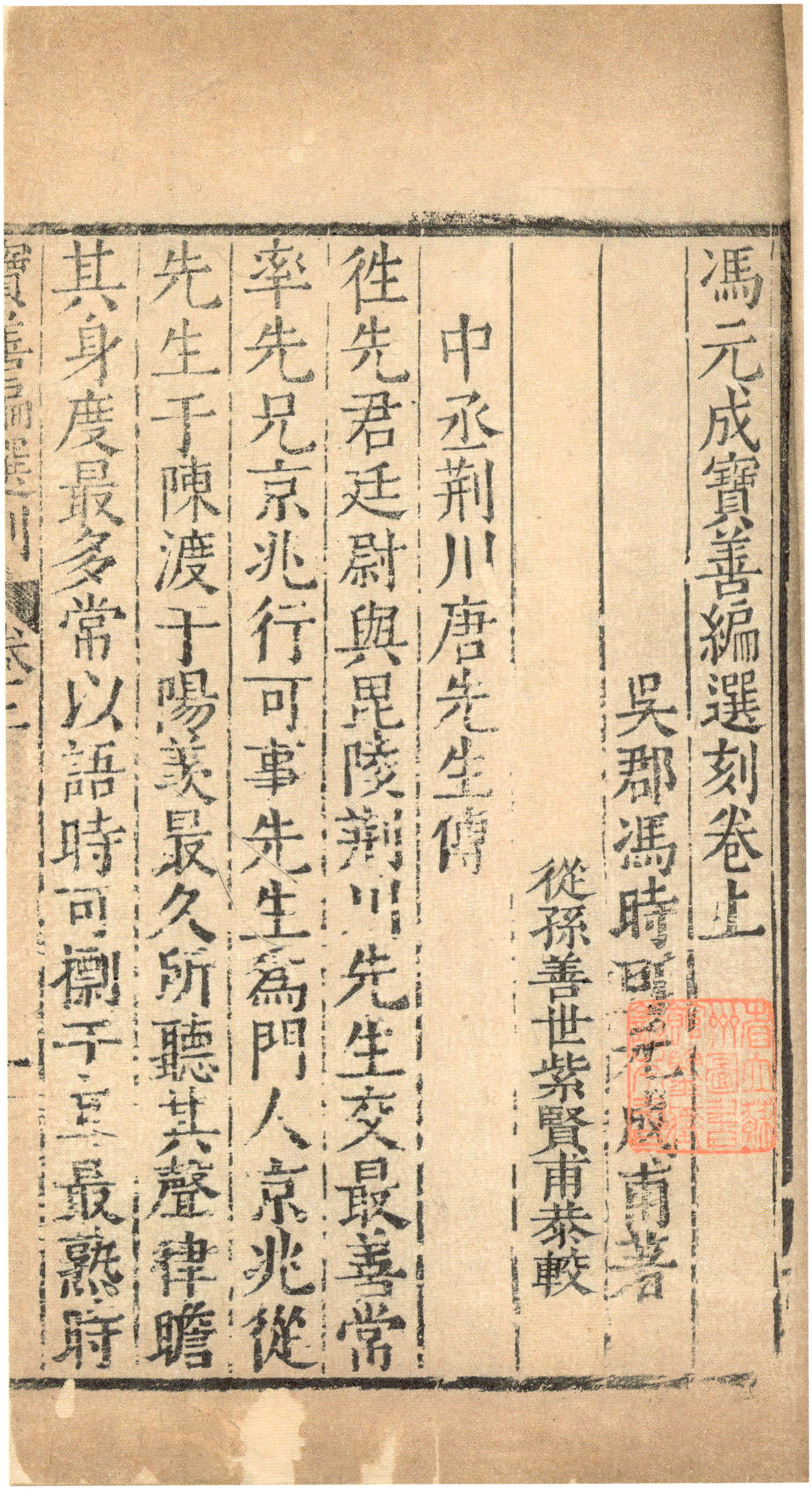

10818 馮元成寶善編選刻二卷 （明）馮時可撰 明承訓堂刻本

匡高 20.2 釐米，廣 13.5 釐米。半葉八行，行十六字，白口，左右雙邊。蘇州圖書館藏。

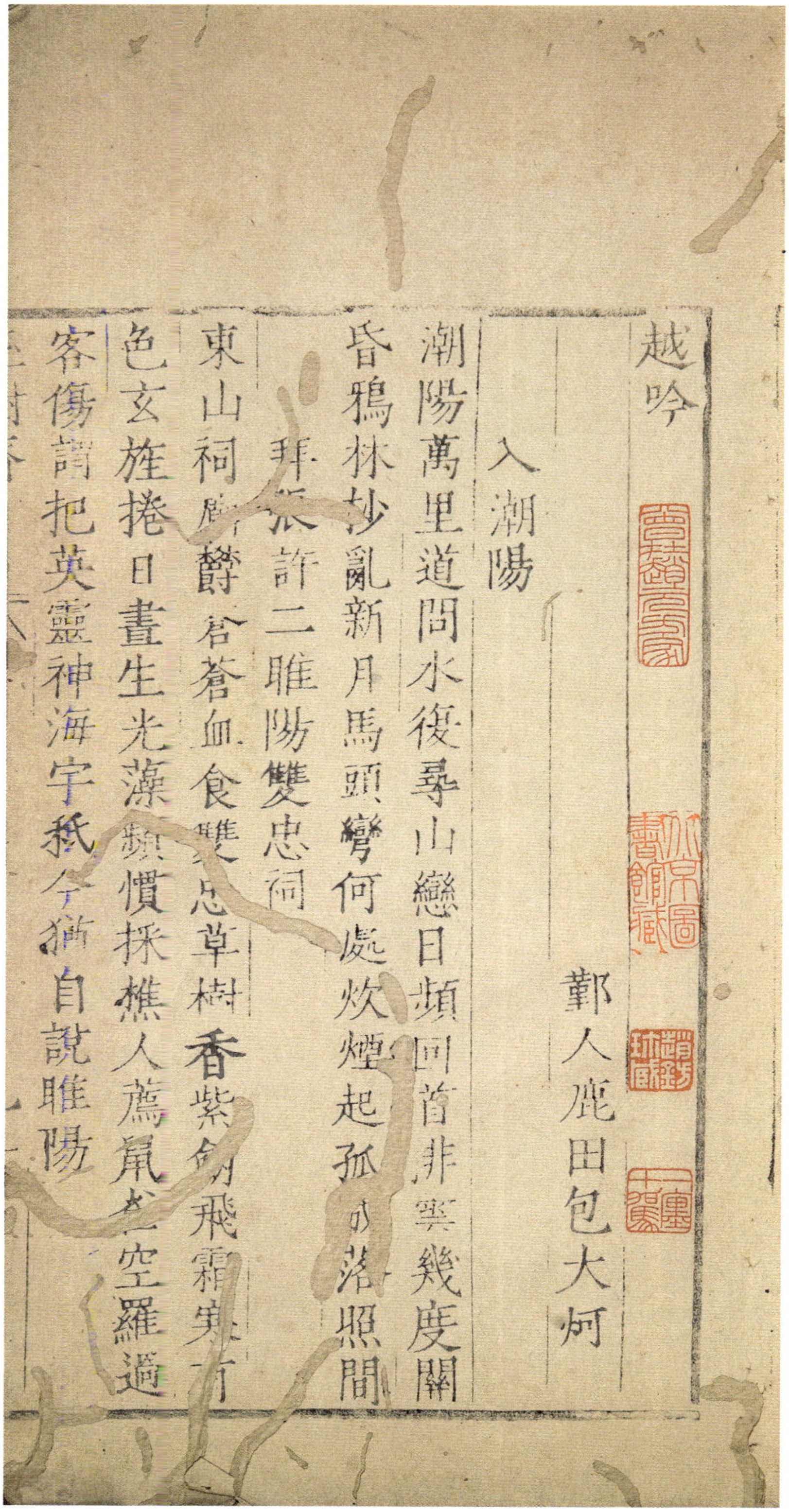
越吟

鄞人鹿田包大炣

入潮陽

潮陽萬里道問水復尋山戀日頻回首非雲幾度關昏鴉林杪亂新月馬頭彎何處炊煙起孤村落照間

拜張許二睢陽雙忠祠

東山祠廟欝蒼蒼血食雙忠草樹香紫劍飛霜寒有色玄旌捲日晝生光藻蘋慣採樵人薦鼠雀空羅過客傷詎把英靈神海宇秪今猶自說睢陽

10819 越吟一卷 （明）包大炣撰 明萬曆元年（1573）木活字藍印本

匡高19.9釐米，廣12.2釐米。半葉九行，行二十字，白口，四周單邊。有“曾在趙元方家”等印。國家圖書館藏。

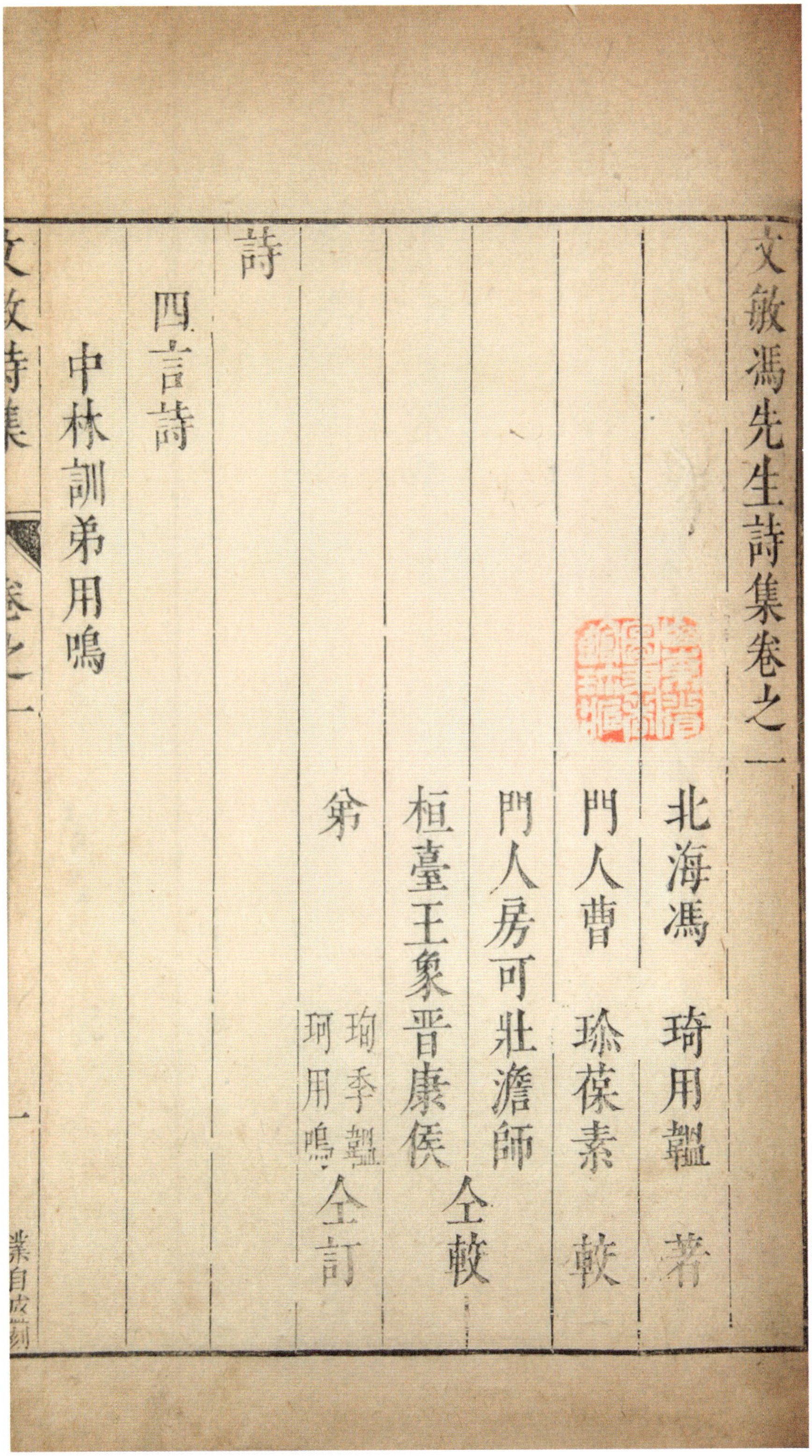

文敏馮先生詩集卷之一

北海馮　琦用韞　著

門人曹　琜葆素　較

門人房可壯滄師

桓臺王象晉康侯　仝較

弟　珣季韞　珂用鳴　仝訂

詩

四言詩

中林訓弟用鳴

文敏詩集　卷之一　一

10820 文敏馮先生詩集六卷　（明）馮琦撰　明末刻本

匡高 20.9 釐米，廣 14.5 釐米。半葉九行，行二十字，白口，四周單邊。山東省圖書館藏。

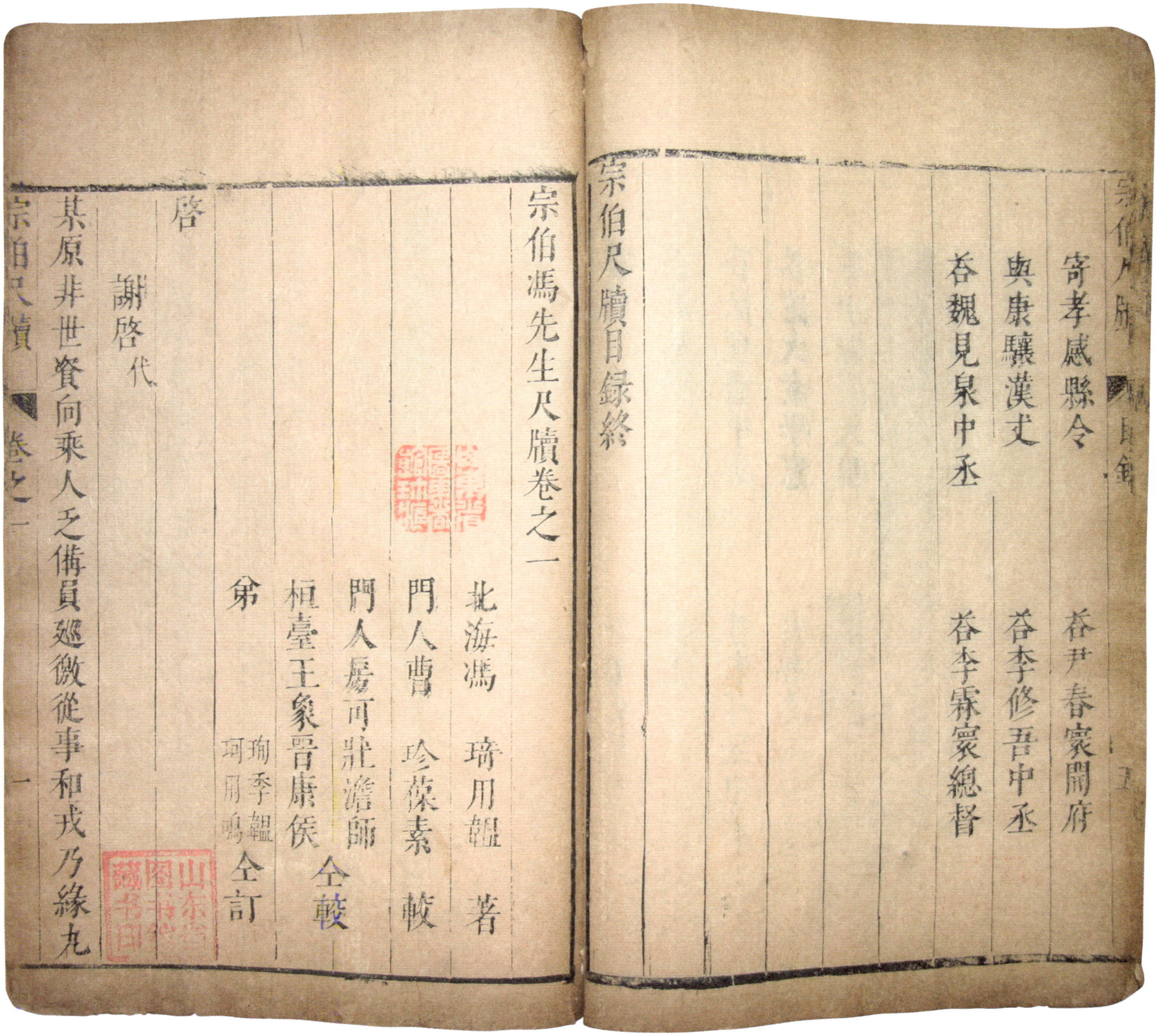

10821 宗伯馮先生尺牘四卷 （明）馮琦撰 明末刻本

匡高20.9釐米，廣14.5釐米。半葉九行，行二十字，白口，四周單邊。山東省圖書館藏。

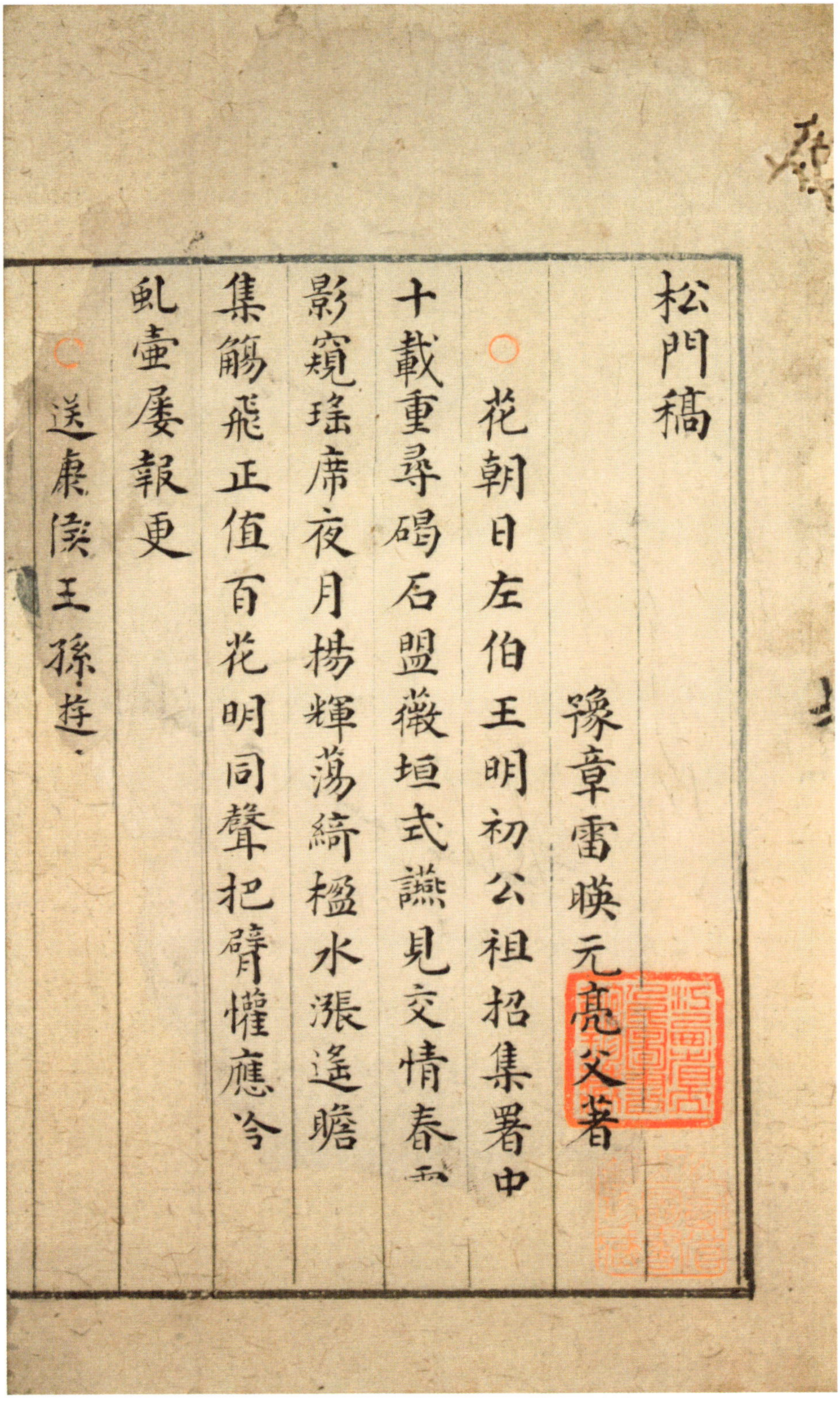

松門稿

豫章雷暎元亮父著

○花朝日左伯王明初公祖招集署中

十載重尋碣石盟薇垣式讌見交情春

影窺瑤席夜月揚輝蕩綺檻水漲遥瞻

集觴飛正值百花明同聲把臂懽應令

虯壺屢報更

○送康陵王孫遊

10822 松門稿一卷金臺稿一卷鳳臺稿一卷 （明）雷暎撰 明抄本

匡高 20 釐米，廣 14.5 釐米。半葉八行，行十七字，白口，藍格，左右雙邊。江西省圖書館藏。

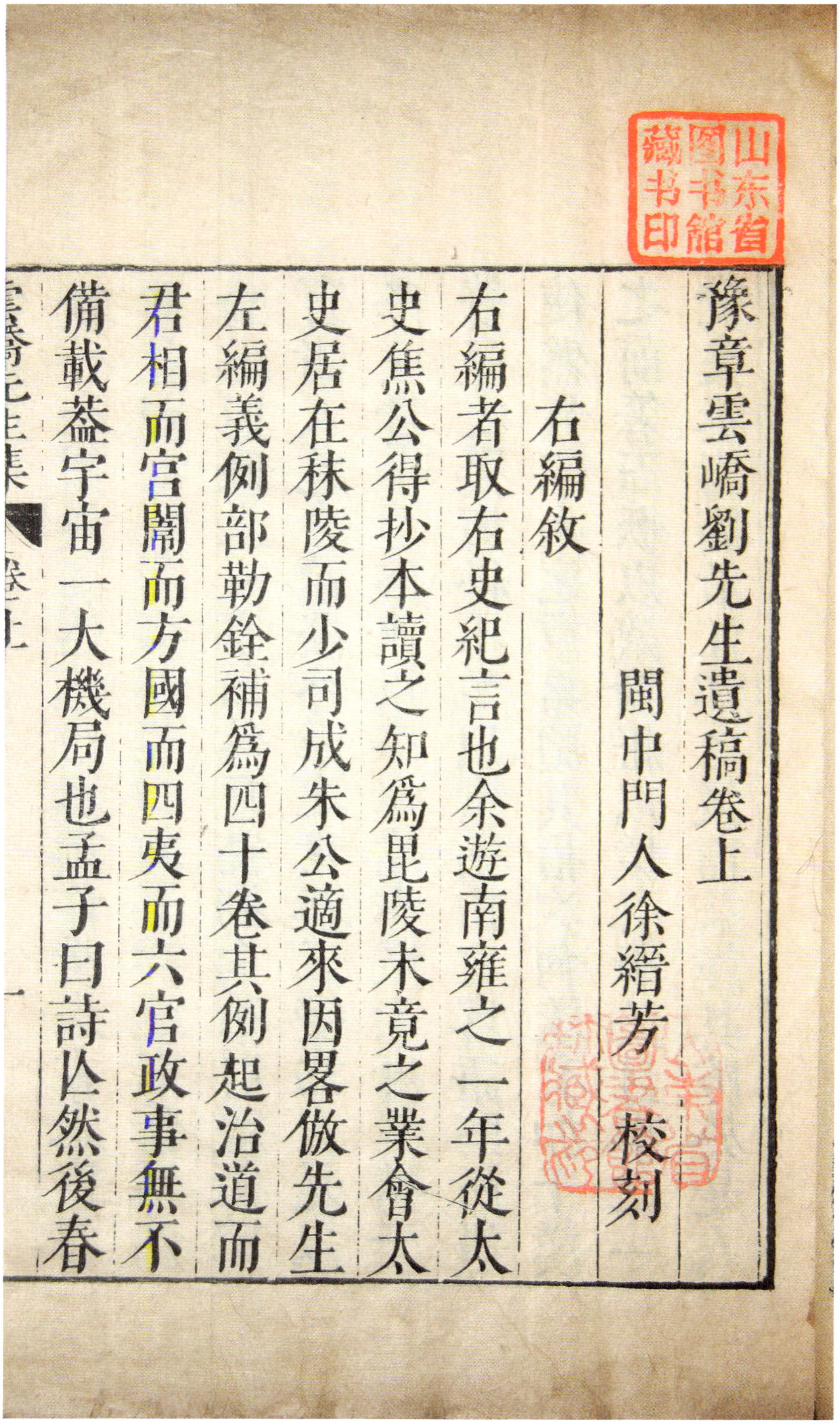
豫章雲嶠劉先生遺稿卷上
閩中門人徐縉芳校刻
右編敘
右編者取右史紀言也余遊南雍之一年從太
史焦公得抄本讀之知爲毘陵未竟之業會太
史居在秣陵而少司成朱公適來因畧倣先生
左編義例部勒銓補爲四十卷其例起治道而
君相而宮闈而方國而四夷而六官政事無不
備載蓋宇宙一大機局也孟子曰詩亾然後春
雲嶠先生集　卷上　一

10823 豫章雲嶠劉先生遺稿二卷 （明）劉曰寧撰　明萬曆四十二年（1614）徐縉芳刻本

匡高 19.6 釐米，廣 14.4 釐米。半葉九行，行十八字，白口，左右雙邊。山東省圖書館藏。

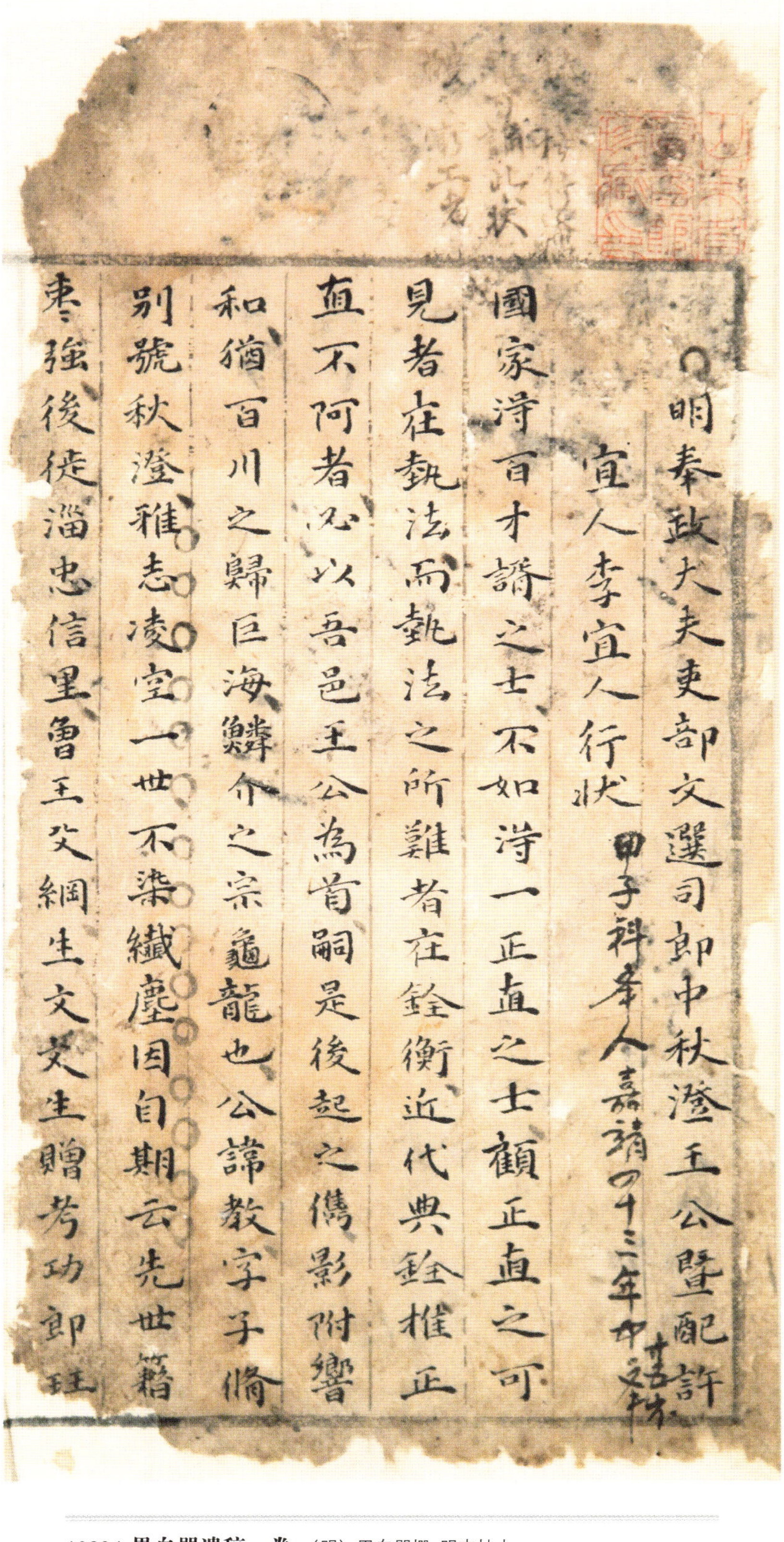
明奉政大夫吏部文選司郎中秋澄王公暨配許
宜人李宜人行狀 甲子科舉人嘉靖四十三年中
國家得百才諝之士不如得一正直之士顧正直之可
見者在執法而執法之所難者在銓衡近代典銓推正
直不阿者必以吾邑王公為首嗣是後起之儁影附響
和猶百川之歸巨海鱗介之宗龜龍也公諱教字子脩
別號秋澄稚志凌空一世不染纖塵因自期云先世籍
棗強後徙淄忠信里曾王父綱生文英生贈考功郎珏

10824 畢自嚴遺稿一卷 （明）畢自嚴撰 明末抄本

匡高 19.7 釐米，廣 12.4 釐米。半葉八行，行二十一字，白口，四周單邊。唐夢賚校。山東省圖書館藏。

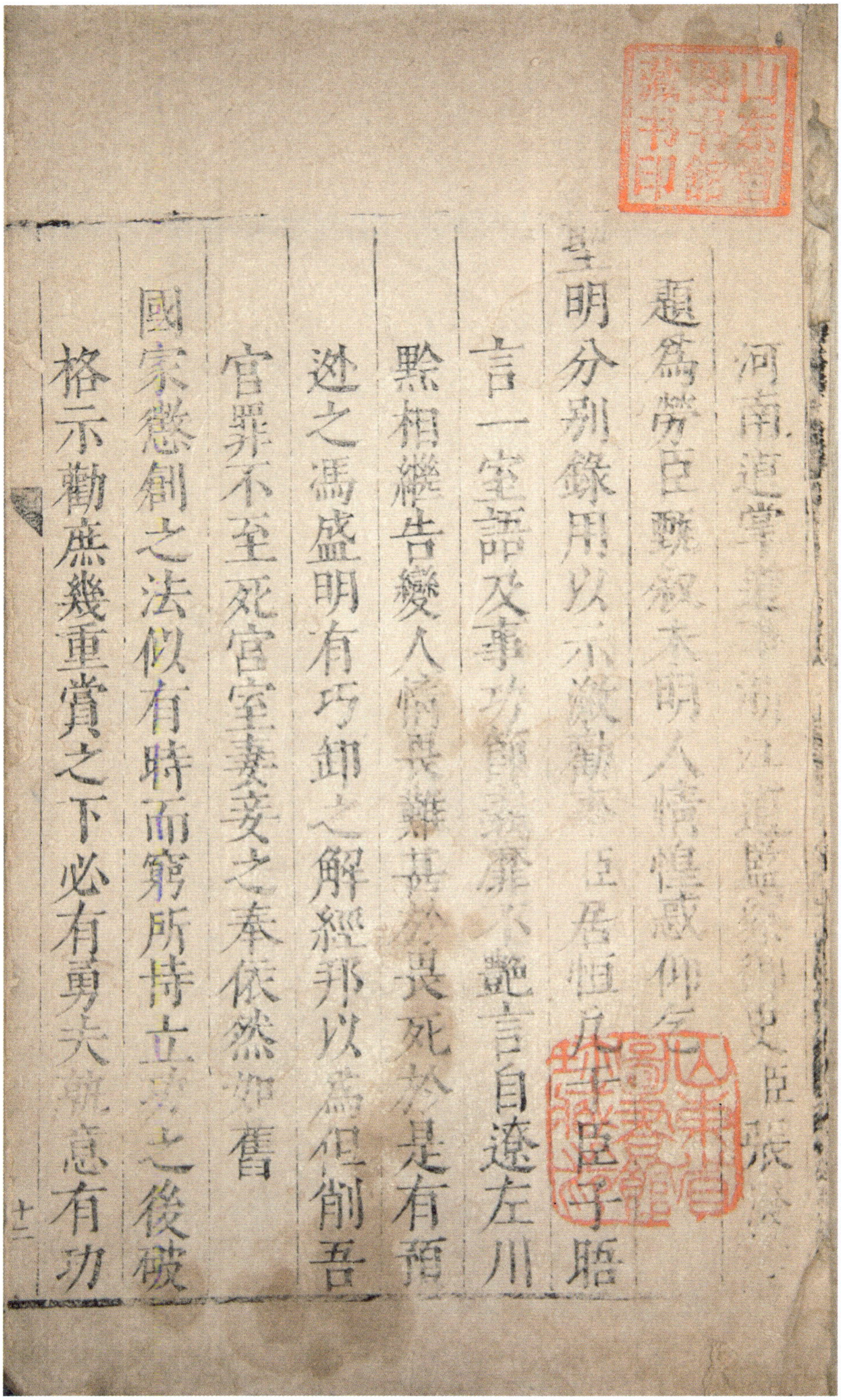

10825 中丞念山公集不分卷 （明）張溰撰 明刻明清遞修本

匡高 19.7 釐米，廣 14.5 釐米。半葉九行，行十八至二十字不等，白口，四周單邊或左右雙邊。山東省圖書館藏。

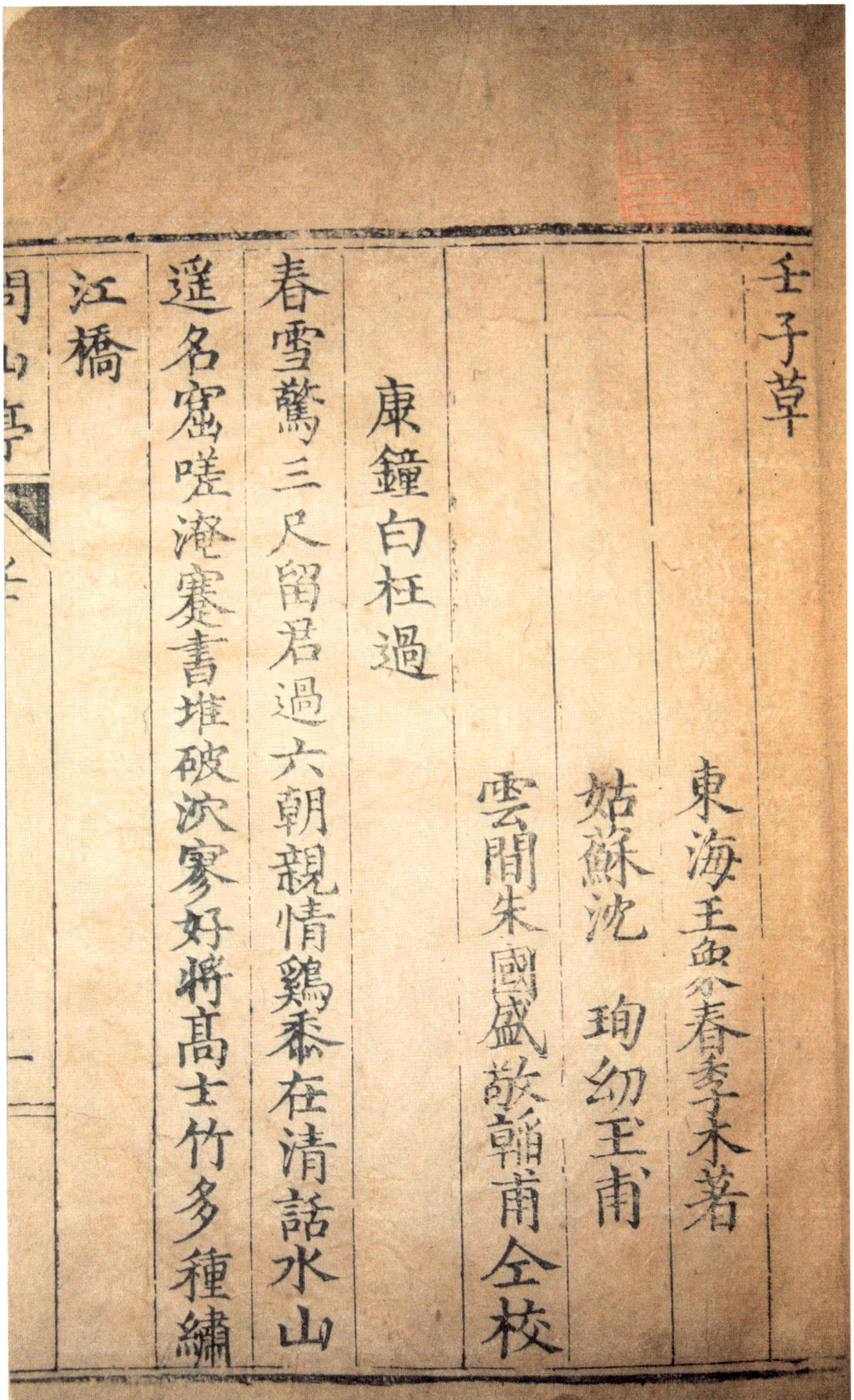

10826 問山亭詩十卷 （明）王象春撰 明萬曆刻本

匡高 21.4 釐米，廣 15.1 釐米。半葉八行，行十九字，白口，四周雙邊。山東省圖書館藏。

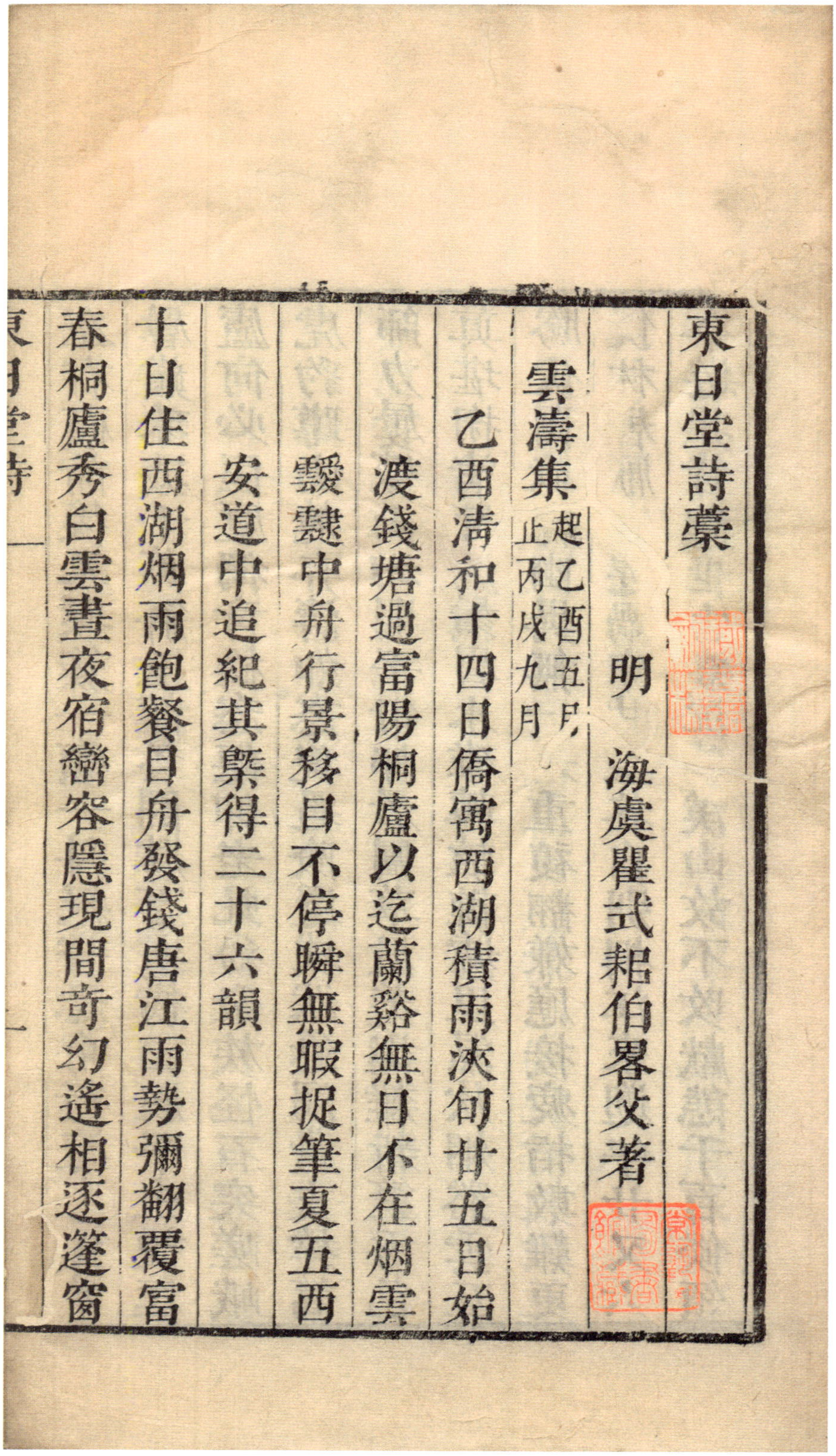

東日堂詩稾

明　海虞瞿式耜伯畧父著

雲濤集 起乙酉五月止丙戌九月

乙酉清和十四日僑寓西湖積雨浹旬廿五日始渡錢塘過富陽桐廬以迄蘭谿無日不在烟雲靉靆中舟行景移目不停瞬無暇捉筆夏五西安道中追紀其槩得二十六韻

十日住西湖烟雨飽餐目舟發錢唐江雨勢彌翻覆富春桐廬秀白雲晝夜宿巒容隱現間奇幻遙相逐蓬窗

東日堂詩　一

10827 東日堂詩稿一卷 （明）瞿式耜撰 清初東日堂刻本

匡高 16.4 釐米，廣 13.8 釐米。半葉九行，行二十一字，小字雙行同，白口，左右雙邊。江蘇省常熟市圖書館藏。

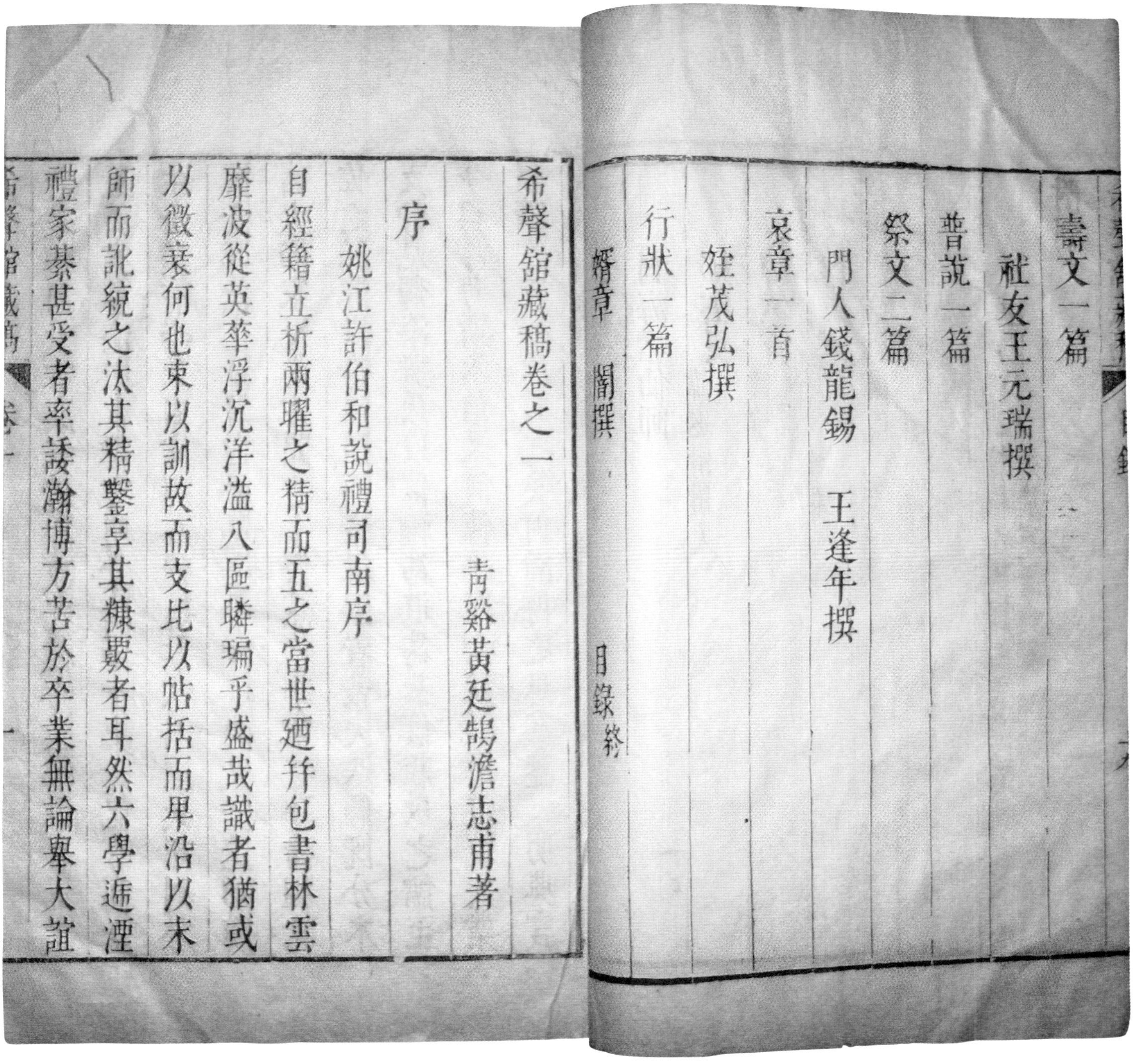
目錄
壽文一篇
社友王元瑞撰
普說一篇
祭文二篇
門人錢龍錫　王逢年撰
哀章一首
姪茂弘撰
行狀一篇
婿章　闇撰
目錄終

希聲館藏稿卷之一
青谿黃廷鵠澹志甫著
序
姚江許伯和說禮司南序
自經籍立析兩曜之精而五之當世廼幷包書林雲
靡波從英華浮沉洋溢八區疇瑪乎盛哉識者猶或
以徵褰何也東以訓故而支比以帖括而畢沿以末
師而訛統之汰其精鑿享其糠覈者耳然六學逅湮
禮家綦甚受者率譾瀚博方苦於卒業無論舉大誼
希聲館藏稿　卷一　一

10828 希聲館藏稿十卷 （明）黃廷鵠撰 **附録一卷** 明崇禎刻本

匡高 20.9 釐米，廣 14.5 釐米。半葉九行，行二十字，白口，左右雙邊。山東省圖書館藏。

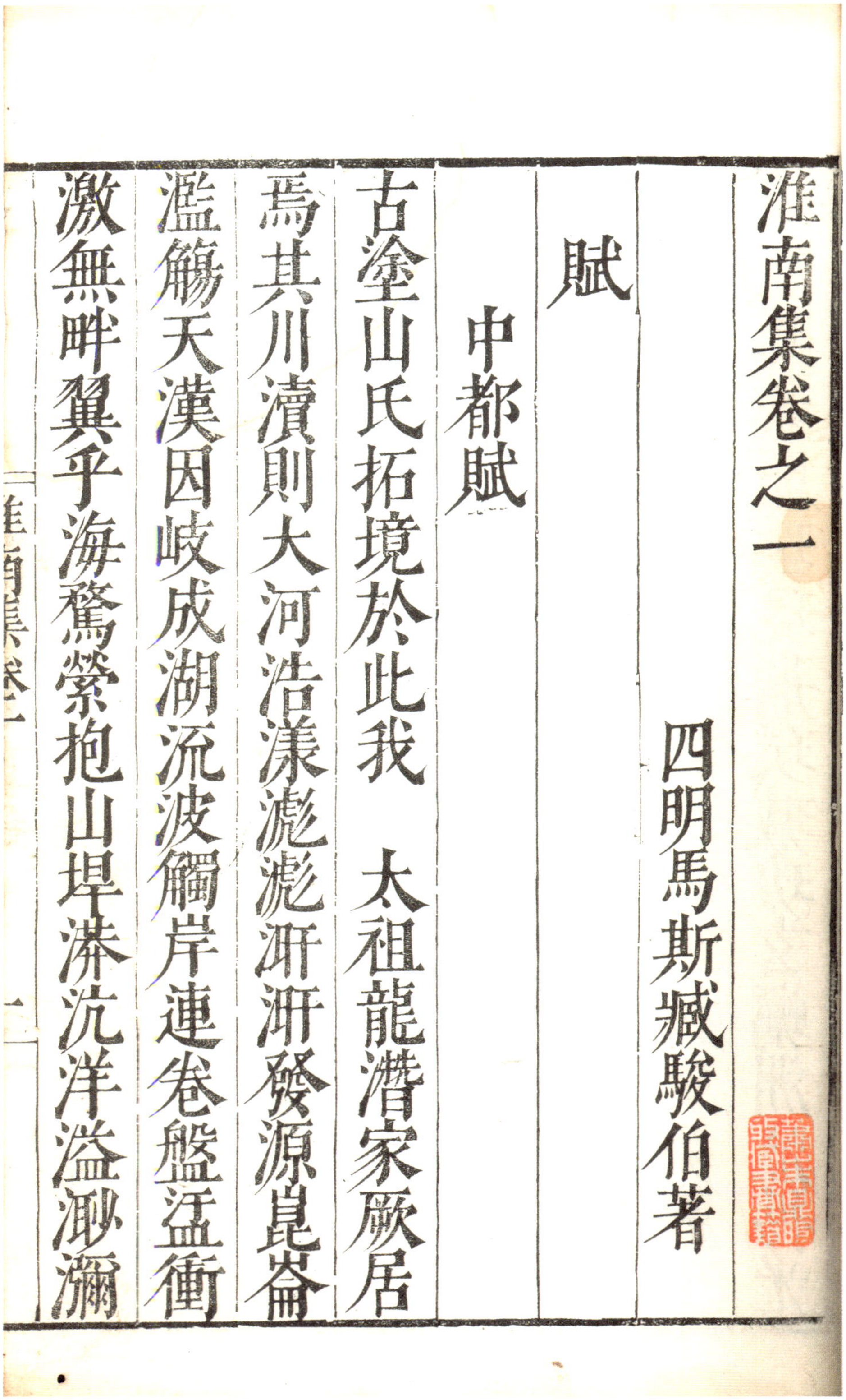

10829 淮南集六卷　（明）馬斯臧撰　明萬曆四十年（1612）刻本

匡高 22 釐米，廣 15.5 釐米。半葉八行，行十七字，白口，四周單邊。寧波市天一閣博物館藏。

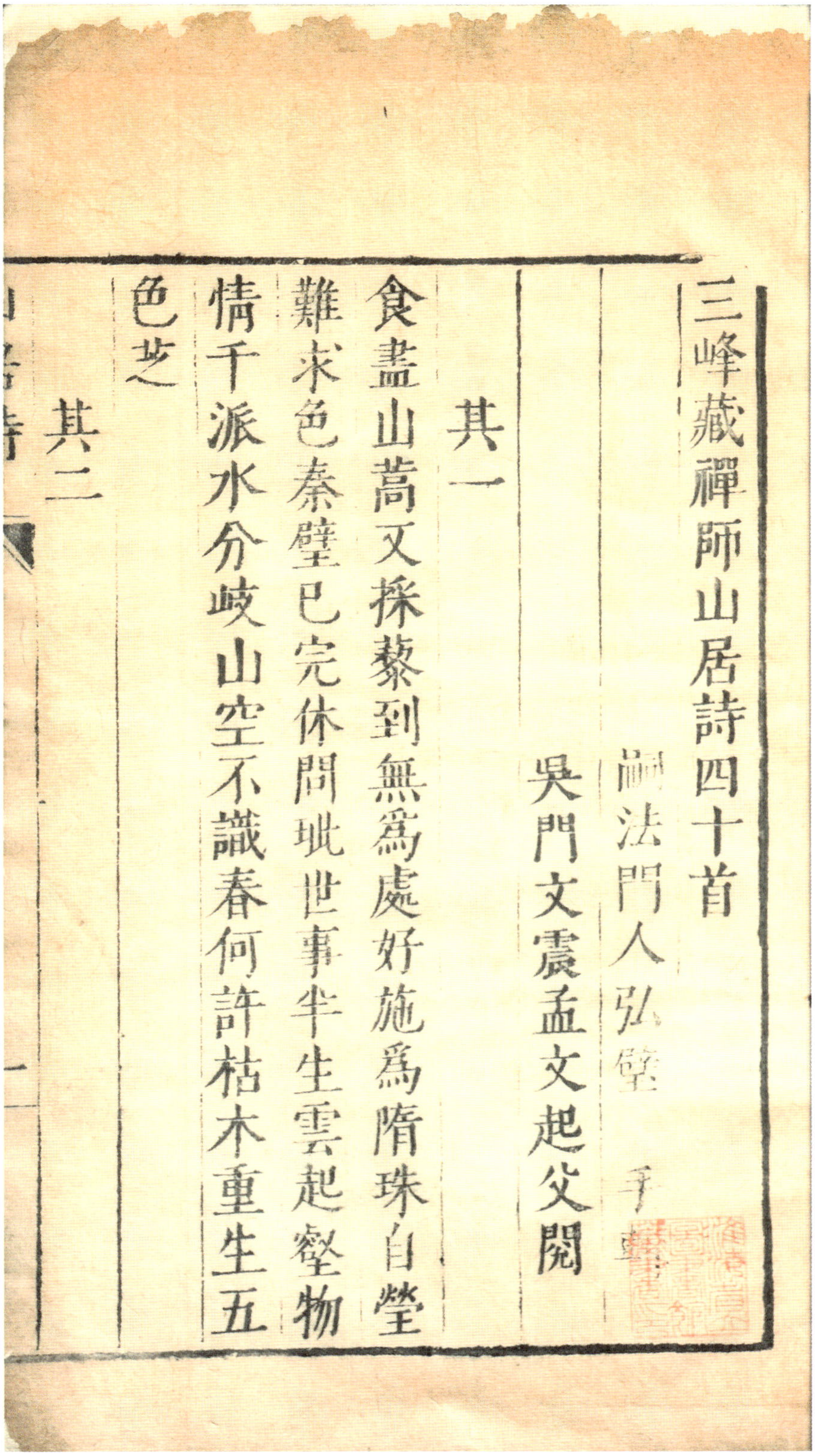

三峰藏禪師山居詩四十首
嗣法門人弘璧手
吳門文震孟文起父閱
其一
食盡山蒿又採藜到無爲處好施爲脩珠自瑩
難求色秦壁已完休問玭世事半生雲起壑物
情千派水分岐山空不識春何許枯木重生五
色芝
其二

10830 三峰藏禪師山居詩一卷三峰三十景詩一卷 （明）釋法藏撰 明萬曆刻本

匡高20.8釐米，廣14.3釐米。半葉九行，行十八字，白口，四周單邊。徐州市圖書館藏。

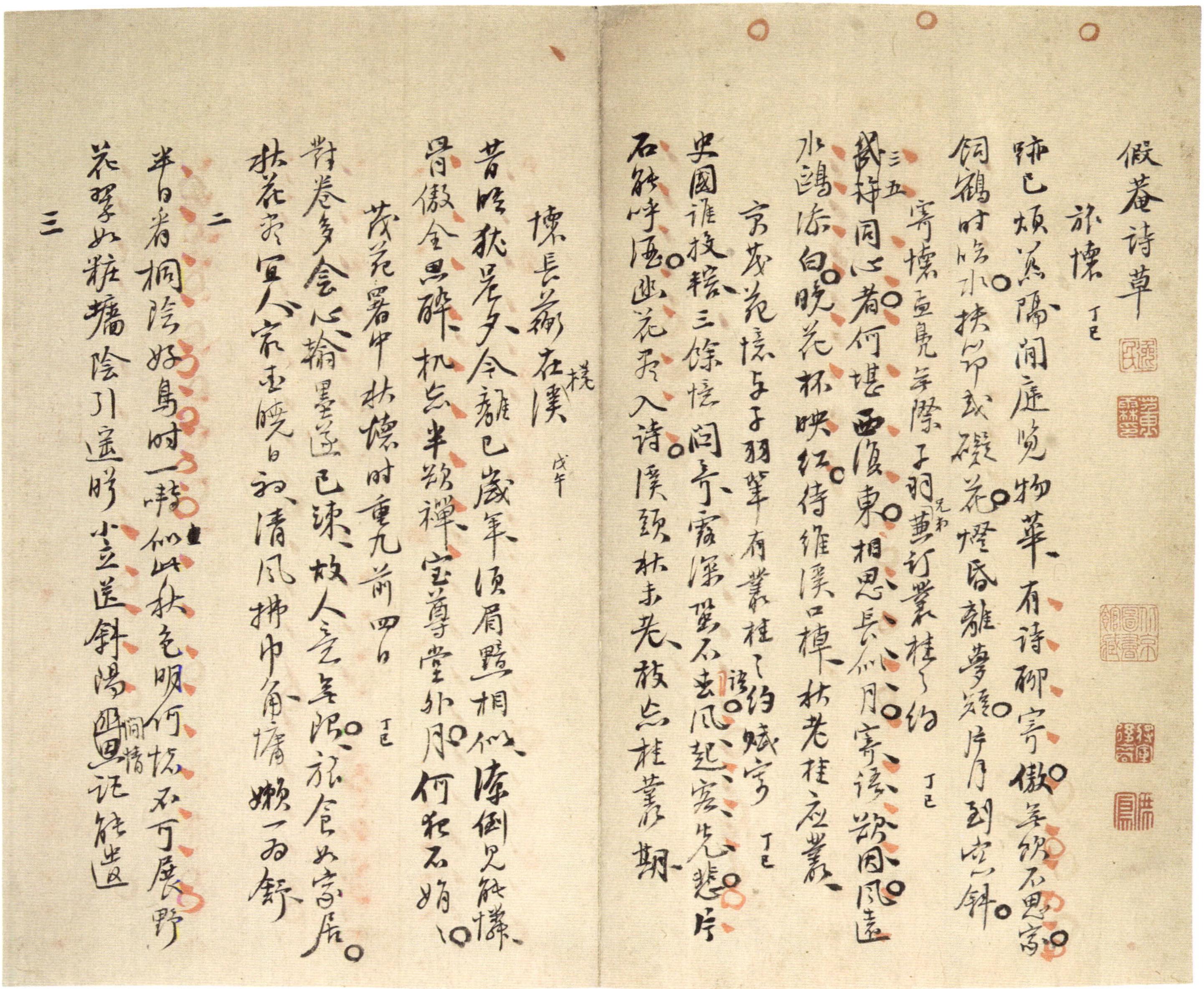

10831 假菴詩草不分卷 （明）歸昌世撰 稿本

郭鳴之跋。國家圖書館藏。

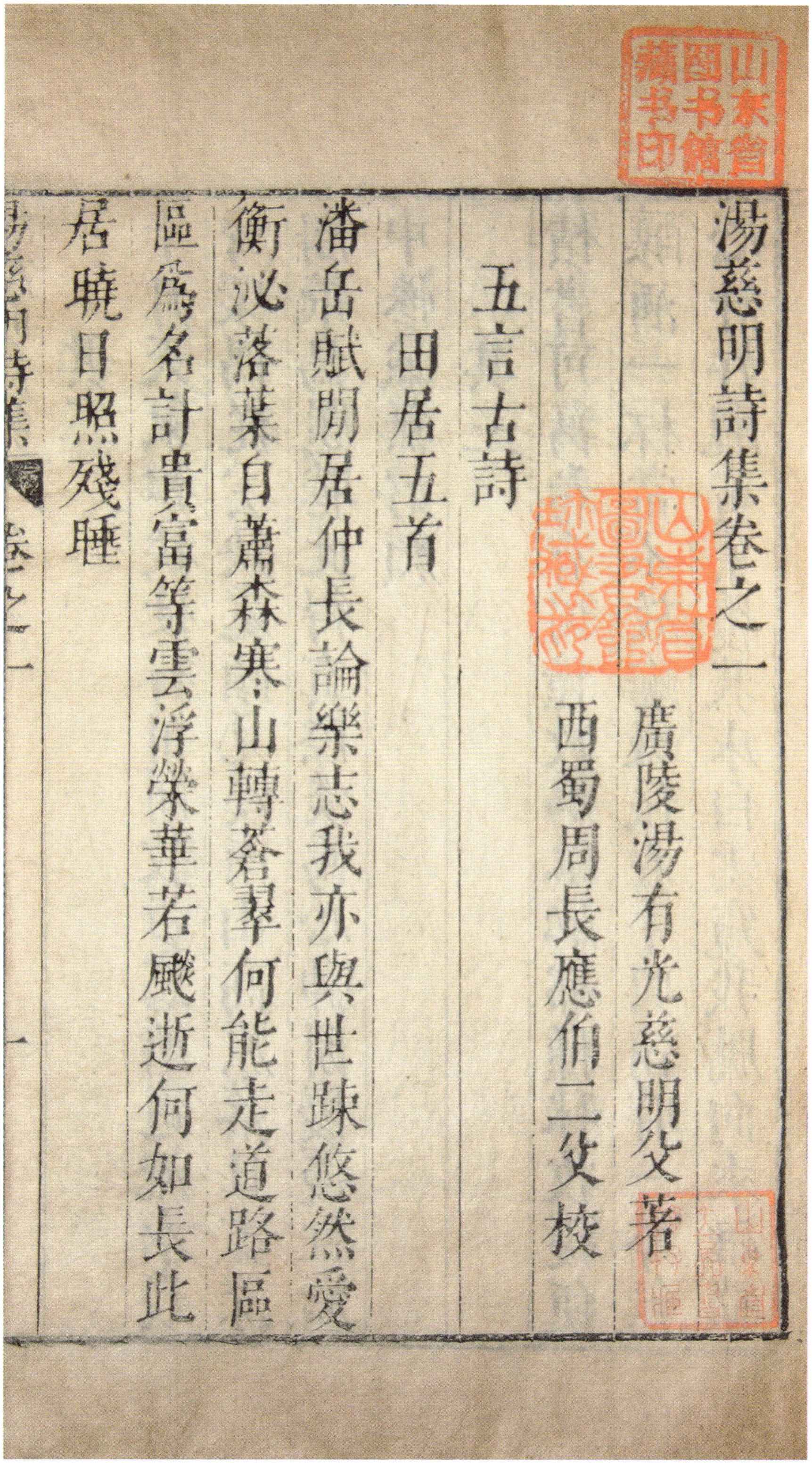

湯慈明詩集卷之一

廣陵湯有光慈明父著

西蜀周長應伯二父校

五言古詩

田居五首

潘岳賦閒居仲長論樂志我亦與世疎悠然愛衡泌落葉自蕭森寒山轉蒼翠何能走道路屈屈爲名計貴富等雲浮榮華若飈逝何如長此居曉日照殘睡

湯慈明詩集 卷之一 一

10832 湯慈明詩集三十二卷 （明）湯有光撰 明天啓二年（1622）周長應刻本

匡高 21.6 釐米，廣 14.3 釐米。半葉九行，行十八字，白口，四周單邊。山東省圖書館藏。

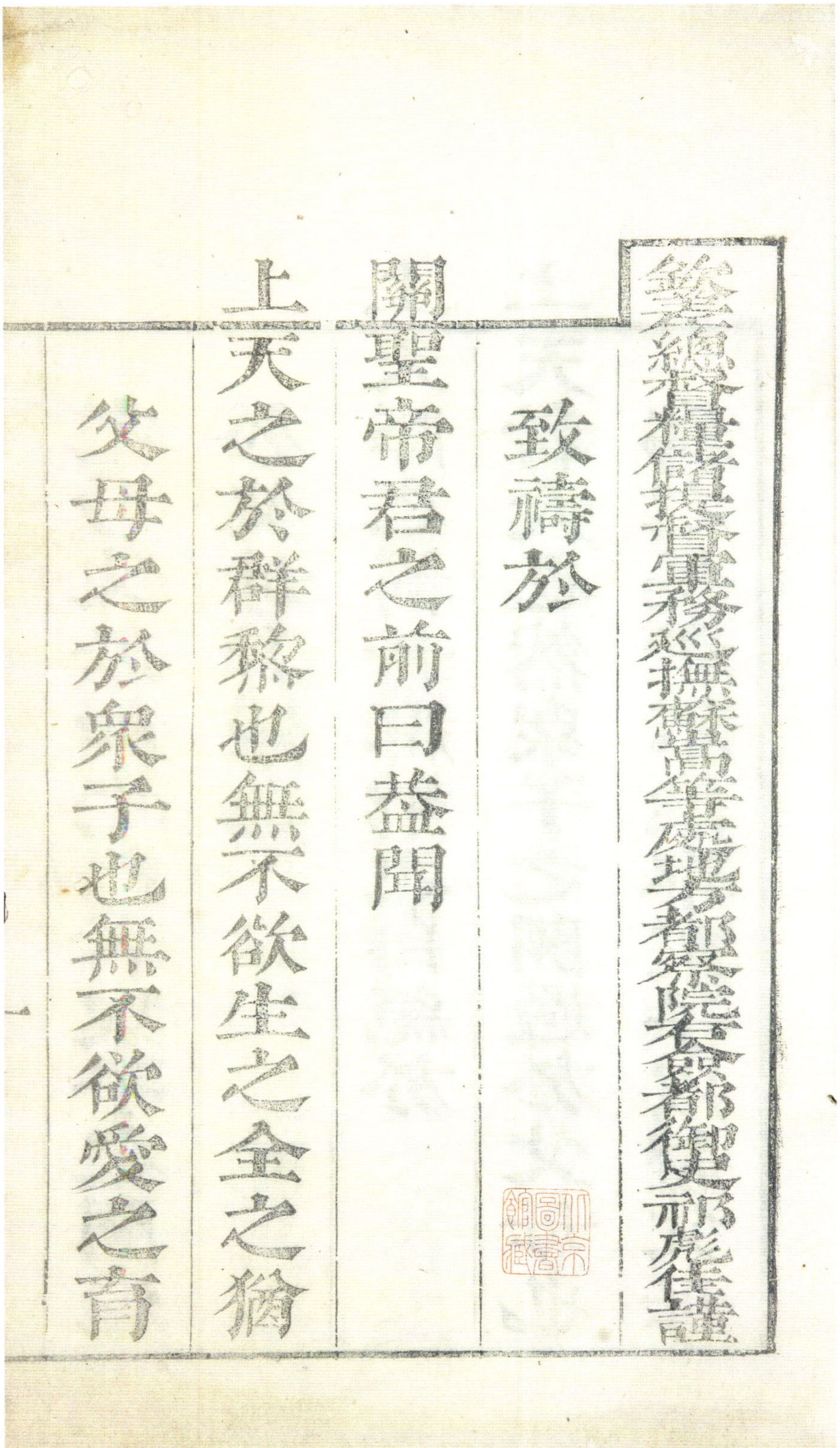
欽差總督糧儲提督軍務巡撫蘇松常鎮等處地方都察院右僉都御史祁彪佳謹
致禱於
關聖帝君之前曰盖聞
上天之於群黎也無不欲生之全之猶
父母之於衆子也無不欲愛之育

10833 禱雨文一卷 （明）祁彪佳撰 明崇禎十七年（1644）蘇州府刻藍印本

匡高19.3釐米，廣13.9釐米。半葉五行，行十四字，白口，四周單邊。國家圖書館藏。

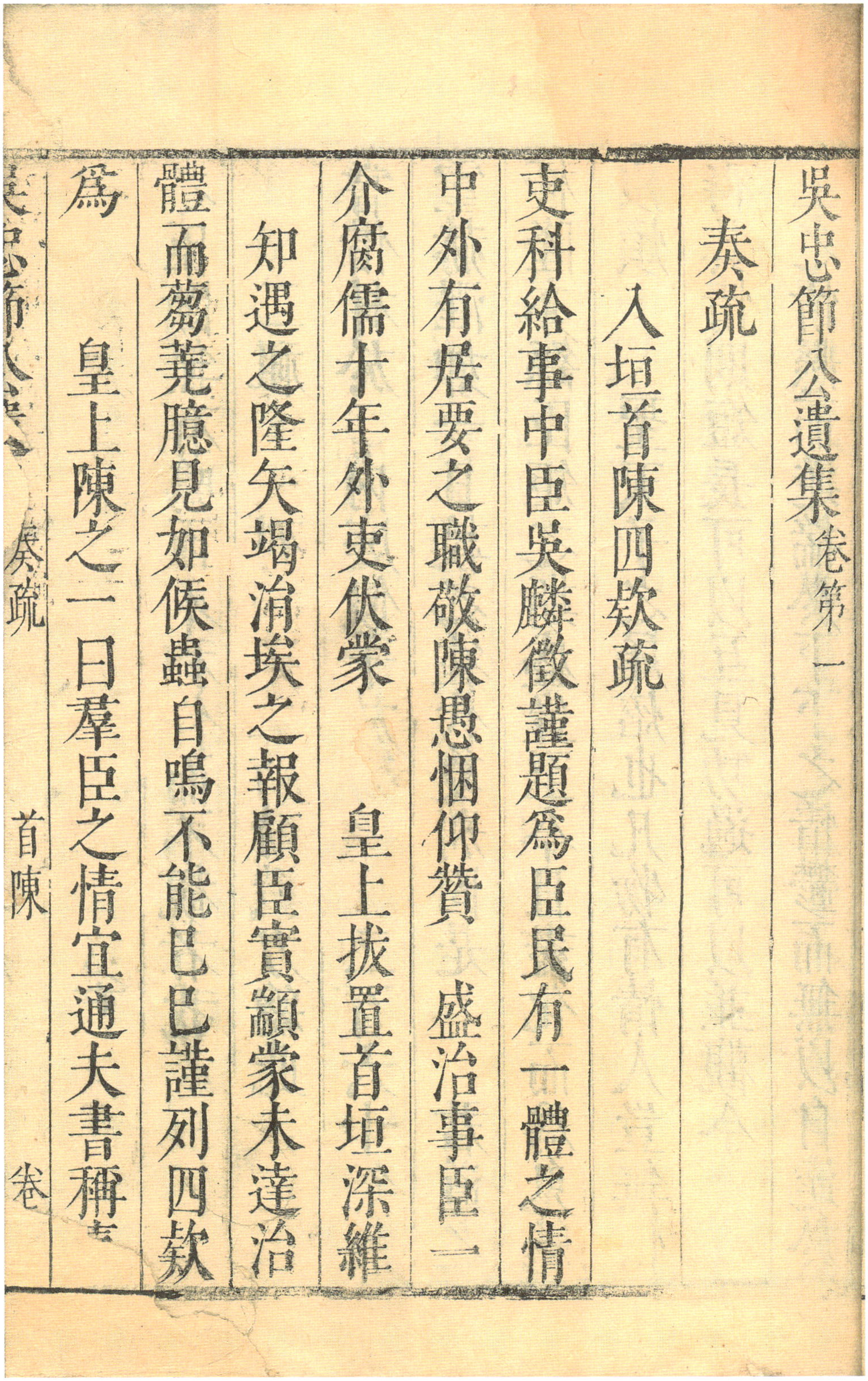

吳忠節公遺集卷第一

奏疏

入垣首陳四欵疏

吏科給事中臣吳麟徵謹題爲臣民有一體之情中外有居要之職敬陳愚悃仰贊　盛治事臣一介腐儒十年外吏伏蒙　皇上拔置首垣深維知遇之隆矢竭涓埃之報顧臣實顓蒙未達治體而蒭蕘臆見如候蟲自鳴不能已已謹列四欵爲　皇上陳之一曰羣臣之情宜通夫書稱

吳忠節公遺集　奏疏　首陳　卷

10834-10836 吳忠節公遺集四卷　（明）吳麟徵撰　**年譜一卷**　（清）吳蕃昌撰　南明弘光刻本

匡高 19.2 釐米，廣 14.3 釐米。半葉九行，行十九字，白口，左右雙邊。山西大學圖書館、吉林大學圖書館、無錫市圖書館藏。

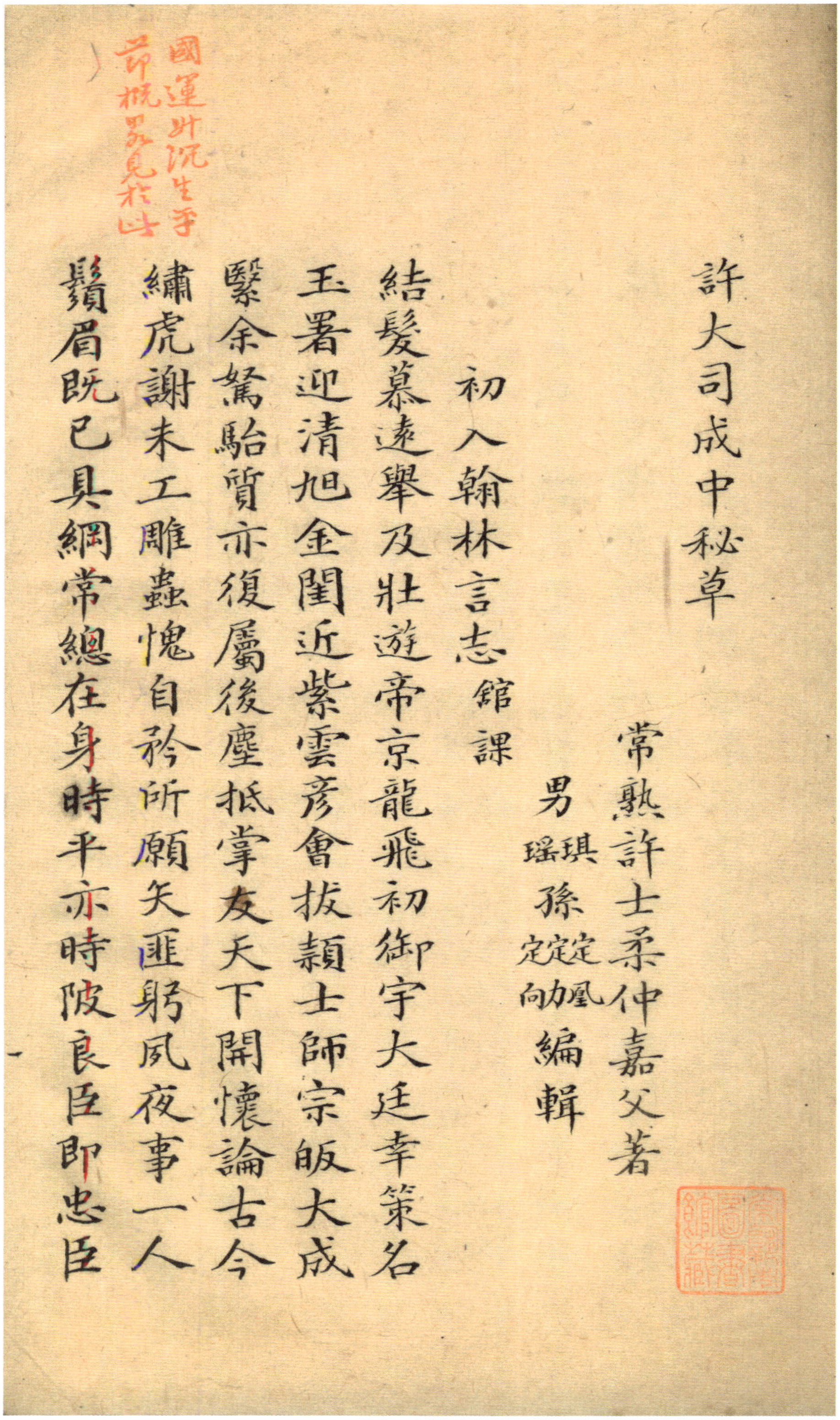

許大司成中秘草

常熟許士柔仲嘉父著

男琪瑶孫定鳳定劢定向編輯

初入翰林言志 館課

結髪慕遠舉及壯遊帝京龍飛初御宇大廷幸策名
玉署迎清旭金閨近紫雲彥會拔纇士師宗皈大成
繄余駑駘質亦復屬後塵抵掌友天下開懷論古今
繡虎謝未工雕蟲愧自矜所願矢匪躬夙夜事一人
鬚眉既已具綱常總在身時平亦時陂良臣即忠臣

國運升沉生平節概畧見於此

10837 許大司成遺集四卷 （明）許士柔撰 清抄本

江蘇省常熟市圖書館藏。

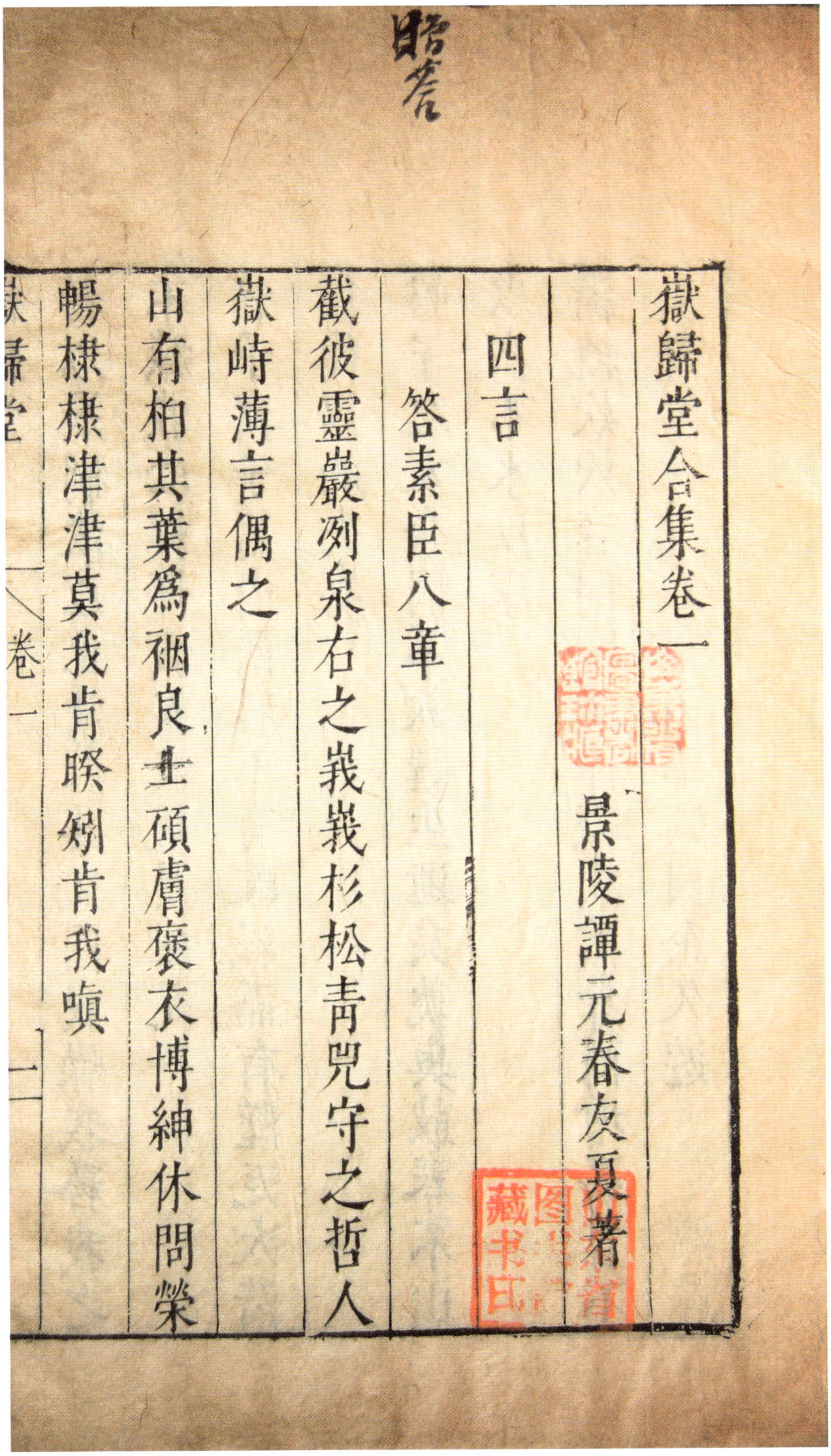

10838 嶽歸堂合集十卷 （明）譚元春撰 明刻本

匡高 20 釐米，廣 13.3 釐米。半葉八行，行十八字，白口，四周單邊。山東省圖書館藏。

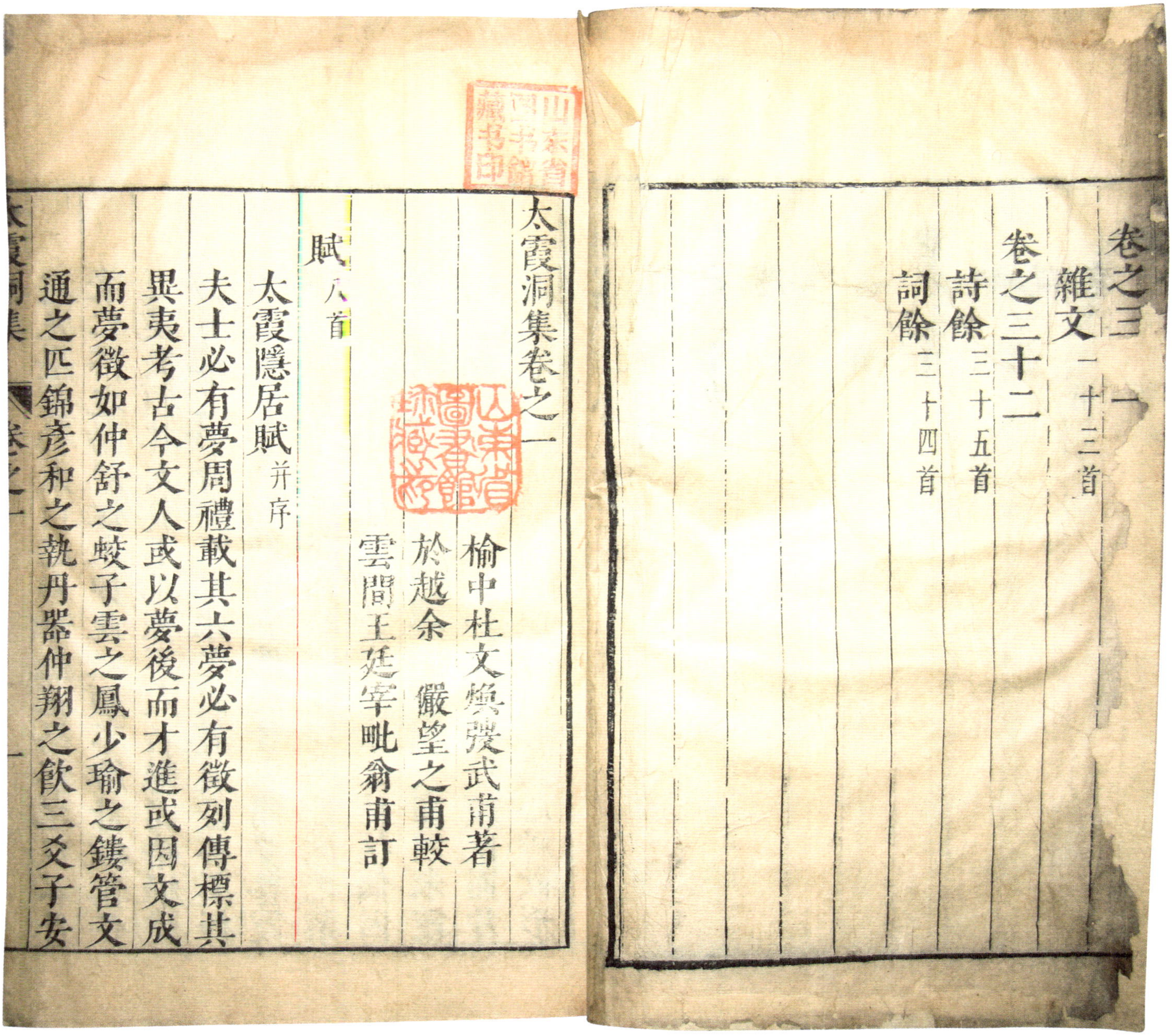

10839 太霞洞集三十二卷　（明）杜文煥撰　明天啓刻本

匡高 20.4 釐米，廣 14.7 釐米。半葉十行，行二十字，白口，左右雙邊。山東省圖書館藏。

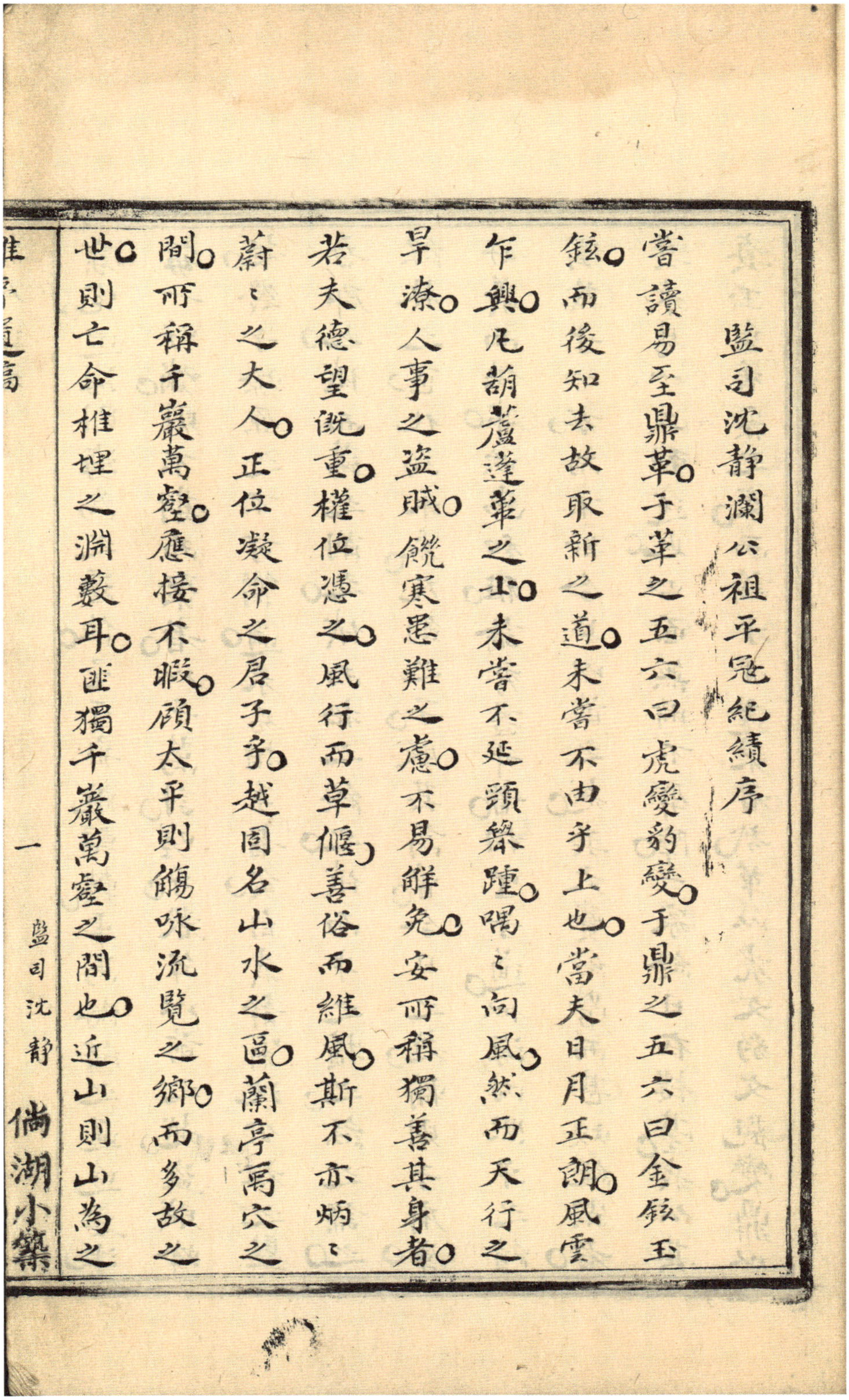
監司沈靜瀾公祖平寇紀績序

嘗讀易至鼎革，于革之五六曰虎變豹變，于鼎之五六曰金鉉玉鉉，而後知去故取新之道，未嘗不由乎上也。當夫日月正朗，風雲乍興，凡萑蘆蓬蓽之士，未嘗不延頸舉踵，喁喁然而天行之旱潦，人事之盜賊，饑寒思難之慮，不易解免，安所稱獨善其身者。若夫德望既重，權位憑之，風行而草偃，善俗而維風，斯不亦炳炳蔚蔚之大人，正位凝命之君子乎。越固名山水之區，蘭亭禹穴之間，所稱千巖萬壑，應接不暇，顧太平則觴咏流覽之鄉，而多故之世，則亡命椎埋之淵藪耳。匪獨千巖萬壑之間也，近山則山為之

一 監司沈靜 倘湖小築

10840 倘湖遺稿不分卷 （明）來集之撰 稿本

匡高 21.1 釐米，廣 15.1 釐米。半葉九行，行二十五字，白口，四周雙邊。杭州圖書館藏，存八册。

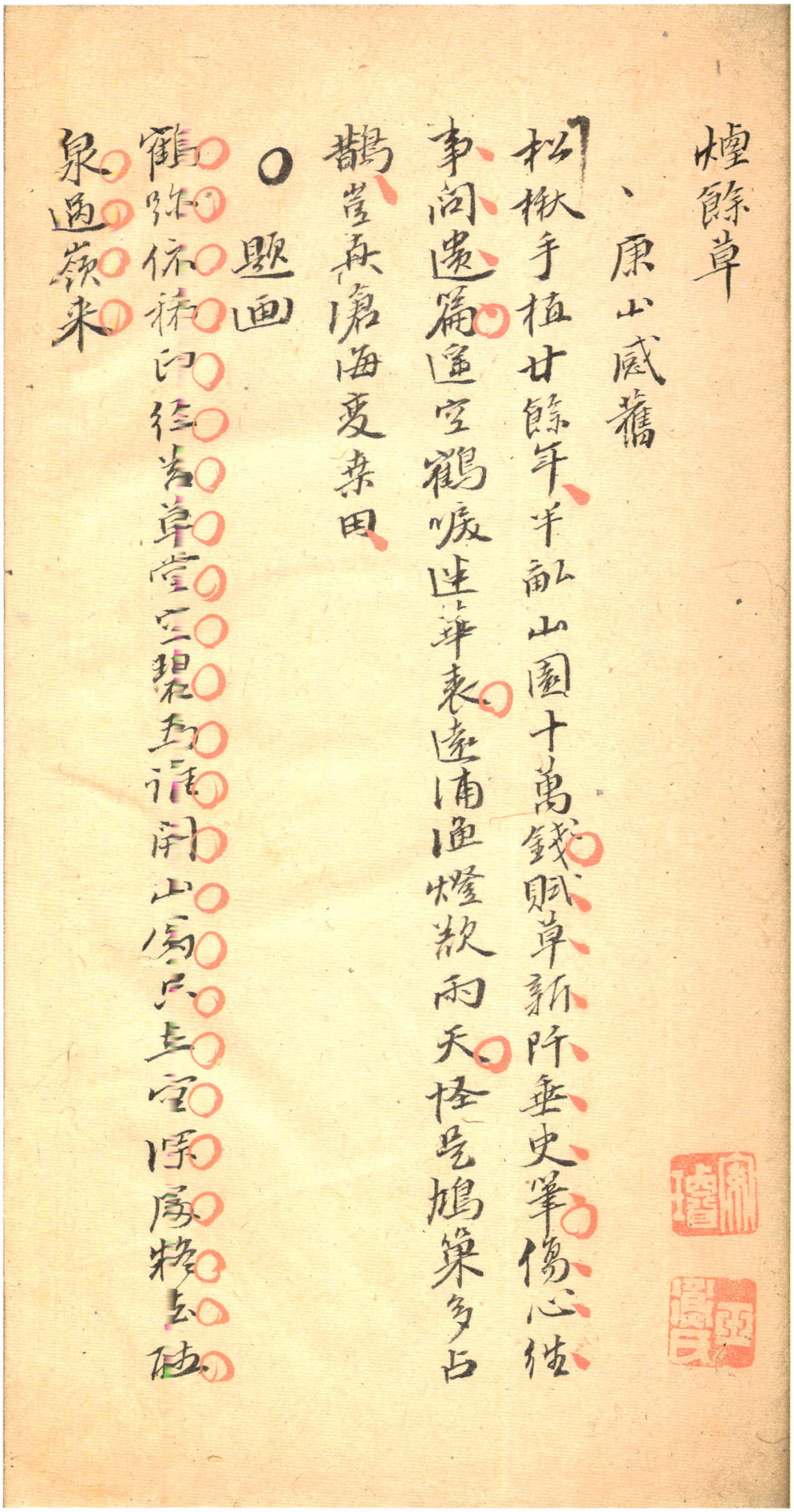

煙餘草

、康山感舊

松楸手植廿餘年，半畝山園十萬錢。賦草新聽垂史筆，傷心往事問遺篇。遥空鶴唳迷華表，遠浦漁燈歎雨天。悵望鳩巢多占鵲，豈真滄海變桑田。

○題画

[illegible]弥依稀記往昔，草堂空想[illegible][illegible]閑山[illegible]只[illegible]空際[illegible][illegible]粉[illegible][illegible]泉過嶺來

10841 煙餘草一卷 （明）安廣譽撰 清安璿抄本

有“安璿”等印。無錫市圖書館藏。

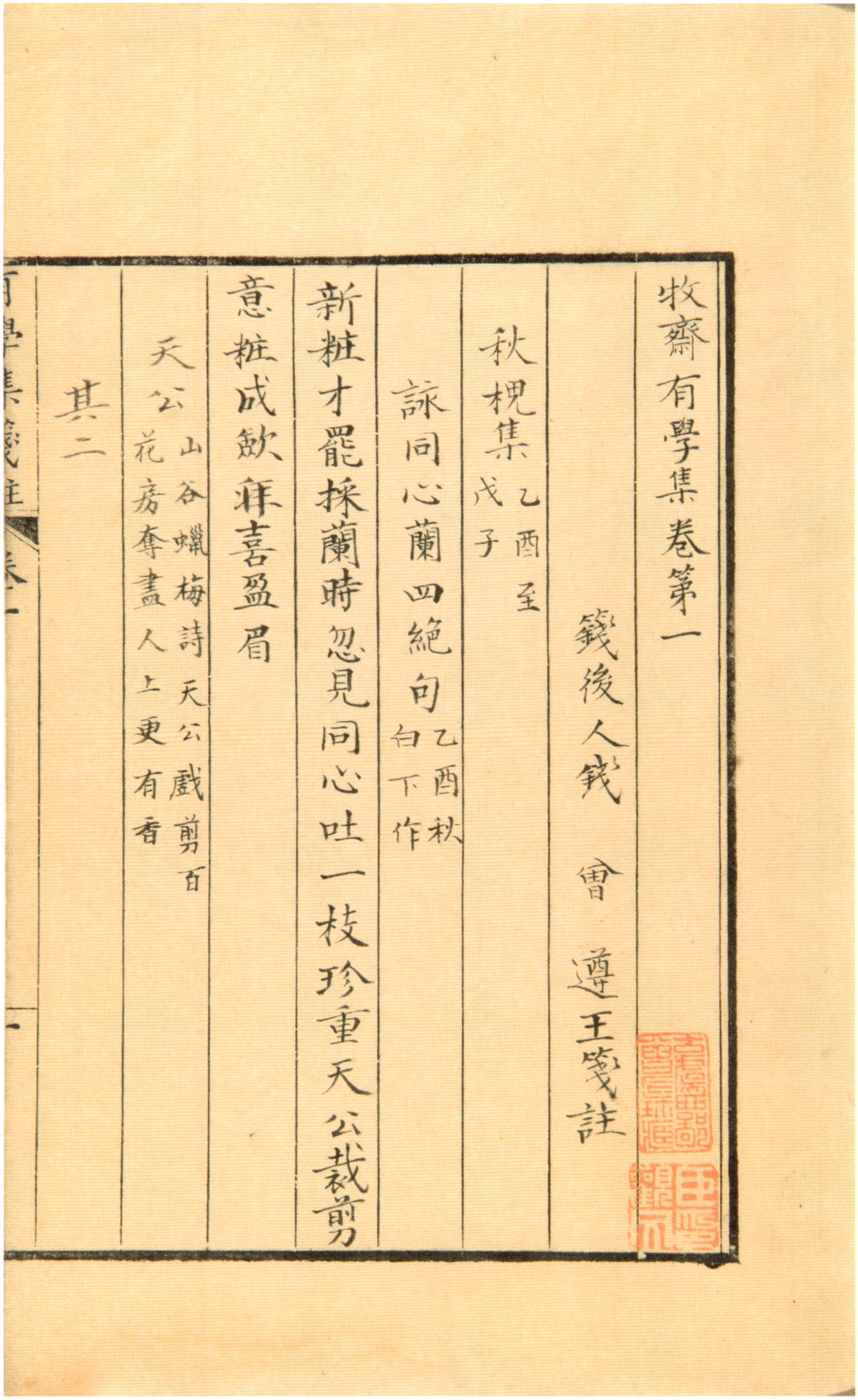

牧齋有學集卷第一

錢後人錢　曾　遵王箋註

秋槐集 乙酉至戊子

詠同心蘭四絕句 乙酉秋白下作

新粧才罷採蘭時忽見同心吐一枝珍重天公裁剪意粧成歛拜喜盈眉

天公 山谷蠟梅詩天公戲剪百花房奪盡人工更有香

其二

10842 有學集箋註十四卷　（清）錢謙益撰　（清）錢曾註　清初抄本

匡高 18.4 釐米，廣 12.4 釐米。半葉八行，行二十字，小字雙行同，白口，左右雙邊。黄丕烈校並跋。上海圖書館藏。

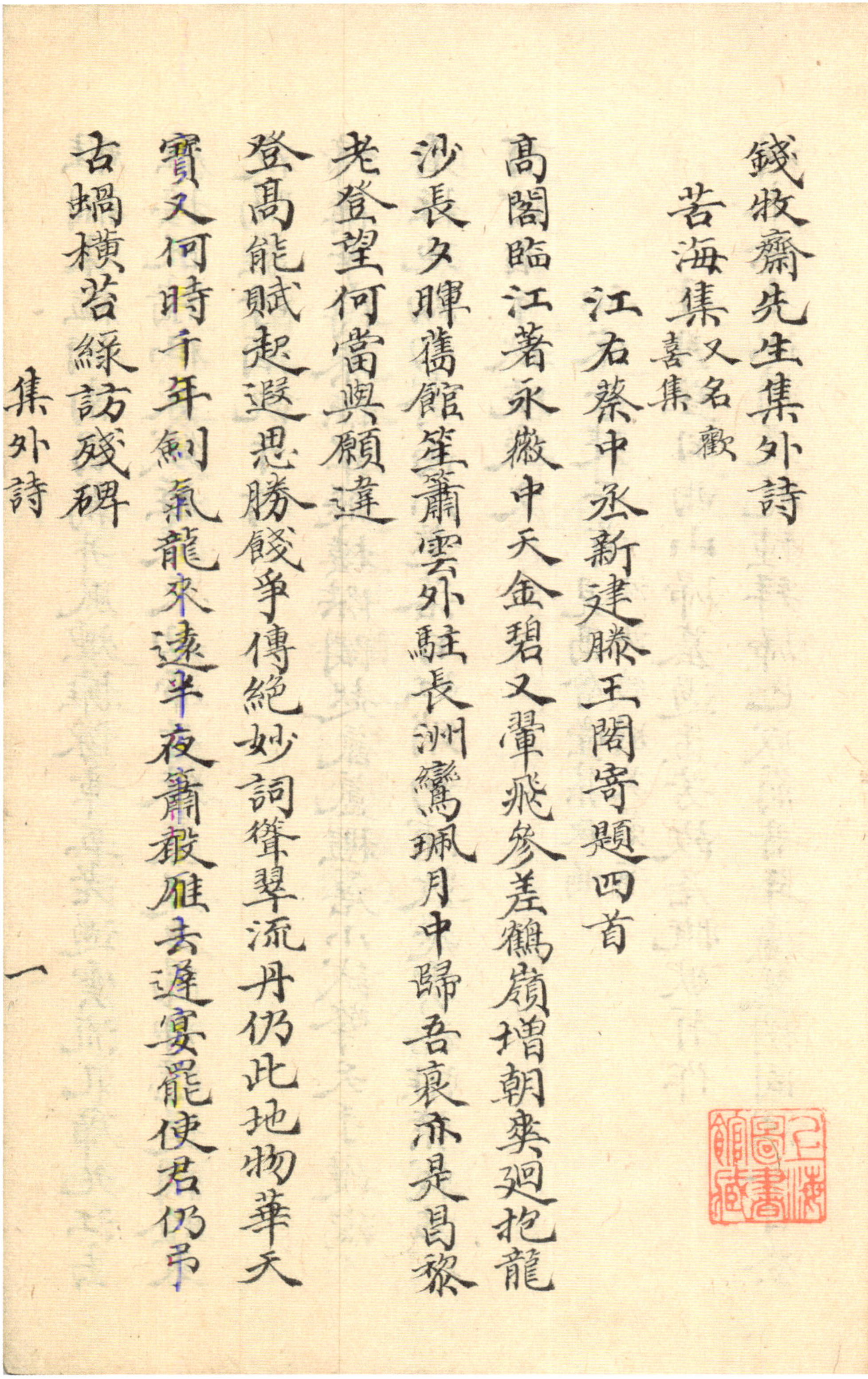
錢牧齋先生集外詩
苦海集又名歡喜集
江右蔡中丞新建滕王閣寄題四首
高閣臨江著永徽中天金碧又翬飛參差鶴嶺增朝奐廻抱龍沙長夕暉舊館笙簫雲外駐長洲鸞珮月中歸吾衰亦是昌黎老登望何當與願違
登高能賦起遐思勝餞爭傳絕妙詞聳翠流丹仍此地物華天寶又何時千年劍氣龍來遠半夜簫聲雁去遲宴罷使君仍弔古蝎橫苔綠訪殘碑
集外詩 一

10843 錢牧齋先生集外詩一卷文集補遺三卷 （清）錢謙益撰 清抄本

江蘇省常熟市圖書館藏。

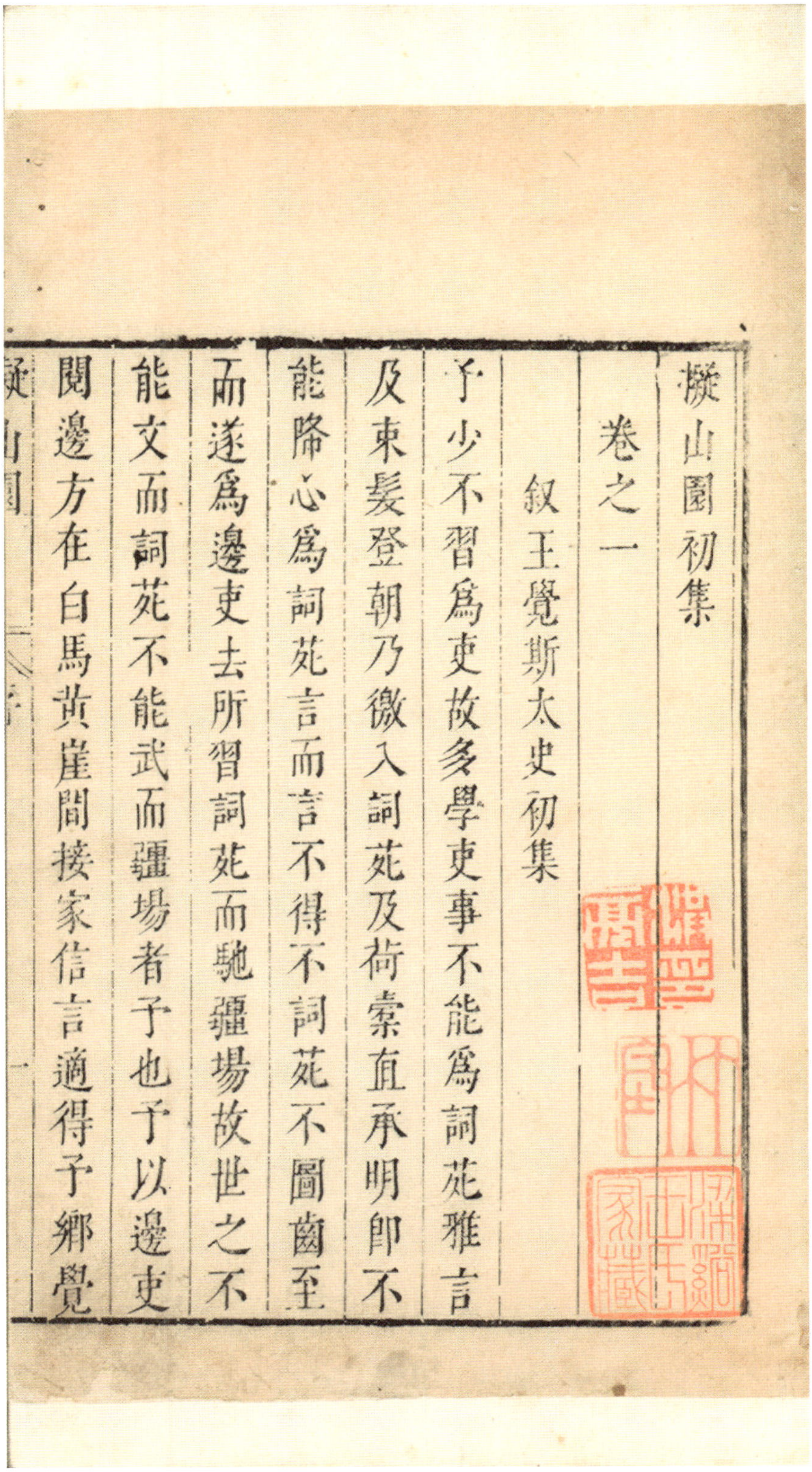

10844 擬山園初集七十一卷王子二卷 （清）王鐸撰 明崇禎刻本

匡高 19.4 釐米，廣 14.1 釐米。半葉九行，行十八字，白口，左右雙邊。有“竹垞”、“洪印亮吉”等印。河南省圖書館藏。

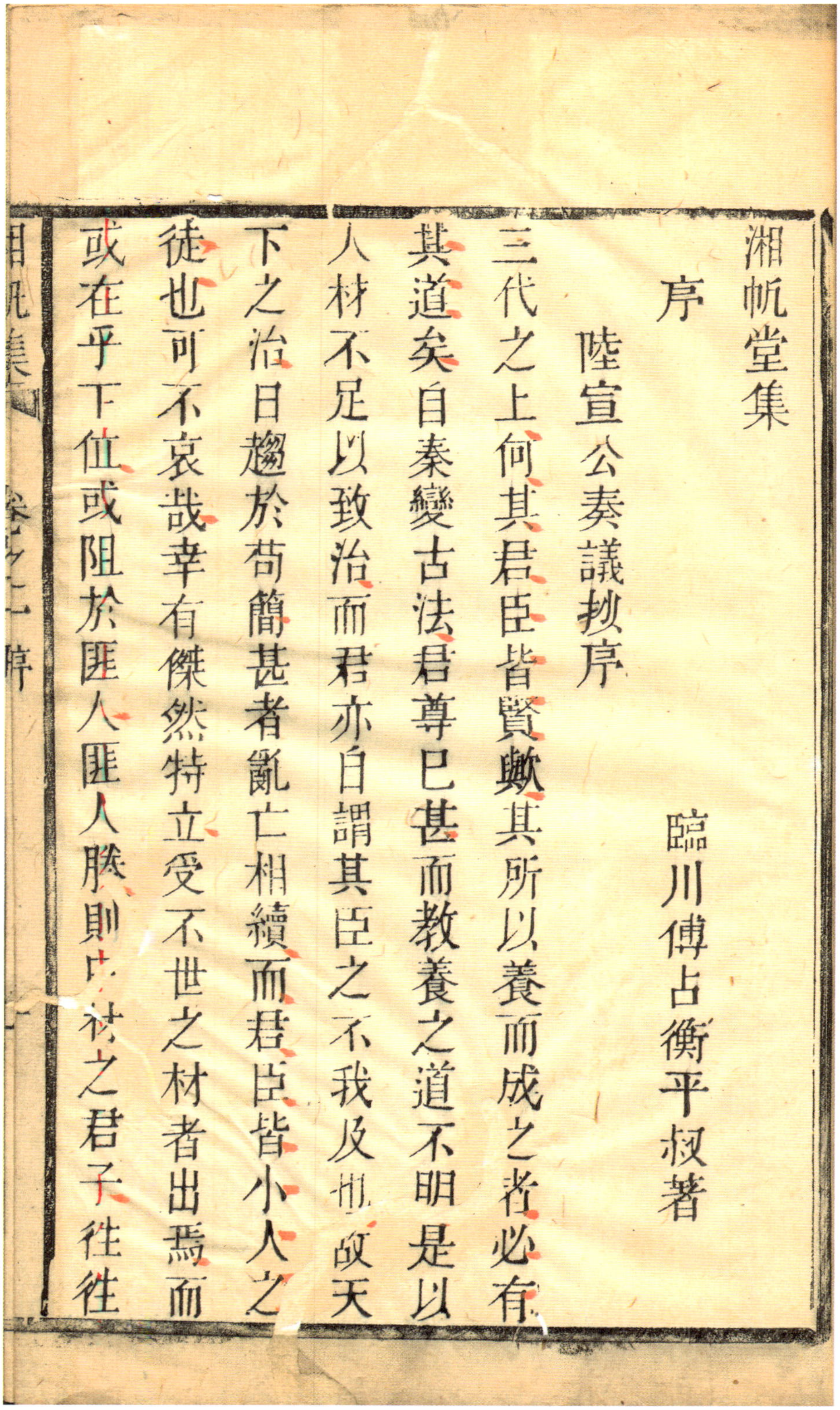

湘帆堂集

序

陸宣公奏議抄序　　臨川傅占衡平叔著

三代之上何其君臣皆賢歟其所以養而成之者必有其道矣自秦變古法君尊已甚而教養之道不明是以人材不足以致治而君亦自謂其臣之不我及也故天下之治日趨於苟簡甚者亂亡相續而君臣皆小人之徒也可不哀哉幸有傑然特立受不世之材者出焉而或在乎下位或阻於匪人匪人勝則中材之君子往往

湘帆集　卷之一　序

10845 湘帆堂集二十六卷 （清）傅占衡撰　清康熙六十一年（1722）青峰書屋活字印本

匡高 20.4 釐米，廣 14.3 釐米。半葉九行，行二十一字，白口，左右雙邊。

無錫市圖書館藏。

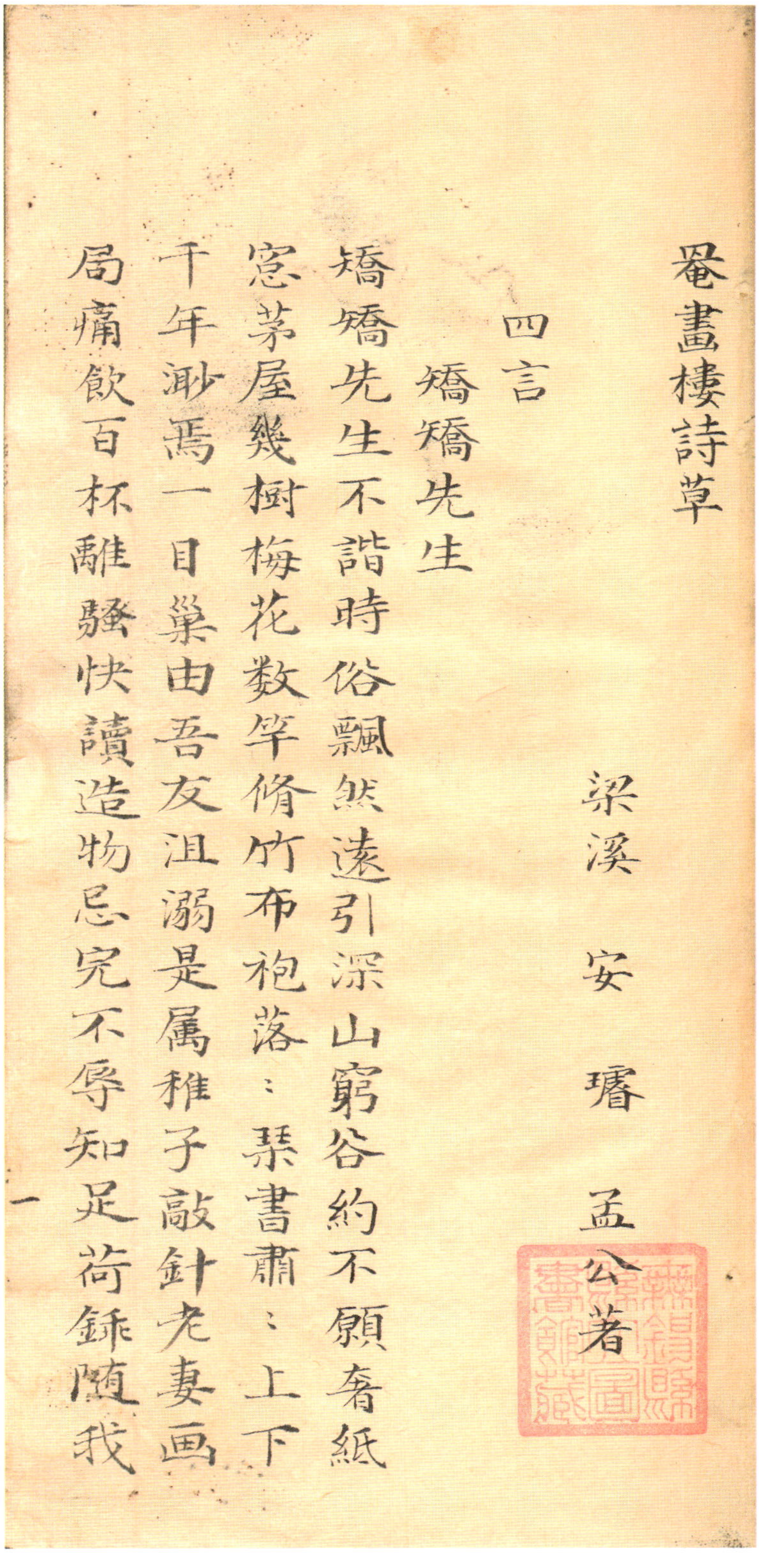
罨畫樓詩草

梁溪 安璿 孟公著

四言

矯矯先生

矯矯先生不諧時俗飄然遠引深山窮谷約不願奢紙窗茅屋幾樹梅花數竿脩竹布袍落落琹書肅肅上下千年渺焉一目巢由吾友沮溺是屬稚子敲針老妻畫局痛飲百杯離騷快讀造物忌完不停知足荷鍤隨我

一

10846 罨畫樓詩草五卷集韓一卷詩餘一卷 （清）安璿撰 稿本

無錫市圖書館藏。

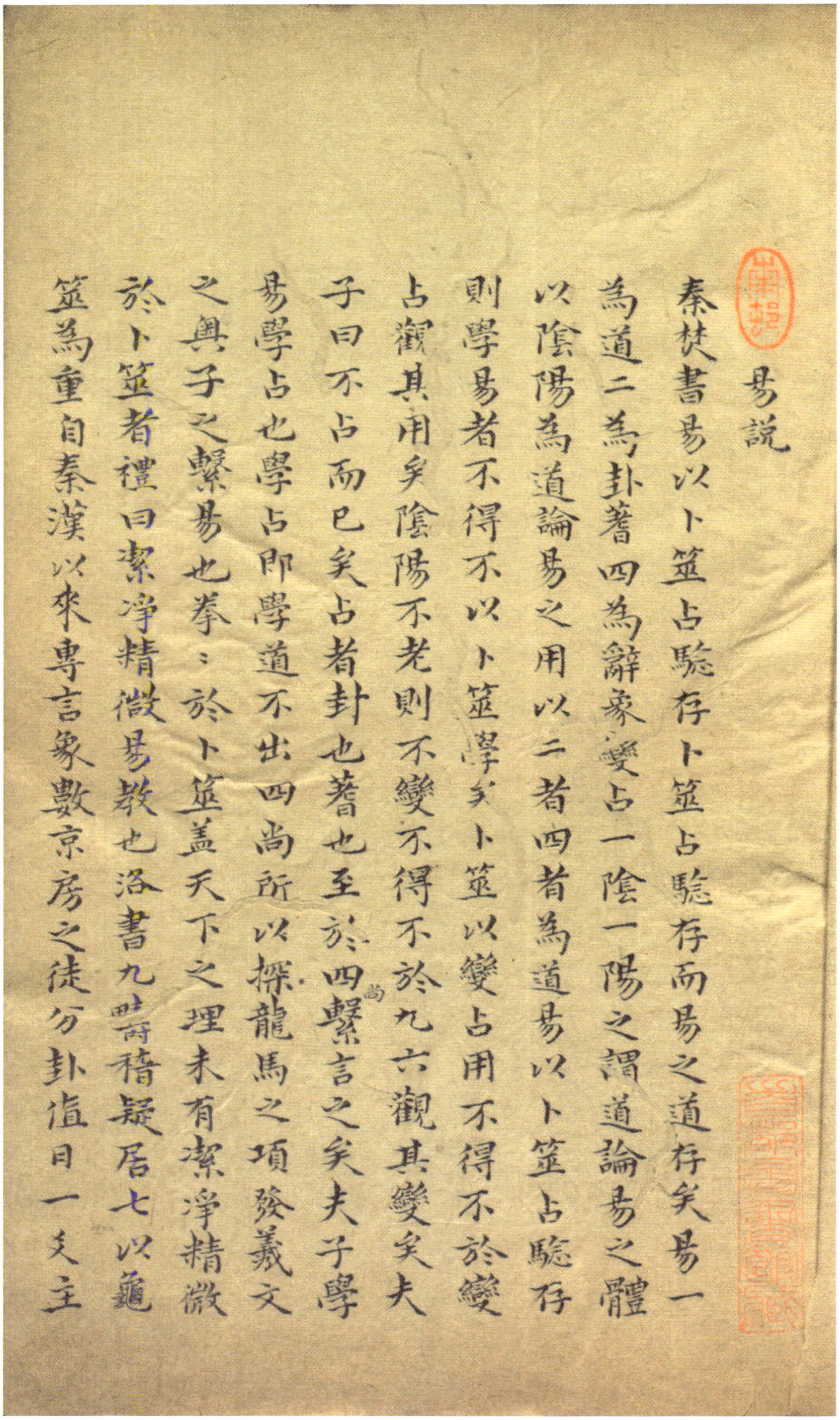
易說
秦焚書易以卜筮占驗存卜筮占驗存而易之道存矣易一
爲道二爲卦蓍四爲辭象變占一陰一陽之謂道論易之體
以陰陽爲道論易之用以二蓍四蓍爲道易以卜筮占驗存
則學易者不得不以卜筮學矣卜筮以變占用不得不於變
占觀其用矣陰陽不老則不變不得不於九六觀其變矣夫
子曰不占而已矣占者卦也蓍也至於四繫言之矣夫子學
易學占也學占即學道不出四尚所以探龍馬之項發羲文
之輿子之繫易也拳拳於卜筮蓋天下之理未有潔淨精微
於卜筮者禮曰潔淨精微易教也洛書九疇稽疑居七以龜
筮爲重自秦漢以來專言象數京房之徒分卦值日一爻主

10847 圓沙文集七卷 （清）錢陸燦撰 稿本

首都圖書館藏。

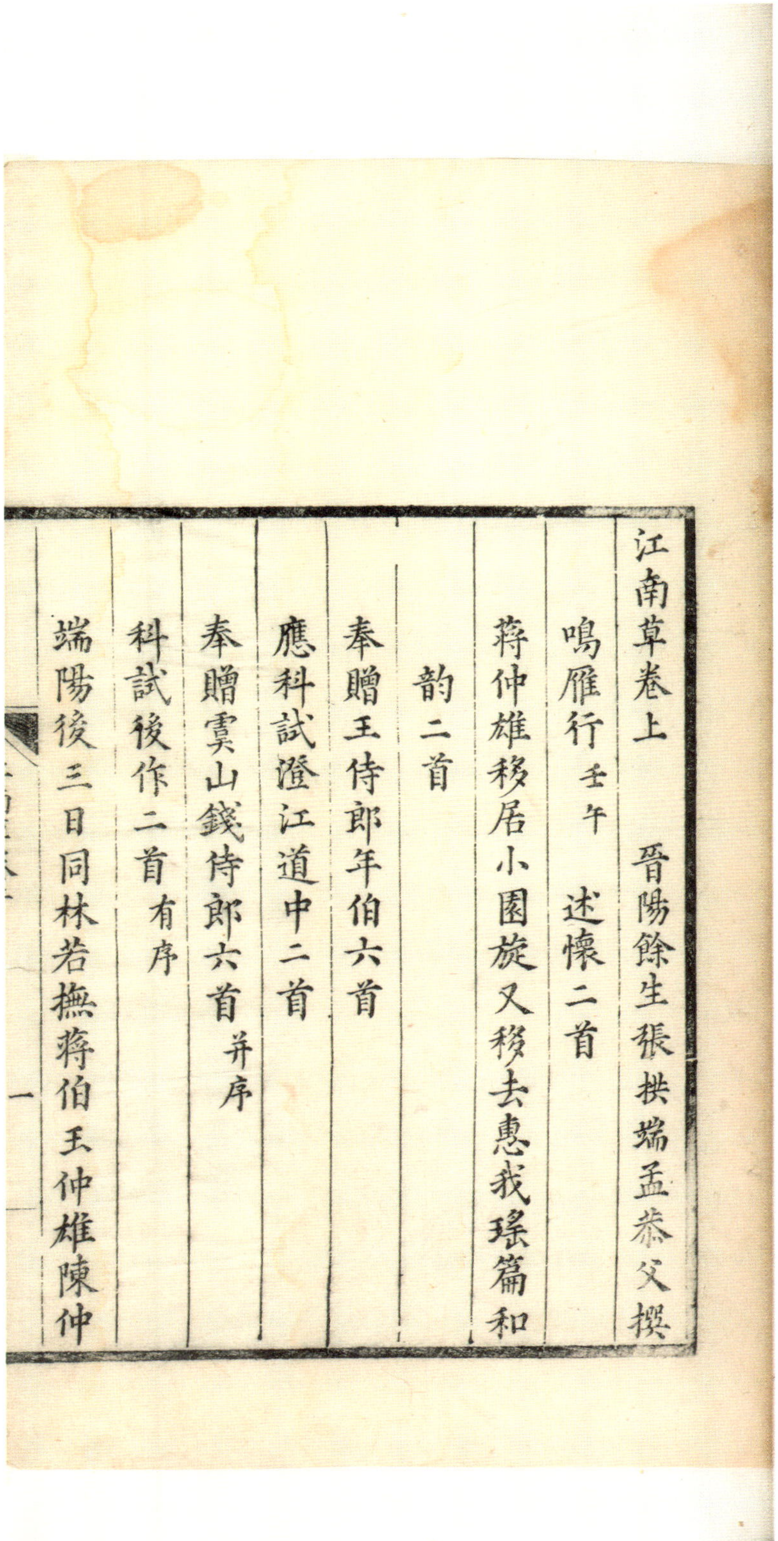
江南草卷上　晉陽餘生張拱端孟恭父撰
鳴雁行壬午　述懷二首
蔣仲雄移居小園旋又移去惠我瑤篇和
韵二首
奉贈王侍郎年伯六首
應科試澄江道中二首
奉贈雲山錢侍郎六首并序
科試後作二首有序
端陽後三日同林若撫蔣伯玉仲雄陳仲

10848 江南草三卷　（清）張拱端撰　明崇禎刻本

匡高 15.7 釐米，廣 13.1 釐米。半葉九行，行十八字，細黑口，四周單邊。蘇州圖書館藏。

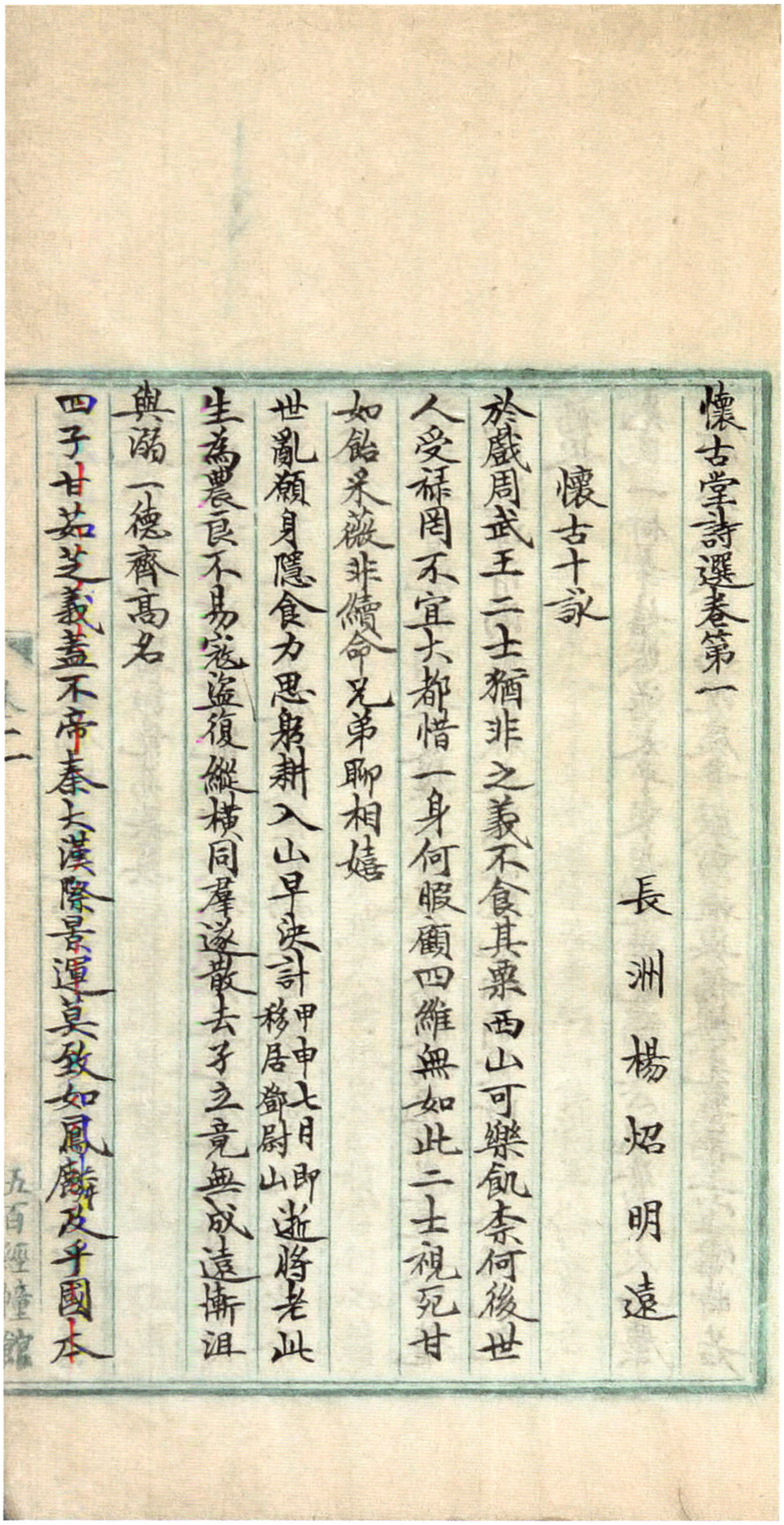

懷古堂詩選卷第一

長洲楊炤明遠

懷古十詠

於戲周武王二士猶非之義不食其粟西山可樂飢奈何後世人受祿罔不宜大都惜一身何暇顧四維無如此二士視死甘如飴采薇非償命兄弟聊相嬉

世亂顧身隱食力思躬耕入山早決計甲申七月即移居鄧尉山遂將老此生爲農良不易寇盜復縱橫同羣遂散去孑立竟無成遠慚沮與溺一德齊高名

四子甘茹芝義蓋不帝秦大漢際景運莫致如鳳麟及乎國本

10849 懷古堂詩選十二卷 （清）楊炤撰 **懷古堂詩選二卷遊黃山記一卷** （清）楊補撰 清葉昌熾五百經幢館抄本

匡高 18.9 釐米　廣 13.1 釐米。半葉十行，行二十四字，小字雙行同，藍格，白口，四周雙邊。蘇州博物館藏。

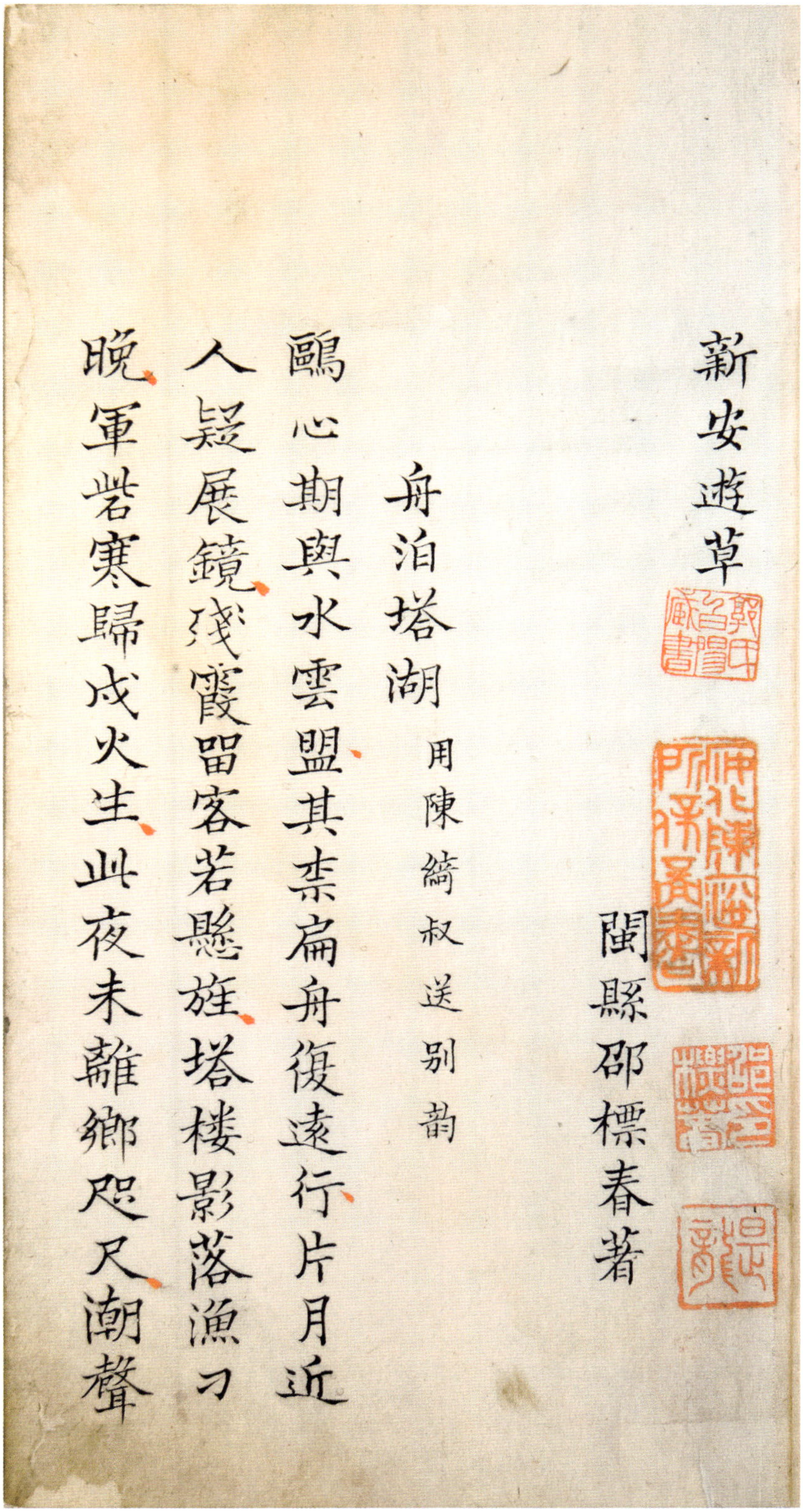

新安遊草

閩縣邵標春著

舟泊塔湖　用陳綺叔送別韵

鷗心期與水雲盟其奈扁舟復遠行片月近人疑展鏡殘霞留客若懸旌塔樓影落漁刁晚軍營寒歸戍火生此夜未離鄉咫尺潮聲

10850 新安遊草一卷　（清）邵標春撰　稿本

湖南師範大學圖書館藏。

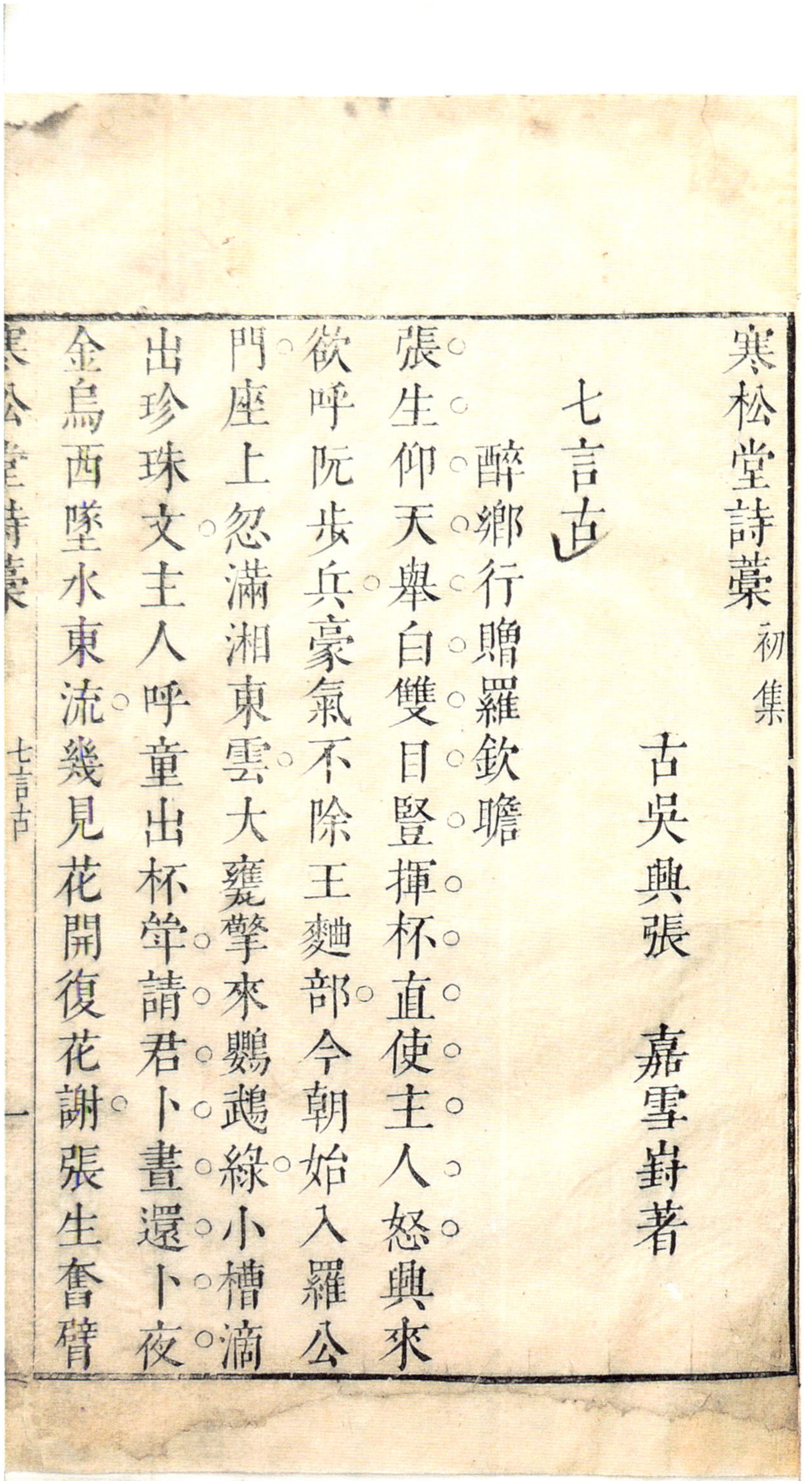
寒松堂詩藳 初集
古吳興張　嘉雪崶著
七言古
醉鄉行贈羅欽瞻
張生仰天舉白雙目豎揮杯直使主人怒與來
欲呼阮步兵豪氣不除王麴部今朝始入羅公
門座上忽滿湘東雲大甕擎來鸚鵡綠小槽滴
出珍珠文主人呼童出杯斝請君卜晝還卜夜
金烏西墜水東流幾見花開復花謝張生奮臂
寒松堂詩藳　七言古　一

10851 寒松堂詩稿初集不分卷　（清）張嘉撰　清順治刻本

匡高20.8釐米，廣15釐米。半葉九行，行十八字，小字雙行同，白口，四周單邊。

吉林大學圖書館藏。

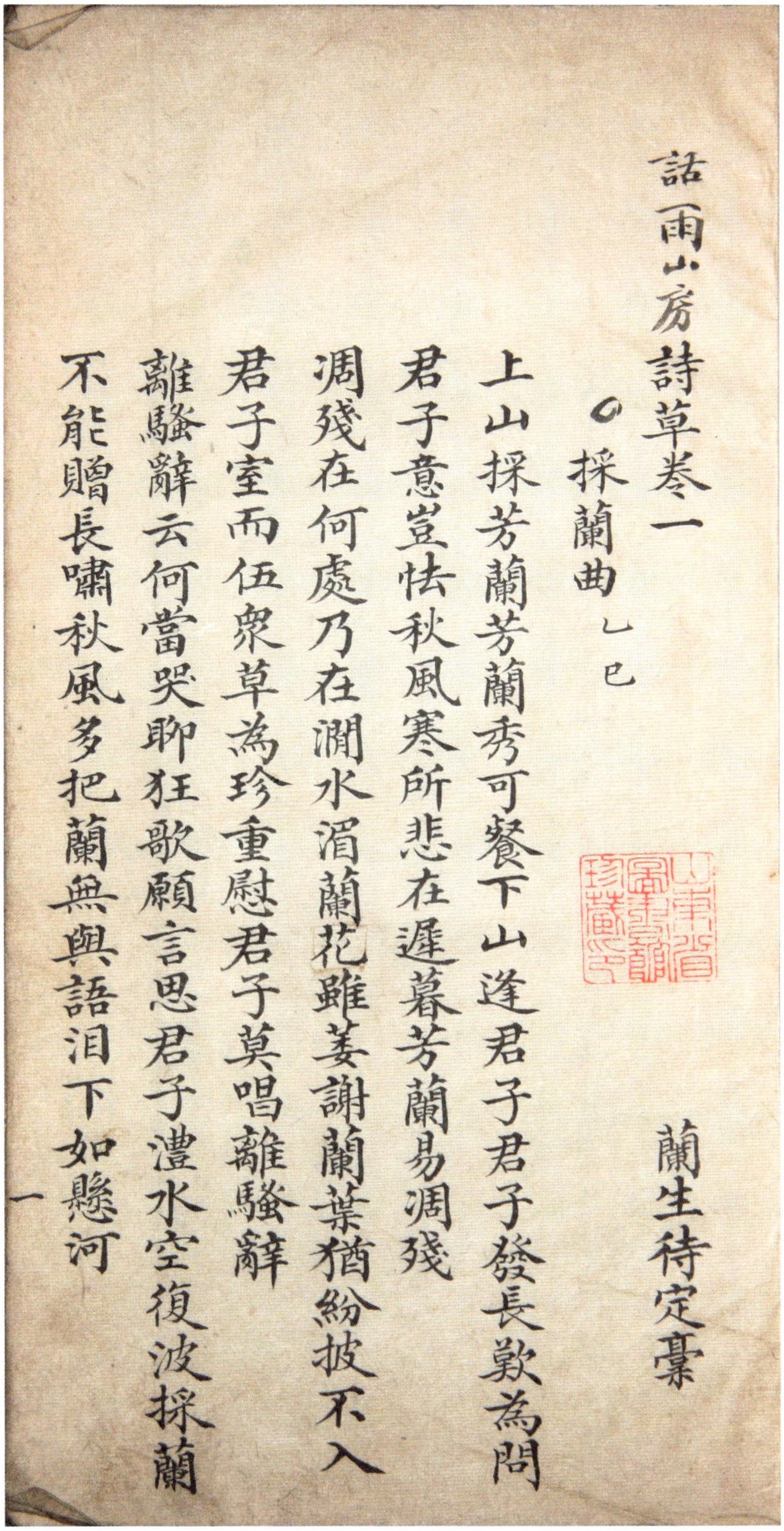
話雨山房詩草卷一　　蘭生待定稾

○採蘭曲　乙巳

上山採芳蘭芳蘭秀可餐下山逢君子君子發長歎為問
君子意豈怯秋風寒所悲在遲暮芳蘭易凋殘
凋殘在何處乃在澗水湄蘭花雖萎謝蘭葉猶紛披不入
君子室而伍衆草為珍重慰君子莫唱離騷辭
離騷辭云何當哭聊狂歌顧言思君子澧水空復波採蘭
不能贈長嘯秋風多把蘭無與語泪下如懸河

一

10852 話雨山房詩草二卷 （清）傅宸撰 稿本

山東省圖書館藏。

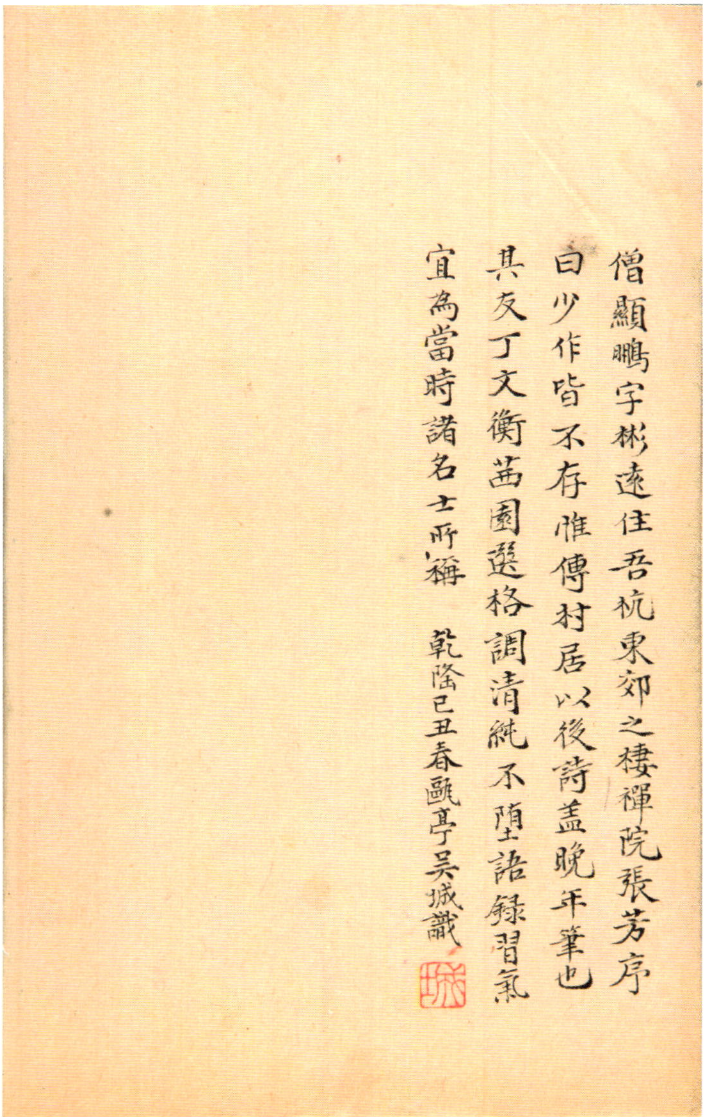

僧顯鵬字彬遠住吾杭東郊之棲禪院張芳序
曰少作皆不存惟傳村居以後詩蓋晚年筆也
其友丁文衡茝園選格調清純不墮語録習氣
宜為當時諸名士所稱
乾隆己丑春甌亭吳城識

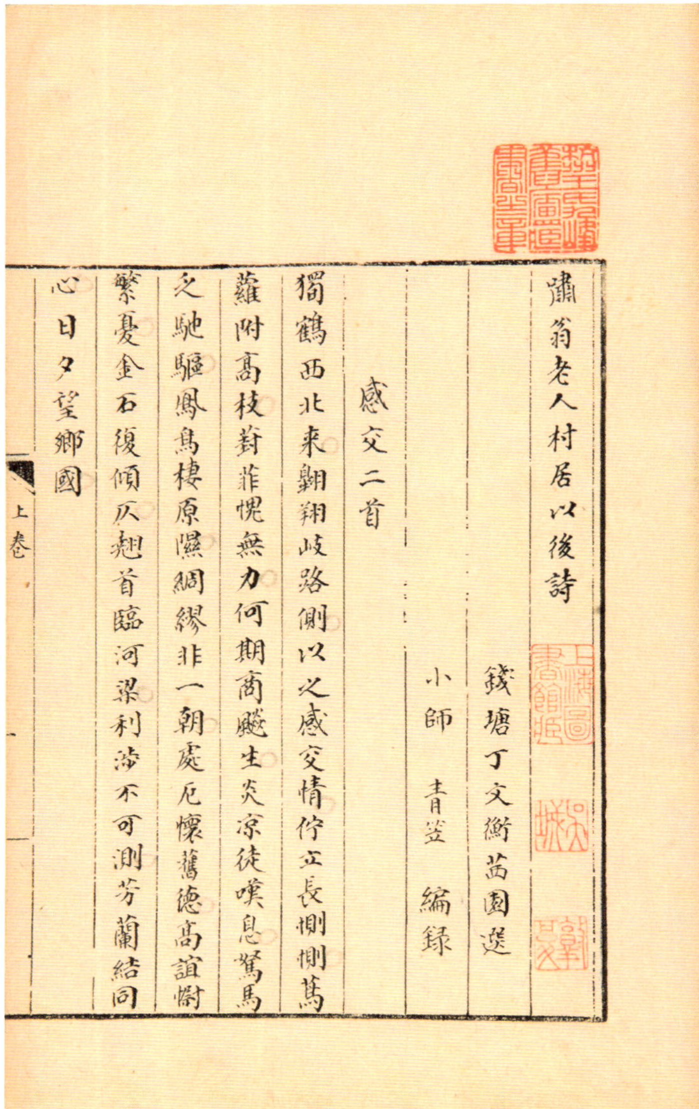

嘯翁老人村居以後詩
錢塘丁文衡茝園選
小師 青笠 編録
感交二首
獨鶴西北來翱翔歧路側以之感交情佇立長惻惻焉
蘿附高枝對菲愧無力何期商飆生炎涼徒嘆息駑馬
乏馳驅鳳鳥棲原隰綢繆非一朝處厄懷舊德高誼謝
繁憂金石復傾仄翹首臨河梁利涉不可測芳蘭結同
心日夕望鄉國
上卷

10853 嘯翁老人村居以後詩三卷 （清）釋顯鵬撰 清吴氏繡谷亭抄本

匡高16.9釐米，廣12.3釐米。半葉九行，行二十一字，白口，左右雙邊。有“吴城”、“杭州王氏九峰舊廬藏書之章”等印。吴城校並跋。上海圖書館藏。

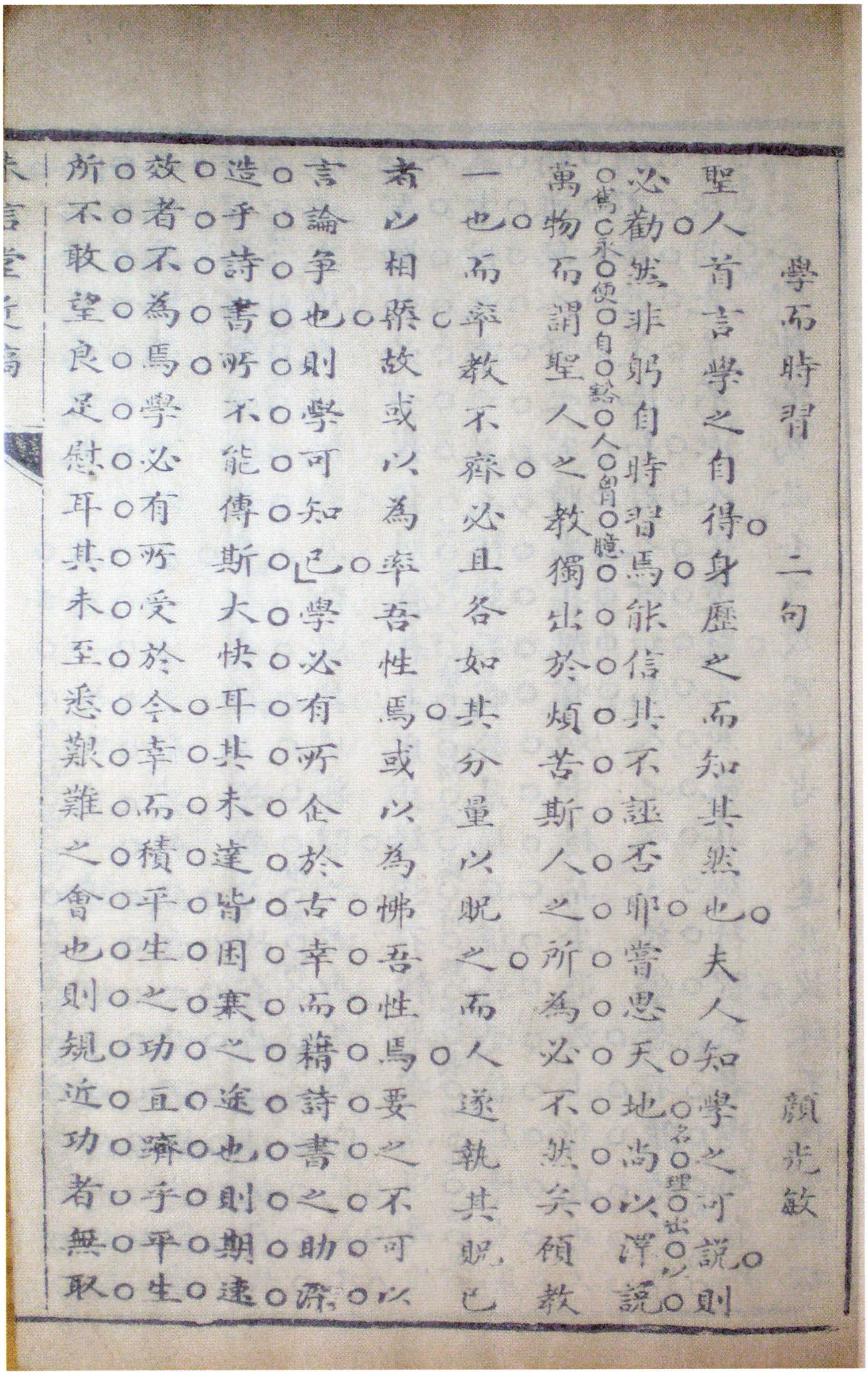

學而時習　二句　顏光敏

聖人首言學之自得。身歷之而知其然也。夫人知學之可說。則必勸。然非躬自時習焉。能信其不誣否耶。嘗思天地尚以說萬物而謂聖人之教獨出於煩苦斯人之所為必不然矣領教一也而率教不齊。必且各如其分量以服之而人遂孰其服已者以相樂故或以為率吾性焉。或以為拂吾性焉。要之不可以言論爭也。則學可知已。學必有所企於古。幸而藉詩書之助。濟造乎詩書所不能傳斯大快耳。其未達。皆困塞之途也。則期遠效者不為焉。學必有所受於今。幸而積平生之功。互濟乎平生所不敢望。良足慰耳。其未至。悉艱難之會也。則規近功者無取

10854 未信堂近稿不分卷 （清）顏光敏撰 清康熙刻本

匡高 20.4 釐米，廣 14.1 釐米。半葉十行，行二十四字，白口，左右雙邊。
曲阜師範大學圖書館藏。

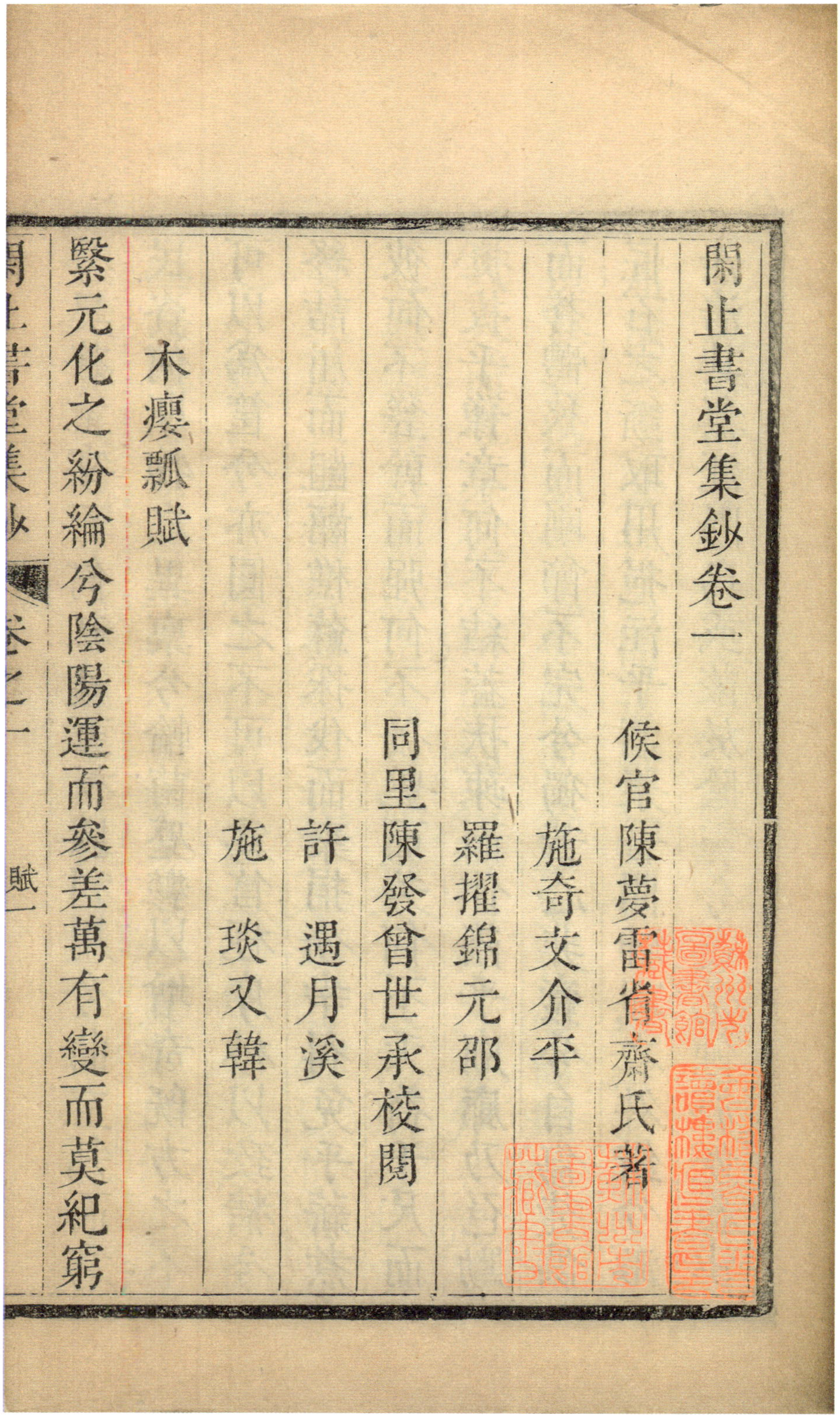

閑止書堂集鈔卷一

侯官陳夢雷省齋氏著

施奇文介平
羅擢錦元邵
同里陳發曾世承 校閲
許遇月溪
施琰又韓

木瘿瓢賦

緊元化之紛綸兮陰陽運而參差萬有變而莫紀窮

閑止書堂集鈔 卷之一 賦 一

10855 閑止書堂集鈔二卷 （清）陳夢雷撰 清康熙刻本

匡高 19.3 釐米，廣 13.2 釐米。半葉九行，行二十字，白口，四周雙邊。蘇州圖書館藏。

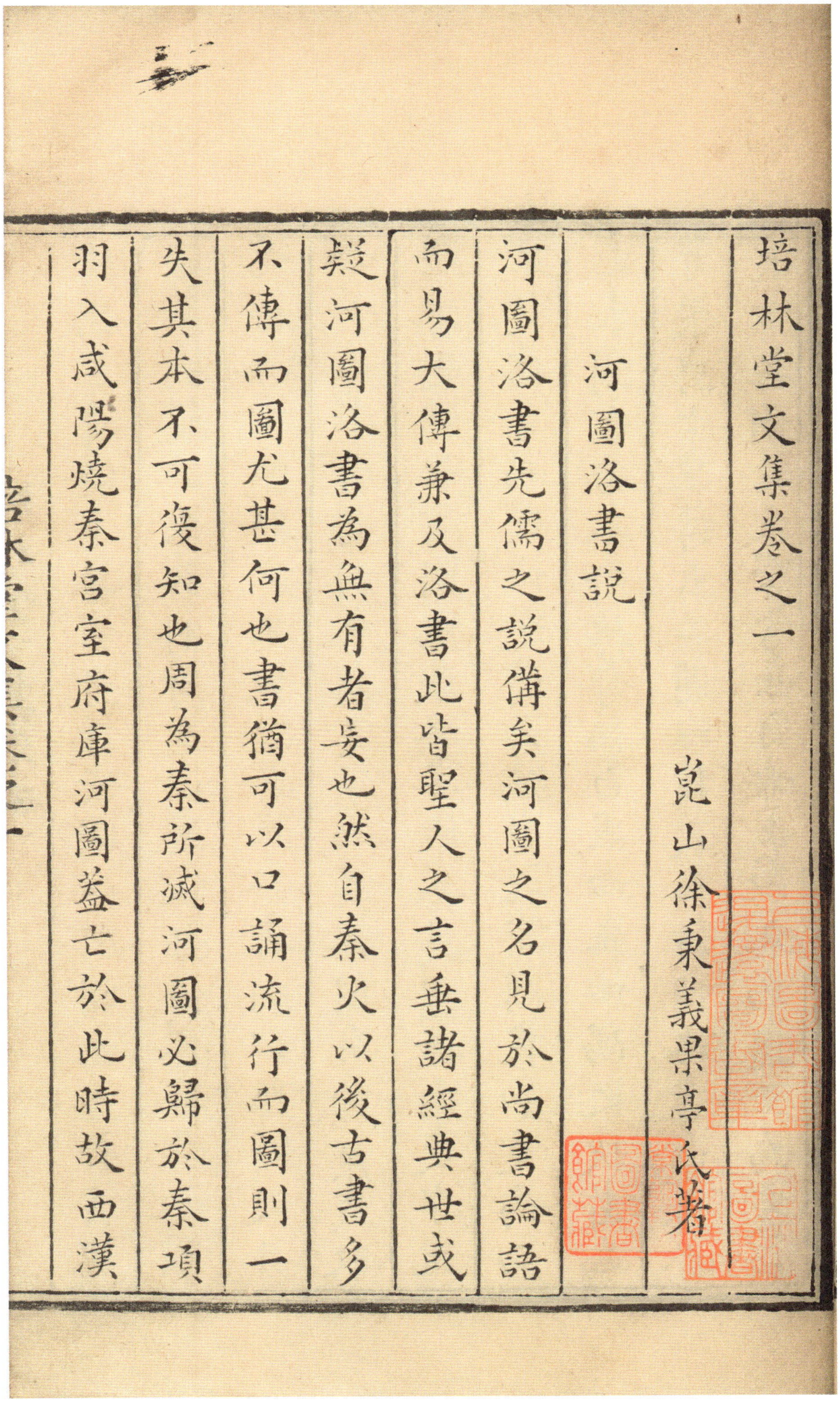
培林堂文集卷之一
崑山徐秉義果亭氏著
河圖洛書說
河圖洛書先儒之說備矣河圖之名見於尚書論語
而易大傳兼及洛書此皆聖人之言垂諸經典世或
疑河圖洛書為無有者妄也然自秦火以後古書多
不傳而圖尤甚何也書猶可以口誦流行而圖則一
失其本不可復知也周為秦所滅河圖必歸於秦項
羽入咸陽燒秦宮室府庫河圖蓋亡於此時故西漢
培林堂文集卷之一

10856 培林堂文集十四卷 （清）徐秉義撰 清抄本

匡高 18.3 釐米，廣 13.6 釐米。半葉九行，行二十字，白口，四周雙邊。江蘇省常熟市圖書館藏，存十二卷。

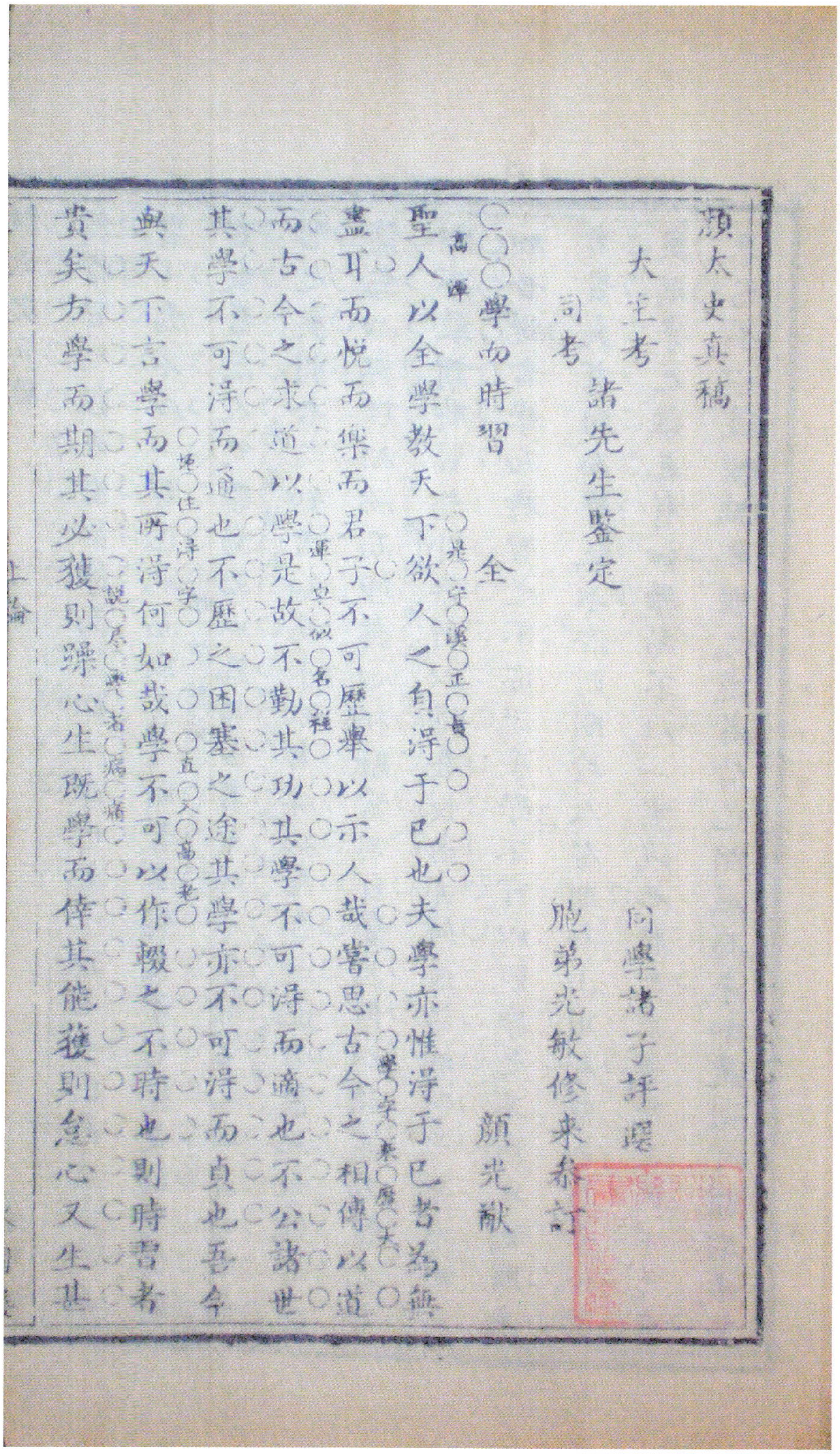
顏太史真稿
大主考
同考　諸先生鑒定
同學諸子評選
胞弟光敏修來参訂
顏光猷
學而時習　全
聖人以全學教天下欲人之自得于已也夫學亦惟得于已者為無
盡耳而悅而樂而君子不可歷舉以示人哉嘗思古今之相傳以道
而古今之求道以學是故不勤其功其學不可得而適也不公諸世
其學不可得而通也不歷之困塞之途其學亦不可得而貞也吾今
與天下言學而其所得何如哉學不可以作輟之不時也則時習者
貴矣方學而期其必獲則躁心生既學而倖其能獲則怠心又生其

10357 顏太史真稿一卷 （清）顏光猷撰 清康熙刻本

匡高18.9釐米，廣12.1釐米。半葉十行，行二十六字，白口，四周雙邊。曲阜師範大學圖書館藏。

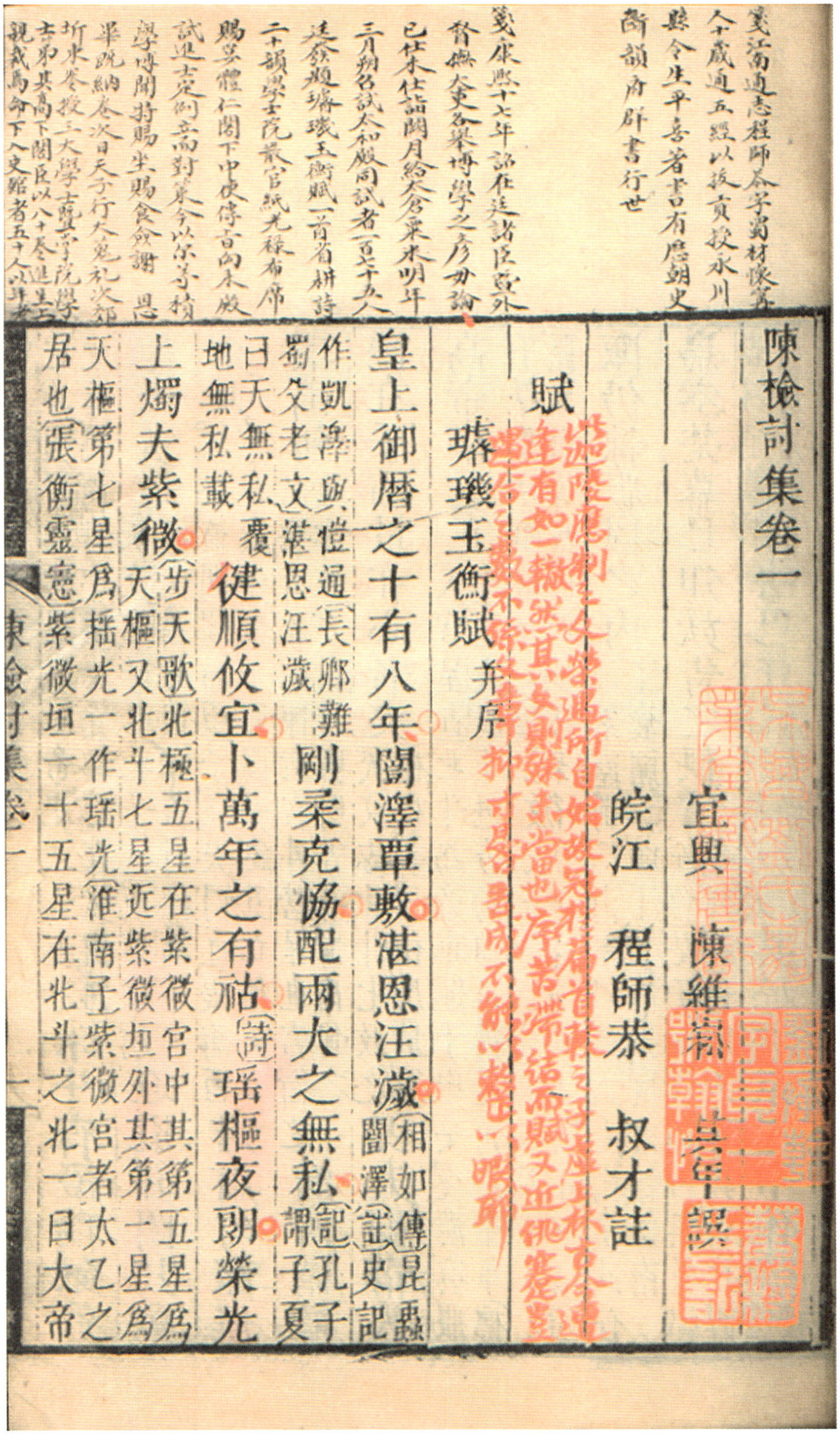

10858 陳檢討集二十卷 （清）陳維崧撰 （清）程師恭註 清康熙刻本

匡高 18.3 釐米，廣 14.5 釐米。半葉十行，行二十二字，小字雙行同，黑口，左右雙邊。有“蕭穆印記”、“吴興劉氏嘉業堂藏書記”、“劉承幹字貞一號翰怡”等印。蕭穆批並跋。西南大學圖書館藏。

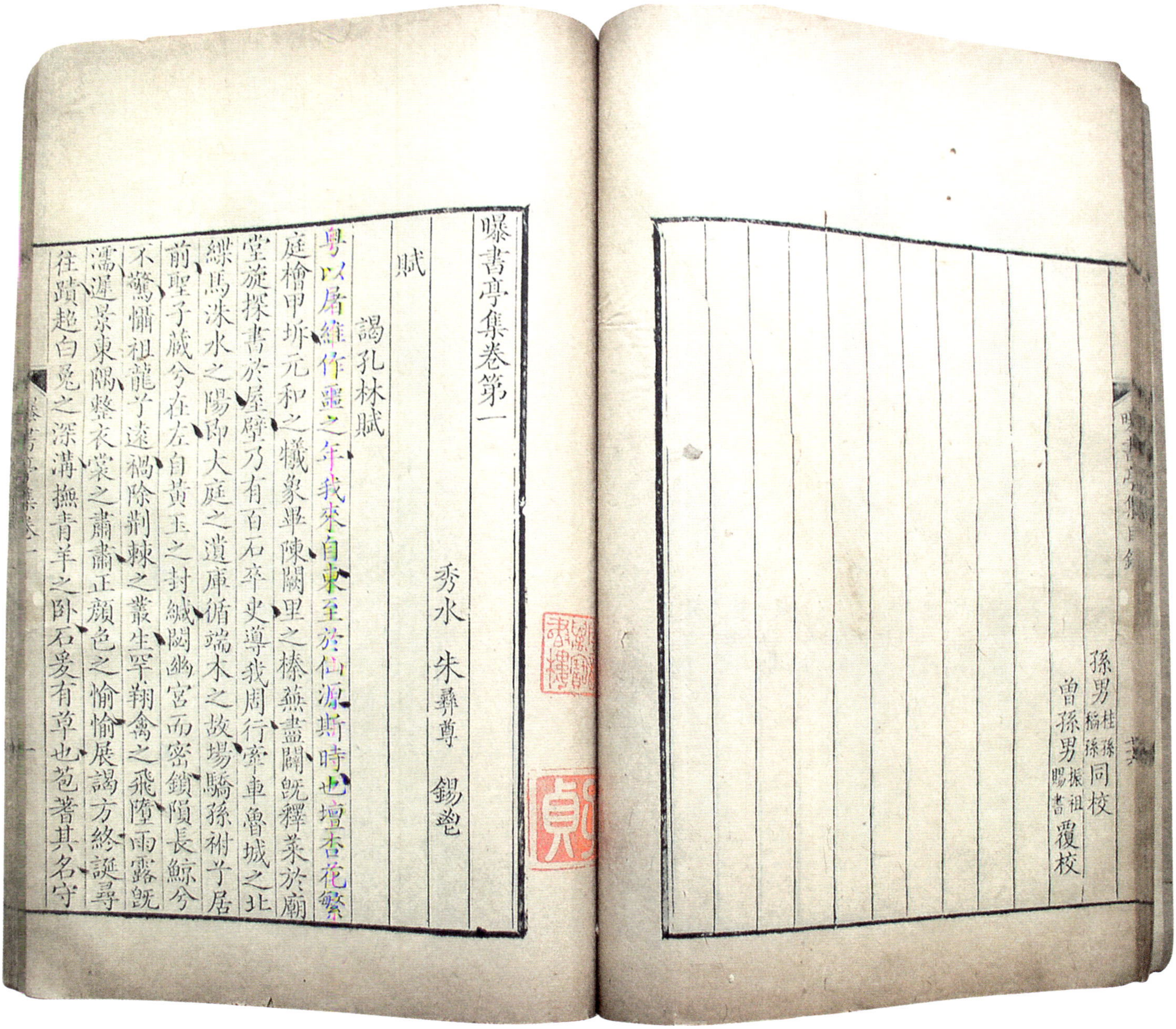

10859 曝書亭集八十卷 （清）朱彝尊撰 **附録一卷** 清康熙五十三年（1714）朱稻孫刻本

匡高18釐米，廣13.7釐米。半葉十二行，行二十三字，小字雙行三十一字不等，白口，左右雙邊。何紹基批校。邵陽市松坡圖書館藏。

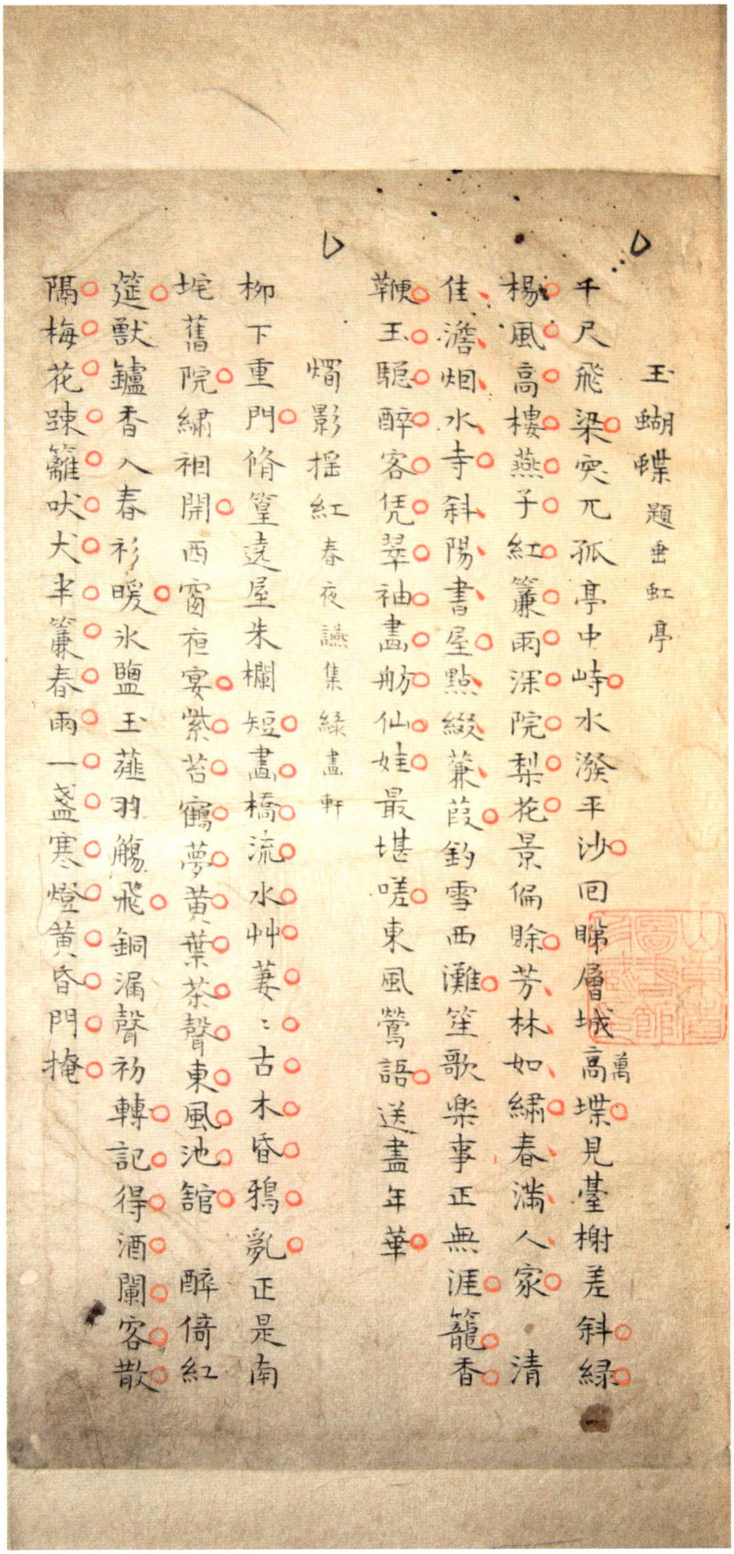
玉蝴蝶 題垂虹亭
千尺飛梁突兀孤亭中峙水潑平沙回眺層城高萬堞見臺榭差斜綠
楊風高樓燕子紅簾雨深院梨花景偏賒芳林如繡春滿人家 清
佳瀋烟水寺斜陽書屋點綴蒹葭釣雪西灘笠歌樂事正無涯籠香
鞭玉驄醉客凭翠袖畫舫仙娃最堪嗟東風鶯語送盡年華
燭影搖紅 春夜讌集綠畫軒
柳下重門脩篁遠屋朱欄短畫橋流水艸萋萋古木昏鴉亂正是南
垞舊院繡裀開西窗夜宴紫苔鶴夢黃葉茶聲東風池館 醉倚紅
筵歡鑪香入春衫暖氷盥玉薤羽觴飛銅漏聲初轉記得酒闌客散
隔梅花踈籬吠犬半簾春雨一盞寒燈黃昏門掩

10860 揖雲齋集不分卷 （清）鈕琇撰 稿本

山東省圖書館藏。

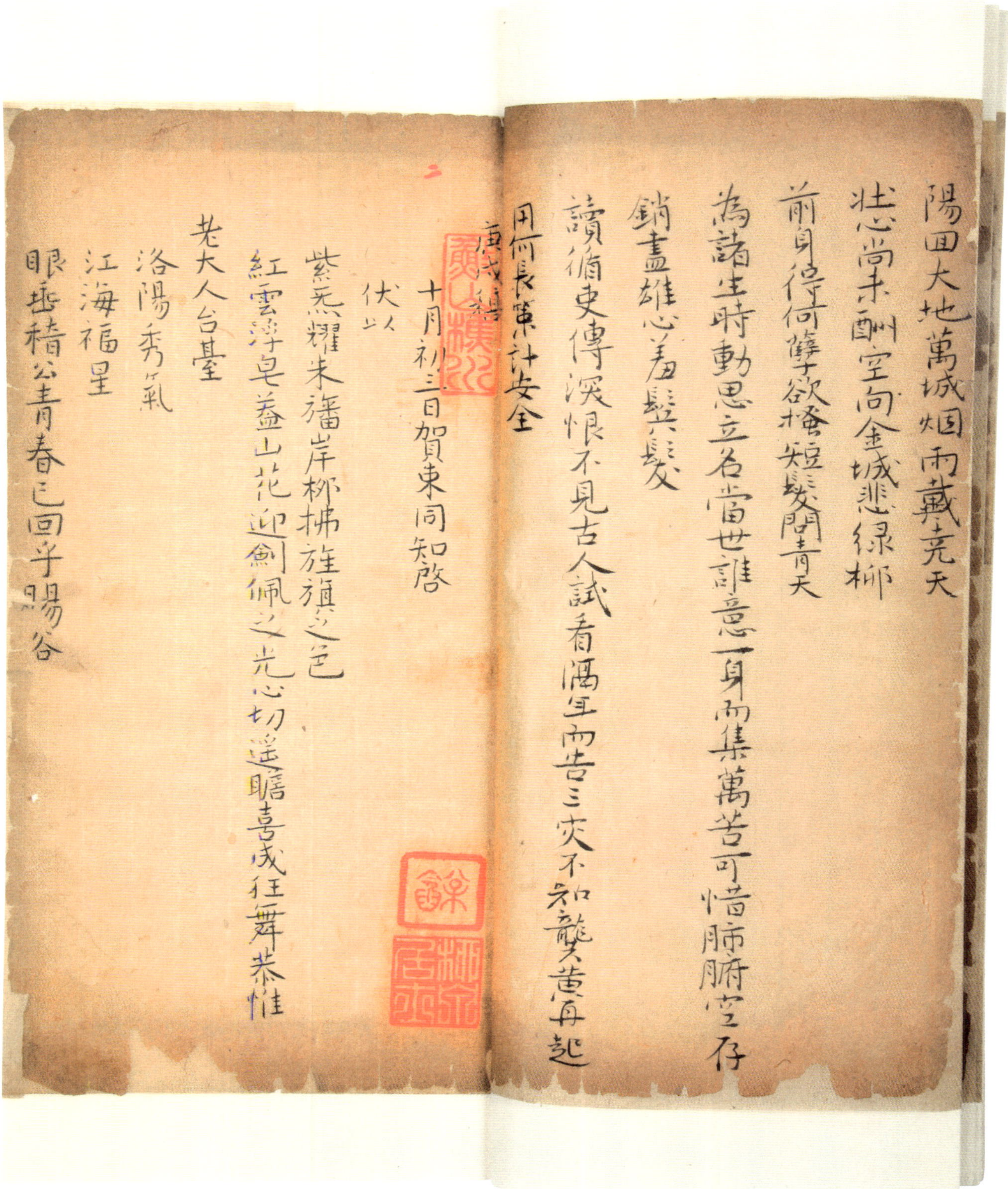

10861 鶴軒筆札不分卷 （清）蒲松齡撰 稿本

青島市博物館藏。

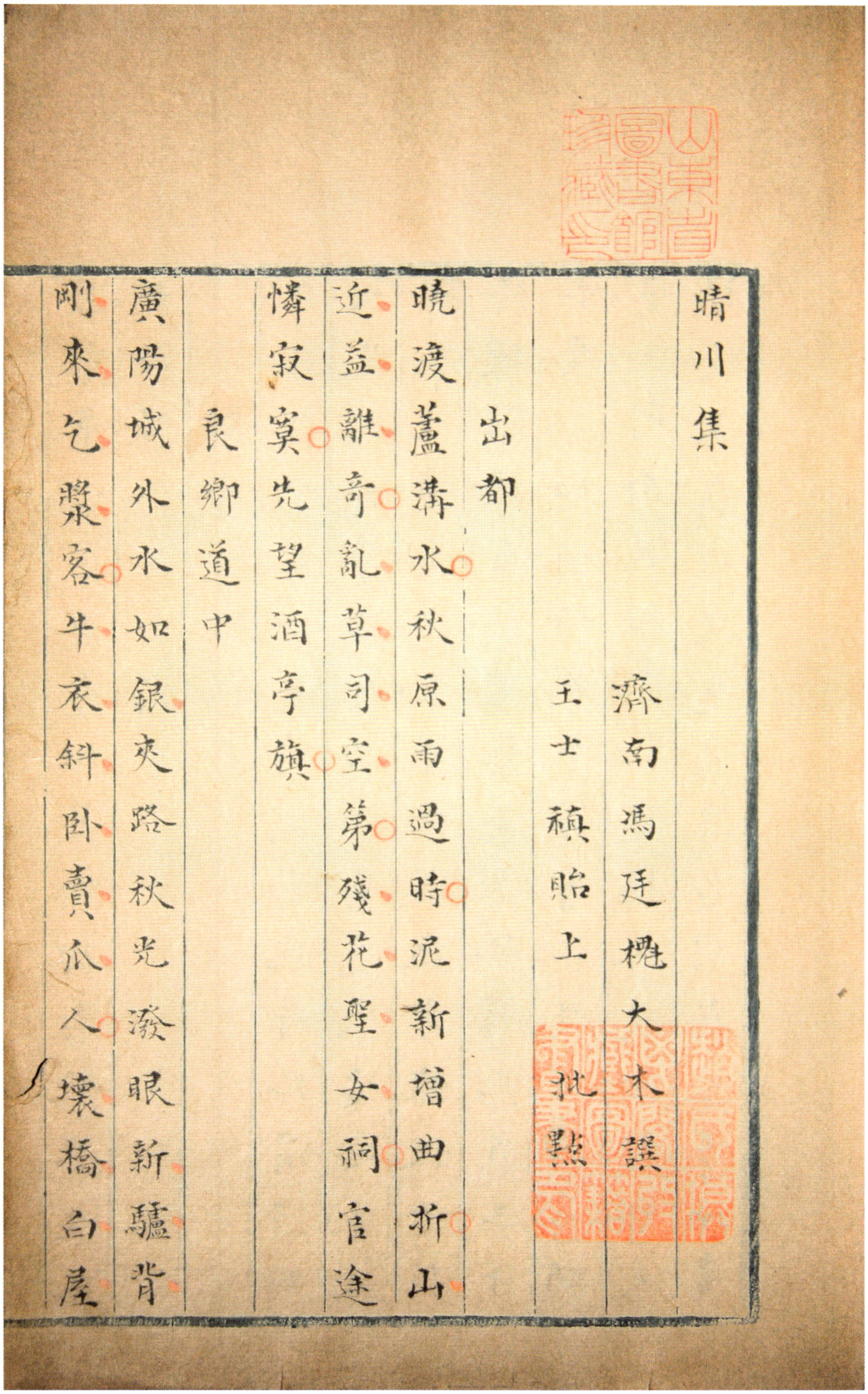
晴川集
濟南馮廷櫆大木譔
王士禛貽上批點
出都
曉渡蘆溝水秋原雨過時泥新增曲折山
近益離奇亂草司空第殘花聖女祠官途
憐寂寞先望酒亭旗
良鄉道中
廣陽城外水如銀夾路秋光潑眼新驢背
剛來乞糴客牛衣斜卧賣瓜人壞橋白屋

10862 晴川集一卷 （清）馮廷櫆撰 清抄本

匡高 17.6 釐米，廣 12.1 釐米。半葉十行，行十六字，藍格，白口，四周單邊。山東省圖書館藏。

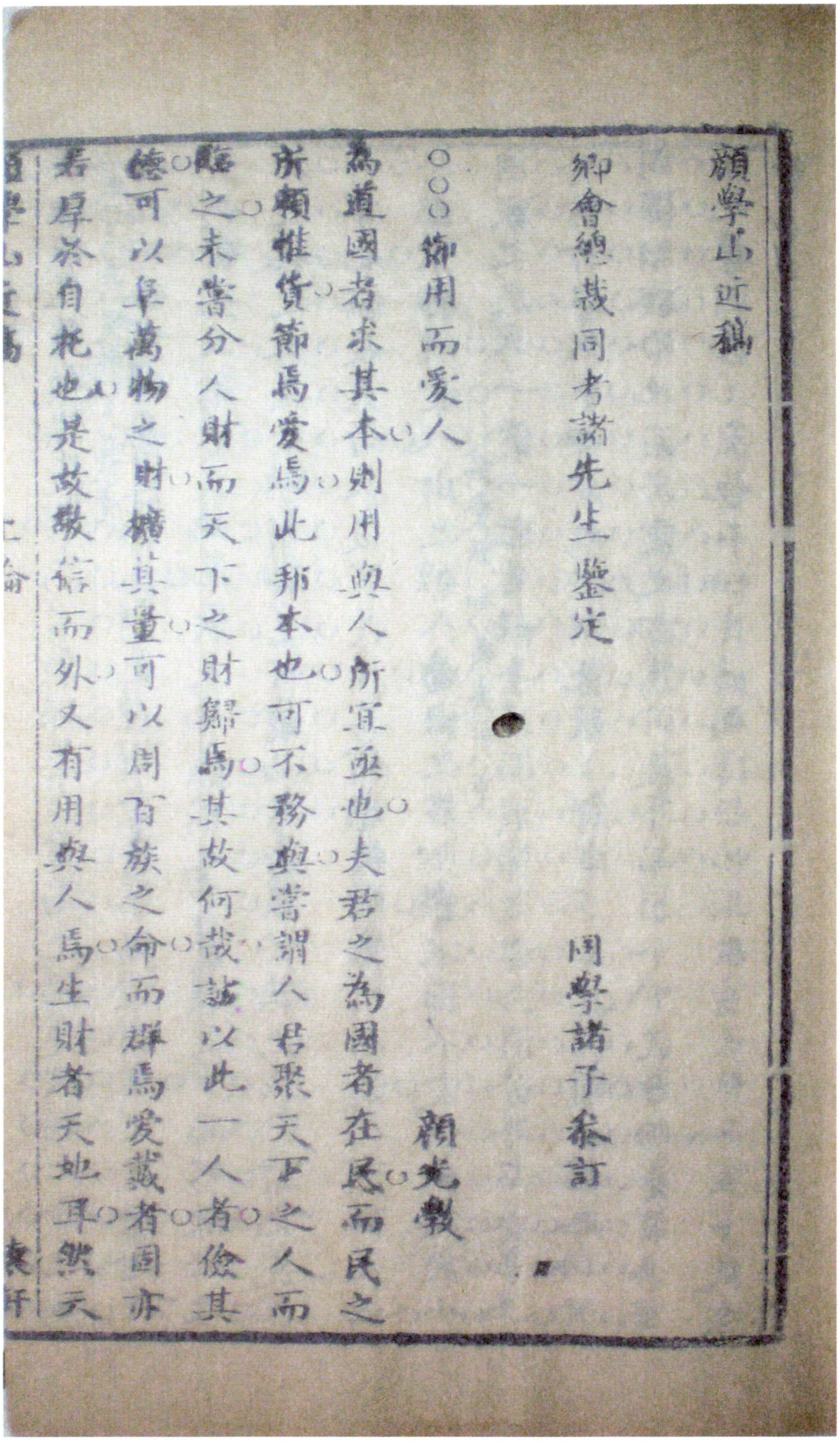

顏學山近稿

鄉會總裁同考諸先生鑒定　同學諸子參訂

○○○節用而愛人　顏光敳

為道國者求其本則用與人所宜亟也夫君之為國者在民之所賴惟貨節焉愛焉此邦本也可不務與嘗謂人君聚天下之人而臨之未嘗分人財而天下之財歸焉其故何哉誠以此一人者僉其德可以阜萬物之財積其量可以周百族之命而群焉愛藏者固亦甚厚於自私也是故散落而外又有用與人焉生財者天地耳然天

10863 顏學山近稿一卷　（清）顏光敳撰　清康熙刻本

匡高 19.8 釐米，廣 12.5 釐米。半葉十行，行二十六字，白口，左右雙邊。

曲阜師範大學圖書館藏。

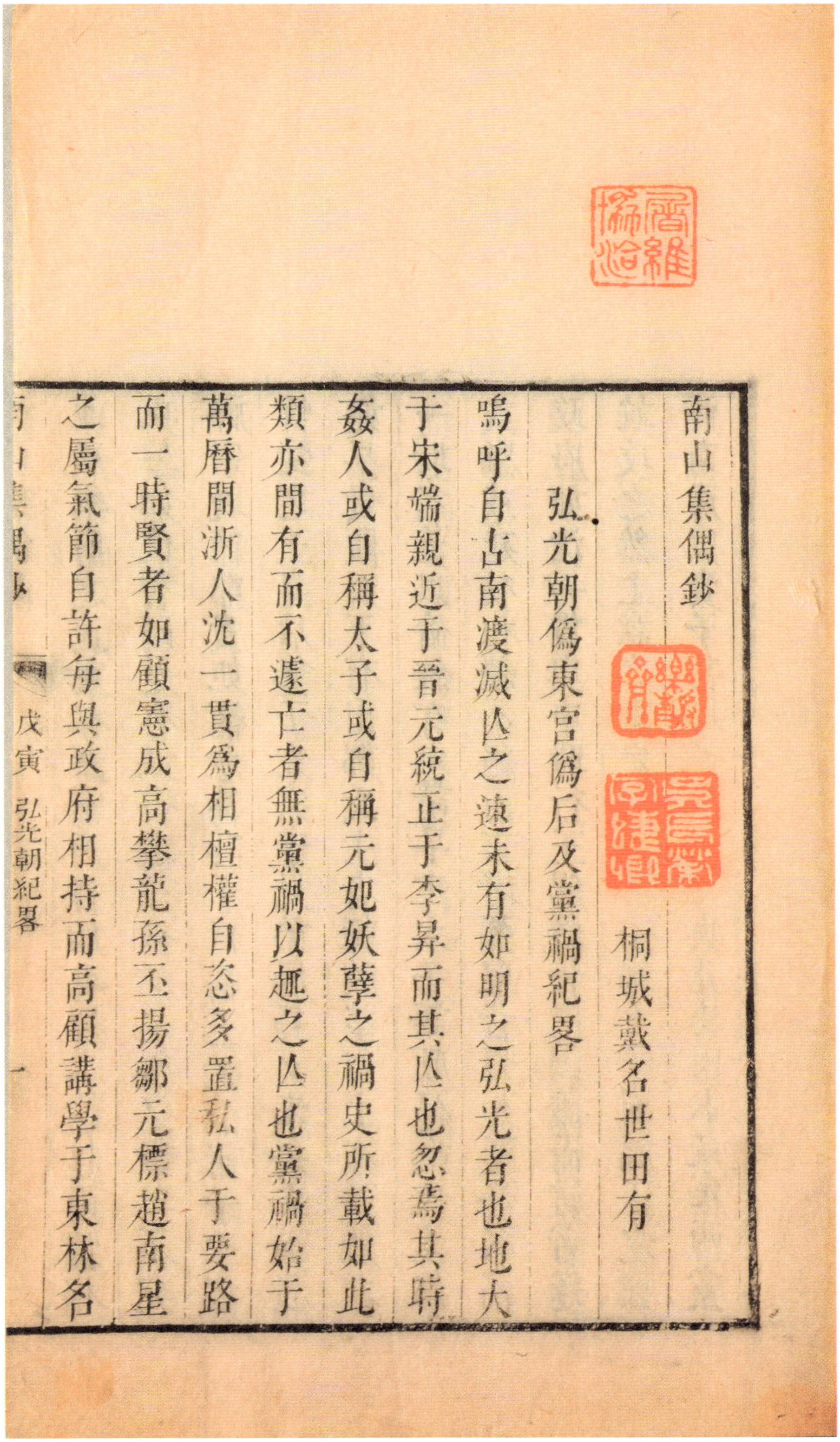
南山集偶鈔
桐城戴名世田有
弘光朝僞東宮僞后及黨禍紀畧
嗚呼自古南渡滅亡之速未有如明之弘光者也地大于宋端親近于晉元統正于李昪而其亡也忽焉其時姦人或自稱太子或自稱元妃妖孽之禍史所載如此類亦間有而不遽亡者無黨禍以趣之亡也黨禍始于萬曆間浙人沈一貫爲相擅權自恣多置私人于要路而一時賢者如顧憲成高攀龍孫丕揚鄒元標趙南星之屬氣節自許每與政府相持而高顧講學于東林名
南山集偶鈔　戊寅　弘光朝紀畧　一

10864 南山集偶鈔不分卷　（清）戴名世撰　清康熙四十年（1701）寶翰樓刻本

匡高 18 釐米，廣 13.2 釐米。半葉十行，行二十一字，白口，左右雙邊。安徽省博物館藏。

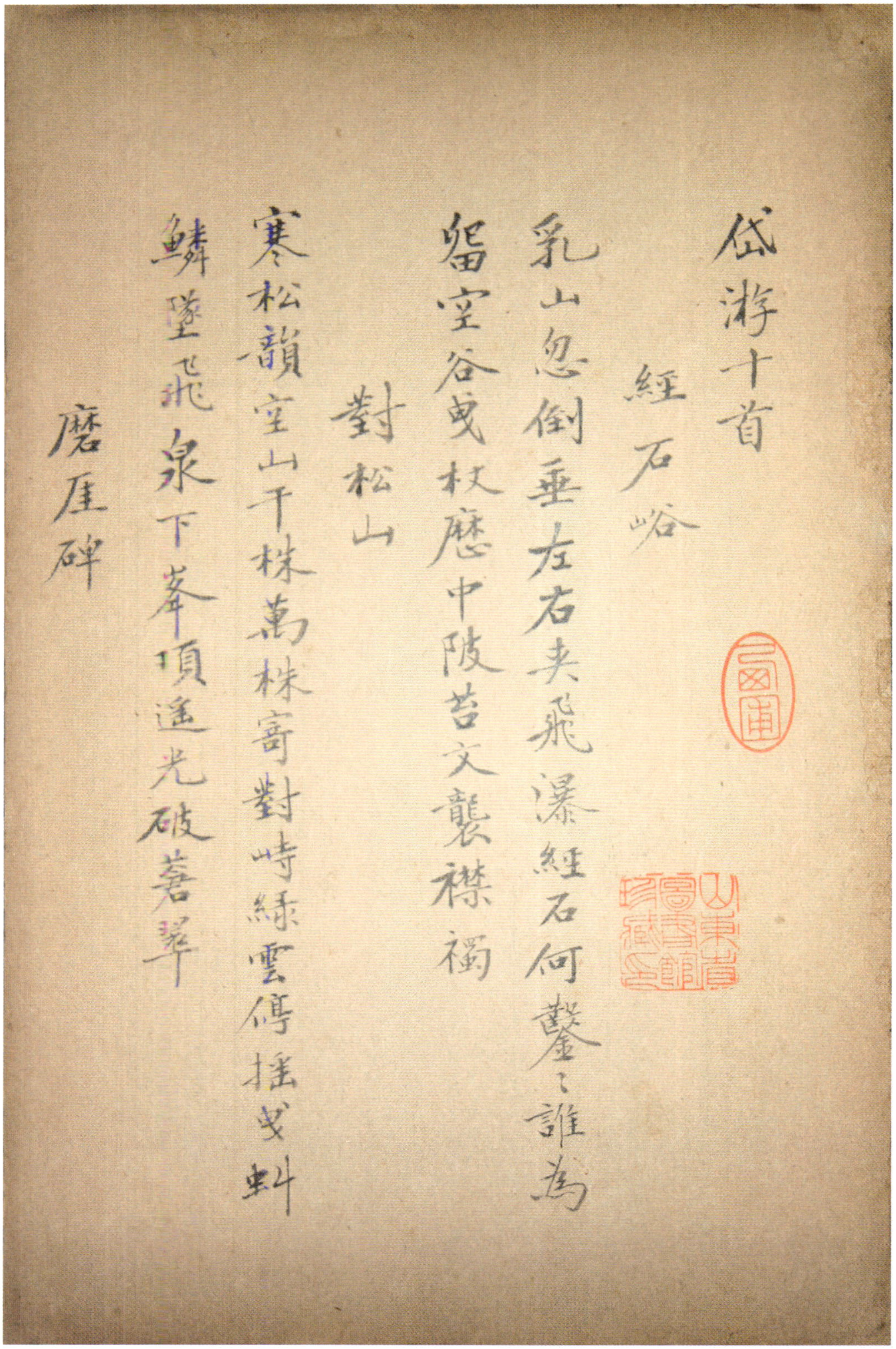
岱游十首
經石峪
亂山忽倒垂左右夾飛瀑經石何鑿鑿誰為
留空谷或杖歷中陂苔文襲襟褐
對松山
寒松韻空山千株萬株寄對峙綠雲停搖曳蚪
鱗墜飛泉下峯頂遥光破蒼翠
磨崖碑

10865 西圃詩册一卷 （清）田同之撰 稿本

山東省圖書館藏。

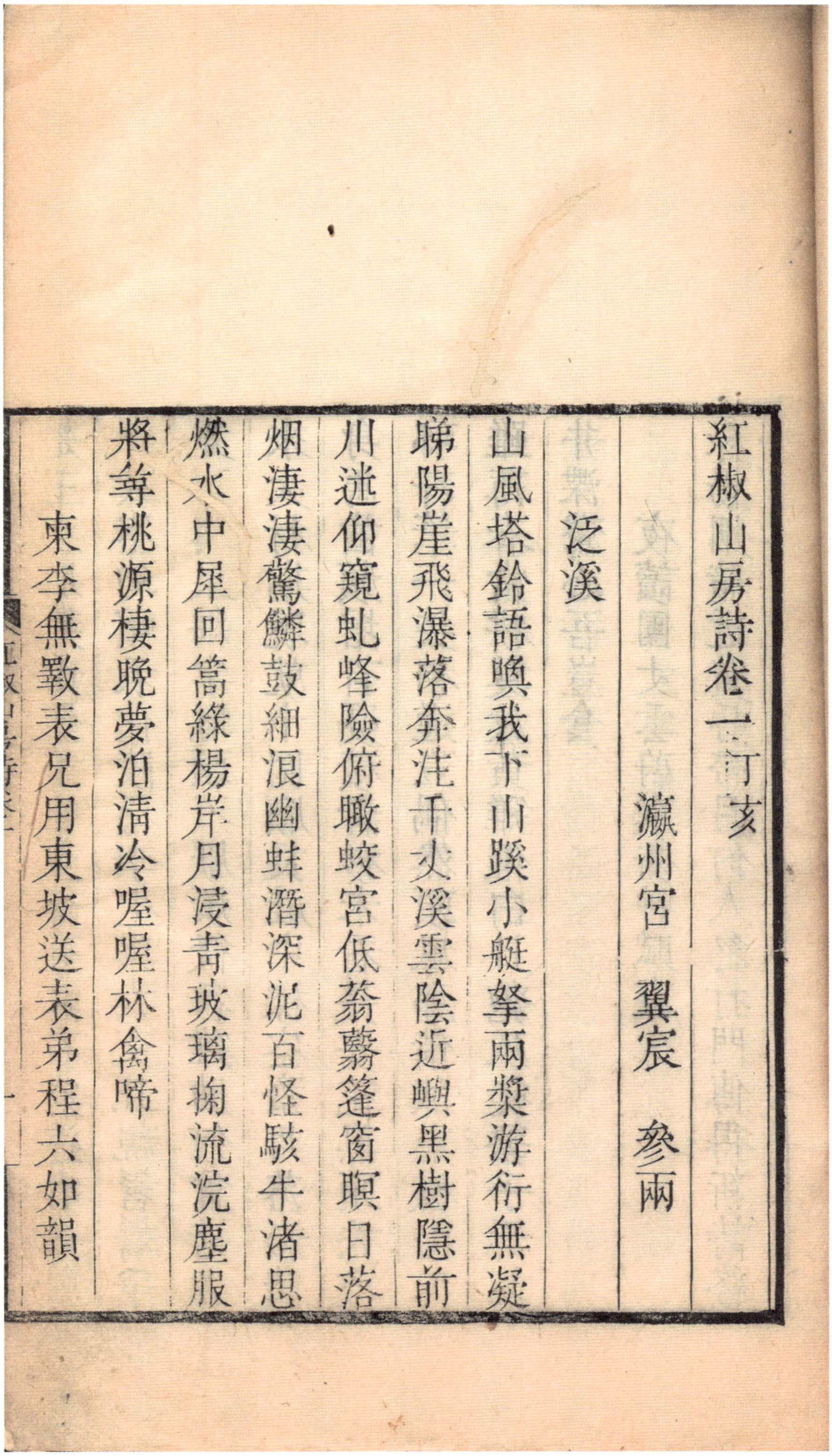

紅椒山房詩卷一　丁亥
瀛州宮　翼宸　參兩
泛溪
山風塔鈴語喚我下山蹊小艇拏兩槳游衍無凝
睇陽崖飛瀑落奔注千丈溪雲陰近嶼黑樹隱前
川迷仰窺虬峰險俯瞰蛟宮低蓊薱篷窗暝日落
烟淒淒驚鱗鼓細浪幽蚌潛深泥百怪駭牛渚思
燃水中犀回篙綠楊岸月浸青玻璃掬流浣塵服
將尋桃源棲晚夢泊清冷喔喔林禽啼
東李無數表兄用東坡送表弟程六如韻

10866 紅椒山房詩八卷　（清）宮翼宸撰　清康熙四十九年（1710）刻本

匡高 15.5 釐米，廣 12.5 釐米。半葉十行，行十九字，黑口，左右雙邊。山西大學圖書館藏。

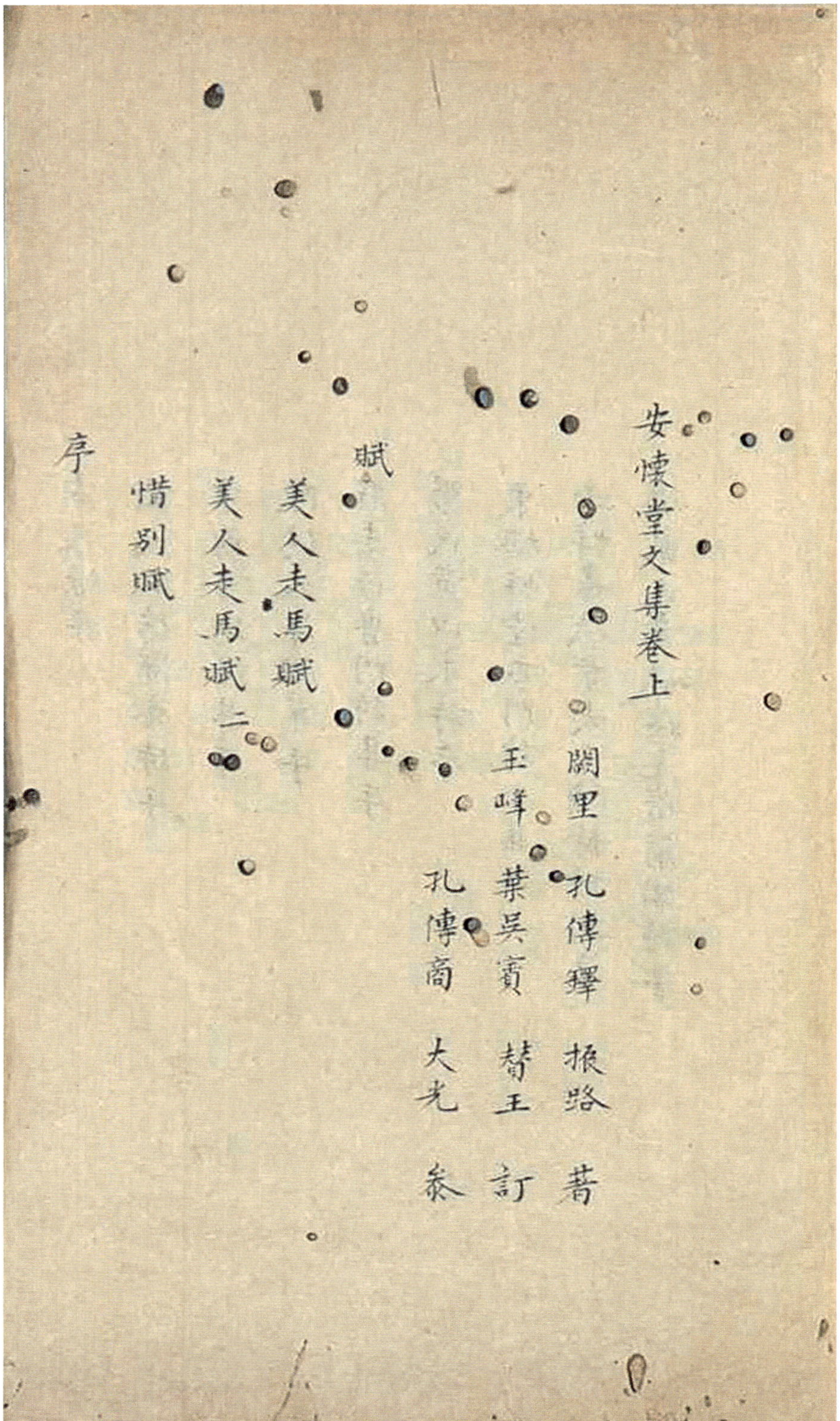
安懷堂文集卷上
闕里　孔傳鐸　振路　著
王曄　葉吳賓　賛王　訂
孔傳商　大光　參
賦
美人走馬賦
美人走馬賦二
惜别賦
序

10867 安懷堂全集六卷　（清）孔傳鐸撰 清抄本

由阜文物管理委員會孔府文物檔案館藏。

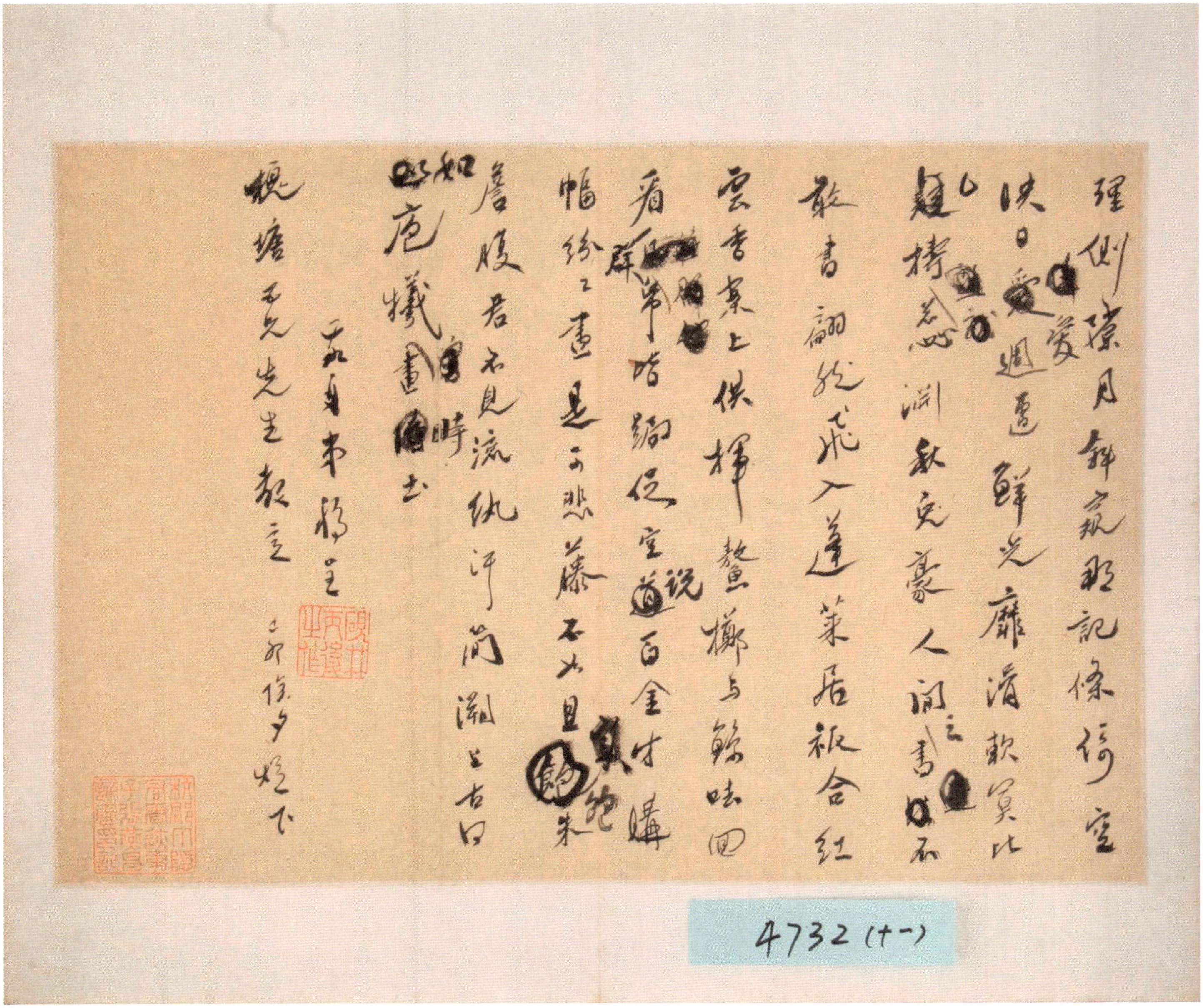

10868 丁隱君手迹遺稿 （清）丁敬撰 手稿本

有“杭郡丁隱君書迹弟子張燕昌諦審印記”等印。西泠印社藏。

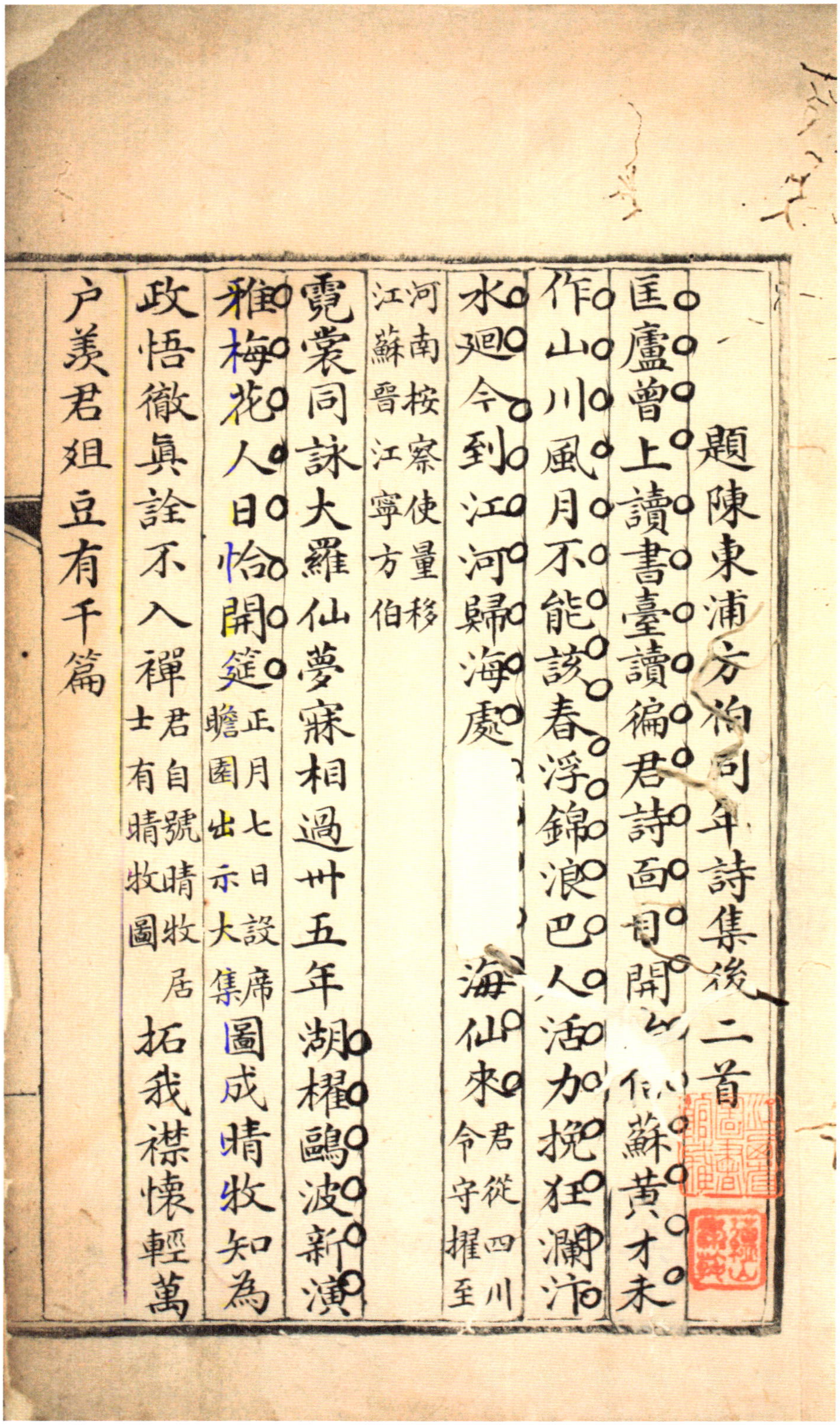

題陳東浦方伯同年詩集後二首

匡廬曾上讀書臺讀徧君詩面目開[illegible]似蘇黃才未作山川風月不能談春浮錦浪巴人活力挽狂瀾沛水廻今到江河歸海處海仙來君從四川令守擢至河南按察使量移江蘇晉江寧方伯

霓裳同詠大羅仙夢寐相過卅五年湖櫂鷗波新演雅梅花人日恰開筵正月七日設席瞻園出示大集圖成晴牧知為政悟徹眞詮不入禪君自號晴牧居士有晴牧圖拓我襟懷輕萬户羨君俎豆有千篇

10869 謝中丞詩稿不分卷 （清）謝啓昆撰 稿本

匡高 21.1 釐米，廣 14.9 釐米。半葉九行，行二十字，小字雙行同，白口，四周雙邊。胡思敬題款。江西省圖書館藏。

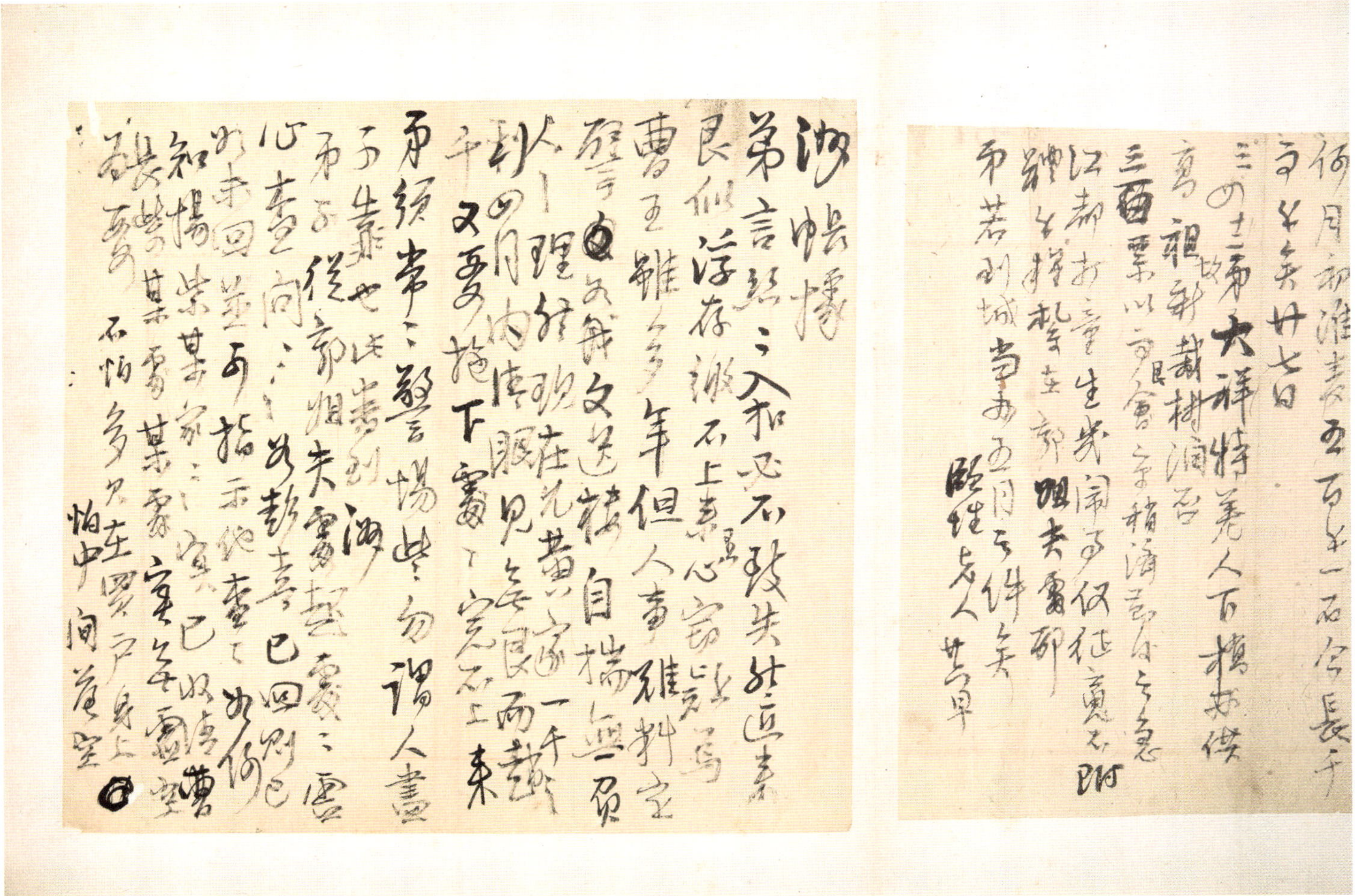

10870 阮文達公致仕後家書不分卷 （清）阮元撰 稿本

國家圖書館藏。

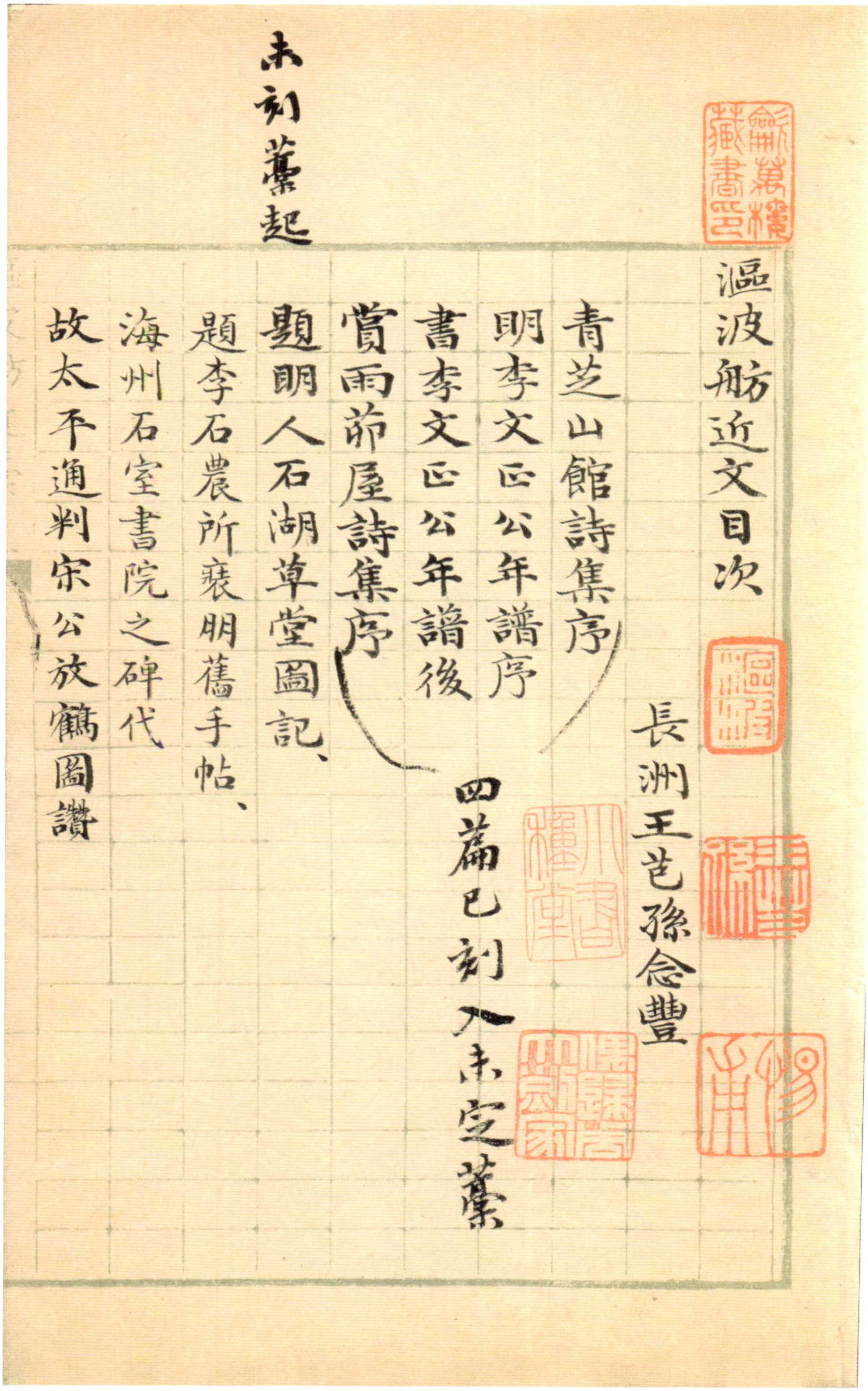

10871 漚波舫近文不分卷 （清）王芑孫撰 手稿本

南開大學圖書館藏。

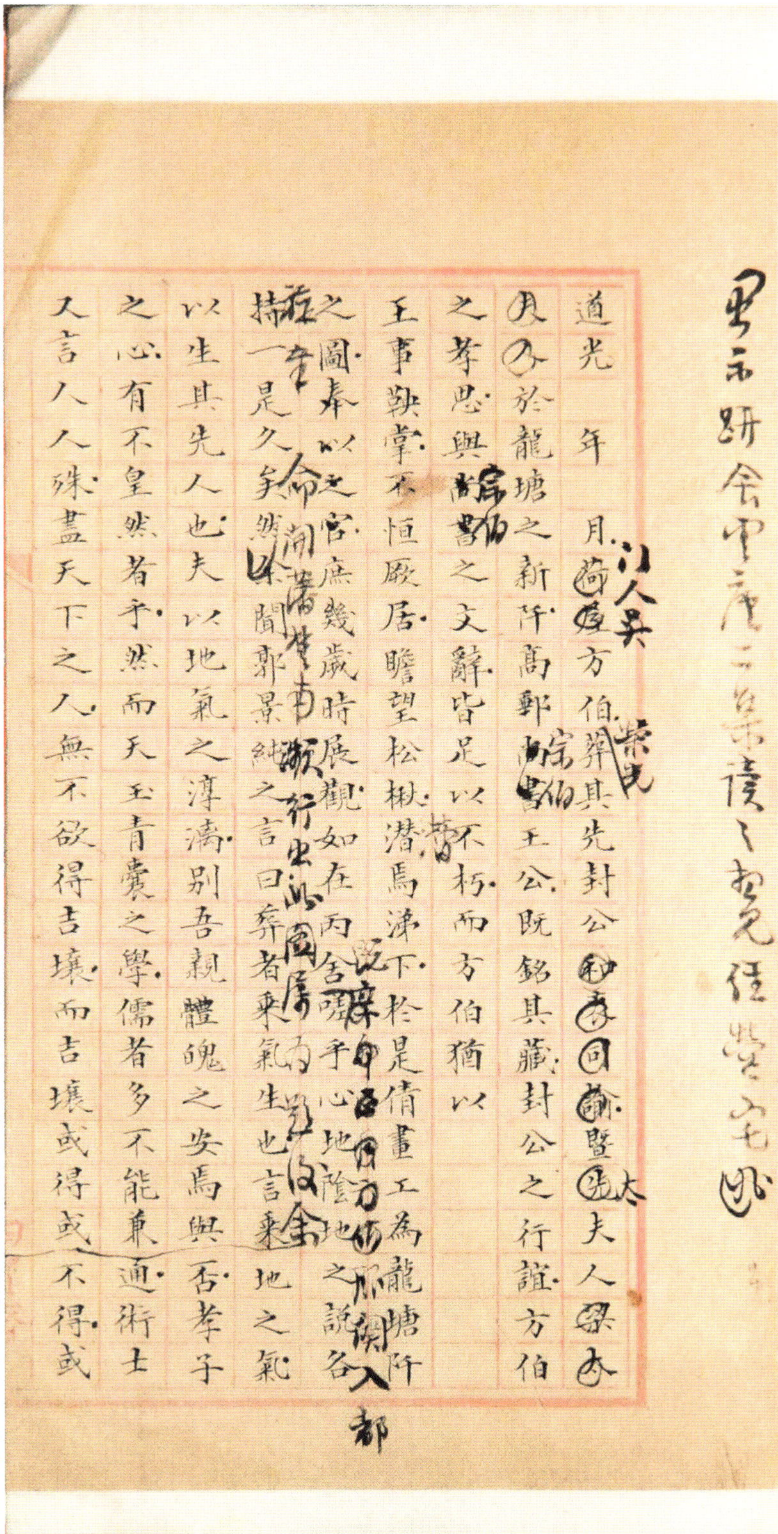

10872 思補堂文抄一卷 （清）潘世恩撰 稿本

蘇州博物館藏。

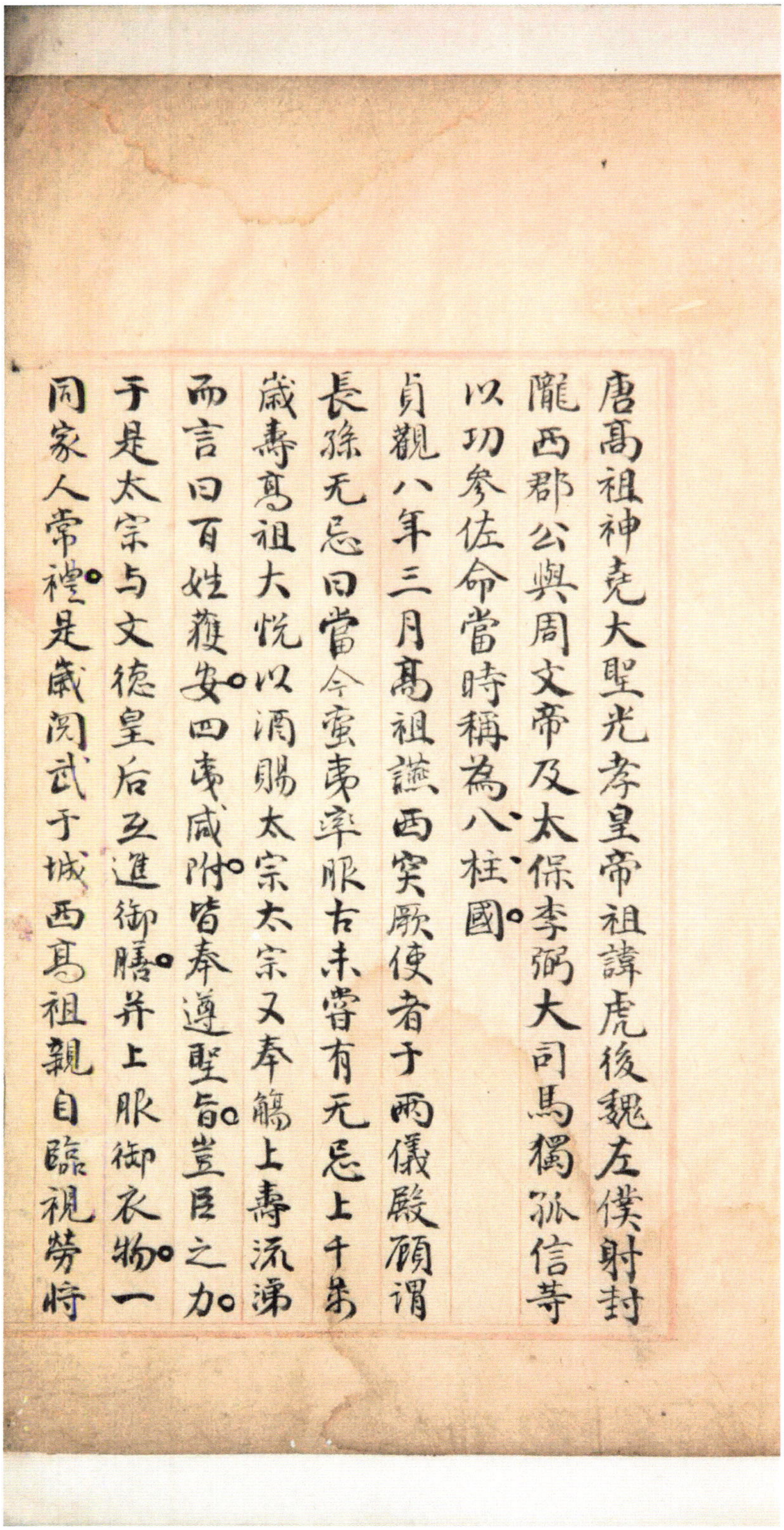

10873 思補堂詩稿一卷雜録一卷 （清）潘世恩撰 稿本

蘇州博物館藏。

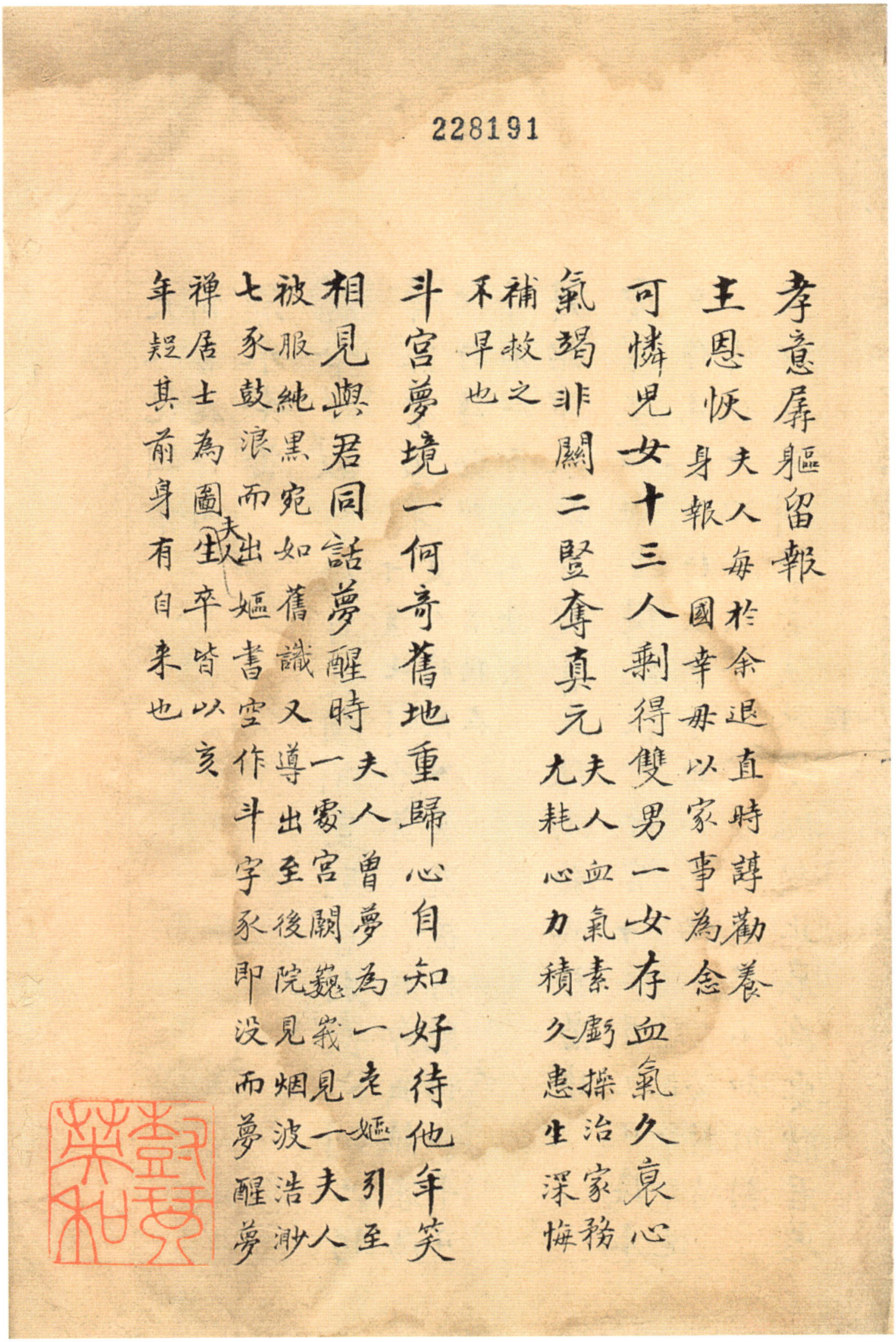

10874 賡揚集不分卷 （清）英和撰 稿本

大連圖書館藏。

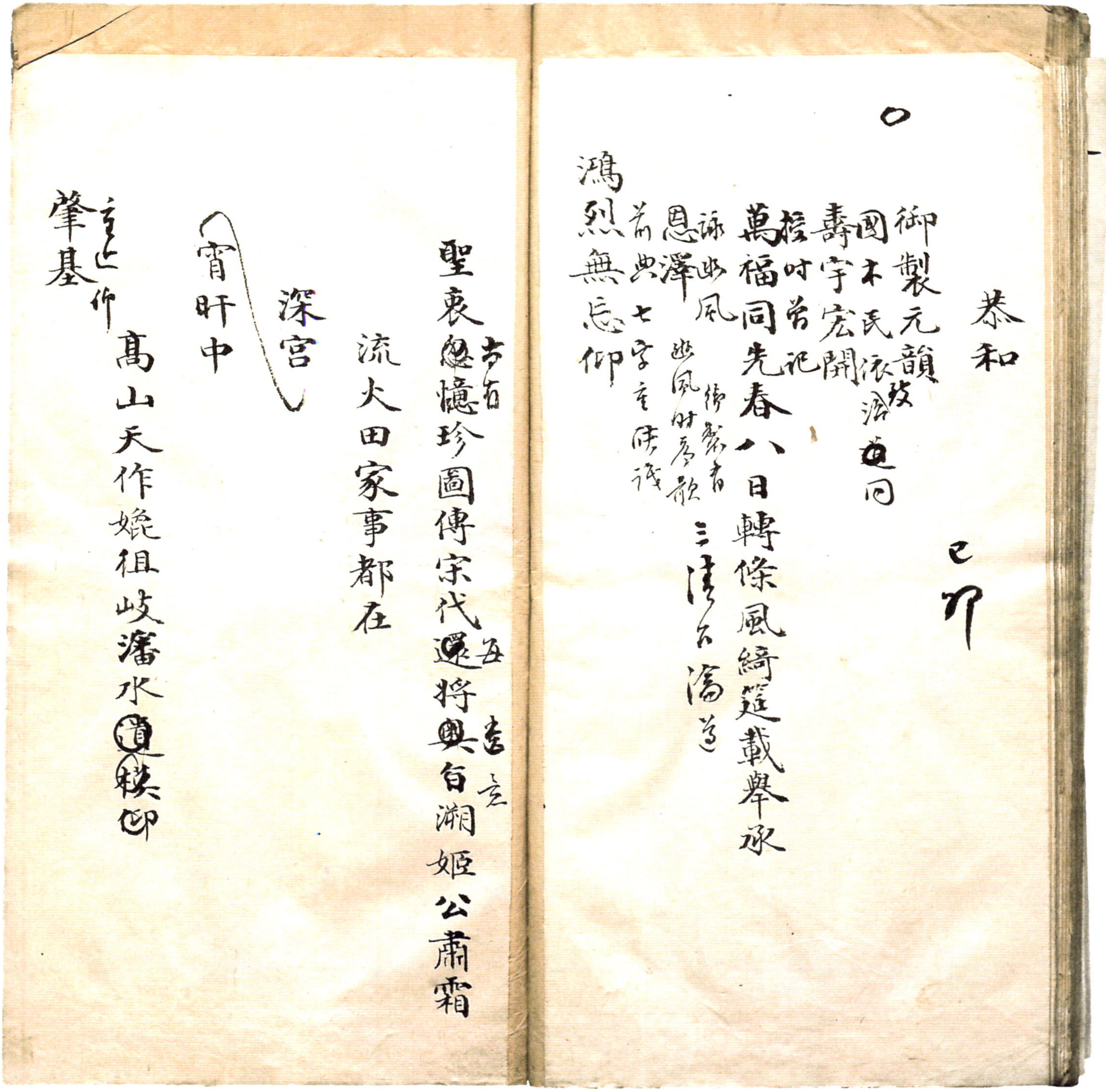

10875 恭和御製詩一卷 （清）姚文田撰 稿本

江蘇省吴江市圖書館藏。

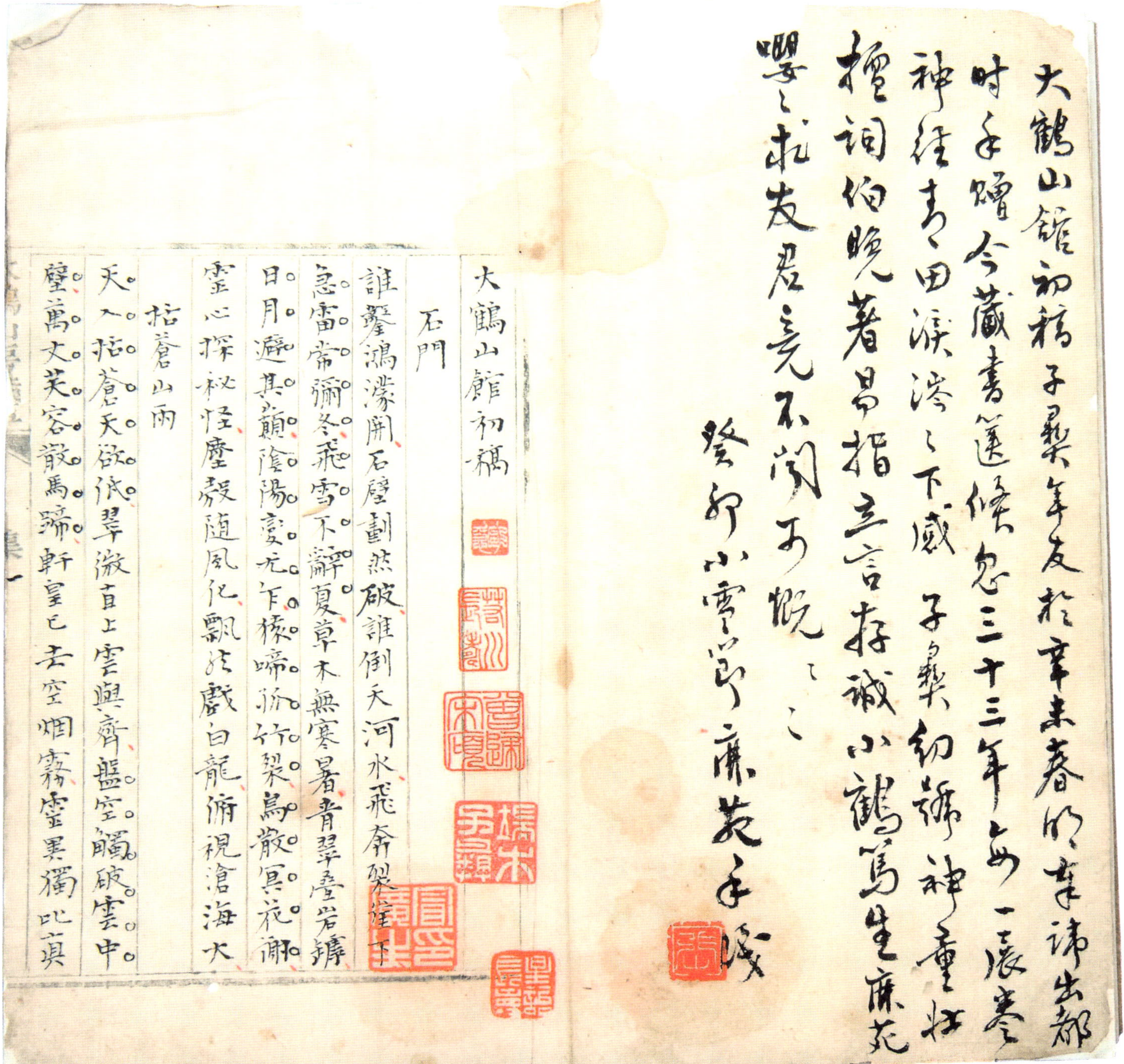

10876 太鶴山館初稿一卷 （清）端木國瑚撰 稿本

匡高 17.7 釐米，廣 12.1 釐米。半葉九行，行二十字，白口，四周雙邊。周星詒跋。浙江省瑞安市文物館藏。

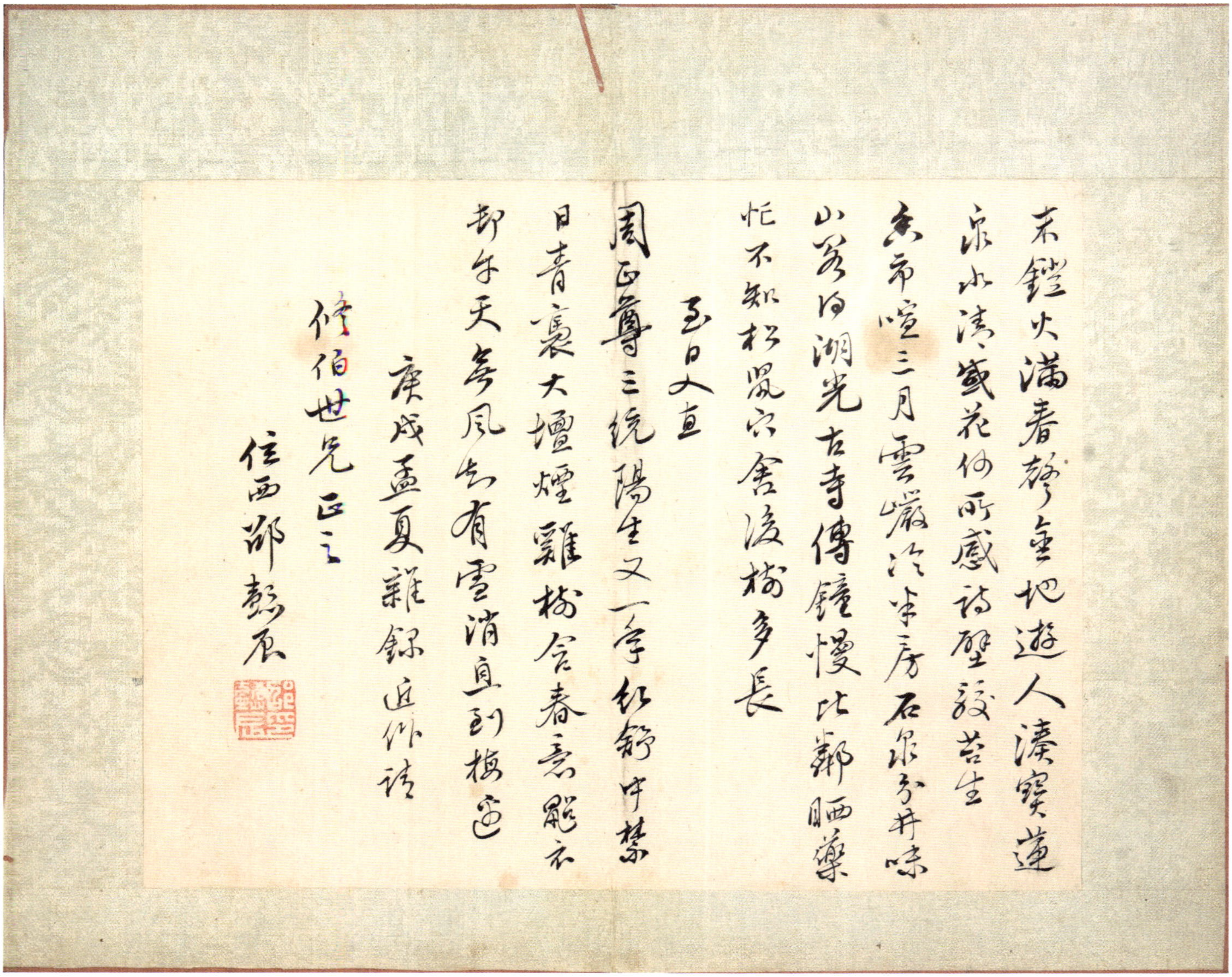

10877 半巖廬遺詩一卷 （清）邵懿辰撰 稿本

朱學勤、潘祖蔭、孫詒經、譚獻、楊文瑩、吳慶坻跋，杜文瀾、林啓、陳豪、梁鼎芬題詩。國家圖書館藏。

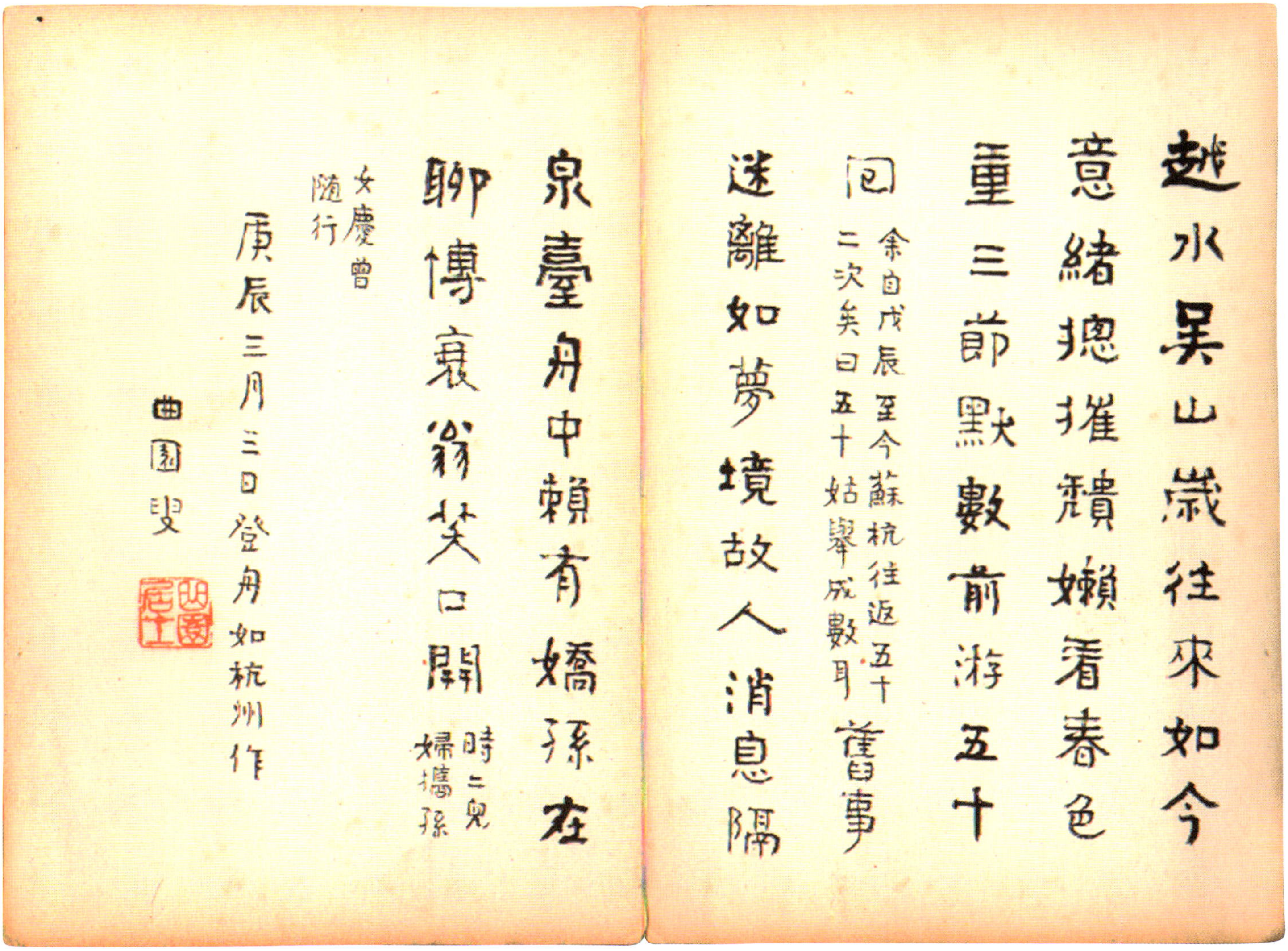
越水吳山歲往來，如今意緒總摧隤。懶看春色重三節，默數前游五十回。（余自戊辰至今蘇杭往返五十二次矣，曰五十，姑舉成數耳。）舊事迷離如夢境，故人消息隔泉臺。舟中賴有嬌孫在，聊博衰翁笑口開。（時二兒婦攜孫女慶曾隨行）

庚辰三月三日登舟如杭州作

曲園叟

曲園居士

10878 日邊酬唱一卷 （清）俞樾等撰 稿本

中國科學院國家科學圖書館藏。

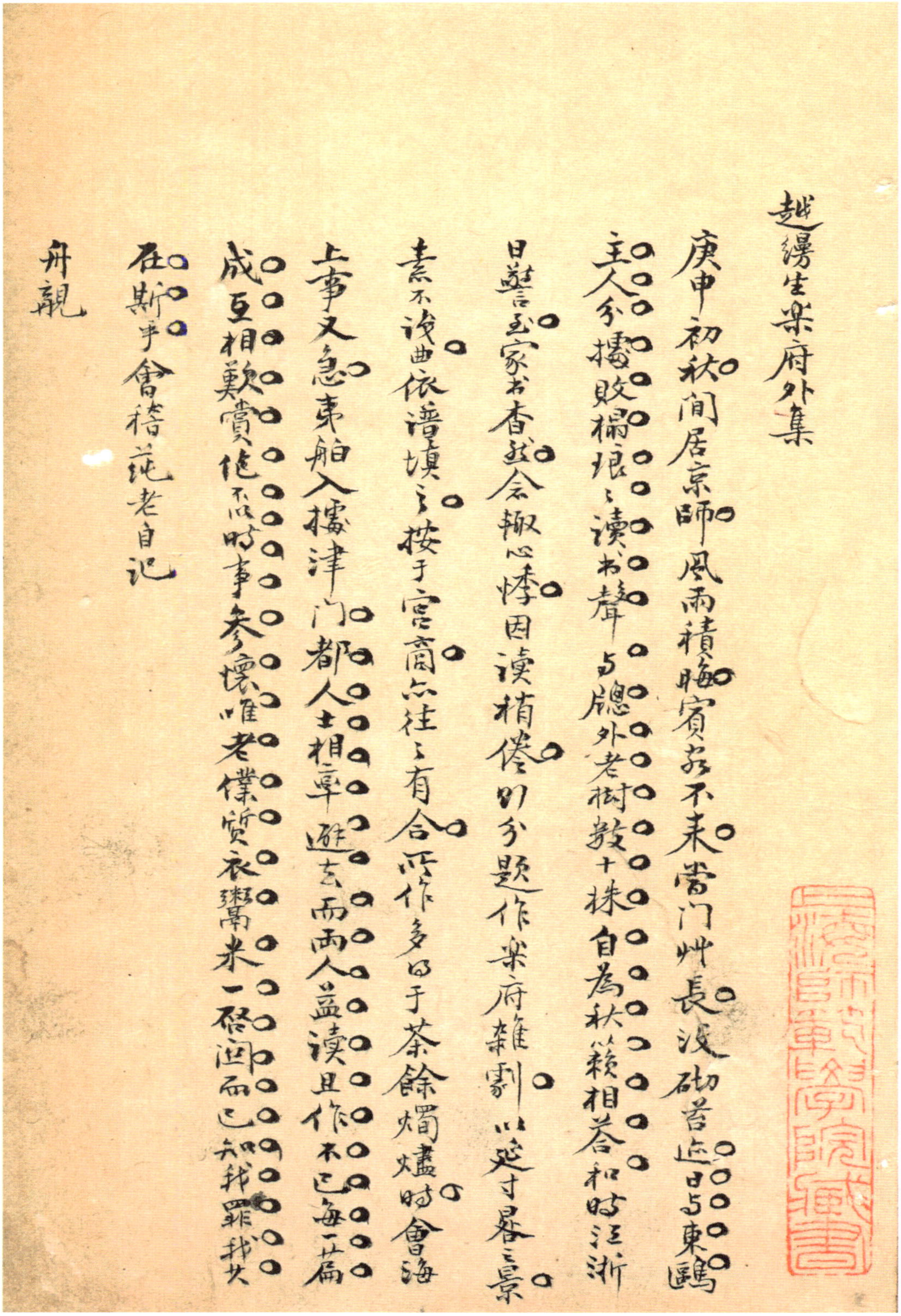
越縵生樂府外集
庚申初秋，閒居京師，風雨積晦，賓客不來，當門艸長，波砌苔延，日與東甌
主人分擷敗編，琅琅讀書聲，與牕外老樹數十株，自爲秋籟相答和，時汪浙
日警至，家書杳然，念撫心悸，因讀稍倦，即分題作樂府雜劇，以送寸晷，景
素不諳曲，依譜填之，按于宮商，亦往往有合，所作多日于茶餘燭燼時，會海
上事又急，東舶入擾津門，都人士相率避去，而兩人益讀且作，不已，每一篇
成，互相歎賞，絕不以時事爲懷，唯老僕質衣糴米一啓迎而已，知我罪我，其
在斯乎，會稽蒓老自記
丹親

10879 越縵堂遺稿二卷 （清）李慈銘撰 稿本

上海師範大學圖書館藏。

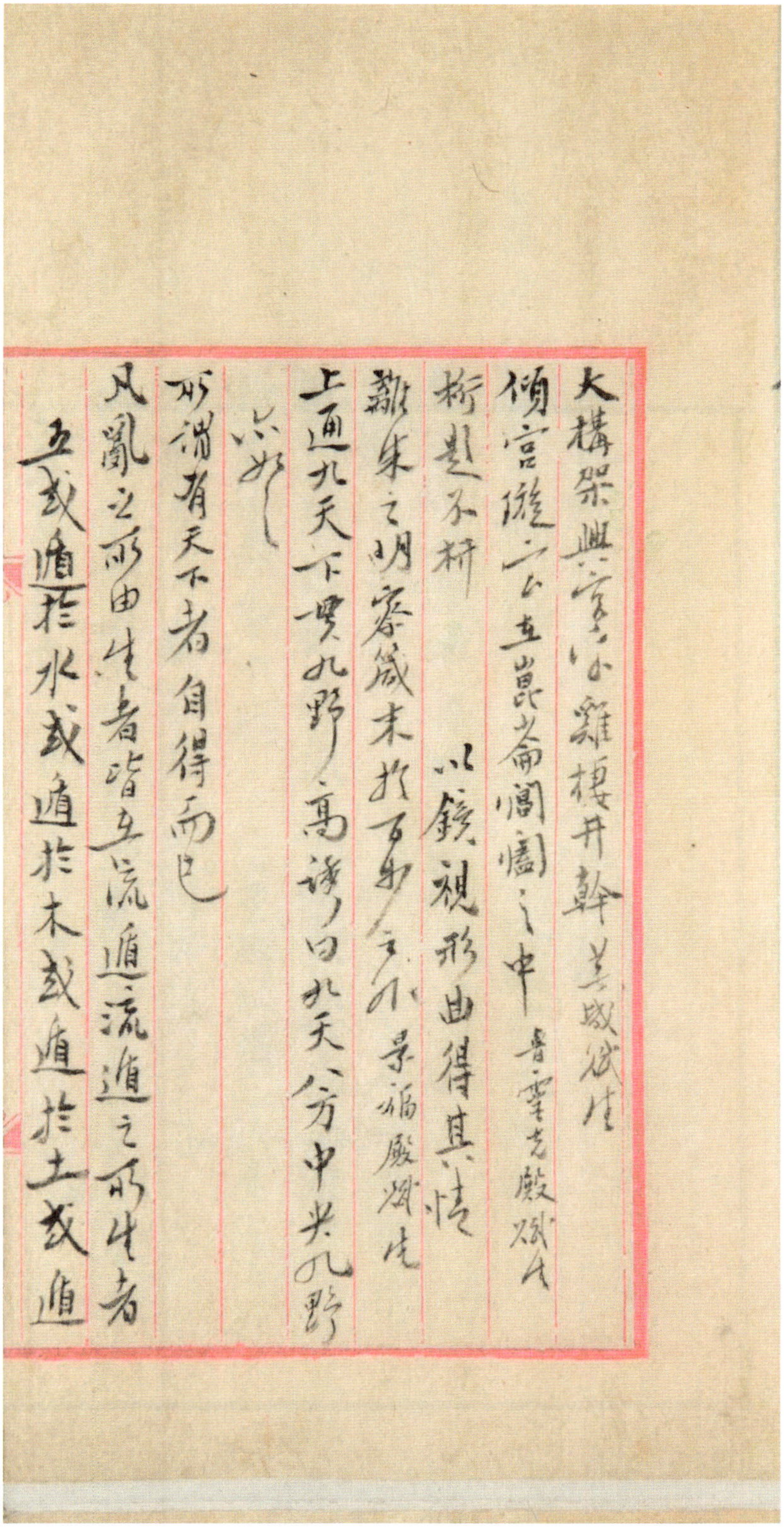

10880 葉鞠裳手寫本文選注引書稿不分卷 （清）葉昌熾撰 稿本
錢復跋。蘇州博物館藏。

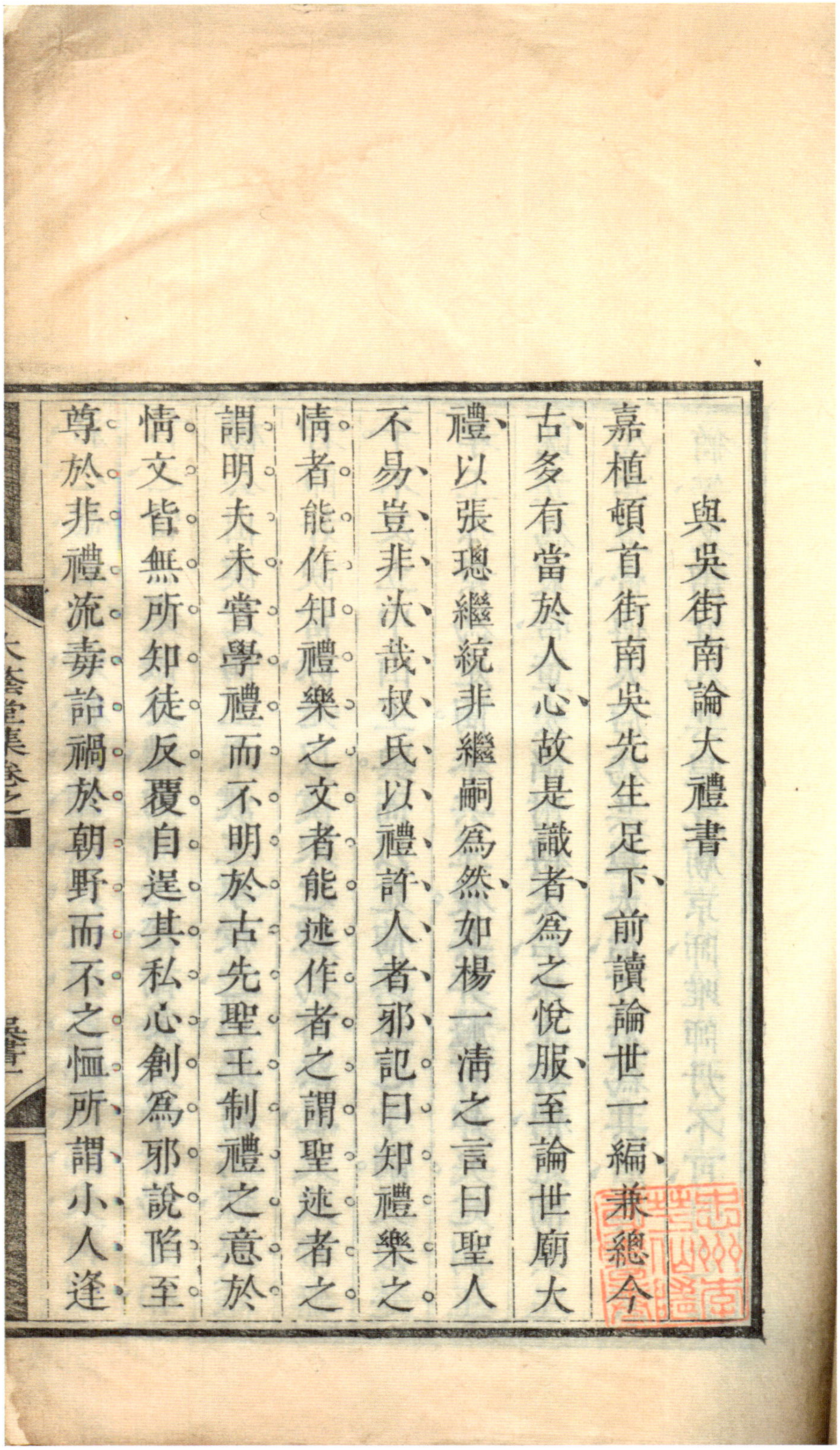

與吳街南論大禮書

嘉植頓首街南吳先生足下前讀論世一編兼總今古多有當於人心故是識者爲之悅服至論世廟大禮以張璁繼統非繼嗣爲然如楊一清之言曰聖人不易豈非決哉叔氏以禮許人者邪記曰知禮樂之情者能作知禮樂之文者能述作者之謂聖述者之謂明夫未嘗學禮而不明於古先聖王制禮之意於情文皆無所知徒反覆自逞其私心創爲邪說陷至尊於非禮流毒詒禍於朝野而不之恤所謂小人逞

大蔭堂集卷之一

10881 大蔭堂集不分卷 （清）洪嘉植撰 清初刻本

匡高 17.7 釐米，廣 12.5 釐米。半葉九行，行二十字，黑口，四周雙邊。有“忠州李芋仙隨身書卷”等印。北京師範大學圖書館藏。

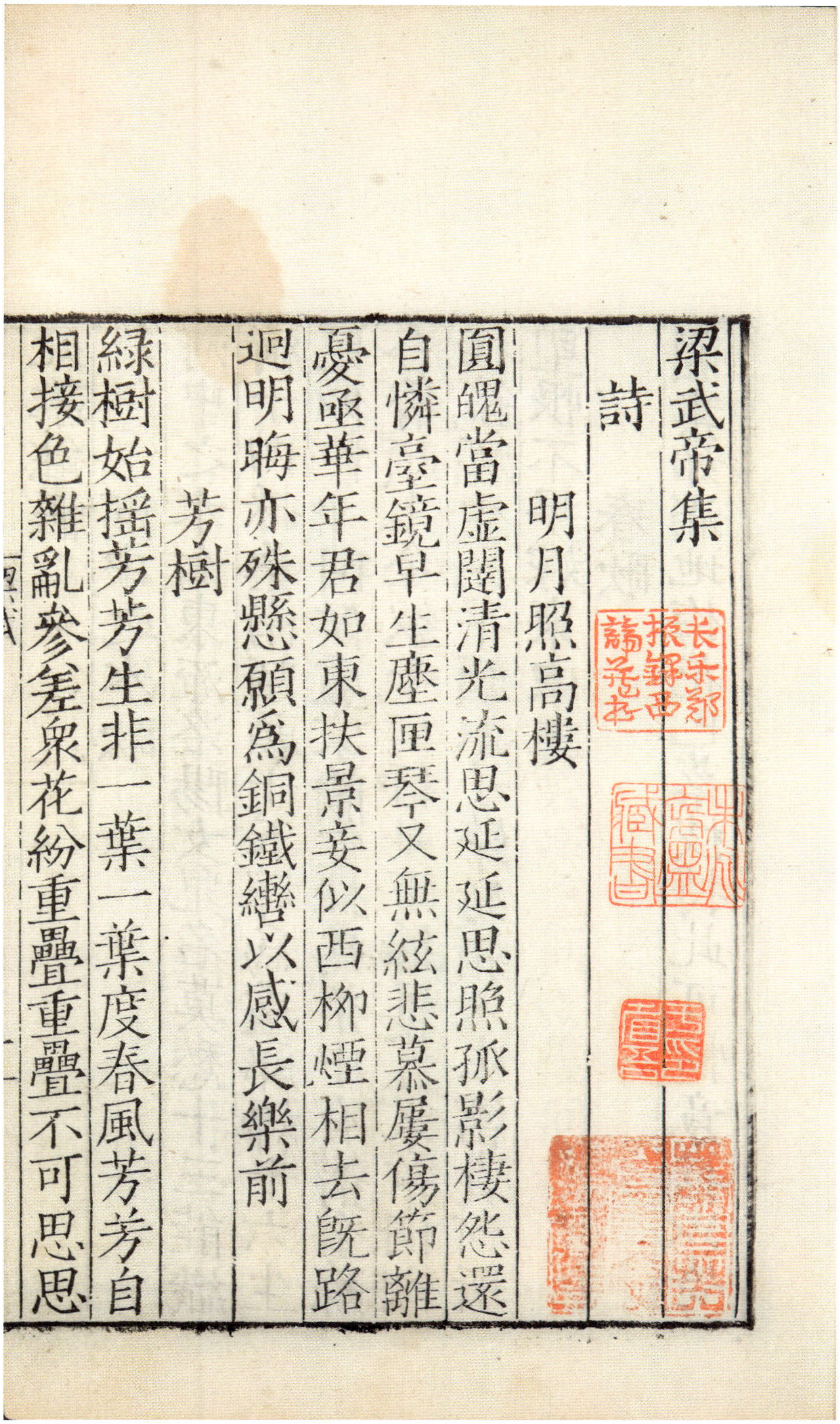

梁武帝集

詩

明月照高樓

圓魄當虛闥清光流思延延思照孤影棲怨還
自憐臺鏡早生塵匣琴又無絃悲慕屢傷節離
憂亟華年君如東扶景妾似西柳煙相去既路
迥明晦亦殊懸願爲銅鐵戀以感長樂前

芳樹

綠樹始搖芳芳生非一葉一葉度春風芳芳自
相接色雜亂參差衆花紛重疊重疊不可思思

10882 六朝詩集五十五卷 明嘉靖刻本

匡高17.8釐米，廣12.6釐米。半葉十行，行十八字，白口，左右雙邊。鄭振鐸跋。國家圖書館藏。

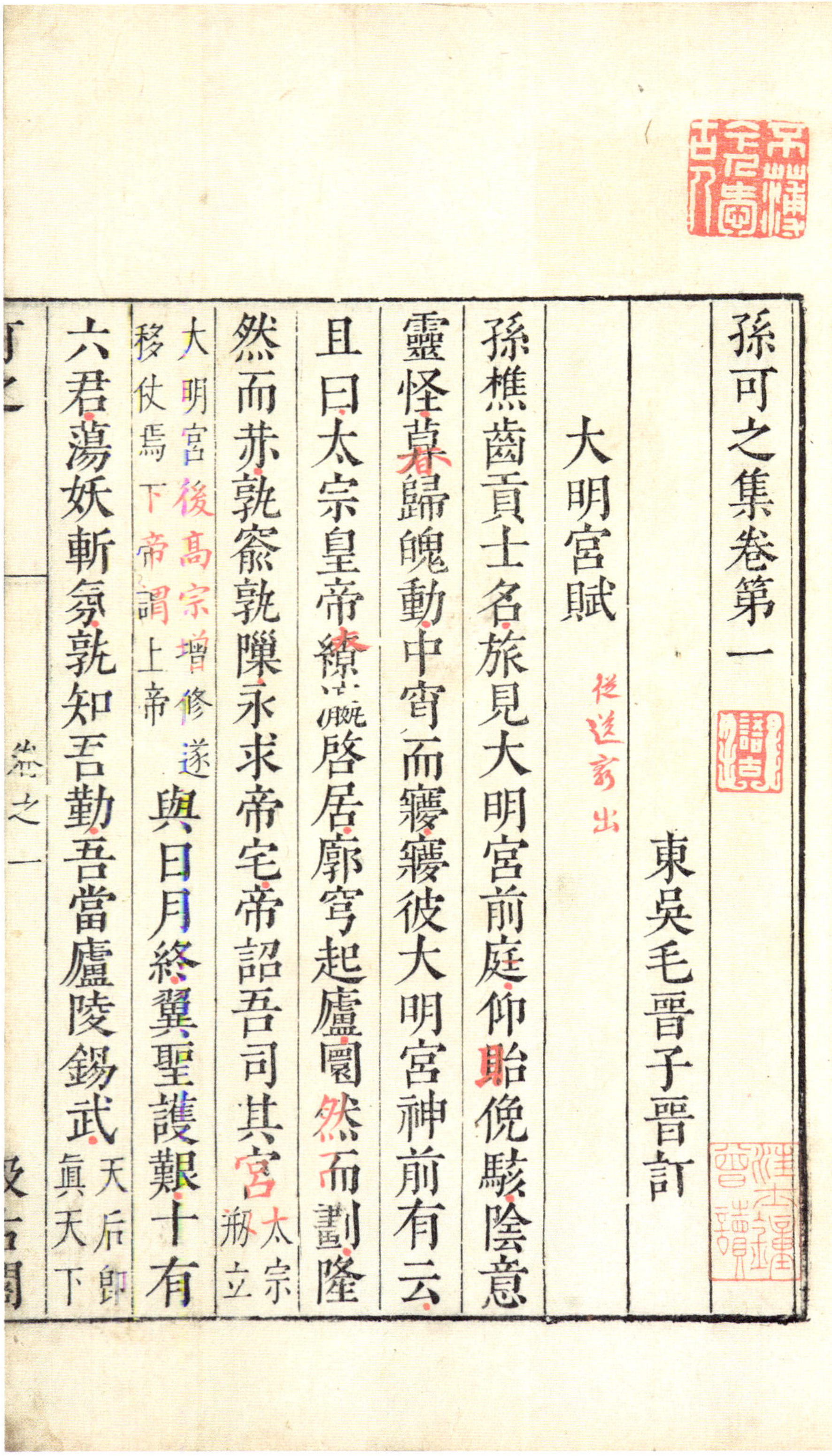
孫可之集卷第一　東吳毛晉子晉訂
大明宮賦
孫樵齒貢士名旅見大明宮前庭仰眙俛駭陰意靈怪莫歸魄動中宵而寢寢彼大明宮神前有云且曰太宗皇帝繚𢋄啓居廓穹起廬闉然而劃隆然而赤孰察孰隳永求帝宅帝詔吾司其宮太宗𣵀立大明宮後高宗增修遂移仗焉下帝謂上帝與日月終翼聖護艱十有六君蕩妖斬氛孰知吾勤吾當廬陵錫武天后即眞天下
可之　卷之一　汲古閣

10883 三唐人文集三十四卷　（明）毛晉編　明末毛氏汲古閣刻本

匡高 18.6 釐米，廣 14 釐米。半葉九行，行十九字，白口，左右雙邊。何焯批校並跋，鄧邦述、章鈺、傅增湘跋。國家圖書館藏。

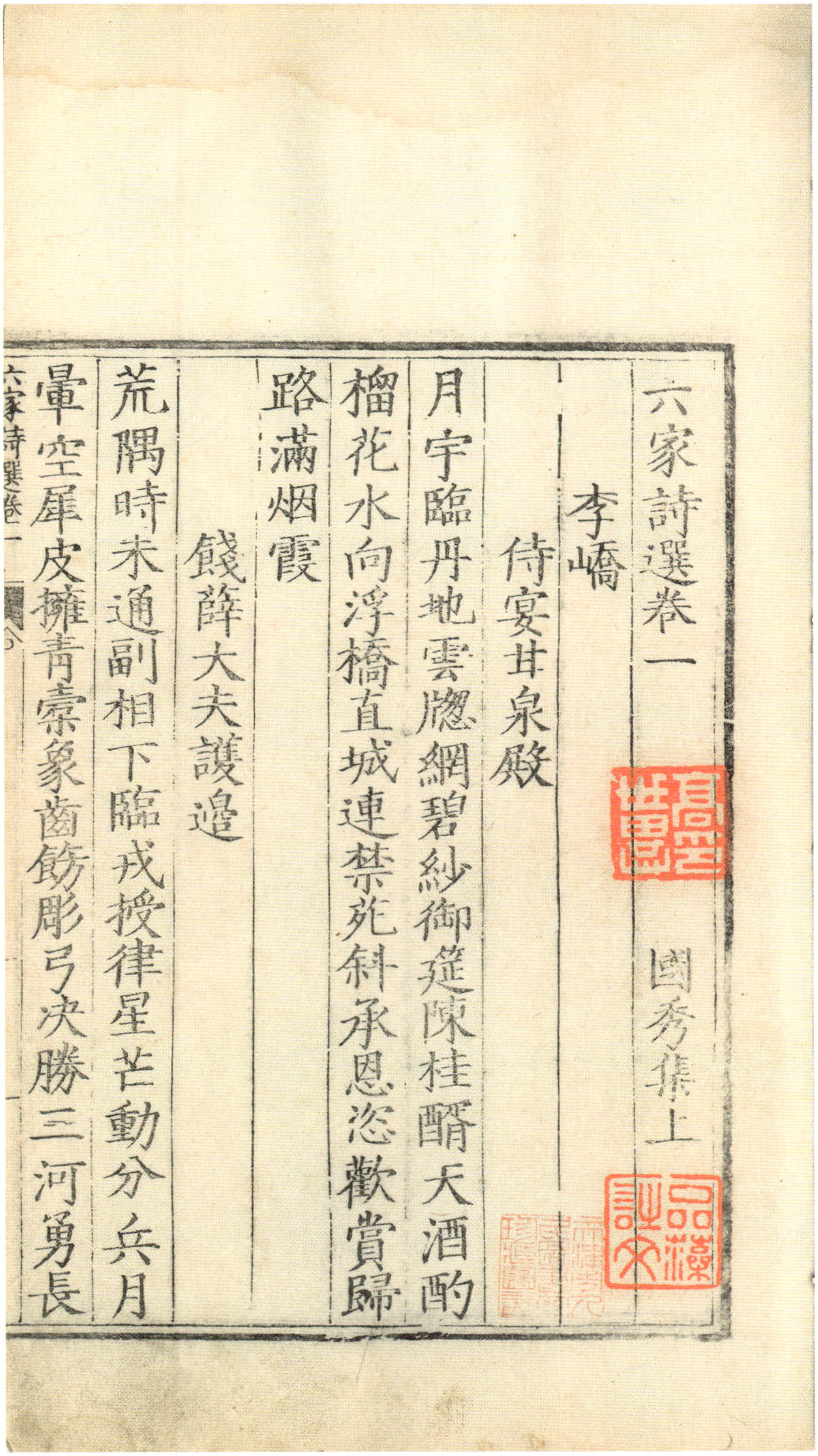

六家詩選卷一

李嶠　國秀集上

侍宴甘泉殿

月宇臨丹地雲窗網碧紗御筵陳桂醑天酒酌榴花水向浮橋直城連禁苑斜承恩恣歡賞歸路滿烟霞

餞薛大夫護邊

荒隅時未通副相下臨戎授律星芒動分兵月暈空犀皮擁青橐象齒飾彤弓決勝三河勇長

六家詩選卷一

10884 六家詩選十二卷　（明）楊巍編　明隆慶三年（1569）楊綵刻本

匡高 17.8 釐米，廣 12.8 釐米。半葉九行，行十八字，白口，四周雙邊。天津圖書館藏。

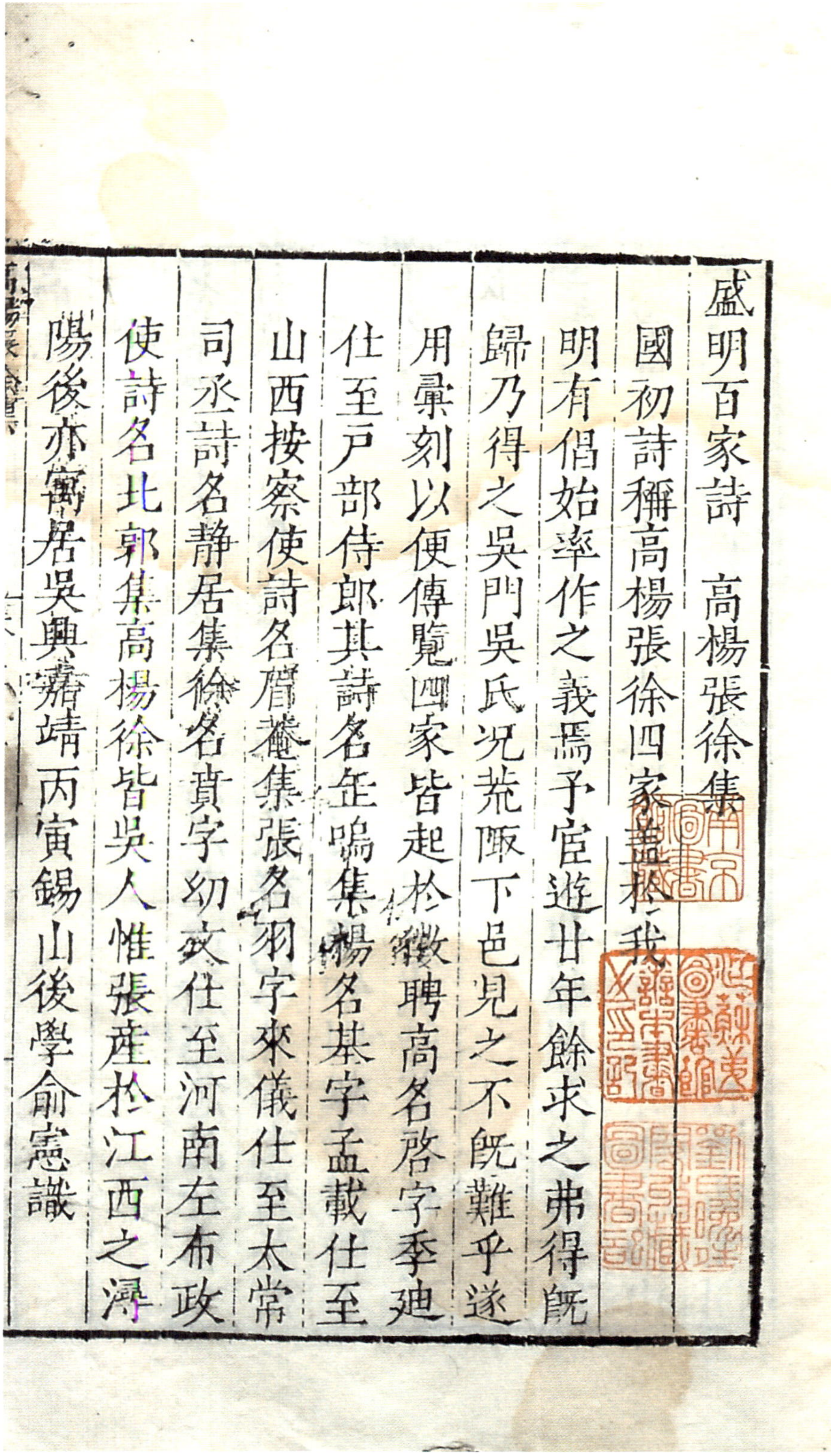
盛明百家詩　高楊張徐集
國初詩稱高楊張徐四家盖於我
明有倡始率作之義焉予宦遊廿年餘求之弗得既
歸乃得之吳門吳氏况荒陬下邑見之不既難乎遂
用彙刻以便傳覽四家皆起於徵聘高名啓字季廸
仕至戸部侍郎其詩名缶鳴集楊名基字孟載仕至
山西按察使詩名眉菴集張名羽字來儀仕至太常
司丞詩名靜居集徐名賁字幼文仕至河南左布政
使詩名北郭集高楊徐皆吳人惟張産於江西之潯
陽後亦寓居吳興嘉靖丙寅錫山後學俞憲識

10885 盛明百家詩三百二十四卷　（明）俞憲編 明嘉靖隆慶間刻本

匡高 19 釐米，廣 13 釐米。半葉十行，行二十一字，小字雙行同，白口，四周單邊。丁丙跋。南京圖書館藏。

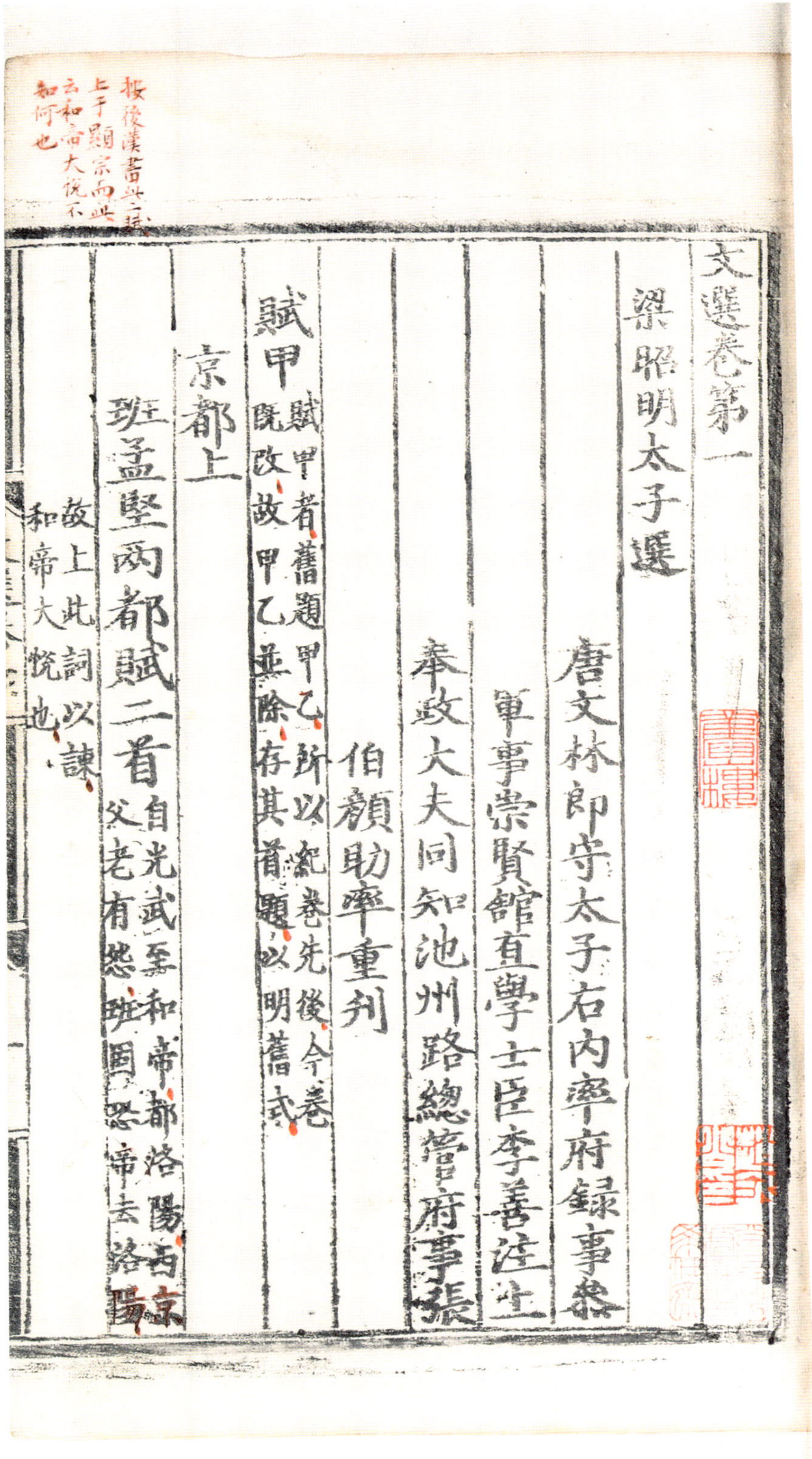

10886、10887 文選六十卷 （南朝梁）蕭統輯 （唐）李善注 明成化二十三年（1487）唐藩朱芝址刻本

匡高 22.5 釐米，廣 15 釐米。半葉十行，行二十二字，小字雙行同，黑口，四周雙邊。南京圖書館藏；江蘇省常熟市博物館藏，馮武校並跋。

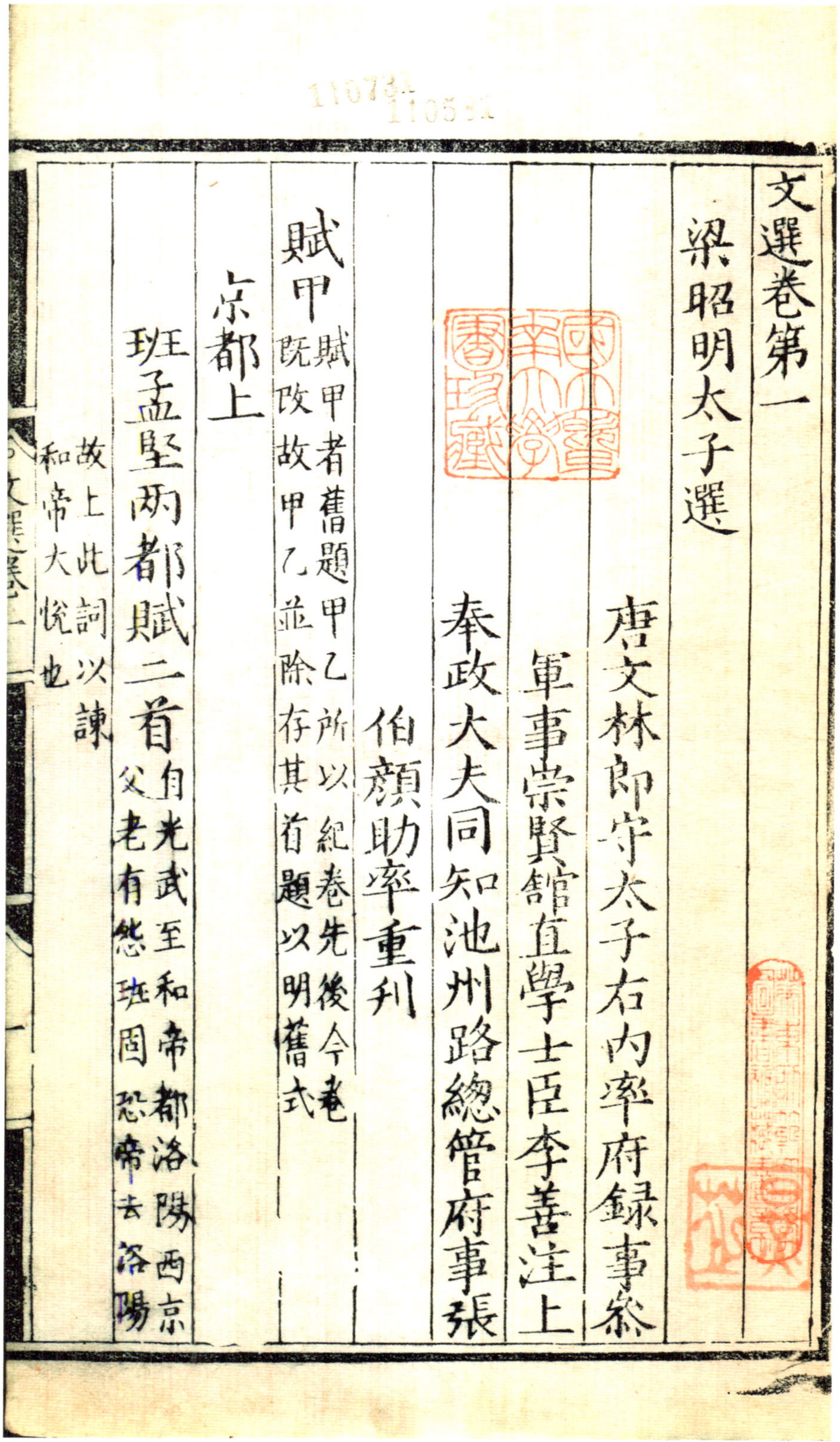
文選卷第一
梁昭明太子選
唐文林郎守太子右內率府録事參
軍事崇賢館直學士臣李善注上
奉政大夫同知池州路總管府事張
伯顏助率重刊
賦甲 賦甲者舊題甲乙所以紀卷先後今卷既改故甲乙並除存其首題以明舊式
京都上
班孟堅兩都賦二首 自光武至和帝都洛陽西京父老有怨班固恐帝去洛陽故上此詞以諫和帝大悅也

10888 文選六十卷 （南朝梁）蕭統輯 （唐）李善注 明隆慶五年（1571）唐藩刻本

匡高 22.5 釐米，廣 15 釐米。半葉十行，行二十二字，小字雙行同，黑口，四周雙邊。華東師範大學圖書館藏。

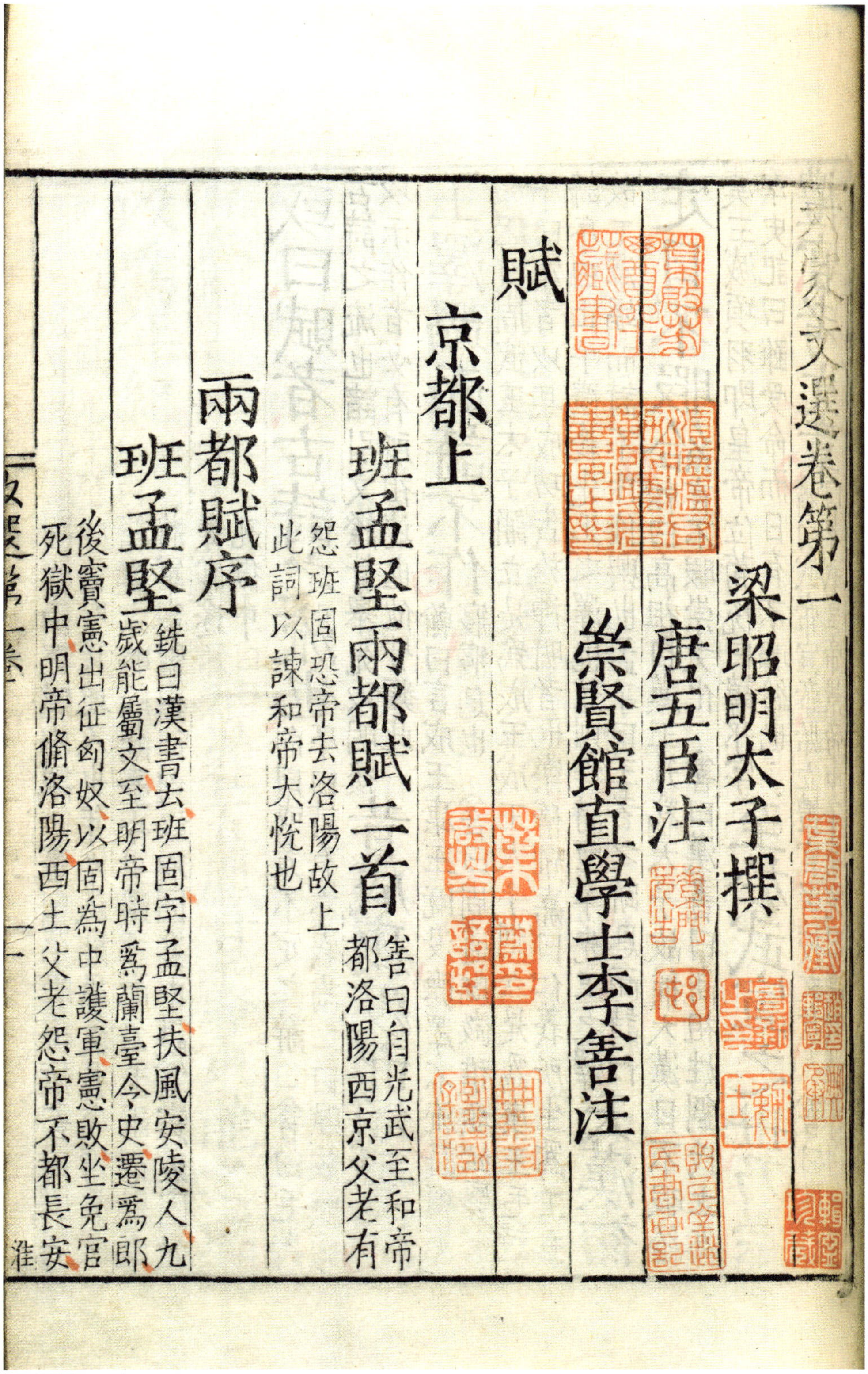
六家文選卷第一
梁昭明太子撰
唐五臣注
崇賢館直學士李善注
賦
京都上
班孟堅兩都賦二首 善曰自光武至和帝都洛陽西京父老有怨班固恐帝去洛陽故上此詞以諫和帝大悅也
兩都賦序
班孟堅 銑曰漢書云班固字孟堅扶風安陵人九歲能屬文至明帝時爲蘭臺令史遷爲郎後竇憲出征匈奴以固爲中護軍憲敗坐免官死獄中明帝脩洛陽西土父老怨帝不都長安

10889 六家文選六十卷 （南朝梁）蕭統輯 （唐）李善 呂延濟 劉良 張銑 呂向 李周翰注 明嘉靖十三至二十八年（1534-1549）袁褧嘉趣堂刻本

匡高 24 釐米，廣 18.9 釐米。半葉十一行，行十八字，小字雙行二十六字，白口，左右雙邊。暨南大學圖書館藏。

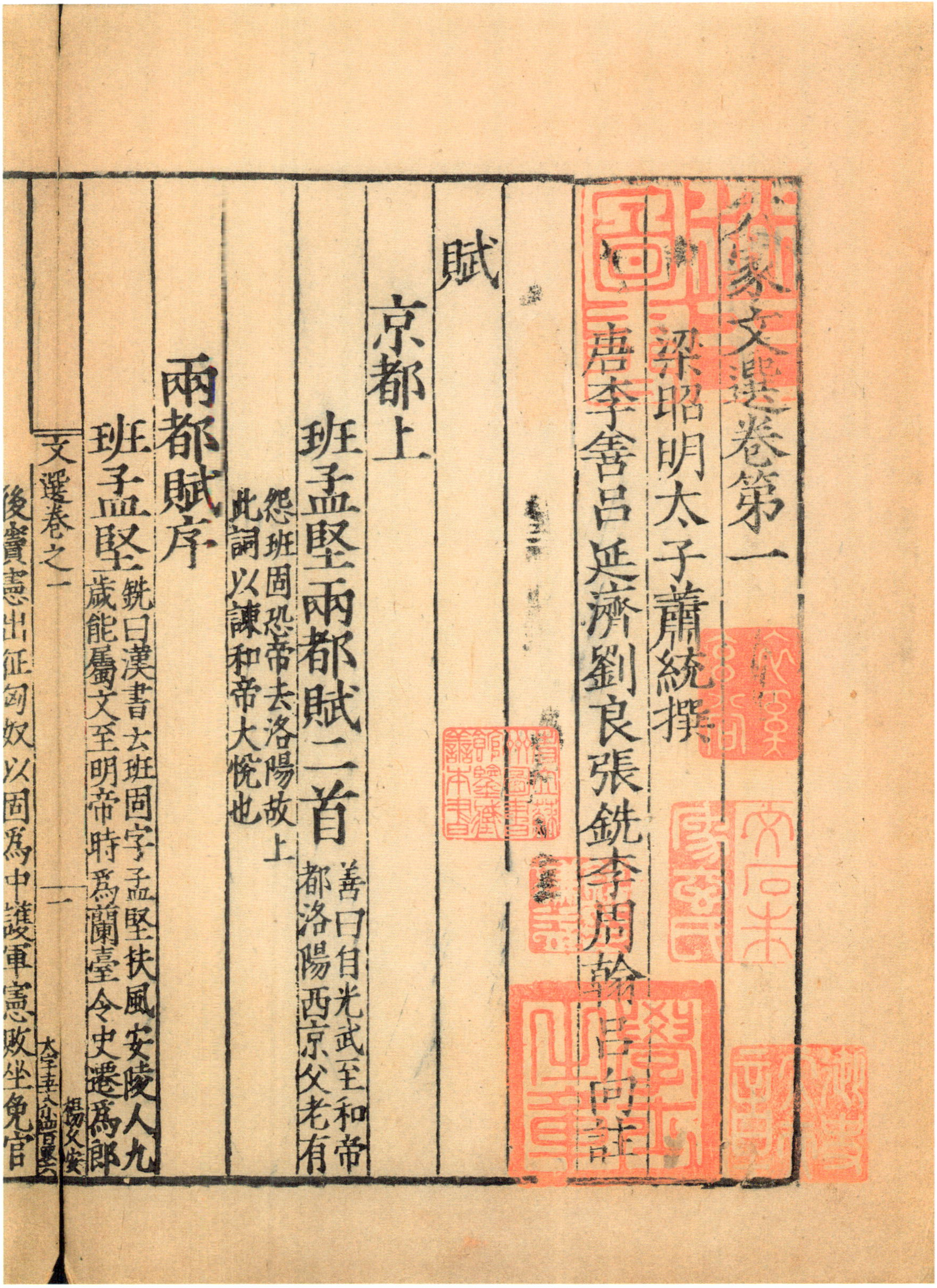

10890 六家文選六十卷 （南朝梁）蕭統輯 （唐）李善 呂延濟 劉良 張銑 呂向 李周翰註 明丁覲刻本

匡高23.3釐米，廣19.9釐米。半葉十行，行十八字，小字雙行二十八字，白口，四周單邊。有“錢印謙益”等印。蘇州圖書館藏。

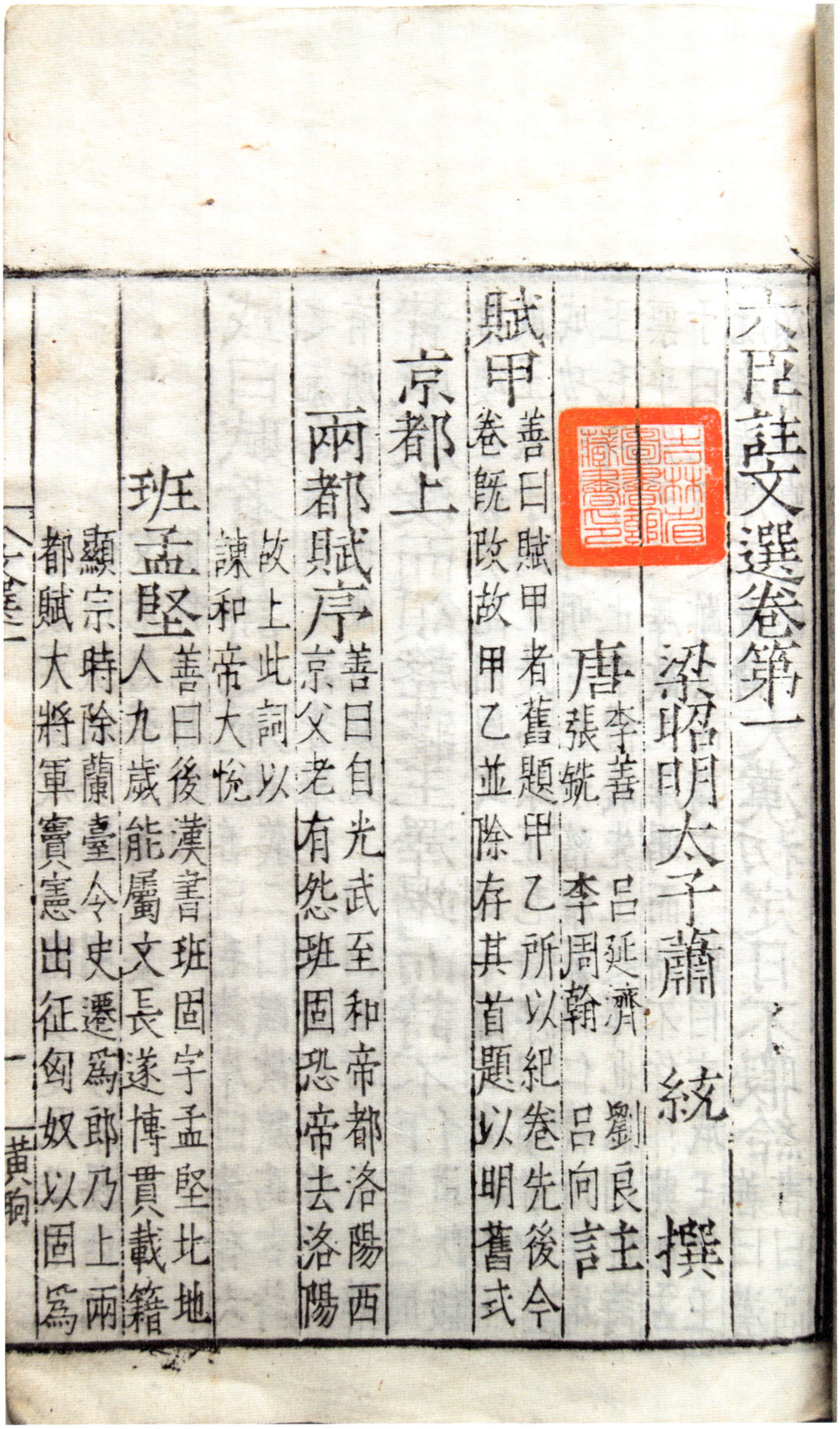
六臣註文選卷第一
梁昭明太子蕭　統　撰
唐李善　呂延濟　劉良註
張銑　李周翰　呂向註
賦甲　善曰賦甲者舊題甲乙所以紀卷先後今卷既改故甲乙並除存其首題以明舊式
京都上
兩都賦序　善曰自光武至和帝都洛陽西京父老有怨班固恐帝去洛陽故上此詞以諫和帝大悅
班孟堅　善曰後漢書班固字孟堅北地人九歲能屬文長遂博貫載籍顯宗時除蘭臺令史遷爲郎乃上兩都賦大將軍竇憲出征匈奴以固爲

10891 六臣註文選六十卷　（南朝梁）蕭統輯　（唐）李善 呂延濟 劉良 張銑 呂向 李周翰註　明潘惟時、潘惟德刻本

匡高 20 釐米，廣 14.6 釐米。半葉九行，行十八字，小字雙行同，白口，左右雙邊。吉林省圖書館藏。

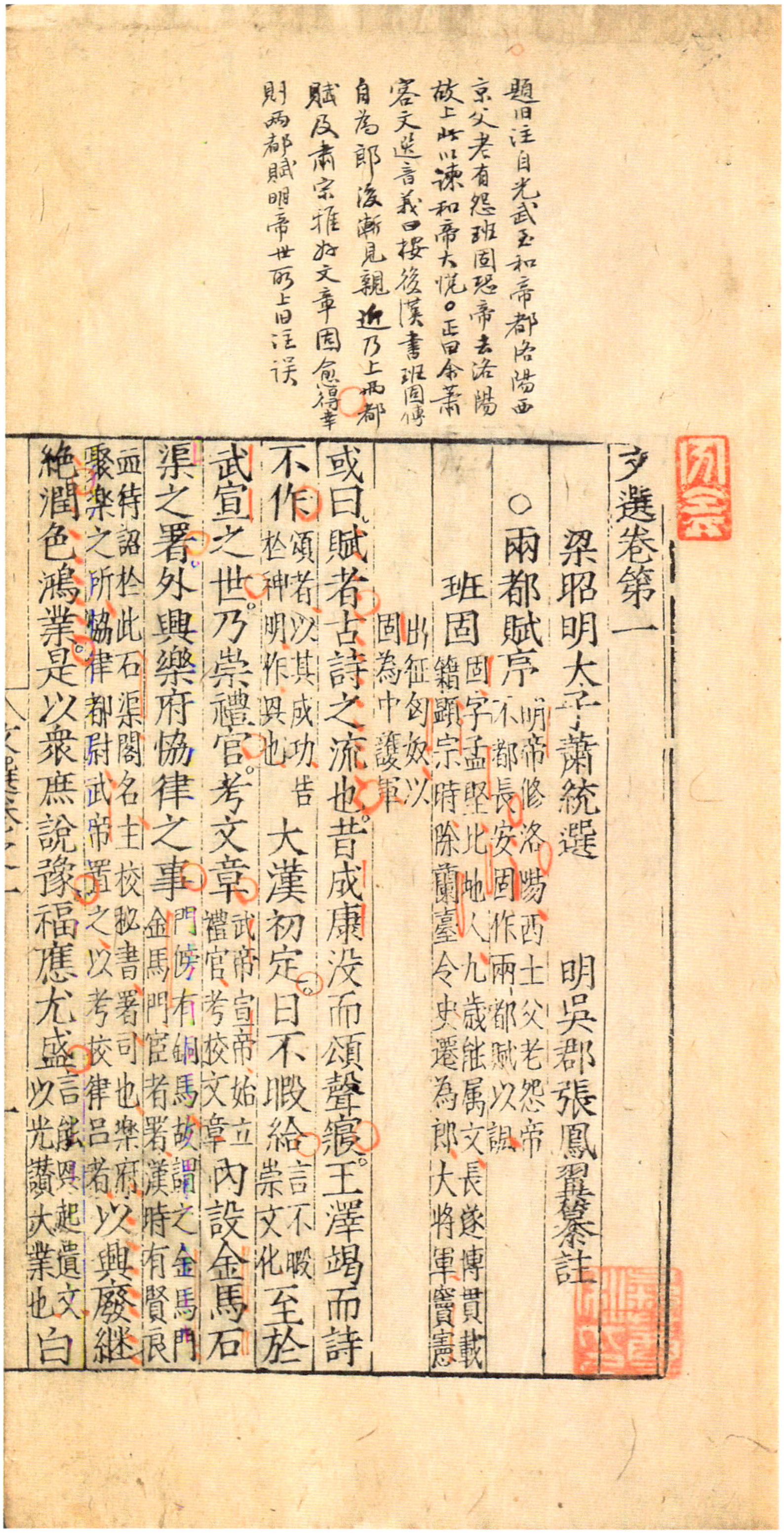

10892 文選纂註十二卷 （南朝梁）蕭統輯 （明）張鳳翼纂註 明萬曆刻本

匡高 18.7 釐米，廣 12.8 釐米。半葉十一行，行二十二字，小字雙行同，白口，左右雙邊。有“彝尊私印”等印。朱彝尊批校。重慶圖書館藏。

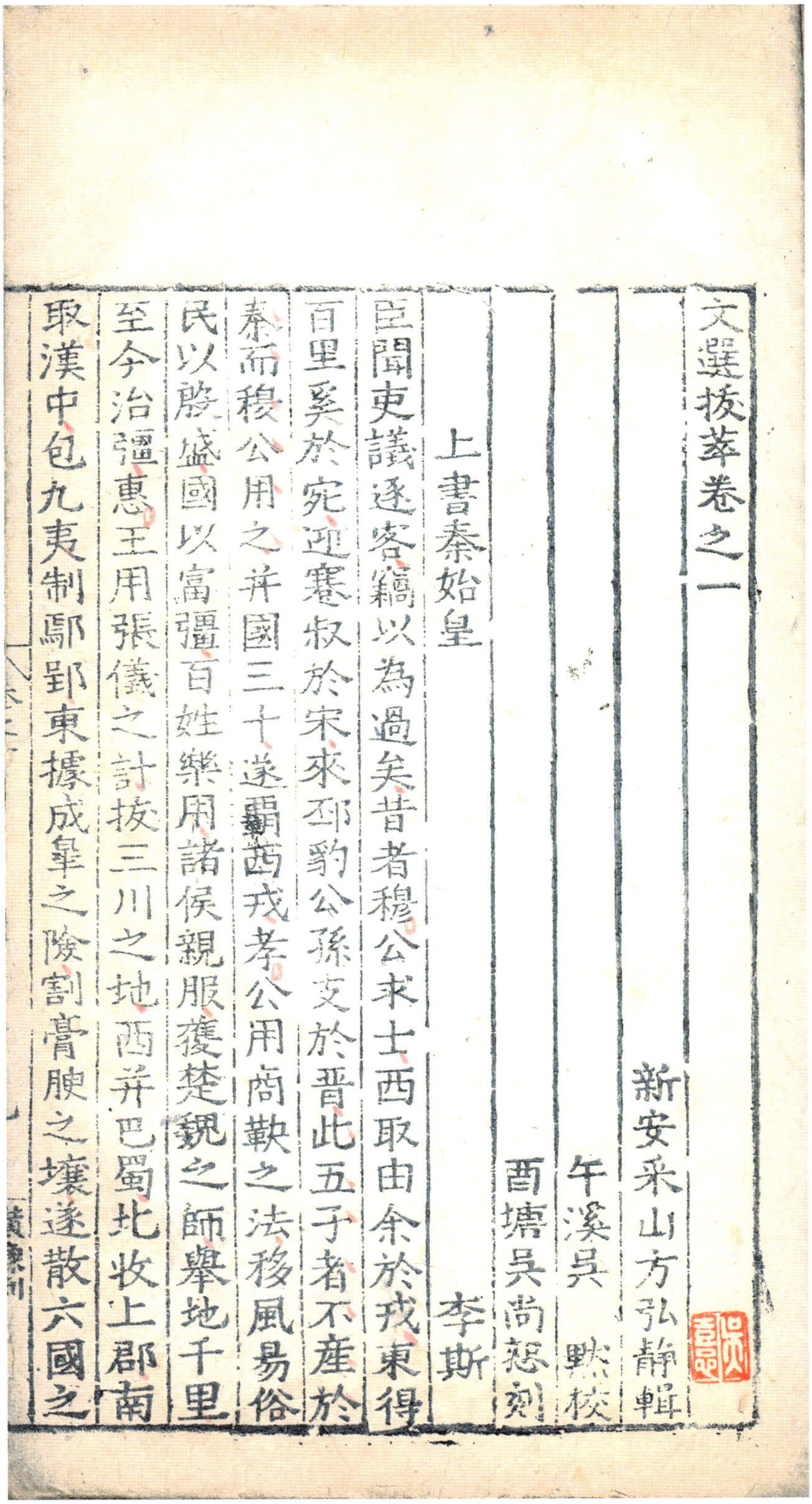

文選拔萃卷之一
新安釆山方弘静輯
午溪吴　點校
西塘吴尚恕刻
上書秦始皇　李斯
臣聞吏議逐客竊以為過矣昔者穆公求士西取由余於戎東得
百里奚於宛迎蹇叔於宋來丕豹公孫支於晉此五子者不産於
秦而穆公用之并國三十遂霸西戎孝公用商鞅之法移風易俗
民以殷盛國以富彊百姓樂用諸侯親服獲楚魏之師舉地千里
至今治彊惠王用張儀之計拔三川之地西并巴蜀北收上郡南
取漢中包九夷制鄢郢東據成皐之險割膏腴之壤遂散六國之

10893 文選拔萃三卷　（明）方弘靜輯　明嘉靖三十年（1551）吴尚恕刻本

匡高 19.3 釐米，廣 12.4 釐米。半葉十一行，行二十五字，白口，四周單邊。北京大學圖書館藏。

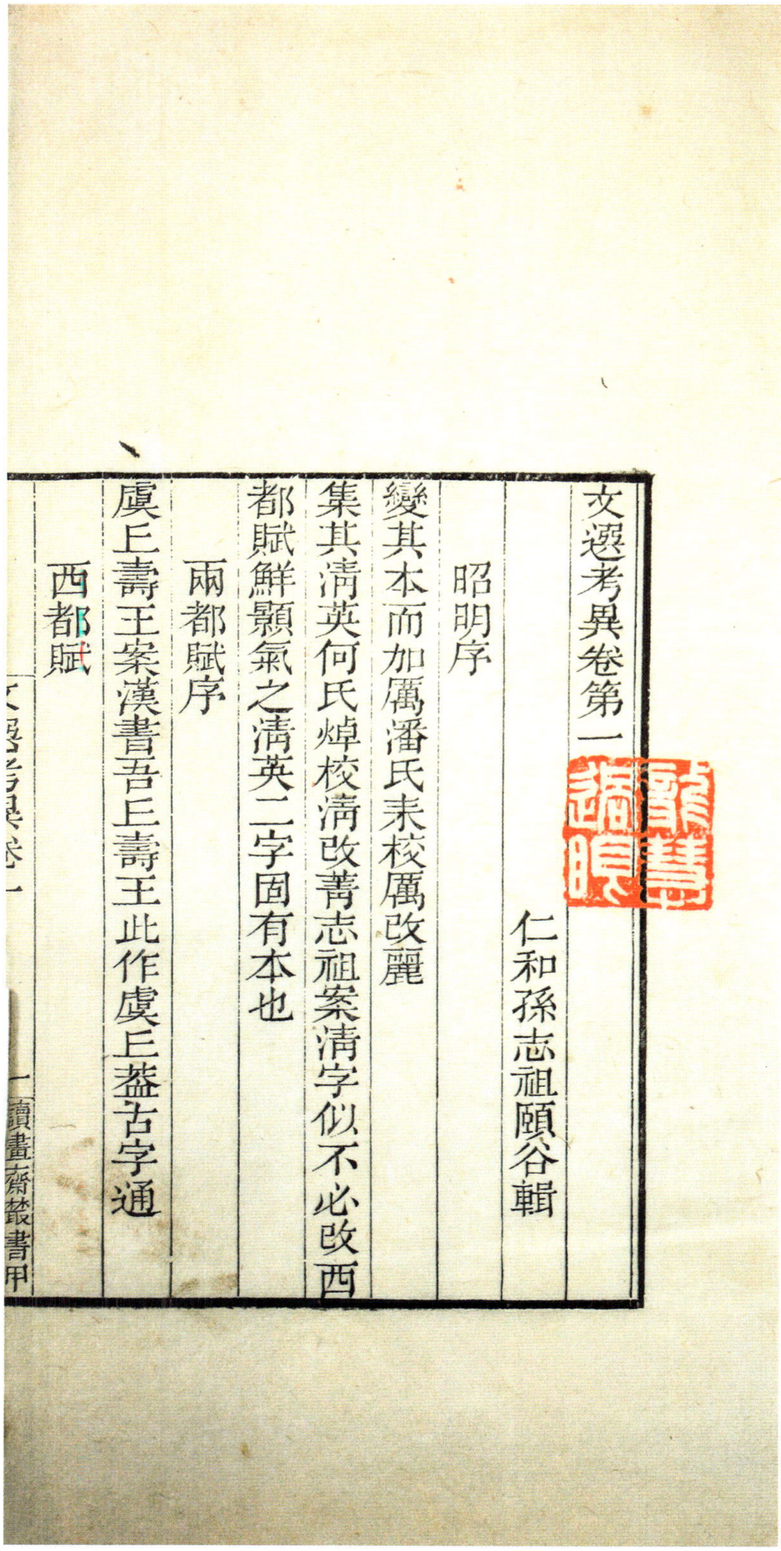

10894 文選考異四卷 （清）孫志祖撰 清嘉慶四年（1799）顧修刻讀畫齋叢書本

匡高 12.9 釐米，廣 9.9 釐米。半葉九行，行二十一字，黑口，左右雙邊。顧廣圻批校並跋。江蘇省興化市圖書館藏。

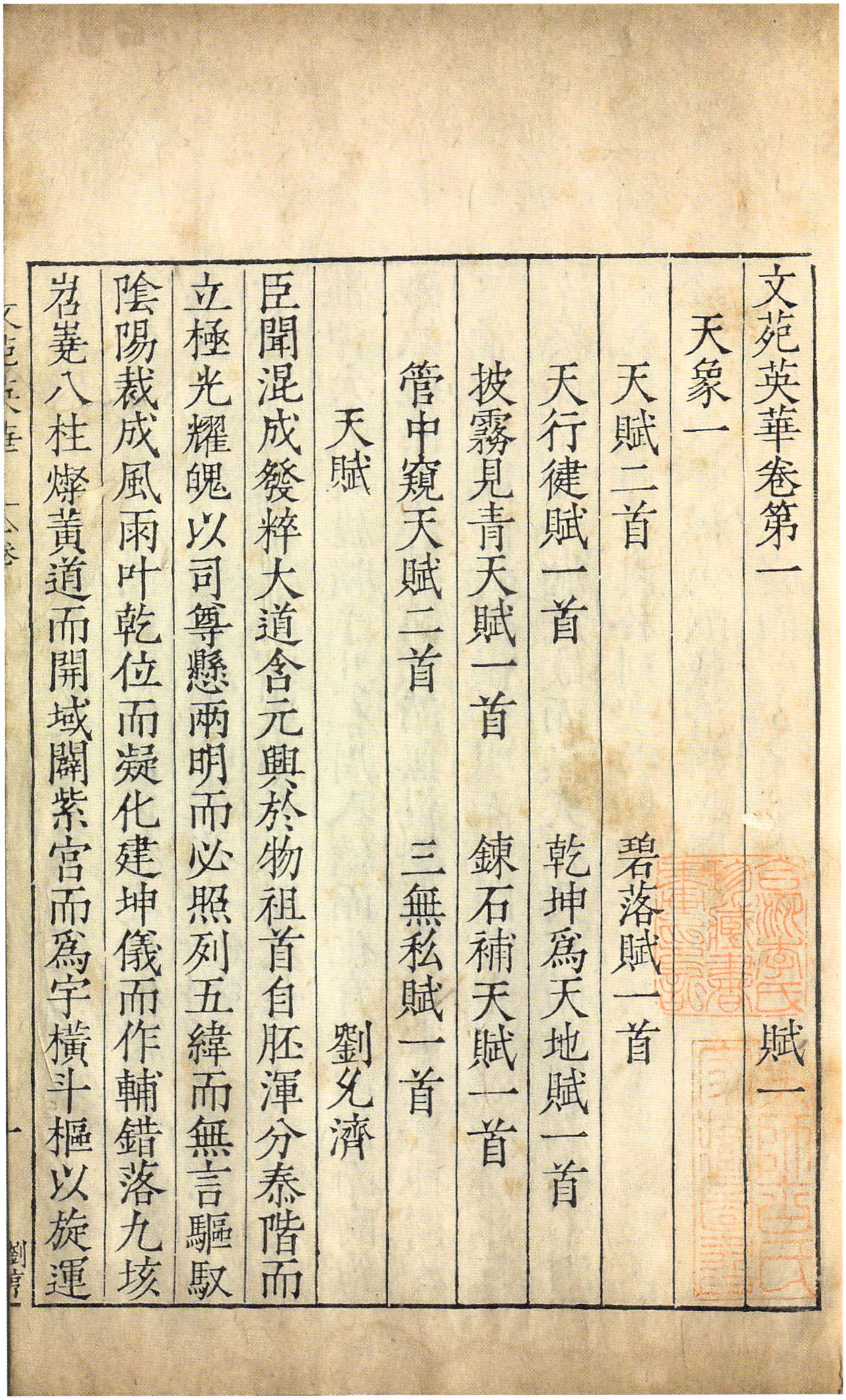

文苑英華卷第一　賦一

天象一

天賦二首　碧落賦一首

天行健賦一首　乾坤爲天地賦一首

披霧見青天賦一首　鍊石補天賦一首

管中窺天賦二首　三無私賦一首

天賦　劉允濟

臣聞混成發粹大道含元與於物祖首自胚渾分泰階而立極光耀魄以司尊懸兩明而必照列五緯而無言驅馭陰陽裁成風雨叶乾位而凝化建坤儀而作輔錯落九垓岧嶤八柱燦黃道而開域闢紫宮而爲宇橫斗樞以旋運

10895、10896 文苑英華一千卷 （宋）李昉等輯　明隆慶元年（1567）胡維新、戚繼光刻本

匡高 21.1 釐米，廣 15.2 釐米。半葉十一行，行二十二字，小字雙行同，白口，四周單邊。重慶圖書館、魯迅美術學院圖書館藏。

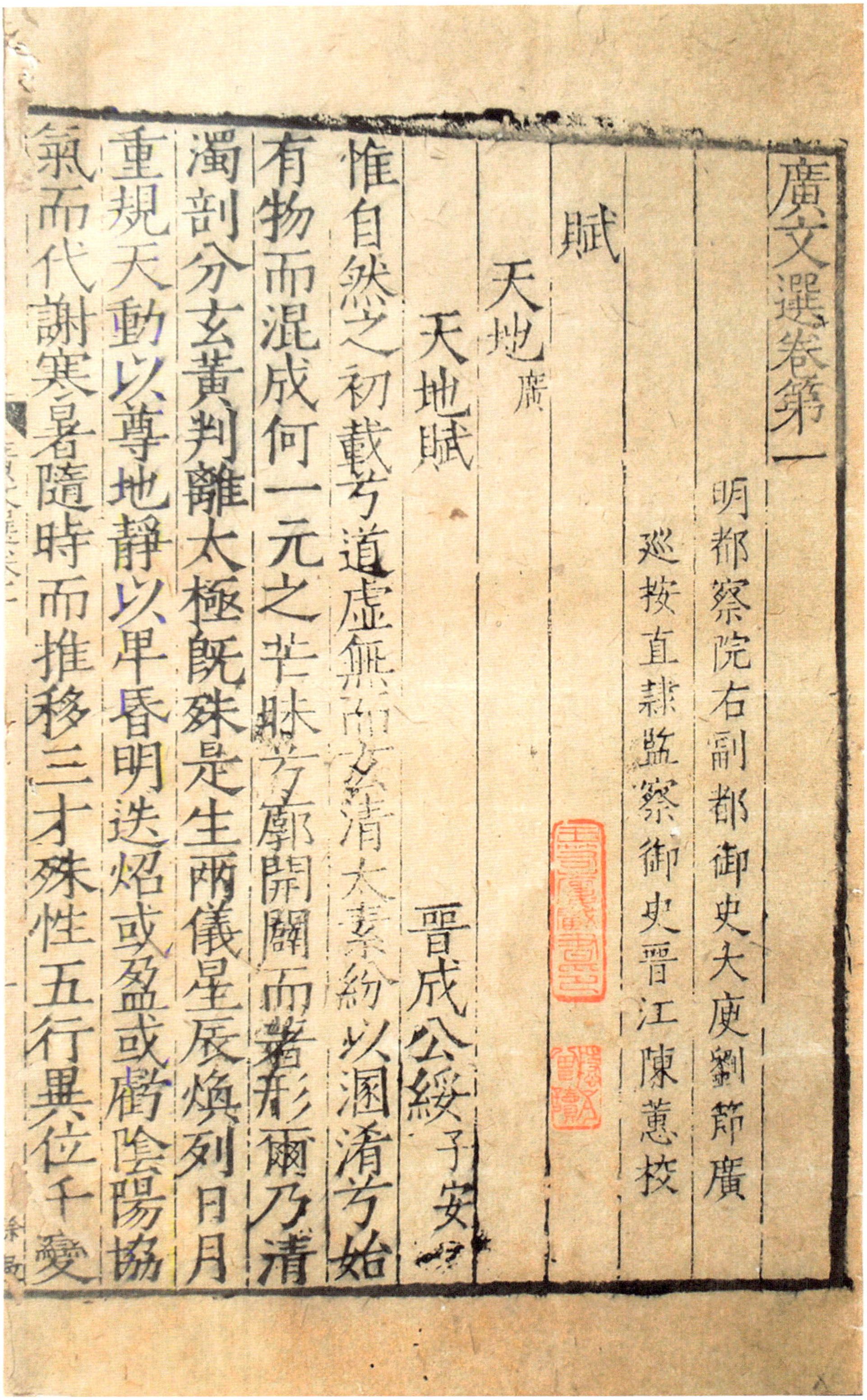
廣文選卷第一
明都察院右副都御史大庾劉節廣
巡按直隸監察御史晉江陳蕙校
賦
天地 廣
天地賦 晉成公綏子安
惟自然之初載兮道虛無而玄清太素紛以溷淆兮始
有物而混成何一元之芒昧兮廓開闢而著形爾乃清
濁剖分玄黃判離太極既殊是生兩儀星辰煥列日月
重規天動以尊地靜以卑昏明迭炤或盈或虧陰陽協
氣而代謝寒暑隨時而推移三才殊性五行異位千變

10897 廣文選六十卷 （明）劉節輯 明嘉靖十六年（1537）陳蕙刻本

匡高 21 釐米，廣 14.9 釐米。半葉十一行，行二十一字，白口，四周單邊。有“安樂堂藏書記”等印。廣東省立中山圖書館藏。

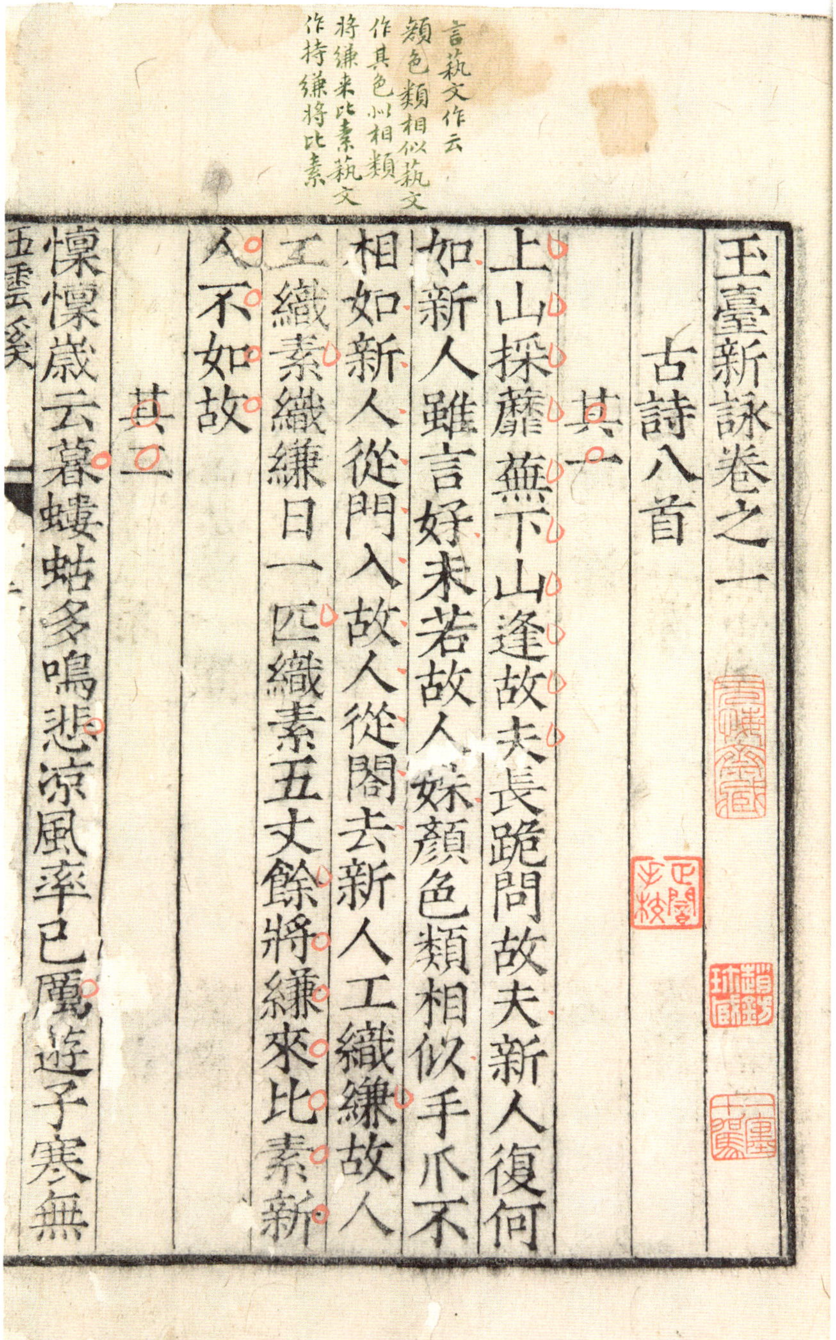
言藝文作云
顔色類相似藝文作其色似相類
將縑來比素藝文作持縑將比素

玉臺新詠卷之一
古詩八首
其一
上山採蘼蕪下山逢故夫長跪問故夫新人復何如新人雖言好未若故人姝顔色類相似手爪不相如新人從門入故人從閤去新人工織縑故人工織素織縑日一匹織素五丈餘將縑來比素新人不如故
其二
懍懍歲云暮螻蛄多鳴悲涼風率已厲遊子寒無

10898 玉臺新詠十卷 （南朝陳）徐陵輯 明五雲溪館銅活字印本

匡高 18.8 釐米，廣 13.8 釐米。半葉十行，行十九字，白口，左右雙邊。有“曾在趙元方家”等印。鄧邦述校並跋又録李維楨、馮班、葉萬跋。國家圖書館藏。

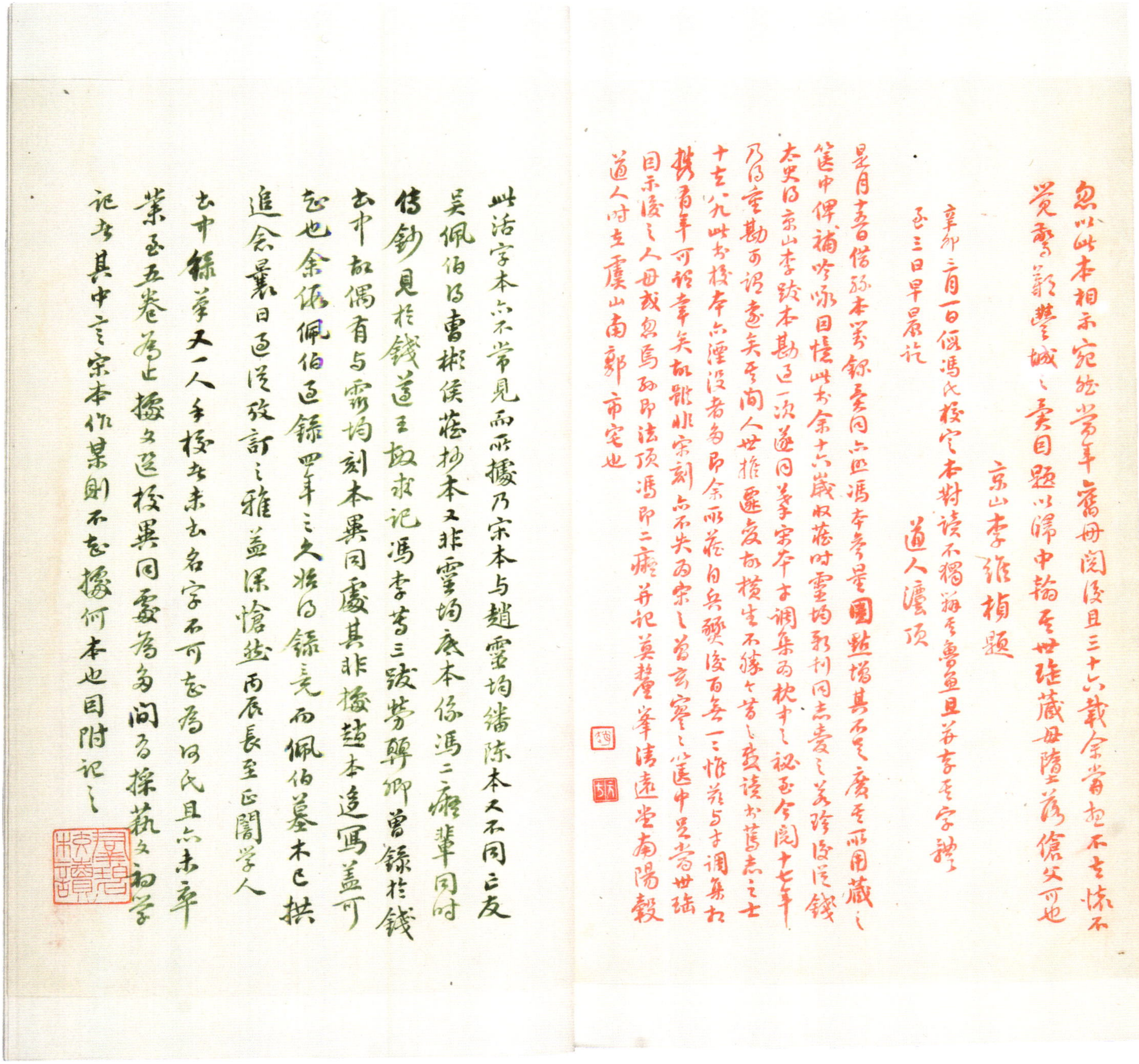

10898 玉臺新詠十卷

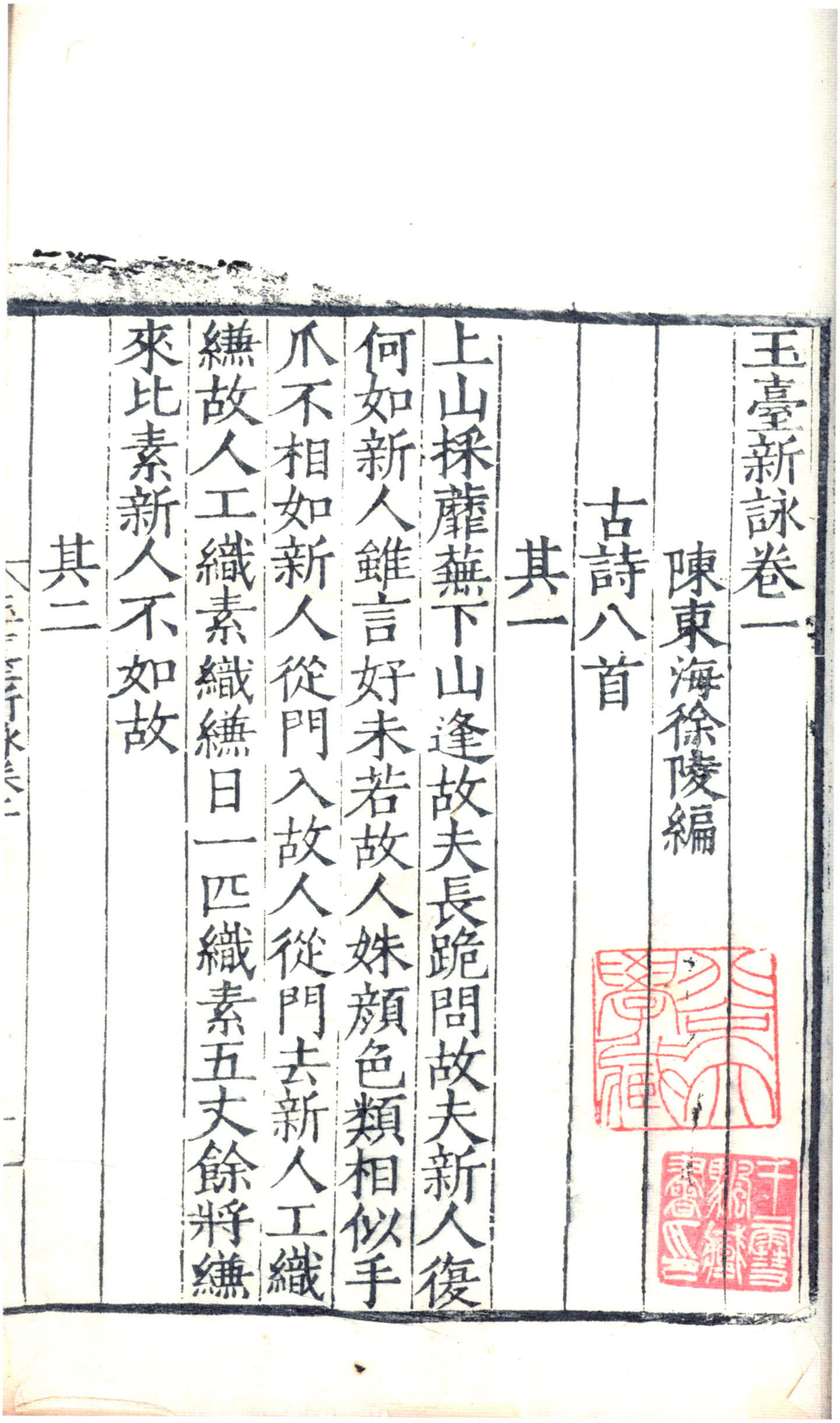

玉臺新詠卷一

陳東海徐陵編

古詩八首

其一

上山採蘼蕪下山逢故夫長跪問故夫新人復何如新人雖言好未若故人姝顏色類相似手爪不相如新人從門入故人從門去新人工織縑故人工織素織縑日一匹織素五丈餘將縑來比素新人不如故

其二

10899 玉臺新詠十卷 （南朝陳）徐陵輯 **續五卷** （明）鄭玄撫輯 明嘉靖二十二年（1543）楊士開刻本

匡高 16.8 釐米，廣 13.4 釐米。半葉十行，行十八字，白口，左右雙邊。北京大學圖書館藏。

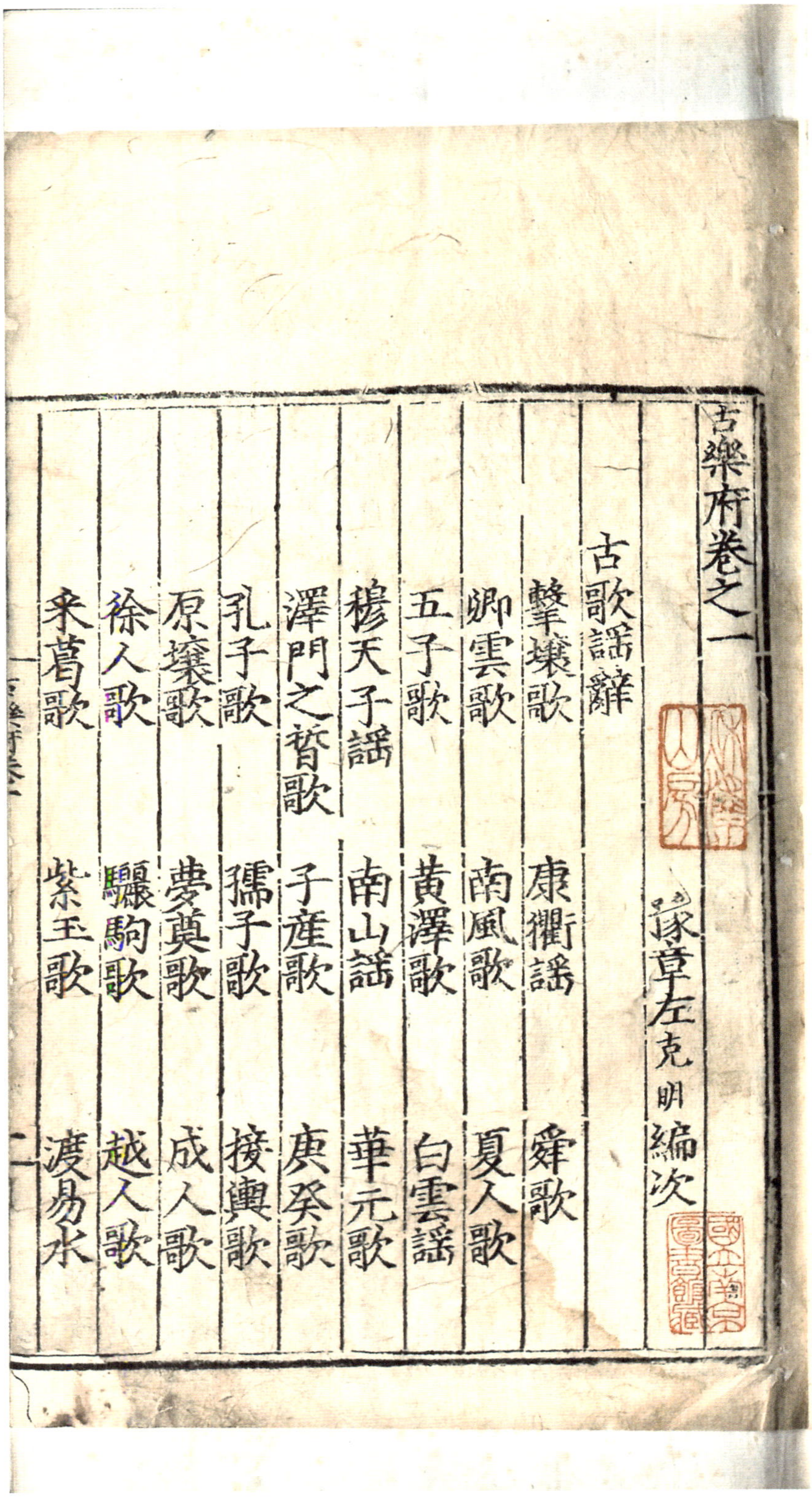
古樂府卷之一
豫章左克明編次
古歌謠辭
擊壤歌　康衢謠　舜歌
卿雲歌　南風歌　夏人歌
五子歌　黃澤歌　白雲謠
穆天子謠　南山謠　華元歌
澤門之皙歌　子產歌　庚癸歌
孔子歌　孺子歌　接輿歌
原壤歌　夢奠歌　成人歌
徐人歌　驪駒歌　越人歌
采葛歌　紫玉歌　渡易水

10900 古樂府十卷　（元）左克明輯　明刻本

匡高 19.1 釐米，廣 14.7 釐米。半葉十二行，行二十一字，小字雙行同，白口，四周雙邊或左右雙邊。南京圖書館藏。

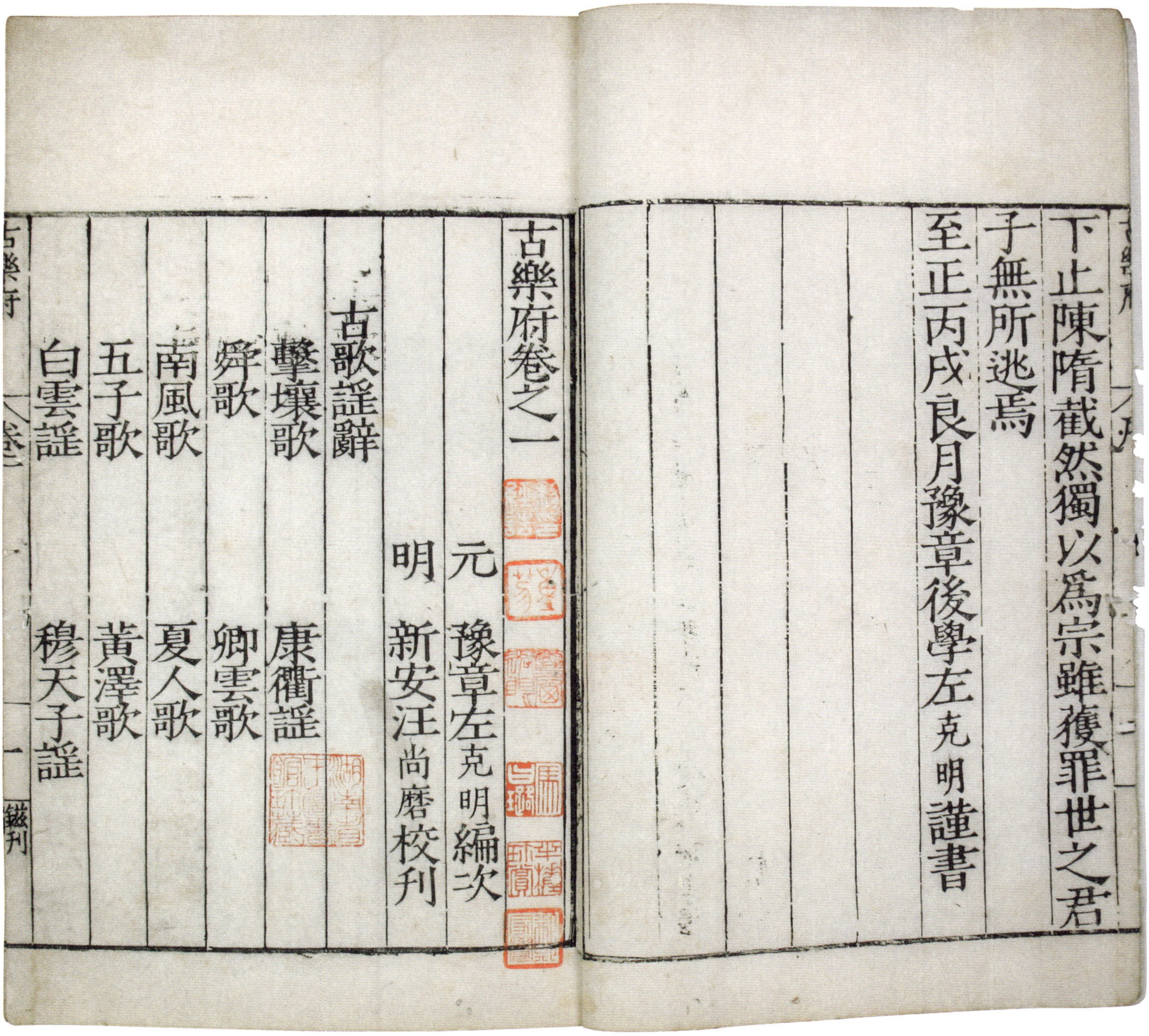

10901 古樂府十卷 （元）左克明輯 明嘉靖二十六年（1547）汪尚磨刻本

匡高 19.5 釐米，廣 14.8 釐米。半葉九行，行十八字，小字雙行二十八字，白口，左右雙邊。有“半槎珍賞”、“馬曰璐”等印。湖南圖書館藏。

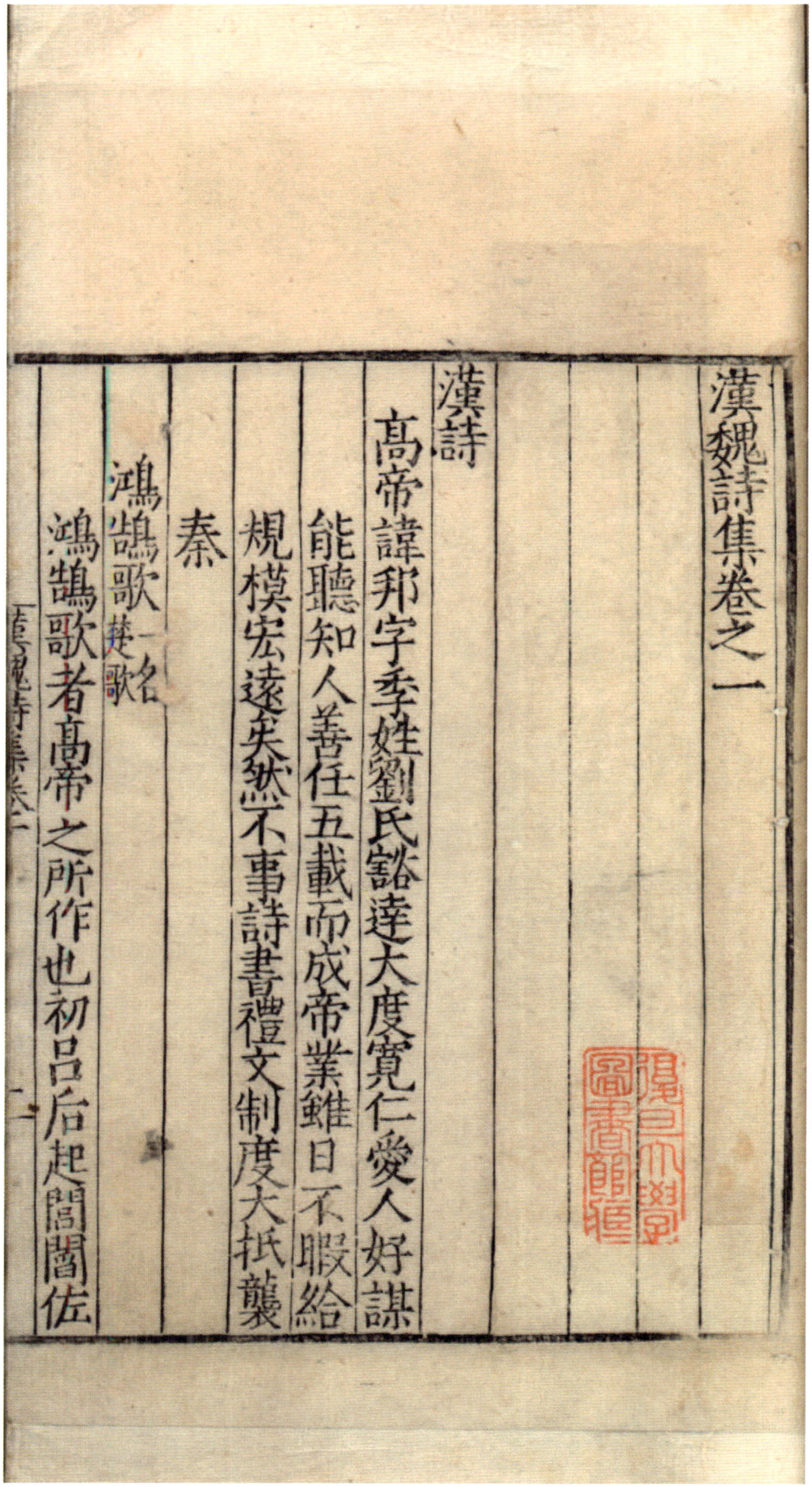
漢魏詩集卷之一

漢詩

高帝諱邦字季姓劉氏豁達大度寛仁愛人好謀
能聽知人善任五載而成帝業雖日不暇給
規模宏遠矣然不事詩書禮文制度大抵襲
秦

鴻鵠歌一名楚歌

鴻鵠歌者高帝之所作也初呂后起閭閻佐

10902 漢魏詩集十四卷 （明）劉成德輯 明正德十二年（1517）何景暘刻本

匡高 18 釐米，廣 13.2 釐米。半葉十一行，行二十字，白口，左右雙邊。復旦大學圖書館藏。

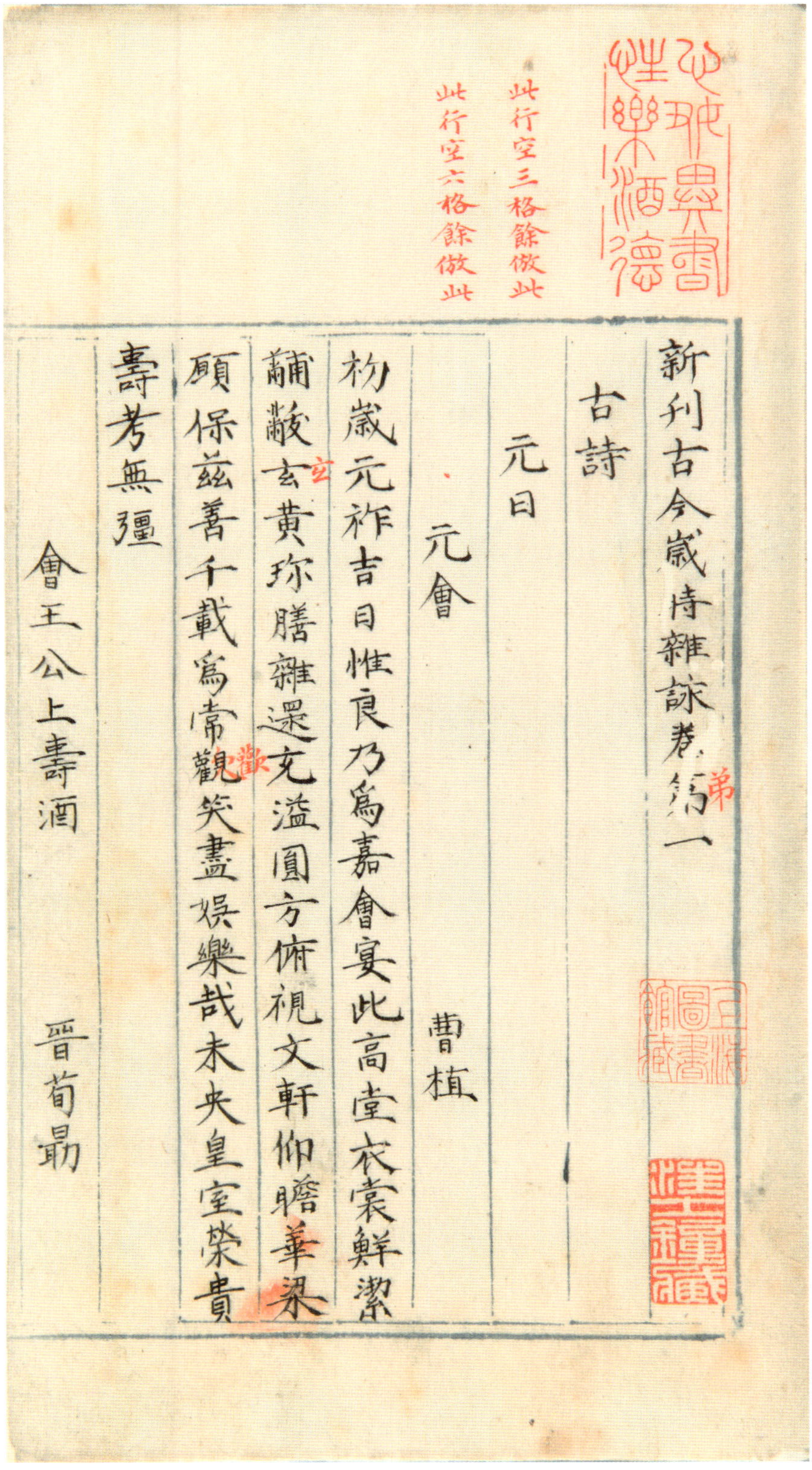

此行空三格餘倣此
此行空六格餘倣此
新刊古今歲時雜詠卷第一
古詩
元日
元會　曹植
初歲元祚吉日惟良乃爲嘉會宴此高堂衣裳鮮潔
黼黻玄黃珍膳雜還充溢圓方俯視文軒仰瞻華梁
願保茲善千載爲常歡笑盡娛樂哉未央皇室榮貴
壽考無疆
會王公上壽酒　晉荀勗

10903 新刊古今歲時雜詠四十六卷 （宋）蒲積中輯 明抄本

匡高 17.4 釐米，廣 12.2 釐米。半葉九行，行二十字，藍格，白口，四周雙邊。有“黄印丕烈”、“汪士鐘藏”等印。何焯、黄丕烈跋。上海圖書館藏。

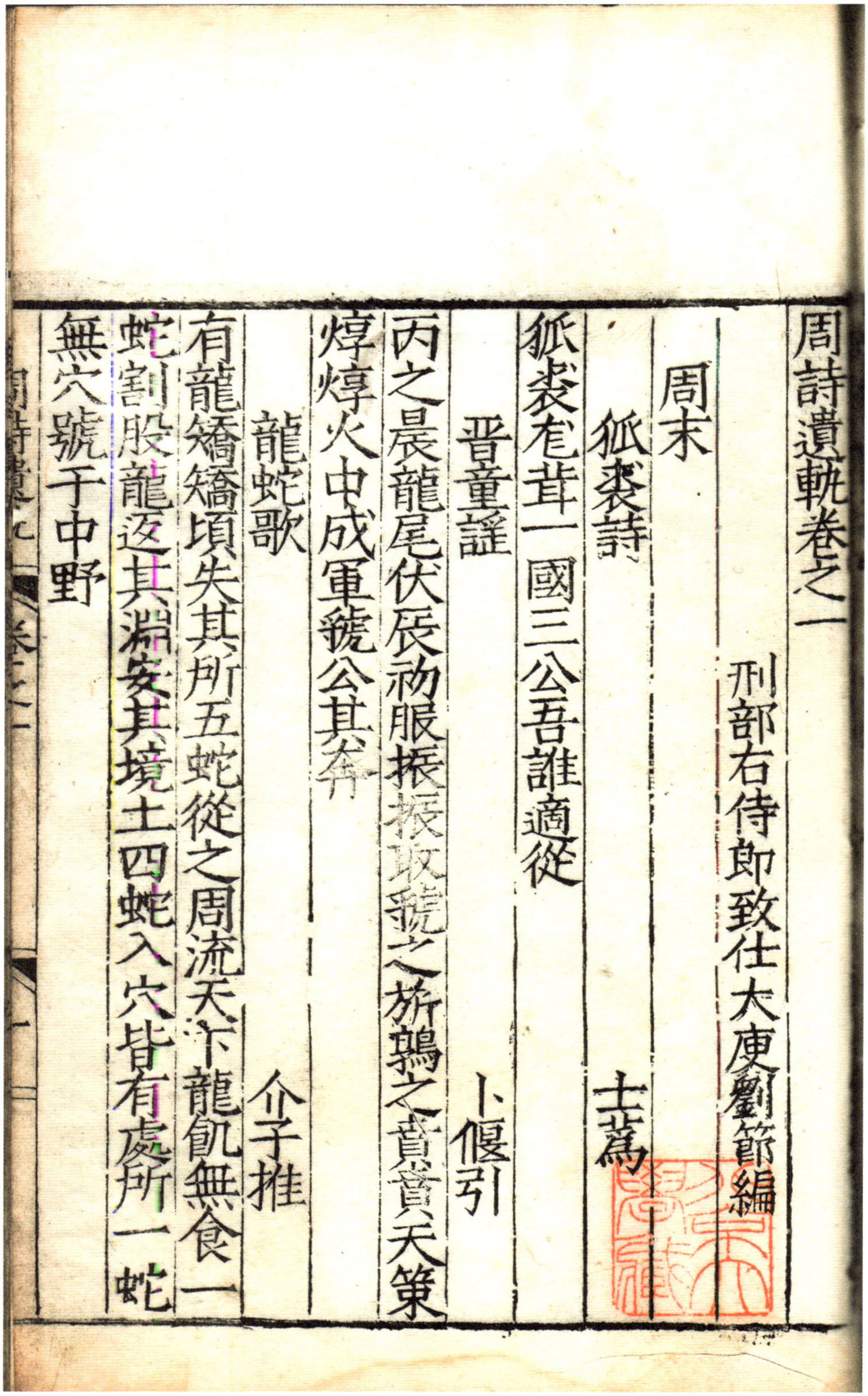

周詩遺軌卷之一
刑部右侍郎致仕大庾劉節編
周末
狐裘詩　士蔿
狐裘尨茸一國三公吾誰適從
晉童謡　卜偃引
丙之晨龍尾伏辰袀服振振取虢之旂鶉之賁賁天策
焞焞火中成軍虢公其奔
龍蛇歌　介子推
有龍矯矯頃失其所五蛇從之周流天下龍飢無食一
蛇割股龍返其淵安其境土四蛇入穴皆有處所一蛇
無穴號于中野

10904、10905 周詩遺軌十卷　（明）劉節輯　明嘉靖刻本

匡高 19.8 釐米，廣 15 釐米。半葉十二行，行二十一字，白口，四周單邊。
北京大學圖書館藏；湖南師範大學圖書館藏，存八卷。

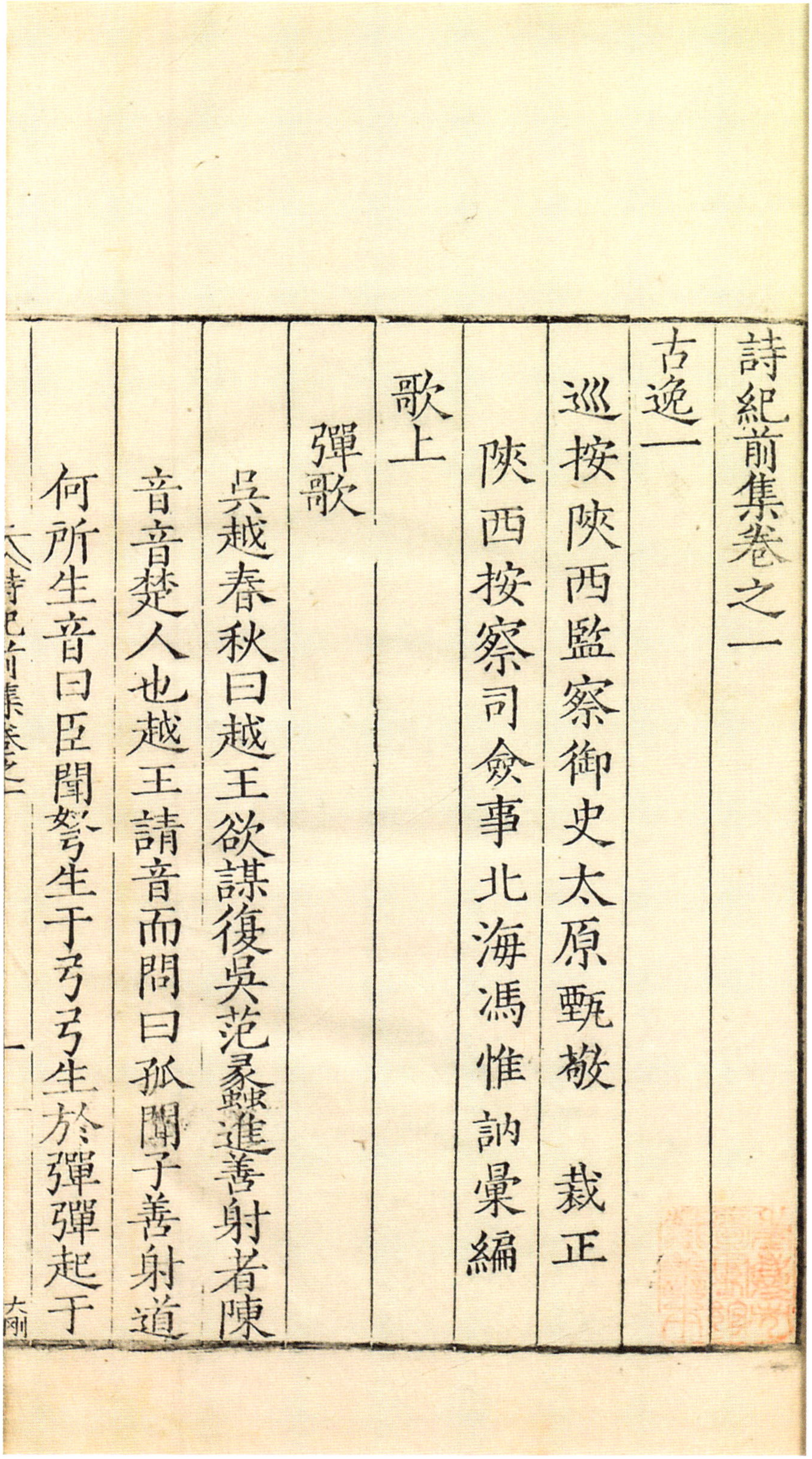

詩紀前集卷之一

古逸一

巡按陝西監察御史太原甄敬　裁正

陝西按察司僉事北海馮惟訥　彙編

歌上

彈歌

吳越春秋曰越王欲謀復吳范蠡進善射者陳音音楚人也越王請音而問曰孤聞子善射道何所生音曰臣聞弩生于弓弓生於彈彈起于

詩紀前集卷之一　一　大剛

10906、10907 詩紀一百三十卷前集十卷外集四卷別集十二卷（明）

馮惟訥輯　明嘉靖三十九年（1560）甄敬刻本

匡高 18.7 釐米，廣 14 釐米。半葉九行，行二十一字，小字雙行同，白口，四周單邊。雲南省圖書館、重慶圖書館藏。

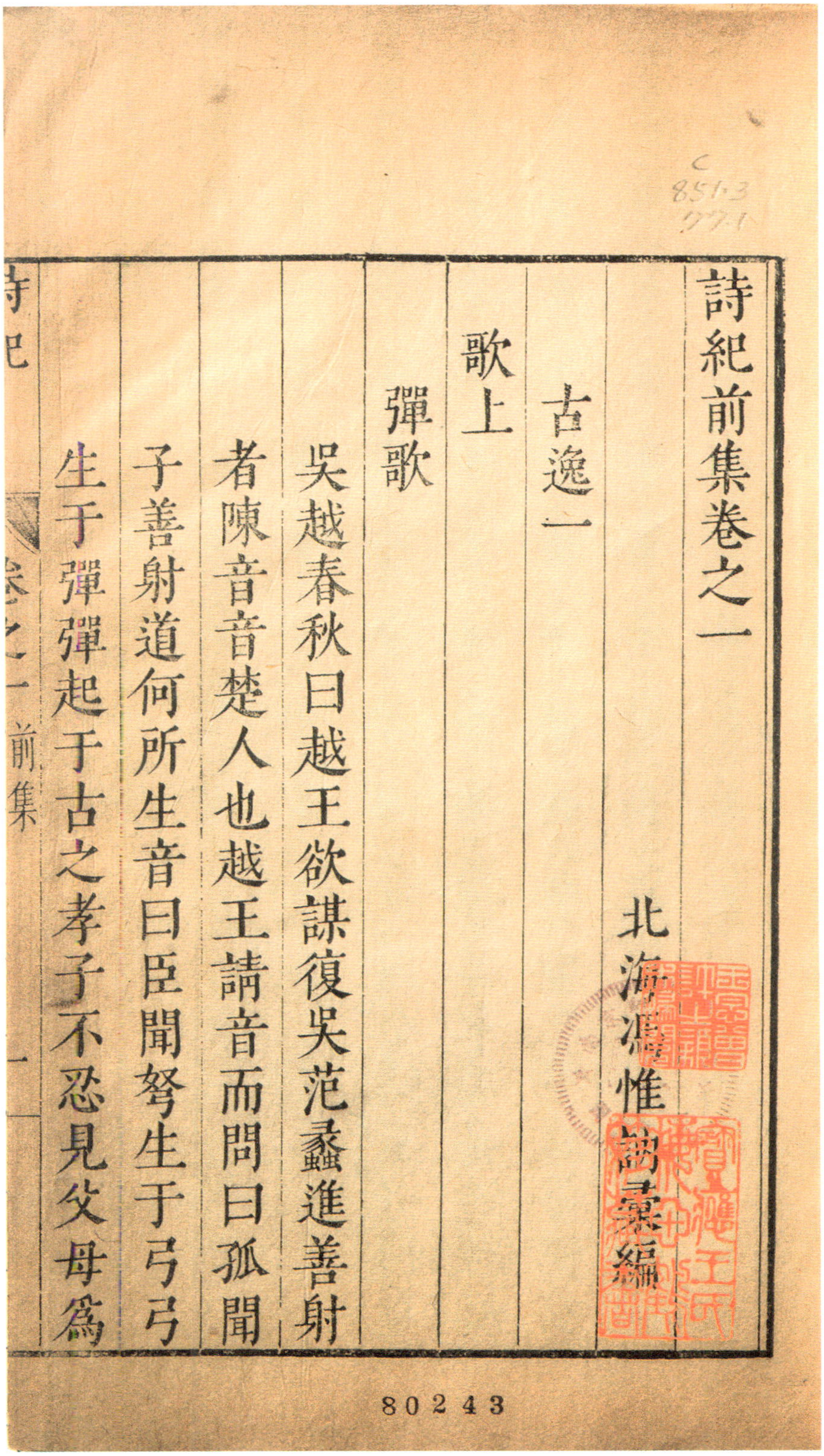

詩紀前集卷之一

北海馮惟訥彙編

古逸一

歌上

彈歌

吴越春秋曰越王欲謀復吴范蠡進善射者陳音音楚人也越王請音而問曰孤聞子善射道何所生音曰臣聞弩生于弓弓生于彈彈起于古之孝子不忍見父母爲

詩紀　卷之一　前集　一

10908 詩紀一百三十卷前集十卷附録一卷外集四卷別集十二卷

（明）馮惟訥輯 明萬曆四十一年（1613）黄承玄、馮琦刻本

匡高 20.8 釐米，廣 14.3 釐米。半葉九行，行十九字，小字雙行同，白口，左右雙邊。南京師範大學圖書館藏。

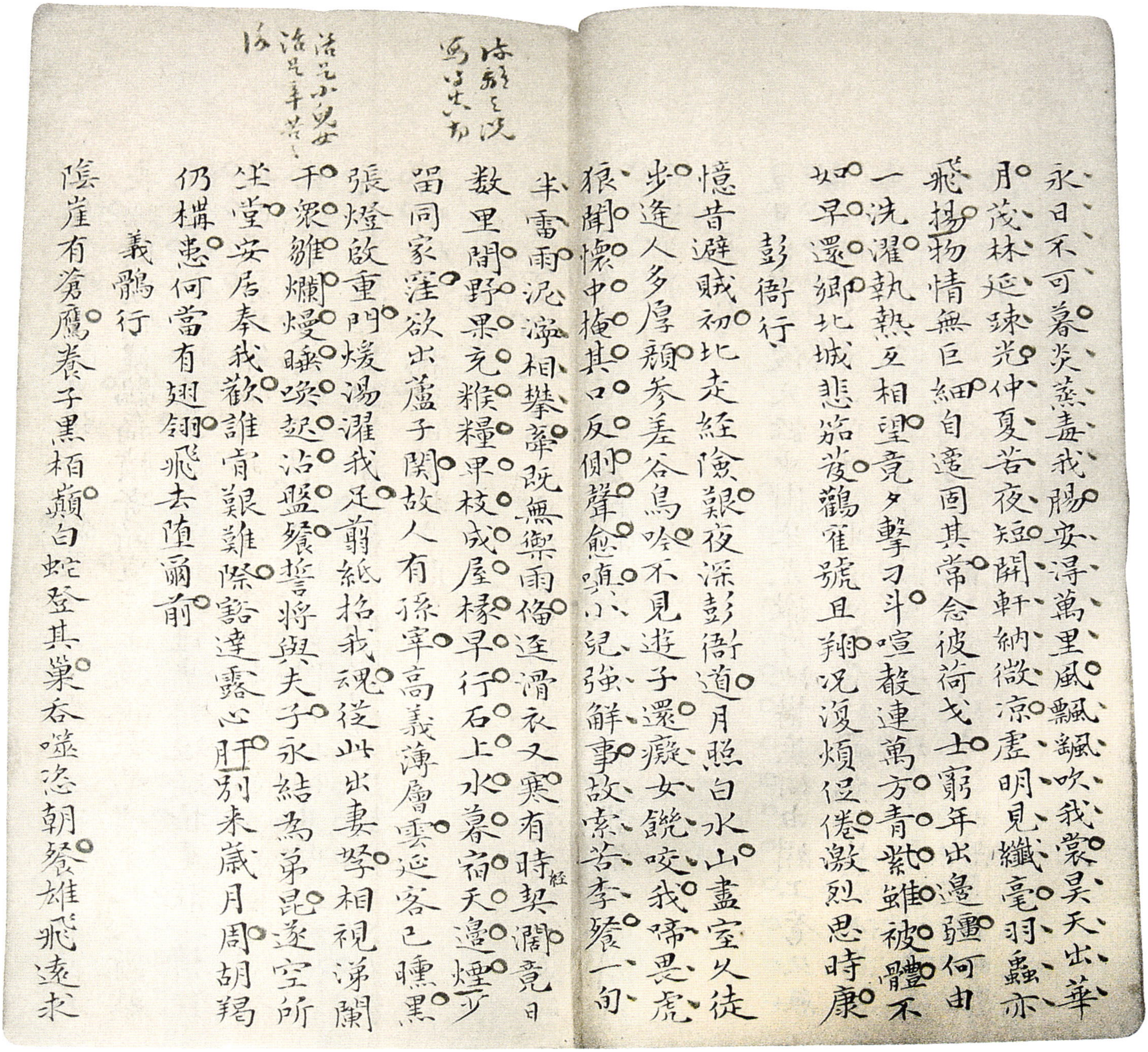

10909 讀本詩六卷 （清）顧我錡輯 稿本

江蘇省吴江市圖書館藏。

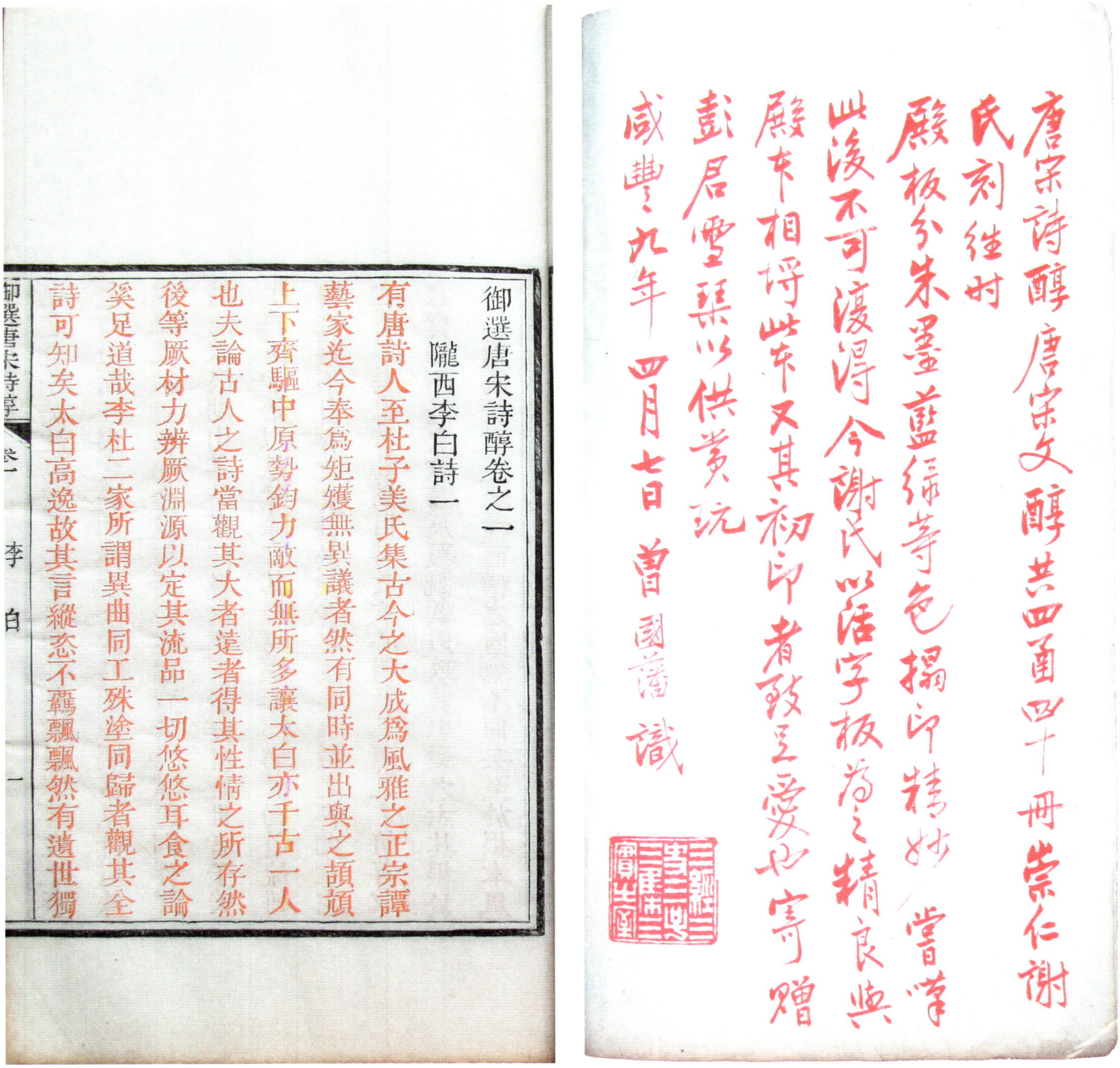

10910 御選唐宋詩醇四十七卷目録二卷 （清）高宗弘曆輯 清謝氏活字四色套印本

匡高 19 釐米，廣 14.7 釐米。半葉九行，行二十二字，白口，四周雙邊。曾國藩跋。湖南省社會科學院圖書館藏。

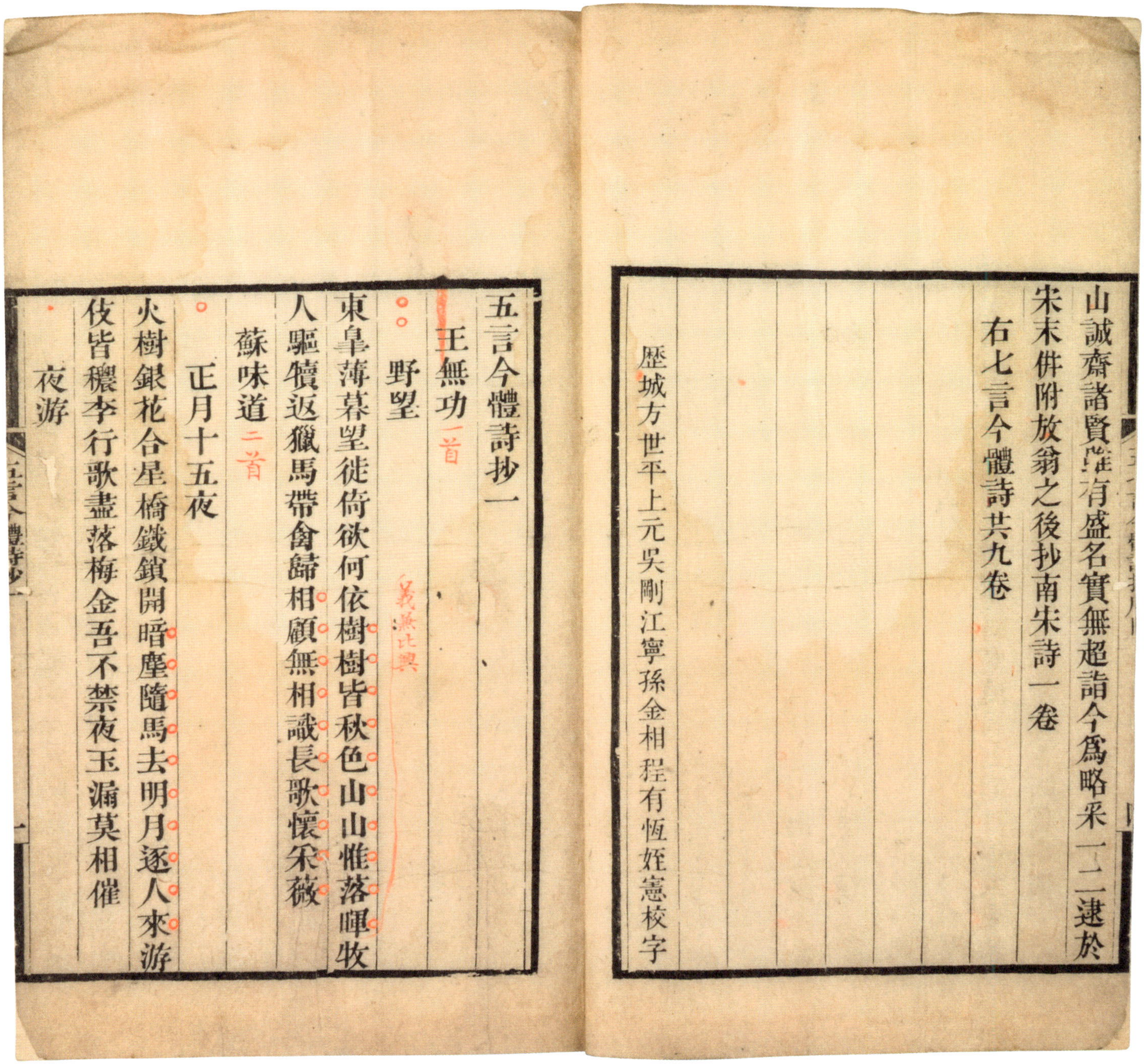
山誠齋諸賢雖有盛名實無超詣今爲略采一二逮於
宋末倂附放翁之後抄南宋詩一卷
右七言今體詩共九卷

歷城方世平上元吳剛江寧孫金相程有恆姪憲校字

五言今體詩抄一
王無功 一首
野望
東臯薄暮望徙倚欲何依樹樹皆秋色山山惟落暉牧
人驅犢返獵馬帶禽歸相顧無相識長歌懷采薇
蘇味道 二首
正月十五夜
火樹銀花合星橋鐵鎖開暗塵隨馬去明月逐人來游
伎皆穠李行歌盡落梅金吾不禁夜玉漏莫相催
夜游

10911 五七言今體詩抄十八卷 （清）姚鼐輯 清嘉慶十三年（1808）刻本

匡高 18.7 釐米，廣 13.5 釐米。半葉十行，行二十一字，黑口，左右雙邊。姚鼐批注。安徽省博物館藏。

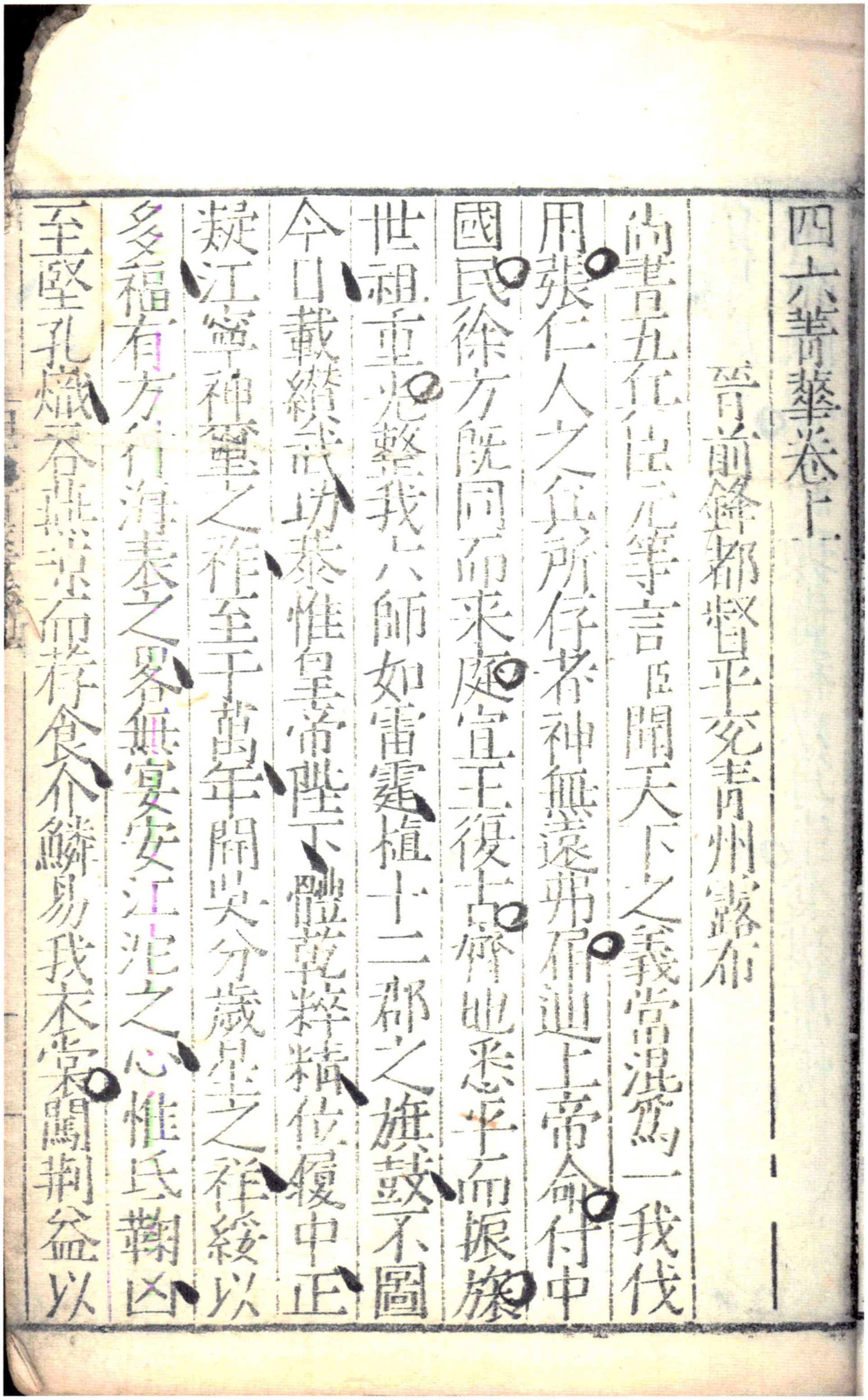

四六菁華卷上
晉前鋒都督平兗青州露布
尚書五兵臣充等言臣聞天下之義當混爲一我伐
用張仁人之兵所存者神無遠弗屆迪上帝命付中
國民徐方旣同而來庭宜王役上齊也悉平而振旅
世祖重光整我六師如雷霆植十二郡之旗鼓不圖
今日載纘武功恭惟皇帝陛下體乾粹精位履中正
凝江寧神靈之祚至于萬年開吳分歲星之祥綏以
多福有方行海表之略無宴安江沱之心惟氐鞠凶
至堅孔熾吞噬無忌而猶存食不鱗易我天常闖荊益以

10912 四六菁華二卷 （明）胡松輯 明嘉靖二十一年（1542）劉大寶刻本

匡高 20.3 釐米，廣 15 釐米。半葉十行，行二十字，白口，四周單邊。北京大學圖書館藏。

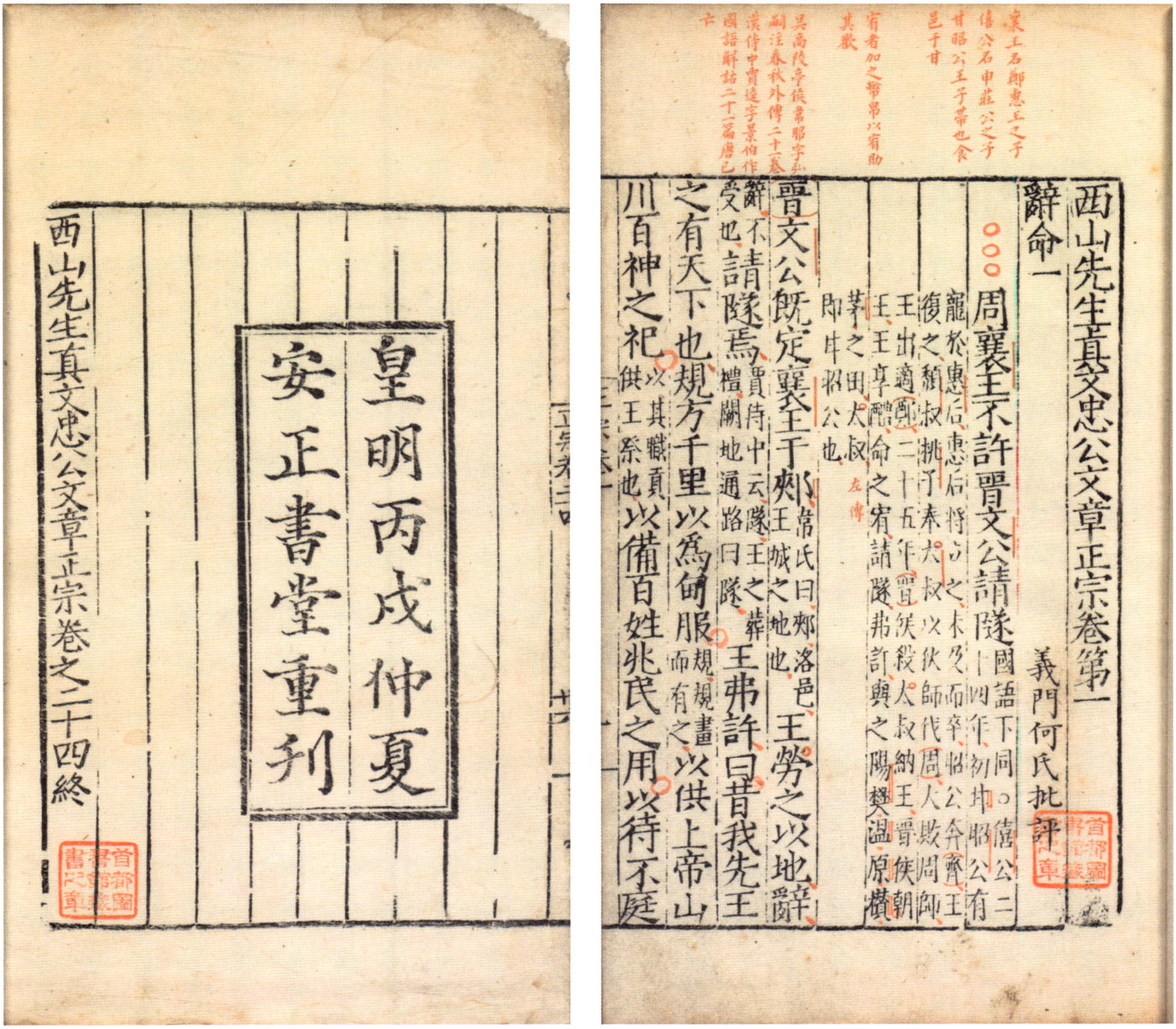

10913 西山先生真文忠公文章正宗二十四卷 （宋）真德秀輯 明安正書堂刻本

匡高 19.4 釐米，廣 13.1 釐米。半葉十行，行二十一字，小字雙行同，白口，四周單邊或四周雙邊。有“皇明丙戌仲夏安正書堂重刊”牌記。首都圖書館藏。

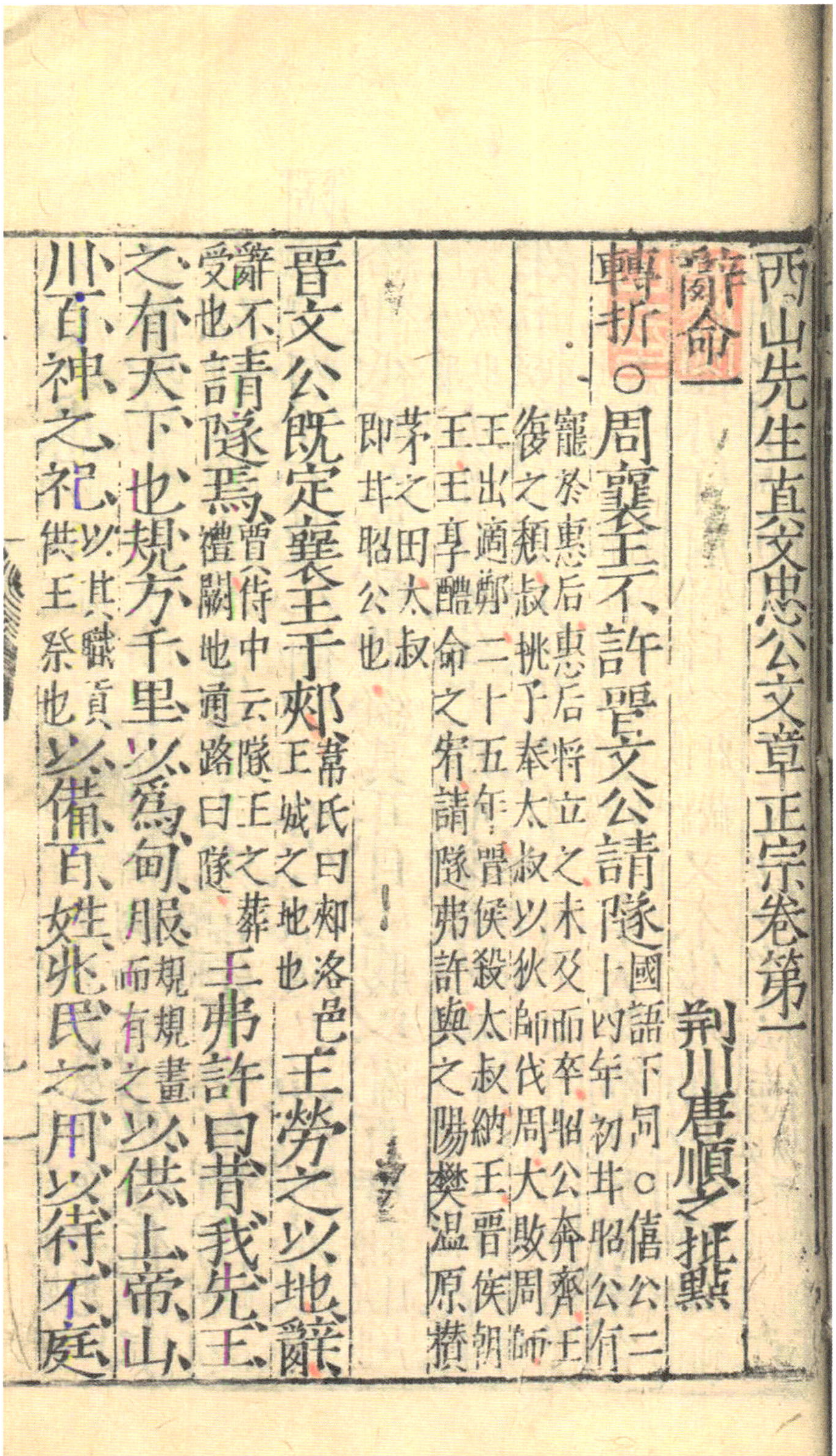

西山先生真文忠公文章正宗卷第一
荆川唐順之批點
辭命一
轉折○周襄王不許晉文公請隧國語下同○僖公二十四年初甘昭公有寵於惠后惠后將立之未及而卒昭公奔齊王復之頹叔桃子奉太叔以狄師伐周大敗周師王出適鄭二十五年晉侯殺太叔納王晉侯朝王王享醴命之宥請隧弗許與之陽樊溫原欑茅之田太叔即甘昭公也
晉文公既定襄王于郟韋氏曰郟洛邑王城之地也王勞之以地辭不受也請隧焉賈侍中云隧王之葬禮闕地通路曰隧王弗許曰昔我先王之有天下也規方千里以爲甸服規規畫而有之以供上帝山川百神之祀以其犧貢供王祭也以備百姓兆民之用以待不庭

10914 西山先生真文忠公文章正宗二十六卷 （宋）真德秀輯 （明）唐順之批點 明歸仁齋刻本

匡高 18.8 釐米，廣 12.5 釐米。半葉十行，行二十一字，白口，四周單邊。

山東大學圖書館藏。

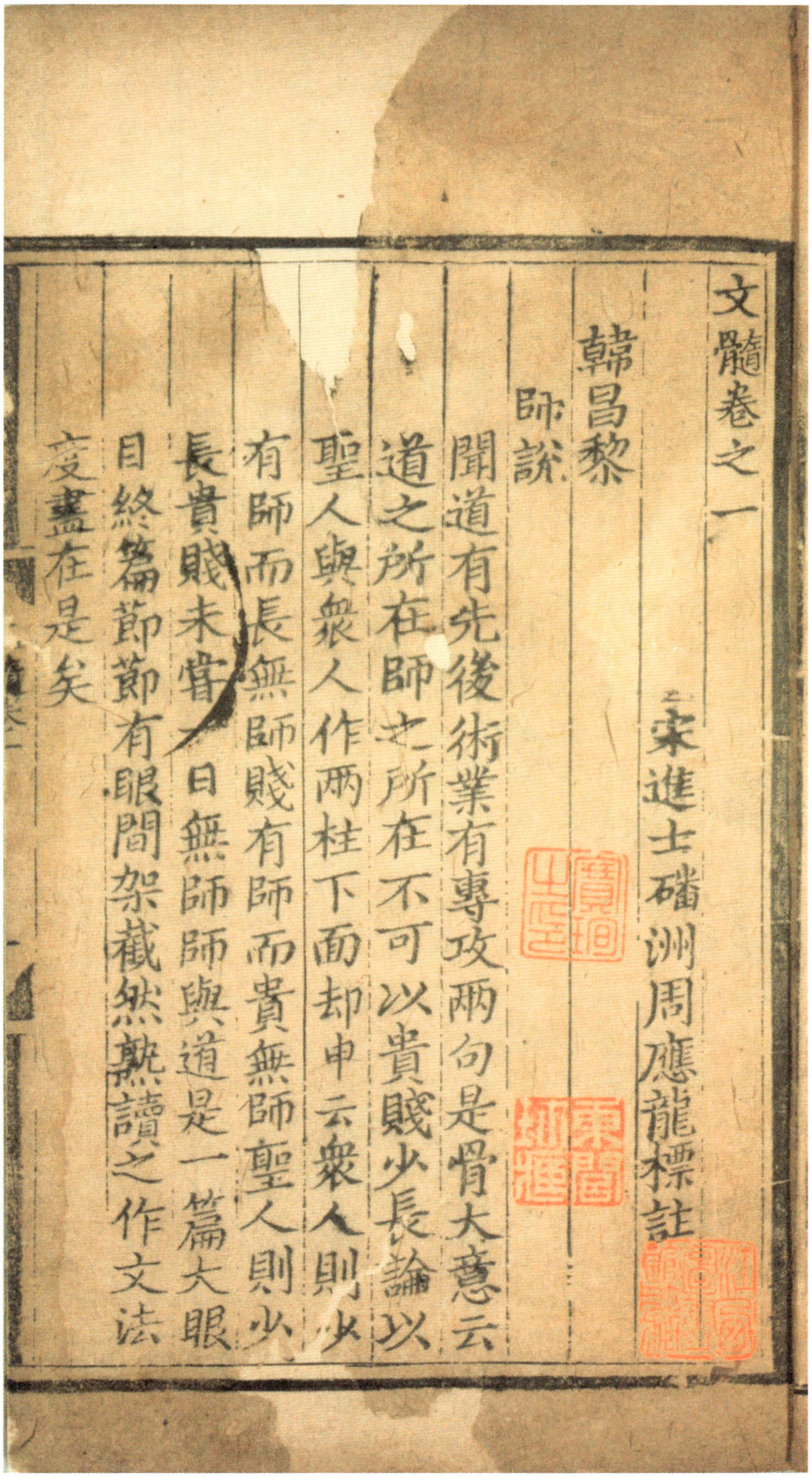
文髓卷之一
宋進士磻洲周應龍標註
韓昌黎
師説
聞道有先後術業有專攻兩句是骨大意云
道之所在師之所在不可以貴賤少長論以
聖人與衆人作兩柱下面却申云衆人則必
有師而長無師賤有師而貴無師聖人則必
長貴賤未嘗一日無師師與道是一篇大眼
目終篇節節有眼間架截然熟讀之作文法
度盡在是矣

10915 文髓九卷附録一卷 （宋）周應龍註 明宣德三年（1428）周岐鳳刻本

匡高20釐米，廣13.3釐米。半葉十一行，行二十字，黑口，四周雙邊。江西省圖書館藏。

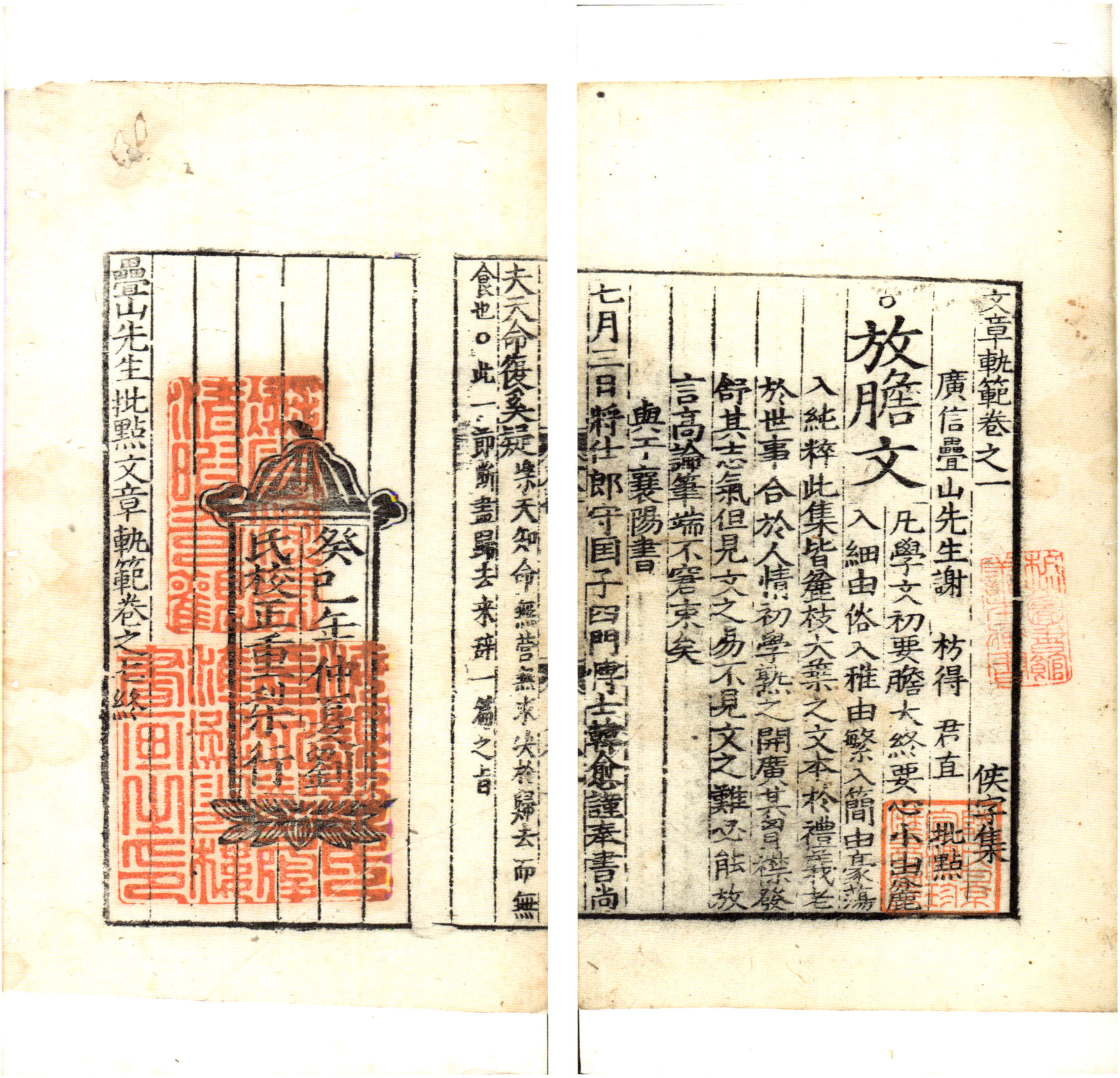

10916 文章軌範七卷 （宋）謝枋得輯 明劉氏刻本

匡高 18.7 釐米，廣 12.2 釐米。半葉十行，行二十字，白口，四周單邊。有“癸巳年仲夏劉氏校正重刊行”牌記。有“海頻逸民平泉鄭履準凝雲樓書画之印”、“陸氏景宣樓珍藏書畫印”等印。杭州圖書館藏。

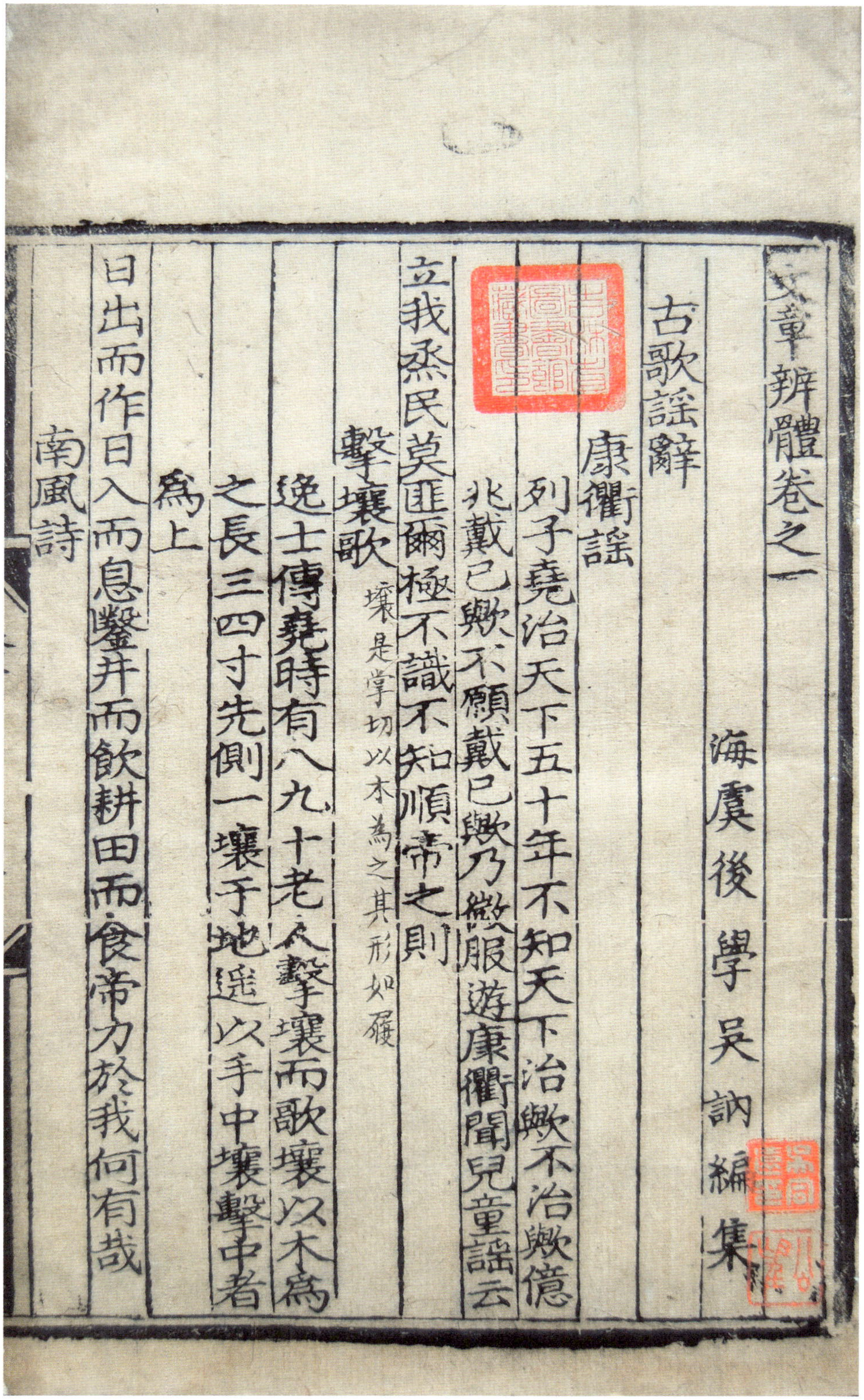
文章辨體卷之一
海虞後學吳訥編集
古歌謠辭
康衢謠
列子堯治天下五十年不知天下治歟不治歟億兆戴己歟不願戴己歟乃微服遊康衢聞兒童謠云
立我烝民莫匪爾極不識不知順帝之則
擊壤歌 壤是掌切以木爲之其形如履
逸士傳堯時有八九十老人擊壤而歌壤以木爲之長三四寸先側一壤于地遥以手中壤擊中者爲上
日出而作日入而息鑿井而飲耕田而食帝力於我何有哉
南風詩

10917 文章辨體五十卷外集五卷總論一卷 （明）吳訥輯 明天順八年（1464）劉孜等刻本

匡高 22.1 釐米，廣 16.5 釐米。半葉十三行，行二十四字，黑口，四周雙邊。

吉林省圖書館藏。

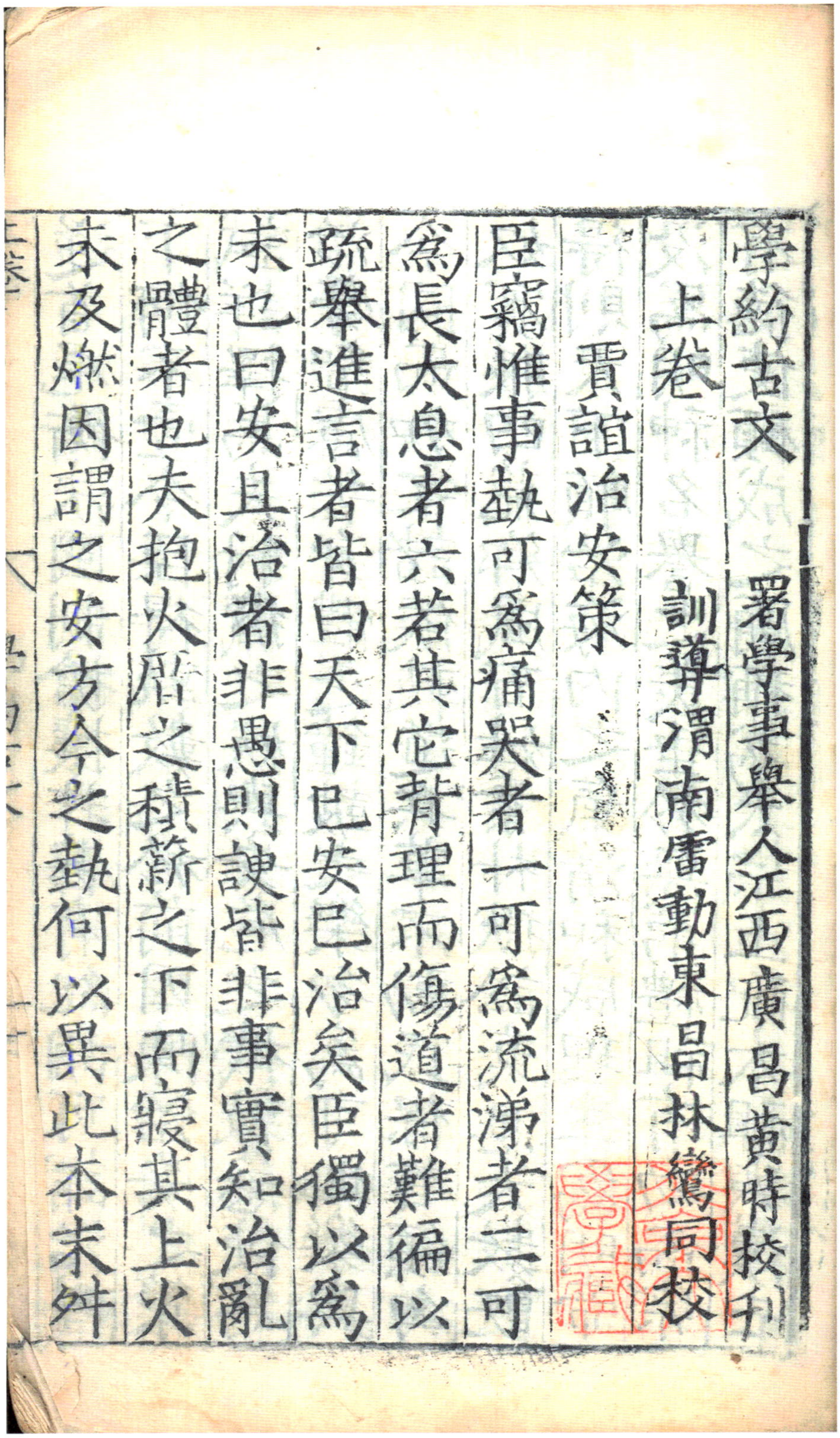
學約古文　署學事舉人江西廣昌黃時校刊
上卷　訓導渭南雷動東昌林鸞同校
賈誼治安策
臣竊惟事埶可爲痛哭者一可爲流涕者二可
爲長太息者六若其它背理而傷道者難徧以
疏舉進言者皆曰天下已安已治矣臣獨以爲
未也曰安且治者非愚則諛皆非事實知治亂
之體者也夫抱火厝之積薪之下而寢其上火
未及燃因謂之安方今之埶何以異此本末舛

10918 學約古文二卷　（明）何景明輯　**何大復論一卷**　（明）何景明撰

明嘉靖十二年（1533）黄時刻本

匡高 19.9 釐米，廣 13.8 釐米。半葉九行，行十八字，白口，四周單邊。北京大學圖書館藏。

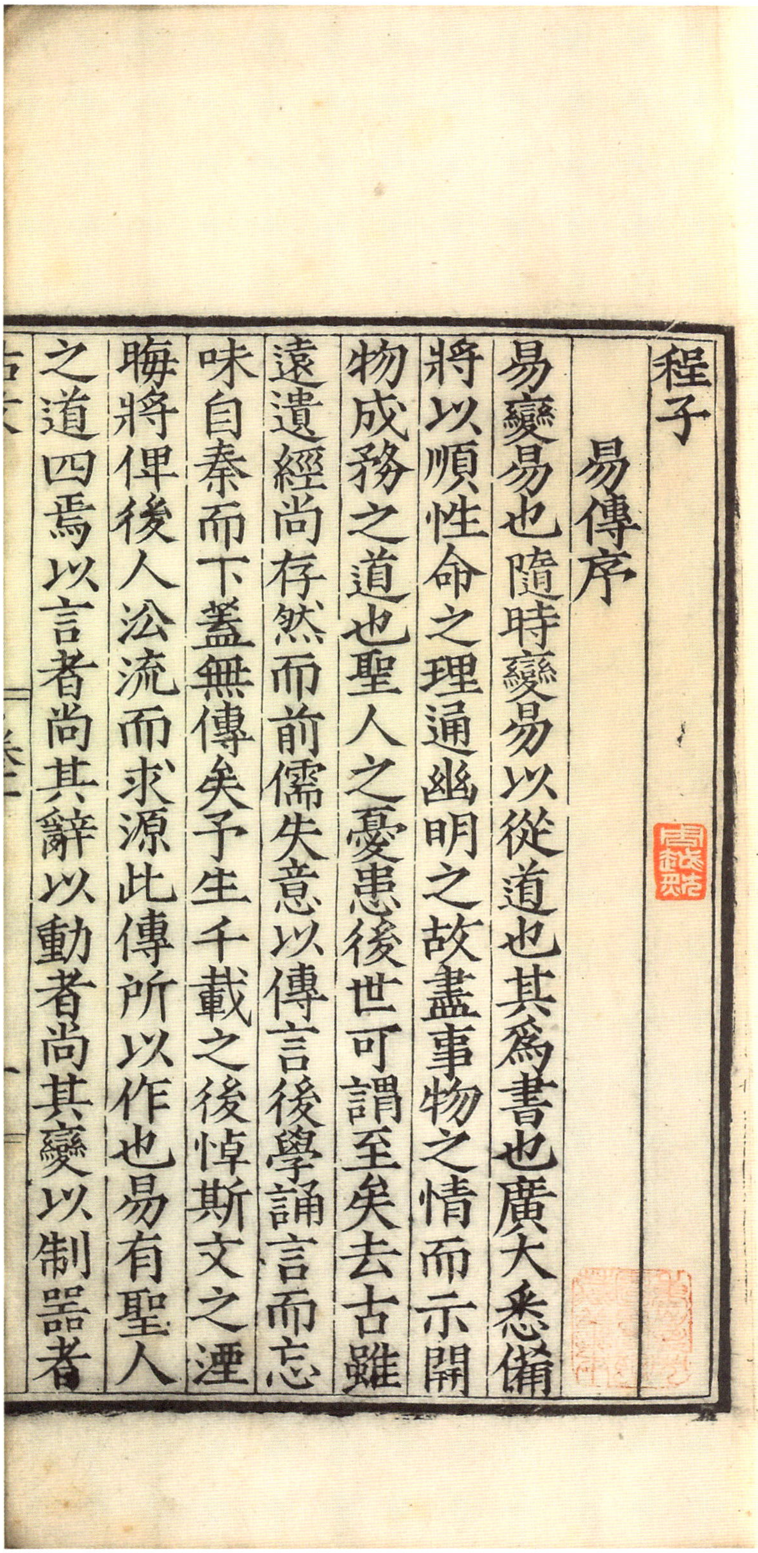

程子

易傳序

易變易也隨時變易以從道也其爲書也廣大悉備將以順性命之理通幽明之故盡事物之情而示開物成務之道也聖人之憂患後世可謂至矣去古雖遠遺經尚存然而前儒失意以傳言後學誦言而忘味自秦而下蓋無傳矣予生千載之後悼斯文之湮晦將俾後人沿流而求源此傳所以作也易有聖人之道四焉以言者尚其辭以動者尚其變以制器者

10919 古文選要五卷 （明）張舜臣輯　明嘉靖三十三年（1554）黎堯勳刻本

匡高 23.6 釐米，廣 15.3 釐米。半葉九行，行二十字，白口，四周雙邊。有“曾留吴興周氏言言齋”、“周越然”等印。重慶圖書館藏。

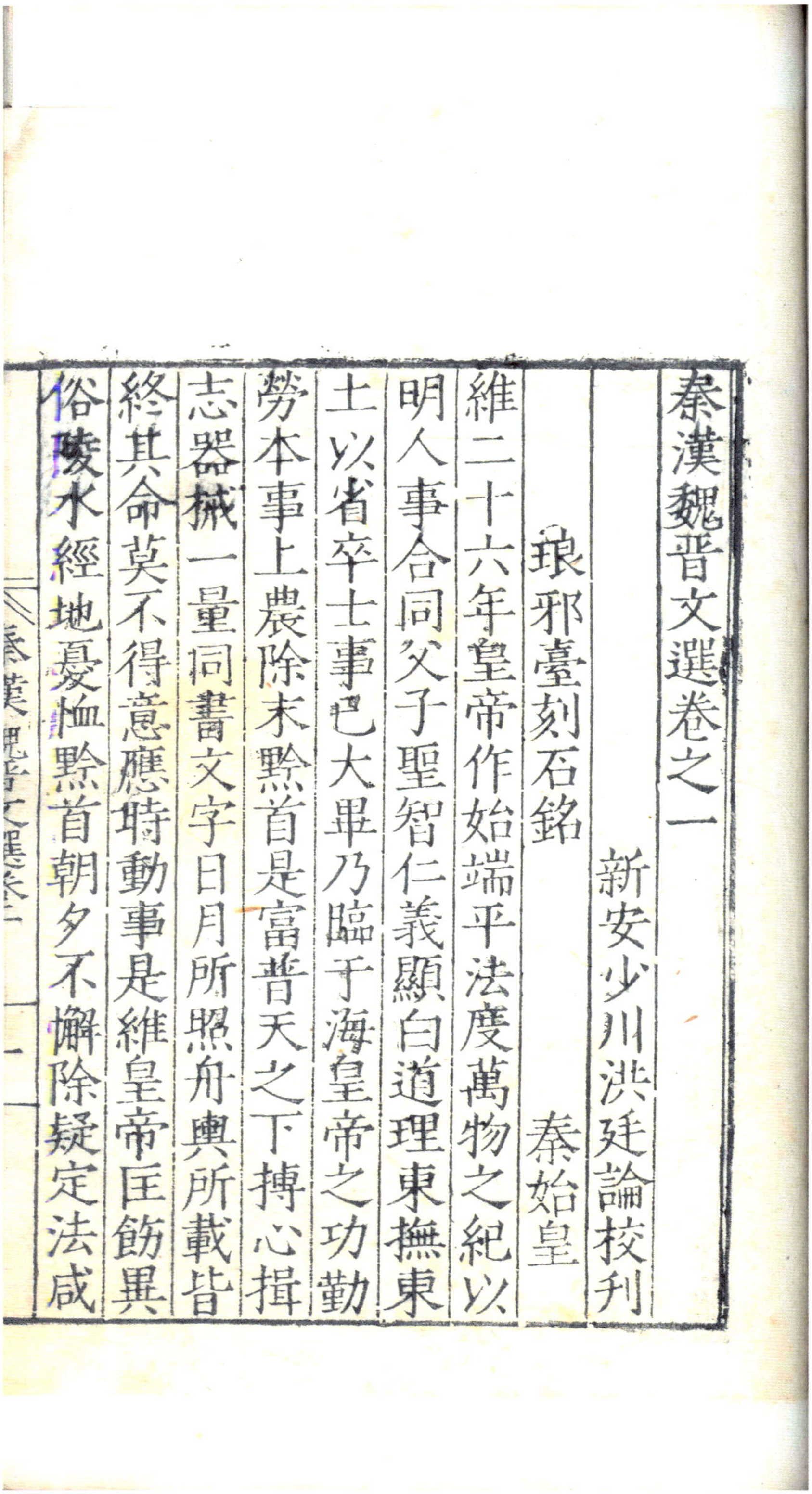

秦漢魏晉文選卷之一

新安少川洪廷論校刊

瑯邪臺刻石銘　秦始皇

維二十六年皇帝作始端平法度萬物之紀以
明人事合同父子聖智仁義顯白道理東撫東
土以省卒士事已大畢乃臨于海皇帝之功勸
勞本事上農除末黔首是富普天之下摶心揖
志器械一量同書文字日月所照舟輿所載皆
終其命莫不得意應時動事是維皇帝匡飭異
俗陵水經地憂恤黔首朝夕不懈除疑定法咸

秦漢魏晉文選卷之一　一

10920 秦漢魏晉文選十卷　（明）余震啓 鄭玄撫輯 明嘉靖二十四年（1545）新安洪廷論刻本

匡高 17 釐米，廣 12.8 釐米。半葉十行，行十八字，白口，左右雙邊。北京大學圖書館藏。

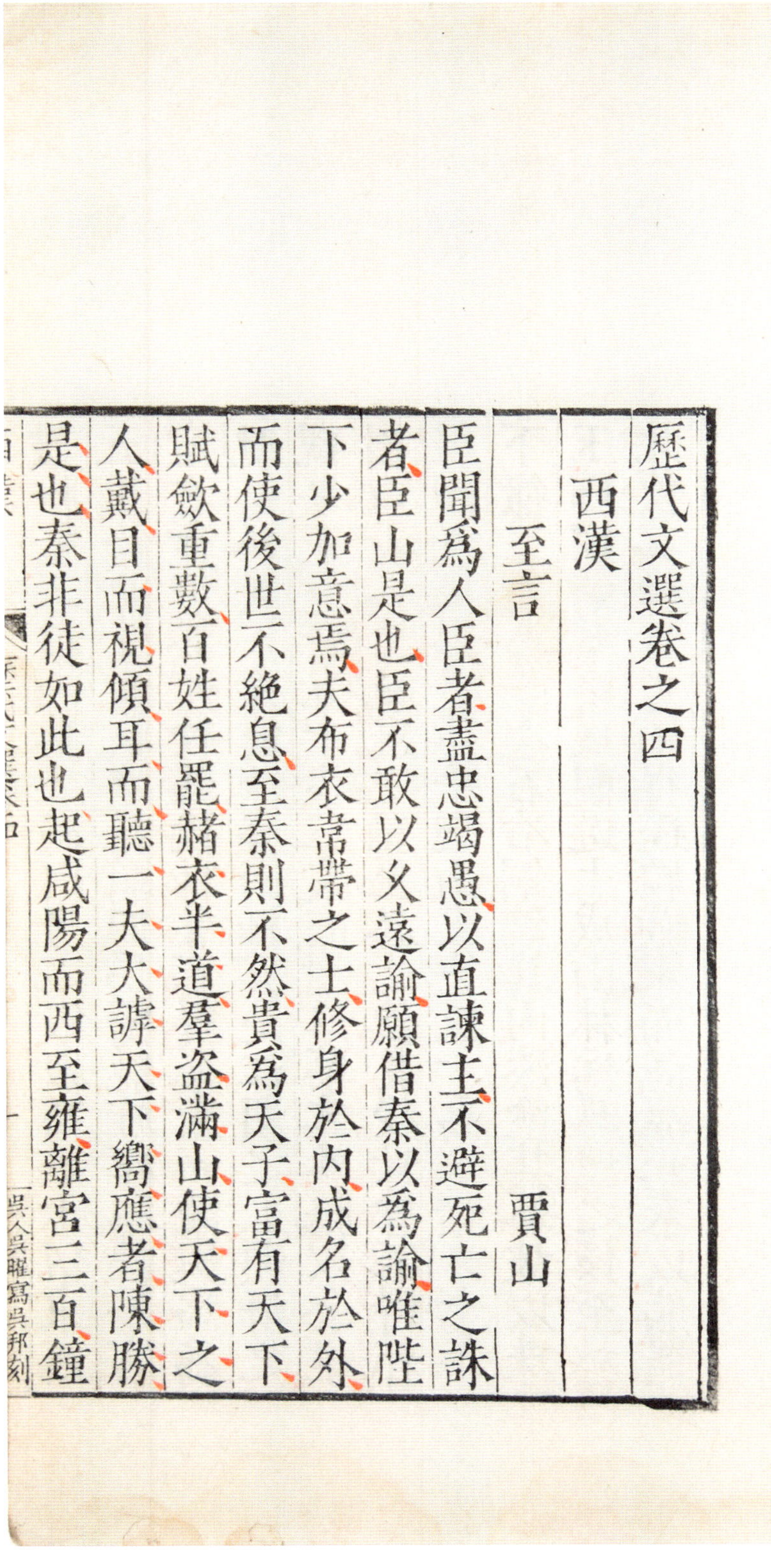

歷代文選卷之四

西漢

至言　　賈山

臣聞爲人臣者盡忠竭愚以直諫主不避死亡之誅者臣山是也臣不敢以久遠諭願借秦以爲諭唯陛下少加意焉夫布衣韋帶之士修身於内成名於外而使後世不絶息至秦則不然貴爲天子富有天下賦斂重數百姓任罷赭衣半道羣盜滿山使天下之人戴目而視傾耳而聽一夫大譁天下嚮應者陳勝是也秦非徒如此也起咸陽而西至雍離宫三百鍾

吳人吳曜寫吳邦刻

10921 歷代文選十四卷　（明）凌雲翼輯　明嘉靖四十年（1561）温州官刻本

匡高 19.1 釐米，廣 13.7 釐米。半葉十行，行二十字，白口，左右雙邊。温州市圖書館藏，存十二卷。

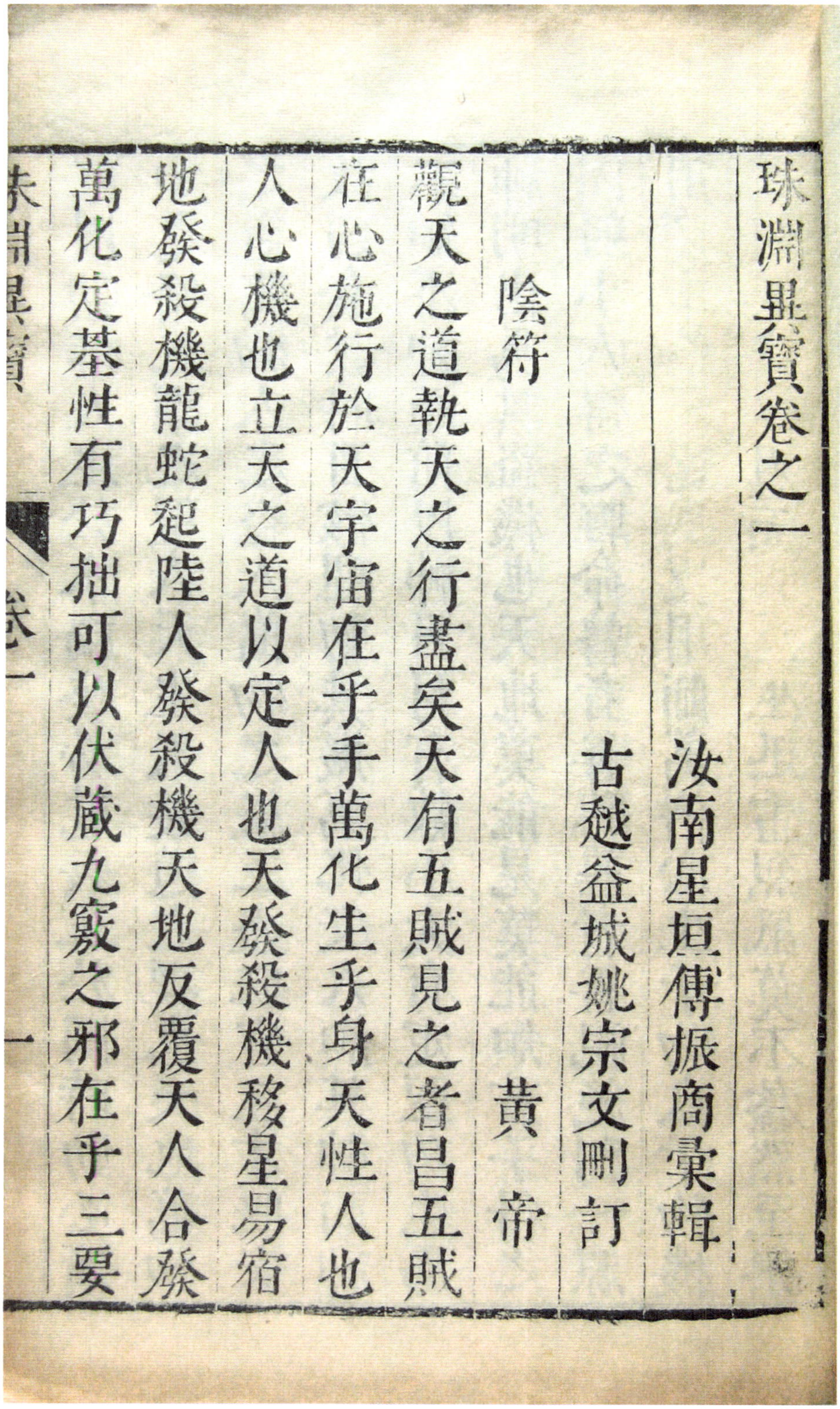

珠淵異寶卷之一

汝南星垣傅振商彙輯

古越益城姚宗文删訂

陰符　黃帝

觀天之道執天之行盡矣天有五賊見之者昌五賊
在心施行於天宇宙在乎手萬化生乎身天性人也
人心機也立天之道以定人也天發殺機移星易宿
地發殺機龍蛇起陸人發殺機天地反覆天人合發
萬化定基性有巧拙可以伏藏九竅之邪在乎三要

珠淵異寶　卷一　一

10922 珠淵異寶十二卷 （明）傅振商輯 明萬曆四十七年（1619）刻本

匡高 23 釐米，廣 14.5 釐米。半葉九行，行二十字，白口，四周單邊。鎮江市圖書館藏。

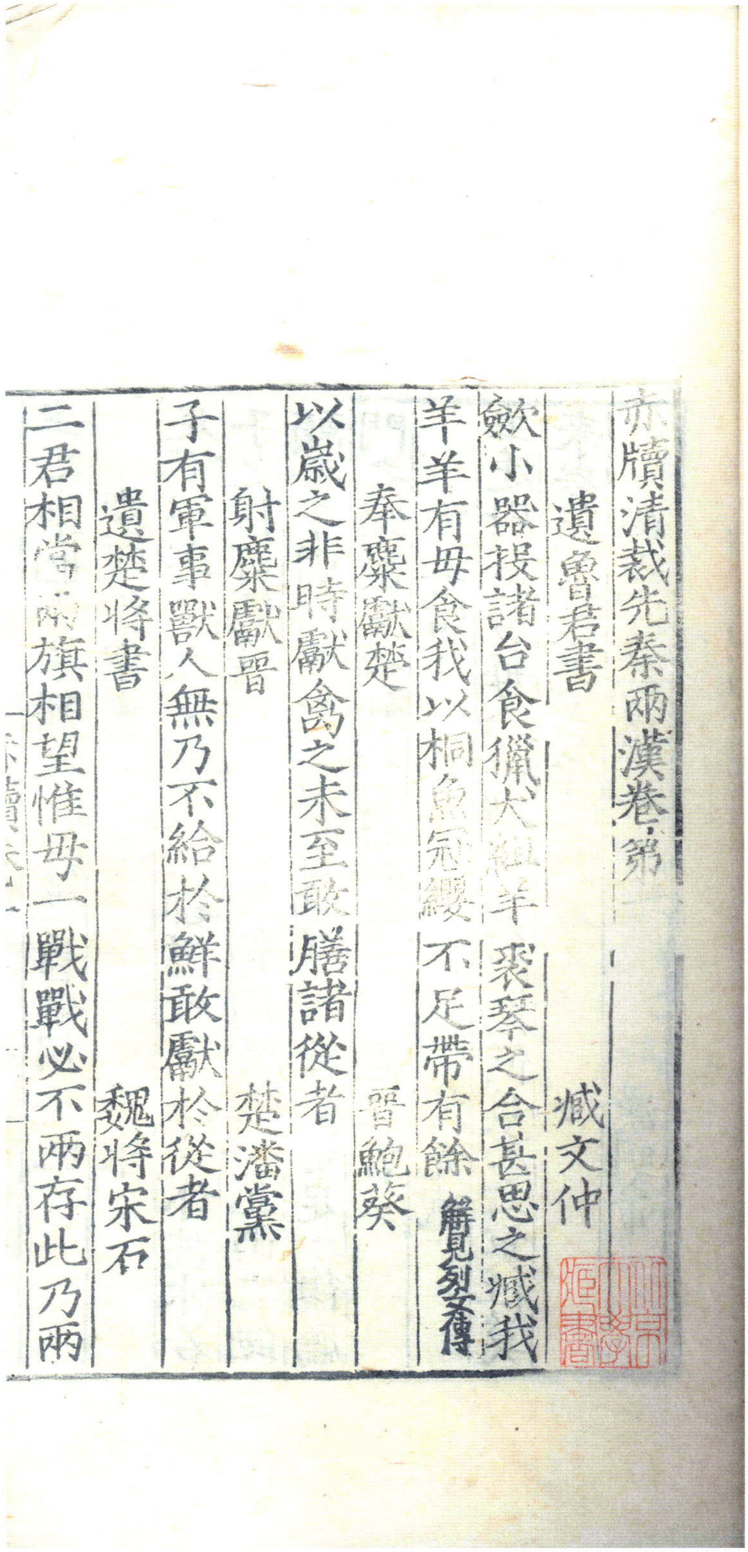

赤牘清裁先秦兩漢卷第一
遺魯君書　　臧文仲
斂小器投諸台食獵犬組羊裘琴之合甚思之臧我
羊羊有母食我以桐魚冠纓不足帶有餘　解見列女傳
奉槖獻楚　　晉鮑癸
以歲之非時獻禽之未至敢膳諸從者
射槖獻晉　　楚潘黨
子有軍事獸人無乃不給於鮮敢獻於從者
遺楚將書　　魏將宋石
二君相當兩旗相望惟毋一戰戰必不兩存此乃兩

10923 赤牘清裁五卷 （明）楊慎輯 明嘉靖十三年（1534）刻本

匡高 19.1 釐米，廣 13.1 釐米。半葉十行，行二十字，細黑口，四周單邊。北京大學圖書館藏。

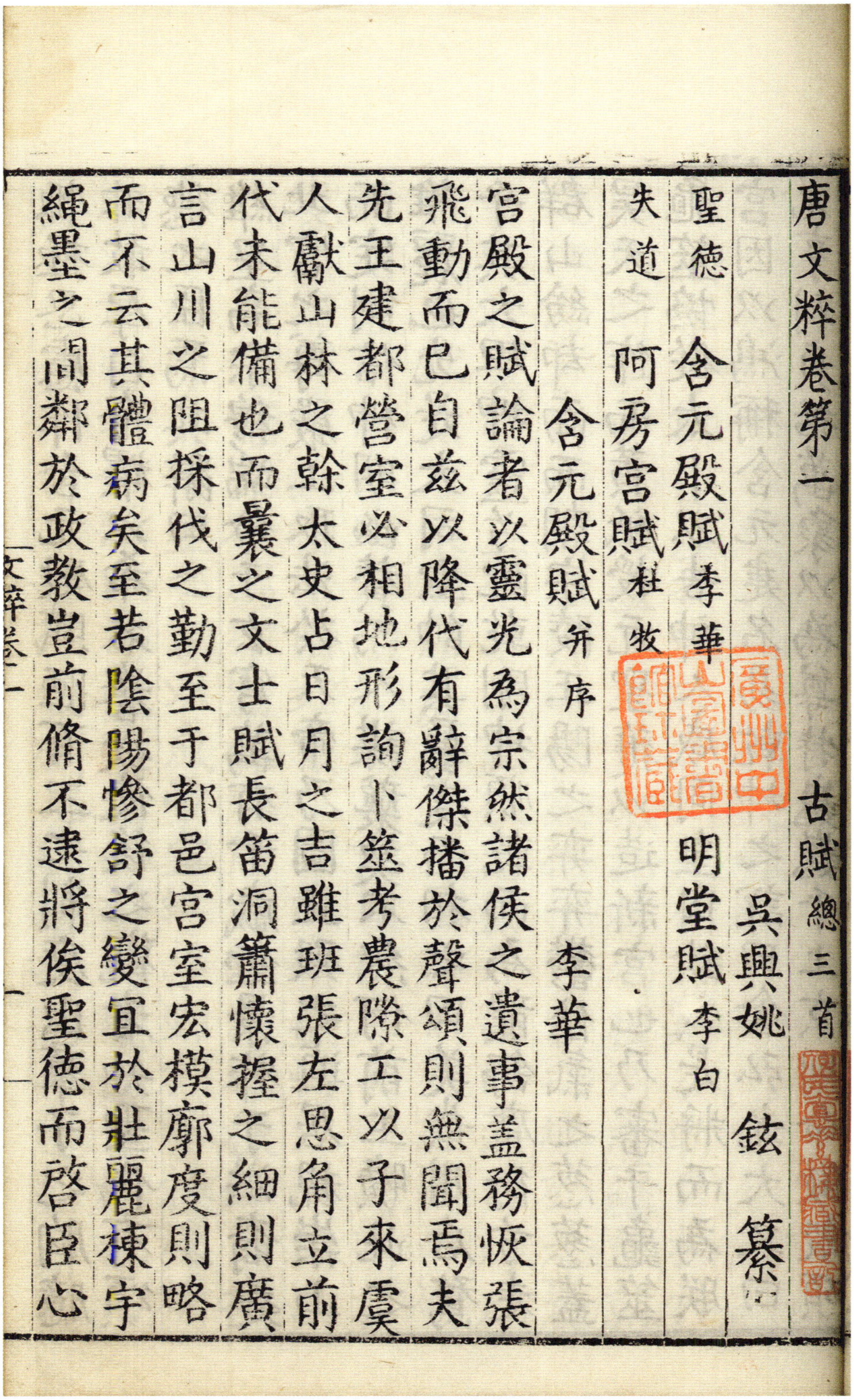

唐文粹卷第一

古賦　總三首

吳興姚鉉纂

聖德　含元殿賦李華　明堂賦李白

失道　阿房宮賦杜牧

含元殿賦并序　李華

宮殿之賦論者以靈光為宗然諸侯之遺事盖務恢張飛動而已自兹以降代有辭傑播於聲頌則無聞焉夫先王建都營室必相地形詢卜筮考農隙工以子來虞人獻山林之榦太史占日月之吉雖班張左思角立前代未能備也而曩之文士賦長笛洞簫懐握之細則廣言山川之阻採伐之勤至于都邑宮室宏模廓度則略而不云其體病矣至若陰陽慘舒之變冝於壯麗棟宇繩墨之間鄰於政教豈前脩不遠將俟聖德而啓臣心

文粹卷之一　一

10924 唐文粹一百卷　（宋）姚鉉輯　明嘉靖八年（1529）晉府養德書院刻本

匡高 21.1 釐米，廣 14.8 釐米。半葉十三行，行二十一字，白口，四周單邊。

廣東省立中山圖書館藏。

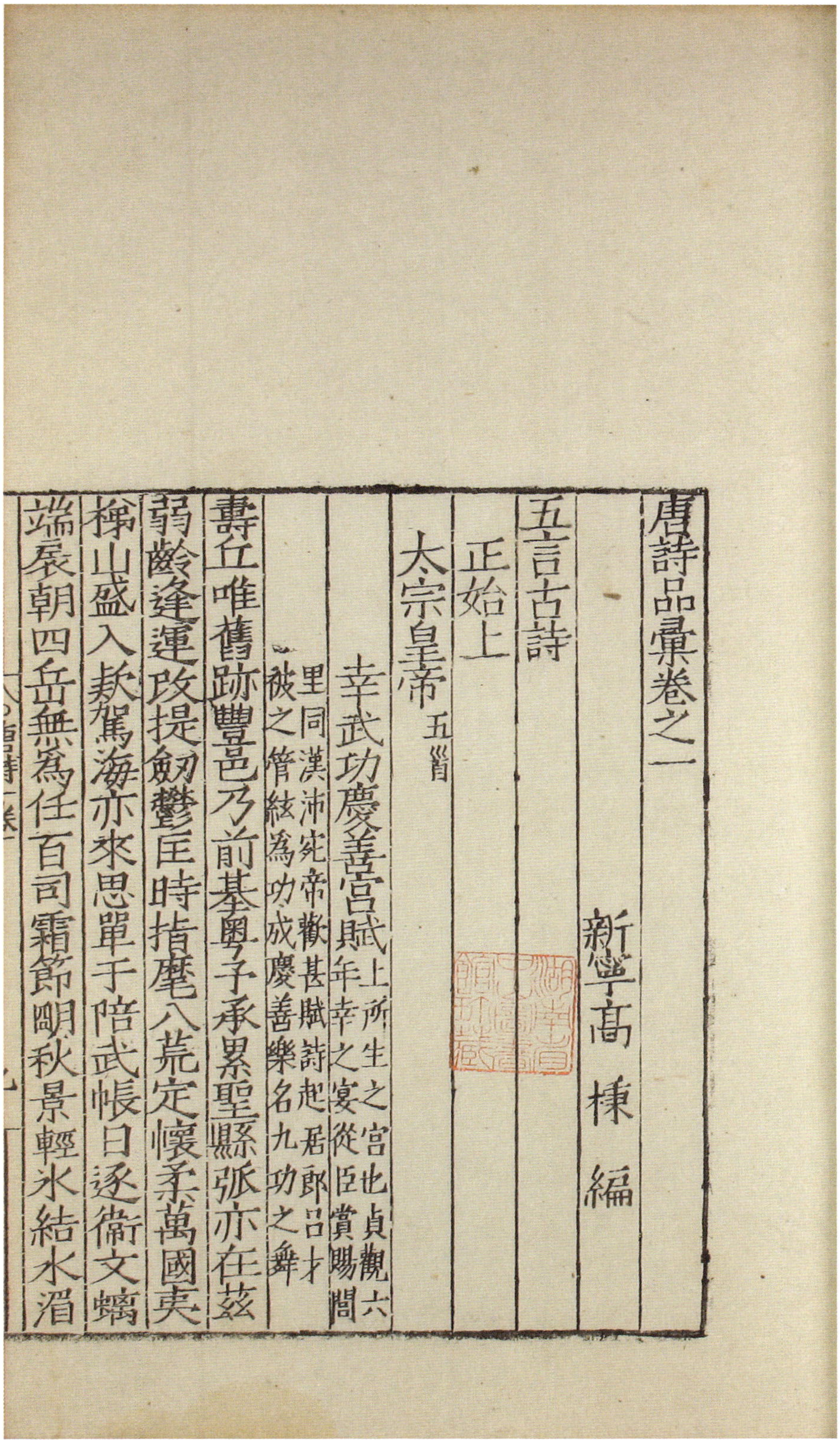

唐詩品彙卷之一

新寧高棅編

五言古詩

正始上

太宗皇帝 五首

幸武功慶善宮賦 上所生之宮也貞觀六年幸之宴從臣賞賜閭里同漢沛宛帝歡甚賦詩起居郎呂才被之管絃爲功成慶善樂名九功之舞

壽丘唯舊跡豐邑乃前基粤予承累聖懸弧亦在茲弱齡逢運改提劍鬱匡時指麾八荒定懷柔萬國夷梓山盛入欵駕海亦來思單于陪武帳日逐衛文螭端扆朝四岳無爲任百司霜節明秋景輕冰結水渭

10925 唐詩品彙九十卷拾遺十卷 （明）高棅輯 明嘉靖十六年（1537）姚芹泉刻本

匡高 17 釐米，廣 13.2 釐米。半葉十一行，行二十字，黑口，四周單邊。湖南圖書館藏。

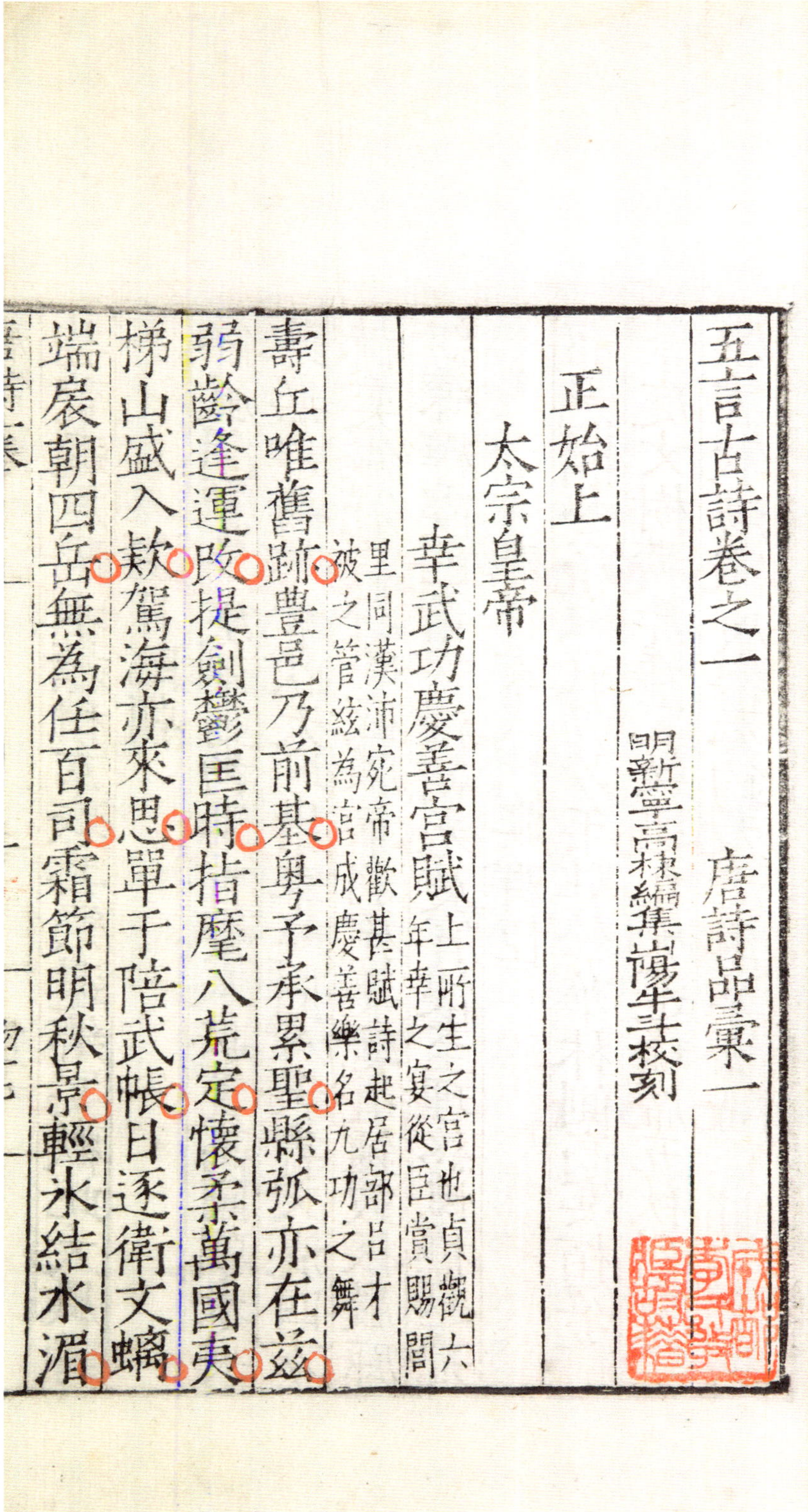

五言古詩卷之一　唐詩品彙一
明新寧高棅編集　嶺南牛斗校刻
正始上
太宗皇帝
幸武功慶善宮賦上所生之宮也貞觀六年幸之宴從臣賞賜閭里同漢沛宛帝歡甚賦詩起居郎呂才被之管絃為功成慶善樂名九功之舞
壽丘唯舊跡。酆邑乃前基。粤予承累聖。懸弧亦在茲。
弱齡逢運改。提劍鬱匡時。指麾八荒定。懷柔萬國夷。
梯山盛入款。駕海亦來思。單于陪武帳。日逐衛文螭。
端扆朝四岳。無為任百司。霜節明秋景。輕冰結水湄。

10926 唐詩品彙九十卷拾遺十卷　（明）高棅輯　明嘉靖十八年（1539）牛斗刻本

匡高 19 釐米，廣 13.3 釐米。半葉十行，行二十字，小字雙行同，白口，左右雙邊。有“成都李氏收藏故籍”等印。國家圖書館藏。

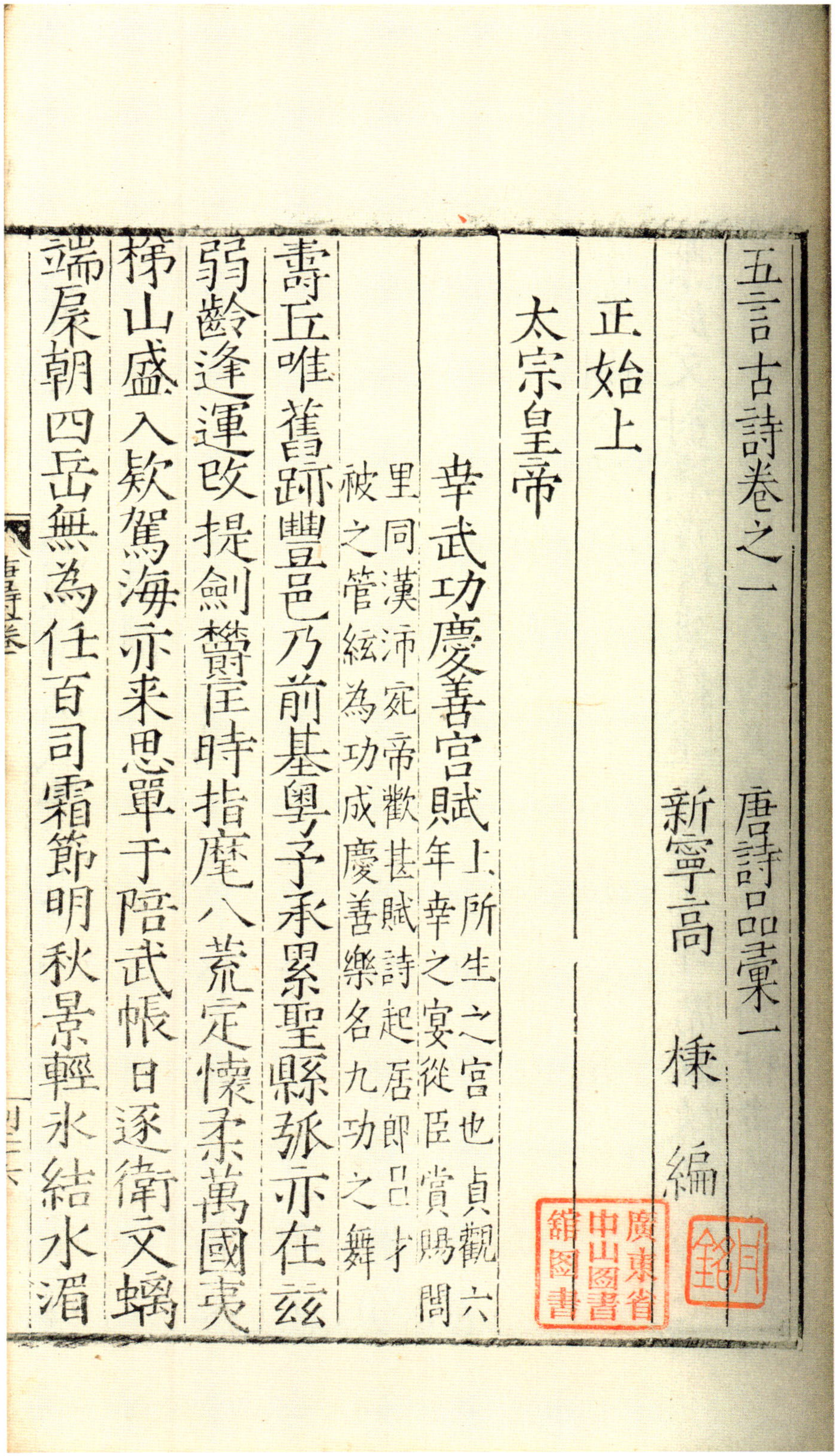
五言古詩卷之一　唐詩品彙一
新寧高棅編
正始上
太宗皇帝
幸武功慶善宮賦上所生之宮也貞觀六年幸之宴從臣賞賜閭里同漢沛宛帝歎甚賦詩起居郎呂才被之管絃為功成慶善樂名九功之舞
壽丘唯舊跡酆邑乃前基粤予承累聖懸弧亦在茲
弱齡逢運改提劍鬱匡時指麾八荒定懷柔萬國夷
梯山盛入欵駕海亦來思單于陪武帳日逐衛文螭
端扆朝四岳無為任百司霜節明秋景輕冰結水湄

10927 唐詩品彙九十卷拾遺十卷 （明）高棅輯 明刻本

匡高 21.8 釐米，廣 15.5 釐米。半葉十行，行二十字，白口，左右雙邊。廣東省立中山圖書館藏。

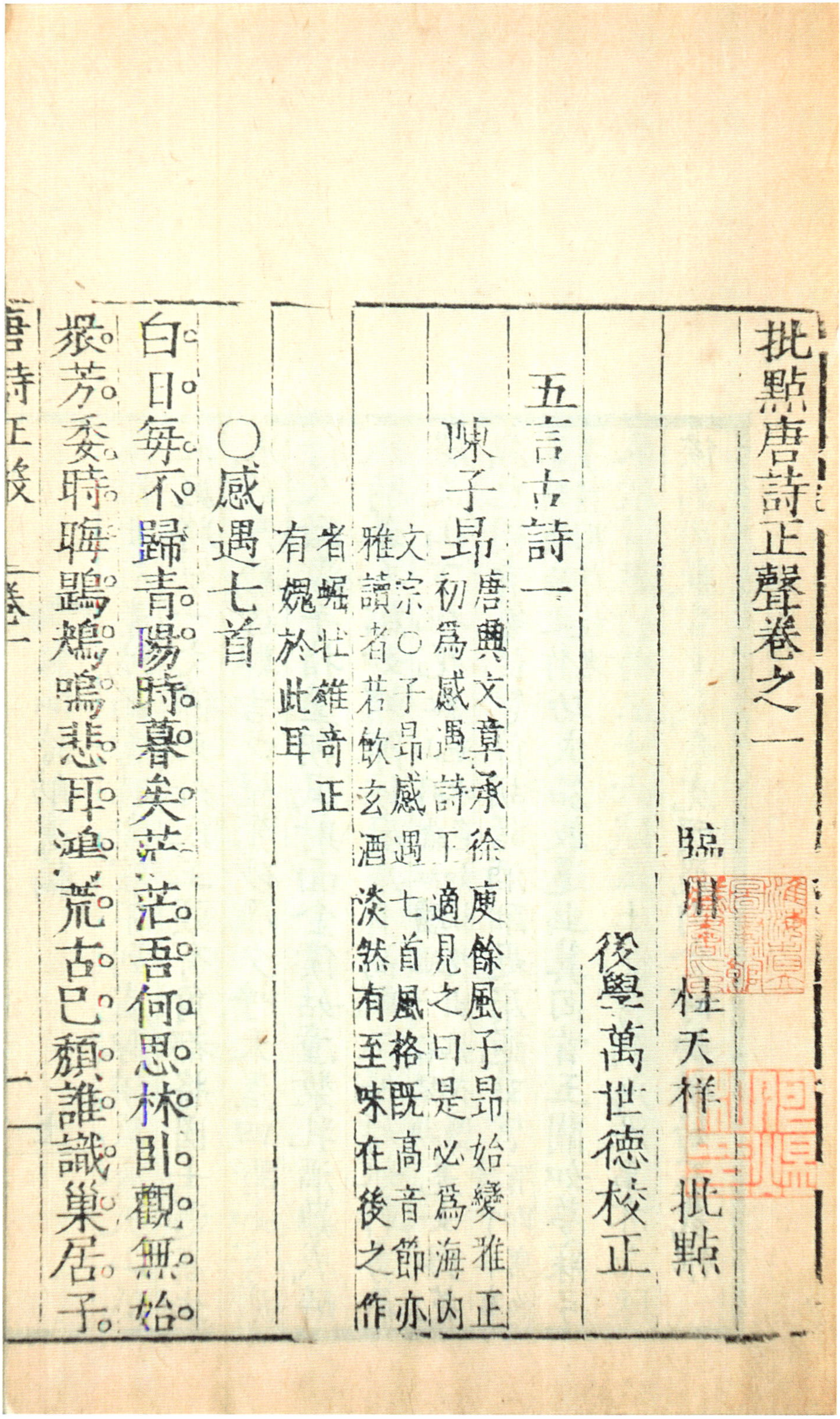

批點唐詩正聲卷之一

臨川桂天祥　批點

後學萬世德校正

五言古詩一

陳子昂　唐興文章承徐庾餘風子昂始變雅正初爲感遇詩王適見之曰是必爲海内文宗○子昂感遇七首風格既高音節亦雅讀者若飲玄酒淡然有至味在後之作者崛壯雄奇正有媿於此耳

○感遇七首

白日每不歸青陽時暮矣茫茫吾何思林臥觀無始衆芳委時晦鶗鴂鳴悲耳鴻荒古已頹誰識巢居子

唐詩正聲　卷之一　一

10928 批點唐詩正聲二十二卷　（明）高棅輯　（明）桂天祥批點　明萬世德刻本

匡高 19.4 釐米，廣 14.8 釐米。半葉十行，行二十字，小字雙行同，白口，四周單邊。徐州市圖書館藏。

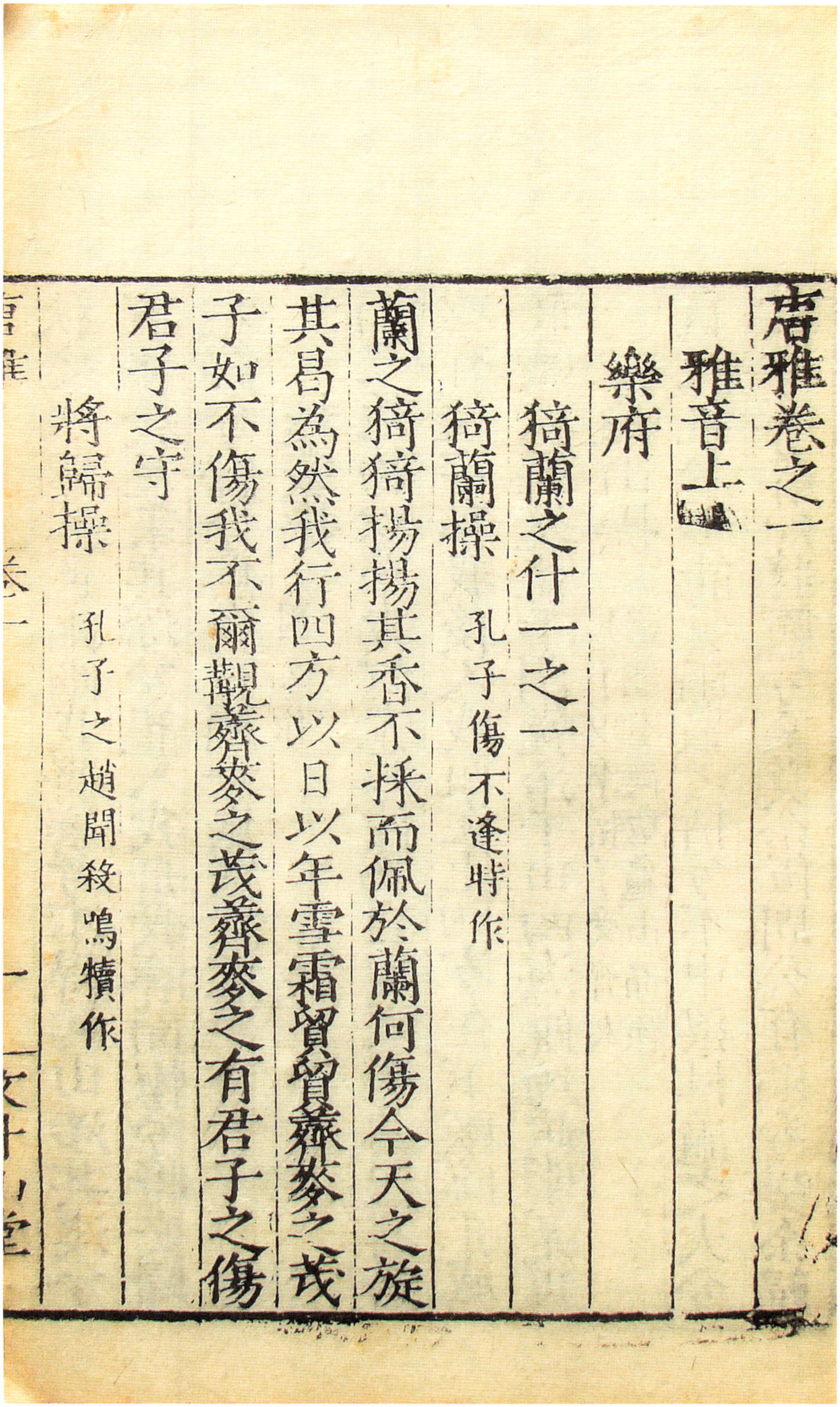

唐雅卷之一

雅音上

樂府

猗蘭之什一之一

猗蘭操　孔子傷不逢時作

蘭之猗猗揚揚其香不採而佩於蘭何傷今天之旋其昌為然我行四方以日以年雪霜貿貿薺麥之茂子如不傷我不爾覯薺麥之茂薺麥之有君子之傷君子之守

將歸操　孔子之趙聞殺鳴犢作

唐雅　卷之一　一　文斗山堂

10929 唐雅八卷　（明）胡纘宗輯　明嘉靖二十八年（1549）文斗山堂刻本

匡高 18.2 釐米，廣 14.3 釐米。半葉十行，行二十字，小字雙行同，白口，四周單邊。甘肅省圖書館藏。

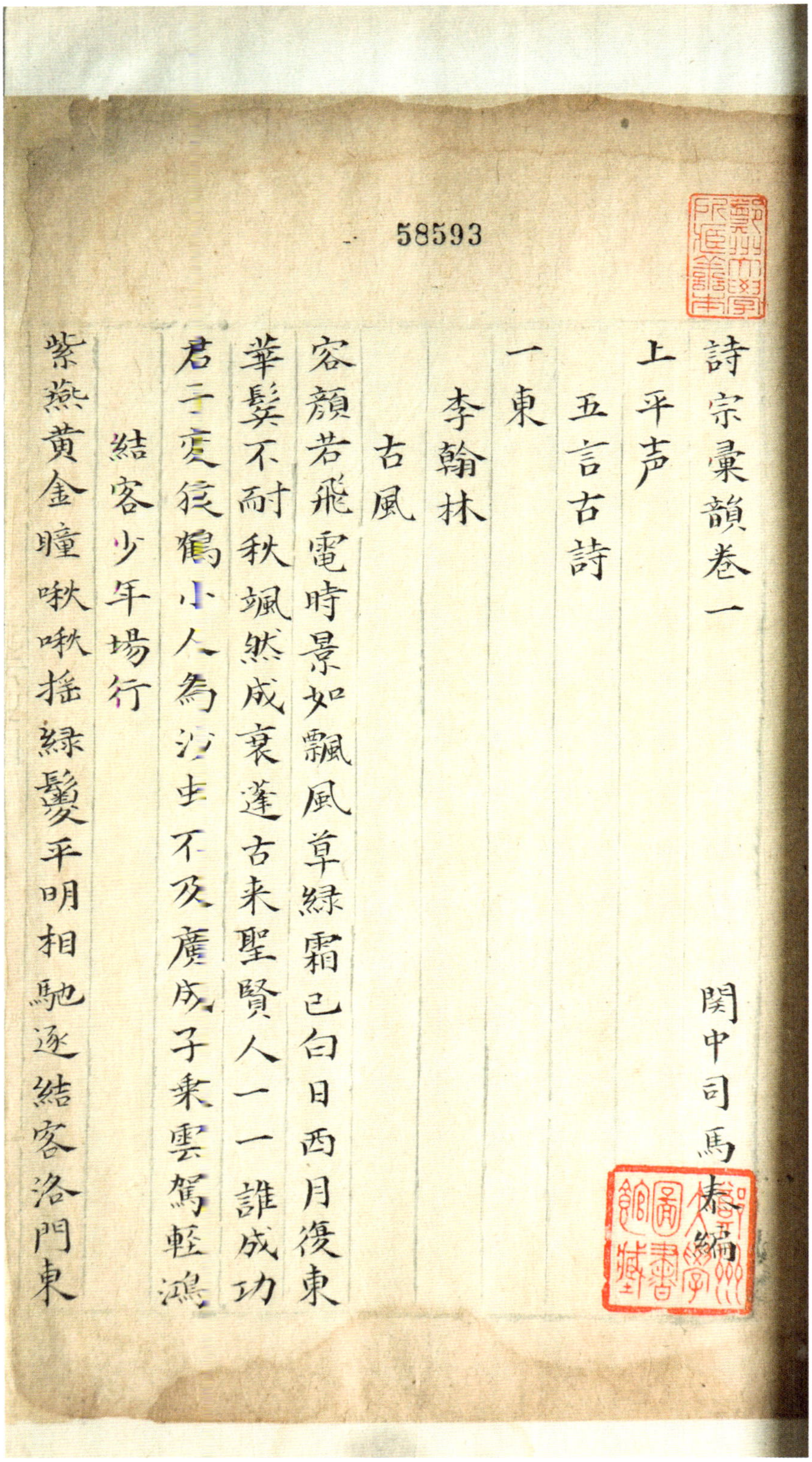

詩宗彙韻卷一

関中司馬泰編

上平声

五言古詩

一東

李翰林

古風

容顔若飛電時景如飄風草緑霜已白日西月復東

華髪不耐秋颯然成衰蓬古来聖賢人一一誰成功

君子変猿鶴小人為沙虫不及廣成子乗雲駕軽鴻

結客少年場行

紫燕黄金瞳啾啾揺緑鬉平明相馳逐結客洛門東

10930 詩宗彙韻二十六卷 （明）司馬泰輯 明抄本

匡高 19.6 釐米，廣 14.5 釐米。半葉十一行，行二十字，藍格，白口，四周單邊。鄭州大學圖書館藏。

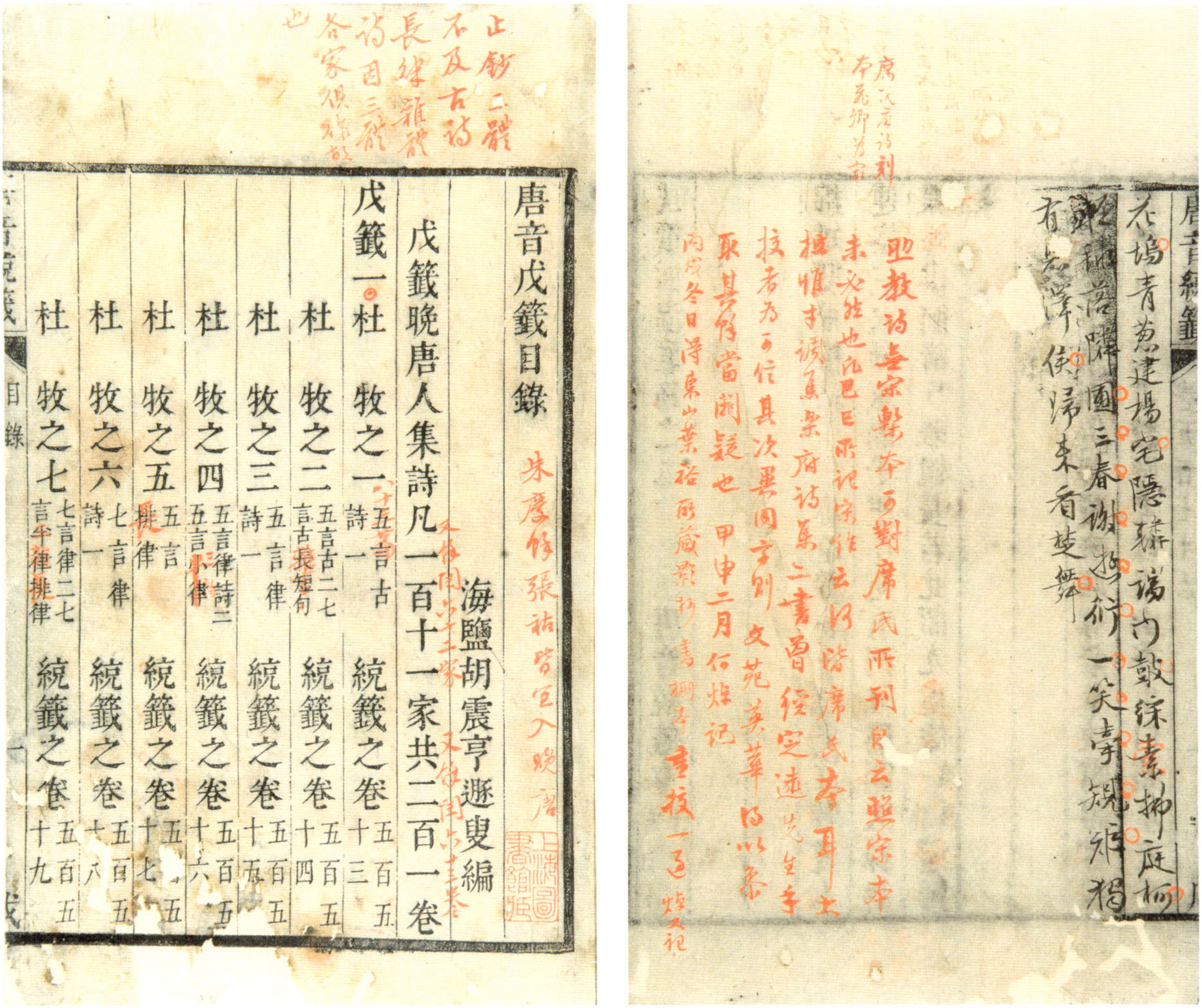

10931 唐音戊籤二百一卷餘閏六十四卷 （明）胡震亨輯 清康熙二十五年（1686）胡氏南益堂刻本

匡高 19.8 釐米，廣 13.7 釐米。半葉十行，行十九字，小字雙行同，白口，左右雙邊。何焯批校並跋。上海圖書館藏。

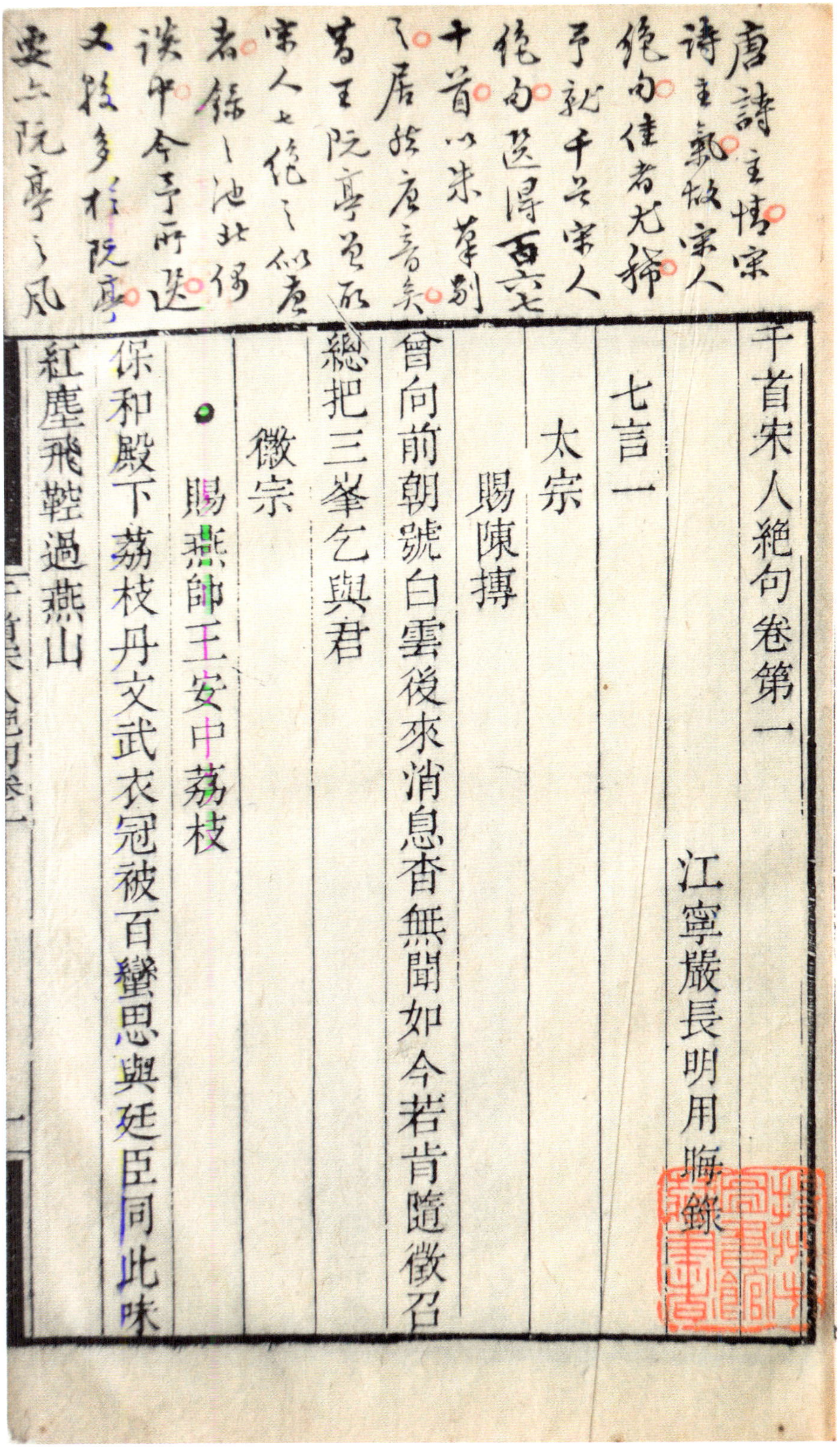

千首宋人絶句卷第一

江寧嚴長明用晦錄

七言一

太宗

賜陳摶

曾向前朝號白雲後來消息杳無聞如今若肯隨徵召

總把三峯乞與君

徽宗

賜燕帥王安中荔枝

保和殿下荔枝丹文武衣冠被百蠻思與廷臣同此味

紅塵飛鞚過燕山

10932 千首宋人絶句十卷 （清）嚴長明輯 清乾隆三十五年（1770）畢沅刻本

匡高17.1釐米，廣13.1釐米。半葉十一行，行二十一字，黑口，左右雙邊。潘德輿批校。揚州市圖書館藏。

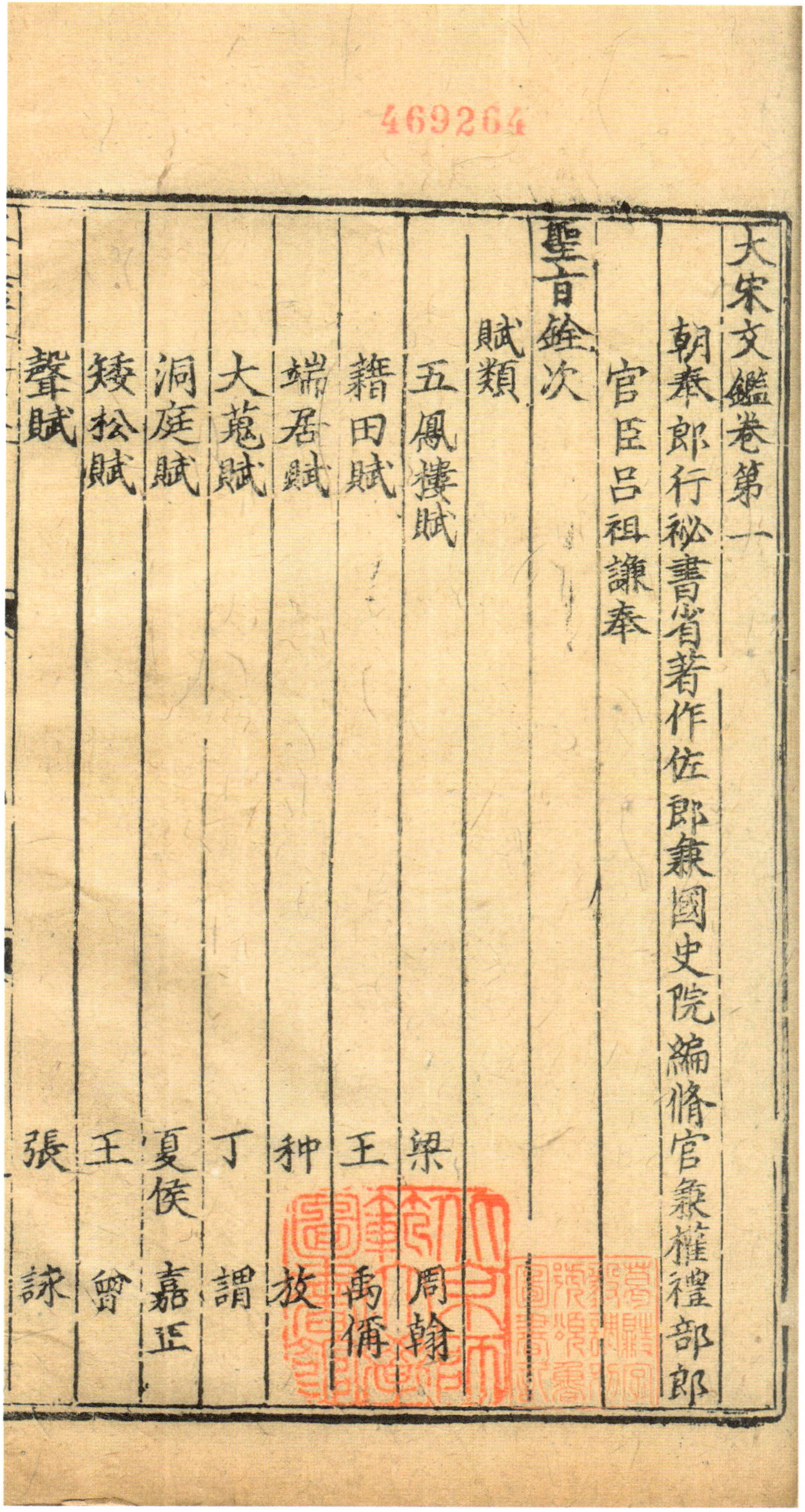
469264

大宋文鑑卷第一

朝奉郎行秘書省著作佐郎兼國史院編脩官兼權禮部郎

官臣呂祖謙奉

聖旨銓次

賦類

五鳳樓賦　梁周翰

籍田賦　王禹偁

端居賦　种放

大蒐賦　丁謂

洞庭賦　夏侯嘉正

矮松賦　王曾

聲賦　張詠

10933 大宋文鑑一百五十卷目録三卷 （宋）吕祖謙輯　明正德十三年（1518）慎獨齋刻本

匡高 18.4 釐米，廣 12 釐米。半葉十二行，行二十五字，細黑口，四周雙邊。北京師範大學圖書館藏。

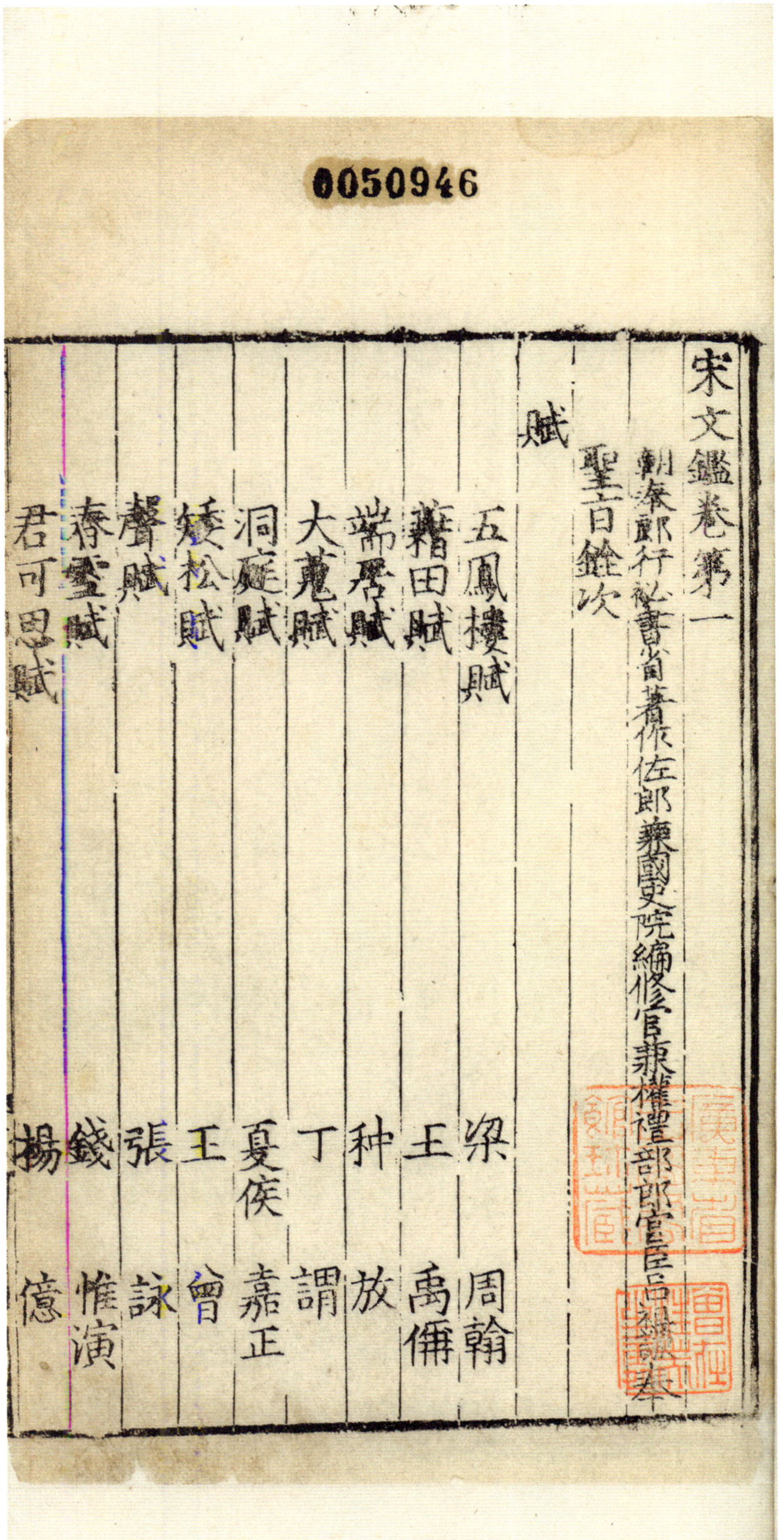

10934 宋文鑑一百五十卷目録三卷 （宋）吕祖謙輯 明嘉靖五年（1526）晉藩養德書院刻本

匡高 19.6 釐米，廣 13 釐米。半葉十三行，行二十一字，黑口，左右雙邊。有“曾在汪芙生處”等印。廣東省立中山圖書館藏。

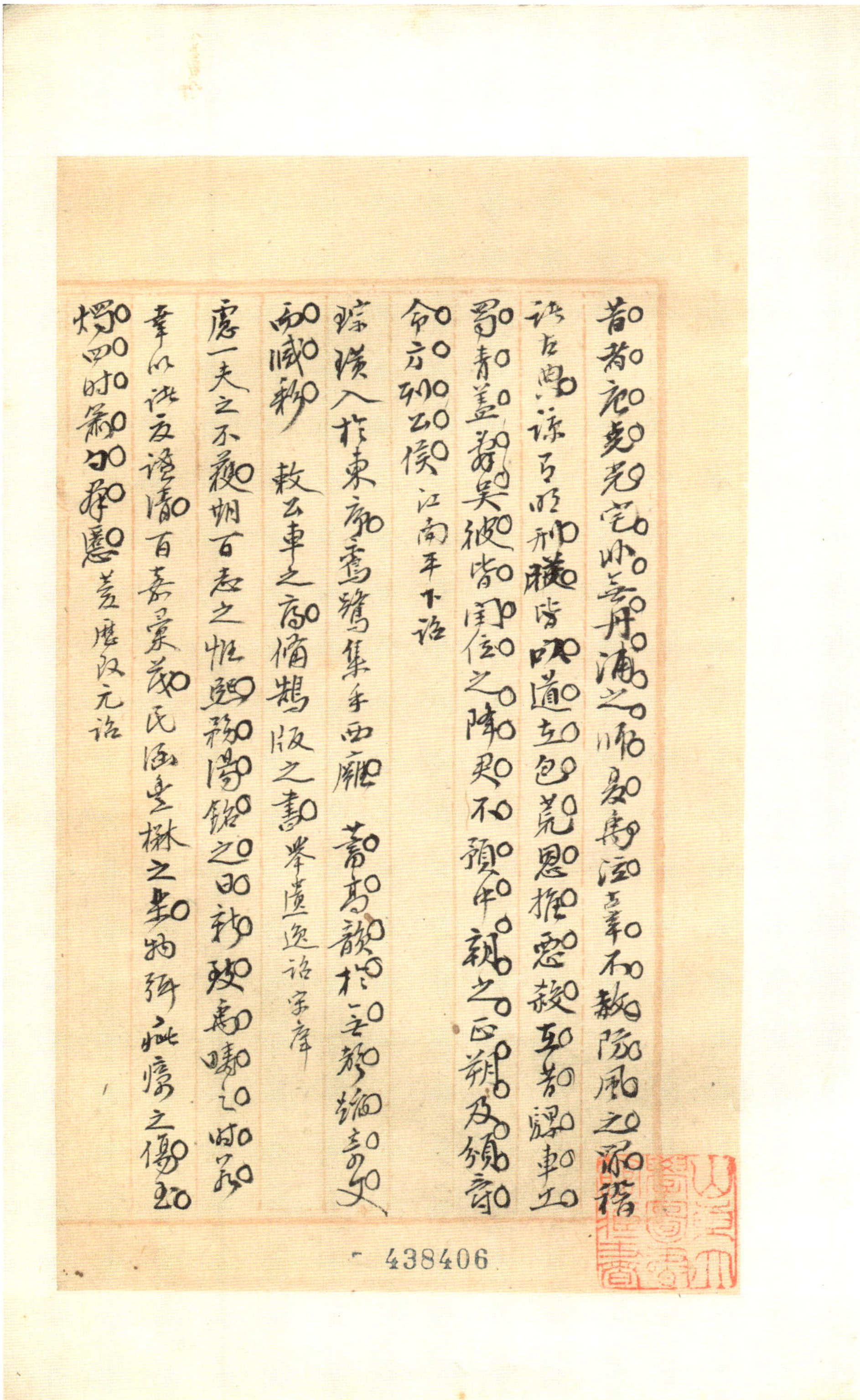

10935 官台公手書宋四六話不分卷 （清）彭元瑞撰 稿本

匡高 19.9 釐米，廣 12.2 釐米。半葉九行，行字不等，紅格，白口，四周雙邊。山東大學圖書館藏。

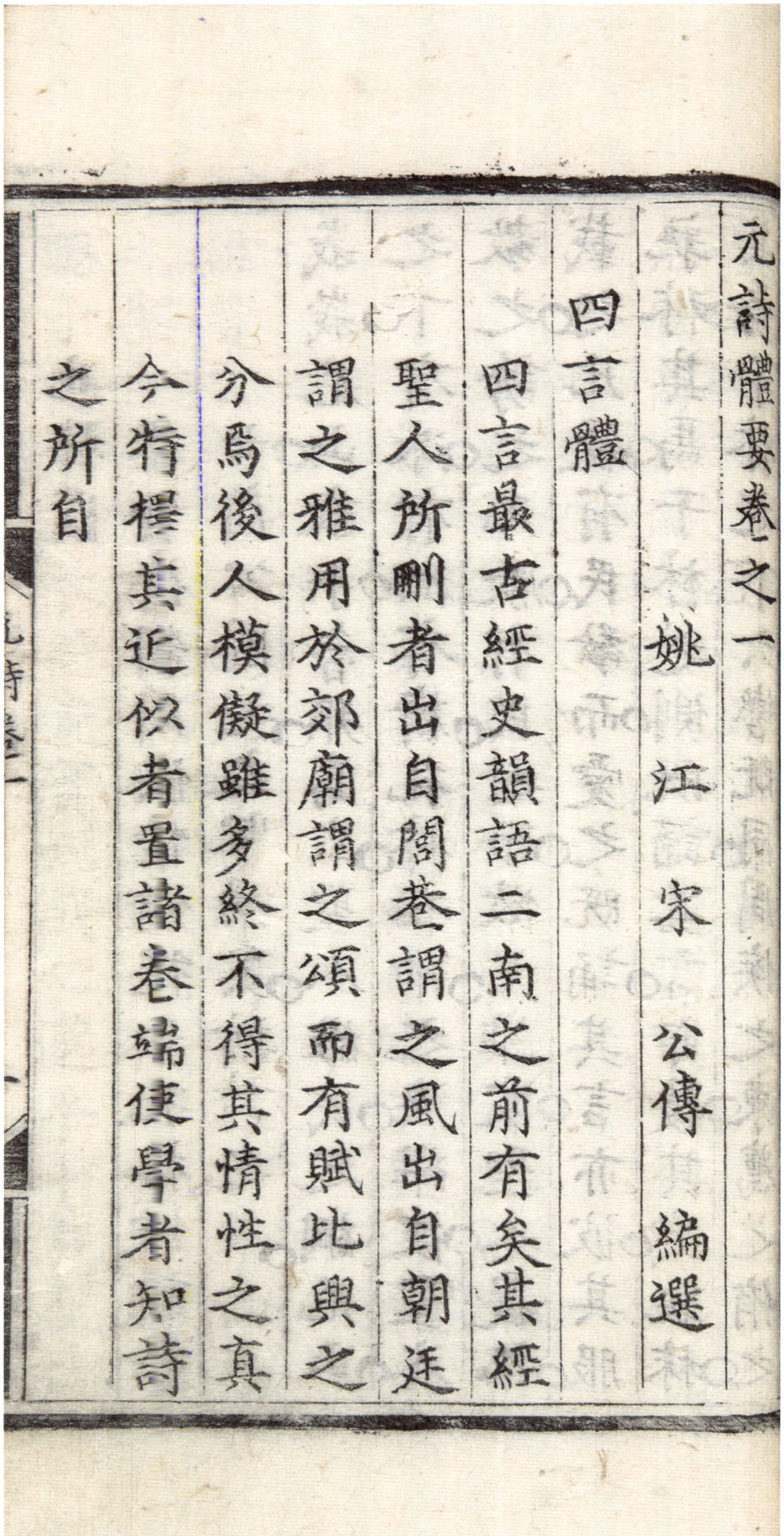
元詩體要卷之一
姚江宋公傳編選
四言體
四言最古經史韻語二南之前有矣其經
聖人所刪者出自閭巷謂之風出自朝廷
謂之雅用於郊廟謂之頌而有賦比興之
分爲後人模擬雖多終不得其情性之真
今特摽其近似者置諸卷端使學者知詩
之所自

10936 元詩體要十四卷 （明）宋緒輯 明正德十四年（1519）遼藩朱寵涭刻本

匡高22釐米，廣14釐米。半葉九行，行十八字，黑口，四周雙邊。國家圖書館藏。

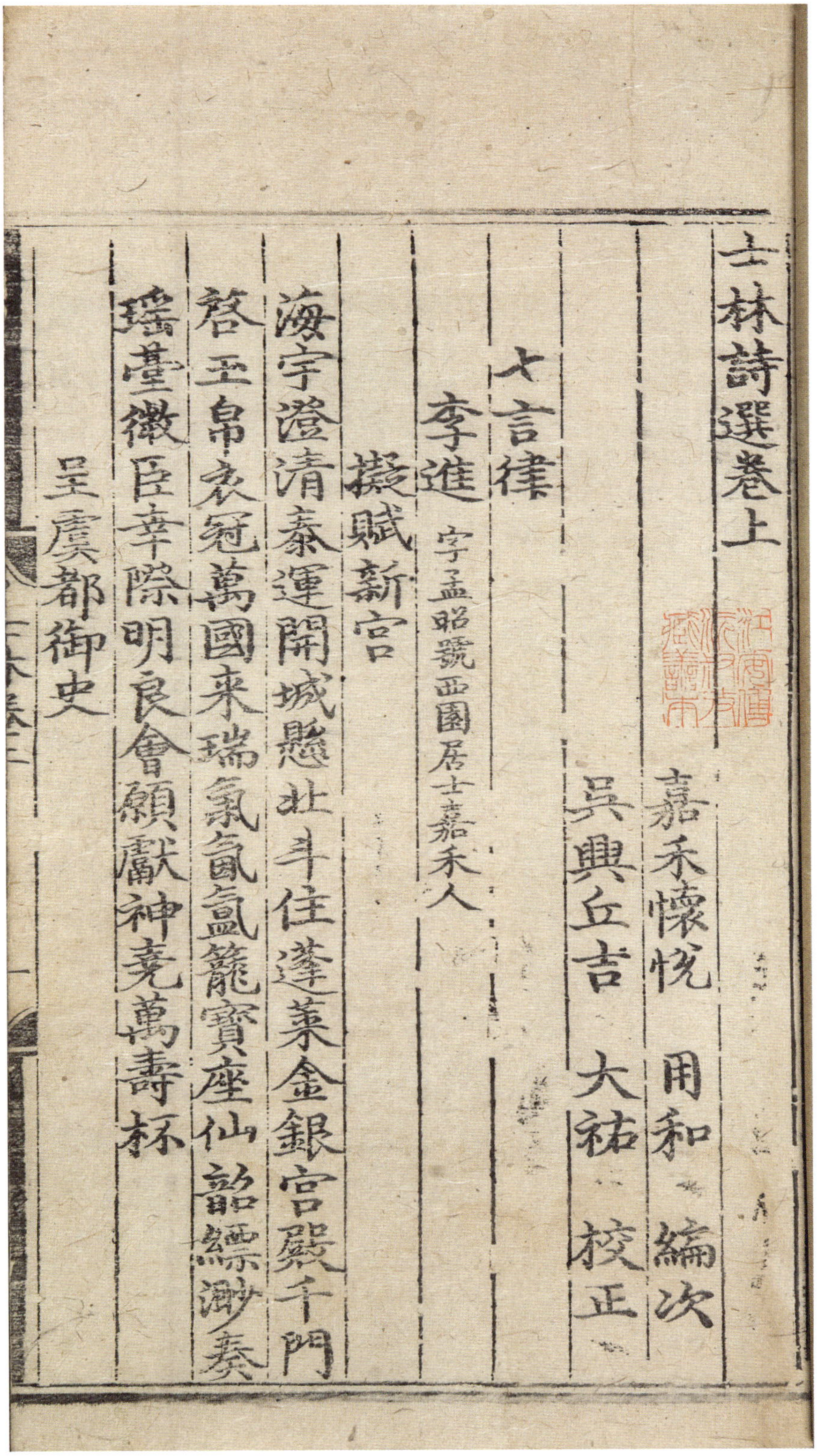

士林詩選卷上

嘉禾懷悅　用和　編次

吳興丘吉　大祐　校正

七言律

李進　字孟昭號西園居士嘉禾人

擬賦新宮

海宇澄清泰運開城懸北斗住蓬萊金銀宮闕千門啓玉帛衣冠萬國來瑞氣氤氳籠寶座仙韶縹緲奏瑤臺微臣幸際明良會願獻神堯萬壽杯

呈虞都御史

10937 士林詩選二卷 （明）懷悦輯 明天順五年（1461）自刻本

匡高 21 釐米，廣 13.7 釐米。半葉十行，行二十一字，黑口，四周雙邊。有“江安傅沅叔收藏善本”等印。國家圖書館藏。

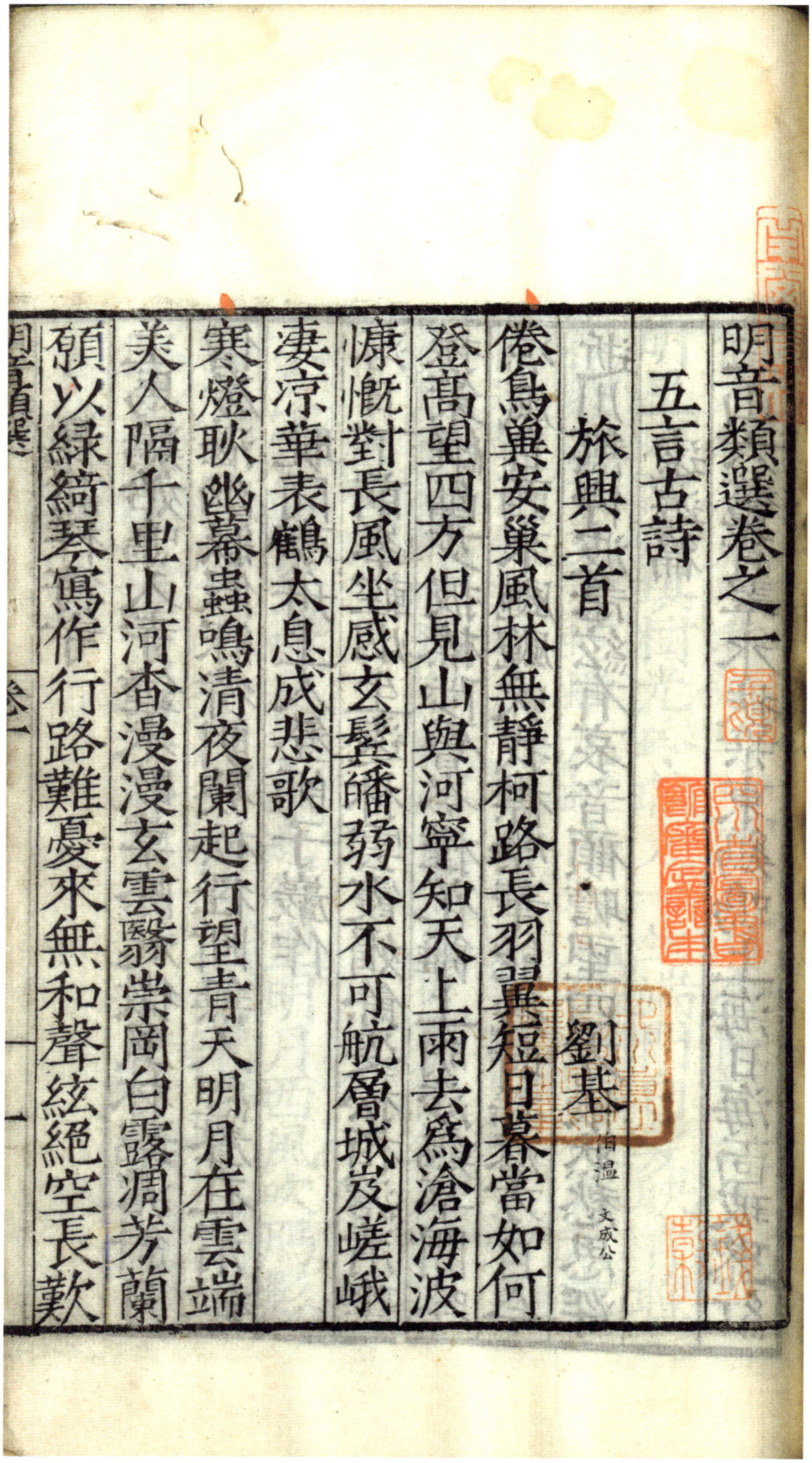
明音類選卷之一

五言古詩

旅興二首　劉基 伯溫 文成公

倦鳥巽安巢風林無靜柯路長羽翼短日暮當如何登高望四方但見山與河寧知天上雨去爲滄海波慷慨對長風坐感玄髮皤弱水不可航層城岌嵯峨凄涼華表鶴太息成悲歌

寒燈耿幽幕蟲鳴清夜闌起行望青天明月在雲端美人隔千里山河杳漫漫玄雲翳崇岡白露凋芳蘭願以綠綺琴寫作行路難憂來無和聲絃絕空長歎

明音類選　卷一　一

10938 明音類選十二卷　（明）黄佐 黎民表輯 明嘉靖三十七年（1558）潘光絃刻本

匡高 18.5 釐米，廣 13.5 釐米。半葉十行，行二十字，細黑口，四周單邊。

四川省圖書館藏。

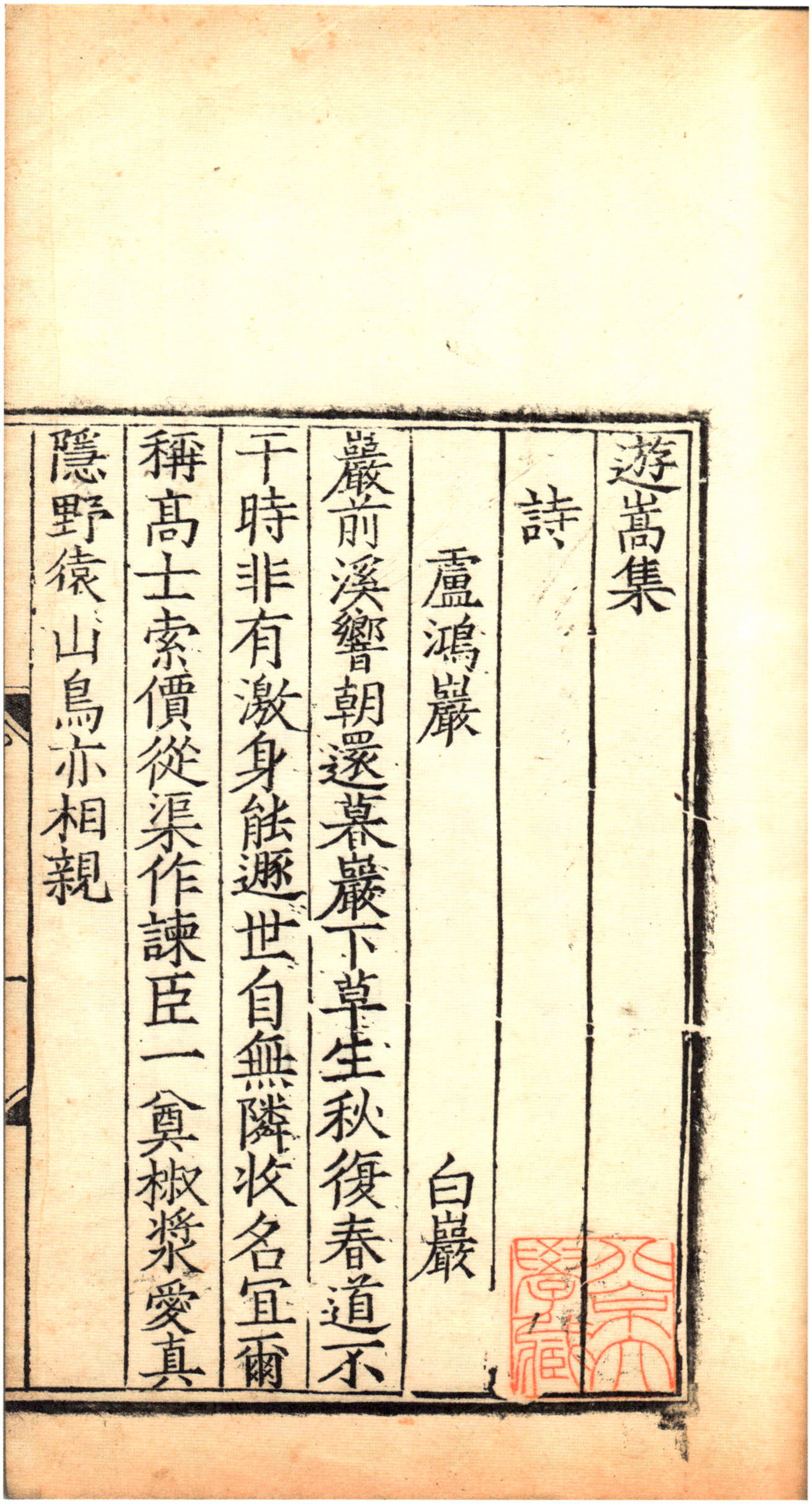

遊嵩集

詩

盧鴻巖　白巖

巖前溪響朝還暮巖下草生秋復春道不
干時非有激身能遯世自無隣收名宜爾
稱高士索價從渠作諫臣一奠椒漿愛真
隱野猿山鳥亦相親

10939 遊嵩集一卷 （明）喬宇 薛蕙撰 明嘉靖二十二年（1543）薛蓂刻本

匡高 18.6 釐米，廣 12.7 釐米。半葉七行，行十六字，白口，四周雙邊。北京大學圖書館藏。

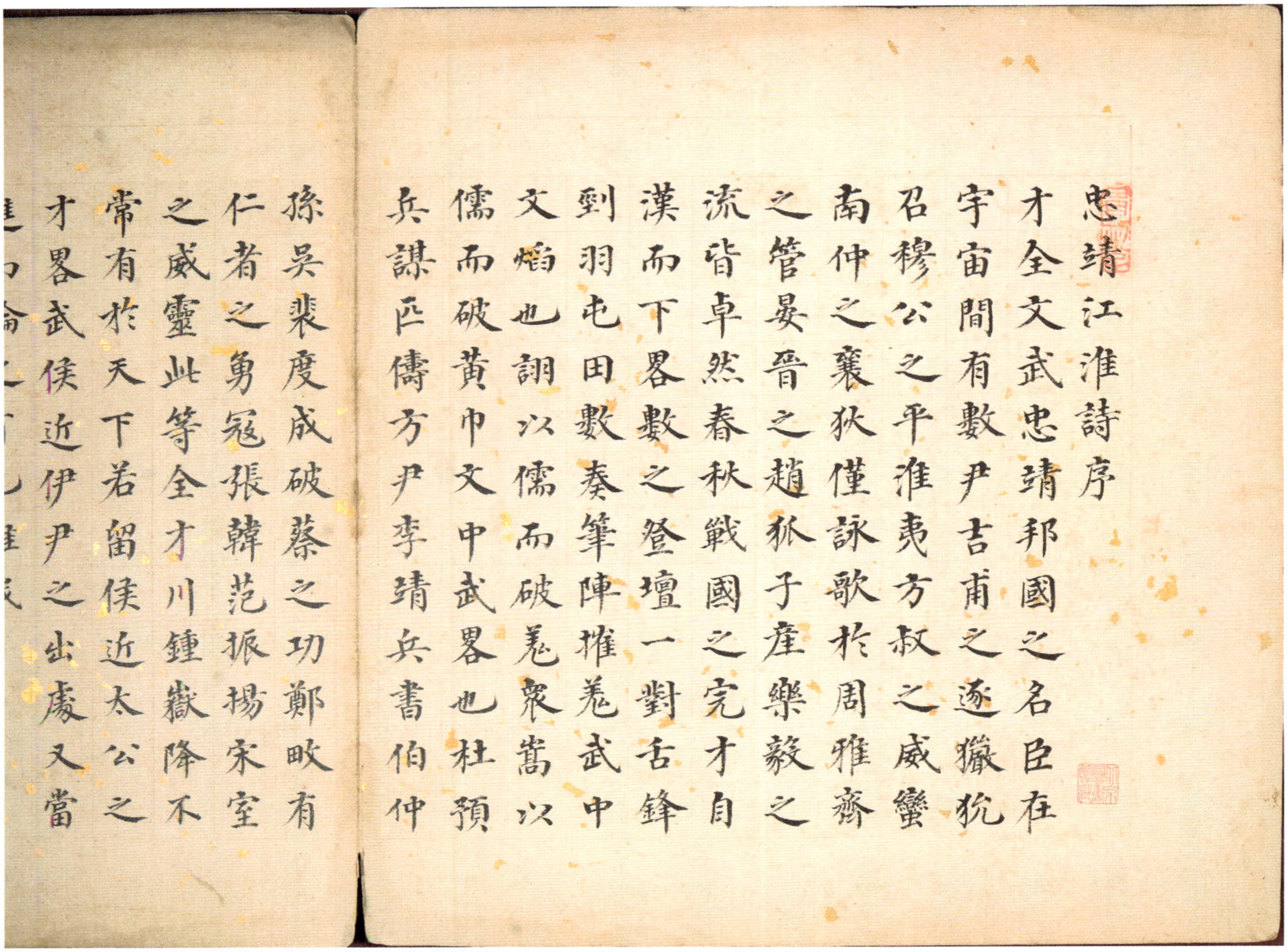
忠靖江淮詩序
才全文武忠靖邦國之名臣在
宇宙間有數尹吉甫之遂玁狁
召穆公之平淮夷方叔之威蠻
南仲之襄狄僅詠歌於周雅齊
之管晏晉之趙狐子産樂毅之
流皆卓然春秋戰國之完才自
漢而下畧數之登壇一對舌鋒
剄羽屯田數奏筆陣摧羌武中
文焰也詡以儒而破羌衆嵩以
儒而破黃巾文中武畧也杜預
兵謀匹儔方尹李靖兵書伯仲
孫吳裴度成破蔡之功鄭畋有
仁者之勇寇張韓范振揚宋室
之威靈此等全才川鍾嶽降不
常有於天下若留侯近太公之
才畧武侯近伊尹之出處又當

10940 忠靖江淮詩一卷 （明）陳德鳴輯 明正德七年（1512）寫本

國家圖書館藏。

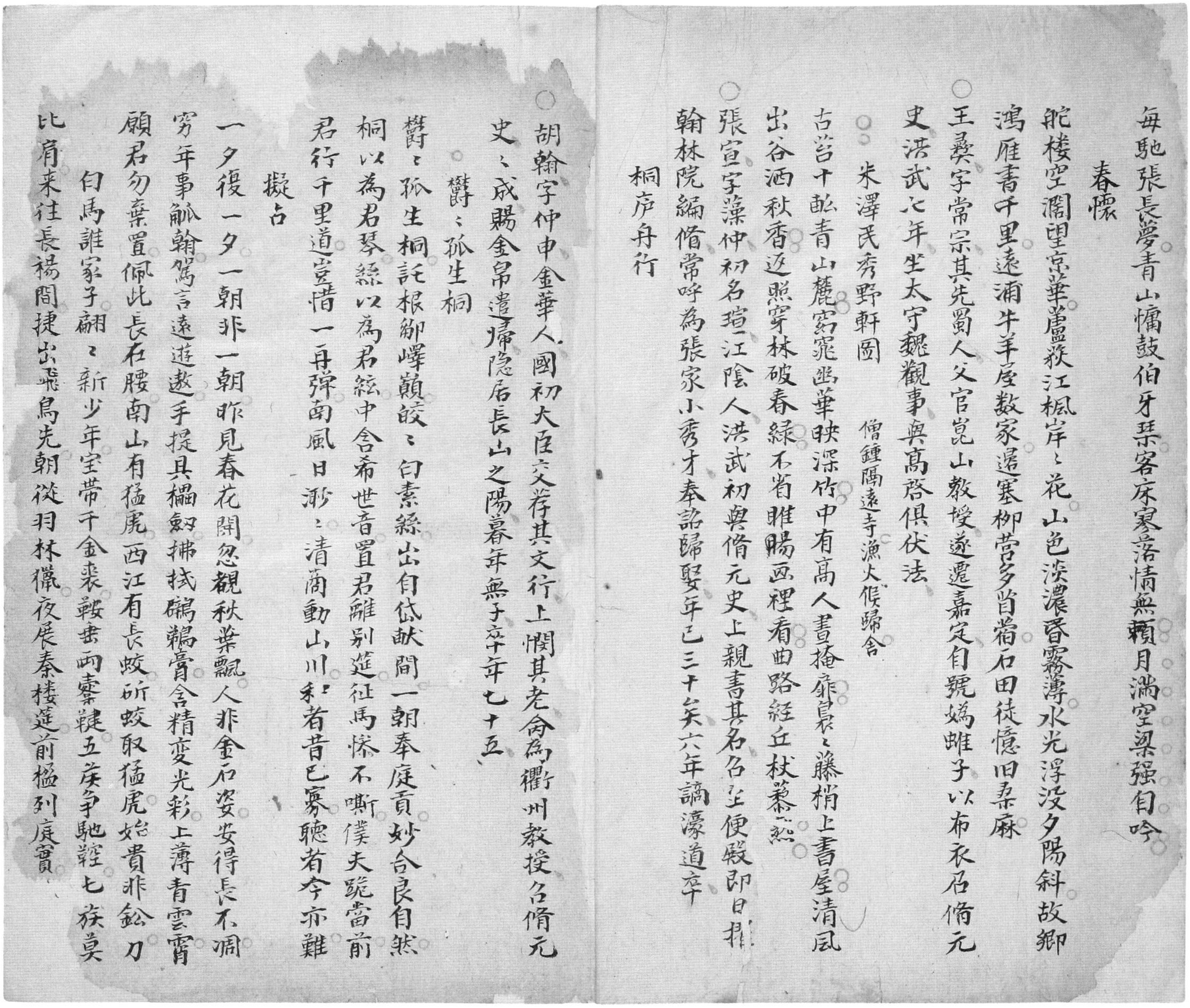

每馳張長夢青山慵鼓伯牙琴客床寒落情無賴月滿空梁强自吟
春懷
舵樓空濶望京華蘆荻江楓岸岸花山色淡濃昏霧薄水光浮沒夕陽斜故鄉
鴻雁青千里遠浦牛羊屋數家邊塞柳營多旹着石田徒憶舊桑麻
王彛字常宗其先蜀人父官崑山教授遂遷嘉定自號嬀蜼子以布衣召脩元
史洪武七年坐太守魏觀事與高啓俱伏法
朱澤民秀野軒圖　僧鍾隔遠寺漁火候歸舍
古岩十畝青山麓窈窕幽華映深竹中有高人晝掩扉泉泉藤梢上書屋清風
出谷灑秋香迸照穿林破春綠不省雕腸画裡看曲路經丘杖藜藜然
張宣字藻仲初名瑄瑄江陰人洪武初與脩元史上親書其名召至便殿即日擢
翰林院編脩常呼為張家小秀才奉詔歸娶年已三十矣六年謫濠道卒
桐廬舟行

胡翰字仲申金華人國初大臣交荐其文行上憫其老命為衢州教授召脩元
史史成賜金帛遣歸隱居長山之陽暮年無子卒年七十五
欝欝孤生桐
欝欝孤生桐託根卿嶧巔皎皎白素絲出自岱畝間一朝奉庭貢妙合良自然
桐以為君琴絲以為君絃中含希世音置君離别筵征馬悵不嘶僕夫跪當前
君行千里道豈惜一再彈南風日渺渺清商動山川和者昔已寡聽者今亦難
擬古
一夕復一夕一朝非一朝昨見春花開忽覩秋葉飄人非金石姿安得長不凋
窮年事觚翰駕言遠遊遨手提具欄劍拂拭鷫鸘膏含精變光彩上薄青雲霄
顧君勿棄置佩此長在腰南山有猛虎西江有長蛟所蛟取猛虎始貴非鉛刀
白馬誰家子翩翩新少年寶帶千金裘鞍垂兩櫜鞬五侯爭馳鞚七族莫
比肩來往長楊間捷出飛鳥先朝從羽林獵夜宿秦樓筵前楹列庭實

10941 明詩選不分卷　（清）錢謙益輯　稿本

蔣鳳藻、翁同龢跋。國家圖書館藏。

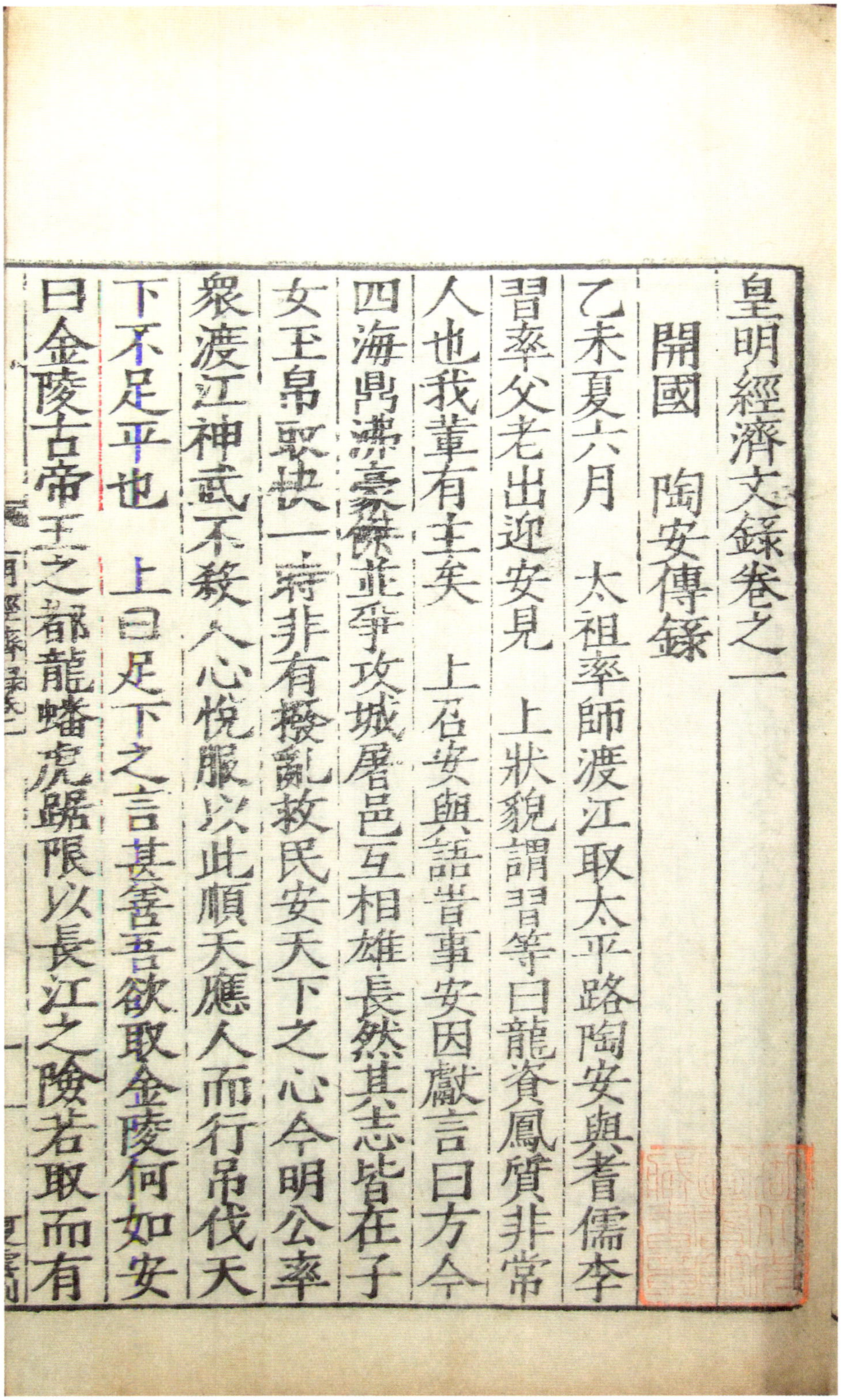

皇明經濟文錄卷之一

開國　陶安傳錄

乙未夏六月　太祖率師渡江取太平路陶安與耆儒李習率父老出迎安見　上狀貌謂習等曰龍資鳳質非常人也我輩有主矣　上召安與語昔事安因獻言曰方今四海鼎沸豪傑並爭攻城屠邑互相雄長然其志皆在子女玉帛取快一時非有撥亂救民安天下之心今明公率衆渡江神武不殺人心悅服以此順天應人而行弔伐天下不足平也　上曰足下之言甚善吾欲取金陵何如安曰金陵古帝王之都龍蟠虎踞限以長江之險若取而有

10942 皇明經濟文録四十一卷　（明）萬表輯　明嘉靖三十三年（1554）曲入繩、游居敬刻本

匡高 19 釐米，廣 13.2 釐米。半葉十行，行二十二字，白口，四周單邊。有“安樂堂藏書記”、“明善堂覽書画印記”等印。湖北省圖書館藏。

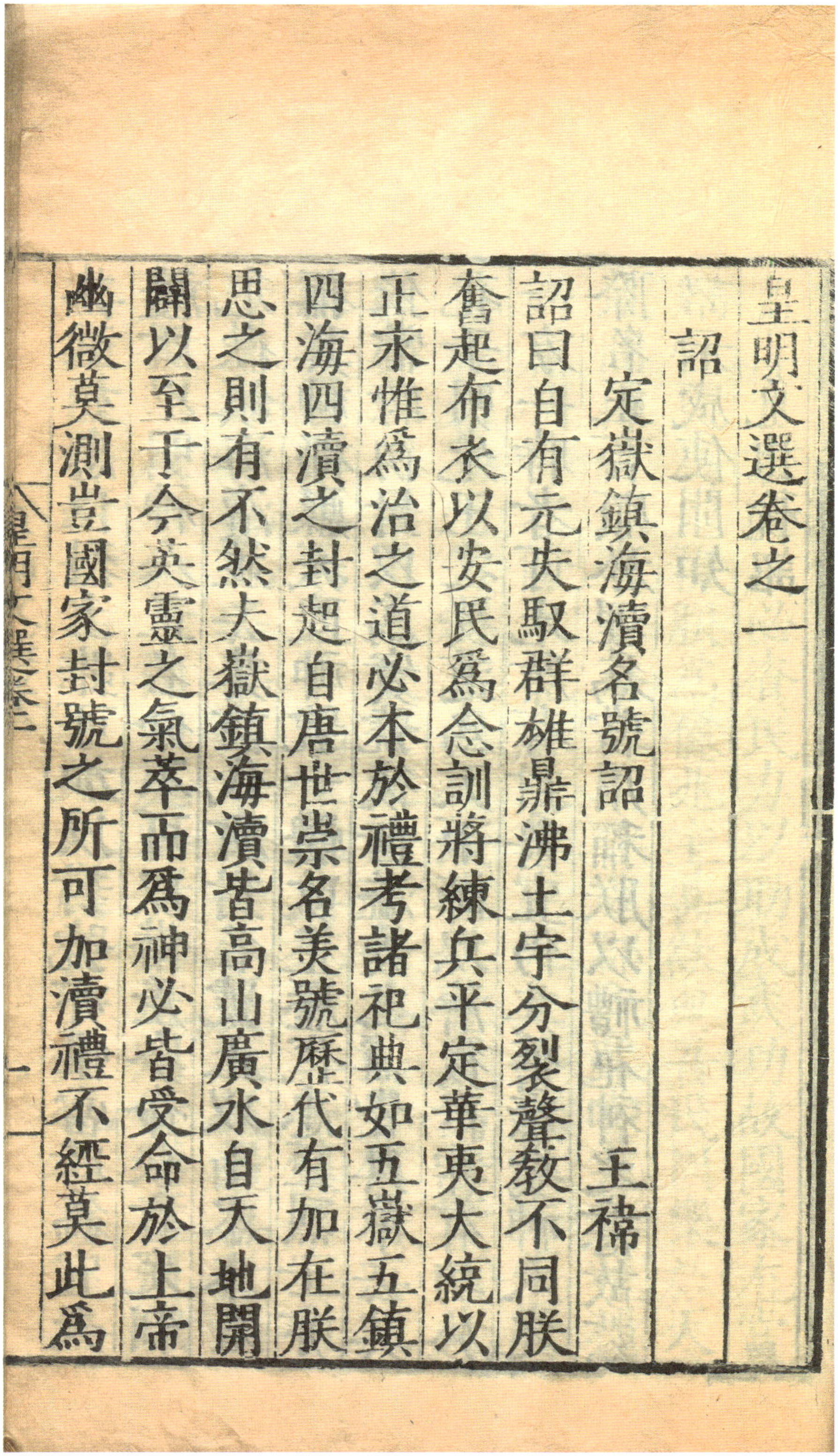

皇明文選卷之一

詔

定嶽鎮海瀆名號詔　王禕

詔曰自有元失馭群雄鼎沸土宇分裂聲教不同朕奮起布衣以安民爲念訓將練兵平定華夷大統以正永惟爲治之道必本於禮考諸祀典如五嶽五鎮四海四瀆之封起自唐世崇名美號歷代有加在朕思之則有不然夫嶽鎮海瀆皆高山廣水自天地開闢以至于今英靈之氣萃而爲神必皆受命於上帝幽微莫測豈國家封號之所可加瀆禮不經莫此爲

10943 皇明文選二十卷　（明）汪宗元輯　明嘉靖三十三年（1554）自刻本

匡高 20.3 釐米，廣 14.5 釐米。半葉十行，行二十字，白口，左右雙邊。北京師範大學圖書館藏。

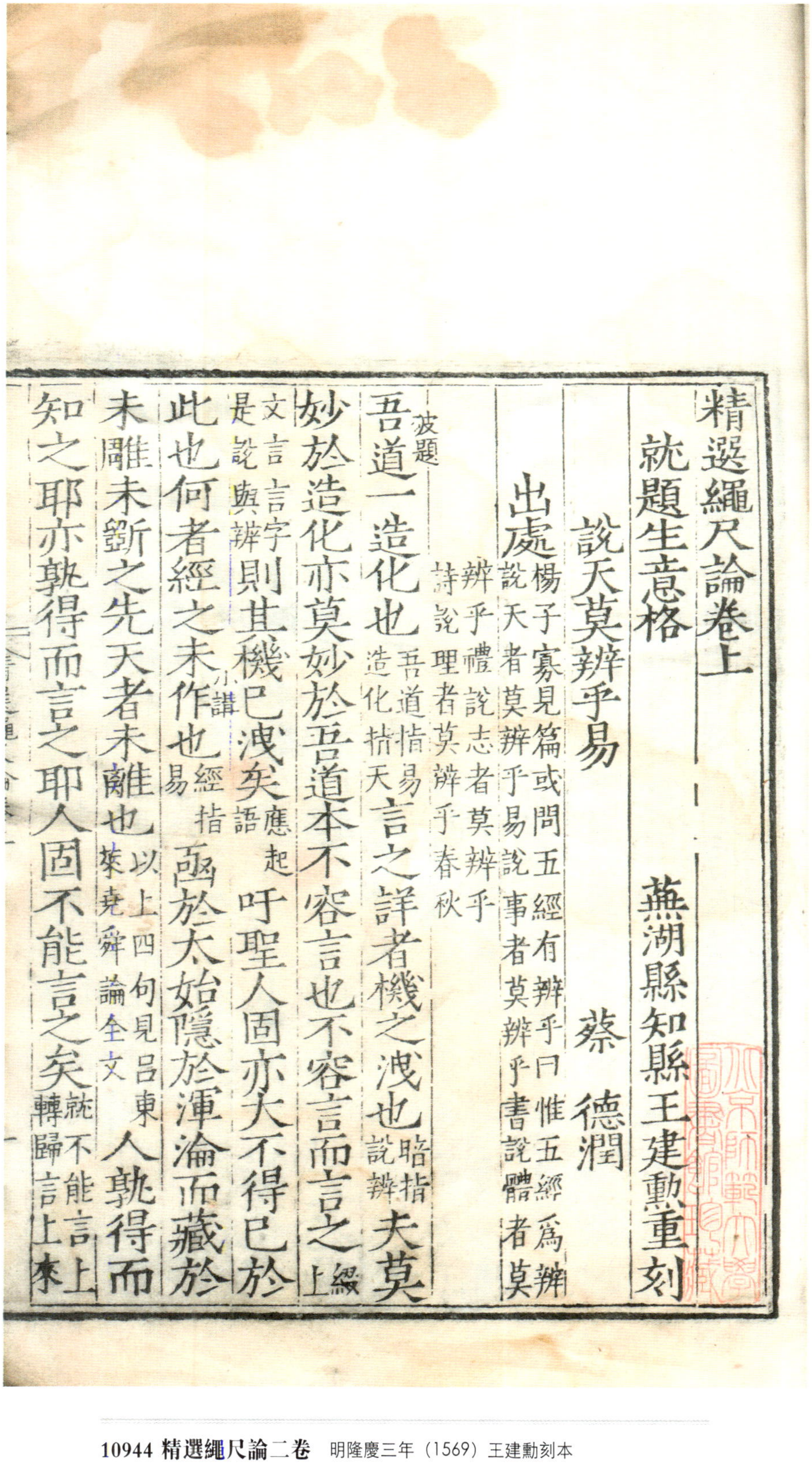
精選繩尺論卷上
就題生意格　蕪湖縣知縣王建勳重刻
說天莫辯乎易　蔡　德潤
出處　楊子寡見篇或問五經有辨乎曰惟五經爲辨說天者莫辨乎易說事者莫辨乎書說體者莫辨乎禮說志者莫辨乎詩說理者莫辨乎春秋
破題　吾道一造化也吾道指易造化指天言之詳者機之洩也暗指說辨夫莫妙於造化亦莫妙於吾道本不容言也不容言而言之綴上文言言字是說與辨則其機已洩矣應起語　吁聖人固亦大不得已於此也何者經之未作也小講經指易　函於太始隱於渾淪而藏於未雕未斲之先天者未離也以上四句見呂東萊堯舜論全文　人孰得而知之耶亦孰得而言之耶人固不能言之矣就不能言上轉歸言上來

10944 精選繩尺論二卷　明隆慶三年（1569）王建勳刻本

匡高 20 釐米，廣 15.9 釐米。半葉十一行，行二十二字，小字雙行同，白口，四周雙邊。北京師範大學圖書館藏。

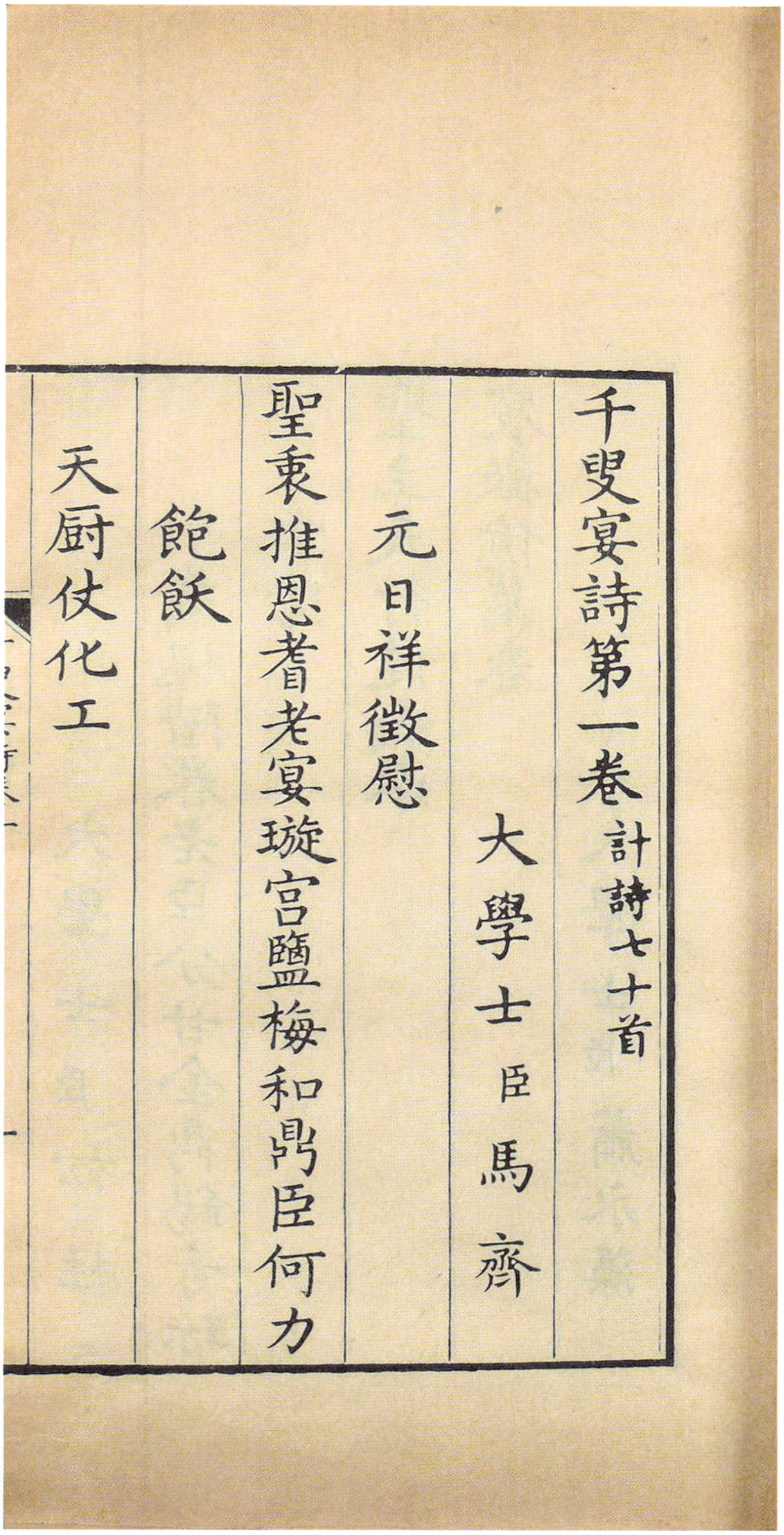

千叟宴詩第一卷 計詩七十首

大學士臣馬齊

元日祥徵慰

聖衷推恩耆老宴璇宮鹽梅和鼎臣何力

飽飫

天廚仗化工

10945 千叟宴詩四卷 （清）聖祖玄燁等撰 清康熙六十一年（1722）内府刻本

匡高 19.4 釐米，廣 12.7 釐米。半葉六行，行十六字，小字雙行字不等，白口，左右雙邊。遼寧省圖書館藏。

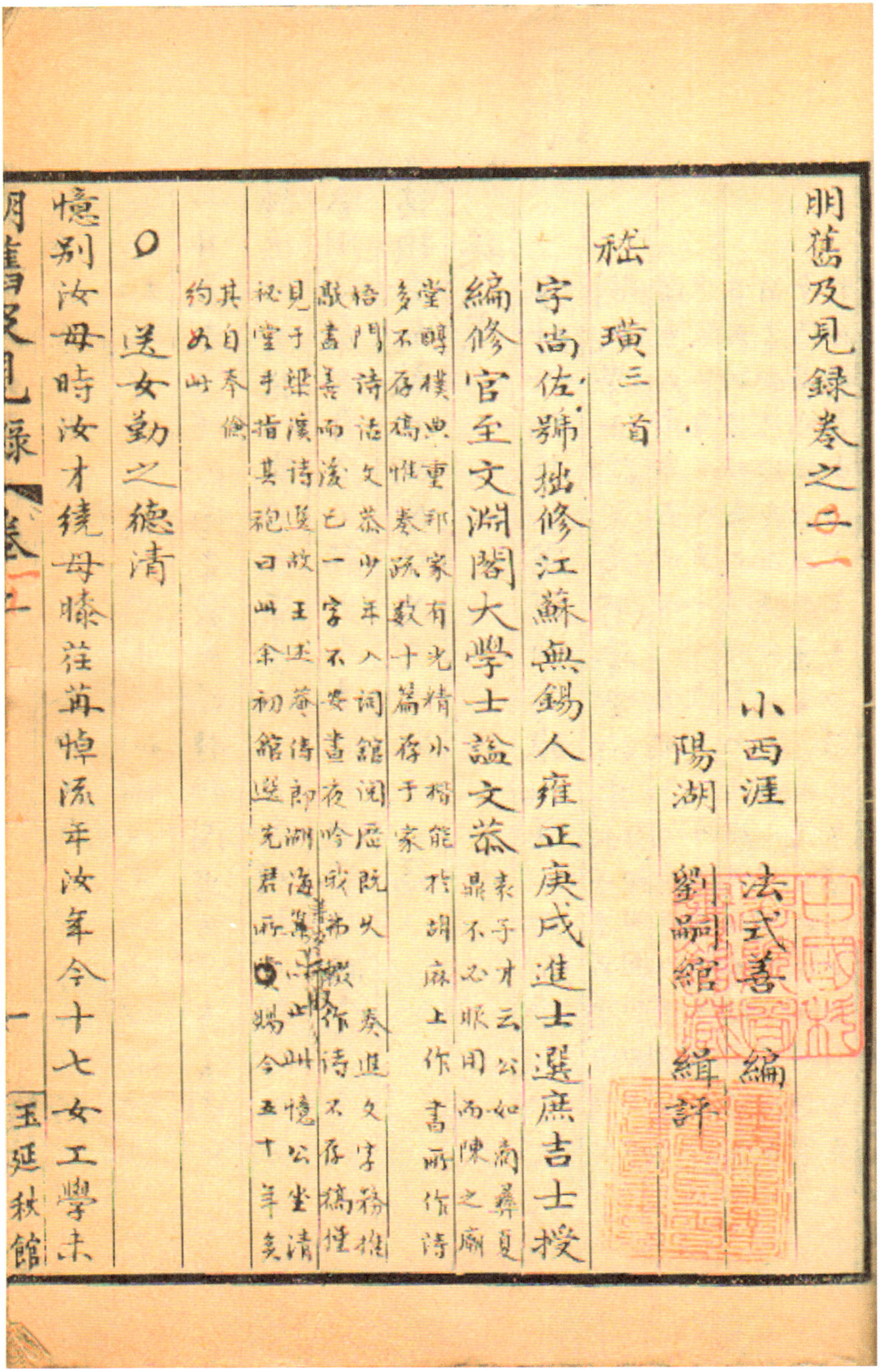

朋舊及見録卷之一

小西涯 法式善 編

陽湖 劉嗣綰 緝評

嵇璜三首

字尚佐號拙修江蘇無錫人雍正庚戌進士選庶吉士授編修官至文淵閣大學士謚文恭袁子才云公如商彝夏鼎不必服用而陳之廟堂醇樸典重邦家有光精小楷能於胡麻上作書所作詩多不存稿惟奏疏數十篇存于家梧門詩話文恭少年入詞館閱歷既久奏進文字務推敲盡善而後已一字不妥晝夜吟哦弗輟作詩不存稿惟見于梁溪詩選故王述菴侍郎湖海集[illegible]此憶公坐清祕堂手指其袍曰此余初館選先君所賞賜今五十年矣其自奉儉約如此

○送女勤之德清

憶別汝母時汝才繞母膝荏苒悼流年汝年今十七女工學未

朋舊及見録 卷一 一 玉延秋館

10946 朋舊及見録六十四卷 （清）法式善輯 稿本

匡高 19.9 釐米，廣 15.1 釐米。半葉十二行，行二十四字，白口，四周單邊。

中國科學院國家科學圖書館藏。

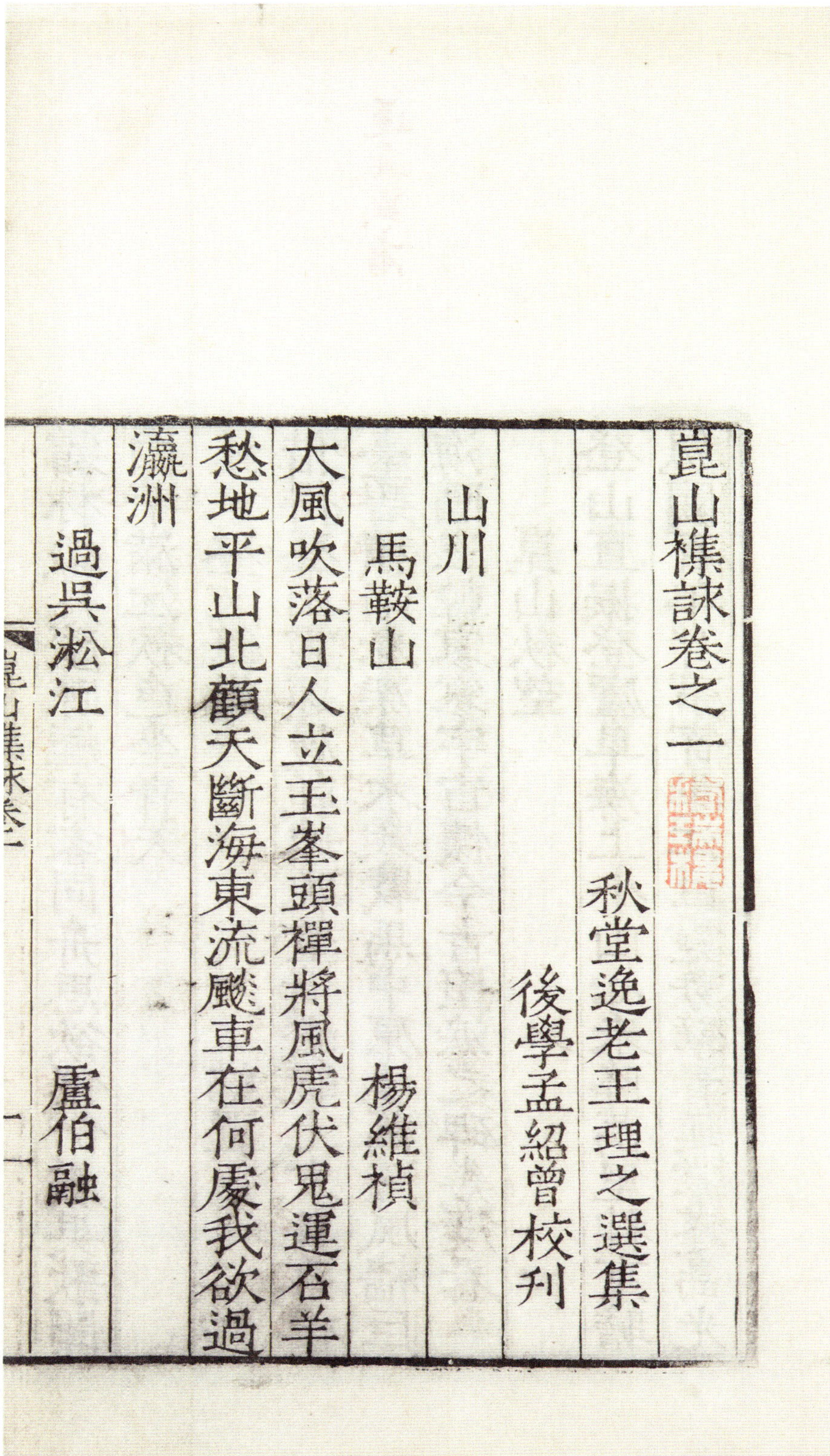
崑山樵詠卷之一
秋堂逸老王理之選集
後學孟紹曾校刋
山川
馬鞍山　楊維禎
大風吹落日人立玉峯頭禪將風虎伏鬼運石羊愁地平山北顧天斷海東流飈車在何處我欲過瀛洲
過呉淞江　盧伯融

崑山樵詠卷一　一

10947 崑山樵詠六卷（明）王理之輯 明嘉靖二十年（1541）孟紹曾刻本

匡高 17.6 釐米，廣 13.6 釐米。半葉九行，行十九字，白口，左右雙邊。陸梅圈評並跋。國家圖書館藏。

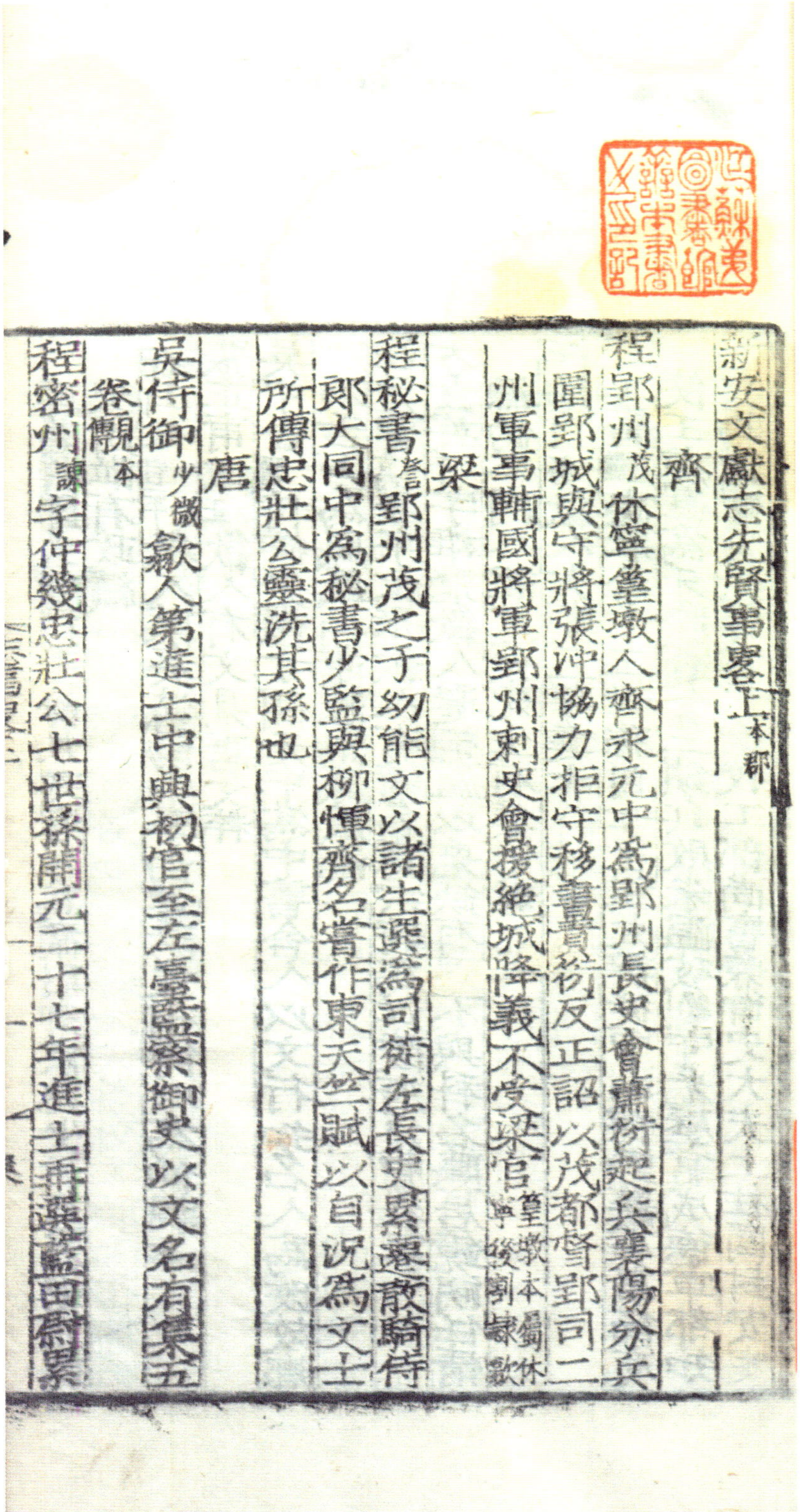
新安文獻志先賢事畧上 本郡

齊

程郢州茂休寧篁墩人齊永元中爲郢州長史會蕭衍起兵襄陽分兵圍郢城與守將張沖協力拒守移書責衍反正詔以茂都督郢司二州軍事輔國將軍郢州刺史會援絶城降義不受梁官 篁墩本屬休寧今割隸歙

梁

程秘書詧郢州茂之子幼能文以諸生選爲司徒左長史累遷散騎侍郎大同中爲秘書少監與柳惲齊名嘗作東天竺賦以自況爲文士所傳忠壯公靈洗其孫也

唐

吳侍御少微歙人第進士中興初官至左臺監察御史以文名有集五卷 闕本

程密州諫字中幾忠壯公七世孫開元二十七年進士再選藍田尉累

10948 新安文獻志一百卷先賢事略二卷目録二卷 （明）程敏政輯 明弘治十年（1497）祁司員、彭哲等刻本

匡高 19.2 釐米，廣 13.4 釐米。半葉十三行，行二十七字，白口，左右雙邊。丁丙跋。南京圖書館藏。

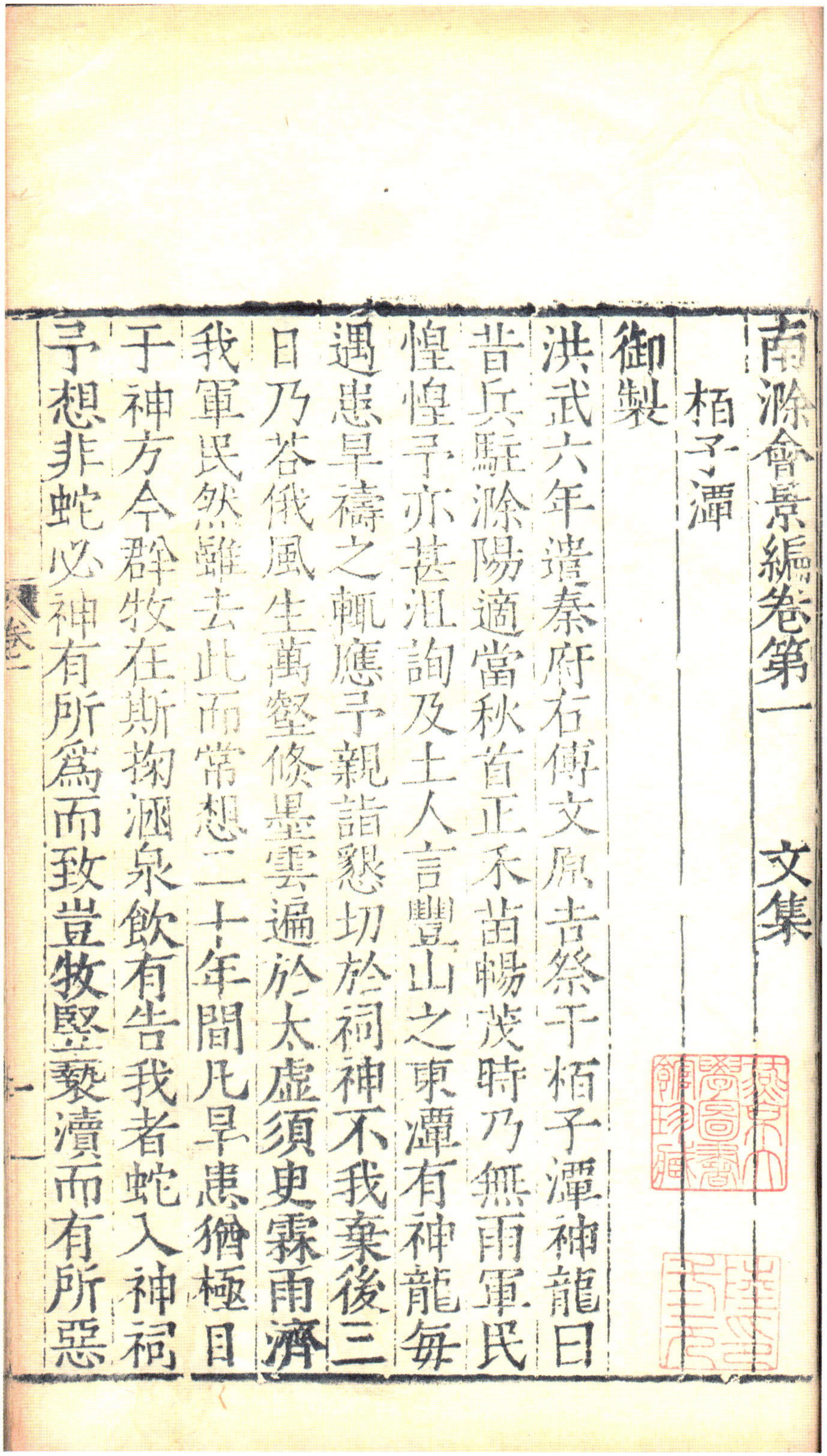
南滁會景編卷第一　文集
栢子潭
御製
洪武六年遣秦府右傅文原吉祭于栢子潭神龍曰
昔兵駐滁陽適當秋首正禾苗暢茂時乃無雨軍民
惶惶予亦甚沮詢及土人言豐山之東潭有神龍每
遇患旱禱之輒應予親詣懇切於祠神不我棄後三
日乃蒼俄風生萬壑倏墨雲遍於太虛須臾霖雨濟
我軍民然雖去此而常想二十年間凡旱患猶極目
于神方今群牧在斯掬涵泉飲有告我者蛇入神祠
予想非蛇必神有所爲而致豈牧豎褻瀆而有所惡

10949 南滁會景編十二卷 （明）趙廷瑞輯　明嘉靖三十四年（1555）高□刻本

匡高 19 釐米，廣 14.3 釐米。半葉十一行，行二十字，白口，左右雙邊。北京大學圖書館藏。

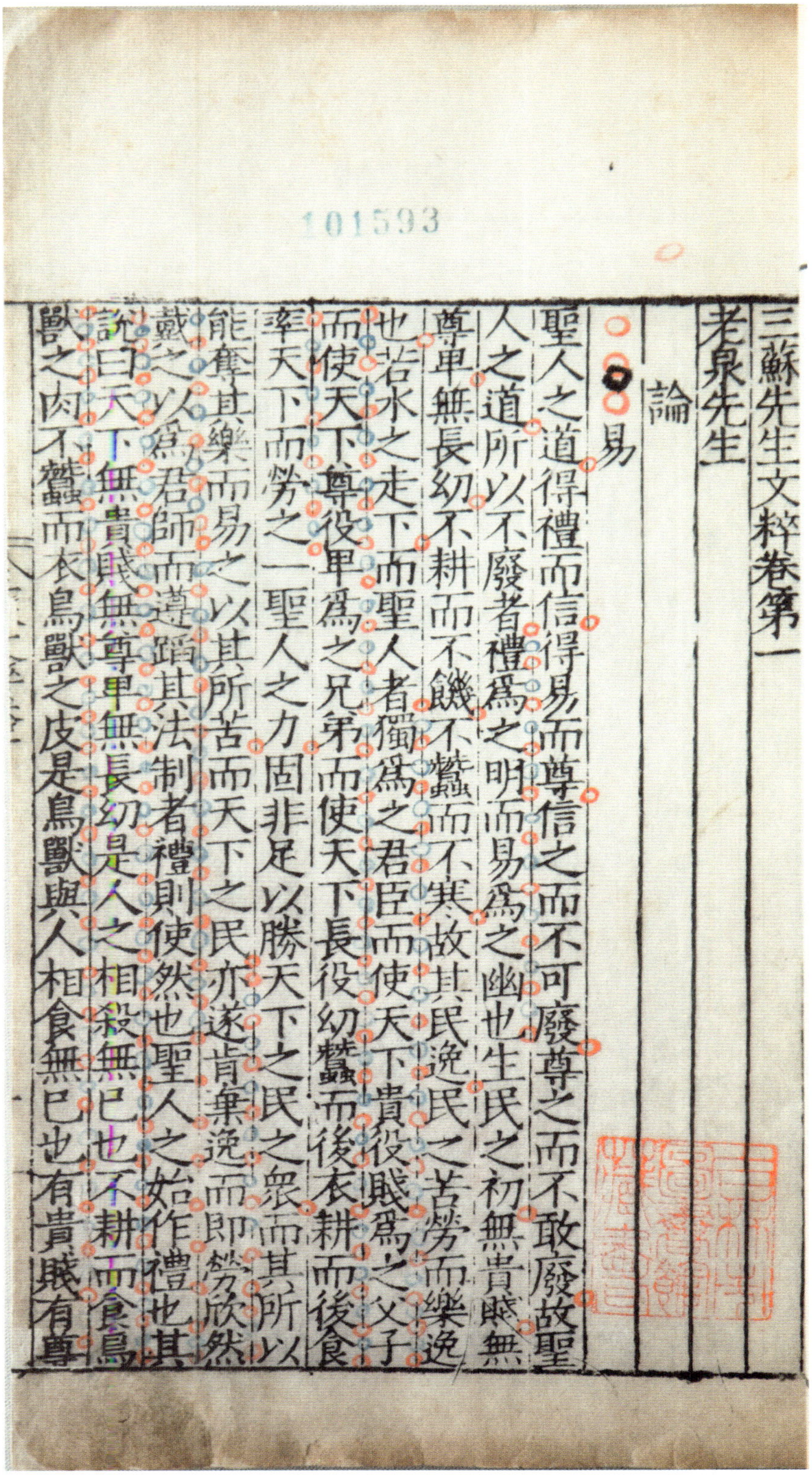
三蘇先生文粹卷第一
老泉先生
論
易
聖人之道得禮而信得易而尊信之而不可廢尊之而不敢廢故聖人之道所以不廢者禮爲之明而易爲之幽也生民之初無貴賤無尊卑無長幼不耕而不饑不蠶而不寒故其民逸民之苦勞而樂逸也若水之走下而聖人者獨爲之君臣而使天下貴役賤爲之父子而使天下尊役卑爲之兄弟而使天下長役幼蠶而後衣耕而後食率天下而勞之一聖人之力固非足以勝天下之民之衆而其所以能奪其樂而易之以其所苦而天下之民亦遂肯棄逸而即勞欣然戴之以爲君師而遵蹈其法制者禮則使然也聖人之始作禮也其說曰天下無貴賤無尊卑無長幼是人之相殺無已也不耕而食鳥獸之肉不蠶而衣鳥獸之皮是鳥獸與人相食無已也有貴賤有尊

10950、10951 三蘇先生文粹七十卷 （宋）蘇洵 蘇軾 蘇轍撰 明刻本

匡高 19 釐米，廣 14.1 釐米。半葉十四行，行二十六字，白口，左右雙邊。吉林市圖書館藏；廣西壯族自治區圖書館藏，有“研易樓藏書印”、“沈氏粹芬閣所得善本書”等印。

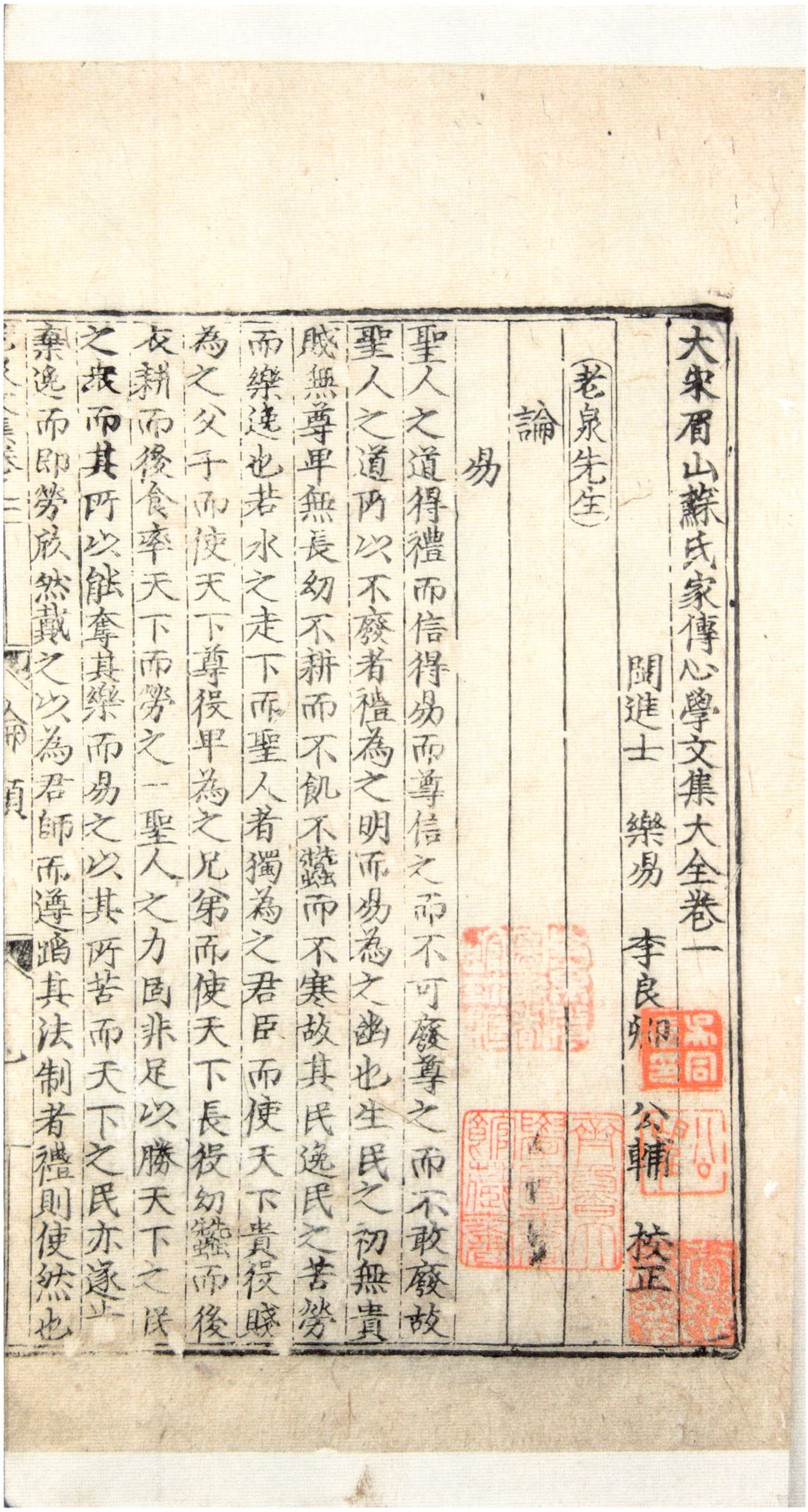

10952 大宋眉山蘇氏家傳心學文集大全七十卷首一卷 （宋）蘇洵 蘇軾 蘇轍撰 明刻本

匡高 18.8 釐米，廣 12.8 釐米。半葉十三行，行二十五字，細黑口，四周雙邊。山東省圖書館藏。

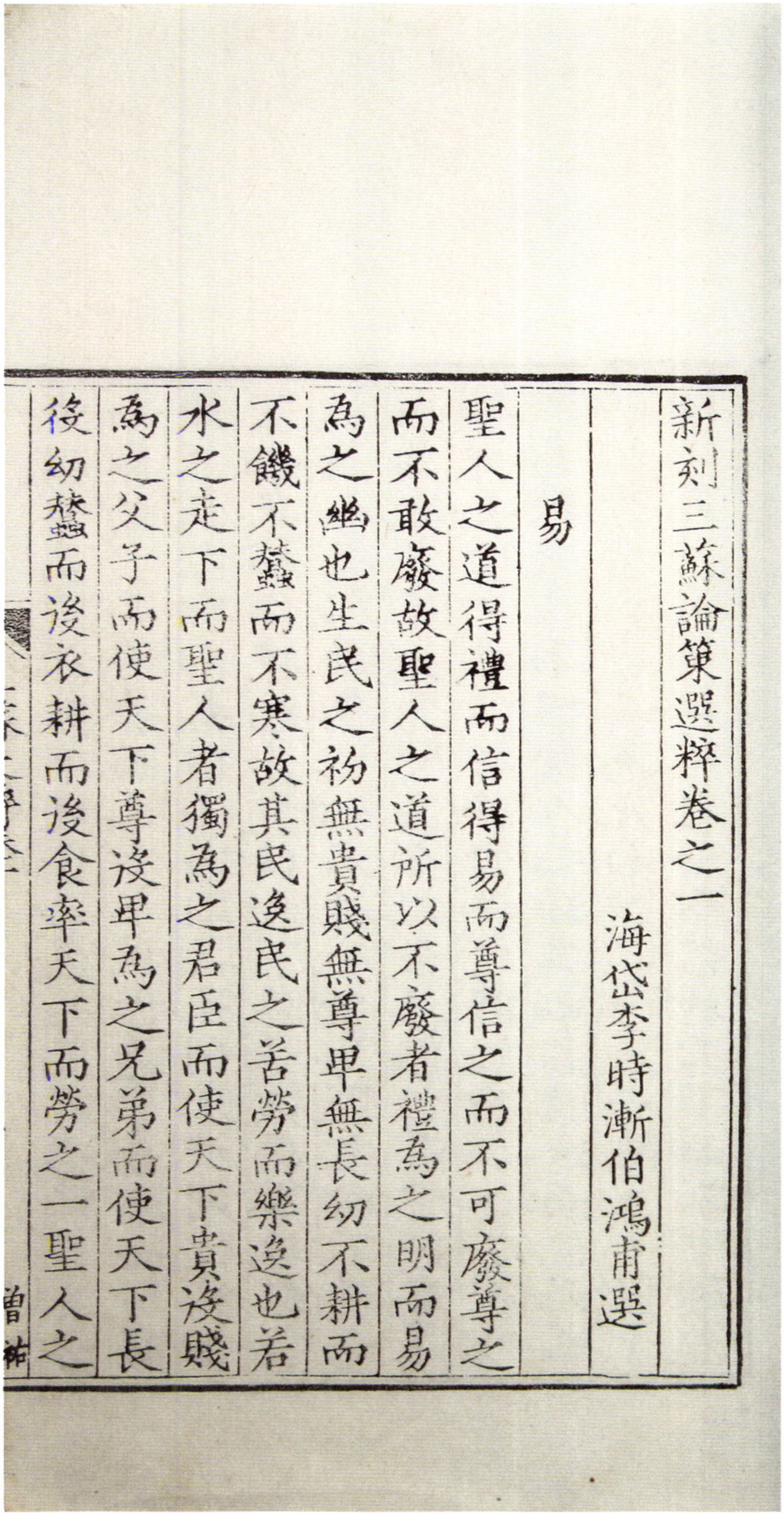

新刻三蘇論策選粹卷之一
海岱李時漸伯鴻甫選
易
聖人之道得禮而信得易而尊信之而不可廢尊之
而不敢廢故聖人之道所以不廢者禮為之明而易
為之幽也生民之初無貴賤無尊卑無長幼不耕而
不饑不蠶而不寒故其民逸民之苦勞而樂逸也若
水之走下而聖人者獨為之君臣而使天下貴役賤
為之父子而使天下尊役卑為之兄弟而使天下長
役幼蠶而後衣耕而後食率天下而勞之一聖人之

10953 新刻三蘇論策選粹八卷 （明）李時漸輯 明萬曆刻本

匡高 20.2 釐米，廣 13.9 釐米。半葉十行，行二十字，白口，四周雙邊。石家莊市圖書館藏。

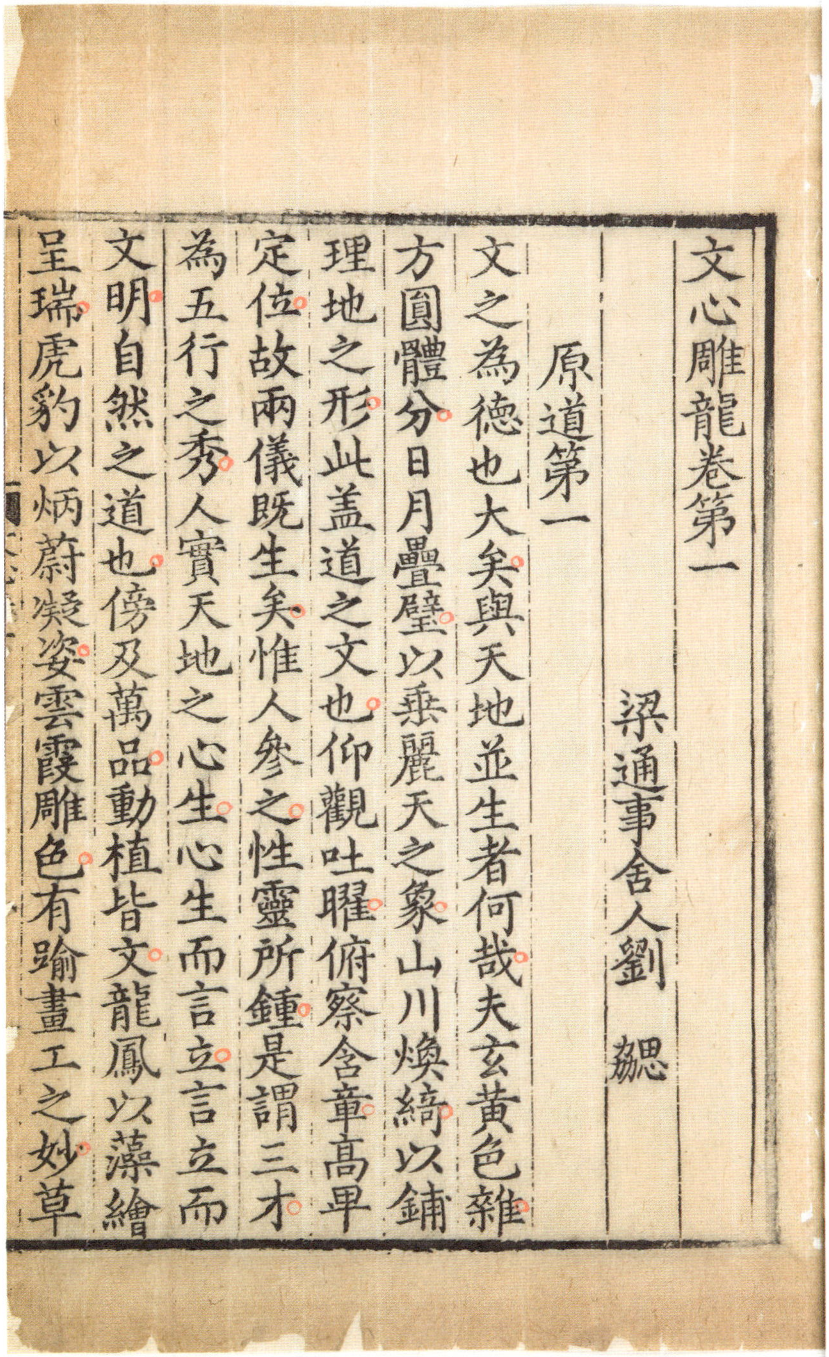
文心雕龍卷第一

梁通事舍人劉　勰

原道第一

文之為德也大矣與天地並生者何哉夫玄黃色雜方圓體分日月疊璧以垂麗天之象山川煥綺以鋪理地之形此蓋道之文也仰觀吐曜俯察含章高卑定位故兩儀既生矣惟人參之性靈所鍾是謂三才為五行之秀人實天地之心生心生而言立言立而文明自然之道也傍及萬品動植皆文龍鳳以藻繪呈瑞虎豹以炳蔚凝姿雲霞雕色有踰畫工之妙草

10954 文心雕龍十卷 （南朝梁）劉勰撰 明弘治十七年（1504）馮允中刻本

匡高 19.9 釐米，廣 14.4 釐米。半葉十行，行二十字，白口，左右雙邊。國家圖書館藏。

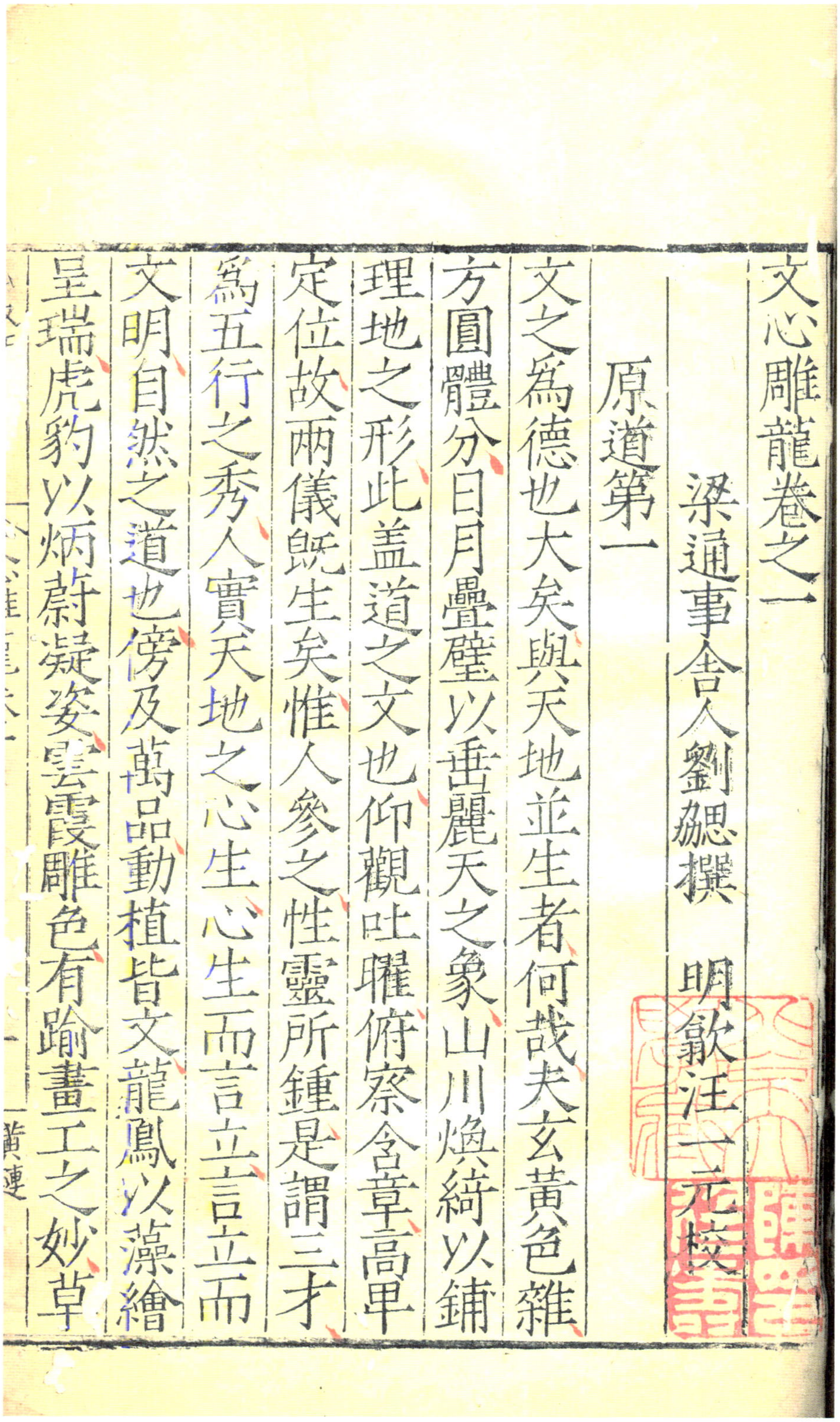

文心雕龍卷之一

梁通事舍人劉勰撰　明歙汪一元校

原道第一

文之爲德也大矣與天地並生者何哉夫玄黃色雜方圓體分日月疊璧以垂麗天之象山川煥綺以鋪理地之形此蓋道之文也仰觀吐曜俯察含章高卑定位故兩儀既生矣惟人參之性靈所鍾是謂三才爲五行之秀人實天地之心生心生而言立言立而文明自然之道也傍及萬品動植皆文龍鳳以藻繪呈瑞虎豹以炳蔚凝姿雲霞雕色有踰畫工之妙草

10955 文心雕龍十卷 （南朝梁）劉勰撰 明嘉靖十九年（1540）汪一元刻本

匡高 17.6 釐米，廣 13.2 釐米。半葉十行，行二十字，白口，左右雙邊。有“晉安徐興公家藏書”、“緑玉山房”等印。北京大學圖書館藏。

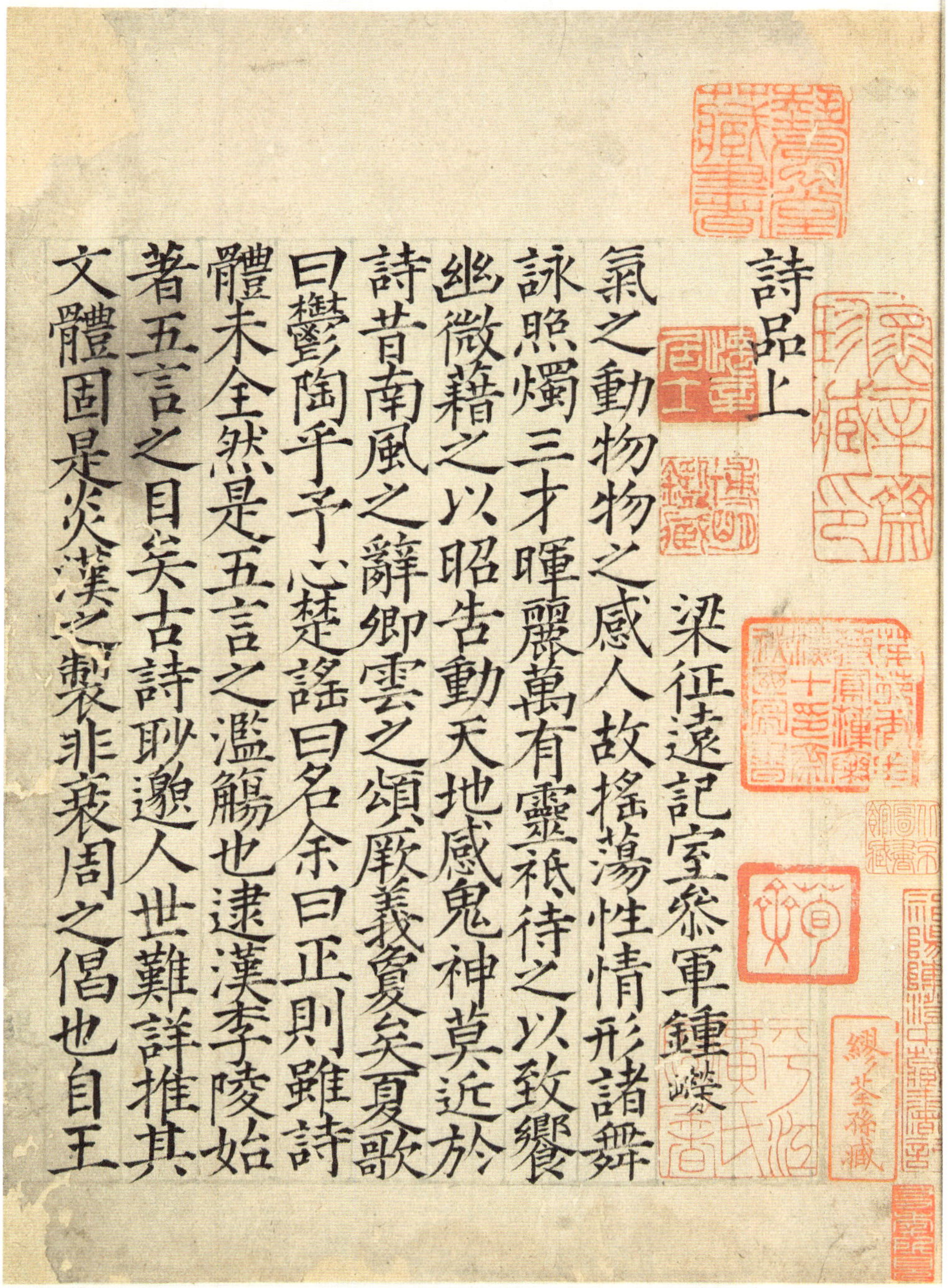
詩品上
梁征遠記室參軍鍾嶸
氣之動物物之感人故搖蕩性情形諸舞
詠照燭三才暉麗萬有靈祇待之以致饗
幽微藉之以昭告動天地感鬼神莫近於
詩昔南風之辭卿雲之頌厥義敻矣夏歌
曰鬱陶乎予心楚謠曰名余曰正則雖詩
體未全然是五言之濫觴也逮漢李陵始
著五言之目矣古詩眇邈人世難詳推其
文體固是炎漢之製非衰周之倡也自王

10956 詩品三卷 （南朝梁）鍾嶸撰 明正德元年（1506）退翁書院抄本

匡高 16.9 釐米，廣 14.1 釐米。半葉十行，行十六字，白口，左右雙邊。有“茂苑香生蔣鳳藻秦漢十印齋秘篋圖書”、“繆荃孫藏”、“祁陽陳澄中藏書記”、“懷辛齋珍藏印”、“郇齋”等印。黄丕烈跋。國家圖書館藏。

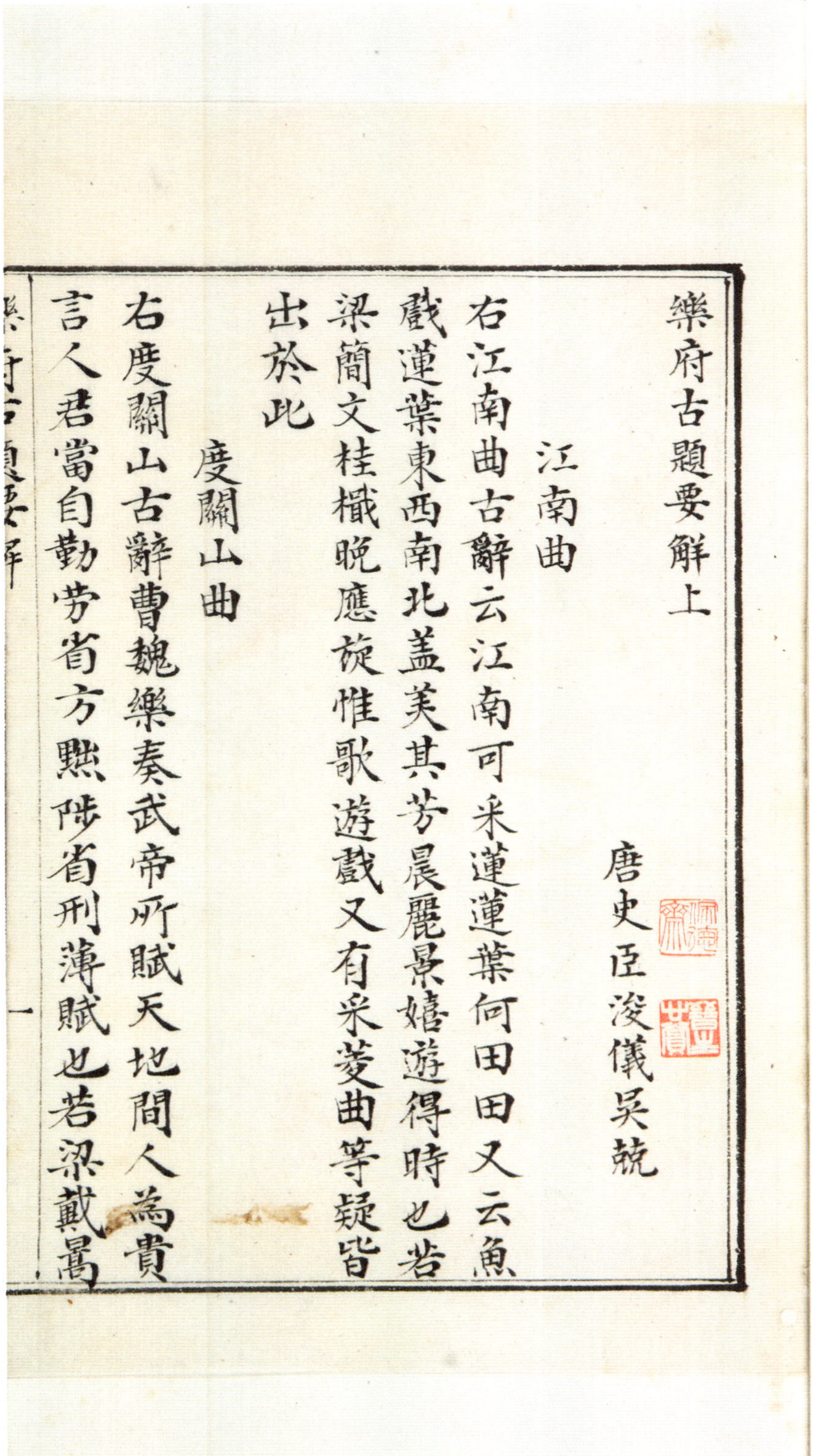

樂府古題要解上

唐史臣浚儀吳兢

江南曲

右江南曲古辭云江南可采蓮蓮葉何田田又云魚戲蓮葉東西南北蓋美其芳晨麗景嬉遊得時也若梁簡文桂檝晚應旋惟歌遊戲又有采菱曲等疑皆出於此

度關山曲

右度關山古辭曹魏樂奏武帝所賦天地間人爲貴言人君當自勤勞省方黜陟省刑薄賦也若梁戴暠

樂府古題要解　一

10957 樂府古題要解二卷　（唐）吳兢撰　明抄本

匡高 18.1 釐米，廣 12.6 釐米。半葉十行，行二十字，白口，四周雙邊。有“季振宜藏書”、“雙鑑樓”、“雙鑑樓藏書印”等印。傅增湘跋，吳昌綬題詩。國家圖書館藏。

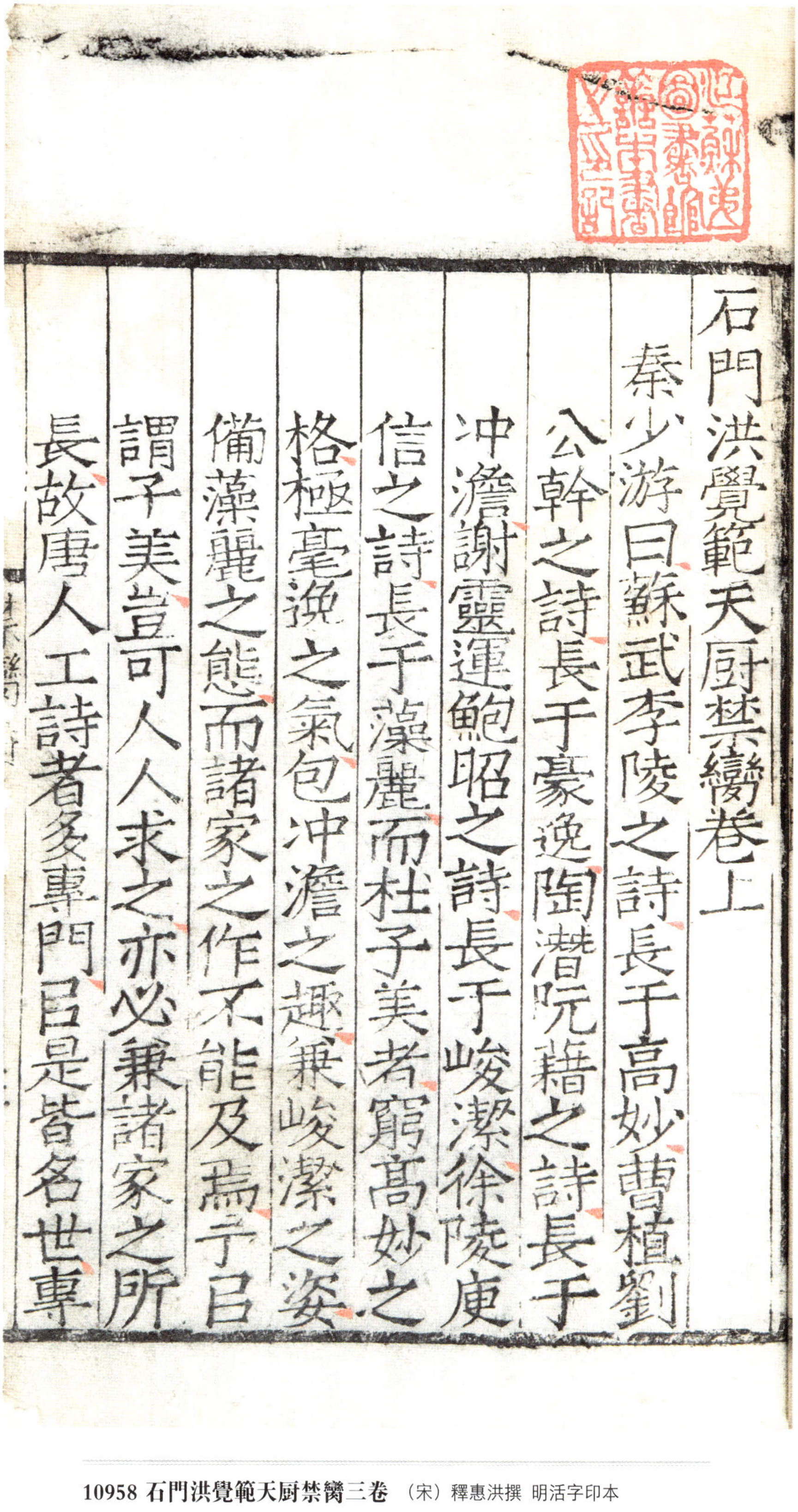

石門洪覺範天厨禁臠卷上
秦少游曰蘇武李陵之詩長于高妙曹植劉
公幹之詩長于豪逸陶潛阮籍之詩長于
冲澹謝靈運鮑昭之詩長于峻潔徐陵庾
信之詩長于藻麗而杜子美者窮高妙之
格極豪逸之氣包冲澹之趣兼峻潔之姿
備藻麗之態而諸家之作不能及焉于吕
謂子美豈可人人求之亦必兼諸家之所
長故唐人工詩者多專門吕是皆名世專

10958 石門洪覺範天厨禁臠三卷 （宋）釋惠洪撰 明活字印本

匡高 16.7 釐米，廣 11.7 釐米。半葉九行，行十八字，白口，左右雙邊。有“王印宗炎”、“八千卷樓珍藏善本”等印。國家圖書館藏。

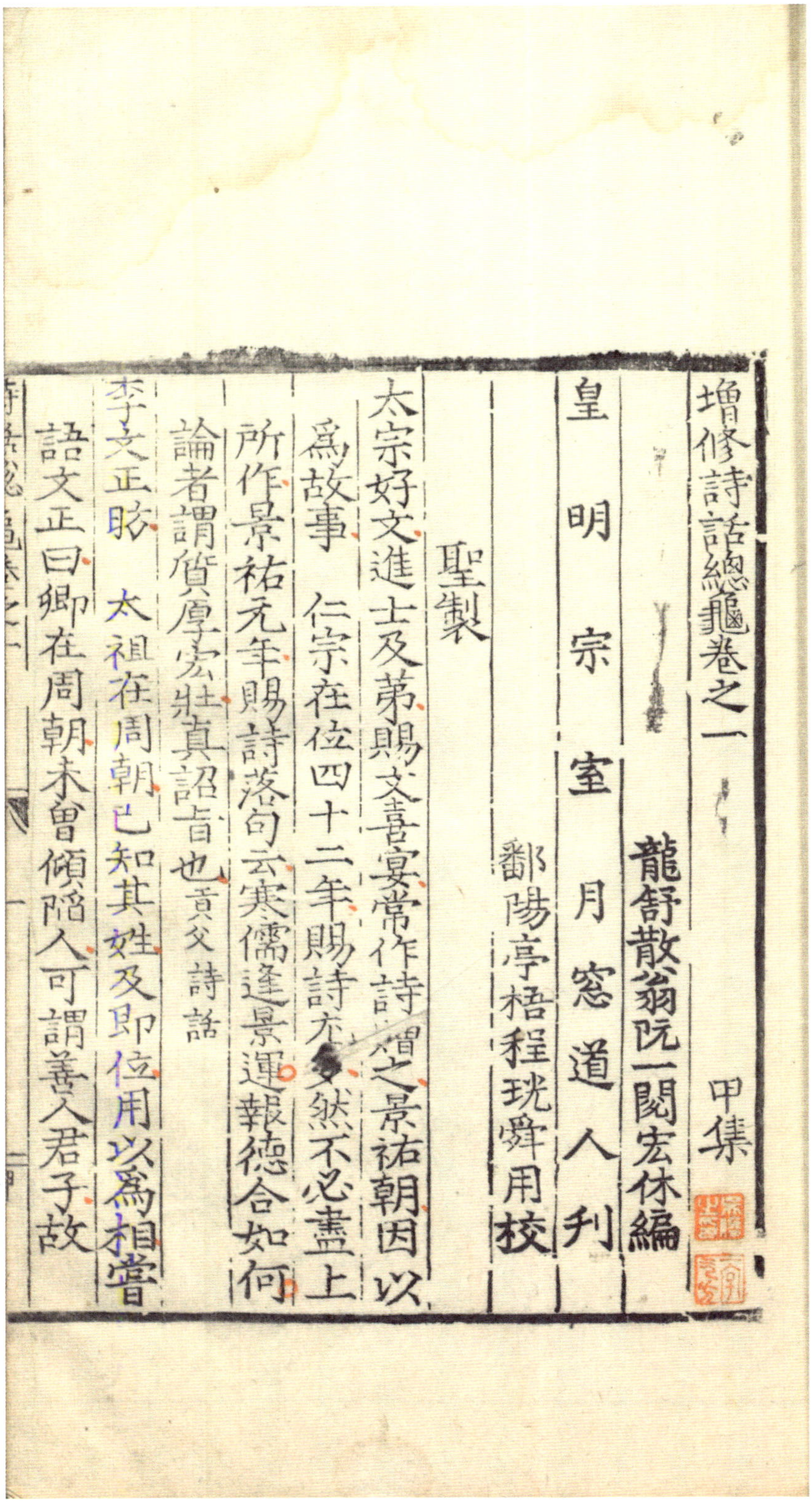

增修詩話總龜卷之一　甲集
龍舒散翁阮一閱宏休編
皇明宗室月窓道人刋
鄱陽亭梧程珖舜用校
聖製
太宗好文進士及第賜文喜宴常作詩賜之景祐朝因以
爲故事　仁宗在位四十二年賜詩尤多然不必盡上
所作景祐元年賜詩落句云寒儒逢景運報德合如何
論者謂質厚宏壯真詔旨也貢父詩話
李文正昉　太祖在周朝已知其姓及即位用以爲相嘗
語文正曰卿在周朝未曾傾陷人可謂善人君子故

10959 增修詩話總龜四十八卷後集五十卷　（宋）阮閲輯　明嘉靖二十四年（1545）月窗道人刻本

匡高 17.3 釐米，廣 13.3 釐米。半葉十一行，行二十二字，白口，四周單邊。

中共北京市委圖書館藏。

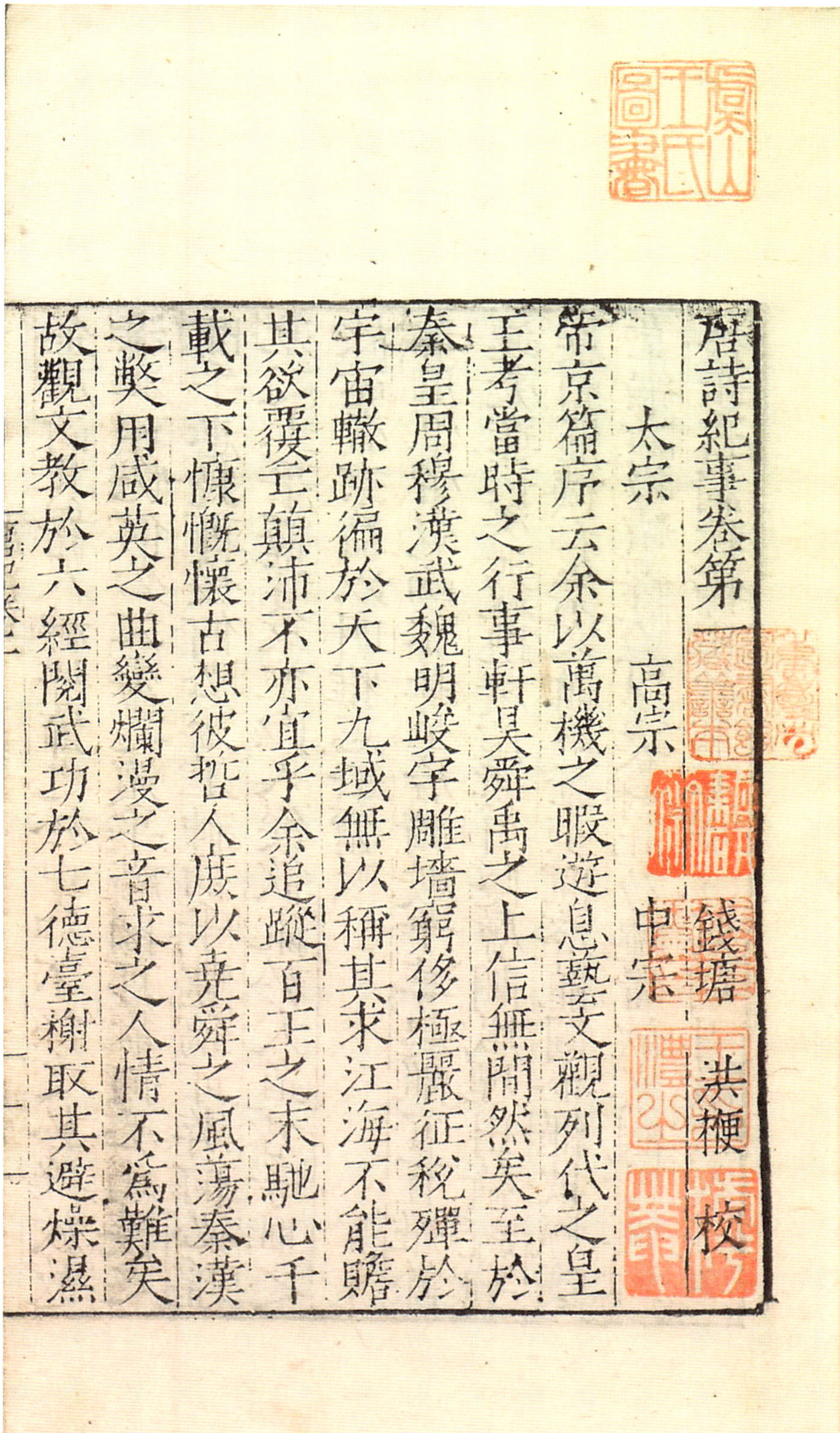
唐詩紀事卷第一　　　　錢塘洪楩校
太宗　高宗　中宗
帝京篇序云余以萬機之暇遊息藝文觀列代之皇
王考當時之行事軒昊舜禹之上信無間然矣至於
秦皇周穆漢武魏明峻宇雕墻窮侈極麗征稅殫於
宇宙轍跡徧於天下九域無以稱其求江海不能贍
其欲覆亡顛沛不亦宜乎余追蹤百王之末馳心千
載之下慷慨懷古想彼哲人庶以堯舜之風蕩秦漢
之弊用咸英之曲變爛漫之音求之人情不爲難矣
故觀文教於六經閱武功於七德臺榭取其避燥濕

10960 唐詩紀事八十一卷 （宋）計有功撰　明嘉靖二十四年（1545）洪楩清平山堂刻本

匡高 18.8 釐米，廣 13.7 釐米。半葉十行，行二十字，白口，四周單邊。重慶圖書館藏。

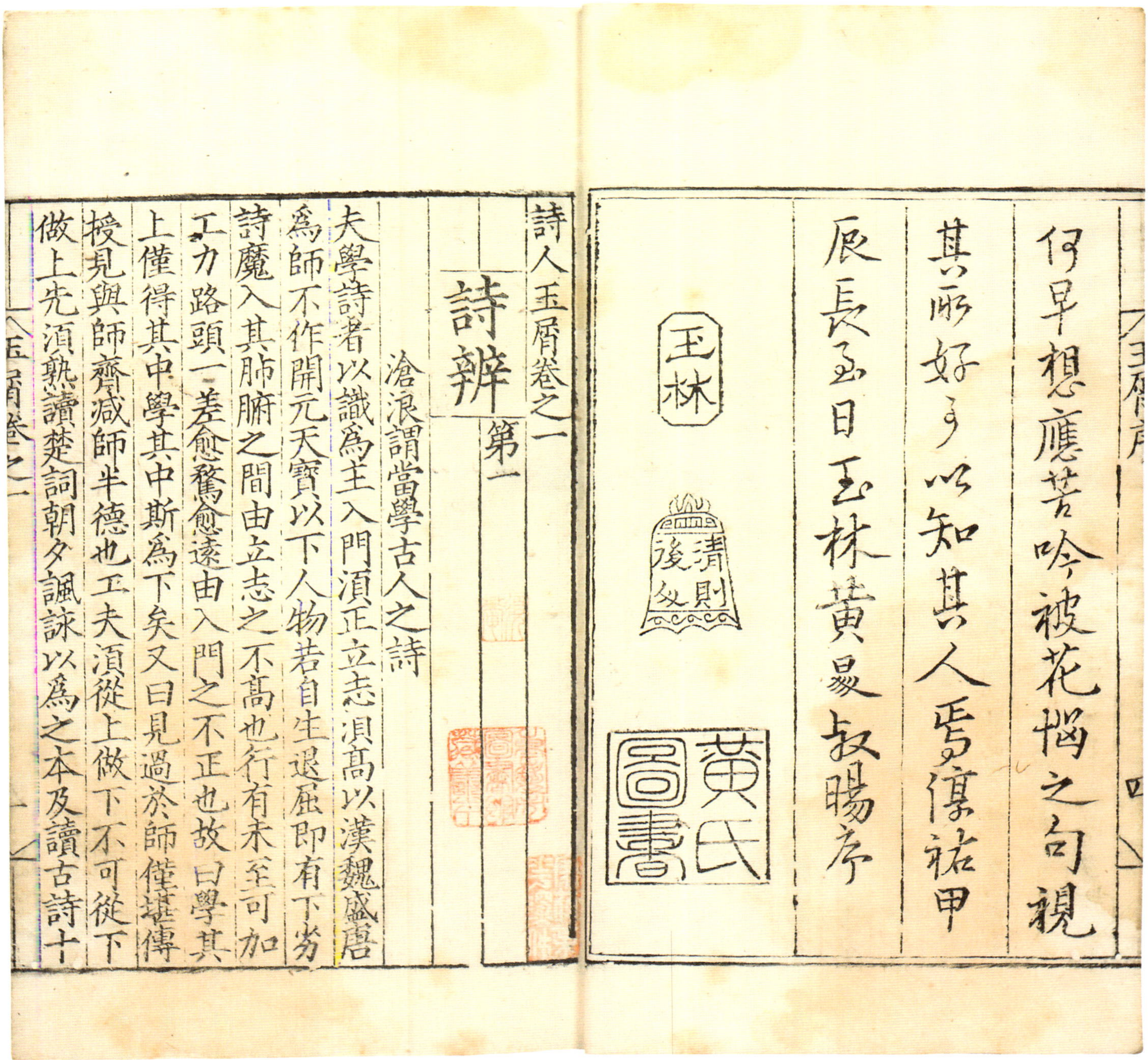

何早想應苦吟被花惱之句視
其所好以知其人焉淳祐甲
辰長至日玉林黃昇叔暘序

玉林

黃氏圖書

詩人玉屑卷之一

詩辨 第一

滄浪謂當學古人之詩

夫學詩者以識爲主入門須正立志須高以漢魏盛唐
爲師不作開元天寶以下人物若自生退屈即有下劣
詩魔入其肺腑之間由立志之不高也行有未至可加
工力路頭一差愈騖愈遠由入門之不正也故曰學其
上僅得其中學其中斯爲下矣又曰見過於師僅堪傳
授見與師齊減師半德也工夫須從上做下不可從下
做上先須熟讀楚詞朝夕諷詠以爲之本及讀古詩十

10961 詩人玉屑二十卷 （宋）魏慶之輯 明嘉靖六年（1527）洪都潛仙刻本

匡高 19.6 釐米，廣 14 釐米。半葉十一行，行二十一字，黑口，四周單邊。

重慶圖書館藏。

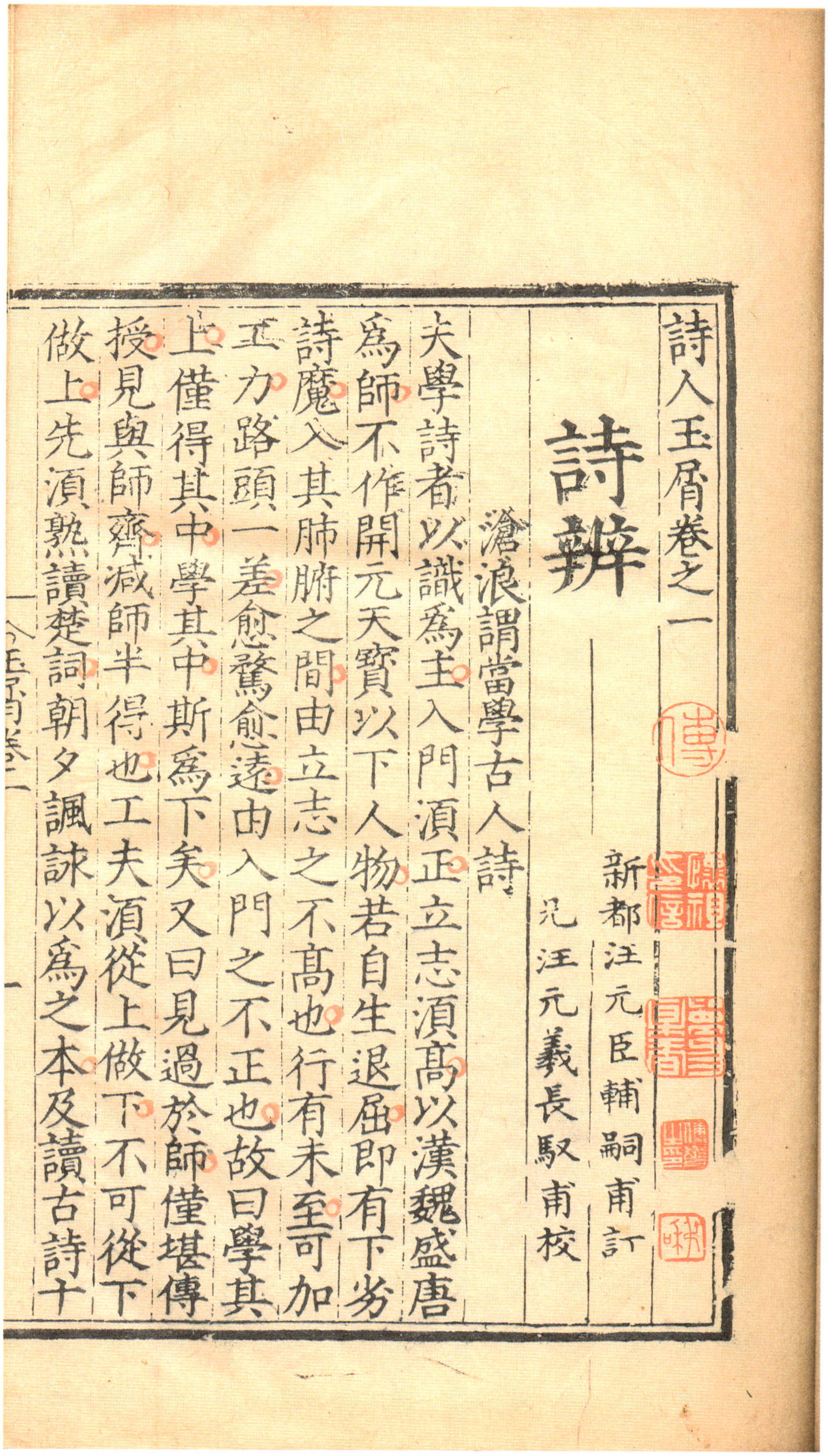

詩人玉屑卷之一

詩辨

新都汪元臣輔嗣甫訂

汪元義長馭甫校

滄浪謂當學古人詩

夫學詩者以識爲主入門須正立志須高以漢魏盛唐爲師不作開元天寶以下人物若自生退屈即有下劣詩魔入其肺腑之間由立志之不高也行有未至可加工力路頭一差愈騖愈遠由入門之不正也故曰學其上僅得其中學其中斯爲下矣又曰見過於師僅堪傳授見與師齊減師半得也工夫須從上做下不可從下做上先須熟讀楚詞朝夕諷詠以爲之本及讀古詩十

10962 詩人玉屑二十卷 （宋）魏慶之輯 明汪元臣刻遞修本

匡高 19.6 釐米，廣 13.1 釐米。半葉十一行，行二十一字，白口，四周雙邊。有“傅華之印”、“叔和”、“懷祖印信”、“虞山沈氏希任齋劫餘”等印。無錫市圖書館藏。

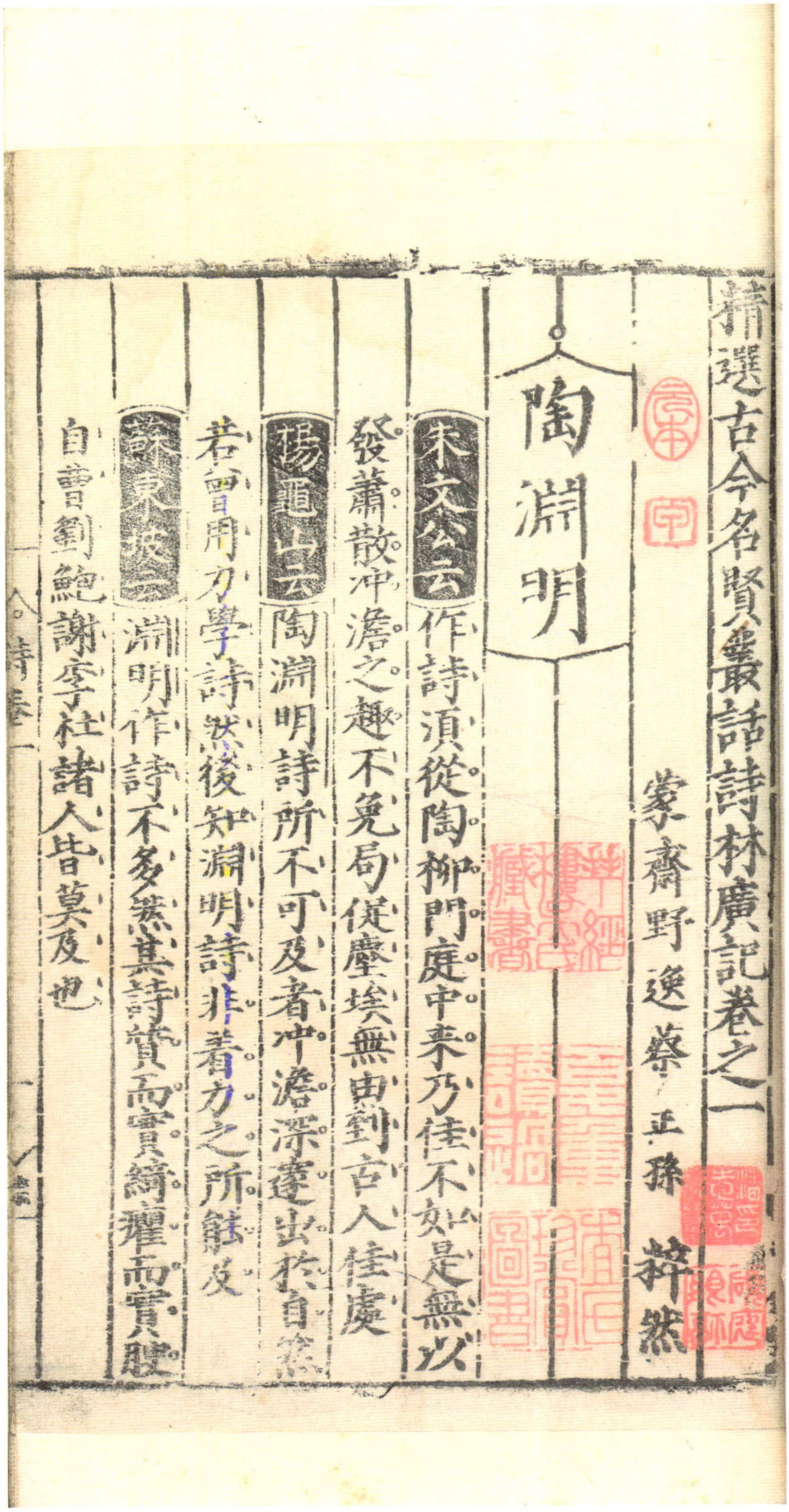
精選古今名賢叢話詩林廣記卷之一
蒙齋野逸蔡正孫粹然
陶淵明
朱文公云 作詩須從陶柳門庭中來乃佳不如是無以發蕭散冲澹之趣不免局促塵埃無由到古人佳處
楊龜山云 陶淵明詩所不可及者冲澹深遠出於自然若曾用力學詩然後知淵明詩非着力之所能及
蘇東坡云 淵明作詩不多然其詩質而實綺癯而實腴自曹劉鮑謝李杜諸人皆莫及也

10963 精選古今名賢叢話詩林廣記十卷後集十卷 （宋）蔡正孫輯 明弘治十年（1497）張鼐刻本

匡高 22.2 釐米，廣 14.6 釐米。半葉十行，行二十一字，白口，四周單邊。

無錫市圖書館藏。

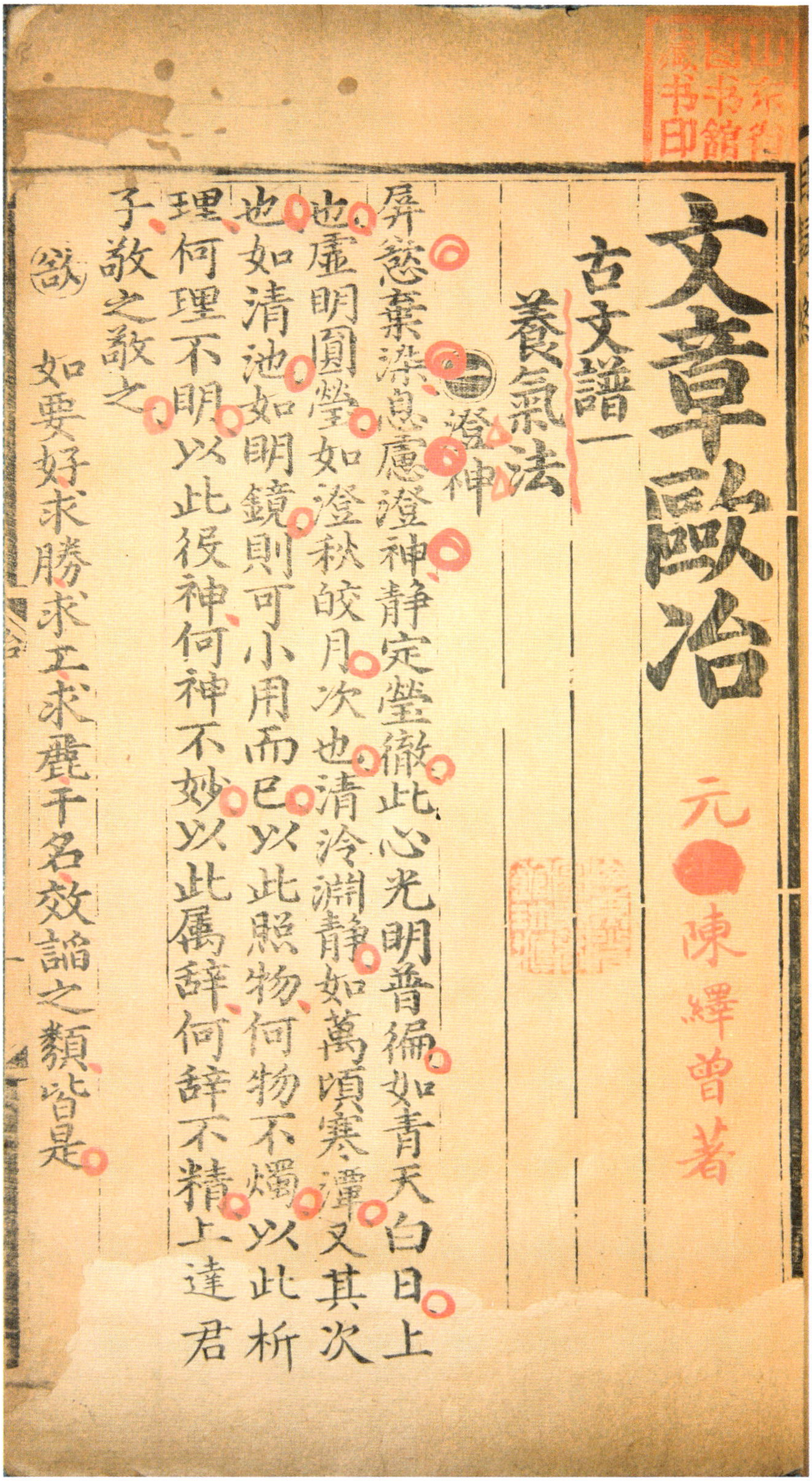
文章歐冶
元 陳繹曾著
古文譜一
養氣法
一澄神
屛慾棄滯息慮澄神静定瑩徹此心光明普徧如青天白日上
也虛明圓瑩如澄秋皎月次也清泠淵靜如萬頃寒潭又其次
也如清池如明鏡則可小用而已以此照物何物不燭以此析
理何理不明以此役神何神不妙以此屬辭何辭不精上達君
子敬之敬之
(欲) 如要好求勝求工求麗干名效諂之類皆是

10964 文筌八卷附詩小譜二卷 （元）陳繹曾撰 明初朱權刻本

匡高 23.3 釐米，廣 14.8 釐米。半葉十一行，行二十四字，黑口，四周雙邊。山東省圖書館藏。

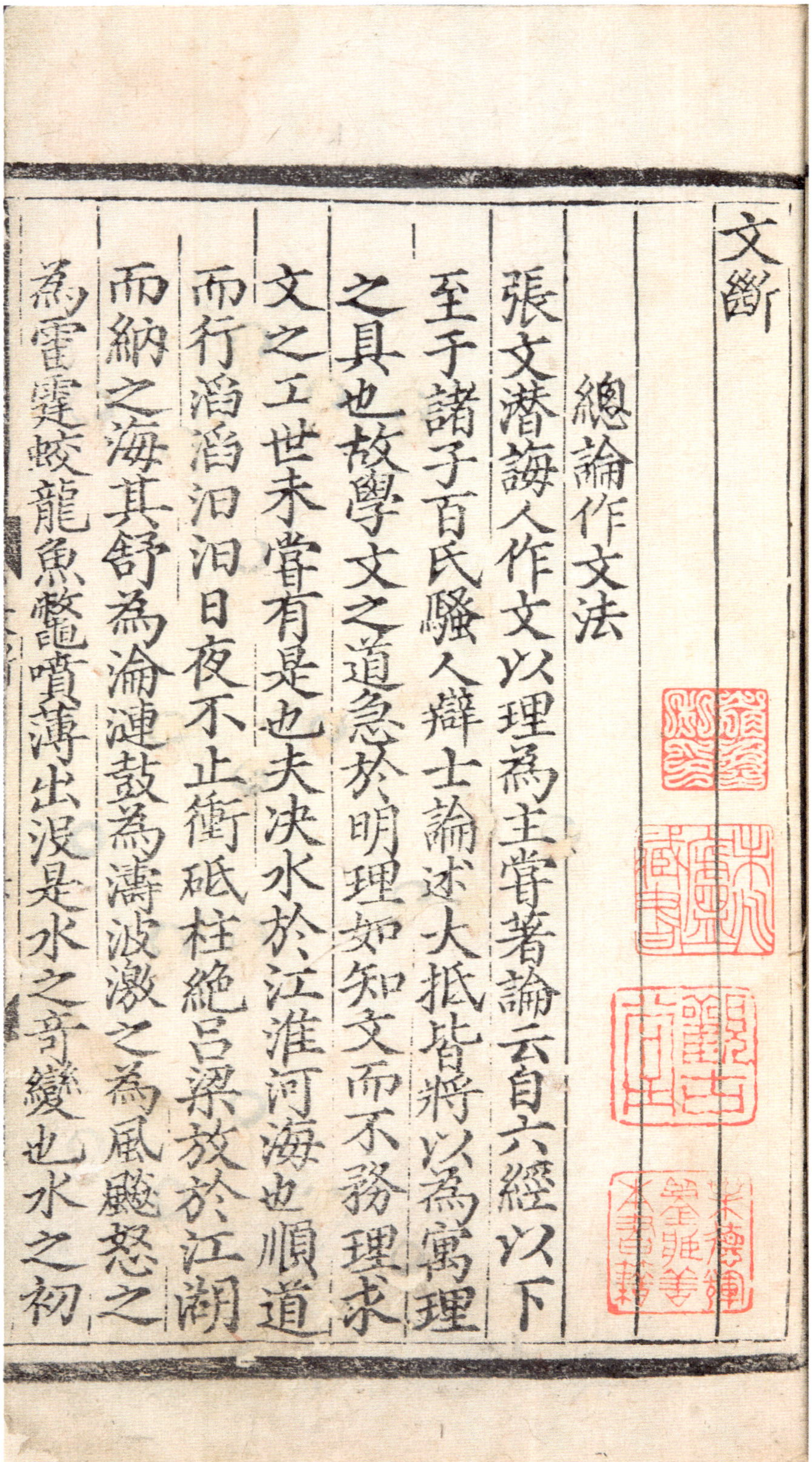

文斷

總論作文法

張文潛誨人作文以理爲主嘗著論云自六經以下至于諸子百氏騷人辯士論述大抵皆將以爲寓理之具也故學文之道急於明理如知文而不務理求文之工世未嘗有是也夫決水於江淮河海也順道而行滔滔汩汩日夜不止衝砥柱絶呂梁放於江湖而納之海其舒爲淪漣鼓爲濤波激之爲風飈怒之為雷霆蛟龍魚鼈噴薄出沒是水之奇變也水之初

10965 文斷不分卷 （明）唐之淳輯 明成化十六年（1480）唐珣刻本

匡高 20 釐米，廣 13 釐米。半葉十行，行二十一字，黑口，四周雙邊。有“葉德輝鑒藏善本書籍”、“觀古堂”等印。葉德輝跋。國家圖書館藏。

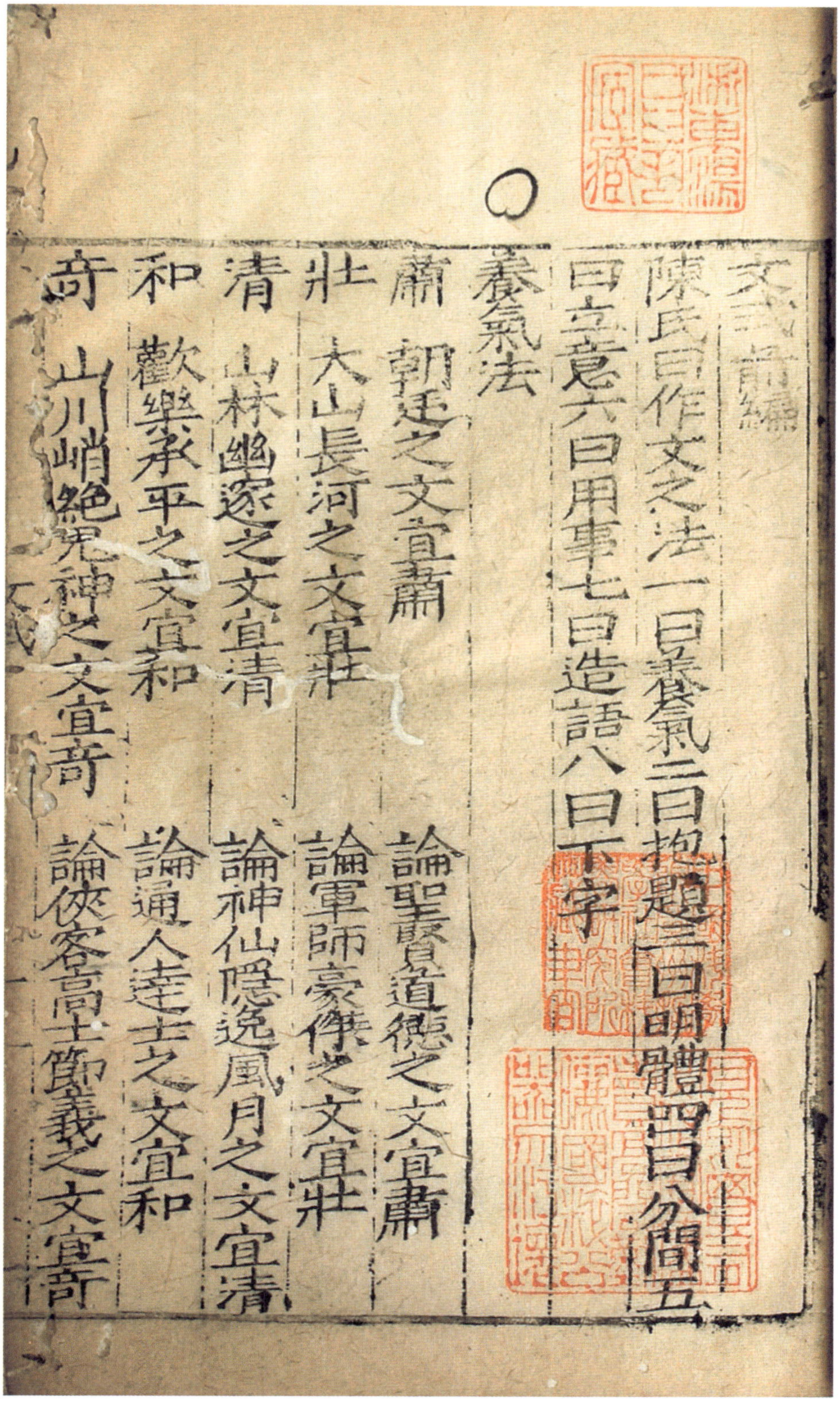
文式前編
陳氏曰作文之法一曰養氣二曰抱題三曰明體四曰分間五曰立意六曰用事七曰造語八曰下字
養氣法
肅 朝廷之文宜肅 論聖賢道德之文宜肅
壯 太山長河之文宜壯 論軍師豪傑之文宜壯
清 山林幽邃之文宜清 論神仙隱逸風月之文宜清
和 歡樂承平之文宜和 論通人達士之文宜和
奇 山川峭絶鬼神之文宜奇 論俠客高士節義之文宜奇

10966 文式二卷 （明）曾鼎撰 明嘉靖八年（1529）高仲芳刻本

匡高 18.6 釐米，廣 13.6 釐米。半葉九行，行二十四字，白口，左右雙邊。廣東省社會科學院圖書館藏。

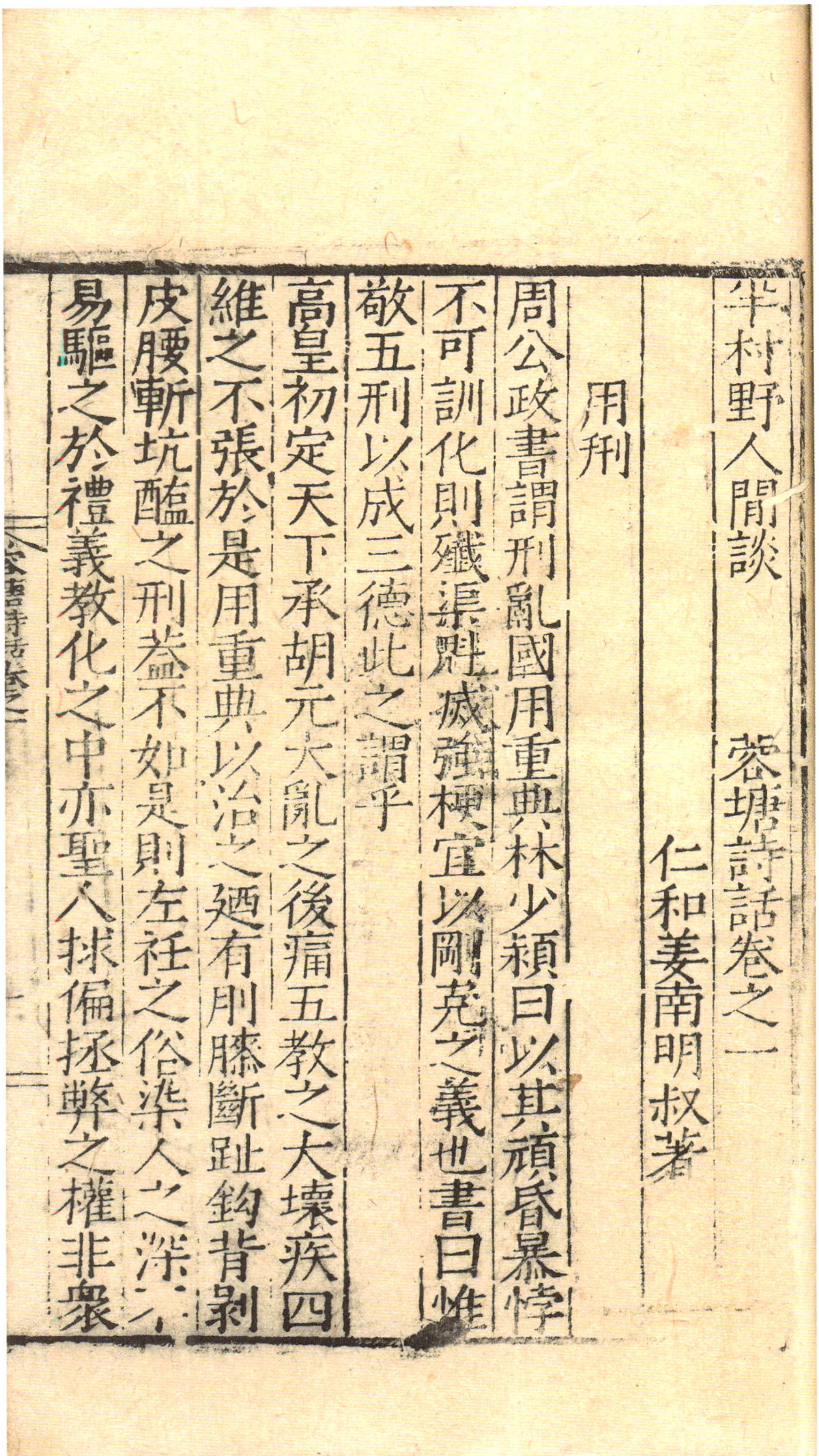
半村野人閒談

蓉塘詩話卷之一

仁和姜南明叔著

用刑

周公政書謂刑亂國用重典林少穎曰以其頑昏暴悖不可訓化則殲渠魁滅強梗宜以剛克之義也書曰惟敬五刑以成三德此之謂乎

高皇初定天下承胡元大亂之後痛五教之大壞疾四維之不張於是用重典以治之迺有刖膝斷趾鈎背剝皮腰斬坑醢之刑蓋不如是則左衽之俗染人之深之易驅之於禮義教化之中亦聖人捄偏拯弊之權非衆

蓉塘詩話卷之一

10967 蓉塘詩話二十卷 （明）姜南撰 明隆慶五年（1571）刻本

匡高 19 釐米，廣 13.7 釐米。半葉十行，行二十一字，白口，左右雙邊。無錫市圖書館藏。

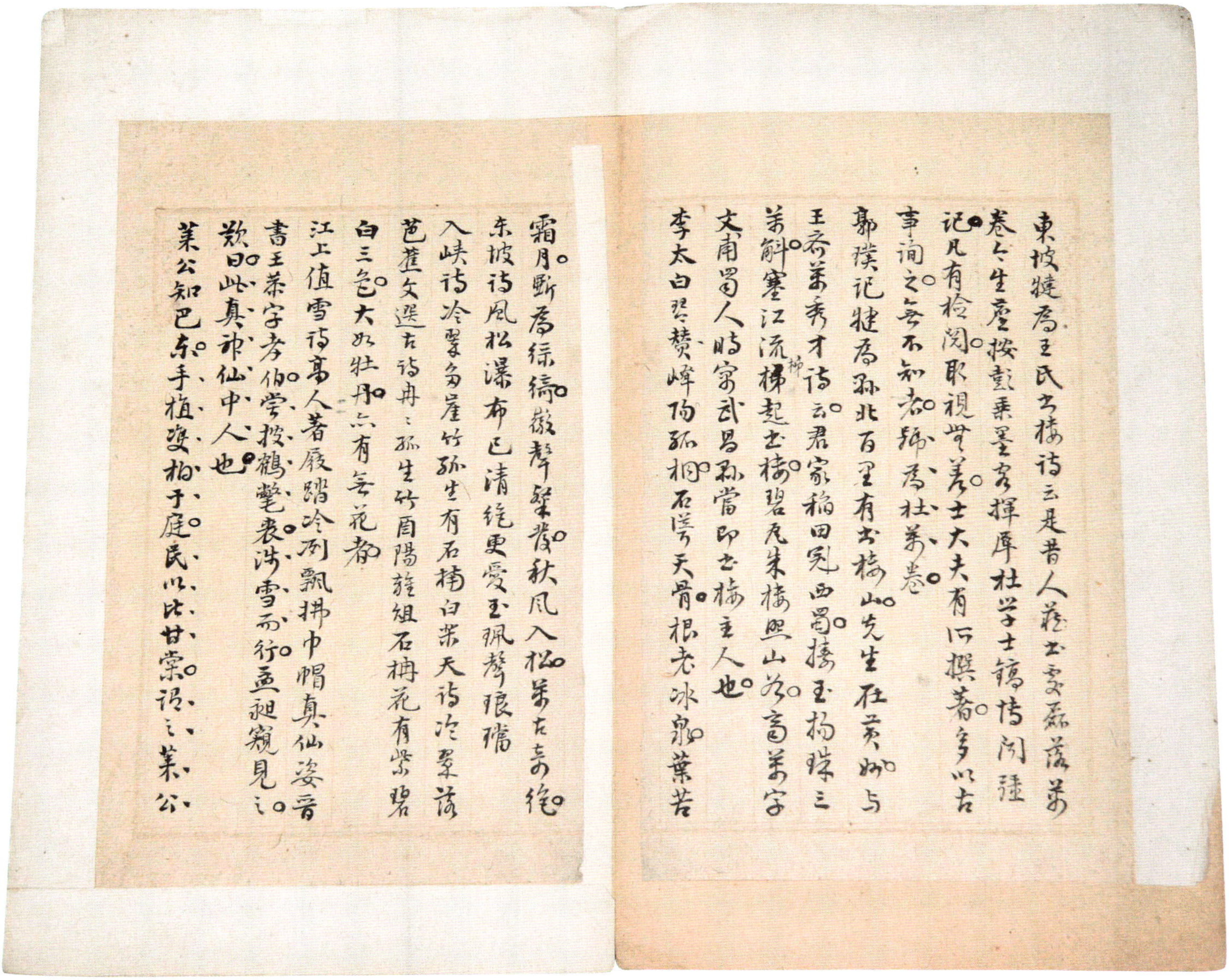

10968 東坡詩話一卷 （清）潘世恩輯 稿本

匡高 19.8 釐米，廣 13 釐米。半葉九行，行十八至二十字不等，白口，四周雙邊。有“芝軒”、“祖蔭”等印。蘇州博物館藏。

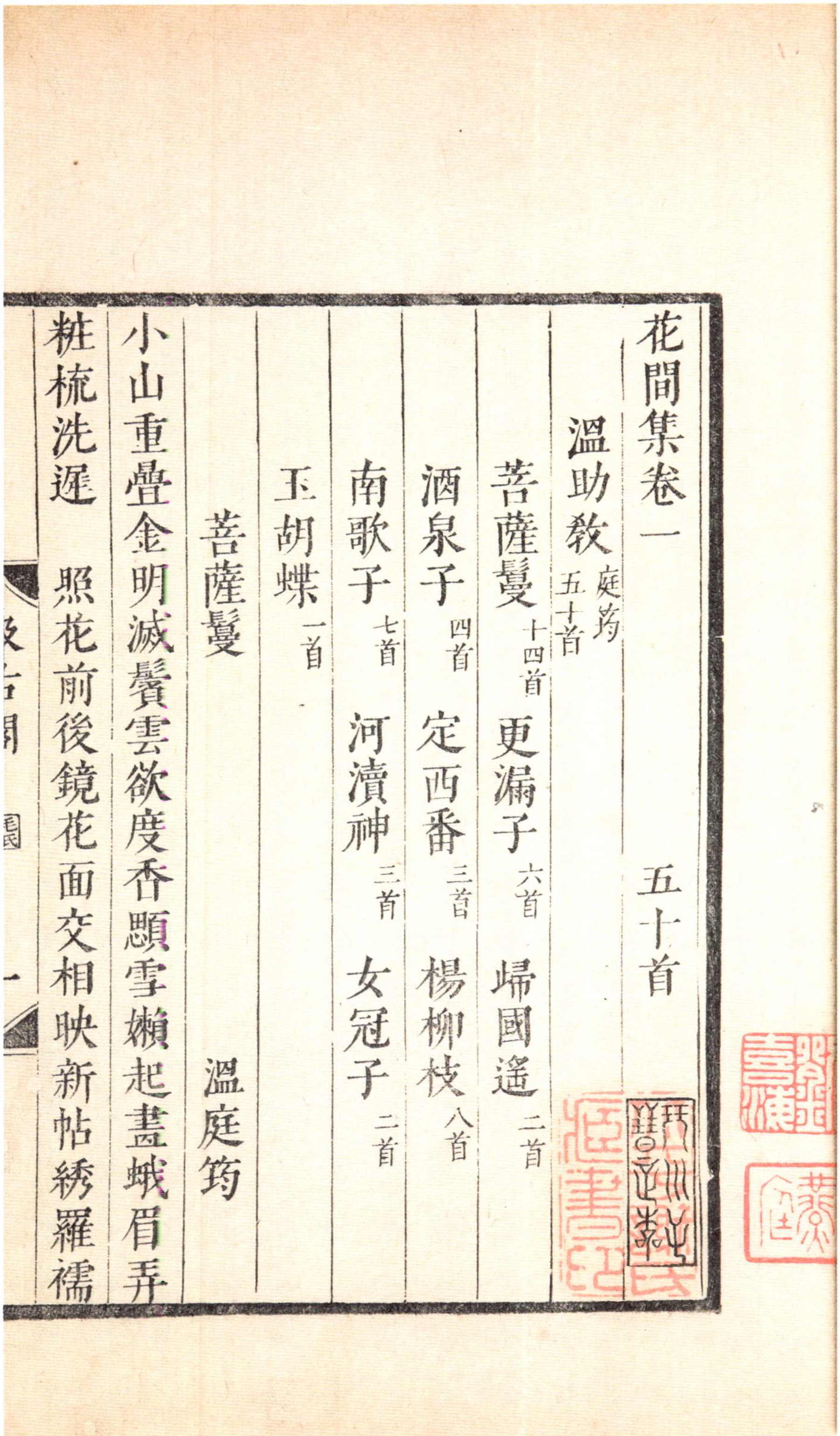
花間集卷一　五十首
温助教 庭筠 五十首
菩薩蠻 十四首　更漏子 六首　歸國遥 二首
酒泉子 四首　定西番 三首　楊柳枝 八首
南歌子 七首　河瀆神 三首　女冠子 二首
玉胡蝶 一首
菩薩蠻　温庭筠
小山重疊金明滅鬢雲欲度香顋雪懶起畫蛾眉弄
粧梳洗遲　照花前後鏡花面交相映新帖綉羅襦

10969 詞苑英華四十五卷　（明）毛晉编　明末毛氏汲古閣刻本

匡高 17.6 釐米，廣 12.1 釐米。半葉九行，行十九或二十字，白口，左右雙邊。有“欽訓堂書画記”、“劉喜海”等印。國家圖書館藏。

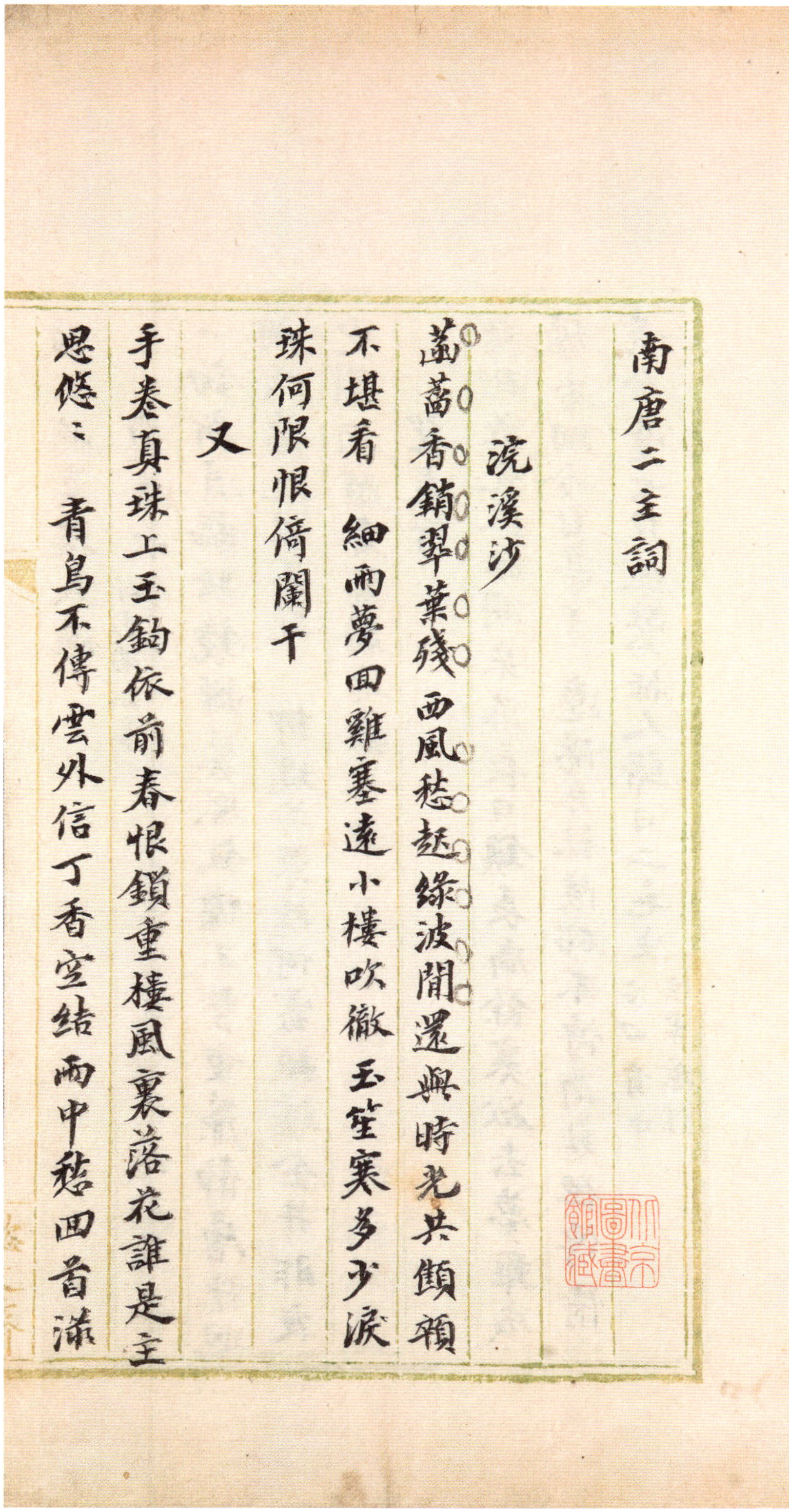
南唐二主詞
浣溪沙
菡萏香銷翠葉殘 西風愁起綠波間還與時光共顦顇
不堪看 細雨夢回雞塞遠小樓吹徹玉笙寒多少淚
珠何限恨倚闌干
又
手卷真珠上玉鈎依前春恨鎖重樓風裏落花誰是主
思悠悠 青鳥不傳雲外信丁香空結雨中愁回首淥

10970 南唐二主詞一卷 （南唐）中主李璟 後主李煜撰 清光緒三十四年（1908）王國維抄本

匡高 18.8 釐米，廣 11.8 釐米。半葉九行，行二十一字，白口，四周雙邊。王國維跋。國家圖書館藏。

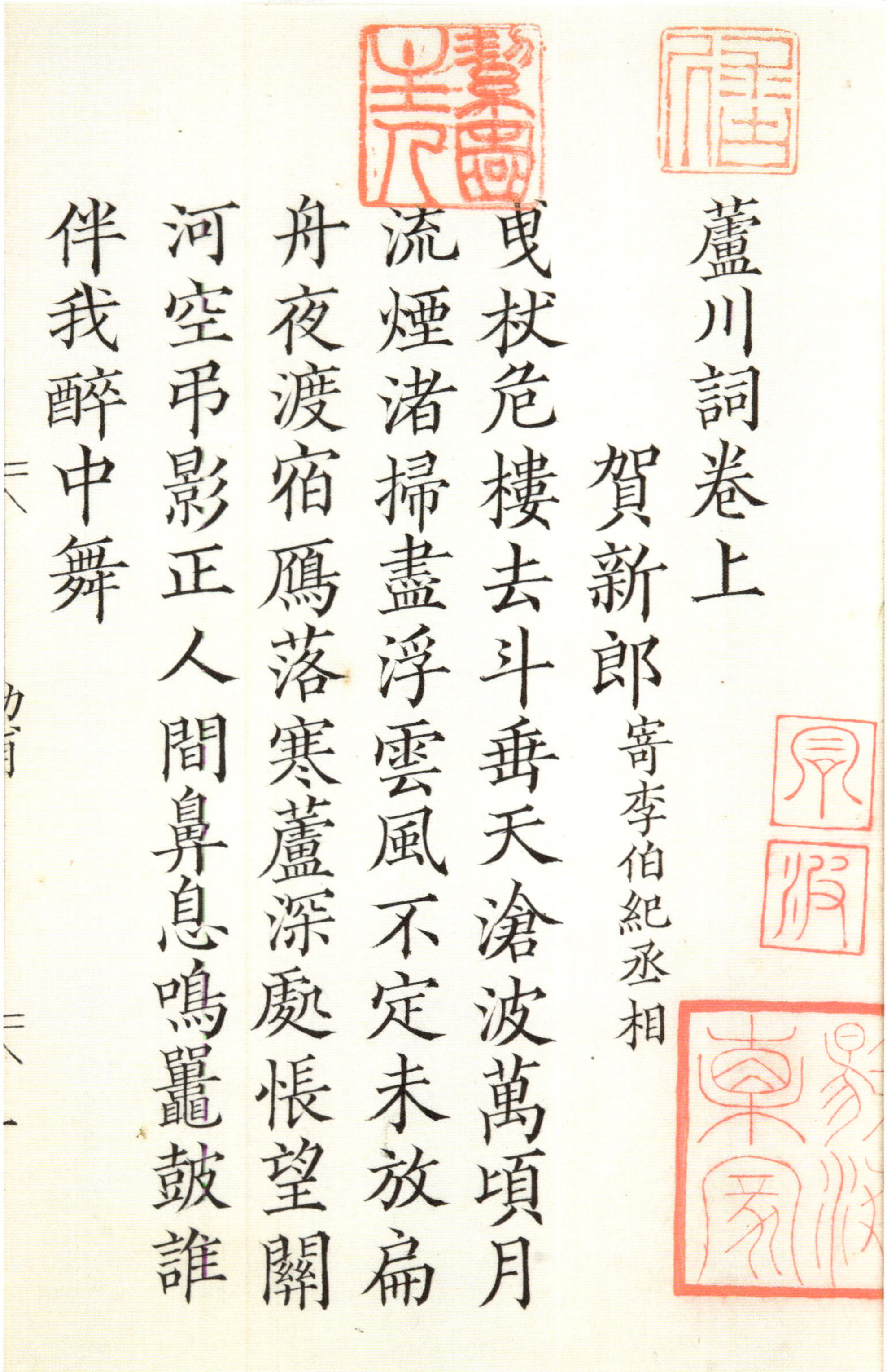

蘆川詞卷上

賀新郎 寄李伯紀丞相

曳杖危樓去斗垂天滄波萬頃月流煙渚掃盡浮雲風不定未放扁舟夜渡宿鴈落寒蘆深處悵望關河空弔影正人間鼻息鳴鼉鼓誰伴我醉中舞

10971 蘆川詞二卷 （宋）張元幹撰 明影宋抄本

有“平江黄氏圖書”、“恬裕齋藏”、“豐順丁氏得思齋藏”、“海鹽張元濟經收”等印。何焯跋，黄丕烈校跋題詩並倩人影宋抄補，繆荃孫跋。國家圖書館藏。

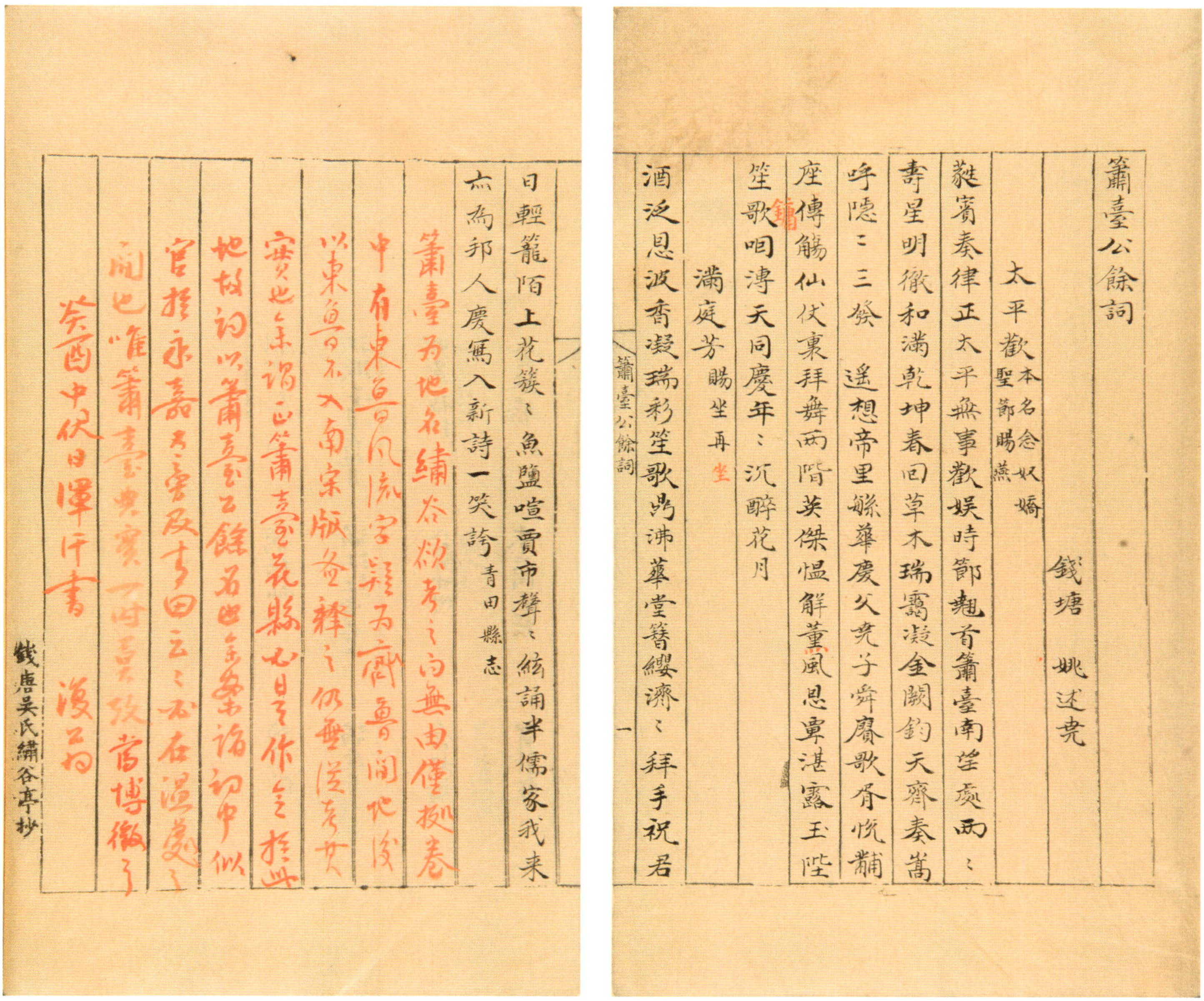
簫臺公餘詞
錢塘 姚述堯
太平歡 本名念奴嬌 聖節賜燕
蕤賓奏律正太平無事歡娛時節翹首簫臺南望處兩々
壽星明徹和滿乾坤春回草木瑞靄凝金闕鈞天齊奏萬
呼隱々三發 遥想帝里繁華慶父堯子舜賡歌胥忻鞴
座傳觴仙仗裏拜舞兩階英傑愠解薰風恩覃湛露玉陛
笙歌咽溥天同慶年々沉醉花月
滿庭芳 賜坐再
酒泛恩波香凝瑞彩笙歌鼎沸華堂簪纓濟々拜手祝君
簫臺公餘詞 一

日輕籠陌上花簇々魚鹽喧賈市聲々絃誦半儒家我來
六爲邦人慶寫入新詩一笑誇 青田縣志
錢唐吳氏繡谷亭抄

10972 簫臺公餘詞一卷 （宋）姚述堯撰 清吳氏繡谷亭抄本

匡高 20.2 釐米，廣 13.7 釐米。半葉十行，行二十二字，小字雙行同，白口，四周單邊。吳焯跋，黃丕烈校並跋。上海圖書館藏。

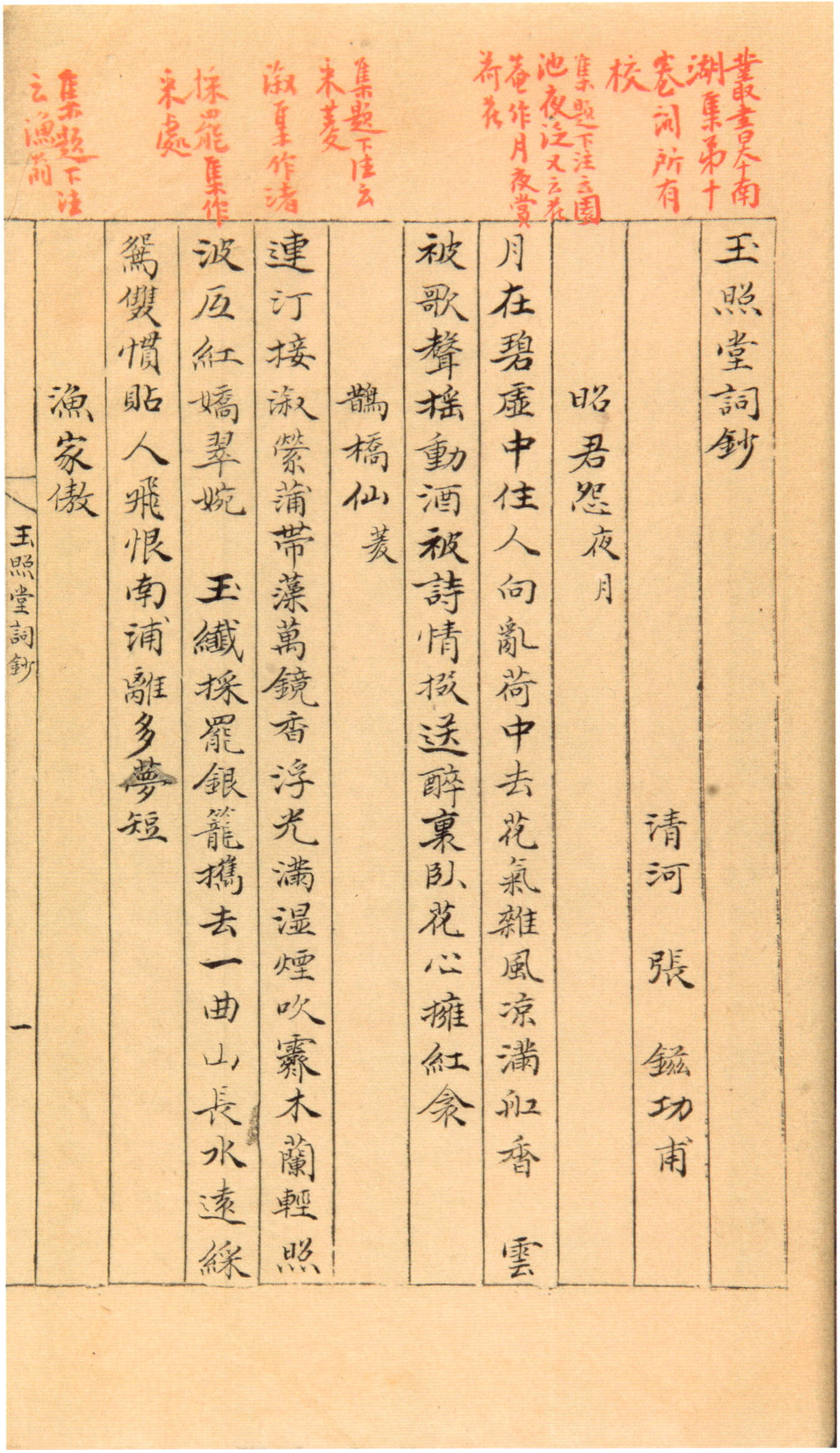

10973 玉照堂詞鈔一卷 （宋）張鎡撰 清吴氏繡谷亭抄本

匡高 20.2 釐米，廣 13.7 釐米。半葉十行，行二十二字，小字雙行同，白口，四周單邊。黄丕烈校並跋。上海圖書館藏。

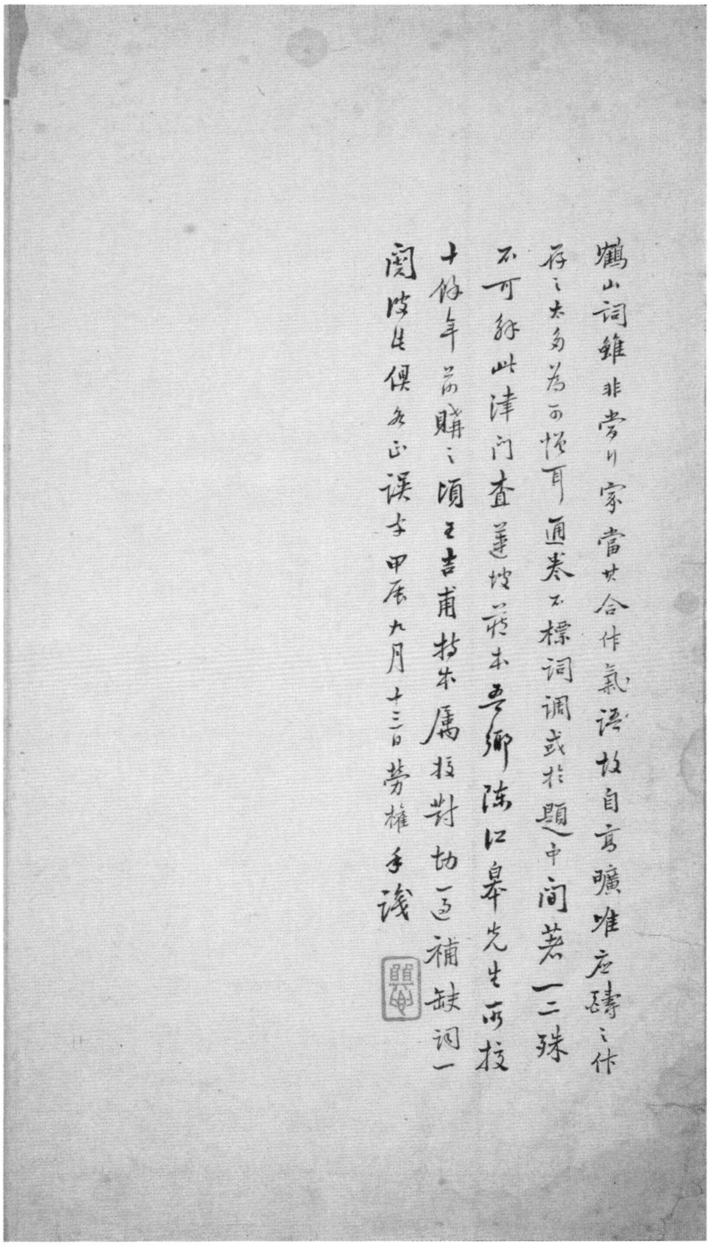

鶴山詞雖非當行家當其合作氣語故自高曠唯應酬之作
存之太多為可惜耳通卷不標詞調或於題中間著一二殊
不可解此津門查蓮坡藏本吾鄉陳江皋先生所校
十餘年前購之頃王吉甫抄本屬校對均一過補缺詞一
闋波臣偶為正誤甲辰九月十三日勞權手識

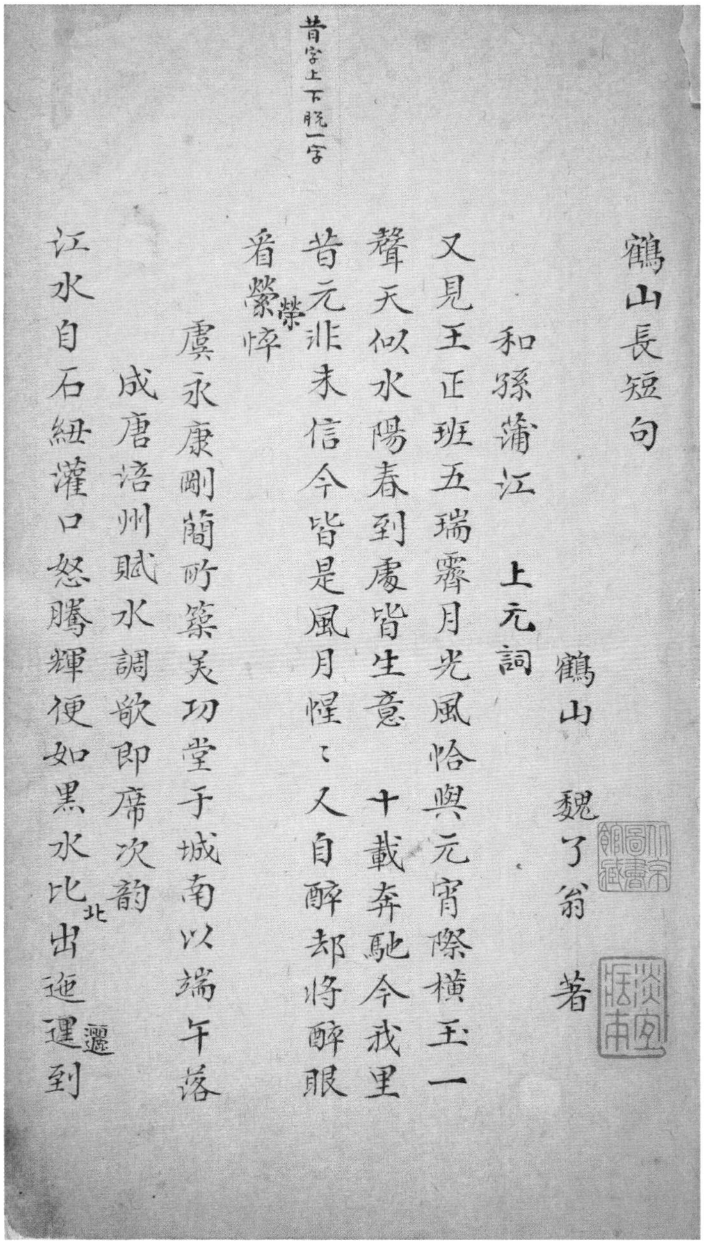

昔字上下脱一字

鶴山長短句

鶴山　魏了翁　著

和孫蒲江　上元詞

又見王正班五瑞霽月光風恰與元宵際橫玉一
聲天似水陽春到處皆生意　十載奔馳今我里
昔元非未信今皆是風月惺惺人自醉卻將醉眼
看榮悴

虞永康剛簡所築吴功堂于城南以端午落
成唐涪州賦水調歌即席次韻

江水自石紐灌口怒騰輝便如黑水比出迤邐到

10974 鶴山長短句一卷 （宋）魏了翁撰 清抄本

勞權校並跋，朱孝臧、吴昌綬校補並跋。國家圖書館藏。

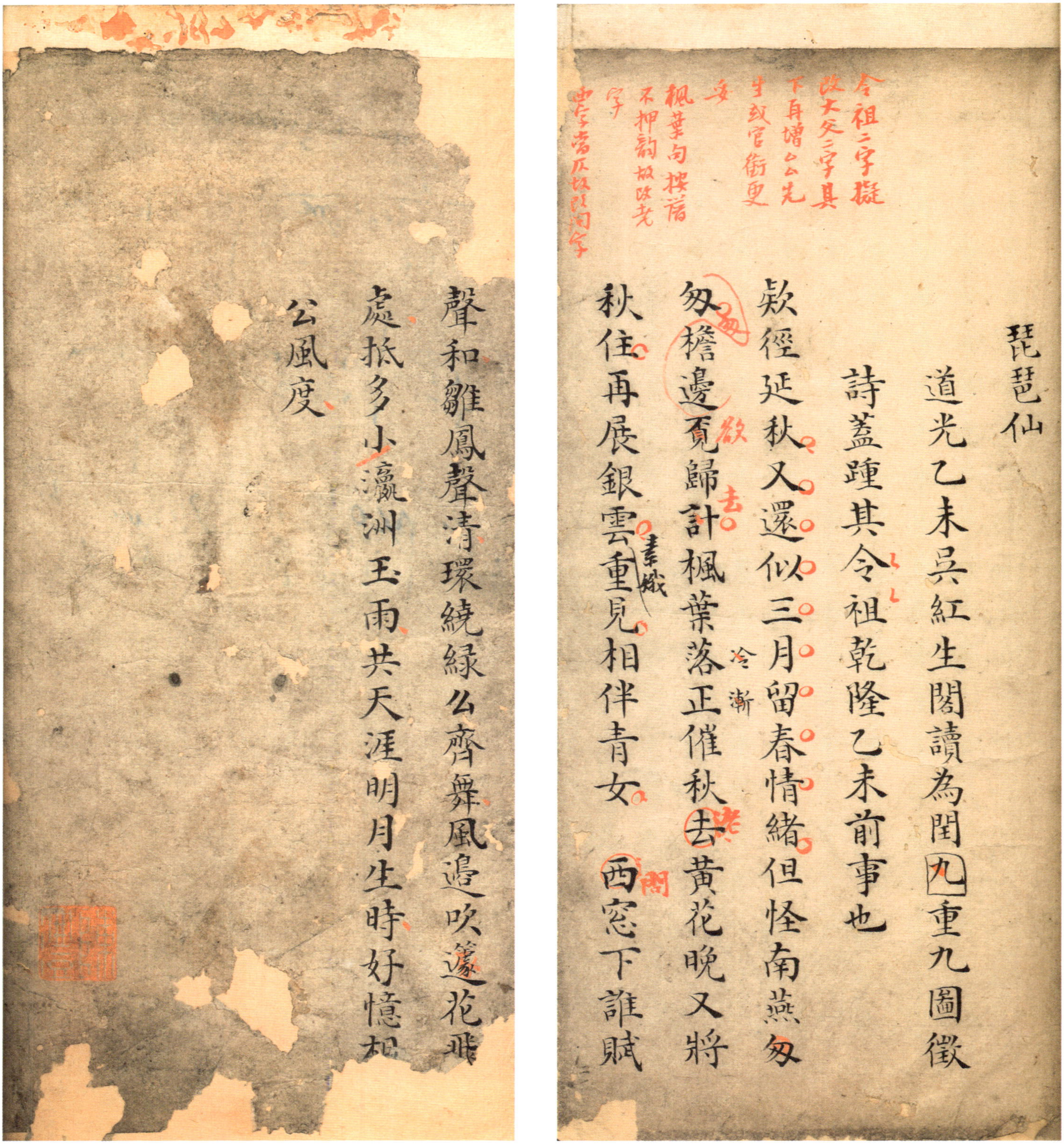

琵琶仙

道光乙未吳紅生閣讀為閏九重九圖徵

詩蓋踵其令祖乾隆乙未前事也

款經延秋又還似三月留春情緒但怪南燕匆

匆檐邊覓歸計楓葉落正催秋去黃花晚又將

秋住再展銀雲重見相伴青女西窗下誰賦

聲和雛鳳聲清環繞綠么齊舞風遏吹邊花飛

處抵多小瀛洲玉雨共天涯明月生時好憶相

公風度

10975 席月山房詞一卷 （清）桂文燿撰 清抄本

有“澂尚齋印”、“陳澧”等印。陳澧批校，汪兆鏞、葉恭綽題識。中山大學圖書館藏。

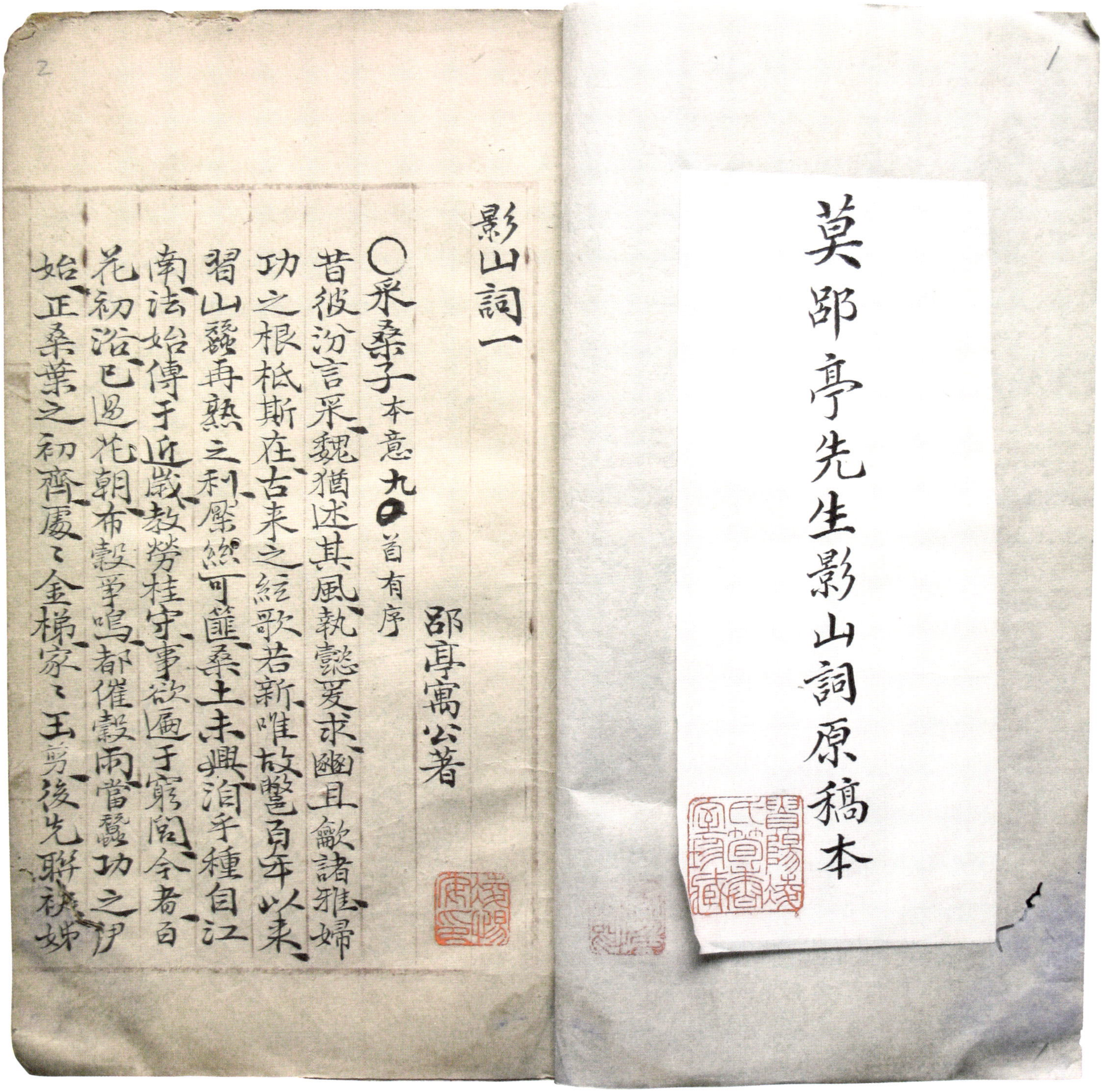

10976 影山詞二卷外集一卷 （清）莫友芝撰 稿本

匡高 19 釐米，廣 12.7 釐米。半葉九行，行二十一字，紅格，白口，左右雙邊。黎伯容批注圈點。貴州省博物館藏。

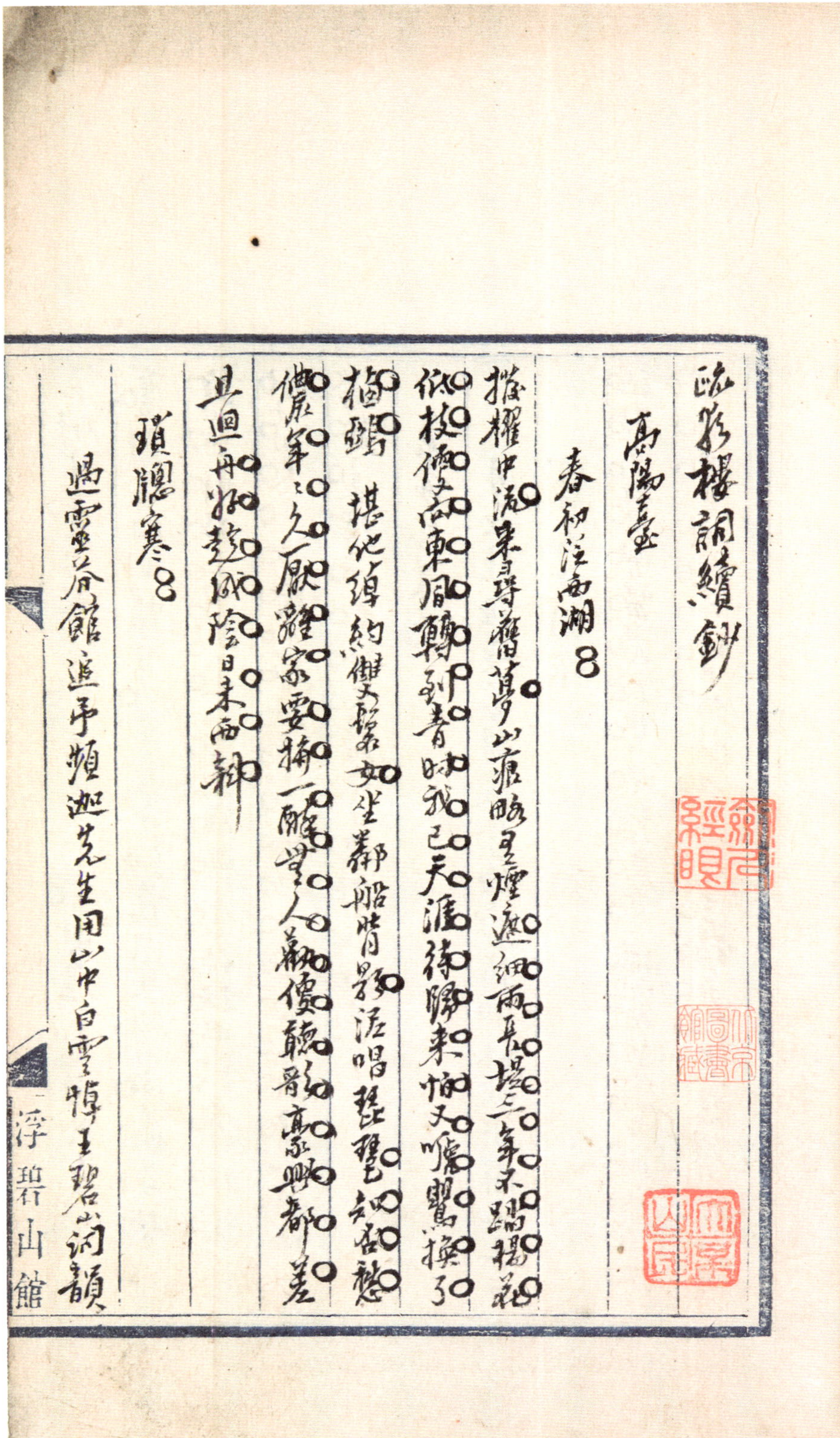

10977 疏影樓詞續鈔一卷 （清）姚燮撰 稿本

匡高 25.3 釐米，廣 16 釐米。半葉十行，行二十至二十四字不等，白口，藍格，四周雙邊。國家圖書館藏。

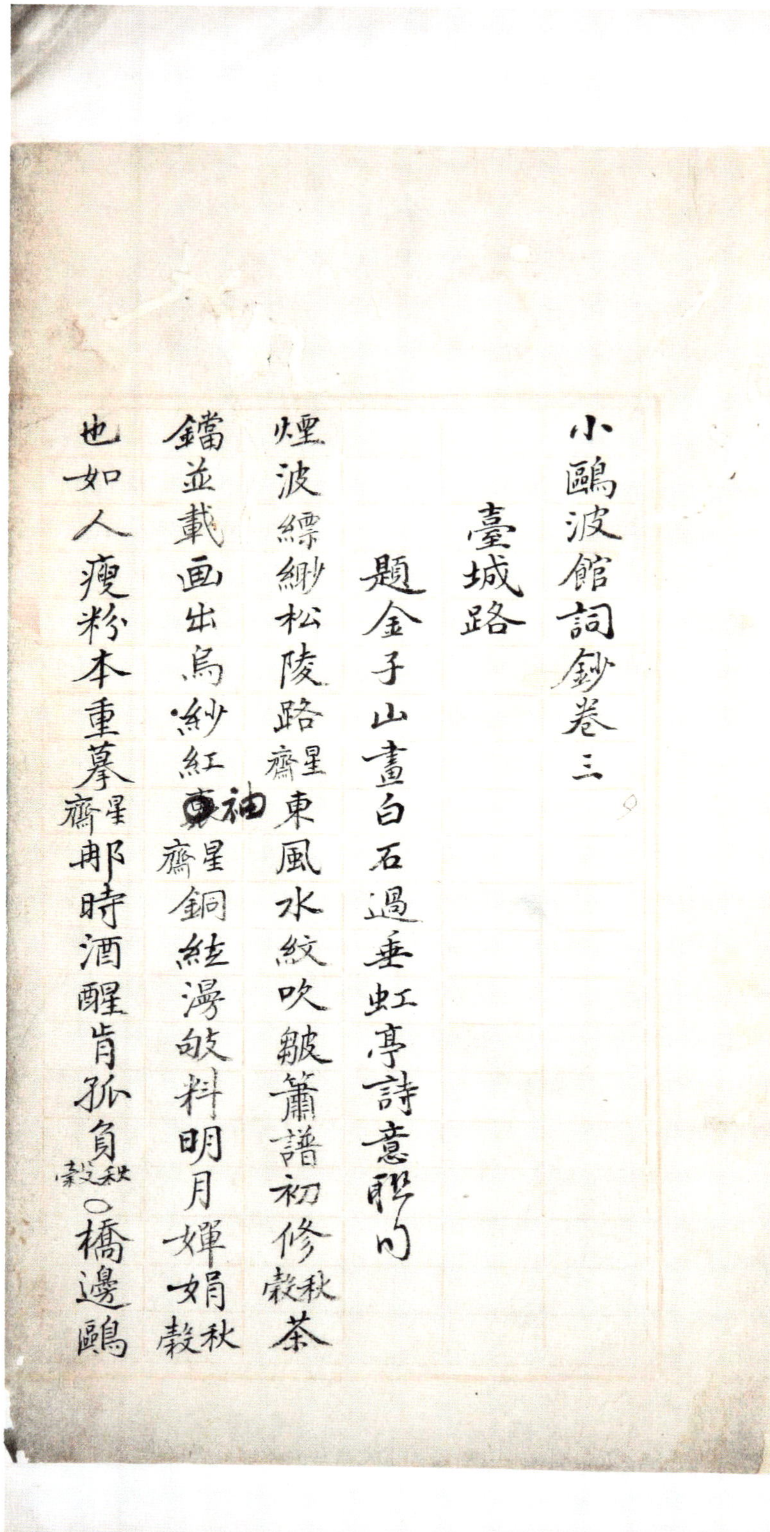
小鷗波館詞鈔卷三
臺城路
題金子山畫白石過垂虹亭詩意照冋
煙波縹緲松陵路星齋東風水紋吹皺簫譜初修秋穀茶
鐺並載畫出烏紗紅袖星齋銅絲湯皷料明月嬋娟秋穀
也如人瘦粉本重摹星齋郵時酒醒肯孤負秋穀宗○橋邊鷗

10978 小鷗波館詞鈔□卷歲可年譜不分卷花間笛譜一卷 （清）潘曾瑩撰 稿本

蘇州博物館藏，存二卷。

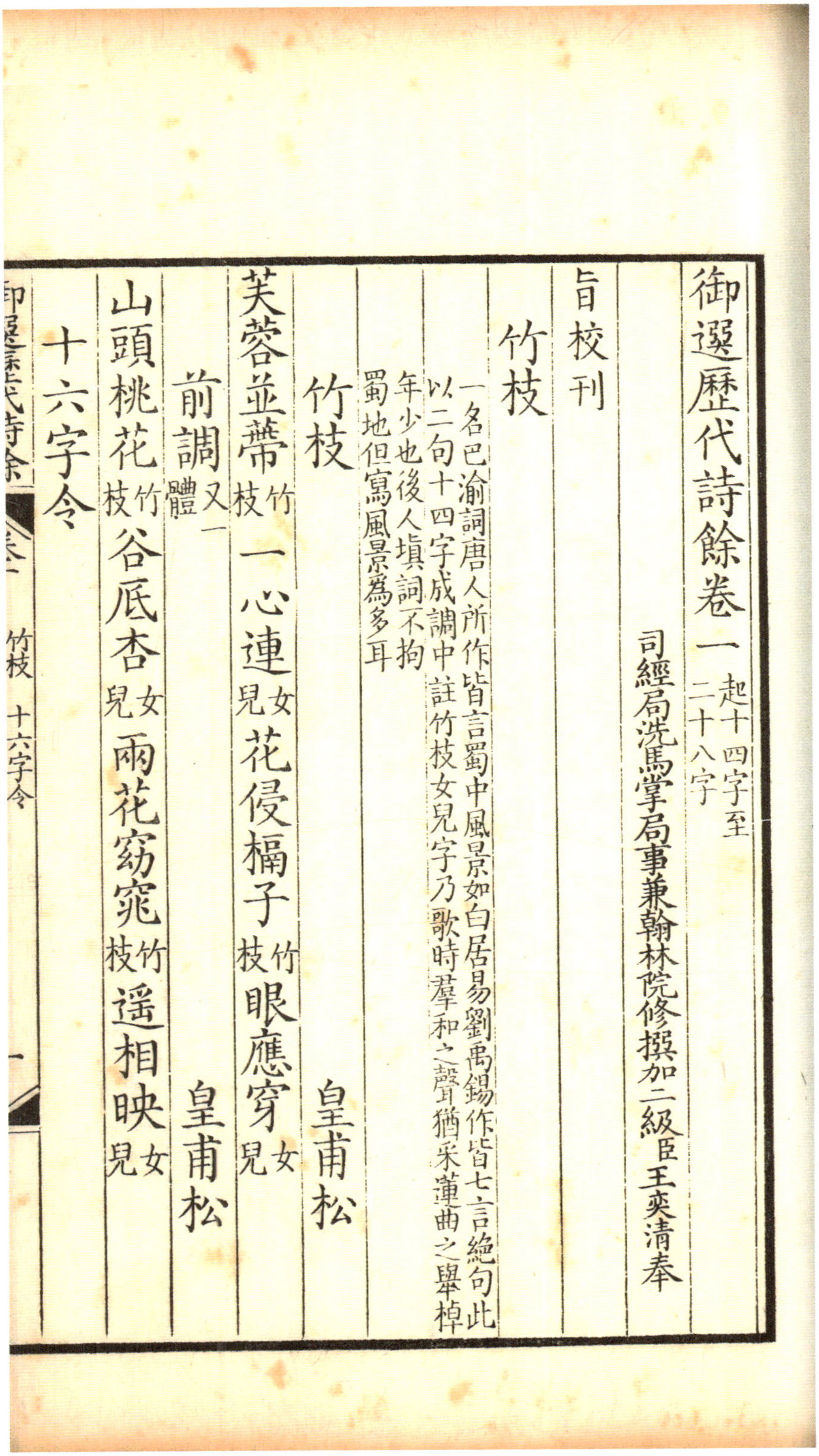

御選歷代詩餘卷一 起十四字至二十八字

司經局洗馬掌局事兼翰林院修撰加二級臣王奕清奉

旨校刊

竹枝

一名巴渝詞唐人所作皆言蜀中風景如白居易劉禹錫作皆七言絶句此以二句十四字成調中註竹枝女兒字乃歌時羣和之聲猶采蓮曲之舉棹年少也後人塡詞不拘蜀地但寫風景爲多耳

竹枝　皇甫松

芙蓉並蔕竹枝一心連女兒花侵槅子竹枝眼應穿女兒

前調又一體　皇甫松

山頭桃花竹枝谷底杏女兒兩花窈窕竹枝遥相映女兒

十六字令

御選歷代詩餘　卷一　竹枝　十六字令　一

10979 御選歷代詩餘一百二十卷 （清）沈辰垣　王奕清等輯　清康熙四十六年（1707）内府刻本

匡高 16.9 釐米，廣 11.6 釐米。半葉十一行，行二十一字，小字雙行三十二字，白口，左右雙邊。故宫博物院藏。

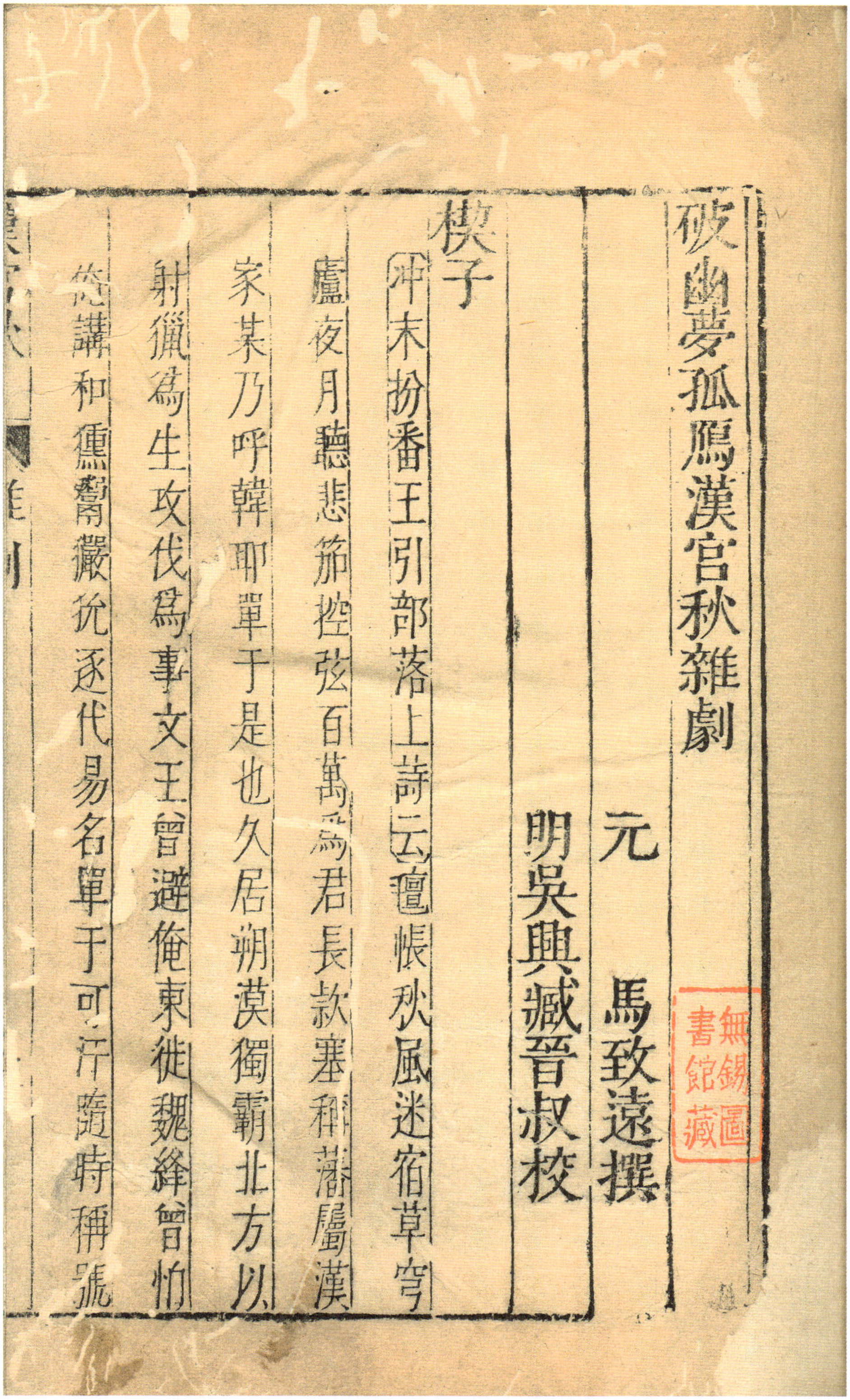

破幽夢孤鴈漢宮秋雜劇

元　馬致遠撰

明吳興臧晉叔校

楔子

冲末扮番王引部落上詩云氊帳秋風迷宿草穹廬夜月聽悲笳控弦百萬爲君長款塞稱藩屬漢家某乃呼韓耶單于是也久居朔漠獨霸北方以射獵爲生攻伐爲事文王曾避俺東徙魏絳曾怕俺講和獯鬻玁狁逐代易名單于可汗隨時稱號

10980 元曲選十集一百卷　（明）臧懋循編　**論曲一卷**　（明）陶宗儀等撰

元曲論一卷　明萬曆刻本

匡高 20.6 釐米，廣 13.4 釐米。半葉九行，行二十字，小字雙行同，白口，左右雙邊。無錫市圖書館藏。

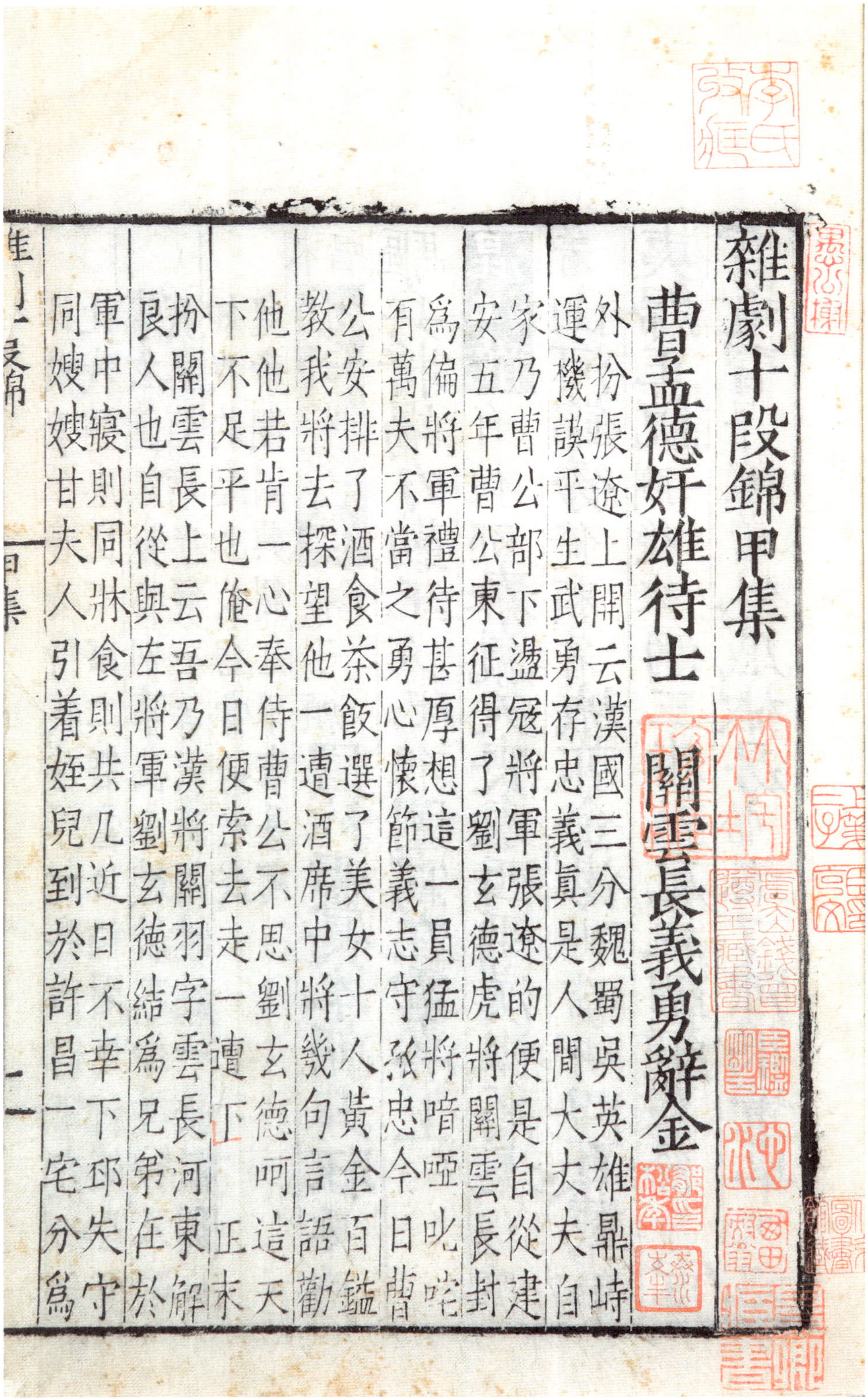
雜劇十段錦甲集

曹孟德奸雄待士　關雲長義勇辭金

外扮張遼上開云漢國三分魏蜀吳英雄鼎峙運機謀平生武勇存忠義真是人間大丈夫自家乃曹公部下盪寇將軍張遼的便是自從建安五年曹公東征得了劉玄德虎將關雲長封爲偏將軍禮待甚厚想這一員猛將喑啞叱咤有萬夫不當之勇心懷節義志守孤忠今日曹公安排了酒食茶飯選了美女十人黃金百鎰教我將去探望他一遭酒席中將幾句言語勸他他若肯一心奉侍曹公不思劉玄德呵這天下不足平也俺今日便索去走一遭下　正末扮關雲長上云吾乃漢將關羽字雲長河東解良人也自從與左將軍劉玄德結爲兄弟在於軍中寢則同牀食則共几近日不幸下邳失守同嫂嫂甘夫人引着姪兒到於許昌一宅分爲

雜劇十段錦　甲集　一

10981 雜劇十段錦十集十卷　（明）朱有燉撰　明嘉靖三十七年（1558）紹陶室刻本

匡高 19.5 釐米，廣 13.5 釐米。半葉九行，行十九字，小字雙行同，白口，四周單邊。有“虞山錢曾遵王藏書”、“竹垞珍藏”、“郁印松年”等印。袁克文跋。國家圖書館藏。

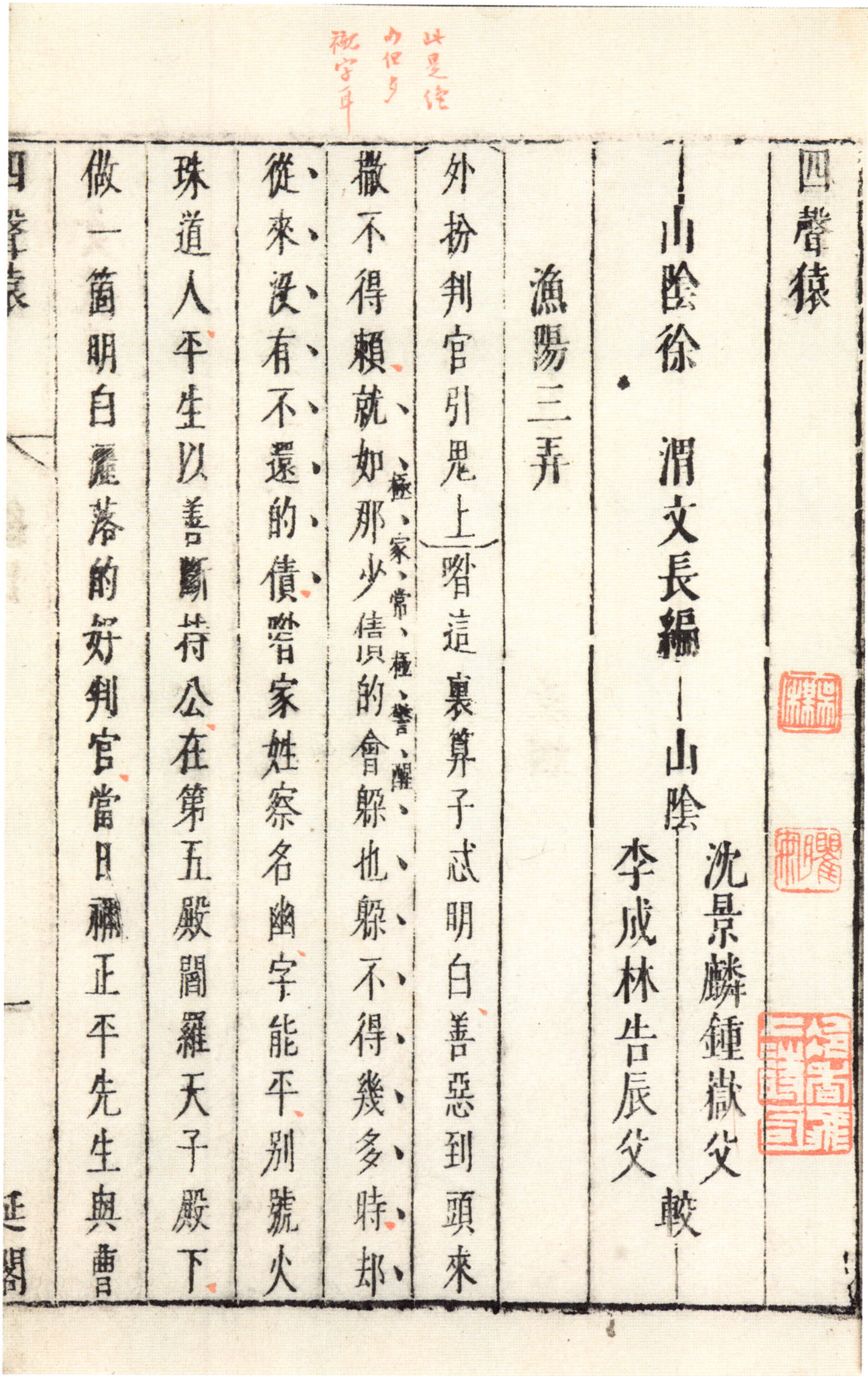

四聲猿

山陰徐　渭文長編

山陰　沈景麟鍾嶽父　李成林告辰父　較

漁陽三弄

外扮判官引鬼上 咱這裏算子忒明白善惡到頭來

撒不得賴就如那少債的會躲也躲不得幾多時却

從來沒有不還的債咱家姓察名幽字能平別號火

珠道人平生以善斷詩公在第五殿閻羅天子殿下

做一箇明白聰落的好判官當日禰正平先生與曹

四聲猿　一　延閣

10982 四聲猿四卷　（明）徐渭撰　明延閣刻本

匡高20.9釐米，廣14.8釐米。半葉九行，行二十字，白口，四周單邊。有“臞安”、“瞿安眼福”、“吴楳”、“蘇州吴梅”等藏印。吴梅批點並跋。國家圖書館藏。

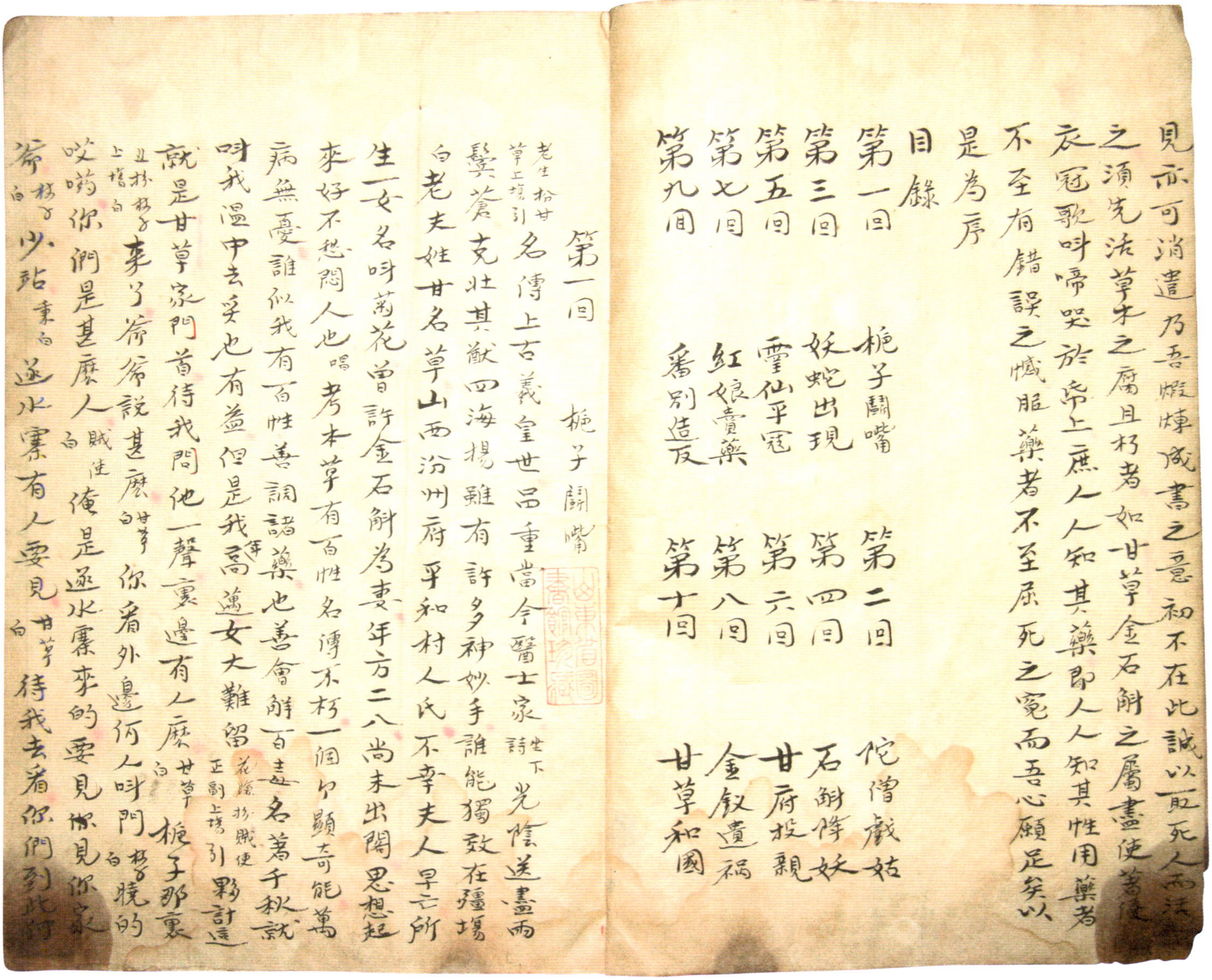
見所可消遣乃吾煅煉成書之意初不在此誠以一貶死人而活之須先活草木之腐且朽者如甘草金石斛之屬盡使著衣冠歌吽啼哭於帝上庶人人知其藥即人人知其性用藥者不至有錯誤之憾服藥者不至屈死之冤而吾心願足矣以是為序

目錄

第一回 梔子鬬嘴　第二回 陀僧戲姑
第三回 妖蛇出現　第四回 石斛降妖
第五回 雲仙平寇　第六回 甘府投親
第七回 紅娘賣藥　第八回 金釵遺禍
第九回 番別造反　第十回 甘草和國

第一回 梔子鬬嘴

（老生扮甘草上場引）名傳上古羲皇世品重當今醫士家（詩）光陰送盡兩鬢蒼克壯其猷四海揚雖有許多神妙手誰能獨致在疆場（白）老夫姓甘名草山西汾州府平和村人氏不幸夫人早亡所生一女名叫菊花曾許金石斛為妻年方二八尚未出閣思想起來好不愁悶人也（唱）考本草有百姓名傳不朽一個個顯奇能萬病無憂誰似我有百姓善調諸藥也善會解百毒名著千秋就叫我溫中去妥也有益但是我年高邁女大難留（花臉扮賊使正副上場引）夥計這就是甘草家門首待我問他一聲裏邊有人麽（白）（甘草）梔子那裏（丑扮梔子上場白）來了爺爺說甚麽（白）（甘草）你看外邊何人叫門（白）（梔子）曉的哎喲你們是甚麽人（白）（賊使）俺是遂水寨來的要見你家爺（白）（梔子）少站（稟白）遂水寨有人要見（白）（甘草）待我去看你們到此何

10983 藥繪圖十回　清抄本

山東省圖書館藏。

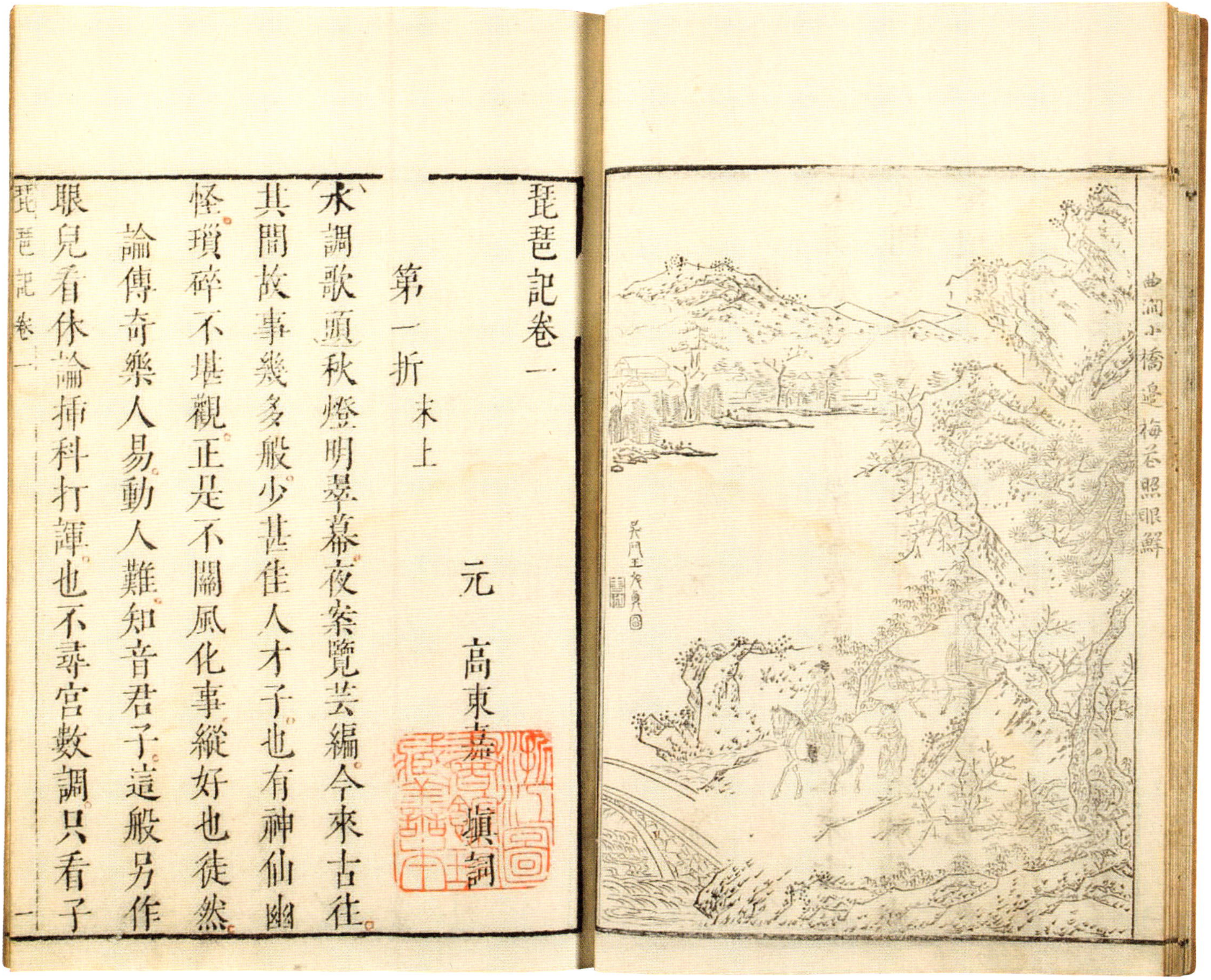

10984 琵琶記四卷 （元）高明撰 **附録一卷** 明凌濛初刻朱墨套印本

匡高 20.2 釐米，廣 14.5 釐米。半葉八行，行十八字，小字雙行同，白口，四周單邊。浙江圖書館藏。

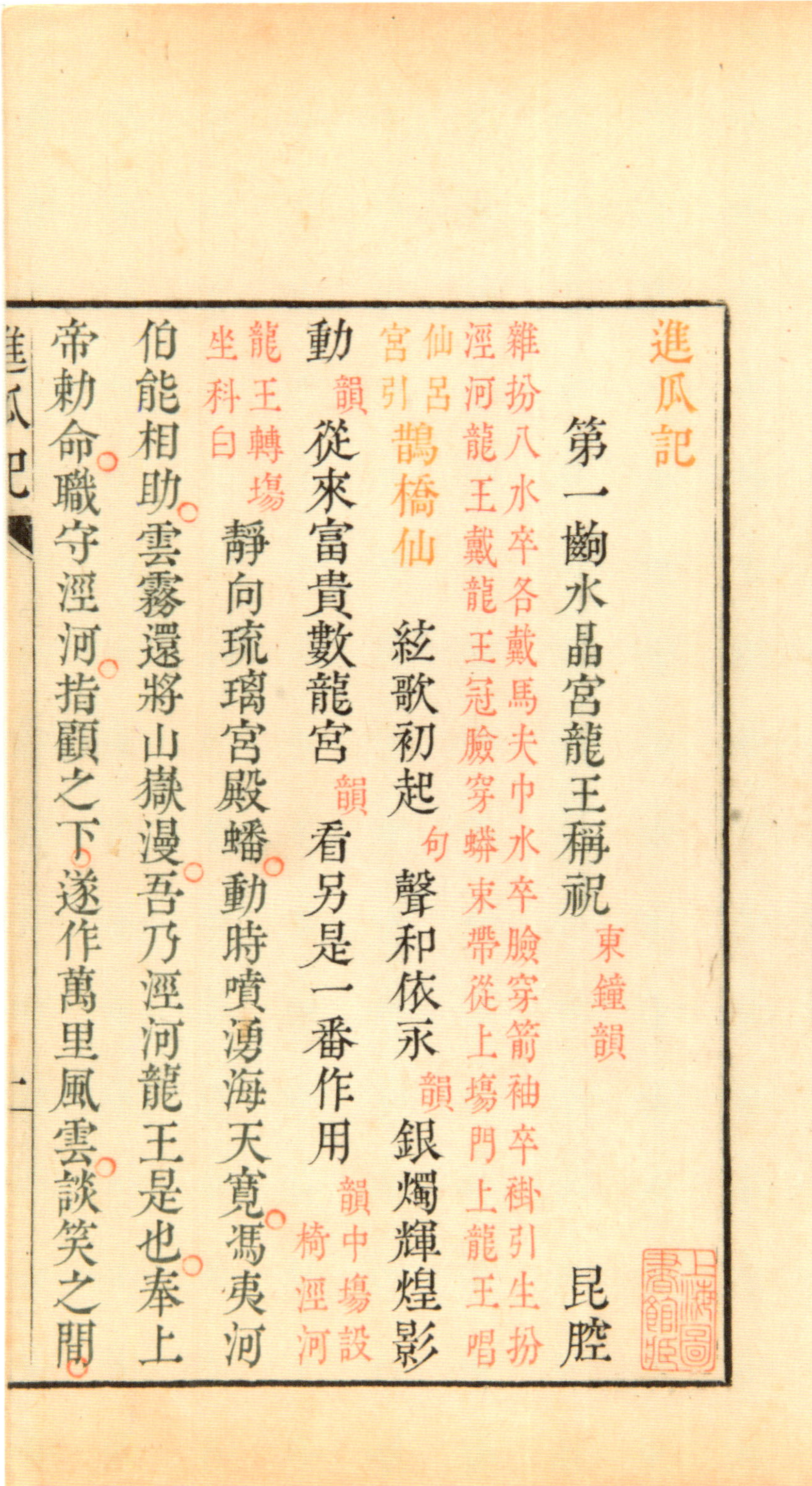
進瓜記
第一齣水晶宮龍王稱祝 東鐘韻 昆腔
雜扮八水卒各戴馬夫巾水卒臉穿箭袖卒褂引生扮涇河龍王戴龍王冠臉穿蟒束帶從上場門上龍王唱
仙呂宮引 鵲橋仙 絃歌初起 句 聲和依永 韻 銀燭輝煌影動 韻 從來富貴數龍宮 韻 看另是一番作用 韻 中場設椅涇河龍王轉場坐科白 靜向琉璃宮殿蟠動時噴湧海天寬馮夷河伯能相助雲霧還將山嶽漫吾乃涇河龍王是也奉上帝勅命職守涇河指顧之下遂作萬里風雲談笑之間
進瓜記 一

10985 進瓜記不分卷 （明）王昆玉撰 清内府四色抄本

匡高 20.9 釐米，廣 13 釐米。半葉八行，行二十一字，小字雙行同，白口，左右雙邊。有“五福五代堂寶”、“八徵耄念之寶”、“太上皇帝之寶”、“葉芬私印”等印。許葉芬跋。上海圖書館藏。

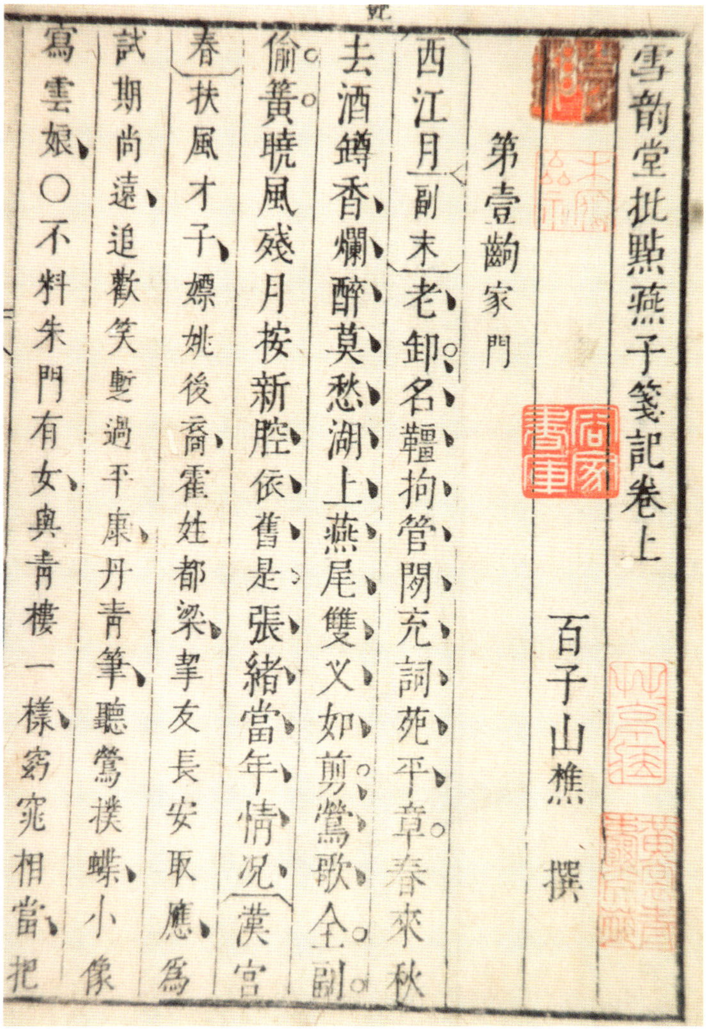

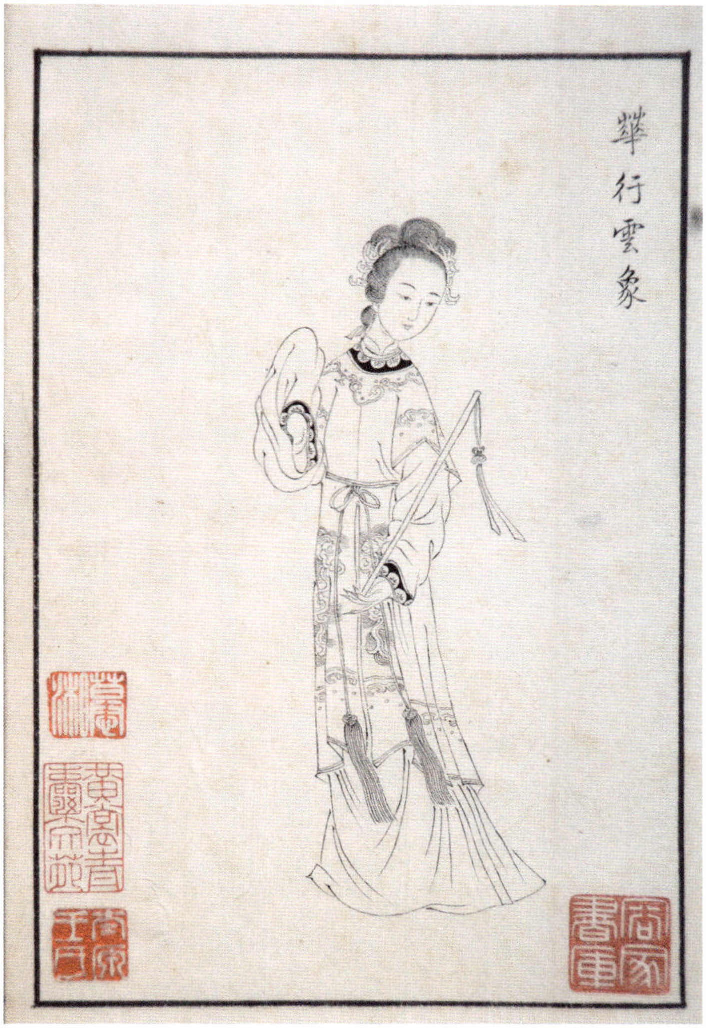

10986 雪韵堂批點燕子箋記二卷 （明）阮大鋮撰 明末刻本

匡高 20.9 釐米，廣 14.3 釐米。半葉九行，行二十字，白口，四周單邊。有“來燕榭珍藏記”、“黄裳百嘉”等印。黄裳跋。山東省蓬萊市文化局慕湘藏書館藏。

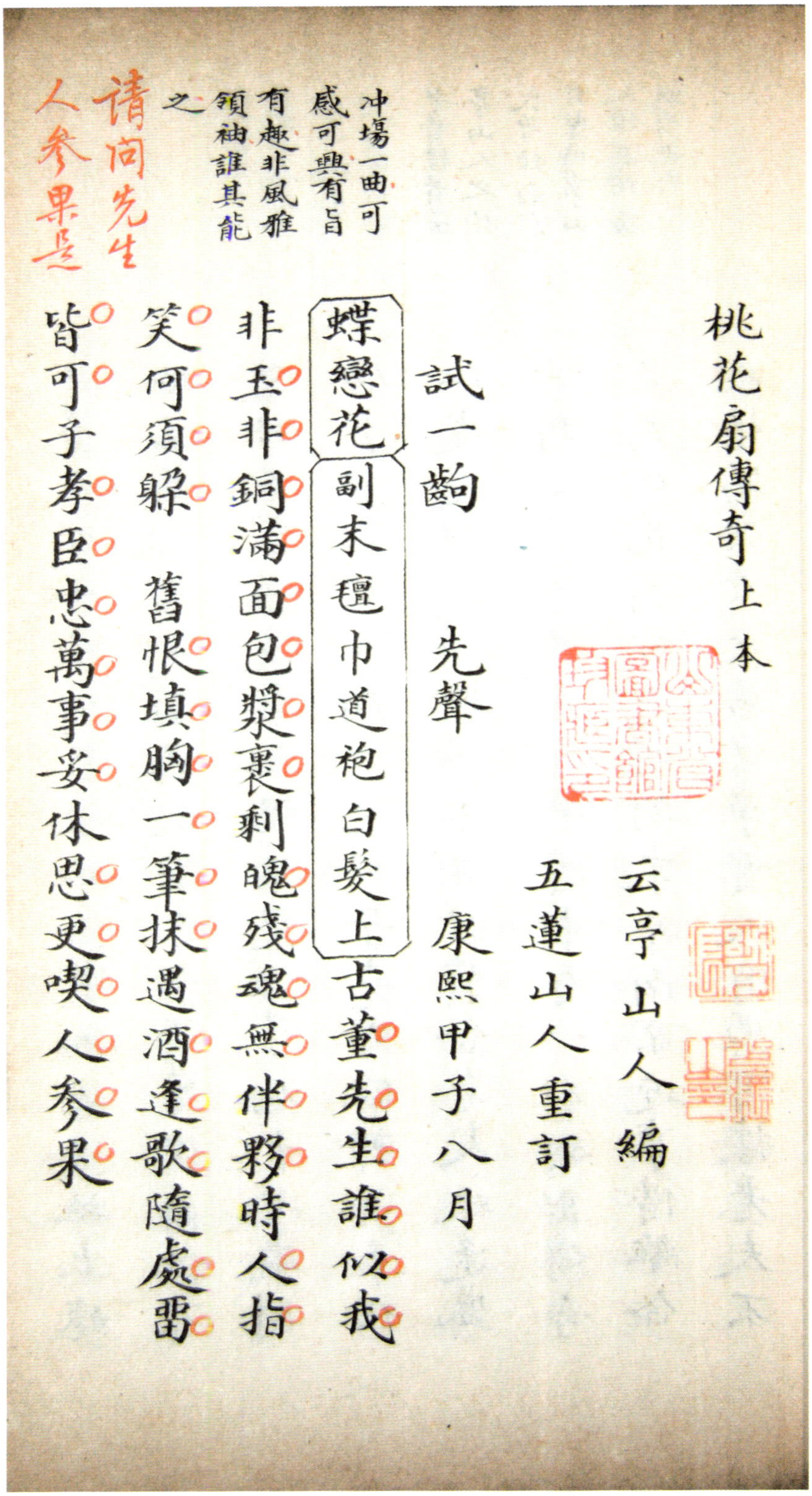
桃花扇傳奇上本

云亭山人編

五蓮山人重訂

康熙甲子八月

試一齣 先聲

蝶戀花 副末氈巾道袍白髮上

古董先生誰似我 非玉非銅滿面包漿裹剩魄殘魂無伴夥時人指笑何須躲 舊恨填胸一筆抹遇酒逢歌隨處留皆可子孝臣忠萬事妥休思更喫人參果

冲場一曲可感可興有旨有趣非風雅領袖誰其能之

請問先生人參果是

10987 桃花扇傳奇二卷 （清）孔尚任撰 （清）王縈緒重訂 清燕山堂抄本 許少懷批校。山東省圖書館藏。

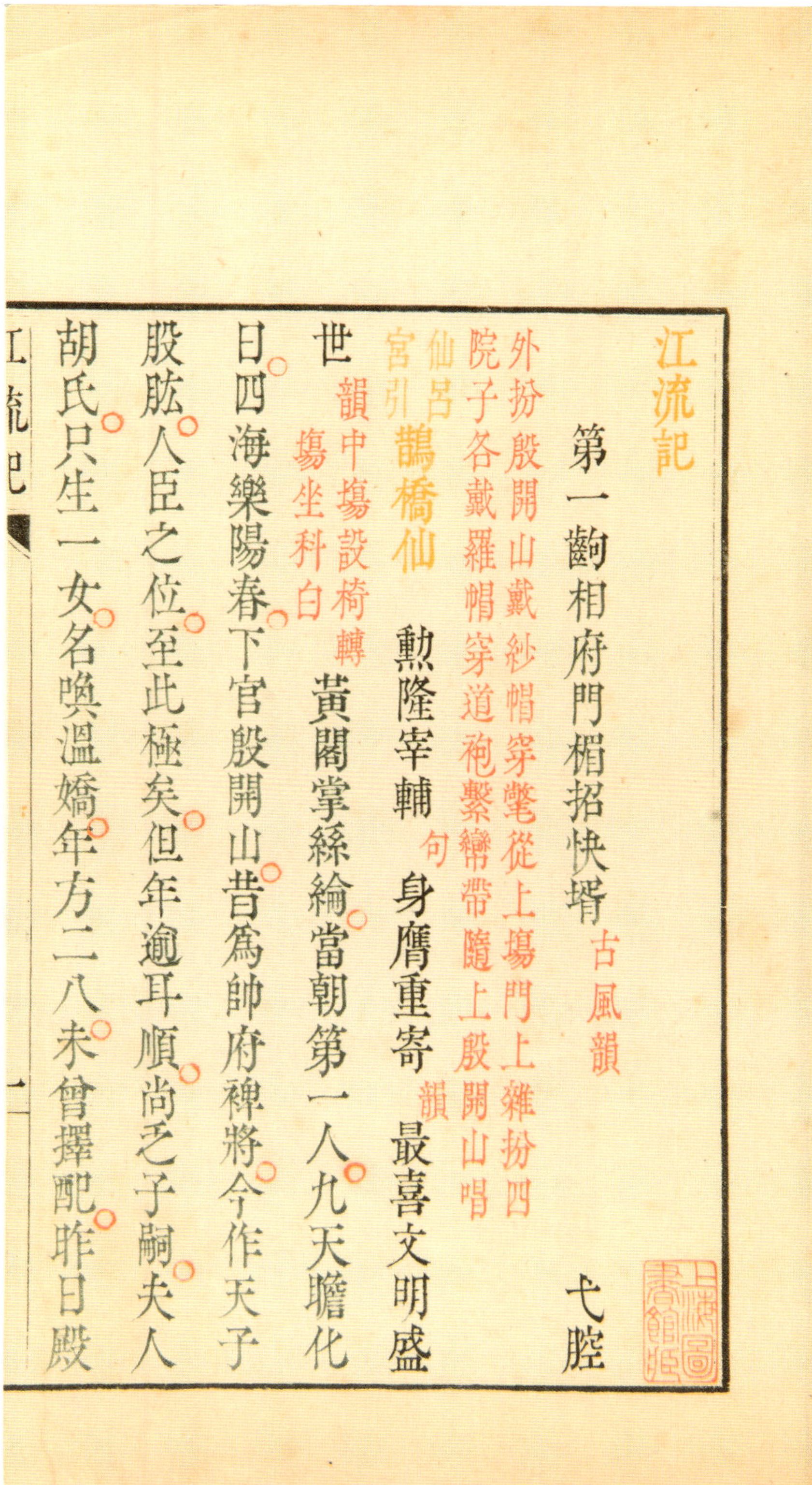

江流記

第一齣相府門楣招快壻　古風韻　弋腔

外扮殷開山戴紗帽穿蟒從上場門上雜扮四院子各戴羅帽穿道袍繫鸞帶隨上殷開山唱

仙呂宮引　鵲橋仙　勲隆宰輔　句　身膺重寄　韻　最喜文明盛世　韻　中場設椅轉場坐科白　黄閣掌絲綸當朝第一人九天瞻化日四海樂陽春下官殷開山昔爲帥府禆將今作天子股肱人臣之位至此極矣但年逾耳順尚乏子嗣夫人胡氏只生一女名喚温嬌年方二八未曾擇配昨日殿

江流記　一

10988 江流記不分卷　清内府四色抄本

匡高 20.9 釐米，廣 13 釐米。半葉八行，行二十一字，小字雙行同，白口，左右雙邊。有“五福五代堂寶”、“八徵耄念之寶”、“太上皇帝之寶”、“宛平許葉芬少翯印章”等印。上海圖書館藏。

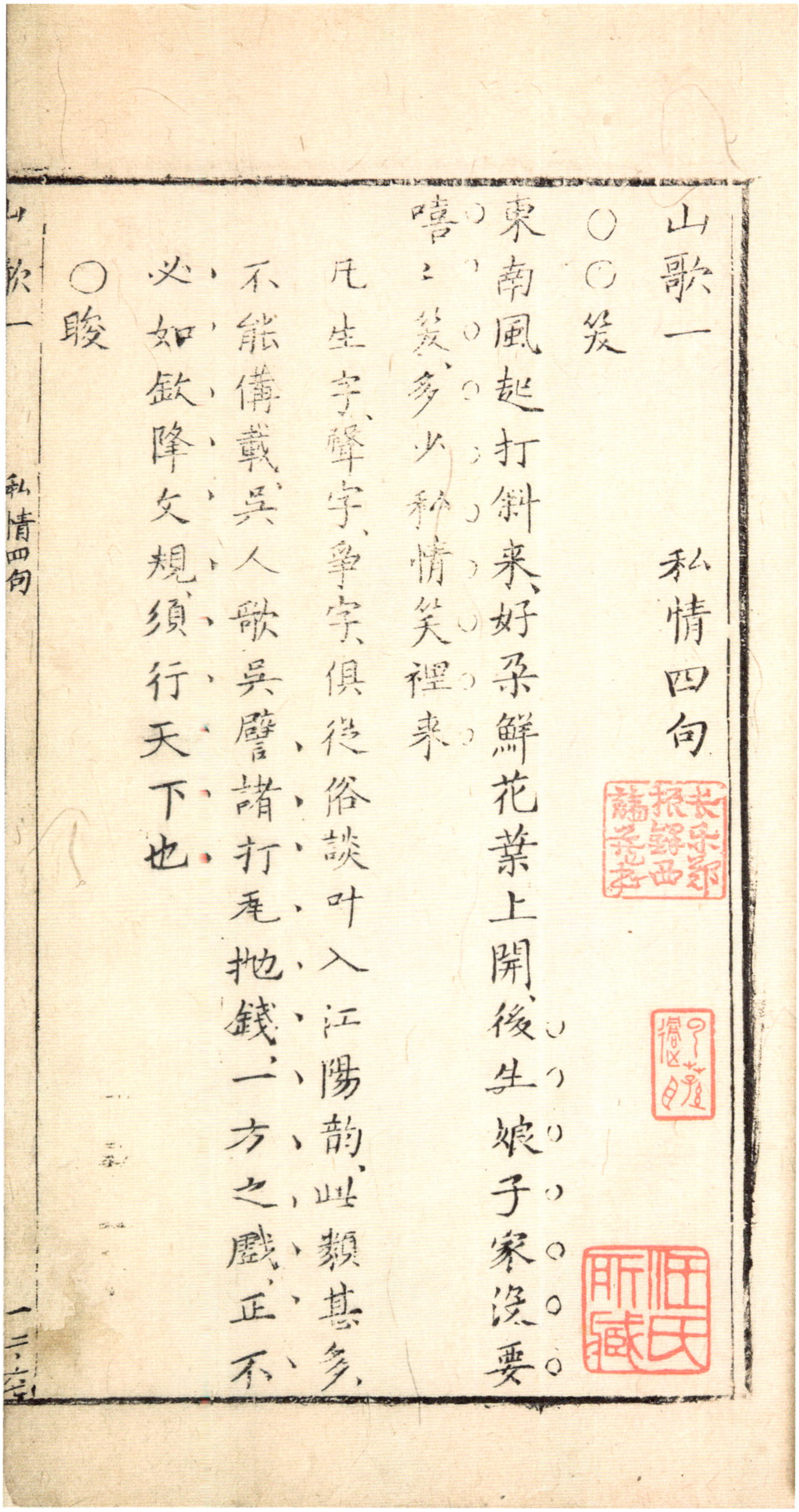

10989 山歌十卷 （明）馮夢龍輯 明末刻本

匡高 22.2 釐米，廣 12.9 釐米。半葉八行，行二十一字，白口，左右雙邊。有“長樂鄭振鐸西諦藏書”、“長樂鄭氏藏書之印”等印。國家圖書館藏。

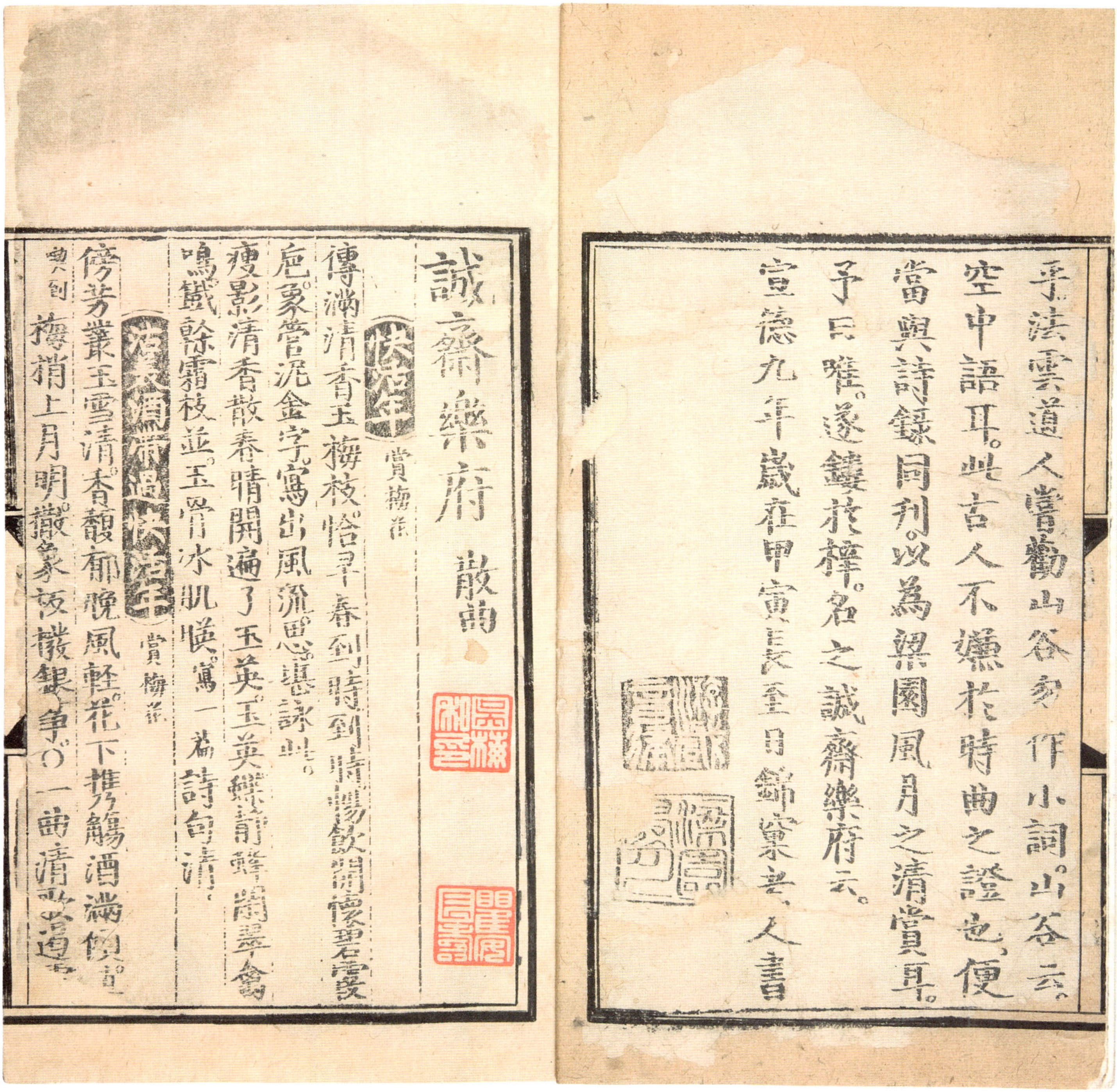

10990 誠齋樂府二卷 （明）朱有燉撰 明宣德九年（1434）自刻本

匡高 18.2 釐米，廣 11.7 釐米。半葉十行，行二十字，黑口，四周雙邊。有“吴梅私印”等印。吴梅跋。國家圖書館藏。

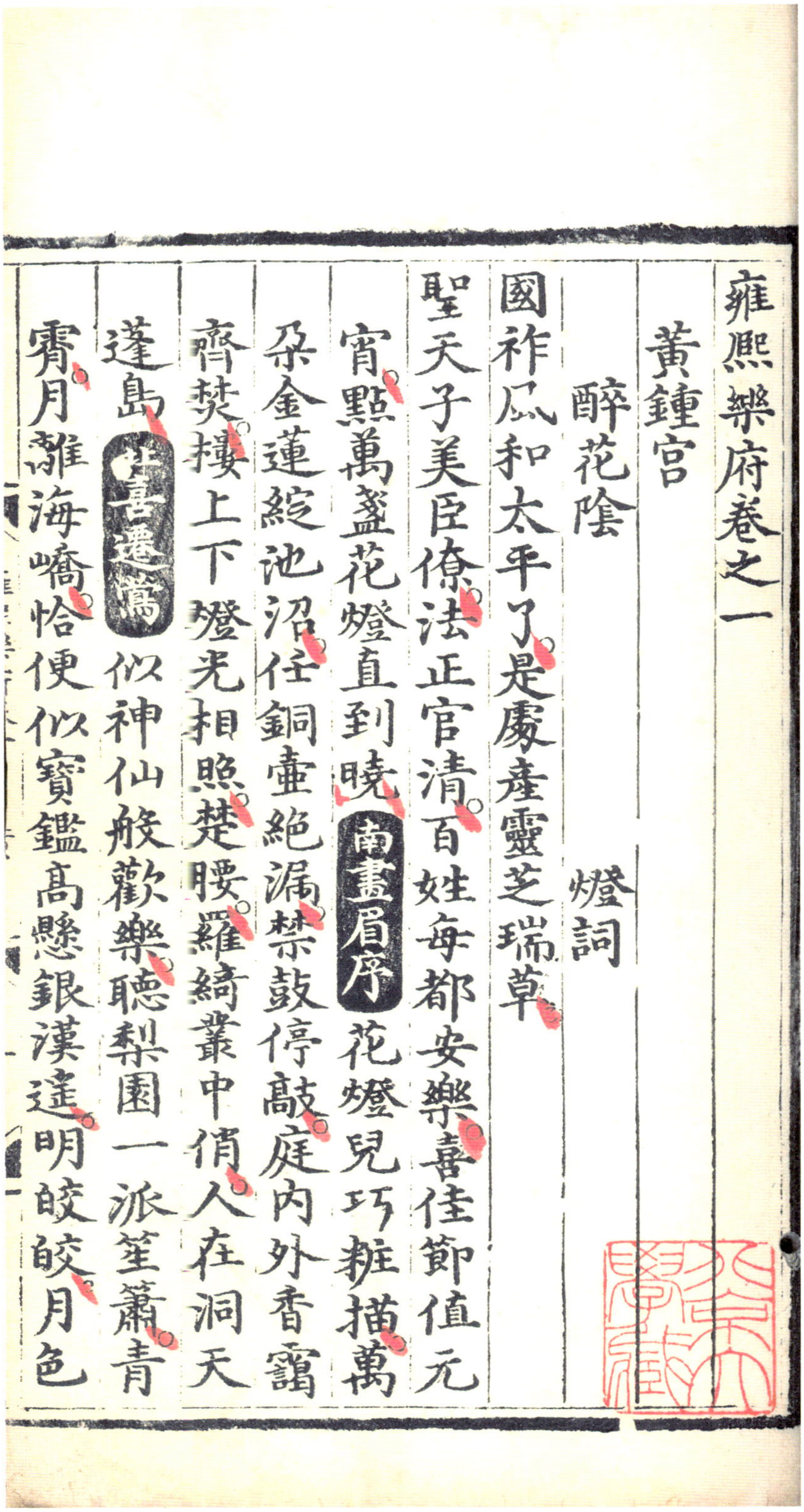
雍熙樂府卷之一
黃鍾宮
醉花陰　燈詞
國祚風和太平了是處產靈芝瑞草
聖天子美臣僚法正官清百姓每都安樂喜佳節值元
宵點萬盞花燈直到曉南畫眉序花燈兒巧粧描萬
朶金蓮綻池沼任銅壺絕漏禁鼓停敲庭內外香靄
齊焚撲上下燈光相照楚腰羅綺叢中俏人在洞天
蓬島喜遷鶯似神仙般歡樂聽梨園一派笙簫青
霄月離海嶠恰便似寶鑑高懸銀漢遠明皎皎月色

10991 雍熙樂府二十卷 （明）郭勛輯 明嘉靖十年（1531）刻本

匡高 20.7 釐米，廣 13.7 釐米。半葉十行，行二十一字，黑口，四周雙邊。北京大學圖書館藏。

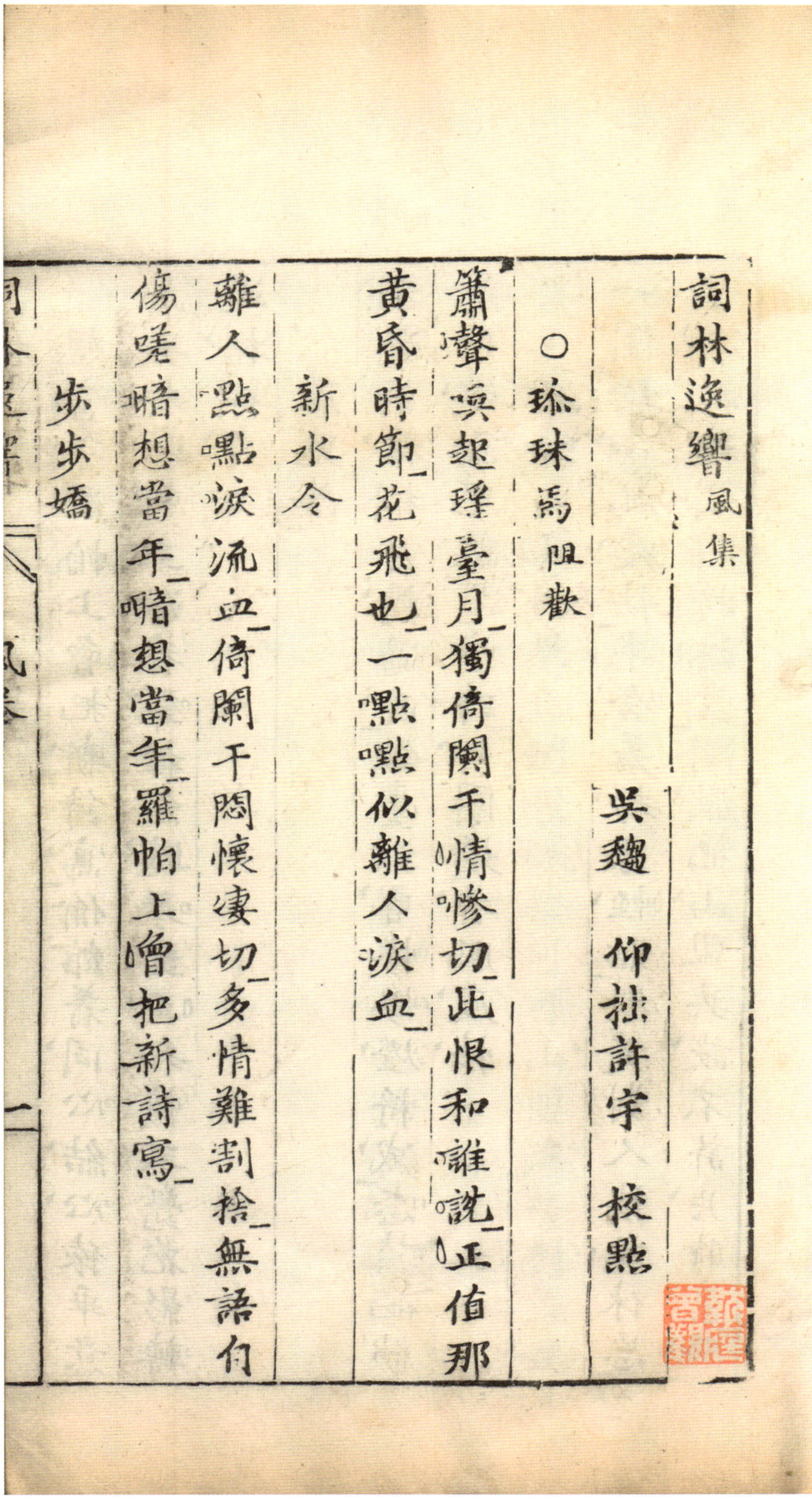

詞林逸響風集

吳趨 仰袪許宇 校點

○珍珠馬 阻歡

簫聲喚起瑤臺月獨倚闌干情慘慘切此恨和誰說正值那黃昏時節花飛也一點點似離人淚血

新水令

離人點點淚流血倚闌干悶懷凄切多情難割捨無語自傷嗟暗想當年暗想當年羅帕上曾把新詩寫

步步嬌

10992 詞林逸響四卷 （明）許宇輯 明天啓三年（1623）刻本

匡高 21.5 釐米，廣 13.7 釐米。半葉九行，行二十二字，白口，四周單邊。有“安樂堂藏書記”、“明善堂珍藏書畫印記”等印。山東大學圖書館藏。

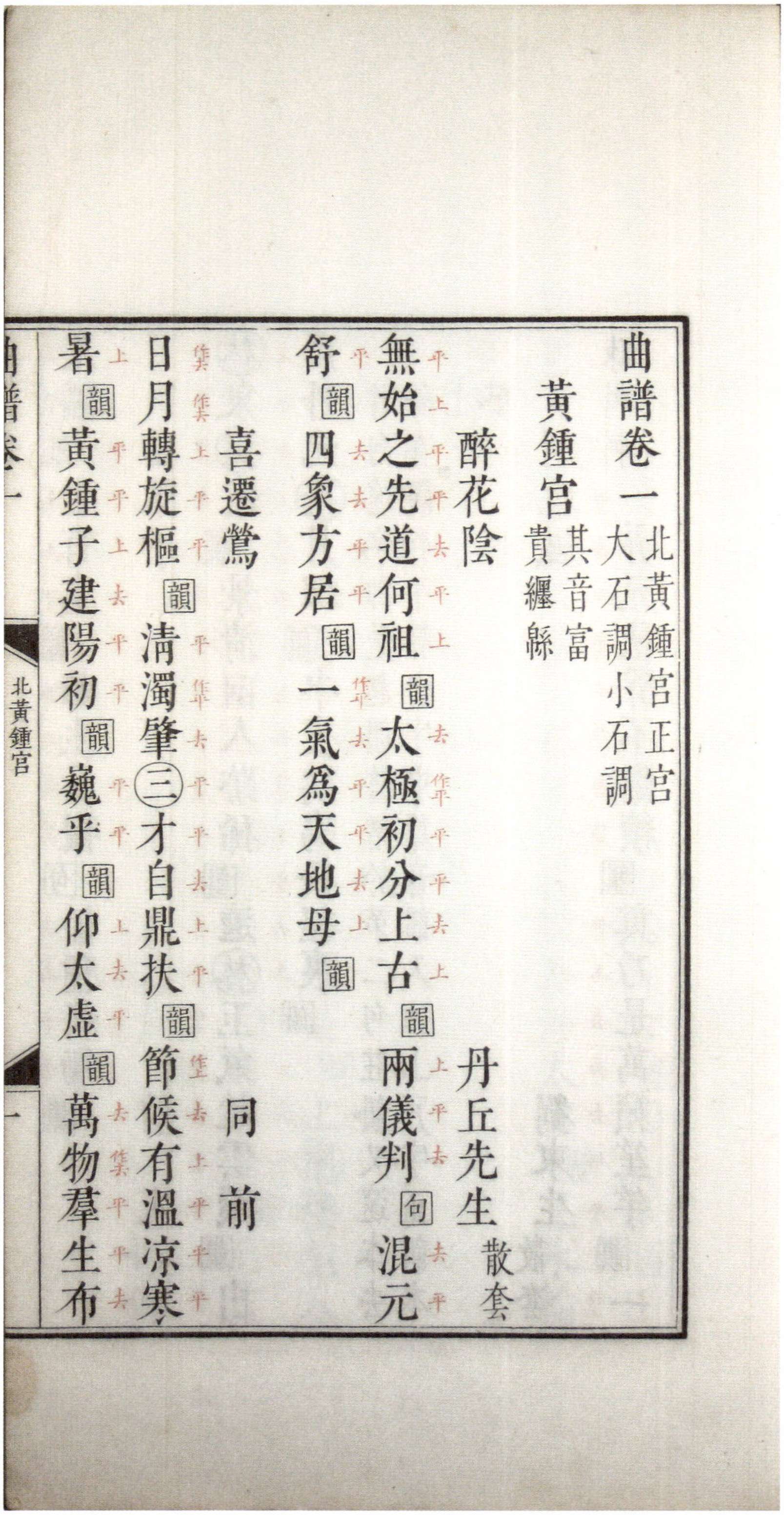
曲譜卷一　北黃鍾宮正宮大石調小石調
黃鍾宮　其音富貴纏綿
醉花陰　丹丘先生　散套
無始之先道何祖韻太極初分上古韻兩儀判句混元舒韻四象方居韻一氣爲天地母韻
喜遷鶯　同前
日月轉旋樞韻清濁肇三才自鼎扶韻節候有溫涼寒暑韻黃鍾子建陽初韻巍乎韻仰太虛韻萬物羣生布
曲譜卷一　北黃鍾宮　一

10993 曲譜十二卷首一卷末一卷 （清）王奕清等撰　清康熙內府刻朱墨套印本

匡高 21.1 釐米，廣 12.5 釐米。半葉八行，行二十一字，小字雙行同，白口，四周雙邊。襄陽市少年兒童圖書館藏。

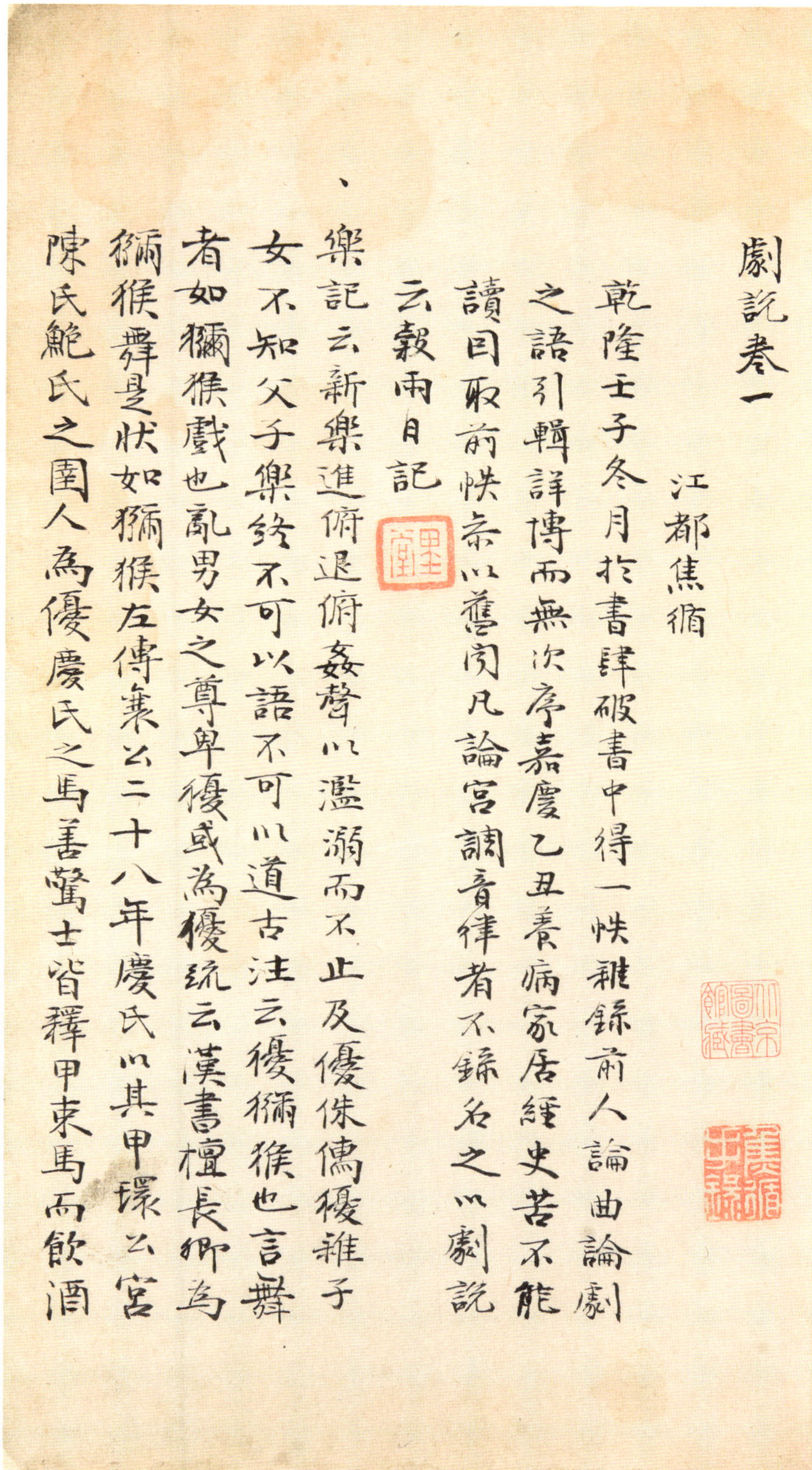

劇說卷一
江都焦循
乾隆壬子冬月於書肆破書中得一帙雜錄前人論曲論劇之語引輯詳博而無次序嘉慶乙丑養病家居經史苦不能讀因取前帙參以舊聞凡論宮調音律者不錄名之以劇說云穀雨月記
樂記云新樂進俯退俯姦聲以濫溺而不止及優侏儒獶雜子女不知父子樂終不可以語不可以道古注云獶獼猴也言舞者如獼猴戲也亂男女之尊卑獶或為優疏云漢書檀長卿為獼猴舞是狀如獼猴左傳襄公二十八年慶氏以其甲環公宮陳氏鮑氏之圉人為優慶氏之馬善驚士皆釋甲束馬而飲酒

10994 劇説六卷 （清）焦循撰 稿本

國家圖書館藏。

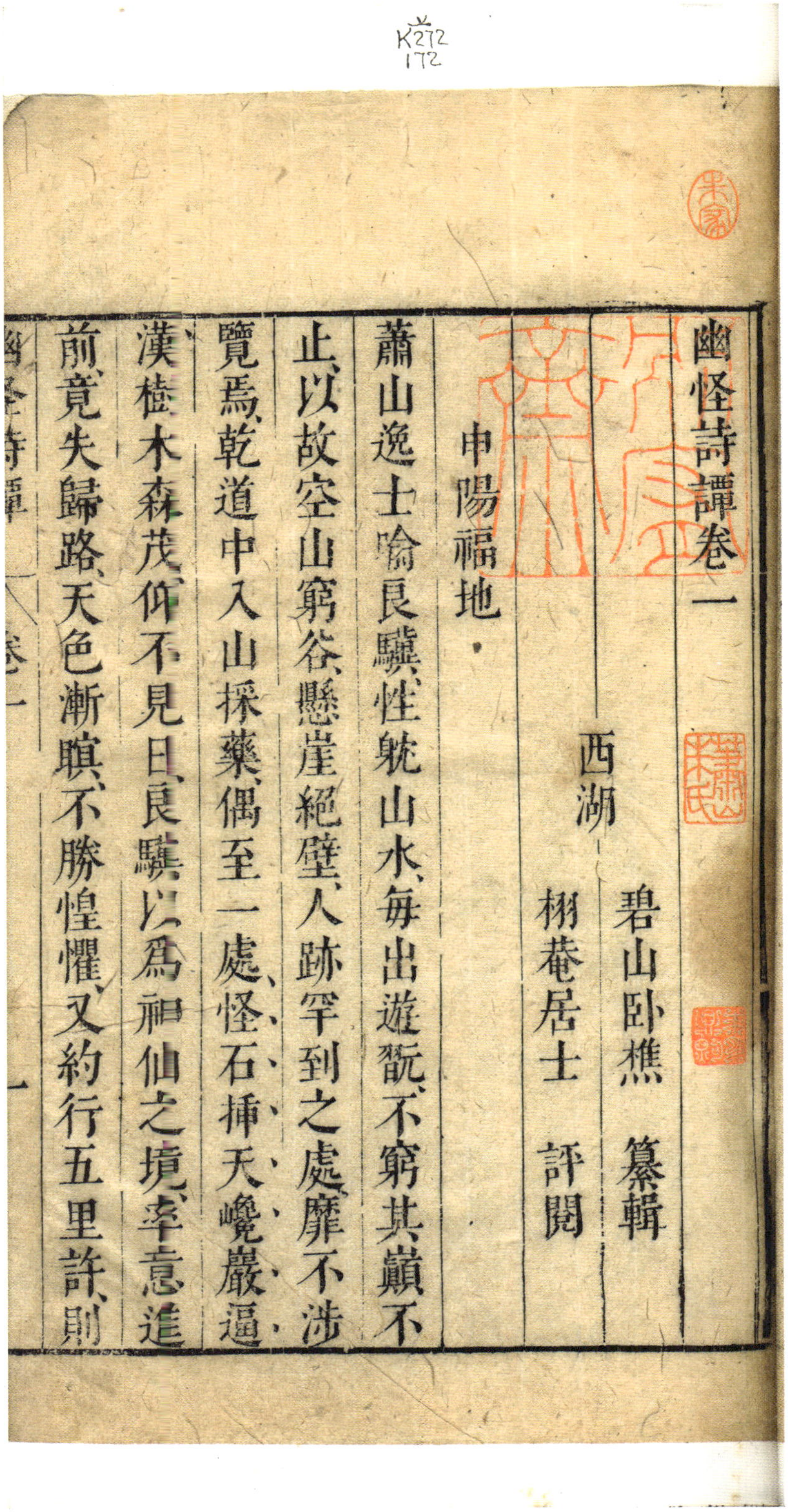

幽怪詩譚卷一

西湖　碧山臥樵　纂輯

栩菴居士　評閱

申陽福地

蕭山逸士喻良驥、性耽山水、每出遊翫、不窮其巔不止、以故空山窮谷、懸崖絕壁、人跡罕到之處、靡不涉覽焉、乾道中入山採藥、偶至一處、怪石插天、巉巖逼漢、樹木森茂、仰不見日、良驥以爲神仙之境、率意進前、竟失歸路、天色漸暝、不勝惶懼、又約行五里許、則

幽怪詩譚　卷一　一

10995 幽怪詩譚六卷　題（明）碧山臥樵撰　明崇禎刻本

匡高 20.2 釐米，廣 14.5 釐米。半葉九行，行二十字，白口，左右雙邊。有“別宥齋”、“蕭山朱氏”等印。南京大學圖書館藏。

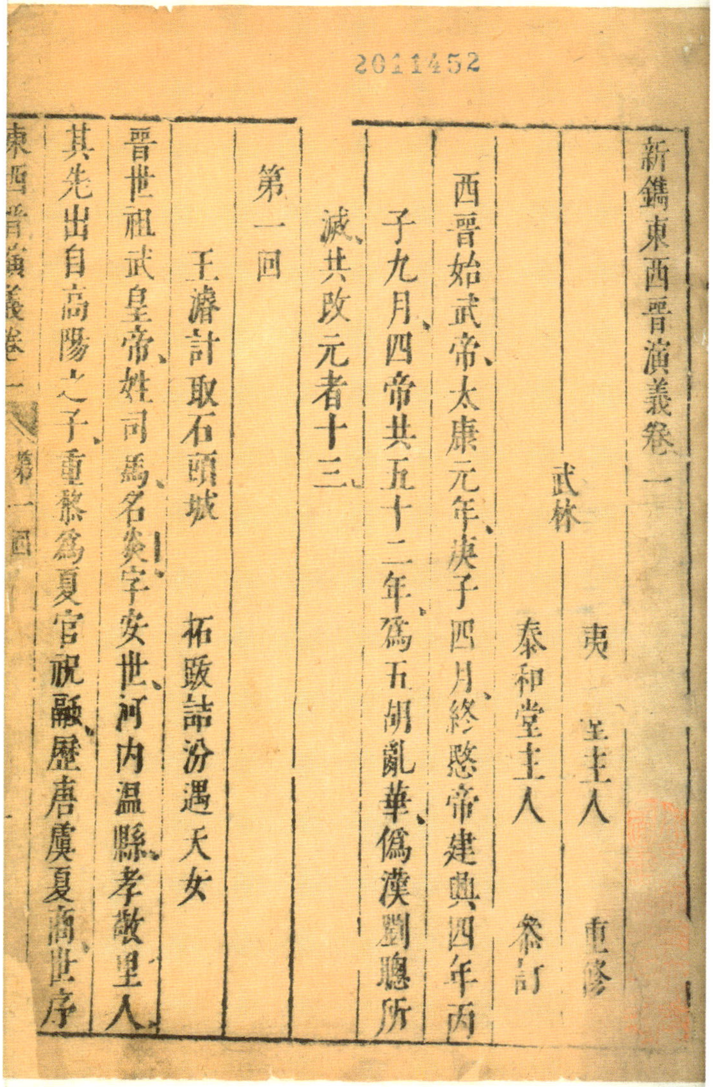

新鐫東西晉演義卷一

東□主人　重修

武林　泰和堂主人　參訂

西晉始武帝、太康元年庚子四月、終愍帝建興四年丙子九月、四帝共五十二年、爲五胡亂華、僞漢劉聰所滅、共改元者十三

第一回

王濬計取石頭城　拓跋詰汾遇天女

晉世祖武皇帝、姓司馬名炎、字安世、河内温縣孝敬里人其先出自高陽之子重黎、爲夏官祝融、歷唐虞夏商、世序

東西晉演義卷一　第一回

10996 新鐫東西晉演義十二卷五十回 （明）楊爾曾撰　明末刻本

匡高 21.1 釐米，廣 13.3 釐米。半葉十行，行二十二字，白口，四周單邊。北京師範大學圖書館藏。

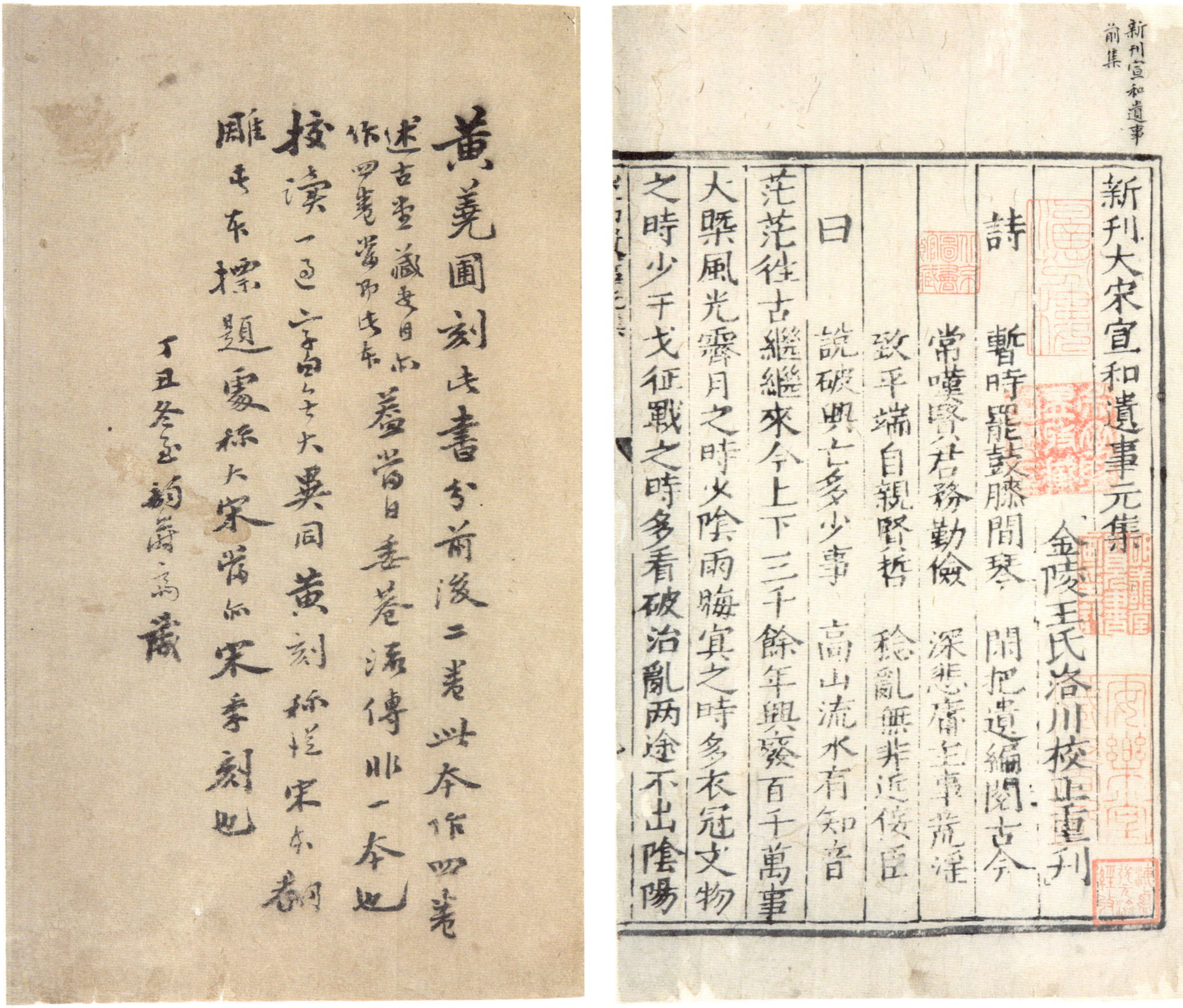

10997 新刊大宋宣和遺事四卷 明金陵王氏洛川刻本

匡高20釐米，廣13.6釐米。半葉九行，行二十字，白口，四周雙邊。有“安樂堂藏書記”、“明善堂覽書画印記”、“涵芬樓”等印。盛昱校並跋。國家圖書館藏。

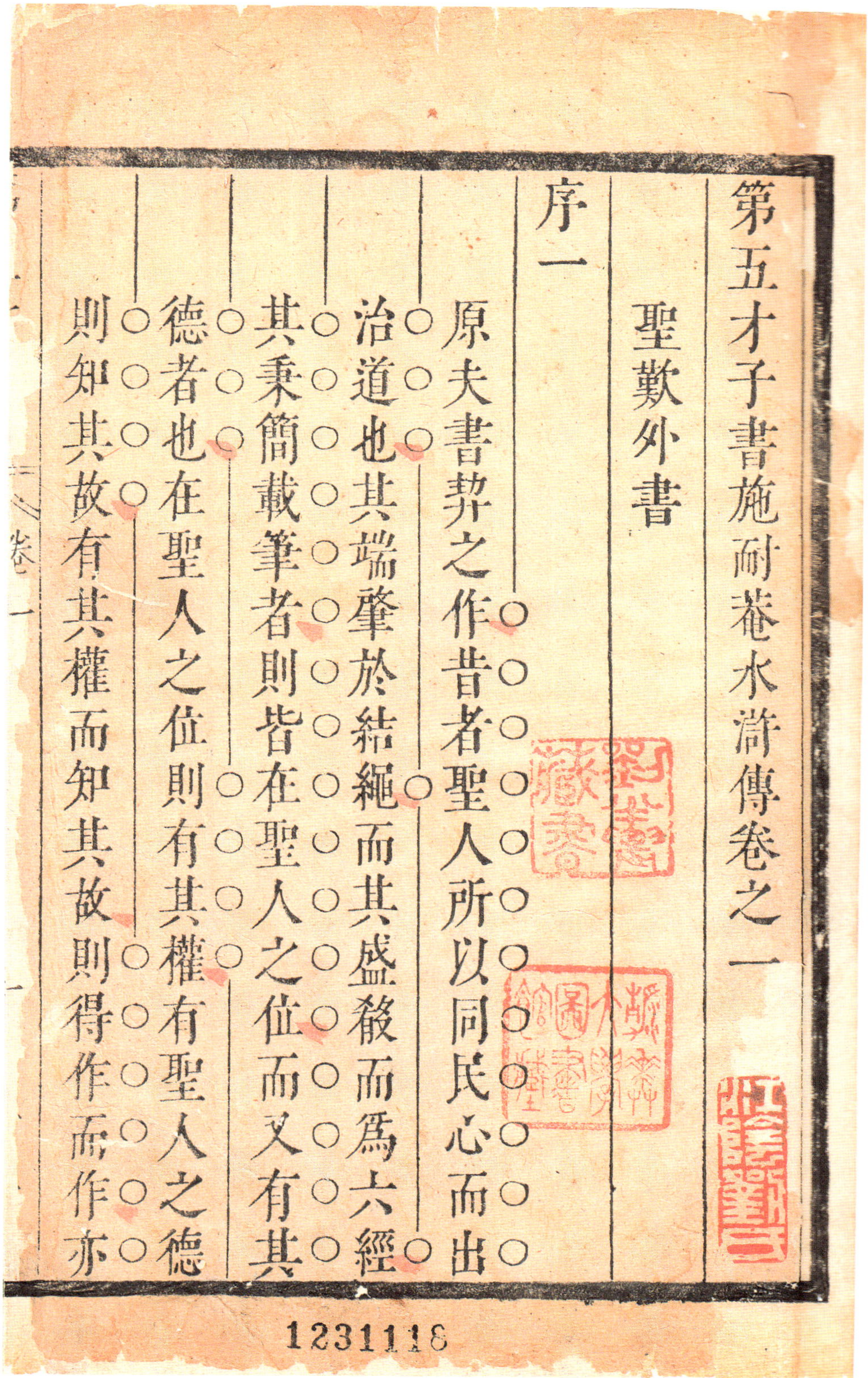

10998 第五才子書施耐菴水滸傳七十五卷七十回 （元）施耐菴撰 （清）金人瑞評 明崇禎貫華堂刻本

匡高 20 釐米，廣 14.1 釐米。半葉八行，行十九字，白口，左右雙邊。清華大學圖書館藏。

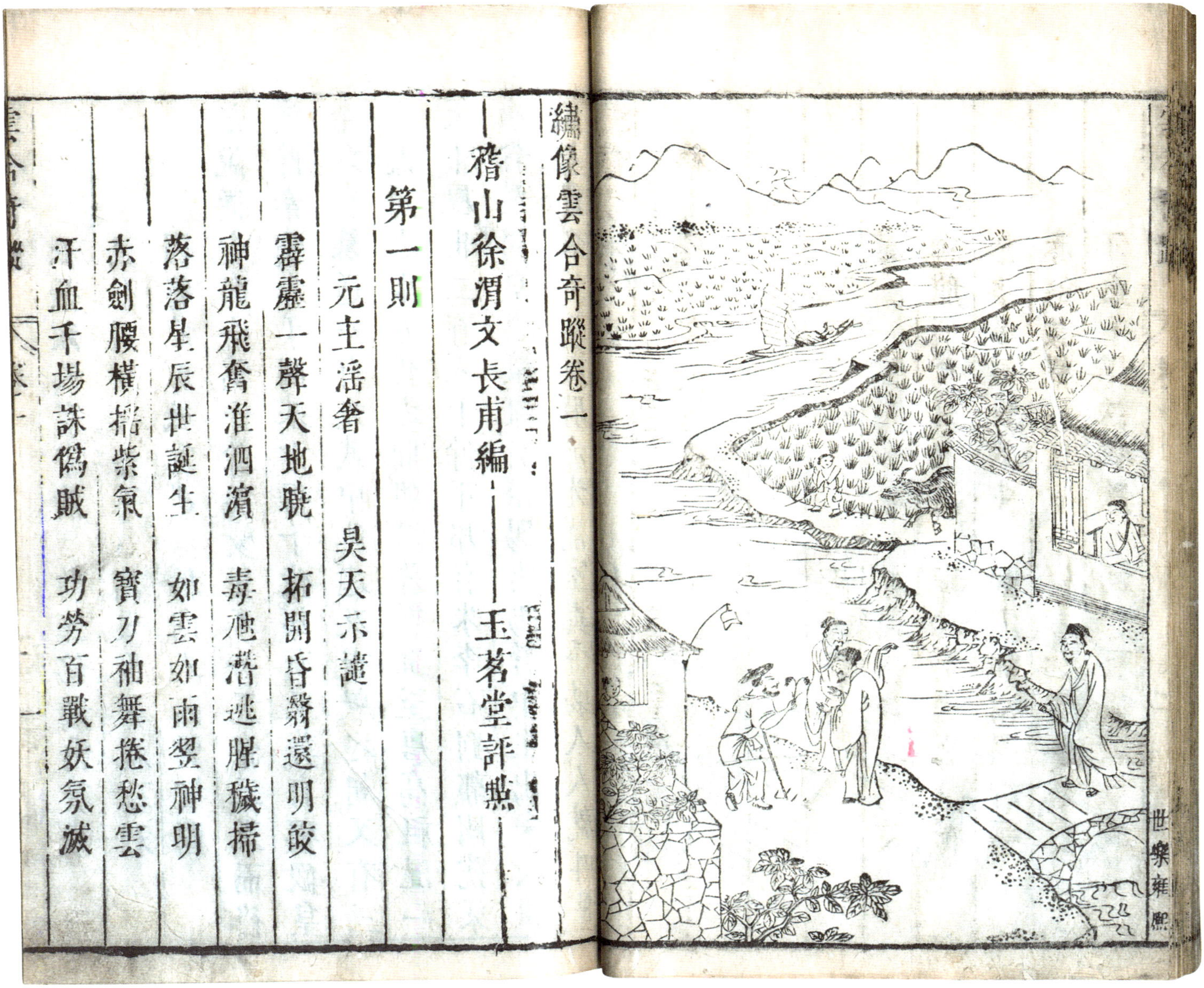

繡像雲合奇蹤卷一
稽山徐渭文長甫編　王茗堂評點
第一則
元主淫奢　昊天示譴
霹靂一聲天地曉　拓開昏翳還明皎
神龍飛奮淮泗濱　毒虺潛逃腥穢掃
落落星辰世誕生　如雲如雨翌神明
赤劍腰横揣紫氣　寶刀袖舞捲愁雲
汗血千場誅僞賊　功勞百戰妖氛滅

10999 繡像雲合奇蹤二十卷 題（明）徐渭撰 明刻本

匡高 20 釐米，廣 13.5 釐米。半葉十行，行二十字，白口，四周單邊。大連圖書館藏。

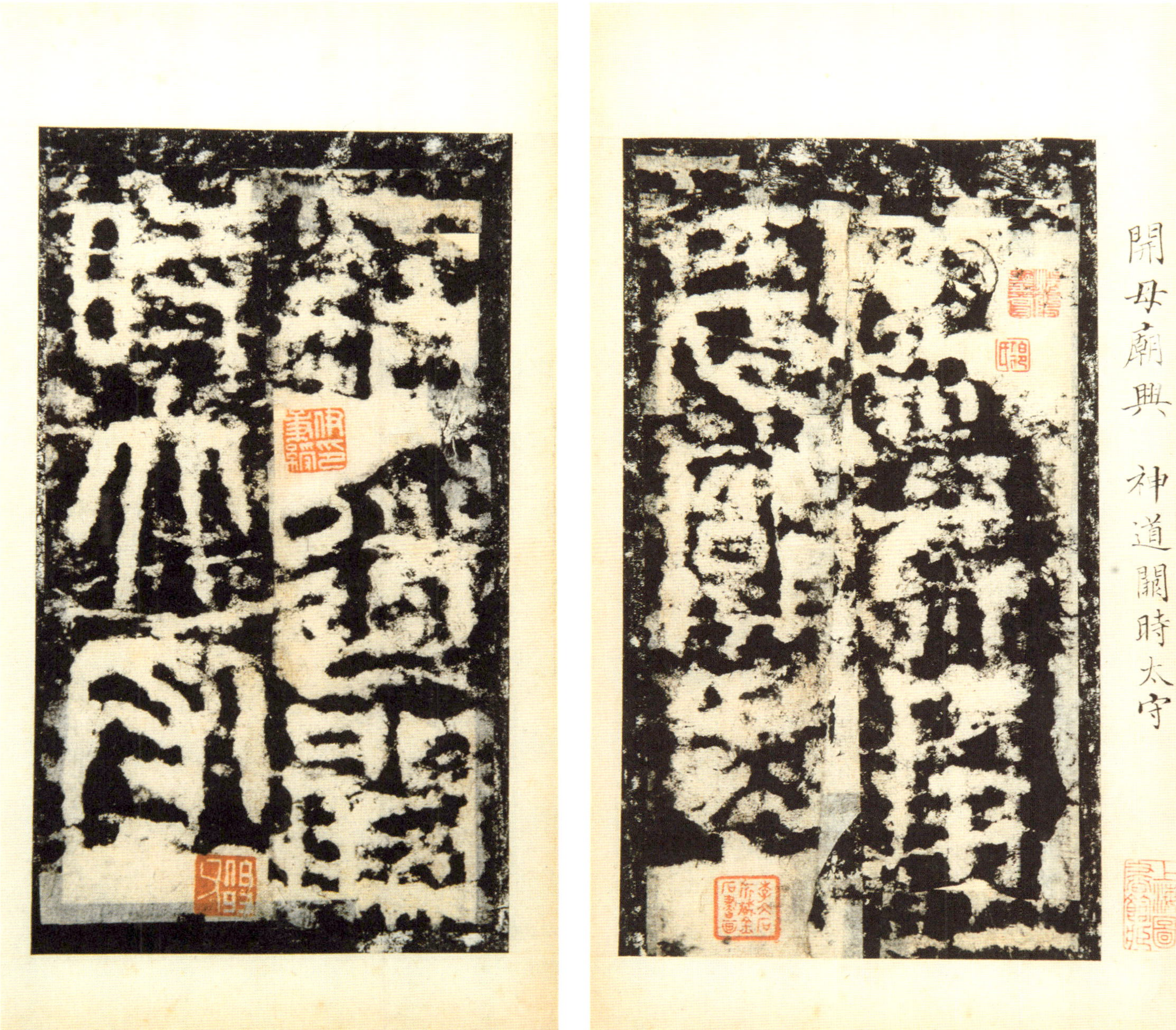

11000 開母廟石闕銘 東漢延光二年（123）刻石 明拓本

共二十六開，碑文十八開。墨本高 21.5 釐米，廣 12.1 釐米。有“李文石所藏金石書画”等印。郭尚先、伊秉綬、彭暄隝、端方、李葆恂、孫多巘題記。上海圖書館藏。

11001 開母廟石闕銘 東漢延光二年（123）刻石 明末拓本

共十七開，碑文十五開半。墨本高 29.6 釐米，廣 18.2 釐米。吴昌碩題跋。上海圖書館藏。

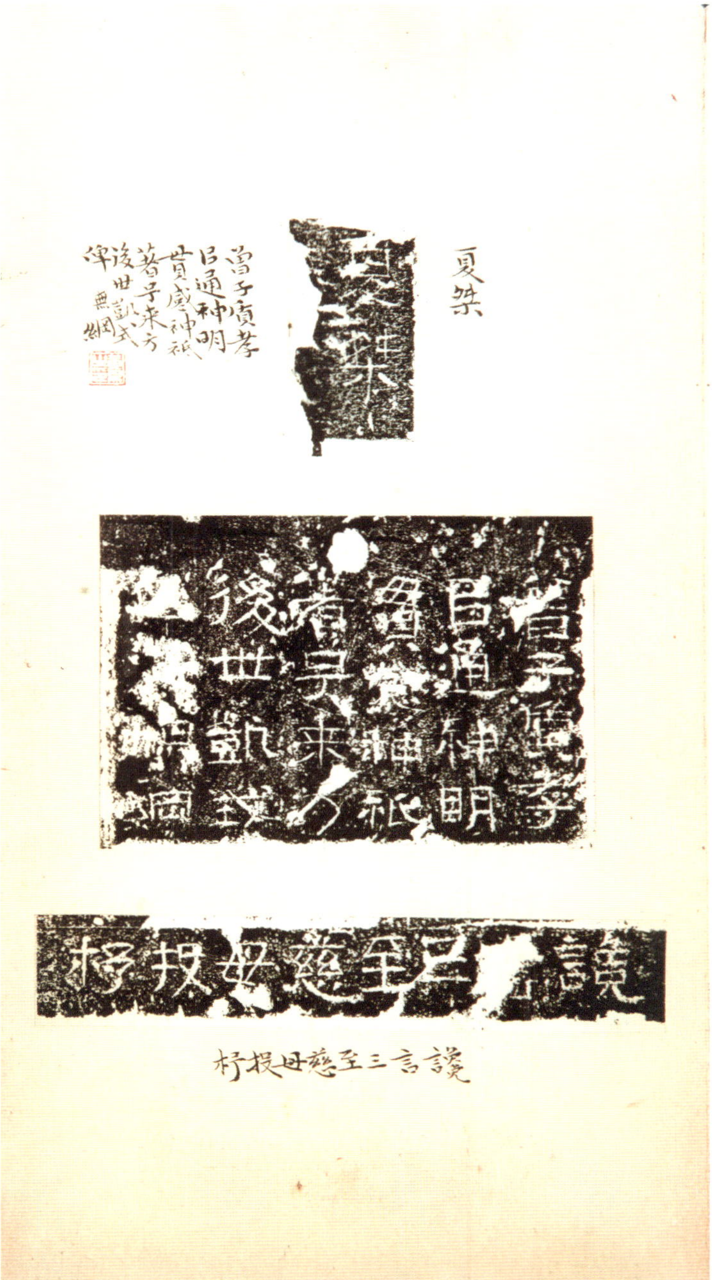

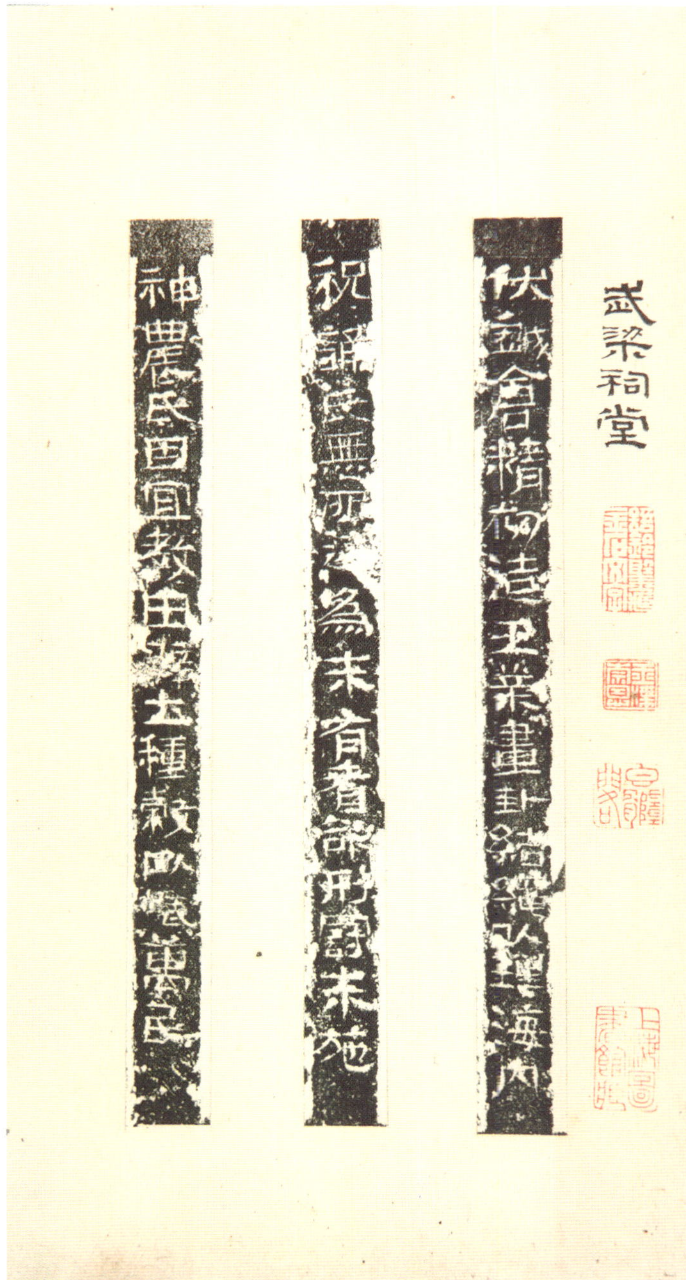

11002 武氏祠畫像題字 東漢建和元年（147）刻石 清嘉慶元年（1796）拓本

共三十七開，碑文三十二開。册高 29.3 釐米，廣 15.7 釐米。有“黄易之印”、“玉牒崇恩”等印。陸恢題簽，黄易題跋，王熙彭題記。上海圖書館藏。

11003 石門頌 （東漢）王升書 東漢建和二年（148）十一月刻石 清初拓本

碑文十七開半。墨本高 39.7 釐米，廣 26.3 釐米。有“㞕齋金石書畫”、“銅梁王孝禹家藏古物”、“賜硯齋”等印。張伯英、王瓘題簽，周肇祥題跋，北京市文物局圖書資料中心藏。

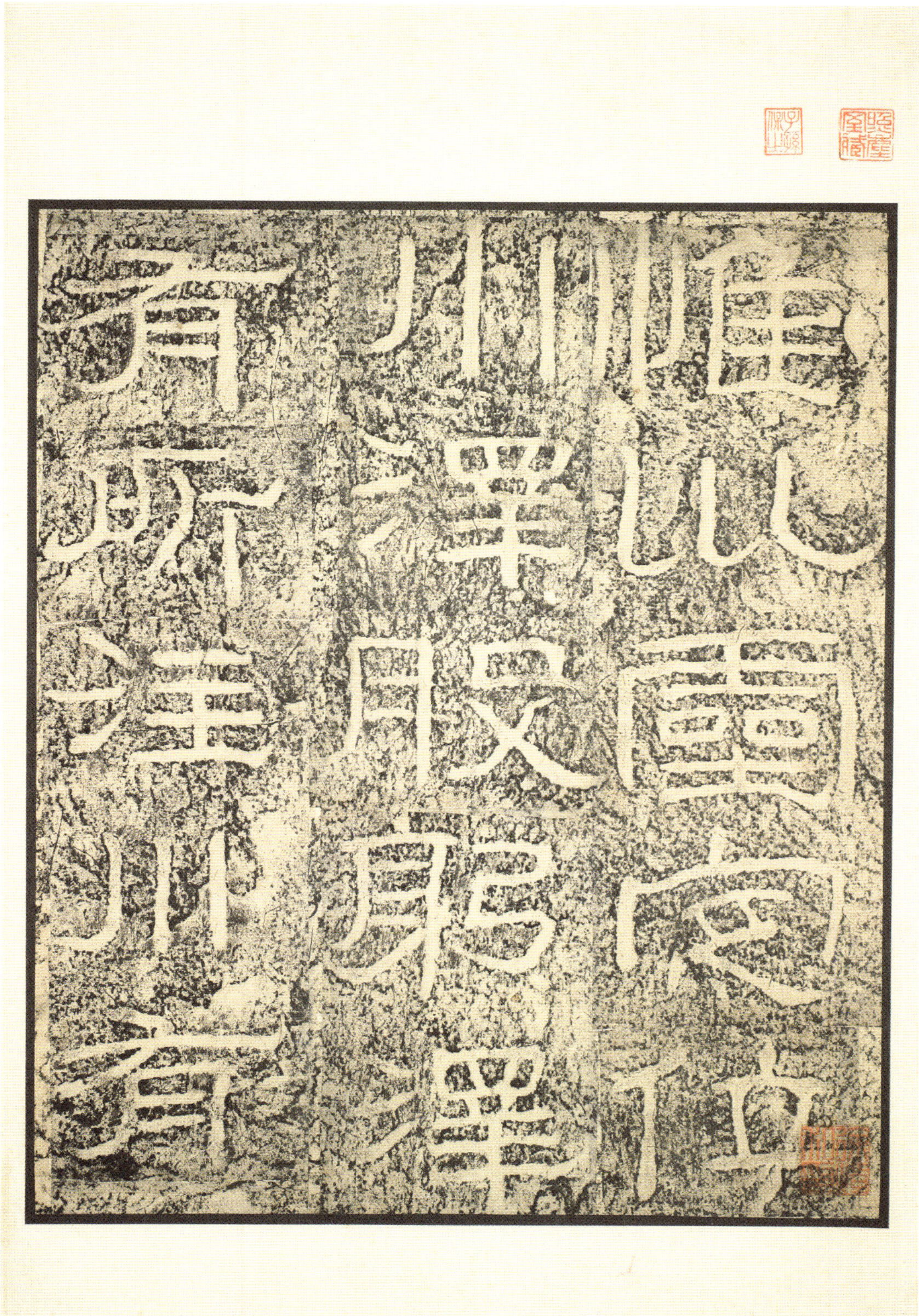

11004 石門頌 （東漢）王升書 東漢建和二年（148）十一月刻石 清乾隆拓本

碑文二十開半。墨本高 34.1 釐米，廣 27.9 釐米。有“徐焯私印”、“照塵室藏”等印。徐復仲題跋。北京市文物局圖書資料中心藏。與 11017《石門銘》合册。

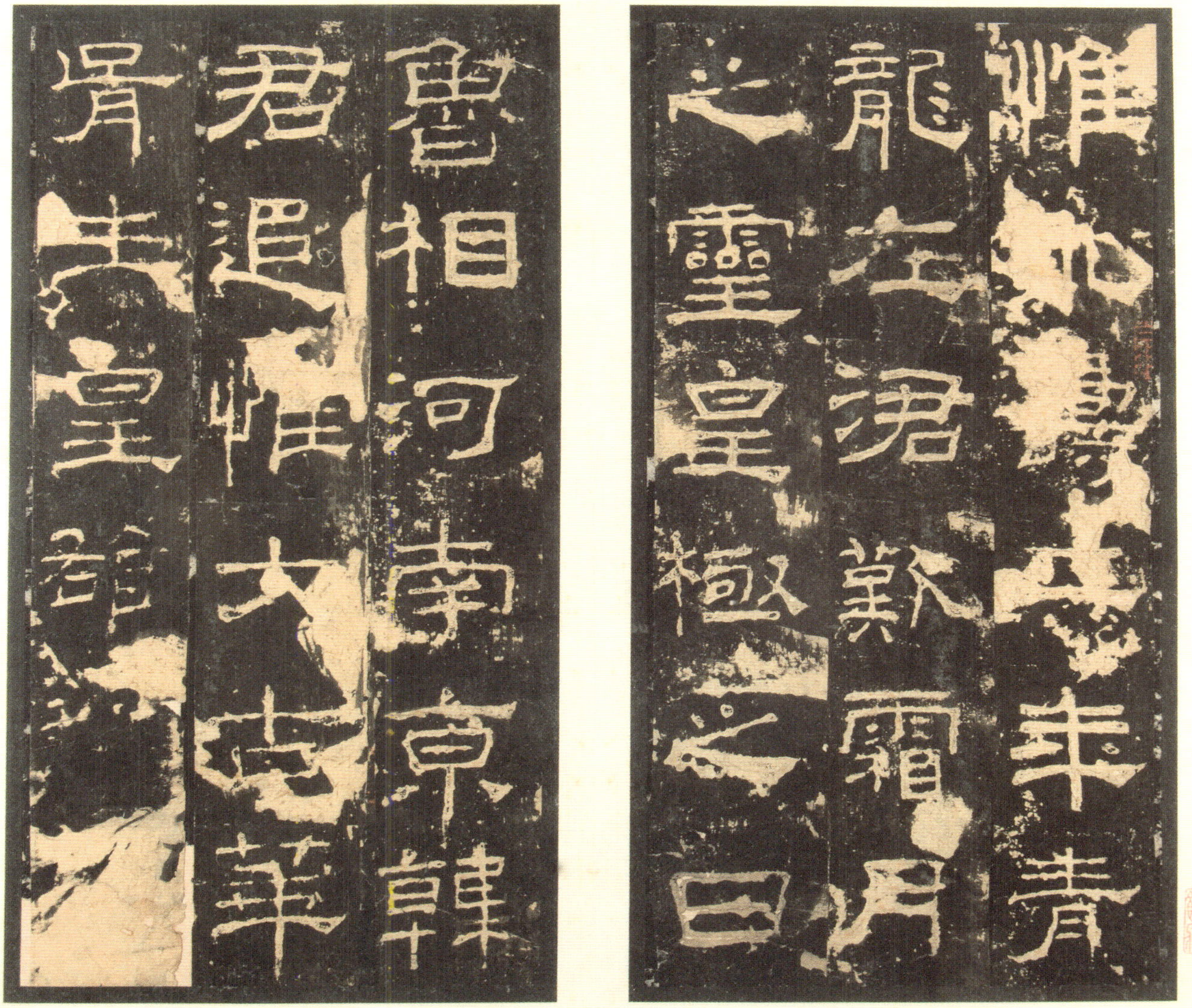

11005 禮器碑並陰 東漢永壽二年（156）刻石 碑陽明拓本 碑陰清初拓本

共三十二開半，碑陽十五開半，碑陰十六開，題簽一開。墨本高 28.3 釐米，廣 15 釐米。陶洙題簽。上海圖書館藏。

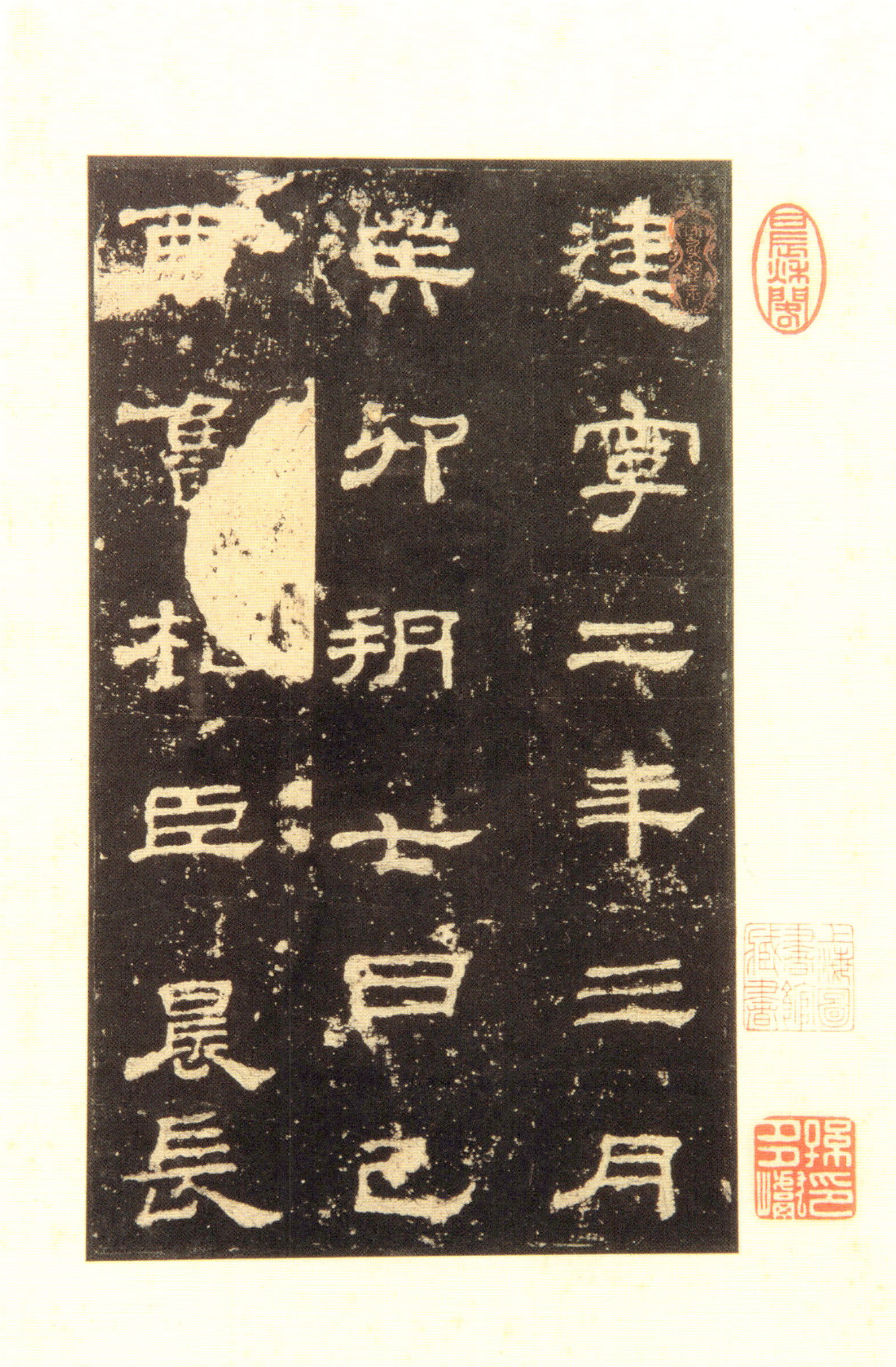

11006 史晨前碑　東漢建寧二年（169）三月刻石　明拓本

共十八開，碑文十五開。墨本高 25.9 釐米，廣 14.8 釐米。有“孫印多巘”等印。郭宗昌題簽，李經畬題跋。上海圖書館藏。

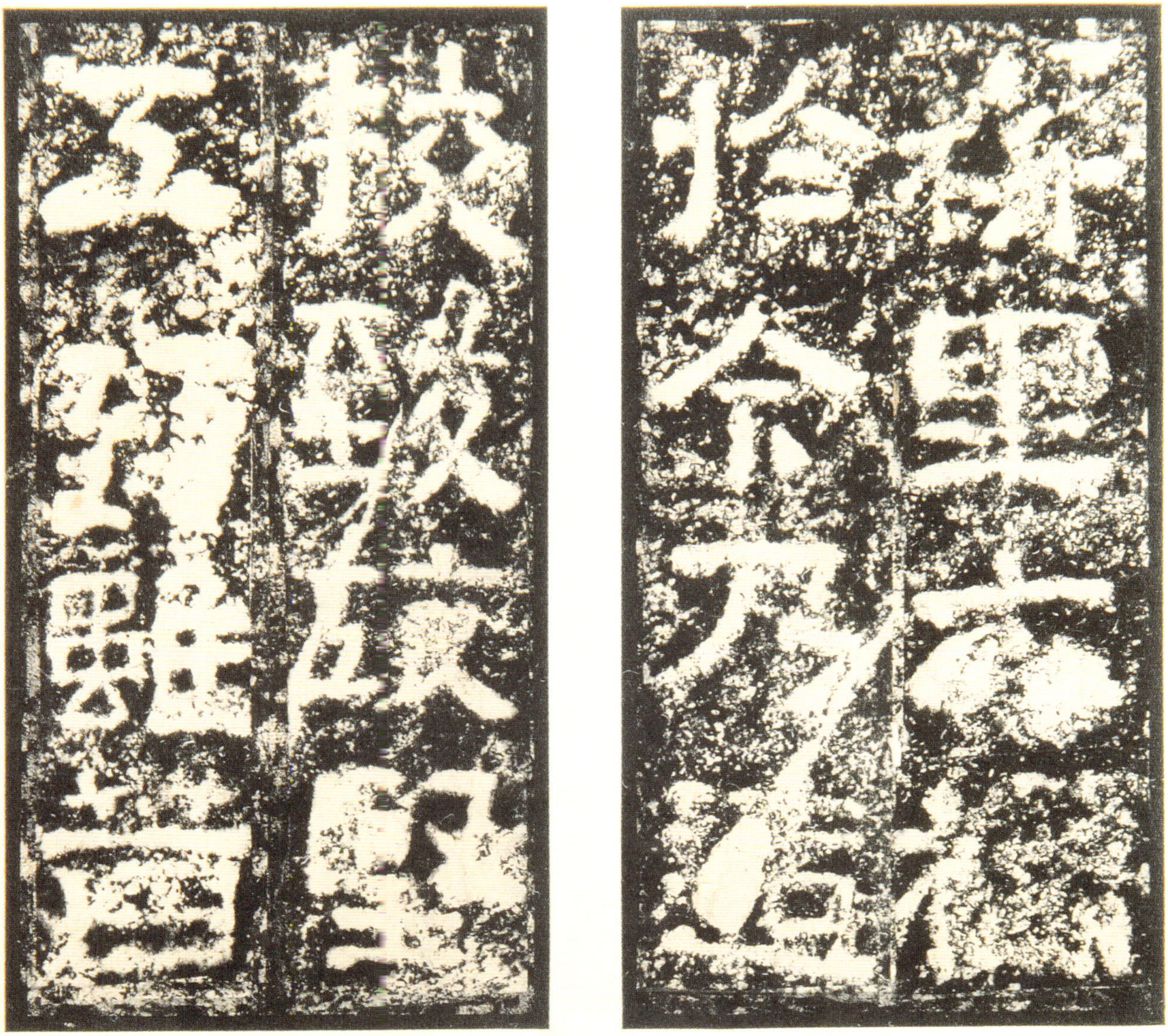

11007 郙閣頌 東漢建寧五年（172）二月刻石 清初拓本

碑文二十四開。墨本高 25.6 釐米，廣 13.5 釐米。上海圖書館藏。

11008 武榮碑 東漢建寧年間刻石 清乾隆初年拓本

卷軸裝。墨本高 124.5 釐米，廣 43 釐米，額拓高 29 釐米，廣 18 釐米。有“劉喜海”等印。上海圖書館藏。

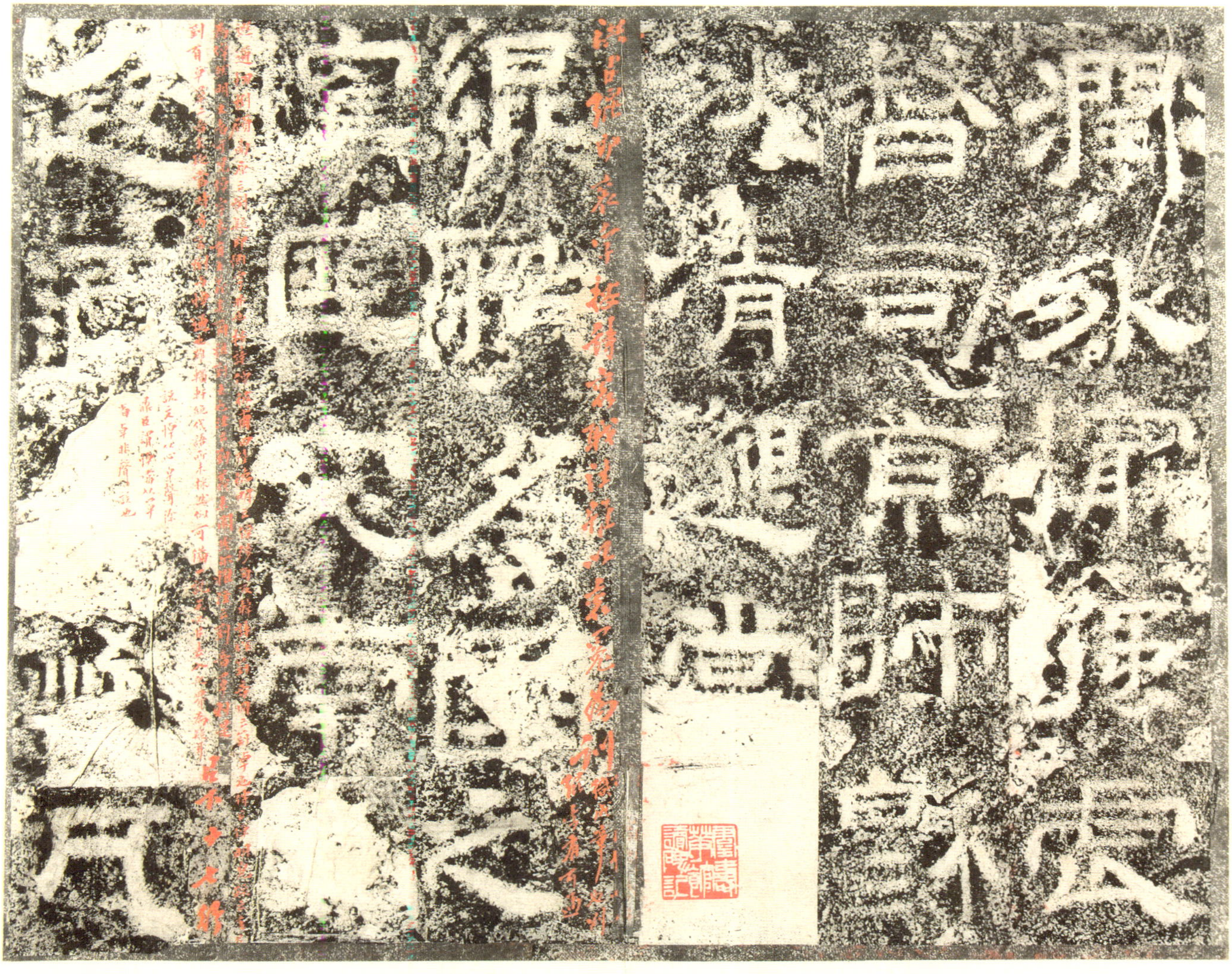

11009 魯峻碑 東漢熹平二年（173）四月十二日刻石 清初拓本

共三十八開，碑文三十四開。墨本高 29.7 釐米，廣 36 釐米。有"靈壽華館讀碑記"等印。翁方綱校並手録碑陰文字及考釋二則，附李鴻裔致沈秉成信札一通。上海圖書館藏。

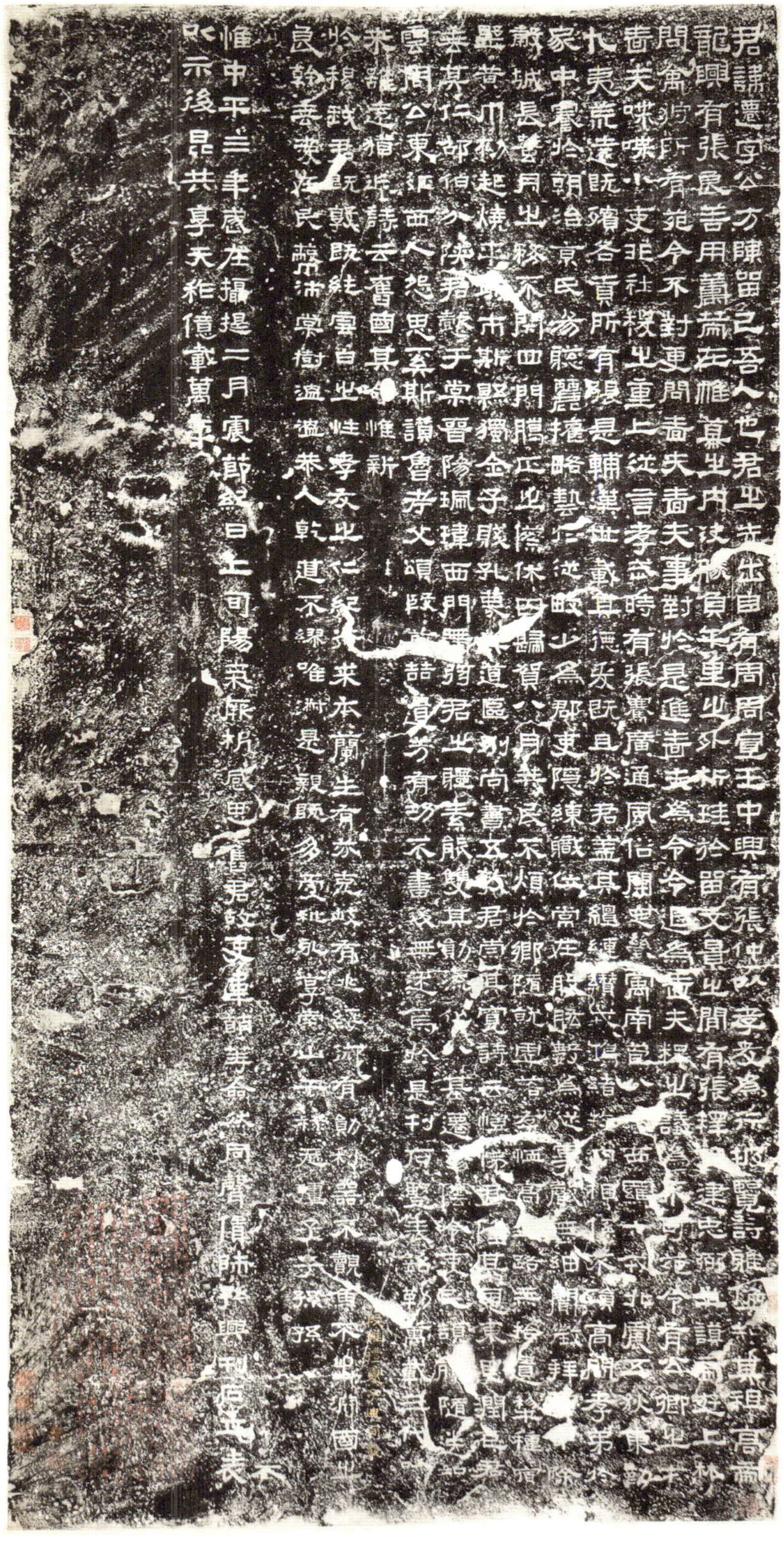

11010 張遷碑　東漢中平三年（186）刻石 清初拓本

卷軸裝。墨本高 195 釐米，廣 98 釐米。梁章鉅題跋，殷惟禮、夏子迪觀款。上海圖書館藏。

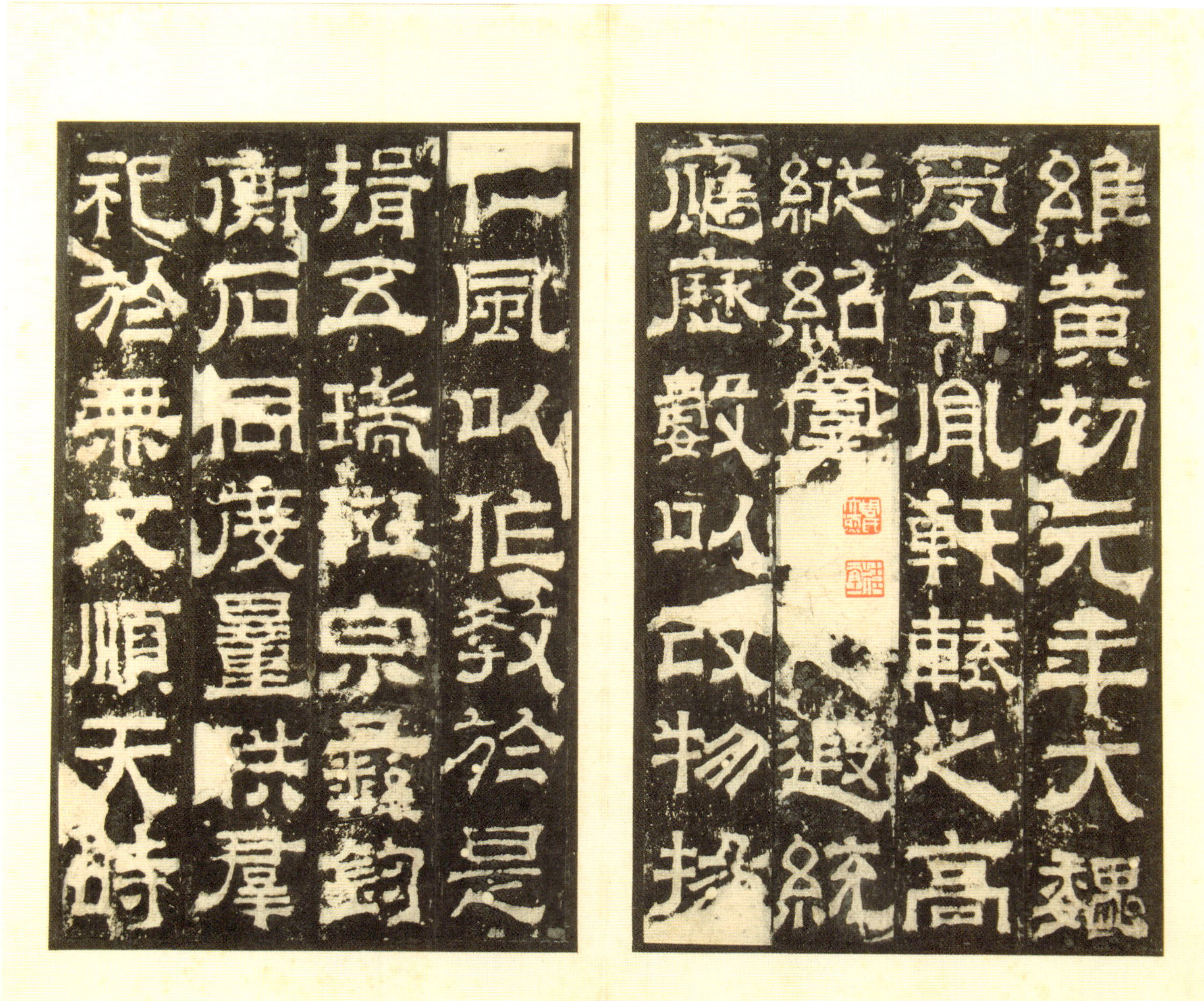

11011 孔羡碑 三國魏黄初元年（220）刻石 明中後期拓本

碑文十五開。墨本高 26.7 釐米，廣 16.4 釐米。有"周氏大烈"等印。周大烈題簽。上海圖書館藏。

11012 上尊號碑　三國魏黄初元年（220）刻石　明初拓本

共十四開半，碑文十三開半。墨本高 23.7 釐米，廣 14.3 釐米。有“金印司農”、“趙印秉沖”、“揚州羅聘”、“沈印樹鏞”等印。吴文桂、潘景鄭題跋，沈樹鏞校記。上海圖書館藏。

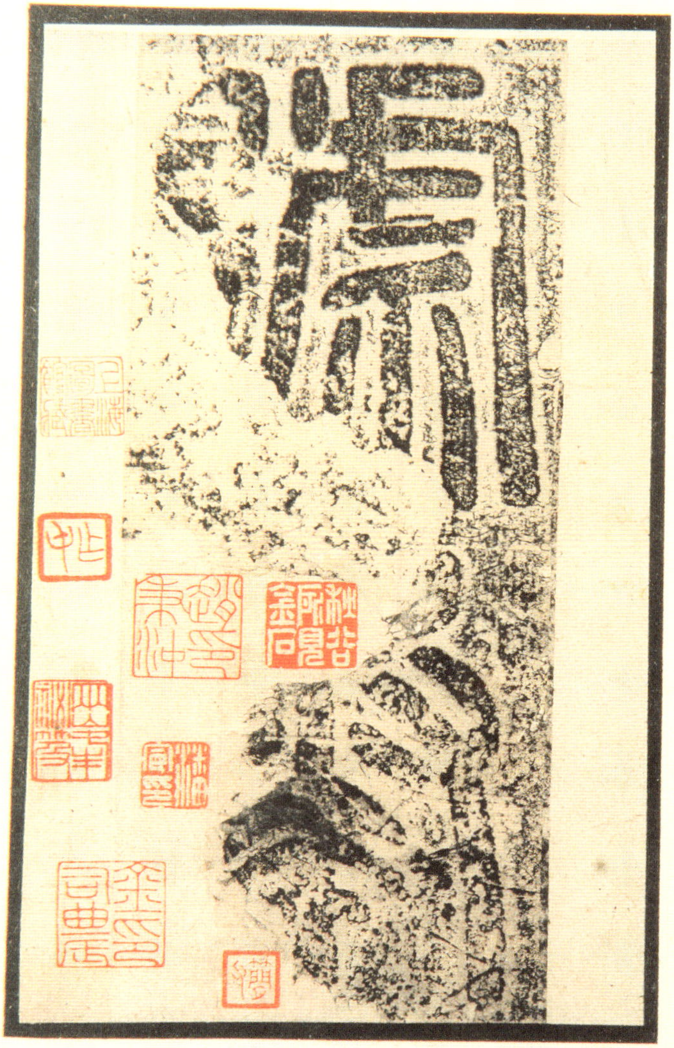

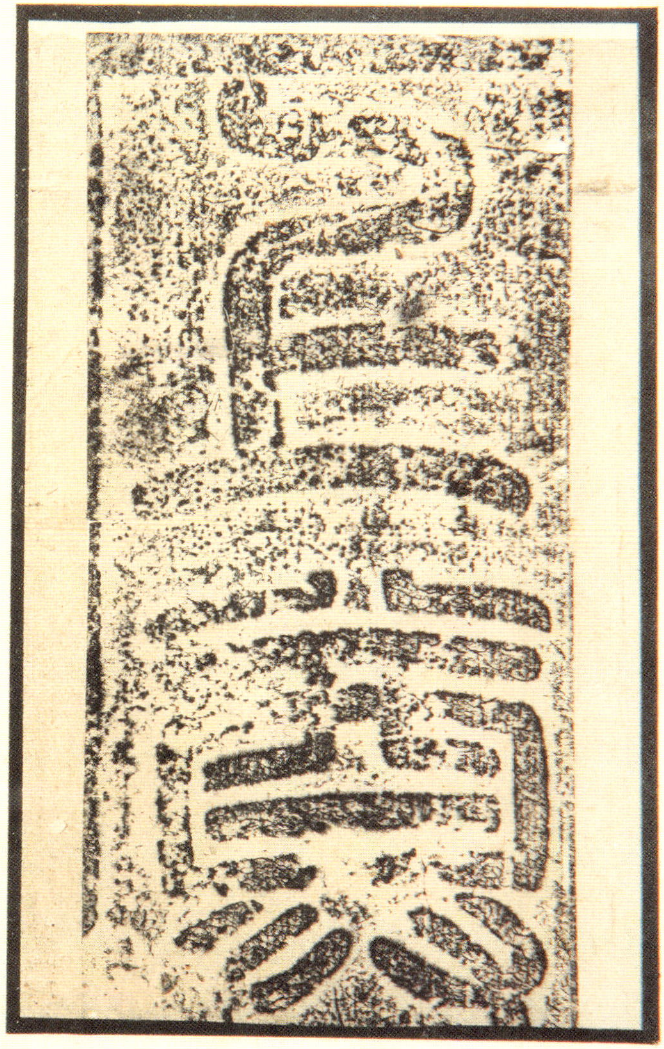

11013 正始石經 三國魏正始年間刻石 民國出土初拓本

卷軸裝，二軸。墨本高 107.3 釐米，廣 98.2 釐米。有“太炎”等印。王廣慶、章炳麟、李健、胡韞玉等題跋，李根源觀款。上海圖書館藏。

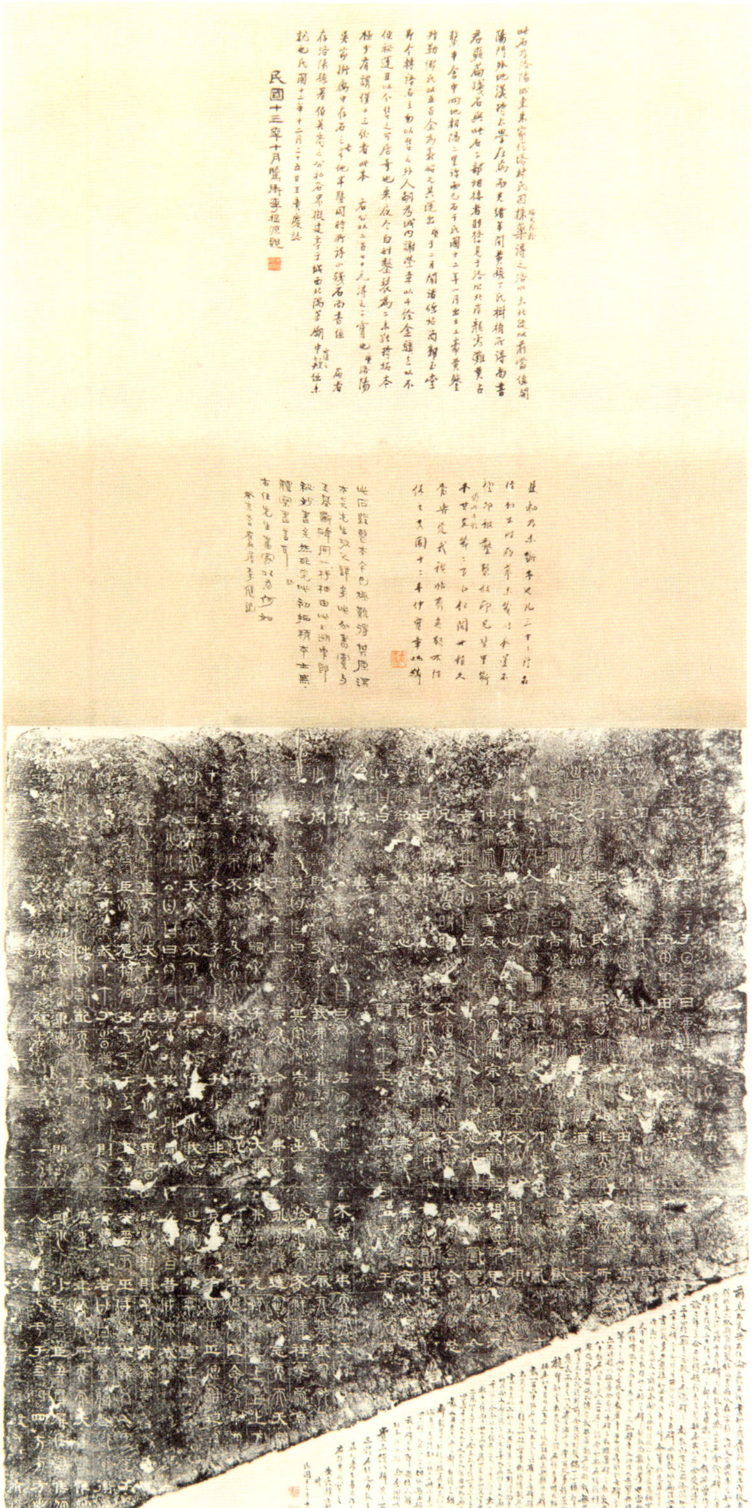

11014 天發神讖碑 （三國吴）皇象書 三國吴天璽元年（276）刻石 明拓本

卷軸裝。墨本上段高75釐米，廣295釐米，中段高76釐米，廣166釐米；下段高31釐米，廣117釐米。有“勵準長壽”、“盛昱”、“蒯光典收藏印”、“蒯壽樞家珍藏”、“文田之印“、“鞠裳麋壽”、“同龢印”、“念慈之印”等印。袁勵準題簽，盛昱題端，江標書碑圖並記，費念慈書釋文並記，葉昌熾、王頌蔚、李文田、王懿榮、翁同龢等題跋，李經畬、徐樹鈞、莊蘊寬、翁斌孫等觀款。國家圖書館藏。

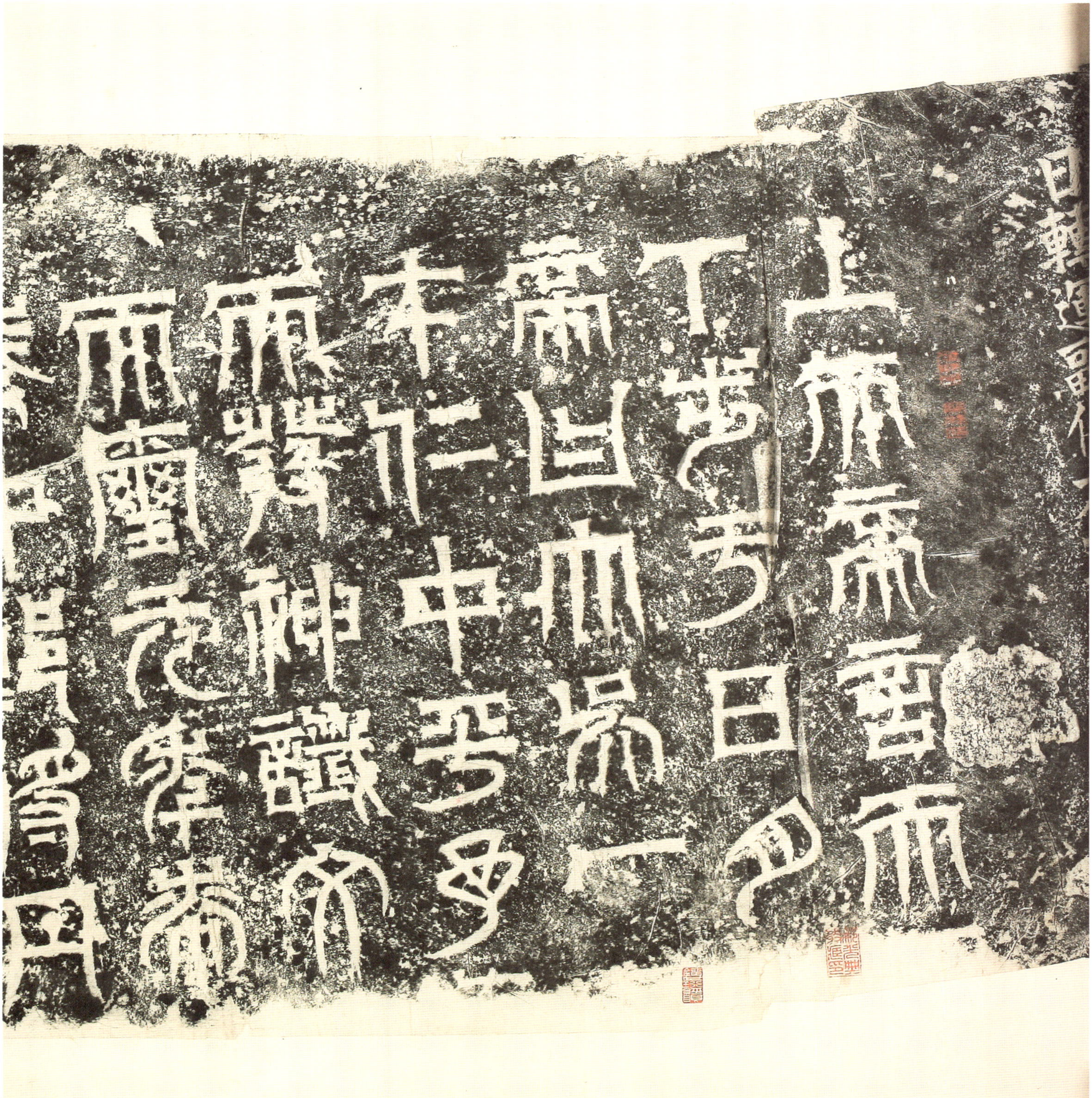

11015 天發神讖碑 （三國吳）皇象書 三國吳天璽元年（276）刻石 明拓本 共三十四開，碑文三十開。墨本高 32.3 釐米，廣 20.7 釐米。有“天放樓”、“蔣祖詒印”等印。趙烈文、趙之謙題跋。趙烈文手録碑文圖式。上海圖書館藏。

11016 天發神讖碑　（三國吴）皇象書 三國吴天璽元年（276）刻石 清雍正乾隆年間拓本

卷軸裝。碑文三軸，題刻一軸。上段高 77 釐米，廣 235 釐米，中段高 78 釐米，廣 214 釐米，下段高 54 釐米，廣 125 釐米。有“吴中言氏孟晉齋藏”等印。汪恂、江檀璣題簽，吴昌碩題跋，黄葆戊篆書碑式圖。上海圖書館藏。

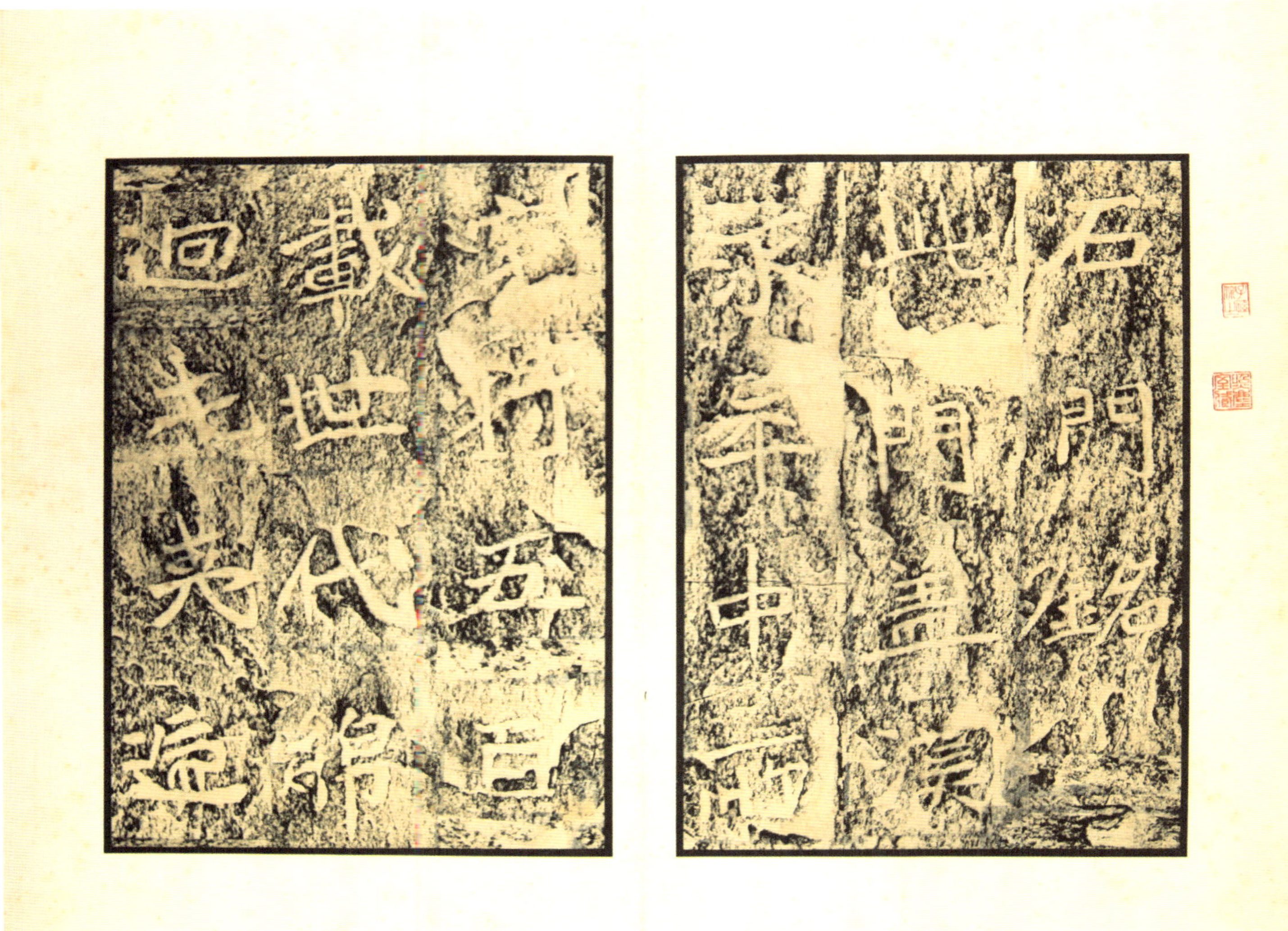

11017 石門銘 （北魏）王遠撰並書 （北魏）武阿仁刻 北魏永平二年（509）

刻石 清乾隆拓本

碑文二十四開。墨本高 31.8 釐米，廣 23 釐米。有"照塵室藏"等印。姚華題簽。

北京市文物局圖書資料中心藏。與 11004《石門頌》合册。

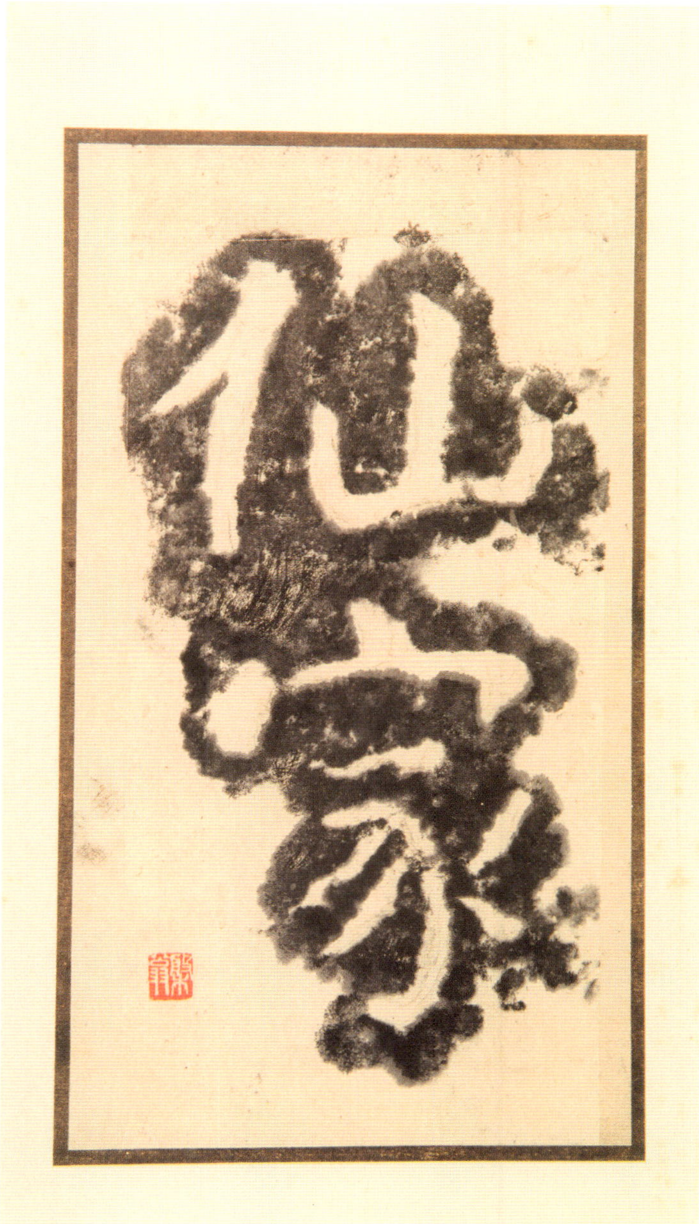

11018 瘞鶴銘 （南朝梁）華陽真逸撰 （南朝梁）上皇山樵書 南朝梁天監十三年（514）刻石 明末水前拓本

共十三開，碑文十開，題跋三開。墨本高 27.4 釐米，廣 15.2 釐米。有“國松”、“何印昆玉”等印。莫棠、繆荃孫、楊守敬、吴郁生題記。上海圖書館藏。

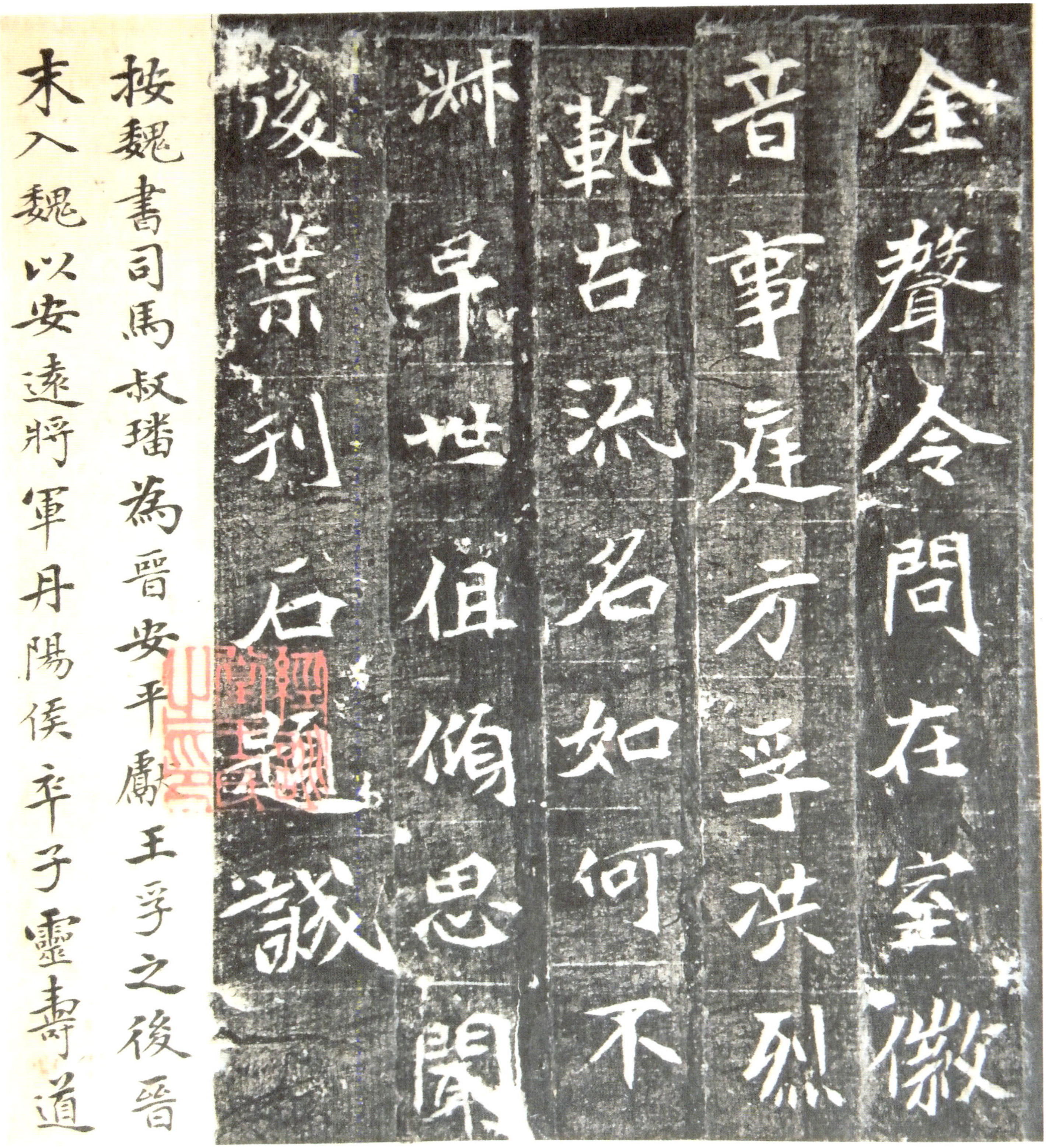

11019 司馬景和妻孟敬訓墓誌 北魏延昌三年（514）正月十二日刻石 清乾隆初拓本

共六開半，碑文五開。墨本高 17 釐米，廣 14.6 釐米。有“經訓堂王氏之印”等印。朱文藻、王昶題跋，翁方綱題記，沈景修觀款。上海圖書館藏。

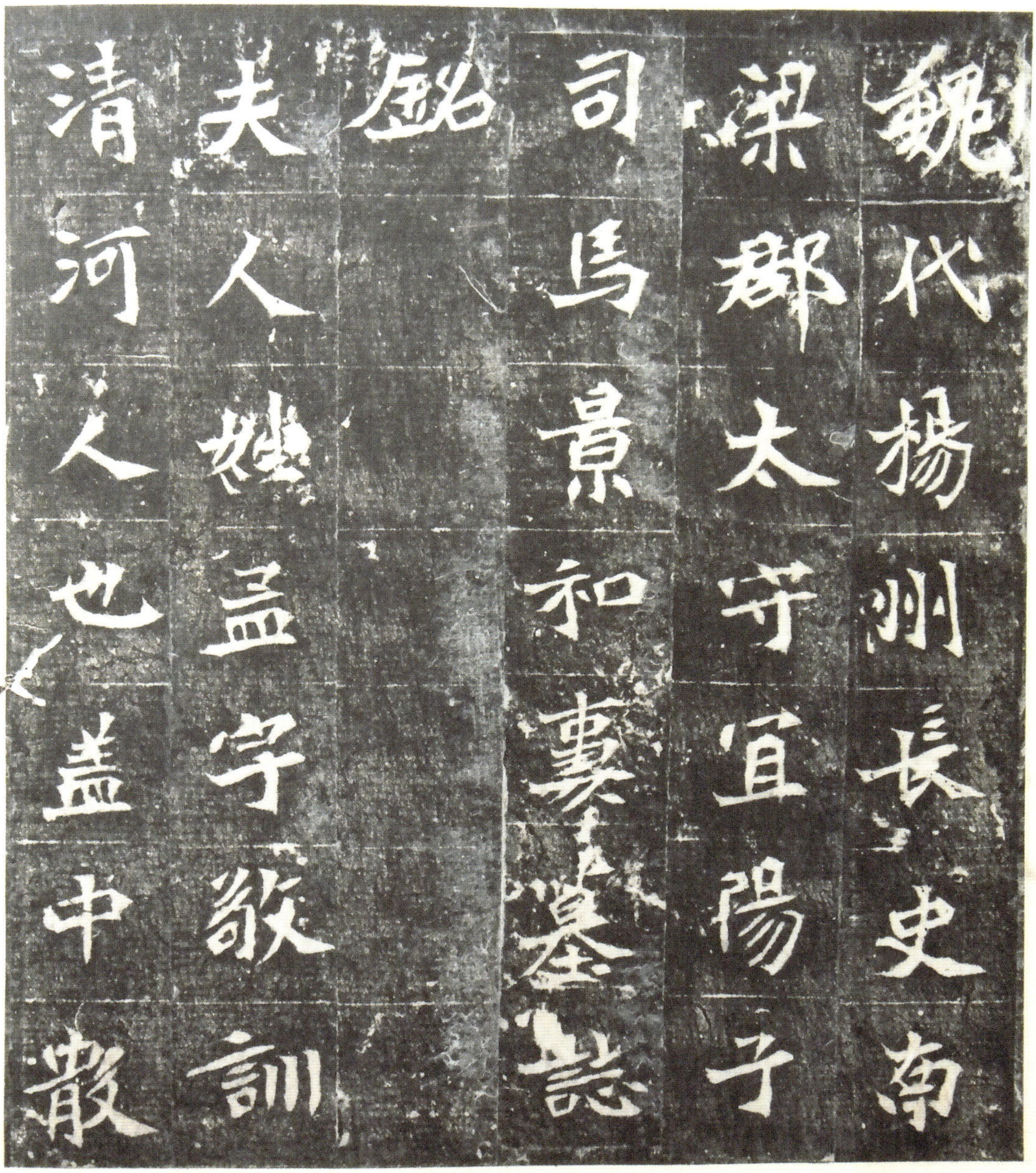

魏代楊州長史南
梁郡太守宜陽子
司馬景和妻墓誌
銘
夫人姓孟字敬訓
清河人也盡中散

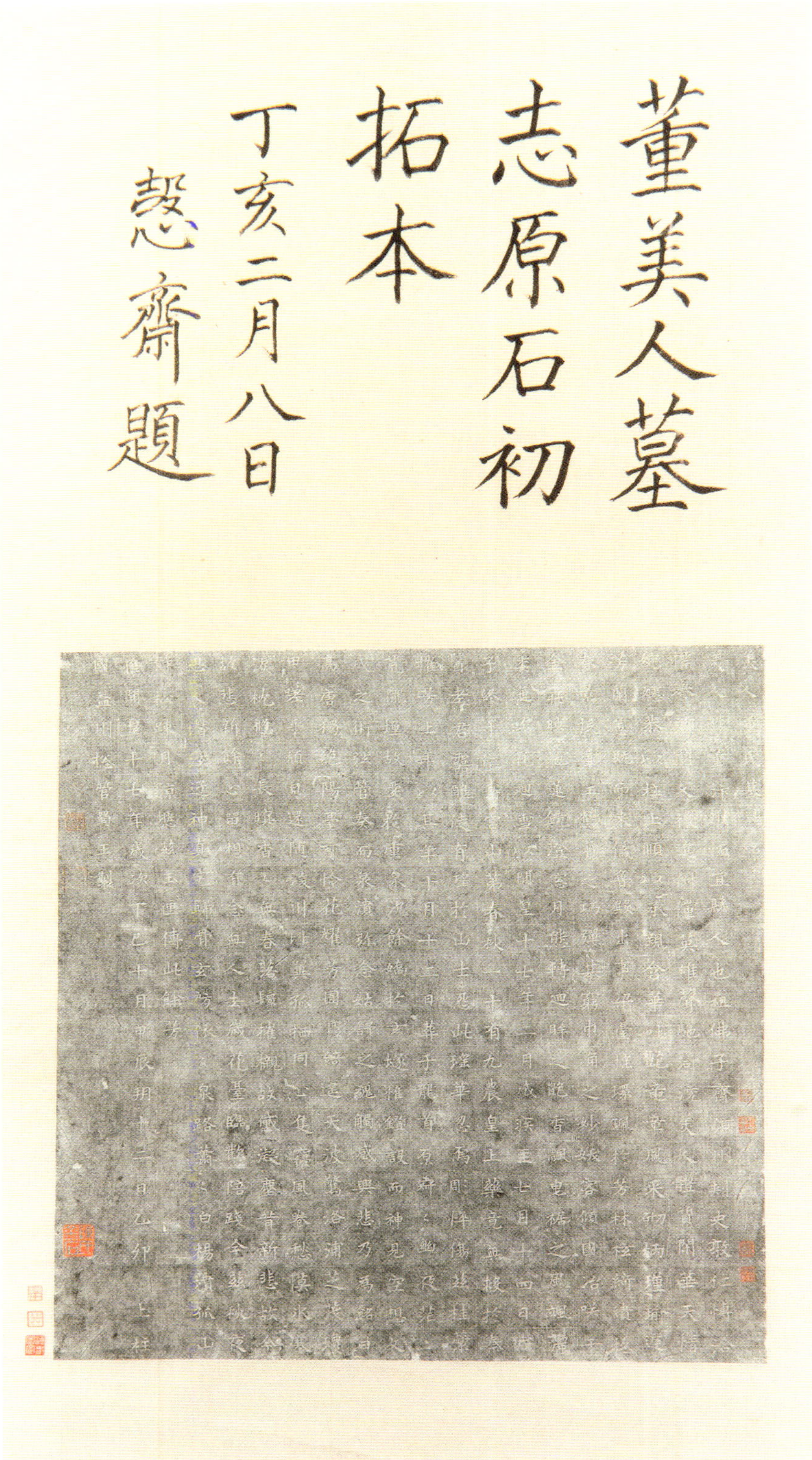

11020 董美人墓誌 （隋）楊秀撰 隋開皇十七年（597）十月十二日刻石 清嘉慶道光年間拓本

卷軸裝。墨本高 49.5 釐米，廣 48.5 釐米。有“陳氏金石”等印。陳景陶題端。上海圖書館藏。

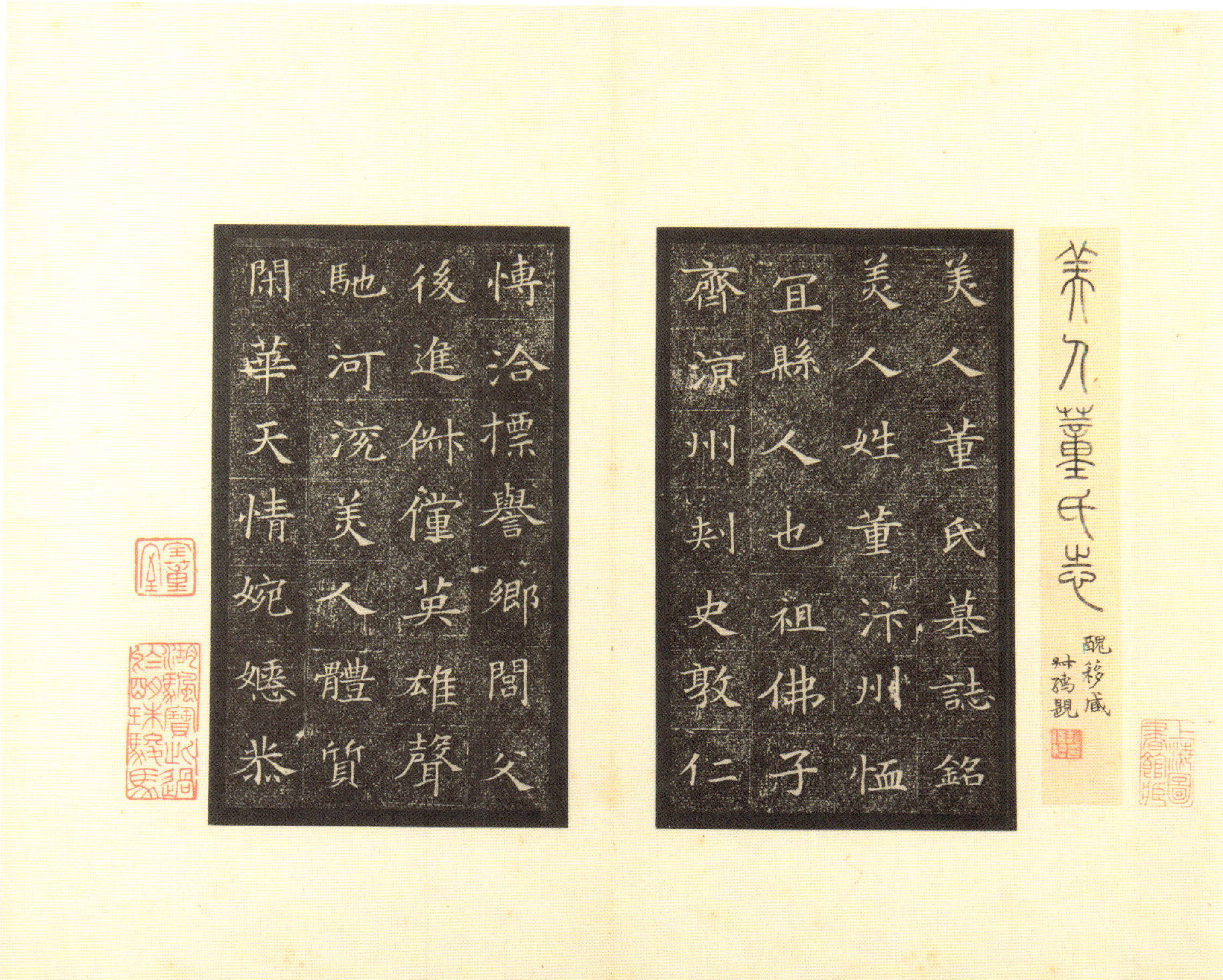

11021 董美人墓誌 （隋）楊秀撰 隋開皇十七年（597）十月十二日刻石 清嘉慶道光年間拓本

共十二開，碑文九開。墨本高 16.4 釐米，廣 9.4 釐米。有“湖帆寶此過於明珠駿馬”、“趙印時棡”等印。吴湖帆題簽並題跋，吴郁生題端，附彈民學、董壽慈、潘承謀、顧焯昌《董美人詞稿》散葉四紙。上海圖書館藏。

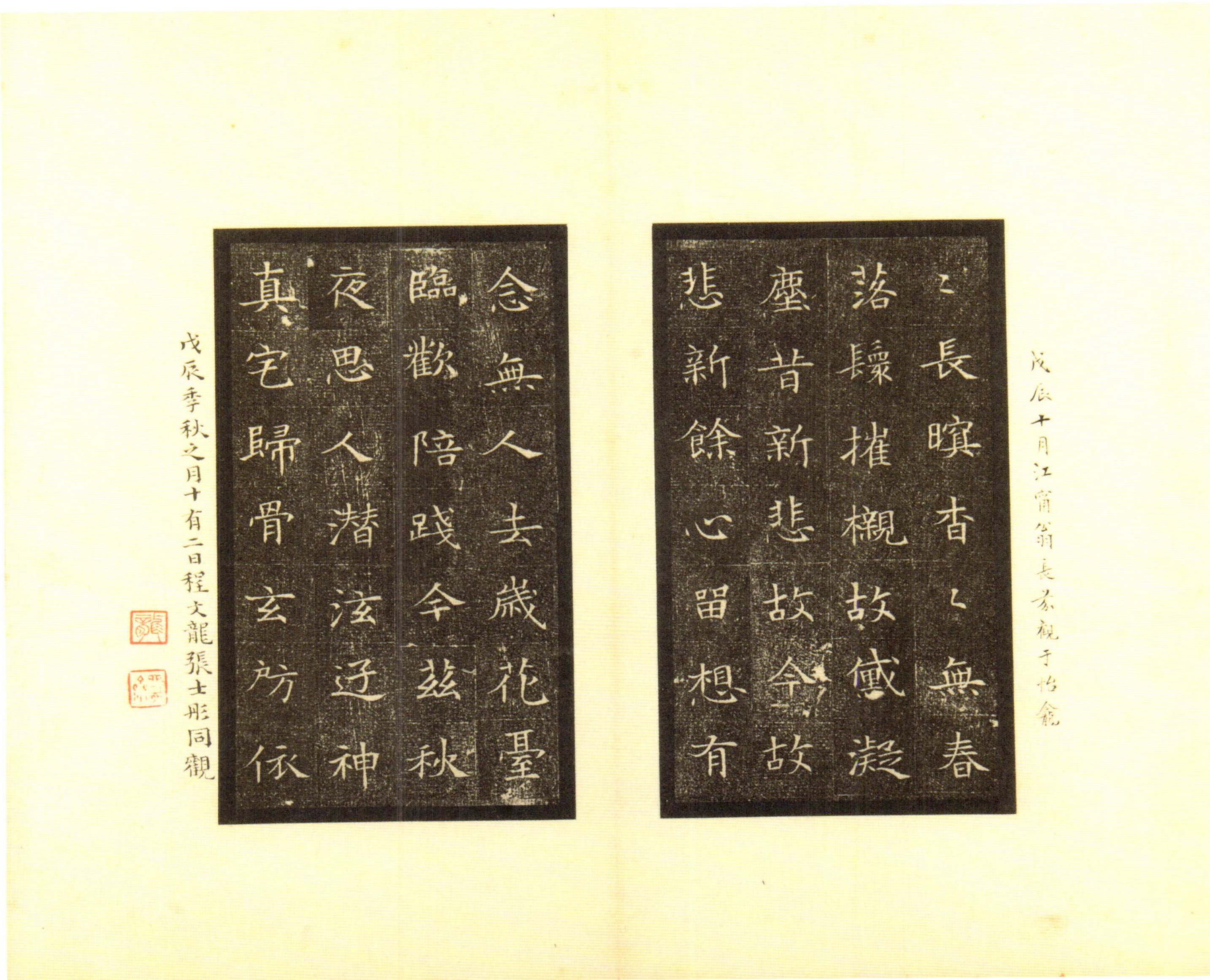

11021 董美人墓誌

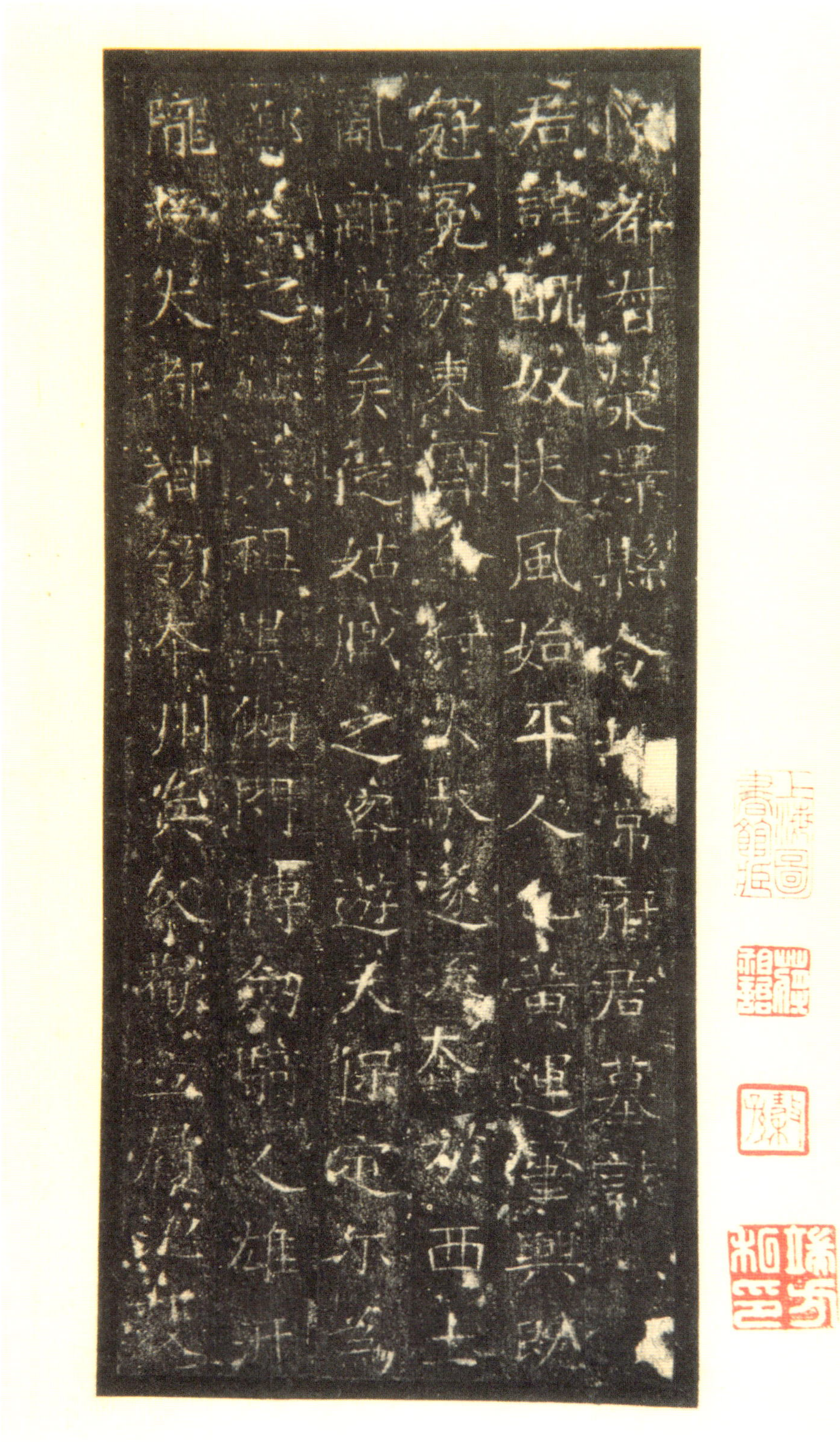

11022 常醜奴墓誌 隋大業三年（607）八月二十六日刻石 清初拓本

共十六開，碑文四開。墨本高 24.4 釐米，廣 10.5 釐米。有“端方私印”、“蔣祖詒”、等印。張祖翼題簽，褚德彝題端，端方、張祖翼、王瓘、楊守敬、趙于密、羅振玉、褚德彝、吳湖帆等題跋，程志和、許星璧、沈銘昌、熊希齡等觀款。上海圖書館藏。

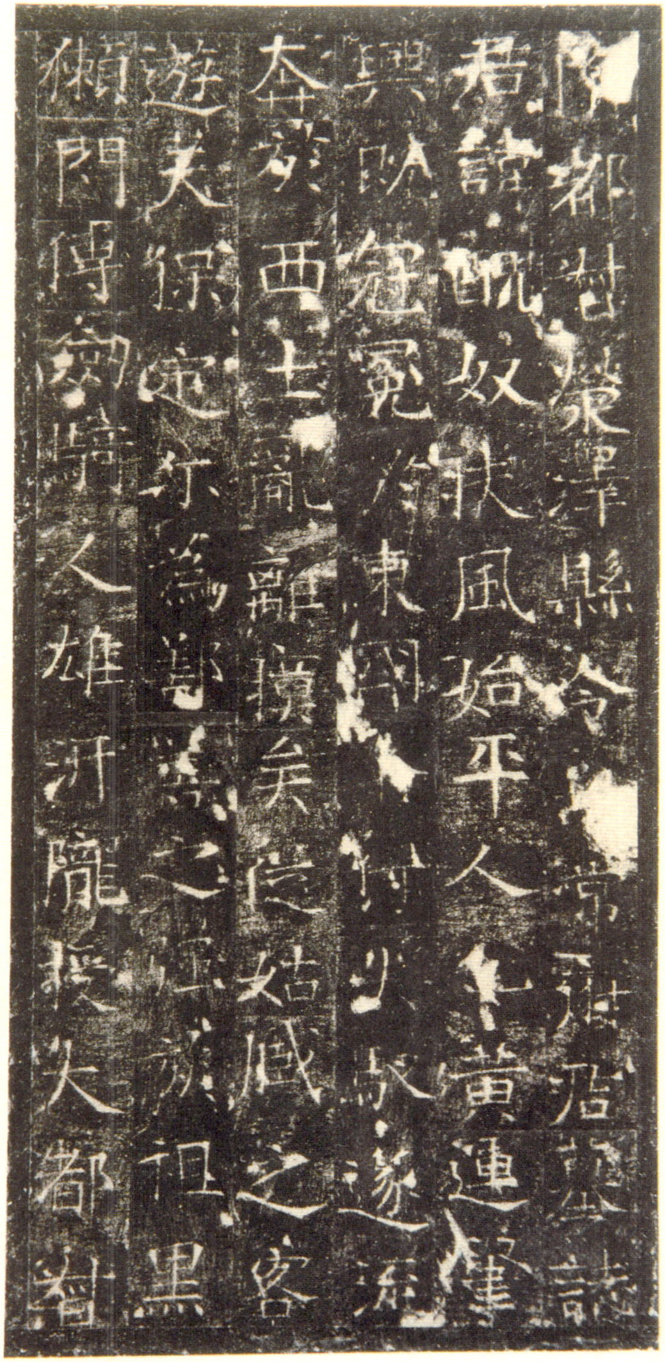

11023 常醜奴墓誌　隋大業三年（607）八月二十六日刻石　清初拓本

共九開，碑文五開。墨本高 20.4 釐米，廣 9.6 釐米。翁方綱題跋，張塤校記。上海圖書館藏。

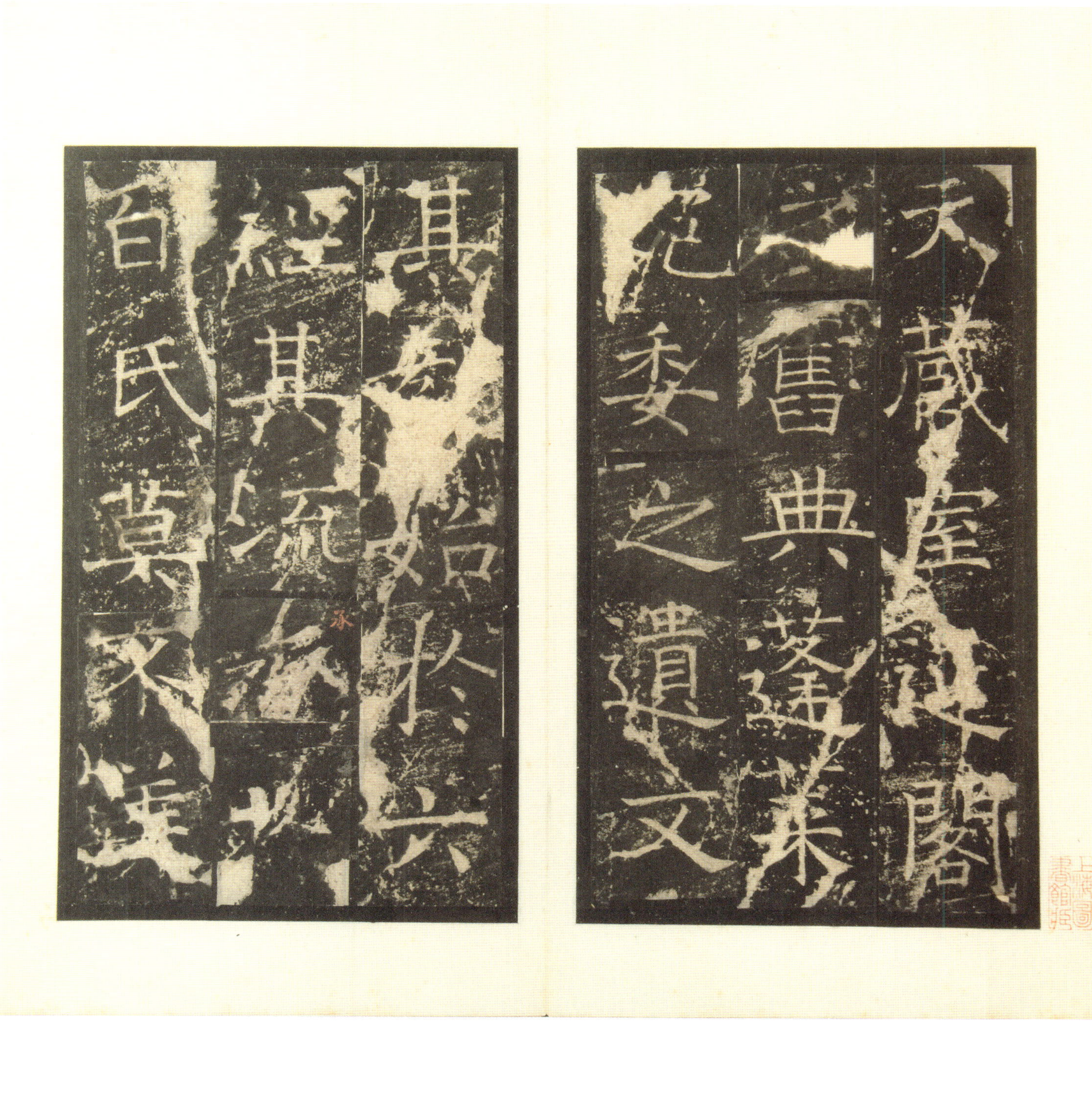

11024 伊闕佛龕碑 （唐）岑文本撰 （唐）褚遂良書 唐貞觀十五年（641）

刻石 明拓本

共五十五開，碑文五十三開。墨本高 25.1 釐米，廣 14.3 釐米。葉奕苞題跋。

上海圖書館藏。

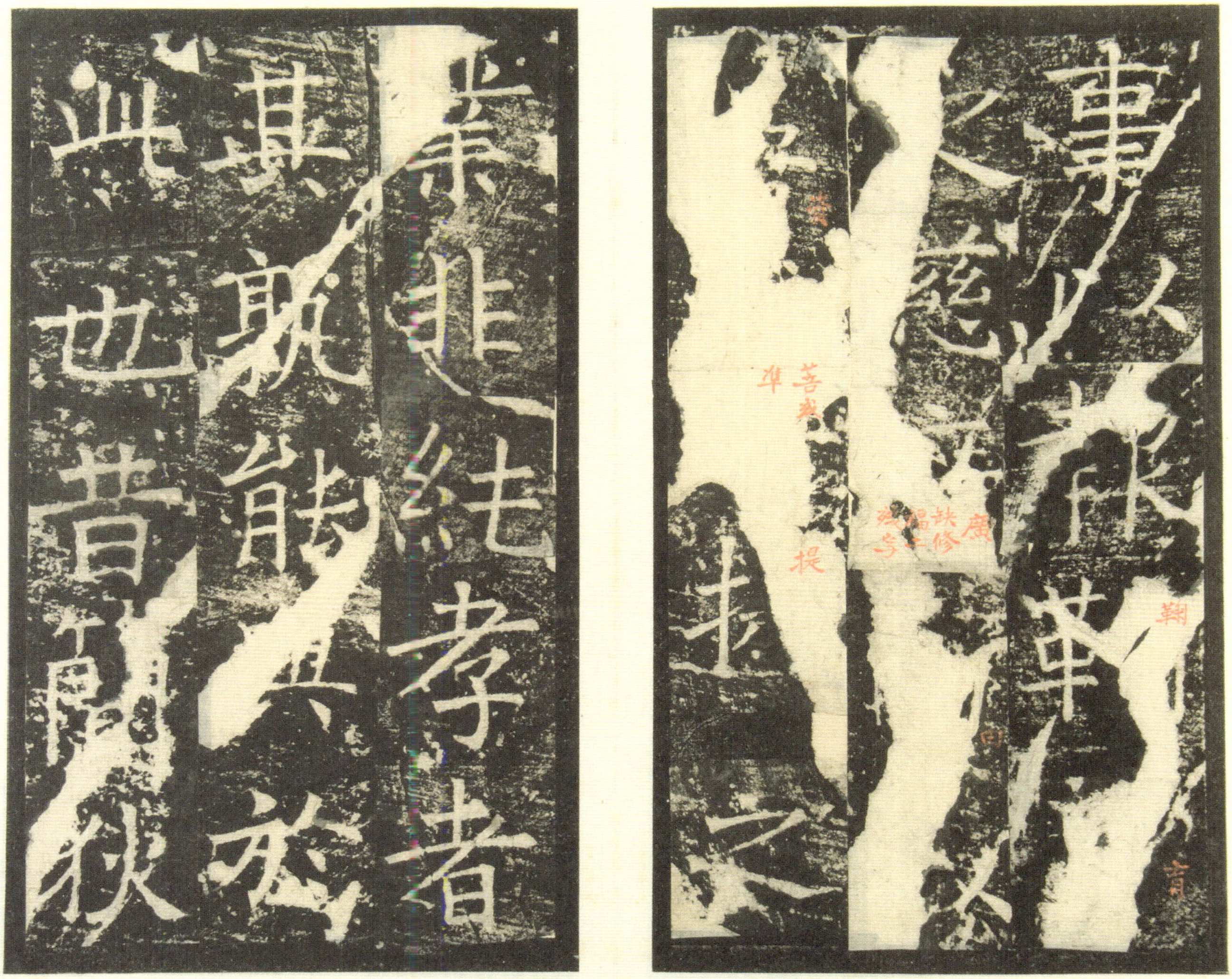

11024 伊闕佛龕碑

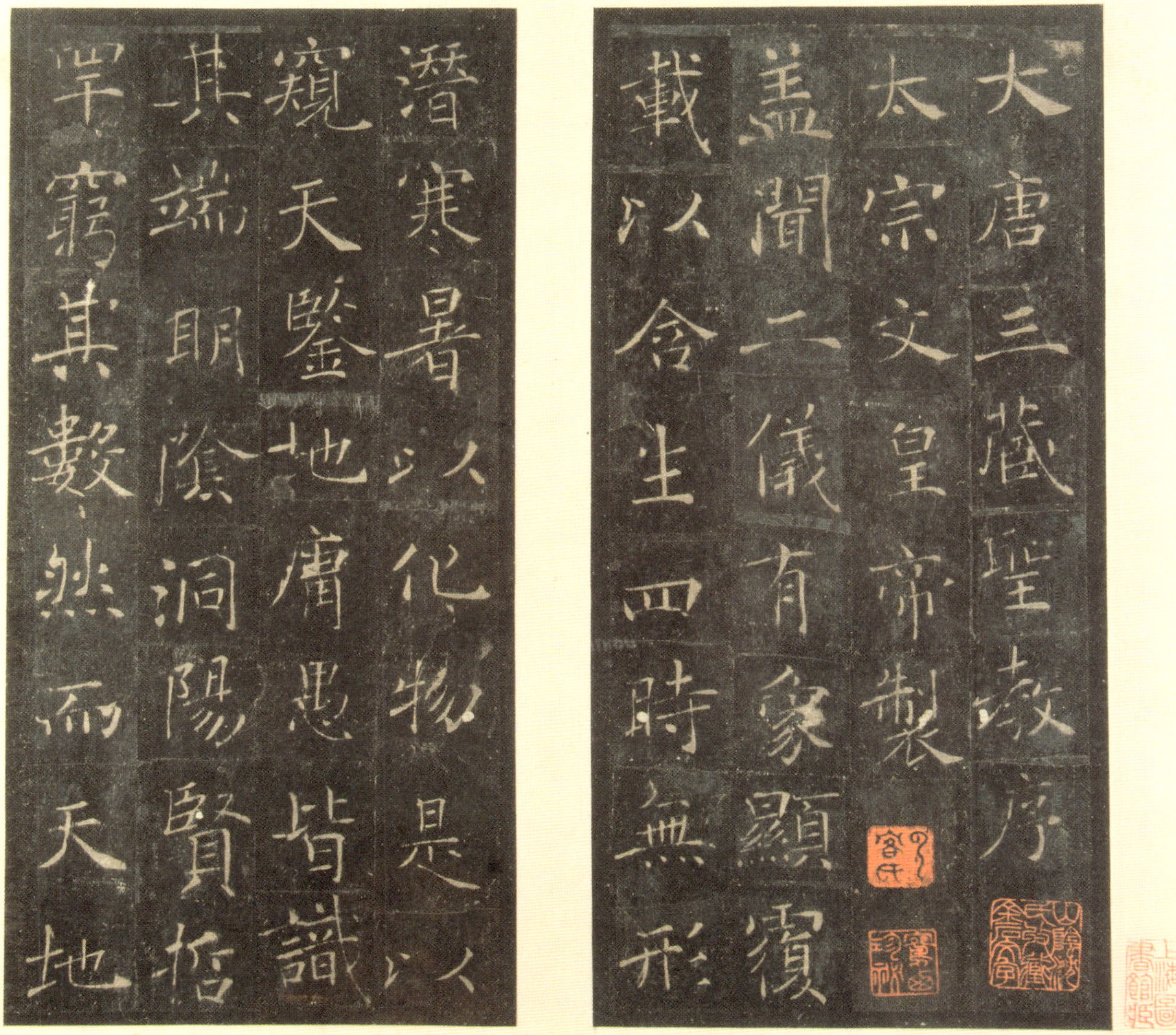

11025 三藏聖教序 （唐）太宗李世民撰序 （唐）高宗李治撰記 （唐）褚遂良書 唐永徽四年（653）刻石 明末清初拓本

碑文十三開。墨本高 27.2 釐米，廣 13.3 釐米。有“山陰沈氏收藏金石文字”、“鴳西珍秘”等印。上海圖書館藏，存序文碑。

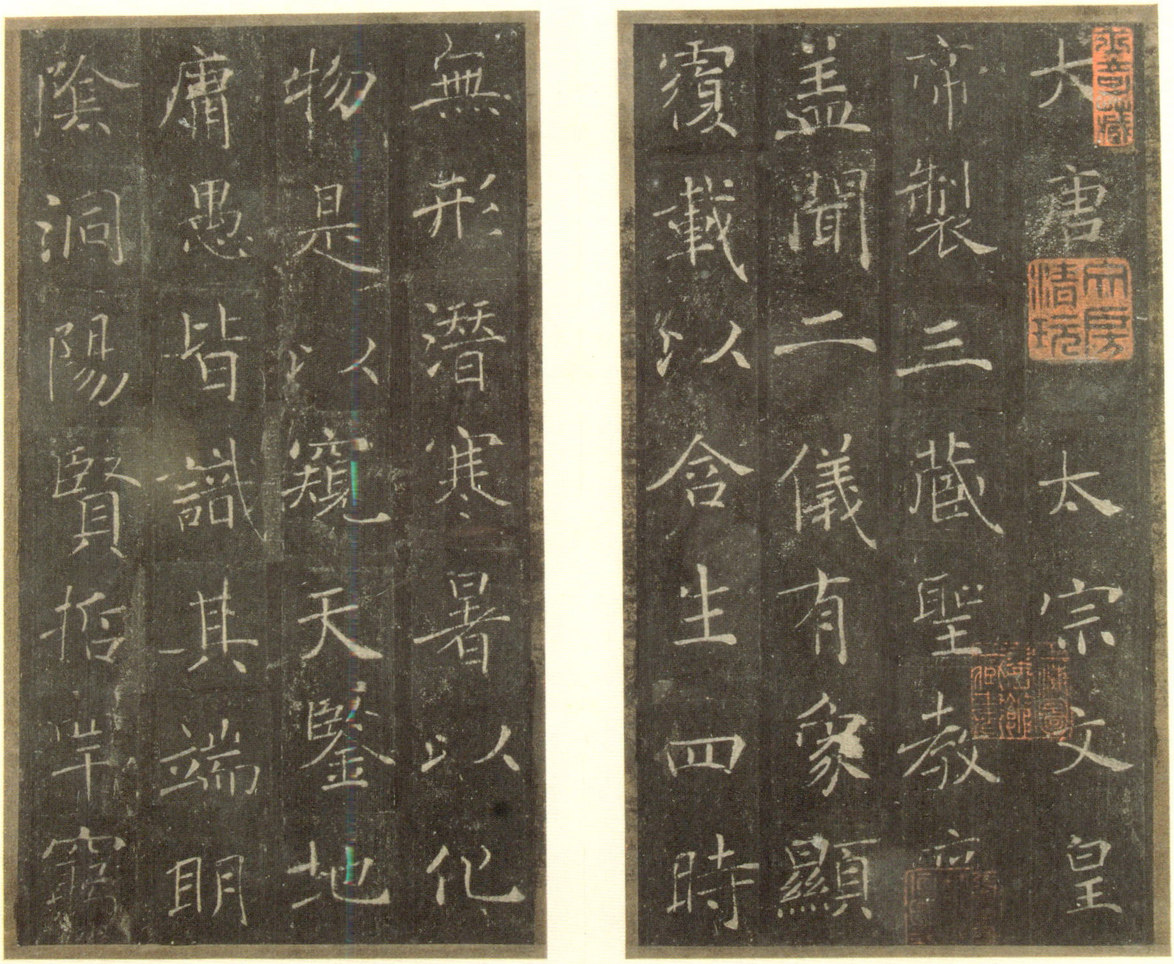

11026 三藏聖教序 （唐）太宗李世民撰序 （唐）高宗李治撰記 （唐）褚遂良書 唐永徽四年（653）刻石 明末清初拓本

共二十八開，碑文二十七開半。墨本高 25.2 釐米，廣 13.8 釐米。有“士奇藏”等印。項琪題跋，张爾旦觀款。上海圖書館藏。

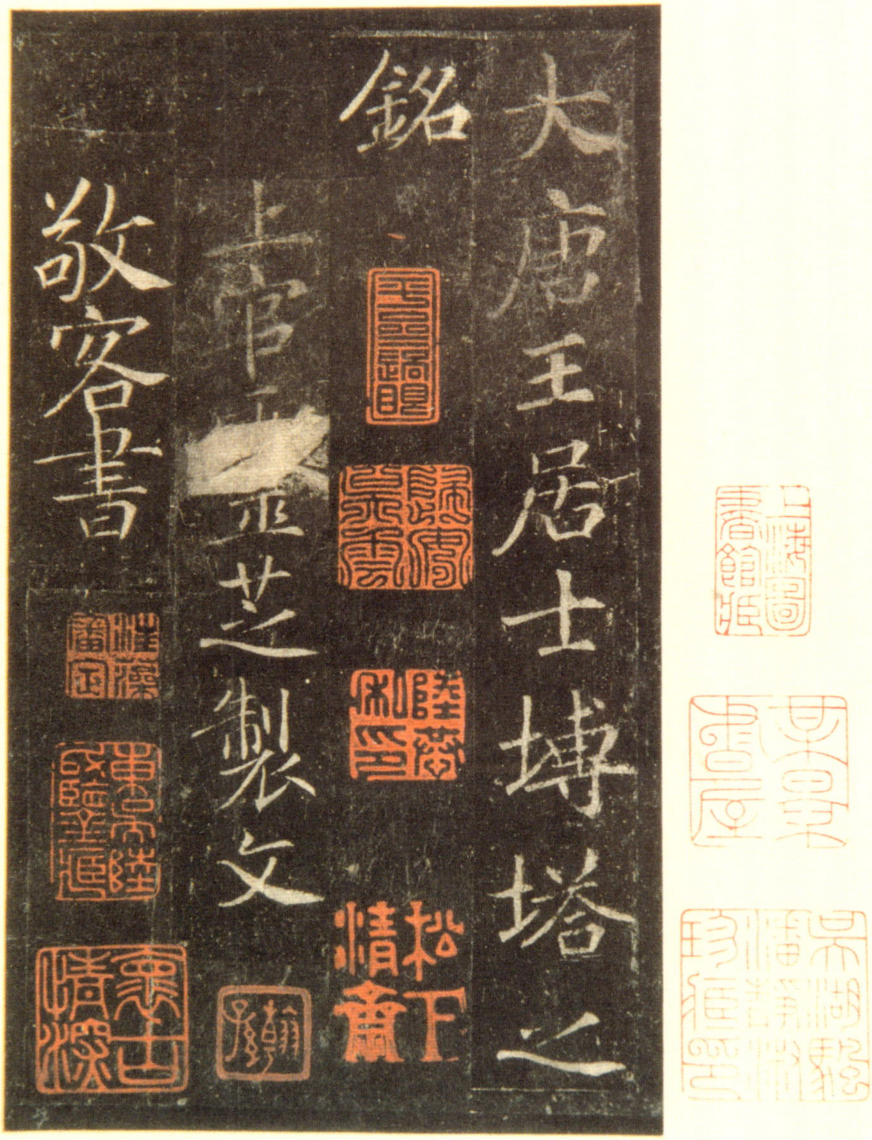

11027 王居士塔銘 （唐）上官靈芝撰 （唐）敬客書 唐顯慶三年（658）刻石 明萬曆出土初拓本

共八開，碑文六開。墨本高 17.1 釐米，廣 9.8 釐米。有"陸恭私印"、"覃谿審定"、"吳湖颿潘靜淑珍藏印"等印。翁方綱、李丙署端，翁方綱、吳雲、褚德彝、吳湖帆題跋。上海圖書館藏。與 11028《程夫人塔銘》合册。

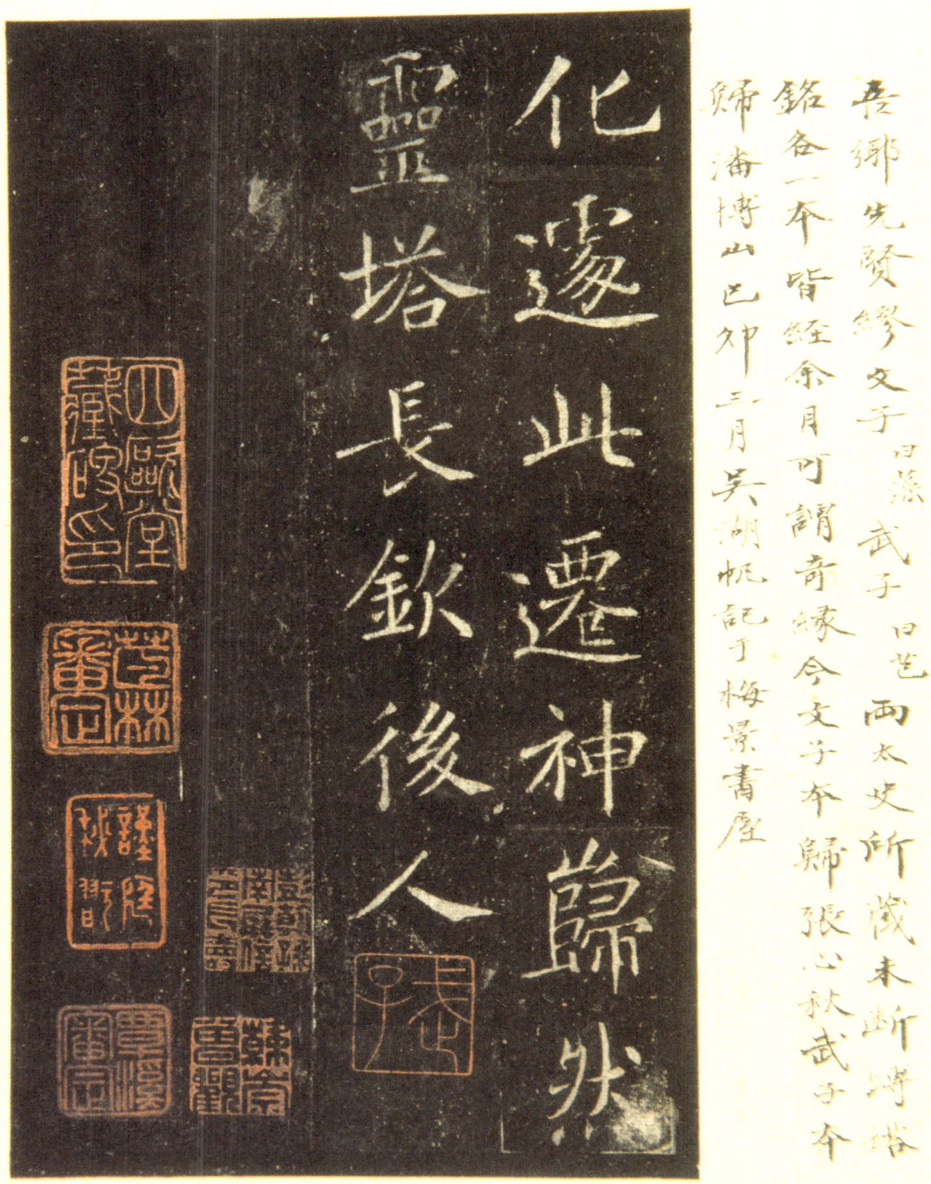
化遷此遷神歸然
靈塔長歛後人
吾鄉先賢繆文子日孫 武子日芑 兩太史所藏未斷博塔銘各一本皆經余目可謂奇緣今文子本歸張心秋武子本歸潘博山
己卯三月吳湖帆記于梅景書屋

11027 王居士塔銘

期拔除煩惱永離
蓋纏何悟積善始
基處悲生滅以顯
慶元年十一月廿

仰十地而翹勤翹字舊刻本皆作尅字殊謬辛酉之
夏六月溽暑蒸人　南屏仁兄出示此銘真舊拓致佳展閱
數過勝服清涼散快甚〻
王壽祺觀因記

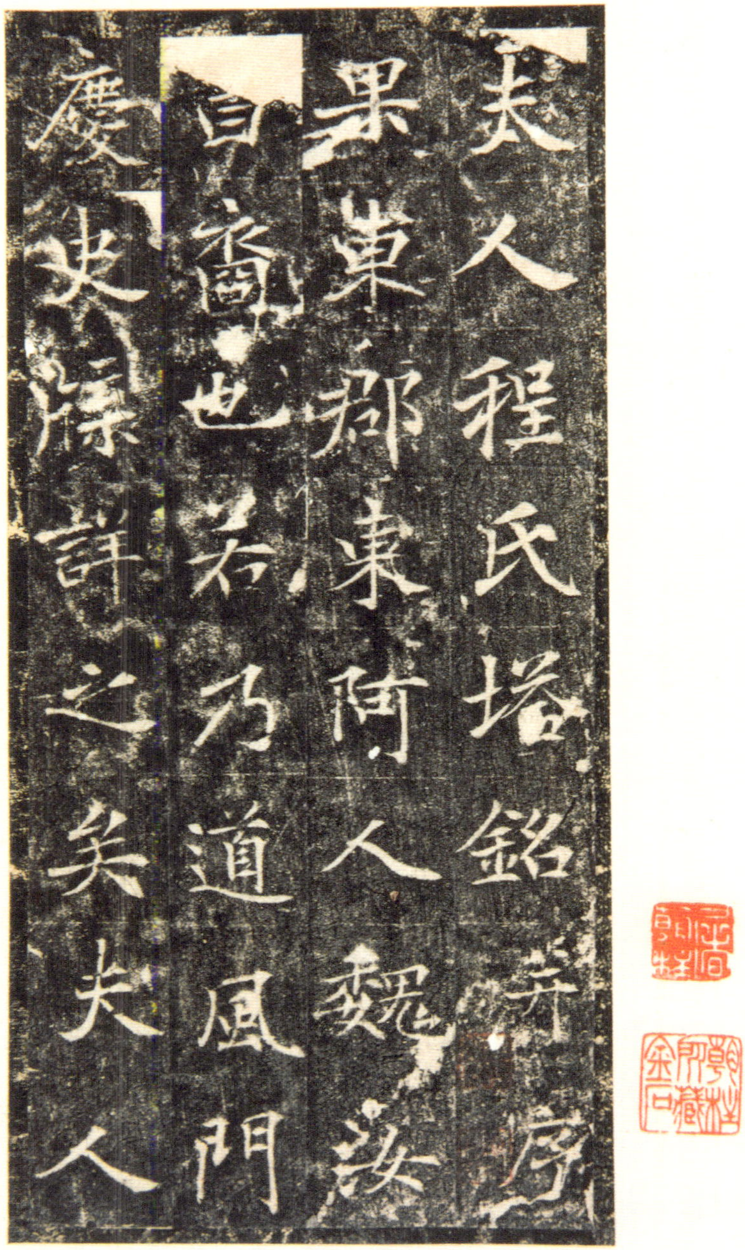

11028 程夫人塔銘 唐文明元年（684）十月五日刻石 清康熙拓本

共五開，碑文三開。墨本高 18.7 釐米，廣 8.8 釐米。有"郃陽軏聘監拓"印。蔣節、方平、吴湖帆題跋，李焕文觀款。上海圖書館藏。與 11027《王居士塔銘》合册。

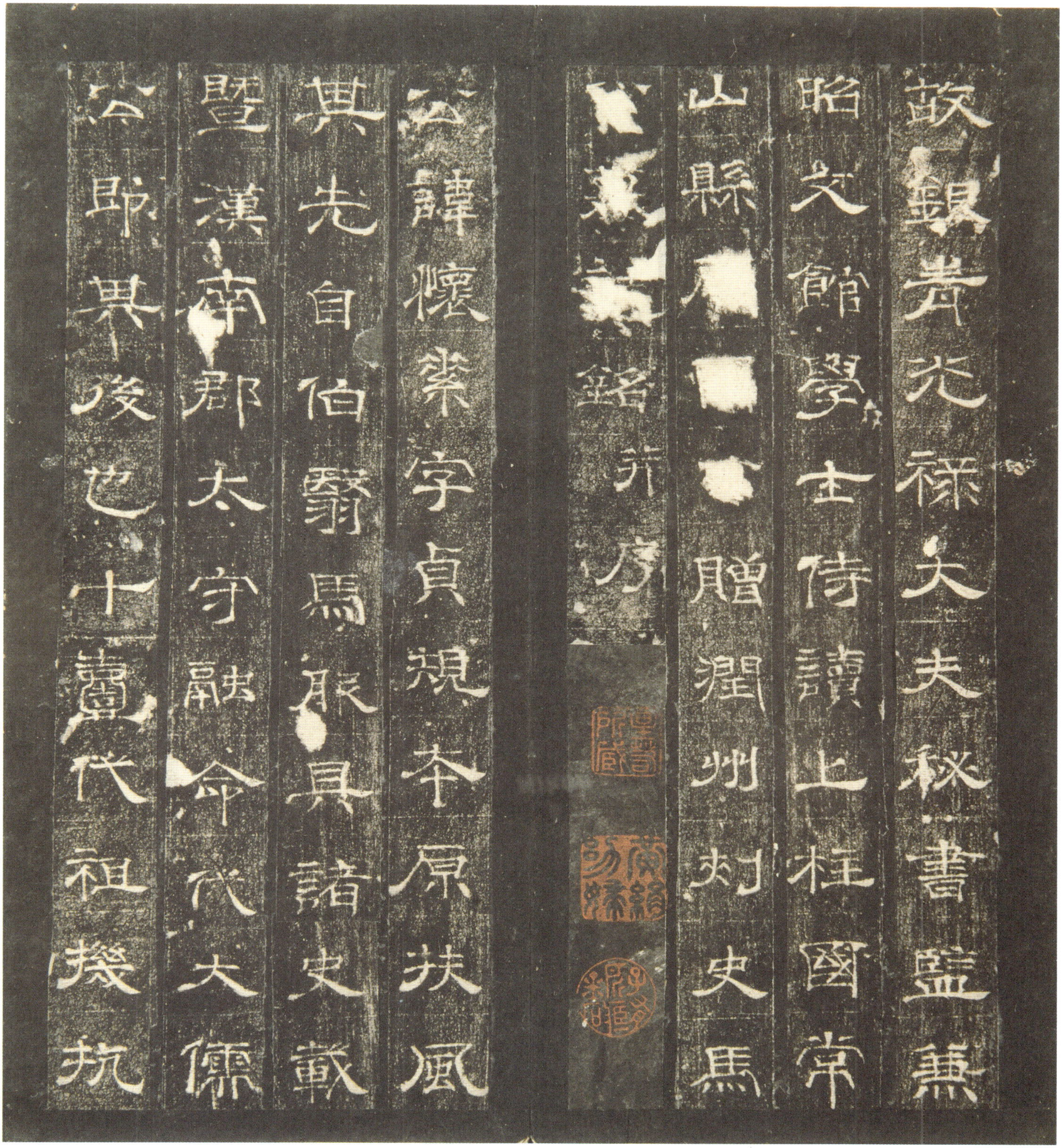
故銀青光祿大夫秘書監兼
昭文館學士侍讀上柱國常
山縣[illegible]贈潤州刺史馬
[illegible]銘并序
公諱懷素字貞規本扶風
其先自伯翳馬服具諸史載
暨漢南郡太守融命代大儒
公即其後也十[illegible]代祖揆抗

11029 馬懷素墓誌 唐開元六年（718）十月十三日刻石 明拓本

共三十九開，碑文十七開。墨本高 20.1 釐米，廣 8.1 釐米。有“子有所藏金石”、“星若所藏”等印。費念慈題簽，顧苓、毛端海、徐楙、吳志恭、瞿中溶、吳榮光、黃安濤、齊學裘、惠兆壬、陳驤德、徐康（徐熙代書）等題跋，徐渭仁觀款。上海圖書館藏。

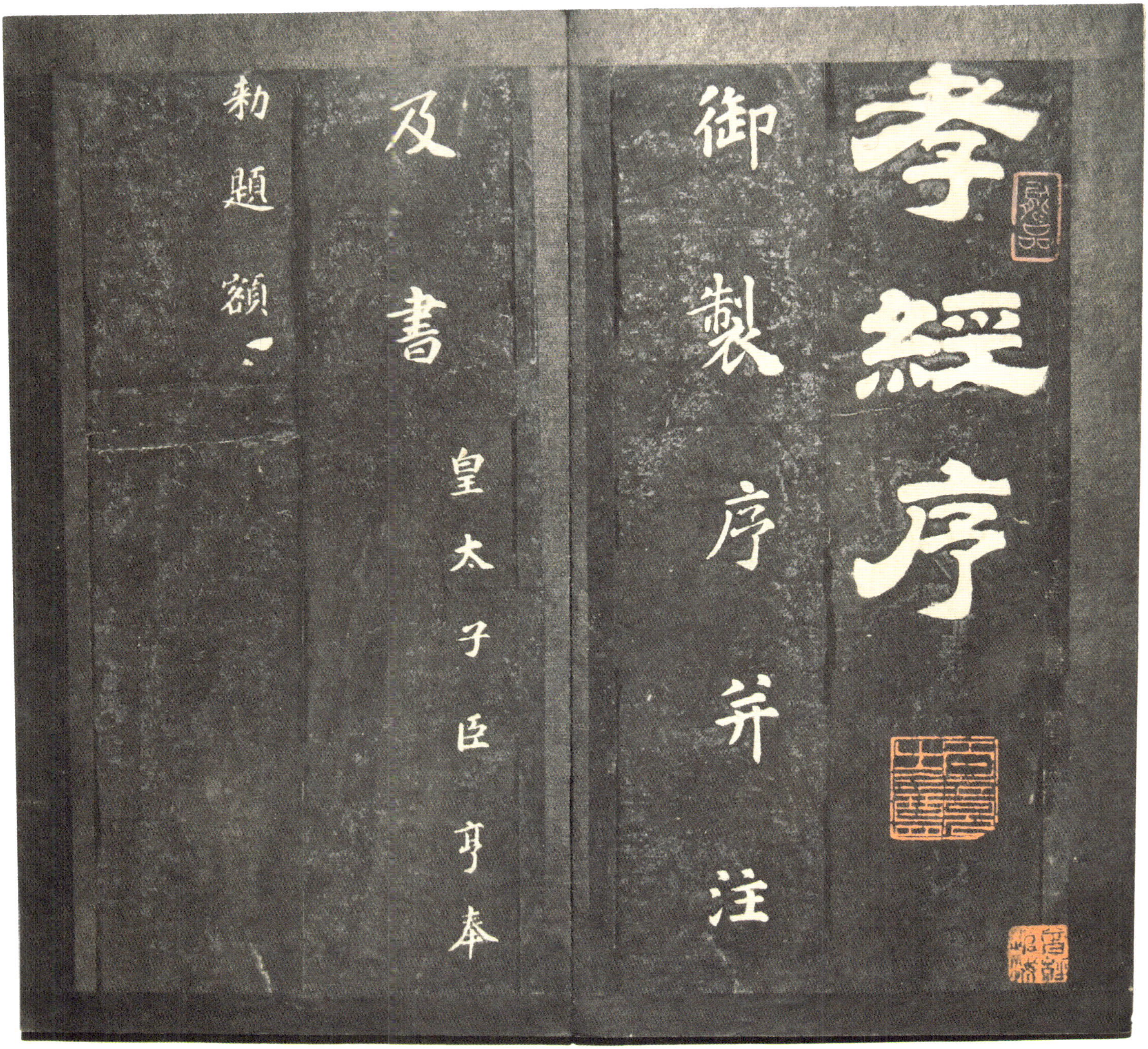

11030 石臺孝經碑 唐天寶四年（745）刻石 明拓本

碑文一百八十開，題跋一百五十八開。墨本高 26.3 釐米，廣 13.2 釐米。有“能品”、“曾經滄海”等印。周肇祥題簽。北京市文物局圖書資料中心藏。

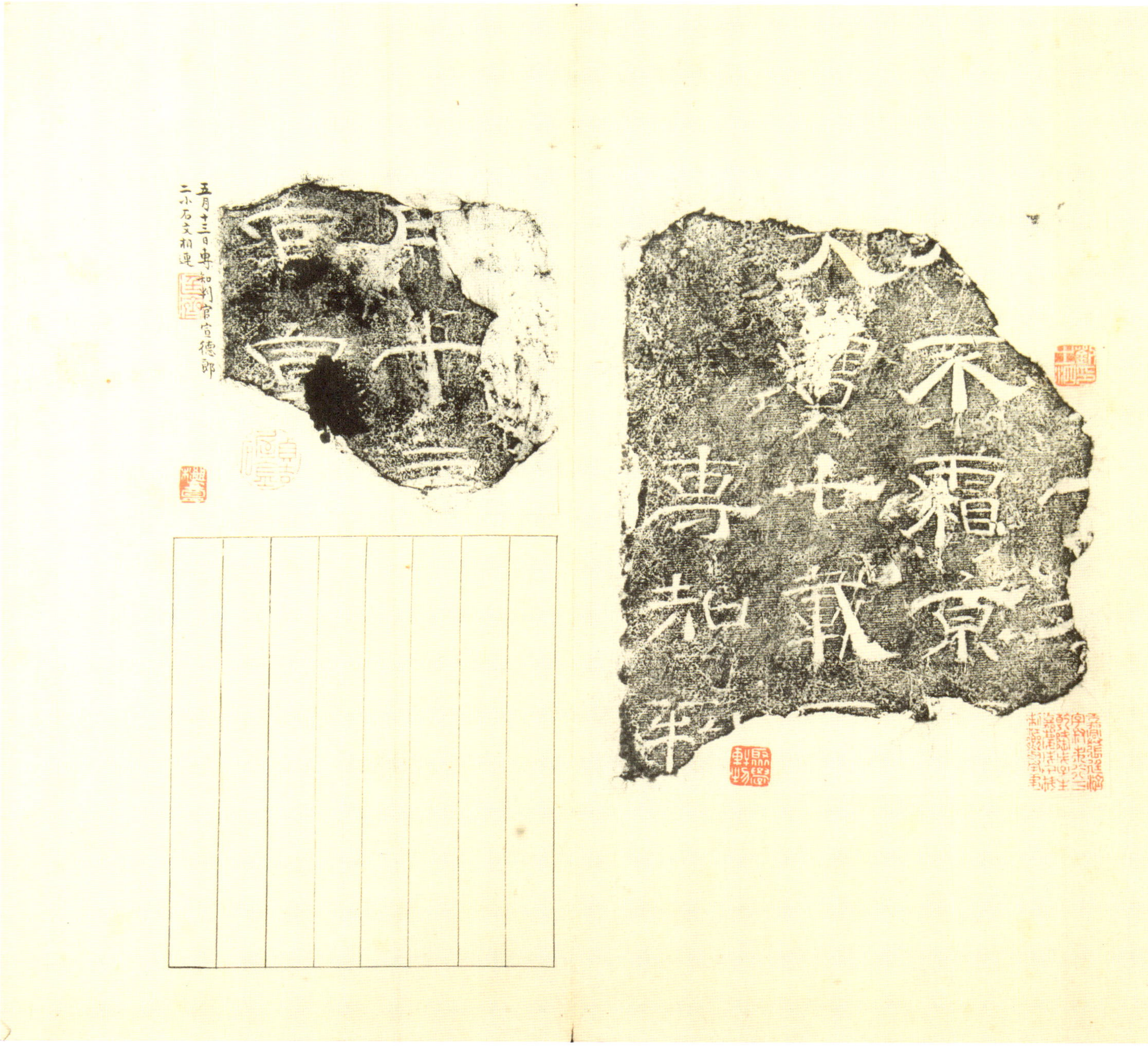

11031 公孫僑廟碑 唐天寶年間刻石 明末清初拓本

碑文二十八開。册高 31.7 釐米，廣 17.1 釐米。有"嘉興張廷濟字叔未行三乾隆戊子生嘉慶戊午科浙江鄉舉第一"、"曾在徐子静處"、"世珩私印"、"劉印之泗"等印。沈樹鏞題簽，翁方綱、張廷濟、沈樹鏞、吴郁生、褚德彝等題跋。附姚晉錫、吴錫麒、翁方綱、趙魏信札四通。上海圖書館藏。

11031 公孫僑廟碑

王元晧是碑陰上截人姓名趙晉齋魏所贈舊本可證張廷濟識

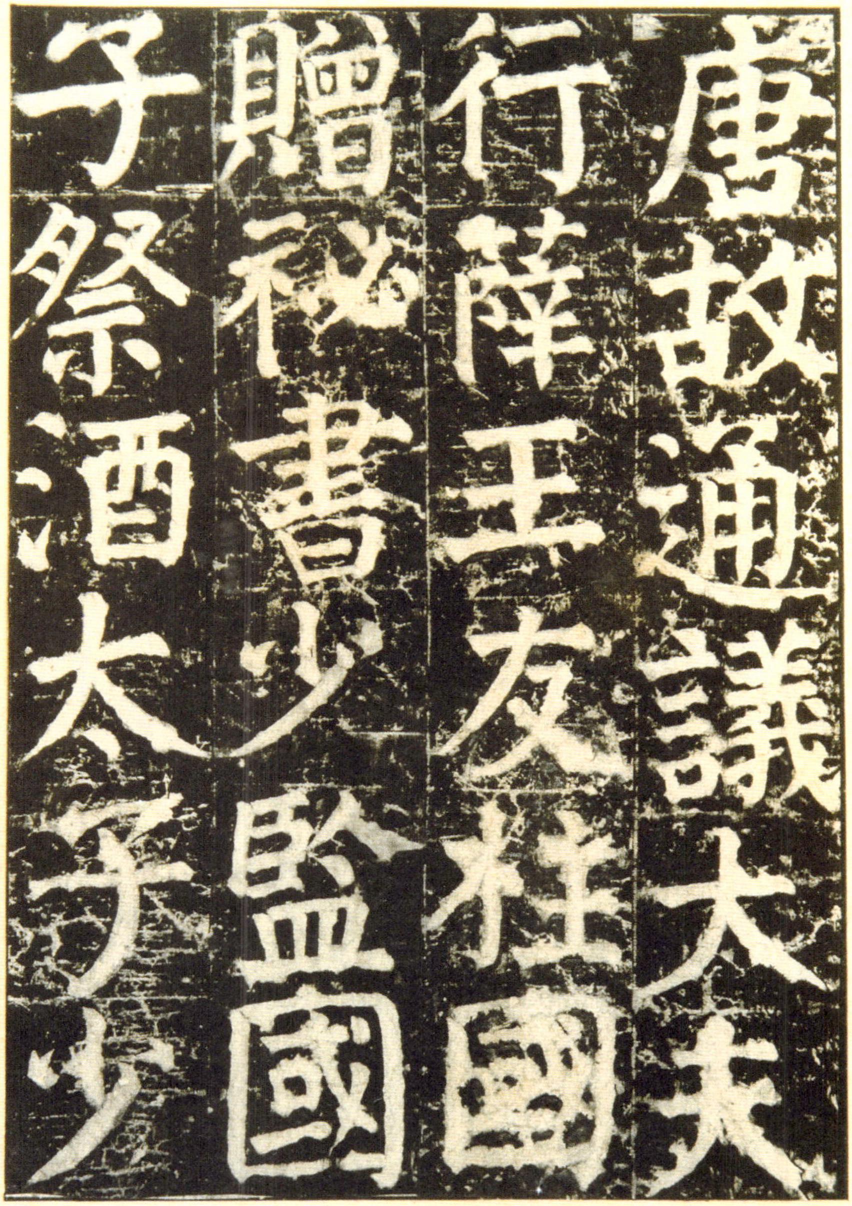
唐故通議大夫
行薛王友柱國
贈秘書少監國
子祭酒太子少

11032 顔氏家廟碑 （唐）顔真卿撰並書 （唐）李陽冰篆額 唐建中元年（780）

刻石 明拓本

共六十四開半，碑文六十二開半。墨本高30.9釐米，廣21釐米。有“錢印崇威”、“龔印心釗”等印。譚澤闓、錢崇威題簽，龔心釗題跋。上海圖書館藏。

魯公家廟碑

宋拓庫裝王文敏穀鐵庵遞藏辛巳冬錢崇威敬為瞻麓齋署簽

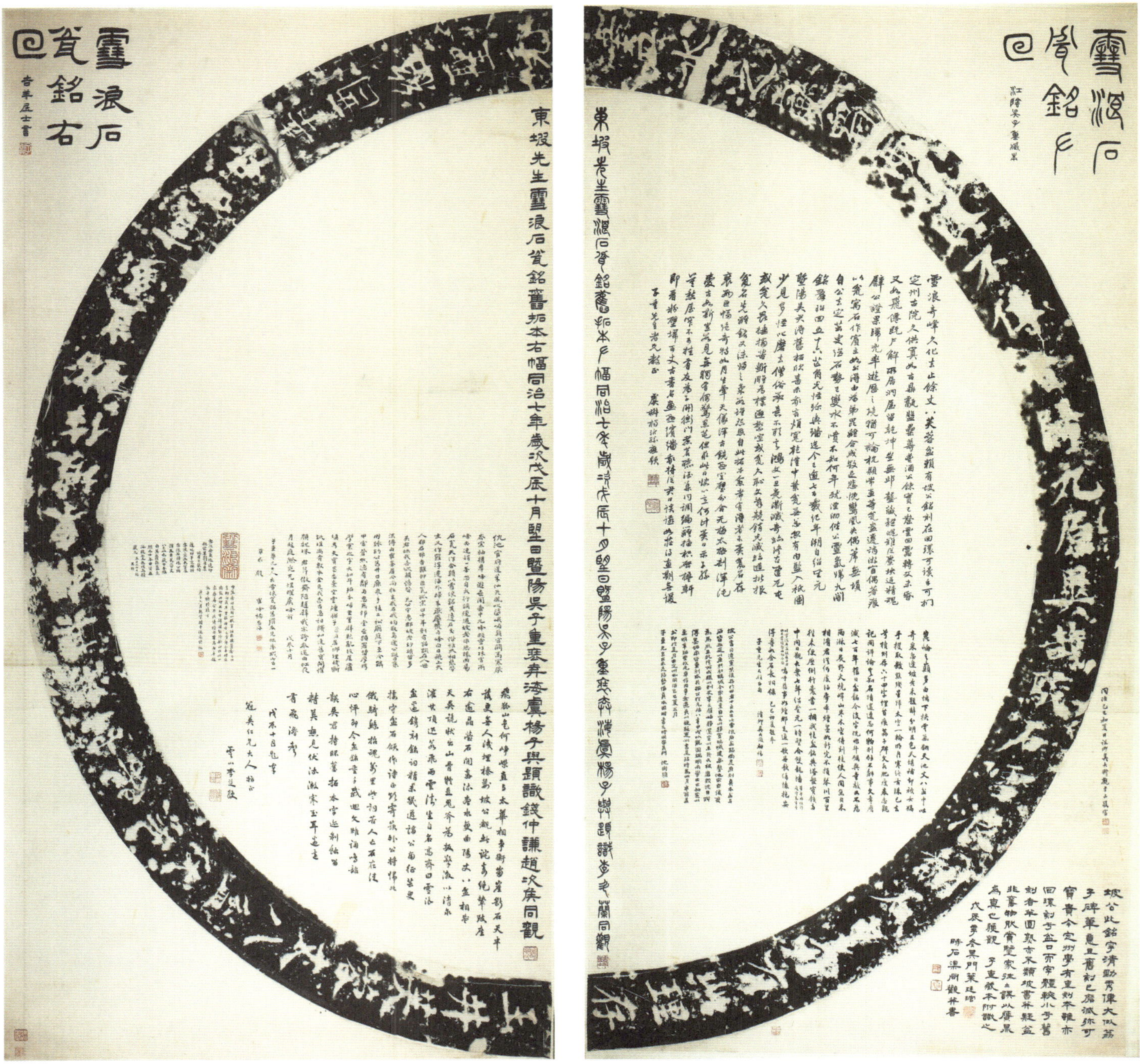

11033 雪浪石盆銘 （宋）蘇軾撰並書 北宋紹聖元年（1094）四月刻石 清拓本

卷軸裝，共二軸。徑高 176 釐米。有“雪浪齋”、“鄭齋”等印。吳大澂、沈樹鏞、楊沂孫、陳承修等題跋。國家圖書館藏。

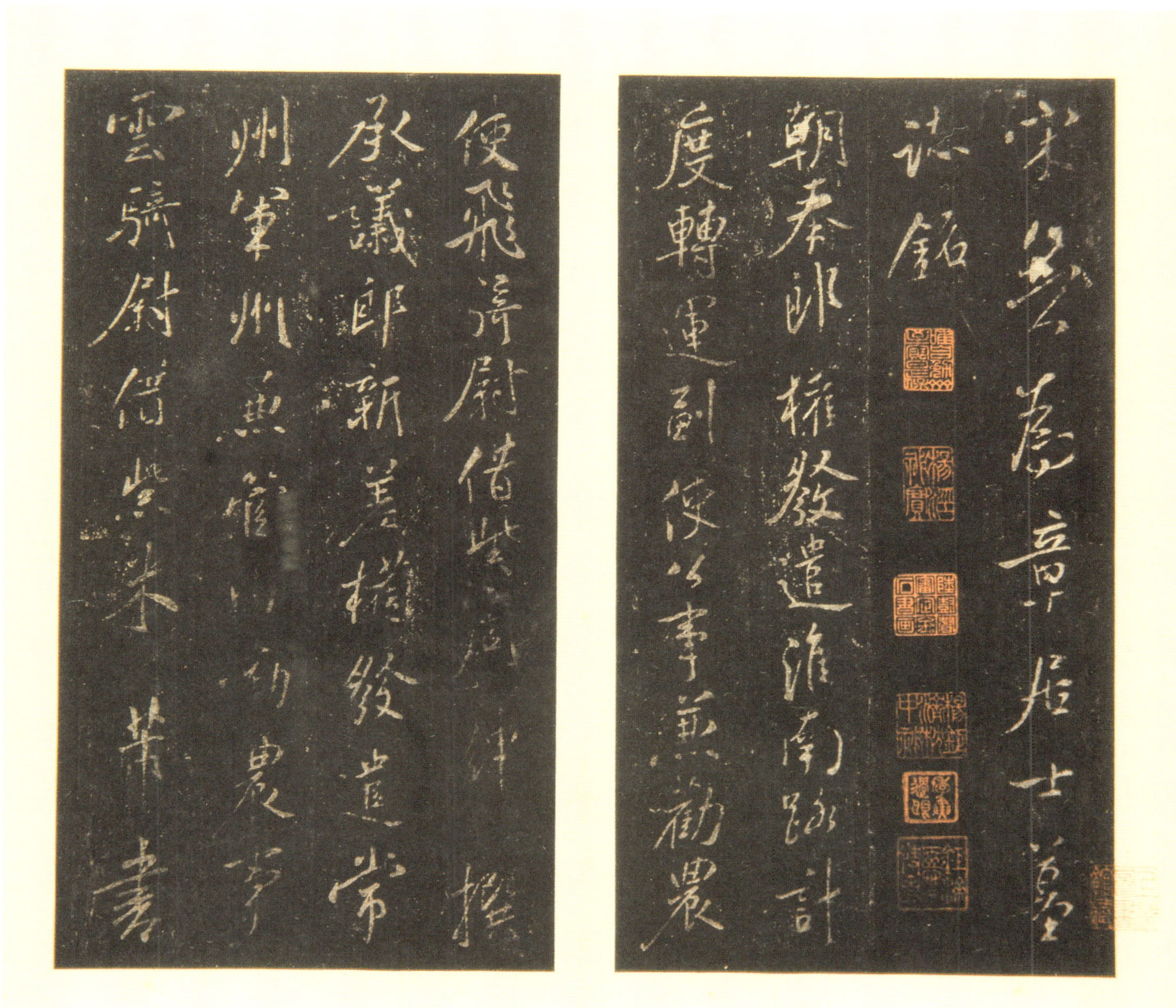

11034 章吉老墓誌 （宋）周紳撰 （宋）米芾書 （宋）陳敦復篆蓋 北宋崇寧四年（1105）刻石 明初拓本

共十三開，碑文十二開。墨本高 26 釐米，廣 13.9 釐米。有“楊鉅濟枕中秘”、“陸封聲審定金石書畫”、“蔣祖詒”等印。褚德彝、羅振玉題端，唐翰題題跋，王同愈觀款，吴湖帆繪《米家山水圖》並題跋。上海圖書館藏。

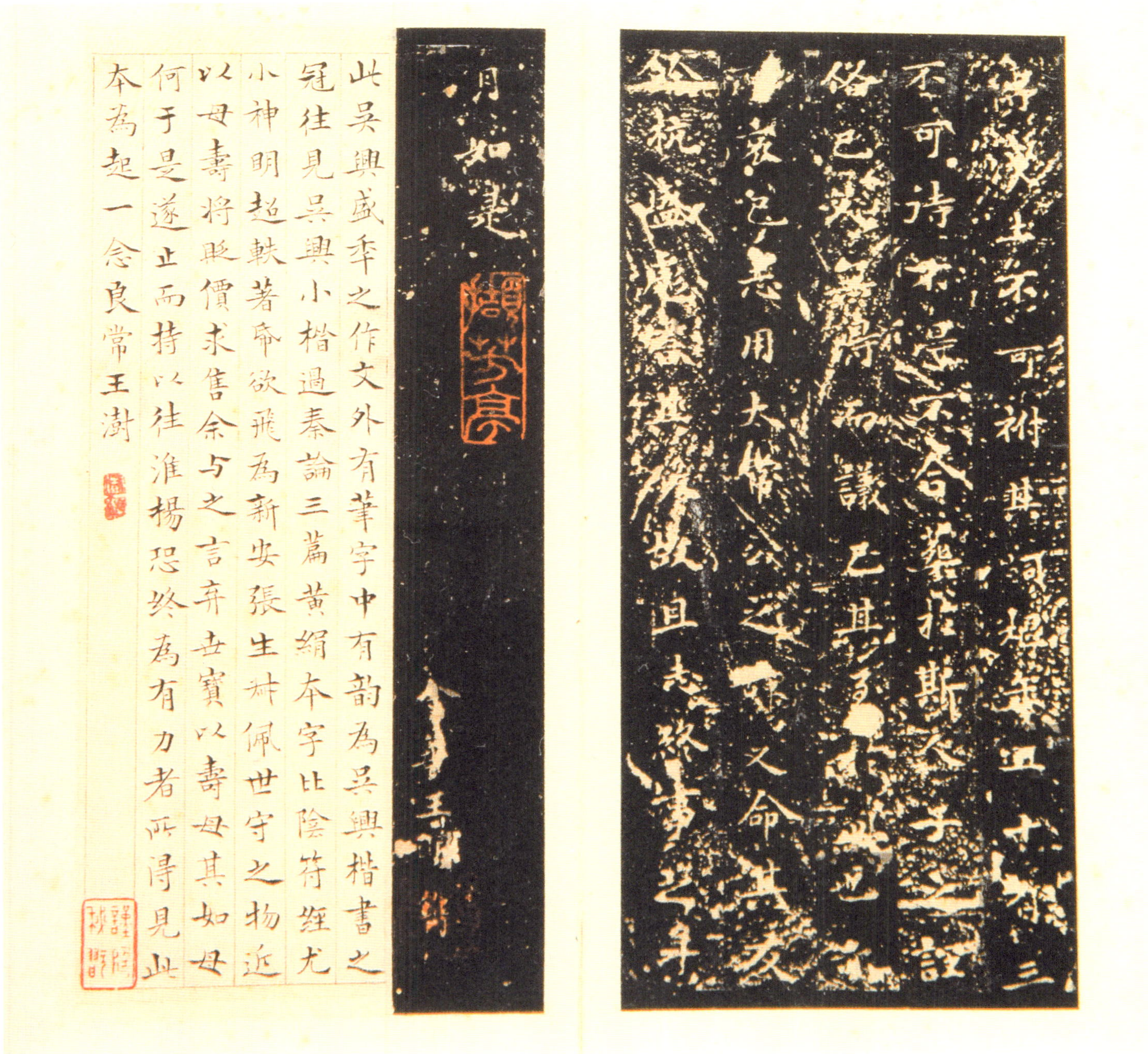

11035 鮮于光祖墓誌 （元）周砥撰 （元）趙孟頫書序 （元）盛彪書合葬緣故 元大德二年（1298）刻石 明拓本

共十四開，碑文十二開。墨本高 25.3 釐米，廣 11.5 釐米。有“松下清齋”、“陸恭私印”等印。沈樹鏞、梁同書題簽，王澍題跋。上海圖書館藏。

鮮于府君墓誌銘

太中太夫太常卿兼國

子祭酒周砥撰

奉訓大夫兵部郎

中趙孟頫書并篆蓋

11036 五百羅漢圖 （清）王方嶽繪 （清）高宗弘曆撰記並書 清乾隆二十二年（1757）刻石 初拓本

卷軸裝。墨本高 39 釐米，廣 1820 釐米。國家圖書館藏。

獅子窟
祇樹園

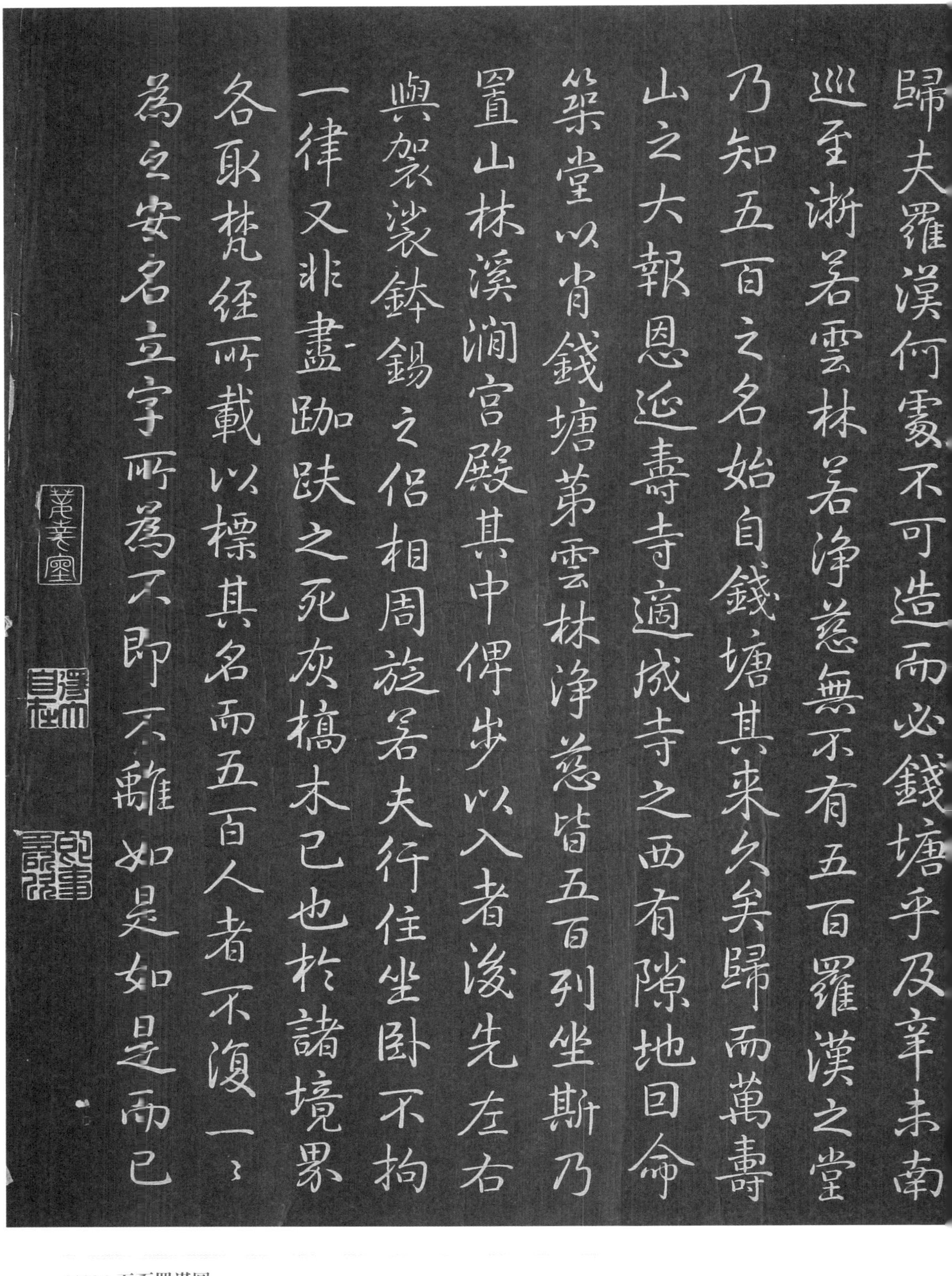
歸夫羅漢何處不可造而必錢塘乎及辛未南
巡至浙若雲林若淨慈無不有五百羅漢之堂
乃知五百之名始自錢塘其來久矣歸而萬壽
山之大報恩延壽寺適成寺之西有隙地回命
築堂以肖錢塘第雲林淨慈皆五百列坐斯乃
置山林溪澗宮殿其中俾步以入者後先左右
與袈裟鉢錫之侶相周旋若夫行住坐卧不拘
一律又非盡跏趺之死灰槁木已也於諸境界
各取梵經所載以標其名而五百人者不復一一
為之安名立字所為不即不離如是如是而已

11036 五百羅漢圖

萬壽山五百羅漢堂記

調御丈夫作天人師世出世間示權變法以度衆生得其門而入其室者自小乘進至四果方得謂之羅漢故楞嚴經富樓那言我于佛前助佛轉輪曰獅子吼成阿羅漢十六應真之號諸經皆有而大論則云五千羅漢其力最大金剛經須菩提言世尊我若作是念我得阿羅漢道世尊則不說須菩提是樂阿蘭那行者是知五千不為多十六不為少五百羅漢堂之作抑亦繫於是乎昔蘇東坡有薦誠禪院五百羅漢記其言曰僧應言將造五百羅漢於錢塘而載以

11037 大觀帖十卷 （宋）蔡京等輯 北宋大觀三年（1109）刻石 清康熙年間出土殘石初拓本

共七開，帖五開。墨本高 32.5 釐米，廣 31.5 釐米。宋犖、王時新題跋。上海圖書館藏。存一卷。

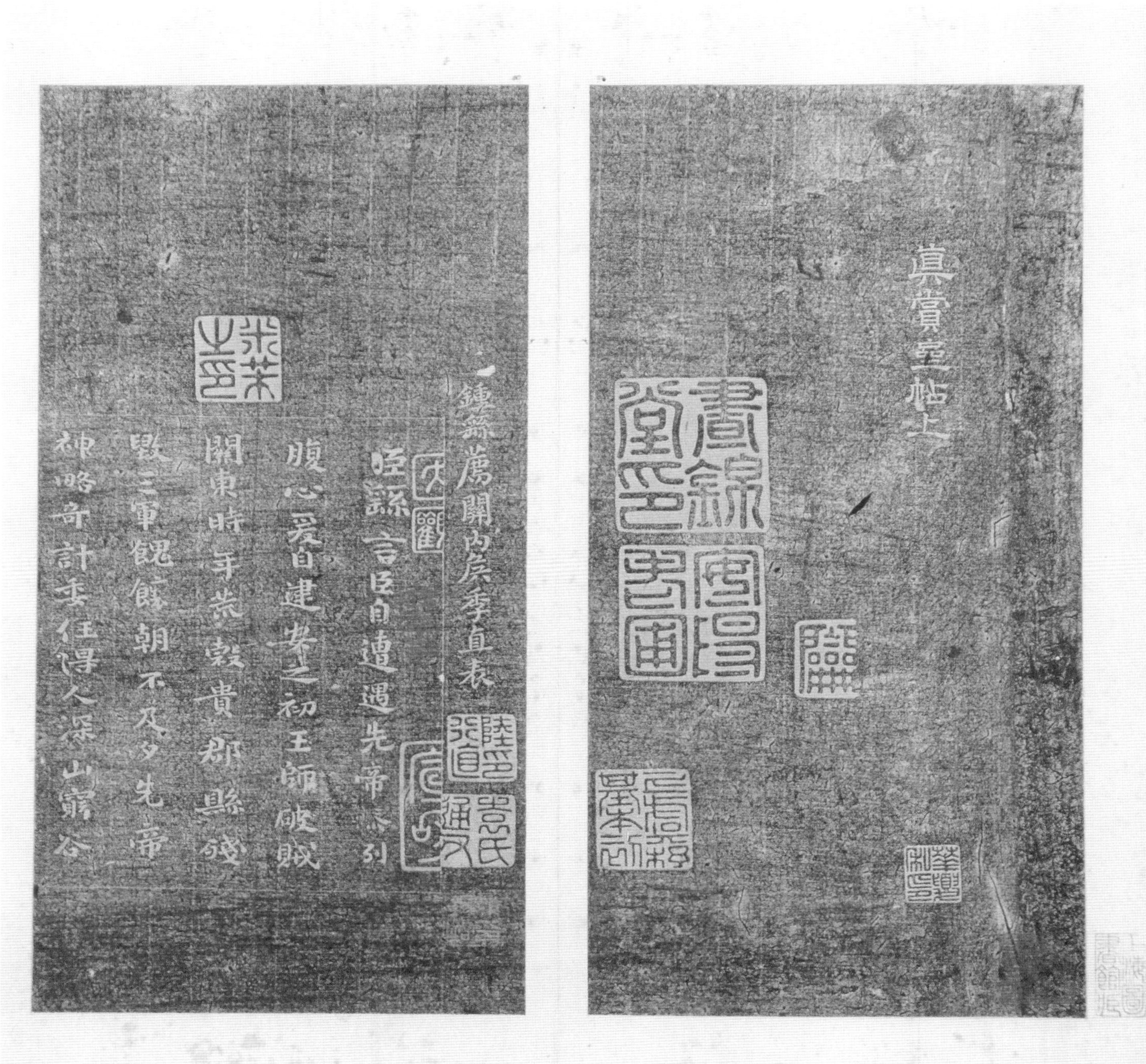

11038 真賞齋帖三卷 （明）華夏輯 （明）章簡父摹刻 明嘉靖元年（1522）

刻石 明嘉靖年間火前拓本

共二十六開，帖二十三開半。墨本高 26.6 釐米，廣 13.7 釐米。有“陳印錫鈞”等印。秦更年、高時豐題端，陳昌齊題跋，吴湖帆繪《破帖齋圖》。上海圖書館藏。

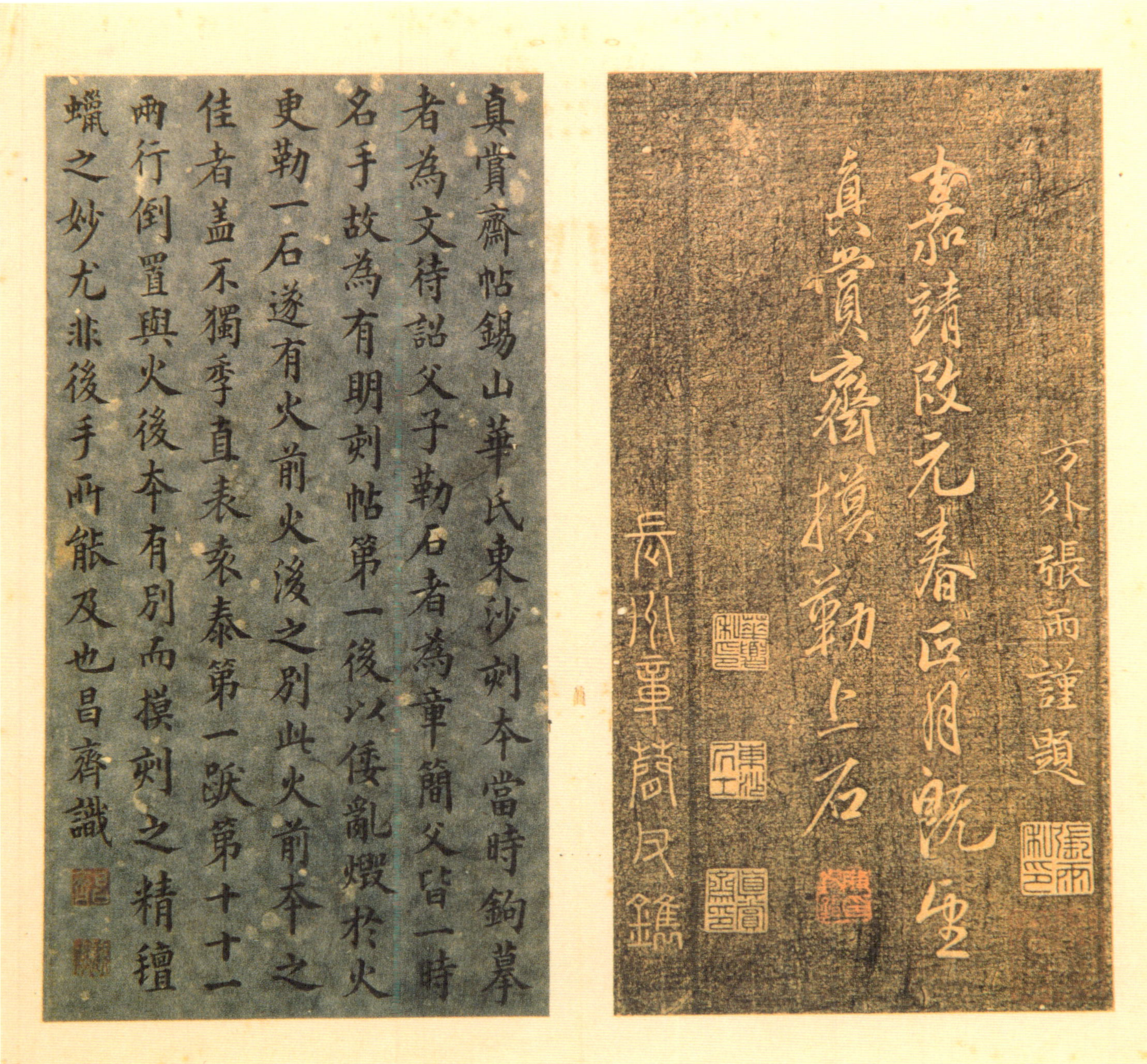
方外張雨謹題
嘉靖改元春正月既望
真賞齋摸勒上石
長州章簡父鐫

真賞齋帖錫山華氏東沙刻本當時鉤摹
者為文待詔父子勒石者為章簡父皆一時
名手故為有明刻帖第一後以倭亂燬於火
更勒一石遂有火前火後之別此火前本之
佳者蓋不獨季直表袠泰第一跋第十一
兩行倒置與火後本有別而摸刻之精氊
蠟之妙尤非後手所能及也昌齊識

11038 真賞齋帖三卷

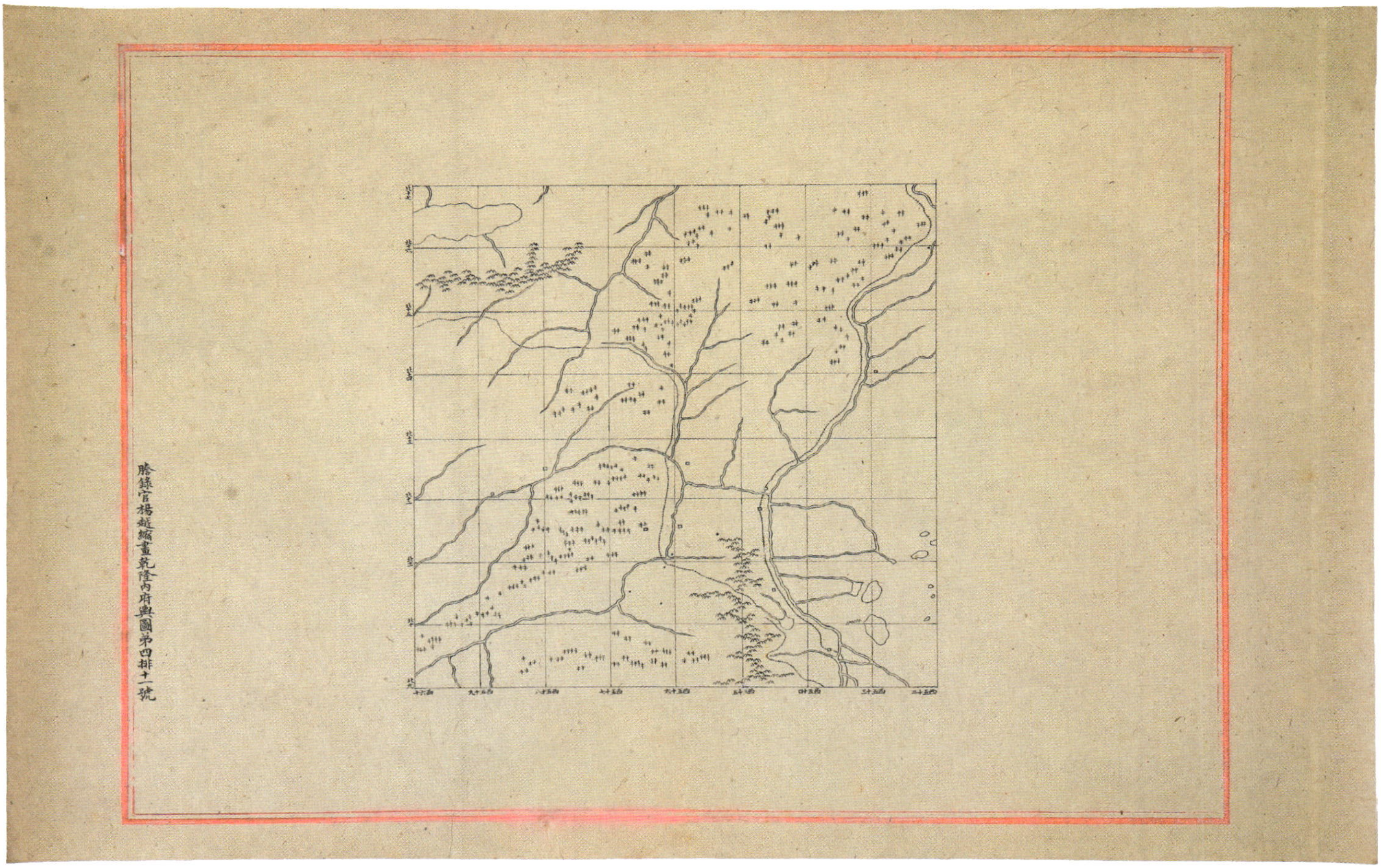

11039 十排皇輿全圖 清乾隆繪本

國家圖書館藏，存五十七幅。

11040 皇輿全圖 清乾隆二十五年（1760）銅版印本

國家圖書館藏。

11041 皇輿全圖 清嘉慶彩繪本

國家圖書館藏。

俄羅斯界
朝鮮國界
海
海
海
海

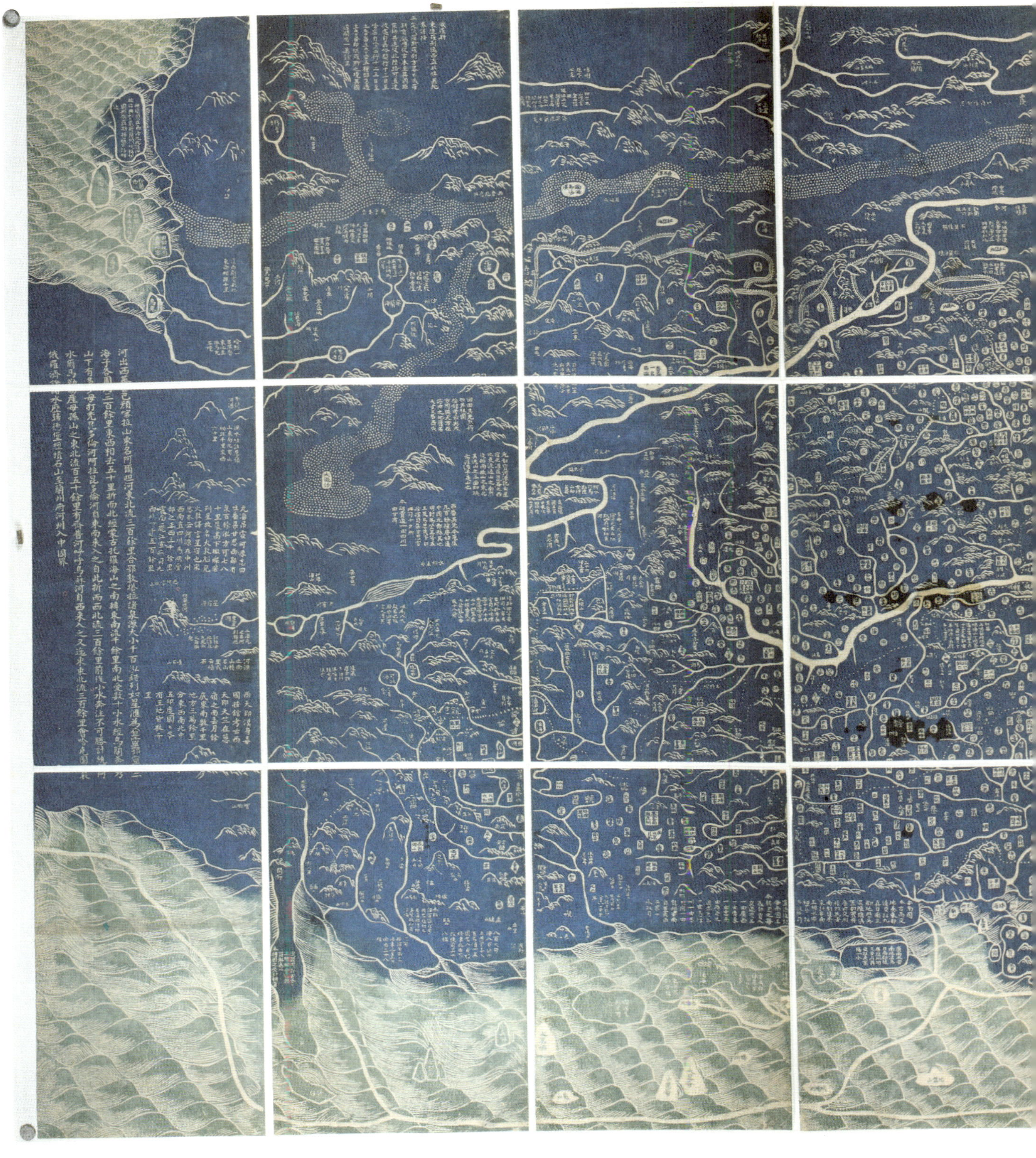

11042 大清萬年一統地理全圖 （清）黄千人原繪 清嘉慶藍緑拓本

國家圖書館藏。

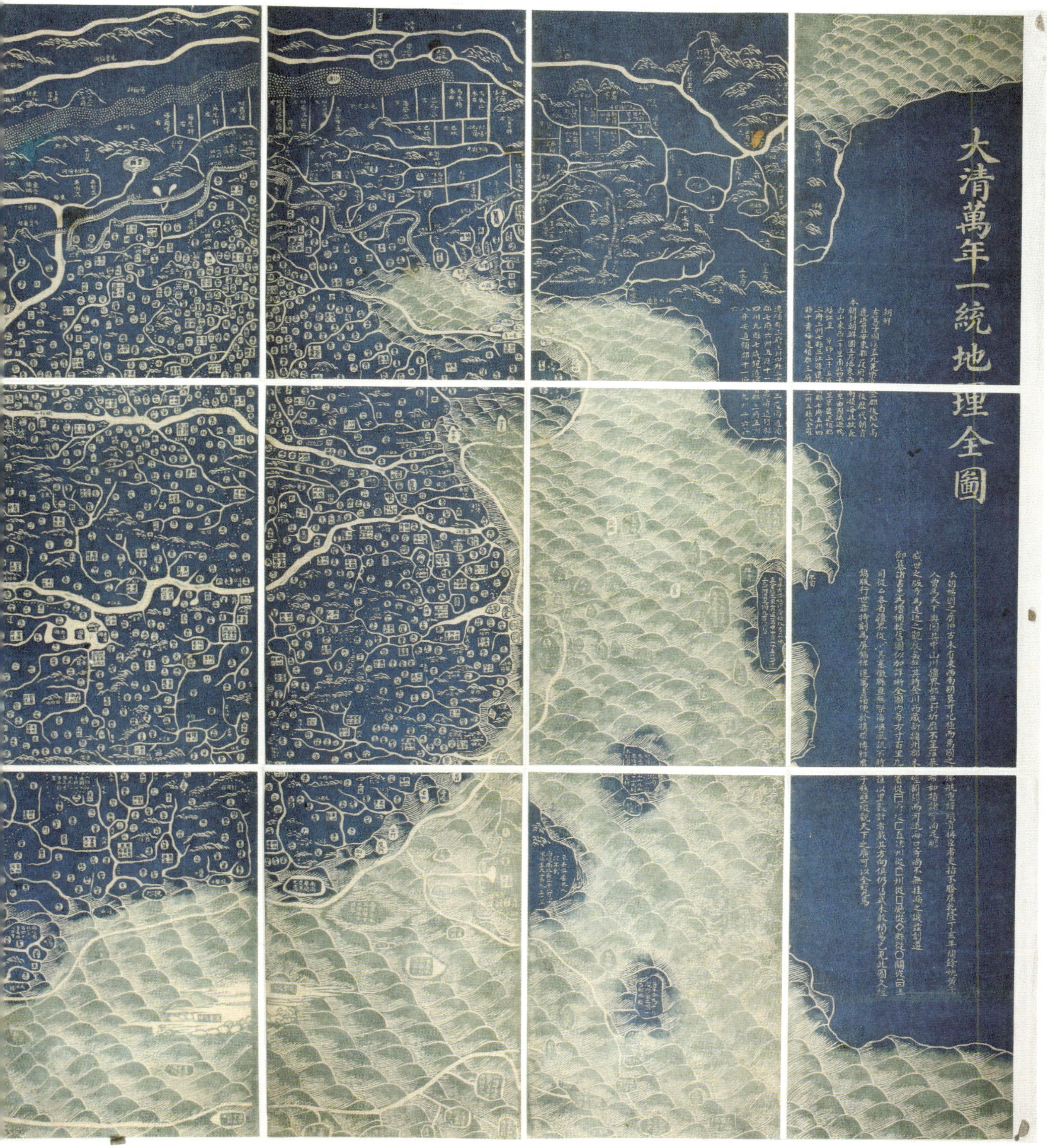
大清萬年一統地理全圖

11043 大清萬年一統天下全圖 （清）黄千人原繪 （清）曉峰摹繪 清嘉慶五年（1800）彩繪本

國家圖書館藏。

安南國
本古南交地
秦象郡漢交
趾九真日南
三郡地歷吴
梁陳隋俱置
毘唐曰交州
宋封安南王
明永樂初置
交趾布政司
宣德後封安
南國王
本朝因之每歳
廣南本
安南地
漢爲日
南郡隋
唐驩州
明乂安
府
七州洋

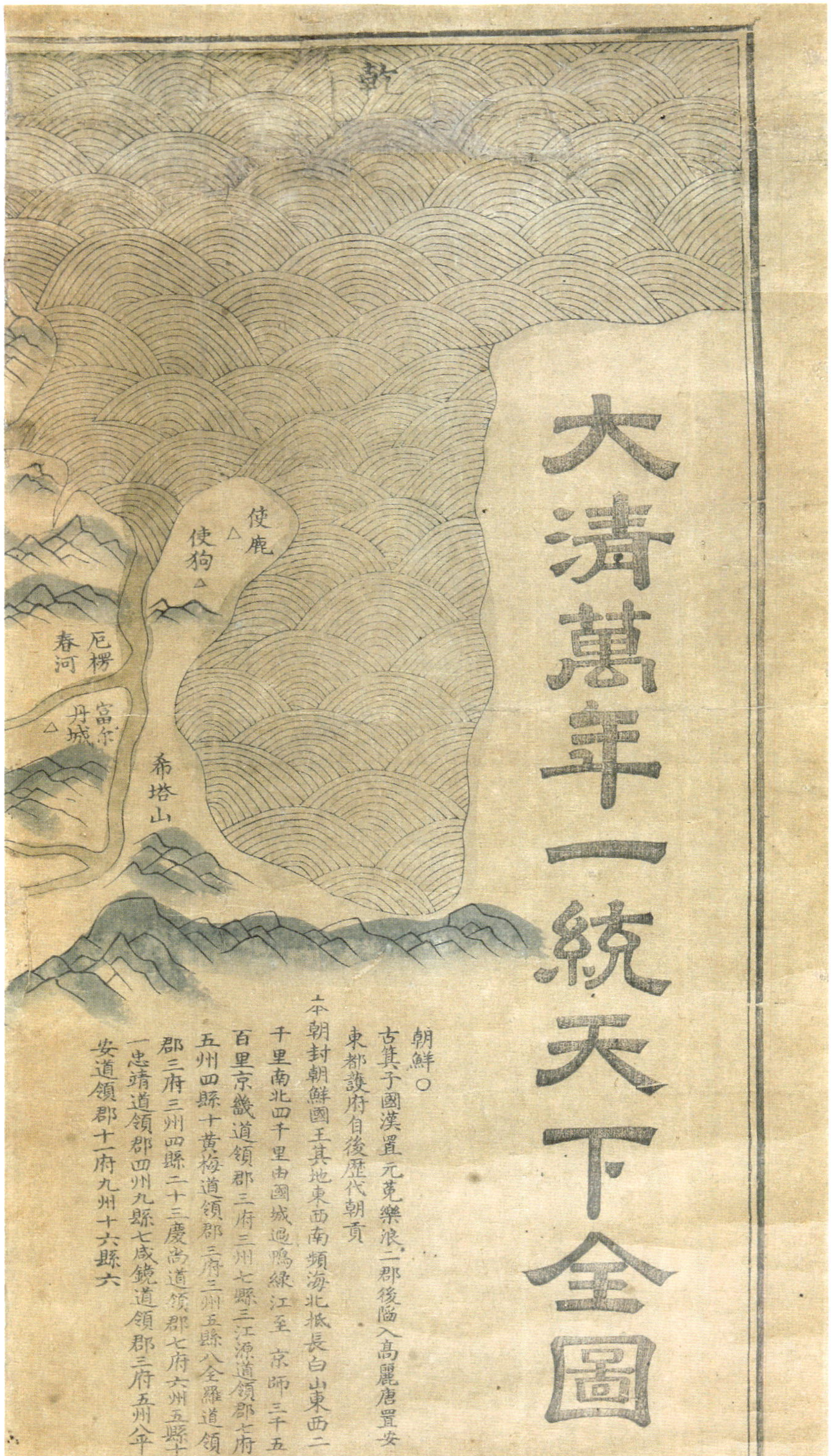

11044 大清萬年一統天下全圖 （清）黄千人原繪 （清）朱錫齡增補 清嘉慶刻本

國家圖書館藏。

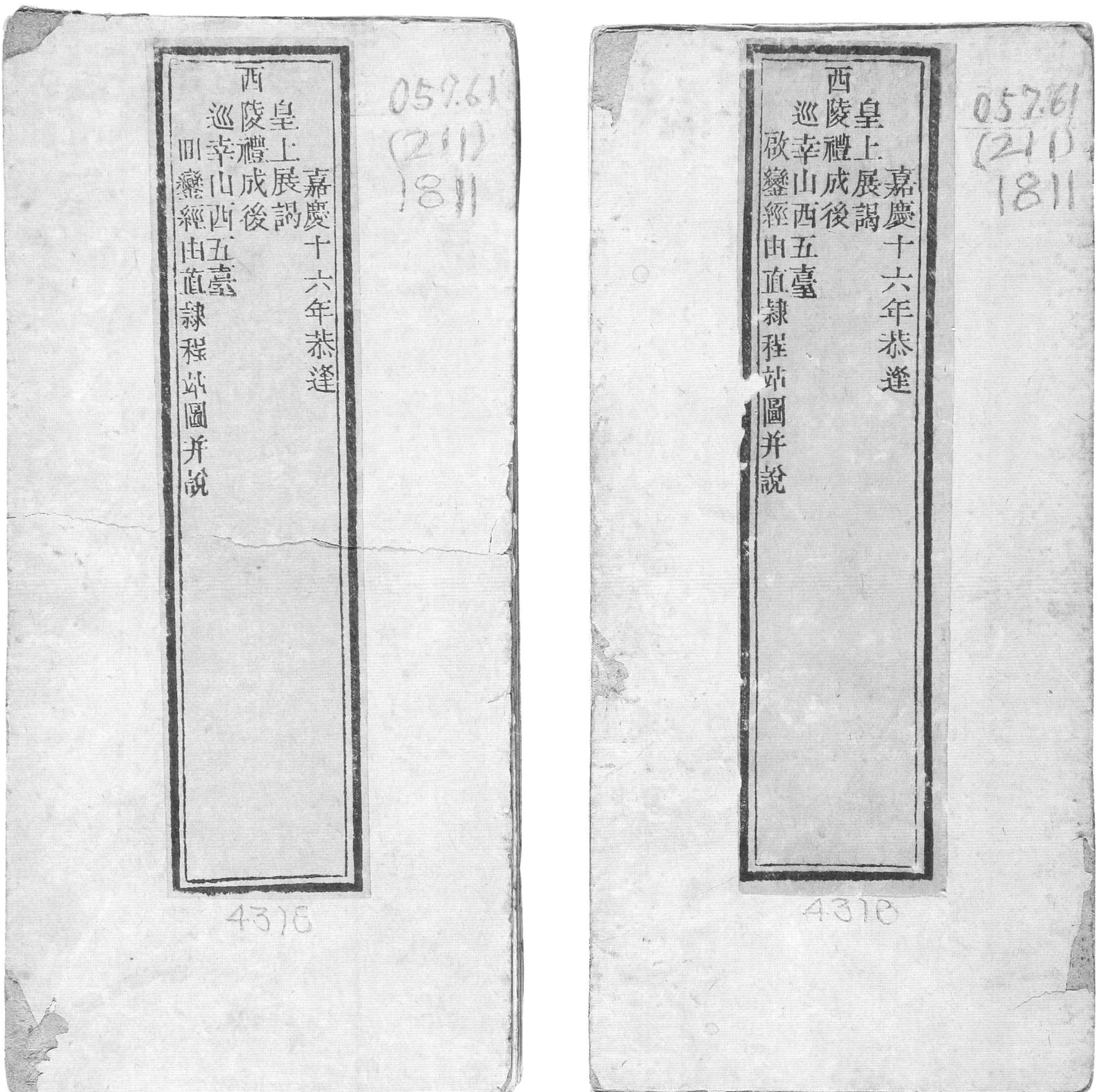

11045 皇上展謁西陵禮成後巡幸山西五臺啓鑾回鑾經由直隸程站圖並説 清嘉慶十六年（1811）刻本

國家圖書館藏。

11046 木蘭圖式 （清）慶興繪圖 清嘉慶彩繪本

國家圖書館藏。

524x566
02713

11047 盛京通省全圖式 清嘉慶彩繪本

國家圖書館藏。

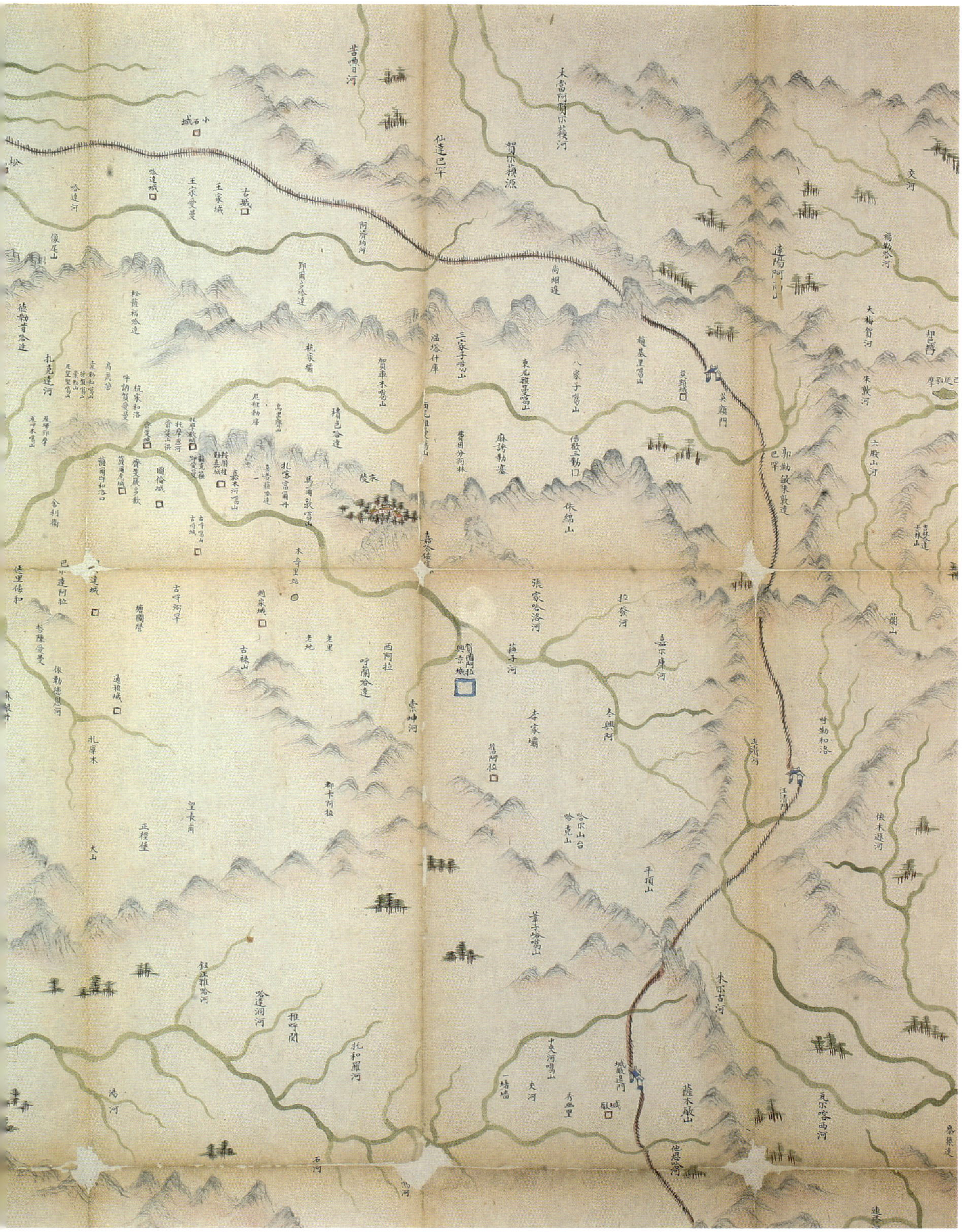

11048 洛陽十邑輿圖 清嘉慶繪本

國家圖書館藏。

14527

11049 江西省府縣分圖 清初彩色絹繪本

國家圖書館藏，存八十四幅。

11050 廣州十四屬地圖 （清）禹之鼎繪 清康熙三十六年（1697）禹氏彩繪本

中山大學圖書館藏，存廣州府（東莞縣、順德縣、新會縣、香山縣、增城縣、三水縣、清遠縣、花縣、新寧縣、新安縣、從化縣、龍門縣）。

東北至順德縣界一百五十里
大雁山
龍蟠山
黃雲山
天河海
新會縣
隸水
文溪
南至香山縣界一百一十里
江門海
外海嘴
湯瓶嘴山
東南至香山縣界一百五十里

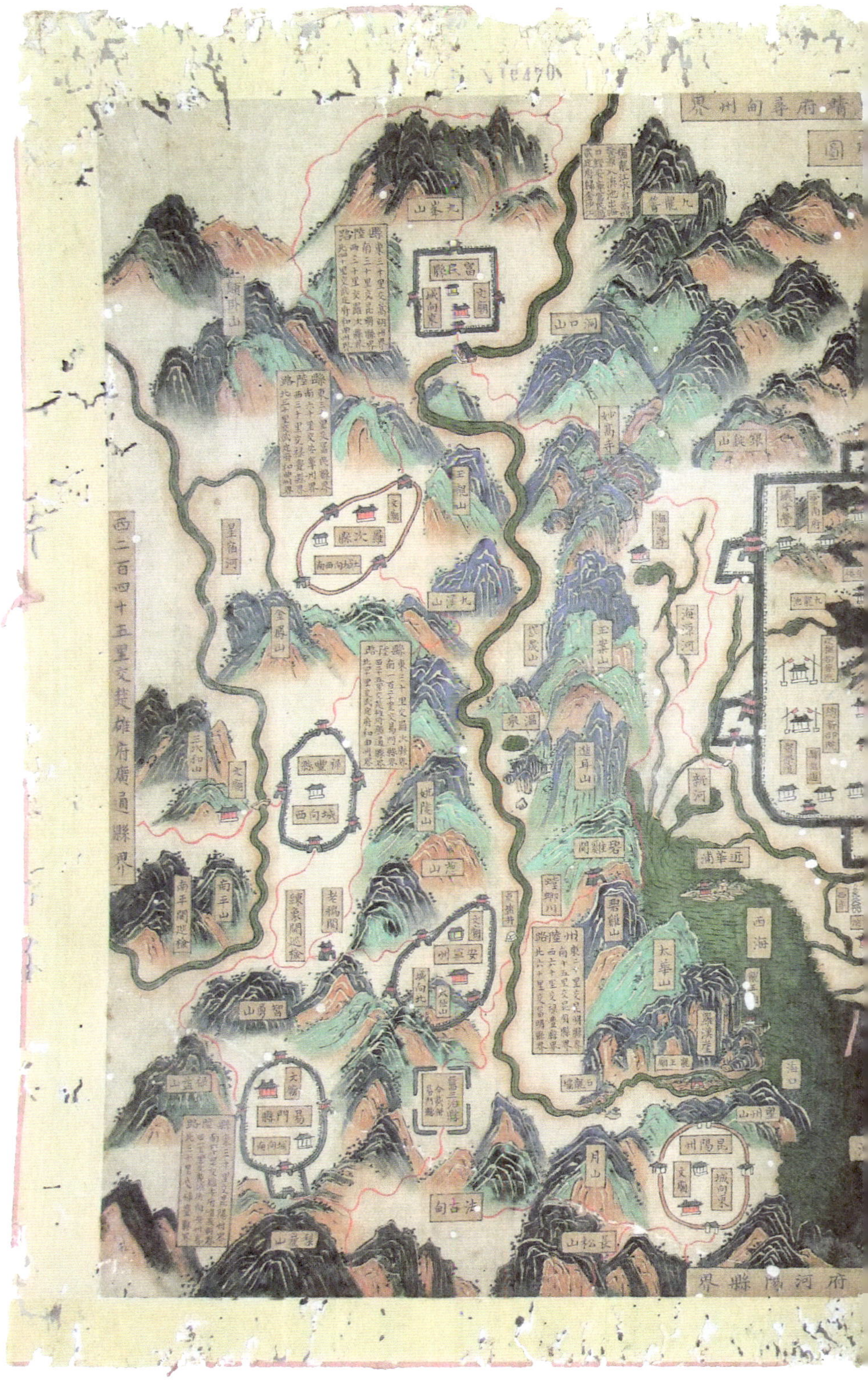

11051 雲南地輿全圖 （清）佚名繪並寫 清彩色絹繪本

中山大學圖書館藏。

東一百三十里交曲靖府馬龍州界

11052 宜都灌灣腦全圖 （清）惠齡奏呈 清嘉慶彩繪本

國家圖書館藏。

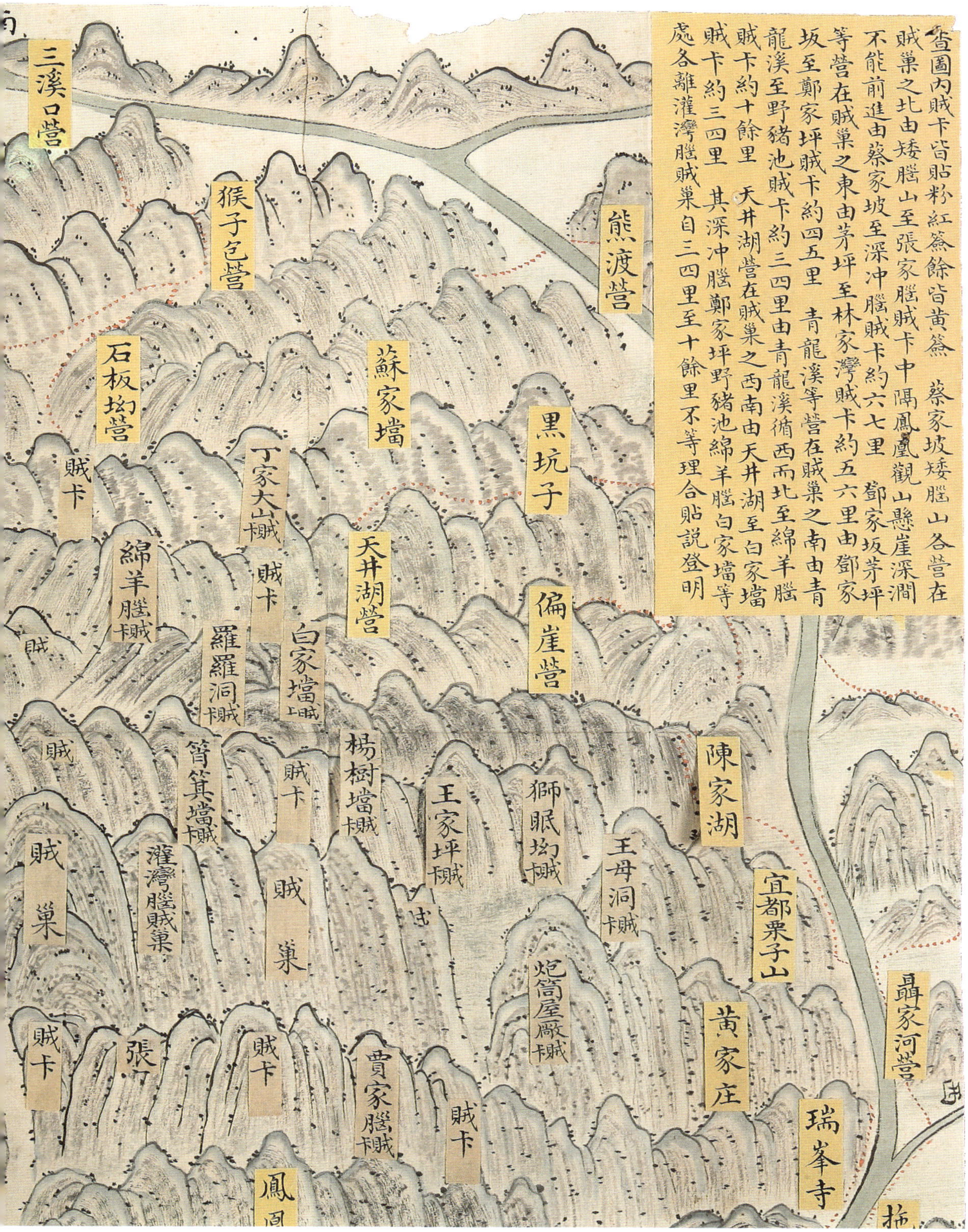
查圖內賊卡皆貼粉紅簽餘皆黃簽　蔡家坡矮𡽡山各營在
賊巢之北由矮𡽡山至張家𡽡賊卡中隔鳳凰觀山懸崖深澗
不能前進由蔡家坡至深冲𡽡賊卡約六七里　鄧家坂茅坪
等營在賊巢之東由茅坪至林家灣賊卡約五六里由鄧家
坂至鄭家坪賊卡約四五里　青龍溪等營在賊巢之南由青
龍溪至野豬池賊卡約三四里由青龍溪循西而北至綿羊𡽡
賊卡約十餘里　天井湖營在賊巢之西南由天井湖至白家壋
賊卡約三四里　其深冲𡽡鄭家坪野豬池綿羊𡽡白家壋等
處各離灌灣𡽡賊巢自三四里至十餘里不等理合貼說登明
三溪口營
猴子包營
熊渡營
石板坳營
蘇家壋
黑坑子
賊卡
丁家大山賊卡
天井湖營
偏崖營
綿羊𡽡賊卡
賊卡
羅羅洞賊卡
白家壋賊卡
賊卡
笤箕壋賊卡
賊卡
楊樹壋賊卡
王家坪賊卡
獅眠坳賊卡
陳家湖
王母洞賊卡
宜都栗子山
賊巢
灌灣𡽡賊巢
賊巢
炮筒屋廠賊卡
黃家庄
聶家河營
賊卡
張
賊卡
貫家𡽡賊卡
賊卡
瑞峯寺

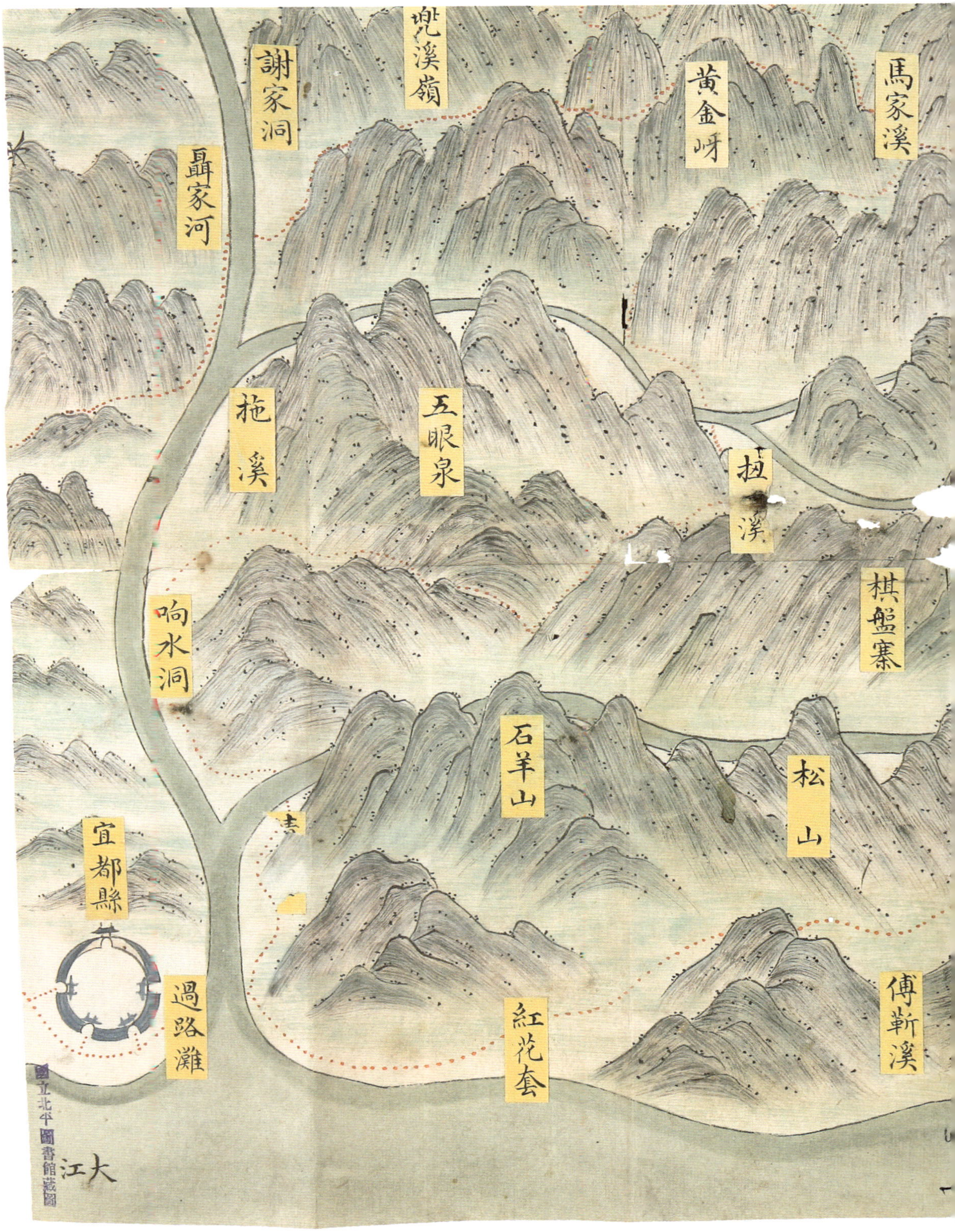

11053 長陽涼山全圖 （清）惠齡奏呈 清嘉慶彩繪本

國家圖書館藏。

董家溪
望州坪
朝聖宫
渾水堰
長陽縣
大堰
磨市
分水嶺
仙人橋
彭澤口
大江

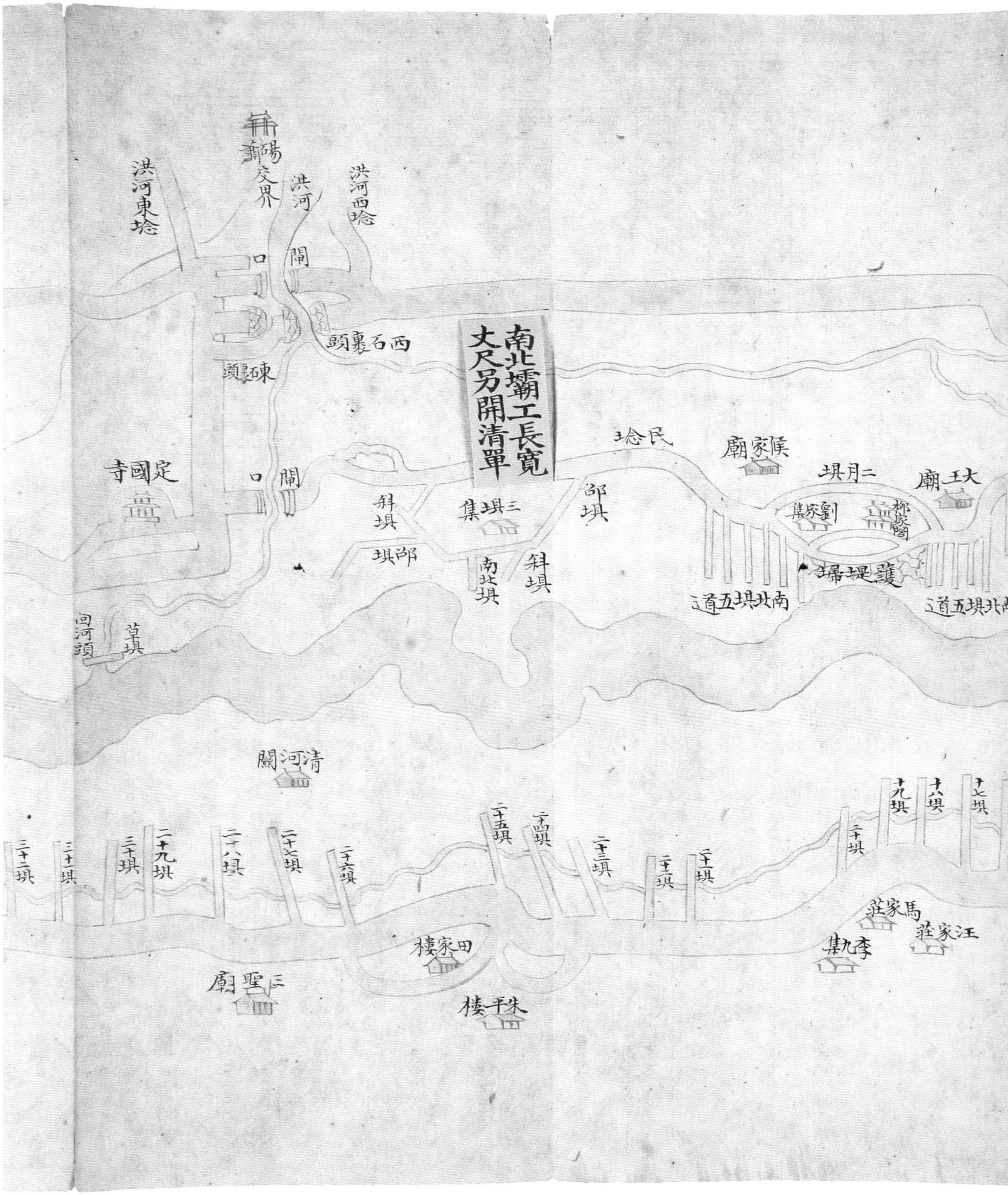

11054 碭山境内南北兩岸土壩全圖 清嘉慶彩繪本

國家圖書館藏。

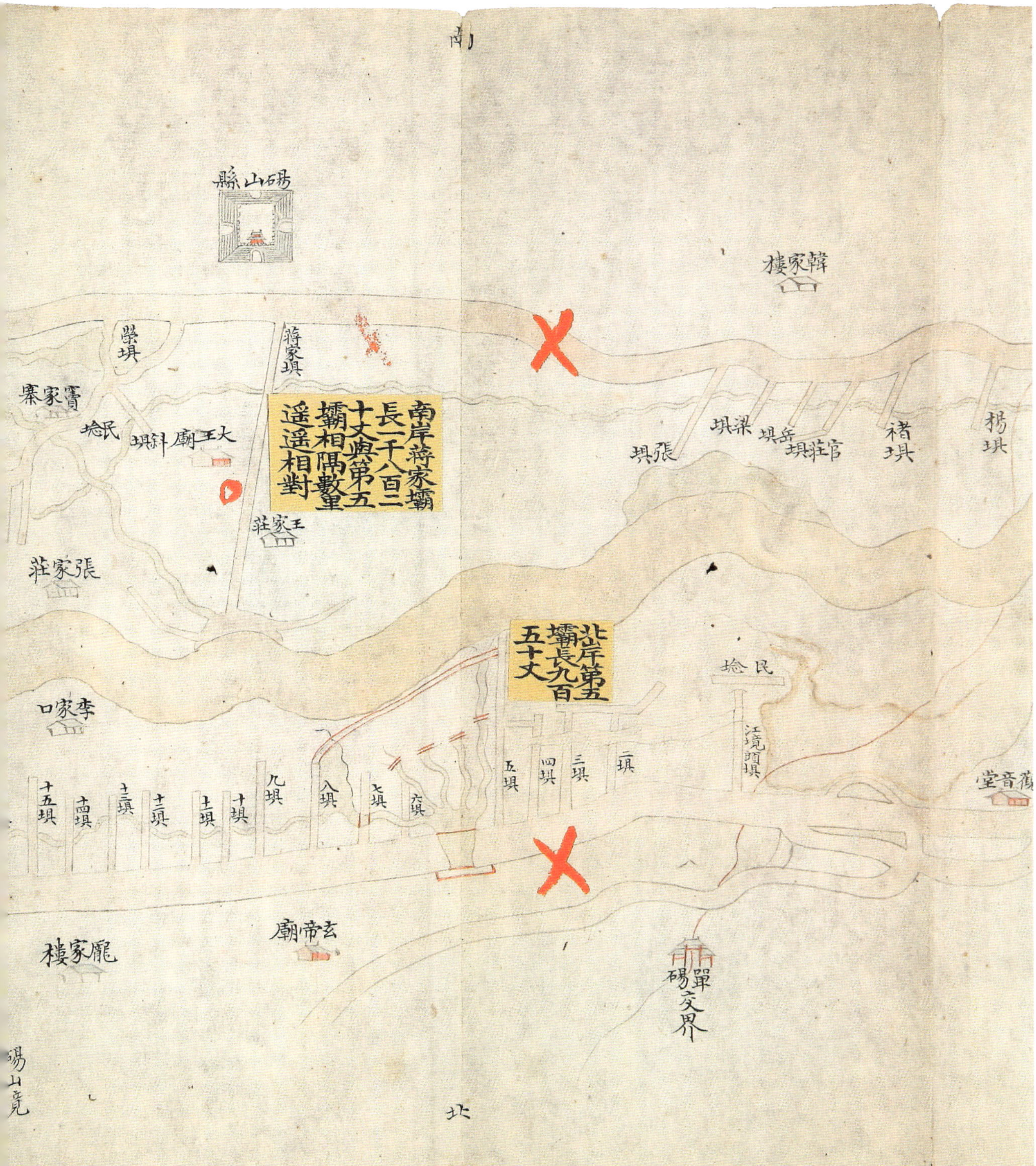
南
碭山縣
韓家樓
學壩
蔣家壩
賈家寨
民埝
大王廟
斜壩
南岸蔣家壩長一千八百二十丈與第五壩相隅數里遥遥相對
王家莊
張家莊
張壩
梁壩
岳壩
官莊壩
褚壩
楊壩
北岸第五壩長九百五十丈
民埝
李家口
江境頭壩
二壩
三壩
四壩
五壩
六壩
七壩
八壩
九壩
十壩
十一壩
十二壩
十三壩
十四壩
十五壩
觀音堂
龐家樓
玄帝廟
單碭交界
碭山境
北

11055 淮南北軍情圖説不分卷 （清）翁同書撰 稿本

國家圖書館藏。

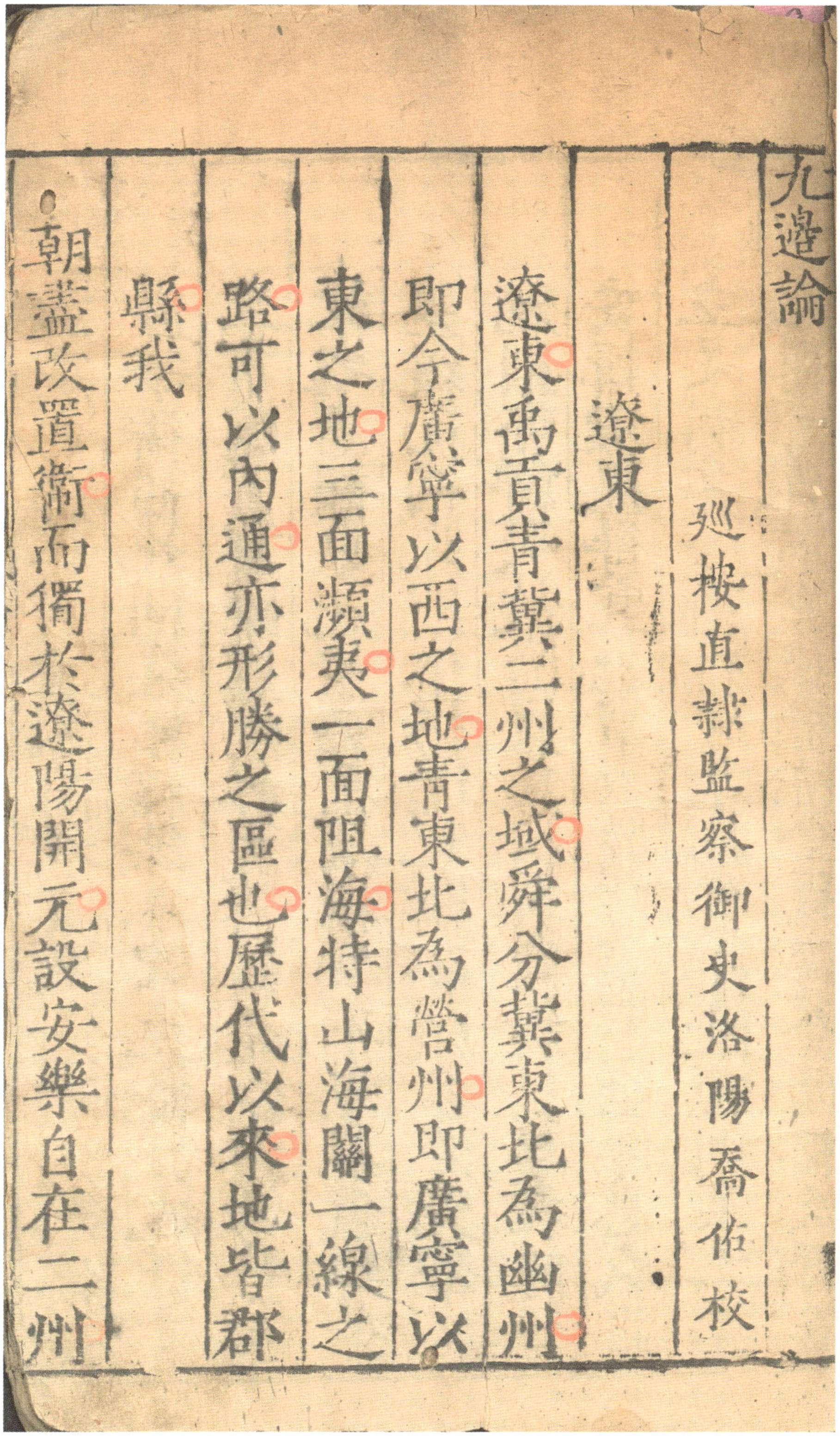

九邊論

巡按直隸監察御史洛陽喬佑校

遼東

遼東禹貢青冀二州之域舜分冀東北為幽州即今廣寧以西之地青東北為營州即廣寧以東之地三面瀕夷一面阻海特山海關一線之路可以内通亦形勝之區也歷代以來地皆郡縣我

朝盡改置衛而獨於遼陽開元設安樂自在二州

11056 九邊圖論一卷 （明）許論撰 明嘉靖謝少南、宋宜刻本

匡高 21.9 釐米，廣 14.4 釐米。半葉九行，行二十字，白口，四周單邊。河南省圖書館藏。

11057 沿海疆域圖 （清）郭釗繪 清乾隆年間彩繪本

中國文化遺産研究院藏。

臺灣圖
大武隴山
南馬仙山
傀儡大山
淡水
阿猴
搭樓
武洛
羅漢門
小琉球
沙馬崎頭
龍鑾
大港
鹿耳門
茄老灣
馬沙港
青峯闕
大線頭
安平鎮
七鯤身

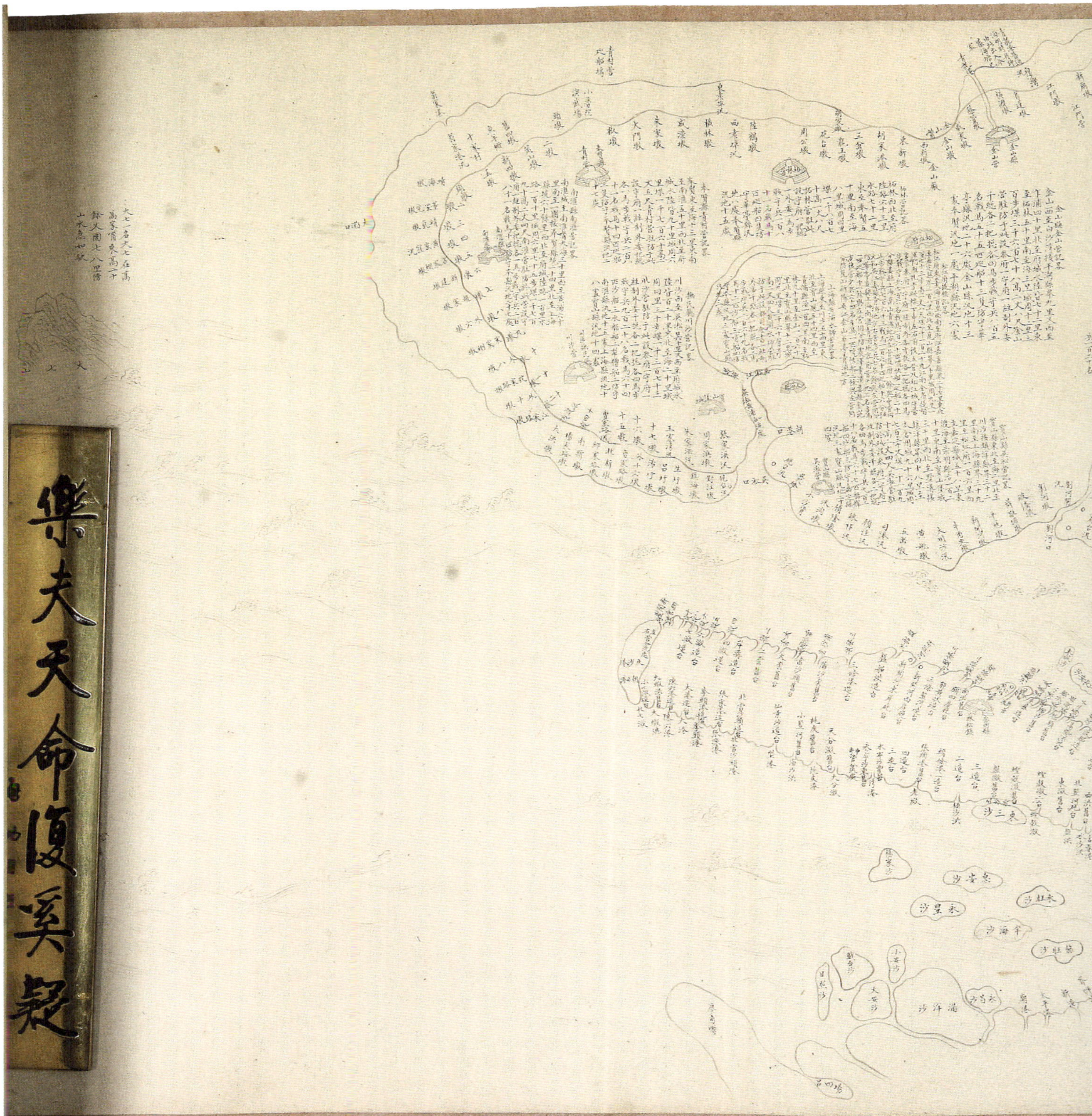

11058 江海扼隘圖 （清）高培源繪 清嘉慶十四年（1809）繪本

王昶、李逢辰、譚鵬霄跋。國家圖書館藏。

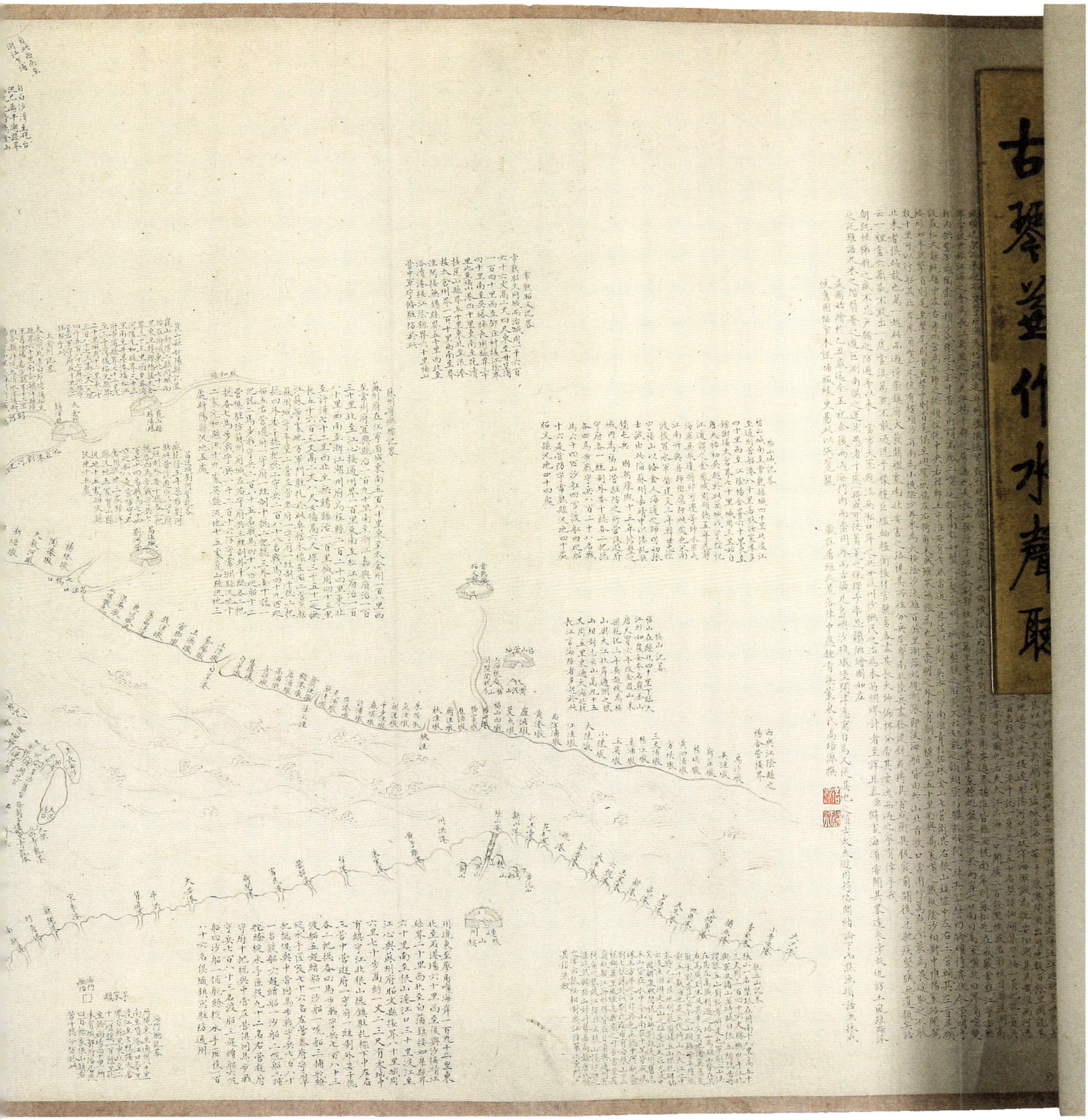

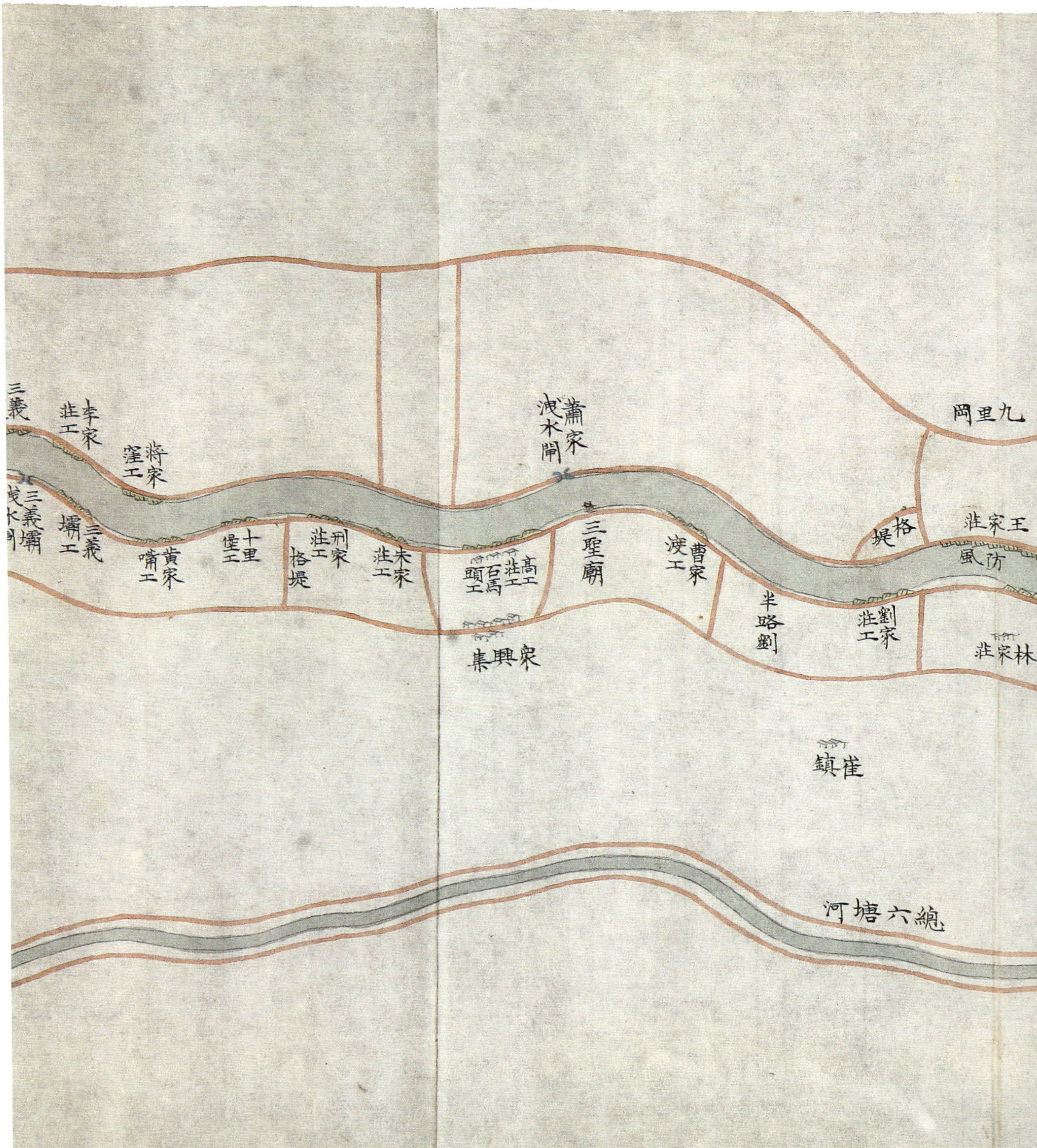

11059 江南省黄運圖 清嘉慶彩繪本

國家圖書館藏。

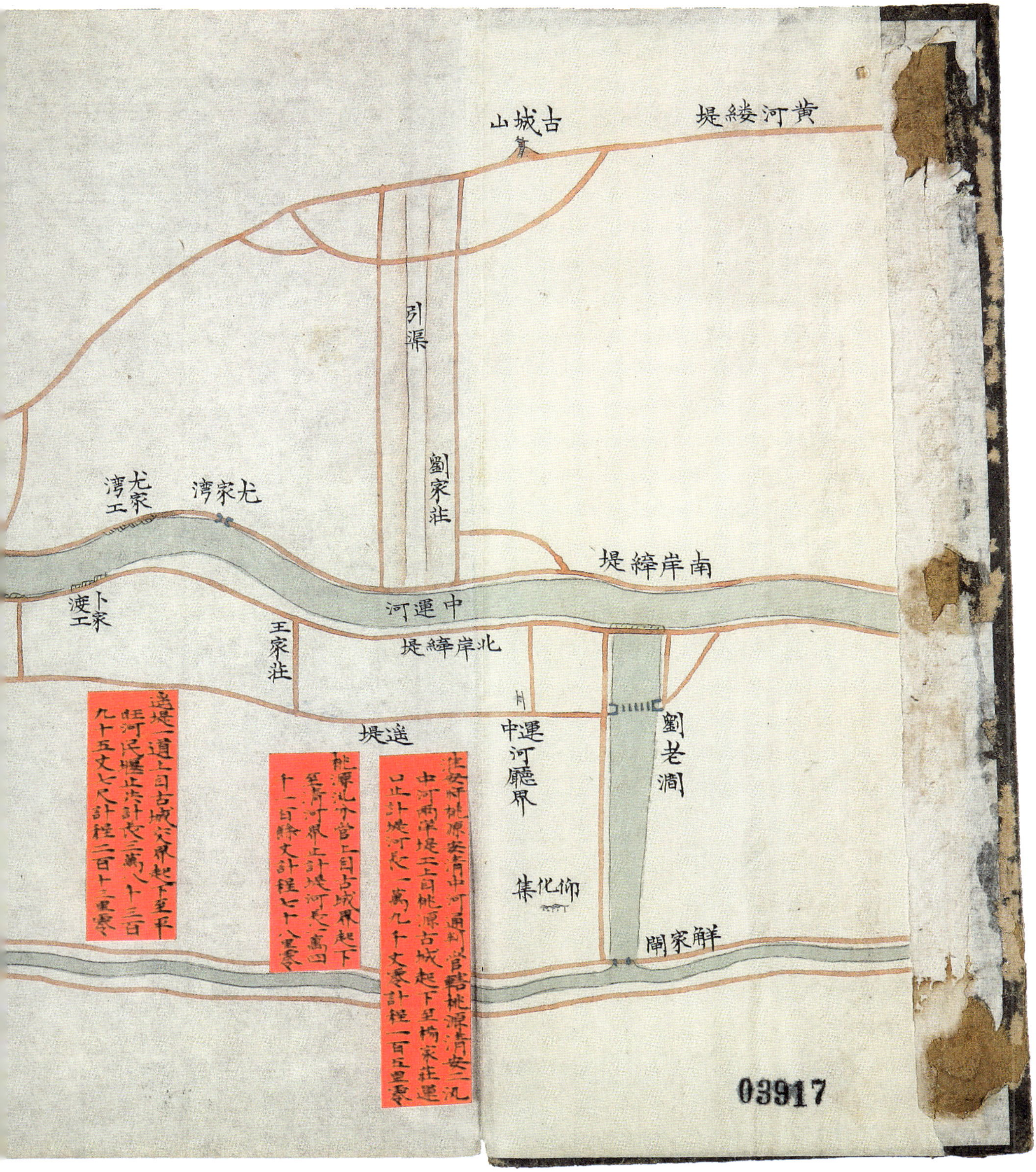
古城山
黃河縷堤
引渠
劉家莊
尤家灣
尤家灣工
南岸縴堤
中運河
卜家渡工
王家莊
北岸縴堤
遙堤
中運河廳界
劉老澗
仰化集
鮮家閘
03917

11060 江南省黄運圖 清嘉慶彩繪本

國家圖書館藏。

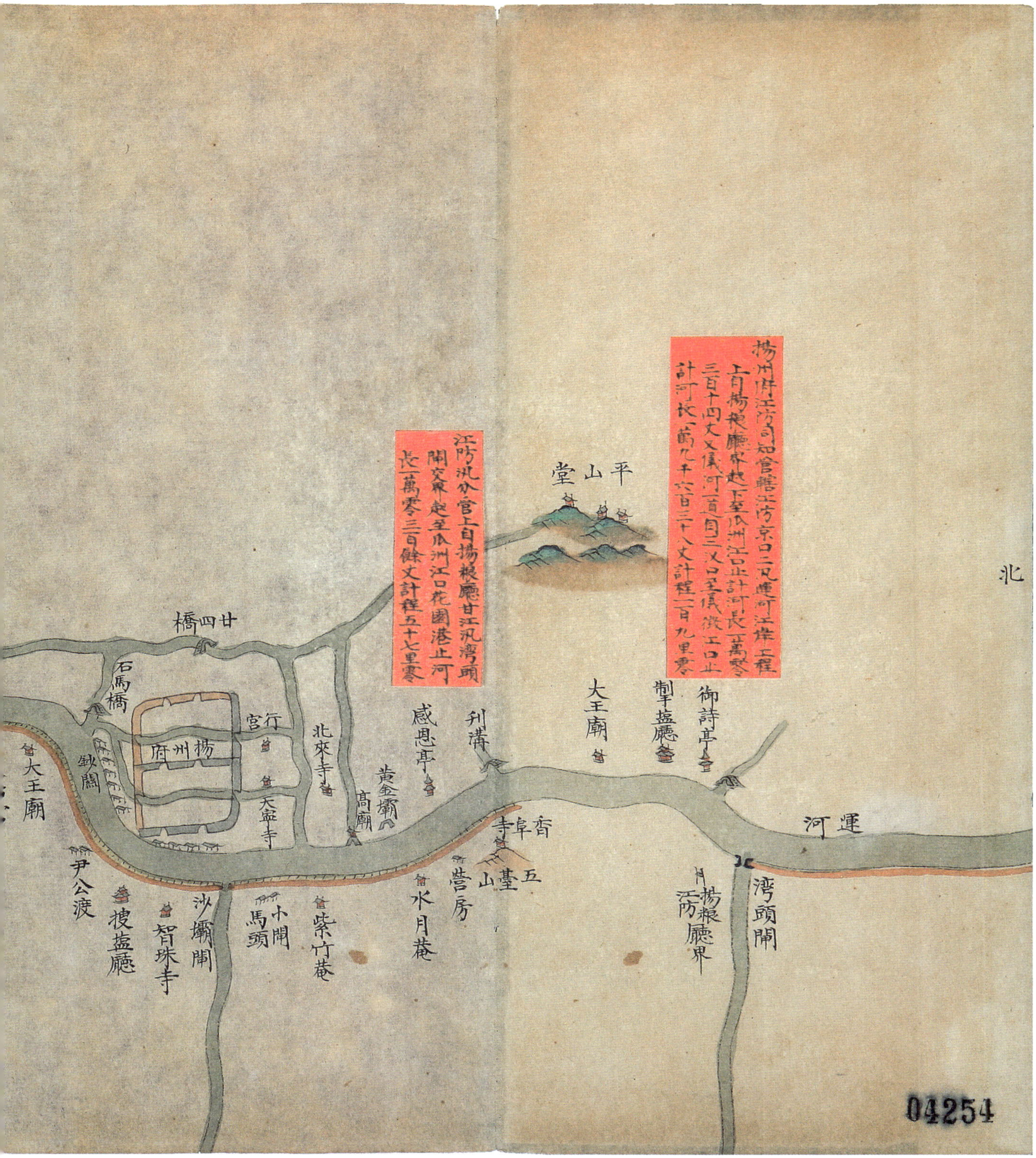
揚州府江防同知管轄江防京口二口連河江岸工程
上自揚粮廳交界起下至瓜洲江口止計河長一萬零
三百十四丈又儀河一道自三汊口至儀徵江口止
計河長一萬九千六百三十八丈計程一百九里零
江防汛分管上自揚粮廳甘江汛灣頭
閘交界起至瓜洲江口花園港止河
長一萬零三百餘丈計程五十七里零
平山堂
北
廿四橋
石馬橋
行宮
揚州府
北來寺
大王廟
鈔關
天寧寺
高廟
黄金壩
感恩亭
刊溝
大王廟
制鹽廳
御詩亭
運河
香阜寺
五臺山
營房
水月菴
紫竹菴
小閘
馬頭
沙壩閘
智珠寺
搜鹽廳
尹公渡
揚粮江防廳界
灣頭閘
04254

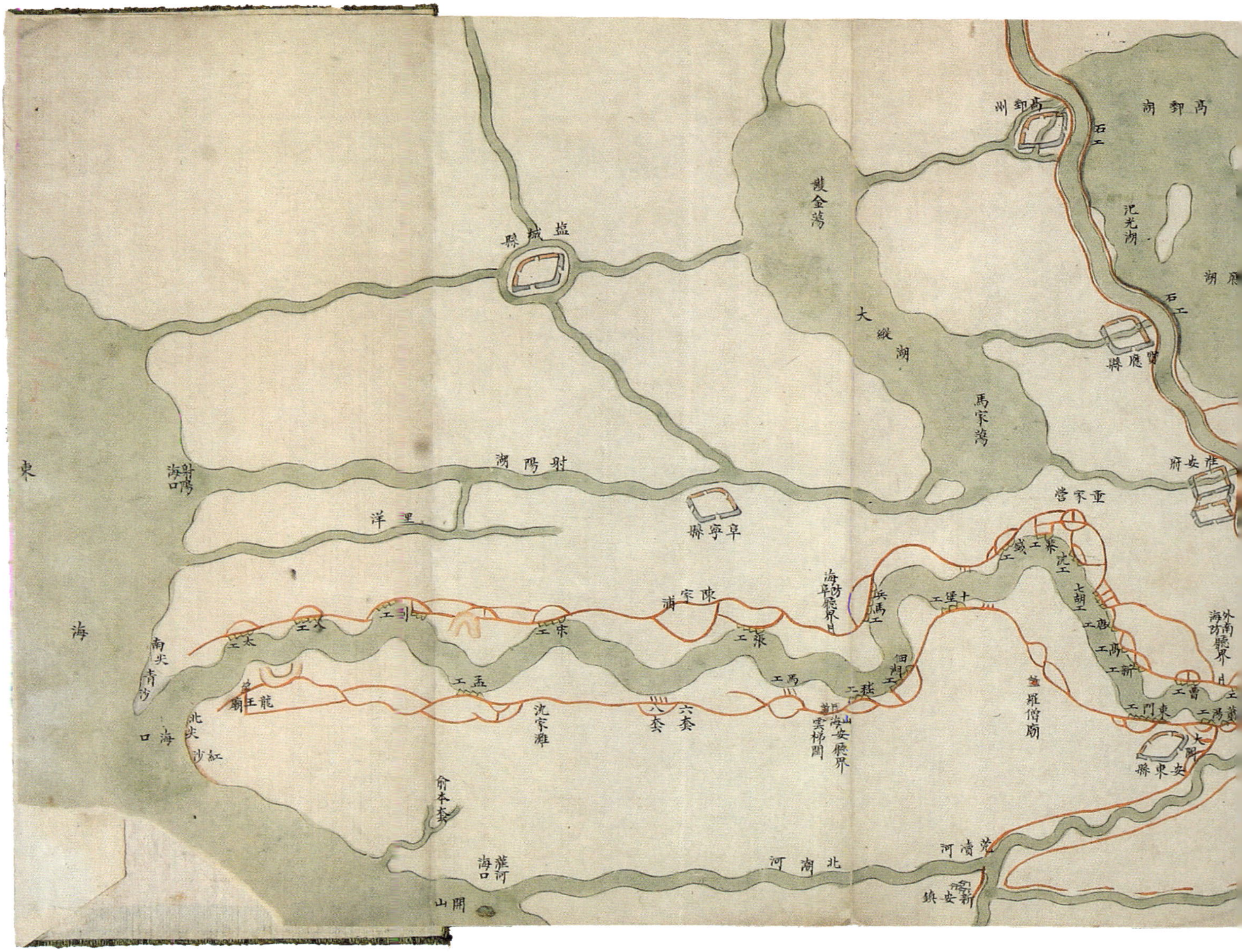

11061 江南省黄運圖 清嘉慶彩繪本

國家圖書館藏。

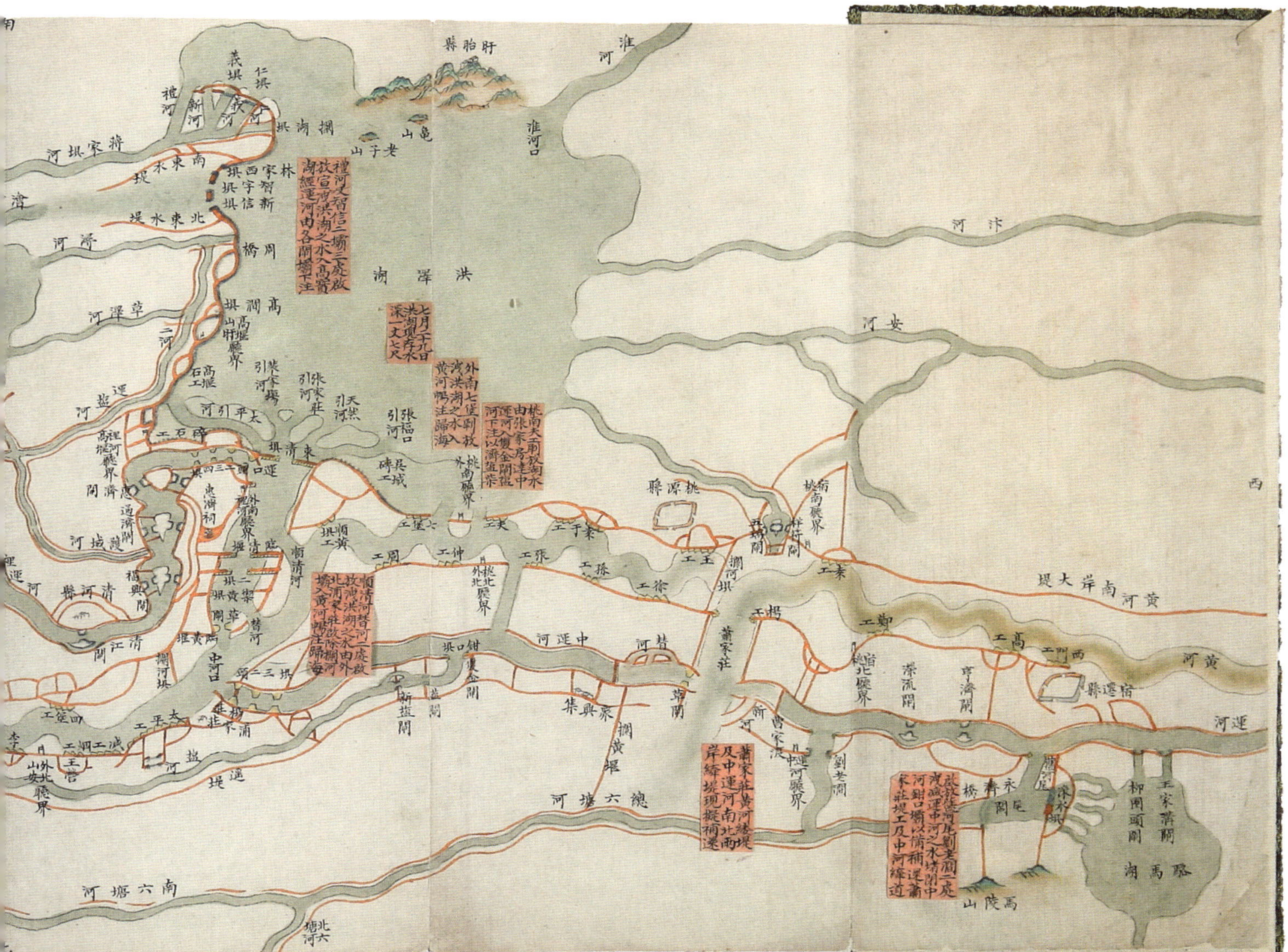
盱眙縣
淮河
淮河口
龜山
老子山
洪澤湖
汴河
安河
黄河南岸大堤
黄河
桃源縣
宿遷縣
中運河
運河
駱馬湖
馬陵山
總六塘河
南六塘河

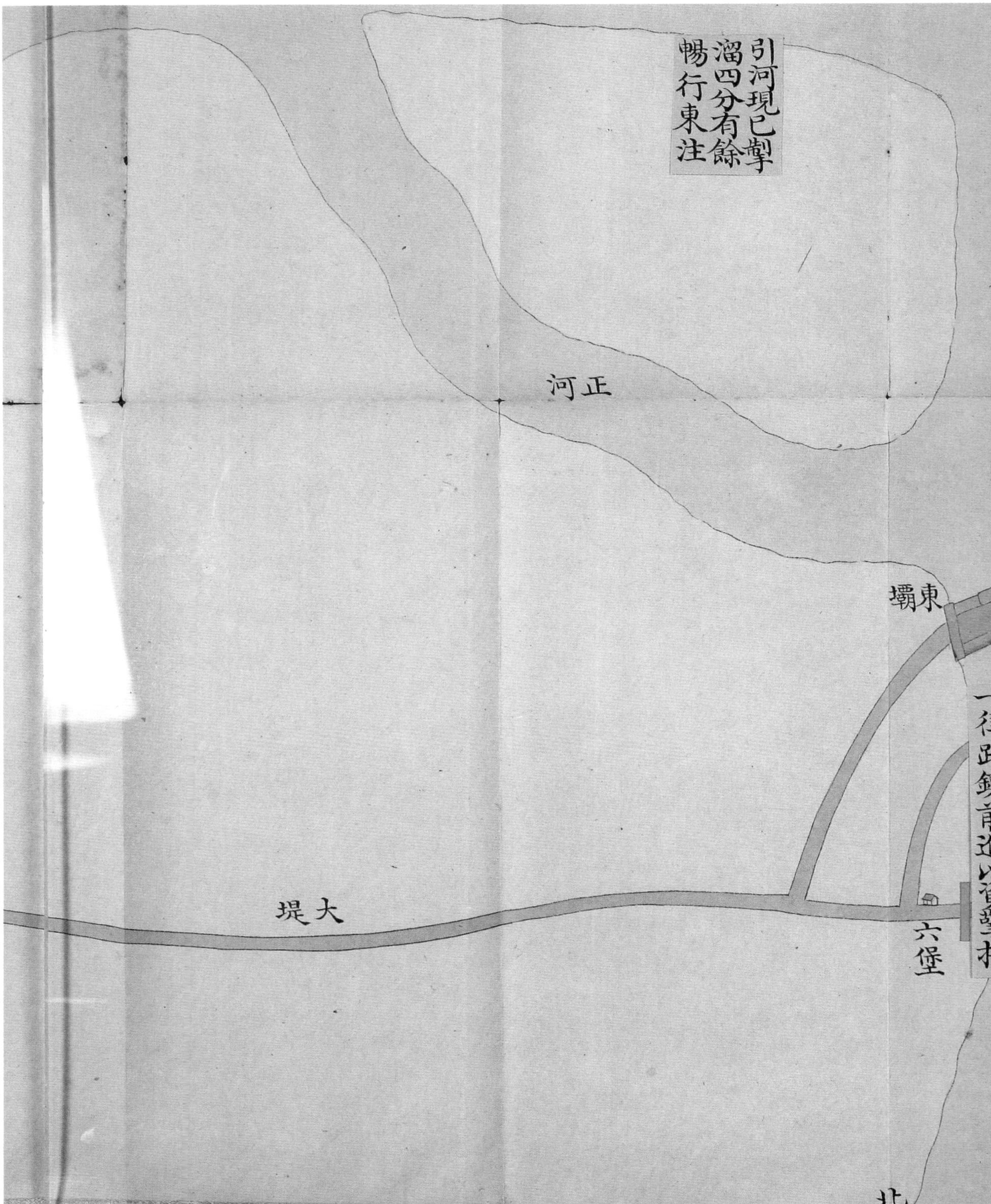

11062 堵築豐汛六堡漫工現在辦理情形圖 清嘉慶彩繪本

國家圖書館藏。

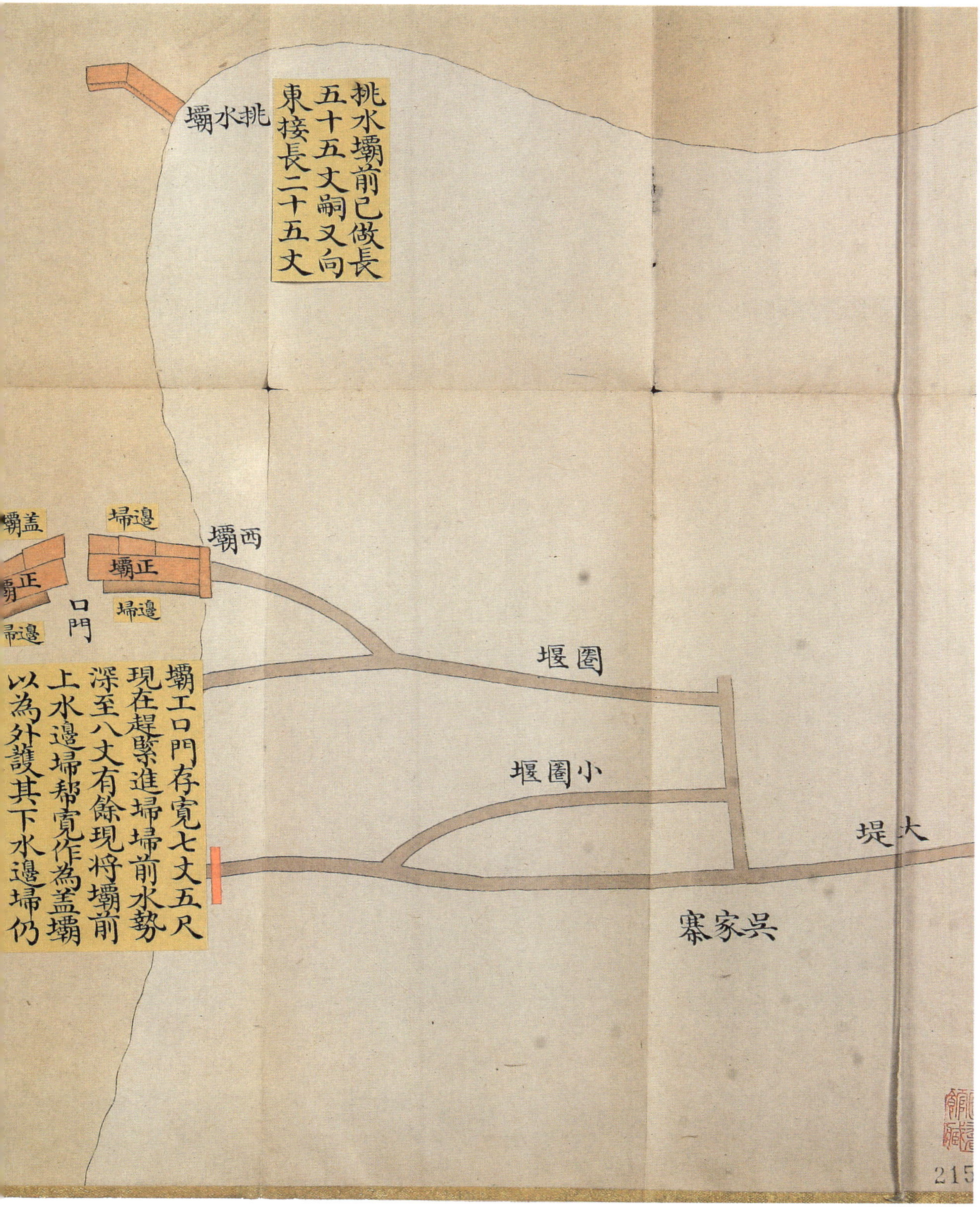
挑水壩
挑水壩前已做長五十五丈嗣又向東接長二十五丈
蓋壩
邊埽
西壩
正壩
正壩
邊埽
口門
邊埽
圈堰
壩工口門存寬七丈五尺現在趕緊進埽埽前水勢深至八丈有餘現將壩前上水邊埽帮寬作為蓋壩以為外護其下水邊埽仍
小圈堰
大堤
吴家寨
215

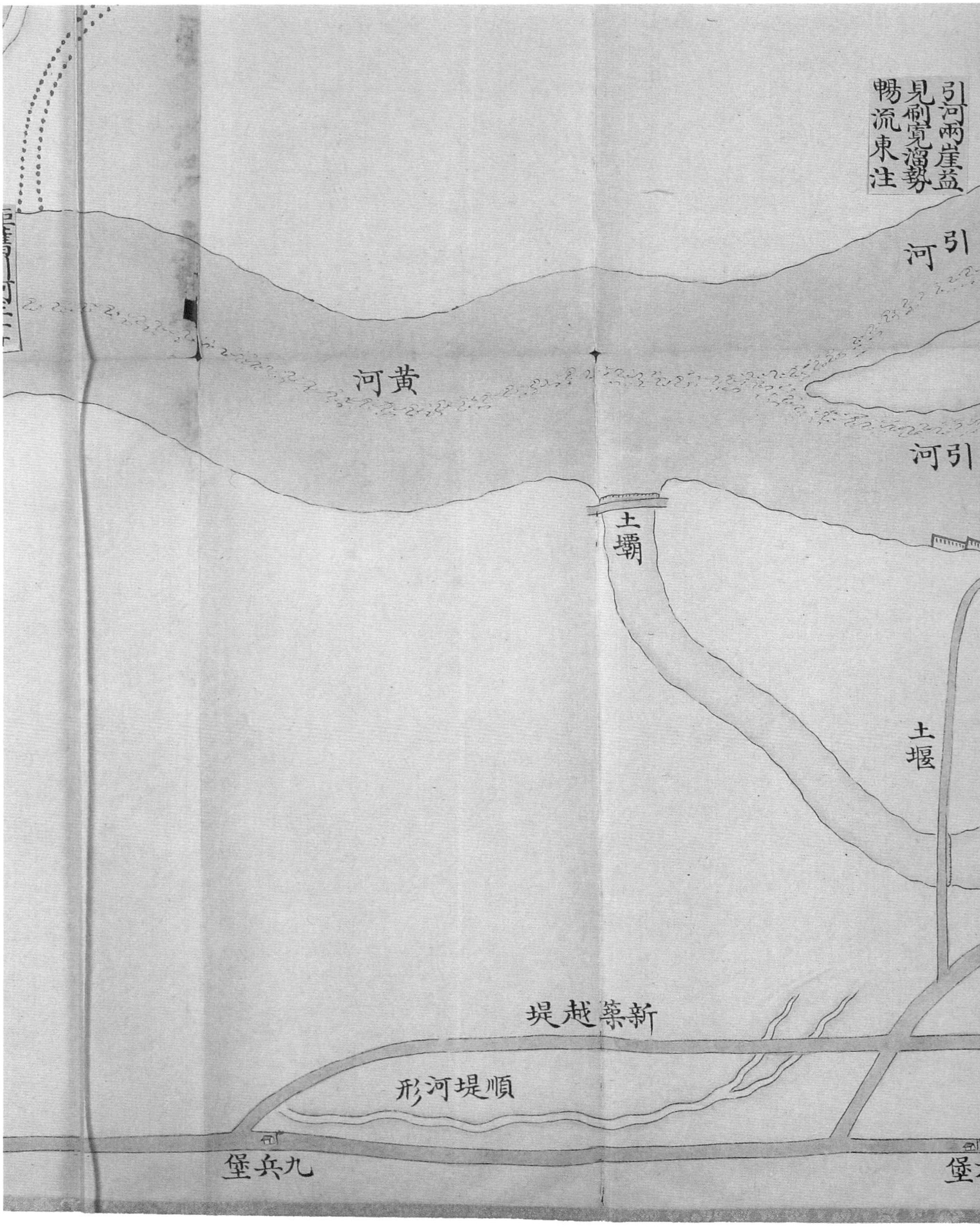

11063 豐汛大壩淤灘並唐家灣引河情形圖 清嘉慶彩繪本

國家圖書館藏。

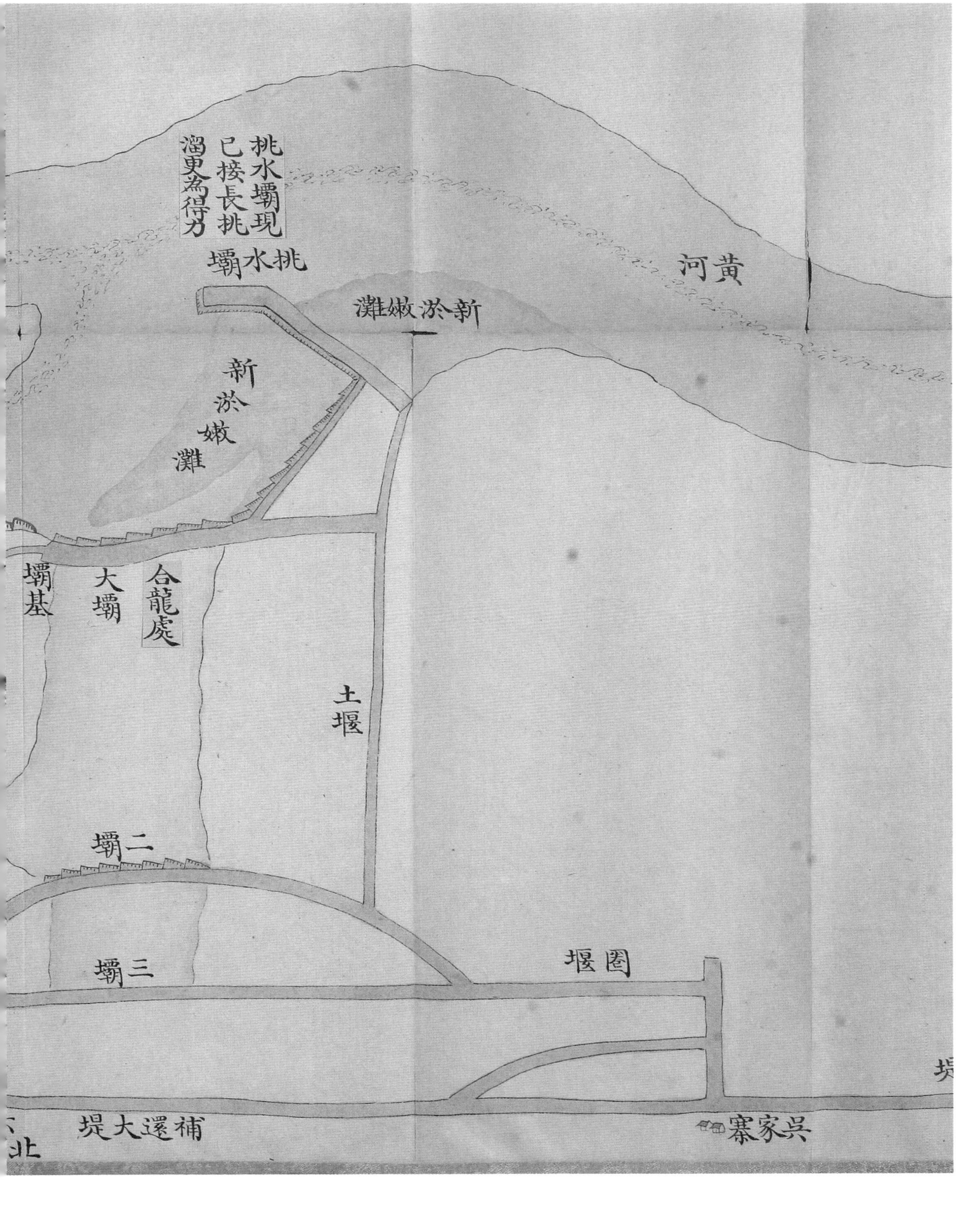
挑水壩現已接長挑溜更為得力
挑水壩
黃河
新淤嫩灘
新淤嫩灘
合龍處
大壩
壩基
土堰
二壩
三壩
圈堰
補還大堤
吳家寨

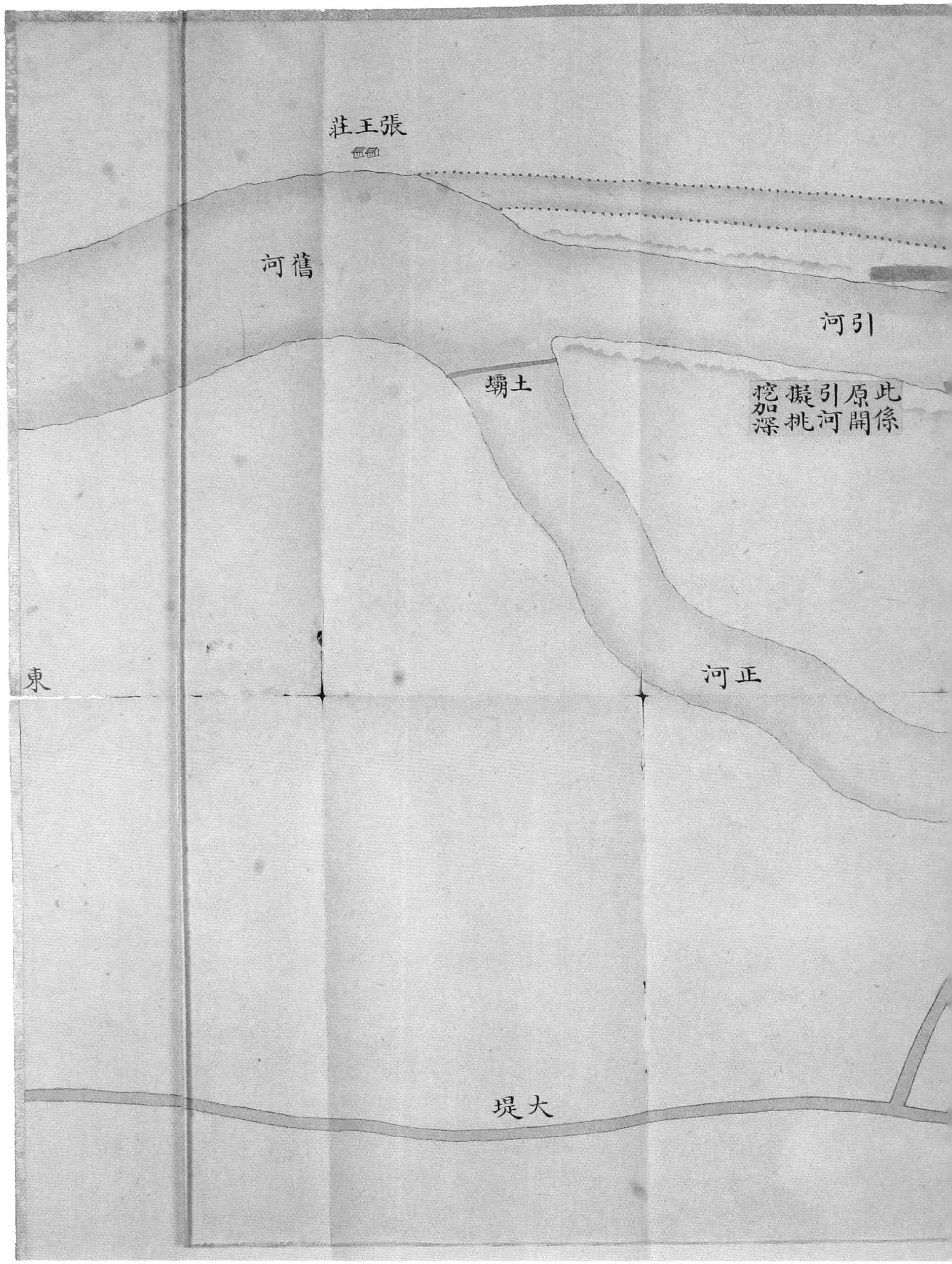

11064 豐汛六堡漫工添建壩基並挑浚引河情形圖 清嘉慶彩繪本

國家圖書館藏。

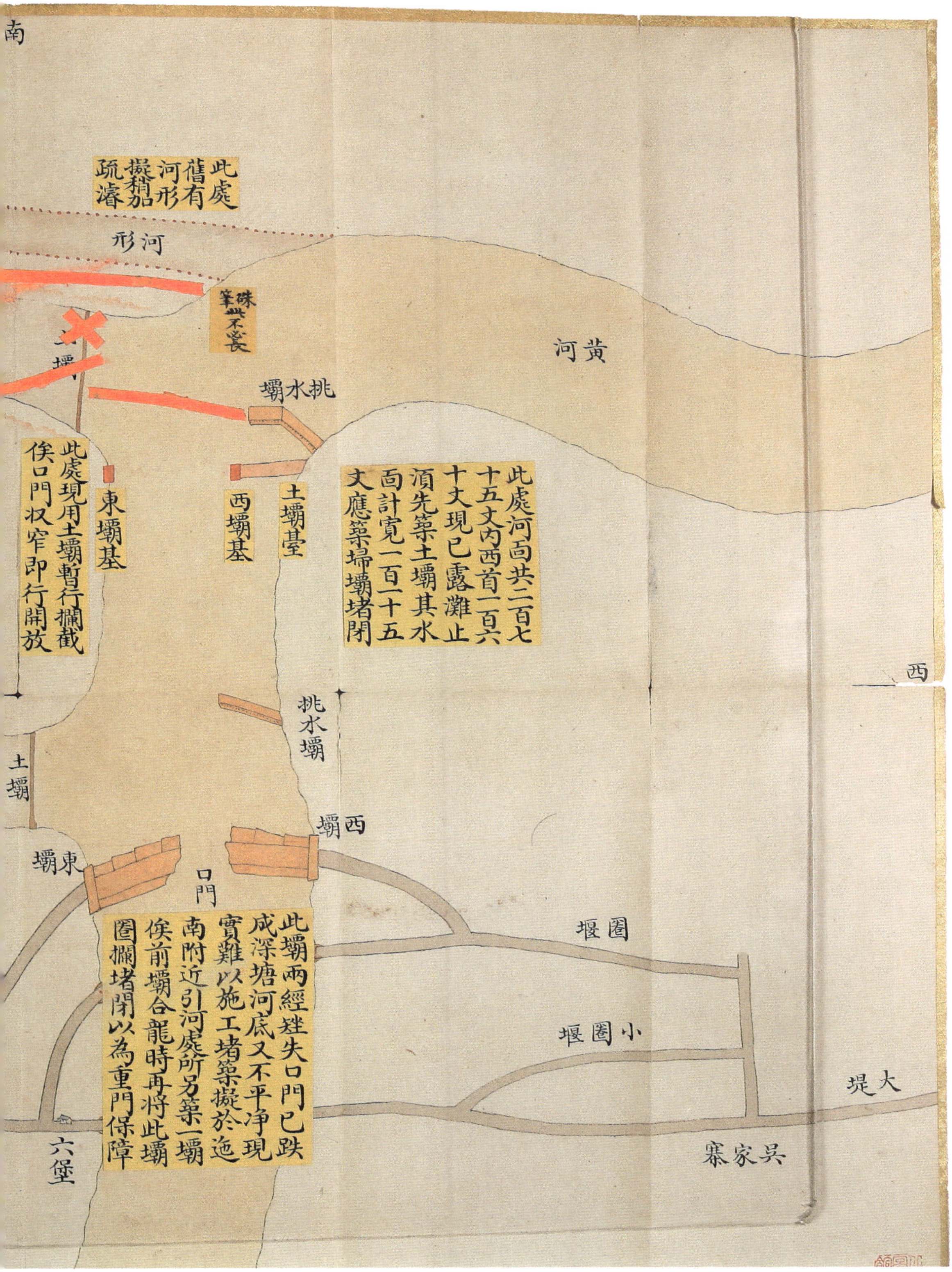
南
此處舊有河形擬稍加疏濬
河形
黄河
挑水壩
此處現用土壩暫行攔截俟口門収窄即行開放
東壩基
西壩基
土壩基
此處河面共二百七十五丈内西首一百六十丈現已露灘止須先築土壩其水面計寛一百一十五丈應築埽壩堵閉
西
挑水壩
土壩
西壩
東壩
口門
圈堰
此壩兩經跌失口門已跌成深塘河底又不平淨現實難以施工堵築擬於迤南附近引河處所另築一壩俟前壩合龍時再将此壩圈攔堵閉以為重門保障
小圈堰
大堤
六堡
呉家寨

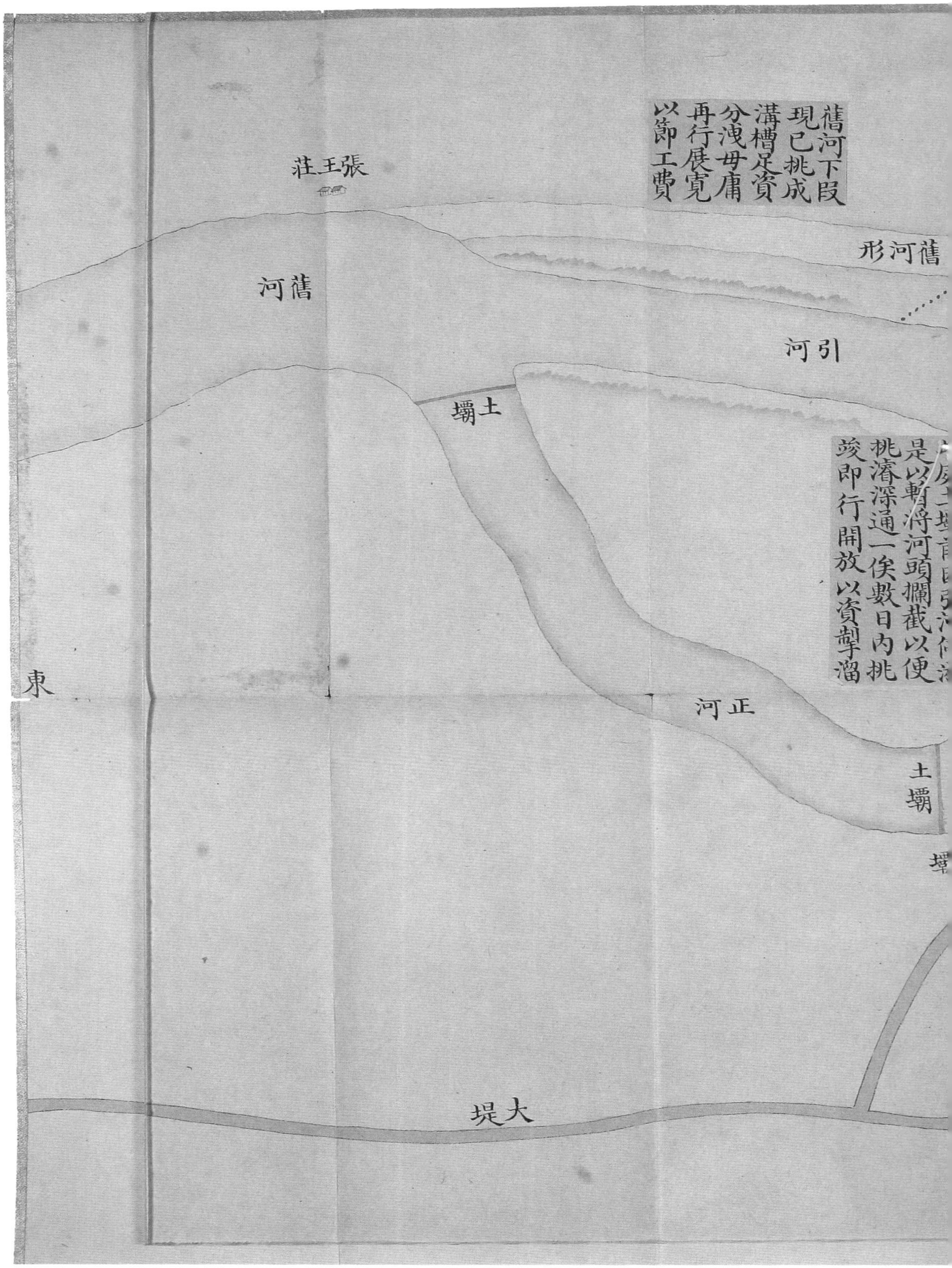

11065 豐汛六堡漫工添建壩基並展挑引河頭情形圖 清嘉慶彩繪本

國家圖書館藏。

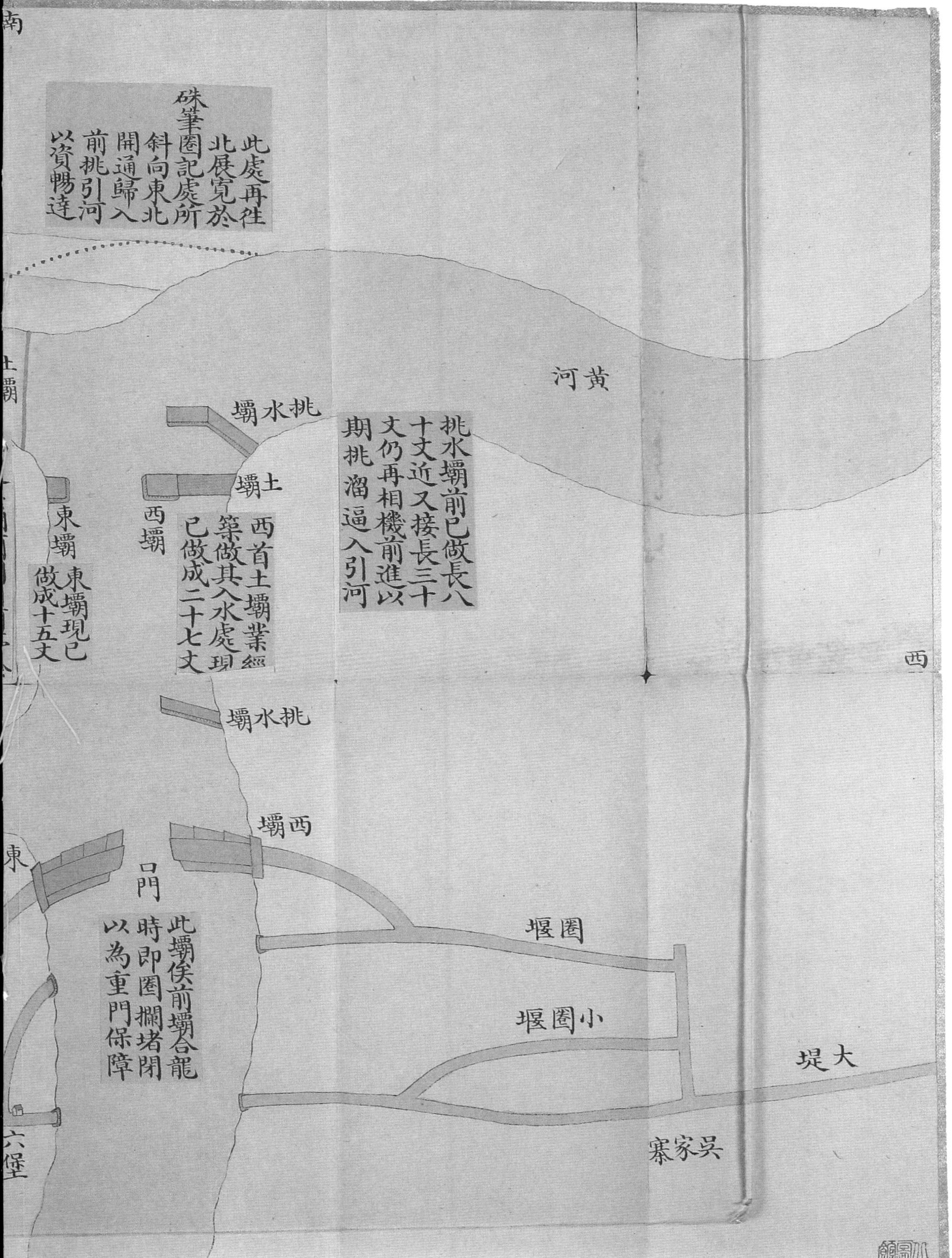
南
此處再往北展寬於硃筆圈記處所斜向東北開通歸入前挑引河以資暢達
黃河
挑水壩
土壩
挑水壩前已做長八十丈近又接長三十丈仍再相機前進以期挑溜逼入引河
土壩
西壩
東壩
西首土壩業經築做其入水處現已做成二十七丈
東壩現已做成十五丈
西
挑水壩
西壩
東
口門
此壩俟前壩合龍時即圈攔堵閉以為重門保障
圈堰
小圈堰
大堤
吴家寨
六堡

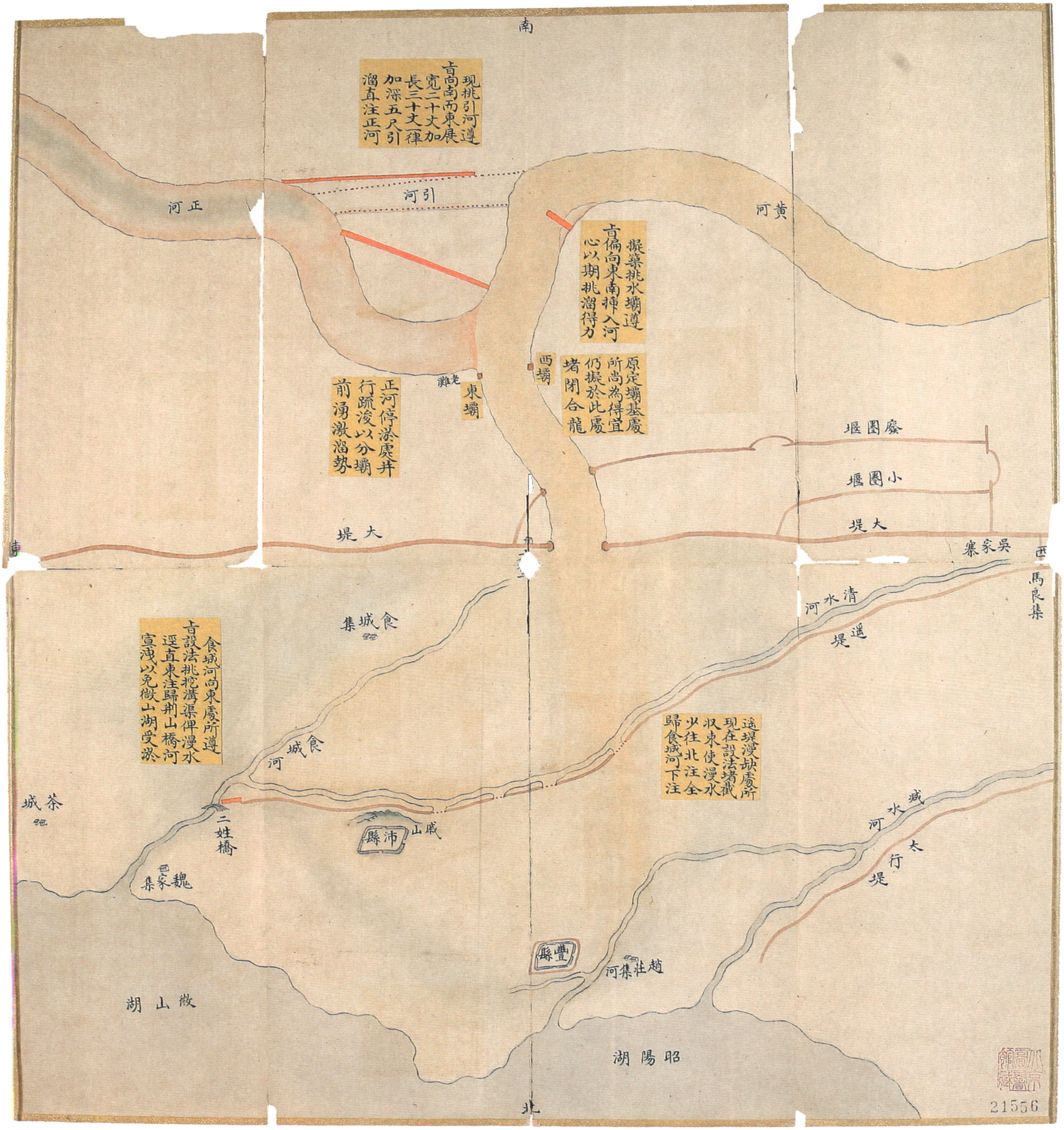

11066 會勘豐汛六堡漫工展寬引河並宣泄漫水情形圖 清嘉慶彩繪本

國家圖書館藏。

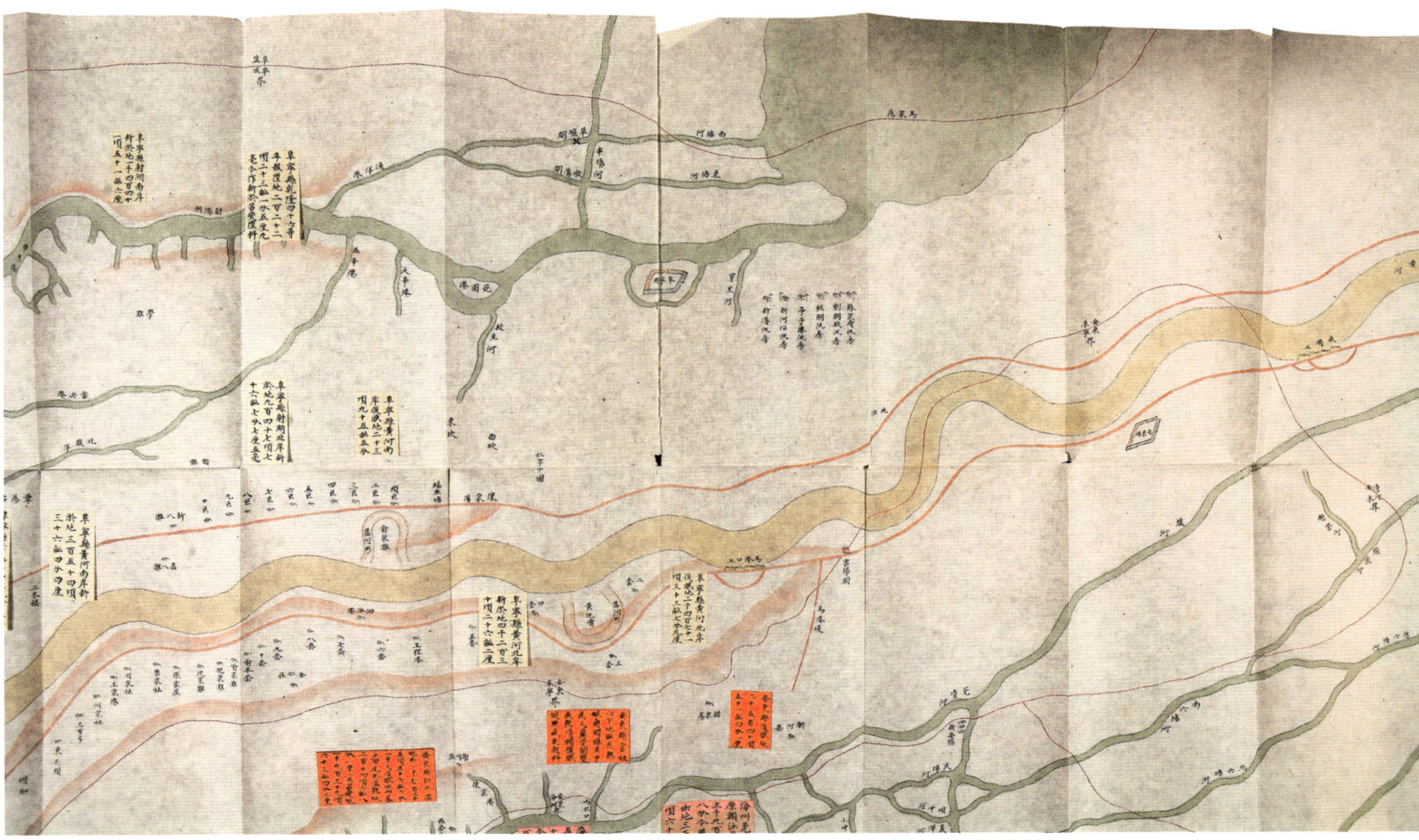

11067 會勘海安阜三州縣境内淤地情形總圖 清嘉慶二十一年（1816）

彩繪本

國家圖書館藏。

11068 繪造江南清黄河道各工事宜全圖 清嘉慶彩繪本

國家圖書館藏。

江寧府
和州
全椒縣
滁州
天長縣
來安縣
洪澤湖
老子山
龜山
汴河
盱眙縣
泗州
臨淮
鳳陽府
懷遠縣
靈璧縣
睢寧縣

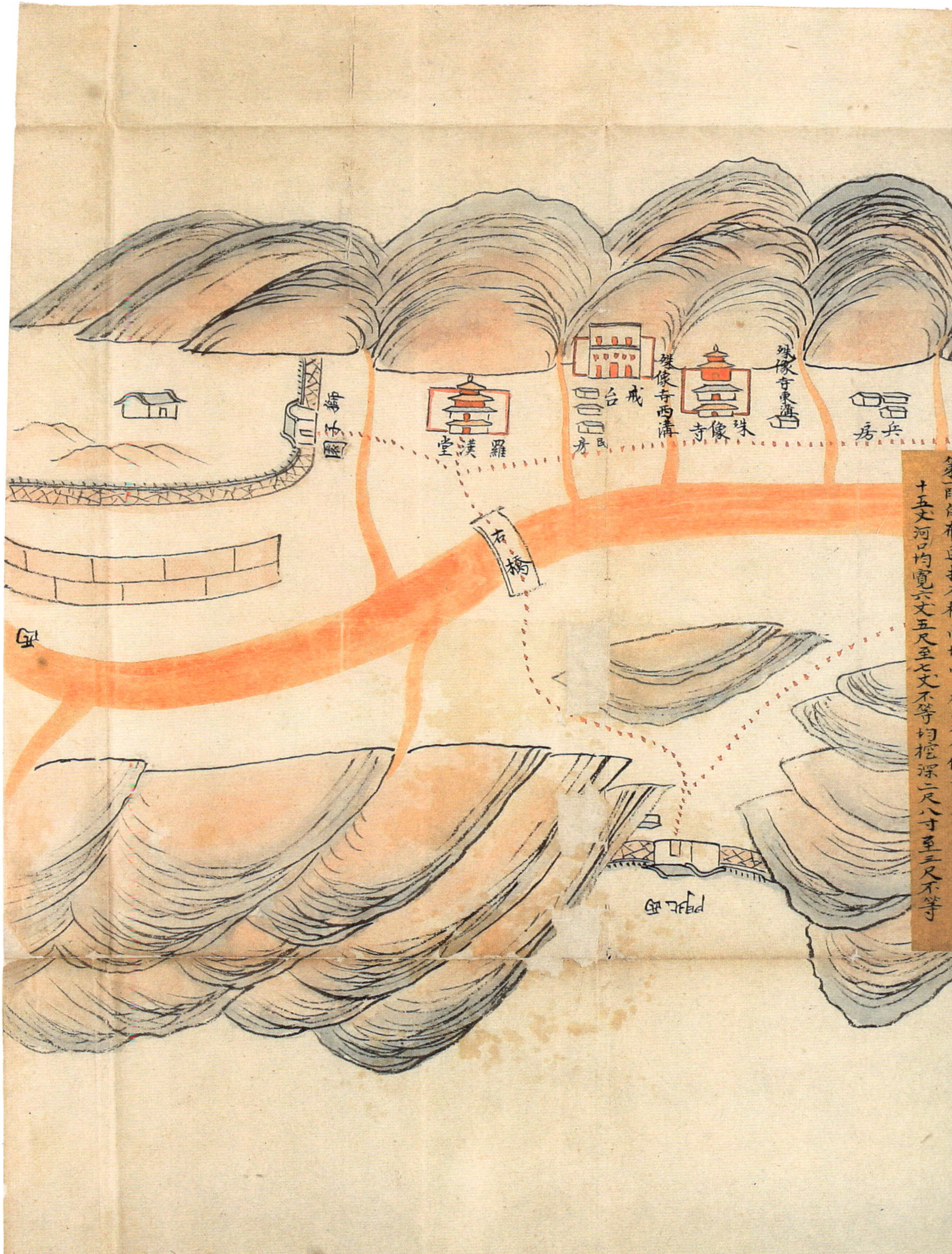

11069 嘉慶十八年挑挖獅子溝一帶旱河圖説 清嘉慶十八年（1813）

彩繪本

國家圖書館藏。

札什倫布廟東邊旱溝一道長六十丈均寬一丈五尺至二丈五尺不等均挖深二尺
裴家溝自普寧寺西山嘴起至東大河口止長二百七十五丈河口均寬二丈四尺至五丈不等均挖深二尺至三尺八寸不等
自札什倫布廟石橋東垻嘴起至獅子溝街外浮橋止長一百二十五丈河口均寬六丈五尺均挖深三尺四寸至二尺五寸不等
第三段自浮橋起至東大河口止長一百三十丈河口均寬七丈五
溥仁寺後山溝一道東西長七十八丈均寬一丈二尺均挖深三尺
布達拉
札什倫布東溝
裴家溝
普寧寺
普佑寺
僧房
兵房
石橋
浮橋
河東
龍王
石堤
進水閘
溥仁寺
普善寺

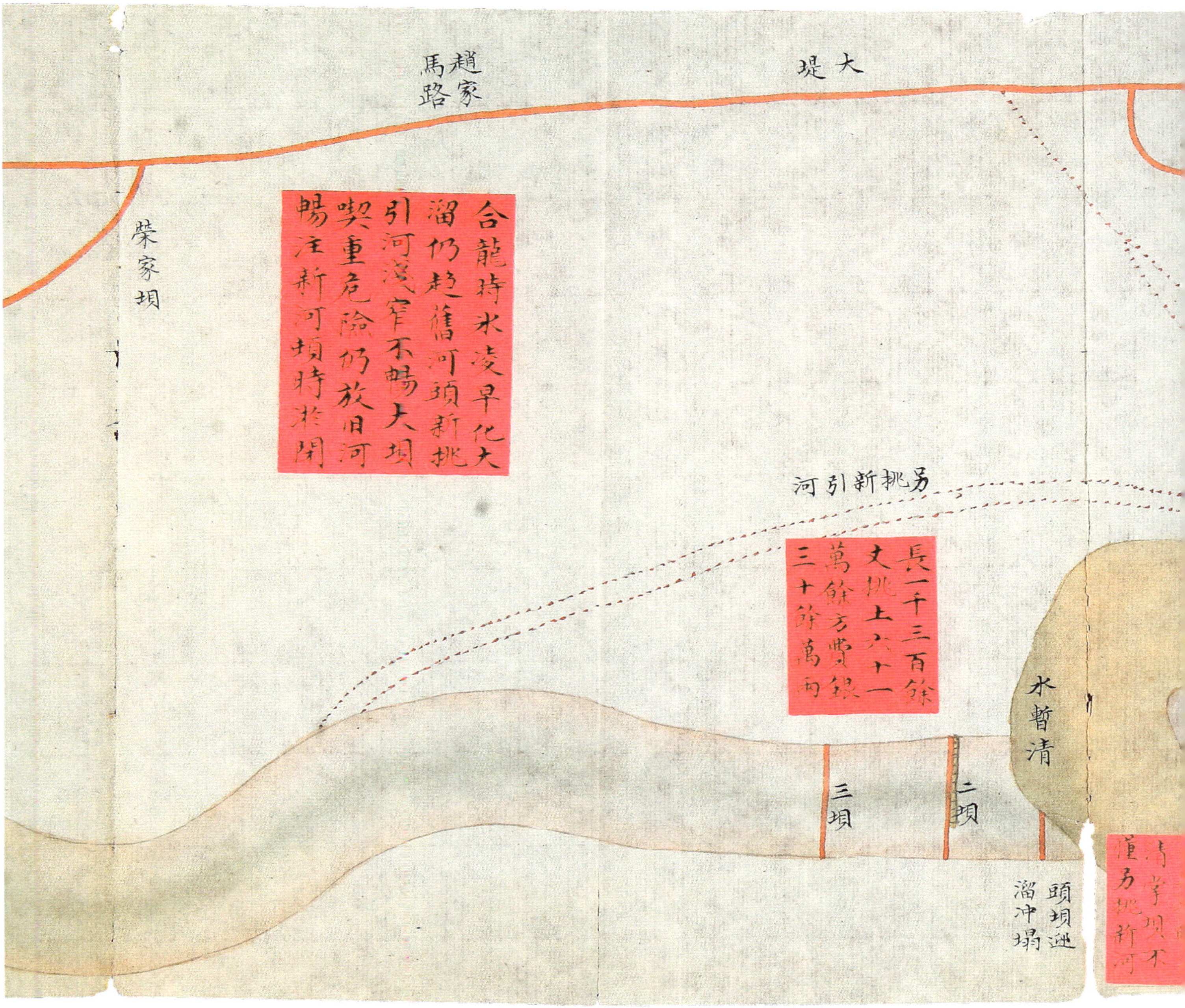

11070 嘉慶十六年堵閉蕭南李家樓因見冰凌誤挑新引河情形圖

清嘉慶十六年（1811）彩繪本

國家圖書館藏。

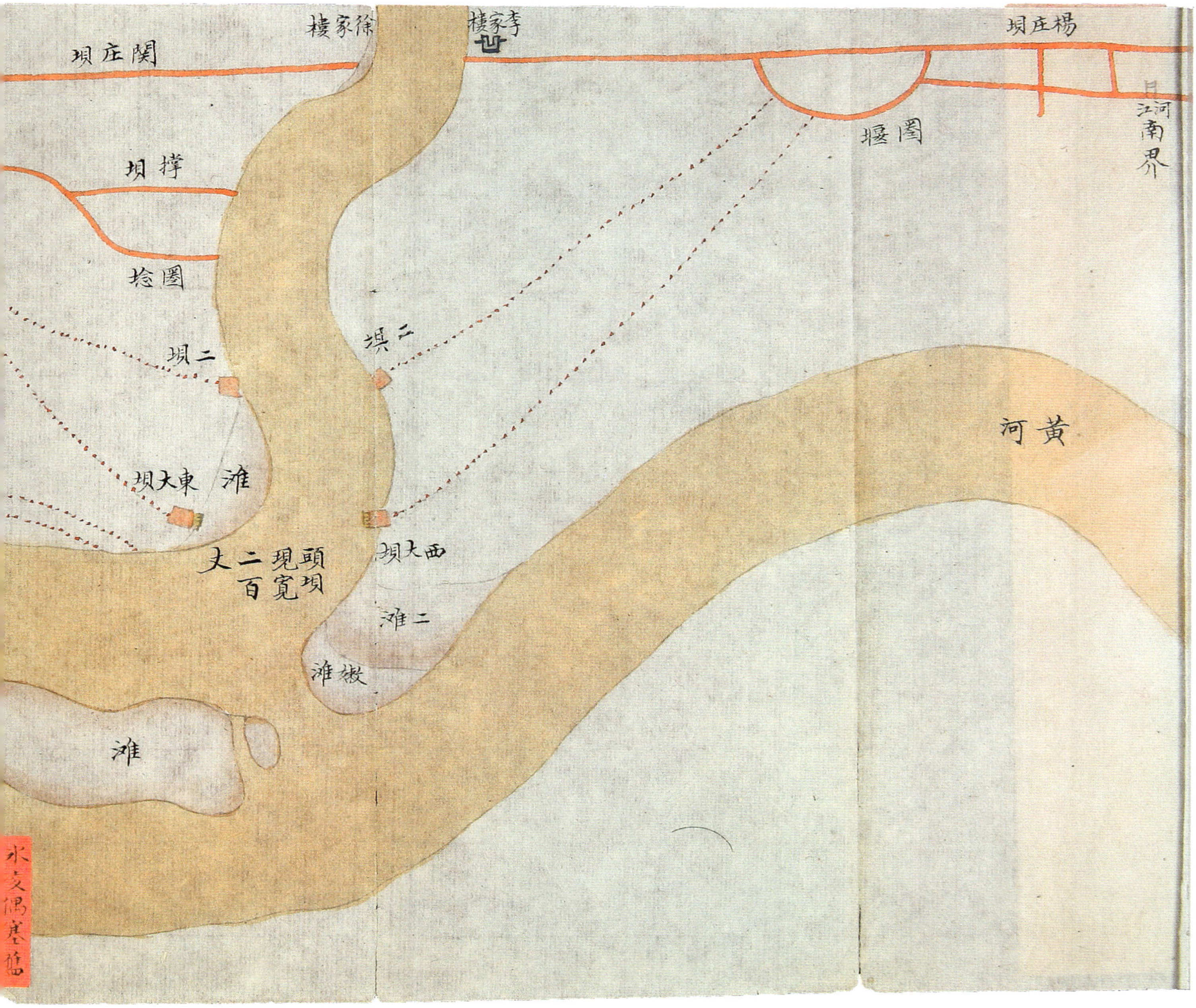
閔庄壩
徐家樓
李家樓
楊庄壩
圈堰
江南河南界
撐壩
圈埝
二壩
二壩
東大壩
灘
西大壩
頭壩現寬二百丈
二灘
嫩灘
灘
黃河

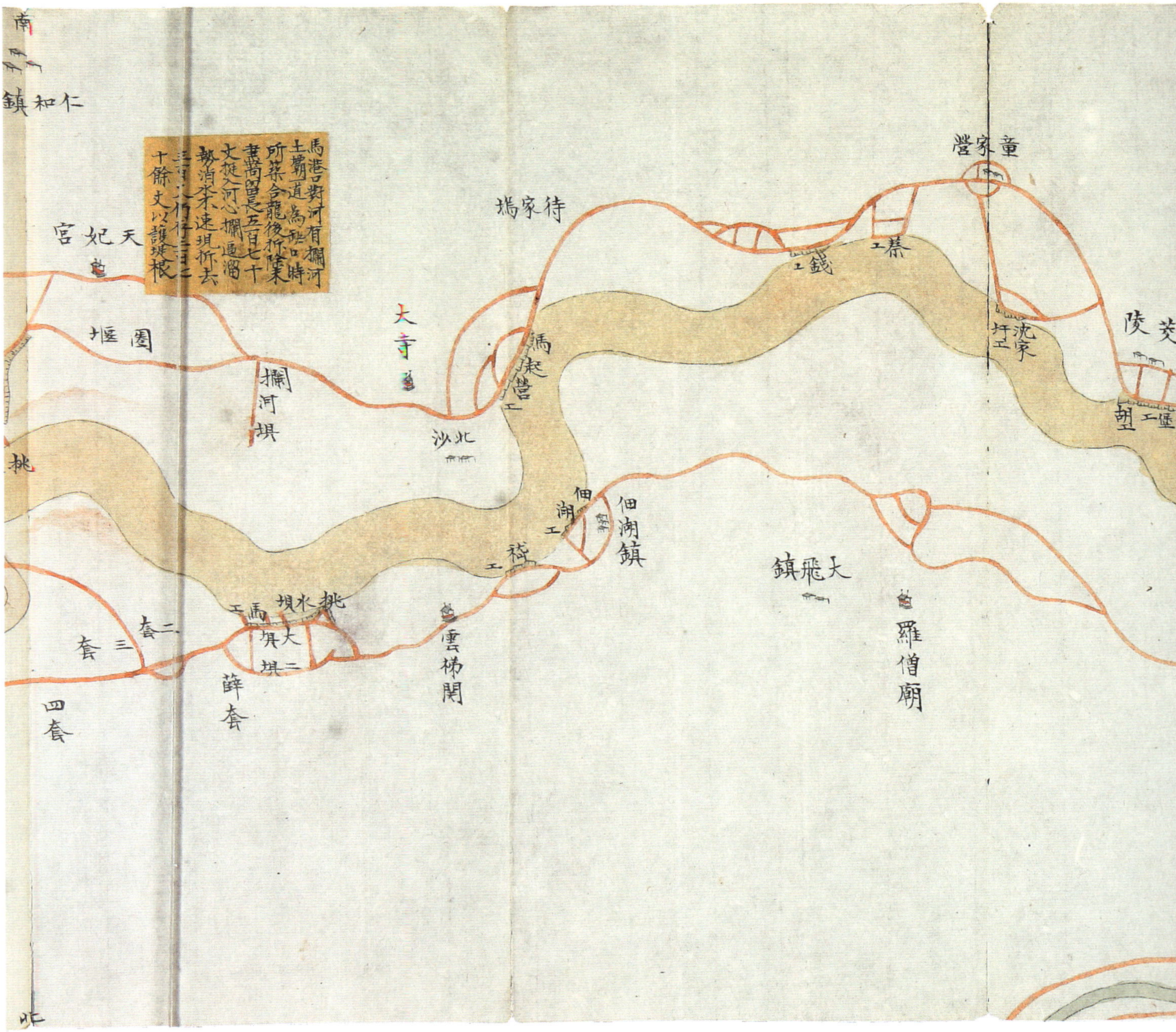

11071 外河減壩至海口一帶河道堤堰水勢情形圖 清嘉慶彩繪本

國家圖書館藏。

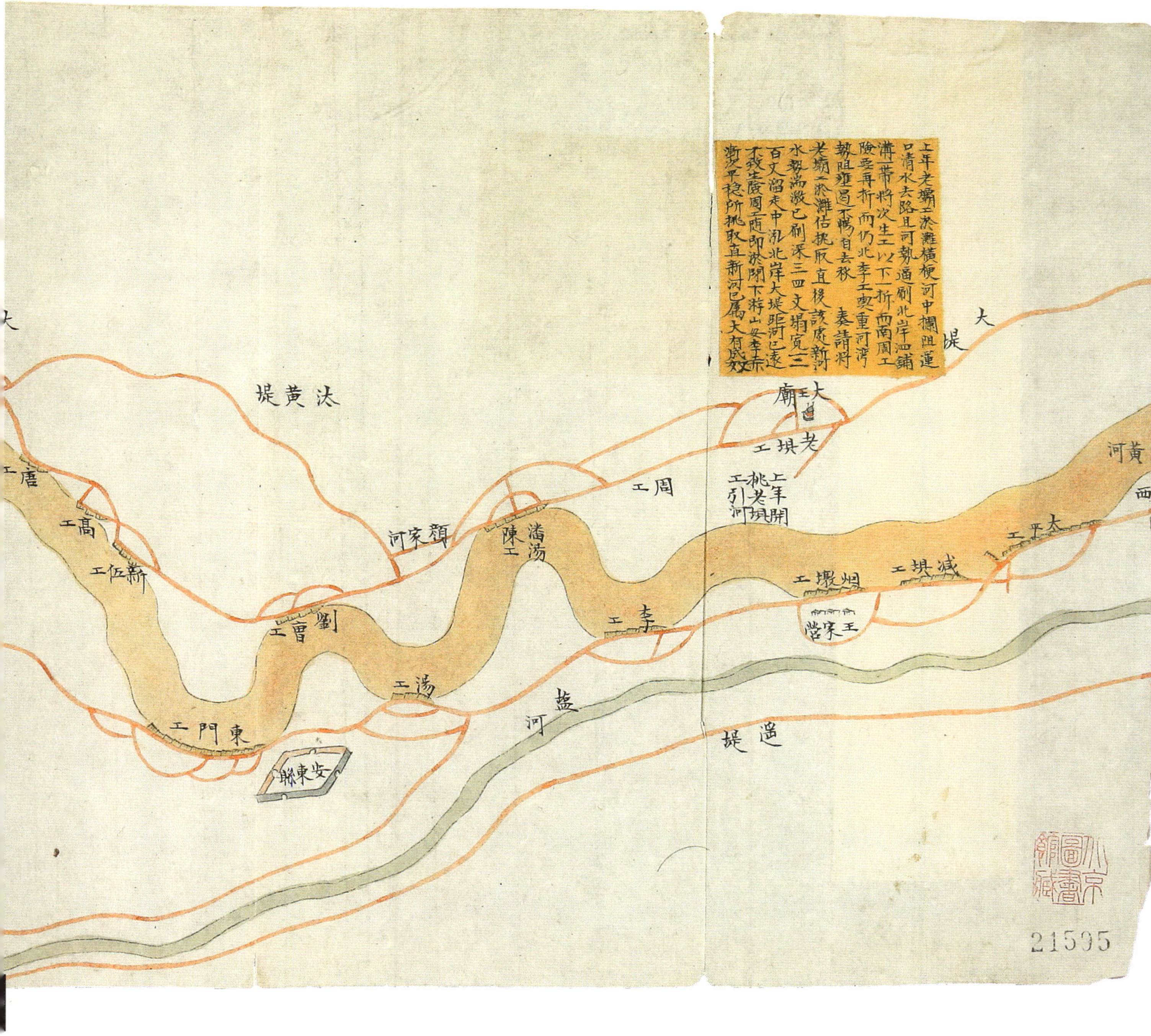
上年老壩工於灘橫梗河中攔阻運
口清水去路且可勢逼刷北岸泗鋪
溝一帶將次生工以下一折西南周工
險要再折而仍北李工與重河灣
勢阻難過不暢自去秋 奏請將
老壩工於灘估挑取直移該處新河
水勢湍激已刷深三四丈塌寬三
百丈溜走中泓北岸大堤距河已遠
不致生險周工隨即於閘下游山安李工亦
漸次平穩所挑取直新河已屬大有成效
汰黃堤
大堤
大王廟
老壩工
周工
上年開挑老壩引河工
黃河
太平工
減壩工
烟墩工
王家營
李工
顏家河
唐工
高工
新伍工
劉曾工
湯工
東門工
安東縣
鹽河
遙堤
北京圖書館藏
21595

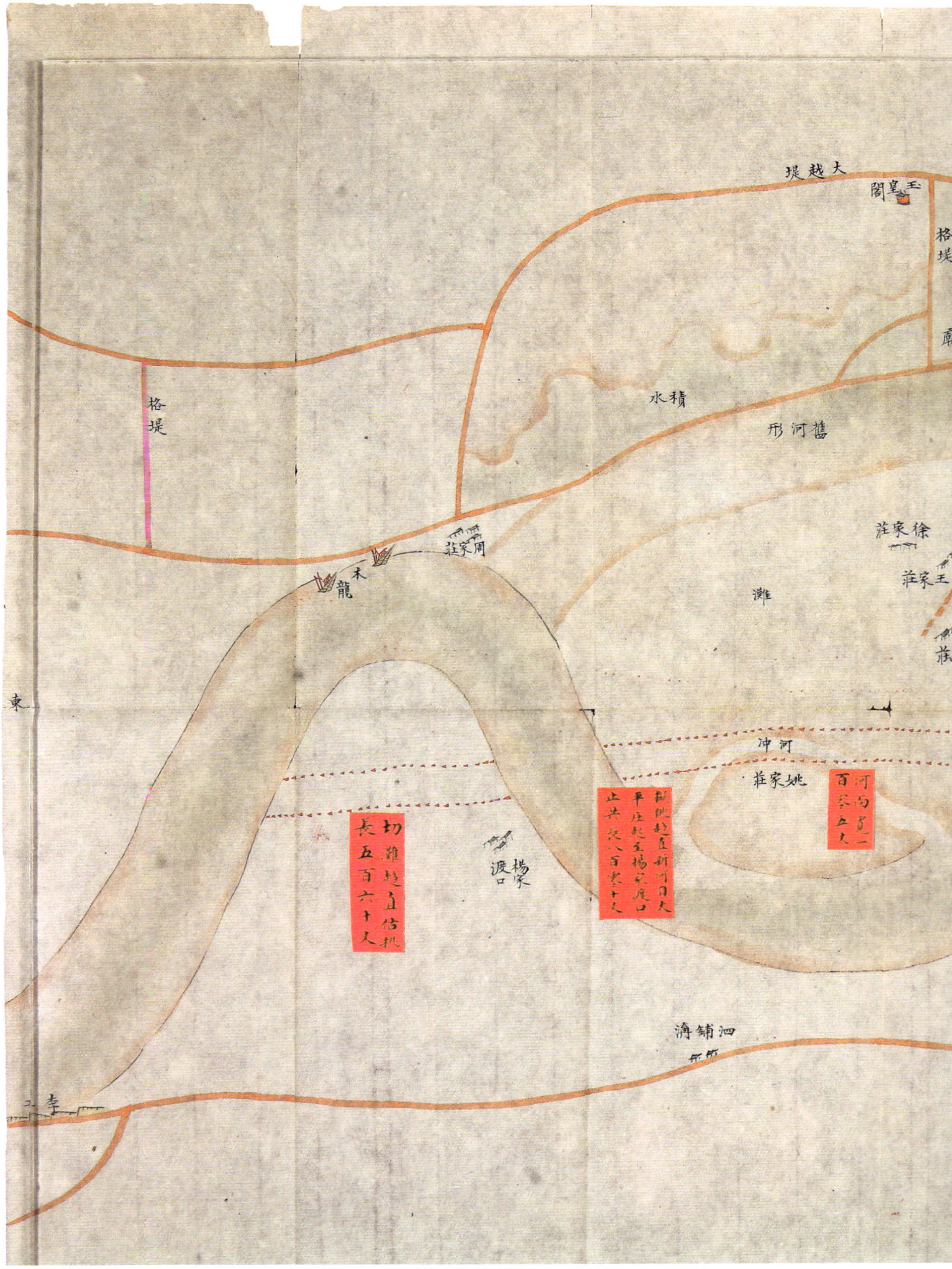

11072 外河廳屬老壩工攔黄土壩上下淤灘圖 清嘉慶彩繪本

國家圖書館藏。

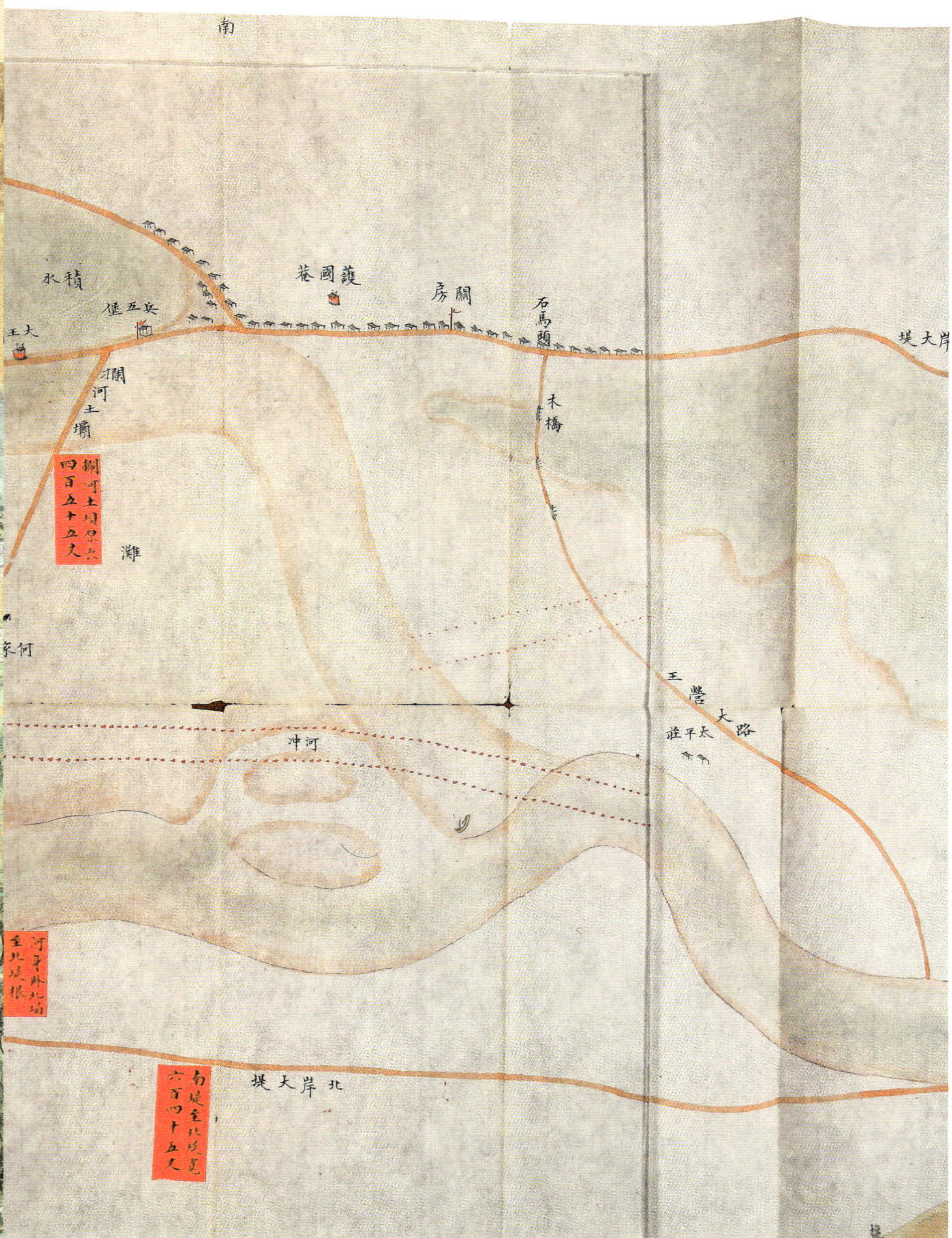
南
積水
護國菴
關房
石馬頭
岸大堤
兵五堡
大王
攔河土壩
木橋
攔河土壩原長四百五十五丈
灘
何家
王營大路
太平莊
冲河
河身除北嫩至北堤根
北岸大堤
南堤至北堤寬六百四十五丈

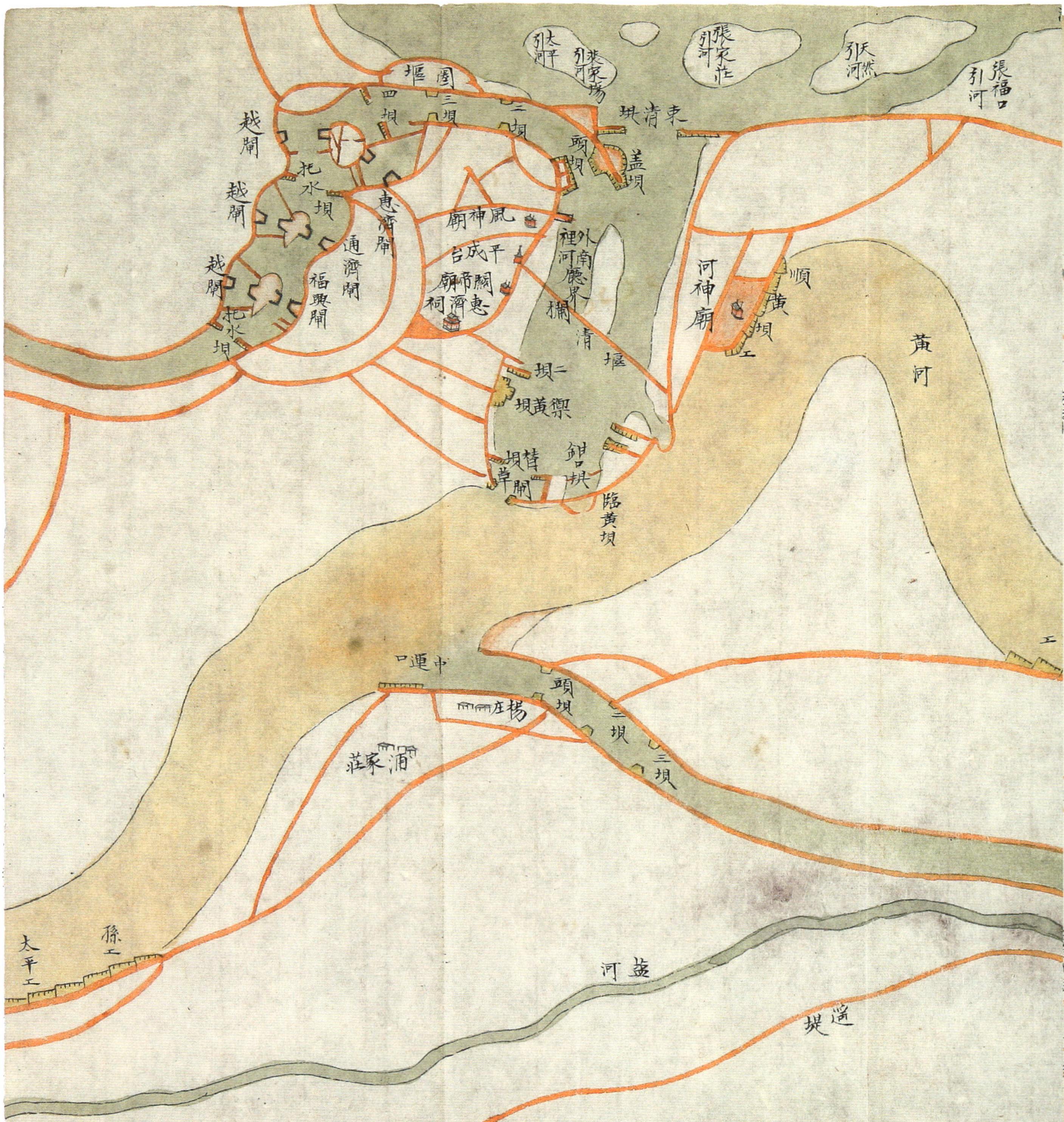

11073 外南廳屬河灘築堰阻遏河流情形圖 清嘉慶二十年（1815）彩繪本

國家圖書館藏。

洪澤湖
七堡
桃南廳界
高家灣
王皇閣
清河舊縣
仲工
以金閘
中運河

11074 外南汛順清河一帶情形圖 清嘉慶彩繪本

國家圖書館藏。

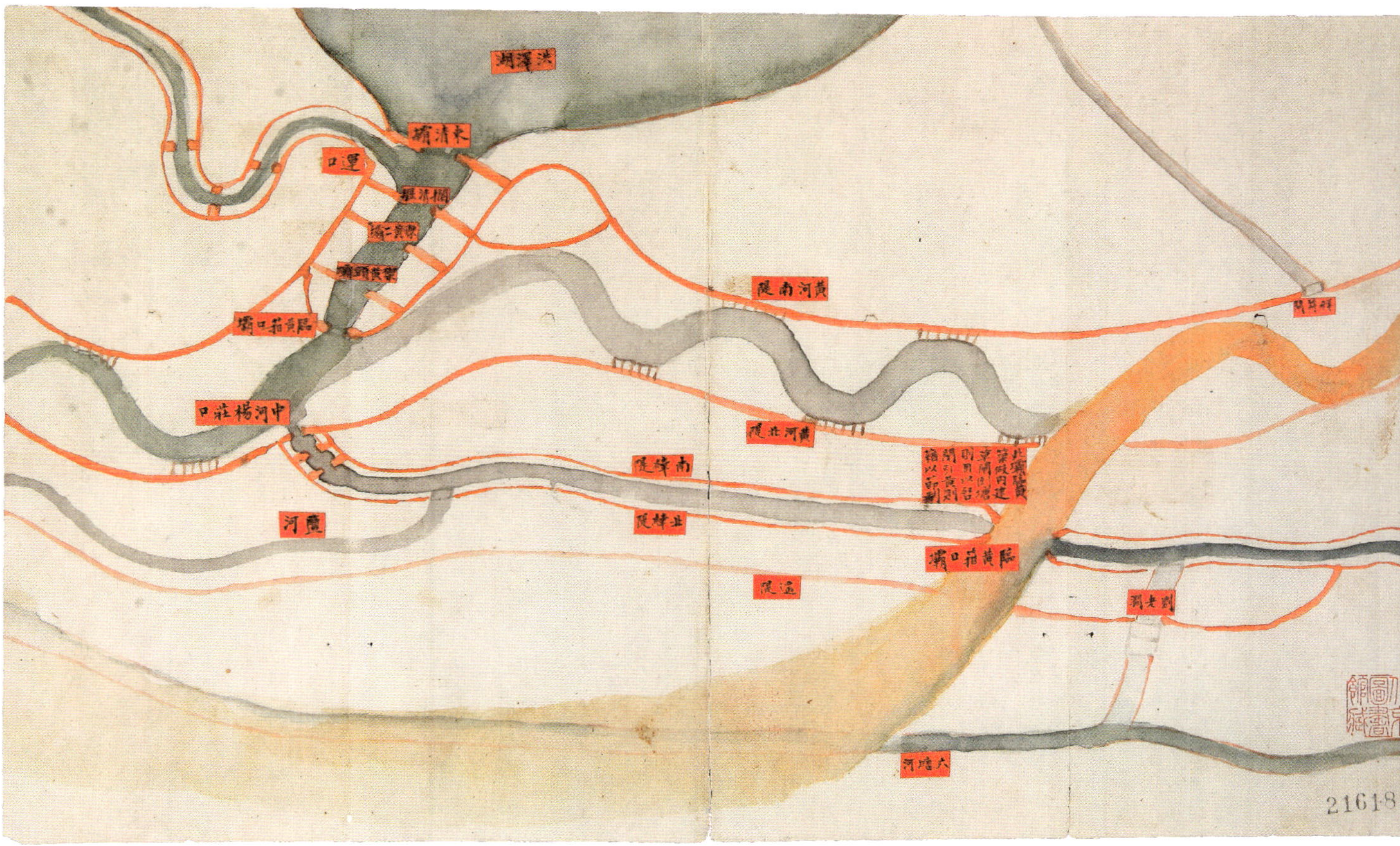

11075 洪澤湖口北部黄河堤工圖 清嘉慶彩繪本

國家圖書館藏。

11076 運河圖説 （清）朱偉卿繪 清彩繪本

山東大學圖書館藏。

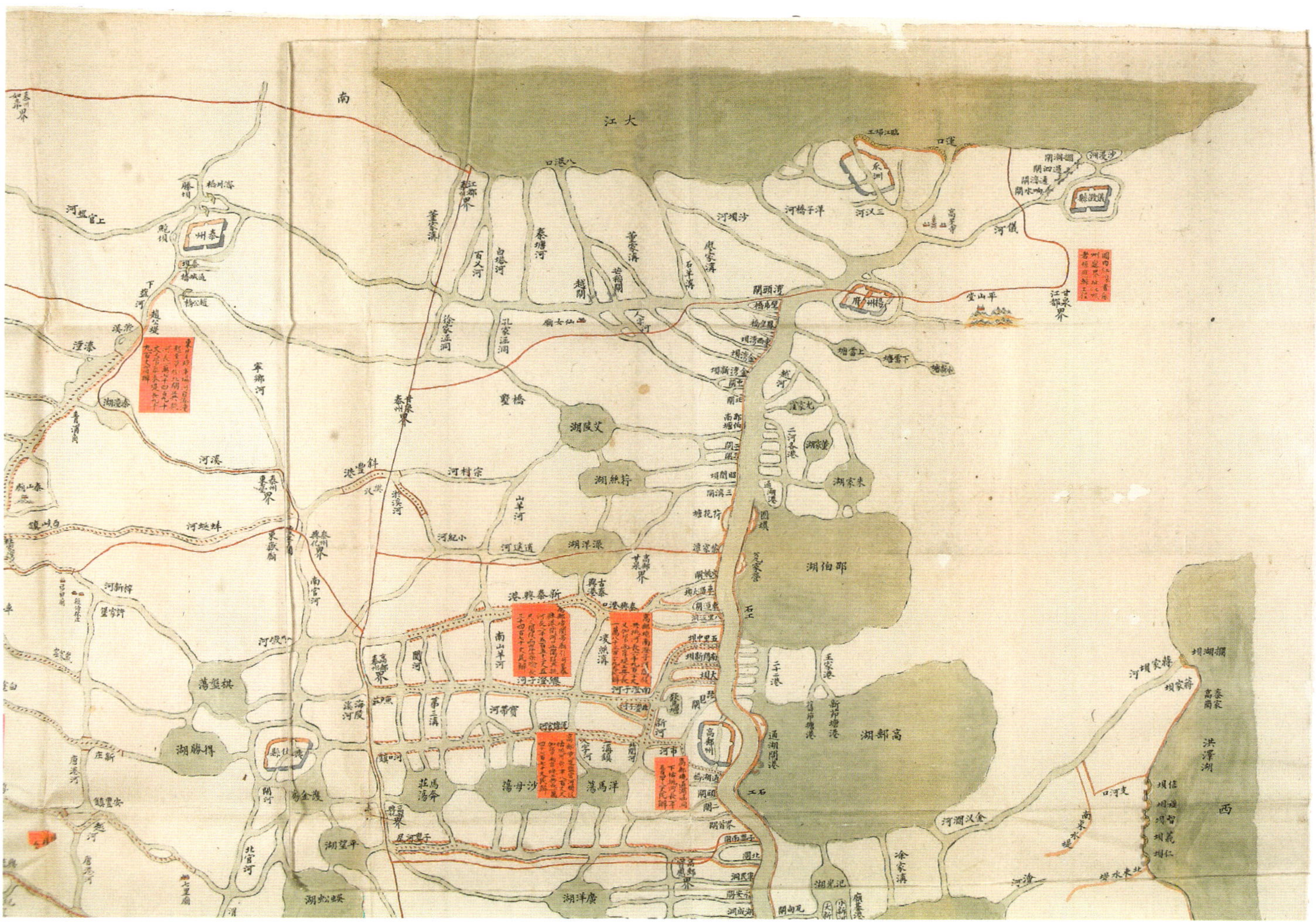

11077 淮揚河工圖 清嘉慶彩繪本

國家圖書館藏。

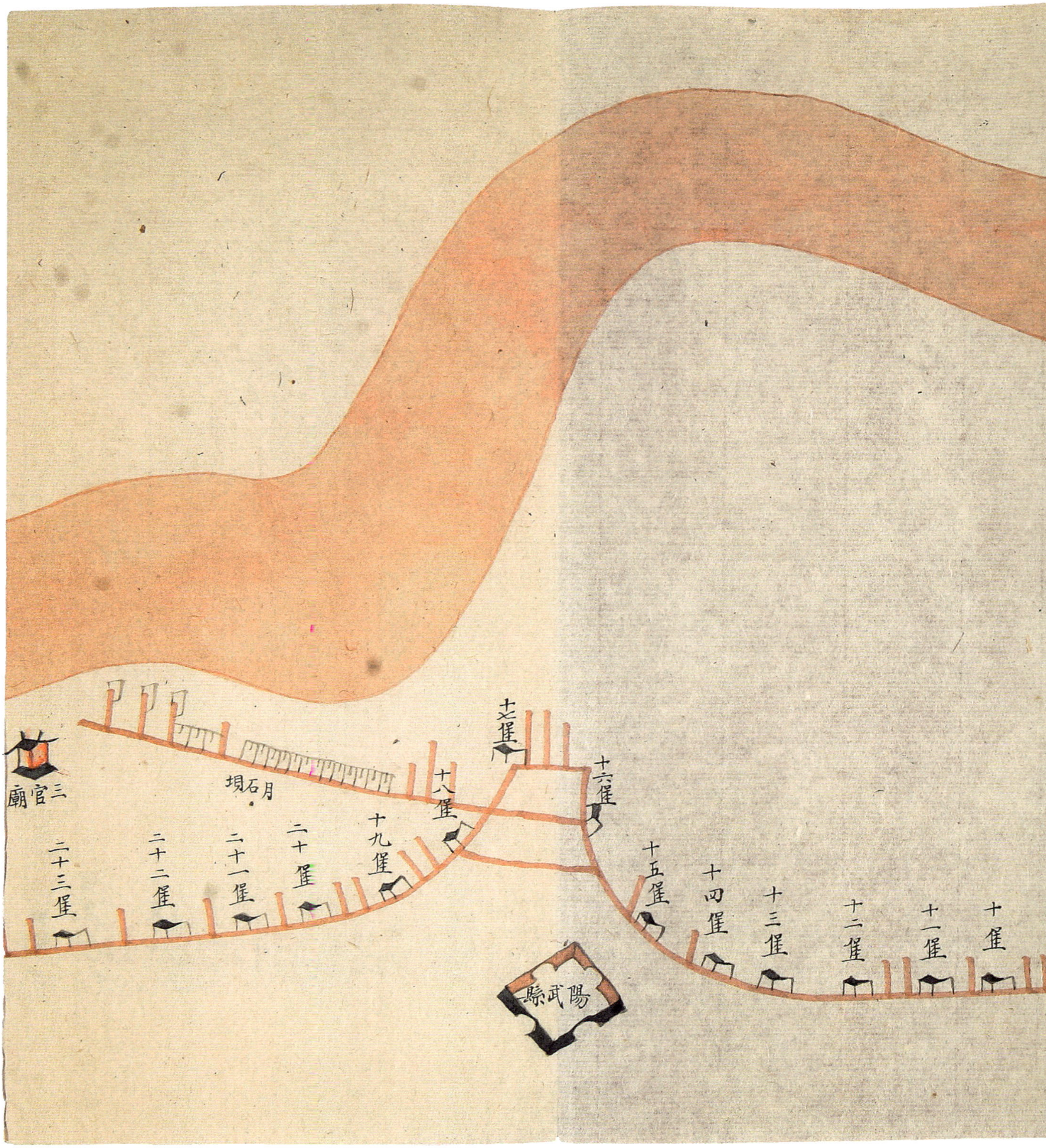

11078 揚河揚糧二廳塌卸磚石各工情形圖 清嘉慶彩繪本

國家圖書館藏。

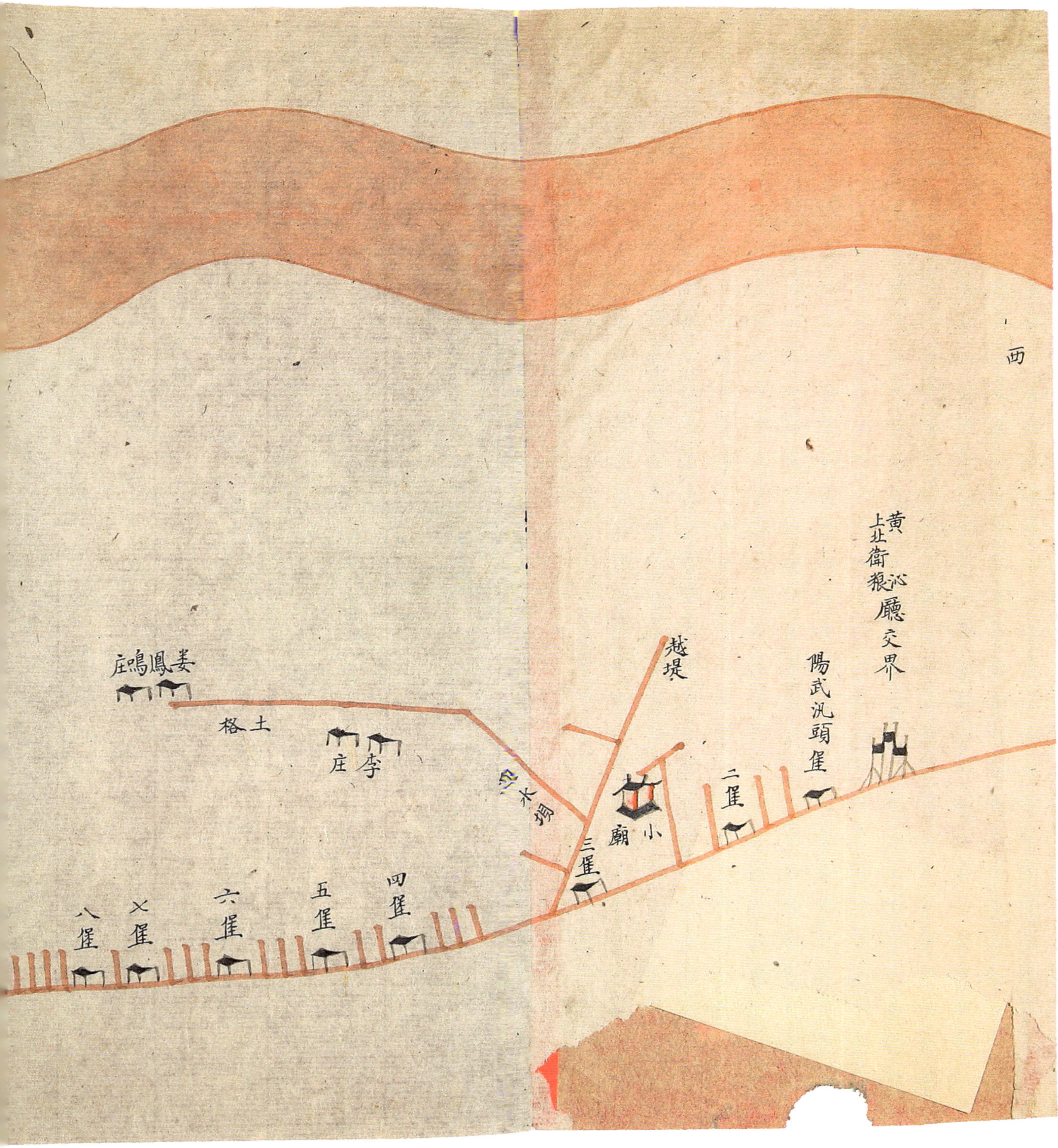
西
黄沁
上北衛粮
廳交界
陽武汛頭堡
越堤
二堡
小廟
三堡
泄水埧
婁鳳鳴庄
土格
李庄
四堡
五堡
六堡
七堡
八堡

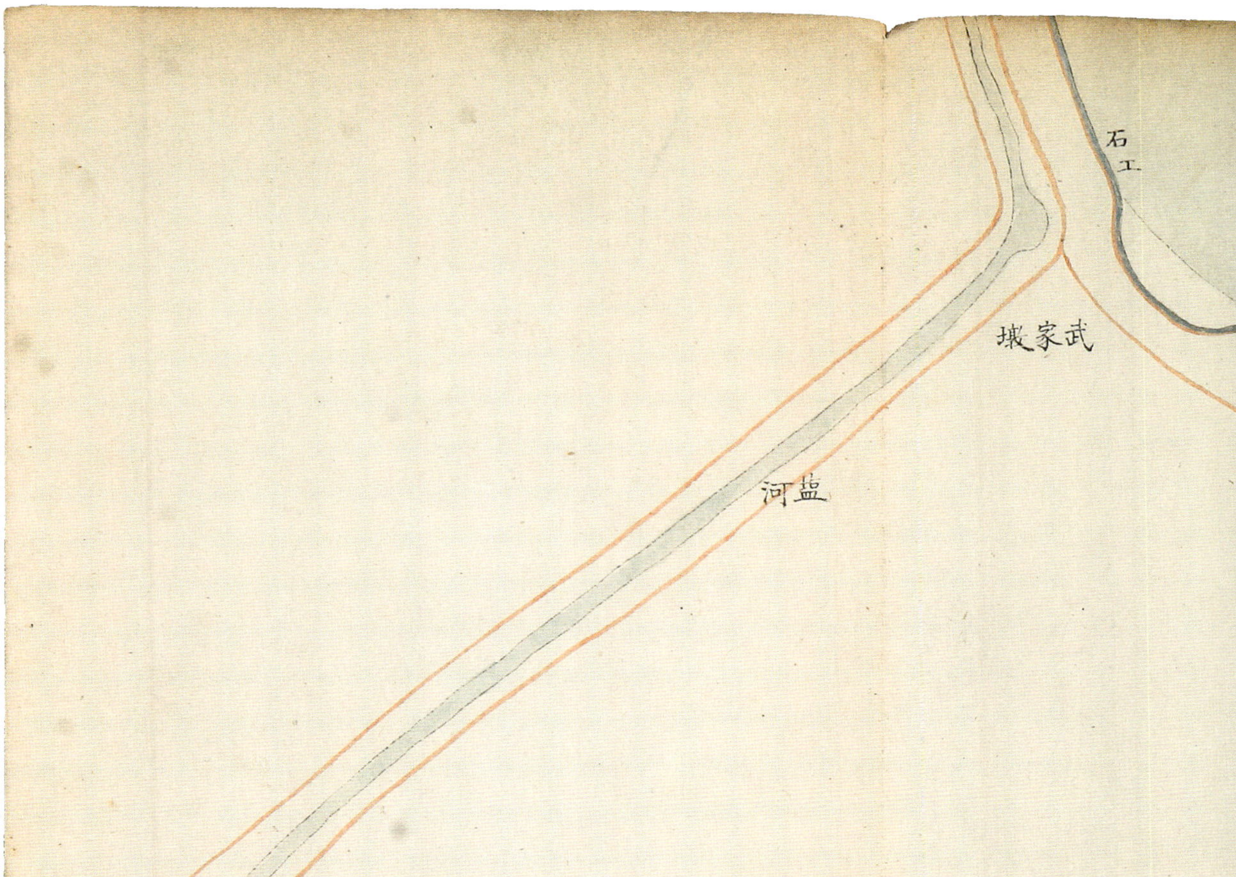

11079 淮揚十一廳事宜圖説 清嘉慶彩繪本

國家圖書館藏。

裡河廳屬事宜圖說
034.314
221
1820
3329
洪澤湖
護城
板閘
石工
運鹽河
北堤
張家莊
大王廟

11080 西湖全圖 清嘉慶四年（1799）彩繪本

國家圖書館藏。

西湖在浙江會城之西方廣三十里受
武林諸山之水下有淵泉百道瀦而為湖
蓄深渟深圓瑩若鏡中有孤山獨峙
水心山之前為外湖山後曰後湖西湖
蘇堤〻以內為裏湖〻分為三而路
則有三由白沙堤入經孤山而西底
蘇隄合趙隄楊隄為一路曰孤山
路出湧金門而南經南屏山至南
高峰渡自方家峪經龍山越鳳凰
山達錢塘江為一路曰南山路
由湧金門之北經錢塘門循
葛嶺入靈竺至北高峰為
一路曰北山路面臨吳山背
負西溪又各為一路曰吳山路
曰西溪路風景天成形
勝地設翠華之所
臨幸聖藻之所留題
以及名賢摩跡之
地仙佛之宮高隱之室
與夫忠孝節烈凡功德
之在人者俎豆薦歆
之宇遠近相属樓

第四批國家珍貴古籍名録圖録

第四册

中國國家圖書館
中國國家古籍保護中心 編

國家圖書館出版社

第四册目録

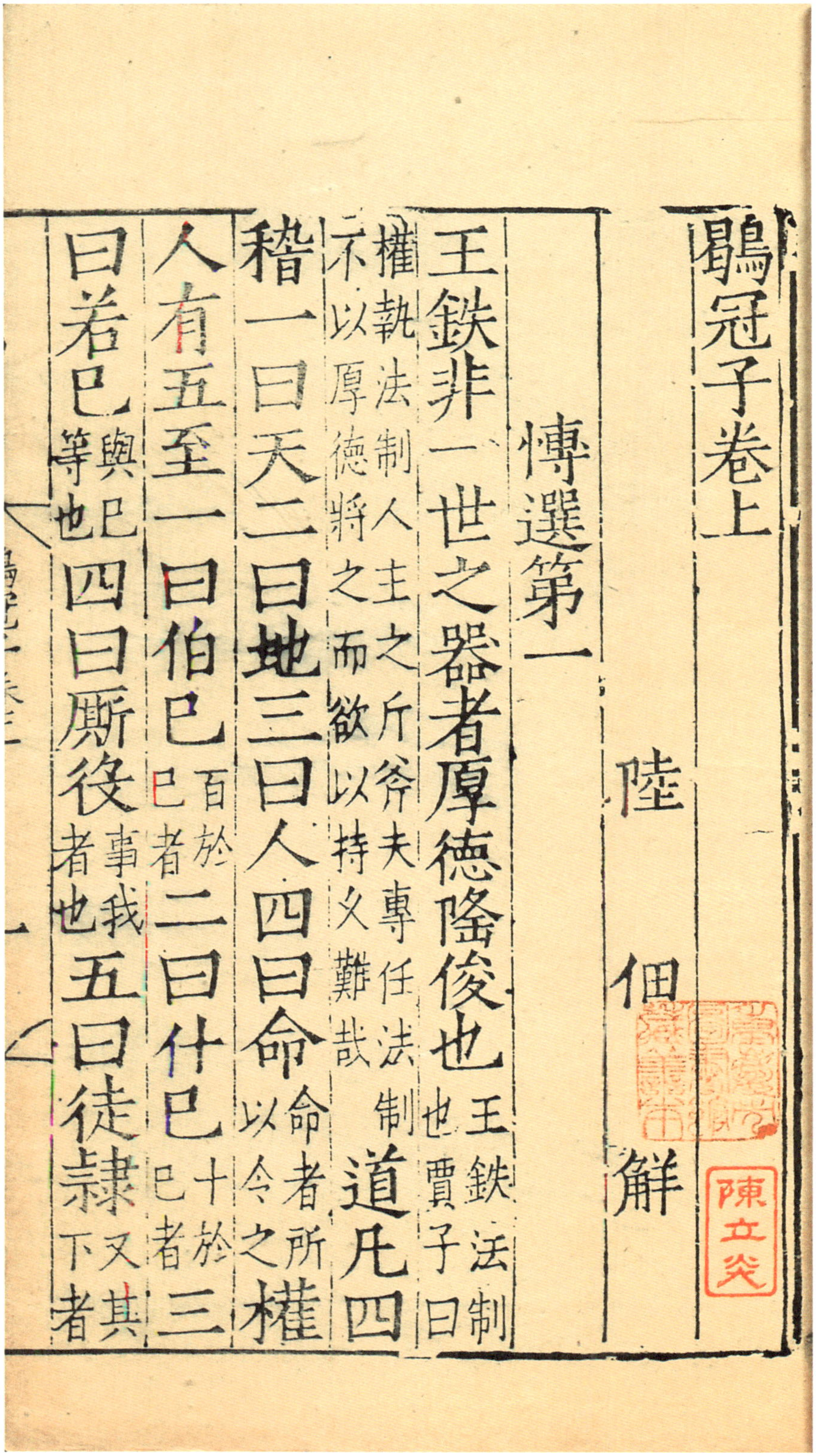
鶡冠子卷上
陸佃解
博選第一
王鈇非一世之器者厚德隆俊也王鈇法制也賈子曰權執法制人主之斤斧夫專任法制不以厚德將之而欲以持久難哉道凡四稽一曰天二曰地三曰人四曰命命者所以令之權人有五至一曰伯己百於己者二曰什己十於己者三曰若己與己等也四曰廝役事我者也五曰徒隸又其下者

10474 鶡冠子三卷 （宋）陸佃注 明刻本

匡高20.2釐米，廣13.9釐米。半葉八行，行十七字，黑口，左右雙邊。重慶圖書館藏。

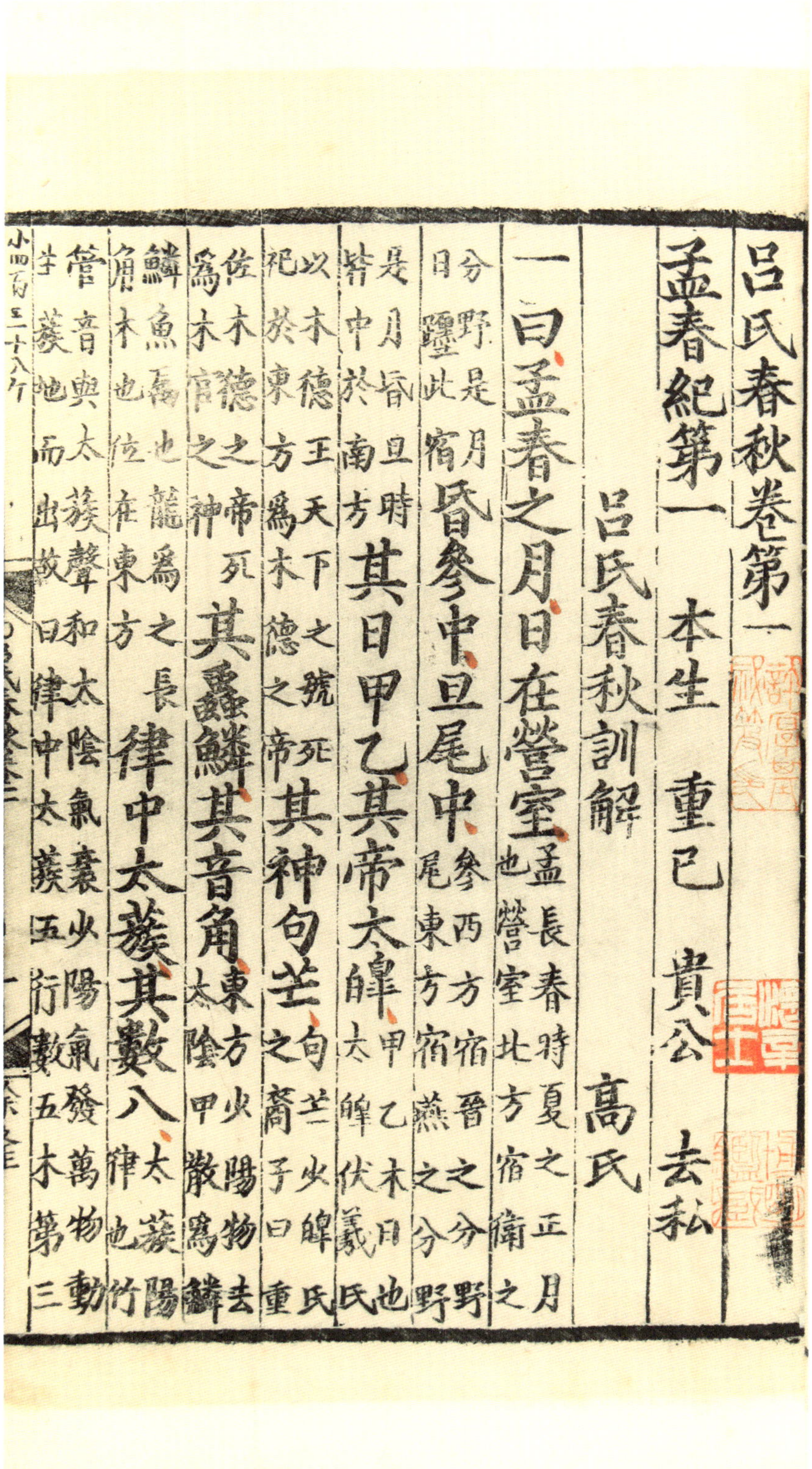
呂氏春秋卷第一
孟春紀第一　本生　重已　貴公　去私
呂氏春秋訓解　高氏
一曰孟春之月日在營室孟長春時夏之正月也營室北方宿衛之分野是月日躔此宿昏參中旦尾中參西方宿晉之分野尾東方宿燕之分野是月昏旦時皆中於南方其日甲乙其帝太皞甲乙木日也太皞伏羲氏以木德王天下之號死祀於東方爲木德之帝其神句芒句芒少皥氏之裔子曰重佐木德之帝死爲木官之神其蟲鱗其音角東方少陽物去太陰甲散爲鱗鱗魚屬也龍爲之長角木也位在東方律中太蔟其數八太蔟陽律也竹管音與太蔟聲和太陰氣衰少陽氣發萬物動生蔟地而出故曰律中太蔟五行數五木第三

10475 呂氏春秋二十六卷　（漢）高誘注 明弘治十一年（1498）李瀚刻本

匡高20.3釐米，廣13.9釐米。半葉十行，行十八字，白口，四周單邊。有"博明鑑藏"、"許厚基秘笈印"等印。天津師範大學圖書館藏。

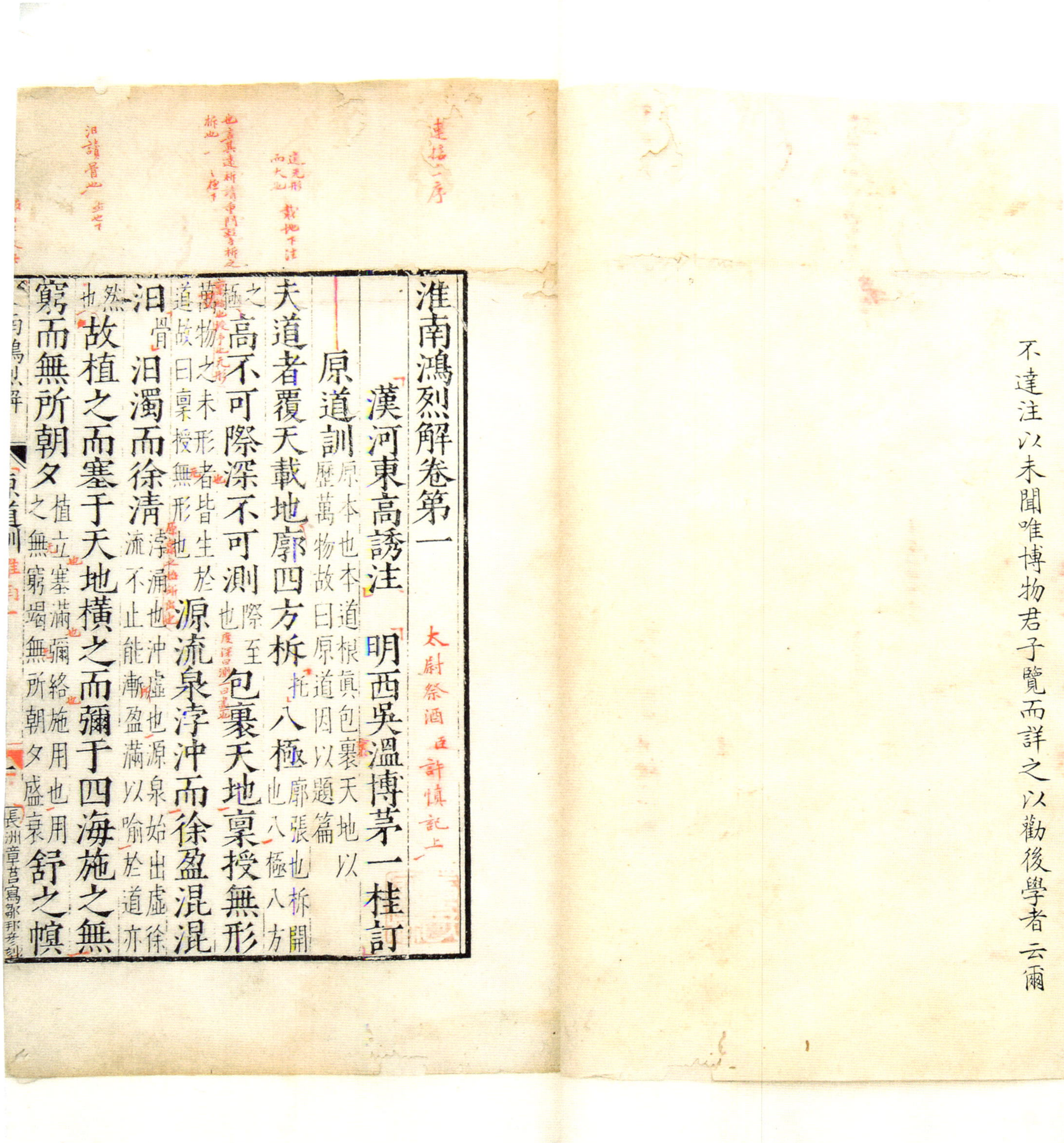

10476 淮南鴻烈解二十一卷 （漢）劉安撰 （漢）高誘注 明萬曆八年（1580）茅一桂刻本

匡高20釐米，廣12.7釐米。半葉九行，行十九字，白口，左右雙邊。有“知聖道齋藏書”、“南昌彭氐”等印。孫詒讓批校。浙江省瑞安市文物館藏。

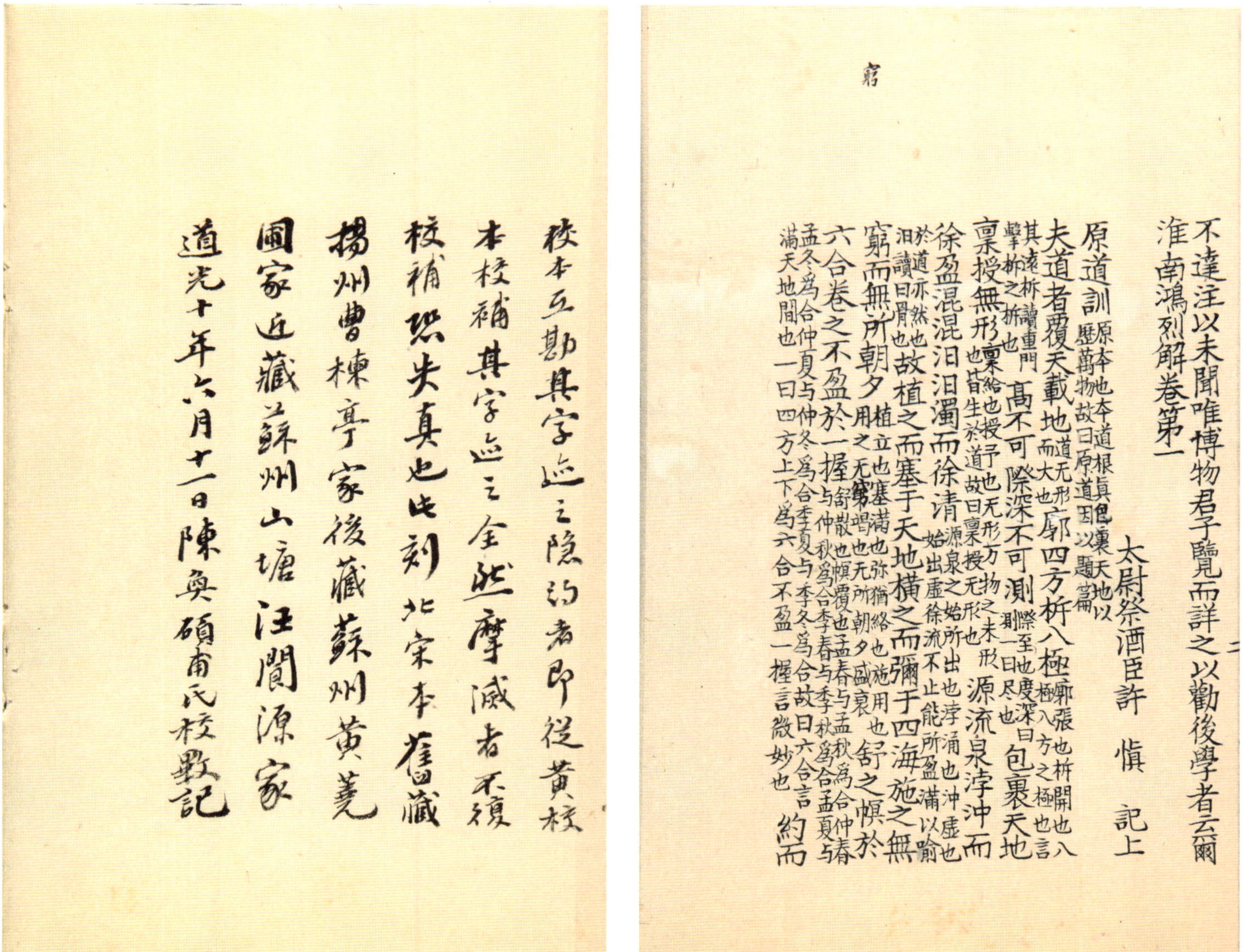
不達注以未聞唯博物君子覽而詳之以勸後學者云爾
淮南鴻烈解卷第一　太尉祭酒臣許　慎　記上
原道訓原本也本道根眞包裹天地以歷萬物故曰原道因以題篇
夫道者覆天載地道无形而大也廓四方柝八極廓張也柝開也八極八方之極也言其遠也柝讀重門擊柝之柝也高不可際深不可測際至也度深曰測一曰尽也包裹天地
稟授無形稟給也授予也无形方物之未形也皆生於道故曰稟授无形也源流泉浡沖而
徐盈混混汩汩濁而徐清源泉之始所出也浡涌也沖虛也始出虛徐流不止能所盈滿以喻於道亦然也汩讀曰骨也故植之而塞于天地橫之而彌于四海施之無
窮而無所朝夕植立也塞滿也彌猶絡也施用也用之无窮竭也无所朝夕盛衰舒之幎於
六合卷之不盈於一握舒散也幎覆也孟春与孟秋爲合仲春与仲秋爲合季春与季秋爲合孟夏与孟冬爲合仲夏与仲冬爲合季夏与季冬爲合故曰六合言滿天地間也一曰四方上下爲六合不盈一握言微妙也約而

校本互勘其字迹之隱約者即從黃校本校補其字迹之全然磨滅者不復校補恐失真也此刻北宋本舊藏揚州曹楝亭家後藏蘇州黃蕘圃家近藏蘇州山塘汪閬源家
道光十年六月十一日陳奐碩甫氏校竟記

10477 淮南鴻烈解二十一卷（漢）劉安撰（漢）高誘注　清抄本

半葉十二行，行二十二字，小字雙行二十五字。陳奐校並跋。上海圖書館藏。

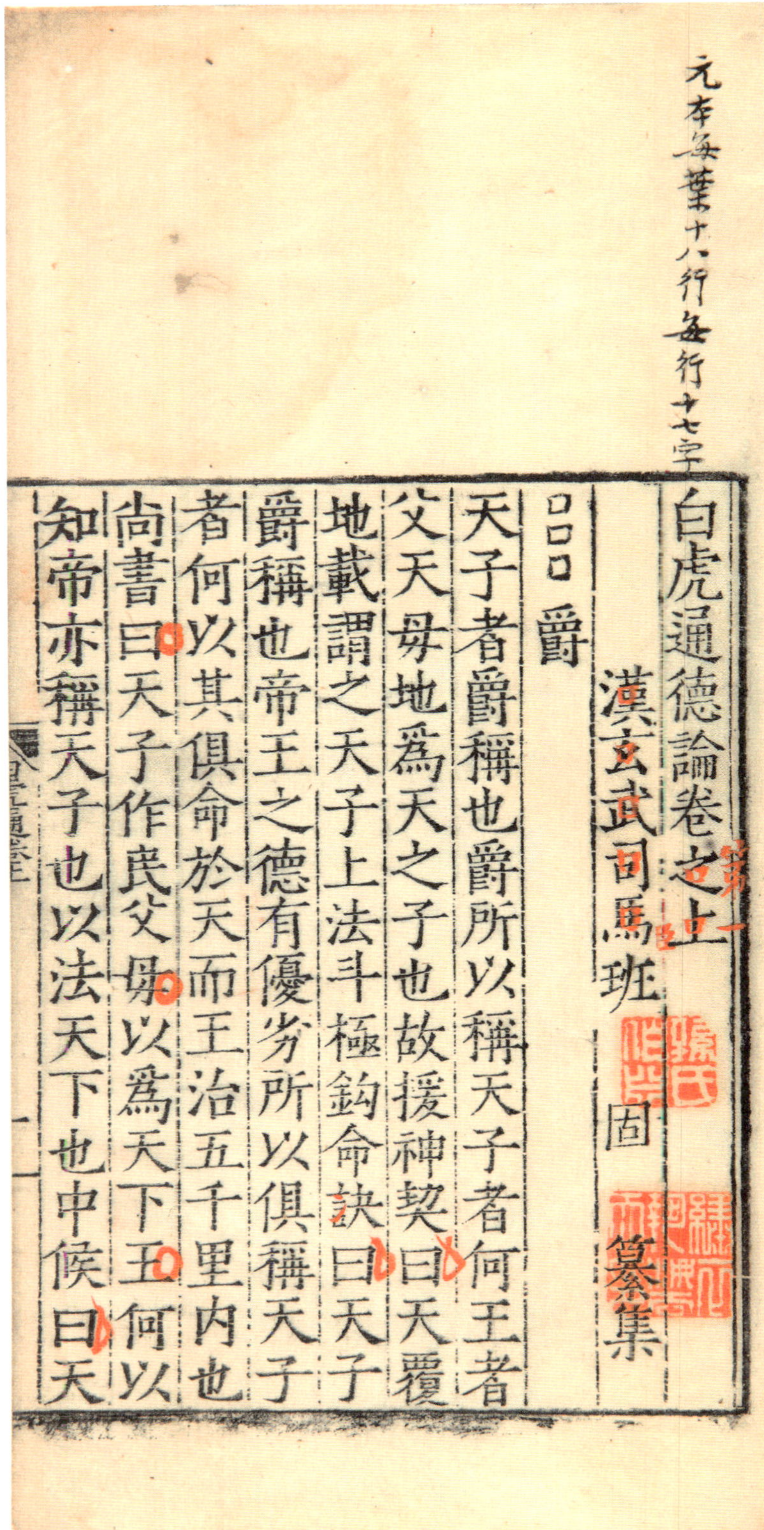
元本每葉十八行每行十七字
白虎通德論卷之上
漢玄武司馬班固纂集
□□□爵
天子者爵稱也爵所以稱天子者何王者
父天母地爲天之子也故援神契曰天覆
地載謂之天子上法斗極鉤命訣曰天子
爵稱也帝王之德有優劣所以俱稱天子
者何以其俱命於天而王治五千里內也
尚書曰天子作民父母以爲天下王何以
知帝亦稱天子也以法天下也中候曰天

10478 白虎通德論二卷 （漢）班固撰 明嘉靖元年（1522）傅鑰刻本

匡高17.1釐米，廣12.4釐米。半葉十行，行十六字，白口，左右雙邊。有“繡衣執灋天印”、“孫氏伯淵”等印。孫星衍校並跋。上海圖書館藏。

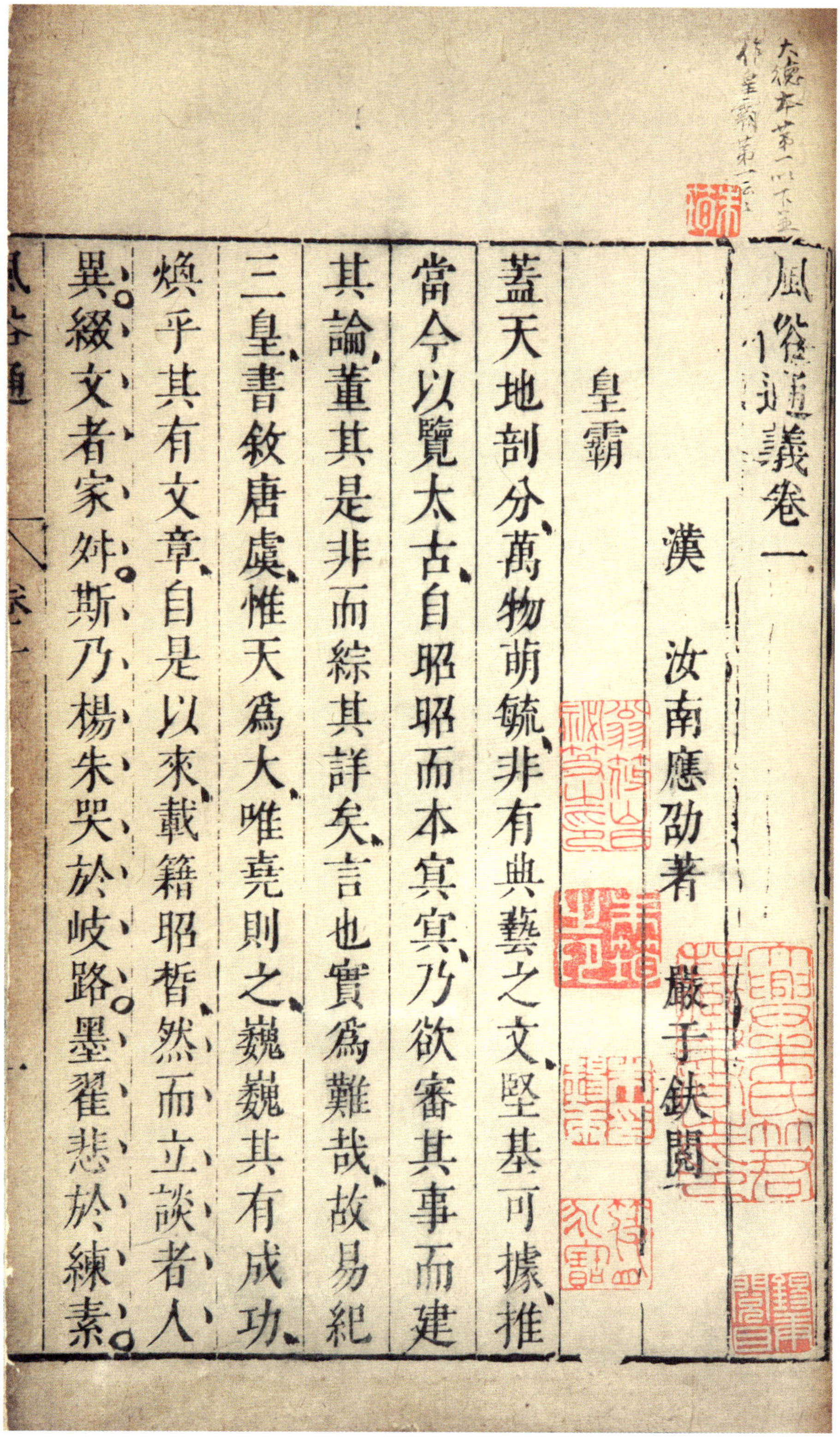

10479 風俗通義十卷　（漢）應劭撰 明末刻本

匡高19.9釐米，廣14.4釐米。半葉九行，行二十字，白口，左右雙邊。有“大興朱氏竹君藏書之印”、“朱筠之印”、“朱印錫庚”、“翁筱山氏秘笈之印”等印。朱筠、朱錫庚校並跋，翁同書跋。國家圖書館藏。

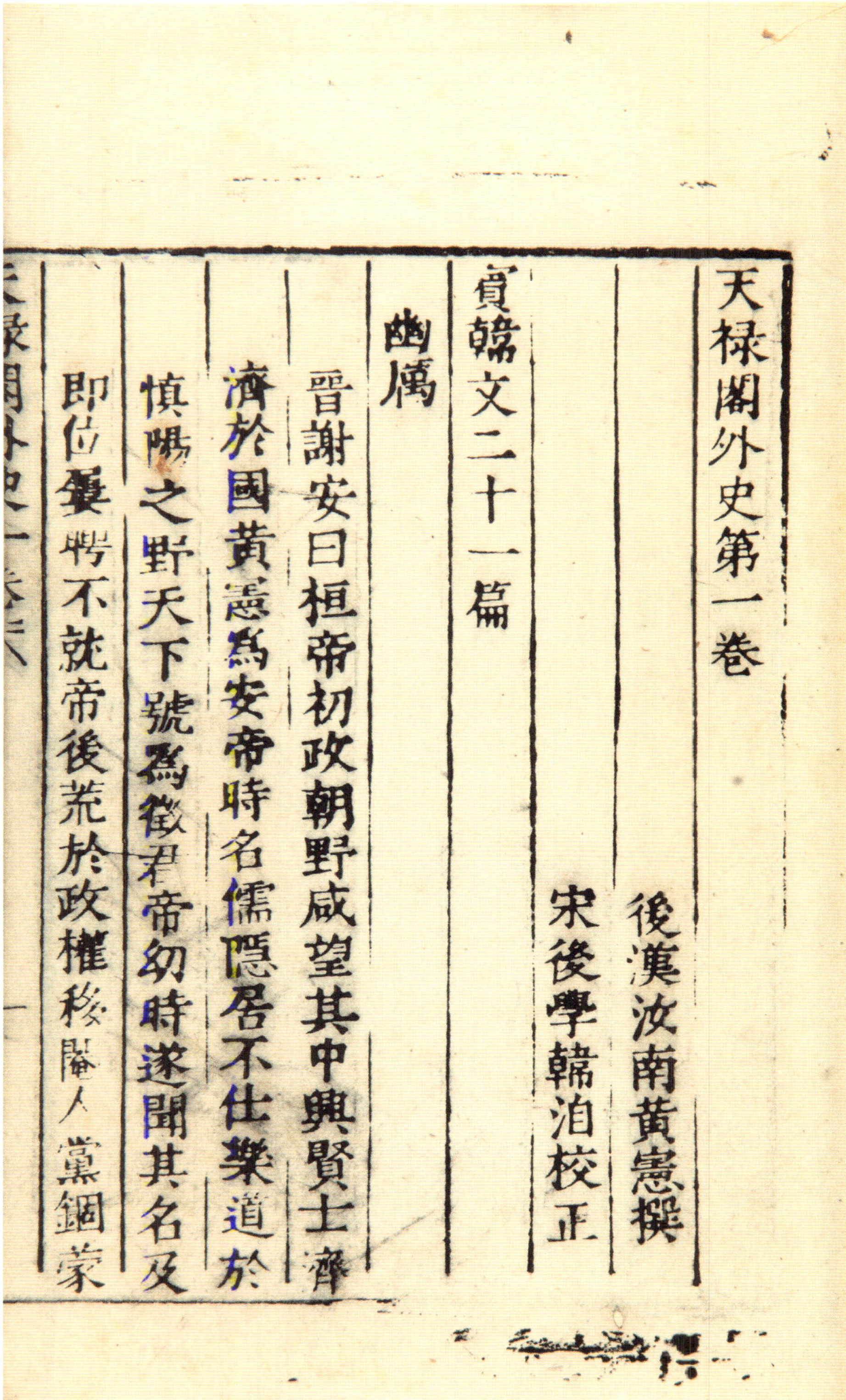
天禄閣外史第一卷
後漢汝南黃憲撰
宋後學韓泊校正
貢韜文二十一篇
幽厲
晉謝安曰桓帝初政朝野咸望其中興賢士濟
濟於國黃憲爲安帝時名儒隱居不仕樂道於
慎陽之野天下號爲徵君帝幼時遂聞其名及
即位屢聘不就帝後荒於政權移闔人黨錮蒙
天禄閣外史一卷八

10480 天禄閣外史八卷 題（漢）黃憲撰 明銅活字印本

匡高18.5釐米，廣12.6釐米。半葉九行，行二十字，白口，四周單邊。上海圖書館藏。

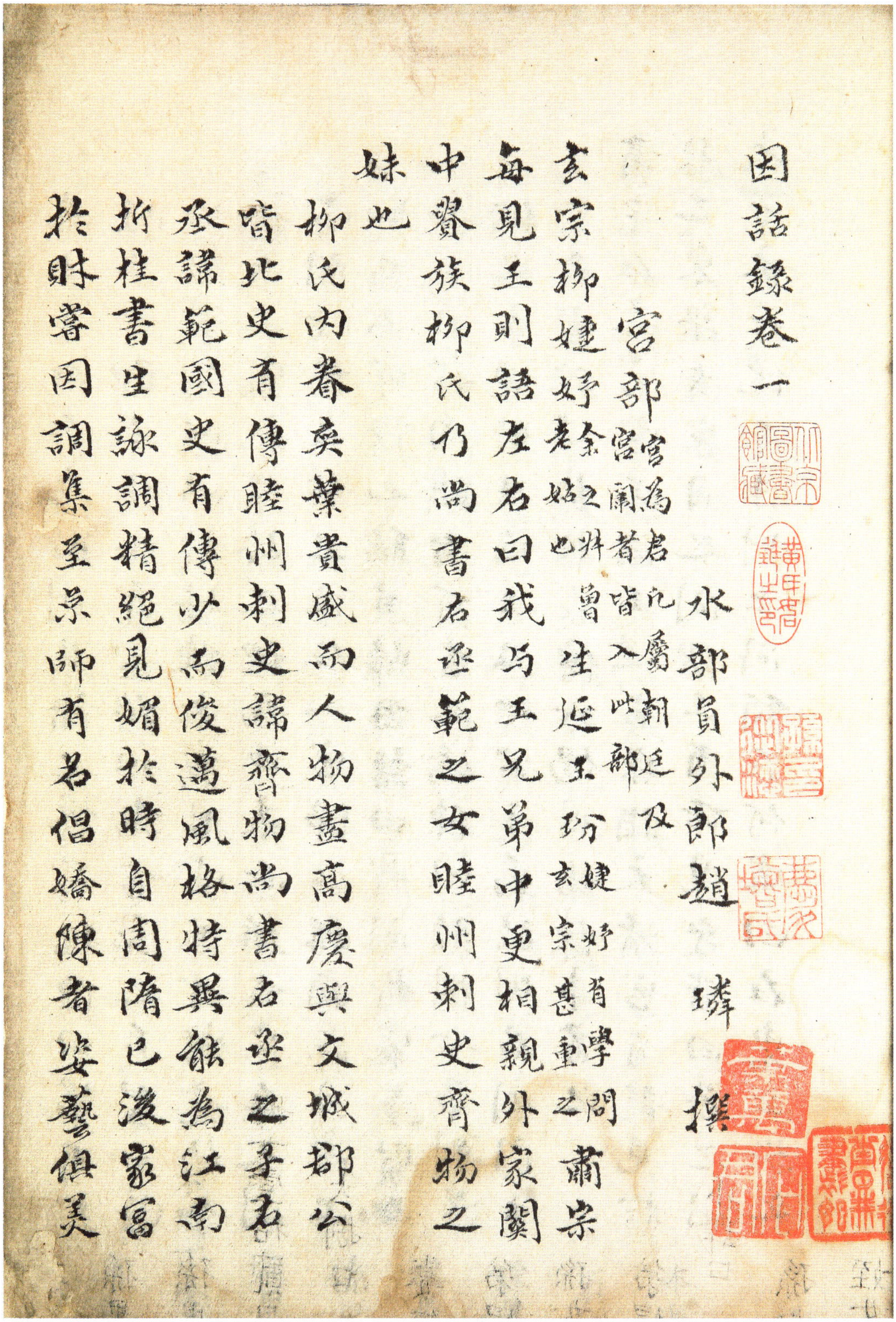

因話録卷一
水部員外郎趙璘撰
宫部 宫為君凡屬朝廷及宫闈者皆入此部
玄宗柳婕妤 余之外曾老姑也 生延王玢 婕妤有學問玄宗甚重之 肅宗
每見王則語左右曰我與王兄弟中更相親外家闗
中貴族柳氏乃尚書右丞範之女睦州刺史齊物之
妹也
柳氏内眷奕葉貴盛而人物盡高慶與文城郡公
皆北史有傳睦州刺史諱齊物尚書右丞之子右
丞諱範國史有傳少而俊邁風格特異能為江南
折桂書生詠調精絶見媚於時自周隋已後家富
於時嘗因調集至京師有名倡嬌陳者姿藝俱美

10481 因話録六卷 （唐）趙璘撰 清順治十五年（1658）葉仁祖抄本

半葉十二行，行二十字。有“葉萬”、“石君”、“孫印從添”、“慶增氏”、“黄氏如珽之印”等印。葉萬跋。國家圖書館藏。

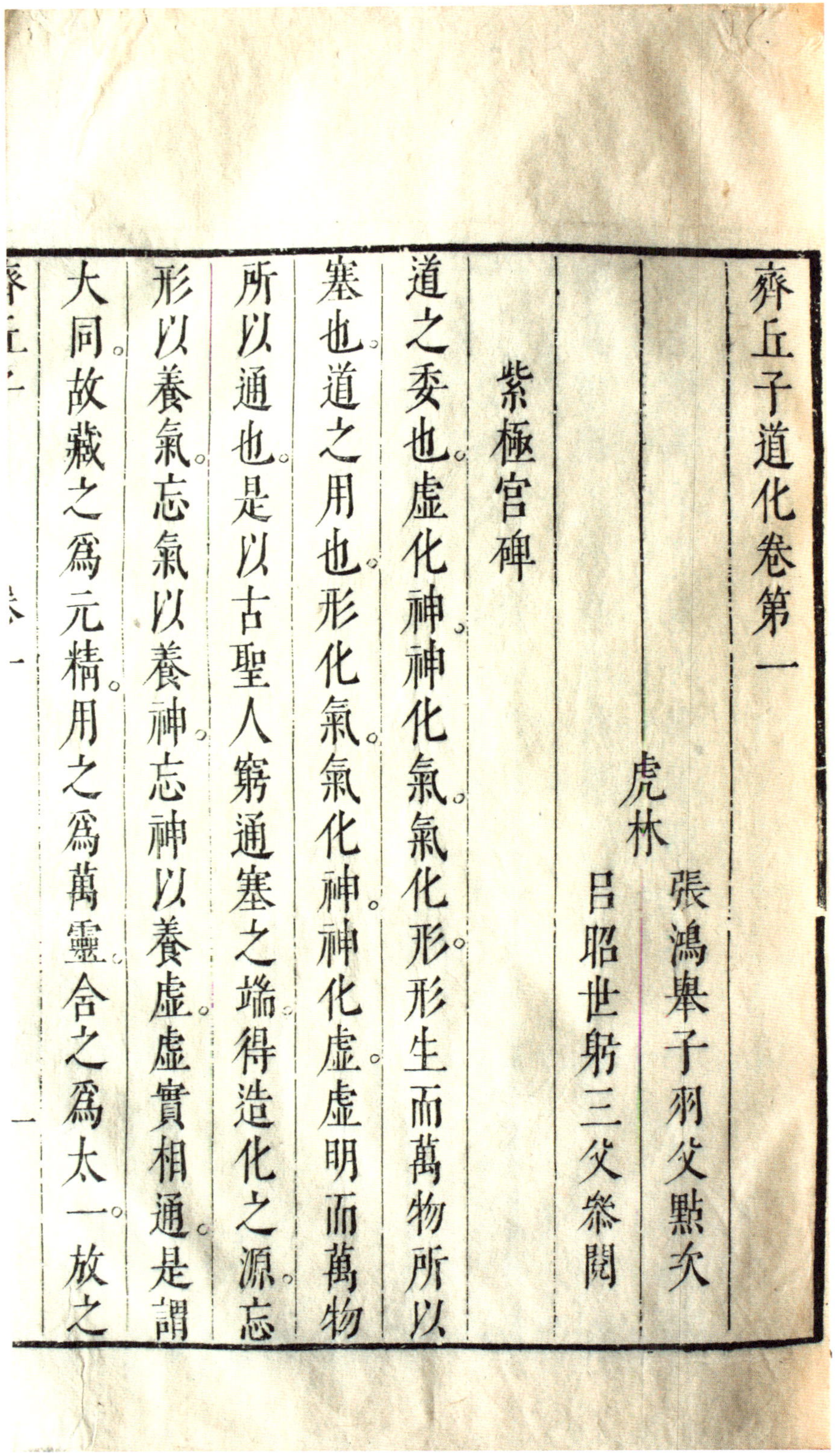
齊丘子道化卷第一
虎林　張鴻舉子羽父點次
呂昭世躬三父參閱
紫極宫碑
道之委也。虚化神，神化氣，氣化形，形生而萬物所以塞也。道之用也，形化氣，氣化神，神化虚，虚明而萬物所以通也。是以古聖人窮通塞之端，得造化之源，忘形以養氣，忘氣以養神，忘神以養虚，虚實相通，是謂大同。故藏之爲元精，用之爲萬靈，含之爲太一，放之
齊丘子　卷一　一

10482 齊丘子六卷 （五代）譚峭撰 明天啓五年（1625）張鴻舉刻本

匡高21釐米，廣13.9釐米。半葉九行，行二十字，白口，四周單邊。南通市圖書館藏。

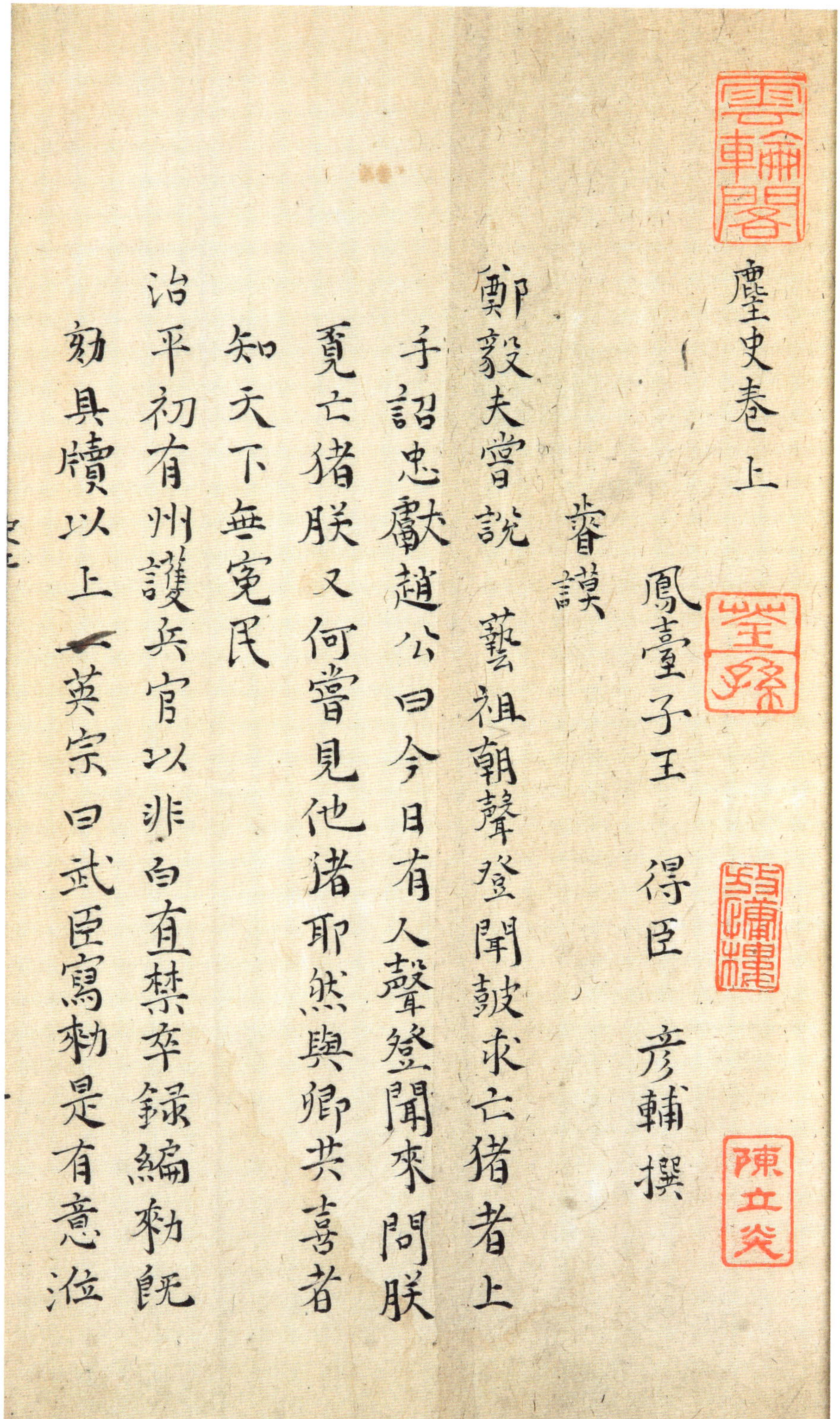
麈史卷上
鳳臺子王得臣彥輔撰
睿謨
鄭毅夫嘗説藝祖朝聲登聞鼓求亡猪者上
手詔忠獻趙公曰今日有人聲登聞來問朕
覓亡猪朕又何嘗見他猪耶然與卿共喜者
知天下無冤民
治平初有州護兵官以非白直禁卒録編勑既
劾具牘以上英宗曰武臣寫勑是有意溢

10483 麈史三卷 （宋）王得臣撰 明抄本

半葉九行，行十八字。有“黄印丕烈”、“荃孫”等印。錢曾、沈欽韓、繆荃孫校，黄丕烈跋。國家圖書館藏。

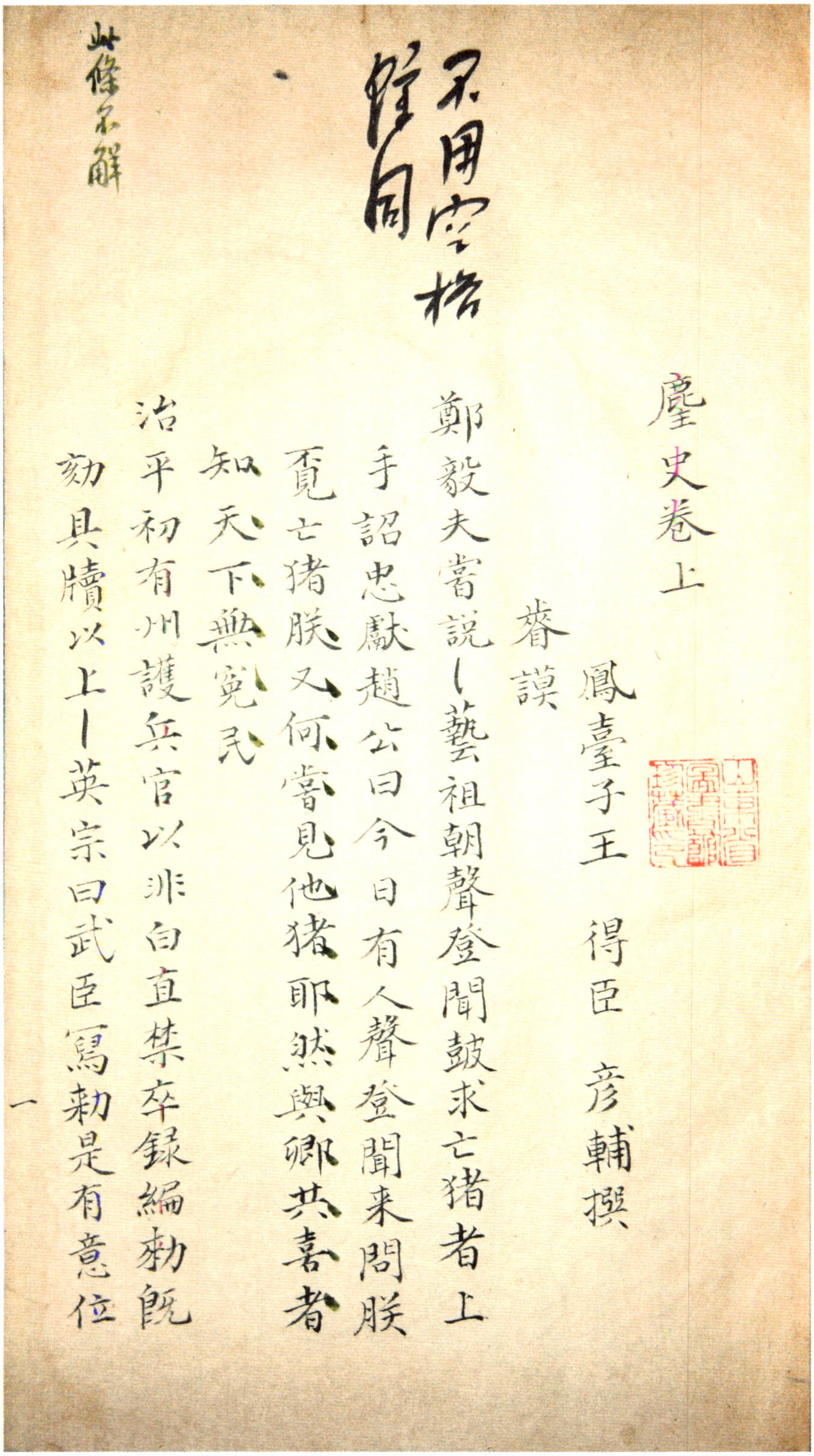

此條不解

不用空格

麈史卷上

鳳臺子王　得臣　彥輔撰

睿謨

鄭毅夫嘗說ㄥ藝祖朝聲登聞鼓求亡猪者上

手詔忠獻趙公曰今日有人聲登聞来問朕

覓亡猪朕又何嘗見他猪耶然與卿共喜者

知天下無冤民

治平初有州護兵官以非白直禁卒録編勑旣

効具牘以上ㄧ英宗曰武臣寫勑是有意位

一

10484 麈史三卷　（宋）王得臣撰　清抄本

半葉九行，行十八字。有“李南澗藏書印”等印。李文藻批校。山東省圖書館藏。

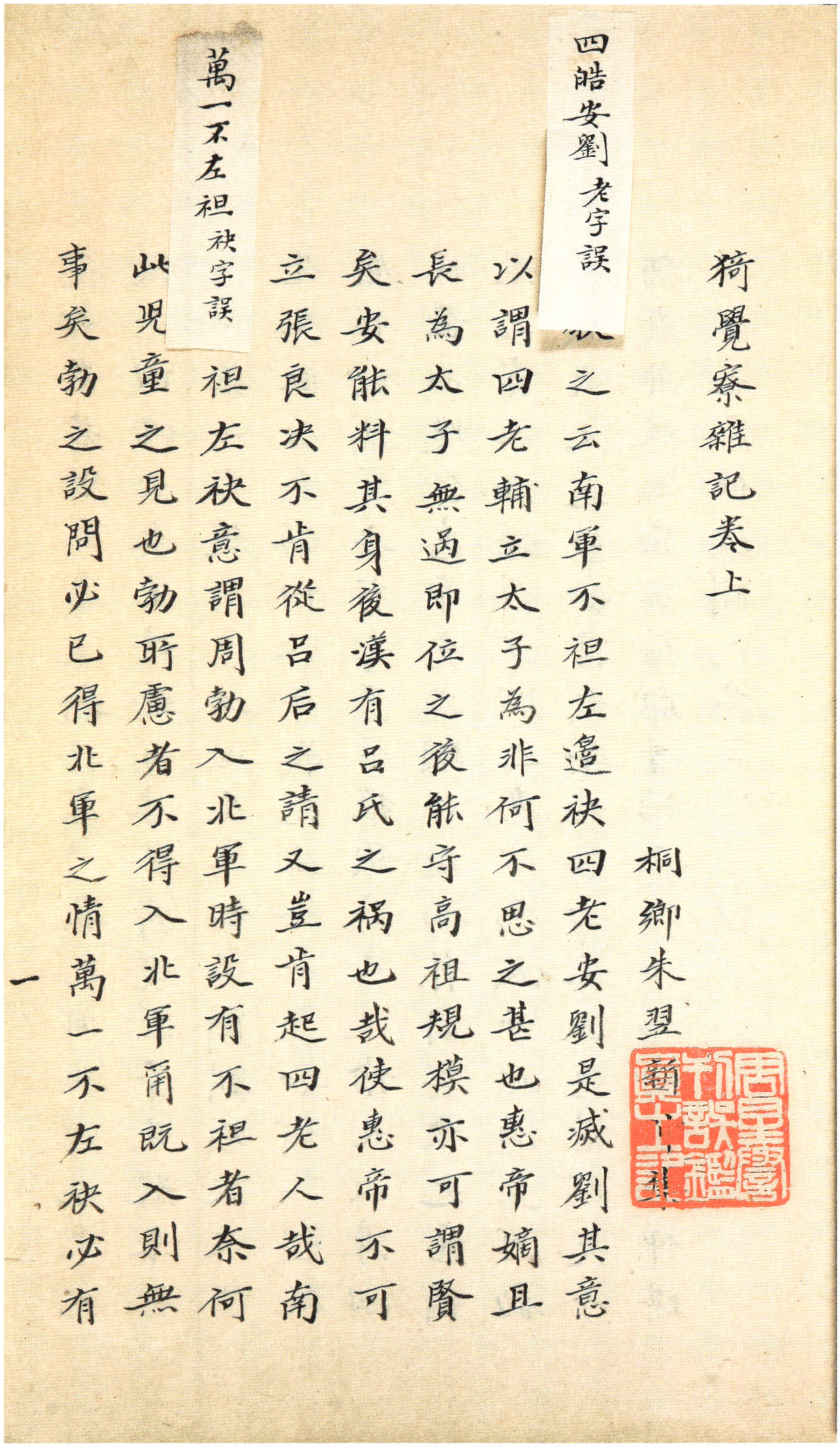

猗覺寮雜記卷上

桐鄉朱翌

之云南軍不袒左邊袪四老安劉是滅劉其意

以謂四老輔立太子為非何不思之甚也惠帝嫡且

長為太子無過即位之後能守高祖規模亦可謂賢

矣安能料其身後漢有呂氏之禍也哉使惠帝不可

立張良決不肯從呂后之請又豈肯起四老人哉南

袒左袪意謂周勃入北軍時設有不袒者奈何

此兒童之見也勃所慮者不得入北軍爾既入則無

事矣勃之設問必已得北軍之情萬一不左袪必有

四皓安劉 老字誤

萬一不左袒 袪字誤

10485 猗覺寮雜記二卷 （宋）朱翌撰 清抄本[四庫底本]

半葉十行，行二十字。有“翰林院印”、“周星譽刊誤鑑真之記”等印。國家圖書館藏。

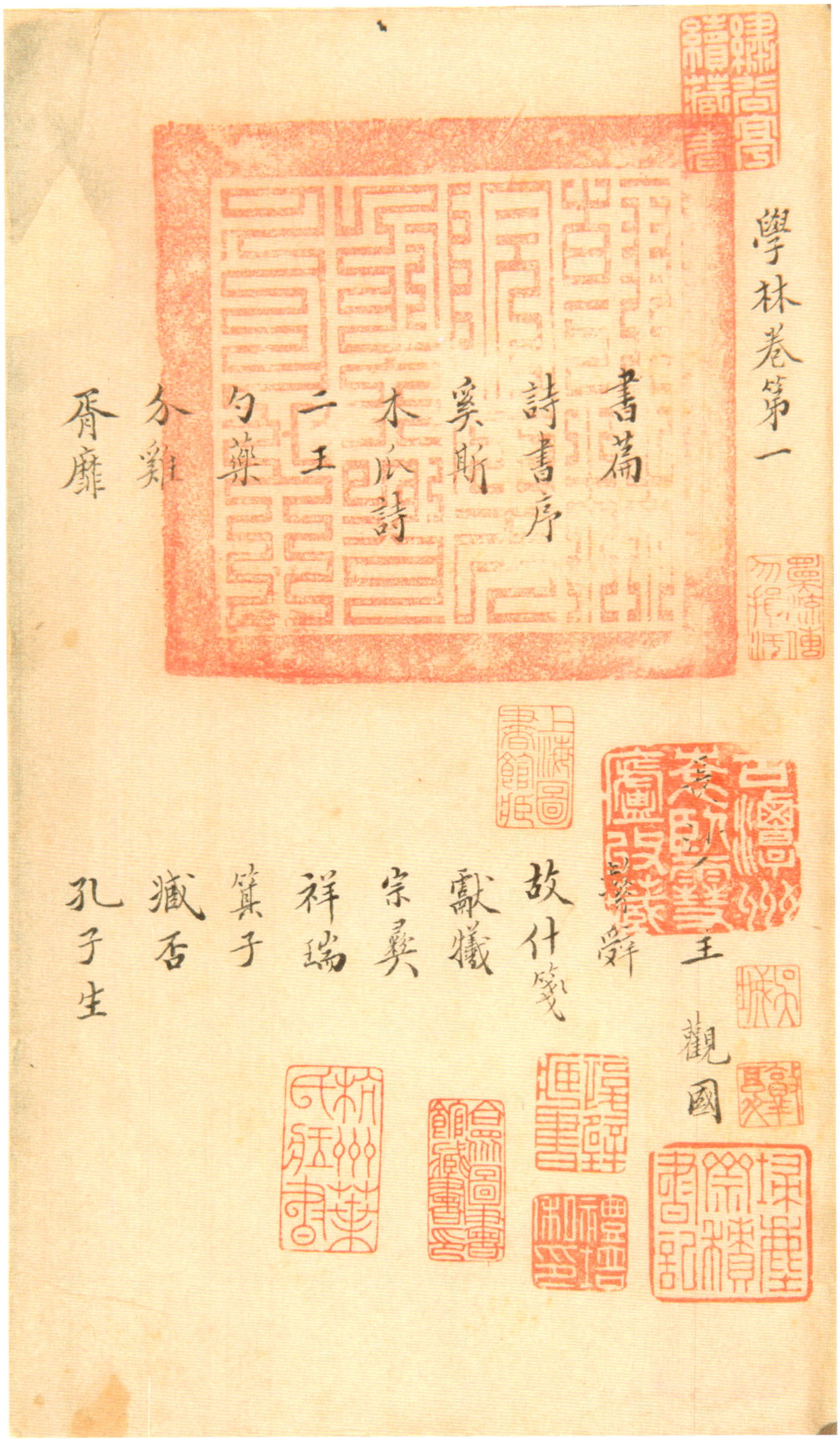

10486 學林十卷 （宋）王觀國撰 清吴氏繡谷亭抄本[四庫底本]

半葉十行，行二十字。有“繡谷亭續藏書”、“吴城”、“翰林院印”、“翰林院典籍廳關防”、“古潭州袁卧雪廬收藏”、“禮培私印”、“埽塵齋積書記”、“景葵秘笈印”等印。上海圖書館藏。

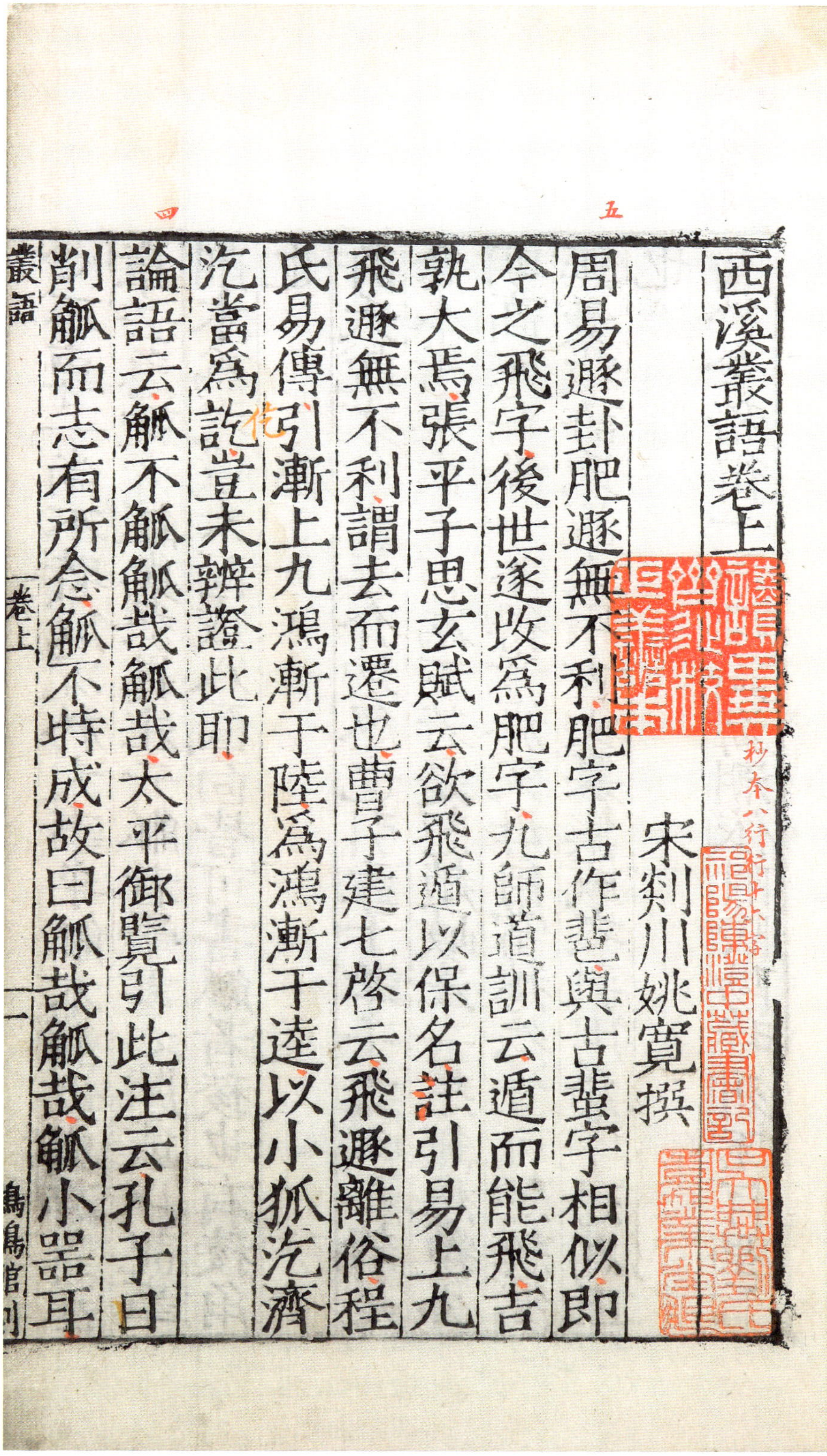
西溪叢語卷上
宋剡川姚寬撰
周易遯卦肥遯無不利肥字古作𩇯與古𩇯字相似即今之飛字後世遂改爲肥字九師道訓云遁而能飛吉孰大焉張平子思玄賦云欲飛遁以保名註引易上九飛遯無不利謂去而遷也曹子建七啓云飛遯離俗程氏易傳引漸上九鴻漸于陸爲鴻漸于逵以小狐汔濟汔當爲訖豈未辨諸此耶
論語云觚不觚觚哉觚哉太平御覽引此注云孔子曰削觚而志有所念觚不時成故曰觚哉觚哉觚小器耳
叢語 卷上 一 鶴鳴館刊

10487 西溪叢語二卷 （宋）姚寬撰 明嘉靖二十七年（1548）俞憲鶴鳴館刻本

匡高18.7釐米，廣12.8釐米。半葉十行，行二十一字，白口，四周單邊。有“吴翌鳳家藏文苑”、“紹仁之印”、“吴興劉氏嘉業堂藏”、“祁陽陳澄中藏書記”等印。吴翌鳳録何煌校跋，張紹仁校並跋，黄丕烈跋。國家圖書館藏。

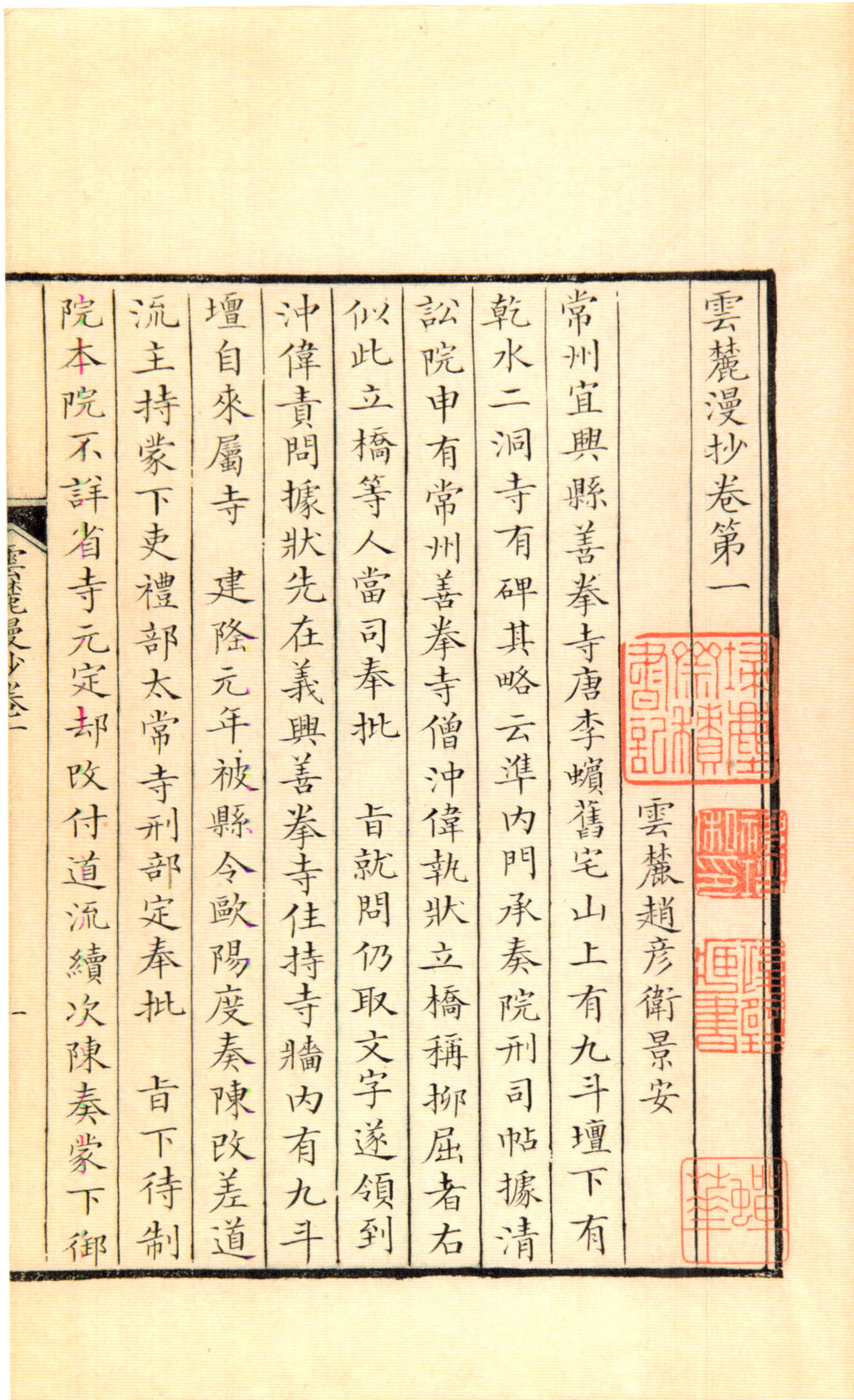
雲麓漫抄卷第一
雲麓趙彦衛景安
常州宜興縣善拳寺唐李蠙舊宅山上有九斗壇下有
乾水二洞寺有碑其略云準内門承奏院刑司帖據清
訟院申有常州善拳寺僧沖偉執狀立橋稱抑屈者右
似此立橋等人當司奉批 旨就問仍取文字遂領到
沖偉責問據狀先在義興善拳寺住持寺牆内有九斗
壇自來屬寺 建隆元年被縣令歐陽度奏陳改差道
流主持蒙下吏禮部太常寺刑部定奏批 旨下待制
院本院不詳省寺元定却改付道流續次陳奏蒙下御
雲麓漫抄卷一 一

10488 雲麓漫抄十五卷 （宋）趙彦衛撰 清吴氏繡谷亭抄本

匡高18.2釐米，廣13.2釐米。半葉十行，行二十一字，黑口，左右雙邊。有“臣焯”、“蟫華”、“禮培私印”、“埽塵齋積書記”等印。吴焯、王禮培跋。上海圖書館藏。

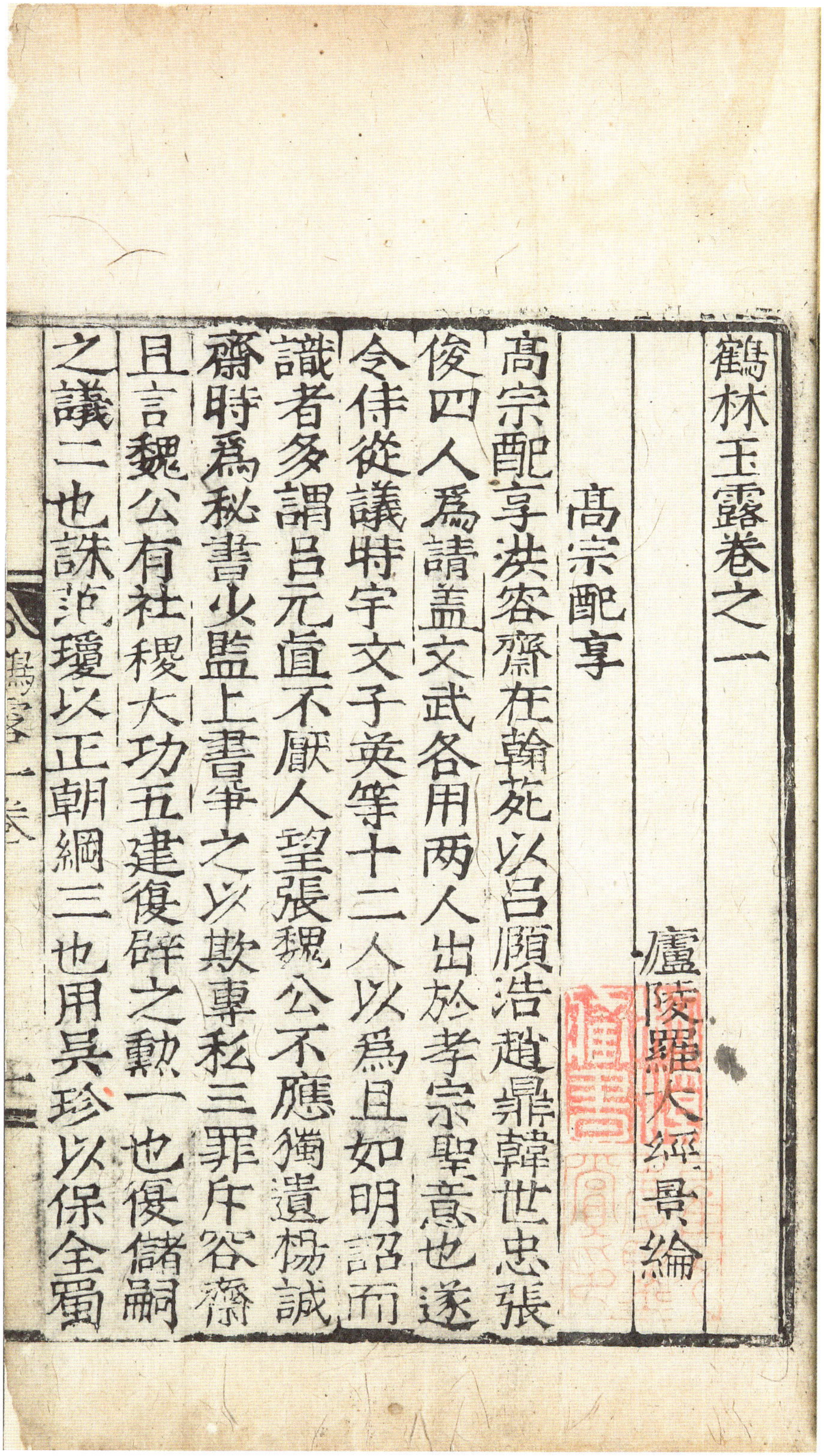

鶴林玉露卷之一

廬陵羅大經景綸

高宗配享

高宗配享洪容齋在翰苑以吕頤浩趙鼎韓世忠張俊四人爲請蓋文武各用两人出於孝宗聖意也遂令侍從議特宇文子英等十二人以爲且如明詔而識者多謂吕元直不厭人望張魏公不應獨遺楊誠齋時爲秘書少監上書爭之以欺專私三罪斥容齋且言魏公有社稷大功五建復辟之勲一也復儲嗣之議二也誅范瓊以正朝綱三也用吳玠以保全蜀

10489 鶴林玉露六卷 （宋）羅大經撰 明活字印本

匡高18.1釐米，廣13.6釐米。半葉十行，行二十字，白口，左右雙邊。有“顧元慶鑒賞印”、“柯溪藏書”等印。李宏信校並跋。國家圖書館藏。

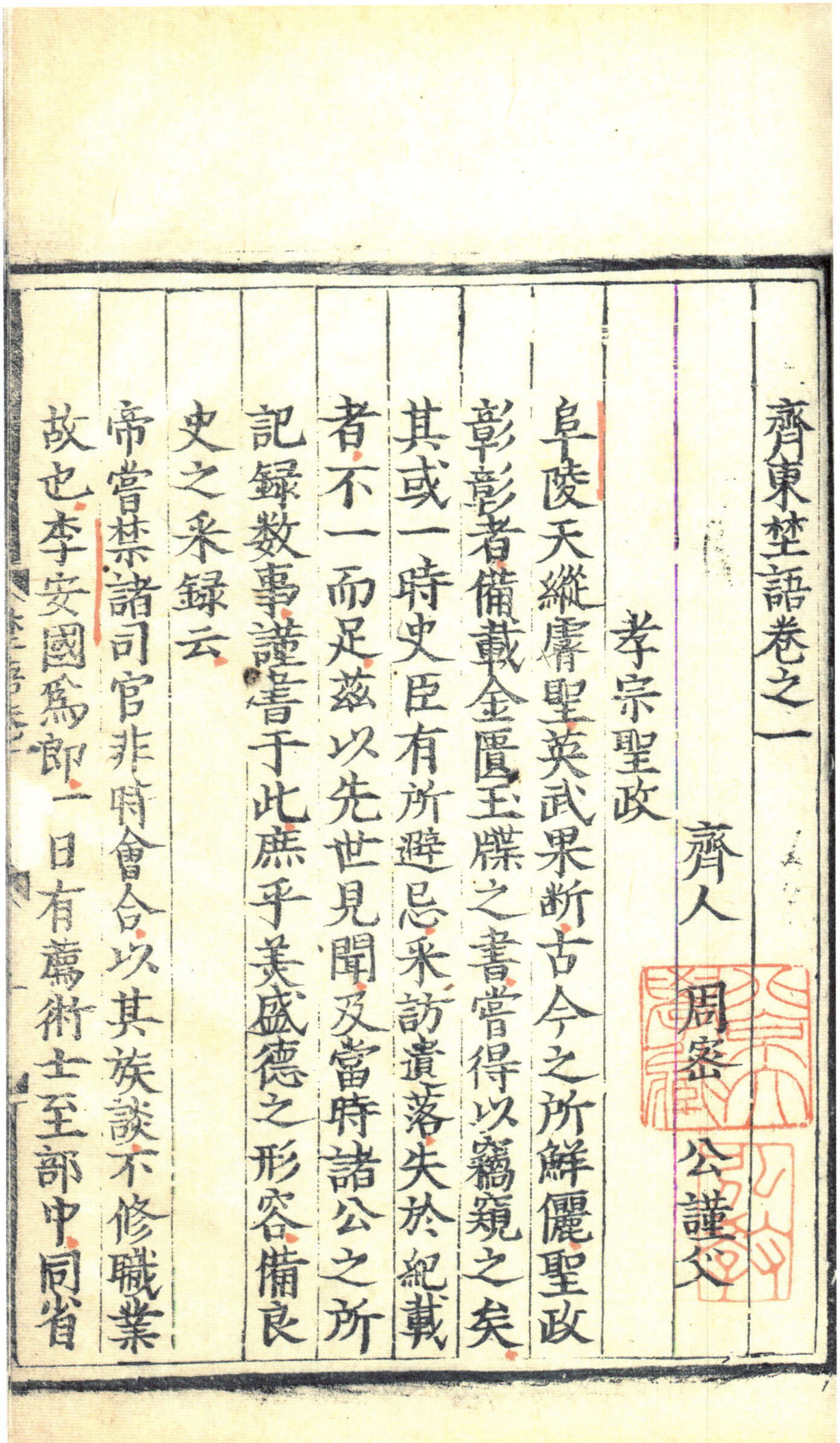

齊東埜語卷之一

齊人　周密　公謹父

孝宗聖政

阜陵天縱膚聖英武果断古今之所鮮儷聖政彰彰者備載金匱玉牒之書嘗得以竊窺之矣其或一時史臣有所避忌采訪遺落失於紀載者不一而足茲以先世見聞及當時諸公之所記録數事謹書于此庶乎美盛德之形容備良史之采録云

帝嘗禁諸司官非時會合以其族談不修職業故也李安國爲郎一日有鬻術士至部中同省

10490 齊東埜語二十卷　（宋）周密撰　明正德十年（1515）胡文璧刻本[四庫底本]

匡高20.1釐米，廣14.5釐米。半葉十一行，行二十字，黑口，四周雙邊。有“翰林院印”等印。北京大學圖書館藏。

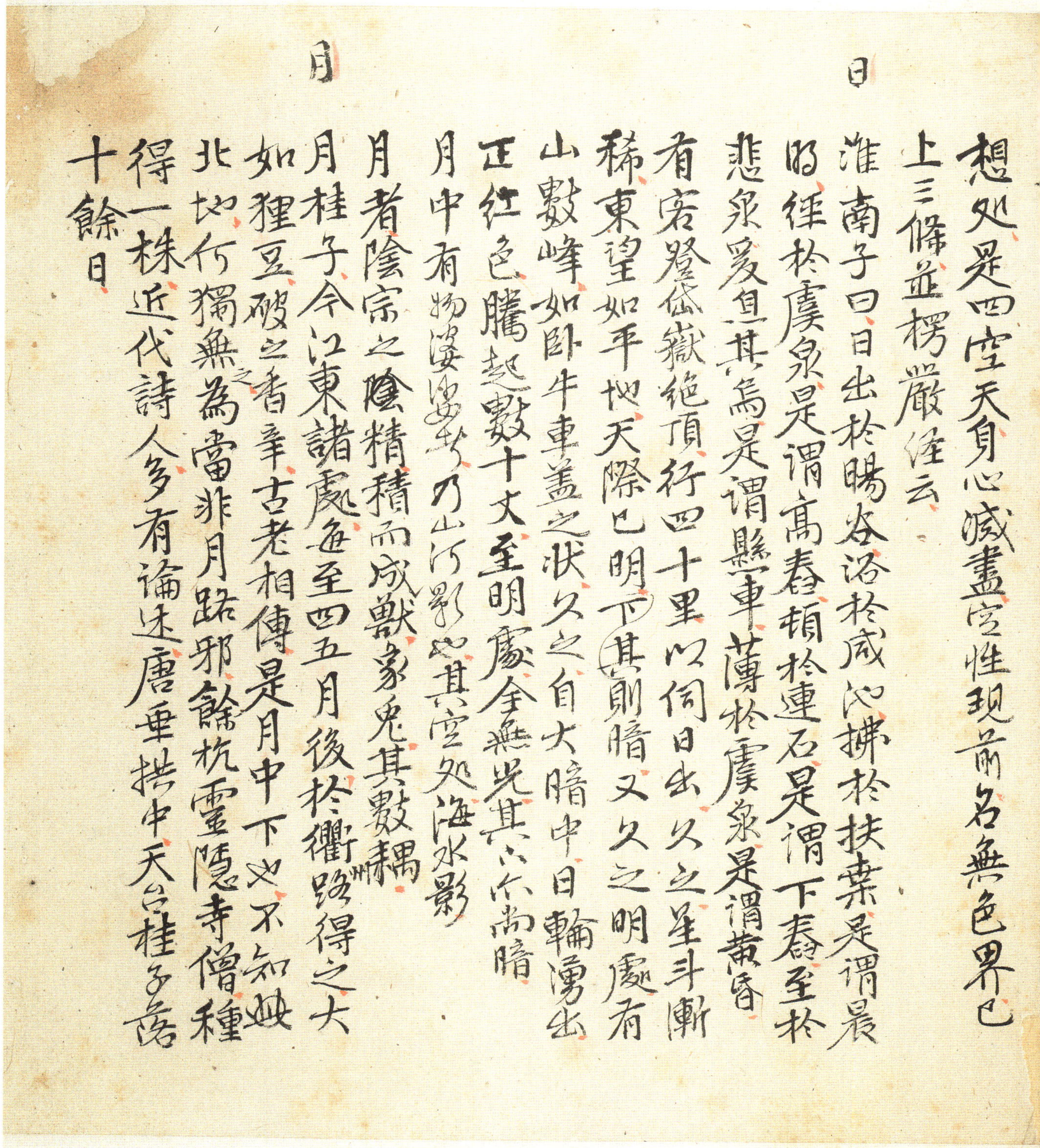
日
想処是四空天身心滅盡空性現前名無色界已
上三條並楞嚴經云
淮南子曰日出於暘谷浴於咸池拂於扶桑是謂晨
明徑於虞泉是謂高舂頓於連石是謂下舂至於
悲泉爰息其馬是謂懸車薄於虞泉是謂黃昏
有客登岱嶽絕頂行四十里以伺日出久之星斗漸
稀東望如平地天際已明其下則暗又久之明處有
山數峰如臥牛車蓋之狀久之自大暗中日輪湧出
正紅色騰起數十丈至明處全無光其下尚暗
月
月中有物婆娑者乃山河影也其空處海水影
月者陰宗之陰精積而成獸象兔其數耦
月桂子今江東諸處每至四五月後於衢州路得之大
如狸豆破之香辛古老相傳是月中下也不知然
北地何獨無之為當非月路耶餘杭靈隱寺僧種
得一株近代詩人多有論述唐垂拱中天台桂子落
十餘日

10491 錢罄室雜録不分卷 （明）錢穀撰 稿本

册葉裝。有“文彦可”、“吴雲平齋”、“世珩審定”、“鐳世珩經眼”等印。文從簡跋。天津圖書館藏。

天文　起

天圓如倚蓋地方如棊局天旁轉半在地上半在地下日月本東行天西旋入於海如蟻行磨上磨左旋蟻右行磨疾蟻遲不得不西

欲界十天色界十八天無色界四天初禪二禪三禪各三天四禪九天凡一十八天皆屬色界而三禪有三天一淨居天二無淨居天三遍淨居天無想無想有衣食自至此乃欲界色界無色界三十二天

欲界六天四天王天忉利天須燄摩天兜率陀天樂化天他化自在天

色界十八天梵衆天梵輔天大梵天此三勝流名為初禪少光天無量光天無音天此三勝流名為二禪少淨天無量淨天徧淨天此三勝流名為三禪福生天福愛天廣果天無想天此四勝流名為四禪無煩天無熱天善見天善現天色究竟天是十八天獨行無交未盡形累名為色界

無色界四天回心空處識處無所有處非想非非

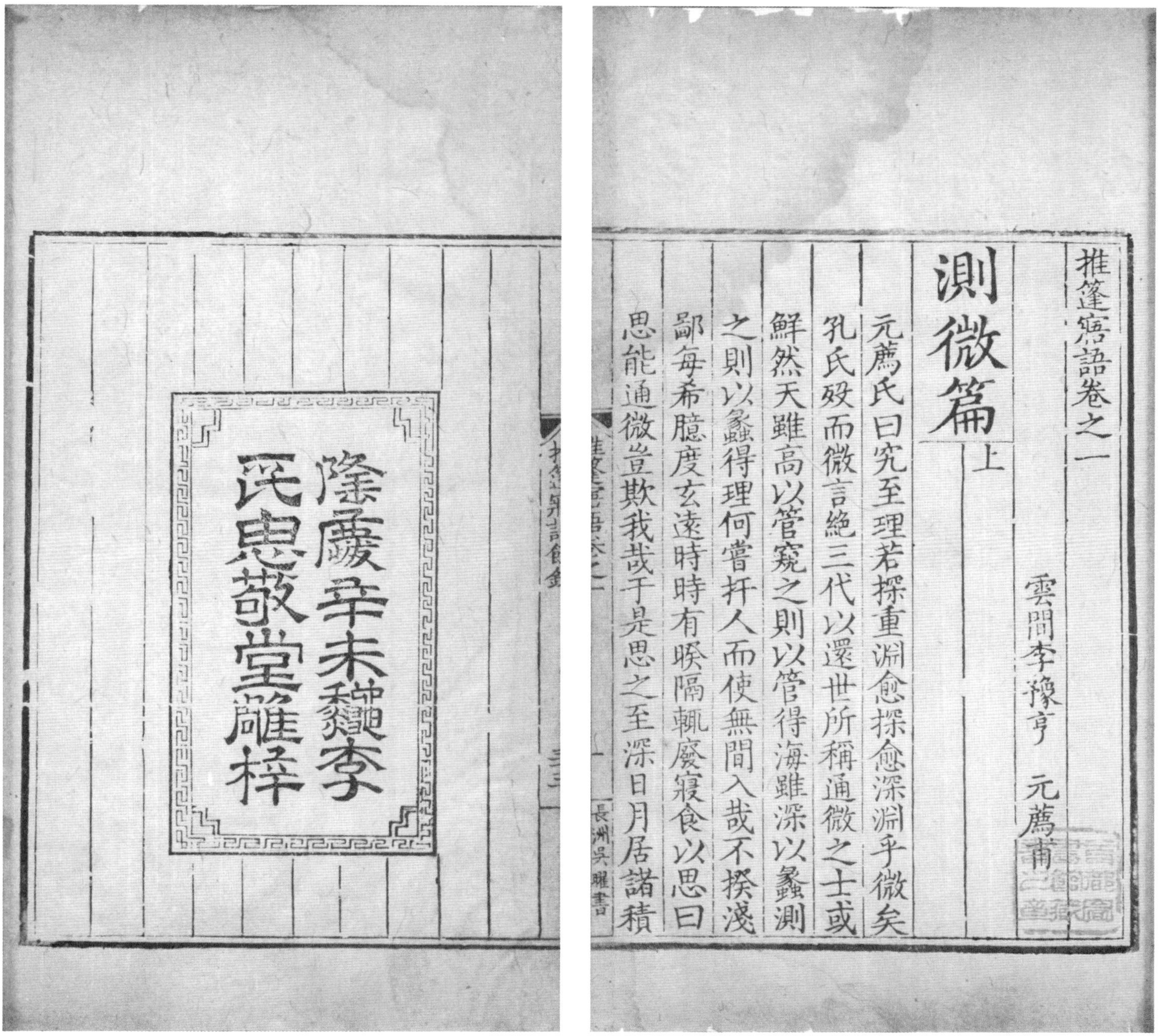

隆慶辛未秋李氏思敬堂雕梓

推篷寤語卷之一

雲間李豫亨 元薦甫

測微篇上

元薦氏曰究至理若探重淵愈探愈深淵乎微矣孔氏歿而微言絶三代以還世所稱通微之士或鮮然天雖高以管窺之則以管得海雖深以蠡測之則以蠡得理何嘗扞人而使無間入哉不揆淺鄙每希臆度玄遠時時有睽隔輒廢寢食以思曰思能通微豈欺我哉于是思之至深日月居諸積

長洲吴曜書

10492 推篷寤語九卷餘録一卷 （明）李豫亨撰 明隆慶五年（1571）李氏思敬堂刻本（有抄配）

匡高19.5釐米，廣14.2釐米。半葉十行，行二十一字，白口，四周雙邊。有“隆慶辛未秋李氏思敬堂雕梓”牌記。首都圖書館藏。

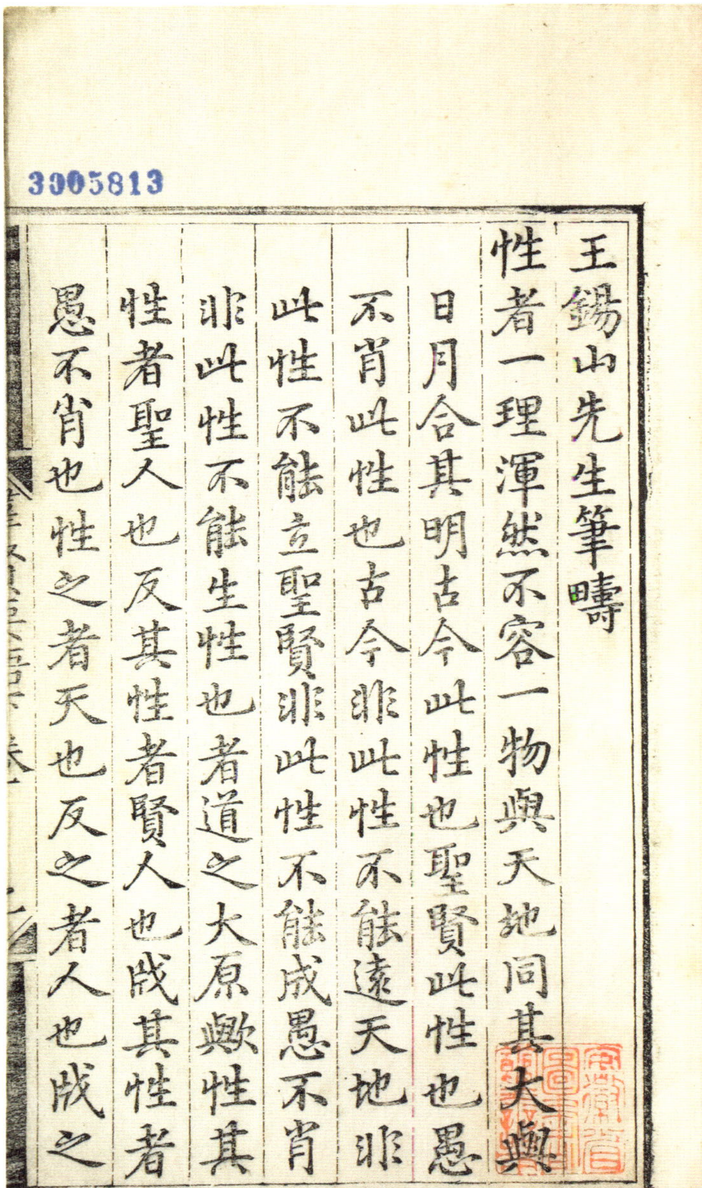
王錫山先生筆疇
性者一理渾然不容一物與天地同其大與
日月合其明古今此性也聖賢此性也愚
不肖此性也古今非此性不能遠天地非
此性不能立聖賢非此性不能成愚不肖
非此性不能生性也者道之大原歟性其
性者聖人也反其性者賢人也戕其性者
愚不肖也性之者天也反之者人也戕之

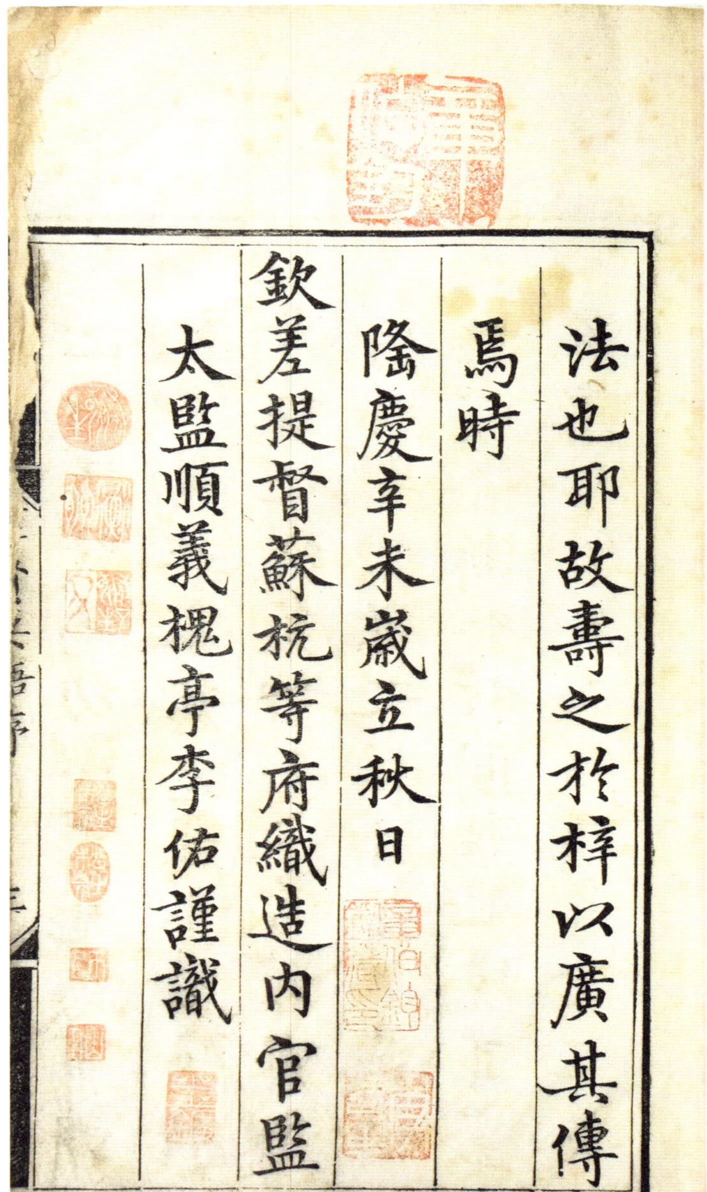
法也耶故壽之於梓以廣其傳
焉時
隆慶辛未歲立秋日
欽差提督蘇杭等府織造內官監
太監順義槐亭李佑謹識

10493、10494 群賢要語二卷 （明）李佑輯 明隆慶五年（1571）刻本

匡高20.9釐米，廣13.4釐米。半葉八行，行十七字，黑口，四周雙邊。安徽省圖書館藏，有“章伯鈞鑑藏印”等印；寧波市天一閣博物館藏，爲後印本。

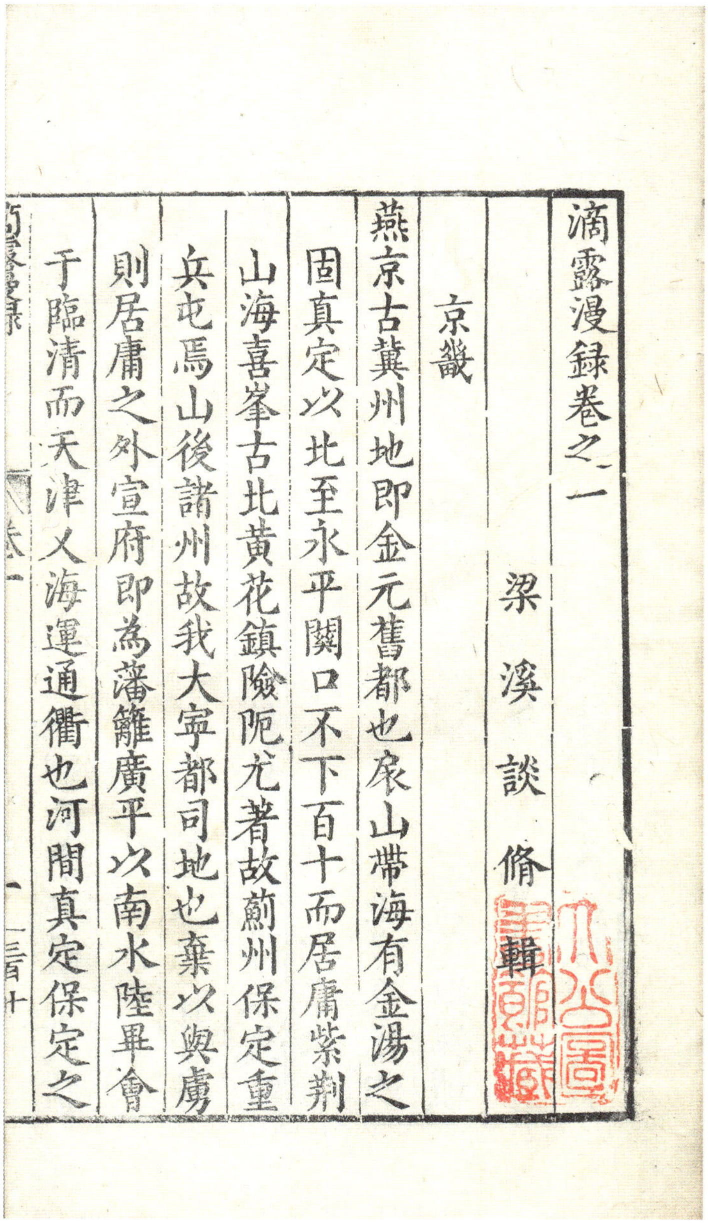
滴露漫録卷之一

梁溪談脩輯

京畿

燕京古冀州地即金元舊都也㡳山帶海有金湯之固真定以北至永平關口不下百十而居庸紫荆山海喜峯古北黄花鎮險阨尤著故薊州保定重兵屯焉山後諸州故我大寧都司地也棄以與虜則居庸之外宣府即為藩籬廣平以南水陸畢會于臨清而天津又海運通衢也河間真定保定之

滴露漫録　卷一

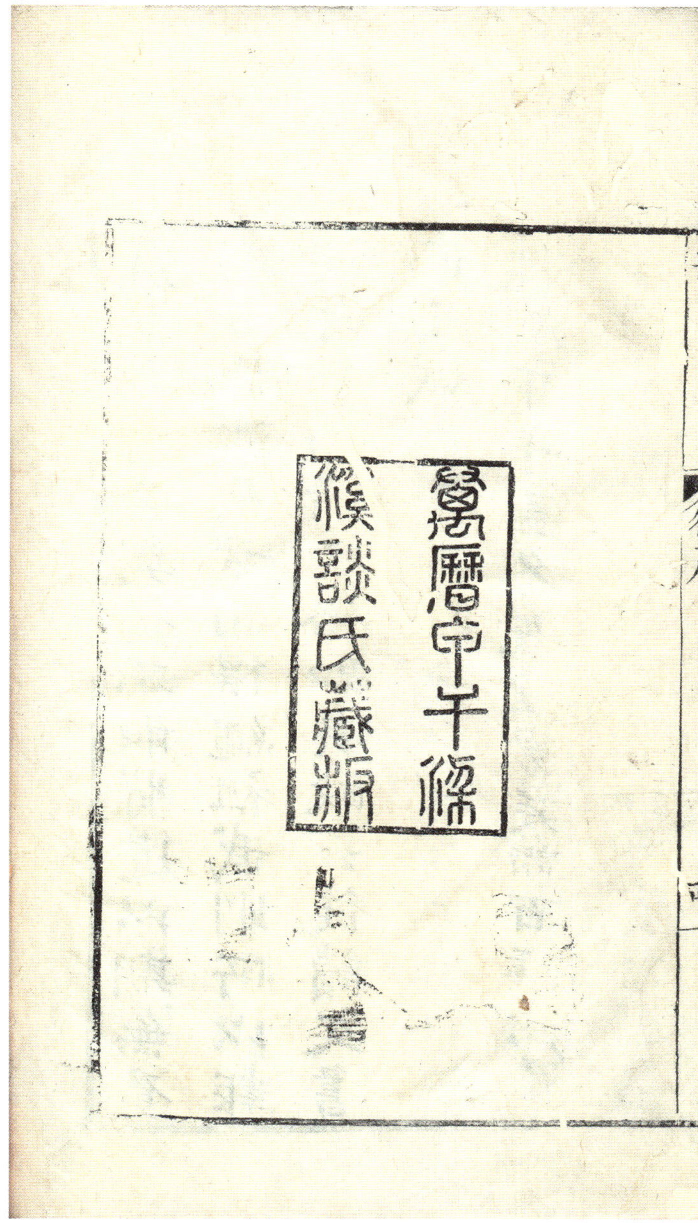
萬曆甲午

談氏藏版

10495 比璞山房罪言十四卷　（明）談修撰　明萬曆二十二年（1594）自刻本

匡高19.2釐米，廣12.6釐米。半葉九行，行二十字，白口，四周單邊。無錫市圖書館藏。

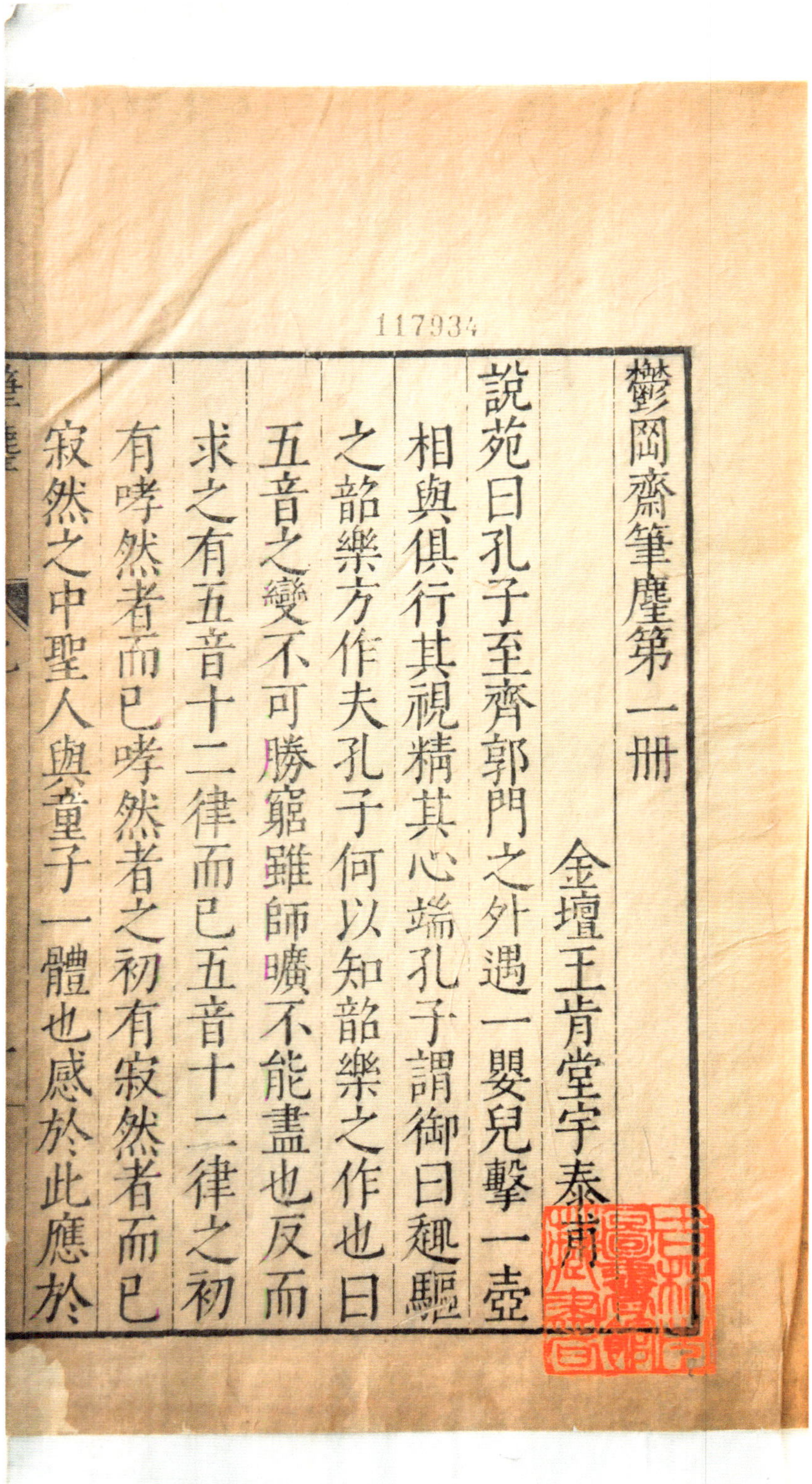

鬱岡齋筆麈第一册
金壇王肯堂宇泰甫
說苑曰孔子至齊郭門之外遇一嬰兒挈一壺
相與俱行其視精其心端孔子謂御曰趣驅
之韶樂方作夫孔子何以知韶樂之作也曰
五音之變不可勝窮雖師曠不能盡也反而
求之有五音十二律而已五音十二律之初
有哮然者而已哮然者之初有寂然者而已
寂然之中聖人與童子一體也感於此應於

10496 鬱岡齋筆麈四卷 （明）王肯堂撰 明萬曆刻本[四庫進呈本]

匡高18.7釐米，廣12.8釐米。半葉九行，行十八字，白口，四周單邊。有"翰林院印"等印。吉林市圖書館藏，存三卷。

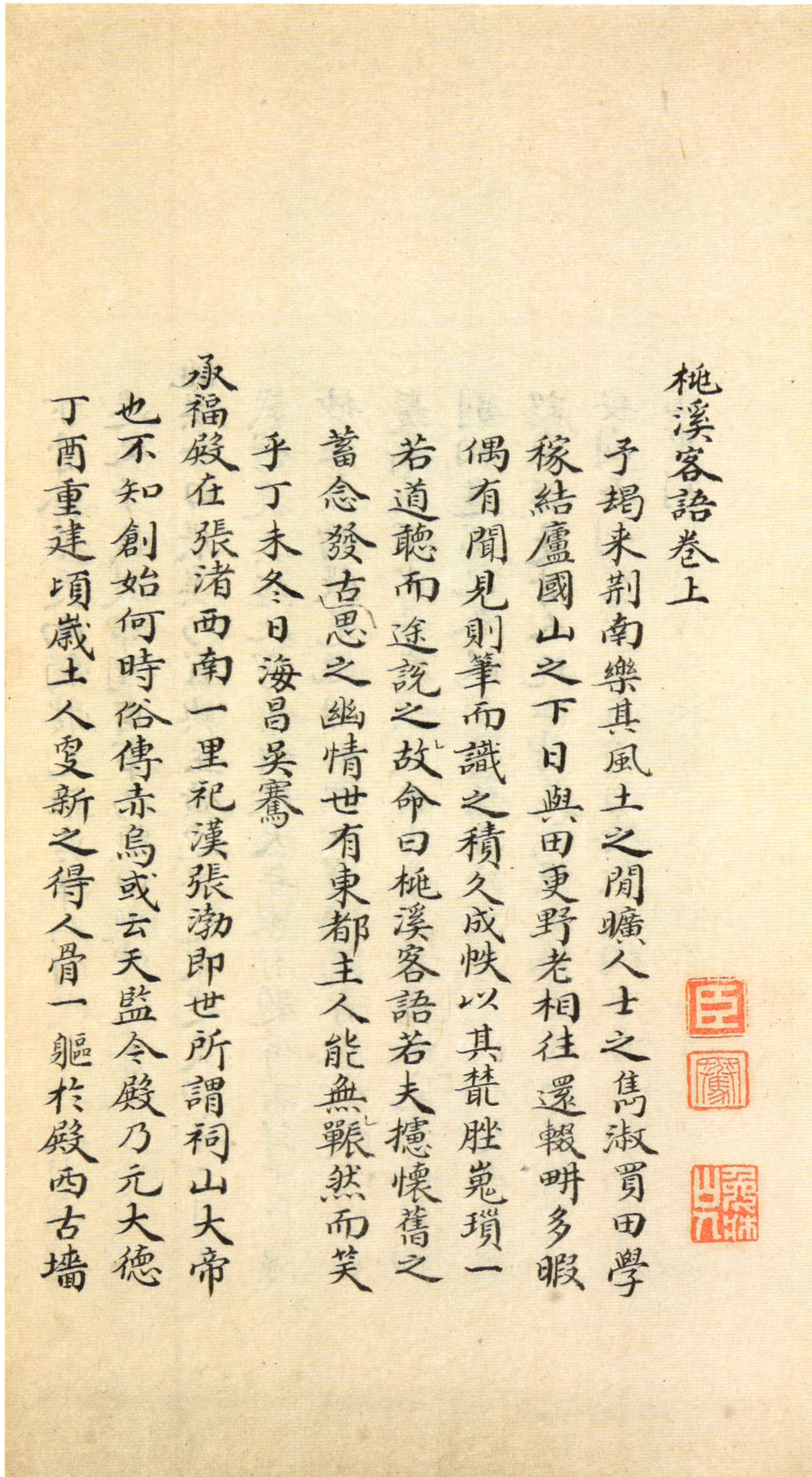

桃溪客語卷上

予揭来荆南樂其風土之閒曠人士之雋淑買田學稼結廬國山之下日與田叟野老相往還輟畊多暇偶有聞見則筆而識之積久成帙以其叢脞蒐瑣一若道聽而途說之故命曰桃溪客語若夫攄懷舊之蓄念發古思之幽情世有東都主人能無囅然而笑乎丁未冬日海昌吴騫

承福殿在張渚西南一里祀漢張渤即世所謂祠山大帝也不知創始何時俗傳赤烏或云天監令殿乃元大德丁酉重建頃歲土人更新之得人骨一軀於殿西古墻

10497 桃溪客語二卷 （清）吴騫撰 清抄本

半葉十行，行二十二字。有“兔牀山人”、“臣”、“騫”等印。錢大昕、吴騫校。國家圖書館藏。

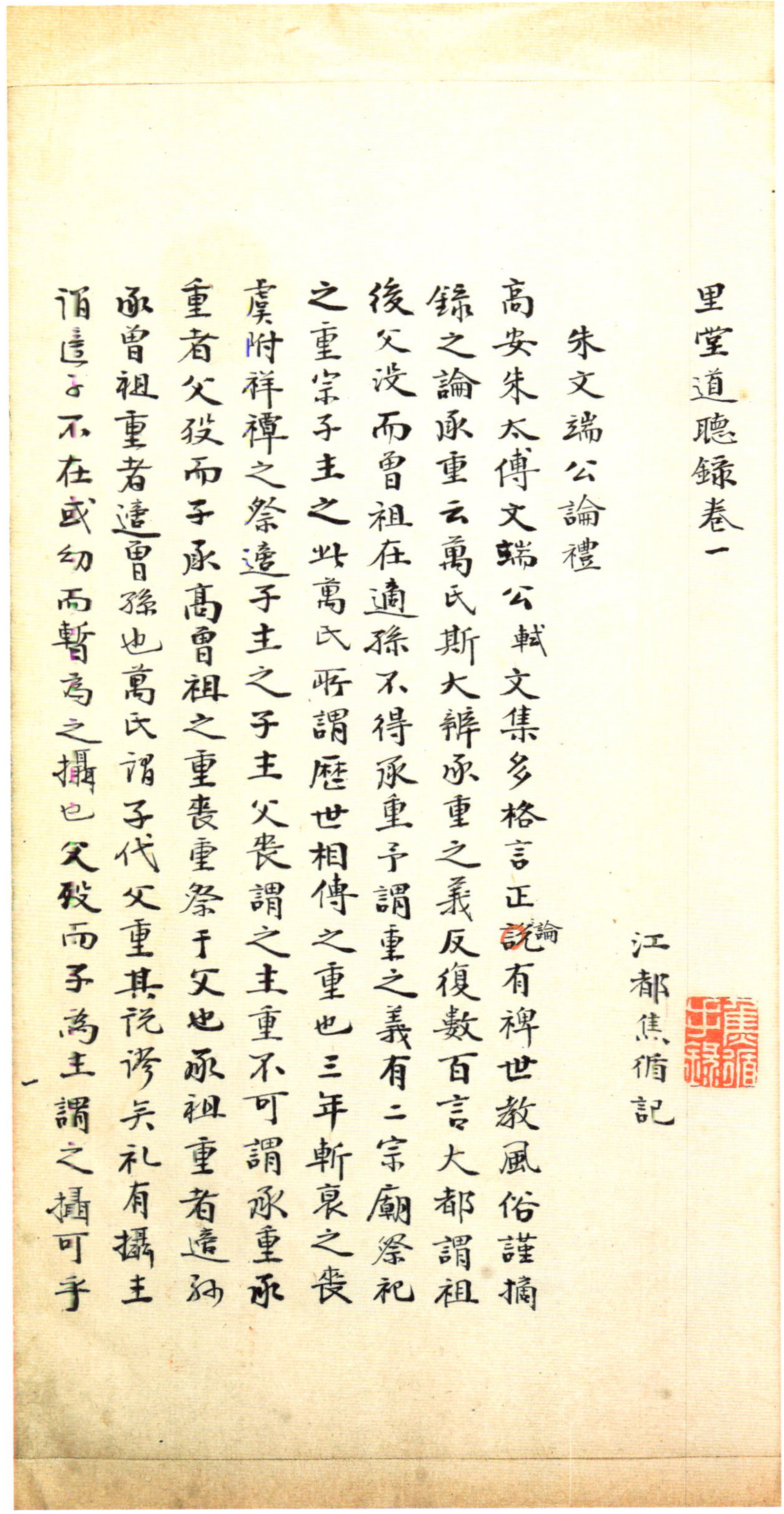
里堂道聽録卷一
江都焦循記
朱文端公論禮
高安朱太傅文端公軾文集多格言正論有裨世教風俗謹摘
録之論承重云萬氏斯大辨承重之義反復數百言大都謂祖
後父沒而曾祖在適孫不得承重予謂重之義有二宗廟祭祀
之重宗子主之此萬氏所謂歷世相傳之重也三年斬衰之喪
虞附祥禫之祭適子主之子主父喪謂之主重不可謂承重承
重者父歿而子承高曾祖之重喪重祭于父也承祖重者適孫
承曾祖重者適曾孫也萬氏謂子代父重其説謬矣禮有攝主
謂適子不在或幼而暫爲之攝也父歿而子爲主謂之攝可乎

10498 里堂道聽録四十卷又一卷 （清）焦循撰 稿本

半葉十一行，行二十四字。有“焦循手録”等印。國家圖書館藏。

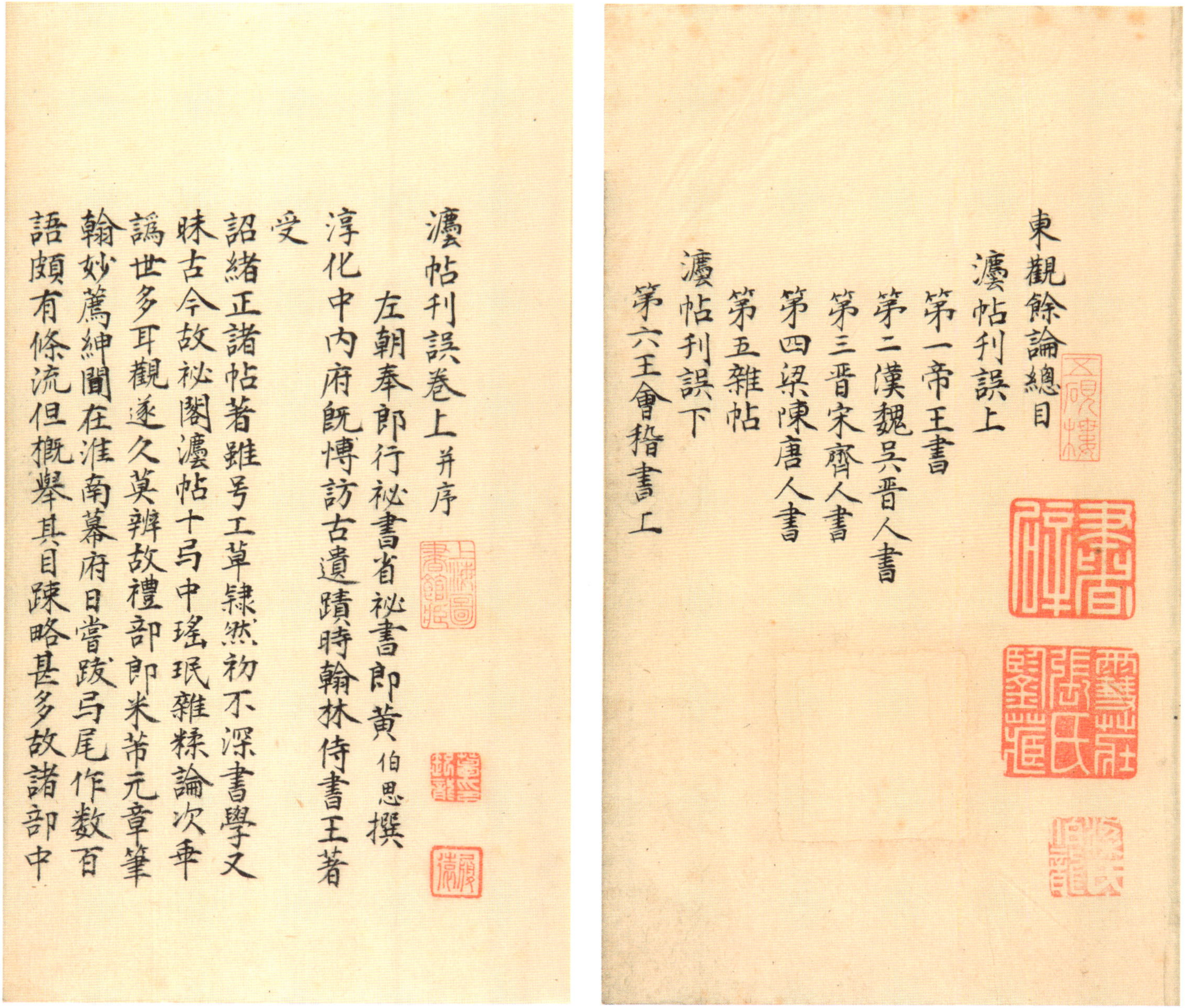

10499 東觀餘論二卷 （宋）黄伯思撰 明抄本

半葉九行，行十八至十九字。有“五硯樓袁氏收藏金石圖書印”等印。上海圖書館藏。

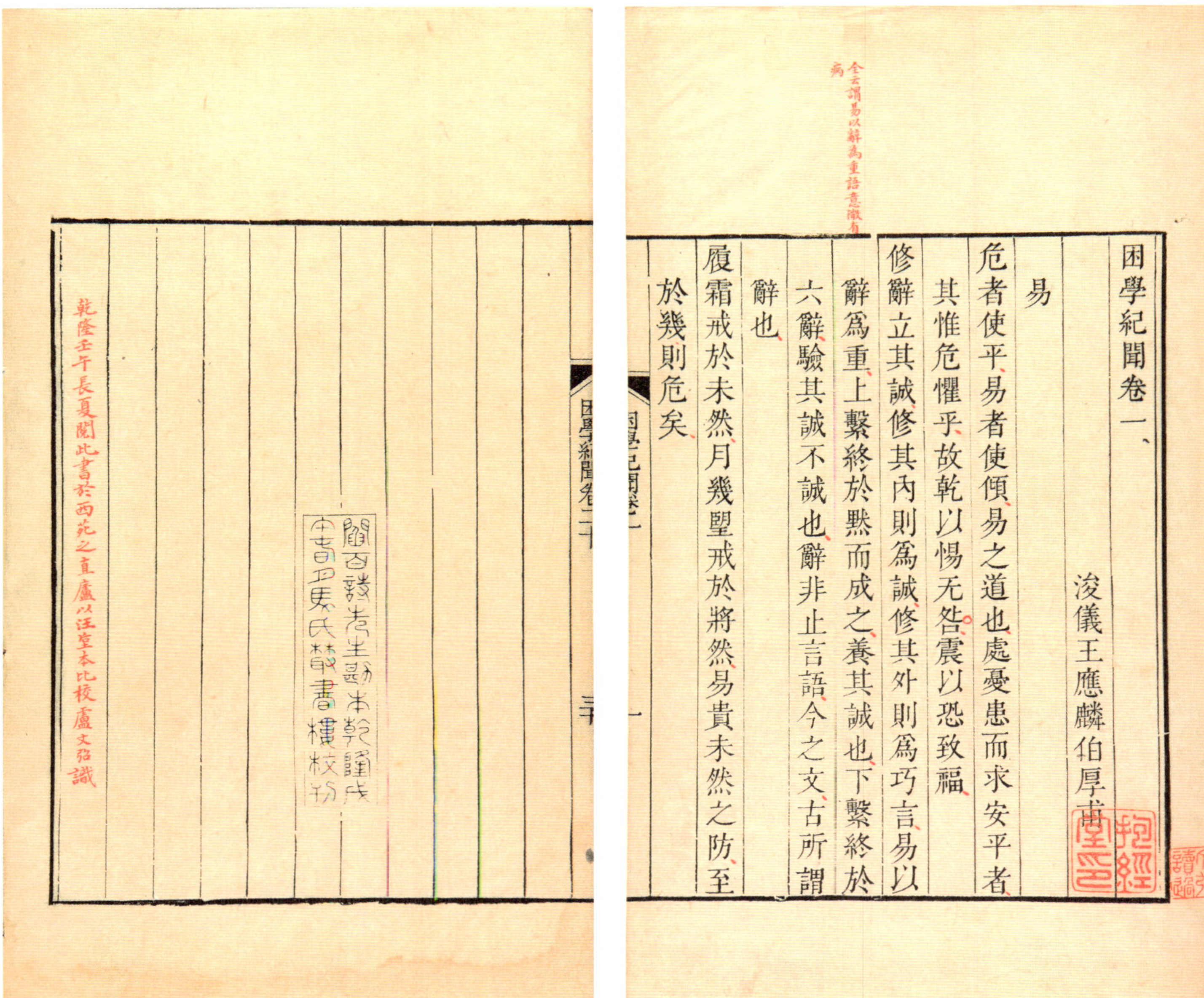

乾隆壬午長夏閱此書於西苑之直廬以汪立本比校盧文弨識

閻百詩先生勘本乾隆戊午春月馬氏叢書樓校刊

全云謂易以辭爲重語意微有病

困學紀聞卷一

浚儀王應麟伯厚甫

易

危者使平易者使傾易之道也處憂患而求安平者其惟危懼乎故乾以惕无咎震以恐致福

修辭立其誠修其內則爲誠修其外則爲巧言易以辭爲重上繫終於默而成之養其誠也下繫終於六辭驗其誠不誠也辭非止言語今之文古所謂辭也

履霜戒於未然月幾望戒於將然易貴未然之防至於幾則危矣

10500 困學紀聞二十卷 （宋）王應麟撰 （清）閻若璩箋 清乾隆三年（1738）馬氏叢書樓刻本

匡高18.3釐米，廣14釐米。半葉十一行，行二十字，白口，左右雙邊。有“閻百詩先生勘本乾隆戊午春月馬氏叢書樓校刊”牌記。有“抱經堂印”等印。盧文弨校跋並録何焯、全祖望批校。上海圖書館藏。

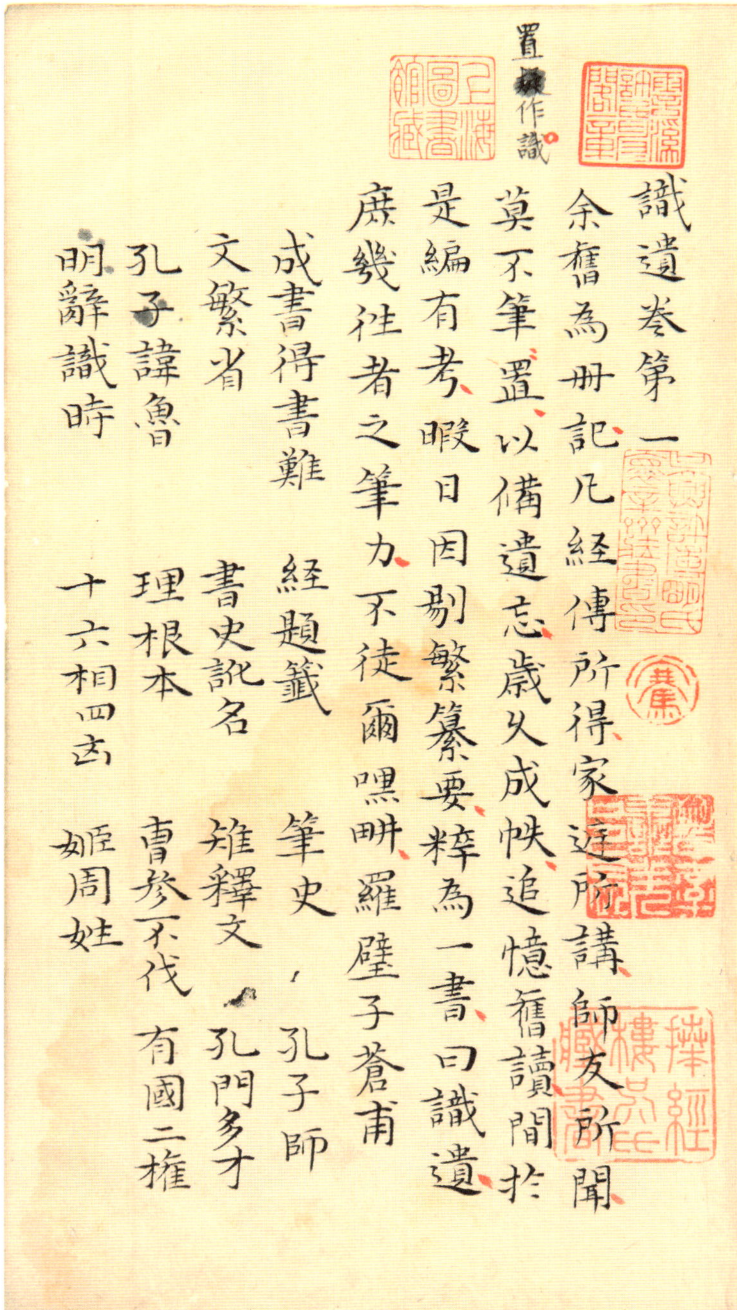

置錄作識

識遺卷第一
余舊為冊記凡經傳所得家庭所講師友所聞
莫不筆置以備遺忘歲久成帙追憶舊讀間於
是編有考暇日因剔繁纂要粹為一書曰識遺
庶幾往者之筆力不徒爾嘿冊羅璧子蒼甫

成書得書難　經題籤　筆史　孔子師
文繁省　書史託名　雄釋文　孔門多才
孔子諱魯　理根本　曹參不伐　有國二權
明辭識時　十六相四凶　姬周姓

10501 識遺十卷（宋）羅璧撰 清抄本

半葉九行，行十八至二十字。有“拜經樓吳氏藏書”、“仲魚”、“吳興許博明氏懷辛齋藏書印”、“霅溪許氏申申閣章”等印。吳騫校，陳鱣校並跋。上海圖書館藏。

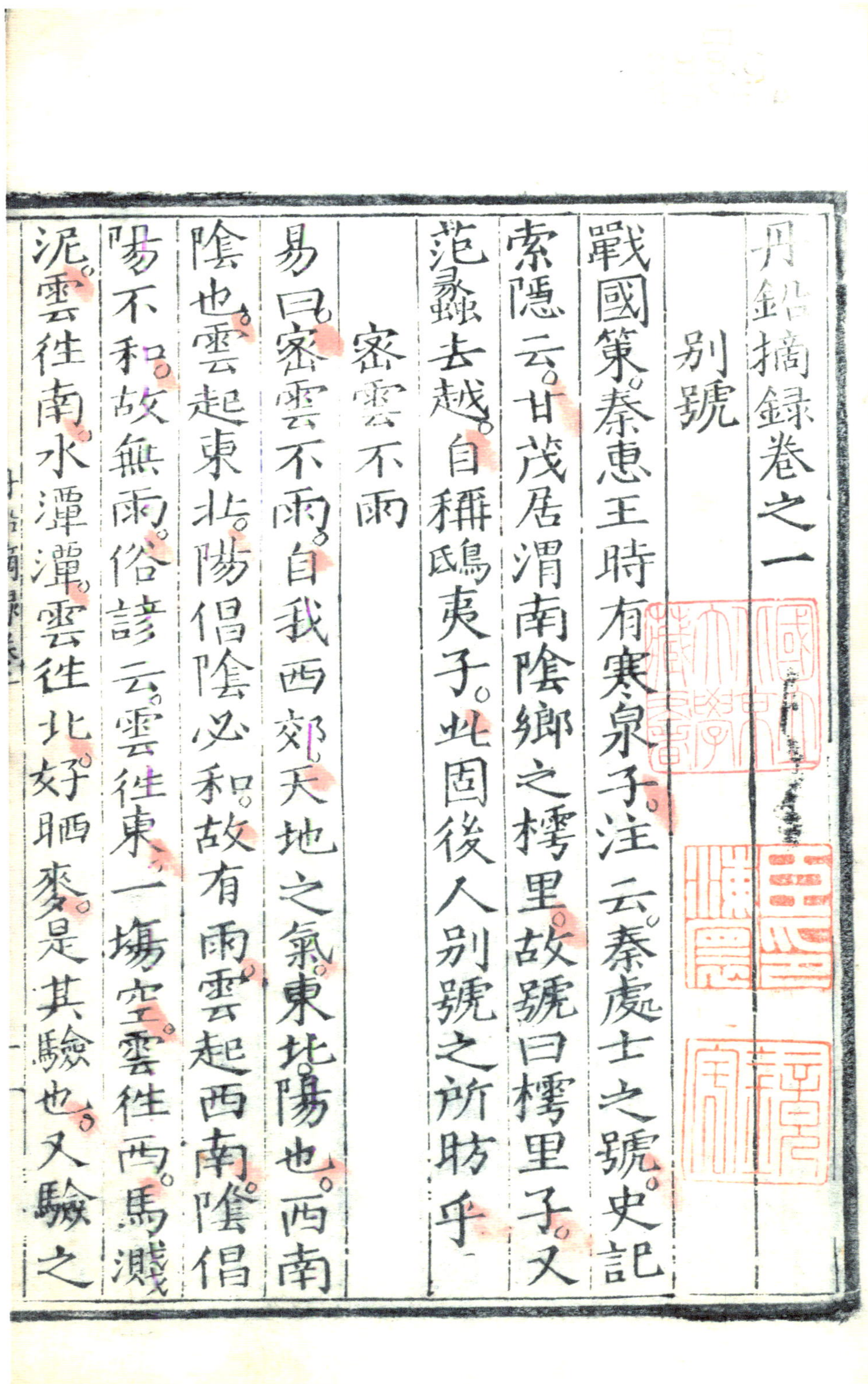

丹鉛摘録卷之一

别號

戰國策。秦惠王時有寒泉子。注云。秦處士之號。史記索隱云。甘茂居渭南陰鄉之樗里。故號曰樗里子。又范蠡去越。自稱鴟夷子。此固後人别號之所昉乎。

密雲不雨

易曰密雲不雨。自我西郊。天地之氣。東北陽也。西南陰也。雲起東北。陽倡陰必和。故有雨。雲起西南陰倡陽不和。故無雨。俗諺云。雲往東。一塲空。雲往西。馬濺泥。雲往南。水潭潭。雲往北。好晒麥。是其驗也。又驗之

10502 丹鉛摘録十三卷 （明）楊慎撰 明嘉靖二十六年（1547）石簡刻本

匡高19.8釐米，廣14.9釐米。半葉十行，行二十字，白口，四周雙邊。有“鏡宇”、“臣印海寰”等印。北京大學圖書館藏。

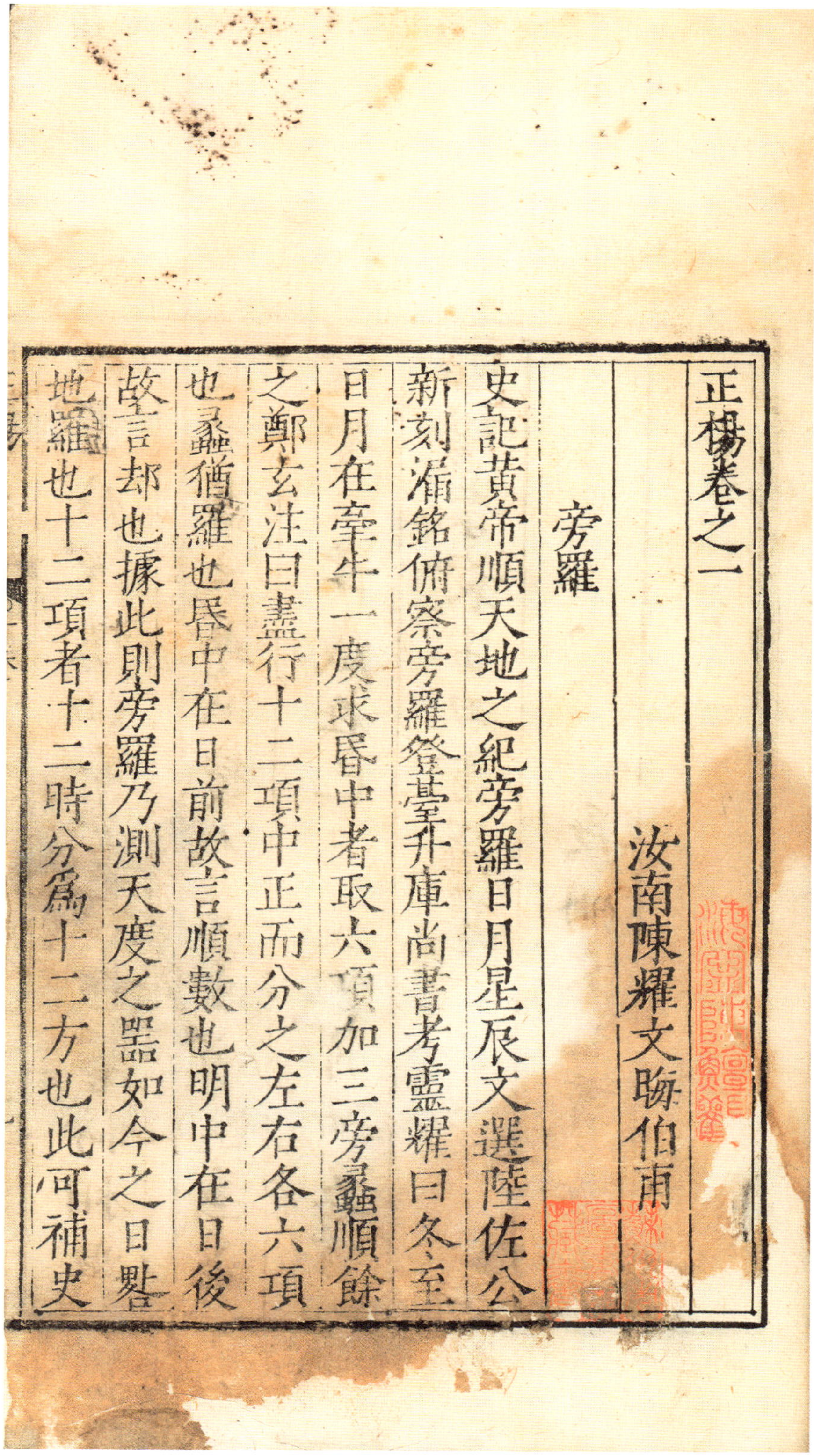

正楊卷之一
汝南陳耀文晦伯甫
旁羅
史記黄帝順天地之紀旁羅日月星辰文選陸佐公新刻漏銘俯察旁羅登臺升庫尚書考靈耀曰冬至日月在牽牛一度求昏中者取六項加三旁蠡順餘之鄭玄注曰盡行十二項中正而分之左右各六項也蠡猶羅也昬中在日前故言順數也明中在日後故言却也據此則旁羅乃測天度之器如今之日晷地羅也十二項者十二時分爲十二方也此可補史

10503 正楊四卷 （明）陳耀文撰 明隆慶三年（1569）刻本

匡高17.7釐米，廣13.6釐米。半葉十行，行二十字，白口，四周雙邊。有“海寧陳氏向山閣圖書”等印。蘇州圖書館藏。

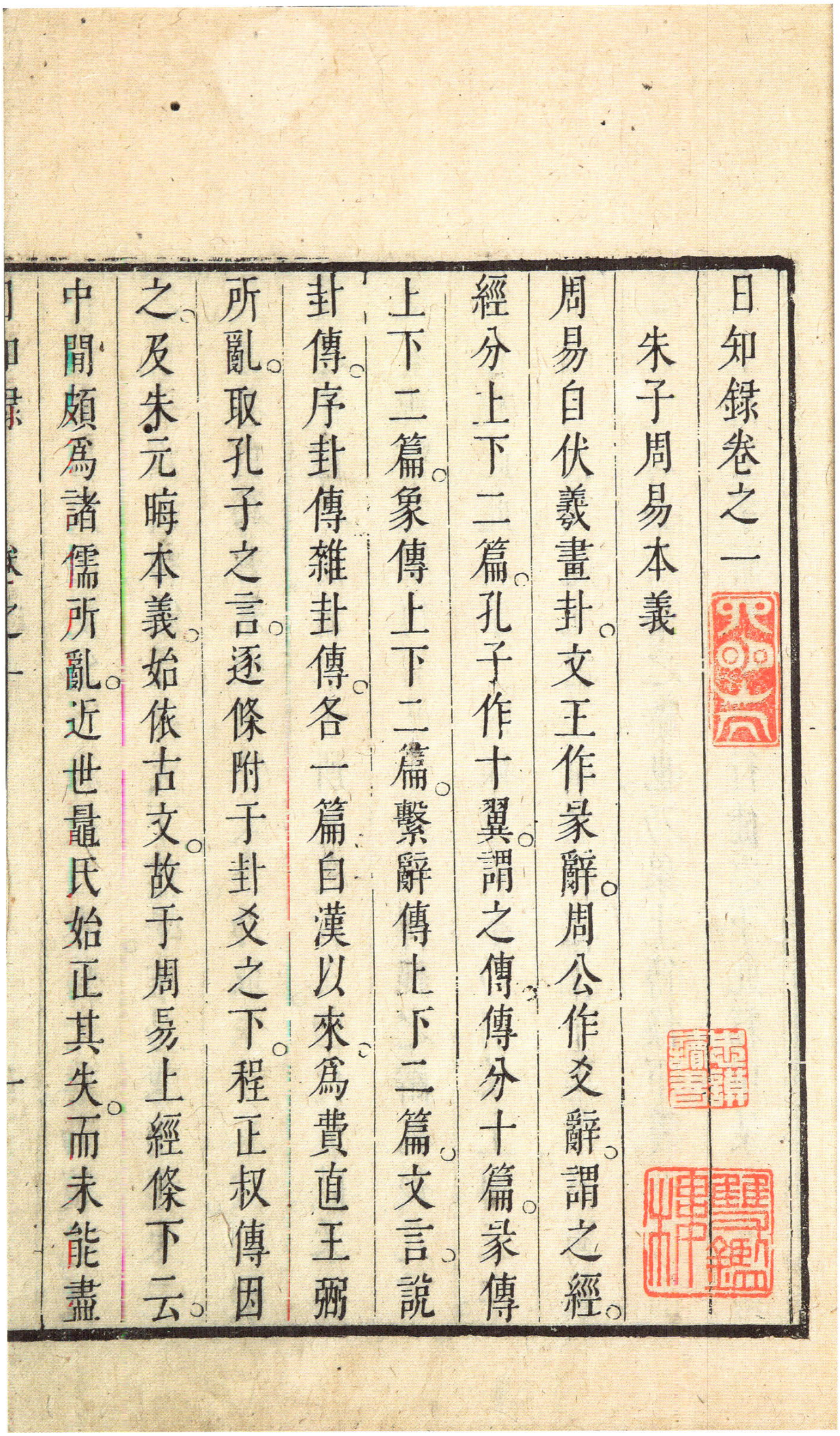

日知録卷之一

朱子周易本義

周易自伏羲畫卦文王作彖辭周公作爻辭謂之經
經分上下二篇孔子作十翼謂之傳傳分十篇彖傳
上下二篇象傳上下二篇繫辭傳上下二篇文言說
卦傳序卦傳雜卦傳各一篇自漢以來爲費直王弼
所亂取孔子之言逐條附于卦爻之下程正叔傳因
之及朱元晦本義始依古文故于周易上經條下云
中間頗爲諸儒所亂近世晁氏始正其失而未能盡

10504 日知録八卷譎觚十事一卷 （清）顧炎武撰 清康熙九年（1670）自刻本

匡高18.9釐米，廣13.7釐米。半葉九行，行二十字，白口，左右雙邊。有“雙鑑樓”、“忠謨讀書”等印。傅增湘跋。國家圖書館藏。

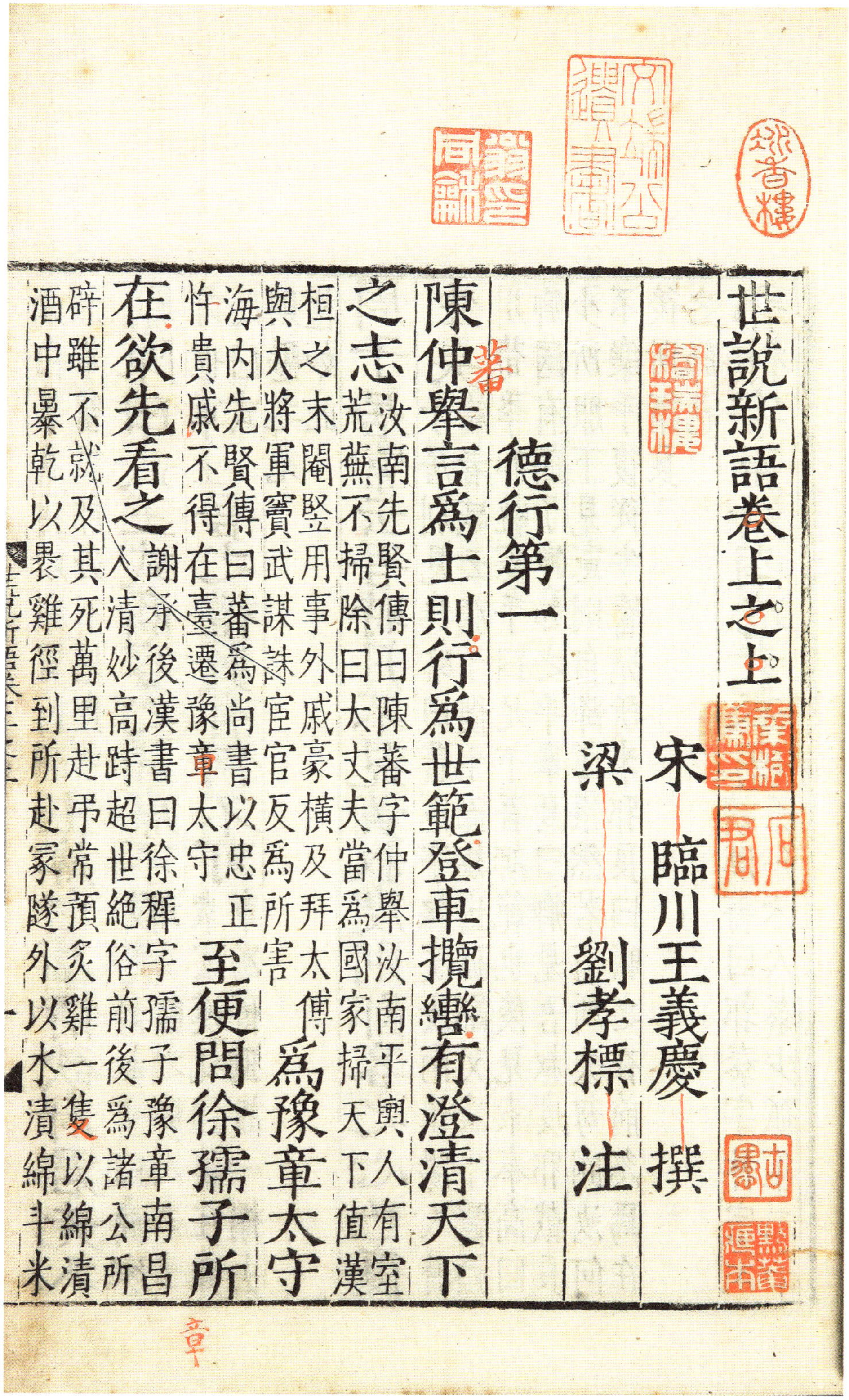
世說新語卷上之上

宋　臨川王義慶　撰

梁　劉孝標　注

德行第一

陳仲舉言爲士則行爲世範登車攬轡有澄清天下之志汝南先賢傳曰陳蕃字仲舉汝南平輿人有室荒蕪不掃除曰大丈夫當爲國家掃天下值漢桓之末閹豎用事外戚豪橫及拜太傅與大將軍竇武謀誅宦官反爲所害爲豫章太守海內先賢傳曰蕃爲尚書以忠正忤貴戚不得在臺遷豫章太守至便問徐孺子所在欲先看之謝承後漢書曰徐穉字孺子豫章南昌人清妙高跱超世絕俗前後爲諸公所辟雖不就及其死萬里赴弔常預炙雞一隻以綿漬酒中暴乾以裹雞徑到所赴冢隧外以水漬綿斗米

10505 世說新語三卷 （南朝宋）劉義慶撰 （南朝梁）劉孝標注 明嘉靖十四年（1535）袁褧嘉趣堂刻本

匡高20.1釐米，廣15.2釐米。半葉十行，行二十字，小字雙行同，白口，左右雙邊。有“默菴藏本”、“葉樹廉印”、“石君”、“古愚”、“稽瑞樓”、“文端公遺書”、“翁印同龢”等印。馮舒批校，何煌校並録陳景雲等校語。國家圖書館藏。

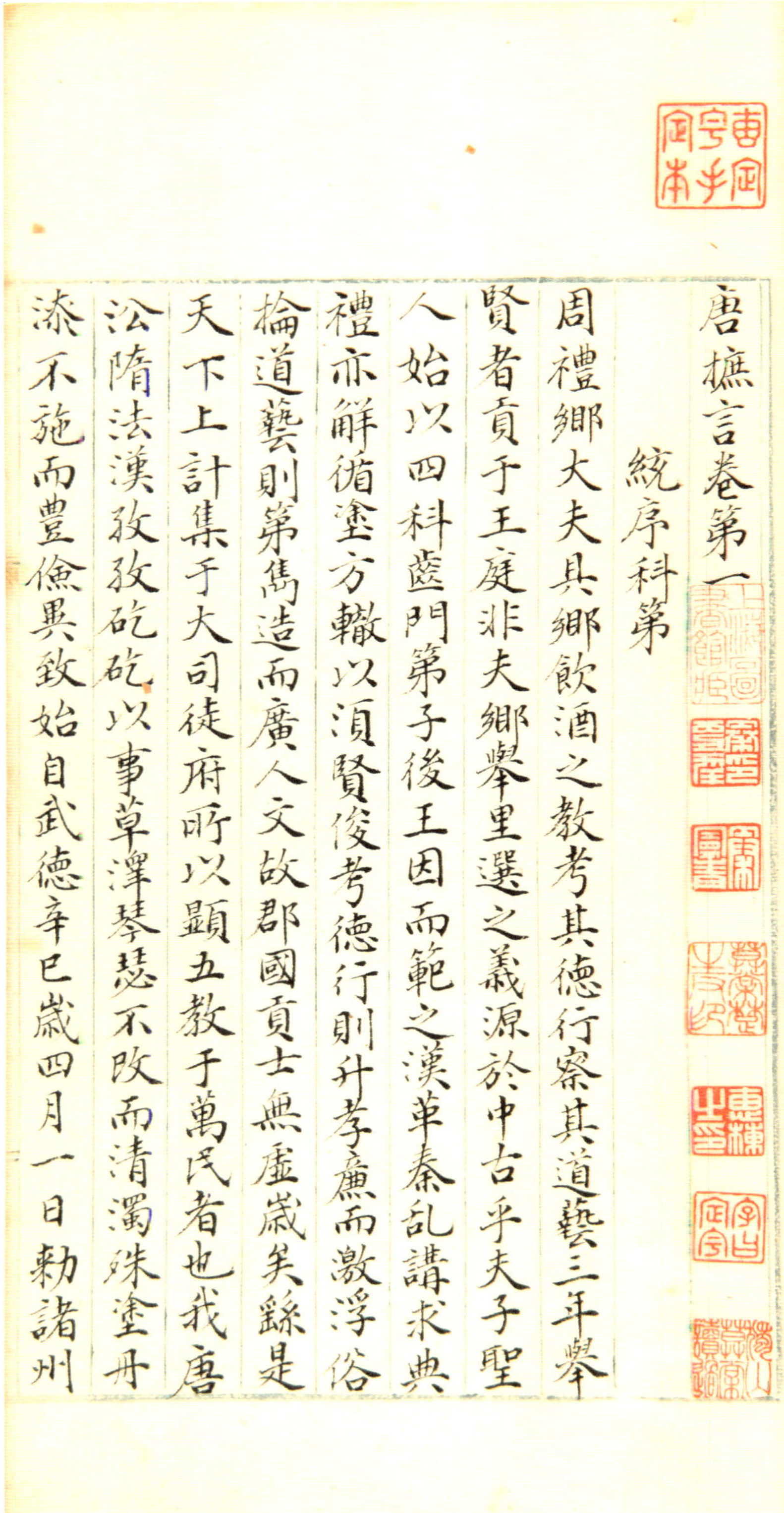
唐摭言卷第一
統序科第
周禮鄉大夫具鄉飲酒之教考其德行察其道藝三年舉
賢者貢于王庭非夫鄉舉里選之義源於中古乎夫子聖
人始以四科齒門弟子後王因而範之漢革秦亂講求典
禮亦鮮循塗方轍以須賢俊考德行則升孝廉而激浮俗
掄道藝則第雋造而廣人文故郡國貢士無虛歲矣繇是
天下上計集于大司徒府所以顯五教于萬民者也我唐
沿隋法漢孜孜矻矻以事草澤琴瑟不改而清濁殊塗舟
漆不施而豐儉異致始自武德辛巳歲四月一日勅諸州

10506 唐摭言十五卷 （五代）王定保撰 明抄本

匡高21.3釐米，廣13.9釐米。半葉十行，行二十二字，白口，左右雙邊。有“惠定宇手定本”、“惠棟之印”、“莫棠楚生父印”、“秦印更乍”等印。鄧邦述、李祖年跋。上海圖書館藏。

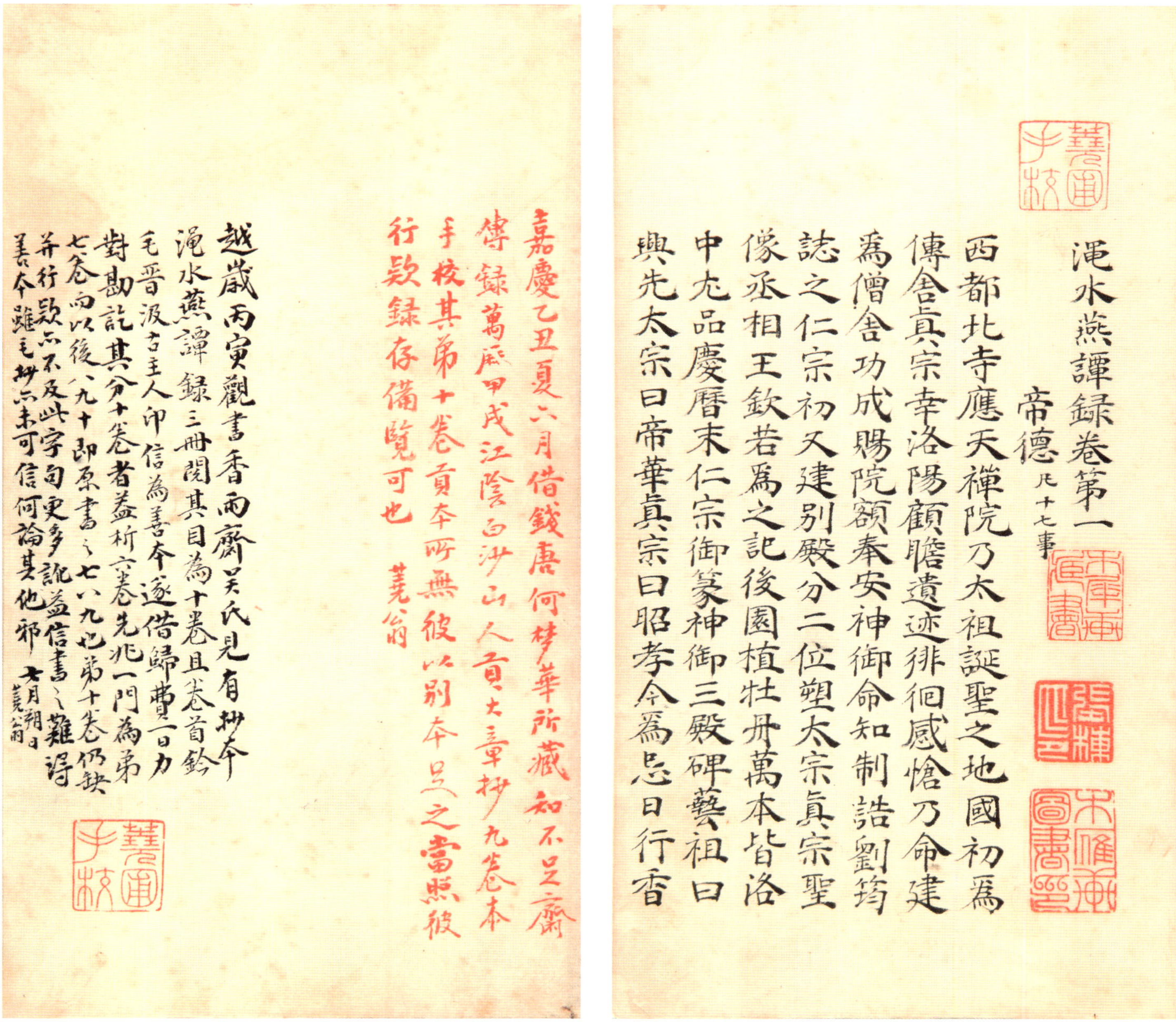

10507 澠水燕譚録十卷 （宋）王辟之撰 明柳僉抄本（卷十配清黄氏士禮居抄本）

半葉九行，行十八字。有“張棟印”、“蕘圃手校”、“木犀軒藏書”等印。黄丕烈校並跋，周星詒跋。上海圖書館藏。

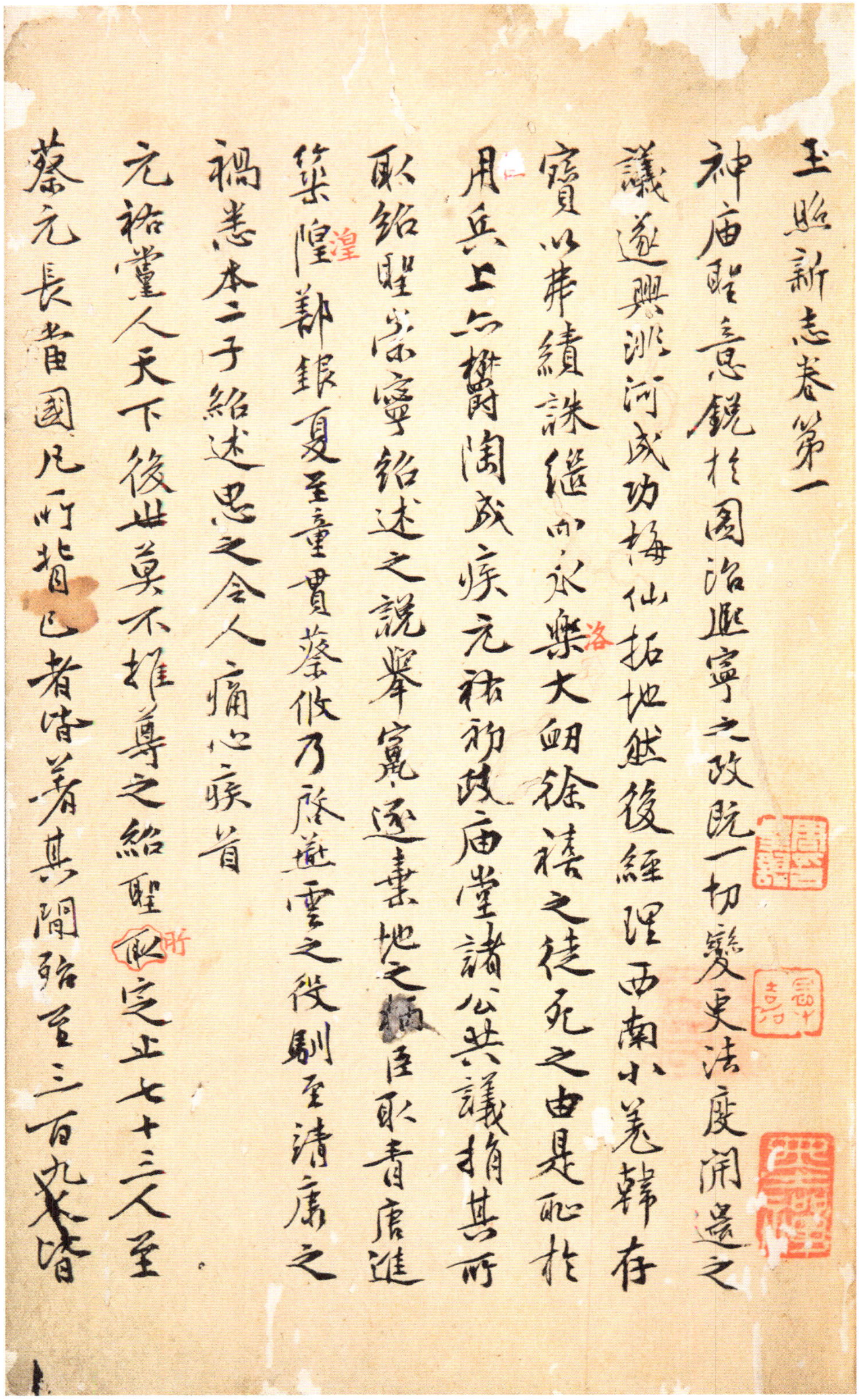

玉照新志卷第一
神廟睿意銳於圖治熙寧之政既一切變更法度開邊之
議遂興洮河成功梅仙拓地然後經理西南小蕃韓存
寶以弗績誅繼而永樂大衄徐禧之徒死之由是恥於
用兵上亦鬱悶成疾元祐初政廟堂諸公共議捐其所
取紹聖崇寧紹述之說舉寬遂棄地之[illegible]臣取青唐進
築湟鄯銀夏至童貫蔡攸乃啟燕雲之役馴至靖康之
禍悉本二子紹述思之令人痛心疾首
元祐黨人天下後世莫不推尊之紹聖取定止七十三人至
蔡元長當國凡所指目者皆著其間殆至三百九人皆

10508 玉照新志五卷　（宋）王明清撰　明萬曆十四年（1586）秦四麟抄本（卷三至五配明抄本）

半葉十行，行十六至二十三字。有“西巖山人”、“周印星詒”等印。秦四麟、孫江、黄丕烈跋。國家圖書館藏。

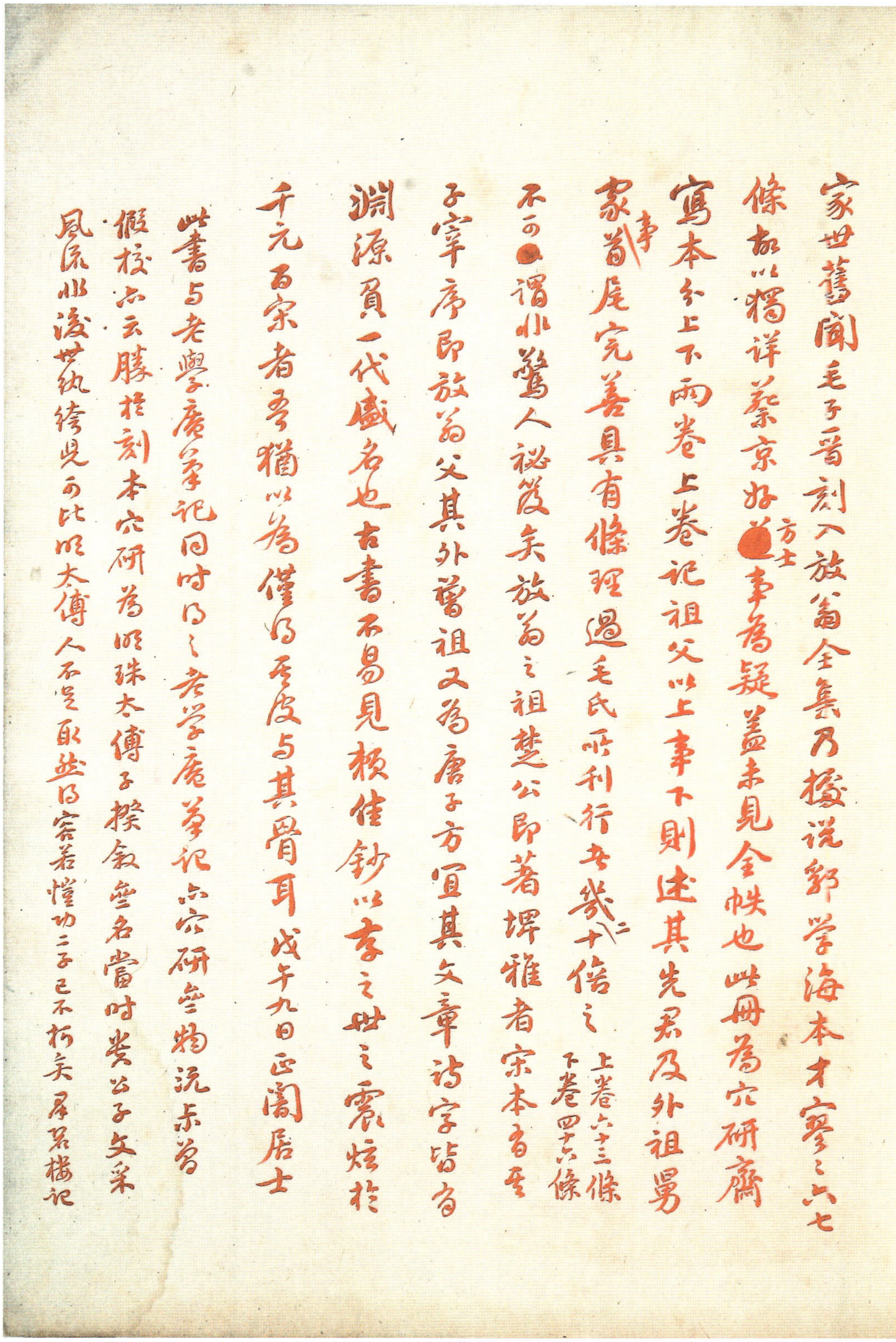
家世舊聞 毛子晉刻入放翁全集乃據説郛學海本才寥寥六七
條加以獨詳蔡京好方士事爲疑蓋未見全帙也此冊爲穴研齋
寫本分上下兩卷上卷記祖父以上事下則述其先君及外祖舅
家事首尾完善具有條理過毛氏所刊行者幾二十倍之 上卷六十三條 下卷四十六條
不可謂非驚人秘笈矣放翁之祖楚公即著埤雅者宋本吾
子宰序即放翁父其外曾祖又爲唐子方宜其文章詩字皆有
淵源負一代盛名也古書不易見頗佳鈔以李之世之震炫於
千元百宋者吾猶以爲僅得其皮與其骨耳 戊午九日正闇居士
此書與老學庵筆記同時得之老學庵筆記亦穴研齋物況亦爲
假校亦云勝於刻本穴研爲明珠太傅子揆叙無名當時貴公子文采
風流非後世紈袴兒可比明太傅人不足取此得容若愷功二子已不朽矣 群碧樓記

10509 家世舊聞二卷 （宋）陸游撰 明穴研齋抄本

匡高19.1釐米，廣15.9釐米。半葉十二行，行二十一字，白口，四周單邊。有“正闇居士”等印。鄧邦述跋。國家圖書館藏。

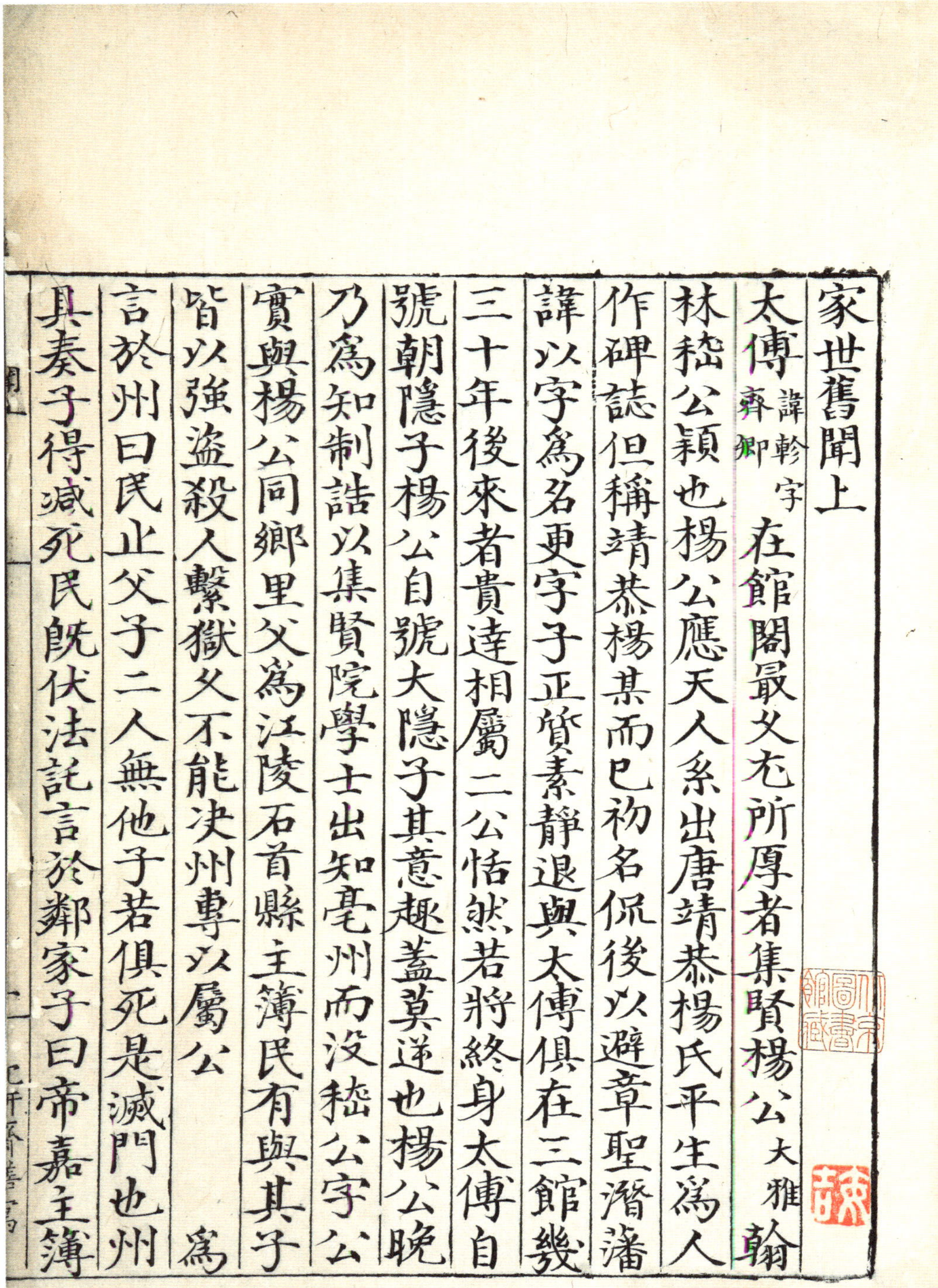

家世舊聞上

太傅諱軫字齊卿在館閣最久尤所厚者集賢楊公大雅翰林嵇公穎也楊公應天人系出唐靖恭楊氏平生爲人作碑誌但稱靖恭楊某而已初名侃後以避章聖潛藩諱以字爲名更字子正質素靜退與太傅俱在三館幾三十年後來者貴達相屬二公恬然若將終身太傅自號朝隱子楊公自號大隱子其意趣蓋莫逆也楊公晚乃爲知制誥以集賢院學士出知亳州而没嵇公字公實與楊公同鄉里父爲江陵石首縣主簿民有與其子皆以强盜殺人繫獄久不能决州專以屬公 爲言於州曰民止父子二人無他子若俱死是滅門也州具奏子得減死民旣伏法託言於鄰家子曰帝嘉主簿

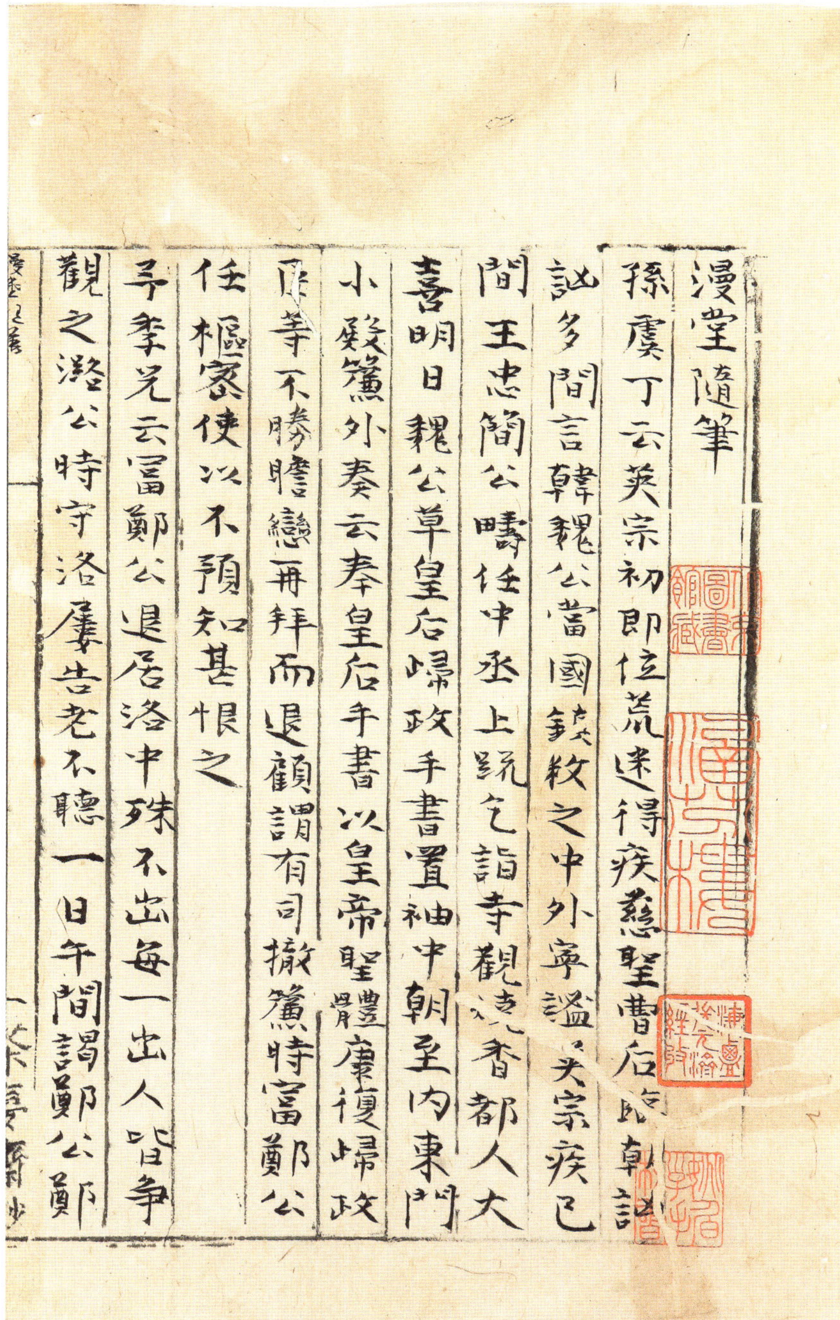

漫堂隨筆
孫虞丁云英宗初即位荒迷得疾慈聖曹后臨朝詔
訟多間言韓魏公當國鎮救之中外寧謐英宗疾已
間王忠簡公疇任中丞上疏乞詔寺觀燒香都人大
喜明日魏公草皇后歸政手書置袖中朝至內東門
小殿簾外奏云奉皇后手書以皇帝聖體康復歸政
后等不勝瞻戀再拜而退顧謂有司撤簾時富鄭公
任樞密使以不預知甚恨之
子季兄云富鄭公退居洛中殊不出每一出人皆爭
觀之潞公時守洛屢告老不聽一日午間謁鄭公鄭

10510 漫堂隨筆一卷 明嘉靖三十五年（1556）姚咨抄本

匡高17.6釐米，廣12.9釐米。半葉十行，行二十字，白口，左右雙邊。有“姚伯子手校書”、“海鹽張元濟經收”、“涵芬樓”等印。姚咨跋。國家圖書館藏。

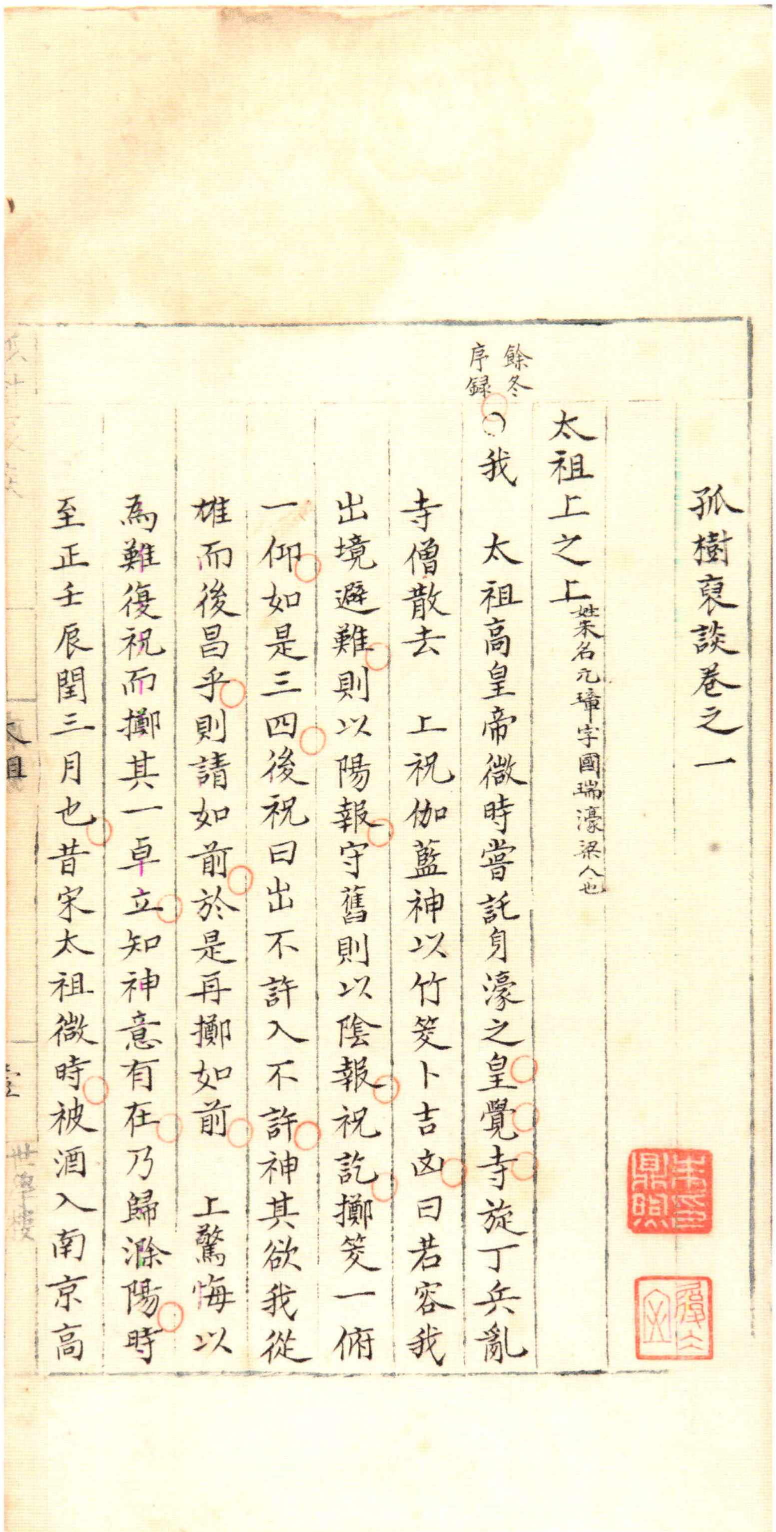

孤樹裒談卷之一

太祖上之上姓朱名元璋字國瑞濠梁人也

餘冬序録

我　太祖高皇帝微時嘗託身濠之皇覺寺旋丁兵亂寺僧散去　上祝伽藍神以竹筊卜吉凶曰若容我出境避難則以陽報守舊則以陰報祝訖擲筊一俯一仰如是三四後祝曰出不許入不許神其欲我從雄而後昌乎則請如前於是再擲如前　上驚悔以為難復祝而擲其一卓立知神意有在乃歸滁陽時至正壬辰閏三月也昔宋太祖微時被酒入南京高

10511 孤樹裒談二十卷　（明）李默撰　明鈕氏世學樓抄本

匡高21釐米，廣13.9釐米。半葉十行，行二十二字，白口，四周單邊。有“會稽鈕氏世學樓圖籍”、“朱印鼎煦”等印。上海圖書館藏。

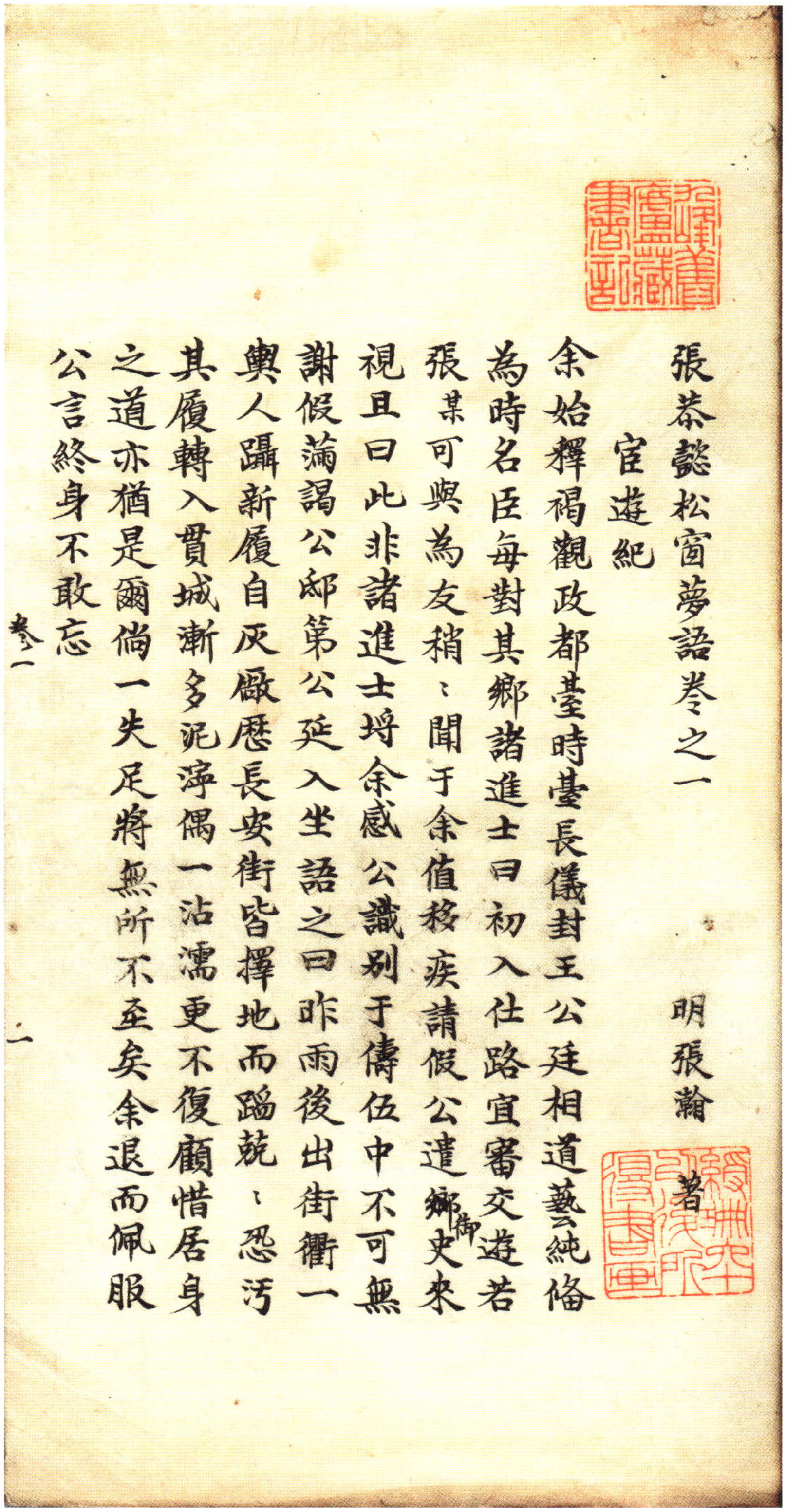

張恭懿松窗夢語卷之一　明張瀚著
宦遊紀
余始釋褐觀政都臺時臺長儀封王公廷相道藝純備
為時名臣每對其鄉諸進士曰初入仕路宜審交遊若
張某可與為友稍稍聞于余值移疾請假公遣御史來
視且曰此非諸進士埒余感公識別于儔伍中不可無
謝假滿謁公邸第公延入坐語之曰昨雨後出街衢一
輿人躡新履自灰廠歷長安街皆擇地而蹈兢兢恐污
其履轉入貫城漸多泥濘偶一沾濡更不復顧惜居身
之道亦猶是爾倘一失足將無所不至矣余退而佩服
公言終身不敢忘
卷一　一

10512 張恭懿松窗夢語八卷　（明）張瀚撰　清抄本

半葉十一行，行二十一字。有“杭州王氏九峰舊廬藏書之章”、“九峰舊廬藏書記”、“綬珊六十以後所得書畫”、“國楨私印”、“謝氏伯子”等印。謝國楨跋。南開大學圖書館藏。

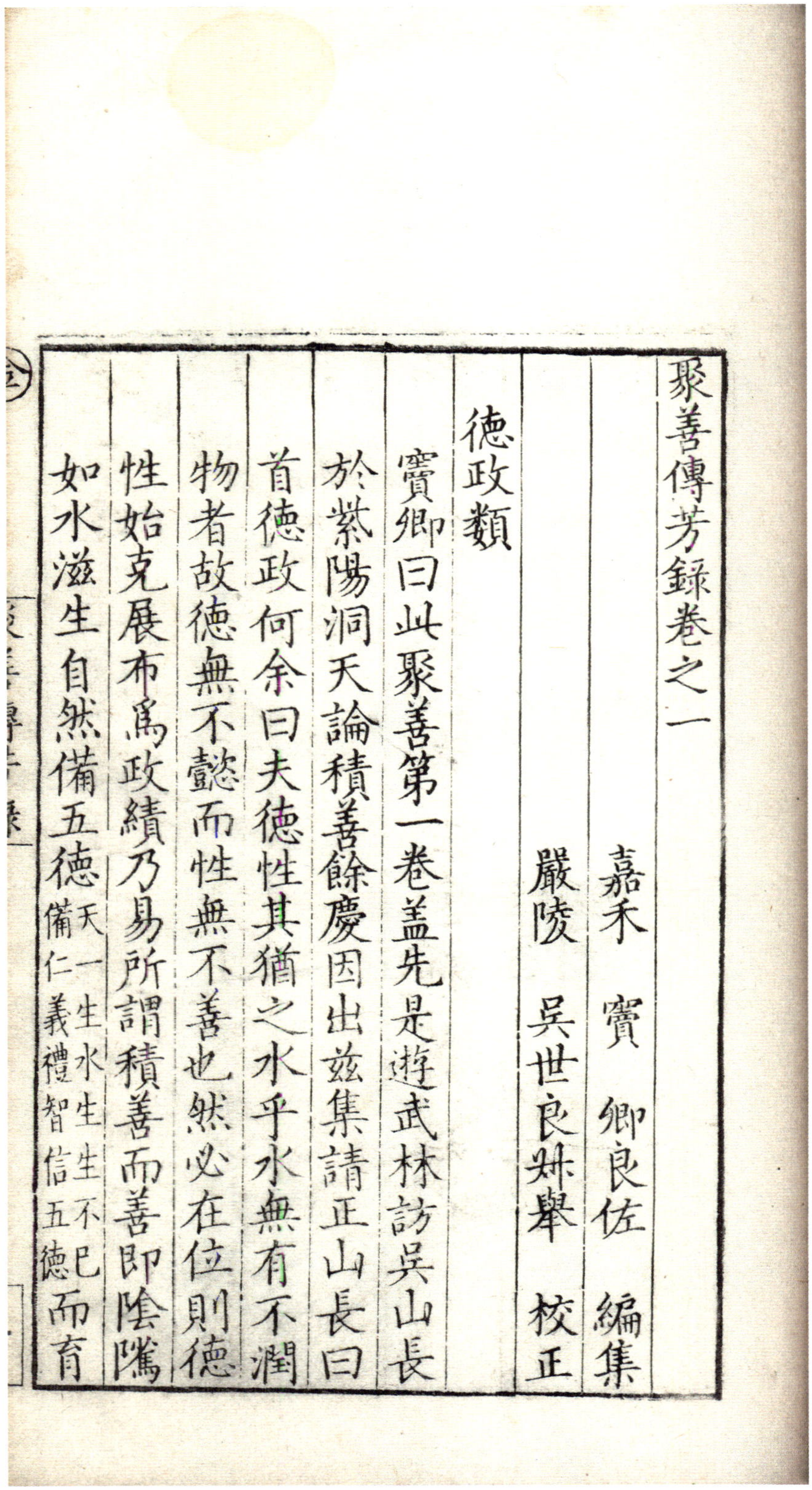

聚善傳芳錄卷之一
嘉禾　竇　卿良佐　編集
嚴陵　吳世良舛舉　校正
德政類
竇卿曰此聚善第一卷蓋先是遊武林訪吳山長於紫陽洞天論積善餘慶因出茲集請正山長曰首德政何余曰夫德性其猶之水乎水無有不潤物者故德無不懿而性無不善也然必在位則德性始克展布爲政績乃易所謂積善而善即陰隲如水滋生自然備五德天一生水生生不已備仁義禮智信五德而育

10513 聚善傳芳録八卷（明）竇卿輯 明萬曆三年（1575）竇文照刻本

匡高18.1釐米，廣12.2釐米。半葉十行，行二十一字，白口，四周單邊。蘇州圖書館藏。

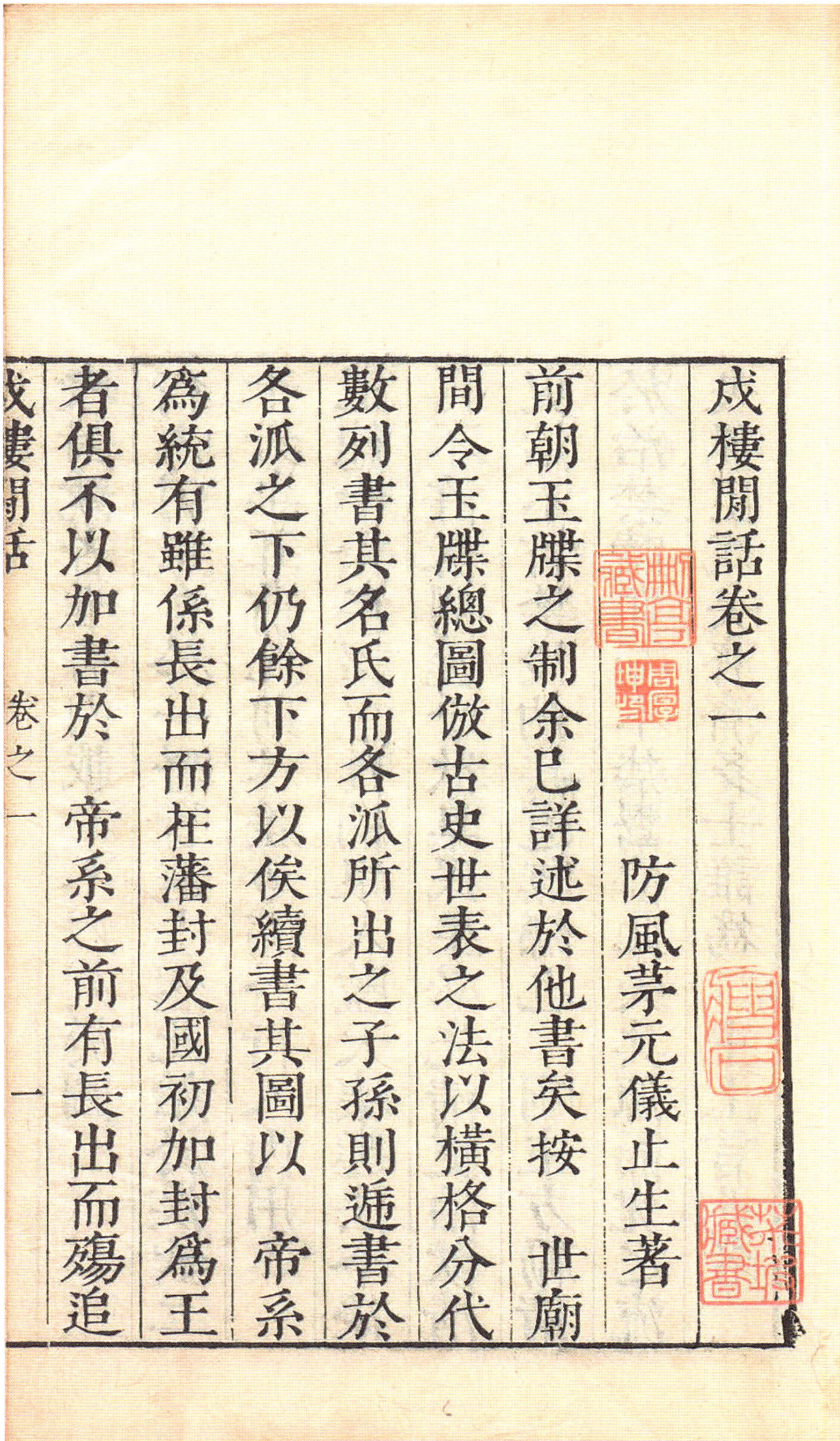
戌樓閒話卷之一
防風茅元儀止生著
前朝玉牒之制余已詳述於他書矣按　世廟間令玉牒總圖倣古史世表之法以橫格分代數列書其名氏而各派所出之子孫則遞書於各派之下仍餘下方以俟續書其圖以　帝系爲統有雖係長出而在藩封及國初加封爲王者俱不以加書於　帝系之前有長出而殤追
戌樓閒話　卷之一　一

10514 戌樓閒話四卷 （明）茅元儀撰 明天啓刻本

匡高18.3釐米，廣13.9釐米。半葉八行，行十八字，白口，四周單邊。有“周厚坤印”等印。無錫市圖書館藏。

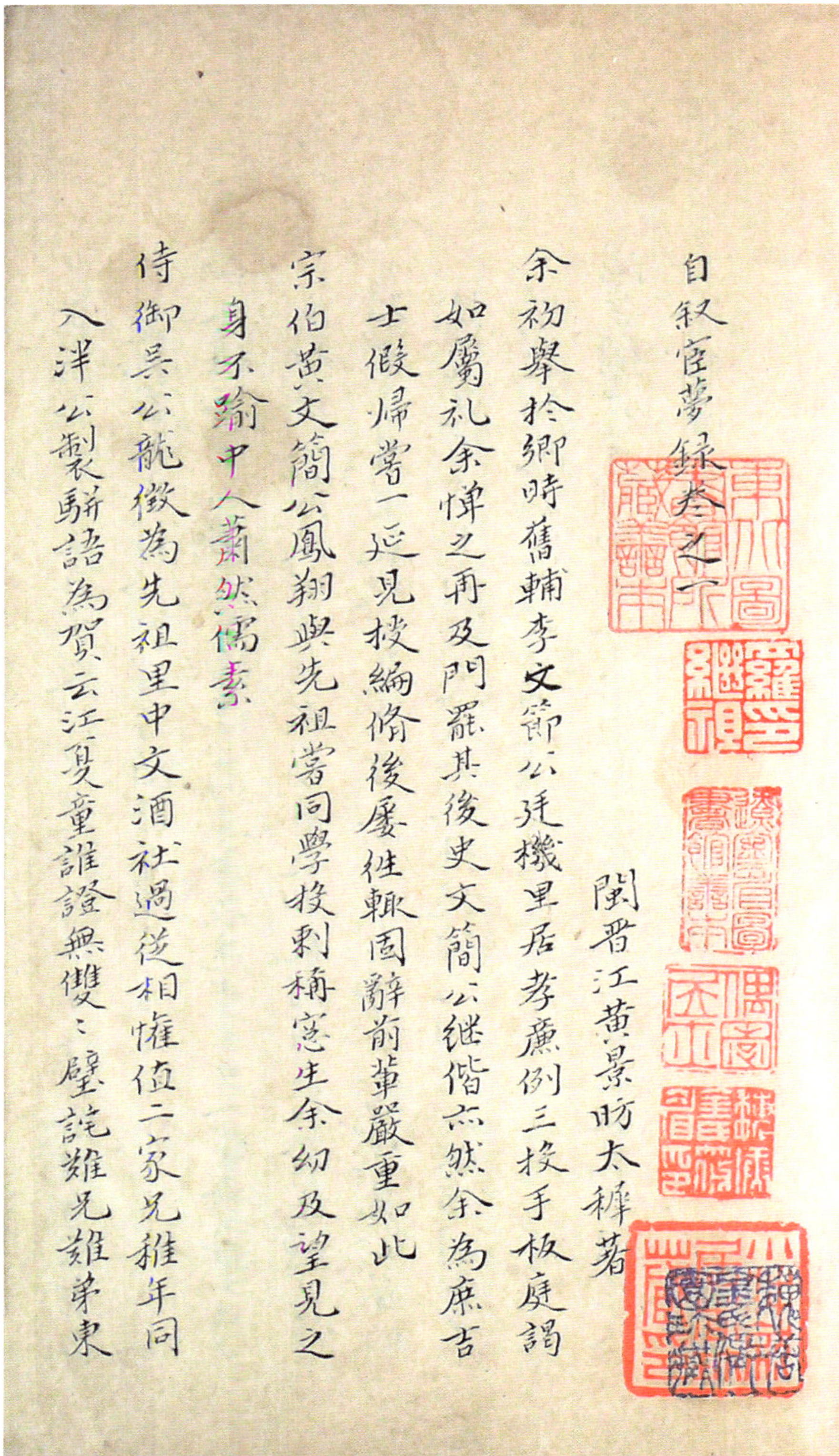

10515 自敘宧夢録四卷 （明）黄景昉撰 清抄本

半葉九行，行二十五字。有“魏塘金氏筱眉印”、“羅印繼祖”等印。遼寧省圖書館藏。

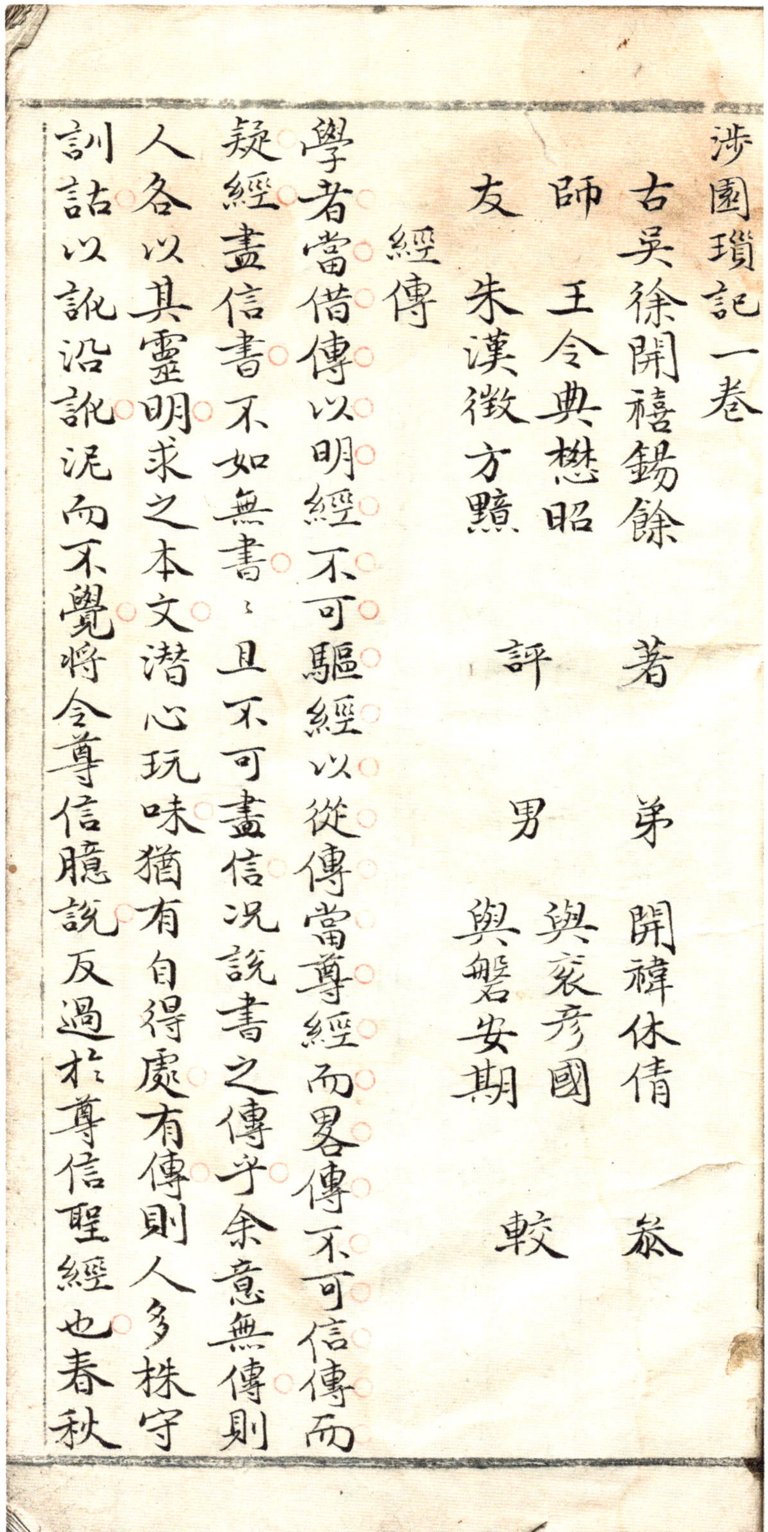

涉園瑣記一卷

古吳徐開禧錫餘　著　弟　開禕休倩　參

師　王令典懋昭　評　與袞彥國

友　朱漢徵方黷　男　與磐安期　較

經傳

學者當借傳以明經不可驅經以從傳當尊經而畧傳不可信傳而疑經盡信書不如無書〻且不可盡信況說書之傳乎余意無傳則人各以其靈明求之本文潛心玩味猶有自得處有傳則人多株守訓詁以訛沿訛泥而不覺將令尊信臆說反過於尊信聖經也春秋

10516 涉園瑣記□卷 （清）徐開禧撰 清初抄本

半葉九行，行二十六字。江蘇省吴江市圖書館藏，存三卷。

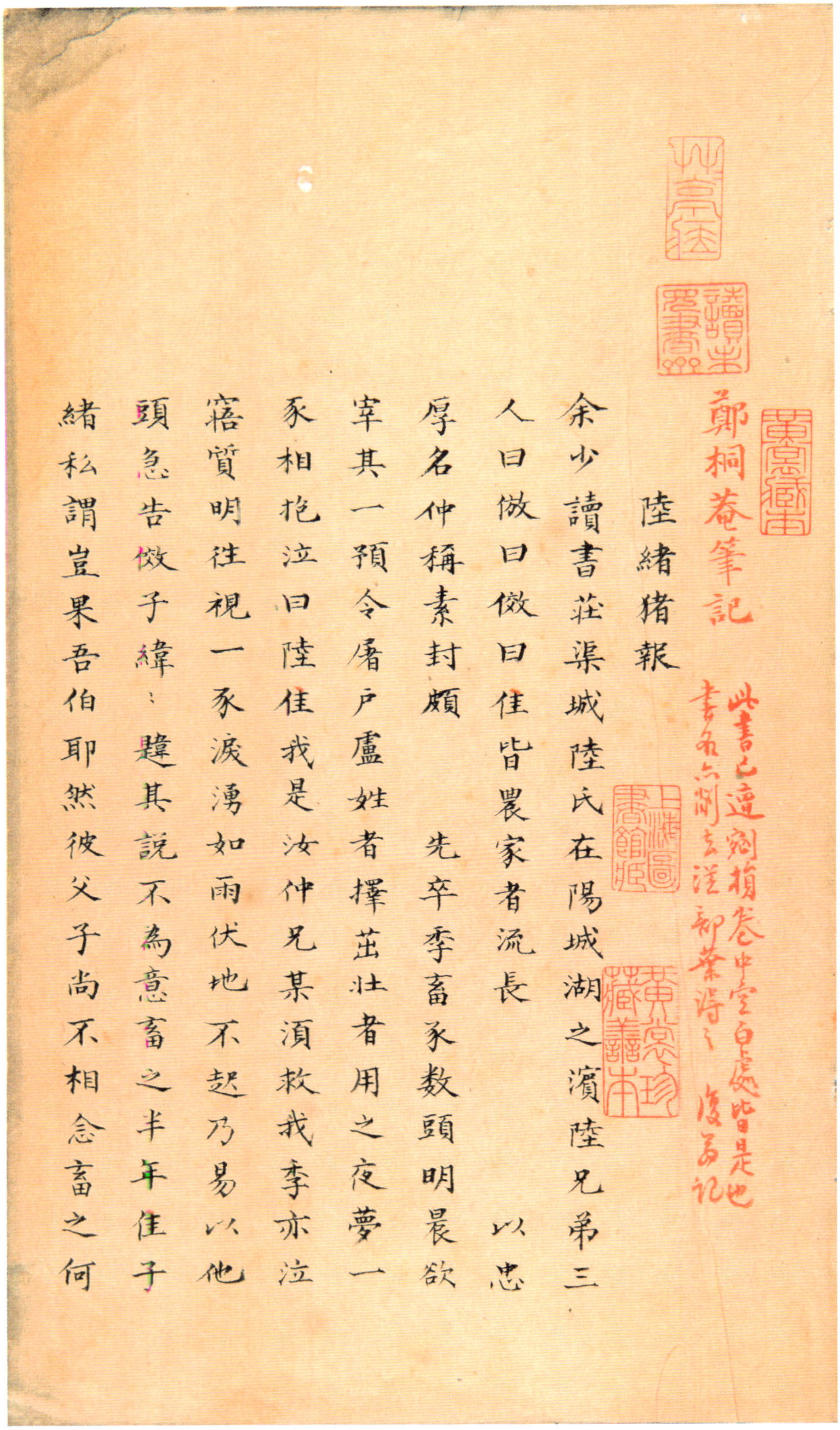

鄭桐菴筆記

陸緒猪報

余少讀書莊渠城陸氏在陽城湖之濱陸兄弟三人曰儆曰儌曰佳皆農家者流長以忠厚名仲稱素封頗 先卒季畜豕數頭明晨欲宰其一預令屠戶盧姓者擇茁壯者用之夜夢一豕相抱泣曰陸佳救我是汝仲兄某須救我季亦泣寤覺明往視一豕淚湧如雨伏地不起乃易以他頭急告儆子緯〻韙其說不為意畜之半年佳子緒私謂豈果吾伯耶然彼父子尚不相念畜之何

此書已遭刻損卷中空白處皆是也 書名亦削去注鄭桑溪之 復翁記

10517 鄭桐菴筆記一卷 （清）鄭敷教撰 清嘉慶十四年（1809）黄氏士禮居抄本

半葉十行，行十九字。有“復翁”、“讀未見書齋”、“黄裳珍藏善本”等印。黄丕烈跋。上海圖書館藏。

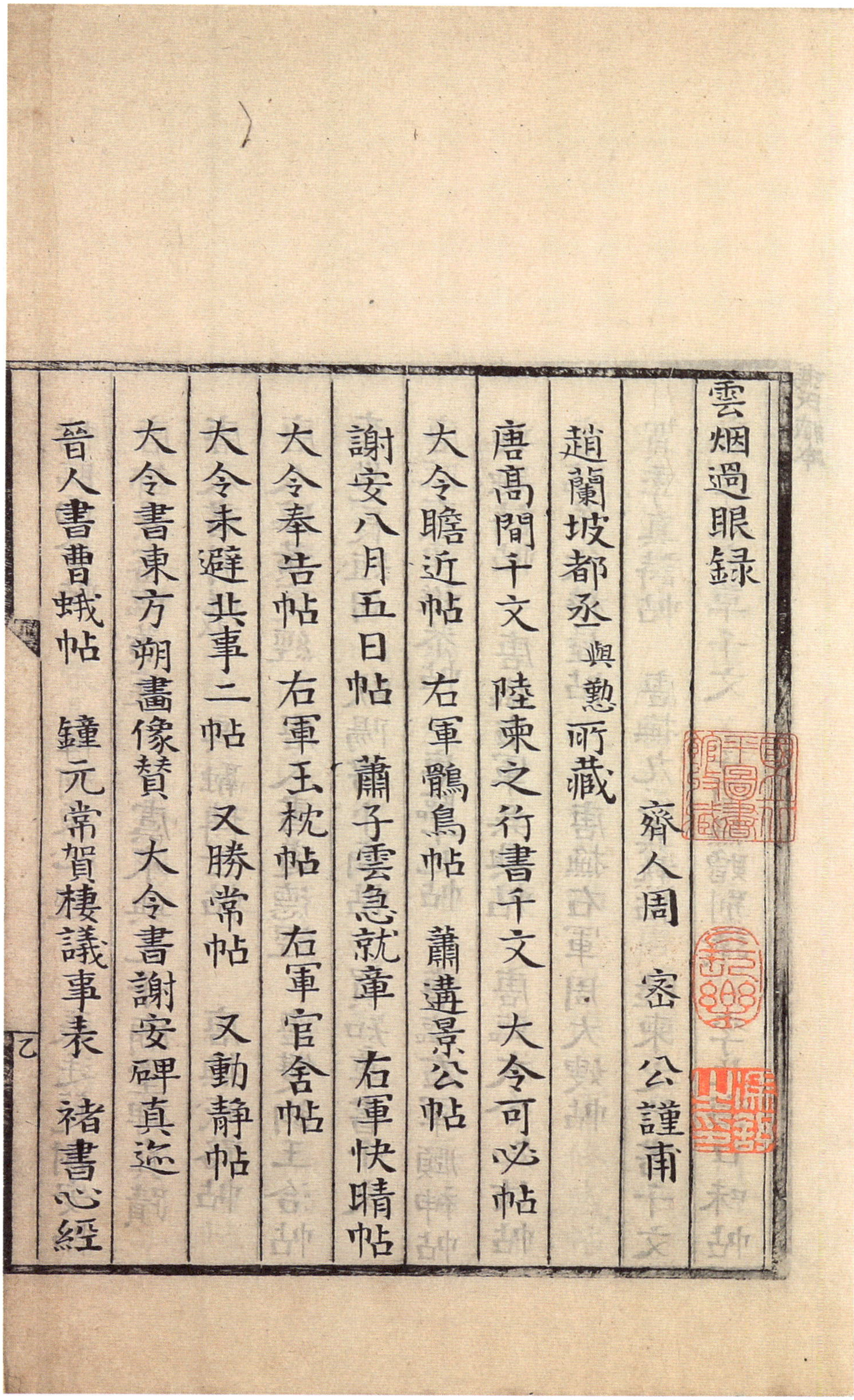
雲烟過眼録
齊人周　密　公謹甫
趙蘭坡都丞與懃所藏
唐高閑千文　陸柬之行書千文　大令可必帖
大令瞻近帖　右軍鶺鳥帖　蕭遘景公帖
謝安八月五日帖　蕭子雲急就章　右軍快晴帖
大令奉告帖　右軍玉枕帖　右軍官舍帖
大令未避共事二帖　又勝常帖　又動静帖
大令書東方朔畫像賛　大令書謝安碑真迹
晉人書曹娥帖　鍾元常賀棲議事表　褚書心經

10518 雲烟過眼録一卷　（宋）周密撰　明馮舒家抄本

匡高15.7釐米，廣13.7釐米。半葉十行，行二十一字，黑口，左右雙邊。有“馮舒之印”等印。國家圖書館藏。

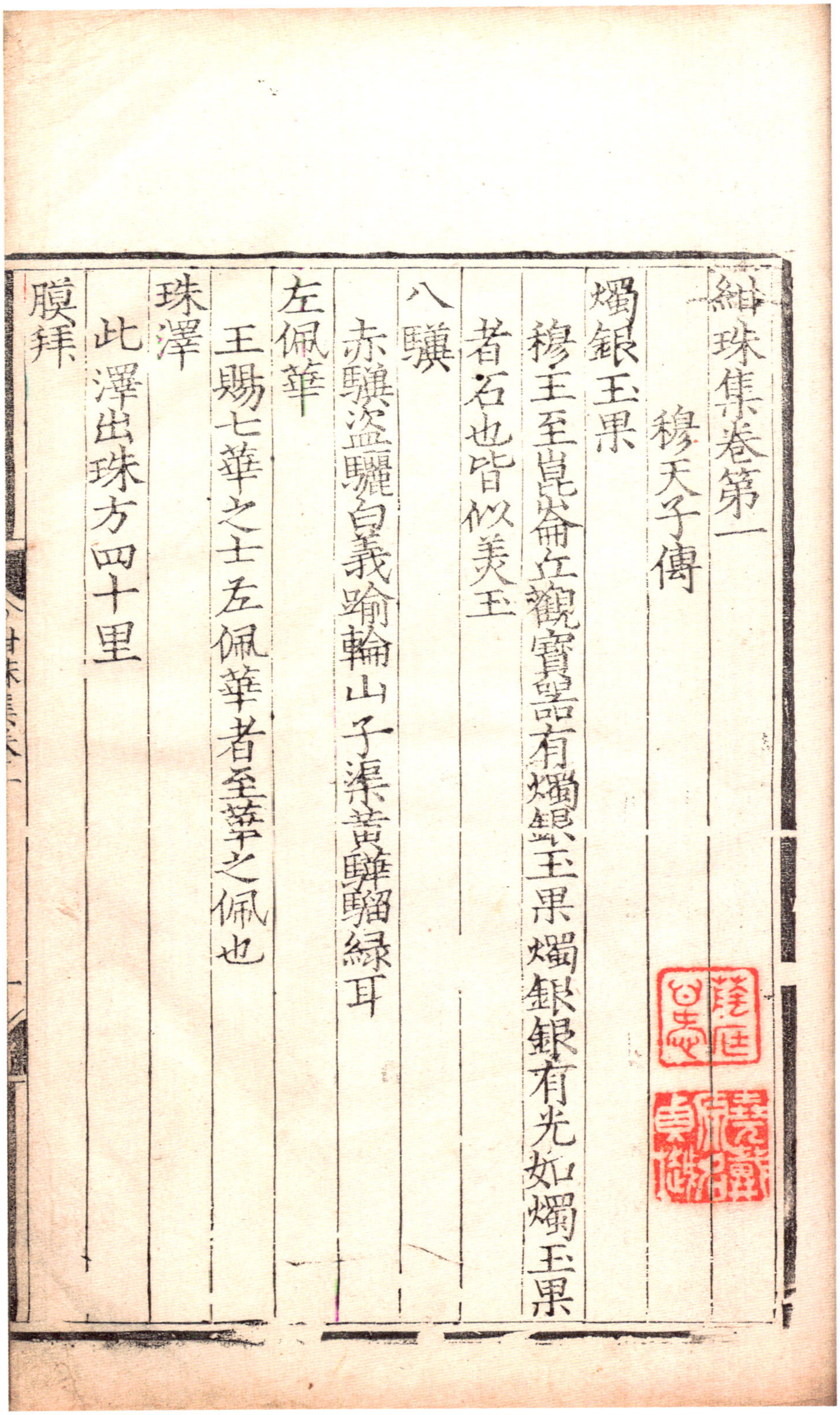
紺珠集卷第一
穆天子傳
燭銀玉果
穆王至崑崙丘觀寶器有燭銀玉果燭銀銀有光如燭玉果
者石也皆似美玉
八驥
赤驥盜驪白義踰輪山子渠黃驊騮綠耳
左佩華
王賜七華之士左佩華者至華之佩也
珠澤
此澤出珠方四十里
膜拜

10519、10520 紺珠集十三卷 明天順刻本

匡高21.6釐米，廣15.2釐米。半葉十二行，行二十四字，黑口，四周雙邊。無錫市圖書館藏，有“蕘戴原名貞樾”等印；國家圖書館藏，卷一至二配明抄本，有“虞山毛扆手校”等印，毛晉、毛扆校。

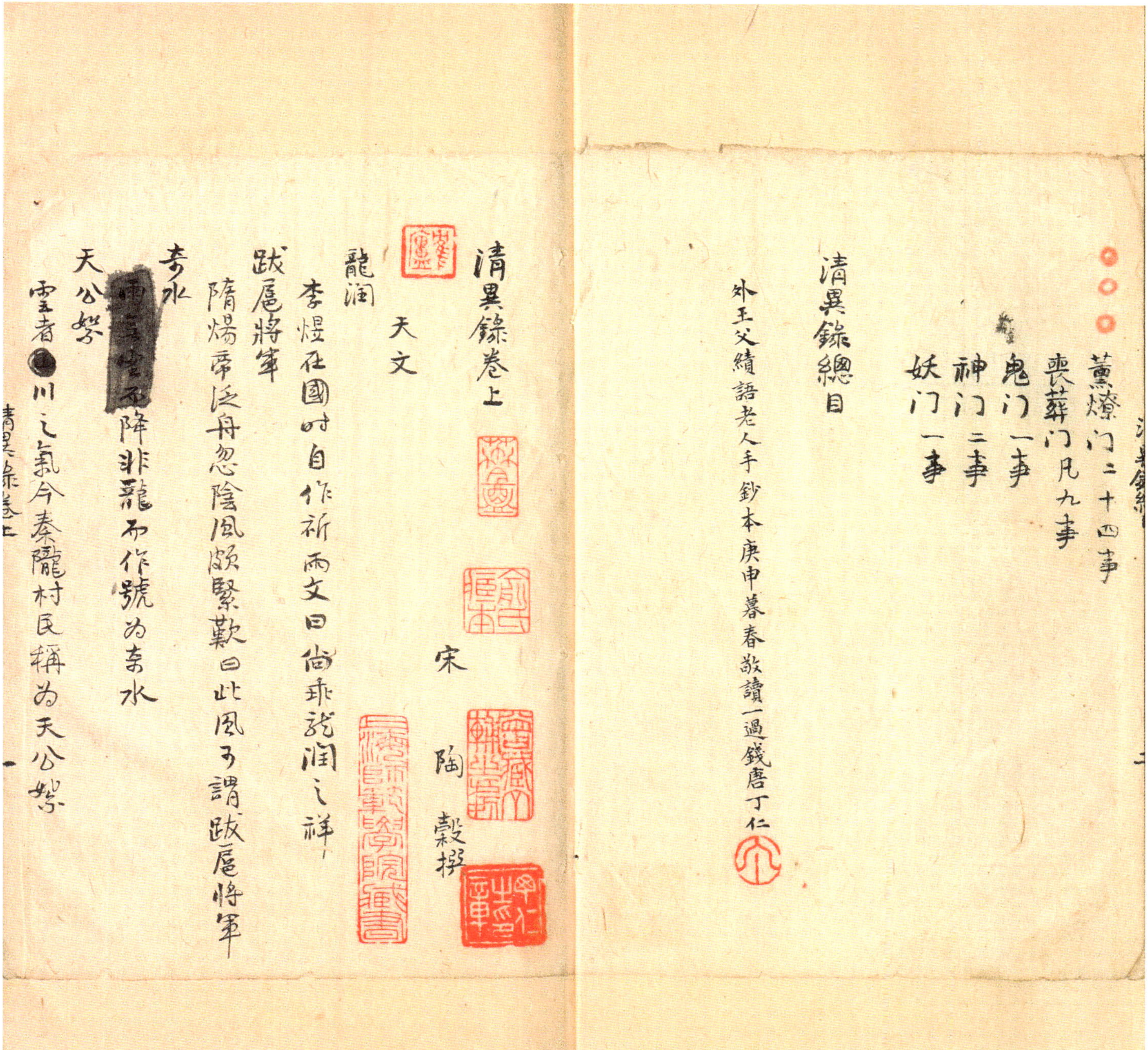

清異録總目

薰燎门二十四事
喪葬门凡九事
鬼门一事
神门二事
妖门一事

清異録總目

外王父績語老人手鈔本庚申暮春敬讀一過錢唐丁仁

清異録卷上

宋 陶穀撰

天文

龍潤

李煜在國時自作祈雨文曰尚乖龍潤之祥

跋扈將軍

隋煬帝泛舟忽陰風頗緊歎曰此風可謂跋扈將軍

奇水

雨雲雲不降非龍不作號為奇水

天公漿

雲者山川之氣今秦隴村民稱為天公漿

清異録卷上

10521 清異録二卷 （宋）陶穀撰 清魏錫曾抄本

半葉十一行，行二十一字。有“仁和魏錫曾稼孫之印”、“丁仁之印章”、“俞氏藏本”等印。丁仁跋。上海師範大學圖書館藏。

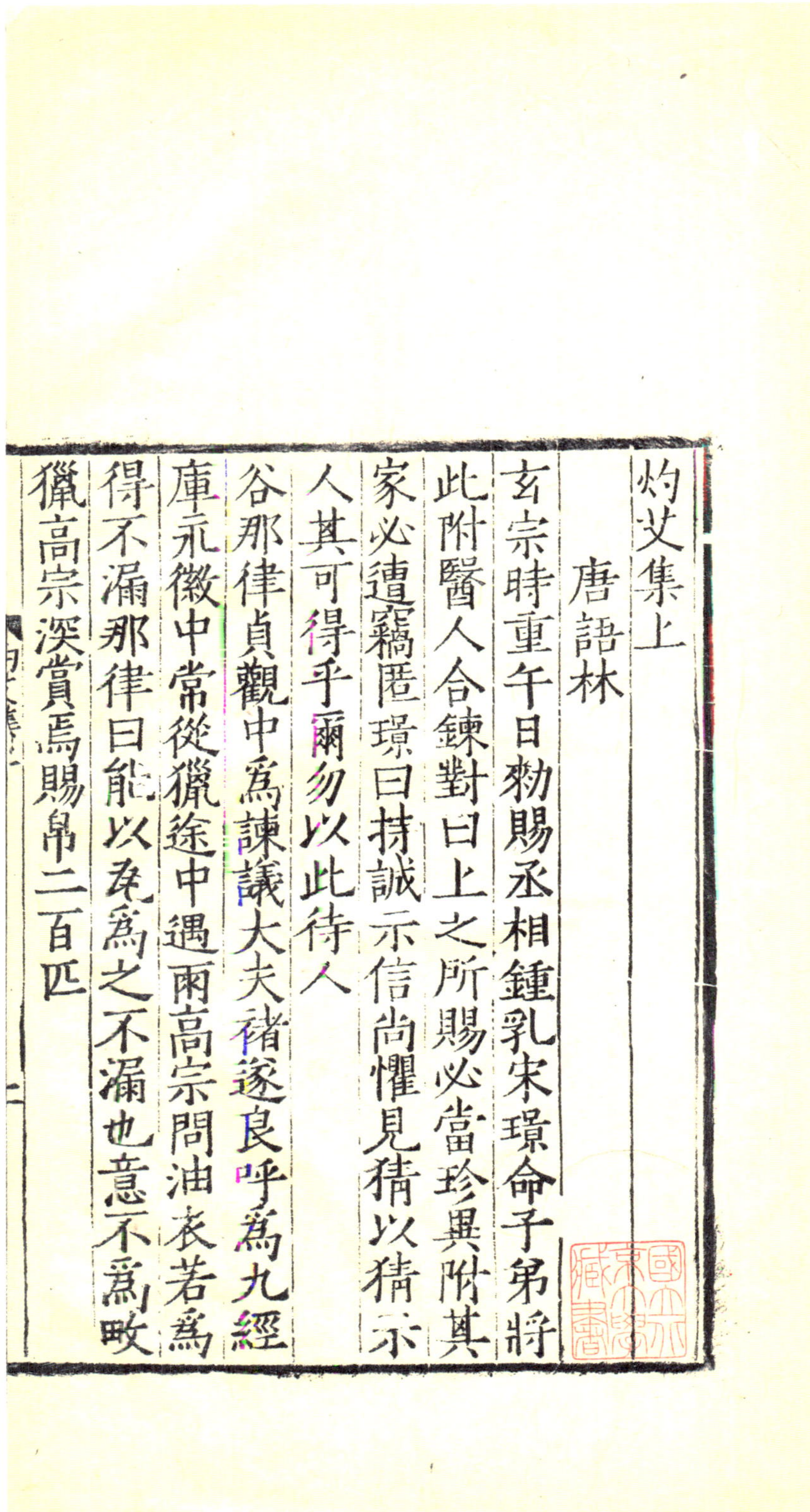

灼艾集上

唐語林

玄宗時重午日勑賜丞相鍾乳宋璟命子弟將此附醫人合鍊對曰上之所賜必當珍異附其家必遣竊匿璟曰持誠示信尚懼見猜以猜示人其可得乎爾勿以此待人

谷那律貞觀中爲諫議大夫褚遂良呼爲九經庫元徽中常從獵途中遇雨高宗問油衣若爲得不漏那律曰能以瓦爲之不漏也意不爲畋獵高宗深賞焉賜帛二百匹

10522 灼艾集二卷續集二卷别集二卷餘集二卷 （明）萬表輯 明嘉靖刻本

匡高13.8釐米，廣12.5釐米。半葉十行，行十八字，白口，左右雙邊。北京大學圖書館藏。

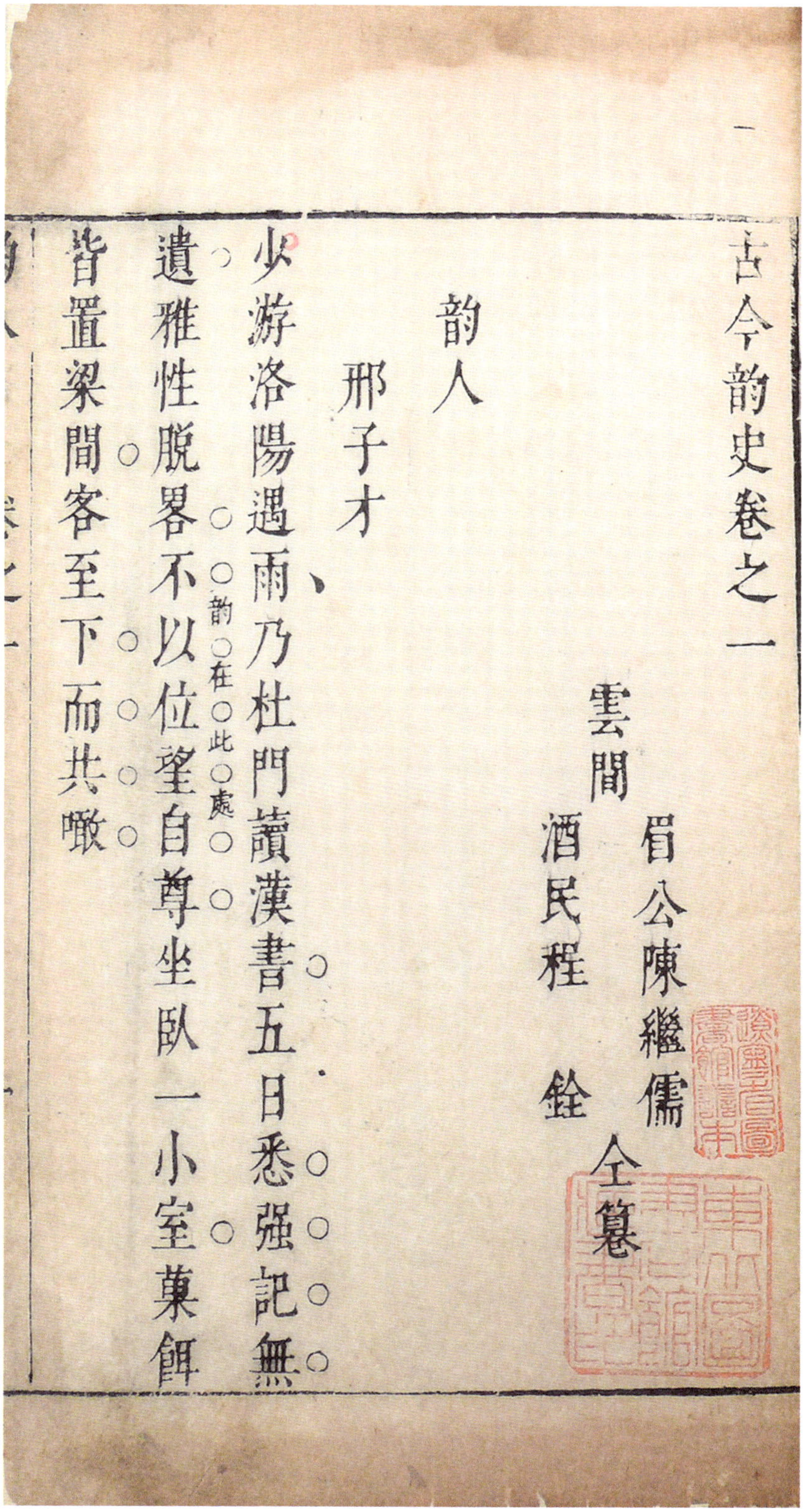

10523 古今韻史十二卷 （明）陳繼儒 程銓撰 明刻本

匡高21.4釐米，廣14.3釐米。半葉八行，行十八字，白口，四周單邊。遼寧省圖書館藏。

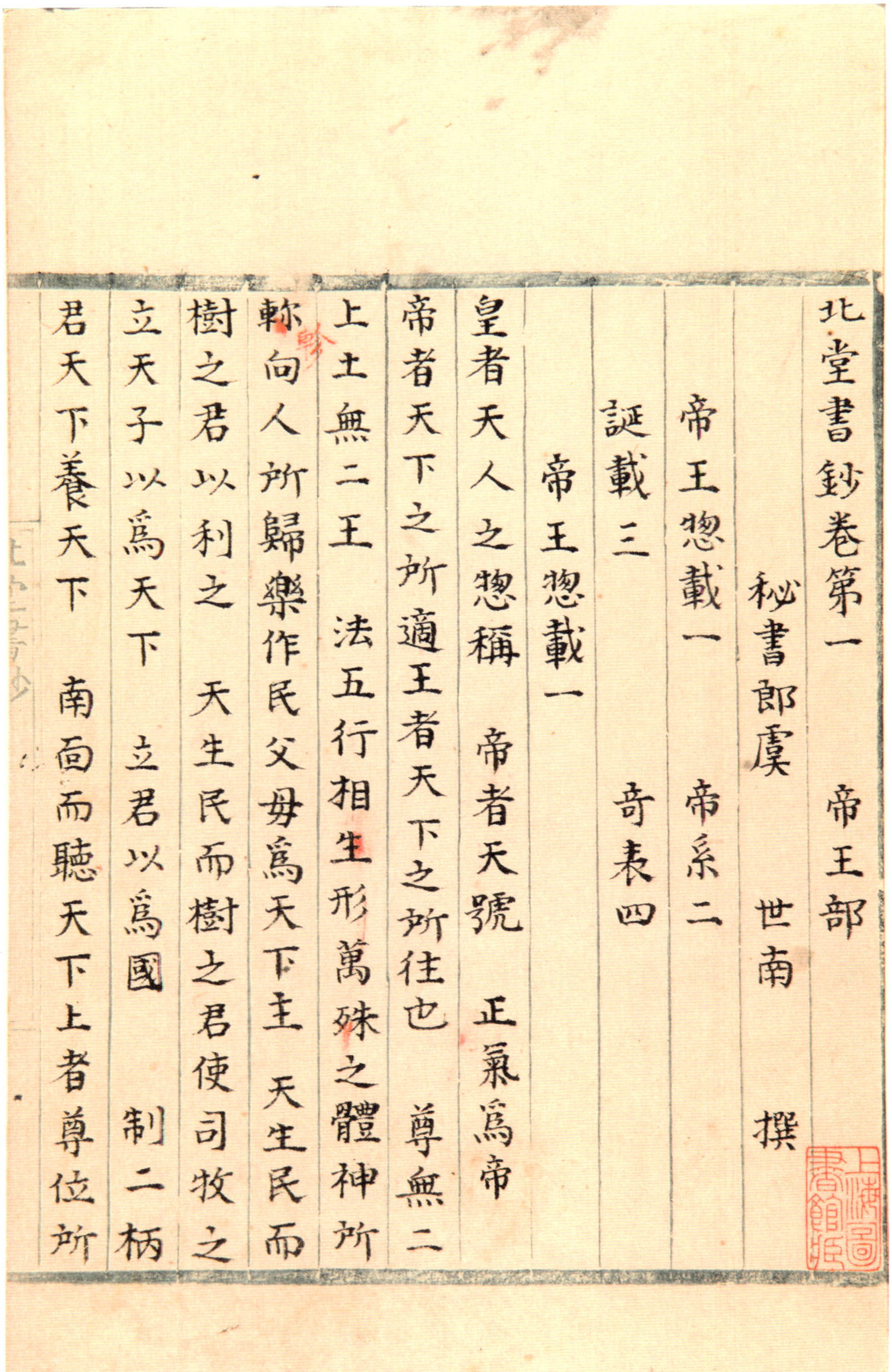
北堂書鈔卷第一　帝王部
秘書郎虞　世南　撰
帝王揔載一　帝系二
誕載三　奇表四
帝王揔載一
皇者天人之揔稱　帝者天號　正氣爲帝
帝者天下之所適王者天下之所往也　尊無二
上上無二王　法五行相生形萬殊之體神所
歸向人所歸樂作民父母爲天下主　天生民而
樹之君以利之　天生民而樹之君使司牧之
立天子以爲天下　立君以爲國　制二柄
君天下養天下　南面而聽天下上者尊位所

10524 北堂書鈔一百六十卷　（唐）虞世南輯　明正德十三年（1518）竹東書舍抄本

匡高19釐米，廣15.7釐米。半葉十二行，行十八至十九字，白口，四周單邊。上海圖書館藏，存一百五十卷。

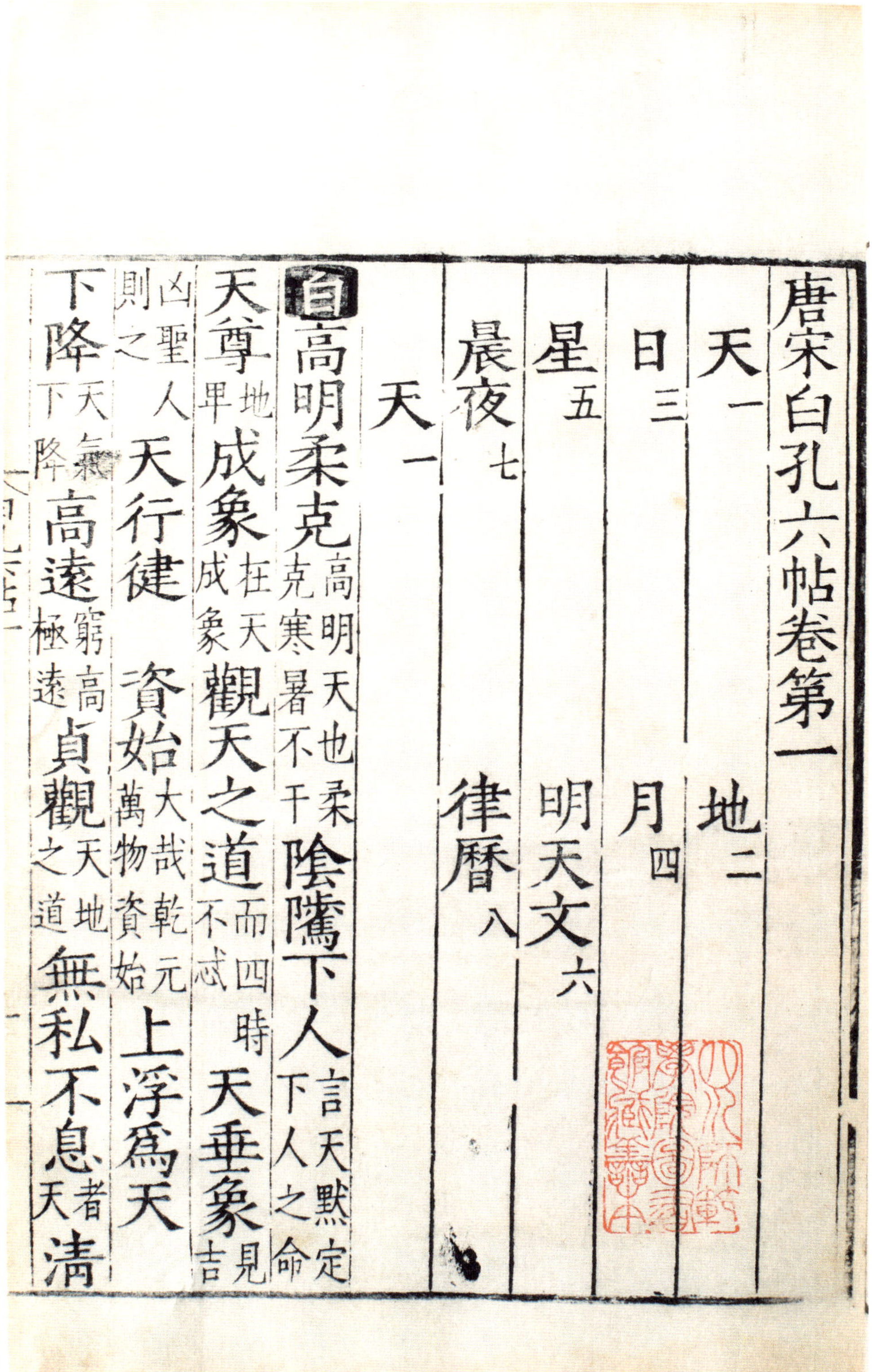

唐宋白孔六帖卷第一
天一　地二
日三　月四
星五　明天文六
晨夜七　律曆八
天一
白高明柔克高明天也柔克寒暑不干陰騭下人言天默定下人之命
天尊地卑成象在天成象觀天之道而四時不忒天垂象見吉凶聖人則之天行健資始大哉乾元萬物資始上浮爲天
下降天氣下降高遠窮高極遠貞觀天地之道無私不息者天清

10525 唐宋白孔六帖一百卷目録二卷（唐）白居易（宋）孔傳輯 明刻本

匡高19釐米，廣15.2釐米。半葉十行，行十八字，白口，左右雙邊。有“式芬之印”、“齊無棣吳保鍇拙菴珍藏金石書畫之印”等印。四川師範大學圖書館藏。

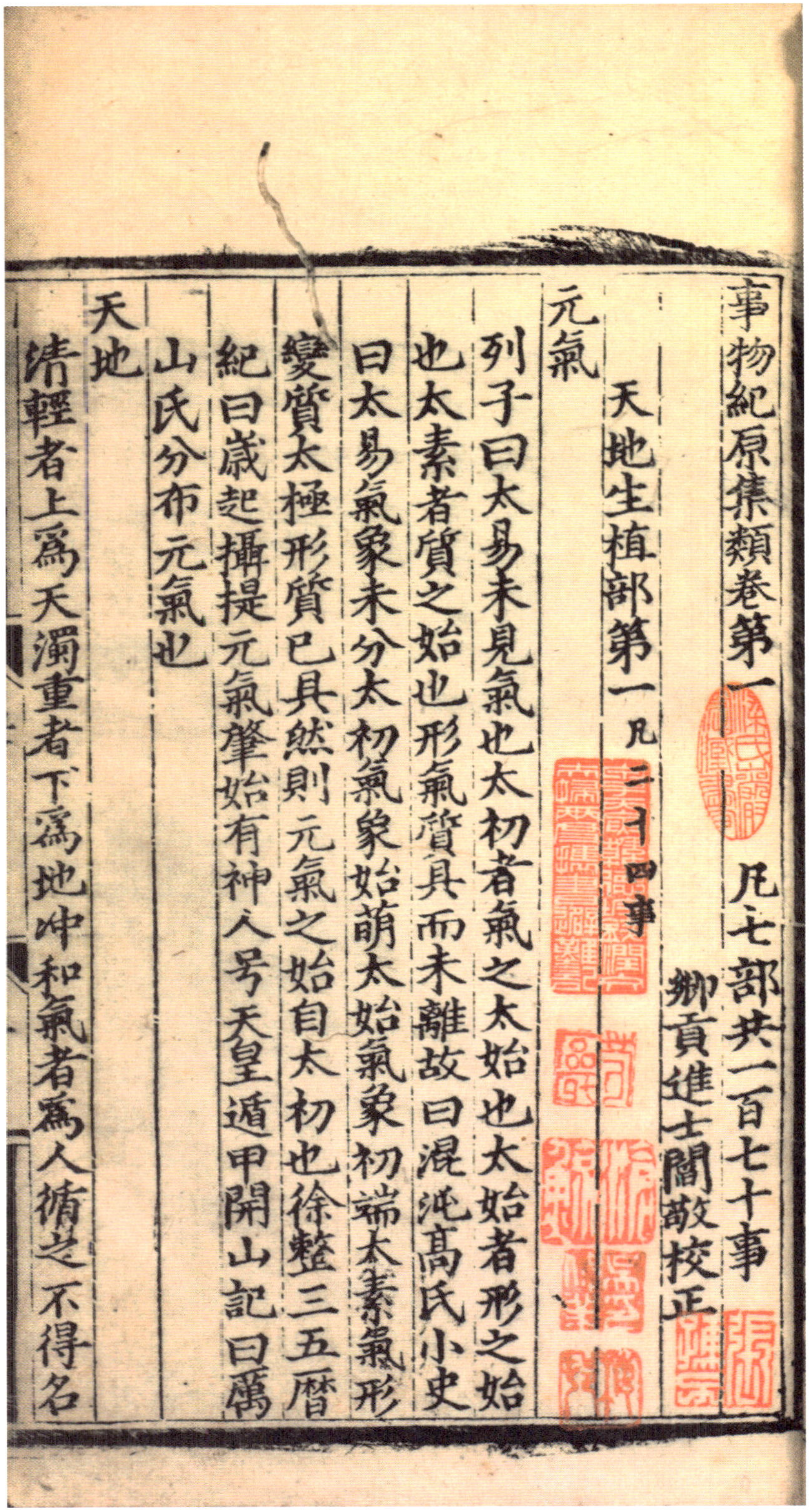

事物紀原集類卷第一　凡七部共一百七十事
鄉貢進士閻敬校正
天地生植部第一　凡二十四事
元氣
列子曰太易未見氣也太初者氣之太始也太始者形之始也太素者質之始也形氣質具而未離故曰混沌高氏小史曰太易氣象未分太初氣象始萌太始氣象初端太素氣形變質太極形質已具然則元氣之始自太初也徐整三五曆紀曰歲起攝提元氣肇始有神人号天皇遁甲開山記曰爲山氏分布元氣也
天地
清輕者上爲天濁重者下爲地冲和氣者爲人循之不得名

10526 事物紀原集類十卷（宋）高承輯 明正統十二年（1447）閻敬刻本

匡高20釐米，廣13.3釐米。半葉十二行，行二十四字，黑口，四周雙邊。有“古婁韓氏應陛畝陽父子珍藏善本書籍印記”、“甲子丙寅韓德均錢潤文夫婦兩度攜書避難記”等印。首都圖書館藏。

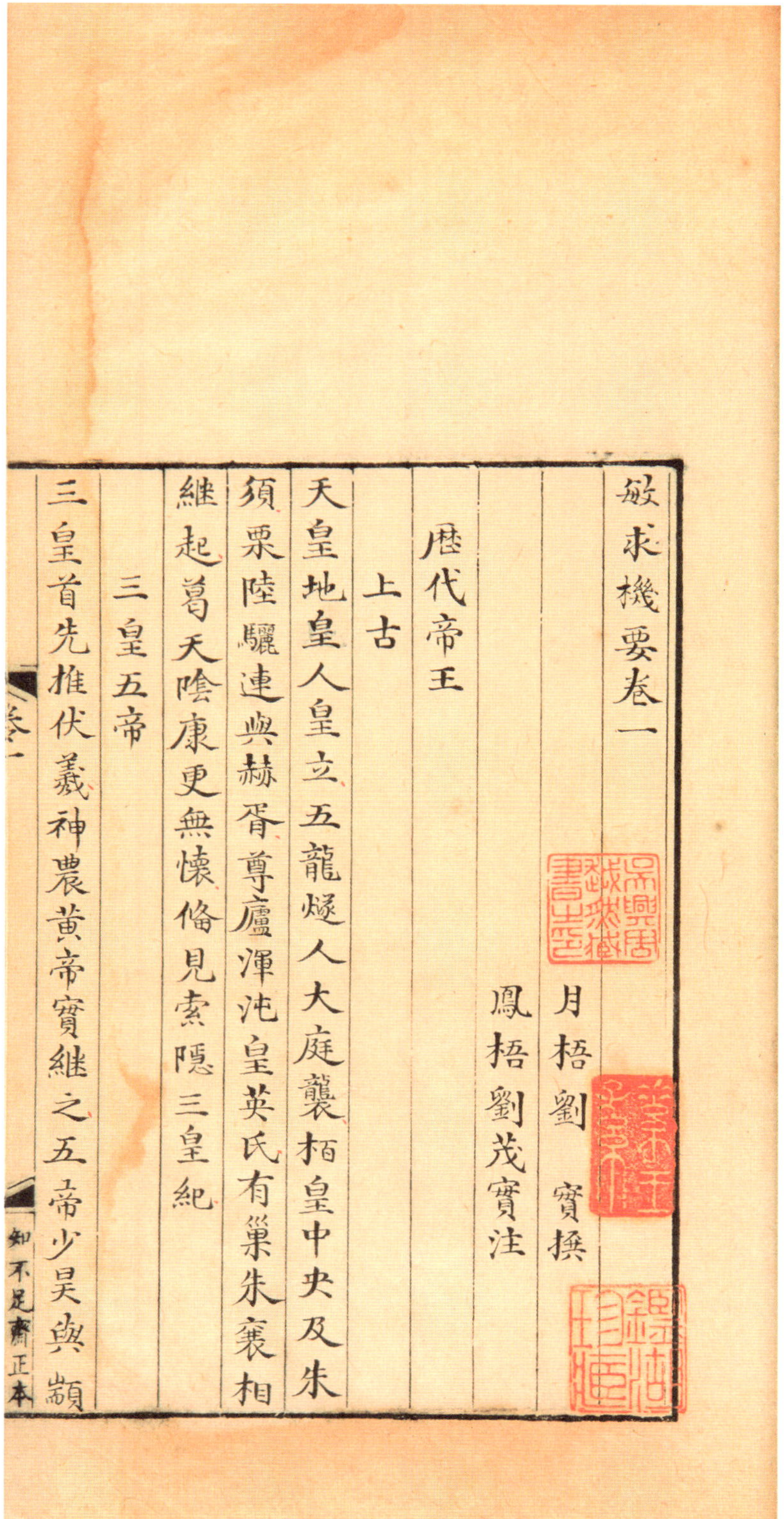

10527 敏求機要十六卷 （元）劉實撰 （元）劉茂實注 清乾隆四十二年（1777）鮑氏知不足齋抄本

匡高17.7釐米，廣11.5釐米。半葉十行，行二十字，白口，左右雙邊。有“鑑湖珍藏”、“吴興周越然藏書之印”等印。上海圖書館藏。

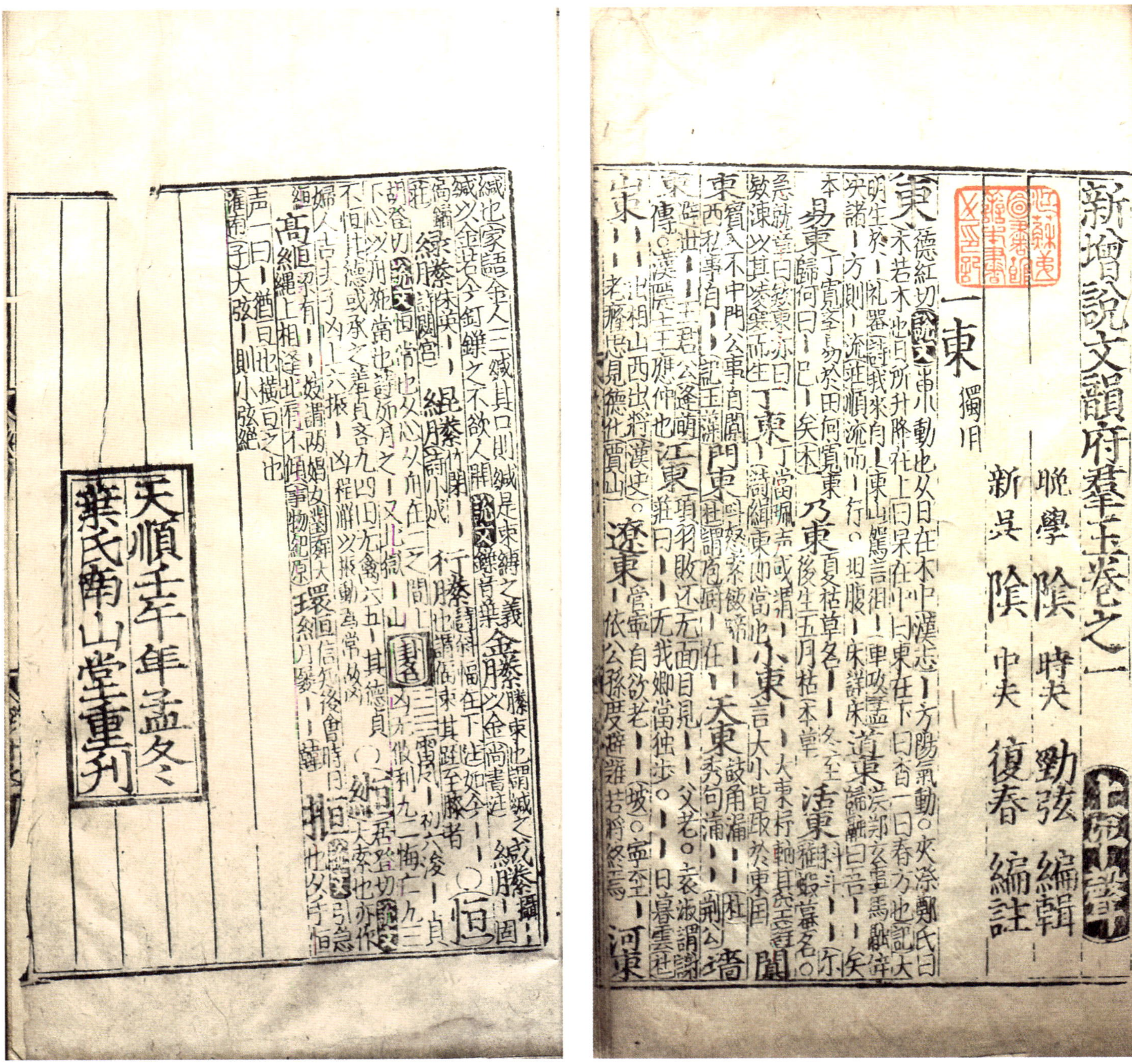

10528 新增説文韻府群玉二十卷 （元）陰時夫輯 （元）陰中夫註 明天順六年（1462）葉氏南山書堂刻本

匡高21.3釐米，廣13.8釐米。半葉十一行，小字雙行二十九字，黑口，四周雙邊。有"天順壬午年孟冬葉氏南山堂重刊"牌記。丁丙跋。南京圖書館藏。

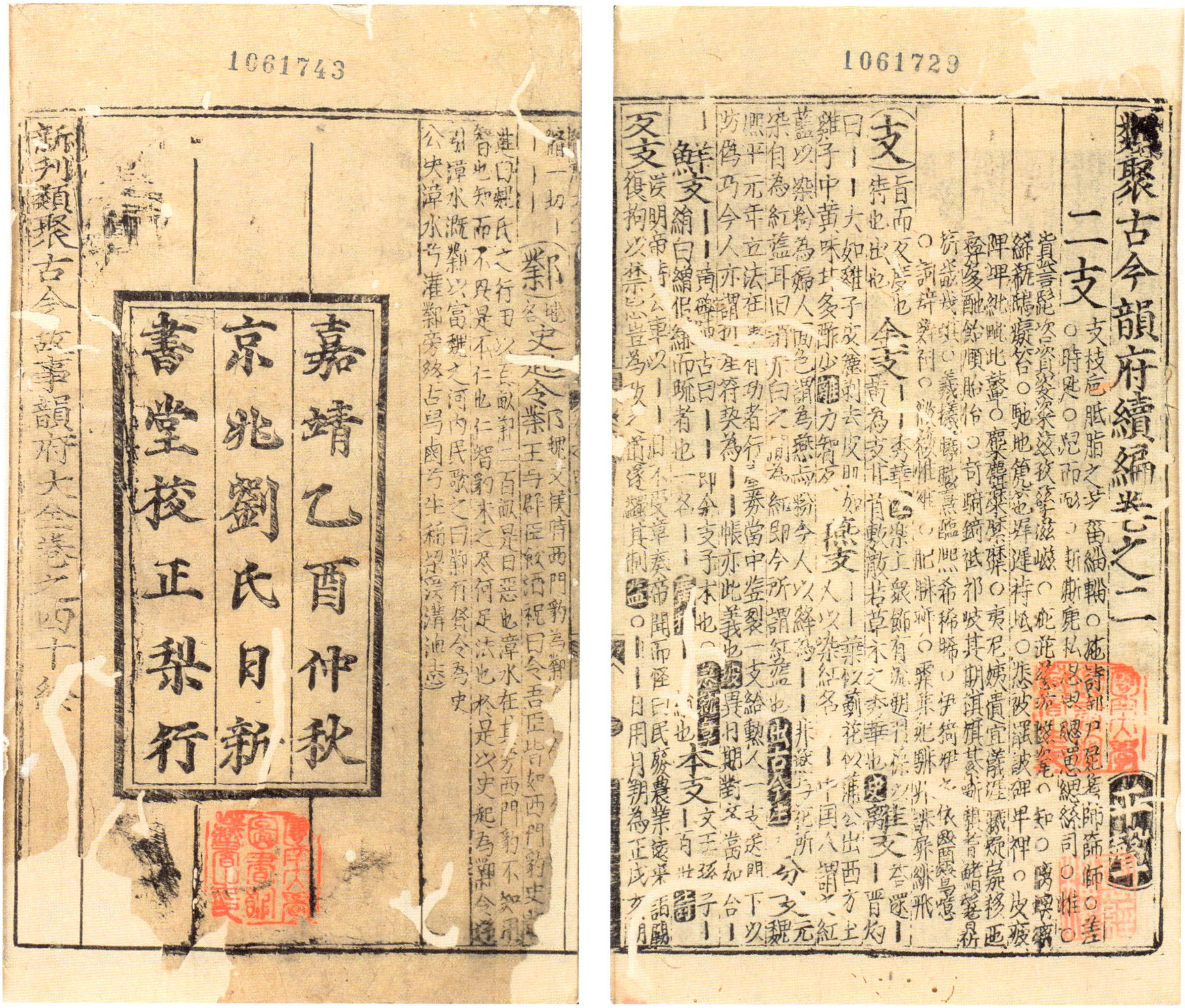

10529 新刊類聚古今故事韻府大全四十卷 （明）包瑜輯　明嘉靖四年（1525）劉氏日新書堂刻本

匡高21.3釐米，廣13.4釐米。半葉十一行，小字雙行二十九字，黑口，四周雙邊。有“嘉靖乙酉仲秋京兆劉氏日新書堂校正刊行”牌記。雲南大學圖書館藏。

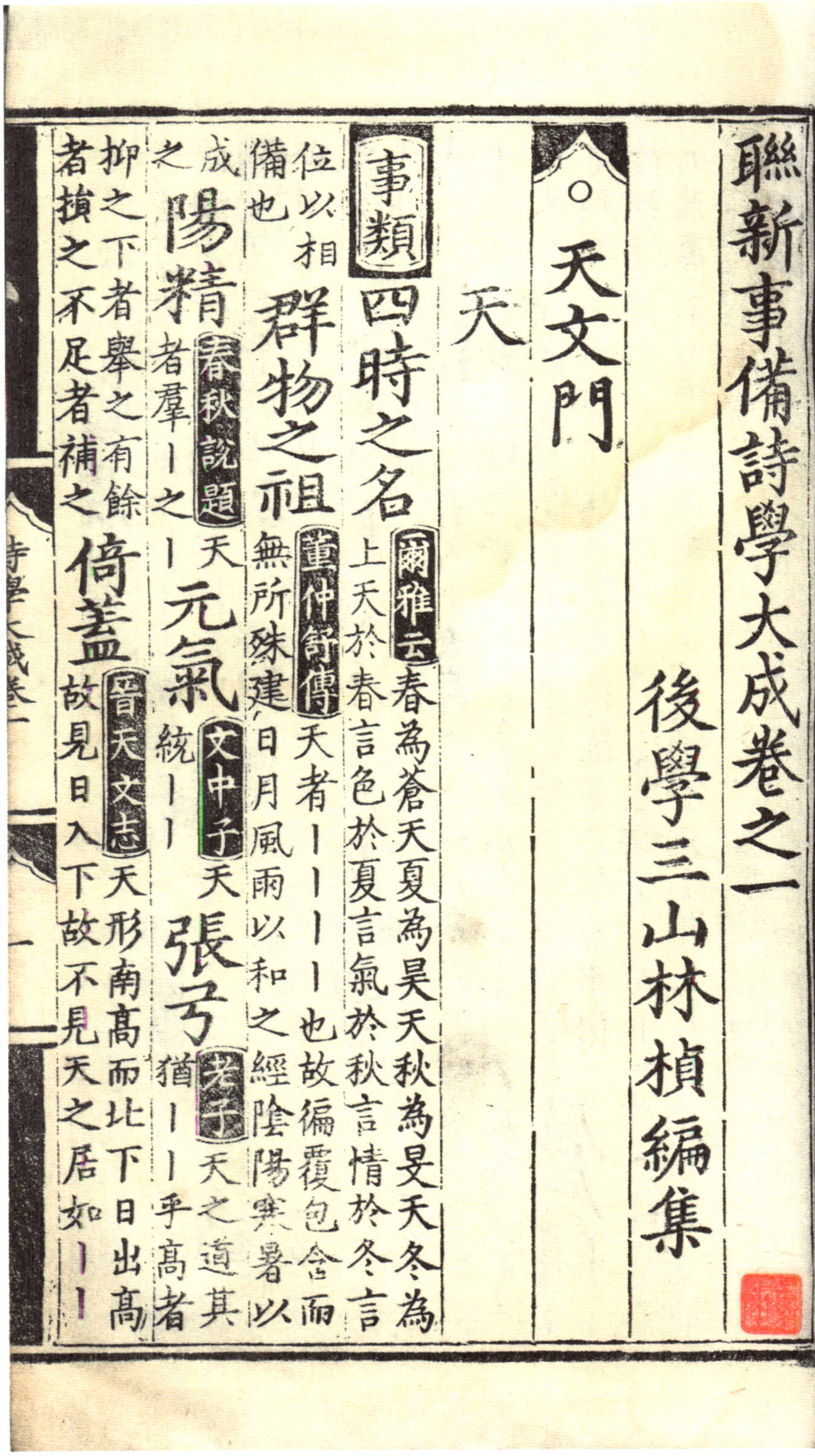
聯新事備詩學大成卷之一
後學三山林楨編集
天文門
天
事類 四時之名 爾雅云 春為蒼天夏為昊天秋為旻天冬為
上天於春言色於夏言氣於秋言情於冬言
位以相 群物之祖 董仲舒傳 天者｜｜｜｜也故徧覆包含而
備也 無所殊建日月風雨以和之經陰陽寒暑以
成 陽精 春秋説題 天 元氣 文中子 天 張弓 老子 天之道其
之 者羣｜之｜｜ 統｜｜ 猶｜｜乎高者
抑之下者舉之有餘 倚蓋 晉天文志 天形南高而北下日出高
者損之不足者補之 故見日入下故不見天之居如｜｜

10530 聯新事備詩學大成三十卷 （元）林楨輯 明内府刻本

匡高25.7釐米，廣16.3釐米。半葉八行，小字雙行二十五字，黑口，四周雙邊。華東師範大學圖書館藏。

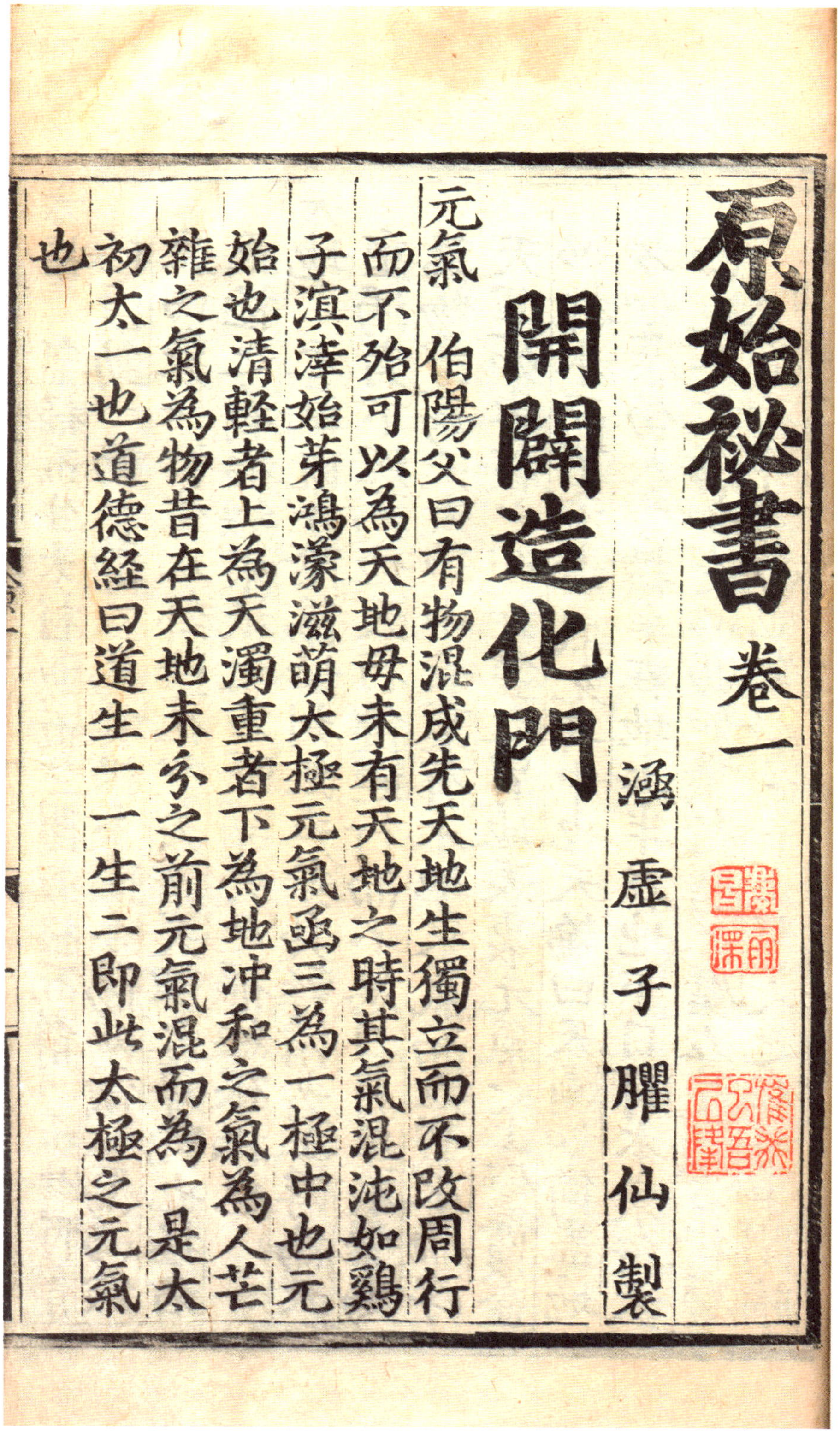
原始祕書 卷一
涵虛子臞仙製
開闢造化門
元氣 伯陽父曰有物混成先天地生獨立而不改周行
而不殆可以為天地母未有天地之時其氣混沌如鷄
子溟涬始芽鴻濛滋萌太極元氣函三為一極中也元
始也清輕者上為天濁重者下為地冲和之氣為人芒
雜之氣為物昔在天地未分之前元氣混而為一是太
初太一也道德経曰道生一一生二即此太極之元氣
也

10531 原始祕書十卷 （明）朱權輯 明刻本

匡高23.4釐米，廣15.6釐米。半葉十二行，行二十二字，黑口，四周雙邊。華東師範大學圖書館藏。

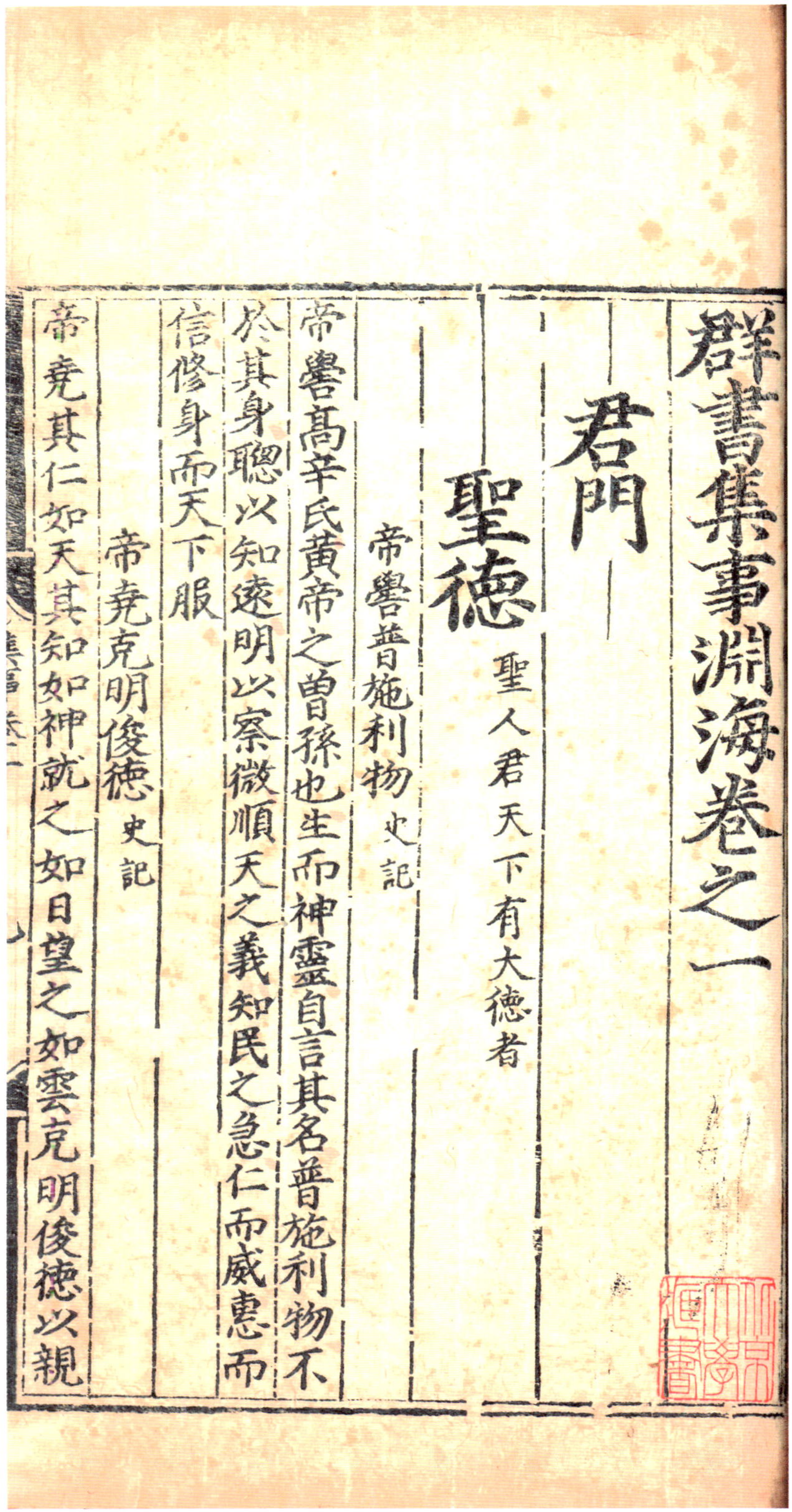

群書集事淵海卷之一

君門

聖德

聖人君天下有大德者

帝嚳普施利物 史記

帝嚳高辛氏黃帝之曾孫也生而神靈自言其名普施利物不於其身聰以知遠明以察微順天之義知民之急仁而威惠而信修身而天下服

帝堯克明俊德 史記

帝堯其仁如天其知如神就之如日望之如雲克明俊德以親

10532 群書集事淵海四十七卷 明正德八年（1513）慎獨齋刻本

匡高18.3釐米，廣13釐米。半葉十二行，行二十四字，黑口，四周雙邊。有“皇明正德癸酉五月慎獨齋刊”牌記。北京大學圖書館藏。

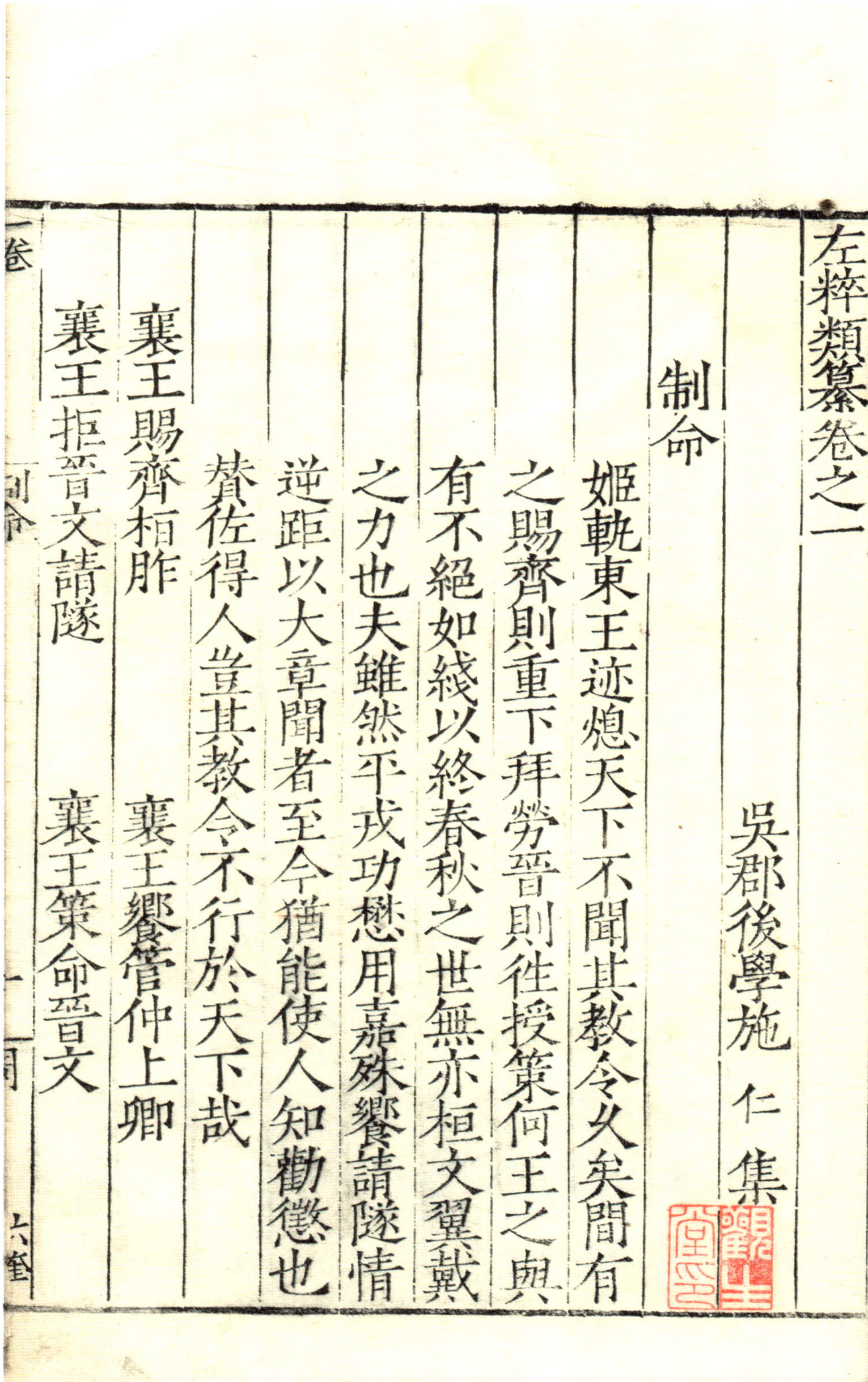
左粹類纂卷之一
吳郡後學施　仁　集
制命
姬軌東王迹熄天下不聞其教令久矣間有之賜齊則重下拜勞晉則往授策何王之典有不絕如綫以終春秋之世無亦桓文翼戴之力也夫雖然平戎功懋用嘉殊饗請隧情逆距以大章聞者至今猶能使人知勸懲也贊佐得人豈其教令不行於天下哉
襄王賜齊桓胙　襄王饗管仲上卿
襄王拒晉文請隧　襄王策命晉文

10533、10534 左粹類纂十二卷　（明）施仁輯　明嘉靖安國弘仁堂刻本

匡高19.6釐米，廣14.8釐米。半葉十一行，行二十二字，白口，左右雙邊。

北京師範大學圖書館藏；吉林大學圖書館藏，存二卷。

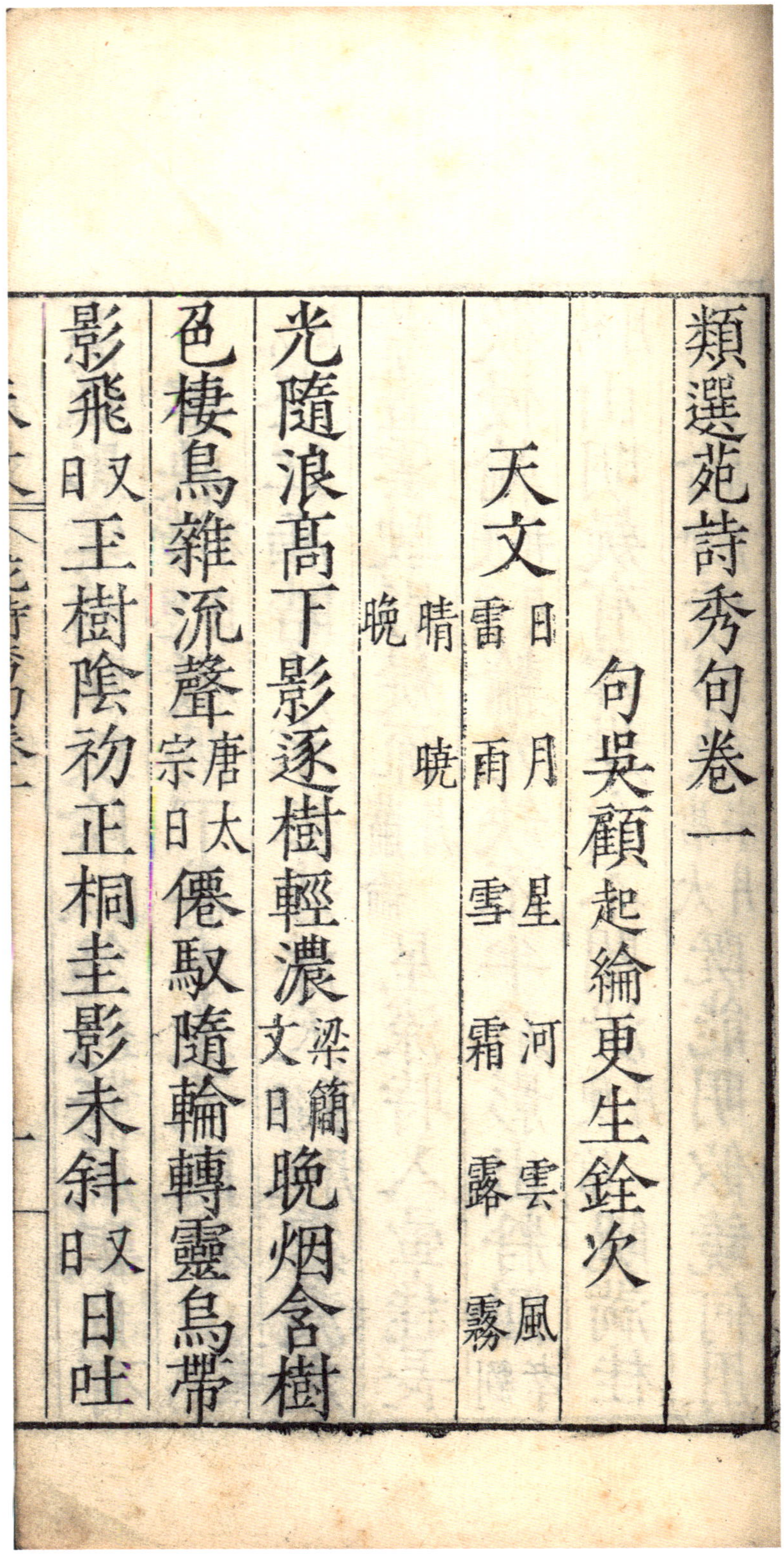

類選苑詩秀句卷一

句吳顧起綸更生銓次

天文 日 月 星 河 雲 風

雷 雨 雪 霜 露 霧

晴 曉

晚

光隨浪高下影逐樹輕濃梁簡文曰晚烟含樹

色棲鳥雜流聲唐太宗曰僊馭隨輪轉靈烏帶

影飛又曰玉樹陰初正桐圭影未斜又曰日吐

10535 類選苑詩秀句十二卷 （明）顧起綸輯 明萬曆刻本

匡高16.9釐米，廣11釐米。半葉七行，行十六字，白口，四周單邊。無錫市圖書館藏。

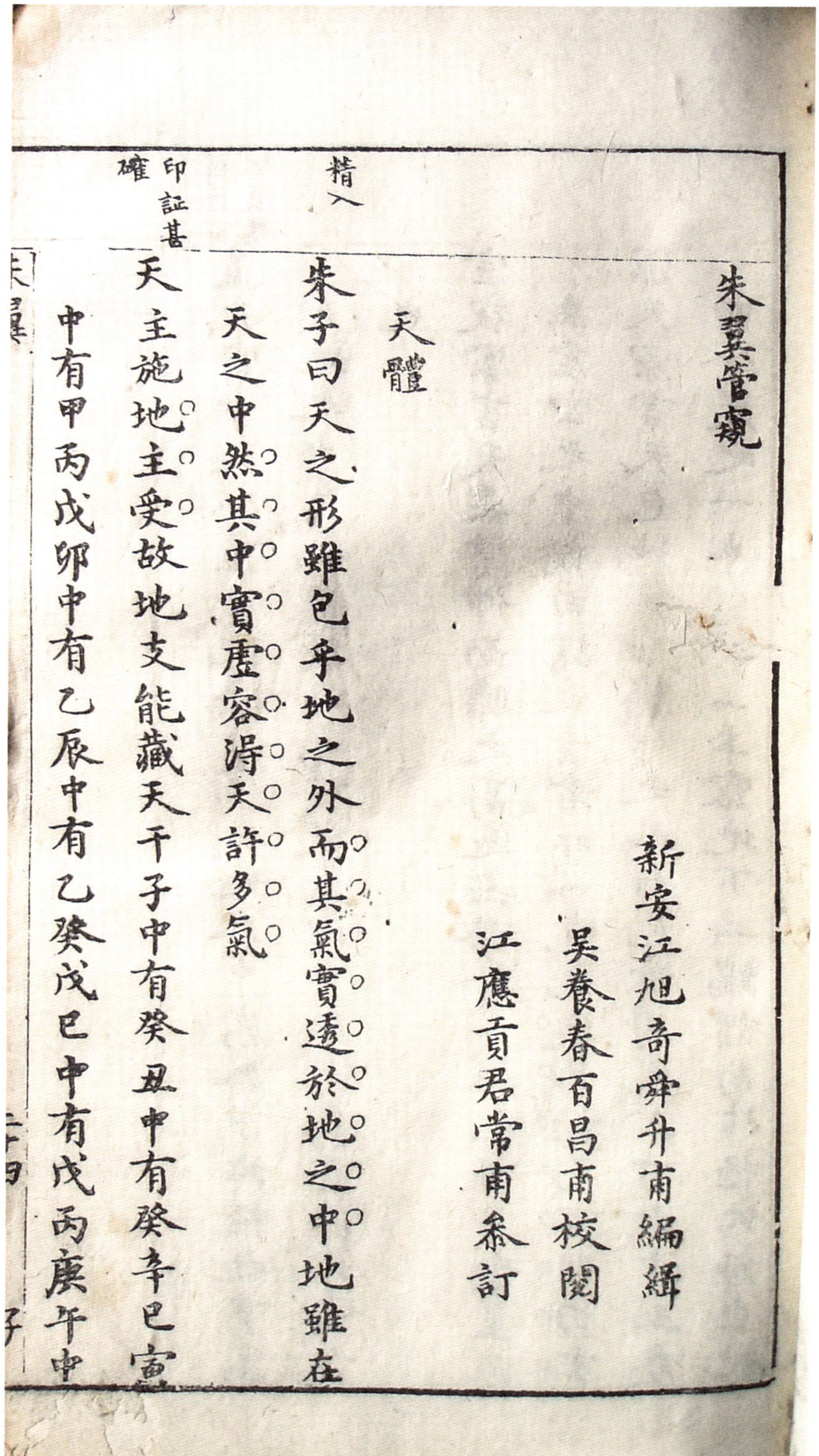

朱翼管窺

新安江旭奇舜升甫編緝

吴養春百昌甫校閲

江應貢君常甫叅訂

天體

精入

朱子曰天之形雖包乎地之外而其氣實透於地之中地雖在天之中然其中實虛容得天許多氣

印証甚確

天主施地主受故地支能藏天干子中有癸丑中有癸辛巳寅中有甲丙戊卯中有乙辰中有乙癸戊巳中有戊丙庚午中

10536 朱翼十二卷 （明）江旭奇輯 明萬曆四十四年（1616）刻本

匡高22.8釐米，廣13.9釐米。半葉九行，行二十四字，白口，四周單邊。衡陽市圖書館藏。

10537 永樂北藏六千三百六十一卷續藏四百十卷 明永樂十九年至正統五年（1421-1440）刻萬曆十二年（1584）續刻本

山西省隰縣文物旅游局藏。

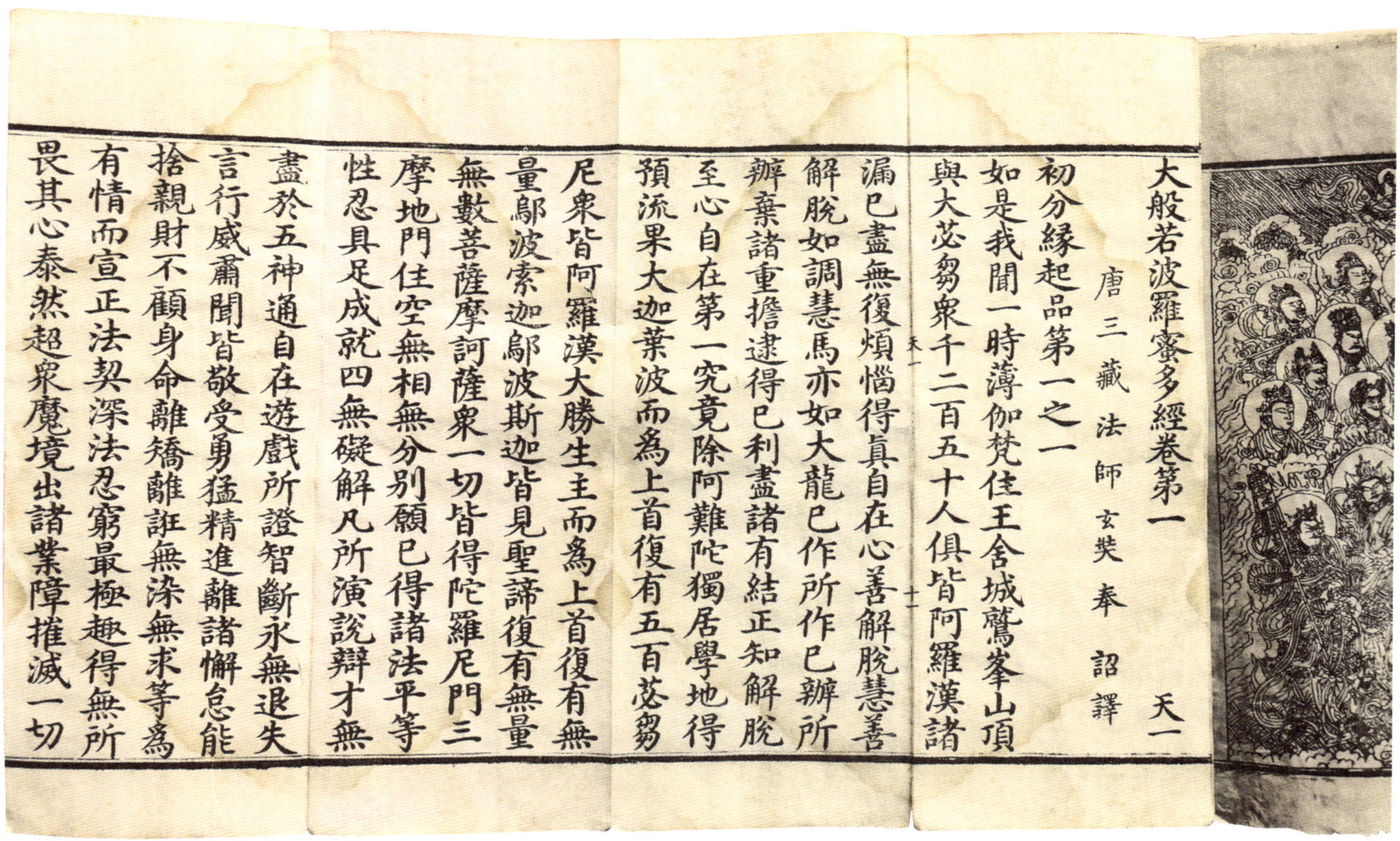
大般若波羅蜜多經卷第一　天一
唐三藏法師玄奘奉　詔譯
初分緣起品第一之一
如是我聞一時薄伽梵住王舍城鷲峯山頂
與大苾芻衆千二百五十人俱皆阿羅漢諸
漏已盡無復煩惱得真自在心善解脫慧善
解脫如調慧馬亦如大龍已作所作已辦所
辦棄諸重擔逮得己利盡諸有結正知解脫
至心自在第一究竟除阿難陀獨居學地得
預流果大迦葉波而為上首復有五百苾芻
尼衆皆阿羅漢大勝生主而為上首復有無
量鄔波索迦鄔波斯迦皆見聖諦復有無量
無數菩薩摩訶薩衆一切皆得陀羅尼門三
摩地門住空無相無分別願已得諸法平等
性忍具足成就四無礙解凡所演說辯才無
盡於五神通自在遊戲所證智斷永無退失
言行威肅聞皆敬受勇猛精進離諸懈怠能
捨親財不顧身命離矯離詐無染無求等為
有情而宣正法契深法忍窮最極趣得無所
畏其心泰然超衆魔境出諸業障摧滅一切

10537 永樂北藏六千三百六十一卷續藏四百十卷

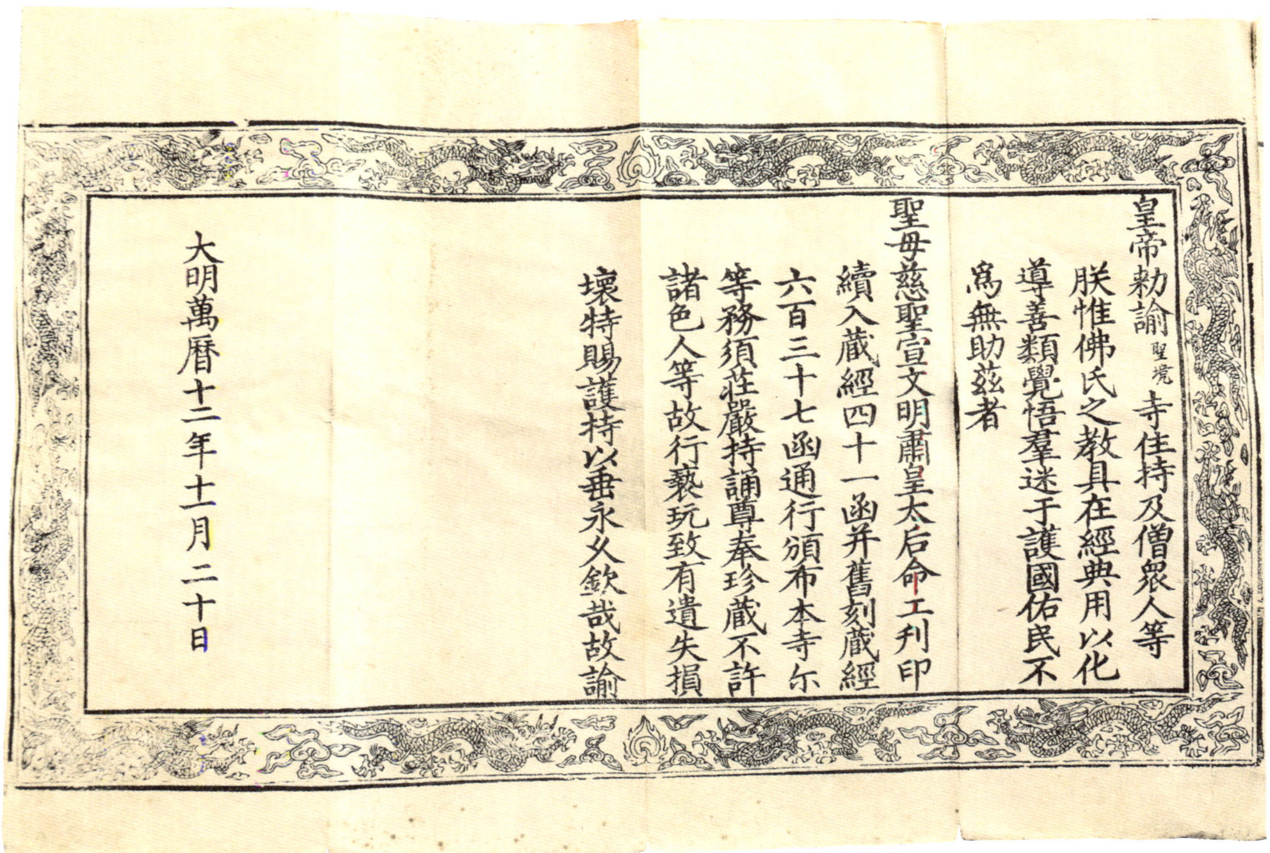
皇帝勑諭聖覺寺住持及僧衆人等
朕惟佛氏之教具在經典用以化
導善類覺悟羣迷于護國佑民不
爲無助茲者
聖母慈聖宣文明肅皇太后命工刊印
續入藏經四十一函并舊刻藏經
六百三十七函通行頒布本寺尒
等務須莊嚴持誦尊奉珍藏不許
諸色人等故行褻玩致有遺失損
壞特賜護持以垂永久欽哉故諭
大明萬曆十二年十一月二十日

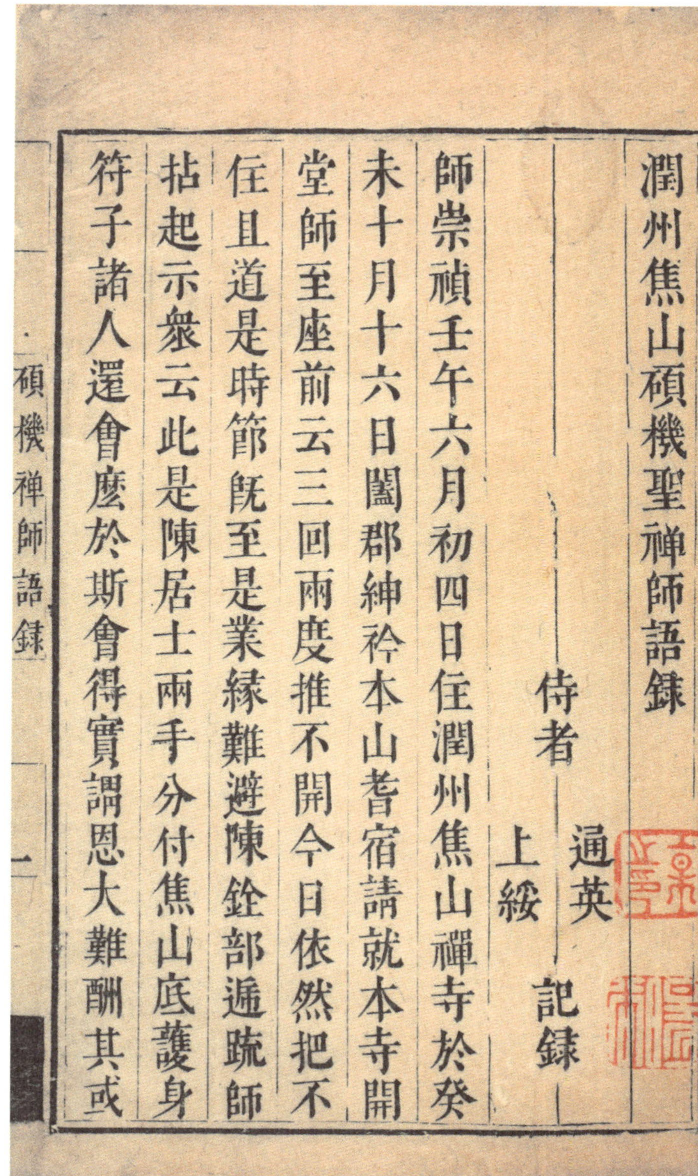
潤州焦山碩機聖禪師語錄
侍者 通英 記錄
上綬
師崇禎壬午六月初四日住潤州焦山禪寺於癸
未十月十六日闔郡紳衿本山耆宿請就本寺開
堂師至座前云三回兩度推不開今日依然把不
住且道是時節既至是業緣難避陳銓部遞疏師
拈起示衆云此是陳居士兩手分付焦山護身
符子諸人還會麼於斯會得實謂恩大難酬其或
碩機禪師語錄 一

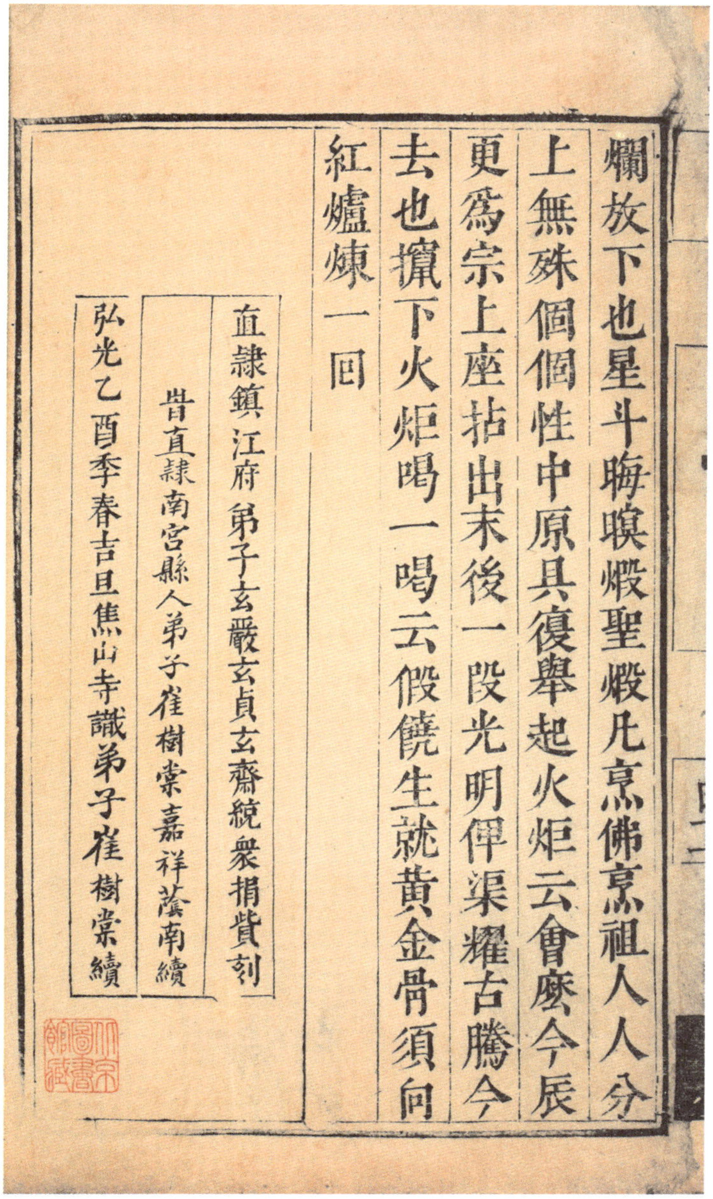
爛放下也星斗晦暝煆聖煆凡烹佛烹祖人人分
上無殊個個性中原具復舉起火炬云會麼今辰
更為宗上座拈出末後一段光明俾渠耀古騰今
去也擲下火炬喝一喝云假饒生就黃金骨須向
紅爐煉一回
直隸鎮江府弟子玄嚴玄貞玄齋統衆捐貲刻
旹直隸南宮縣人弟子崔樹棠嘉祥蔭南續
弘光乙酉季春吉旦焦山寺識弟子崔樹棠續

10538 潤州焦山碩機聖禪師語録一卷 （南明）釋通英 釋上綬輯 南明弘光元年（1645）釋玄嚴、釋玄貞等募刻本

匡高21.8釐米，廣14.9釐米。半葉九行，行十九字，白口，四周雙邊。國家圖書館藏。

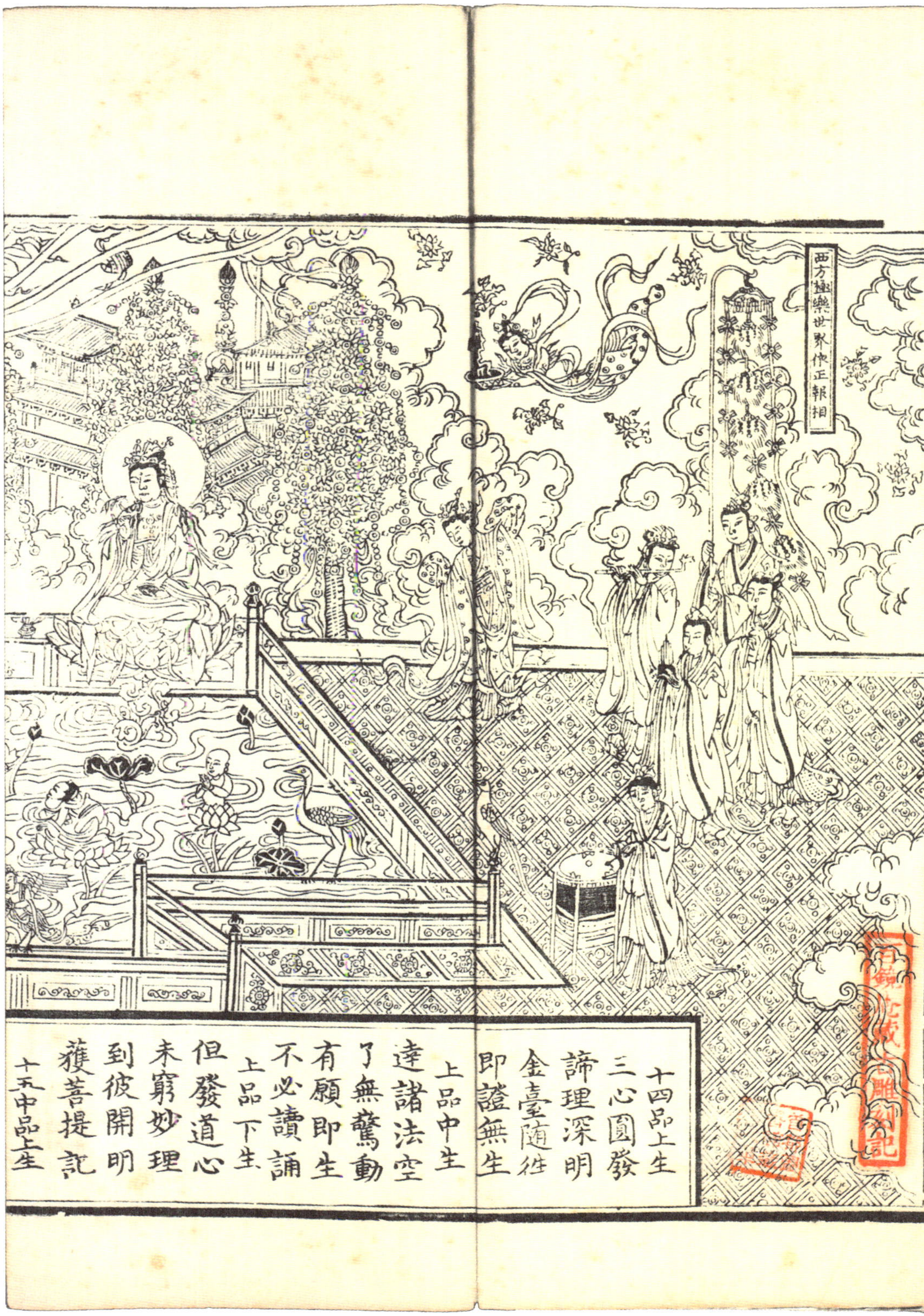

10539 彌陀往生淨土懺儀不分卷 明永樂十八年（1420）朱高熾刻本

經折裝。匡高27.2釐米，廣12.3釐米。半葉五行，行十六字，上下雙邊。有“百鏡庵藏古雕刻記”等印。首都圖書館藏。

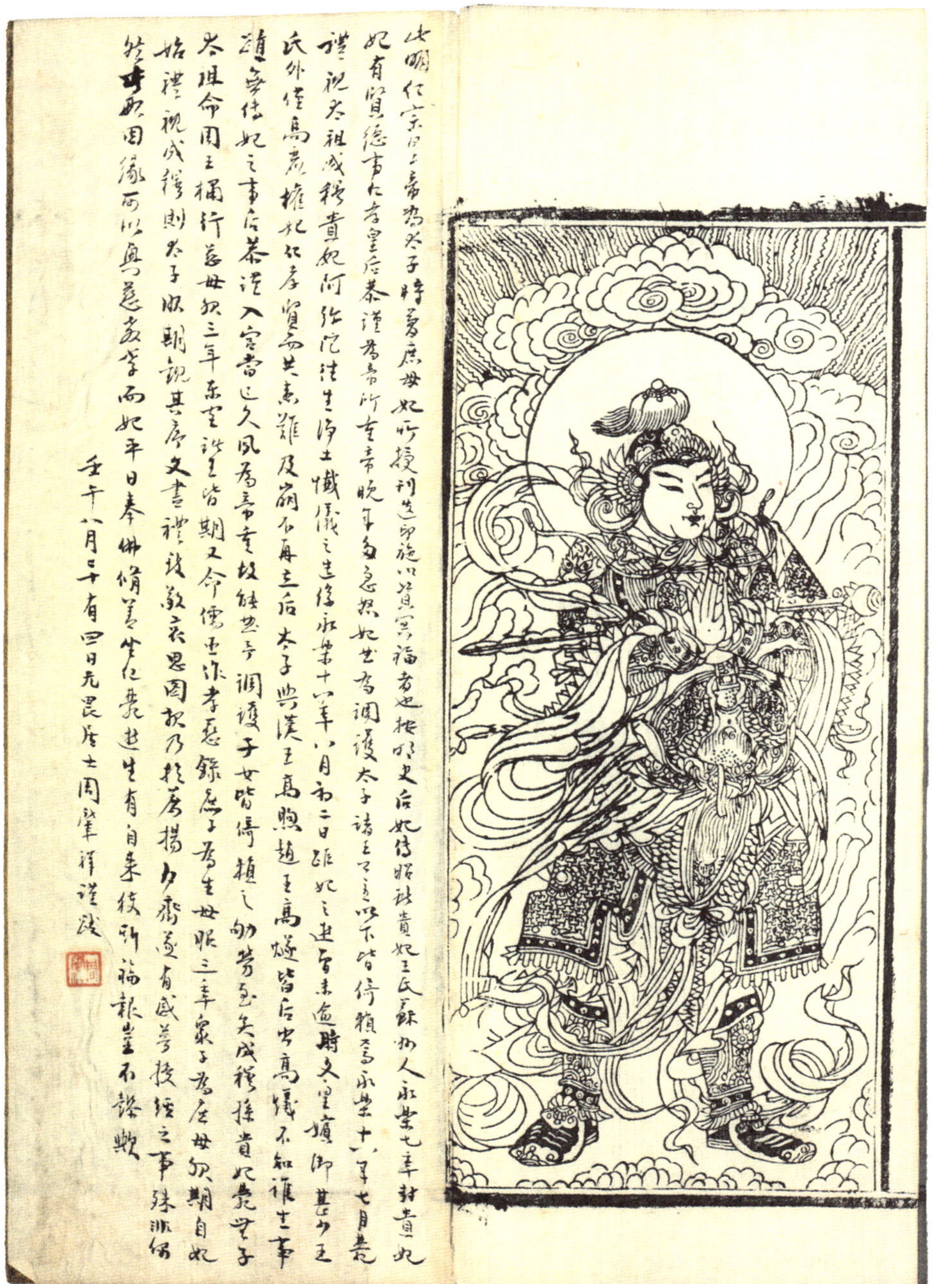

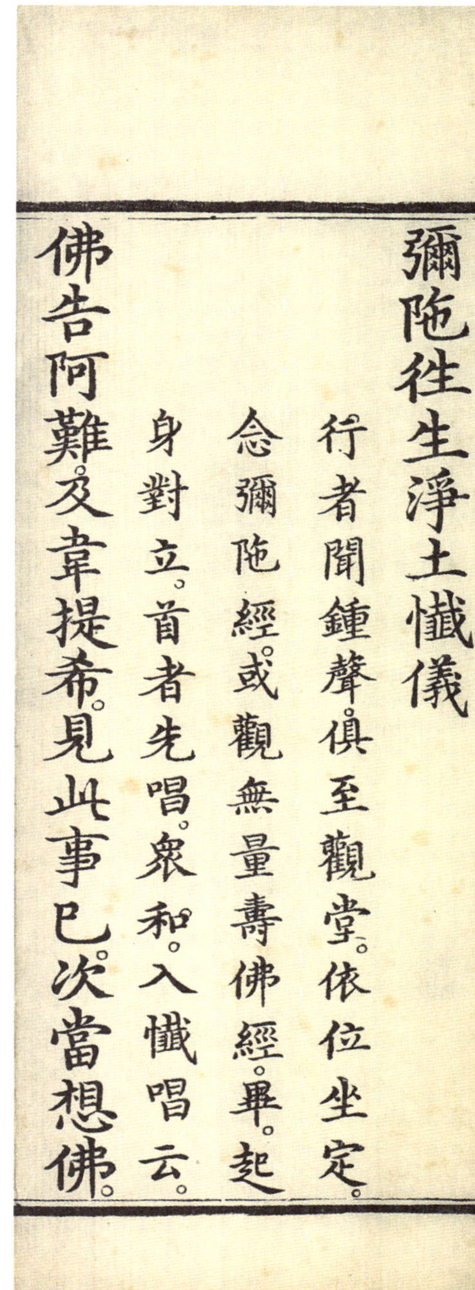

彌陀往生淨土懺儀

行者聞鐘聲。俱至觀堂。依位坐定。念彌陀經。或觀無量壽佛經。畢。起身對立。首者先唱。衆和。入懺唱云。

佛告阿難及韋提希。見此事已。次當想佛。

10539 彌陀往生淨土懺儀不分卷

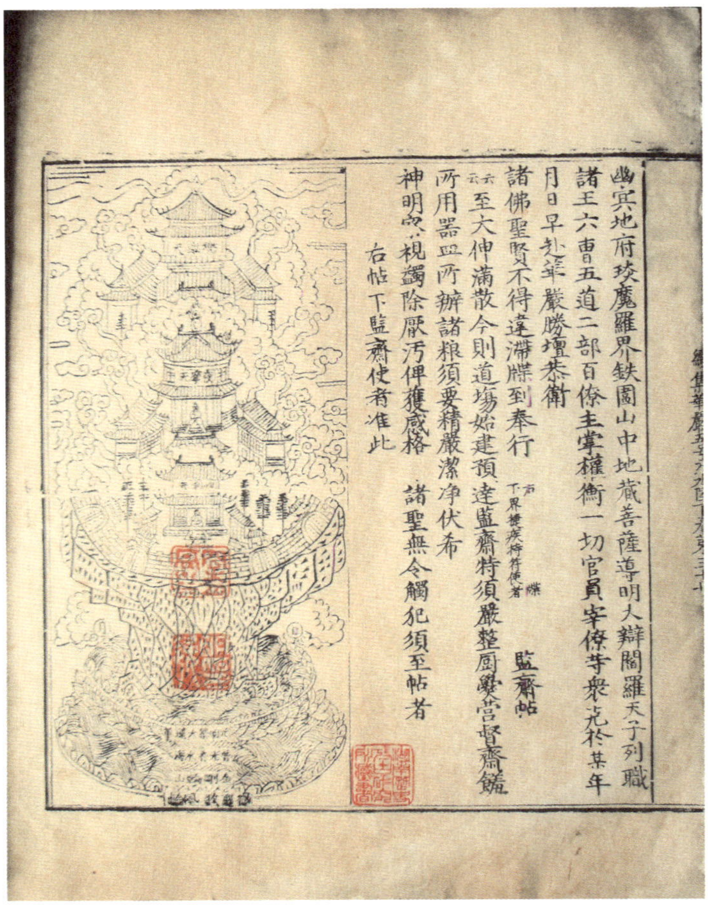
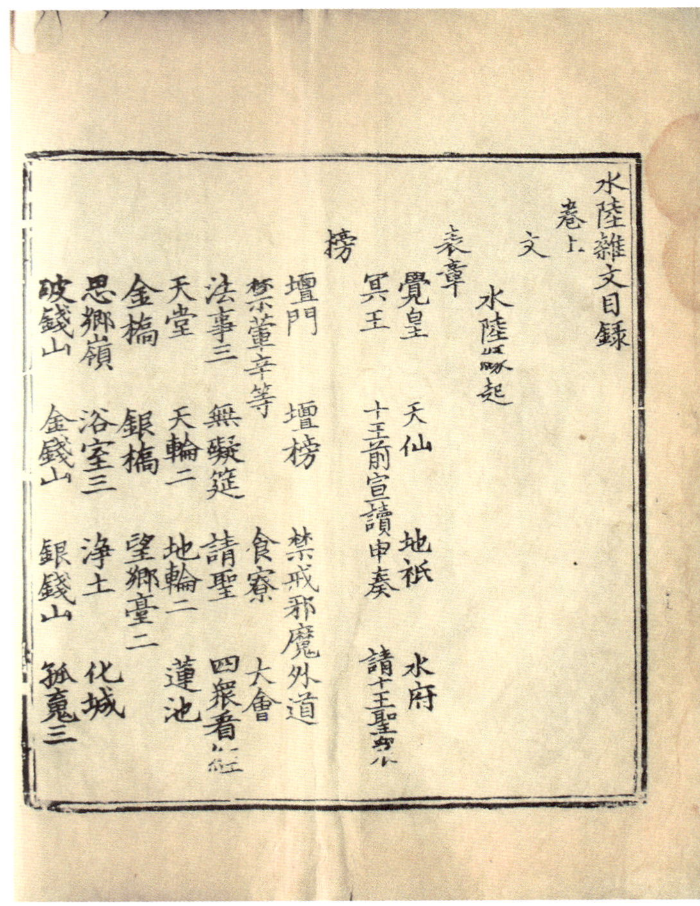

10540 天地冥陽水陸雜文二卷壇場式一卷 （宋）楊諤撰　宗賾編　明初刻本

匡高26.4釐米，廣24.5釐米。半葉十五行，行二十二字，白口，四周雙邊。有“圓璧”、“曹洞正宗”、“松窗月同印”、“明逸印”等印。湖南省社會科學院圖書館藏。

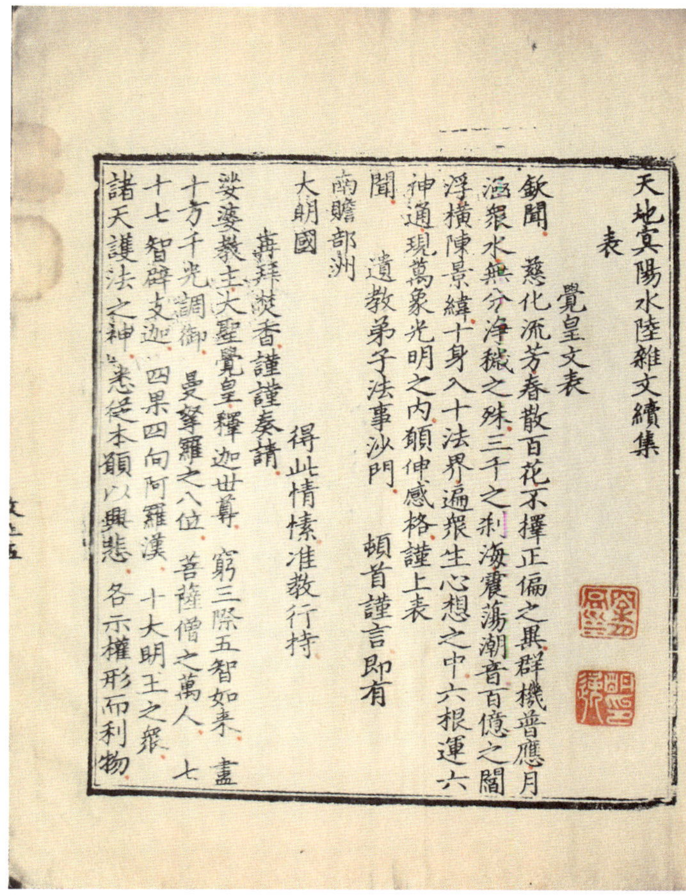
天地冥陽水陸雜文續集
表
覺皇文表
欽聞　慈化流芳春散百花不擇正偏之異群機普應月
涵衆水無分淨穢之殊三千之刹海震蕩潮音百億之閻
浮橫陳景緯十身入十法界遍衆生心想之中六根運六
神通現萬象光明之内頓伸感格謹上表
聞
遺教弟子法事沙門　　頓首謹言即有
南贍部洲
大明國
得此情悰准教行持
再拜焚香謹謹奏請
娑婆教主大聖覺皇釋迦世尊　窮三際五智如來　盡
十方千光調御　曼拏羅之八位　菩薩僧之萬人　七
十七智辟支迦　四果四向阿羅漢　十大明王之衆
諸天護法之神　悉從本願以興悲　各示權形而利物

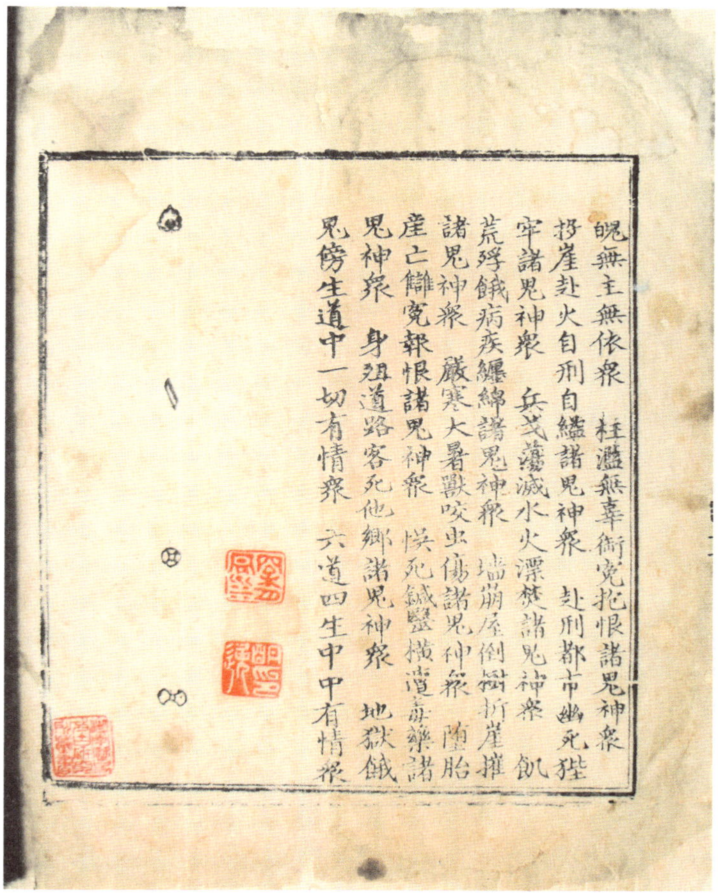
魄無主無依衆　枉濫無辜銜冤抱恨諸鬼神衆
投崖赴火自刑自縊諸鬼神衆　赴刑都市幽死狴
牢諸鬼神衆　兵戈蕩滅水火漂焚諸鬼神衆　飢
荒殍餓病疾纏綿諸鬼神衆　墻崩屋倒樹折崖摧
諸鬼神衆　嚴寒大暑獸咬虫傷諸鬼神衆　墮胎
産亡讎冤報恨諸鬼神衆　悮死鍼醫橫遭毒藥諸
鬼神衆　身殂道路客死他鄉諸鬼神衆　地獄餓
鬼傍生道中一切有情衆　六道四生中中有情衆

10540 天地冥陽水陸雜文二卷壇場式一卷

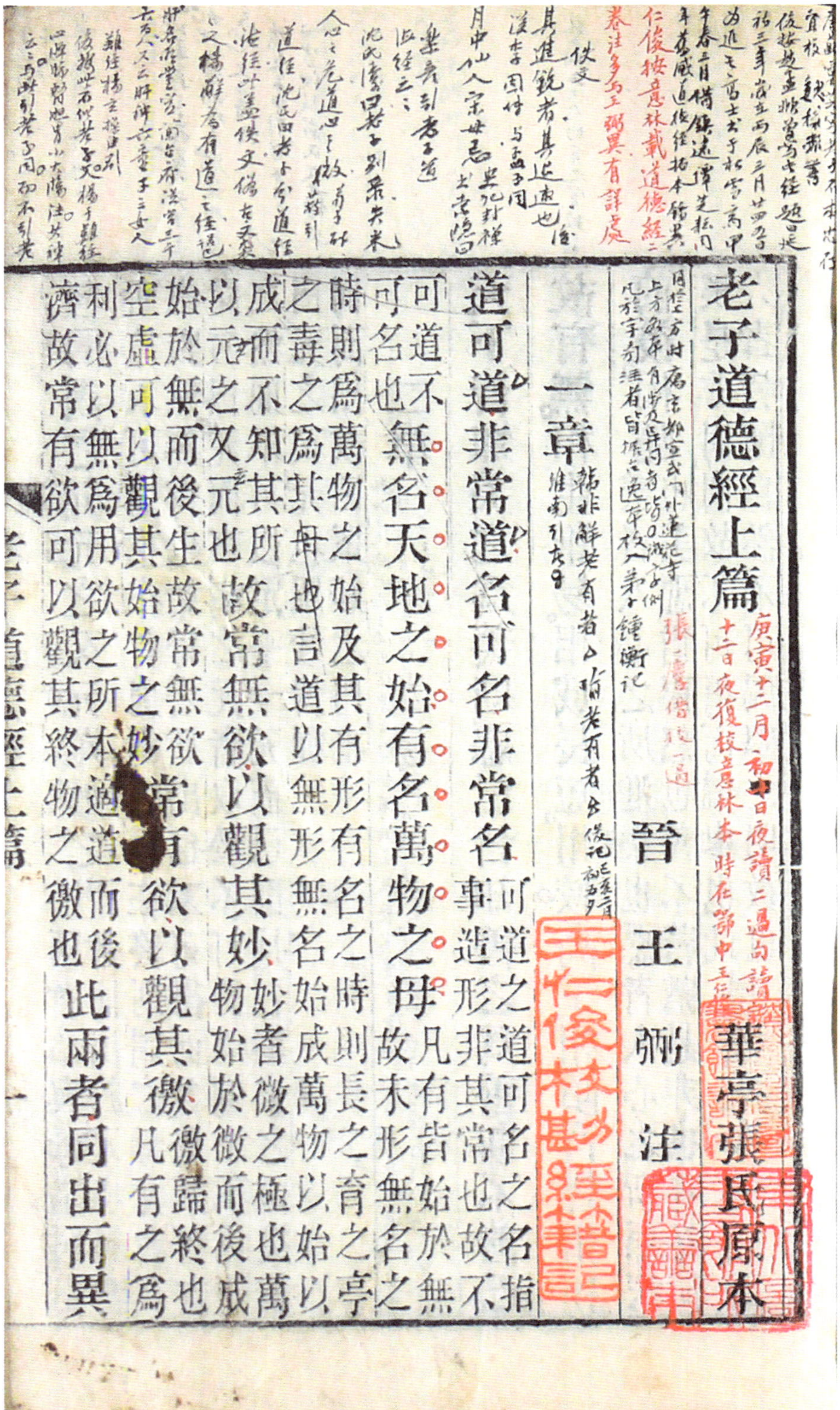

老子道德經上篇

華亭張氏原本

晉 王弼 注

一章

道可道非常道名可名非常名可道之道可名之名指事造形非其常也故不可道不可名也

無名天地之始有名萬物之母凡有皆始於無故未形無名之時則為萬物之始及其有形有名之時則長之育之亭之毒之為其母也言道以無形無名始成萬物以始以成而不知其所以玄之又玄也

故常無欲以觀其妙妙者微之極也萬物始於微而後成始於無而後生故常無欲空虛可以觀其始物之妙

常有欲以觀其徼徼歸終也凡有之為利必以無為用欲之所本適道而後濟故常有欲可以觀其終物之徼也

此兩者同出而異

10541 老子道德經二卷 （三國魏）王弼注　**音義一卷** （唐）陸德明撰

清光緒元年（1875）浙江書局刻二十二子本

匡高18.1釐米，廣13.2釐米。半葉九行，行二十一字，小字雙行同，白口，左右雙邊。有“王仁俊校勘經籍記”等印。王仁俊校並跋。遼寧省圖書館藏。

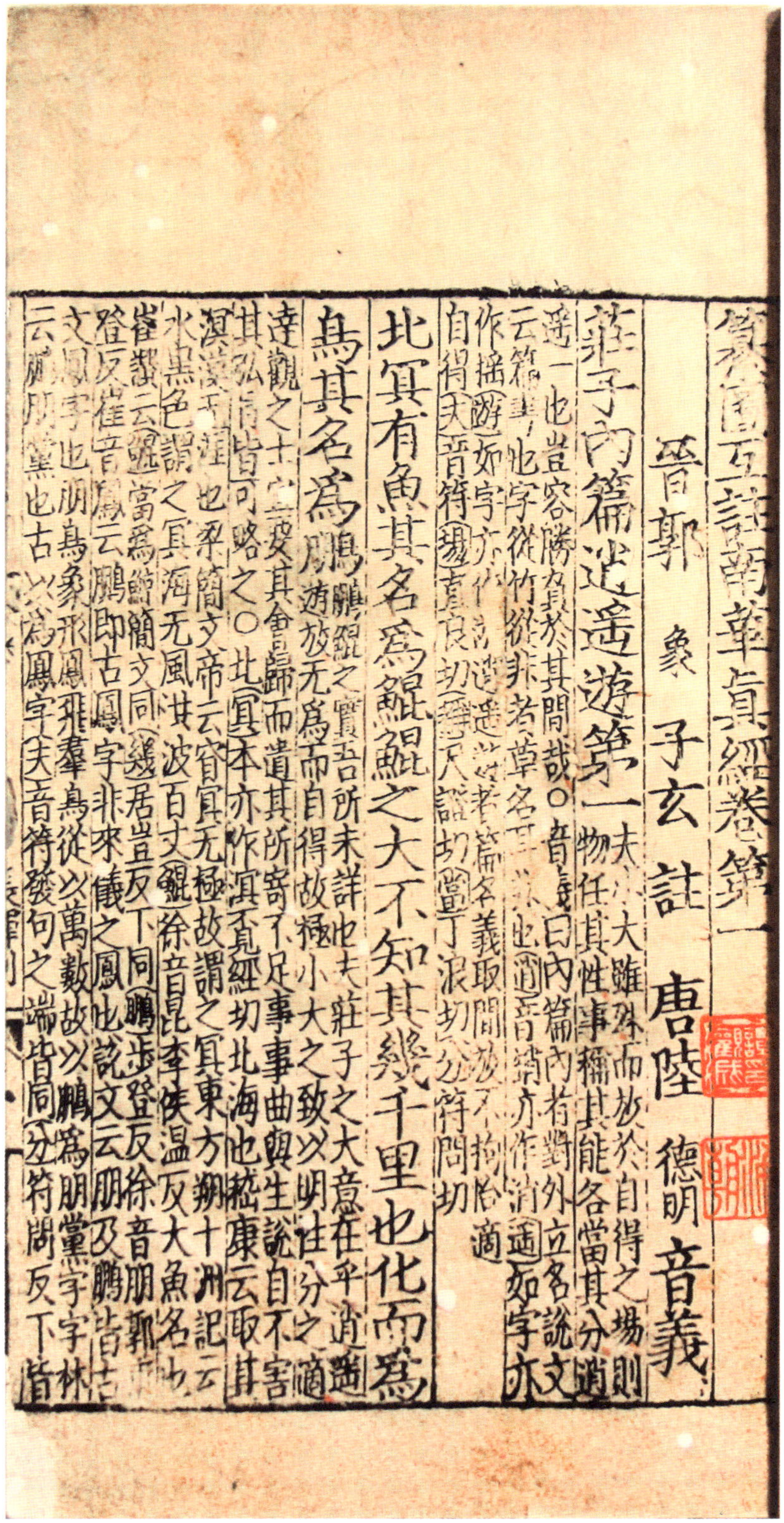
纂圖互註南華真經卷第一
晉郭象子玄註　唐陸德明音義
莊子內篇逍遙遊第一
北冥有魚其名為鯤鯤之大不知其幾千里也化而為鳥其名為鵬

10542 纂圖互註南華真經十卷　（晉）郭象註　（唐）陸德明音義　明初刻本

匡高17.8釐米，廣12.1釐米。半葉十一行，行二十一字，小字雙行二十五字，黑口，左右雙邊。有“太上皇帝之寶”、“八徵耄念之寶”、“五福五代堂寶”、“乾隆御覽之寶”、“天禄繼鑑”、“海朝”、“譚印觀成”等印。廣東省博物館藏。

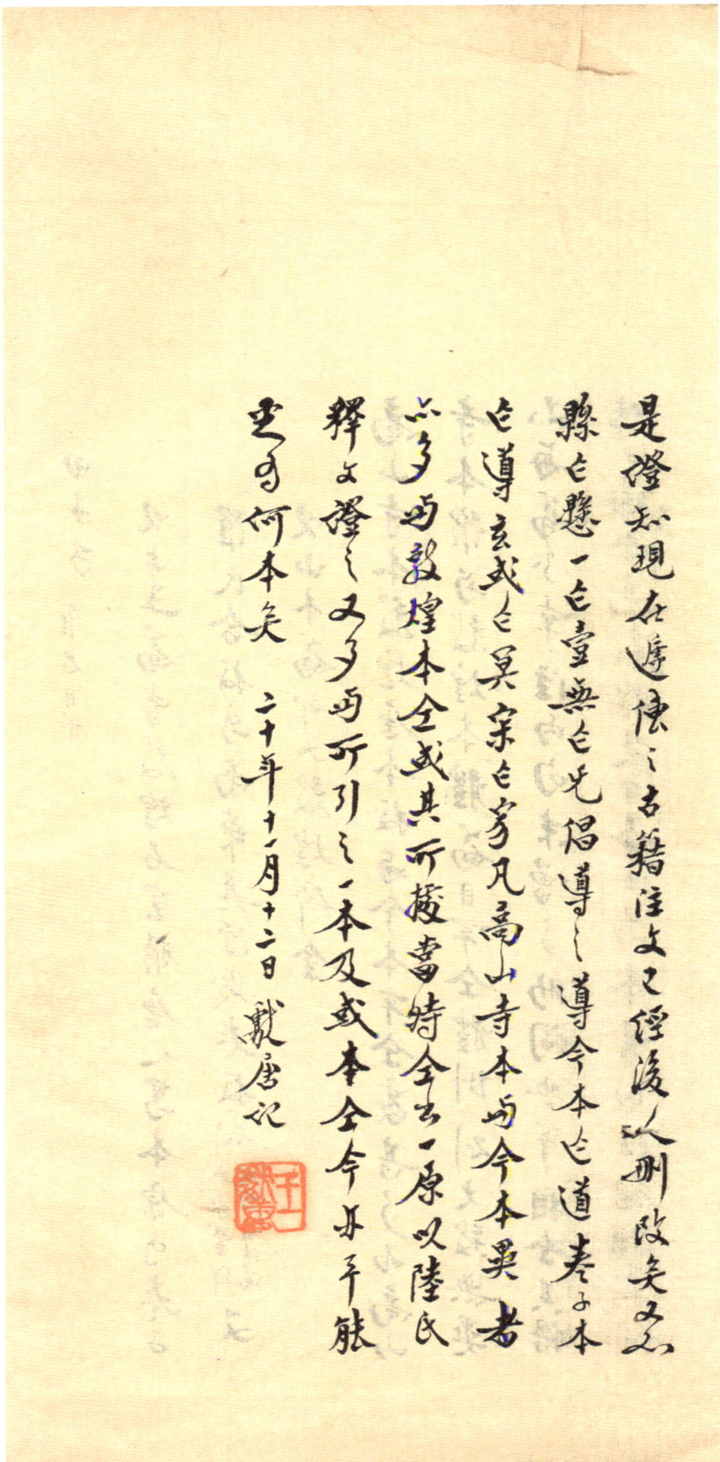

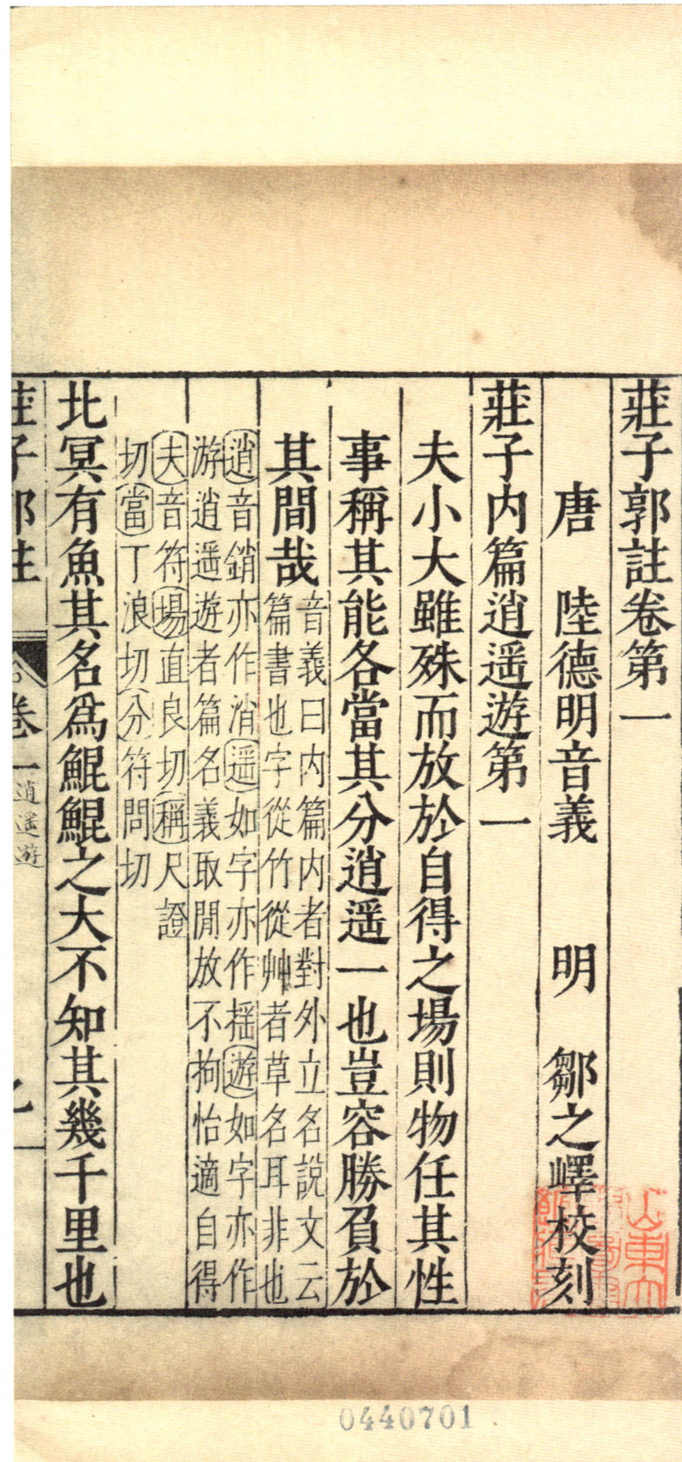

莊子郭註卷第一

唐　陸德明音義　明　鄒之嶧校刻

莊子內篇逍遙遊第一

夫小大雖殊而放於自得之場則物任其性事稱其能各當其分逍遙一也豈容勝負於其間哉 音義曰內篇內者對外立名說文云篇書也字從竹從艸者草名耳非也 逍音銷亦作消遙如字亦作搖遊如字亦作游逍遙遊者篇名義取閒放不拘怡適自得 夫音符場直良切稱尺證切當丁浪切分符問切

北冥有魚其名爲鯤鯤之大不知其幾千里也

莊子郭註　卷一　逍遙遊

10543 莊子郭註十卷 （晉）郭象撰　（唐）陸德明音義　明萬曆三十三年（1605）鄒之嶧刻本

匡高23釐米，廣13.9釐米。半葉九行，行十八字，小字雙行同，白口，四周單邊。有"王獻唐"、"雙行精舍"等印。王獻唐校並跋。山東大學圖書館藏。

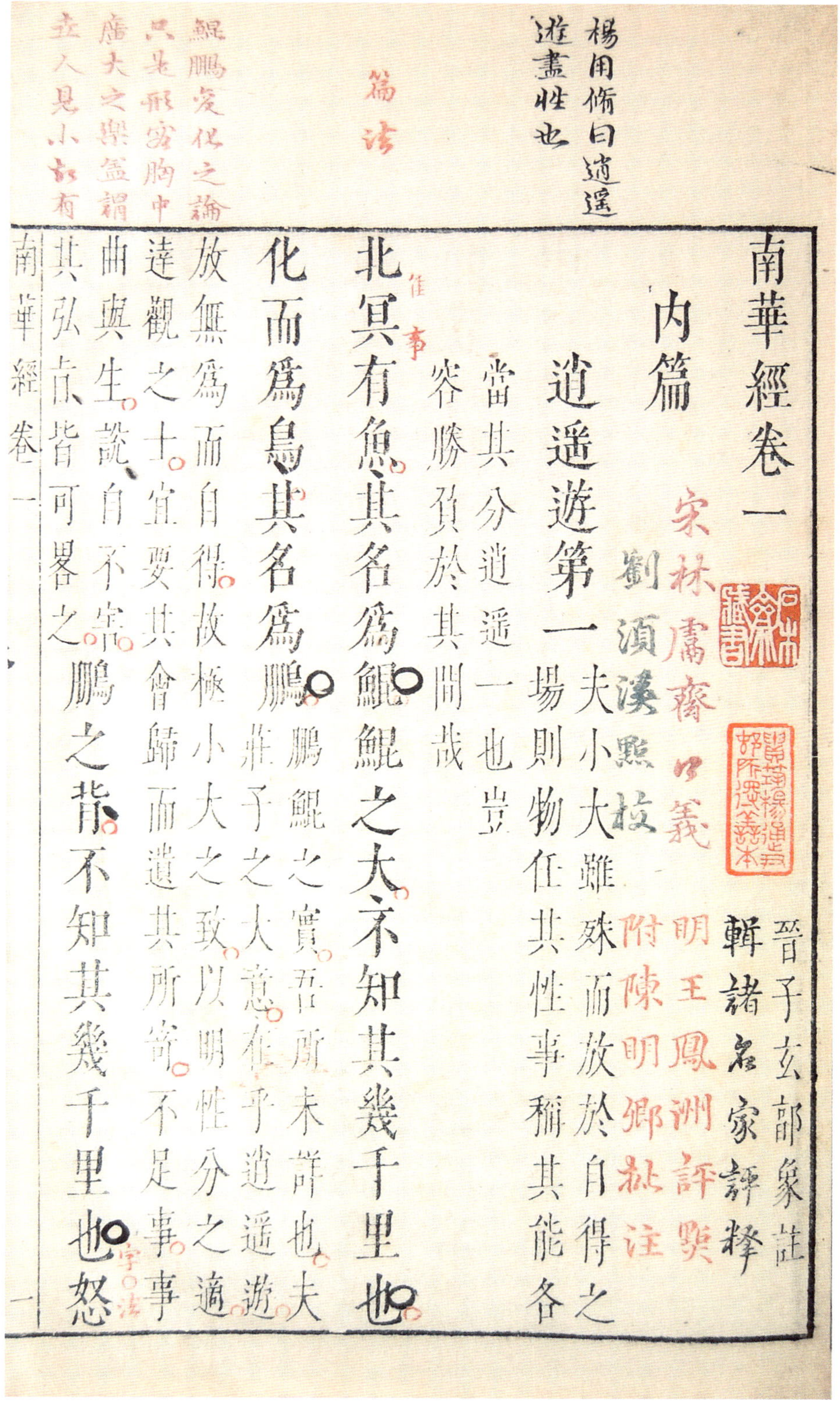
楊用脩曰逍遥遊盡性也

南華經卷一　　晉子玄郭象註
輯諸名家評釋
宋林鬳齋口義　明王鳳洲評點
劉須溪點校　附陳明卿批注
內篇
逍遥遊第一　夫小大雖殊而放於自得之場則物任其性事稱其能各當其分逍遥一也豈容勝負於其間哉
北冥有魚其名爲鯤鯤之大不知其幾千里也化而爲鳥其名爲鵬　鵬鯤之實吾所未詳也夫莊子之大意在乎逍遥遊放無爲而自得故極小大之致以明性分之適達觀之士宜要其會歸而遺其所寄不足事事曲與生説自不害其弘旨皆可略之　鵬之背不知其幾千里也怒
南華經卷一　　一

10544 南華經十六卷　（晉）郭象註　（宋）林希逸口義　（宋）劉辰翁點校　（明）王世貞評點　（明）陳仁錫批注　明刻四色套印本

匡高20.4釐米，廣14.7釐米。半葉八行，行十八字，白口，四周單邊。有“莫棠字楚生印”、“貴筑楊通尹邨所得善本”等印。中國書店藏。

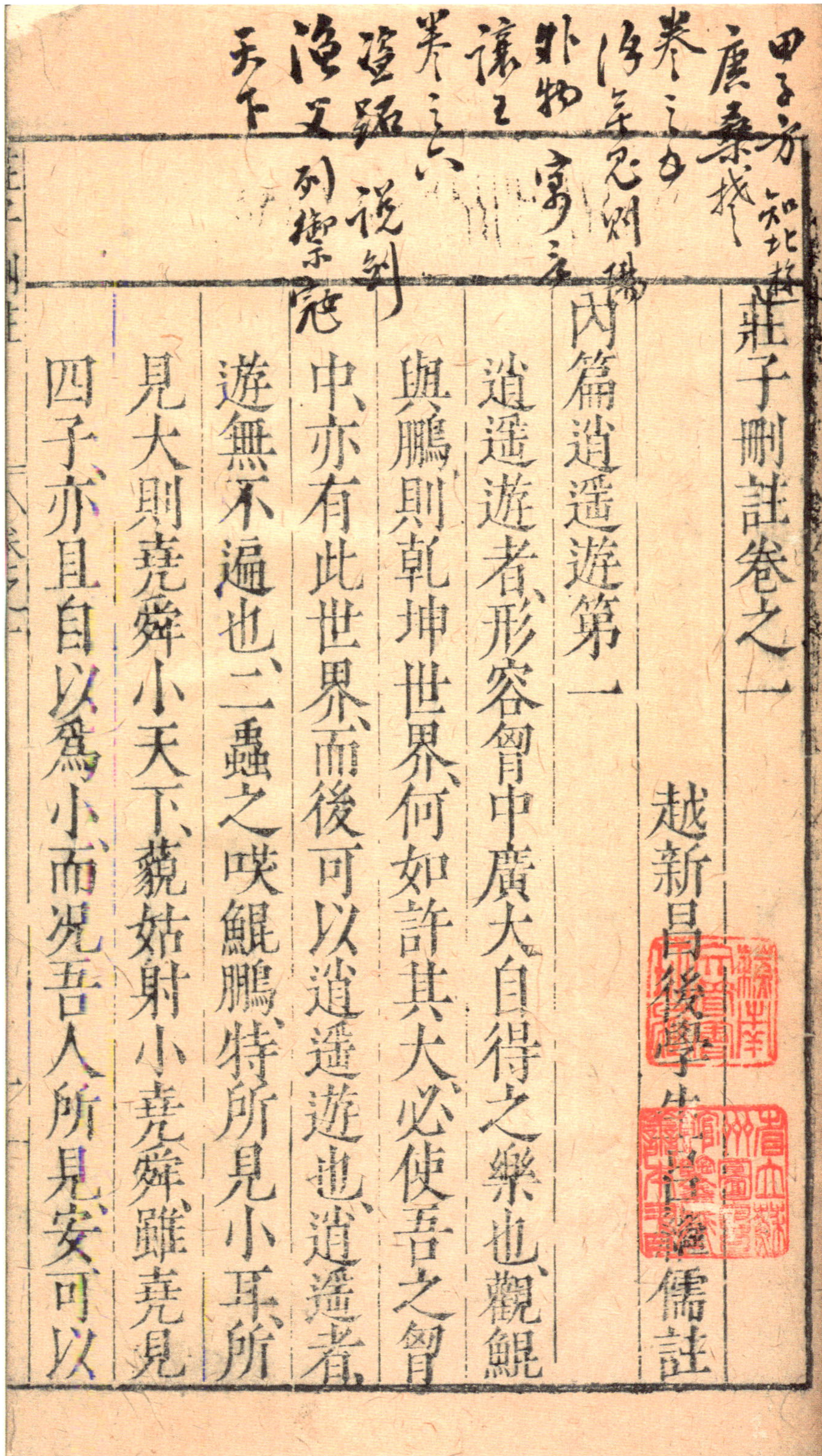

10545 莊子删註六卷 （明）呂繼儒撰 明萬曆刻本

匡高22.1釐米，廣13.9釐米。半葉九行，行十八字，白口，四周單邊。有“沈韻齋藏書記”等印。蘇州圖書館藏。

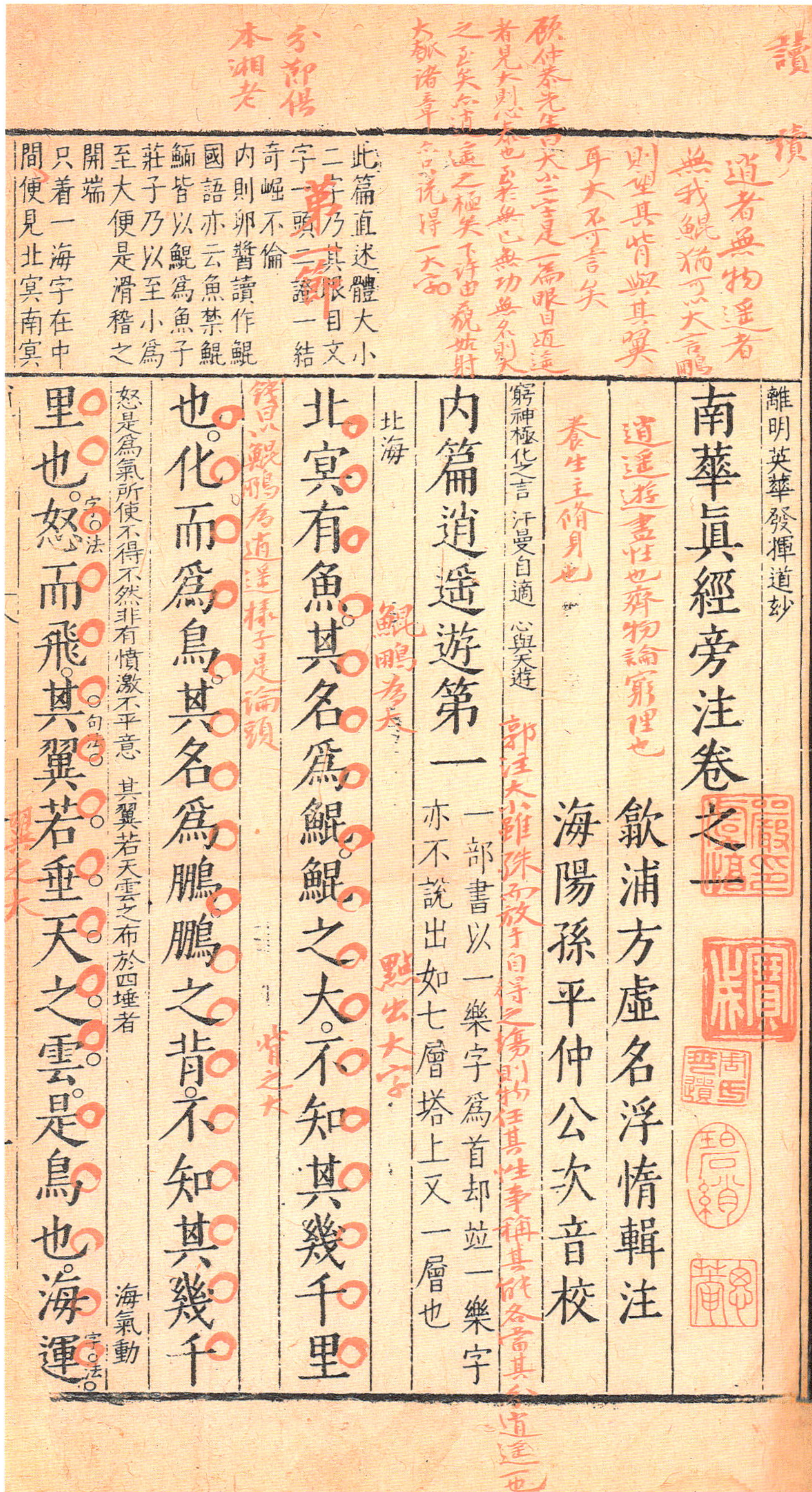
此篇直述體大小二字乃其眼目文字一頭二證一結奇崛不倫 内則卵醬讀作鯤國語亦云魚禁鯤鮞皆以鯤爲魚子莊子乃以至小爲至大便是滑稽之開端 只着一海字在中間便見北冥南冥

離明英華發揮道妙

南華眞經旁注卷之一

歙浦方虛名輯注

海陽孫平仲公次音校

内篇逍遥遊第一 窮神極化之言 汗曼自適 心與天遊 一部書以一樂字爲首却竝一樂字亦不説出如七層塔上又一層也

北海

北冥有魚其名爲鯤鯤之大不知其幾千里也化而爲鳥其名爲鵬鵬之背不知其幾千里也怒而飛（字法）其翼（句法）若垂天之雲（怒是爲氣所使不得不然非有憤激不平意 其翼若天雲之布於四埵者）是鳥也海運（海氣動 字法）

10546 南華真經旁注五卷 （明）方虛名撰 明萬曆二十二年（1594）刻本（有抄配）

匡高24釐米，廣15釐米。半葉六行，行十七字，白口，左右雙邊。有“嚴印虞惇”、“寶成”等印。嚴虞惇批並跋。上海社會科學院圖書館藏。

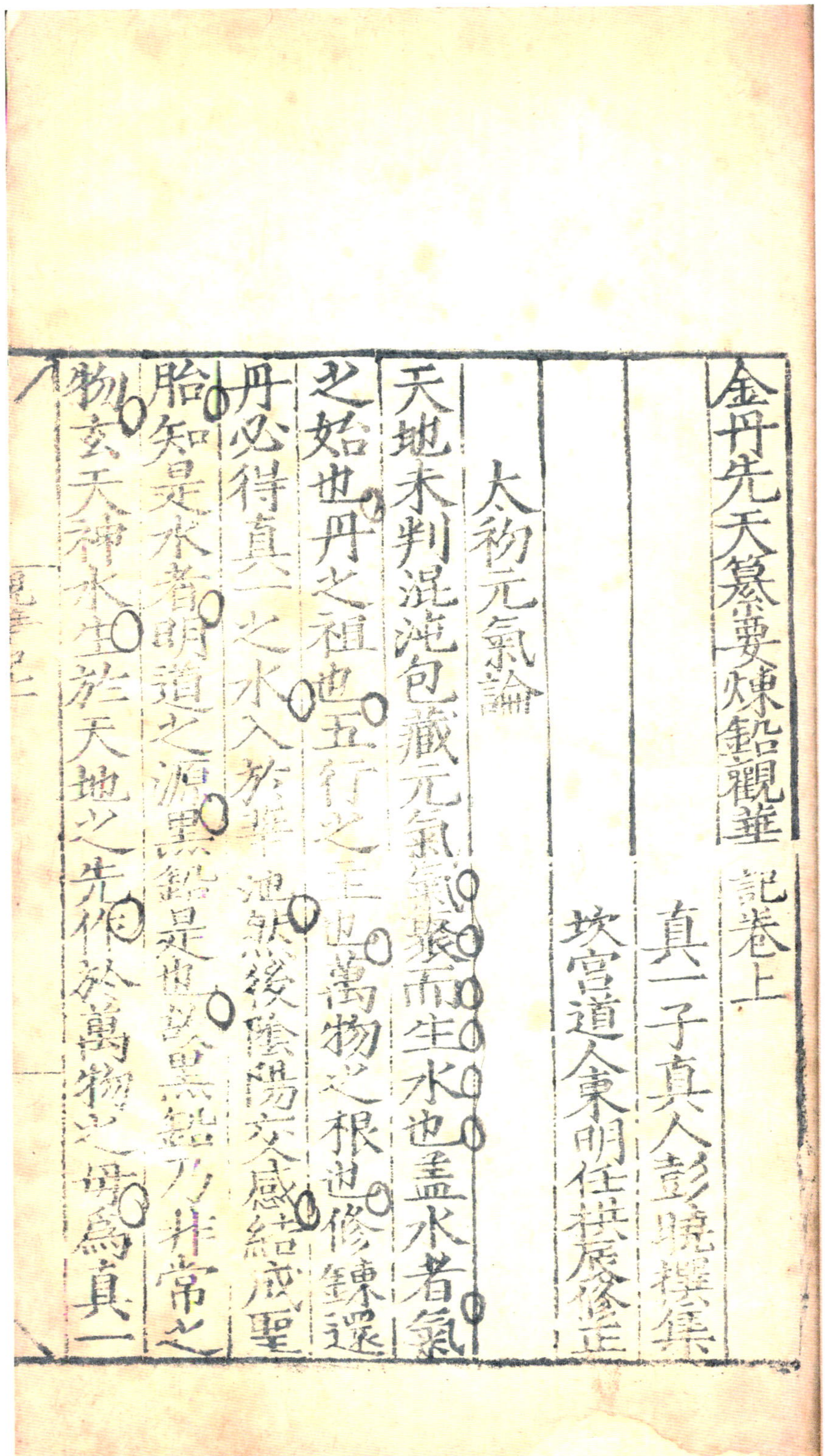
金丹先天纂要煉鉛觀華記卷上
真一子真人彭曉撰集
坎宮道人秉明任拱辰修正
太初元氣論
天地未判混沌包藏元氣氣發而生水也盖水者氣之始也丹之祖也五行之主也萬物之根也修鍊還丹必得真一之水入於華池然後陰陽交感結成聖胎知是水者明道之源黑鉛是也黑鉛乃非常之物玄天神水生於天地之先化於萬物之母為真一

10547 金丹先天纂要八卷 （明）任拱辰編 明嘉靖二十八年（1549）自刻本

匡高17.3釐米，廣13.3釐米。半葉九行，行二十字，白口，四周單邊。北京大學圖書館藏。

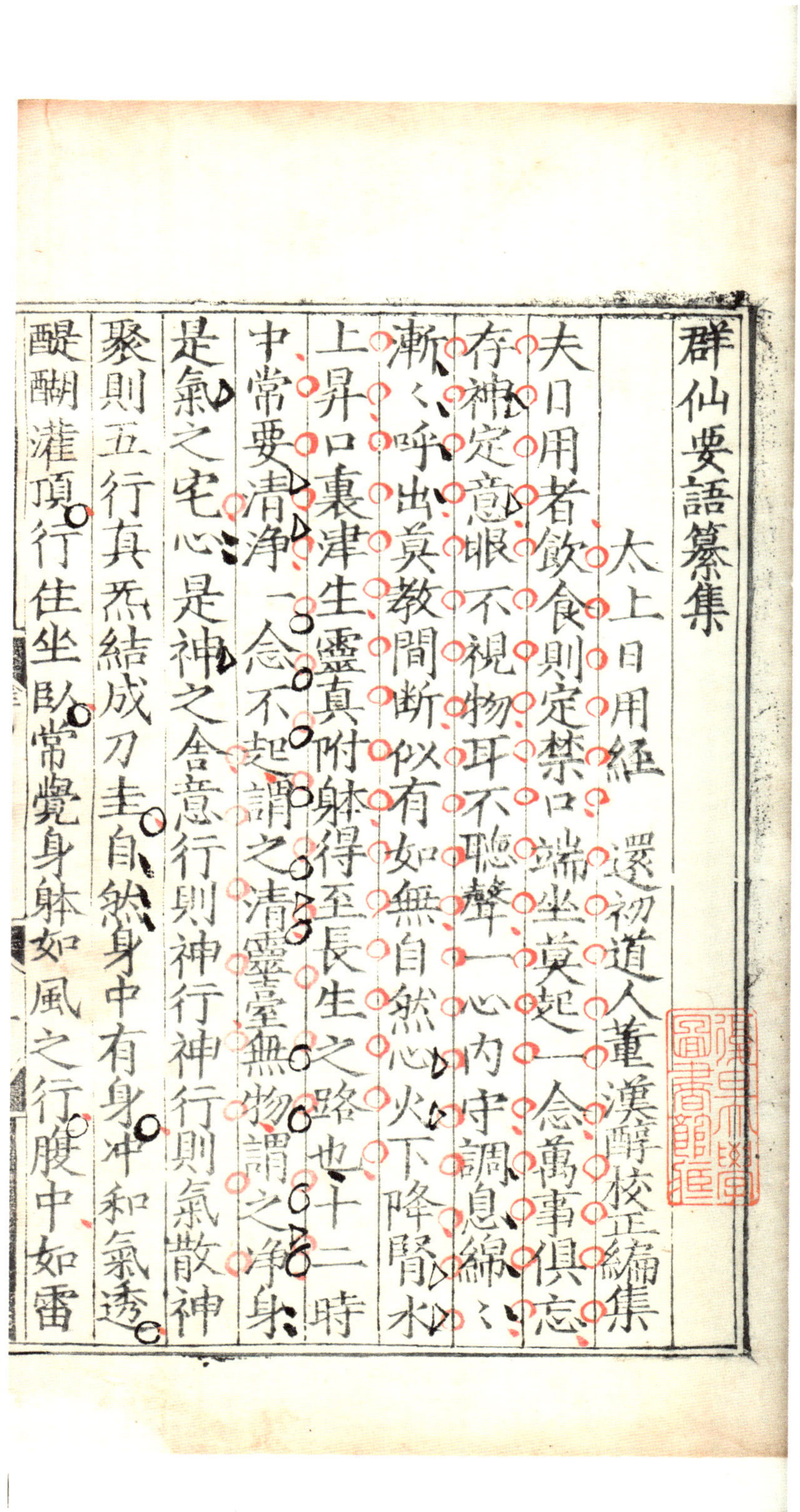

10548 群仙要語纂集一卷 （元）董漢醇輯 明刻本

匡高18.9釐米，廣12.7釐米。半葉十行，行二十字，黑口，四周雙邊。復旦大學圖書館藏。

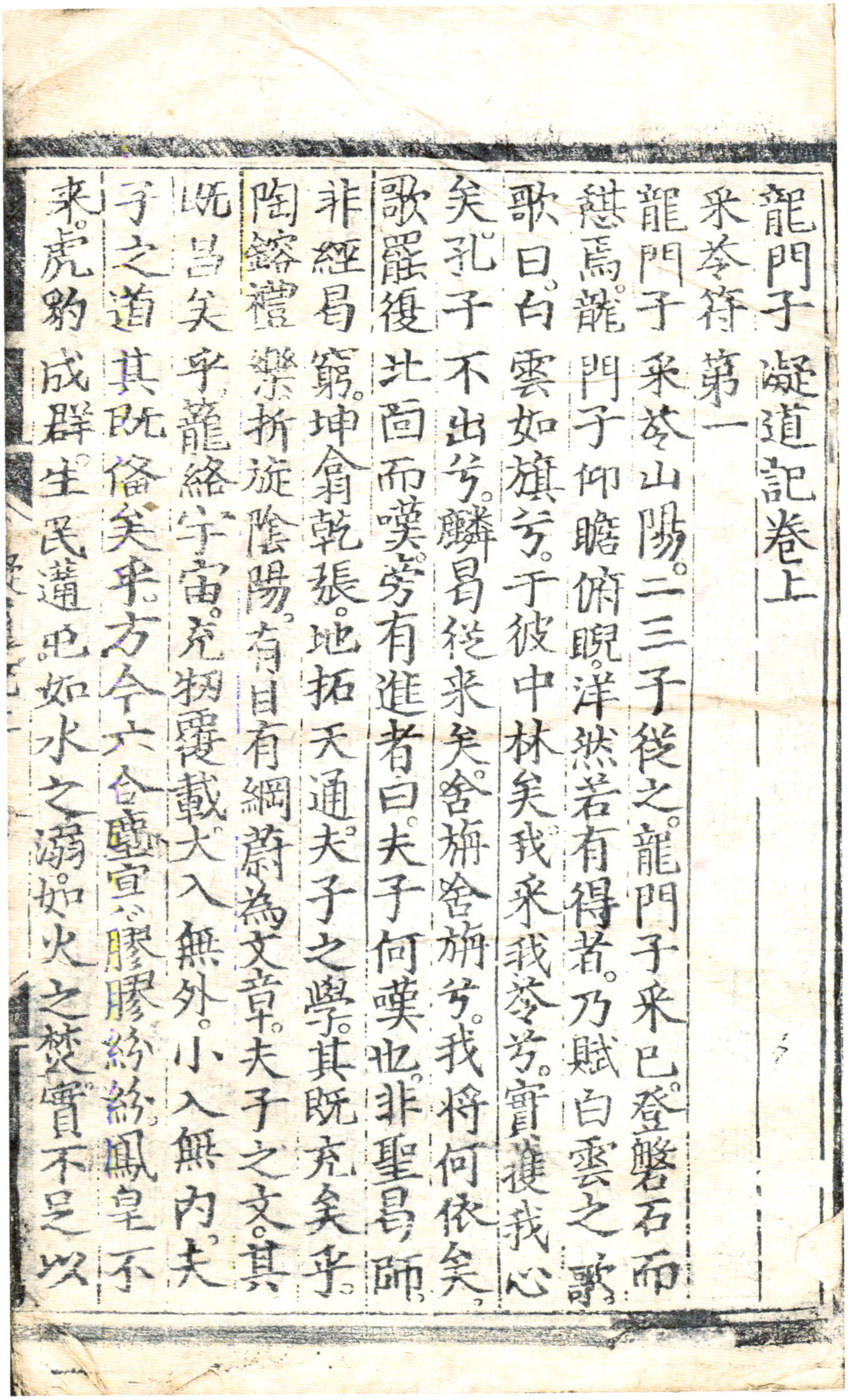

10549 龍門子凝道記三卷 （明）宋濂撰 明正德三年（1508）刻本

匡高20.4釐米，廣14.4釐米。半葉十二行，行二十一字，黑口，四周雙邊。北京大學圖書館藏。

10550 賜號太和先生圖相贊不分卷 （明）顧鼎臣撰 明嘉靖刻本

經折裝。匡高53釐米，廣45.8釐米。半葉八行，行十五字。國家圖書館藏。

欽遣使臣齎
勑徵聘相

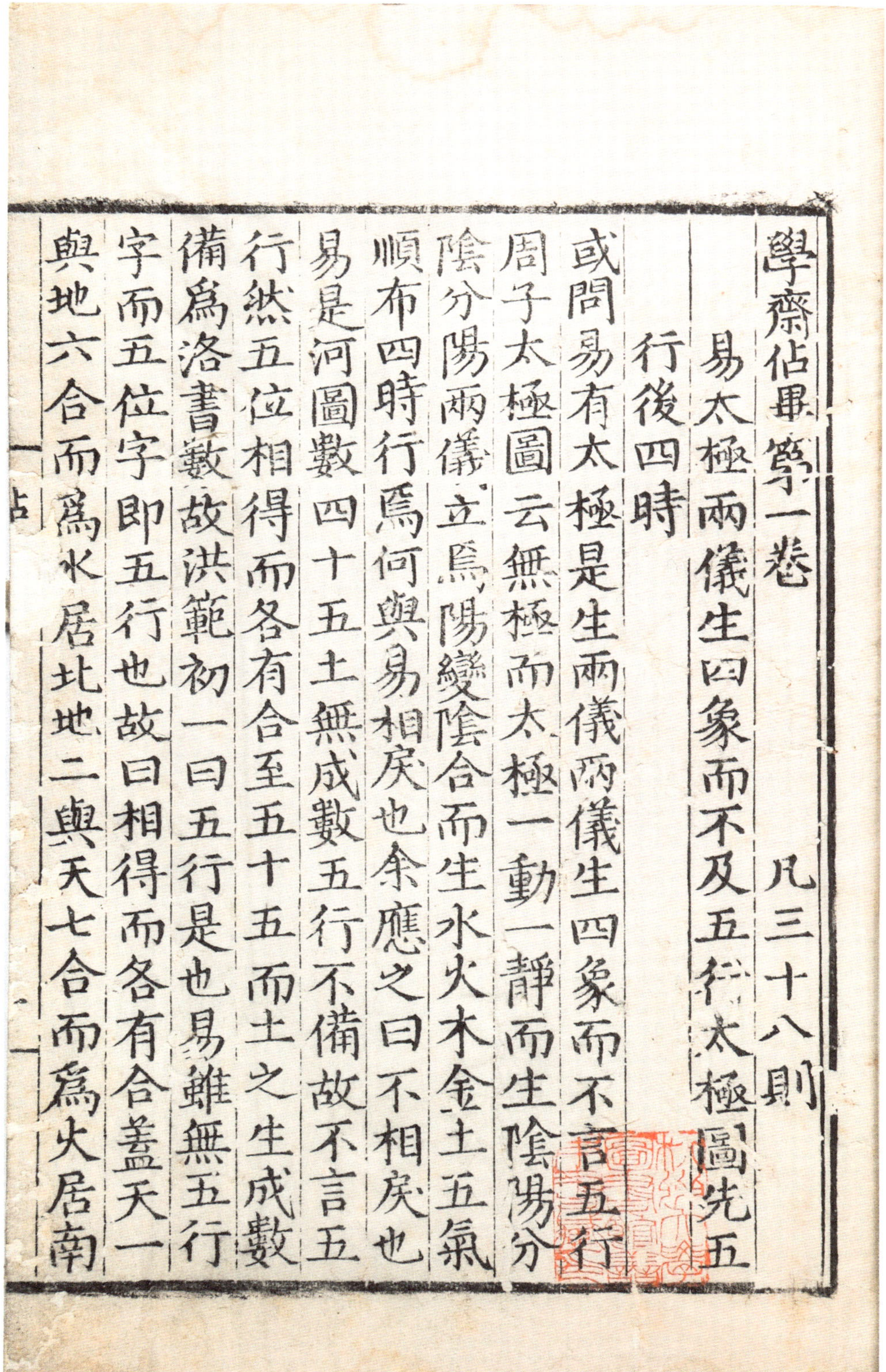
學齋佔畢第一卷　凡三十八則
易太極兩儀生四象而不及五行太極圖先五
行後四時
或問易有太極是生兩儀兩儀生四象而不言五行
周子太極圖云無極而太極一動一靜而生陰陽分
陰分陽兩儀立焉陽變陰合而生水火木金土五氣
順布四時行焉何與易相戾也余應之曰不相戾也
易是河圖數四十五土無成數五行不備故不言五
行然五位相得而各有合至五十五而土之生成數
備爲洛書數故洪範初一曰五行是也易雖無五行
字而五位字即五行也故曰相得而各有合蓋天一
與地六合而爲水居北地二與天七合而爲火居南

10551 百川學海一百種一百七十九卷　（宋）左圭編　明弘治十四年（1501）華珵刻本（有抄配）

匡高20.2釐米，廣14.7釐米。半葉十二行，行二十字，白口，左右雙邊。浙江大學圖書館藏。

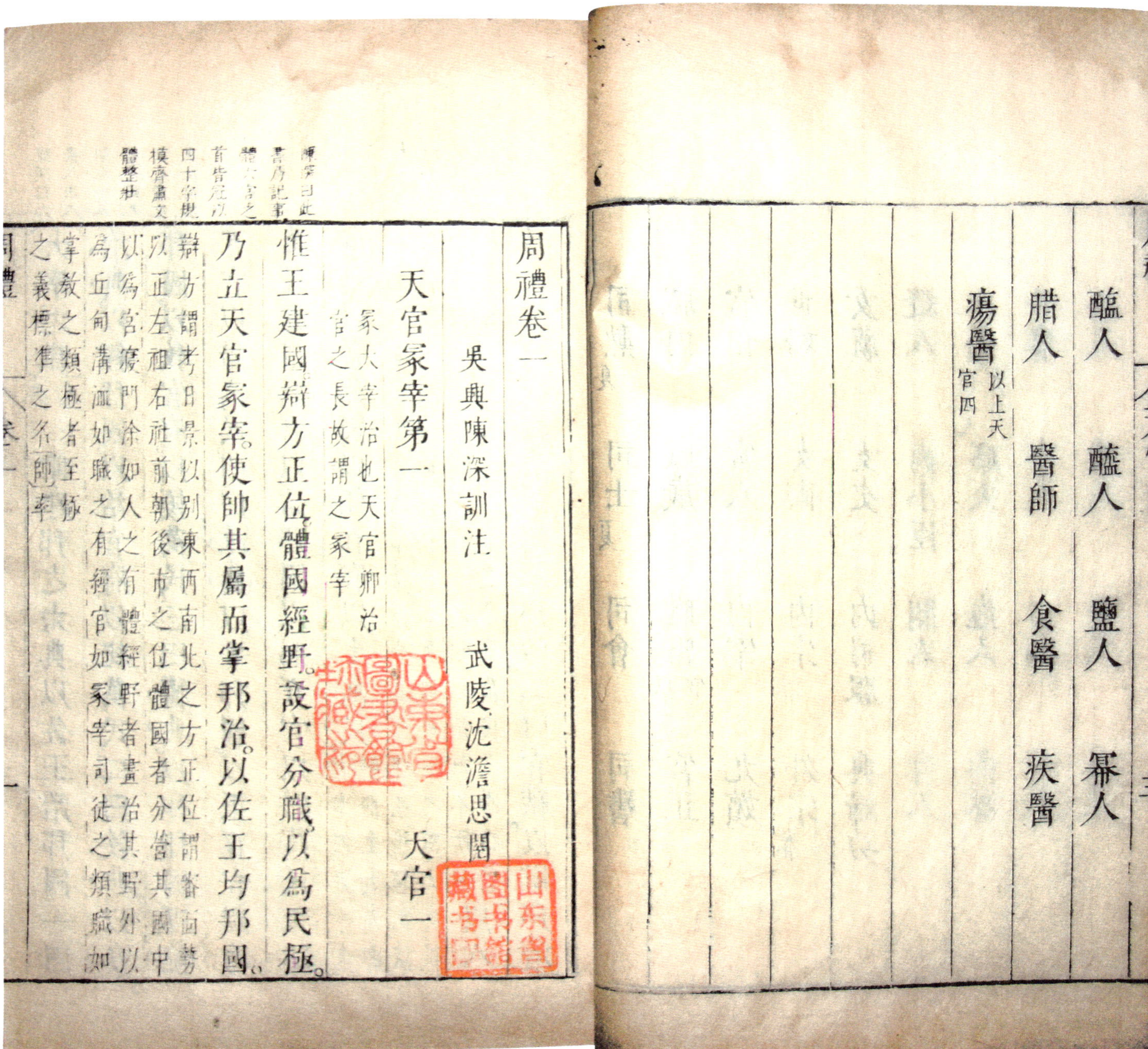

10552 合諸家真評先秦十五種一百四十九卷附一種二卷 （明）黄汝亨編 明刻本

匡高19.6釐米，廣14.3釐米。半葉九行，行二十字，白口，左右雙邊。山東省圖書館藏。

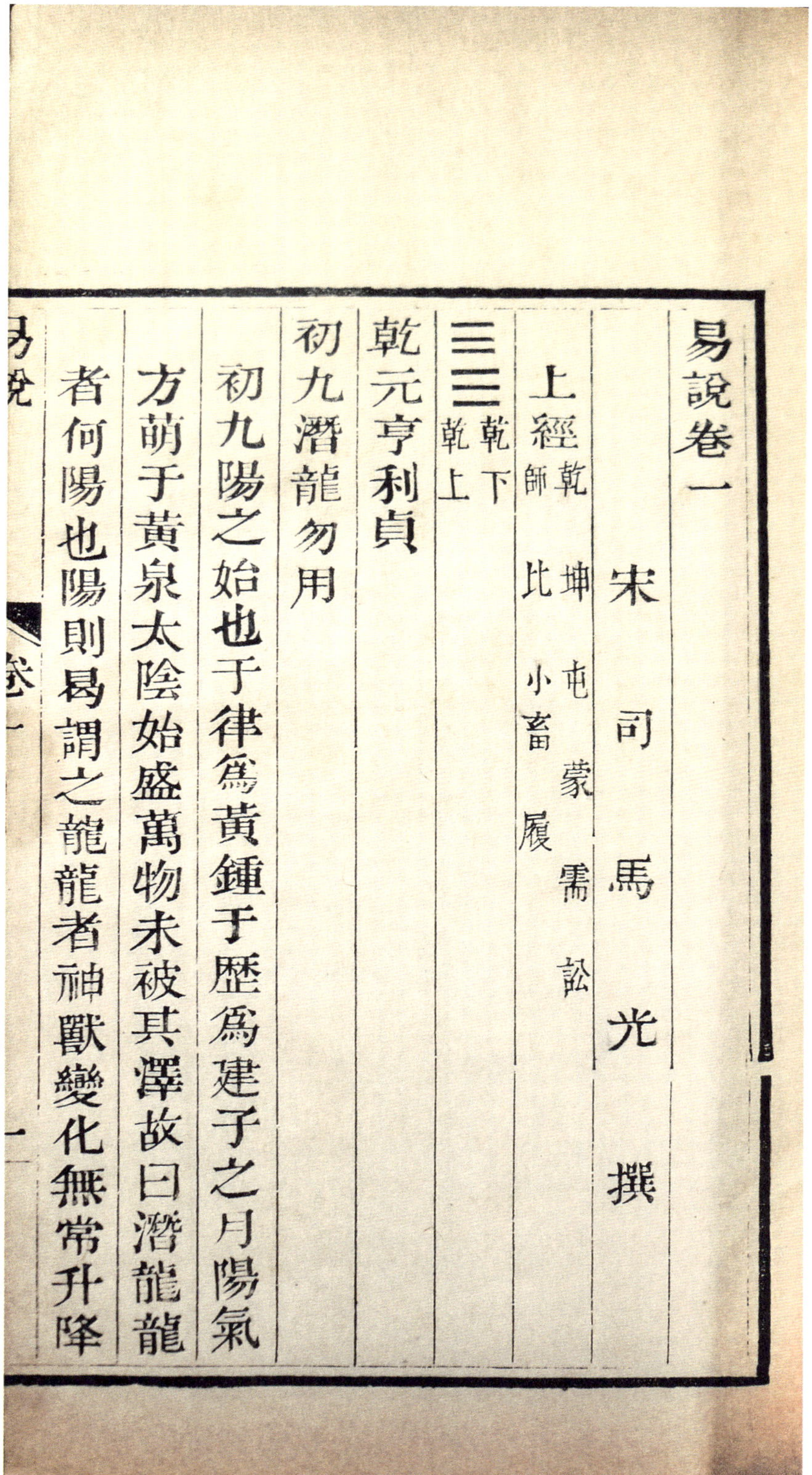

易說卷一

宋司馬光撰

上經乾坤屯蒙需訟師比小畜履

䷀乾下乾上

乾元亨利貞

初九潛龍勿用

初九陽之始也于律爲黃鍾于歷爲建子之月陽氣方萌于黃泉太陰始盛萬物未被其澤故曰潛龍龍者何陽也陽則曷謂之龍龍者神獸變化無常升降

易說　卷一　一

10553 武英殿聚珍版書一百三十八種二千四百十六卷 清乾隆武英殿活字印本（易緯、漢宮舊儀、魏鄭公諫續録、帝範注配清乾隆三十八年武英殿刻本）

匡高19.2釐米，廣12.6釐米。半葉九行，行二十一字，白口，四周雙邊。湖北省圖書館藏。

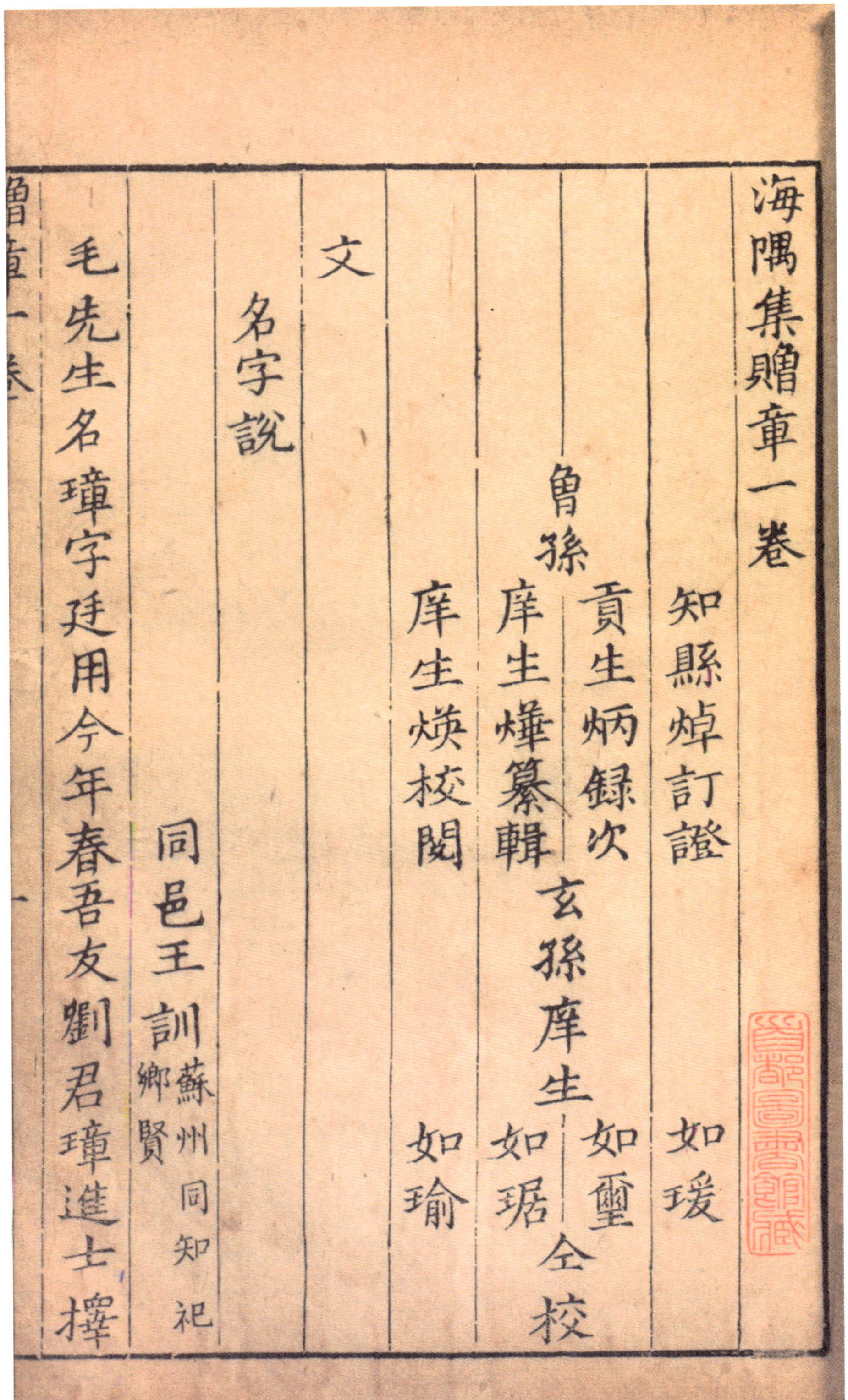
海隅集贈章一卷
知縣如煒訂證　如瑗
曾孫貢生炳録次　如璽
庠生燁纂輯　如琚
庠生煐校閲　如瑜
玄孫庠生　仝校
文
名字説
同邑王訓蘇州同知祀鄉賢
毛先生名瑋字廷用今年春吾友劉君瑋進士擇
贈章一卷　一

10554 海隅集四種九卷 （明）毛燁撰並編 明末刻本

匡高21.9釐米，廣14.6釐米。半葉九行，行二十字，白口，四周單邊。首都圖書館藏。

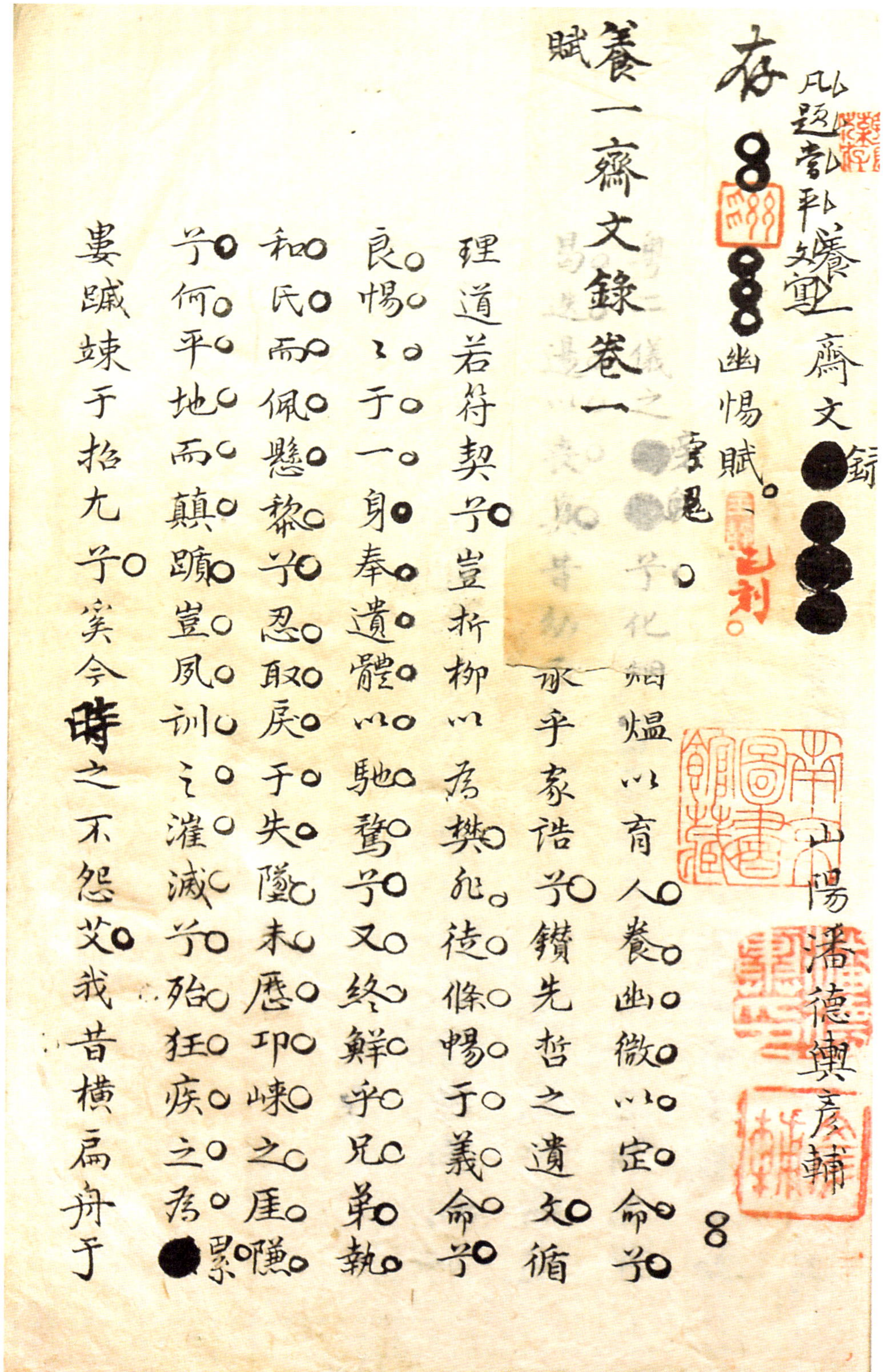
養一齋文錄
山陽潘德輿彥輔
幽惕賦
養一齋文錄卷一
賦
兮化絪熅以育人兮養幽微以定命兮
承乎家誥兮纘先哲之遺矩循
理道若符契兮豈析柳以爲樊兮徒條暢于義命兮
良惕惕于一身奉遺體以馳騖兮又終鮮乎兄弟執
和氏而佩懸黎兮忍取戾于失墜兮未歷卭崍之
兮何平地而顛躓兮豈夙訓之漼滅兮殆狂疾之爲累
婁蹴竦于掐九兮奚今時之不怨艾我昔橫扁舟于

10555 養一齋全集八種五十八卷 （清）潘德輿撰 稿本

有“潘德輿印”、“彦輔”等印。姚瑩、丁晏、張際亮、魯一同批校。南京圖書館藏。

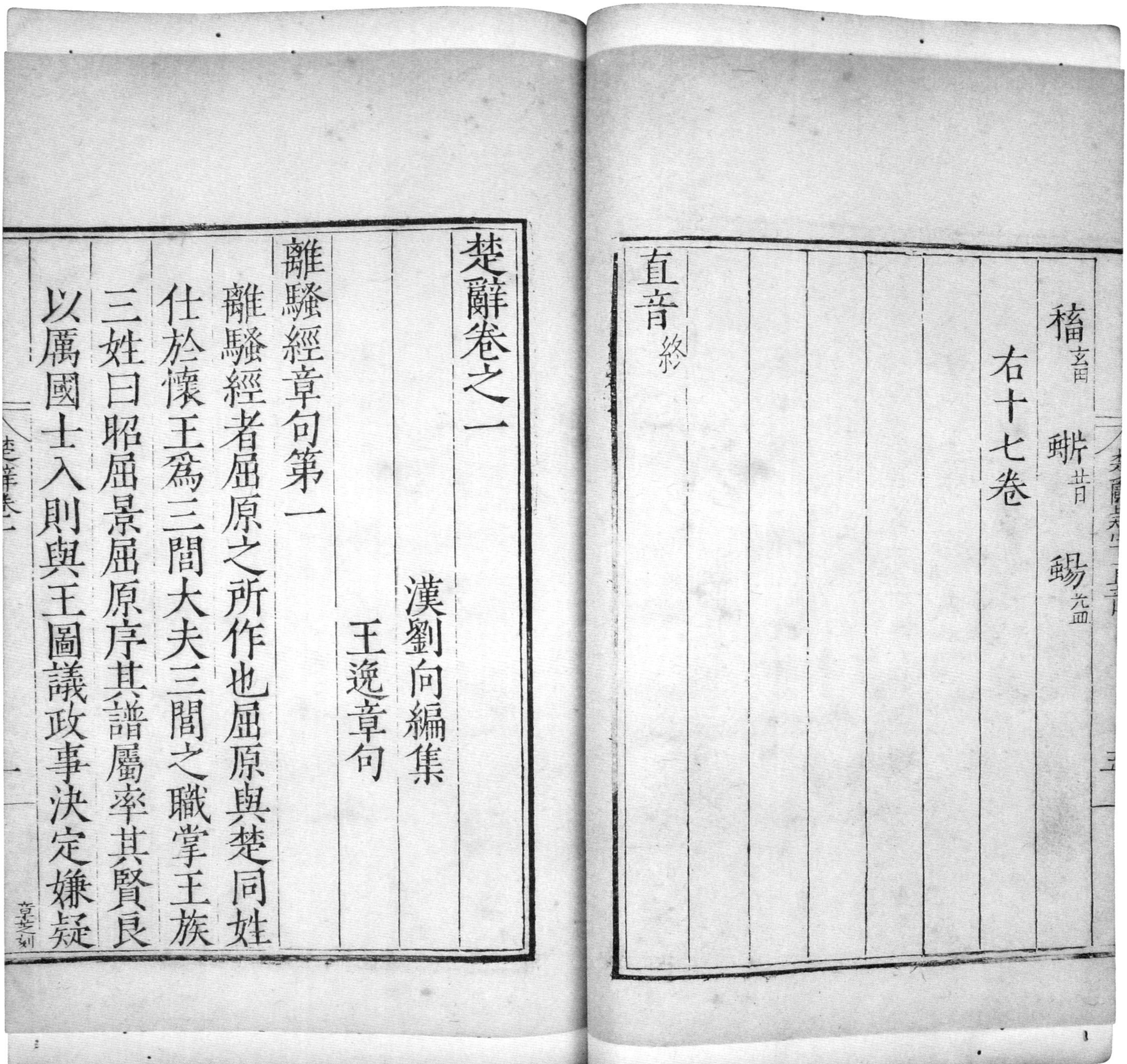
右十七卷
直音終

楚辭卷之一
漢劉向編集
王逸章句
離騷經章句第一
離騷經者屈原之所作也屈原與楚同姓
仕於懷王爲三閭大夫三閭之職掌王族
三姓曰昭屈景屈原序其譜屬率其賢良
以厲國士入則與王圖議政事決定嫌疑

10556-10558楚辭章句十七卷 （漢）王逸撰 **疑字直音補一卷** 明隆慶五年（1571）豫章夫容館刻本

匡高20.4釐米，廣14.3釐米。半葉八行，行十七字，小字雙行同，白口，四周雙邊。湖南圖書館藏；山東大學圖書館藏、北京師範大學圖書館藏，爲天啓三年（1623）叢桂堂重修本。

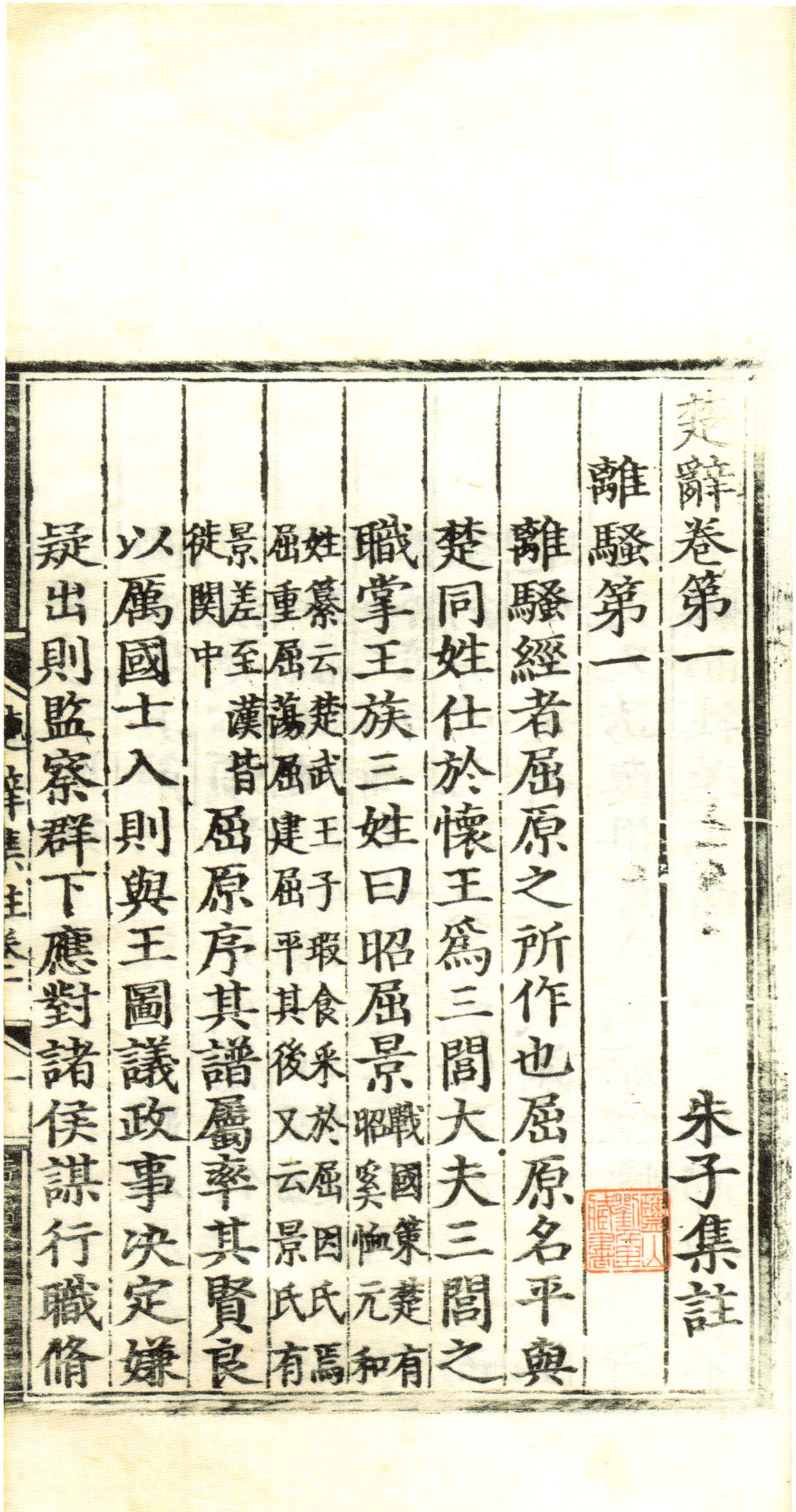
楚辭卷第一　朱子集註

離騷第一

離騷經者屈原之所作也屈原名平與楚同姓仕於懷王爲三閭大夫三閭之職掌王族三姓曰昭屈景戰國策楚有昭奚恤元和姓纂云楚武王子瑕食采於屈因氏焉屈重屈蕩屈建屈平其後又云景氏有景差至漢徙關中昔屈原序其譜屬率其賢良以厲國士入則與王圖議政事決定嫌疑出則監察群下應對諸侯謀行職脩

10559 楚辭集註八卷辯證二卷後語六卷　（宋）朱熹撰　明正德十四年（1519）沈圻刻本

匡高20釐米，廣14釐米。半葉九行，行十七字，小字雙行同，黑口，四周雙邊。有“鹽山劉千里藏書”等印。北京師範大學圖書館藏。

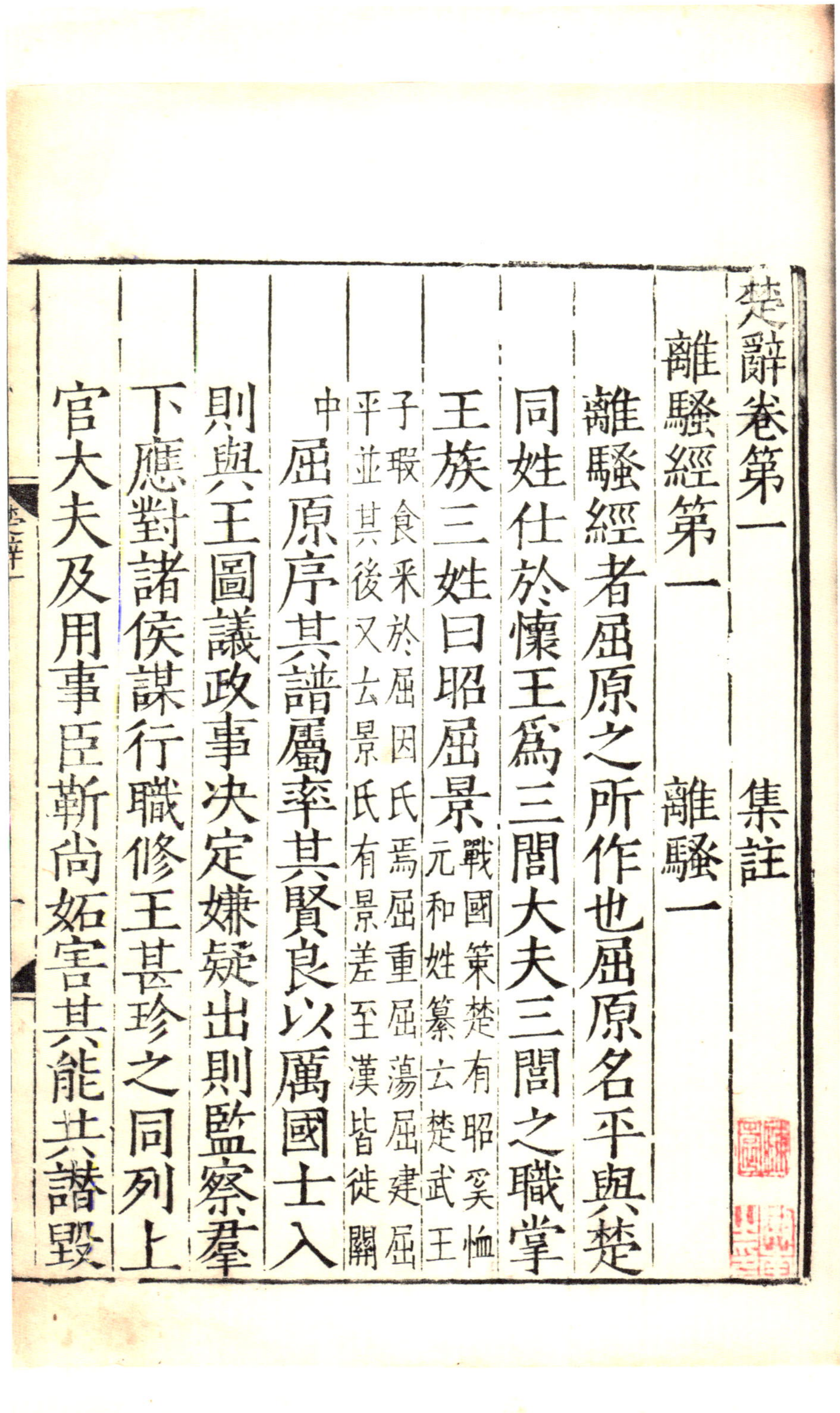
楚辭卷第一　集註
離騷經第一　離騷一
離騷經者屈原之所作也屈原名平與楚同姓仕於懷王爲三閭大夫三閭之職掌王族三姓曰昭屈景戰國策楚有昭奚恤元和姓纂云楚武王子瑕食采於屈因氏焉屈重屈蕩屈建屈平並其後又云景氏有景差至漢皆徙關中屈原序其譜屬率其賢良以厲國士入則與王圖議政事決定嫌疑出則監察羣下應對諸侯謀行職修王甚珍之同列上官大夫及用事臣靳尚妬害其能共譖毀

10560　楚辭集註八卷辯證二卷後語六卷　（宋）朱熹撰　**反離騷一卷**

（漢）揚雄撰　明嘉靖十四年（1535）袁褧刻本

匡高19.3釐米，廣15.3釐米。半葉十行，行十八字，小字雙行同，白口，左右雙邊。北京師範大學圖書館藏。

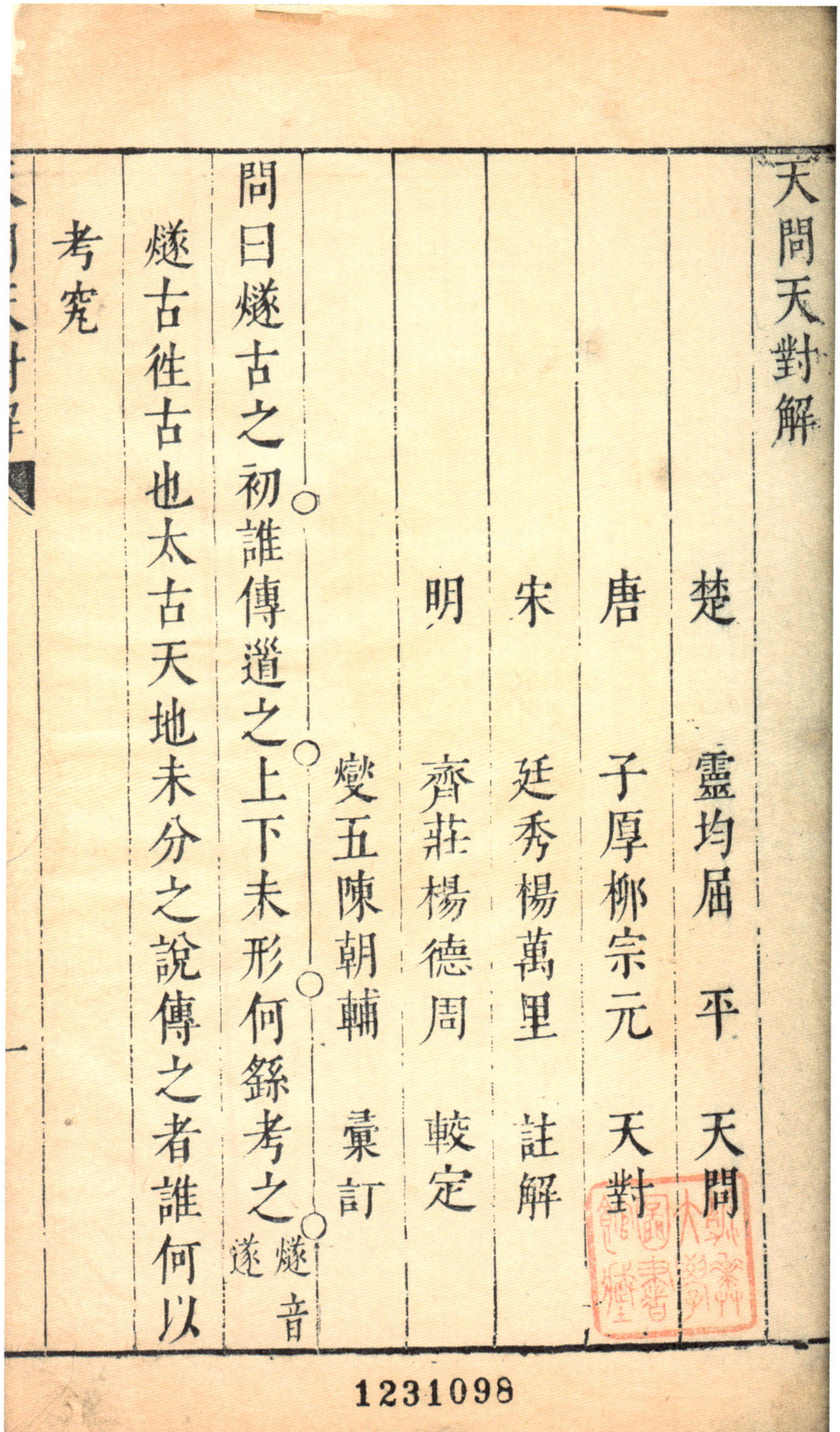
天問天對解
楚　靈均屈　平　天問
唐　子厚柳宗元　天對
宋　廷秀楊萬里　註解
明　齊莊楊德周　較定
燮五陳朝輔　彙訂
問曰燧古之初誰傳道之上下未形何繇考之燧音遂
燧古往古也太古天地未分之說傳之者誰何以
考究
天問天對解　一

10561 天問天對解一卷　（宋）楊萬里撰　明崇禎十年（1637）古香齋刻本

匡高21.6釐米，廣14.8釐米。半葉九行，行二十字，白口，四周單邊。清華大學圖書館藏。

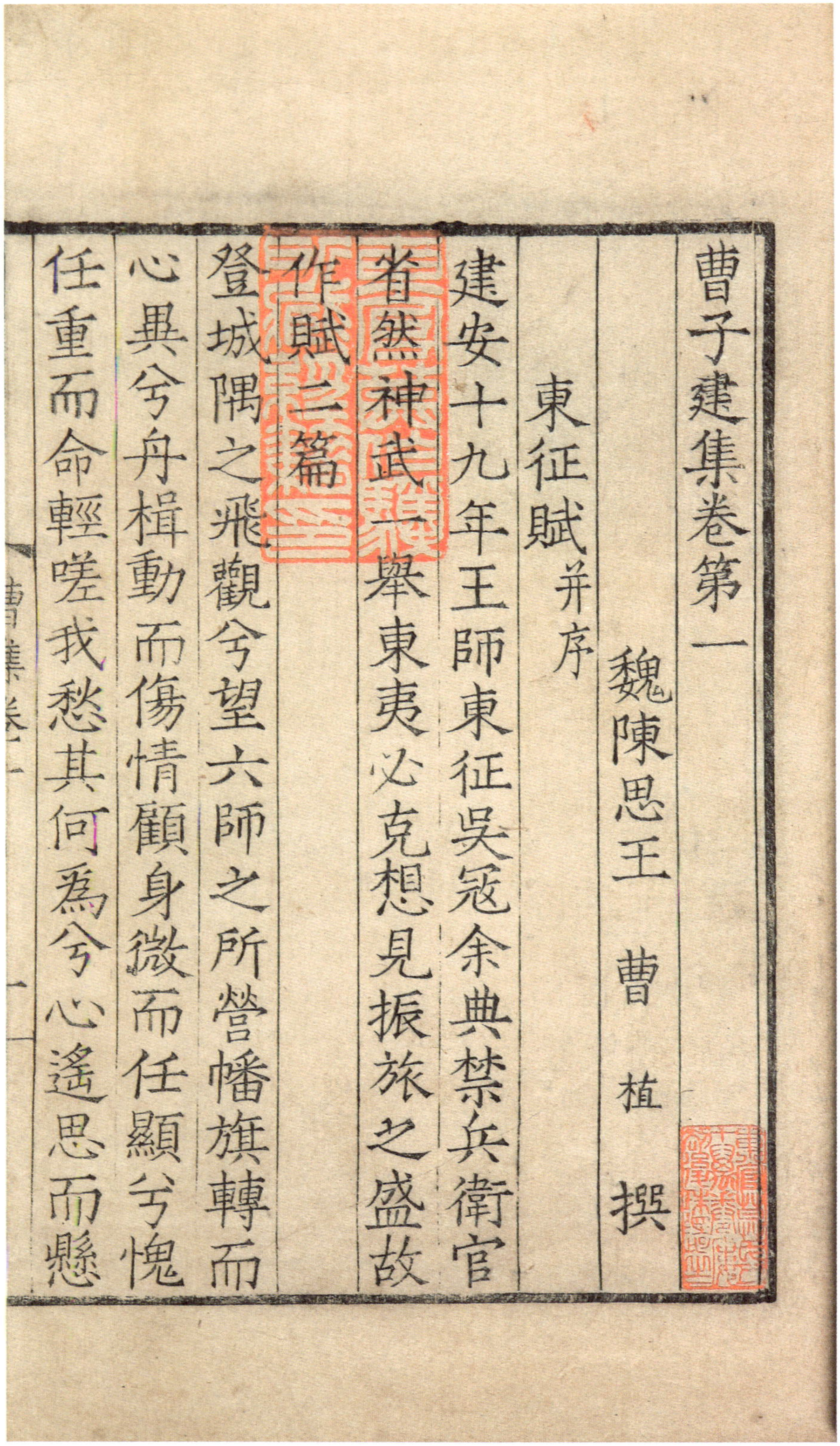

曹子建集卷第一

魏陳思王　曹　植　撰

東征賦并序

建安十九年王師東征吴冠余典禁兵衛官省然神武一舉東夷必克想見振旅之盛故作賦一篇

登城隅之飛觀兮望六師之所營幡旗轉而心異兮舟楫動而傷情顧身微而任顯兮愧任重而命輕嗟我愁其何爲兮心遙思而懸

曹集卷一　一

10562 曹子建集十卷（三國魏）曹植撰 明銅活字印本

匡高2C.6釐米，廣14.2釐米。半葉九行，行十七字，細黑口，左右雙邊。有“東莞莫伯驥所藏經籍印”等印。王士禎跋。國家圖書館藏。

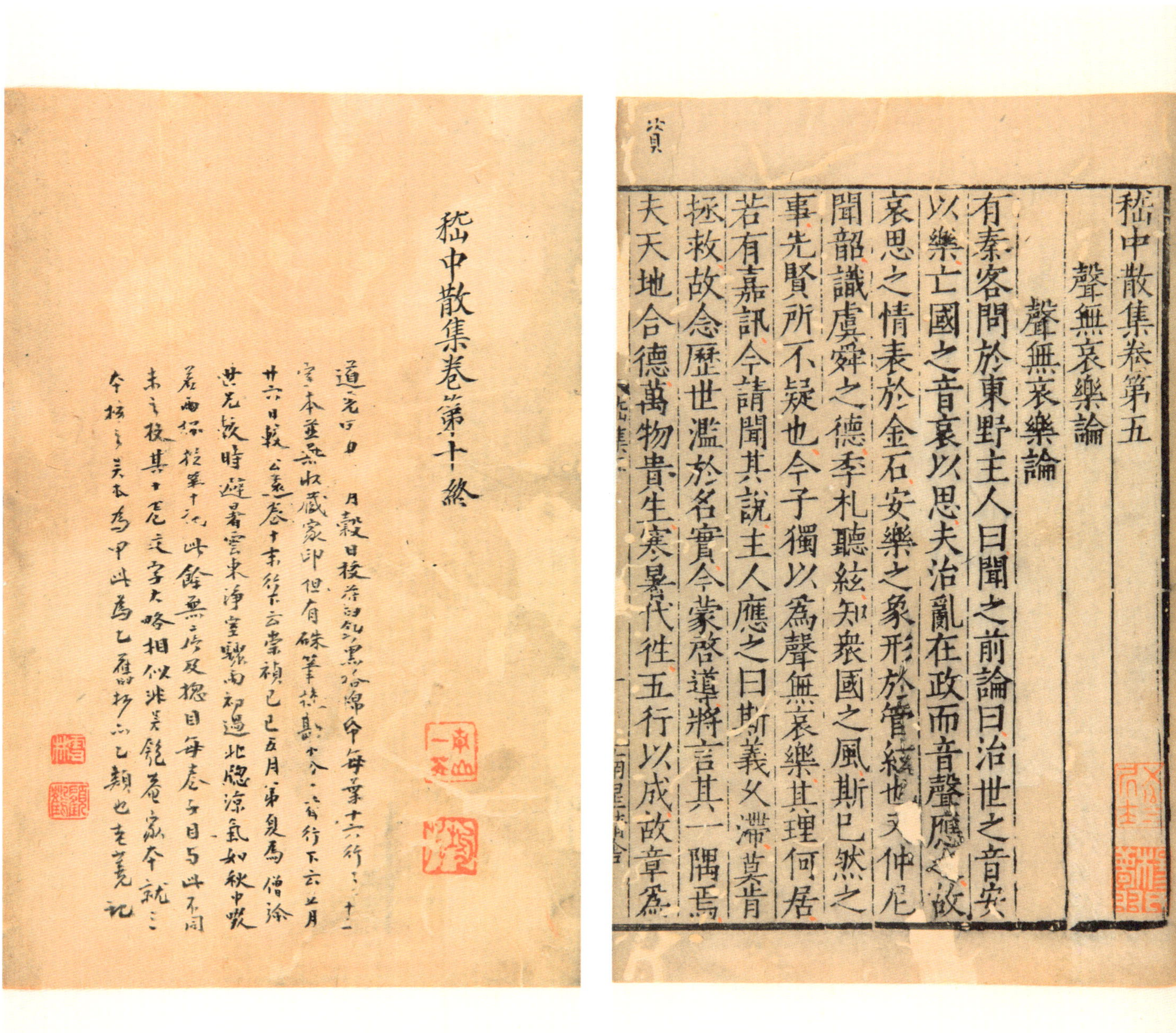

10563 嵇中散集十卷 （三國魏）嵇康撰 明嘉靖四年（1525）黄省曾南星精舍刻本（敘、卷一至四、十配清抄本）

匡高18.7釐米，廣13.5釐米。半葉十一行，行二十字，白口，左右雙邊。有“楊氏夢羽”、“范毓瑞印”、“顧鶴”等印。黄丕烈校並跋。上海圖書館藏。

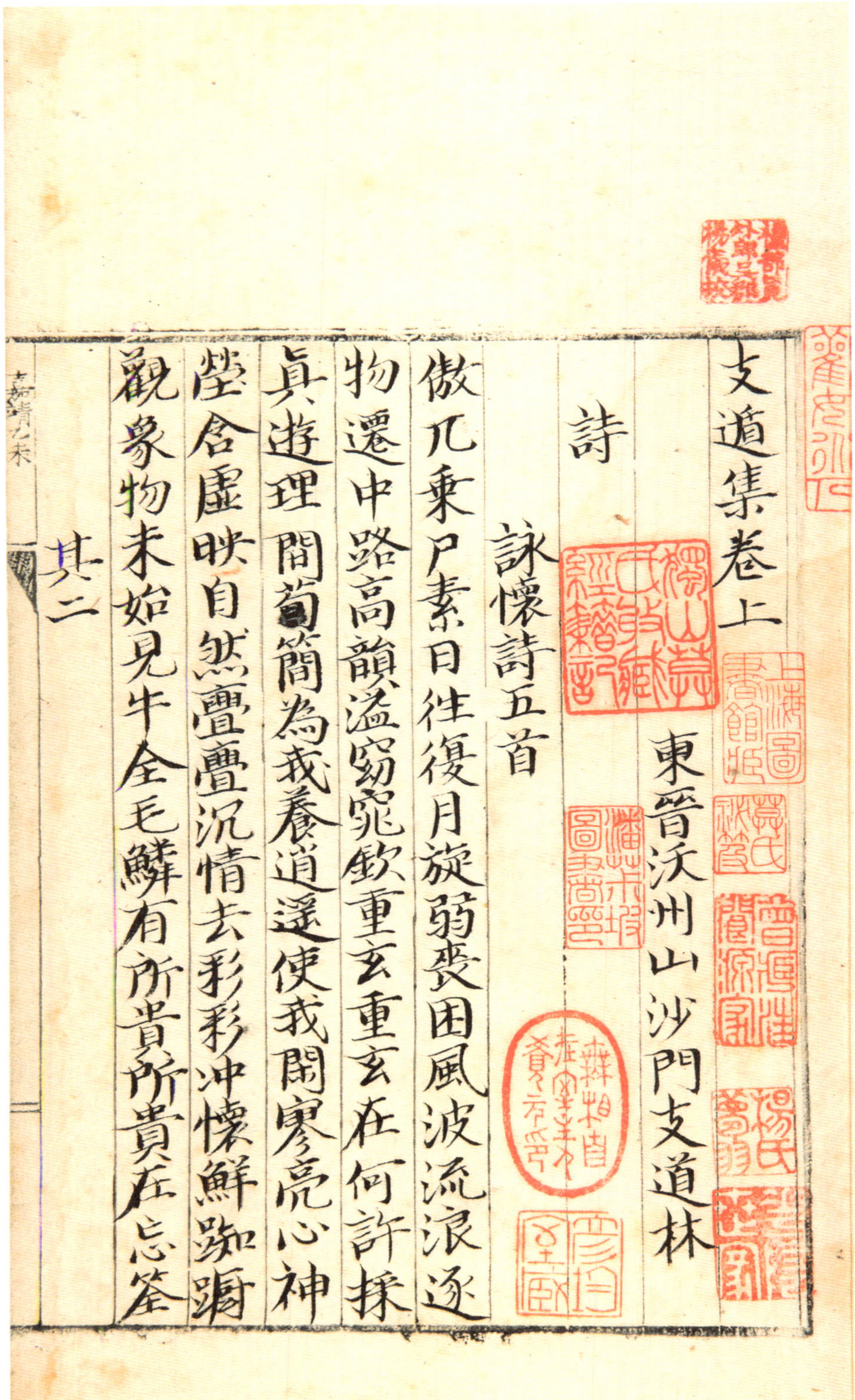

支遁集卷上

東晉沃州山沙門支道林

詩

詠懷詩五首

傲兀乘尸素日往復月旋弱喪困風波流浪逐
物還中路高韻溢窈窕欽重玄重玄在何許採
真遊理閒苟簡為我養逍遥使我閑寥亮心神
瑩含虛映自然亹亹沉情去彩彩冲懷鮮踟躕
觀象物未始見牛全毛鱗有所貴所貴在忘筌

其二

嘉靖乙未　一

10564 支遁集二卷　（晉）釋支遁撰　明嘉靖十四年（1535）楊氏七檜山房抄本

匡高17.1釐米，廣12.7釐米。半葉十行，行十八字，白口，左右雙邊。有"楊氏夢羽"、"曾藏汪閬源家"、"莫棠楚生"等印。莫棠、傅增湘跋。上海圖書館藏。

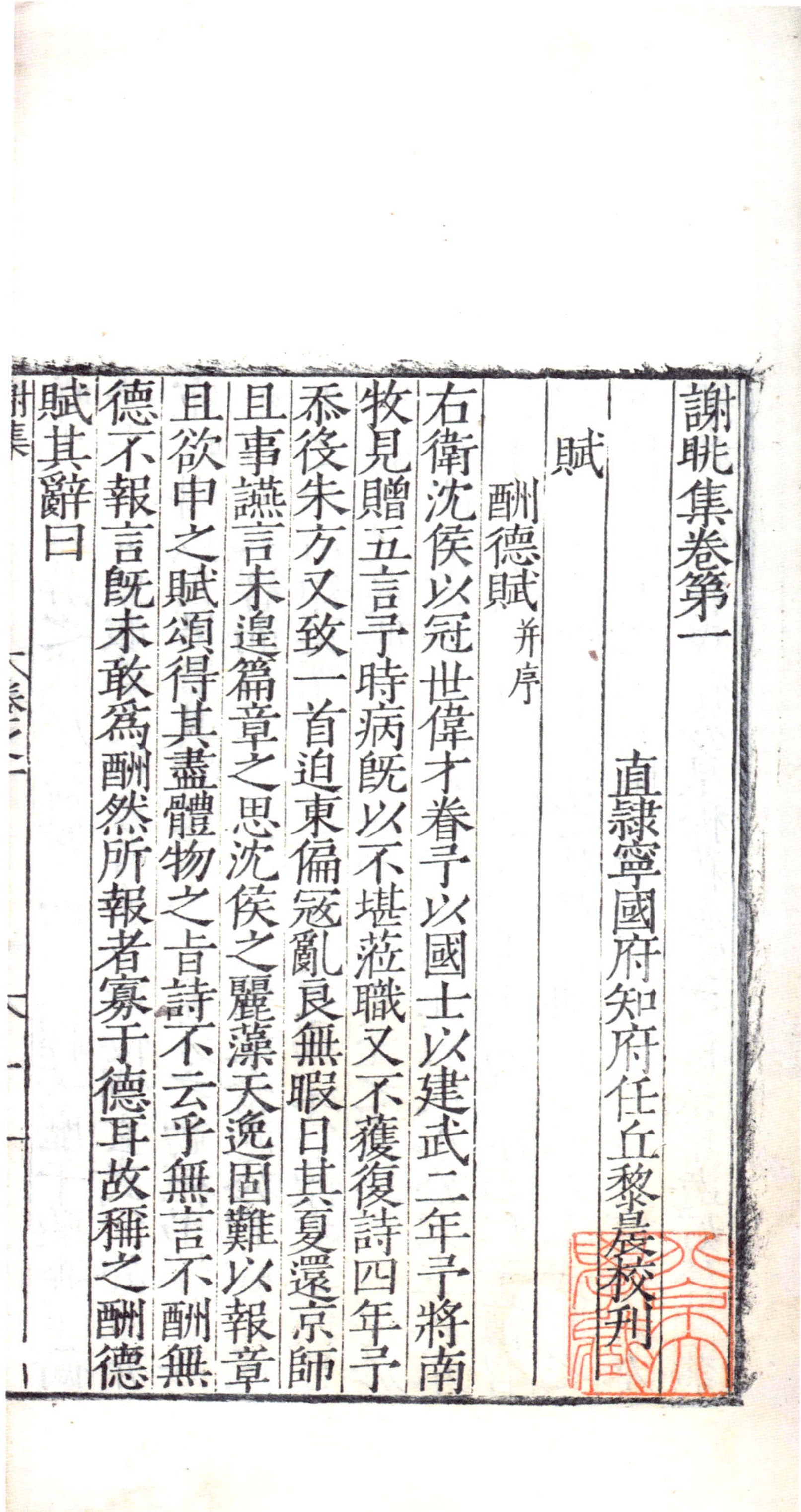

謝朓集卷第一

直隸寧國府知府任丘黎晨校刊

賦

酬德賦并序

右衛沈侯以冠世偉才眷予以國士以建武二年予將南
牧見贈五言予時病既以不堪莅職又不獲復詩四年予
忝役朱方又致一首迫東偏寇亂良無暇日其夏還京師
且事讌言未遑篇章之思沈侯之麗藻天逸固難以報章
且欲中之賦頌得其盡體物之旨詩不云乎無言不酬無
德不報言既未敢爲酬然所報者寡于德耳故稱之酬德
賦其辭曰

10565 謝朓集五卷 （南朝齊）謝朓撰 明嘉靖十六年（1537）黎晨刻本

匡高19釐米，廣13.4釐米。半葉十一行，行二十二字，白口，左右雙邊。北京大學圖書館藏。

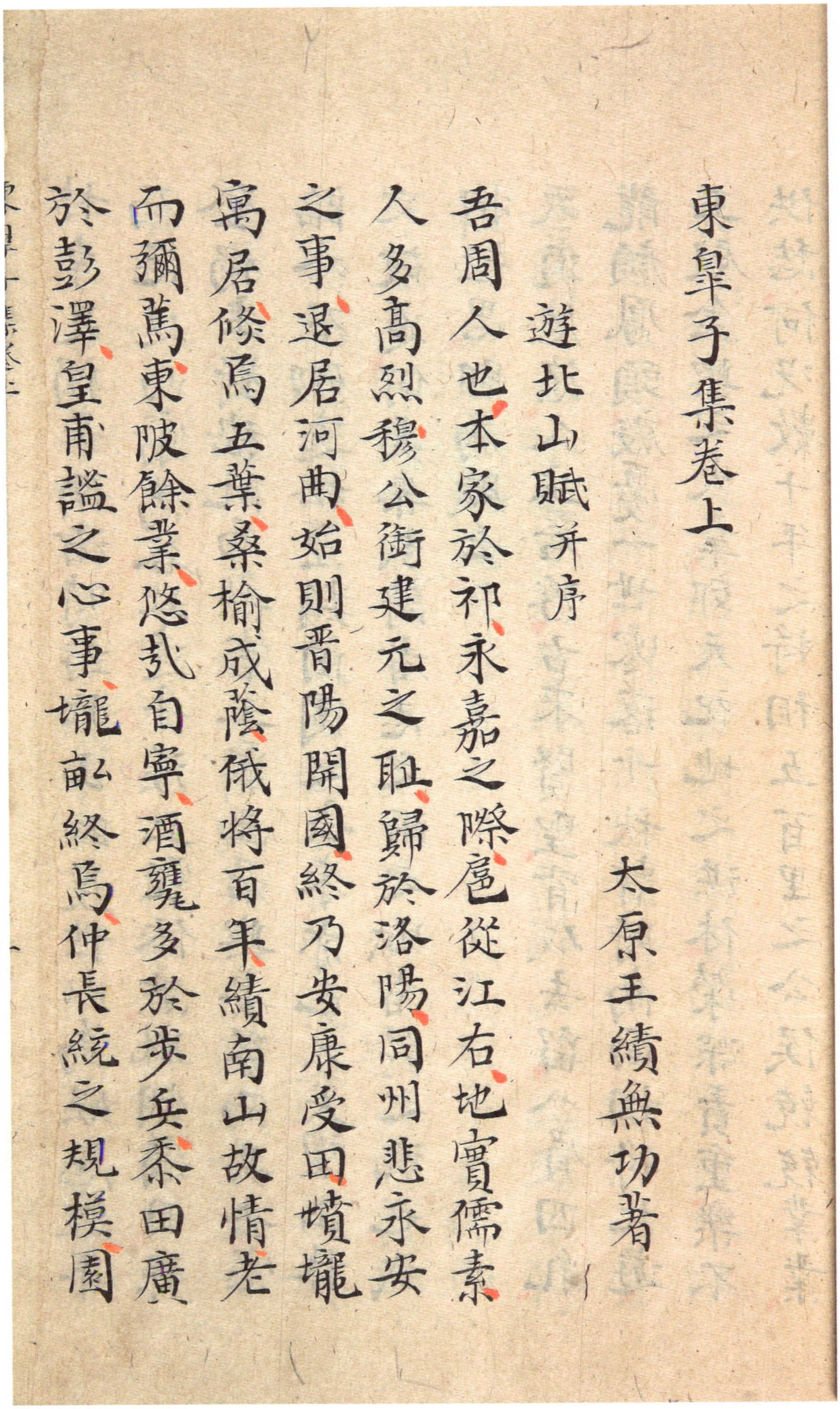

東臯子集卷上

太原王績無功著

遊北山賦 并序

吾周人也本家於祁永嘉之際扈從江右地實儒素人多高烈穆公銜建元之恥歸於洛陽同州悲永安之事退居河曲始則晉陽開國終乃安康受田墳壠寓居條爲五葉桑榆成蔭俄將百年績南山故情老而彌篤東陂餘業悠扎自寧酒甕多於步兵黍田廣於彭澤皇甫謐之心事壠畝終爲仲長統之規模園

10566 東臯子集三卷 （唐）王績撰 明萬曆二十七年（1599）趙琦美家抄本

趙琦美校並跋，錢謙益題簽。國家圖書館藏。

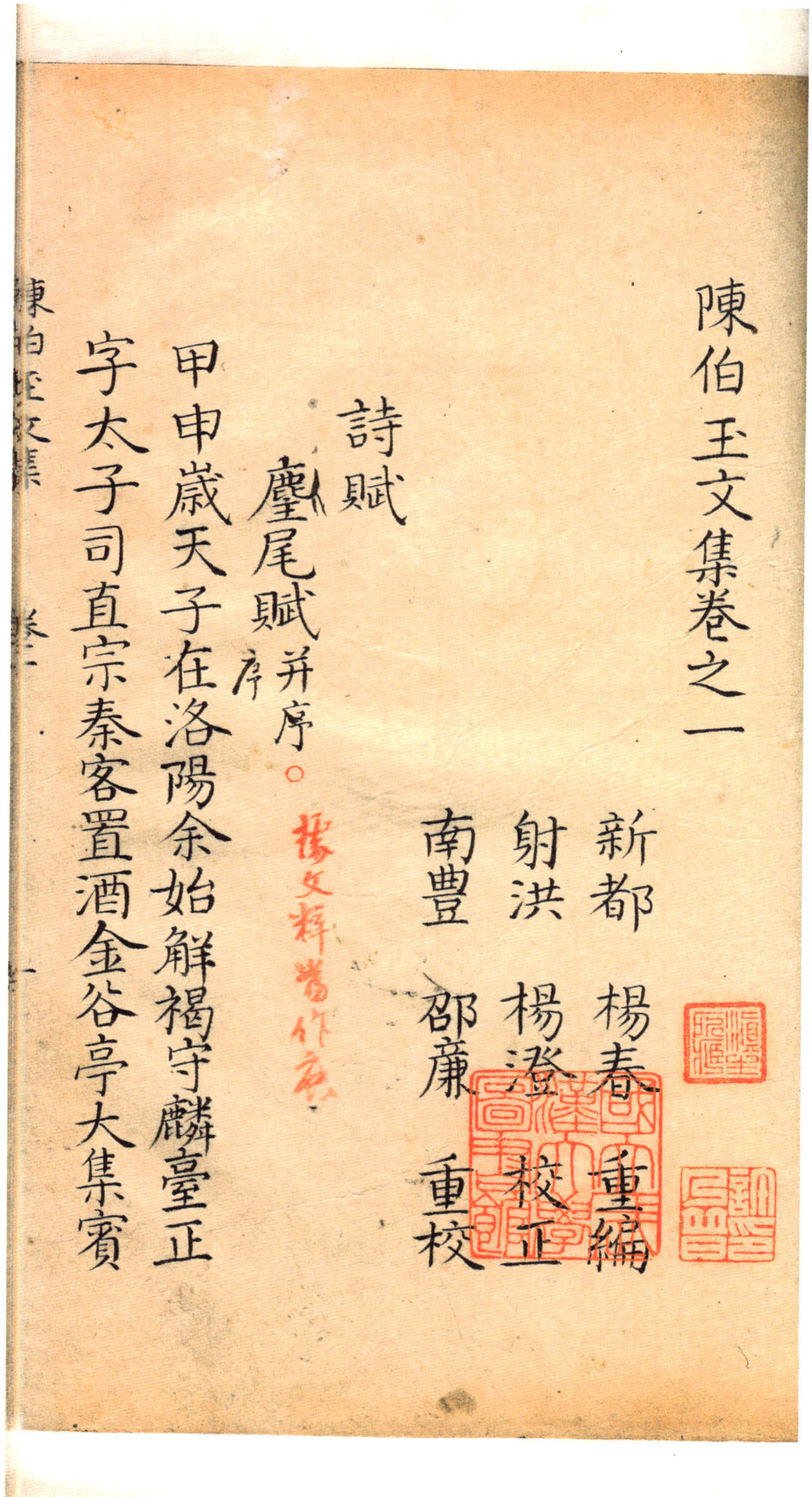

陳伯玉文集卷之一

新都 楊春 重編

射洪 楊澄 校正

南豊 邵廉 重校

詩賦

麈尾賦并序

甲申歲天子在洛陽余始解褐守麟臺正字太子司直宗秦客置酒金谷亭大集賓

10567 陳伯玉文集十卷 （唐）陳子昂撰 清抄本

有"西圃蔣氏手校抄本"、"滇生"、"許印乃普"等印。許乃普校，董文涣跋。 武漢大學圖書館藏。

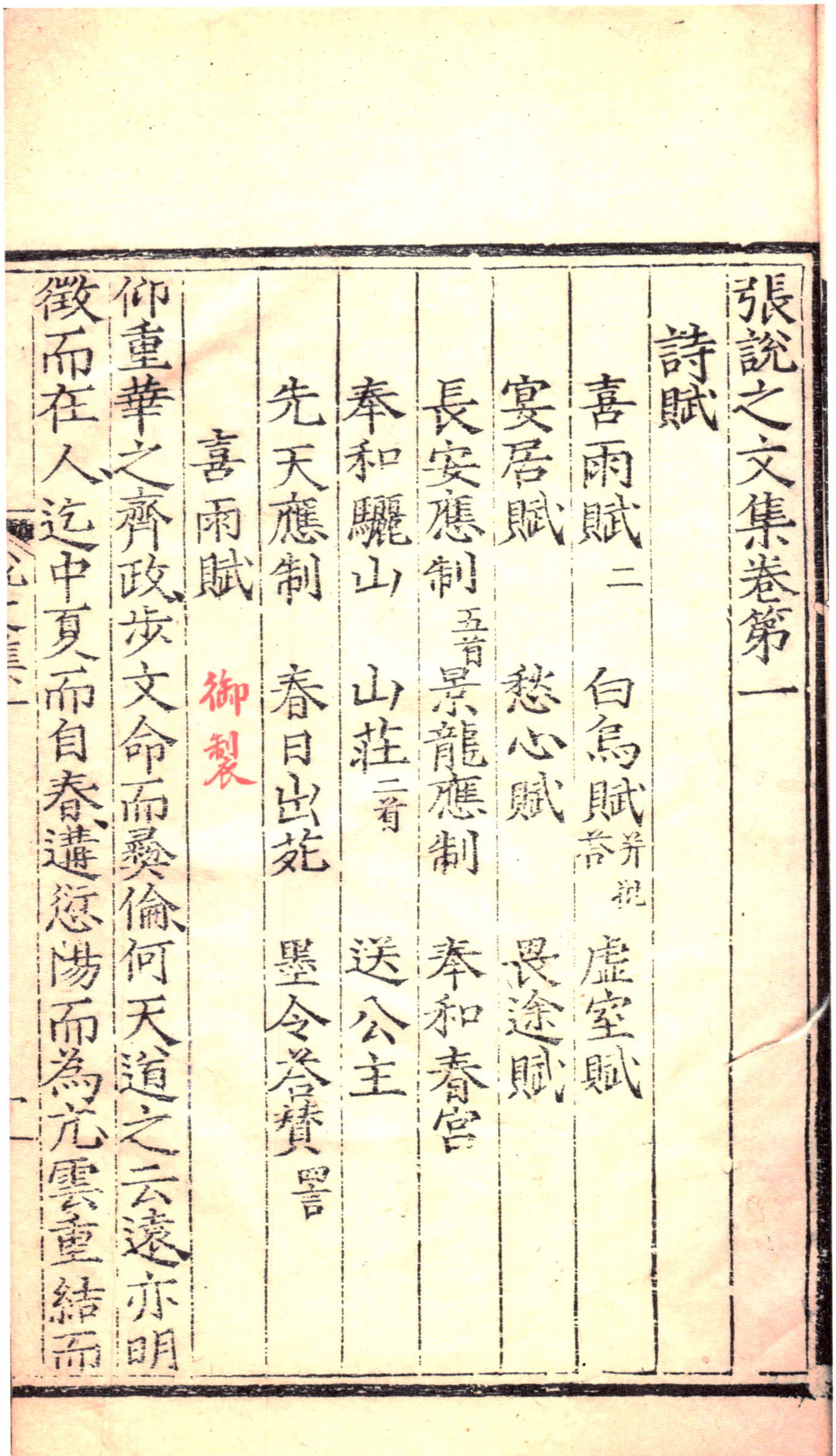
張說之文集卷第一

詩賦

喜雨賦二　白烏賦并祝啓　虛室賦

宴居賦　愁心賦　畏途賦

長安應制五首　景龍應制　奉和春宫

奉和驪山　山莊二首　送公主

先天應制　春日出苑　墨令咨賛詈

喜雨賦　御製

仰重華之齊政步文命而彝倫何天道之云遠亦明

徵而在人迄中夏而自春遘愆陽而為亢雲重結而

10568 張說之文集二十五卷　（唐）張説撰　明嘉靖十六年（1537）伍氏龍池草堂刻本

匡高20.5釐米，廣14.2釐米。半葉十行，行二十字，白口，四周雙邊。朱文鈞校補並録黄丕烈校跋。北京大學圖書館藏。

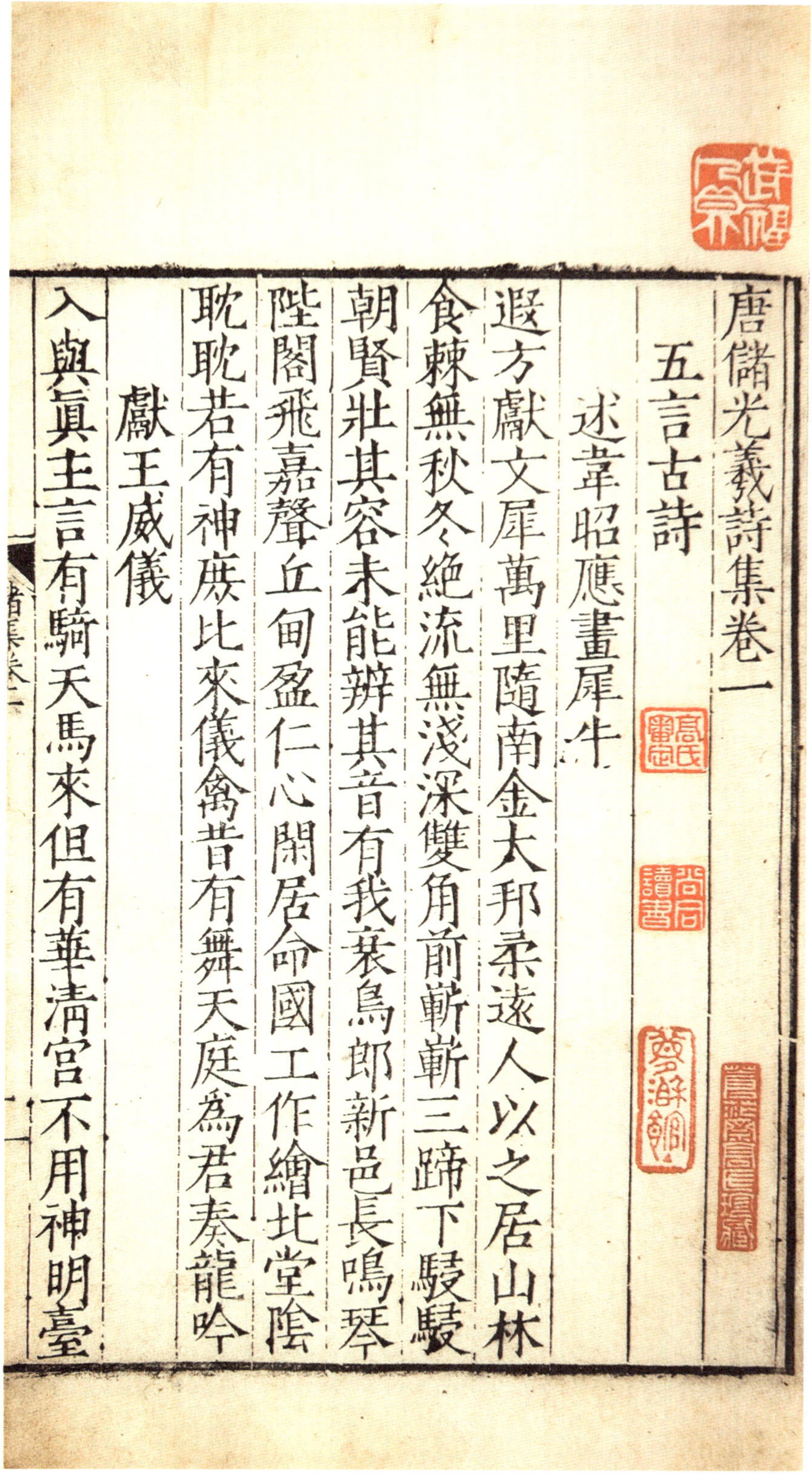
唐儲光羲詩集卷一
五言古詩
述韋昭應畫犀牛
遐方獻文犀萬里隨南金大邦柔遠人以之居山林
食棘無秋冬絶流無淺深雙角前嶄嶄三蹄下駸駸
朝賢壯其容未能辨其音有我衰鳥郎新邑長鳴琴
陛閣飛嘉聲丘甸盈仁心閑居命國工作繪北堂陰
耽耽若有神庶比來儀禽昔有舞天庭爲君奏龍吟
獻王威儀
入與眞主言有騎天馬來但有華清宮不用神明臺

10569 唐儲光羲詩集五卷 （唐）儲光羲撰 明嘉靖二十九年（1550）刻本

匡高19.6釐米，廣14釐米。半葉十行，行二十字，白口，左右雙邊。有“寒雲秘籍珍藏之印”、“高世異圖書印”、“武福鼐”等印。高世異批校。河南大學圖書館藏。

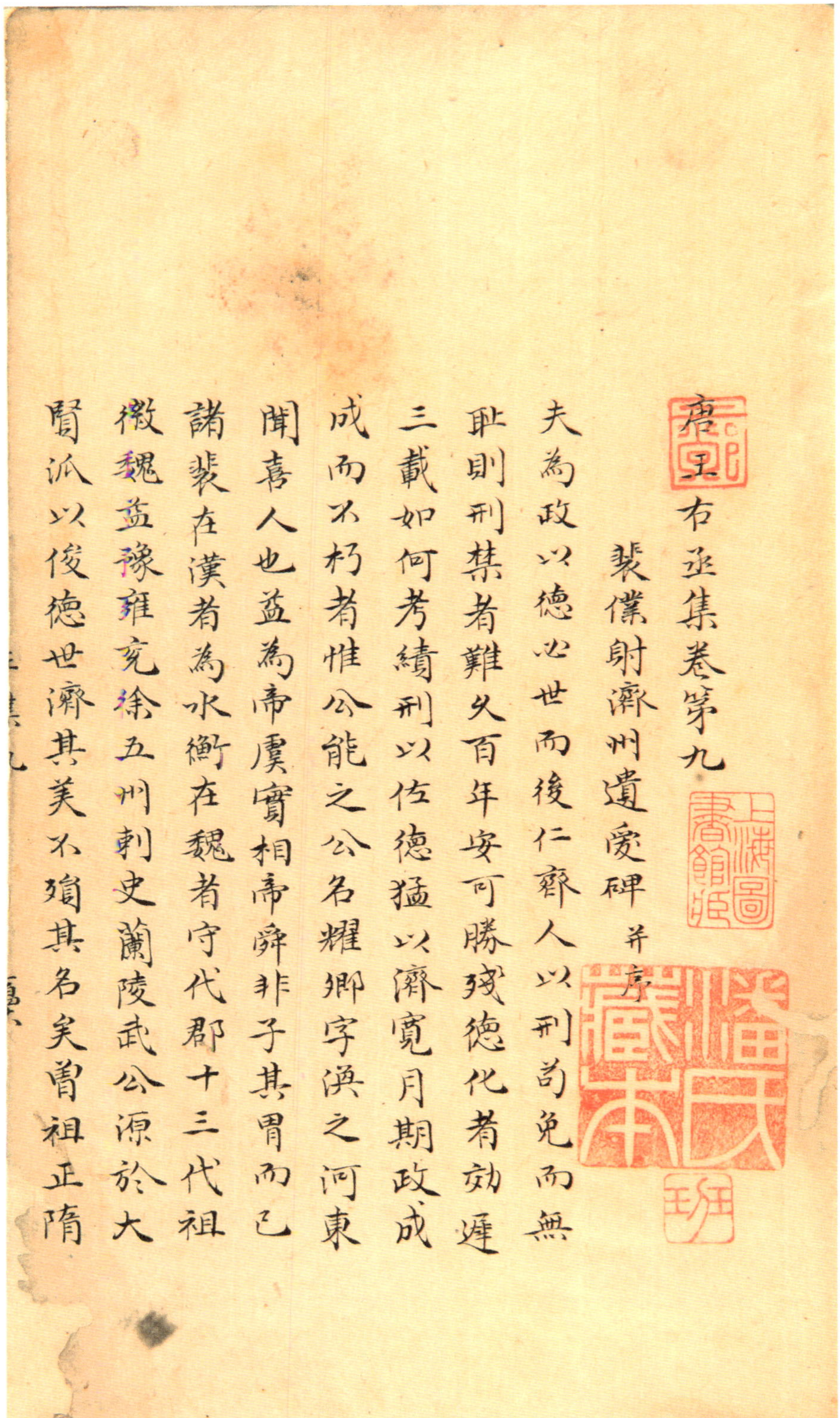
唐王右丞集卷第九
裴僕射濟州遺愛碑 并序
夫為政以德必世而後仁齊人以刑苟免而無
耻則刑禁者難久百年安可勝殘德化者効遲
三載如何考績刑以佐德猛以濟寬月期政成
成而不朽者惟公能之公名耀卿字渙之河東
聞喜人也葢為帝虞賓相帝舜非子其胄而已
諸裴在漢者為水衡在魏者守代郡十三代祖
徽魏葢豫雍兗徐五州刺史蘭陵武公源於大
賢泒以俊德世濟其美不殞其名矣曾祖正隋

10570 唐王右丞集十卷 （唐）王維撰 明崇禎三年（1630）馮班抄本

有“萬卷樓”、“南關喬木人家”等印。馮班跋。上海圖書館藏，存二卷。

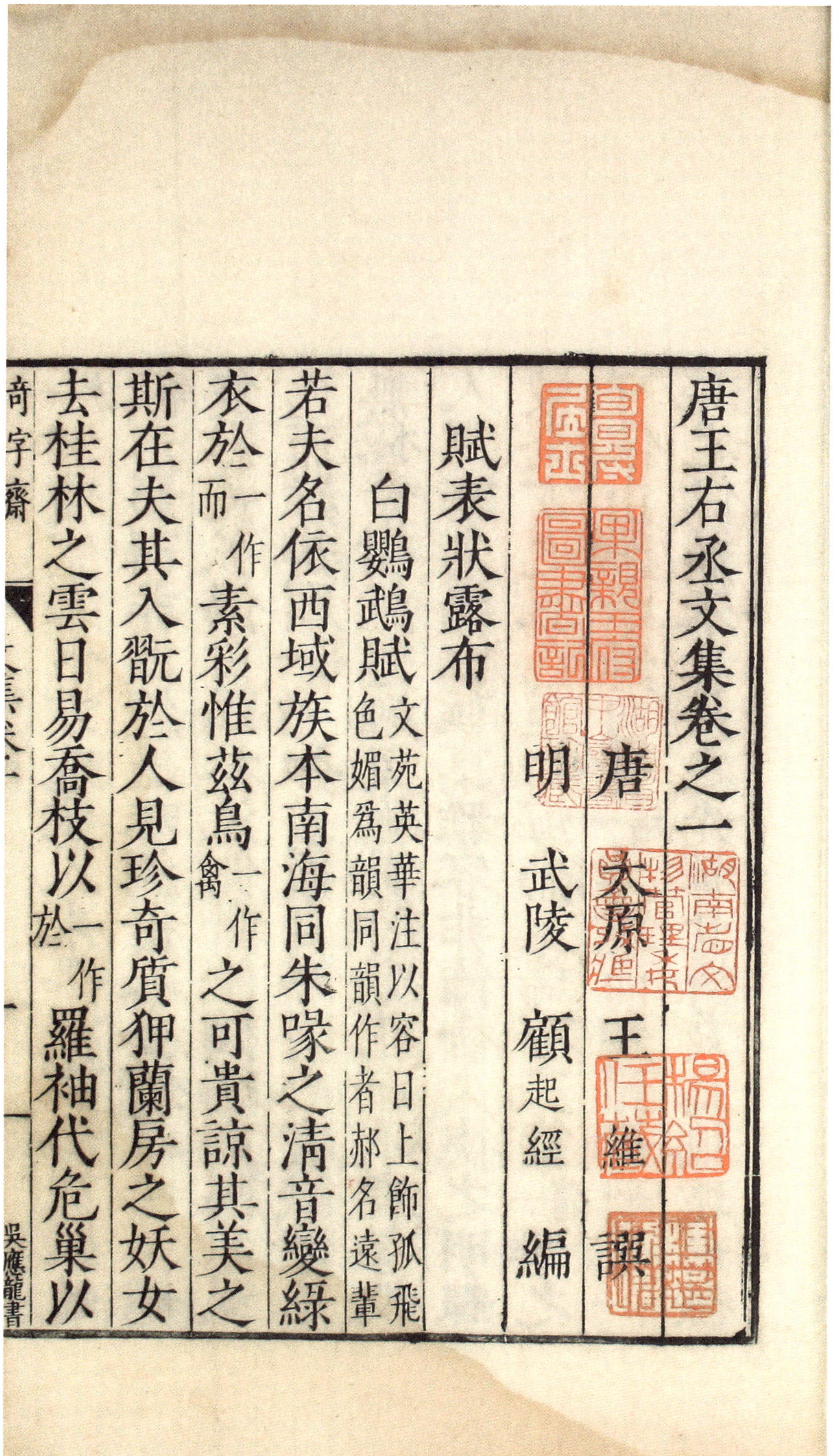
唐王右丞文集卷之一
唐 太原 王維譔
明 武陵 顧起經編
賦表狀露布
白鸚鵡賦 文苑英華注以容日上飾孤飛色媚爲韻同韻作者郝名遠輩
若夫名依西域族本南海同朱喙之清音變綠
衣於（一作而）素彩惟茲鳥（一作禽）之可貴諒其美之
斯在夫其入翫於人見珍奇質狎蘭房之妖女
去桂林之雲日易喬枝以（一作於）羅袖代危巢以
奇字齋
吳應龍書

10571 類箋唐王右丞詩集十卷 （唐）王維撰 （明）顧起經注 **文集四卷集外編一卷** （唐）王維撰 （明）顧起經輯 **年譜一卷** （明）顧起經撰

明嘉靖三十五年（1556）顧氏奇字齋刻本

匡高20.5釐米，廣15.3釐米。半葉九行，行十八字，小字雙行同，白口，左右雙邊。有“果親王府圖書記”、“楊紹任藏”等印。湖南圖書館藏。

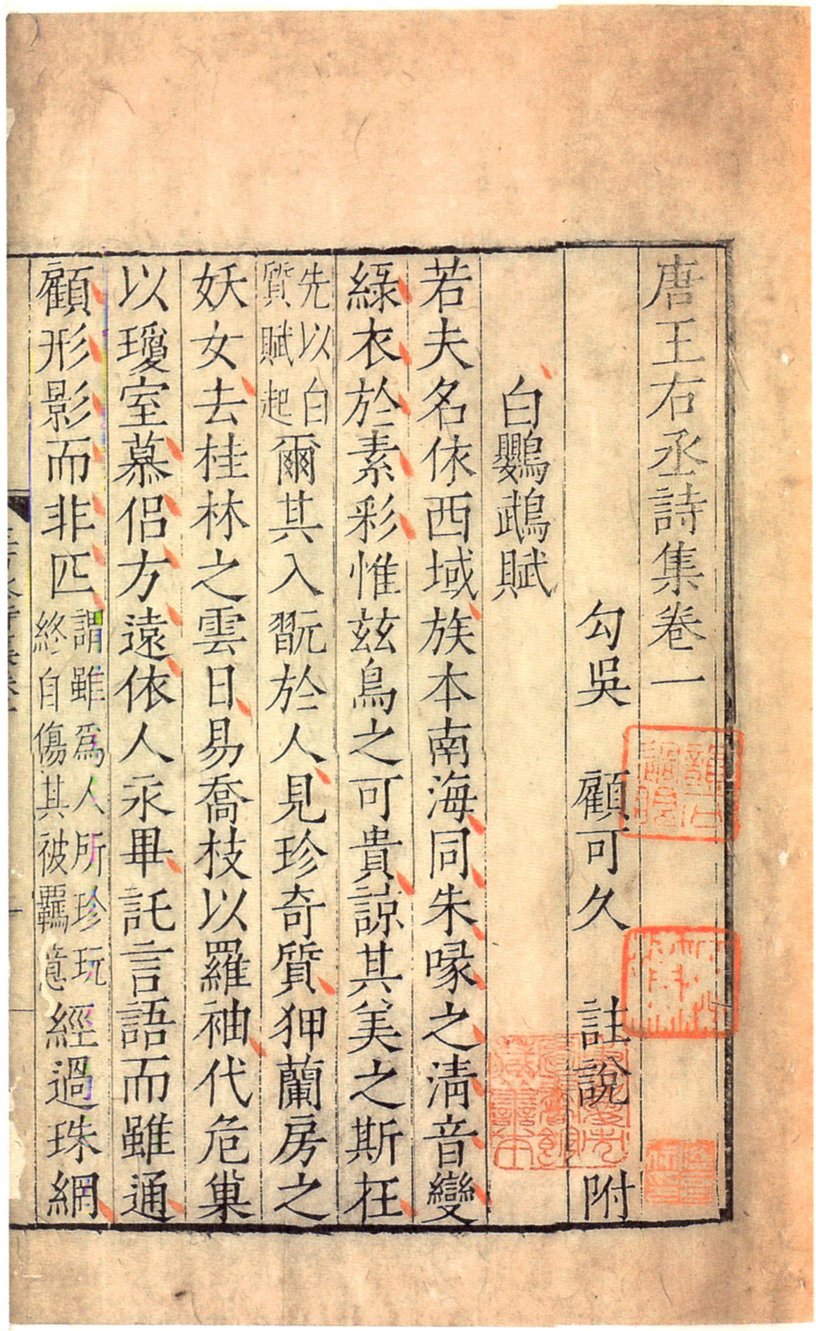
唐王右丞詩集卷一
勾吳　顧可久　註說　附
白鸚鵡賦
若夫名依西域族本南海同朱喙之清音變緑衣於素彩惟茲鳥之可貴諒其美之斯在先以白質賦起爾其入翫於人見珍奇質狎蘭房之妖女去桂林之雲日易喬枝以羅袖代危巢以瓊室慕侶方遠依人永畢託言語而雖通顧形影而非匹謂雖爲人所珍玩終自傷其被覊意經過珠網

10572 唐王右丞詩集六卷　（唐）王維撰　（明）顧可久註　明嘉靖三十八年（1559）洞易書院刻本

匡高18.3釐米，廣13.2釐米。半葉九行，行十七字，小字雙行同，白口，左右雙邊。有“嘉靖己未歲季冬月幾望洞易書院梓行”牌記。重慶圖書館藏。

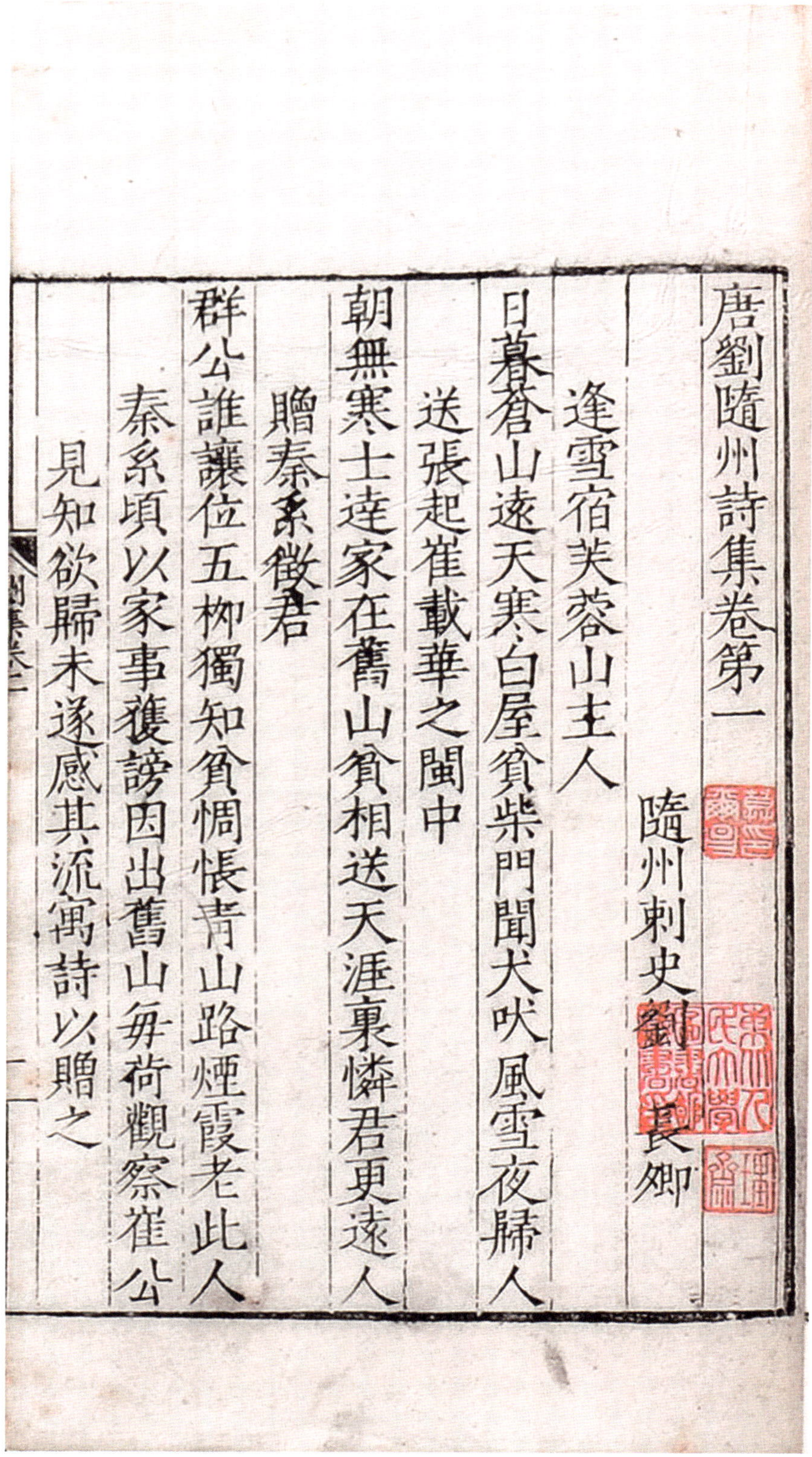

唐劉隨州詩集卷第一
隨州刺史劉長卿
逢雪宿芙蓉山主人
日暮蒼山遠天寒白屋貧柴門聞犬吠風雪夜歸人
送張起崔載華之閩中
朝無寒士達家在舊山貧相送天涯裏憐君更遠人
贈秦系徵君
群公誰讓位五柳獨知貧惆悵青山路煙霞老此人
秦系頃以家事獲謗因出舊山每荷觀察崔公
見知欲歸未遂感其流寓詩以贈之

10573 唐劉隨州詩集十一卷外集一卷 （唐）劉長卿撰 明刻本

匡高19.6釐米，廣14釐米。半葉十行，行二十字，黑口，左右雙邊。吉林大學圖書館藏。

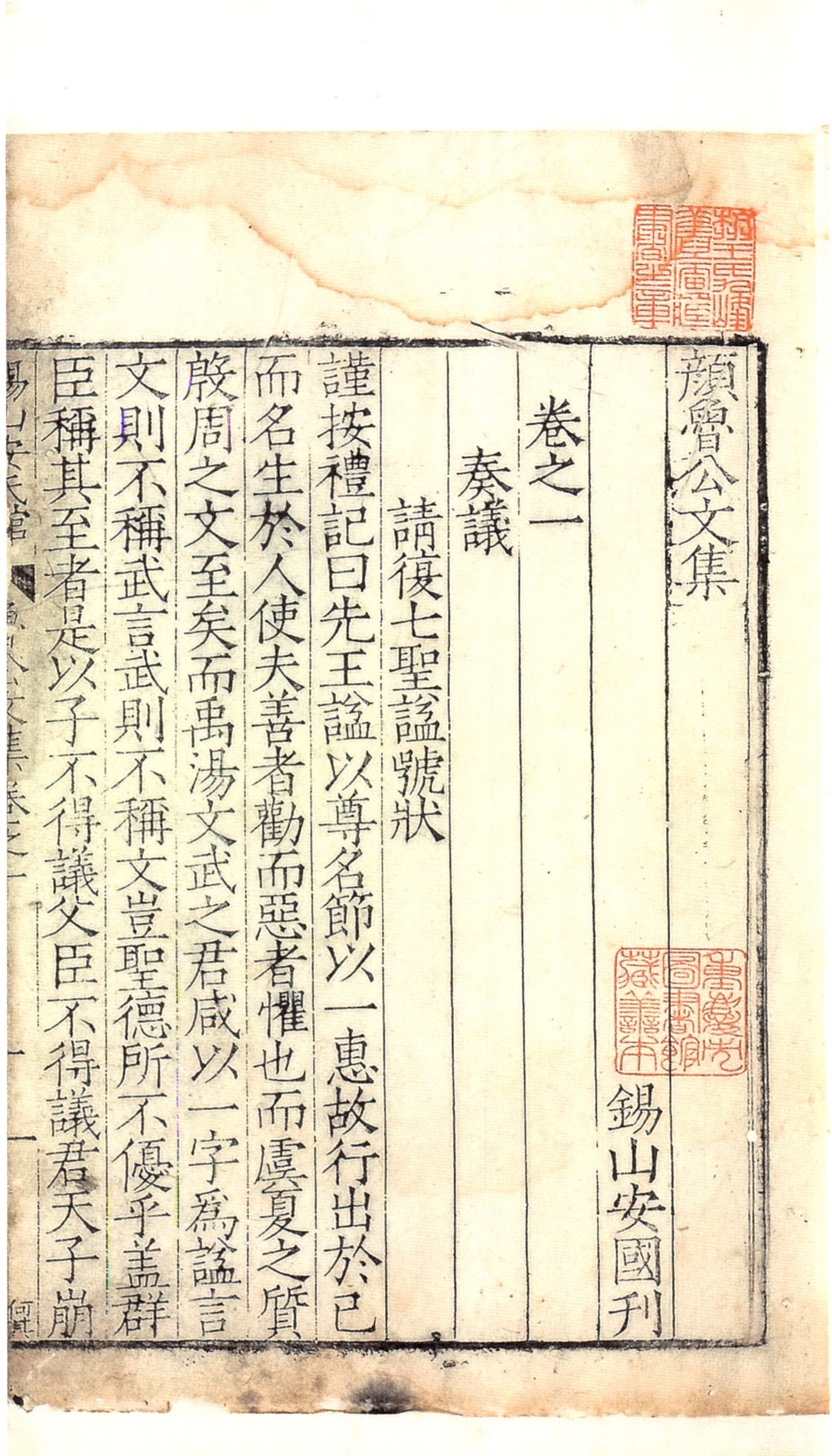

10574 顔魯公文集十五卷補遺一卷 （唐）顔真卿撰 **年譜一卷** （宋）留元剛撰 **附録一卷** 明嘉靖二年（1523）安國安氏館刻本

匡高19.6釐米，廣14.3釐米。半葉十行，行二十字，黑口，左右雙邊。有“杭州王氏九峰舊廬藏書之章”等印。重慶圖書館藏。

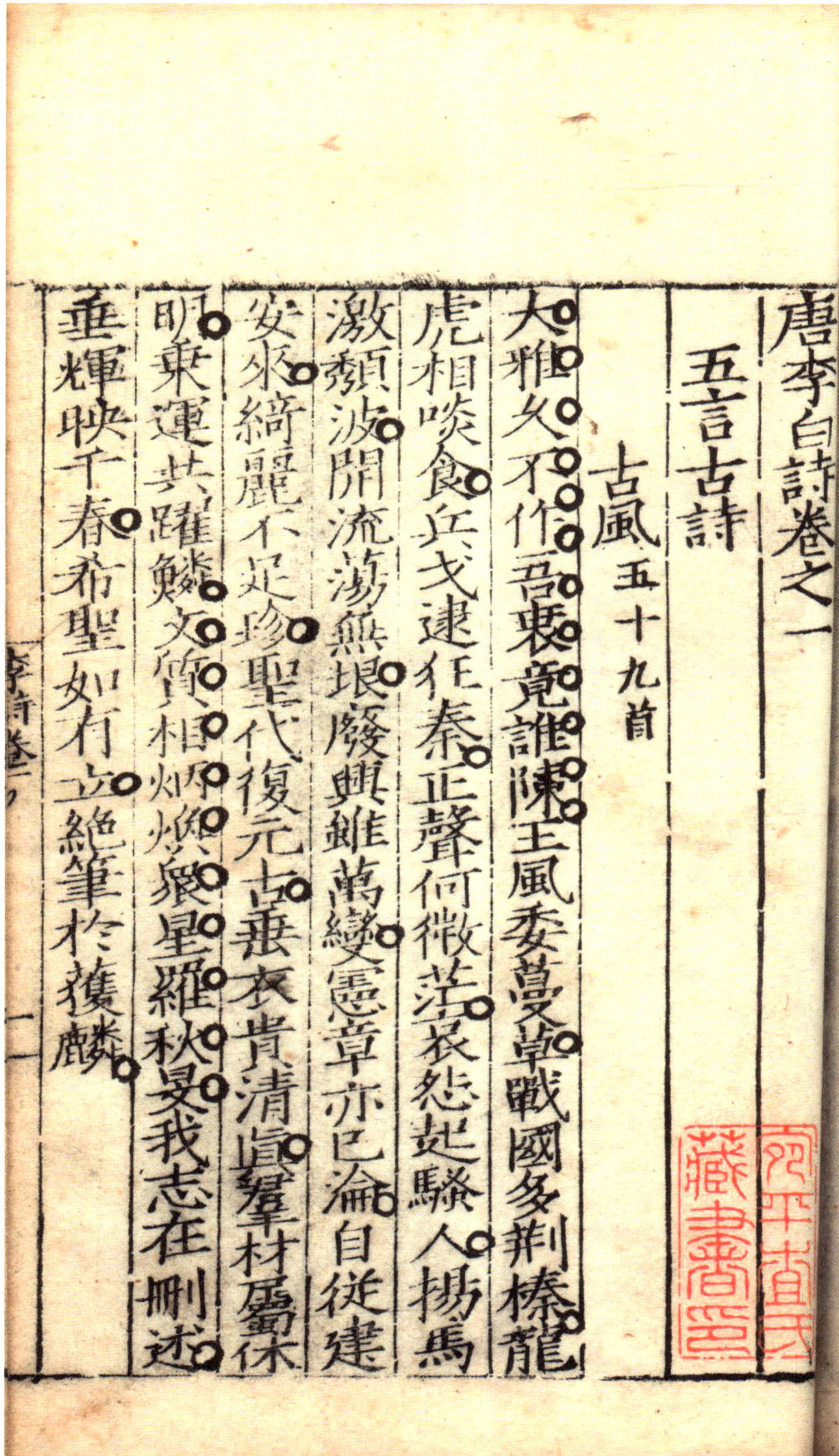

唐李白詩卷之一

五言古詩

古風五十九首

大雅久不作吾衰竟誰陳王風委蔓草戰國多荊榛龍
虎相啖食兵戈逮狂秦正聲何微茫哀怨起騷人揚馬
激頹波開流蕩無垠廢興雖萬變憲章亦已淪自從建
安來綺麗不足珍聖代復元古垂衣貴清真群才屬休
明乘運共躍鱗文質相炳煥衆星羅秋旻我志在刪述
垂輝映千春希聖如有立絕筆於獲麟

李詩卷一　一

10575 唐李白詩十二卷　（唐）李白撰　明嘉靖刻本

匡高19釐米，廣13.3釐米。半葉九行，行二十一字，白口，四周單邊。有“宛平查氏藏書印”等印。北京師範大學圖書館藏。

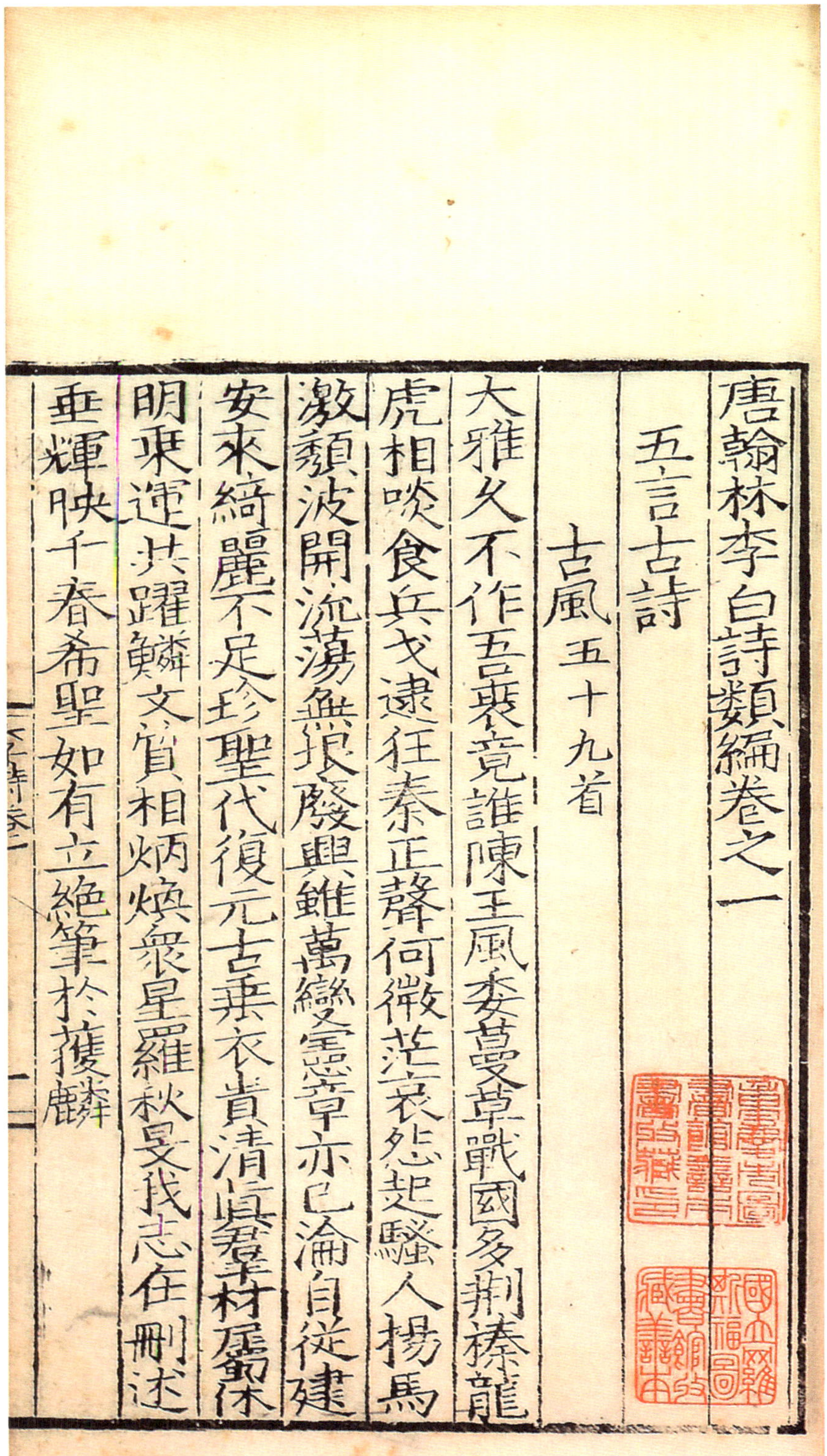
唐翰林李白詩類編卷之一
五言古詩
古風五十九首
大雅久不作吾衰竟誰陳王風委蔓草戰國多荊榛龍虎相啖食兵戈逮狂秦正聲何微茫哀怨起騷人揚馬激頹波開流蕩無垠廢興雖萬變憲章亦已淪自從建安來綺麗不足珍聖代復元古垂衣貴清真群才屬休明乘運共躍鱗文質相炳煥衆星羅秋旻我志在刪述垂輝映千春希聖如有立絕筆於獲麟

10576 唐翰林李白詩類編十二卷 （唐）李白撰 明刻本

匡高19.5釐米，廣14.2釐米。半葉九行，行二十一字，小字雙行同，白口，左右雙邊。重慶圖書館藏。

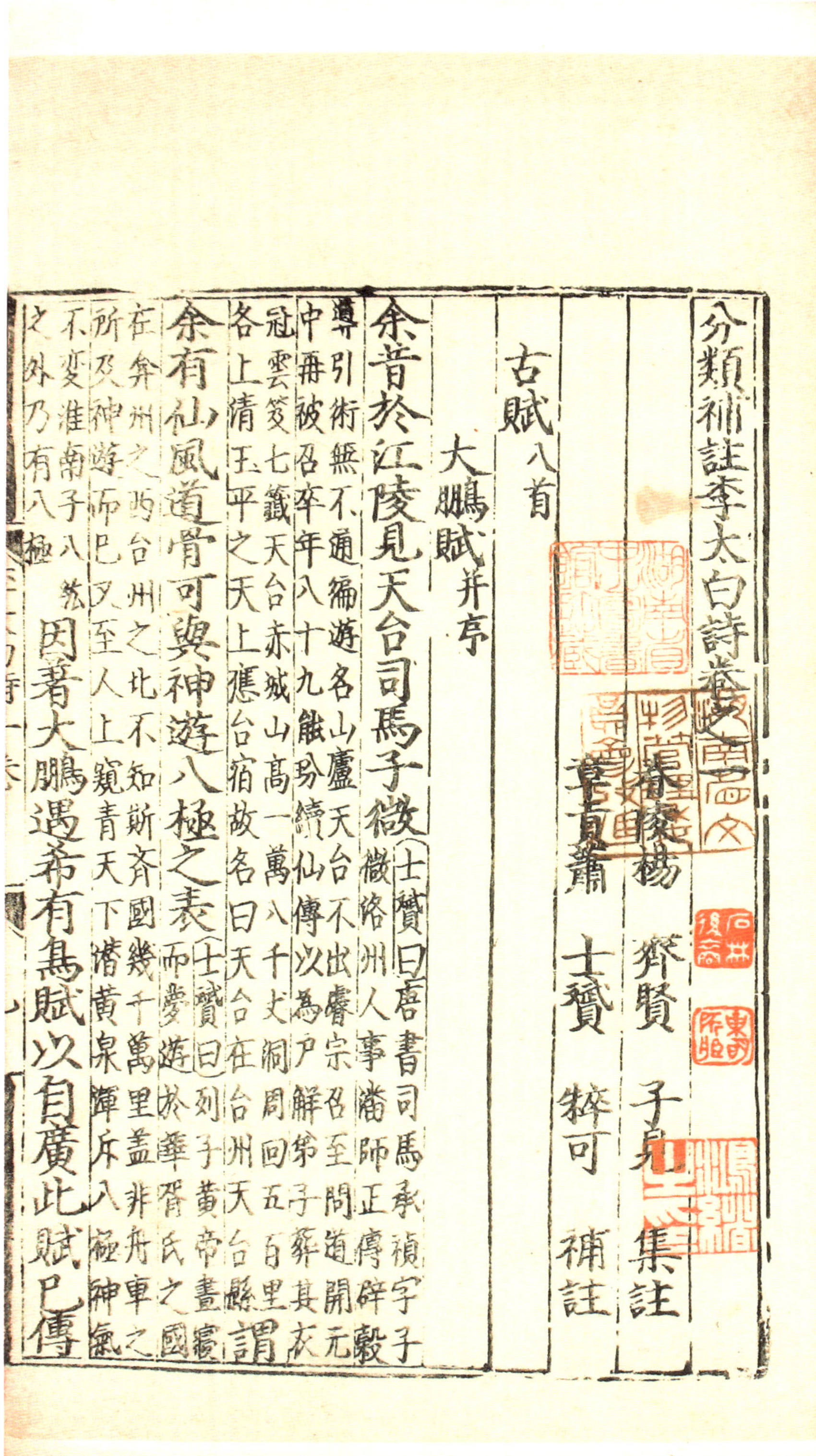

分類補註李太白詩卷之一

舂陵楊　齊賢　子見　集註

章貢蕭　士贇　粹可　補註

古賦八首

大鵬賦并序

余昔於江陵見天台司馬子微（士贇曰唐書司馬承禎字子微洛州人事潘師正傳辟穀導引術無不通徧遊名山廬天台不出睿宗名至問道開元中再被召卒年八十九能玢續仙傳以為尸解弟子葬其衣冠雲笈七籤天台赤城山高一萬八千丈洞周回五百里各上清玉平之天上應台宿故名曰天台在台州天台縣）謂余有仙風道骨可與神遊八極之表（士贇曰列子黄帝晝寢而夢遊於華胥氏之國在弇州之西台州之北不知斯齊國幾千萬里蓋非舟車之所及神遊而已又至人上窺青天下潛黄泉揮斥八極神氣不變淮南子八紘之外乃有八極）因著大鵬遇希有鳥賦以自廣此賦已傳

10577 分類補註李太白詩二十五卷（唐）李白撰（宋）楊齊賢集註（元）蕭士贇補註 明正德十五年（1520）安正書堂刻本

匡高19.8釐米，廣13.5釐米。半葉十一行，行二十三字，黑口，四周雙邊。有"庚辰歳孟冬月安正書堂新刊"牌記。有"拾經樓藏書記"等印。湖南圖書館藏。

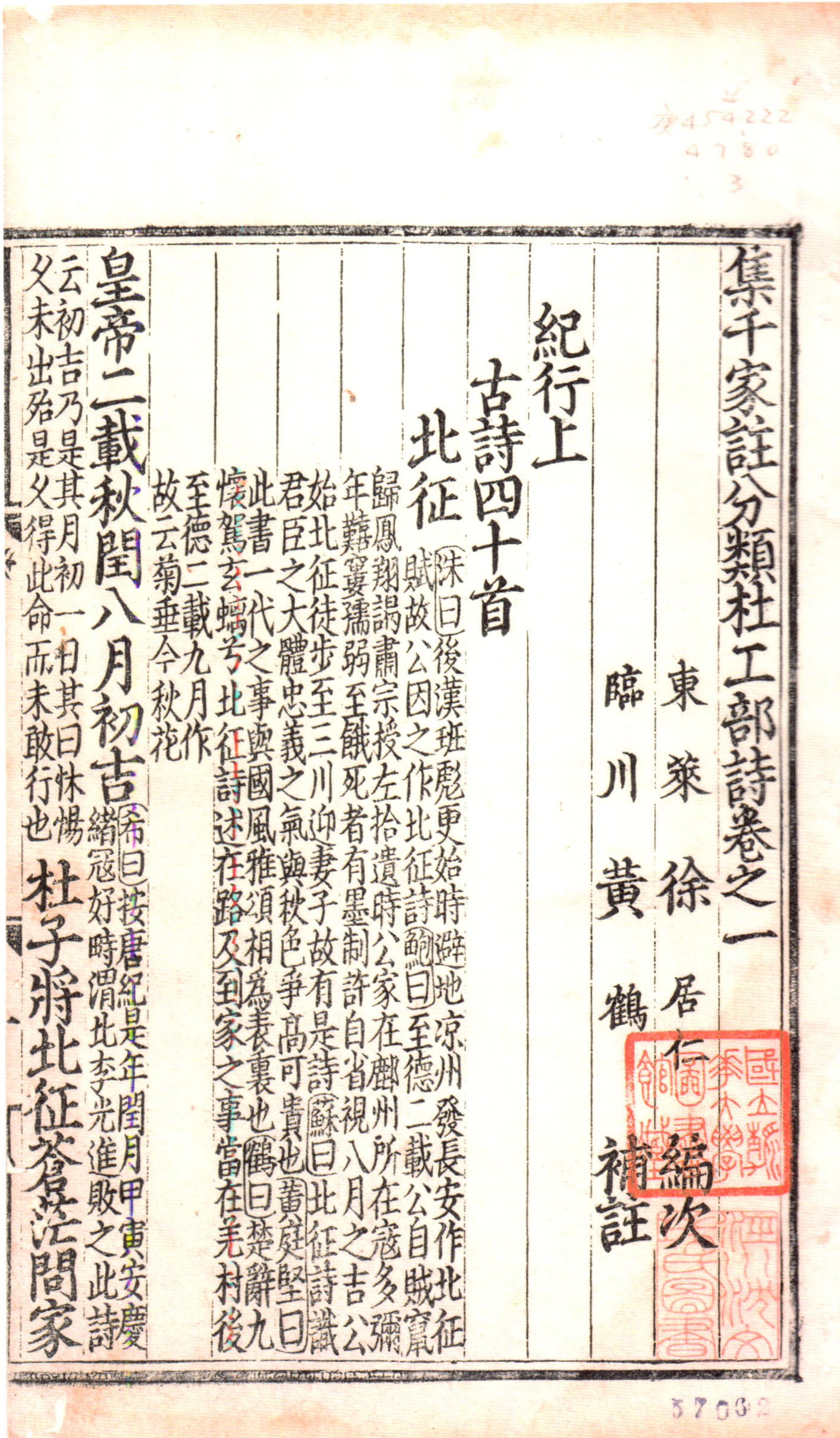

集千家註分類杜工部詩卷之一

東萊　徐　居仁　編次

臨川　黃　鶴　補註

紀行上

古詩四十首

北征〔洙曰〕後漢班彪更始時避地涼州發長安作北征賦故公因之作北征詩〔鮑曰〕至德二載公自賊竄歸鳳翔謁肅宗授左拾遺時公家在鄜州所在寇多彌年艱窶孺弱至餓死者有墨制許自省視八月之吉公始北征徒步至三川迎妻子故有是詩〔蘇曰〕北征詩識君臣之大體忠義之氣與秋色爭高可貴也〔黃庭堅曰〕此書一代之事與國風雅頌相爲表裏也〔鶴曰〕楚辭九懷駕玄螭兮北征詩述在路及到家之事當在羌村後至德二載九月作故云菊垂今秋花

皇帝二載秋閏八月初吉〔希曰〕按唐紀是年閏月甲寅安慶緒寇好時渭北李光進敗之此詩云初吉乃是其月初一日其日休暢久未出殆是久得此命而未敢行也杜子將北征蒼茫問家

10578 集千家註分類杜工部詩二十五卷文集二卷　（唐）杜甫撰　（宋）徐居仁編次　（宋）黃鶴補註　**年譜一卷**　（宋）黃鶴撰　明正德十四年（1519）汪諒金臺書院刻本

匡高19.8釐米，廣13.3釐米。半葉十二行，行二十字，小字雙行二十六字，黑口，四周雙邊。清華大學圖書館藏。

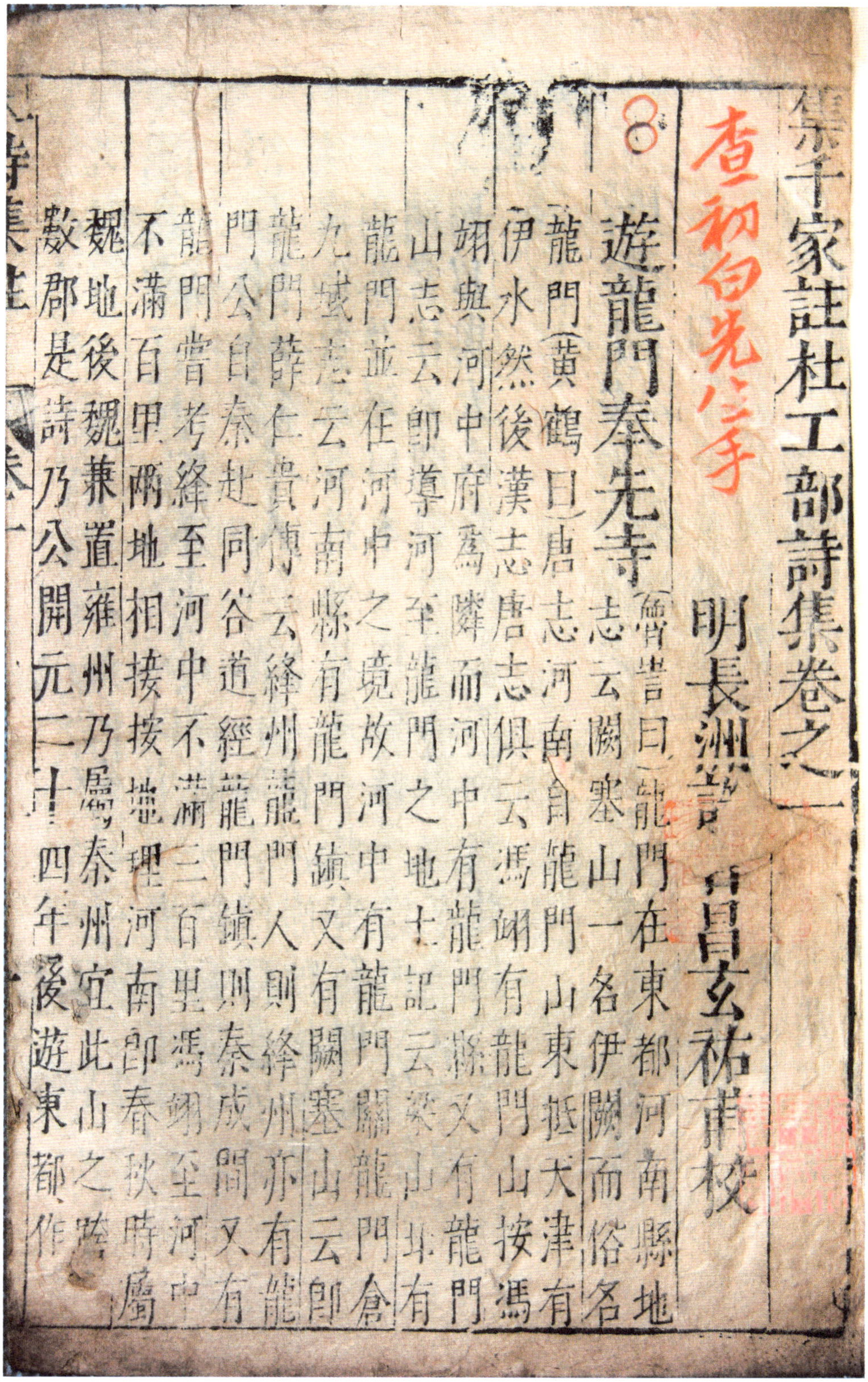
集千家註杜工部詩集卷之一
明長洲許自昌玄祐甫校
遊龍門奉先寺（舊書曰龍門在東都河南縣地志云闕塞山一名伊闕而俗名）
龍門（黃鶴曰）唐志河南自龍門山東抵大津有
伊水然後漢志唐志俱云馮翊有龍門山接馮
翊與河中府爲隣而河中有龍門縣又有龍門
山志云郎導河至龍門之地土記云梁山北有
龍門並在河中之境故河中有龍門關龍門倉
九域志云河南縣有龍門鎮又有關塞山云郎
龍門薛仁貴傳云絳州龍門人則絳州亦有龍
門公自秦赴同谷道經龍門鎮則秦成間又有
龍門嘗考絳至河中不滿三百里馮翊至河中
不滿百里兩地相接接壤理河南郎春秋時屬
魏地後魏兼置雍州乃屬秦州宜此山之跨
數郡是詩乃公開元二十四年後遊東都作

10579 集千家註杜工部詩集二十卷文集二卷 （唐）杜甫撰 （宋）黄鶴補註 明刻本

匡高21.4釐米，廣14.1釐米。半葉九行，行二十字，小字雙行同，白口，四周單邊。佚名録查慎行批校。山東省圖書館藏。

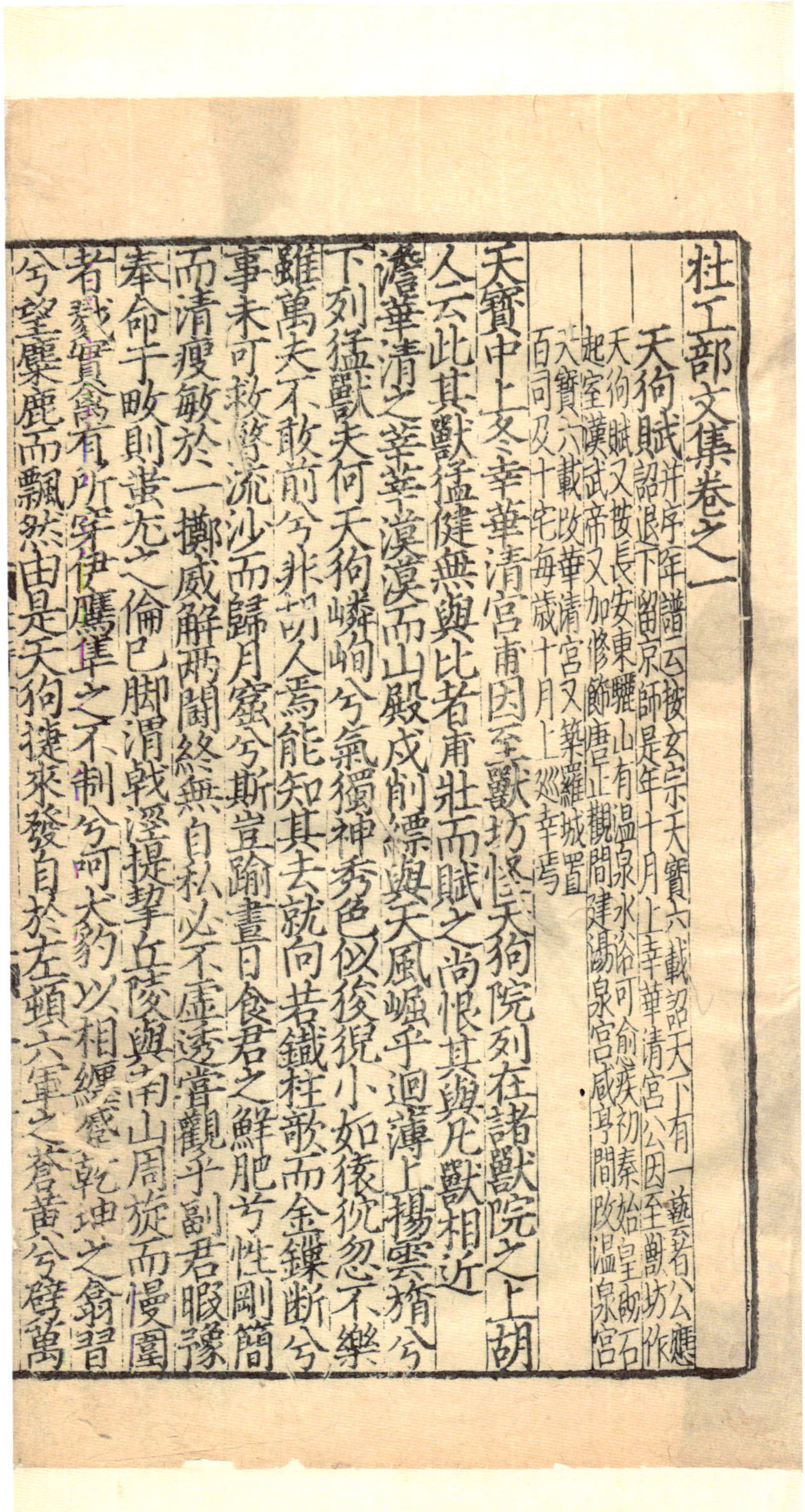

杜工部文集卷之一

天狗賦并序 年譜云按玄宗天寶六載詔天下有一藝者公應詔退下留京師是年十月上幸華清宮公因至獸坊作天狗賦又按長安東驪山有温泉水浴可愈疾初秦始皇砌石起室漢武帝又加修飾唐正觀間建湯泉宮咸亨間改温泉宮天寶六載改華清宮又築羅城置百司及十宅每歲十月上巡幸焉

天寶中上冬幸華清宮甫因至獸坊怪天狗院列在諸獸院之上胡人云此其獸猛健無與比者甫壯而賦之尚恨其與凡獸相近

澹華清之莘莘漠漠而山殿戌削縹與天風崛乎迴薄上揚雲旓兮下列猛獸夫何天狗嶙峋兮氣獨神秀色似狻猊小如猿狖忽不樂雖萬夫不敢前兮非胡人焉能知其去就向若鐵柱欹而金鏁斷兮事未可救瞥流沙而歸月窟兮斯豈踰晝日食君之鮮肥兮性剛簡而清瘦敏於一擲威解兩鬭終無自私必不虛透嘗觀乎副君暇豫奉命于畋則蚩尤之倫已脚渭戟涇提挈丘陵與南山周旋而慢圍者戕實竊有所穿伊鷹隼之不制兮何犬豹以相纏盛乾坤之翕習兮望麋鹿而飄然由是天狗捷來發自於左顛六軍之蒼黃兮聲萬

10580 集千家註批點杜工部詩集二十卷文集二卷 （唐）杜甫撰 （宋）黄鶴補註 （宋）劉辰翁評點 **年譜一卷附録一卷** 明洪武元年（1368）會文堂刻本

匡高22釐米，廣13.8釐米。半葉十四行，行二十六字，小字雙行同，黑口，左右雙邊。有“楊印守敬”等印。山東大學圖書館藏，存三卷。

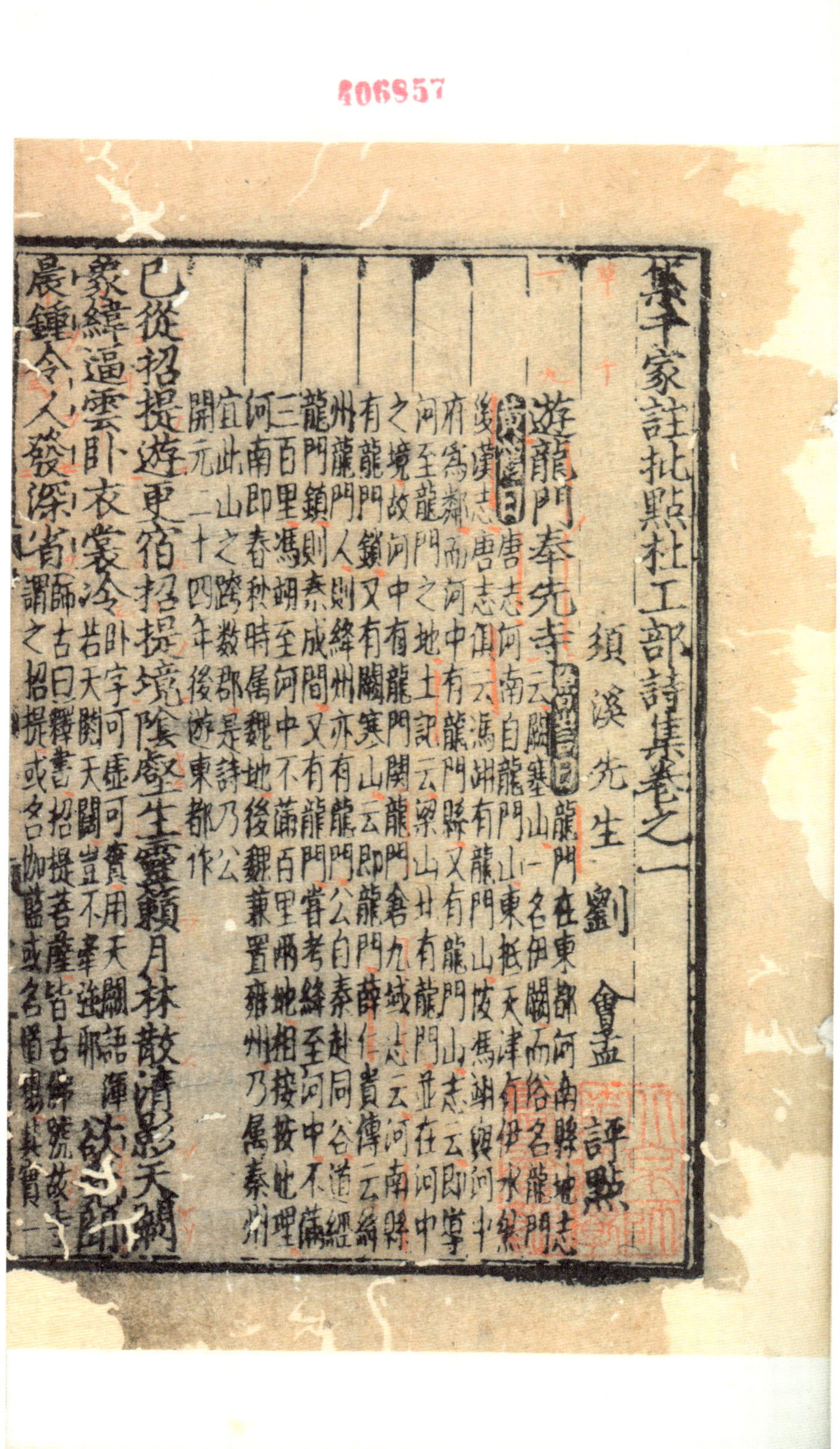

10581 集千家註批點杜工部詩集二十卷 （唐）杜甫撰　（宋）黄鶴補註　（宋）劉辰翁評點　**年譜一卷**　明初刻本

匡高20釐米，廣12.5釐米。半葉十二行，行二十二字，小字雙行同，黑口，四周雙邊。北京師範大學圖書館藏，存十四卷。

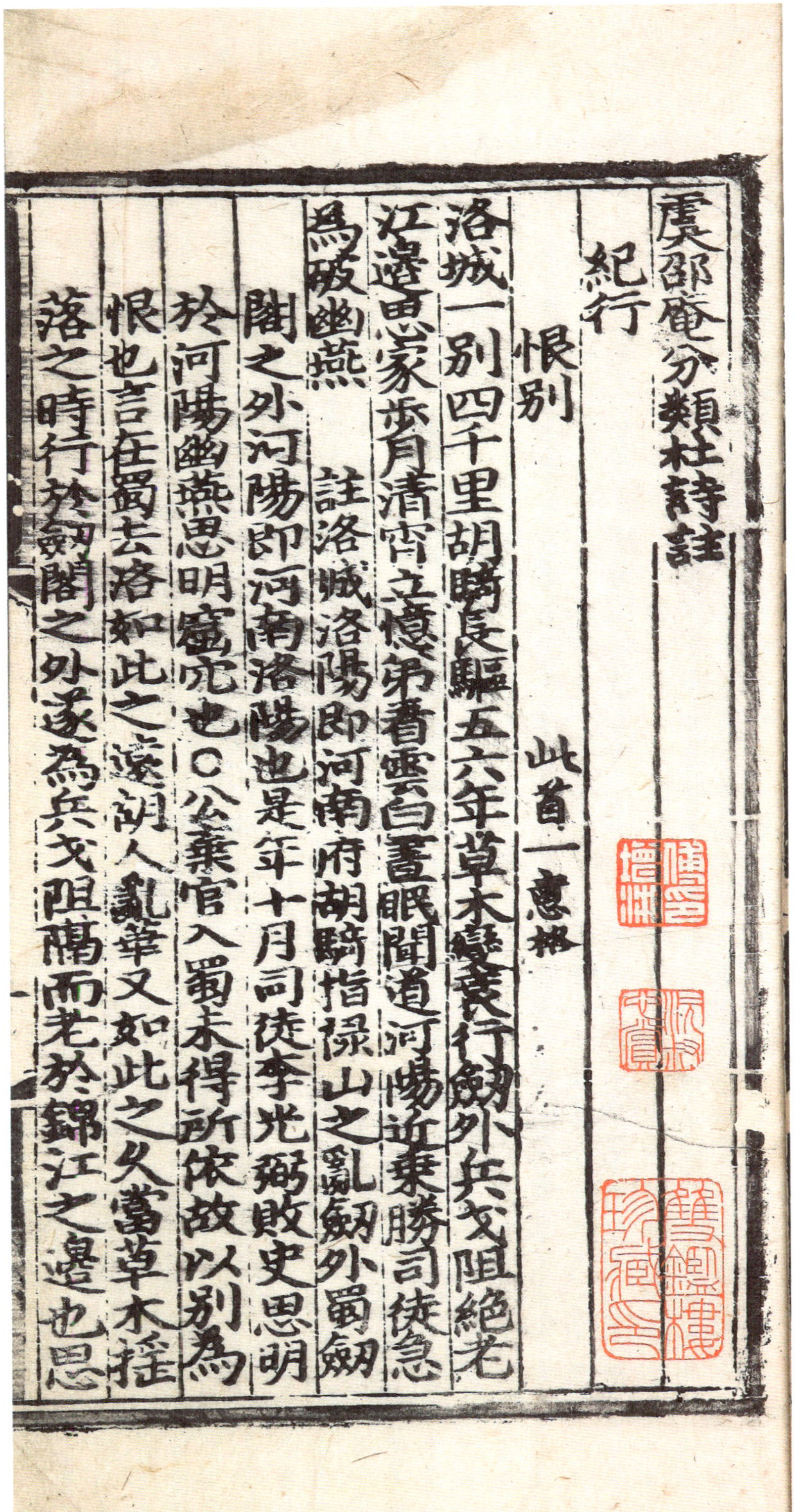
虞邵庵分類杜詩註
紀行
恨別　此首一意格
洛城一別四千里胡騎長驅五六年草木變衰行劍外兵戈阻絕老
江邊思家步月清宵立憶弟看雲白日眠聞道河陽近乘勝司徒急
為破幽燕　註洛城洛陽即河南府胡騎指祿山之亂劍外蜀劍
閣之外河陽即河南洛陽也是年十月司徒李光弼敗史思明
於河陽幽燕思明窟穴也○公棄官入蜀未得所依故以別為
恨也言在蜀去洛如此之遠胡人亂華又如此之久當草木搖
落之時行於劍閣之外遂為兵戈阻隔而老於錦江之邊也思

10582 虞邵庵分類杜詩註不分卷 （唐）杜甫撰 （元）虞集註 明正統石璞刻本

匡高22.3釐米，廣13.1釐米。半葉十行，行二十六字，黑口，四周雙邊。有“傅印增湘”、“雙鑑樓藏書印”等印。國家圖書館藏。

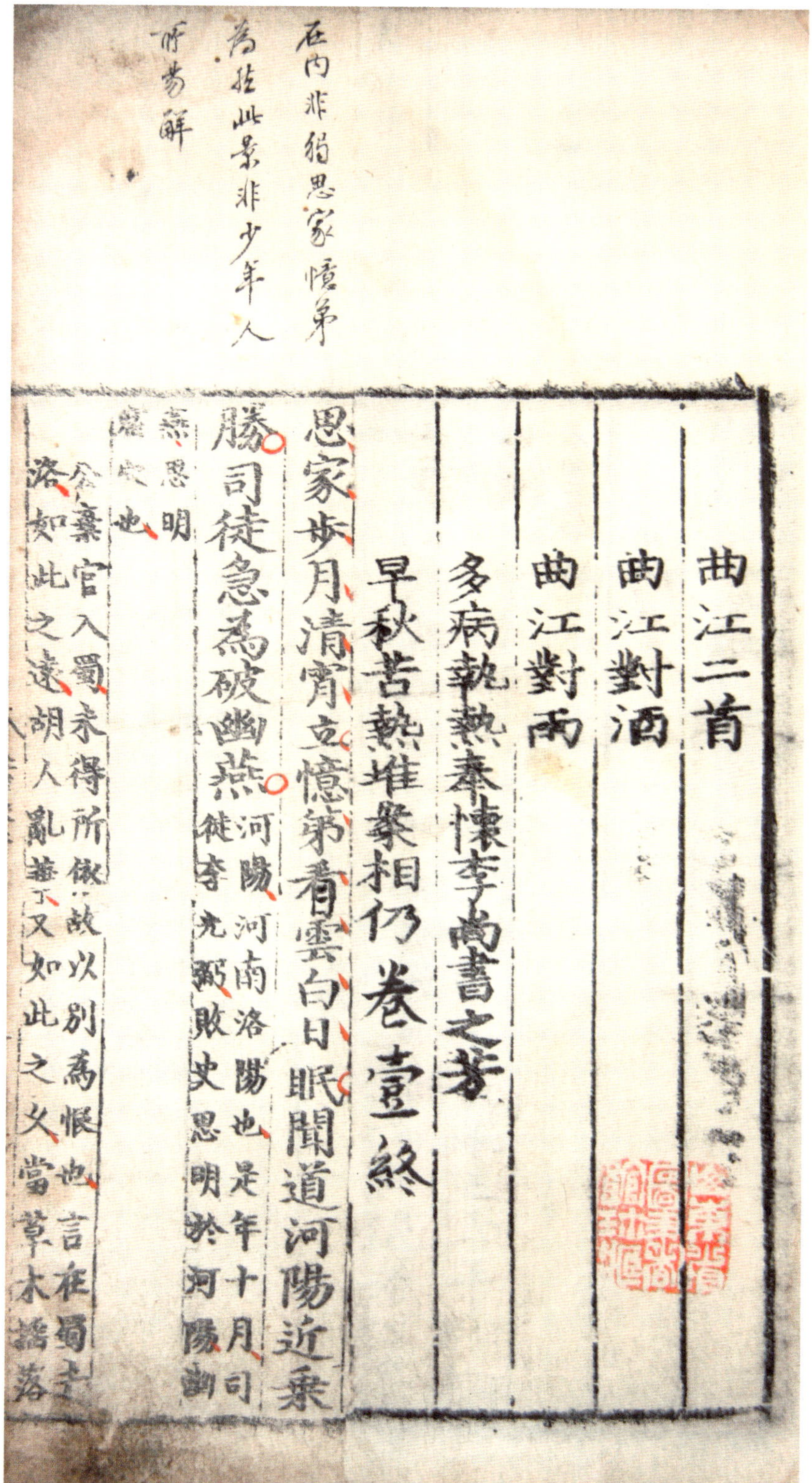

10583 杜律七言註解一卷 （唐）杜甫撰 （元）虞集注 明刻本

匡高18釐米，廣13.2釐米。半葉九行，行二十字，小字雙行同，白口，四周單邊。山東省圖書館藏。

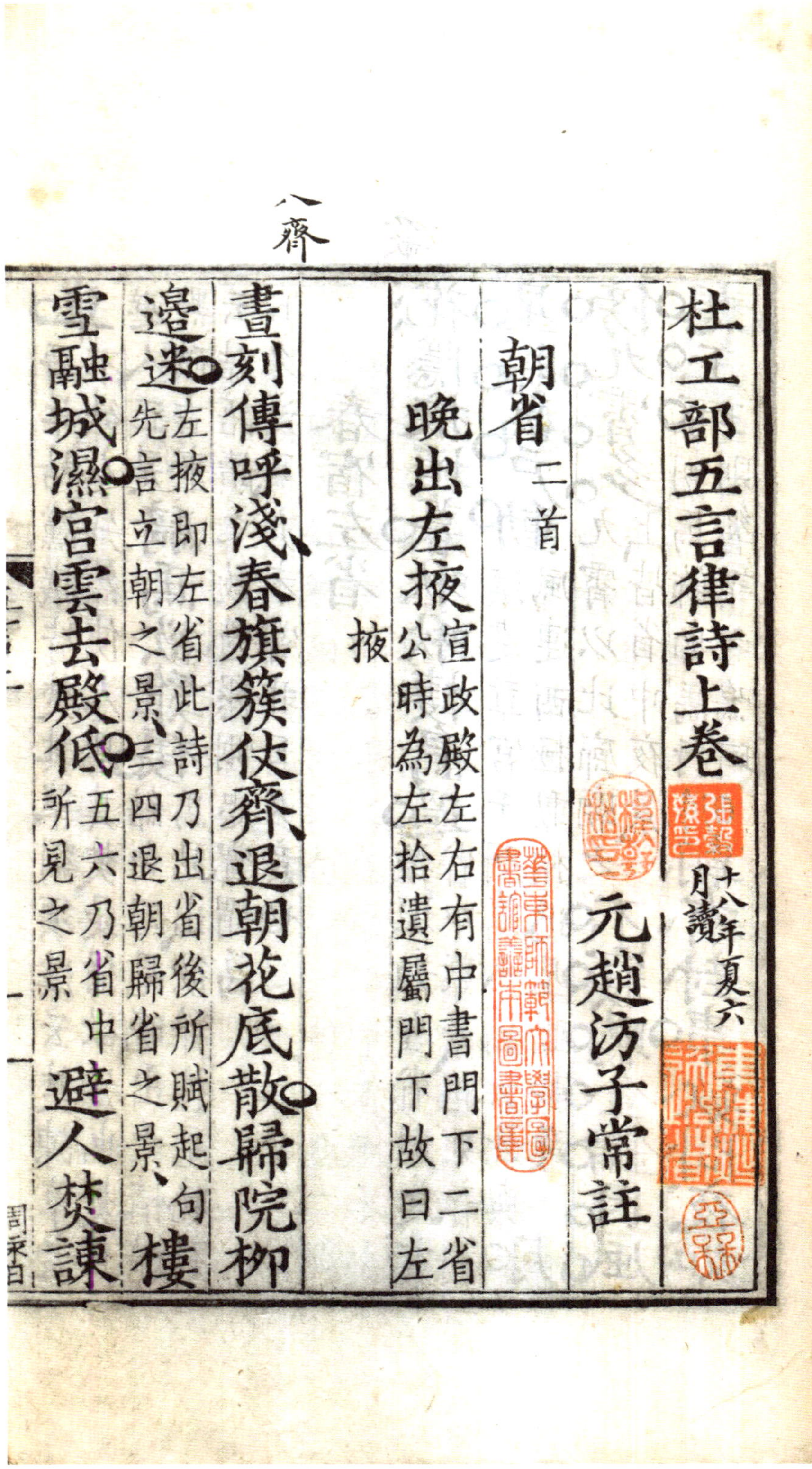
杜工部五言律詩上卷

元趙汸子常註

朝省二首

晚出左掖 宣政殿左右有中書門下二省公時為左拾遺屬門下故曰左掖

晝刻傳呼淺、春旗簇仗齊、退朝花底散。歸院柳邊迷。左掖即左省此詩乃出省後所賦起句先言立朝之景、三四退朝歸省之景、樓雪融城濕。宮雲去殿低。五六乃省中所見之景 避人焚諫

10584 杜律五七言四卷 明龔雷刻本

匡高17釐米，廣12.7釐米。半葉八行，行十八字，小字雙行同，白口，四周雙邊。華東師範大學圖書館藏。

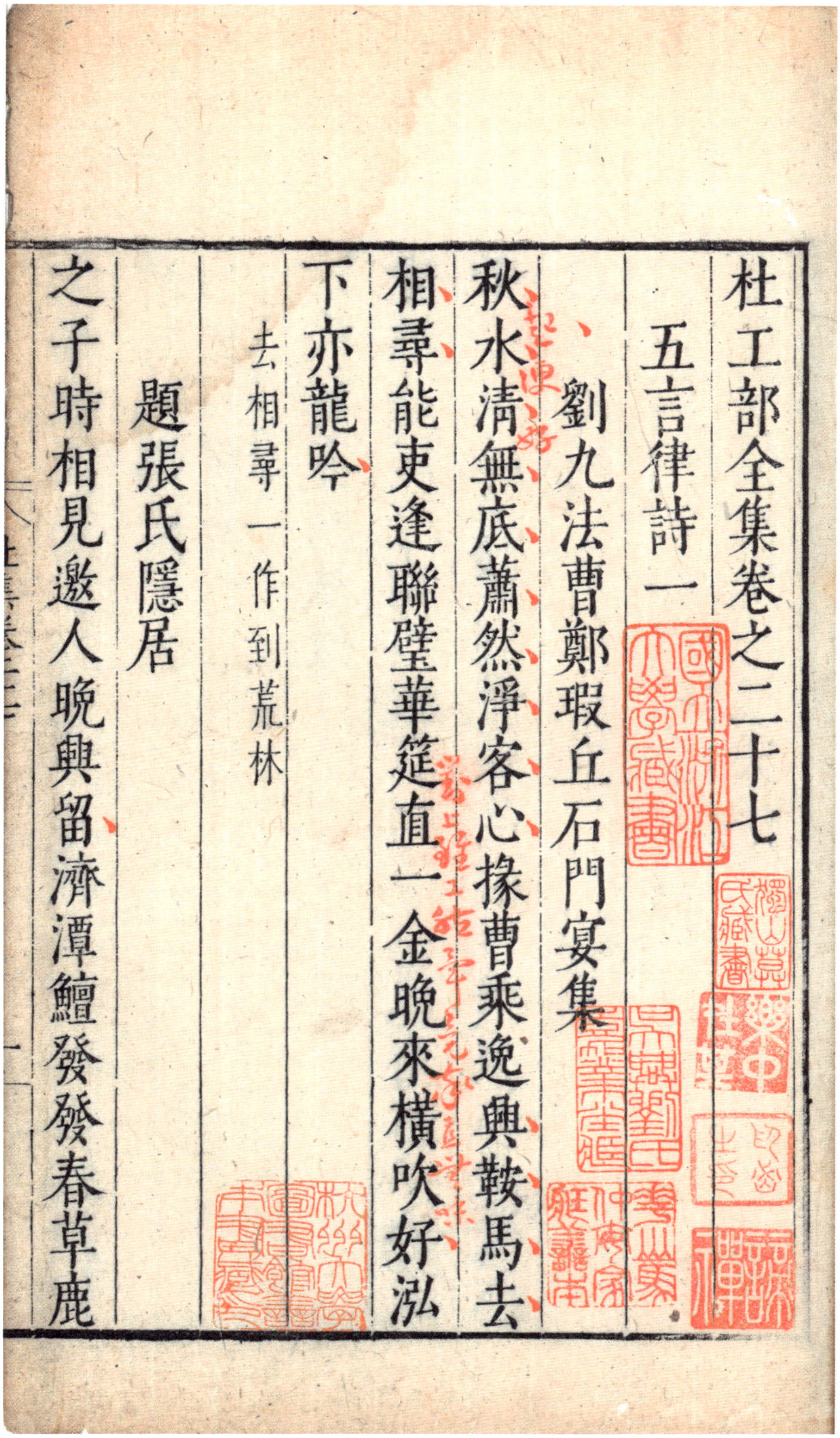

杜工部全集卷之二十七

五言律詩一

劉九法曹鄭瑕丘石門宴集

秋水清無底蕭然淨客心掾曹乘逸興鞍馬去相尋能吏逢聯璧華筵直一金晚來橫吹好泓下亦龍吟去相尋一作到荒林

題張氏隱居

之子時相見邀人晚興留濟潭鱣發發春草鹿

10585 杜工部全集六十六卷目録六卷 （唐）杜甫撰 （明）劉世教輯 **年譜一卷** （宋）黃鶴撰 明萬曆四十年（1612）刻合刻分體李杜全集本

匡高20.1釐米，廣14.8釐米。半葉九行，行十八字，小字雙行同，白口，左右雙邊。呂留良批，呂葆中跋。浙江大學圖書館藏。

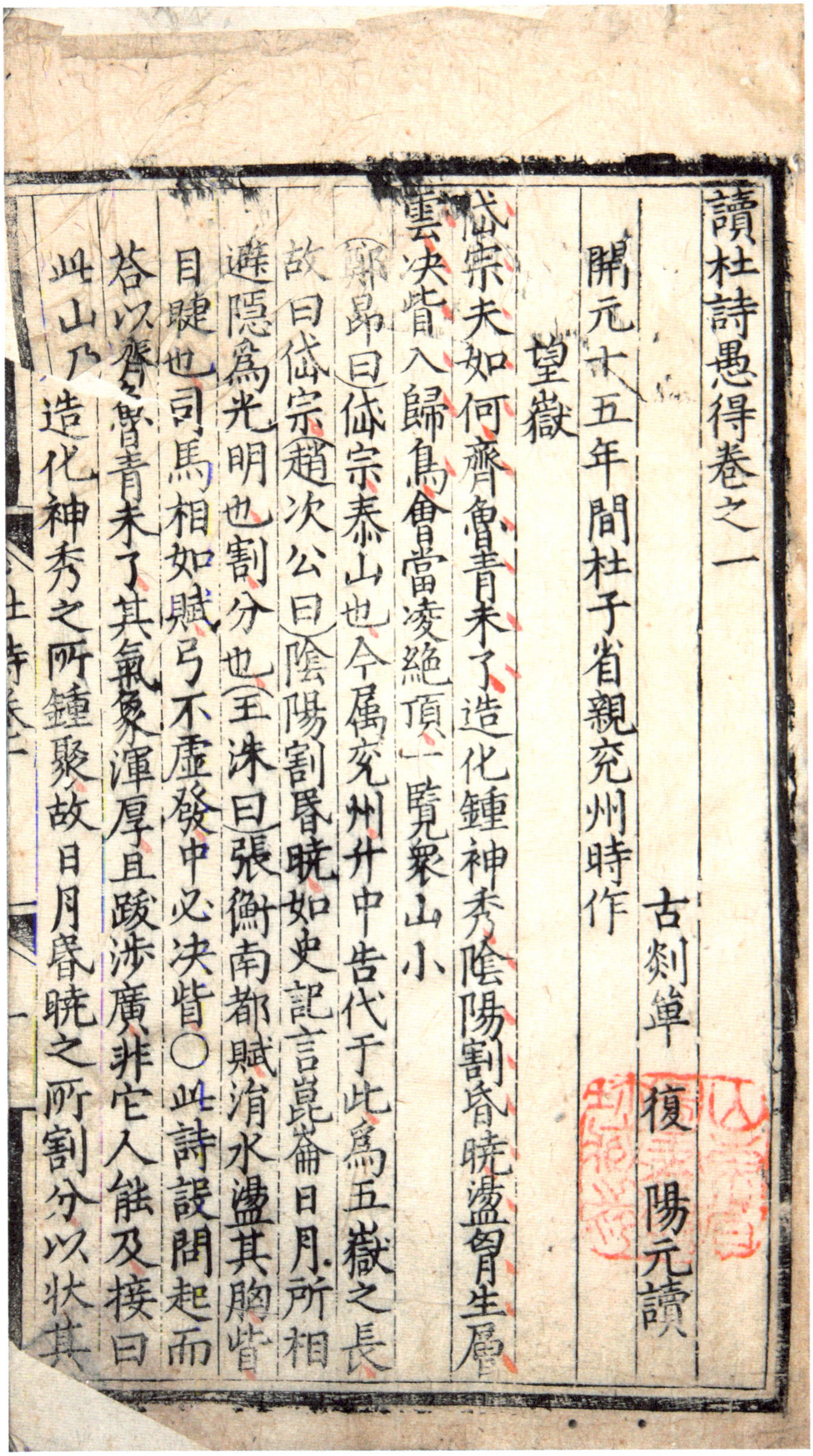

10586 讀杜詩愚得十八卷 （明）單復撰 明天順元年（1457）朱熊梅月軒刻弘治十四年（1501）重修本

匡高22.8釐米，廣13.8釐米。半葉十二行，行二十四字，黑口，四周雙邊。山東省圖書館藏，存十三卷。

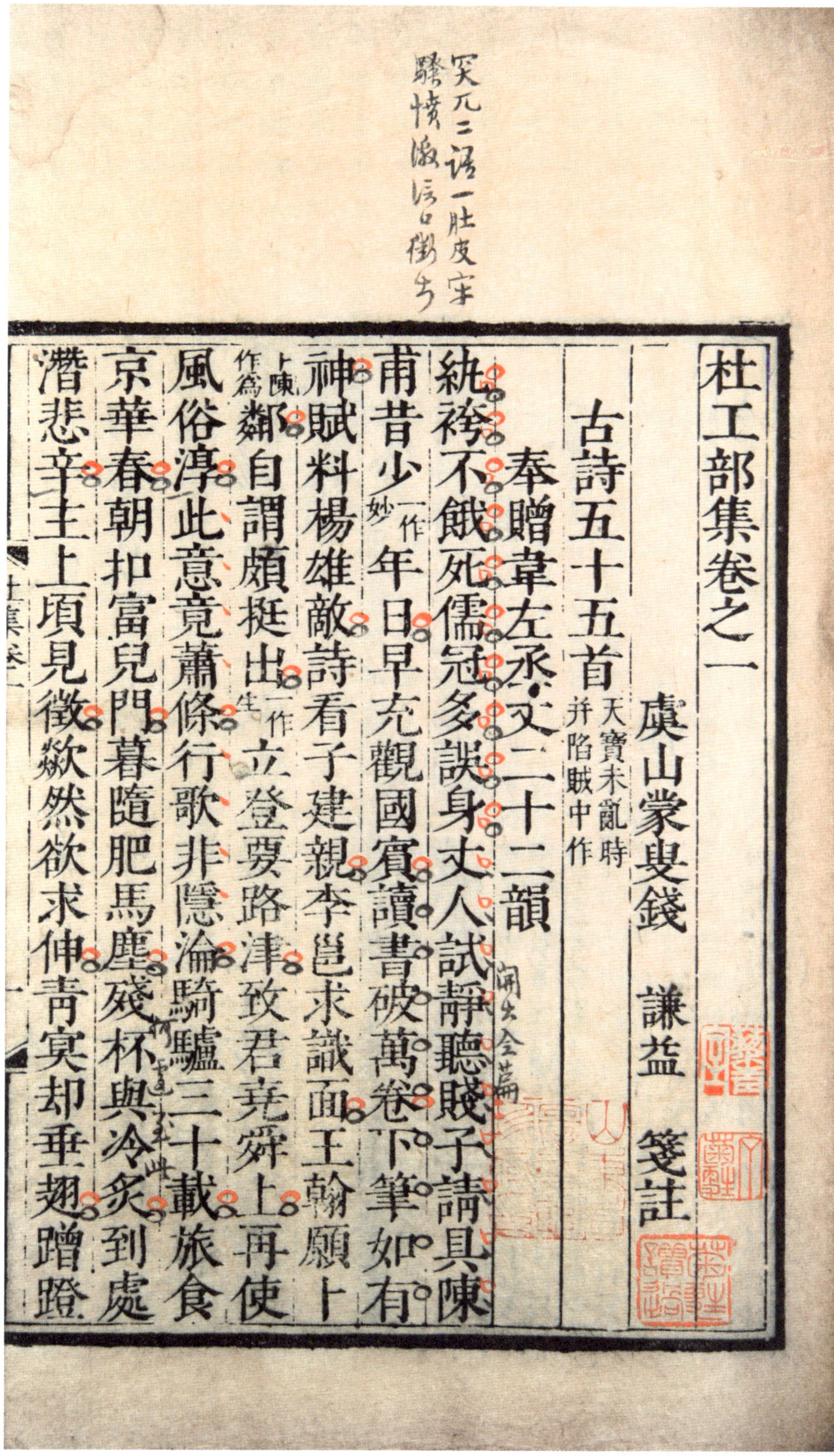

10587 杜工部集二十卷 （唐）杜甫撰 （清）錢謙益箋註 **年譜一卷諸家詩話一卷唱酬題詠附録一卷附録一卷** 清康熙六年（1667）季氏靜思堂刻本

匡高18.4釐米，廣13.7釐米。半葉十一行，行二十字，黑口，四周雙邊。桂馥批校。山東省圖書館藏，存十三卷。

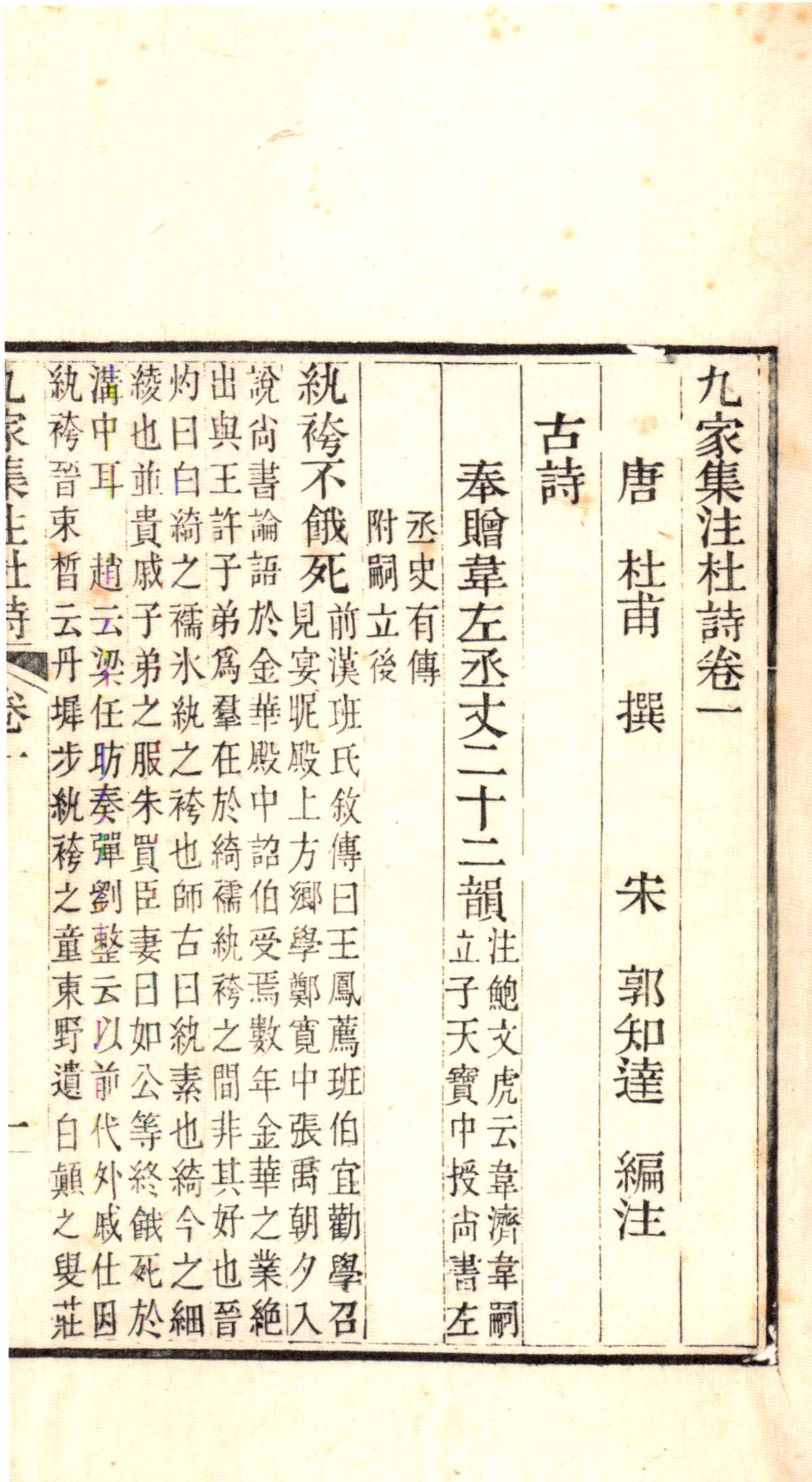
九家集注杜詩卷一
唐 杜甫 撰 宋 郭知達 編注
古詩
奉贈韋左丞丈二十二韻 注鮑文虎云韋濟韋嗣立子天寶中授尚書左丞史有傳附嗣立後
紈袴不餓死 前漢班氏敘傳曰王鳳薦班伯宜勸學召見宴昵殿上方鄉學鄭寬中張禹朝夕入說尚書論語於金華殿中詔伯受焉數年金華之業絕出與王許子弟爲羣在於綺襦紈袴之間非其好也晉灼曰白綺之襦氷紈之袴也師古曰紈素也綺今之細綾也並貴戚子弟之服朱買臣妻曰如公等終餓死於溝中耳 趙云梁任昉奏彈劉整云以前代外戚仕因紈袴晉束晳云丹墀步紈袴之童東野遺白顛之叟莊
九家集注杜詩 卷一 一

10588 九家集注杜詩三十六卷 （唐）杜甫撰 （宋）郭知達編注 清乾隆武英殿刻本

匡高17.4釐米，廣12.2釐米。半葉九行，行二十一字，小字雙行同，白口，四周雙邊。故宫博物院藏。

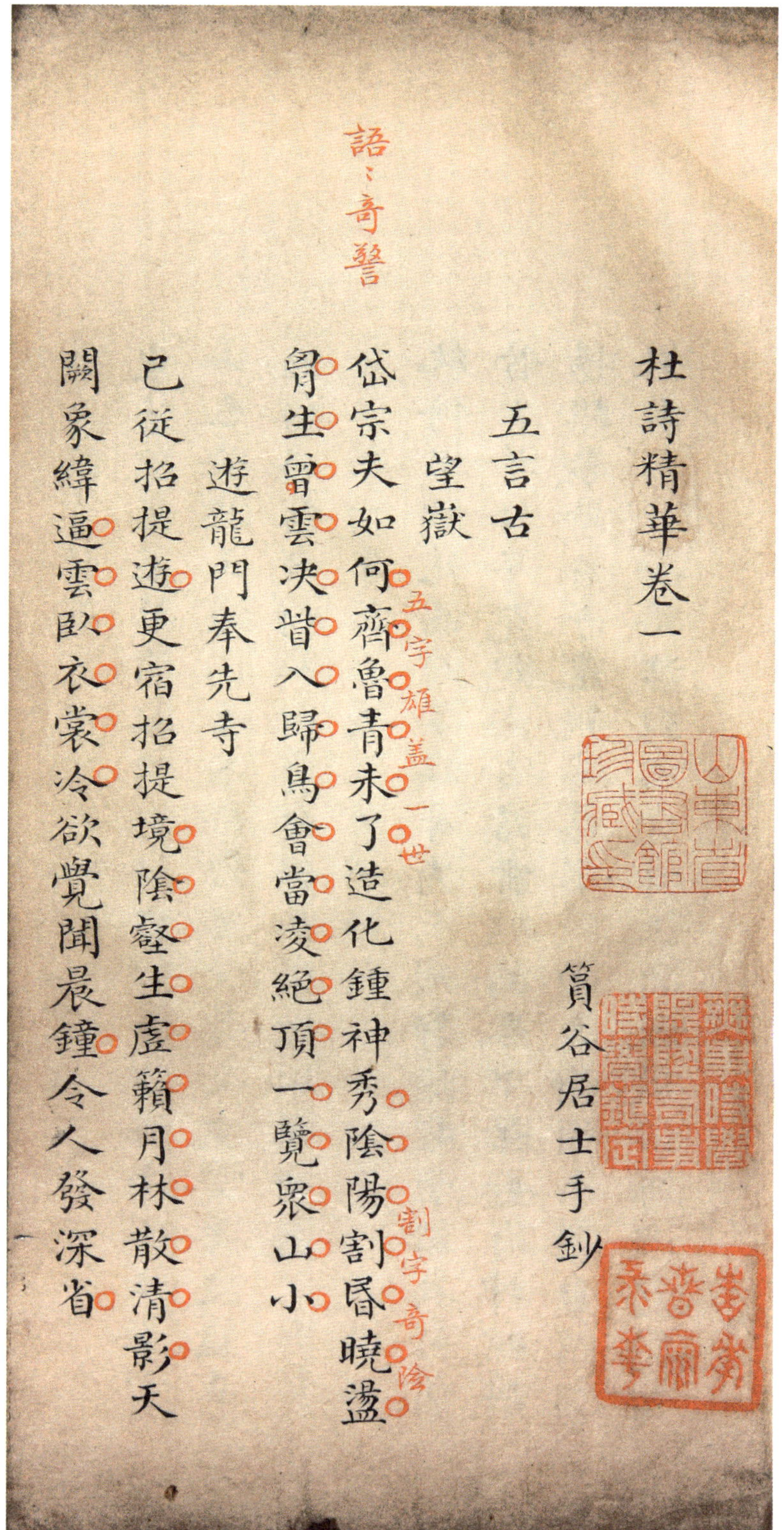
杜詩精華卷一
篔谷居士手鈔
五言古
望嶽
岱宗夫如何齊魯青未了造化鍾神秀陰陽割昏曉盪胷生曾雲決眥入歸鳥會當凌絕頂一覽衆山小
遊龍門奉先寺
已從招提遊更宿招提境陰壑生虛籟月林散清影天闕象緯逼雲臥衣裳冷欲覺聞晨鐘令人發深省

10589 杜詩精華六卷 （唐）杜甫撰 （清）朱琦輯 清乾隆抄本

山東省圖書館藏。

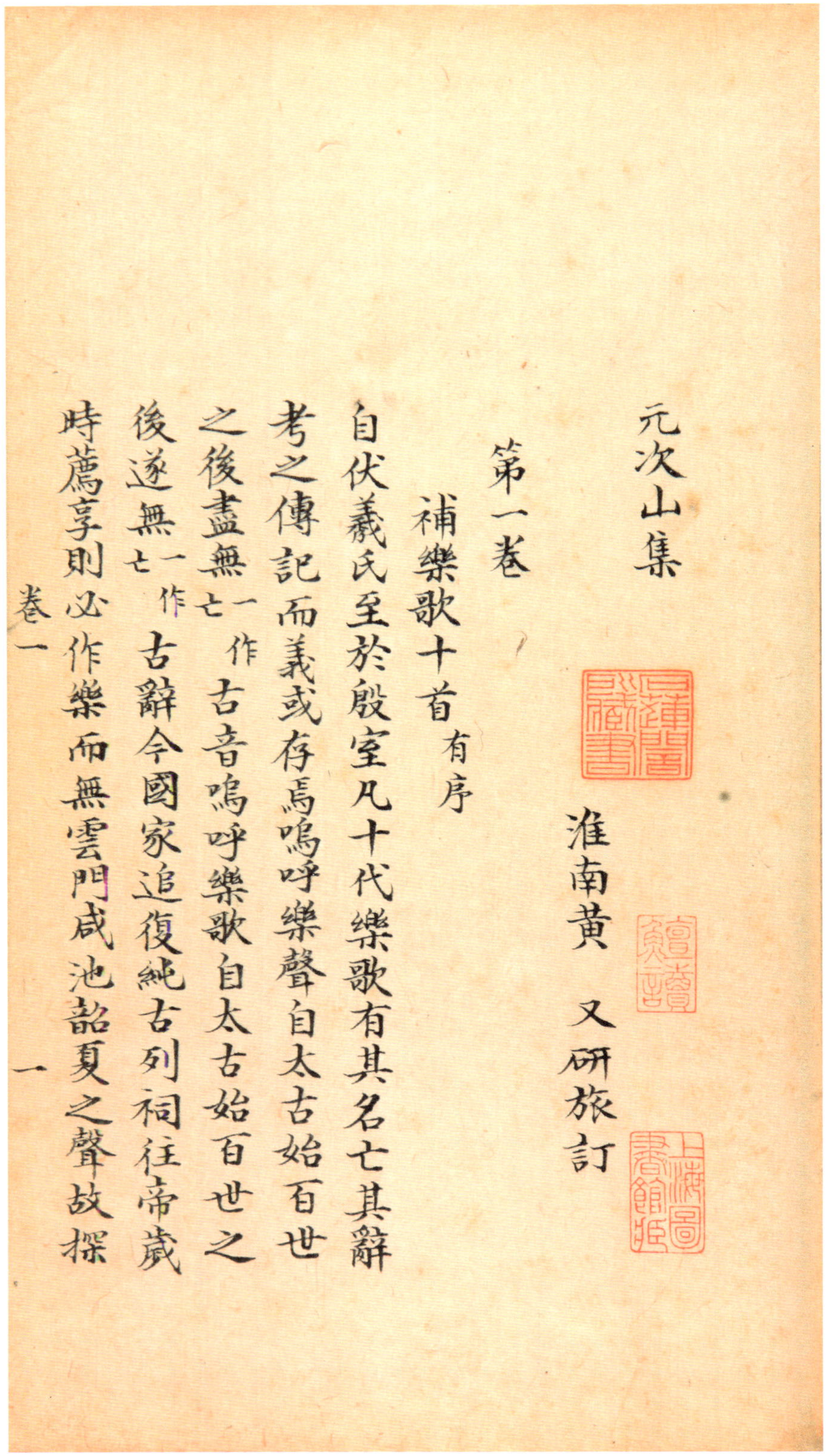

元次山集

淮南黃 又研旅訂

第一卷

補樂歌十首 有序

自伏羲氏至於殷室凡十代樂歌有其名亡其辭考之傳記而義或存焉嗚呼樂聲自太古始百世之後盡無一作亡古音嗚呼樂歌自太古始百世之後遂無一作亡古辭令國家追復純古列祠往帝歲時薦享則必作樂而無雲門咸池韶夏之聲故探

卷一 一

10590 元次山集十二卷 （唐）元結撰 清陳氏向山閣抄本

有“鱣讀”、“石蓮闇所藏書”等印。上海圖書館藏。

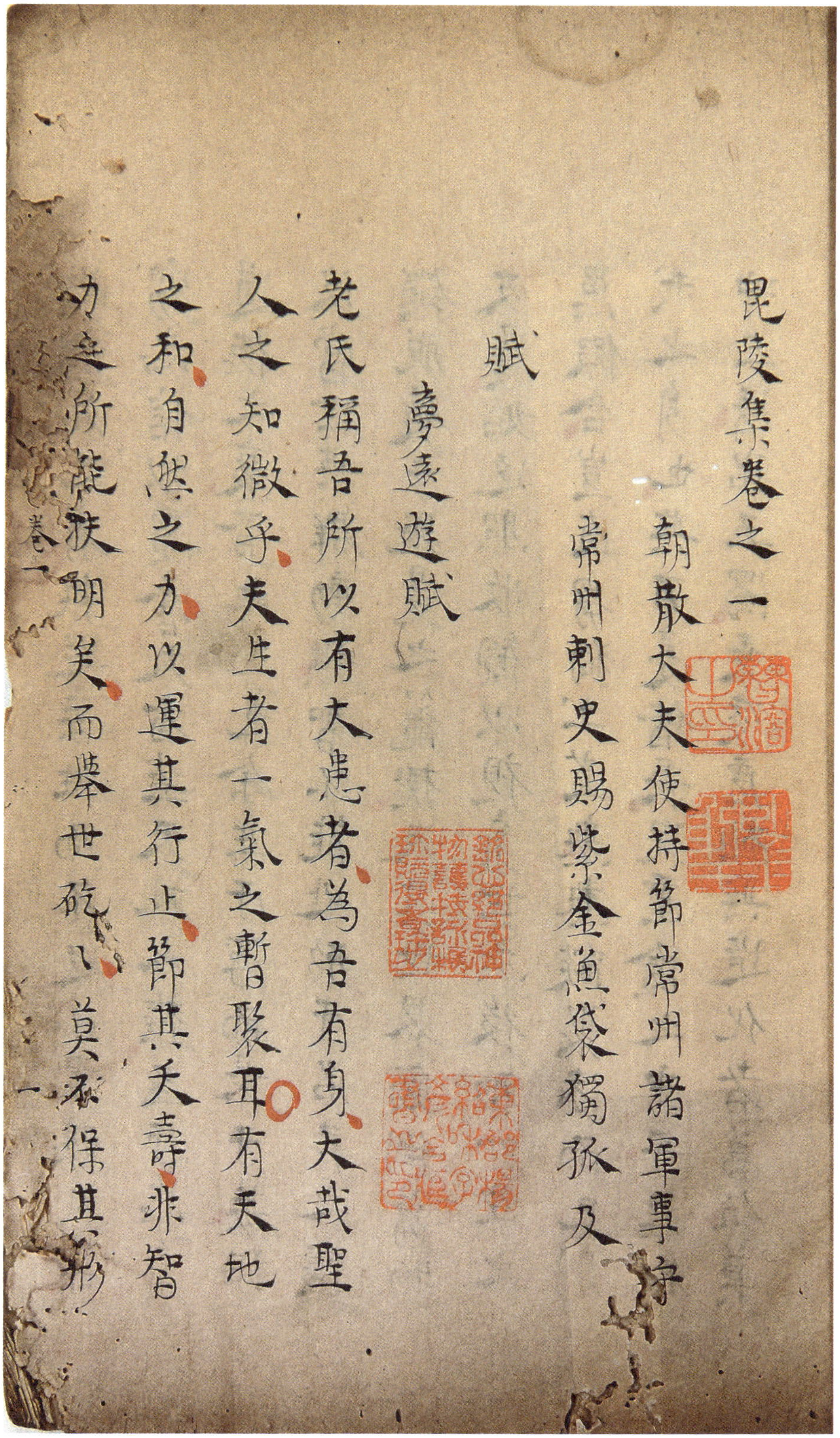

10591 毘陵集二十卷 （唐）獨孤及撰 明抄本

有“曹溶之印”、“東郡楊紹和字彦合藏書之印”等印。厦門市圖書館藏，存十二卷。

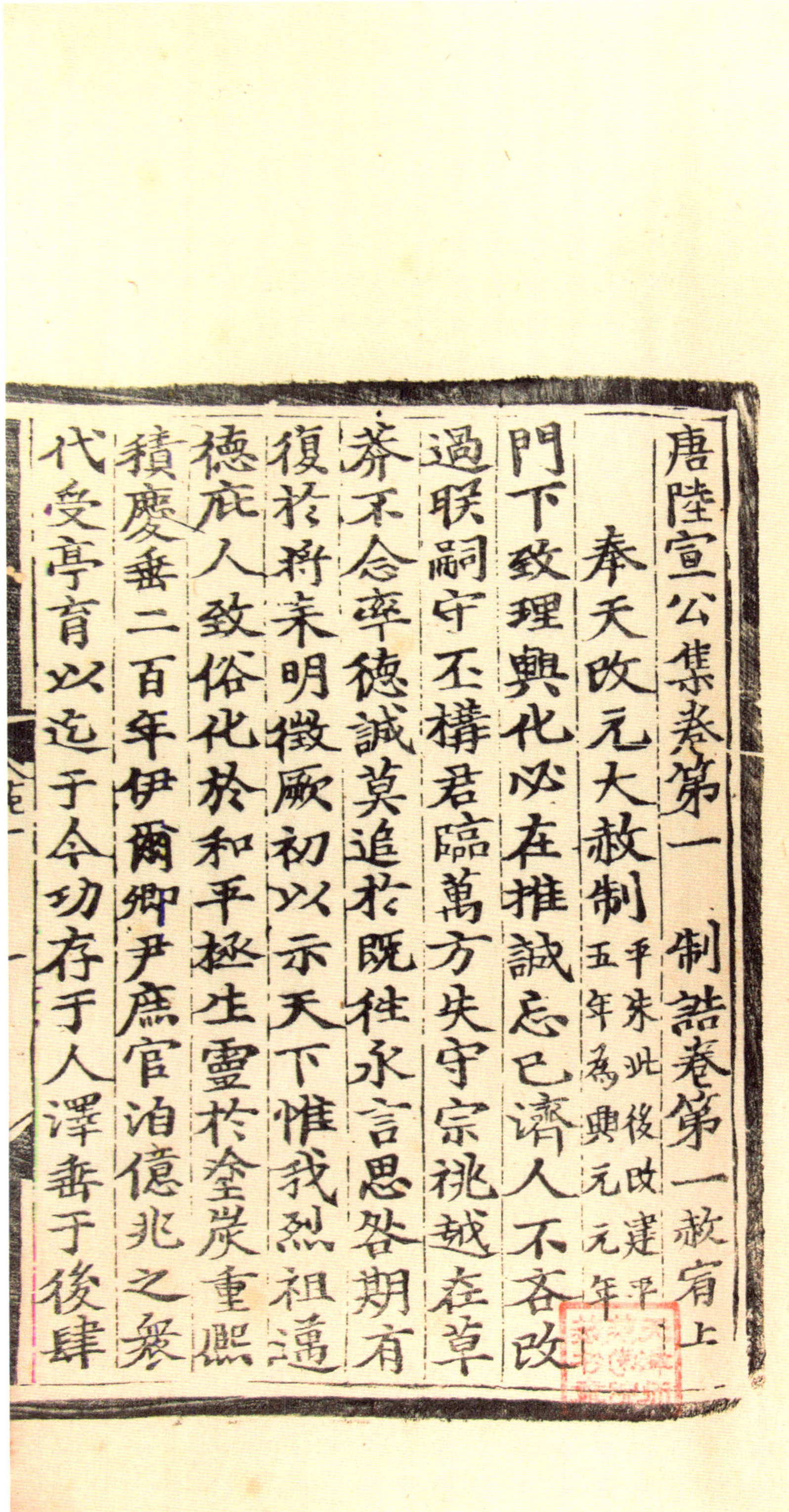

唐陸宣公集卷第一　制誥卷第一　赦宥上
奉天改元大赦制　平朱泚後改建平五年爲興元元年
門下致理興化必在推誠忘己濟人不吝改
過朕嗣守丕構君臨萬方失守宗祧越在草
莽不念率德誠莫追於既往永言思咎期有
復於將來明徵厥初以示天下惟我烈祖邁
德庇人致俗化於和平拯生靈於塗炭重熙
積慶垂二百年伊爾卿尹庶官洎億兆之衆
代受亭育以迄于今功存于人澤垂于後肆

10592 唐陸宣公集二十二卷 （唐）陸贄撰 明刻本

匡高20.4釐米，廣14.5釐米。半葉九行，行十七字，黑口，四周雙邊。天津師範大學圖書館藏。

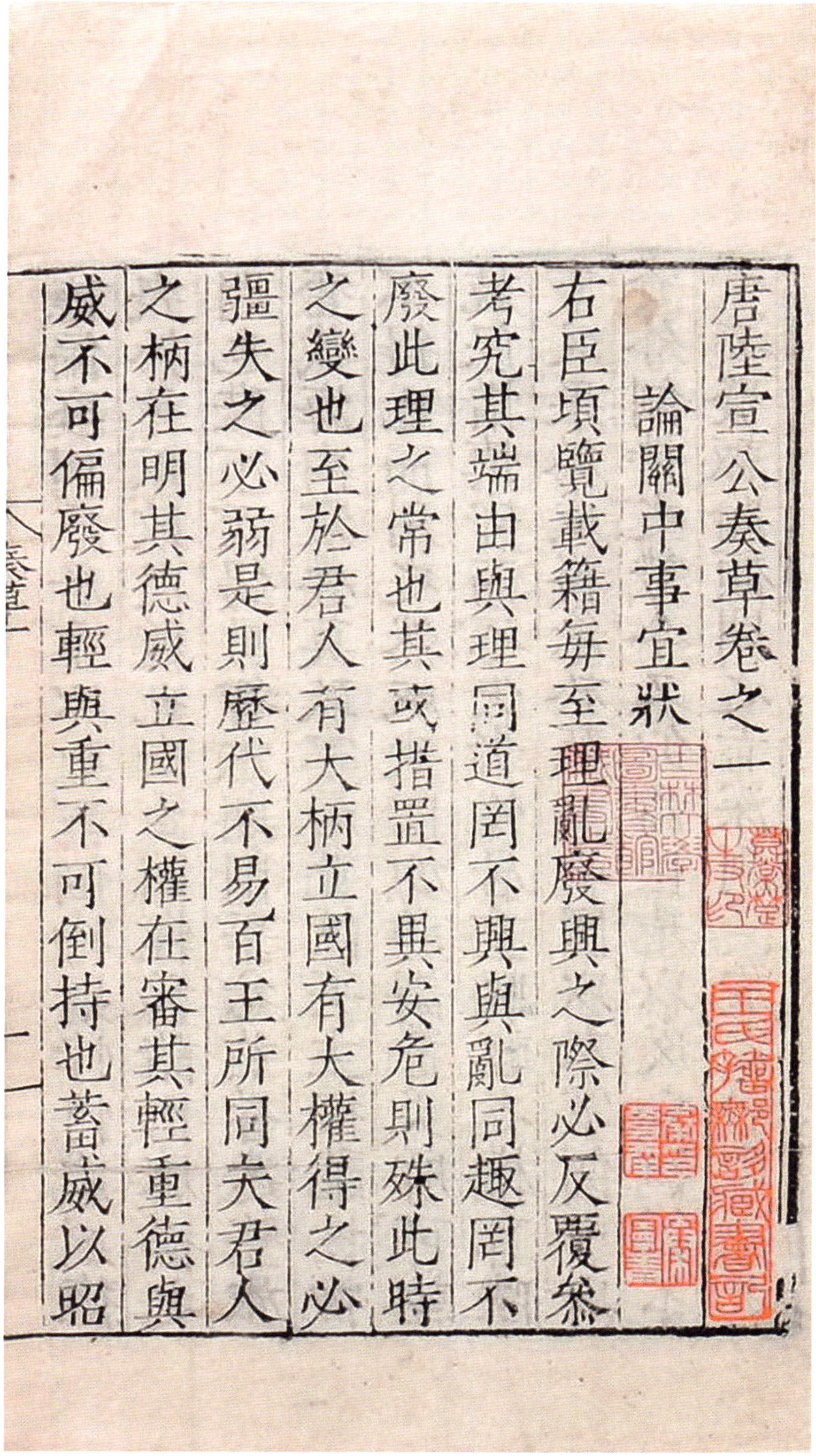

唐陸宣公奏草卷之一
論關中事宜狀
右臣頃覽載籍每至理亂廢興之際必反覆參
考究其端由與理同道罔不興與亂同趣罔不
廢此理之常也其或措置不異安危則殊此時
之變也至於君人有大柄立國有大權得之必
彊失之必弱是則歷代不易百王所同夫君人
之柄在明其德威立國之權在審其輕重德與
威不可偏廢也輕與重不可倒持也蓄威以昭

10593 唐陸宣公集二十四卷 （唐）陸贄撰 明嘉靖二十七年（1548）沈伯咸西清書舍刻本

匡高19.1釐米，廣13.8釐米。半葉九行，行十八字，白口，左右雙邊。有“莫棠楚生父印”、“王氏籀鄦誃藏書記”等印。吉林大學圖書館藏。

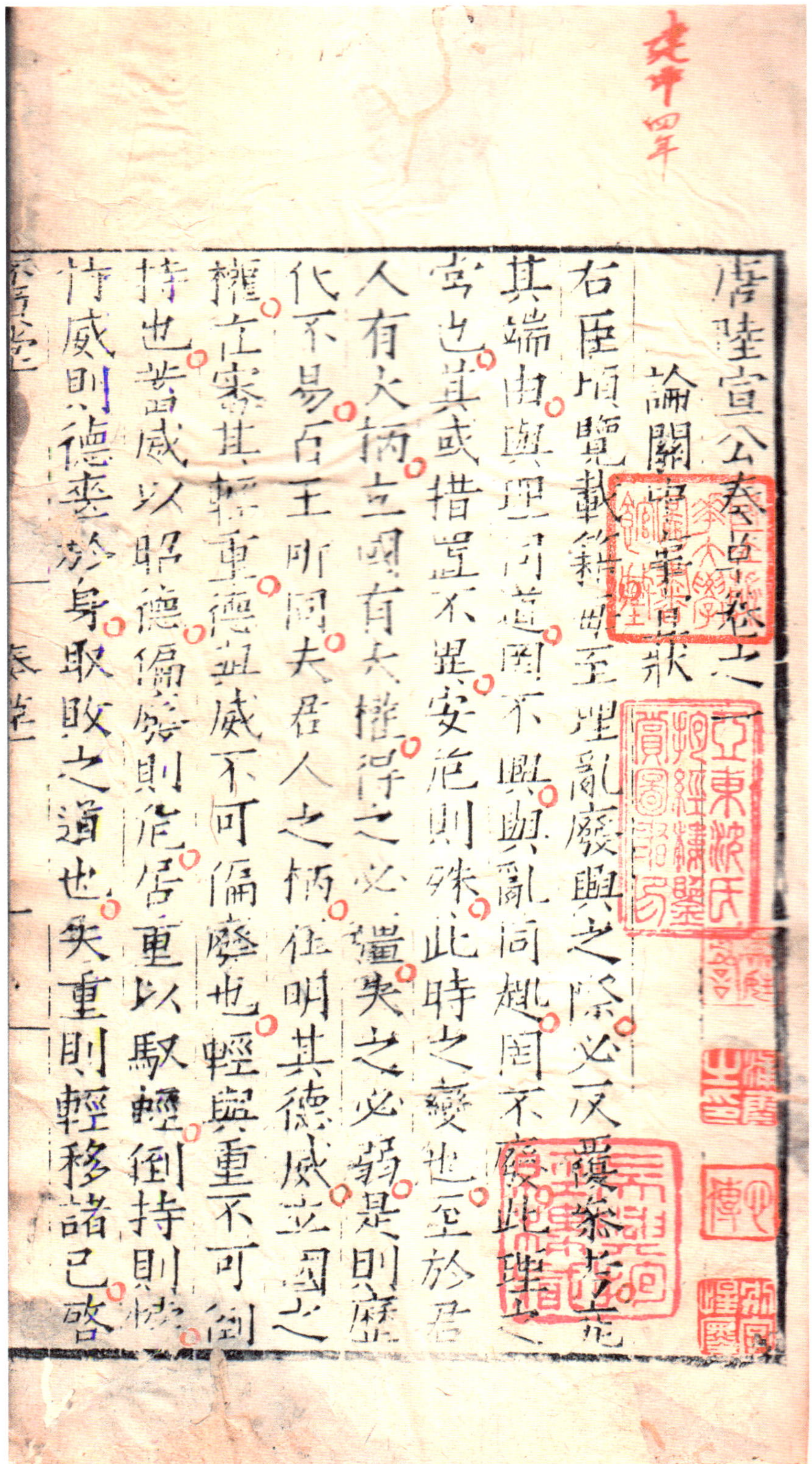
唐陸宣公奏草卷之一
論關中事宜狀
右臣頃覽載籍每至理亂廢興之際必反覆參考究
其端由與理同道罔不興與亂同趣罔不廢此理之
常也其或措置不異安危則殊此時之變也至於君
人有大柄立國有大權得之必彊失之必弱是則歷
代不易百王所同夫君人之柄在明其德威立國之
權在審其輕重德與威不可偏廢也輕與重不可倒
持也蓄威以昭德偏廢則危居重以馭輕倒持則悖
恃威則德喪於身取敗之道也失重則輕移諸己啓

10594 唐陸宣公集二十四卷 （唐）陸贄撰 明不負堂刻本

匡高18.8釐米，廣12.8釐米。半葉十行，行二十字，白口，四周單邊。有"吴興抱經樓藏"等印。清華大學圖書館藏。

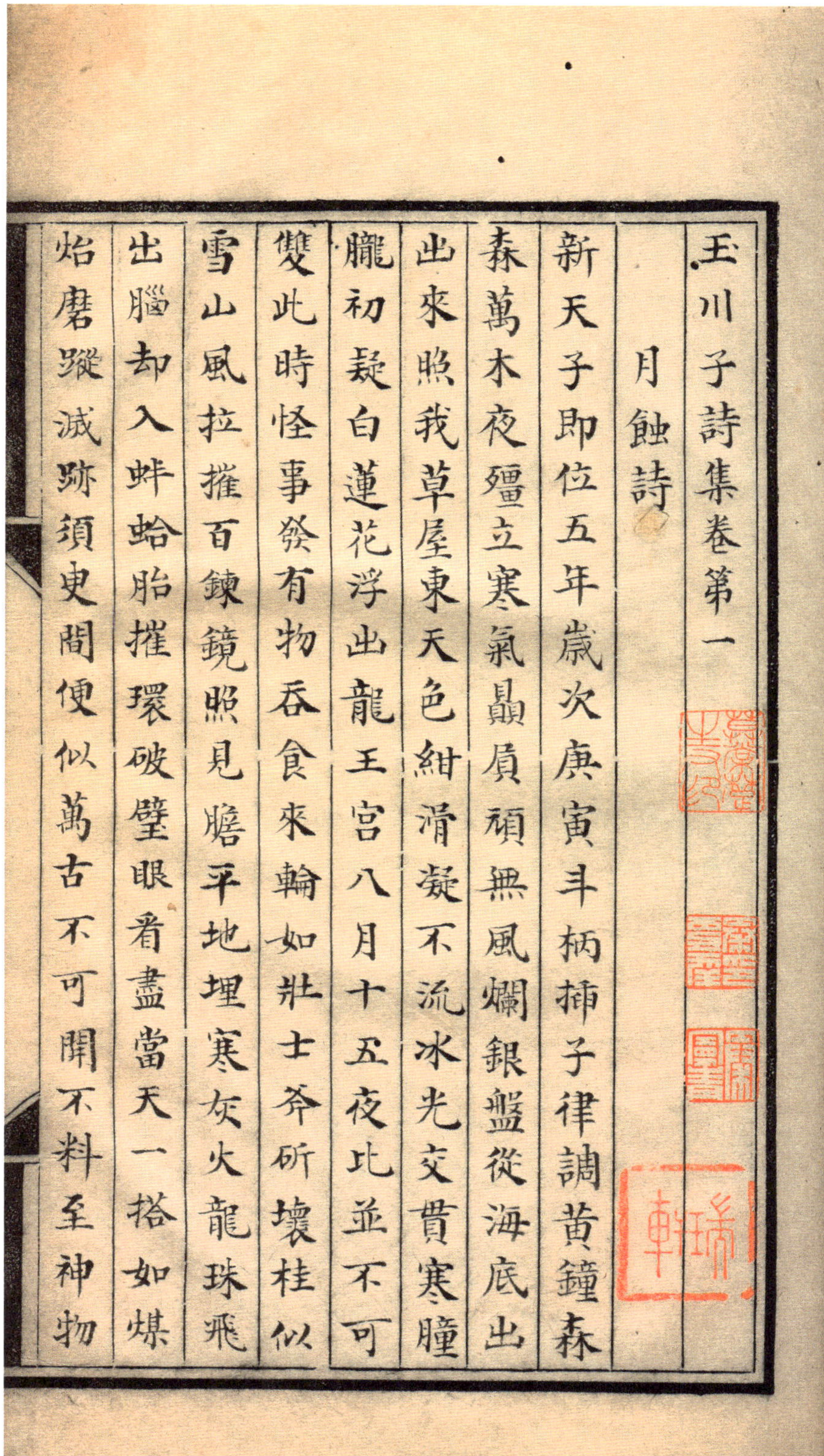

玉川子詩集卷第一

月蝕詩

新天子即位五年歲次庚寅斗柄插子律調黄鐘森
森萬木夜殭立寒氣贔屓頑無風爛銀盤從海底出
出來照我草屋東天色紺滑凝不流冰光交貫寒瞳
朧初疑白蓮花浮出龍王宮八月十五夜比並不可
雙此時怪事發有物吞食來輪如壯士斧斫壞桂似
雪山風拉摧百鍊鏡照見膽平地埋寒灰火龍珠飛
出腦却入蚌蛤胎摧環破壁眼看盡當天一搭如煤
炲磨蹤滅跡須臾間便似萬古不可開不料至神物

10595 玉川子詩集二卷集外詩一卷 （唐）盧同撰 清康熙顧夏珍抄本

匡高20.7釐米，廣13.2釐米。半葉十行，行二十字，黑口，四周雙邊。有“莫棠楚生父印”等印。秦更年題識。南開大學圖書館藏。

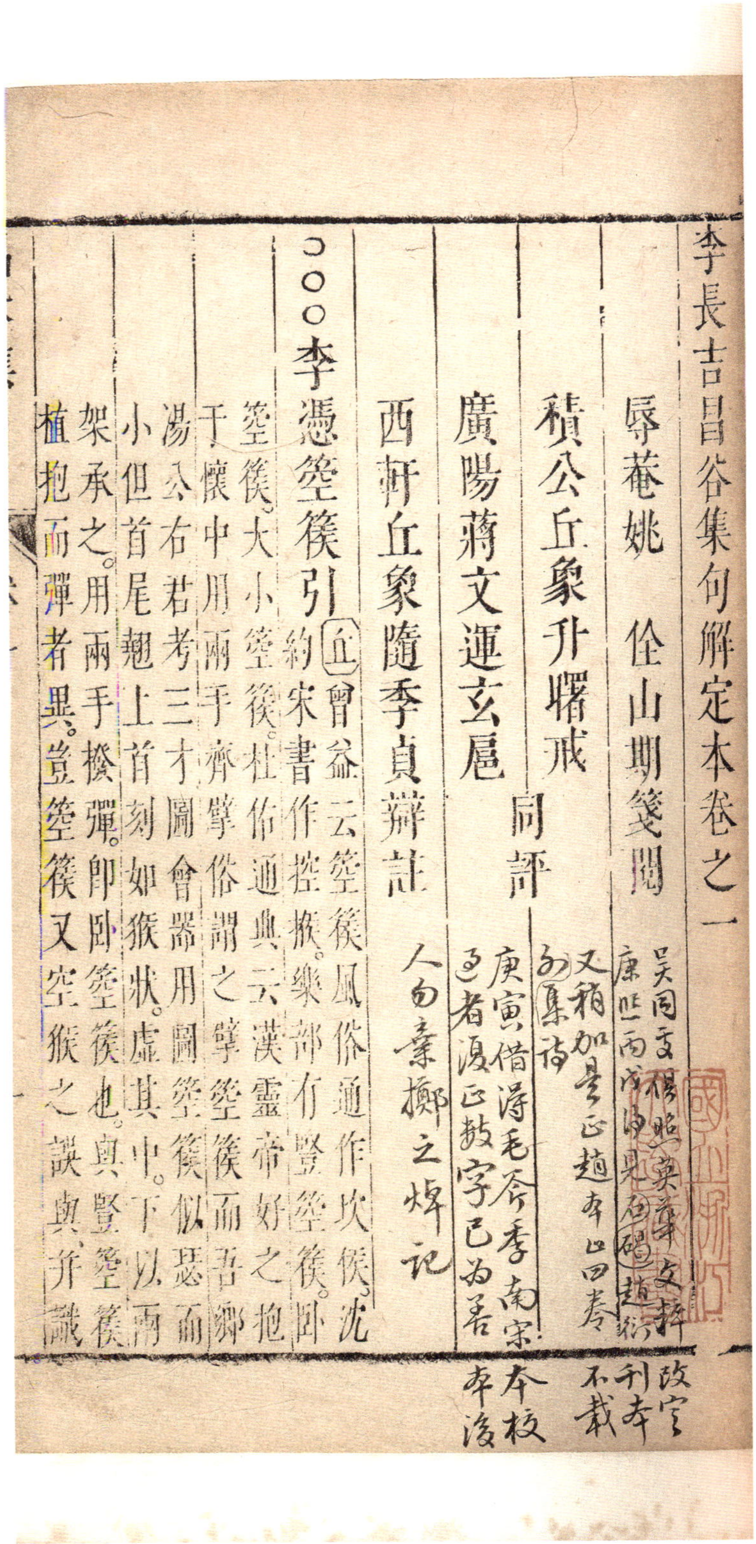

李長吉昌谷集句解定本卷之一
辱菴姚　佺山期箋閱
積公丘象升曙戒　同評
廣陽蔣文運玄扈
西軒丘象隨季貞辯註
○○○李憑箜篌引（丘）曾益云箜篌風俗通作坎侯。沈約宋書作控擬。樂部有豎箜篌。臥箜篌。大小箜篌。杜佑通典云漢靈帝好之。抱于懷中用兩手齊擘。俗謂之擘箜篌而吾鄉湯公布君考三才圖會器用圖箜篌似琵琶而小但首尾翹上首刻如猴狀。虛其中。下以兩架承之。用兩手撥彈。即臥箜篌也。與豎箜篌植抱而彈者異。豈箜篌又空猴之誤與。并識

10596 李長吉昌谷集句解定本四卷 （唐）李賀撰 （清）姚佺箋 （清）陳愫 丘象隨辯註 清初丘象隨西軒刻梅村書屋印本

匡高20.5釐米，廣13.3釐米。半葉九行，行二十字，小字雙行同，白口，四周單邊。何焯批並跋。浙江大學圖書館藏。

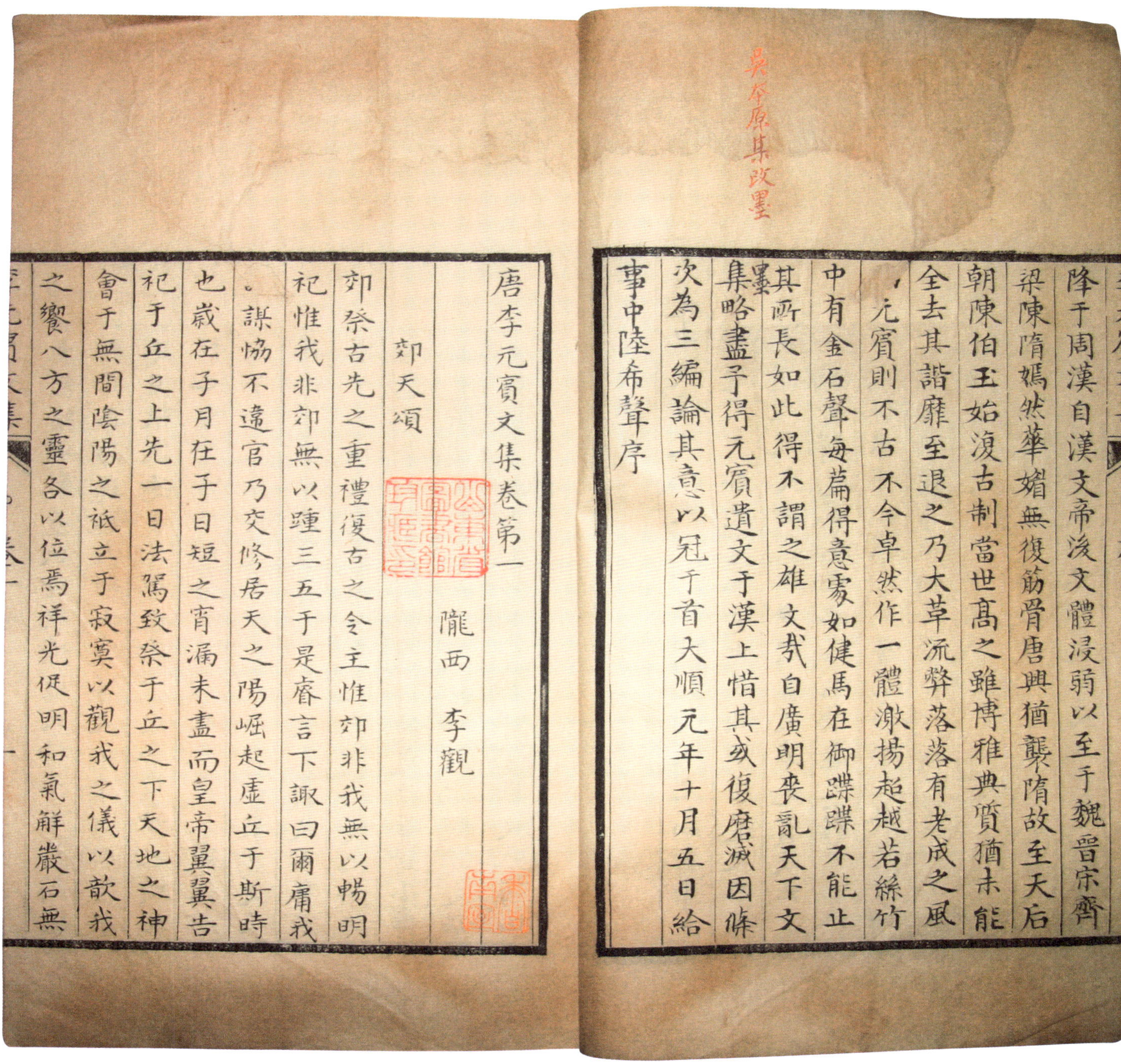

10597 唐李元賓文集五卷 （唐）李觀撰 清西圃蔣氏抄本

匡高19.1釐米，廣14.3釐米。半葉十行，行二十字，白口，左右雙邊。王貢忱録吴翌鳳批校。山東省圖書館藏。

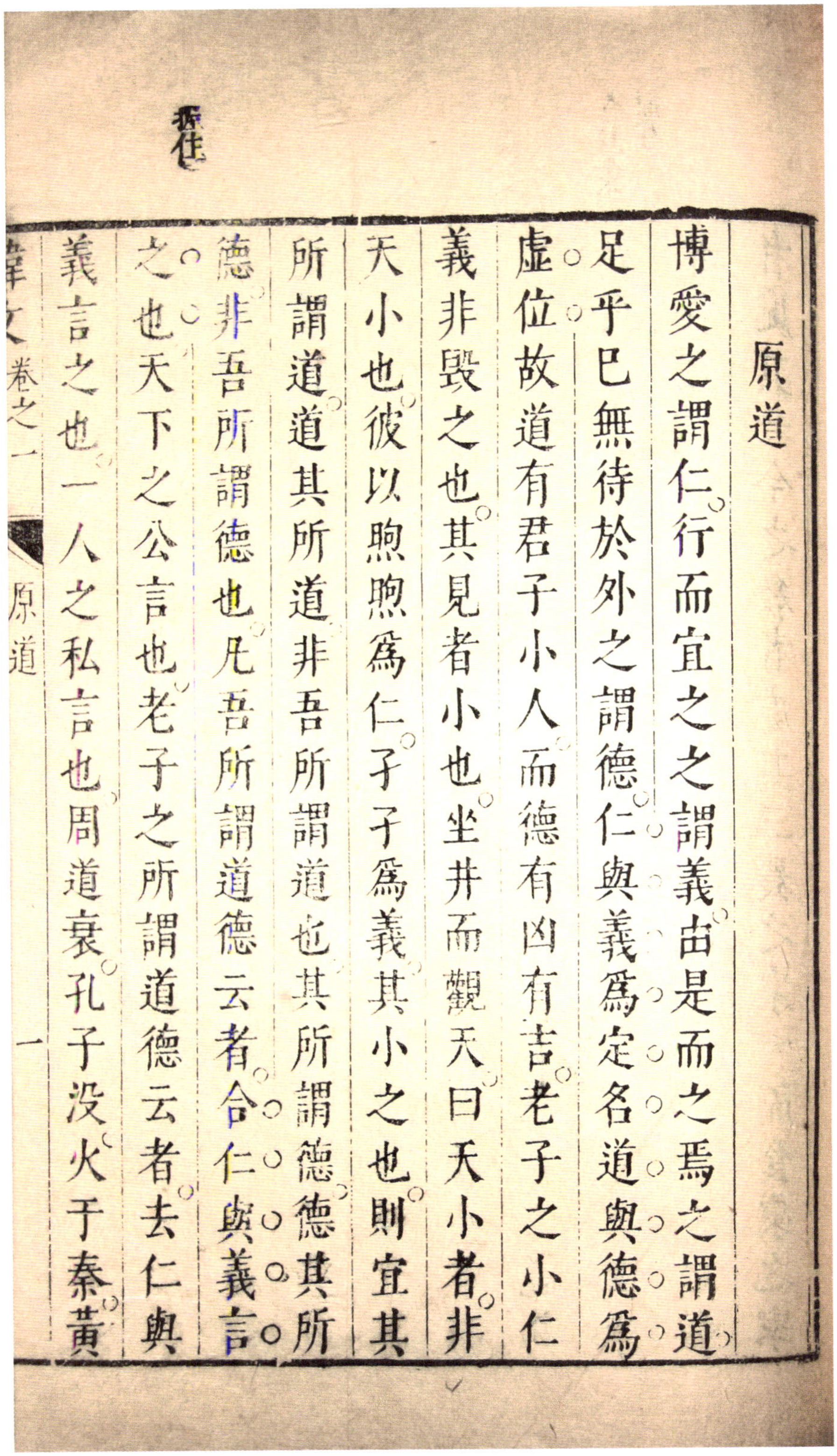

原道

博愛之謂仁行而宜之之謂義由是而之焉之謂道足乎已無待於外之謂德仁與義爲定名道與德爲虛位故道有君子小人而德有凶有吉老子之小仁義非毀之也其見者小也坐井而觀天曰天小者非天小也彼以煦煦爲仁孑孑爲義其小之也則宜其所謂道道其所道非吾所謂道也其所謂德德其所德非吾所謂德也凡吾所謂道德云者合仁與義言之也天下之公言也老子之所謂道德云者去仁與義言之也一人之私言也周道衰孔子没火于秦黄

韓文卷之一　原道　一

10598 顧瑞屏太史評閱韓昌黎先生集四十卷 （唐）韓愈撰 （明）顧錫疇評 明崇禎六年（1633）胡文柱刻本

匡高21.2釐米，廣14.6釐米。半葉十行，行二十字，白口，左右雙邊。山東省圖書館藏。

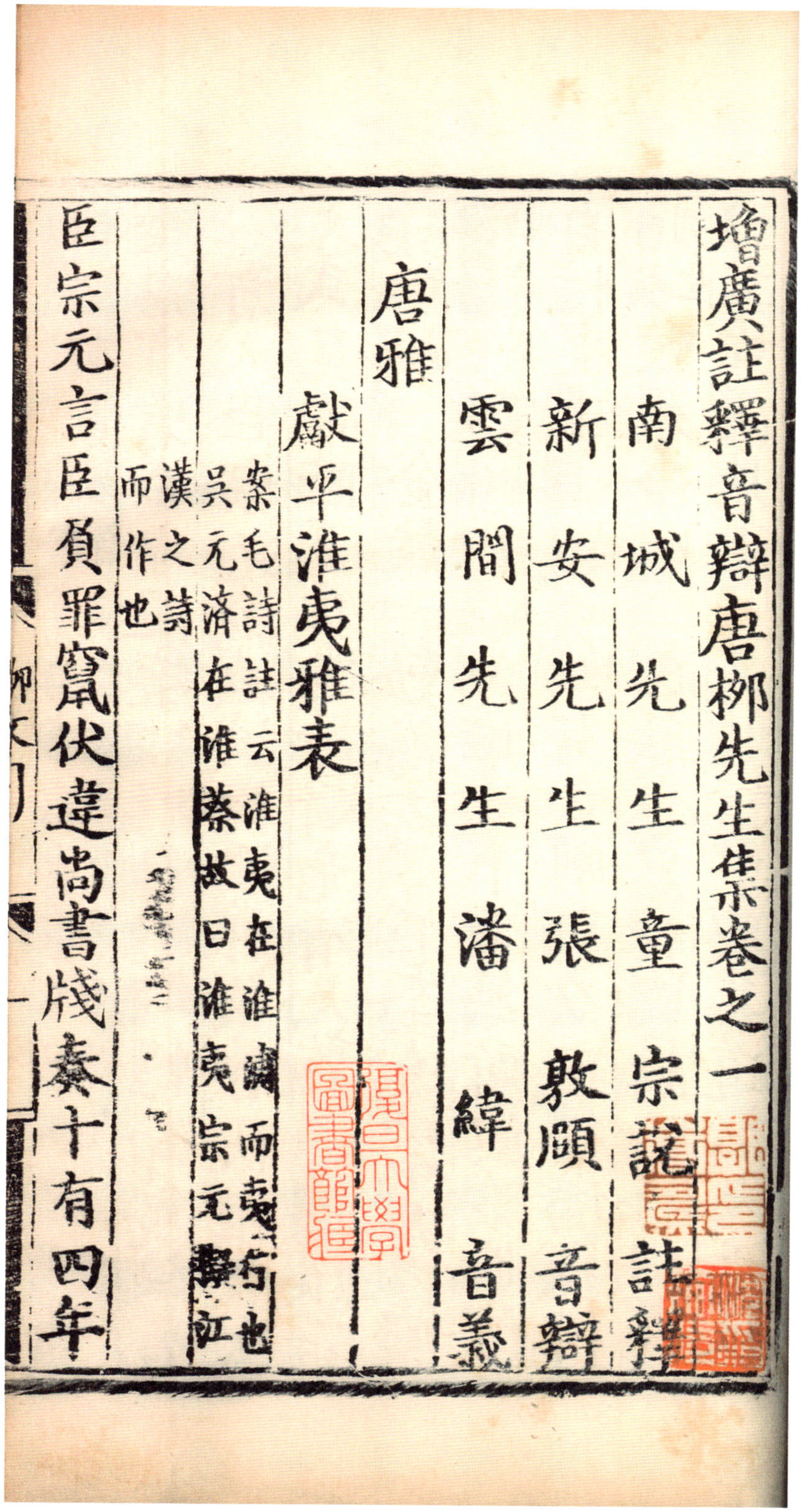

增廣註釋音辯唐柳先生集卷之一
南城先生童宗說註釋
新安先生張敦頤音辯
雲間先生潘緯音義
唐雅
獻平淮夷雅表 案毛詩註云淮夷在淮浦而夷行也吳元濟在淮蔡故曰淮夷宗元擬江漢之詩而作也
臣宗元言臣負罪竄伏違尚書牋奏十有四年

10599 增廣註釋音辯唐柳先生集四十三卷别集二卷外集二卷 （唐）柳宗元撰 （宋）童宗説註釋 （宋）張敦頤音辯 （宋）潘緯音義 **附録一卷**

明正統十三年（1448）善敬堂刻遞修本

匡高21.6釐米，廣13.1釐米。半葉九行，行十八字，小字雙行同，黑口，四周雙邊。有“郭印嵩燾”等印。復旦大學圖書館藏。

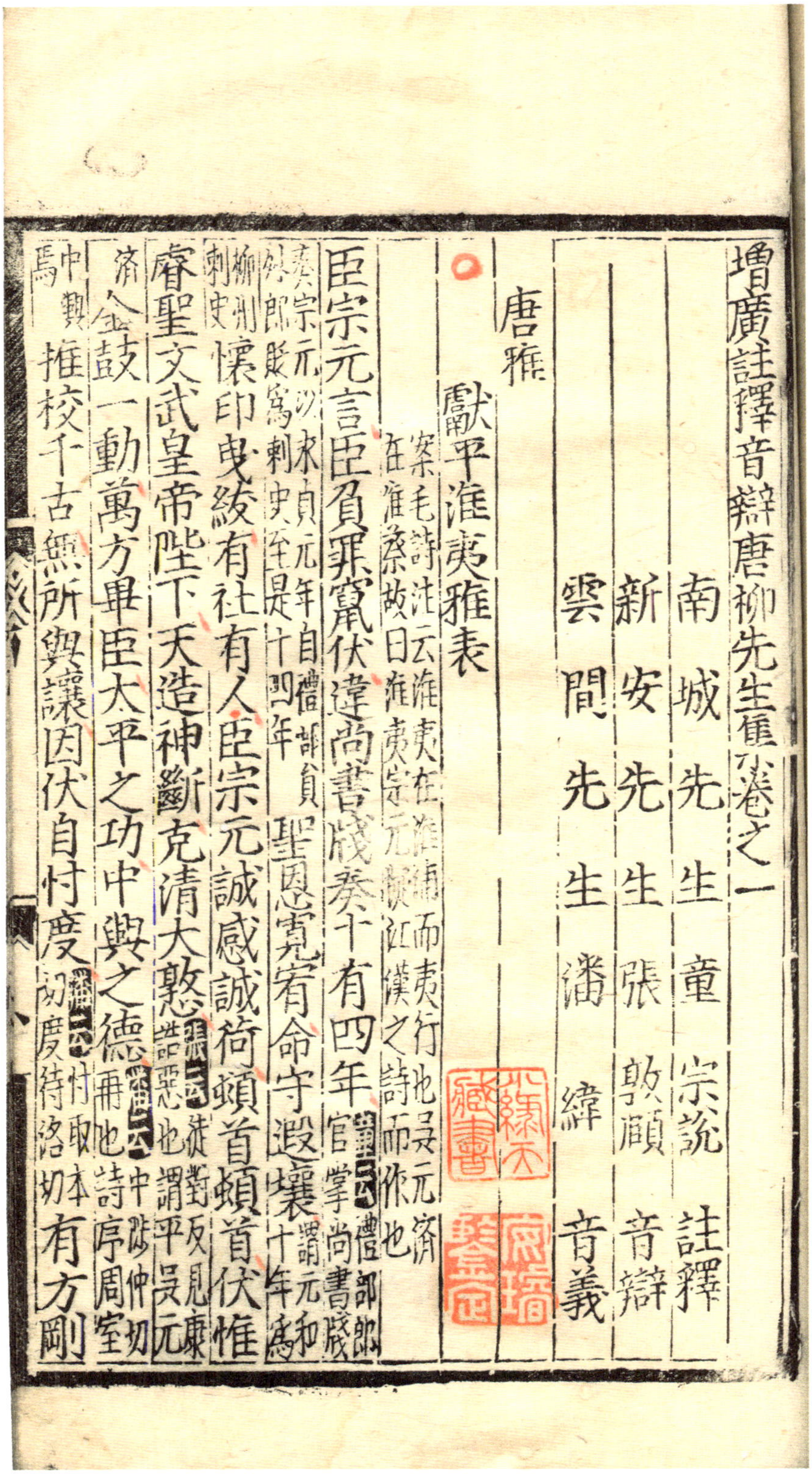

10600 增廣註釋音辯唐柳先生集四十三卷別集二卷外集二卷 （唐）柳宗元撰 （宋）童宗説註釋 （宋）張敦頤音辯 （宋）潘緯音義 **附録一卷** 明正德十年（1515）張景暘、胡韶、劉玉刻本

匡高20釐米，廣12.8釐米。半葉十三行，行二十三字，小字雙行同，黑口，四周雙邊。有“安璿鑒定”、“小緑天藏書”等印。安璿跋。北京師範大學圖書館藏。

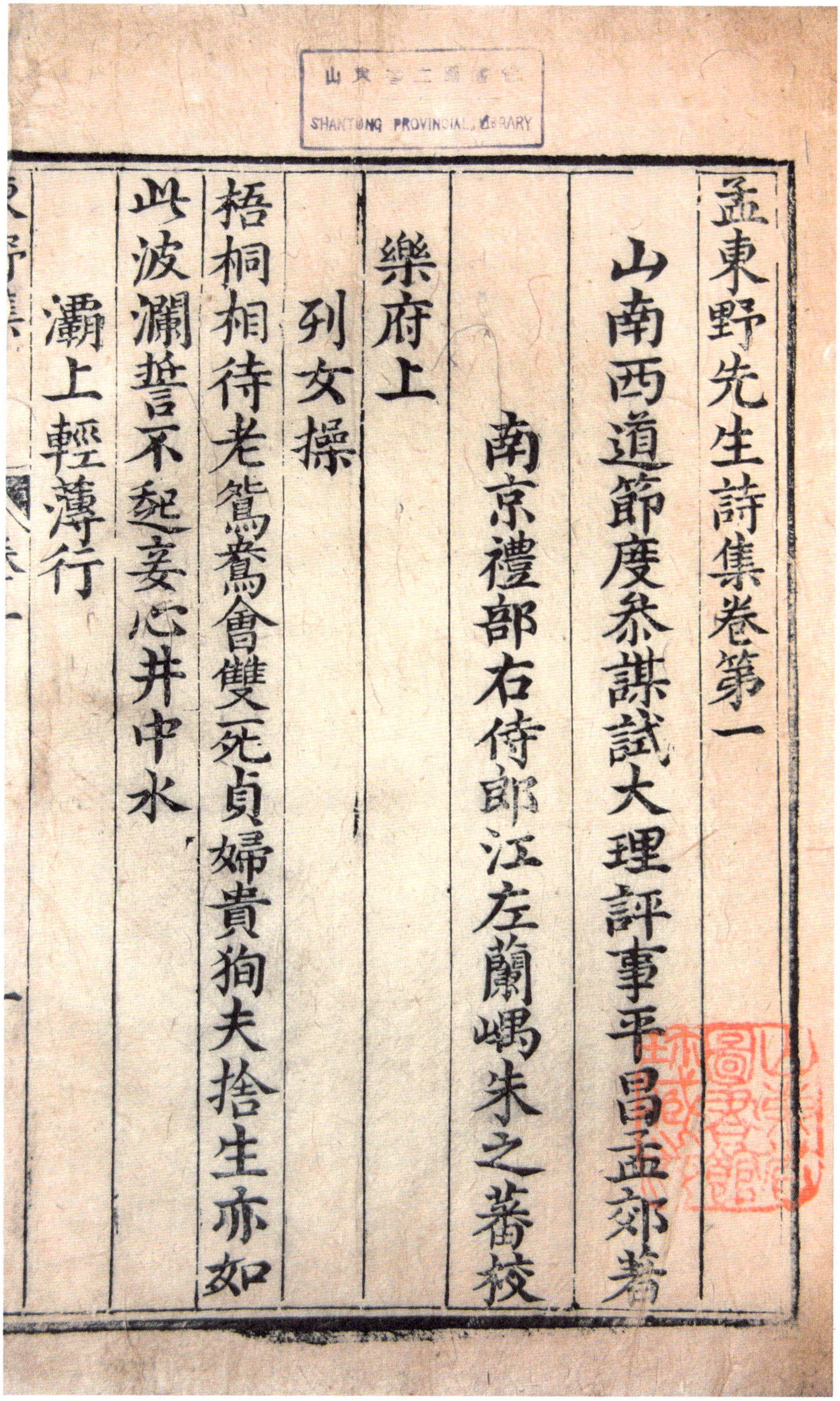

孟東野先生詩集卷第一

山南西道節度叅謀試大理評事平昌孟郊著

南京禮部右侍郎江左蘭嵎朱之蕃校

樂府上

列文操

梧桐相待老鴛鴦會雙死貞婦貴狥夫捨生亦如
此波瀾誓不起妾心井中水

灞上輕薄行

10601 孟東野先生詩集十卷 （唐）孟郊撰 （宋）國材評 明刻本

匡高21.7釐米，廣14.4釐米。半葉八行，行十九字，白口，四周雙邊。山東省圖書館藏。

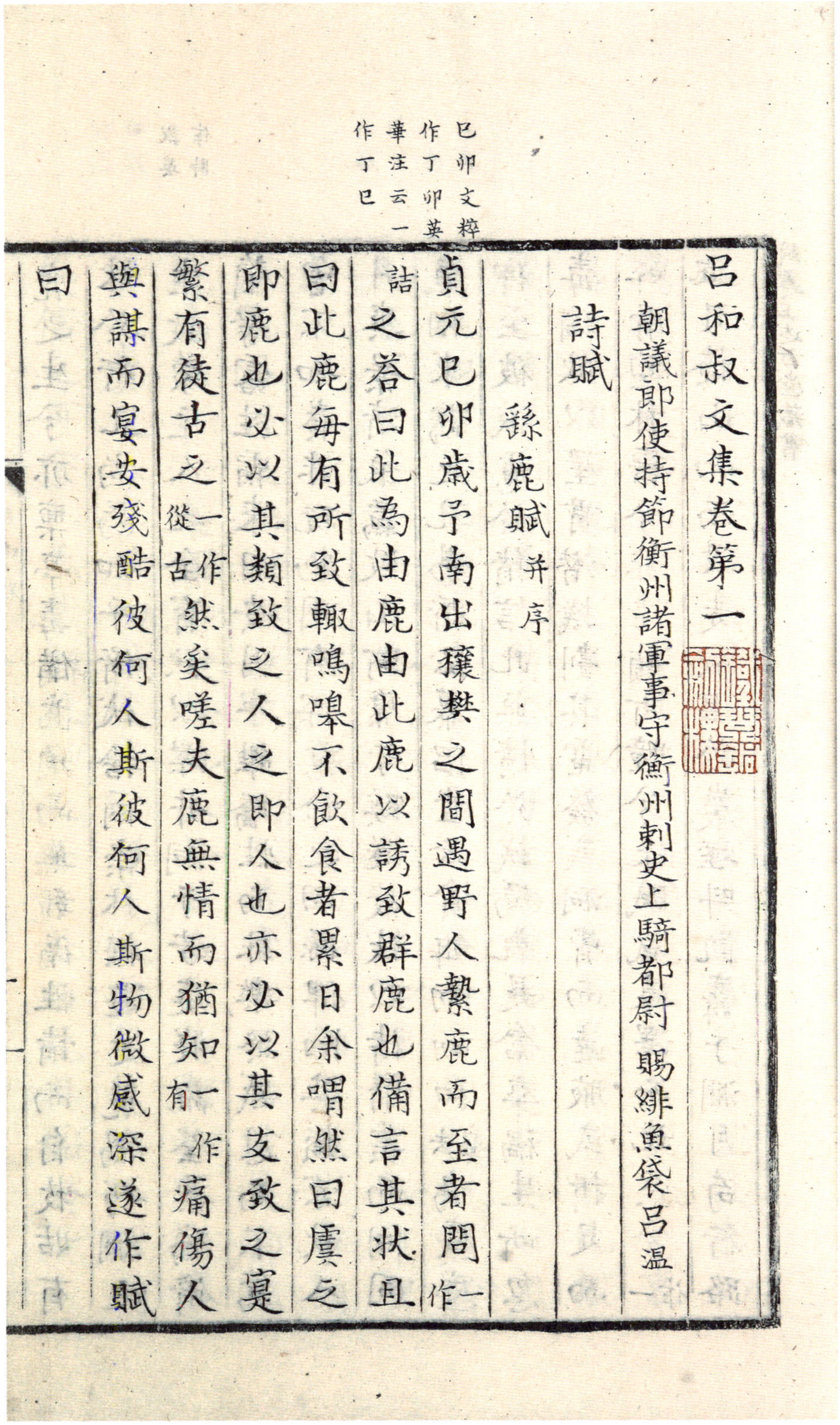

巳卯文粹作丁卯英華注云一作丁巳

呂和叔文集卷第一

朝議郎使持節衡州諸軍事守衡州刺史上騎都尉 賜緋魚袋呂温

詩賦

繇鹿賦并序

貞元巳卯歲予南出穰樊之閒遇野人縶鹿而至者問（一作詰）之荅曰此為由鹿由此鹿以誘致群鹿也備言其狀且曰此鹿每有所致輒鳴嘷不飲食者累日余喟然曰虞之即鹿也必以其類致之人之即人也亦必以其支致之寔繁有徒古之（一作從古）然矣嗟夫鹿無情而猶知（一作有）痛傷人與謀而宴安殘酷彼何人斯彼何人斯物微感深遂作賦曰

10602 呂和叔文集十卷 （唐）呂温撰 清初錢氏述古堂抄本

匡高19.5釐米，廣13.4釐米。半葉十一行，行二十二字，白口，左右雙邊。有“鐵琴銅劍樓”等印。國家圖書館藏。

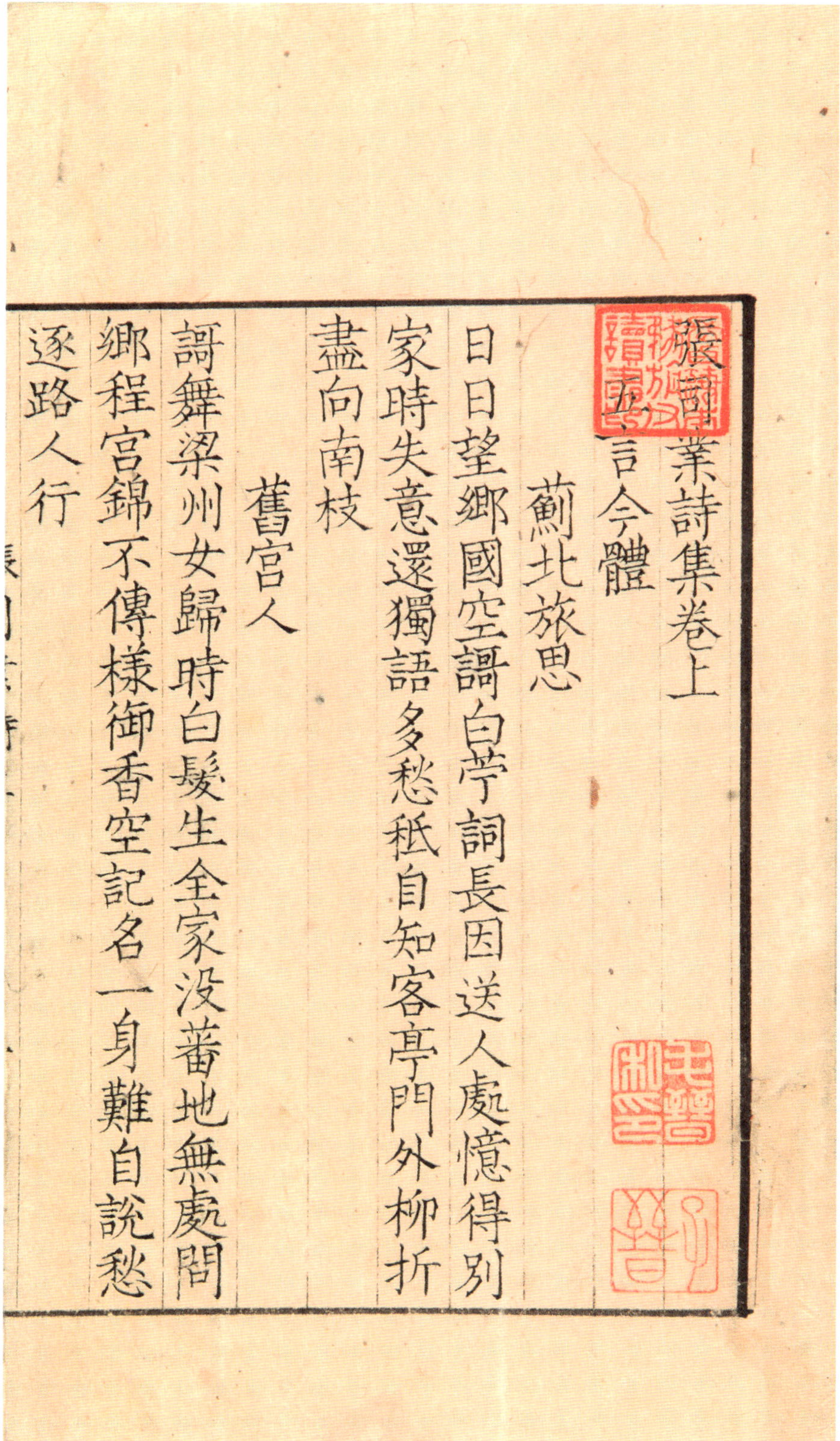

張司業詩集卷上

五言今體

薊北旅思

日日望鄉國空謌白苧詞長因送人處憶得別

家時失意還獨語多愁秖自知客亭門外柳折

盡向南枝

舊宮人

謌舞梁州女歸時白髮生全家没蕃地無處問

鄉程宮錦不傳樣御香空記名一身難自說愁

逐路人行

10603 張司業詩集三卷 （唐）張籍撰 清初公文紙影宋抄本

匡高17.4釐米，廣12釐米。半葉十行，行十八字，白口，左右雙邊。有“毛晉私印”、“結一廬藏書印”等印。劉位坦跋。上海圖書館藏。

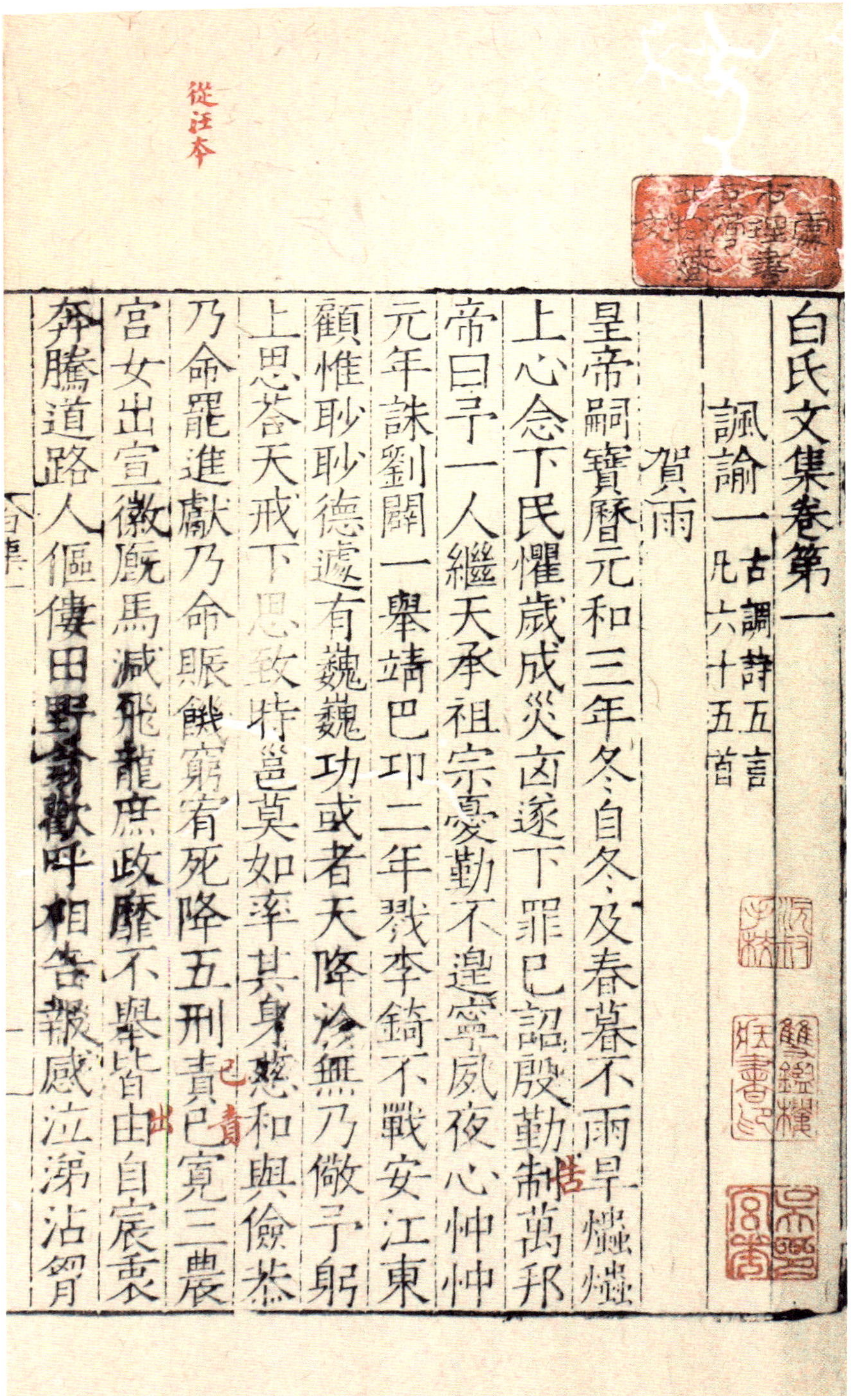

10604 白氏文集七十一卷 （唐）白居易撰 明嘉靖十七年（1538）伍忠光龍池草堂刻錢應龍重修本

匡高19.1釐米，廣15.3釐米。半葉十二行，行二十字，白口，左右雙邊。有“雙鑑樓藏書印”、“沅叔手校”等印。傅增湘校。山西博物院藏。

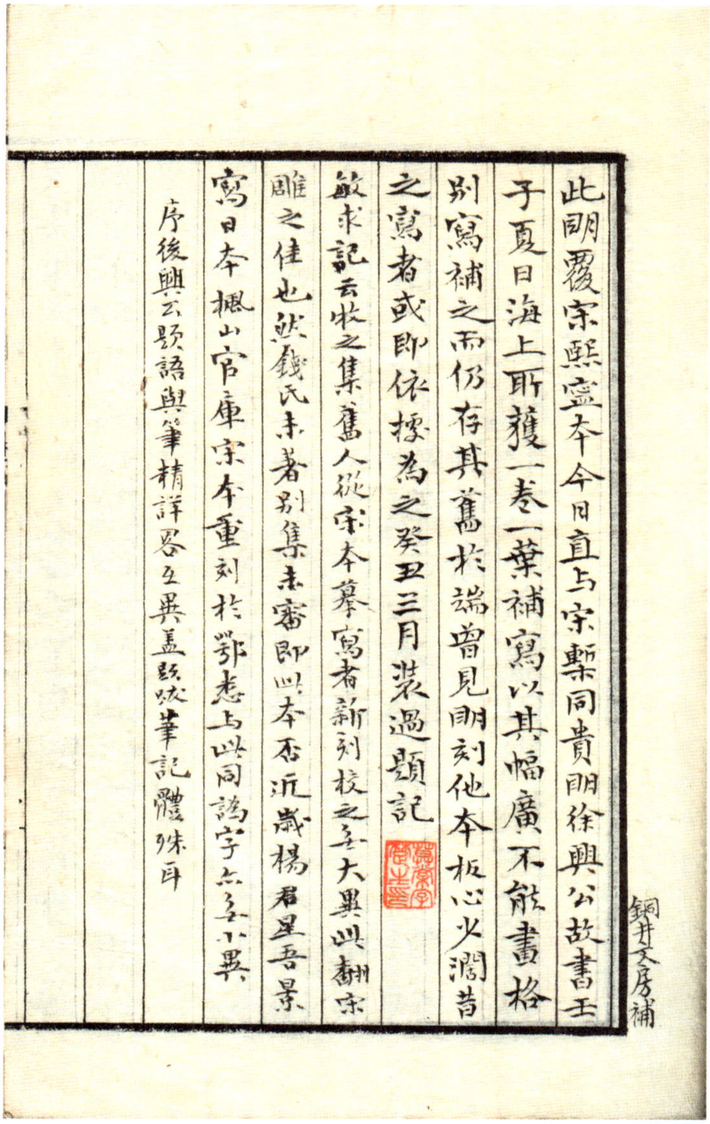
此明覆宋熙寧本今日直与宋槧同貴明徐興公故書壬
子夏日海上所獲一卷一葉補寫以其幅廣不能畫格
别寫補之而仍存其舊於端曾見明刻他本板心火潤昔
之寫者或即依據為之癸丑三月裝潢題記
敏求記云牧之集舊人從宋本摹寫者新刻校之多大異叫翻宋
雕之佳也然錢氏未著别集未審即此本否近歲楊君星吾景
寫日本楓山官庫宋本重刻於鄂志与此同諱字亦多小異
序後興公題語與筆精詳略互異蓋綴拾筆記體殊耳
銅井文房補

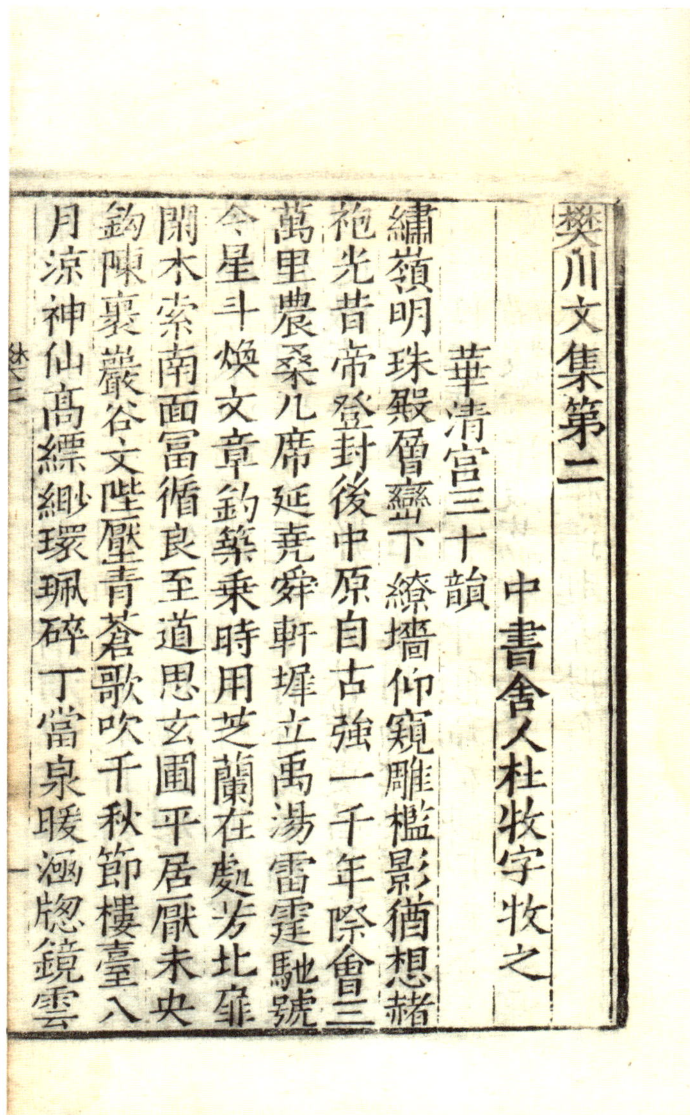
樊川文集第二
中書舍人杜牧字牧之
華清宮三十韻
繡嶺明珠殿層巒下繚墻仰窺雕檻影猶想赭
袍光昔帝登封後中原自古強一千年際會三
萬里農桑几席延堯舜軒墀立禹湯雷霆馳號
令星斗煥文章釣築乘時用芝蘭在處芳北扉
閑木索南面富循良至道思玄圃平居厭未央
鉤陳裹巖谷文陛壓青蒼歌吹千秋節樓臺八
月涼神仙高縹緲環珮碎丁當泉暖涵窗鏡雲

10605 樊川文集二十卷外集一卷别集一卷 （唐）杜牧撰 明刻本（文集卷一首葉、序首葉莫棠抄配）

匡高18.3釐米，廣13.4釐米。半葉十行，行十八字，白口，左右雙邊。有“莫棠字楚生印”等印。莫棠跋。北京師範大學圖書館藏。

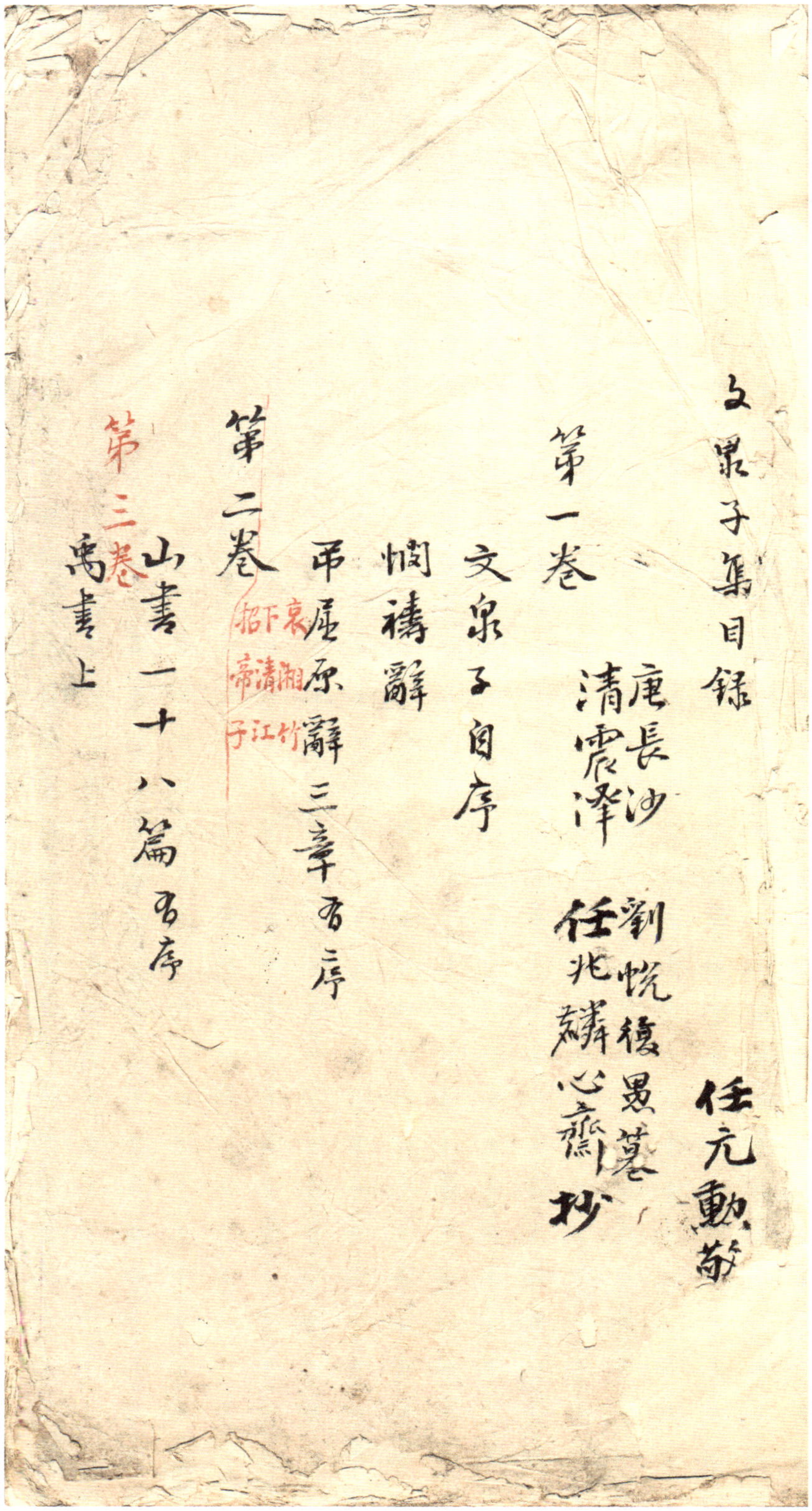

文泉子集目録

任元勳敬

唐長沙劉蛻復愚纂

清震澤任兆麟心齋抄

第一卷

文泉子自序

憫禱辭

弔屈原辭三章有序

第二卷

山書一十八篇有序

第三卷

禹書上

10606 文泉子集八卷 （唐）劉蛻撰 清乾隆五十七年（1792）任兆麟抄本 任兆麟校並跋。江蘇省吴江市圖書館藏。

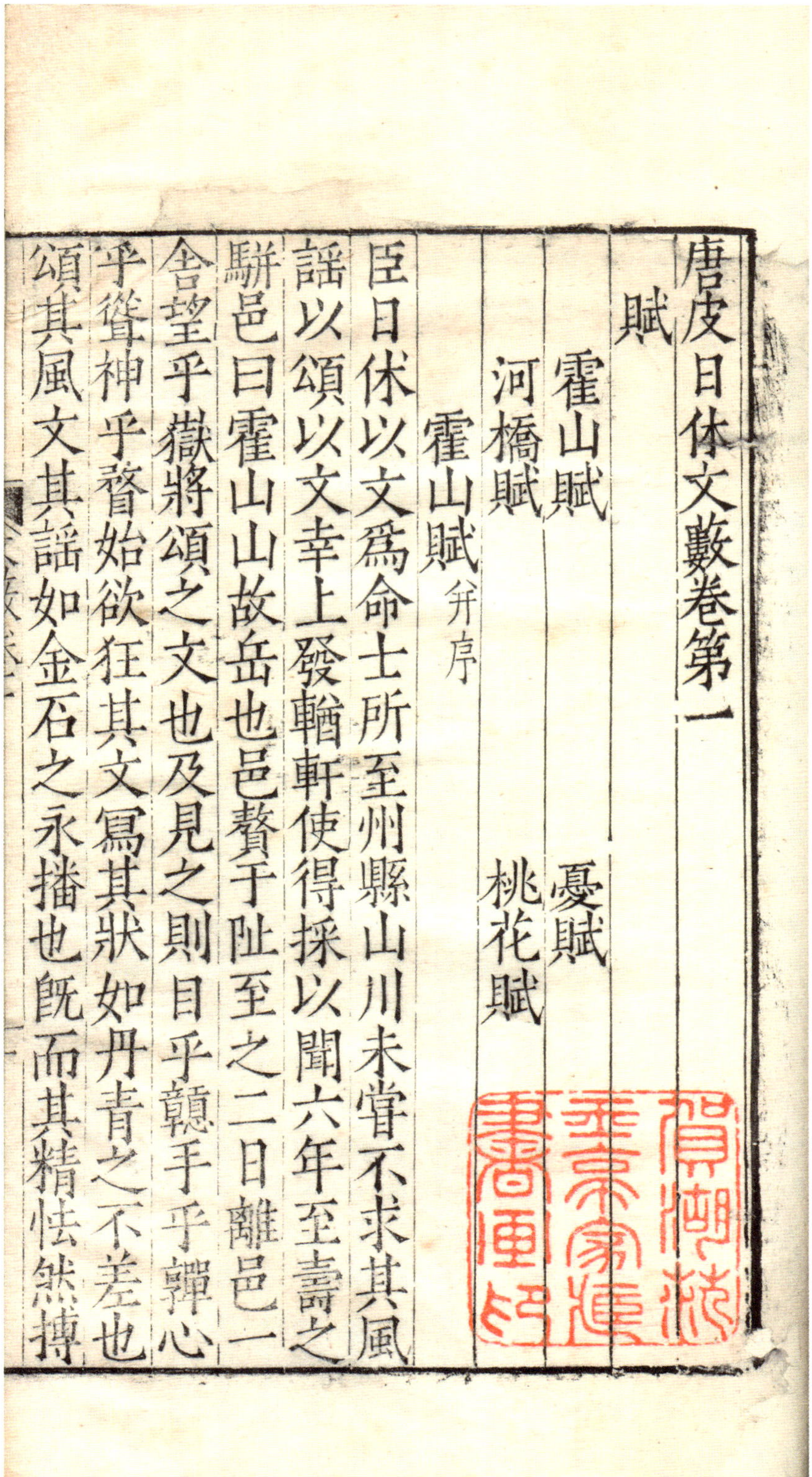

唐皮日休文藪卷第一

賦

霍山賦　憂賦

河橋賦　桃花賦

霍山賦幷序

臣日休以文爲命士所至州縣山川未嘗不求其風謡以頌以文幸上發輶軒使得採以聞六年至壽之騈邑曰霍山山故岳也邑贅于阯至之二日離邑一舍望乎嶽將頌之文也及見之則目乎顫手乎韡心乎聳神乎膂始欲狂其文寫其狀如丹青之不差也頌其風文其謡如金石之永播也既而其精怯然摶

10607、10608 唐皮日休文藪十卷 （唐）皮日休撰　明正德十五年（1520）袁表刻本

匡高18釐米，廣11.5釐米。半葉十一行，行二十字，白口，左右雙邊。江西省圖書館、北京師範大學圖書館藏。

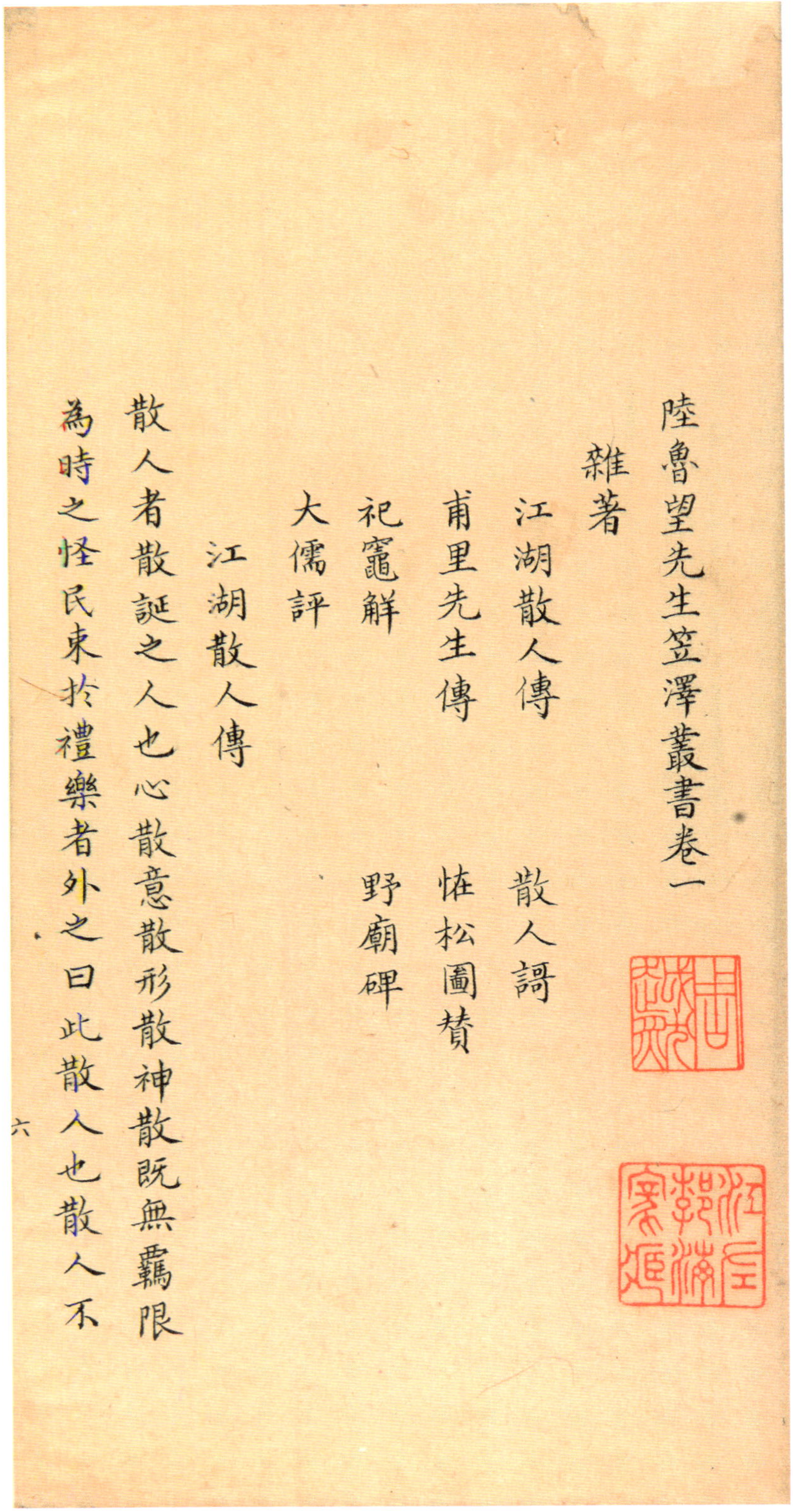
陸魯望先生笠澤叢書卷一
雜著
江湖散人傳　散人謌
甫里先生傳　恠松圖賛
祀竈觧　野廟碑
大儒評
江湖散人傳
散人者散誕之人也心散意散形散神散既無羈限
為時之怪民束於禮樂者外之曰此散人也散人不 六

10609 笠澤叢書八卷 （唐）陸龜蒙撰　清抄本

有“蕘翁”、“士禮居藏”等印。黄丕烈、戈載校並跋。上海圖書館藏。

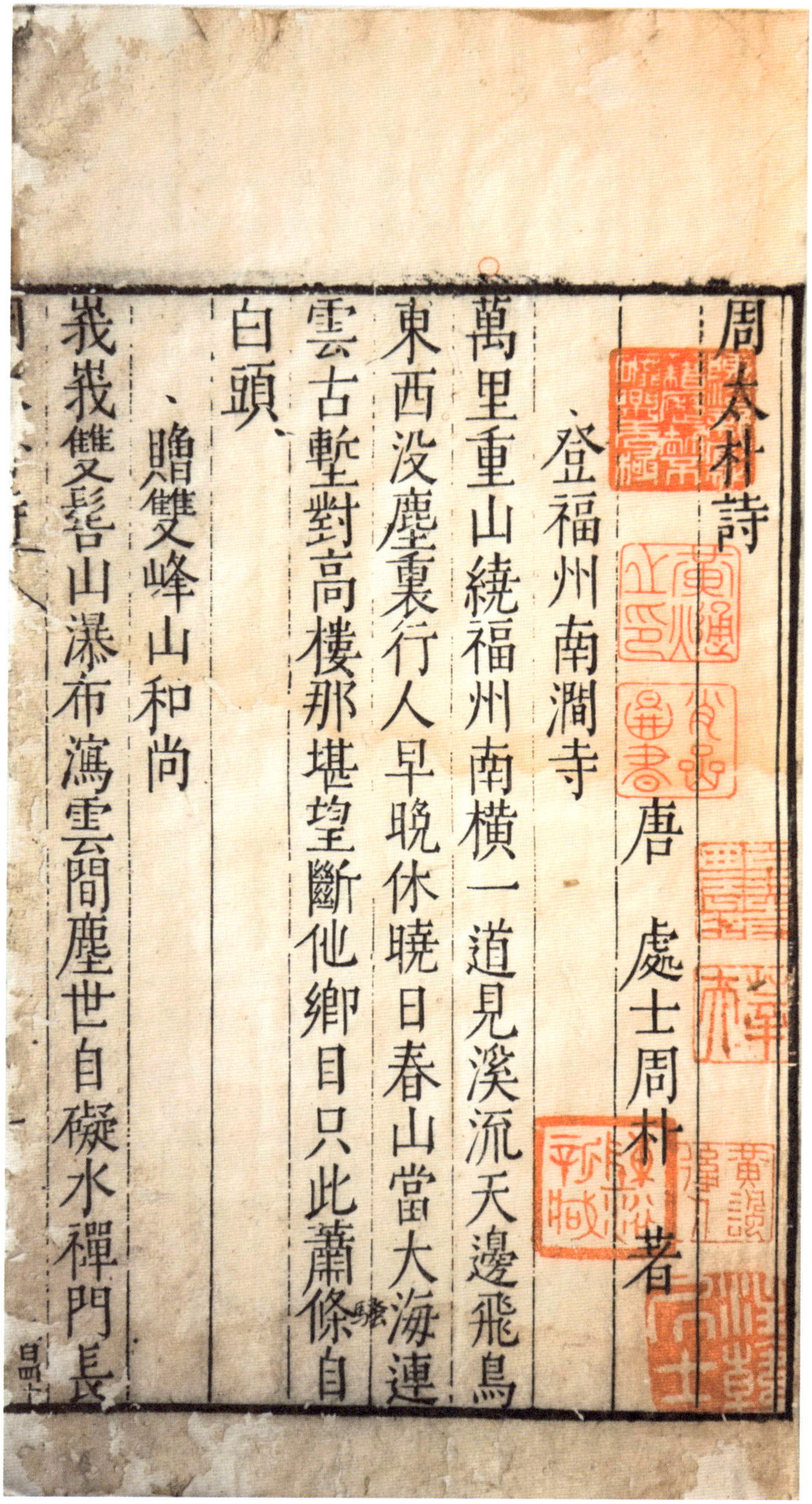

10610 周太朴詩一卷 （唐）周朴撰 **太朴詩補遺一卷** （明）徐𤊹輯 明萬曆三十五年（1607）刻本

匡高20.1釐米，廣13.7釐米。半葉九行，行十八字，白口，左右雙邊。有“注韓居士”、“黄熥之印”等印。黄宗彜、郭柏蒼批校。湖南師範大學圖書館藏。

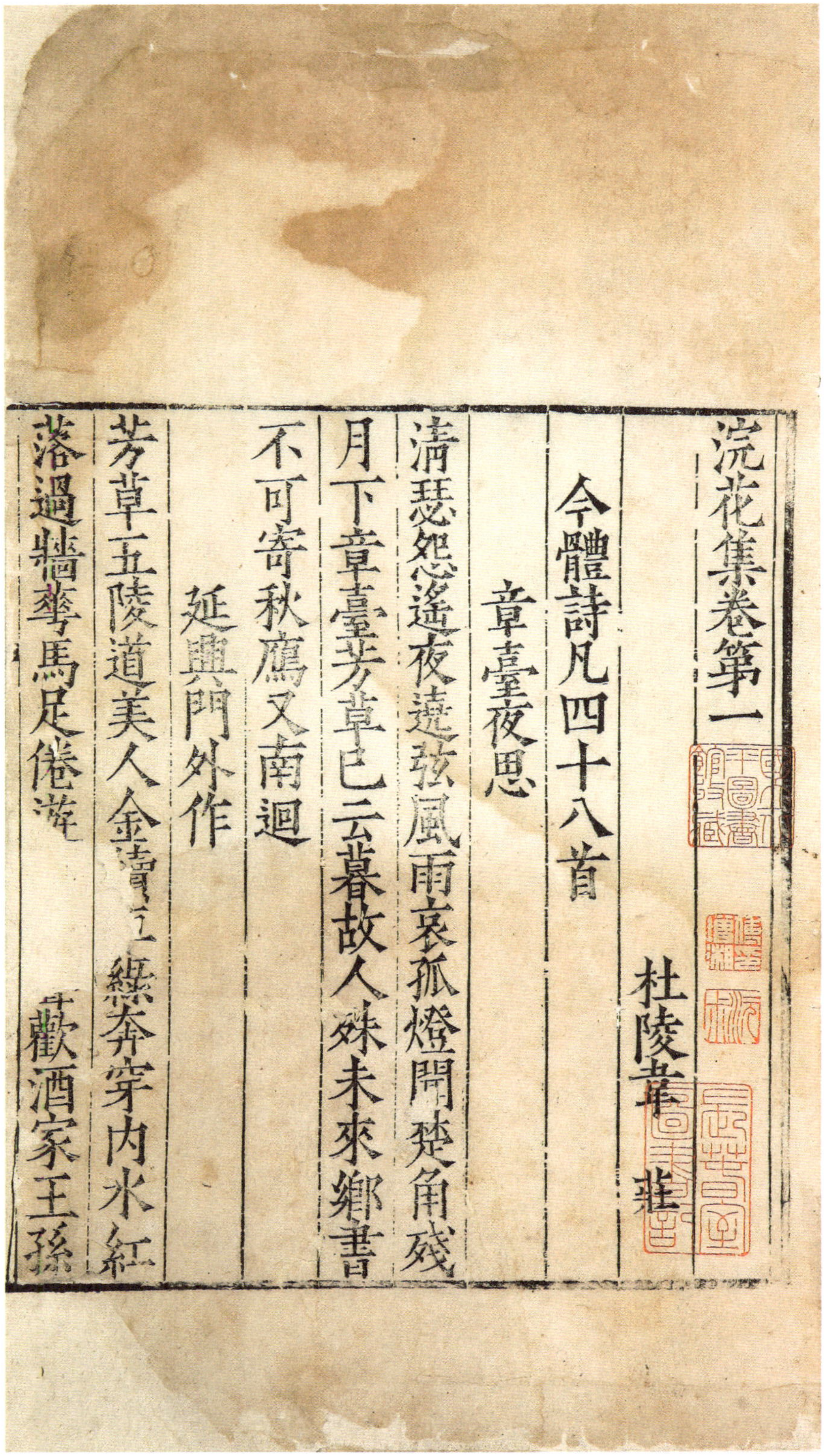
浣花集卷第一
杜陵韋　莊
今體詩凡四十八首
章臺夜思
清瑟怨遥夜遶弦風雨哀孤燈聞楚角殘
月下章臺芳草已云暮故人殊未來鄉書
不可寄秋鴈又南迴
延興門外作
芳草五陵道美人金犢車緑奔穿内水紅
落過牆花馬足倦遊[illegible]歡酒家王孫

10611 浣花集十卷 （唐）韋莊撰 明正德朱承爵朱氏文房刻本

匡高16.3釐米，廣14.2釐米。半葉十行，行十六字，白口，左右雙邊。有“雙鑑樓”、“傅印增湘”等印。傅增湘跋。國家圖書館藏。

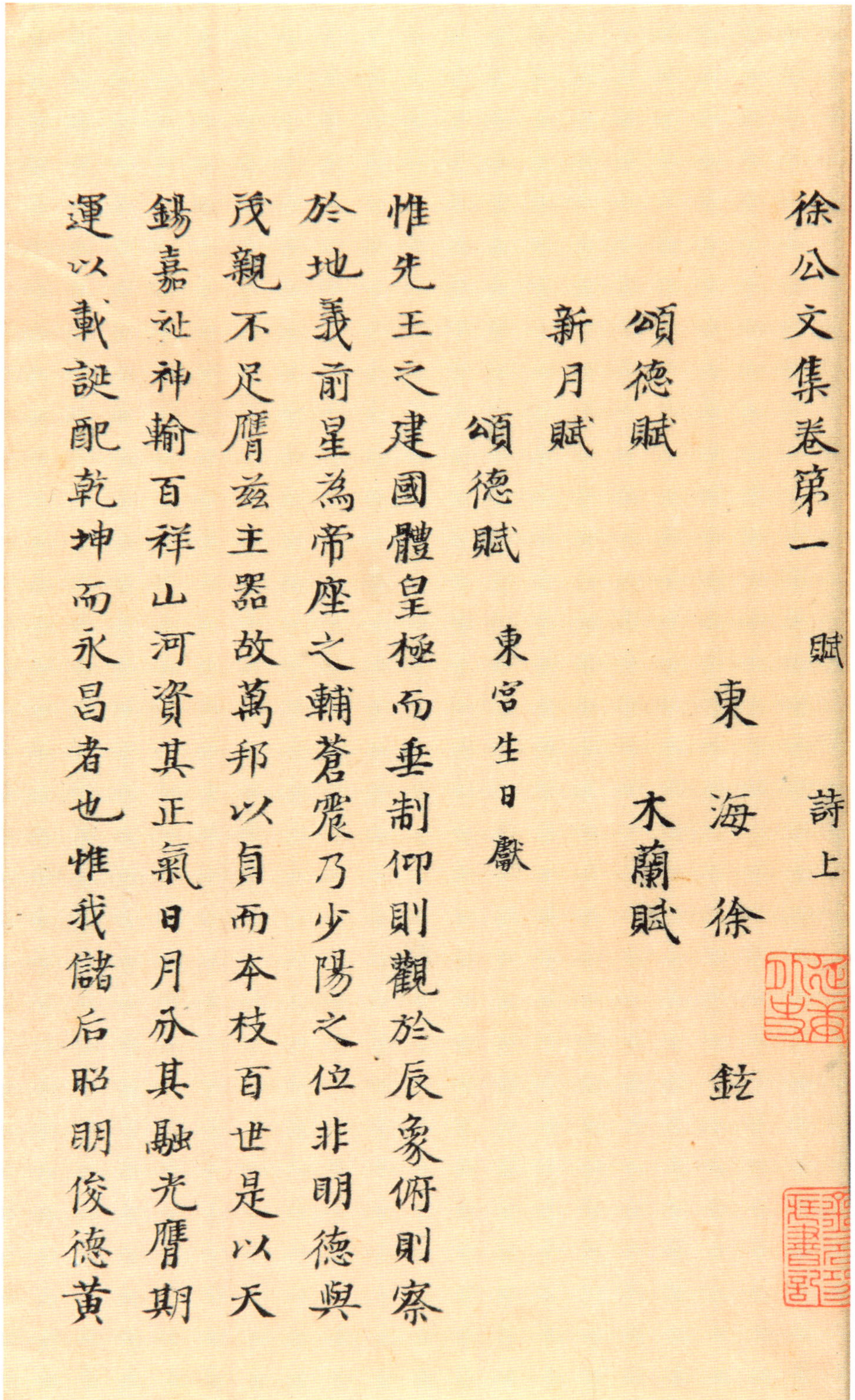
徐公文集卷第一　賦　詩上
東海徐鉉
頌德賦　木蘭賦
新月賦
頌德賦　東宮生日獻
惟先王之建國體皇極而垂制仰則觀於辰象俯則察
於地義前星為帝座之輔蒼震乃少陽之位非明德與
茂親不足膺茲主器故萬邦以貞而本枝百世是以天
錫嘉祉神輸百祥山河資其正氣日月烝其融光膺期
運以載誕配乾坤而永昌者也惟我儲后昭明俊德黃

10612 徐公文集三十卷（宋）徐鉉撰 清康熙五十一年（1712）翁栻抄本

有“金元功藏書記”等印。翁栻跋。上海圖書館藏。

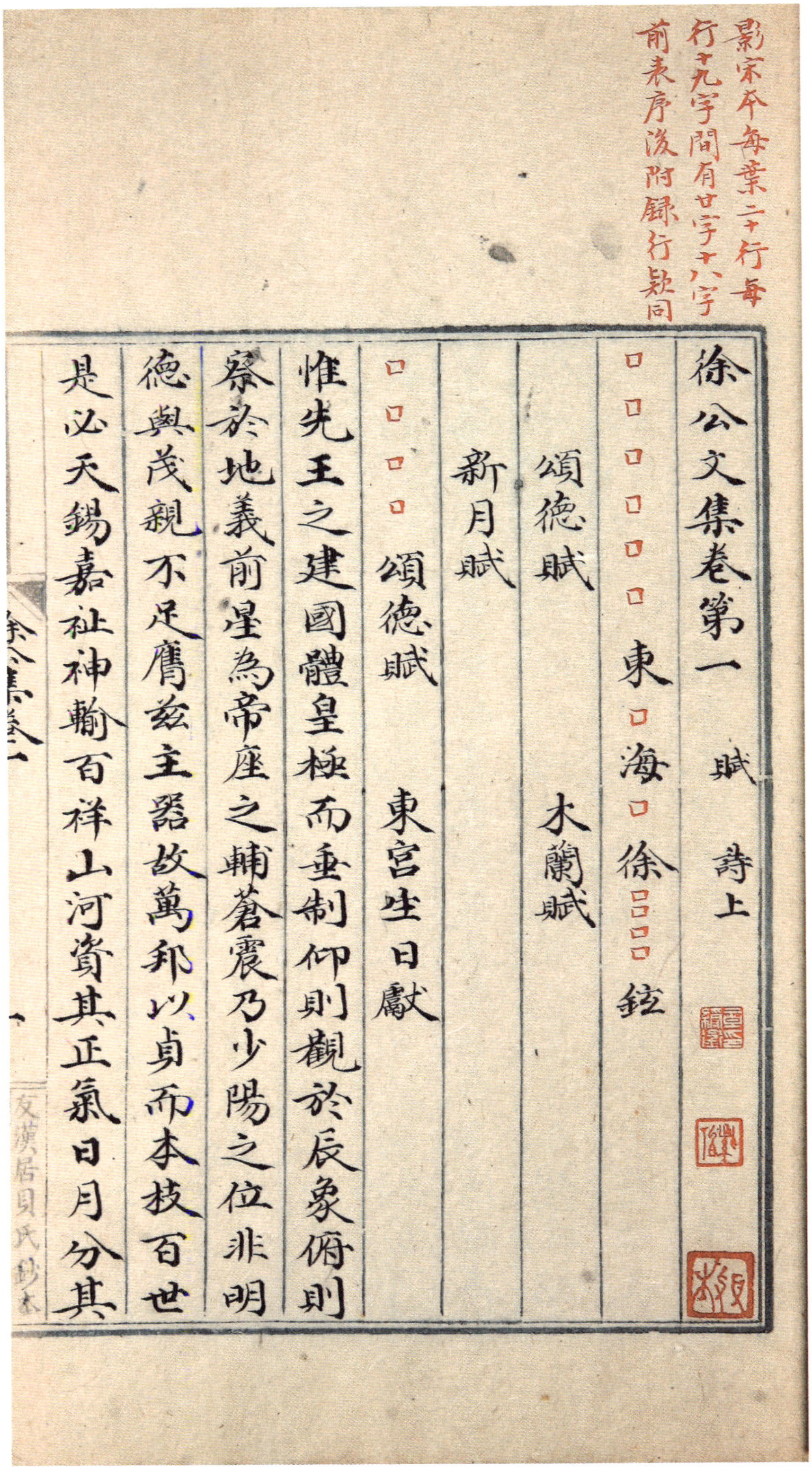

影宋本每葉二十行每行十九字間有廿字十八字前表序後附録行款同

徐公文集卷第一　賦　詩上

□□□□□□□東□海□徐□□□□鉉

頌德賦　木蘭賦

新月賦

□□□□頌德賦　東宮生日獻

惟先王之建國體皇極而垂制仰則觀於辰象俯則察於地義前星為帝座之輔蒼震乃少陽之位非明德與茂親不足膺兹主器故萬邦以貞而本枝百世是必天錫嘉祉神輸百祥山河資其正氣日月分其

徐公集卷一　一

友漢居貝氏鈔本

10613 徐公文集三十卷　（宋）徐鉉撰 清貝氏友漢居抄本

匡高19.6釐米，廣14.5釐米。半葉九行，行二十字，白口，四周雙邊。有“章印綬銜”等印。貝墉校。國家圖書館藏。

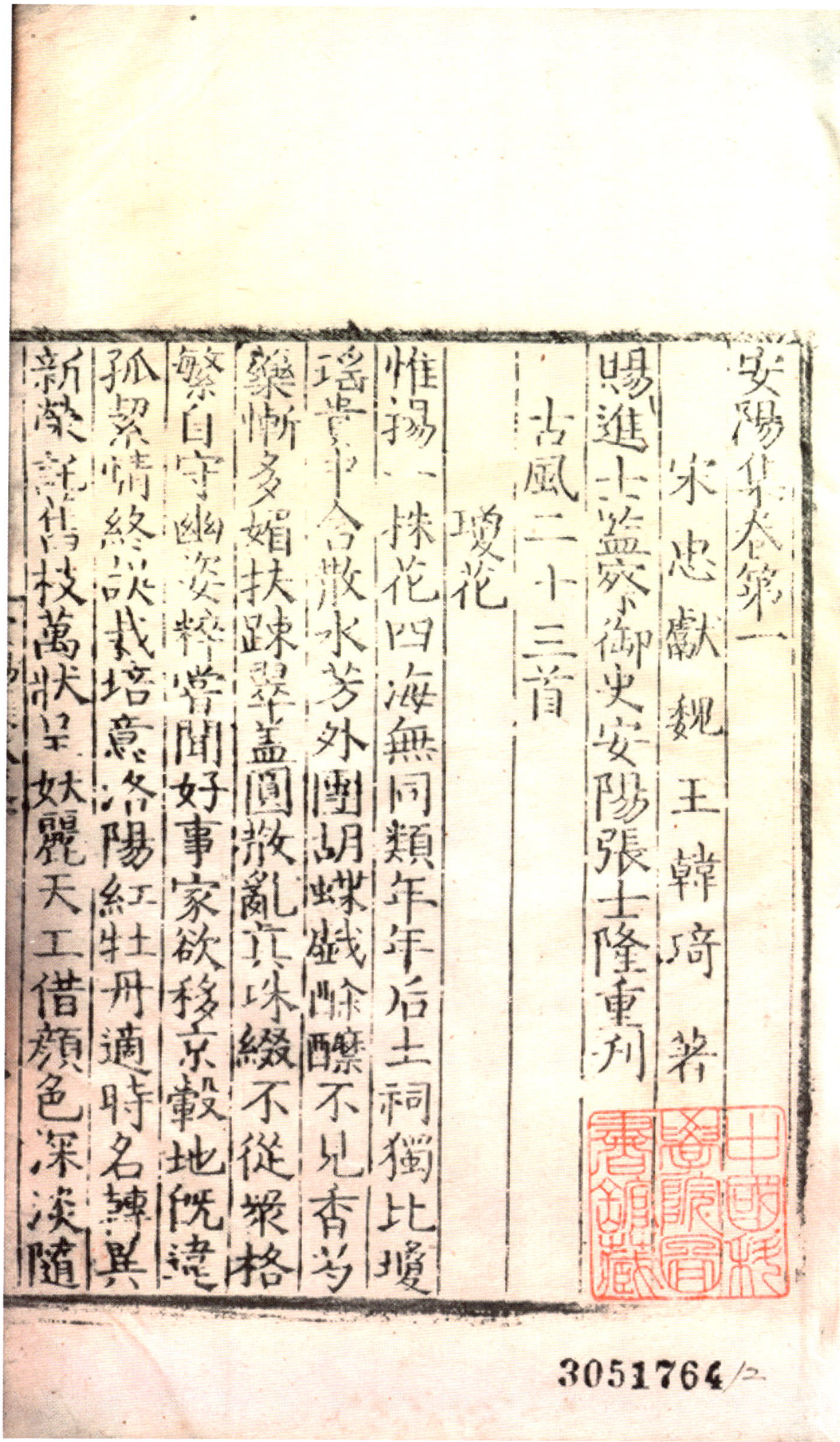

安陽集卷第一
宋忠獻魏王韓琦著
賜進士監察御史安陽張士隆重刊
古風二十三首
瓊花
惟揚一株花四海無同類年年后土祠獨比瓊
瑤貴中含散水芳外團胡蝶戲酴醾不見香芍
藥慚多媚扶疏翠蓋圓散亂眞珠綴不從衆格
繁自守幽姿粹嘗聞好事家欲移京轂地既違
孤絜情終誤栽培意洛陽紅牡丹適時名轉異
新榮託舊枝萬狀呈妖麗天工借顏色深淺隨

10614、10615 安陽集五十卷 （宋）韓琦撰 **別録三卷** （宋）王巖叟撰 **遺事一卷** （宋）强至撰 **忠獻韓魏王家傳十卷** 明正德九年（1514）張士隆刻本

匡高17.5釐米，廣13.7釐米。半葉十一行，行十八字，白口，左右雙邊。華東師範大學圖書館、中國科學院上海生命科學信息中心藏。

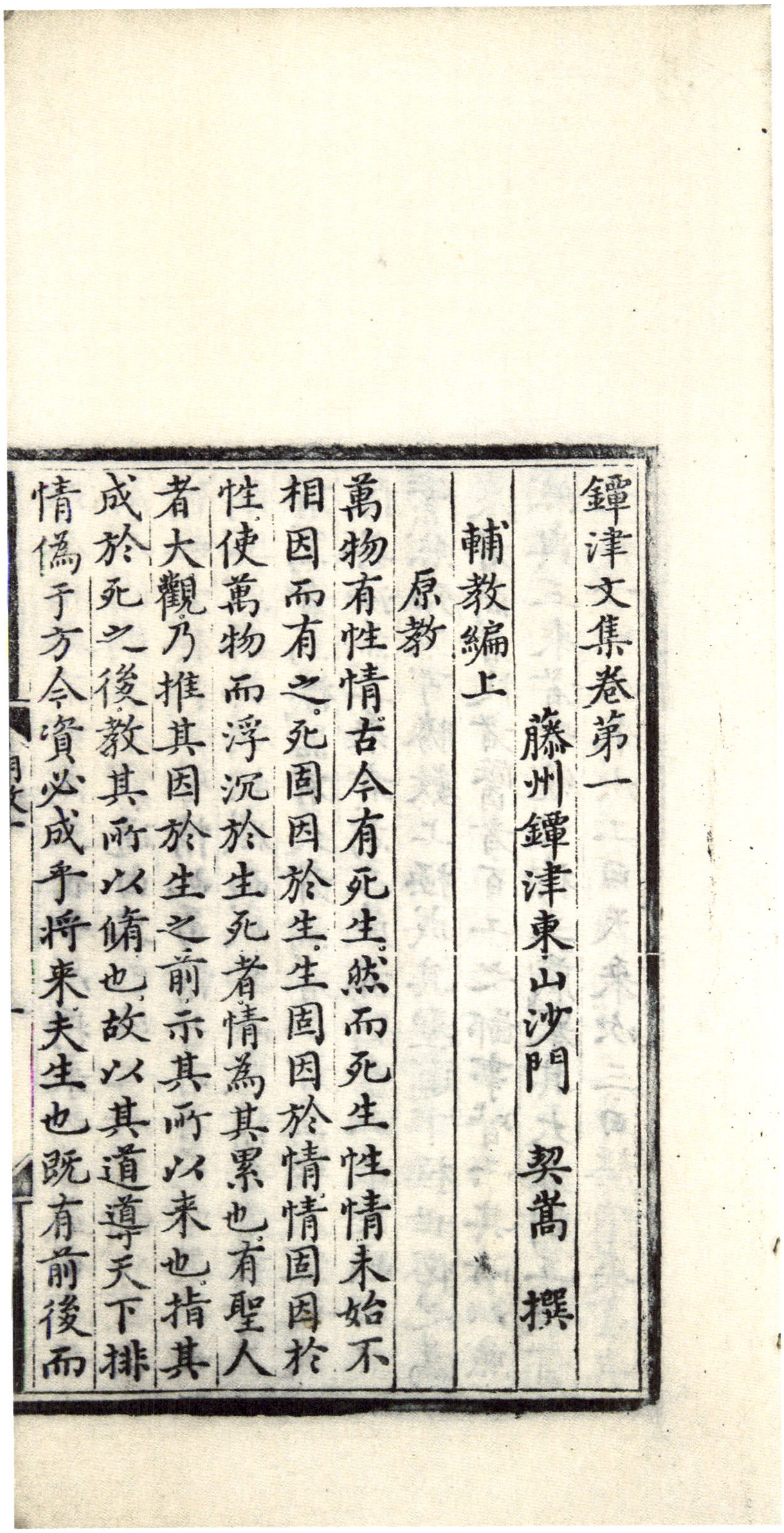

鐔津文集卷第一
藤州鐔津東山沙門　契嵩　撰
輔教編上
原教
萬物有性情古今有死生然而死生性情未始不
相因而有之死固因於生生固因於情情固因於
性使萬物而浮沉於生死者情為其累也有聖人
者大觀乃推其因於生之前示其所以來也指其
成於死之後教其所以脩也故以其道導天下排
情偽于方今資必成乎將來夫生也既有前後而

10616 鐔津文集二十二卷 （宋）釋契嵩撰 明弘治十二年（1499）釋如巹刻本

匡高19.3釐米，廣12.5釐米。半葉十行，行十九字，黑口，四周雙邊。中共中央黨校圖書館藏。

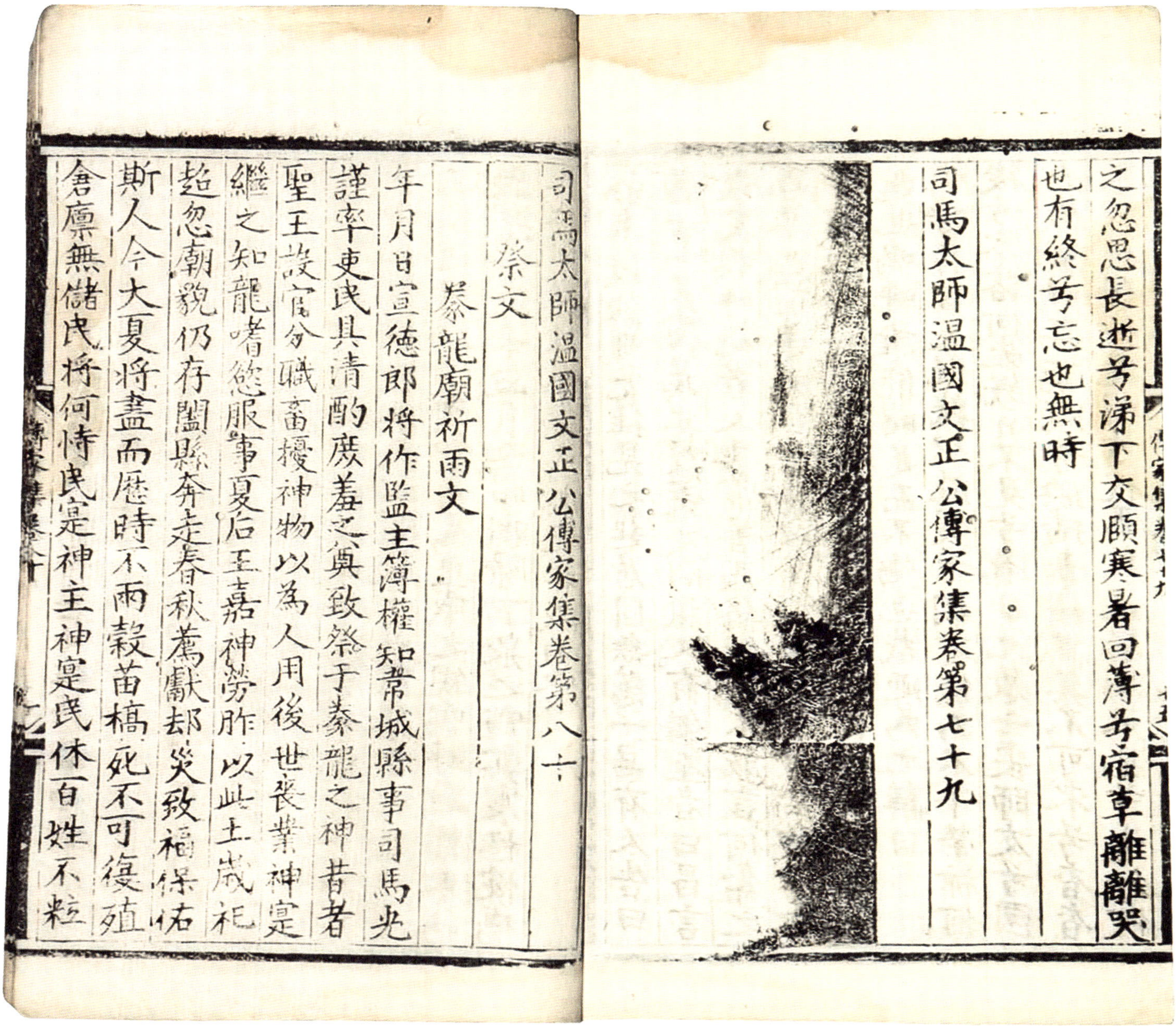
之忽思長逝兮涕下交頤寒暑回薄兮宿草離離哭
也有終兮忘也無時
司馬太師温國文正公傳家集卷第七十九

司馬太師温國文正公傳家集卷第八十
祭文
秦龍廟祈雨文
年月日宣德郎將作監主簿權知常城縣事司馬光
謹率吏民具清酌庶羞之奠致祭于秦龍之神昔者
聖王設官分職畜擾神物以為人用後世衰業神寔
繼之知龍嗜慾服事夏后王嘉神勞胙以此土歲祀
超忽廟貌仍存闔縣奔走春秋薦獻郄災致福保佑
斯人今大夏將盡而歷時不雨穀苗槁死不可復殖
倉廩無儲民將何恃民寔神主神寔民休百姓不粒

10617 司馬太師温國文正公傳家集八十卷目録二卷 （宋）司馬光撰

明刻本

匡高23.2釐米，廣16釐米。半葉十行，行二十字，小字雙行字數不等，黑口，四周雙邊。曲阜文物管理委員會孔府文物檔案館藏。

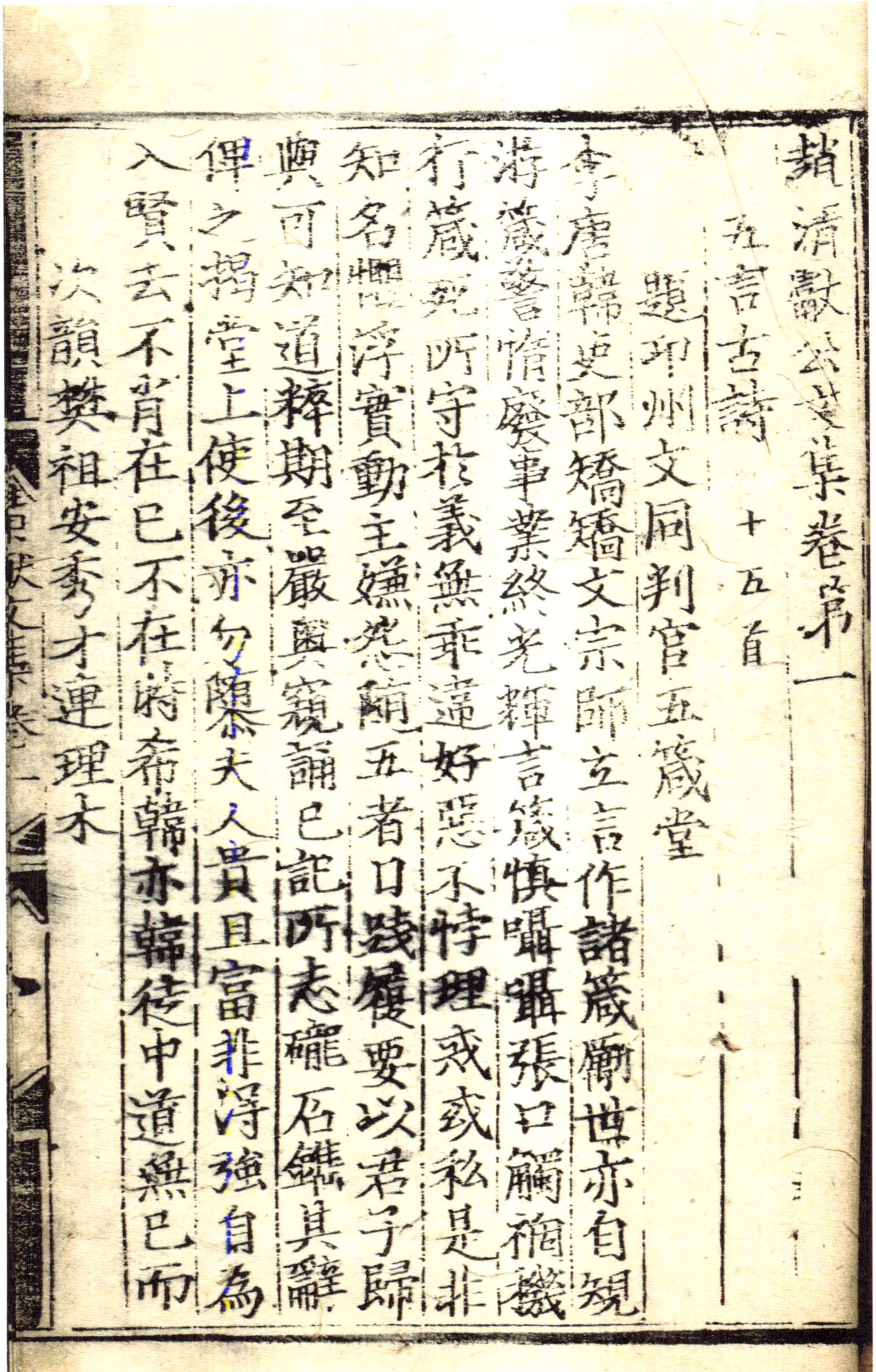

趙清獻公文集卷第一

五言古詩　十五首

題邛州文同判官五箴堂

李唐韓吏部矯矯文宗師立言作諸箴勵世亦自規
游箴警惰廢事業終光輝言箴慎囁嚅張口觸禍機
行箴死所守於義無乖違好惡不恃理或惑私是非
知名懼浮實動主嫌怨隨五者口踐履要以君子歸
與可知道辨期至嚴與窺誦已記所志確石鑱其辭
俾之揭堂上使後亦勿隱夫人貴且富非得強自爲
入賢去不肖在己不在諸希韓亦韓徒中道無已而

次韻樊祖安秀才連理木

10618、10619 趙清獻公文集十卷　（宋）趙抃撰　**附録一卷**　明成化七年（1471）閻鐸刻本

匡高20.1釐米，廣14釐米。半葉十一行，行二十字，小字雙行字數不等，黑口，四周雙邊。華東師範大學圖書館藏；四川大學圖書館藏，存五卷。

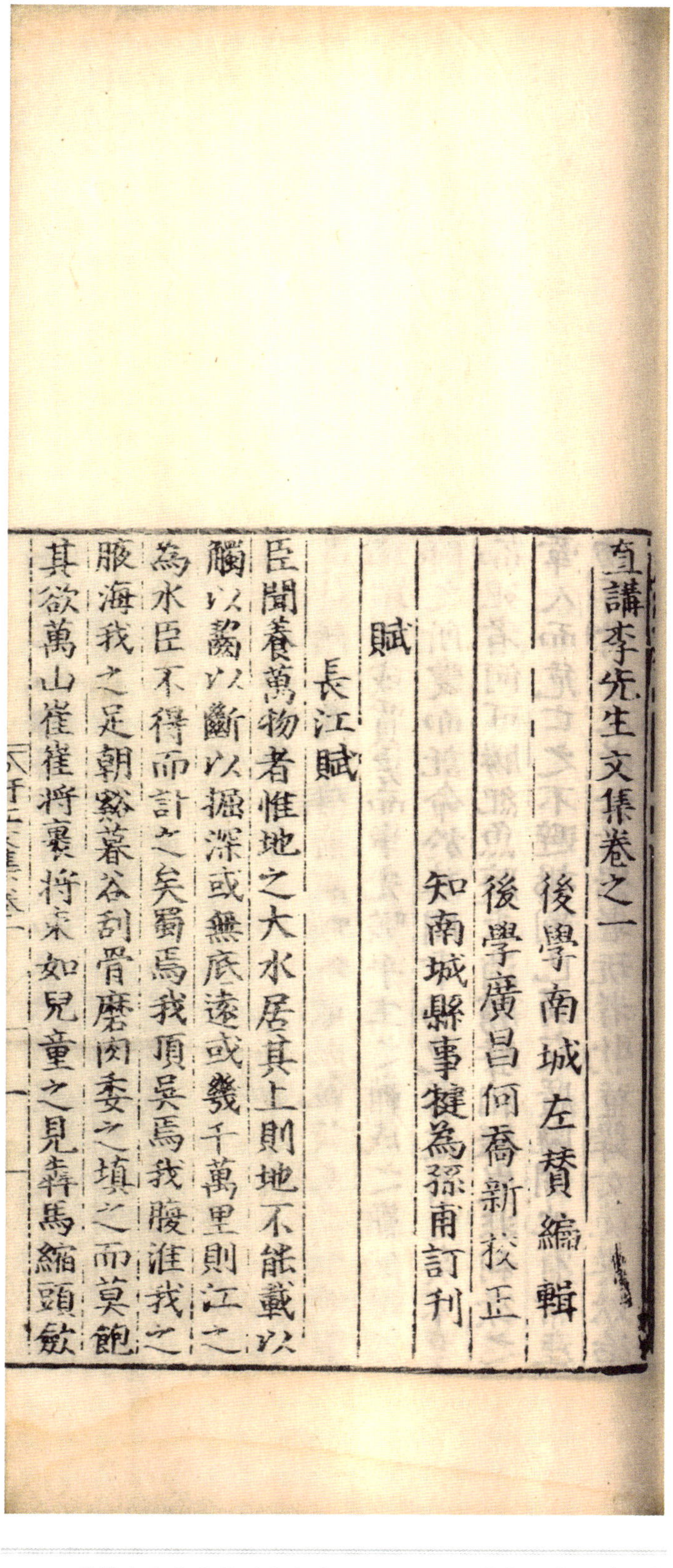

直講李先生文集卷之一
後學南城左贊編輯
後學廣昌何喬新校正
知南城縣事犍為孫甫訂刊
賦
長江賦
臣聞養萬物者惟地之大水居其上則地不能載以
觸以齧以斷以掘深或無底遠或幾千萬里則江之
為水臣不得而討之矣蜀焉我頂吳焉我腹淮我之
腋海我之足朝衝暮吞刮骨磨肉委之填之而莫飽
其欲萬山崔崔將襄將來如兒童之見犇馬縮頭斂

10620 直講李先生文集三十七卷 （宋）李覯撰 **外集三卷年譜一卷門人録一卷** 明正德十三年（1518）孫甫刻本

匡高16.7釐米，廣12.6釐米。半葉十一行，行二十字，白口，左右雙邊。中共北京市委圖書館藏。

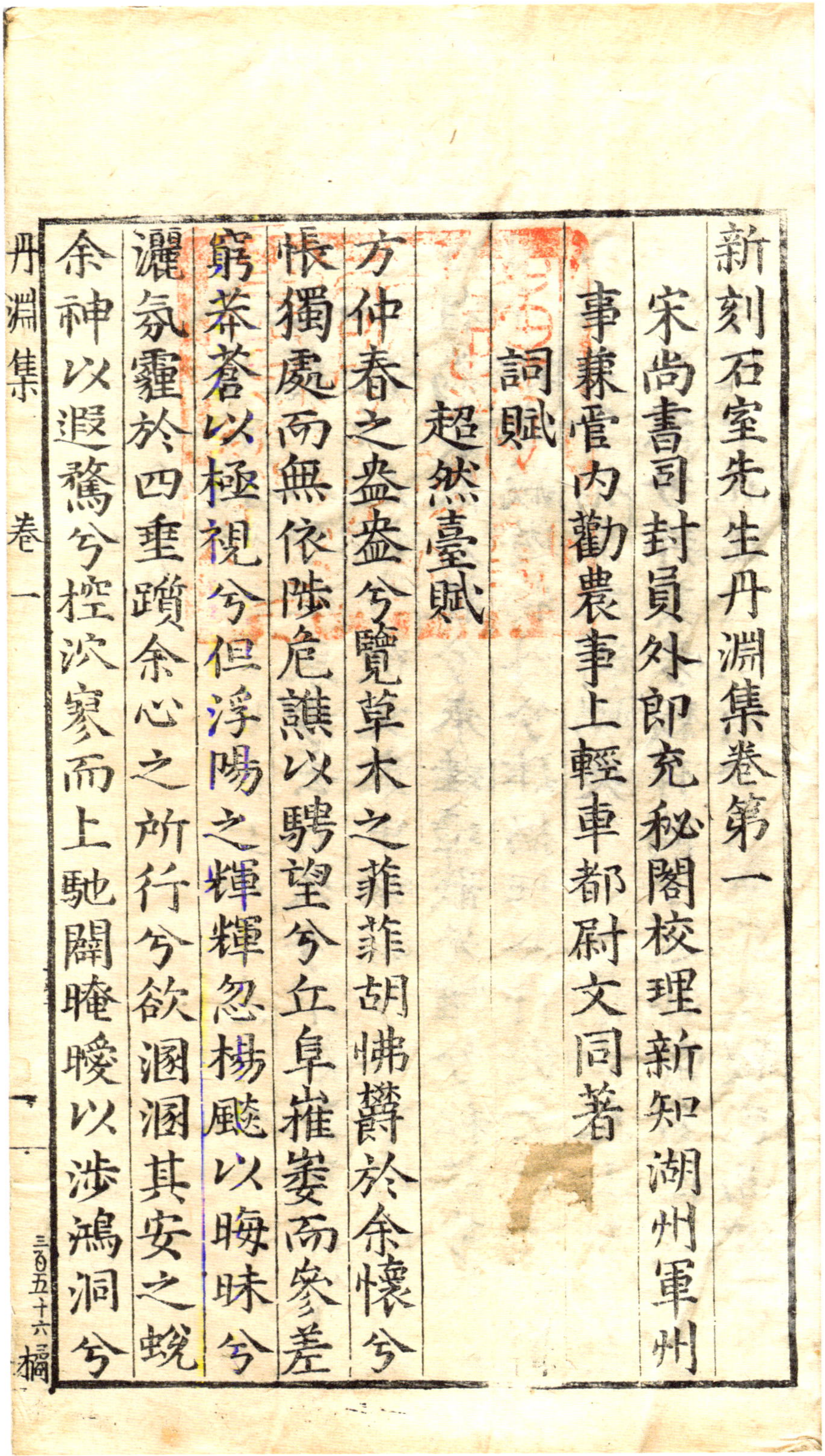

新刻石室先生丹淵集卷第一
宋尚書司封員外郎充秘閣校理新知湖州軍州
事兼管内勸農事上輕車都尉文同著
詞賦
超然臺賦
方仲春之盎盎兮覽草木之菲菲胡怫鬱於余懷兮
悵獨處而無依陟危譙以騁望兮丘阜崔嵔而參差
窮莽蒼以極視兮但浮陽之輝輝忽楊飈以晦昧兮
灑氛霾於四垂蹟余心之所行兮欲涸涸其安之蜕
余神以遐騖兮控沆寥而上馳闢晻曖以涉鴻洞兮
丹淵集　卷一　一　三百五十六

10621 新刻石室先生丹淵集四十卷拾遺二卷　（宋）文同撰　**年譜一卷**　（宋）家誠之撰　**續編諸公書翰詩文一卷雜紀一卷**　明萬曆四十年（1612）蒲以懌刻本

匡高21釐米，廣13.2釐米。半葉十行，行二十字，白口，四周單邊。保定市圖書館藏。

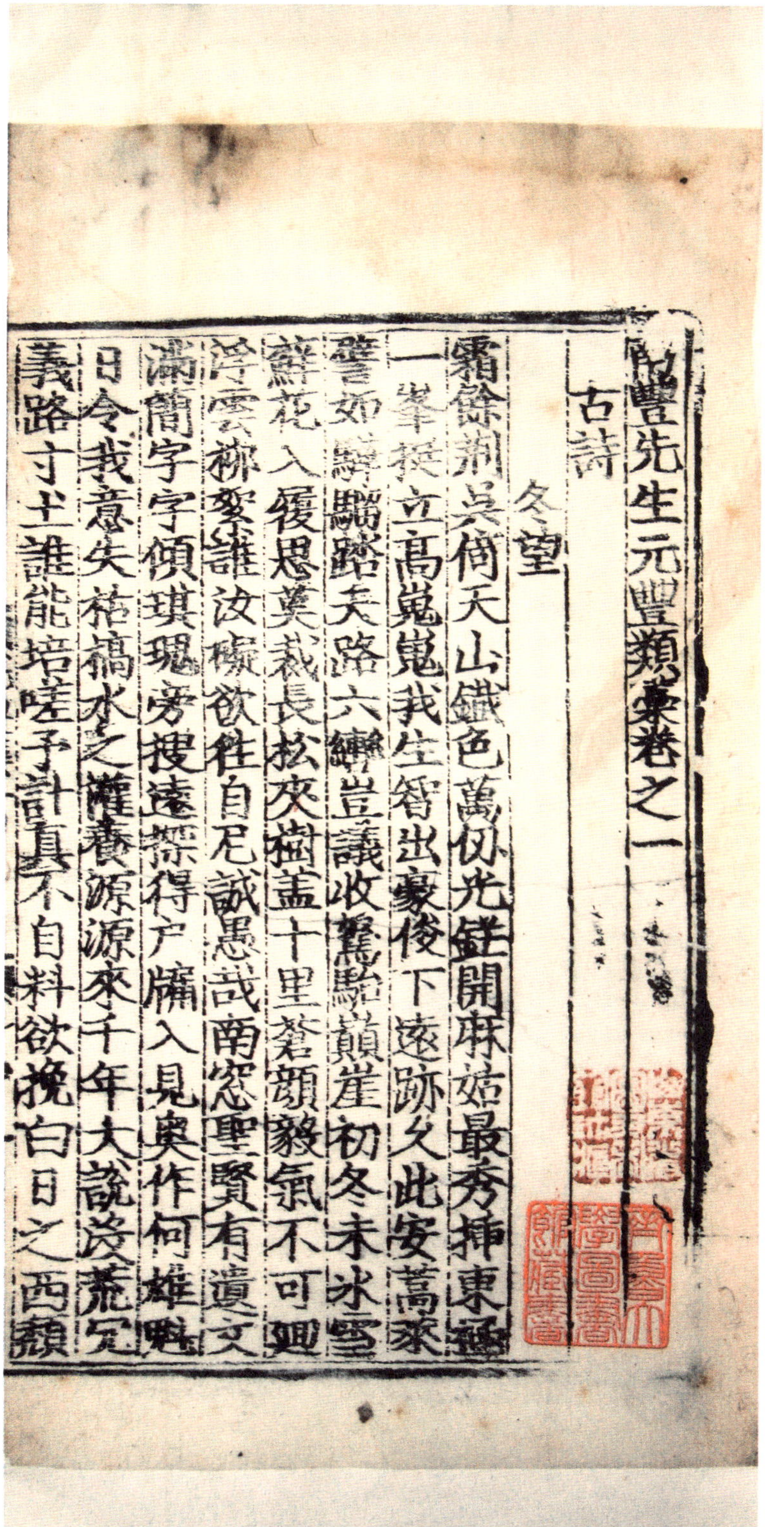
南豐先生元豐類槀卷之一

古詩

冬望

霜餘荆吴倚天山鐵色萬仞光鋩開麻姑最秀插東極
一峯挺立高嵬嵬我生智出豪俊下遠跡久此安蒿萊
譬如驊騮踏天路六轡豈議收駑駘巔崖初冬未冰雪
蘚花入履思莫裁長松夾樹蓋十里蒼顔毅氣不可廻
浮雲柳絮誰汝礙欲往自尼誠愚哉南窓聖賢有遺文
滿簡字字傾琪瑰旁搜遠探得户牖入見奥作何雄魁
日令我意失枯槁水之灌養源源來千年大說没荒穢
義路寸土誰能培嗟予計真不自料欲挽白日之西頹

10622 南豐先生元豐類稿五十一卷 （宋）曾鞏撰 明成化八年（1472）南豐縣刻遞修本

匡高21.5釐米，廣13.7釐米。半葉十一行，行二十一字，黑口，四周雙邊。

山東省圖書館藏。

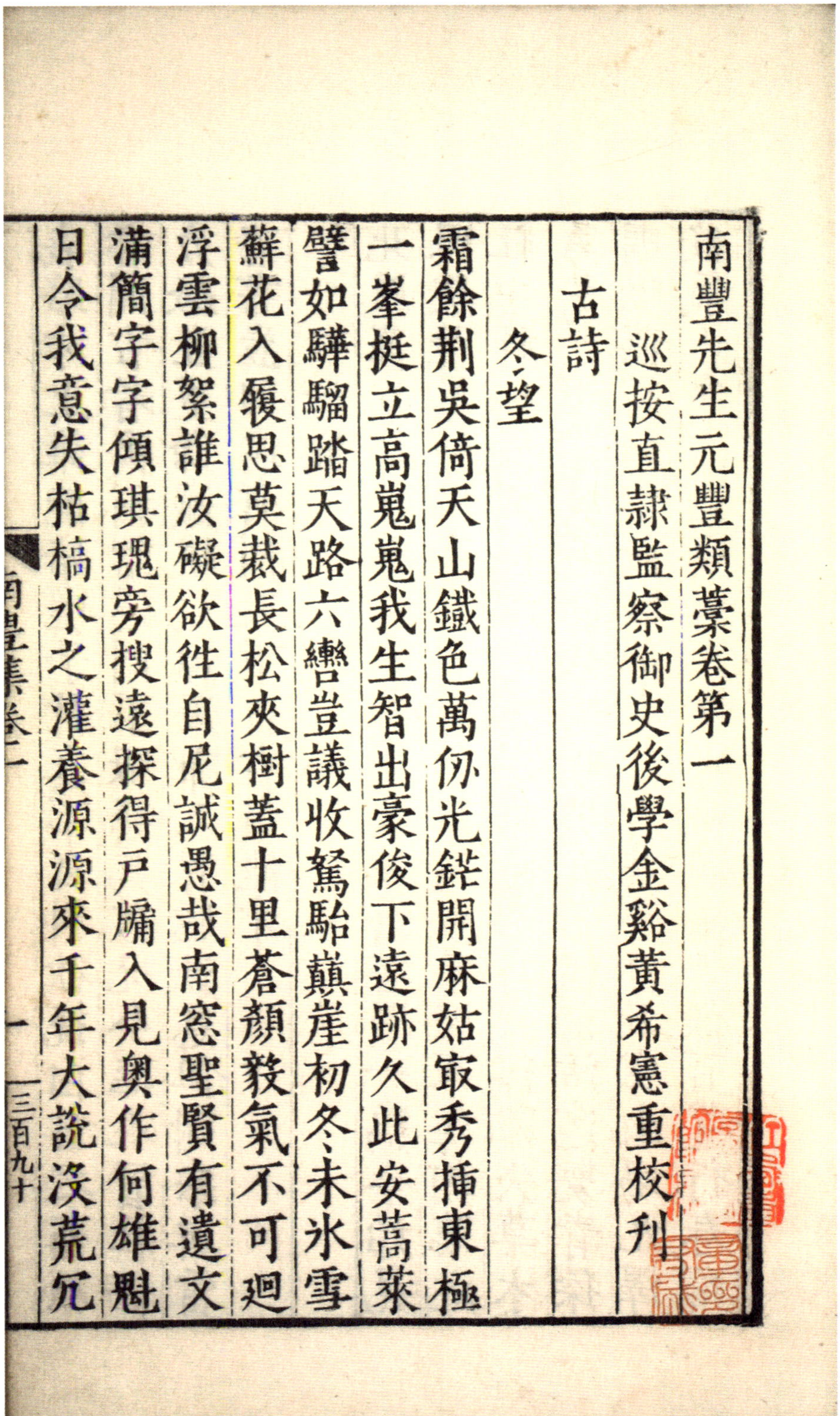

南豐先生元豐類藁卷第一
巡按直隸監察御史後學金谿黃希憲重校刊
古詩
冬望
霜餘荆吳倚天山鐵色萬仞光鋩開麻姑㝡秀插東極
一峯挺立高嵬嵬我生智出豪俊下遠跡久此安蒿萊
譬如驊騮踏天路六轡豈議收駑駘巔崖初冬未氷雪
蘚花入屐思莫裁長松夾樹蓋十里蒼顏毅氣不可迴
浮雲柳絮誰汝礙欲往自尼誠愚哉南窓聖賢有遺文
滿簡字字傾琪瑰旁搜遠探得戶牖入見奧作何雄魁
日令我意失枯槁水之灌養源源來千年大詵沒荒冗

南豐集卷一　一　三百九十

10623　南豐先生元豐類稿五十一卷　（宋）曾鞏撰　明嘉靖四十一年（1562）黃希憲刻本

匡高22釐米，廣12.8釐米。半葉十一行，行二十一字，白口，左右雙邊。江西省圖書館藏。

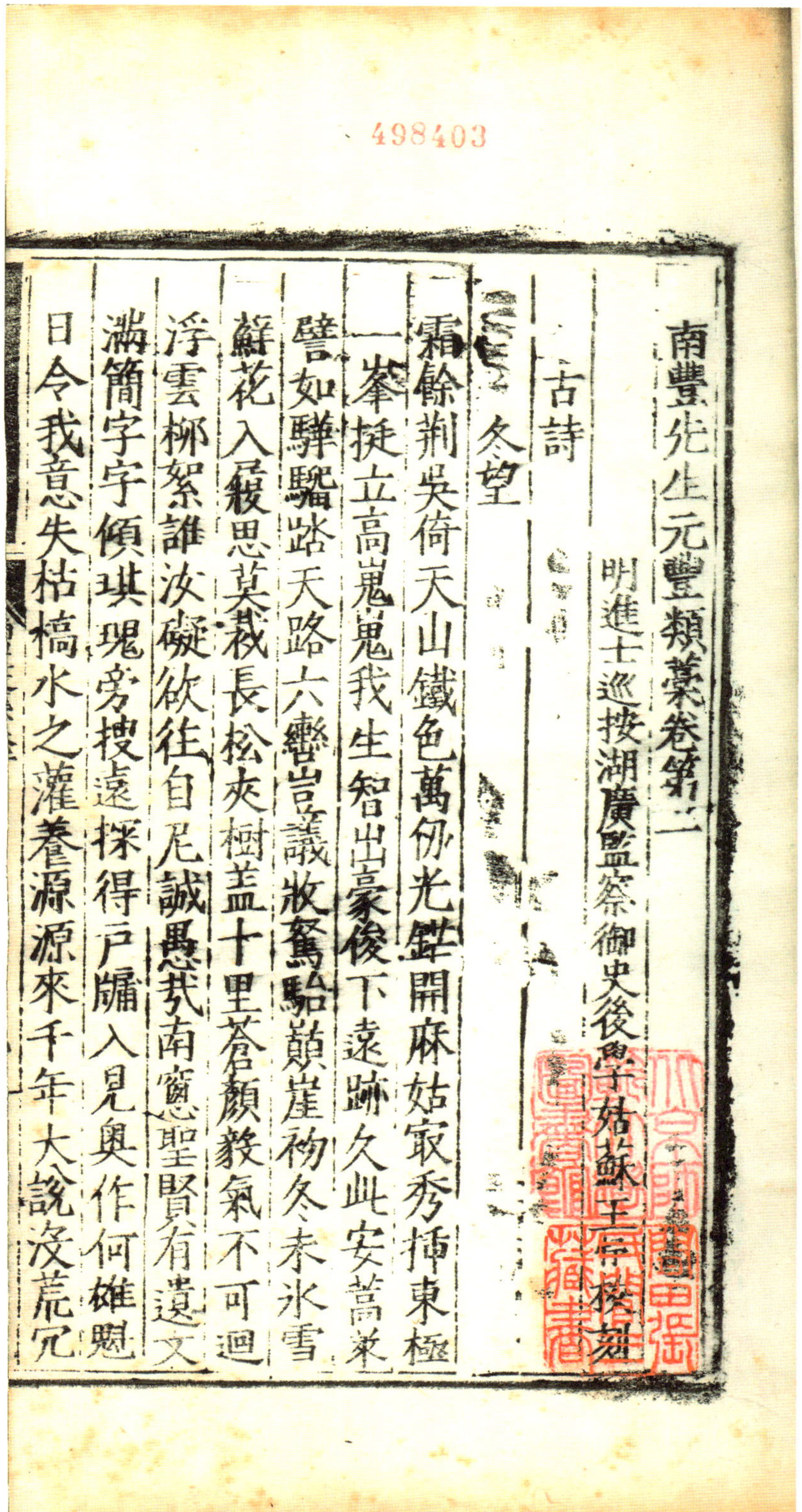
498403

南豐先生元豐類藁卷第二

明進士巡按湖廣監察御史後學姑蘇王忬校刻

古詩

冬望

霜餘荆吳倚天山鐵色萬仞光𨦟開麻姑寂秀揷東極一峯挺立高嵬嵬我生智出豪俊下遠跡久此安蒿萊譬如驊騮踏天路六轡豈議收駑駘巔崖初冬未氷雪蘚花入履思莫栽長松夾樹盖十里蒼顔毅氣不可迴浮雲栁絮誰汝礙欲往自尼誠愚哉南窻聖賢有遺文滿簡字字傾琪瑰旁搜遠採得戶牖入見奥作何雄魁日令我意失枯槁水之灌養源源來千年大說没荒冗

10624 南豐先生元豐類稿五十一卷 （宋）曾鞏撰 明嘉靖王忬刻本

匡高22.3釐米，廣13.2釐米。半葉十一行，行二十一字，黑口，四周雙邊。北京師範大學圖書館藏。

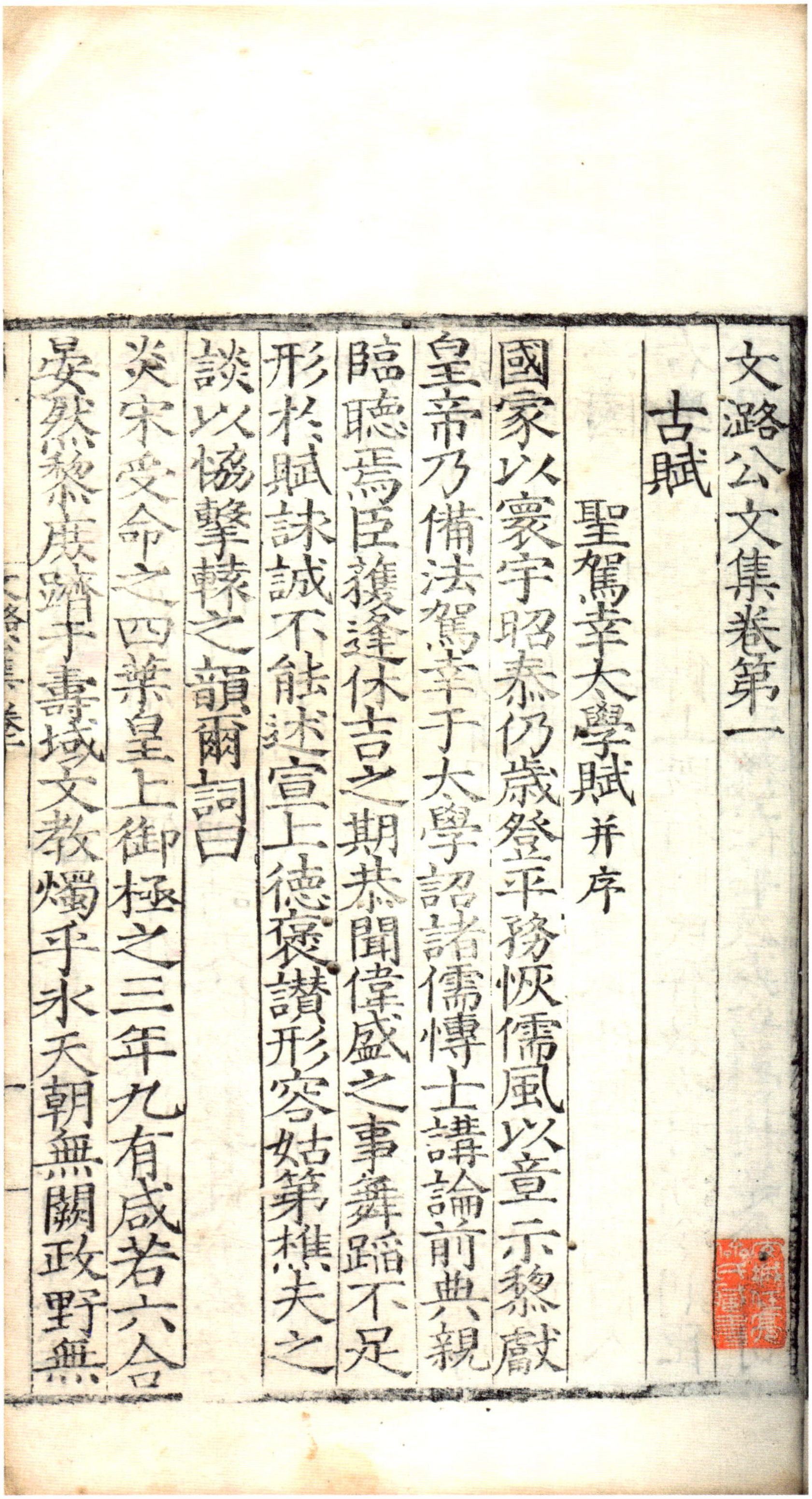

文潞公文集卷第一

古賦

聖駕幸太學賦 并序

國家以寰宇昭泰仍歲登平務恢儒風以章示黎獻
皇帝乃備法駕幸于太學詔諸儒博士講論前典親
臨聽焉臣獲逢休吉之期恭聞偉盛之事舞蹈不足
形於賦詠誠不能述宣上德褒讚形容姑第樵夫之
談以協擊轅之韻爾詞曰
炎宋受命之四葉皇上御極之三年九有咸若六合
晏然黎庶躋于壽域文教燭乎永天朝無闕政野無

10625 文潞公文集四十卷 （宋）文彦博撰 明嘉靖五年（1526）王溱刻本

匡高20.5釐米，廣14.5釐米。半葉十行，行二十字，白口，四周單邊。北京師範大學圖書館藏。

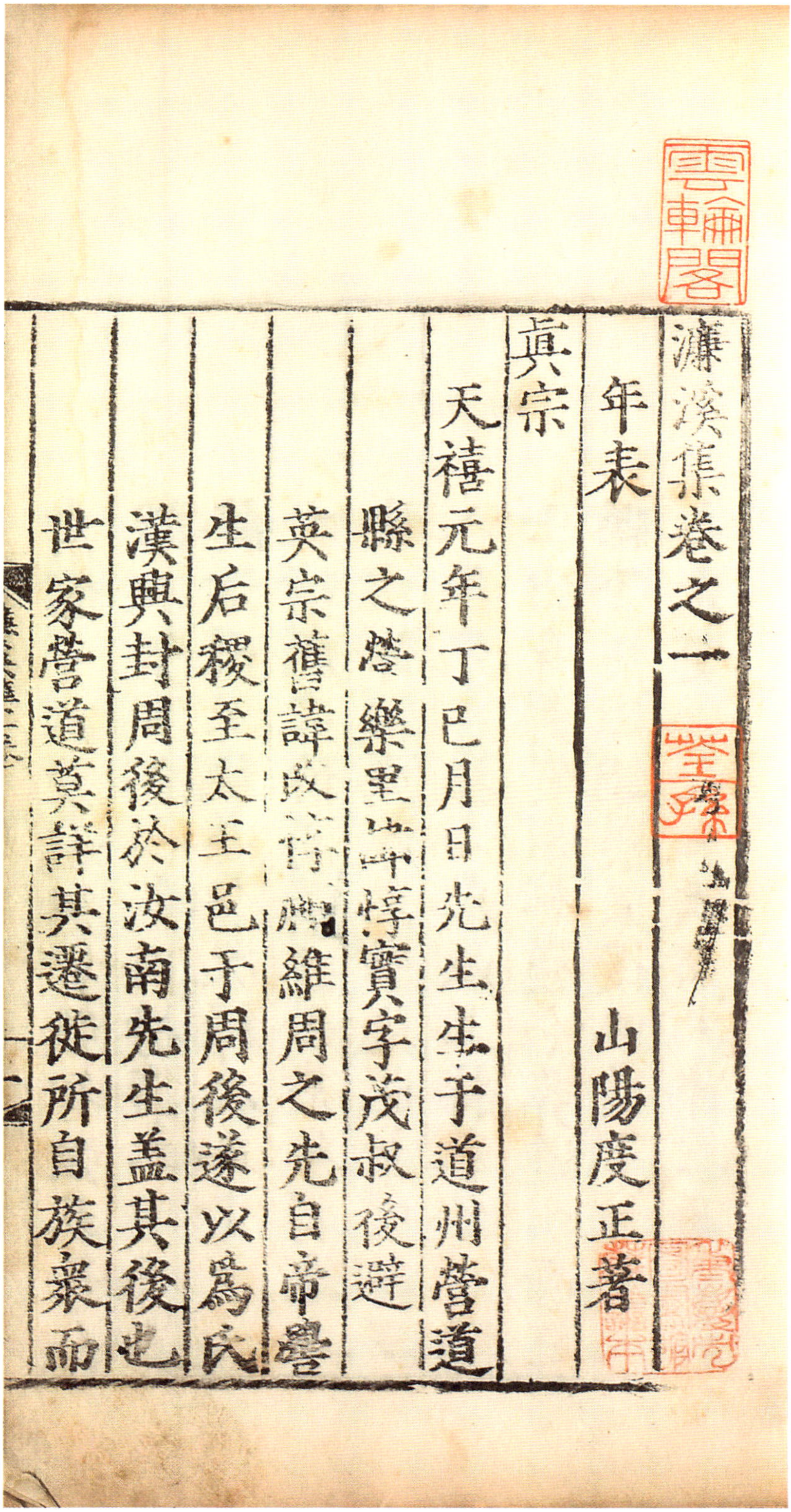

濂溪集卷之一

年表　　山陽度正著

眞宗

天禧元年丁巳月日先生生于道州營道
縣之營樂里[illegible]惇實字茂叔後避
英宗舊諱改惇頤維周之先自帝嚳
生后稷至太王邑于周後遂以爲氏
漢與封周後於汝南先生蓋其後也
世家營道莫詳其遷徙所自族衆而

10626 濂溪集六卷 （宋）周敦頤撰 明嘉靖十四年（1535）黄敏才刻本

匡高20.3釐米，廣13.6釐米。半葉九行，行十七字，黑口，四周單邊。有“雲輪閣”、“荃孫”等印。重慶圖書館藏。

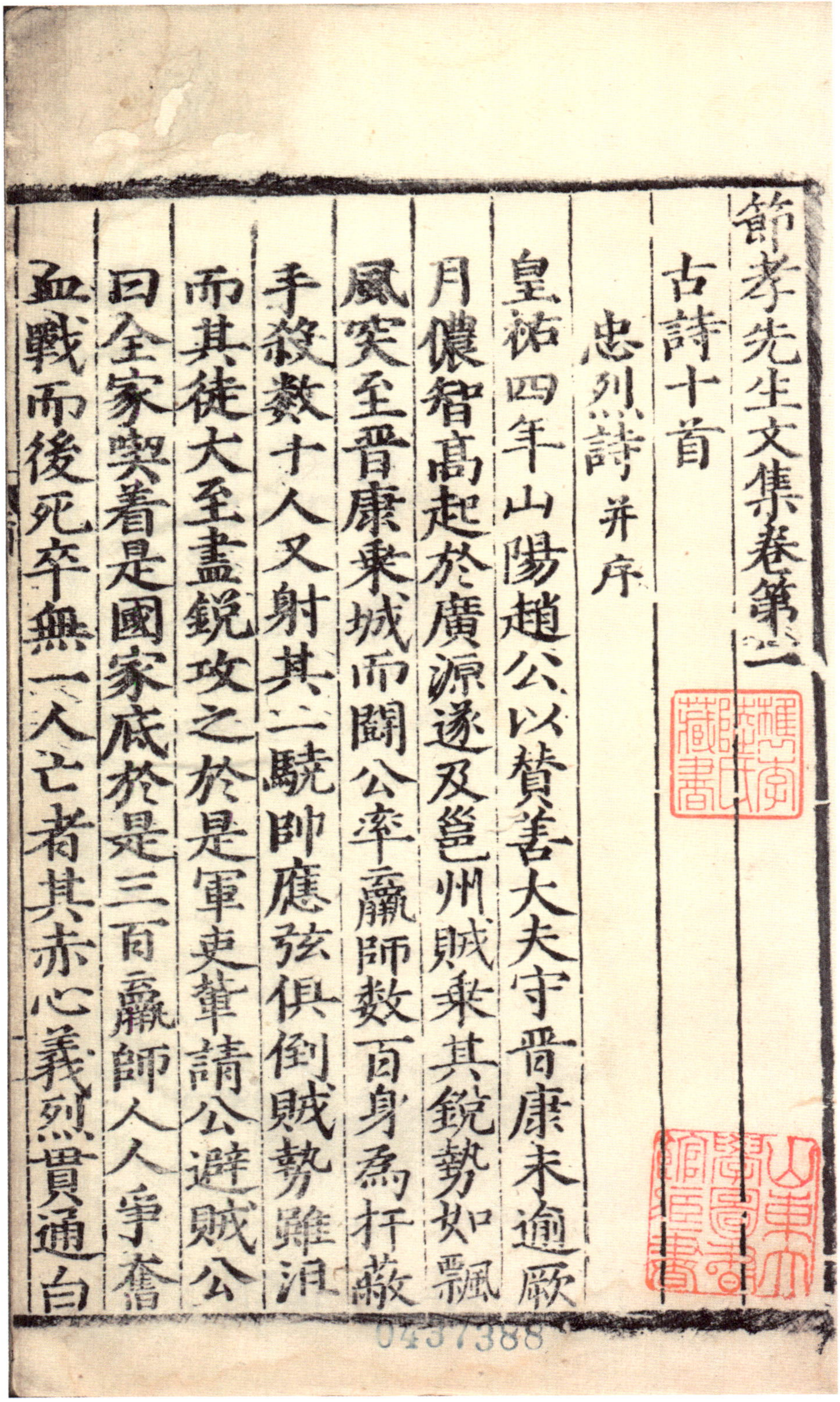

節孝先生文集卷第二
古詩十首
忠烈詩 并序
皇祐四年山陽趙公以贊善大夫守晉康未逾歲
月儂智高起於廣源遂及邕州賊乘其銳勢如飄
風突至晉康乘城而鬭公率羸師數百身爲扞蔽
手殺數十人又射其二驍帥應弦俱倒賊勢雖沮
而其徒大至盡銳攻之於是軍吏輩請公避賊公
曰全家奚着是國家底於是三百羸師人人爭奮
血戰而後死卒無一人亡者其赤心義烈貫通白

10627、10628 節孝先生文集三十卷 （宋）徐積撰 **語録一卷事實一卷** 明嘉靖四十四年（1565）劉祐刻本

匡高20.5釐米，廣14釐米。半葉十行，行二十字，白口，四周單邊。湖北省圖書館、山東大學圖書館藏。

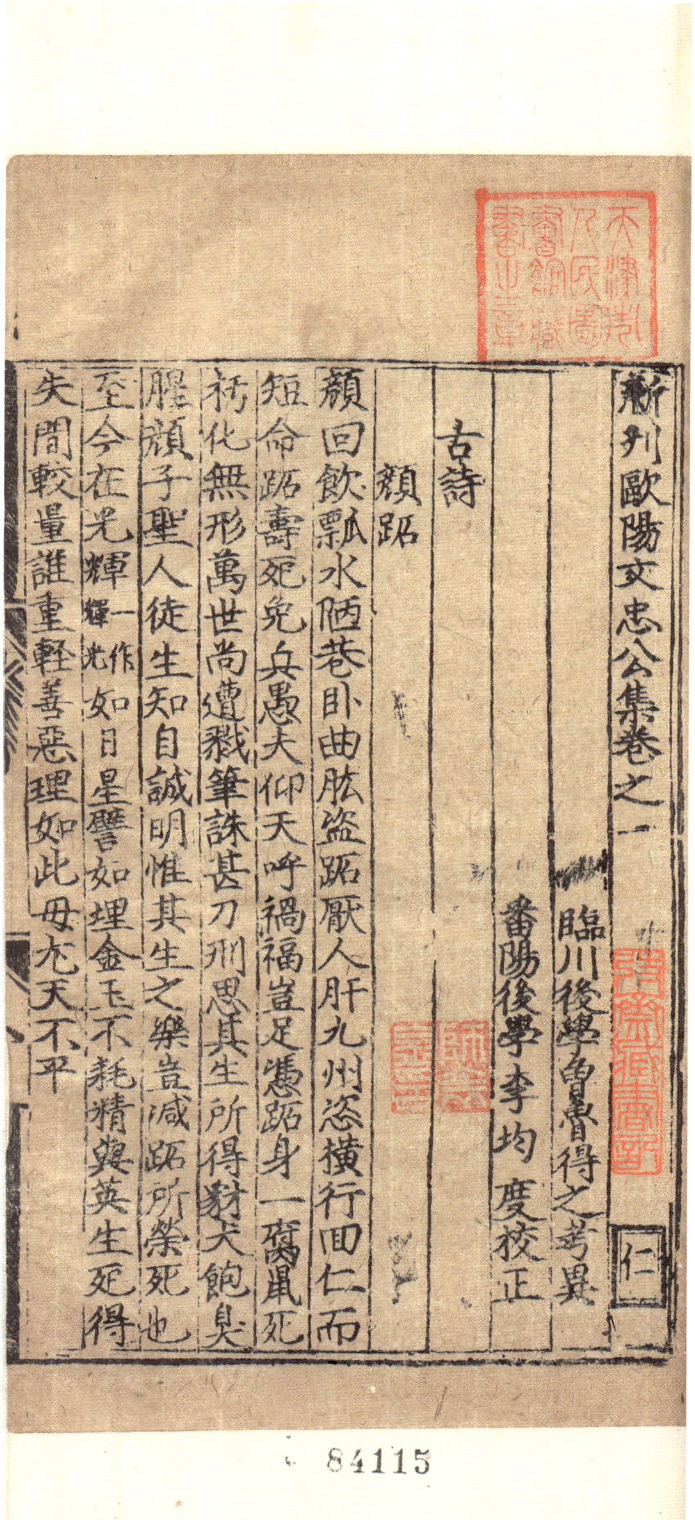
新刊歐陽文忠公集卷之一 仁
臨川後學曾魯得之考異
番陽後學李均度校正
古詩
顔跖
顔回飲瓢水陋巷卧曲肱盜跖厭人肝九州恣横行囘仁而短命跖壽死免兵愚夫仰天呼禍福豈足憑跖身一腐鼠死朽化無形萬世尚遺戮筆誅甚刀刑思其生所得對犬飽臭腥顔子聖人徒生知自誠明惟其生之樂豈減跖所榮死也至今在光輝輝光一作如日星譬如埋金玉不耗精與英生死得失間較量誰重輕善惡理如此毋尤天不平

10629 新刊歐陽文忠公集五十卷 （宋）歐陽修撰 （明）曾魯考異 明正德元年（1506）日新書堂刻本

匡高19.8釐米，廣13釐米。半葉十一行，行二十三字，小字雙行同，黑口，四周雙邊。有“弢齋藏書記”等印。天津圖書館藏。

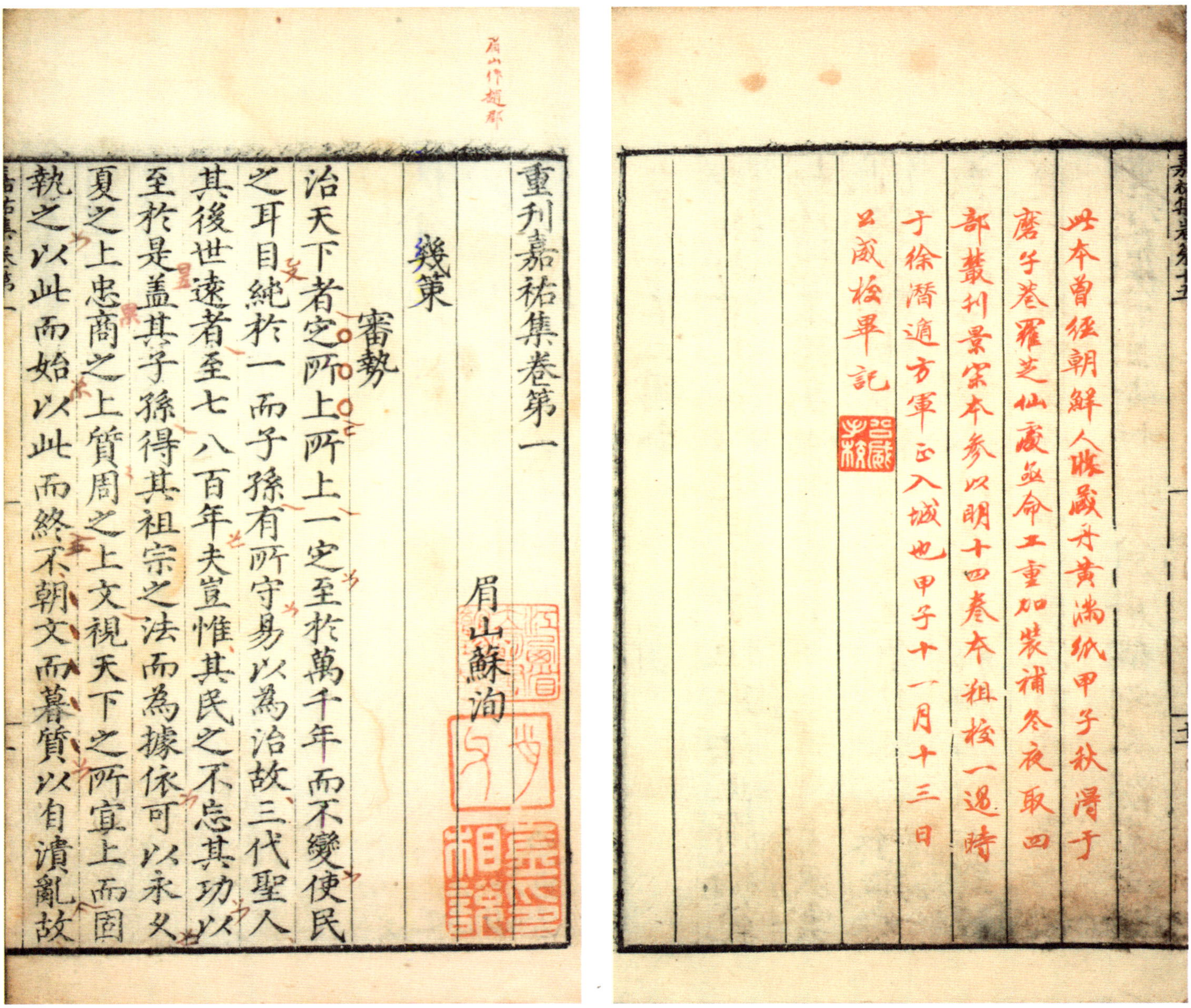

10630-10632 重刊嘉祐集十五卷 （宋）蘇洵撰 明嘉靖十一年（1532）太原府刻本

匡高19.6釐米，廣13.4釐米。半葉十行，行二十一字，小字雙行同，白口，四周單邊。江西省圖書館藏，宋育德跋；首都圖書館藏，有“晉安何氏珍存”、“黃曾樾印”等印；軍事科學院軍事圖書資料館藏。

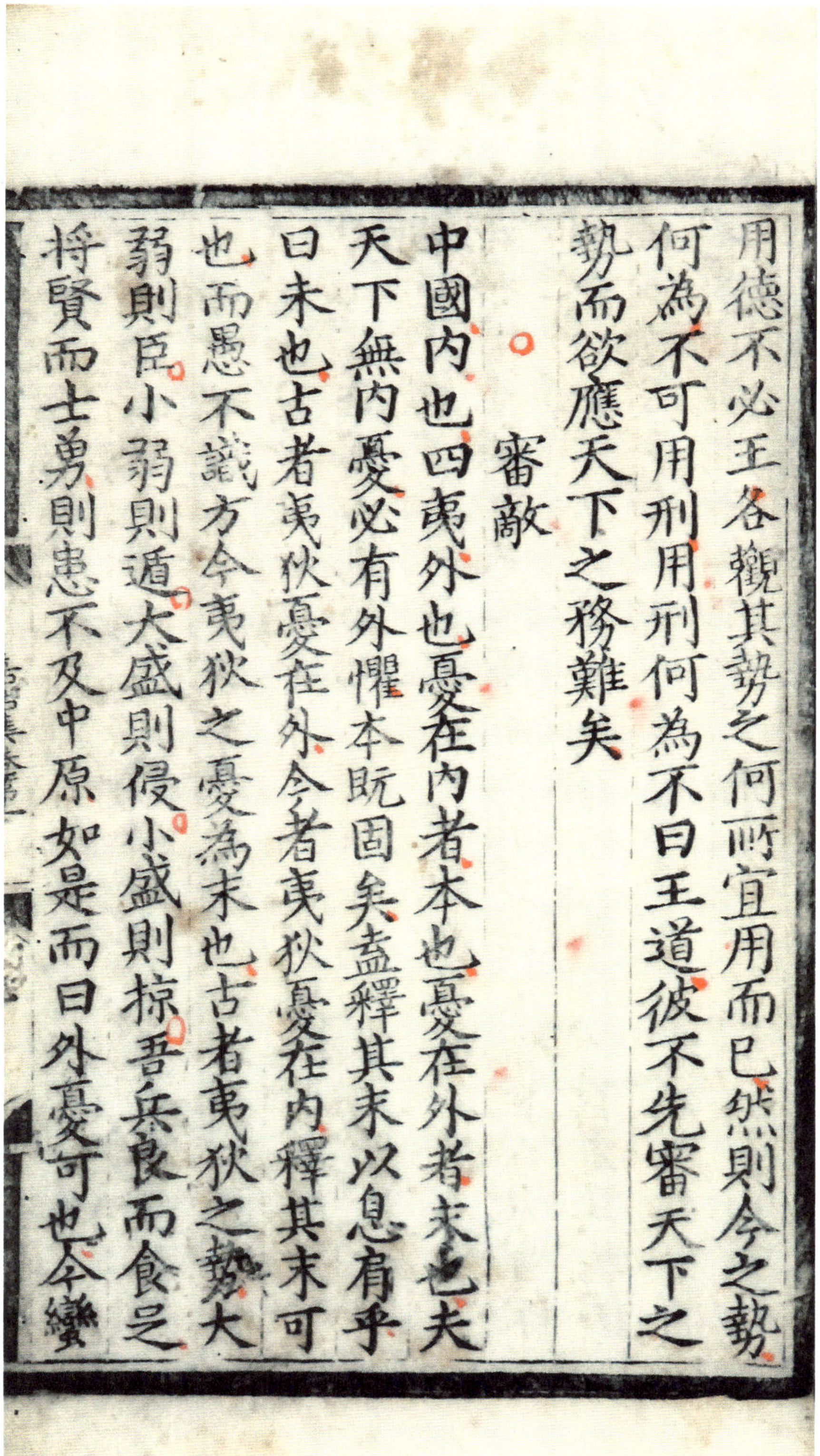

用德不必王各觀其勢之何所宜用而已然則今之勢何為不可用刑用刑何為不曰王道彼不先審天下之勢而欲應天下之務難矣

審敵

中國內也四夷外也憂在內者本也憂在外者末也夫天下無內憂必有外懼本既固矣盍釋其末以息肩乎曰未也古者夷狄憂在外今者夷狄憂在內釋其末可也而愚不識方今夷狄之憂為末也古者夷狄之勢大弱則臣小弱則遁大盛則侵小盛則掠吾兵良而食足將賢而士勇則患不及中原如是而曰外憂可也今蠻

10633 重刊嘉祐集十五卷 （宋）蘇洵撰 明刻本

匡高20.7釐米，廣13.4釐米。半葉十行，行二十一字，黑口，四周雙邊。眉山市三蘇祠博物館藏。

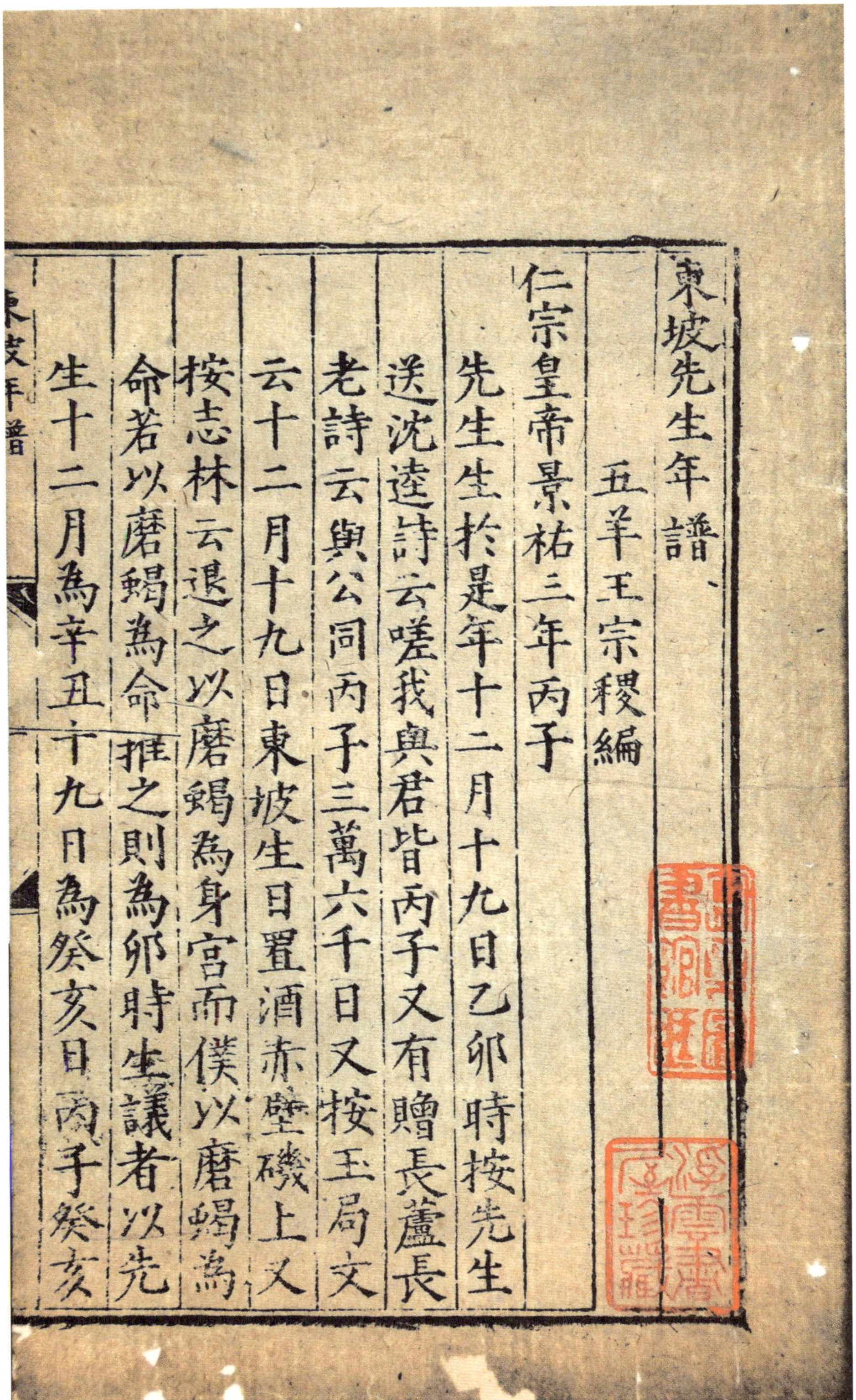

東坡先生年譜

五羊王宗稷編

仁宗皇帝景祐三年丙子

先生生於是年十二月十九日乙卯時按先生送沈逵詩云嗟我與君皆丙子又有贈長蘆長老詩云與公同丙子三萬六千日又按王局文云十二月十九日東坡生日置酒赤壁磯上又按志林云退之以磨蝎為身宮而僕以磨蝎為命若以磨蝎為命推之則為卯時生議者以先生十二月為辛丑十九日為癸亥日丙子癸亥

東坡年譜

10634 蘇文忠公全集一百十一卷 （宋）蘇軾撰 **年譜一卷** （宋）王宗稷撰 明嘉靖十三年（1534）江西布政司刻本

匡高19.8釐米，廣13釐米。半葉十行，行二十字，小字雙行同，白口，四周雙邊。寧夏回族自治區圖書館藏。

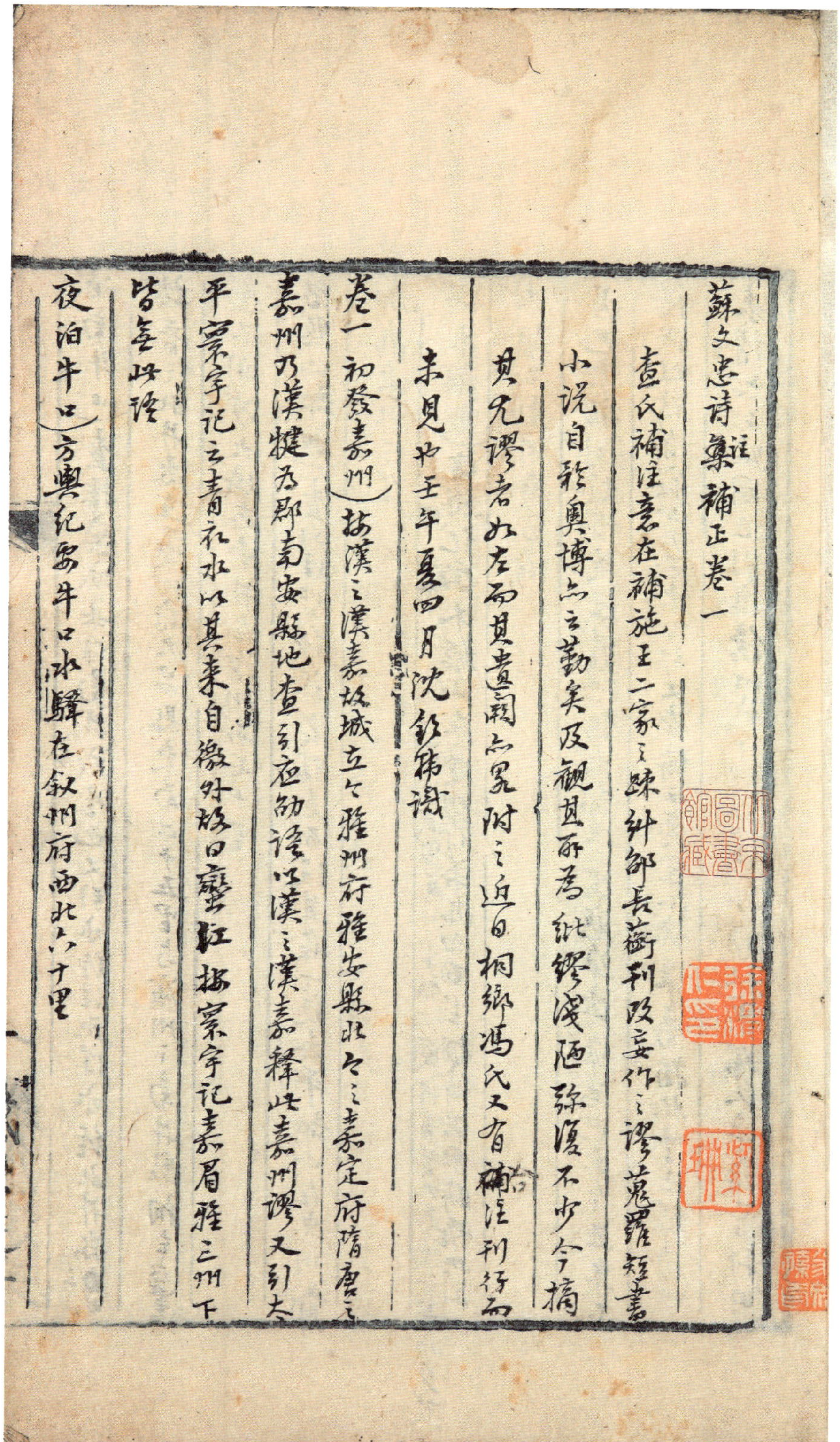

10635 蘇文忠詩注補正三卷 （清）沈欽韓撰 稿本

有“紫珊”、“徐渭仁印”等印。蔣鳳藻、王頌蔚跋。國家圖書館藏。

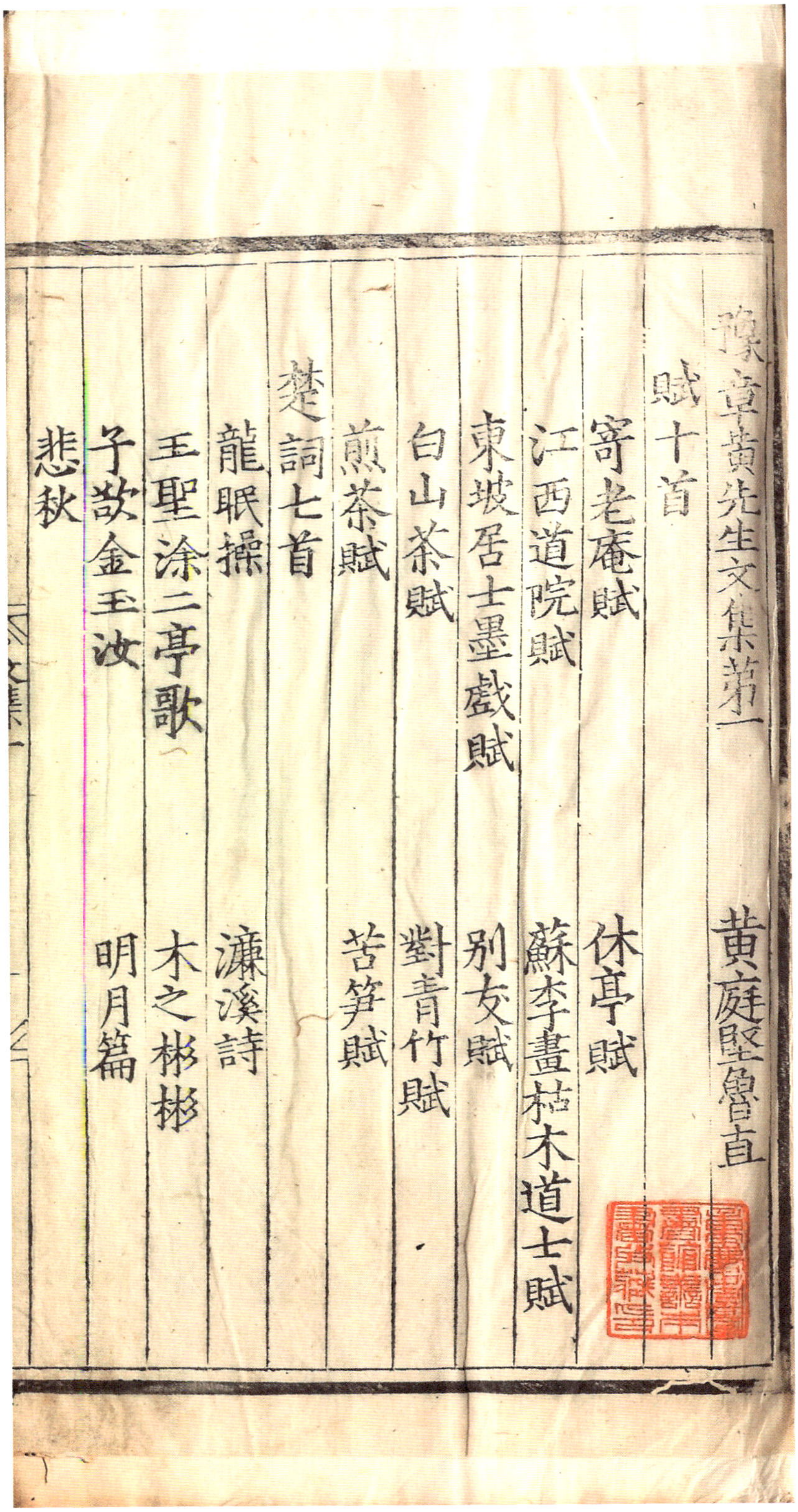

豫章黄先生文集第一　黄庭堅魯直

賦十首

寄老庵賦　休亭賦

江西道院賦　蘇李畫枯木道士賦

東坡居士墨戲賦　別友賦

白山茶賦　對青竹賦

煎茶賦　苦笋賦

楚詞七首

龍眠操　濂溪詩

玉聖涂二亭歌　木之彬彬

子歆金玉汝　明月篇

悲秋

10636、10637豫章黄先生文集三十卷外集十四卷别集二十卷簡尺二卷詞一卷　（宋）黄庭堅撰　**伐檀集二卷**　（宋）黄庶撰　**山谷先生年譜三十卷**　（宋）黄㽦撰　明弘治葉天爵刻嘉靖六年（1527）喬遷、余載仕重修本

匡高23.4釐米，廣15.3釐米。半葉十二行，行二十一字，白口，四周雙邊。北京師範大學圖書館藏；重慶圖書館藏，爲嘉靖六年喬遷、余載仕重修隆慶二年修補本。

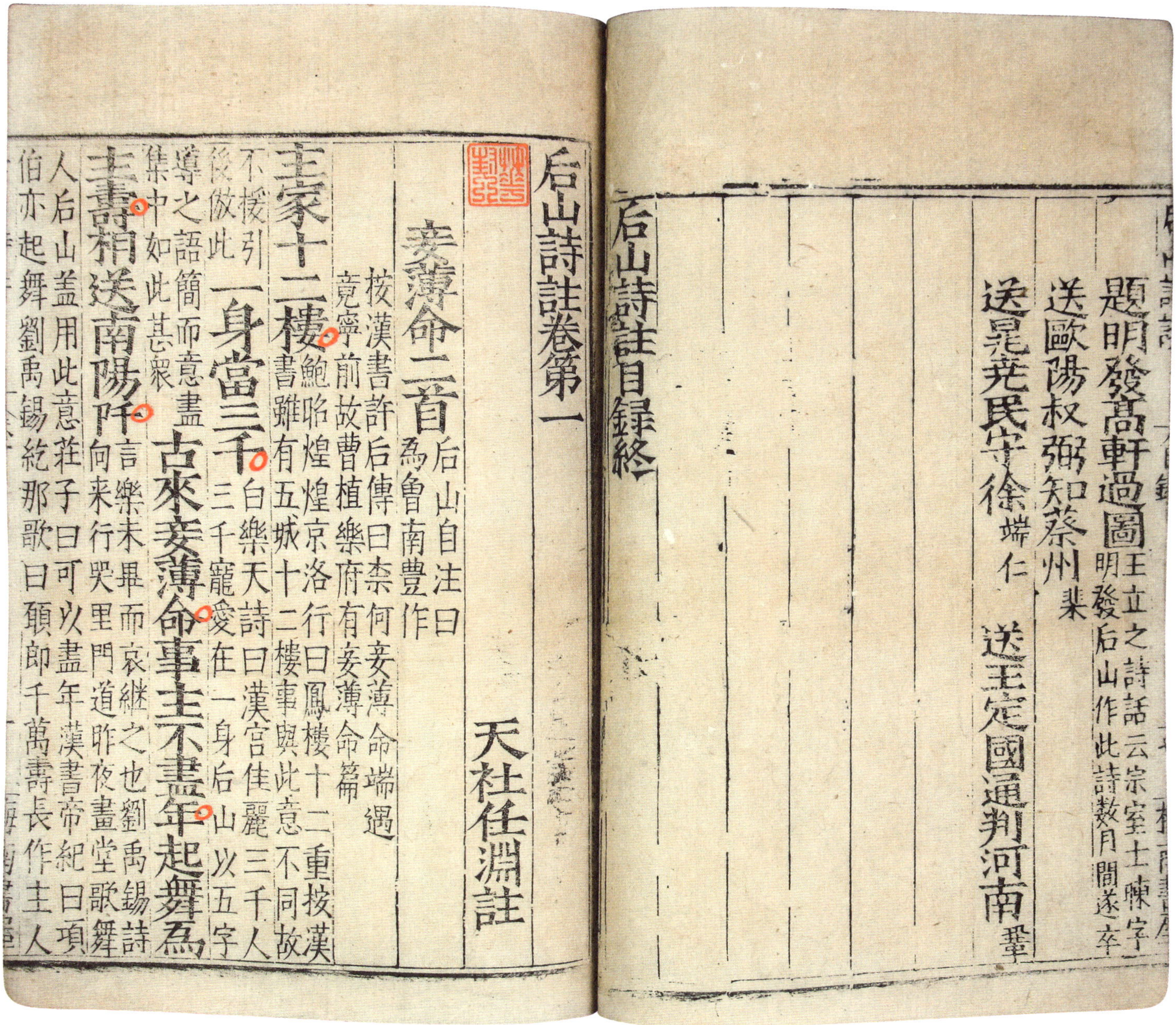

10638 后山詩註十二卷 （宋）陳師道撰 （宋）任淵註 明嘉靖十年（1531）遼藩朱寵瀼梅南書屋刻本

匡高18.5釐米，廣13.5釐米。半葉九行，行二十字，小字雙行同，白口，四周雙邊。湖南圖書館藏。

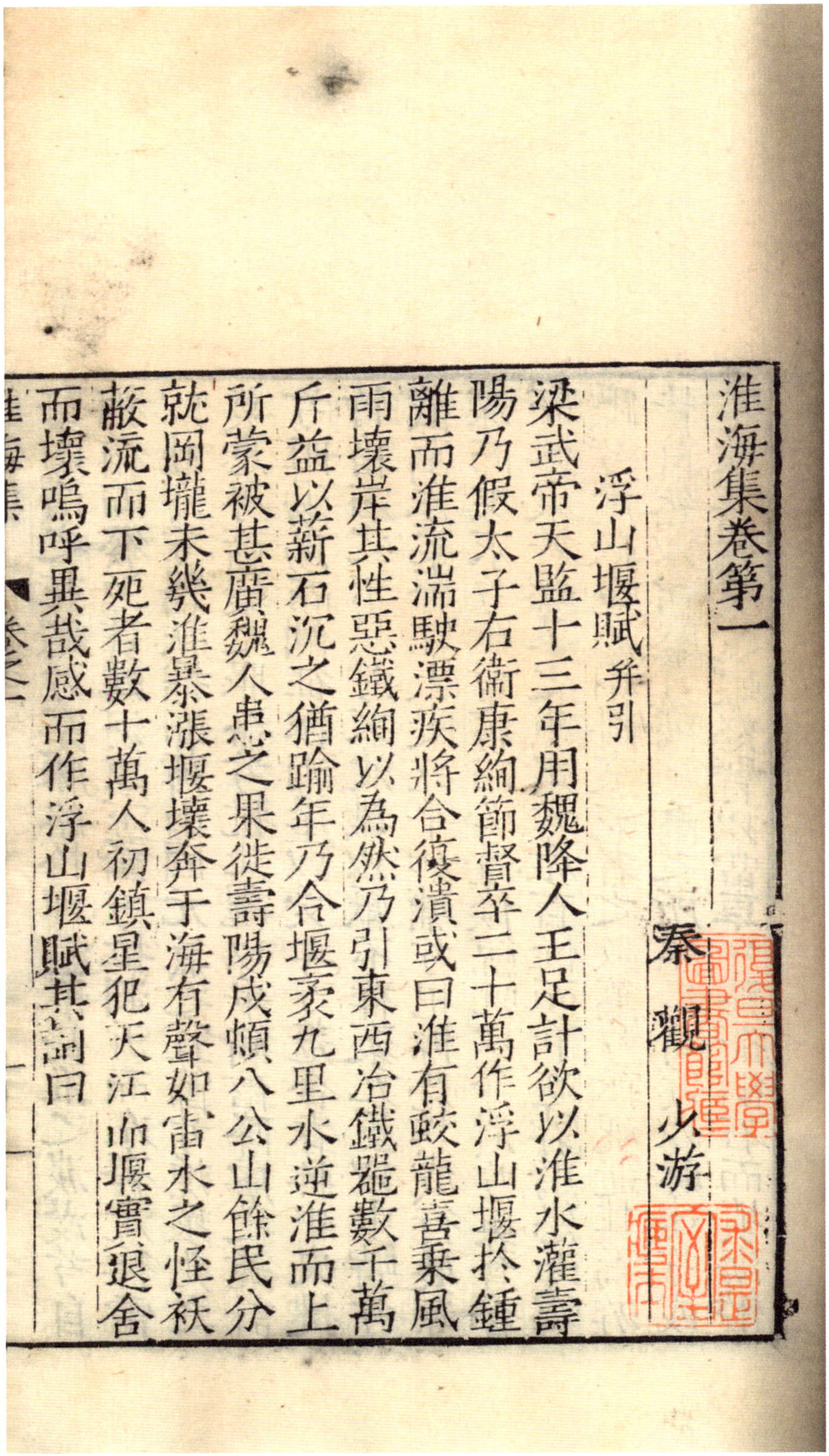
淮海集卷第一
秦觀少游
浮山堰賦幷引
梁武帝天監十三年用魏降人王足計欲以淮水灌壽
陽乃假太子右衛康絢節督卒二十萬作浮山堰於鍾
離而淮流湍駛漂疾將合復潰或曰淮有蛟龍喜乘風
雨壞岸其性惡鐵絢以為然乃引東西冶鐵器數千萬
斤益以薪石沉之猶踰年乃合堰袤九里水逆淮而上
所蒙被甚廣魏人患之果徙壽陽戍頓八公山餘民分
就岡壠未幾淮暴漲堰壞奔于海有聲如雷水之怪祅
蔽流而下死者數十萬人初鎮星犯天江而堰實退舍
而壞嗚呼異哉感而作浮山堰賦其詞曰
淮海集　卷之一　一

10639 淮海集四十卷後集六卷長短句三卷 （宋）秦觀撰　明嘉靖二十四年（1545）胡民表刻本

匡高17.2釐米，廣12.8釐米。半葉十二行，行二十一字，白口，四周單邊。有“求是室藏本”等印。復旦大學圖書館藏。

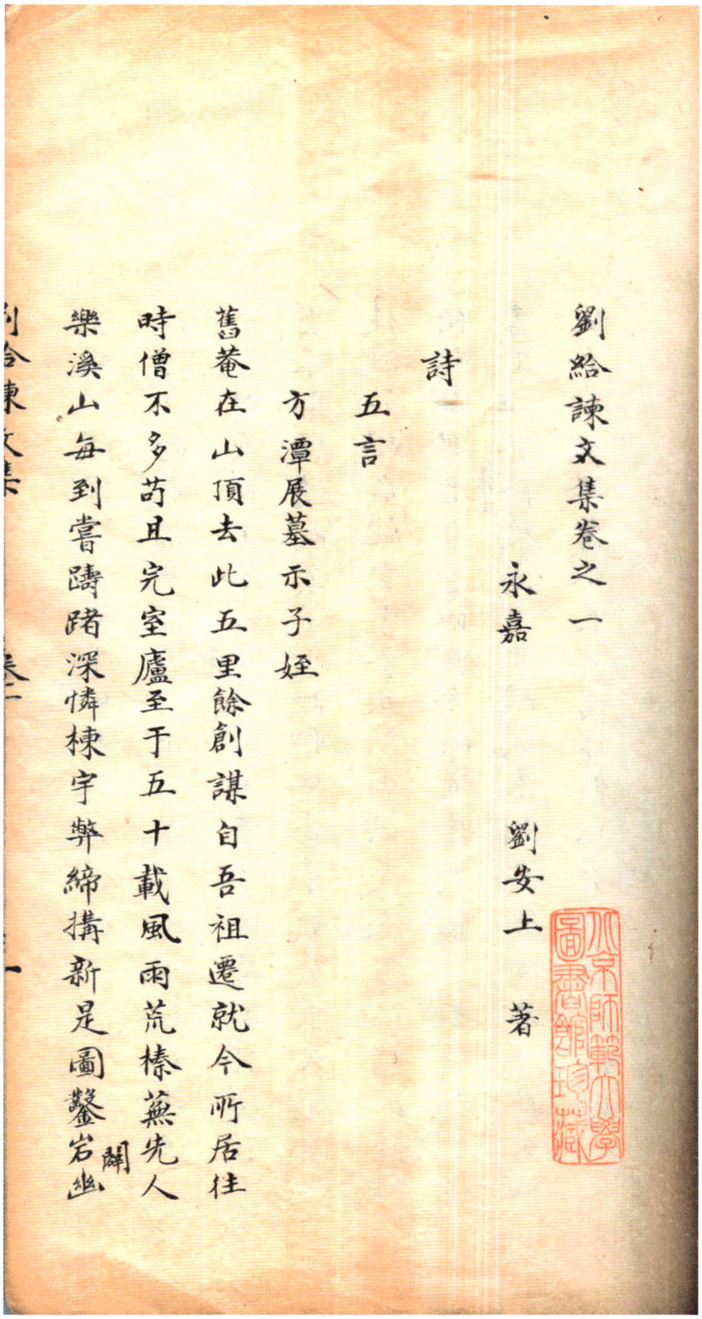

劉給諫文集卷之一

永嘉 劉安上 著

詩

五言

方潭展墓示子姪

舊菴在山頂去此五里餘創謀自吾祖遷就今所居住

時僧不多苟且完室廬至于五十載風雨荒榛蕪先人

樂溪山每到嘗躊躇深憐棟宇弊締搆新是圖鑿岩幽闢

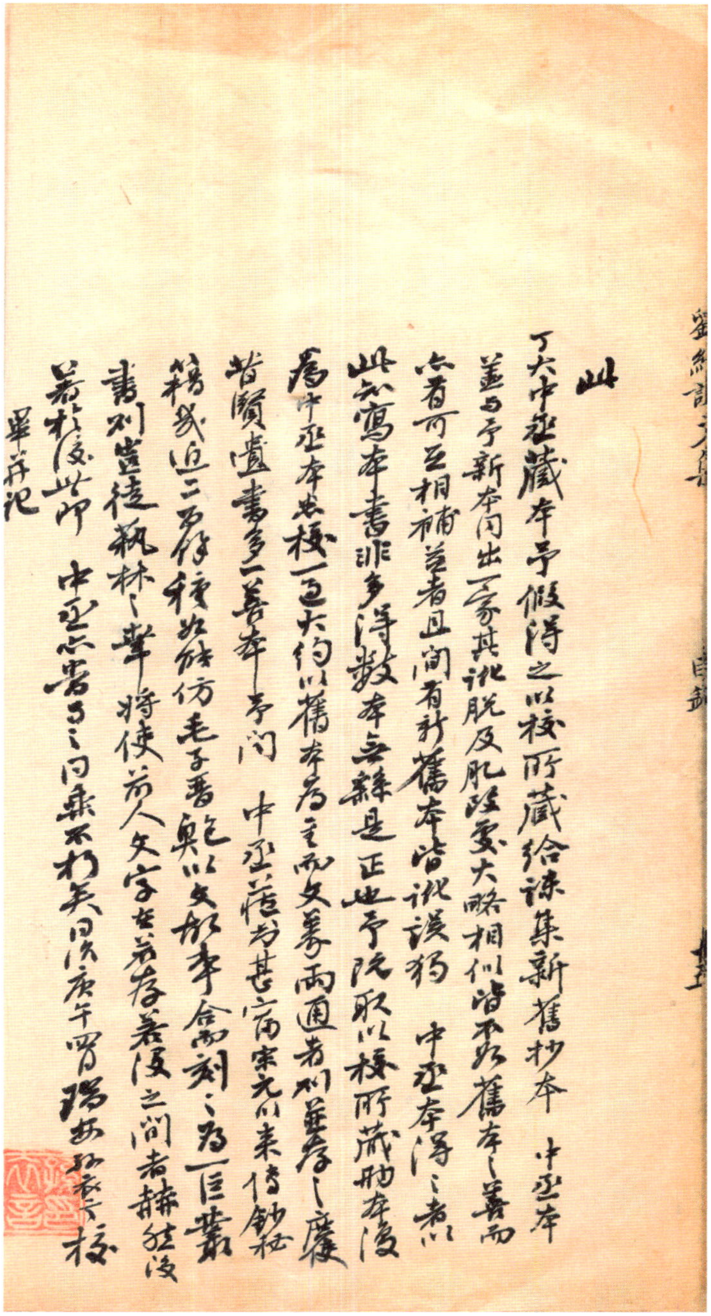

10640 劉給諫文集五卷 （宋）劉安上撰 清抄本

有“孫印衣言”等印。孫衣言校並跋。北京師範大學圖書館藏。

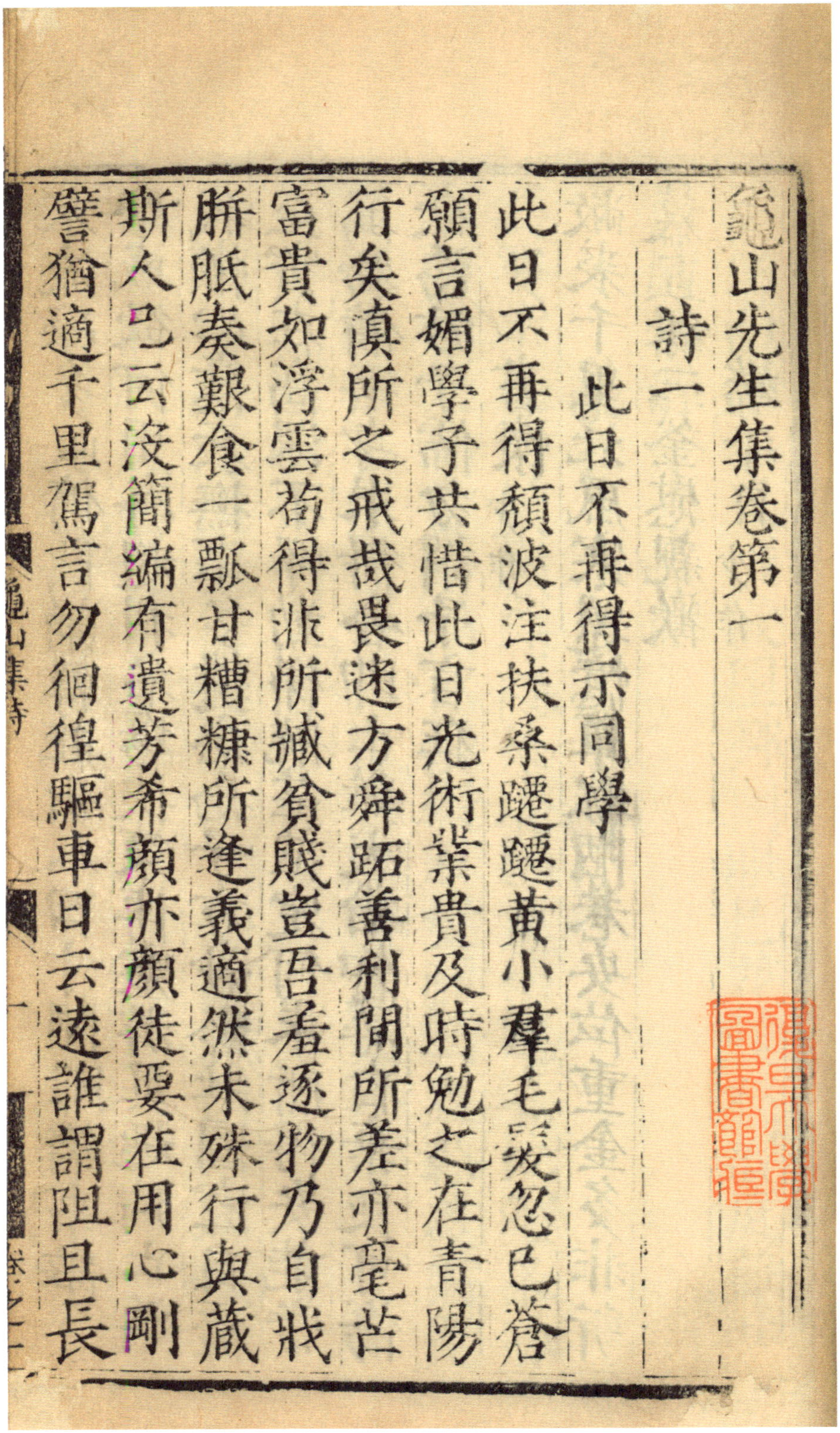
龜山先生集卷第一
詩一
此日不再得示同學
此日不再得頹波注扶桑躚躚黄小羣毛髮忽巳蒼
願言媚學子共惜此日光術業貴及時勉之在青陽
行矣眞所之戒哉畏迷方舜跖善利間所差亦毫芒
富貴知浮雲苟得非所臧貧賤豈吾羞逐物乃自戕
胼胝奏艱食一瓢甘糟糠所逢義適然未殊行與蔵
斯人巳云没簡編有遺芳希顔亦顔徒要在用心剛
譬猶適千里駕言勿徊徨驅車日云逺誰謂阻且長

10641 龜山先生集三十五卷 （宋）楊時撰 **年譜一卷** （宋）黄去疾撰 **附録一卷** 明正德十二年（1517）沈輝刻本

匡高20.8釐米，廣12.7釐米。半葉十行，行二十字，黑口，四周雙邊。復旦大學圖書館藏。

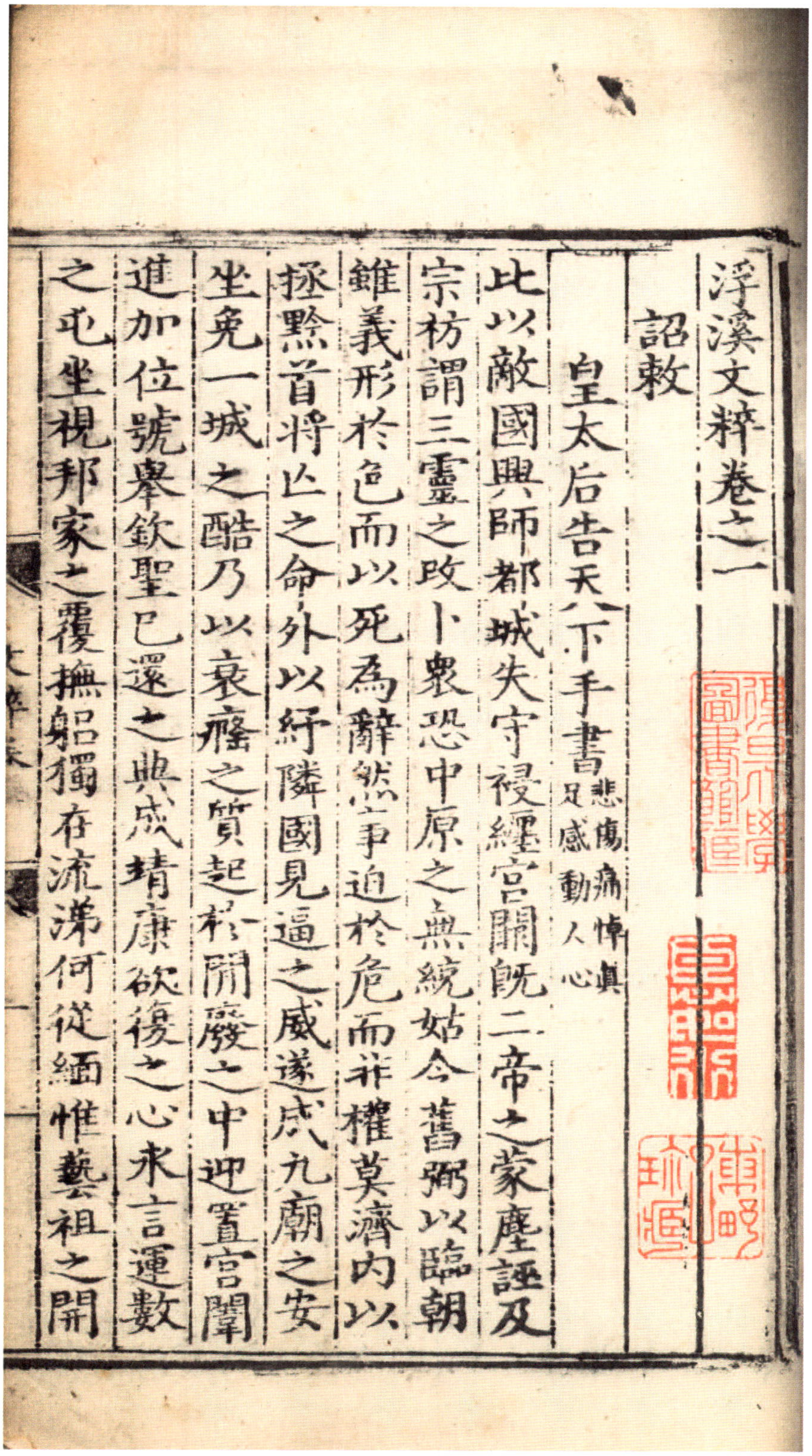

浮溪文粹卷之一

詔敕

皇太后告天下手書 悲傷痛悼真足感動人心

比以敵國興師都城失守祲纏宮闕既二帝之蒙塵誣及宗祊謂三靈之改卜衆恐中原之無統姑令舊弼以臨朝雖義形於色而以死為辭然事迫於危而非權莫濟內以拯黔首將亡之命外以紓鄰國見逼之威遂成九廟之安坐免一城之酷乃以衰癃之質起於閑廢之中迎置宮闈進加位號舉欽聖已還之典成靖康欲復之心永言運數之屯坐視邦家之覆撫躬獨在流涕何從緬惟藝祖之開

10642 浮溪文粹十五卷 （宋）汪藻撰 **附録一卷** 明正德元年（1506）馬金刻本

匡高19.5釐米，廣12.6釐米。半葉十行，行二十二字，白口，四周雙邊。復旦大學圖書館藏。

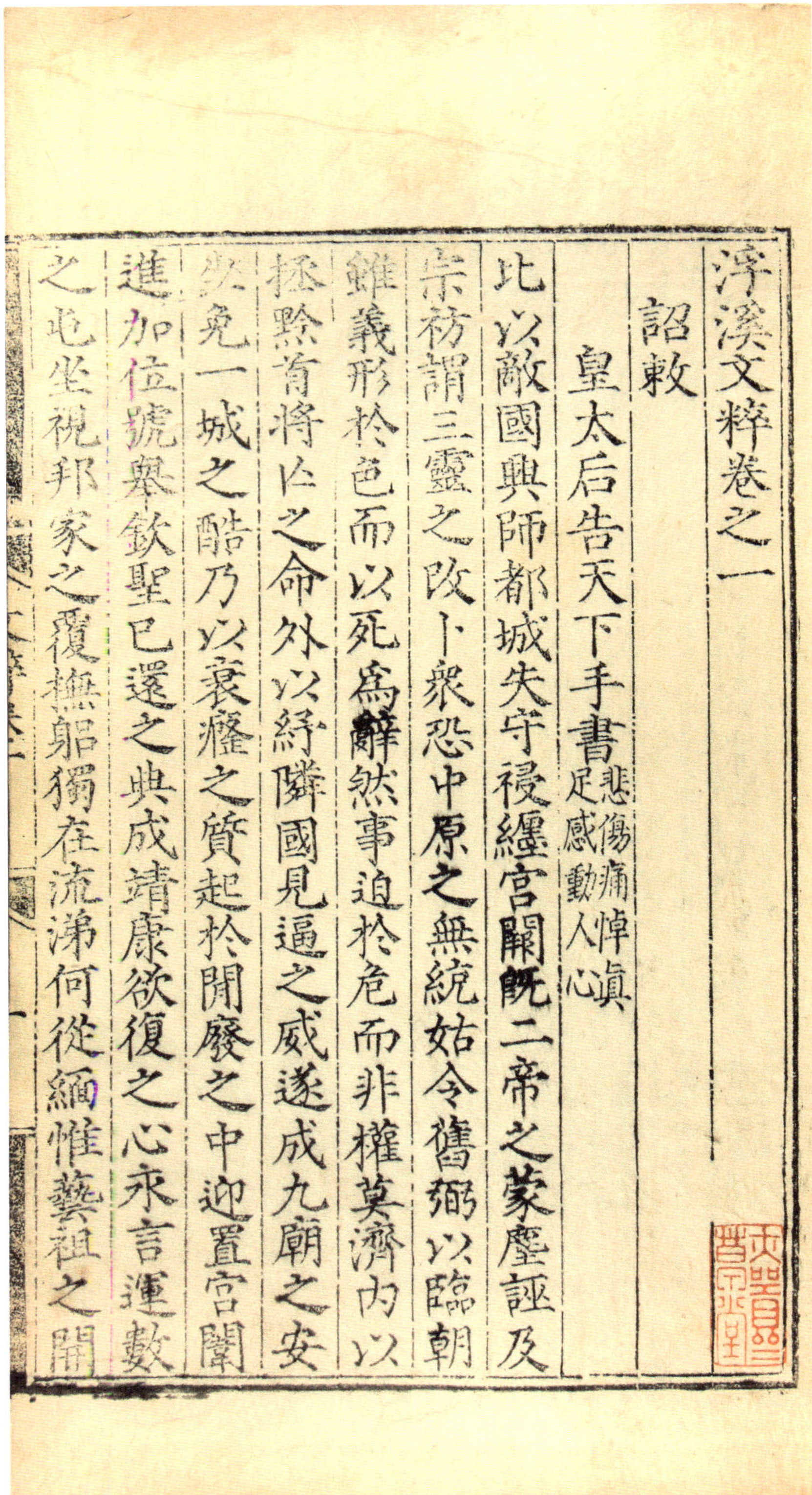

浮溪文粹卷之一

詔勅

皇太后告天下手書悲傷痛悼眞足感動人心

比以敵國興師都城失守祲纏宮闕既二帝之蒙塵誣及

宗祊謂三靈之改卜衆恐中原之無統姑令舊弼以臨朝

雖義形於色而以死爲辭然事迫於危而非權莫濟内以

拯黔首將亡之命外以紓隣國見逼之威遂成九廟之安

坐免一城之酷乃以衰癃之質起於閑廢之中迎置宮闈

進加位號舉欽聖已還之典成靖康欲復之心永言運數

之屯坐視邦家之覆撫躬獨在流涕何從緬惟藝祖之開

10643 浮溪文粹十五卷 （宋）汪藻撰 **附録一卷** 明嘉靖九年（1530）汪栻刻本

匡高19.5釐米，廣12.9釐米。半葉十行，行二十二字，黑口，四周雙邊。天津師範大學圖書館藏，存九卷。

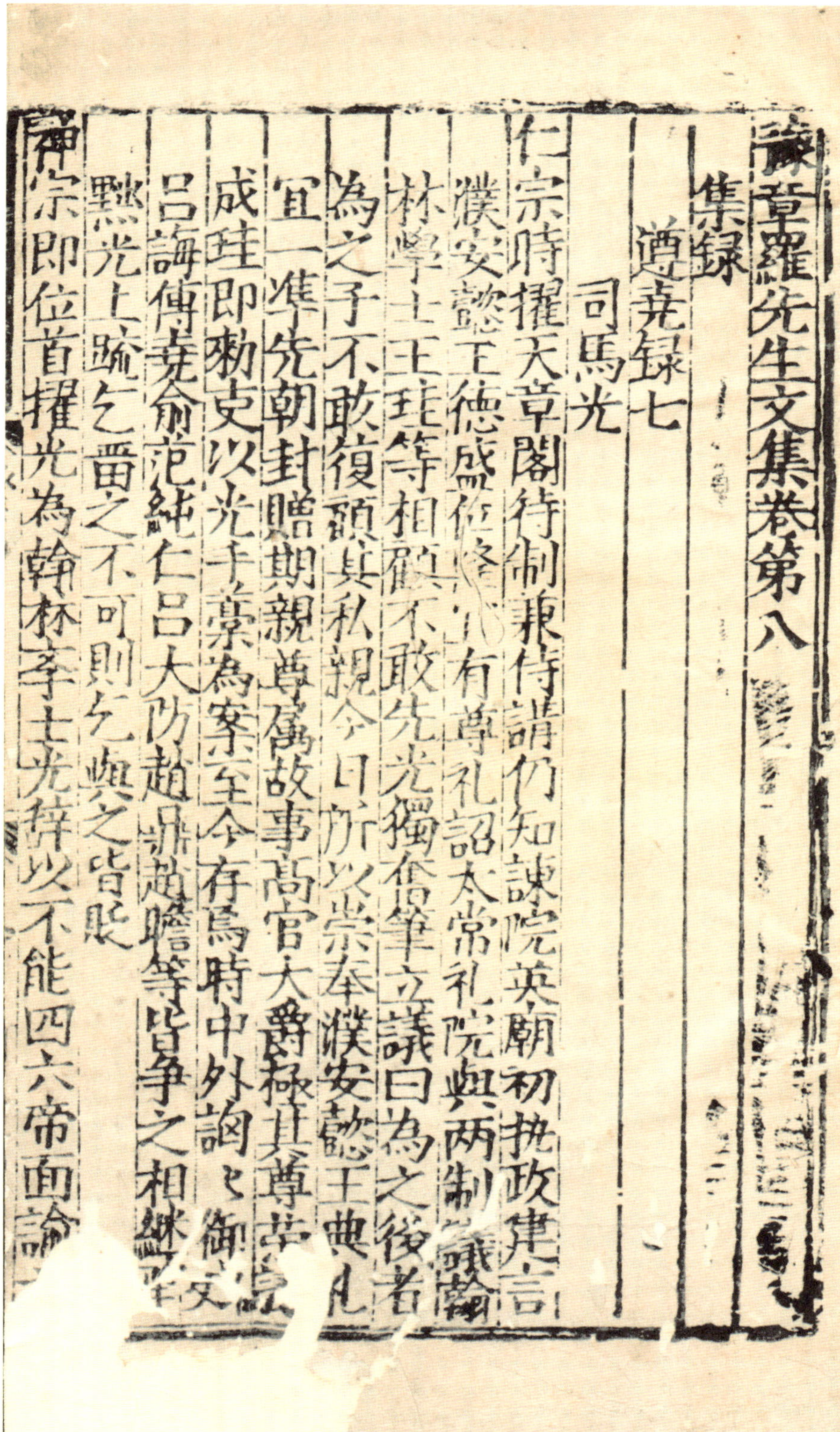
豫章羅先生文集卷第八
集録
遵堯録七
司馬光
仁宗時擢天章閣待制兼侍講仍知諫院英廟初抚政建言
濮安懿王德盛位隆宜有尊礼詔太常礼院與两制議禮
林學士王珪等相顧不敢先光獨奮筆立議曰為之後者
為之子不敢復顧其私親今日所以崇奉濮安懿王典礼
宜一準先朝封贈期親尊屬故事高官大爵極其尊崇
成王即勑吏以光手稿為案至今存焉時中外訩〃御史
吕誨傅堯俞范純仁吕大防趙鼎趙瞻等皆争之相継
黜光上䟽乞留之不可則乞與之皆貶
神宗即位首擢光為翰林學士光辞以不能四六帝面論

10644 豫章羅先生文集十七卷 （宋）羅從彦撰 **年譜一卷** （元）曹道振撰 明嘉靖三十三年（1554）謝鸞刻本

匡高19.6釐米，廣12.4釐米。半葉十三行，行二十三字，黑口，四周雙邊。

復旦大學圖書館藏，存十卷。

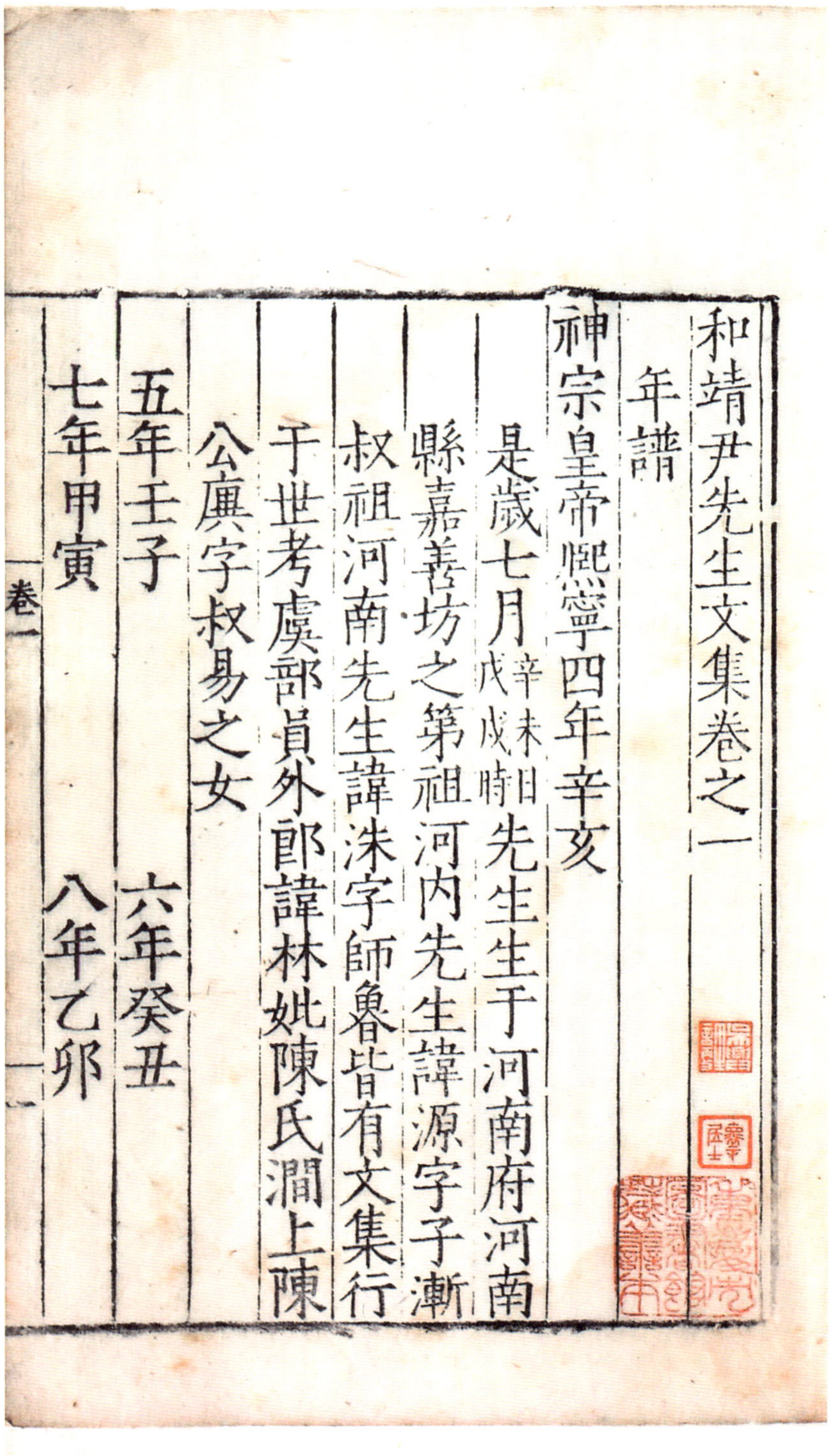
和靖尹先生文集卷之一
年譜
神宗皇帝熙寧四年辛亥
是歲七月辛未日戊戌時先生生于河南府河南
縣嘉善坊之第祖河内先生諱源字子漸
叔祖河南先生諱洙字師魯皆有文集行
于世考虞部員外郎諱林妣陳氏澠上陳
公廙字叔易之女
五年壬子　六年癸丑
七年甲寅　八年乙卯

10645 和靖尹先生文集十卷 （宋）尹焞撰 **附録一卷** 明嘉靖九年（1530）洪珠刻本

匡高18.7釐米，廣13.3釐米。半葉十行，行十八字，小字雙行同，白口，左右雙邊。有“懷辛齋印”、“許氏珍藏”等印。重慶圖書館藏。

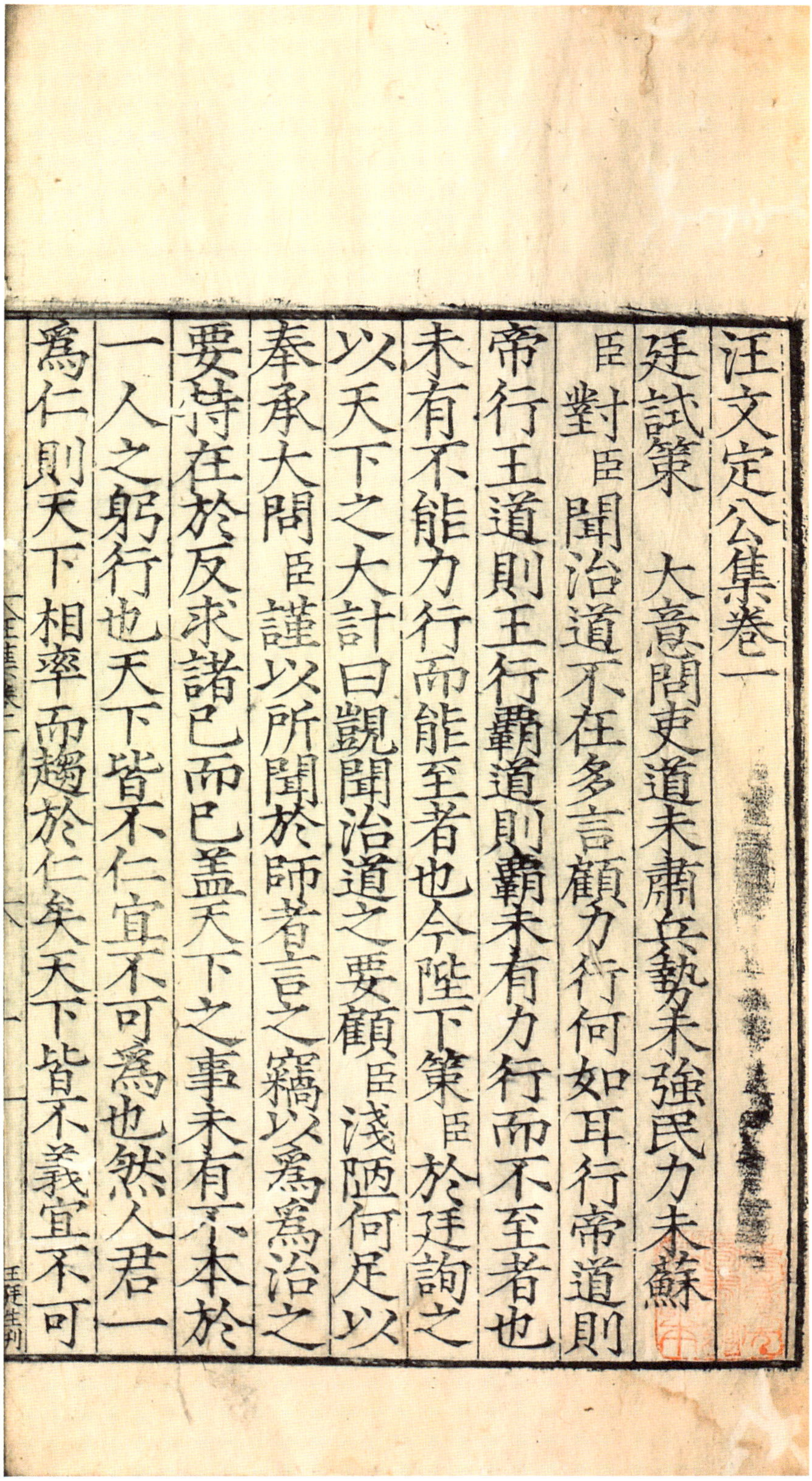
汪文定公集卷一
廷試策　大意問吏道未肅兵勢未強民力未蘇
臣對臣聞治道不在多言顧力行何如耳行帝道則
帝行王道則王行霸道則霸未有力行而不至者也
未有不能力行而能至者也今陛下策臣於廷詢之
以天下之大計曰覬聞治道之要顧臣淺陋何足以
奉承大問臣謹以所聞於師者言之竊以爲爲治之
要特在於反求諸己而已蓋天下之事未有不本於
一人之躬行也天下皆不仁宜不可爲也然人君一
爲仁則天下相率而趨於仁矣天下皆不義宜不可

10646 汪文定公集十三卷　（宋）汪應辰撰　**附録一卷**　明嘉靖二十五年（1546）夏浚刻本

匡高20.5釐米，廣15.3釐米。半葉十行，行二十字，白口，左右雙邊。重慶圖書館藏。

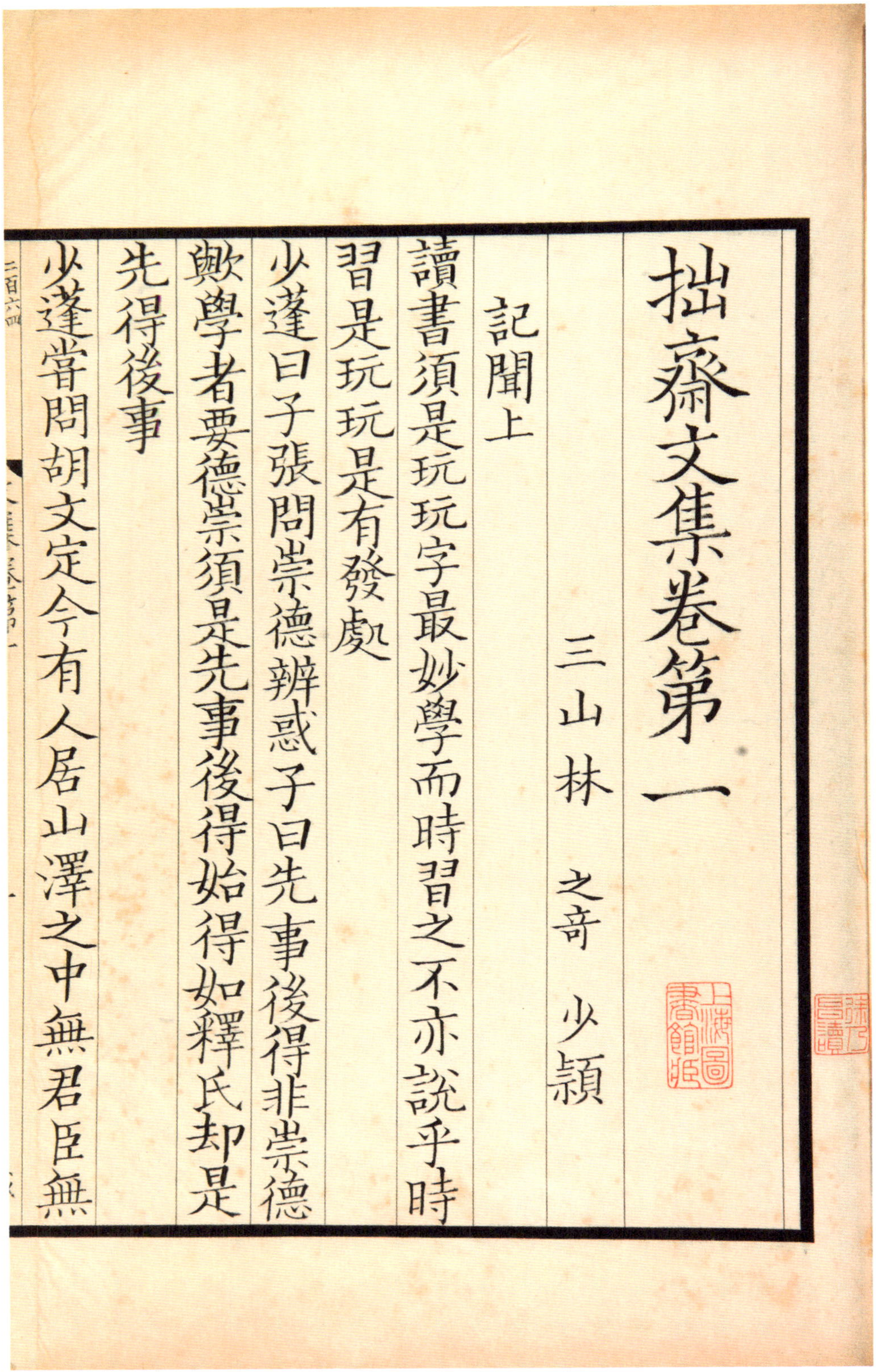

拙齋文集卷第一

三山林　之奇　少潁

記聞上

讀書須是玩玩字最妙學而時習之不亦説乎時習是玩玩是有發處

少蓬曰子張問崇德辨惑子曰先事後得非崇德歟學者要德崇須是先事後得始得如釋氏却是先得後事

少蓬甞問胡文定今有人居山澤之中無君臣無

10647 拙齋文集二十卷拾遺一卷　（宋）林之奇撰　清影宋抄本[四庫底本]

匡高22釐米，廣16.4釐米。半葉十行，行十九字，白口，左右雙邊。有“翰林院印”、“結一廬藏書印”、“徐乃昌讀”等印。上海圖書館藏。

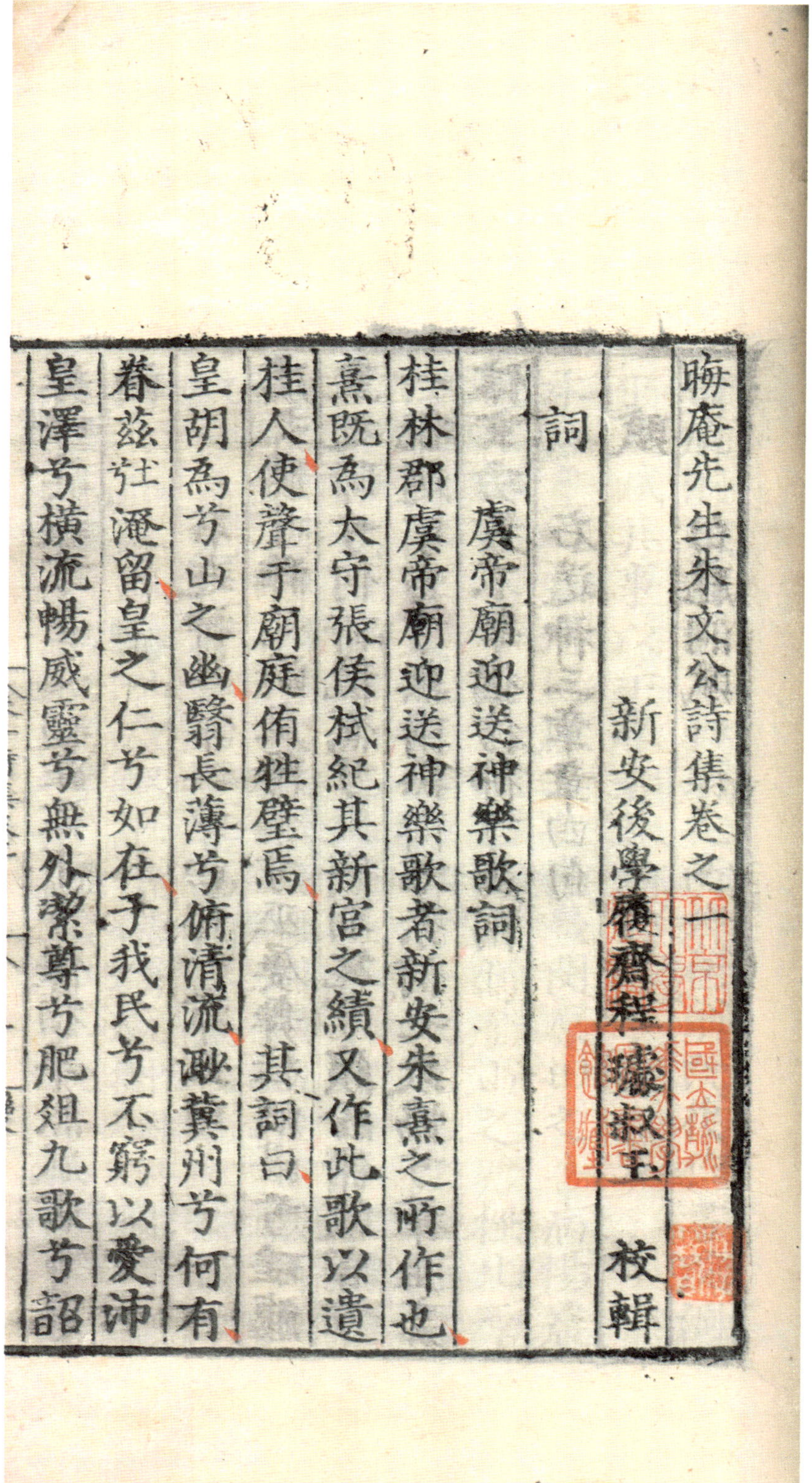

晦庵先生朱文公詩集卷之一

新安後學復齋程璩叔玉　校輯

詞

虞帝廟迎送神樂歌詞

桂林郡虞帝廟迎送神樂歌者新安朱熹之所作也熹既爲太守張侯栻紀其新宮之績又作此歌以遺桂人使聲于廟庭侑牲璧焉　其詞曰

皇胡爲兮山之幽翳長薄兮俯清流瞰蒼州兮何有眷兹土淹留皇之仁兮如在予我民兮不窮以愛沛皇澤兮橫流暢威靈兮無外象尊兮肥俎九歌兮韶

10648 晦庵先生朱文公詩集十二卷　（宋）朱熹撰　（明）程璩輯　明正德十六年（1521）程璩刻本

匡高17.7釐米，廣12.7釐米。半葉十行，行二十字，白口，四周單邊。北京大學圖書館藏。

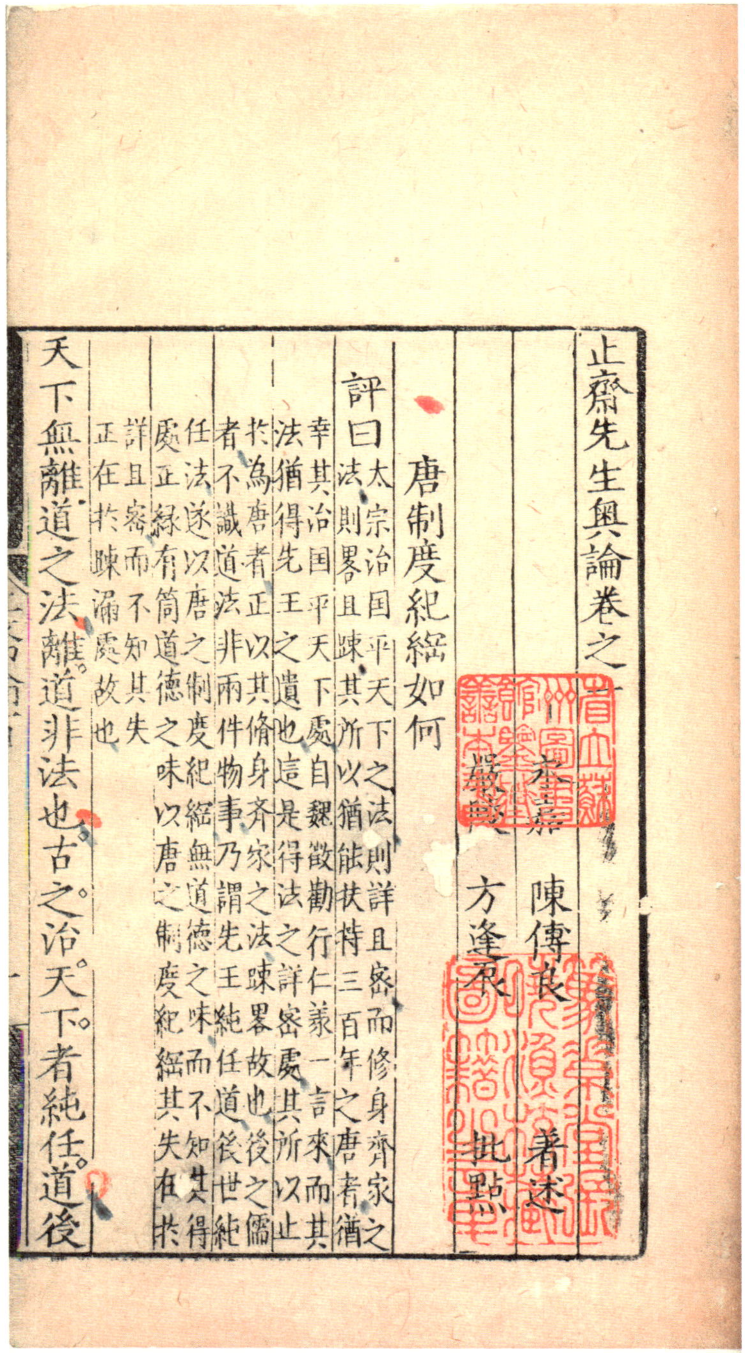
止齋先生奥論卷之一
永嘉 陳傅良 著述
方逢辰 批點
唐制度紀綱如何
評曰太宗治国平天下之法則詳且畧而修身齊家之
法則畧且疎其所以猶能扶持三百年之唐者猶
幸其治国平天下處自魏徵勸行仁義一言來而其
法猶得先王之遺也這是得法之詳畧處其所以止
於為唐者正以其脩身齊家之法疎畧故也後之儒
者不識道法非兩件物事乃謂先王純任道後世純
任法遂以唐之制度紀綱無道德之味而不知其得
處正緑有箇道德之味以唐之制度紀綱其失在於
詳且畧而不知其失
正在於疎漏處故也
天下無離道之法離道非法也古之治天下者純任道後

10649 止齋先生奥論八卷 （宋）陳傅良撰 明萬曆元年（1573）書林吴桂泉刻本

匡高16釐米，廣10.7釐米。半葉十行，行二十二字，小字雙行同，黑口，四周單邊。有“萬曆元年季春吉旦書林桂泉吴氏梓行”牌記。有“篤素堂張曉漁校藏圖籍之章”等印。蘇州圖書館藏。

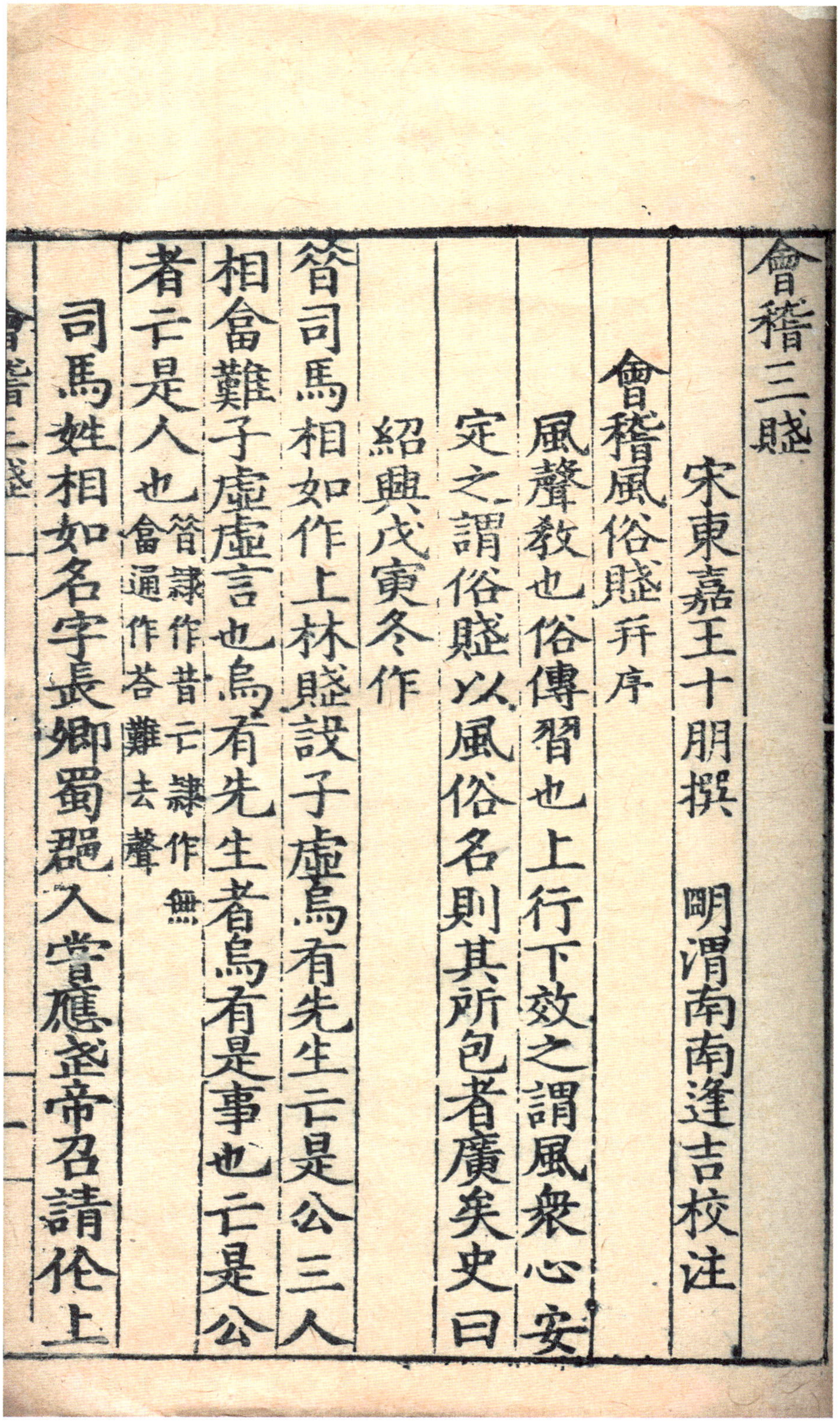
會稽三賦
宋東嘉王十朋撰　明渭南南逢吉校注
會稽風俗賦并序
風聲教也俗傳習也上行下效之謂風衆心安
定之謂俗賦以風俗名則其所包者廣矣史曰
紹興戊寅冬作
荅司馬相如作上林賦設子虛烏有先生亡是公三人
相畣難子虛虛言也烏有先生者烏有是事也亡是公
者亡是人也荅隸作昔亡隸作無畣通作荅難去聲
司馬姓相如名字長卿蜀郡人嘗應武帝召請從上

10650 會稽三賦一卷　（宋）王十朋撰　（明）南逢吉校注　明嘉靖二年（1523）南大吉刻本

匡高19.5釐米，廣14.1釐米。半葉十行，行二十一字，小字雙行同，白口，四周單邊。北京大學圖書館藏。

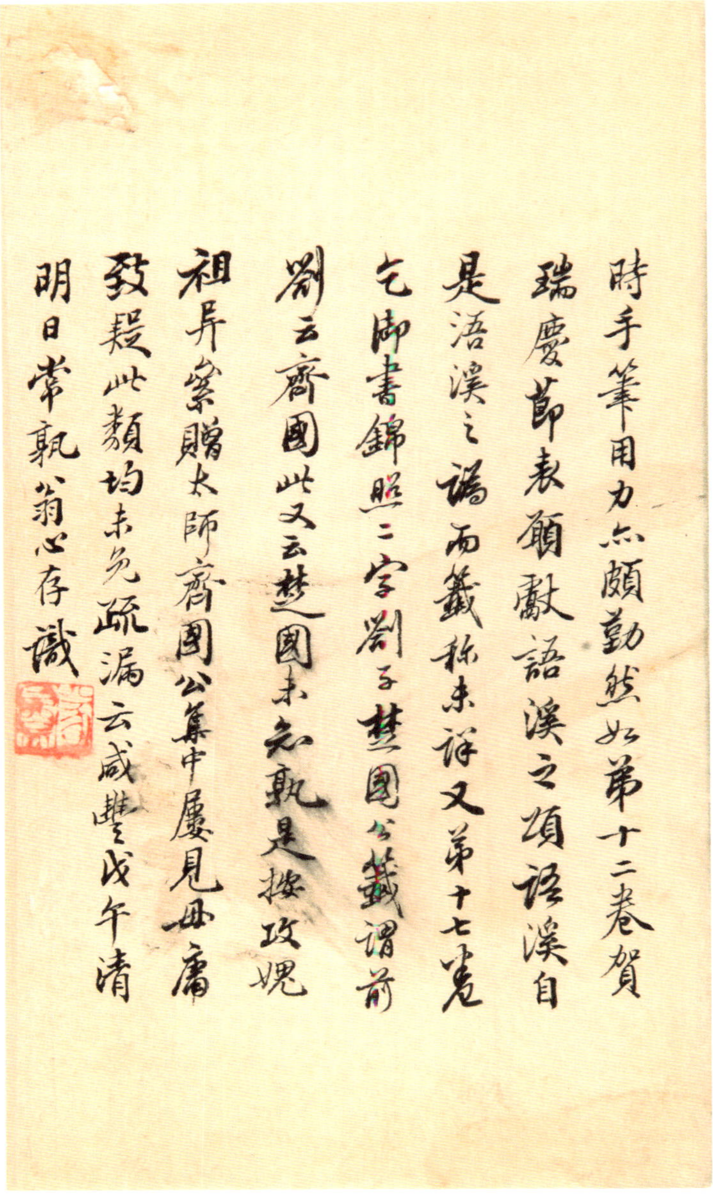
時手筆用力亦頗勤然如第十二卷賀
瑞慶節表蘭獻語溪之頌語溪自
是浯溪之譌而籤標未詳又第十七卷
乞御書錦照二字劉子彗園公籤謂前
劉云齋園此又云彗園未知孰是按攻媿
祖异宗贈太師齋園公集中屢見毋庸
致疑此類均未免疏漏云咸豐戊午清
明日常熟翁心存識

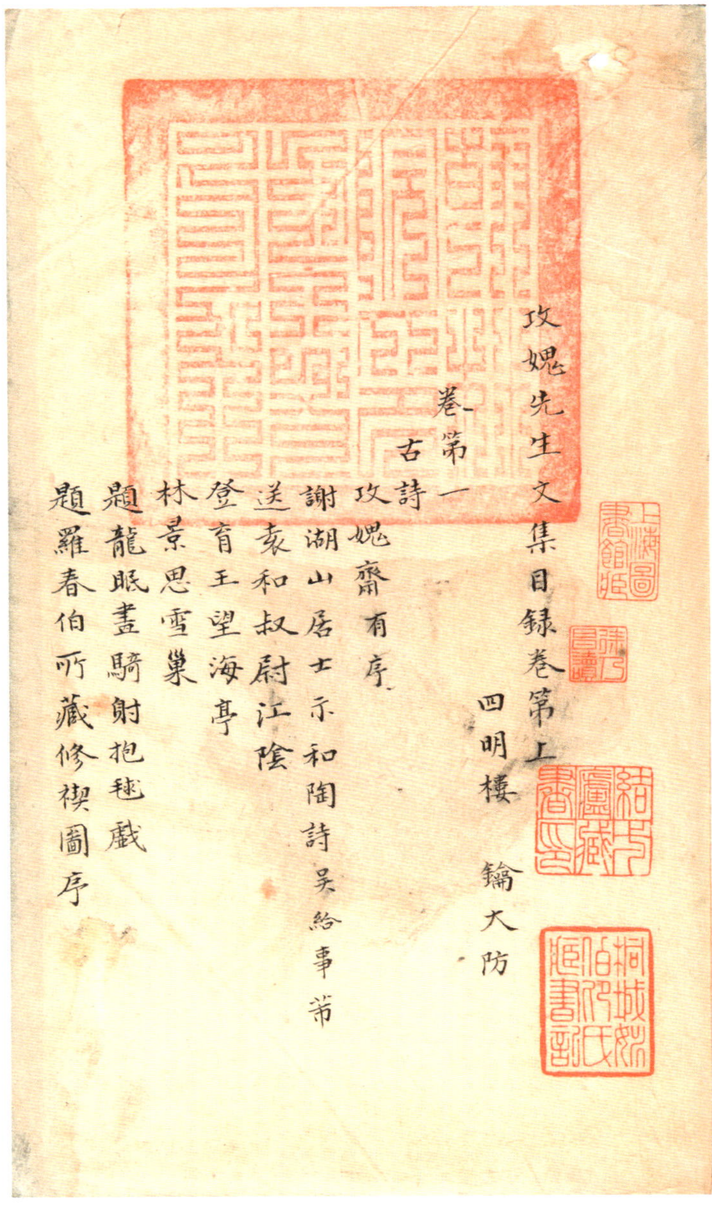
攻媿先生文集目録卷第上
四明樓 鑰大防
卷第一
古詩
攻媿齋 有序
謝湖山居士示和陶詩 吴給事芾
送袁和叔尉江陰
登育王望海亭
林景思雪巢
題龍眠畫騎射抱毬戲
題羅春伯所藏修禊圖序

10651 攻媿先生文集一百二十卷目録三卷 （宋）樓鑰撰 清抄本（原缺卷七十七至七十九）

有“翰林院印”、“結式廬藏書印”、“徐乃昌讀”等印。翁心存跋。上海圖書館藏。

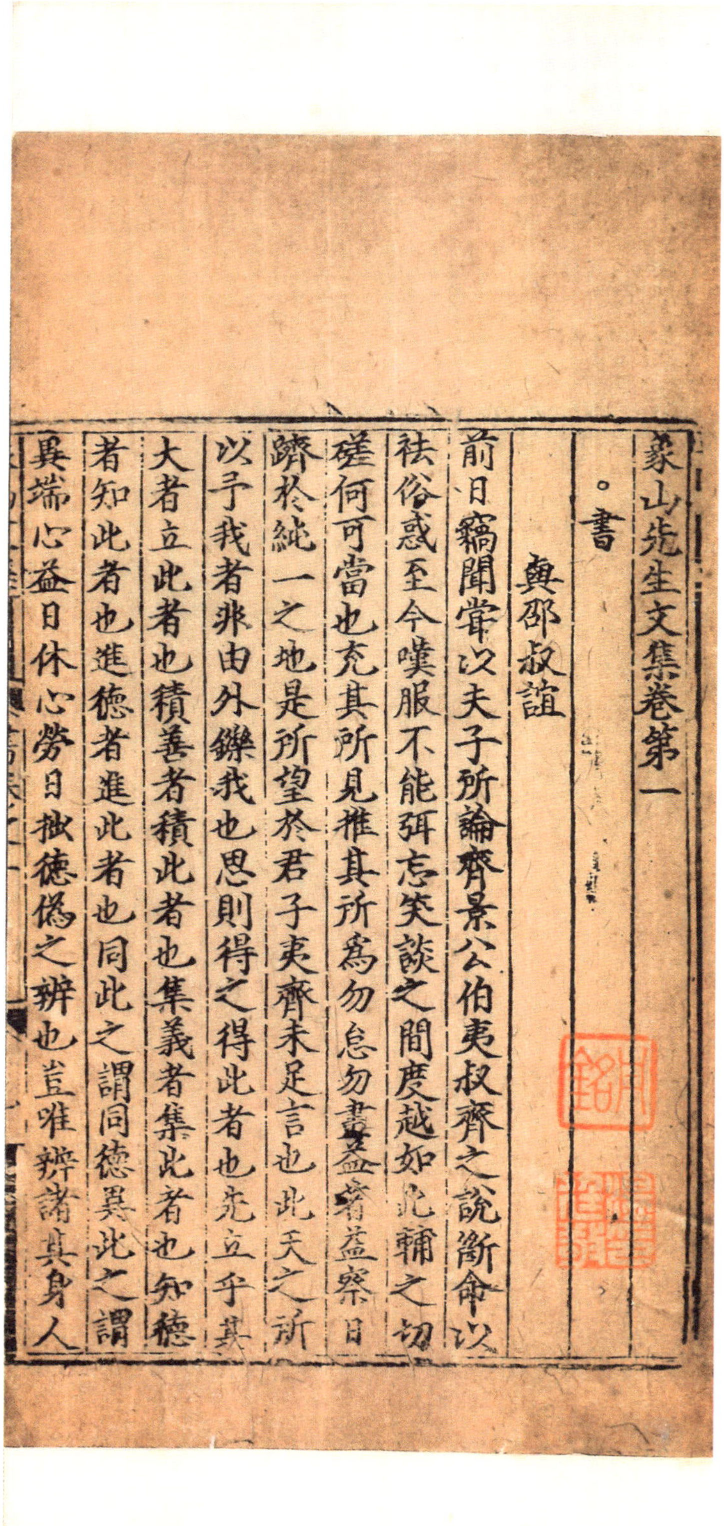
象山先生文集卷第一
書
與邵叔誼
前日竊聞嘗以夫子所論齊景公伯夷叔齊之說斷命以袪俗惑至今嘆服不能弭忘笑談之間度越如此辭之切磋何可當也充其所見推其所爲勿怠勿畫益著益察日躋於純一之地是所望於君子夷齊未足言也此天之所以予我者非由外鑠我也思則得之得此者也先立乎其大者立此者也積善者積此者也集義者集此者也知德者知此者也進德者進此者也同此之謂同德異此之謂異端心益日休心勞日拙德僞之辨也豈惟辨諸其身人

10652 象山先生文集二十八卷外集五卷 （宋）陸九淵撰 明正德十六年（1521）安正書堂刻本（卷十五至十九抄配）

匡高17.5釐米，廣12.4釐米。半葉十一行，行二十二字，黑口，四周雙邊。

重慶圖書館藏。

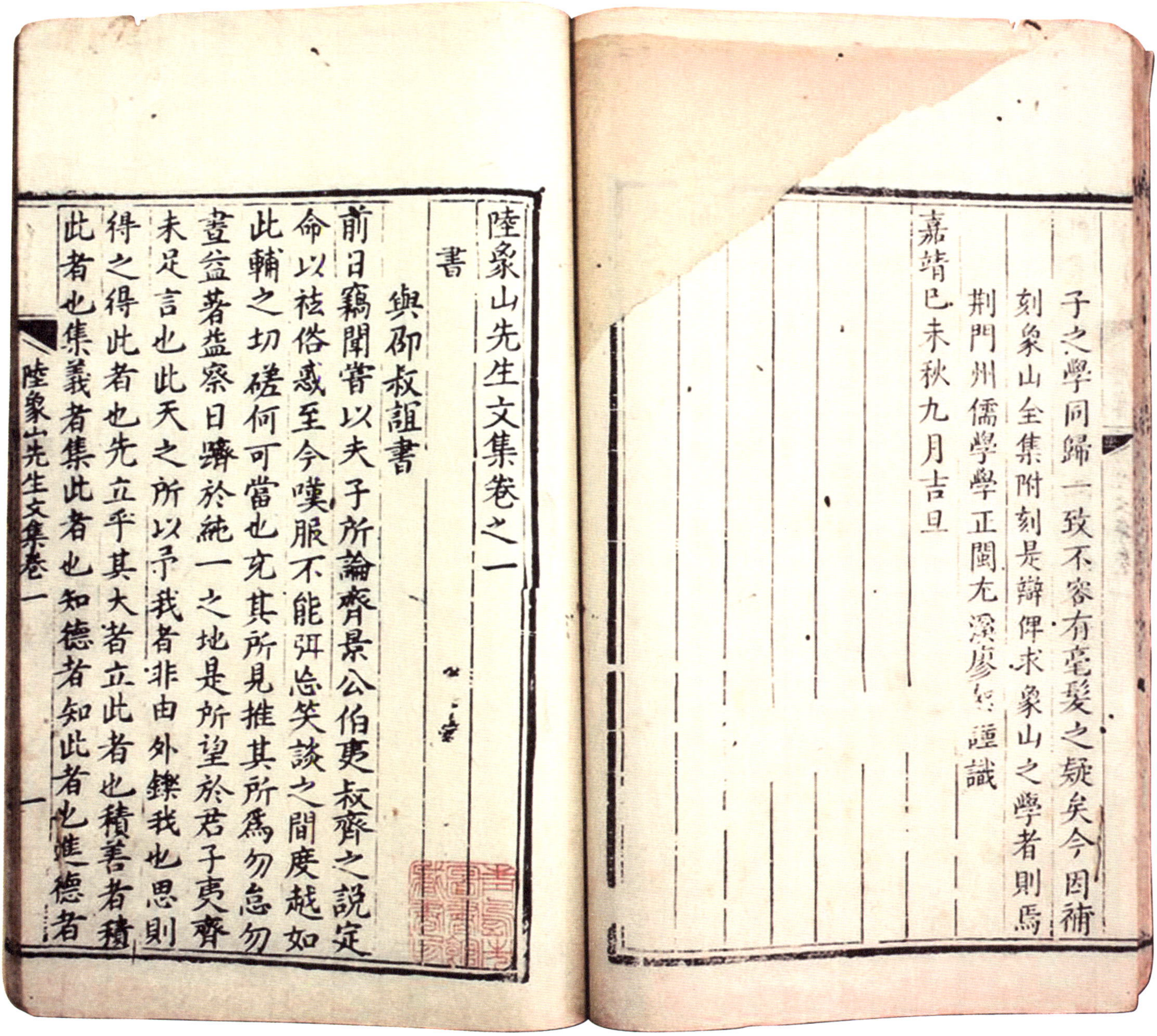

10653 象山先生全集三十六卷 （宋）陸九淵撰 明嘉靖三十八年（1559）張喬相刻本

匡高19.8釐米，廣12.8釐米。半葉十行，行二十字，小字雙行同，白口，四周雙邊。青島市圖書館藏。

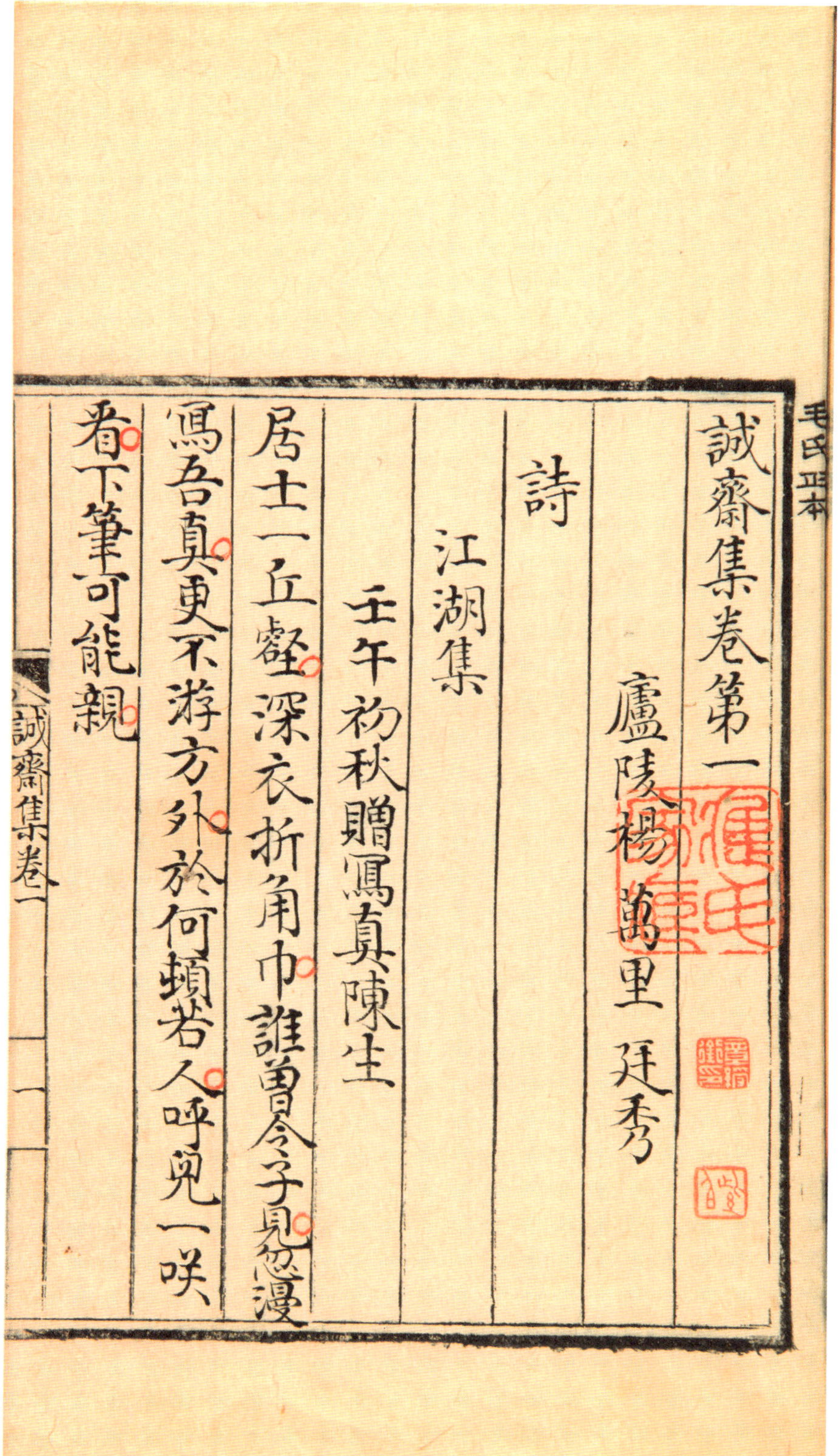

毛氏正本

誠齋集卷第一

廬陵楊萬里 廷秀

詩

江湖集

壬午初秋贈寫真陳生

居士一丘壑深衣折角巾誰曾令子見忽漫

寫吾真更不游方外於何頓若人呼兒一笑

看下筆可能親

誠齋集卷一

10654 誠齋集一百三十三卷 （宋）楊萬里撰 明末毛氏汲古閣抄本

匡高15.5釐米，廣11.8釐米。半葉八行，行十七字，細黑口，四周雙邊。有“章綬銜印”、“結弌廬藏書印”、“徐乃昌讀”等印。上海圖書館藏。

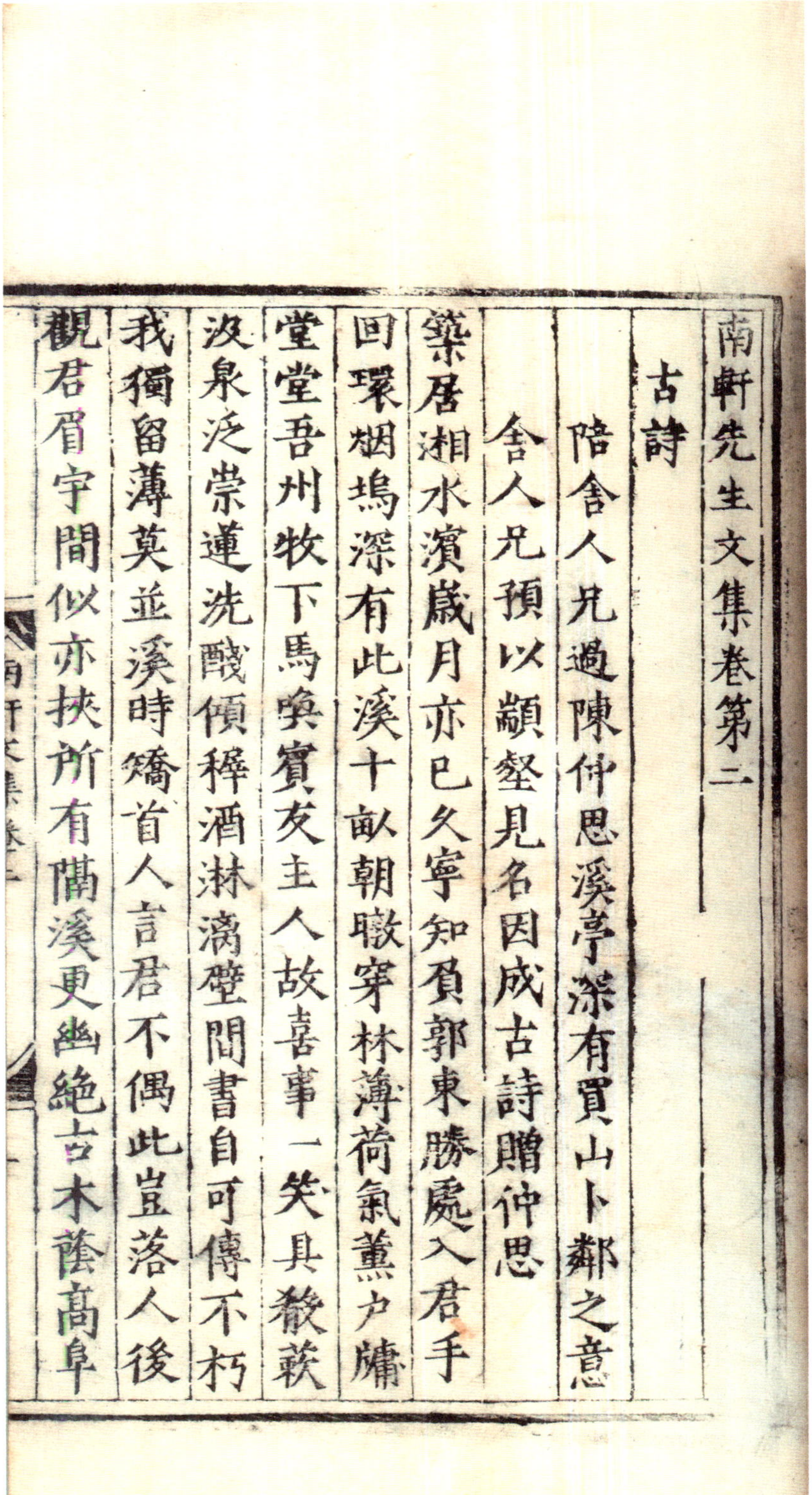
南軒先生文集卷第二

古詩

陪舍人兄過陳仲思溪亭深有買山卜鄰之意

舍人兄預以顥揫見名因成古詩贈仲思

築居湘水濱歲月亦已久寧知負郭東勝處入君手回環烟嶋深有此溪十畝朝暾穿林薄荷氣薰户牖堂堂吾州牧下馬與賓友主人故喜事一笑具殽蔌汲泉泛崇蓮洗醆傾稗酒淋漓壁間書自可傳不朽我獨留薄莫並溪時矯首人言君不偶此豈落人後觀君眉宇間似亦挾所有憐溪更幽絶古木蔭高阜

10655 南軒先生文集四十四卷 （宋）張栻撰 明嘉靖繆輔之刻本（卷一有抄配）

匡高19.7釐米，廣13.3釐米。半葉十行，行二十字，白口，四周雙邊。北京師範大學圖書館藏。

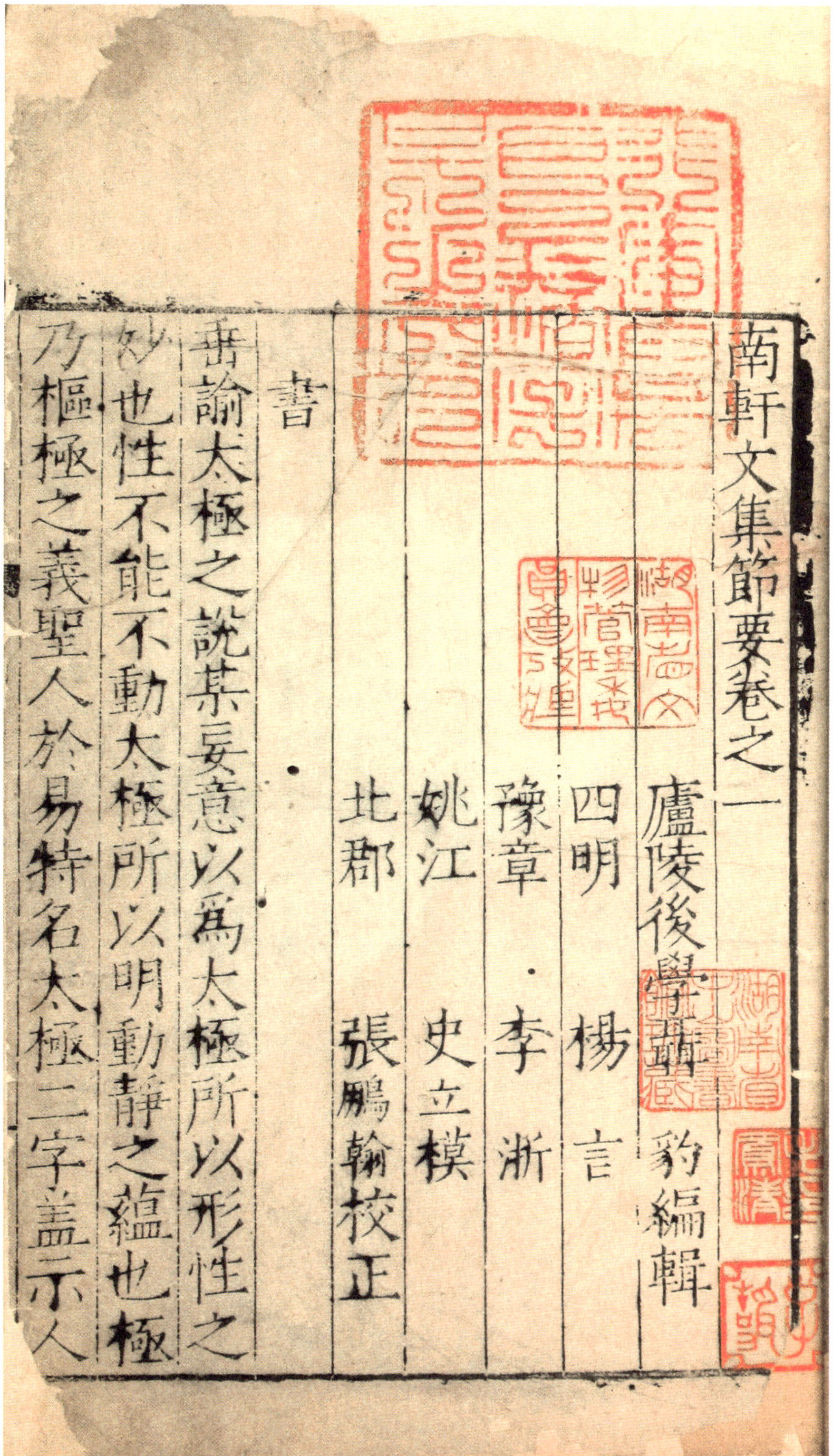

南軒文集節要卷之一
廬陵後學聶豹編輯
四明楊言
豫章李淅
姚江史立模
北郡張鵬翰校正

書

吾諭太極之說某妄意以爲太極所以形性之妙也性不能不動太極所以明動靜之藴也極乃樞極之義聖人於易特名太極二字蓋示人

10656、10657 南軒文集節要八卷 （宋）張栻撰 （明）聶豹輯 明嘉靖十年（1531）聶豹刻本

匡高18.5釐米，廣13.3釐米。半葉十行，行十八字，白口，四周單邊。湖南圖書館藏，有“毛印鳳清”、“宋筠”等印；北京師範大學圖書館藏，有“新安汪氏”、“啓淑信印”等印，存六卷。

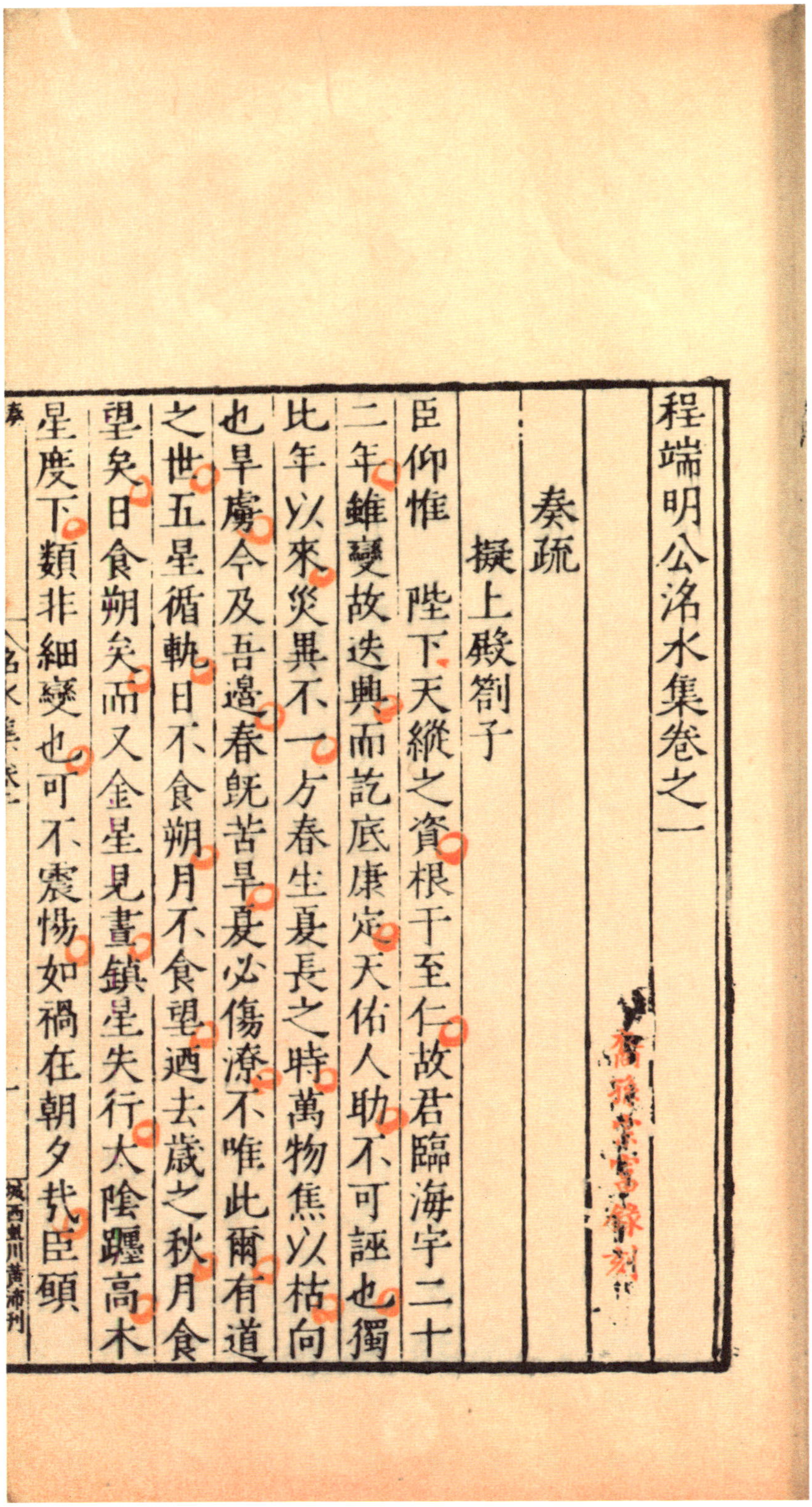

程端明公洺水集卷之一

奏疏

擬上殿劄子

臣仰惟　陛下天縱之資根于至仁故君臨海宇二十二年雖變故迭興而訖底康定天佑人助不可誣也獨比年以來災異不一方春生夏長之時萬物焦以枯向也旱虐今及吾邊春既苦旱夏必傷潦不唯此爾有道之世五星循軌日不食朔月不食望迺去歲之秋月食望矣日食朔矣而又金星見晝鎮星失行太陰躔高木星度下類非細變也可不震惕如禍在朝夕㦲臣頤

奏　洺水集卷一　一　城西東川黄沛刊

10658 程端明公洺水集二十六卷首一卷　（宋）程珌撰　明嘉靖三十五年（1556）程元昞刻本

匡高18.3釐米，廣13.2釐米。半葉十一行，行二十一字，白口，左右雙邊。有“真州吳氏有福讀書堂藏書”等印。首都圖書館藏。

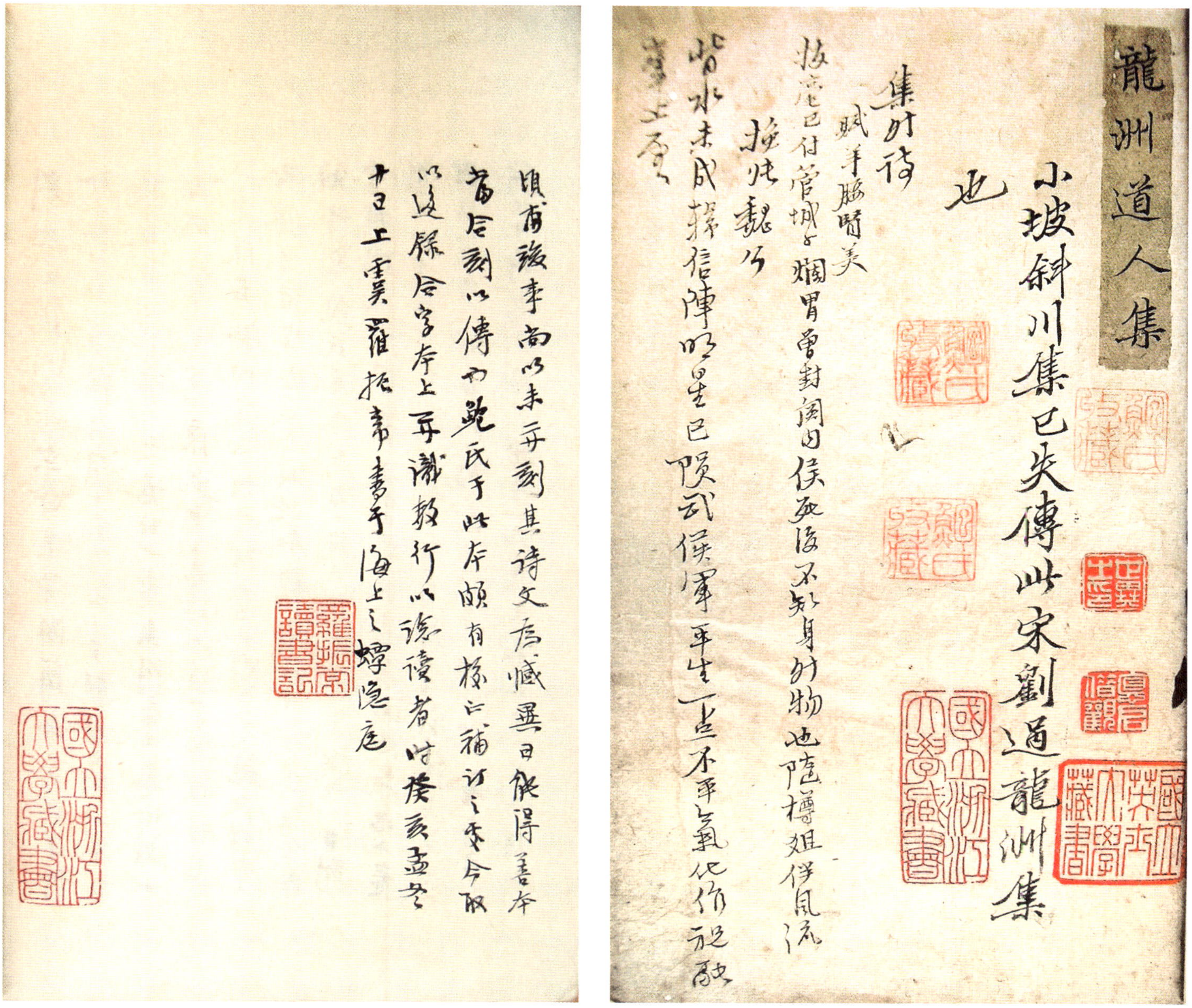
龍洲道人集

小坡斜川集已失傳此宋劉過龍洲集也

10659 龍洲道人集十卷 （宋）劉過撰 清知不足齋抄本

有“鮑氏收藏”、“鹽官吳氏寶雲樓珍藏書画印”、“羅振常讀書記”等印。鮑廷博校並跋，羅振常跋。浙江大學圖書館藏。

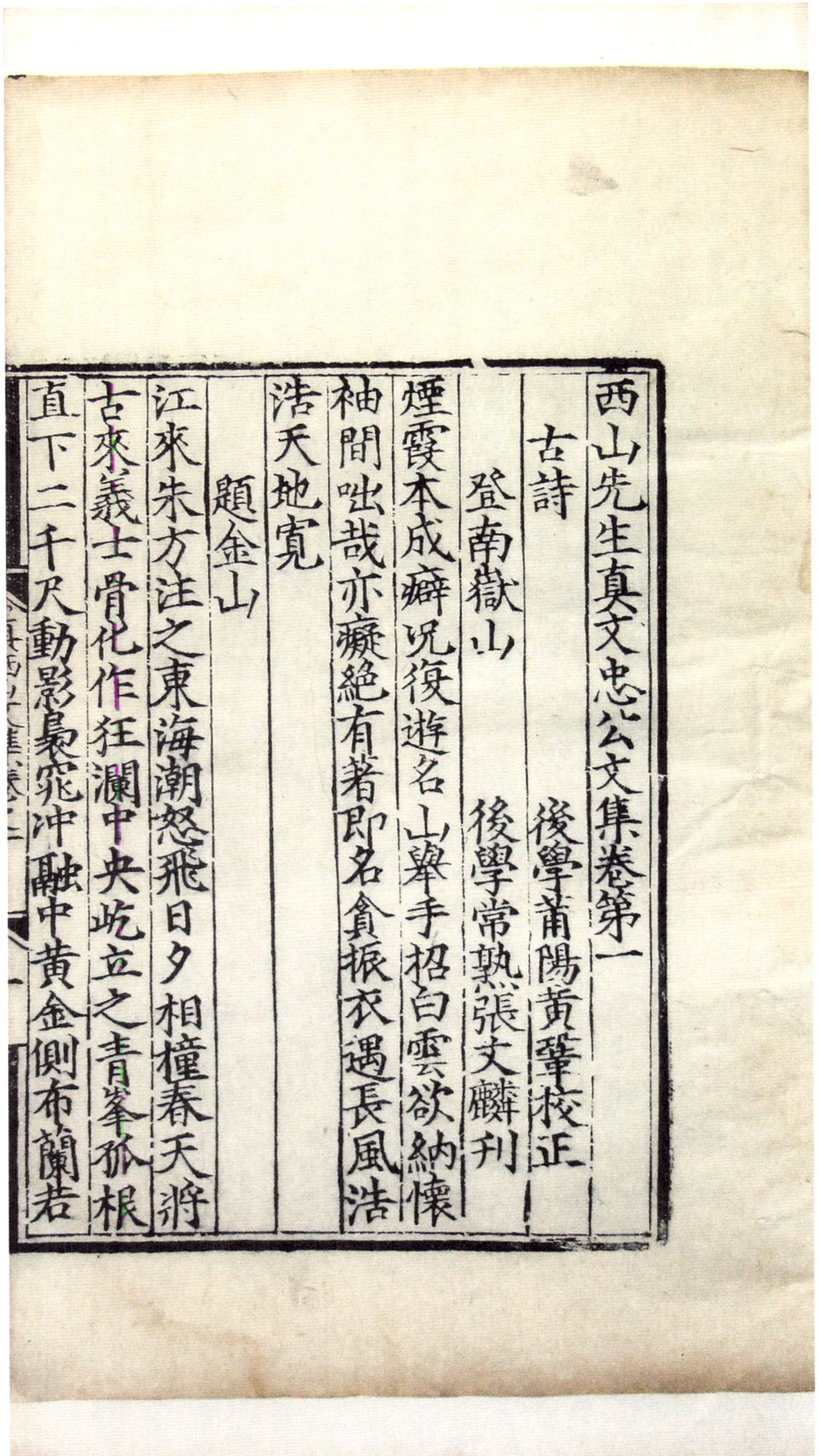

西山先生真文忠公文集卷第一

古詩　後學莆陽黃鞏校正

登南嶽山　後學常熟張文麟刊

煙霞本成癖况復遊名山舉手招白雲欲納懷袖間咄哉亦癡絕有著即名貪振衣遇長風浩浩天地寬

題金山

江來朱方注之東海潮怒飛日夕相撞舂天將古來義士骨化作狂瀾中央屹立之青峯孤根直下二千尺動影裊窕冲融中黄金側布蘭若

10660 西山先生真文忠公文集五十五卷目録二卷　（宋）真德秀撰　明正德十五年（1520）張文麟、黃鞏刻本

匡高18.1釐米，廣12.7釐米。半葉十行，行十八字，黑口，四周雙邊。湖北省圖書館藏。

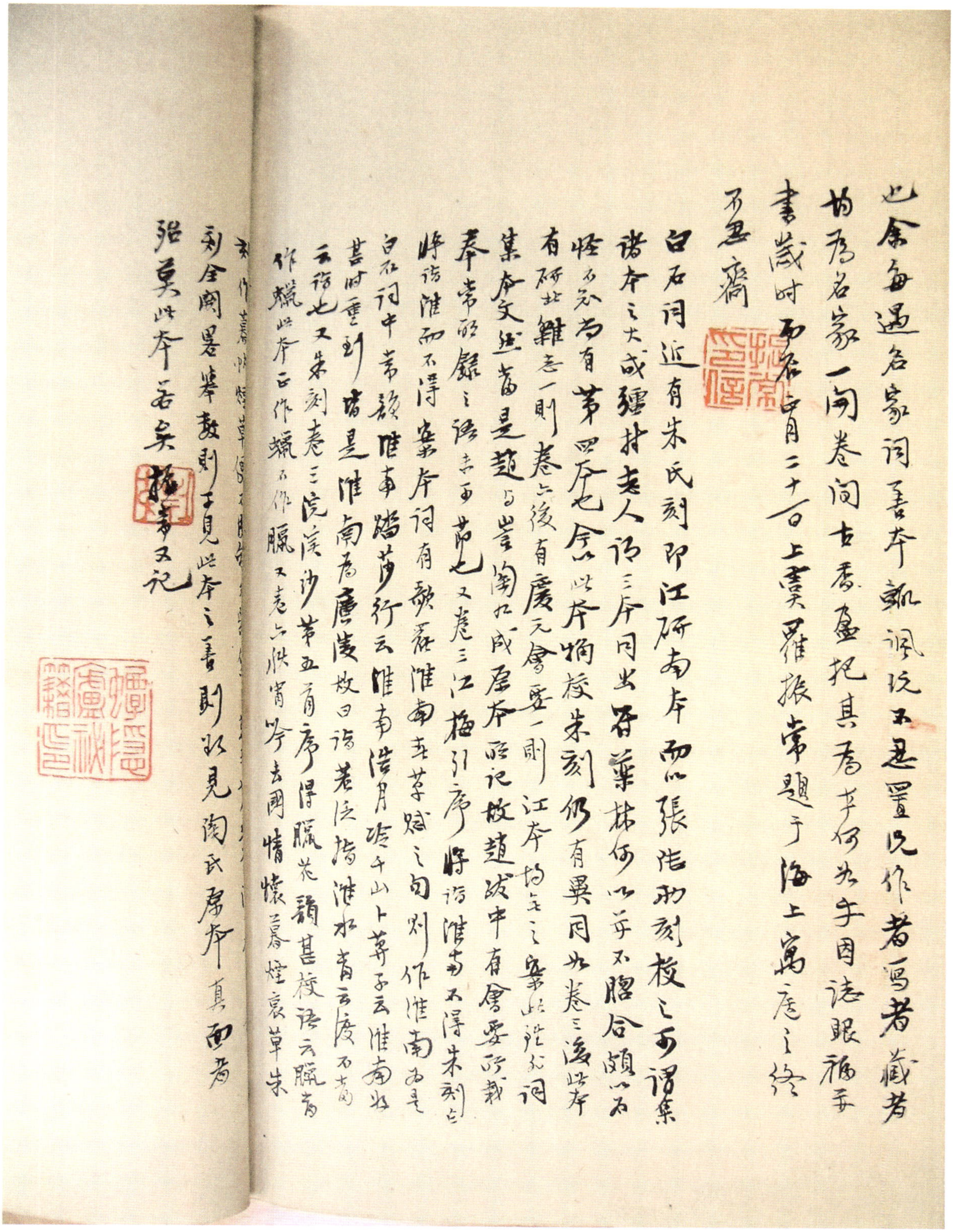

10661 白石道人歌曲六卷別集一卷 （宋）姜夔撰 清小玲瓏山館抄本

匡高18.9釐米，廣14釐米。半葉九行，行二十字，小字雙行同，細黑口，四周單邊。有“蟫隱廬祕籍印”、“振常印信”等印。厲鶚、袁克文、羅振常跋。浙江大學圖書館藏。

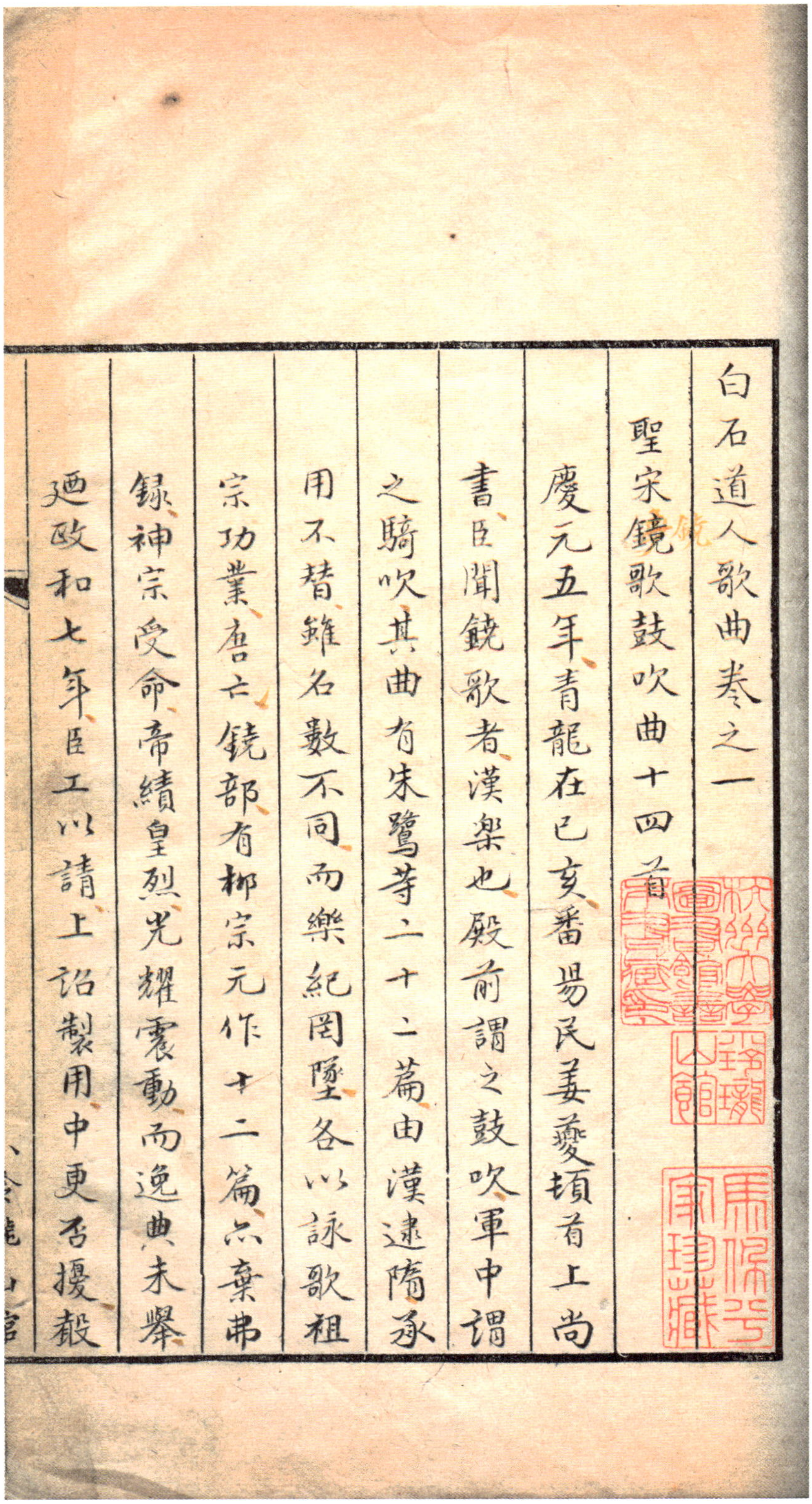

白石道人歌曲卷之一

聖宋鐃歌鼓吹曲十四首

慶元五年青龍在己亥番易民姜夔頓首上尚書臣聞鐃歌者漢樂也殿前謂之鼓吹軍中謂之騎吹其曲有朱鷺等二十二篇由漢逮隋承用不替雖名數不同而樂紀罔墜各以詠歌祖宗功業唐亡鐃部有柳宗元作十二篇六棄弗録神宗受命帝績皇烈光耀震動而逸典未舉廼政和七年臣工以請上詔製用中更否擾穀

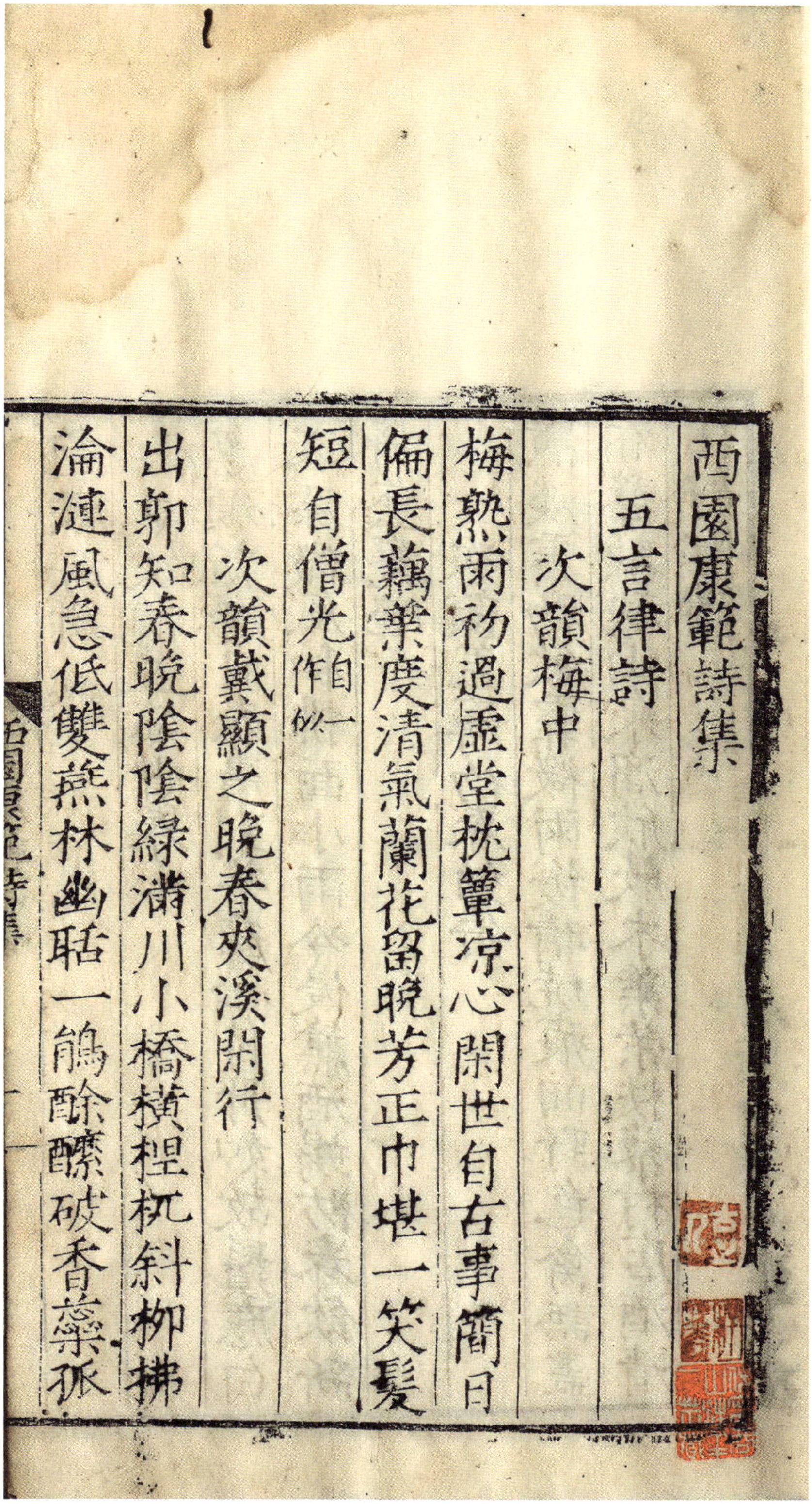

10662 西園康範詩集一卷 （宋）汪晫撰 **實録一卷續録一卷附録外集一卷** 明嘉靖二十年（1541）汪茂槐刻本

匡高17.3釐米，廣12.5釐米。半葉九行，行十八字，小字雙行同，細黑口，四周單邊。安徽省圖書館藏。

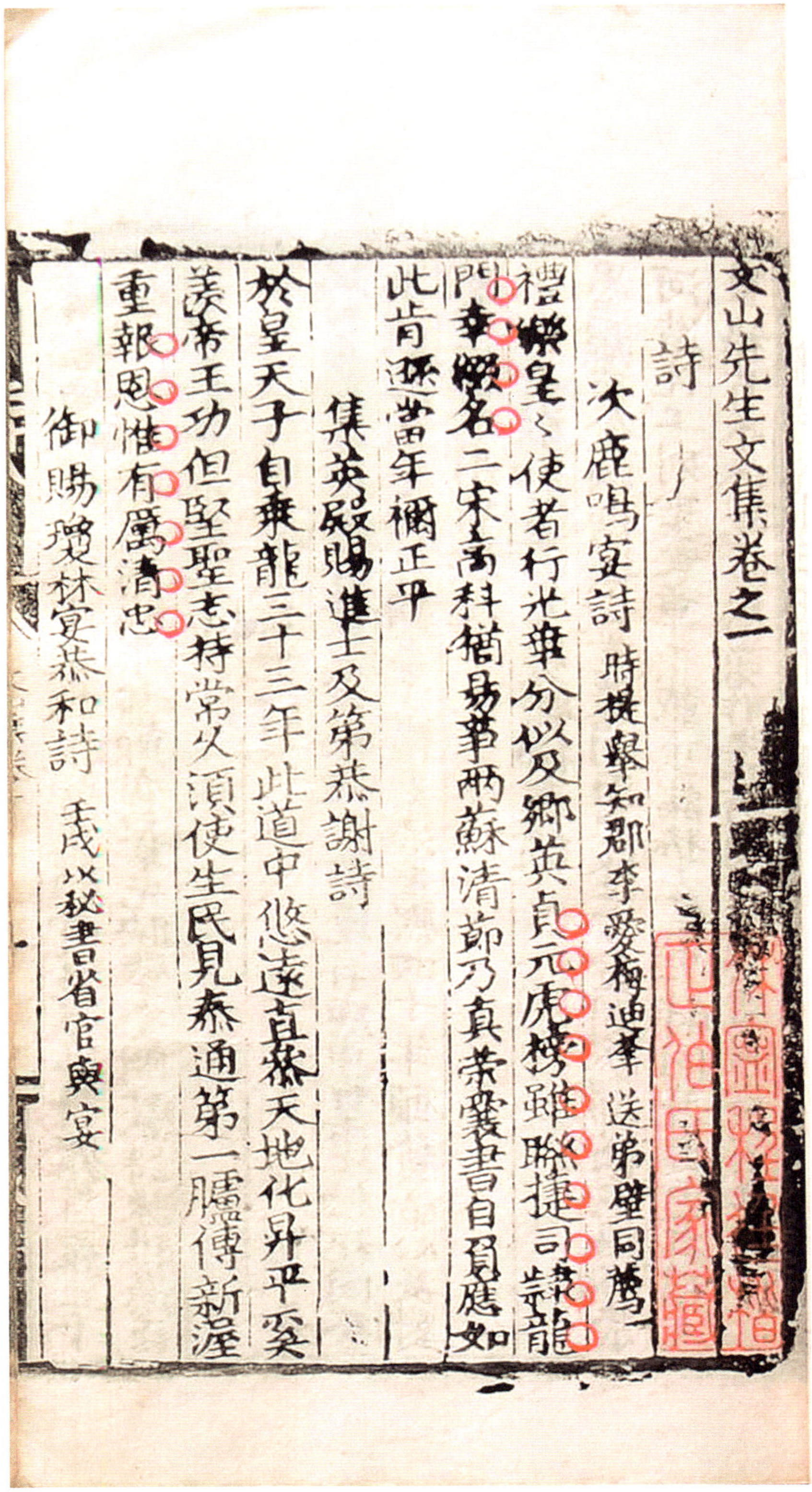

文山先生文集卷之一

詩

次鹿鳴宴詩 時提舉知郡李愛梅廸峯送弟璧同薦

禮樂皇皇使者行光華分似及鄉英貞元虎榜雖聯捷詞龍門幸綴名二宋高科猶易事兩蘇清節乃真榮囊書自負應如此肯逐當年禰正平

集英殿賜進士及第恭謝詩

於皇天子自乘龍三十三年此道中悠遠直參天地化升平奚羨帝王功但堅聖志持常久須使生民見泰通第一臚傳新渥重報恩惟有厲清忠

御賜瓊林宴恭和詩 是歲以秘書省官與宴

10663 文山先生文集十七卷 （宋）文天祥撰 明正德九年（1514）張祥刻本

匡高20.2釐米，廣13.5釐米。半葉十一行，行二十四字，小字雙行同，黑口，四周單邊。吉林大學圖書館藏。

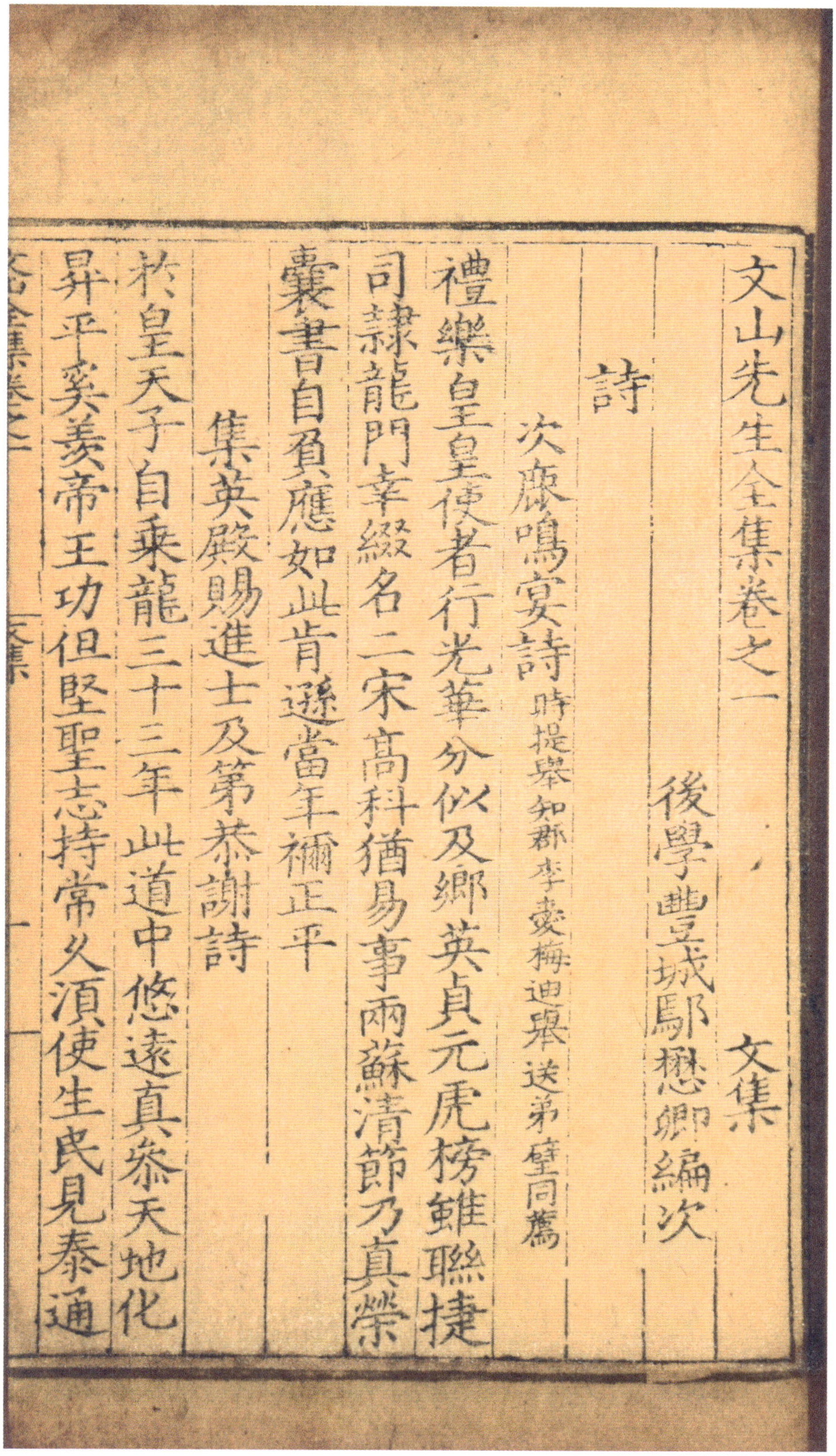
文山先生全集卷之一　文集

後學豐城鄢懋卿編次

詩

次鹿鳴宴詩 時提舉知郡李愛梅迪舉送弟璧同薦

禮樂皇皇使者行光華分似及鄉英貞元虎榜雖聯捷司隸龍門幸綴名二宋高科猶易事兩蘇清節乃真榮囊書自負應如此肯遜當年禰正平

集英殿賜進士及第恭謝詩

於皇天子自乘龍三十三年此道中悠遠真叅天地化昇平奚羨帝王功但堅聖志持常久須使生民見泰通

文山全集卷之一　文集　一

10664 文山先生全集二十八卷 （宋）文天祥撰 明嘉靖三十一年（1552）鄢懋卿、寧寵刻本

匡高20.8釐米，廣14.1釐米。半葉十行，行二十一字，白口，四周雙邊。軍事科學院軍事圖書資料館藏。

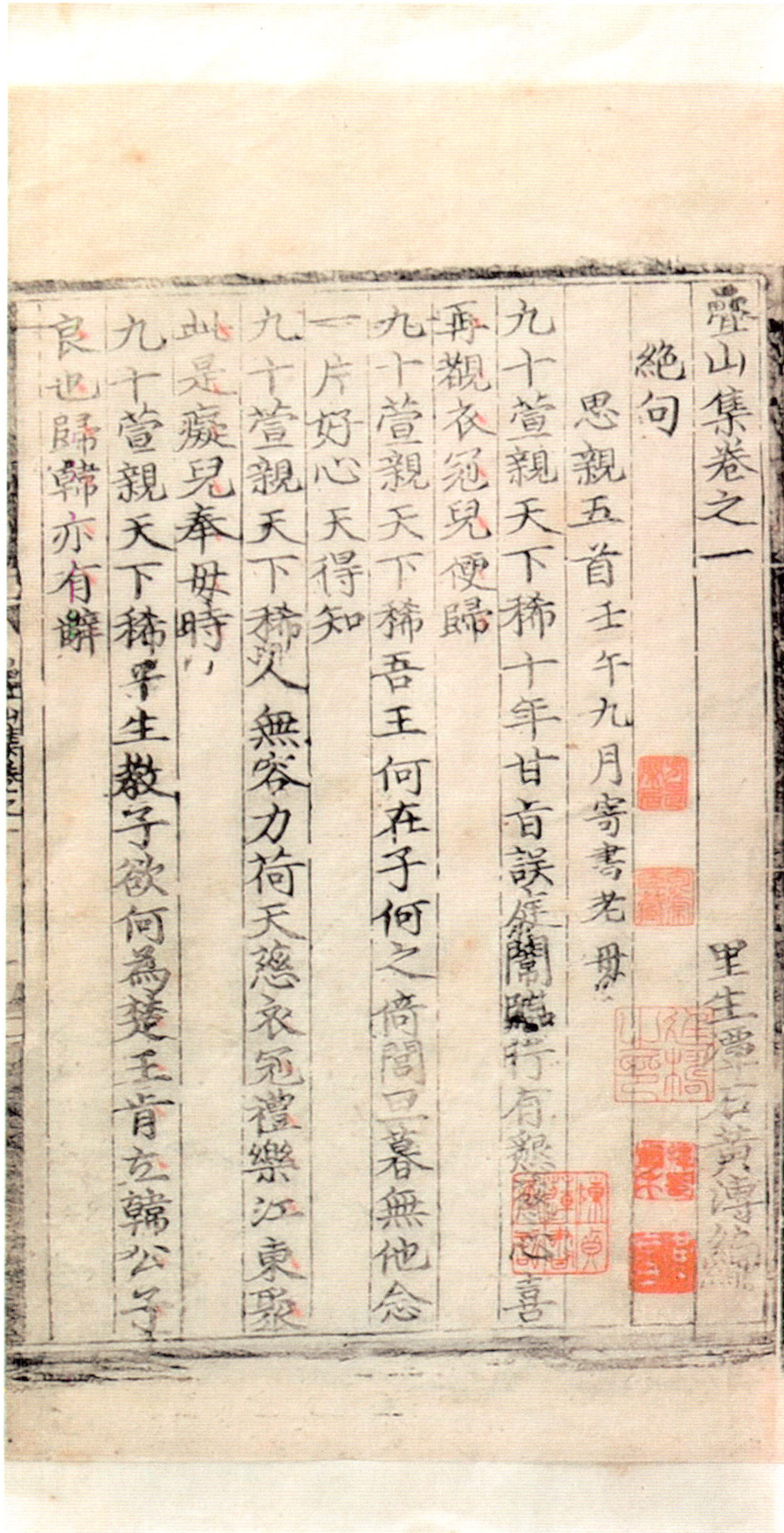

疊山集卷之一

里生潭石黃溥編

絶句

思親五首壬午九月寄書老母

九十萱親天下稀十年甘旨誤庭闈臨行有懇慈心喜
再覲衣冠兒便歸
九十萱親天下稀吾王何在子何之倚閭日暮無他念
一片好心天得知
九十萱親天下稀[illegible]人無容力荷天慈衣冠禮樂江東聚
此是癡兒奉母時
九十萱親天下稀平生教子欲何爲楚王肯立韓公子
良也歸韓亦有辭

10665 疊山集十六卷 （宋）謝枋得撰 明景泰五年（1454）刻本

匡高20.7釐米，廣14.5釐米。半葉十一行，行二十一字，黑口，四周雙邊。吉林大學圖書館藏。

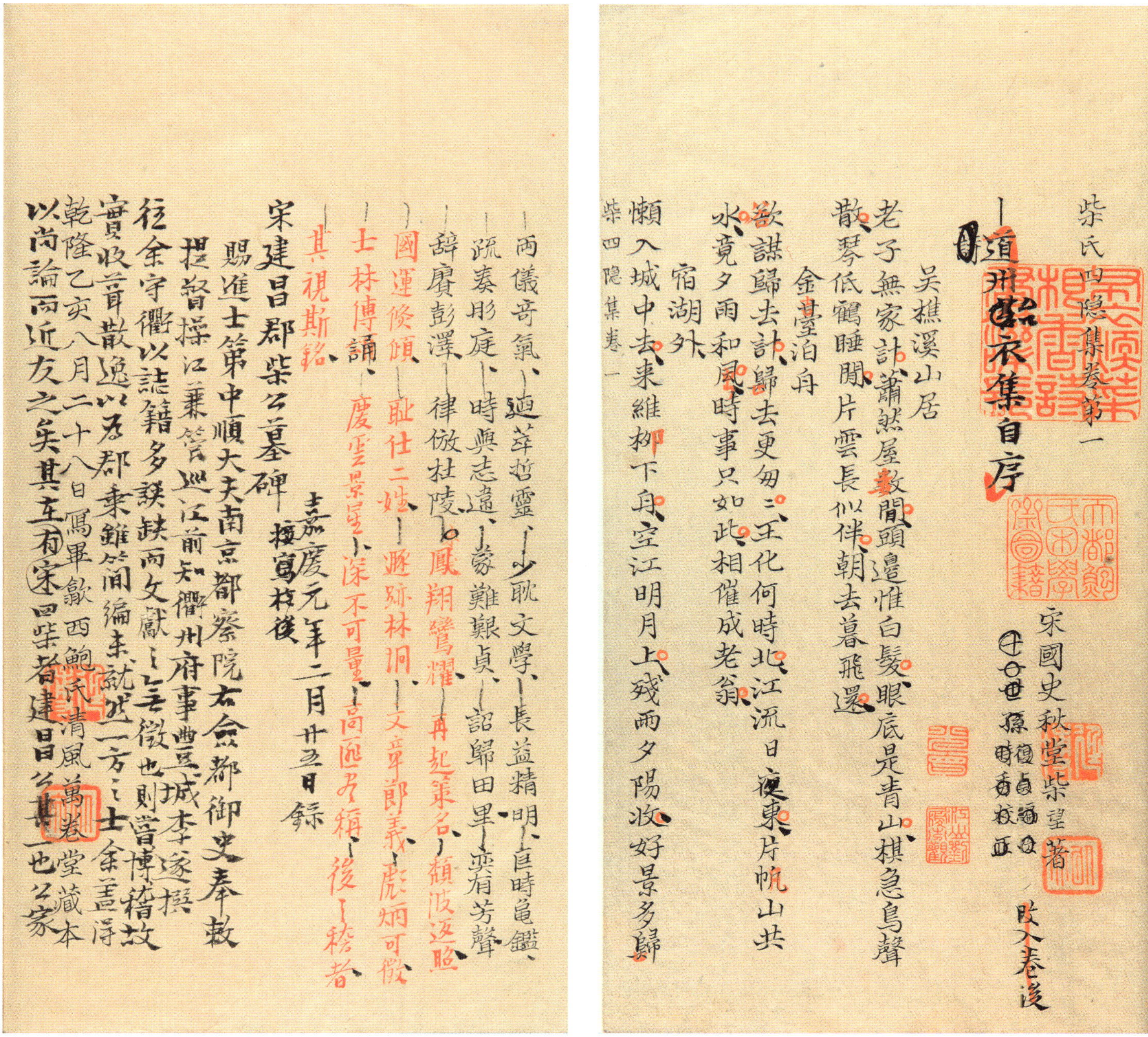

10666 柴氏四隱集二卷 （宋）柴望撰 **附録一卷** 清鮑氏知不足齋抄本

有“天都鮑氏困學齋圖籍”、“江山劉履芬觀”等印。鮑廷博校，劉履芬跋。上海圖書館藏。

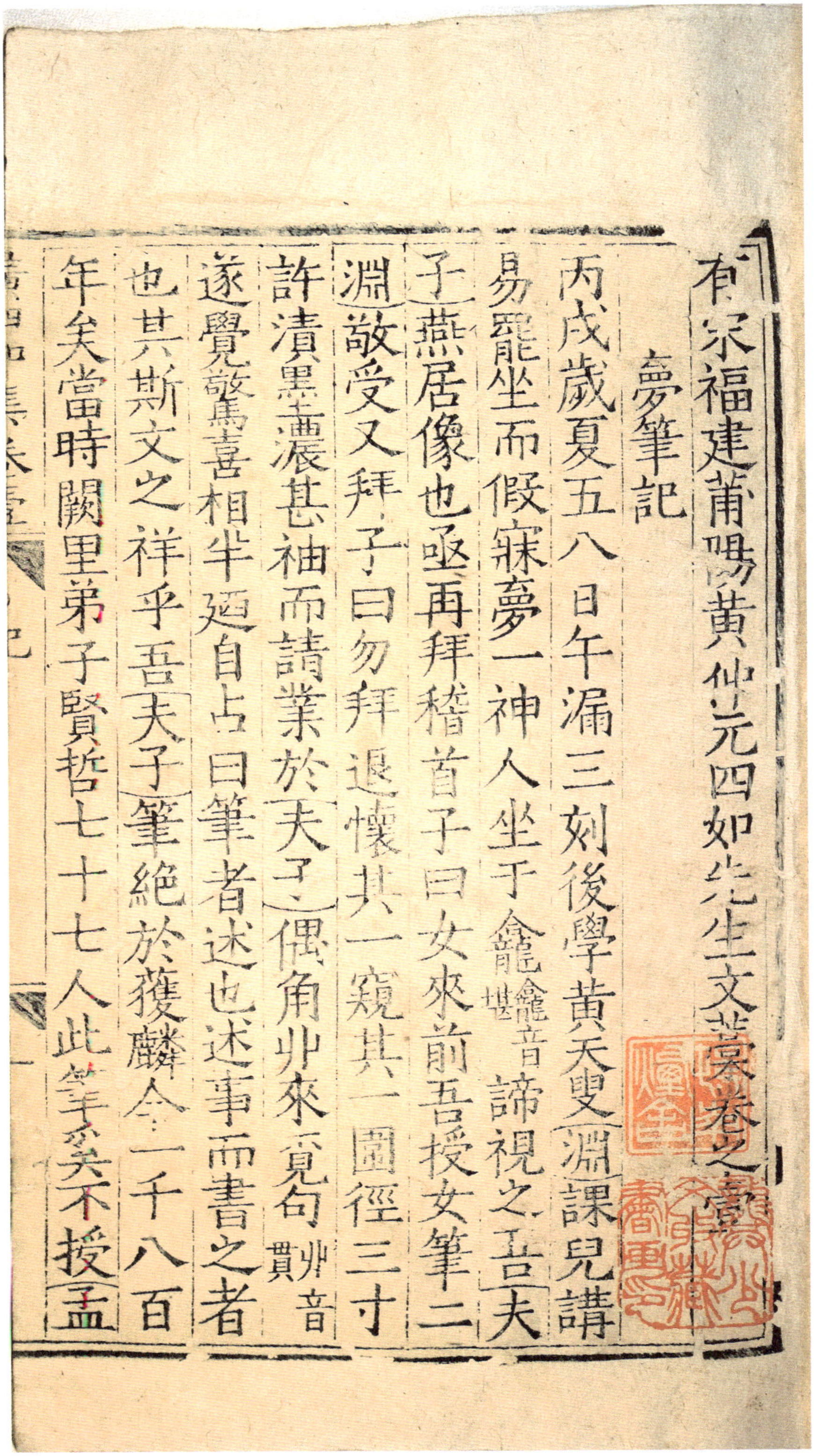
有宋福建莆陽黃仲元四如先生文藁卷之壹
夢筆記
丙戌歲夏五八日午漏三刻後學黃天叟淵課兒講易罷坐而假寐夢一神人坐于龕（龕音堪）諦視之吾夫子燕居像也亟再拜稽首子曰女來前吾授女筆二淵敬受又拜子曰勿拜退懷其一窺其一圜徑三寸許漬黑瀋甚袖而請業於夫子偶角丱來（丱音貫）覓句遂覺驚喜相半迺自占曰筆者述也述事而書之者也其斯文之祥乎吾夫子筆絕於獲麟今一千八百年矣當時闕里弟子賢哲七十七人此筆矣不授孟

10667、10668 有宋福建莆陽黃仲元四如先生文稿五卷 （宋）黃仲元撰 明嘉靖二十一年（1542）黃文炳刻藍印本

匡高21.5釐米，廣14.2釐米。半葉十行，行二十字，小字雙行同，白口，四周雙邊。北京大學圖書馆藏，有“黃虞稷印”等印；湖南師範大學圖書館藏，有“龔少文收藏書画印”、“大通樓藏書印”、“郋南煙舍”等印。

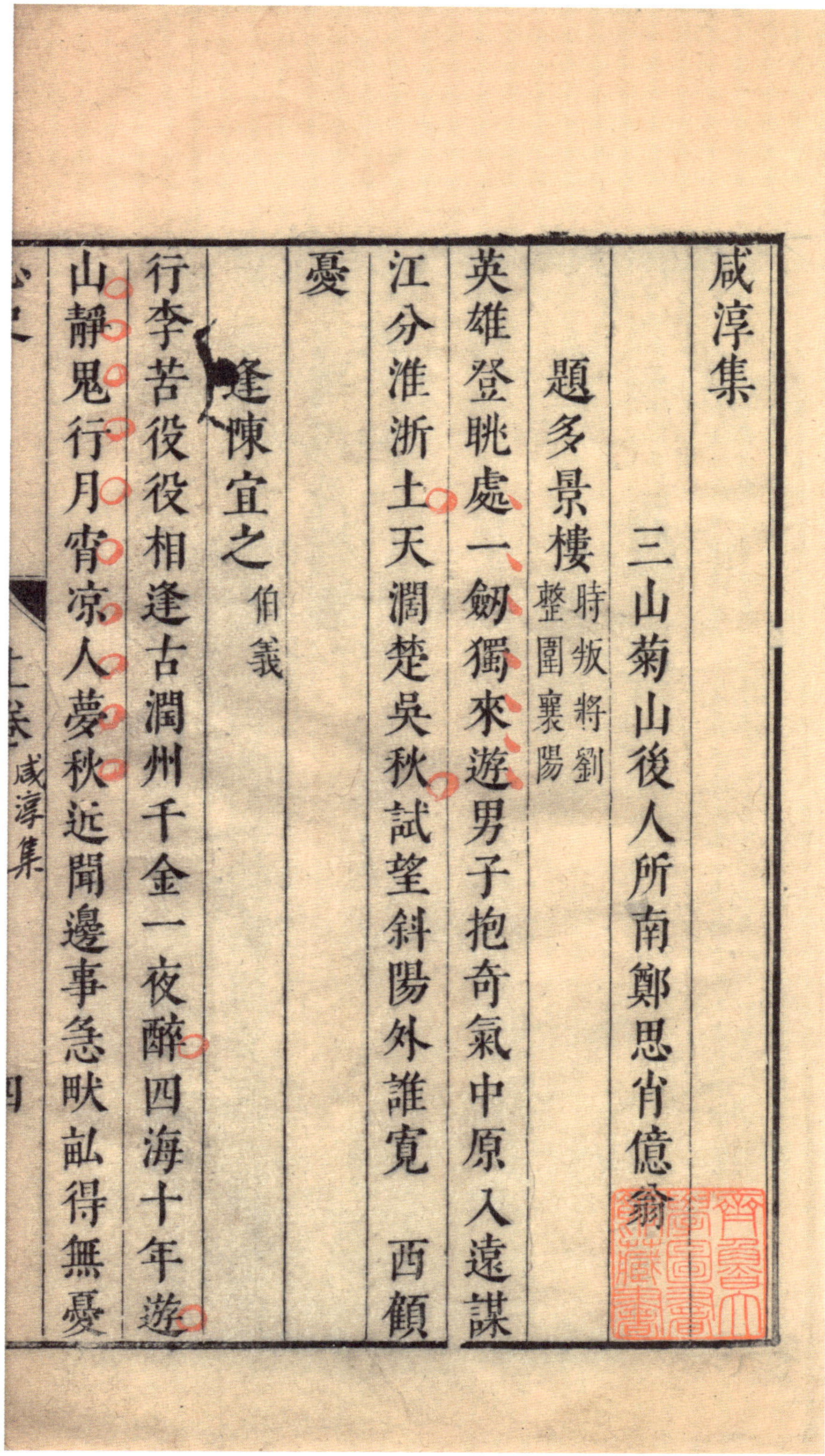
咸淳集
三山菊山後人所南鄭思肖億翁
題多景樓 時叛將劉整圍襄陽
英雄登眺處一劒獨來遊男子抱奇氣中原入遠謀
江分淮浙土天潤楚吳秋試望斜陽外誰寛西顧
憂
逢陳宜之 伯義
行李苦役役相逢古潤州千金一夜醉四海十年遊
山靜鬼行月宵凉人夢秋近聞邊事急畎畝得無憂
心史 咸淳集 四

10669 心史七卷 （宋）鄭思肖撰 明崇禎十二年（1639）張國維刻本

匡高20.5釐米，廣14釐米。半葉九行，行二十字，小字雙行同，白口，左右雙邊。山東大學圖書館藏。

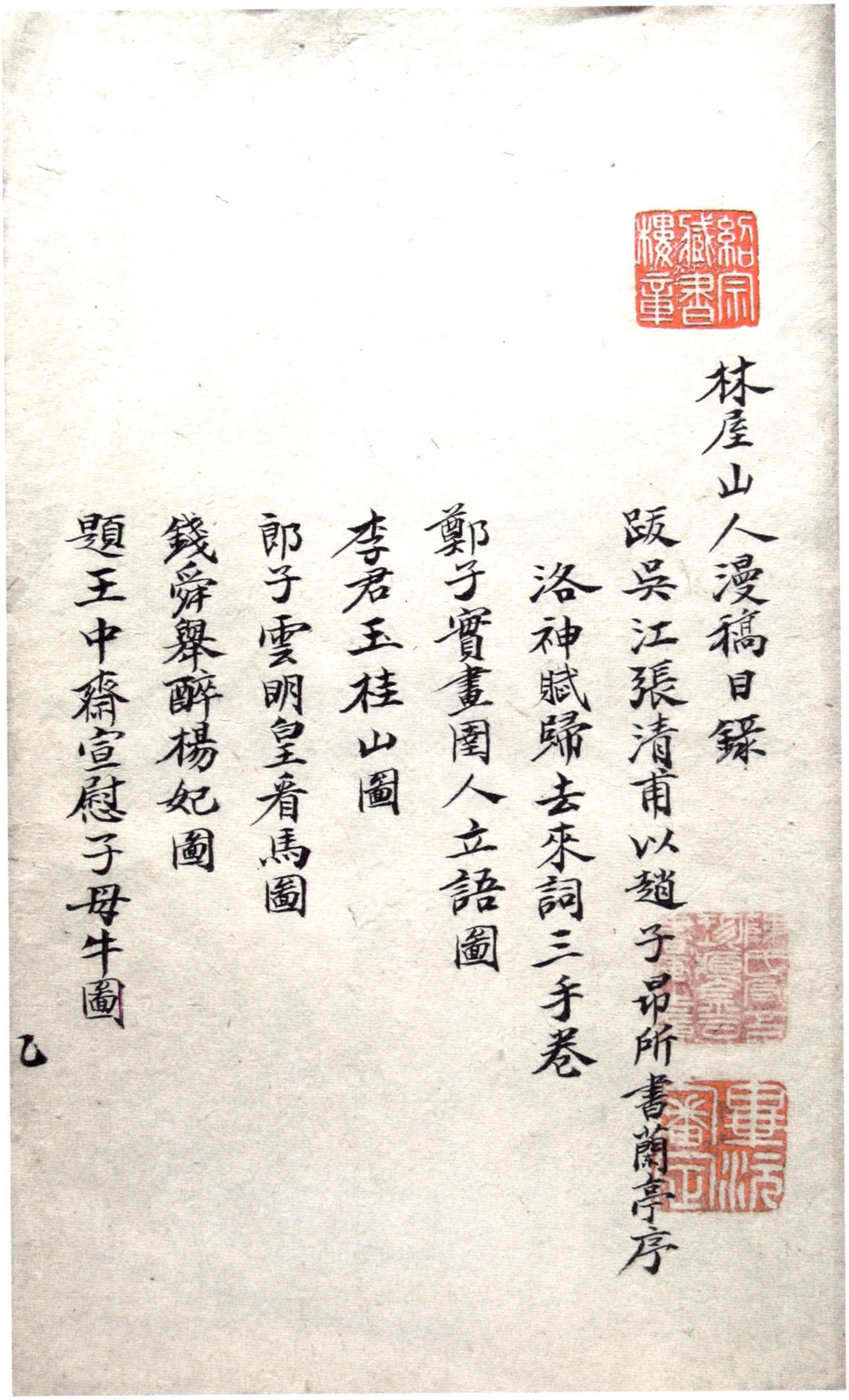

林屋山人漫稿目録
跋吳江張清甫以趙子昂所書蘭亭序
洛神賦歸去來詞三手卷
鄭子實畫圉人立語圖
李君玉桂山圖
郎子雲明皇看馬圖
錢舜舉醉楊妃圖
題王中齋宣慰子母牛圖
乙

10670 林屋山人漫稿一卷 （宋）俞琰撰 清抄本

有“畢沅審定”等印。鎮江市圖書館藏。

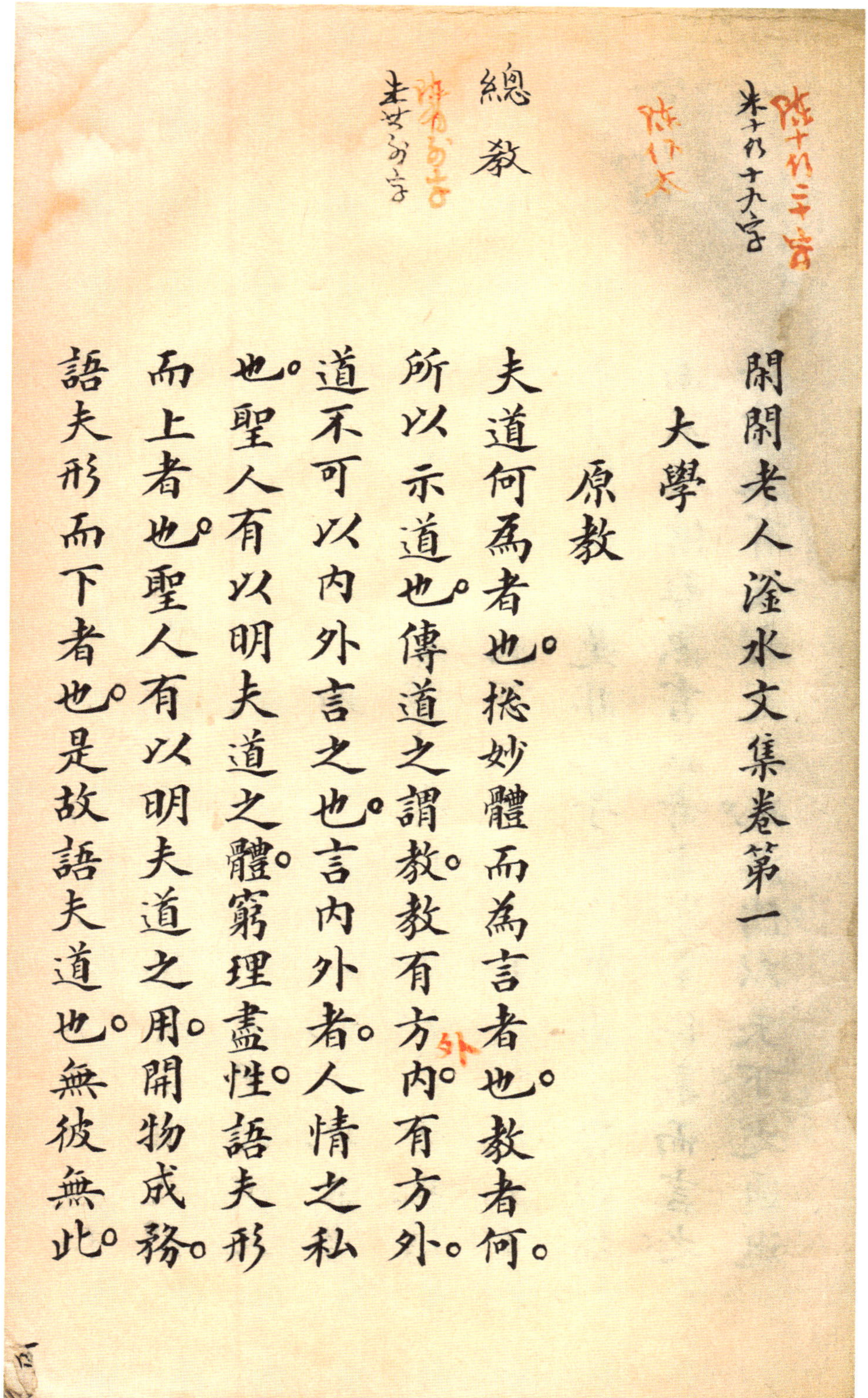

閑閑老人滏水文集卷第一

大學

原教

夫道何爲者也。揔妙體而爲言者也。教者何。所以示道也。傳道之謂教。教有方內。有方外。道不可以內外言之也。言內外者。人情之私也。聖人有以明夫道之體。窮理盡性。語夫形而上者也。聖人有以明夫道之用。開物成務。語夫形而下者也。是故語夫道也。無彼無此。

總教

10671 閑閑老人滏水文集二十卷附録一卷 （金）趙秉文撰 清抄本

張子有校並跋，吳重熹校並跋。南開大學圖書館藏。

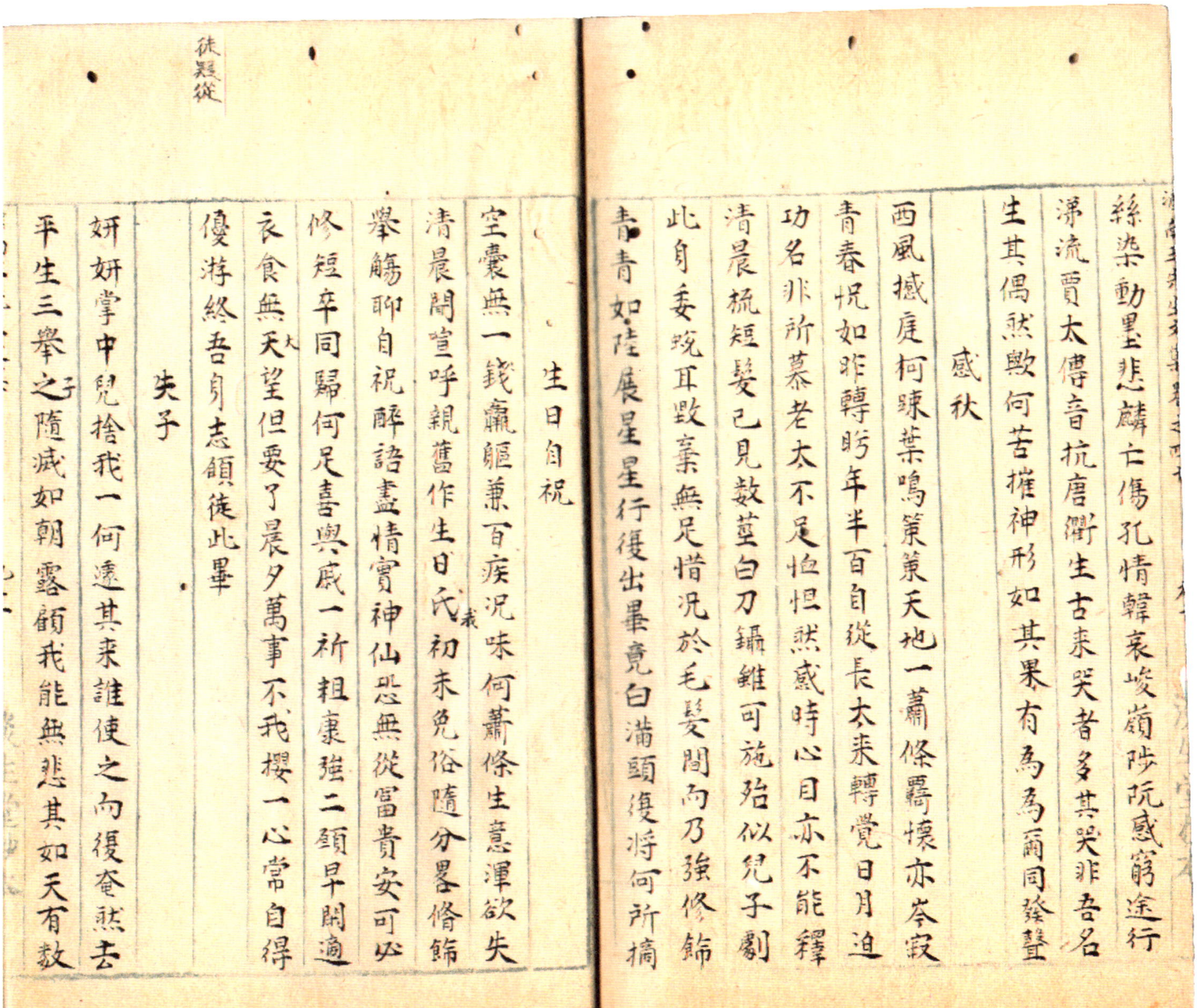

絲染動墨悲麟亡傷孔情韓衰峻嶺阨阮感窮途行
涕流賈太傅音抗唐衢生古来哭者多其哭非吾名
生其偶然歟何苦摧神形如其果有爲爲爾同發聲

感秋

西風撼庭柯踈葉鳴策策天地一蕭條羈懷亦岑寂
青春恍如昨轉盻年半百自從長太来轉覺日月迫
功名非所慕老太不足恤但然感時心目亦不能釋
清晨梳短髮已見數莖白刀鑷雖可施殆似兒子劇
此身委蛻耳敝棄無足惜況於毛髮間而乃強修飾
青青如陸展星星行復出畢竟白滿頭復將何所摘

徒疑從

生日自祝

空囊無一錢羸軀兼百疾況味何蕭條生意渾欲失
清晨聞喧呼親舊作生日氏表初未免俗隨分畧修飾
舉觴聊自祝醉語盡情實神仙恐無從富貴安可必
修短卒同歸何足喜與戚一祈粗康強二願早閑適
衣食無天大望但要了晨夕萬事不嬰一心常自得
優游終吾身志願從此畢

失子

妍妍掌中兒捨我一何遽其来誰使之而復奄然去
平生三舉之子隨滅如朝露顧我能無悲其如天有数

10672 滹南遺老王先生文集四十五卷續集一卷 （金）王若虚撰 明祁氏澹生堂抄本

匡高22釐米，廣16釐米。半葉十行，行二十字，小字雙行同，藍格，白口，四周單邊。有“澹生堂經籍記”、“吳焯”、“繡谷”等印。吳焯題記。中國科學院國家科學圖書館藏。

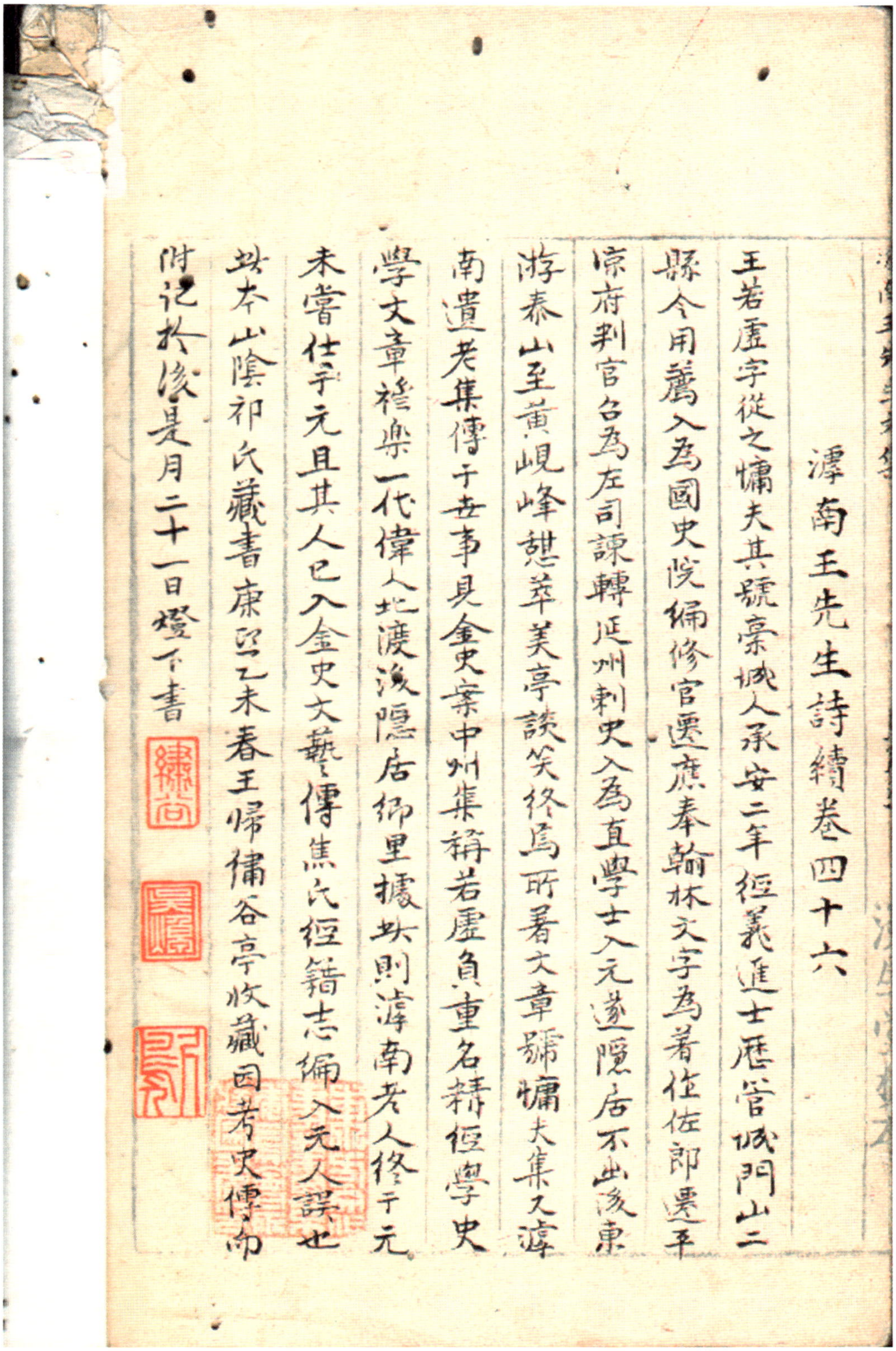
滹南王先生詩續卷四十六
王若虛字從之慵夫其號稾城人承安二年經義進士歷管城門山二縣令用薦入為國史院編修官遷應奉翰林文字為著作佐郎遷平涼府判官召為左司諫轉延州刺史入為直學士入元遂隱居不出後東游泰山至黃峴峰憩萃美亭談笑終焉所著文章號慵夫集又滹南遺老集傳于世事具金史案中州集稱若虛負重名精經學史學文章禮樂一代偉人北渡後隱居鄉里據此則滹南老人終于元未嘗仕于元且其人已入金史文藝傳焦氏經籍志編入元人誤也此本山陰祁氏藏書康熙乙未春王帰備谷亭收藏因考史傳而附記於後是月二十一日燈下書

10672 滹南遺老王先生文集四十五卷續集一卷

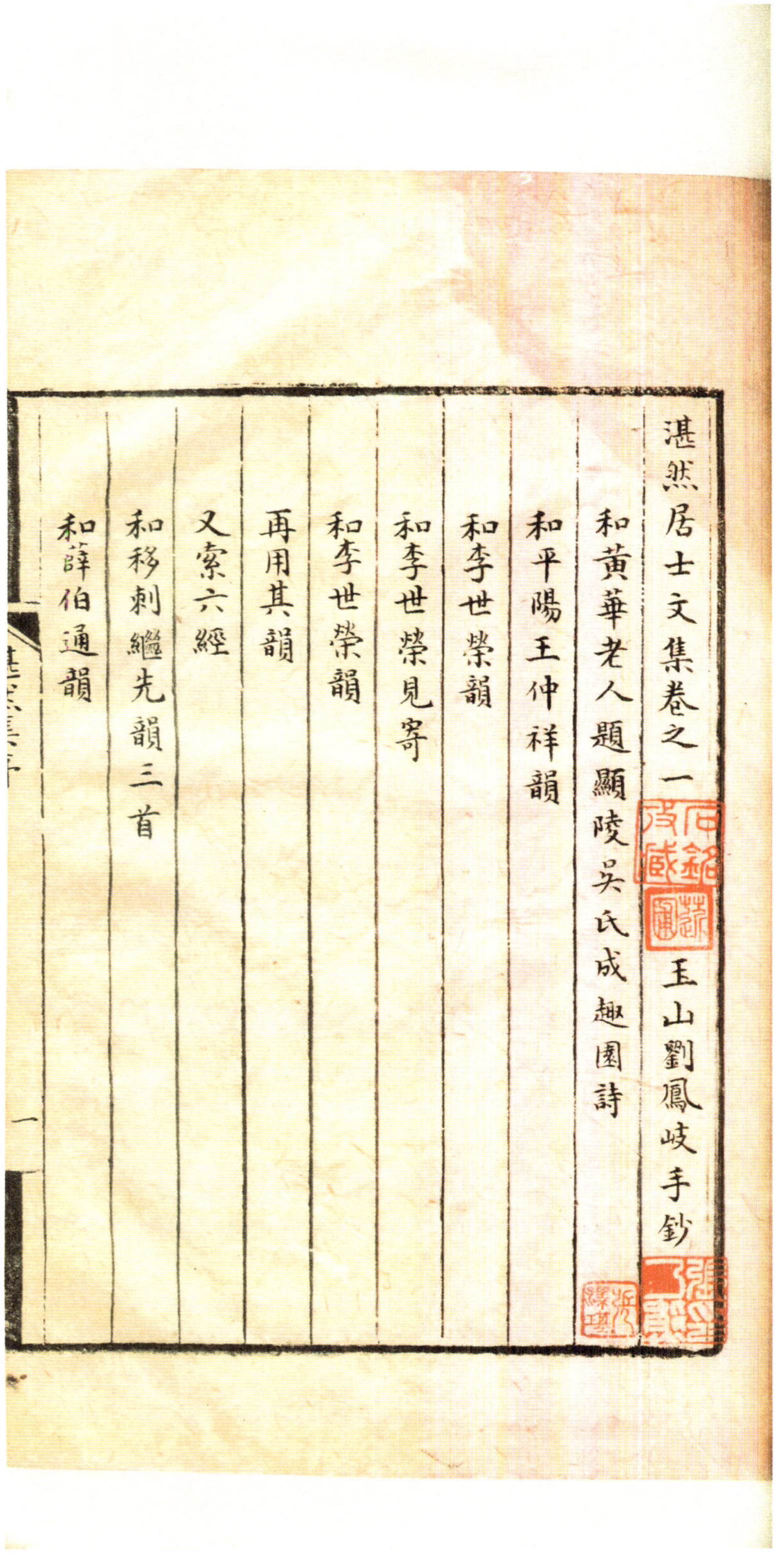
湛然居士文集卷之一　玉山劉鳳岐手鈔
和黄華老人題顯陵吳氏成趣園詩
和平陽王仲祥韻
和李世榮韻
和李世榮見寄
和李世榮韻
再用其韻
又索六經
和移剌繼先韻三首
和薛伯通韻

10673 湛然居士文集十四卷 （元）耶律楚材撰 清乾隆劉鳳岐抄本

匡高18.6釐米，廣13.5釐米。半葉十行，行二十一字，黑口，左右雙邊。有“石銘收藏”、“張印乃熊”、“迒圃”等印。北京師範大學圖書館藏。

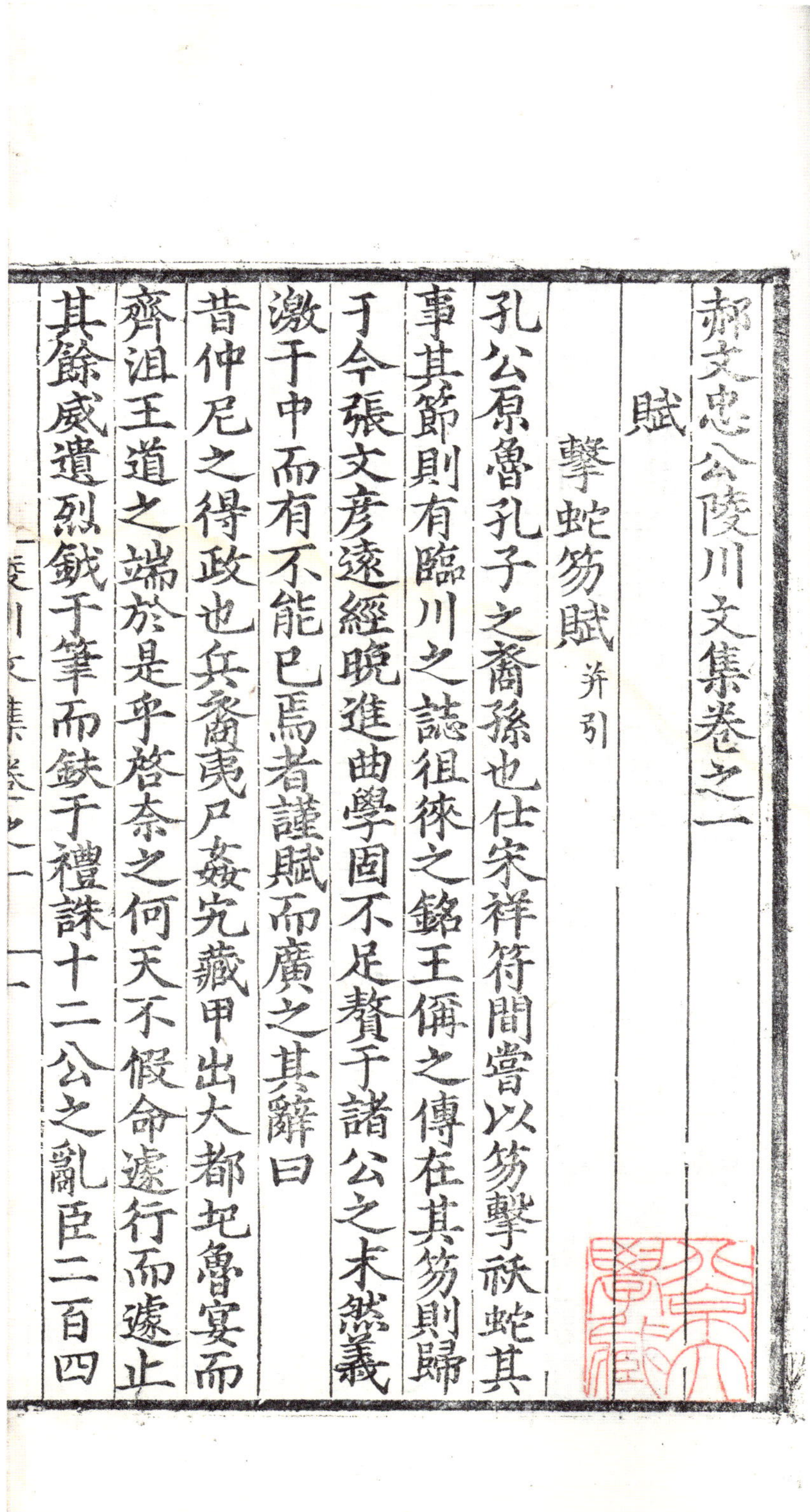

郝文忠公陵川文集卷之一

賦

擊蛇笏賦 并引

孔公原魯孔子之裔孫也仕宋祥符間嘗以笏擊祆蛇其事其節則有臨川之誌徂徠之銘王偁之傳在其笏則歸于今張文彦遠經晚進曲學固不足贅于諸公之末然義激于中而有不能已焉者謹賦而廣之其辭曰

昔仲尼之得政也兵裔夷尸姦宄藏甲出大都圮魯宴而齊沮王道之端於是乎啓奈之何天不假命遽行而遽止其餘威遺烈鉞于筆而鈇于禮誅十二公之亂臣二百四

陵川文集卷之一　一

10674 郝文忠公陵川文集三十九卷 （元）郝經撰　明正德二年（1507）李瀚刻本

匡高20.6釐米，廣13.7釐米。半葉十行，行二十二字，白口，左右雙邊。北京大學圖書館藏。

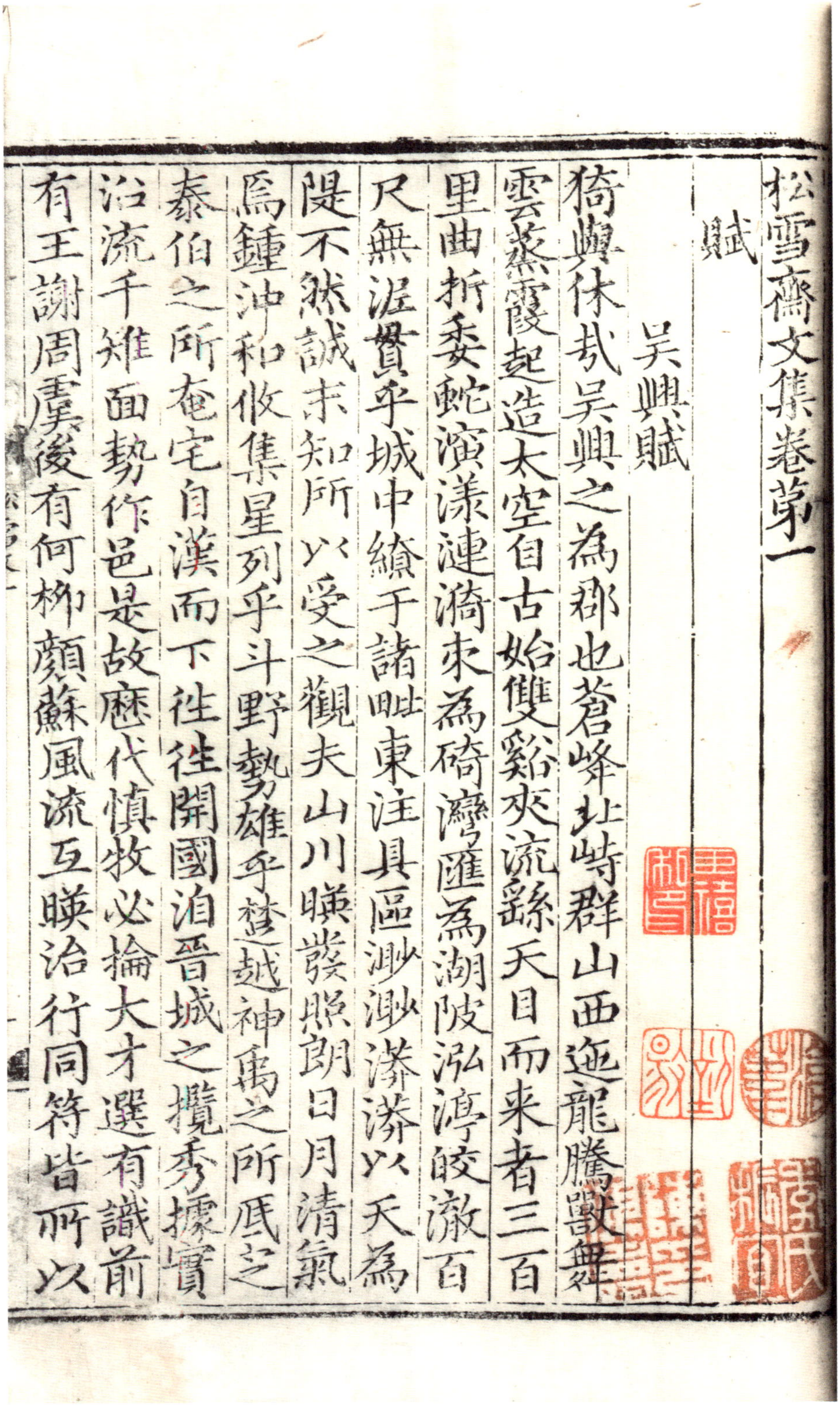
松雪齋文集卷第一
賦
吳興賦
猗歟休哉吳興之爲郡也蒼峰北峙群山西迤龍騰獸舞
雲蒸霞起造太空自古始雙谿夾流縈天目而來者三百
里曲折委蛇演漾漣漪束爲碕灣匯爲湖陂泓渟皎澈百
尺無隱貫乎城中繚于諸毗東注具區渺渺瀰瀰以天爲
隄不然誠未知所以受之觀夫山川暎發照朗日月清氣
爲鍾沖和攸集星列乎斗野勢雄乎楚越神禹之所底定
泰伯之所奄宅自漢而下往往開國洎晉城之攬秀擅實
沿流千雉面勢作邑是故歷代愼牧必掄大才選有識前
有王謝周虞後有何柳顔蘇風流互暎治行同符皆所以

10675 松雪齋文集十卷外集一卷 （元）趙孟頫撰 明天順六年（1462）岳璿刻本

匡高21釐米，廣14.2釐米。半葉十二行，行二十二字，白口，四周雙邊。有“季氏振宜”、“臣禧私印”等印。徐州師範大學圖書館藏，存七卷。

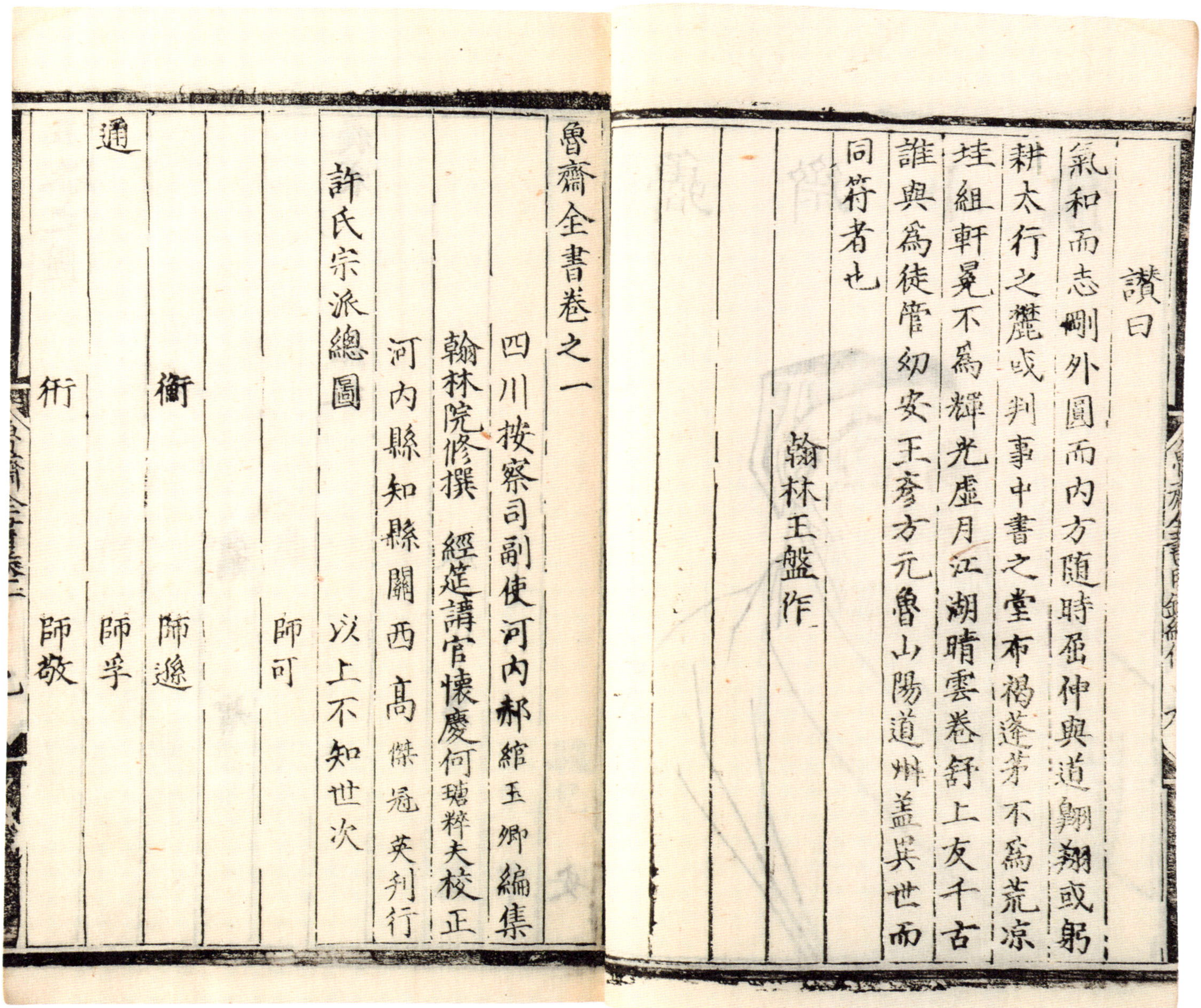

10676、10677 魯齋全書七卷 （元）許衡撰 明正德十三年（1518）高傑刻本

匡高23釐米，廣16釐米。半葉十行，行二十字，黑口，四周雙邊。安徽省博物館、湖南師範大學圖書館藏。

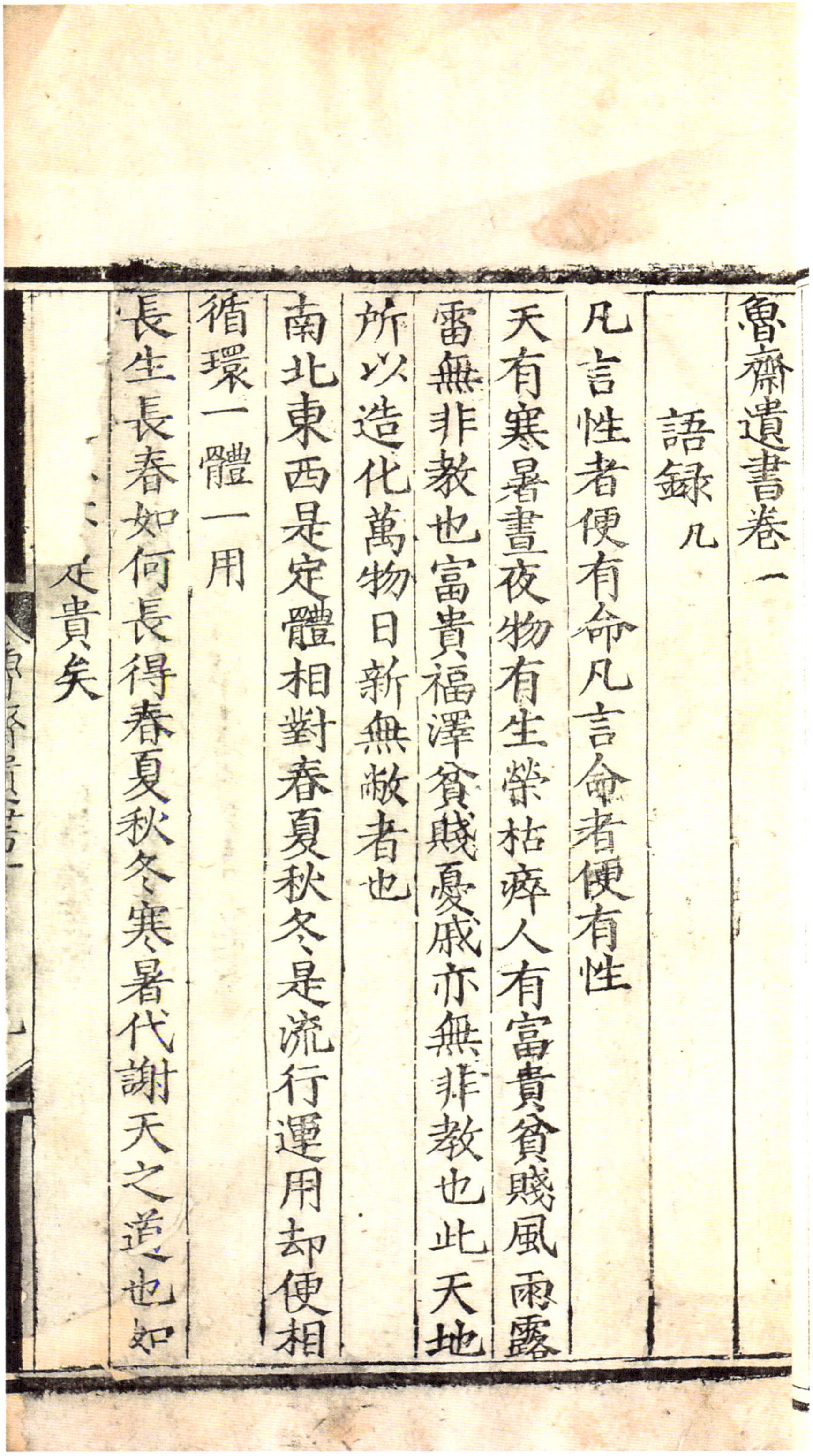

魯齋遺書卷一

語録 凡

凡言性者便有命凡言命者便有性
天有寒暑晝夜物有生榮枯瘁人有富貴貧賤風雨露
雷無非教也富貴福澤貧賤憂戚亦無非教也此天地
所以造化萬物日新無敝者也
南北東西是定體相對春夏秋冬是流行運用却便相
循環一體一用
長生長春如何長得春夏秋冬寒暑代謝天之道也如
足貴矣

10678 魯齋遺書十卷 （元）許衡撰 明嘉靖四年（1525）蕭鳴鳳刻本

匡高22釐米，廣15.6釐米。半葉九行，行二十字，黑口，四周雙邊。重慶圖書館藏。

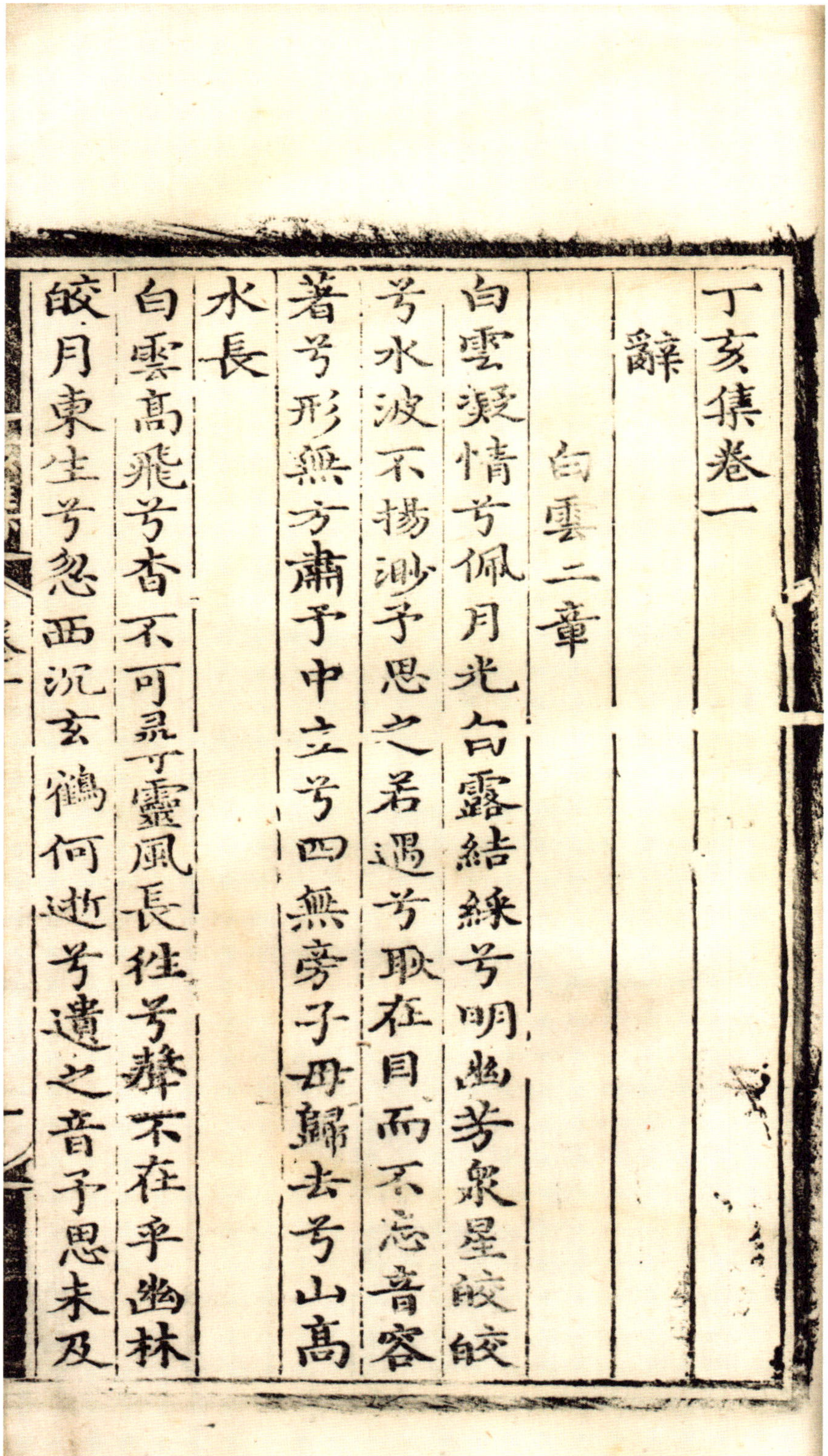

丁亥集卷一

辭

白雲二章

白雲凝情兮佩月光白露結綵兮明幽兮衆星皎皎兮水波不揚渺予思之若遇兮耿在目而不忘音容著兮形無方肅予中立兮四無旁子毋歸去兮山高水長

白雲高飛兮杳不可羈靈風長往兮聲不在乎幽林皎月東生兮忽西沉玄鶴何逝兮遺之音予思未及

10679 靜修先生丁亥集六卷遺文六卷遺詩六卷拾遺七卷續集三卷

（元）劉因撰 **附録二卷** 明弘治十八年（1505）崔暠刻本

匡高21.5釐米，廣14釐米。半葉九行，行二十字，黑口，四周雙邊。復旦大學圖書館藏。

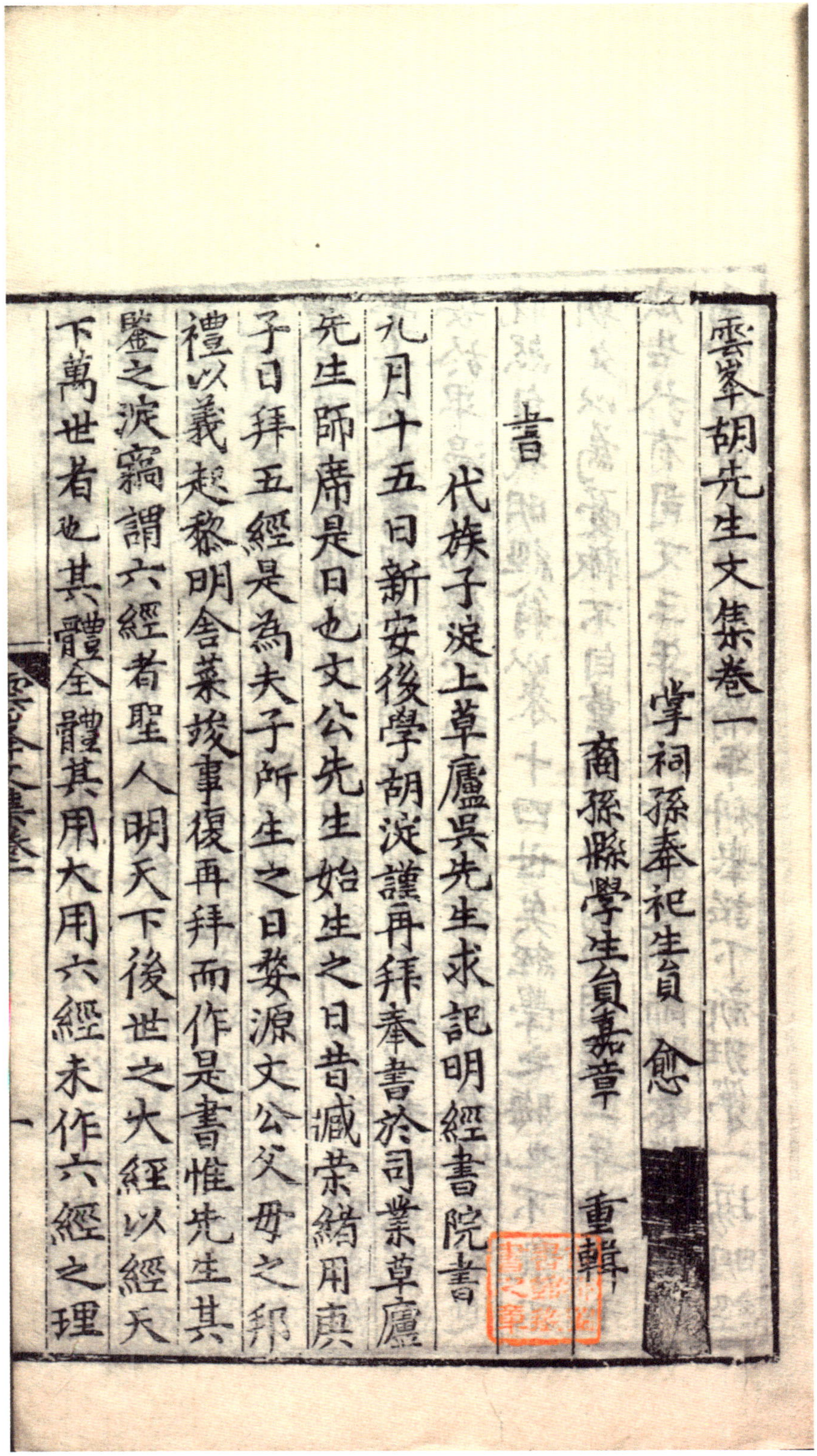

10680 雲峰胡先生文集十卷 （元）胡炳文撰 明正德三年（1508）何歆、羅縉刻本

匡高18.8釐米，廣13.1釐米。半葉十一行，行二十一字，白口，四周單邊。首都圖書館藏。

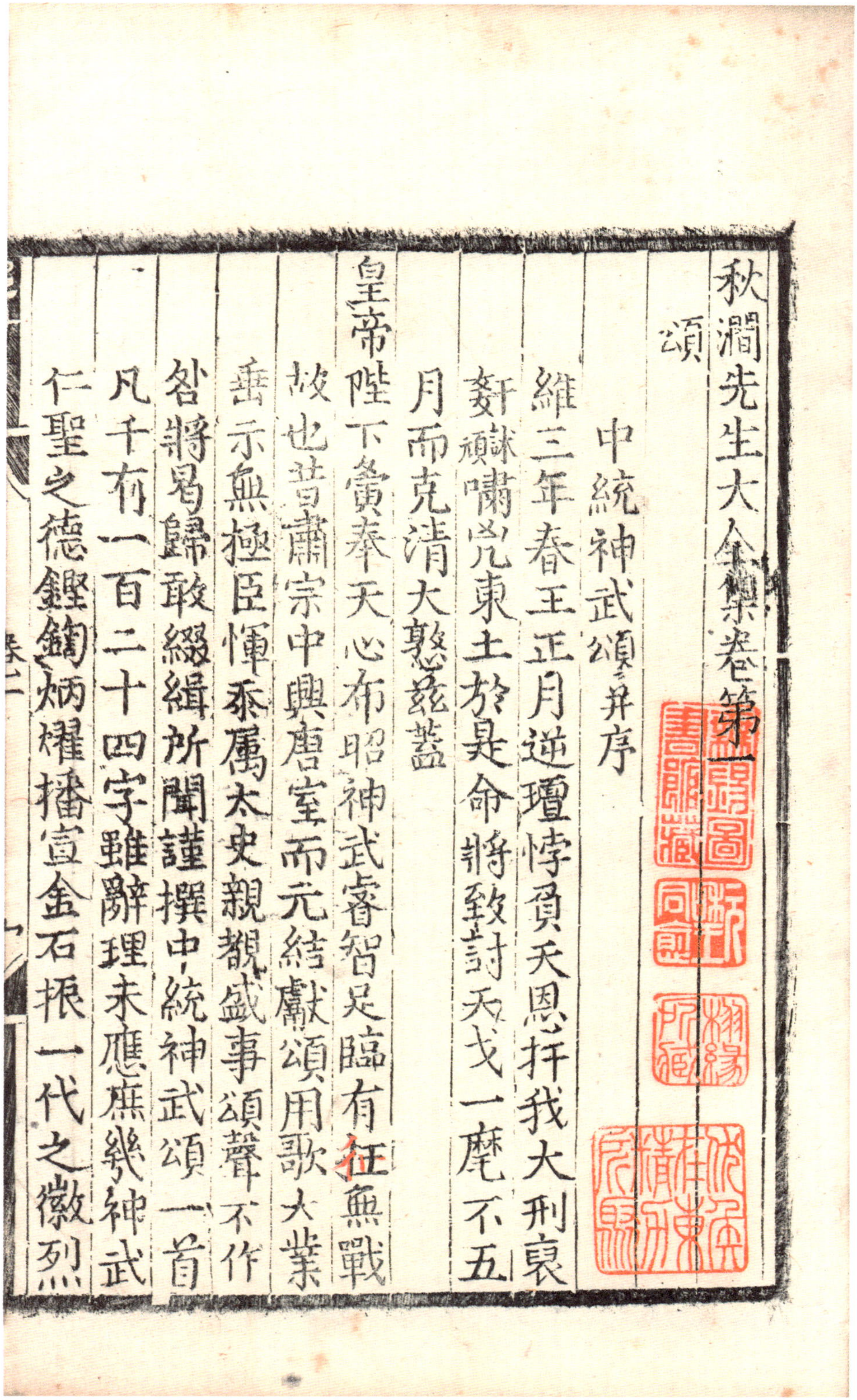
秋澗先生大全集卷第一
頌
中統神武頌并序
維三年春王正月逆璮悖負天恩扞我大刑哀
姧獗嘯兇東土於是命將致討天戈一麾不五
月而克清大憝兹蓋
皇帝陛下欽奉天心布昭神武睿智足臨有征無戰
故也昔肅宗中興唐室而元結獻頌用歌大業
垂示無極臣惲忝屬太史親覩盛事頌聲不作
臣將曷歸敢綴緝所聞謹撰中統神武頌一首
凡千有一百二十四字雖辭理未應庶幾神武
仁聖之德鏗鏘炳燿播宣金石振一代之徽烈

10681 秋澗先生大全文集一百卷 （元）王惲撰 **附録一卷** 明弘治十一年（1498）馬龍、金舜臣刻本（卷二十一至二十九、八十四配抄本）

匡高19.3釐米，廣13.8釐米。半葉十二行，行二十字，黑口，左右雙邊。無錫市圖書館藏，存九十五卷。

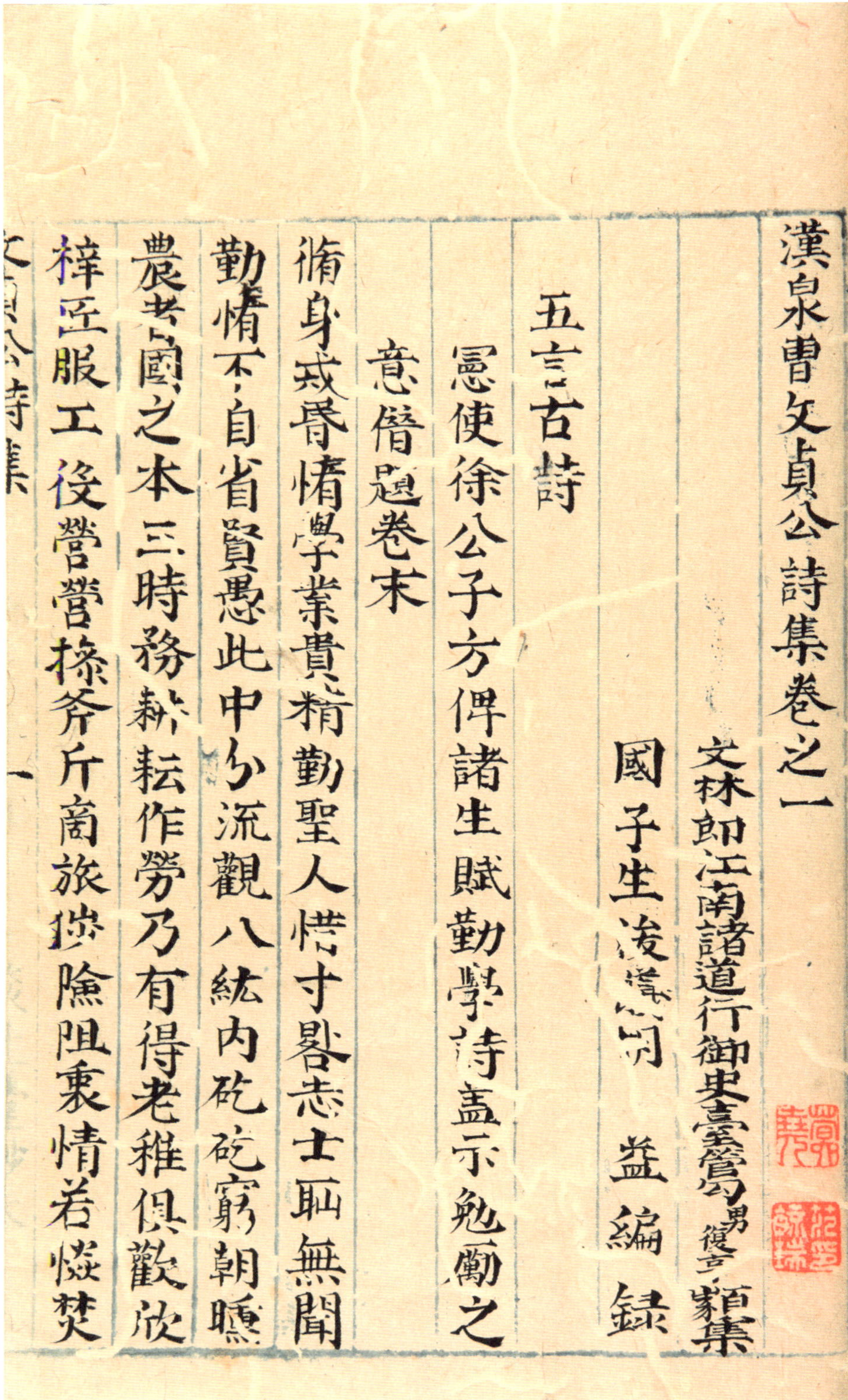

漢泉曹文貞公詩集卷之一
文林郎江南諸道行御史臺管勾男復亨類集
國子生浚儀公明益編録
五言古詩
悳使徐公子方俾諸生賦勸學詩盍示勉勵之
意僭題卷末
脩身戒昏惰學業貴精勤聖人惜寸晷志士恥無聞
勤惰不自省賢愚此中分流觀八紘内矻矻窮朝曛
農者國之本三時務耕耘作勞乃有得老稚俱歡欣
梓匠服工役營營操斧斤商旅涉險阻裹情若燬焚
文貞公詩集 一

10682 漢泉曹文貞公詩集十卷 （元）曹伯啓撰 **後録一卷** 明祁氏澹生堂抄本

匡高21.6釐米，廣15.1釐米。半葉十行，行二十字，藍格，白口，四周單邊。有“澹生堂經籍記”等印。上海圖書館藏。

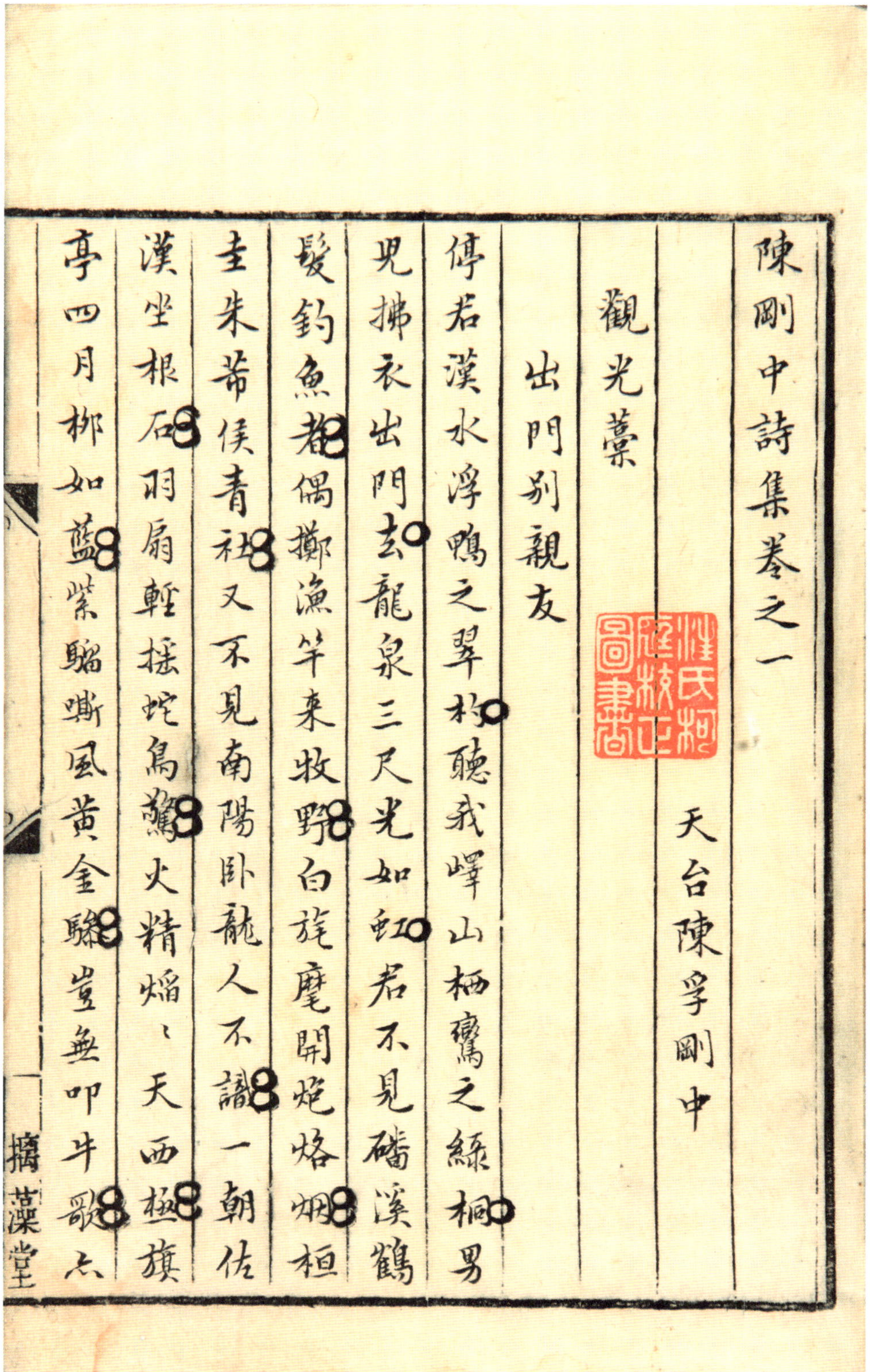
陳剛中詩集卷之一
天台陳孚剛中
觀光藁
出門別親友
停若漢水浮鴨之翠杓聽我嶧山栖鸞之絲桐男
兒拂衣出門去龍泉三尺光如虹君不見磻溪鶴
髮釣魚者偶擲漁竿來牧野白旄麾開炮烙烟桓
圭朱芾侯青社又不見南陽卧龍人不識一朝佐
漢坐根石羽扇輕揺蛇鳥鷙火精焰焰天西極旗
亭四月柳如藍紫騮嘶風黃金騣豈無叩牛歌六

10683 陳剛中詩集三卷 （元）陳孚撰 **附録一卷** 清汪氏擷藻堂抄本

匡高20釐米，廣13.9釐米。半葉十行，行十九字，細黑口，左右雙邊。有“汪氏柯庭校正圖書”等印。上海圖書館藏。

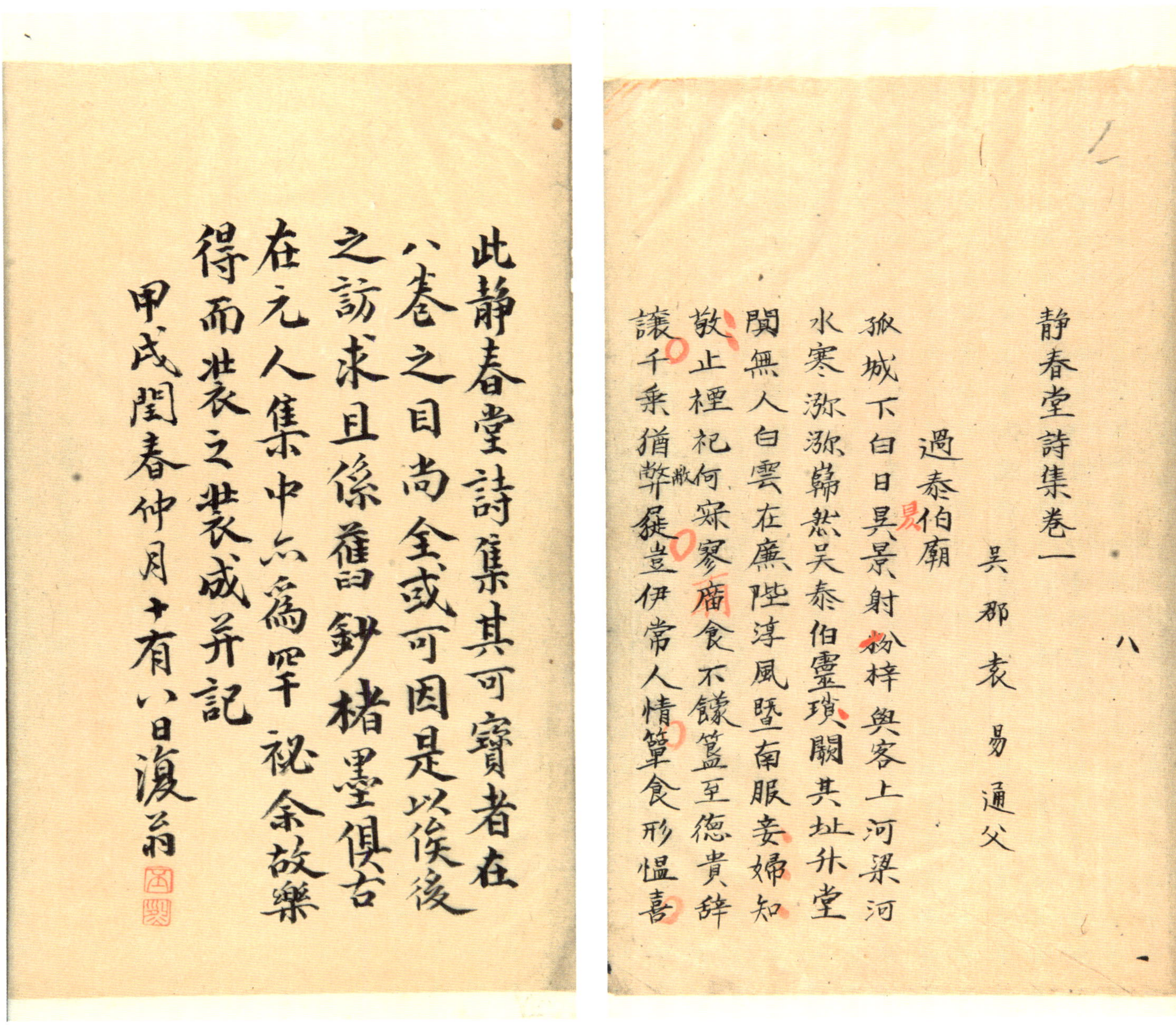

靜春堂詩集卷一　　八
吳郡袁易通父
過泰伯廟
孤城下白日昊景射枌梓與客上河梁河水寒瀰瀰歸然吳泰伯靈瑣闢其址升堂閴無人白雲在廡陛淳風曁南服妾婦知敬止禋祀何寂寥廟食不饑籩簋至德貴辭讓千乘猶弊屣豈伊常人情簞食形慍喜

此靜春堂詩集其可寶者在八卷之目尚全或可因是以俟後之訪求且係舊鈔楮墨俱古在元人集中亦爲罕祕余故樂得而装之装成并記
甲戌閏春仲月十有八日復翁

10684 靜春堂詩集八卷靜春翰墨一卷 （元）袁易撰　明抄本（序一册配清抄本）

有"士禮居藏"等印。黄丕烈校並跋，丁祖蔭校。上海圖書館藏，存四卷。

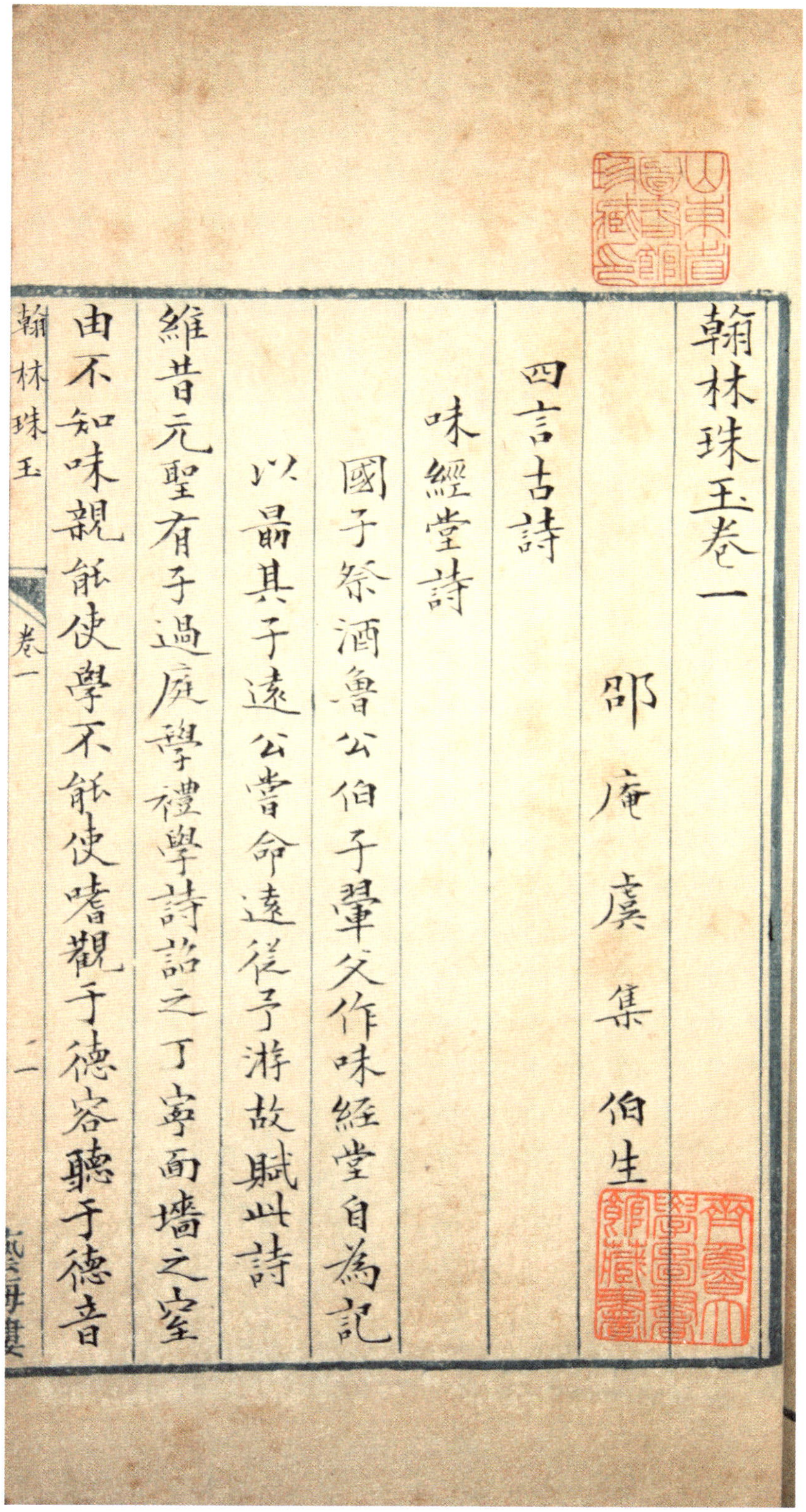
翰林珠玉卷一　　　邵庵虞集伯生
四言古詩
味經堂詩
國子祭酒魯公伯子翬父作味經堂自爲記
以朂其子遠公嘗命遠從予游故賦此詩
維昔元聖有子過庭學禮學詩詒之丁寧面墻之室
由不知味親能使學不能使嗜覩于德容聽于德音

翰林珠玉　卷一　一　藝海樓

10685 翰林珠玉六卷 （元）虞集撰 清道光顧氏藝海樓抄本

匡高20.1釐米，廣14.1釐米。半葉八行，行二十字，藍格，白口，左右雙邊。山東省圖書館藏。

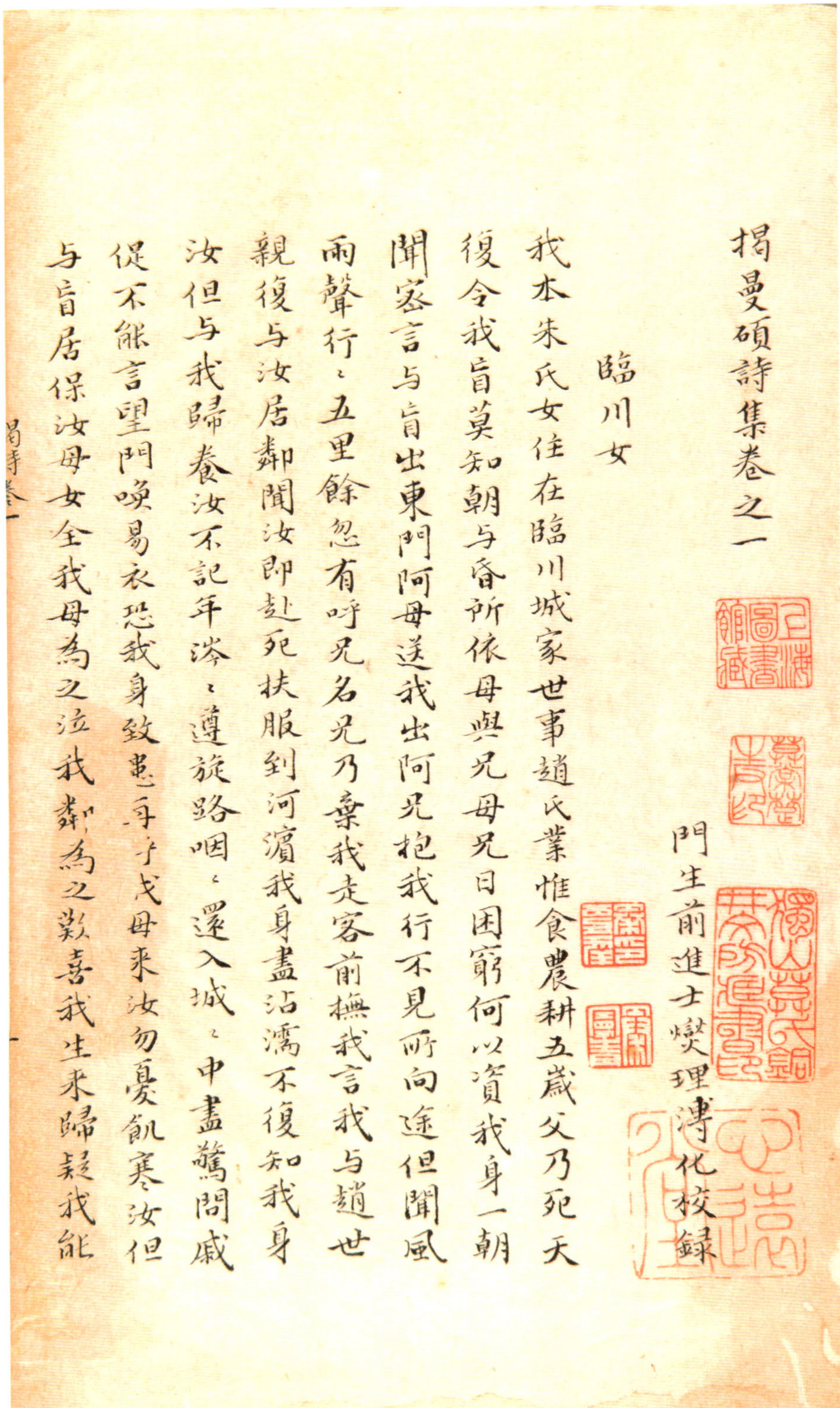

揭曼碩詩集卷之一

門生前進士爕理溥化校録

臨川女

我本朱氏女住在臨川城家世事趙氏業惟食農耕五歲父乃死天
復令我盲莫知朝与昏所依母與兄母兄日困窮何以資我身一朝
聞客言与盲出東門阿母送我出阿兄抱我行不見所向途但聞風
雨聲行行五里餘忽有呼兄名兄乃棄我走客前撫我言我与趙世
親復与汝居鄰聞汝即赴死扶服到河濱我身盡沾濡不復知我身
汝但与我歸養汝不記年淼淼遵旋路咽咽還入城城中盡驚問戚
促不能言望門喚易衣恐我身致患母子戊母来汝勿憂飢寒汝但
与盲居保汝母女全我母為之泣我鄰為之歎喜我生来歸疑我能

揭詩卷一

10686 揭曼碩詩集三卷續二卷 （元）揭傒斯撰 清初抄本

有“心遠堂”、“莫棠楚生父印”、“獨山莫氏銅井文房藏書印”等印。宋賓王校。上海圖書館藏。

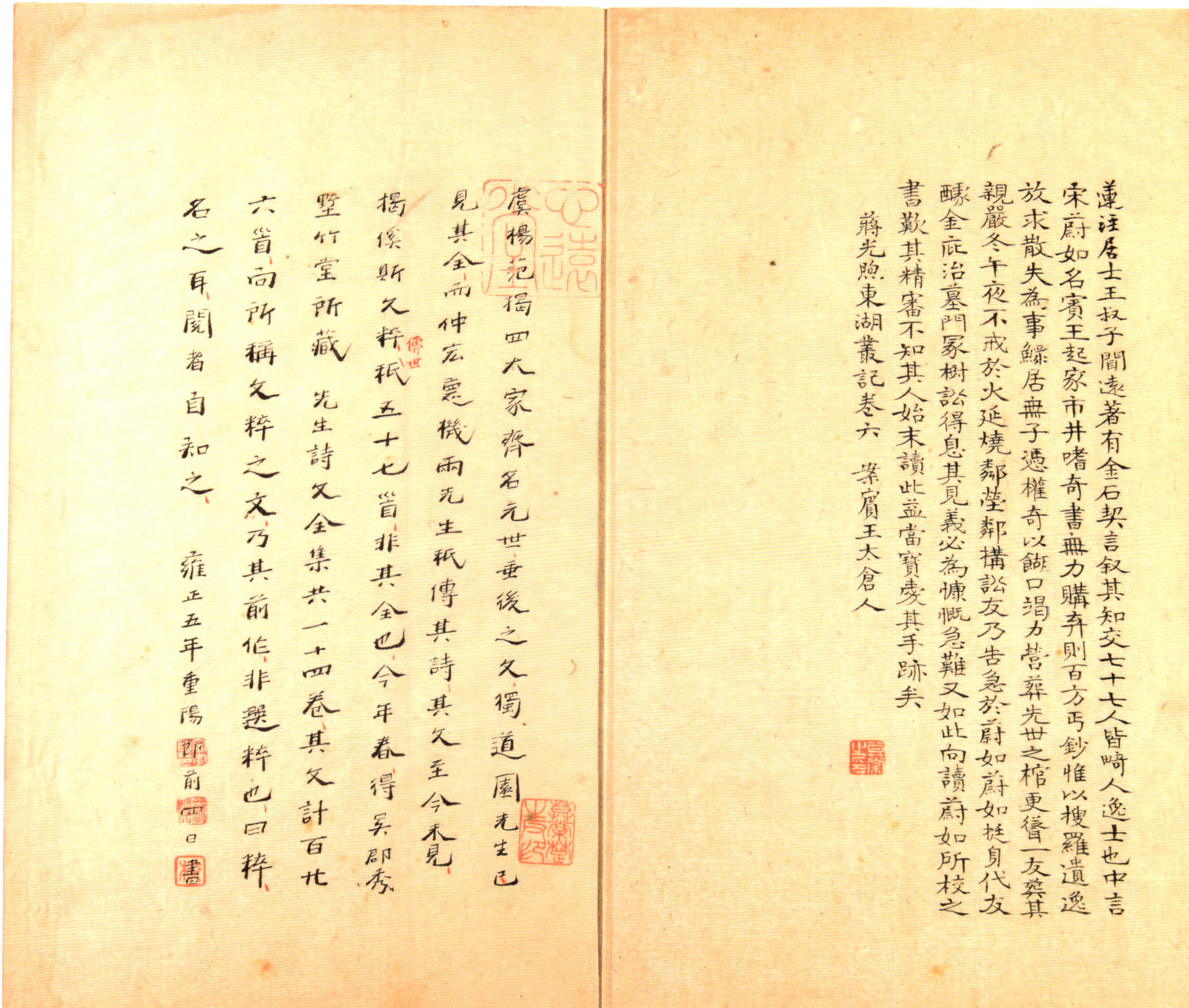

蓮涇居士王叔子閒遠著有金石契言叙其知交七十七人皆畸人逸士也中言宋蔚如名賓王起家市井嗜奇書無力購弆則百方丐鈔惟以搜羅遺逸放求散失為事鰥居無子遇權奇以餬口竭力營葬先世之棺更嘗一友殯其親嚴冬午夜不戒於火延燒鄰塋鄰搆訟友乃告急於蔚如蔚如挺身代友醵金庀治塋門冢樹訟得息其見義必為慷慨急難又如此向讀蔚如所校之書歎其精審不知其人始末讀此益當寶愛其手跡矣

蔣光煦東湖叢記卷六　宋賓王太倉人

虞楊范揭四大家齊名元世垂後之文獨道園先生已見其全而仲宏德機兩先生秪傳其詩其文至今未見揭傒斯文粹秪五十七首非其全也今年春得吳郡秀埜竹堂所藏先生詩文全集共一十四卷其文計百廿六首向所稱文粹之文乃其前作非選粹也曰粹名之耳閱者自知之

雍正五年重陽前四日書

10687 揭文安公文集九卷補遺一卷　（元）揭傒斯撰 清初抄本

有“心遠堂”、“宋賓王印”、“獨山莫氏銅井文房藏書印”、“秦印更年”等印。宋賓王校並跋，莫棠跋。上海圖書館藏。

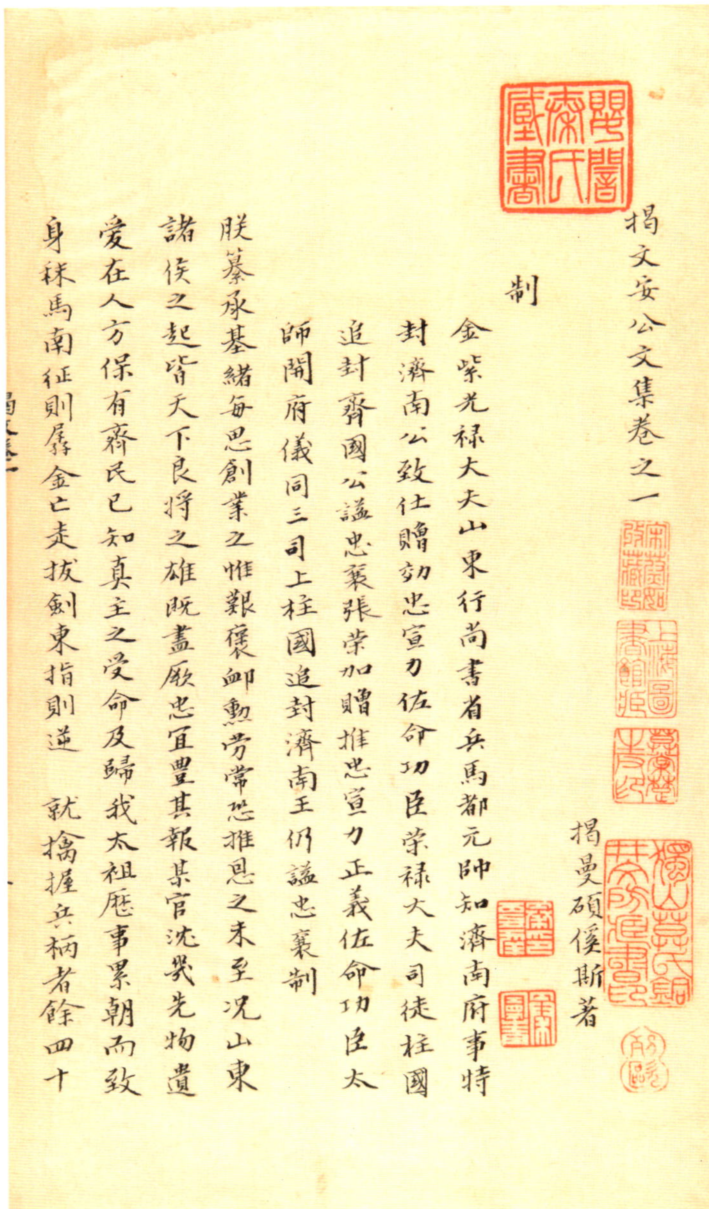

揭文安公文集卷之一
揭曼碩傒斯著
制
金紫光禄大夫山東行尚書省兵馬都元帥知濟南府事特
封濟南公致仕贈効忠宣力佐命功臣榮禄大夫司徒柱國
追封齊國公謚忠襄張榮加贈推忠宣力正義佐命功臣太
師開府儀同三司上柱國追封濟南王仍謚忠襄制
朕纂承基緒每思創業之惟艱褒卹勳勞常恐推恩之未至況山東
諸侯之起皆天下良將之雄既盡厥忠宜豐其報某官沈鷙先物遺
愛在人方保有齊民已知真主之受命及歸我太祖歷事累朝而致
身秣馬南征則屠金亡走拔劍東指則逆　就擒握兵柄者餘四十

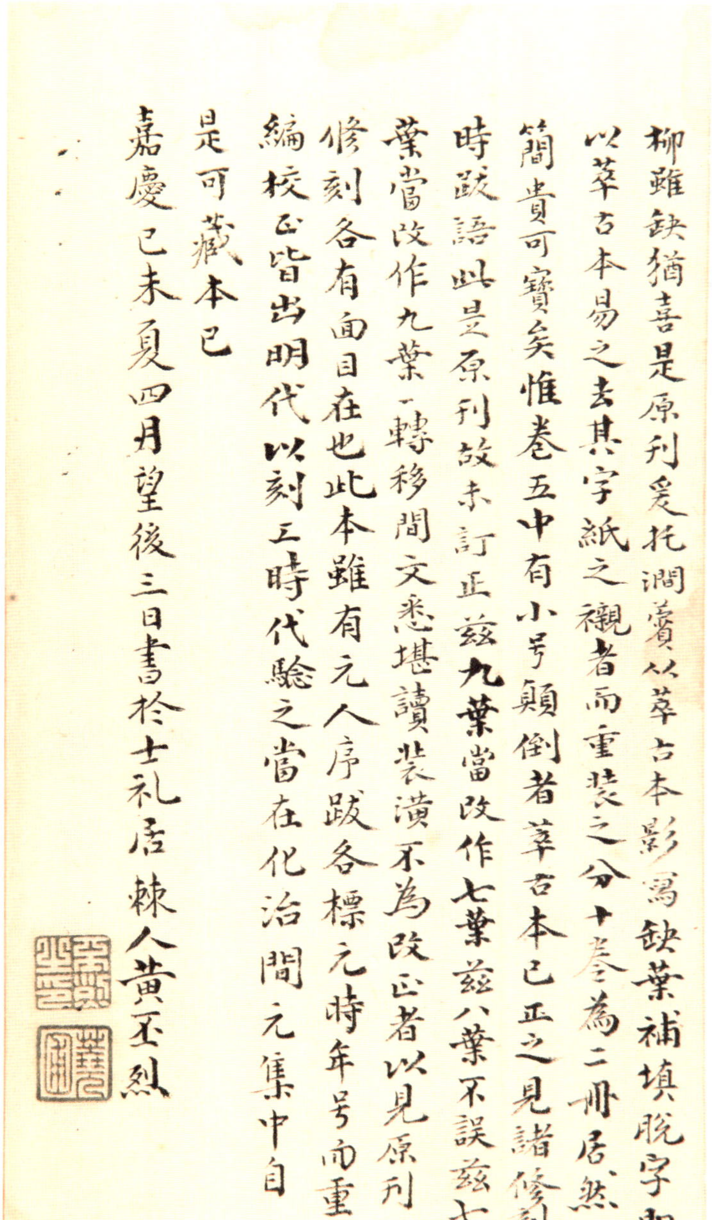
柳雖缺猶喜是原刊爰托澗蘋以萃古本影寫缺葉補填脫字即
以萃古本易之去其字紙之襯者而重裝之分十卷爲二冊居然
簡貴可寶矣惟卷五中有小号顛倒者萃古本已正之見諸修刻
時跋語此是原刊故未訂正茲九葉當改作七葉茲八葉不誤茲七
葉當改作九葉一轉移間文悉堪讀裝潢不爲改正者以見原刊
修刻各有面目在也此本雖有元人序跋各標元時年号而重
編校正皆出明代以刻工時代驗之當在化治間元集中自
是可藏本已
嘉慶己未夏四月望後三日書於士禮居棘人黃丕烈

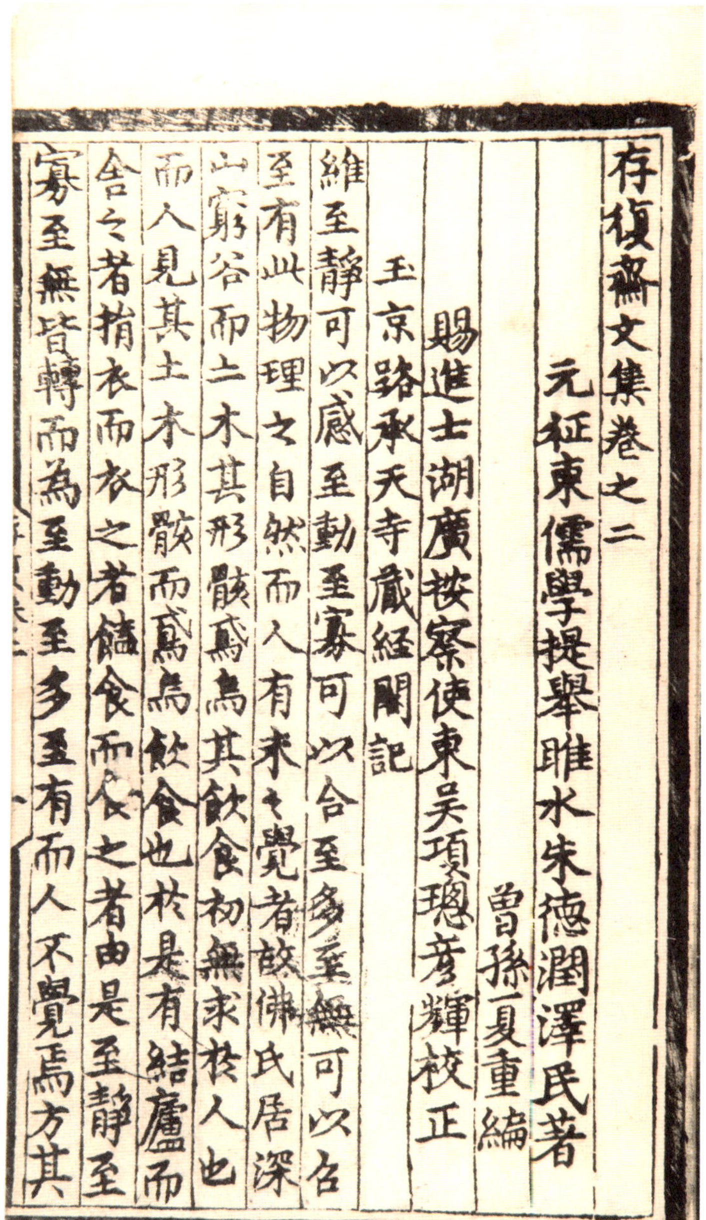
存復齋文集卷之二
元征東儒學提舉雎水朱德潤澤民著
曾孫夏重編
賜進士湖廣按察使東吳項璁彥輝校正
玉京路承天寺藏經閣記
維至靜可以感至動至寡可以合至多至無可以名
至有此物理之自然而人有求之覺者故佛氏居深
山窮谷而土木其形骸烏鳥其飲食初無求於人也
而人見其土木形骸而烏鳥飲食也於是有結廬而
舍之者捐衣而衣之者饋食而食之者由是至靜至
寡至無皆轉而爲至動至多至有而人不覺焉方其

10688 存復齋文集十卷 （元）朱德潤撰 **附録一卷** 明成化十一年（1475）項璁刻本（序、卷一葉一至五、卷七葉一、附録葉八至九清顧廣圻抄配）

匡高20.8釐米，廣11.8釐米。半葉十一行，行二十字，黑口，四周雙邊。有"丕烈之印"、"顧廣圻"、"潘氏鄭盦藏書"等印。黃丕烈跋。上海圖書館藏。

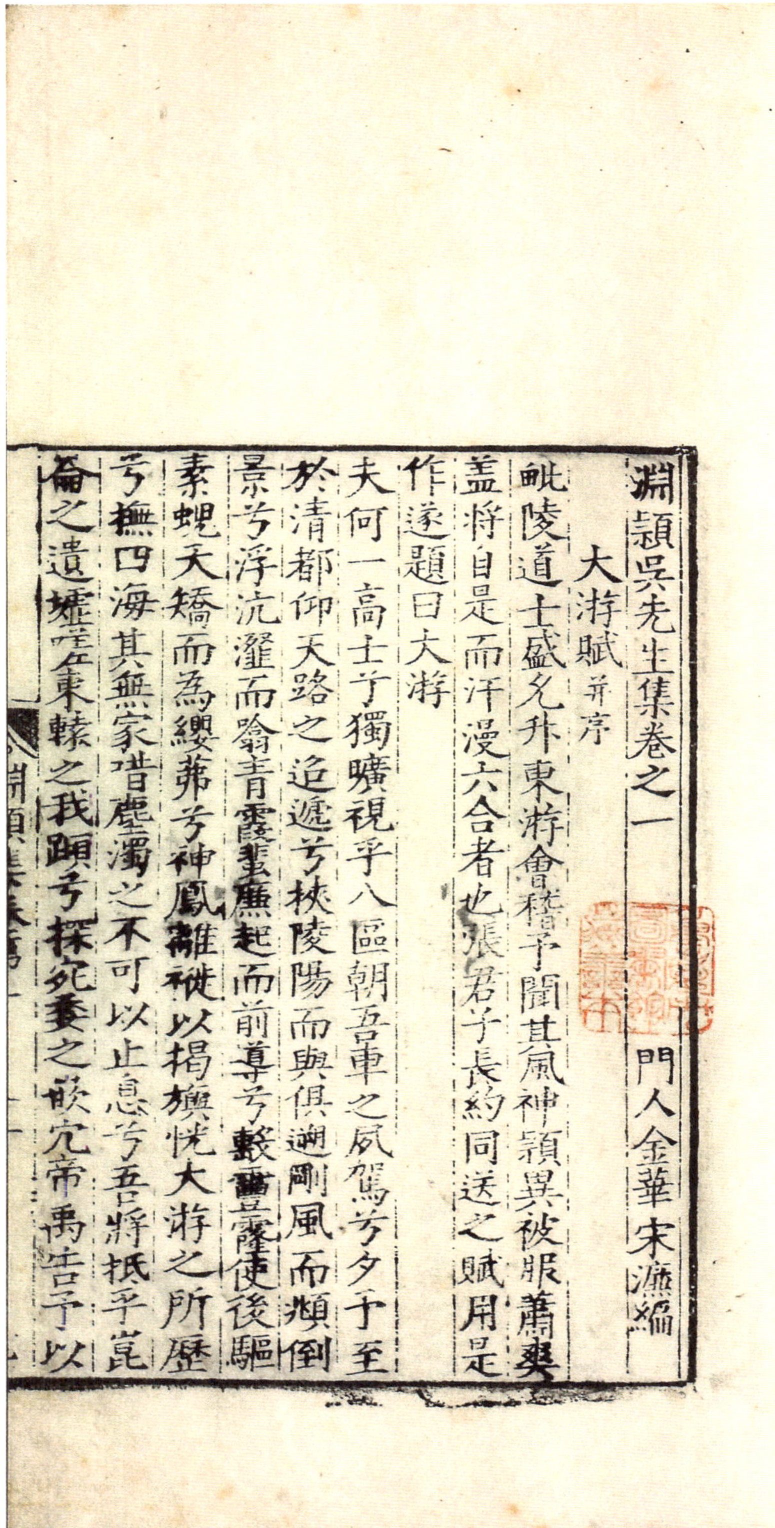

淵頴吳先生集卷之一

大游賦并序　門人金華宋濂編

毗陵道士盛允升東游會稽予聞其風神頴異被服蕭爽蓋將自是而汗漫六合者也張君子長約同送之賦用是作遂題曰大游

夫何一高士兮獨曠視乎八區朝吾車之夙駕兮夕予至於清都仰天路之迢遰兮挾陵陽而與俱遡剛風而顛倒景兮浮沆瀣而噏青霞蜚廉起而前導兮豐隆使後驅素蜺夭矯而為纓茀兮神鳳離褷以揭旗恍大游之所歷兮撫四海其無家惜塵濁之不可以止息兮吾將抵乎崑崙之遺墟[illegible]東轅之我踴兮探究委之嵌穴帝禹告予以

10689 淵頴吳先生集十二卷（元）吳萊撰 **附録一卷** 明嘉靖元年（1522）祝鑾刻本

匡高18釐米，廣12.8釐米。半葉十一行，行二十二字，白口，左右雙邊。重慶圖書館藏。

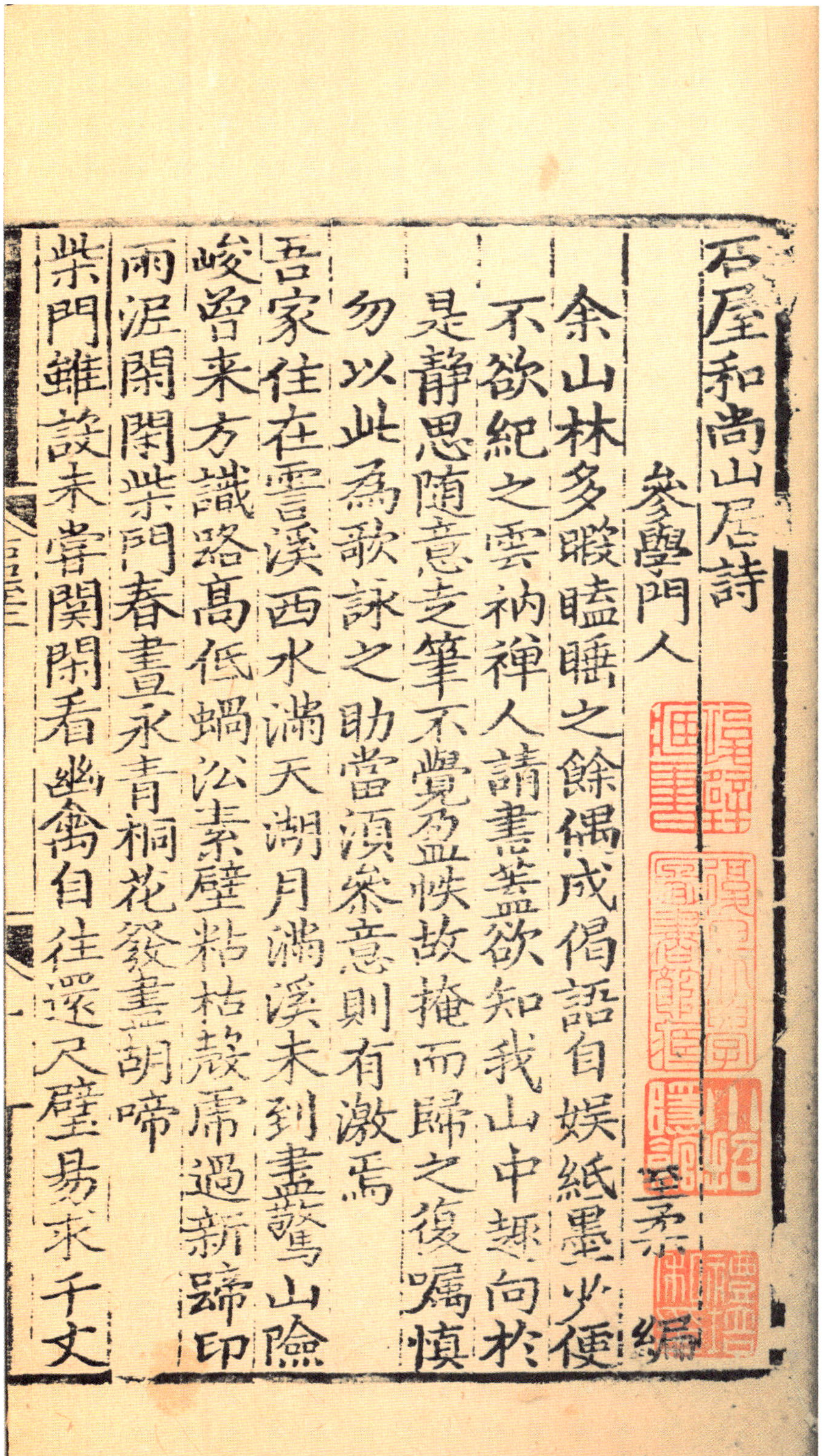
石屋和尚山居詩
參學門人　至柔　編
余山林多暇瞌睡之餘偶成偈語自娱紙墨少便
不欲紀之雲衲禪人請書蓋欲知我山中趣向於
是静思随意走筆不覺盈帙故掩而歸之復囑慎
勿以此爲歌詠之助當須㕘意則有激焉
吾家住在雲溪西水滿天湖月滿溪未到盡驚山險
峻曾來方識路高低蝸涎素壁粘枯殼虎過新蹄印
雨泥閑閉柴門春晝永青桐花發畫胡啼
柴門雖設未嘗關閑看幽禽自往還尺壁易求千丈

10690 石屋和尚山居詩一卷　（元）釋清珙撰　**石屋和尚住嘉興當湖福源禪寺語録一卷**　（明）釋至柔輯　**石屋和尚塔銘一卷**　（元）釋元旭撰　明弘治二年（1489）林竹坡刻本

匡高18.9釐米，廣11.9釐米。半葉十行，行二十字，黑口，四周單邊。有“禮培私印”等印。復旦大學圖書館藏。

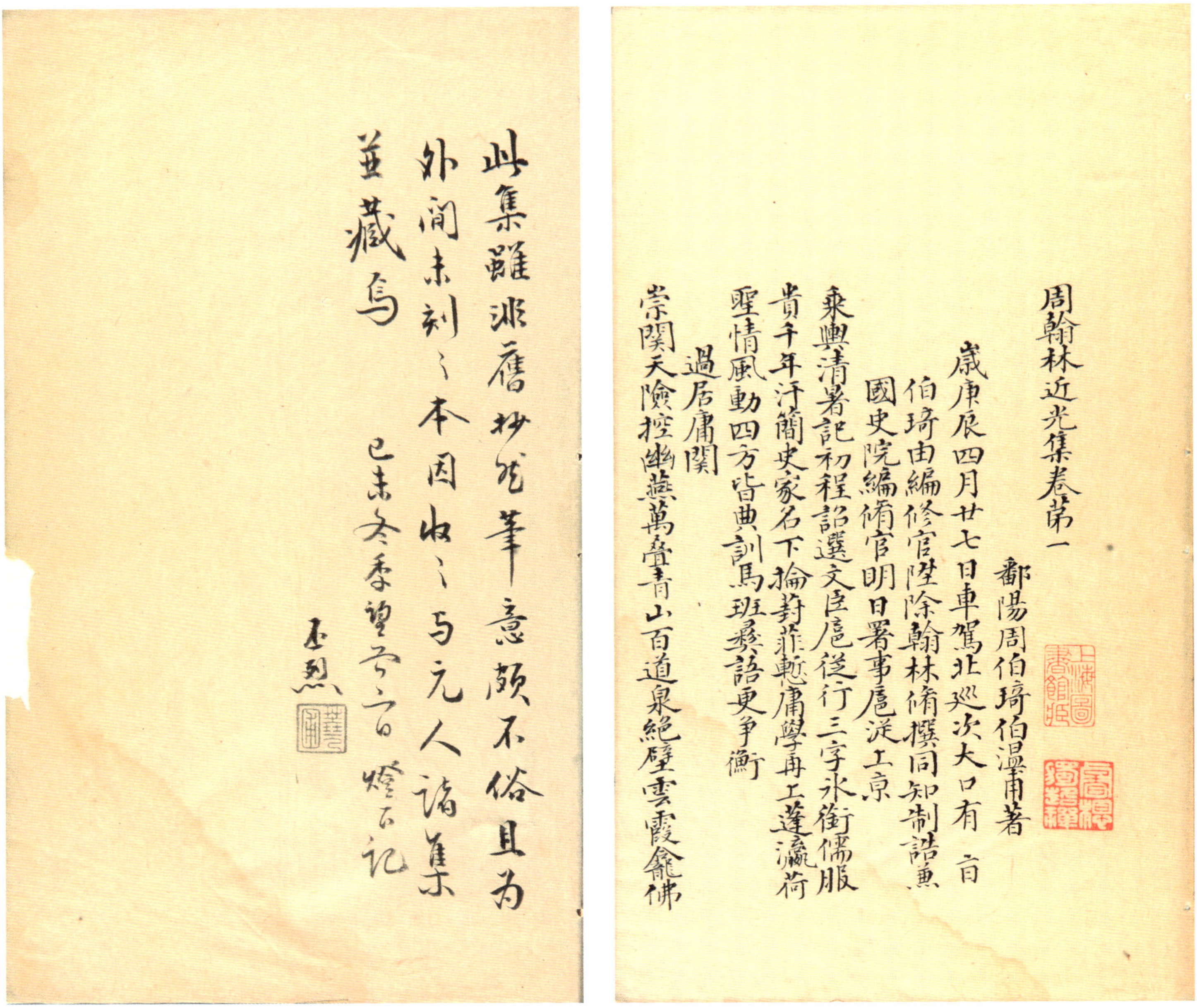

周翰林近光集卷第一
鄱陽周伯琦伯溫甫著
歲庚辰四月廿七日車駕北巡次大口有 旨
伯琦由編修官陞除翰林脩撰同知制誥兼
國史院編脩官明日署事扈從上京
乘輿清暑記初程詔選文臣扈從行三字氷銜儒服
貴千年汗簡史家名下擒對菲軀慚庸學再上蓬瀛荷
聖情風動四方皆典訓馬班彝語更爭衡
過居庸關
崇關天險控幽燕萬疊青山百道泉絕壁雲霞龕佛

此集雖非舊抄然筆意頗不俗且為
外間未刻之本因收之与元人諸集
並藏焉
己未冬季望前一日 燈下記
丕烈

10691 周翰林近光集三卷扈從詩一卷 （元）周伯琦撰 清初抄本

有“蕘圃”、“汪士鐘藏”、“睿想獨超禪”等印。黄丕烈跋。上海圖書館藏。

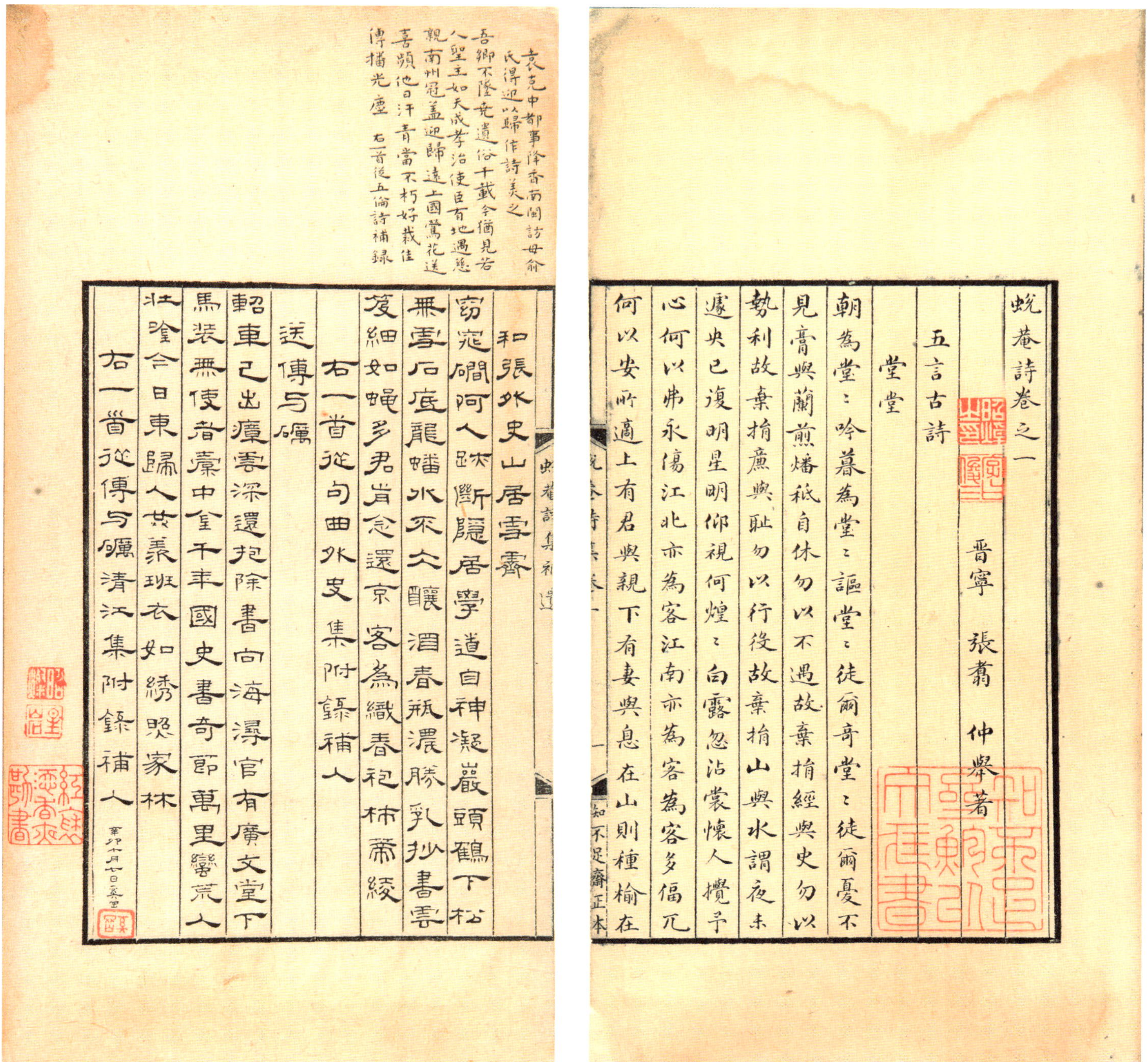

蛻菴詩卷之一

五言古詩

堂堂　　晉寧　張翥　仲舉著

朝為堂=吟暮為堂=謳堂=徒爾奇堂=徒爾憂不
見膏與蘭煎燔秖自休勿以不遇故棄捐經與史勿以
勢利故棄捐廉與恥勿以行役故棄捐山與水謂夜未
遽央已復明星明仰視何煌=白露忽沾裳懷人攬予
心何以弗永傷江北亦為客江南亦為客為客多偪仄
何以安所適上有君與親下有妻與息在山則種榆在

蛻菴詩集卷一　一　知不足齋正本

蛻菴詩集補遺

和張外史山居雲齋
窈窕倜何人跡斷隱居學道自神凝巖頭鶴下松
無雲石底龍蟠水不文釀酒春瓶濃勝乳抄書雲
夜細如蠅多君肯念還京客為織春袍柿蒂綾
右一首從句曲外史集附錄補入

送傳與礪
輶車已出瘴雲深還抱除書向海潯官有廣文堂下
馬裝無使者槖中金千年國史書奇節萬里蠻荒入
壯吟今日東歸人共羡斑衣如綉照家林
右一首從傳與礪清江集附錄補入

衰完中都事降香南閩訪毋俞氏得迎以歸作詩美之
吾鄉不墜先遺俗十載今猶見古人聖主如天成孝治使臣有地遇慈親南州冠蓋迎歸遠上國鶯花送喜頻他日汗青當不朽好裁佳傳播光塵　右一首從五倫詩補録

辛卯十月七日奚岡

10692 蛻菴詩五卷補遺一卷　（元）張翥撰　**附録一卷**　清鮑氏知不足齋抄本

匡高17.7釐米，廣11.6釐米。半葉十行，行二十一字，細黑口，左右雙邊。有“知不足齋鮑以文藏書”、“吴興周越然藏書之印”等印。奚岡補佚詩。上海圖書館藏。

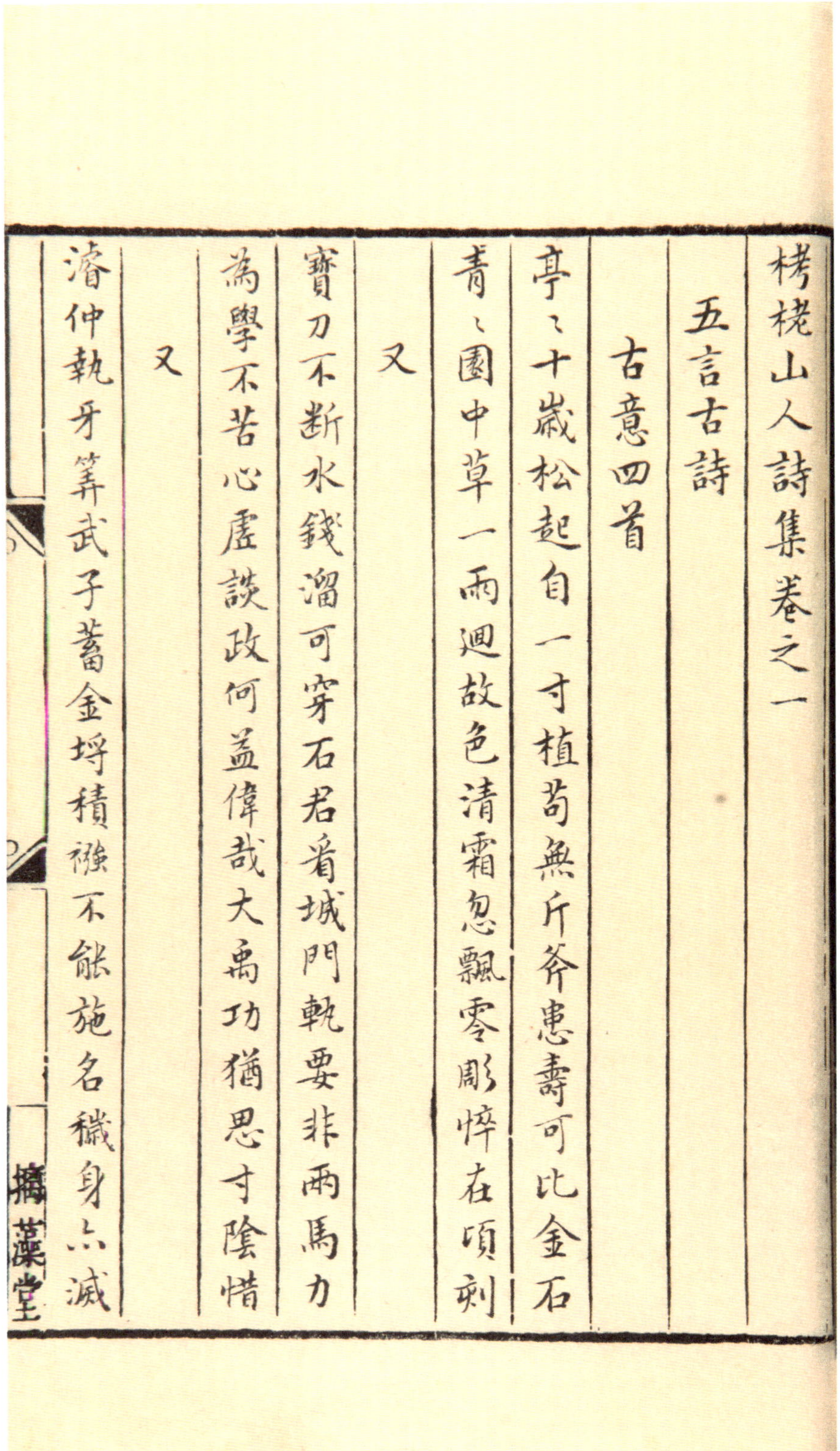

栲栳山人詩集卷之一

五言古詩

古意四首

亭亭十歲松起自一寸植苟無斤斧患壽可比金石

青青園中草一雨迴故色清霜忽飄零彫悴在頃刻

又

寶刀不斷水錢溜可穿石君看城門軌要非兩馬力

為學不苦心虛談政何益偉哉大禹功猶思寸陰惜

又

濬仲執牙籌武子蓄金埒積繈不能施名穢身亦滅

摛藻堂

10693 栲栳山人詩集三卷 （元）岑安卿撰 清汪氏摛藻堂抄本

匡高20.2釐米，廣14.1釐米。半葉十行，行二十字，黑口，左右雙邊。有“休寧汪季青家藏書籍”、“古香樓”、“抱經樓”等印。丁祖蔭校並跋。上海圖書館藏。

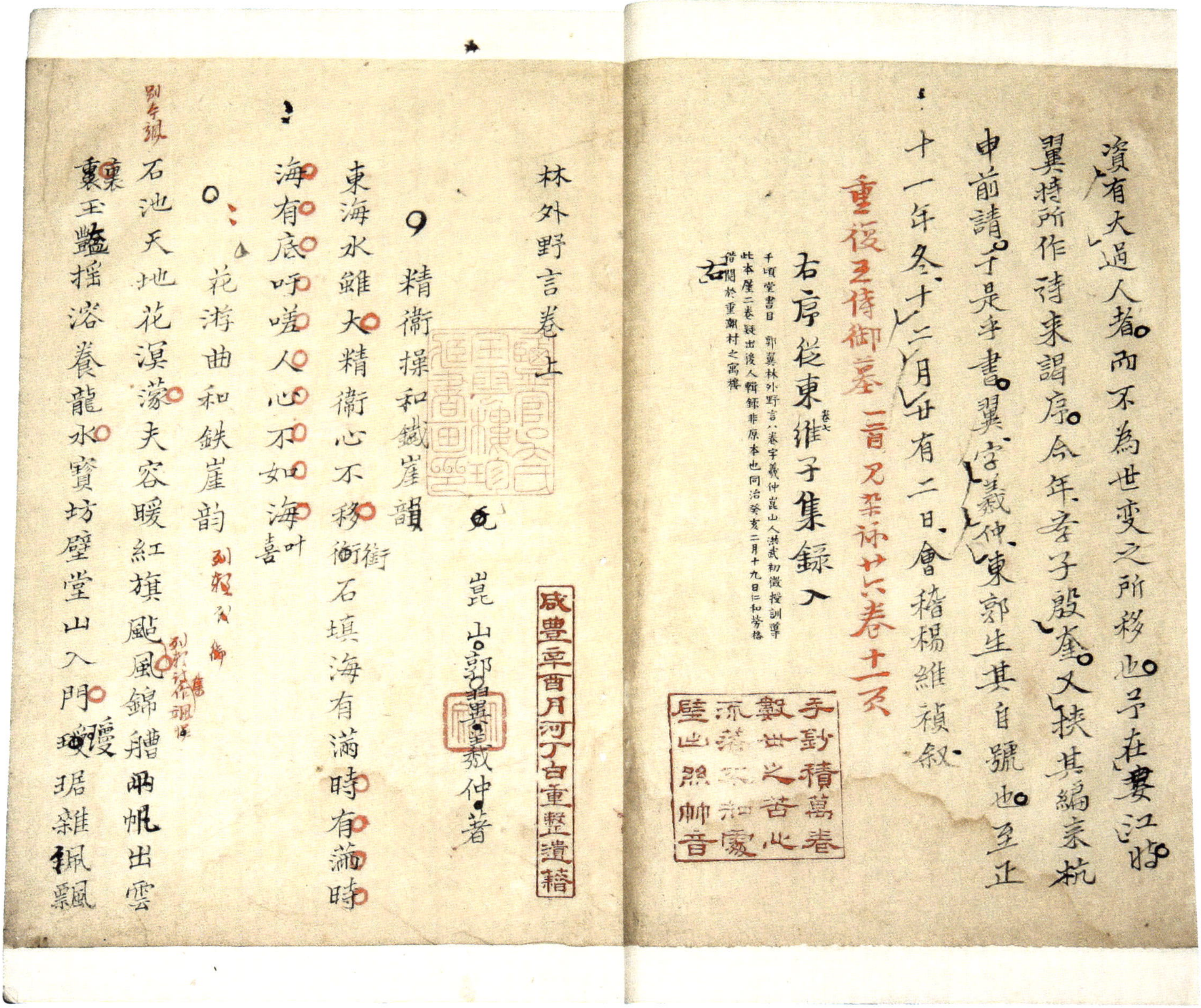

10694 林外野言二卷 （元）郭翼撰 清乾隆抄本

鮑廷博、勞格批校，丁祖蔭批。蘇州博物館藏。

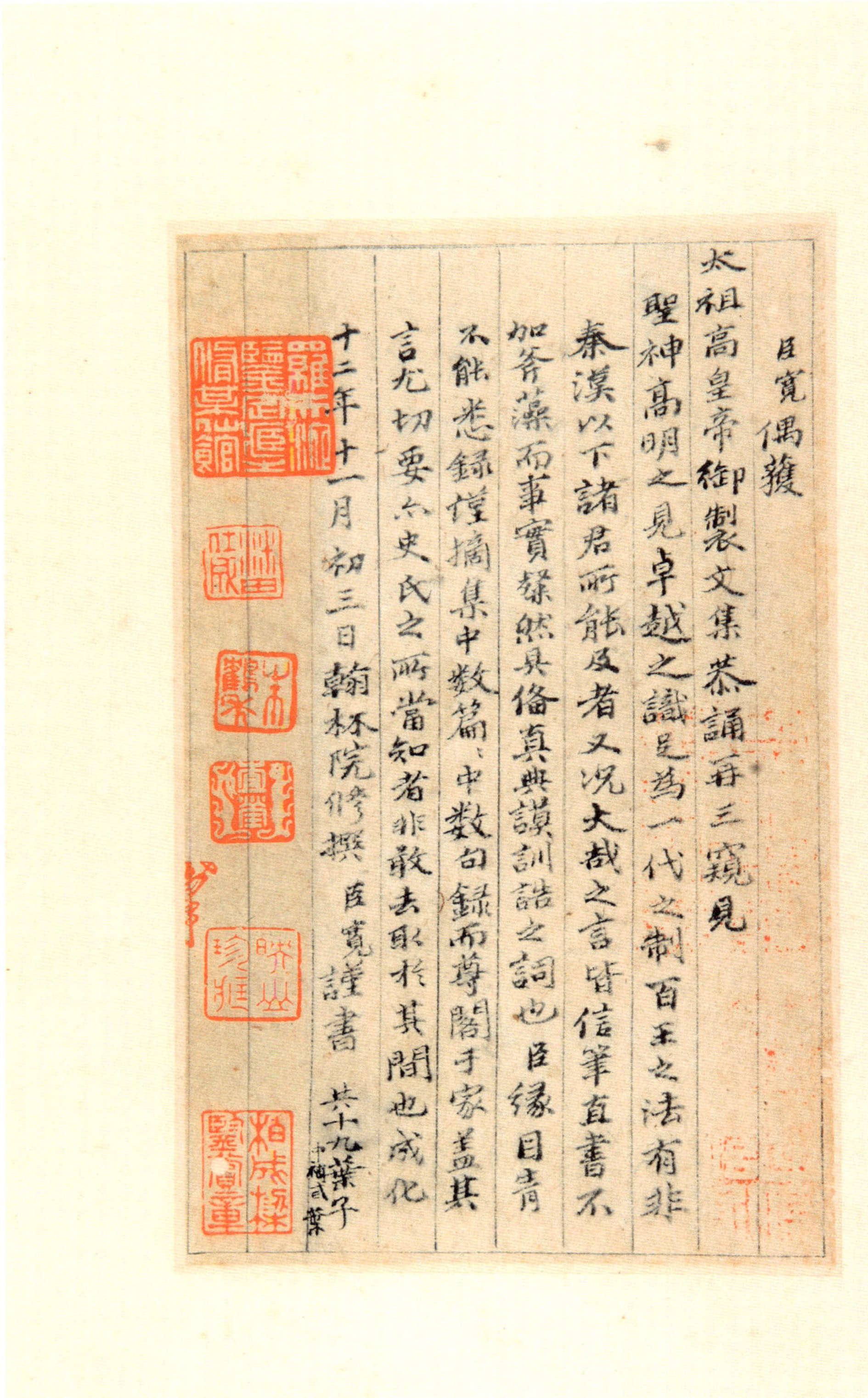
臣寬偶獲
太祖高皇帝御製文集恭誦再三竊見
聖神高明之見卓越之識足為一代之制百王之法有非
秦漢以下諸君所能及者又况大哉之言皆信筆直書不
加脩藻而事實粲然具備真典謨訓誥之詞也臣緣目青
不能悉録謹摘集中數篇篇中數句録而尊閣于家蓋其
言尤切要亦史氏之所當知者非敢去取於其間也成化
十二年十一月初三日翰林院脩撰臣寬謹書
共十九葉

10695 吴文定公手抄明太祖文不分卷 （明）太祖朱元璋撰 明吴寬抄本

匡高21.1釐米，廣13.2釐米。半葉十行，行二十四字，白口，四周單邊。吴寬、項元汴、吴榮光、羅天池跋。有“項元汴印”、“柏氏家藏”等印。上海圖書館藏。

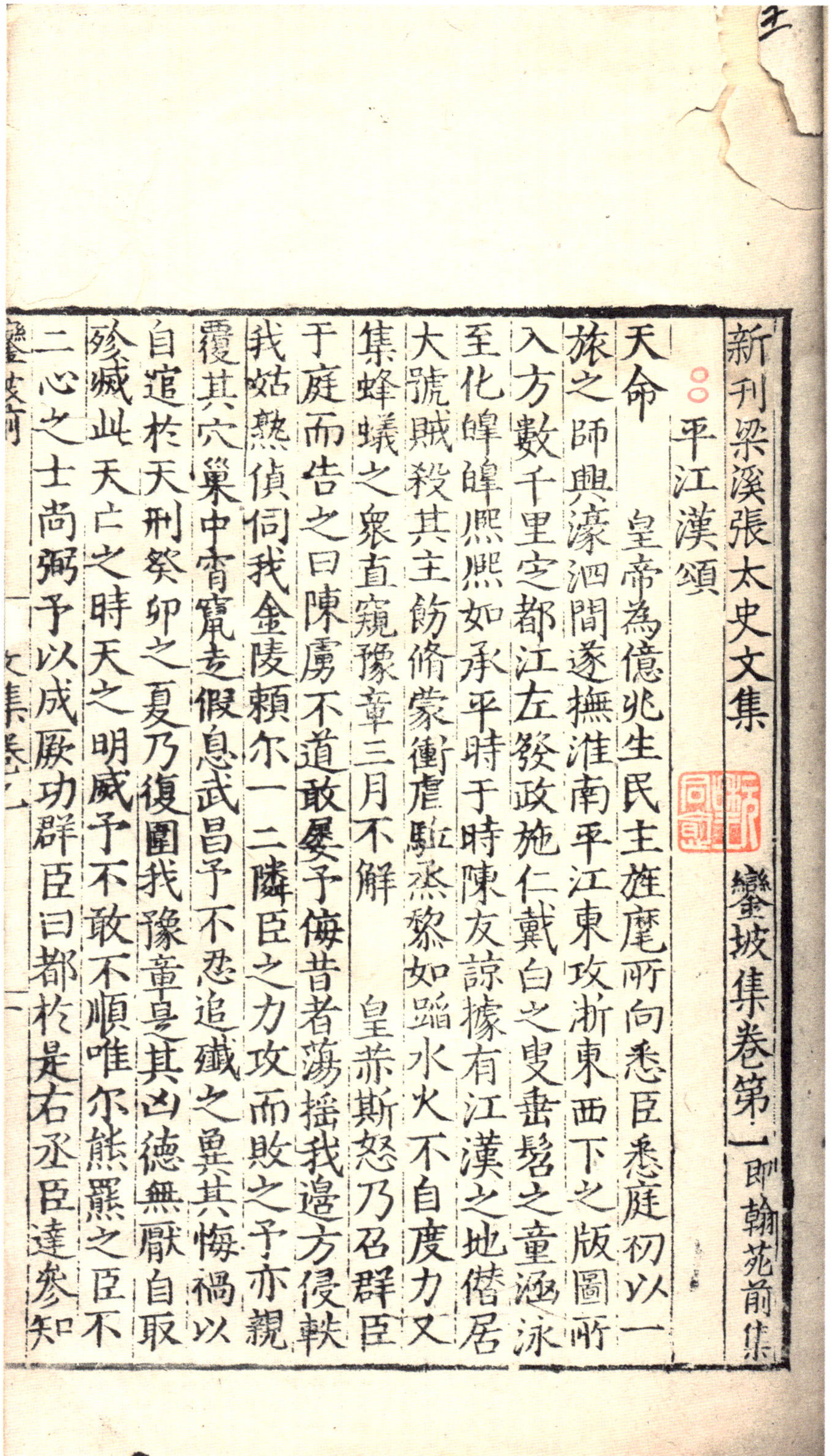
新刊梁溪張太史文集　鑾坡集卷第一　翰苑前集
平江漢頌
天命　皇帝爲億兆生民主旌麾所向悉臣悉庭初以一旅之師興濠泗間遂撫淮南平江東攻浙東西下之版圖所入方數千里定都江左發政施仁戴白之叟垂髫之童涵泳至化皞皞熙熙如承平時于時陳友諒據有江漢之地僭居大號賊殺其主飭脩蒙衝虐驅烝黎如蹈水火不自度力又集蜂蟻之衆直窺豫章三月不解　皇帝斯怒乃召群臣于庭而告之曰陳虜不道敢憂予侮昔者蕩搖我邊方侵軼我姑熟偵伺我金陵賴尔一二隣臣之力攻而敗之予亦親覆其穴巢中宵竄去假息武昌予不忍追殲之兾其悔禍以自逭於天刑癸卯之夏乃復圍我豫章是其凶德無厭自取殄滅此天亡之時天之明威予不敢不順唯尔熊羆之臣不二心之士尚弼予以成厥功群臣曰都於是右丞臣達參知
鑾坡前一　文集卷一　一

10696 宋學士文集七十五卷　（明）宋濂撰 明正德九年（1514）張縉刻公文紙印本

匡高20.5釐米，廣14.8釐米。半葉十四行，行二十三字，白口，左右雙邊。題名被剜改。無錫市圖書館藏，存四十九卷。

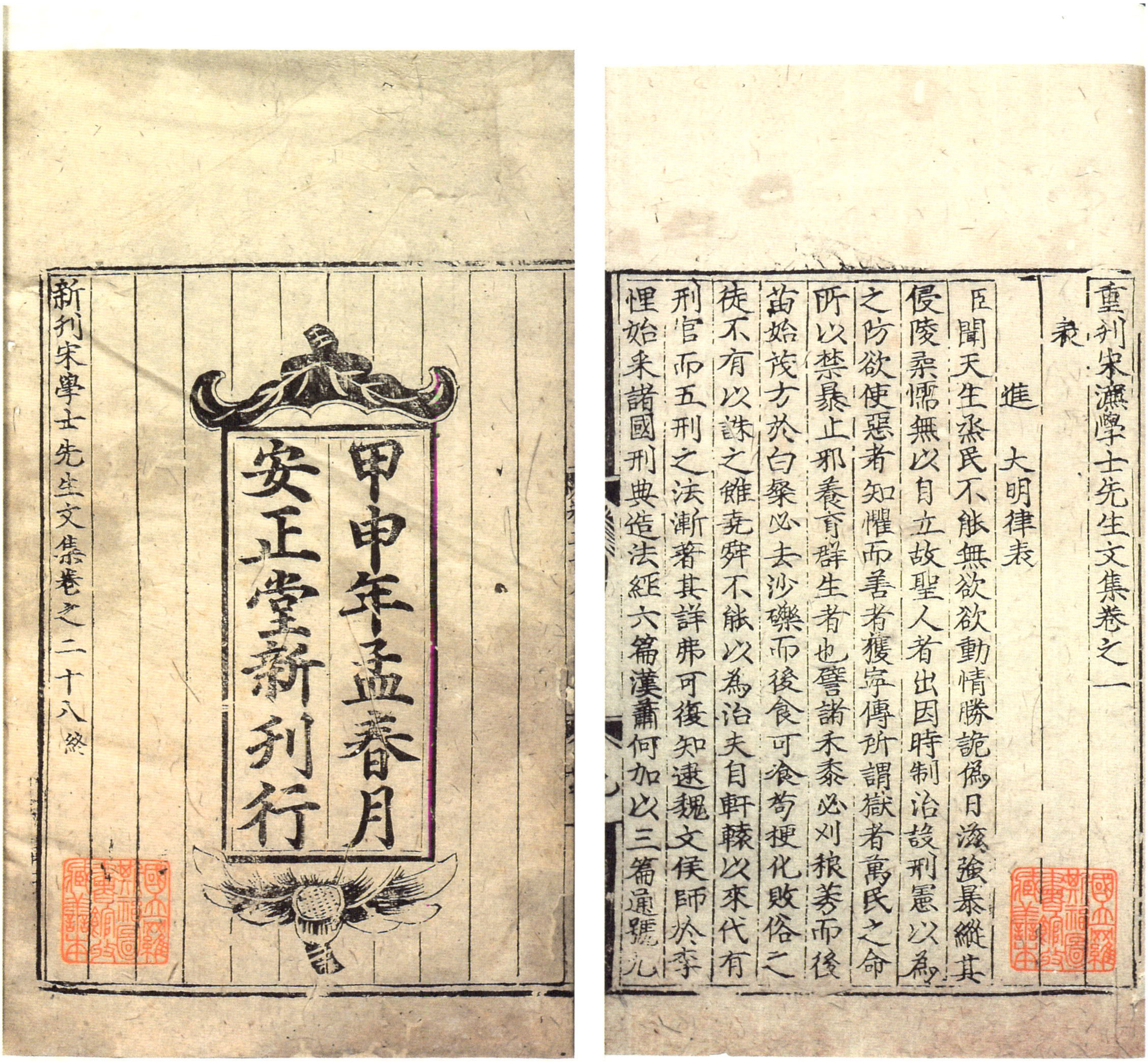

新刊宋學士先生文集卷之二十八終

甲申年孟春月
安正堂新刊行

重刊宋濂學士先生文集卷之一

表

進大明律表

臣聞天生烝民不能無欲欲動情勝詭僞日滋強暴縱其侵陵柔懦無以自立故聖人者出因時制治設刑憲以為之防欲使惡者知懼而善者獲寧傳所謂獄者萬民之命所以禁暴止邪養育群生者也譬諸禾黍必刈稂莠而後苗始茂方於白粲必去沙礫而後食可飡苟使化敗俗之徒不有以誅之雖堯舜不能以為治夫自軒轅以來代有刑官而五刑之法漸著其詳弗可復知逮魏文侯師於李悝始采諸國刑典造法經六篇漢蕭何加以三篇通號九

10697 重刊宋濂學士先生文集二十八卷 （明）宋濂撰 明嘉靖三年（1524）安正堂刻本

匡高17.4釐米，廣12.6釐米。半葉十一行，行二十二字，黑口，四周雙邊。

重慶圖書館藏。

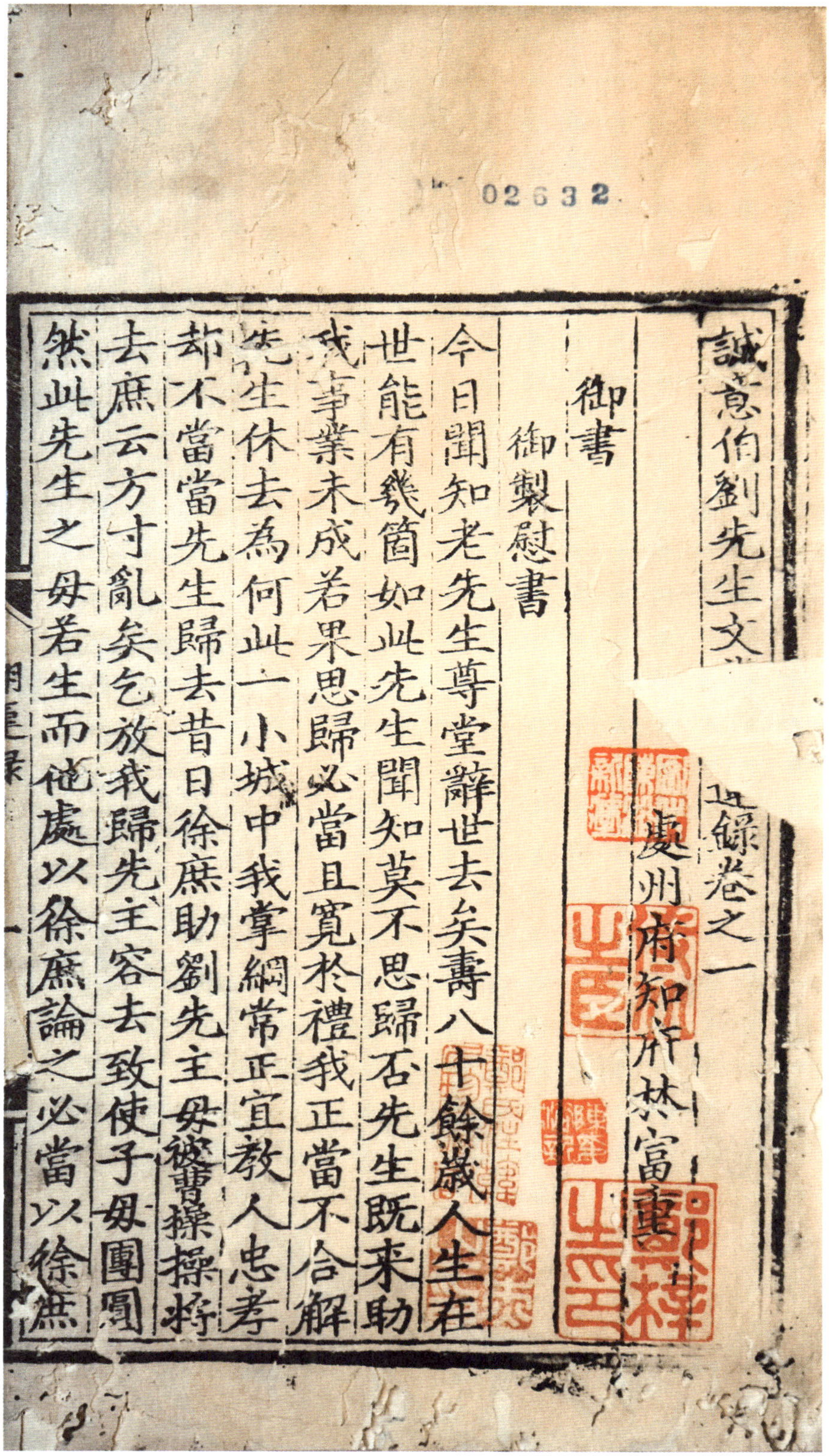

10698、10699 誠意伯劉先生文集二十卷 （明）劉基撰 明正德十四年（1519）林富刻嘉靖七年（1528）方遠宜增修本

匡高19釐米，廣13.3釐米。半葉十一行，行二十一字，黑口，四周雙邊。湖南師範大學圖書館、吉林大學圖書館藏。

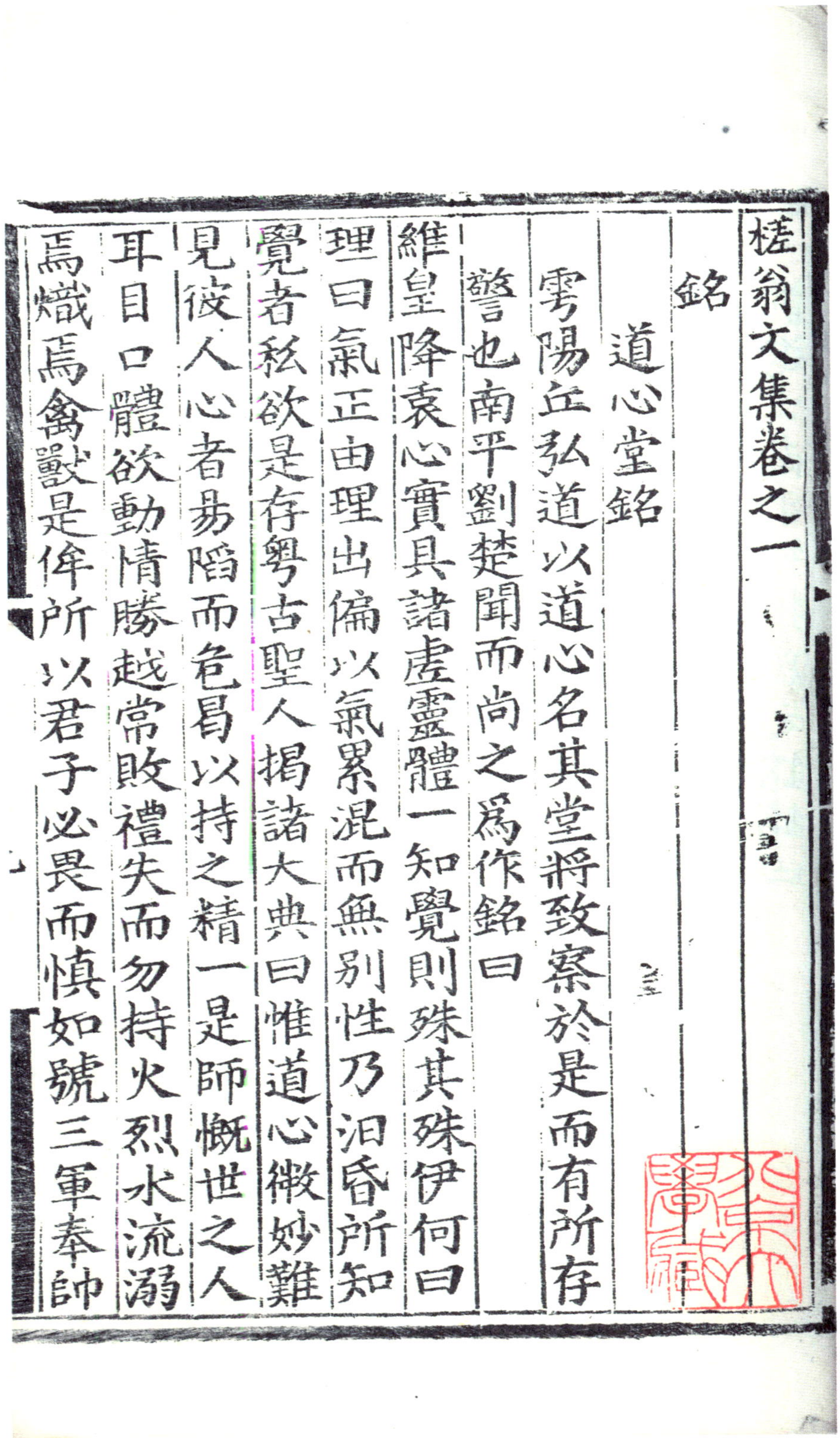

槎翁文集卷之一

銘

道心堂銘

雩陽丘弘道以道心名其堂將致察於是而有所存警也南平劉楚聞而尚之爲作銘曰

維皇降衷心實具諸虛靈體一知覺則殊其殊伊何曰理曰氣正由理出偏以氣累混而無别性乃汩昏所知覺者私欲是存粤古聖人揭諸大典曰惟道心微妙難見彼人心者易陷而危曷以持之精一是師慨世之人耳目口體欲動情勝越常敗禮失而勿持火烈水流溺焉熾焉禽獸是侔所以君子必畏而慎如號三軍奉帥

10700 槎翁文集十八卷 （明）劉崧撰 明嘉靖元年（1522）徐冠刻本

匡高21.7釐米，廣15.5釐米。半葉十一行，行二十一字，黑口，四周雙邊。北京大學圖書館藏。

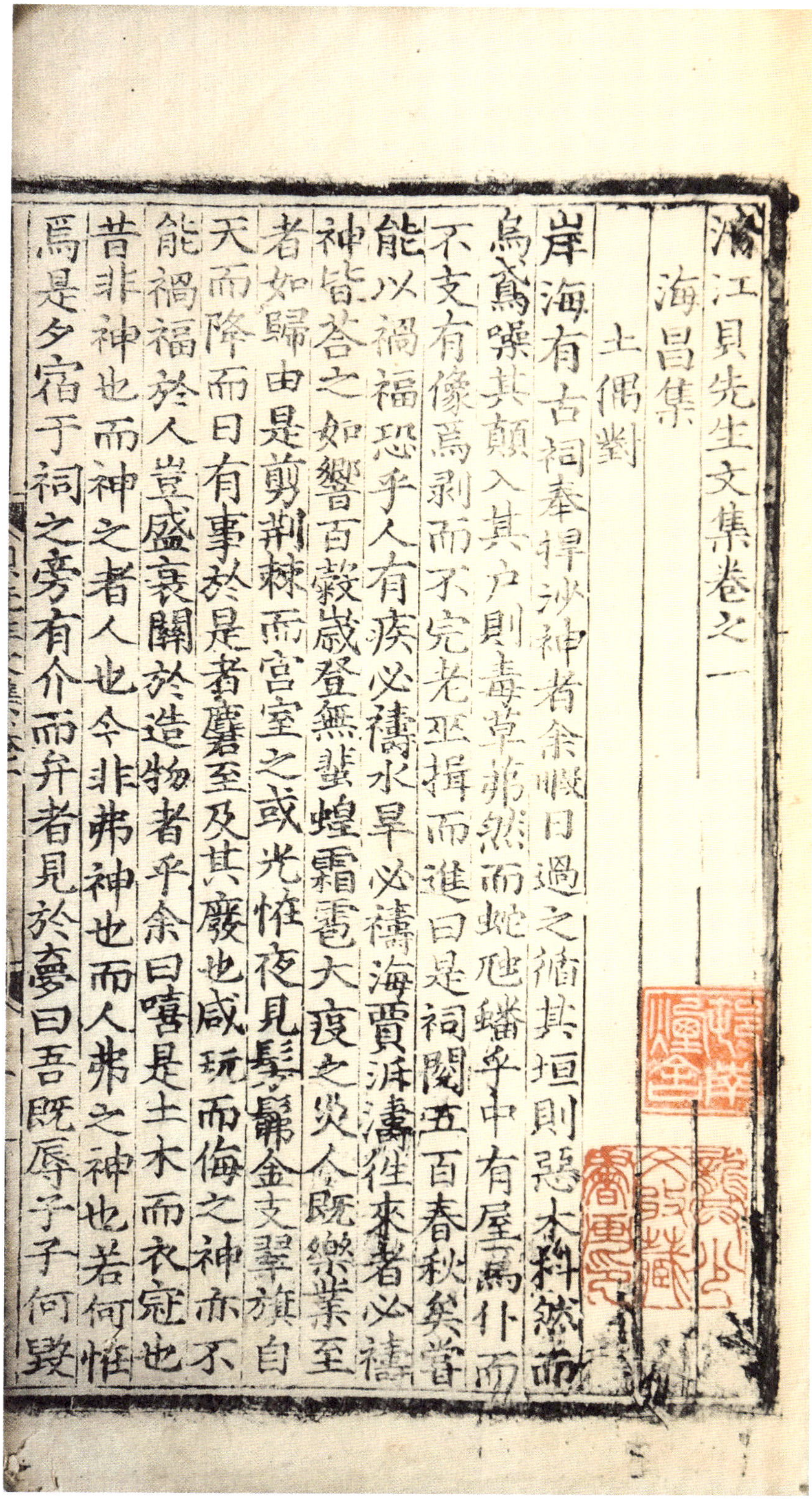

10701 清江貝先生文集三十卷詩集十卷詩餘一卷 （明）貝瓊撰　明洪武刻本

匡高21.7釐米，廣13.5釐米。半葉十三行，行二十四字，黑口，四周雙邊。有“大通楼藏書印”、“龔少文藏書画印”等印。湖南師範大學圖書館藏，存三十卷。

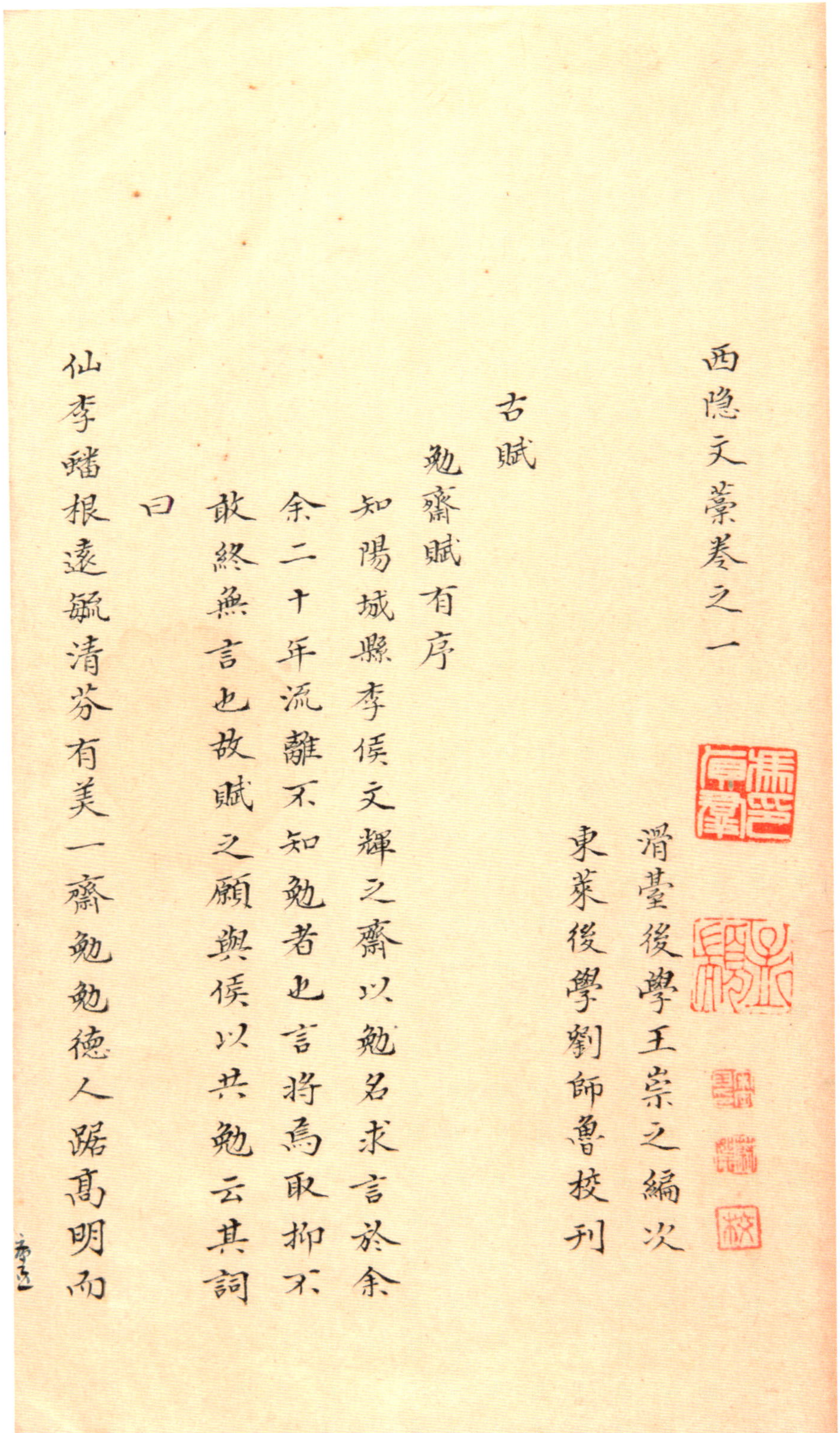

西隱文槀卷之一

滑臺後學王崇之編次

東萊後學劉師魯校刊

古賦

勉齋賦有序

知陽城縣李侯文輝之齋以勉名求言於余余二十年流離不知勉者也言將爲取抑不敢終無言也故賦之顧與侯以共勉云其詞曰

仙李蟠根遠派清芬有美一齋勉勉德人踞高明而

10702 西隱文稿十卷 （明）宋訥撰 **附録一卷** 清初抄本

有“宋賓王印”、“璜川吴氏收藏圖書”、“馮印貞羣”等印。宋賓王校並補序。上海圖書館藏。

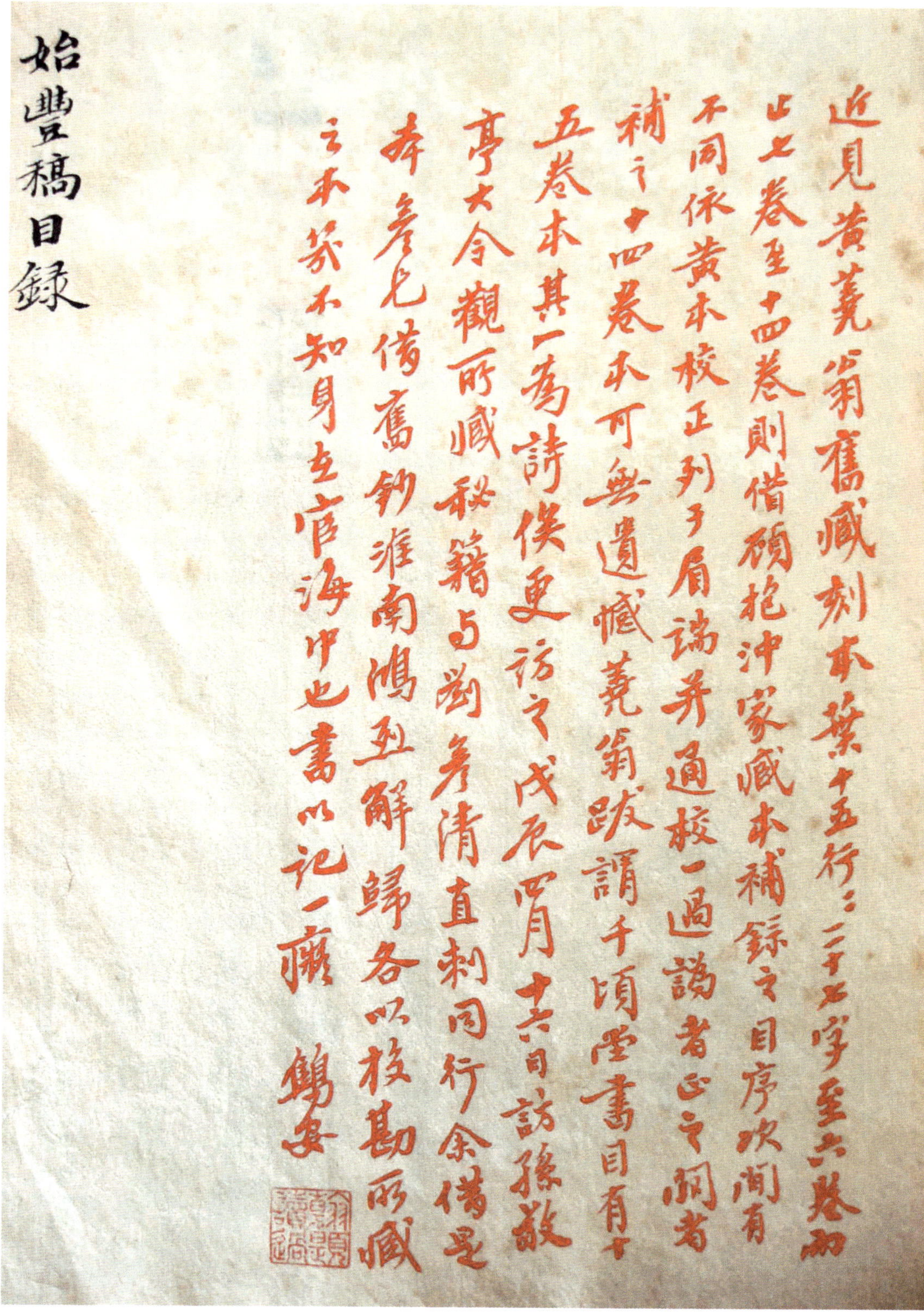
始豐稿目録

近見黃蕘翁舊藏刻本葉十五行二十二字至六卷而止七卷至十四卷則借顧抱沖家藏本補錄之目序次間有不同依黃本校正列于眉端并通校一過讀者正之閱者補之十四卷亦可無遺憾蕘翁跋謂千頃堂書目有十五卷本其一爲詩僕更訪之戊辰四月十六日訪孫敬亭大令觀所藏秘籍与劉燕清直刺同行余借是本承見借舊鈔淮南鴻烈解歸各以校勘所藏之本竟不知身在宦海中也書以記一癖　鷦安

10703 始豐稿十四卷 （明）徐一夔撰 清抄本

有“何印元錫”、“翰題讀過”等印。唐翰題校。中國社會科學院歷史研究所圖書館藏。

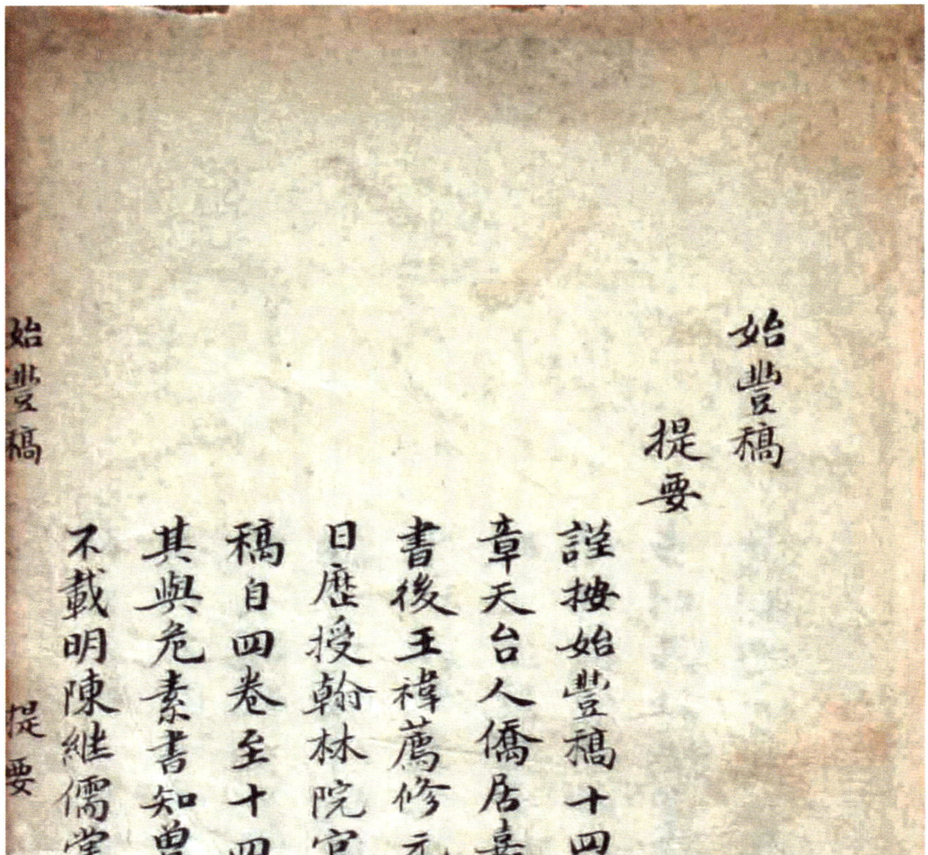

始豐稿

提要

謹按始豐稿十四卷明徐一夔撰一夔字大章天台人僑居嘉興洪武初徵至都纂修禮書後王褘薦修元史不赴署杭州教授名修日歷授翰林院官此集自一卷至三卷為前稿自四卷至十四卷為後稿皆杂文無詩觀其與危素書知曾任建寧教授而明史本傳不載明陳繼儒嘗称其宋行宫考吳越國考

始豐稿　提要　一

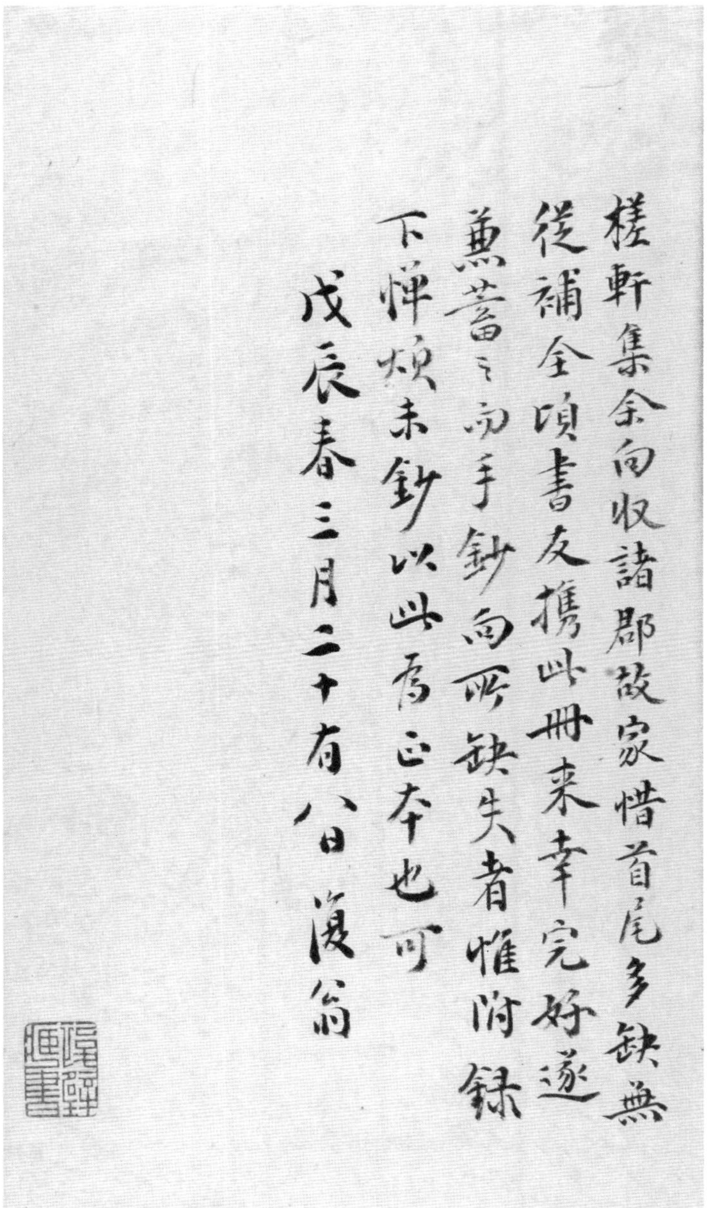

槎軒集余向收諸郡故家惜首尾多缺無從補全頃書友携此冊來幸完好遂兼蓄之而手鈔向所缺失者惟附録下憚煩未鈔以此爲正本也可
戊辰春三月二十有八日復翁

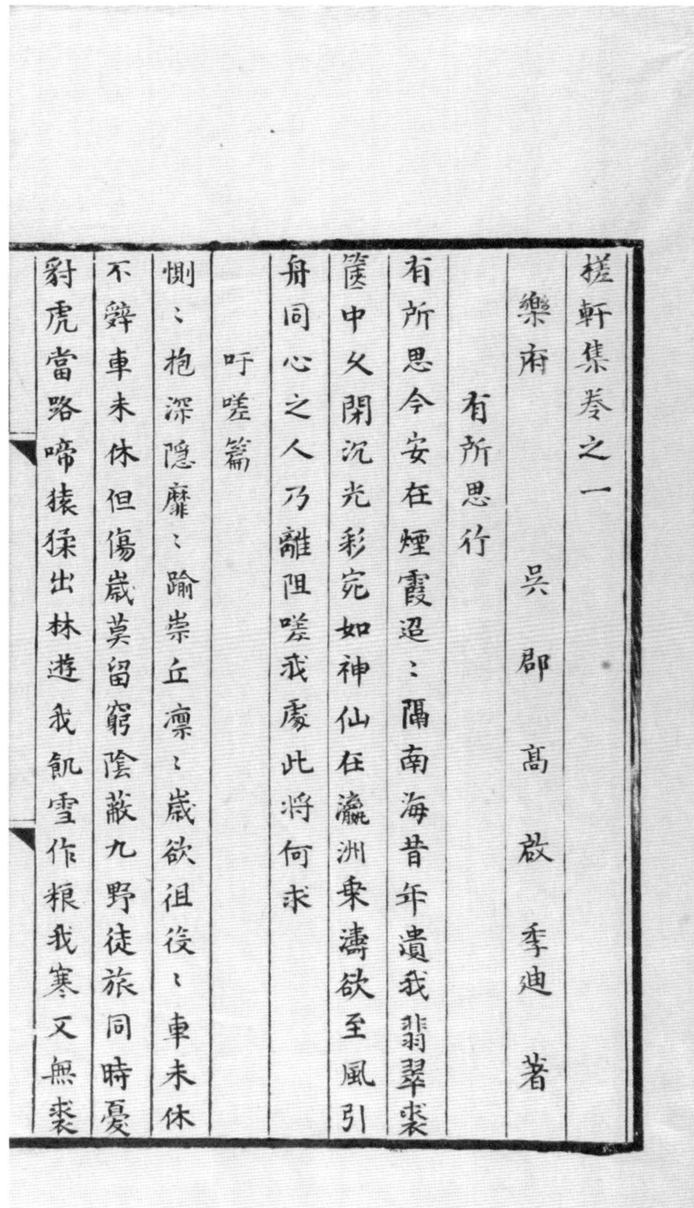

槎軒集卷之一
樂府　　吳郡高啓季迪著
有所思行
有所思今安在煙霞迢迢隔南海昔年遺我翡翠裘
篋中久閉沉光彩究如神仙在瀛洲乘濤欲至風引
舟同心之人乃離阻嗟我處此將何求
吁嗟篇
惻惻抱深隱靡靡踰崇丘凜凜歲欲徂役役車未休
不辭車未休但傷歲莫留窮陰蔽九野徒旅同時憂
豺虎當路啼猿猱出林遊我飢雪作糧我寒又無裘

10704 槎軒集十卷 （明）高啓撰 **附録一卷** 清抄本

匡高21.1釐米，廣13.6釐米。半葉十行，行二十字，白口，左右雙邊。黄丕烈跋。有“士禮居藏”、“復壁藏書”等印。上海圖書館藏。

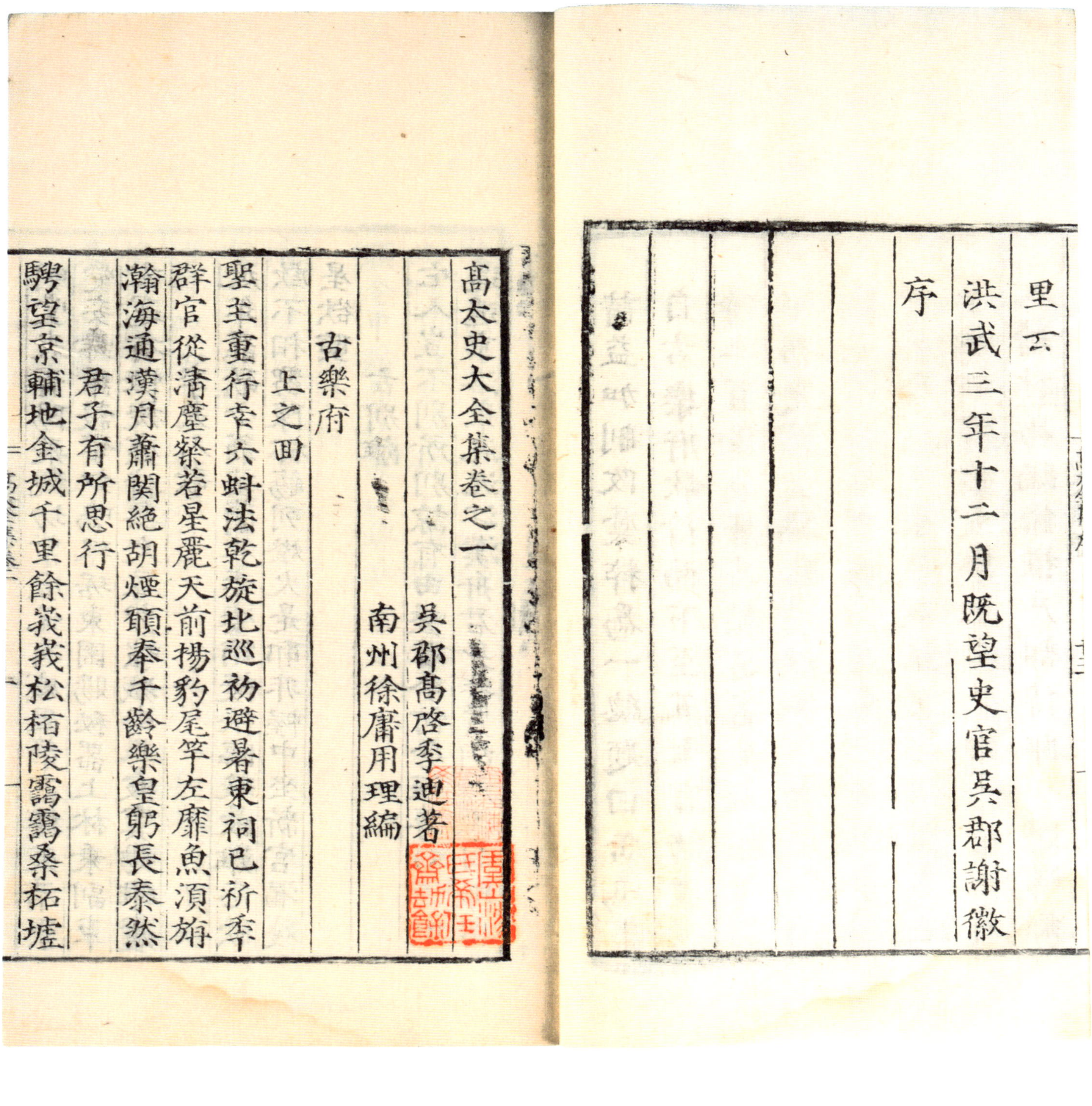
里云
洪武三年十二月既望史官吳郡謝徽
序

高太史大全集卷之一
吳郡高啓季迪著
南州徐庸用理編
古樂府
上之回
聖主重行幸六蚪法乾旋北巡礿避暑東祠已祈年
群官從清塵騎若星麗天前揚豹尾竿左靡魚須旃
瀚海通漢月蕭關絶胡煙頌奉千齡樂皇躬長泰然
君子有所思行
騁望京輔地金城千里餘峩峩松栢陵靄靄桑柘墟

10705、10706 高太史大全集十八卷 （明）高啓撰 明刻本

匡高18.8釐米，廣12.8釐米。半葉十行，行二十字，白口，四周單邊。吉林大學圖書館、江蘇省常熟市博物館藏。

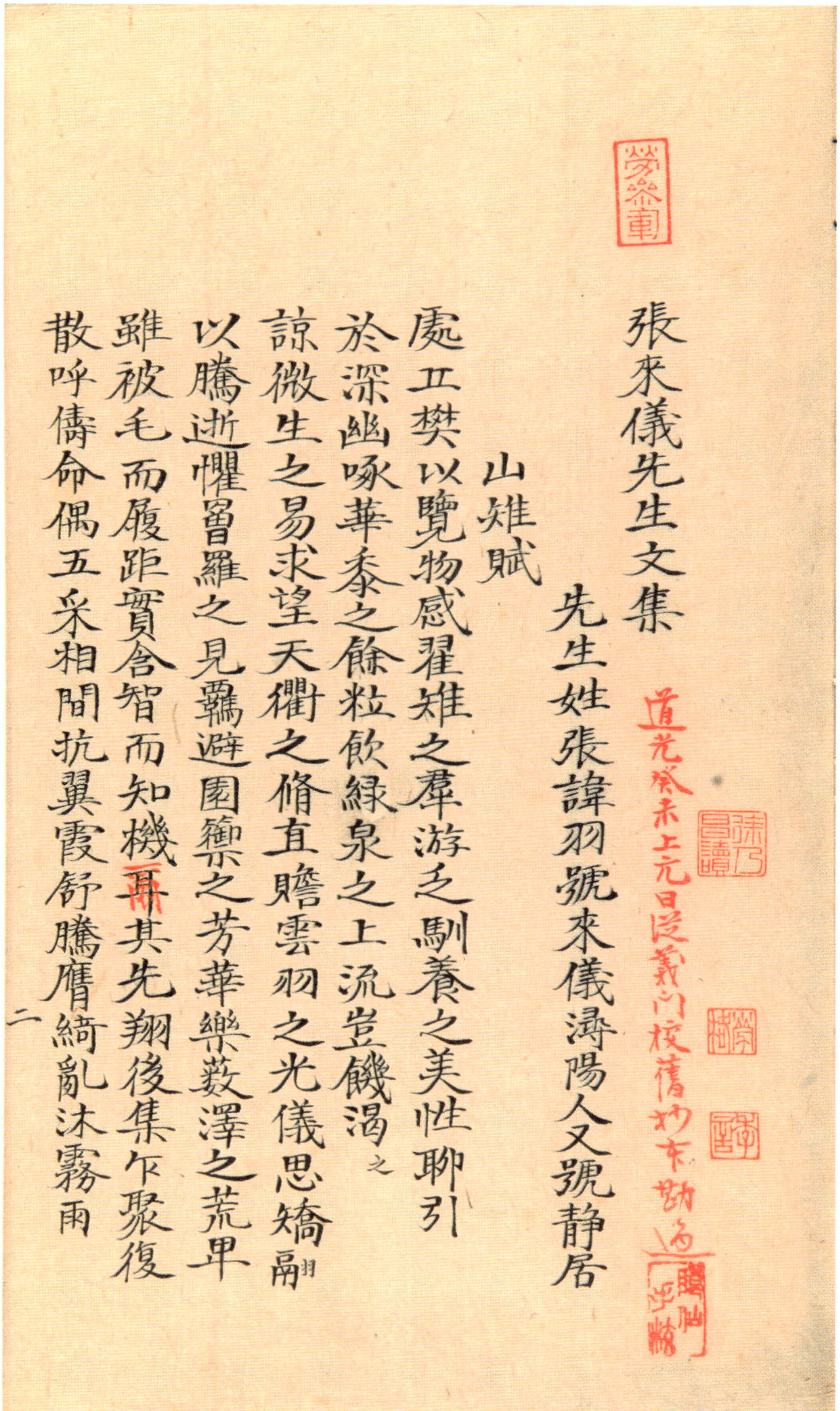
張來儀先生文集
先生姓張諱羽號來儀潯陽人又號静居
山雉賦
處丘樊以覽物感翟雉之羣游乏馴養之美性聊引於深幽喙華黍之餘粒飲緑泉之上流豈饑渴之諒微生之易求望天衢之脩直瞻雲羽之光儀思矯翮以騰逝懼罾羅之見羈避園籞之芳華樂藪澤之荒畀雖被毛而履距實含智而知機爾其先翔後集乍聚復散呼儔命偶五采相間抗翼霞舒騰儵綺亂沐霧雨
二
道光癸未上元日從義門校舊抄本勘過

10707 張來儀先生文集一卷 （明）張羽撰 **補遺一卷** （清）勞格輯 清抄本

匡高18.8釐米，廣12.8釐米。半葉十行，行二十字。有“勞參軍”、“勞格”、“徐乃昌讀”等印。黄丕烈跋，邵恩多校，勞格校並録補遺目録，勞權校。上海圖書館藏。

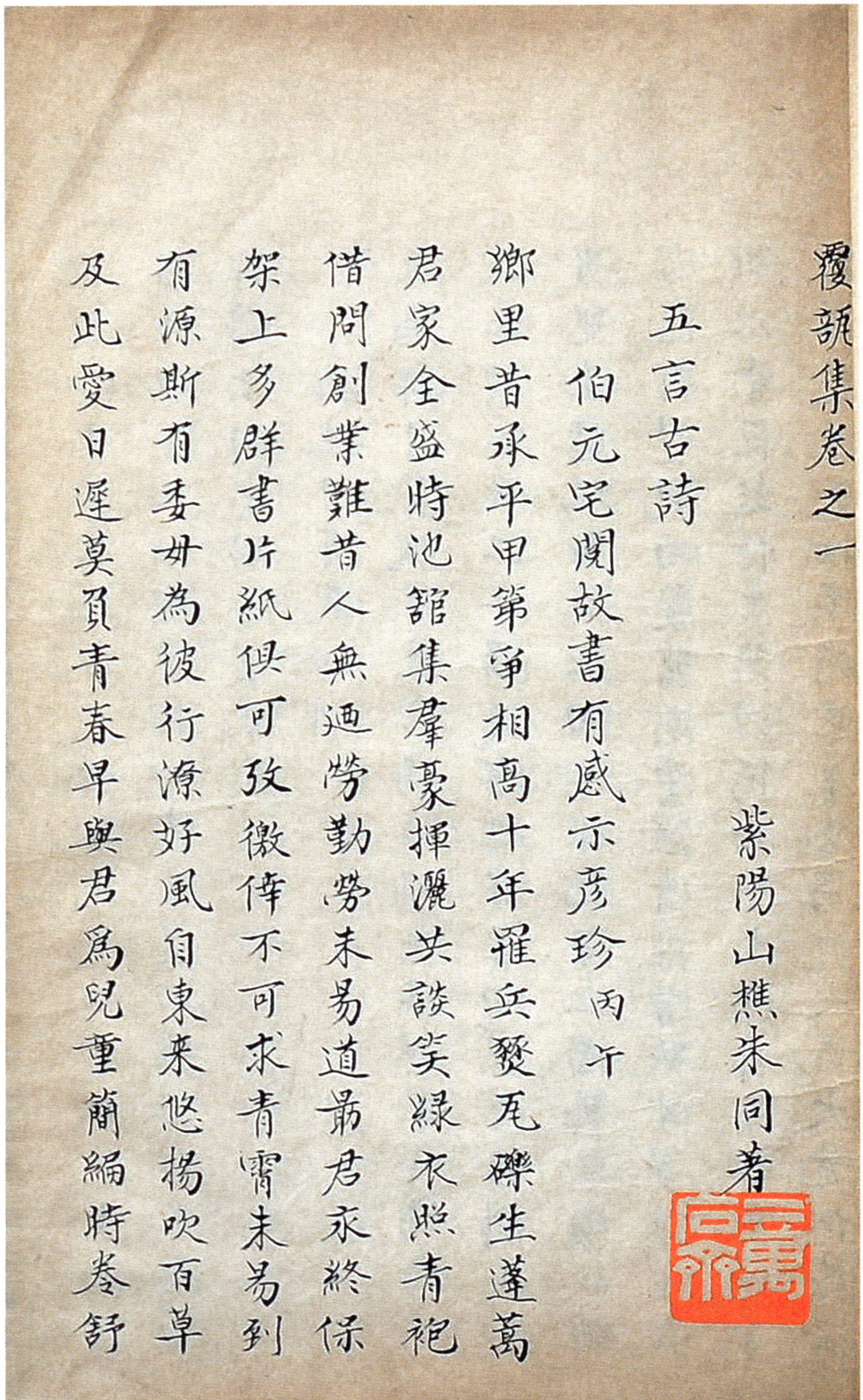

覆瓿集卷之一

紫陽山樵朱同着

五言古詩

伯元宅閲故書有感示彦珍 丙午

鄉里昔承平甲第爭相高十年罹兵燹瓦礫生蓬蒿君家全盛時池舘集羣豪揮灑共談笑緑衣照青袍借問創業難昔人無迺勞勤勞未易道爲君永終保架上多群書片紙但可攷徽倖不可求青霄未易到有源斯有委毋爲彼行潦好風自東来悠揚吹百草及此愛日遲莫負青春早與君爲兒童簡編時卷舒

10708 覆瓿集七卷 （明）朱同撰 **附録一卷** 清抄本[四庫底本]

吉林大學圖書館藏。

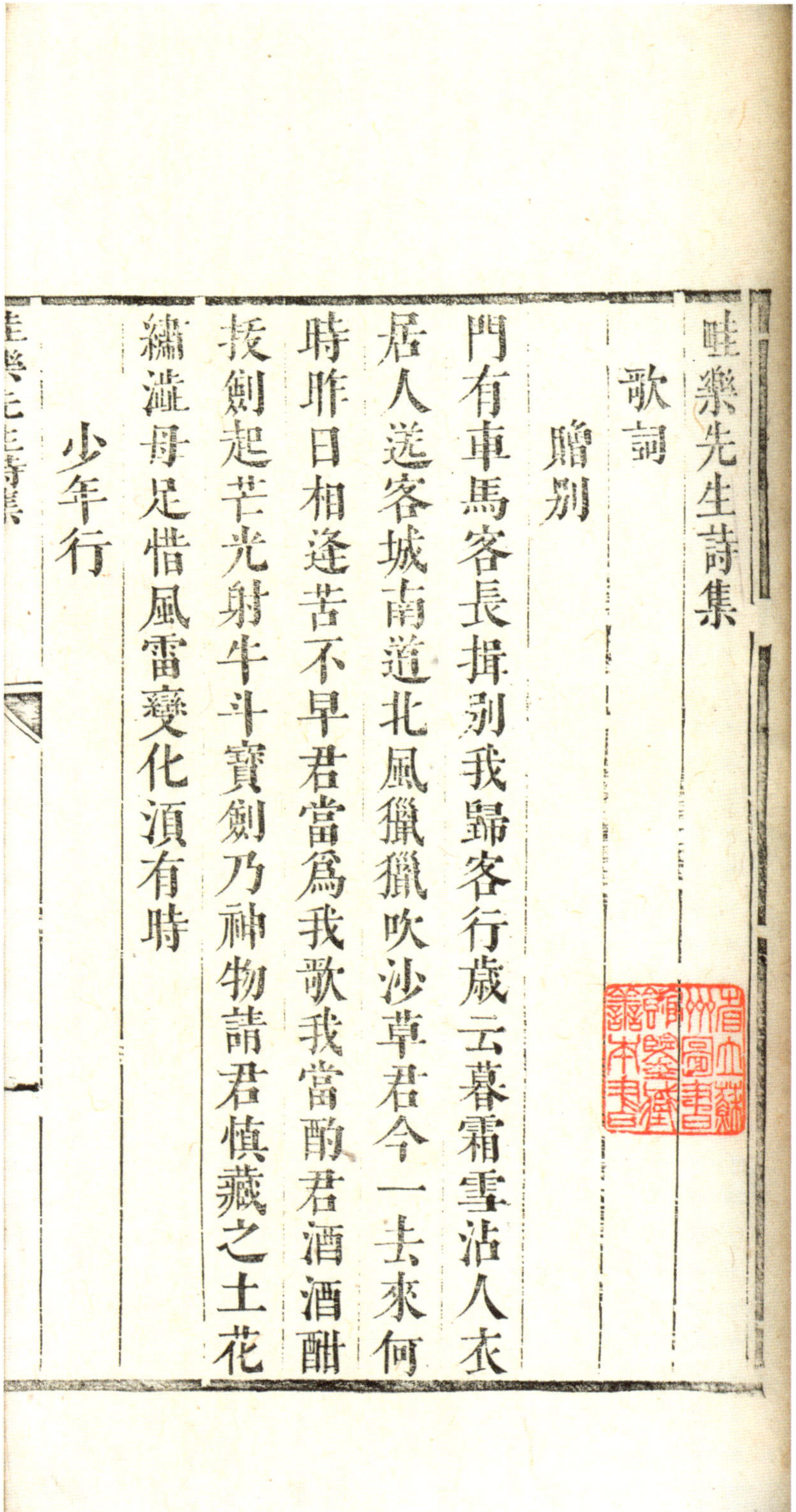

畦樂先生詩集

歌詞

贈別

門有車馬客長揖別我歸客行歲云暮霜雪沾人衣居人送客城南道北風獵獵吹沙草君今一去來何時昨日相逢苦不早君當爲我歌我當酌君酒酒酣拔劍起芒光射牛斗寶劍乃神物請君慎藏之土花繡澁毋足惜風雷變化湏有時

少年行

10709 畦樂先生詩集一卷 （明）梁蘭撰 **附録一卷** 清初刻本

匡高19.5釐米，廣13.6釐米。半葉九行，行二十字，白口，左右雙邊。蘇州圖書館藏。

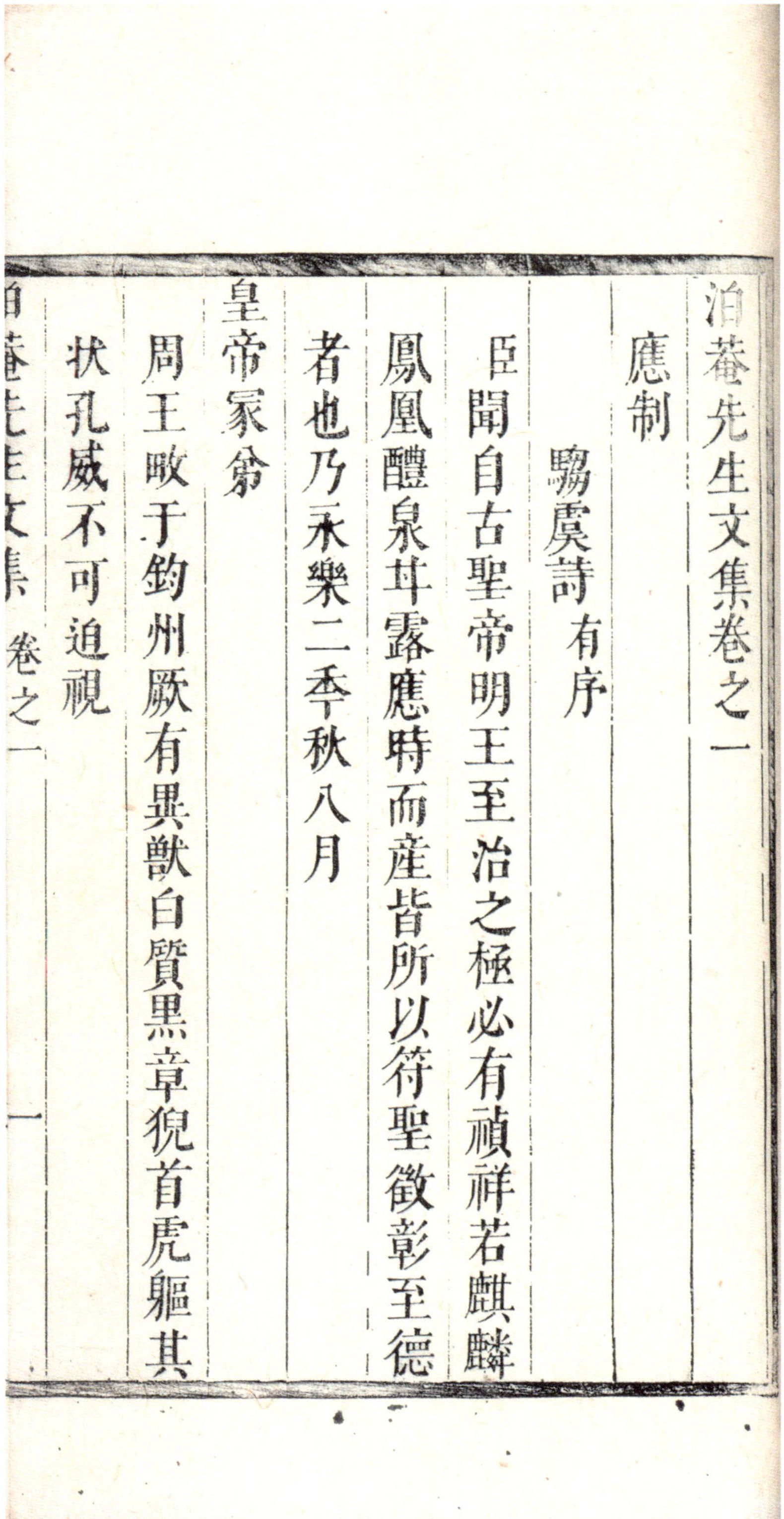

泊菴先生文集卷之一

應制

騶虞詩有序

臣聞自古聖帝明王至治之極必有禎祥若麒麟鳳凰醴泉甘露應時而產皆所以符聖徵彰至德者也乃永樂二季秋八月

皇帝冢弟

周王畋于鈞州厥有異獸白質黑章猊首虎軀其狀孔威不可迫視

泊菴先生文集　卷之一　一

10710 泊菴先生文集十六卷 （明）梁潛撰 **附録一卷** 清初刻本

匡高20.3釐米，廣13.7釐米。半葉九行，行二十字，白口，左右雙邊。蘇州圖書館藏。

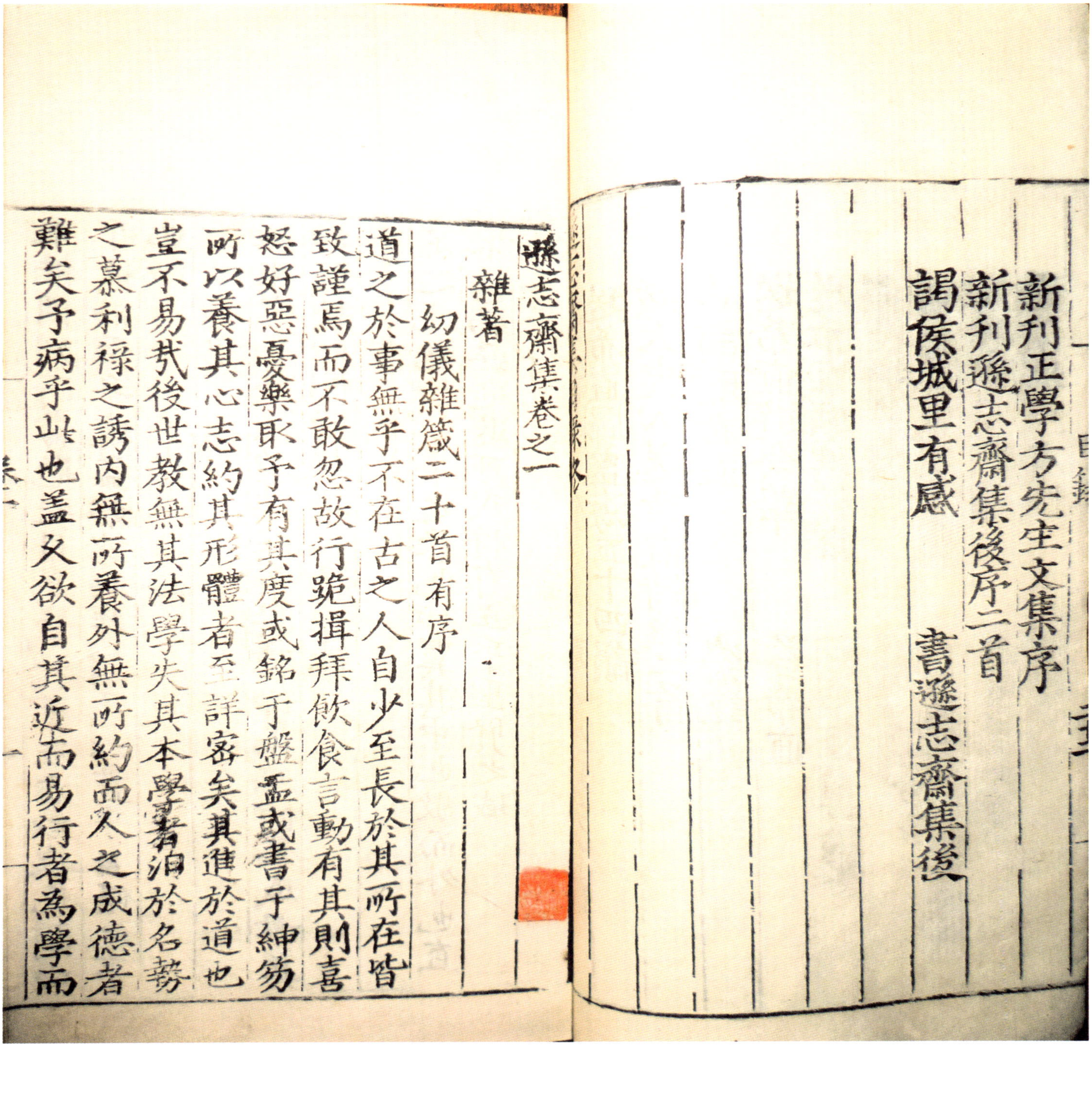

目録

新刊正學方先生文集序
新刊遜志齋集後序二首
謁侯城里有感　書遜志齋集後

遜志齋集卷之一

雜著

幼儀雜箴二十首有序

道之於事無乎不在古之人自少至長於其所在皆致謹焉而不敢忽故行跪揖拜飲食言動有其則喜怒好惡憂樂取予有其度或銘于盤盂或書于紳笏所以養其心志約其形體者至詳密矣其進於道也豈不易哉後世教無其法學失其本學者汩於名勢之慕利祿之誘内無所養外無所約而人之成德者難矣予病乎此也蓋久欲自其近而易行者爲學而

10711 遜志齋集二十四卷 （明）方孝孺撰 **附録一卷** 明正德十五年（1520）顧璘刻本

匡高19釐米，廣12.7釐米。半葉十行，行二十字，白口，四周單邊。新疆大學圖書館藏。

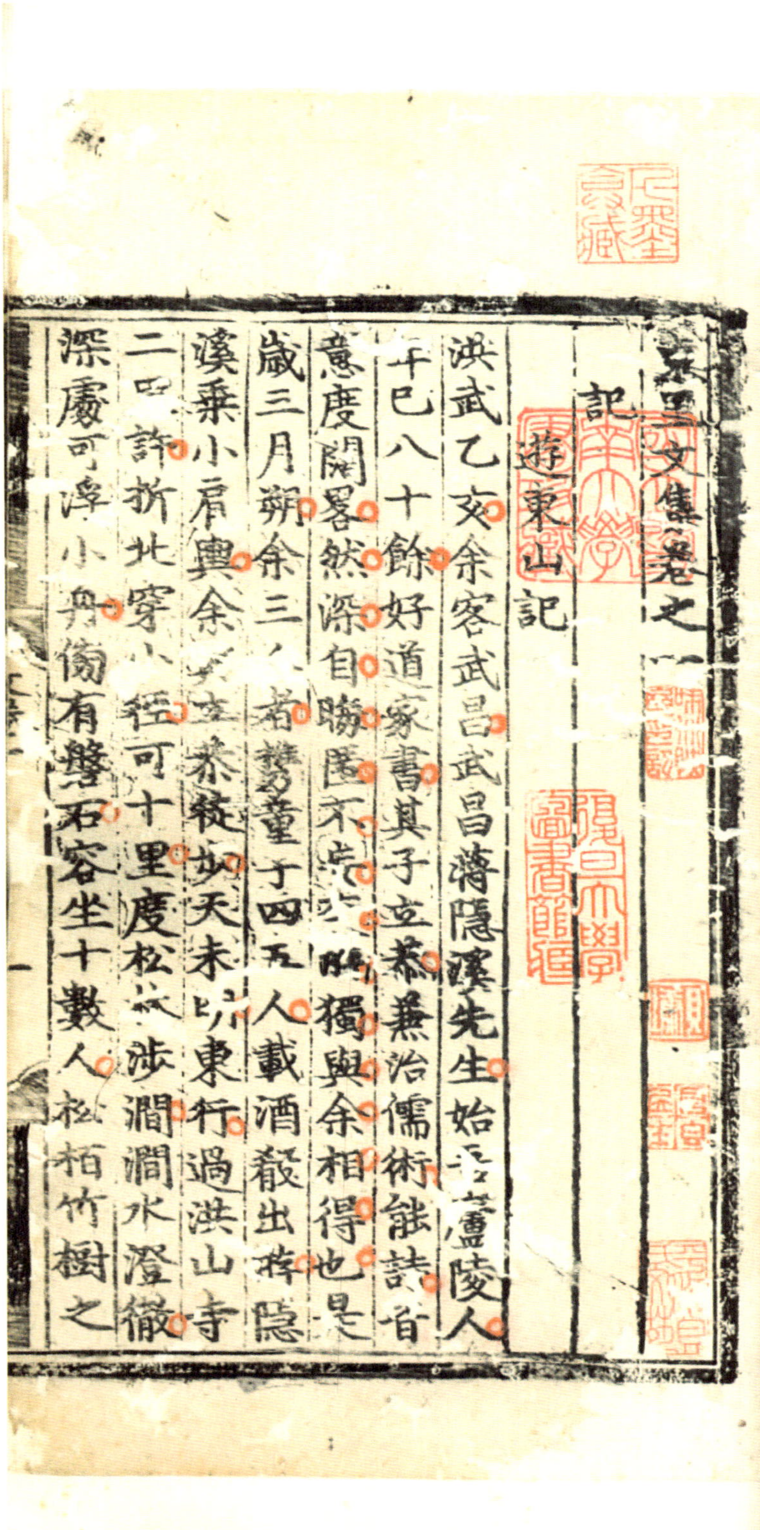
東里文集卷之一
記
遊東山記
洪武乙亥余客武昌武昌蔣隱溪先生始吾廬陵人
年已八十餘好道家書其子立恭兼治儒術能詩皆
意度閑暑然深自晦匿不屑於世獨與余相得也是
歲三月朔余三人者挈童子四五人載酒殽出遊隱
溪乘小肩輿余與立恭徒步天未明東行過洪山寺
二里許折北穿小徑可十里度松林涉澗澗水澄澈
深處可浮小舟旁有盤石容坐十數人松柏竹樹之

10712 東里文集二十五卷 （明）楊士奇撰 明正統刻本

匡高19釐米，廣11.8釐米。半葉十行，行二十字，黑口，四周雙邊。有“貝墉”等印。復旦大學圖書館藏。

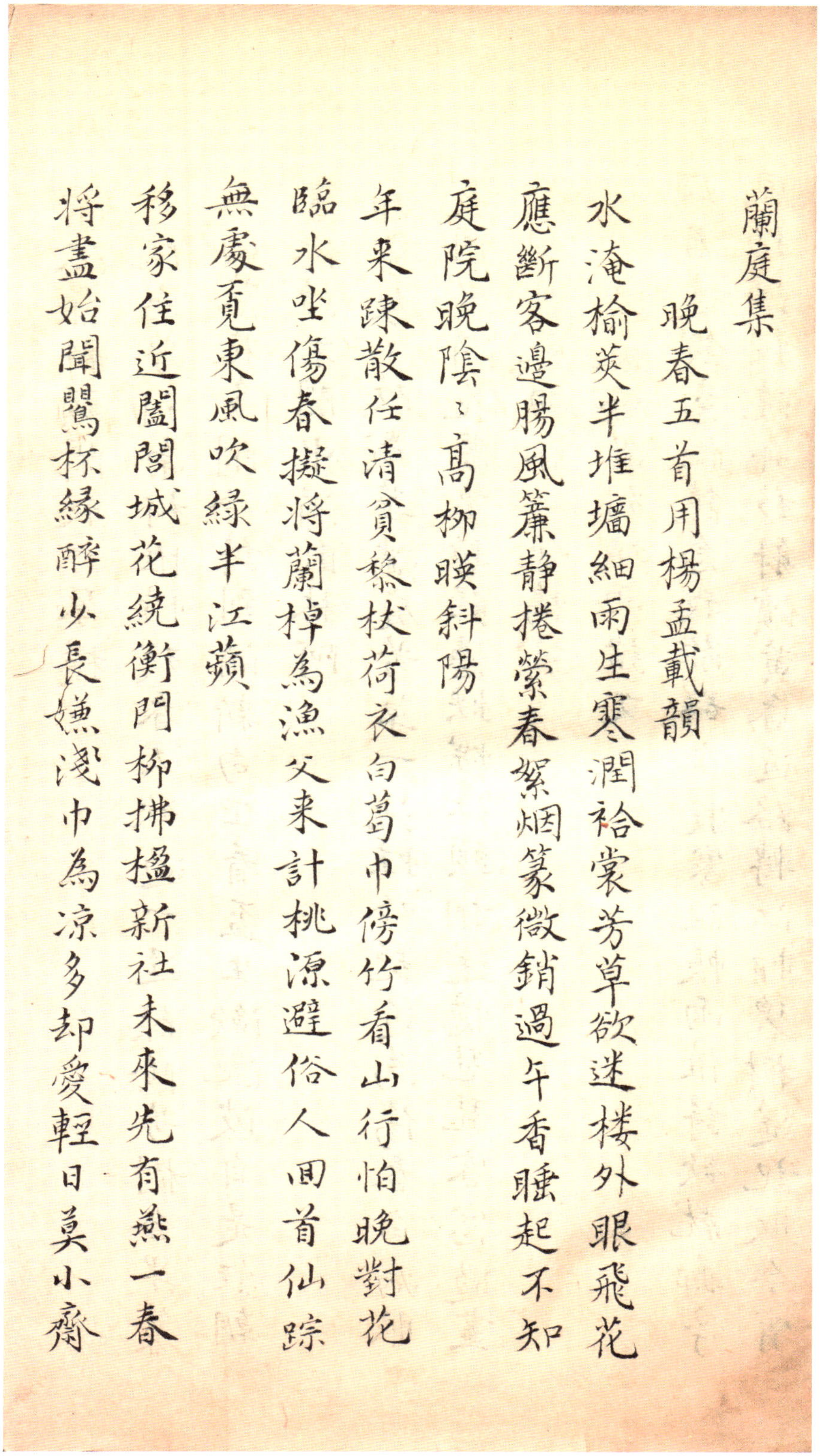

蘭庭集

晚春五首用楊孟載韻

水淹榆莢半堆墻細雨生寒潤袷裳芳草欲迷樓外眼飛花應斷客邊腸風簾静捲縈春絮烟篆微銷過午香睡起不知庭院晚陰〻高柳暎斜陽

年来踈散任清貧藜杖荷衣白葛巾傍竹看山行怕晚對花臨水坐傷春擬將蘭棹為漁父来計桃源避俗人回首仙踪無處覔東風吹緑半江蘋

移家住近闔閭城花繞衡門柳拂楹新社未來先有燕一春将盡始聞鶯杯緣醉少長嫌淺巾為涼多却愛輕日莫小齋

10713 蘭庭集不分卷 （明）謝晉撰 清抄本

山西大學圖書館藏。

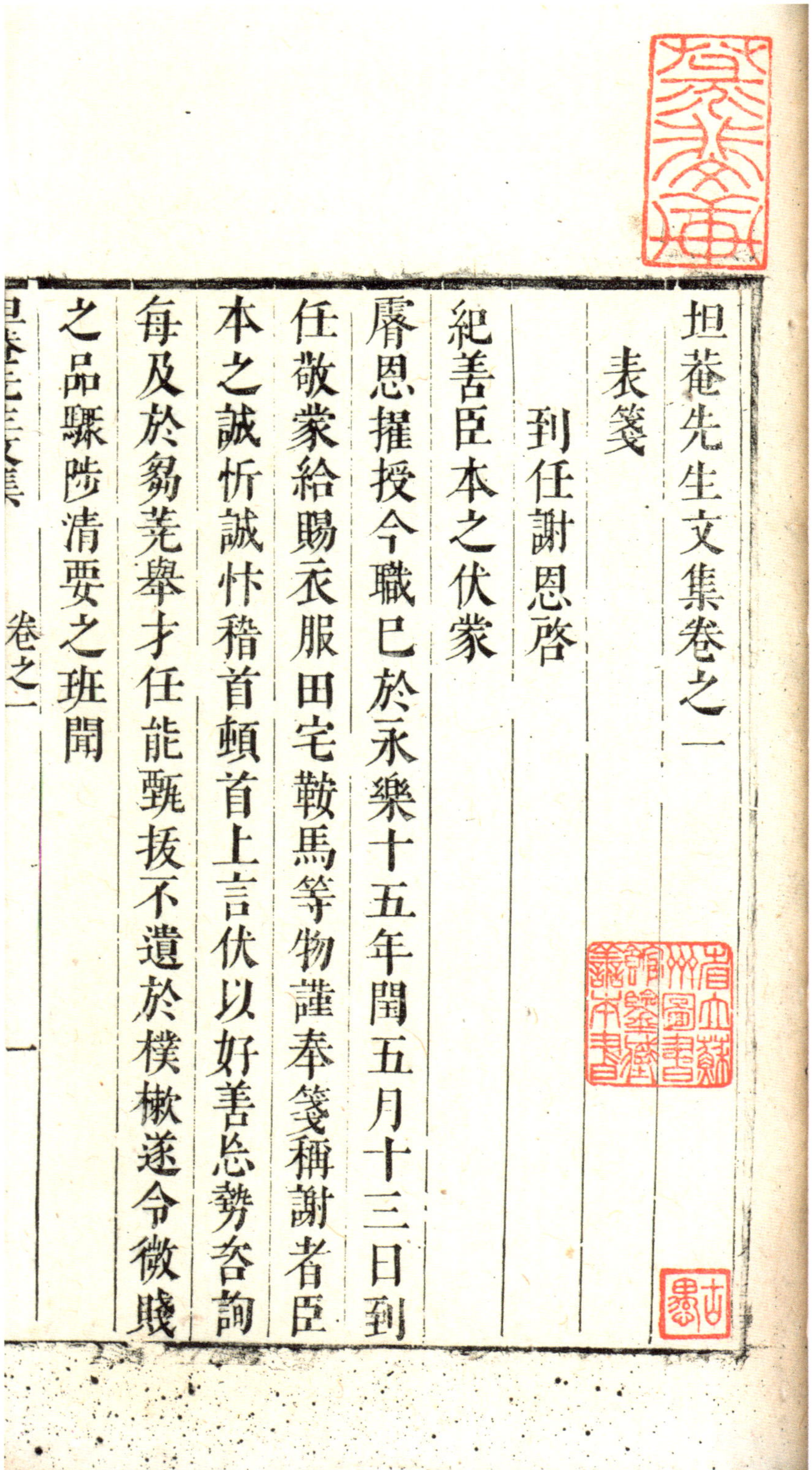

坦菴先生文集卷之一

表箋

到任謝恩啓

紀善臣本之伏蒙

㕷恩擢授今職已於永樂十五年閏五月十三日到
任敬蒙給賜衣服田宅鞍馬等物謹奉箋稱謝者臣
本之誠忻誠忭稽首頓首上言伏以好善忘勢咨詢
每及於芻蕘舉才任能甄拔不遺於樸樕遂令微賤
之品驟陟清要之班聞

坦菴先生文集　卷之一　一

10714 坦菴先生文集八卷　（明）梁本之撰　清初刻本

匡高19.6釐米，廣13.5釐米。半葉九行，行二十字，白口，左右雙邊。蘇州圖書館藏。

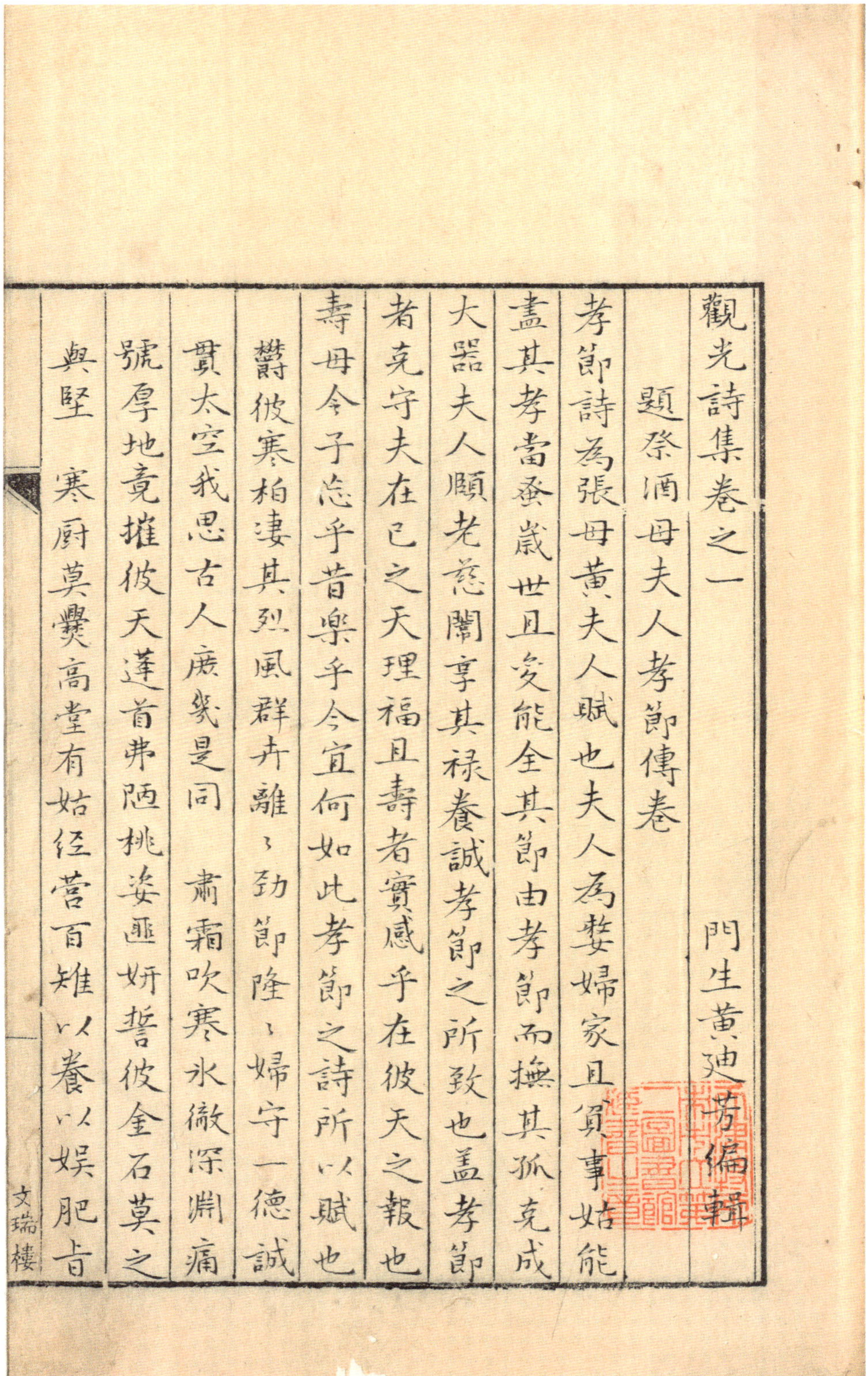

觀光詩集卷之一　　門生黃廸芳編輯

題祭酒母黃夫人孝節傳卷

孝節詩爲張母黃夫人賦也夫人爲婺婦家且貧事姑能盡其孝當蚤歲世且爰能全其節由孝節而撫其孤克成大器夫人頤老慈闈享其禄養誠孝節之所致也盖孝節者克守夫在已之天理福且壽者實感乎在彼天之報也壽母令子忘乎昔樂乎今宜何如此孝節之詩所以賦也

欝彼寒柏淒其烈風群卉離離勁節隆隆婦守一德誠貫太空我思古人庶幾是同　肅霜吹寒氷徹深淵痛號厚地竟摧彼天蓬首弗陋挑姿匪妍誓彼金石莫之與堅　寒廚莫爨高堂有姑经營百雉以養以娱肥甘

文瑞樓

10715 觀光詩集二卷助教侯先生詩集二卷文集四卷 （明）侯復撰 清金氏文瑞樓抄本

匡高18.3釐米，廣14.2釐米。半葉十一行，行字不等，白口，左右雙邊。天津圖書館藏。

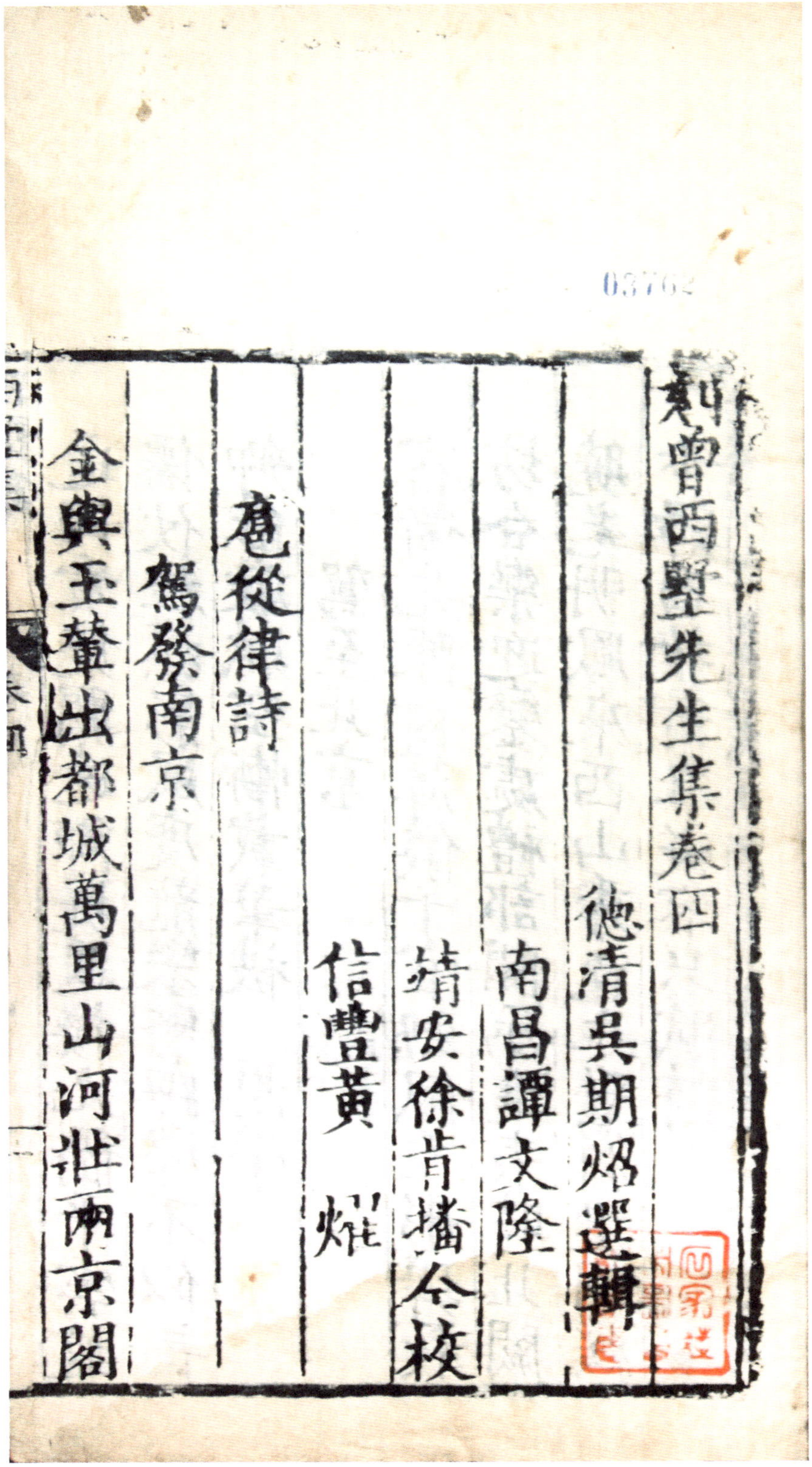

10716 刻曾西墅先生集十卷 （明）曾棨撰 明萬曆十九年（1591）吳期炤刻本

匡高18.2釐米，廣12.8釐米。半葉八行，行十六字，白口，左右雙邊。石家莊市圖書館藏。

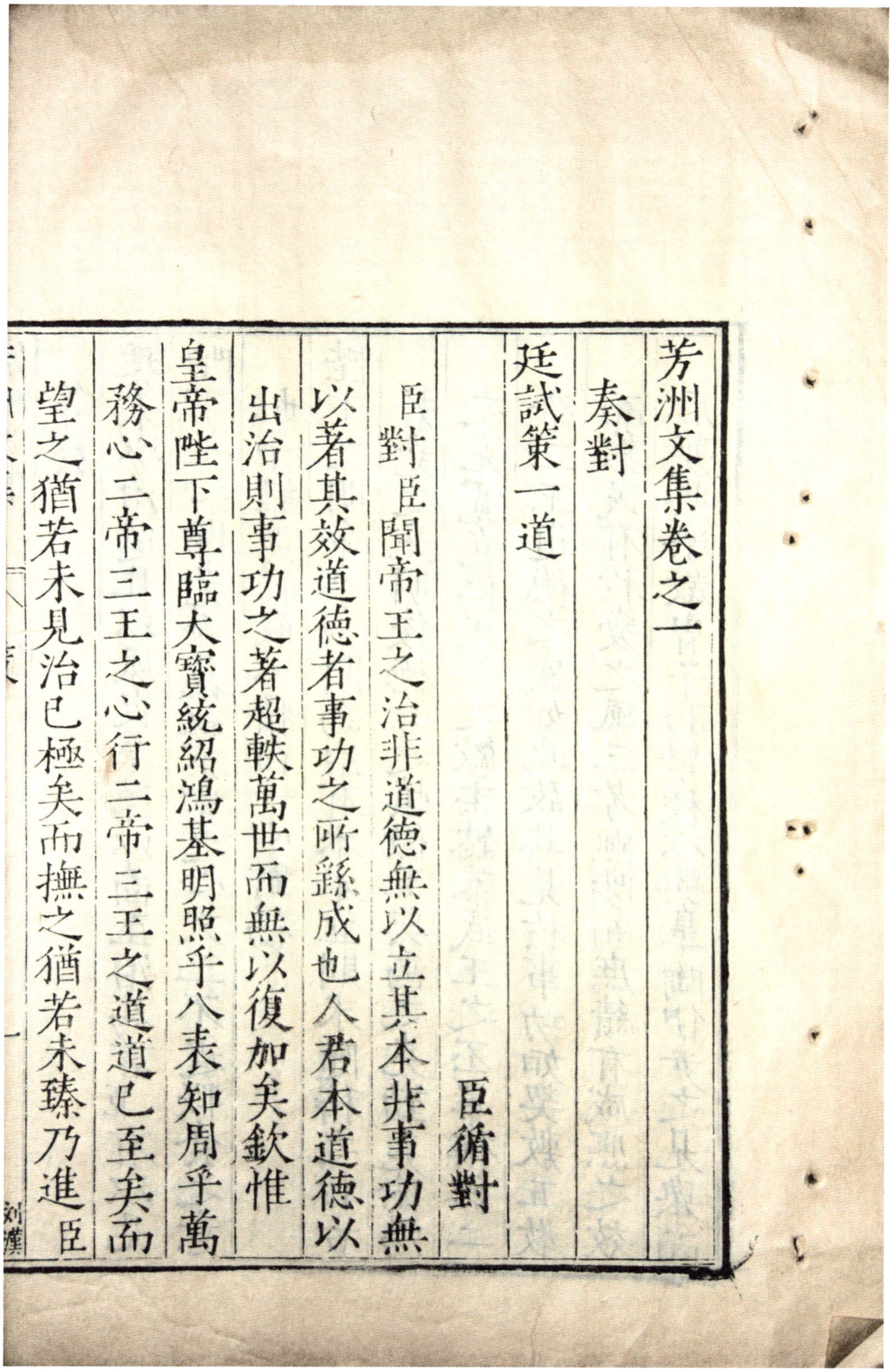

芳洲文集卷之一
奏對
廷試策一道　臣循對
臣對臣聞帝王之治非道德無以立其本非事功無
以著其效道德者事功之所繇成也人君本道德以
出治則事功之著超軼萬世而無以復加矣欽惟
皇帝陛下尊臨大寶統紹鴻基明照乎八表知周乎萬
務心二帝三王之心行二帝三王之道道已至矣而
望之猶若未見治已極矣而撫之猶若未臻乃進臣

10717 芳洲文集十卷詩集四卷 （明）陳循撰 **附録一卷** 明萬曆陳以躍刻本

匡高19.4釐米，廣14.3釐米。半葉十行，行二十一字，白口，四周雙邊。山東省圖書館藏，存十二卷。

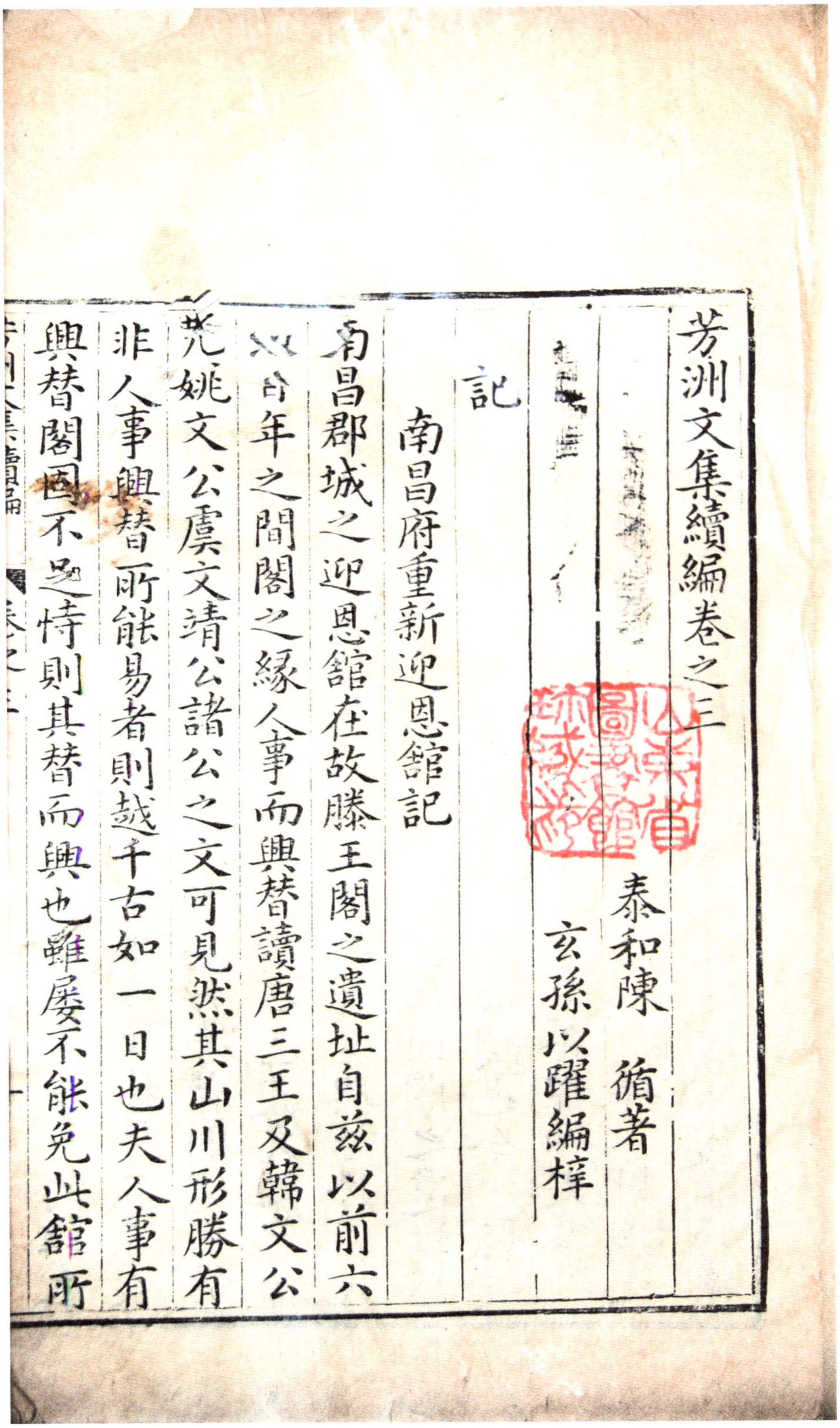
芳洲文集續編卷之三

泰和陳　循著
玄孫　以躍編梓

記

南昌府重新迎恩館記

南昌郡城之迎恩館在故滕王閣之遺址自茲以前六以[illegible]年之間閣之緣人事而興替讀唐三王及韓文公元姚文公虞文靖公諸公之文可見然其山川形勝有非人事興替所能易者則越千古如一日也夫人事有興替閣固不足恃則其替而興也雖屢不能免此館所

10718 芳洲文集續編六卷　（明）陳循撰　明萬曆四十六年（1618）陳以躍刻本

匡高20釐米，廣14.2釐米。半葉十行，行二十一字，白口，四周雙邊。山東省圖書館藏，存四卷。

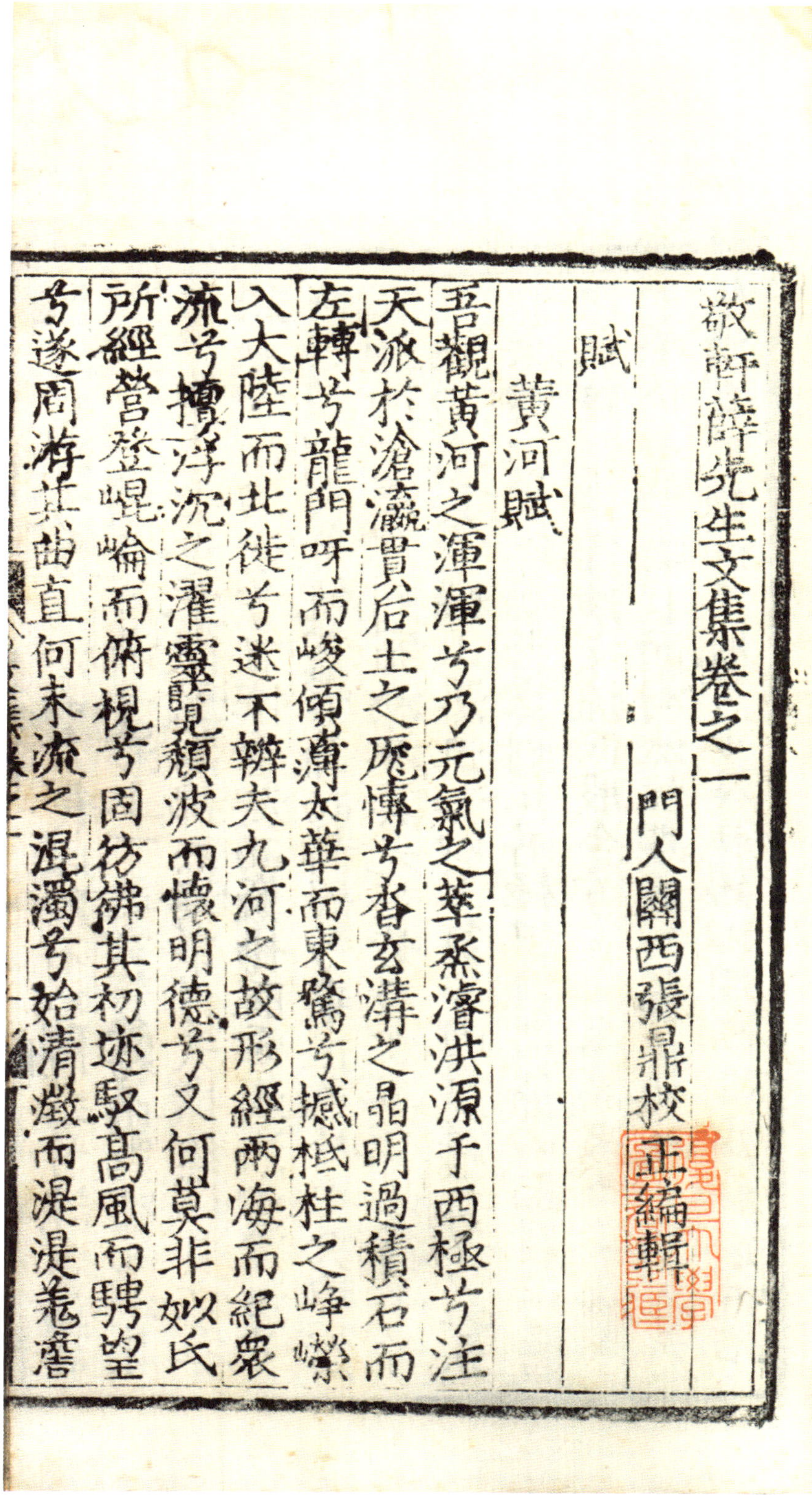

敬軒薛先生文集卷之一

門人關西張鼎校正編輯

賦

黃河賦

吾觀黃河之渾渾兮乃元氣之華柔濬洪源于西極兮注天派於滄瀛貫后土之厖博兮沓玄溝之晶明過積石而左轉兮龍門呀而峻傾薄太華而東騖兮撼柢柱之峥嶸入大陸而北徙兮迷不辨夫九河之故形經兩海而紀衆流兮擴洋沉之濯靈覽頹波而懷明德兮又何莫非姒氏所經營登崐崘而俯視兮固彷彿其初迹馭高風而騁望兮遂周游其曲直何末流之混濁兮始清瀲而湜湜羗濬

10719 敬軒薛先生文集二十四卷 （明）薛瑄撰 明弘治十六年（1503）李越刻遞修本

匡高20.5釐米，廣13釐米。半葉十一行，行二十二字，黑口，四周雙邊。復旦大學圖書館藏。

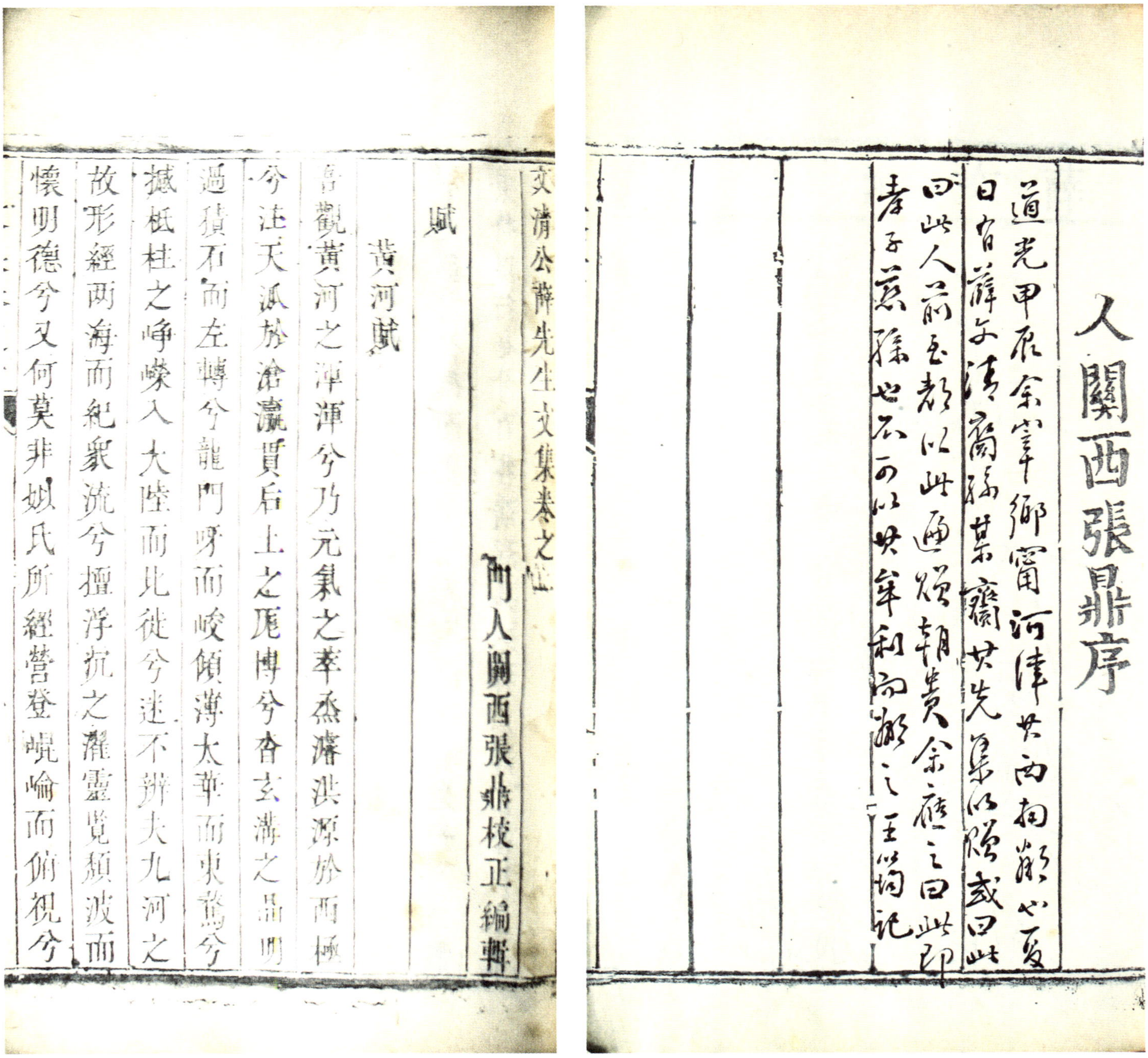

10720 文清公薛先生文集二十四卷 （明）薛瑄撰 **行實録五卷** 清雍正十二年（1734）薛氏家刻乾隆印本

匡高20.2釐米，廣13.2釐米。半葉十行，行二十字，白口，四周雙邊。王筠跋。山東大學圖書館藏。

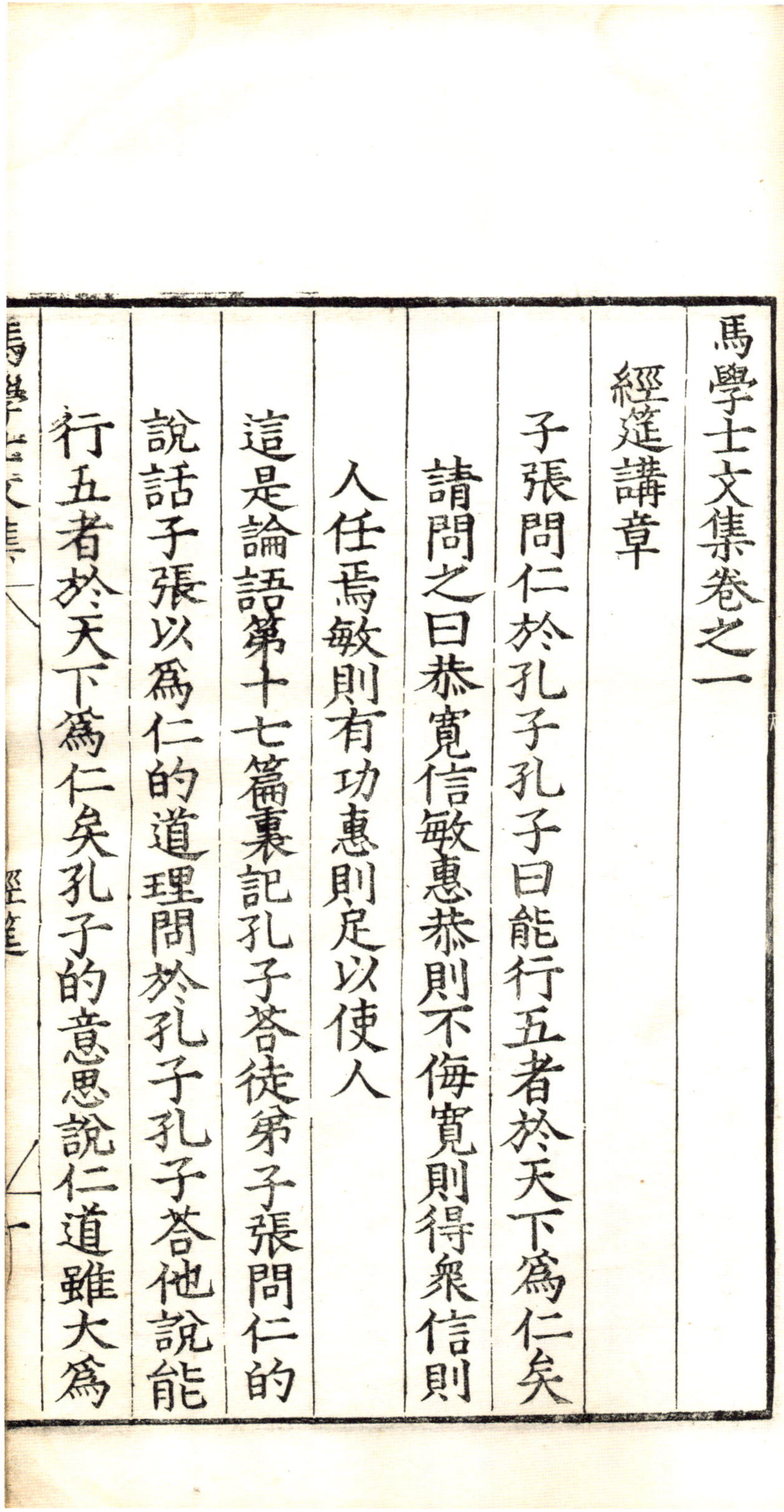
馬學士文集卷之一
經筵講章
子張問仁於孔子孔子曰能行五者於天下爲仁矣
請問之曰恭寬信敏惠恭則不侮寬則得衆信則
人任焉敏則有功惠則足以使人
這是論語第十七篇裏記孔子荅徒弟子張問仁的
說話子張以爲仁的道理問於孔子孔子荅他說能
行五者於天下爲仁矣孔子的意思說仁道雖大爲
馬學士文集 一 經筵 一

10721 馬學士文集八卷 （明）馬愉撰 明嘉靖四十一年（1562）遲鳳翔刻本

匡高22.1釐米，廣14.4釐米。半葉八行，行二十二字，白口，四周單邊。華東師範大學圖書館藏。

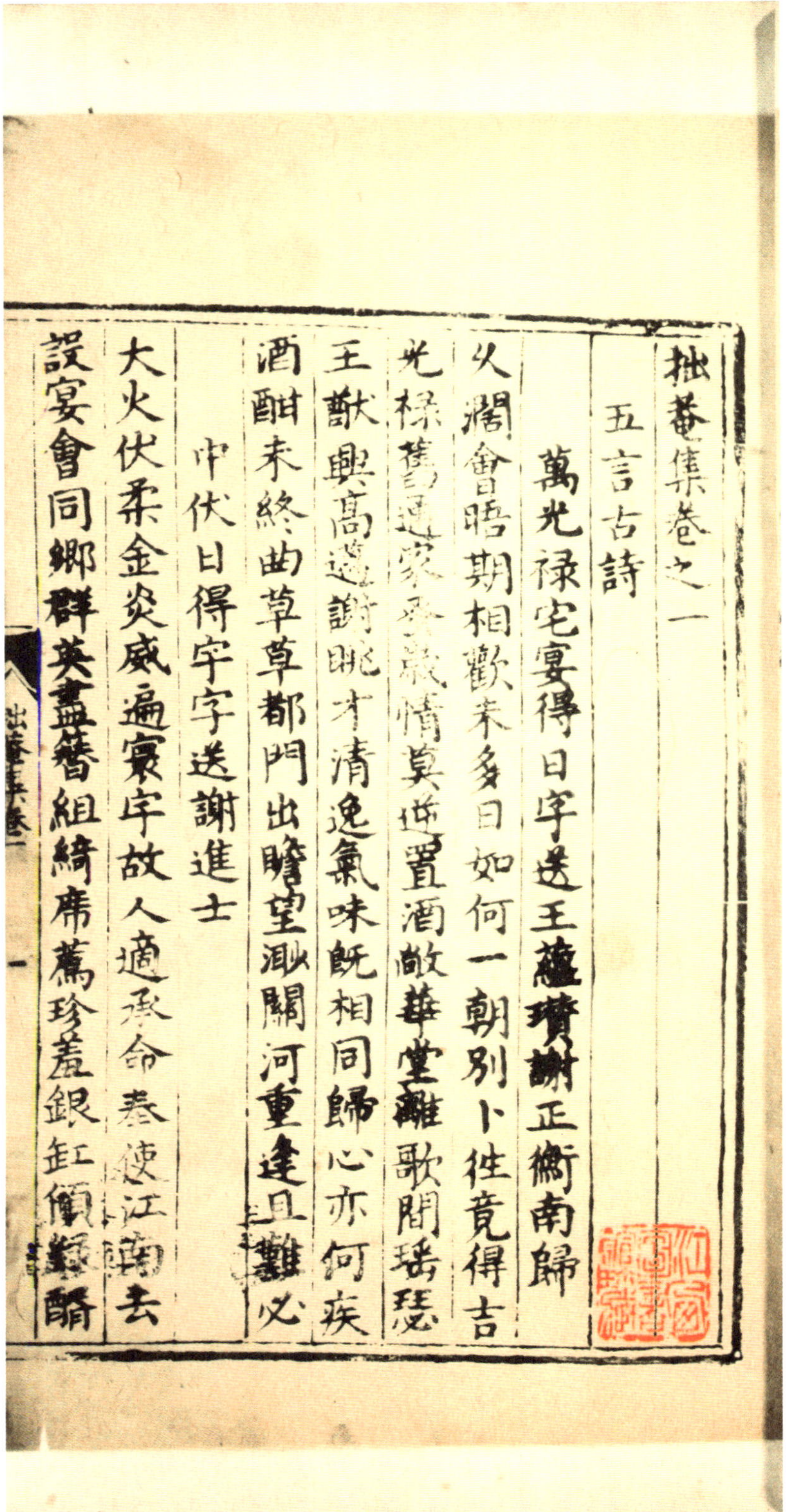

10722 拙菴集四卷 （明）李紹撰 明刻本

匡高18.7釐米，廣12.7釐米。半葉十行，行二十字，白口，四周雙邊。江西省圖書館藏。

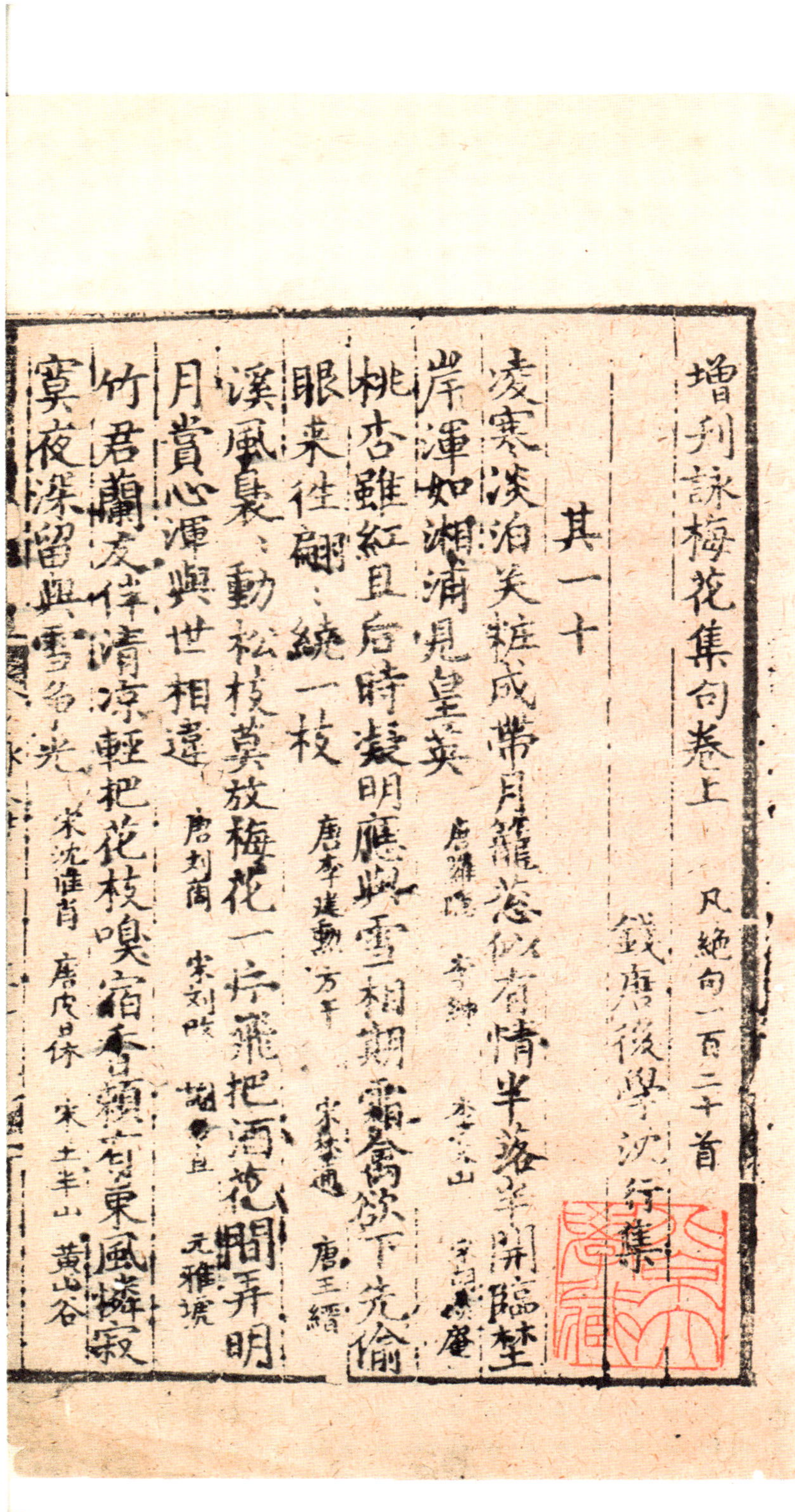
增刊詠梅花集句卷上
凡絕句一百二十首
錢唐後學沈行集
其一十
凌寒淡泊笑粧成 帶月籠烟似有情 半落半開臨埜岸 渾如湘浦見皇英
桃杏雖紅且后時 凝明㡛與雪相期 霜禽欲下先偷眼 來往翩翩繞一枝
溪風裊裊動松枝 莫放梅花一片飛 把酒花間弄明月 賞心渾與世相違
竹君蘭友伴清涼 輕把花枝嗅宿香 賴有東風憐寂寞 夜深留與雪爭光

10723 增刊詠梅花集句二卷 （明）沈行撰 明正德元年（1506）吴俊刻本

匡高19.4釐米，廣13.1釐米。半葉十一行，行二十字，黑口，四周單邊。北京大學圖書館藏。

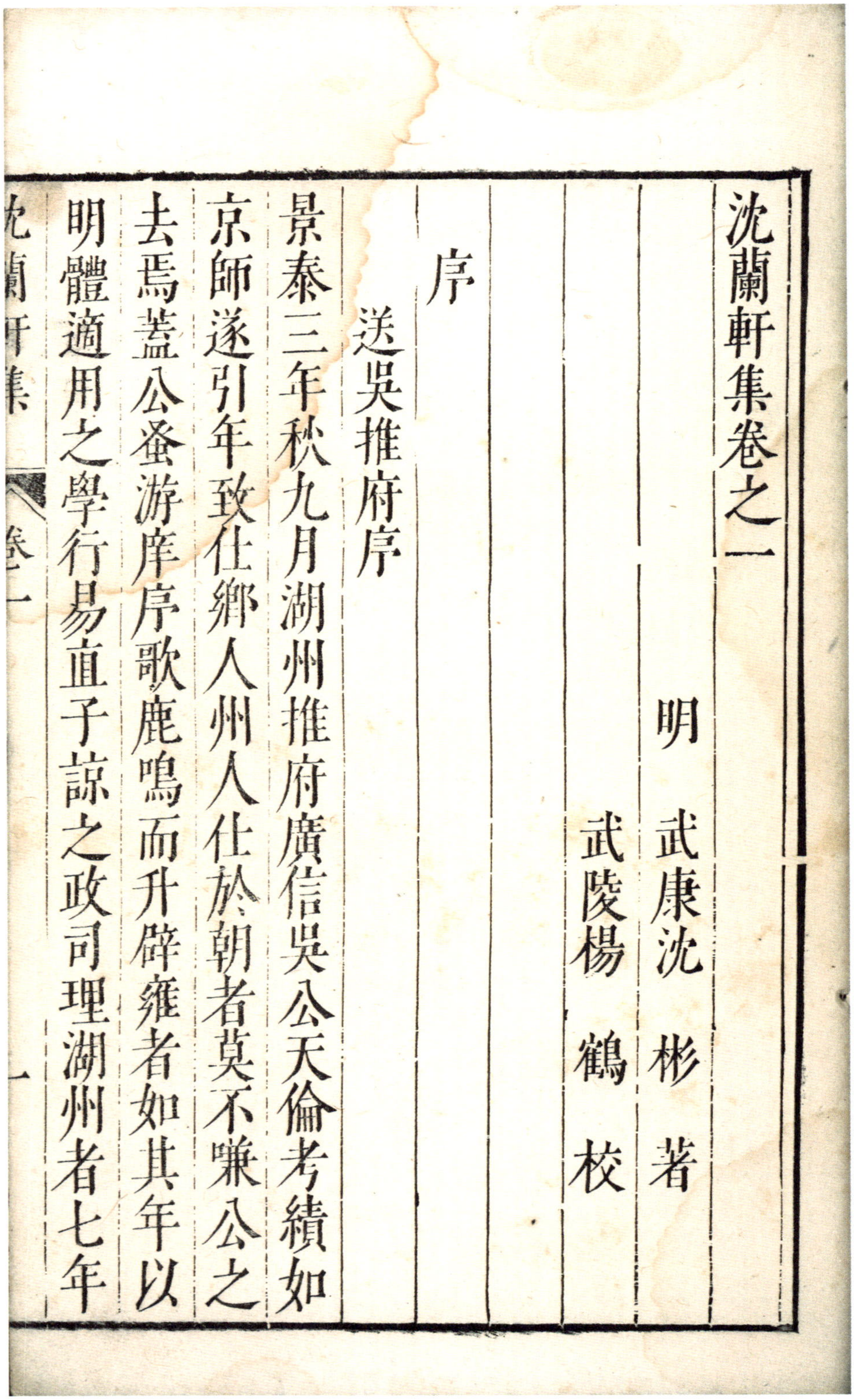

沈蘭軒集卷之一

明 武康沈 彬 著

武陵楊 鶴 校

序

送吳推府序

景泰三年秋九月湖州推府廣信吳公天倫考績如京師遂引年致仕鄉人州人仕於朝者莫不嗛公之去焉蓋公蚤游庠序歌鹿鳴而升辟雍者如其年以明體適用之學行易直子諒之政司理湖州者七年

沈蘭軒集 卷之一 一

10724、10725 沈蘭軒集五卷 （明）沈彬撰 明萬曆刻武康四先生集本

匡高21.8釐米，廣14.4釐米。半葉十行，行二十字，白口，左右雙邊。杭州圖書館、貴州省圖書館藏。

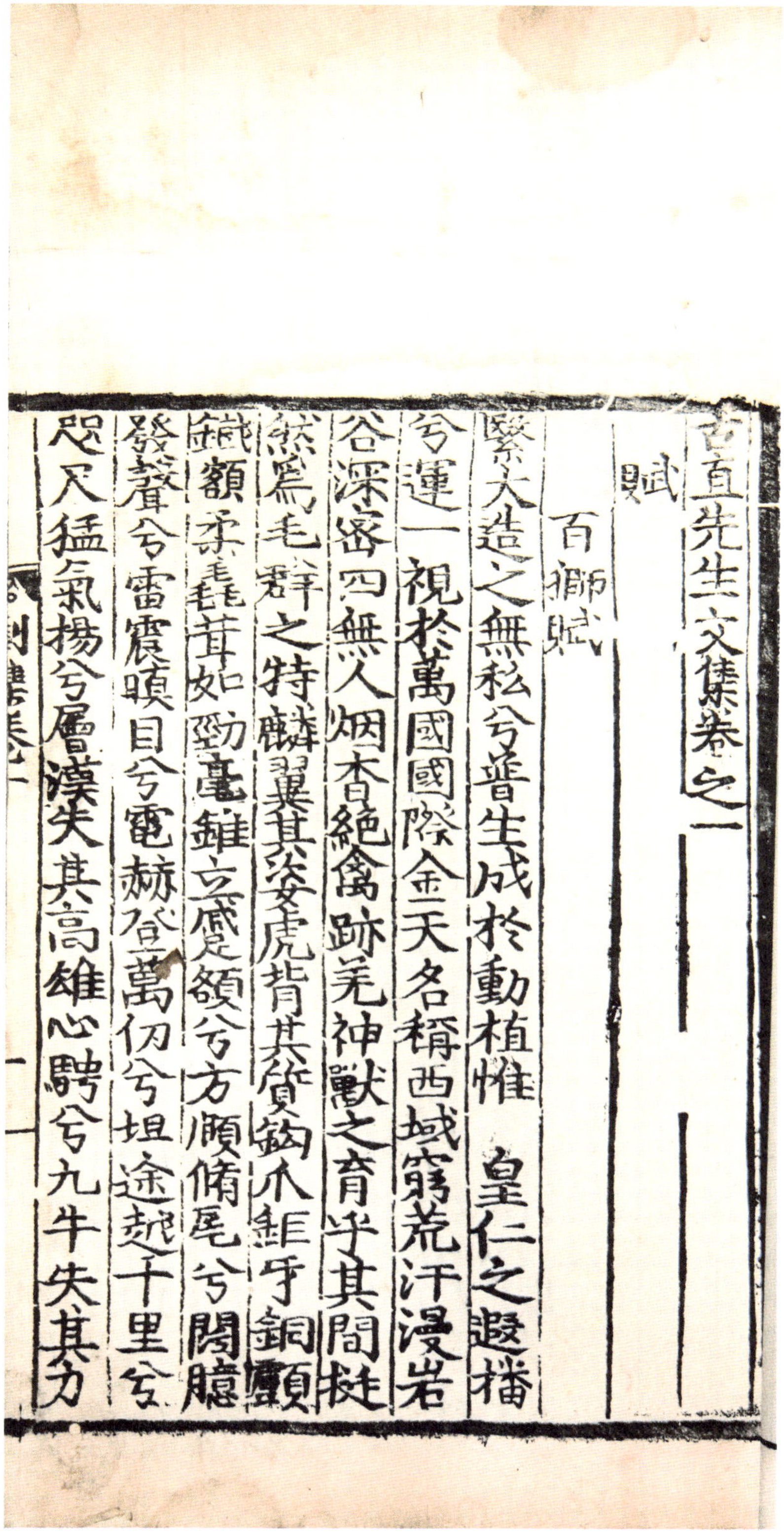
古直先生文集卷之一

賦

百獅賦

繄大造之無私兮普生成於動植惟　皇仁之遐播兮運一視於萬國國際金天名稱西域窮荒汗漫岩谷深邃四無人烟杳絕禽跡羌神獸之育乎其間挺然爲毛羣之特麟翼其姿虎背其質鈎爪鋸牙銅顱鐵額柔毳茸如勁毫錐立蹙頷兮方頤脩尾兮闊臆發聲兮雷震瞋目兮電赫登萬仞兮坦途起千里兮咫尺猛氣揚兮層漠失其高雄心騁兮九牛失其力

10726 古直先生文集十六卷 （明）劉玥撰 **附録一卷** 明嘉靖刻本（有抄配）

匡高18.5釐米，廣13.5釐米。半葉十行，行二十字，白口，左右雙邊。山東省圖書館藏。

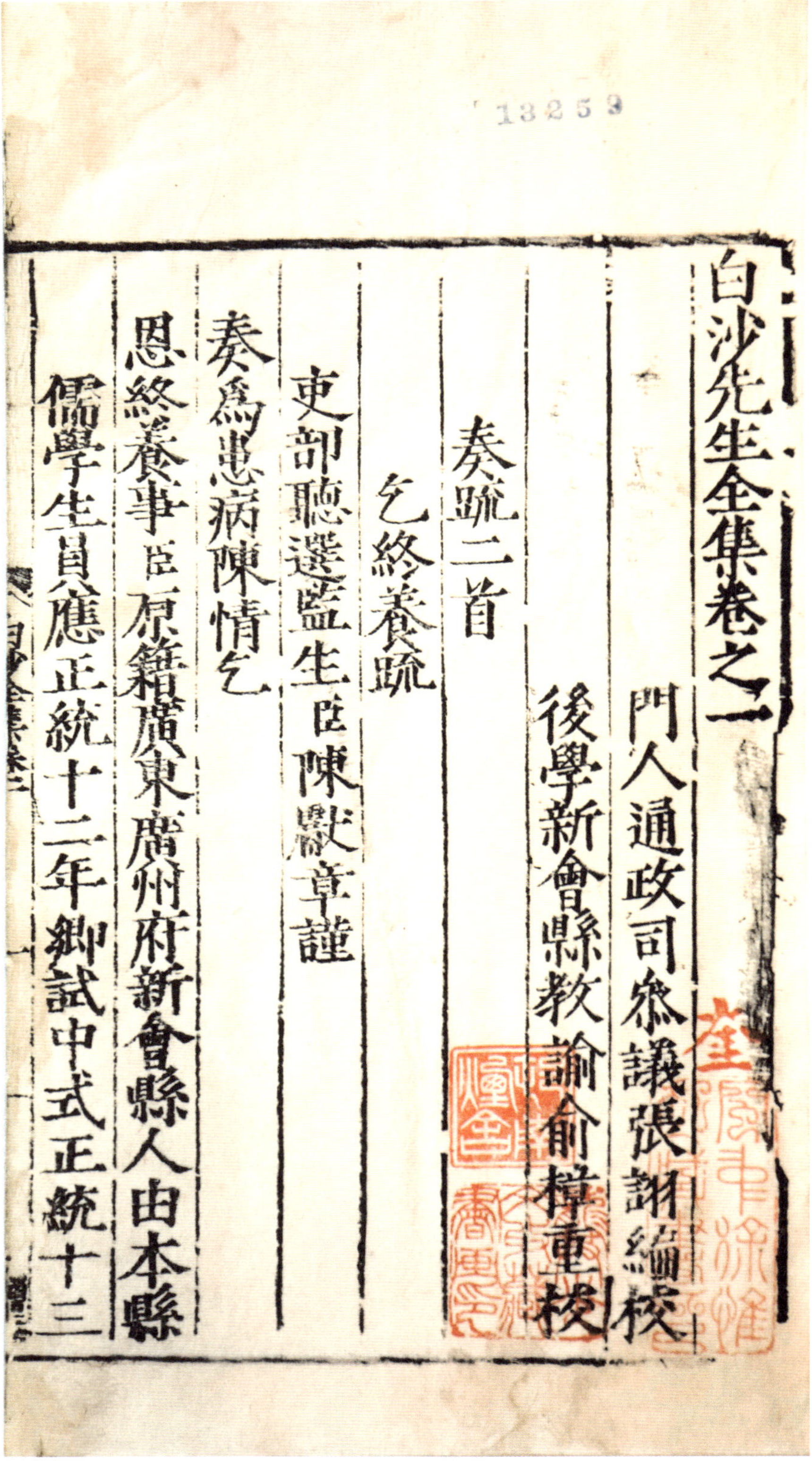

10727 白沙先生全集二十一卷 （明）陳獻章撰 明萬曆元年（1573）何子明刻本

匡高21釐米，廣14.4釐米。半葉九行，行二十字，白口，四周單邊。有“大通樓藏書印”、“龔少文收藏書画印”、“閩中徐惟起藏書印”等印。湖南師範大學圖書館藏。

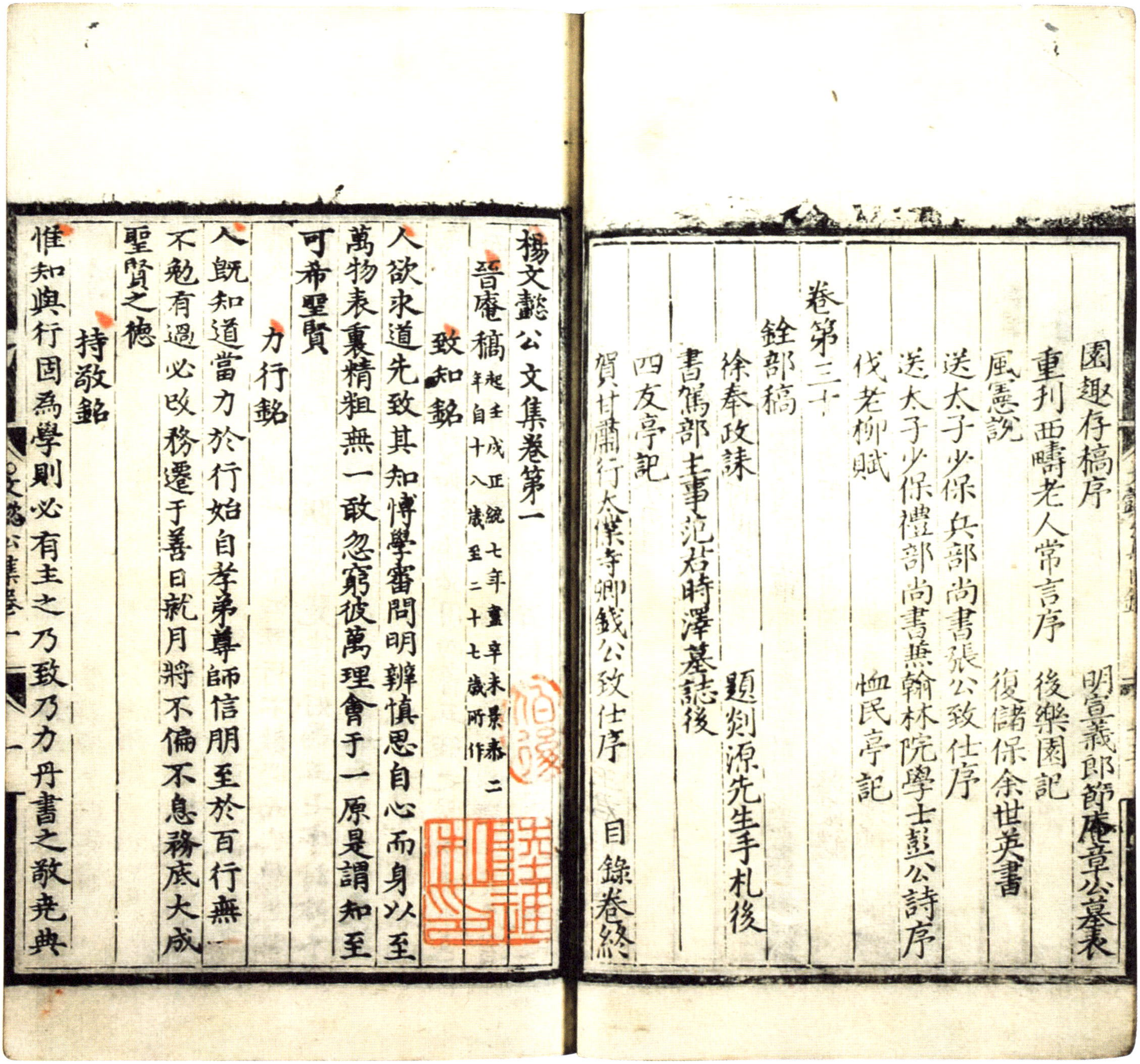

園趣存稿序　明宣義郎節庵章公墓表
重刊西疇老人常言序　後樂園記
風憲説　復儲保余世英書
送太子少保兵部尚書張公致仕序
送太子少保禮部尚書兼翰林院學士彭公詩序
伐老柳賦　恤民亭記
卷第三十
銓部稿
徐奉政誄　題剡源先生手札後
書駕部主事范君時澤墓誌後
四友亭記
賀甘肅行太僕寺卿錢公致仕序
目録卷終

楊文懿公文集卷第一
晉庵稿　起壬戌正統七年盡辛未景泰二年自十八歲至二十七歲所作
致知銘
人欲求道先致其知博學審問明辨慎思自心而身以至萬物表裏精粗無一敢忽窮彼萬理會于一原是謂知至可希聖賢
力行銘
人既知道當力於行始自孝弟尊師信朋至於百行無一不勉有過必改務遷于善日就月將不偏不息務底大成聖賢之德
持敬銘
惟知與行固為學則必有主之乃致乃力丹書之敬堯典

10728 楊文懿公文集三十卷　（明）楊守陳撰　明弘治十二年（1499）楊茂仁刻本

匡高19.6釐米，廣13.9釐米。半葉十二行，行二十二字，黑口，四周雙邊。有"馮印貞羣"等印。浙江圖書館藏。

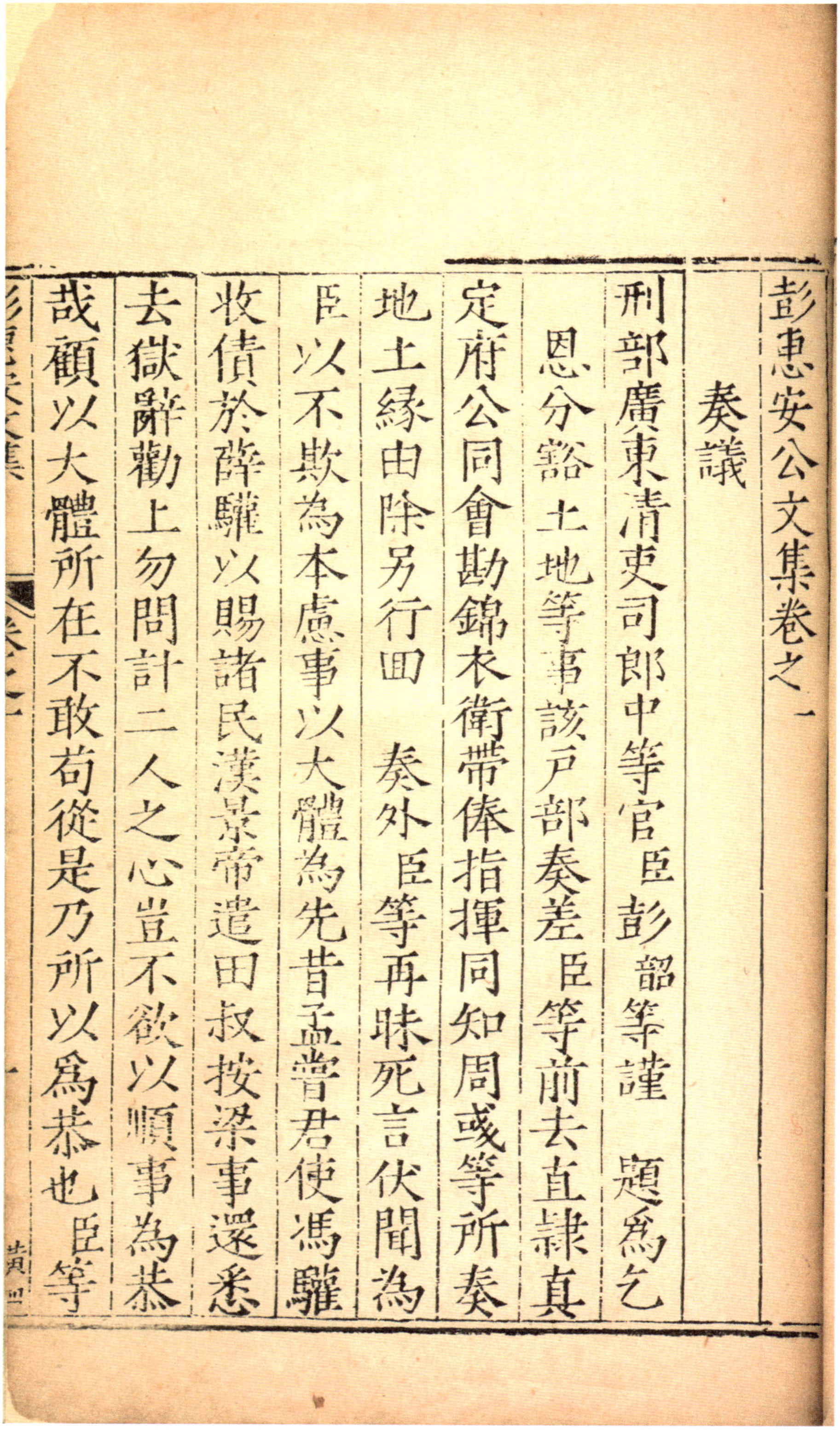

彭惠安公文集卷之一

奏議

刑部廣東清吏司郎中等官臣彭韶等謹　題爲乞
恩分豁土地等事該戶部奏差臣等前去直隸真
定府公同會勘錦衣衛帶俸指揮同知周彧等所奏
地土緣由除另行回　奏外臣等再昧死言伏聞爲
臣以不欺爲本慮事以大體爲先昔孟嘗君使馮驩
收債於薛驩以賜諸民漢景帝遣田叔按梁事還悉
去獄辭勸上勿問計二人之心豈不欲以順事爲恭
哉顧以大體所在不敢苟從是乃所以爲恭也臣等

彭惠安文集　卷之一　一

10729 彭惠安公文集十一卷　（明）彭韶撰 明萬曆彭繼美刻本

匡高18釐米，廣14釐米。半葉十行，行二十字，白口，四周雙邊。蘇州圖書館藏。

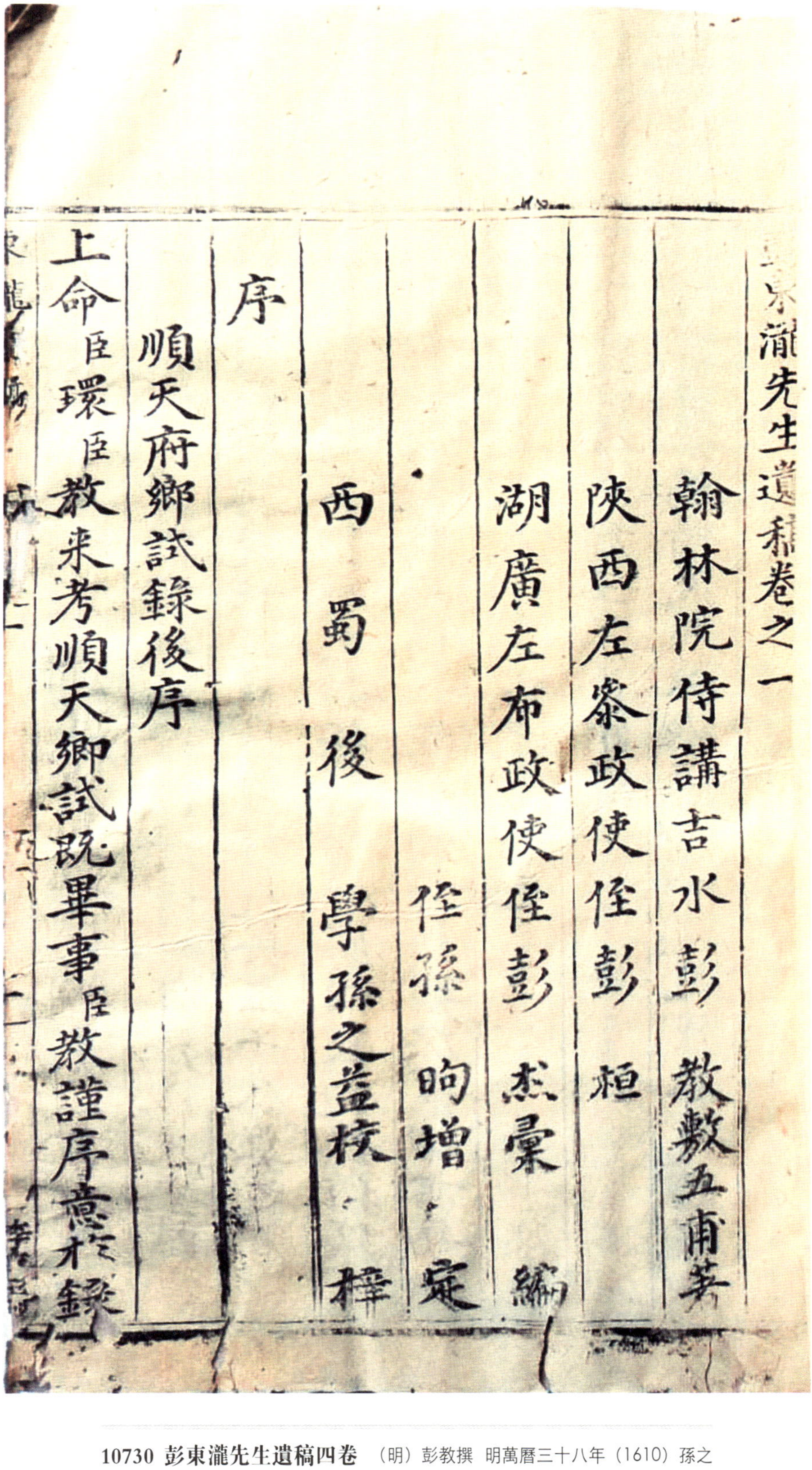

彭東瀧先生遺稿卷之一
翰林院侍講吉水彭　教敷五甫著
陝西左參政使侄彭　桓
湖廣左布政使侄彭　杰彙編
侄孫　昫增定
西蜀後學孫之益校梓

序
順天府鄉試録後序
上命臣環臣教來考順天鄉試既畢事臣教謹序意於録

10730 彭東瀧先生遺稿四卷 （明）彭教撰　明萬曆三十八年（1610）孫之益刻本

匡高22.1釐米，廣15.1釐米。半葉九行，行二十二字，白口，四周雙邊。江西省南康市圖書館藏。

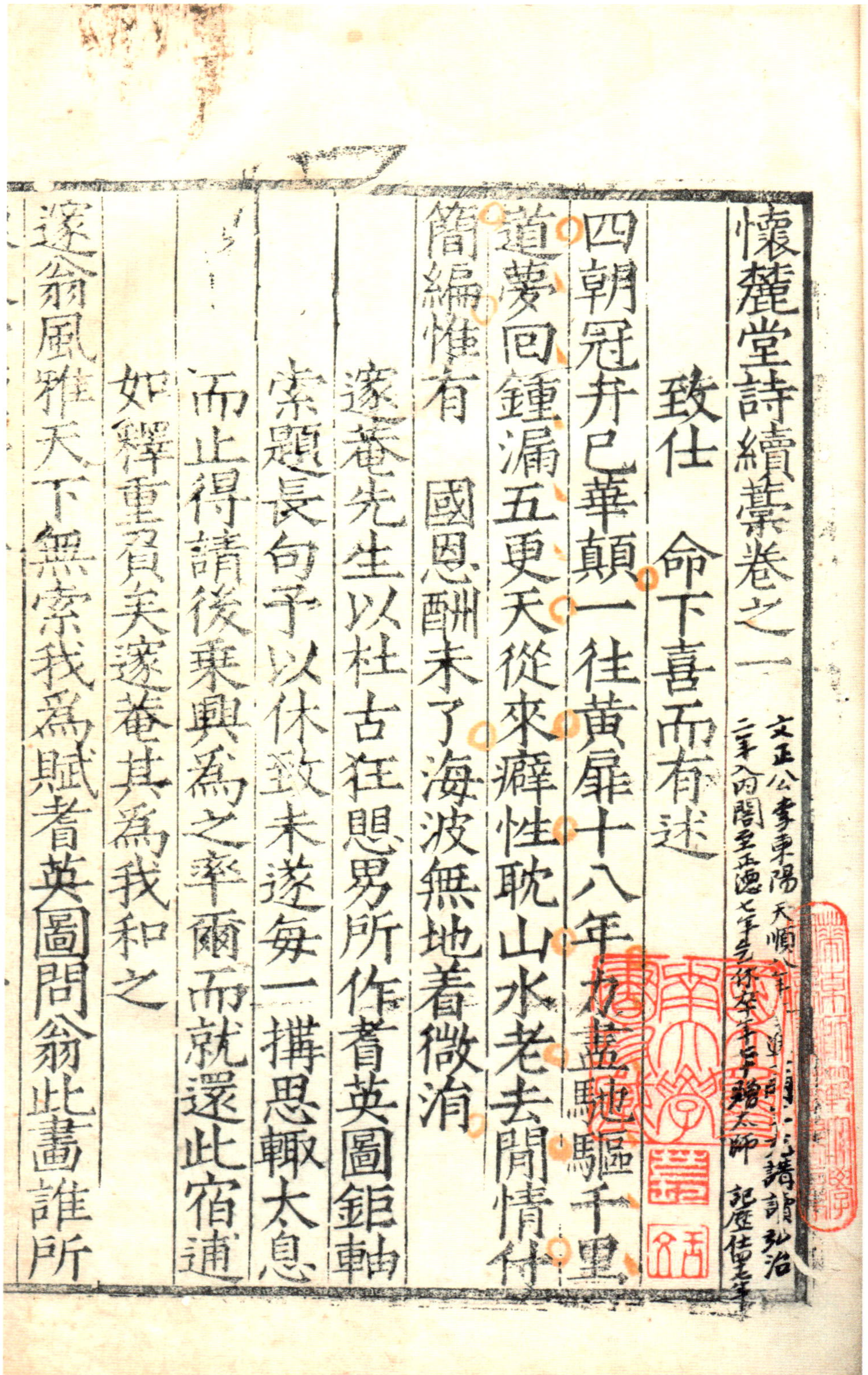
懷麓堂詩續藁卷之一

致仕 命下喜而有述

四朝冠弁已華顛一往黃扉十八年力盡驅馳千里道夢回鐘漏五更天從來癖性耽山水老去閒情付簡編惟有 國恩酬未了海波無地着微涓

遂菴先生以杜古狂思男所作耆英圖鉅軸索題長句予以休致未遂每一搆思輒太息而止得請後乘興爲之率爾而就還此宿逋如釋重負矣遂菴其爲我和之

遂翁風雅天下無索我爲賦耆英圖問翁此畫誰所

10731 懷麓堂詩續稿八卷 （明）李東陽撰 明正德十二年（1517）張汝立刻本

匡高18.9釐米，廣13.3釐米。半葉十行，行二十字，白口，四周單邊。陳甍跋。華東師範大學圖書館藏，存四卷。

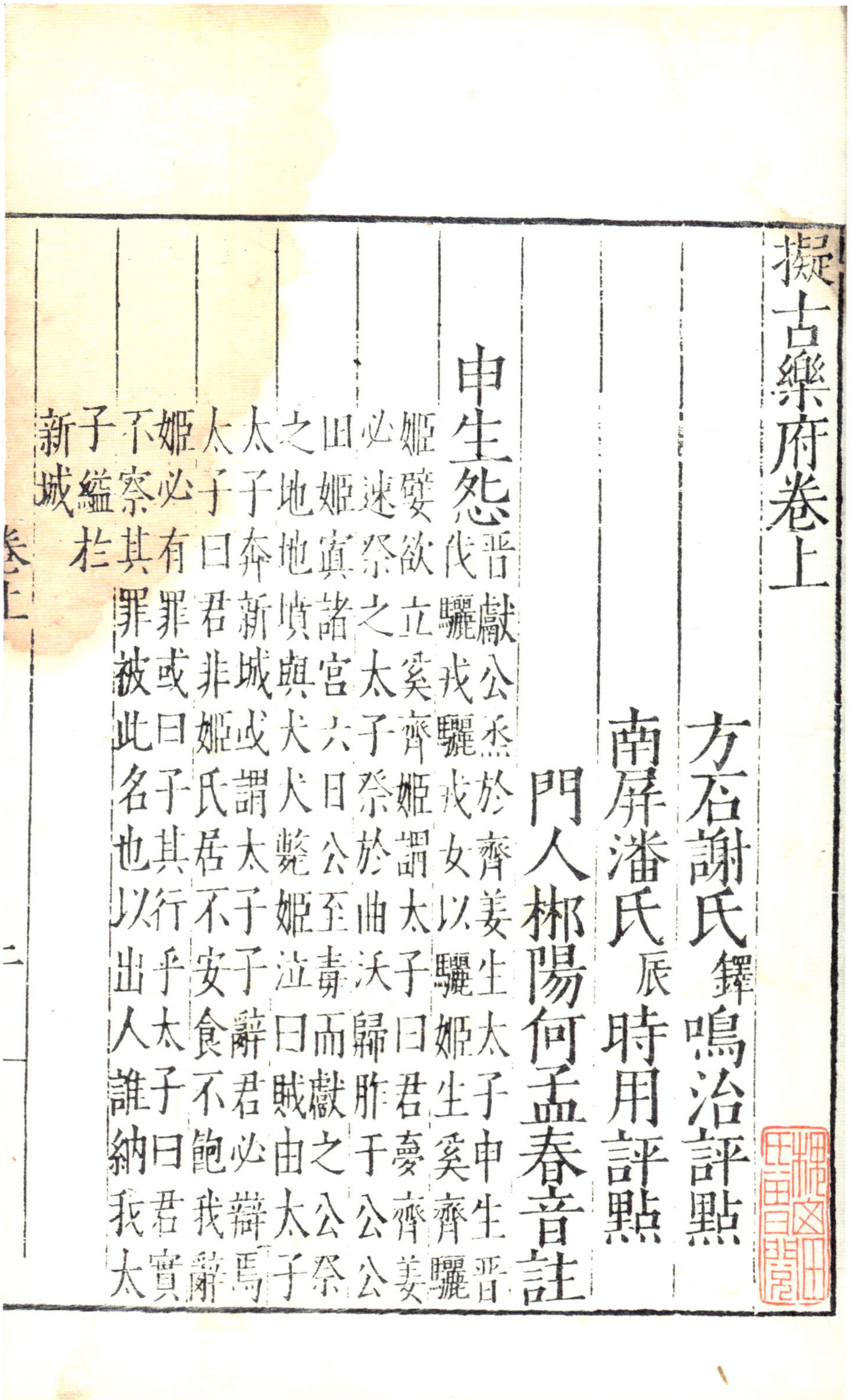
擬古樂府卷上
方石謝氏鐸鳴治評點
南屏潘氏辰時用評點
門人郴陽何孟春音註
申生怨
晋獻公烝於齊姜生太子申生晋伐驪戎驪戎女以驪姬生奚齊驪姬嬖欲立奚齊姬謂太子曰君夢齊姜必速祭之太子祭於曲沃歸胙于公公田姬寘諸宮六日公至毒而獻之公祭之地地墳與犬犬斃姬泣曰賊由太子太子奔新城或謂太子子辭君必辯焉太子曰君非姬氏居不安食不飽我辭姬必有罪或曰子其行乎太子曰君實不察其罪被此名也以出人誰納我太子縊於新城
卷上　二

10732 擬古樂府二卷（明）李東陽撰（明）謝鐸 潘辰評點（明）何孟春音註 明嘉靖三十一年（1552）唐堯臣刻本

匡高20.2釐米，廣15.2釐米。半葉十行，行十八字，小字雙行同，白口，四周單邊。北京大學圖書館藏。

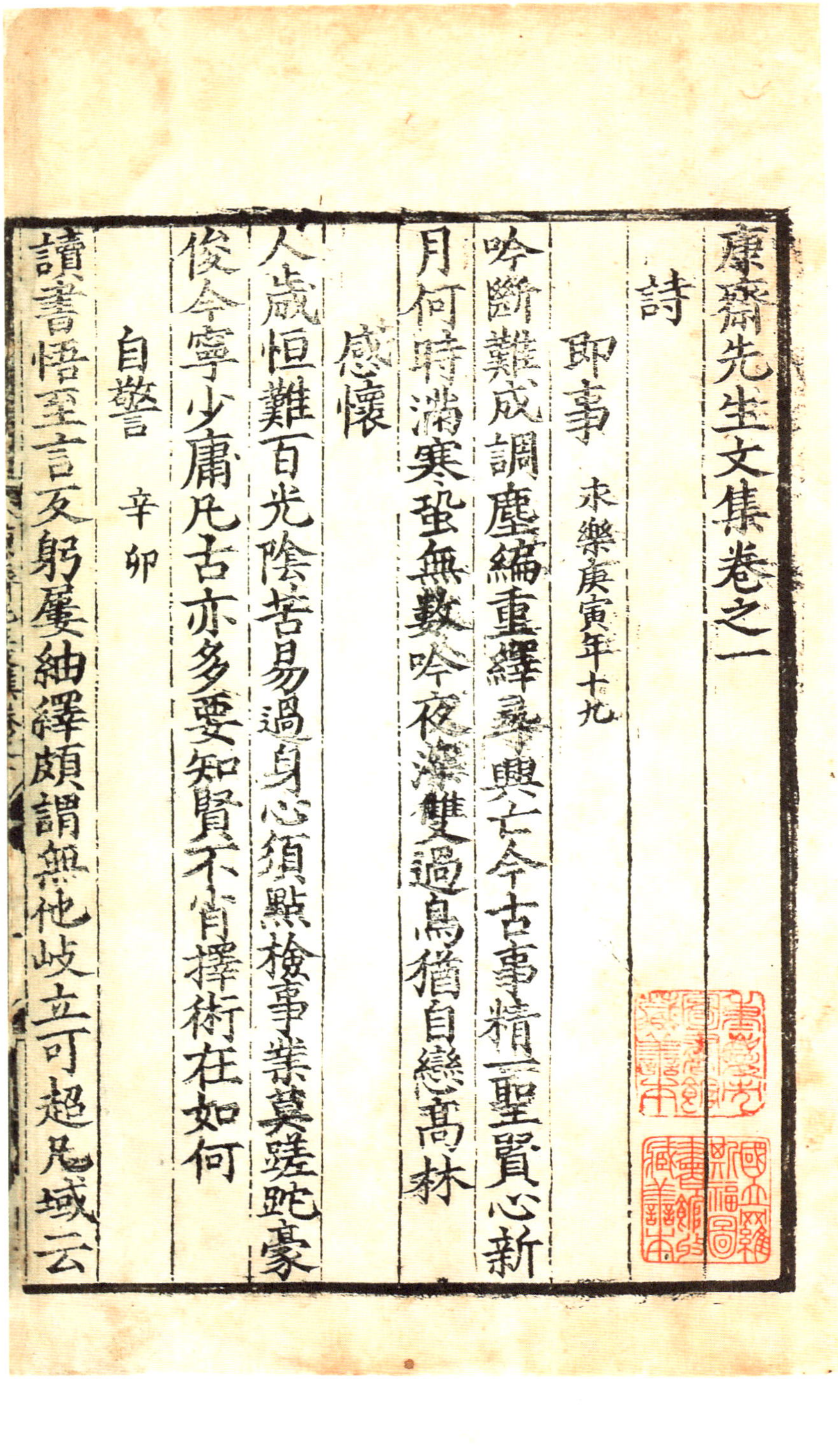
康齋先生文集卷之一

詩

即事　永樂庚寅年十九

吟斷難成調塵編重繹尋興亡今古事精一聖賢心新
月何時滿寒蛩無數吟夜深雙過鳥猶自戀高林

感懷

人歲恒難百光陰苦易過身心須點檢事業莫蹉跎豪
俊今寧少庸凡古亦多要知賢不肖擇術在如何

自警　辛卯

讀書悟至言反躬屢紬繹頗謂無他岐立可超凡域云

10733 康齋先生文集十二卷 （明）吳與弼撰 **附録一卷** 明嘉靖五年（1526）林維德刻本

匡高21.4釐米，廣14.9釐米。半葉十行，行二十一字，小字雙行同，黑口，四周單邊。重慶圖書館藏。

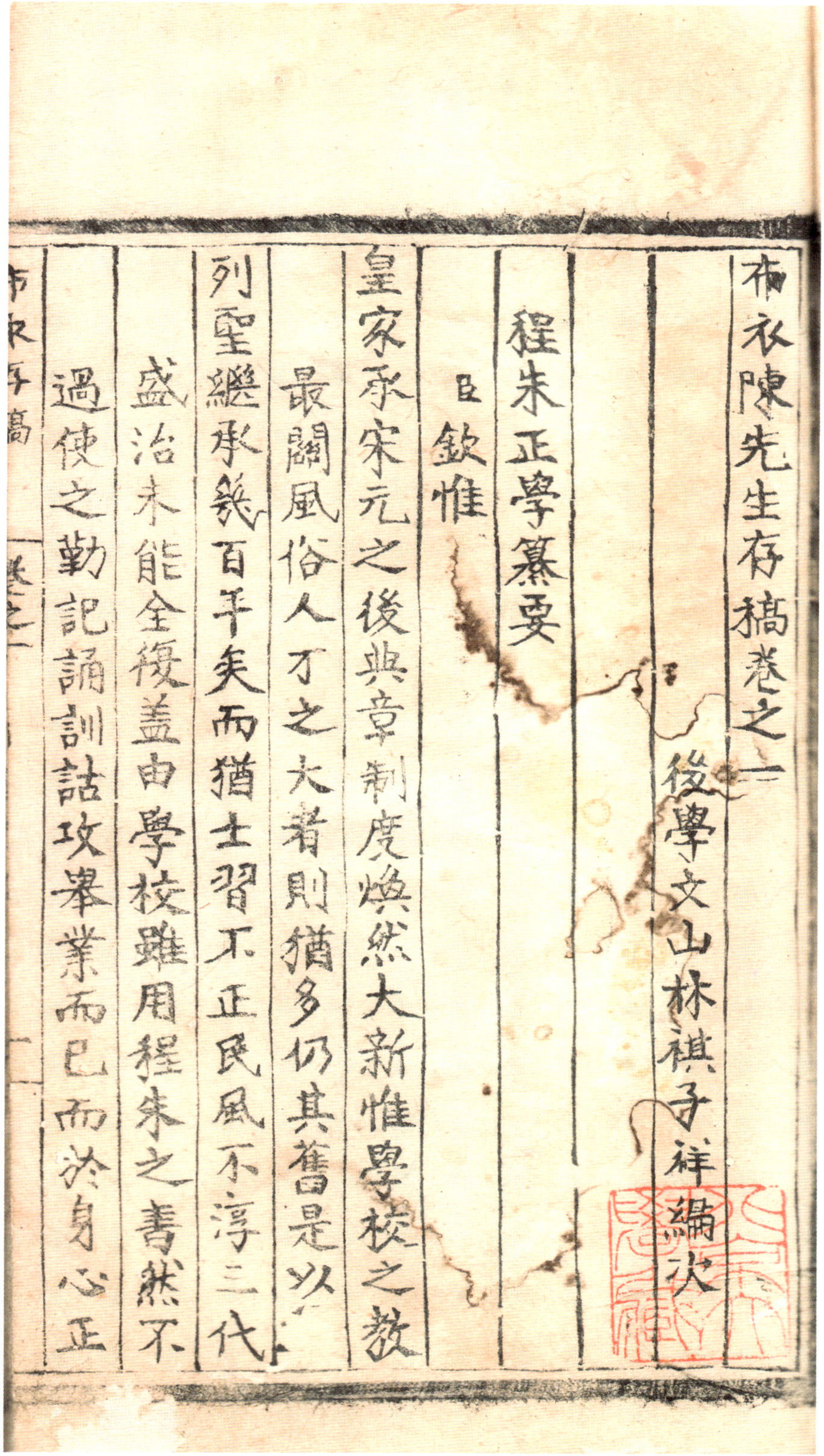
布衣陳先生存稿卷之一
後學文山林祺子祥編次
程朱正學纂要
臣欽惟
皇家承宋元之後典章制度煥然大新惟學校之教
最關風俗人才之大者則猶多仍其舊是以
列聖繼承幾百年矣而猶士習不正民風不淳三代
盛治未能全復蓋由學校雖用程朱之書然不
過使之勤記誦訓詁攻舉業而已而於身心正
布衣存稿　卷之一

10734 布衣陳先生存稿八卷 （明）陳真晟撰 明正德十一年（1516）林魁刻本

匡高20.3釐米，廣13.6釐米。半葉十行，行二十字，白口，四周雙邊。北京大學圖書館藏。

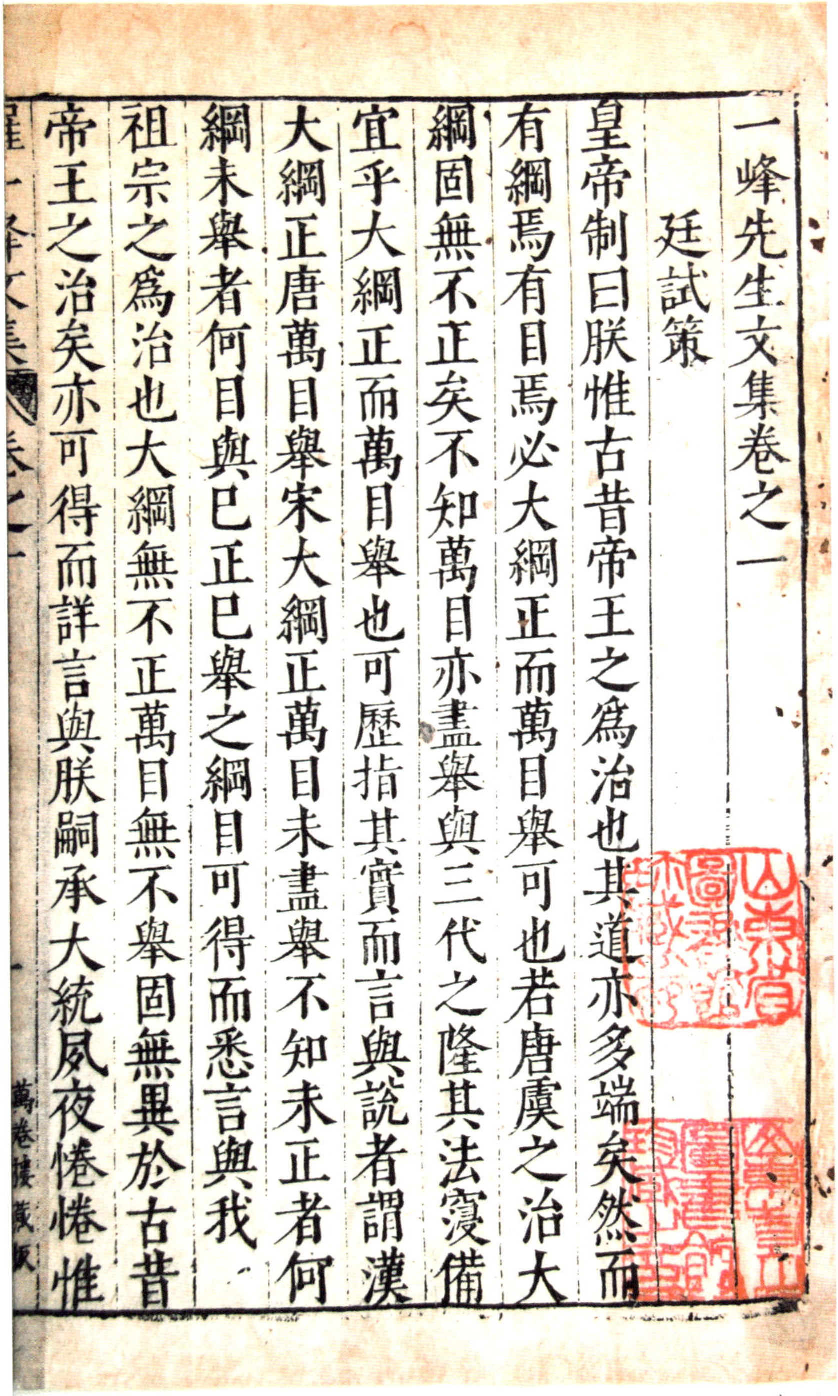
一峯先生文集卷之一

廷試策

皇帝制曰朕惟古昔帝王之爲治也其道亦多端矣然而有綱焉有目焉必大綱正而萬目舉可也若唐虞之治大綱固無不正矣不知萬目亦盡舉與三代之隆其法寖備宜乎大綱正而萬目舉也可歷指其實而言與說者謂漢大綱正唐萬目舉宋大綱正萬目未盡舉不知未正者何綱未舉者何目與已正已舉之綱目可得而悉言與我

祖宗之爲治也大綱無不正萬目無不舉固無異於古昔

帝王之治矣亦可得而詳言與朕嗣承大統夙夜惓惓惟

羅一峯文集 卷之一 一 萬卷樓藏版

10735 一峰先生文集十四卷 （明）羅倫撰 明萬卷樓刻本

匡高23.3釐米，廣14.8釐米。半葉十行，行二十二字，白口，四周單邊。山東省圖書館藏。

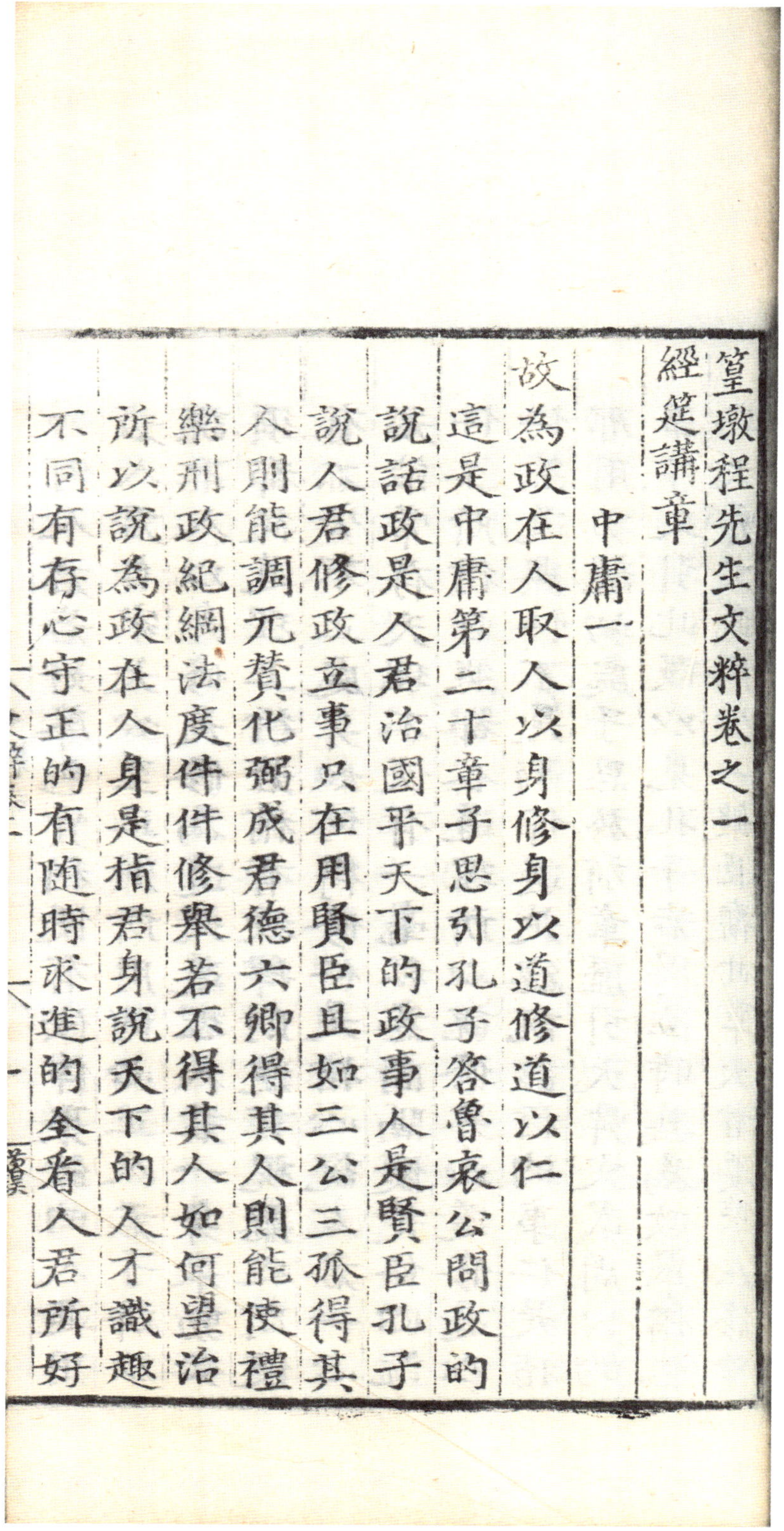

篁墩程先生文粹卷之一

經筵講章

中庸一

故為政在人取人以身修身以道修道以仁

這是中庸第二十章子思引孔子荅魯哀公問政的說話政是人君治國平天下的政事人是賢臣孔子說人君修政立事只在用賢臣且如三公三孤得其人則能調元贊化弼成君德六卿得其人則能使禮樂刑政紀綱法度件件修舉若不得其人如何望治所以說為政在人身是指君身說天下的人才識趣不同有存心守正的有隨時求進的全看人君所好

10736 篁墩程先生文粹二十五卷 （明）程敏政撰 （明）程曾 戴銑輯

明正德元年（1506）張九逵刻本

匡高19釐米，廣12.9釐米。半葉十一行，行二十一字，白口，四周單邊。華東師範大學圖書館藏。

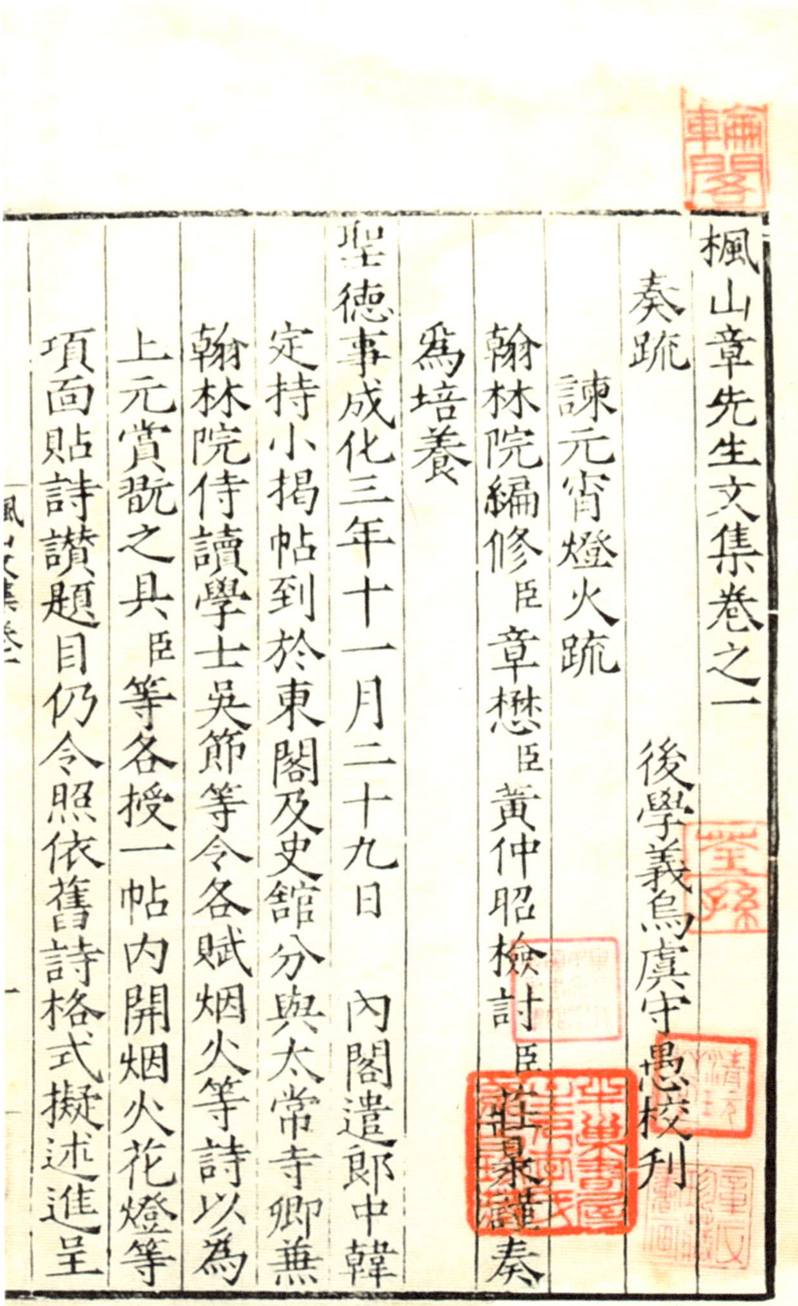

楓山章先生文集卷之一

後學義烏虞守愚校刊

奏疏

諫元宵燈火疏

翰林院編修臣章懋臣黃仲昭檢討臣莊㫤謹奏

為培養

聖德事成化三年十一月二十九日 內閣遣郎中韓

定持小揭帖到於東閣及史館分與太常寺卿兼

翰林院侍讀學士吳節等令各賦烟火等詩以為

上元賞翫之具臣等各授一帖內開烟火花燈等

項面貼詩讚題目仍令照依舊詩格式擬述進呈

楓山文集卷一　一

10737 楓山章先生文集四卷 （明）章懋撰 明嘉靖二十一年（1542）虞守愚刻本

匡高21.3釐米，廣14釐米。半葉十行，行二十一字，白口，四周單邊。有“荃孫”、“章氏珍藏書画”等印。吉林大學圖書館藏。

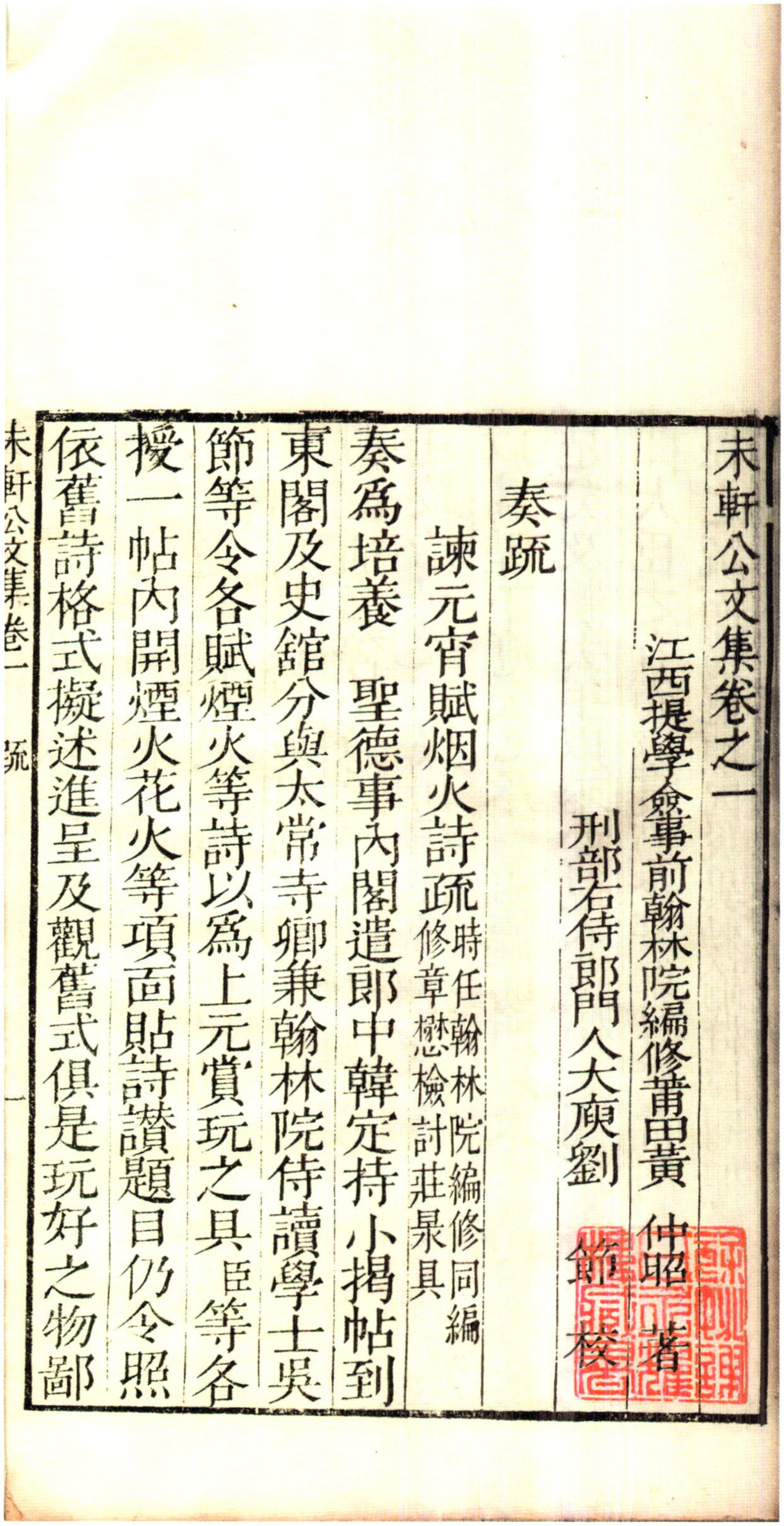
未軒公文集卷之一
江西提學僉事前翰林院編修莆田黃　仲昭　著
刑部右侍郎門人大庾劉　節　校
奏疏
諫元宵賦烟火詩疏時任翰林院編修同編修章懋檢討莊昶具
奏爲培養　聖德事內閣遣郎中韓定持小揭帖到
東閣及史館分與太常寺卿兼翰林院侍讀學士吳
節等令各賦煙火等詩以爲上元賞玩之具臣等各
授一帖內開煙火花火等項面貼詩讚題目仍令照
依舊詩格式擬述進呈及觀舊式俱是玩好之物鄙
未軒公文集卷一　疏　一

10738 未軒公文集十二卷補遺二卷 （明）黄仲昭撰 **附録一卷** 明嘉靖三十四年（1555）黄希白刻清雍正十三年（1735）黄邁琮增修本

匡高18釐米，廣13.6釐米。半葉十行，行二十字，小字雙行同，白口，四周單邊。有"餘姚謝氏永耀樓藏書"等印。北京師範大學圖書館藏。

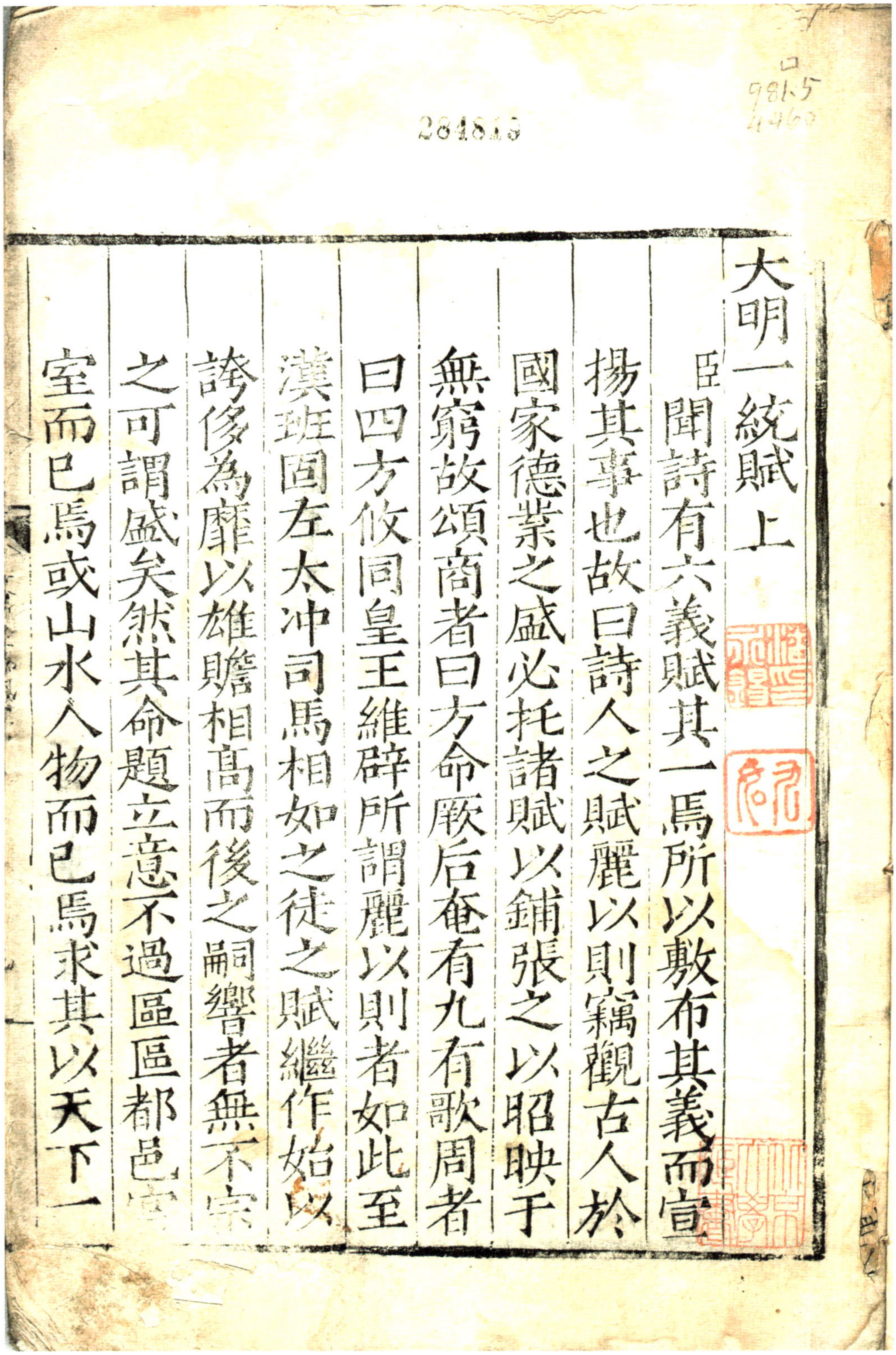
大明一統賦上
臣聞詩有六義賦其一焉所以敷布其義而宣
揚其事也故曰詩人之賦麗以則竊觀古人於
國家德業之盛必托諸賦以鋪張之以昭映于
無窮故頌商者曰方命厥后奄有九有歌周者
曰四方攸同皇王維辟所謂麗以則者如此至
漢班固左太冲司馬相如之徒之賦繼作始以
誇侈為靡以雄贍相高而後之嗣響者無不宗
之可謂盛矣然其命題立意不過區區都邑宮
室而已焉或山水人物而已焉求其以天下一

10739 大明一統賦三卷 （明）莫旦撰 明嘉靖十五年（1536）鄭普刻本

匡高20釐米，廣15.9釐米。半葉十行，行二十字，白口，左右雙邊。北京大學圖書館藏。

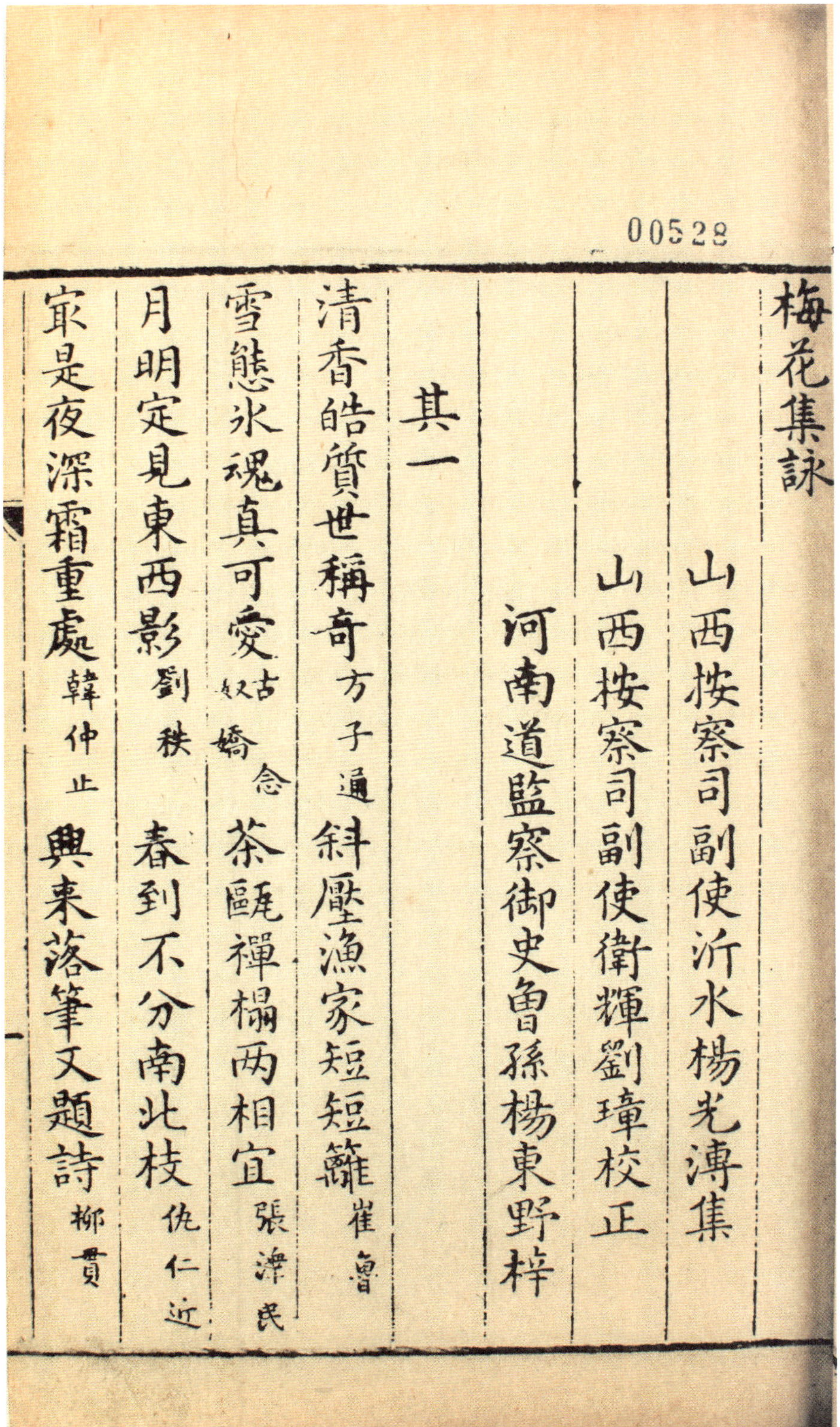

梅花集詠

山西按察司副使沂水楊光溥集

山西按察司副使衛輝劉璋校正

河南道監察御史曾孫楊東野梓

其一

清香皓質世稱奇方子通　斜壓漁家短短籬崔曾

雪態氷魂真可愛古念奴嬌　茶甌禪榻兩相宜張澤民

月明定見東西影劉秩　春到不分南北枝仇仁近

寂是夜深霜重處韓仲止　興來落筆又題詩柳貫

10740 梅花集詠一卷 （明）楊光溥撰 明楊東野刻本

匡高19.5釐米，廣14.5釐米。半葉九行，行二十字，白口，四周單邊。青島市博物館藏。

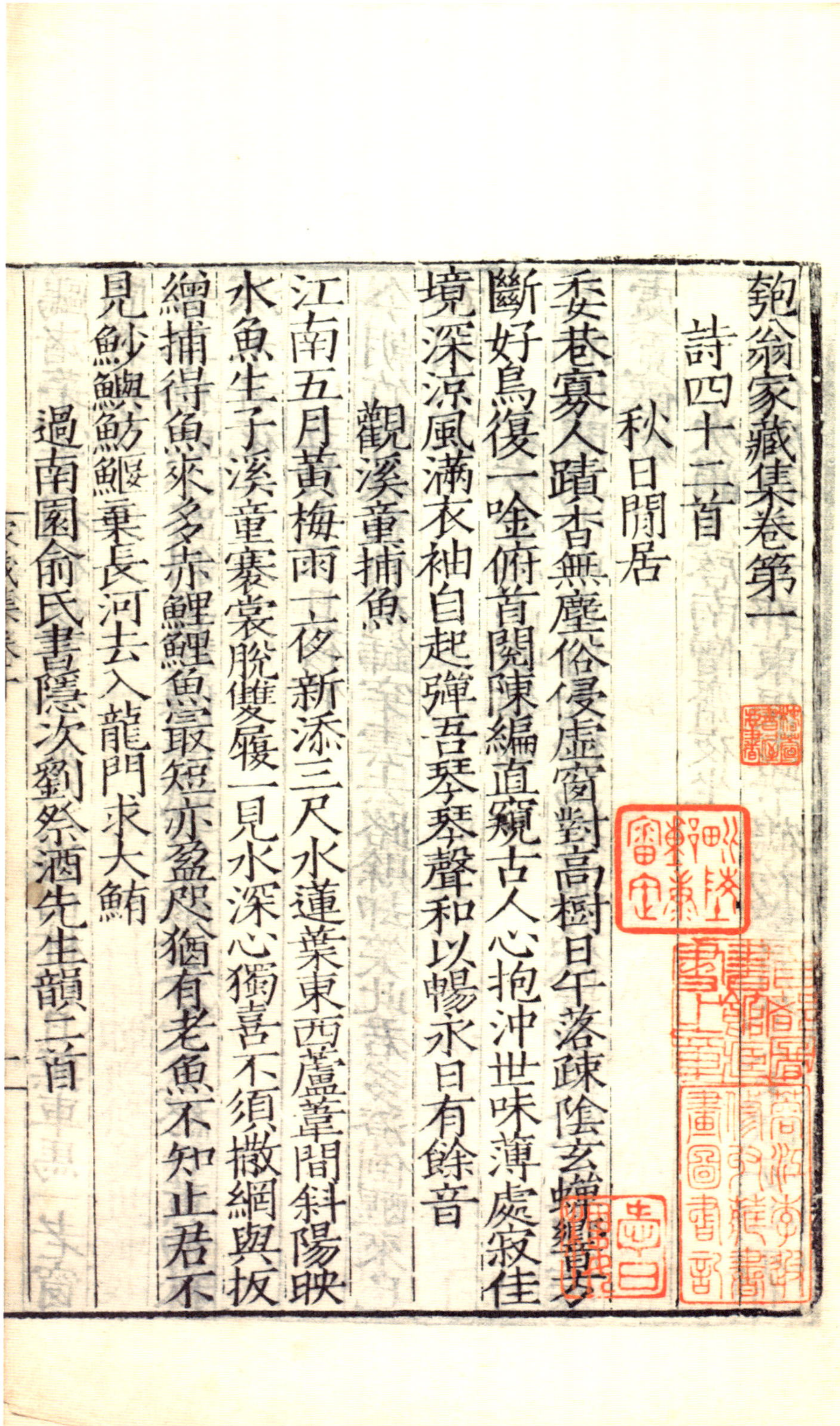
匏翁家藏集卷第一

詩四十二首

秋日閒居

委巷寡人蹟杳無塵俗侵虛窗對高樹日午落疎陰玄蟬響方斷好鳥復一唫俯首閱陳編直窺古人心抱沖世味薄處寂佳境深涼風滿衣袖自起彈吾琴琴聲和以暢永日有餘音

觀溪童捕魚

江南五月黃梅雨一夜新添三尺水蓮葉東西蘆葦間斜陽映水魚生子溪童褰裳脫雙履一見水深心獨喜不須撒網與扳罾捕得魚來多赤鯉鯉魚最短亦盈咫猶有老魚不知止君不見鯋鱮魴鰕乗長河去入龍門求大鮪

過南園俞氏書隱次劉祭酒先生韻二首

10741、10742 匏翁家藏集七十七卷補遺一卷 （明）吳寬撰　明正德三年（1508）吳奭刻本

匡高19.6釐米，廣14.1釐米。半葉十二行，行二十四字，白口，左右雙邊。復旦大學圖書館藏，有“安樂堂藏書記”、“明善堂覽書畫印記”等印；首都圖書館藏，有“李維禛印”、“蓉江李遐修收藏書畫圖書記”等印。

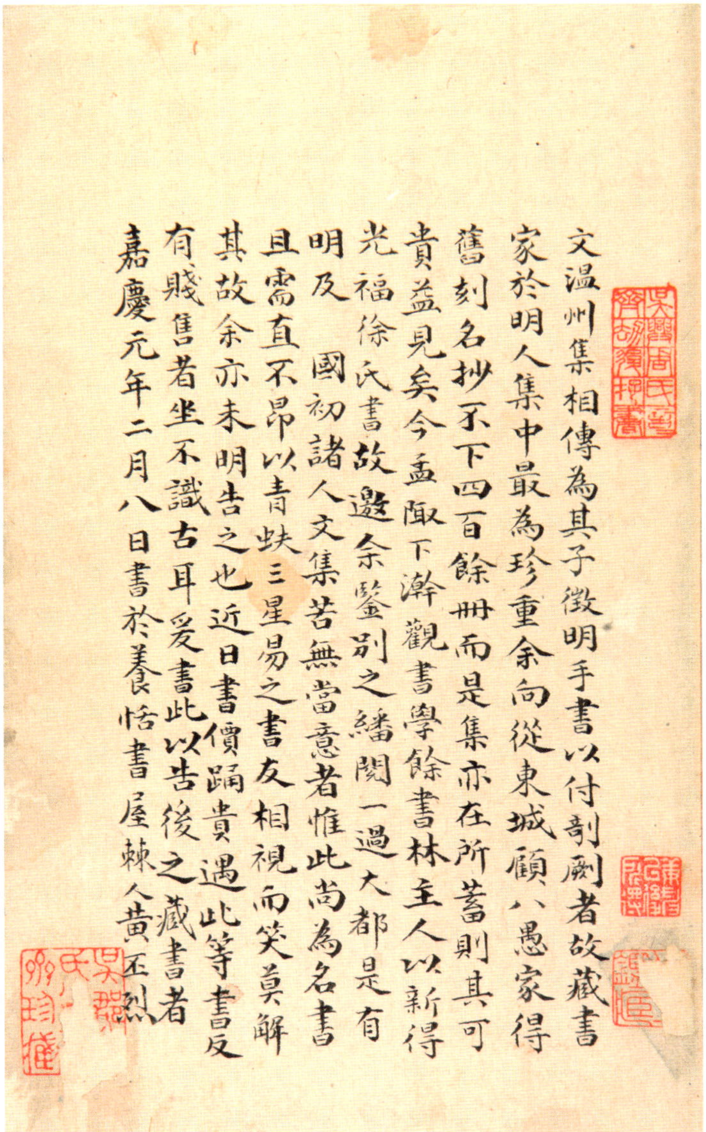
文温州集相傳為其子徵明手書以付剞劂者故藏書家於明人集中最為珍重余向從東城顧八愚家得舊刻名抄不下四百餘冊而是集亦在所蓄則其可貴益見矣今孟陬下澣觀書學餘書林主人以新得光福徐氏書故邀余鑒別之繙閱一過大都是有明及　國初諸人文集苦無當意者惟此尚為名書且需直不昂以青蚨三星易之書友相視而笑莫解其故余亦未明告之也近日書價踊貴遇此等書反有賤售者坐不識古耳爰書此以告後之藏書者

嘉慶元年二月八日書於養恬書屋棘人黄丕烈

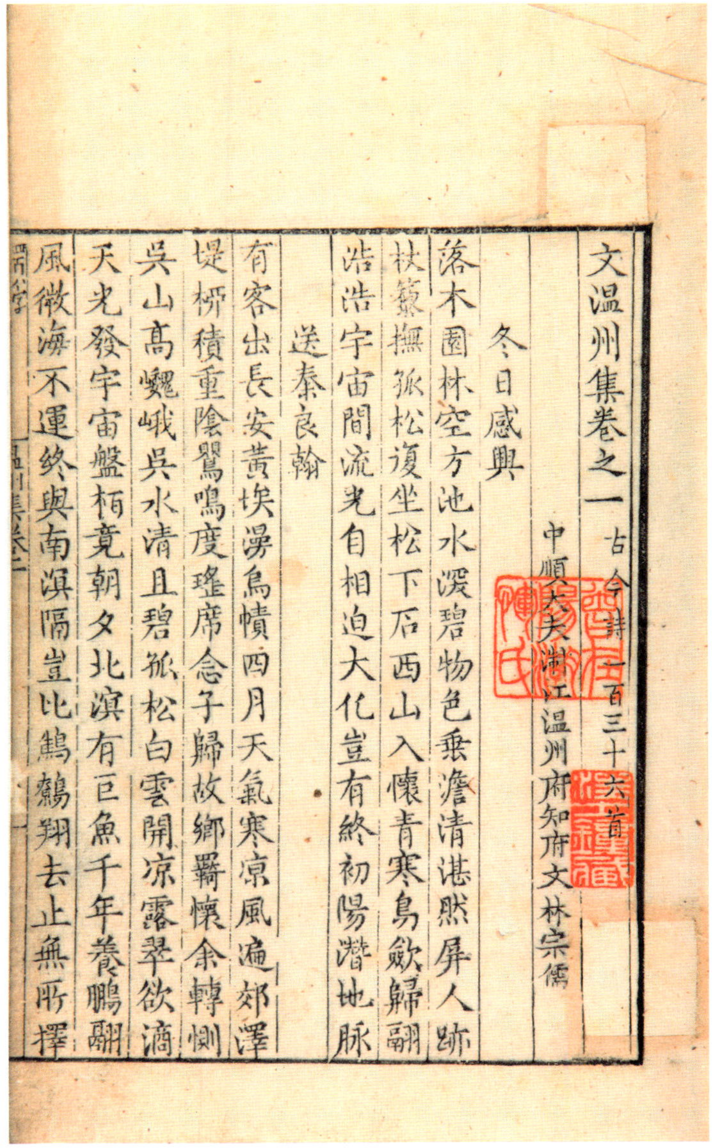
文温州集卷之一　古今詩一百三十六首

中順大夫浙江温州府知府文林宗儒

冬日感興

落木園林空方池水淥碧物色垂澹清湛然屏人跡杖藜撫孤松復坐松下石西山入懷青寒鳥歛歸翮浩浩宇宙間流光自相迫大化豈有終初陽潛地脉

送秦良翰

有客出長安黄埃湧烏幘四月天氣寒凉風遍郊澤堤柳積重陰鸎鳴度瑾席念子歸故鄉羇懷余轉惻吳山高巍峨吳水清且碧孤松白雲開凉露翠欲滴天光發宇宙盤桓竟朝夕北濵有巨魚千年養鵬翮風微海不運終與南溟隔豈比鷦鷯翔去止無所擇

10743 文温州集十二卷 （明）文林撰　明刻本

匡高18釐米，廣12.8釐米。半葉十二行，行二十字，細黑口，左右雙邊。有“徐堅藏本”、“汪士鐘藏”、“吴興周氏言言齋劫後存書”等印。黄丕烈跋。上海圖書館藏。

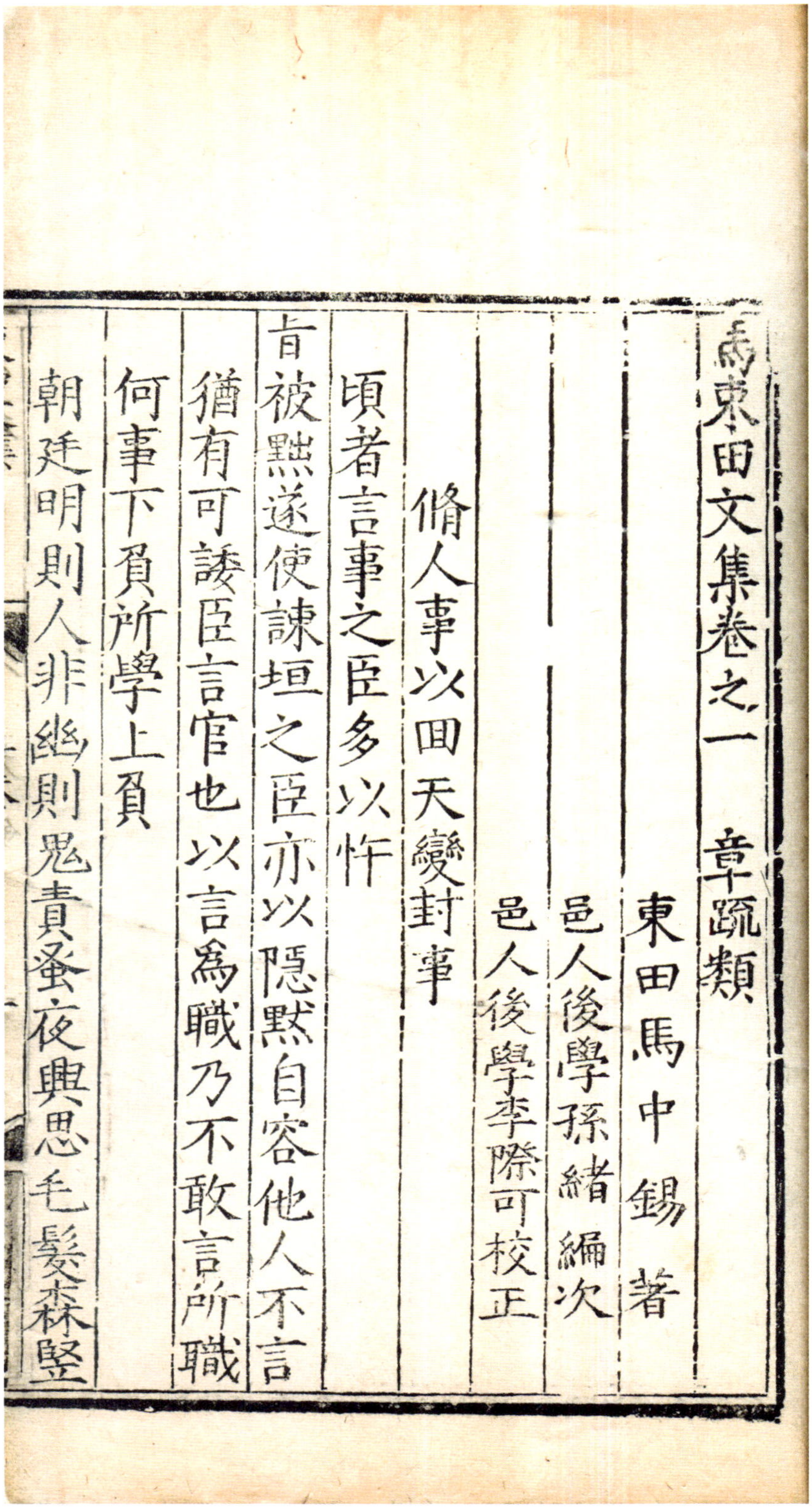

馬東田文集卷之一　章疏類

東田馬中錫著

邑人後學孫緒編次

邑人後學李際可校正

脩人事以回天變封事

頃者言事之臣多以忤

旨被黜遂使諫垣之臣亦以隱默自容他人不言

猶有可諉臣言官也以言為職乃不敢言所職

何事下負所學上負

朝廷明則人非幽則鬼責蚤夜興思毛髮森竪

10744 馬東田文集六卷　（明）馬中錫撰　**附録一卷**　明嘉靖二十一年（1542）刻本

匡高19.3釐米，廣13.1釐米。半葉十行，行十九字，黑口，四周雙邊。北京師範大學圖書館藏。

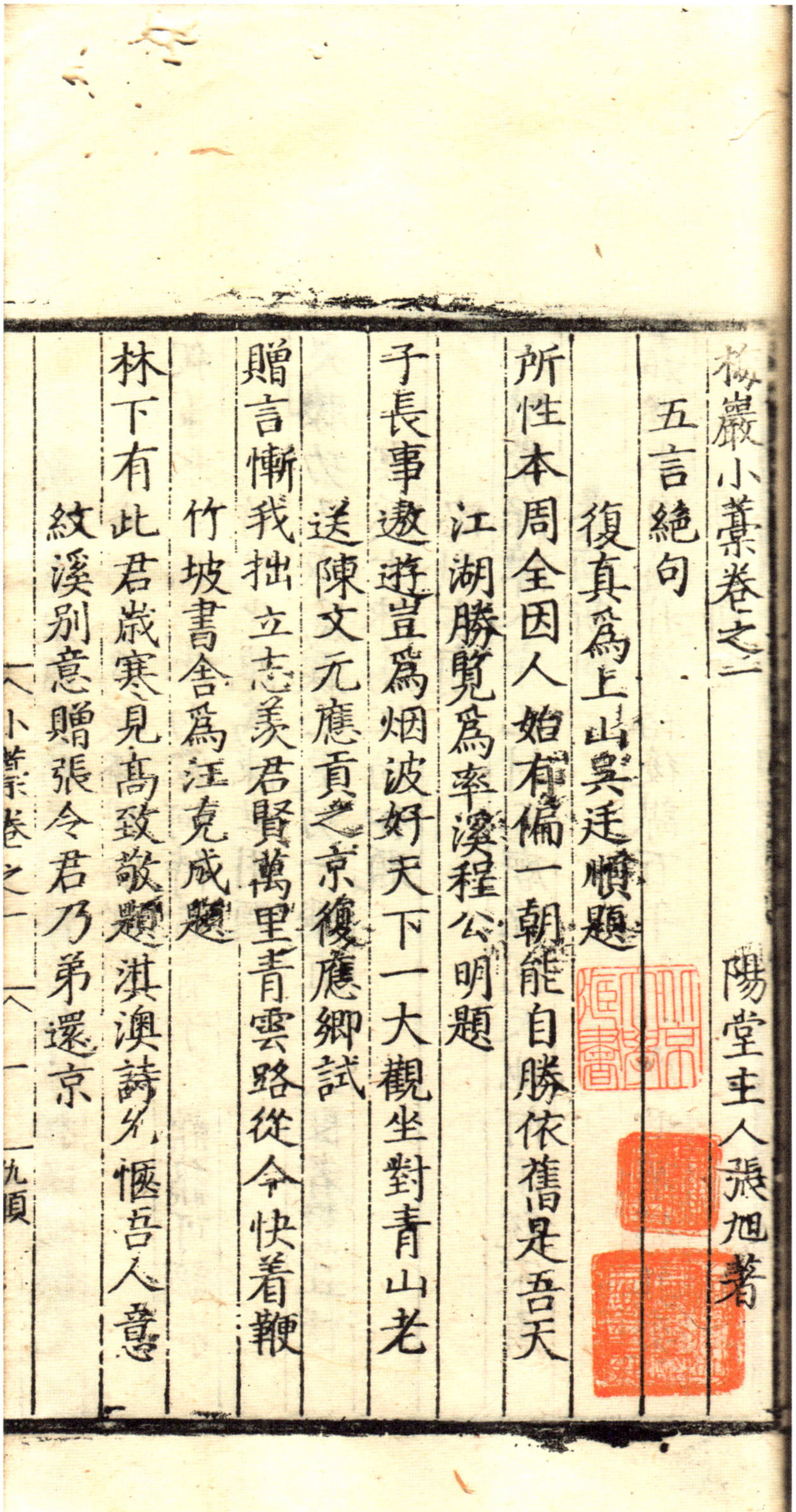

梅巖小藁卷之二

陽堂主人張旭著

五言絶句

復真爲上山吳廷憤題

所性本周全因人始有偏一朝能自勝依舊是吾天

江湖勝覧爲率溪程公明題

子長事遨遊豈爲烟波好天下一大觀坐對青山老

送陳文元應貢之京復應鄉試

贈言慚我拙立志羨君賢萬里青雲路從今快着鞭

竹坡書舍爲汪克成題

林下有此君歲寒見高致敬題淇澳詩允愜吾人意

紋溪別意贈張令君乃弟還京

小藁卷之一　九頁

10745 梅巖小稿三十卷　（明）張旭撰 明正德元年（1506）刻本

匡高21.1釐米，廣14.9釐米。半葉十一行，行二十一字，白口，四周單邊。北京大學圖書館藏。

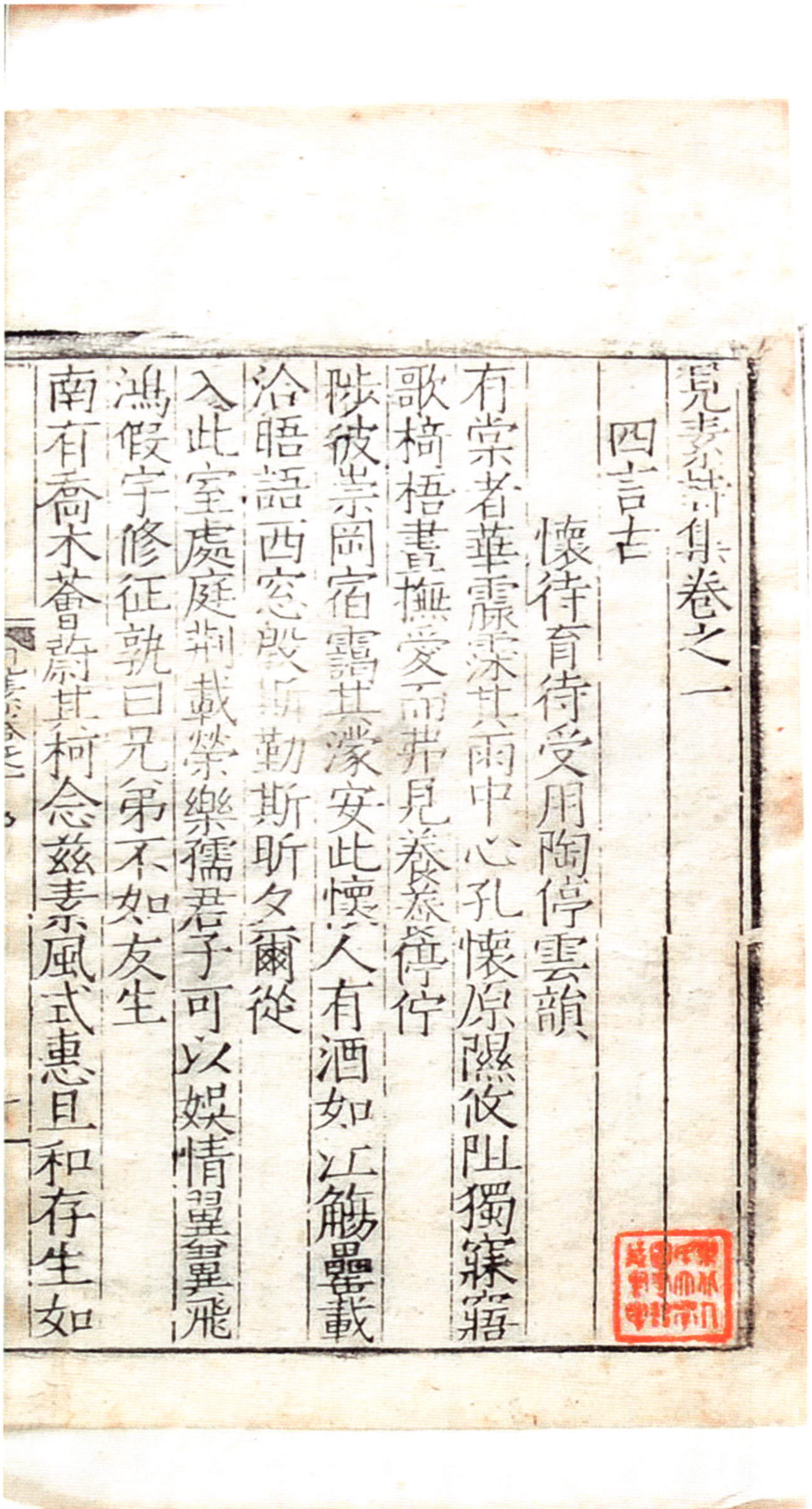
見素詩集卷之一
四言古
懷待育待受用陶停雲韻
有棠者華霡霂其雨中心孔懷原隰彼阻獨寐寤
歌椅梧晝撫愛而弗見眷眷停佇
陟彼崇岡宿露其濛安此懷人有酒如江觴罍載
洽晤語西窓殷斯勤斯昕夕爾從
入此室處庭荆載榮樂孺君子可以娛情翼翼翼飛
鴻假宇修征孰曰兄弟不如友生
南有喬木蓊蔚其柯念茲素風式惠且和存生如

10746 見素詩集十四卷 （明）林俊撰 明嘉靖元年（1522）林有年刻本

匡高18.3釐米，廣13.1釐米。半葉十行，行十九字，白口，左右雙邊。吉林大學圖書館藏。

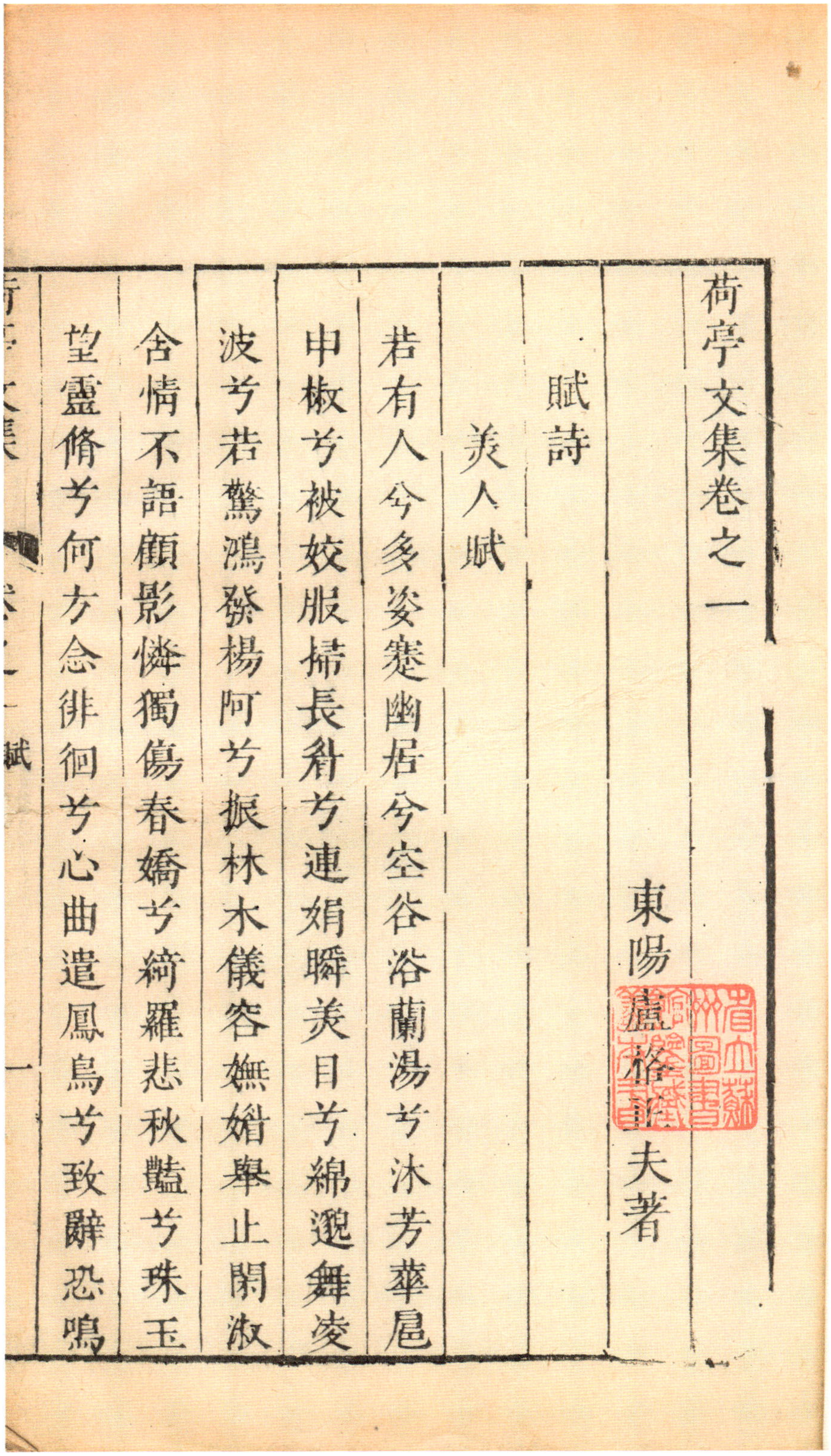

荷亭文集卷之一
東陽盧格正夫著
賦詩
美人賦
若有人兮多姿蹇幽居兮空谷浴蘭湯兮沐芳華扈
中椒兮被姣服掃長袖兮連娟瞬美目兮綿邈舞凌
波兮若驚鴻發楊阿兮振林木儀容嫵媚舉止閑淑
含情不語顧影憐獨傷春嬌兮綺羅悲秋豔兮珠玉
望靈脩兮何方念徘徊兮心曲遣鳳鳥兮致辭恐鳴
荷亭文集　卷之一　賦　一

10747 荷亭文集十四卷 （明）盧格撰 明崇禎十二年（1639）盧迪刻本

匡高20.3釐米，廣14釐米。半葉九行，行二十一字，白口，四周單邊。蘇州圖書館藏。

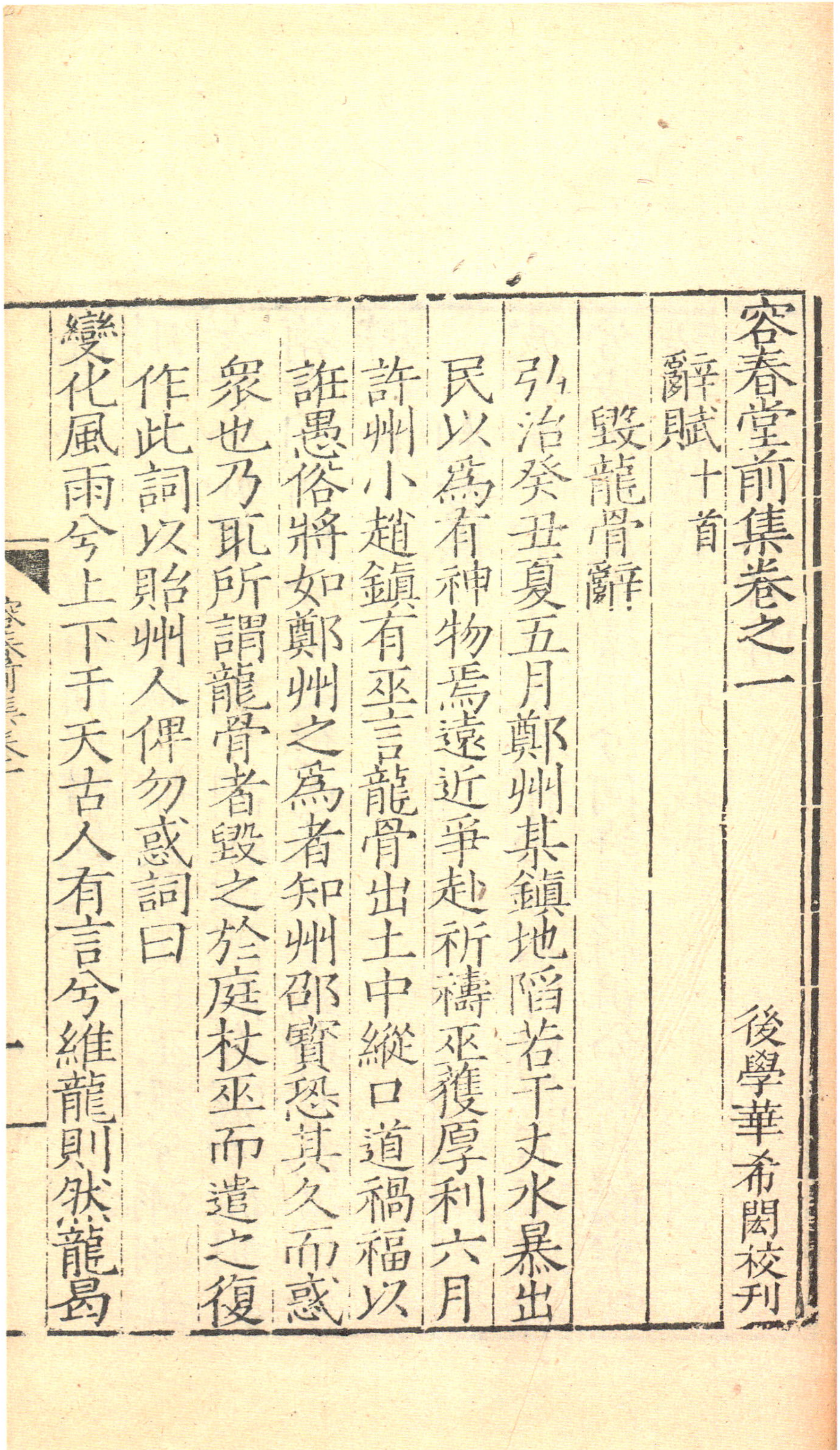
容春堂前集卷之一
後學華希閔校刊
辭賦十首
毀龍骨辭
弘治癸丑夏五月鄭州某鎮地陷若干丈水暴出民以爲有神物焉遠近爭赴祈禱巫獲厚利六月許州小趙鎮有巫言龍骨出土中縱口道禍福以誑愚俗將如鄭州之爲者知州邵寶恐其久而惑衆也乃取所謂龍骨者毀之於庭杖巫而遣之復作此詞以貽州人俾勿惑詞曰
變化風雨兮上下于天古人有言兮維龍則然龍曷

10748 容春堂前集二十卷後集十四卷續集十八卷别集九卷 （明）

邵寶撰 明秦榛刻清雍正華希閔重修本

匡高18.3釐米，廣14釐米。半葉十行，行二十字，白口，左右雙邊。無錫市圖書館藏。

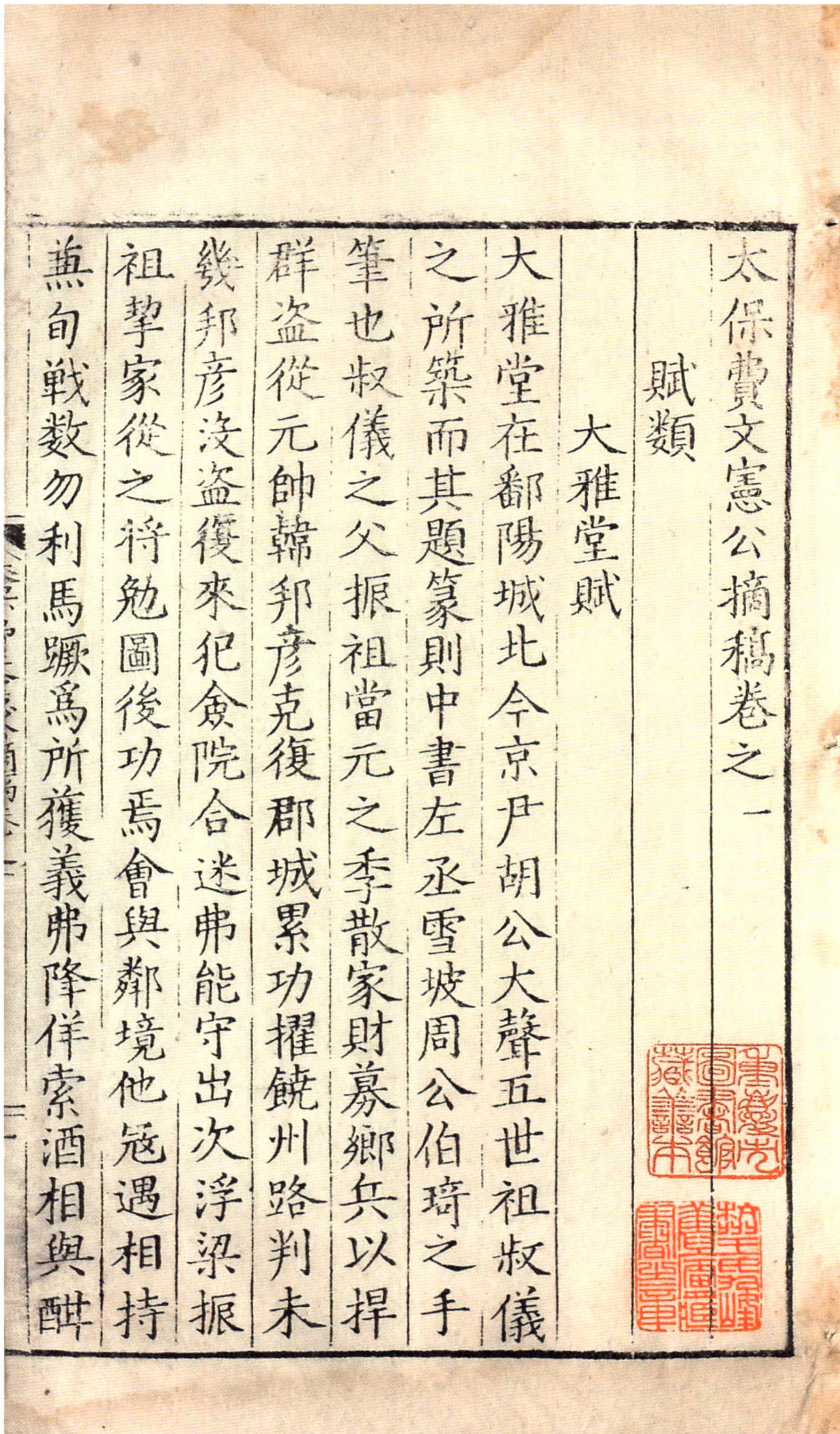
太保費文憲公摘稿卷之一
賦類
大雅堂賦
大雅堂在鄱陽城北今京尹胡公大聲五世祖叔儀之所築而其題篆則中書左丞雪坡周公伯琦之手筆也叔儀之父振祖當元之季散家財募鄉兵以捍群盜從元帥韓邦彥克復郡城累功擢饒州路判未幾邦彥沒盜復來犯僉院合迷佛能守出次浮梁振祖挈家從之將勉圖後功焉會與鄰境他寇遇相持兼旬戰數勿利馬蹶爲所獲義弗降佯索酒相與酬

10749 太保費文憲公摘稿二十卷 （明）費宏撰 明嘉靖三十四年（1555）吴遵之刻本

匡高21.4釐米，廣14.4釐米。半葉十行，行二十字，白口，四周單邊。重慶圖書館藏。

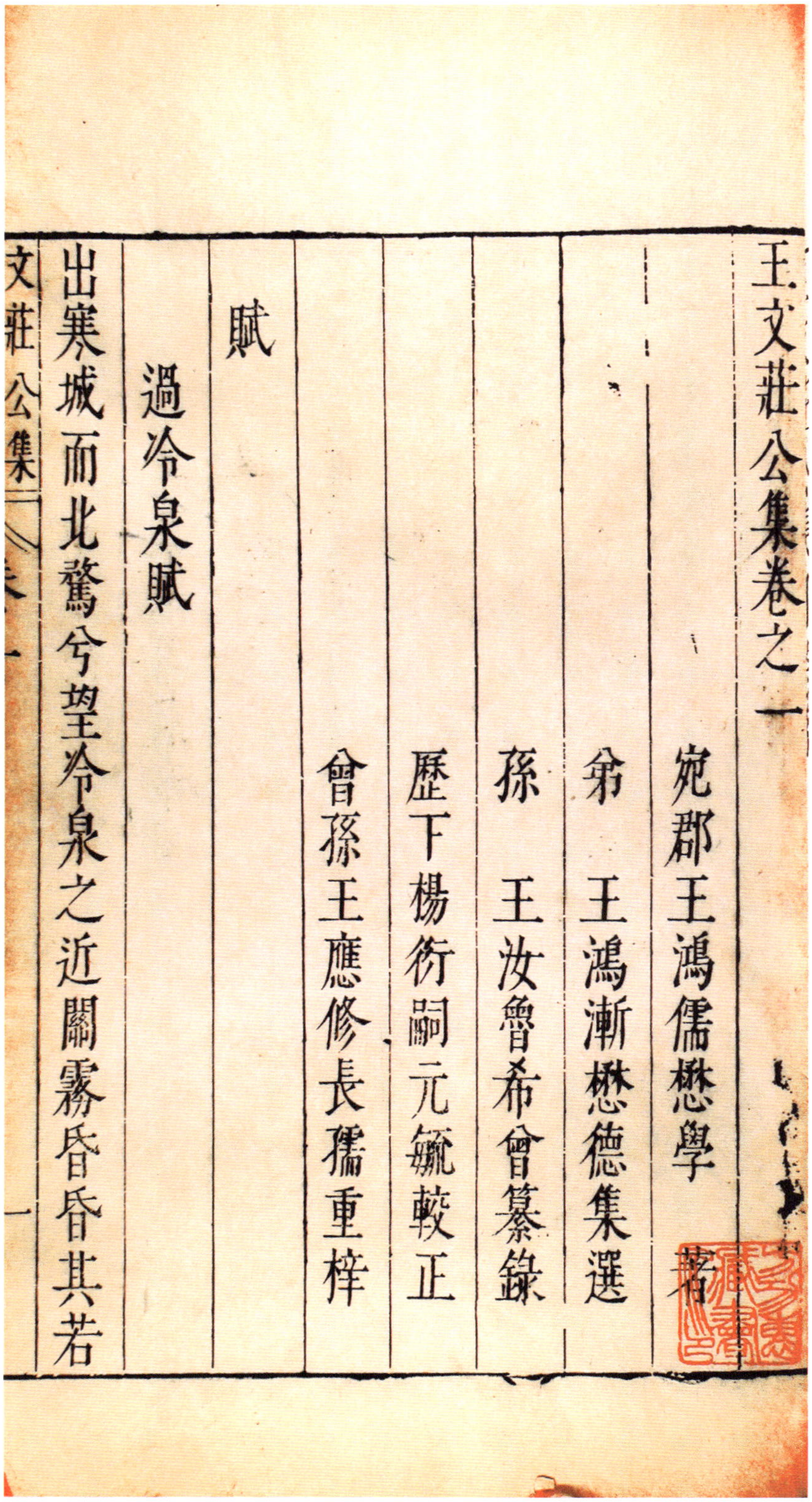

10750 王文莊公集十卷 （明）王鴻儒撰 明崇禎元年（1628）王應修刻本

匡高20.1釐米，廣14.4釐米。半葉九行，行十八字，白口，四周單邊。有"方功惠藏書印"等印。南陽市圖書館藏。

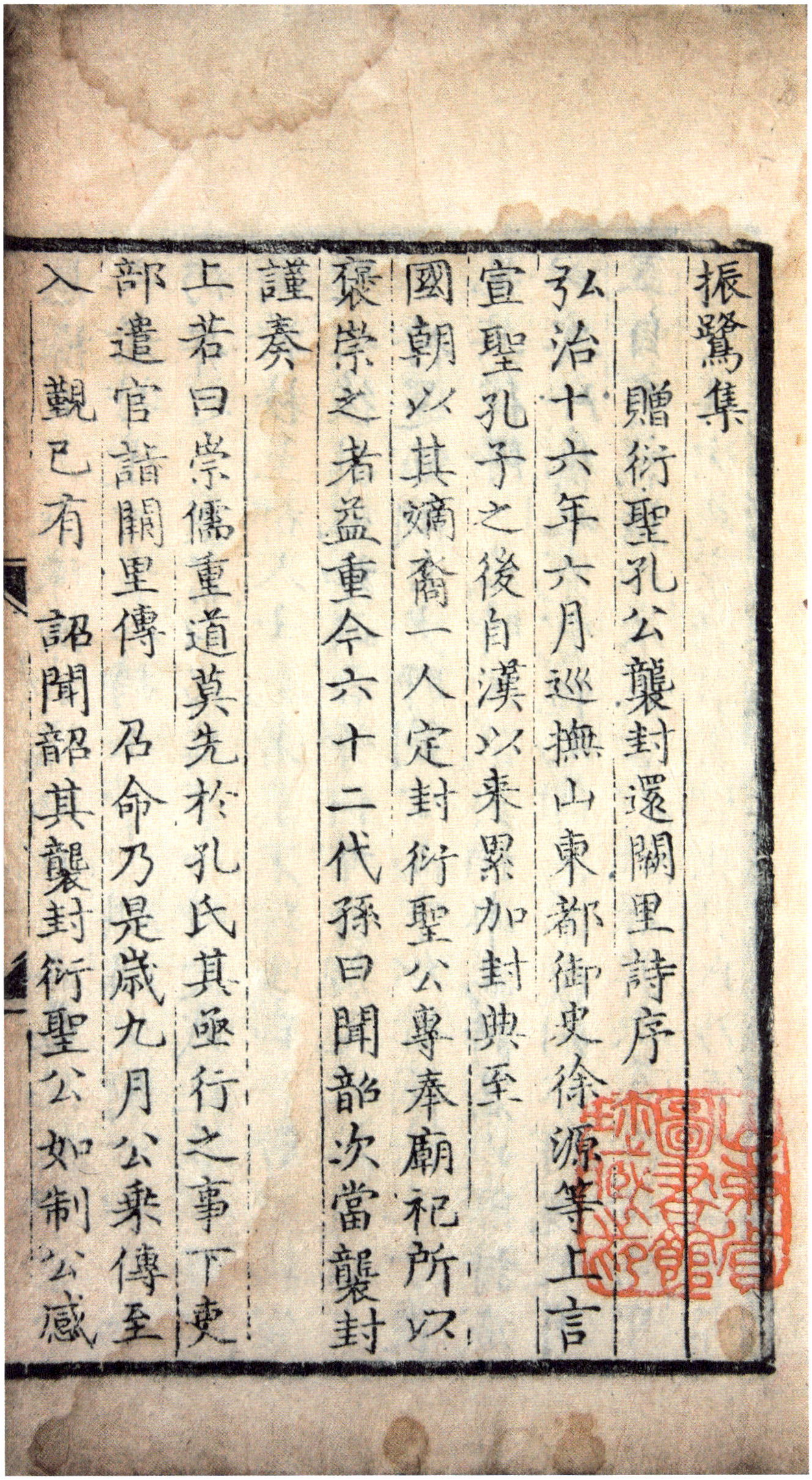
振鷺集
贈衍聖孔公襲封還闕里詩序
弘治十六年六月巡撫山東都御史徐源等上言
宣聖孔子之後自漢以來累加封典至
國朝以其嫡裔一人定封衍聖公專奉廟祀所以
褒崇之者益重今六十二代孫曰聞韶次當襲封
謹奏
上若曰崇儒重道莫先於孔氏其亟行之事下吏
部遣官詣闕里傳 召命乃是歲九月公乘傳至
入 覲已有 詔聞韶其襲封衍聖公如制公感

10751 振鷺集一卷 （明）陳鎬撰 明刻本

匡高18.9釐米，廣12.5釐米。半葉十行，行十九字，白口，四周單邊。山東省圖書館藏。

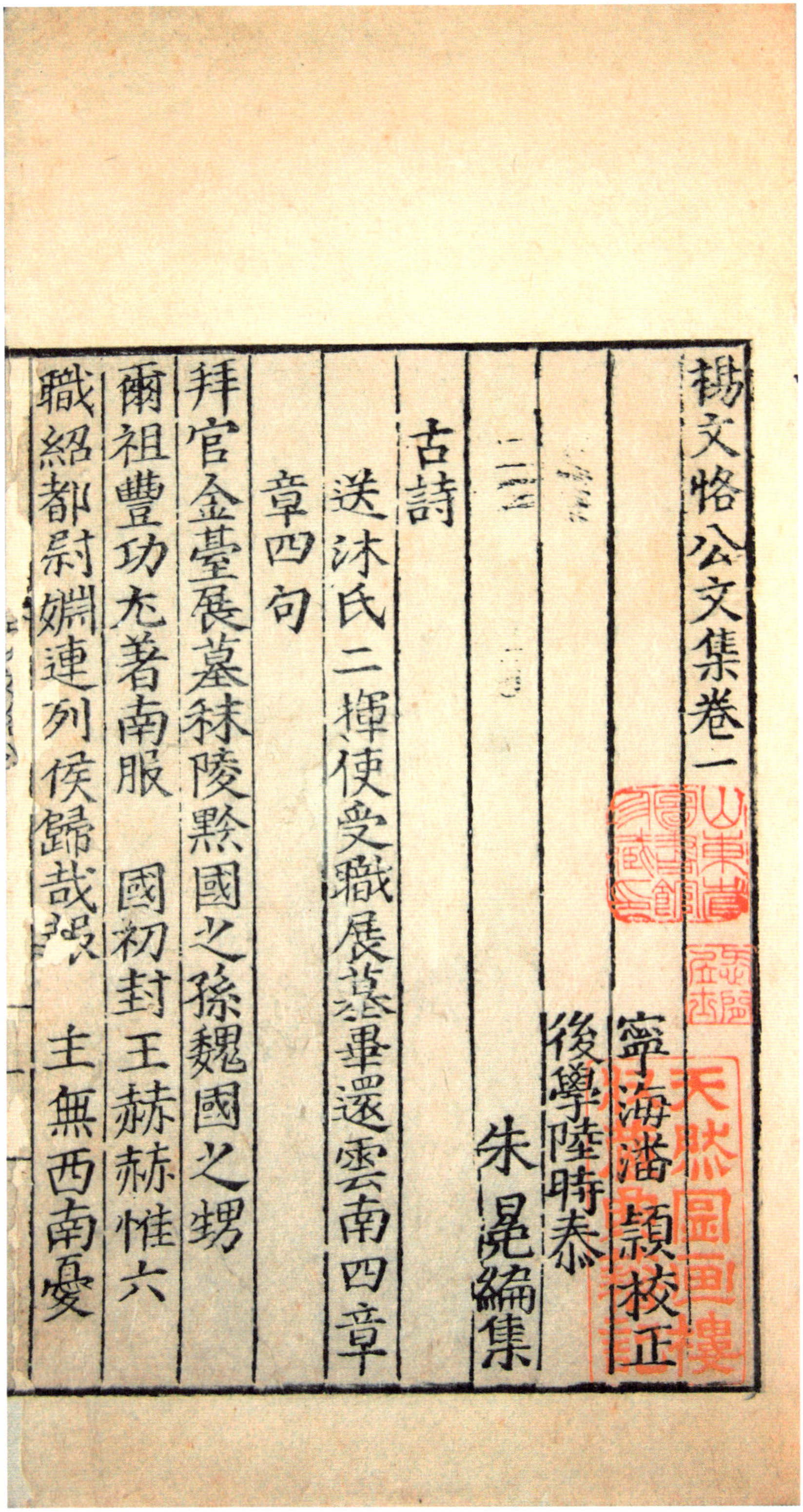

10752 楊文恪公集六十二卷 （明）楊廉撰 明刻本（目録配清抄本）

匡高18.9釐米，廣13.1釐米。半葉十行，行十八字，白口，四周單邊。山東省圖書館藏。

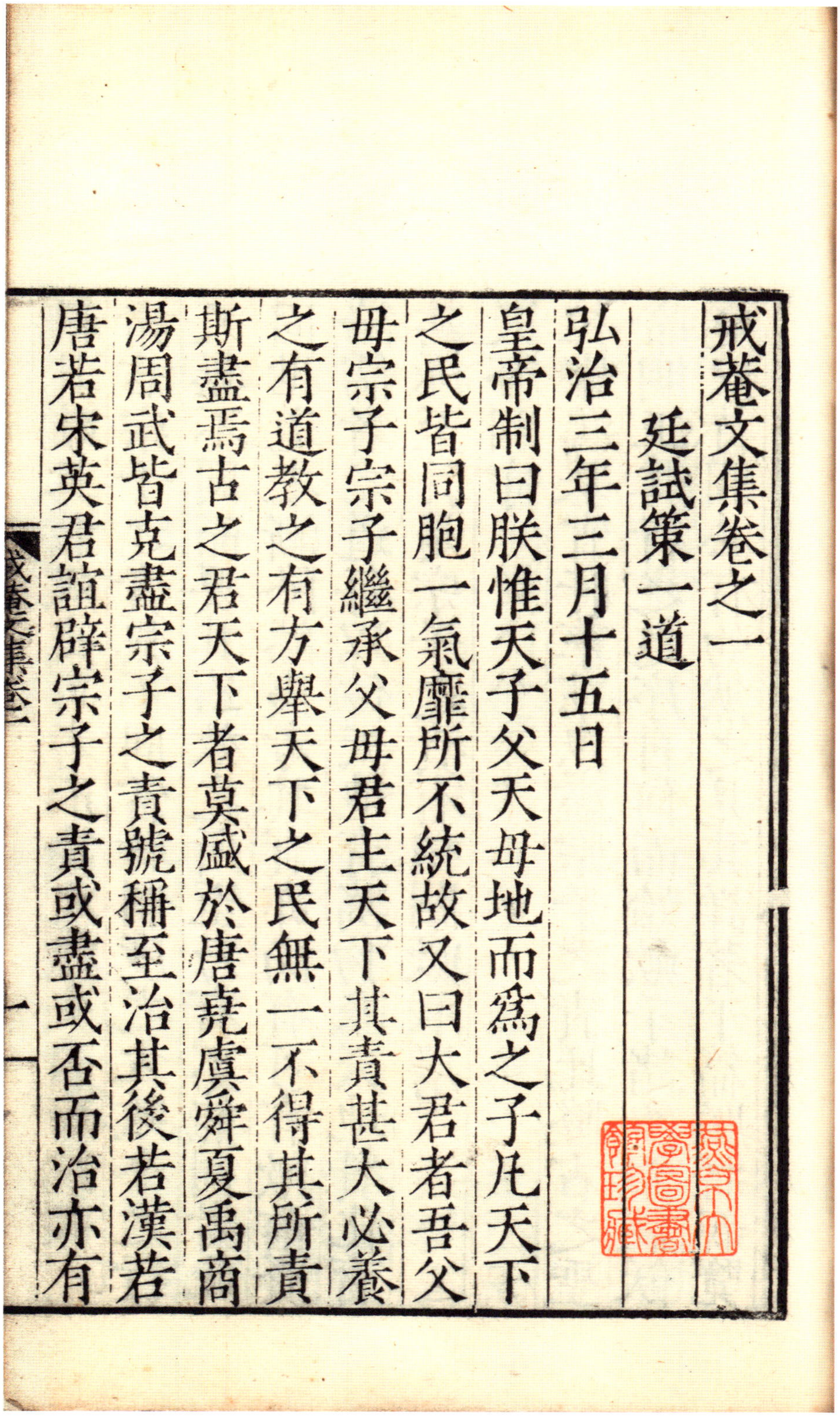

戒菴文集卷之一

廷試策一道

弘治三年三月十五日

皇帝制曰朕惟天子父天母地而爲之子凡天下之民皆同胞一氣靡所不統故又曰大君者吾父母宗子宗子繼承父母君主天下其責甚大必養之有道教之有方舉天下之民無一不得其所責斯盡焉古之君天下者莫盛於唐堯虞舜夏禹商湯周武皆克盡宗子之責號稱至治其後若漢若唐若宋英君誼辟宗子之責或盡或否而治亦有

戒菴文集卷一　一

10753 戒菴文集二十卷 （明）靳貴撰 明嘉靖十九年（1540）刻本

匡高18.3釐米，廣13.5釐米。半葉十行，行十九字，白口，左右雙邊。北京大學圖書館藏。

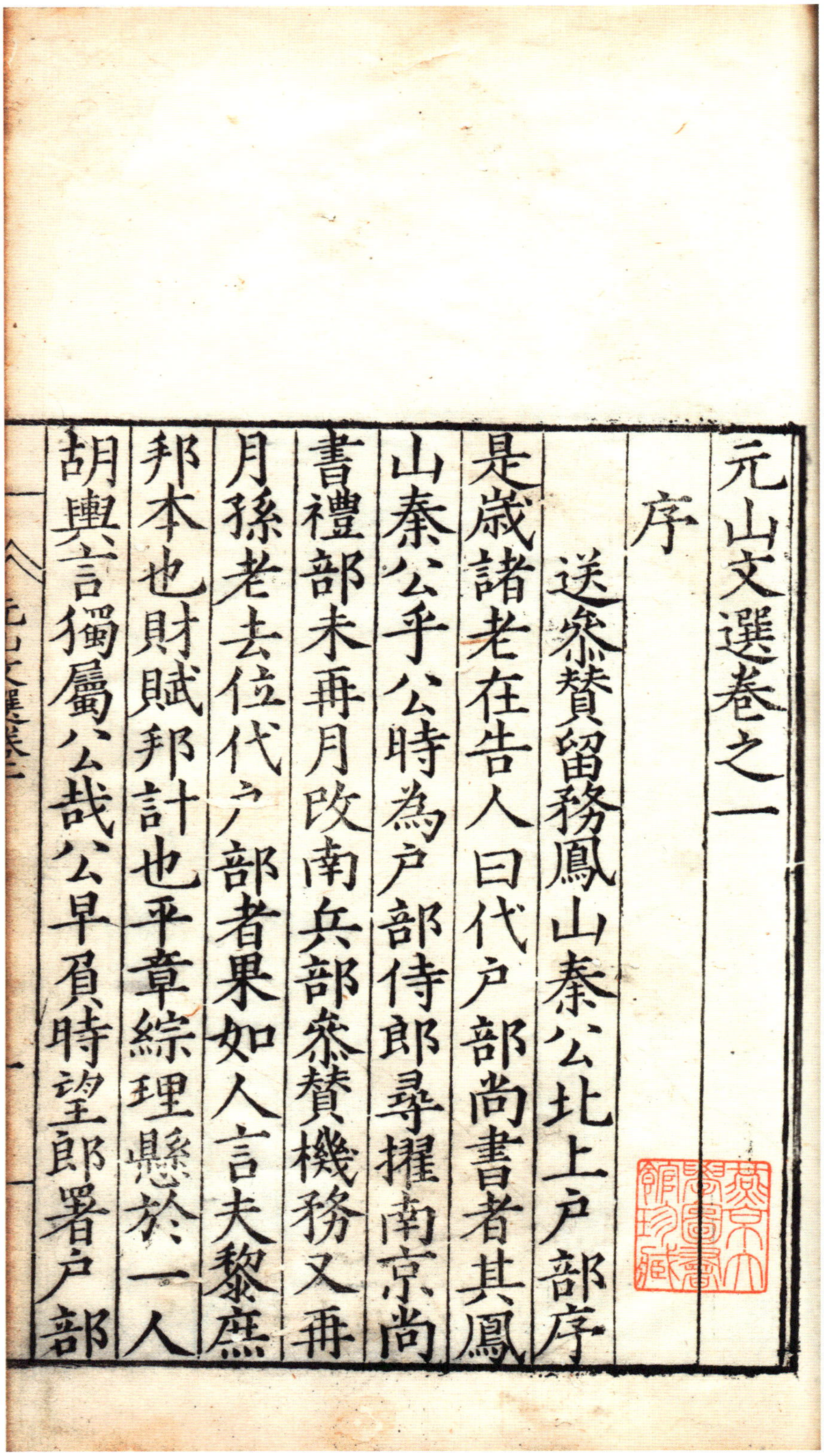
元山文選卷之一

序

送參贊留務鳳山秦公北上戶部序

是歲諸老在告人曰代戶部尚書者其鳳山秦公乎公時為戶部侍郎尋擢南京尚書禮部未再月改南兵部參贊機務又再月孫老去位代戶部者果如人言夫黎庶邦本也財賦邦計也平章綜理懸於一人胡輿言獨屬公哉公早負時望郎署戶部

元山文選卷一　一

10754 元山文選五卷　（明）席書撰　明嘉靖二十年（1541）席中、席和刻本

匡高17.3釐米，廣14.3釐米。半葉九行，行十六字，白口，左右雙邊。北京大學圖書館藏。

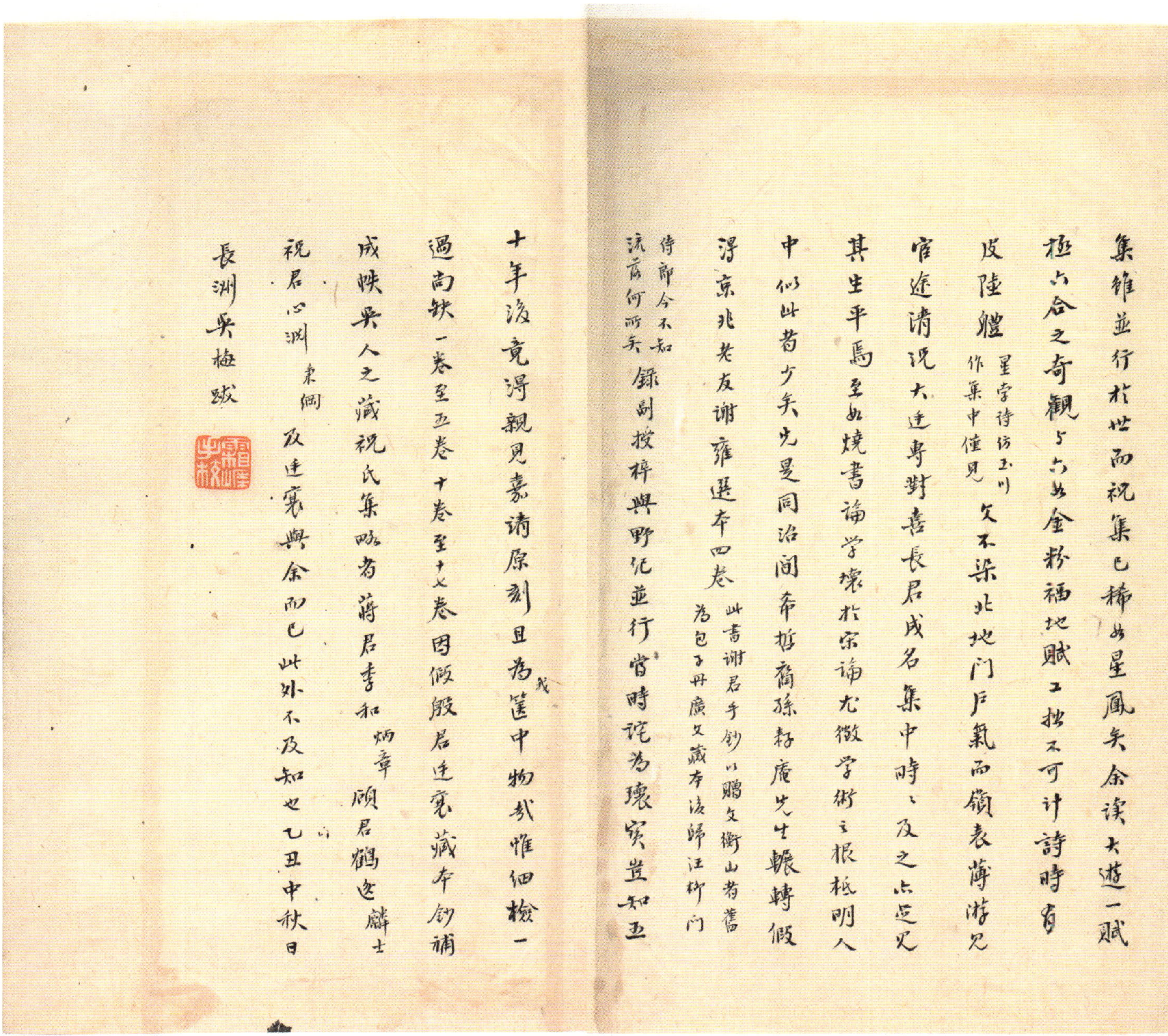
集雖並行於世而祝集已稀如星鳳矣余讀大遊一賦極六合之奇觀與六如金粉福地賦工拙不可計詩時有皮陸體星字詩仿玉川作集中僅見文不染北地門戶氣而嶺表蒋游兒宦迹請洗大迹專對喜長君成名集中時時及之亦足見其生平焉至如燒書論學壞於宋儒尤徵學術之根柢明人中似此者少矣光是同治間希哲裔孫樹庵先生輾轉假得京兆老友謝雍選本四卷此書謝君手鈔以贈文衡山者舊爲包子丹廣文藏本後歸汪柳門侍郎今不知流落何所矣錄副授梓與野记並行當時詫爲壞寶豈知五十年後竟得親見嘉靖原刻且爲篋中物哉惟細檢一過尚缺一卷至五卷十卷至十七卷因假殷君述庵藏本鈔補成帙吳人之藏祝氏集略者蒋君季和炳章顧君鶴逸麟士祝君心淵東䌹及述庵與余而已此外不及知也乙丑中秋日

長洲吳梅跋

霜厓手校

10755 祝氏集略三十卷 （明）祝允明撰 明嘉靖三十六年（1557）張景賢刻本（卷一至五、十至十七配抄本）

匡高19釐米，廣14釐米。半葉十行，行二十字，小字雙行同，白口，左右雙邊。有“霜崖手校”等印。吳梅跋。蘇州大學圖書館藏。

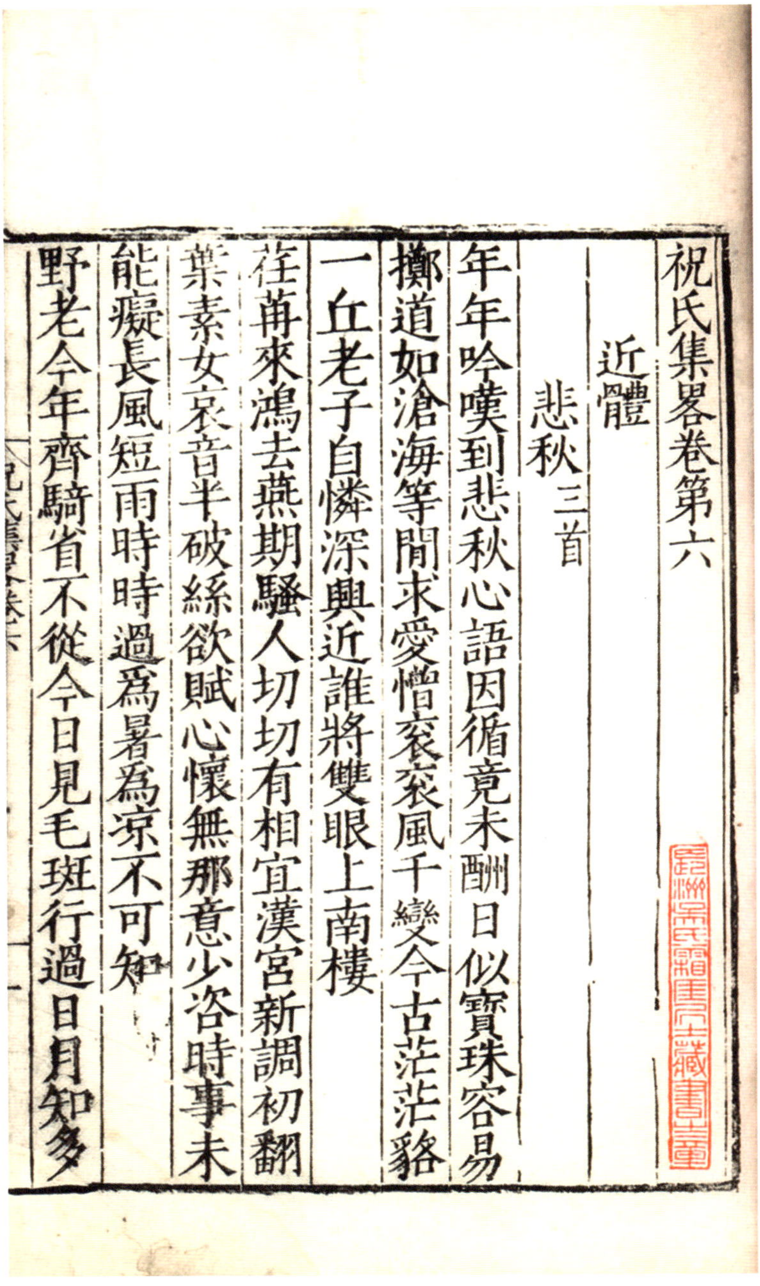

祝氏集畧卷第六

近體

悲秋三首

年年吟嘆到悲秋心語因循竟未酬日似寶珠容易
擲道如滄海等閒求愛憎袞袞風千變今古茫茫貉
一丘老子自憐深與近誰將雙眼上南樓

荏苒來鴻去燕期騷人切切有相宜漢宮新調初翻
葉素女哀音半破絲欲賦心懷無那意少咨時事未
能癡長風短雨時時過為暑為凉不可知

野老今年齊騎省不從今日見毛斑行過日月知多

祝氏集畧卷六

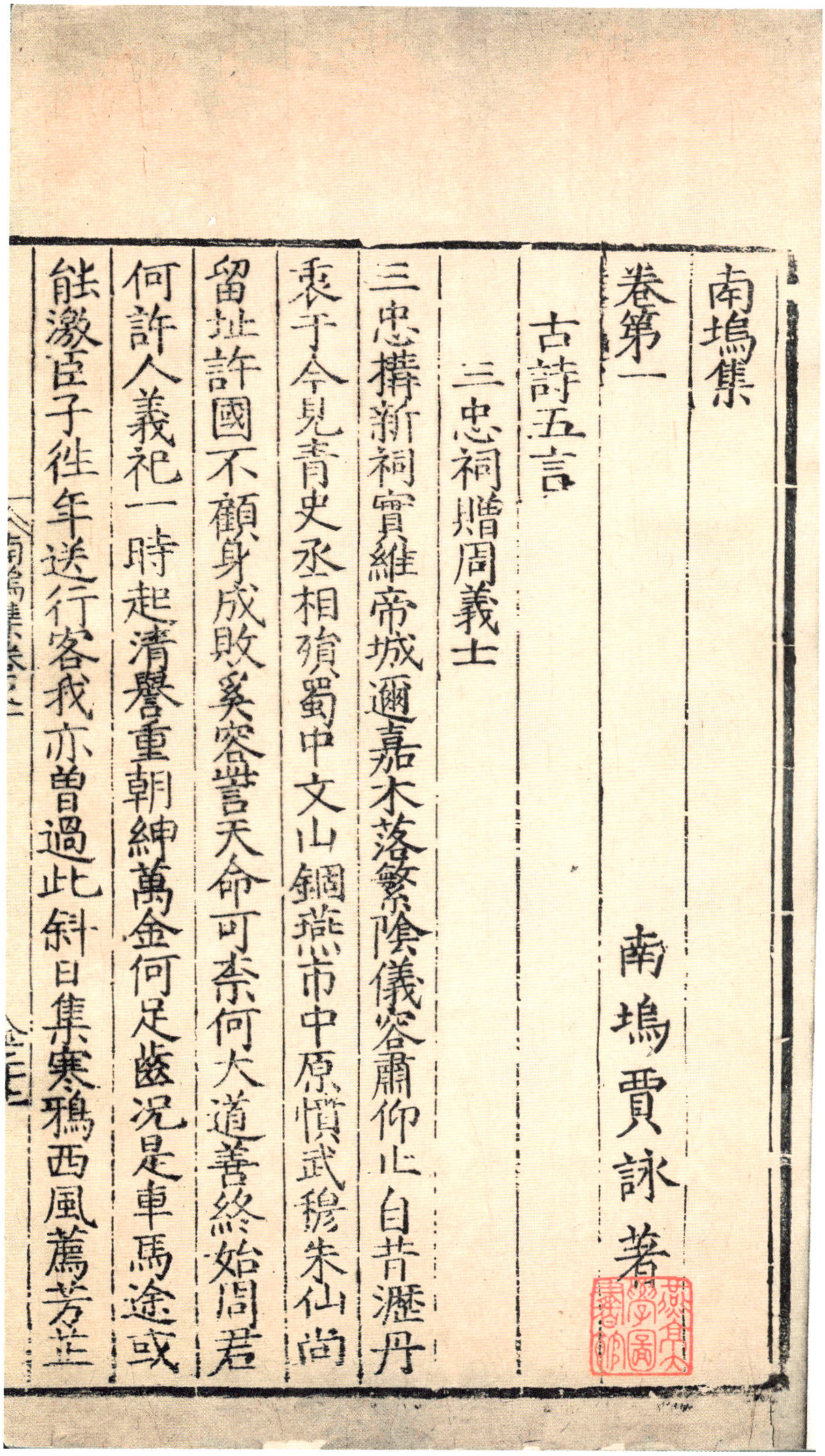

南塢集

卷第一　南塢賈詠著

古詩五言

三忠祠贈周義士

三忠搆新祠實維帝城邇嘉木落繁陰儀容肅仰止自昔瀝丹
衷于今見青史丞相殉蜀中文山錮燕市中原憤武穆朱仙尚
留址許國不顧身成敗奚容言天命可奈何大道善終始周君
何許人義祀一時起清譽重朝紳萬金何足齒況是車馬途或
能激臣子往年送行客我亦曾過此斜日集寒鴉西風薦芳芷

南塢集卷之一

10756 南塢集詩八卷文十卷　（明）賈詠撰　明嘉靖二十一年（1542）刻隆慶二年（1568）重修本

匡高20.4釐米，廣13.8釐米。半葉九行，行二十四字，白口，左右雙邊。北京大學圖書館藏。

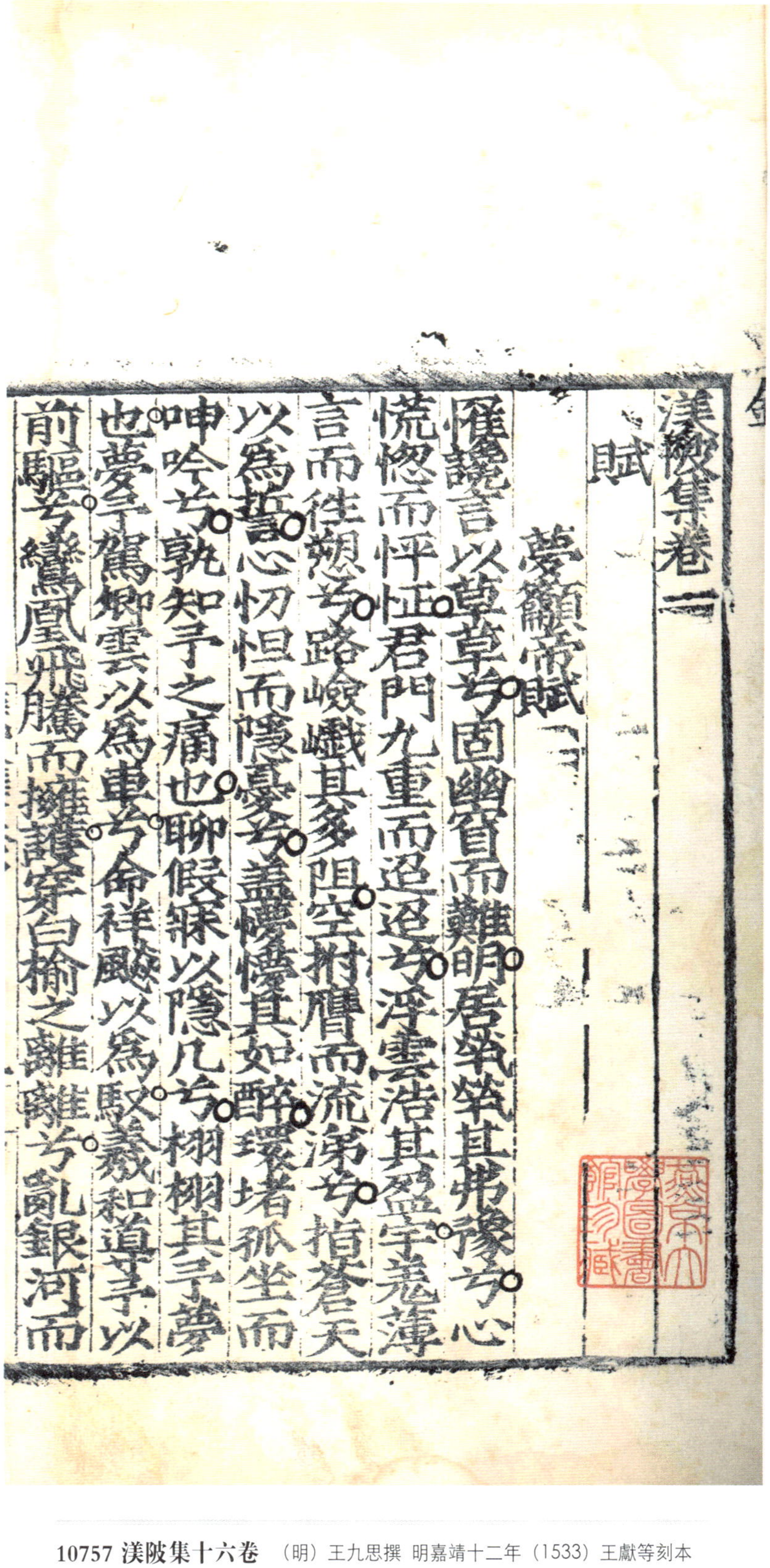

渼陂集卷一

賦

夢顓帝賦

懼讒言以草草兮固幽昬而難明居舉榮其弗豫兮心慌惚而怦怔君門九重而迢迢兮浮雲浩其盈宇羌薄言而徃翔兮路嶮巇其多阻空拊膺而流涕兮指蒼天以為誓心忉怛而隱憂兮蓋懷懷其如醉環堵孤坐而呻吟兮孰知予之痛也聊假寐以隱几兮栩栩其予夢也夢予駕卿雲以為車兮命祥飈以為馭羲和道予以前驅兮鸞鳳飛騰而擁護穿白榆之離離兮亂銀河而

10757 渼陂集十六卷 （明）王九思撰 明嘉靖十二年（1533）王獻等刻本

匡高18.1釐米，廣13.4釐米。半葉十行，行二十一字，白口，四周單邊。北京大學圖書館藏。

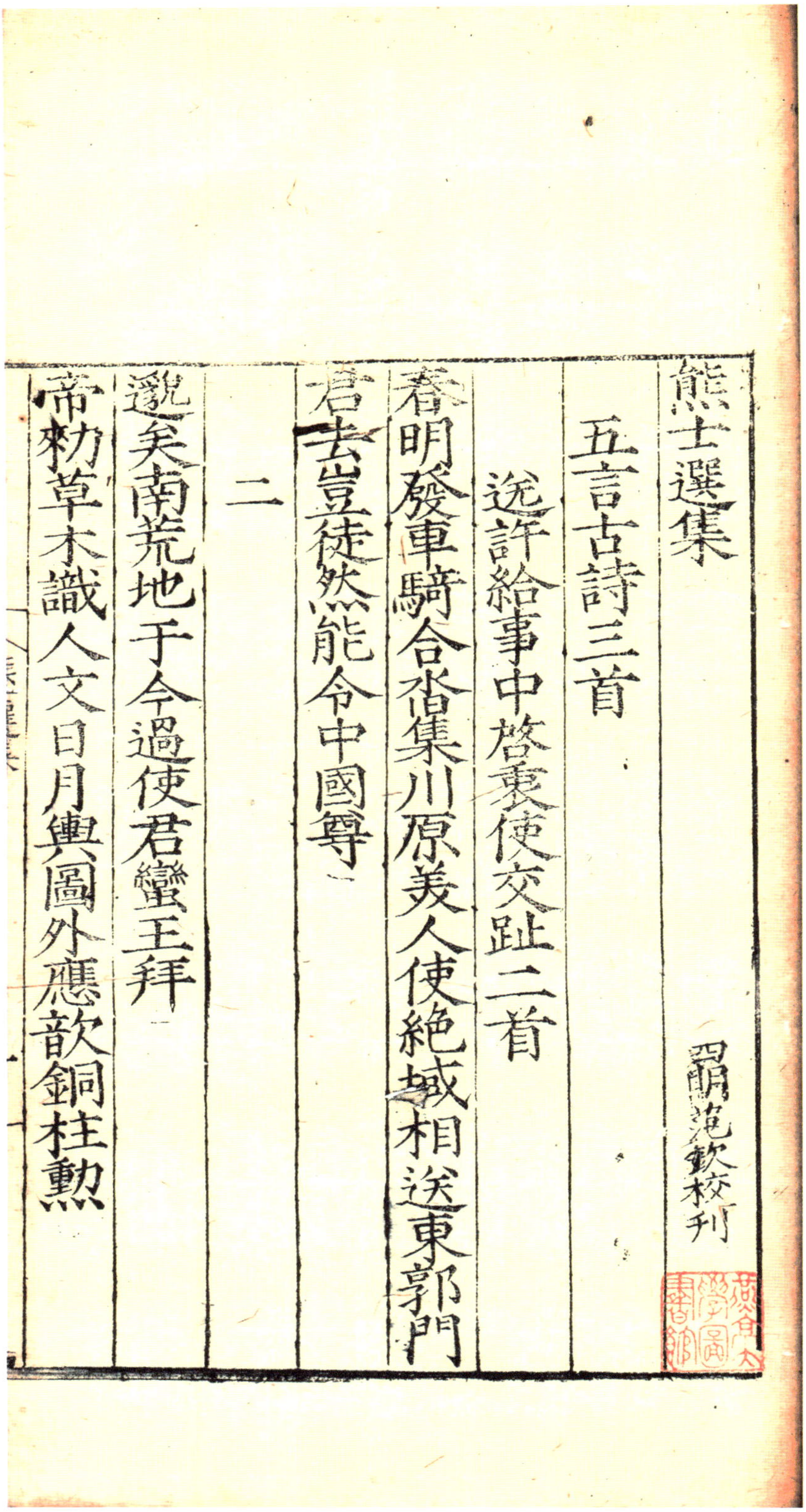
熊士選集 蜀郡范欽校刊
五言古詩三首
送許給事中答夷使交趾二首
春明發車騎合沓集川原美人使絶域相送東郭門
君去豈徒然能令中國尊
二
邈矣南荒地于今過使君蠻王拜
帝勑草木識人文日月輿圖外應歆銅柱勲

10758、10759 熊士選集一卷 （明）熊卓撰 **附録一卷** 明嘉靖二十二年（1543）范欽刻本

匡高17.5釐米，廣12.6釐米。半葉八行，行二十字，白口，四周單邊。北京師範大學圖書館、北京大學圖書館藏。

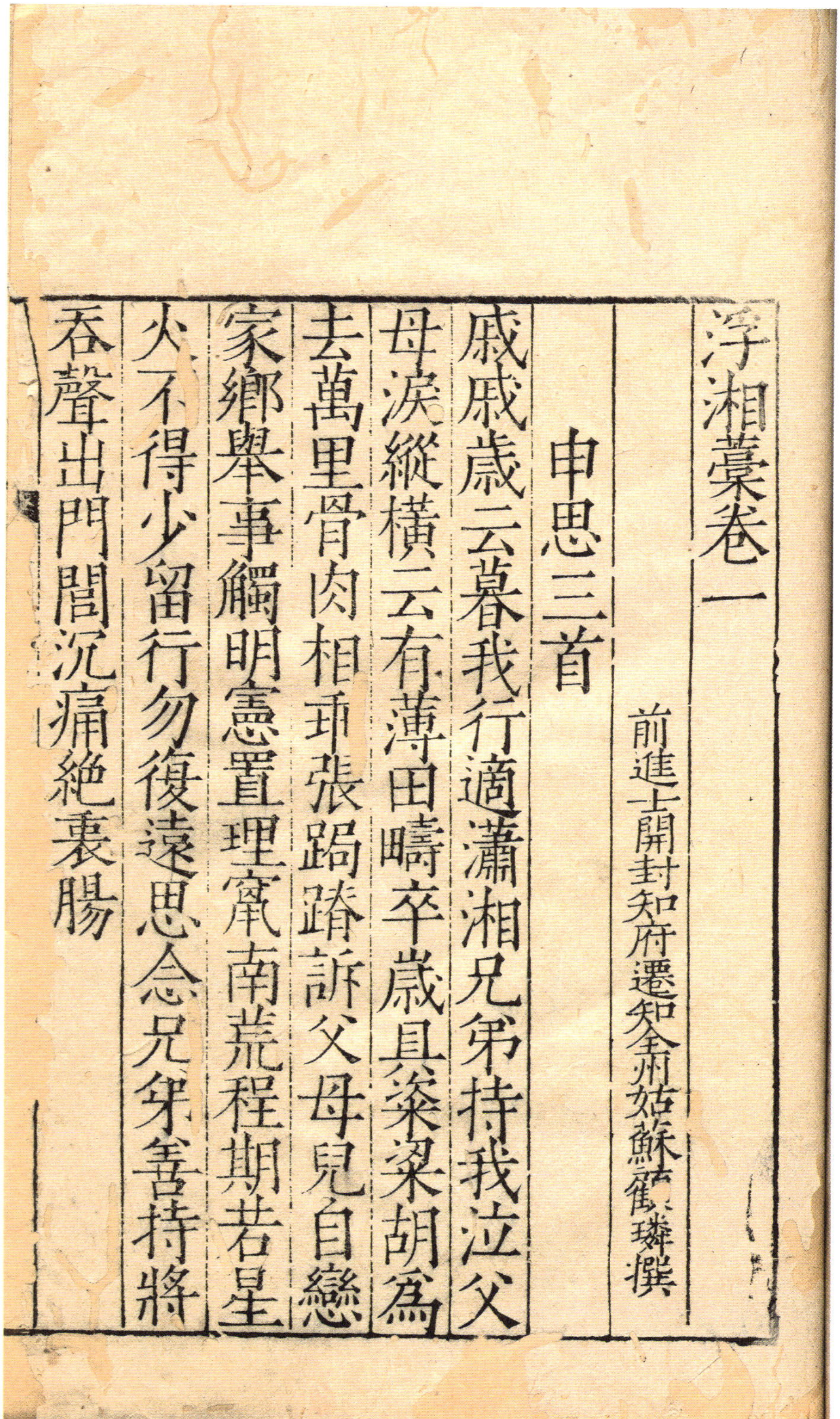
浮湘藁卷一
前進士開封知府遷知金州姑蘇顧璘撰
中思三首
慼慼歲云暮我行適瀟湘兄弟持我泣父
母淚縱橫云有薄田疇卒歲且粢粱胡爲
去萬里骨肉相乖張跼蹐訴父母兒自戀
家鄉舉事觸明憲置理竄南荒程期若星
火不得少留行勿復遠思念兄弟善持將
吞聲出門閭沉痛絶衷腸

10760 浮湘稿四卷山中集四卷憑几集五卷續集二卷息園存稿十四卷又九卷緩慟集一卷國寶新編一卷近言一卷 （明）顧璘撰 明嘉靖吴郡沈氏繁露堂刻本

匡高18.2釐米，廣13.1釐米。半葉九行，行十六字，白口，四周單邊。無錫市圖書館藏。

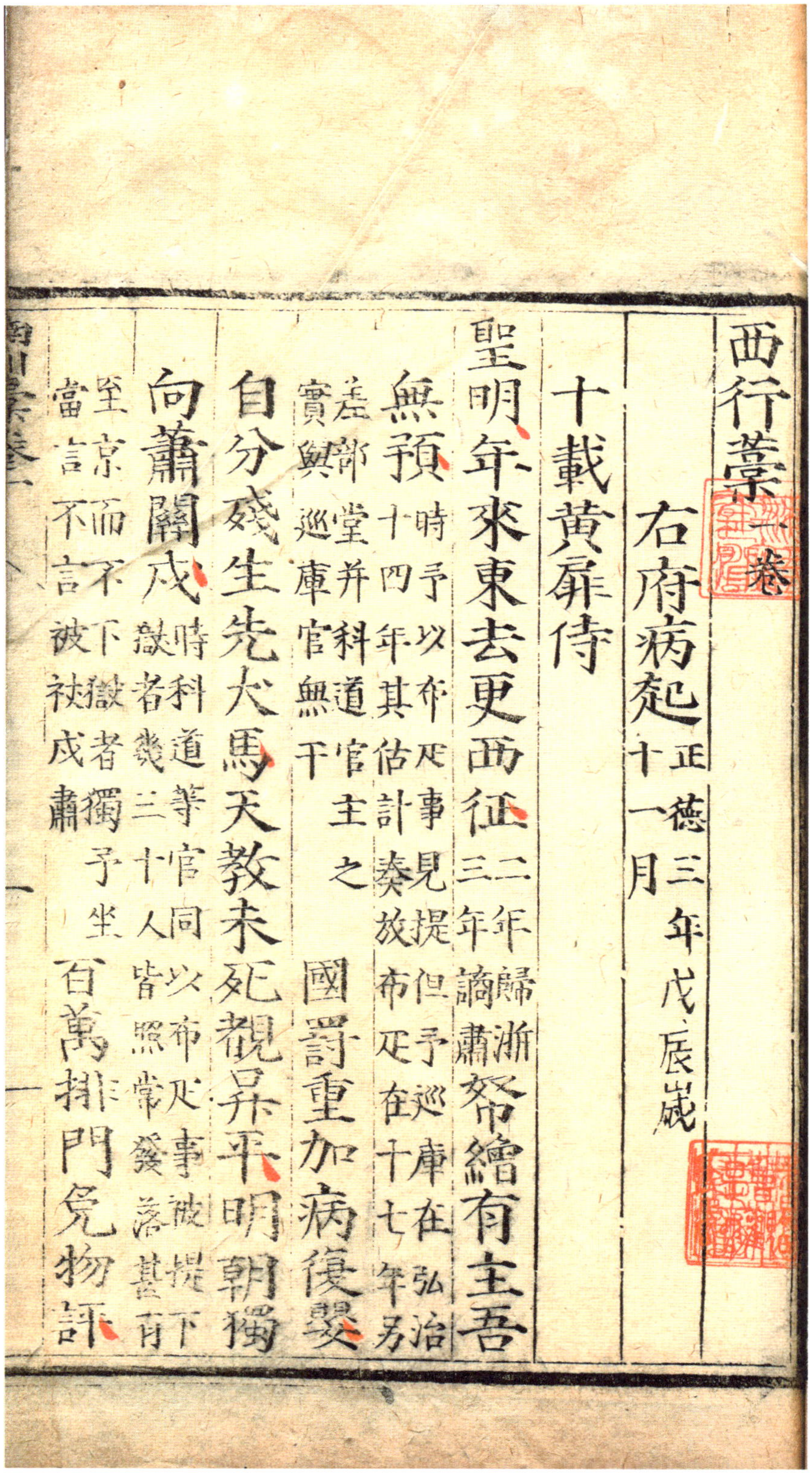

西行稾一卷

右府病起正德三年戊辰歲十一月

十載黄扉侍

聖明年來東去更西征二年歸浙三年謫肅帑繒有主吾無預時予以布疋事見提但予巡庫在弘治十四年其估計奏放布疋在十七年另差部堂并科道官主之實與巡庫官無干國罰重加病復嬰

自分殘生先犬馬天教未死覩昇平明朝獨向蕭關戍時科道等官同以布疋事被提下獄者幾三十人皆照常發落甚有至京而不下獄者獨予坐當言不言被袪戍肅百萬排門覓物評

南川稾卷一　一

10761 南川漫游稿十卷 （明）陶諧撰 明嘉靖十二年（1533）刻本

匡高19釐米，廣13.6釐米。半葉九行，行十八字，小字雙行同，白口，四周雙邊。華東師範大學圖書館藏。

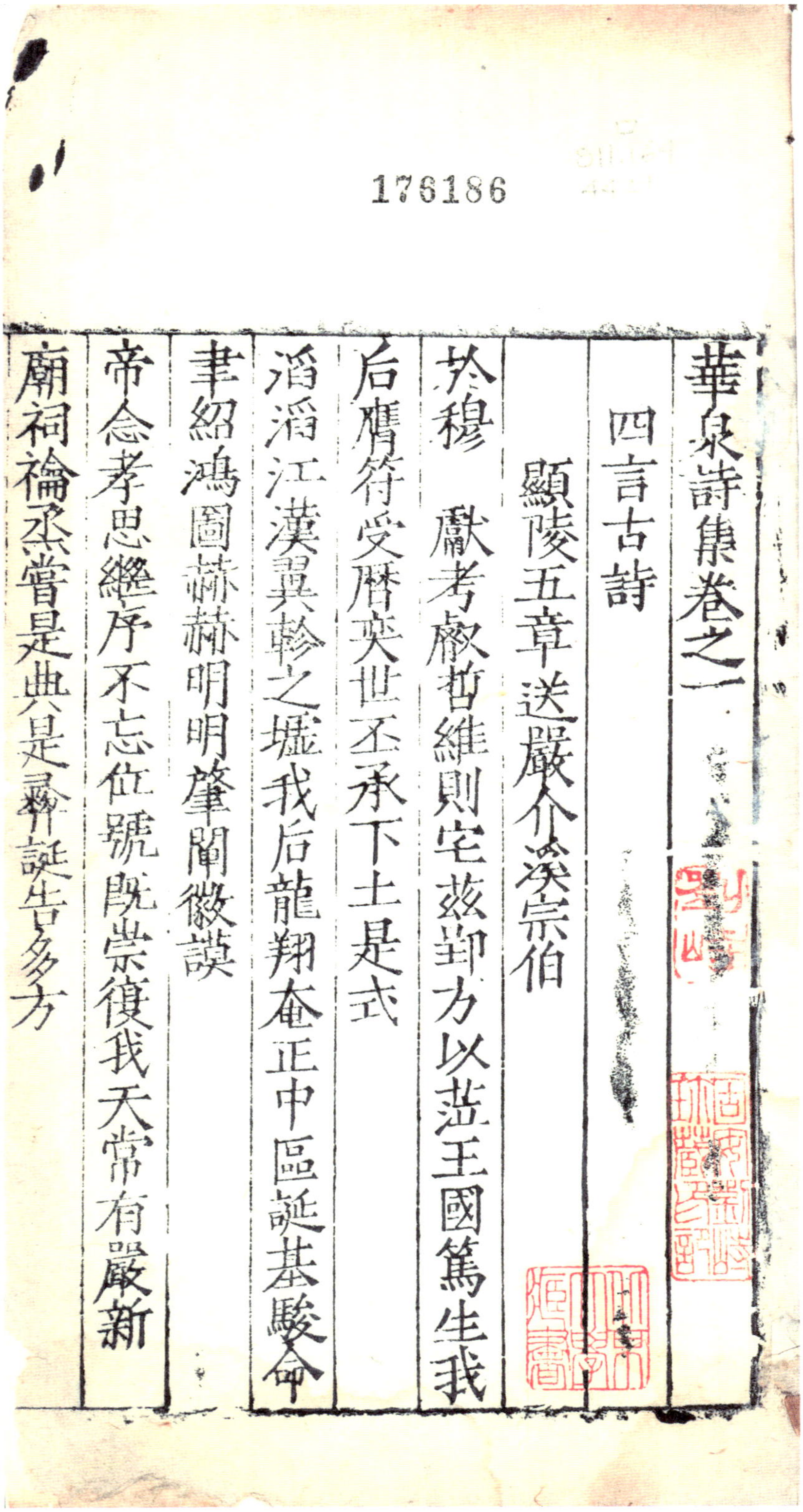
176186

華泉詩集卷之一

四言古詩

顯陵五章送嚴介溪宗伯

於穆 獻考叡哲維則宅茲卽力以莅王國篤生我

后膺符受曆奕世丕承下土是式

滔滔江漢翼軫之墟我后龍翔奄正中區誕基駿命

聿紹鴻圖赫赫明明肇闡徽謨

帝念孝思繼序不忘位號旣崇復我天常有嚴新

廟祠禴烝嘗是典是彝誕告多方

10762 華泉詩集八卷 （明）邊貢撰 明嘉靖十七年（1538）蘇祐刻本

匡高18.6釐米，廣12.8釐米。半葉九行，行二十字，白口，四周單邊。有“固安劉峙珍藏印記”、“劉峙”等印。北京大學圖書館藏。

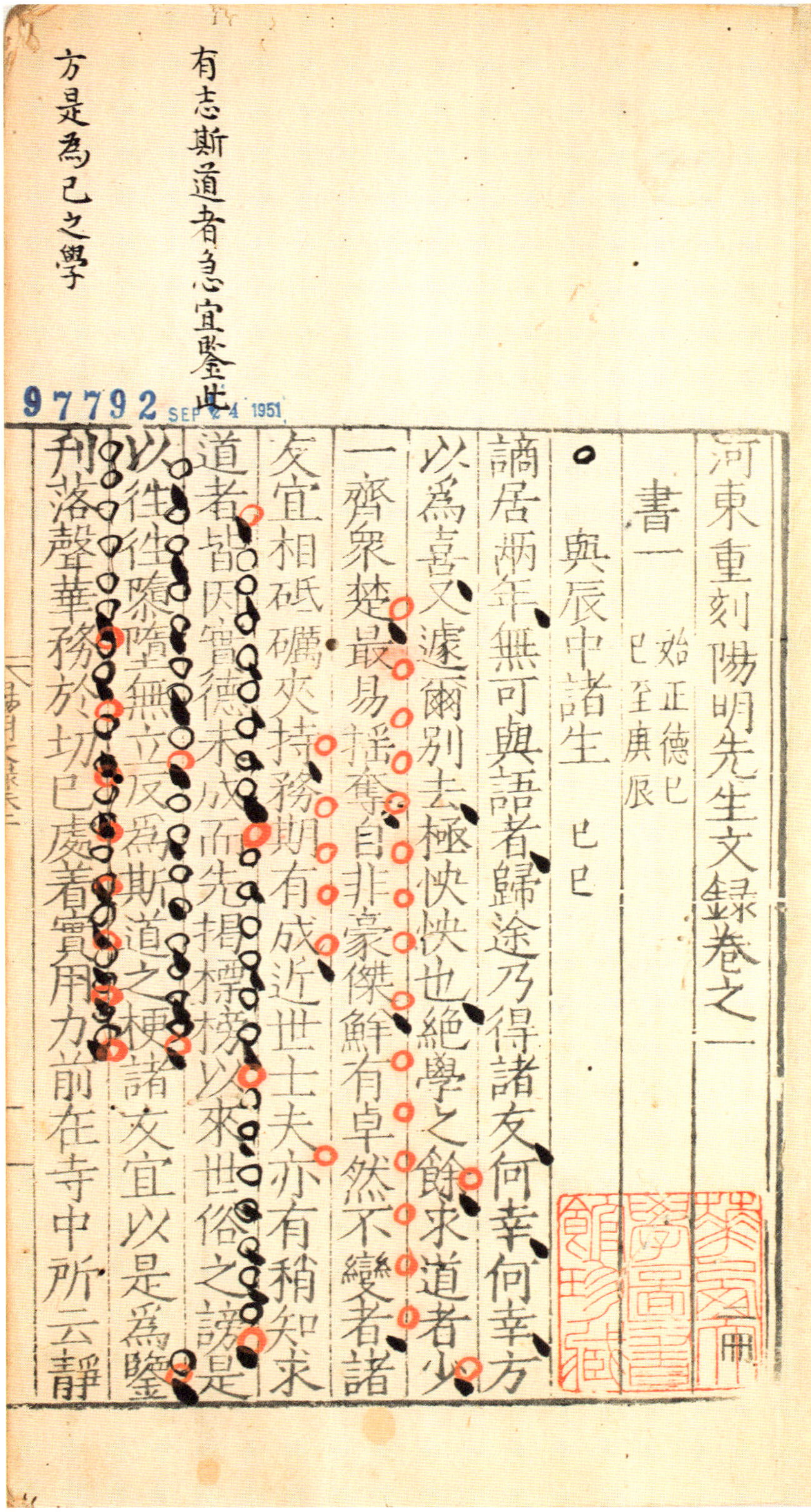

10763 河東重刻陽明先生文録五卷外集九卷別録十卷 （明）王守仁撰 明嘉靖三十二年（1553）宋儀望刻本

匡高19釐米，廣14.4釐米。半葉十行，行二十字，白口，左右雙邊。四川大學圖書館藏。

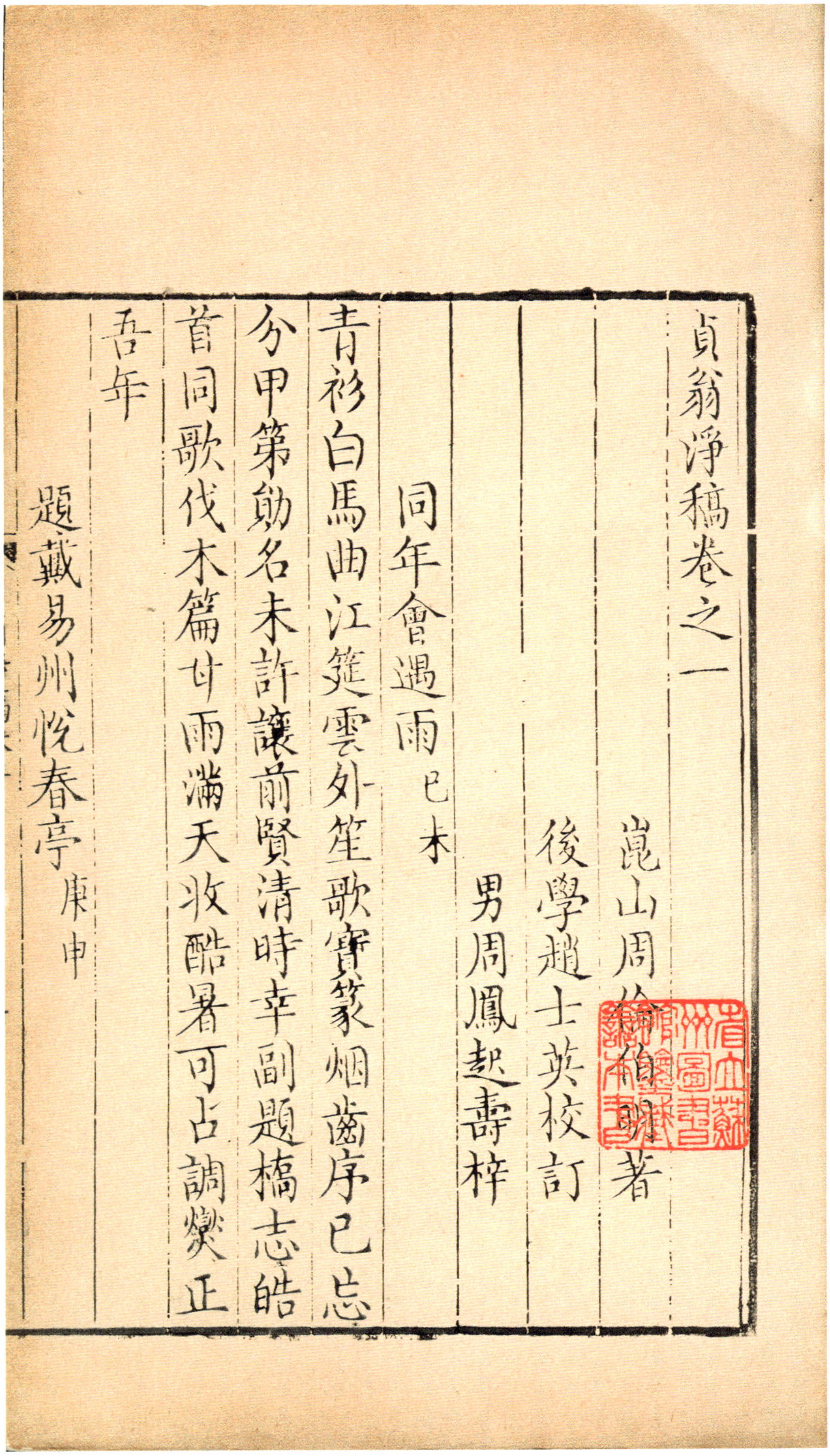
貞翁淨稿卷之一
崑山周倫伯明著
後學趙士英校訂
男周鳳起壽梓
同年會遇雨 己未
青衫白馬曲江筵雲外笙歌寶篆烟薇序已忘
分甲第勛名未許讓前賢清時幸副題橋志皓
首同歌伐木篇廿雨滿天妝酷暑可占調爕正
吾年
題藏易州悅春亭 庚申

10764 貞翁淨稿十二卷 （明）周倫撰 **附録一卷** 明嘉靖三十七年（1558）周鳳起刻本

匡高18.6釐米，廣13.2釐米。半葉十行，行十八字，白口，左右雙邊。蘇州圖書館藏。

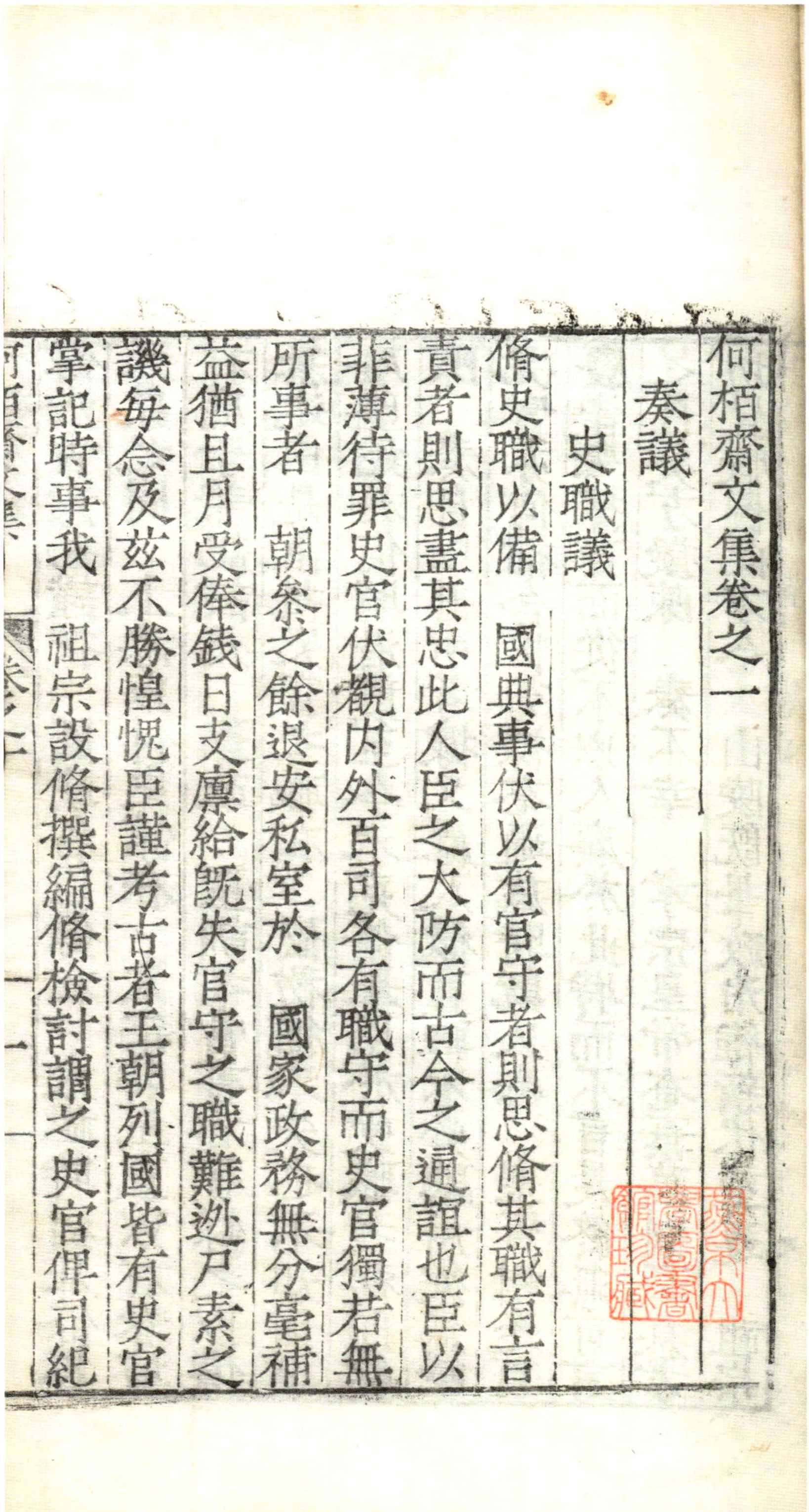
何栢齋文集卷之一

奏議

史職議

脩史職以備　國典事伏以有官守者則思脩其職有言責者則思盡其忠此人臣之大防而古今之通誼也臣以非薄待罪史官伏覩內外百司各有職守而史官獨若無所事者　朝叅之餘退安私室於　國家政務無分毫補益猶且月受俸錢日支廩給旣失官守之職難逃尸素之譏每念及茲不勝惶愧臣謹考古者王朝列國皆有史官掌記時事我　祖宗設脩撰編脩檢討謂之史官俾司紀

10765 何栢齋文集八卷（明）何瑭撰　明嘉靖三十三年（1554）周鎬刻本

匡高19.1釐米，廣13.6釐米。半葉十行，行二十二字，白口，四周單邊。北京大學圖書館藏。

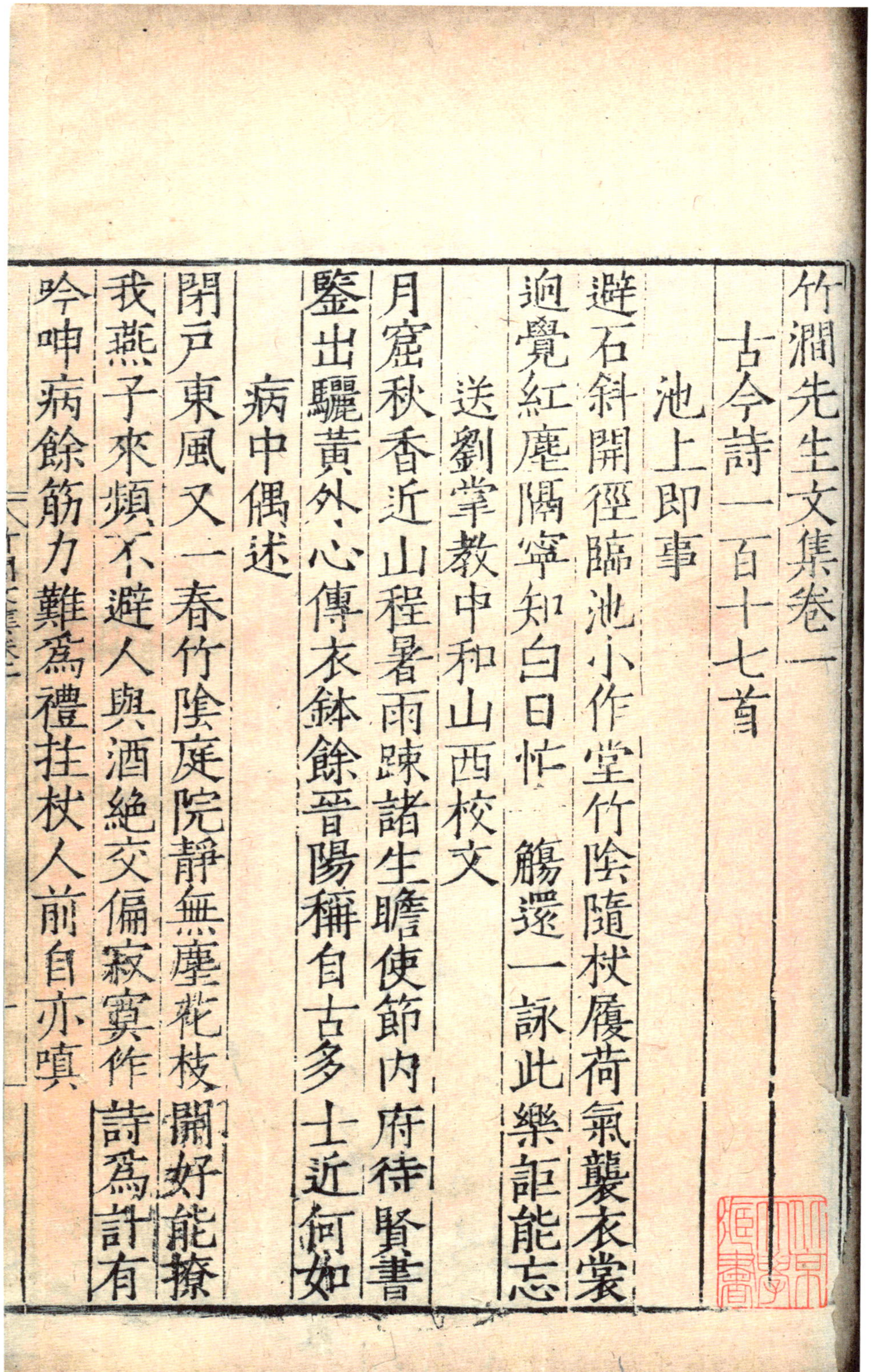

竹澗先生文集卷一
古今詩一百十七首
池上即事
避石斜開徑臨池小作堂竹陰隨杖履荷氣襲衣裳
逈覺紅塵隔寧知白日忙　觴還一詠此樂詎能忘
送劉掌教中和山西校文
月窟秋香近山程暑雨踈諸生瞻使節內府待賢書
鑒出驪黄外心傳衣鉢餘晉陽稱自古多士近何如
病中偶述
閉戶東風又一春竹陰庭院靜無塵花枝𨵦好能撩
我燕子來頻不避人與酒絕交偏寂寞作詩爲計有
吟呻病餘筋力難爲禮拄杖人前自亦嗔

10766 竹澗先生文集八卷奏議四卷 （明）潘希曾撰 **附録一卷** 明嘉靖二十年（1541）黄省曾刻本

包背裝。匡高19.9釐米，廣15.8釐米。半葉十二行，行二十字，白口，左右雙邊。北京大學圖書館藏。

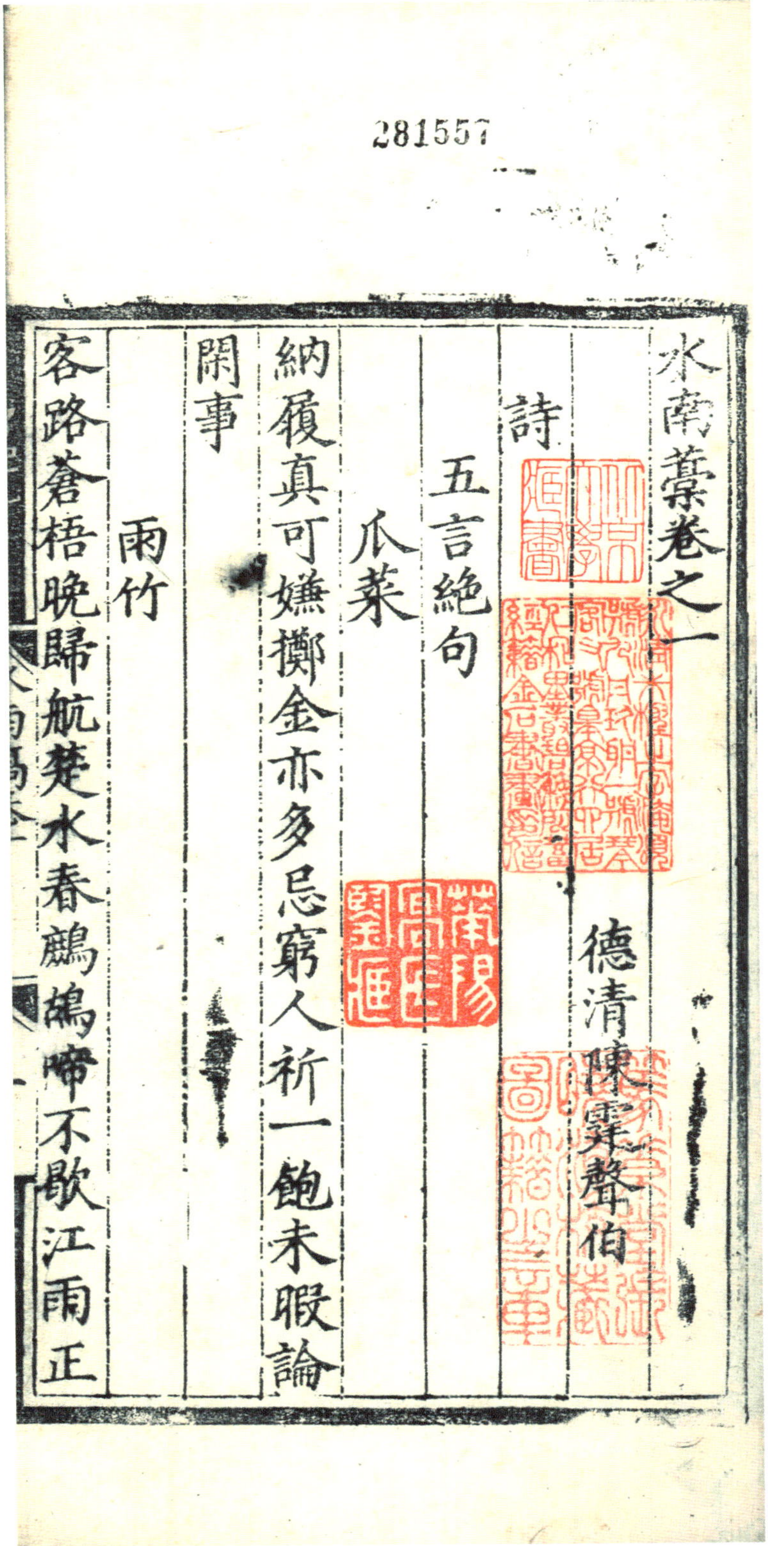

281557

水南藁卷之一

德清陳霆聲伯

詩

五言絶句

瓜菜

納履真可嫌擲金亦多忌窮人祈一飽未暇論

閑事

雨竹

客路蒼梧晚歸航楚水春鷓鴣啼不歇江雨正

10767 水南稿十九卷 （明）陳霆撰 明正德五年（1510）刻本

匡高19.2釐米，廣12.5釐米。半葉九行，行十八字，黑口，四周雙邊。北京大學圖書館藏。

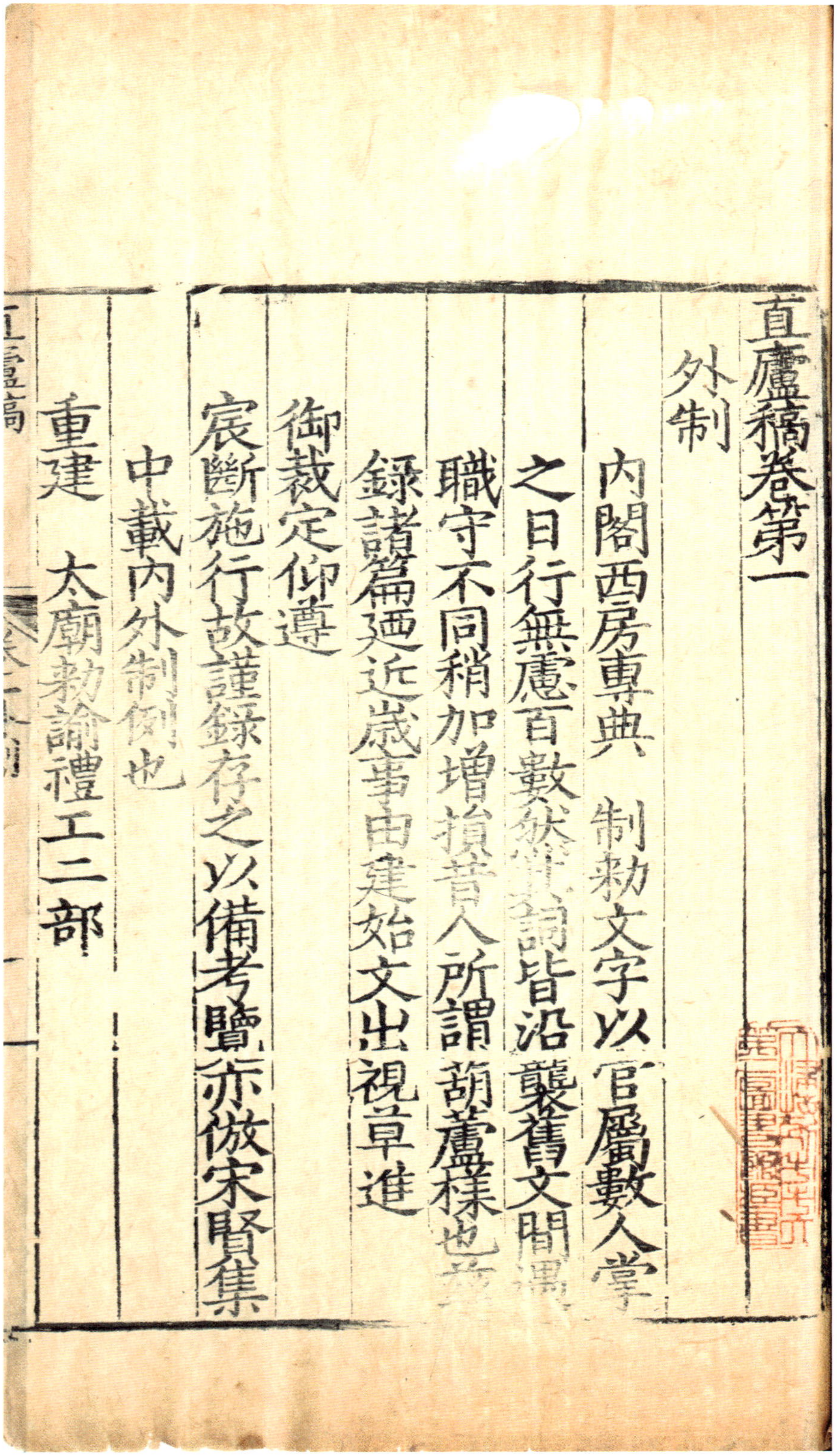

直廬稿卷第一

外制

內閣西房專典 制勅文字以官屬數人掌之日行無慮百數然其詞皆沿襲舊文間遇職守不同稍加增損昔人所謂葫蘆樣也茲錄諸篇迺近歲事由建始文出視草進御裁定仰遵宸斷施行故謹錄存之以備考覽亦倣宋賢集中載內外制例也

重建 太廟勅諭禮工二部

10768 直廬稿十卷 （明）嚴嵩撰 明嘉靖三十一年（1552）自刻本

匡高19釐米，廣14.8釐米。半葉十行，行二十字，白口，左右雙邊。天津圖書館藏。

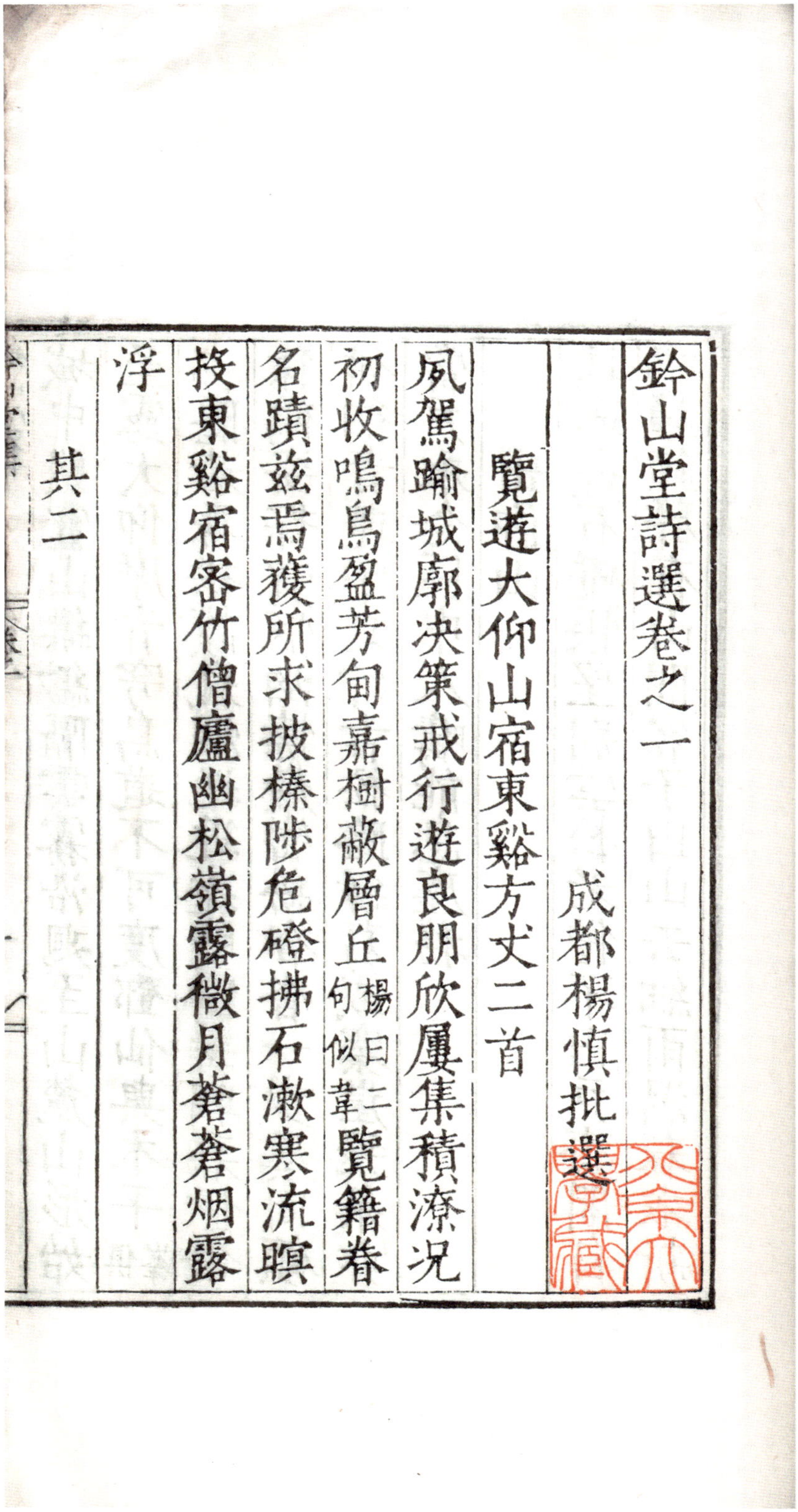

10769 鈐山堂詩選四卷 （明）嚴嵩撰 （明）楊慎輯並評 明嘉靖三十一年（1552）楊可刻本

匡高19.7釐米，廣14.2釐米。半葉九行，行十八字，白口，四周雙邊。北京大學圖書館藏。

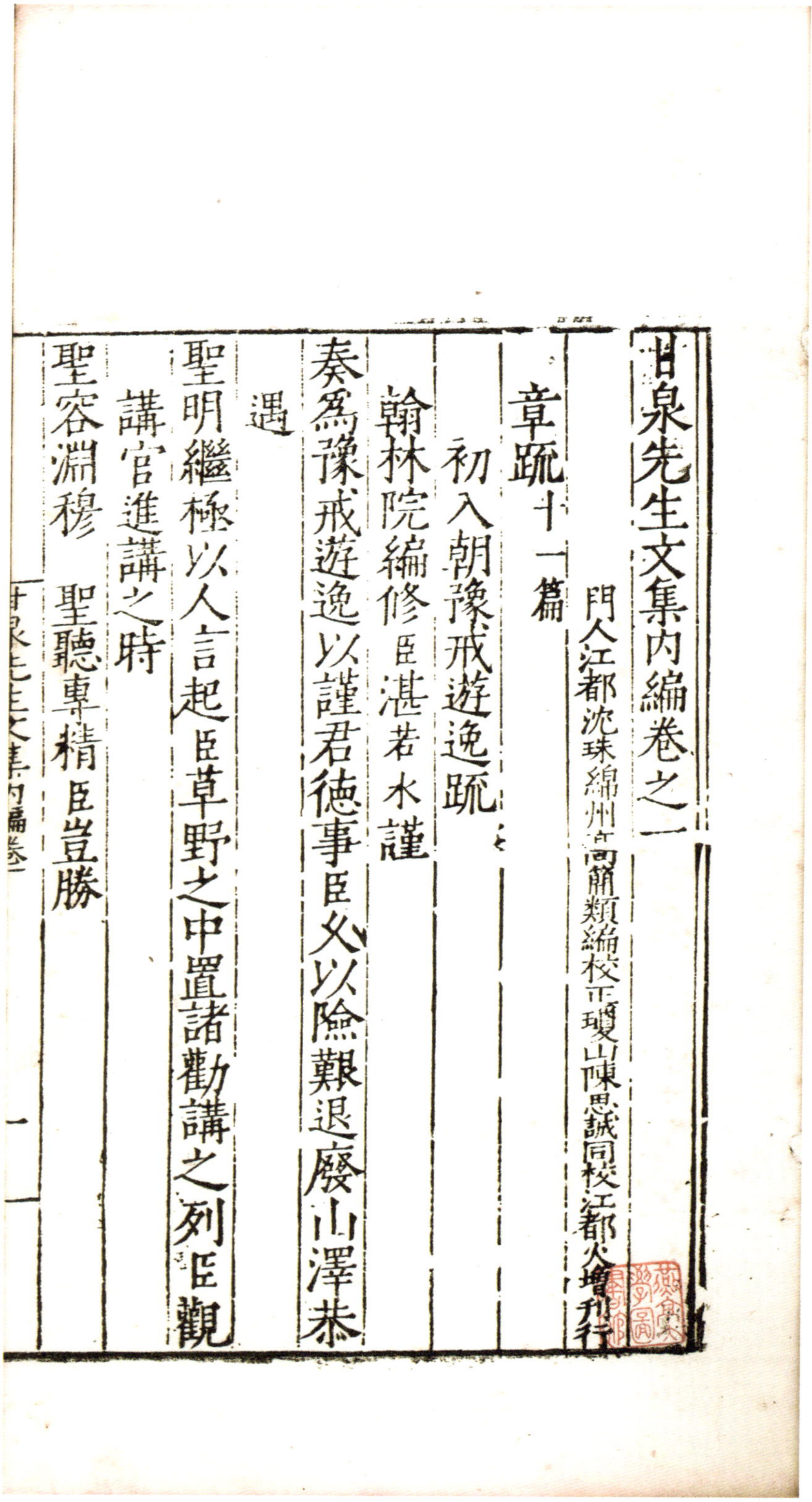
甘泉先生文集内編卷之一
門人江都沈珠綿州高簡類編校正瓊山陳思謙同校江都火增刊行
章疏十一篇
初入朝豫戒遊逸疏
翰林院編修臣湛若水謹
奏爲豫戒遊逸以謹君德事臣久以險艱退廢山澤恭
遇
聖明繼極以人言起臣草野之中置諸勸講之列臣觀
講官進講之時
聖容淵穆 聖聽專精臣豈勝
甘泉先生文集内編卷一 一

10770 甘泉先生文集内編二十八卷外編十二卷 （明）湛若水撰 明嘉靖十五年（1536）火增刻本

匡高21.2釐米，廣14.3釐米。半葉十行，行二十一字，白口，左右雙邊。北京大學圖書館藏。

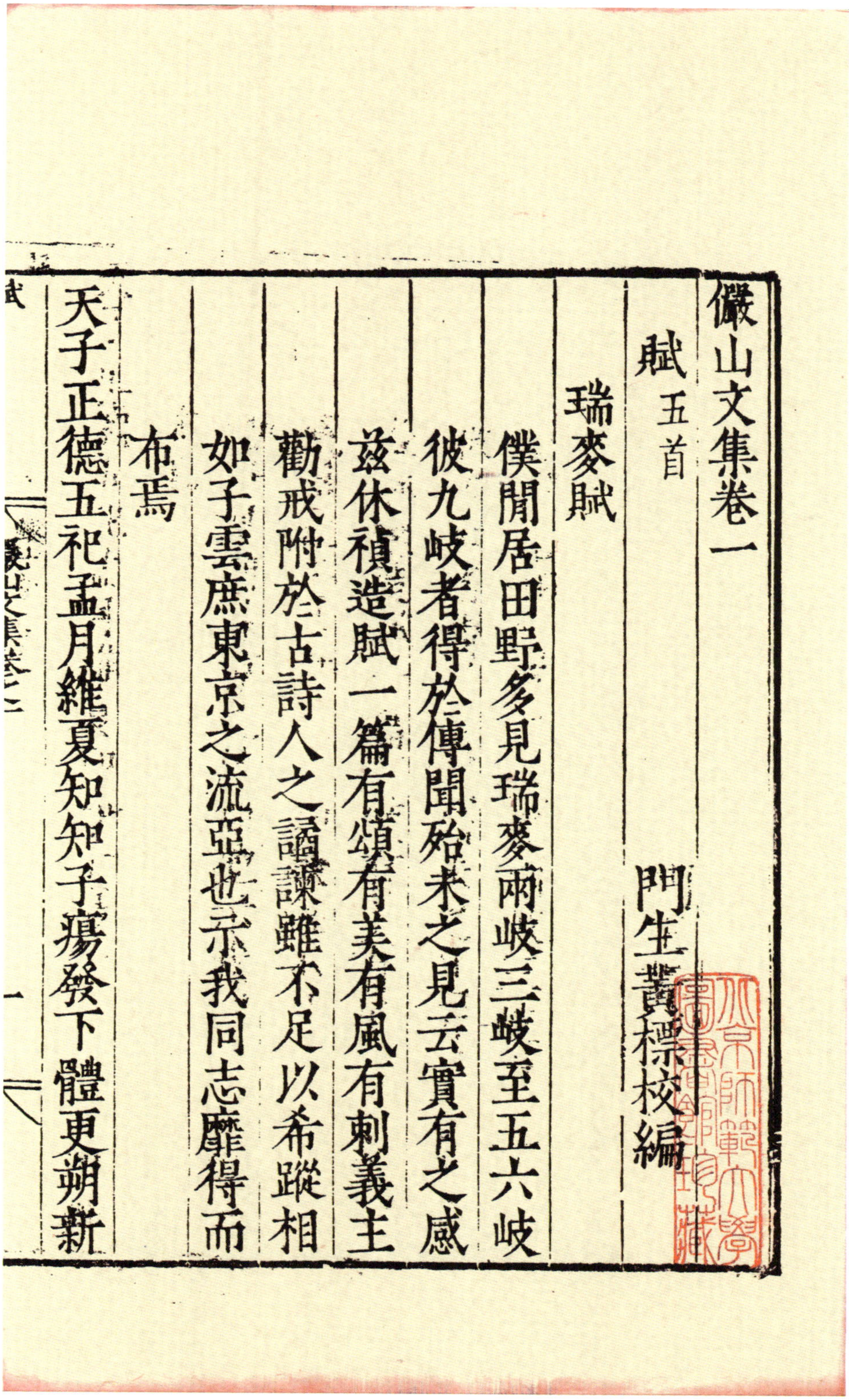
儼山文集卷一
賦五首　門生黄標校編
瑞麥賦
僕閒居田野多見瑞麥兩岐三岐至五五六岐
彼九岐者得於傳聞殆未之見云實有之感
茲休禎造賦一篇有頌有美有風有刺義主
勸戒附於古詩人之諷諫雖不足以希蹤相
如子雲庶東京之流亞世示我同志靡得而
布焉
天子正德五祀孟月維夏知知子殤發下體更朔新

10771 儼山文集一百卷目録二卷外集四十卷續集十卷 （明）陸深撰

明嘉靖二十五年（1546）、三十年（1551）陸楫刻本

匡高18.6釐米，廣14.1釐米。半葉十行，行二十字，白口，左右雙邊。北京師範大學圖書館藏。

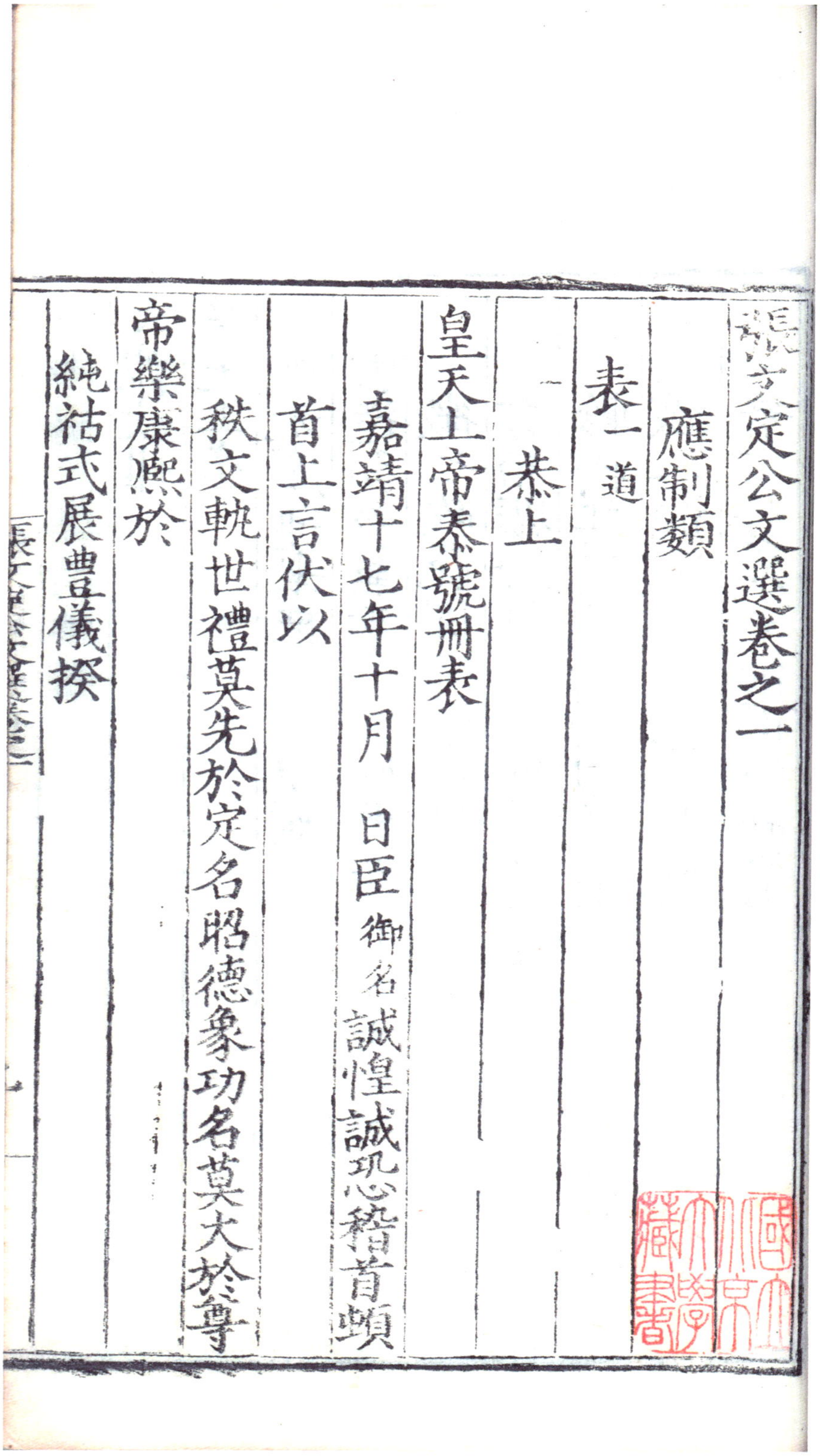
張文定公文選卷之一
應制類
表一道
恭上
皇天上帝泰號冊表
嘉靖十七年十月　日臣御名誠惶誠恐稽首頓
首上言伏以
秩文軌世禮莫先於定名昭德象功名莫大於尊
帝樂康熙於
純祐式展豊儀揆

10772 張文定公文選三十九卷　（明）張邦奇撰　明嘉靖二十九年（1550）張時徹刻本

匡高20.2釐米，廣14.8釐米。半葉十行，行二十一字，白口，四周雙邊。北京大學圖書館藏。

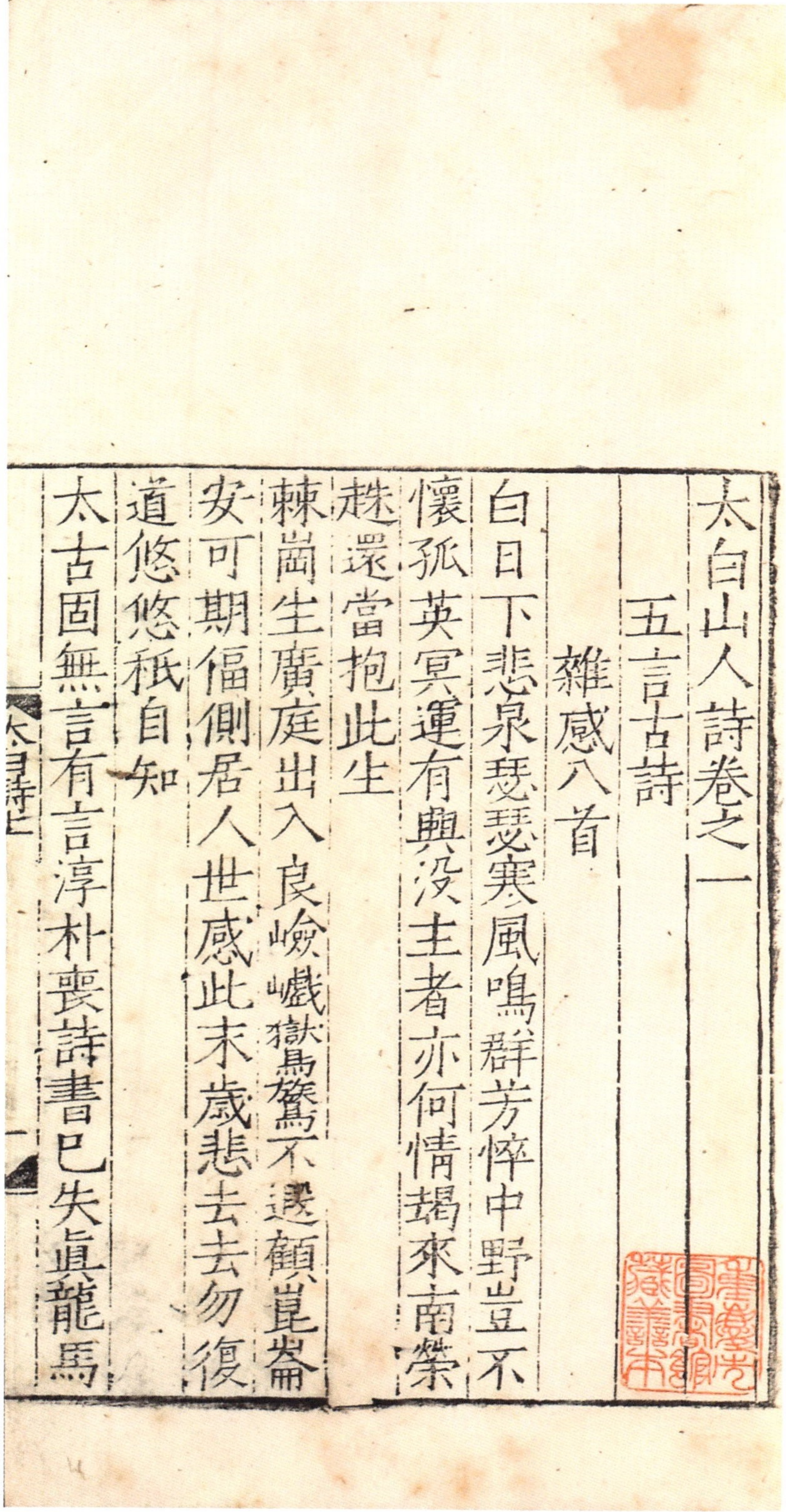
太白山人詩卷之一

五言古詩

雜感八首

白日下悲泉瑟瑟寒風鳴群芳悴中野豈不懷孤英冥運有興沒主者亦何情竭來南榮趎還當抱此生棘崗生廣庭出入良嶮巇鸑鷟不遐顧崑崙安可期偪側居人世感此末歲悲去去勿復道悠悠秪自知

太古固無言有言淳朴喪詩書已失眞龍馬

太白詩上　一

10773 太白山人詩五卷 （明）孫一元撰 明正德十五年（1520）刻本

匡高17釐米，廣13.6釐米。半葉十行，行十七字，小字雙行同，白口，左右雙邊。重慶圖書館藏。

第四批國家珍貴古籍名録圖録

第三册

中國國家圖書館
中國國家古籍保護中心 編

國家圖書館出版社

第三册目録

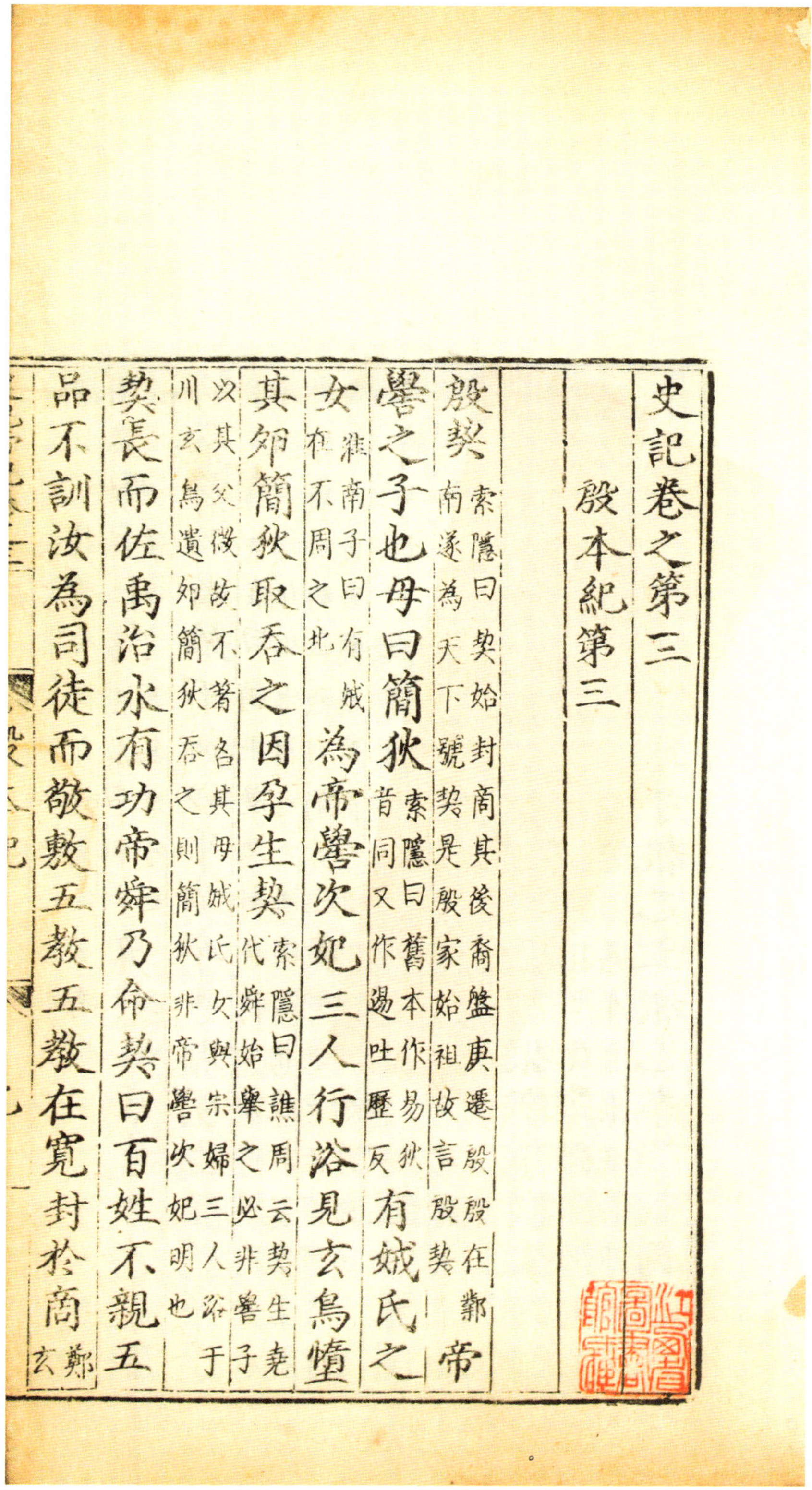

史記卷之第三
殷本紀第三
殷契索隱曰契始封商其後裔盤庚遷殷殷在鄴南遂為天下號契是殷家始祖故言殷契帝嚳之子也母曰簡狄索隱曰舊本作易狄音同又作逷吐歷反有娀氏之女淮南子曰有娀在不周之北為帝嚳次妃三人行浴見玄鳥墯其卵簡狄取吞之因孕生契索隱曰譙周云契生堯代舜始舉之必非嚳子以其父微故不著名其母娀氏女與宗婦三人浴于川玄鳥遺卵簡狄吞之則簡狄非帝嚳次妃明也契長而佐禹治水有功帝舜乃命契曰百姓不親五品不訓汝為司徒而敬敷五教五教在寬封於商鄭玄

10160 史記一百三十卷 （漢）司馬遷撰 （南朝宋）裴駰集解 （唐）司馬貞索隱 明正德十三年（1518）邵宗周刻本

匡高 18.6 釐米，廣 12.1 釐米。半葉十行，行二十字，小字雙行同，黑口，四周雙邊。歐陽輔跋。江西省圖書館藏，存一百二十六卷。

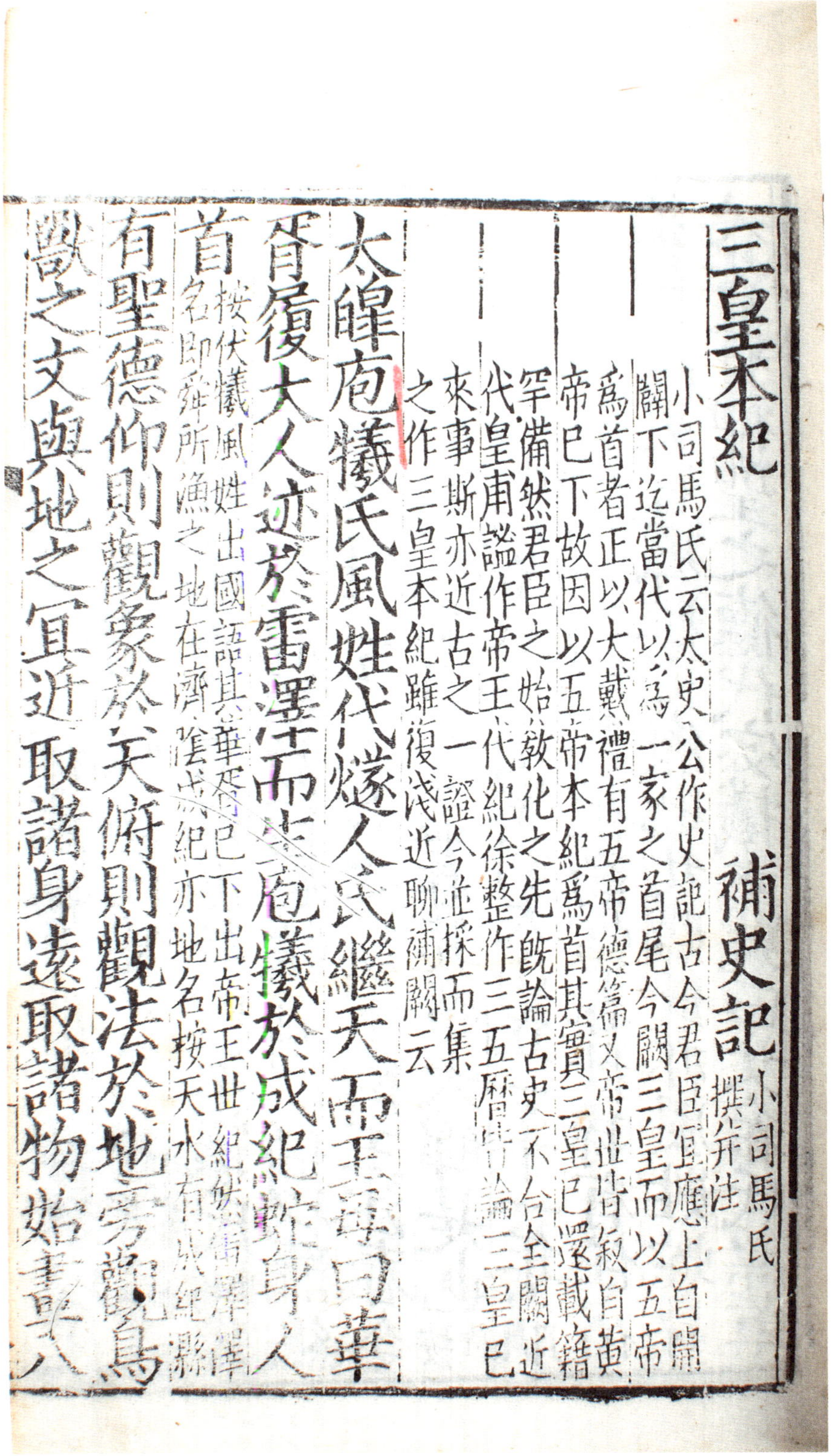
三皇本紀　補史記　小司馬氏撰幷注

小司馬氏云太史公作史記古今君臣宜應上自開闢下迄當代以爲一家之首尾今闕三皇而以五帝爲首者正以大戴禮有五帝德篇又帝繫皆叙自黄帝已下故因以五帝本紀爲首其實三皇已還載籍罕備然君臣之始教化之先旣論古史不合全闕近代皇甫謐作帝王代紀徐整作三五曆皆論三皇已來事斯亦近古之一證今並採而集之作三皇本紀雖復淺近聊補闕云

太皞庖犧氏風姓代燧人氏繼天而王母曰華胥履大人迹於雷澤而生庖犧於成紀蛇身人首按伏犧風姓出國語其華胥已下出帝王世紀然雷澤名即舜所漁之地在濟陰成紀亦地名按天水有成紀縣有聖德仰則觀象於天俯則觀法於地旁觀鳥獸之文與地之宜近取諸身遠取諸物始畫八

10161 史記一百三十卷　（漢）司馬遷撰　（南朝宋）裴駰集解　（唐）司馬貞索隱　（唐）張守節正義　明嘉靖四至六年（1525–1527）王延喆刻本（卷一百二十九抄配）

匡高 20.4 釐米，廣 13 釐米。半葉十行，行十八字，小字雙行二十三字，白口，左右雙邊。青島市博物館藏。

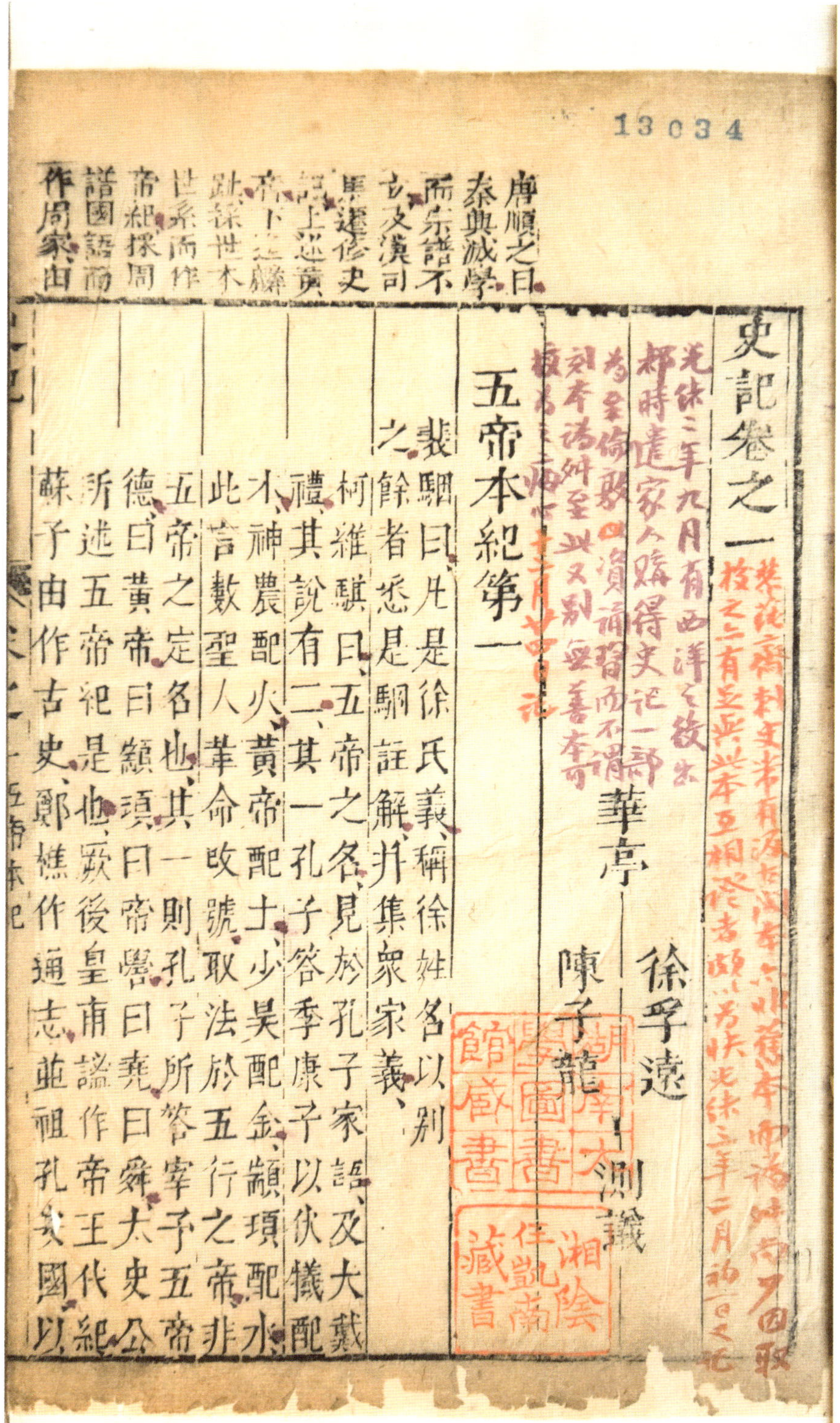

10162 史記一百三十卷 （漢）司馬遷撰 （南朝宋）裴駰集解 （唐）司馬貞索隱 （唐）張守節正義 （明）徐孚遠 陳子龍測議 明末刻本

匡高 19.2 釐米，廣 14 釐米。半葉九行，行二十字，小字雙行同，白口，左右雙邊。有“湘陰任凱南藏書”等印。郭嵩燾批注。湖南師範大學圖書館藏。

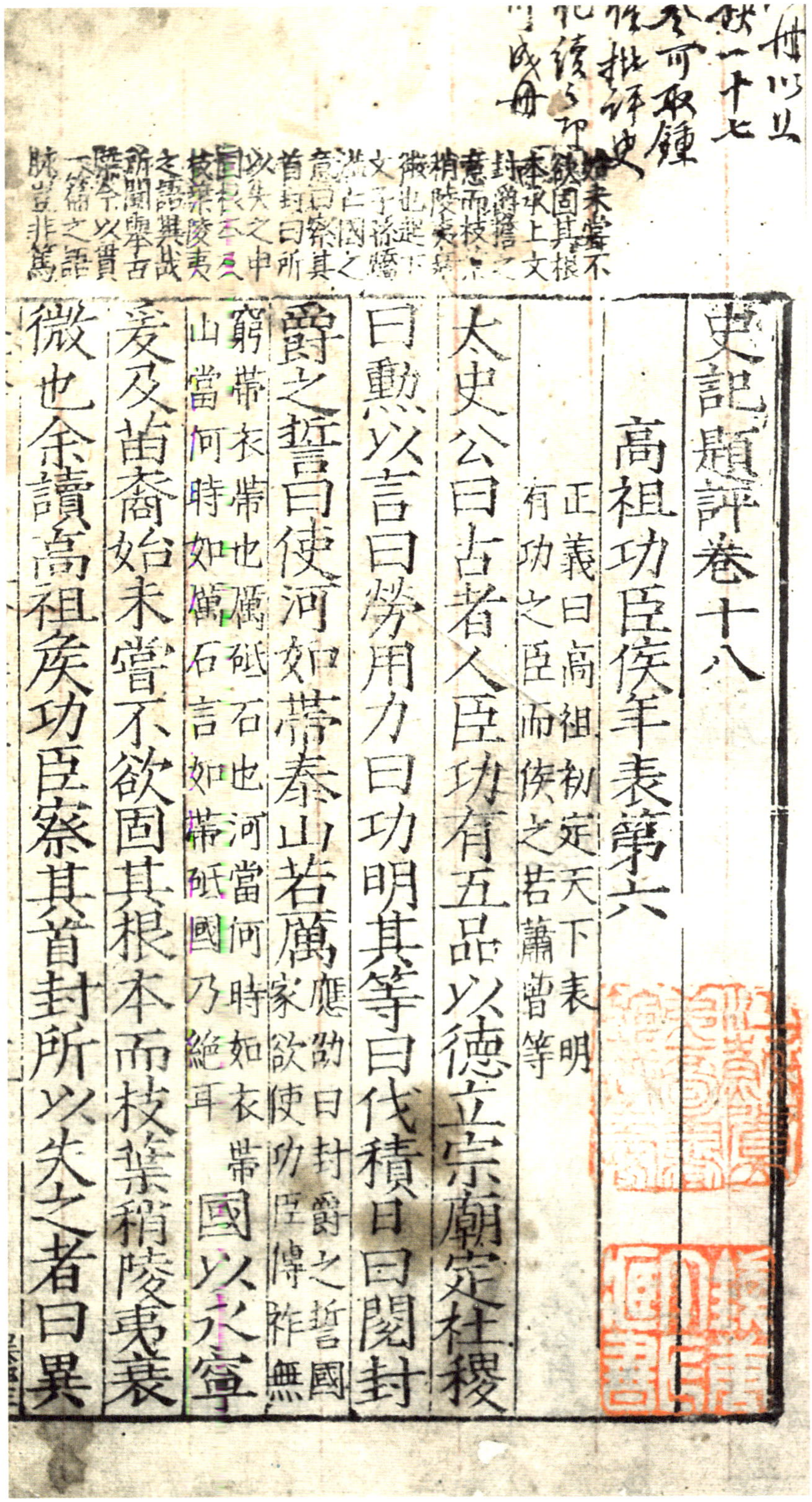
史記題評卷十八
高祖功臣侯年表第六
正義曰高祖初定天下表明有功之臣而侯之若蕭曹等
太史公曰古者人臣功有五品以德立宗廟定社稷曰勳以言曰勞用力曰功明其等曰伐積日曰閱封爵之誓曰使河如帶泰山若厲應劭曰封爵之誓國家欲使功臣傳祚無窮帶衣帶也厲砥石也河當何時如衣帶山當何時如厲石言如帶厲國乃絕耳國以永寧爰及苗裔始未嘗不欲固其根本而枝葉稍陵夷衰微也余讀高祖侯功臣察其首封所以失之者曰異

10163 史記題評一百三十卷 （明）楊慎 李元陽輯 明嘉靖十六年（1537）胡有恒、胡瑞刻公文紙印本（卷一至十七、十九至二十、二十三配清抄本）

匡高 18.7 釐米，廣 12.8 釐米。半葉九行，行二十字，小字雙行同，白口，左右雙邊。南京圖書館藏。

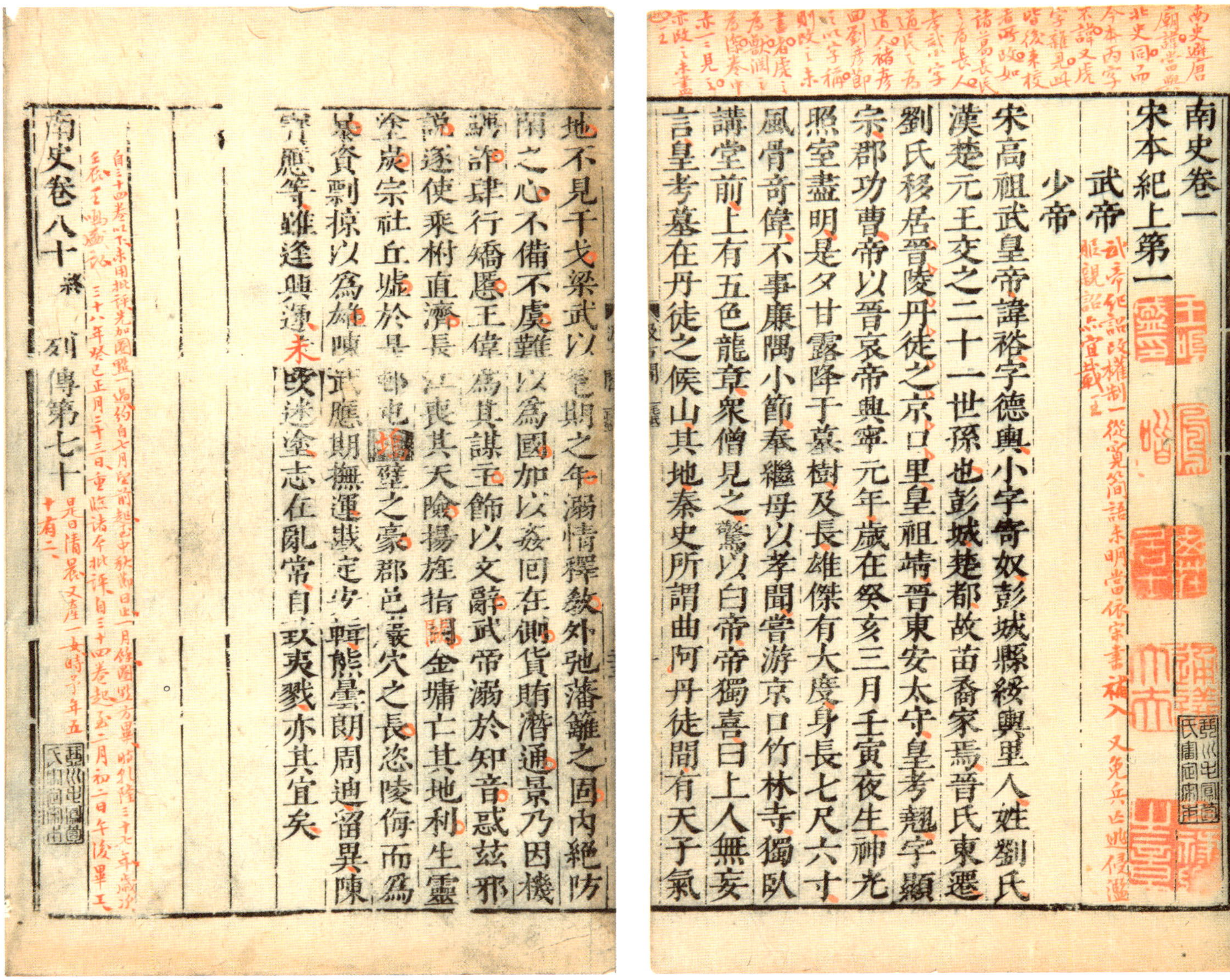

南史卷一
宋本紀上第一
武帝
少帝
宋高祖武皇帝諱裕字德輿小字寄奴彭城縣綏輿里人姓劉氏漢楚元王交之二十一世孫也彭城楚都故苗裔家焉晉氏東遷劉氏移居晉陵丹徒之京口里皇祖靖晉東安太守皇考翹字顯宗郡功曹帝以晉哀帝興寧元年歲在癸亥三月壬寅夜生神光照室盡明是夕甘露降于墓樹及長雄傑有大度身長七尺六寸風骨奇偉不事廉隅小節奉繼母以孝聞嘗游京口竹林寺獨臥講堂前上有五色龍章衆僧見之驚以白帝帝獨喜曰上人無妄言皇考墓在丹徒之候山其地秦史所謂曲阿丹徒間有天子氣

地不見干戈梁武以耄期之年溺情釋教外弛藩籬之固內絕防閑之心不備不虞雖以爲國加以姦回在御貨賄潛通景乃因機騁詐肆行矯慝王偉爲其謀主飾以文辭武帝溺於知音惑兹邪說遂使乘彼直濟長江喪其天險揚旌指闕金墉亡其地利生靈塗炭宗社丘墟於是匹夫屯塢壁之豪郡邑巖穴之長恣陵侮而爲暴貪剽掠以爲雄陳武應期撫運戡定安輯熊曇朗周迪留異陳寶應等雖逢興運未改迷塗志在亂常自致夷戮亦其宜矣

南史卷八十 終 列傳第七十

10164 南史八十卷 （唐）李延壽撰 明崇禎十三年（1640）毛氏汲古閣刻本

匡高 21.6 釐米，廣 14.5 釐米。半葉十二行，行二十五字，白口，左右雙邊。有“王鳴盛印”、“鳳喈”、“西莊居士”、“王鳴盛”、“江山劉履芬觀”等印。王鳴盛批校並跋。上海圖書館藏。

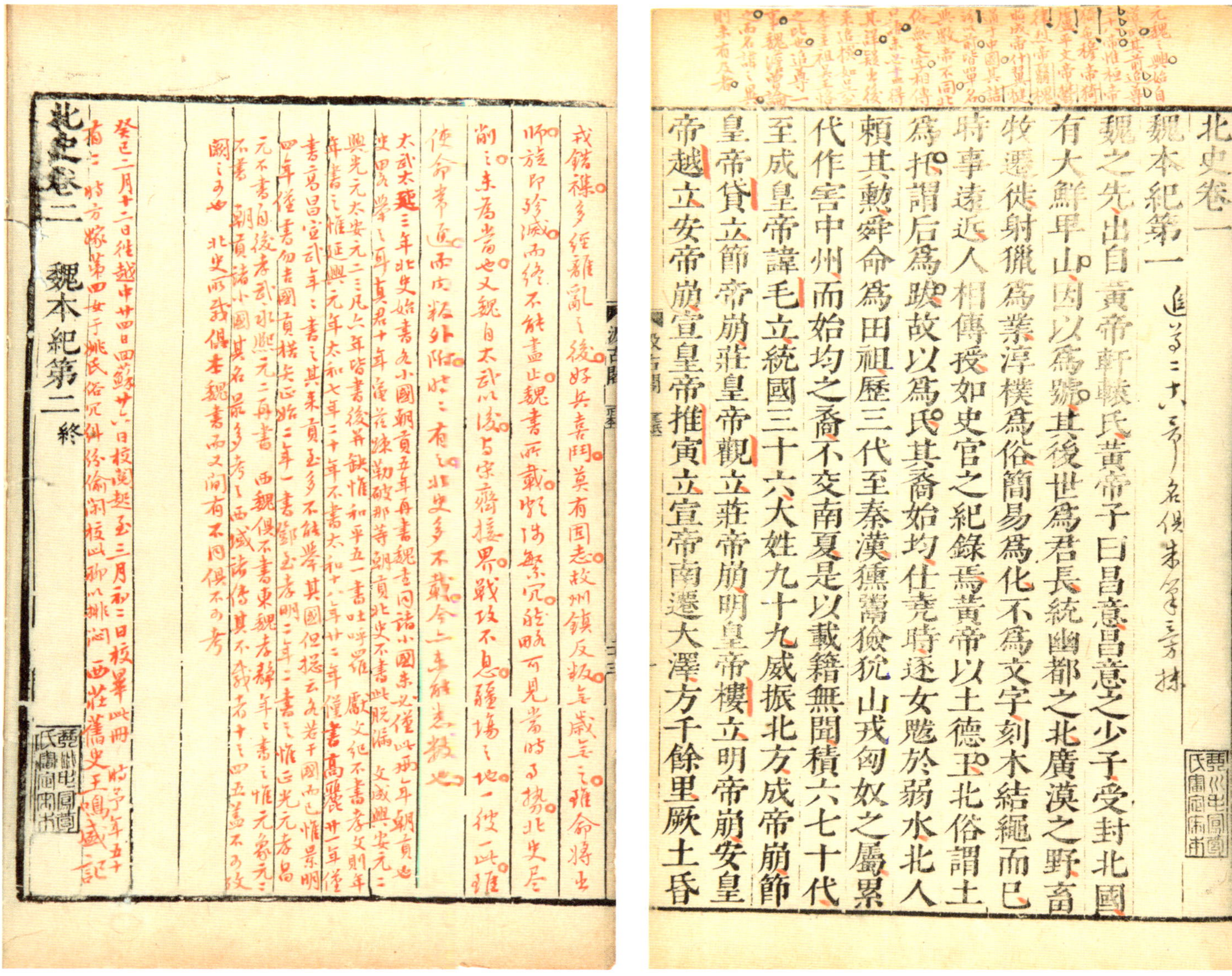

10165 北史一百卷 （唐）李延壽撰 明崇禎十二年（1639）毛氏汲古閣刻本

匡高21.6釐米，廣14.5釐米。半葉十二行，行二十五字，白口，左右雙邊。有“王鳴盛印”、“鳳喈”、“江山劉履芬觀”等印。王鳴盛批校並跋。上海圖書館藏。

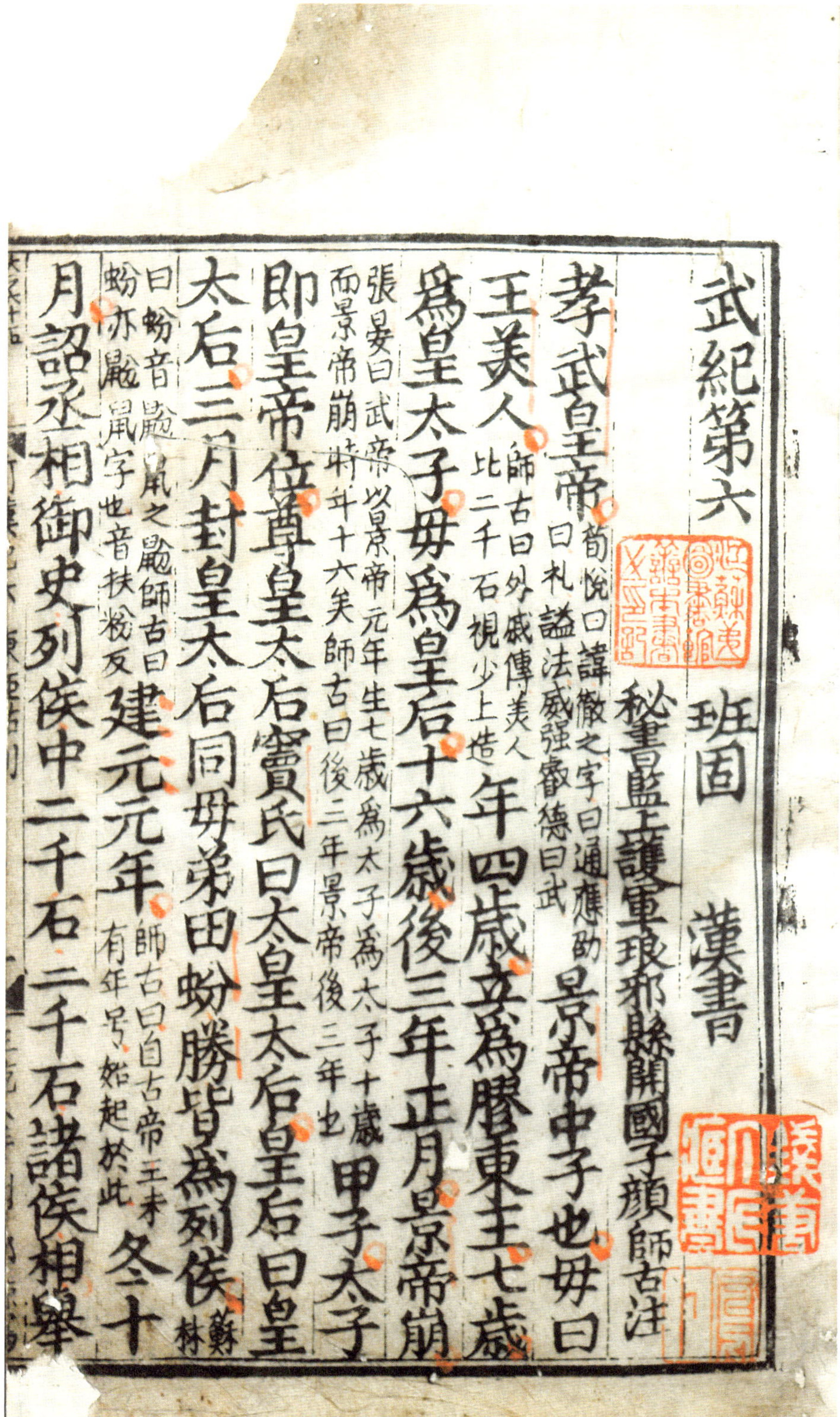
武紀第六　班固　漢書
秘書監上護軍琅邪縣開國子顏師古注
孝武皇帝荀悅曰諱徹之字曰通應劭曰礼謚法威强叡德曰武景帝中子也母曰
王美人師古曰外戚傳美人比二千石視少上造年四歲立爲膠東王七歲
爲皇太子母爲皇后十六歲後三年正月景帝崩
張晏曰武帝以景帝元年生七歲爲太子爲太子十歲而景帝崩時年十六矣師古曰後三年景帝後三年也甲子太子
即皇帝位尊皇太后竇氏曰太皇太后皇后曰皇
太后三月封皇太后同母弟田蚡勝皆爲列侯蘇林
曰蚡音鼢鼠之鼢師古曰蚡亦鼢鼠字也音扶粉反建元元年師古曰自古帝王未有年号始起於此冬十
月詔丞相御史列侯中二千石二千石諸侯相舉

10166 漢書一百卷（漢）班固撰（唐）顏師古注 明正統八至十年(1443-1445)刻本（卷一至五配清抄本）

匡高 21.1 釐米，廣 15.1 釐米。半葉十行，行十九字，小字雙行二十五至二十八字不等，黑口，四周雙邊。南京圖書館藏。

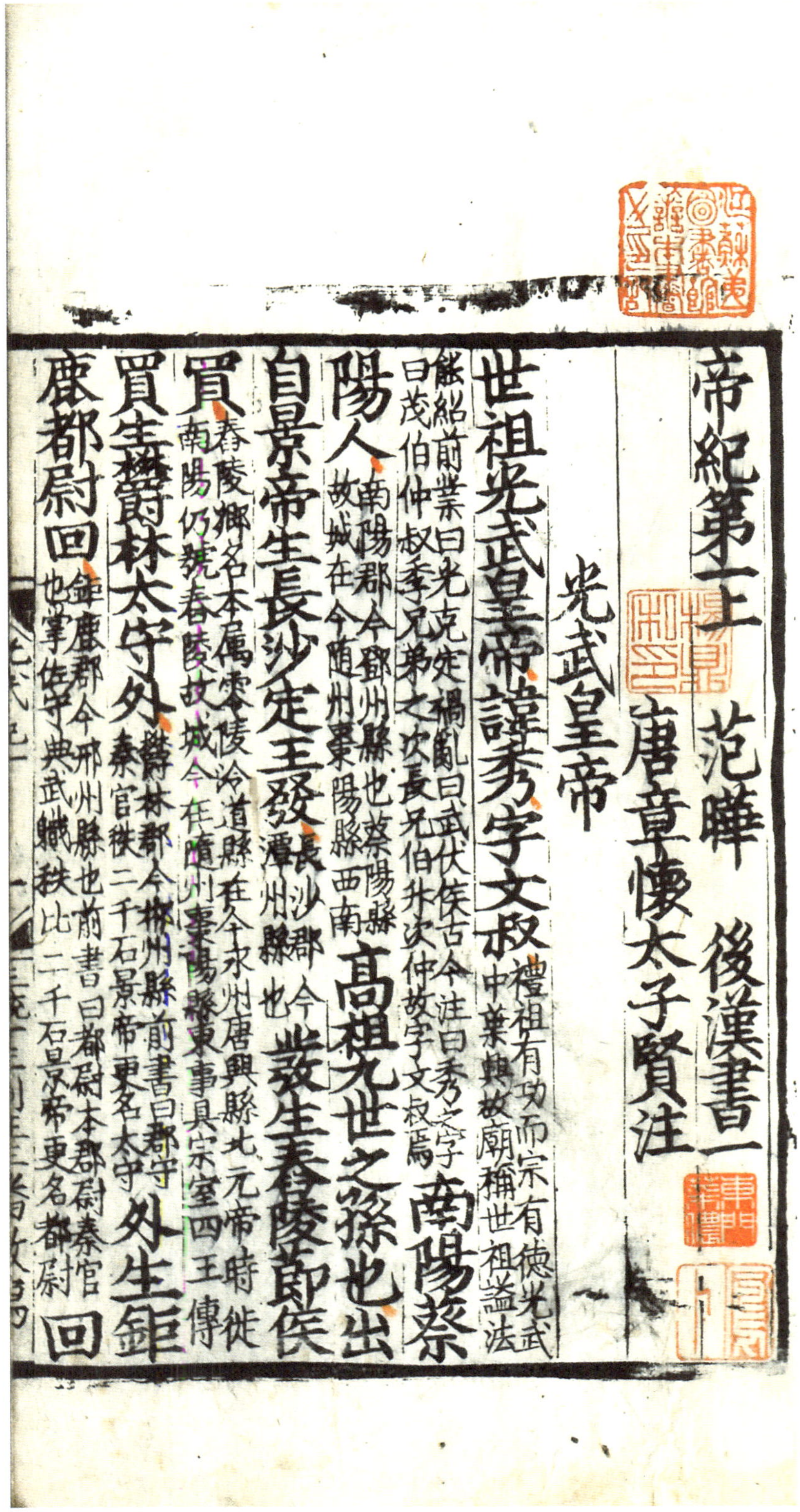
帝紀第一上　范曄　後漢書一
唐章懷太子賢注
光武皇帝
世祖光武皇帝諱秀字文叔禮祖有功而宗有德光武中興故廟稱世祖謚法能紹前業曰光克定禍亂曰武伏侯古今注曰秀之字曰茂伯仲叔季兄弟之次長兄伯升次仲故字文叔焉南陽蔡陽人南陽郡今鄧州縣也蔡陽縣故城在今隨州棗陽縣西南高祖九世之孫也出自景帝生長沙定王發長沙郡今潭州縣也發生舂陵節侯買舂陵鄉名本屬零陵泠道縣在今永州唐興縣北元帝時徙南陽仍號舂陵故城今在隨州棗陽縣東事具宗室四王傳買生鬱林太守外鬱林郡今桂州縣前書曰郡守秦官秩二千石景帝更名太守外生鉅鹿都尉回鉅鹿郡今邢州縣也前書曰都尉本郡尉秦官也掌佐守典武職秩比二千石景帝更名都尉回

10167、10168 後漢書九十卷（南朝宋）范曄撰（唐）李賢注 **志三十卷**（晉）司馬彪撰（南朝梁）劉昭注 明正統八至十一年（1443-1446）刻本

匡高 22.3 釐米，廣 14.9 釐米。半葉十行，行十九字，小字雙行二十五字，黑口，四周雙邊。鹽城市圖書館藏，存十卷；南京圖書館藏，目録抄配，丁丙跋。

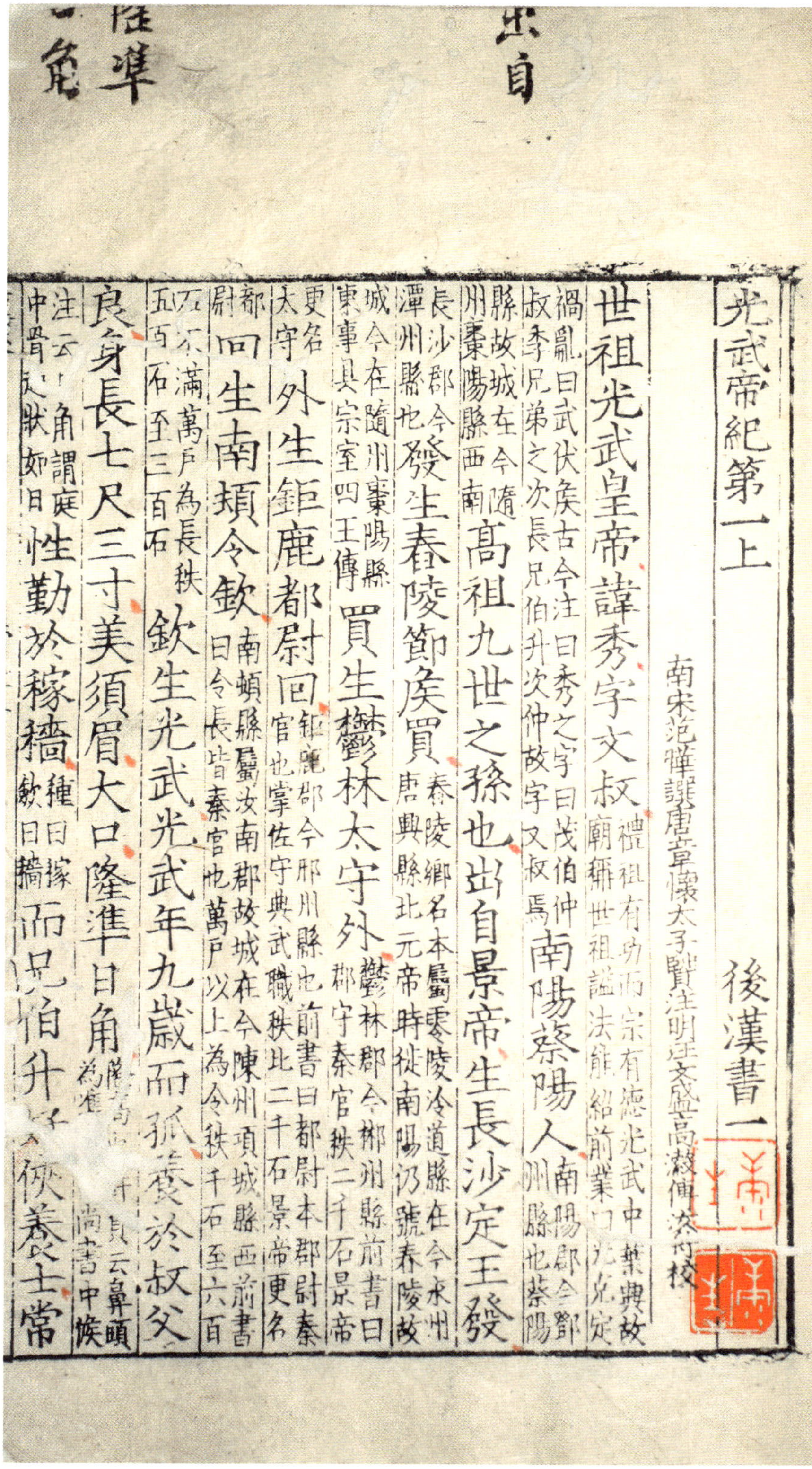
光武帝紀第一上　後漢書一
南宋范曄撰唐章懷太子賢注明汪文盛高濲傅汝舟校
世祖光武皇帝諱秀字文叔 禮祖有功而宗有德光武中興故廟稱世祖謚法能紹前業曰光克定禍亂曰武伏侯古今注曰秀之字曰茂伯仲叔季兄弟之次長兄伯升次仲故字文叔焉 南陽蔡陽人 南陽郡今鄧州縣也蔡陽縣故城在今隨州棗陽縣西南 高祖九世之孫也出自景帝生長沙定王發 長沙郡今潭州縣也 發生舂陵節侯買 舂陵鄉名本屬零陵泠道縣在今永州唐興縣北元帝時徙南陽仍號舂陵故城今在隨州棗陽縣東事具宗室四王傳 買生鬱林太守外 鬱林郡今鬱州縣前書曰郡守秦官秩二千石景帝更名太守 外生鉅鹿都尉回 鉅鹿郡今邢州縣也前書曰都尉本郡尉秦官也掌佐守典武職秩比二千石景帝更名都尉 回生南頓令欽 南頓縣屬汝南郡故城在今陳州項城縣西前書曰令長皆秦官也萬戶以上為令秩千石至六百石不滿萬戶為長秩五百石至三百石 欽生光武光武年九歲而孤養於叔父良身長七尺三寸美須眉大口隆準日角 隆高也許負云鼻頭為準鄭玄尚書中候注云日角謂庭中骨起狀如日 性勤於稼穡 種曰稼斂曰穡 而兄伯升好俠養士常

10169 後漢書九十卷（南朝宋）范曄撰（唐）李賢注 **志三十卷**（晉）司馬彪撰（南朝梁）劉昭注 明嘉靖汪文盛等刻本（有抄配）

匡高19釐米，廣13釐米。半葉十二行，行二十二字，小字雙行二十八字，白口，左右雙邊。北京市文物局圖書資料中心藏。

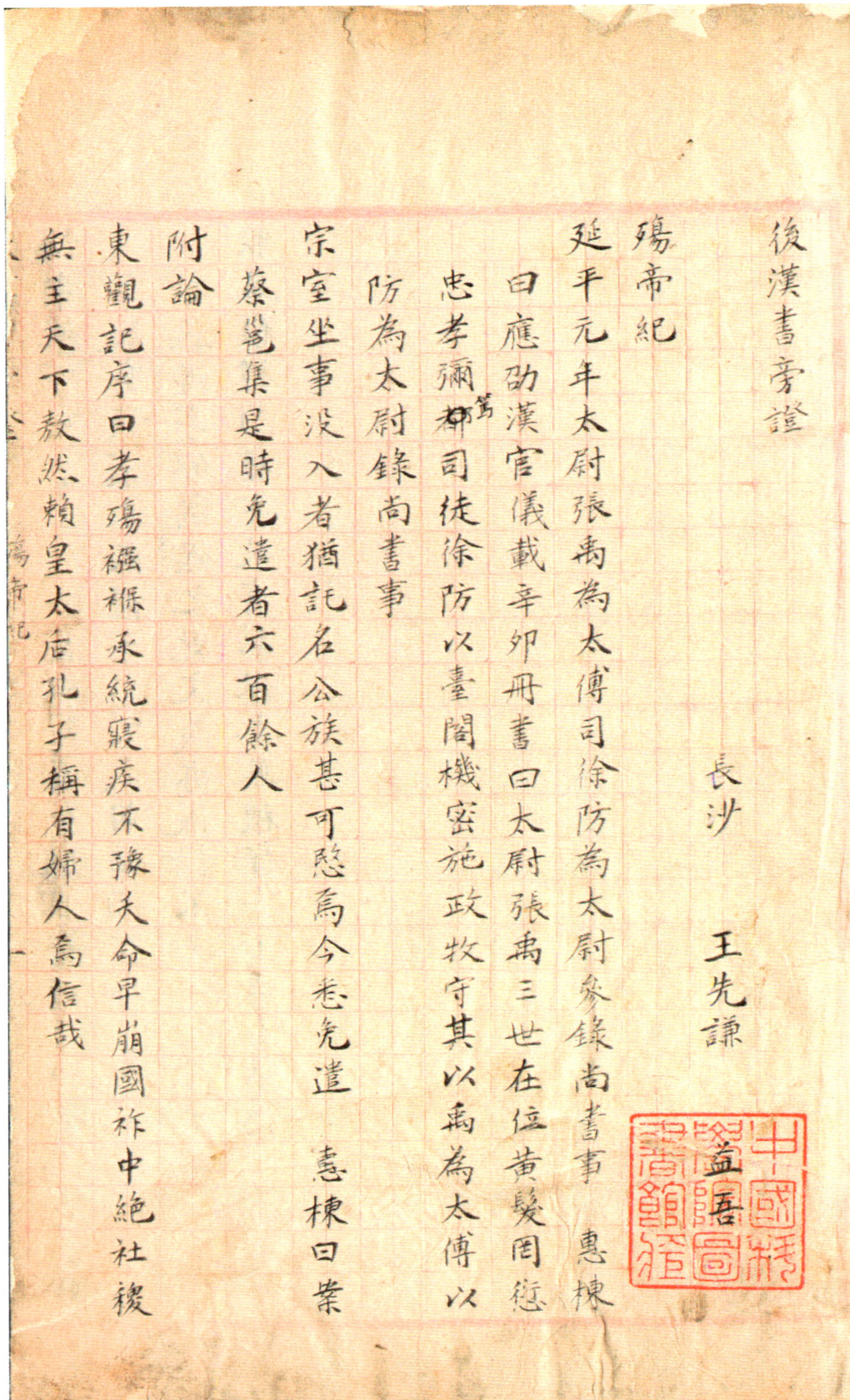
後漢書旁證
長沙　王先謙
殤帝紀
延平元年太尉張禹為太傅司徒徐防為太尉參録尚書事　惠棟
曰應劭漢官儀載辛卯冊書曰太尉張禹三世在位黃髮罔愆
忠孝彌篤司徒徐防以臺閣機密施政牧守其以禹為太傅以
防為太尉録尚書事
宗室坐事没入者猶託名公族甚可愍焉今悉免遣　惠棟曰案
蔡邕集是時免遣者六百餘人
附論
東觀記序曰孝殤襁褓承統寢疾不豫夭命早崩國祚中絕社稷
無主天下敖然賴皇太后孔子稱有婦人焉信哉

10170 後漢書旁證不分卷（清）王先謙撰 稿本

匡高21.1釐米，廣15.1釐米。半葉十二行，行二十五字，紅格，白口，左右雙邊。中國科學院國家科學圖書館藏。

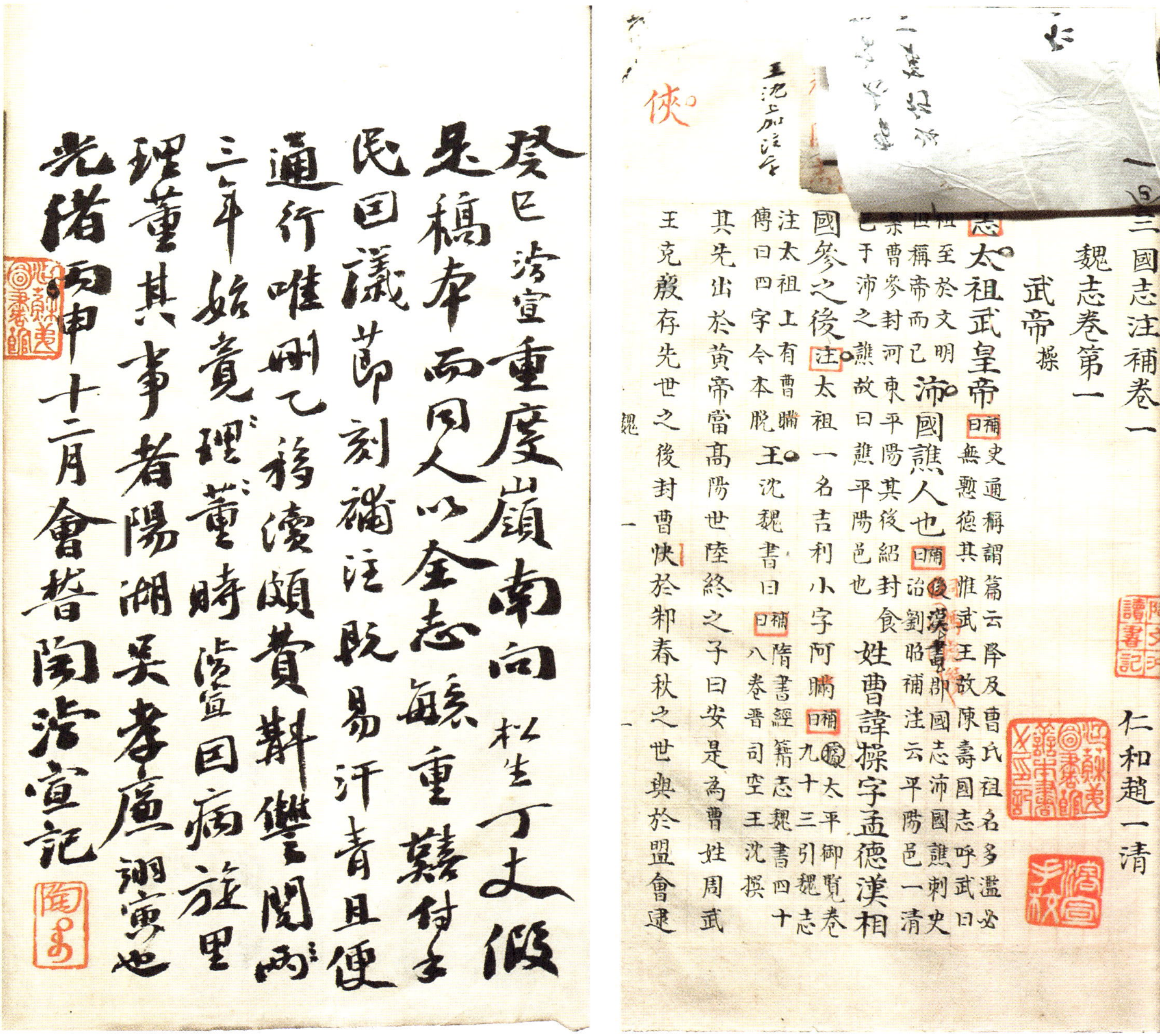

10171 三國志注補六十五卷 （清）趙一清撰 稿本

丁丙跋，陶濬宣校並跋。南京圖書館藏。

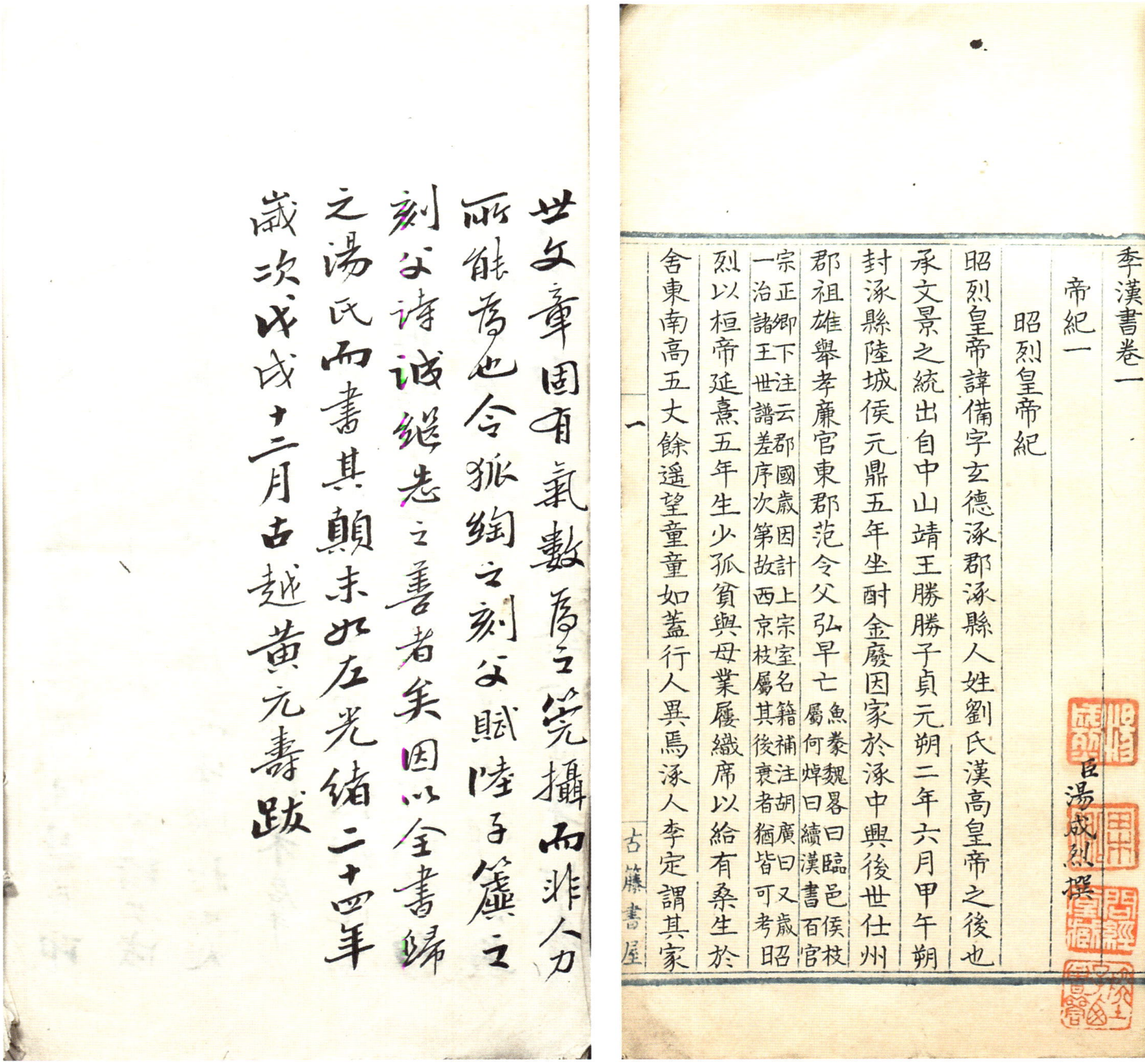

10172 季漢書六十四卷 （清）湯成烈撰 稿本（原缺卷五十二）

匡高 19.9 釐米，廣 14 釐米。半葉十行，行二十四字，小字雙行同，藍格，白口，四周雙邊。黃元壽跋。南京圖書館藏。

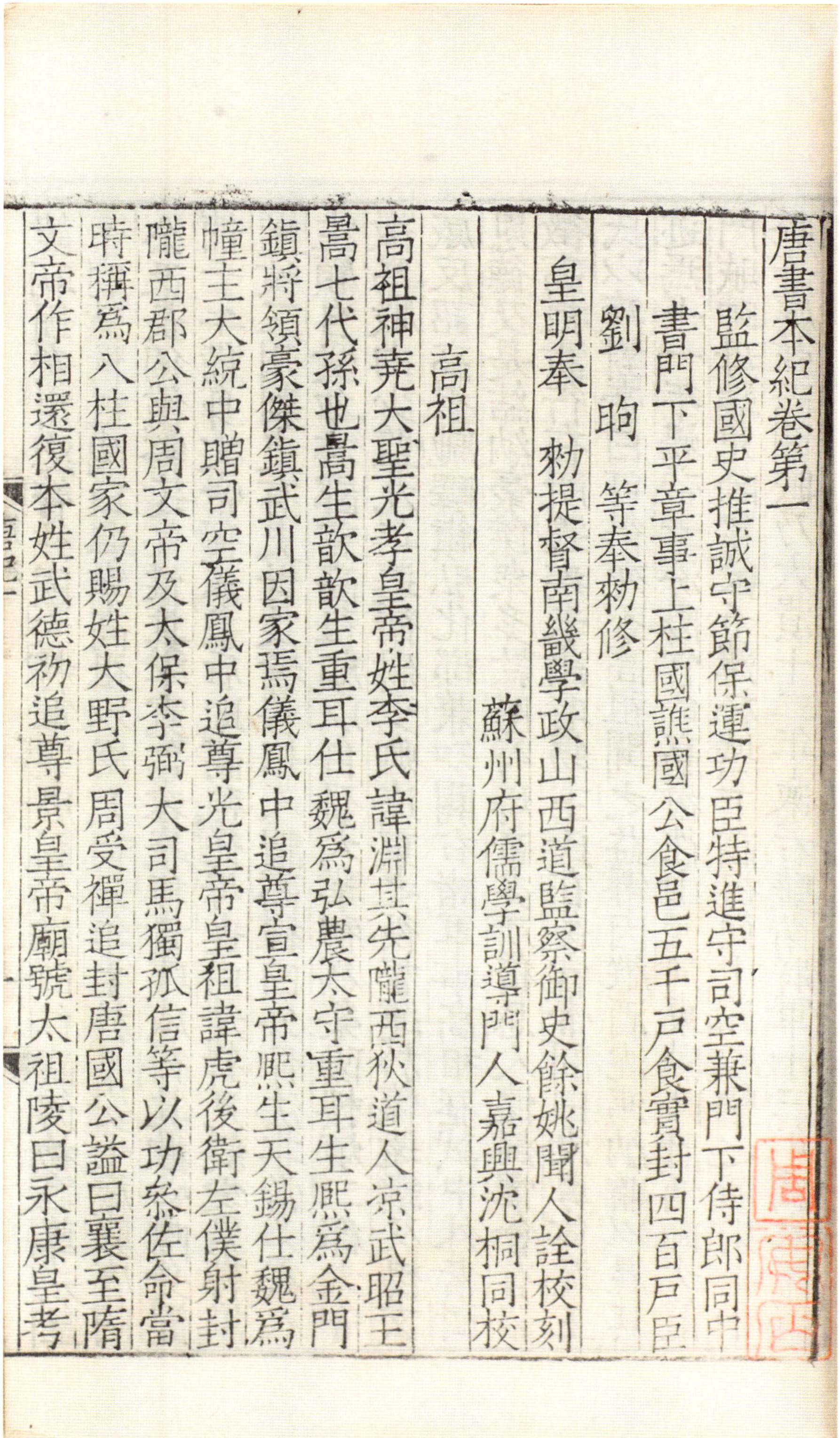

唐書本紀卷第一
監修國史推誠守節保運功臣特進守司空兼門下侍郎同中
書門下平章事上柱國譙國公食邑五千戶食實封四百戶臣
劉昫 等奉勑修
皇明奉 勑提督南畿學政山西道監察御史餘姚聞人詮校刻
蘇州府儒學訓導門人嘉興沈桐同校
高祖
高祖神堯大聖光孝皇帝姓李氏諱淵其先隴西狄道人涼武昭王
暠七代孫也暠生歆歆生重耳仕魏爲弘農太守重耳生熙爲金門
鎮將領豪傑鎮武川因家焉儀鳳中追尊宣皇帝熙生天錫仕魏爲
幢主大統中贈司空儀鳳中追尊光皇帝皇祖諱虎後衛左僕射封
隴西郡公與周文帝及太保李弼大司馬獨孤信等以功參佐命當
時稱爲八柱國家仍賜姓大野氏周受禪追封唐國公謚曰襄至隋
文帝作相還復本姓武德初追尊景皇帝廟號太祖陵曰永康皇考

10173、10174 唐書二百卷 （後晉）劉昫等撰 明嘉靖十八年（1539）聞人詮刻本

匡高 21.2 釐米，廣 15 釐米。半葉十四行，行二十六字，白口，左右雙邊。中國科學院上海生命科學信息中心藏；雲南大學圖書館藏，有“宗湘文珍藏印”等印。

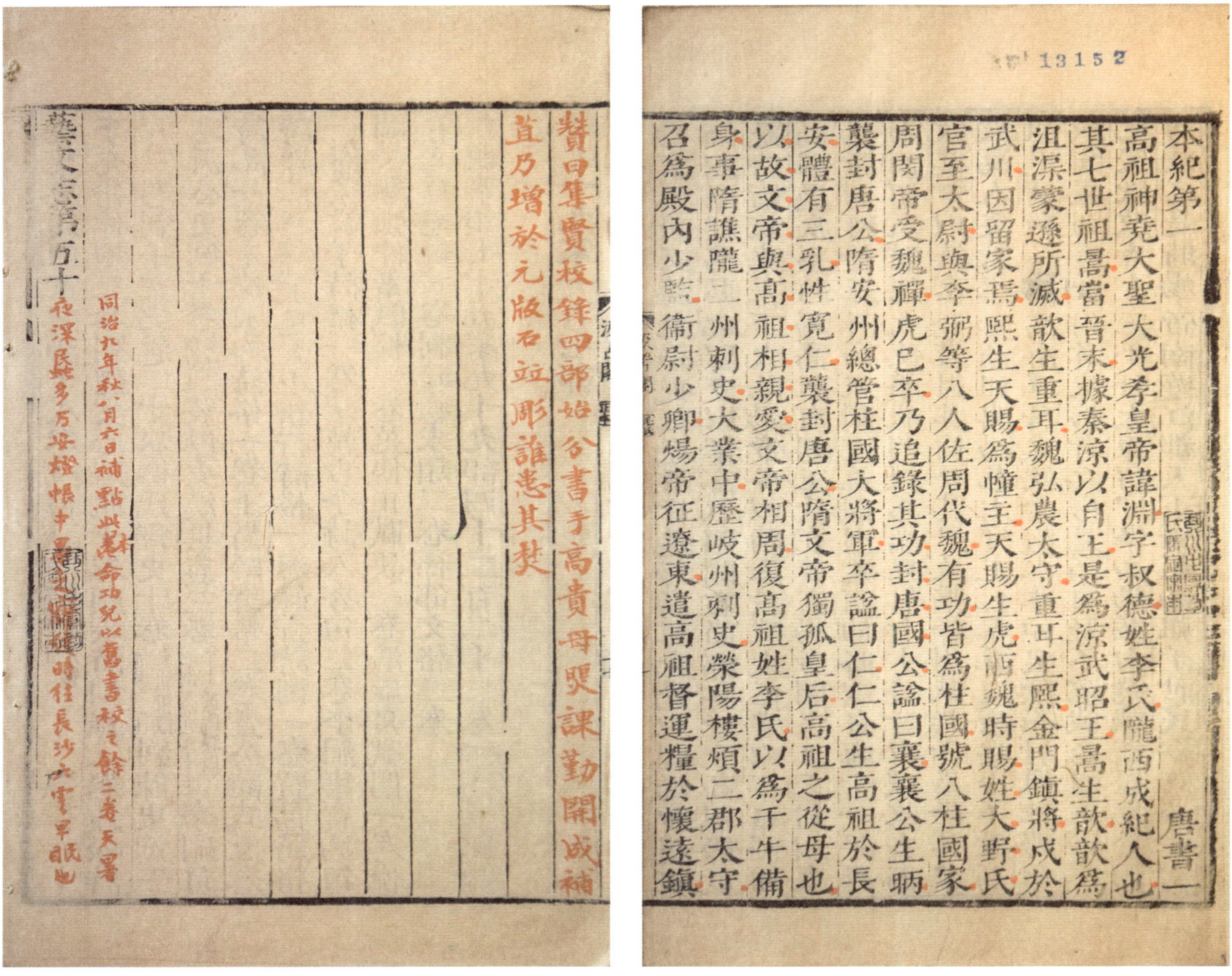

10175 唐書二百二十五卷 （宋）歐陽修 宋祁等撰 明崇禎二年（1629）毛氏汲古閣刻本

匡高 21.8 釐米，廣 15.4 釐米。半葉十二行，行二十五字，小字雙行字不等，白口，左右雙邊。王闓運批校。湖南師範大學圖書館藏。

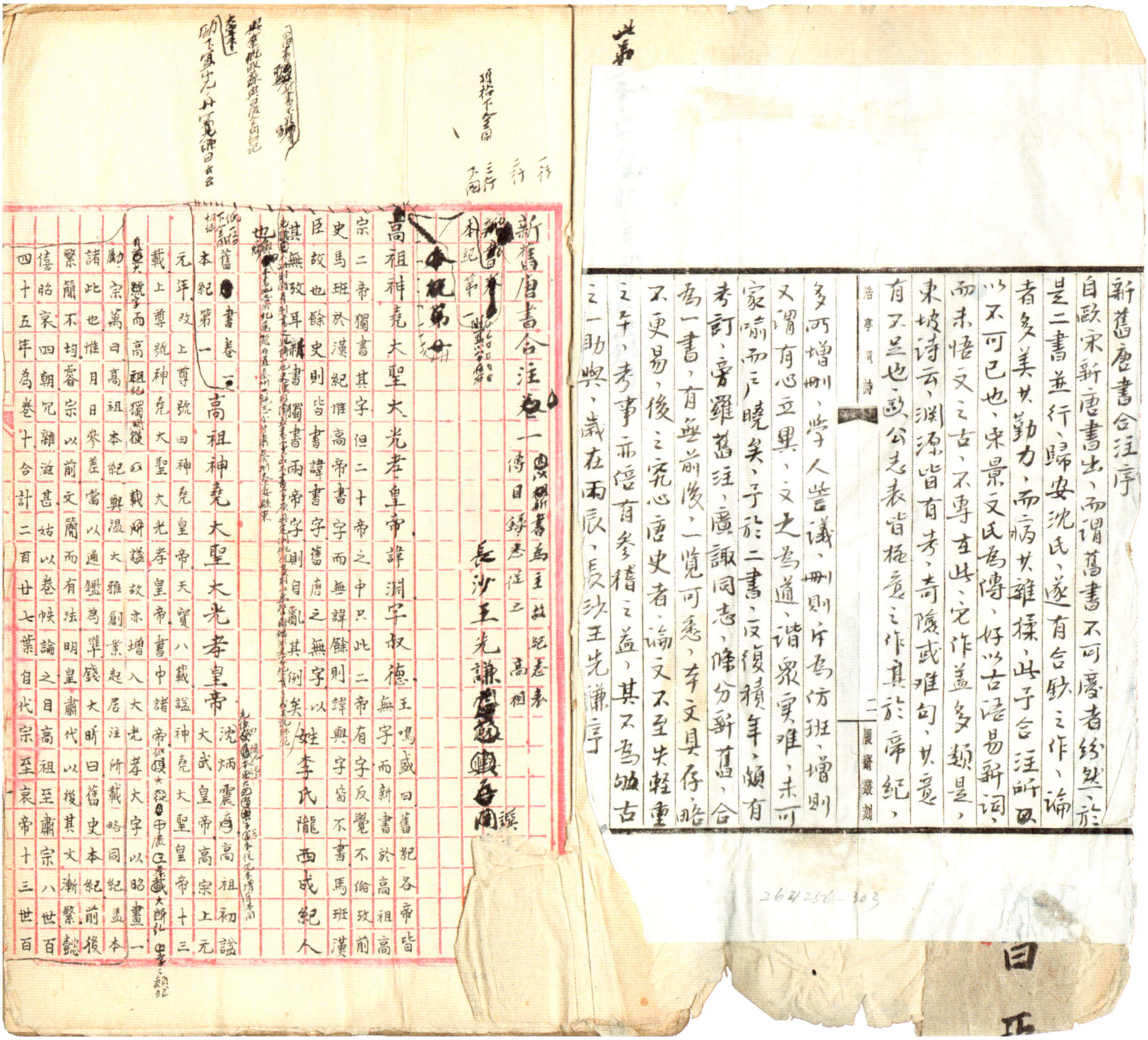

10176 新舊唐書合注二百二十五卷 （清）王先謙撰 稿本

匡高 21.2 釐米，廣 15.2 釐米。半葉十二行，行二十五字，小字雙行同，白口，左右雙邊。中國科學院國家科學圖書館藏，存四十二卷。

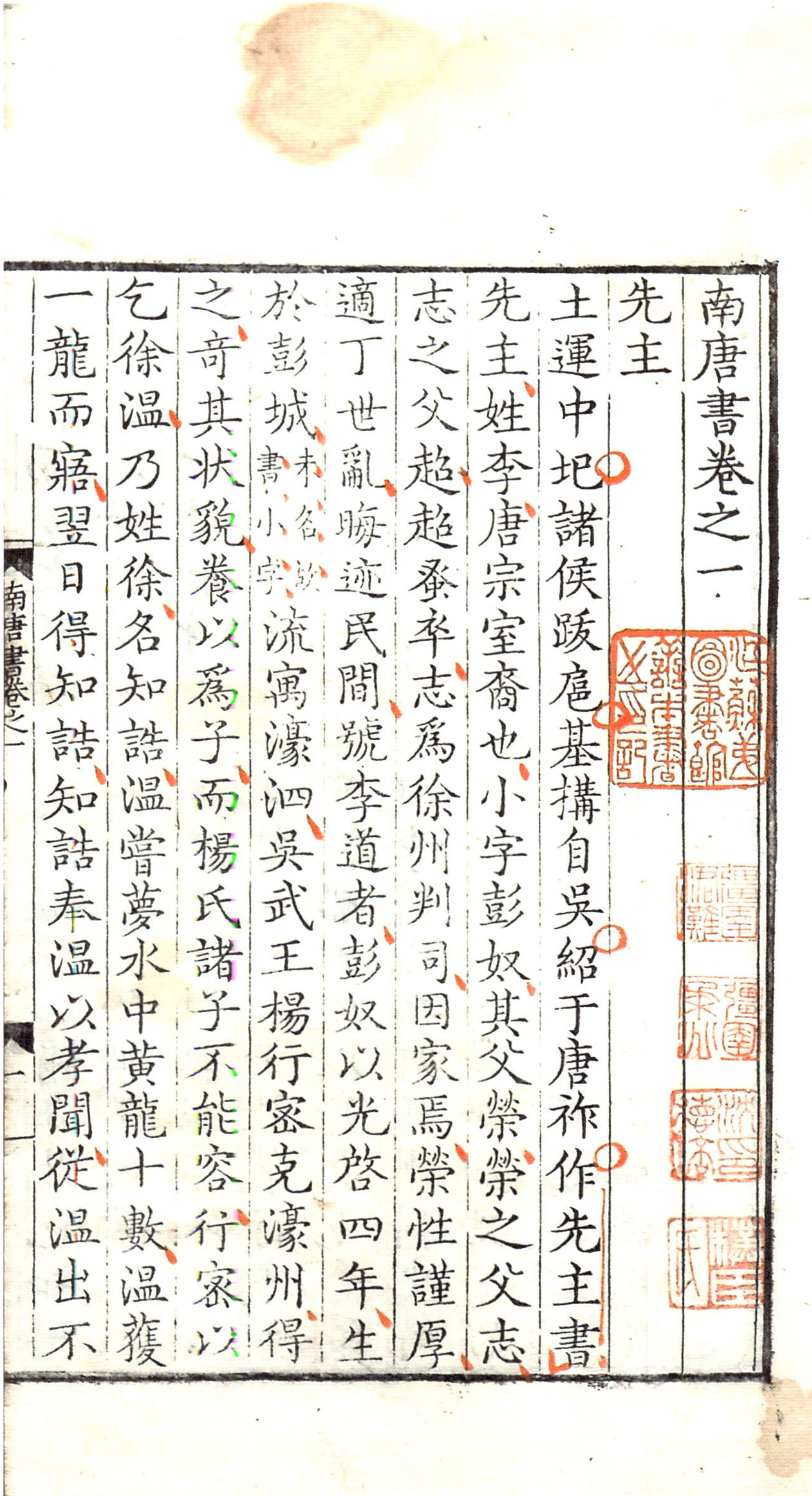
南唐書卷之一
先主
土運中圮諸侯跋扈基搆自吳紹于唐祚作先主書
先主姓李唐宗室裔也小字彭奴其父榮榮之父志
志之父超超豢卒志爲徐州判司因家焉榮性謹厚
適丁世亂晦迹民間號李道者彭奴以光啓四年生
於彭城（本名昪書小字）流寓濠泗吳武王楊行密克濠州得
之奇其狀貌養以爲子而楊氏諸子不能容行密以
乞徐温乃姓徐名知誥温嘗夢水中黃龍十數温獲
一龍而寤翌日得知誥知誥奉温以孝聞從温出不
南唐書卷之一

10177、10178 南唐書三十卷 （宋）馬令撰　明嘉靖二十九年（1550）顧汝達刻本

匡高 18.9 釐米，廣 12.5 釐米。半葉十行，行二十字，小字雙行同，白口，左右雙邊。南京圖書館藏，丁丙跋；北京市文物局圖書資料中心藏。

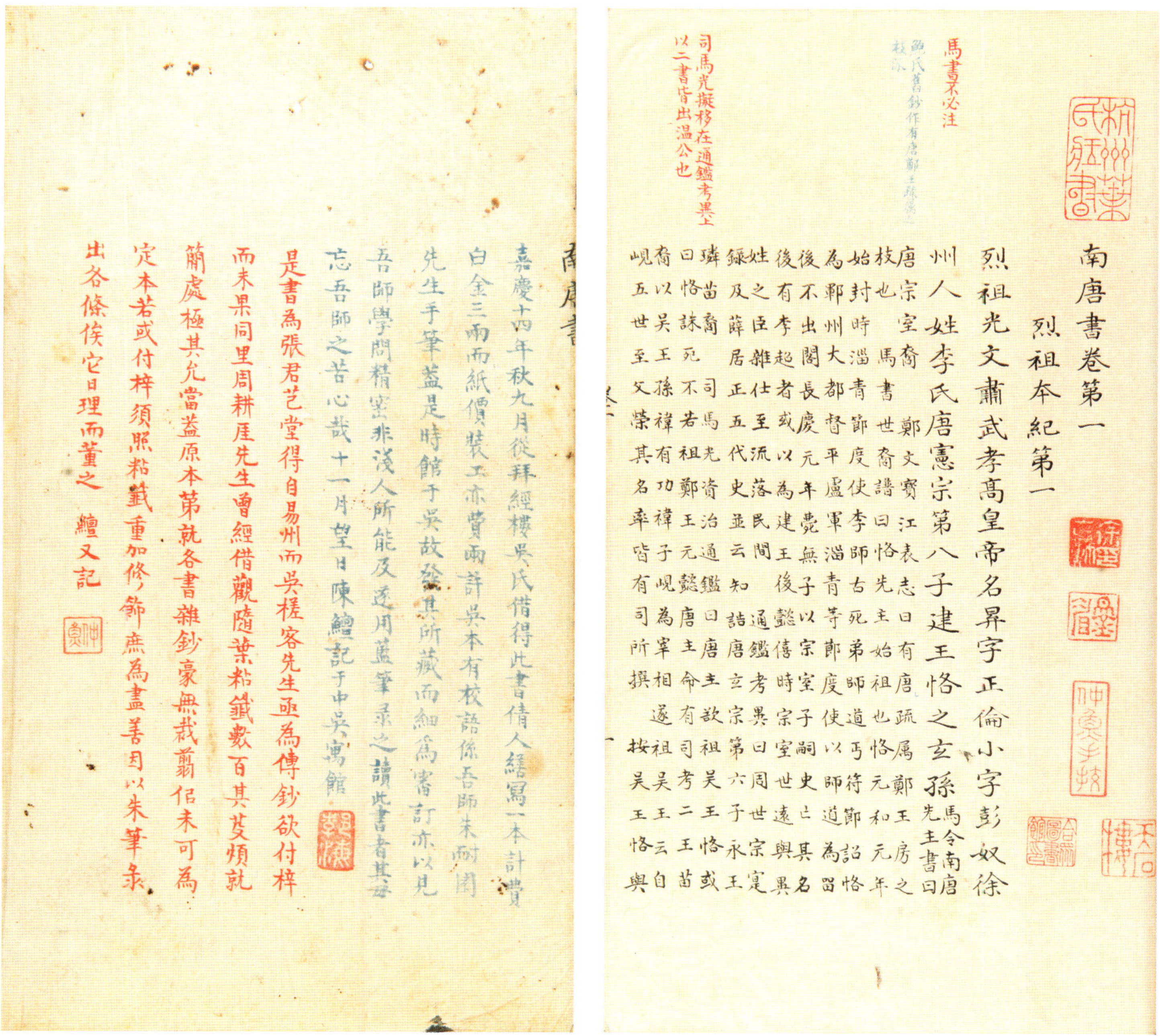

南唐書卷第一

烈祖本紀第一

烈祖光文肅武孝高皇帝名昪字正倫小字彭奴徐州人姓李氏唐憲宗第八子建王恪之玄孫馬令南唐書曰先主唐宗室裔鄭文寶江表志曰有唐疏屬鄭王房之枝也馬書世裔譜曰恪先主始祖也恪元和元年始封時淄青節度使李師古死弟師道丐符節詔恪為鄆州大都督平盧軍淄青等節度使以師道為留後不出閤長慶元年薨無子以宗室子嗣史亡其名後有李超者或以為建王後懿傳時宗室世遠與異姓之臣雜仕至流落民間通鑑考異曰周世宗寔錄及薛居正五代史並云知誥唐玄宗第六子永王璘苗裔司馬光資治通鑑曰唐主欲祖吳王恪或曰恪誅死不若祖鄭王元懿唐主命有司考二王苗裔以吳王孫禕有功禕子峴為宰相遂祖吳王云自峴五世至文榮其名率皆有司所撰 按吳王恪與

馬書不必注

馬氏舊鈔作有唐鄭王疏屬之枝尔

司馬光擬移在通鑑考異上以二書皆出温公也

南唐書

嘉慶十四年秋九月從拜經樓吳氏借得此書倩人繕寫一本計費白金三兩而紙價裝工亦費兩許吳本有校語係吾師朱酎園先生手筆蓋是時館于吳故發其所藏而細為審訂亦以見吾師學問精密非淺人所能及遂用藍筆錄之讀此書者其毋忘吾師之苦心哉十一月望日陳鱣記于中吳寓館

是書為張君芑堂得自易州而吳槎客先生亟為傳鈔欲付梓而未果同里周耕厓先生曾經借觀隨葉粘籤數百其芟煩就簡處極其允當蓋原本第就各書雜鈔豪無裁翦似未可為定本若或付梓須照粘籤重加修飾庶為盡善因以朱筆錄出各條俟它日理而董之　鱣又記

10179 南唐書十八卷（宋）陸游撰（清）周在浚箋注 **音釋一卷**（元）戚光撰 清抄本（卷四至八配另一抄本）

有“景葵校理”、“卷盦六十六以後所收書”、“杭州葉氏藏書”等印。周廣業校，陳鱣校並跋又録朱允達、吳騫校，葉景葵校並跋。上海圖書館藏。

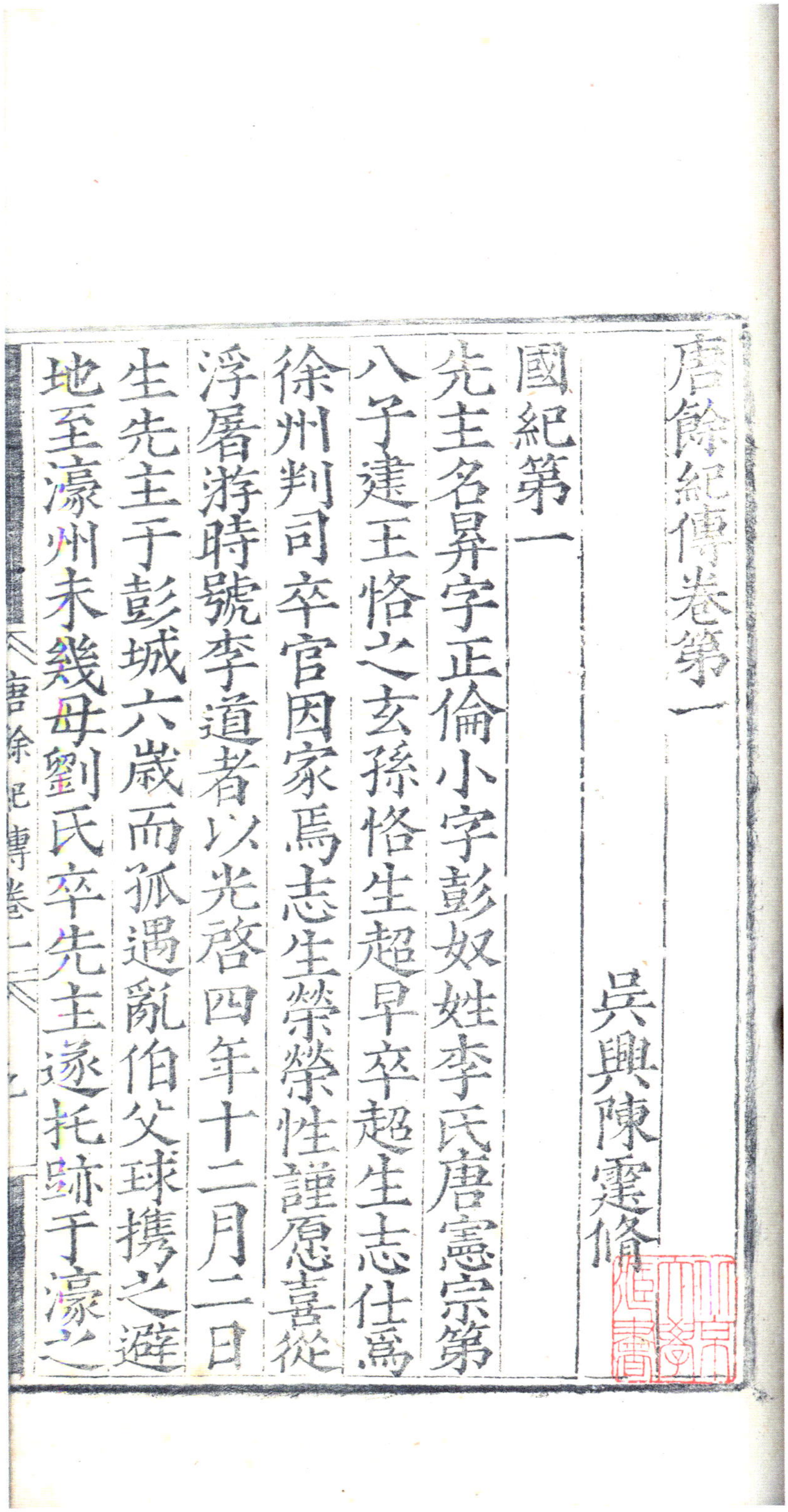
唐餘紀傳卷第一
吳興陳霆脩
國紀第一
先主名昪字正倫小字彭奴姓李氏唐憲宗第
八子建王恪之玄孫恪生超早卒超生志仕爲
徐州判司卒官因家焉志生榮榮性謹愿喜從
浮屠游時號李道者以光啓四年十二月二日
生先主于彭城六歲而孤遇亂伯父球攜之避
地至濠州未幾母劉氏卒先主遂托跡于濠之
唐餘紀傳卷一

10180 唐餘紀傳十八卷 （明）陳霆撰 明嘉靖二十三年（1544）馮煥刻本

匡高 18.3 釐米，廣 12.2 釐米。半葉九行，行十八字，黑口，四周雙邊。北京大學圖書館藏。

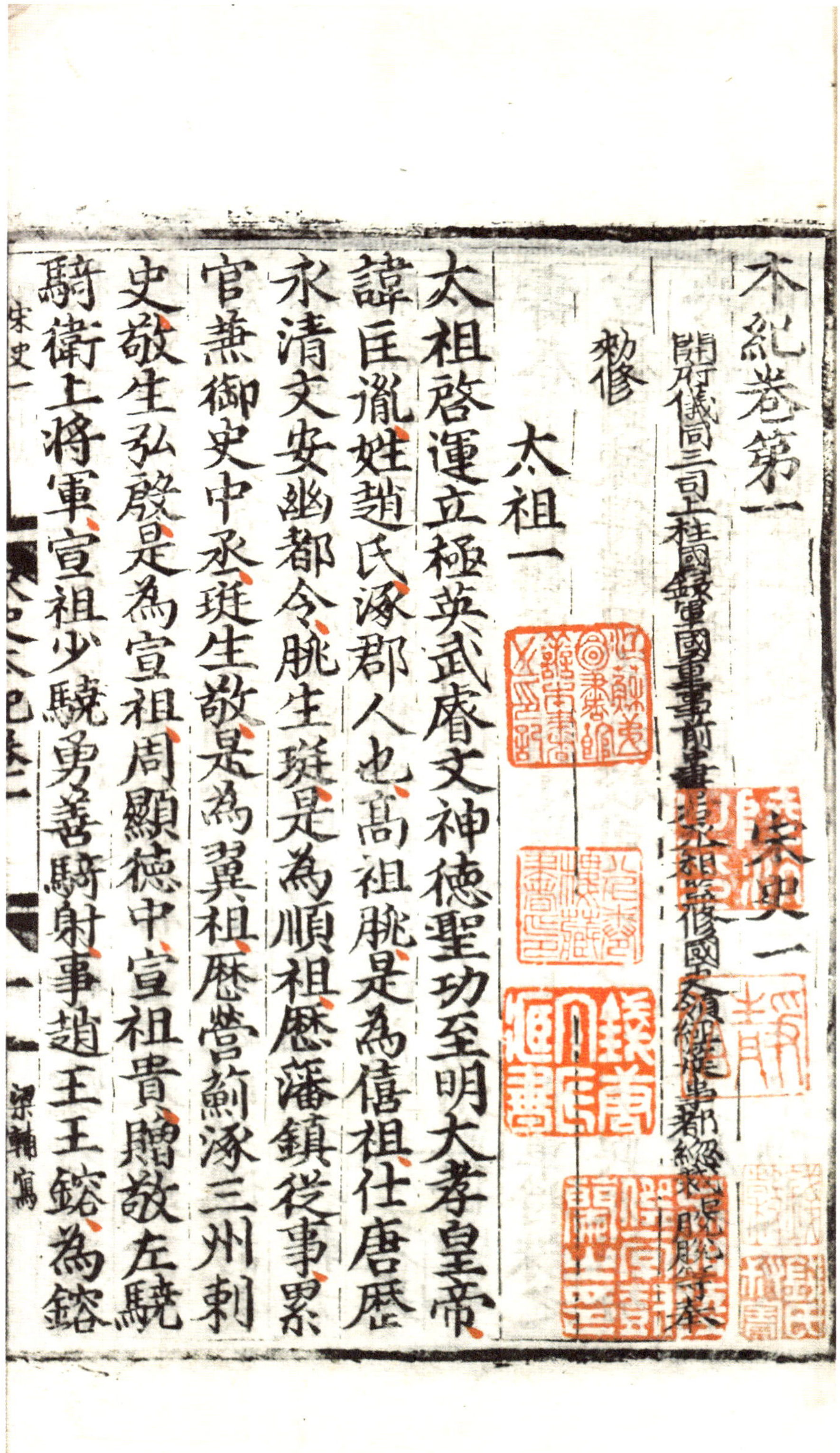

本紀卷第一　宋史一

開府儀同三司上柱國錄軍國重事前中書右丞相監修國史領經筵事都總裁脫脫等奉

敕修

太祖一

太祖啓運立極英武睿文神德聖功至明大孝皇帝

諱匡胤姓趙氏涿郡人也高祖朓是為僖祖仕唐歷

永清文安幽都令朓生珽是為順祖歷藩鎮從事累

官兼御史中丞珽生敬是為翼祖歷營薊涿三州刺

史敬生弘殷是為宣祖周顯德中宣祖貴贈敬左驍

騎衛上將軍宣祖少驍勇善騎射事趙王王鎔為鎔

宋史一　梁輔寫

10181 宋史四百九十六卷目録三卷　（元）脱脱等撰　明成化七至十六年（1471-1480）朱英刻遞修本（目録、卷四十六至四十七、二百三十八至二百四十一配清抄本，卷一百八十二至一百八十五配明金鏞抄本，卷一百八十六至一百九十配明釋無念抄本，卷二百十至二百十四配明嘉靖三十五年重修本，卷二百四十二至二百五十二、三百四十一至三百四十五、三百五十五至三百六十六、三百七十二至三百七十七、三百八十六至三百九十配明錢穀抄本）

匡高 21.6 釐米，廣 15.5 釐米。半葉十行，行二十字，小字雙行同，細黑口，四周雙邊。錢穀補目並跋，陸僎、丁丙跋。南京圖書館藏。

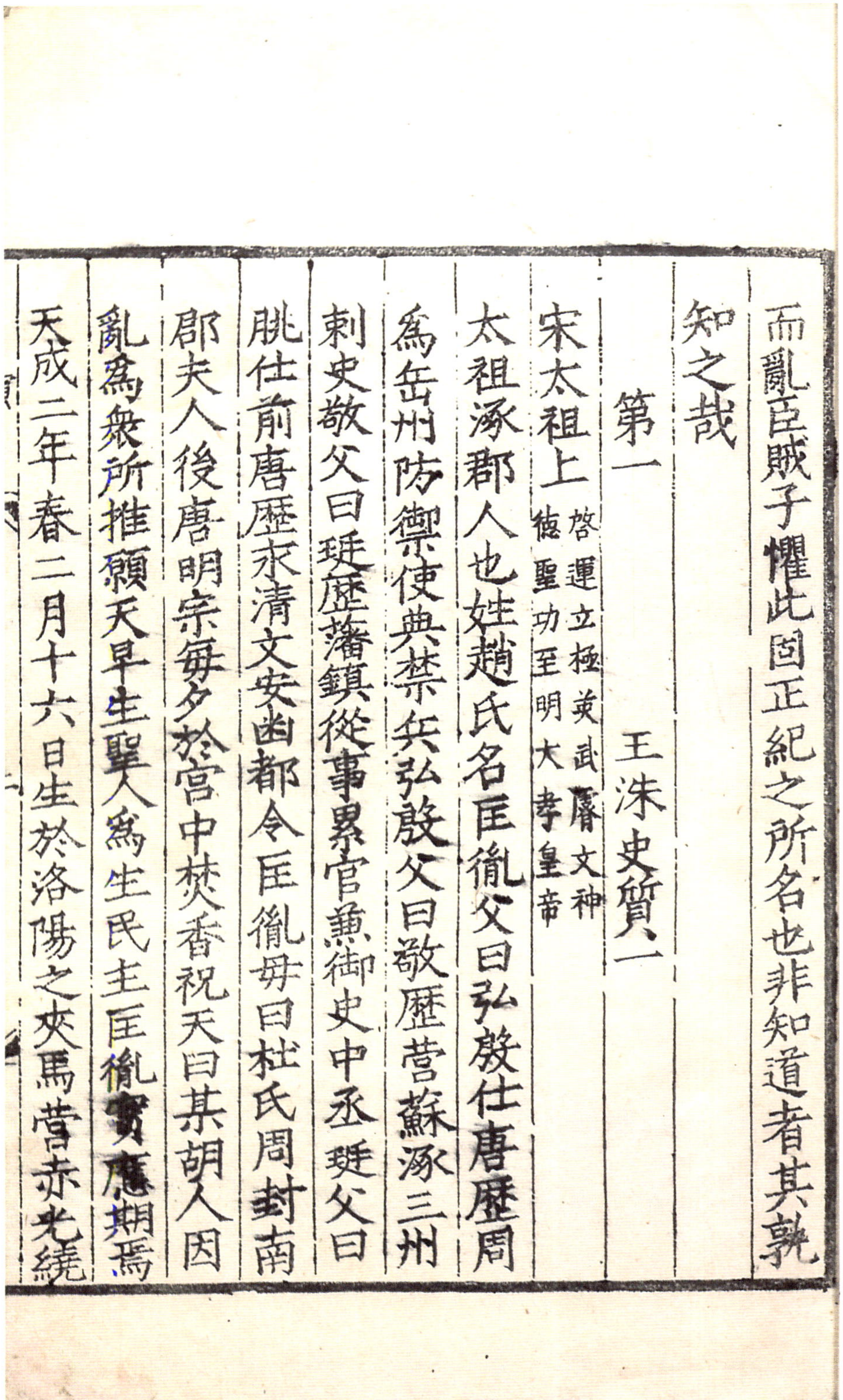
而亂臣賊子懼此固正紀之所名也非知道者其孰
知之哉
第一　　王洙史質一
宋太祖上啓運立極英武睿文神德聖功至明大孝皇帝
太祖涿郡人也姓趙氏名匡胤父曰弘殷仕唐歷周
爲岳州防禦使典禁兵弘殷父曰敬歷營蘇涿三州
刺史敬父曰珽歷藩鎮從事累官兼御史中丞珽父曰
朓仕前唐歷永清文安幽都令匡胤母曰杜氏周封南
郡夫人後唐明宗毎夕於宮中焚香祝天曰其胡人因
亂爲衆所推願天早生聖人爲生民主匡胤實應期焉
天成二年春二月十六日生於洛陽之夾馬營赤光繞

10182 宋史質一百卷舊宋史目録一卷 （明）王洙撰 明嘉靖刻本

匡高 20.9 釐米，廣 16.2 釐米。半葉十一行，行二十一字，小字雙行同，白口，四周單邊。丁丙跋。南京圖書館藏。

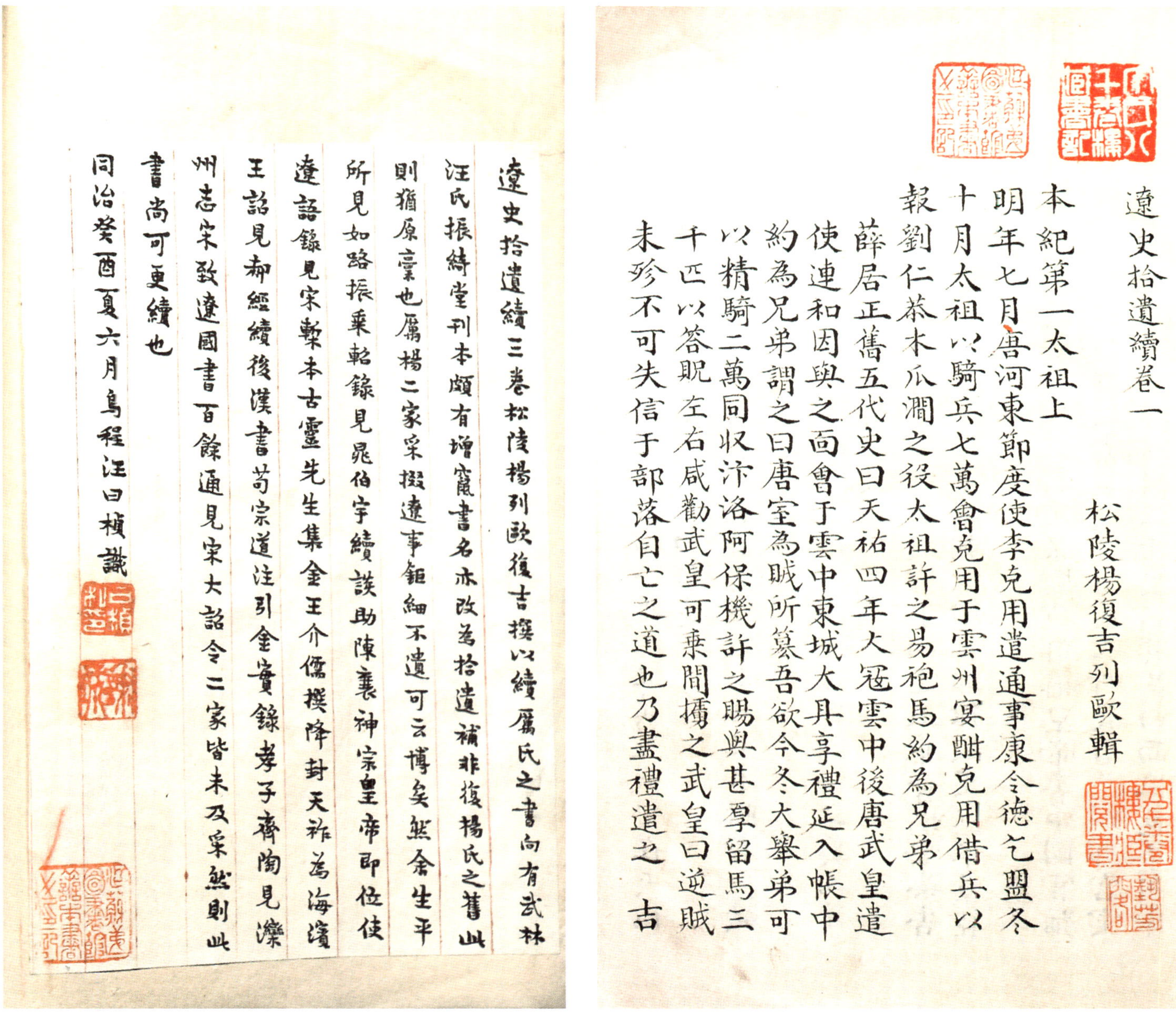

遼史拾遺續卷一

松陵楊復吉列歐輯

本紀第一太祖上

明年七月唐河東節度使李克用遣通事康令德乞盟冬十月太祖以騎兵七萬會克用于雲州宴酣克用借兵以報劉仁恭木瓜澗之役太祖許之易袍馬約為兄弟

薛居正舊五代史曰天祐四年大寇雲中後唐武皇遣使連和因與之面會于雲中東城大具享禮延入帳中約為兄弟謂之曰唐室為賊所篡吾欲今冬大舉弟可以精騎二萬同收汴洛阿保機許之賜與甚厚留馬三千匹以答晲左右咸勸武皇可乘間擒之武皇曰逆賊未殄不可失信于部落自亡之道也乃盡禮遣之 吉

遼史拾遺續三卷松陵楊列歐復吉撰以續厲氏之書向有武林汪氏振綺堂刊本頗有增竄書名亦改為拾遺補非復楊氏之舊此則猶原稾也厲楊二家采掇遼事鉅細不遺可云博矣然余生平所見如路振乘軺錄見晁伯宇續談助陳襄神宗皇帝即位使遼語錄見宋槧本古靈先生集金王介儒撰降封天祚為海濱王詔見郝經續後漢書荀宗道注引金實錄孝子齊陶見灤州志宋致遼國書百餘通見宋大詔令二家皆未及采然則此書尚可更續也

同治癸酉夏六月烏程汪曰楨識

10183 遼史拾遺續三卷 （清）楊復吉撰 稿本

汪曰楨、丁丙跋。南京圖書館藏。

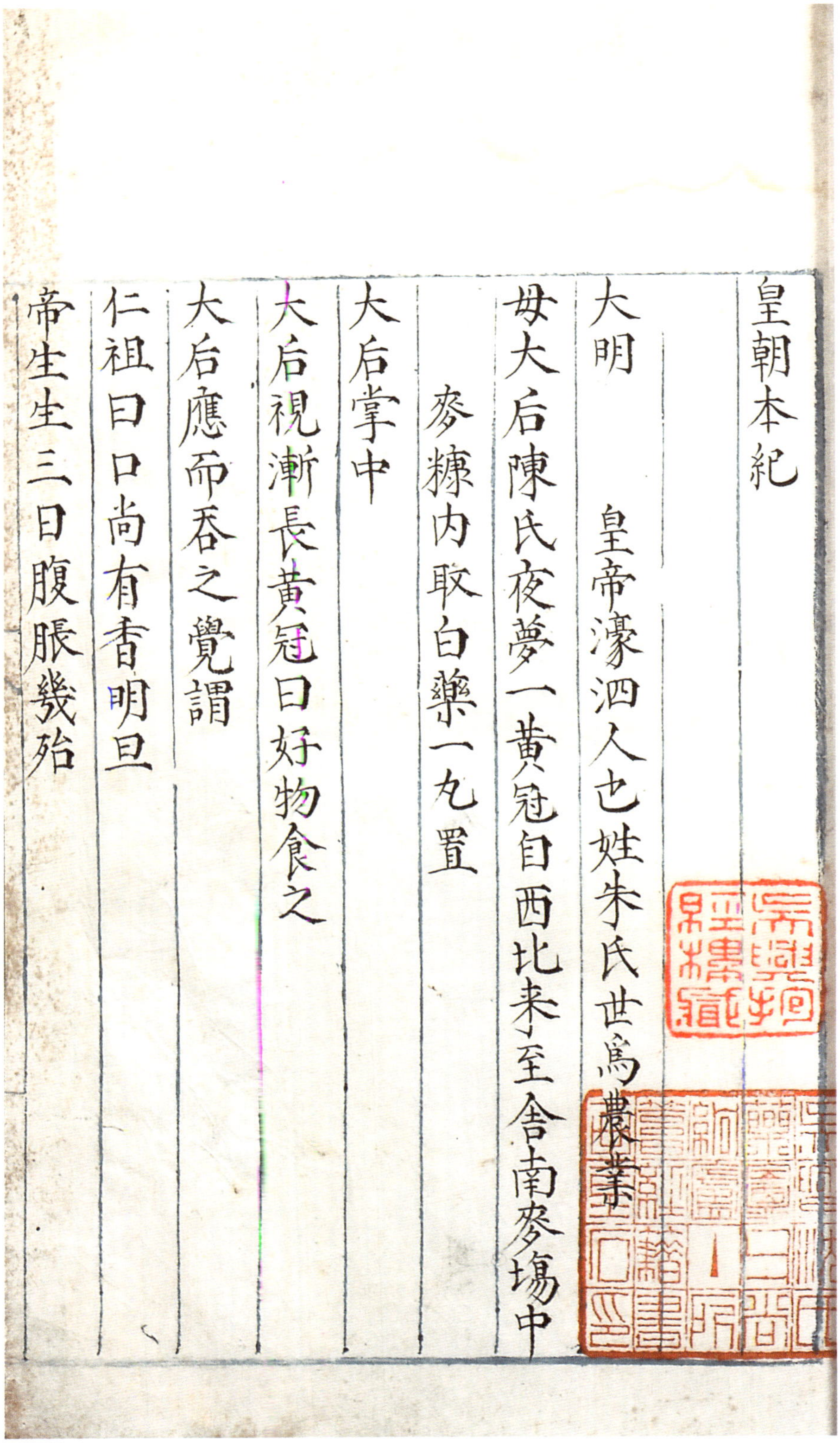
皇朝本紀
大明　皇帝濠泗人也姓朱氏世爲農業
母大后陳氏夜夢一黄冠自西北来至舍南麥場中
麥糠内取白藥一丸置
大后掌中
大后視漸長黄冠曰好物食之
大后應而吞之覺謂
仁祖曰口尚有香明旦
帝生三日腹脹幾殆

10184 皇朝本紀一卷　明抄本

匡高21釐米，廣15.6釐米。半葉十行，行二十字，藍格，白口，四周單邊。南京圖書館藏。

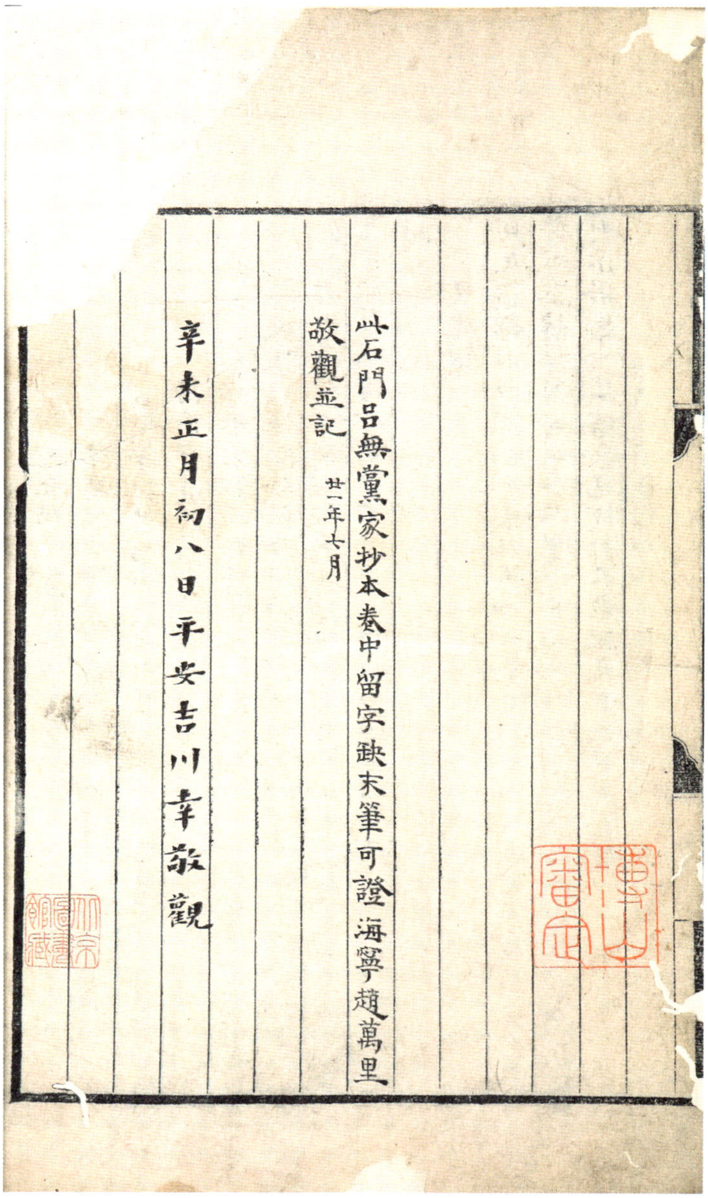

此石門呂無黨家抄本卷中留字缺末筆可證 海寧趙萬里敬觀並記 廿一年七月

辛未正月初八日平安吉川幸敬觀

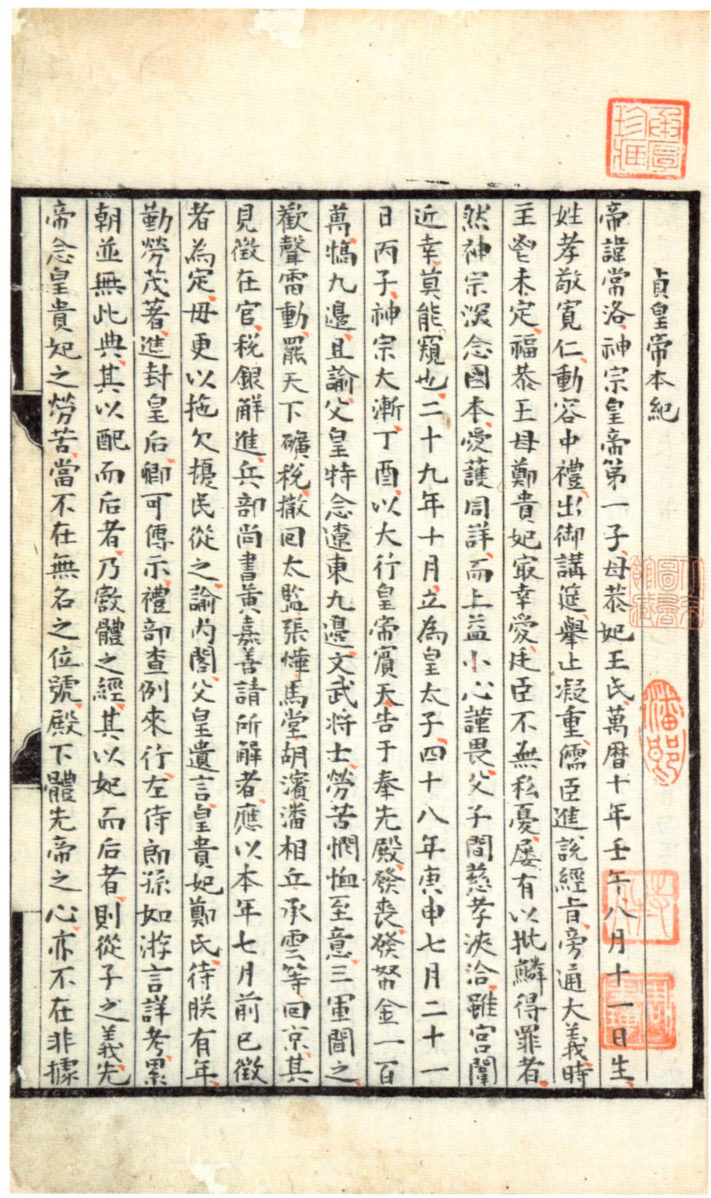

貞皇帝本紀

帝諱常洛神宗皇帝第一子母恭妃王氏萬曆十年壬午八月十一日生

姓孝敬寬仁動容中禮出御講筵舉止凝重儒臣進説經旨旁通大義時

王尚未定福恭王母鄭貴妃寵幸愛廷臣不無私憂屢有以批鱗得罪者

然神宗深念國本愛護周詳而上益小心謹畏父子間慈孝浹洽雖宮闈

近幸莫能窺也二十九年十月立為皇太子四十八年庚申七月二十一

日丙子神宗大漸丁酉以大行皇帝賓天告于奉先殿發喪發帑金一百

萬犒九邊且諭文皇特念遼東九邊文武將士勞苦憫恤至意三軍聞之

歡聲雷動罷天下礦稅撤回太監張燁馬堂胡濱潘相丘承雲等回京其

見徵在官稅銀解進兵部尚書黄嘉善請所解者應以本年七月前已徵

者為定毋更以拖欠擾民從之諭內閣父皇遺言皇貴妃鄭氏侍朕有年

勤勞茂著進封皇后卿可傳示禮部查例來行左侍郎孫如游言詳考累

朝並無此典其以配而后者乃敵體之經其以妃而后者則從子之義先

帝念皇貴妃之勞苦當不在無名之位號殿下體先帝之心亦不在非據

10185 明史抄略不分卷 （清）莊廷鑨撰 清呂無黨家抄本

匡高 19.6 釐米，廣 14.5 釐米。半葉十四行，行二十八字，小字雙行同，黑口，四周單邊。有“周圭璋”、“承厚珍藏”、“博山審定”等印。周圭璋、章炳麟、張元濟、趙萬里跋。國家圖書館藏。

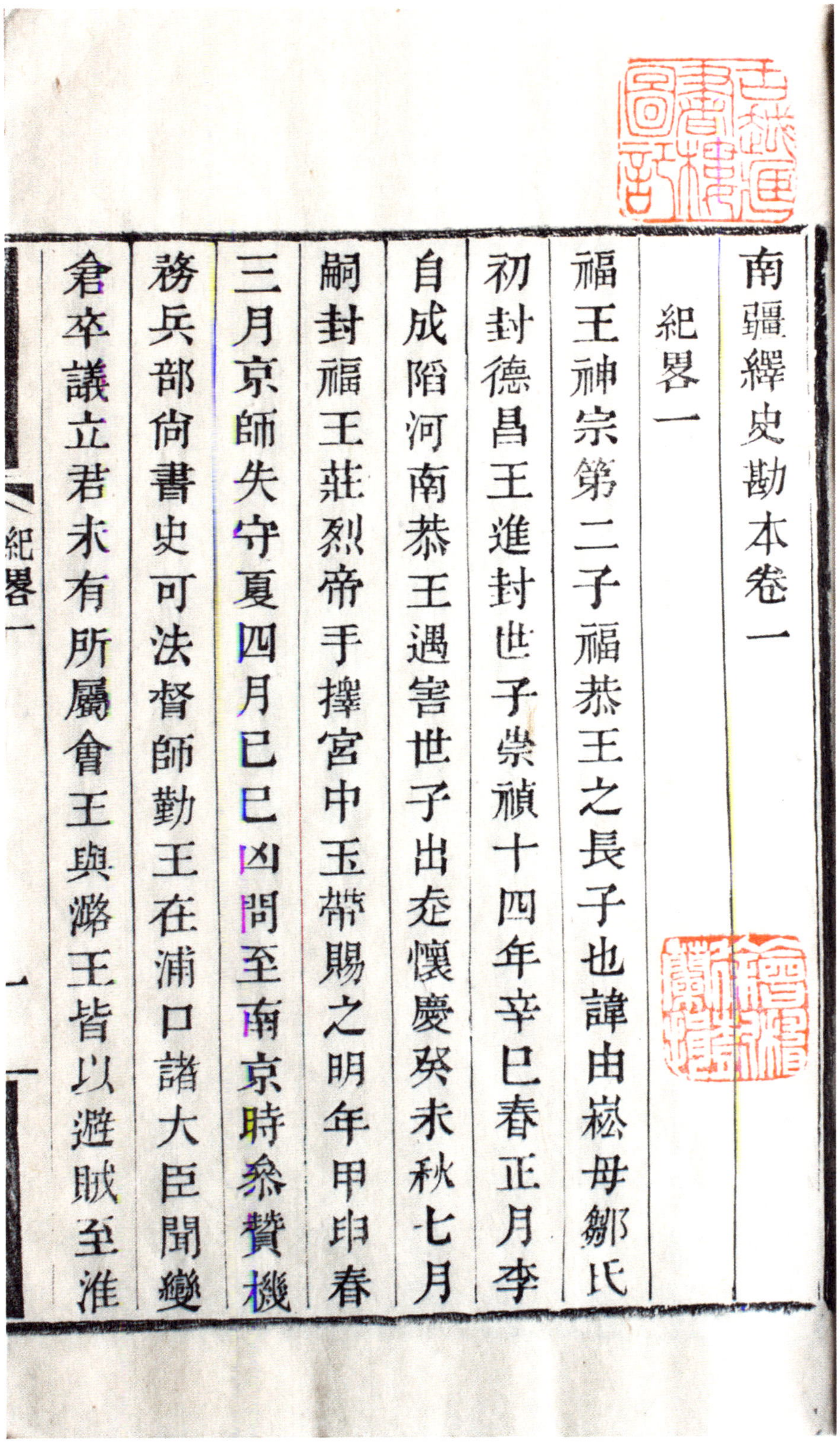

南疆繹史勘本卷一

紀畧一

福王神宗第二子福恭王之長子也諱由崧母鄒氏初封德昌王進封世子崇禎十四年辛巳春正月李自成陷河南恭王遇害世子出奔懷慶癸未秋七月嗣封福王莊烈帝手擇宮中玉帶賜之明年甲申春三月京師失守夏四月己巳凶問至南京時叅贊機務兵部尚書史可法督師勤王在浦口諸大臣聞變倉卒議立君未有所屬會王與潞王皆以避賊至淮

紀畧一　一

10186 南疆繹史勘本三十卷首二卷摭遺十八卷恤謚考八卷 （清）温睿臨撰 （清）李瑤勘定 清道光十年（1830）泥活字印本

匡高20.7釐米，廣15釐米。半葉九行，行二十字，小字雙行同，黑口，左右雙邊。有“會稽徐樹蘭捐”、“古越藏書樓圖記”等印。紹興圖書館藏。

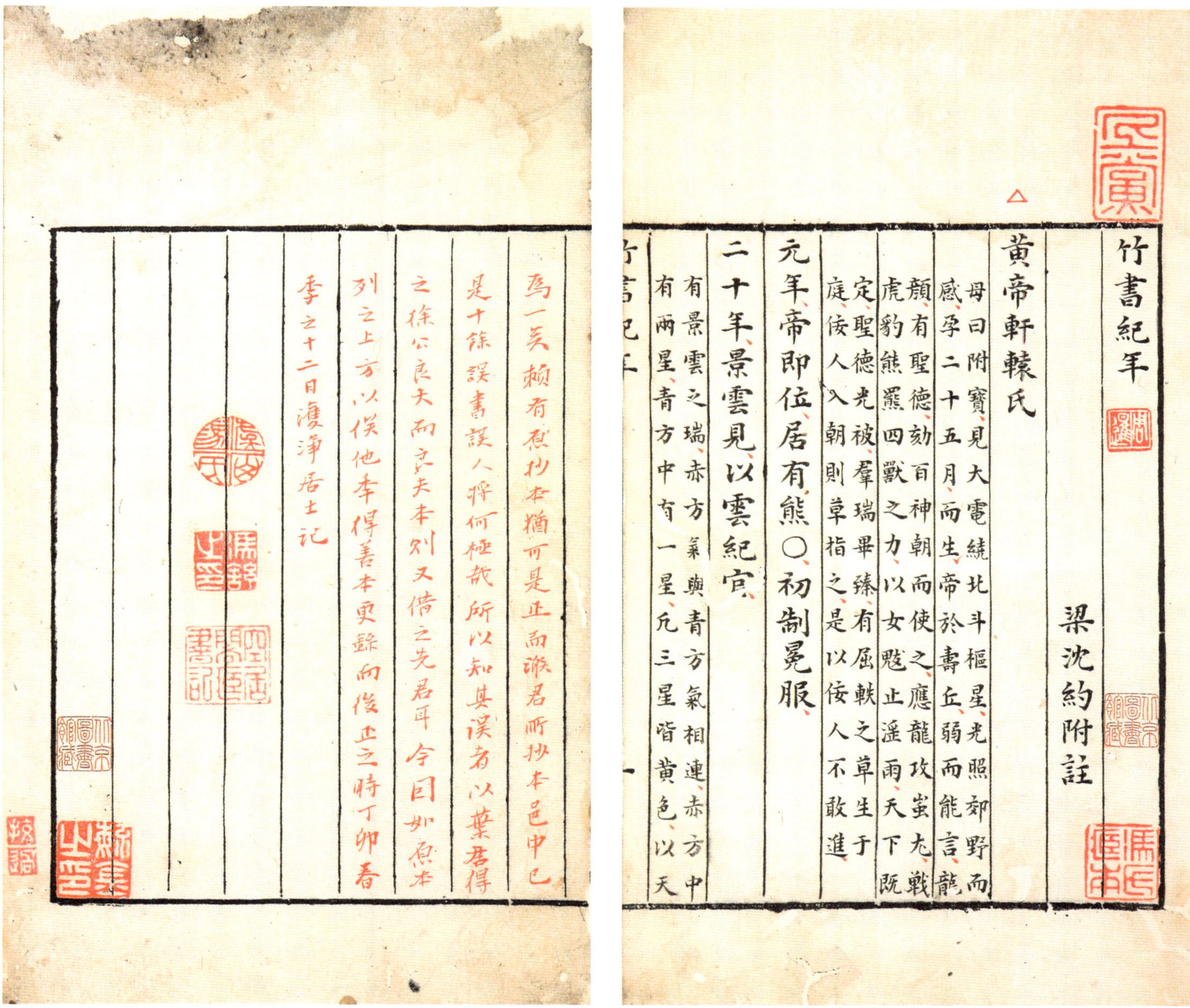

竹書紀年

梁沈約附註

黄帝軒轅氏

母曰附寶見大電繞北斗樞星光照郊野而感孕二十五月而生帝於壽丘弱而能言龍顏有聖德劾百神朝而使之應龍攻蚩尤戰虎豹熊羆四獸之力以女魃止淫雨天下既定聖德光被羣瑞畢臻有屈軼之草生于庭佞人入朝則草指之是以佞人不敢進

元年帝即位居有熊○初制冕服

二十年景雲見以雲紀官

有景雲之瑞赤方氣與青方氣相連赤方中有兩星青方中有一星凡三星皆黄色以天

爲一笑賴有愈抄本猶可是正而瀫君所抄本邑中已是十餘誤書誤人將何極哉所以知其誤者以葉君得之徐公良夫而良夫本則又借之先君耳今因如愈本列之上方以俟他年得善本更錄而後正之時丁卯春季之十二日湲淨居士記

10187 竹書紀年不分卷 題（南朝梁）沈約註 明天啓七年（1627）謝恒抄本

匡高 17.1 釐米，廣 13.1 釐米。半葉九行，行十八字，小字雙行同，白口，四周單邊。有“上黨”、“虞山馮氏”、“馮舒之印”、“周暹”等印。馮舒校並跋。國家圖書館藏。

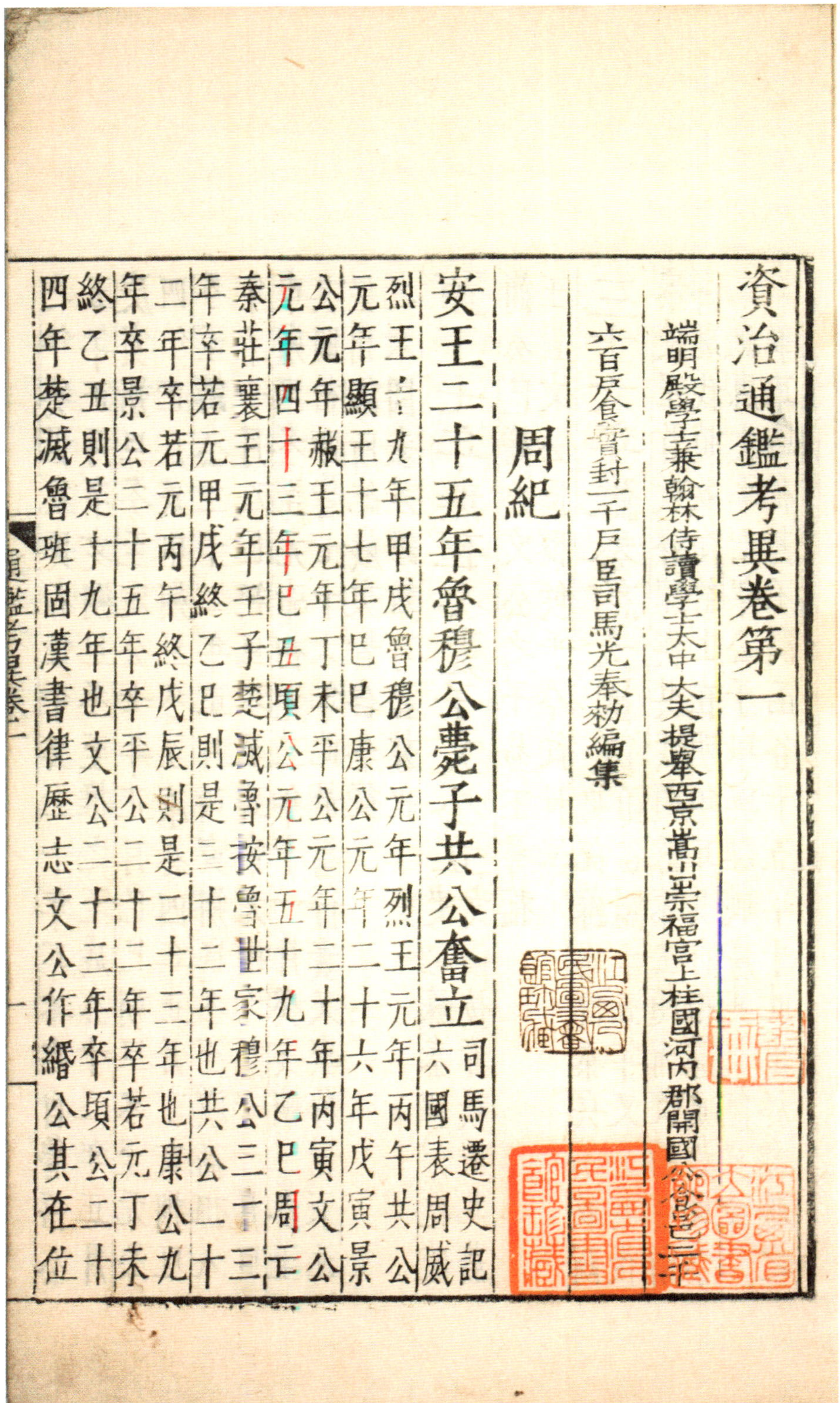

資治通鑑考異卷第一
端明殿學士兼翰林侍讀學士太中大夫提舉西京嵩山崇福宮上柱國河內郡開國公食邑二千
六百戶食實封一千戶臣司馬光奉勑編集
周紀
安王二十五年魯穆公薨子共公奮立 司馬遷史記六國表周威烈王十九年甲戌魯穆公元年烈王元年丙午共公元年顯王十七年巳巳康公元年二十六年戊寅景公元年赧王元年丁未平公元年二十年丙寅文公元年四十三年巳丑頃公元年五十九年乙巳周亡秦莊襄王元年壬子楚滅魯按魯世家穆公三十三年卒若元甲戌終乙巳則是三十二年也共公二十二年卒若元丙午終戊辰則是二十三年也康公九年卒景公二十五年卒平公二十二年卒若元丁未終乙丑則是十九年也文公二十三年卒頃公二十四年楚滅魯班固漢書律歷志文公作緡公其在位

10188 資治通鑑考異三十卷 （宋）司馬光撰 明嘉靖二十三至二十四年（1544-1545）孔天胤刻本

匡高 20.4 釐米，廣 15.5 釐米。半葉十行，行二十字，小字雙行同，白口，左右雙邊。江西省圖書館藏。

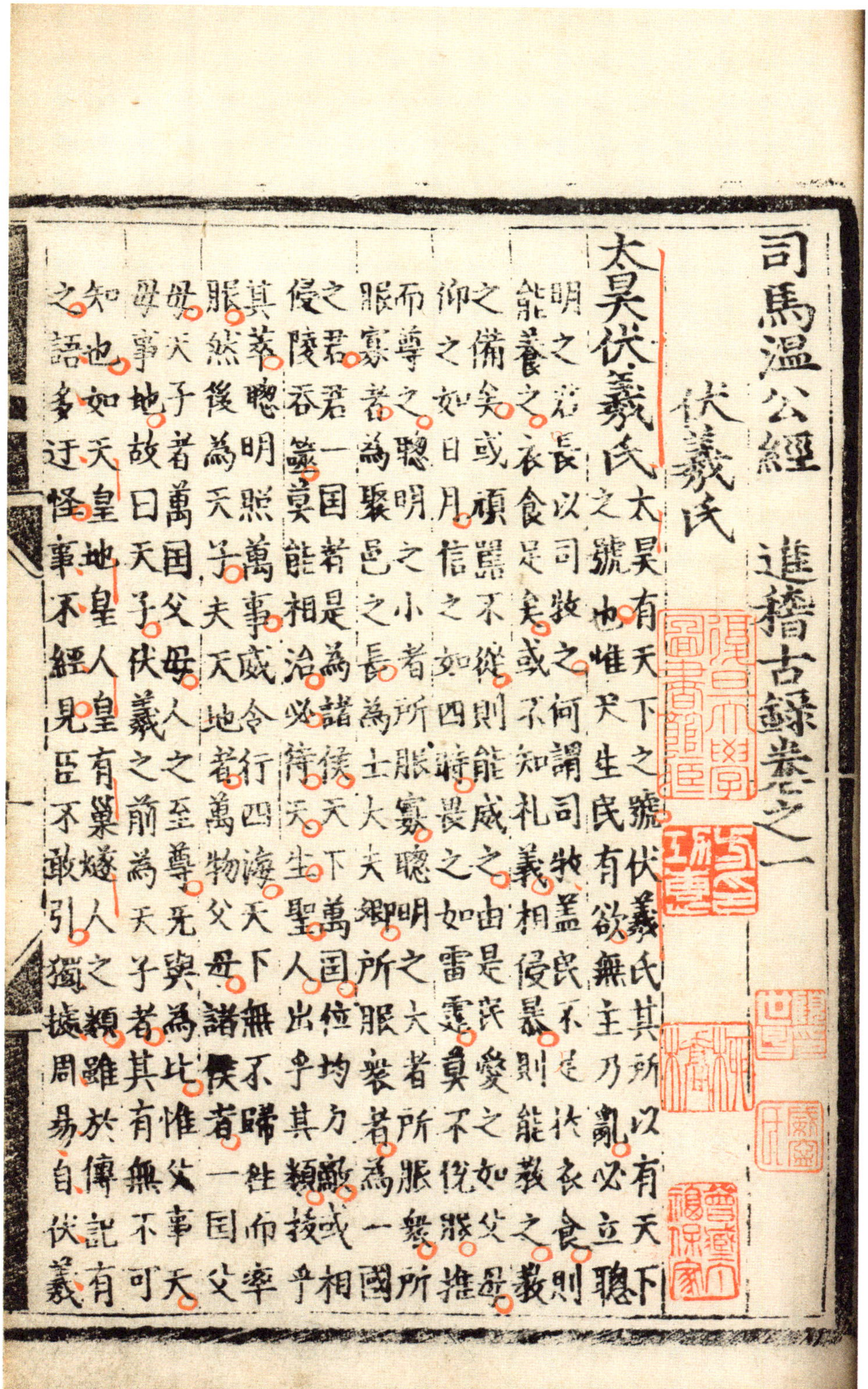
司馬溫公經　進稽古録卷之一
伏羲氏
太昊伏羲氏
太昊有天下之號伏羲氏其所以有天下之號也惟天生民有欲無主乃亂必立聰
明之君長以司牧之何謂司牧蓋民不足於衣食則能養之衣食足矣或不知礼義相侵暴則能教之義
之備矣或頑嚚不從則能威之由是民愛之如父母仰之如日月信之如四時畏之如雷霆莫不悅服推
而尊之聰明之小者所服寡聰明之大者所服衆所服寡者為聚邑之長為士大夫卿所服衆者為一國
之君君一国者是為諸侯天下萬国位均力敵或相侵陵吞噬莫能相治必待天生聖人出乎其類拔乎
其萃聰明照萬事威令行四海天下無不歸一姓而率服然後為天子夫天地者萬物父母諸侯者国父
母天子者萬国父母人之至尊無與為比惟父事天母事地故曰天子伏羲之前為天子者其有無不可
知也如天皇地皇人皇有巢燧人之類雖於傳記有之語多迂怪事不經見臣不敢引獨據周易自伏羲

10189 司馬温公經進稽古録二十卷 （宋）司馬光撰 明弘治十四年（1501）楊璋刻本

匡高20.2釐米，廣14.1釐米。半葉十行，行二十一字，小字雙行同，黑口，四周雙邊。有“陳印繼儒”、“墨林珍賞”、“巴陵方氏碧琳瑯館珍藏秘笈”、“方印功惠”等印。復旦大學圖書館藏，存十九卷。

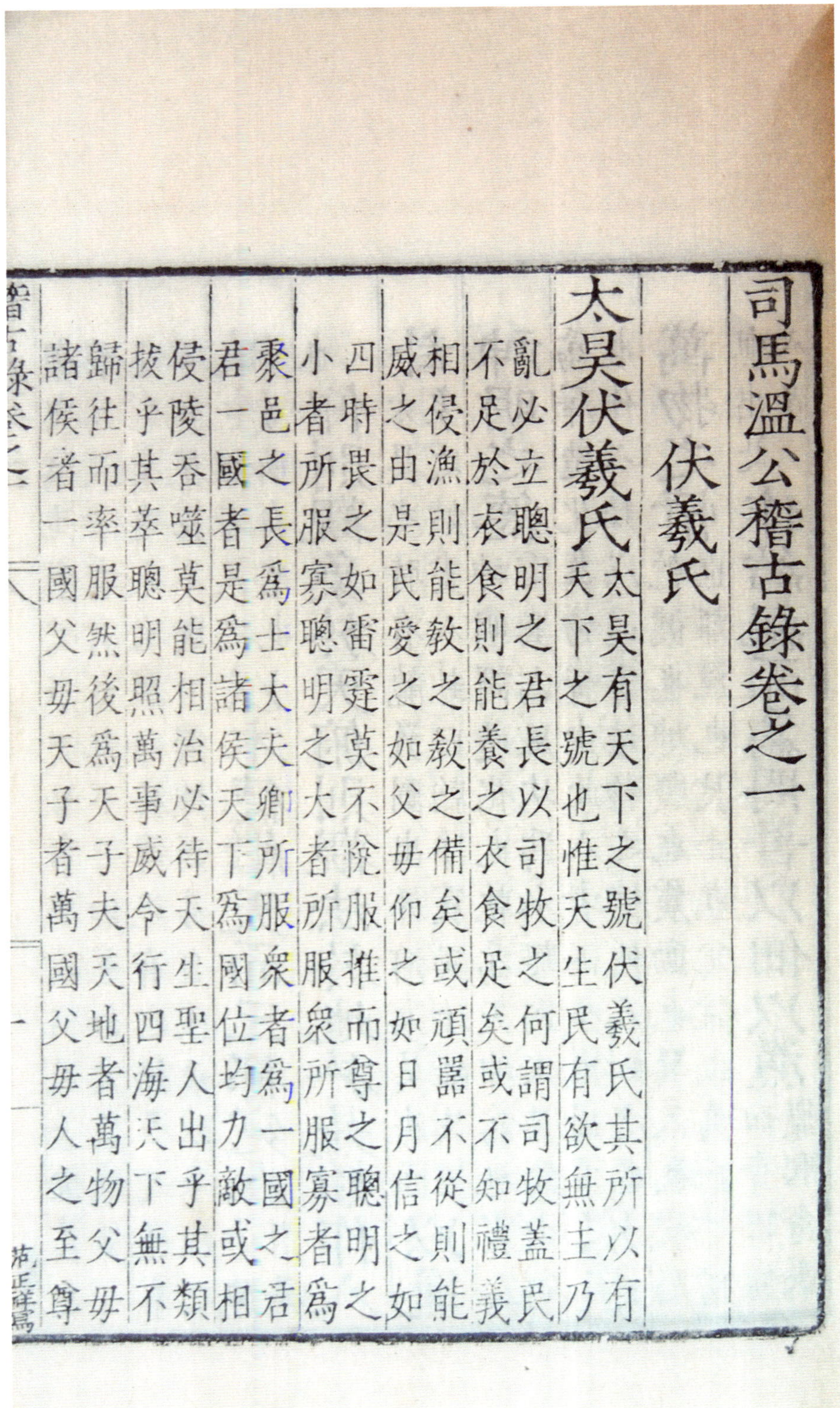

司馬溫公稽古錄卷之一

伏羲氏

太昊伏羲氏　太昊有天下之號伏羲氏其所以有天下之號也惟天生民有欲無主乃亂必立聰明之君長以司牧之何謂司牧蓋民不足於衣食則能養之衣食足矣或不知禮義相侵漁則能教之教之備矣或頑嚚不從則能威之由是民愛之如父母仰之如日月信之如四時畏之如雷霆莫不悅服推而尊之聰明之小者所服寡聰明之大者所服衆所服寡者爲衆邑之長爲士大夫卿所服衆者爲一國之君君一國者是爲諸侯天下爲國位均力敵或相侵陵吞噬莫能相治必待天生聖人出乎其類拔乎其萃聰明照萬事威令行四海天下無不歸往而率服然後爲天子夫天地者萬物父母諸侯者一國父母天子者萬國父母人之至尊

稽古錄卷之一　一

10190 司馬温公稽古録二十卷　（宋）司馬光撰　明范氏天一閣刻本

匡高 20.6 釐米，廣 15.6 釐米。半葉九行，行十九字，小字雙行同，白口，四周單邊。中國書店藏。

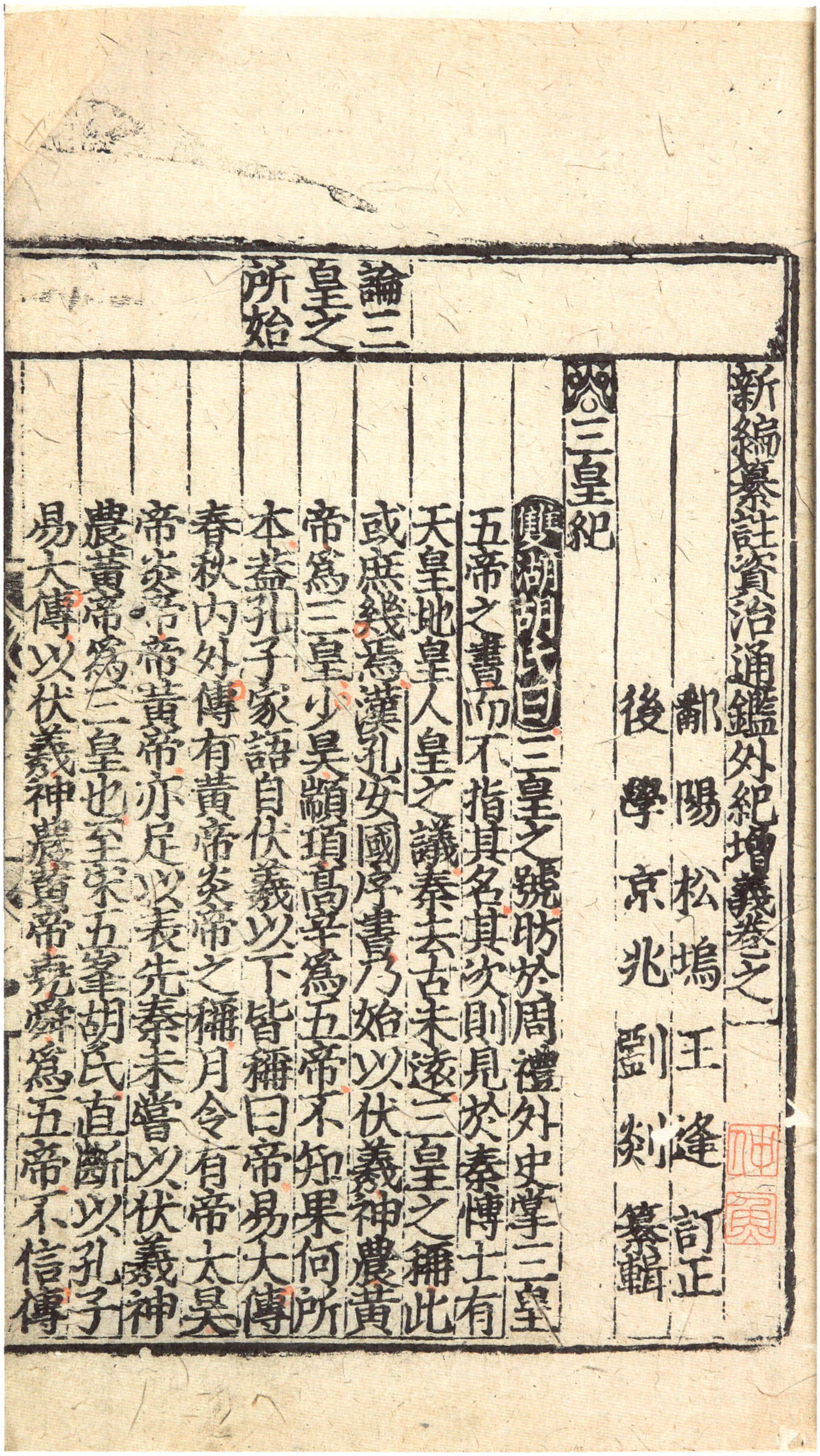

10191 新編纂註資治通鑑外紀增義五卷 （宋）劉恕撰 （明）王逢訂正 （明）劉剡纂輯 **讀通鑑法一卷資治通鑑釋例一卷** 明宣德三年（1428）書林劉文壽刻本

匡高 17.1 釐米，廣 11.8 釐米。半葉十四行，行二十一字，黑口，四周雙邊。

國家圖書館藏。

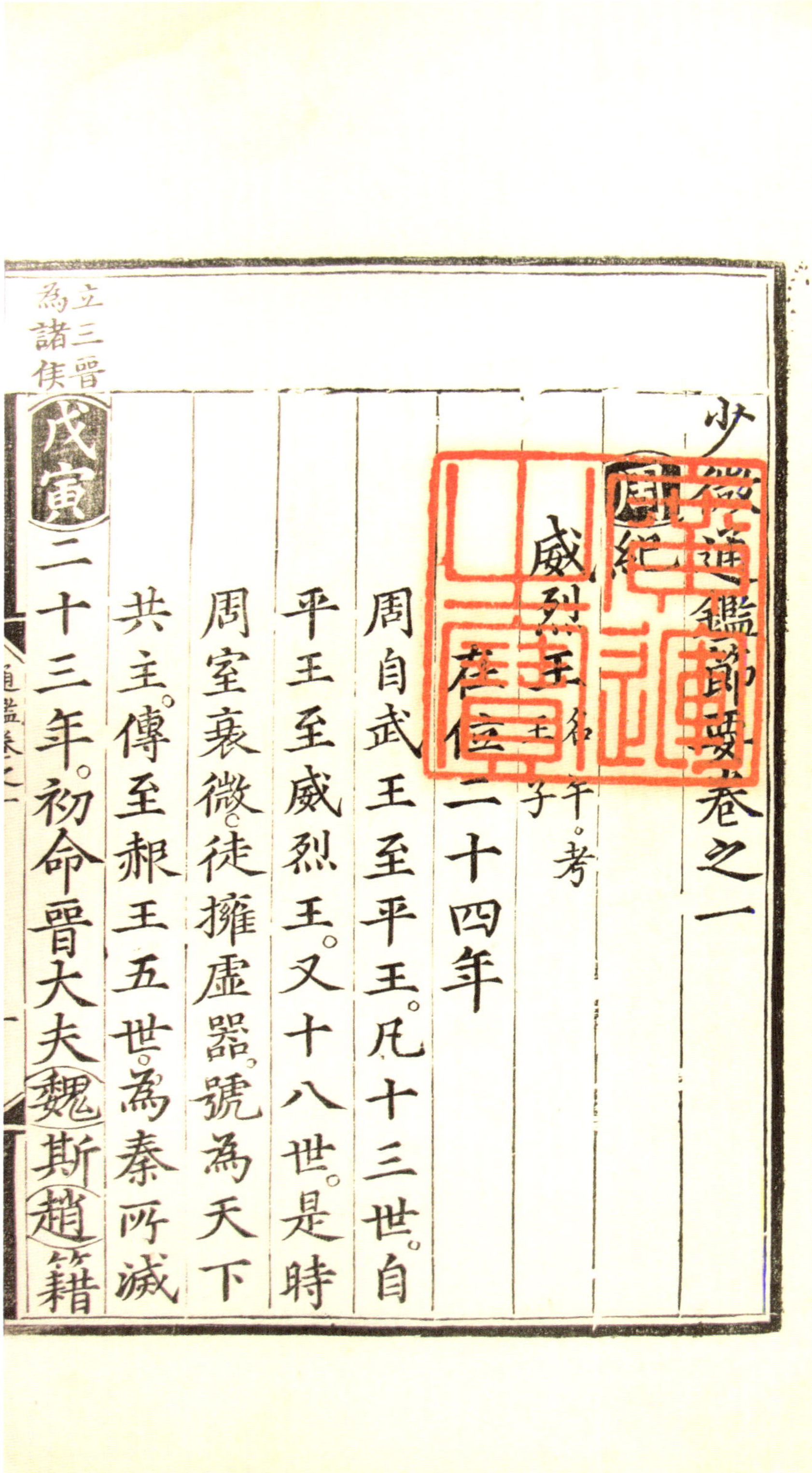
立三晉為諸侯

少微通鑑節要卷之一
周紀
威烈王 名午。考王子
在位二十四年
周自武王至平王。凡十三世。自平王至威烈王。又十八世。是時周室衰微。徒擁虛器。號為天下共主。傳至赧王五世。為秦所滅
戊寅 二十三年。初命晉大夫魏斯趙籍

10192-10194 少微通鑑節要五十卷外紀四卷 （宋）江贄撰 明正德九年（1514）司禮監刻本

匡高 22.5 釐米，廣 15.8 釐米。半葉九行，行十五字，小字雙行同，黑口，四周雙邊。洛陽市文物工作隊、哈爾濱市圖書館藏；天津師範大學圖書館藏，有資治通鑑節要續編三十卷。

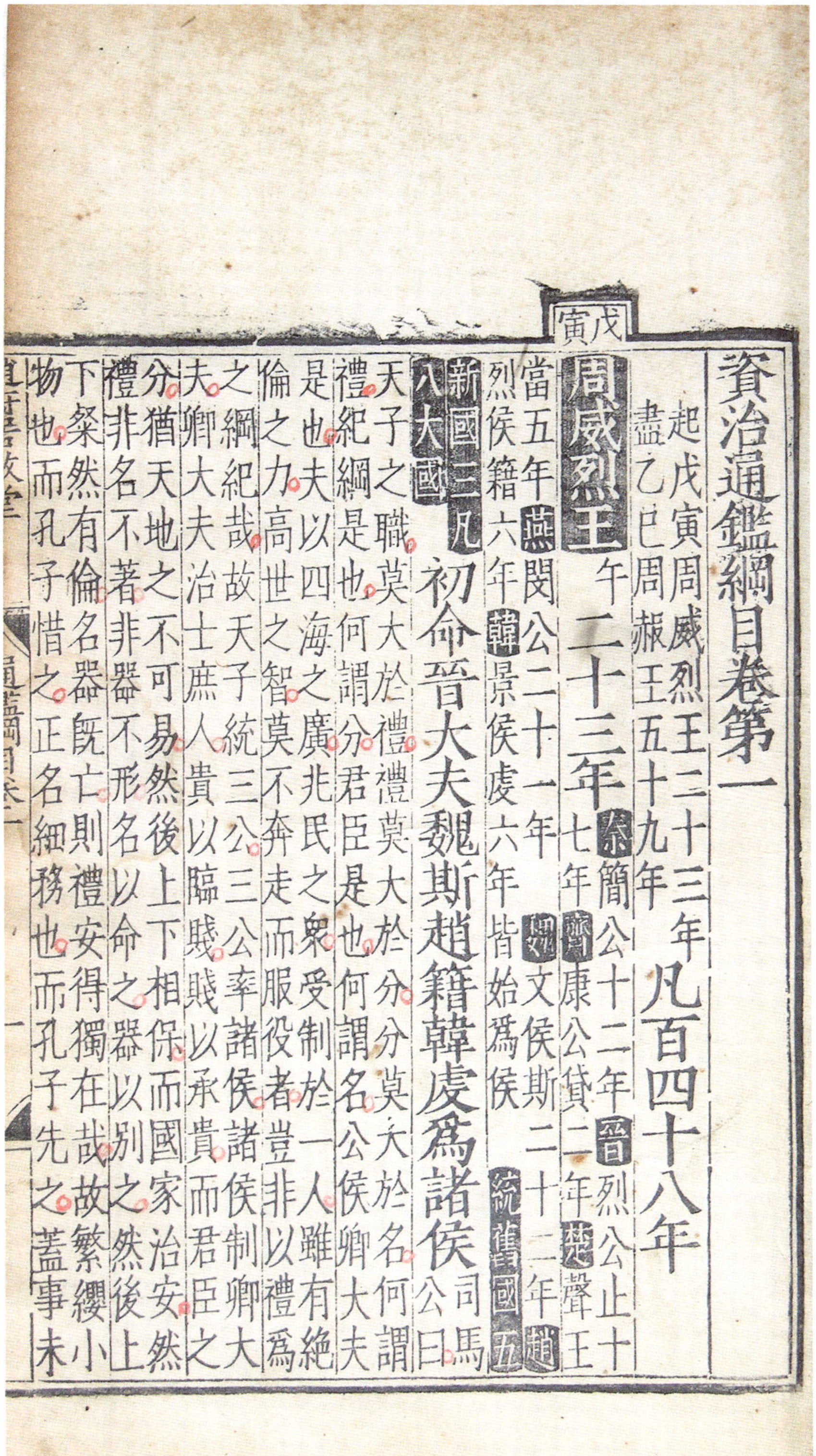

資治通鑑綱目卷第一

起戊寅周威烈王二十三年 盡乙巳周赧王五十九年 凡百四十八年

戊寅

周威烈王 午 二十三年 秦簡公十二年 晉烈公止十七年 齊康公貸二年 楚聲王當五年 燕閔公二十一年 魏文侯斯二十二年 趙烈侯籍六年 韓景侯虔六年 皆始爲侯 統舊國五 新國三 凡八大國

初命晉大夫魏斯趙籍韓虔爲諸侯

司馬公曰天子之職莫大於禮禮莫大於分分莫大於名何謂禮紀綱是也何謂分君臣是也何謂名公侯卿大夫是也夫以四海之廣兆民之衆受制於一人雖有絶倫之力高世之智莫不奔走而服役者豈非以禮爲之綱紀哉故天子統三公三公率諸侯諸侯制卿大夫卿大夫治士庶人貴以臨賤賤以承貴而君臣之分猶天地之不可易然後上下相保而國家治安然禮非名不著非器不形名以命之器以别之然後上下粲然有倫名器既亡則禮安得獨在哉故繁纓小物也而孔子惜之正名細務也而孔子先之蓋事未

通鑑綱目卷一 一

10195 資治通鑑綱目五十九卷 （宋）朱熹撰 明嘉靖三十五年（1556）趙府居敬堂刻本

匡高 19.8 釐米，廣 14.5 釐米。半葉十行，行二十字，小字雙行同，白口，四周雙邊。有“嘉靖歲在柔兆執徐玄月皇明趙府居敬堂重校刊”牌記。西北大學圖書館藏。

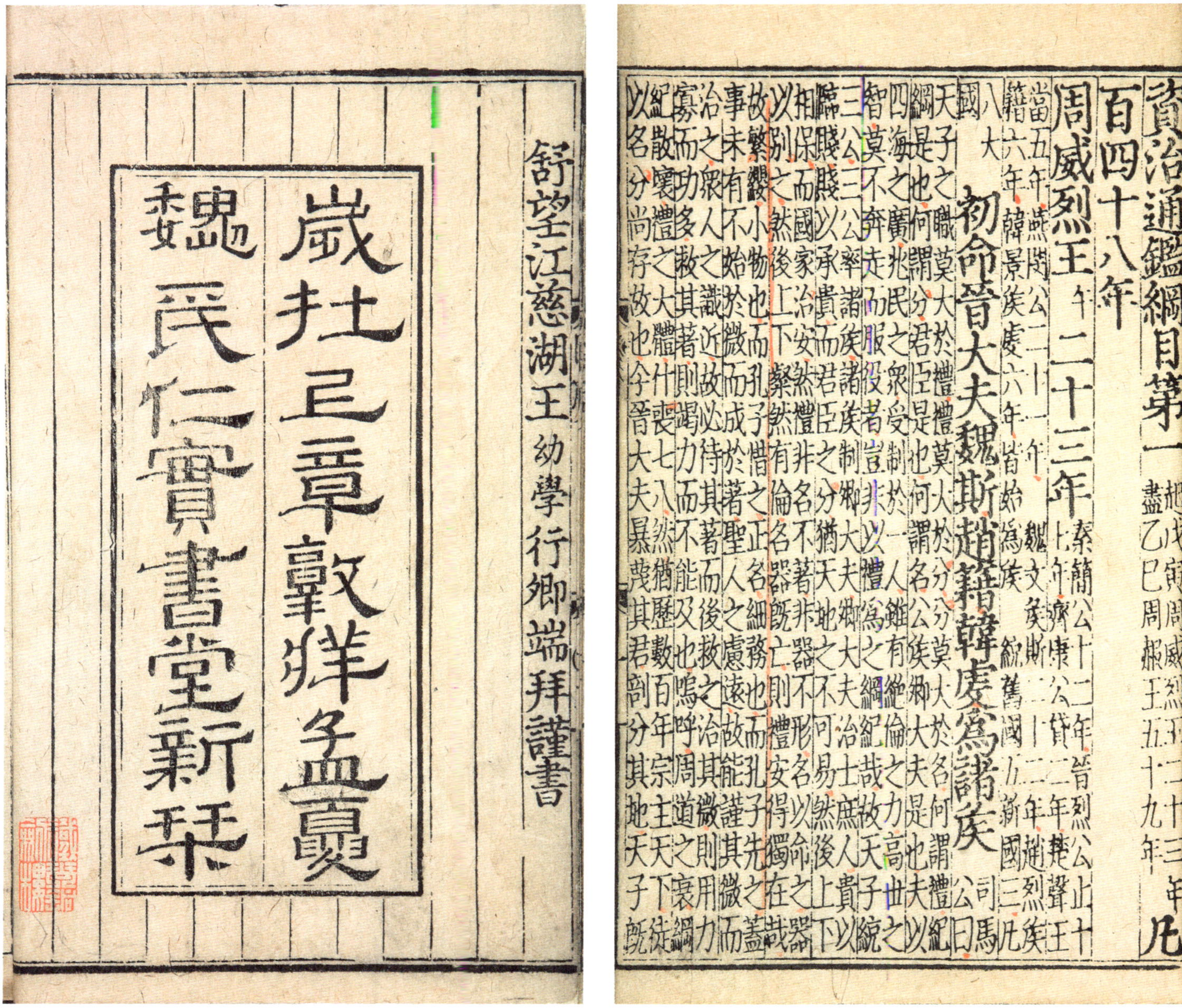

10196 資治通鑑綱目集覽五十九卷 （元）王幼學撰 明景泰元年（1450）魏氏仁實書堂刻本

匡高21.8釐米，廣13.6釐米。半葉十二行，行十八字，小字雙行二十二字，黑口，四周雙邊。有“歲在上章敦牂孟夏魏氏仁實書堂新栞”牌記。國家圖書館藏。

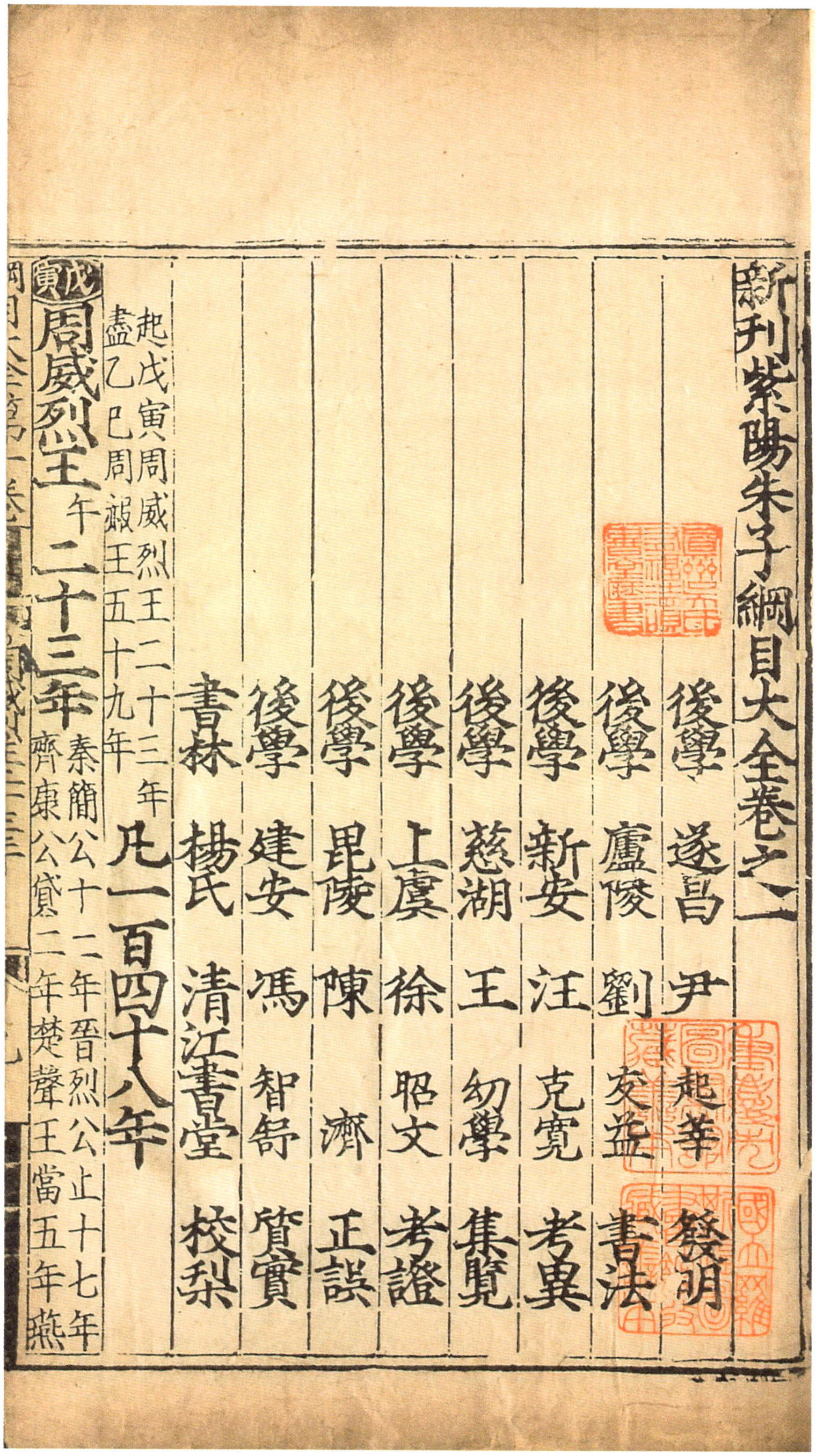
新刊紫陽朱子綱目大全卷之二
後學　遂昌　尹　起莘　發明
後學　廬陵　劉　友益　書法
後學　新安　汪　克寛　考異
後學　慈湖　王　幼學　集覽
後學　上虞　徐　昭文　考證
後學　毘陵　陳　濟　正誤
後學　建安　馮　智舒　質實
書林　楊氏　清江書堂　校梓
起戊寅周威烈王二十三年盡乙巳周赧王五十九年　凡一百四十八年
戊寅　周威烈王二十三年　秦簡公十二年晉烈公止十七年齊康公貸二年楚聲王當五年燕

10197 新刊紫陽朱子綱目大全五十九卷首一卷 （宋）朱熹撰　（宋）尹起莘發明　（元）劉友益書法　（元）汪克寬考異　（元）徐昭文考證　（元）王幼學集覽　（明）陳濟正誤　（明）馮智舒質實　明嘉靖十年（1531）書林楊氏清江書堂刻本

匡高 18.6 釐米，廣 12.9 釐米。半葉十一行，行二十三字，小字雙行同，黑口，四周雙邊。重慶圖書館藏。

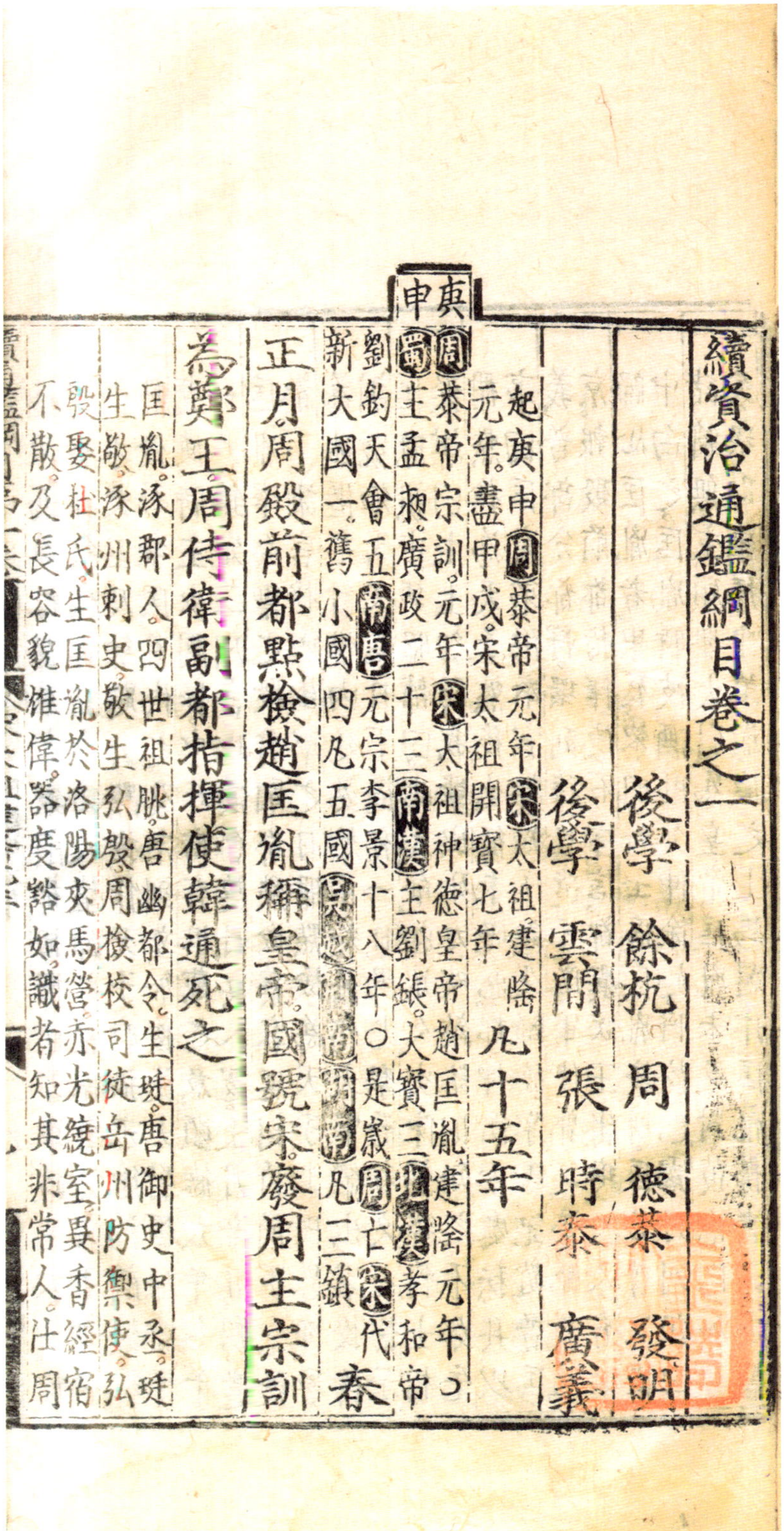

10198、10199　續資治通鑑綱目二十七卷　（明）商輅等撰　（明）周禮發明　（明）張時泰廣義　明弘治十七年（1504）慎獨齋刻本

匡高19.7釐米，廣13.2釐米。半葉十行，行二十二字，小字雙行同，黑口，四周雙邊。有“弘治甲子慎獨齋刊”牌記。南京大學圖書館、蘇州博物館藏。

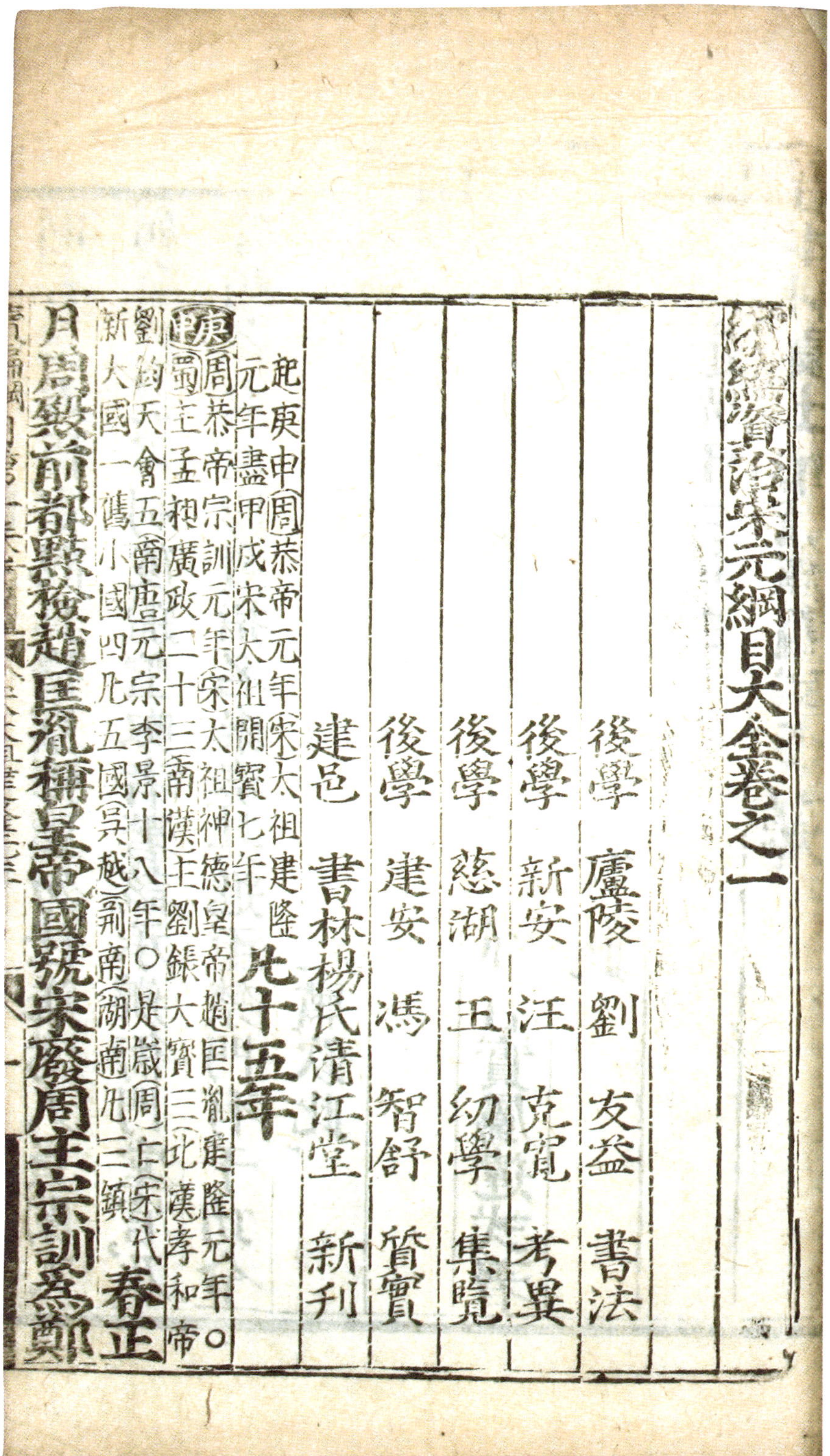

續編資治宋元綱目大全卷之一

後學 廬陵 劉 友益 書法
後學 新安 汪 克寬 考異
後學 慈湖 王 幼學 集覽
後學 建安 馮 智舒 質實
建邑 書林楊氏清江堂 新刊

起庚申周恭帝元年宋太祖建隆元年盡甲戌宋太祖開寶七年凡十五年

庚申 周恭帝宗訓元年宋太祖神德皇帝趙匡胤建隆元年○蜀主孟昶廣政二十三南漢主劉鋹大寶三北漢孝和帝劉鈞天會五南唐元宗李景十八年○是歲周亡宋代新大國一舊小國四凡五國吳越荊南湖南凡三鎮

春正月周殿前都點檢趙匡胤稱皇帝國號宋廢周主宗訓爲鄭

10200 續編資治宋元綱目大全二十七卷 （明）商輅等撰 明嘉靖十年（1531）書林楊氏清江堂刻本

匡高 18 釐米，廣 12.9 釐米。半葉十一行，行二十三字，小字雙行同，黑口，四周雙邊。湖南圖書館藏，存二十六卷。

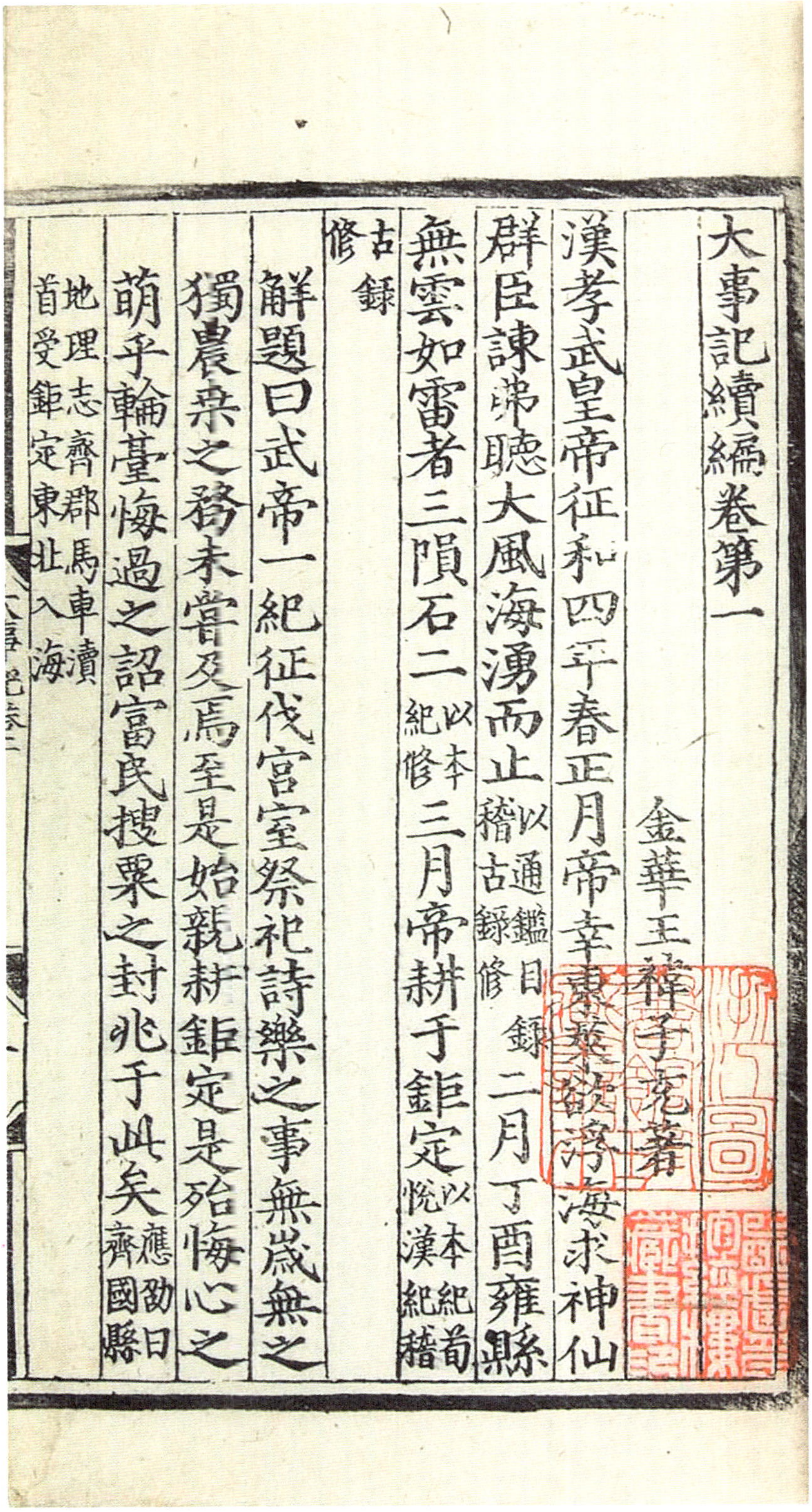
大事記續編卷第一
金華王禕子充著
漢孝武皇帝征和四年春正月帝幸東萊臨大海求神仙群臣諫弗聽大風海湧而止以通鑑目録稽古録修二月丁酉雍縣無雲如雷者三隕石二以本紀修三月帝耕于鉅定以本紀荀悦漢紀稽古録修
解題曰武帝一紀征伐宮室祭祀詩樂之事無歲無之獨農桑之務未嘗及焉至是始親耕鉅定是殆悔心之萌乎輪臺悔過之詔富民搜粟之封兆于此矣應劭曰齊國縣地理志齊郡馬車瀆首受鉅定東北入海

10201 大事記續編七十七卷 （明）王禕撰 明成化二十年（1484）陸淵之刻本

匡高 22.8 釐米，廣 14.5 釐米。半葉十行，行二十二字，小字雙行同，黑口，四周雙邊。有"四明盧氏抱經樓藏書印"等印。浙江圖書館藏。

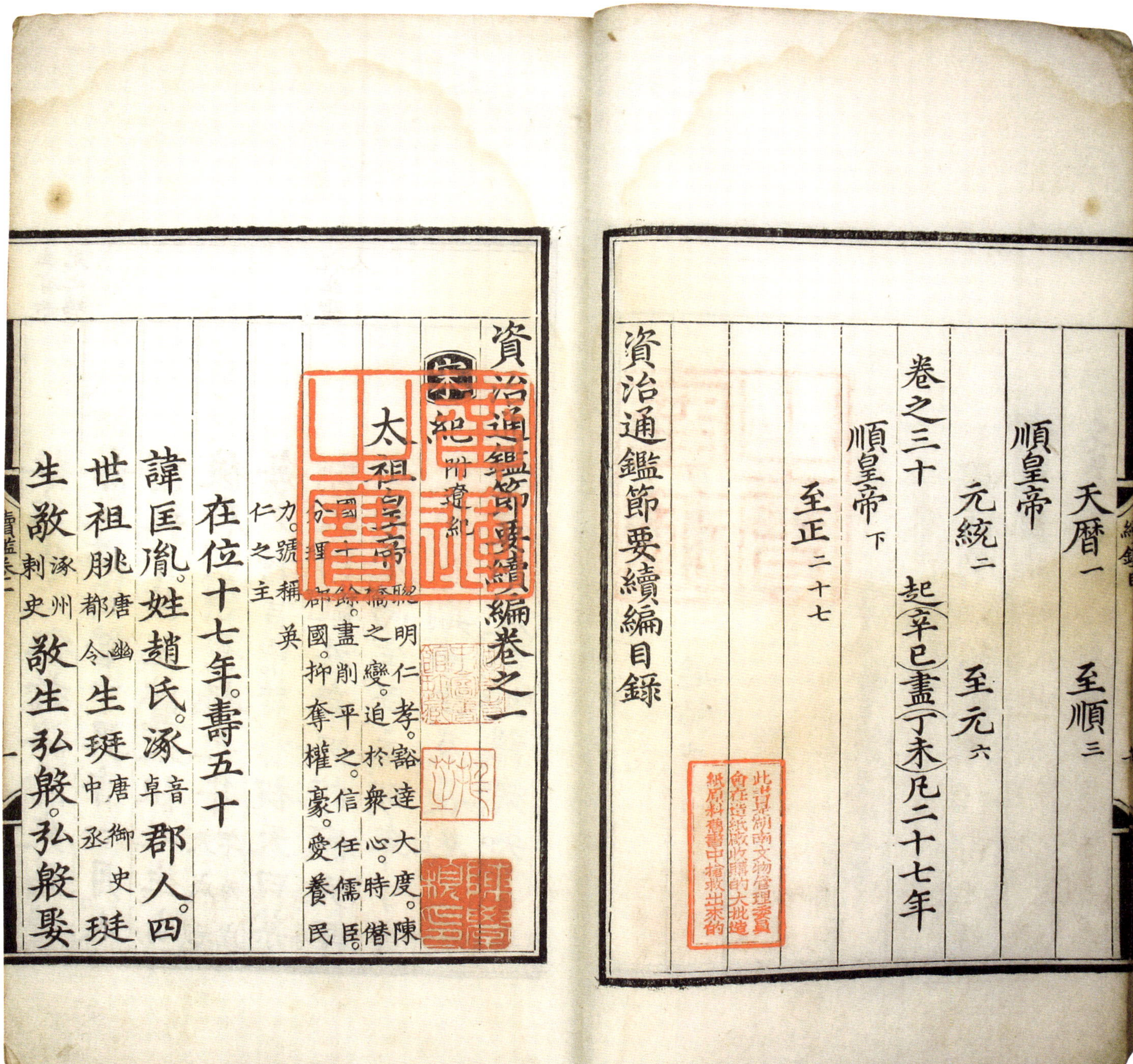

10202、10203 資治通鑑節要續編三十卷 （明）張光啓撰 明正德九年（1514）司禮監刻本

匡高 22 釐米，廣 15.9 釐米。半葉九行，行十五字，小字雙行同，黑口，四周雙邊。湖南圖書館、山東省圖書館藏。

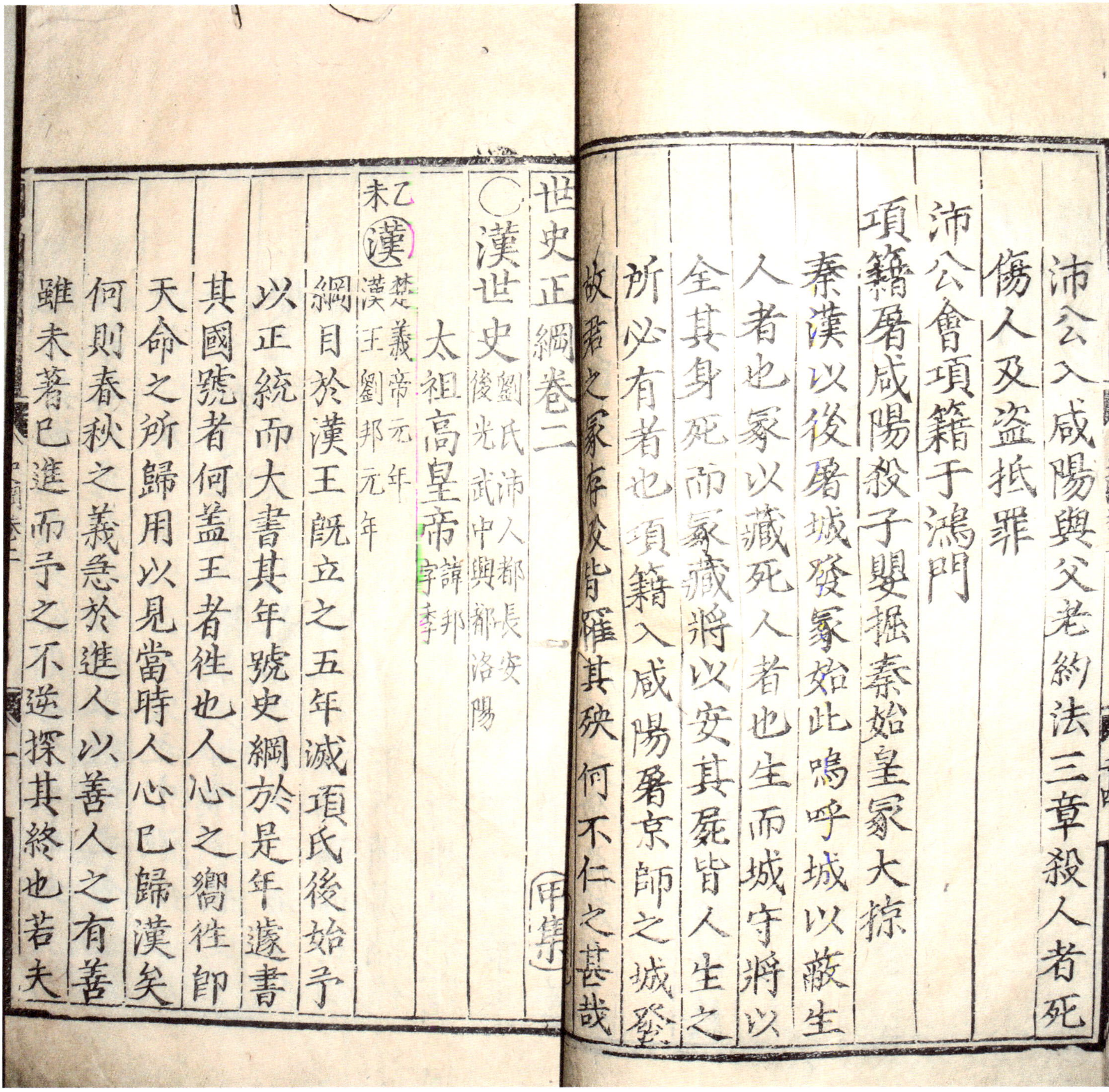

沛公入咸陽與父老約法三章殺人者死
傷人及盜抵罪
沛公會項籍于鴻門
項籍屠咸陽殺子嬰掘秦始皇冢大掠
秦漢以後屠城發冢始此嗚呼城以蔽生
人者也冢以藏死人者也生而城守將以
全其身死而冢藏將以安其屍皆人生之
所必有者也項籍入咸陽屠京師之城發
故君之冢存殁皆罹其殃何不仁之甚哉
甲集

世史正綱卷二
◯漢世史 劉氏沛人都長安 後光武中興都洛陽
太祖高皇帝 諱邦字季
乙未 漢 楚義帝元年 漢王劉邦元年
綱目於漢王既立之五年滅項氏後始予
以正統而大書其年號史綱於是年遽書
其國號者何蓋王者往也人心之嚮往即
天命之所歸用以見當時人心已歸漢矣
何則春秋之義急於進人以善人之有善
雖未著已進而予之不逆探其終也若夫

10204 世史正綱三十二卷 （明）丘濬撰 明弘治三年（1490）刻本

匡高 18.9 釐米，廣 12.5 釐米。半葉十行，行十八字，黑口，四周雙邊。寧波市天一閣博物館藏。

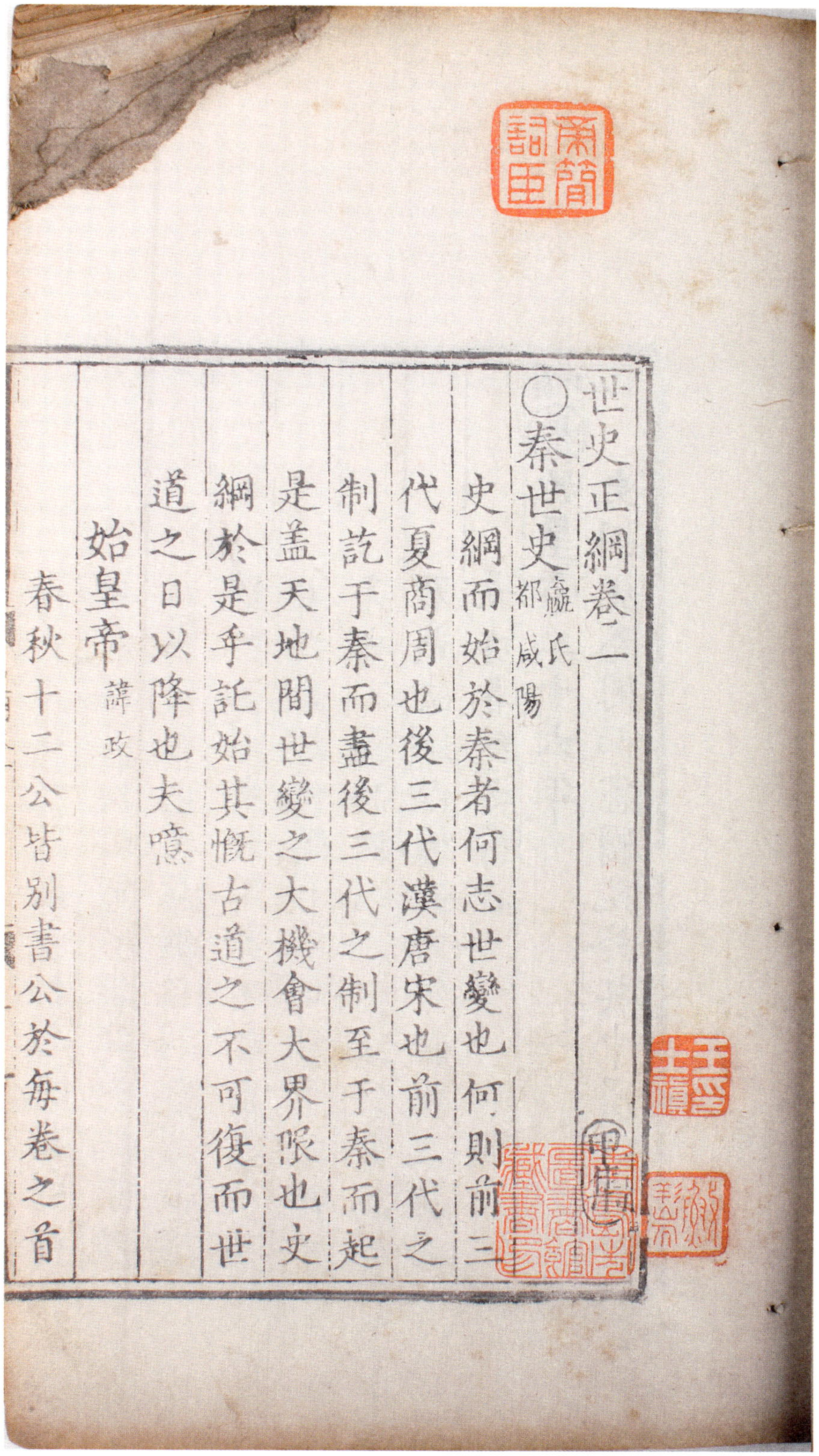

10205 世史正綱三十二卷 （明）丘濬撰 明嘉靖四十二年（1563）孫應鰲刻本

匡高 18.2 釐米，廣 12.3 釐米。半葉十行，行十八字，黑口，四周雙邊。有“國子監印”、“池北書庫”、“漁洋山人”、“王印士禛”等印。青島市博物館藏。

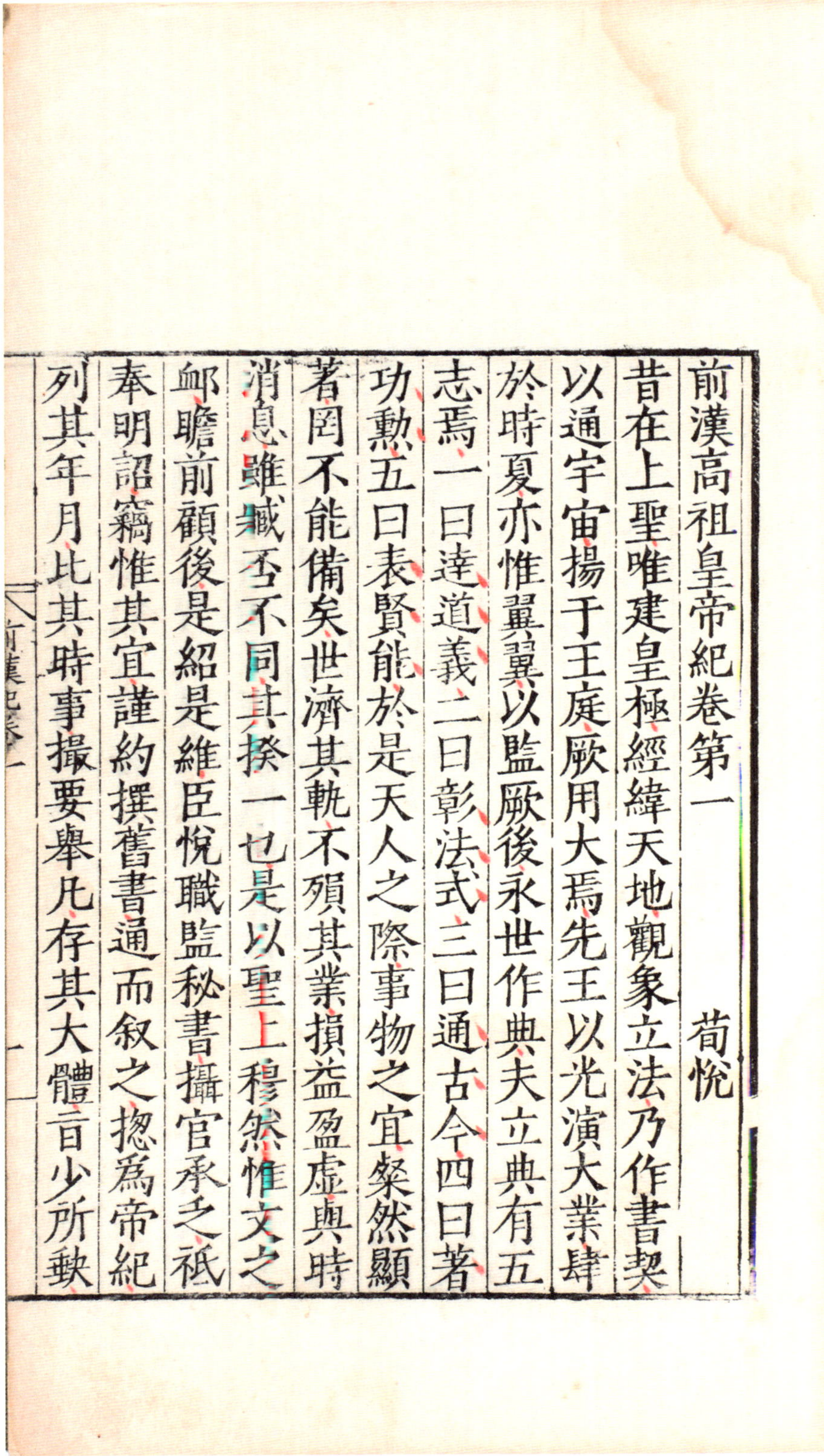
前漢高祖皇帝紀卷第一　荀悅
昔在上聖唯建皇極經緯天地觀象立法乃作書契
以通宇宙揚于王庭厥用大焉先王以光演大業肆
於時夏亦惟翼翼以監厥後永世作典夫立典有五
志焉一曰達道義二曰彰法式三曰通古今四曰著
功勳五曰表賢能於是天人之際事物之宜粲然顯
著罔不能備矣世濟其軌不殞其業損益盈虛與時
消息雖臧否不同其揆一也是以聖上穆然惟文之
卹瞻前顧後是紹是維臣悅職監秘書攝官承乏祗
奉明詔竊惟其宜謹約撰舊書通而叙之摠爲帝紀
列其年月比其時事撮要舉凡存其大體旨少所缺

前漢紀卷一　一

10206 兩漢紀六十卷　明嘉靖二十七年（1548）黄姬水刻本

匡高 19.2 釐米，廣 14.7 釐米。半葉十一行，行二十字，白口，左右雙邊。雲南大學圖書館藏。

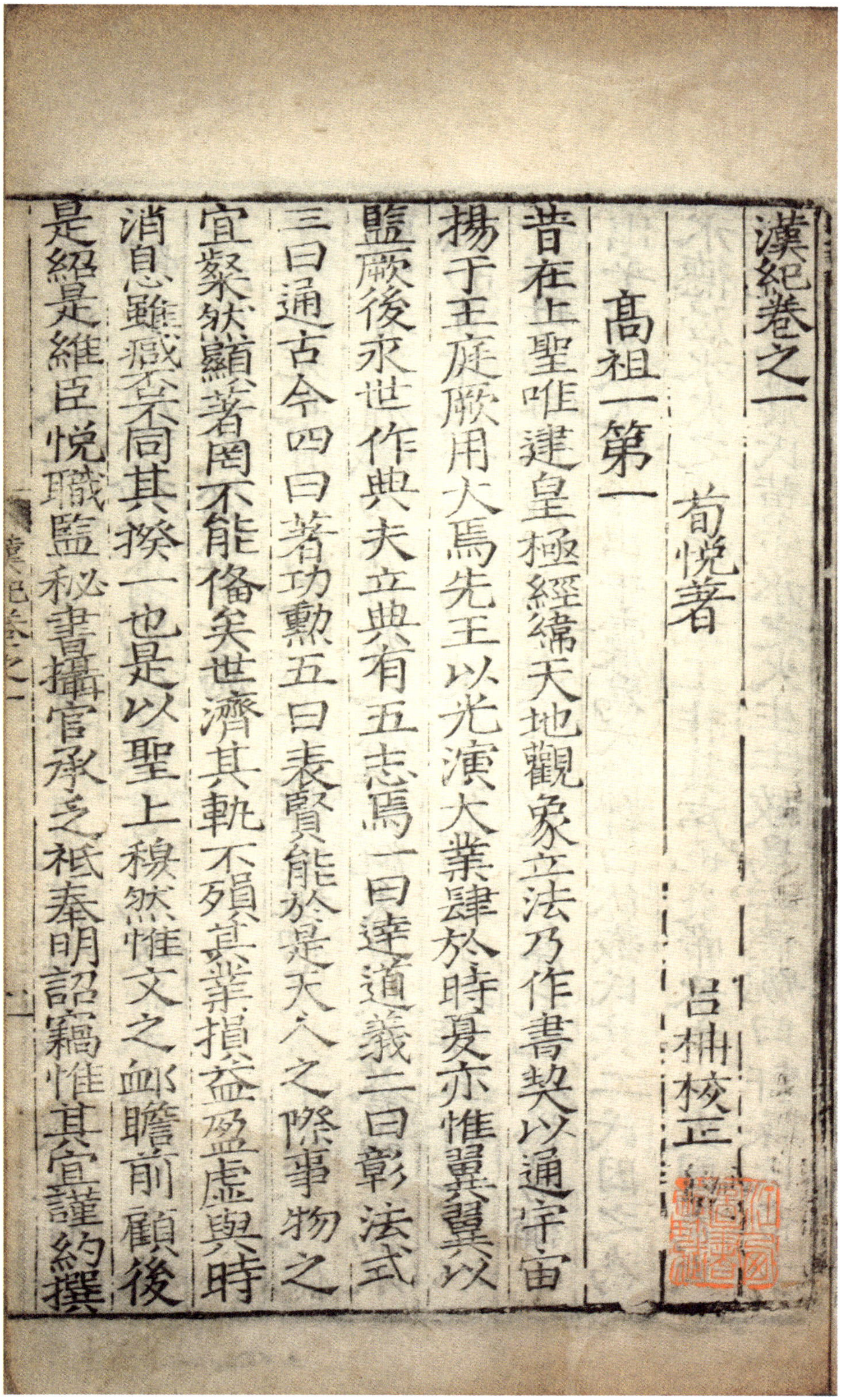

漢紀卷之一　　荀悅著　　呂柟校正

高祖一第一

昔在上聖唯建皇極經緯天地觀象立法乃作書契以通宇宙揚于王庭厥用大焉先王以光演大業肆於時夏亦惟翼翼以監厥後永世作典夫立典有五志焉一曰達道義二曰彰法式三曰通古今四曰著功勳五曰表賢能於是天人之際事物之宜粲然顯著罔不能備矣世濟其軌不殞其業損益盈虛與時消息臧否不同其揆一也是以聖上穆然惟文之卹瞻前顧後是絕是維臣悅職監秘書攝官承之祗奉明詔竊惟其宜謹約撰

10207、10208　漢紀三十卷　（漢）荀悦撰　明正德十六年（1521）何景明、翟清刻本

匡高20.9釐米，廣14.8釐米。半葉十行，行二十四至二十五字，白口，左右雙邊。江西省圖書館、南京圖書館藏。

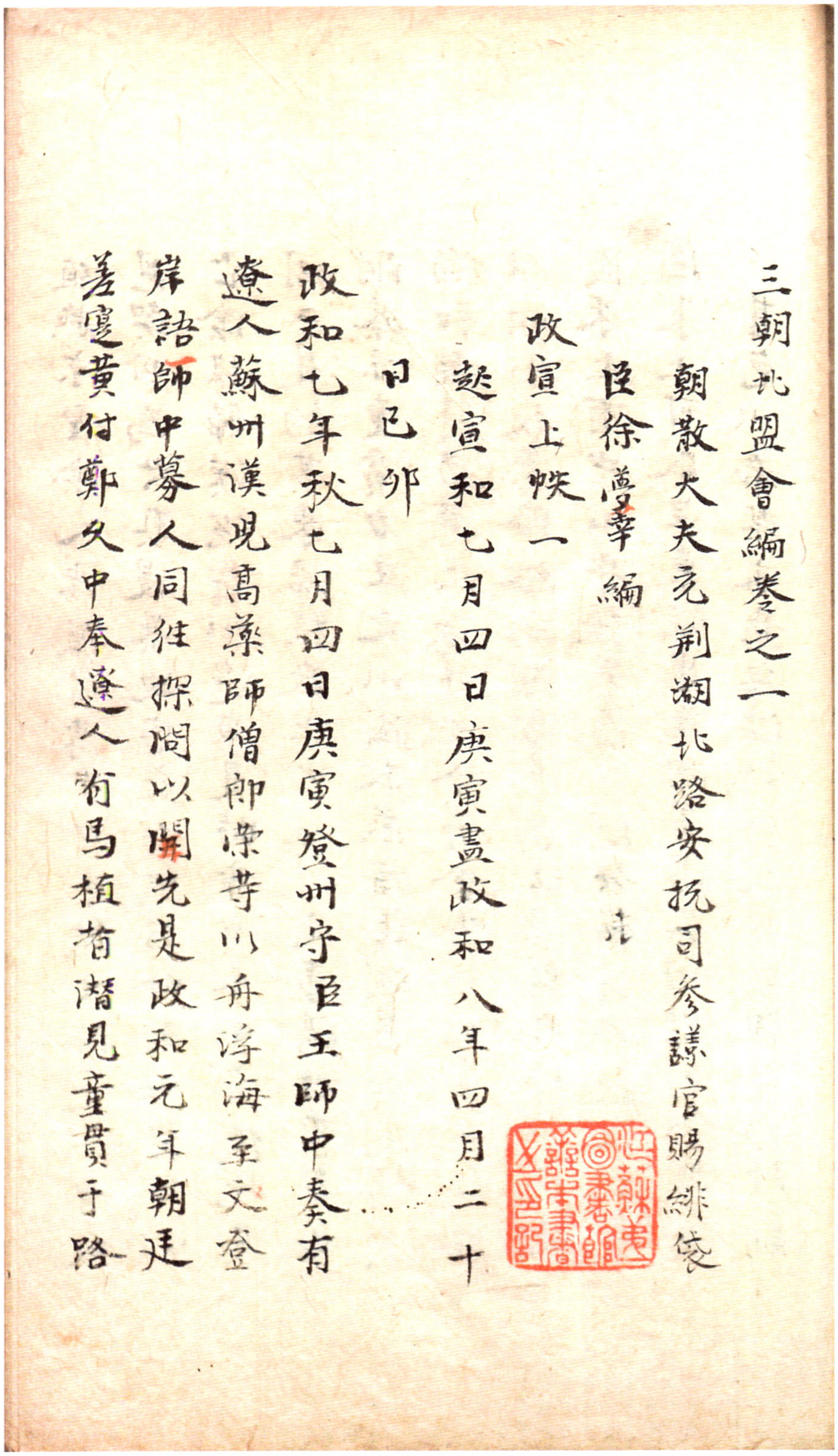

三朝北盟會編卷之一
朝散大夫充荆湖北路安撫司參議官賜緋魚袋
臣徐夢莘編
政宣上帙一
起宣和七年四月四日庚寅盡政和八年四月二十
日己卯
政和七年秋七月四日庚寅登州守臣王師中奏有
遼人蘇州漢兒高藥師僧郎榮等以舟浮海至文登
岸語師中募人同往探問以聞先是政和元年朝廷
差寔黄付鄭久中奉遼人有馬植者潛見童貫于路

10209 三朝北盟會編二百五十卷 （宋）徐夢莘撰 明抄本
丁丙跋。南京圖書館藏。

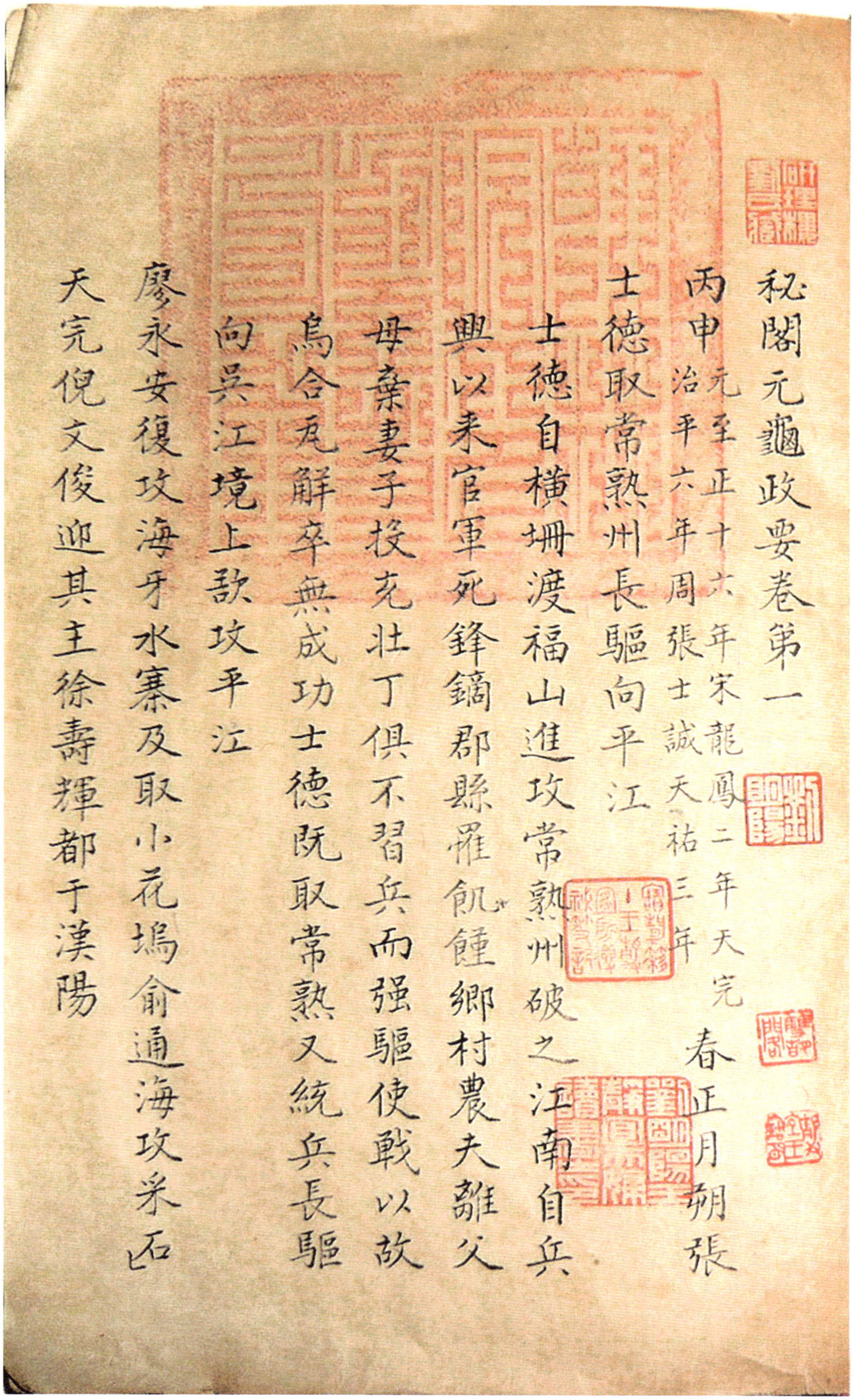
秘閣元龜政要卷第一
丙申元至正十六年宋龍鳳二年天完治平六年周張士誠天祐三年春正月朔張
士德取常熟州長驅向平江
士德自横堋渡福山進攻常熟州破之江南自兵
興以來官軍死鋒鏑郡縣羅飢饉鄉村農夫離父
母棄妻子投充壯丁俱不習兵而强驅使戰以故
烏合瓦解卒無成功士德既取常熟又統兵長驅
向吳江境上欵攻平江
廖永安復攻海牙水寨及取小花塢俞通海攻采石
天完倪文俊迎其主徐壽輝都于漢陽

10210 秘閣元龜政要十六卷 清抄本［四庫底本］

有“翰林院印”、“劉明陽”等印。河北大學圖書館藏。

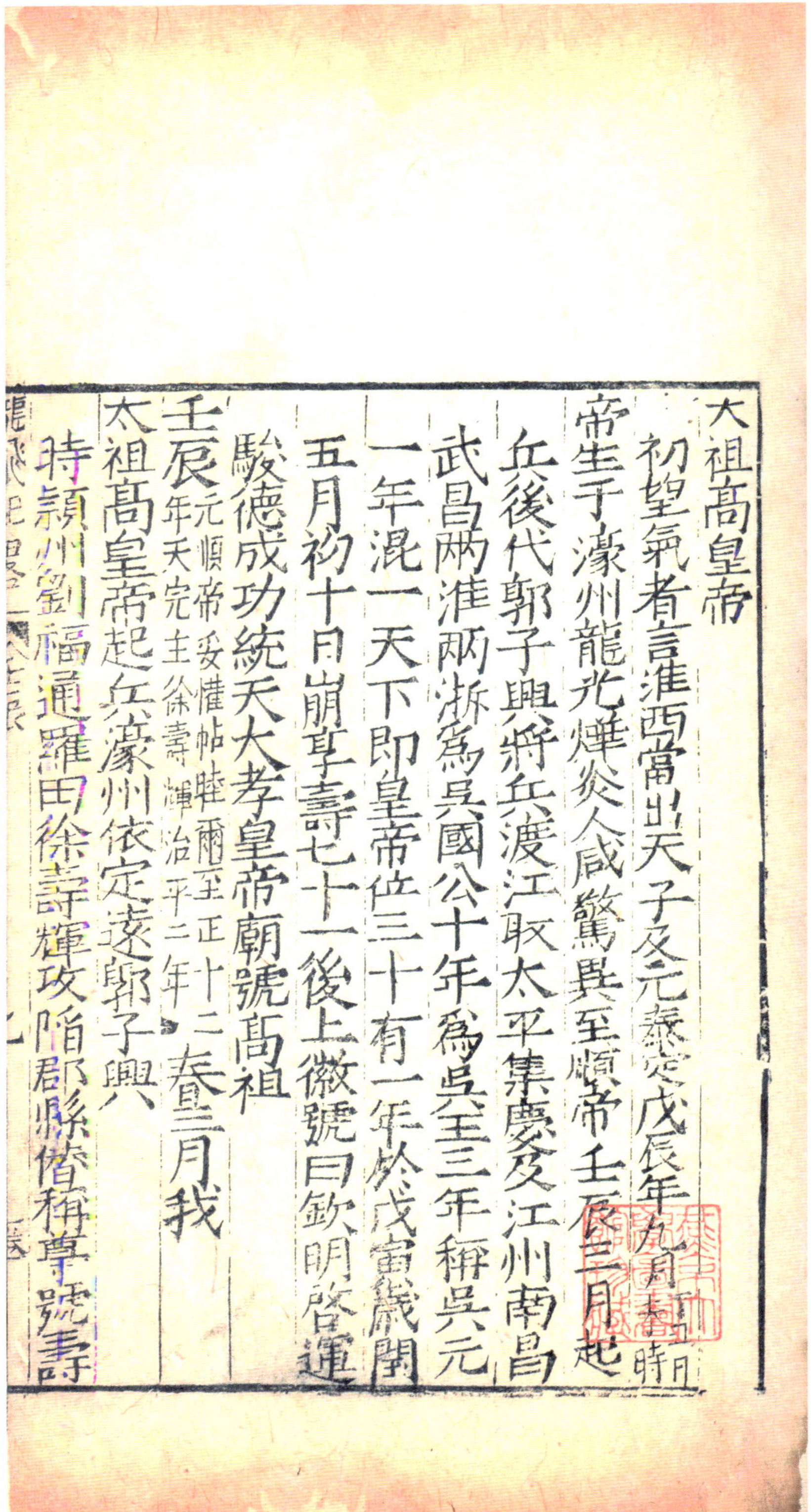

10211 龍飛紀略十四卷 （明）吴樸撰 明嘉靖三十一年（1552）金陵王氏刻本

匡高 17.5 釐米，廣 12.5 釐米。半葉十一行，行二十一字，白口，四周單邊。

北京大學圖書館藏。

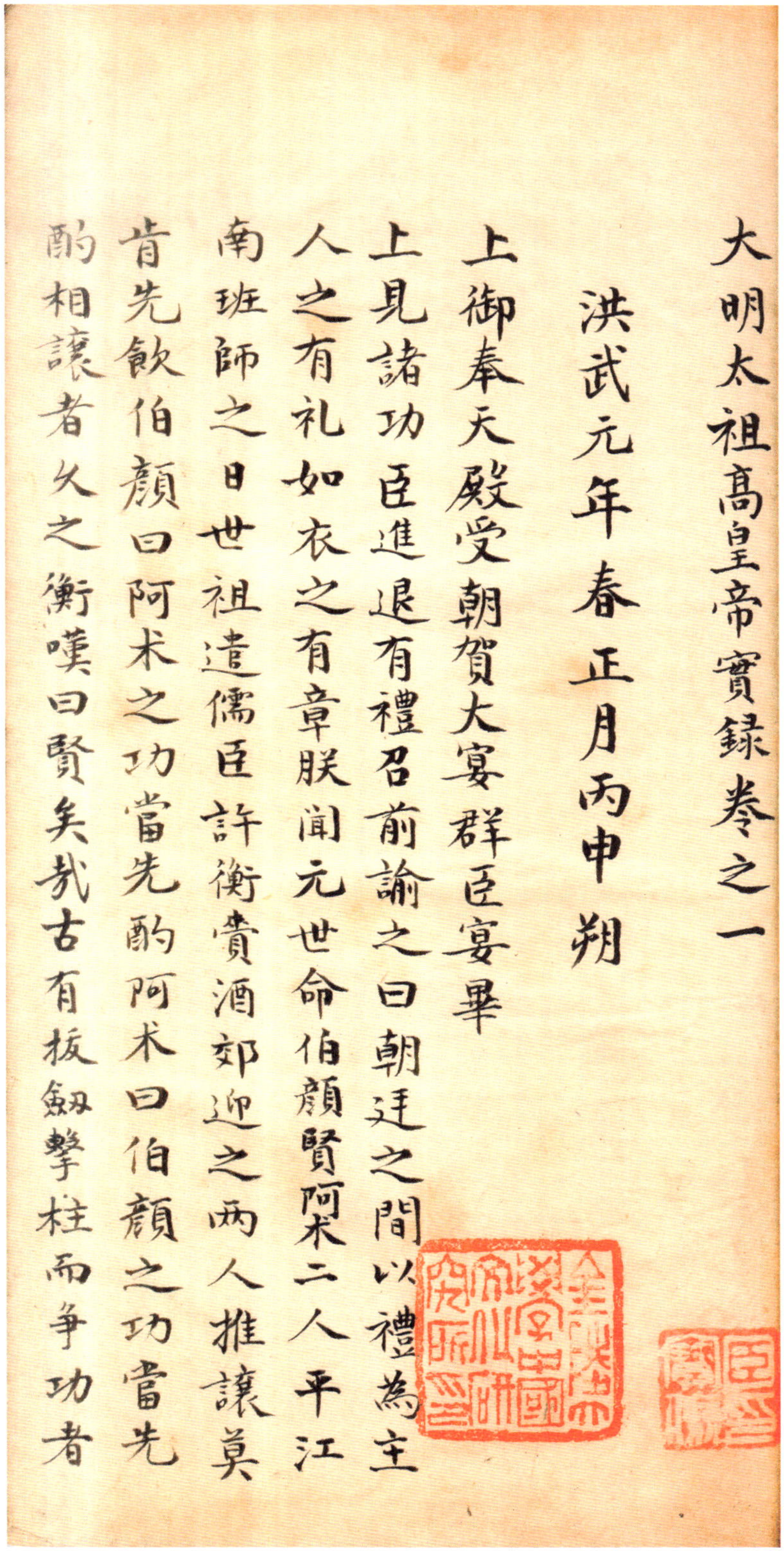

大明太祖高皇帝實録卷之一
洪武元年春正月丙申朔
上御奉天殿受朝賀大宴群臣宴畢
上見諸功臣進退有禮召前諭之曰朝廷之間以禮為主
人之有礼如衣之有章朕聞元世命伯顔賢阿术二人平江
南班師之日世祖遣儒臣許衡賫酒郊迎之兩人推讓莫
肯先飲伯顔曰阿术之功當先酌阿术曰伯顔之功當先
酌相讓者久之衡嘆曰賢矣哉古有拔劍擊柱而爭功者

10212 大明太祖高皇帝實録二百五十七卷 （明）胡廣等纂修 明抄本

南京大學圖書館藏，存十一卷。

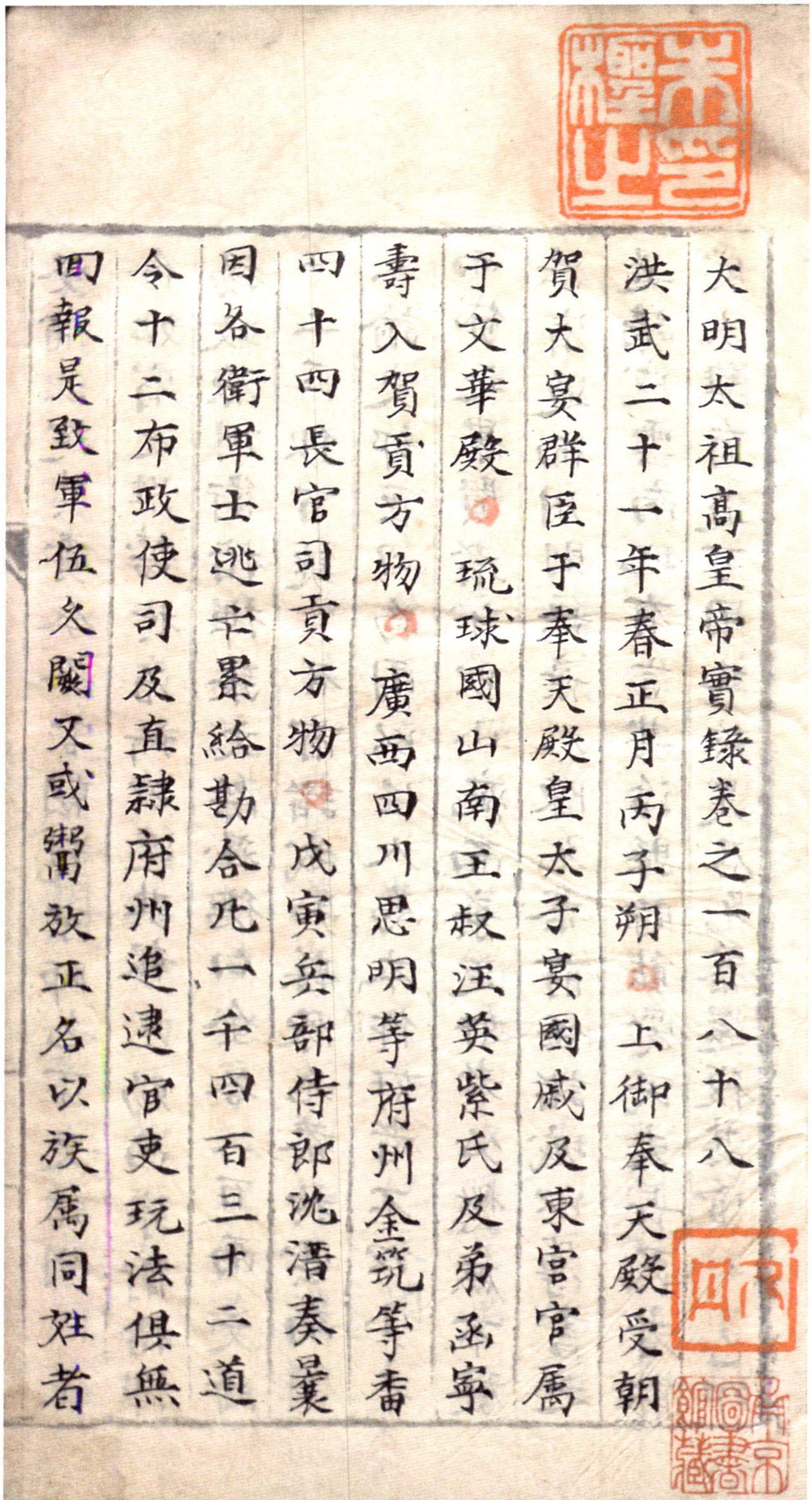

10213 大明太祖高皇帝實録二百五十七卷 （明）胡廣等纂修 明抄本

匡高 19.6 釐米，廣 12.3 釐米。半葉九行，行二十字，白口，四周單邊。南京圖書館藏，存十一卷。

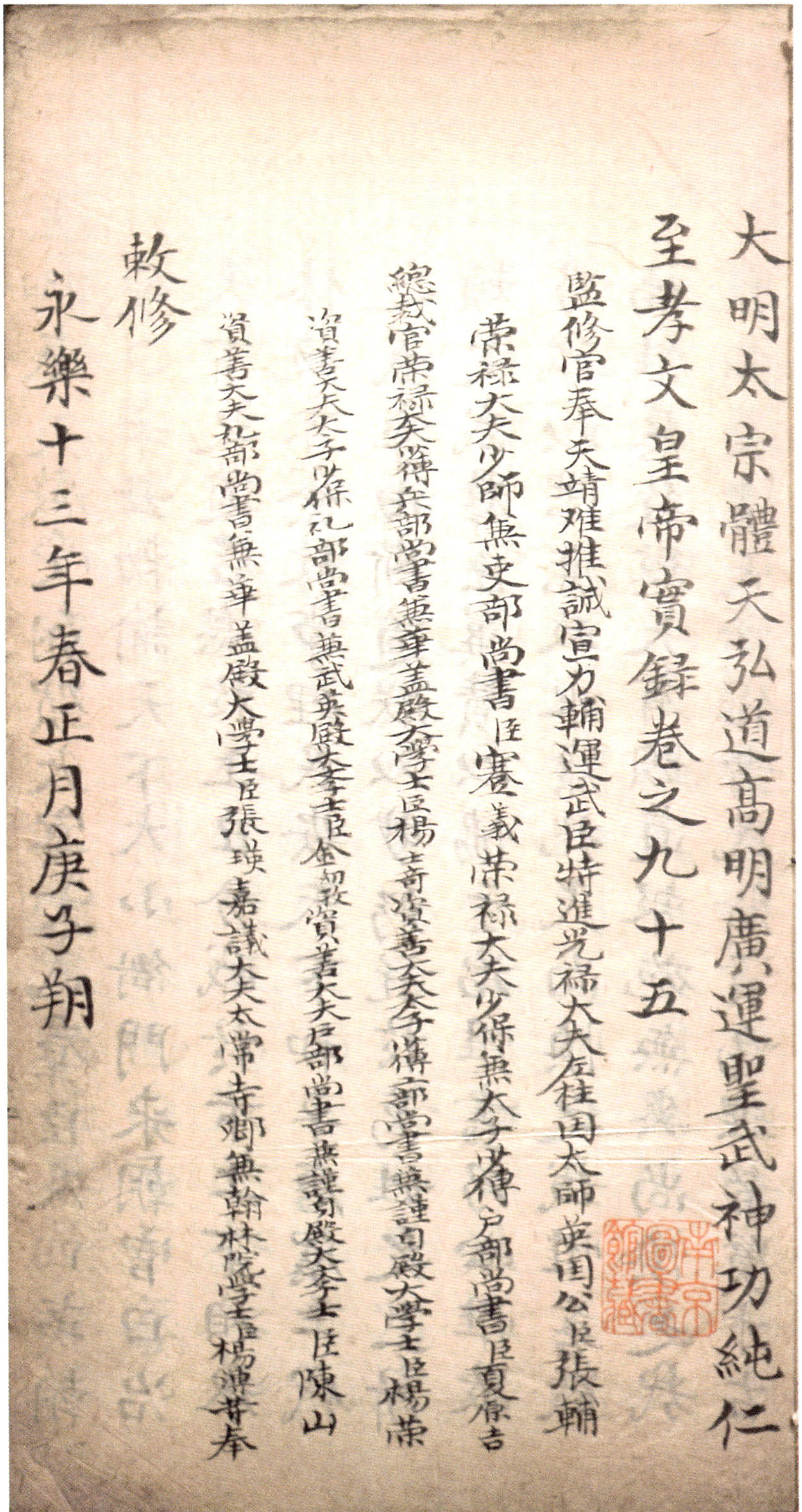
大明太宗體天弘道高明廣運聖武神功純仁
至孝文皇帝實録卷之九十五
監修官奉天靖難推誠宣力輔運武臣特進光祿大夫左柱國太師英國公臣張輔
榮祿大夫少師兼吏部尚書臣蹇義 榮祿大夫少保兼太子少傅戶部尚書臣夏原吉
總裁官榮祿大夫少傅兵部尚書兼華蓋殿大學士臣楊士奇 資善大夫太子少傅工部尚書兼謹身殿大學士臣楊榮
資善大夫太子少保禮部尚書兼武英殿大學士臣金幼孜 資善大夫戶部尚書兼謹身殿大學士臣陳山
資善大夫禮部尚書兼華蓋殿大學士臣張瑛 嘉議大夫太常寺卿兼翰林院學士臣楊溥等奉
敕修
永樂十三年春正月庚子朔

10214 大明太宗文皇帝實録一百三十卷 （明）張輔 楊士奇等纂修 明抄本

南京圖書館藏，存三十二卷。

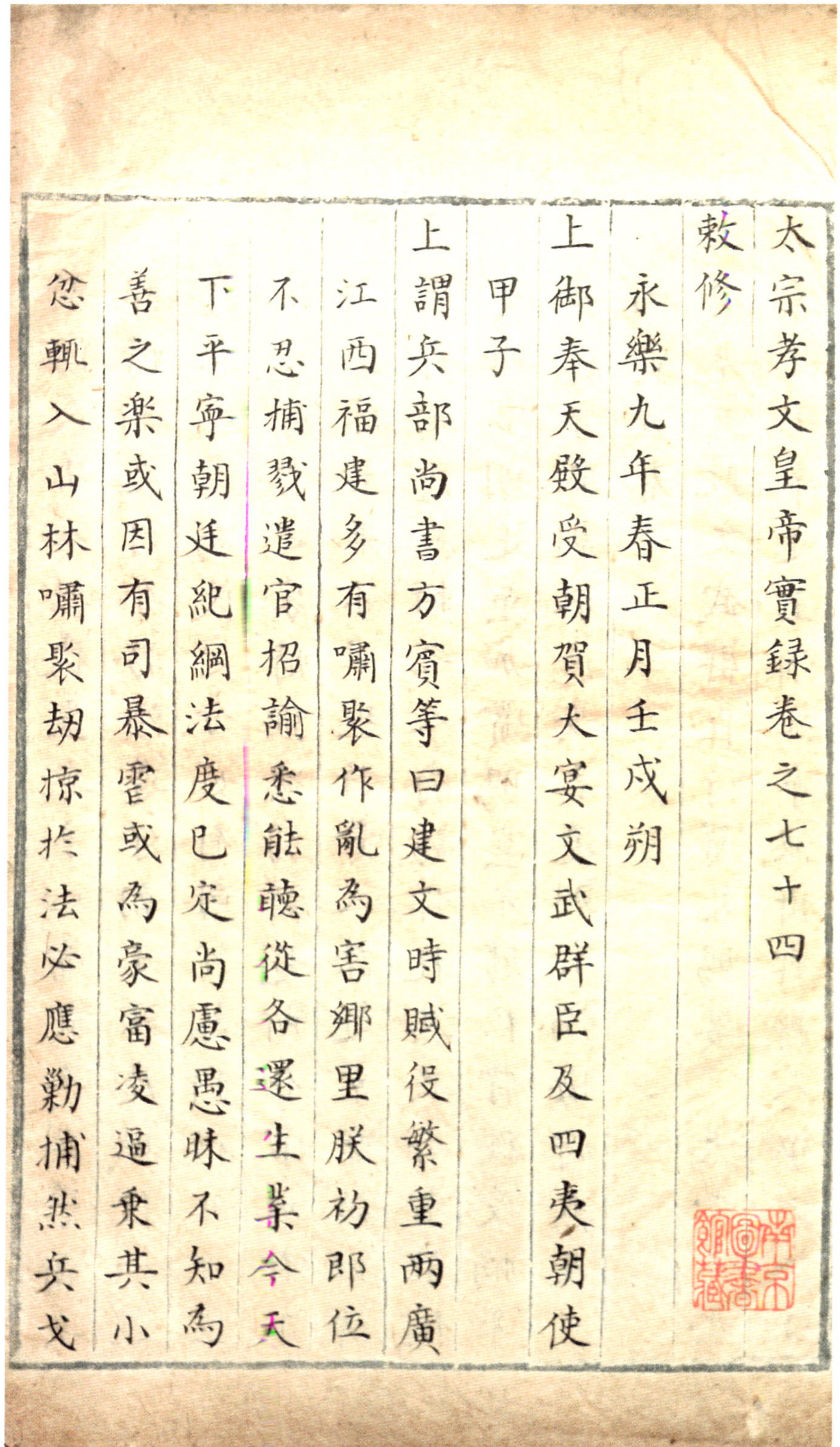

太宗孝文皇帝實録卷之七十四

敕修

永樂九年春正月壬戌朔

上御奉天殿受朝賀大宴文武群臣及四夷朝使

甲子

上謂兵部尚書方賓等曰建文時賦役繁重兩廣江西福建多有嘯聚作亂為害鄉里朕初即位不忍捕戮遣官招諭悉能聽從各還生業今天下平寧朝廷紀綱法度已定尚慮愚昧不知為善之樂或因有司暴虐或為豪富凌逼乘其小忿輒入山林嘯聚劫掠於法必應勦捕然兵戈

10215 大明太宗文皇帝實録一百三十卷 （明）張輔 楊士奇等纂修 明抄本

匡高 22.2 釐米，廣 15.7 釐米。半葉十一行，行十九字，白口，四周單邊。

南京圖書館藏，存十三卷。

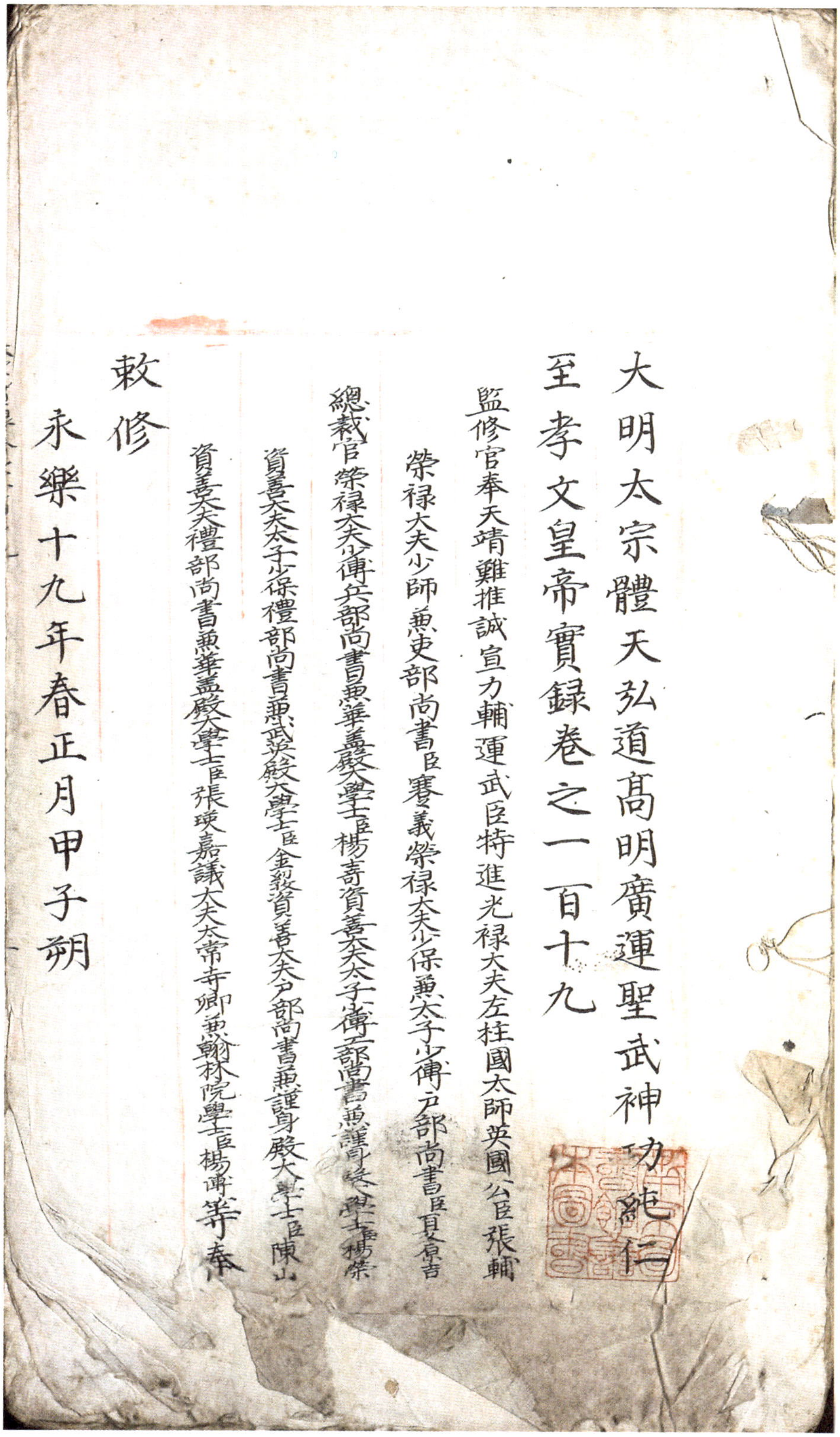
大明太宗體天弘道高明廣運聖武神功純仁
至孝文皇帝實録卷之一百十九
監修官奉天靖難推誠宣力輔運武臣特進光禄大夫左柱國太師英國公臣張輔
榮禄大夫少師兼吏部尚書臣蹇義榮禄大夫少保兼太子少傅戶部尚書臣夏原吉
總裁官榮禄大夫少傅兵部尚書兼華蓋殿大學士臣楊士奇資善大夫太子少傅工部尚書兼謹身殿大學士臣楊榮
資善大夫太子少保禮部尚書兼武英殿大學士臣金幼孜資善大夫戶部尚書兼謹身殿大學士臣陳山
資善大夫禮部尚書兼華蓋殿大學士臣張瑛嘉議大夫太常寺卿兼翰林院學士臣楊溥等奉
敕修
永樂十九年春正月甲子朔

10216 大明太宗文皇帝實録一百三十卷 （明）張輔 楊士奇等纂修 明抄本

匡高 23.1 釐米，廣 15.7 釐米。半葉九行，行十八字，紅格，白口，四周雙邊。南京圖書館藏，存九卷。

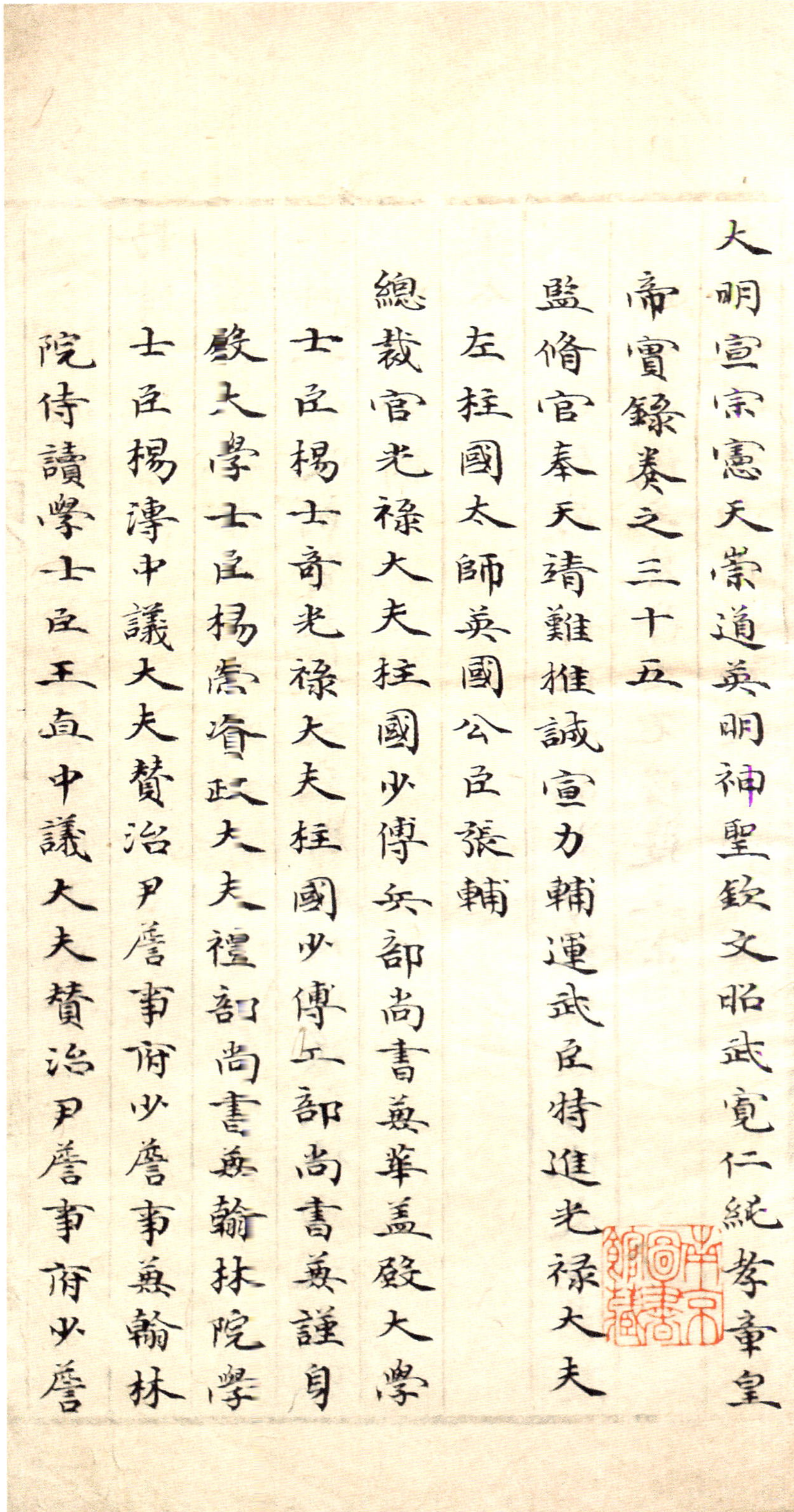
大明宣宗憲天崇道英明神聖欽文昭武寬仁純孝章皇
帝實録卷之三十五
監脩官奉天靖難推誠宣力輔運武臣特進光禄大夫
左柱國太師英國公臣張輔
總裁官光禄大夫柱國少傅兵部尚書兼華蓋殿大學
士臣楊士奇光禄大夫柱國少傅工部尚書兼謹身
殿大學士臣楊榮資政大夫禮部尚書兼翰林院學
士臣楊溥中議大夫贊治尹詹事府少詹事兼翰林
院侍讀學士臣王直中議大夫贊治尹詹事府少詹

10217 大明宣宗章皇帝實録一百十五卷 （明）張輔 楊士奇等纂修 明抄本

匡高 19.6 釐米，廣 12.4 釐米。半葉九行，行二十二字，白口，四周單邊。

南京圖書館藏，存四一一卷。

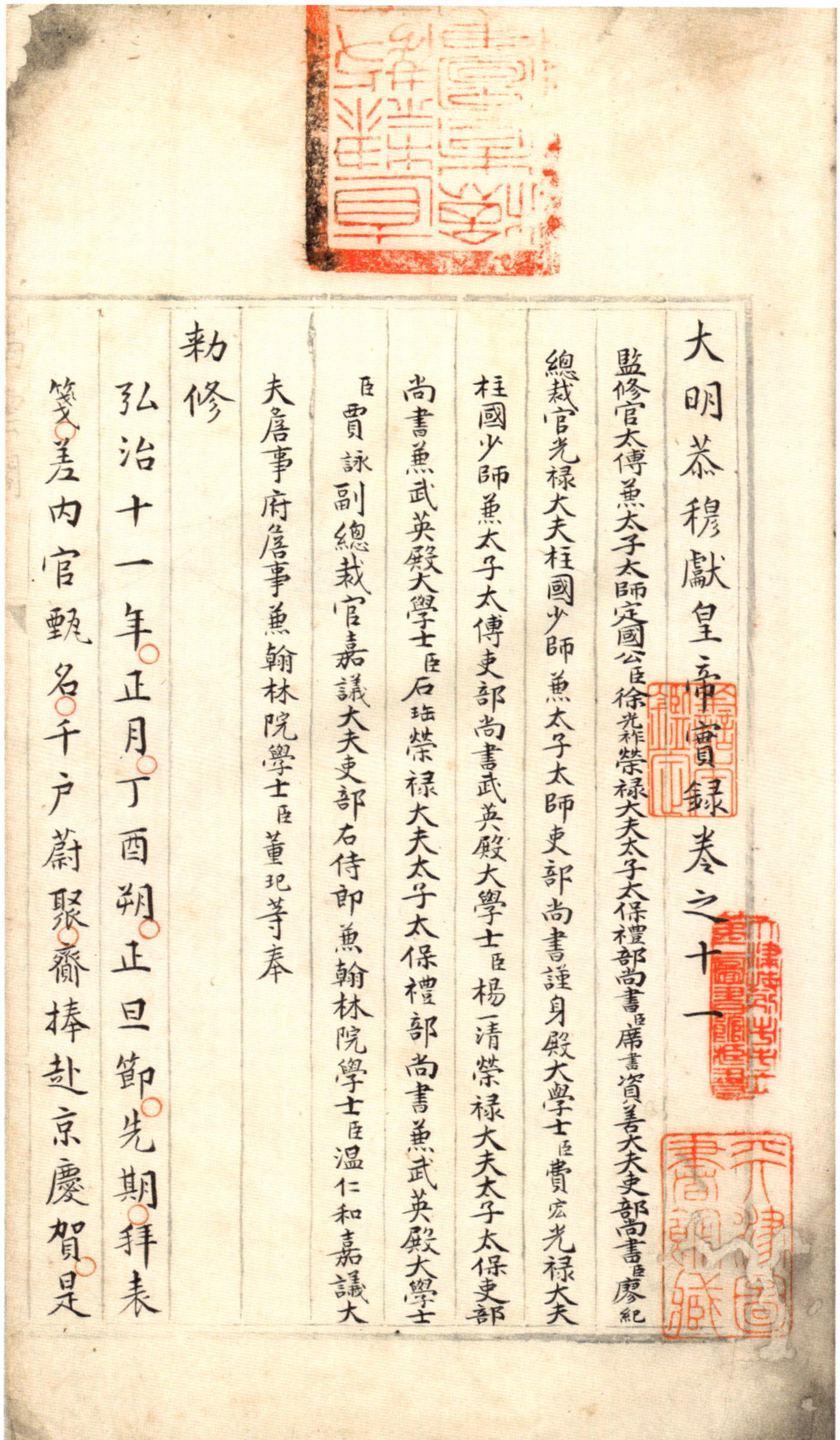

大明恭穆獻皇帝實録卷之十一
監修官太傅兼太子太師定國公臣徐光祚榮禄大夫太子太保禮部尚書臣席書資善大夫吏部尚書臣廖紀
總裁官光禄大夫柱國少師兼太子太師吏部尚書謹身殿大學士臣費宏光禄大夫
柱國少師兼太子太傅吏部尚書武英殿大學士臣楊一清榮禄大夫太子太保吏部
尚書兼武英殿大學士臣石珤榮禄大夫太子太保禮部尚書兼武英殿大學士
臣賈詠副總裁官嘉議大夫吏部右侍郎兼翰林院學士臣溫仁和嘉議大
夫詹事府詹事兼翰林院學士臣董玘等奉
勑修
弘治十一年正月丁酉朔正旦節先期拜表
箋差內官甄名千戶蔚聚齎捧赴京慶賀是

10218 大明恭穆獻皇帝實録五十卷 （明）徐光祚 費宏等纂修 明南雲閣抄本

匡高 23.5 釐米，廣 16.3 釐米。半葉十行，行十八字，白口，四周雙邊。天津圖書館藏，存四十卷。

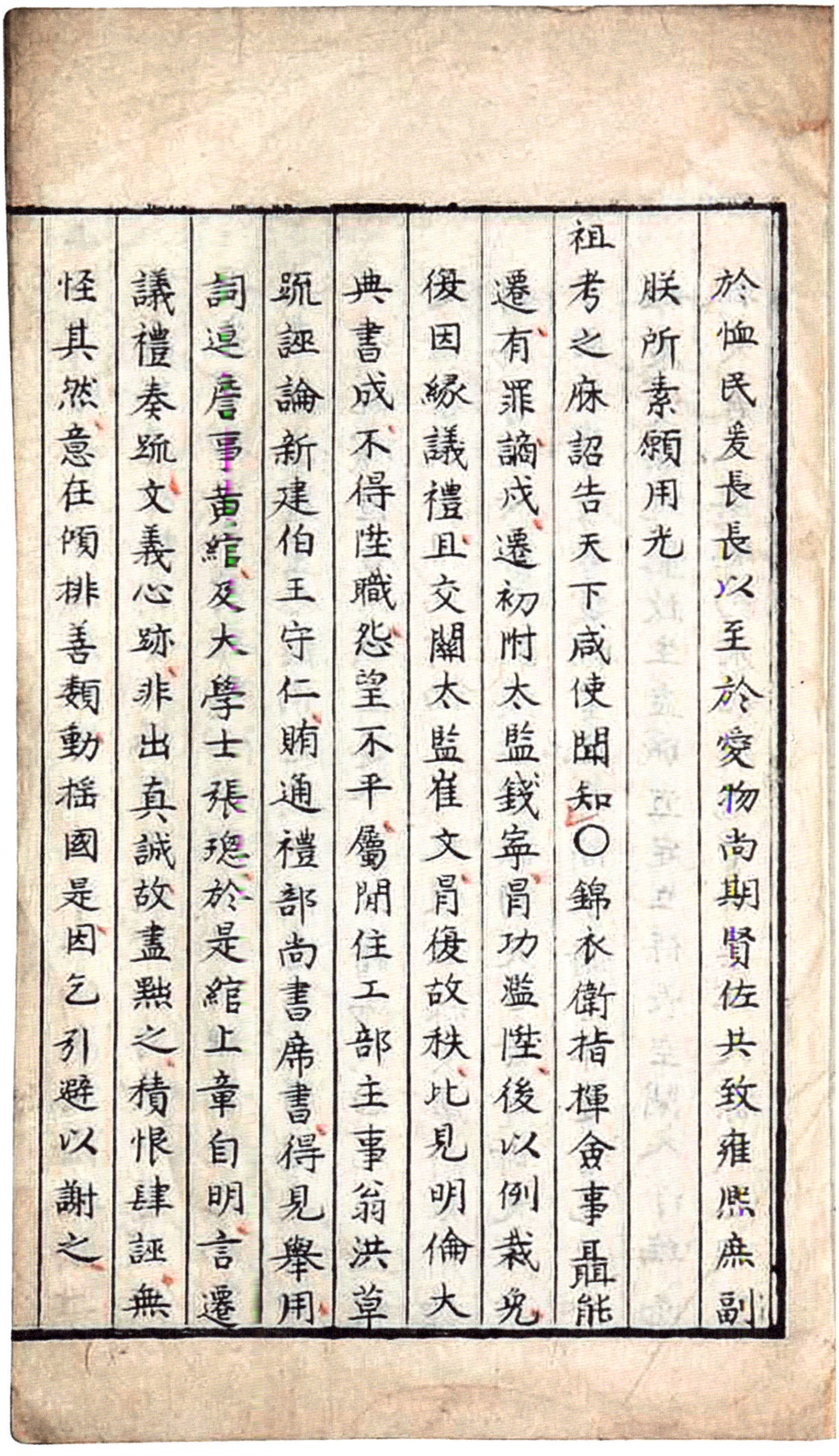

於恤民爰長長以至於愛物尚期賢佐共致雍熙庶副
朕所素願用光
祖考之庥詔告天下咸使聞知○錦衣衛指揮僉事聶能
遷有罪謫戍邊初附太監錢寧冒功濫陞後以例裁免
復因緣議禮且交關太監崔文冒復故秩比見明倫大
典書成不得陞職怨望不平屬閒住工部主事翁洪草
疏誣論新建伯王守仁賄通禮部尚書席書得見舉用
詞連詹事黄綰及大學士張璁於是綰上章自明言遷
議禮奏疏文義心跡非出真誠故盡黜之積恨肆誣無
怪其然意在傾排善類動搖國是因乞引避以謝之

10219 大明世宗肅皇帝實録五百六十六卷 （明）張溶 徐階等纂修 明抄本

匡高 22.1 釐米，廣 14.6 釐米。半葉十行，行二十二字，白口，左右雙邊。曲阜文物管理委員會孔府文物檔案館藏，存十三卷。

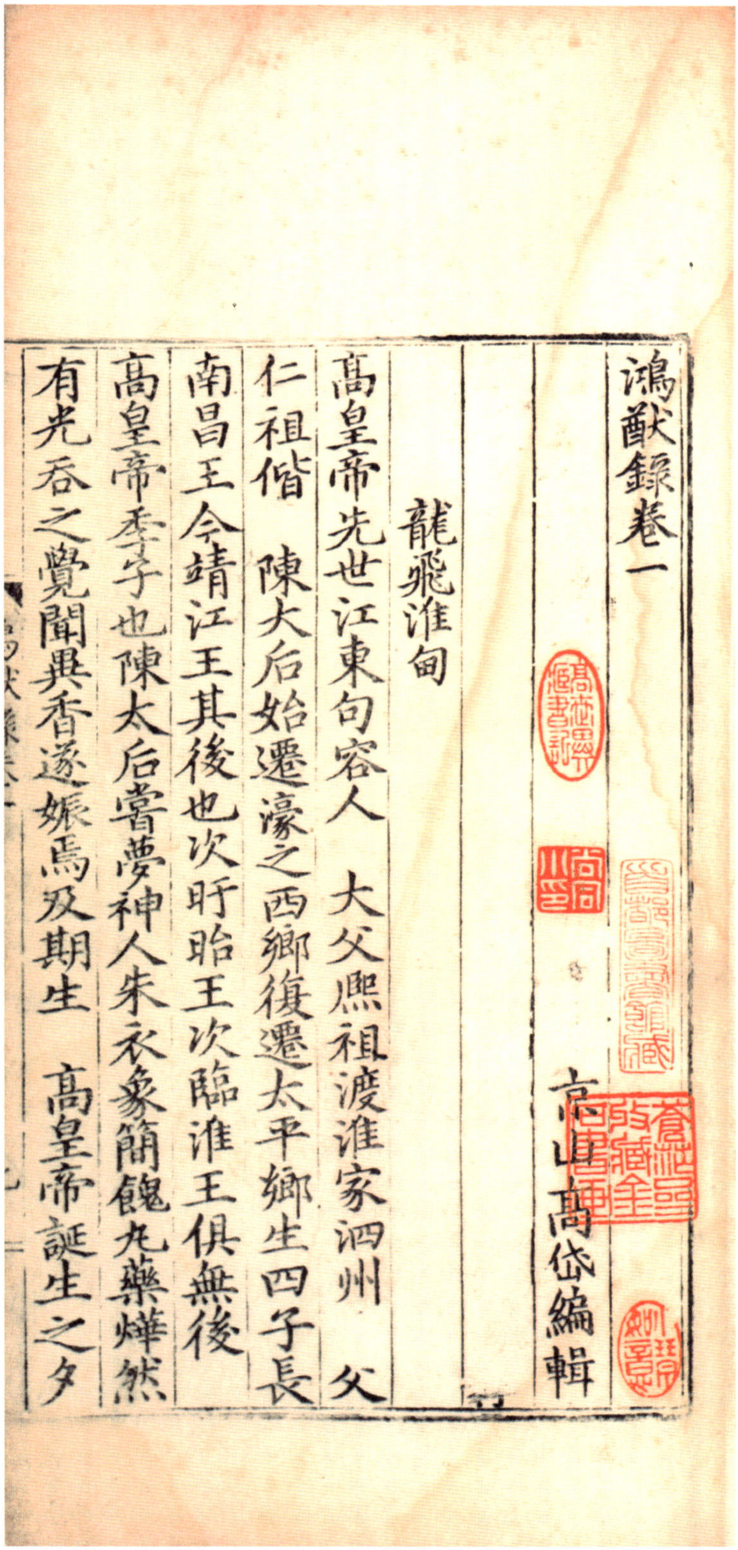

鴻猷録卷一

京山高岱編輯

龍飛淮甸

高皇帝先世江東句容人　大父熈祖渡淮家泗州　父
仁祖偕　陳大后始遷濠之西鄉復遷太平鄉生四子長
南昌王今靖江王其後也次盱眙王次臨淮王俱無後
高皇帝季子也陳太后嘗夢神人朱衣象簡餽丸藥燁然
有光呑之覺聞異香遂娠焉及期生　高皇帝誕生之夕

10220 鴻猷録十六卷 （明）高岱撰 明嘉靖四十四年（1565）高思誠刻本

匡高 22.2 釐米，廣 14.3 釐米。半葉九行，行二十二字，白口，四周雙邊。有“王印懿榮”、“華陽高氏鑒藏”、“高世異藏書記”等印。首都圖書館藏。

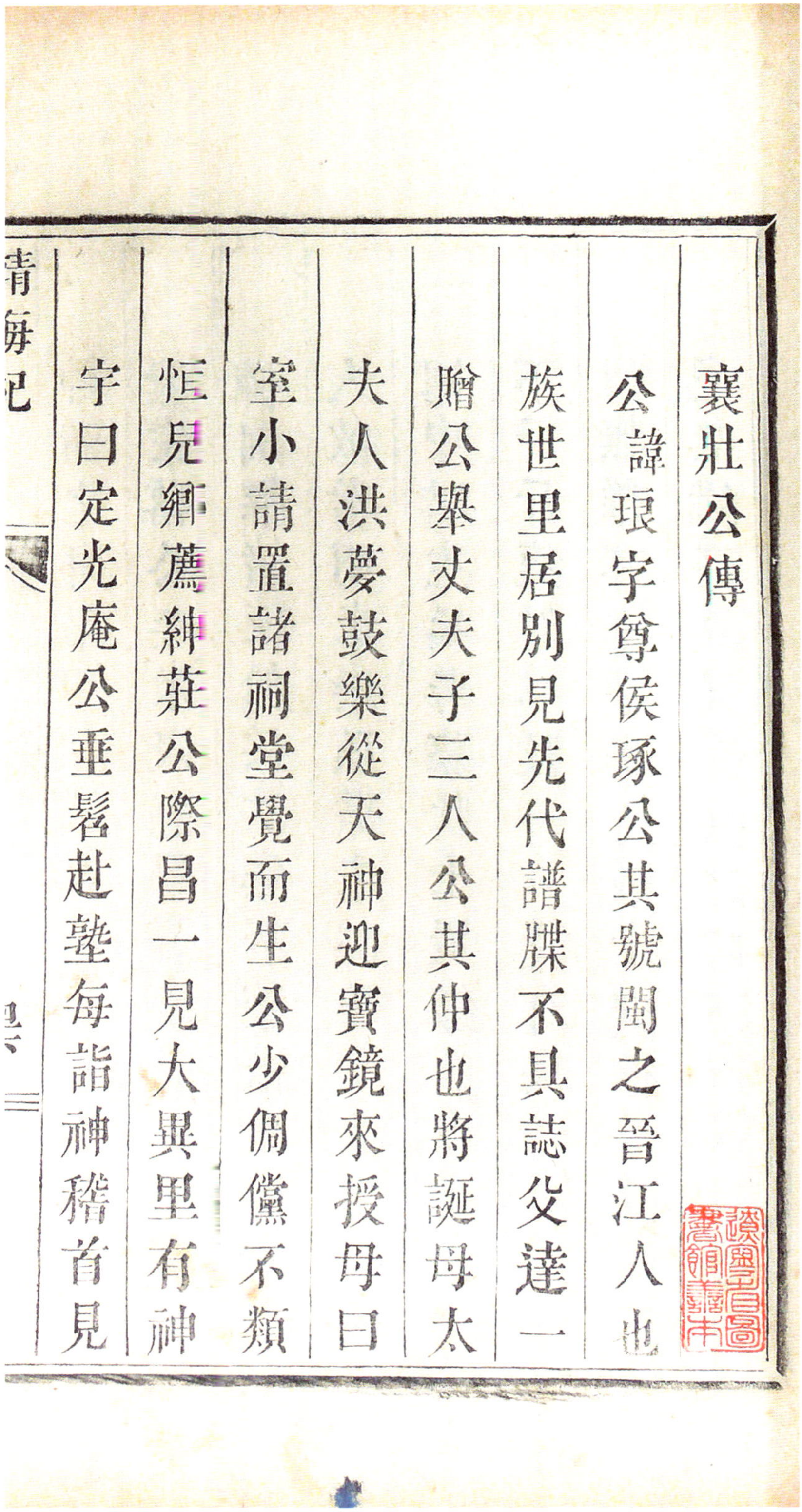
襄壯公傳

公諱琅字尊侯琢公其號閩之晉江人也族世里居別見先代譜牒不具誌父達一贈公舉丈夫子三人公其仲也將誕母太夫人洪夢鼓樂從天神迎寶鏡來授母曰室小請置諸祠堂覺而生公少倜儻不類恒兒鄉薦紳莊公際昌一見大異里有神宇曰定光庵公垂髫赴塾每詣神稽首見

靖海紀

10221 靖海紀不分卷 （清）施琅撰 清木活字印本

匡高 22.3 釐米，廣 13.7 釐米。半葉八行，行十八字，小字雙行同，白口，四周雙邊。遼寧省圖書館藏。

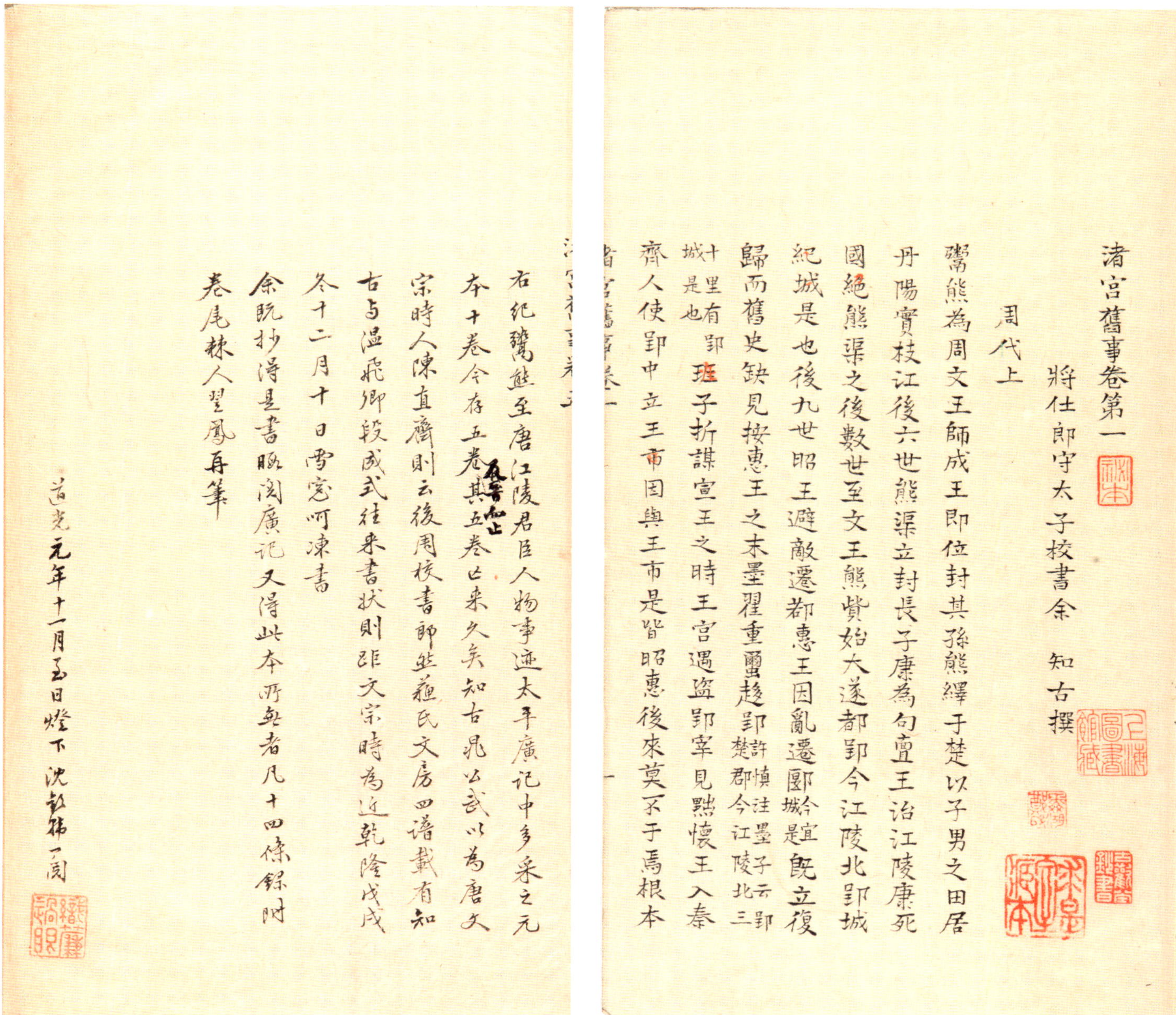

諸宮舊事卷第一

將仕郎守太子校書余　知古撰

周代上

鬻熊為周文王師成王即位封其孫熊繹于楚以子男之田居丹陽實枝江後六世熊渠立封長子康為句亶王治江陵康死國絕熊渠之後數世至文王熊貲始大遂都郢今江陵北郢城紀城是也後九世昭王避敵遷都惠王因亂遷鄢宜城是既立復歸而舊史缺見按惠王之末墨翟重趼趍郢許慎注墨子云郢楚郡今江陵北三十里有郢城是也班子折謀宣王之時王宮遇盜郢宰見黜懷王入秦齊人使郢中立王市因與王市是皆昭惠後來莫不于焉根本

渚宮舊事卷一

右紀鬻熊至唐江陵君臣人物事迹太平廣記中多采之元本十卷今存五卷其五卷亡來久矣知古晁公武以為唐文宗時人陳直齋則云後周校書郎然薛氏文房四譜載有知古與温飛卿段成式往來書狀則正文宗時為近乾隆戊戌冬十二月十日雪窗呵凍書

余既抄得是書既閱廣記又得此本所無者凡十四條錄附卷尾林人翌鳳再筆

道光元年十一月五日燈下沈欽韓一閱

10222 渚宮舊事五卷（唐）余知古撰 **補遺一卷**（清）吴翌鳳輯 清乾隆四十三年（1778）吴氏古歡堂抄本

有“古歡堂鈔書”、“織簾過眼”、“求是室藏本”等印。吴翌鳳跋，沈欽韓批校並跋。上海圖書館藏。

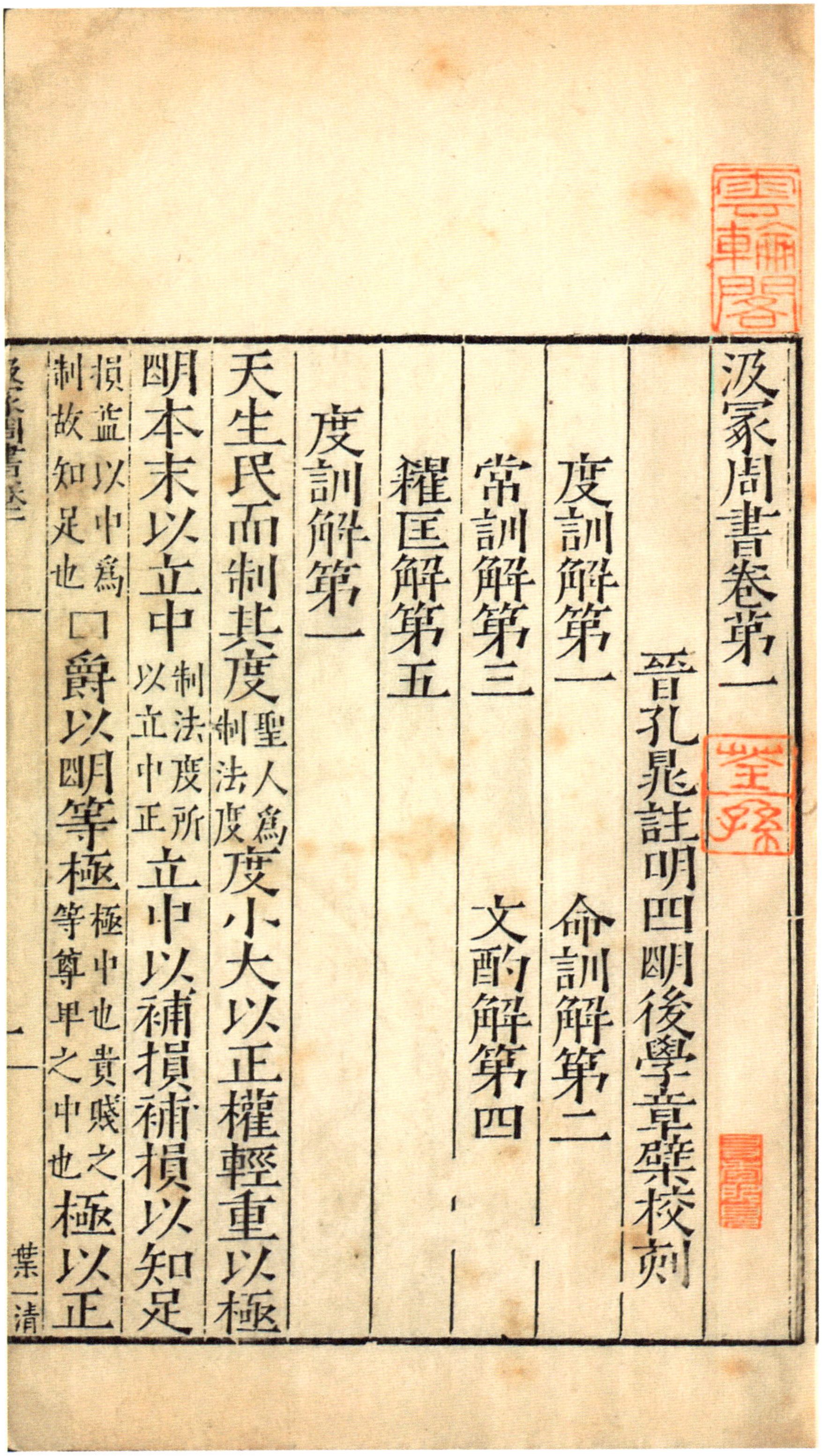
汲冢周書卷第一
晉孔晁註　明四明後學章檗校刻
度訓解第一　命訓解第二
常訓解第三　文酌解第四
糴匡解第五
度訓解第一
天生民而制其度聖人爲制法度度小大以正權輕重以極
明本末以立中制法度所以立中正立中以補損補損以知足
損益以中爲制故知足也□爵以明等極極中也貴賤之等尊卑之中也極以正

10223 汲冢周書十卷（晉）孔晁註 明嘉靖二十二年（1543）章檗刻本

匡高 18.3 釐米，廣 14 釐米。半葉九行，行二十字，小字雙行同，白口，左右雙邊。有"雲輪閣"、"荃孫"等印。重慶圖書館藏。

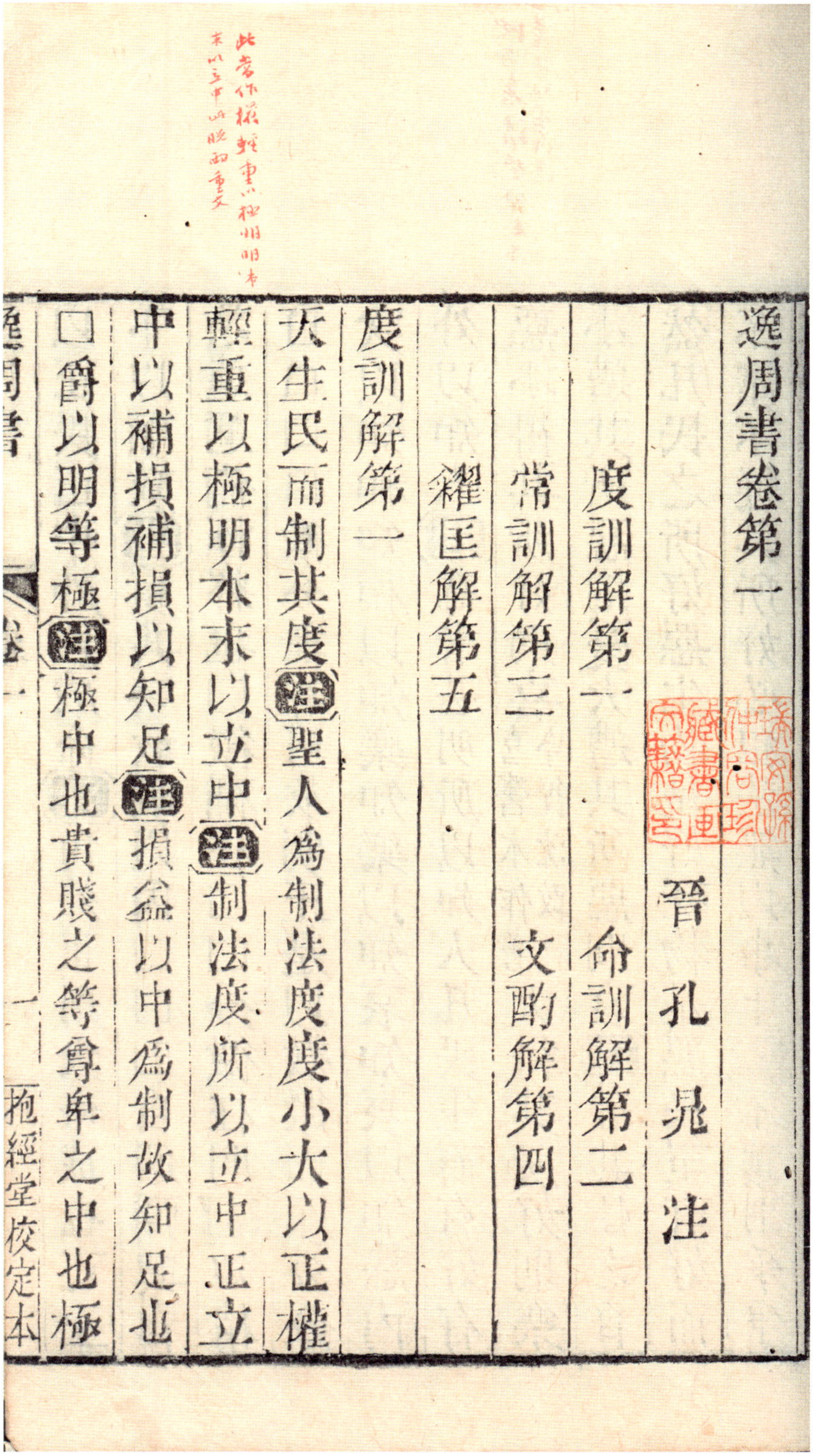

10224 逸周書十卷 （晉）孔晁注 清乾隆五十一年（1786）盧文弨刻抱經堂叢書本

匡高 18 釐米，廣 13.3 釐米。半葉十行，行二十字，小字雙行同，白口，左右雙邊。有“瑞安孫仲容珍藏書畫文籍印”等印。孫詒讓批校。浙江大學圖書館藏。

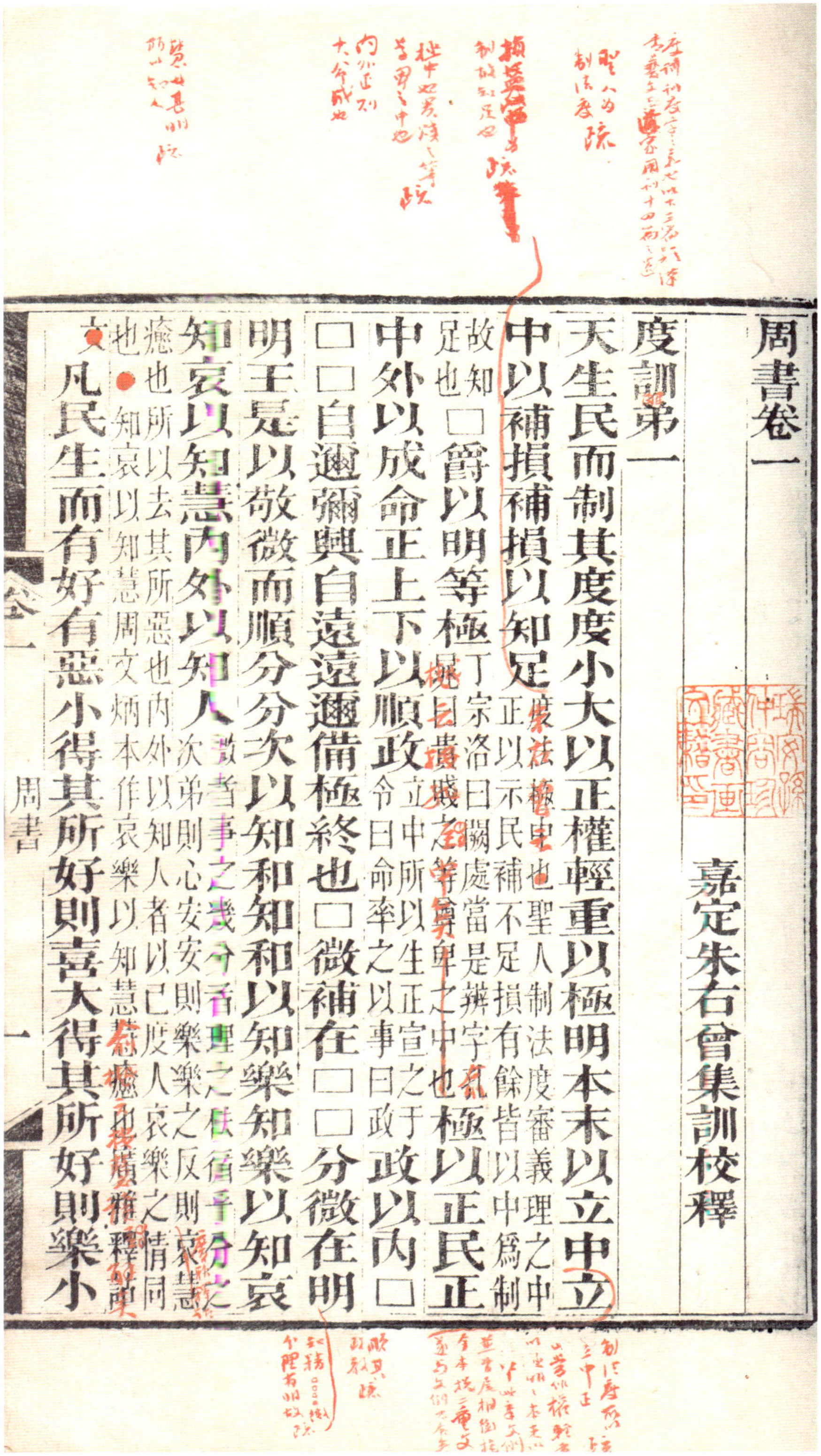

10225 逸周書集訓校釋十卷逸文一卷 (清)朱右曾撰　清光緒三年(1877)崇文書局刻本

匡高19.4釐米，廣14.9釐米。半葉十二行，行二十四字，小字雙行同，黑口，四周雙邊。有"瑞安孫仲容珍藏書畫文籍印"等印。孫詒讓批校。浙江大學圖書館藏。

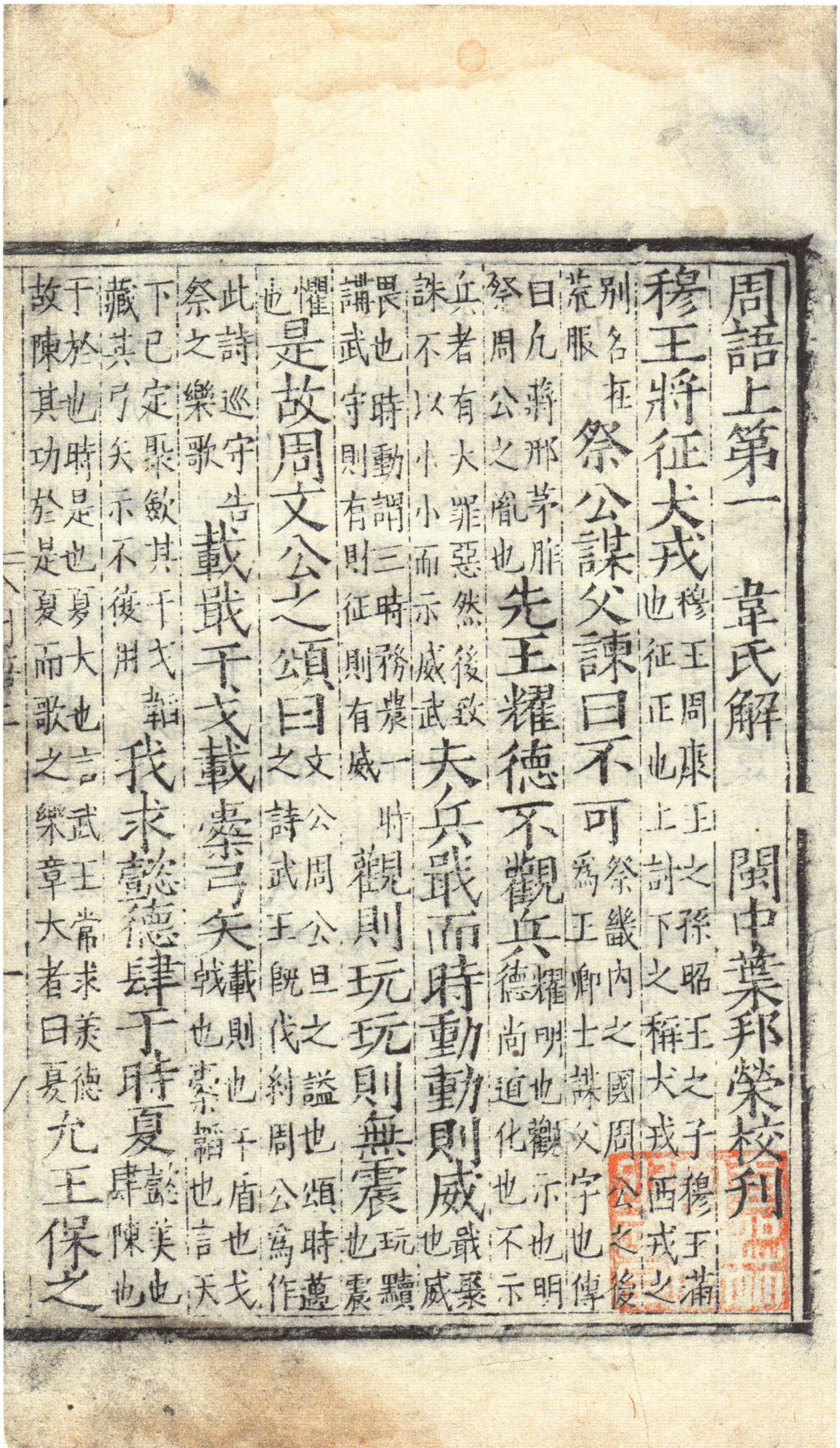
周語上第一　韋氏解　閩中葉邦榮校刊

穆王將征犬戎穆王周康王之孫昭王之子穆王滿也征正也上討下之稱犬戎西戎之別名在荒服祭公謀父諫曰不可祭畿内之國周公之後爲王卿士謀父字也傳曰凡蔣邢茅胙祭周公之胤也先王耀德不觀兵耀明也觀示也明德尚道化也不示兵者有大罪惡然後致誅不以小小而示威武夫兵戢而時動動則威戢聚也威畏也時動謂三時務農一時講武守則有則征則有威觀則玩玩則無震玩黷也震懼也是故周文公之頌曰文公周公旦之謚也頌時邁之詩武王既伐紂周公爲作此詩巡守告祭之樂歌載戢干戈載櫜弓矢載則也干盾也戈戟也櫜韜也言天下已定聚斂其干戈韜藏其弓矢示不復用我求懿德肆于時夏懿美也肆陳也于於也時是也夏大也言武王常求美德故陳其功於是夏而歌之樂章大者曰夏允王保之

10226 國語二十一卷　（三國吴）韋昭注　明嘉靖十五年（1536）葉邦榮刻本

匡高 20.3 釐米，廣 14.4 釐米。半葉十行，行二十字，小字雙行同，細黑口，四周雙邊。華東師範大學圖書館藏。

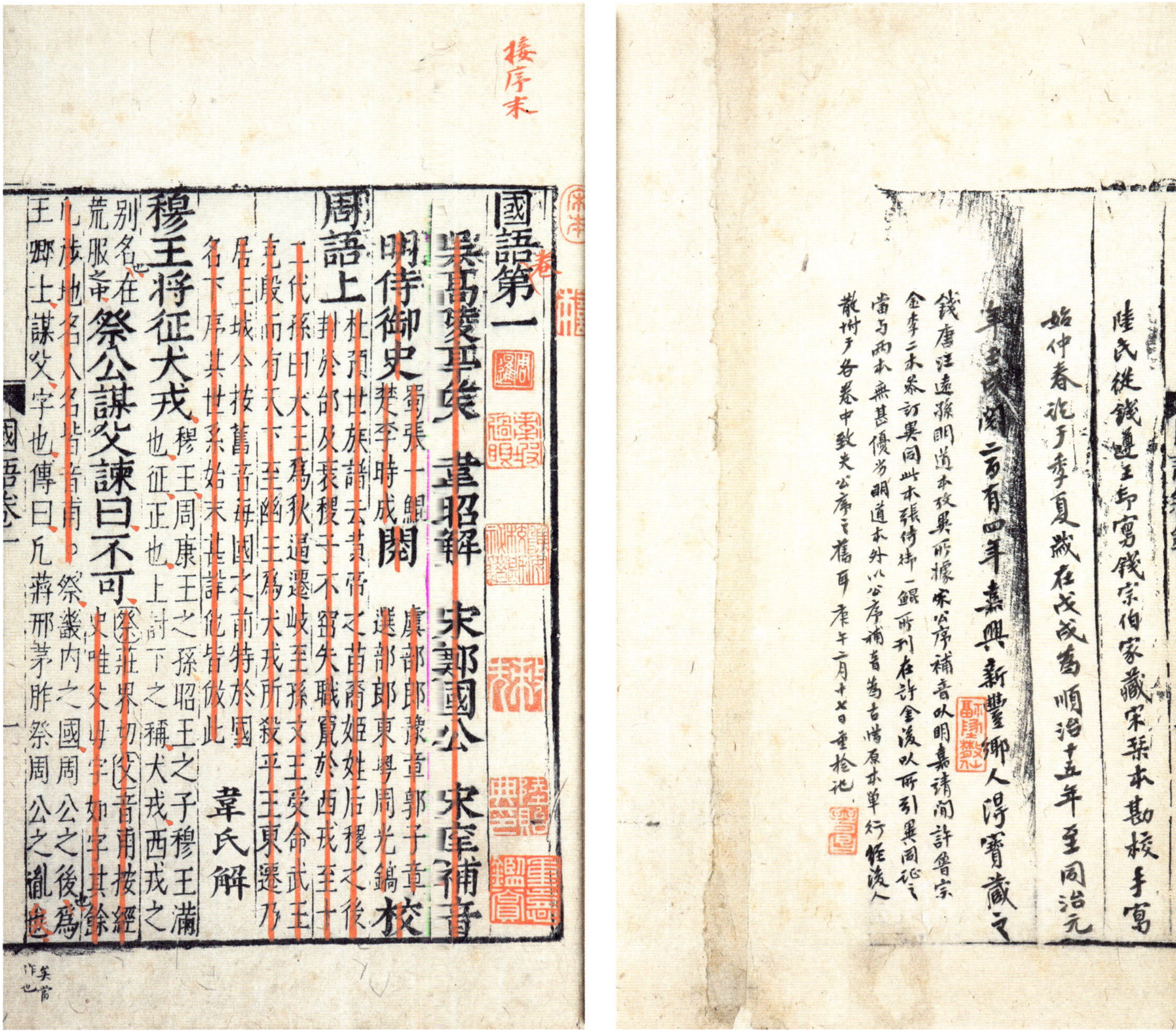

接序末

國語第一

吳高陵亭侯 韋昭解 宋鄭國公 宋庠補音

明侍御史 蜀張一鯤 楚李時成 閱 虞部郎豫章郭子章 選部郎東粵周光鎬 校

周語上

杜預世族譜云黃帝之苗裔姬姓后稷之後封於邰及衰稷子不窋失職竄於西戎至十三代孫由太王爲狄遷岐至孫文王受命武王克殷而有天下至幽王爲犬戎所殺平王東遷乃居王城今按舊音每國之前特於國名下序其世系始末甚詳他皆放此

韋氏解

穆王將征犬戎 穆王周康王之孫昭王之子穆王滿也征正也上討下之稱犬戎西戎之別名也在荒服者 祭公謀父諫曰不可 （祭）莊界切（父）音甫按經史唯父母字如字其餘凡族地名人名皆音甫 祭畿內之國周公之後爲王卿士謀父字也傳曰凡蔣邢茅胙祭周公之胤也

國語卷一

陸氏從錢遵王抄寫錢宗伯家藏宋槧本勘校手寫始仲春訖于季夏歲在戊戌爲順治十五年至同治元年壬戌閏百有四年嘉興新豐鄉人得寶藏之

錢唐汪遠孫明道本攷異所據宋公序補音以明嘉靖間許晉宗金李二本參訂異同此本張侍御一鯤所刊在許金後以所引異同証之當爲兩本無甚優劣明道本外以公序補音爲古惜原本單行經後人散附於各卷中致失公序之舊耳 庚午二月十七日重檢記

10227 國語二十一卷 （三國吳）韋昭注 （宋）宋庠補音 明刻本

匡高 20.6 釐米，廣 14.8 釐米。半葉九行，行二十字，小字雙行同，白口，左右雙邊。有"玉敏齋藏"、"子文"、"重熹鑒賞"、"周暹"等印。陸貽典、葉萬、章鈺校並跋，沈岩校，唐翰題跋。國家圖書館藏。

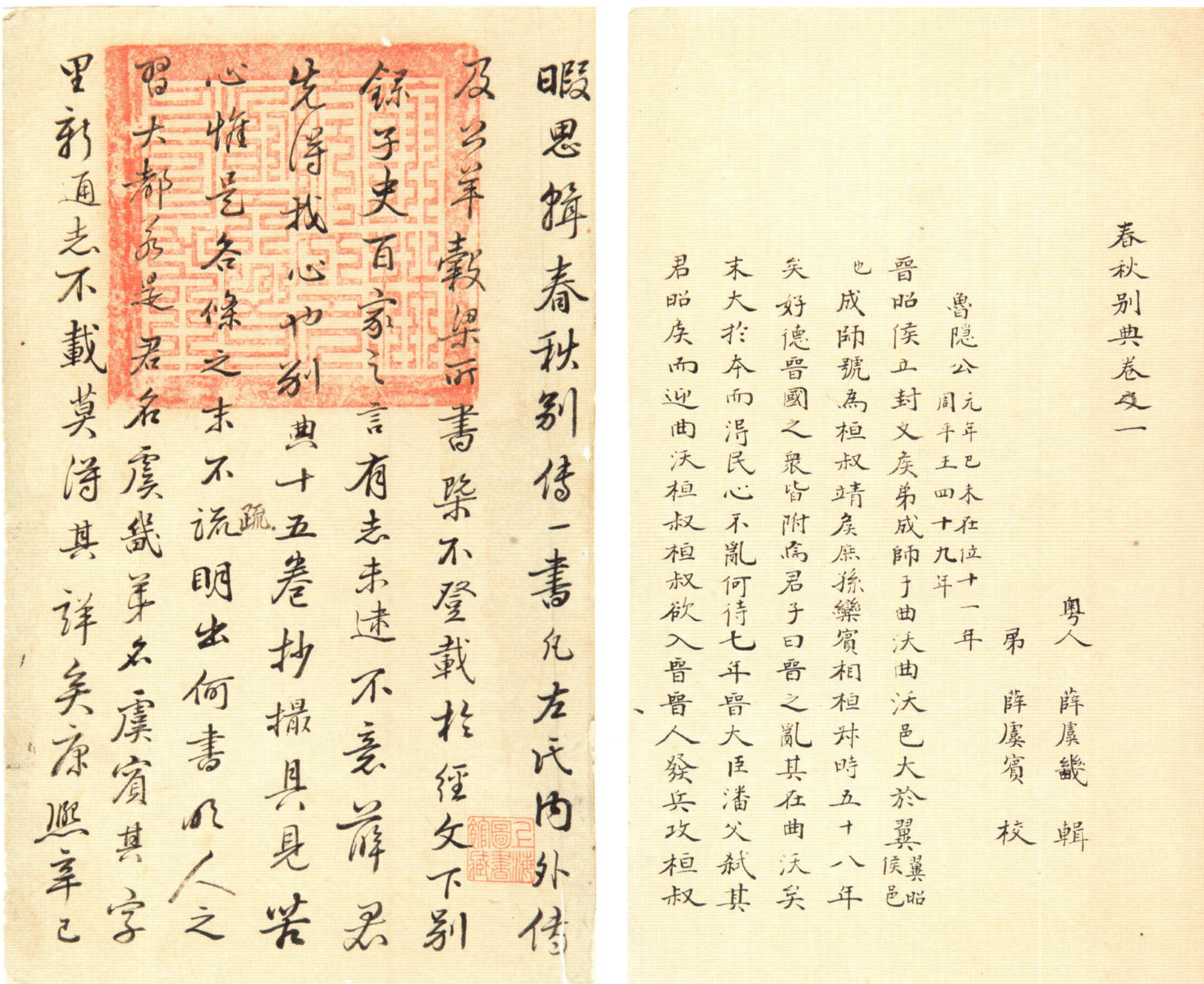
暇思輯春秋別傳一書凡左氏内外傳及公羊穀梁所書槩不登載於經文下別録子史百家之言有志未逮不意薛君先得我心也別典十五卷抄撮具見苦心惟是各條之末不疏明出何書明人之習大都如是君名虞畿弟名虞賓其字里新通志不載莫得其詳矣康熙辛巳

春秋別典卷之一
粵人 薛虞畿 輯
弟 薛虞賓 校
魯隱公 元年己未在位十一年 周平王四十九年
晉昭侯立封文侯弟成師于曲沃曲沃邑大於翼 翼晉昭侯邑也 成師號爲桓叔靖侯庶孫欒賓相桓叔時五十八年矣好德晉國之衆皆附焉君子曰晉之亂其在曲沃矣末大於本而得民心不亂何待七年晉大臣潘父弒其君昭侯而迎曲沃桓叔桓叔欲入晉晉人發兵攻桓叔

10228 春秋別典十五卷 （明）薛虞畿輯 清抄本［四庫底本］

有“翰林院印”等印。朱彝尊跋。上海圖書館藏。

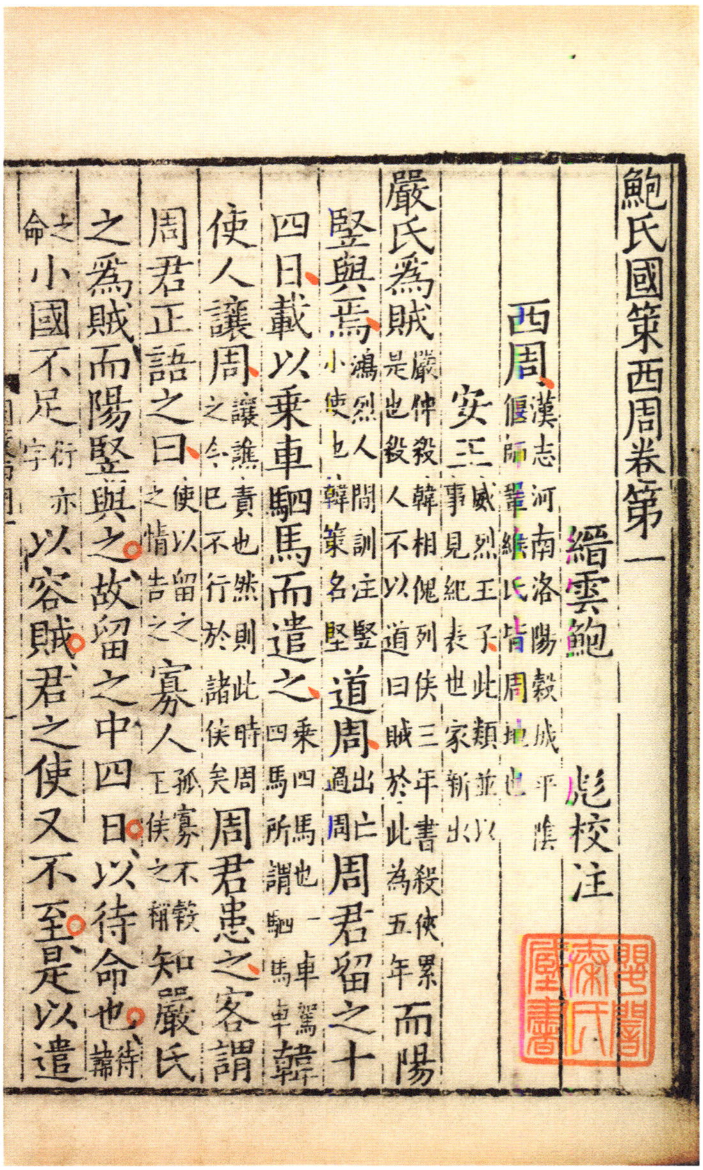
鮑氏國策西周卷第一
縉雲鮑　彪校注
西周漢志河南洛陽穀成平陰偃師鞏緱氏皆周地也
安王威烈王子此類並以事見紀表也家新出
嚴氏爲賊嚴仲殺韓相傀列侯三年書殺使累是也殺人不以道曰賊於此為五年而陽
豎與焉鴻烈人間訓注豎小使也韓策名豎道周出亡過周周君留之十
四日載以乘車駟馬而遣之乘四馬也一車駕四馬所謂駟馬車韓
使人讓周讓譙責也然則此時周之令已不行於諸侯矣周君患之客謂
周君正語之曰使以留之之情告之寡人孤寡不穀王侯之稱知嚴氏
之爲賊而陽豎與之故留之中四日以待命也待辭
之命小國不足行亦字以容賊君之使又不至是以遣

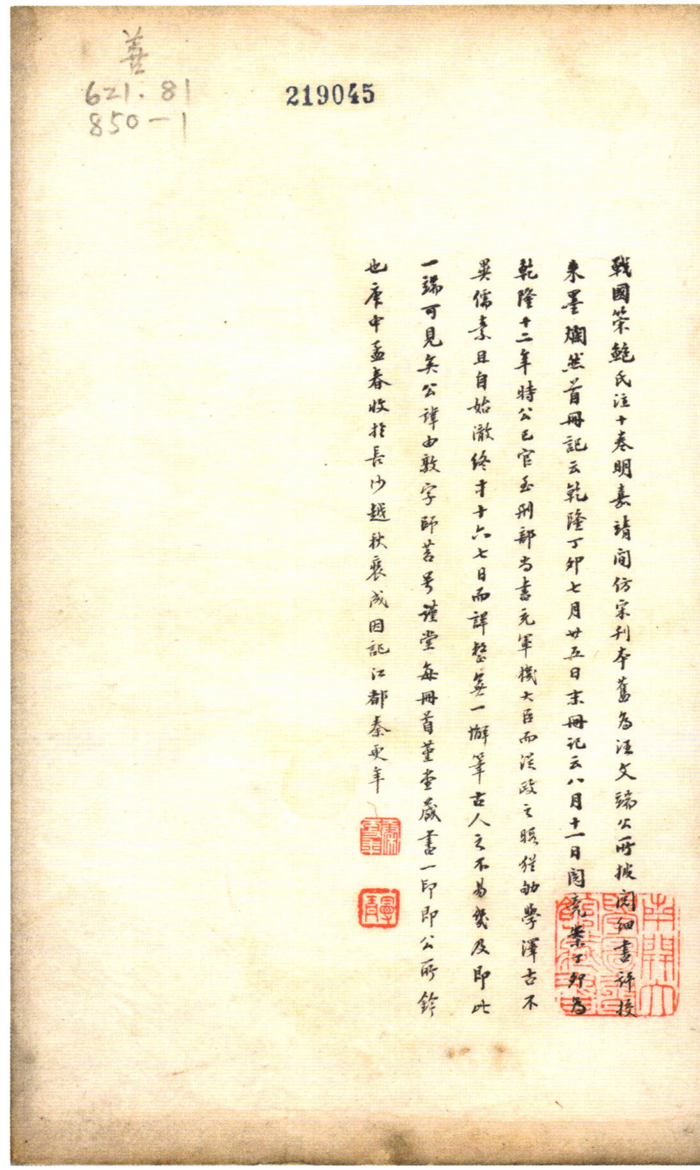

戰國策鮑氏注十卷明嘉靖間仿宋刊本舊為汪文端公所披閱細書評校
朱墨爛然首冊記云乾隆丁卯七月廿五日末冊記云八月十一日閱竟時為
乾隆十二年時公已官至刑部尚書充軍機大臣而從政之暇猶勤學譯古不
異儒素且自始徹終才十六七日而詳整無一懈筆古人之不易及即此
一端可見矣公諱由敦字師茗號謹堂每冊首並書藏書一印即公所鈐
也庚申孟春收於長沙越秋裒成因記江都秦更年

10229 鮑氏國策十卷　（宋）鮑彪校注　明嘉靖七年（1528）龔雷影宋刻三十一年（1552）吴郡杜詩印本

匡高21.2釐米，廣15釐米。半葉十一行，行二十字，小字雙行同，白口，左右雙邊。汪庄敦、秦更年批校。南開大學圖書館藏。

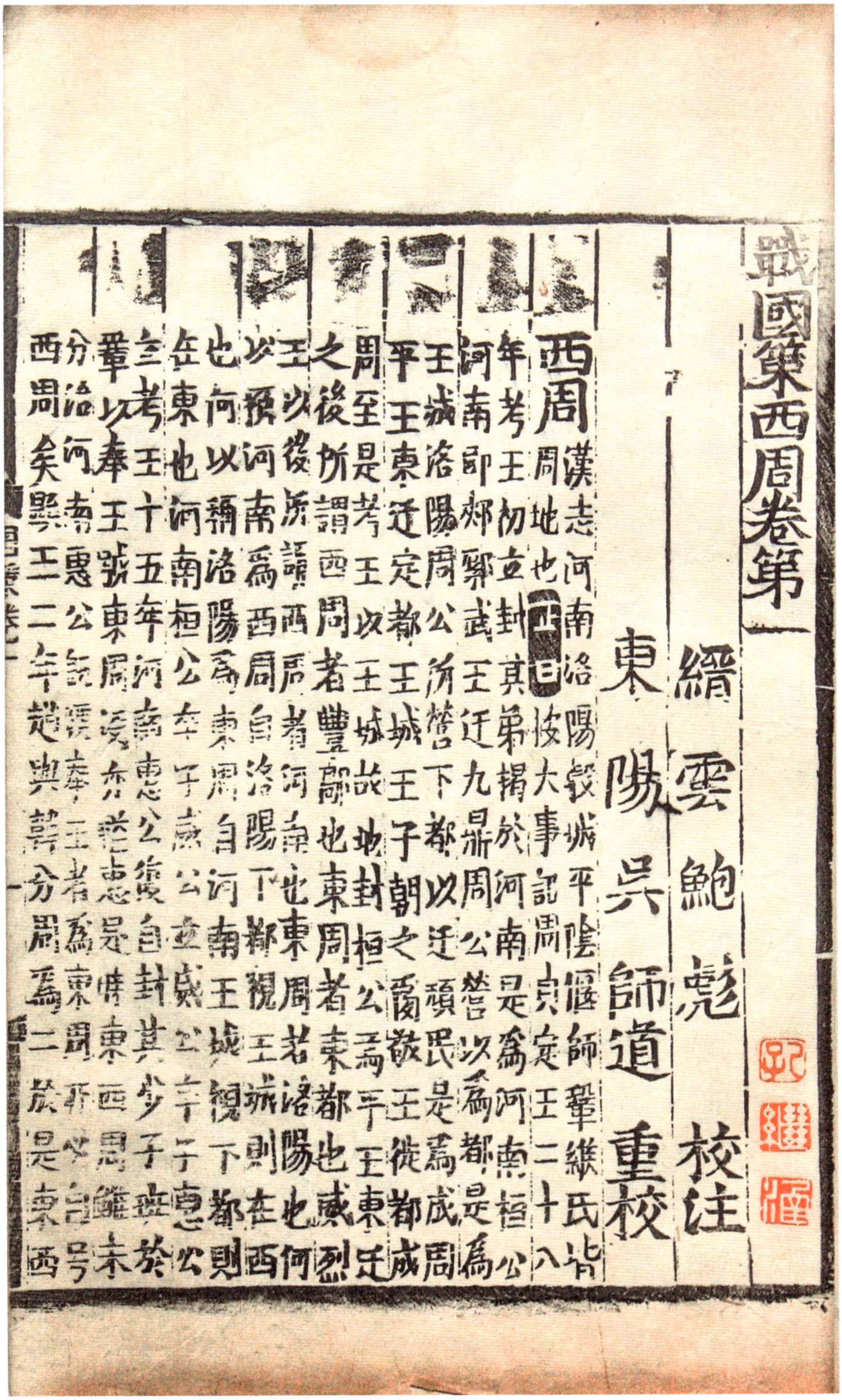
戰國策西周卷第一
縉雲鮑彪校注
東陽吳師道重校
西周 漢志河南洛陽穀城平陰偃師鞏緱氏皆周地也〔正曰〕按大事記周貞定王二十八
年考王初立封其弟揭於河南是爲河南桓公
河南郟鄏武王遷九鼎周公營以爲都是爲
王城洛陽周公所營下都以遷頑民是爲成周
平王東遷定都王城王子朝之亂敬王徙都成
周至是考王以王城故地封桓公爲平王東遷
之後所謂西周者豐鄗也東周者東都也威烈
王以後所謂西周者河南也東周者洛陽也何
以預河南爲西周自洛陽下都視王城則在西
也何以稱洛陽爲東周自河南王城視下都則
在東也河南桓公卒子威公立威公卒子惠公
立考王十五年河南惠公復自封其少子班於
鞏以奉王號東周後亦稱惠公是時東西周雖未
分洛河南惠公既還奉王者爲東周亦必自号
西周矣顯王二年趙與韓分周爲二於是東西

10230 **戰國策十卷** （宋）鮑彪校注 （元）吳師道重校 明刻本

匡高21.5釐米，廣15.1釐米。半葉十一行，行二十字，小字雙行同，黑口，左右雙邊。雲南省圖書館藏。

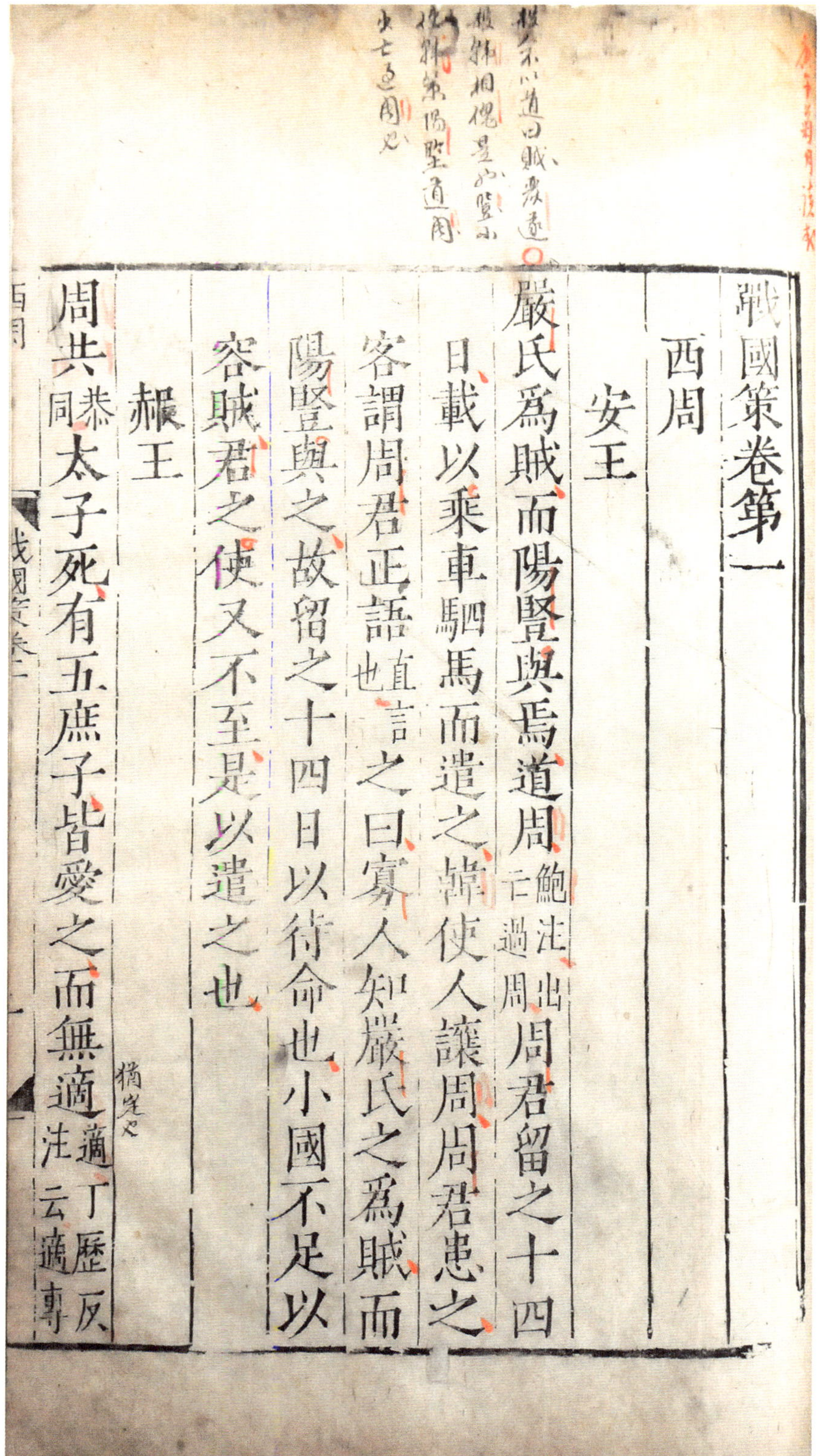
戰國策卷第一

西周

安王

嚴氏爲賊而陽豎與焉道周鮑注出亡過周周君留之十四日載以乘車駟馬而遣之韓使人讓周周君患之客謂周君正語之直言也曰寡人知嚴氏之爲賊而陽豎與之故留之十四日以待命也小國不足以容賊君之使又不至是以遣之也

赧王

周共恭同太子死有五庶子皆愛之而無適適丁歷反注云適專

西周　戰國策卷一　一

10231 戰國策十卷 （宋）鮑彪校注 明刻本

匡高20釐米，廣14.6釐米。半葉十行，行二十字，小字雙行同，白口，左右雙邊。佚名批校。重慶市北碚圖書館藏。

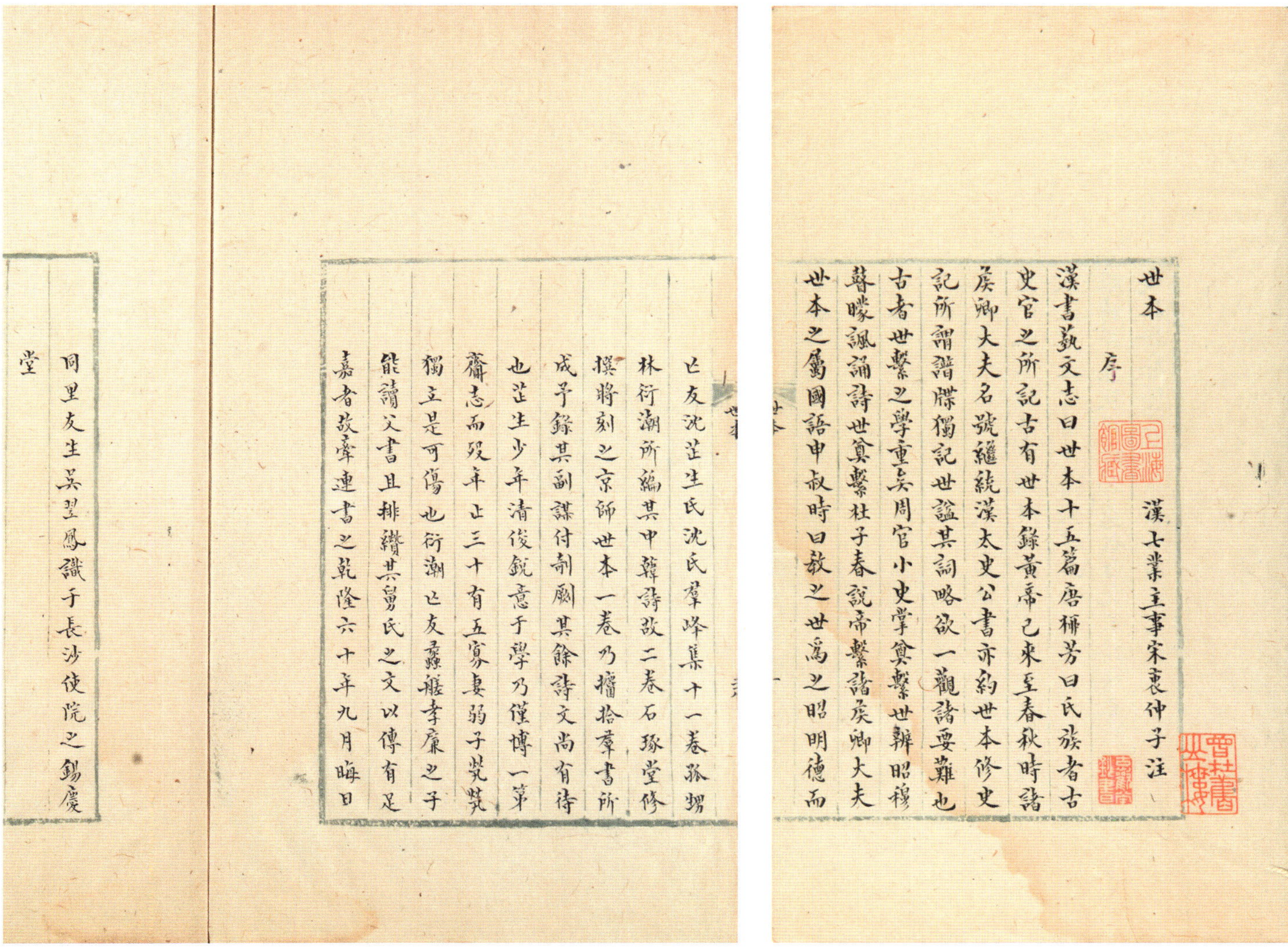
世本
序
漢七業主事宋衷仲子注
漢書藝文志曰世本十五篇唐柳芳曰氏族者古
史官之所記古有世本錄黃帝已來至春秋時諸
侯卿大夫名號繼統漢太史公書亦約世本修史
記所謂譜牒獨記世謚其詞略欲一覽諸要難也
古者世繫之學重矣周官小史掌奠繫世辨昭穆
瞽矇諷誦詩世奠繫杜子春說帝繫諸侯卿大夫
世本之屬國語申叔時曰教之世爲之昭明德而

亡友沈芷生氏沈氏羣峰集十一卷孫蜩
林衍瀚所編其中韓詩故二卷石琢堂修
撰將刻之京師世本一卷乃攟拾羣書所
成予錄其副謀付剞劂其餘詩文尚有待
也芷生少年清俊銳意于學乃僅博一第
齎志而歿年止三十有五寡妻弱子煢煢
獨立是可傷也衍瀚亡友蠡韓孝廉之子
能讀父書且排纘其舅氏之文以傳有足
嘉者故牽連書之乾隆六十年九月晦日
同里友生吴翌鳳識于長沙使院之錫慶
堂

10232 世本一卷 （漢）宋衷注 （清）沈清瑞輯 清吴翌鳳抄本

匡高 16.3 釐米，廣 10.8 釐米。半葉九行，行十九字，白口，四周單邊。有“古歡堂鈔書”、“曾在舊山樓”等印。吴翌鳳跋。上海圖書館藏。

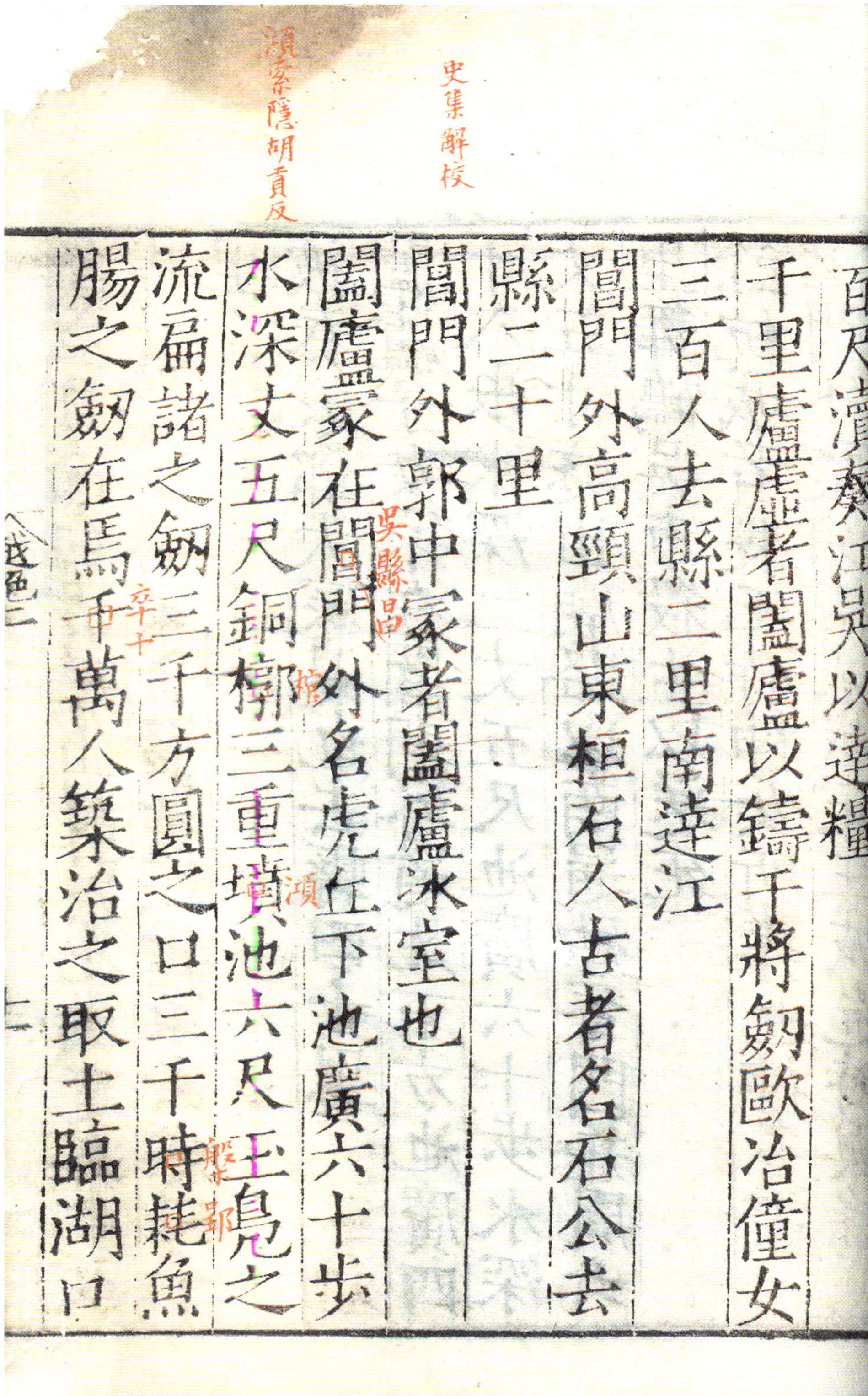
百尺瀆奏江吳以達糧
千里廬虛者闔廬以鑄干將劍歐治僮女
三百人去縣二里南達江
閶門外高頸山東桓石人古者名石公去
縣二十里
閶門外郭中冢者闔廬冰室也
闔廬冢在閶門外名虎丘下池廣六十步
水深丈五尺銅槨三重墳池六尺玉鳧之
流扁諸之劍三千方圓之口三千時耗魚
腸之劍在焉千萬人築治之取土臨湖口

越絶二　十

10233 越絶書十五卷　（漢）袁康撰　明刻本

匡高 19 釐米，廣 15.5 釐米。半葉十行，行十六字，白口，左右雙邊。有“瑞安孫仲容珍藏書畫文籍印”、“樂善堂圖書記”等印。孫詒讓校。浙江大學圖書館藏。

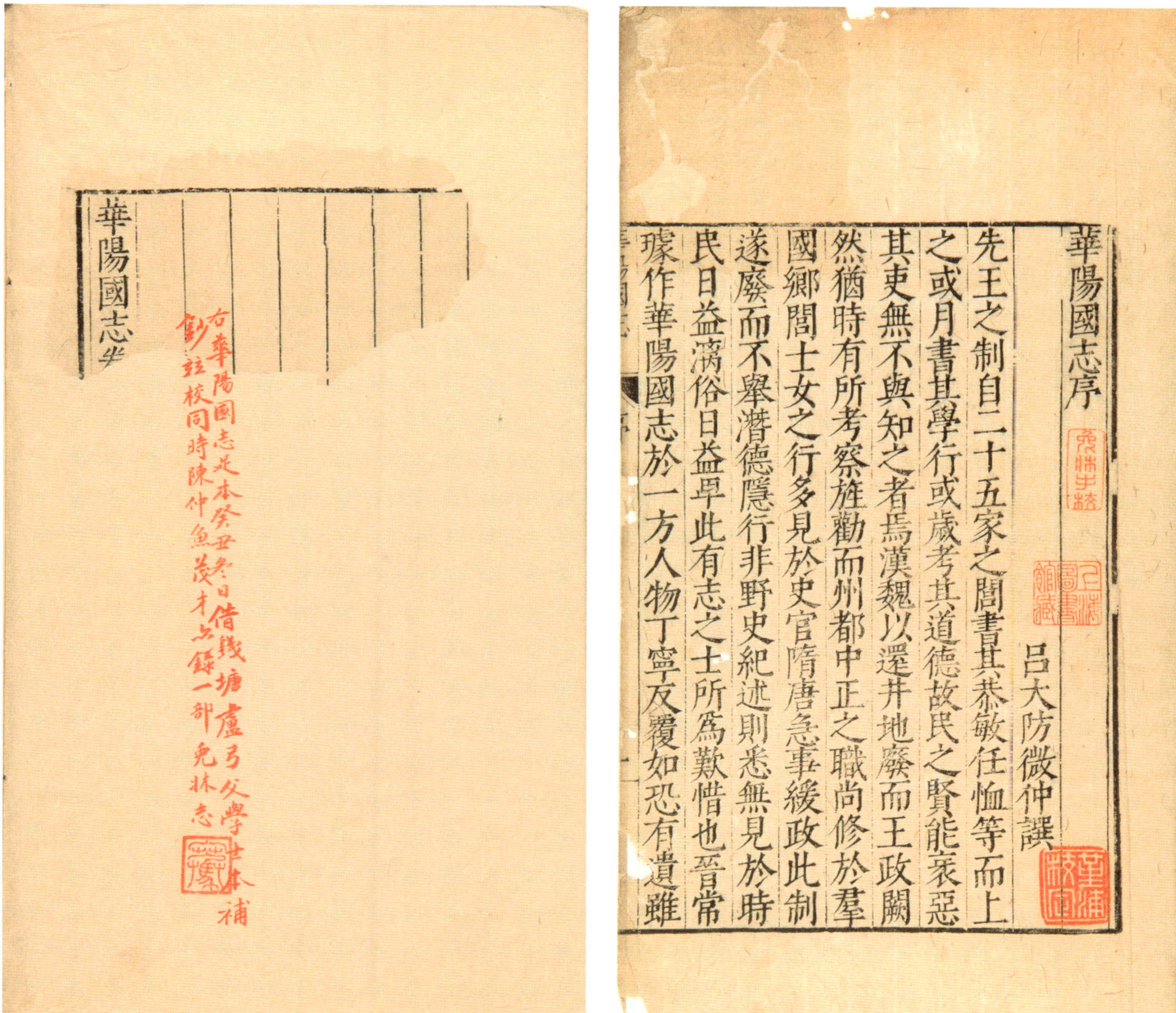

華陽國志卷

右華陽國志足本癸丑冬日借錢塘盧弓父學士本補
鈔並校同時陳仲魚茂才亦録一部 兔牀志

華陽國志序

吕大防微仲譔

先王之制自二十五家之閭書其恭敏任恤等而上
之或月書其學行或歲考其道德故民之賢能衺惡
其吏無不與知之者焉漢魏以還井地廢而王政闕
然猶時有所考察旌勸而州都中正之職尚修於羣
國鄉閭士女之行多見於史官隋唐急事緩政此制
遂廢而不舉潛德隱行非野史紀述則悉無見於時
民日益澆俗日益卑此有志之士所爲歎惜也晉常
璩作華陽國志於一方人物丁寧反覆如恐有遺雖

10234 華陽國志十二卷 （晉）常璩撰 明萬曆吴琯刻古今逸史本（有抄配）

匡高 19.7 釐米，廣 12.9 釐米。半葉十行，行二十字，白口，左右雙邊。有“兔牀手校”、“騫”、“仲魚過目”、“堇浦校定”、“鄭齋”等印。吴騫校並跋，沈樹鏞題識。上海圖書館藏。

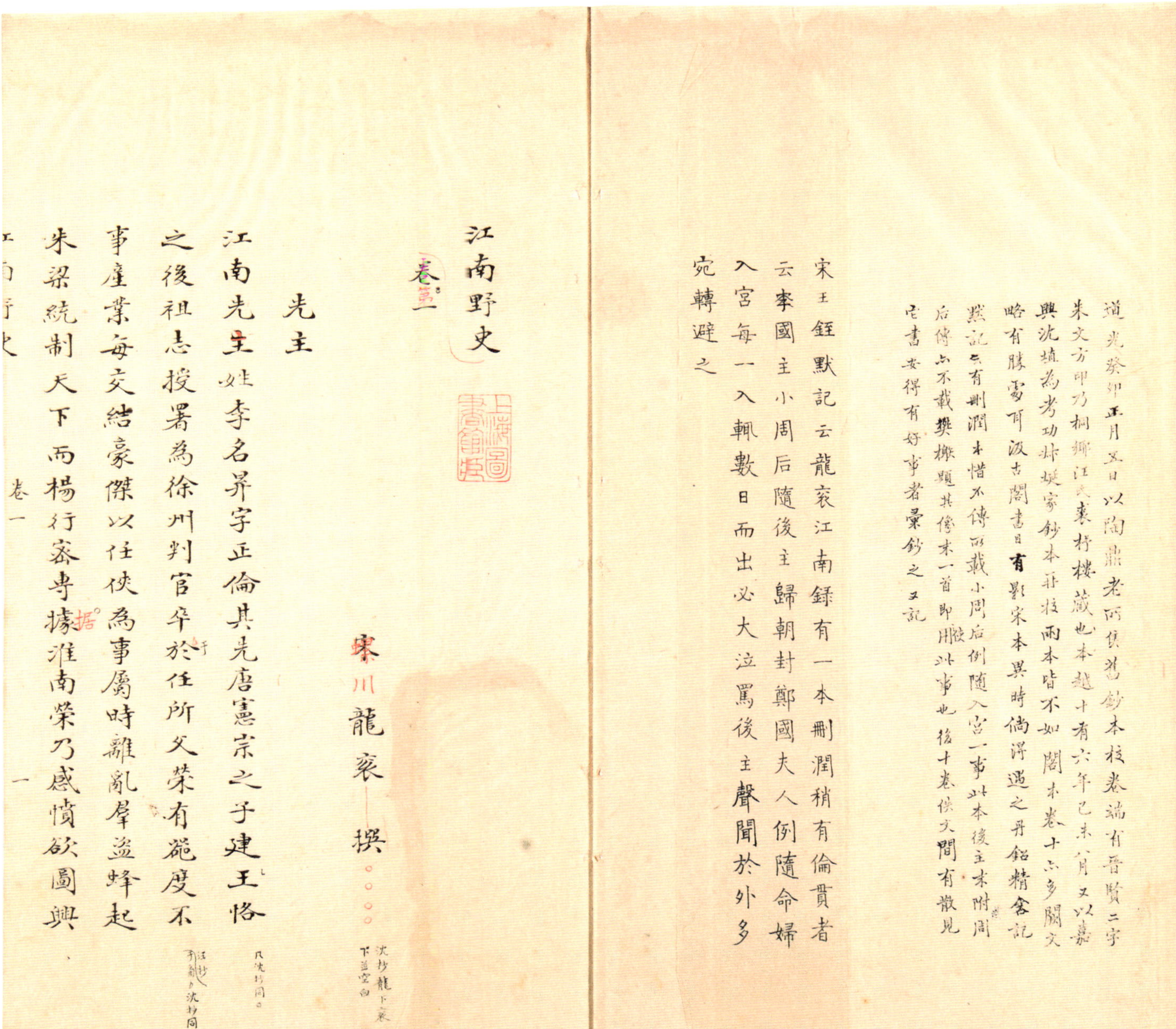
道光癸卯正月又日以陶鼎老所傳舊鈔本校卷端有晉賢二字朱文方印乃桐鄉汪氏裘杼樓藏也本越十有六年己未八月又以嘉興沈埴為考功姊婿家鈔本并校兩本皆不如閣本卷十六多闕文略有勝處耳汲古閣書目有影宋本異時倘得遇之再鉛精審記

默記云有刪潤本惜不傳所載小周后例隨入宮一事此本後主末附周后傳亦不載樊榭題其像末一首即用此事也後十卷佚文間有散見它書安得有好事者彙鈔之又記

宋王銍默記云龍衮江南録有一本刪潤稍有倫貫者云李國主小周后隨後主歸朝封鄭國夫人例隨命婦入宮每一入輒數日而出必大泣罵後主聲聞於外多宛轉避之

江南野史

卷第一

宋川龍衮撰

先主

江南先主姓李名昪字正倫其先唐憲宗之子建王恪之後祖志授署為徐州判官卒於任所父榮有從度不事産業每交結豪傑以任俠為事屬時離亂羣盜蜂起朱梁統制天下而楊行密專據淮南榮乃感憤欲圖興

10235 江南野史十卷（宋）龍衮撰 清抄本

有“右任”等印。勞權校並跋。上海圖書館藏。

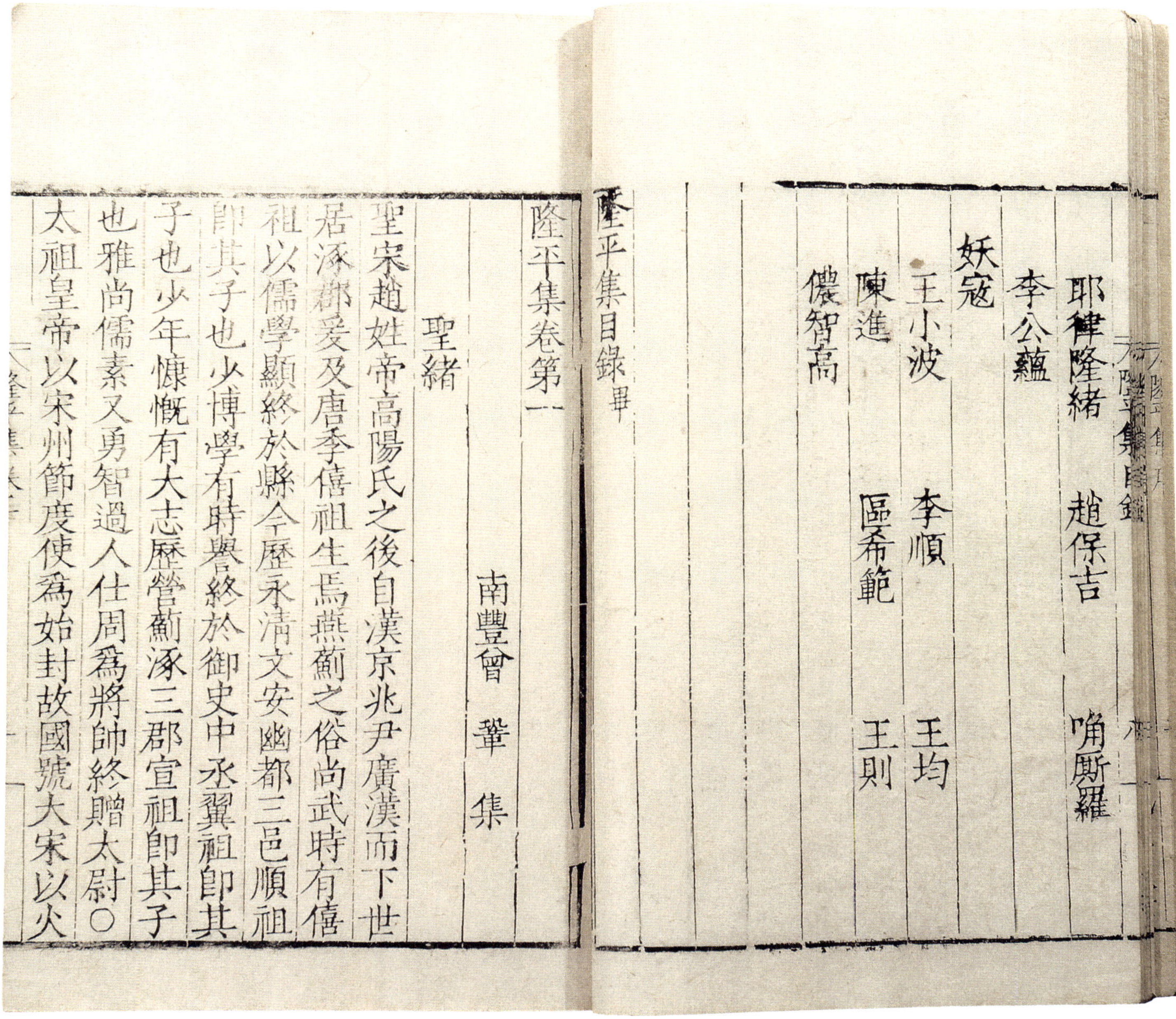

10236 隆平集二十卷 （宋）曾鞏撰 明董氏萬卷堂刻本

匡高 18.2 釐米，廣 12.9 釐米。半葉十行，行二十字，小字雙行同，白口，左右雙邊。南京博物院藏。

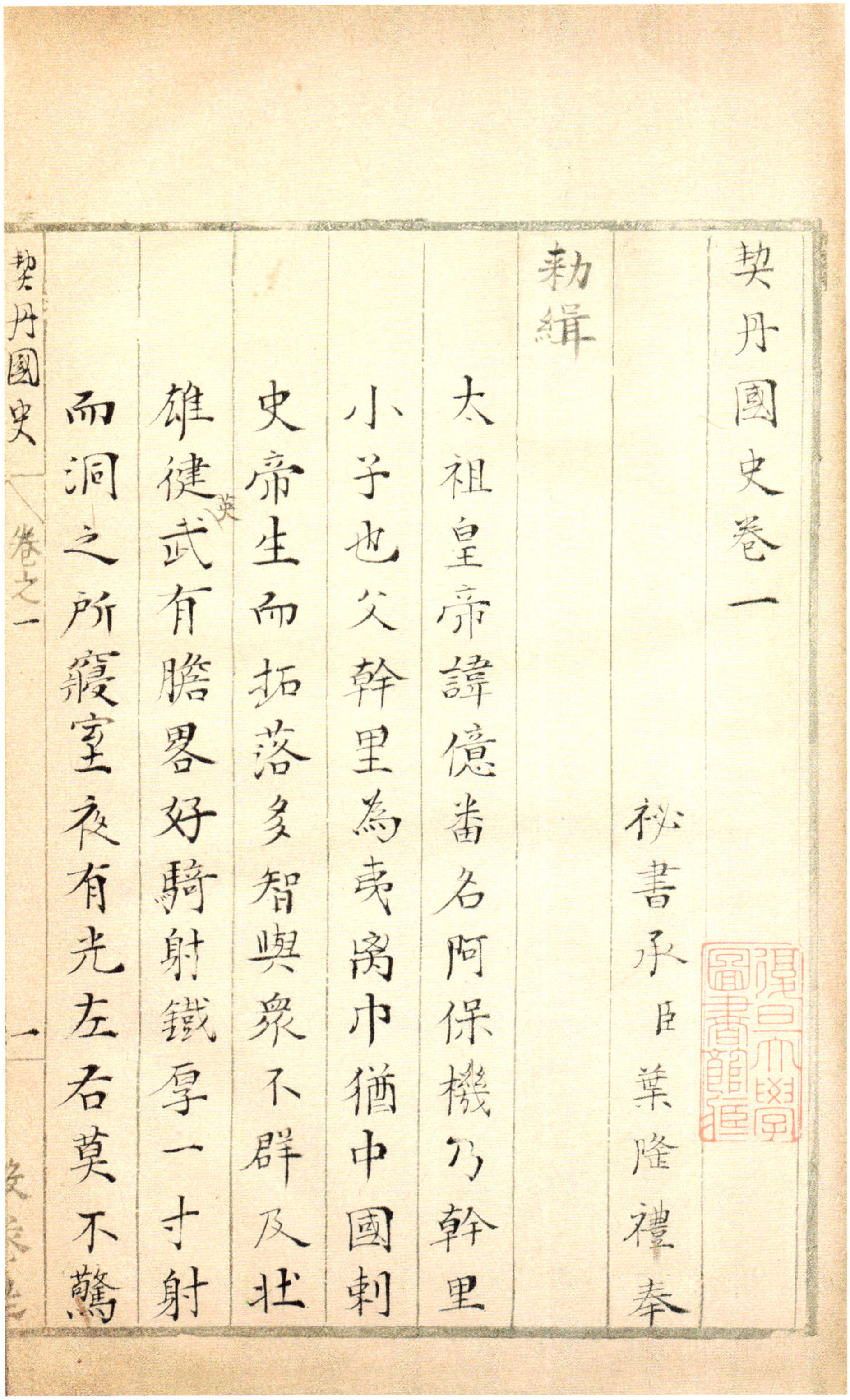
契丹國史卷一

祕書丞臣葉隆禮奉

勑緝

太祖皇帝諱億番名阿保機乃斡里

小子也父斡里爲夷离巾猶中國刺

史帝生而拓落多智與衆不群及壯

雄健英武有膽畧好騎射鐵厚一寸射

而洞之所寢室夜有光左右莫不驚

契丹國史　卷之一　一

10237 契丹國史二十七卷　（宋）葉隆禮撰　明數卷齋抄本

匡高 19.7 釐米，廣 13.1 釐米。半葉八行，行十六字，白口，左右雙邊。有“靈石何氏藏書”等印。佚名批校。復旦大學圖書館藏。

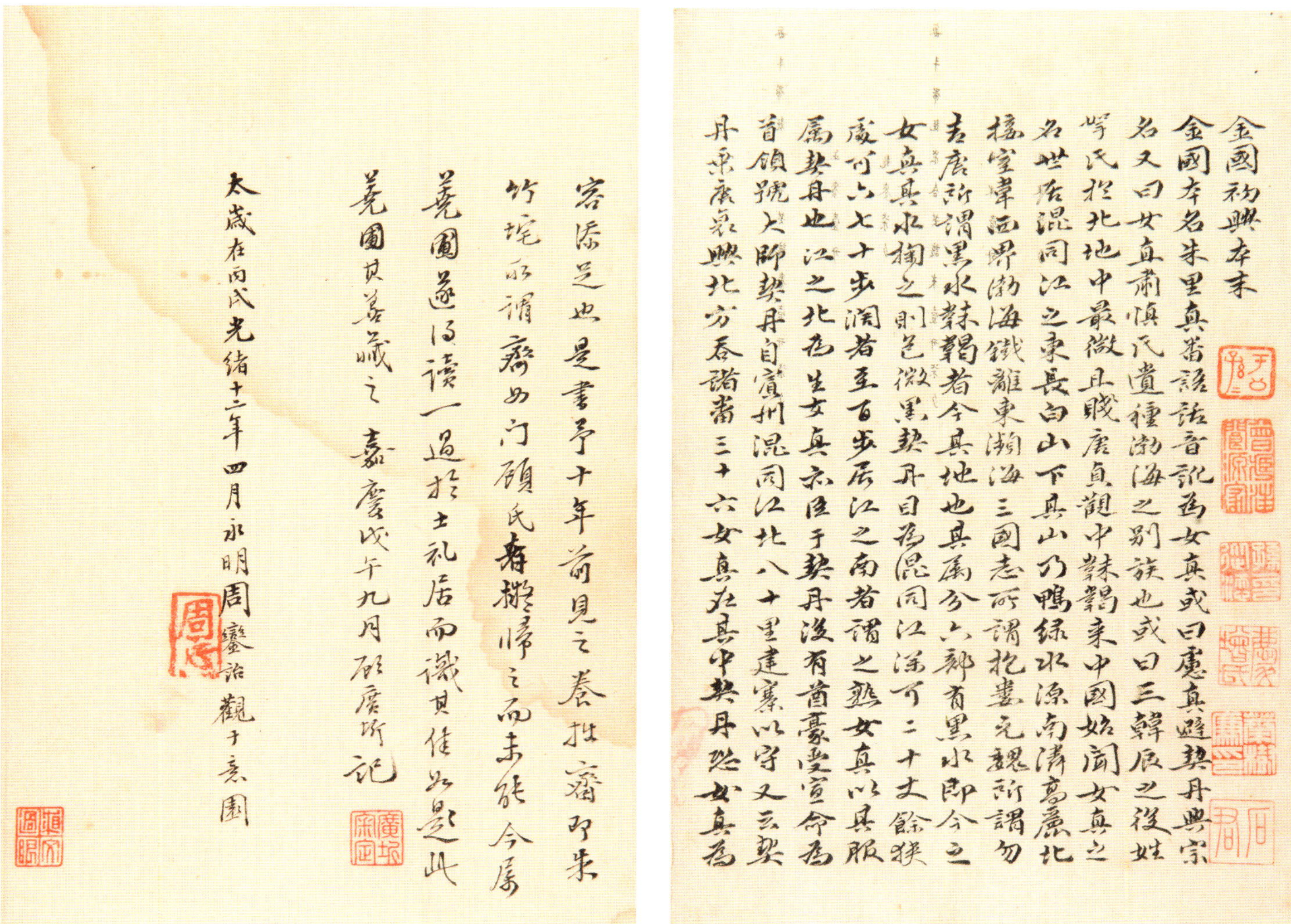
金國初興本末
金國本名朱里真番語訛音訛為女真或曰慮真避契丹興宗
名又曰女直肅慎氏遺種渤海之別族也或曰三韓辰之後姓
拏氏於北地中最微且賤唐貞觀中靺鞨來中國始聞女真之
名世居混同江之東長白山下其山乃鴨綠水源南濮高麗北
接室韋西界渤海鐵離東瀕海三國志所謂挹婁元魏所謂勿
吉唐所謂黑水靺鞨者今其地也其屬分六部有黑水即今之
女真其水掬之則色微黑契丹目為混同江深可二十丈餘狹
處可六七十步闊者至百步居江之南者謂之熟女真以其服
屬契丹也江之北為生女真亦臣于契丹後有酋豪受宣命為
首領號大師契丹自賓州混同江北八十里建寨以守又云契
丹末盛衰興北方吞諸番三十六女真在其中契丹怨女真為

10238 大金國志四十卷 題（宋）宇文懋昭撰 清初葉樹廉抄本

有"葉樹廉印"、"石君"、"孫從添印"、"慶增氏"、"顧肇聲讀書記"、"養拙齋"、"曾藏汪閬源家"等印。顧廣圻、書巢道人跋，周鑾詒觀款。上海圖書館藏。

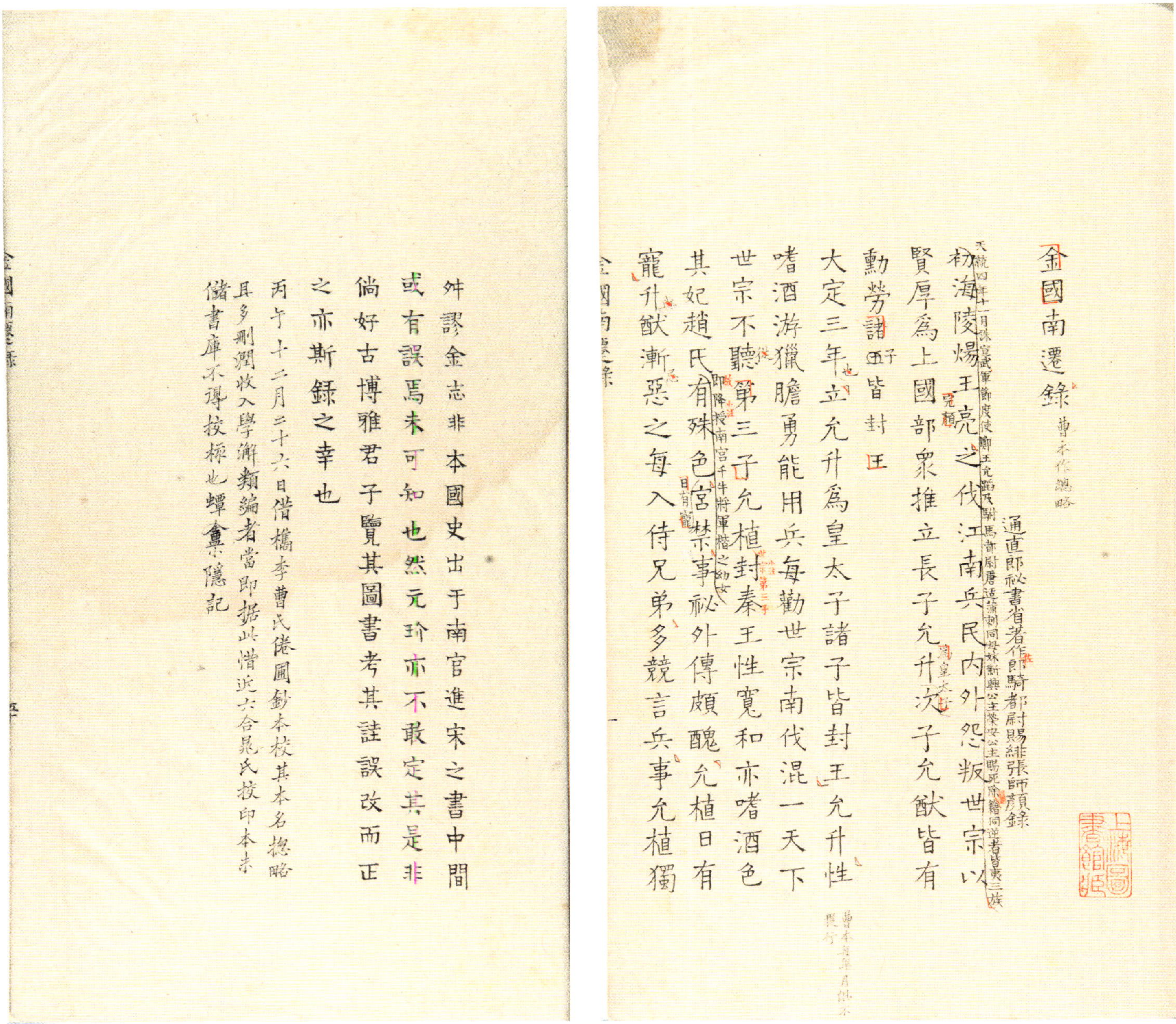

金國南遷録 曹本作總略
通直郎秘書省著作郎騎都尉賜緋張師顔録
初海陵煬王亮之伐江南兵民内外怨叛世宗以
賢厚爲上國部衆推立長子允升次子允猷皆有
勳勞諸子皆封王
大定三年立允升爲皇太子諸子皆封王允升性
嗜酒游獵膽勇能用兵每勸世宗南伐混一天下
世宗不聽第三子允植封秦王性寬和亦嗜酒色
其妃趙氏有殊色宮禁事祕外傳頗醜允植日有
寵升猷漸惡之每入侍兄弟多競言兵事允植獨

外謬金志非本國史出于南宫進宋之書中間
或有誤焉未可知也然元玠亦不敢定其是非
倘好古博雅君子覽其圖書考其註誤改而正
之亦斯録之幸也
丙午十二月二十六日借檇李曹氏倦圃鈔本校其本名總略
且多刪潤收入學海類編者當即据此惜近六合晁氏按印本未
儲書庫不得按標也蟫龕隱記

10239 金國南遷録一卷 題（金）張師顔撰 清勞格抄本 勞權校並跋，勞格校。上海圖書館藏。

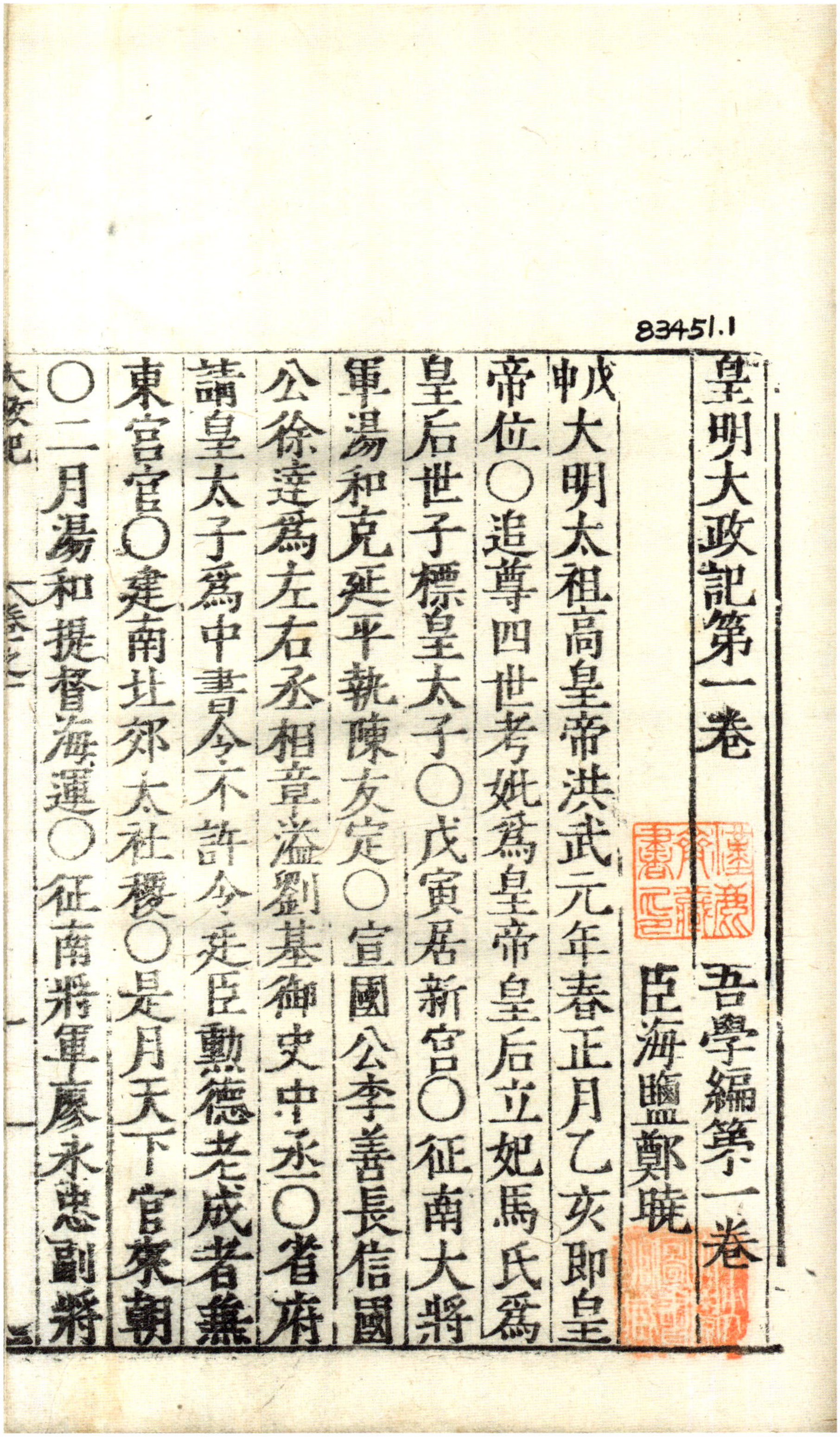

10240 吾學編六十九卷 （明）鄭曉撰 明隆慶元年（1567）鄭履淳刻本

匡高 18.4 釐米，廣 14 釐米。半葉十行，行十九字，白口，左右雙邊。有“邱氏鏡人”、“漢鹿齋藏書印”等印。南京大學圖書館藏。

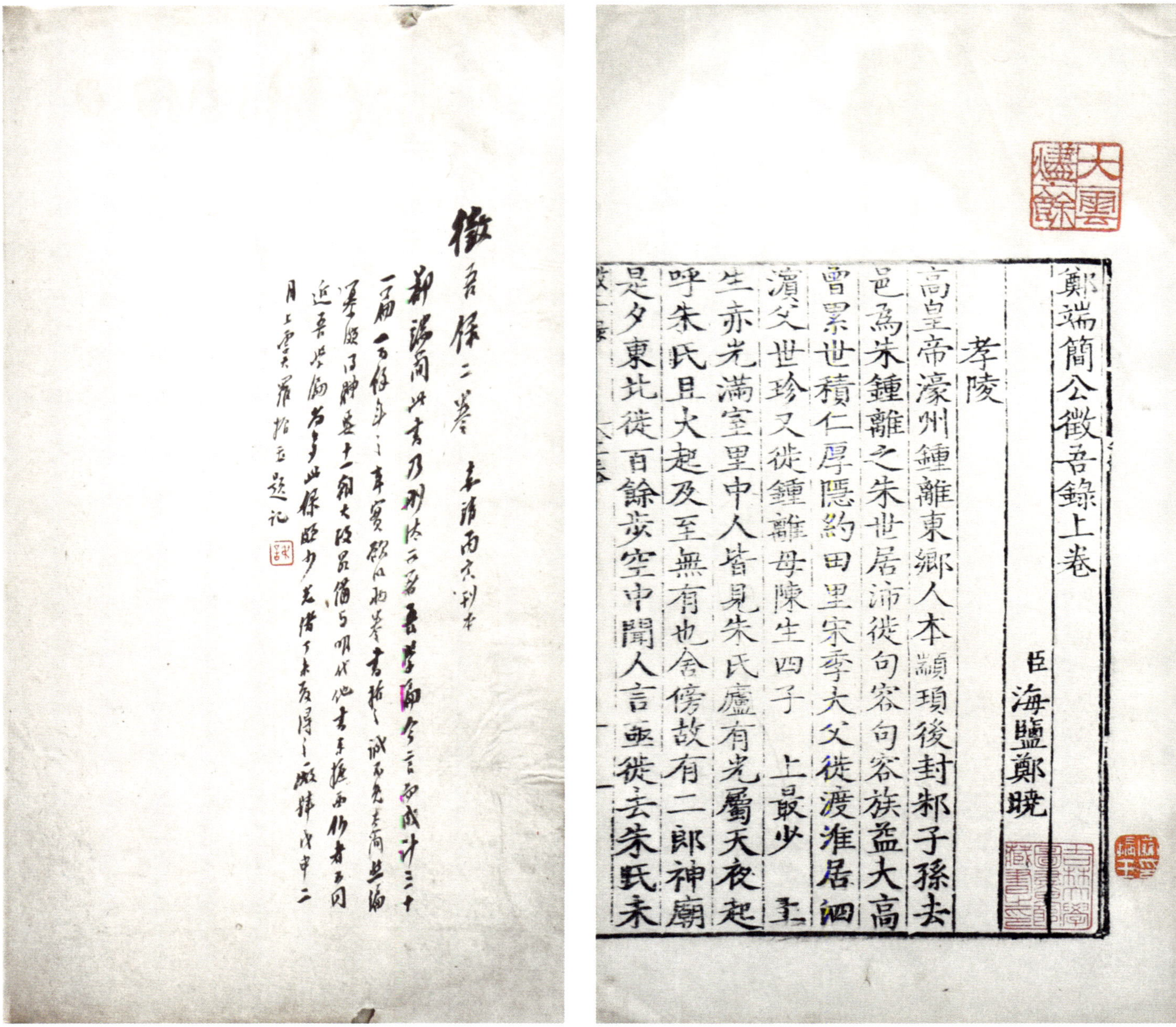

10241 鄭端簡公徵吾録二卷 （明）鄭曉撰 明嘉靖四十五年（1566）鄭履淳刻本

匡高 18.9 釐米，廣 14 釐米。半葉十行，行十九字，白口，左右雙邊。有“大雲燼餘”、“羅印振玉”等印。羅振玉跋。吉林大學圖書館藏。

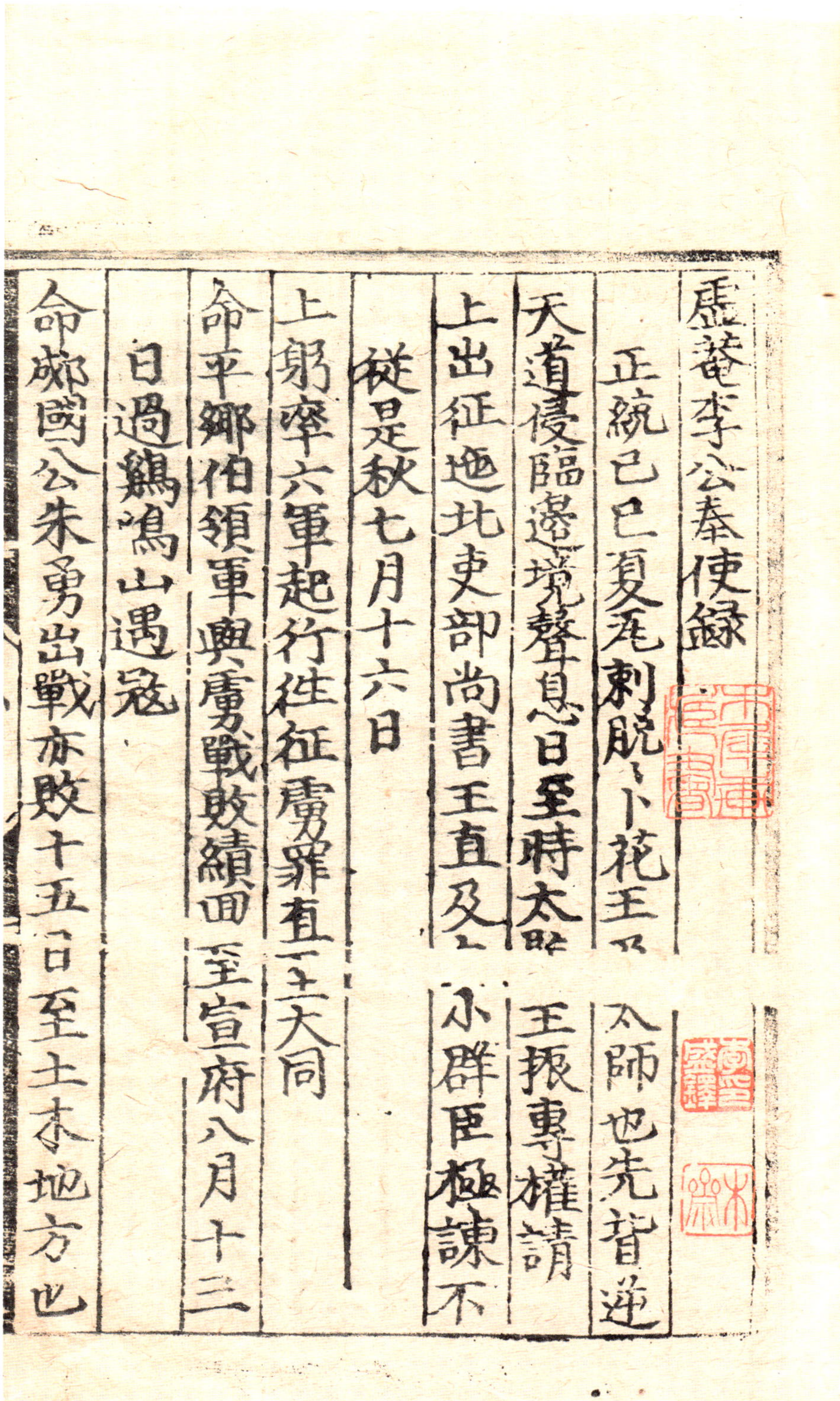

虚菴李公奉使録

正統己巳夏虜剌脱、卜花王及　太師也先皆逆

天道侵臨邊境聲息日至時太監　王振專權請

上出征迤北吏部尚書王直及大小群臣極諫不

從是秋七月十六日

上躬率六軍起行往征虜寇直抵大同

命平鄉伯領軍與虜戰敗績回至宣府八月十三

日過鷂鳴山遇寇

命成國公朱勇出戰亦敗十五日至土木地方也

10242 虚菴李公奉使録一卷附録一卷 （明）李實撰 明嘉靖元年（1522）刻本

匡高 19.3 釐米，廣 13.4 釐米。半葉九行，行十九字，黑口，四周雙邊。有“麐嘉館印”、“木齋”、“李印盛鐸”、“李滂”等印。北京大學圖書館藏。

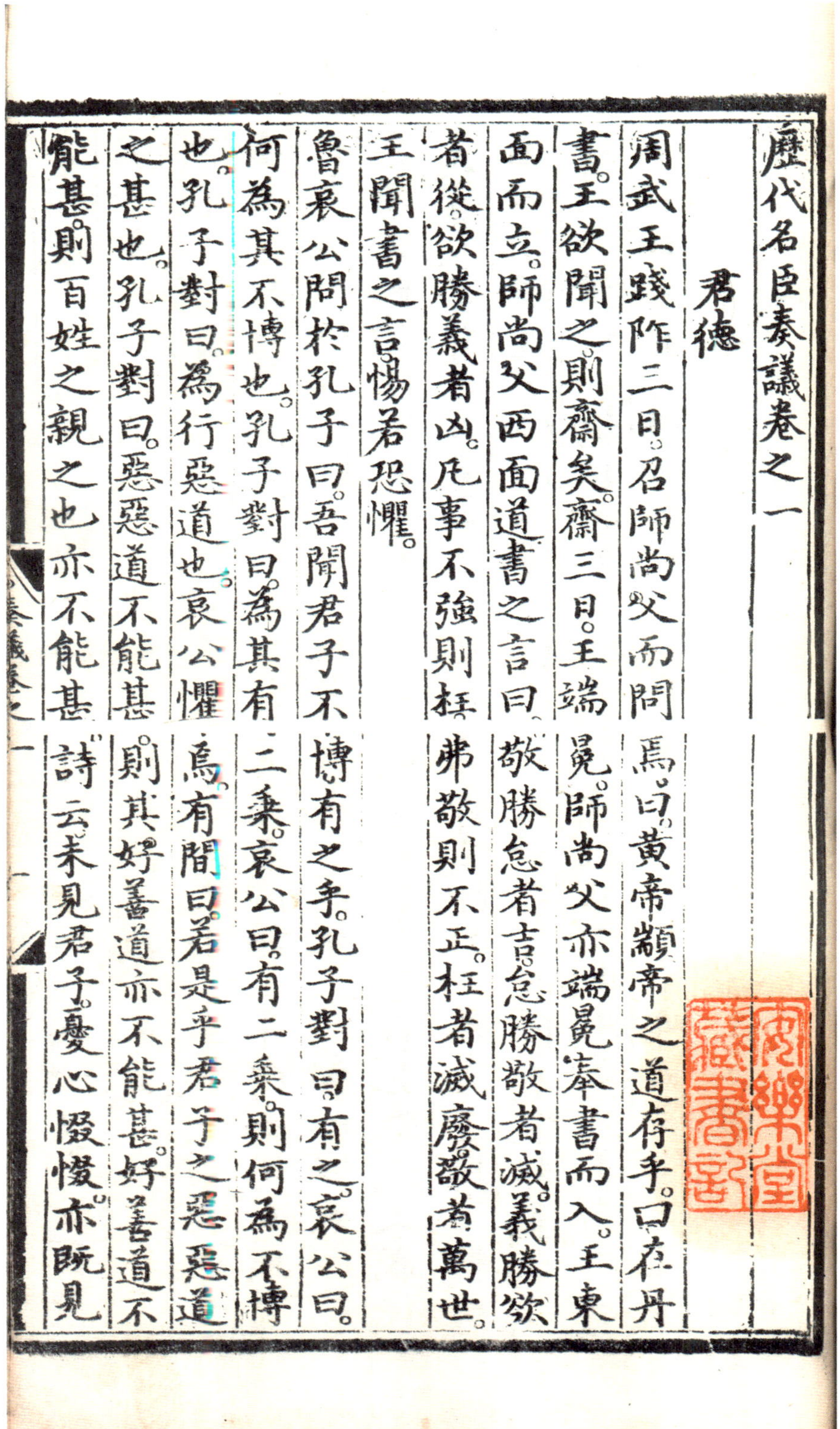

歷代名臣奏議卷之一

君德

周武王踐阼三日。召師尚父而問焉。曰。黄帝顓帝之道存乎。曰在丹書。王欲聞之。則齋矣。齋三日。王端冕。師尚父亦端冕奉書而入。王東面而立。師尚父西面道書之言曰。敬勝怠者吉。怠勝敬者滅。義勝欲者從。欲勝義者凶。凡事不強則枉。弗敬則不正。枉者滅。廢敬者萬世。王聞書之言。惕若恐懼。

魯哀公問於孔子曰。吾聞君子不博。有之乎。孔子對曰。有之。哀公曰。何為其不博也。孔子對曰。為其有二乘。哀公曰。有二乘則何為不博也。孔子對曰。為行惡道也。哀公懼焉。有間曰。若是乎君子之惡惡道之甚也。孔子對曰。惡惡道不能甚。則其好善道亦不能甚。好善道不能甚。則百姓之親之也亦不能甚。詩云。未見君子。憂心惙惙。亦既見

10243 歷代名臣奏議三百五十卷 （明）黄淮 楊士奇等輯 明永樂内府刻本

匡高 25.6 釐米，廣 16.1 釐米。半葉十二行，行二十六字，黑口，四周雙邊。有“賜福堂主人珍藏經籍碑帖書畫記”、“明善堂珍藏書畫印記”、“安樂堂藏書記”等印。華東師範大學圖書館藏。

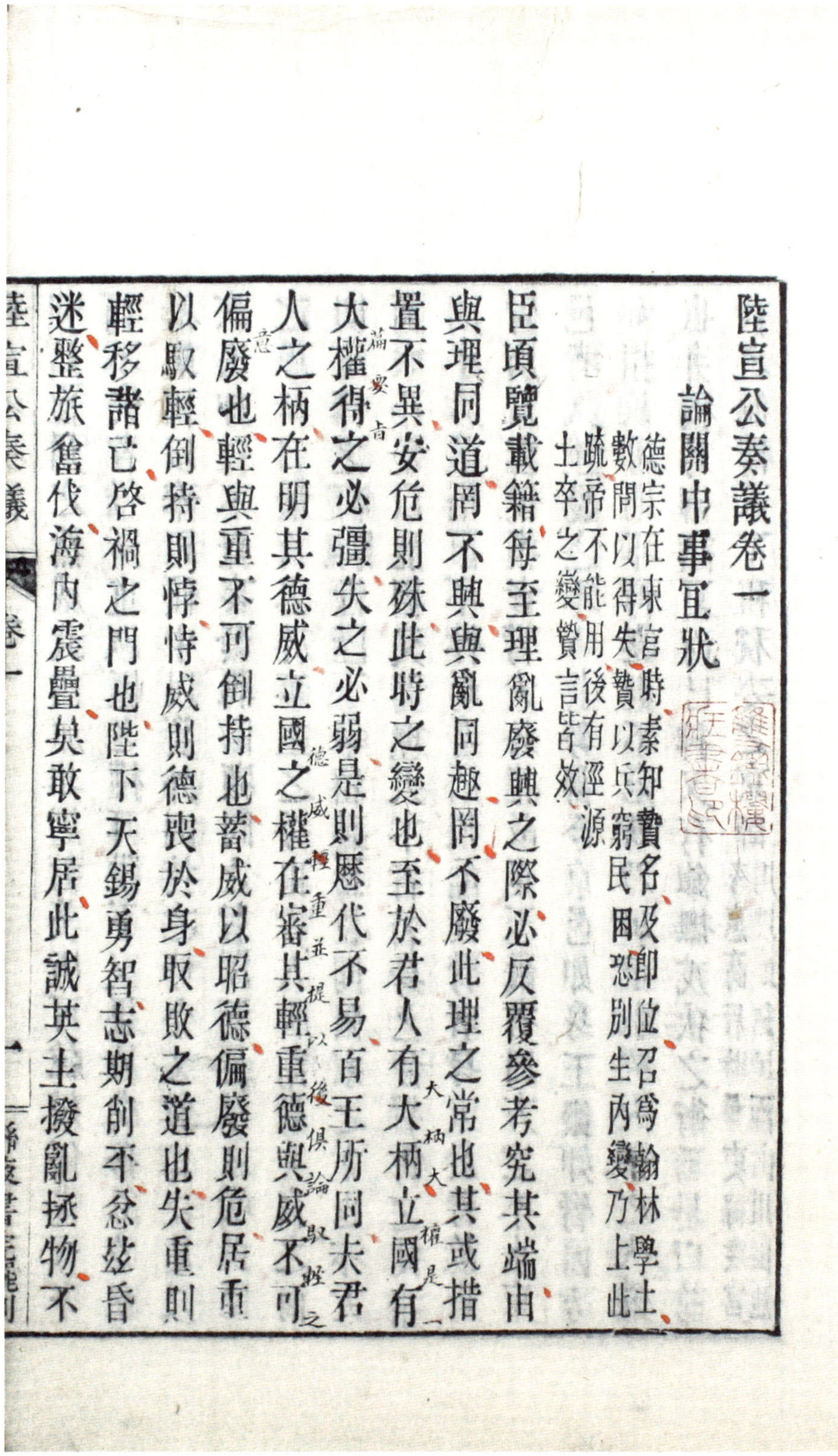

陸宣公奏議卷一

論關中事宜狀

德宗在東宮時素知贄名及即位召爲翰林學士數問以得失贄以兵窮民困恐别生內變乃上此疏帝不能用後有涇源士卒之變贄言皆效

臣頃覽載籍每至理亂廢興之際必反覆參考究其端由與理同道罔不興與亂同趣罔不廢此理之常也其或措置不異安危則殊此時之變也至於君人有大柄立國有大權得之必彊失之必弱是則歷代不易百王所同夫君人之柄在明其德威立國之權在審其輕重德與威不可偏廢也輕與重不可倒持也蓄威以昭德偏廢則危居重以馭輕倒持則悖恃威則德喪於身取敗之道也失重則輕移諸己啓禍之門也陛下天錫勇智志期削平忿茲昏迷蠢旅奮伐海內震疊莫敢寧居此誠英主撥亂拯物不

陸宣公奏議　卷一　一

10244 陸宣公奏議四卷 （唐）陸贄撰 清乾隆十一年（1746）聯腋書院活字印本

匡高 18.5 釐米，廣 13.3 釐米。半葉十三行，行二十二字，白口，四周單邊。有“雙鑑樓藏書印”等印。山西博物院藏。

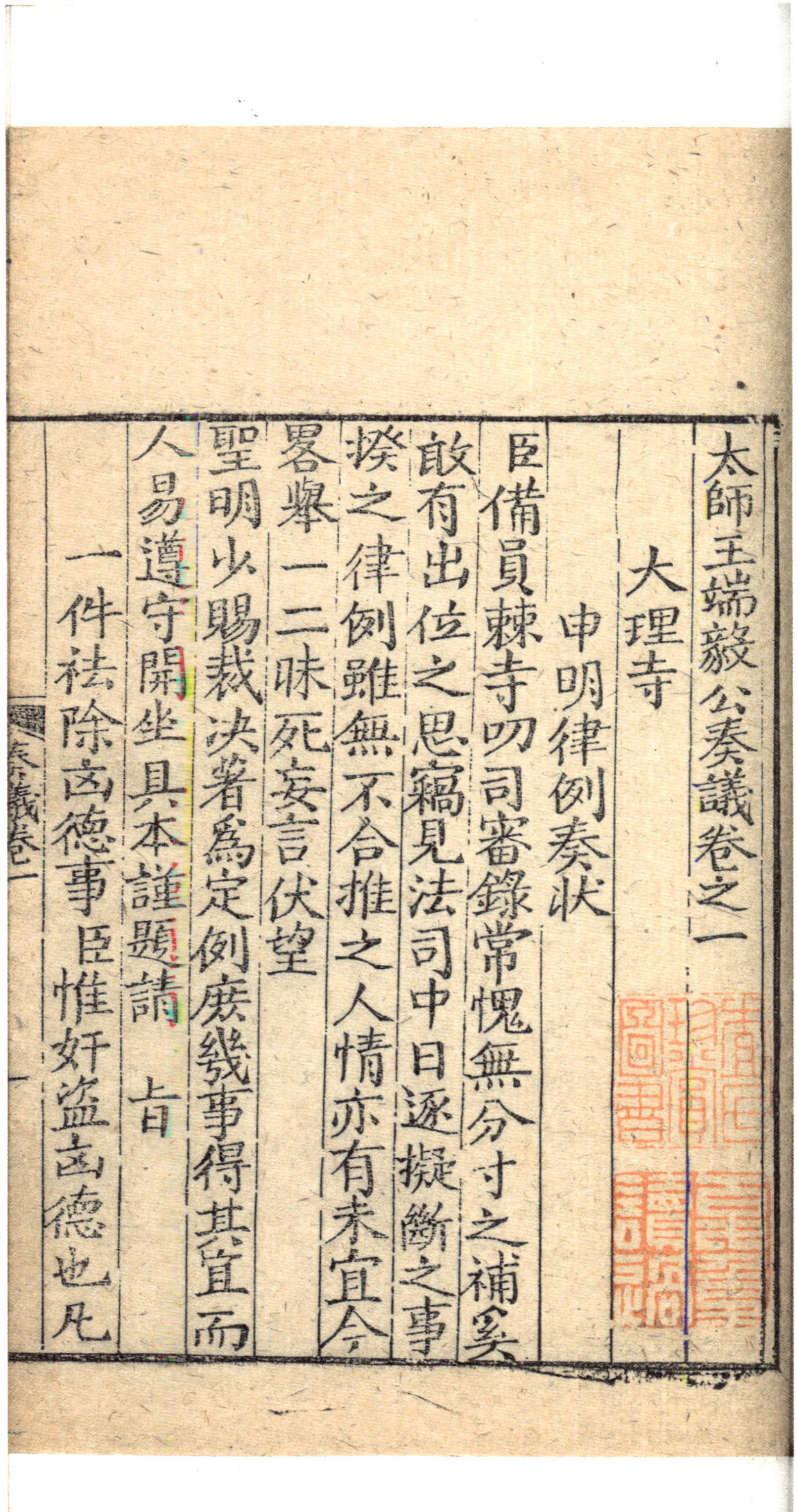
太師王端毅公奏議卷之一
大理寺
申明律例奏狀
臣備員棘寺叨司審錄常愧無分寸之補奚
敢有出位之思竊見法司中日逐擬斷之事
揆之律例雖無不合推之人情亦有未宜今
畧舉一二昧死妄言伏望
聖明少賜裁决著爲定例庶幾事得其宜而
人易遵守開坐具本謹題請　旨
一件袪除凶德事臣惟奸盜凶德也凡

10245 太師王端毅公奏議十五卷 （明）王恕撰　明正德十六年（1521）王成章刻本

匡高 17 釐米，廣 13.4 釐米。半葉十行，行十七至十九字，白口，左右雙邊。

無錫市圖書館藏。

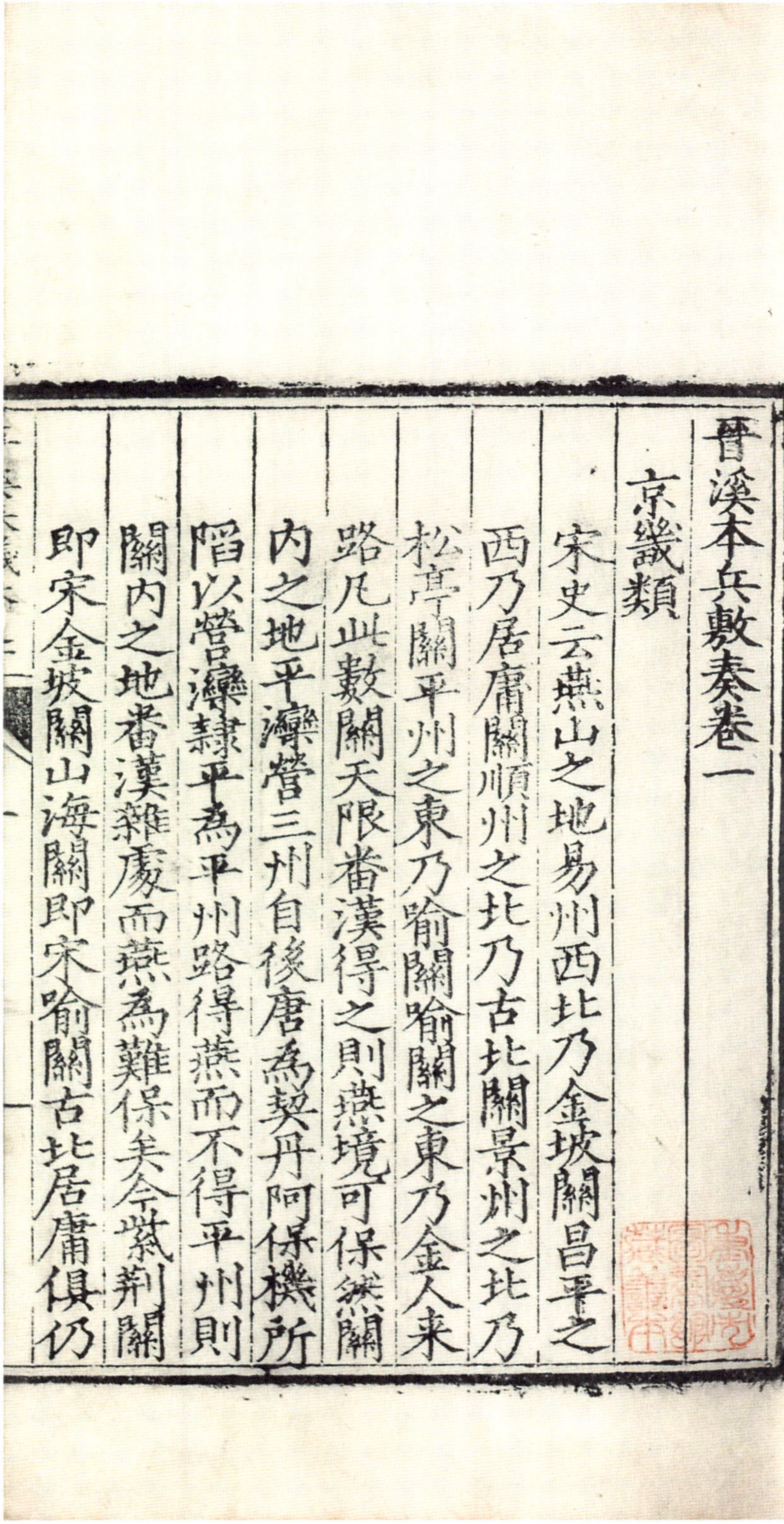

晉溪本兵敷奏卷一
京畿類
宋史云燕山之地易州西北乃金坡關昌平之西乃居庸關順州之北乃古北關景州之北乃松亭關平州之東乃榆關榆關之東乃金人来路凡此數關天限番漢得之則燕境可保然關内之地平灤營三州自後唐爲契丹阿保機所陷以營灤隷平爲平州路得燕而不得平州則關内之地番漢雜處而燕爲難保矣今紫荊關即宋金坡關山海關即宋榆關古北居庸俱仍

10246 晉溪本兵敷奏十四卷 （明）王瓊撰 明嘉靖二十三年（1544）廖希顔、江濬刻本

匡高 19.4 釐米，廣 14.6 釐米。半葉十行，行二十字，白口，四周雙邊。有“杭州王氏九峰舊廬藏書之章”等印。重慶圖書館藏。

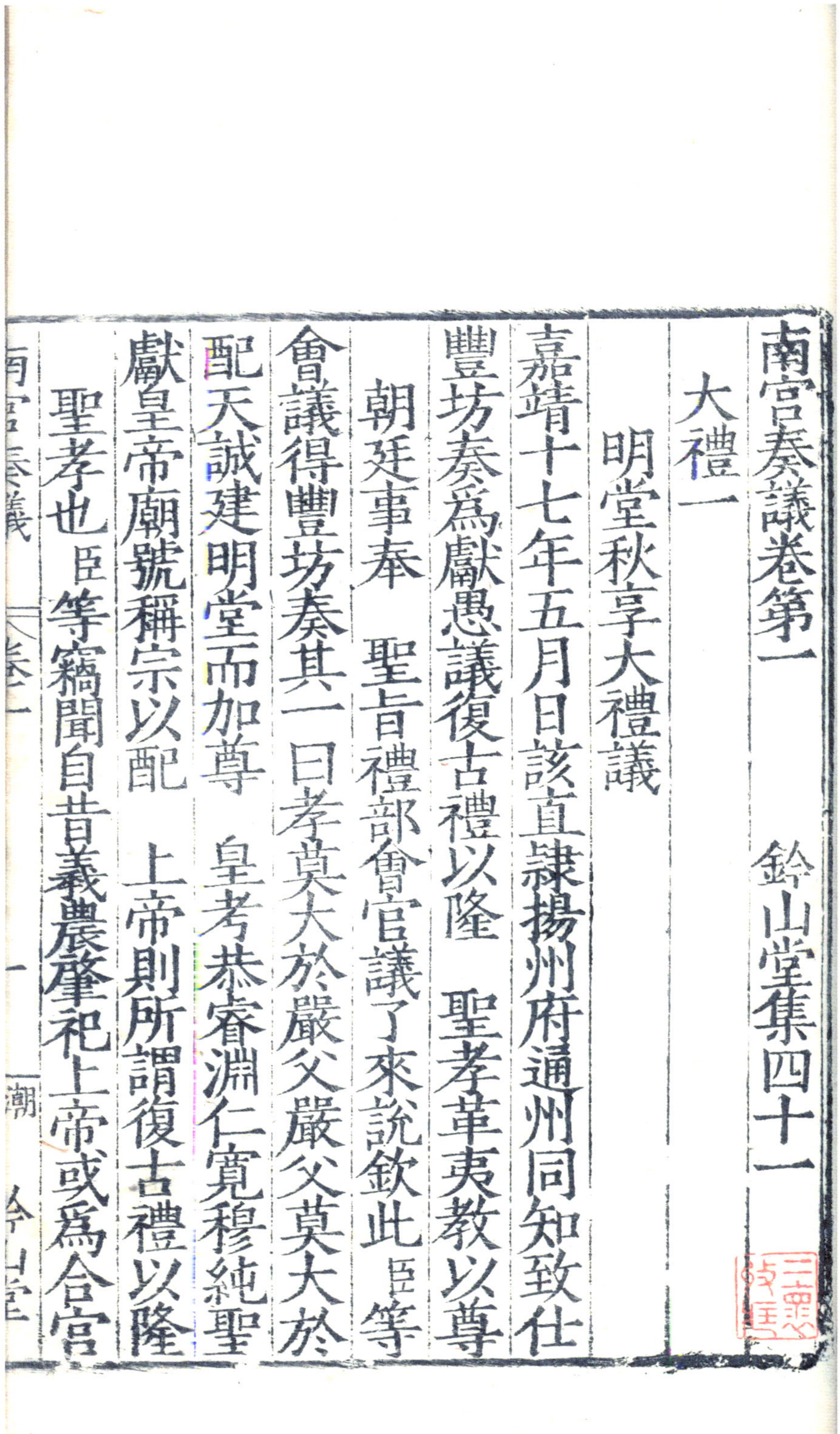

南宮奏議卷第一　　鈐山堂集四十一

大禮一

明堂秋享大禮議

嘉靖十七年五月日該直隷揚州府通州同知致仕

豐坊奏爲獻愚議復古禮以隆　聖孝章教以尊

朝廷事奉　聖旨禮部會官議了來説欽此臣等

會議得豐坊奏其一曰孝莫大於嚴父嚴父莫大於

配天誠建明堂而加尊　皇考恭睿淵仁寛穆純聖

獻皇帝廟號稱宗以配　上帝則所謂復古禮以隆

聖孝也臣等竊聞自昔羲農肇祀上帝或爲合宮

南宮奏議　卷一　一　潮　鈐山堂

10247　南宮奏議三十卷　（明）嚴嵩撰　明嘉靖二十六年（1547）嚴氏鈐山堂刻本

匡高 18.7 釐米，廣 14.5 釐米。半葉十行，行二十字，白口，左右雙邊。北京大學圖書館藏。

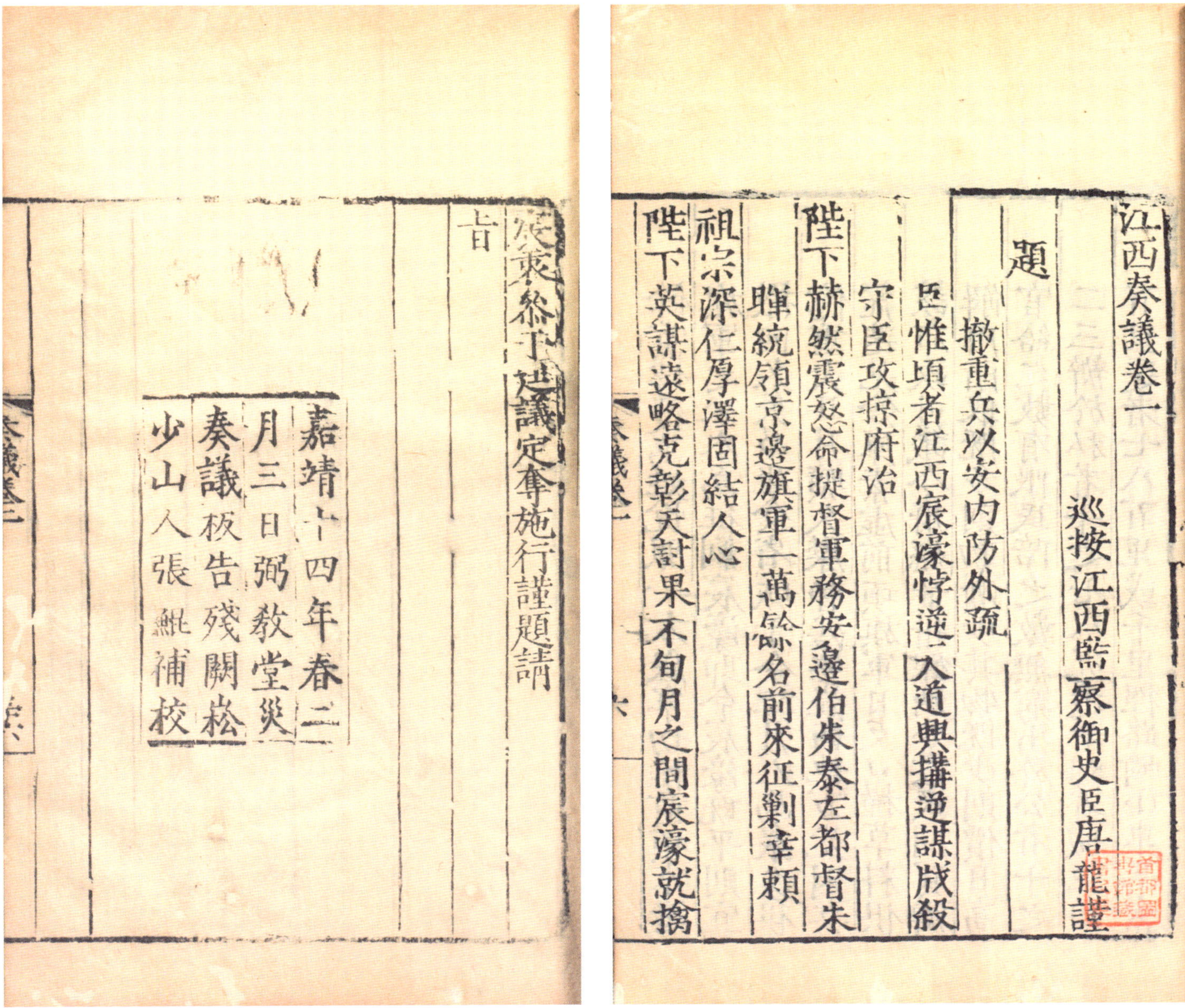
江西奏議卷一
巡按江西監察御史臣唐龍謹
題
撤重兵以安內防外疏
臣惟頃者江西宸濠悖逆入道興搆逆謀戕殺
守臣攻掠府治
陛下赫然震怒命提督軍務安邊伯朱泰左都督朱
暉統領京邊旗軍一萬餘名前來征剿幸賴
祖宗深仁厚澤固結人心
陛下英謀遠略克彰天討果不旬月之間宸濠就擒

旨
災衆祭下廷議定奪施行謹題請

嘉靖十四年春二月三日弼教堂災奏議板告殘闕崧少山人張鯤補校

奏議卷二

10248 江西奏議二卷 （明）唐龍撰 **附録一卷** （明）陳金等撰 明嘉靖刻張鯤重修本

匡高 19.2 釐米，廣 14.1 釐米。半葉十行，行二十字，白口，四周單邊。有"嘉靖十四年春二月三日弼教堂災奏議板告殘闕崧少山人張鯤補校"牌記。首都圖書館藏。

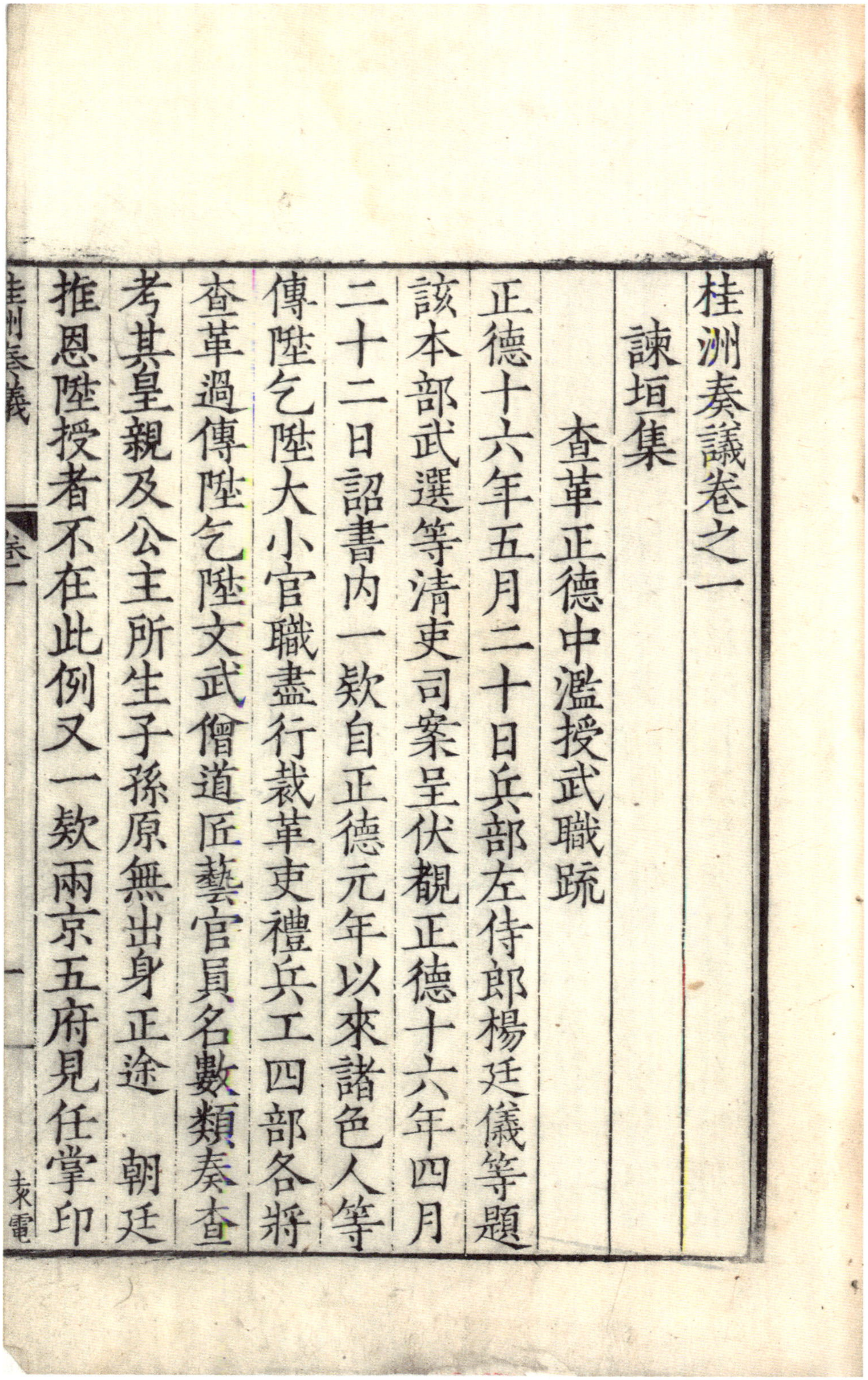

桂洲奏議卷之一
諫垣集
查革正德中濫授武職疏
正德十六年五月二十日兵部左侍郎楊廷儀等題
該本部武選等清吏司案呈伏覩正德十六年四月
二十二日詔書内一欵自正德元年以來諸色人等
傳陞乞陞大小官職盡行裁革吏禮兵工四部各將
查革過傳陞乞陞文武僧道匠藝官員名數類奏查
考其皇親及公主所生子孫原無出身正途　朝廷
推恩陞授者不在此例又一欵兩京五府見任掌印
桂洲奏議　卷之一　一　袁電

10249 桂洲奏議十二卷 （明）夏言撰 明嘉靖二十五年（1546）刻本

匡高 20 釐米，廣 14.5 釐米。半葉十行，行二十字，白口，左右雙邊。天津圖書館藏。

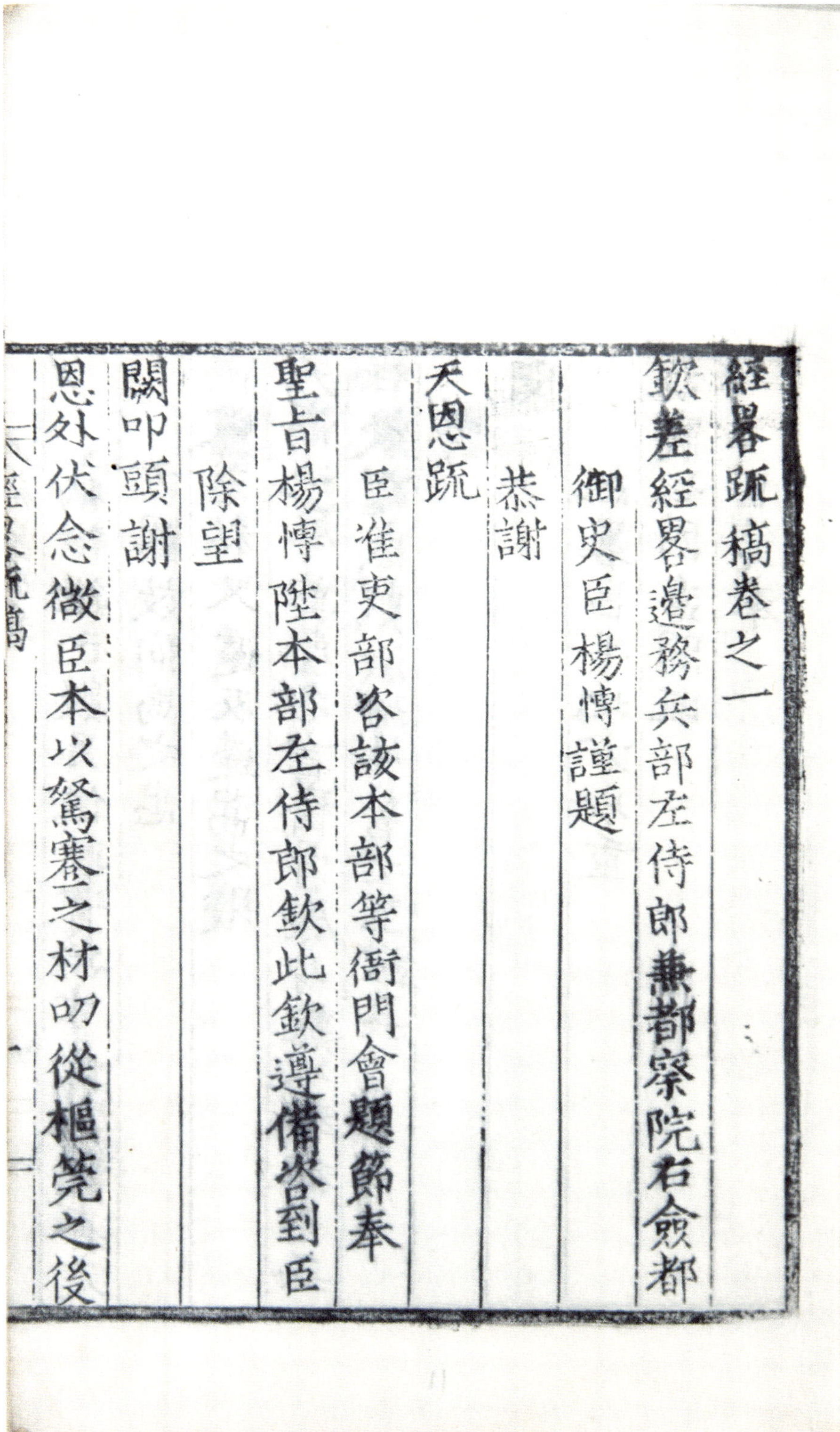

經畧疏稿卷之一
欽差經畧邊務兵部左侍郎兼都察院右僉都
御史臣楊博謹題
恭謝
天恩疏
臣准吏部咨該本部等衙門會題節奉
聖旨楊博陞本部左侍郎欽此欽遵備咨到臣
除望
闕叩頭謝
恩外伏念微臣本以駑蹇之材叨從樞筦之後

經畧疏稿　一

10250 經略疏稿二卷　（明）楊博撰　明嘉靖三十二年（1553）刻本

匡高 17.7 釐米，廣 13.9 釐米。半葉十行，行十八字，白口，四周單邊。厦門市圖書館藏。

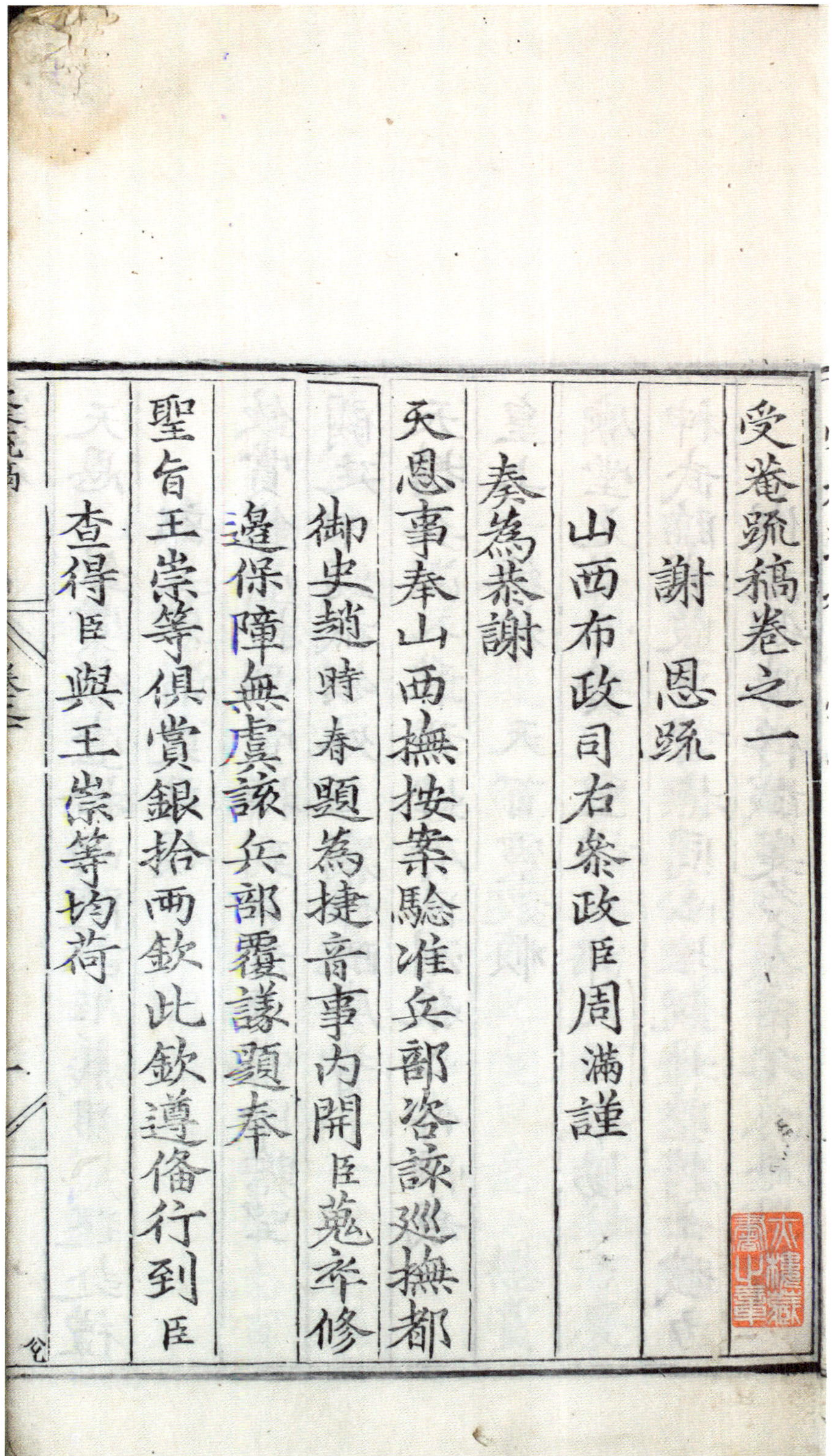
受菴疏稿卷之一
謝恩疏
山西布政司右參政臣周滿謹
奏爲恭謝
天恩事奉山西撫按案驗准兵部咨該巡撫都
御史趙時春題爲捷音事內開臣蒐卒修
邊保障無虞該兵部覆議題奉
聖旨王崇等俱賞銀拾兩欽此欽遵備行到臣
查得臣與王崇等均荷

10251 受菴疏稿二卷 （明）周滿撰 明刻本

匡高 19.8 釐米，廣 15.6 釐米。半葉九行，行十八字，白口，四周雙邊。有“亦樓藏書之章”等印。厦門大學圖書館藏。

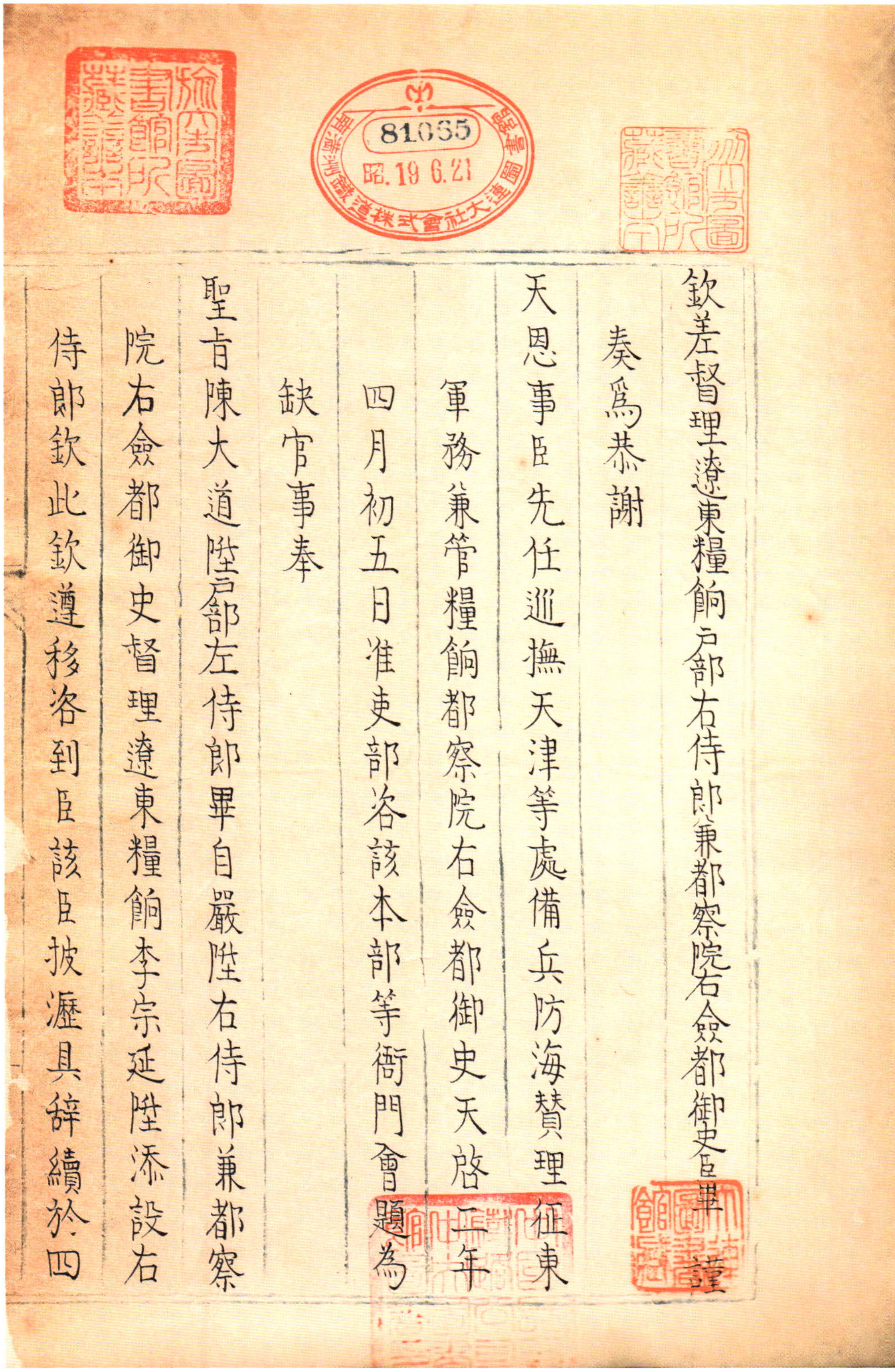

欽差督理遼東糧餉户部右侍郎兼都察院右僉都御史臣畢　謹
奏爲恭謝
天恩事臣先任巡撫天津等處備兵防海贊理征東
軍務兼管糧餉都察院右僉都御史天啓二年
四月初五日准吏部咨該本部等衙門會題為
缺官事奉
聖旨陳大道陞户部左侍郎畢自嚴陞右侍郎兼都察
院右僉都御史督理遼東糧餉李宗延陞添設右
侍郎欽此欽遵移咨到臣該臣披瀝具辞續於四

10252 撫津疏草不分卷　（明）畢自嚴撰　明末抄本

匡高 23.2 釐米，廣 16 釐米。半葉九行，行二十字，小字雙行同，白口，四周雙邊。大連圖書館藏。

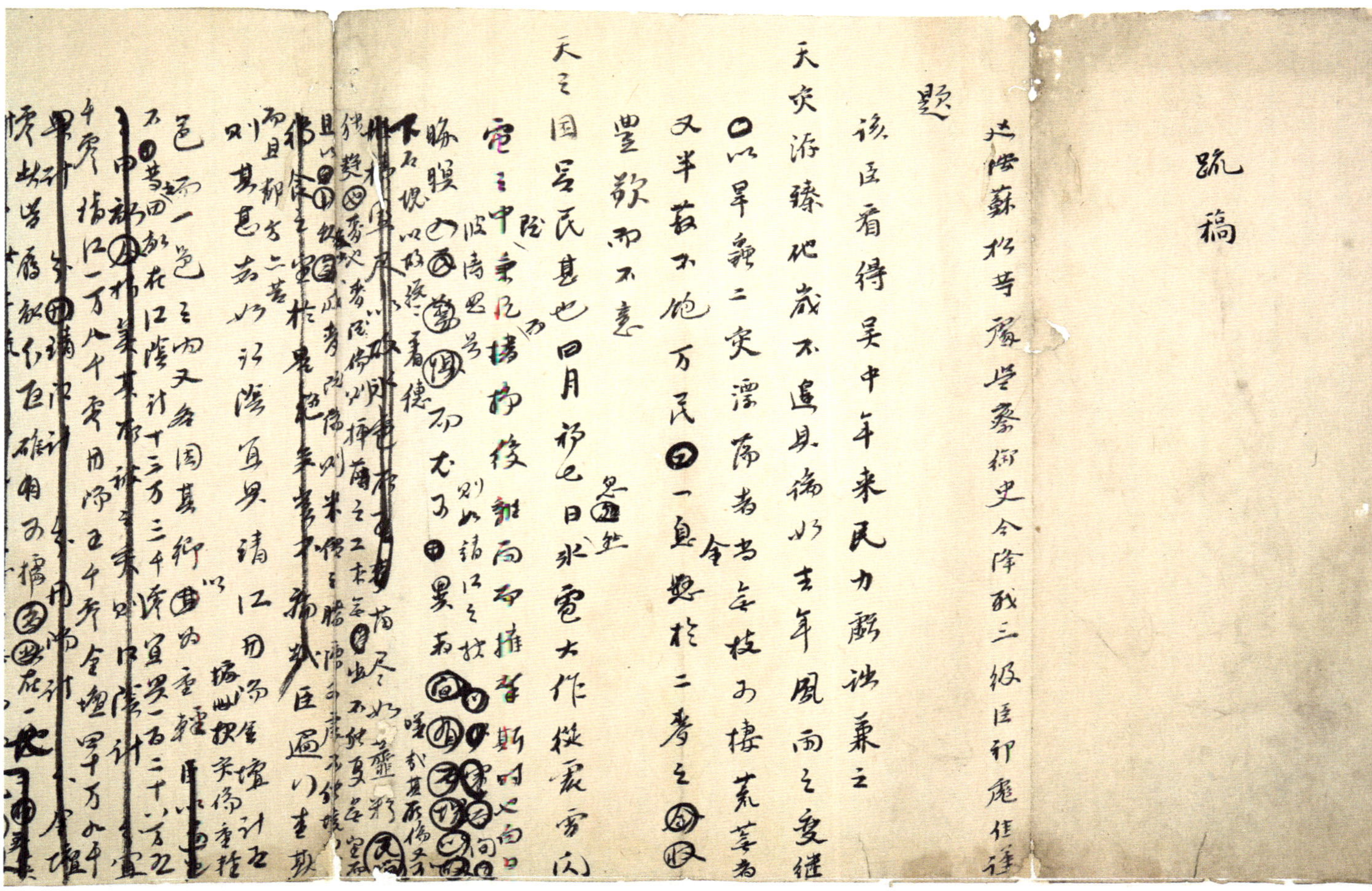

10253 按吳奏疏不分卷 （明）祁彪佳撰 稿本

經折裝。國家圖書館藏。

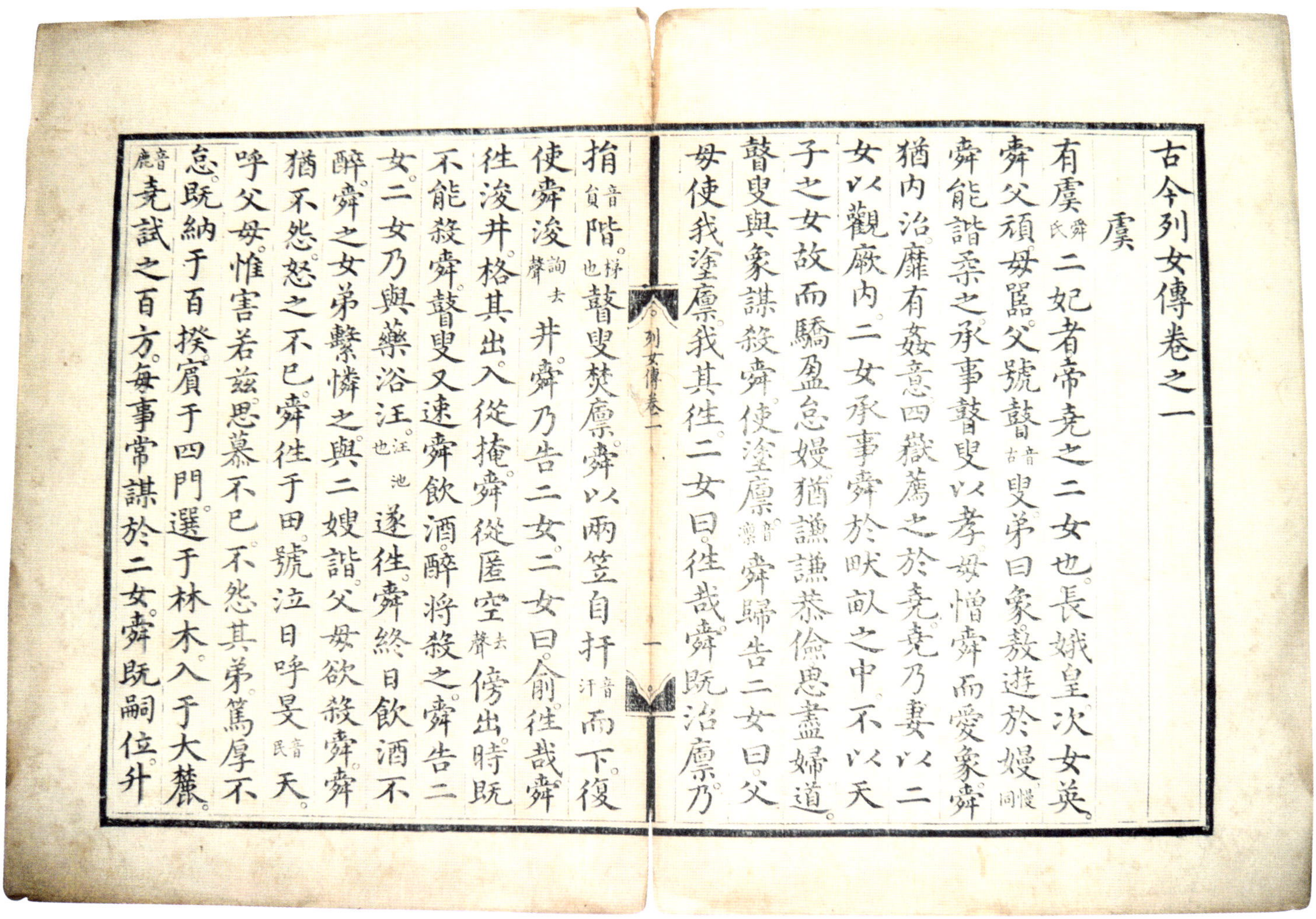

古今列女傳卷之一

虞

有虞（舜氏）二妃者帝堯之二女也長娥皇次女英
舜父頑母嚚父號瞽（音古）叟弟曰象敖遊於嫚（同慢）
舜能諧柔之承事瞽叟以孝母憎舜而愛象舜
猶內治靡有姦意四嶽薦之於堯堯乃妻以二
女以觀厥內二女承事舜於畎畝之中不以天
子之女故而驕盈怠嫚猶謙謙恭儉思盡婦道
瞽叟與象謀殺舜使塗廩（音檁）舜歸告二女曰父
母使我塗廩我其往二女曰往哉舜既治廩乃

列女傳卷一　一

捐（音負）階（梯也）瞽叟焚廩舜以兩笠自扞（音汗）而下復
使舜浚（詢去聲）井舜乃告二女二女曰俞往哉舜
往浚井格其出入從掩舜從匿空（去聲）傍出時既
不能殺舜瞽叟又速舜飲酒醉將殺之舜告二
女二女乃與藥浴汪（汪池也）遂往舜終日飲酒不
醉舜之女弟繫憐之與二嫂諧父母欲殺舜舜
猶不怨怒之不已舜往于田號泣日呼旻（音民）天
呼父母惟害若茲思慕不已不怨其弟篤厚不
怠既納于百揆賓于四門選于林木入于大麓（音鹿）
堯試之百方每事常謀於二女舜既嗣位升

10254、10255　古今列女傳三卷　（明）解縉等撰　明內府刻本

匡高 28.5 釐米，廣 21.5 釐米。半葉十行，行十八字，黑口，四周雙邊。河北大學圖書館藏，蝴蝶裝；南京圖書館藏，丁丙跋。

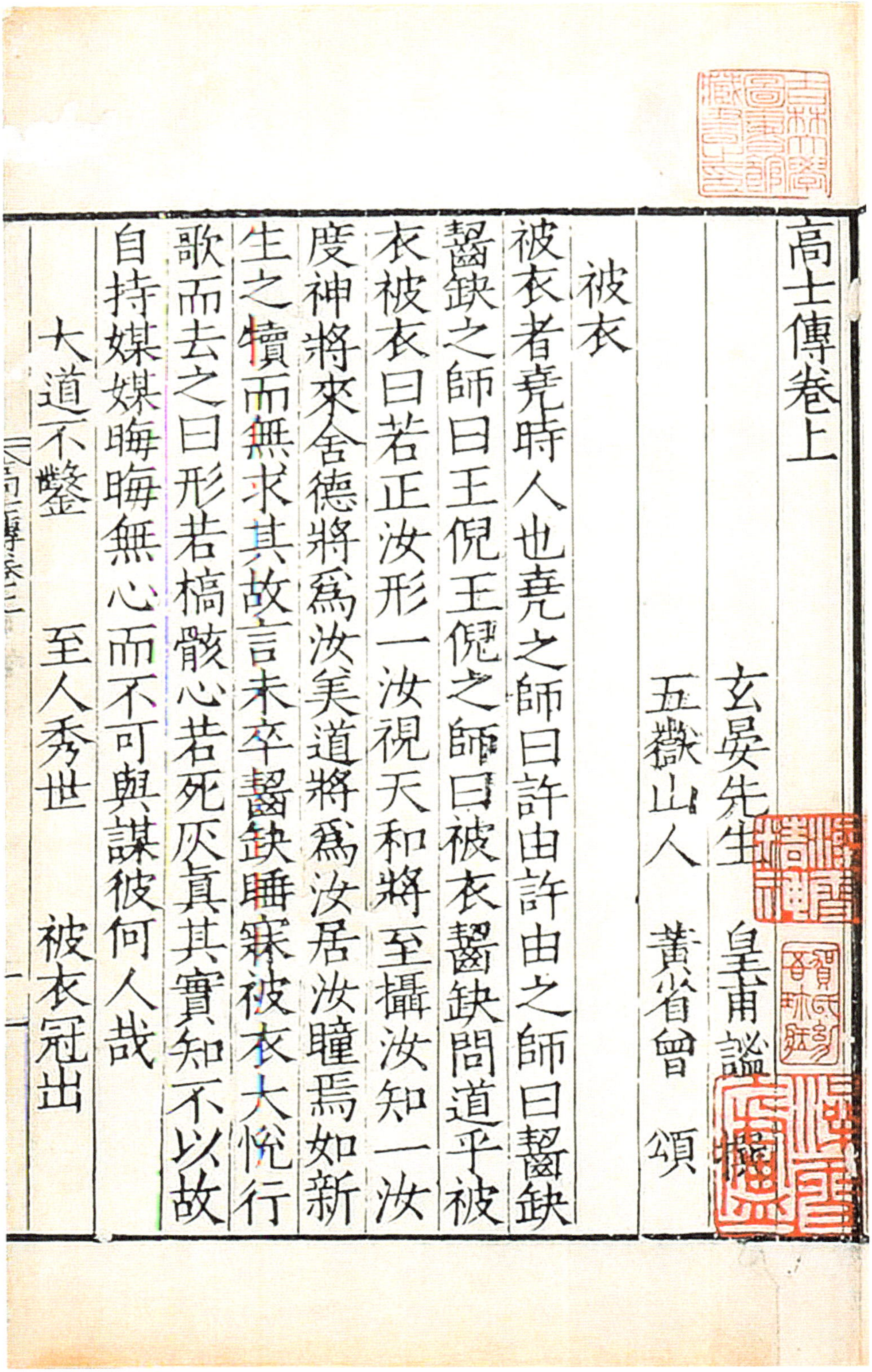

高士傳卷上

玄晏先生　皇甫謐　撰
五嶽山人　黃省曾　頌

被衣

被衣者堯時人也堯之師曰許由許由之師曰齧缺齧缺之師曰王倪王倪之師曰被衣齧缺問道乎被衣被衣曰若正汝形一汝視天和將至攝汝知一汝度神將來舍德將爲汝美道將爲汝居汝瞳焉如新生之犢而無求其故言未卒齧缺睡寐被衣大悅行歌而去之曰形若槁骸心若死灰眞其實知不以故自持媒媒晦晦無心而不可與謀彼何人哉

大道不鑿　至人秀世　被衣冠出

高士傳卷上　一

10256 高士傳三卷 （晉）皇甫謐撰 （明）黃省曾頌 明嘉靖三十一年（1552）黃魯曾刻漢唐三傳本

匡高 19.5 釐米，廣 15.8 釐米。半葉十二行，行二十字，白口，左右雙邊。有“渫雪廬”、“渫雪精神”等印。吉林大學圖書館藏。

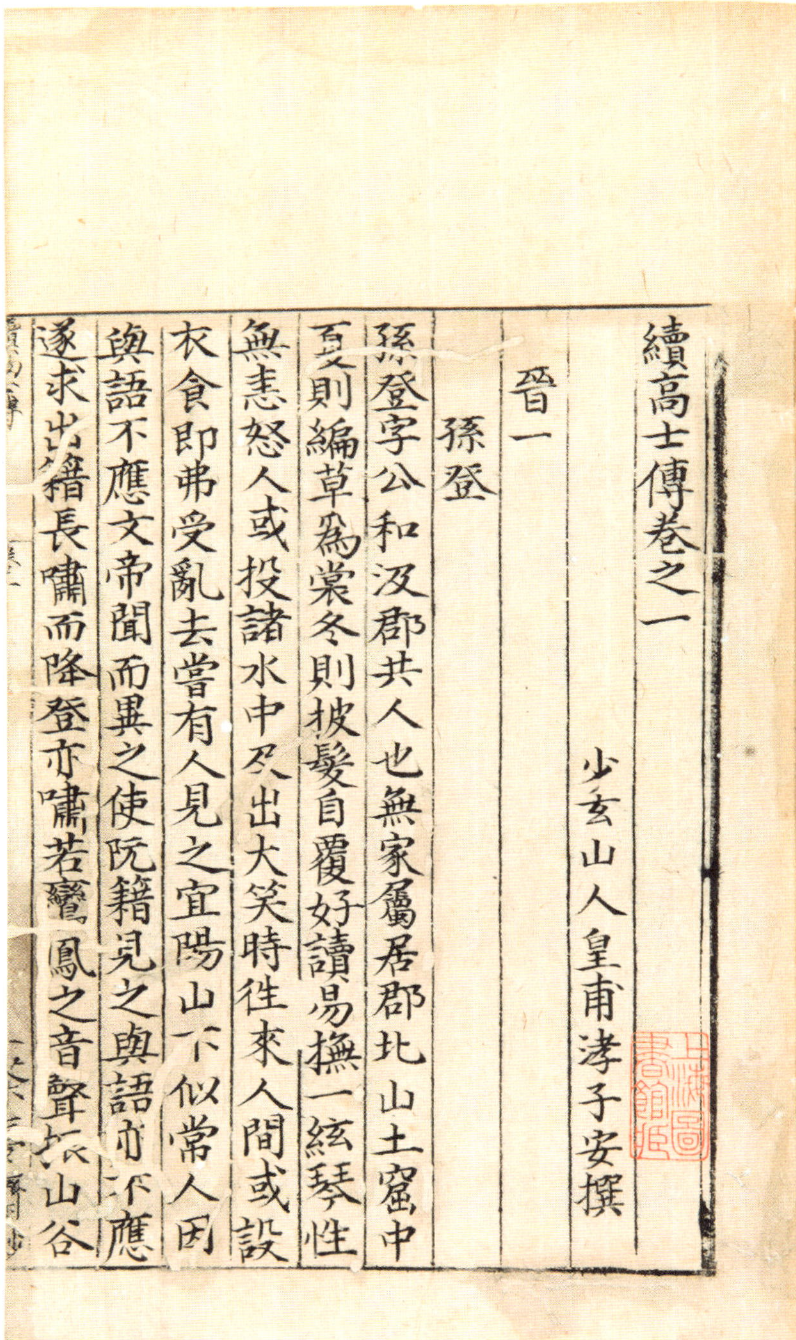

續高士傳卷之一

少玄山人皇甫涍子安撰

晉一

孫登

孫登字公和汲郡共人也無家屬居郡北山土窟中夏則編草為裳冬則披髮自覆好讀易撫一絃琴性無恚怒人或投諸水中欲出大笑時往來人間或設衣食即弗受亂去嘗有人見之宜陽山下似常人因與語不應文帝聞而異之使阮籍見之與語亦不應遂求出籍長嘯而降登亦嘯若鸞鳳之音聲振山谷

10257 續高士傳十卷 （明）皇甫涍撰 明姚氏茶夢齋抄本

匡高 17.6 釐米，廣 12 釐米。半葉十行，行二十字，白口，左右雙邊。有“孫毓修印”、“小緑天藏書”等印。上海圖書館藏。

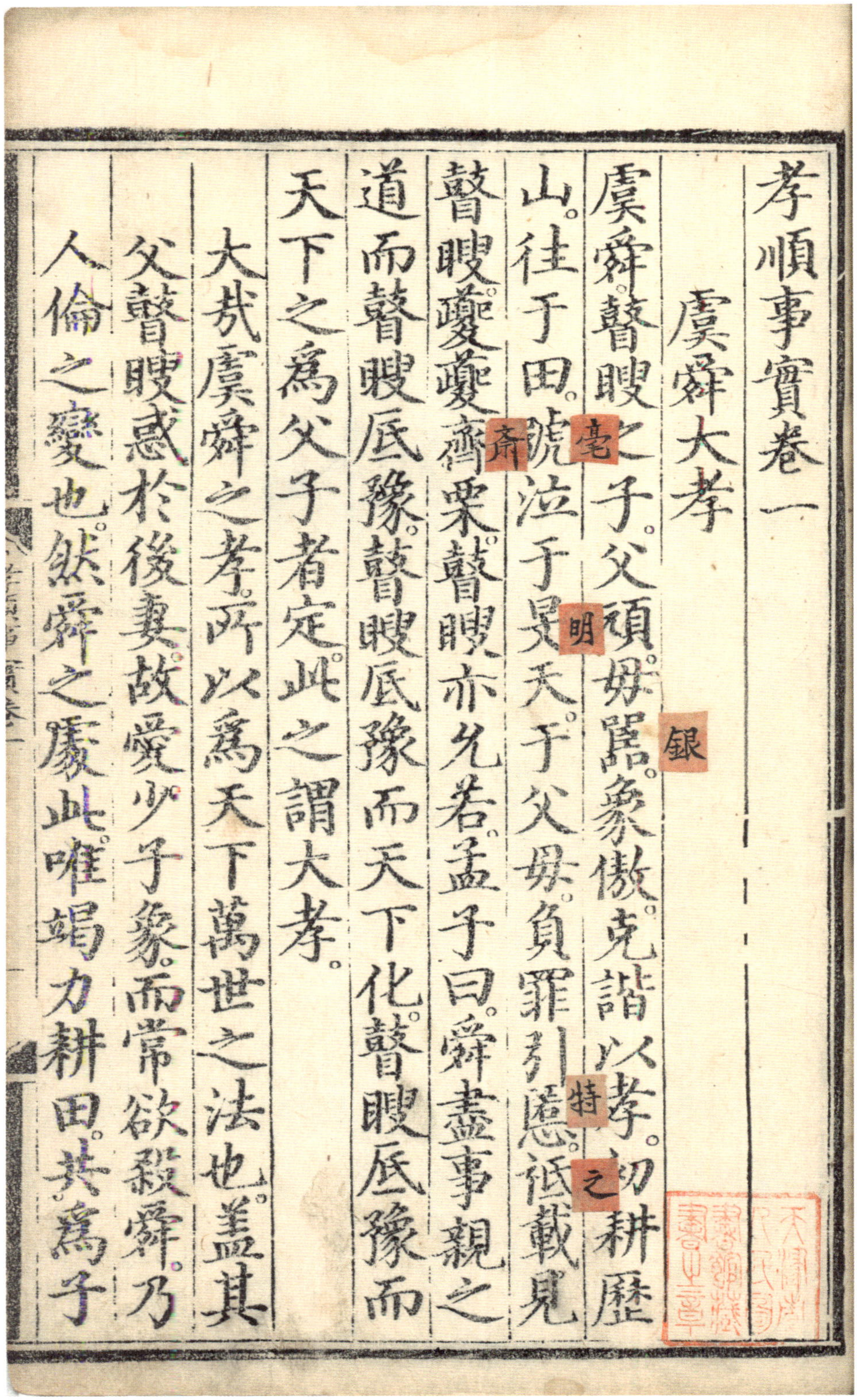

孝順事實卷一

虞舜大孝

虞舜瞽瞍之子。父頑。母嚚。象傲。克諧以孝。初耕歷山。往于田。號泣于旻天。于父母。負罪引慝。祗載見瞽瞍。夔夔齋栗。瞽瞍亦允若。孟子曰。舜盡事親之道。而瞽瞍厎豫。瞽瞍厎豫而天下化。瞽瞍厎豫而天下之爲父子者定。此之謂大孝。

大哉虞舜之孝。所以爲天下萬世之法也。蓋其父瞽瞍惑於後妻。故愛少子象。而常欲殺舜。乃人倫之變也。然舜之處此。唯竭力耕田。共爲子

10258 孝順事實十卷 （明）成祖朱棣撰 明永樂十八年（1420）內府刻本

匡高 27 釐米，廣 18 釐米。半葉十行，行十九字，黑口，四周雙邊。天津圖書館藏。

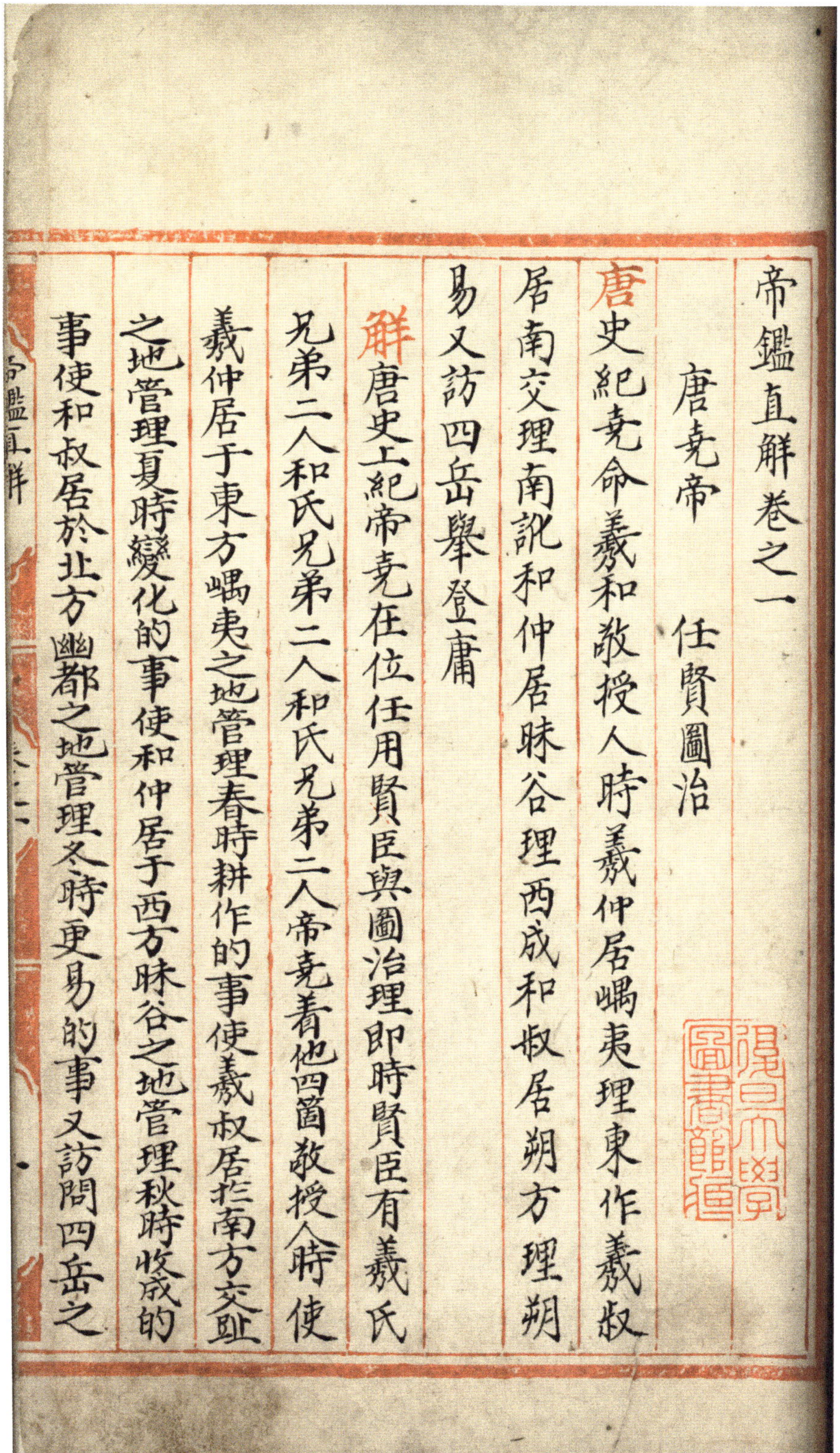
帝鑑直解卷之一
唐堯帝　任賢圖治
唐史紀堯命羲和敬授人時羲仲居嵎夷理東作羲叔
居南交理南訛和仲居昧谷理西成和叔居朔方理朔
易又訪四岳舉登庸
解唐史上紀帝堯在位任用賢臣與圖治理即時賢臣有羲氏
兄弟二人和氏兄弟二人和氏兄弟二人帝堯着他四箇敬授人時使
羲仲居于東方嵎夷之地管理春時耕作的事使羲叔居扵南方交趾
之地管理夏時變化的事使和仲居于西方昧谷之地管理秋時收成的
事使和叔居於北方幽都之地管理冬時更易的事又訪問四岳之
帝鑑直解

10259 帝鑑直解二卷　（明）張居正撰　明抄本

匡高 19.7 釐米，廣 13.4 釐米。半葉十行，行二十一字，紅格，白口，四周雙邊。復旦大學圖書館藏。

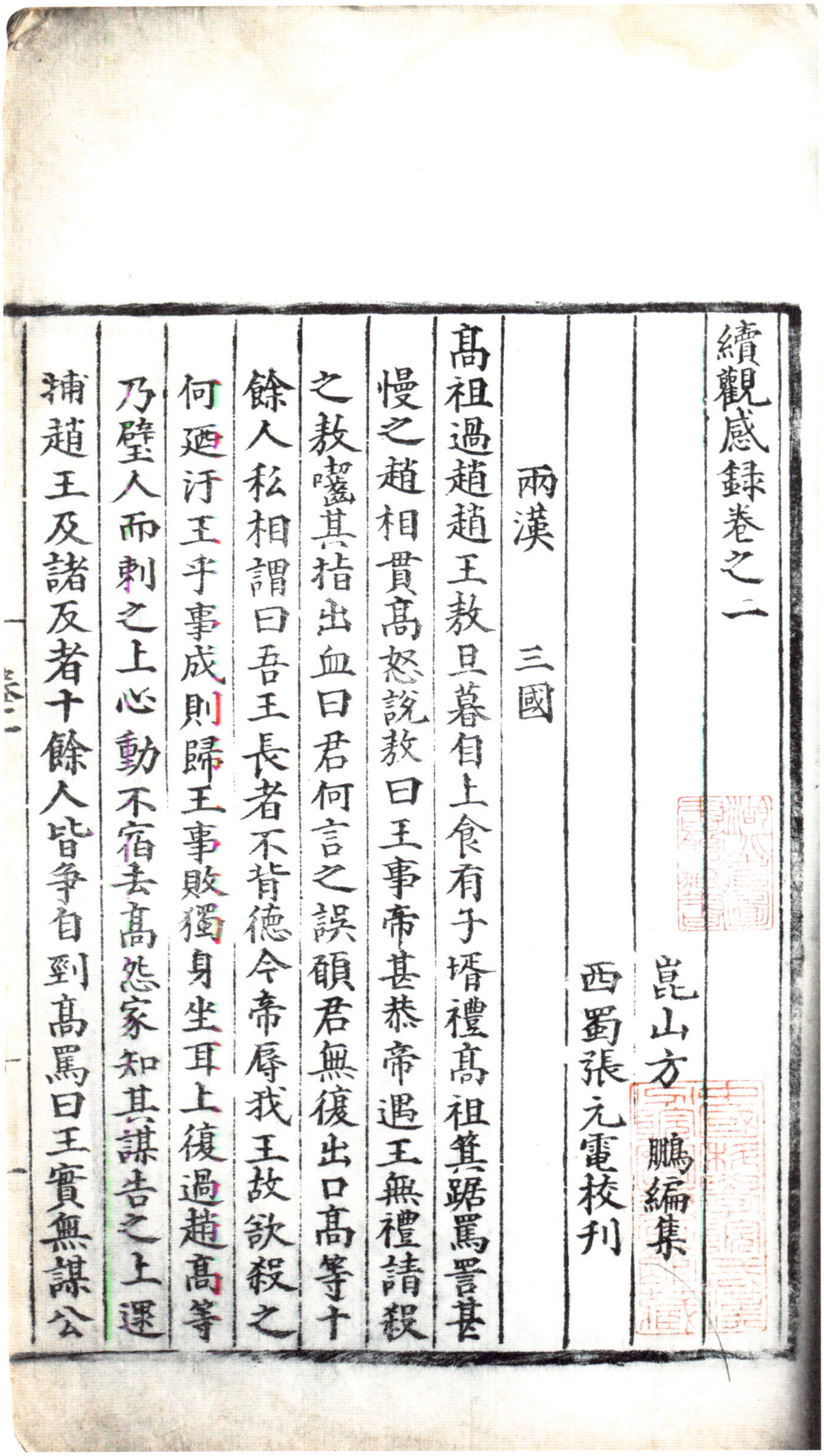
續觀感録卷之二
崑山方　鵬編集
西蜀張元電校刊
兩漢　三國
高祖過趙趙王敖旦暮自上食有子壻禮高祖箕踞駡詈甚慢之趙相貫高怒説敖曰王事帝甚恭帝遇王無禮請殺之敖嚙其指出血曰君何言之誤願君無復出口高等十餘人私相謂曰吾王長者不背德令帝辱我王故欲殺之何廼汙王乎事成則歸王事敗獨身坐耳上復過趙高等乃壁人而刺之上心動不宿去高怨家知其謀告之上逮捕趙王及諸反者十餘人皆爭自剄高駡曰王實無謀公

10260 續觀感録十二卷　（明）方鵬輯 明張元電刻本

匡高 20.8 釐米，廣 15.4 釐米。半葉十一行，行二十三字，白口，左右雙邊。湖北省圖書館藏。

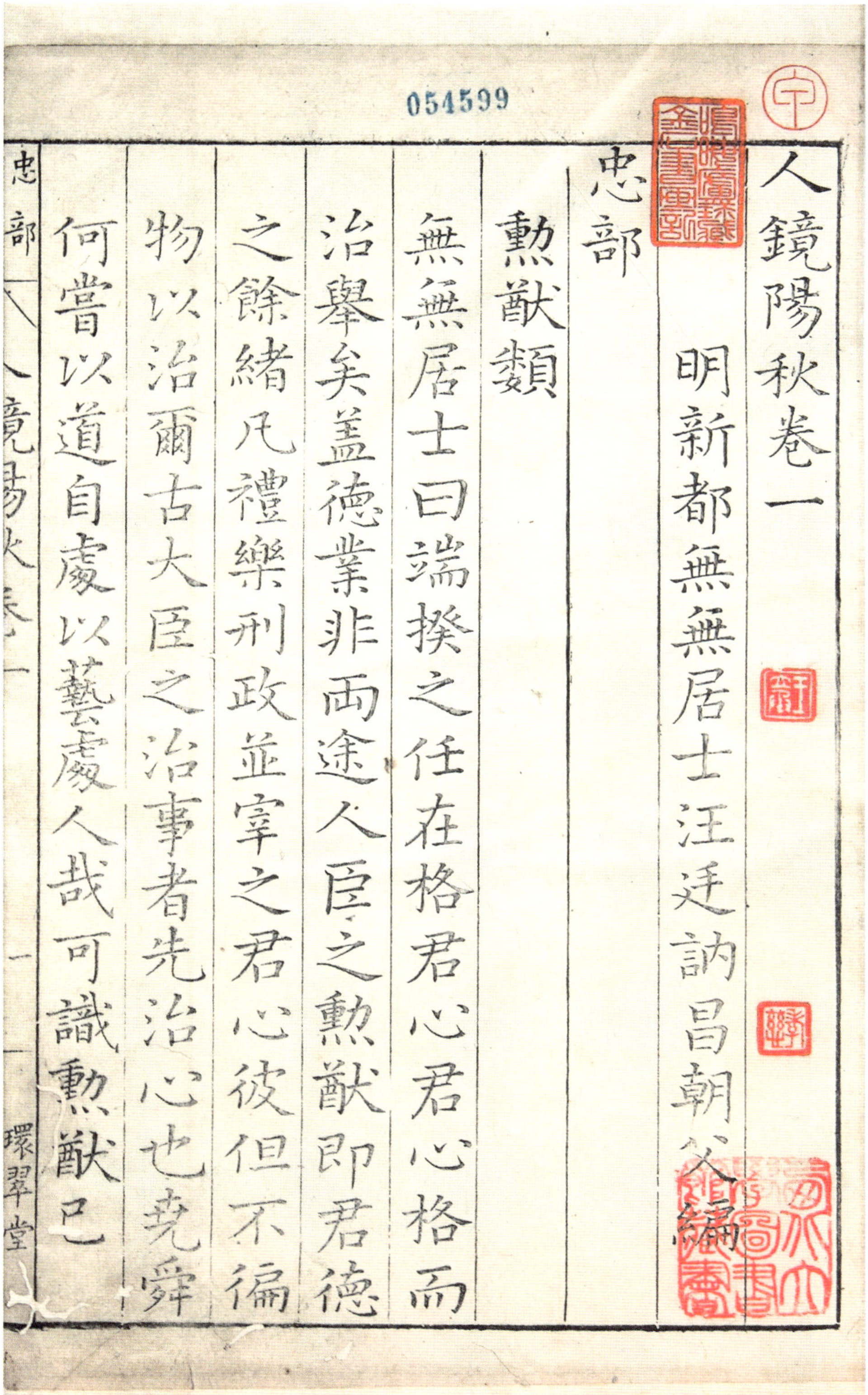
人鏡陽秋卷一

明新都無無居士汪廷訥昌朝父編

忠部

勳猷類

無無居士曰端揆之任在格君心君心格而治舉矣蓋德業非兩途人臣之勳猷即君德之餘緒凡禮樂刑政並宰之君心彼但不徧物以治爾古大臣之治事者先治心也堯舜何嘗以道自處以藝處人哉可識勳猷已

忠部　人鏡陽秋卷一　一　環翠堂

10261 人鏡陽秋二十二卷 （明）汪廷訥撰 明萬曆二十八年（1600）汪廷訥環翠堂刻本

匡高 23.8 釐米，廣 16.5 釐米。半葉九行，行十八字，白口，四周单邊。西北大學圖書館藏。

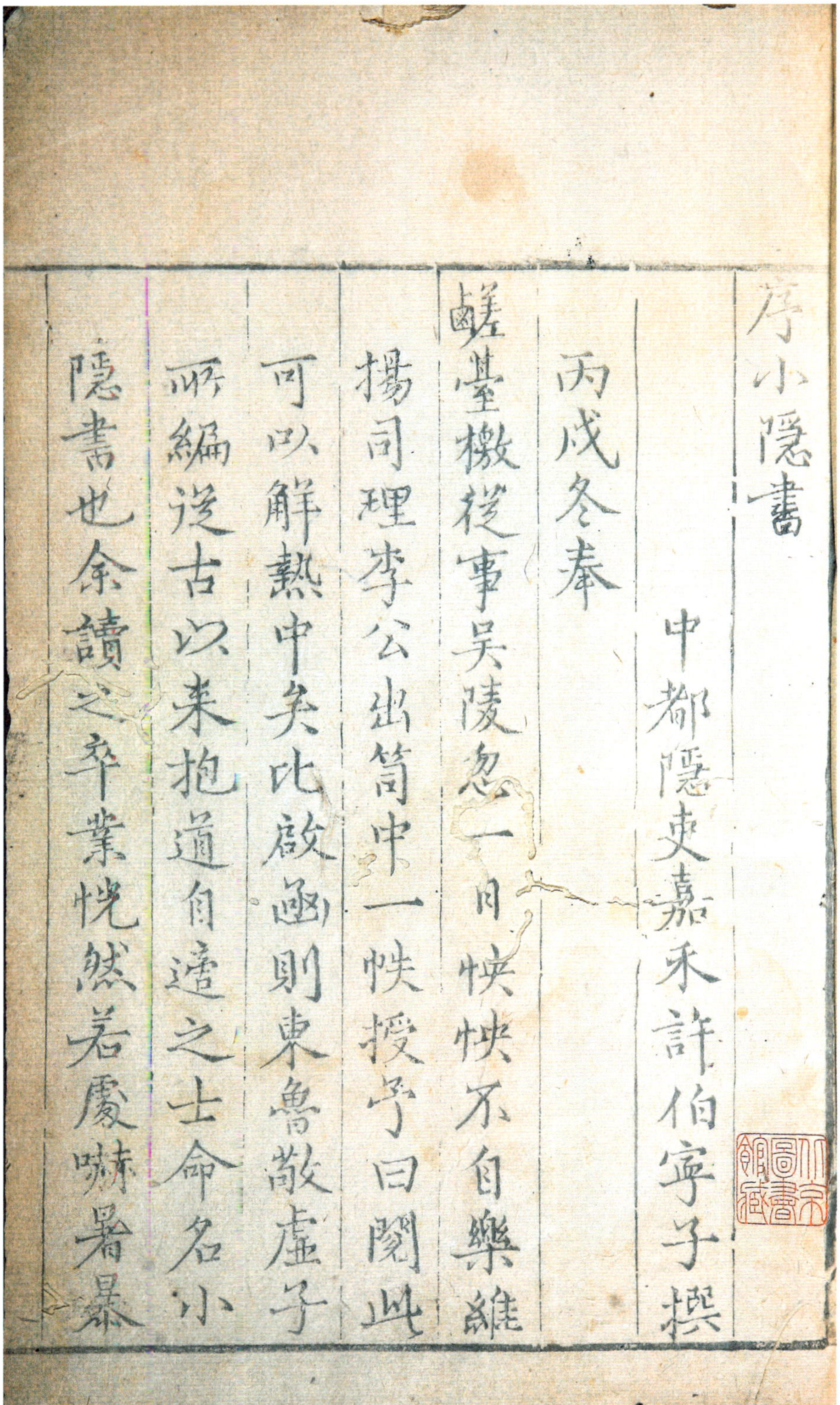
序小隱書
中都隱吏嘉禾許伯寧子撰
丙戌冬奉
鹺臺檄從事吳陵忽一日怏怏不自樂維
揚司理李公出筒中一帙授予曰閱此
可以解熱中矣比啟函則東魯敬虛子
所編從古以來抱道自適之士命名小
隱書也余讀之卒業恍然若處嚇暑暴

10262 小隱書不分卷 題（明）敬虛子輯 明萬曆刻藍印本

匡高 20 釐米，廣 14.4 釐米。半葉十行，行二十字，白口，四周單邊。國家圖書館藏。

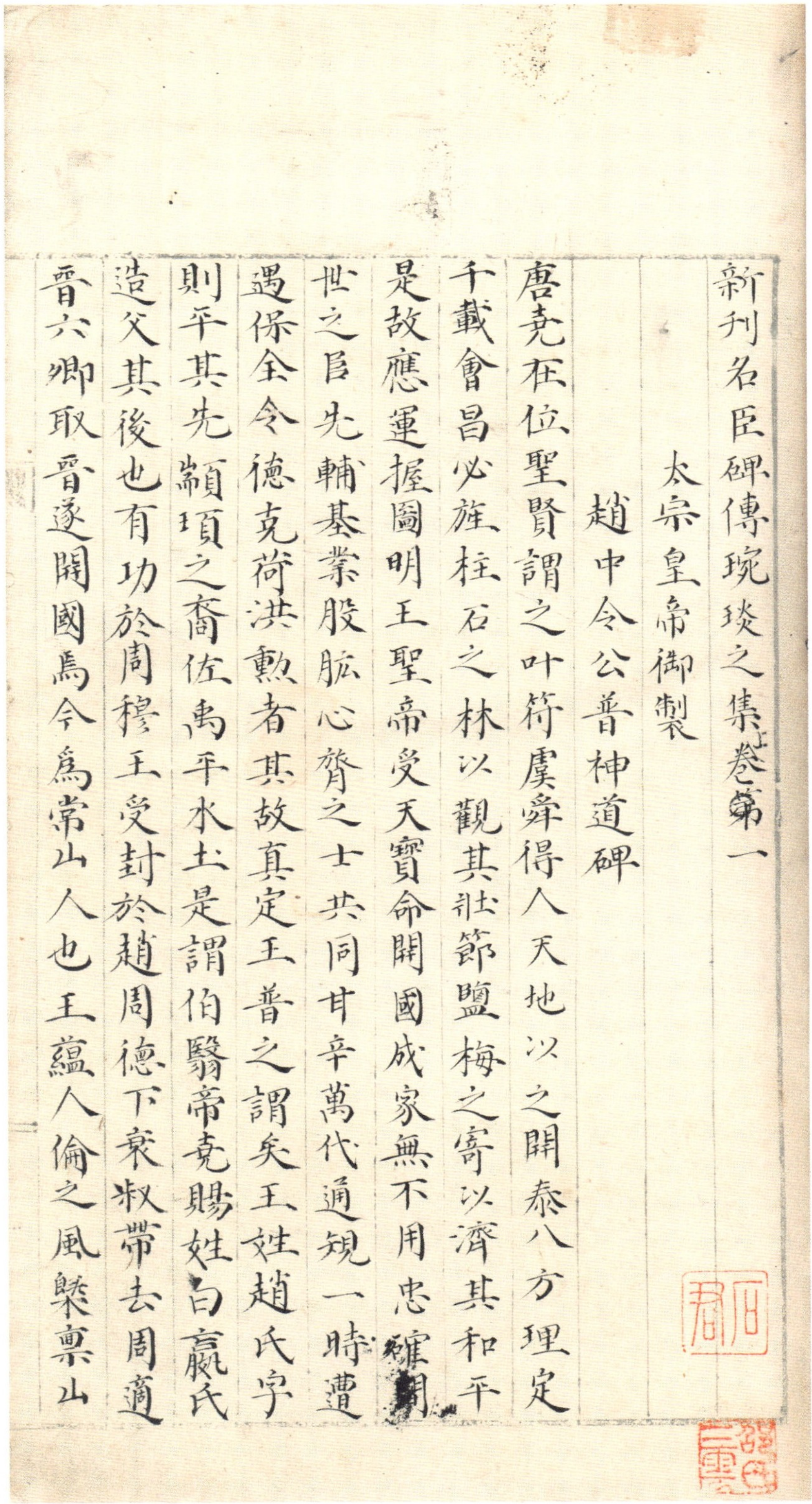

10263 新刊名臣碑傳琬琰之集上集二十七卷中集五十五卷下集二十五卷 （宋）杜大珪輯

明抄本

匡高 24.7 釐米，廣 15.7 釐米。半葉十一行，行二十五字，白口，四周單邊。天津圖書館藏。

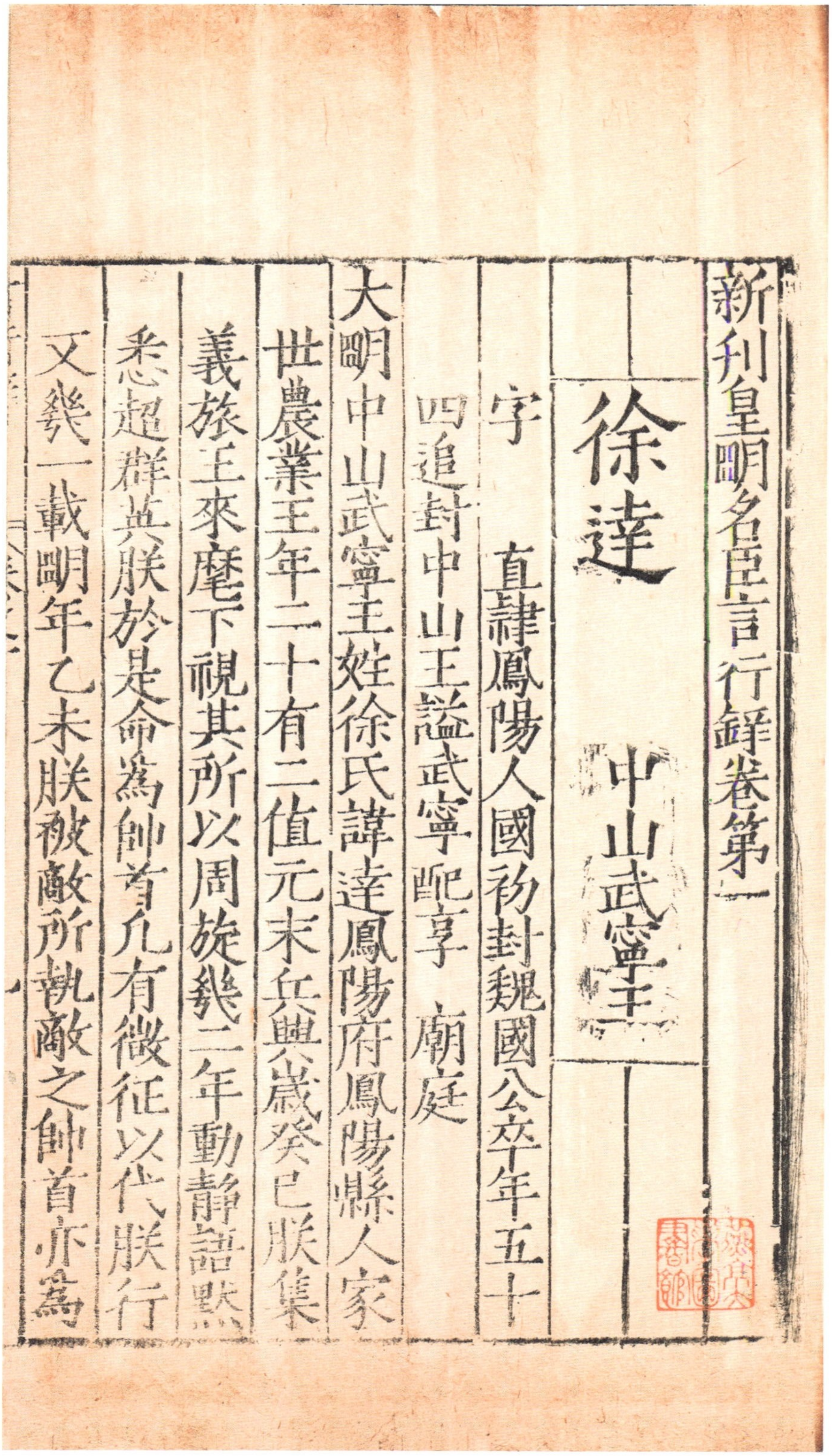
新刊皇明名臣言行録卷第一
徐達　中山武寧王
字　直隷鳳陽人國初封魏國公卒年五十
四追封中山王謚武寧配享　廟庭
大明中山武寧王姓徐氏諱達鳳陽府鳳陽縣人家
世農業至年二十有二值元末兵興歲癸巳朕集
義旅王來麾下視其所以周旋幾二年動靜語默
悉超群英朕於是命爲帥首凡有徵征以代朕行
又幾一載明年乙未朕被敵所執敵之帥首亦爲

10264 新刊皇明名臣言行録四卷 （明）楊廉輯　（明）徐咸續輯　明嘉靖二十年（1541）魏有本刻本

匡高 20 釐米，廣 14.1 釐米。半葉十行，行二十字，白口，左右雙邊。北京大學圖書館藏。

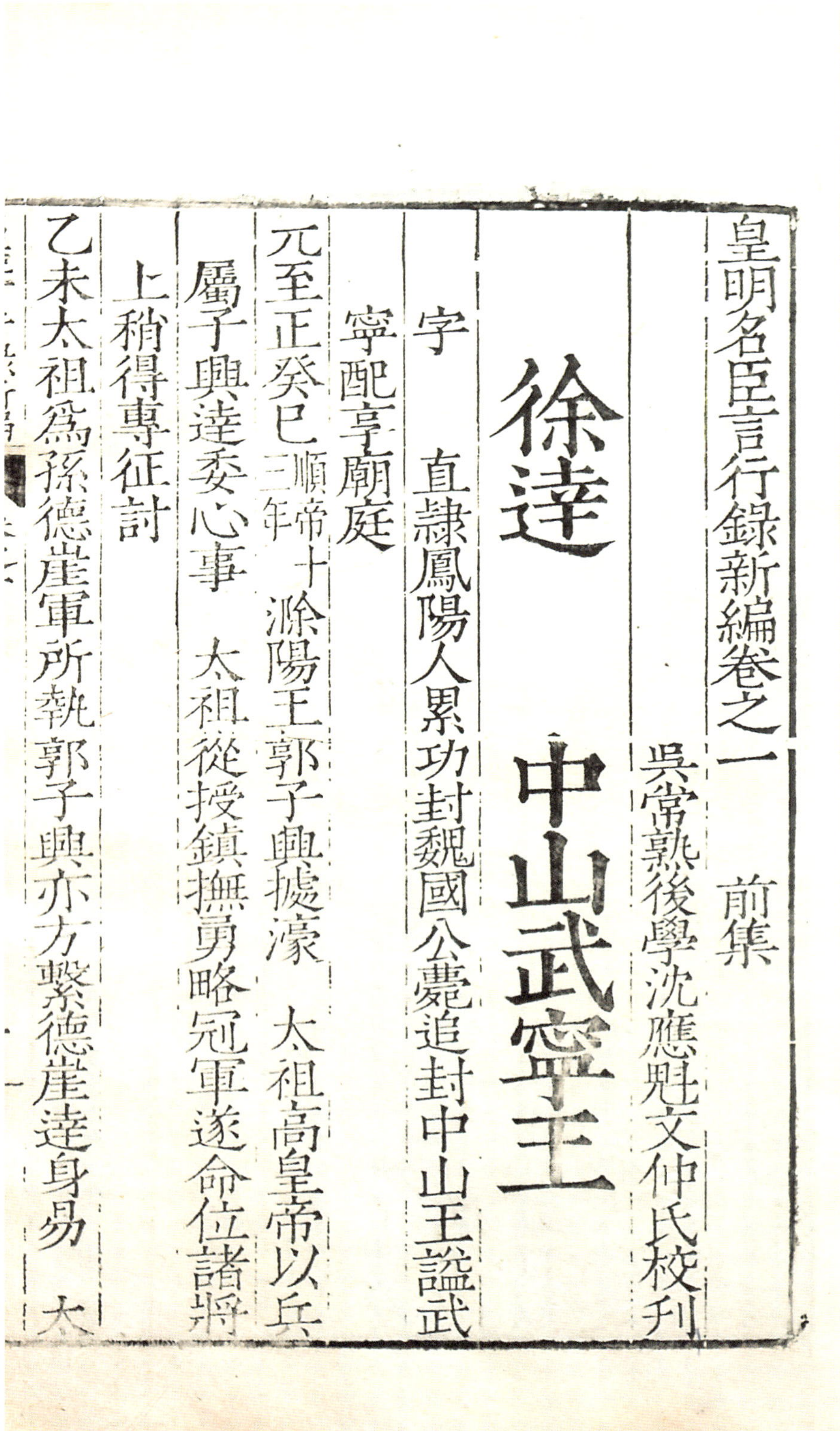
皇明名臣言行録新編卷之一　前集
吳常熟後學沈應魁文仲氏校刋
徐達　中山武寧王
字　直隸鳳陽人累功封魏國公薨追封中山王謚武
寧配享廟庭
元至正癸巳順帝十三年滁陽王郭子興據濠　太祖高皇帝以兵
屬子興達委心事　太祖從授鎮撫勇略冠軍遂命位諸將
上稍得專征討
乙未太祖爲孫德崖軍所執郭子興亦方繫德崖達身易　太

10265 皇明名臣言行録新編三十四卷　（明）沈應魁輯　明嘉靖三十二年（1553）自刻本

匡高 20.5 釐米，廣 13.8 釐米。半葉十行，行二十四字，小字雙行同，白口，四周單邊。南京圖書館藏。

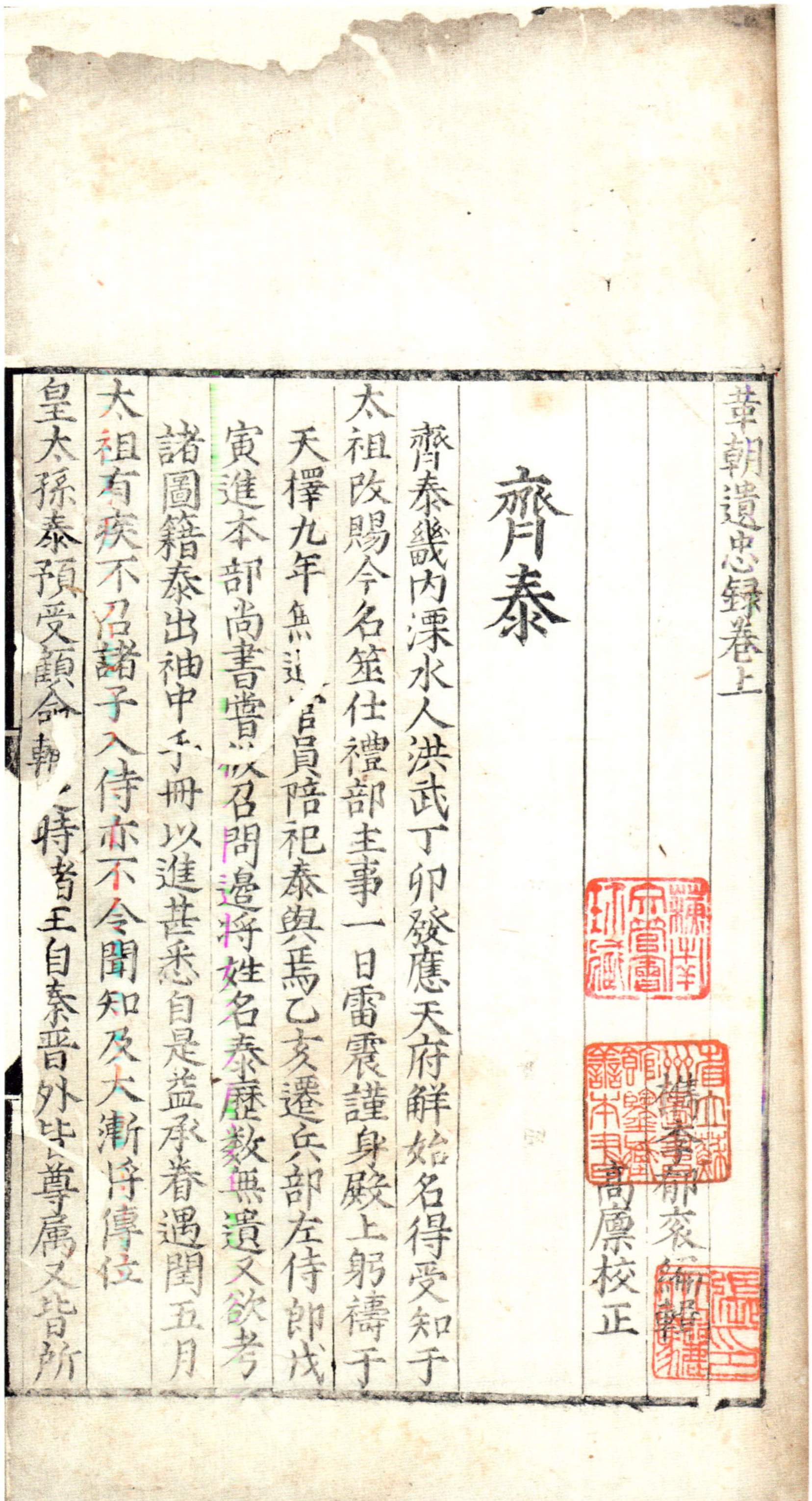
革朝遺忠録卷上
郁衮編輯
高廪校正
齊泰
齊泰畿内溧水人洪武丁卯發應天府鮮始名得受知于
太祖改賜今名筮仕禮部主事一日雷震謹身殿上躬禱于
天擇九年無過官員陪祀泰與焉乙亥遷兵部左侍郎戊
寅進本部尚書嘗以召問邊將姓名泰歷數無遺又欲考
諸圖籍泰出袖中手冊以進甚悉自是益承眷遇閏五月
太祖有疾不召諸子入侍亦不令聞知及大漸將傳位
皇太孫泰預受顧命輔[illegible]時諸王自秦晉外皆尊屬又皆所

10266 革朝遺忠録二卷附録一卷 （明）郁衮撰 明嘉靖四年（1525）敖英刻本

匡高 19.5 釐米，廣 14.3 釐米。半葉十二行，行二十三字，小字雙行同，黑口，四周單邊。蘇州圖書館藏。

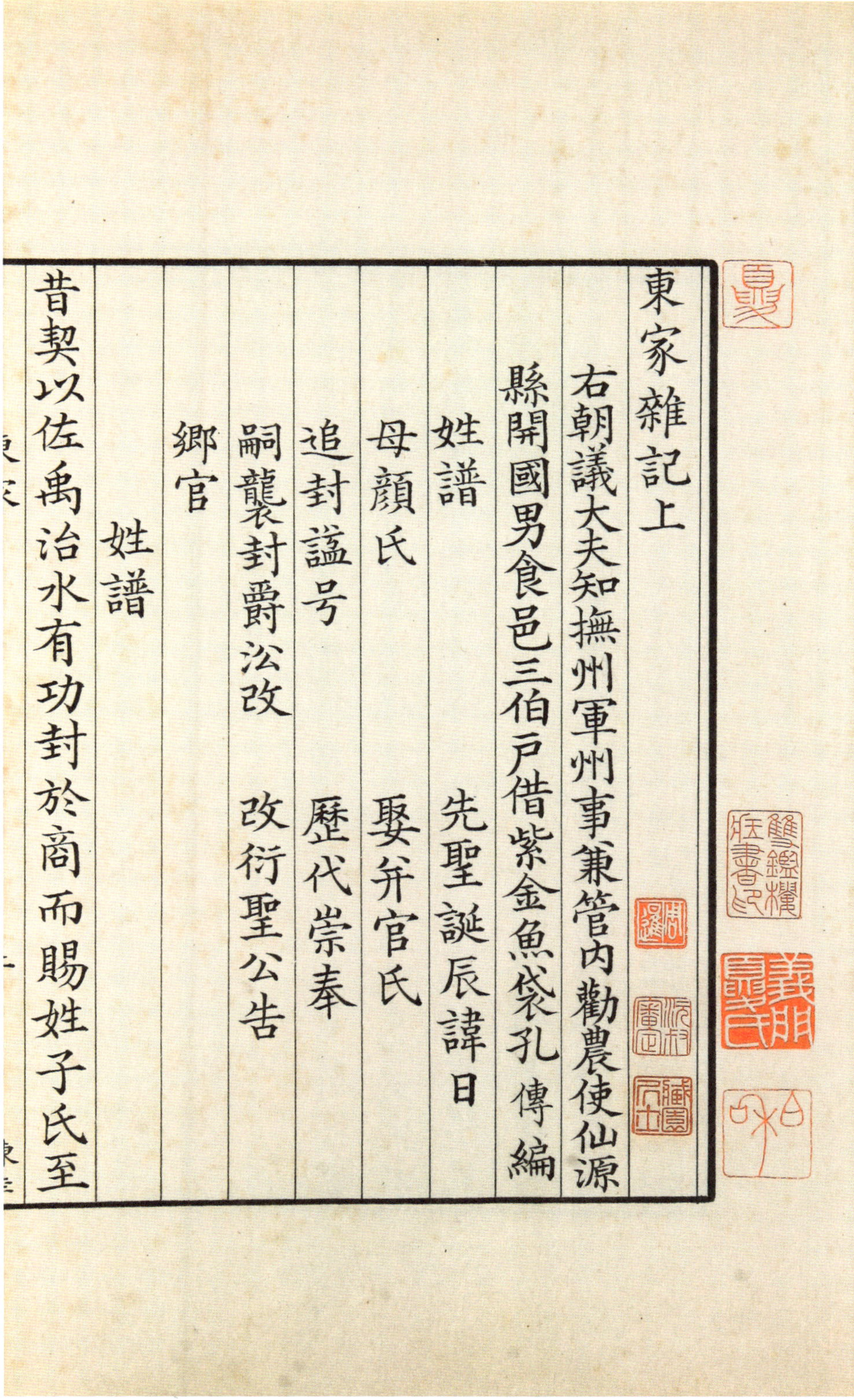

東家雜記上

右朝議大夫知撫州軍州事兼管内勸農使仙源縣開國男食邑三伯戸借紫金魚袋孔傳編

姓譜　先聖誕辰諱日

母顔氏　娶幷官氏

追封謚号　歷代崇奉

嗣襲封爵沿改　改衍聖公告

鄉官

姓譜

昔契以佐禹治水有功封於商而賜姓子氏至

10267 東家雜記二卷 （宋）孔傳撰 清初毛氏汲古閣影宋抄本

匡高 20.1 釐米，廣 14.9 釐米。半葉十行，行十八字，白口，左右雙邊。席鑒、勞健跋。有“雙鑑樓藏書印”等印。國家圖書館藏。

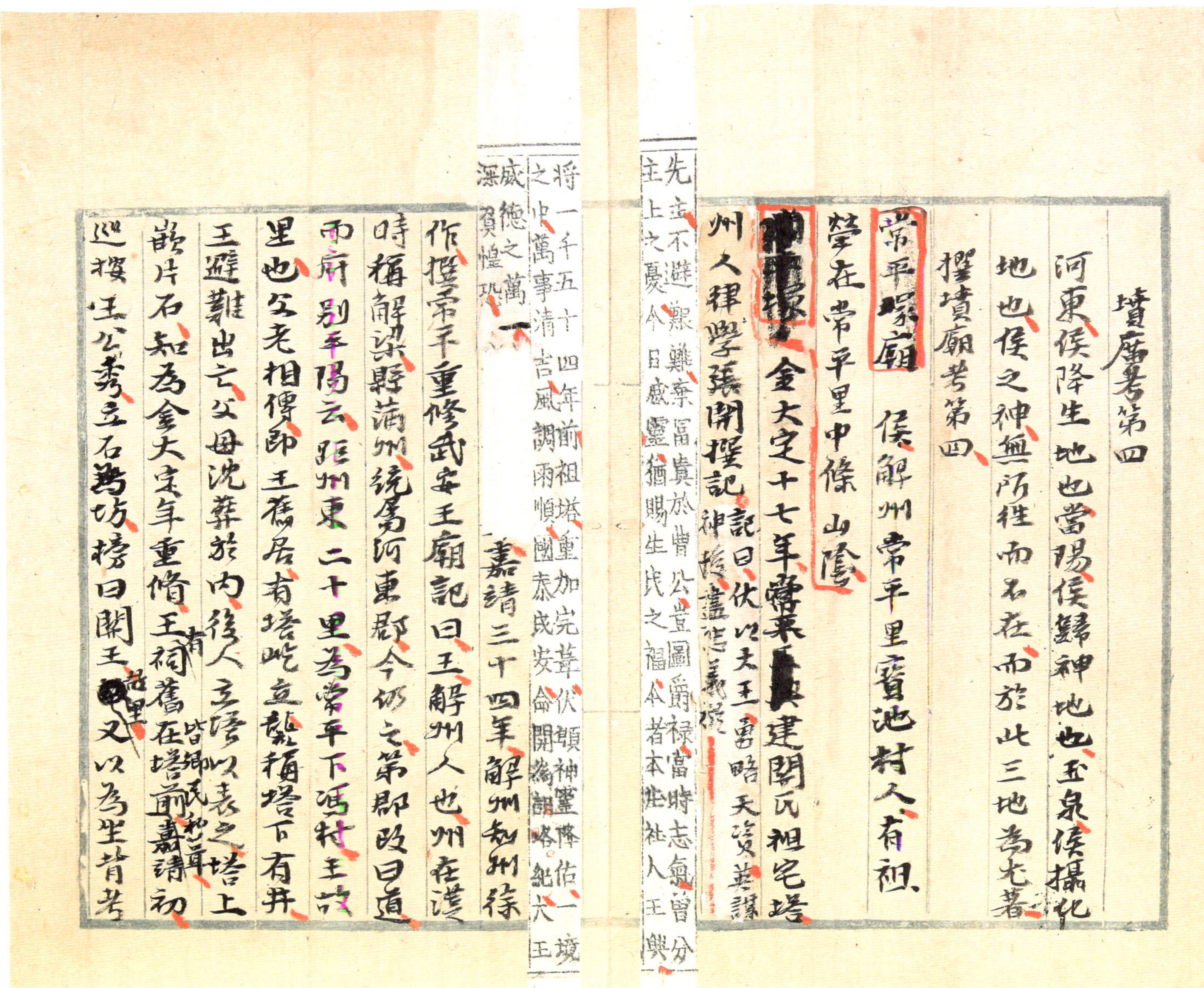

10268 重編義勇武安王集八卷 （清）錢謙益輯 稿本

陳奐、吴毓芬、毛懷、曹元忠跋，魏源題詩。國家圖書館藏。

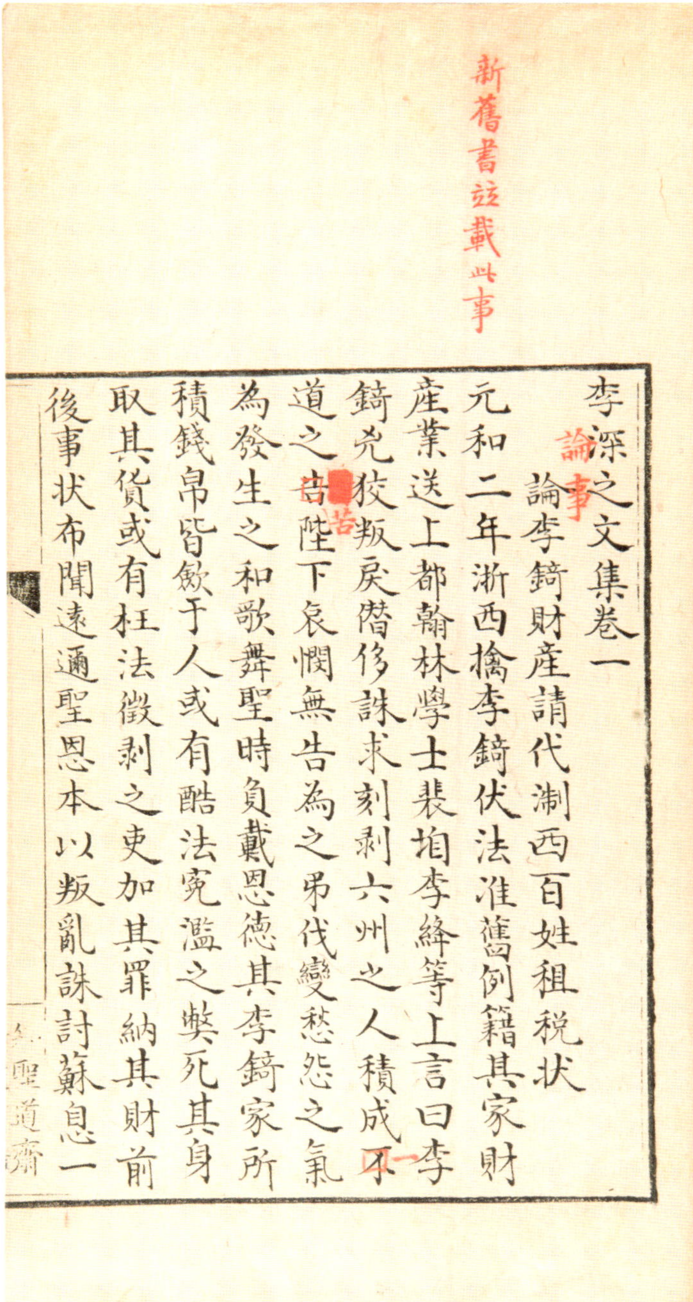

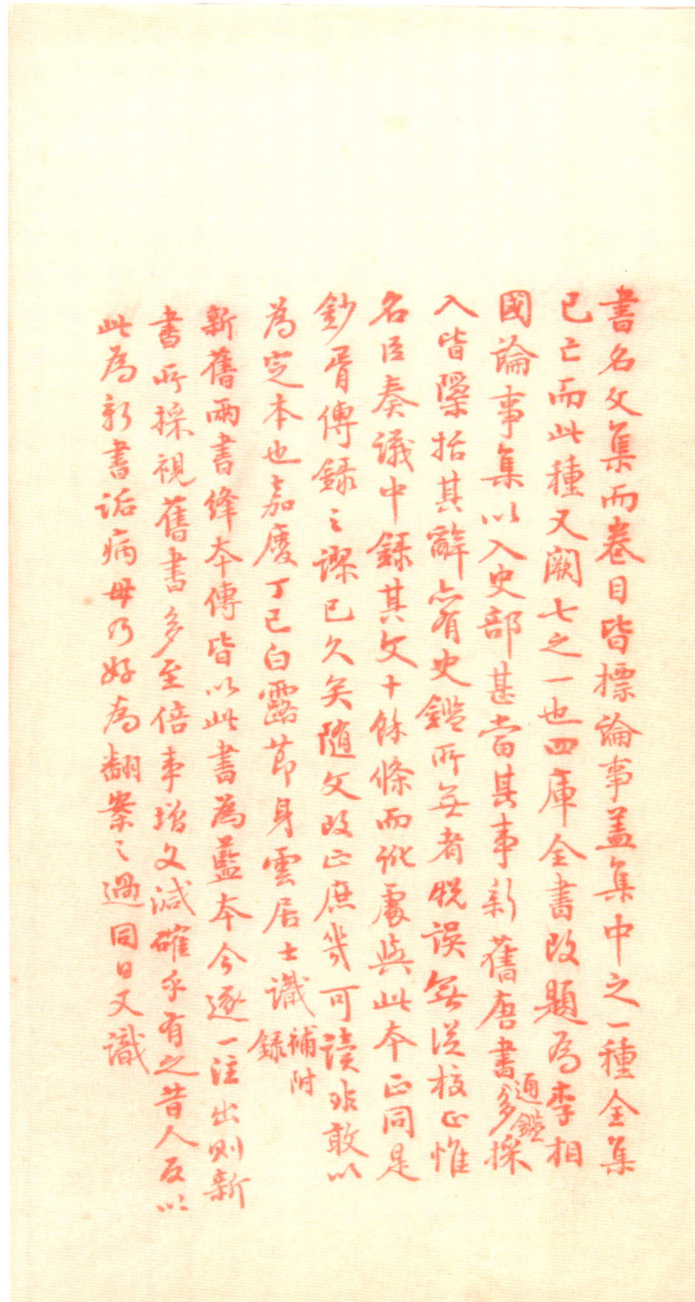

10269 李深之文集六卷 （唐）李絳撰 清彭氏知聖道齋抄本

有“南昌彭氏”、“知聖道齋藏書”、“遇者善讀”等印。彭元瑞校並跋。上海圖書館藏。

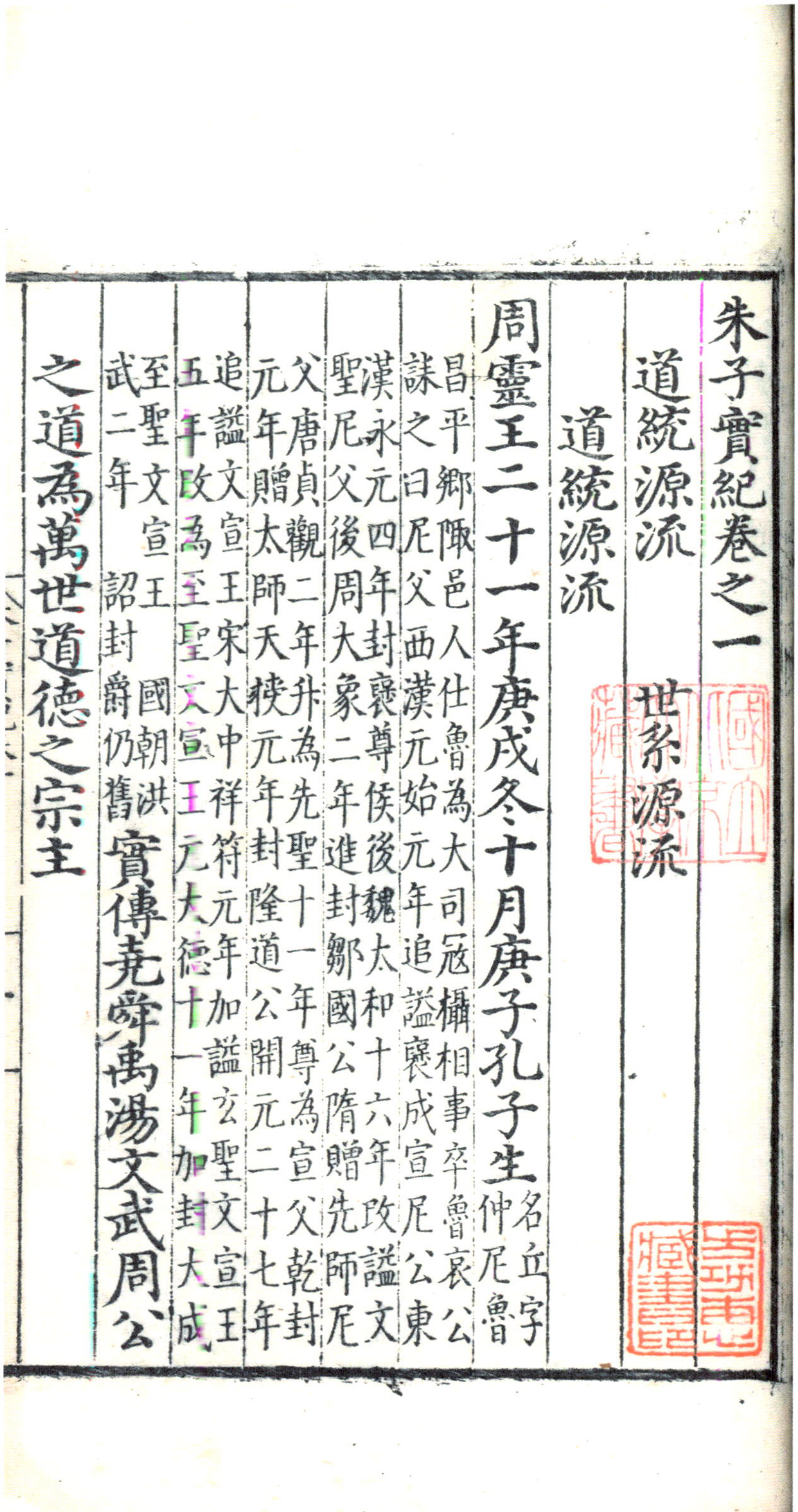
朱子實紀卷之一

道統源流　世系源流

道統源流

周靈王二十一年庚戌冬十月庚子孔子生名丘字仲尼魯

昌平鄉陬邑人仕魯為大司寇攝相事卒魯哀公

誄之曰尼父西漢元始元年追謚褒成宣尼公東

漢永元四年封褒尊侯後魏太和十六年改謚文

聖尼父後周大象二年進封鄒國公隋贈先師尼

父唐貞觀二年升為先聖十一年尊為宣父乾封

元年贈太師天授元年封隆道公開元二十七年

追謚文宣王宋大中祥符元年加謚玄聖文宣王

五年改為至聖文宣王元大德十一年加封大成

至聖文宣王　國朝洪

武二年　詔封爵仍舊實傳堯舜禹湯文武周公

之道為萬世道德之宗主

10270 朱子實紀十二卷　（明）戴銑輯　明正德八年（1513）鮑雄刻本

匡高 19 釐米，廣 13.3 釐米。半葉十行，行二十字，小字雙行同，白口，四周單邊。北京大學圖書館藏。

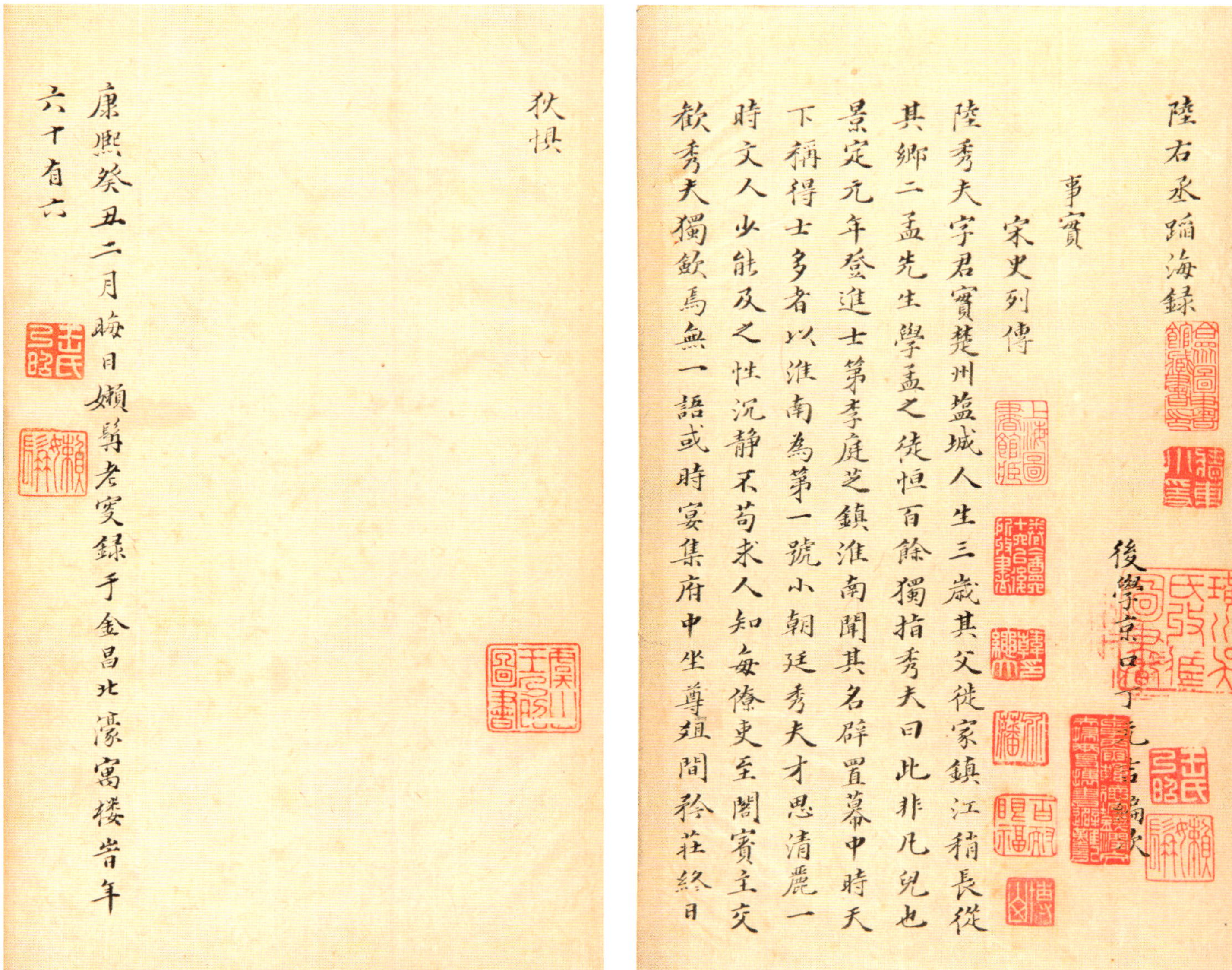

陸右丞蹈海録

事實

宋史列傳

陸秀夫字君實楚州盐城人生三歲其父徙家鎮江稍長從其鄉二孟先生學孟之徒恒百餘獨指秀夫曰此非凡兒也景定元年登進士第李庭芝鎮淮南聞其名辟置幕中時天下稱得士多者以淮南為第一號小朝廷秀夫才思清麗一時文人少能及之性沉静不苟求人知每僚吏至閣賓主交歡秀夫獨斂焉無一語或時宴集府中坐尊俎間矜莊終日

後學京口丁元吉編次

狀惧

康熙癸丑二月晦日嬾髯老叟録于金昌北濠寓樓旹年六十有六

10271 陸右丞蹈海録一卷 （明）丁元吉輯 **李江州遺墨題跋一卷** 清康熙十二年（1673）王乃昭抄本

有“王氏乃昭”、“甲子丙寅韓德均錢潤文夫婦兩度攜書避難記”、“潘厚”等印。潘承厚、潘承弼跋。上海圖書館藏。

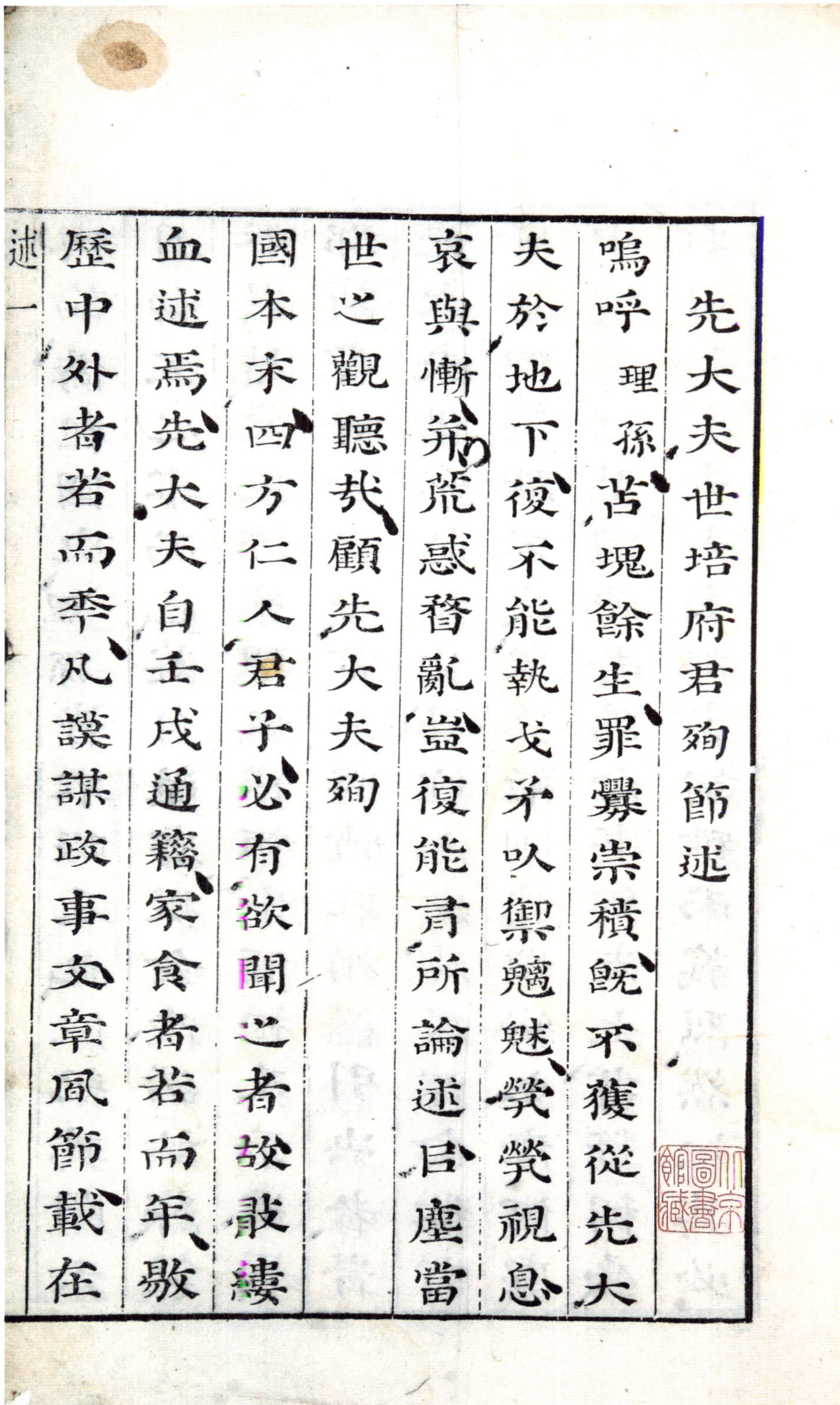

先大夫世培府君殉節述

嗚呼　理孫苫塊餘生罪孽崇積既不獲從先大夫於地下復不能執戈矛以禦魑魅煢煢視息哀與慚并荒惑瞀亂豈復能有所論述以塵當世之觀聽哉顧先大夫殉國本末四方仁人君子必有欲聞之者故敢縷血述焉先大夫自壬戌通籍家食者若而年敭歷中外者若而年凡謨謀政事文章風節載在

述一

10272 先大夫世培府君殉節述一卷 （清）祁理孫撰　南明弘光元年（1645）自刻本

匡高 20.6 釐米　廣 13.5 釐米。半葉八行，行十八字，白口，四周單邊。國家圖書館藏。

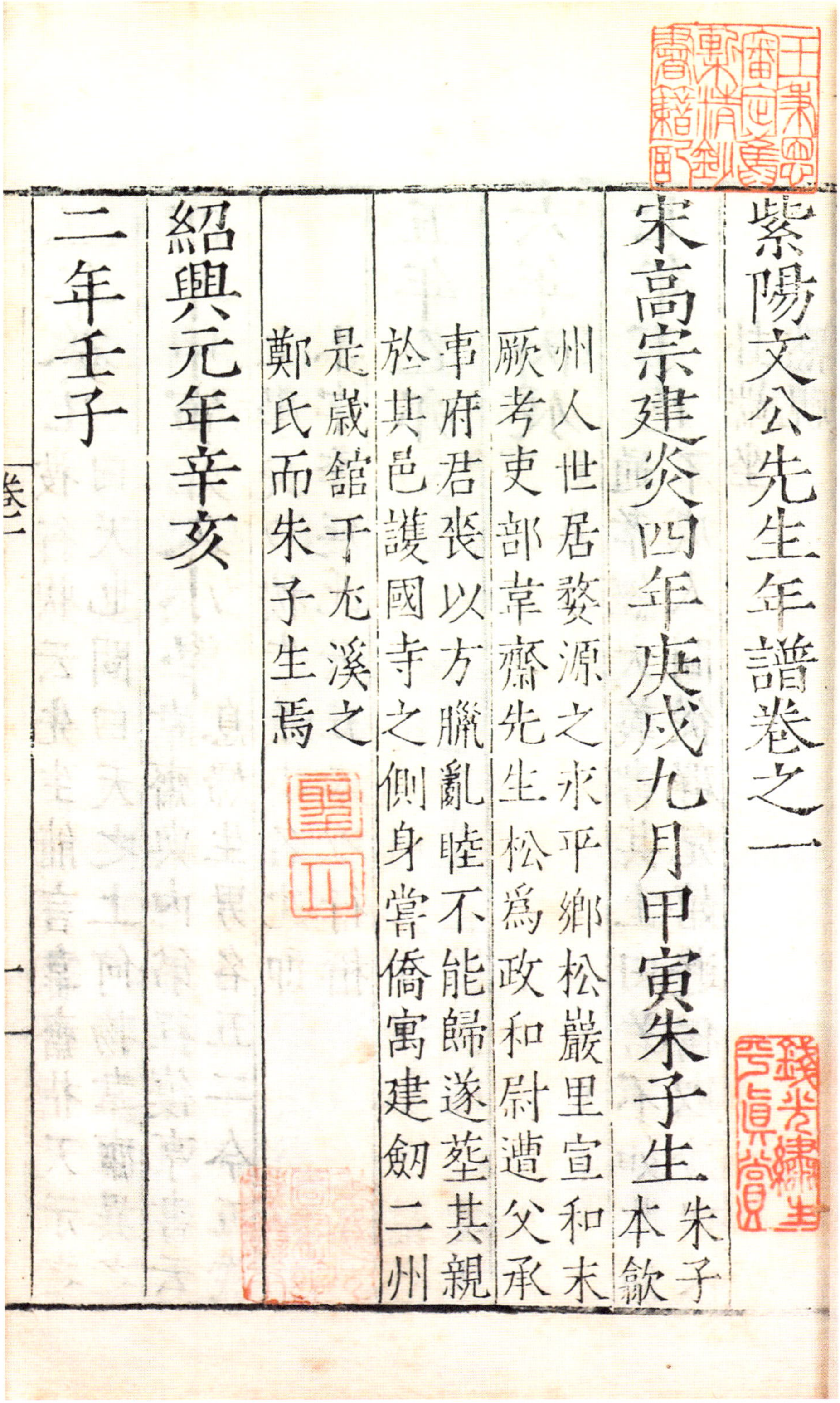
紫陽文公先生年譜卷之一
宋高宗建炎四年庚戌九月甲寅朱子生朱子本歙
州人世居婺源之永平鄉松巖里宣和末
厥考吏部韋齋先生松爲政和尉遭父承
事府君喪以方臘亂睦不能歸遂塟其親
於其邑護國寺之側身嘗僑寓建劒二州
是歲舘于尤溪之
鄭氏而朱子生焉
紹興元年辛亥
二年壬子

10273 紫陽文公先生年譜五卷 （明）李默　朱河重訂　明嘉靖三十六年（1557）建寧董燧刻本

匡高 20.7 釐米，廣 15.7 釐米。半葉七至九行，行十八至十九字，小字雙行同，白口，四周單邊。重慶圖書館藏。

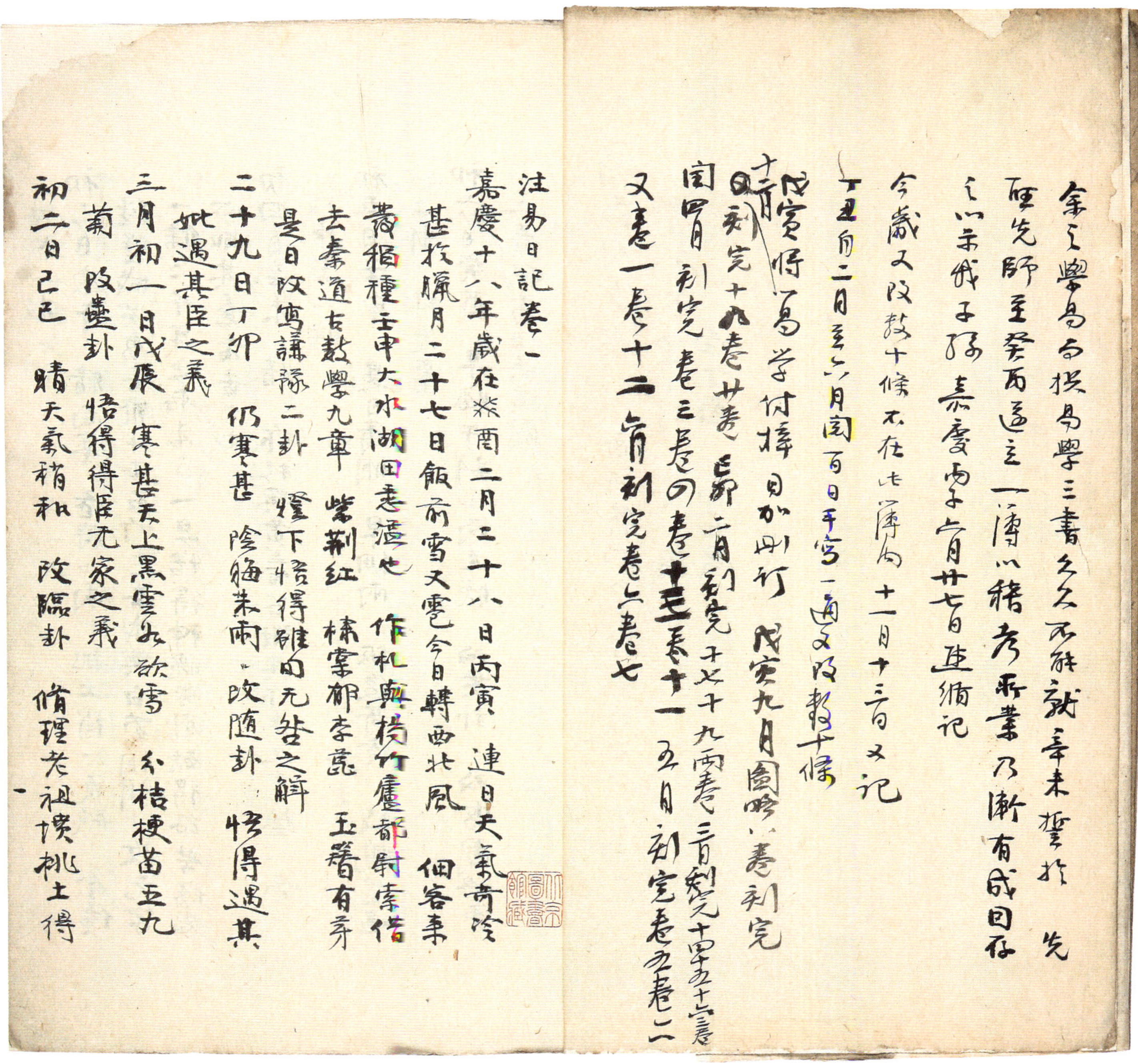

10274 注易日記三卷 （清）焦循撰 稿本

國家圖書館藏，存清嘉慶十八年二月至二十一年三月。

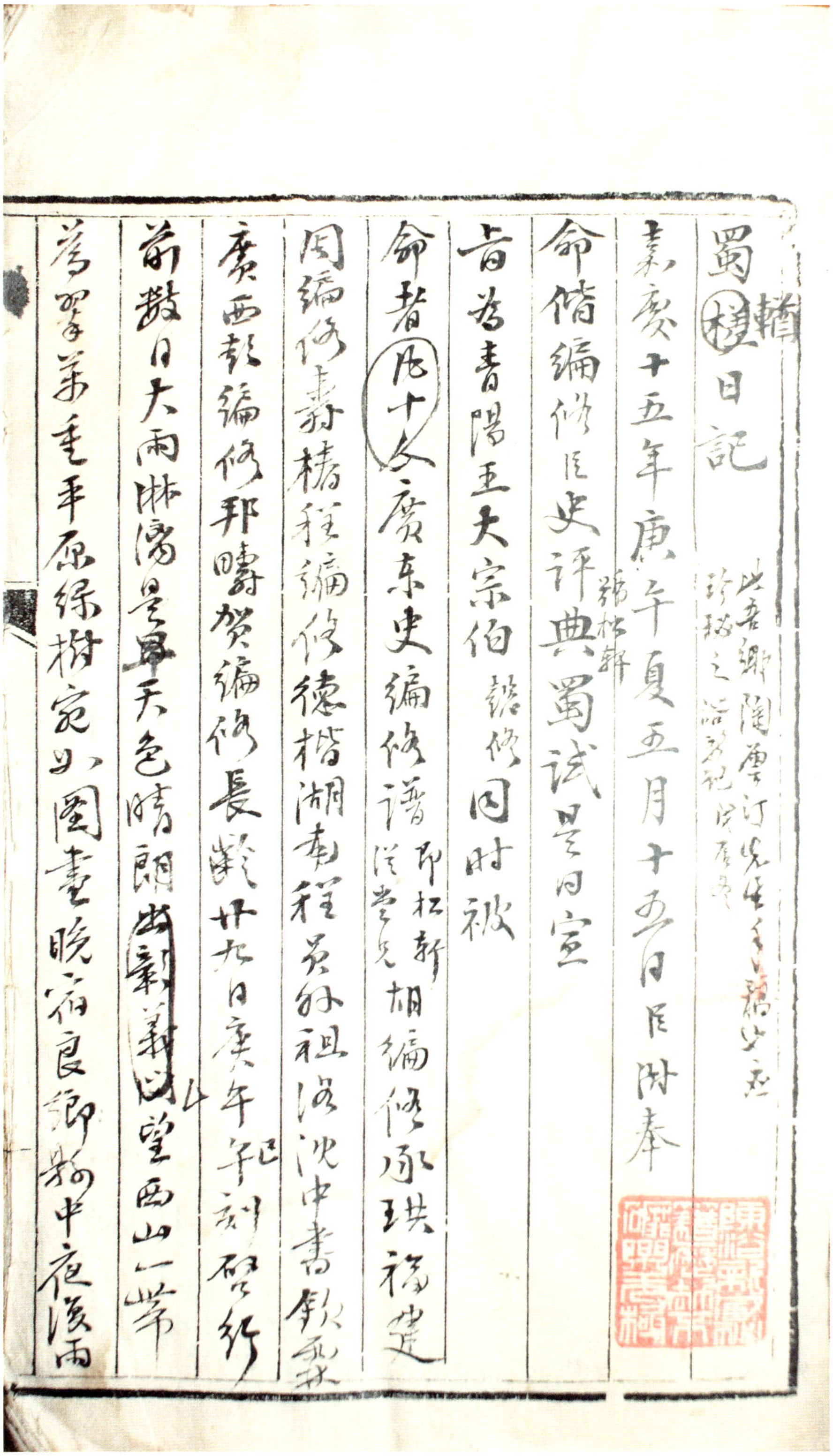
蜀輶日記
嘉慶十五年庚午夏五月十五日臣附奉
命偕編修臣史評典蜀試是日宣
旨為貴陽王大宗伯同時被
命者凡十人廣東史編修譜福建
同編修壽楠程編修德楷湖南程員外祖洛沈中書欽裴
廣西彭編修邦疇賀編修長齡廿九日庚午年刻啓行
前數日大雨淋漓是日天色晴朗出彰義門望西山一帶
蒼翠萬重平原綠樹宛如圖畫晚宿良鄉驛中夜復雨

10275 蜀輶日記一卷 （清）陶澍撰 稿本

湖南省社會科學院圖書館藏，存清嘉慶十五年五月至十一月。

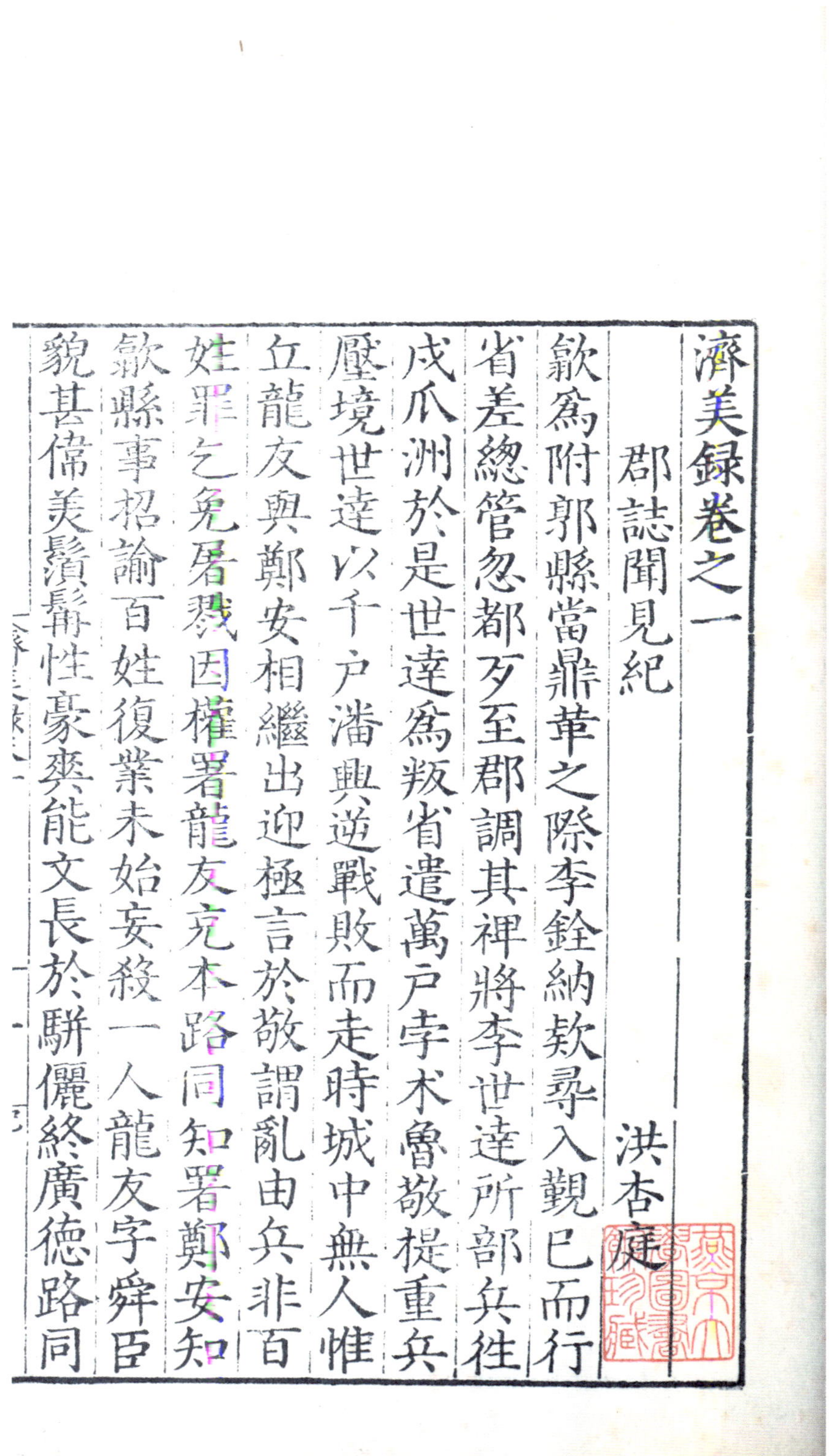
濟美録卷之一

郡誌聞見紀　洪杏庭

歙爲附郭縣當鼎革之際李銓納欵尋入覲已而行
省差總管忽都歹至郡調其裨將李世達所部兵往
戍瓜洲於是世達爲叛省遣萬戶孛术魯敬提重兵
壓境世達以千户潘興逆戰敗而走時城中無人惟
丘龍友與鄭安相繼出迎極言於敬謂亂由兵非百
姓罪乞免屠戮因權署龍友充本路同知署鄭安知
歙縣事招諭百姓復業未始妄殺一人龍友字舜臣
貌甚偉美鬚髯性豪爽能文長於騈儷終廣德路同

10276 濟美録四卷 （明）鄭燭輯 明嘉靖十四年（1535）刻本

匡高 18.8 釐米，廣 13 釐米。半葉十行，行二十字，白口，四周單邊。北京大學圖書館藏。

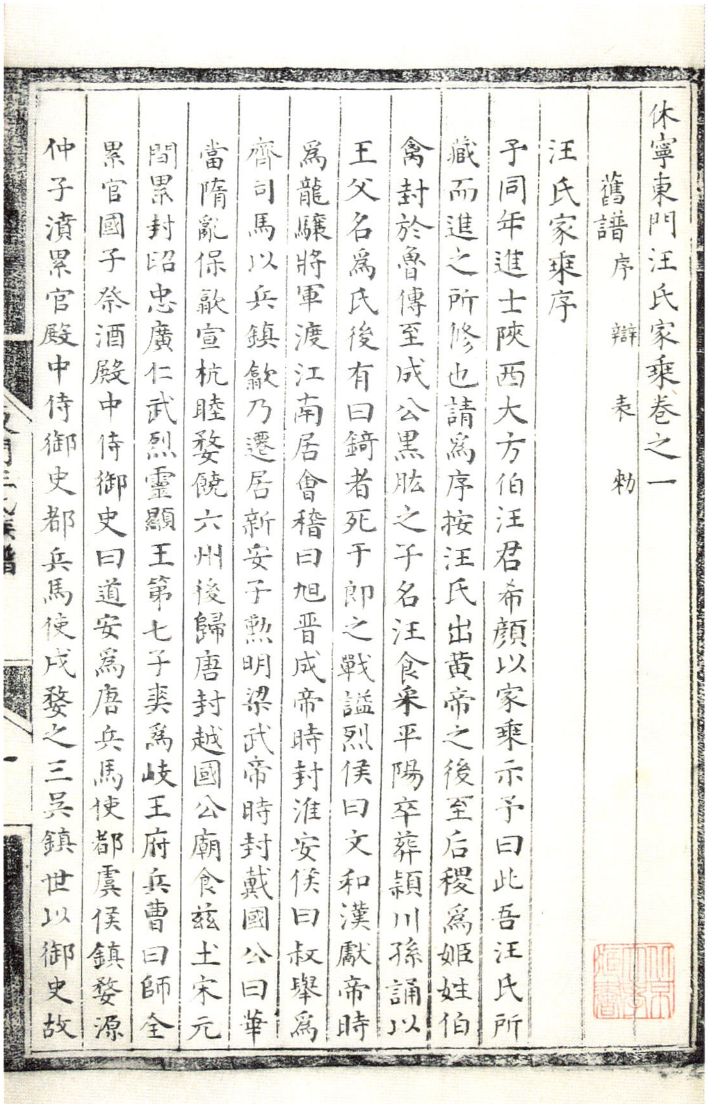

休寧東門汪氏家乘卷之一
舊譜 序 辯 表 勑
汪氏家乘序
予同年進士陝西大方伯汪君希顏以家乘示予曰此吾汪氏所
藏而進之所修也請爲序按汪氏出黃帝之後至后稷爲姬姓伯
禽封於魯傳至成公黑肱之子名汪食采平陽卒葬潁川孫誦以
王父名爲氏後有曰錡者死于郎之戰謚烈侯曰文和漢獻帝時
爲龍驤將軍渡江南居會稽曰旭晋成帝時封淮安侯曰叔舉爲
齊司馬以兵鎮歙乃遷居新安子勲明梁武帝時封戴國公曰華
當隋亂保歙宣杭睦婺饒六州後歸唐封越國公廟食兹土宋元
間累封昭忠廣仁武烈靈顯王第七子奐爲岐王府兵曹曰師全
累官國子祭酒殿中侍御史曰道安爲唐兵馬使都虞侯鎮婺源
仲子濆累官殿中侍御史都兵馬使戍婺之三吴鎮世以御史故

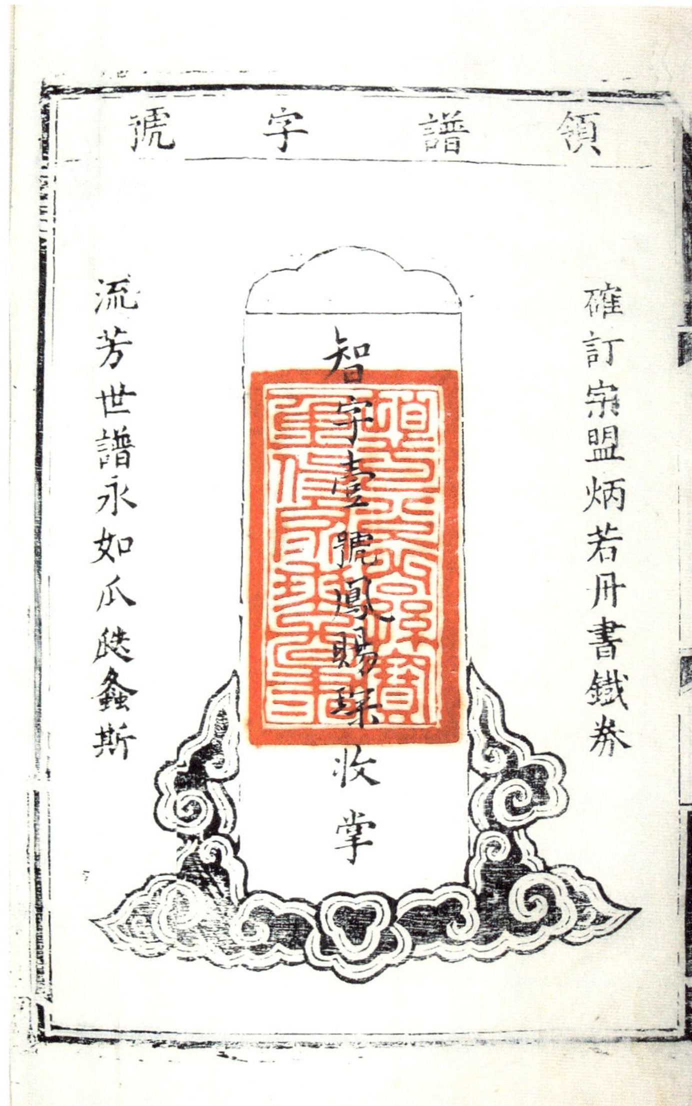

領譜字號
確訂宗盟炳若丹書鐵券
知字壹號
收掌
流芳世譜永如瓜瓞綿斯

10277 休寧東門汪氏家乘十卷 （明）汪七寶纂修 明嘉靖二十年（1541）刻本

匡高 27.2 釐米，廣 18.6 釐米。半葉十三行，行二十六字，黑口，四周雙邊。

北京大學圖書館藏。

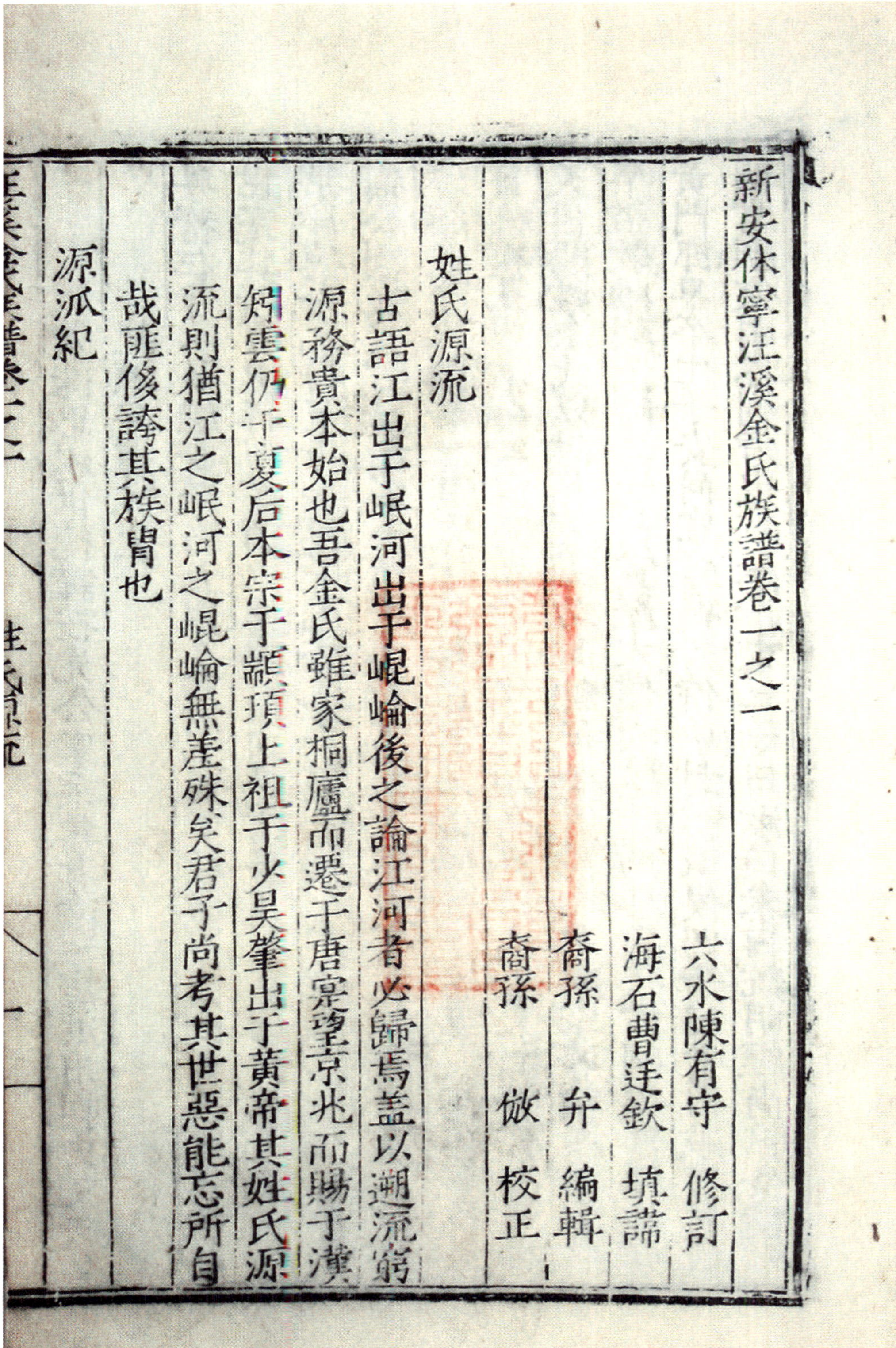

新安休寧汪溪金氏族譜卷一之一

六水陳有守　修訂

海石曹廷欽　填譔

裔孫　弁　編輯

裔孫　倣　校正

姓氏源流

古語江出于岷河出于崐崘後之論江河者必歸焉盖以遡流窮源務貴本始也吾金氏雖家桐廬而遷于唐寔望京兆而賜于漢矧雲仍于夏后本宗于顓頊上祖于少昊肇出于黄帝其姓氏源流則猶江之岷河之崐崘無差殊矣君子尚考其世惡能忘所自哉匪侈誇其族胄也

源派紀

10278 新安休寧汪溪金氏族譜五卷附録一卷　（明）金弁　陳有守等纂修　明嘉靖三十二年（1553）刻本

匡高 27.1 釐米，廣 18.4 釐米。半葉十二行，行二十八字，白口，四周雙邊。

北京大學圖書館藏。

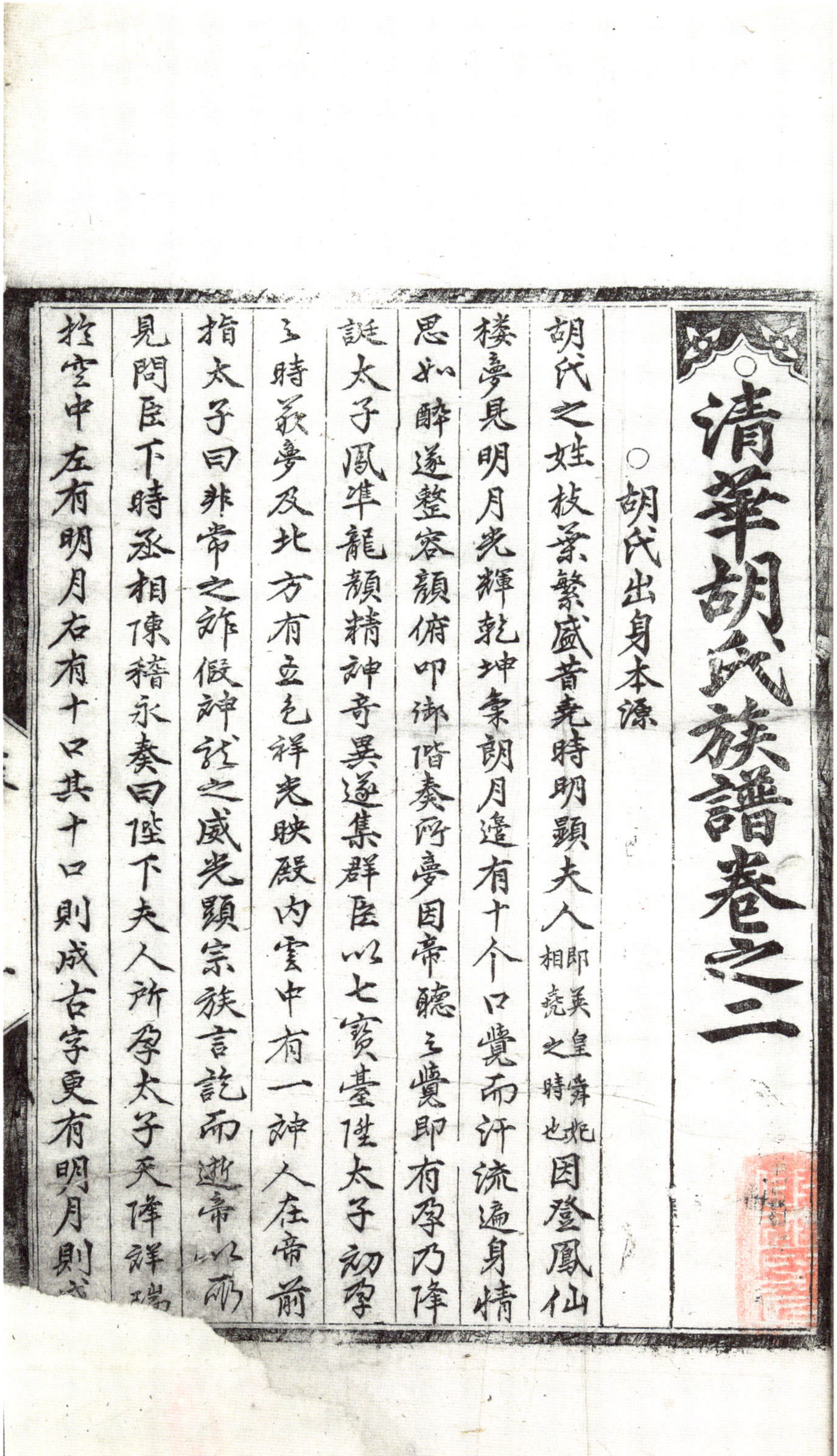

清華胡氏族譜卷之二

○胡氏出身本源

胡氏之姓枝葉繁盛昔堯時明顯夫人（即英皇舜妃相堯之時也）因登鳳仙樓夢見明月光輝乾坤彙朗月邊有十个口覺而汗流遍身精思如醉遂整容顏俯叩御階奏所夢因帝聽之覺即有孕乃降誕太子鳳準龍顏精神奇異遂集群臣以七寶臺座太子初孕之時夜夢及北方有五色祥光映殿内雲中有一神人在帝前指太子曰非常之祚假神託之威光顯宗族言訖而逝帝以所見問臣下時丞相陳稽永奏曰陛下夫人所孕太子天降祥瑞於空中左有明月右有十口共十口則成古字更有明月則成

10279 清華胡氏族譜六卷 （明）胡尚仁 胡天民等纂修 明天順二年（1458）家刻本

匡高 36.7 釐米，廣 27.5 釐米。行字不等，白口，四周雙邊。國家圖書館藏。

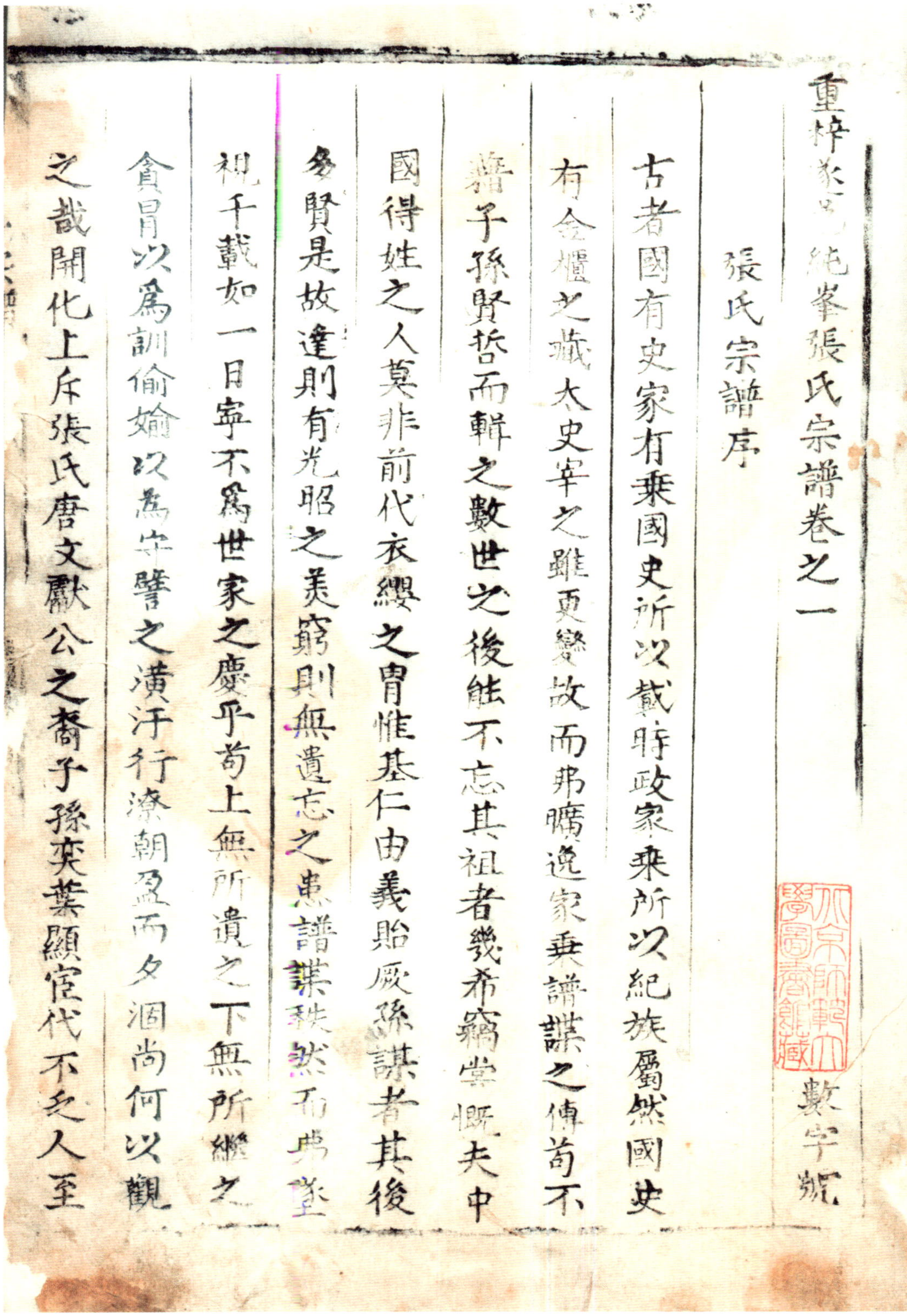

重梓遂邑純峯張氏宗譜卷之一　　數字號

張氏宗譜序

古者國有史家有乘國史所以載時政家乘所以紀族屬然國史有金匱之藏太史宰之雖更變故而弗曠逸家乘譜諜之傳苟不籍子孫賢哲而輯之數世之後能不忘其祖者幾希竊嘗慨夫中國得姓之人莫非前代衣纓之胄惟基仁由義貽厥孫謀者其後多賢是故達則有光昭之美窮則無遺忘之患譜諜秩然而弗墜視千載如一日寧不爲世家之慶乎苟上無所遺之下無所繼之貪冒以爲訓偷婾以爲守譬之潢汙行潦朝盈而夕涸尚何以觀之哉開化上斥張氏唐文獻公之裔子孫奕葉顯宦代不乏人至

10280 重梓遂邑純峰張氏宗譜一卷 （明）張邦聘纂修 明萬曆三十九年（1611）木活字印本

匡高 25.6 釐米，廣 18.3 釐米。半葉十行，行二十七字，黑口，四周單邊。

北京師範大學圖書館藏。

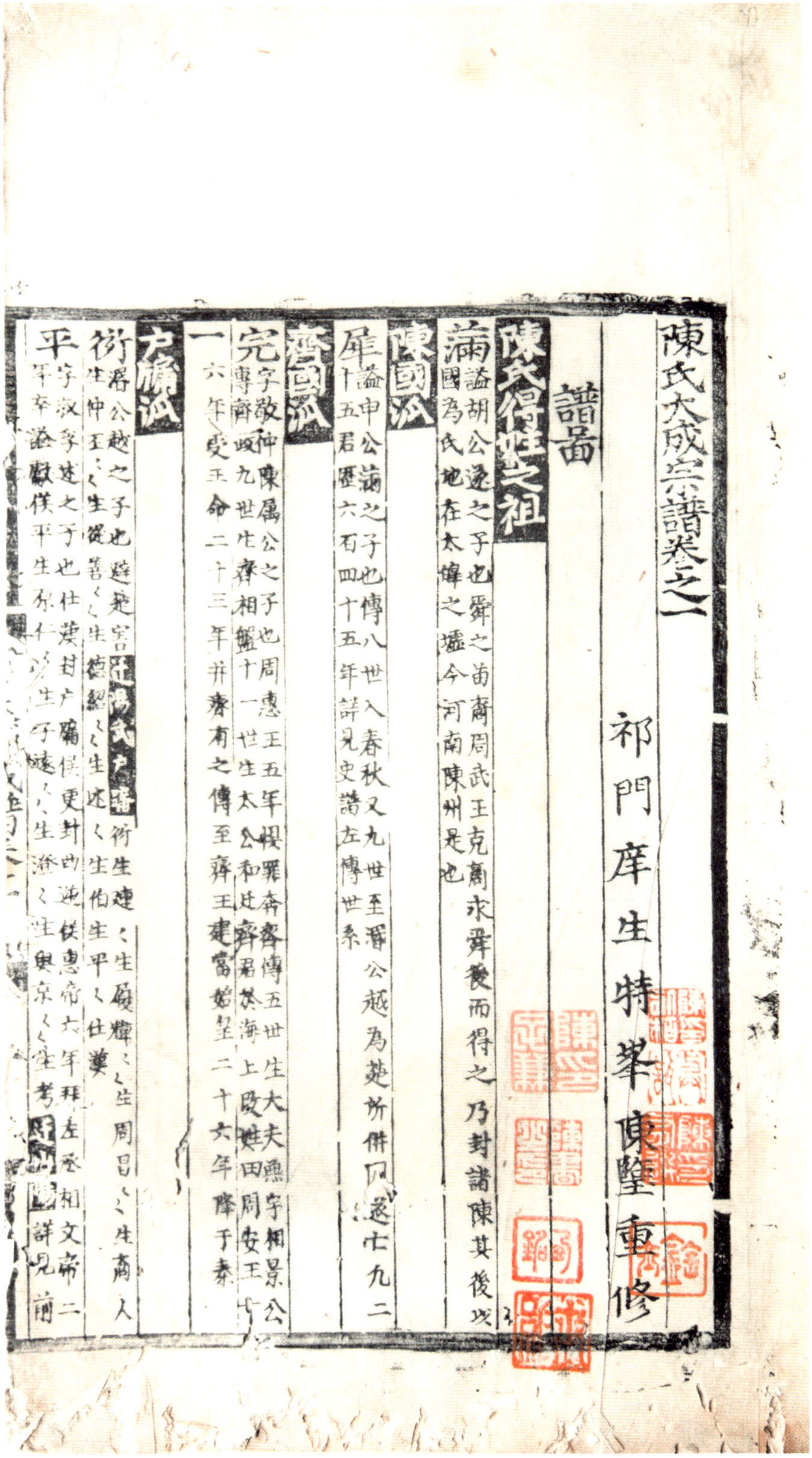

10281 陳氏大成宗譜八卷 （明）陳壂纂修 明嘉靖刻本

匡高26.6釐米，廣17.2釐米。半葉十三行，行三十字，小字雙行字不等，黑口，四周單邊。厦門市同安區圖書館藏。

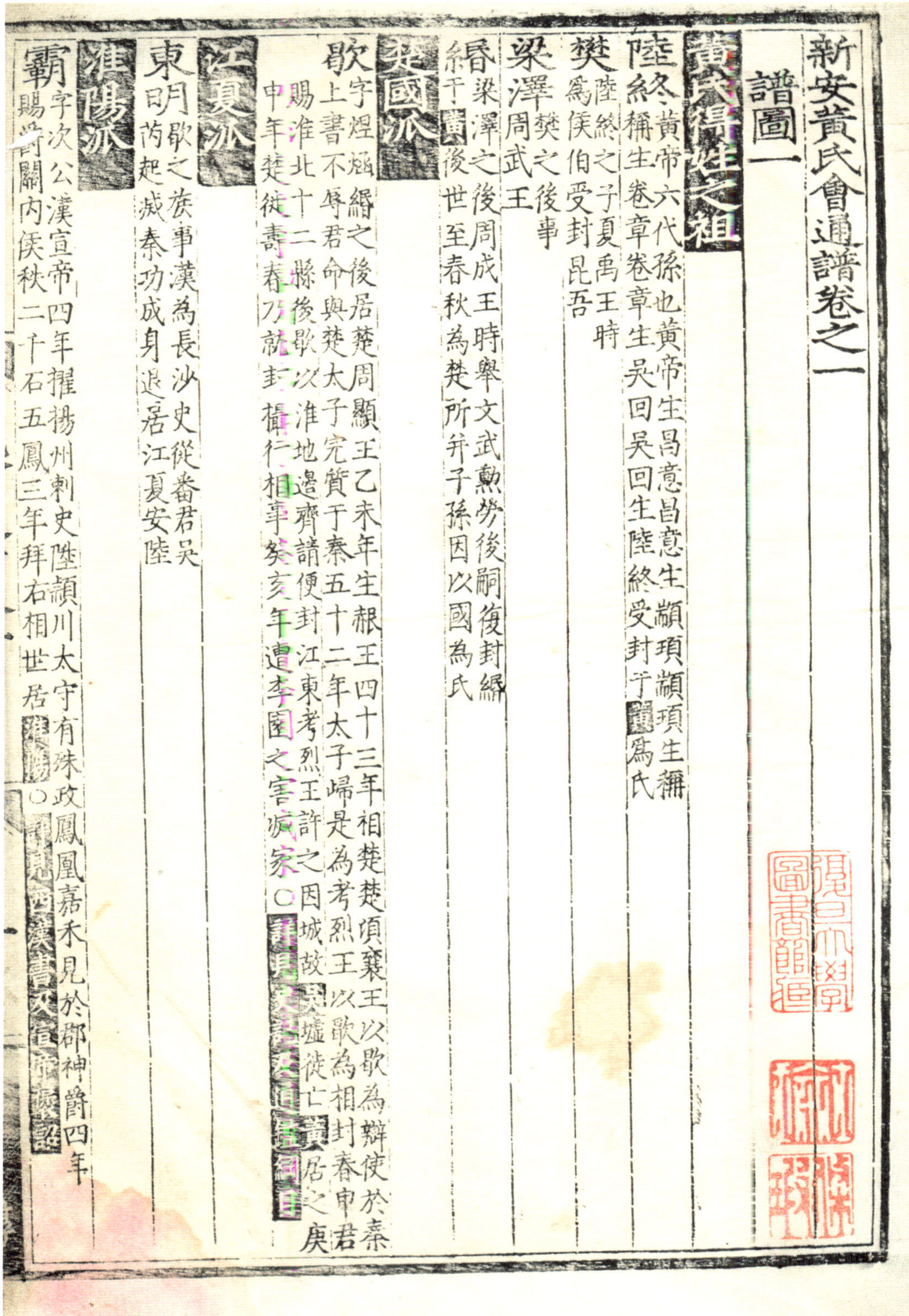
新安黃氏會通譜卷之一
譜圖一
黃氏得姓之祖
陸終黃帝六代孫也黃帝生昌意昌意生顓頊顓頊生稱
稱生卷章卷章生吳回吳回生陸終受封于黃爲氏
樊陸終之子夏禹王時
爲侯伯受封昆吾
梁澤樊之後事
周武王
緡梁澤之後周成王時舉文武勳勞後嗣復封緡
于黃後世至春秋為楚所幷子孫因以國為氏
楚國派
歇字煌姬緡之後居楚周顯王乙未年生赧王四十三年相楚楚頃襄王以歇為辯使於秦
上書不辱君命與楚太子完質于秦五十二年太子歸是為考烈王以歇為相封春申君
賜淮北十二縣後歇以淮地邊齊請便封江東考烈王許之因城故吳墟徙亡黃居之庚
中年楚從壽春乃就封楹仁相事癸亥年遭李園之害滅家○詳見史記春申君列傳附通譜目
江夏派
東明歇之孫事漢為長沙史從番君吳
芮起滅秦功成身退居江夏安陸
淮陽派
霸字次公漢宣帝四年擢揚州刺史陞潁川太守有殊政鳳凰嘉禾見於郡神爵四年
賜爵關內侯秩二千石五鳳三年拜右相世居淮陽○詳見西漢書

10282 新安黃氏會通譜十六卷文獻録二卷外集三卷 （明）黃禄 程天相纂修 明弘治十四年（1501）刻本

匡高 26.9 釐米，廣 18 釐米。半葉十四行，行三十字，小字雙行三十五字，黑口，四周雙邊。復旦大學圖書館藏。

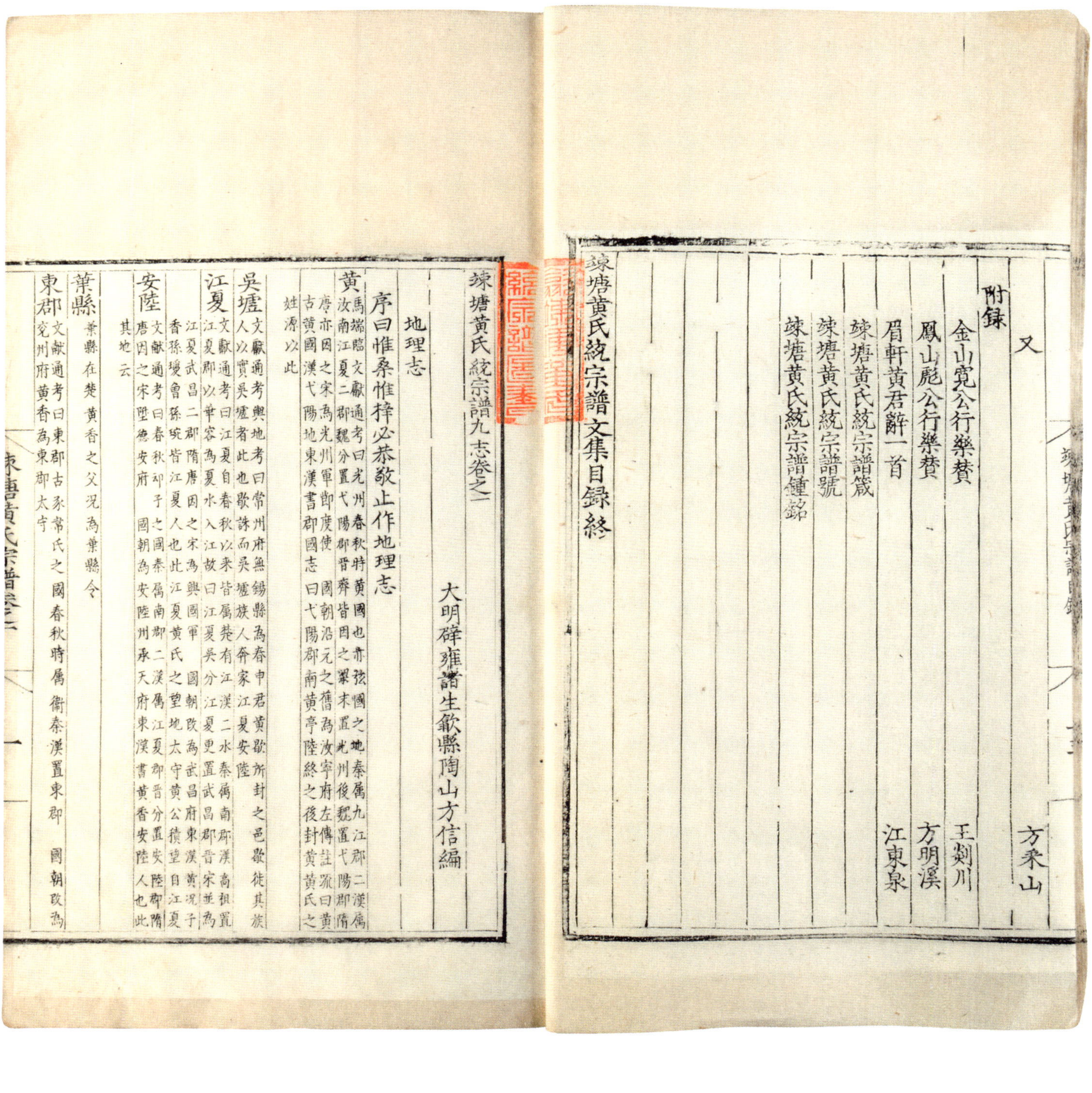

10283 竦塘黄氏統宗譜十卷附録一卷 （明）方信纂修 明嘉靖四十一年（1562）刻本

匡高 27.7 釐米，廣 19.8 釐米。半葉十五行，行字不等，白口，四周雙邊。安徽省博物館藏。

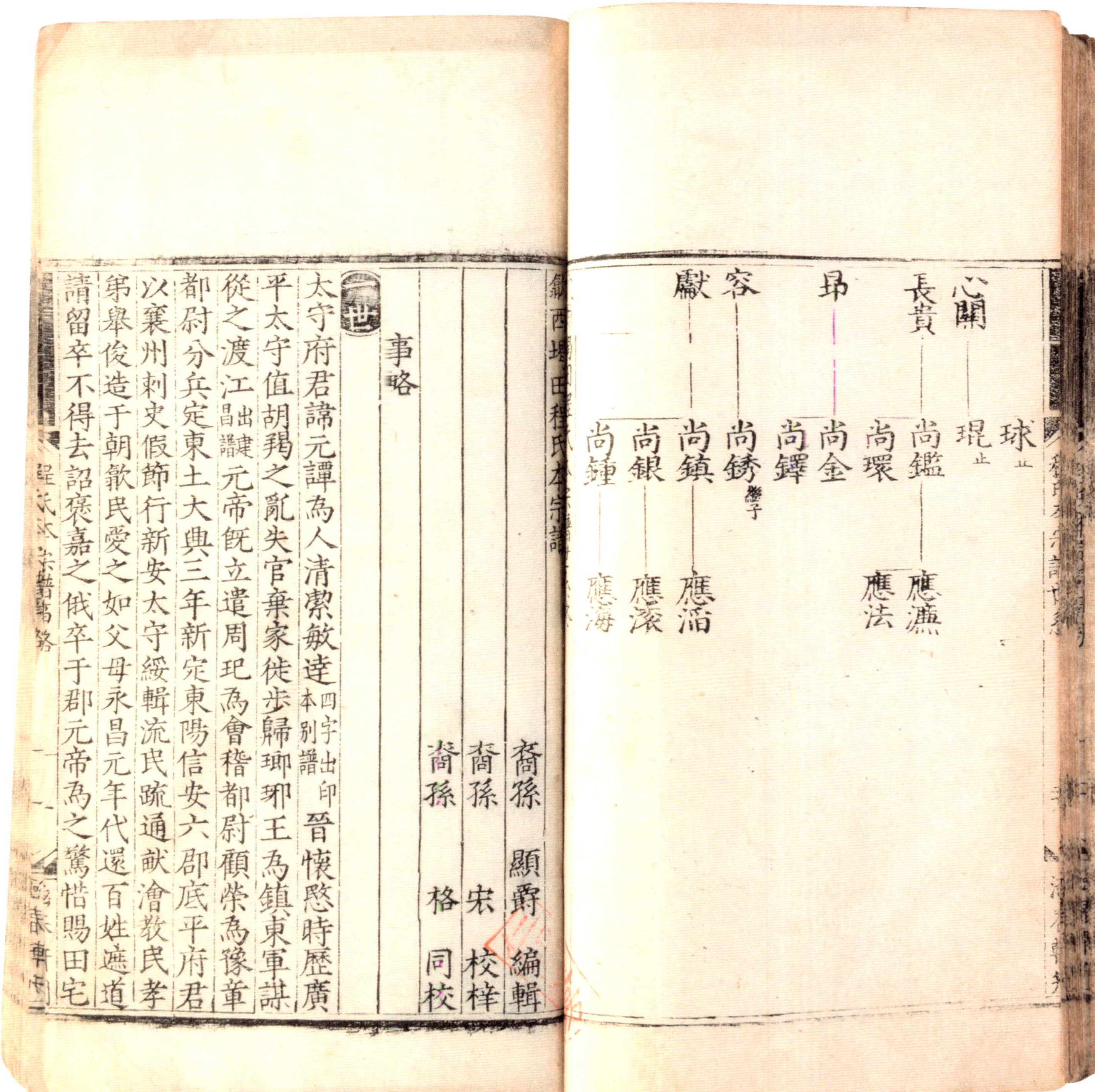

10284 歙西堨田程氏本宗譜一卷 （明）程顯爵纂修 明嘉靖四十五年（1566）涵春軒刻本

匡高22.3釐米 廣15.7釐米。半葉十三行，行字不等，黑口，四周雙邊。許承堯跋。安徽省博物館藏。

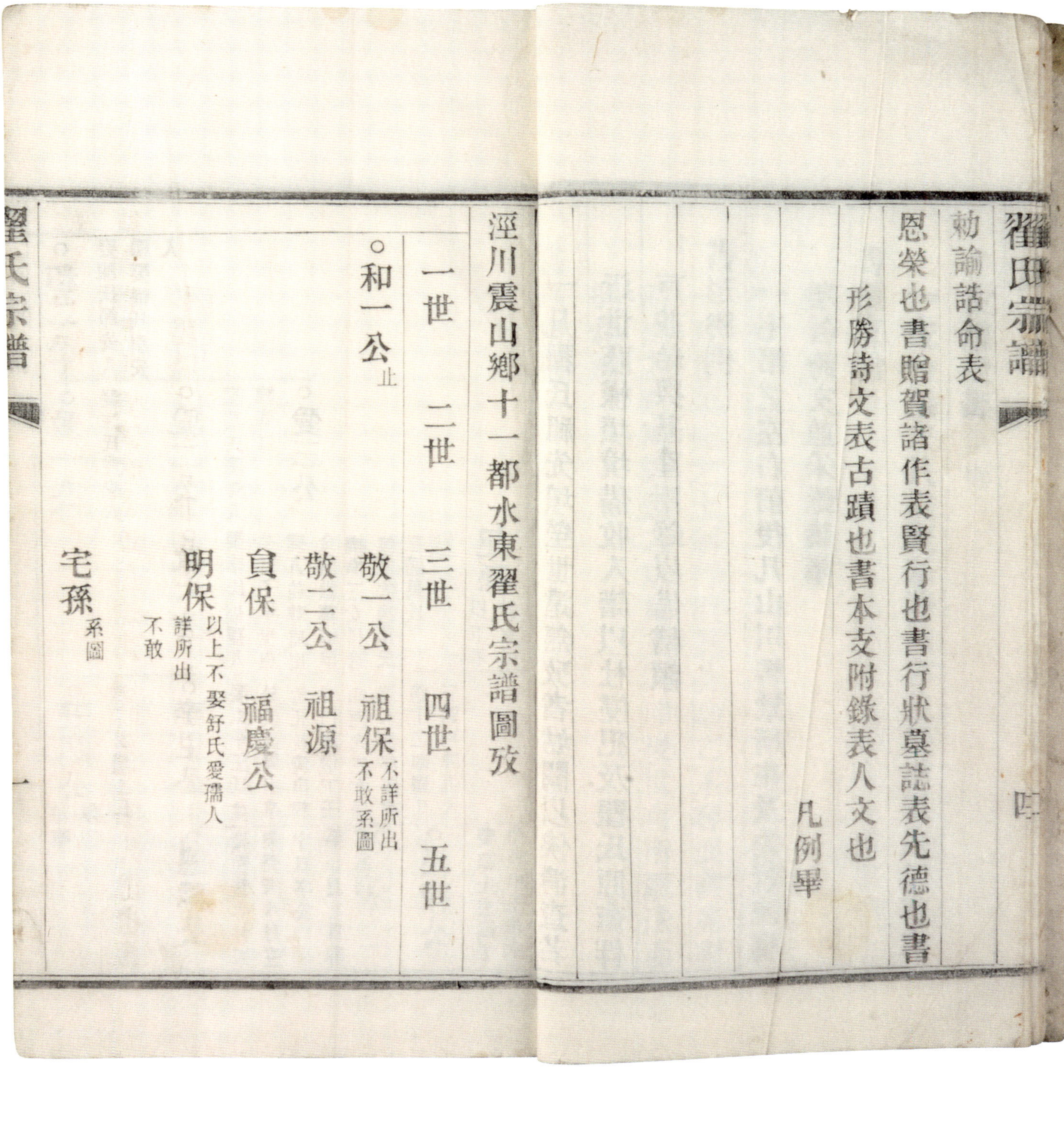
翟氏宗譜　四
勅諭誥命表
恩榮也書贈賀諸作表賢行也書行狀墓誌表先德也書
形勝詩文表古蹟也書本支附錄表人文也
凡例畢
涇川震山鄉十一都水東翟氏宗譜圖攷
一世　二世　三世　四世　五世
○和一公止
敬一公　祖保不詳所出不敢系圖
敬二公　祖源
負保　福慶公
明保以上不詳所出不敢　娶舒氏愛孺人
宅孫系圖
翟氏宗譜　一

10285 涇川水東翟氏宗譜不分卷　（明）翟臺纂修　清咸豐七年（1857）涇川翟金生泥活字印本

匡高 24.8 釐米，廣 16 釐米。半葉九行，行二十二字，白口，四周雙邊。安徽省博物館藏。

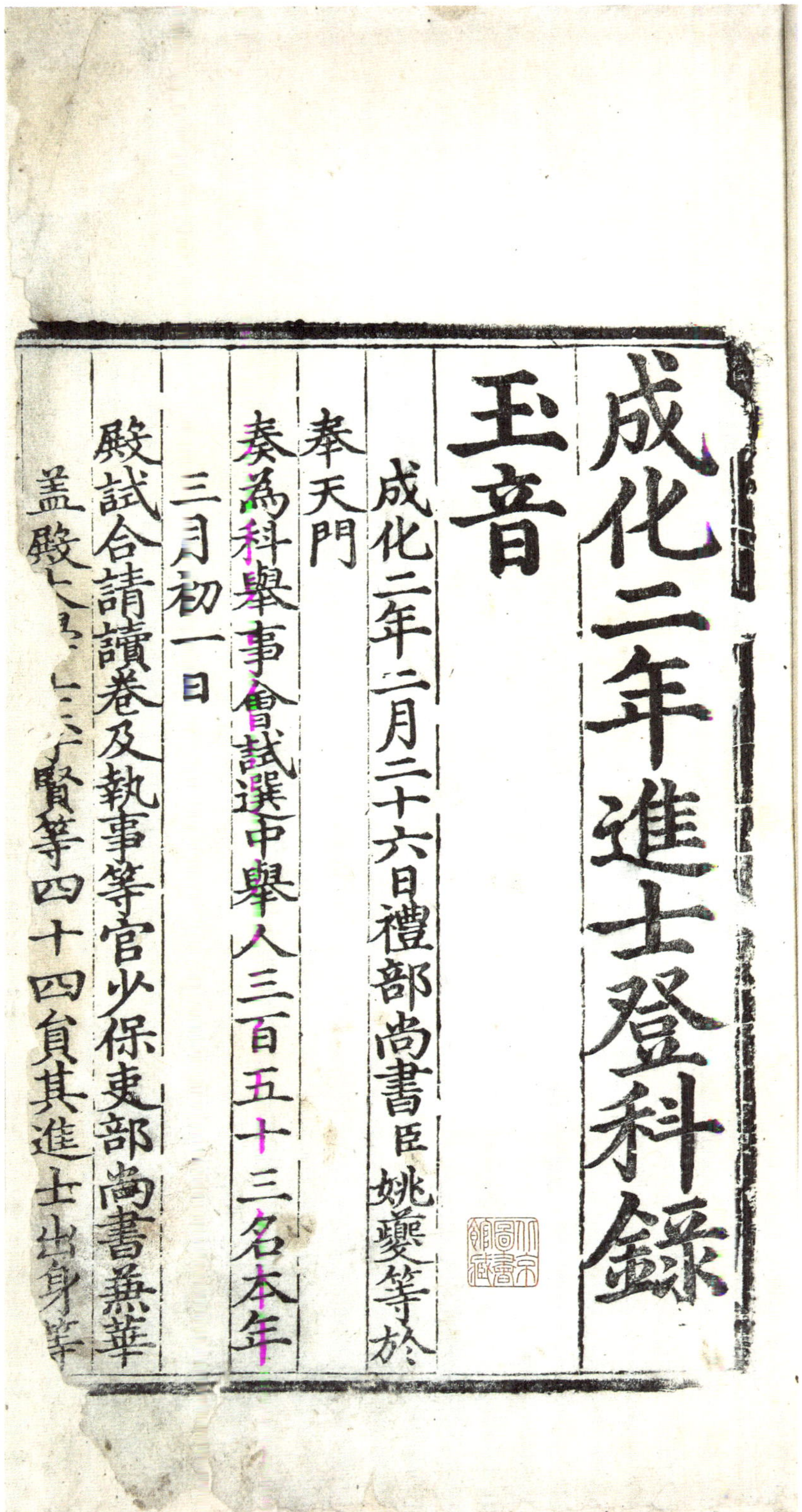

成化二年進士登科録

玉音

成化二年二月二十六日禮部尚書臣姚夔等於

奉天門

奏爲科舉事會試選中舉人三百五十三名本年

三月初一日

殿試合請讀卷及執事等官少保吏部尚書兼華

盖殿[illegible]賢等四十四員其進士出身等

10286 成化二年進士登科録一卷 明成化刻本

匡高 24.5 釐米，廣 16.6 釐米。行字不等，白口，四周雙邊。國家圖書館藏。

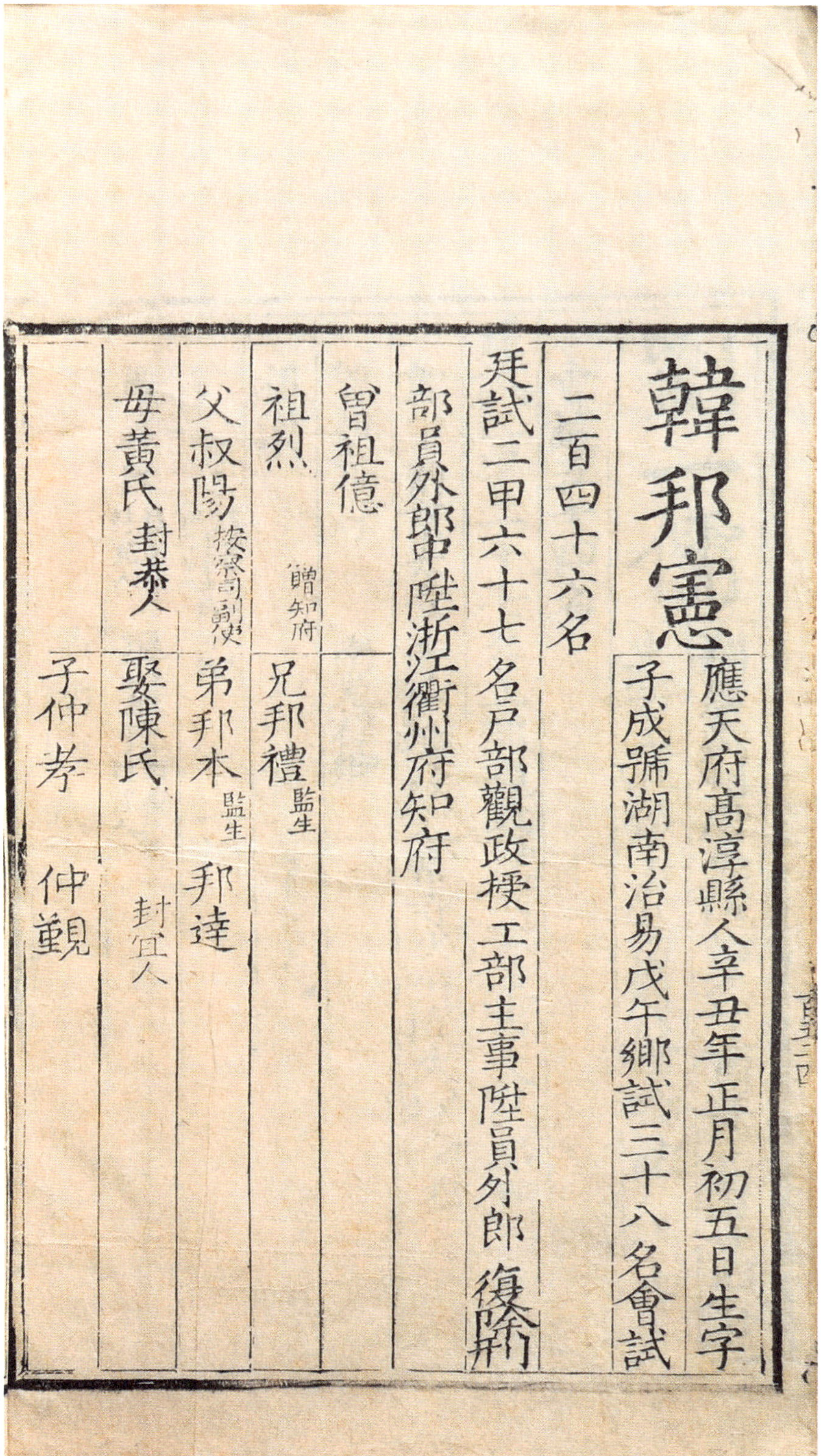
韓邦憲
應天府高淳縣人辛丑年正月初五日生字
子成號湖南治易戊午鄉試三十八名會試
二百四十六名
廷試二甲六十七名戶部觀政授工部主事陞員外郎 復除
部員外郎中陞浙江衢州府知府
曾祖億
祖烈 贈知府
兄邦禮 監生
父叔陽 按察司副使
弟邦本 監生 邦達
母黃氏 封恭人
娶陳氏 封宜人
子仲孝 仲覲

10287 嘉靖三十八年己未科會試同年齒録一卷 明隆慶四年（1570）

陳省刻本

匡高 20.5 釐米，廣 15 釐米。半葉十行，行二十四字，白口，四周雙邊。吉林大學圖書館藏。

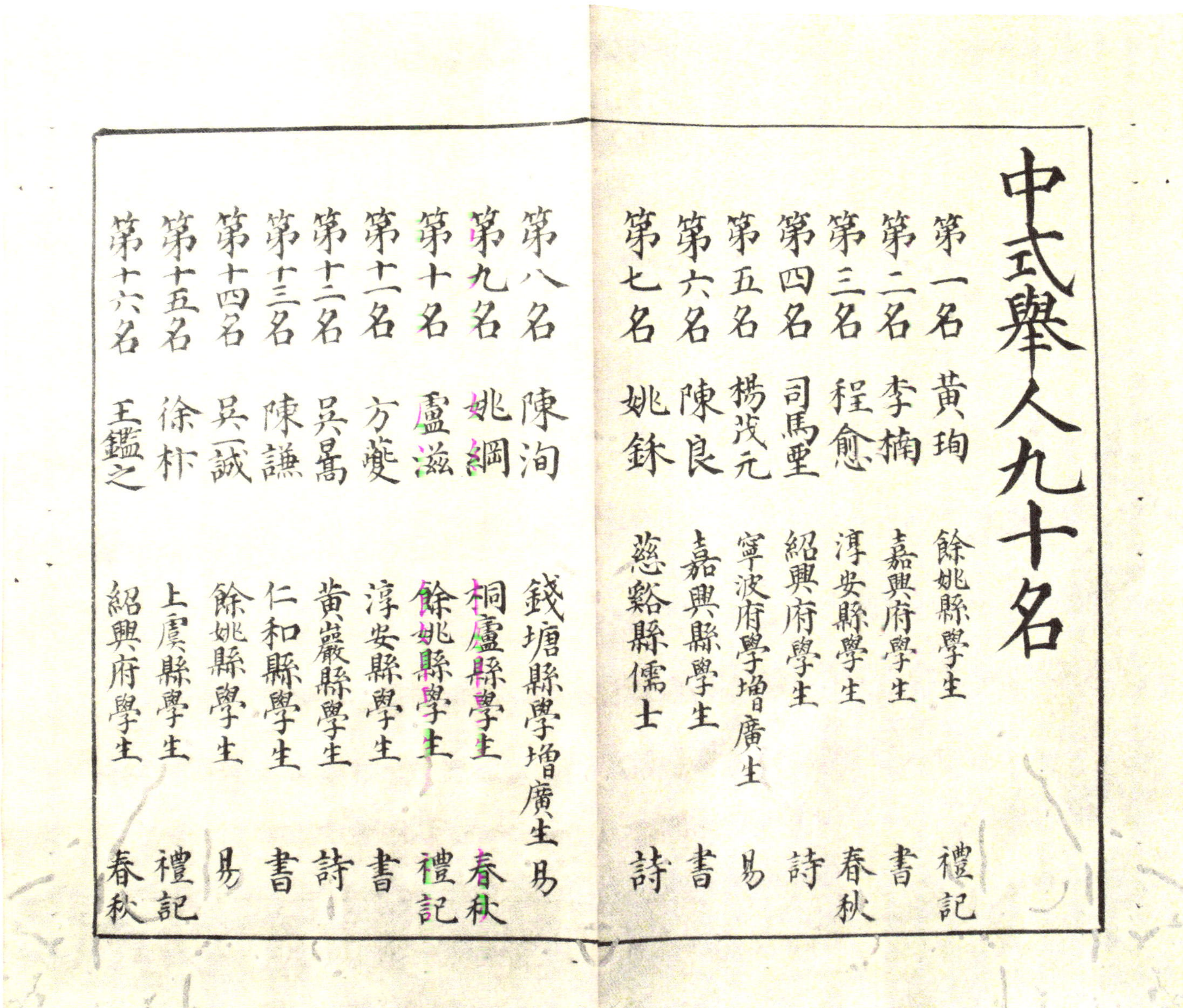

中式舉人九十名

第一名 黄珣 餘姚縣學生 禮記
第二名 李楠 嘉興府學生 書
第三名 程愈 淳安縣學生 春秋
第四名 司馬垔 紹興府學生 詩
第五名 楊茂元 寧波府學增廣生 易
第六名 陳良 嘉興縣學生 書
第七名 姚鉌 慈谿縣儒士 詩
第八名 陳洵 錢塘縣學增廣生 易
第九名 姚綱 桐廬縣學生 春秋
第十名 盧滋 餘姚縣學生 禮記
第十一名 方夔 淳安縣學生 書
第十二名 吳暠 黄巖縣學生 詩
第十三名 陳謙 仁和縣學生 書
第十四名 吳誠 餘姚縣學生 易
第十五名 徐朴 上虞縣學生 禮記
第十六名 王鑑之 紹興府學生 春秋

10288 ［明代鄉試録］ 二百七十三種

寧波市天一閣博物館藏。

弘治十四年順天府鄉試

提調官

通議大夫順天府府尹韓重　淳夫山西絳州人 戊戌進士

中憲大夫順天府府丞藺琦　廷璽山東德平縣人 辛丑進士

考試官

翰林院學士梁儲　叔厚廣東順德縣人 戊戌進士

翰林院侍講張澯　仲湜廣西平南縣人 戊戌進士

同考試官

直隸常州府武進縣儒學教諭舒聰　守愚浙江餘姚縣人 己酉貢士

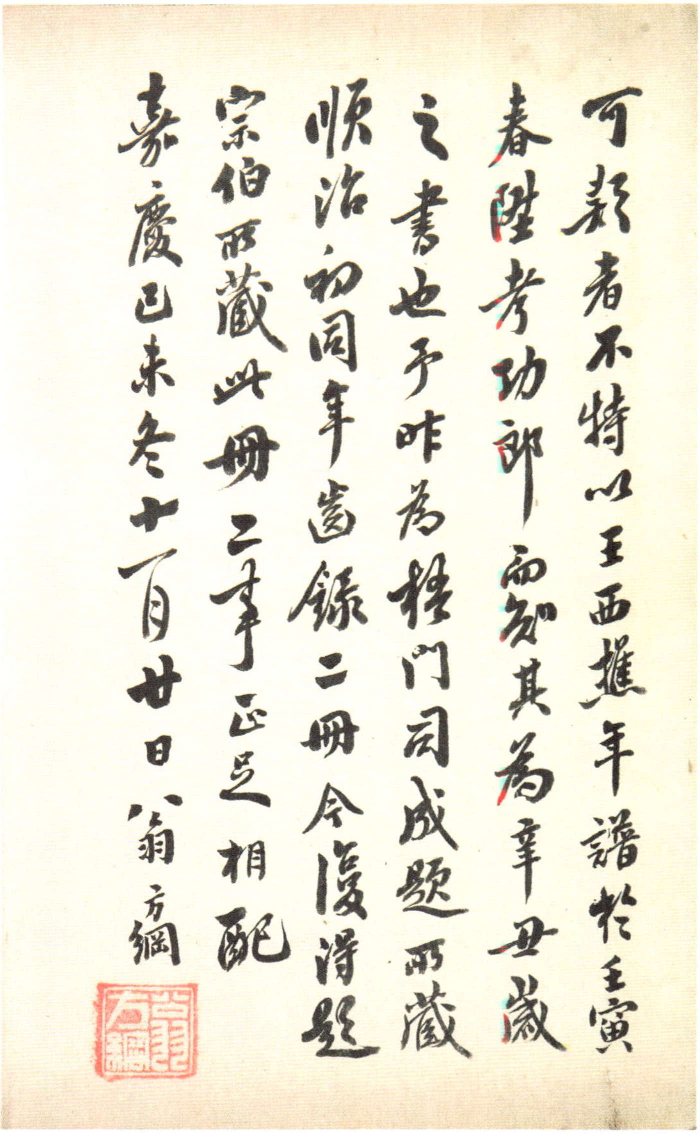

可毅者不特以王西樵年譜於壬寅春陞考功郎而知其為辛丑歲之書也予昨為桂門司成題所藏順治初同年齒錄二冊今復得題宗伯所藏此冊二本足相配

嘉慶己未冬十月廿日 翁方綱

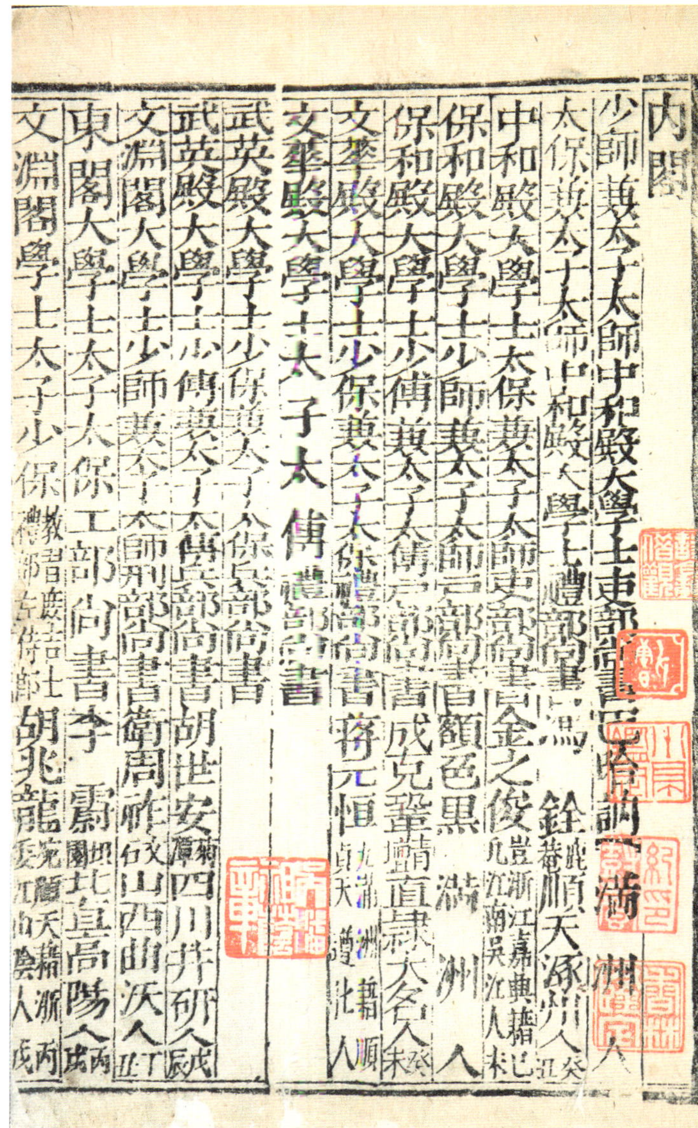

內閣

少師兼太子太師中和殿大學士吏部尚書[illegible] 滿洲人

太保兼太子太師中和殿大學士禮部尚書[illegible]銓 順天涿州人 癸丑

中和殿大學士太保兼太子太師吏部尚書金之俊 江南吳江人 己未

保和殿大學士少師兼太子太師戶部尚書額色黑 滿洲人

保和殿大學士少傅兼太子太傅戶部尚書成克鞏 直隸大名人 癸未

文華殿大學士少保兼太子太保禮部尚書蔣赫德 順天遵化人

文華殿大學士太子太傅禮部尚書

武英殿大學士少保兼太子太保兵部尚書

武英殿大學士少傅兼太子太傅兵部尚書胡世安 四川井研人 戊辰

文淵閣大學士少師兼太子太師刑部尚書衛周祚 山西曲沃人 丁丑

東閣大學士太子太保工部尚書李霨 北直高陽人 丙戌

文淵閣學士太子少保禮部左侍郎胡兆龍 丙戌

10289 順治十八年縉紳册不分卷 清順治洪氏剞劂齋刻本

匡高 23.9 釐米，廣 16 釐米。行字不等，白口，四周雙邊。翁方綱、法式善、阮元、丁嘉葆、潘祖頤跋，朱珪、邵懿辰、吳存義題詩，伊秉綬、葉志詵、沈濤、李文田、李鴻裔題款。國家圖書館藏。

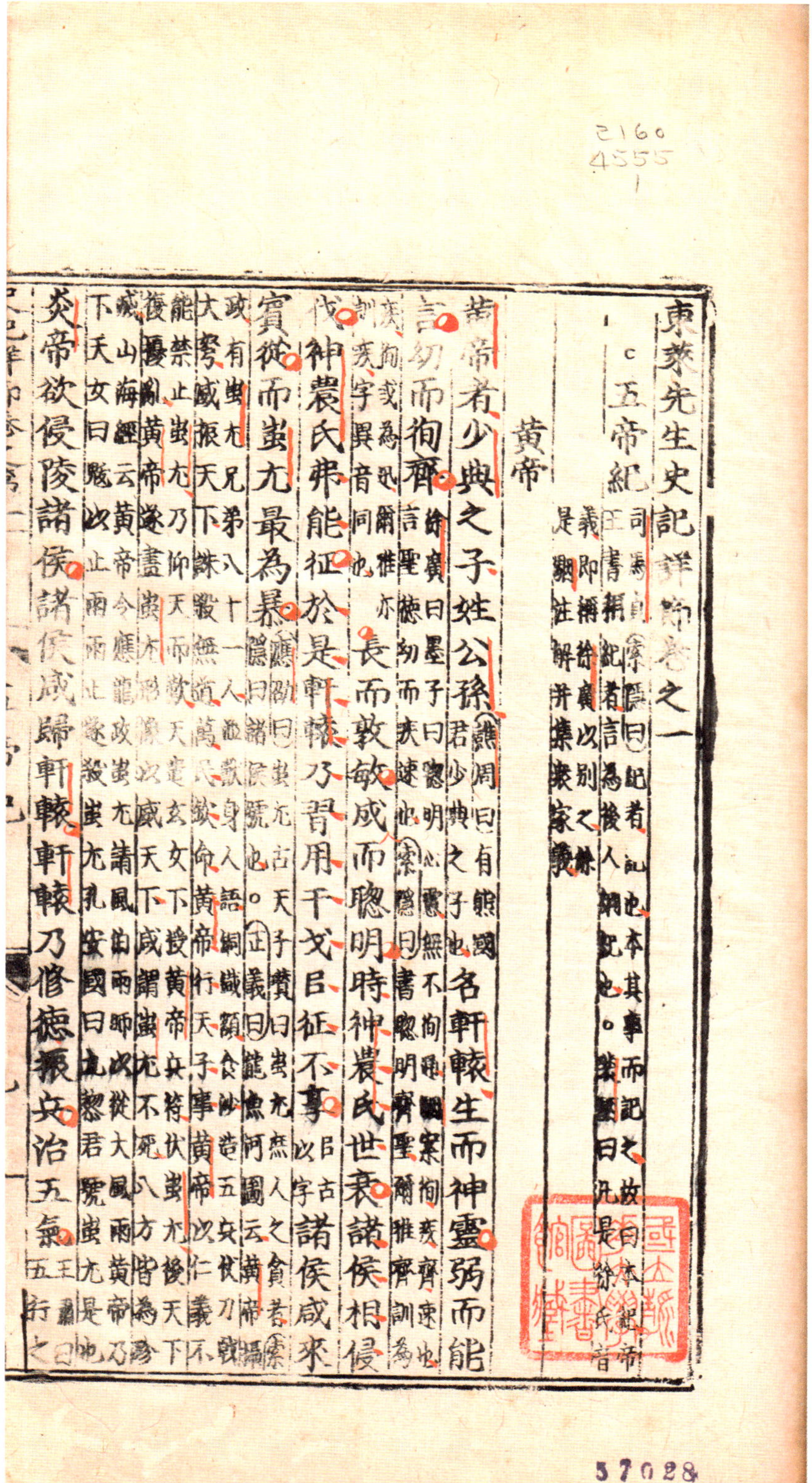

東萊先生史記詳節卷之一

五帝紀

黄帝

黄帝者少典之子姓公孫名軒轅生而神靈弱而能言幼而徇齊長而敦敏成而聰明時神農氏世衰諸侯相侵伐神農氏弗能征於是軒轅乃習用干戈以征不享諸侯咸來賓從而蚩尤最為暴……炎帝欲侵陵諸侯諸侯咸歸軒轅軒轅乃修德振兵治五氣

10290 十七史詳節二百七十四卷 （宋）呂祖謙輯 明正德十三年（1518）劉弘毅慎獨齋刻本

匡高 19 釐米，廣 11.7 釐米。半葉十三行，行二十六字，小字雙行同，細黑口，四周雙邊。清華大學圖書館藏。

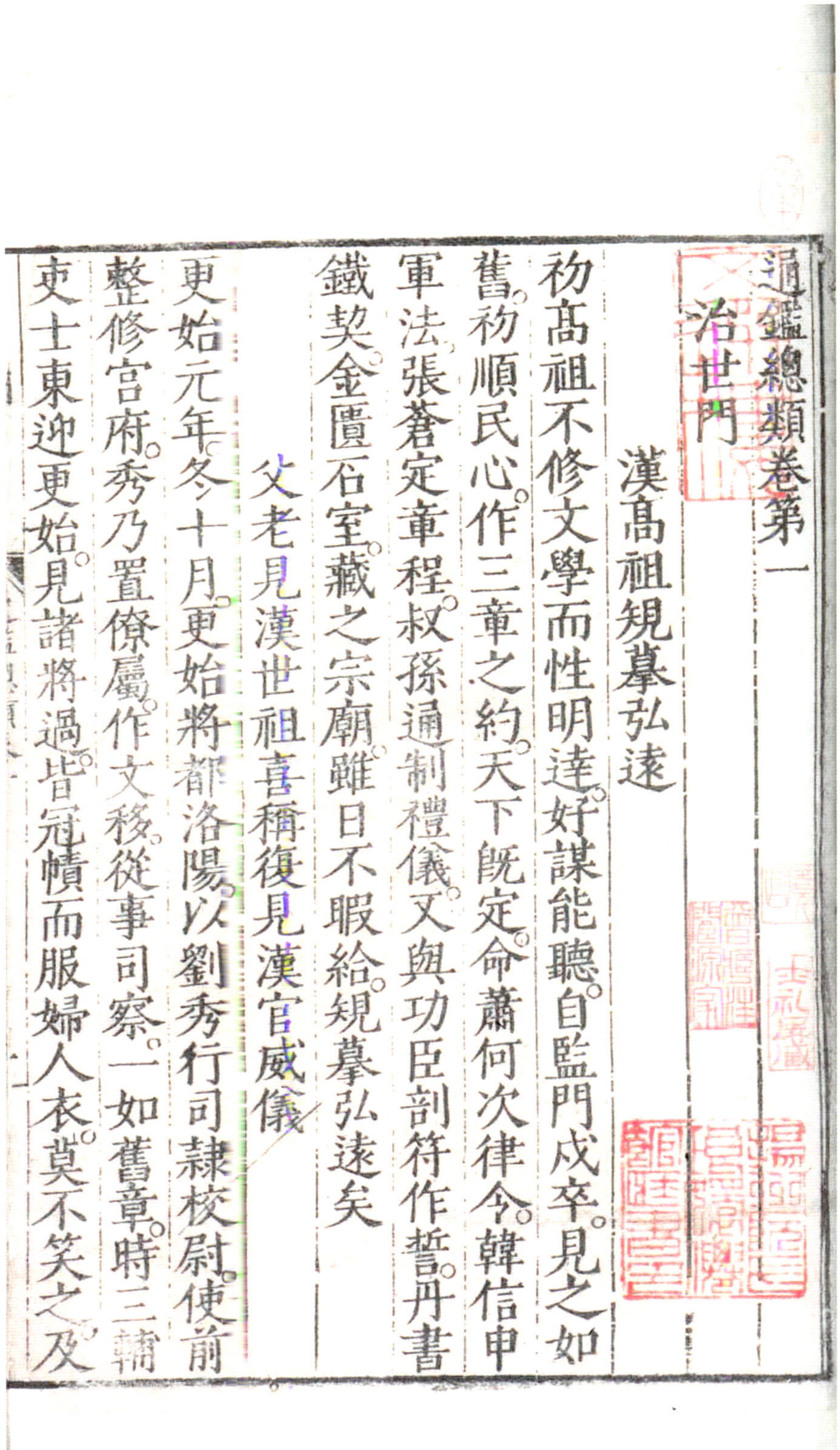
通鑑總類卷第一
治世門
漢高祖規摹弘遠
初高祖不修文學而性明達好謀能聽自監門戍卒見之如
舊初順民心作三章之約天下既定命蕭何次律令韓信申
軍法張蒼定章程叔孫通制禮儀又與功臣剖符作誓丹書
鐵契金匱石室藏之宗廟雖日不暇給規摹弘遠矣
父老見漢世祖喜稱復見漢官威儀
更始元年冬十月更始將都洛陽以劉秀行司隸校尉使前
整修宮府秀乃置僚屬作文移從事司察一如舊章時三輔
吏士東迎更始見諸將過皆冠幘而服婦人衣莫不笑之及

10291 通鑑總類二十卷 （宋）沈樞輯 明萬曆二十三年（1595）孫隆刻本

匡高 24.2 釐米，廣 17.4 釐米。半葉十一行，行二十三字，白口，左右雙邊。汪士鐘跋。山東大學圖書館藏。

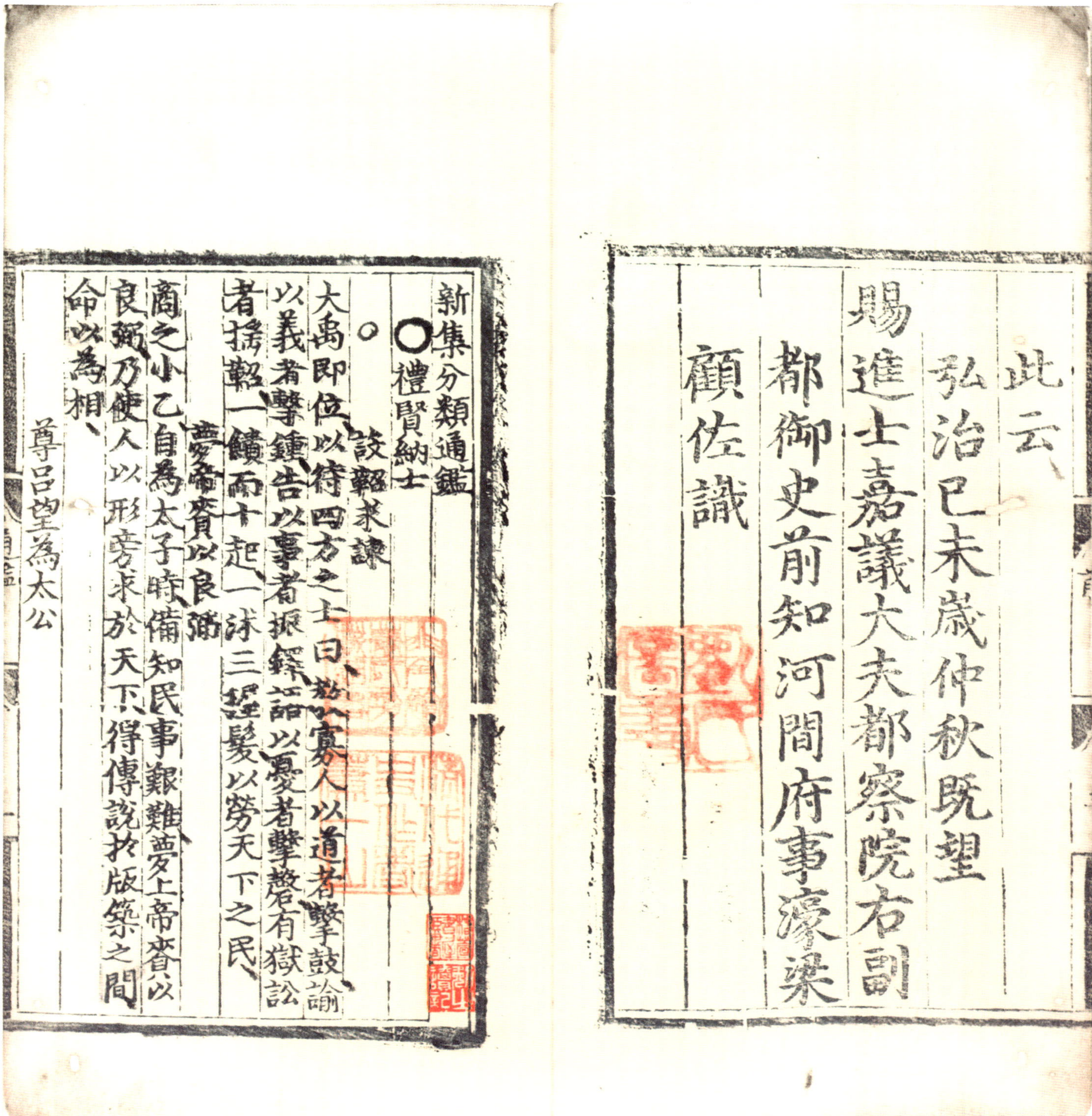
此云
弘治己未歲仲秋既望
賜進士嘉議大夫都察院右副
都御史前知河間府事濬梁
顧佐識

新集分類通鑑
○禮賢納士
○設鞀求諫
大禹即位以待四方之士曰教寡人以道者擊鼓諭以義者擊鍾告以事者振鐸語以憂者擊磬有獄訟者揺鞀一饋而十起一沐三握髮以勞天下之民
夢帝賚以良弼
商之小乙自為太子時備知民事艱難夢上帝賚以良弼乃使人以形旁求於天下得傅説於版築之間命以為相
尊呂望為太公

10292 新集分類通鑑不分卷 明弘治十二年（1499）施槃刻本

匡高 19 釐米，廣 11.4 釐米。半葉十一行，行二十字，黑口，四周雙邊。有“錢塘丁氏藏書”、“慎遠堂師”、“瀋陽師守玉勉之甫珍藏善本圖書印信”、“北平館嚴氏珍藏圖書”、“清代通史作者蕭一山”等印。首都圖書館藏。

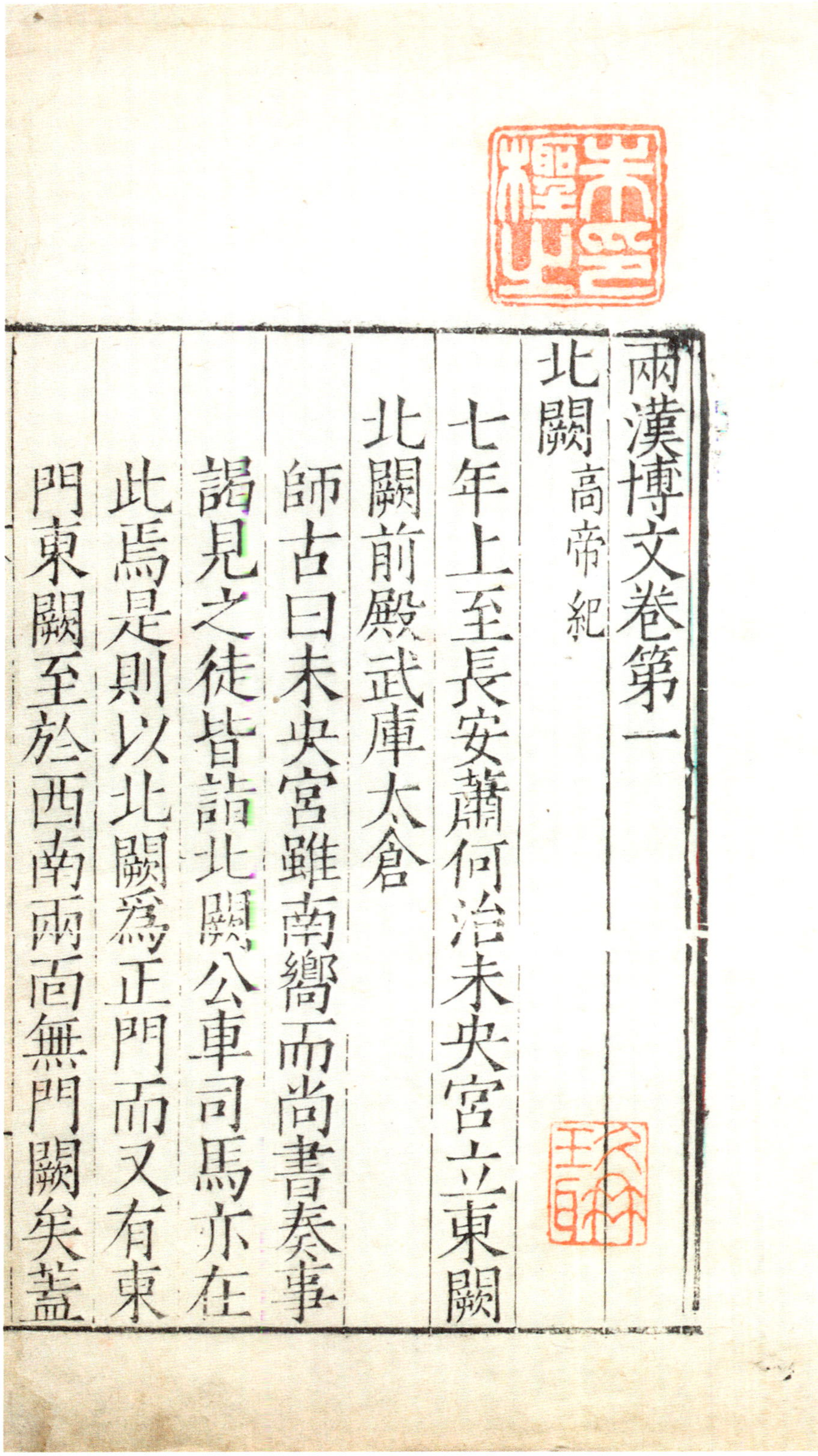

兩漢博文卷第一
北闕 高帝紀
七年上至長安蕭何治未央宮立東闕
北闕前殿武庫太倉
師古曰未央宮雖南嚮而尚書奏事
謁見之徒皆詣北闕公車司馬亦在
此焉是則以北闕爲正門而又有東
門東闕至於西南兩面無門闕矣蓋

10293 兩漢博聞十二卷 （宋）楊侃輯 明嘉靖三十七年（1558）黃魯曾刻本

匡高 17.6 釐米，廣 12.6 釐米。半葉八行，行十六字，小字雙行同，白口，左右雙邊。南京圖書館藏。

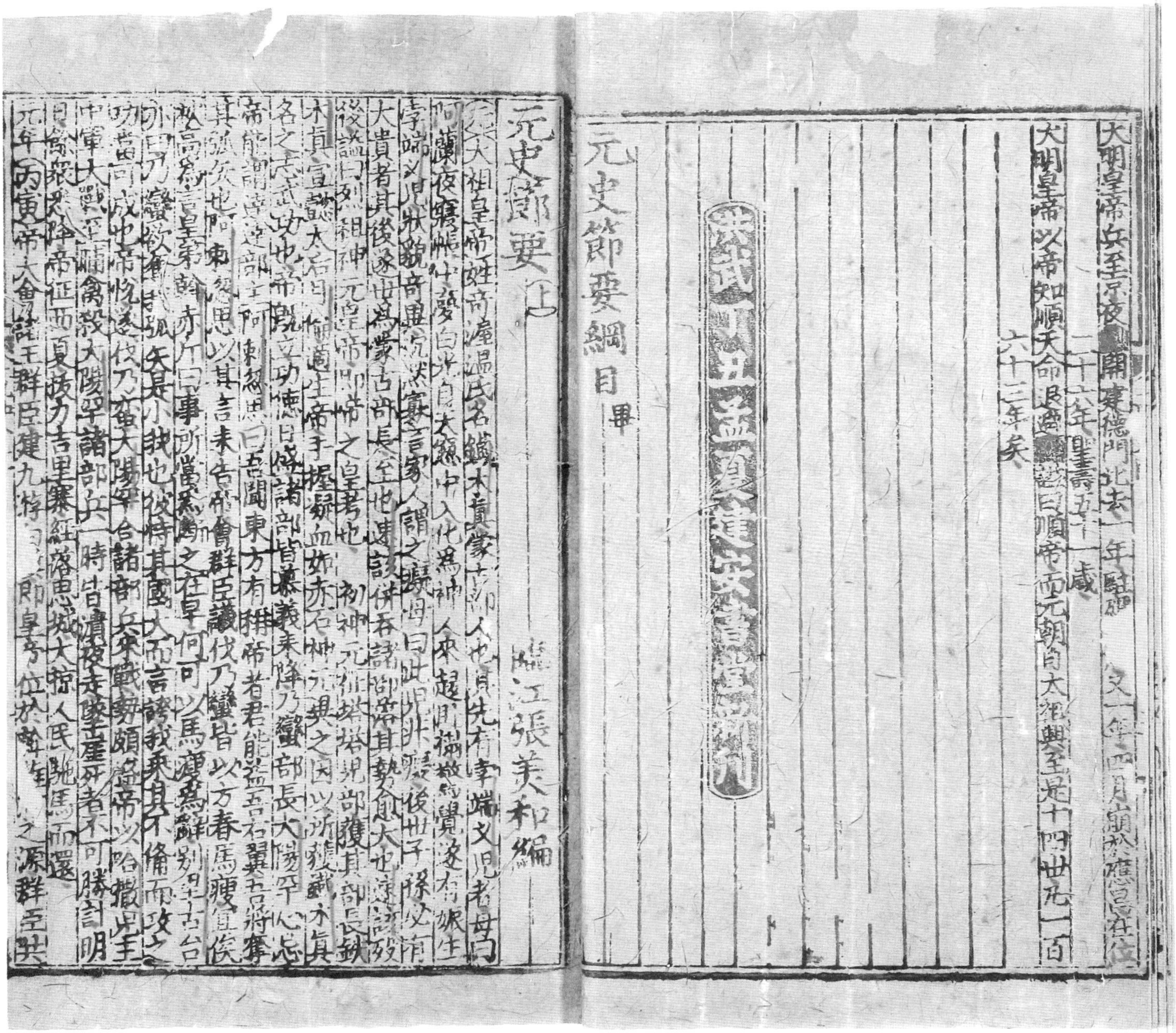

10294 元史節要二卷釋文一卷 （明）張美和輯 明洪武三十年（1397）建安書堂刻本

匡高 20.4 釐米，廣 12.7 釐米。半葉十七行，行二十九字，小字雙行同，細黑口，四周雙邊。有"洪武丁丑孟夏建安書堂新刊"牌記。宋筠跋。國家圖書館藏。

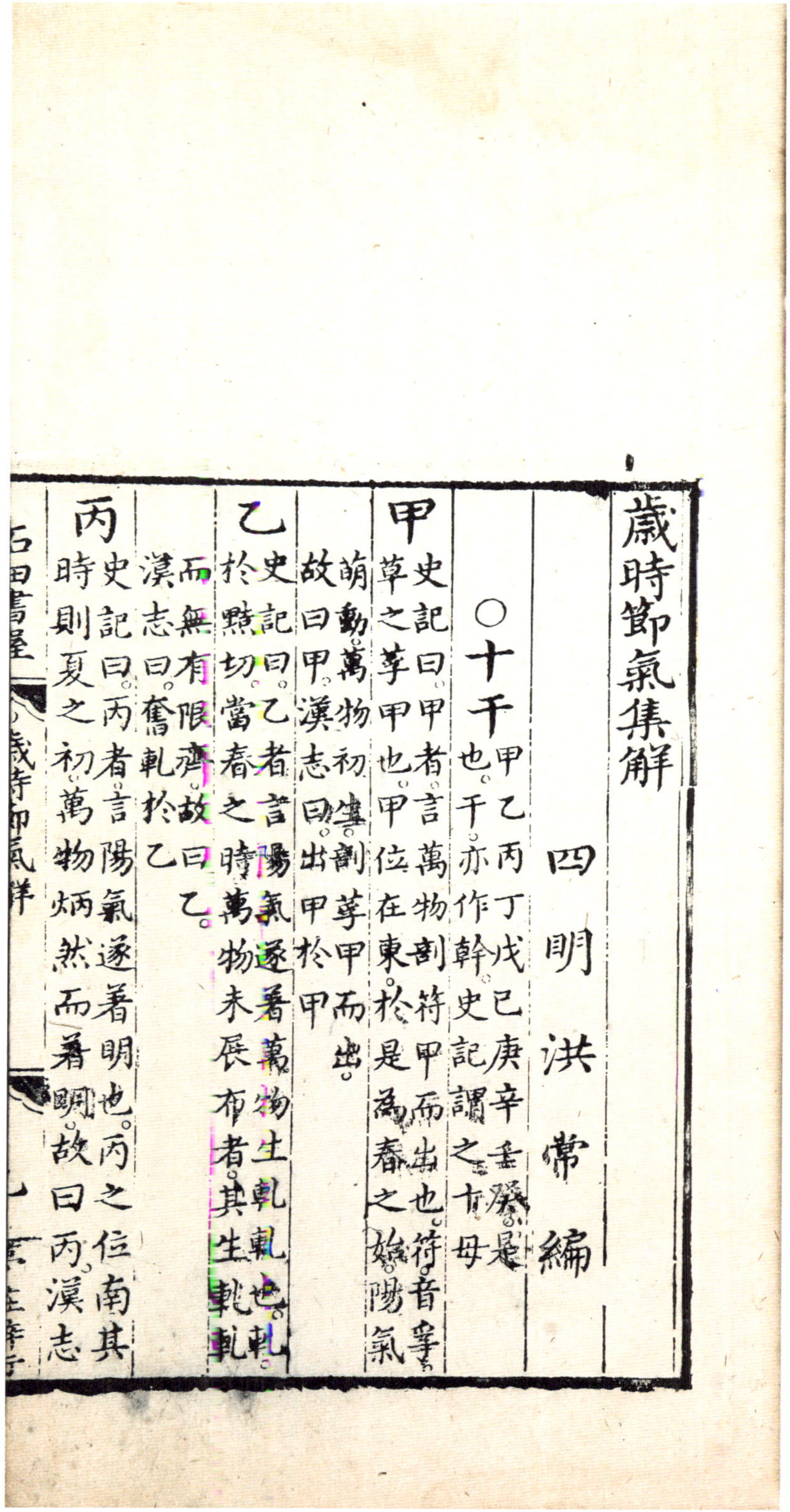

歲時節氣集解

四明洪常編

○十干 甲乙丙丁戊己庚辛壬癸是也。干亦作幹。史記謂之十母

甲 史記曰：甲者言萬物剖符甲而出也。符音孚草之莩甲也。甲位在東，於是為春之始，陽氣萌動，萬物初生，剖莩甲而出，故曰甲。漢志曰：出甲於甲

乙 史記曰：乙者言陽氣逐著萬物生軋軋也。軋於黠切。當春之時，萬物未展布者，其生軋軋而無有限齊，故曰乙。漢志曰：奮軋於乙

丙 史記曰：丙者言陽氣逐著明也。丙之位南，其時則夏之初，萬物炳然而著見，故曰丙。漢志

10295 歲時節氣集解一卷 （明）洪常撰 明正德八年（1513）洪氏家塾夢莊草堂刻本

匡高 17.2 釐米，廣 12.6 釐米。半葉八行，行十八字，小字雙行同，白口，左右雙邊。國家圖書館藏。

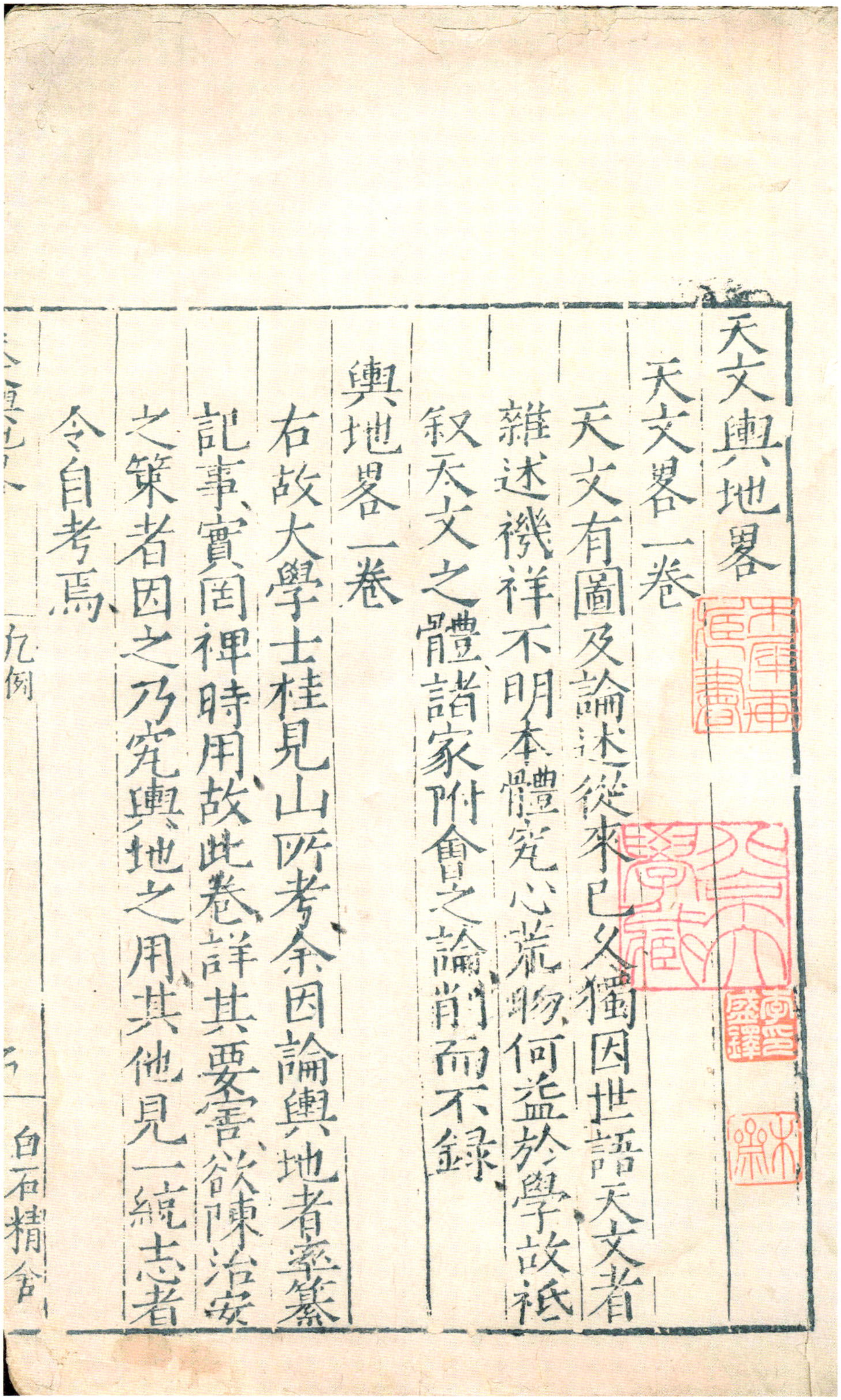

天文輿地畧

天文畧一卷

天文有圖及論述從來已久獨因世語天文者雜述禨祥不明本體究心荒昒何益於學故祗叙天文之體諸家附會之論削而不錄

輿地畧一卷

右故大學士桂見山所考余因論輿地者率纂記事實罔裨時用故此卷詳其要害欲陳治安之策者因之乃究輿地之用其他見一統志者令自考焉

10296 輿地略一卷天文略一卷 （明）蔡汝楠撰 明嘉靖白石精舍刻本

匡高 19.1 釐米，廣 13.6 釐米。半葉十行，行二十字，白口，四周單邊。羅士琳批校。有“木犀軒藏書”等印。北京大學圖書館藏。

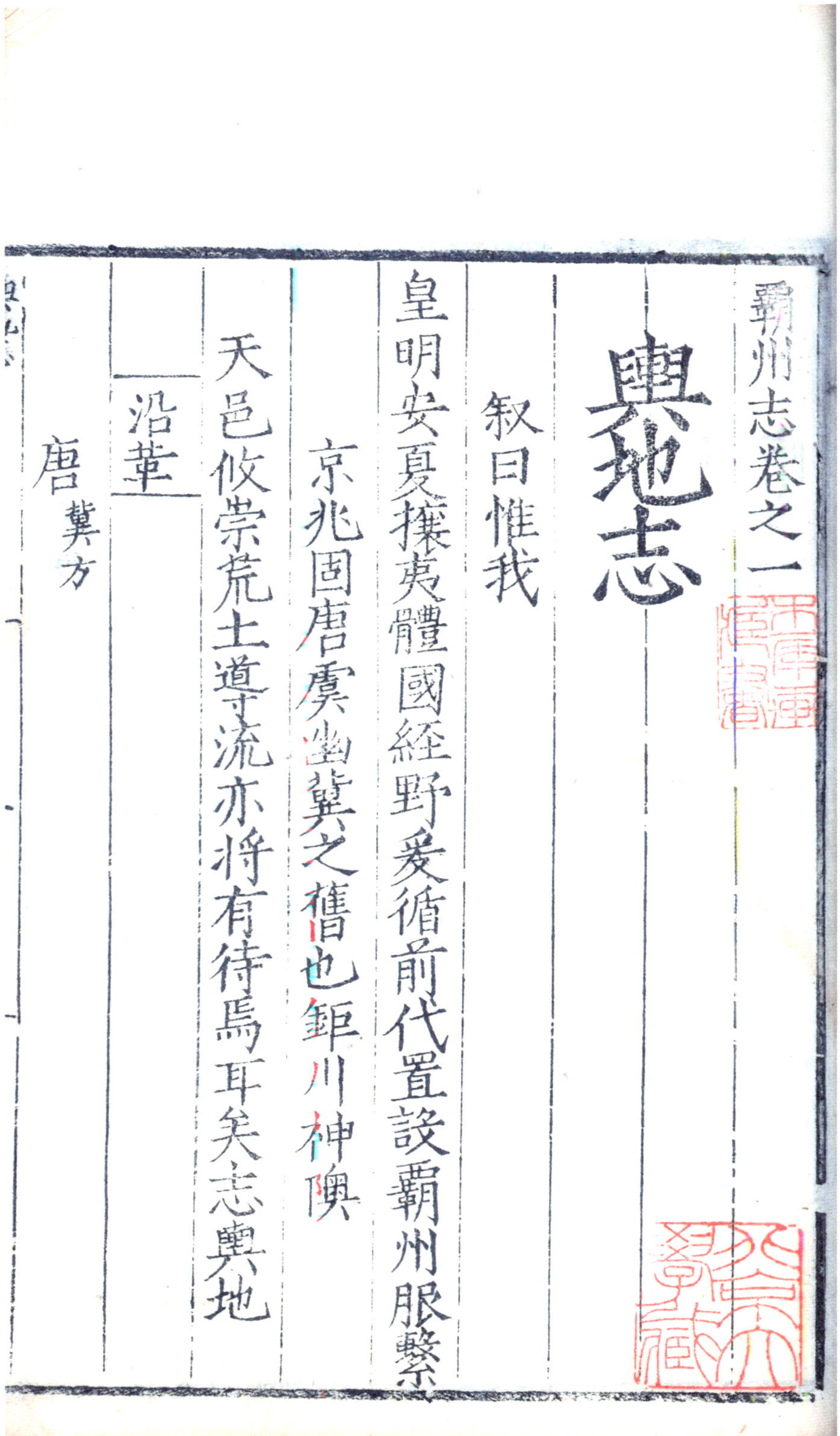

霸州志卷之一

輿地志

敘曰惟我

皇明安夏攘夷體國經野爰循前代置設霸州服繫

京兆固唐虞幽冀之舊也鉅川神隩

天邑攸崇荒土遒流亦將有待焉耳矣志輿地

沿革

唐 冀方

10297［嘉靖］霸州志九卷 （明）唐交 高濬等纂修 明嘉靖刻本

匡高20.7釐米，廣14.9釐米。半葉九行，行二十字，白口，四周單邊。有"木犀軒藏書"等印。北京大學圖書館藏。

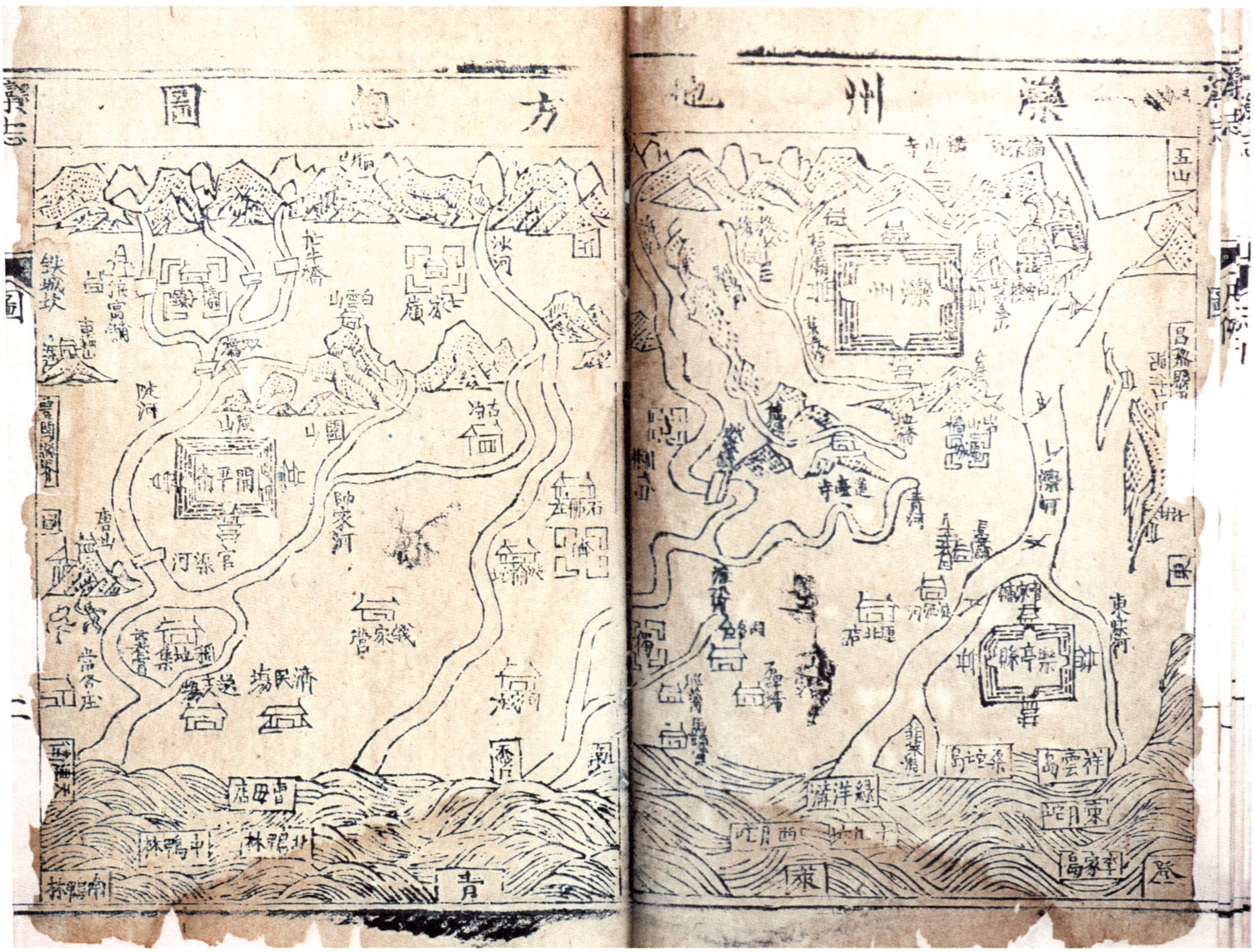

10298 [萬曆]灤志六卷 （明）周宇纂修 明萬曆刻本

匡高 21.5 釐米，廣 15 釐米。半葉九行，行二十二字，小字雙行同，白口，四周雙邊。中國科學院南京地理與湖泊研究所藏。

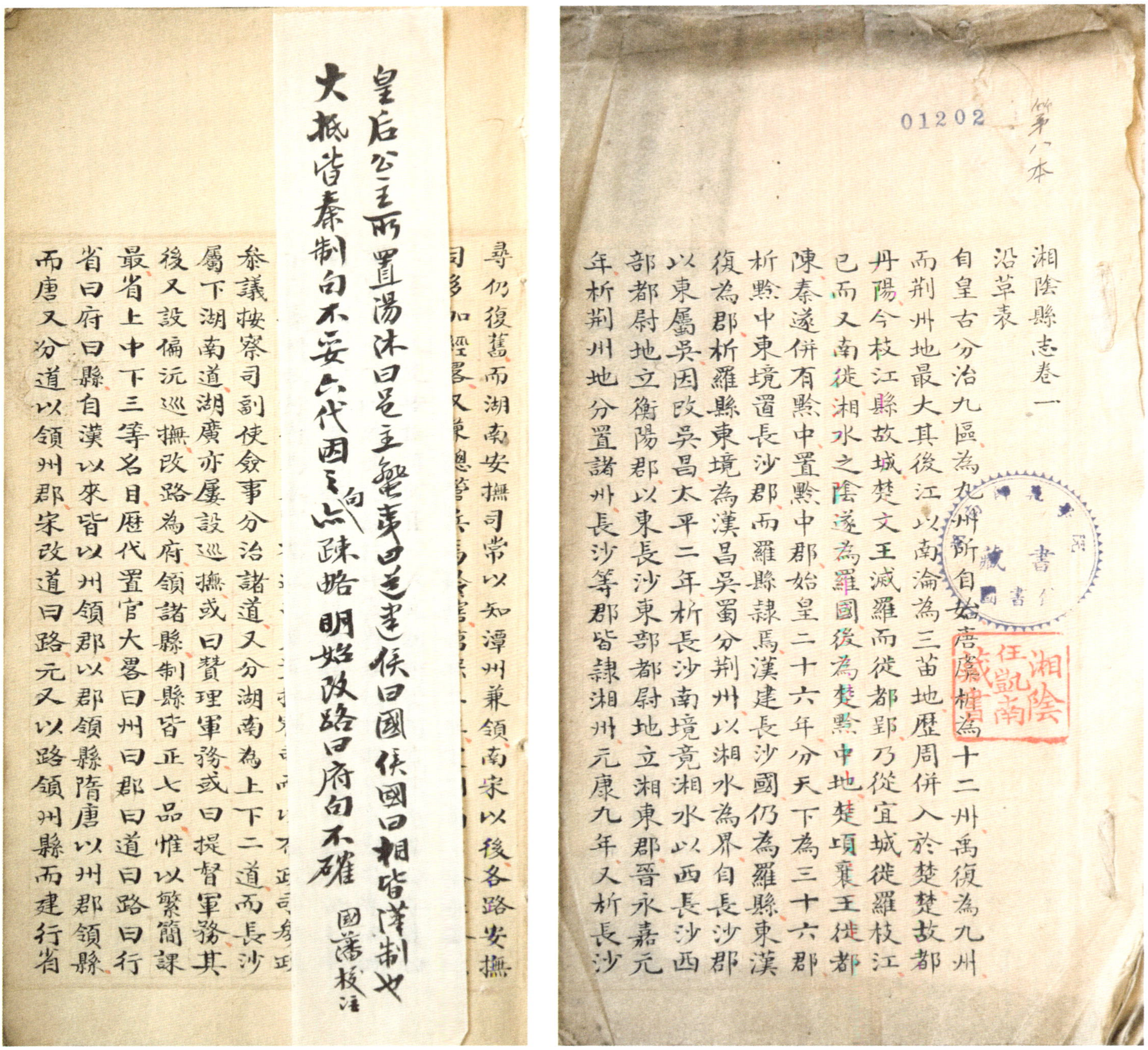

10299［光緒］湘陰縣志不分卷　（清）郭嵩燾撰　稿本

有“湘陰任凱南藏書”等印。曾國藩批校。湖南師範大學圖書館藏。

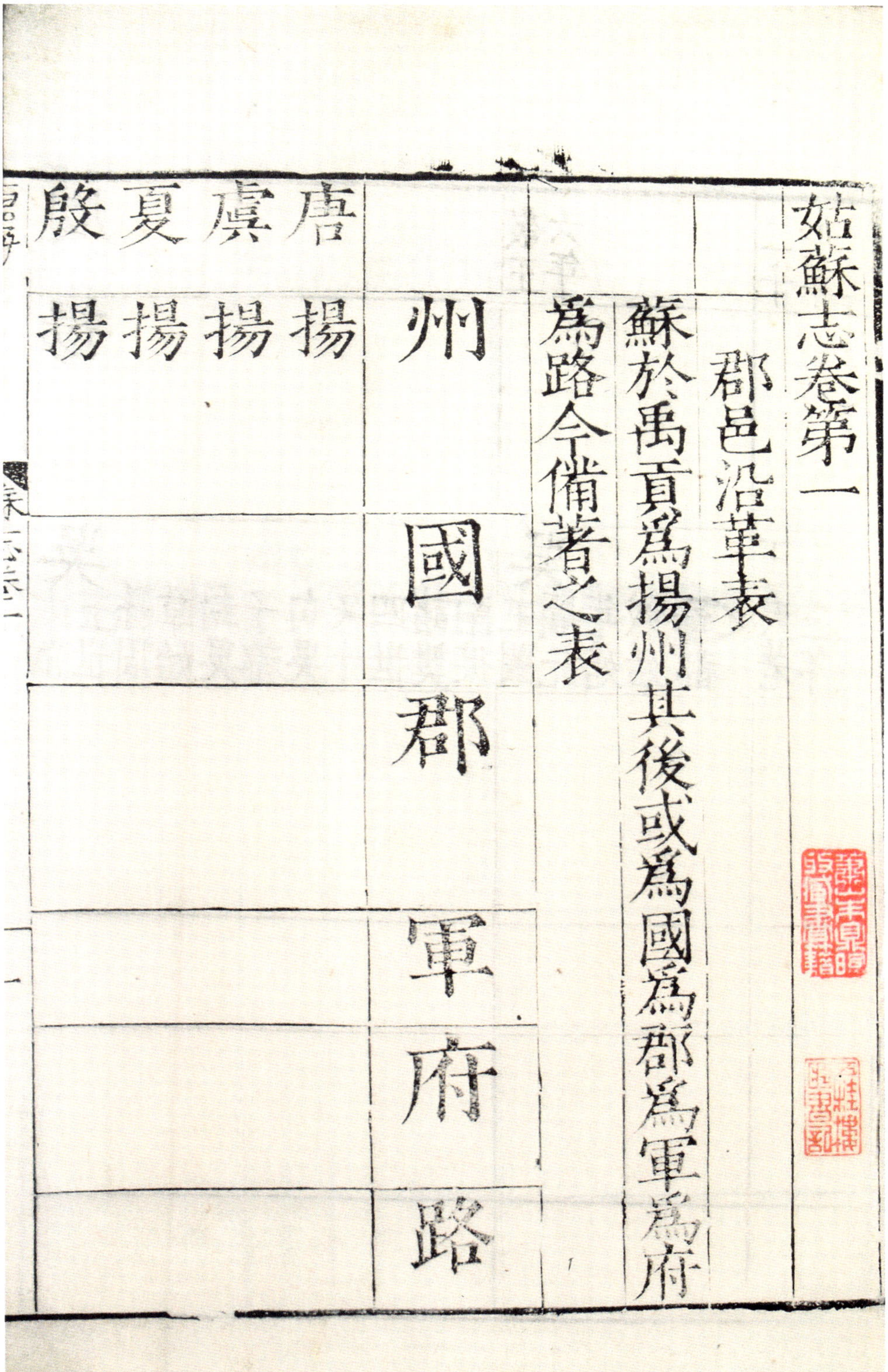

姑蘇志卷第一

郡邑沿革表

蘇於禹貢爲揚州其後或爲國爲郡爲軍爲府爲路今備著之表

州 國 郡 軍 府 路

唐 揚

虞 揚

夏 揚

殷 揚

10300 [正德] 姑蘇志六十卷 (明) 林世遠 王鏊等纂修 明正德元年 (1506) 刻嘉靖增修本

匡高 22.5 釐米，廣 16.8 釐米。半葉十行，行二十字，小字雙行同，白口，左右雙邊。寧波市天一閣博物館藏。

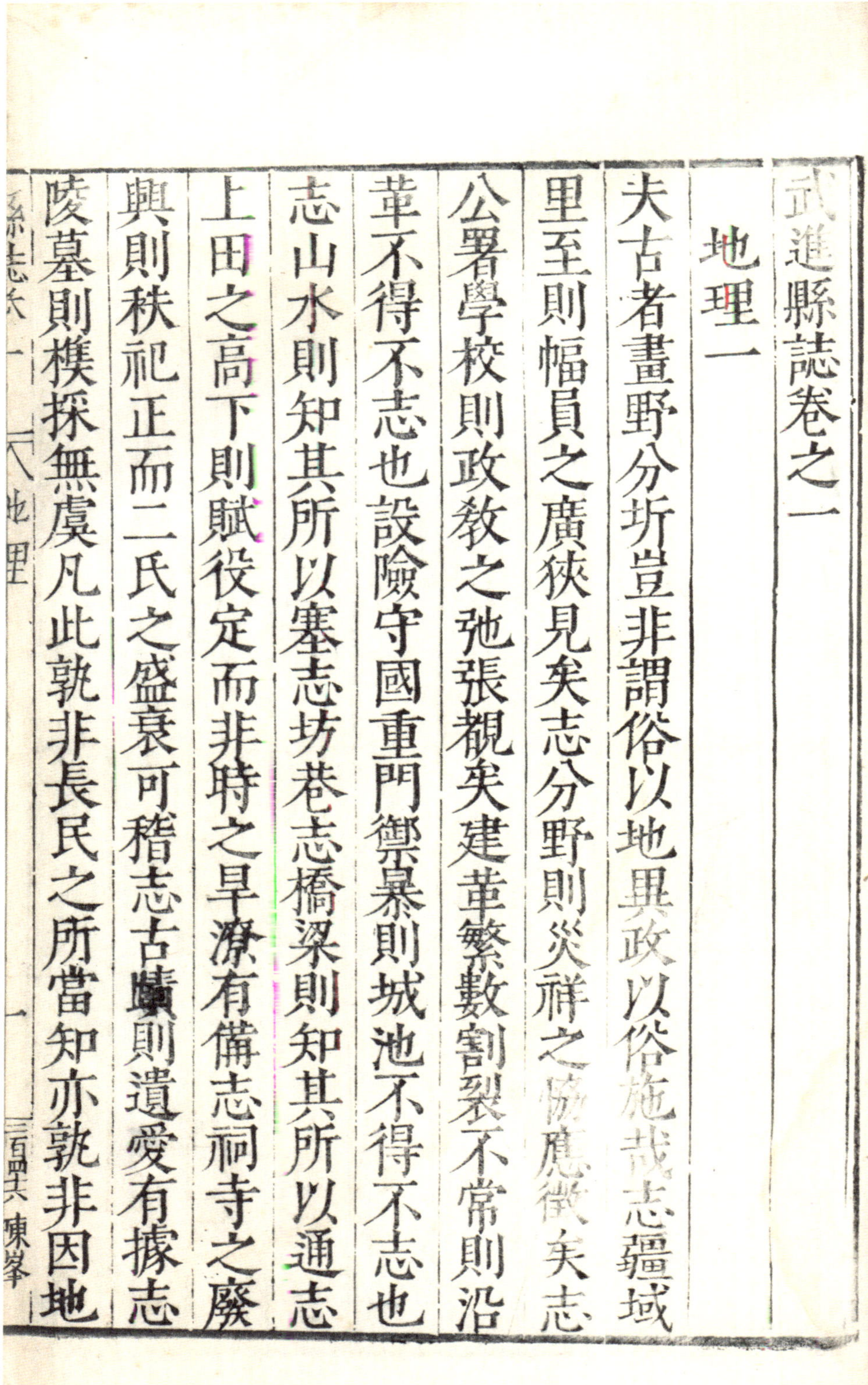
武進縣誌卷之一
地理一
夫古者畫野分圻豈非謂俗以地異政以俗施哉志疆域里至則幅員之廣狹見矣志分野則災祥之協應徵矣志公署學校則政教之弛張覘矣建革繁數割裂不常則沿革不得不志也設險守國重門禦暴則城池不得不志也志山水則知其所以塞志坊巷志橋梁則知其所以通志上田之高下則賦役定而非時之旱潦有備志祠寺之廢興則秩祀正而二氏之盛衰可稽志古蹟則遺愛有據志陵墓則樸採無虞凡此孰非長民之所當知亦孰非因地

縣志卷一　地理　一　三百四十六　陳峯

10301［萬曆］武進縣誌八卷　（明）晏文輝 唐鶴徵纂修 明萬曆刻本

匡高 21.6 釐米，廣 15.2 釐米。半葉十行，行二十二字，小字雙行同，白口，左右雙邊。天津圖書館藏。

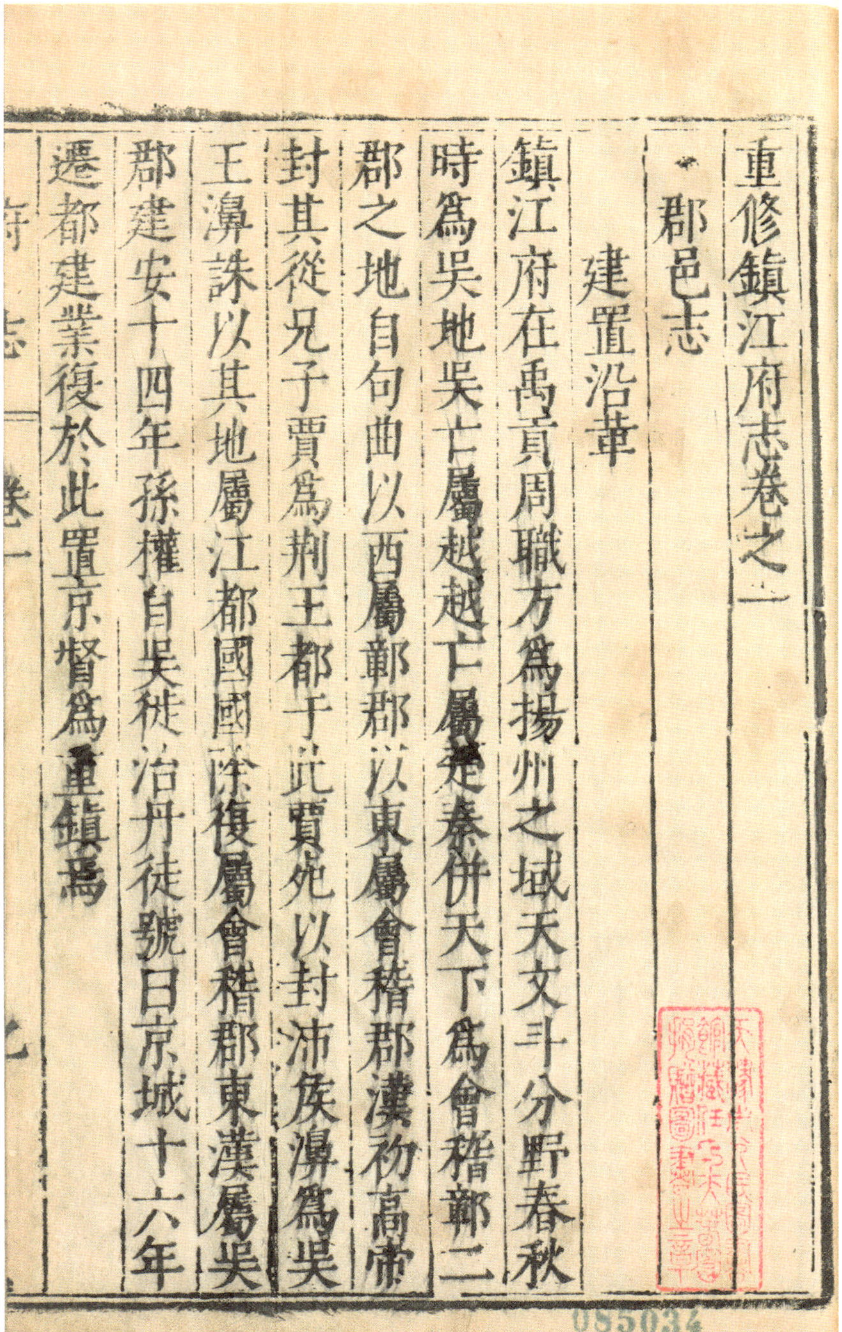

重修鎮江府志卷之一

郡邑志

建置沿革

鎮江府在禹貢周職方爲揚州之域天文斗分野春秋時爲吳地吳亡屬越越亡屬楚秦併天下爲會稽鄣二郡之地自句曲以西屬鄣郡以東屬會稽郡漢初高帝封其從兄子賈爲荆王都于此賈死以封沛侯濞爲吳王濞誅以其地屬江都國國除復屬會稽郡東漢屬吳郡建安十四年孫權自吳徙治丹徒號曰京城十六年遷都建業復於此置京督爲重鎮爲

府志　卷一

10302［萬曆］重修鎮江府志三十六卷　（明）王應麟　王樵等纂修　明萬曆刻天啓增修本

匡高 21.9 釐米，廣 14.9 釐米。半葉十行，行二十一字，白口，四周雙邊。天津圖書館藏。

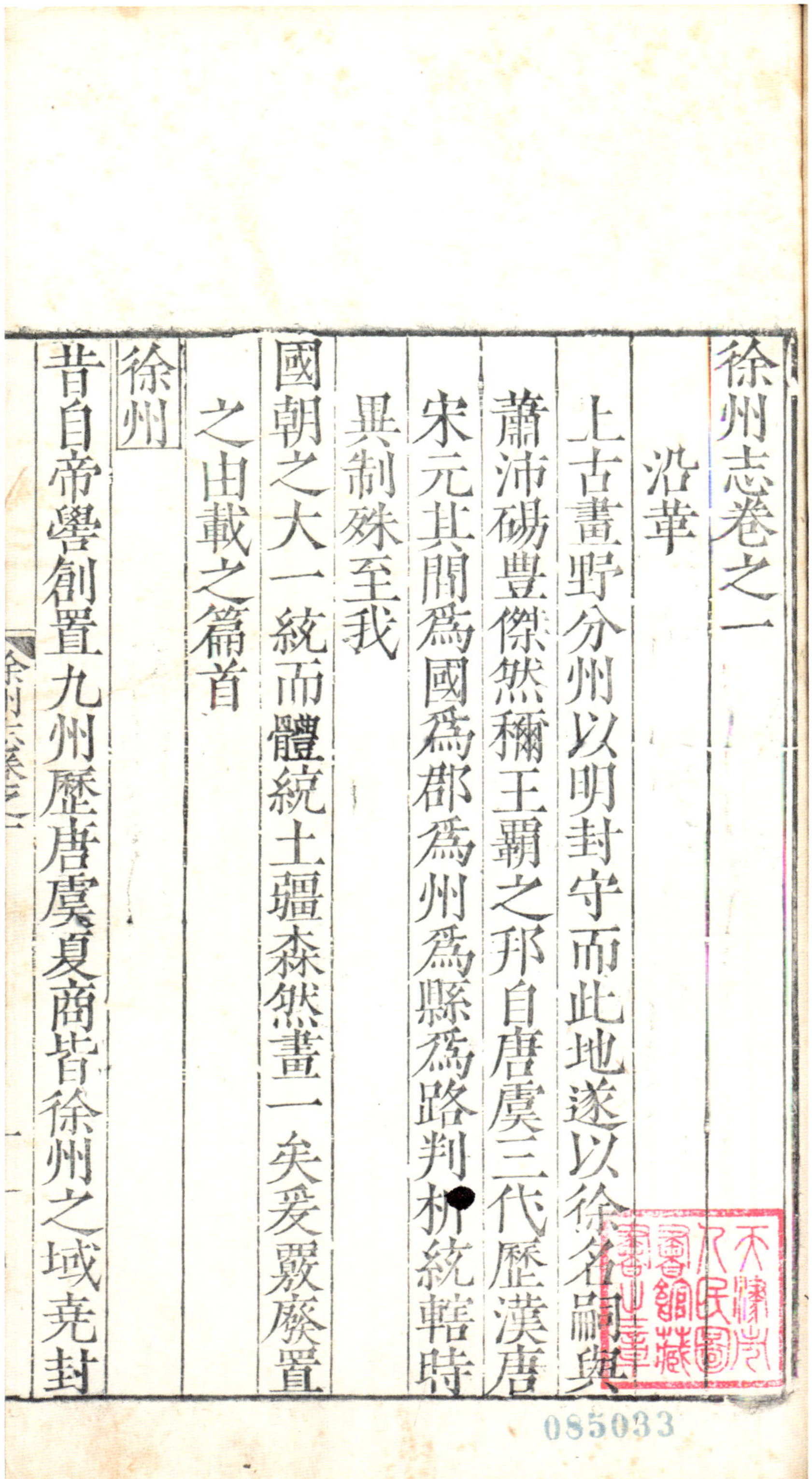

10303［萬曆］徐州志六卷 （明）姚應龍等纂修 明萬曆刻本

匡高 20 釐米，廣 14.5 釐米。半葉十行，行二十字，白口，左右雙邊。天津圖書館藏。

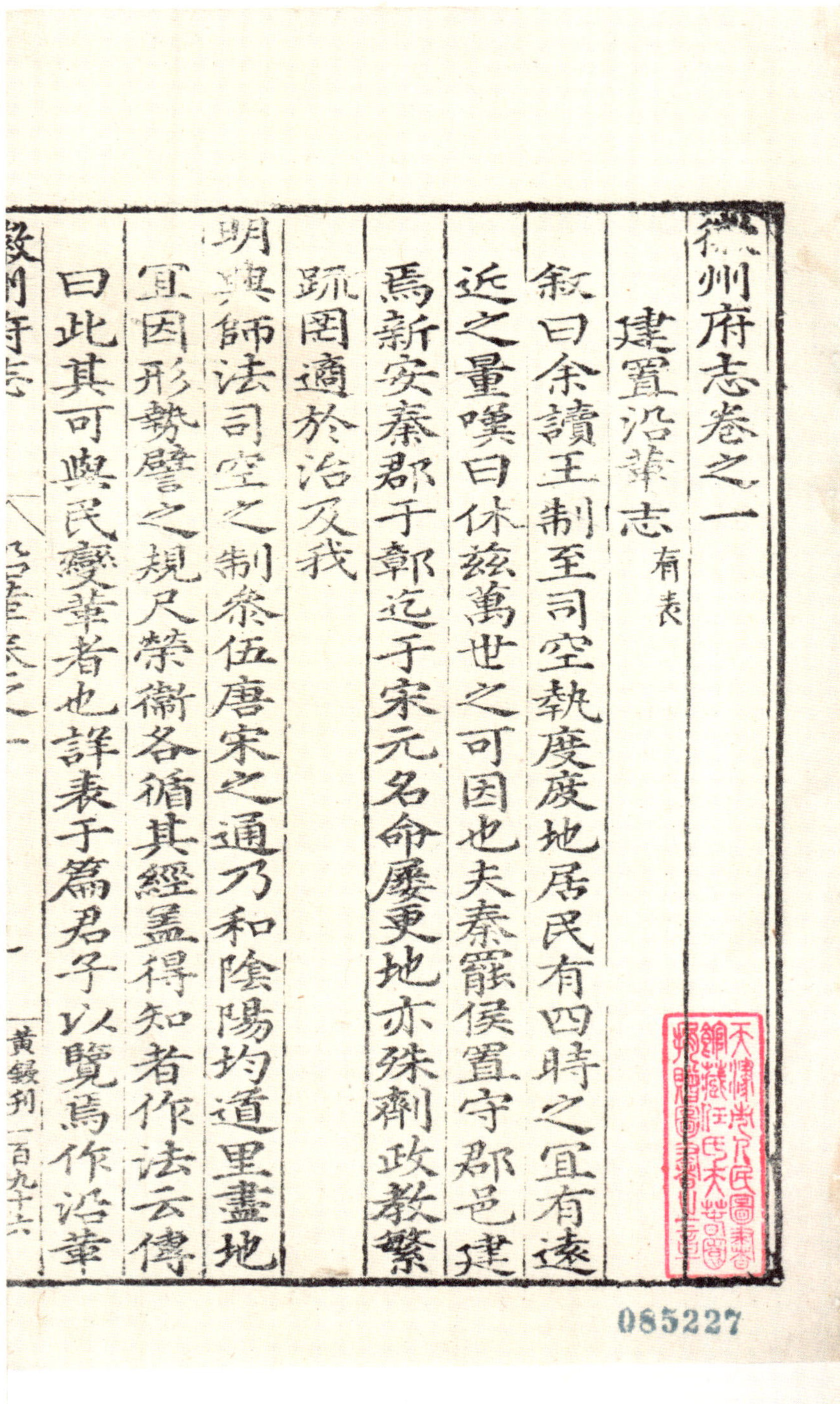

徽州府志卷之一
建置沿革志 有表
叙曰余讀王制至司空執度度地居民有四時之宜有遠
近之量嘆曰休兹萬世之可因也夫秦罷侯置守郡邑建
焉新安秦郡于郭迄于宋元名命屢更地亦殊劑政教繁
跡罔適於治及我
明興師法司空之制叅伍唐宋之通乃和陰陽均道里畫地
宜因形勢譬之規尺榮衛各循其經盖得知者作法云傳
曰此其可與民變革者也詳表于篇君子以覽焉作沿革
徽州府志 沿革表之一 一 黄鋑刊 一百九十六

10304［嘉靖］徽州府志二十二卷圖一卷 （明）何東序 汪尚寧纂修 明嘉靖刻本

匡高 21.7 釐米，廣 14.1 釐米。半葉九行，行二十三字，小字雙行同，白口，左右雙邊。天津圖書館藏。

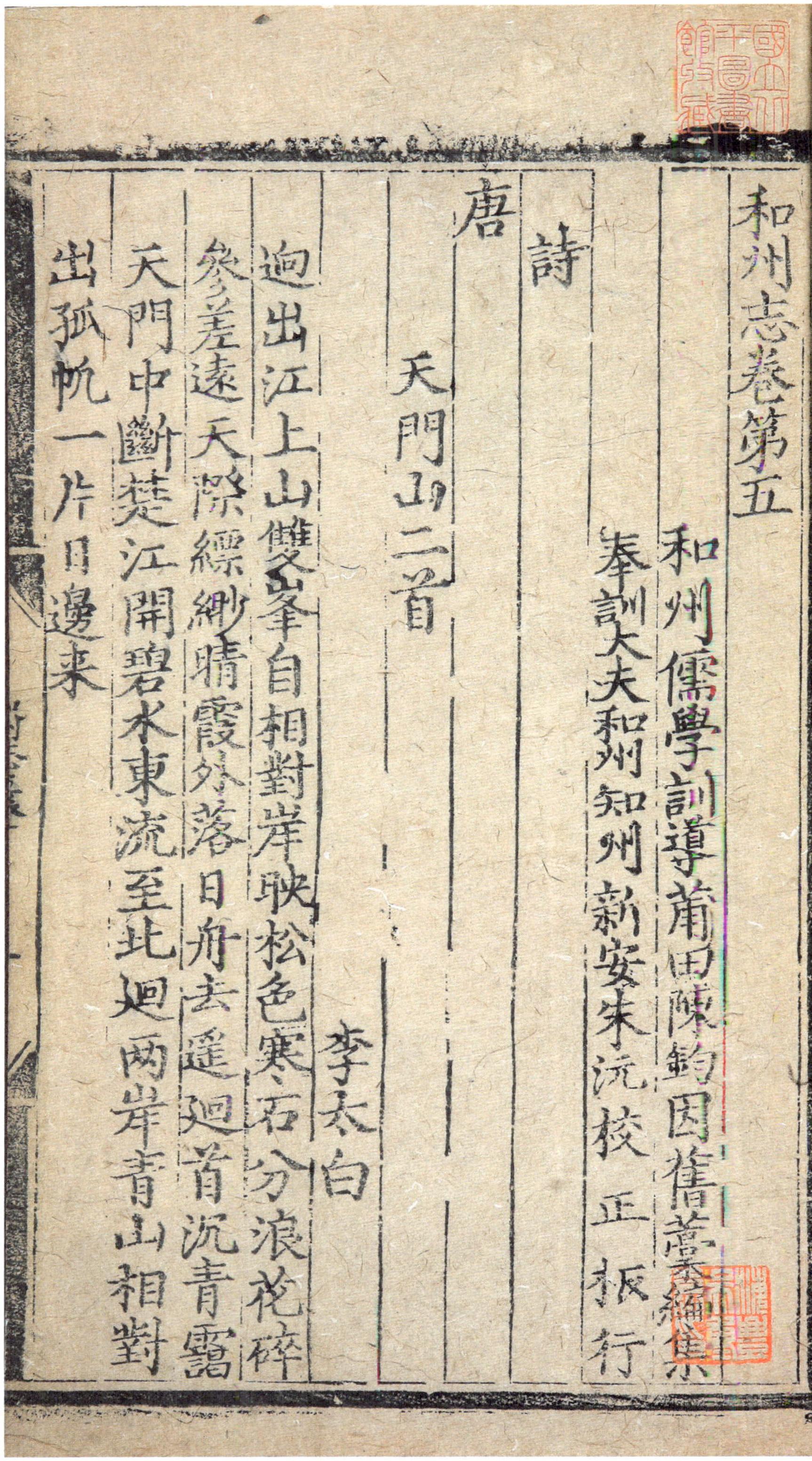

和州志卷第五

和州儒學訓導莆田陳鈞因舊藁編集

奉訓大夫和州知州新安朱沅校正板行

詩

唐

天門山二首　李太白

迥出江上山雙峯自相對岸映松色寒石分浪花碎參差遠天際縹緲晴霞外落日舟去遥迴首沉青靄

天門中斷楚江開碧水東流至北廻兩岸青山相對出孤帆一片日邊来

10305［正統］和州志五卷　（明）朱沅 陳鈞纂修 明正統六年（1441）刻本

匡高 22.2 釐米，廣 13.7 釐米。半葉十一行，行二十一字，黑口，四周雙邊。國家圖書館藏。

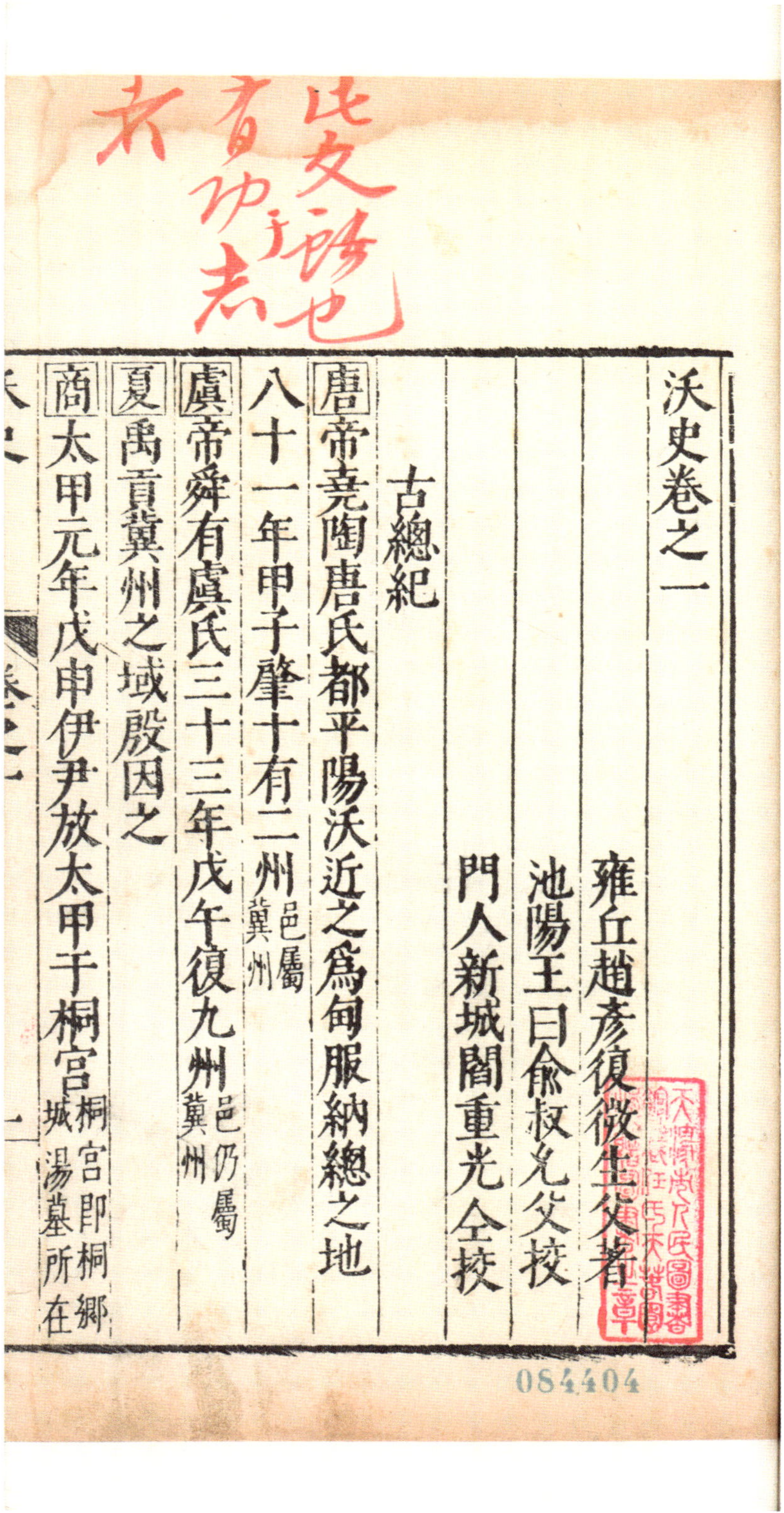

10306 [萬曆] 沃史二十六卷 (明)趙彦復纂修 明萬曆刻本

匡高20釐米,廣14釐米。半葉十行,行二十字,小字雙行同,白口,左右雙邊。天津圖書館藏。

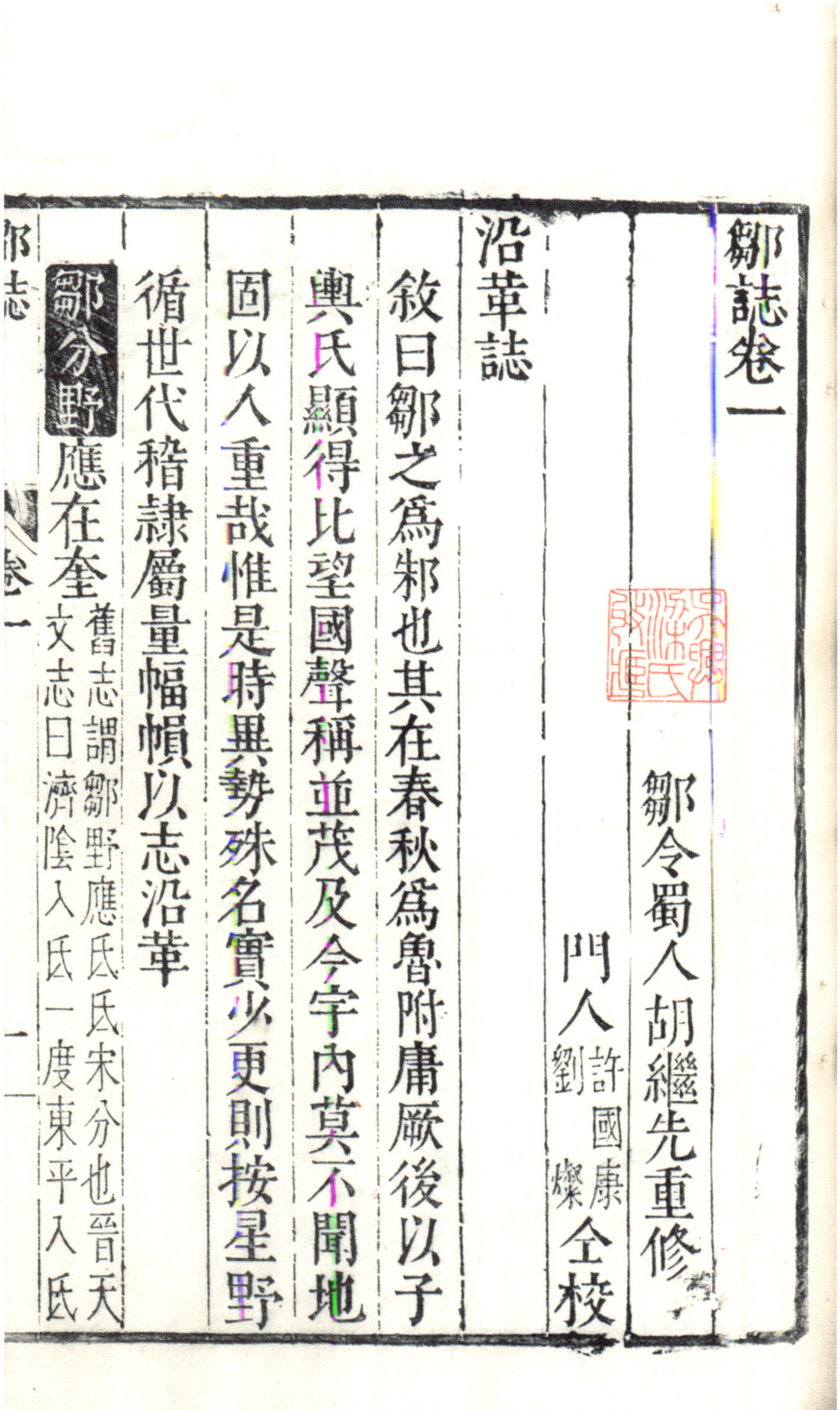

鄒誌卷一
鄒令蜀人胡繼先重修
門人 許國康 劉燦 仝校
沿革誌
敘曰鄒之爲邾也其在春秋爲魯附庸厥後以子
輿氏顯得比望國聲稱並茂及今宇內莫不聞地
固以人重哉惟是時異勢殊名實必更則按星野
循世代稽隸屬量幅幀以志沿革
鄒分野應在奎舊志謂鄒野應氐氐宋分也晉天文志曰濟陰入氐一度東平入氐
鄒誌 卷一 一

10307［萬曆］鄒誌四卷　（明）胡繼先纂修 明萬曆刻本

匡高 21.6 釐米，廣 14.5 釐米。半葉九行，行二十字，白口，四周單邊。天津圖書館藏。

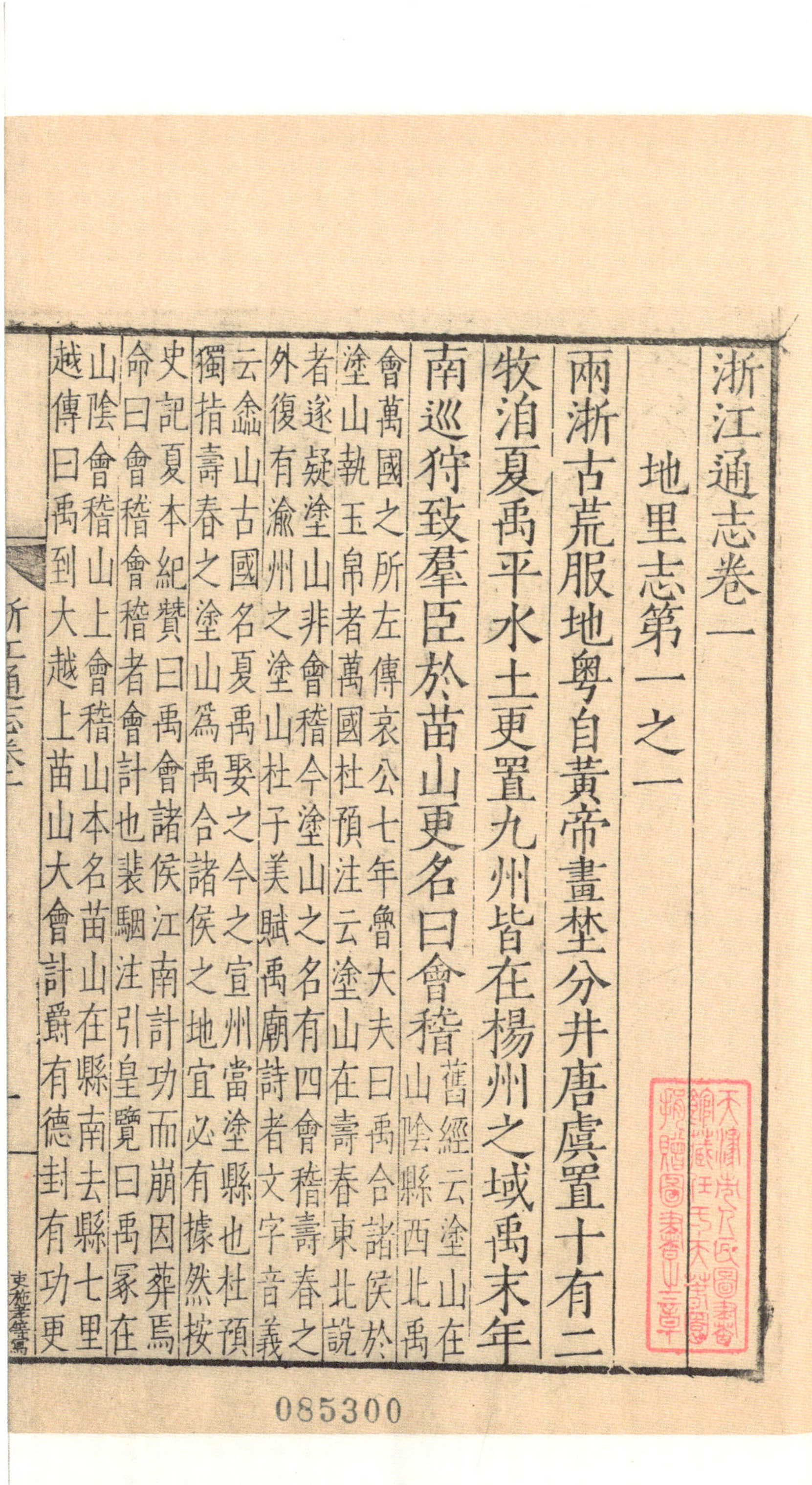

10308 [嘉靖] 浙江通志七十二卷 （明）胡宗憲 薛應旂纂修 明嘉靖刻本

匡高 19.8 釐米，廣 14.2 釐米。半葉十行，行二十字，小字雙行同，白口，四周單邊。天津圖書館藏。

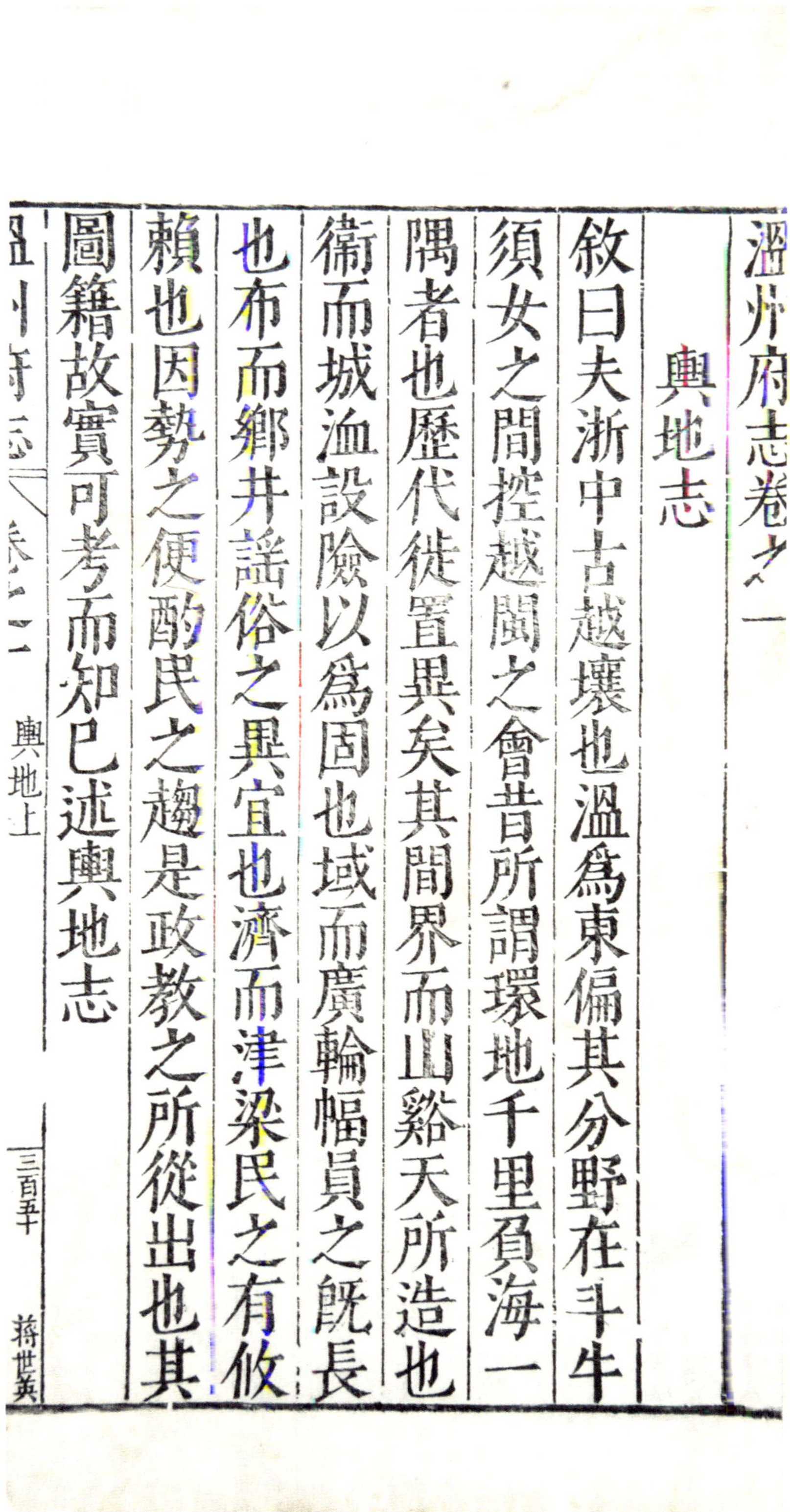

溫州府志卷之一

輿地志

敘曰夫浙中古越壤也溫爲東偏其分野在斗牛須女之間控越閩之會昔所謂環地千里負海一隅者也歷代徙置異矣其間界而山谿天所造也衞而城洫設險以爲固也域而廣輪幅員之旣長也布而鄉井謠俗之異宜也濟而津梁民之有攸賴也因勢之便酌民之趨是政教之所從出也其圖籍故實可考而知已述輿地志

溫州府志 卷之一 輿地上 三百五十 蔣世英

10309［萬曆］溫州府志十八卷（明）湯日昭 王光蘊纂修 明萬曆刻本

匡高 22.5 釐米，廣 14.7 釐米。半葉九行，行十九字，小字雙行同，白口，左右雙邊。溫州市圖書館藏。

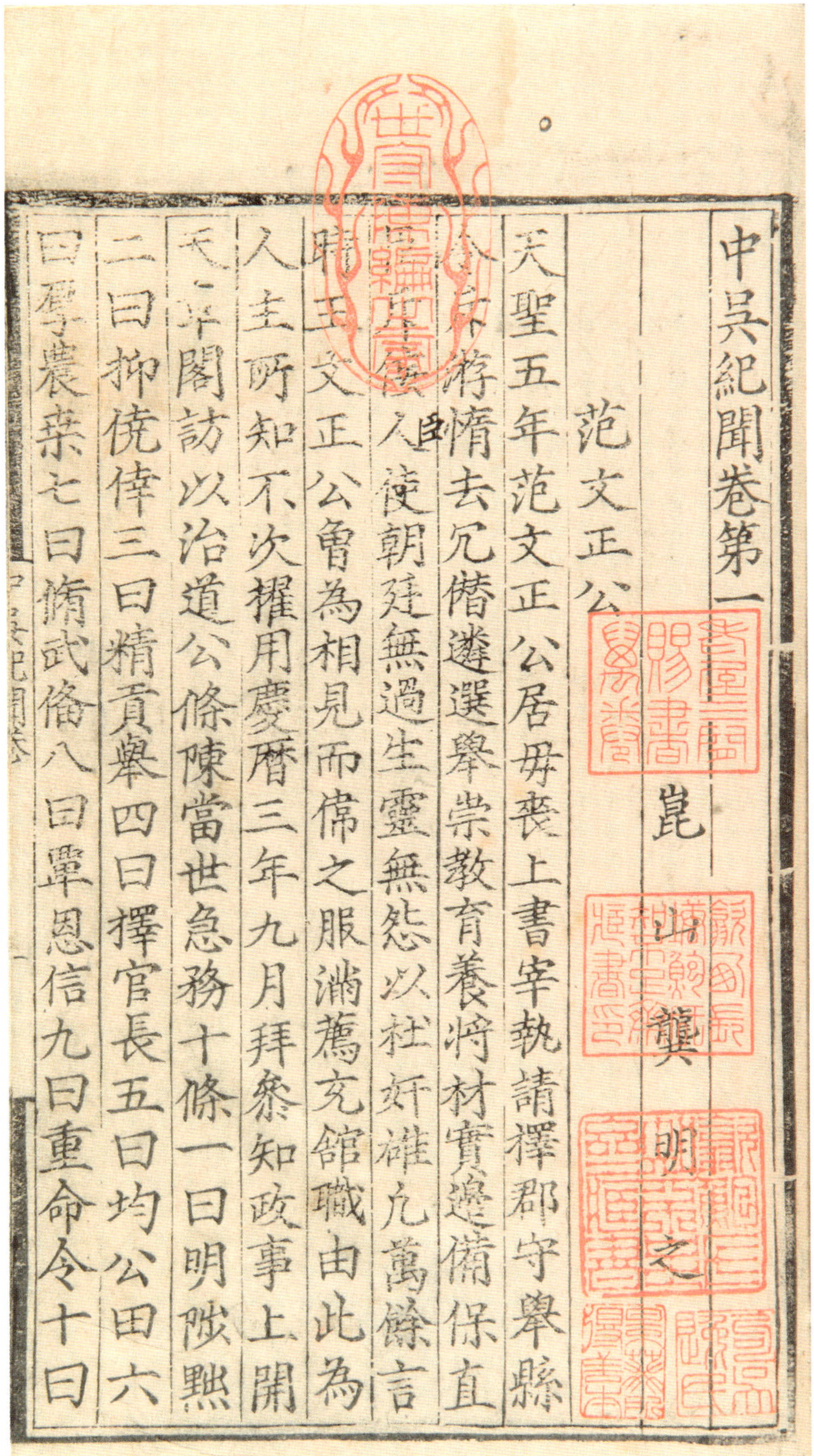

中吳紀聞卷第一

崑山龔　明之

范文正公

天聖五年范文正公居毋喪上書宰執請擇郡守舉縣令斥游惰去冗僣遴選舉崇教育養將材實邊備保直臣[illegible]人使朝廷無過生靈無怨以杜奸雄凢萬餘言時王文正公曾為相見而偉之服闋薦充館職由此為人主所知不次擢用慶曆三年九月拜參知政事上開天章閣訪以治道公條陳當世急務十條一曰明黜陟二曰抑僥倖三曰精貢舉四曰擇官長五曰均公田六曰厚農桑七曰脩武備八曰覃恩信九曰重命令十曰

中吳紀聞卷一

10310 中吳紀聞六卷　（宋）龔明之撰 明正德九年（1514）龔弘刻本

匡高 20.8 釐米，廣 12.3 釐米。半葉十一行，行二十一字，小字雙行同，黑口，四周雙邊。有“錢氏叔寶”、“知不足齋藏書”、“景葵所得善本”、“卷盦六十六以後所收書”等印。錢穀、錢允治校，葉景葵跋。上海圖書館藏。

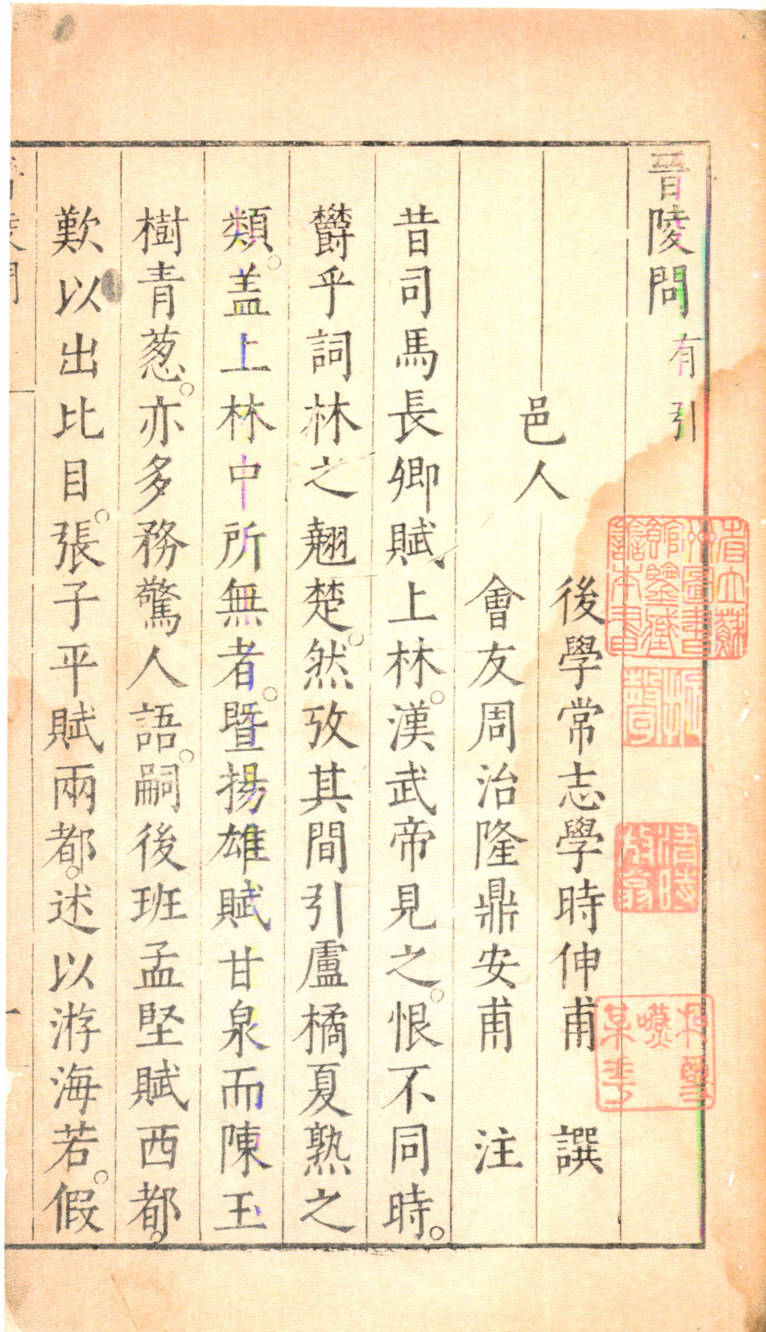
晉陵問 有引
邑人 後學常志學時伸甫 譔
會友周治隆鼎安甫 注
昔司馬長卿賦上林。漢武帝見之。恨不同時。
欝乎詞林之翹楚。然攷其間引盧橘夏熟之
類。蓋上林中所無者。暨揚雄賦甘泉而陳玉
樹青葱。亦多務驚人語。嗣後班孟堅賦西都
歎以出比目張子平賦兩都述以㳺海若。假

10311 晉陵問一卷 （明）常志學撰 （明）周治隆注 明萬曆十二年（1584）李備刻本

匡高 20.4 釐米，廣 12.7 釐米。半葉八行，行十八字，白口，四周單邊。蘇州圖書館藏。

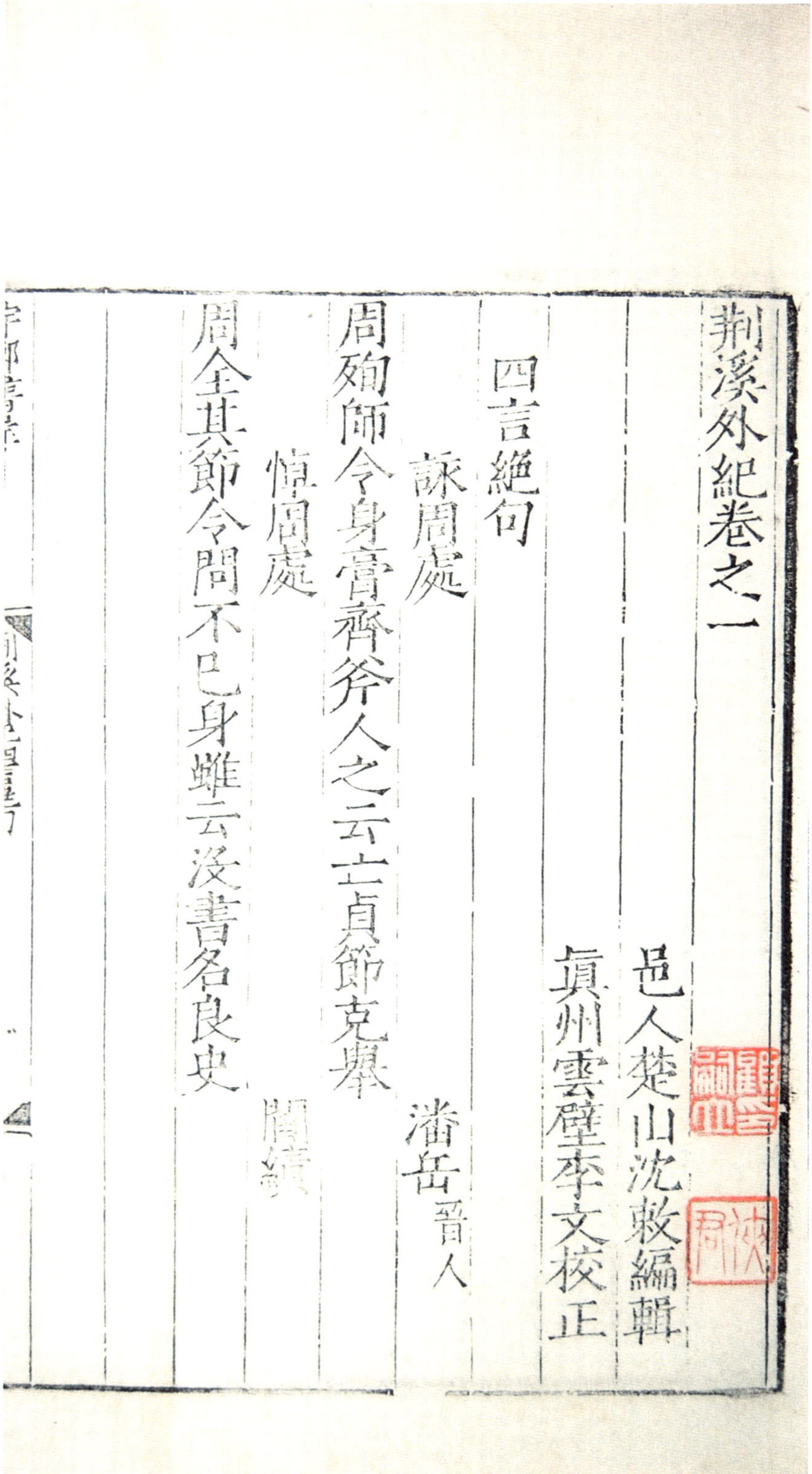

荆溪外紀卷之一

邑人楚山沈敕編輯

真州雲壁李文校正

四言絶句

詠周處　潘岳晉人

周殉師令身膏齊斧人之云亡貞節克舉

悼周處　閻纘

周全其節令問不已身雖云沒書名良史

10312 荆溪外紀二十五卷　（明）沈敕撰 明嘉靖二十四年（1545）刻本

包背裝。匡高 20.1 釐米，廣 14.1 釐米。半葉十行，行二十二字，小字雙行同，白口，左右雙邊。中國書店藏。

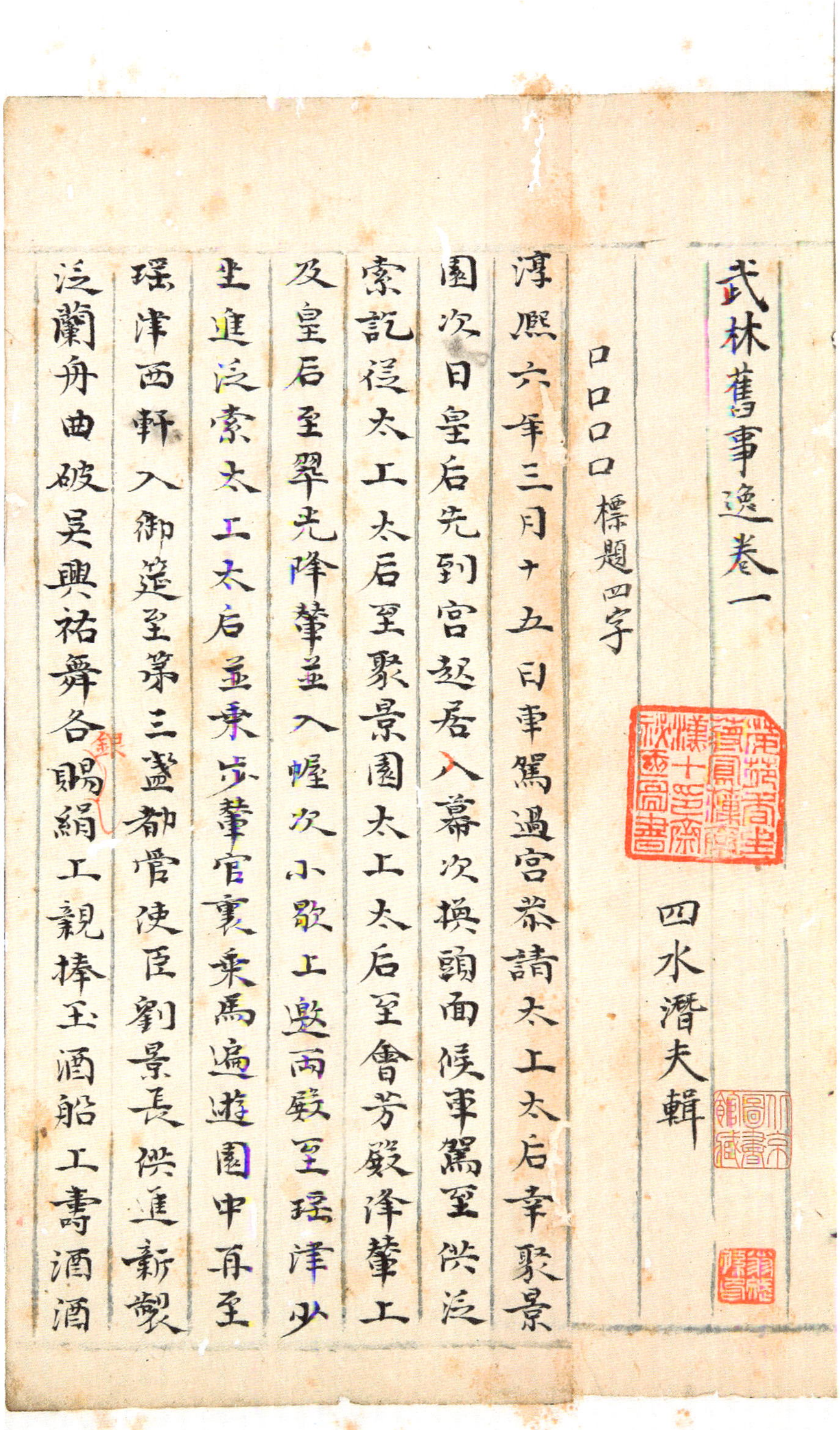

武林舊事逸卷一

四水潛夫輯

□□□□標題四字

淳熙六年三月十五日車駕過宮恭請太上太后幸聚景園次日皇后先到宮起居入幕次換頭面候車駕至供泛索訖徑太上太后至聚景園太上太后至會芳殿降輦上及皇后至翠光降輦並入幄次小歇上邀兩殿至瑤津少坐進泛索太上太后並乘步輦官裏乘馬遍遊園中再至瑤津西軒入御筵至第三盞都管使臣劉景長供進新製泛蘭舟曲破吴興祐舞各賜絹上親捧玉酒船上壽酒酒

10313 武林舊事逸四卷 （宋）周密撰 明抄本

匡高 22.8 釐米，廣 16.1 釐米。半葉十行，行二十二字，白口，四周單邊。鮑廷博校。國家圖書館藏。

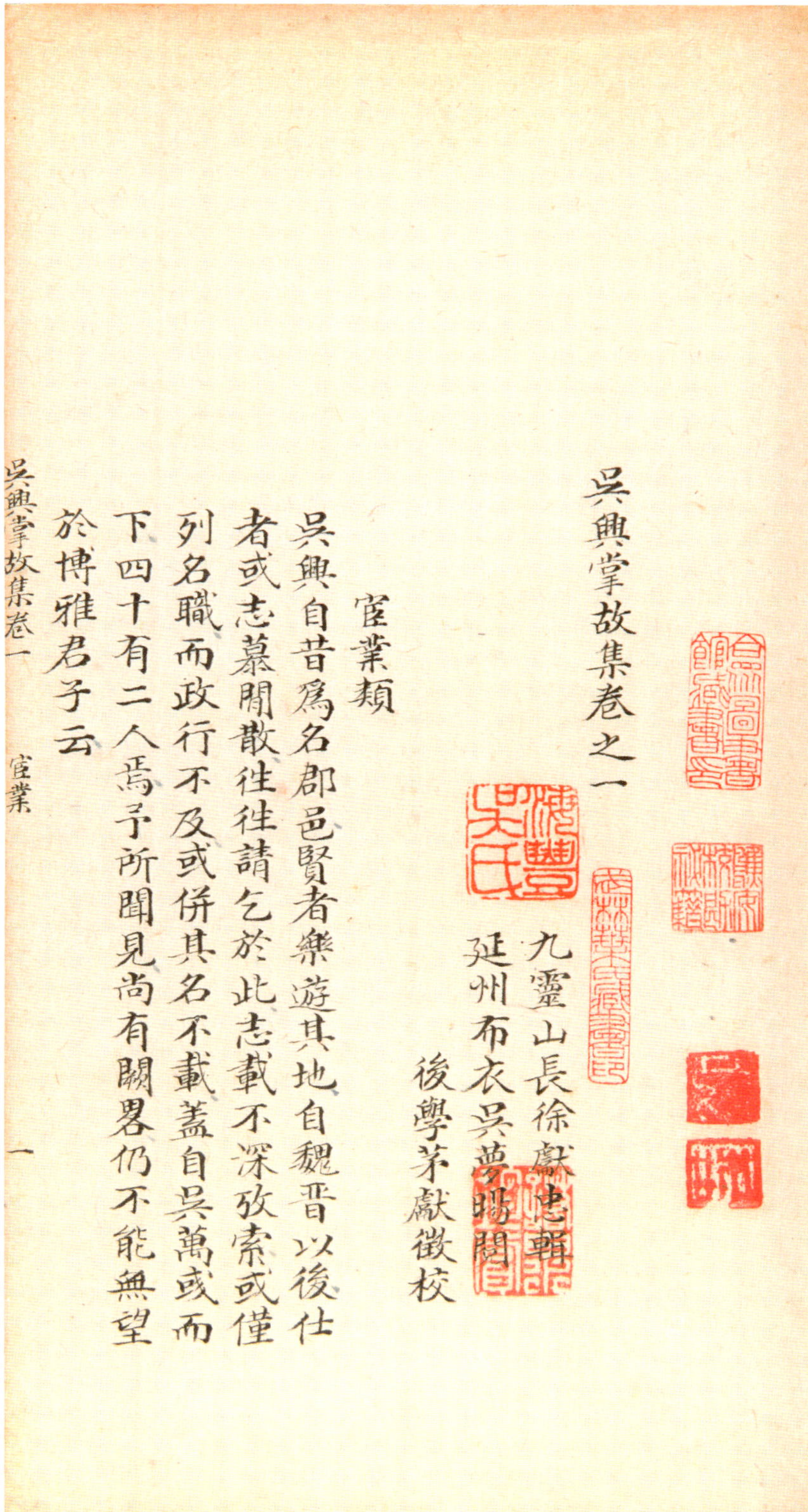

吳興掌故集卷之一

九靈山長徐獻忠輯
延州布衣吳夢暘閱
後學茅獻徵校

宦業類

吳興自昔爲名郡邑賢者樂遊其地自魏晉以後仕者或志慕閒散往往請乞於此志載不深攷索或僅列名職而政行不及或併其名不載蓋自吳萬彧而下四十有二人焉予所聞見尚有闕畧仍不能無望於博雅君子云

吳興掌故集卷一　宦業　一

10314 吳興掌故集十七卷 （明）徐獻忠撰 清抄本

有“拜經樓吳氏藏書印”、“翰題讀過”、“杭州葉氏藏書”等印。吳騫校，周廣業、唐翰題跋。上海圖書館藏。

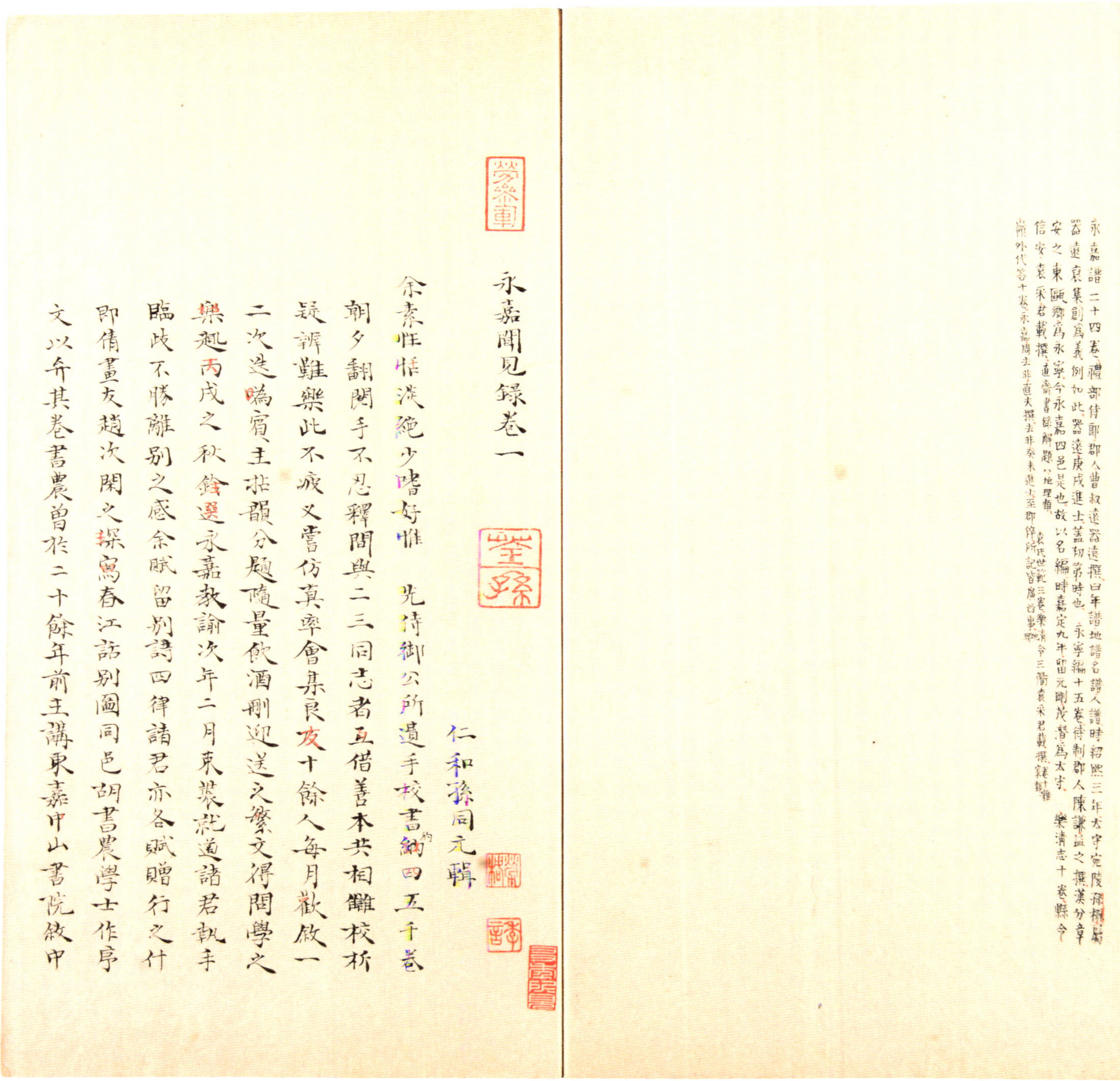
永嘉聞見録卷一
仁和孫同元輯
余素性恬淡絶少嗜好惟 先侍御公所遺手校書約四五千卷
朝夕翻閲手不忍釋間與二三同志者互借善本共相讎校析
疑辨難樂此不疲又嘗仿真率會集良友十餘人每月歡敘一
二次迭爲賓主拈韻分題隨量飲酒删迎送之繁文得問學之
樂趣丙戌之秋銓選永嘉教諭次年二月束裝就道諸君執手
臨歧不勝離別之感余賦留別詩四律諸君亦各賦贈行之什
即倩畫友趙次閑之琛寫春江話別圖同邑胡書農學士作序
文以弁其卷書農曾於二十餘年前主講東嘉中山書院敘中

10315 永嘉聞見録四卷 （清）孫同元撰 清抄本

有“季言汲古”、“勞格”、“藝風堂藏書”、“荃孫”等印。勞格校。上海圖書館藏。

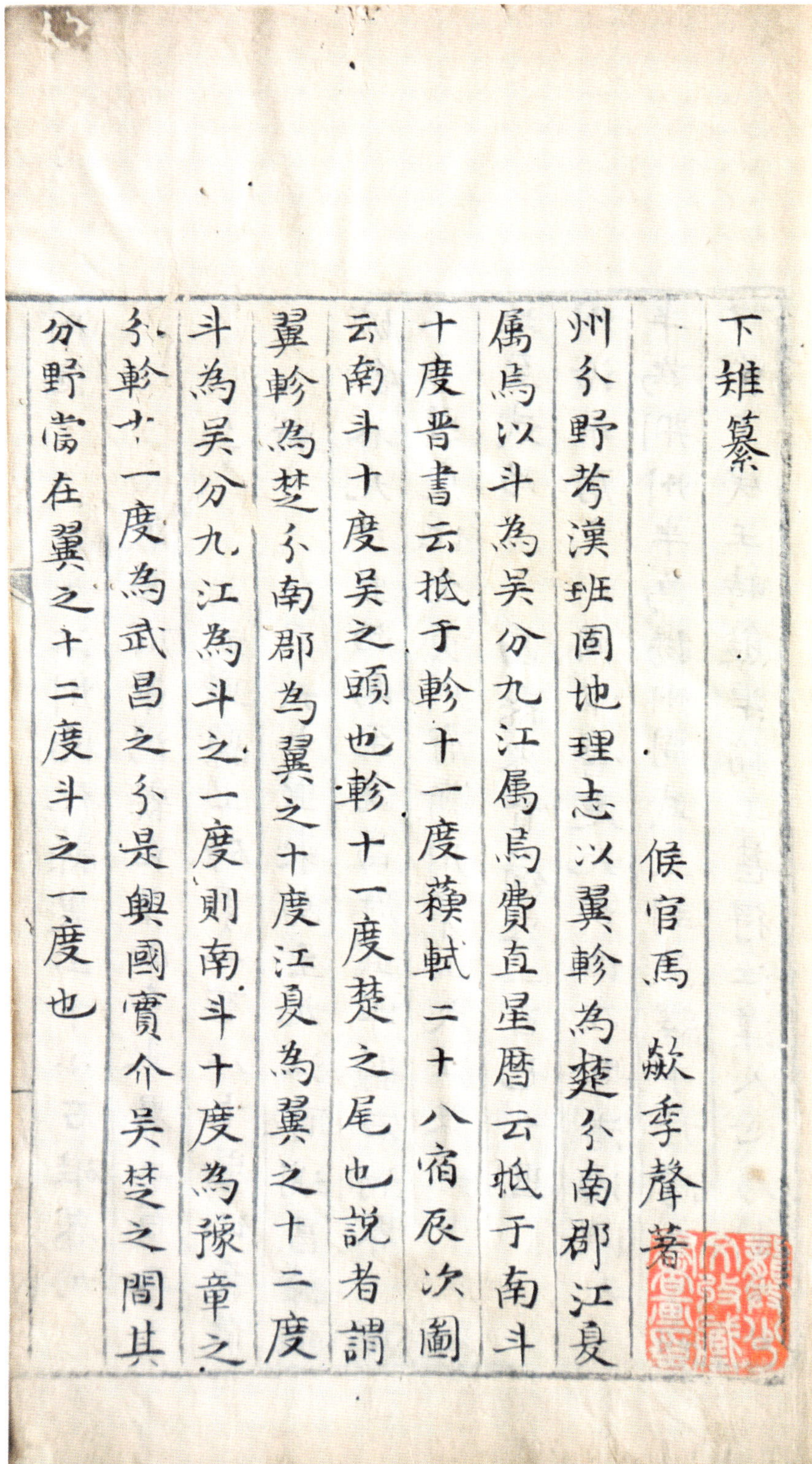
下雉纂

侯官馬欻季聲著

州分野考漢班固地理志以翼軫為楚分南郡江夏屬焉以斗為吳分九江屬焉費直星曆云柢于南斗十度晉書云柢于軫十一度蘇軾二十八宿辰次圖云南斗十度吳之頭也軫十一度楚之尾也説者謂翼軫為楚分南郡為翼翼之十度江夏為翼之十二度斗為吳分九江為斗之一度則南斗十度為豫章之分軫十一度為武昌之分是與國實介吳楚之間其分野當在翼之十二度斗之一度也

10316 下雉纂一卷 （明）馬欻撰 明天啓四年（1624）徐𤊹抄本

徐𤊹跋。福建省圖書館藏。

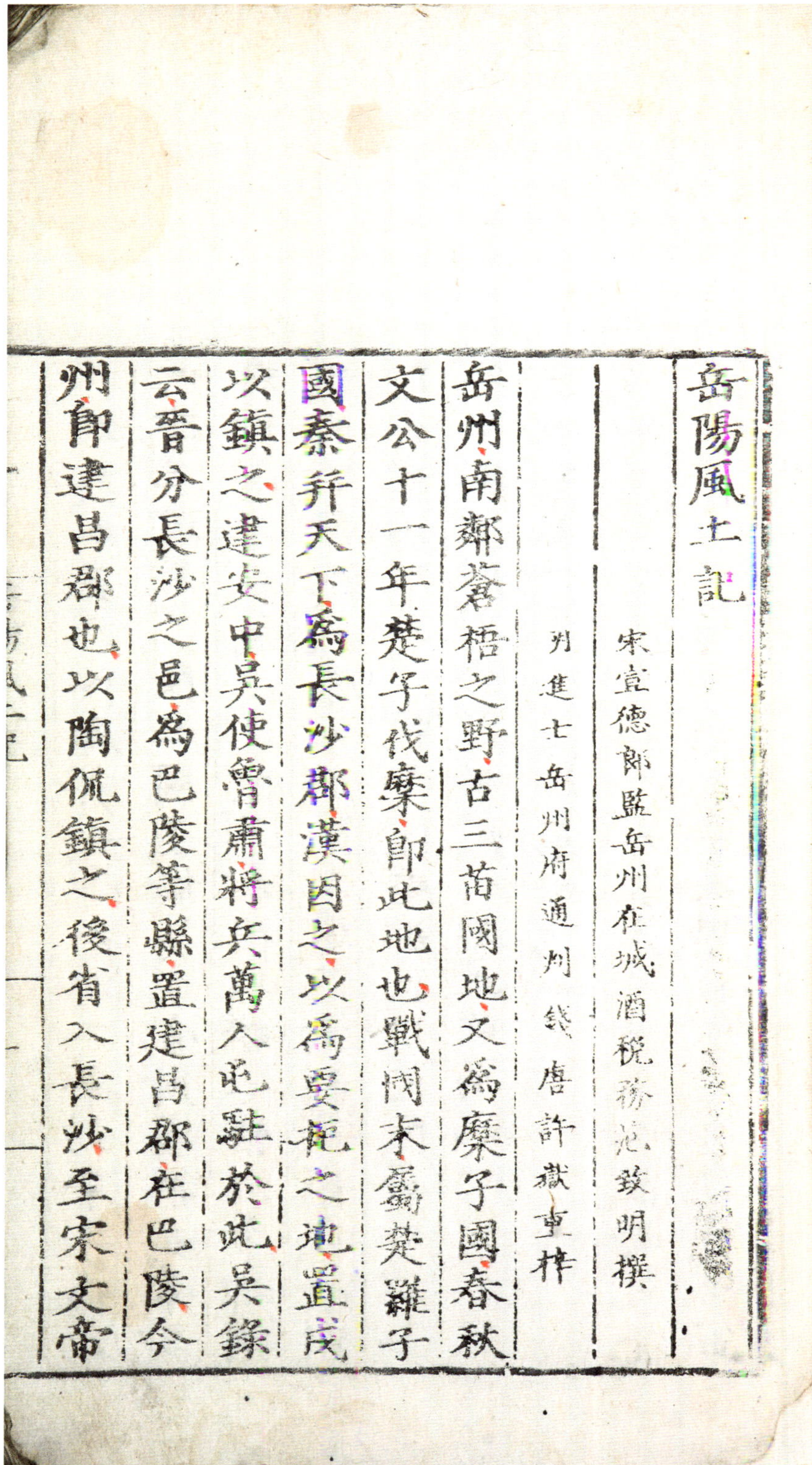
岳陽風土記
宋宣德郎監岳州在城酒稅務范致明撰
明進士岳州府通判錢唐許獻重梓
岳州南郡蒼梧之野古三苗國地又爲麋子國春秋
文公十一年楚子伐麋即此地也戰國末屬楚離子
國秦并天下爲長沙郡漢因之以爲要衝之地置戍
以鎮之建安中吳使魯肅將兵萬人屯駐於此吳録
云晉分長沙之邑爲巴陵等縣置建昌郡在巴陵今
州即建昌郡也以陶侃鎮之後省入長沙至宋文帝

10317 岳陽風土記一卷 （宋）范致明撰 明嘉靖四十二年（1563）許獻刻本

匡高 18.6 釐米，廣 13.5 釐米。半葉九行，行二十字，白口，左右雙邊。國家圖書館藏。

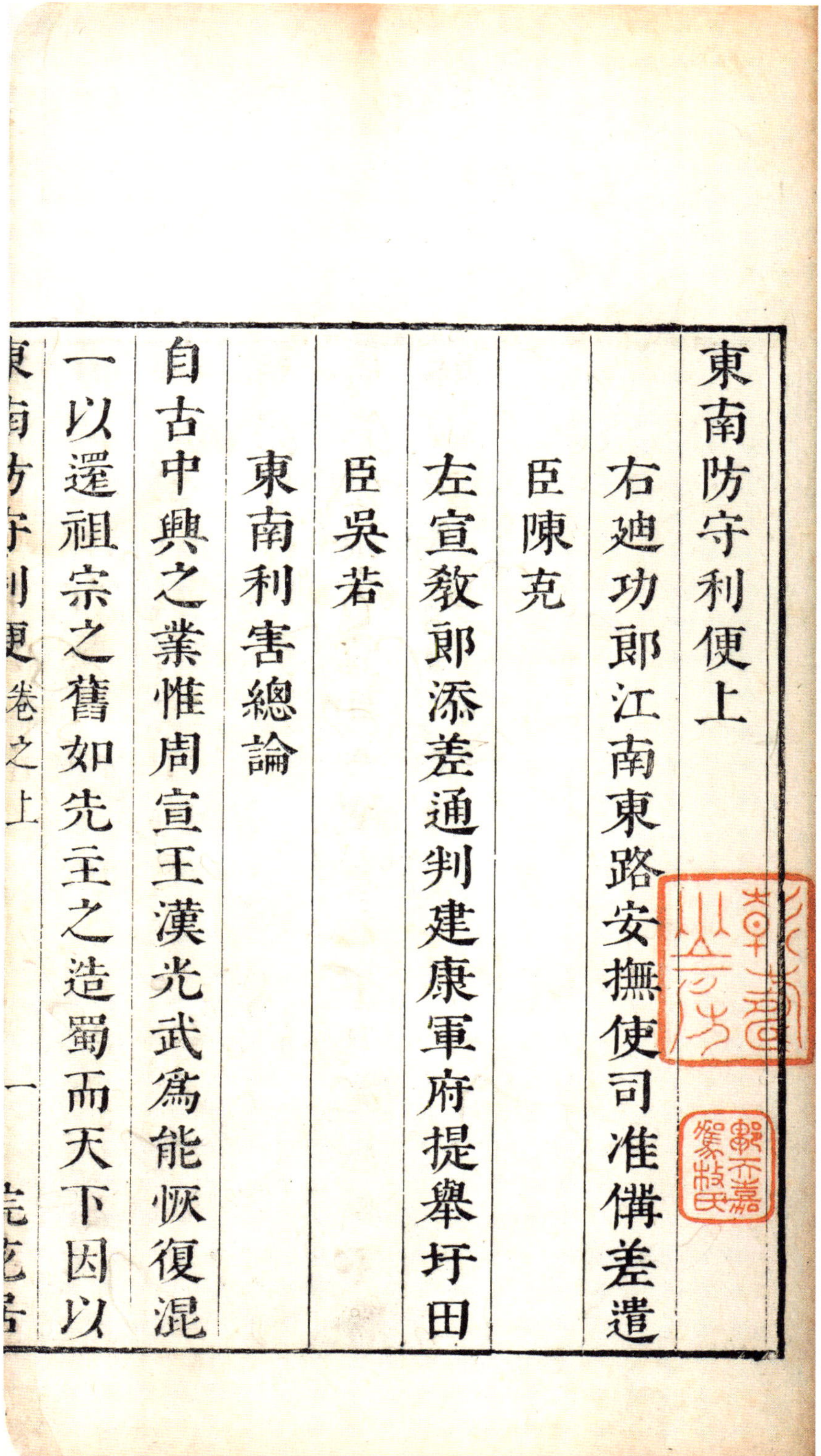

東南防守利便上

右迪功郎江南東路安撫使司准備差遣

臣陳克

左宣教郎添差通判建康軍府提舉圩田

臣吳若

東南利害總論

自古中興之業惟周宣王漢光武爲能恢復混一以還祖宗之舊如先主之造蜀而天下因以

東南防守利便 卷之上 一 浣花居

10318 東南防守利便三卷 （宋）陳克 吳若撰 明崇禎八年（1635）浣花居刻本

匡高 18.5 釐米，廣 14.1 釐米。半葉八行，行十八字，小字雙行同，白口，左右雙邊。大連圖書館藏。

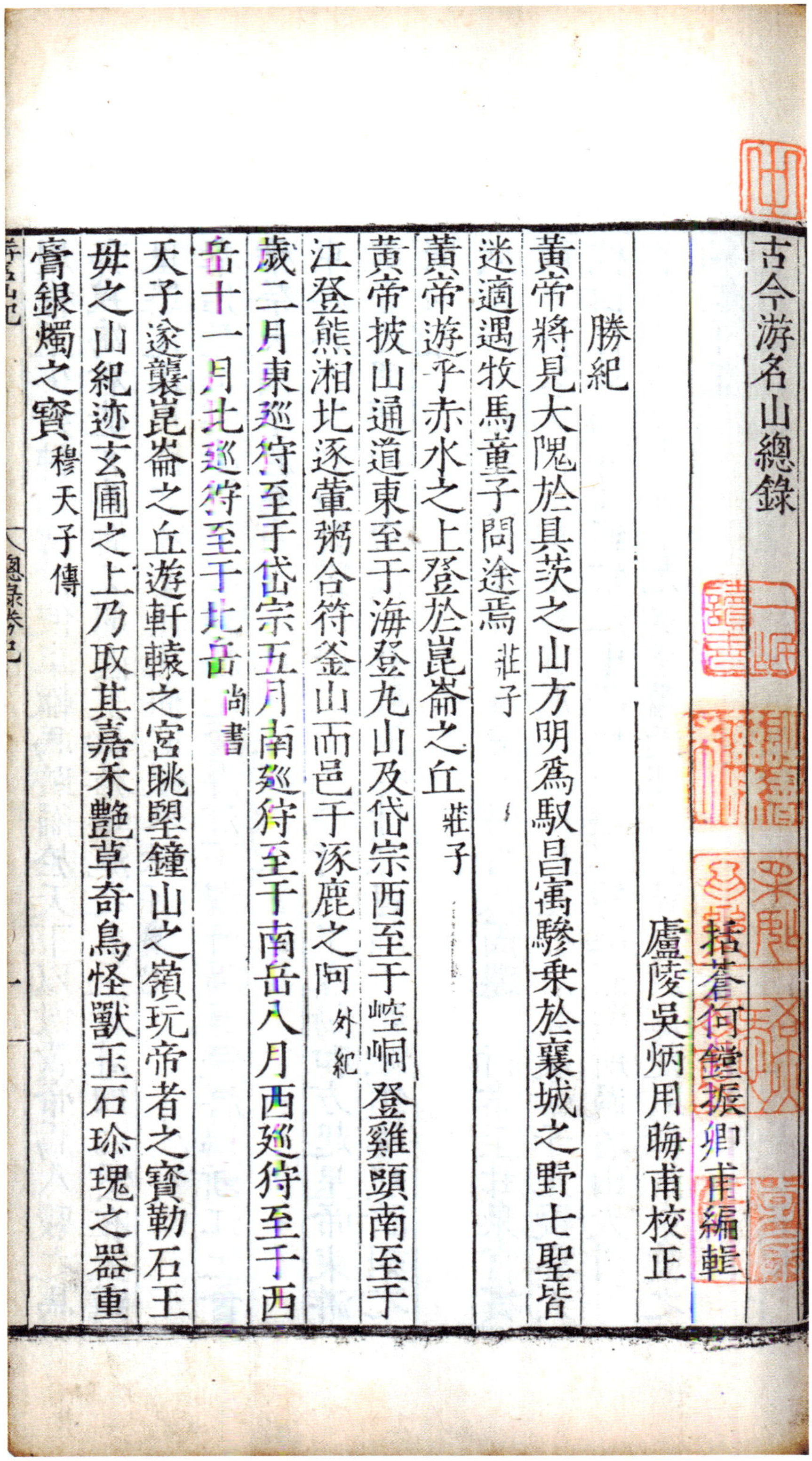

古今游名山總錄

括蒼何鏜振卿甫編輯
廬陵吳炳用晦甫校正

勝紀

黃帝將見大隗於具茨之山方明爲馭昌㝢驂乘於襄城之野七聖皆迷適遇牧馬童子問途焉 莊子

黃帝游乎赤水之上登於崑崙之丘 莊子

黃帝披山通道東至于海登丸山及岱宗西至于崆峒登雞頭南至于江登熊湘北逐葷粥合符釜山而邑于涿鹿之阿 外紀

歲二月東廵狩至于岱宗五月南廵狩至于南岳八月西廵狩至于西岳十一月北廵狩至于北岳 尚書

天子遂襲崑崙之丘遊軒轅之宮眺望鍾山之嶺玩帝者之寶勒石王母之山紀迹玄圃之上乃取其嘉禾艷草奇鳥怪獸玉石珍瑰之器重膏銀燭之寶 穆天子傳

10319 古今游名山記十七卷總録三卷 （明）何鏜輯 明嘉靖四十四年（1565）自刻本

匡高 20.1 釐米，廣 14.3 釐米。半葉十四行，行二十七字，小字雙行同，白口，左右雙邊。四川省圖書館藏。

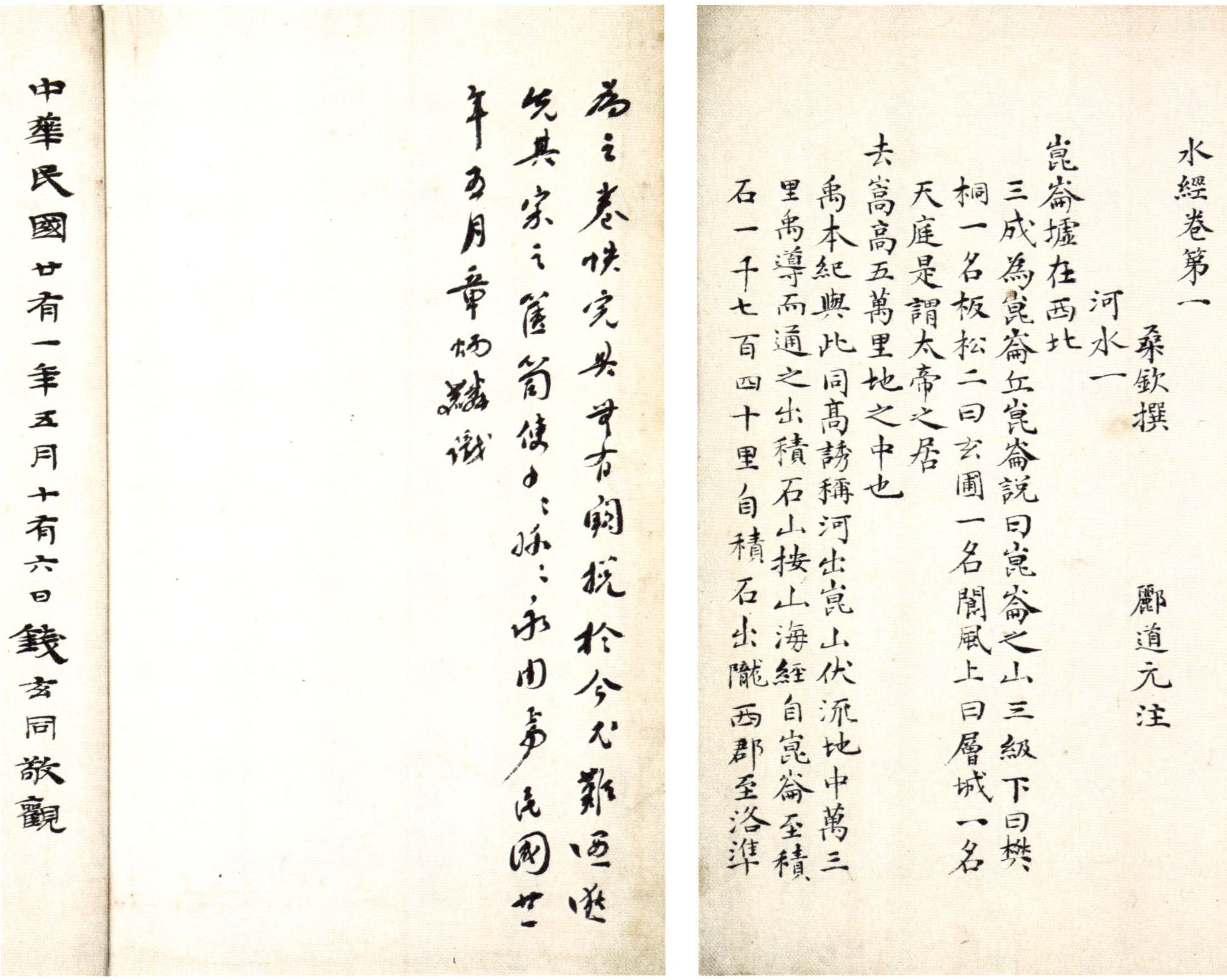

10320 水經注四十卷　（北魏）酈道元撰　明抄本

章炳麟、王國維跋。國家圖書館藏。

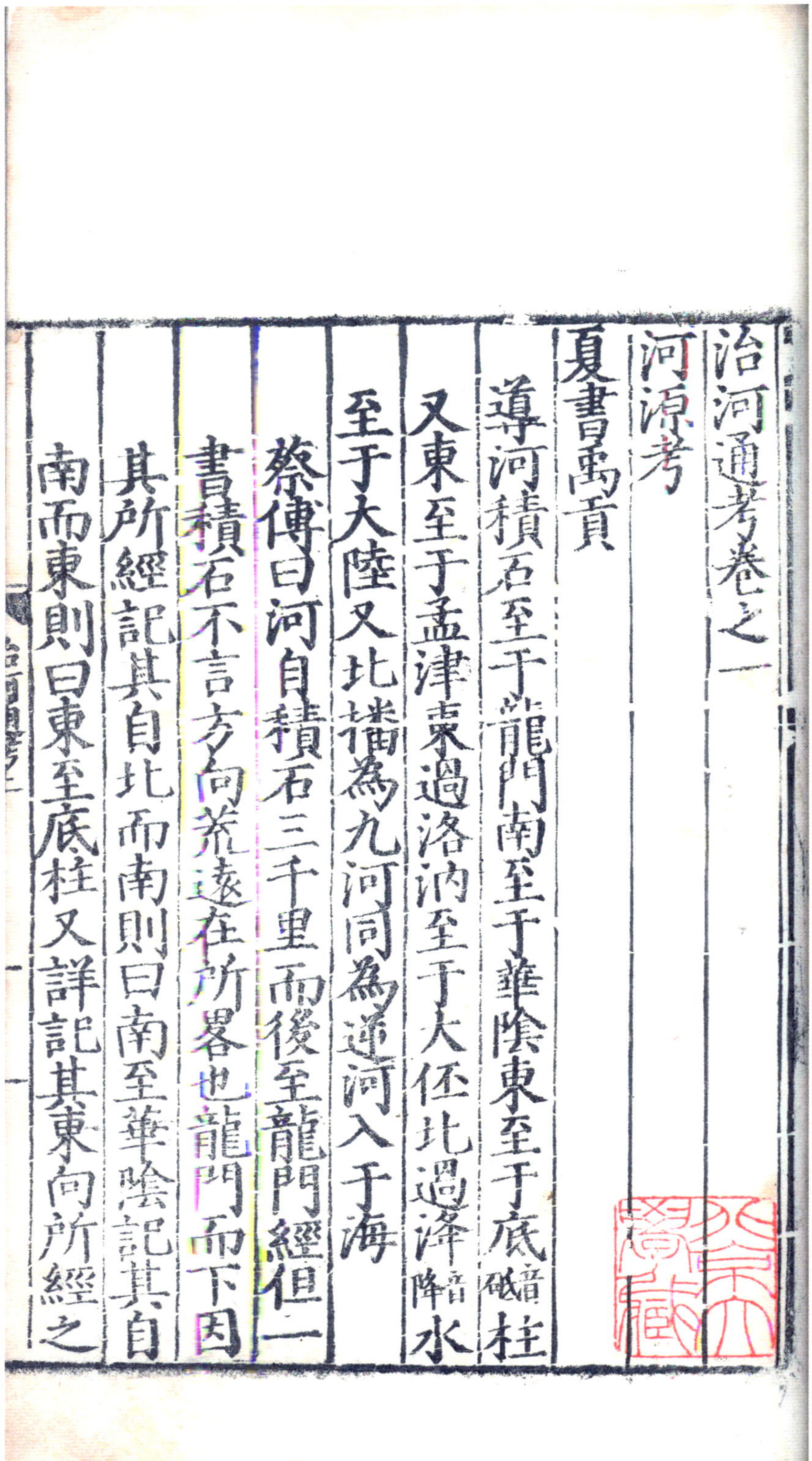

治河通考卷之一

河源考

夏書禹貢

導河積石至于龍門南至于華陰東至于底（音砥）柱

又東至于孟津東過洛汭至于大伾北過洚（音降）水

至于大陸又北播為九河同為逆河入于海

蔡傳曰河自積石三千里而後至龍門經但一

書積石不言方向荒遠在所畧也龍門而下因

其所經記其自北而南則曰南至華陰記其自

南而東則曰東至底柱又詳記其東向所經之

10321 治河通考十卷 （明）吴山撰 明嘉靖刻本

匡高19.5釐米，廣14.3釐米。半葉十行，行二十字，白口，左右雙邊。北京大學圖書館藏。

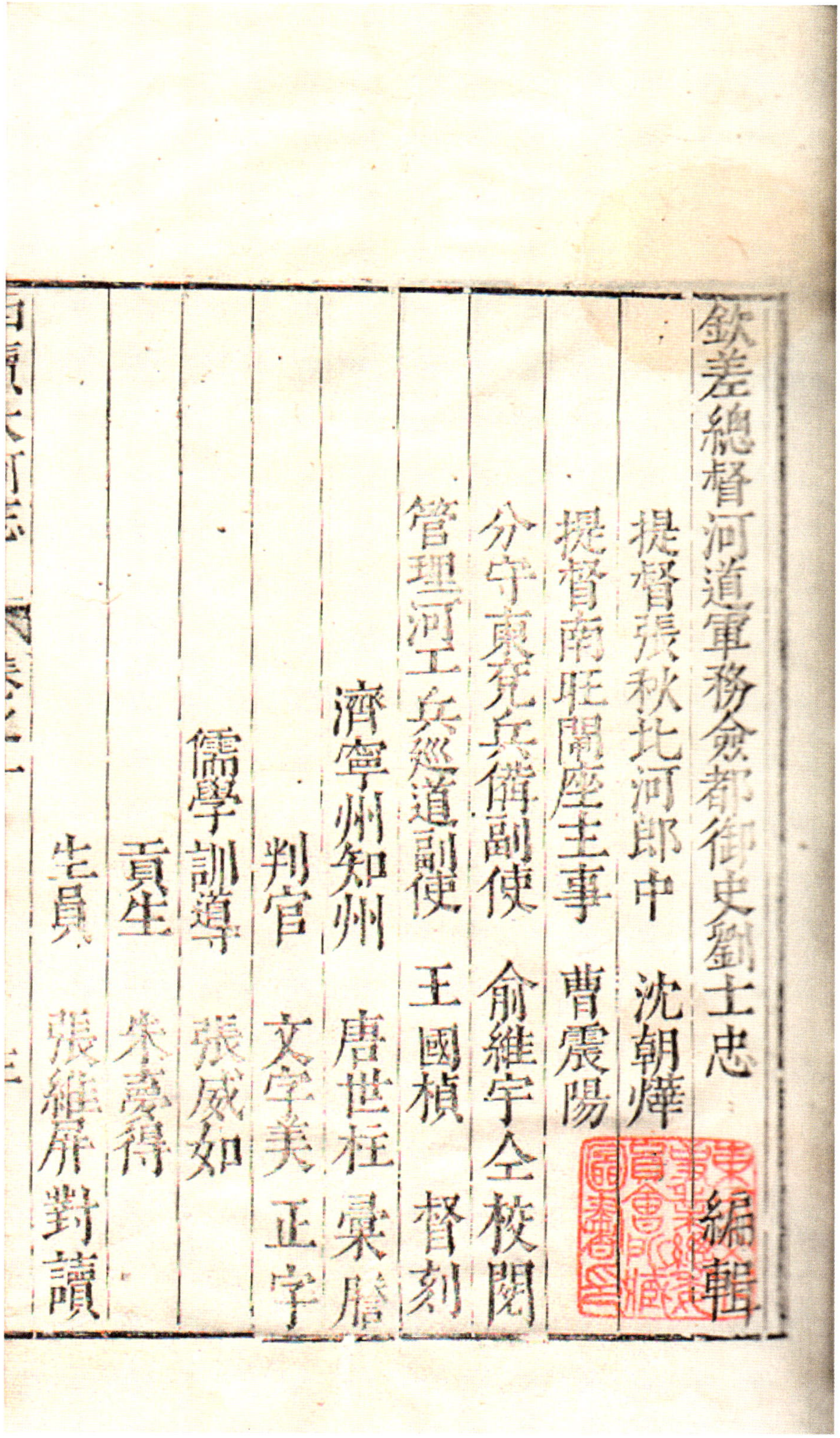

欽差總督河道軍務僉都御史劉士忠　編輯
提督張秋北河郎中　沈朝煒
提督南旺閘座主事　曹震陽
分守東兗兵備副使　俞維宇仝校閱
管理河工兵巡道副使　王國楨　督刻
濟寧州知州　唐世桂彙膳
判官　文孚美　正字
儒學訓導　張威如
貢生　朱夢得
生員　張維屏對讀

10322 西瀆大河志六卷　（明）張光孝撰　明萬曆三十八年（1610）刻本

匡高 19.8 釐米，廣 14.3 釐米。半葉十行，行二十字，白口，左右雙邊。中國科學院國家科學圖書館藏。

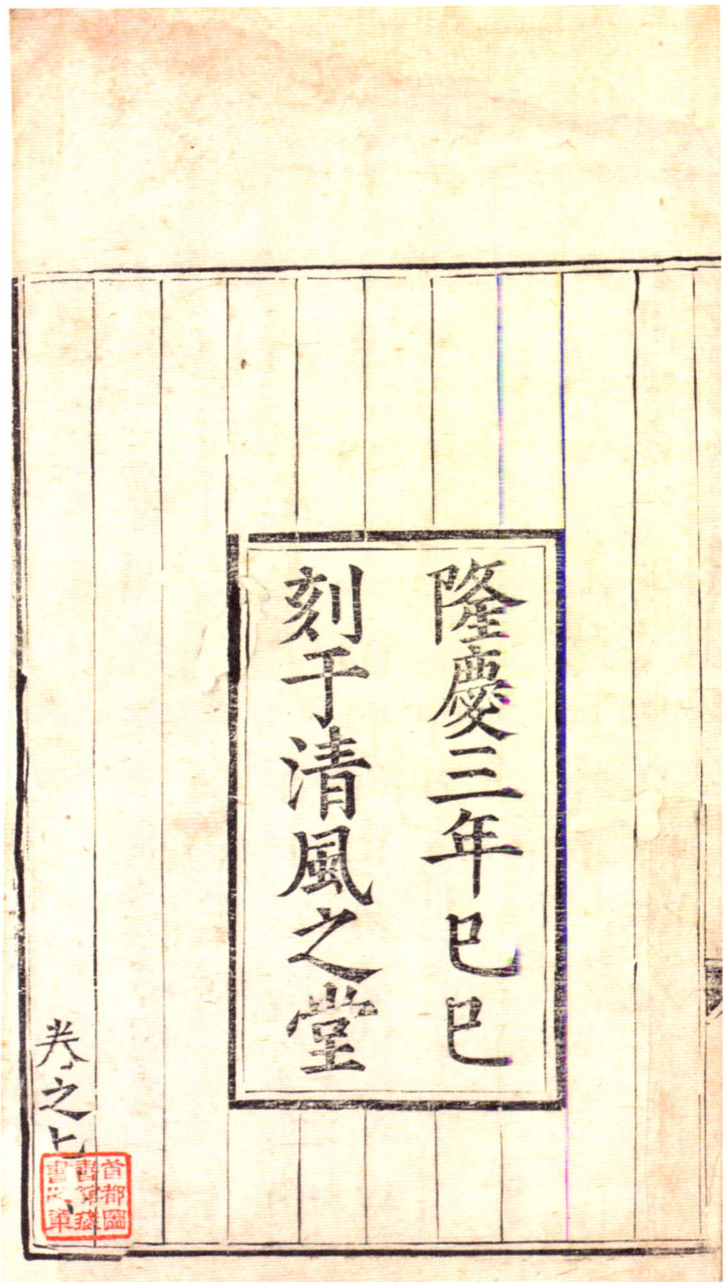
隆慶三年己巳
刻于清風之堂
卷之七

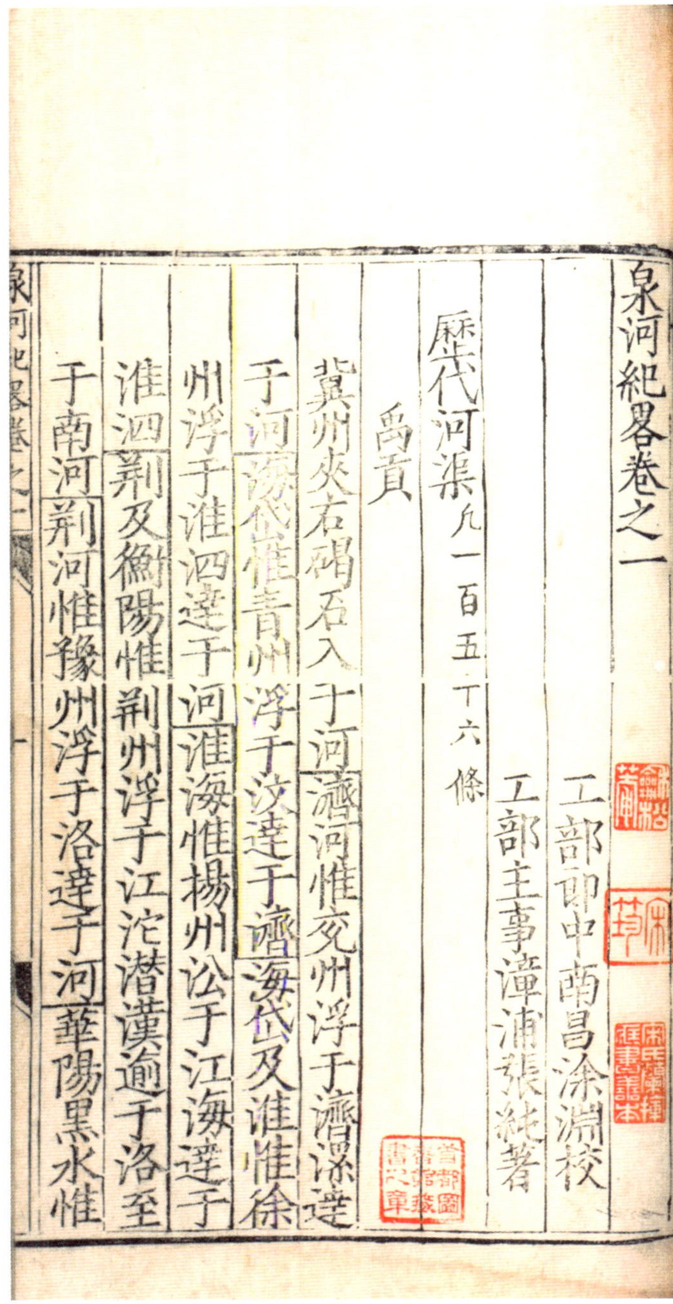
泉河紀畧卷之一
工部郎中南昌涂淵校
工部主事漳浦張純著
歷代河渠 凡一百五十六條
禹貢
兾州夾右碣石入于河濟河惟兖州浮于濟漯達
于河海岱惟青州浮于汶達于濟海岱及淮惟徐
州浮于淮泗達于河淮海惟揚州沿于江海達于
淮泗荆及衡陽惟荆州浮于江沱潛漢逾于洛至
于南河荆河惟豫州浮于洛達于河華陽黑水惟

10323 泉河紀略七卷圖二卷 （明）張純撰 （明）徐淵校 明隆慶三年（1569）清風堂刻本

匡高22.1釐米，廣14.8釐米。半葉十行，行二十一字，白口，四周雙邊。有“隆慶三年己巳刻于清風之堂”牌記。有“宋筠”、“北平孔德学校之章”等印。首都圖書館藏。

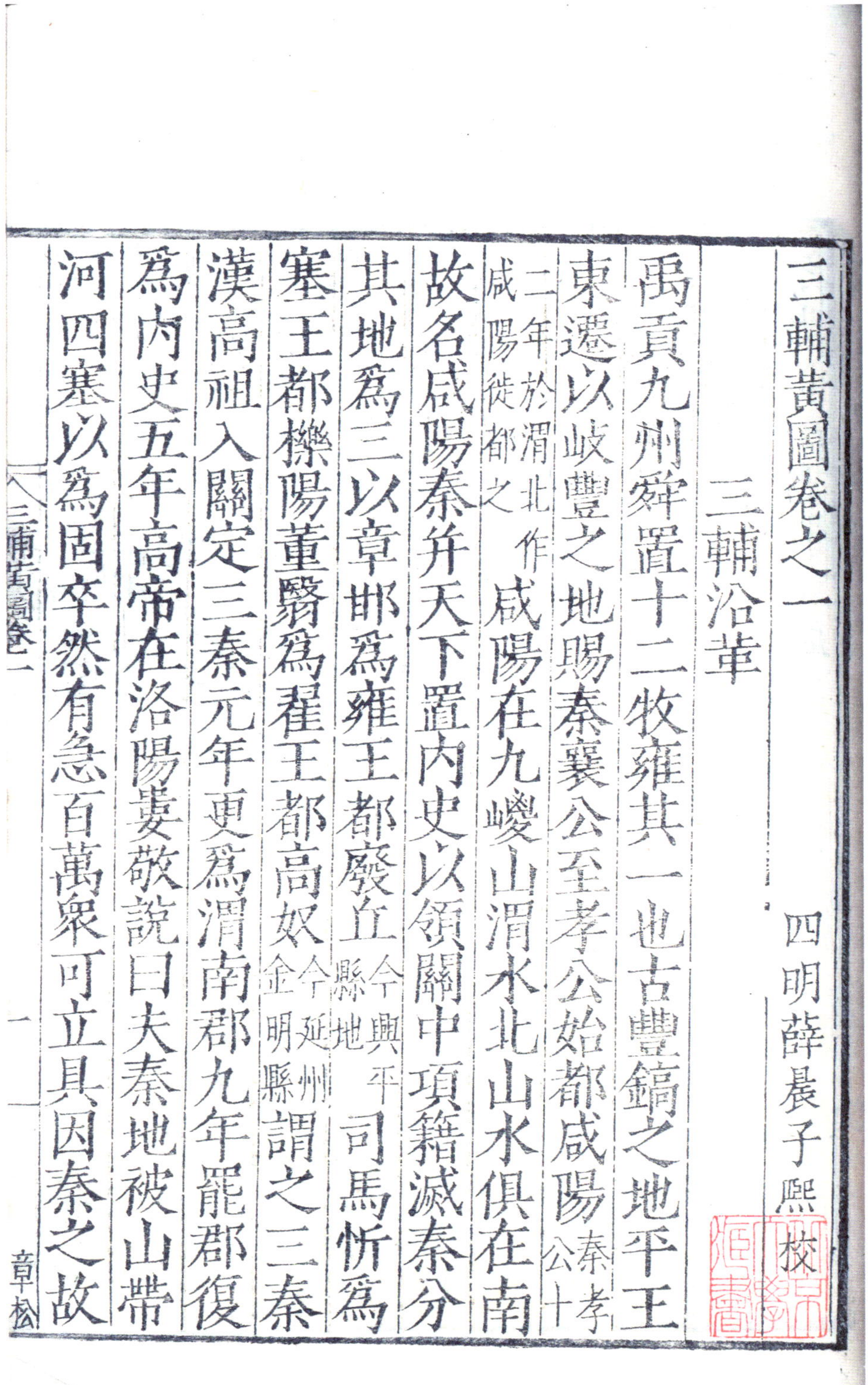

三輔黄圖卷之一　　　　四明薛晨子熙校

三輔沿革

禹貢九州舜置十二牧雍其一也古豐鎬之地平王東遷以岐豐之地賜秦襄公至孝公始都咸陽（秦孝公十二年於渭北作咸陽徙都之）咸陽在九嵕山渭水北山水俱在南故名咸陽秦并天下置内史以領關中項籍滅秦分其地爲三以章邯爲雍王都廢丘（今興平縣地）司馬欣爲塞王都櫟陽董翳爲翟王都高奴（今延州金明縣）謂之三秦漢高祖入關定三秦元年更爲渭南郡九年罷郡復爲内史五年高帝在洛陽婁敬說曰夫秦地被山帶河四塞以爲固卒然有急百萬衆可立具因秦之故

三輔黄圖卷一　一　章松

10324 三輔黄圖六卷　明嘉靖四十三年（1564）薛晨刻本

匡高 19.2 釐米，廣 14.6 釐米。半葉十行，行二十字，白口，左右雙邊。北京大學圖書館藏。

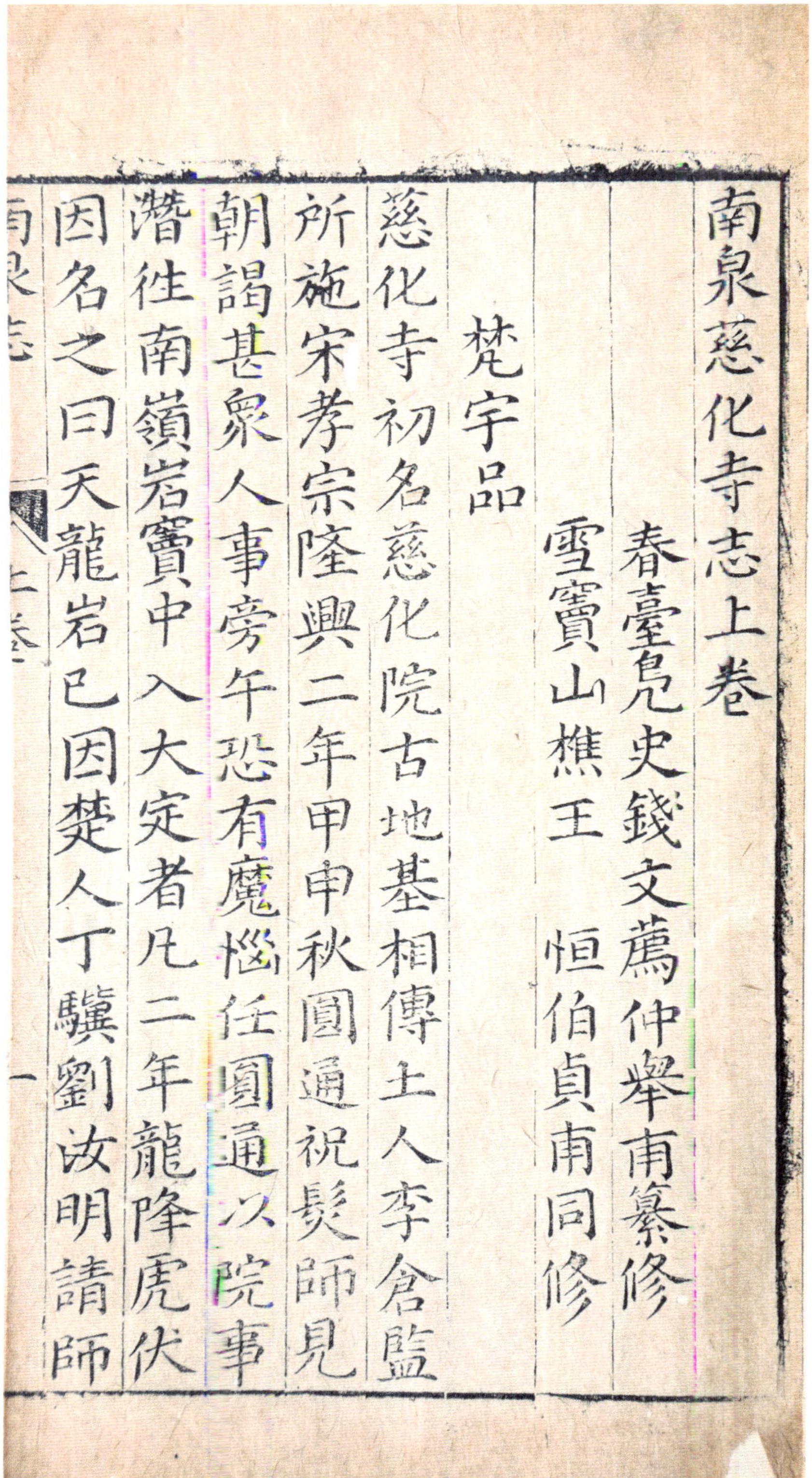
南泉慈化寺志上卷
春臺皂史錢文薦仲舉甫纂修
雪竇山樵王　恒伯貞甫同修
梵宇品
慈化寺初名慈化院古地基相傳上人李倉監所施宋孝宗隆興二年甲申秋圓通祝髮師見朝謁甚衆人事旁午恐有魔惱任圓通以院事潛往南嶺岩竇中入大定者凡二年龍降虎伏因名之曰天龍岩已因楚人丁驥劉汝明請師

南泉志　上卷　一

10325 南泉慈化寺志二卷 （明）錢文薦撰 明刻本

匡高 20.9 釐米，廣 13 釐米。半葉九行，行十八字，白口，四周單邊。福建省圖書館藏。

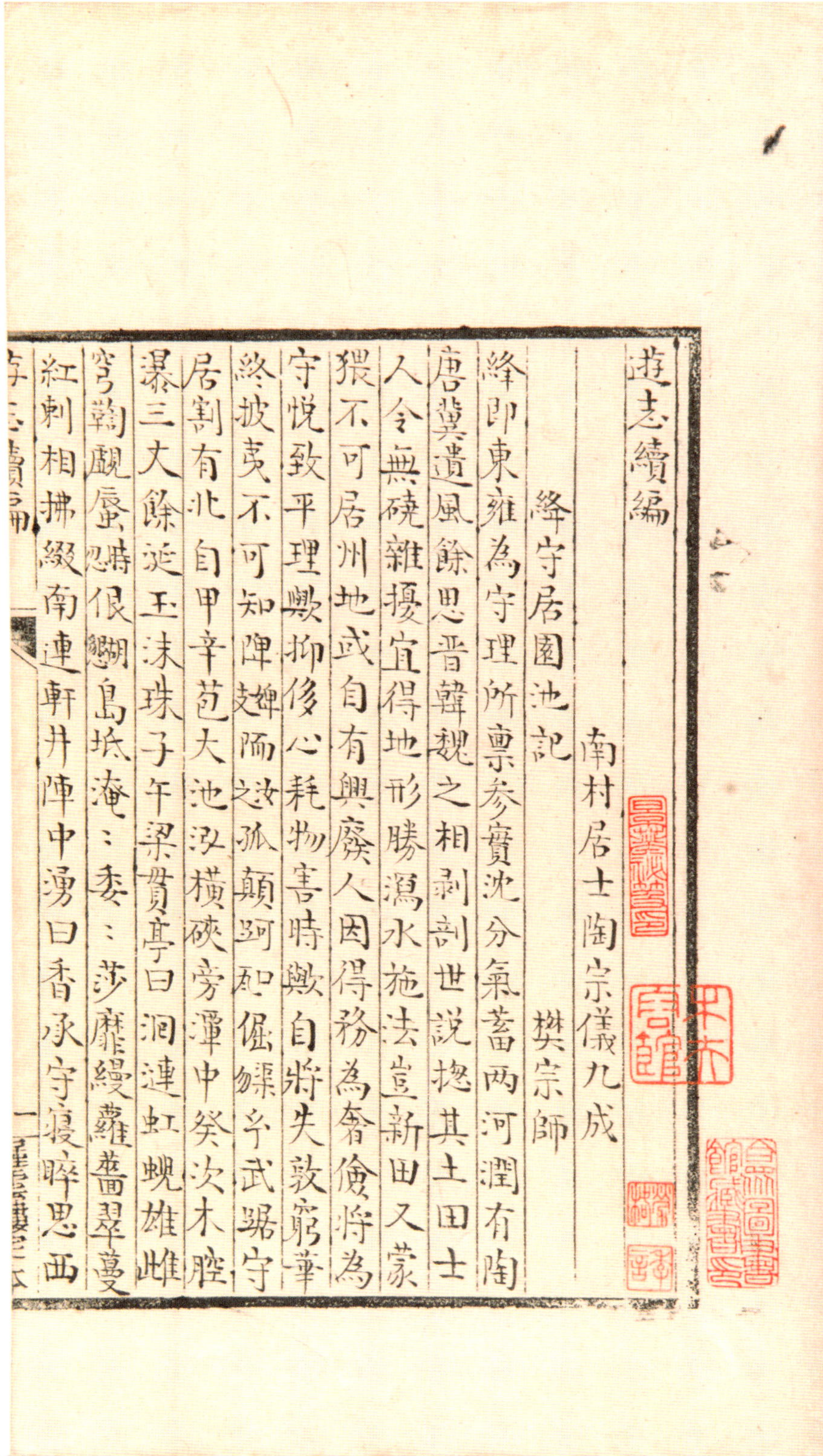

10326 遊志續編一卷 （明）陶宗儀輯 清遲雲樓抄本

匡高 19.5 釐米，廣 12.6 釐米。半葉十三行，行二十字，白口，左右雙邊。有“勞格”、“季言”、“景葵秘笈印”等印。勞權、勞格校。上海圖書館藏。

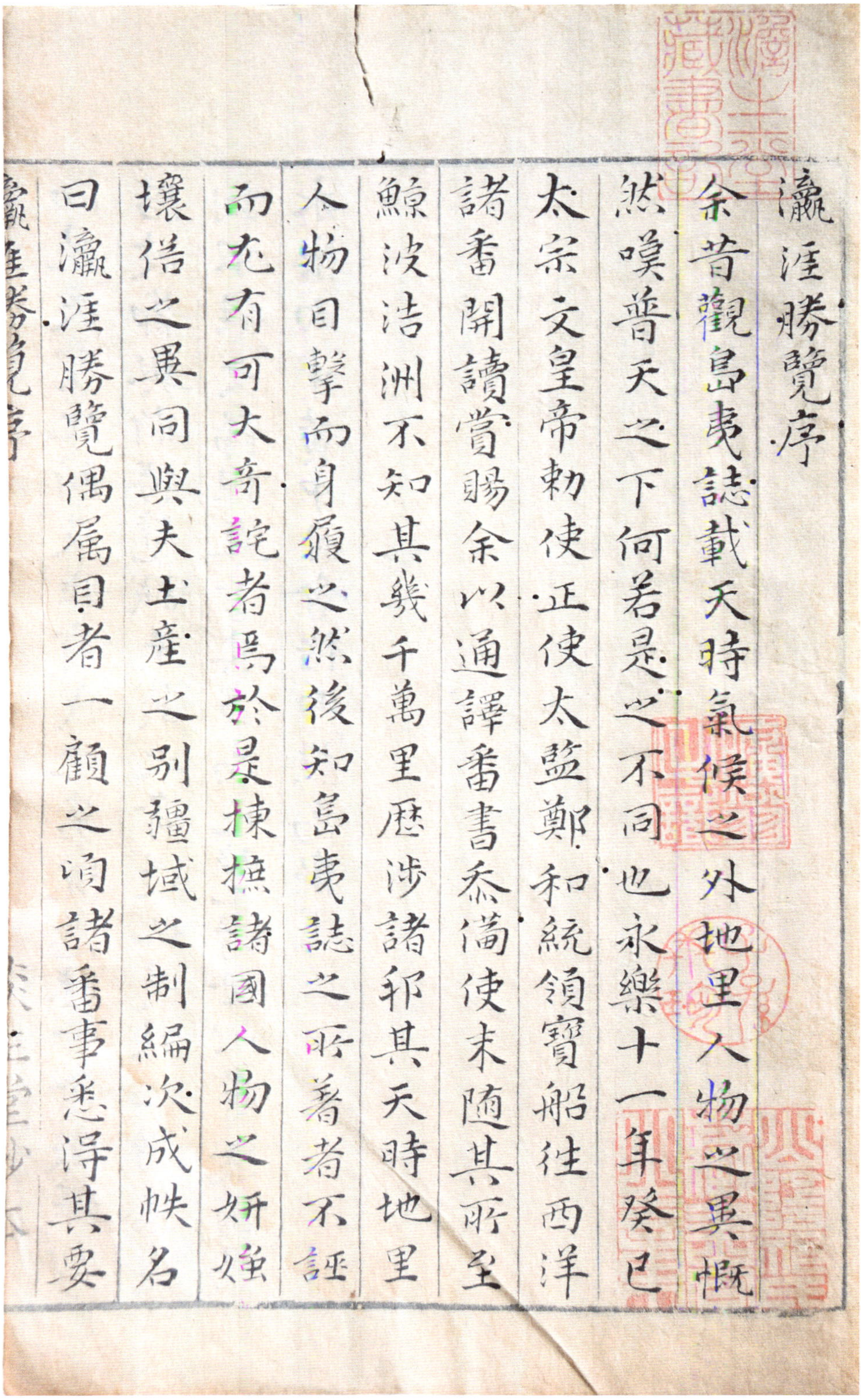

瀛涯勝覽序

余昔觀島夷誌載天時氣候之外地里人物之異慨
然嘆普天之下何若是之不同也永樂十一年癸巳
太宗文皇帝勑使正使太監鄭和統領寶船往西洋
諸番開讀賞賜余以通譯番書忝備使末隨其所至
鯨波浩渺不知其幾千萬里歷涉諸邦其天時地里
人物目擊而身履之然後知島夷誌之所著者不誣
而尤有可大奇詫者焉於是摭採諸國人物之妍媸
壤俗之異與夫土產之別疆域之制編次成帙名
曰瀛涯勝覽俾屬目者一顧之頃諸番事悉得其要

瀛涯勝覽序　澹生堂抄本

10327 瀛涯勝覽一卷（明）馬歡撰 明祁氏澹生堂抄本

匡高 22.3 釐米，廣 15.8 釐米。半葉十行，行二十字，白口，四周單邊。有“大通樓藏書印”、“龔少文收藏書畫印”等印。福建省圖書館藏。

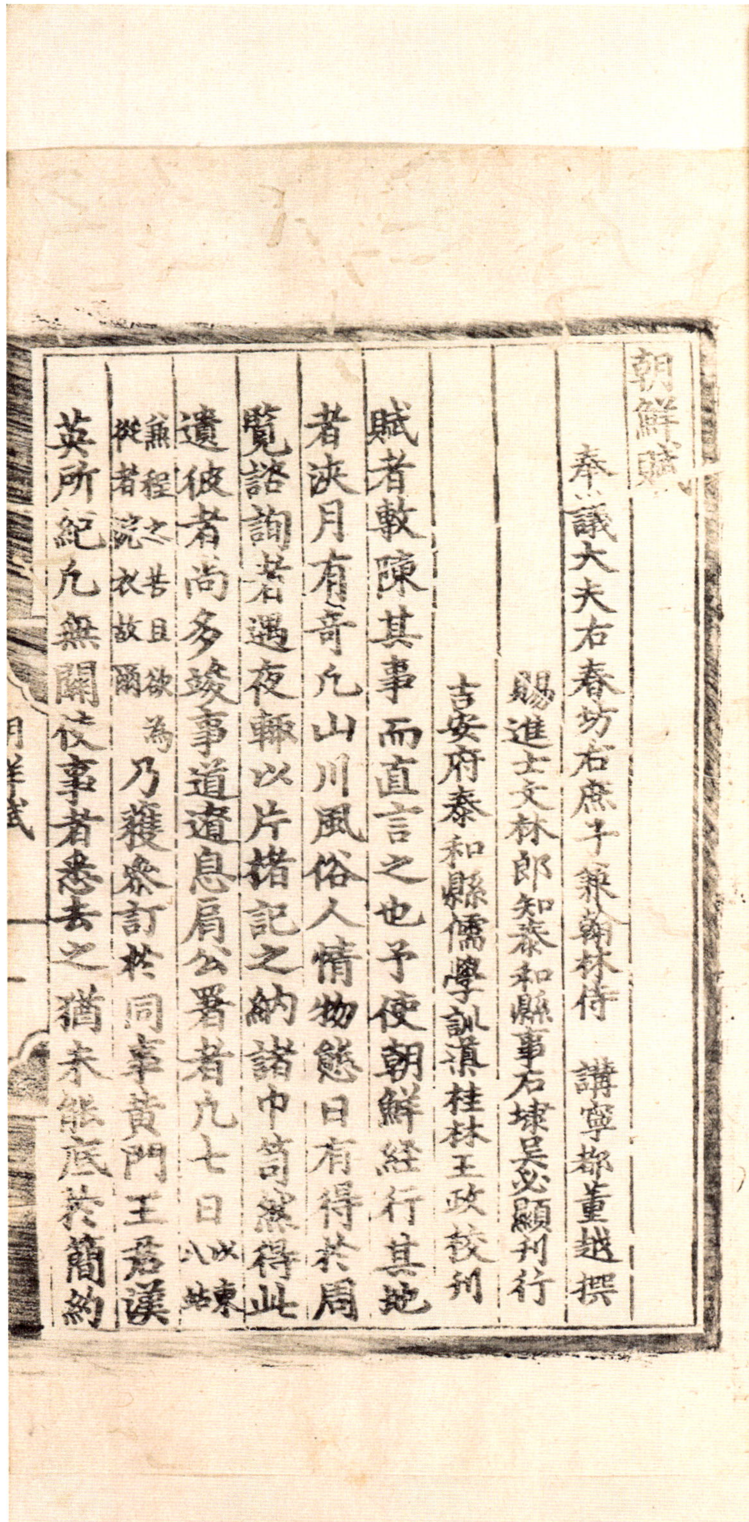
朝鮮賦
奉議大夫右春坊右庶子兼翰林侍講寧都董越撰
賜進士文林郎知泰和縣事石埭吴必顯刊行
吉安府泰和縣儒學訓導桂林王政校刊
賦者敷陳其事而直言之也予使朝鮮經行其地者浹月有奇凡山川風俗人情物態日有得於周覽諮詢者遇夜輒以片楮記之納諸巾笥第得此遺彼者尚多竣事道遼息肩公署者凡七日以東八站兼程之苦且欲為從者浣衣故爾乃獲參訂於同寮黄門王君漢英所紀凡無關於事者悉去之猶未能底於簡約

10328 朝鮮賦一卷 （明）董越撰 明弘治三年（1490）吴必顯、王政刻本

匡高 18.9 釐米，廣 12.7 釐米。半葉十行，行二十字，小字雙行同，黑口，四周雙邊。上海博物館藏。

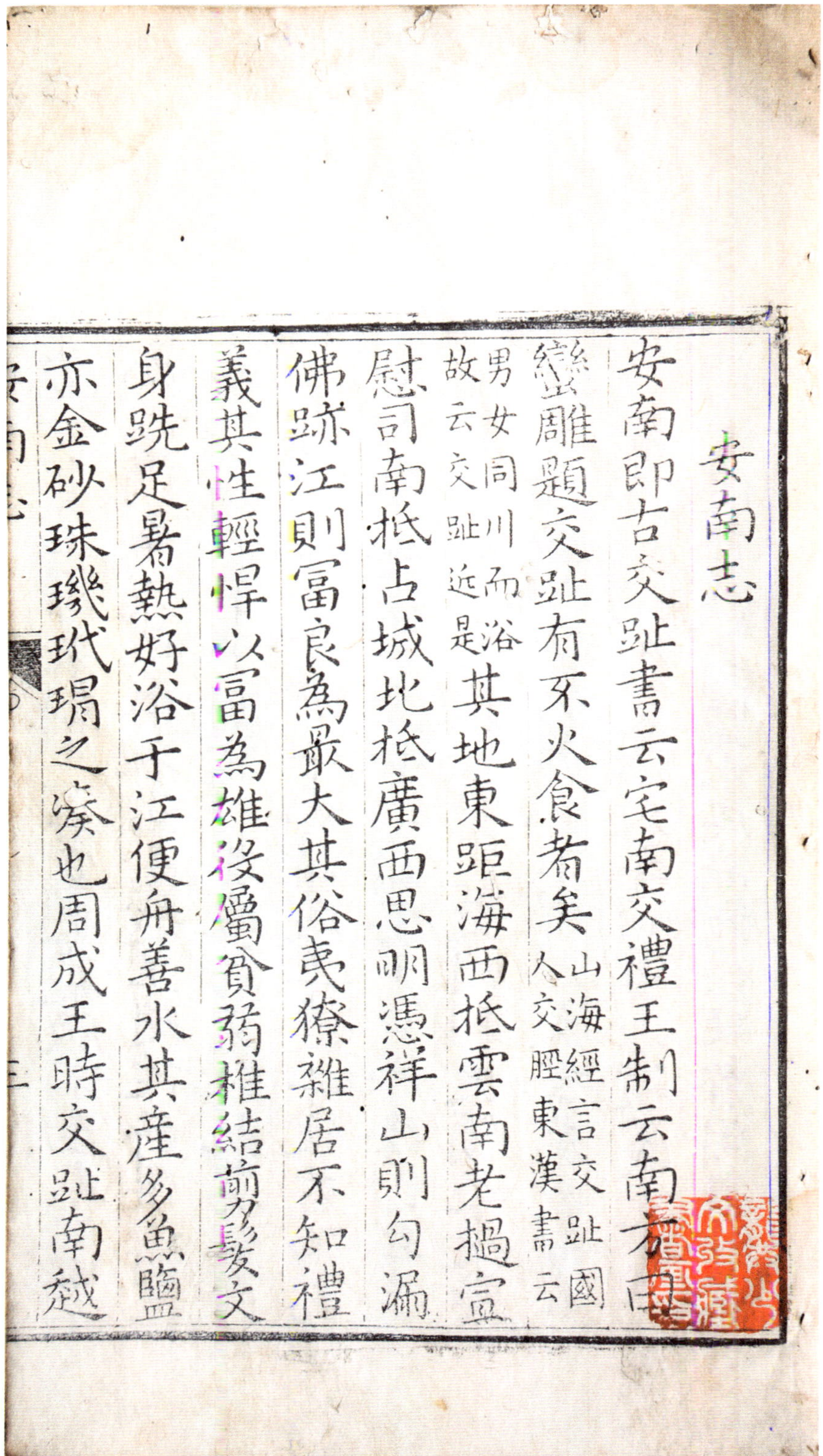

10329 安南志一卷 （明）蘇濬撰 明刻本

匡高 19.6 釐米，廣 14.5 釐米。半葉九行，行十八字，小字雙行同，白口，四周雙邊。有“大通樓藏書印”、“龔少文收藏書畫印”等印。福建省圖書館藏。

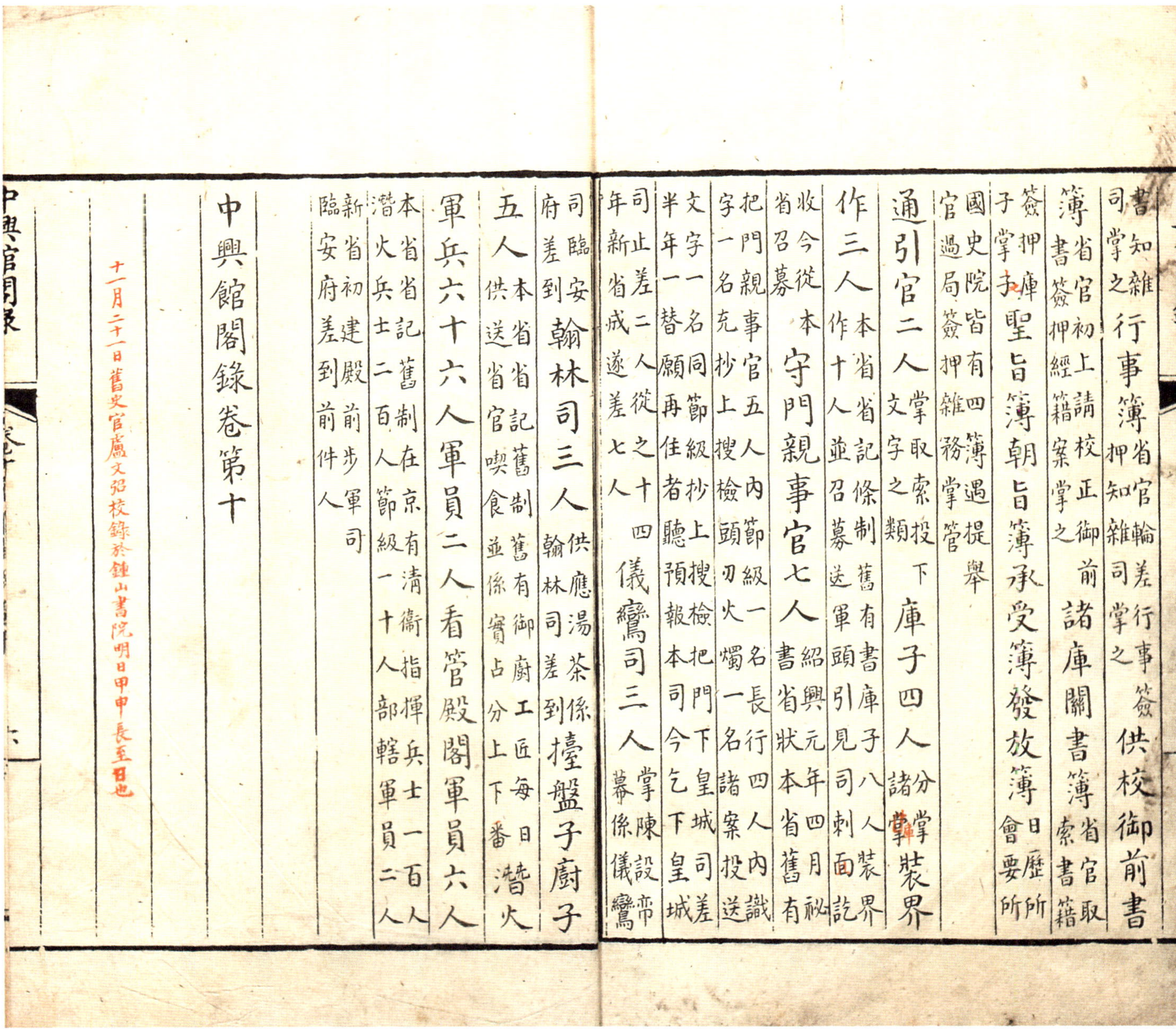
書知雜司掌之行事簿省官輪差行事簽押知雜司掌之供校御前書
簿省官初上請校正御前書簽押經籍案掌之諸庫關書簿省官取索書籍
簽押庫子掌之聖旨簿朝旨簿承受簿發放簿日歷所會要所
國史院皆有四簿遇提舉官遇局簽押雜務掌管
通引官二人掌取索投下文字之類庫子四人分掌諸庫裝界
作三人本省省記條制舊有書庫子八人裝界作十人並召募送軍頭引見司刺面訖
收今從本省召募守門親事官七人紹興元年四月祕書省狀本省舊有
把門親事官五人內節級一名長行四人內識字一名充抄上搜檢頭刃火燭一名諸案投送
文字一名同節級抄上搜檢把門下皇城司差半年一替願再住者聽預報本司今乞下皇城
司止差二人從之十四年新省成遂差七人儀鑾司三人掌陳設帟幕係儀鑾
司臨安府差到翰林司三人供應湯茶係翰林司差到檯盤子廚子
五人本省省記舊制舊有御廚工匠每日供送省官喫食並係實占分上下番潛火
軍兵六十六人軍員二人看管殿閣軍員六人
本省省記舊制在京有清衛指揮兵士一百人潛火兵士二百人節級一十人部轄軍員二人
新省初建殿前步軍司臨安府差到前件人

中興館閣錄卷第十

十一月二十一日舊史官盧文弨校錄於鍾山書院明日甲申長至日也

10330 中興館閣録十卷　（宋）陳騤等撰　清乾隆二十九年（1764）盧文弨抄本

匡高 20.7 釐米，廣 15.3 釐米。半葉十行，行十八字，小字雙行同，白口，左右雙邊。盧文弨校並跋，丁丙跋。南京圖書館藏，存三卷。

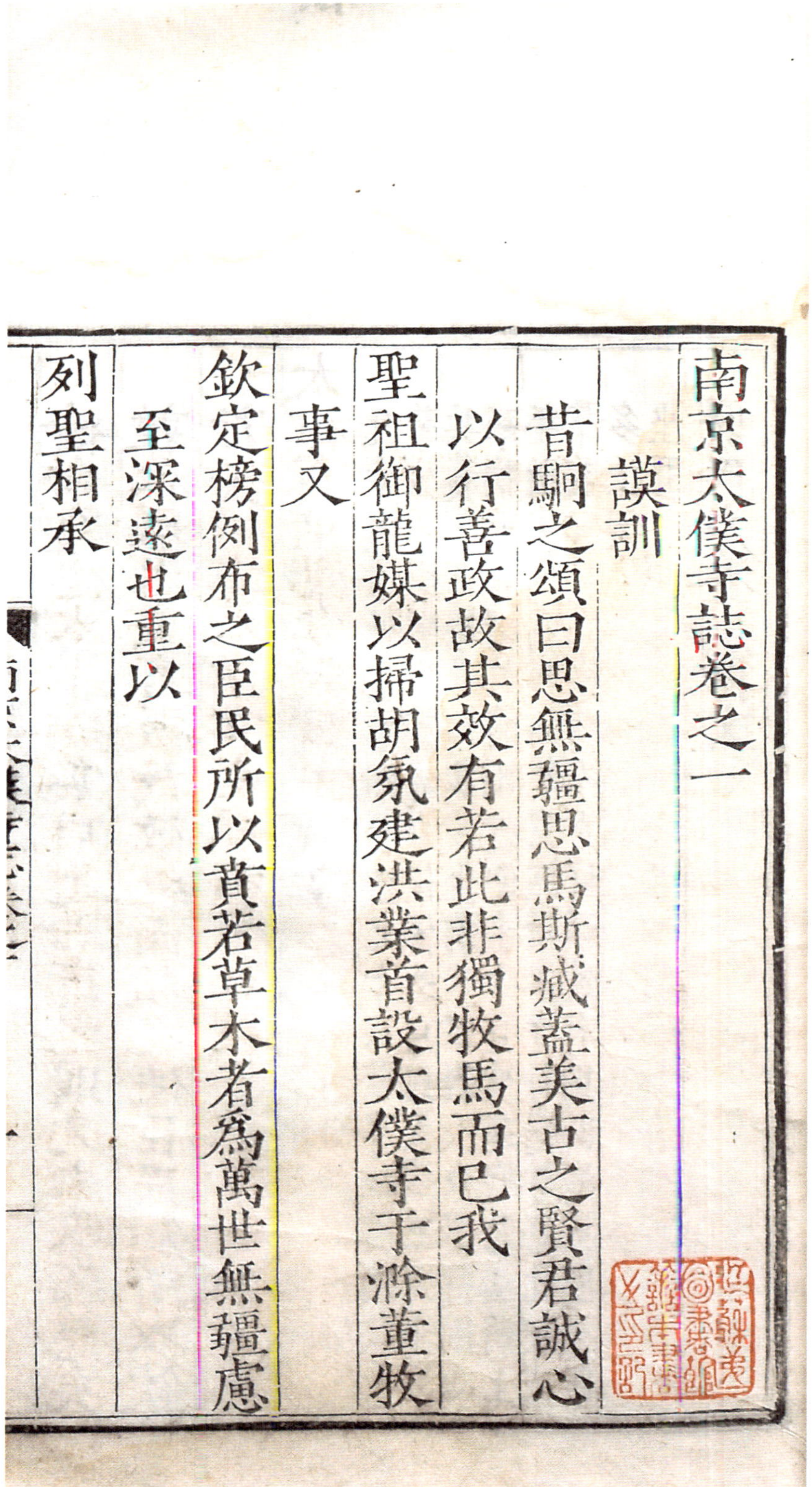
南京太僕寺誌卷之一

謨訓

昔駉之頌曰思無疆思馬斯臧蓋美古之賢君誠心以行善政故其效有若此非獨牧馬而已我

聖祖御龍媒以掃胡氛建洪業首設太僕寺于滁董牧事又

欽定榜例布之臣民所以責若草木者爲萬世無疆慮至深遠也重以

列聖相承

10331 南京太僕寺誌十六卷 （明）雷禮纂修 明嘉靖刻本

匡高21.2釐米，廣14.6釐米。半葉九行，行二十一字，小字雙行同，白口，四周雙邊。丁丙跋。南京圖書館藏。

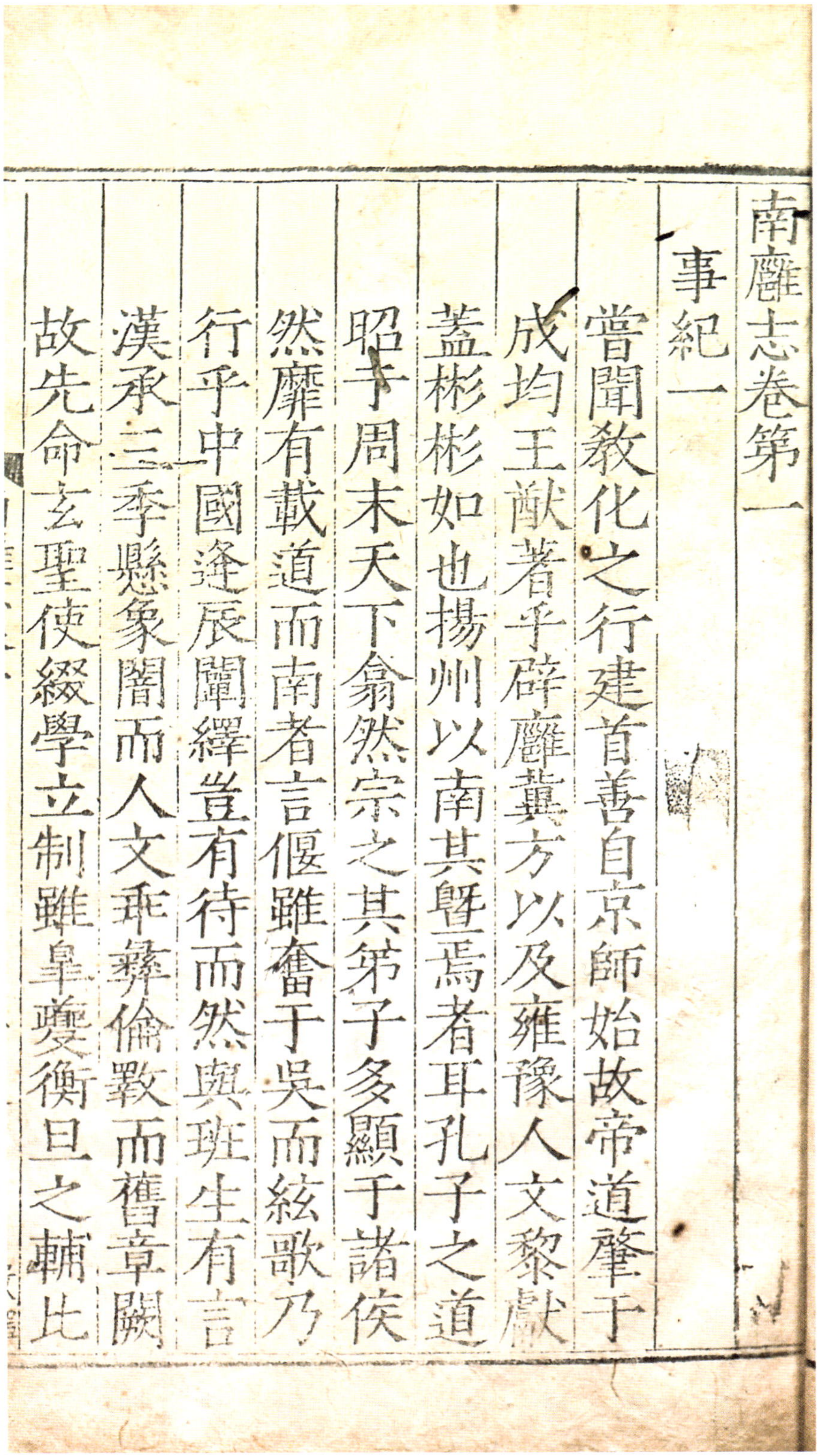

南廱志卷第一

事紀一

嘗聞教化之行建首善自京師始故帝道肇于成均王猷著乎辟廱冀方以及雍豫人文黎獻蓋彬彬如也揚州以南其暨焉者耳孔子之道昭于周末天下翕然宗之其弟子多顯于諸侯然靡有載道而南者言偃雖奮于吳而絃歌乃行乎中國逢辰闡繹豈有待而然與班生有言漢承三季懸象闇而人文乖彝倫斁而舊章闕故先命玄聖使綴學立制雖皐夔衡旦之輔比

10332 南廱志二十四卷 （明）黄佐等撰 明嘉靖刻隆慶增修本

匡高 21.6 釐米，廣 14.6 釐米。半葉十行，行二十字，小字雙行同，白口，四周雙邊。南京圖書館藏。

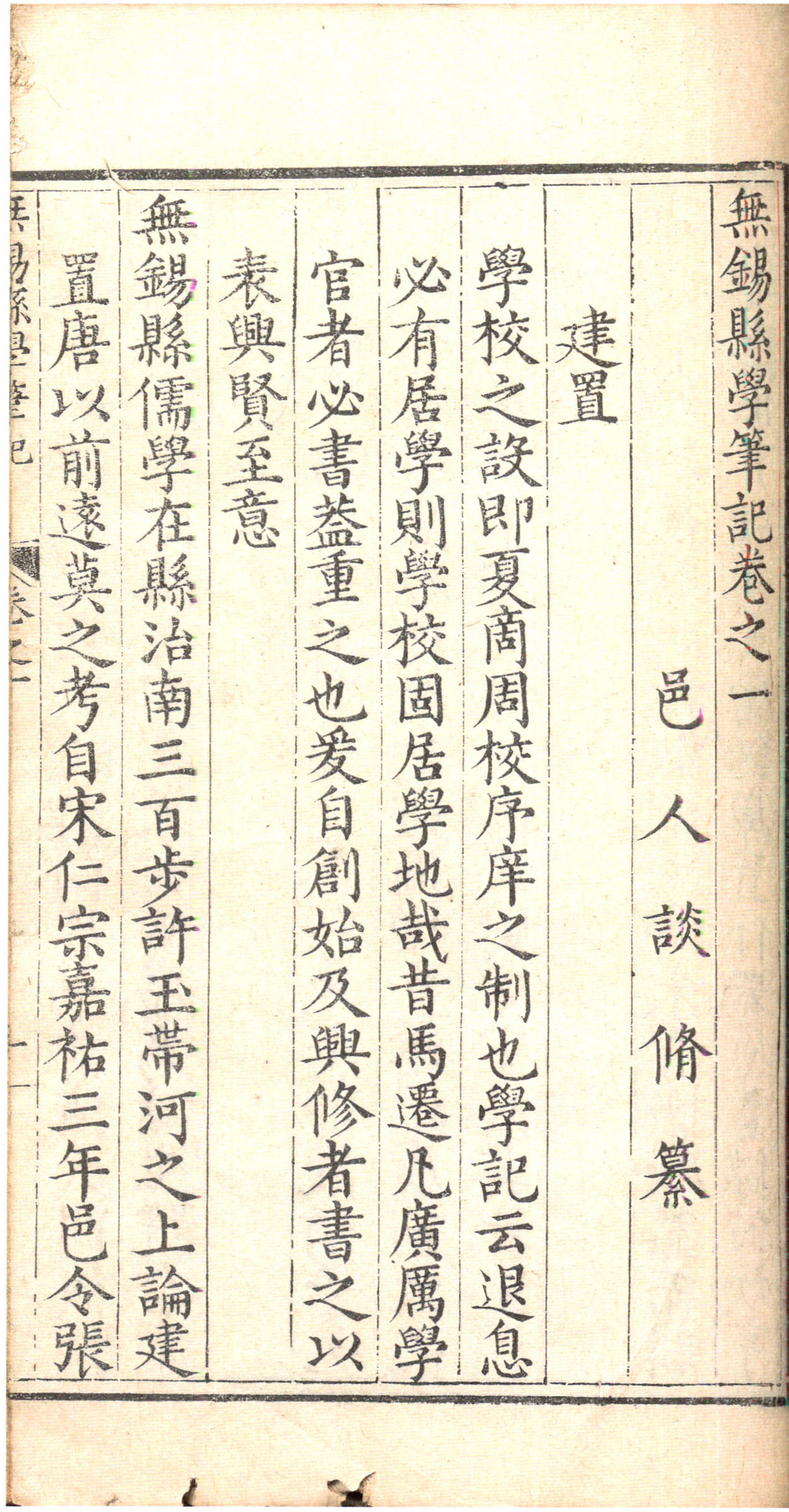

無錫縣學筆記卷之一

邑人談脩纂

建置

學校之設即夏商周校序庠之制也學記云退息必有居學則學校固居學地哉昔馬遷凡廣厲學官者必書葢重之也爰自創始及興修者書之以表興賢至意

無錫縣儒學在縣治南三百步許玉帶河之上論建置唐以前遼莫之考自宋仁宗嘉祐三年邑令張

無錫縣學筆記 卷之一 一

10333 無錫縣學筆記十二卷 （明）談修撰 明萬曆刻本

匡高 22 釐米，廣 13.7 釐米。半葉九行，行二十字，小字雙行同，白口，四周雙邊。無錫市圖書館藏。

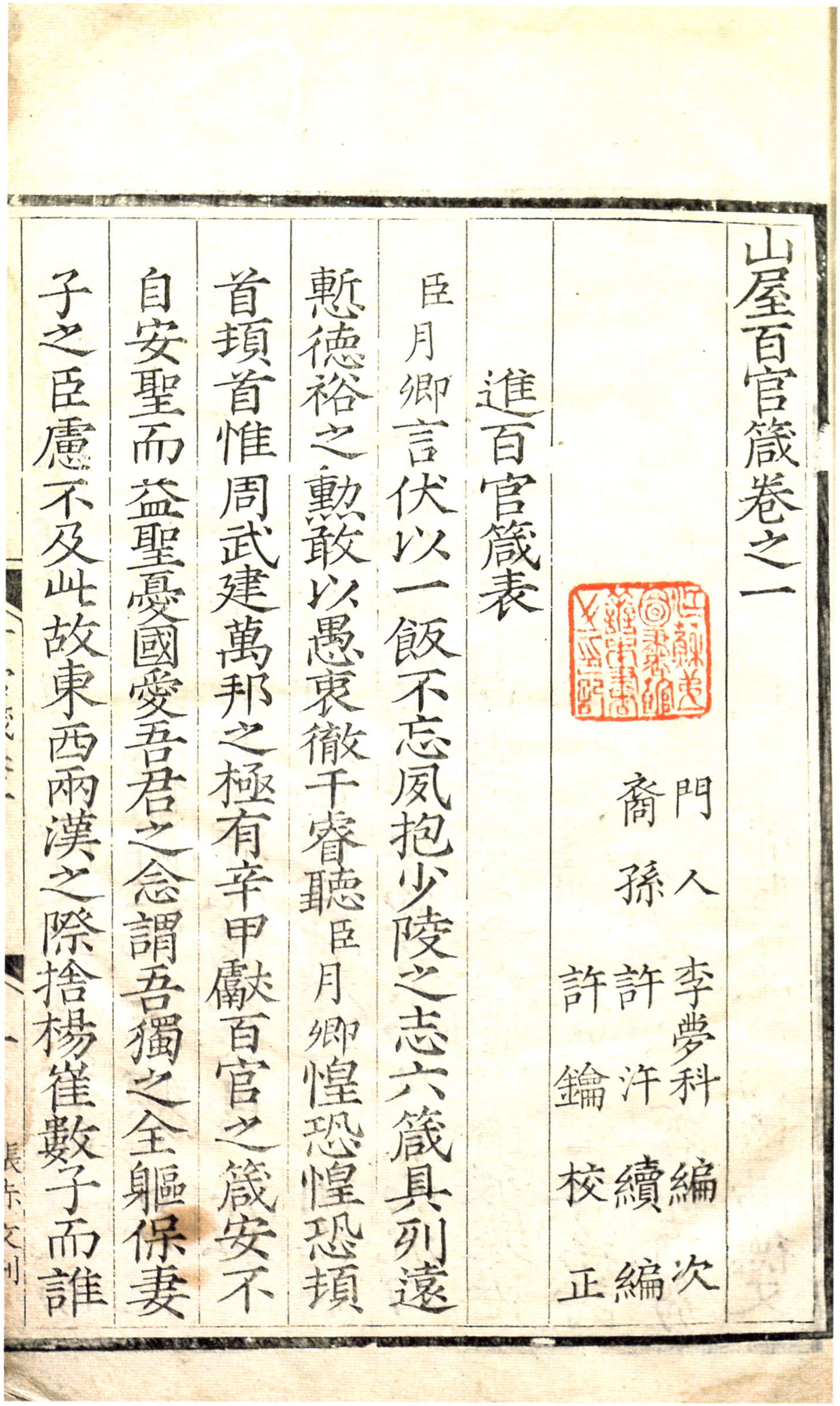
山屋百官箴卷之一
門人 李夢科 編次
裔孫 許汴 續編
許鑰 校正
進百官箴表
臣月卿言伏以一飯不忘夙抱少陵之志六箴具列遠慙德裕之勲敢以愚衷徹于睿聽臣月卿惶恐惶恐頓首頓首惟周武建萬邦之極有辛甲獻百官之箴安不自安聖而益聖憂國愛吾君之念謂吾獨之全軀保妻子之臣慮不及此故東西兩漢之際捨楊崔數子而誰

10334 山屋百官箴六卷 （宋）許月卿撰 明嘉靖十四年（1535）潘滋刻本

匡高 22.6 釐米，廣 15.9 釐米。半葉九行，行二十二字，小字雙行同，白口，四周雙邊。南京圖書館藏。

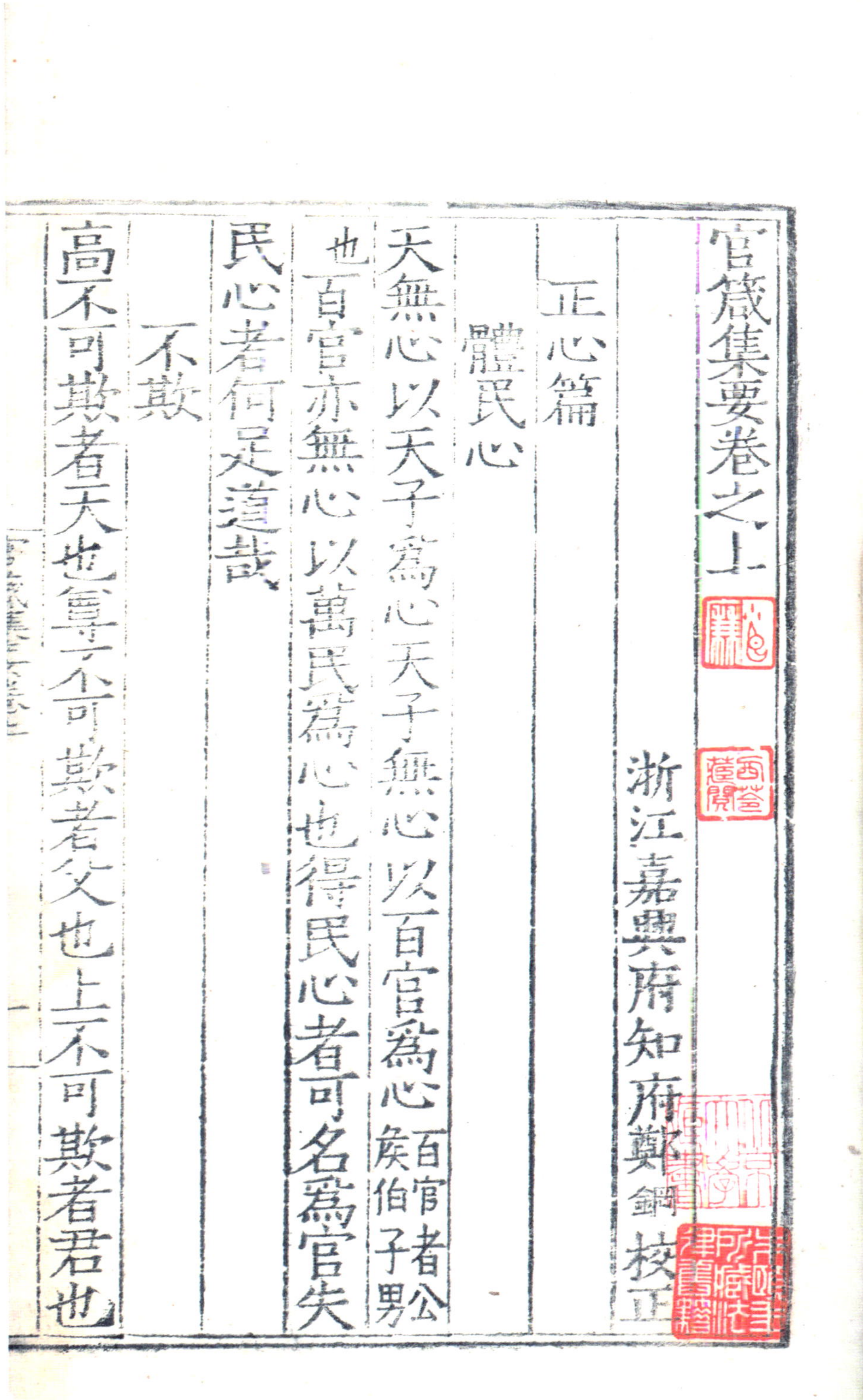

官箴集要卷之上

浙江嘉興府知府鄭鋼校正

正心篇

體民心

天無心以天子爲心天子無心以百官爲心百官者公侯伯子男也百官亦無心以萬民爲心也得民心者可名爲官失民心者何足道哉

不欺

高不可欺者天也尊不可欺者父也上不可欺者君也

10335 官箴集要二卷 （明）汪天錫輯 明嘉靖刻本

匡高21.5釐米，廣14.6釐米。半葉九行，行二十一字，白口，四周雙邊。有“何印元錫”、“朱頤年過目”、“西苓藏閱”等印。北京大學圖書館藏。

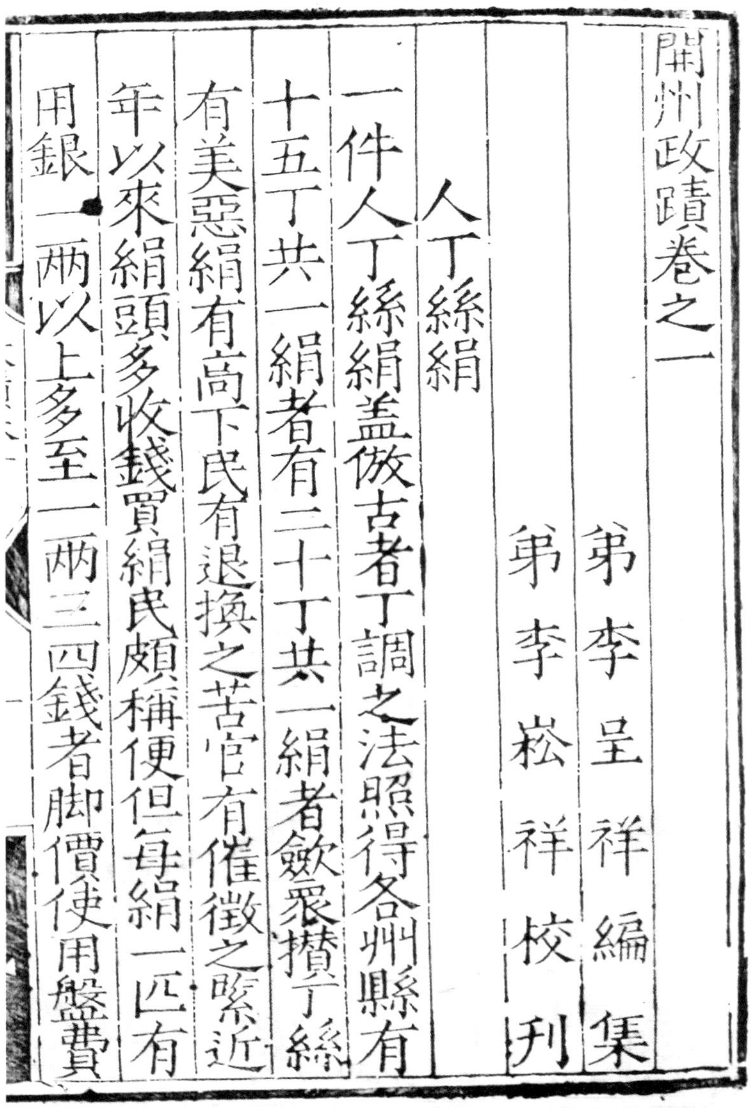

開州政蹟卷之一

弟李呈祥編集

弟李崧祥校刊

人丁絲絹

一件人丁絲絹蓋倣古者丁調之法照得各州縣有十五丁共一絹者有二十丁共一絹者斂衆攢丁絲有美惡絹有高下民有退換之苦官有催徵之際近年以來絹頭多收錢買絹民頗稱便但每絹一匹有用銀一兩以上多至一兩三四錢者脚價使用盤費

10336 開州政蹟八卷 （明）李呈祥輯 明嘉靖十六年（1537）李崧祥刻本

匡高 19.4 釐米，廣 12.9 釐米。半葉九行，行二十一字，小字雙行同，白口，四周雙邊。南京圖書館藏。

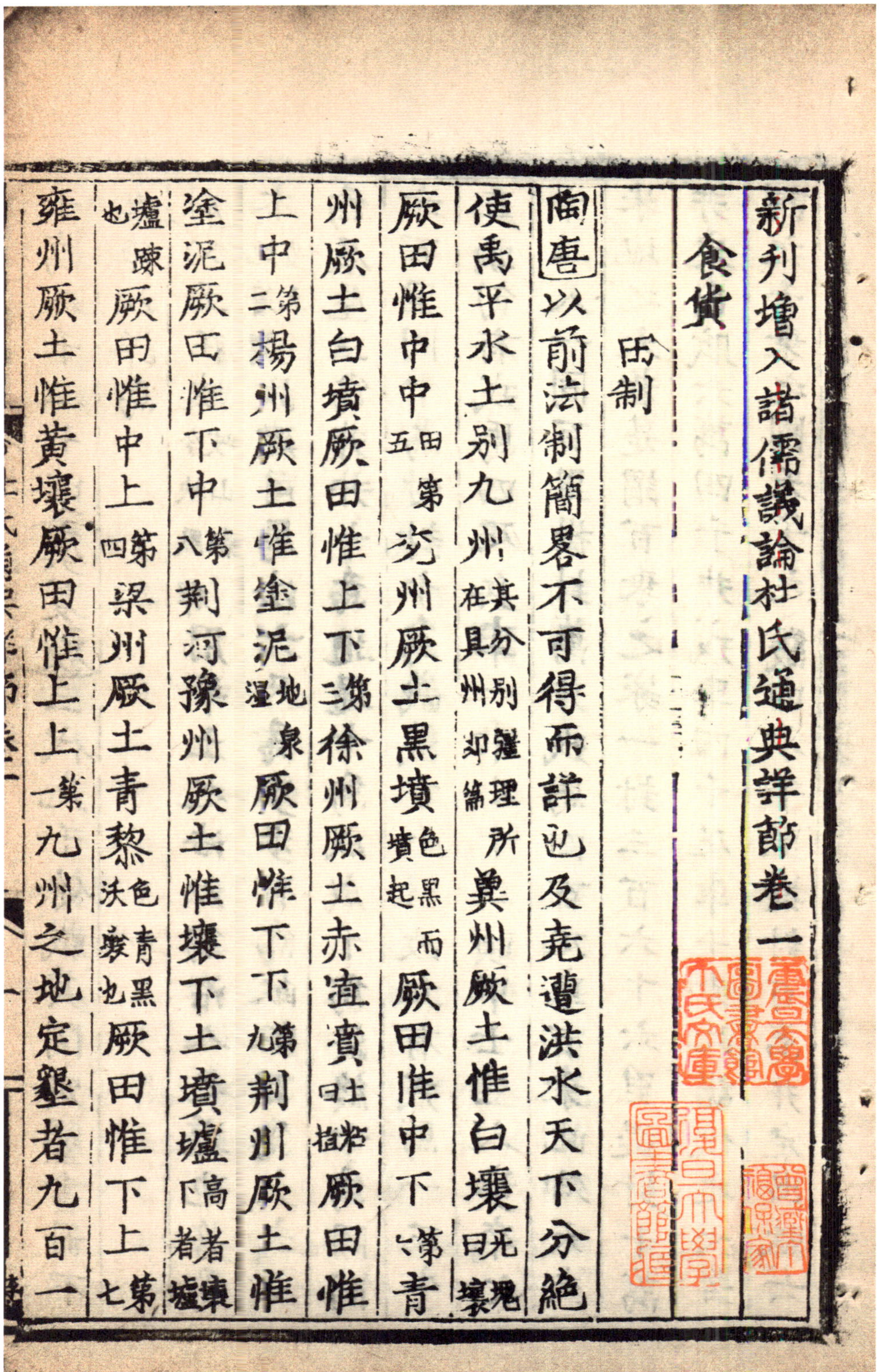
新刊增入諸儒議論杜氏通典詳節卷一
食貨
田制
陶唐以前法制簡畧不可得而詳也及堯遭洪水天下分絶使禹平水土别九州其分别疆理所在具州郡篇冀州厥土惟白壤无塊曰壤厥田惟中中田第五兖州厥土黑墳色黑而墳起厥田惟中下第七青州厥土白墳厥田惟上下第三徐州厥土赤埴墳土粘曰埴厥田惟上中第二揚州厥土惟塗泥地泉濕厥田惟下下第九荆州厥土惟塗泥厥田惟下中第八荆河豫州厥土惟壤下土墳壚高者壤下者壚也壚疏厥田惟中上第四梁州厥土青黎色青黑沃壤也厥田惟下上第七雍州厥土惟黃壤厥田惟上上第一九州之地定墾者九百一

10337 新刊增入諸儒議論杜氏通典詳節四十二卷　明刻本（有補配）

匡高 22.4 釐三，廣 15 釐米。半葉十一行，行二十三字，小字雙行同，黑口，四周雙邊。復旦大學圖書館藏。

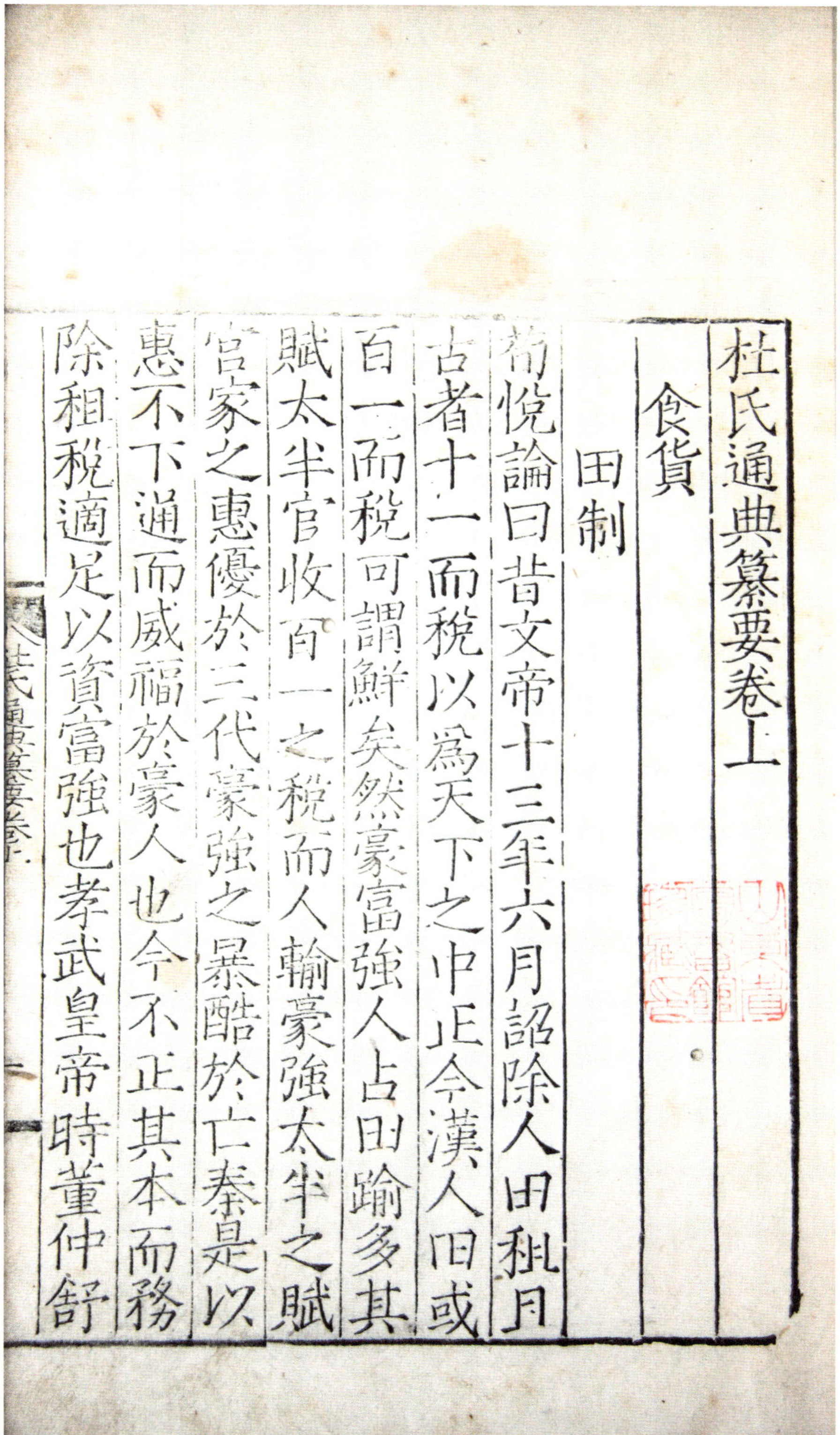

杜氏通典纂要卷上
食貨
田制
荀悅論曰昔文帝十三年六月詔除人田租月
古者十一而稅以爲天下之中正今漢人田或
百一而稅可謂鮮矣然豪富強人占田踰多其
賦太半官收百一之稅而人輸豪強太半之賦
官家之惠優於三代豪強之暴酷於亡秦是以
惠不下逮而威福於豪人也今不正其本而務
除租稅適足以資富強也孝武皇帝時董仲舒

10338 杜氏通典纂要四卷 明刻本

匡高 18.3 釐米，廣 13.7 釐米。半葉十行，行十八字，白口，四周單邊。有“勤有樓圖書”、“璜川吴氏收藏圖書”等印。山東省圖書館藏。

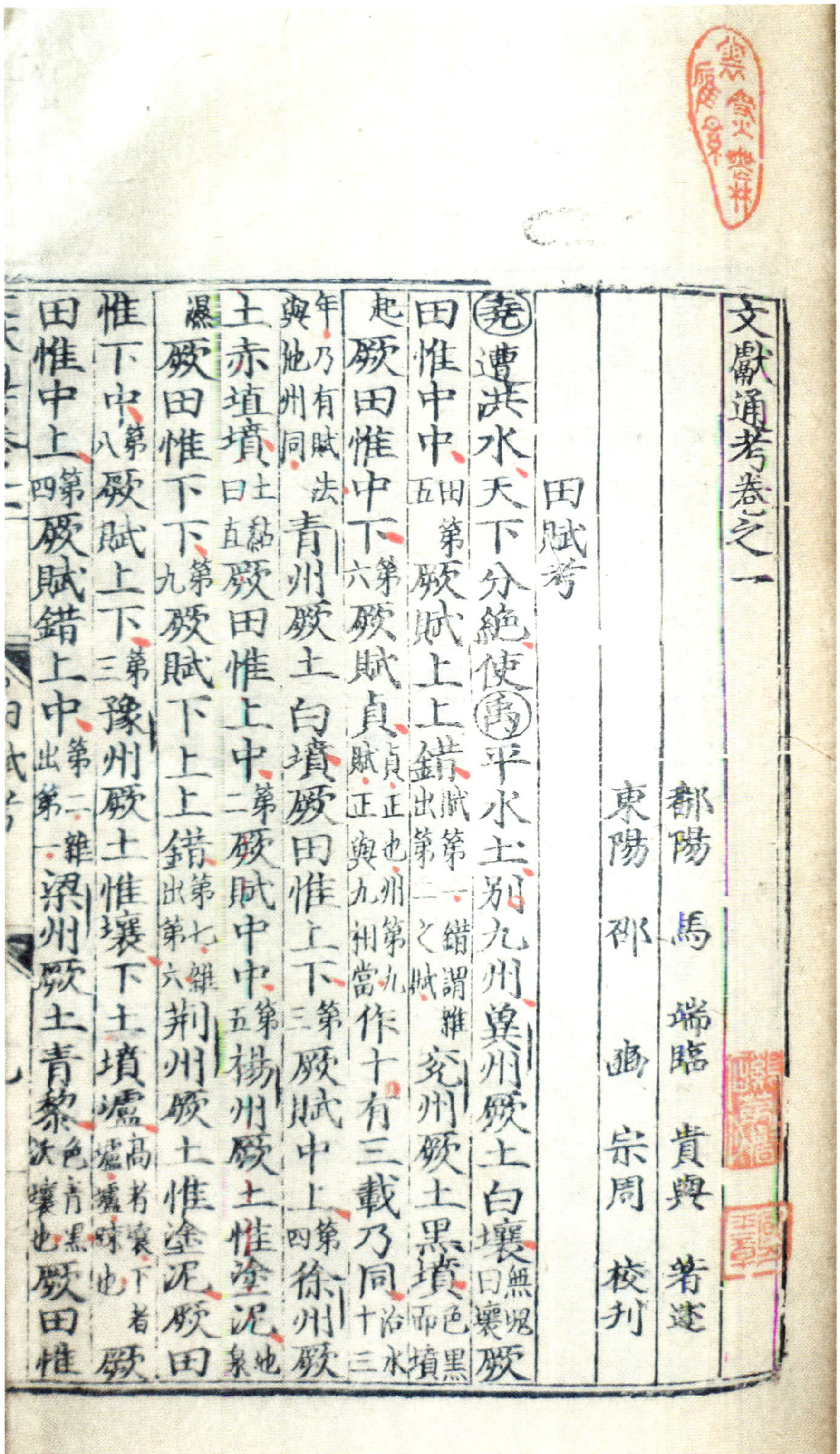
文獻通考卷之一
鄱陽 馬 端臨 貴與 著述
東陽 邵 豳 宗周 校刊
田賦考
堯遭洪水天下分絶使禹平水土別九州冀州厥土白壤無塊曰壤厥田惟中中田第五厥賦上上錯賦第一錯謂雜出第二之賦兗州厥土黑墳色黑而墳起厥田惟中下第六厥賦貞貞正也州第九賦正與九相當作十有三載乃同治水十三年乃有賦法與他州同青州厥土白墳厥田惟上下第三厥賦中上第四徐州厥土赤埴墳土黏曰埴厥田惟上中第二厥賦中中第五揚州厥土惟塗泥地泉濕厥田惟下下第九厥賦下上上錯第七雜出第六荆州厥土惟塗泥厥田惟下中第八厥賦上下第三豫州厥土惟壤下土墳壚高者壤下者壚壚疏也厥田惟中上第四厥賦錯上中第二雜出第一梁州厥土青黎色青黑沃壤也厥田惟

10339 文獻通考三百四十八卷 （元）馬端臨撰 明正德十一至十四年（1516-1519）劉洪慎獨齋刻本

匡高 19.3 釐米，廣 12.2 釐米。半葉十二行，行二十五字，小字雙行同，細黑口，四周雙邊。新疆大學圖書館藏。

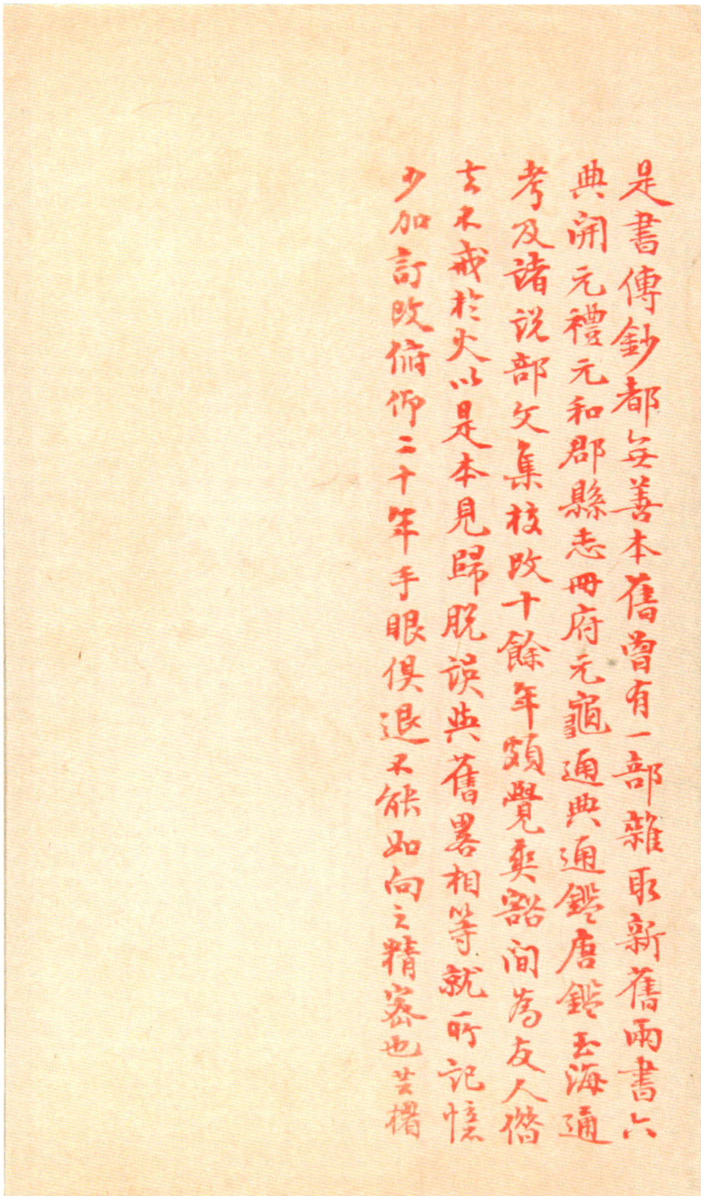
是書傳鈔都無善本舊曾有一部雜取新舊兩書六典開元禮元和郡縣志册府元龜通典通鑑唐鑑玉海通考及諸説部文集校改十餘年頗覺爽豁間為友人借去不戒於火以是本見歸脱誤與舊畧相等就所記憶少加訂改俯仰二十年手眼俱退不能如向之精密也芸楣

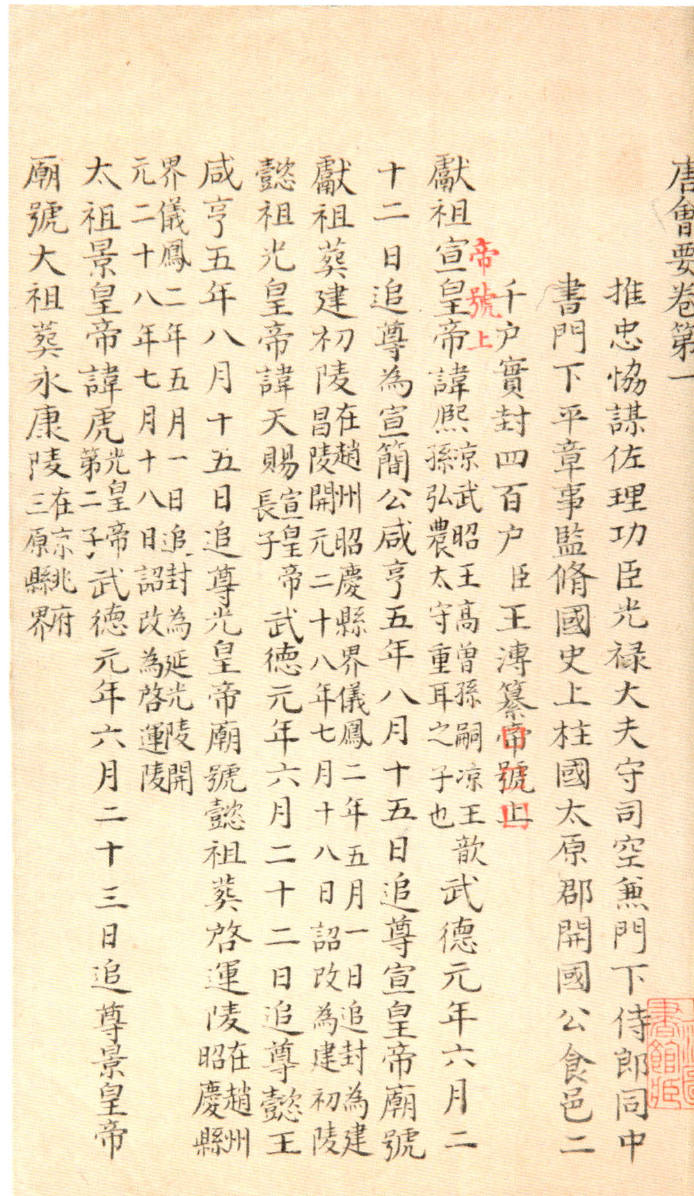
唐會要卷第一

推忠協謀佐理功臣光祿大夫守司空兼門下侍郎同中書門下平章事監修國史上柱國太原郡開國公食邑二千户實封四百户臣王溥纂

帝號上

獻祖宣皇帝諱熙涼武昭王高曾孫弘農太守重耳之子也武德元年六月二十二日追尊為宣簡公咸亨五年八月十五日追尊宣皇帝廟號獻祖葬建初陵在趙州昭慶縣界儀鳳二年五月一日追封為建昌陵開元二十八年七月十八日詔改為建初陵

懿祖光皇帝諱天賜宣皇帝長子武德元年六月二十二日追尊懿王咸亨五年八月十五日追尊光皇帝廟號懿祖葬啓運陵在趙州昭慶縣界儀鳳二年五月一日追封為延光陵開元二十八年七月十八日詔改為啓運陵

太祖景皇帝諱虎光皇帝第二子武德元年六月二十三日追尊景皇帝廟號大祖葬永康陵在京兆府三原縣界

10340 唐會要一百卷 （宋）王溥撰 清抄本

彭元瑞校並跋。上海圖書館藏，存九十八卷。

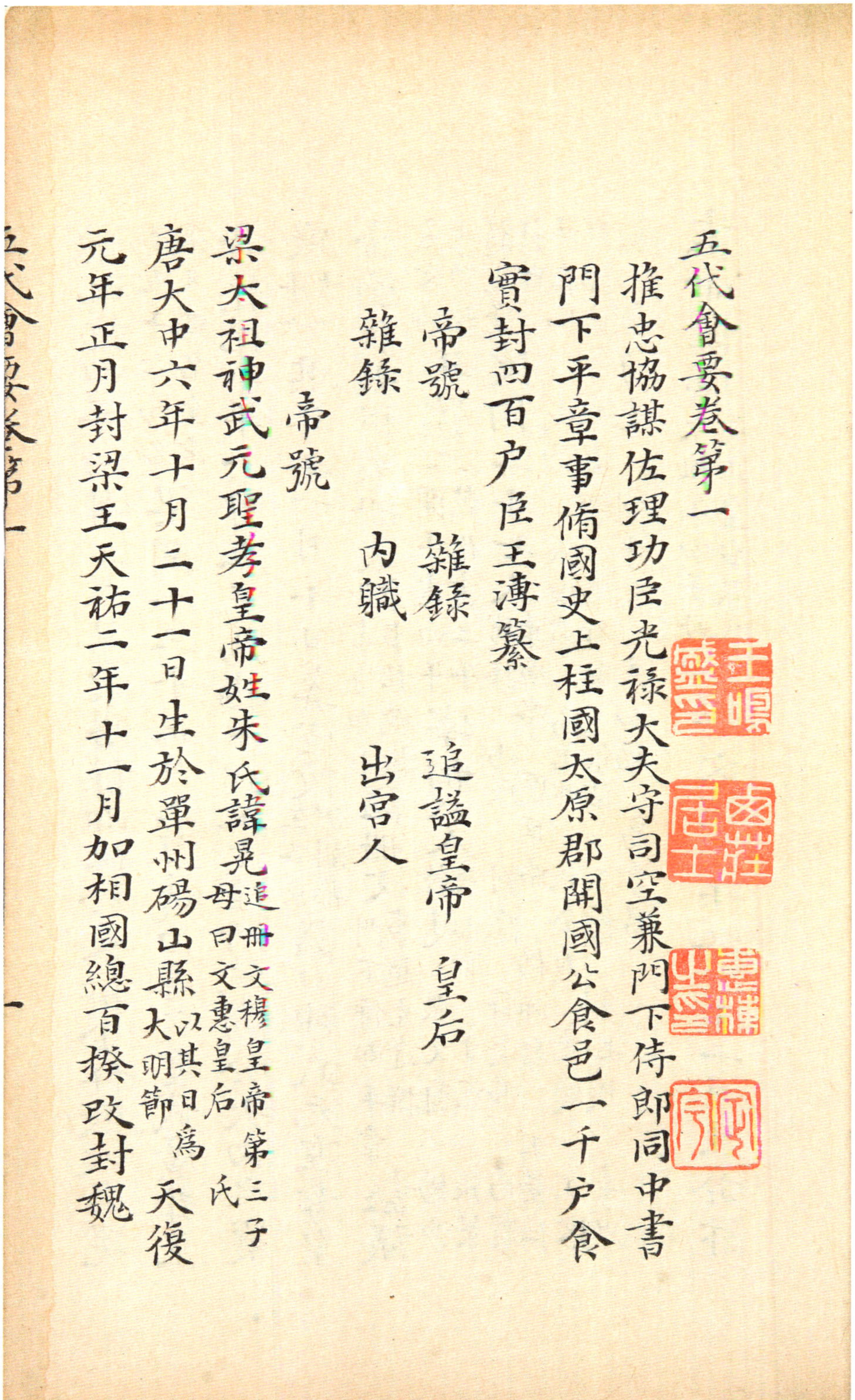

五代會要卷第一

推忠協謀佐理功臣光祿大夫守司空兼門下侍郎同中書

門下平章事脩國史上柱國太原郡開國公食邑一千户食

實封四百户臣王溥纂

帝號　雜録　追謚皇帝　皇后

雜録　內職　出宮人

帝號

梁太祖神武元聖孝皇帝姓朱氏諱晃追册文穆皇帝第三子母曰文惠皇后　氏

唐大中六年十月二十一日生於單州碭山縣以其日爲大明節天復

元年正月封梁王天祐二年十一月加相國總百揆改封魏

10341 五代會要三十卷　（宋）王溥撰 清抄本

錢大昕校，黄丕烈校並跋。國家圖書館藏。

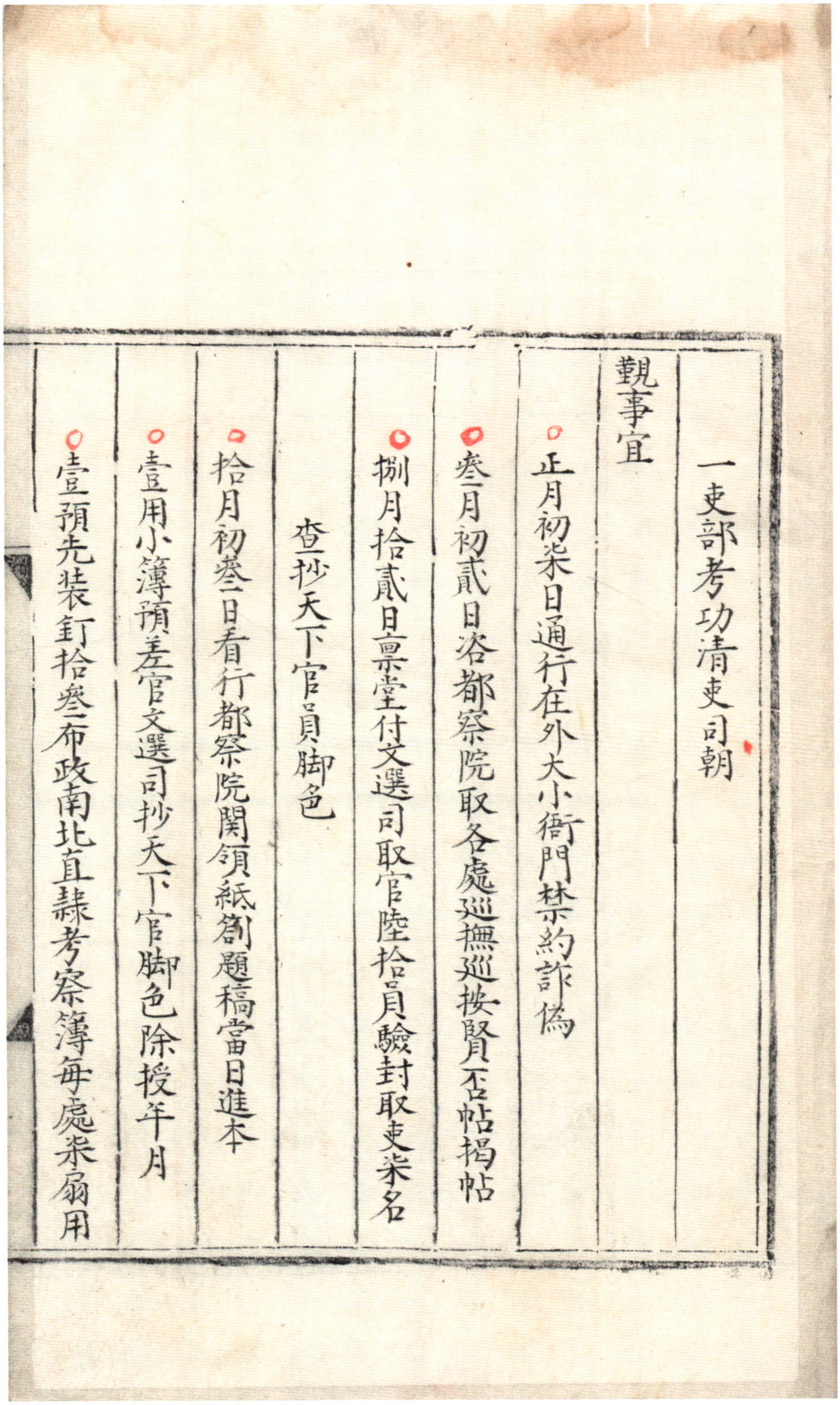
一吏部考功清吏司朝
覲事宜
正月初柒日通行在外大小衙門禁約詐僞
叁月初貳日咨都察院取各處巡撫巡按賢否帖揭帖
捌月拾貳日稟堂付文選司取官陸拾員驗封取吏柒名
查抄天下官員脚色
拾月初叁日看行都察院関領紙劄題稿當日進本
壹用小簿預差官文選司抄天下官脚色除授年月
壹預先裝釘拾叁布政南北直隸考察簿每處柒扇用

10342 六部纂修條例不分卷 明抄本

天津圖書館藏。

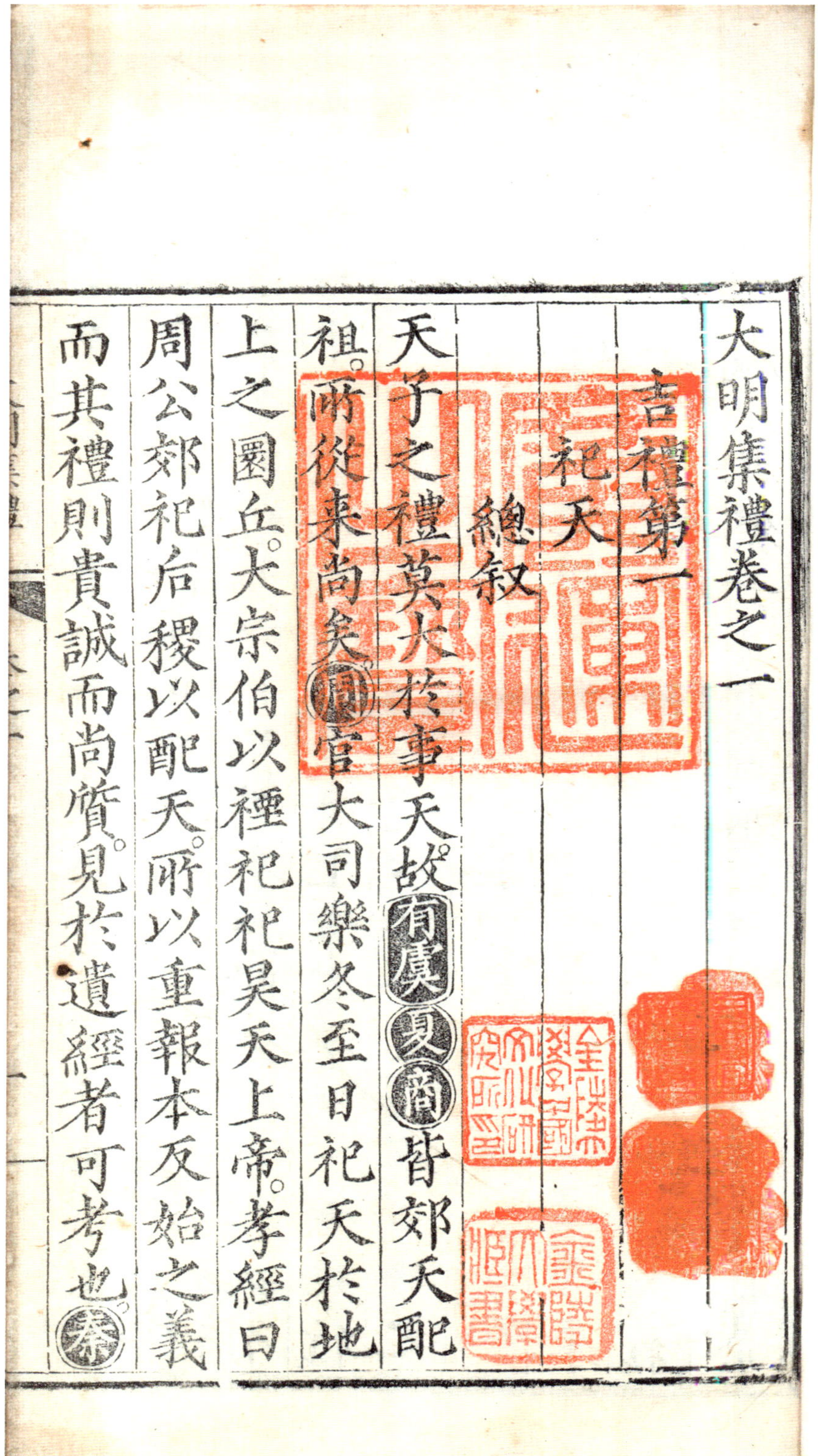
大明集禮卷之一
吉禮第一
祀天
總叙
天子之禮莫大於事天故有虞夏商皆郊天配
祖所從來尚矣周官大司樂冬至日祀天於地
上之圜丘大宗伯以禋祀祀昊天上帝孝經曰
周公郊祀后稷以配天所以重報本反始之義
而其禮則貴誠而尚質見於遺經者可考也秦

10343 大明集禮五十三卷 （明）徐一夔 梁寅等撰 明刻本

匡高 24.5 釐米，廣 17.3 釐米。半葉九行，行十八字，小字雙行同，白口，四周雙邊。南京大學圖書館藏。

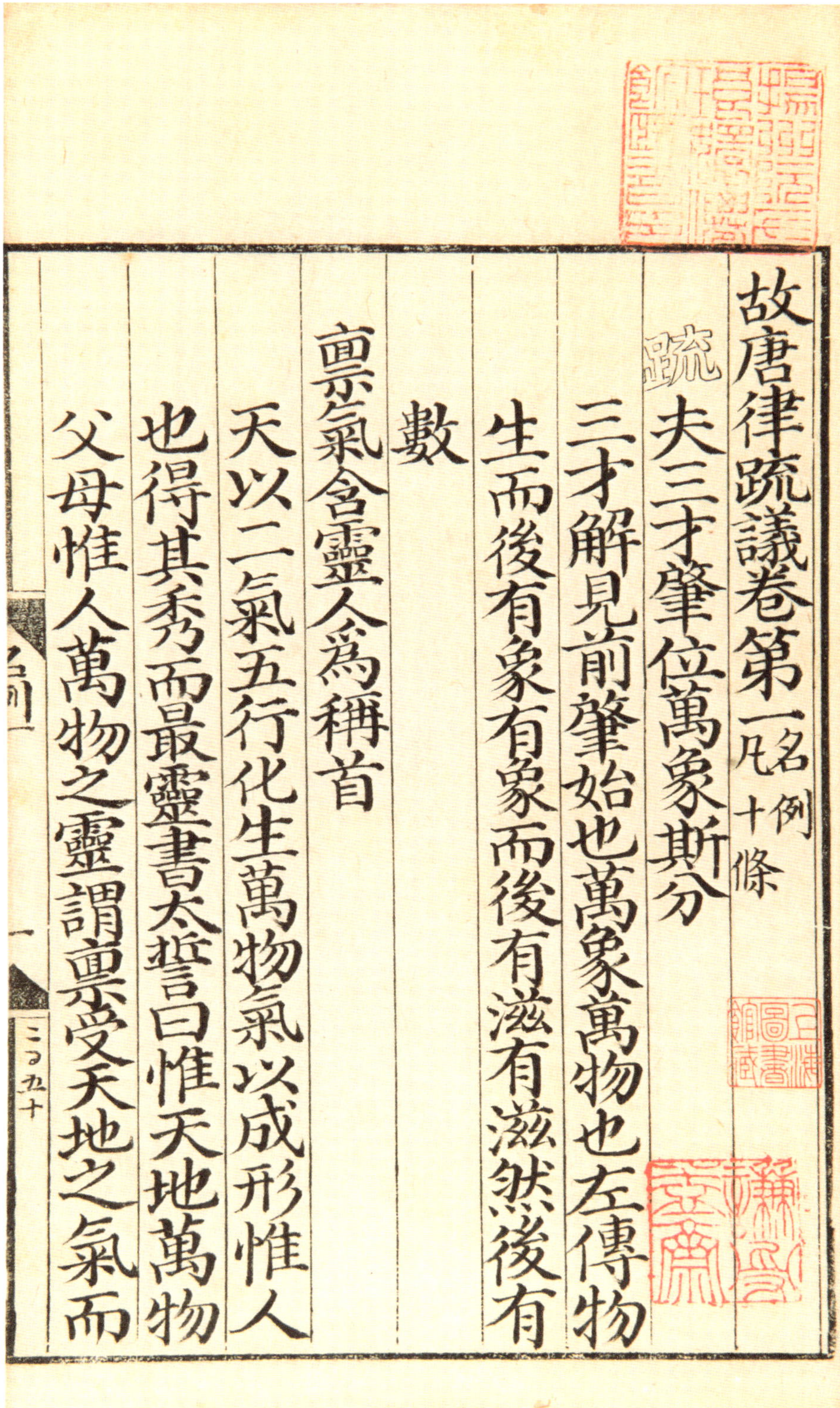
故唐律疏議卷第一 名例 凡十條
疏 夫三才肇位萬象斯分
三才解見前肇始也萬象萬物也左傳物
生而後有象有象而後有滋有滋然後有
數
稟氣含靈人爲稱首
天以二氣五行化生萬物氣以成形惟人
也得其秀而最靈書太誓曰惟天地萬物
父母惟人萬物之靈謂稟受天地之氣而

10344 故唐律疏議三十卷 （唐）長孫無忌等撰 清孫氏平津館影抄本

匡高 22.3 釐米，廣 15.1 釐米。半葉九行，行十八字，黑口，左右雙邊。有“五松書屋”、“孫氏伯淵”、“揚州阮氏琅嬛僊館藏書印”、“文選樓”等印。孫星衍校。上海圖書館藏。

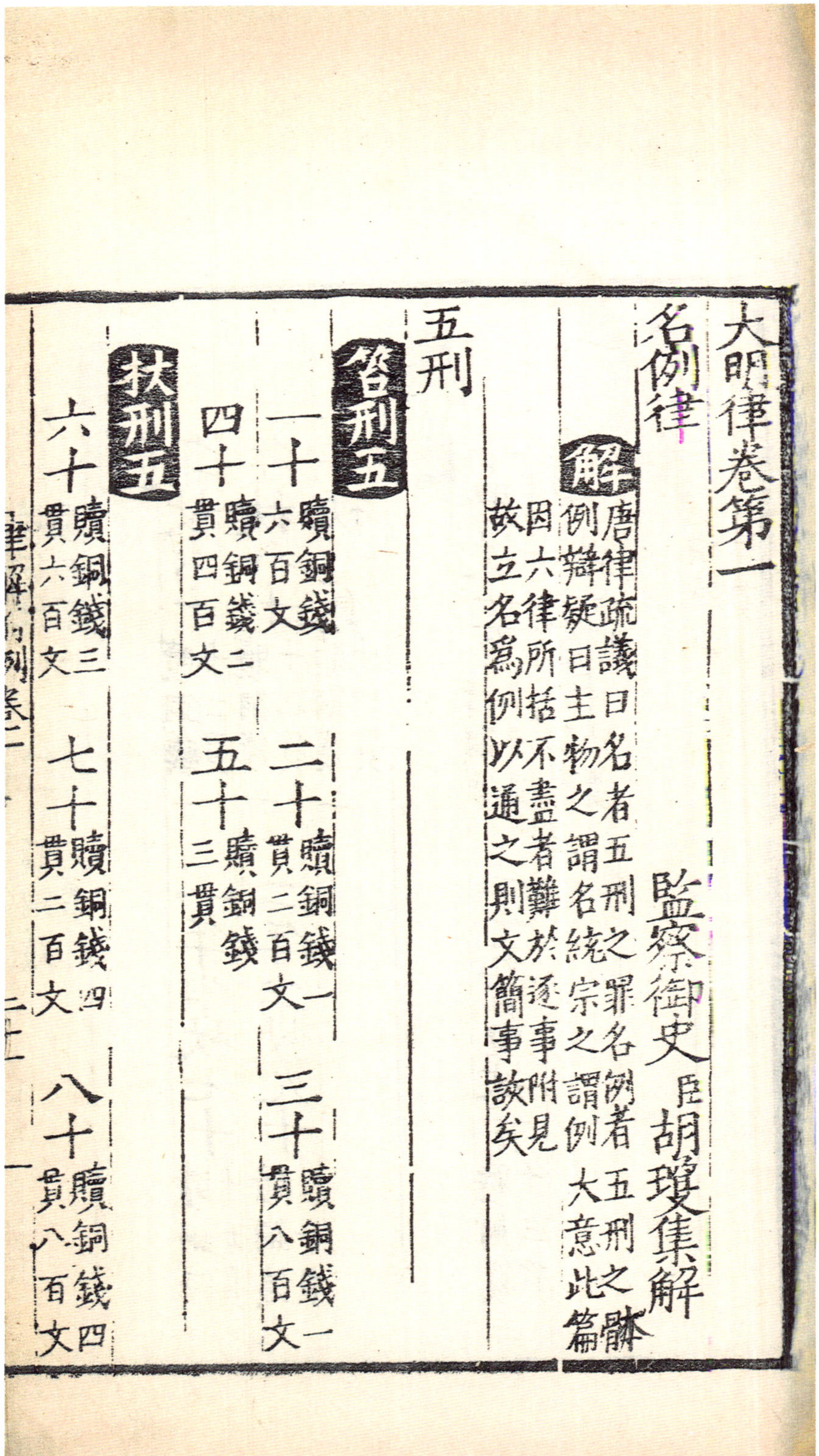

大明律卷第一

監察御史 臣 胡瓊集解

名例律

解 唐律疏議曰名者五刑之罪名例者五刑之體例辯疑曰主物之謂名統宗之謂例大意此篇因六律所括不盡者難於逐事附見故立名爲例以通之則文簡事該矣

五刑

笞刑五

一十 贖銅錢六百文 二十 贖銅錢一貫二百文 三十 贖銅錢一貫八百文

四十 贖銅錢二貫四百文 五十 贖銅錢三貫

杖刑五

六十 贖銅錢三貫六百文 七十 贖銅錢四貫二百文 八十 贖銅錢四貫八百文

10345 大明律解附例三十卷 （明）胡瓊撰 明刻本

匡高20釐米，廣14釐米。半葉十行，行二十字，小字雙行同，白口，四周單邊。有“宗室文慤公家世藏”、“聖清宗室盛昱伯羲之印”等印。上海社會科學院圖書館藏。

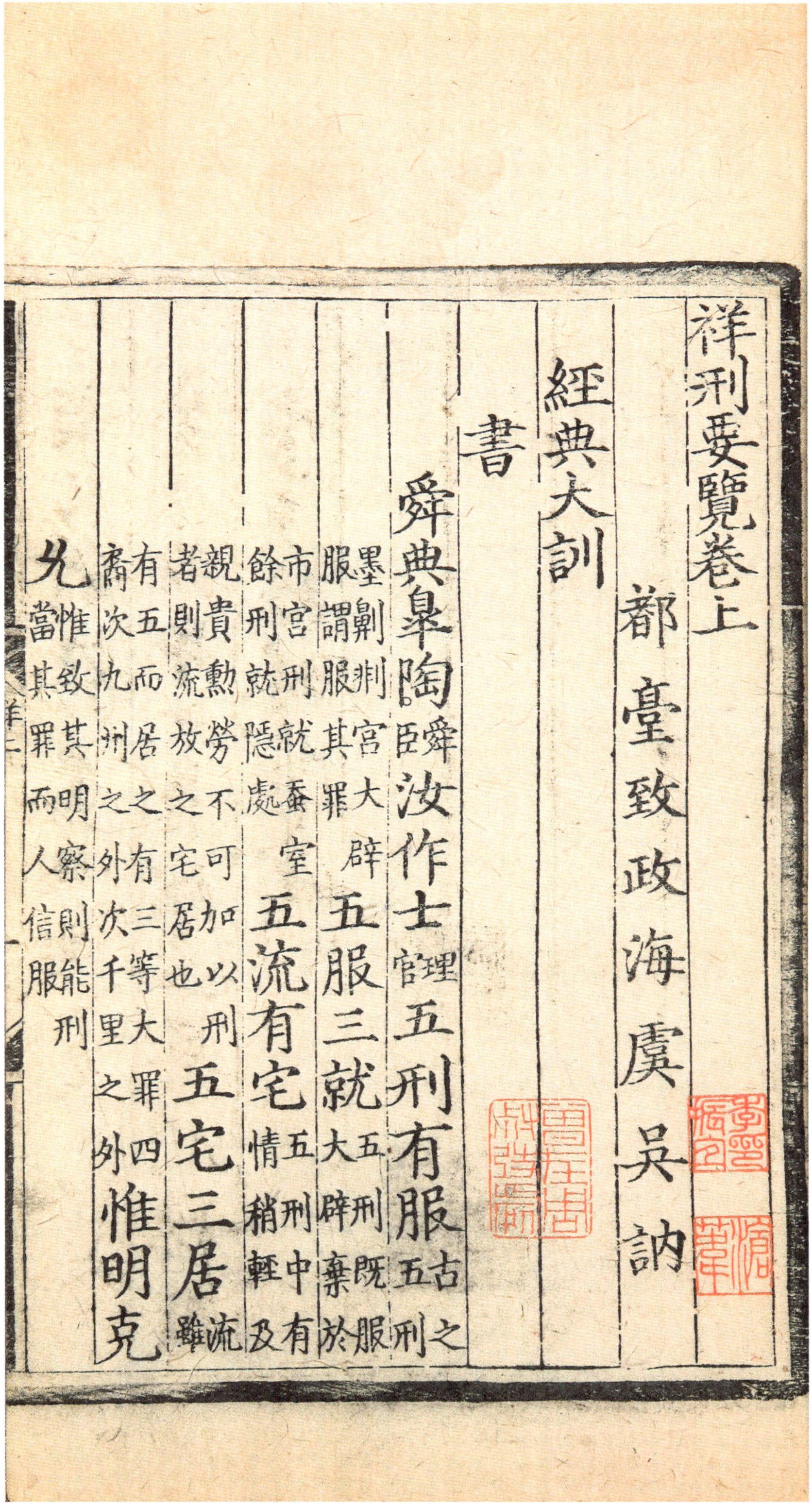

10346 祥刑要覽二卷 （明）吴訥撰 明成化二十二年（1486）林符刻本

匡高 20.7 釐米，廣 14.1 釐米。半葉十行，行十八字，黑口，四周雙邊。有“滄葦”、“季印振宜”、“郭申堂庚寅年收書印”、“曾在周叔弢處”等印。國家圖書館藏。

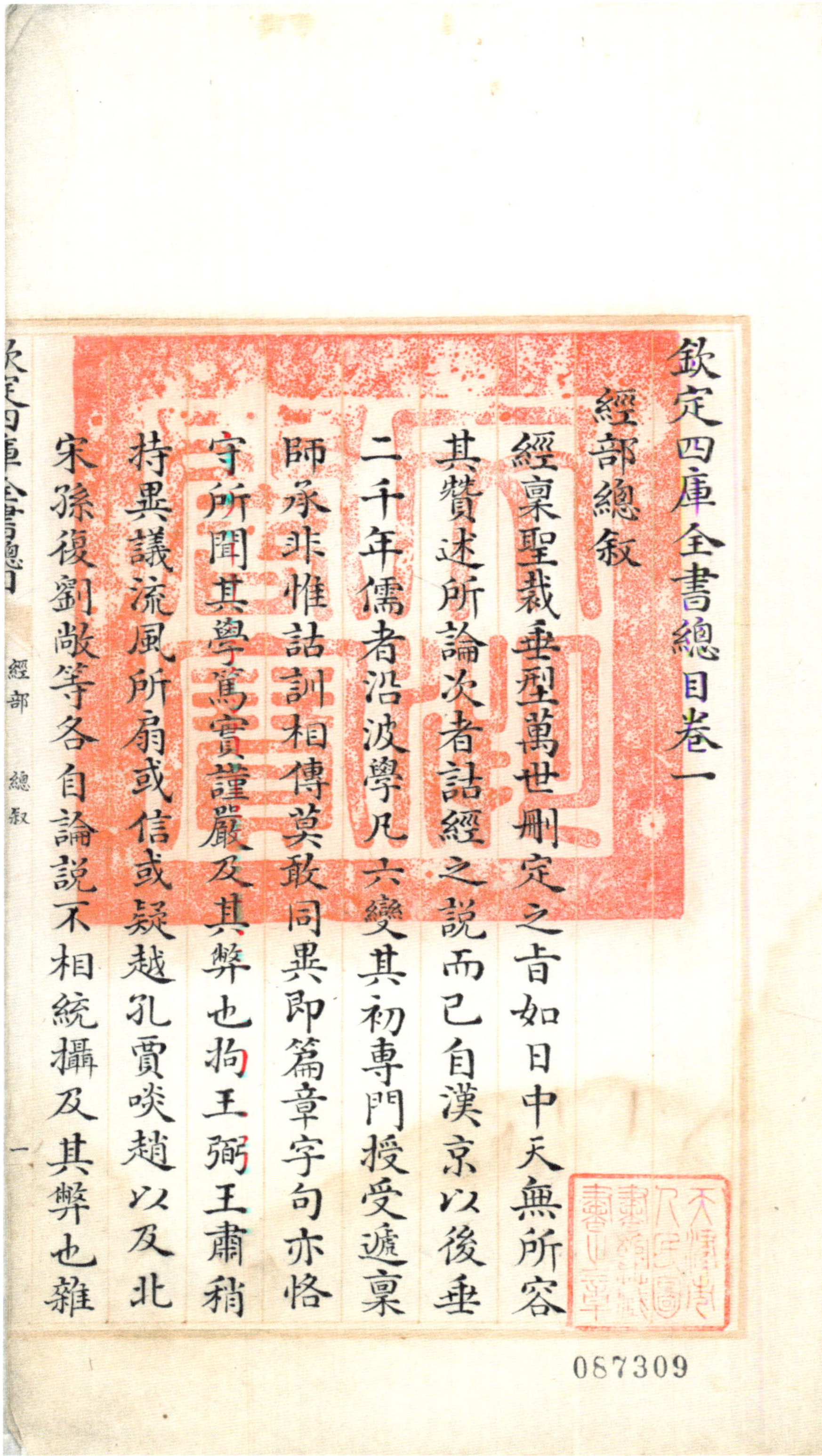

欽定四庫全書總目卷一

經部總敘

經稟聖裁垂型萬世刪定之旨如日中天無所容
其贊述所論次者詁經之說而已自漢京以後垂
二千年儒者沿波學凡六變其初專門授受遞稟
師承非惟詁訓相傳莫敢同異即篇章字句亦恪
守所聞其學篤實謹嚴及其弊也拘王弼王肅稍
持異議流風所扇或信或疑越孔賈啖趙以及北
宋孫復劉敞等各自論說不相統攝及其弊也雜

欽定四庫全書總目　經部　總敘　一

10347 欽定四庫全書總目二百卷 （清）紀昀等撰 清乾隆內府寫文溯閣四庫全書本

半葉九行，行二十一字，红格，白口，四周雙邊。有“文溯閣寶”等印。天津圖書館藏，存一百三十八卷。

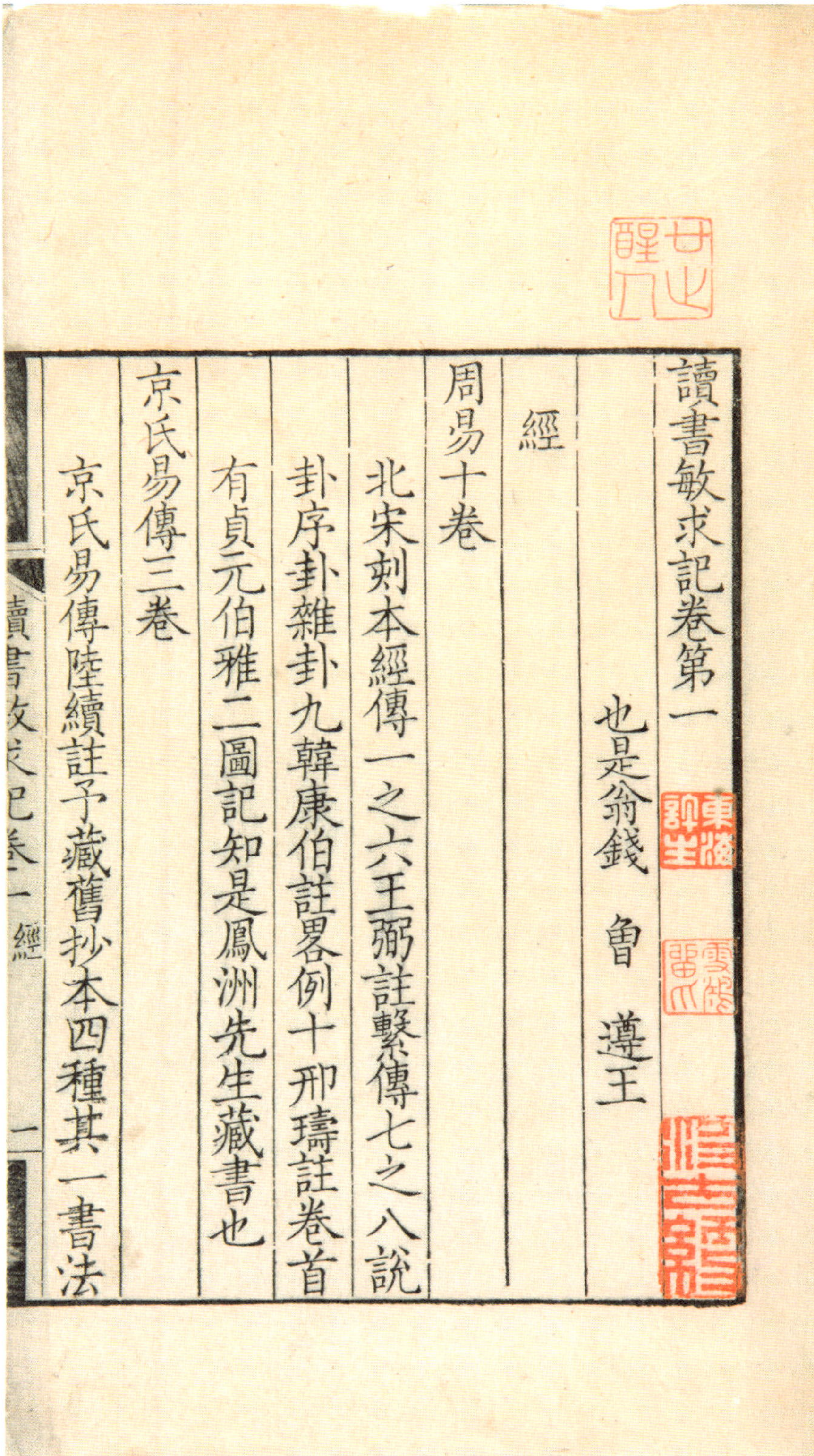

讀書敏求記卷第一
也是翁錢　曾　遵王
經
周易十卷
北宋刻本經傳一之六王弼註繫傳七之八說
卦序卦雜卦九韓康伯註畧例十邢璹註卷首
有貞元伯雅二圖記知是鳳洲先生藏書也
京氏易傳三卷
京氏易傳陸績註予藏舊抄本四種其一書法

10348 讀書敏求記四卷　（清）錢曾撰　清雍正四年（1726）趙孟升刻乾隆十年（1745）沈尚傑雙桂草堂重修本

匡高 14.7 釐米，廣 10.5 釐米。半葉九行，行二十字，黑口，四周單邊。有“士禮居藏”、“汲古綆”、“莚圃所藏”、“墨汁因緣”等印。黄丕烈校。上海圖書館藏。

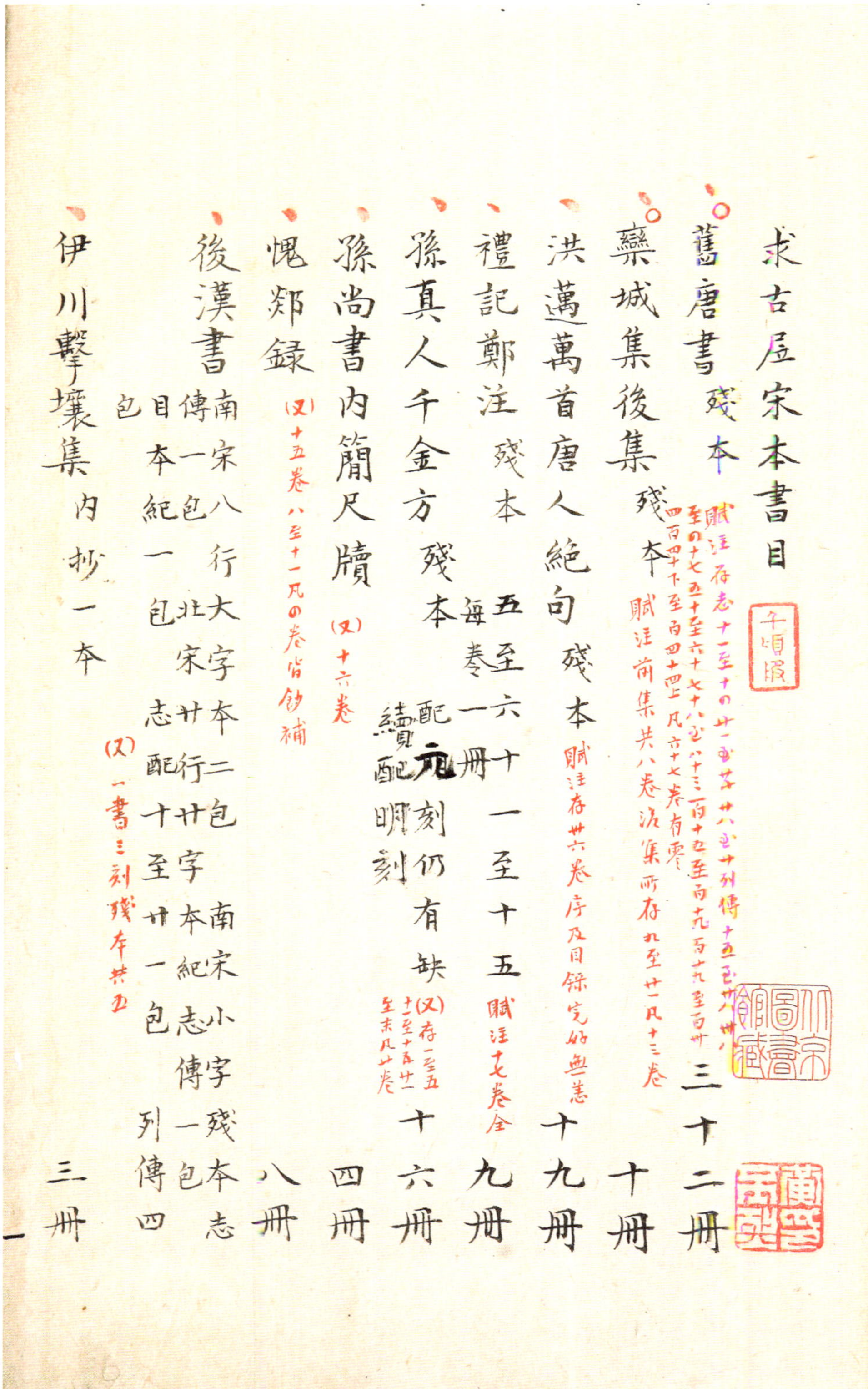
求古居宋本書目
舊唐書殘本 三十二册
欒城集後集殘本 十册
洪邁萬首唐人絶句殘本 十九册
禮記鄭注殘本 五至六十一至十五 每卷一册 九册
孫真人千金方殘本 配元刻仍有缺 續配明刻 十六册
孫尚書内簡尺牘 四册
愧郯録 八册
後漢書 南宋八行大字本二包 傳一包 目本紀一包 北宋廿行廿字本 志配十至廿一包 南宋小字殘本志 紀志傳一包 列傳四包
伊川擊壤集 内抄一本 三册

10349 求古居宋本書目一卷 （清）黄丕烈藏並撰 清嘉慶十七年（1812）

黄氏求古居抄本

黄丕烈校並跋，吴梅校，吴湖帆跋。國家圖書館藏。

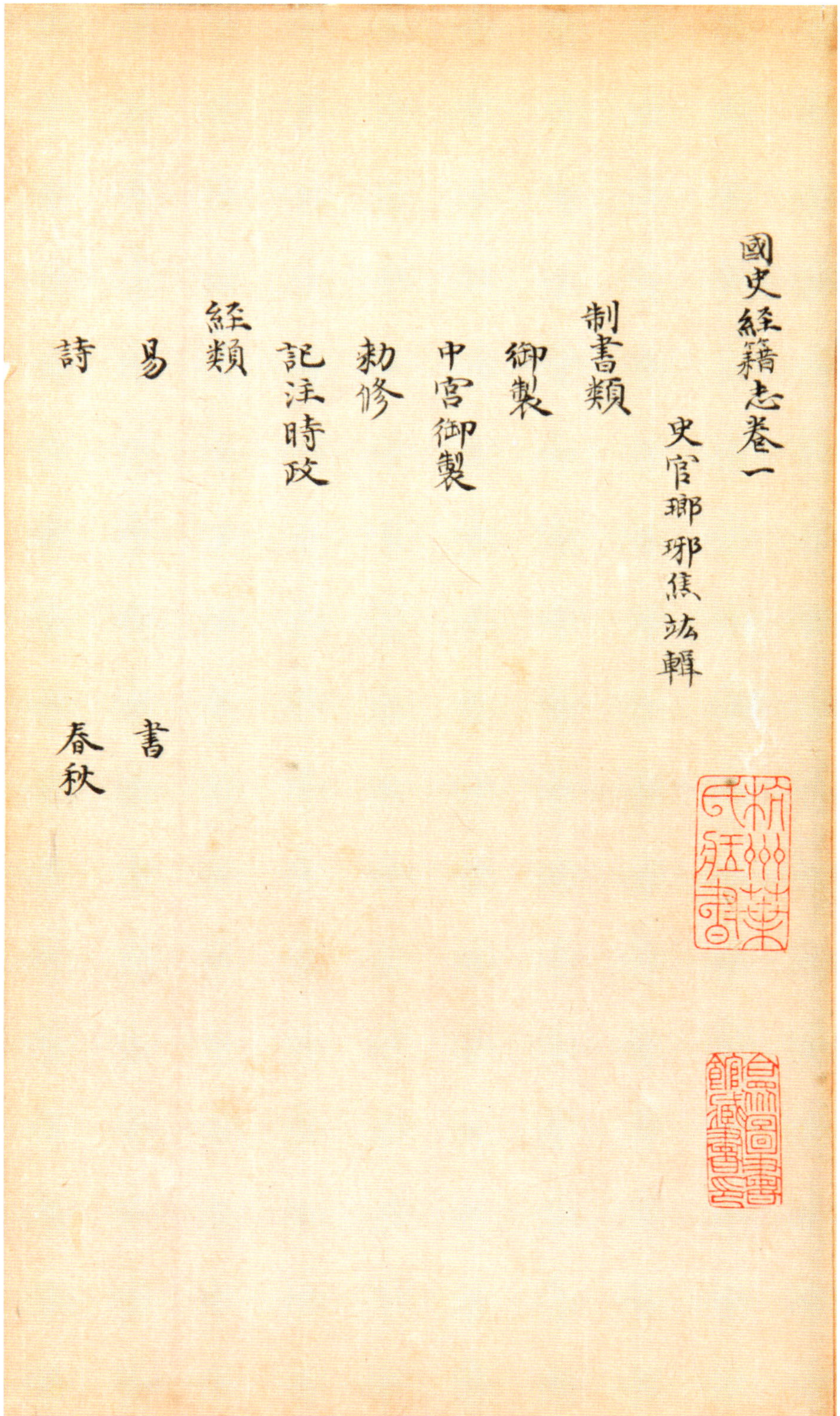
國史經籍志卷一
史官瑯琊焦竑輯
制書類
御製
中宫御製
勑修
記注時政
經類
易
書
詩
春秋

10350 國史經籍志六卷 （明）焦竑撰 清金俊明抄本

有“金俊明印”、“唐翰題”、“吴重憙印”、“景葵所得善本”、“杭州葉氏藏書”等印。唐翰題跋。上海圖書館藏。

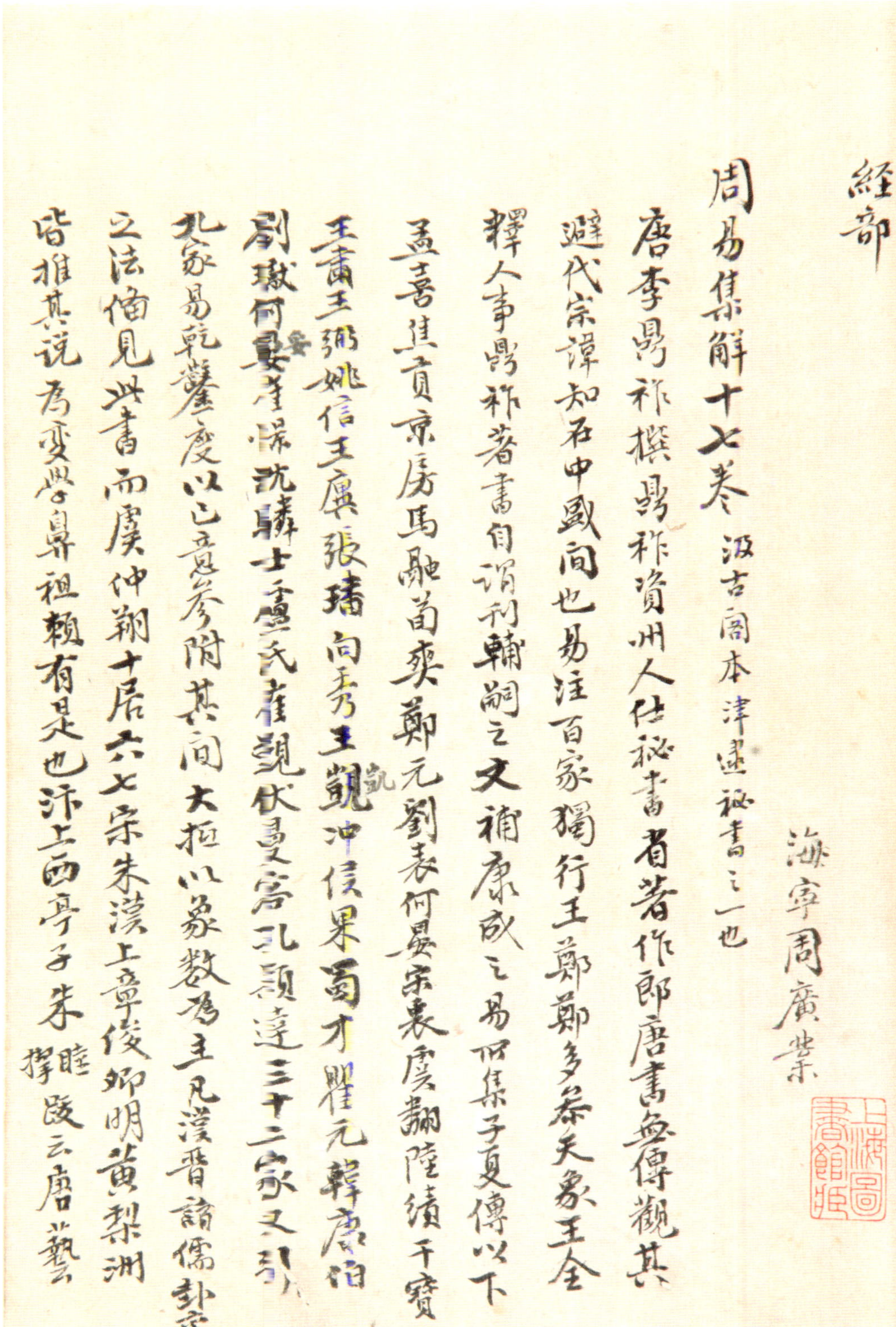
經部

海寧周廣業

周易集解十七卷 汲古閣本津逮秘書之一也

唐李鼎祚撰鼎祚資州人仕祕書省著作郎唐書無傳觀其避代宗諱知在中國間也易注百家獨行王鄭鄭多參天象王全釋人事鼎祚著書自謂刊輔嗣之文補康成之易仍集子夏傳以下孟喜焦贛京房馬融荀爽鄭元劉表何晏宋衷虞翻陸績干寶王肅王弼姚信王廙張璠向秀王凱沖侯果蜀才翟元韓康伯劉瓛何妥崔憬沈驎士盧氏崔覲伏曼容孔穎達三十二家又引九家易乾鑿度以己意參附其間大抵以象數爲主凡漢晉諸儒卦變之法倘見此書而虞仲翔十居六七宋朱漢上章俊卿明黃梨洲皆推其說為變學鼻祖賴有是也汴上西亭子朱睦㮮跋云唐藝

10351 四部寓眼録不分卷 （清）周廣業撰 稿本

上海圖書館藏。

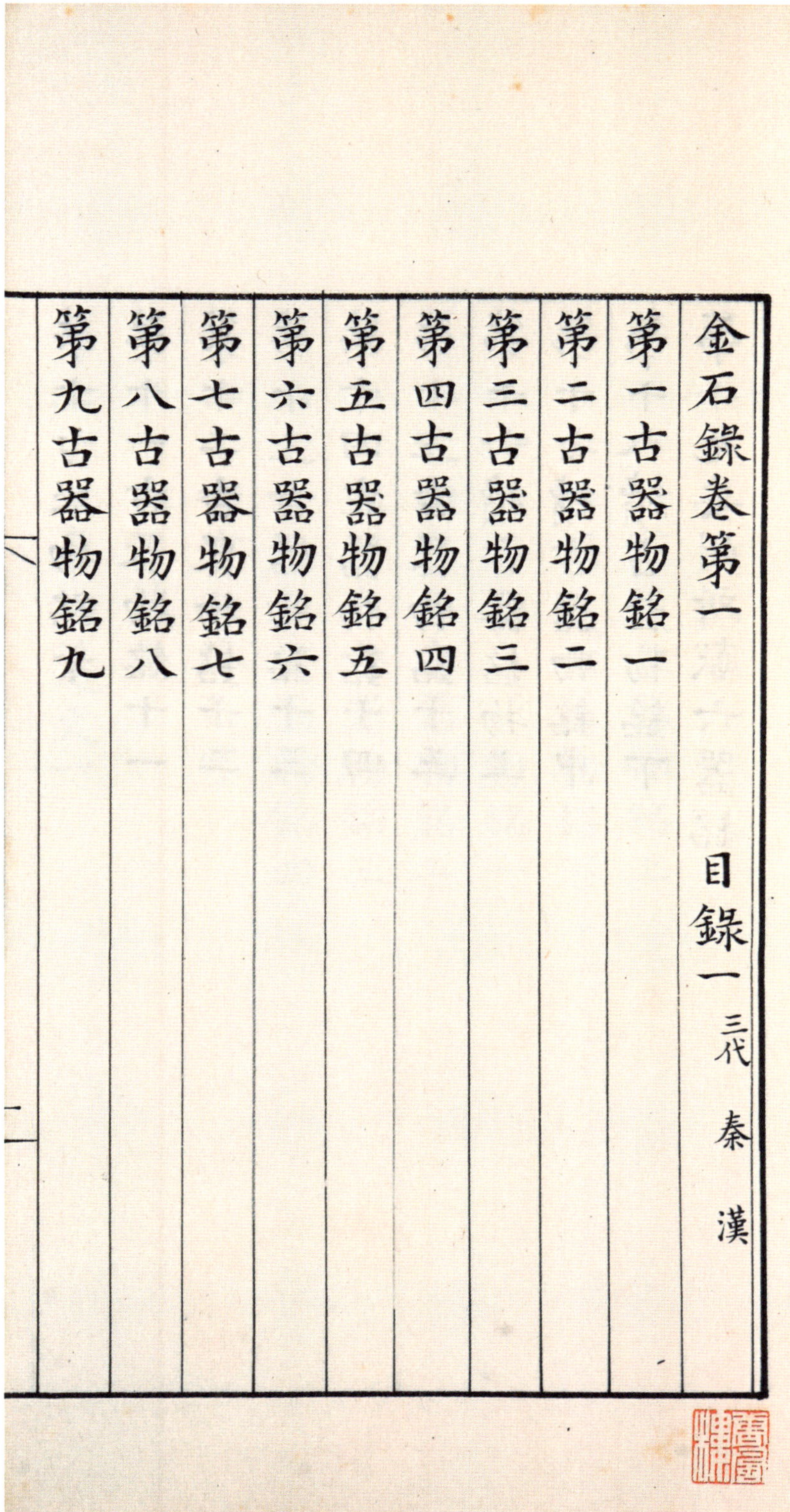

金石錄卷第一　目錄一　三代　秦　漢

第一古器物銘一

第二古器物銘二

第三古器物銘三

第四古器物銘四

第五古器物銘五

第六古器物銘六

第七古器物銘七

第八古器物銘八

第九古器物銘九

10352 金石録三十卷（宋）趙明誠撰 明崇禎五年（1632）謝恒抄本

匡高 22 釐米，廣 14.7 釐米。半葉十行，行二十字，小字雙行同，白口，左右雙邊。葉奕、沈顥、羅振玉、周叔弢跋，馮彪、葉萬題款。國家圖書館藏。

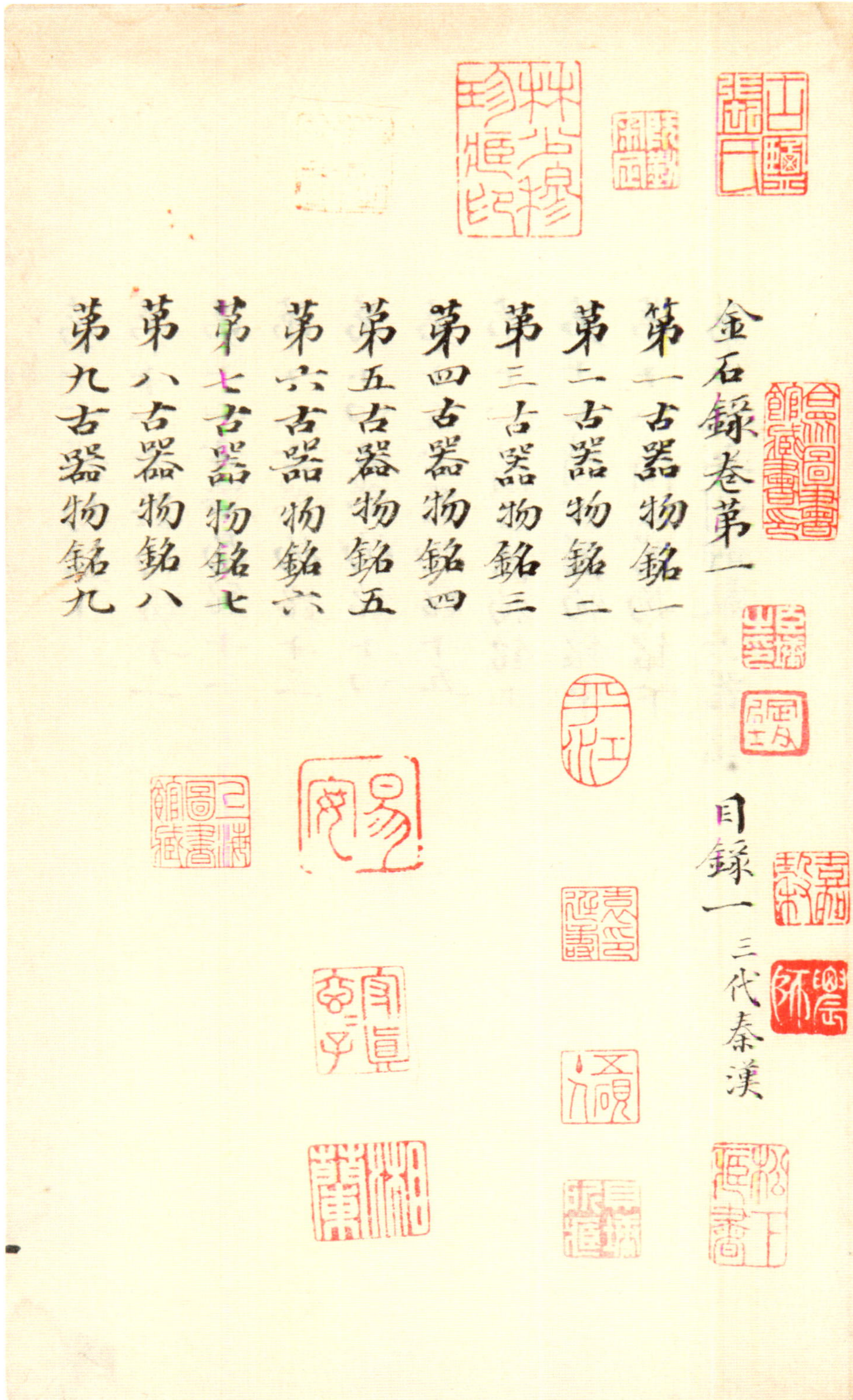

金石録卷第一　目録一
三代秦漢
第一古器物銘一
第二古器物銘二
第三古器物銘三
第四古器物銘四
第五古器物銘五
第六古器物銘六
第七古器物銘七
第八古器物銘八
第九古器物銘九

10353 金石録三十卷 （宋）趙明誠撰 清呂無黨抄本（卷二十五至三十配呂無黨家抄本）

有“無黨較正圖書”、“吾研齋”、“林少穆珍藏印”等印。呂無黨校並跋，張元濟跋。上海圖書館藏。

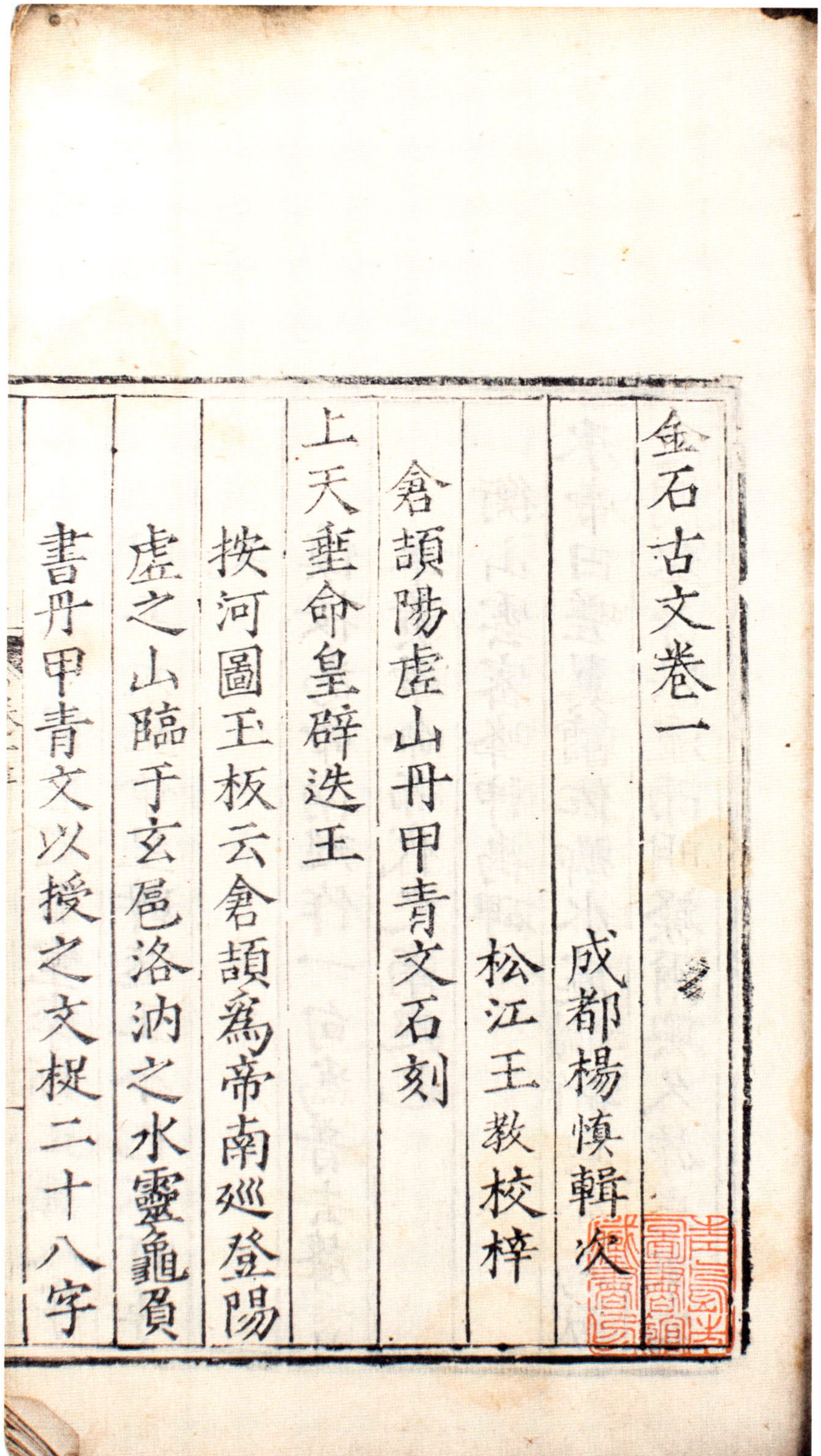

金石古文卷一
成都楊慎輯次
松江王教校梓
倉頡陽虚山丹甲青文石刻
上天垂命皇辟迭王
按河圖玉板云倉頡爲帝南巡登陽
虚之山臨于玄扈洛汭之水靈龜負
書丹甲青文以授之文梘二十八字

10354 金石古文十四卷 （明）楊慎輯 明嘉靖十八年（1539）張紀刻本

匡高 18.5 釐米，廣 13.5 釐米。半葉八行，行十六字，白口，四周雙邊。青島市博物館藏。

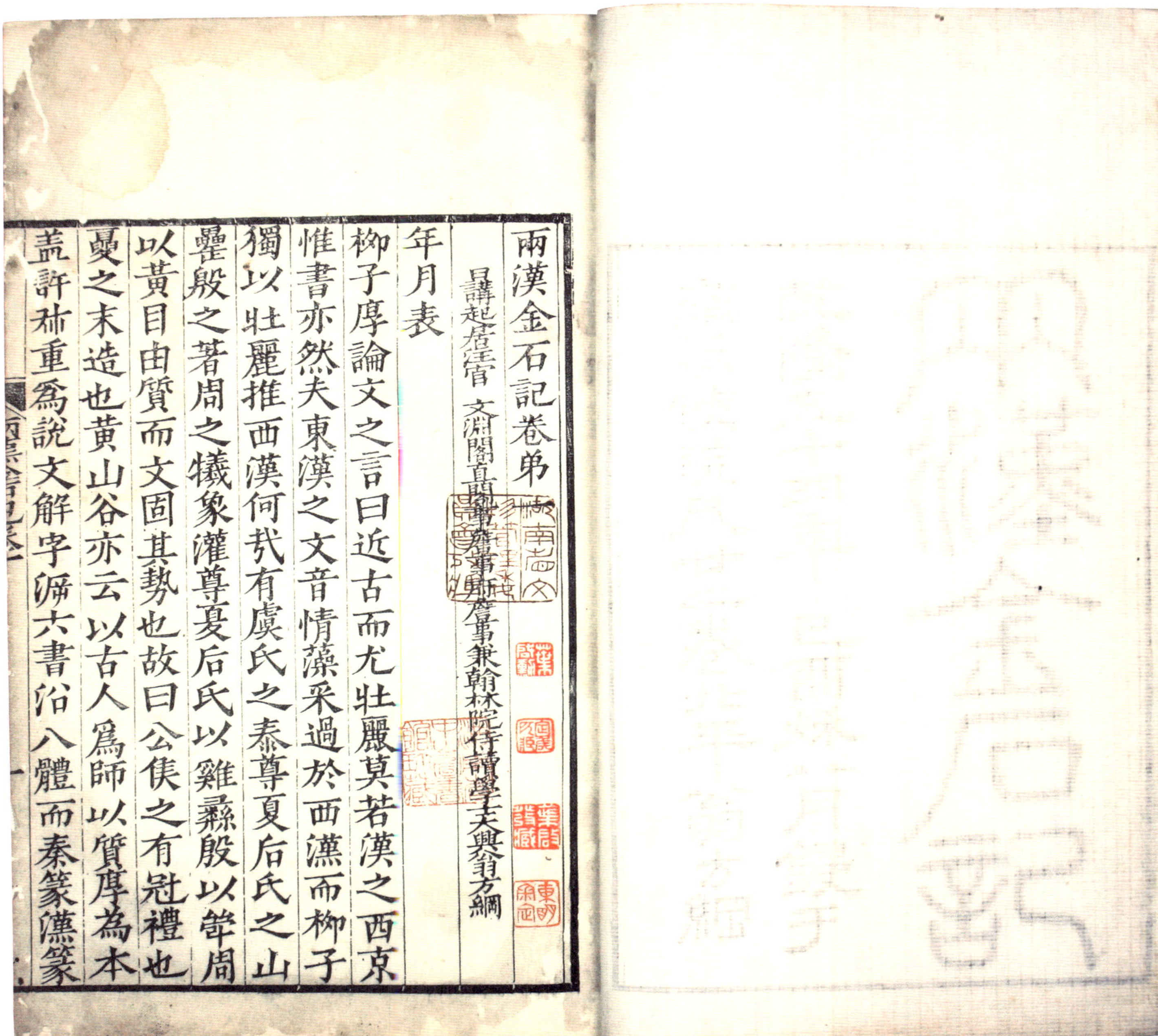

10355 兩漢金石記二十二卷 （清）翁方綱撰 清乾隆五十四年（1789）翁方綱南昌使院刻本

匡高 26.6 釐米，廣 15.4 釐米。半葉十行，行二十字，小字雙行同，白口，左右雙邊。有“葉啓發藏”等印。張穆批校，何紹基題簽，葉啓勳跋。湖南圖書館藏。

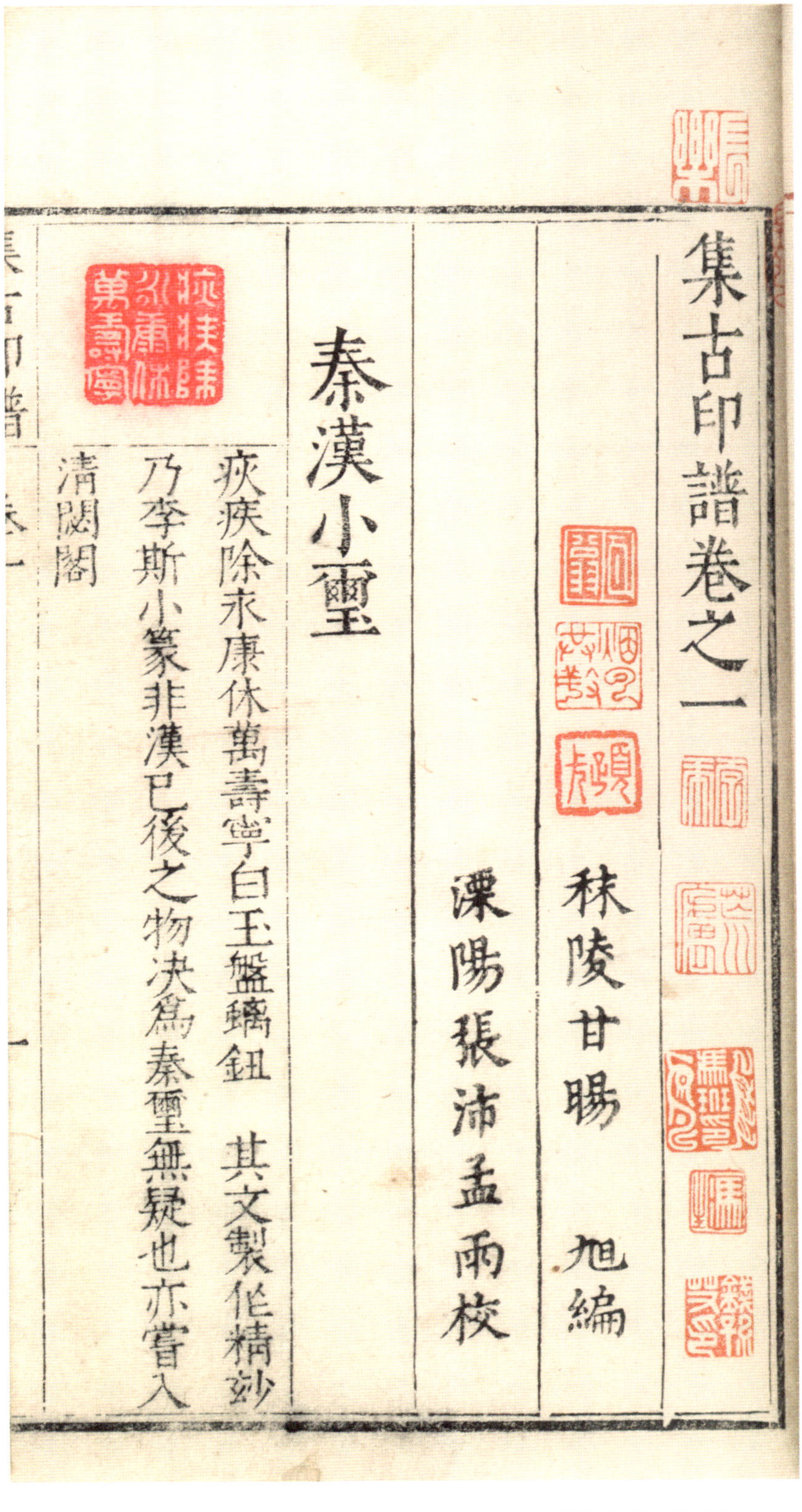
集古印譜卷之一

秣陵甘暘 旭編
溧陽張沛孟雨校

秦漢小璽

疢疾除永康休萬壽寧白玉盤螭鈕　其文製作精妙乃李斯小篆非漢已後之物決爲秦璽無疑也亦嘗入清閟閣

集古印譜　卷一　一

10356 集古印譜五卷　（明）甘暘輯　**印正附説一卷**　（明）甘暘撰　明萬曆二十四年（1596）自刻鈐印本

蘇州圖書館藏。

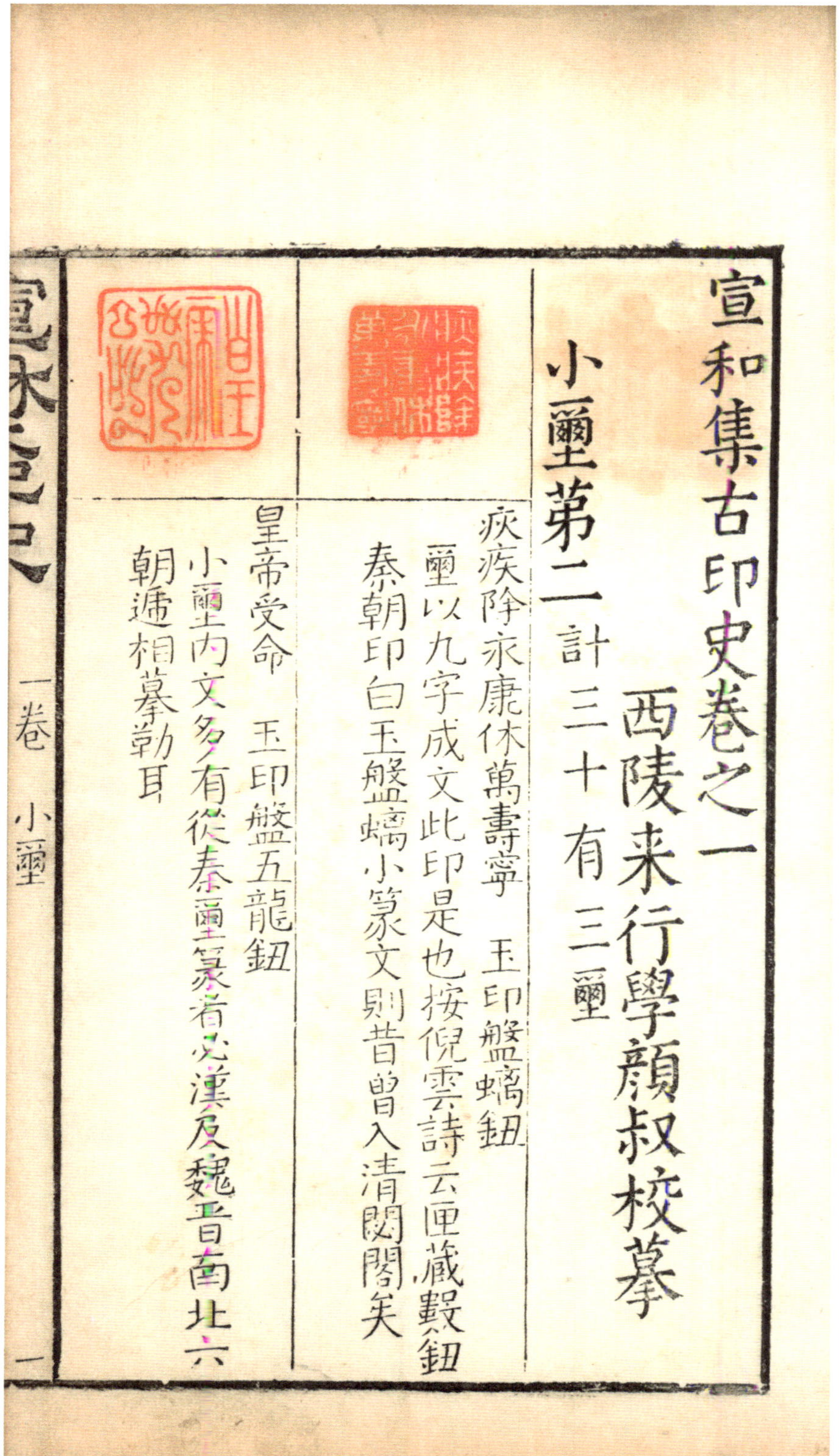

宣和集古印史卷之一
西陵来行學顏叔校摹
小璽第二 計三十有三璽
疢疾降永康休萬壽寧　玉印盤螭鈕
璽以九字成文此印是也按倪雲詩云匣藏蝦鈕
秦朝印白玉盤螭小篆文則昔曾入清閟閣矣
皇帝受命　玉印盤五龍鈕
小璽內文多有從秦璽篆者必漢及魏晉南北六
朝遞相摹勒耳

宣和集古印史　一卷　小璽　一

10357 宣和集古印史八卷 （明）來行學輯　明萬曆二十四年（1596）來氏寶印齋刻鈐印本

蘇州圖書館藏。

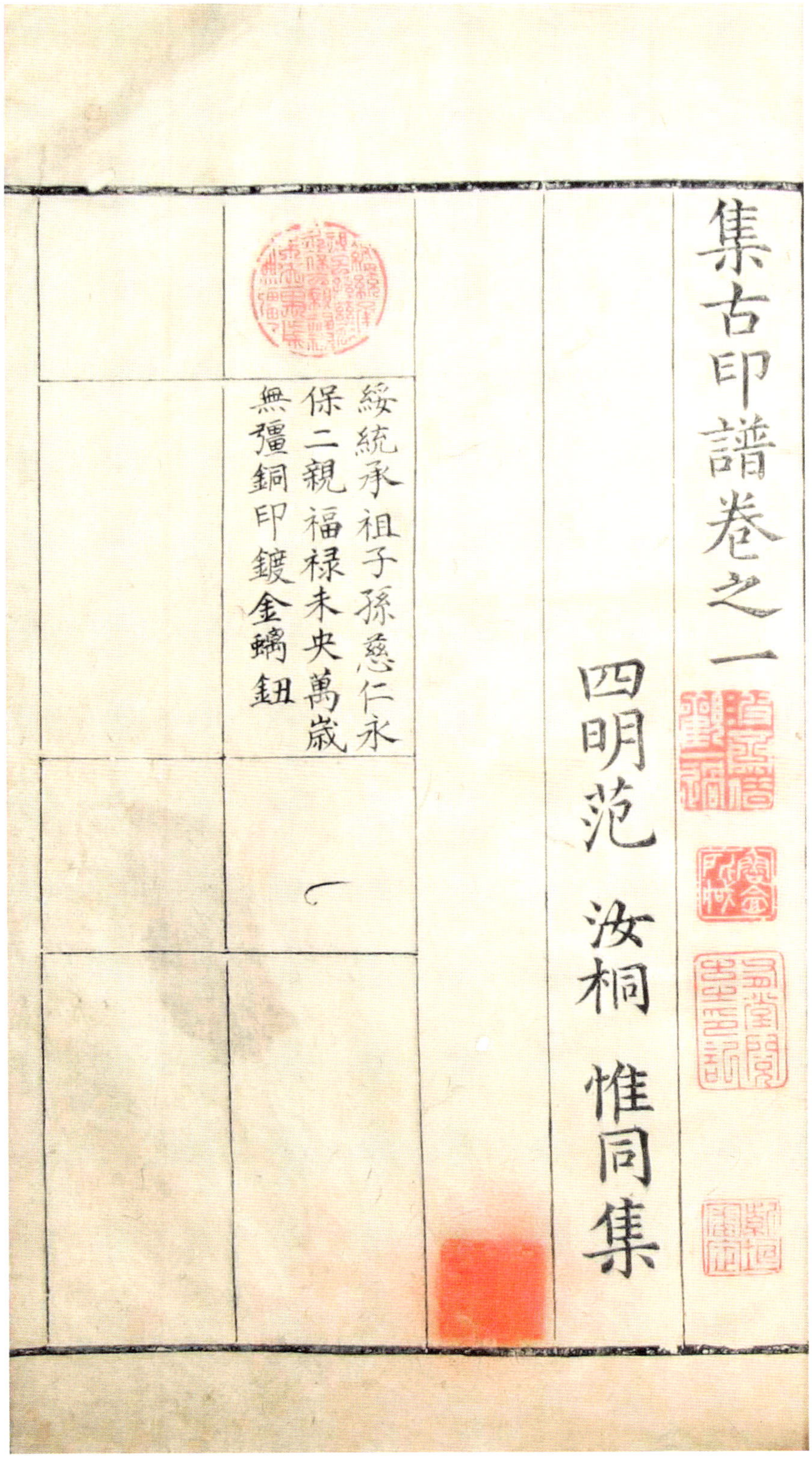

10358 集古印譜十卷 （明）范汝桐輯 明萬曆二十八年（1600）卧雲山房刻鈐印本

有“有堂閲古之印記”、“魯盦所藏”等印。蔣學鏞、方介堪、葉豐、沙文若跋。西泠印社藏。

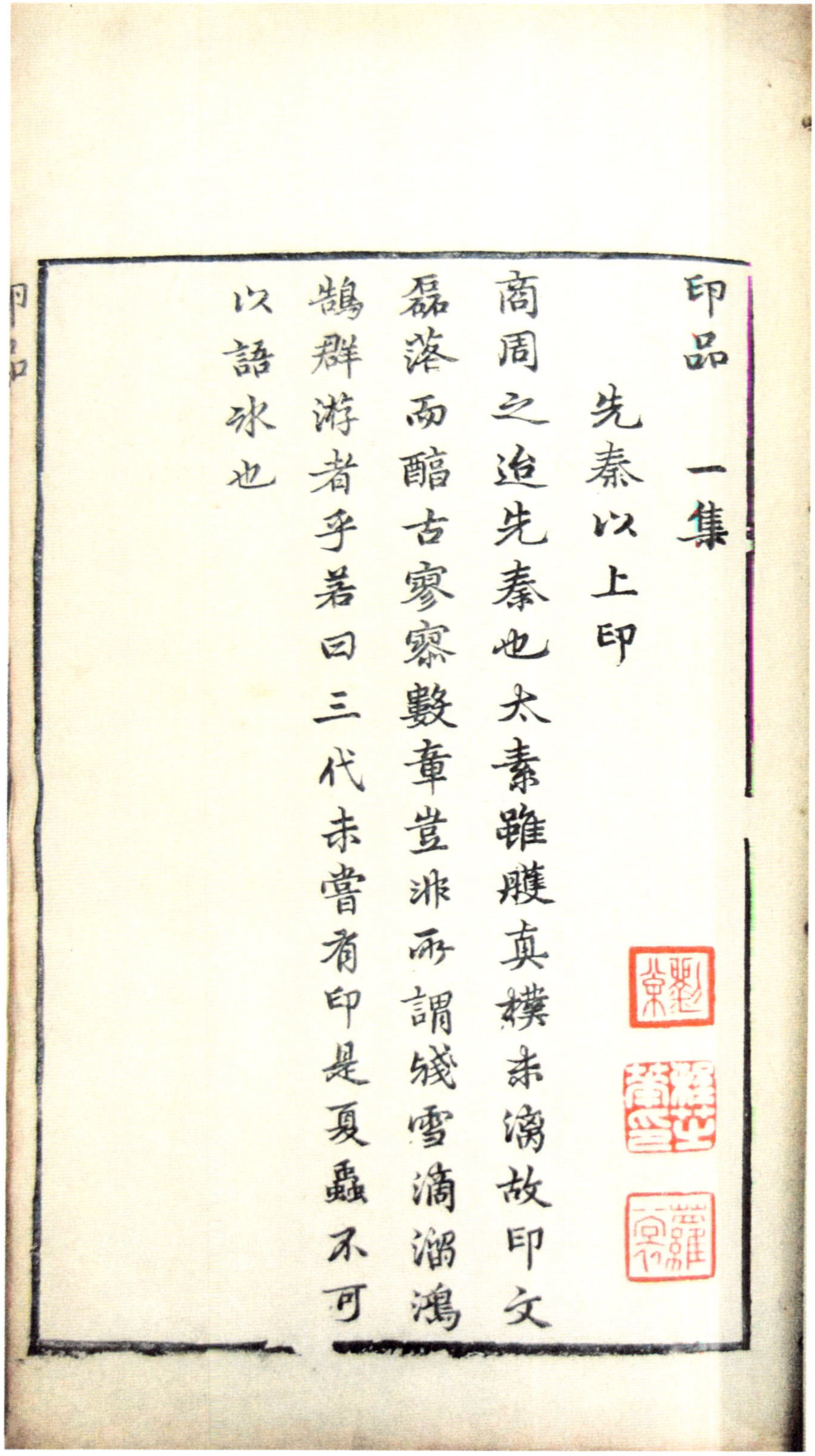
印品 一集
先秦以上印
商周之迨先秦也太素雖騰真樸未漓故印文
磊落而醖古寥寥數章豈非所謂錢雪滴溜鴻
鵠群游者乎善曰三代未嘗有印是夏蟲不可
以語冰也

10359 印品七卷首一卷附一卷 （明）朱簡輯 明萬曆三十九年（1611）刻鈐印本

武漢圖書館藏。

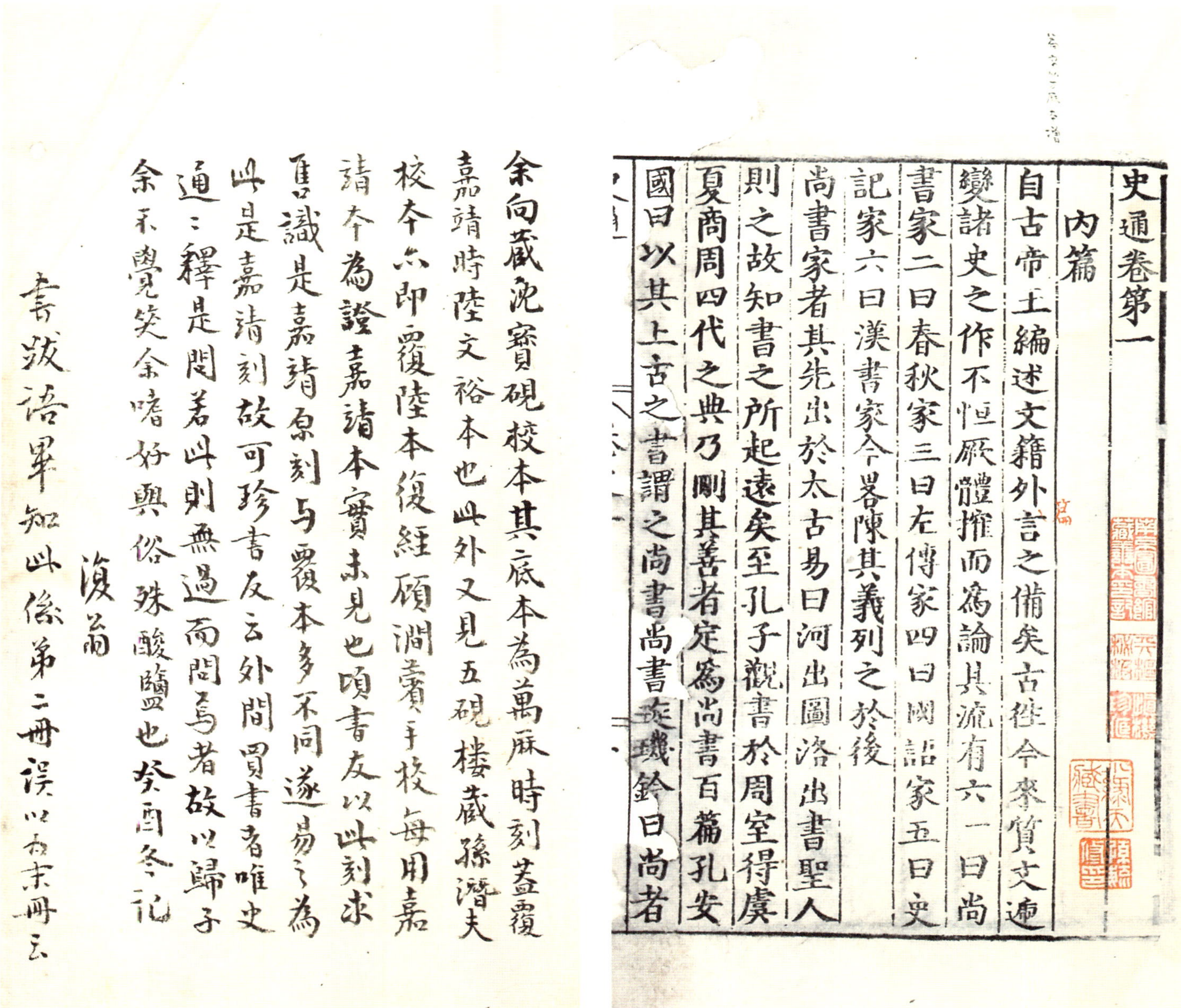
史通卷第一
內篇
自古帝王編述文籍外言之備矣古往今來質文遞
變諸史之作不恒厥體榷而爲論其流有六一曰尚
書家二曰春秋家三曰左傳家四曰國語家五曰史
記家六曰漢書家今畧陳其義列之於後
尚書家者其先出於太古易曰河出圖洛出書聖人
則之故知書之所起遠矣至孔子觀書於周室得虞
夏商周四代之典乃刪其善者定爲尚書百篇孔安
國曰以其上古之書謂之尚書尚書璇璣鈐曰尚者

余向藏沈寶硯校本其底本爲萬麻時刻蓋覆
嘉靖時陸文裕本也此外又見五硯樓藏孫潛夫
校本亦即覆陸本復經顧澗薲手校每用嘉
靖本爲證嘉靖本實未見也頃書友以此刻求
售識是嘉靖原刻與覆本多不同遂易之爲
此是嘉靖刻故可珍書友云外間買書者唯史
通之釋是問若此則無過而問焉者故以歸予
余不覺笑余嗜好與俗殊酸鹹也癸酉冬記
復翁
書跋語畢知此係第二冊誤以爲末冊云

10360 史通二十卷 （唐）劉知幾撰 明嘉靖十四年（1535）陸深刻本

匡高20.9釐米，廣14釐米。半葉十行，行二十字，小字雙行同，白口，四周單邊。黄丕烈跋，孫毓修校並録何焯、顧廣圻校跋。南京圖書館藏。

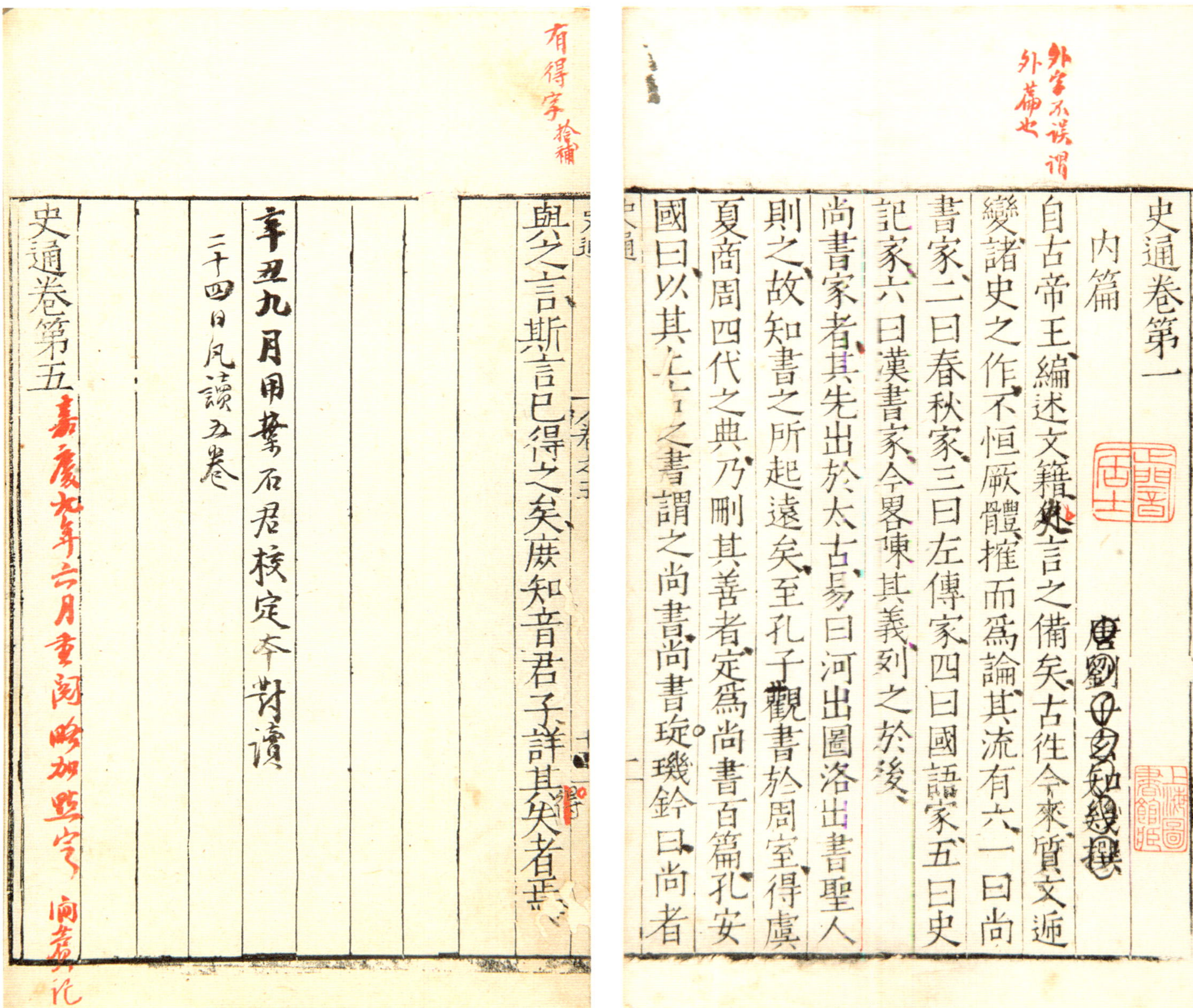

10361 史通二十卷 （唐）劉知幾撰 明刻本

匡高 19.7 釐米，廣 13.8 釐米。半葉十行，行二十字，白口，左右雙邊。有“顧廣圻印”、“葉景葵印”、“卷盦六十六以後所收書”等印。顧廣圻校並跋，鄧邦述、葉景葵、洪業、顧廷龍跋。上海圖書館藏。

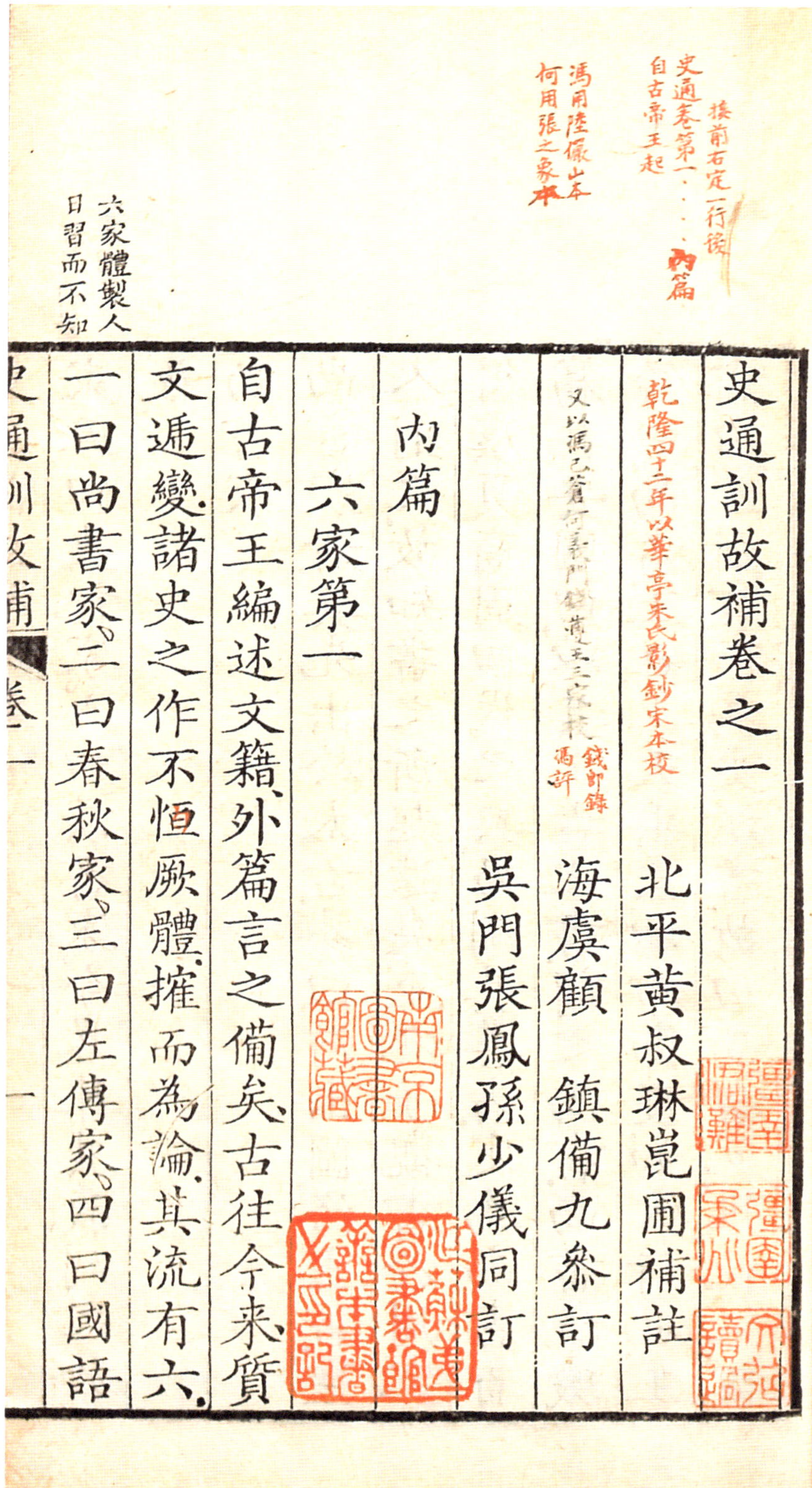

史通訓故補卷之一
北平黄叔琳崑圃補註
海虞顧　鎮備九參訂
吳門張鳳孫少儀同訂
內篇
六家第一
自古帝王編述文籍外篇言之備矣古往今來質文遞變諸史之作不恒厥體搉而為論其流有六一曰尚書家二曰春秋家三曰左傳家四曰國語

10362 史通訓故補二十卷 （清）黄叔琳撰　清乾隆十二年（1747）黄氏養素堂刻本

匡高 15.6 釐米，廣 11.3 釐米。半葉九行，行十九字，白口，左右雙邊。盧文弨校跋並録馮舒、錢曾、何焯校，丁丙跋。南京圖書館藏。

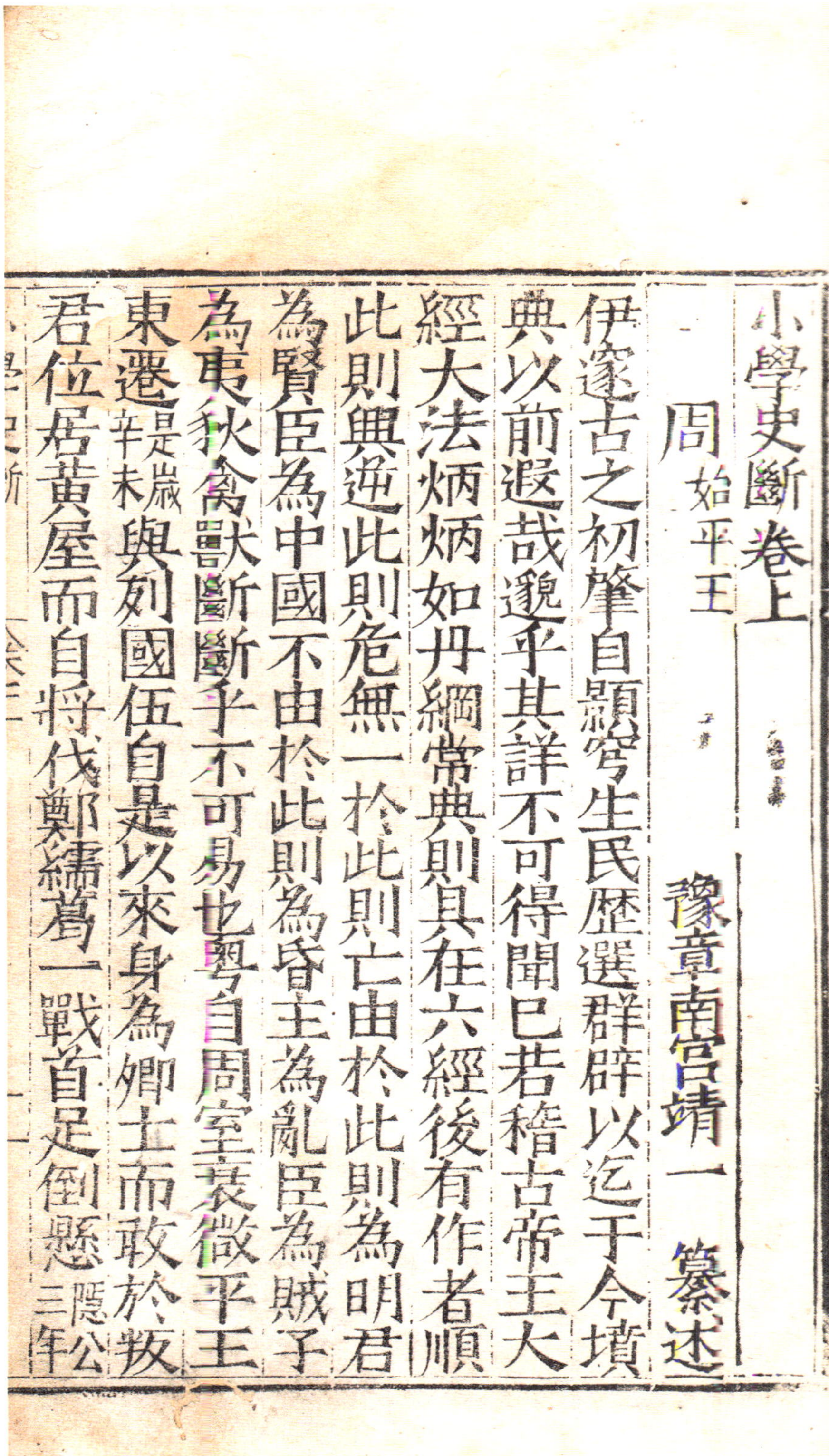

小學史斷卷上

周 始平王　　豫章南宫靖一　纂述

伊遼古之初肇自顯穹生民歷選群辟以迄于今墳典以前遐哉邈乎其詳不可得聞已若稽古帝王大經大法炳炳如丹綱常典則具在六經後有作者順此則興逆此則危無一於此則亡由於此則為明君為賢臣為中國不由於此則為昏主為亂臣為賊子為夷狄禽獸斷斷乎不可易也粤自周室衰微平王東遷是歲辛未與列國伍自是以來身為卿士而敢於叛君位居黃屋而自將伐鄭繻葛一戰首足倒懸隱公三年

小學史斷　卷上　一

10363 小學史斷二卷 （宋）南宫靖一撰 **續一卷** （明）晏彦文撰　明嘉靖十二年（1533）遼藩朱寵瀼刻本

匡高 18.5 釐米，廣 13.3 釐米。半葉十行，行二十字，小字雙行同，白口，四周雙邊。大連圖書館藏。

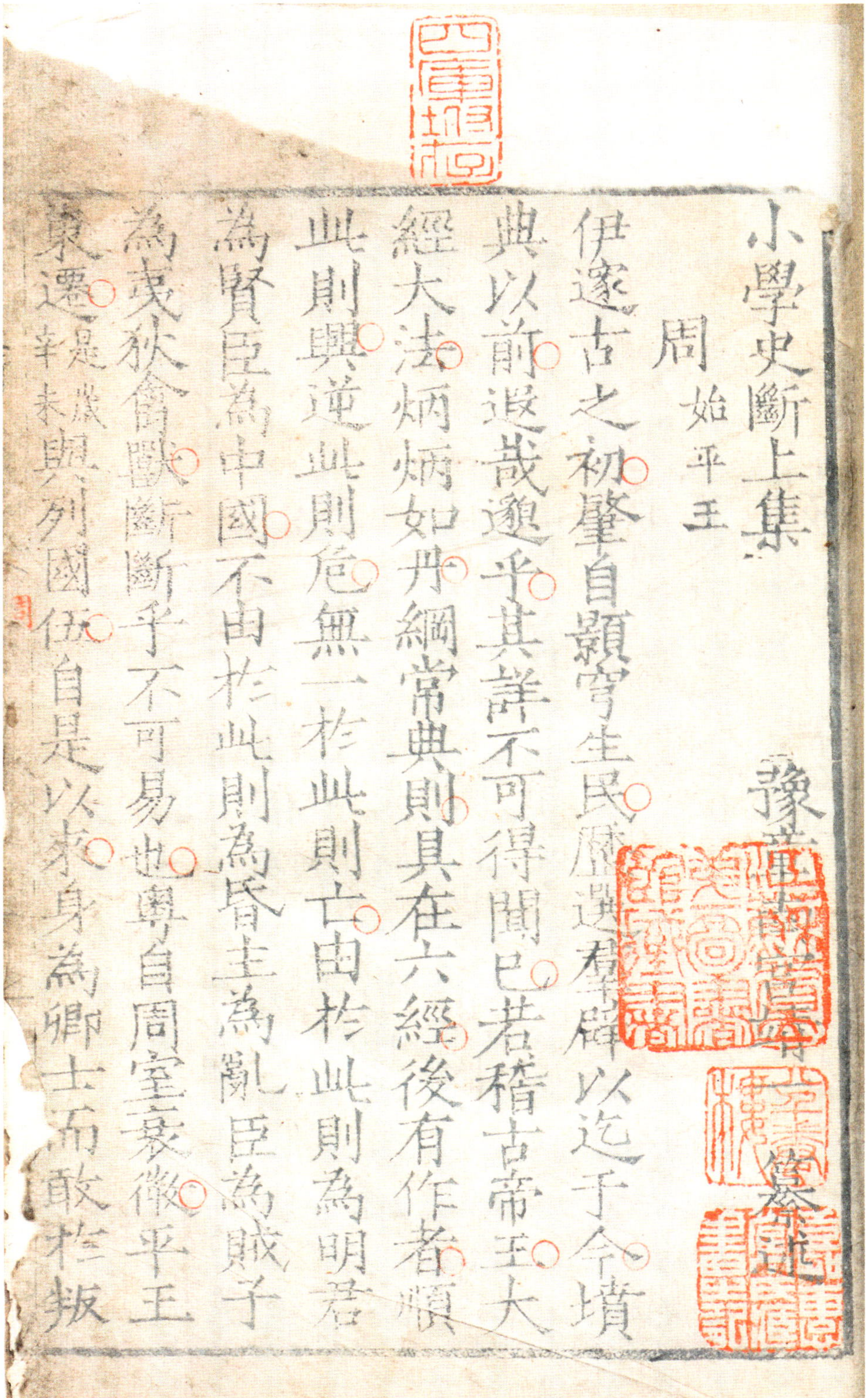
小學史斷上集　豫章南宮靖一纂述
周　始平王
伊邃古之初肇自顥穹生民歷選肇辟以迄于今墳
典以前遐哉邈乎其詳不可得聞已若稽古帝王大
經大法炳炳如丹綱常典則具在六經後有作者順
此則興逆此則危無一於此則亡由於此則為明君
為賢臣為中國不由於此則為昏主為亂臣為賊子
為夷狄禽獸斷斷乎不可易也粵自周室衰微平王
東遷是歲辛未與列國伍自是以來身為卿士而敢於叛

10364 小學史斷二卷（宋）南宮靖一撰 **續一卷**（明）晏彥文撰　明嘉靖十七年（1538）張木刻藍印本

匡高 18.7 釐米，廣 13.4 釐米。半葉九行，行二十字，小字雙行同，白口，四周單邊。南京圖書館藏。

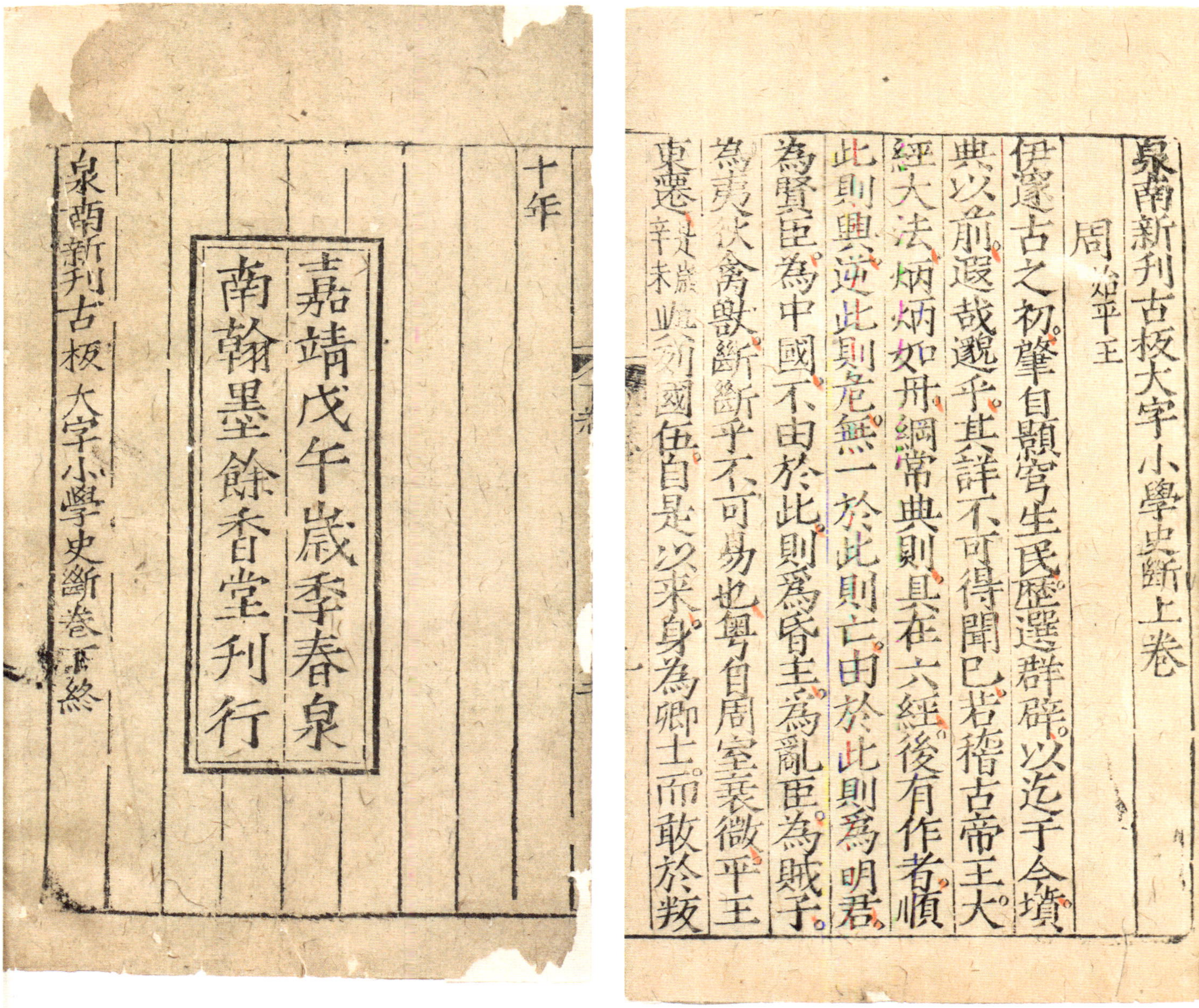

泉南新刊古板大字小學史斷卷下終
十年
嘉靖戊午歲季春泉南翰墨餘香堂刊行

泉南新刊古板大字小學史斷上卷
周始平王
伊邃古之初肇自顯穹生民歷選群辟以迄于今墳
典以前遐哉邈乎其詳不可得聞已若稽古帝王大
經大法炳炳如冊綱常典則具在六經後有作者順
此則興逆此則危無一於此則亡由於此則為明君
為賢臣為中國不由於此則為昏主為亂臣為賊子
為夷狄禽獸斷斷乎不可易也粵自周室衰微平王
東遷辛未是歲[illegible]列國伍自是以來身為卿士而敢於叛

10365 泉南新刊古板大字小學史斷二卷首一卷 （宋）南宫靖一撰 **續一卷** （明）晏彦文撰 明嘉靖三十七年（1558）泉南翰墨餘香堂刻本

匡高 18.3 釐米，廣 12.5 釐米。半葉九行，行二十字，小字雙行同，白口，四周單邊。有“嘉靖戊午歲季春泉南翰墨餘香堂刊行”牌記。南京圖書館藏。

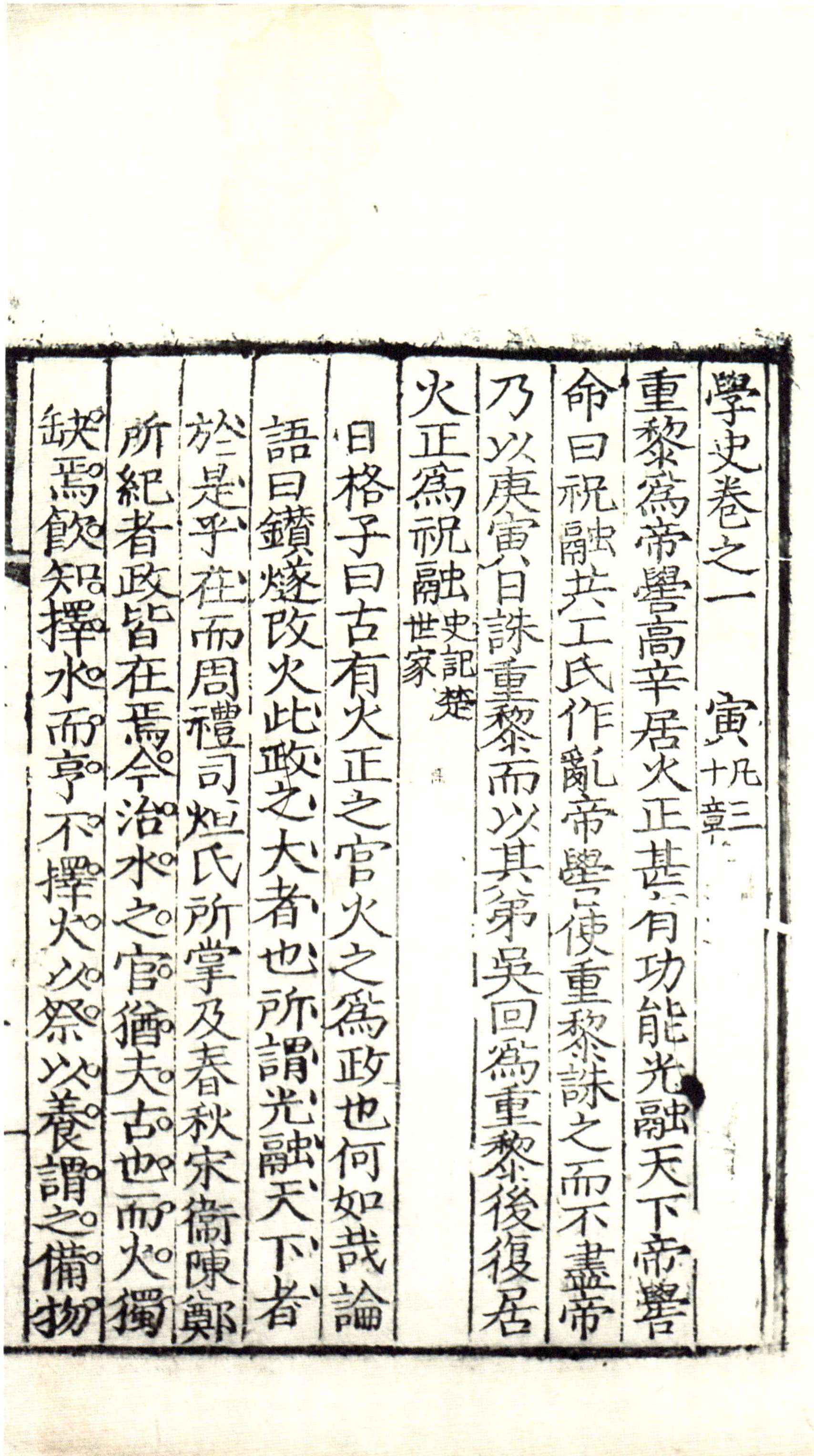
學史卷之一　　寅　凡三十章
重黎爲帝嚳高辛居火正甚有功能光融天下帝嚳
命曰祝融共工氏作亂帝嚳使重黎誅之而不盡帝
乃以庚寅日誅重黎而以其弟吳回爲重黎後復居
火正爲祝融　史記楚世家
日格子曰古有火正之官火之爲政也何如哉論
語曰鑽燧改火此政之大者也所謂光融天下者
於是乎在而周禮司爟氏所掌及春秋宋衛陳鄭
所紀者政皆在焉今治水之官猶夫古也而火獨
缺焉飲知擇水而亨不擇火以祭以養謂之備物

10366 學史十三卷 （明）邵寶撰 明正德十六年（1521）陳察刻本

匡高 18.2 釐米，廣 13.9 釐米。半葉十行，行二十字，小字雙行同，上下黑口或上黑口或白口，左右雙邊。南京圖書館藏。

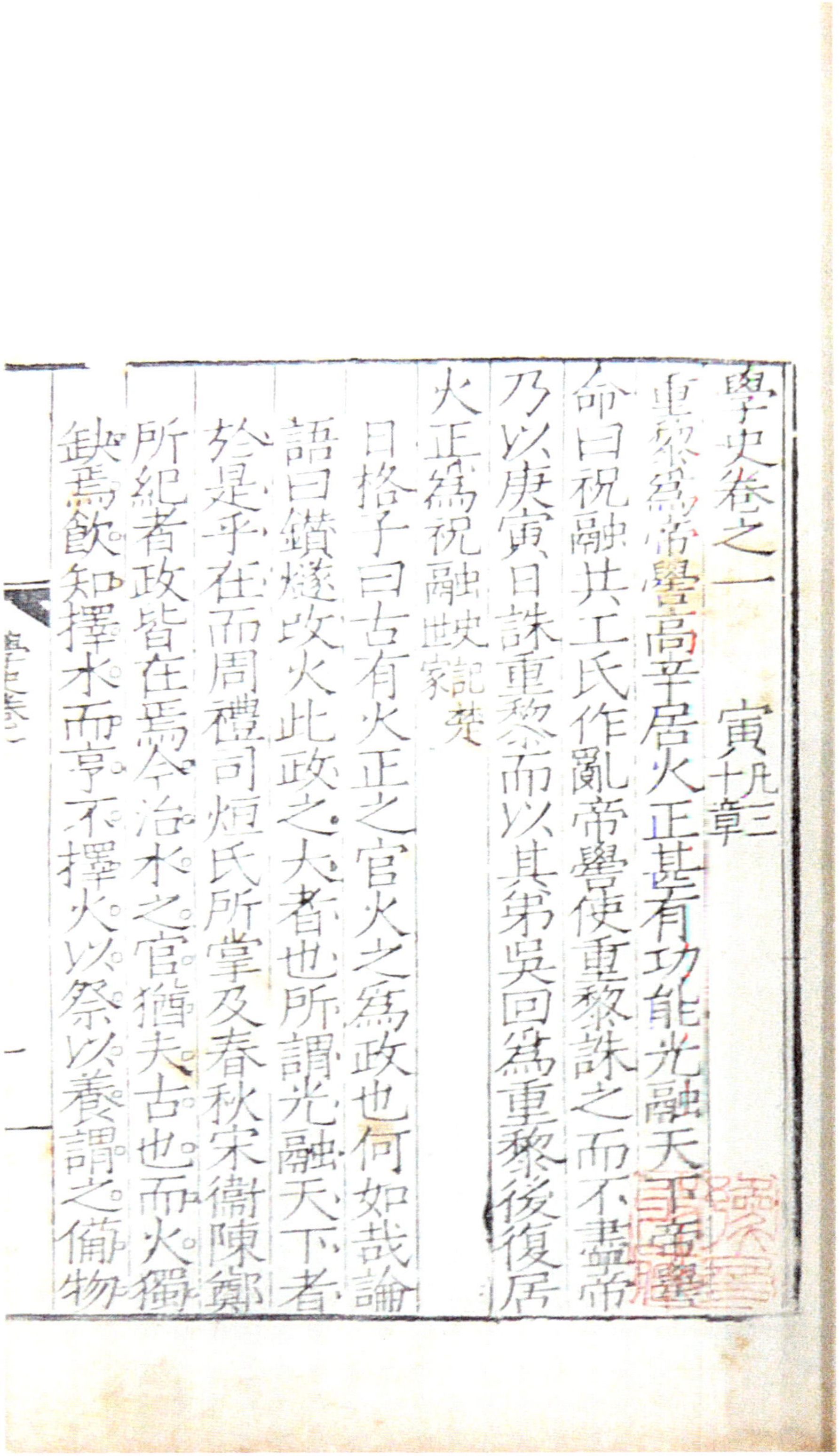

學史卷之一　寅凡三十章

重黎爲帝嚳高辛居火正甚有功能光融天下帝嚳命曰祝融共工氏作亂帝嚳使重黎誅之而不盡帝乃以庚寅日誅重黎而以其弟吳回爲重黎後復居火正爲祝融史記楚世家

日格子曰古有火正之官火之爲政也何如哉論語曰鑽燧改火此政之大者也所謂光融天下者於是乎在而周禮司烜氏所掌及春秋宋衛陳鄭所紀者政皆在焉今治水之官猶夫古也而火獨缺焉飲知擇水而亨不擇火以祭以養謂之備物

10367 學史十三卷　(明) 邵寶撰　明嘉靖二十三年 (1544) 秦汶刻本

匡高 18.3 釐米，廣 14.1 釐米。半葉十行，行二十字，白口，左右雙邊。河北大學圖書館藏。

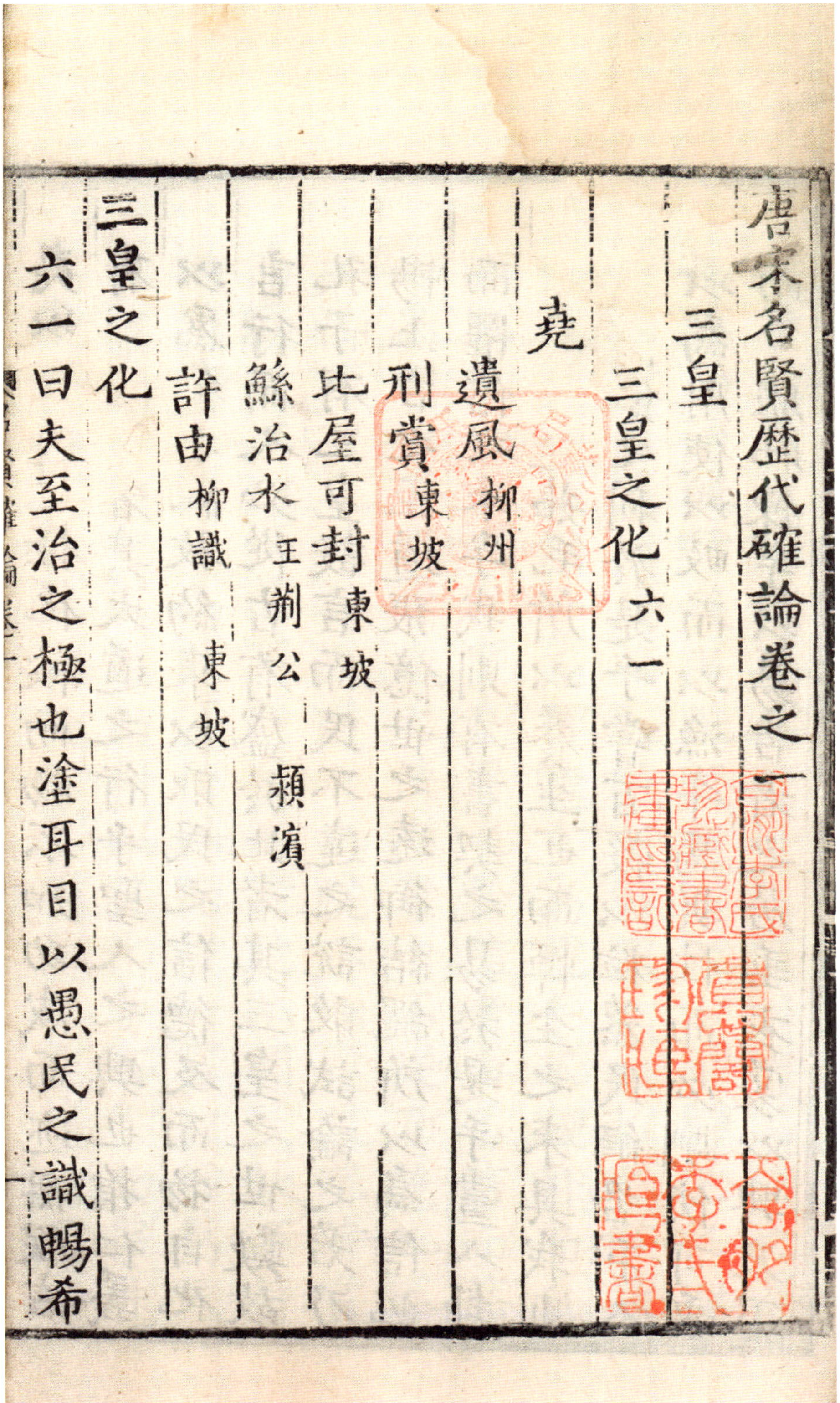

唐宋名賢歷代確論卷之一
三皇
三皇之化 六一
堯
遺風 柳州
刑賞 東坡
比屋可封 東坡
鯀治水 王荊公 潁濱
許由 柳識 東坡
三皇之化
六一曰夫至治之極也塗耳目以愚民之識暢希

10368、10369 唐宋名賢歷代確論一百卷 明弘治十七年（1504）錢孟濬刻本

匡高 22.2 釐米，廣 15.1 釐米。半葉十一行，行二十字，白口，左右雙邊。復旦大學圖書館藏；南京圖書館藏，丁丙跋。

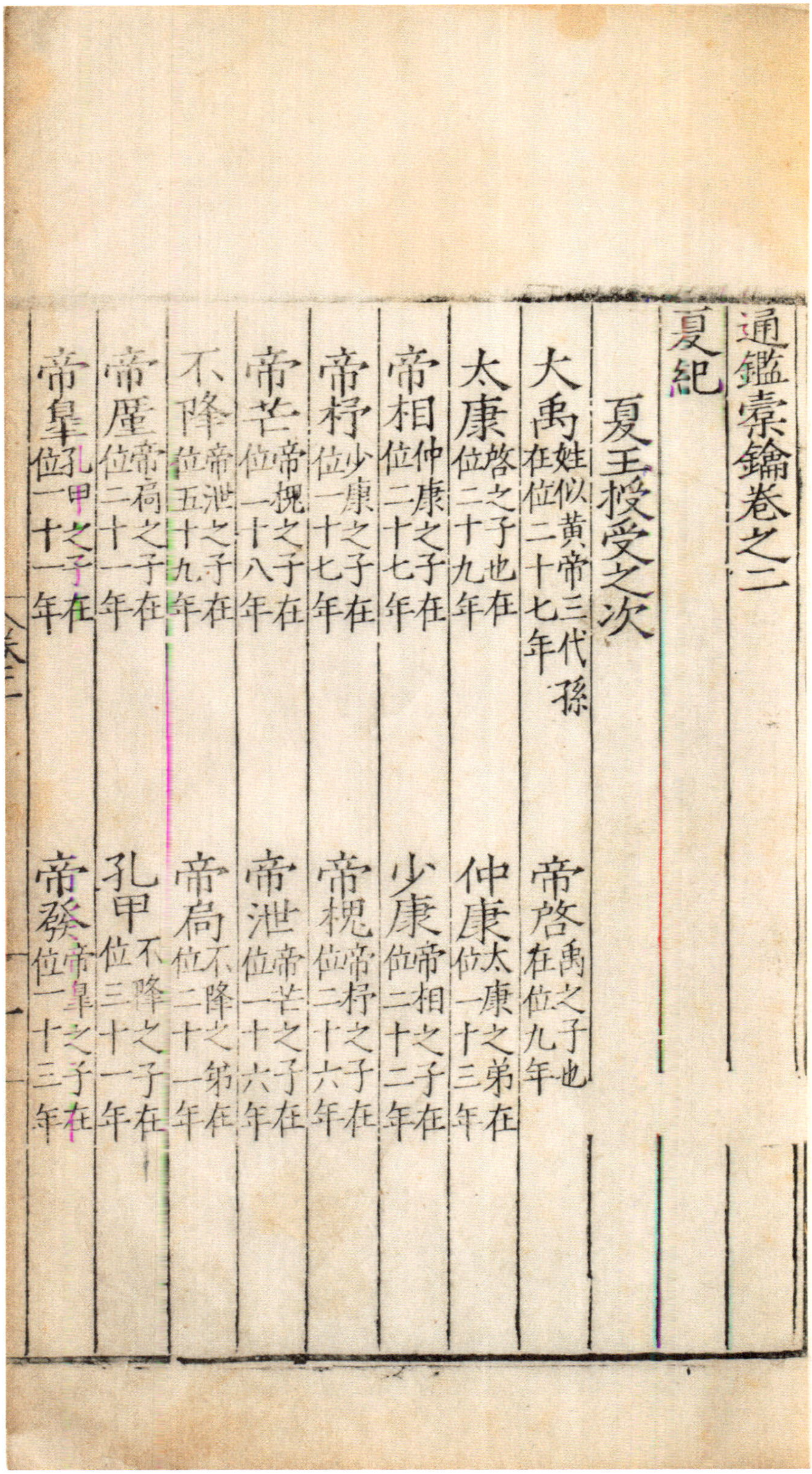

通鑑槖鑰卷之二

夏紀

夏王授受之次

大禹 姓似黄帝三代孫在位二十七年　帝啓 禹之子也在位九年

太康 啓之子也在位二十九年　仲康 太康之弟在位一十三年

帝相 仲康之子在位二十七年　少康 帝相之子在位二十二年

帝杼 少康之子在位一十七年　帝槐 帝杼之子在位二十六年

帝芒 帝槐之子在位一十八年　帝泄 帝芒之子在位一十六年

不降 帝泄之子在位五十九年　帝扃 不降之弟在位二十一年

帝廑 帝扃之子在位二十一年　孔甲 不降之子在位三十一年

帝皐 孔甲之子在位一十一年　帝發 帝皐之子在位一十三年

卷二

10370 通鑑槖鑰十卷　明嘉靖刻本

匡高 17.3 釐米，廣 12.7 釐米。半葉十一行，行二十五字，小字雙行不等，白口，左右雙邊。四川大學圖書館藏，存八卷。

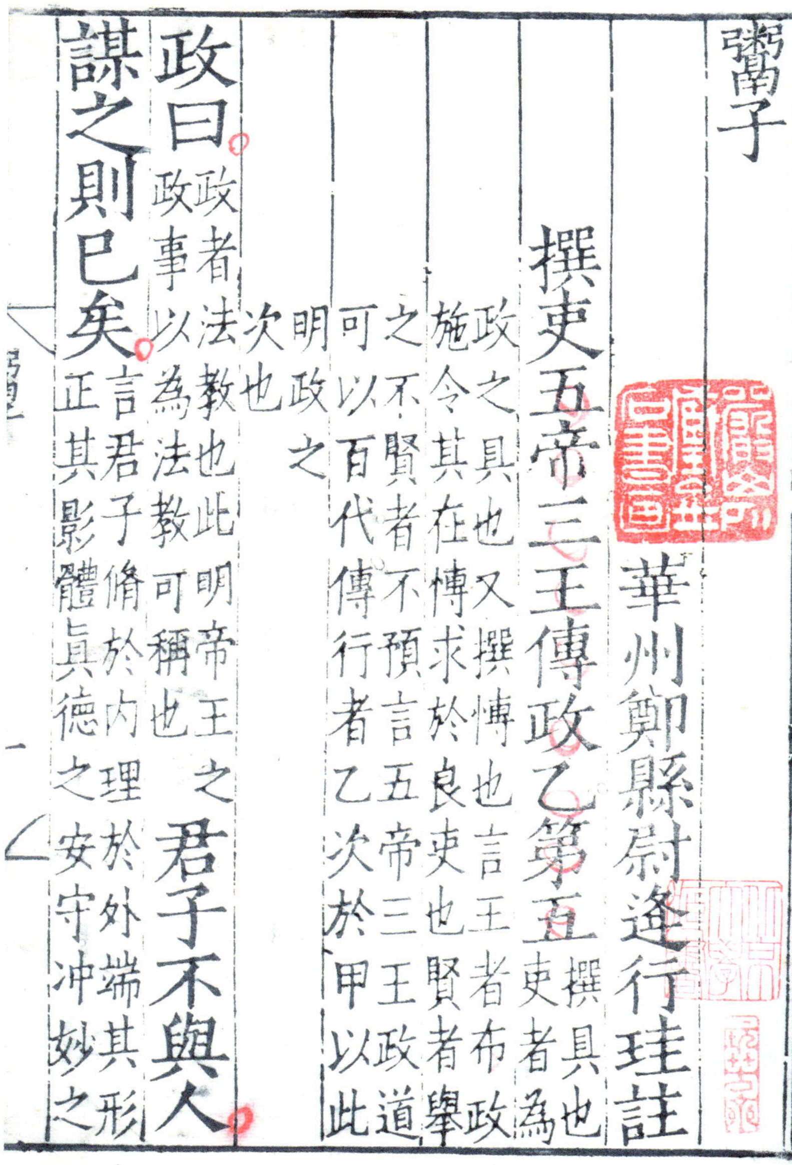
鬻子

華州鄭縣尉逄行珪註

撰吏五帝三王傳政乙第五撰具也吏者為政之具也又撰傳也言王者布政施令其在傳求於良吏也賢者舉之不賢者不預言五帝三王政道可以百代傳行者乙次於甲以此明政之次也

政曰政者法教也此明帝王之政事以為法教可稱也君子不與人謀之則已矣言君子脩於內理於外端其形正其影體眞德之安守冲妙之

10371、10372 五子書八卷 （明）歐陽清編 明嘉靖二十三年（1544）歐陽清刻本

匡高 20.2 釐米，廣 14 釐米。半葉八行，行十七字，黑口，左右雙邊。北京大學圖書館藏，有"嚴山所藏金石書畫"等印；南京圖書館藏，有"鄭杰之印"、"鄭氏注韓居珍藏記"、"大通樓藏書印"等印。

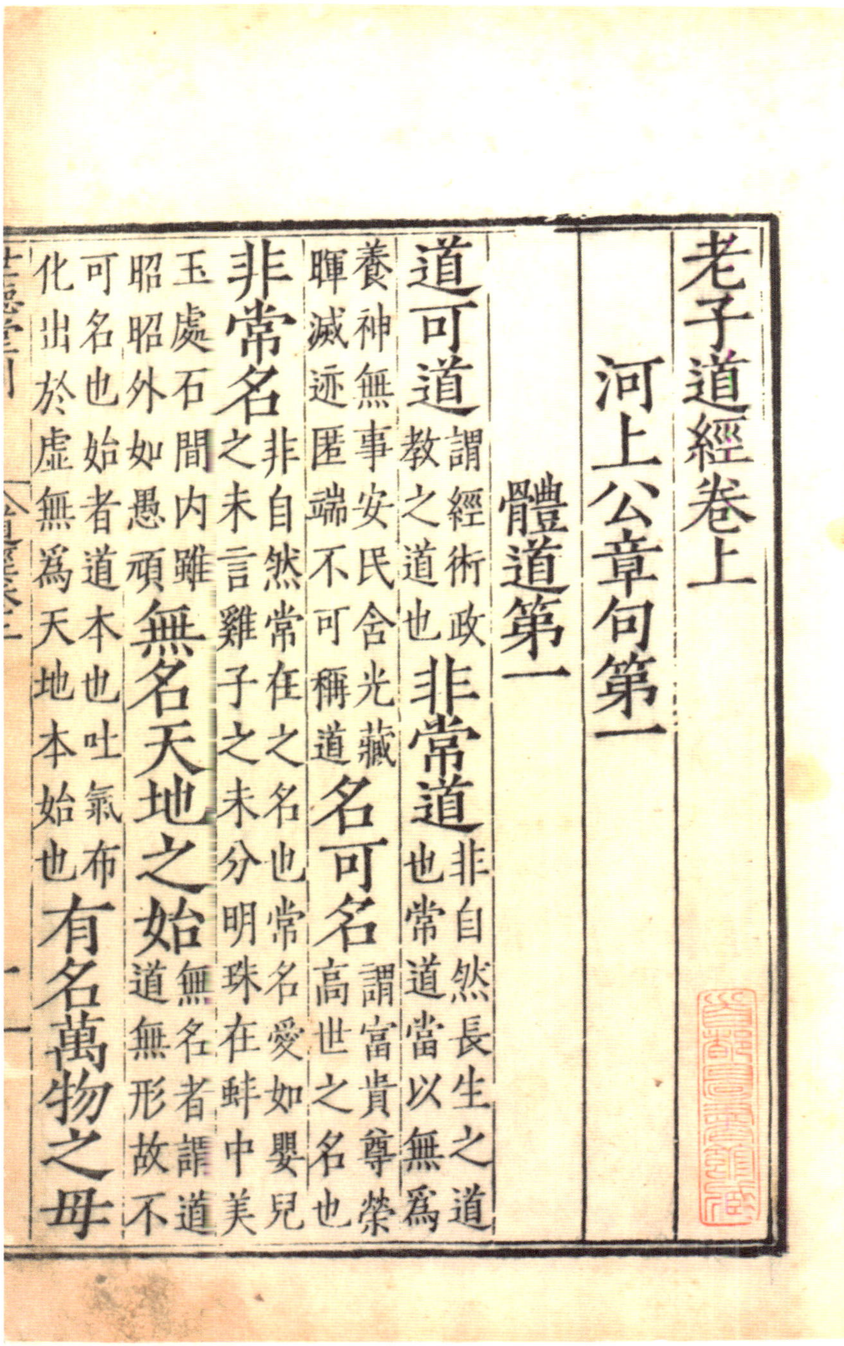

老子道經卷上

河上公章句第一

體道第一

道可道謂經術政教之道也非常道非自然長生之道也常道當以無爲養神無事安民含光藏暉滅迹匿端不可稱道名可名謂富貴尊榮高世之名也非常名非自然常在之名也常名愛如嬰兒之未言雞子之未分明珠在蚌中美玉處石間內雖昭昭外如愚頑無名天地之始無名者謂道道無形故不可名也始者道本也吐氣布化出於虛無爲天地本始也有名萬物之母

世德堂刊　道德經卷上　一

10373、10374 六子書六十卷 （明）顧春編 明嘉靖十二年（1533）顧春世德堂刻本

匡高 19.5 釐米，廣 14.4 釐米。半葉八行，行十七字，白口，四周雙邊。首都圖書館、南京圖書館藏。

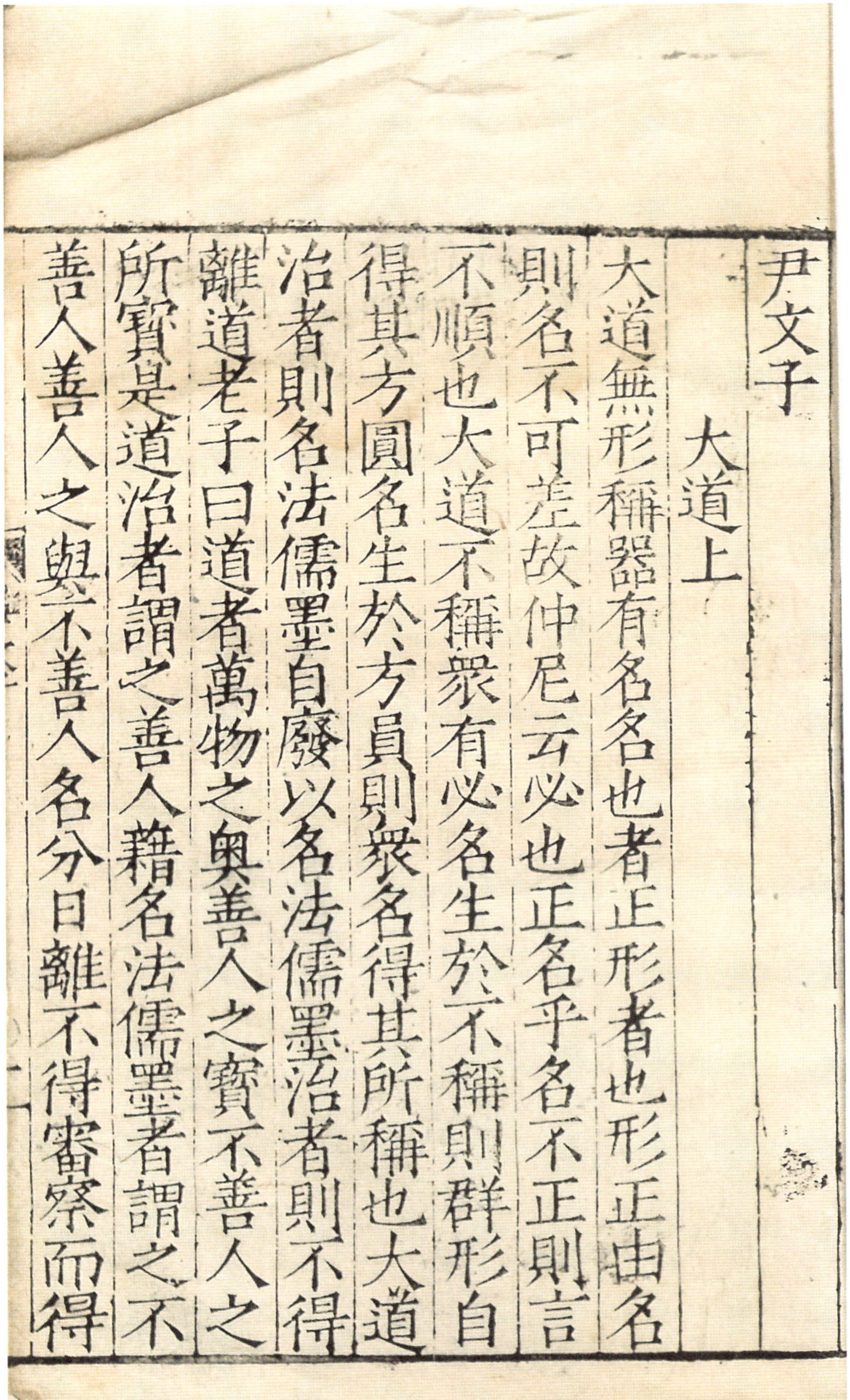

尹文子

大道上

大道無形稱器有名名也者正形者也形正由名則名不可差故仲尼云必也正名乎名不正則言不順也大道不稱衆有必名生於不稱則群形自得其方圓名生於方員則衆名得其所稱也大道治者則名法儒墨自廢以名法儒墨治者則不得離道老子曰道者萬物之奥善人之寶不善人之所寶是道治者謂之善人藉名法儒墨者謂之不善人善人之與不善人名分日離不得審察而得

10375 十二子十五卷 明刻本

匡高 19.4 釐米，廣 14.1 釐米。半葉十行，行十九字，白口，左右雙邊。南京圖書館藏。

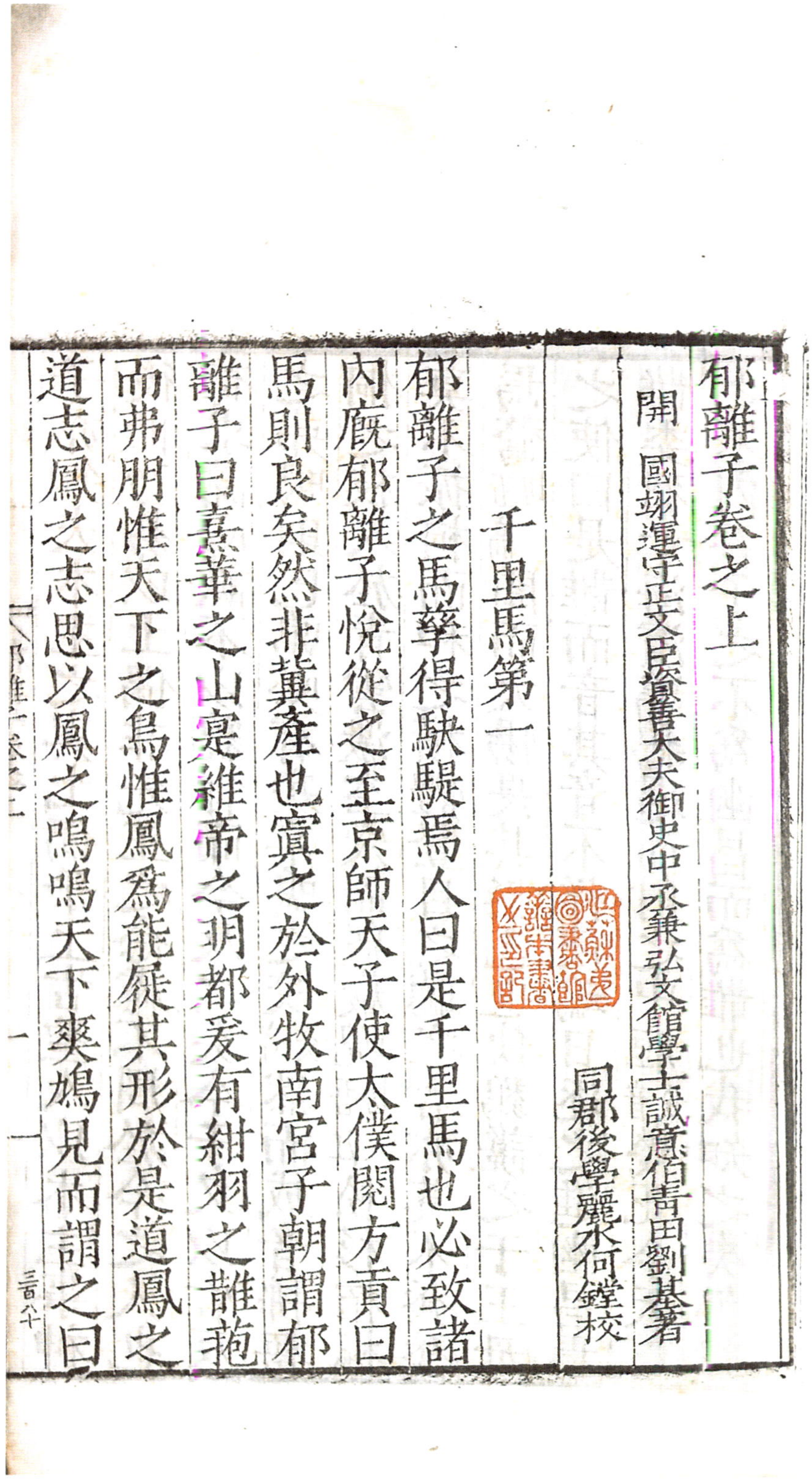

郁離子卷之上

開 國翊運守正文臣資善大夫御史中丞兼弘文館學士誠意伯青田劉基著

同郡後學麗水何鏜校

千里馬第一

郁離子之馬孶得駃騠焉人曰是千里馬也必致諸

內廐郁離子悅從之至京師天子使太僕閱方貢曰

馬則良矣然非冀產也寘之於外牧南宮子朝謂郁

離子曰熹華之山寔維帝之玥都爰有紺羽之[illegible]鞄

而弗朋惟天下之鳥惟鳳爲能屣其形於是道鳳之

道志鳳之志思以鳳之鳴鳴天下奭鳩見而謂之曰

郁離子卷之上　一

三百八十

10376 劉宋二子四卷　明嘉靖三十五年（1556）何鏜刻本

匡高 22.5 釐米，廣 16.4 釐米。半葉十行，行二十字，白口，左右雙邊。丁丙跋。南京圖書館藏。

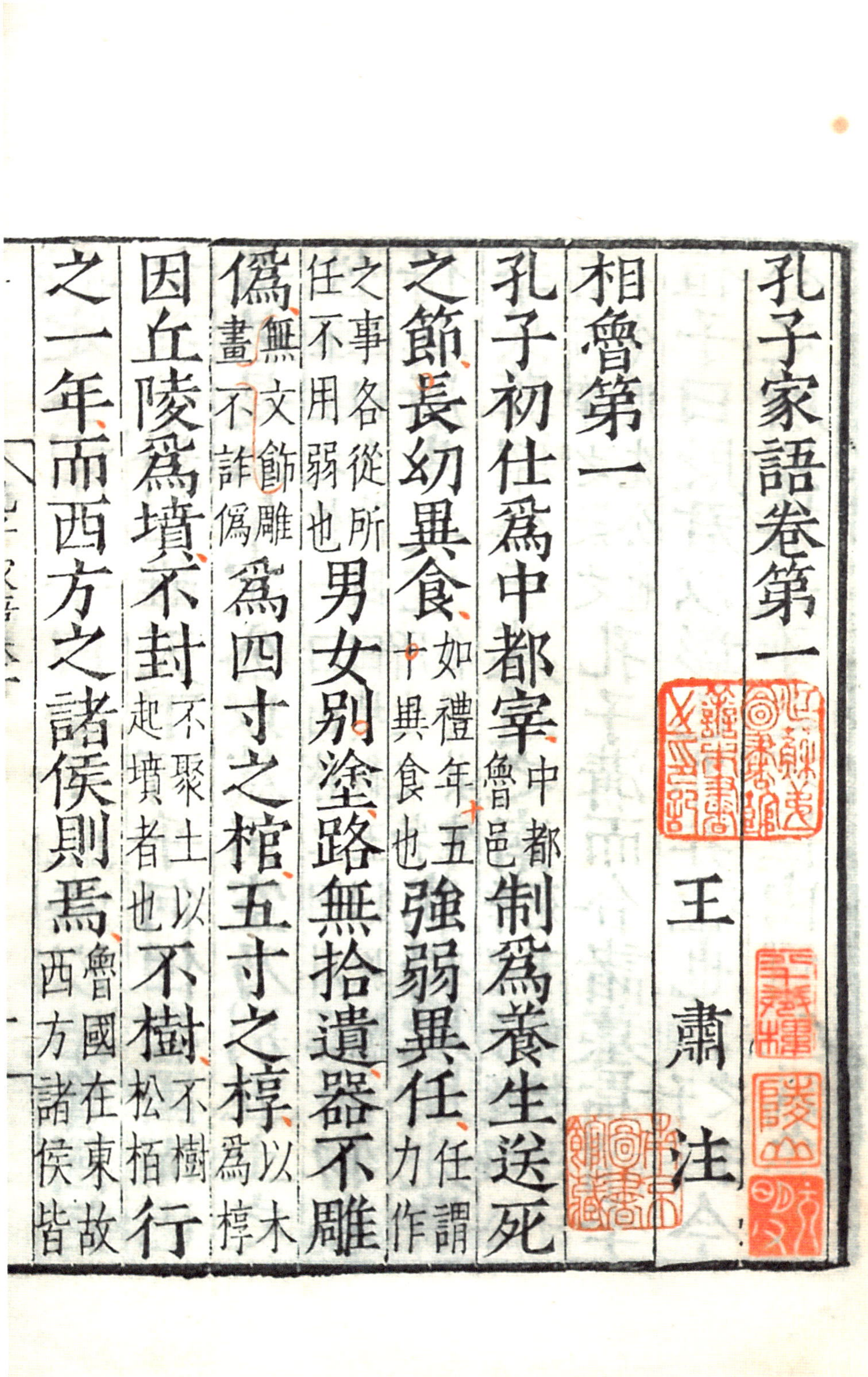
孔子家語卷第一
王肅注
相魯第一
孔子初仕爲中都宰中都魯邑制爲養生送死之節長幼異食如禮年五十異食也強弱異任任謂力作之事各從所任不用弱也男女別塗路無拾遺器不雕僞無文飾雕畫不詐僞爲四寸之棺五寸之椁以木爲椁因丘陵爲墳不封不聚土以起墳者也不樹不樹松栢行之一年而西方之諸侯則焉魯國在東故西方諸侯皆

10377 孔子家語十卷　題（三國魏）王肅注　明嘉靖三十三年（1554）黄魯曾刻本

匡高 17.2 釐米，廣 13.7 釐米。半葉九行，行十六字，白口，左右雙邊。有“八千卷樓”等印。耕蘭氏校並跋、丁丙跋。南京圖書館藏。

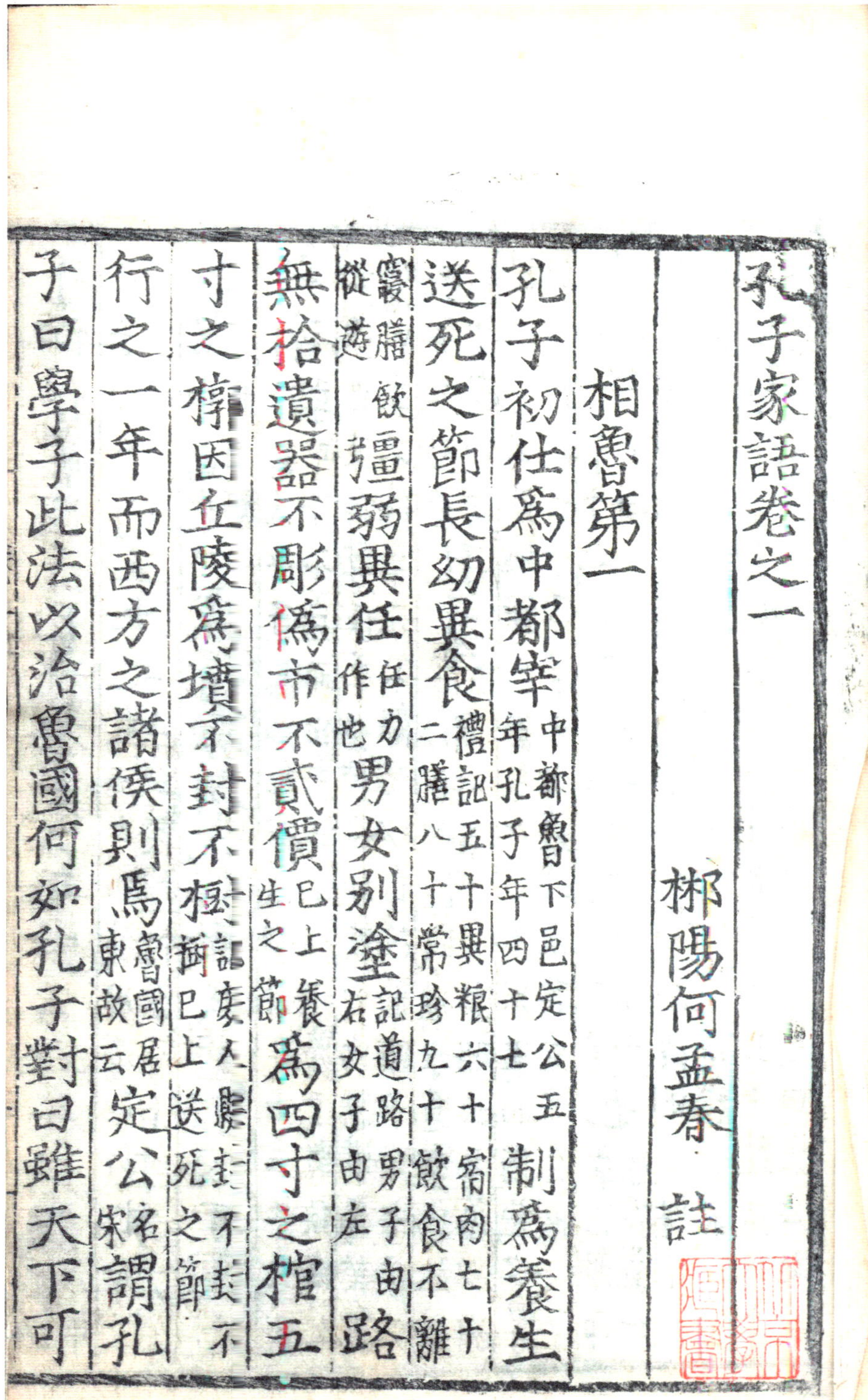
孔子家語卷之一

郴陽何孟春　註

相魯第一

孔子初仕爲中都宰中都魯下邑定公五年孔子年四十七制爲養生送死之節長幼異食禮記五十異粻六十宿肉七十二膳八十常珍九十飲食不離寢膳飲從遊彊弱異任任力作也男女別塗記道路男子由右女子由左路無拾遺器不彫僞市不貳價已上養生之節爲四寸之棺五寸之椁因丘陵爲墳不封不樹記庶人縣封不封不樹已上送死之節行之一年而西方之諸侯則焉魯國居東故云定公名宋謂孔子曰學子此法以治魯國何如孔子對曰雖天下可

10378 孔子家語八卷　（明）何孟春註　明嘉靖二年（1523）高應禎刻本

匡高 20.4 釐米，廣 14.2 釐米。半葉十行，行二十字，白口，四周單邊。北京大學圖書館藏。

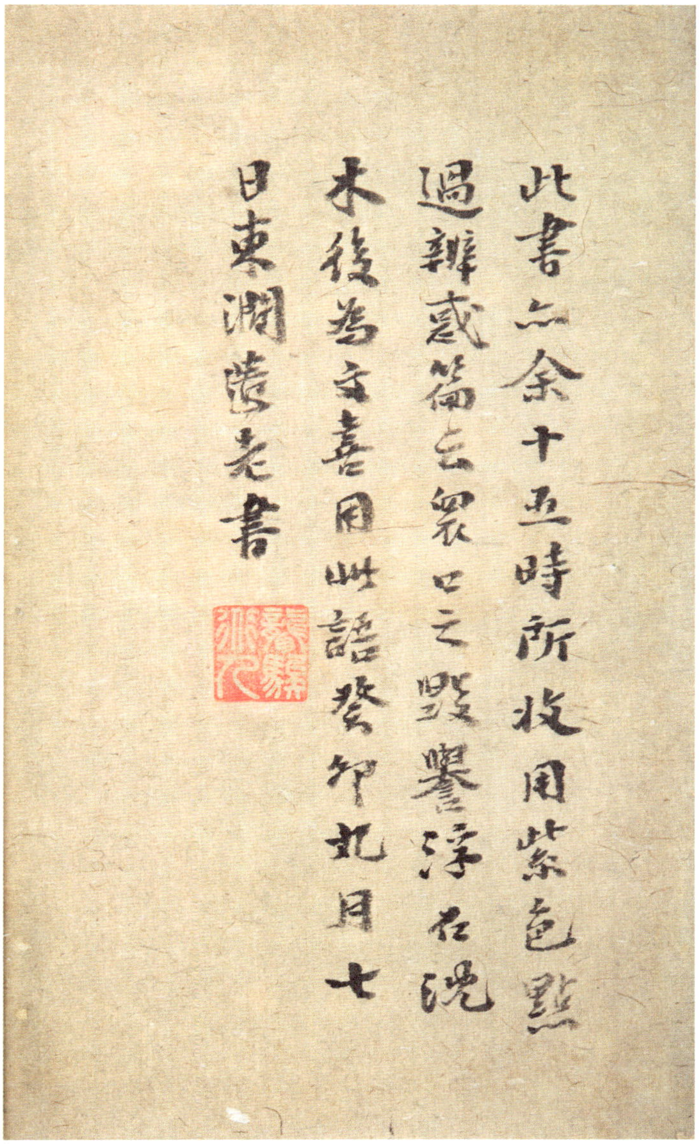

此書亦余十五時所收用紫色點
過辨惑篇亦衆口之毀譽浮石沈
木後爲文喜用此語癸卯九月七
日東澗遺老書

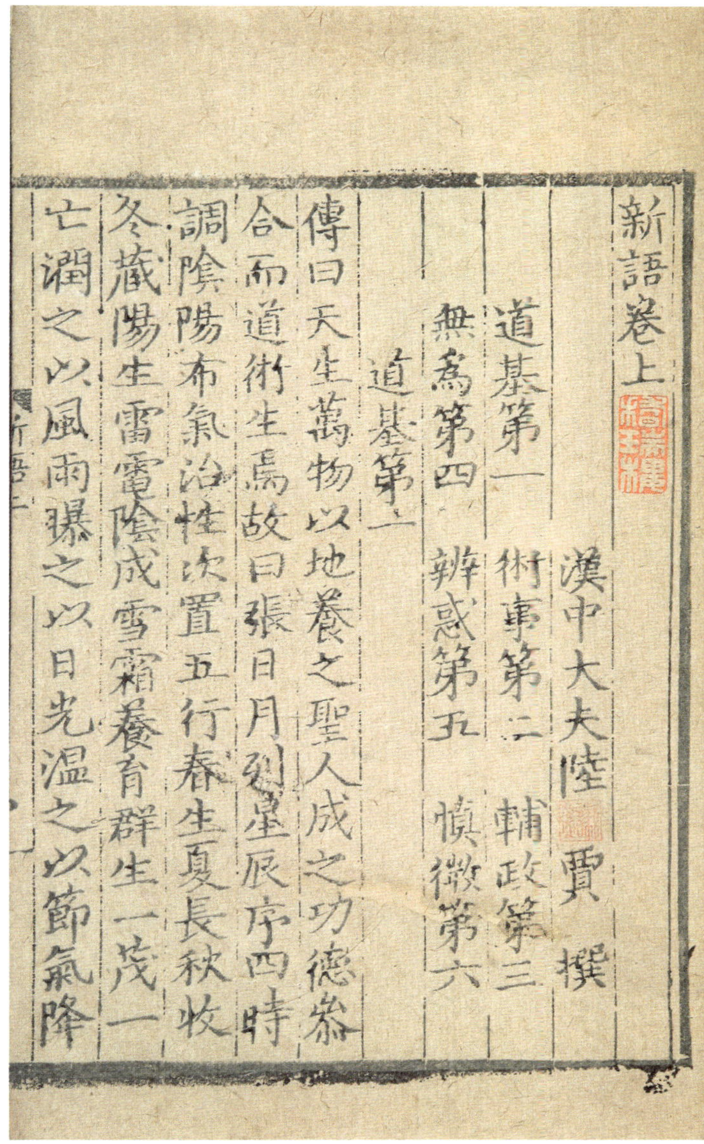

新語卷上
漢中大夫陸賈 撰
道基第一 術事第二 輔政第三
無爲第四 辨惑第五 愼微第六
道基第一
傳曰天生萬物以地養之聖人成之功德參
合而道術生焉故曰張日月列星辰序四時
調陰陽布氣治性次置五行春生夏長秋收
冬藏陽生雷電陰成雪霜養育群生一茂一
亡潤之以風雨曝之以日光溫之以節氣降

10379 新語二卷 （漢）陸賈撰 明弘治十五年（1502）李廷梧刻本

匡高 19.4 釐米，廣 14.2 釐米。半葉十行，行十七字，白口，左右雙邊。有“稽瑞樓”等印。錢謙益跋。國家圖書館藏。

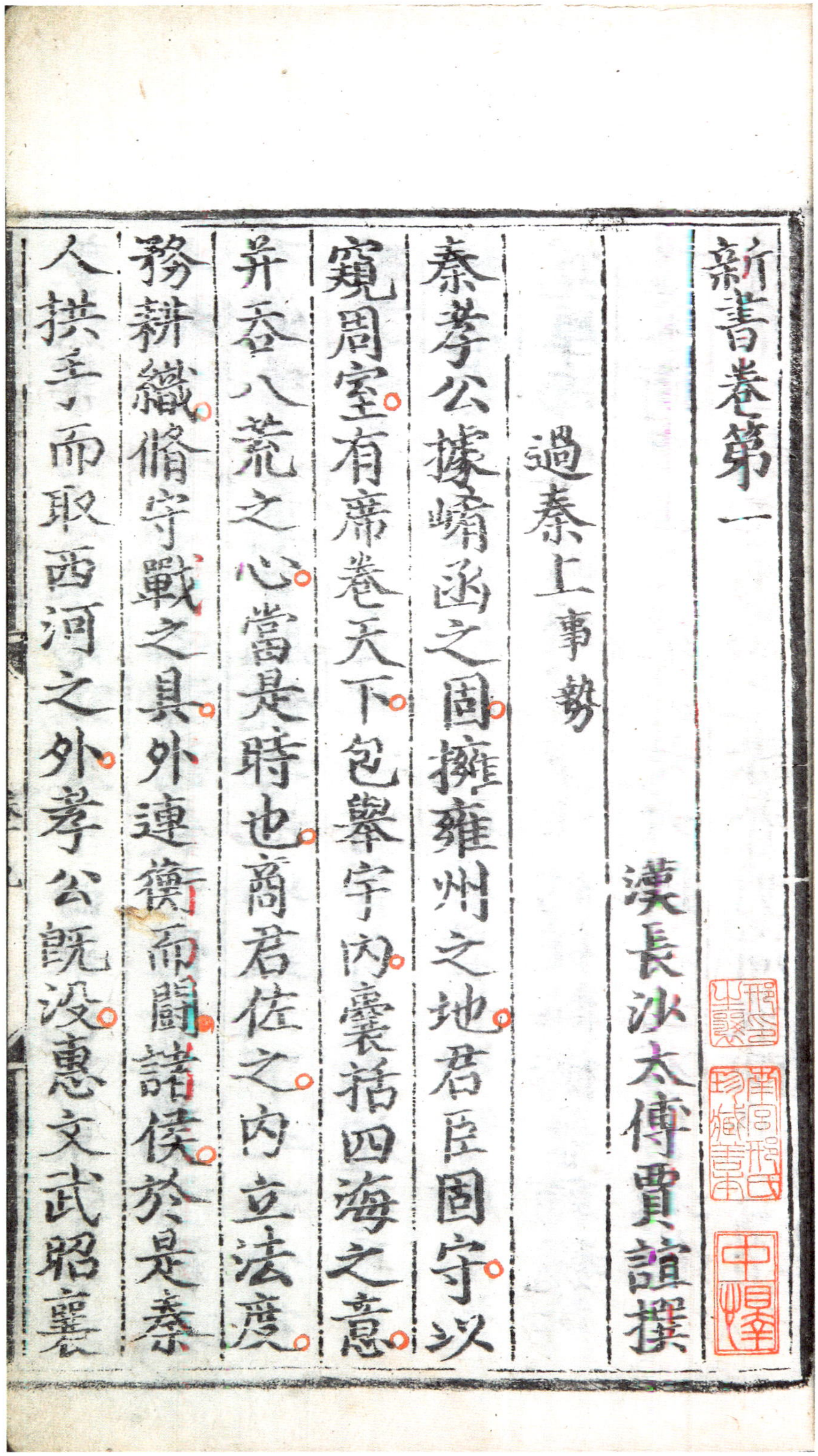
新書卷第一
漢長沙太傅賈誼撰
過秦上事勢
秦孝公據崤函之固擁雍州之地君臣固守以
窺周室有席卷天下包舉宇內囊括四海之意
并吞八荒之心當是時也商君佐之內立法度
務耕織脩守戰之具外連衡而鬭諸侯於是秦
人拱手而取西河之外孝公既沒惠文武昭襄

10380、10381 新書十卷 （漢）賈誼撰 明正德十年（1515）吉府刻本

匡高22.7釐米，廣14.8釐米。半葉八行，行十八字，黑口，四周雙邊。國家圖書館藏，有“南宮邢氏珍藏善本”、“邢印之襄”等印，唐翰題跋；南京圖書館藏，丁丙跋。

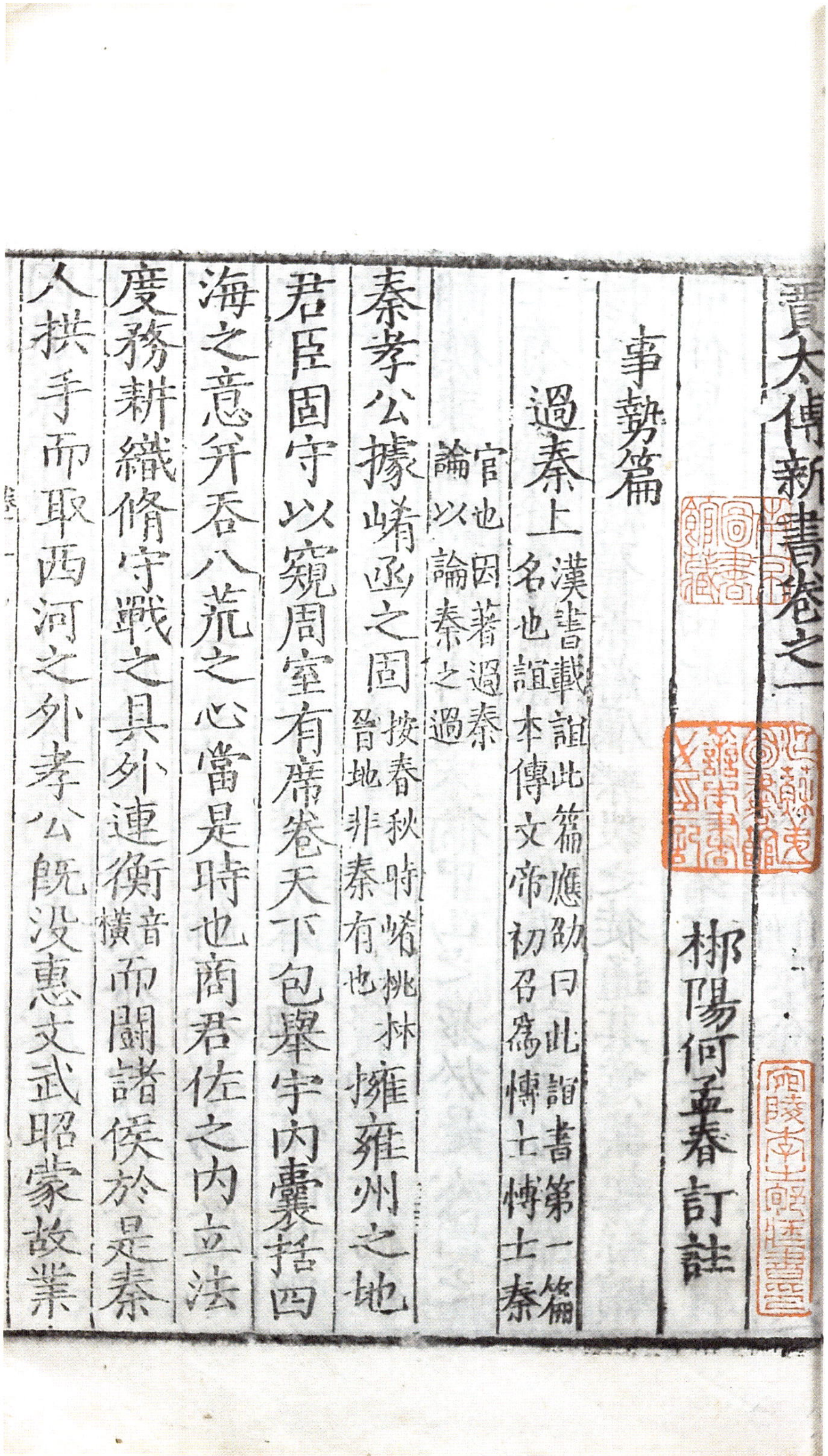
賈太傅新書卷之一
郴陽何孟春訂註
事勢篇
過秦上漢書載誼此篇應劭曰此誼書第一篇名也誼本傳文帝初召爲博士博士秦官也因著過秦論以論秦之過
秦孝公據崤函之固按春秋時崤桃林晉地非秦有也擁雍州之地
君臣固守以窺周室有席卷天下包舉宇內囊括四
海之意并吞八荒之心當是時也商君佐之內立法
度務耕織脩守戰之具外連衡音橫而鬬諸侯於是秦
人拱手而取西河之外孝公既沒惠文武昭蒙故業

10382 賈太傅新書十卷 (漢)賈誼撰 (明)何孟春訂註 明正德十四年(1519)刻本

匡高 19.1 釐米，廣 14.6 釐米。半葉十行，行二十字，白口，四周單邊。有“宛陵李士郇藏書印”、“江城如畫樓”、“嘉惠堂藏閱書”等印。丁丙跋。南京圖書館藏。

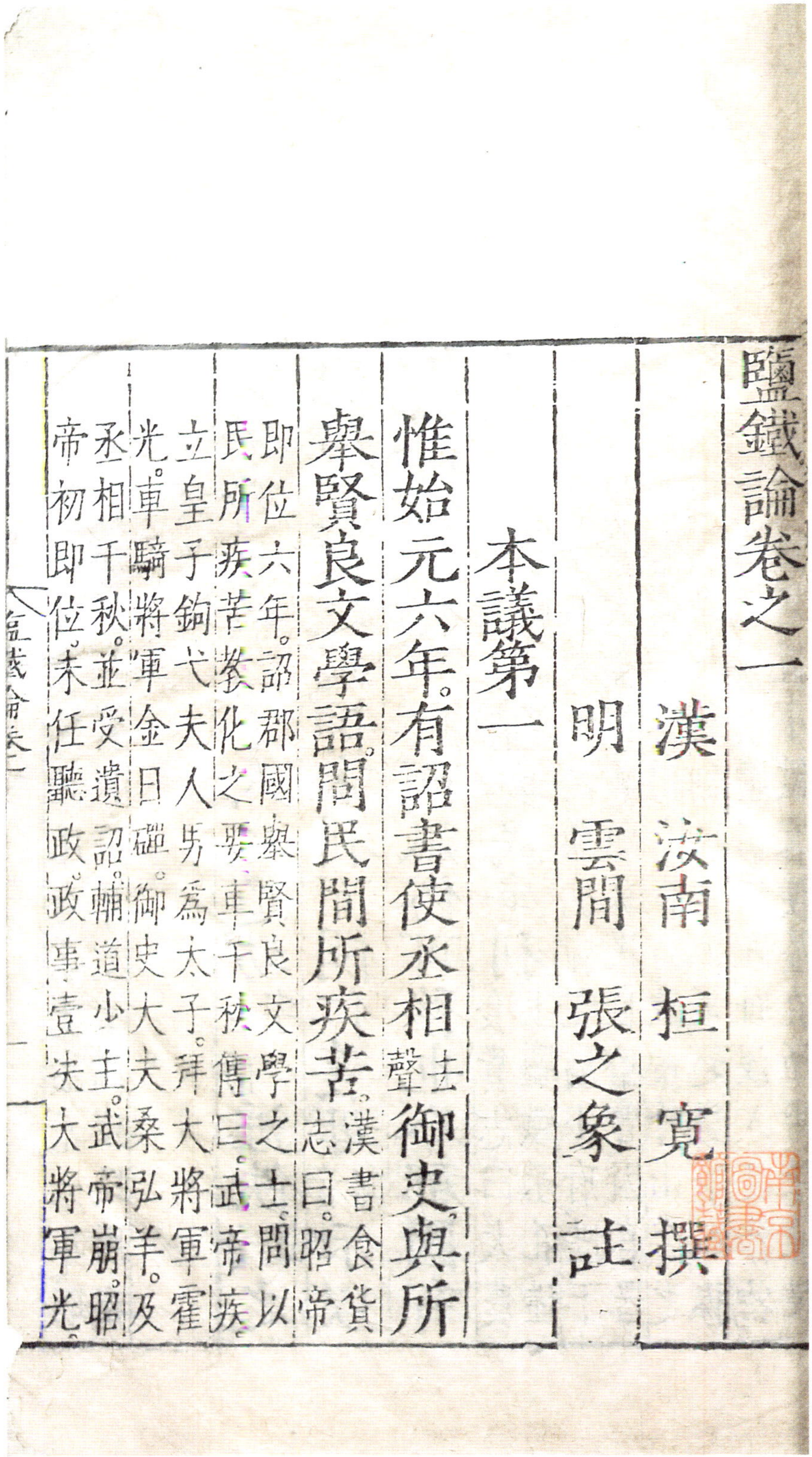

鹽鐵論卷之一

漢　汝南　桓寬　撰

明　雲間　張之象　註

本議第一

惟始元六年。有詔書使丞相去聲御史與所舉賢良文學語。問民間所疾苦。漢書食貨志曰。昭帝即位六年。詔郡國舉賢良文學之士。問以民所疾苦敎化之要。車千秋傳曰。武帝疾。立皇子鉤弋夫人男爲太子。拜大將軍霍光。車騎將軍金日磾。御史大夫桑弘羊。及丞相千秋。並受遺詔。輔道少主。武帝崩。昭帝初即位。未任聽政。政事壹决大將軍光。

鹽鐵論卷一　一

10383 鹽鐵論十二卷 （漢）桓寬撰　（明）張之象註　明嘉靖三十三年（1554）張氏猗蘭堂刻本

匡高 18.1 釐米，廣 14.4 釐米。半葉九行，行十七字，黑口，左右雙邊。丁丙跋。

南京圖書館藏。

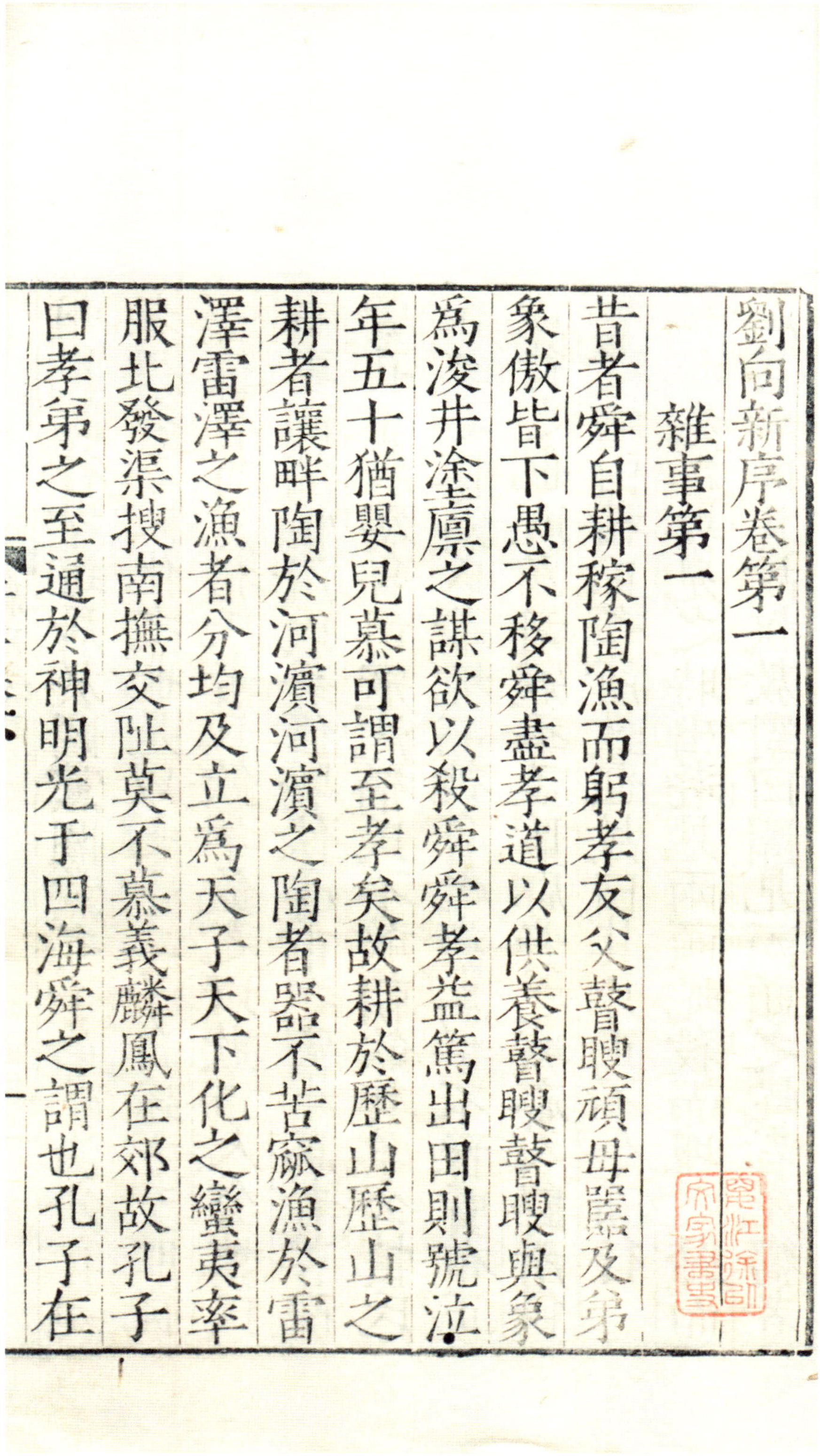
劉向新序卷第一
雜事第一
昔者舜自耕稼陶漁而躬孝友父瞽瞍頑母嚚及弟
象傲皆下愚不移舜盡孝道以供養瞽瞍瞽瞍與象
爲浚井塗廩之謀欲以殺舜舜孝益篤出田則號泣
年五十猶嬰兒慕可謂至孝矣故耕於歷山歷山之
耕者讓畔陶於河濵河濵之陶者器不苦窳漁於雷
澤雷澤之漁者分均及立爲天子天下化之蠻夷率
服北發渠搜南撫交阯莫不慕義麟鳳在郊故孔子
曰孝弟之至通於神明光于四海舜之謂也孔子在

10384 重刻説苑新序三十卷 （漢）劉向撰 明嘉靖二十六年（1547）何良俊刻本

匡高 19.6 釐米，廣 14.6 釐米。半葉十行，行二十字，白口，左右雙邊。有“婁江徐以文家書史”等印。南京圖書館藏。

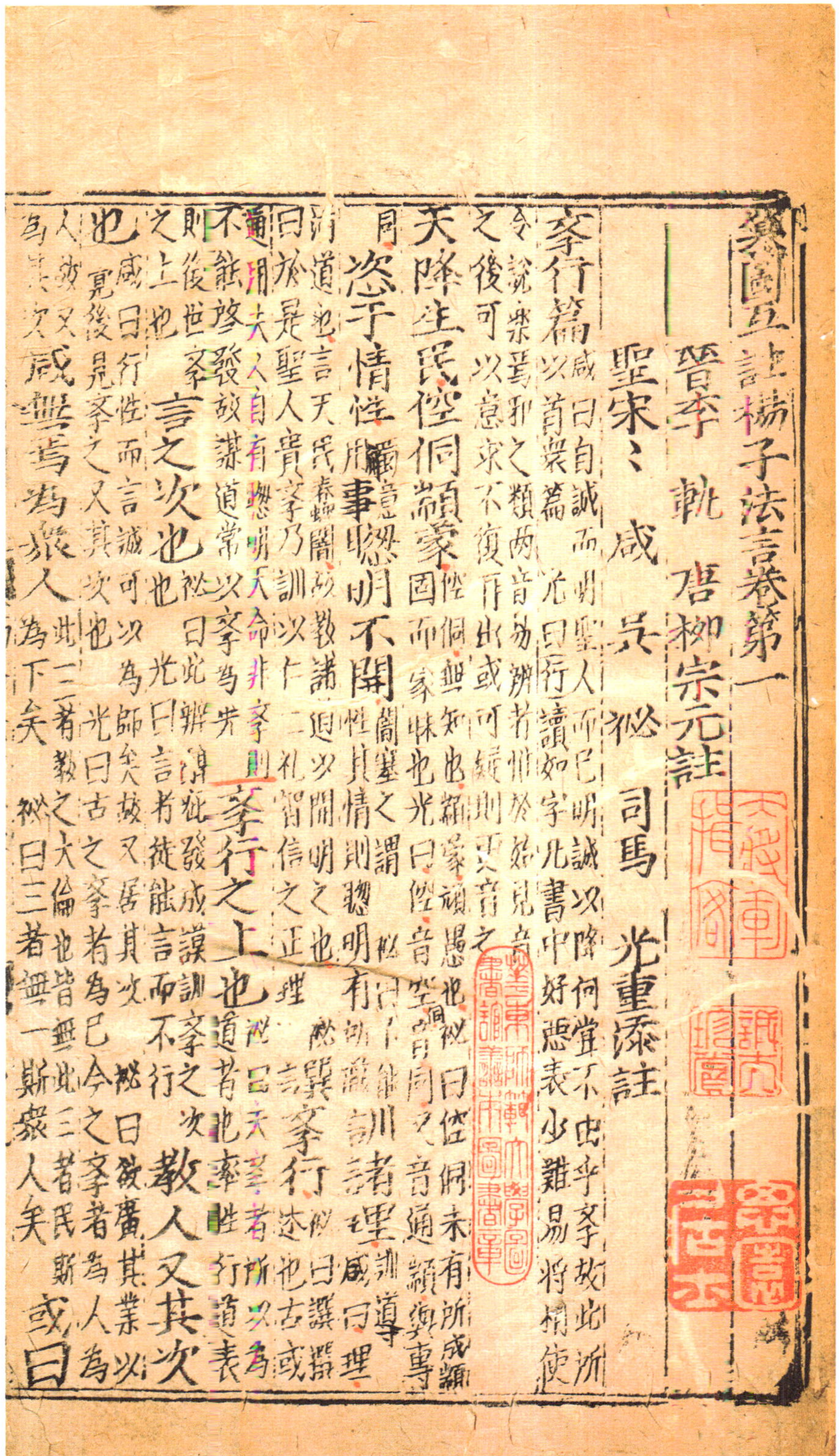
纂圖互註揚子法言卷第一
晉李軌 唐柳宗元註
宋宋咸 吳祕 司馬光重添註
學行篇
天降生民倥侗顓蒙
恣于情性聰明不開訓諸理
學行之上也
言之次也
教人又其次
咸無焉為衆人

10385 纂圖互註揚子法言十卷（漢）揚雄撰（晉）李軌（唐）柳宗元（宋）宋咸 吴祕 司馬光註 明初刻本

匡高20.1釐米，廣13.3釐米。半葉十二行，行二十六字，小字雙行同，黑口，四周雙邊。華東師範大學圖書館藏。

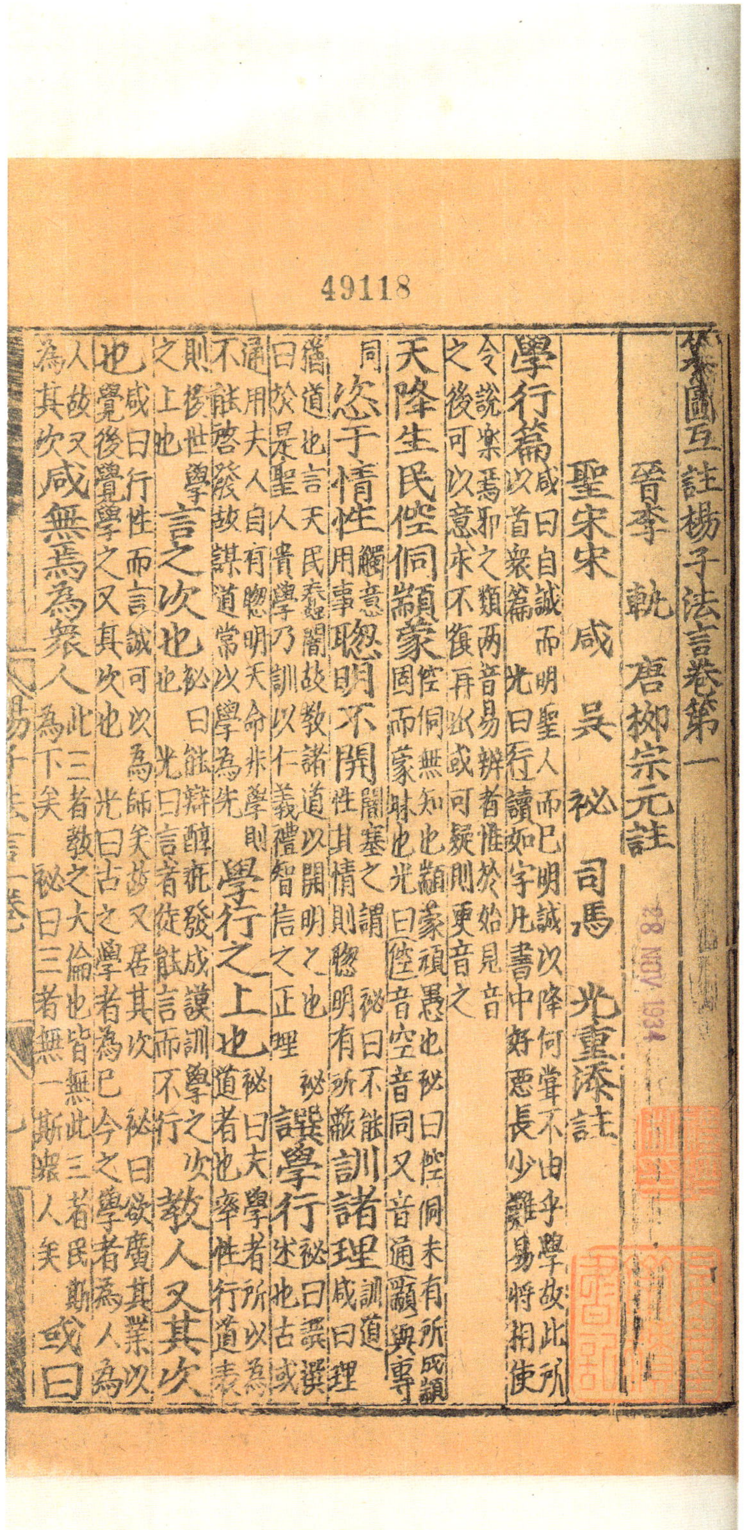
纂圖互註揚子法言卷第一
晉李軌 唐柳宗元註
聖宋宋咸 吳祕 司馬光重添註
學行篇
天降生民倥侗顓蒙
恣于情性聰明不開
訓諸理
譔學行
學行之上也
言之次也
教人又其次也
咸無焉為衆人

10386 纂圖互註揚子法言十卷 （漢）揚雄撰 （晉）李軌 （唐）柳宗元 （宋）宋咸 吳祕 司馬光註 明刻本

匡高 20.3 釐米，廣 13.5 釐米。半葉十二行，行二十六字，小字雙行同，黑口，四周雙邊。有“珊瑚閣珍藏印”、“禮培私印”、“掃塵齋積書記”等印。武漢大學圖書館藏。

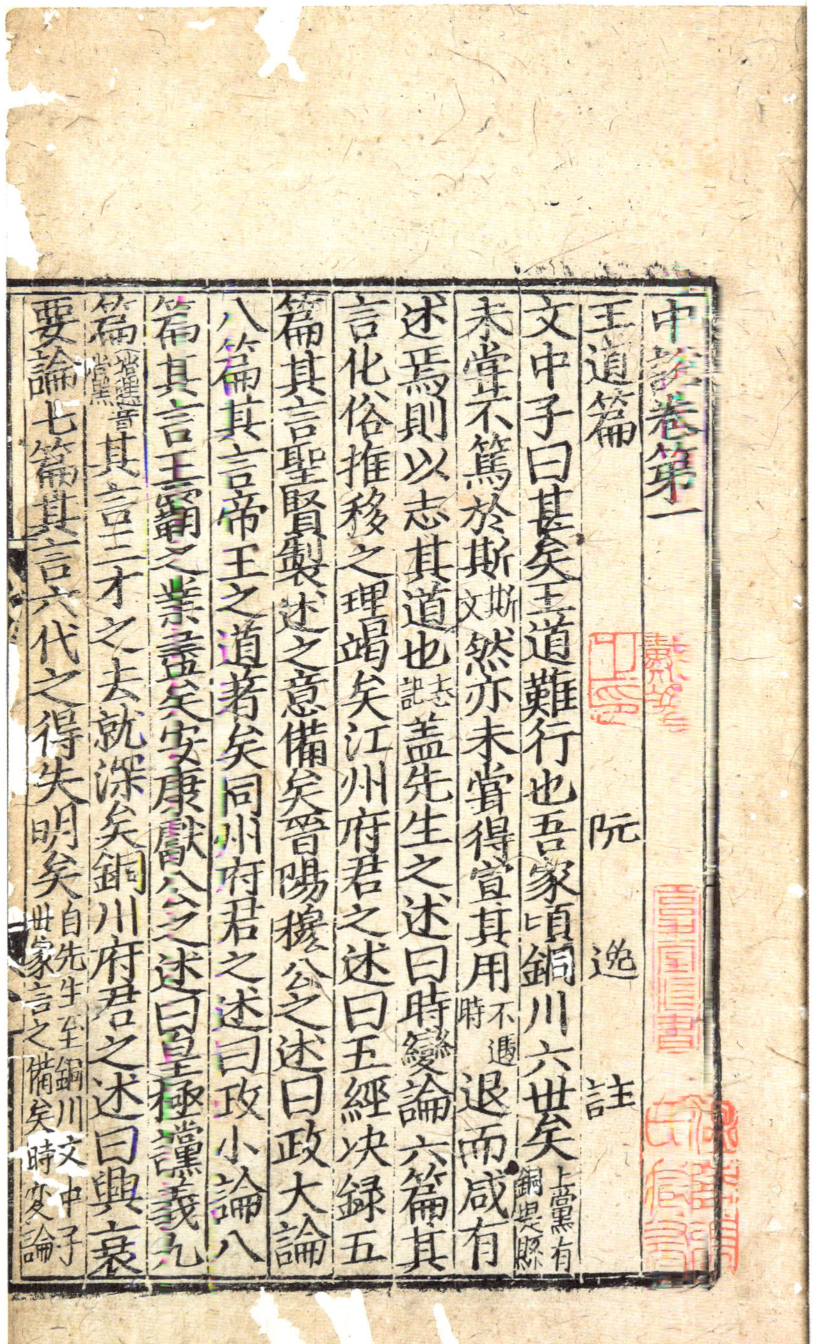
中説卷第一
王道篇　阮逸註
文中子曰甚矣王道難行也吾家頃銅川六世矣（上黨有銅鞮縣）未嘗不篤於斯（斯文）然亦未嘗得宣其用（不遇時）退而咸有述焉則以志其道也（志記）蓋先生之述曰時變論六篇其言化俗推移之理竭矣江州府君之述曰五經决録五篇其言聖賢製述之意備矣晉陽穆公之述曰政大論八篇其言帝王之道著矣同州府君之述曰政小論八篇其言王霸之業盡矣安康獻公之述曰皇極讜義九篇（讜音黨）其言三才之去就深矣銅川府君之述曰興衰要論七篇其言六代之得失明矣（自先生至銅川文中子世家言之備矣時變論）

10387 中説十卷　題（隋）王通撰　（宋）阮逸註　明初刻本

匡高17.9釐米，廣12.3釐米。半葉十一行，行二十一字，小字雙行二十五字，黑口，四周雙邊。有“温陵張氏藏書”、“戴望之印”、“翁斌孫印”等印。周星詒跋。國家圖書館藏。

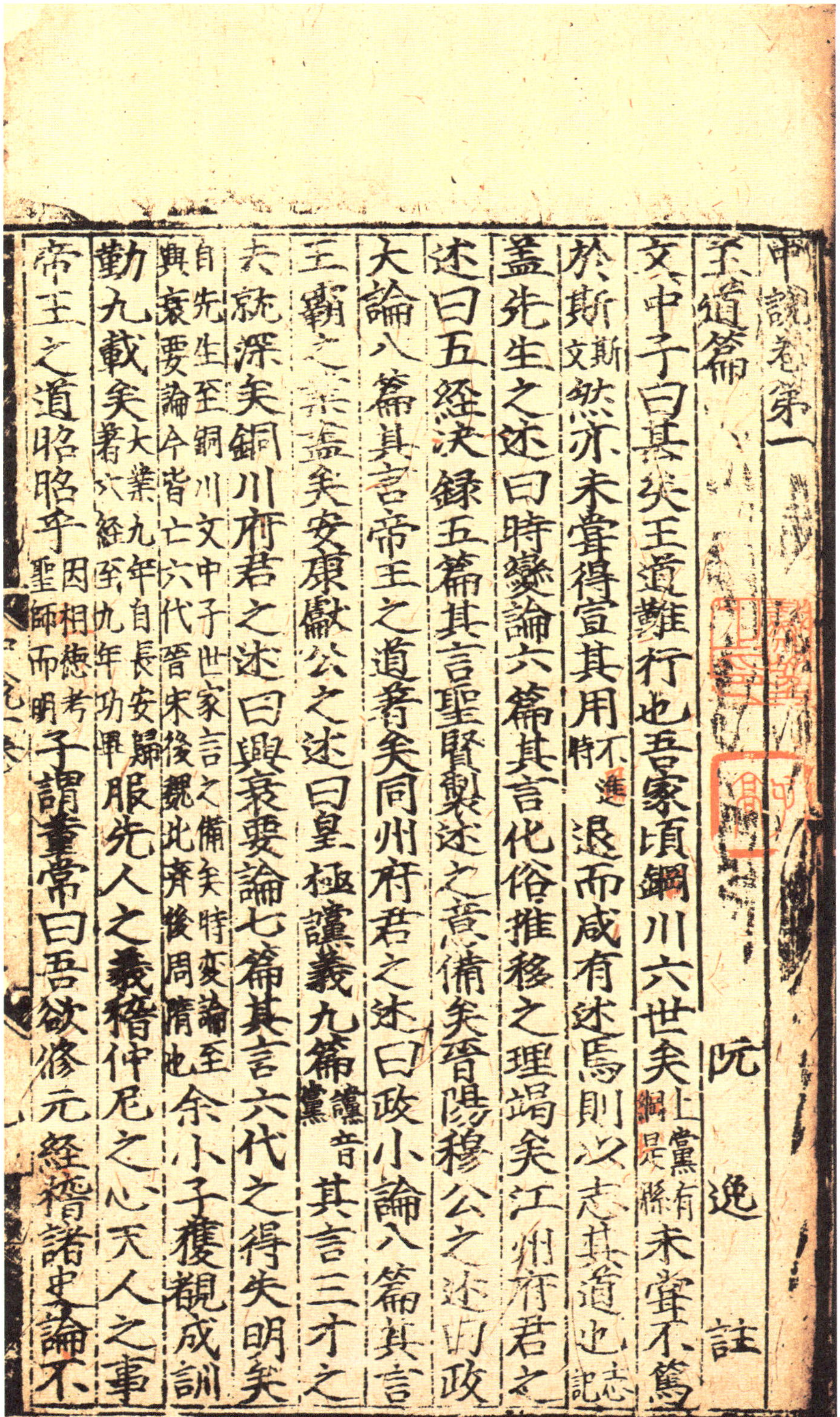
中說卷第一
王道篇　　阮逸註
文中子曰甚矣王道難行也吾家頃銅川六世矣上黨有銅川縣是未嘗不篤於斯斯文然亦未嘗得宣其用不進特退而咸有述焉則以志其道也志記蓋先生之述曰時變論六篇其言化俗推移之理竭矣江州府君之述曰五經決錄五篇其言聖賢製述之意備矣晉陽穆公之述曰政大論八篇其言帝王之道著矣同州府君之述曰政小論八篇其言王霸之業盡矣安康獻公之述曰皇極讜義九篇讜音黨其言三才之去就深矣銅川府君之述曰興衰要論七篇其言六代之得失明矣自先生至銅川文中子世家言之備矣時變論至興衰要論今皆亡六代晉宋後魏北齊後周隋也余小子獲觀成訓勤九載矣大業九年自長安歸著六經至九年功畢服先人之義稽仲尼之心天人之事帝王之道昭昭乎因相德考聖師而明子謂董常曰吾欲修元經稽諸史論不

10388 中說十卷　題（隋）王通撰　（宋）阮逸註　明刻本

匡高 20.2 釐米，廣 13.4 釐米。半葉十二行，行二十六字，黑口，四周雙邊。有"秀水莊氏蘭味軒收藏印"、"戴望之印"、"子高"等印。戴望校。南開大學圖書館藏。

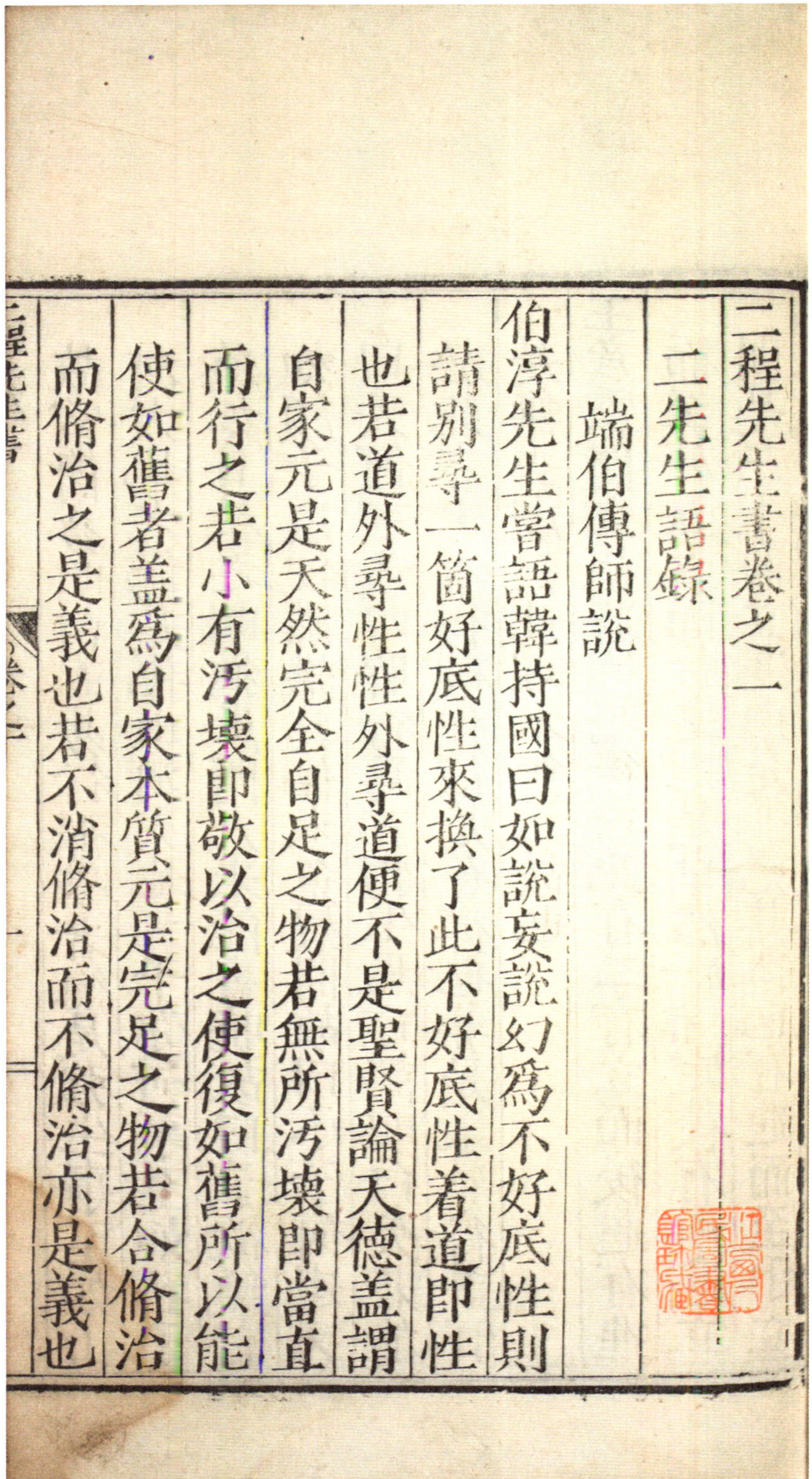
二程先生書卷之一

二先生語錄

端伯傳師説

伯淳先生嘗語韓持國曰如説妄説幻爲不好底性則請别尋一箇好底性來換了此不好底性着道即性也若道外尋性性外尋道便不是聖賢論天德蓋謂自家元是天然完全自足之物若無所汚壞即當直而行之若小有汚壞即敬以治之使復如舊所以能使如舊者蓋爲自家本質元是完足之物若合脩治而脩治之是義也若不消脩治而不脩治亦是義也

二程先生書 卷之一 一

10389 二程先生書五十一卷 （宋）程顥 程頤撰 明隆慶四年（1570）金立敬刻本

匡高 21.8 釐米，廣 15.2 釐米。半葉十行，行二十一字，小字雙行同，白口，四周雙邊。江西省圖書館藏。

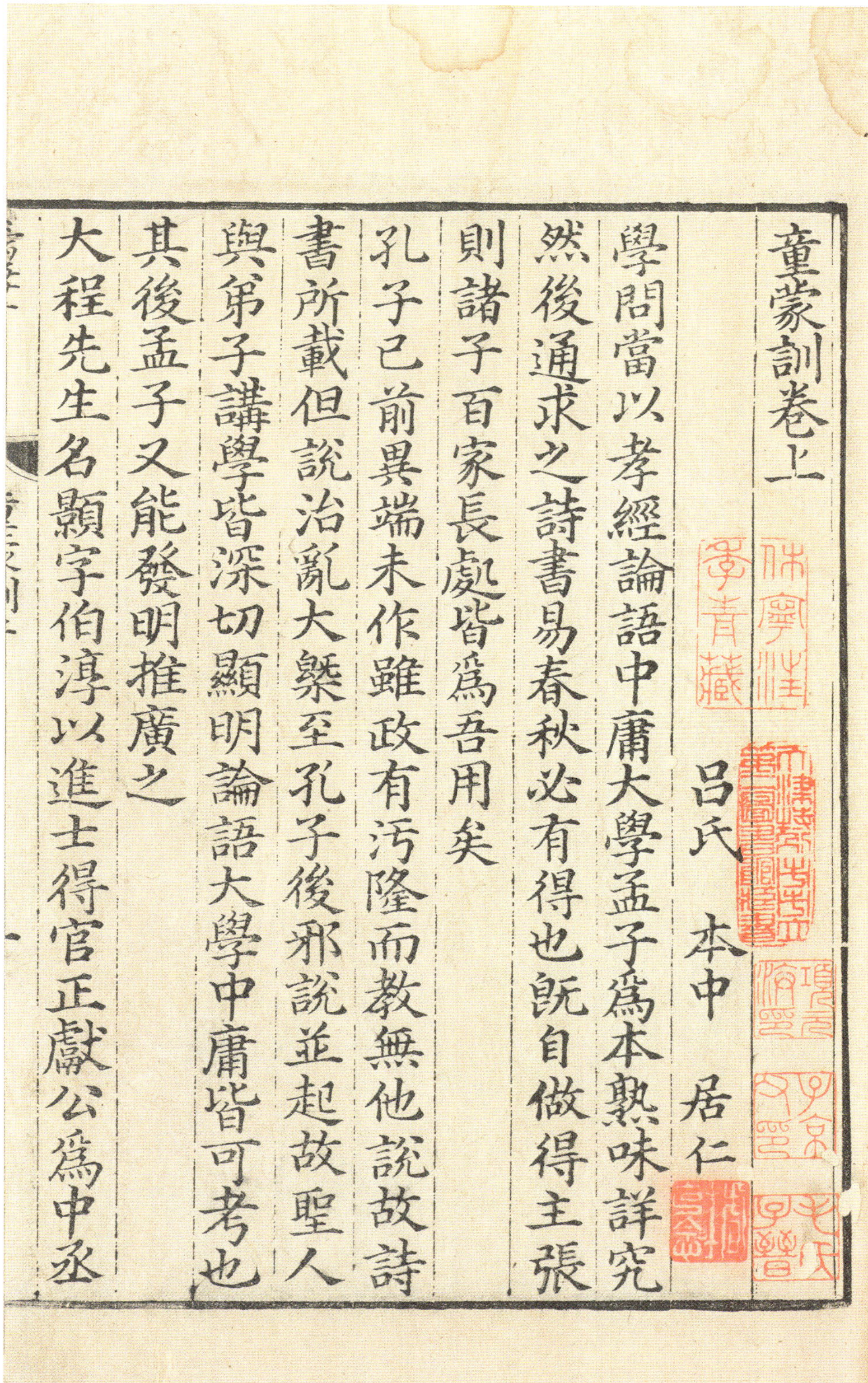

童蒙訓卷上

呂氏　本中　居仁

學問當以孝經論語中庸大學孟子爲本熟味詳究然後通求之詩書易春秋必有得也既自做得主張則諸子百家長處皆爲吾用矣

孔子已前異端未作雖政有污隆而教無他説故詩書所載但説治亂大槩至孔子後邪説並起故聖人與弟子講學皆深切顯明論語大學中庸皆可考也其後孟子又能發明推廣之

大程先生名顥字伯淳以進士得官正獻公爲中丞

10390 童蒙訓三卷 （宋）呂本中撰 明刻本

匡高 27 釐米，廣 18 釐米。半葉十行，行二十字，白口，左右雙邊。有“毛氏子晉”、“項元汴印”、“休寧汪季青藏”等印。天津圖書館藏。

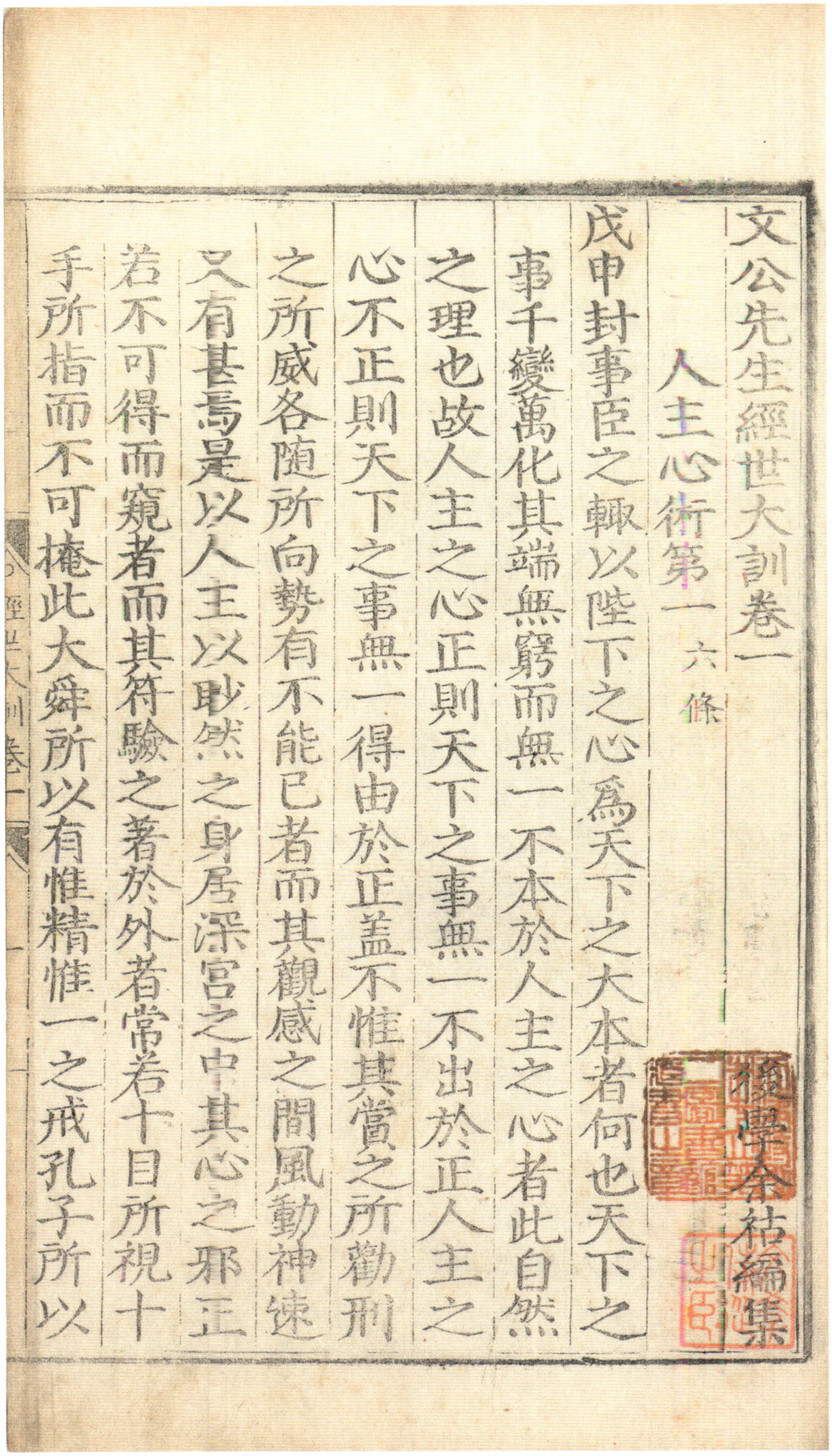

文公先生經世大訓卷一

人主心術第一 六條　　後學余祐編集

戊申封事臣之輙以陛下之心爲天下之大本者何也天下之事千變萬化其端無窮而無一不本於人主之心者此自然之理也故人主之心正則天下之事無一不出於正人主之心不正則天下之事無一得由於正蓋不惟其賞之所勸刑之所威各隨所向勢有不能已者而其觀感之間風動神速又有甚焉是以人主以眇然之身居深宮之中其心之邪正若不可得而窺者而其符驗之著於外者常若十目所視十手所指而不可揜此大舜所以有惟精惟一之戒孔子所以

10391 文公先生經世大訓十六卷 （明）余祐輯 明嘉靖元年（1522）河南按察司刻本

匡高 22.7 釐米，廣 15.2 釐米。半葉十行，行二十四字，小字雙行同，白口，四周雙邊。有"文學侍從之臣"等印。天津圖書館藏。

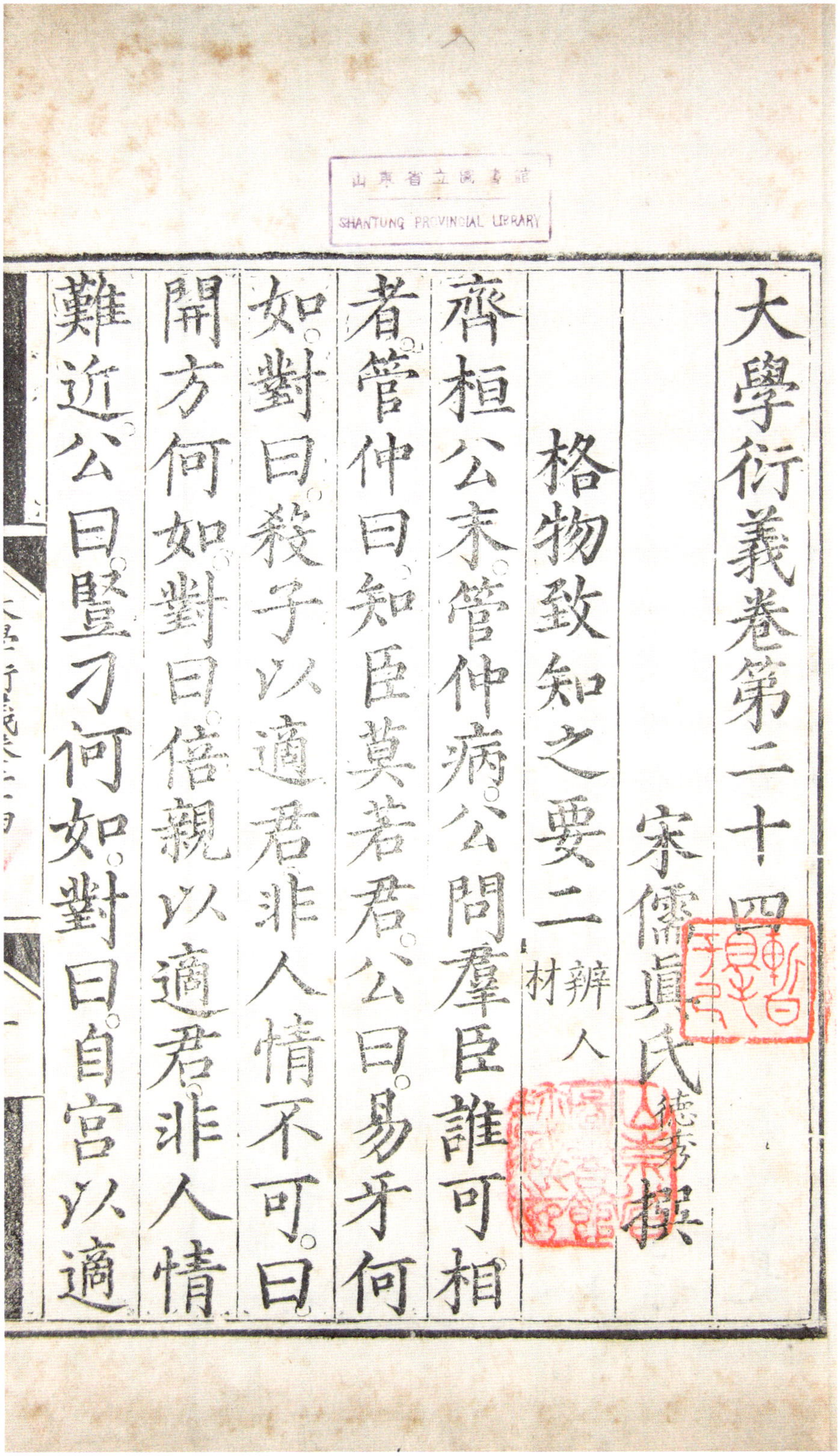

大學衍義卷第二十四
宋儒眞氏德秀撰
格物致知之要二 辨人材
齊桓公未管仲病公問羣臣誰可相者管仲曰知臣莫若君公曰易牙何如對曰殺子以適君非人情不可曰開方何如對曰倍親以適君非人情難近公曰豎刁何如對曰自宮以適

10392 大學衍義四十三卷 （宋）真德秀撰 明嘉靖六年（1527）司禮監刻本

匡高 22.3 釐米，廣 16.7 釐米。半葉八行，行十四字，小字雙行十七字，黑口，四周雙邊。山東省圖書館藏。

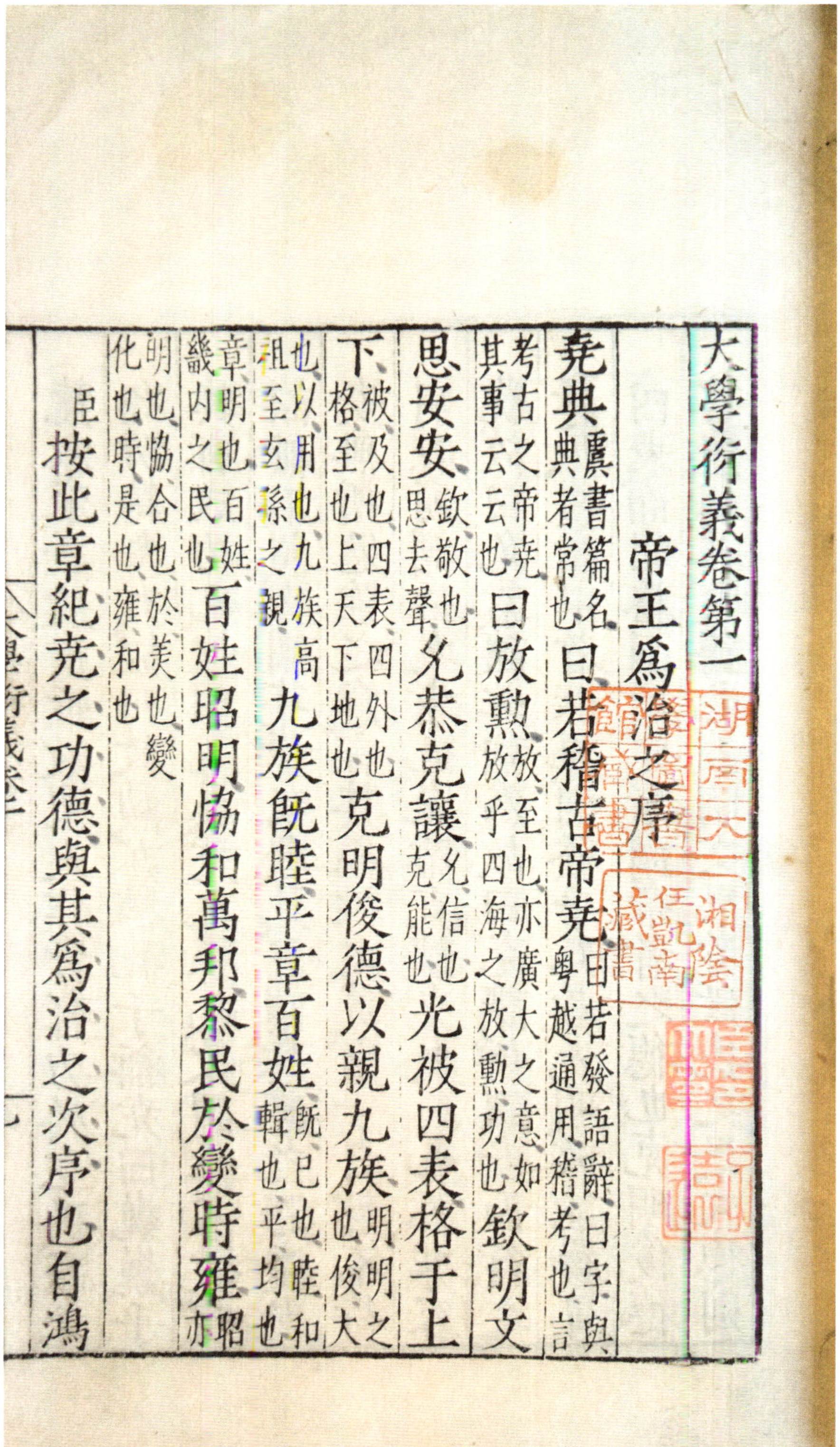
大學衍義卷第一
帝王爲治之序
堯典虞書篇名典者常也曰若稽古帝堯曰若發語辭曰字與粤越通用稽考也言
考古之帝堯其事云云也曰放勳放至也亦廣大之意如放乎四海之放勳功也欽明文
思安安欽敬也思去聲允恭克讓允信也克能也光被四表格于上
下被及也四表四外也格至也上天下地也克明俊德以親九族明明之也俊大
也以用也九族高祖至玄孫之親九族既睦平章百姓既已也睦和輯也平均也
章明也百姓畿内之民也百姓昭明協和萬邦黎民於變時雍昭亦
明也協合也於美也變化也時是也雍和也
臣按此章紀堯之功德與其爲治之次序也自鴻
大學衍義卷一
一

10393 大學衍義四十三卷 （宋）真德秀撰 明嘉靖吉澄刻本

匡高 20 釐米，廣 14.2 釐米。半葉十行，行二十字，白口，四周單邊。有"子遠"、"臣印大寧"、"湘陰任凱南藏書"等印。湖南師範大學圖書館藏。

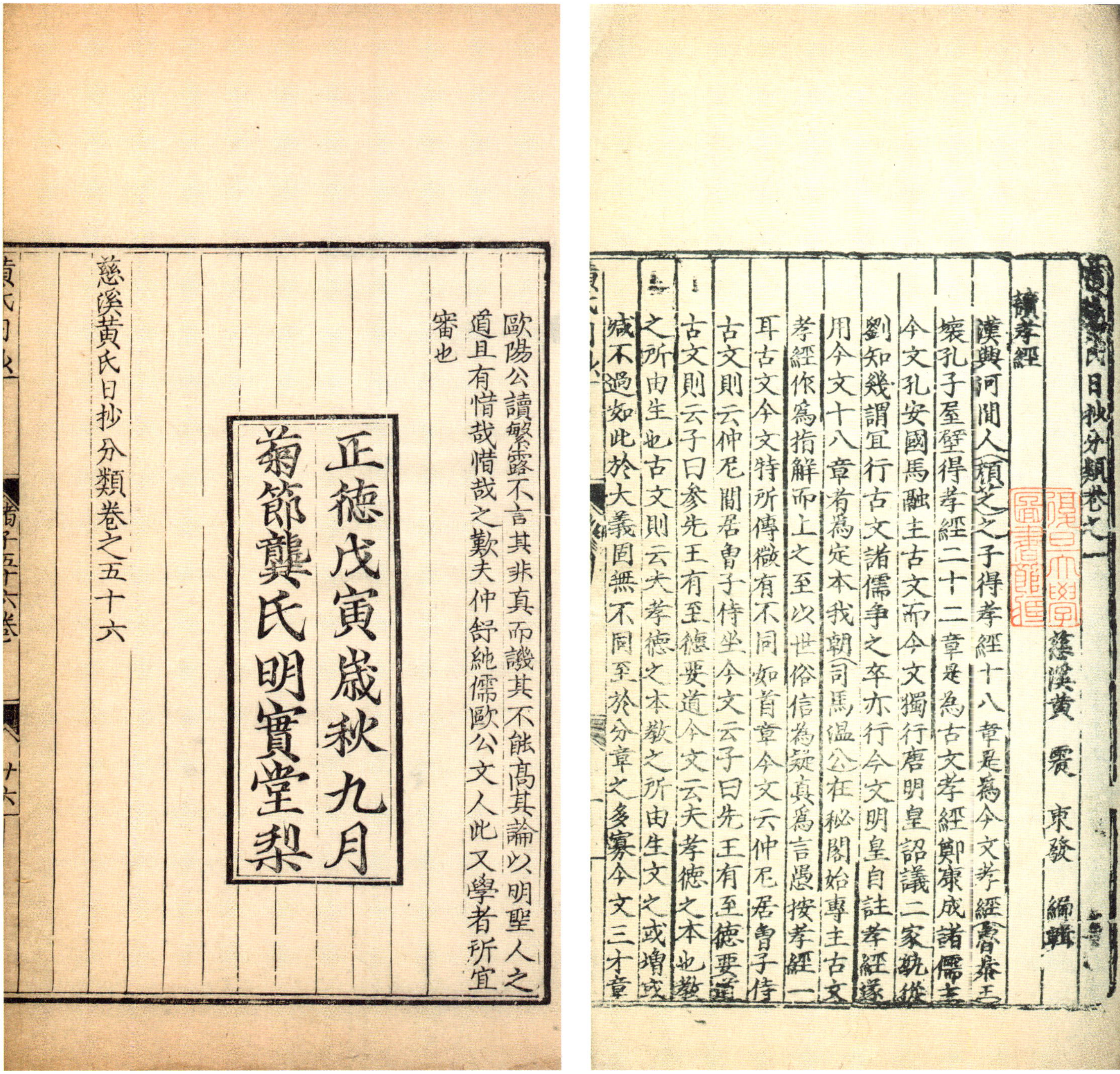

10394 慈溪黄氏日抄分類九十七卷古今紀要十九卷 （宋）黄震撰 明正德十四年（1519）書林龔氏明實堂刻本

匡高 19.1 釐米，廣 12.5 釐米。半葉十四行，行二十六字，黑口，四周雙邊。有“正德戊寅歲秋九月菊節龔氏明實堂梨”牌記。復旦大學圖書館藏。

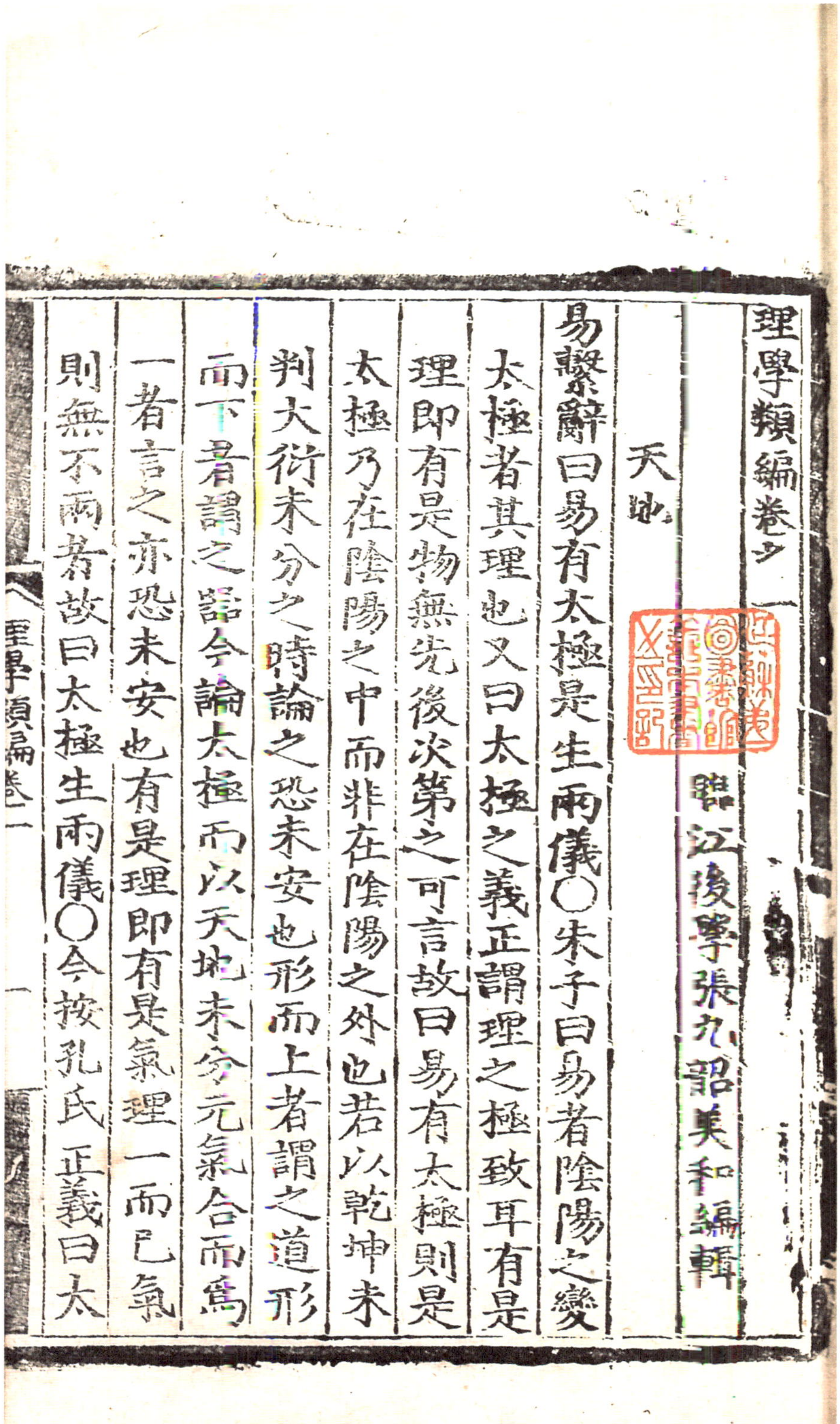
理學類編卷之一

臨江後學張九韶美和編輯

天地

易繫辭曰易有太極是生兩儀○朱子曰易者陰陽之變太極者其理也又曰太極之義正謂理之極致耳有是理即有是物無先後次第之可言故曰易有太極則是太極乃在陰陽之中而非在陰陽之外也若以乾坤未判大衍未分之時論之恐未安也形而上者謂之道形而下者謂之器今論太極而以天地未分元氣合而爲一者言之亦恐未安也有是理即有是氣理一而已氣則無不兩者故曰太極生兩儀○今按孔氏正義曰太

理學類編卷一 一

10395 理學類編八卷 （明）張九韶撰 明嘉靖二十一年（1542）益府刻本

匡高 20.2 釐米 廣 14.6 釐米。半葉十一行，行二十二字，黑口，四周雙邊。丁丙跋。南京圖書館藏。

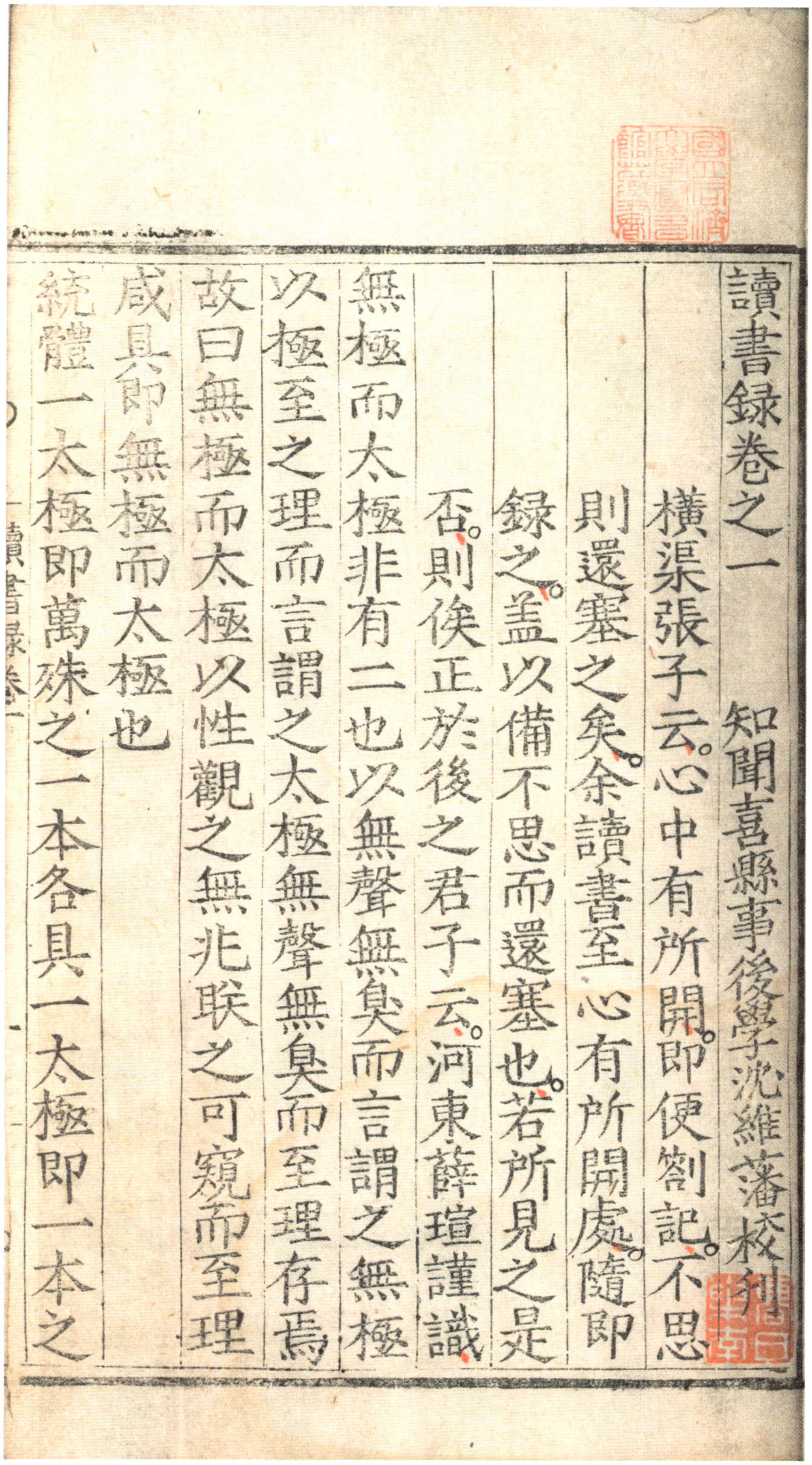
讀書録卷之一　知聞喜縣事後學沈維藩校刊
横渠張子云。心中有所開。即便劄記。不思則還塞之矣。余讀書至心有所開處。隨即録之。蓋以備不思而還塞也。若所見之是否。則俟正於後之君子云。河東薛瑄謹識
無極而太極非有二也以無聲無臭而言謂之無極以極至之理而言謂之太極無聲無臭而至理存焉故曰無極而太極以性觀之無兆眹之可窺而至理咸具即無極而太極也
統體一太極即萬殊之一本各具一太極即一本之

10396 讀書録十卷續録十二卷 （明）薛瑄撰　明嘉靖三十四年（1555）沈維藩刻本

匡高 19.8 釐米，廣 13 釐米。半葉十行，行二十字，白口，四周雙邊。有“曹氏巢南”等印。復旦大學圖書館藏。

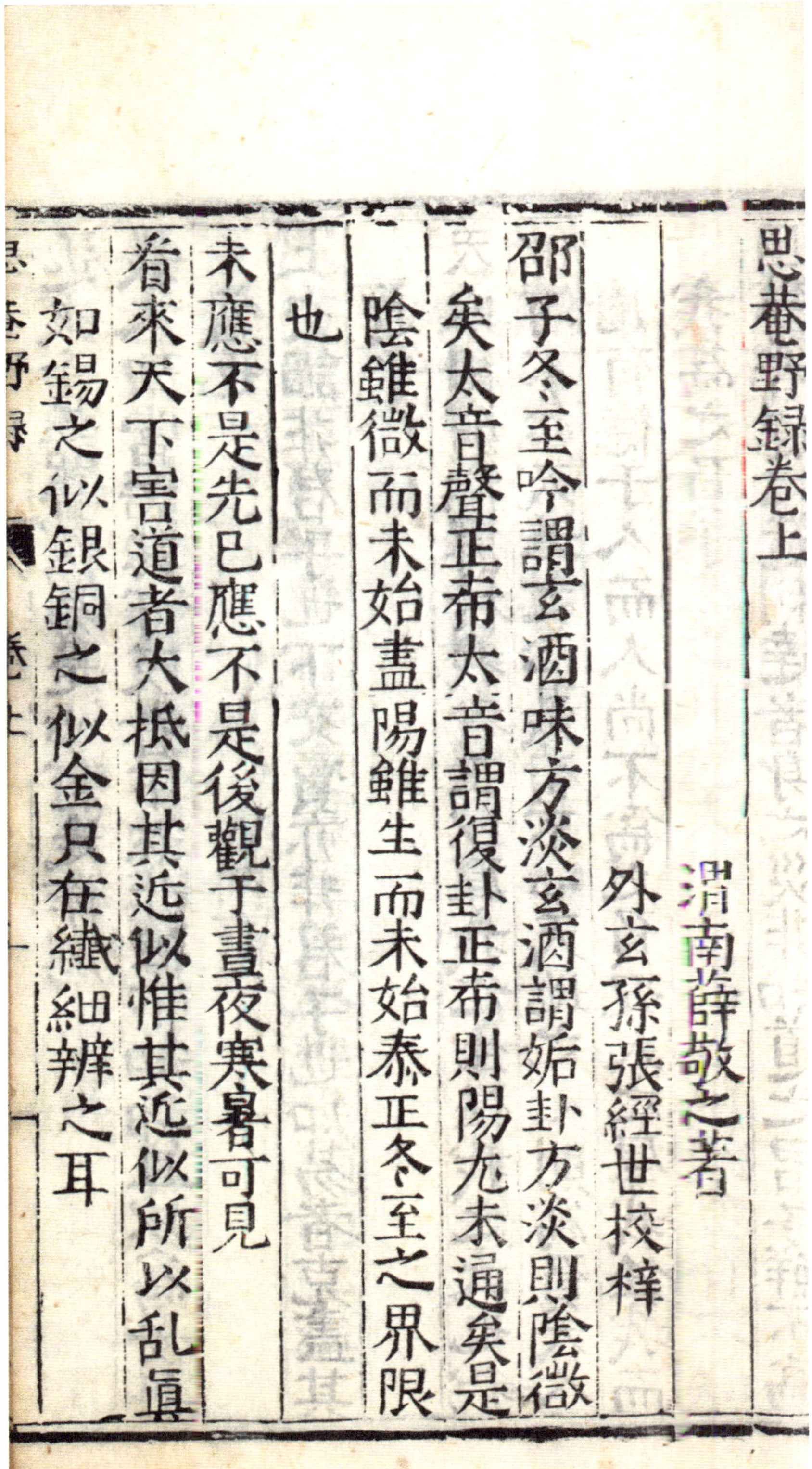
思菴野録卷上
渭南薛敬之著
外玄孫張經世校梓
邵子冬至吟謂玄酒味方淡玄酒謂姤卦方淡則陰微矣太音聲正希太音謂復卦正希則陽尤未通矣是陰雖微而未始盡陽雖生而未始泰正冬至之界限也
未應不是先已應不是後觀于晝夜寒暑可見
看來天下害道者大抵因其近似惟其近似所以乱眞如錫之似銀銅之似金只在纖細辨之耳

10397 思菴野録三卷 （明）薛敬之撰 **思菴薛先生行實一卷附録一卷**
（明）薛楹等輯 明天啓張經世刻本
匡高20.8釐米，廣14.5釐米。半葉十行，行二十一字，白口，四周雙邊。有“趙氏模鬯閣收藏圖籍書畫印”、“孝陸”等印。山東大學圖書館藏。

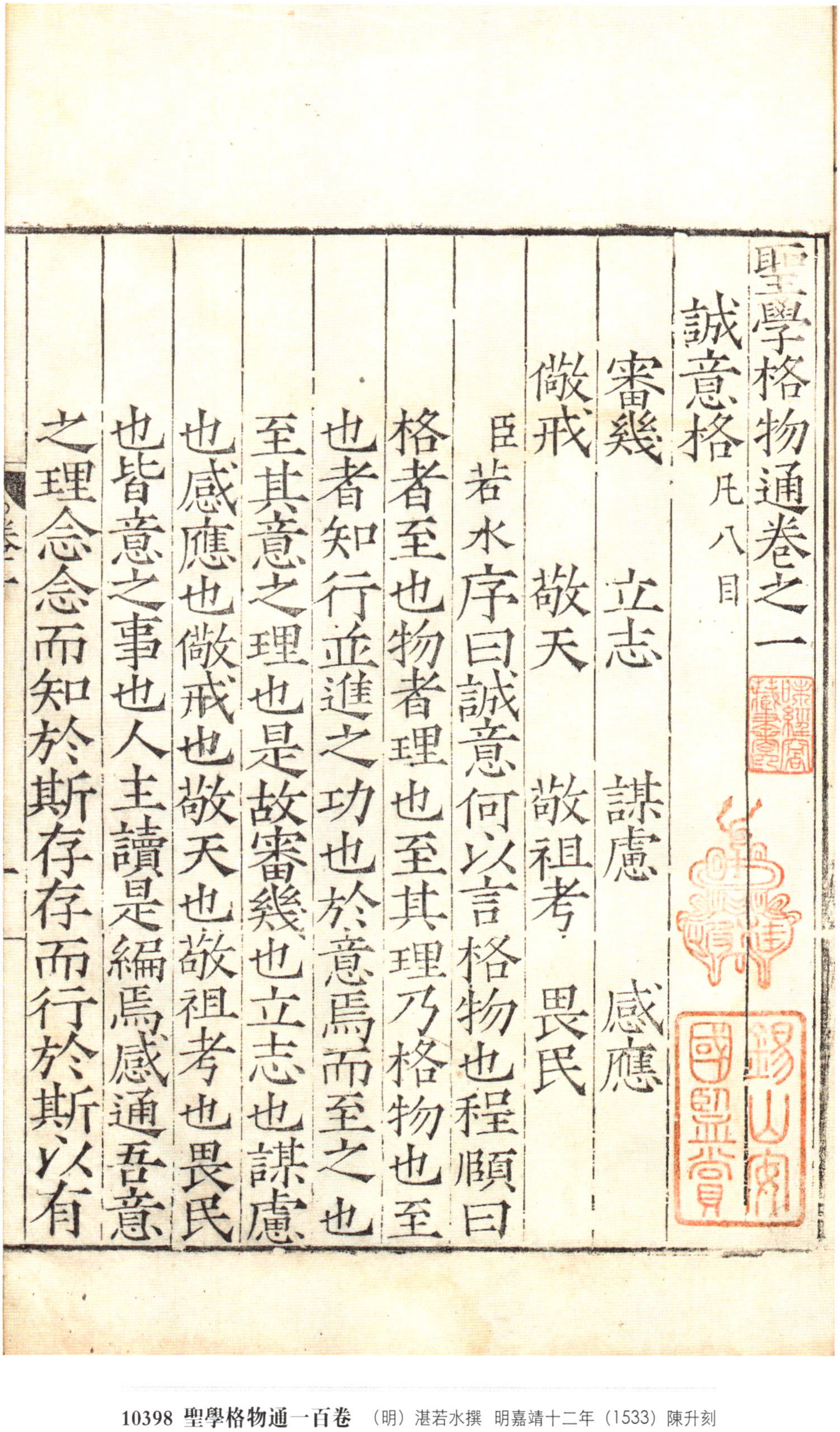

10398 聖學格物通一百卷 （明）湛若水撰 明嘉靖十二年（1533）陳升刻本

匡高25.4釐米，廣19.7釐米。半葉十一行，行十九字，白口，左右雙邊。有“錫山安國鑒賞”、“味經窩藏書印”等印。無錫市圖書館藏。

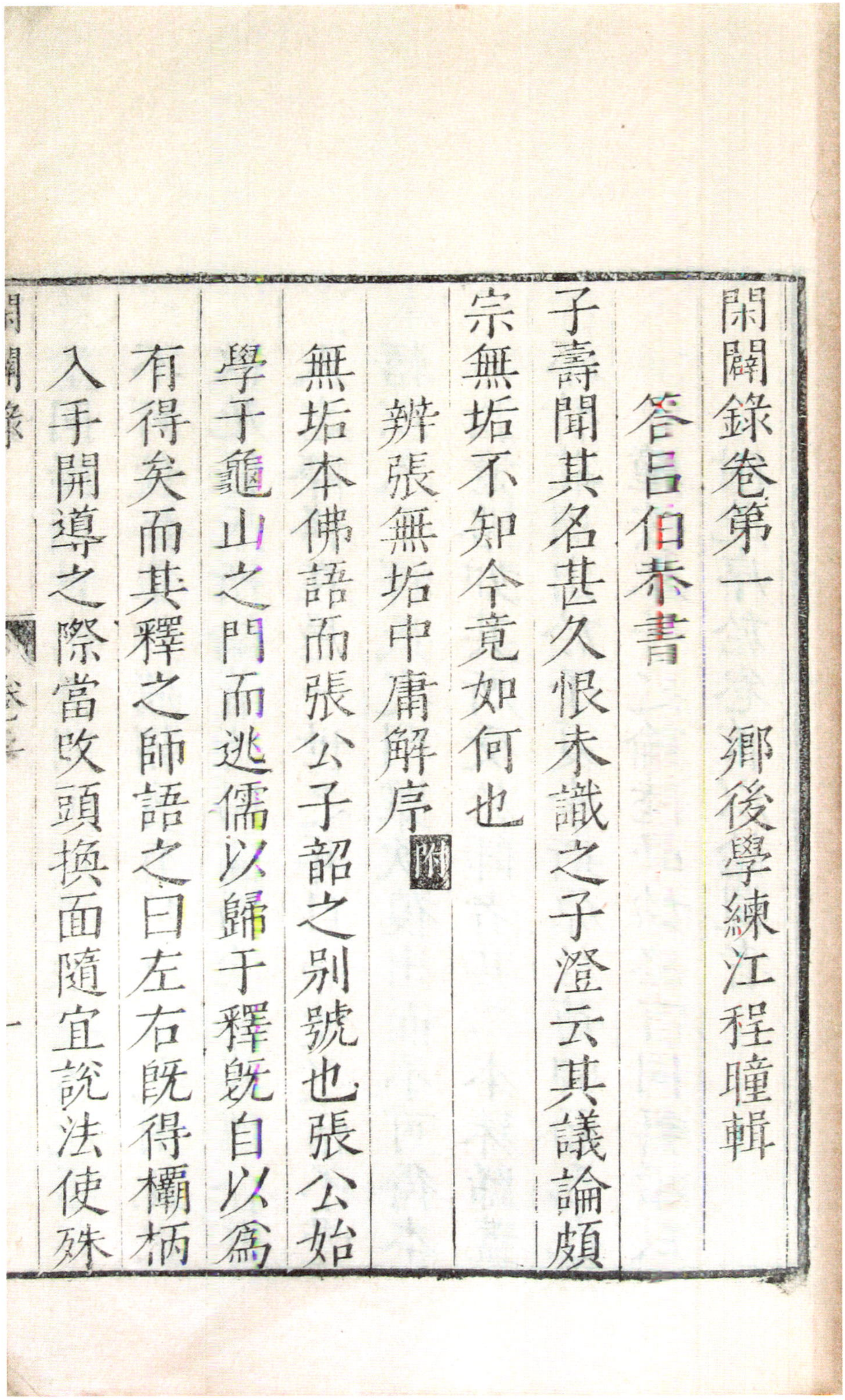

閑闢録卷第一　　鄉後學練江程曈輯

答吕伯恭書

子壽聞其名甚久恨未識之子澄云其議論頗宗無垢不知今竟如何也

辨張無垢中庸解序 附

無垢本佛語而張公子韶之别號也張公始學于龜山之門而逃儒以歸于釋既自以爲有得矣而其釋之師語之曰左右既得欛柄入手開導之際當改頭換面隨宜說法使殊

閑闢録　卷之一　一

10399 閑闢録十卷 （明）程曈撰　明嘉靖四十三年（1564）程鑽刻本

匡高 17.6 釐米，廣 13.1 釐米。半葉九行，行十八字，白口，左右雙邊。新疆大學圖書館藏。

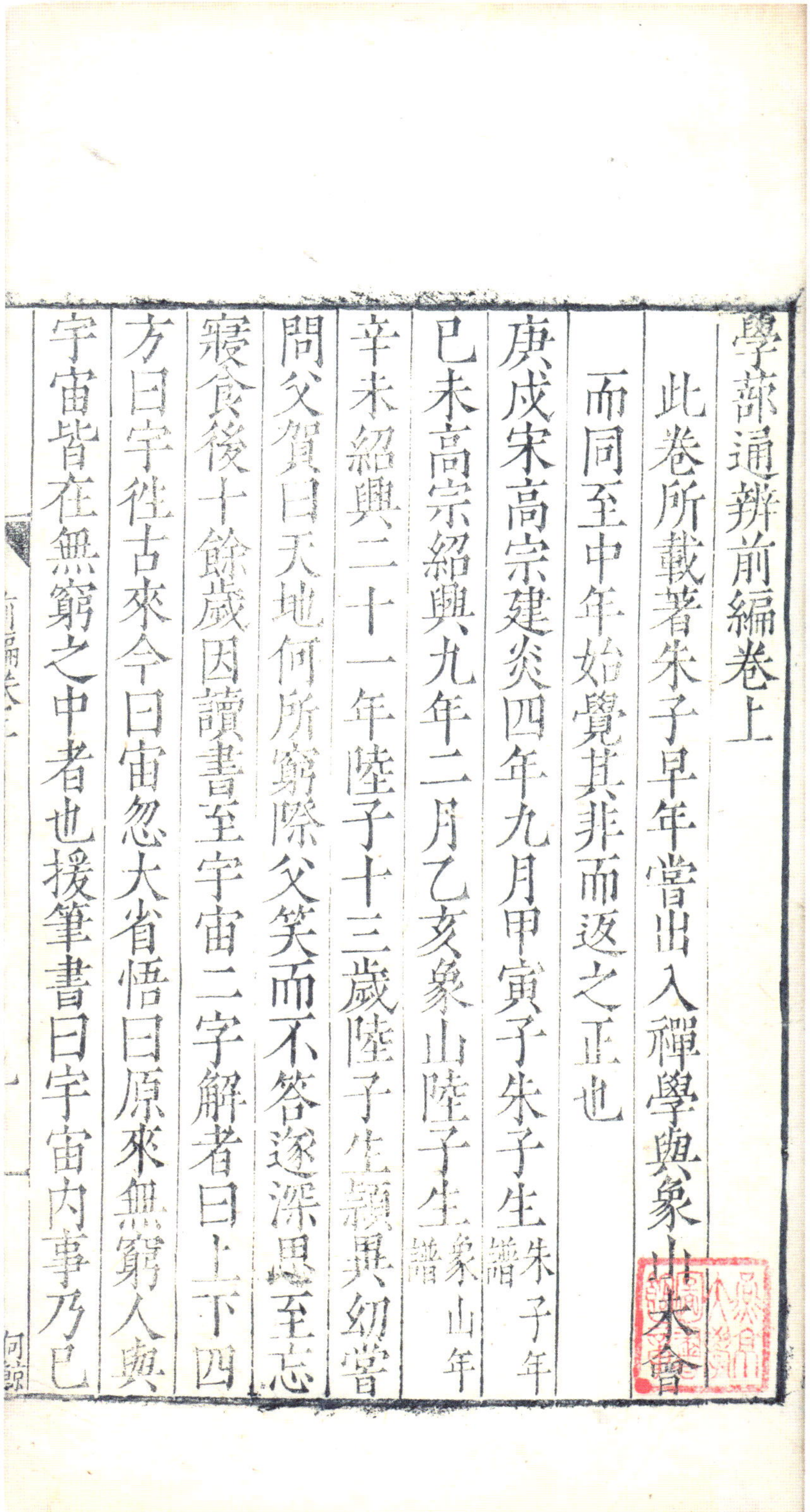

學蔀通辨前編卷上
此卷所載著朱子早年嘗出入禪學與象山大會
而同至中年始覺其非而返之正也
庚戌宋高宗建炎四年九月甲寅子朱子生朱子年譜
己未高宗紹興九年二月乙亥象山陸子生象山年譜
辛未紹興二十一年陸子十三歲陸子生穎異幼嘗
問父賀曰天地何所窮際父笑而不答遂深思至忘
寢食後十餘歲因讀書至宇宙二字解者曰上下四
方曰宇往古來今曰宙忽大省悟曰原來無窮人與
宇宙皆在無窮之中者也援筆書曰宇宙內事乃已

10400 學蔀通辨前編三卷後編三卷續編三卷終編三卷　（明）陳建撰

明嘉靖刻本

匡高 19.6 釐米，廣 13.9 釐米。半葉十行，行二十字，白口，四周單邊。北京大學圖書館藏。

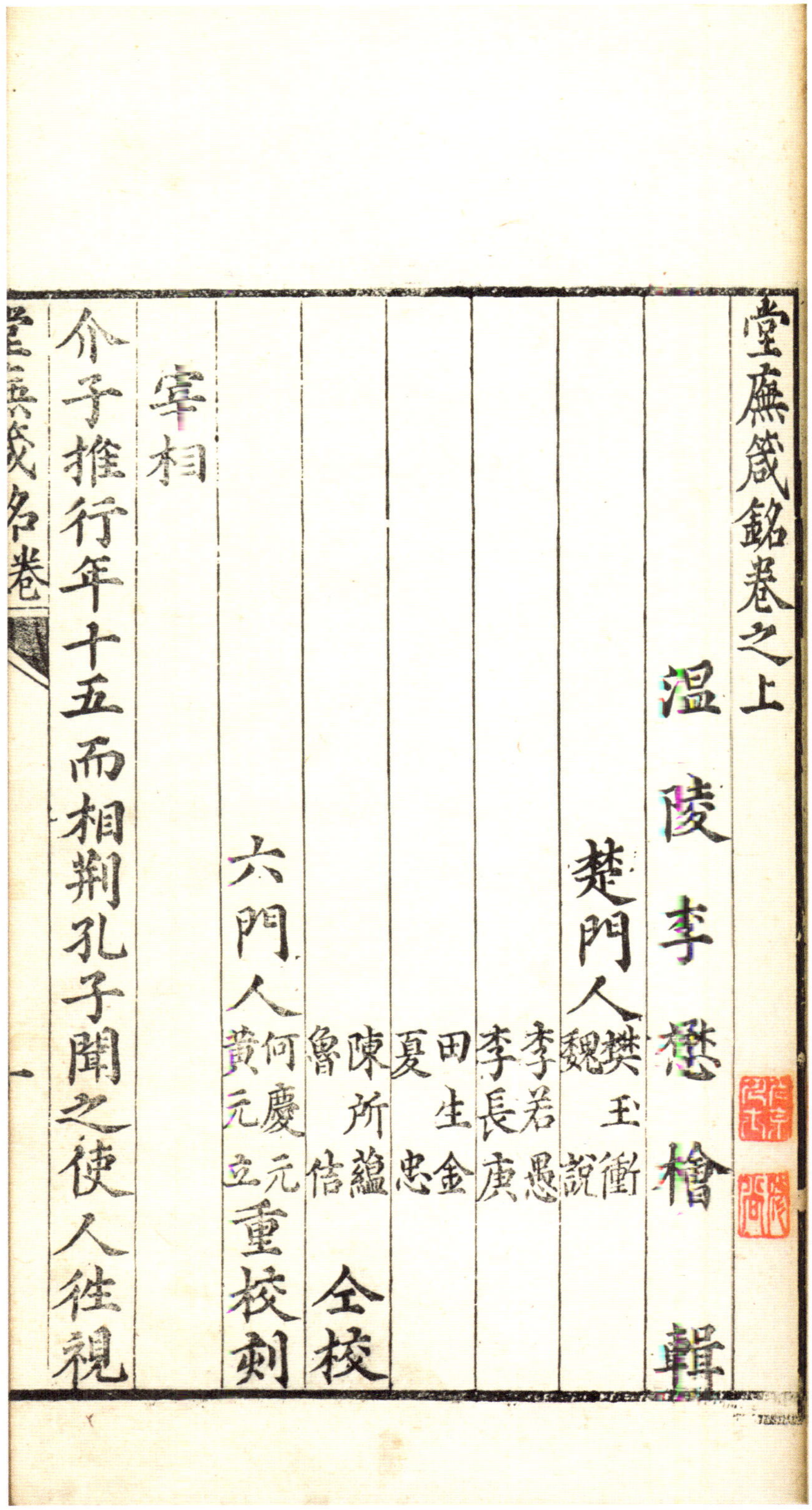
堂廡箴銘卷之上
温陵李懋檜輯
楚門人樊玉衡 魏說 李若愚 李長庚 田生金 夏忠 陳所蘊 魯信 仝校
六門人何慶元 黄元立 重校刻
宰相
介子推行年十五而相荆孔子聞之使人往視

堂廡箴銘卷 一

10401 堂廡箴銘二卷 （明）李懋檜輯 明萬曆四十三年（1615）何慶元、黄元立刻本

匡高 19.8 釐米，廣 14.1 釐米。半葉九行，行十八字，白口，四周單邊。蘇州圖書館藏。

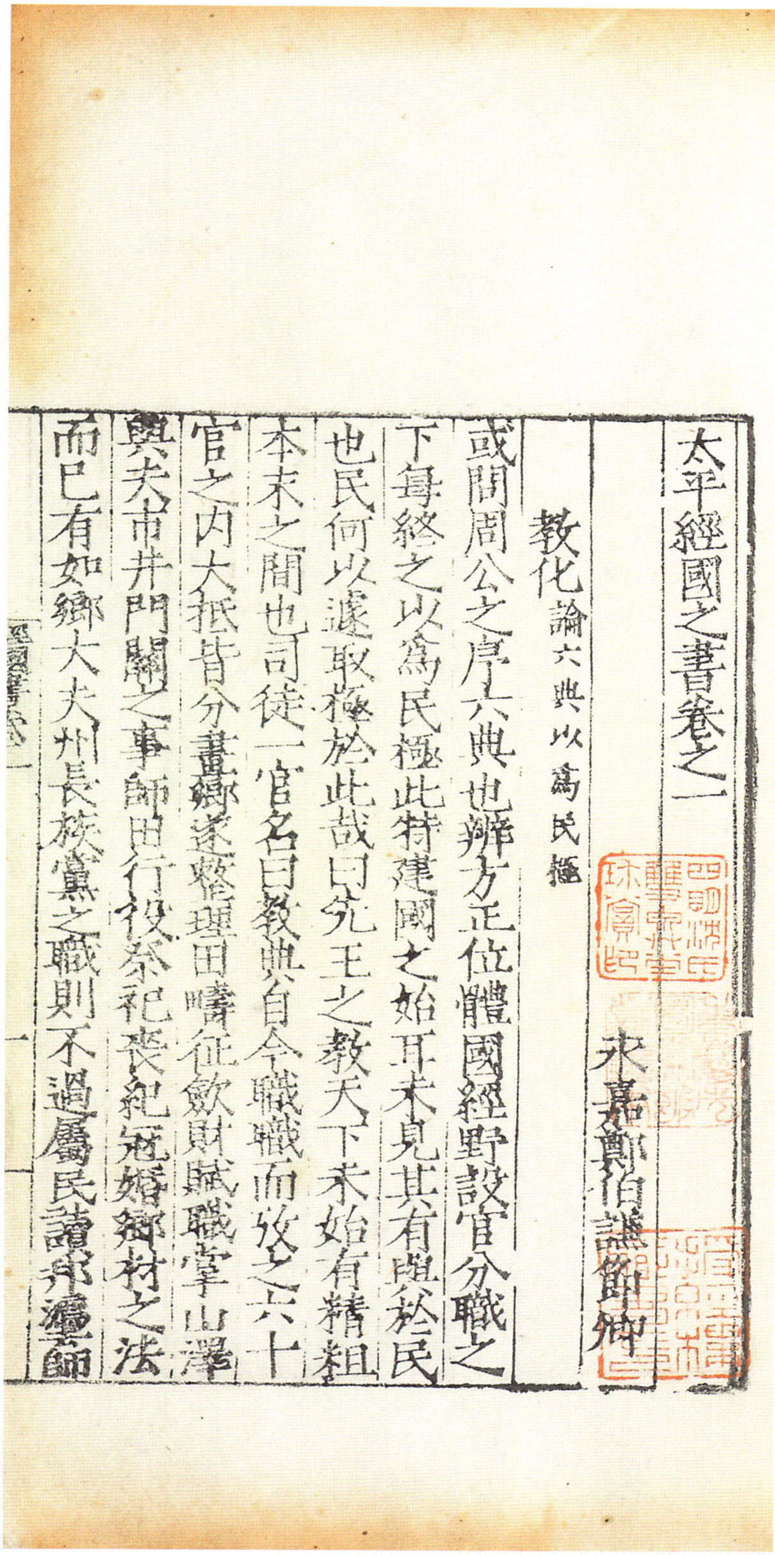

10402 太平經國之書十一卷首一卷 （宋）鄭伯謙撰 明嘉靖十五年（1536）高叔嗣刻本

匡高 18 釐米，廣 13.6 釐米。半葉十行，行二十二字，白口，左右雙邊。有“授經樓藏書印”、“四明沈氏雙泉草堂珍賞印”等印。重慶圖書館藏。

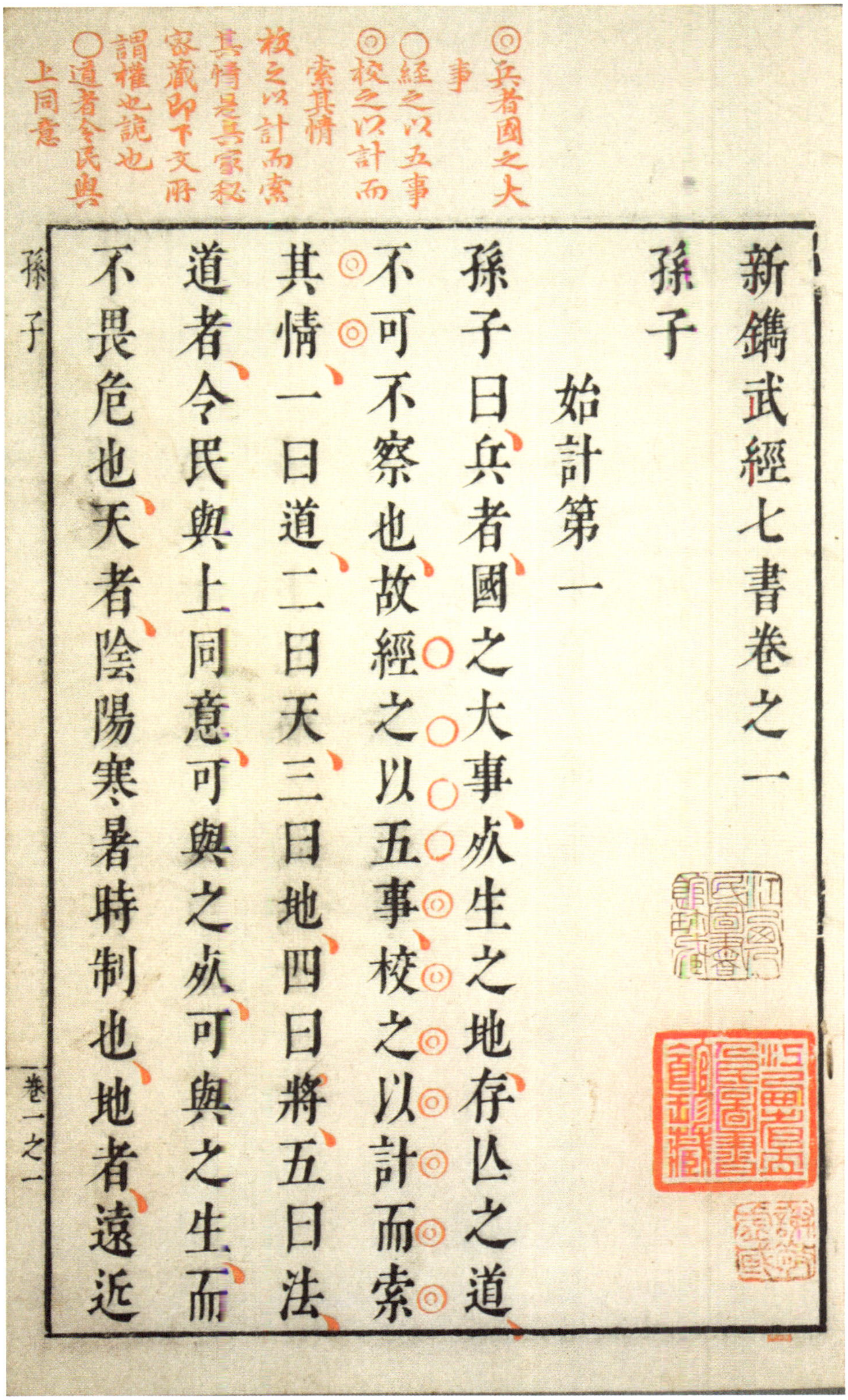

◎兵者國之大事
○經之以五事
◎校之以計而索其情
校之以計而索其情是兵家秘密藏即下文所謂權也詭也
○道者令民與上同意

新鐫武經七書卷之一
孫子
始計第一
孫子曰兵者國之大事死生之地存亾之道不可不察也故經之以五事校之以計而索其情一曰道二曰天三曰地四曰將五曰法道者令民與上同意可與之死可與之生而不畏危也天者陰陽寒暑時制也地者遠近

孫子　卷一之一

10403、10404 新鐫武經七書七卷 （明）王守仁批評　（明）胡宗憲參評

明天啓元年（1621）茅震東刻套印本

匡高21.9釐米，廣14.9釐米。半葉八行，行十七字，白口，四周單邊。江西省圖書館、哈爾濱市圖書館藏。

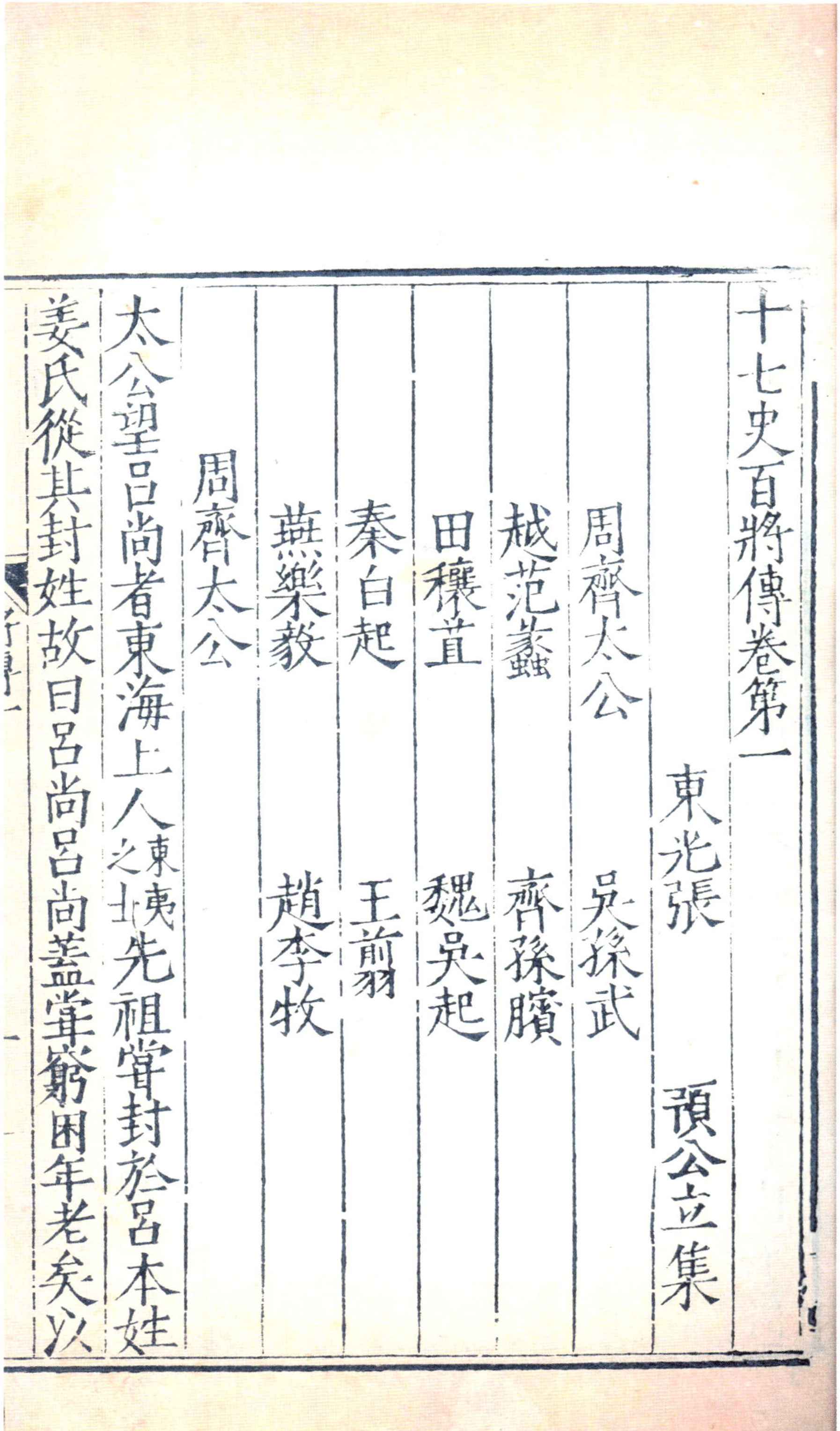
十七史百將傳卷第一
東光張　預公立集
周齊太公　吳孫武
越范蠡　齊孫臏
田穰苴　魏吳起
秦白起　王翦
燕樂毅　趙李牧
周齊太公
太公望呂尚者東海上人東夷之士先祖嘗封於呂本姓
姜氏從其封姓故曰呂尚呂尚蓋嘗窮困年老矣以

10405 武學經傳三種三十九卷 （明）翁溥編 明嘉靖三十二年（1553）刻本

匡高 20.4 釐米，廣 14.4 釐米。半葉十行，行二十字，白口，四周雙邊。北京大學圖書館藏。

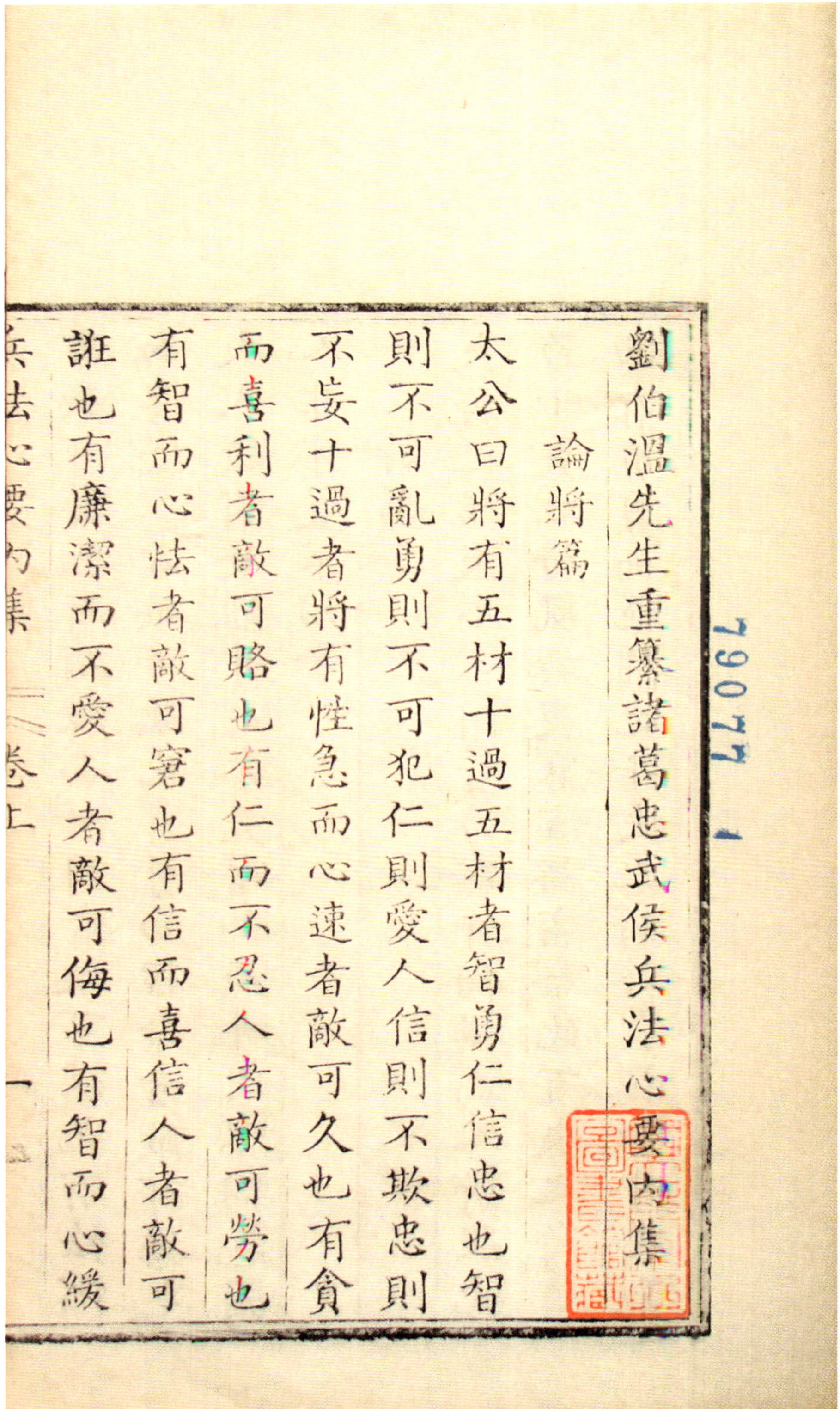

劉伯溫先生重纂諸葛忠武侯兵法心要內集

論將篇

太公曰將有五材十過五材者智勇仁信忠也智則不可亂勇則不可犯仁則愛人信則不欺忠則不妄十過者將有性急而心速者敵可久也有貪而喜利者敵可賂也有仁而不忍人者敵可勞也有智而心怯者敵可窘也有信而喜信人者敵可誑也有廉潔而不愛人者敵可侮也有智而心緩

兵法心要內集　卷上　一

10406 水陸攻守戰略秘書七種三十七卷　題（清）澼絖道人輯　清咸豐三年（1853）麟桂活字印本

匡高 17.1 釐米，廣 10.6 釐米。半葉八行，行十九字，白口，四周雙邊。甘肅省圖書館藏。

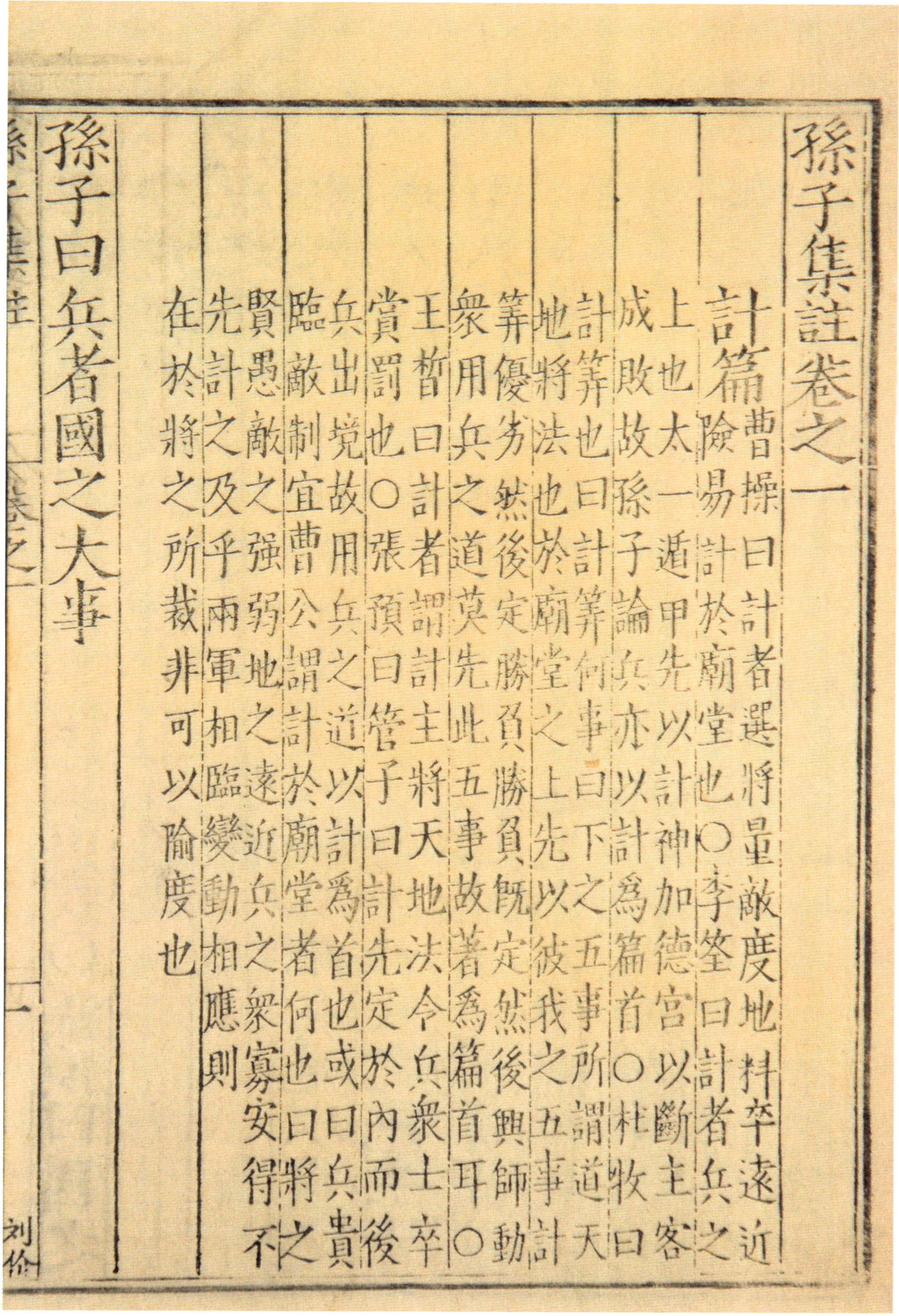

孫子集註卷之一
計篇 曹操曰計者選將量敵度地料卒遠近險易計於廟堂也○李筌曰計者兵之上也太一遁甲先以計神加德宮以斷主客成敗故孫子論兵亦以計爲篇首○杜牧曰計筭也曰計筭何事曰下之五事所謂道天地將法也於廟堂之上先以彼我之五事計筭優劣然後定勝負勝負既定然後興師動衆用兵之道莫先此五事故著爲篇首耳○王晳曰計者謂計主將天地法令兵衆士卒賞罰也○張預曰管子曰計先定於內而後兵出境故用兵之道以計爲首也或曰兵貴臨敵制宜曹公謂計於廟堂者何也曰將之賢愚敵之强弱地之遠近兵之衆寡安得不先計之及乎兩軍相臨變動相應則在於將之所裁非可以隃度也
孫子曰兵者國之大事

10407、10408 孫子集註十三卷 （漢）曹操 （唐）杜牧等撰 明嘉靖三十四年（1555）談愷刻本

匡高 20.6 釐米，廣 14.5 釐米。半葉十行，行二十字，小字雙行同，白口，四周雙邊。重慶圖書館、軍事科學院軍事圖書資料館藏。

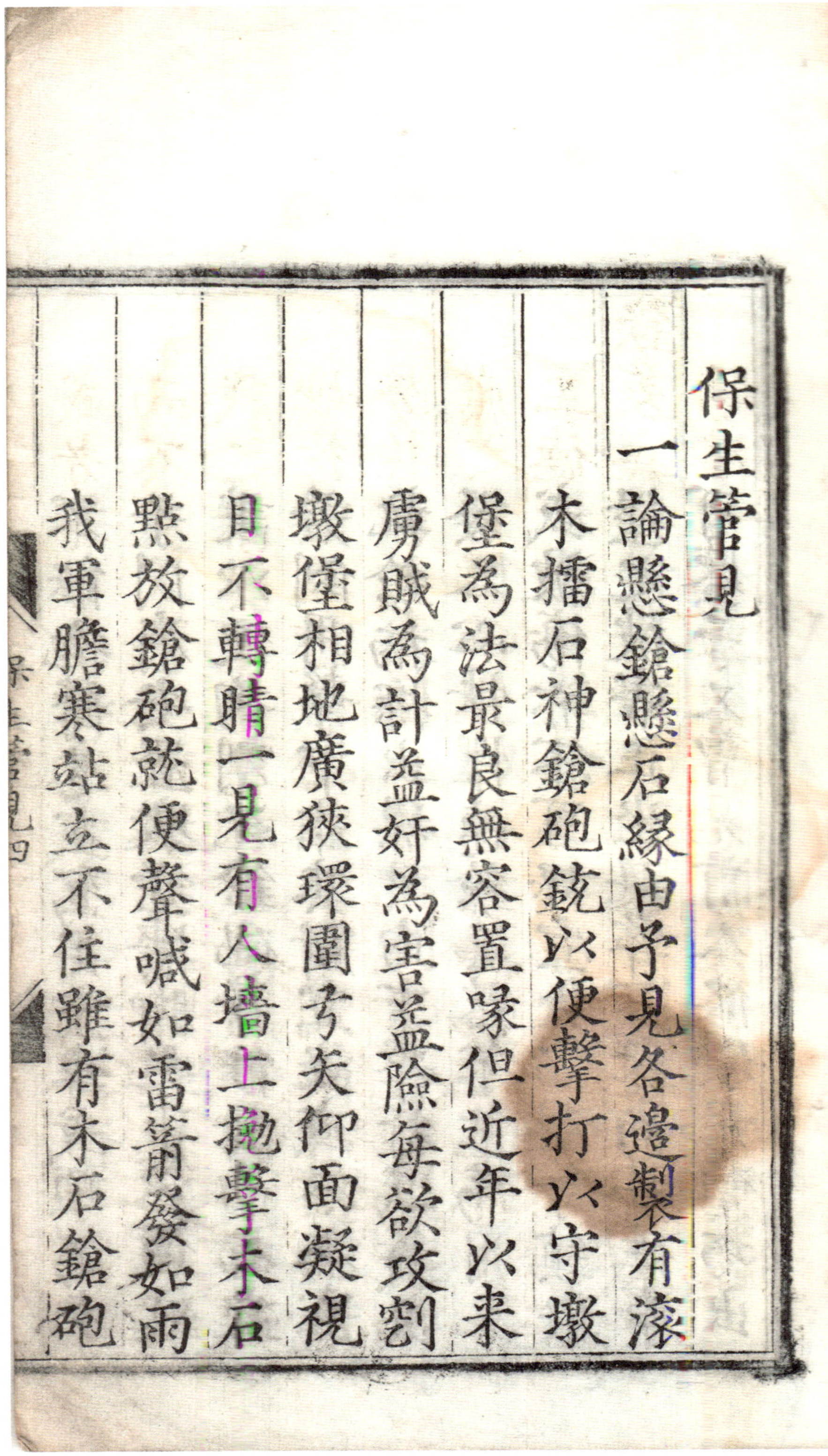
保生管見
一
論懸鎗懸石緣由予見各邊製有滚
木擂石神鎗砲銃以便擊打以守墩
堡為法最良無容置喙但近年以來
虜賊為計益奸為害益險每欲攻剳
墩堡相地廣狹環圍弓矢仰面凝視
目不轉睛一見有人墻上拋擊木石
點放鎗砲就便聲喊如雷箭發如雨
我軍膽寒站立不住雖有木石鎗砲
保生管見 四

10409 保生管見一卷附固本迂談一卷 （明）馮清撰 明嘉靖四年（1525）刻本

匡高 20.5 釐米，廣 14.1 釐米。半葉九行，行十七字，白口，四周雙邊。北京大學圖書館藏。

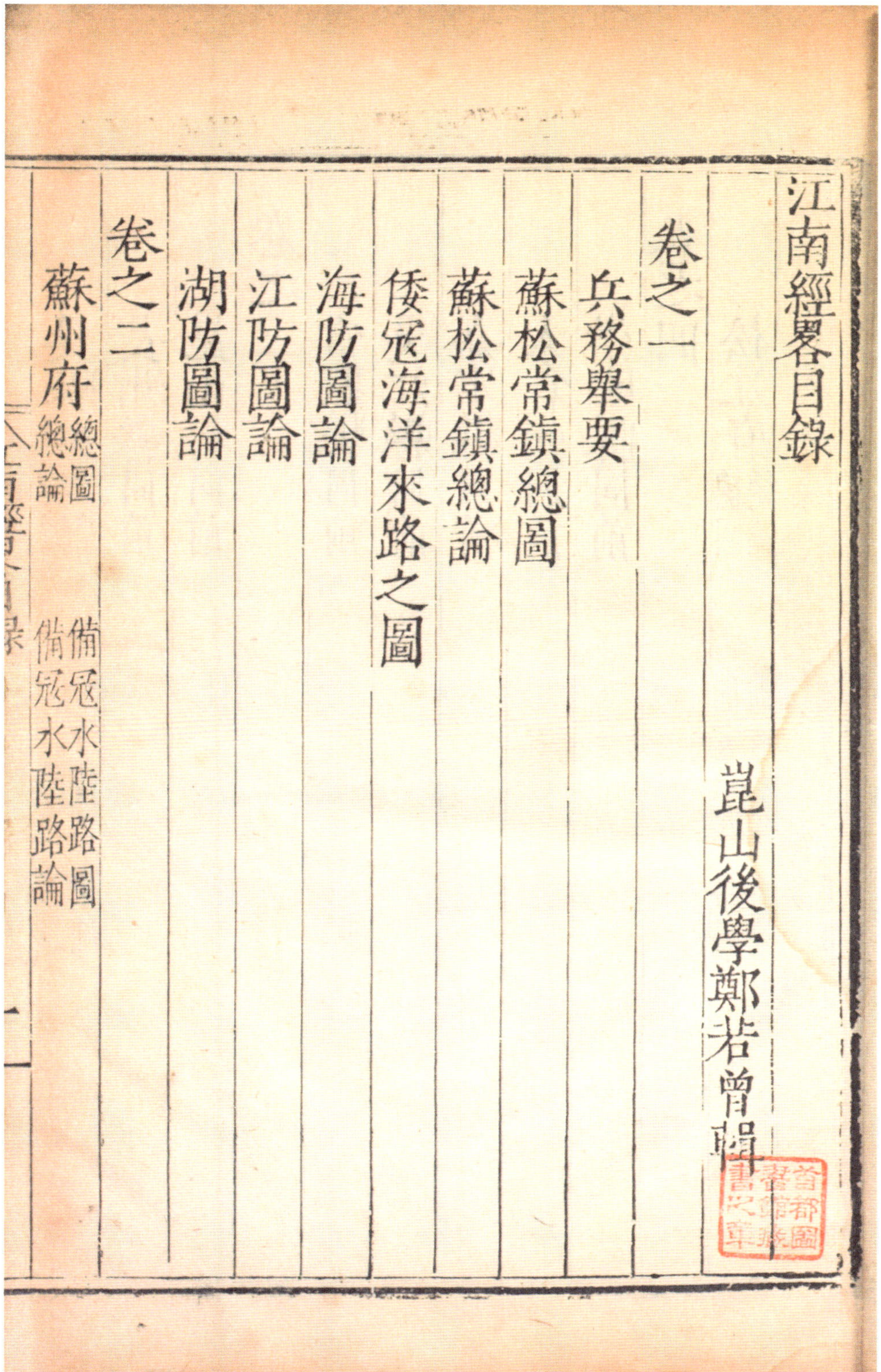

江南經畧目録

崑山後學鄭若曾輯

卷之一

兵務舉要

蘇松常鎮總圖

蘇松常鎮總論

倭寇海洋來路之圖

海防圖論

江防圖論

湖防圖論

卷之二

蘇州府總圖 總論 備寇水陸路圖 備寇水陸路論

10410 江南經略八卷 （明）鄭若曾撰 明隆慶二年（1568）林潤刻本

匡高 21.7 釐米，廣 15.9 釐米。半葉十二行，行二十二字，白口，四周雙邊。首都圖書館藏。

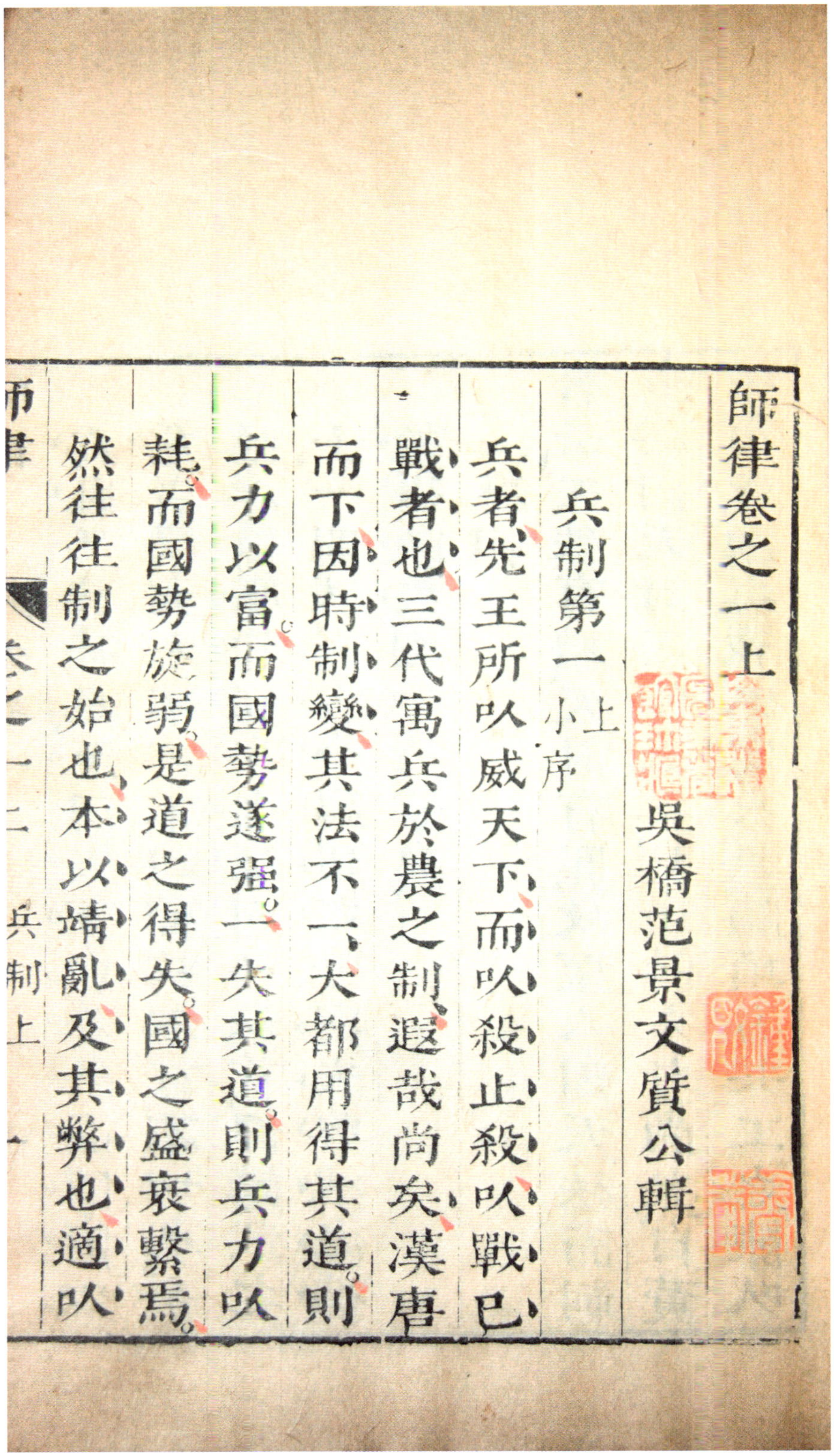

師律卷之一上

吳橋范景文質公輯

兵制第一上 小序

兵者先王所以威天下而以殺止殺以戰已戰者也三代寓兵於農之制遐哉尚矣漢唐而下因時制變其法不一大都用得其道則兵力以富而國勢遂强一失其道則兵力以耗而國勢旋弱是道之得失國之盛衰繫焉然往往制之始也本以靖亂及其弊也適以

師律 卷之一上 兵制上 一

10411 師律十六卷 （明）范景文撰 明崇禎刻本

匡高 17.5 釐米，廣 13.9 釐米。半葉九行，行十八字，白口，四周單邊。山東省圖書館藏。

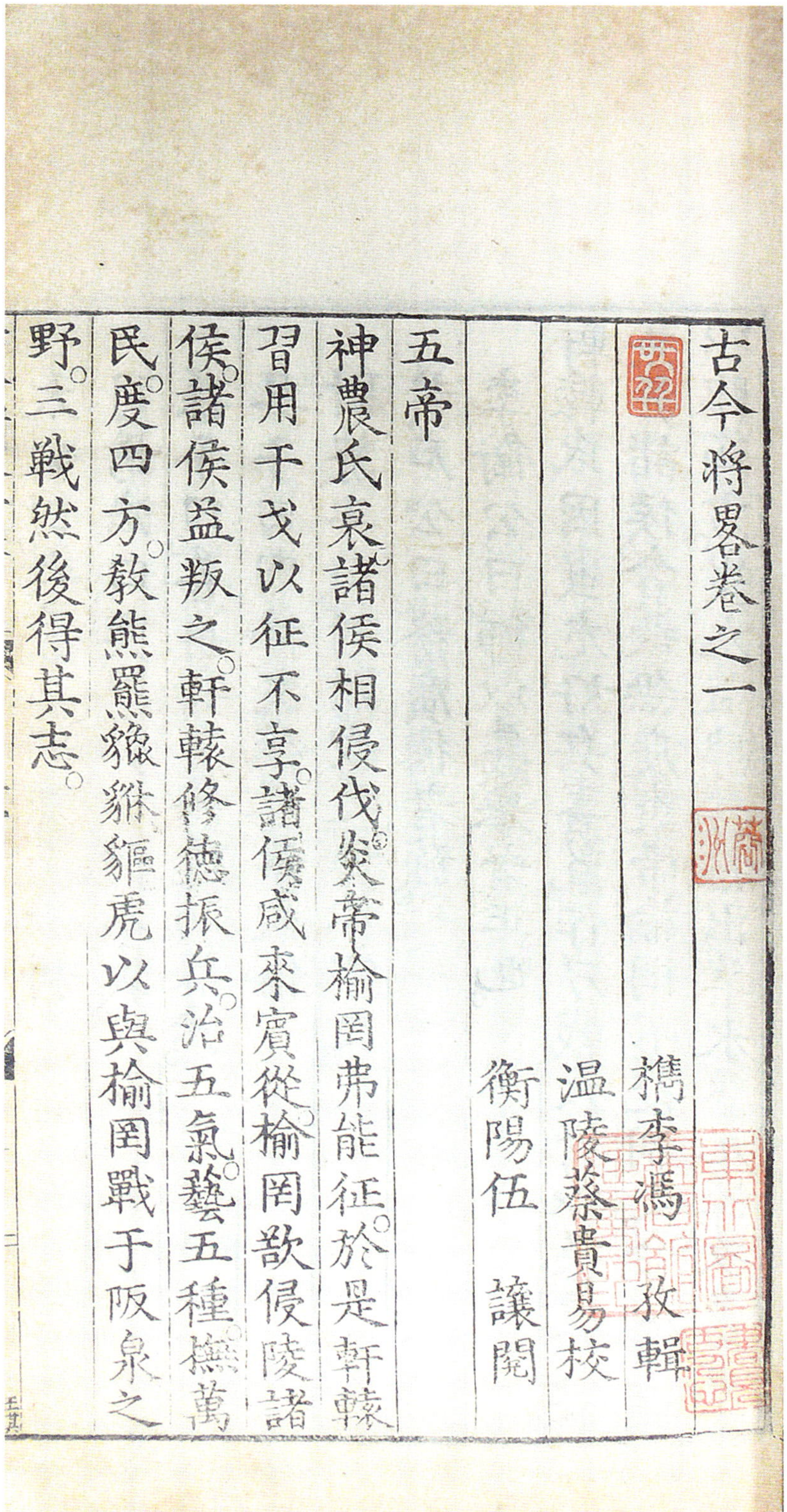

古今將畧卷之一

檇李馮孜輯

温陵蔡貴易校

衡陽伍　讓閱

五帝

神農氏衰，諸侯相侵伐，炎帝榆罔弗能征。於是軒轅習用干戈，以征不享。諸侯咸來賓從。榆罔欲侵陵諸侯，諸侯益叛之。軒轅修德振兵，治五氣，藝五種，撫萬民，度四方，教熊羆貔貅貙虎，以與榆罔戰于阪泉之野。三戰然後得其志。

10412 古今將略四卷 （明）馮孜撰 明萬曆十八年（1590）刻本

匡高 22 釐米，廣 14.5 釐米。半葉十行，行二十字，白口，四周單邊。遼寧省圖書館藏。

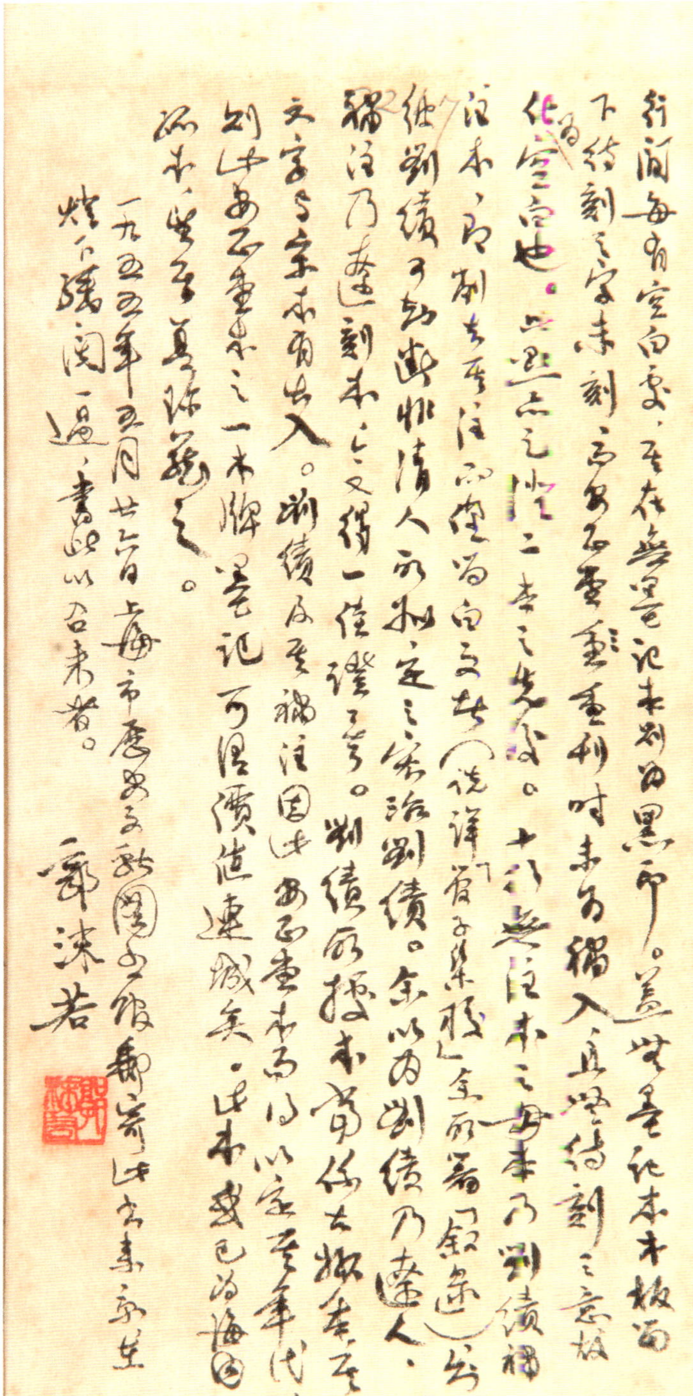

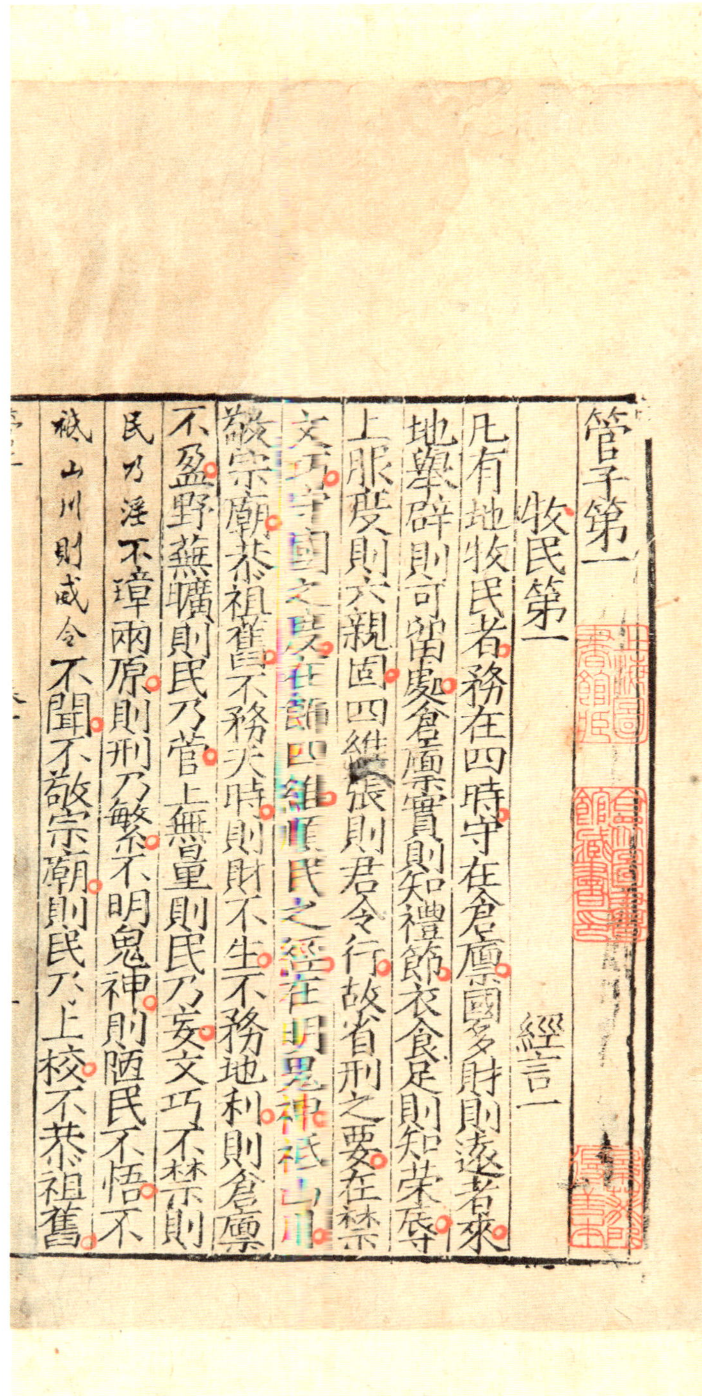

管子第一

牧民第一　經言一

凡有地牧民者務在四時守在倉廩國多財則遠者來地辟舉則民留處倉廩實則知禮節衣食足則知榮辱上服度則六親固四維張則君令行故省刑之要在禁文巧守國之度在飾四維順民之經在明鬼神祗山川敬宗廟恭祖舊不務天時則財不生不務地利則倉廩不盈野蕪曠則民乃菅上無量則民乃妄文巧不禁則民乃淫不璋兩原則刑乃繁不明鬼神則陋民不悟不祗山川則威令不聞不敬宗廟則民乃上校不恭祖舊

10413 管子二十四卷　明劉氏安正書堂刻本

匡高16.5釐米，廣11.1釐米。半葉十行，行二十一字，白口，左右雙邊。有"太歲癸巳孟春安正書堂重刊"牌記。有"景葵所得善本"等印。冒廣生、郭沫若跋。上海圖書館藏。

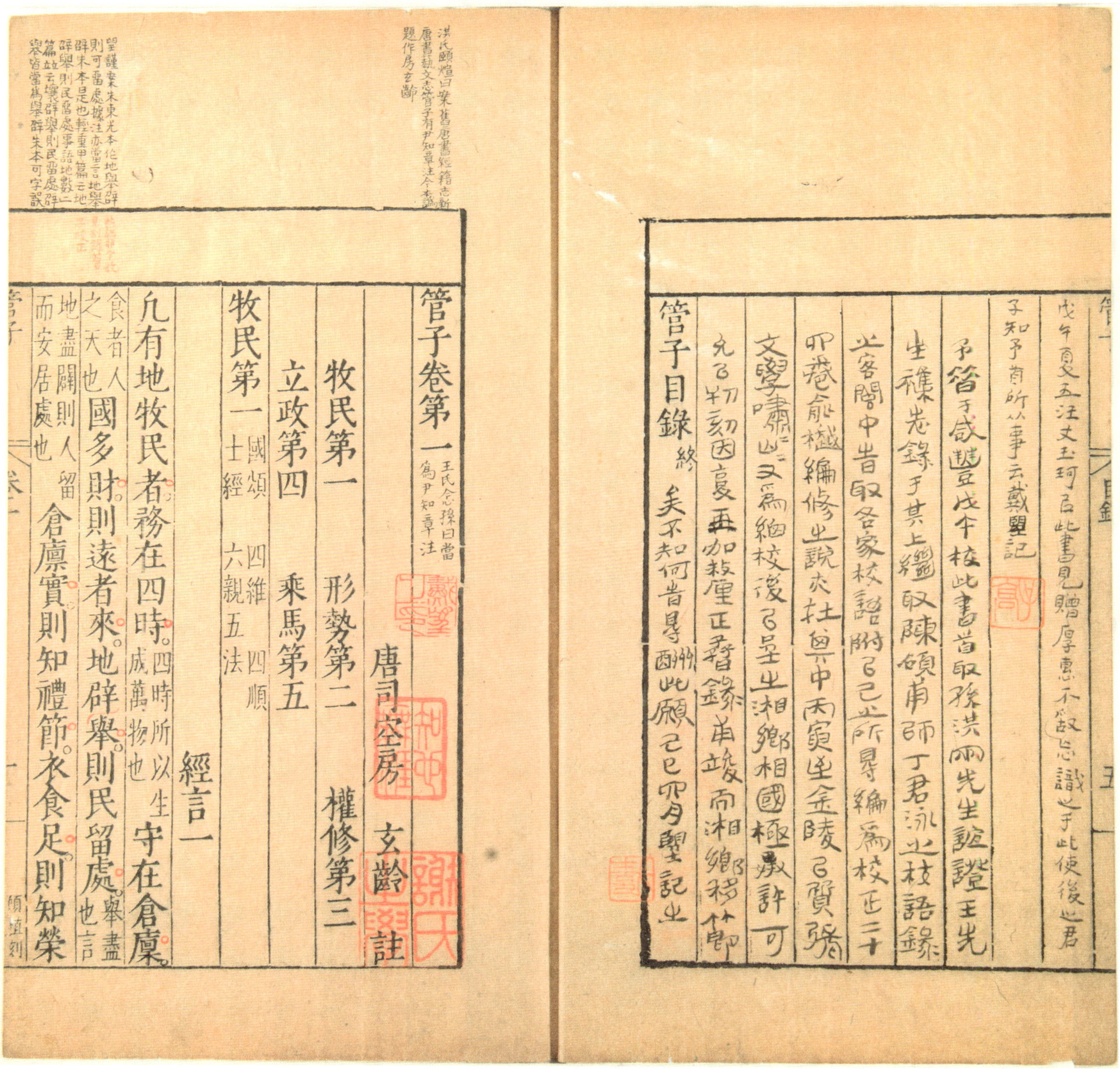

10414 管子二十四卷 （唐）房玄齡註 明萬曆十年（1582）趙用賢刻管韓合刻本

匡高 19.6 釐米，廣 12.1 釐米。半葉九行，行十九字，白口，四周單邊。有“謝氏之學”、“戴望之印”等印。戴望校跋並録孫星衍、洪頤煊、王念孫、王引之、丁士涵、俞樾校，張其鍠跋。上海圖書館藏。

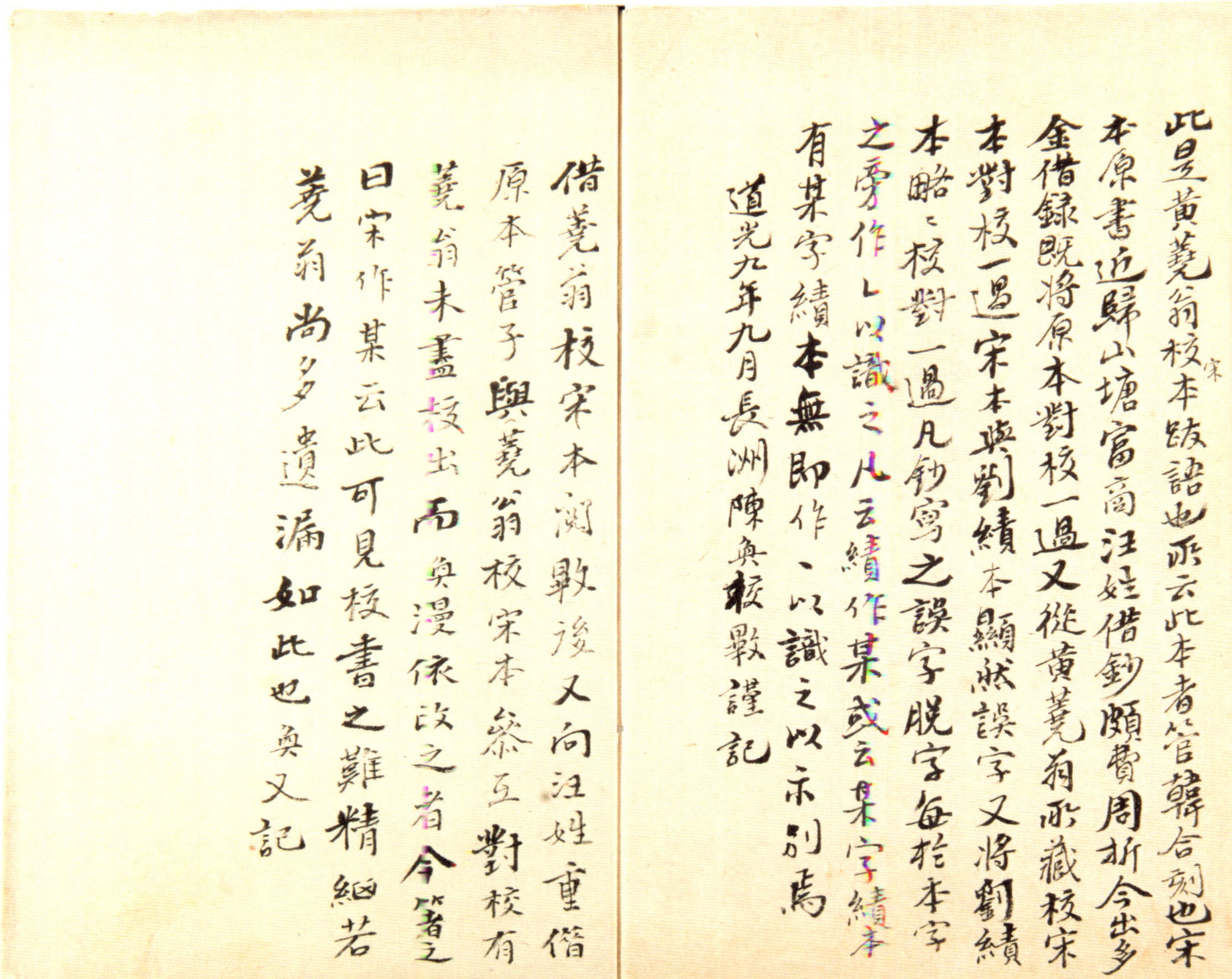

此是黃蕘翁校宋本跋語也所云此本者管韓合刻也宋本原書近歸山塘富商汪姓借鈔頗費周折今出多金借録既將原本對校一過又從黃蕘翁所藏校宋本對校一過宋本與劉績本顯然誤字又將劉績本略〻校對一過凡鈔寫之誤字脱字每於本字之旁作乚以識之凡云績作某或云某字績本有某字績本無即作丶以識之以示別焉

道光九年九月長洲陳奐校斆謹記

借蕘翁校宋本閲斆後又向汪姓重借原本管子與蕘翁校宋本參互對校有蕘翁未盡校出而奐漫依改之者今箸之曰宋作某云此可見校書之難精細若蕘翁尚多遺漏如此也 奐又記

10415 管子二十四卷 （唐）房玄齡註 清陳奐家抄本

半葉十三行，行二十三字。有“景鄭題記”等印。陳奐校跋並録陸貽典、黄丕烈跋，郭沫若、潘承弼跋。上海圖書館藏。

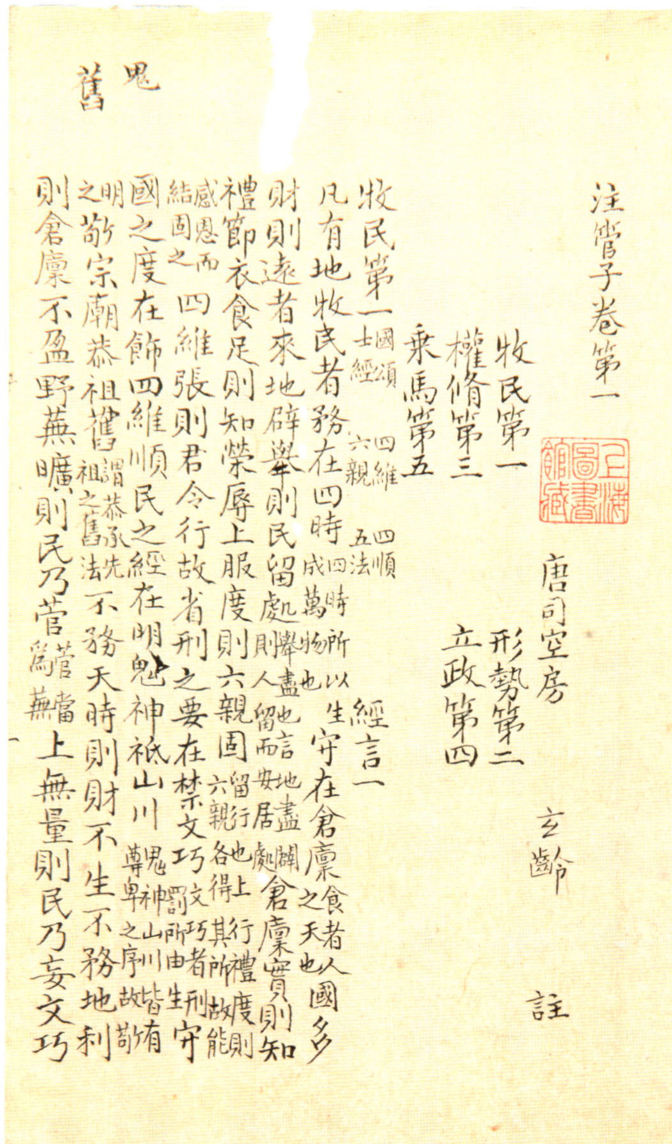

注管子卷第一

唐司空房玄齡註

牧民第一　形勢第二
權修第三　立政第四
乘馬第五

經言一

牧民第一國頌四維四順士經六親五法

凡有地牧民者務在四時四時所以生成萬物也守在倉廩食者人之天也國多
財則遠者來地辟舉則民留處舉盡也言地盡闢則人留而安居處倉廩實則知
禮節衣食足則知榮辱上服度則六親固留行也上行禮度則六親各得其所故能
感恩而結固之四維張則君令行故省刑之要在禁文巧文巧者刑罰所由生守
國之度在飾四維順民之經在明鬼神祇山川鬼神山川皆有尊卑之序故敬
明之敬宗廟恭祖舊謂恭承先祖之舊法不務天時則財不生不務地利
則倉廩不盈野蕪曠則民乃菅菅當爲蕪上無量則民乃妄文巧

鬼
舊

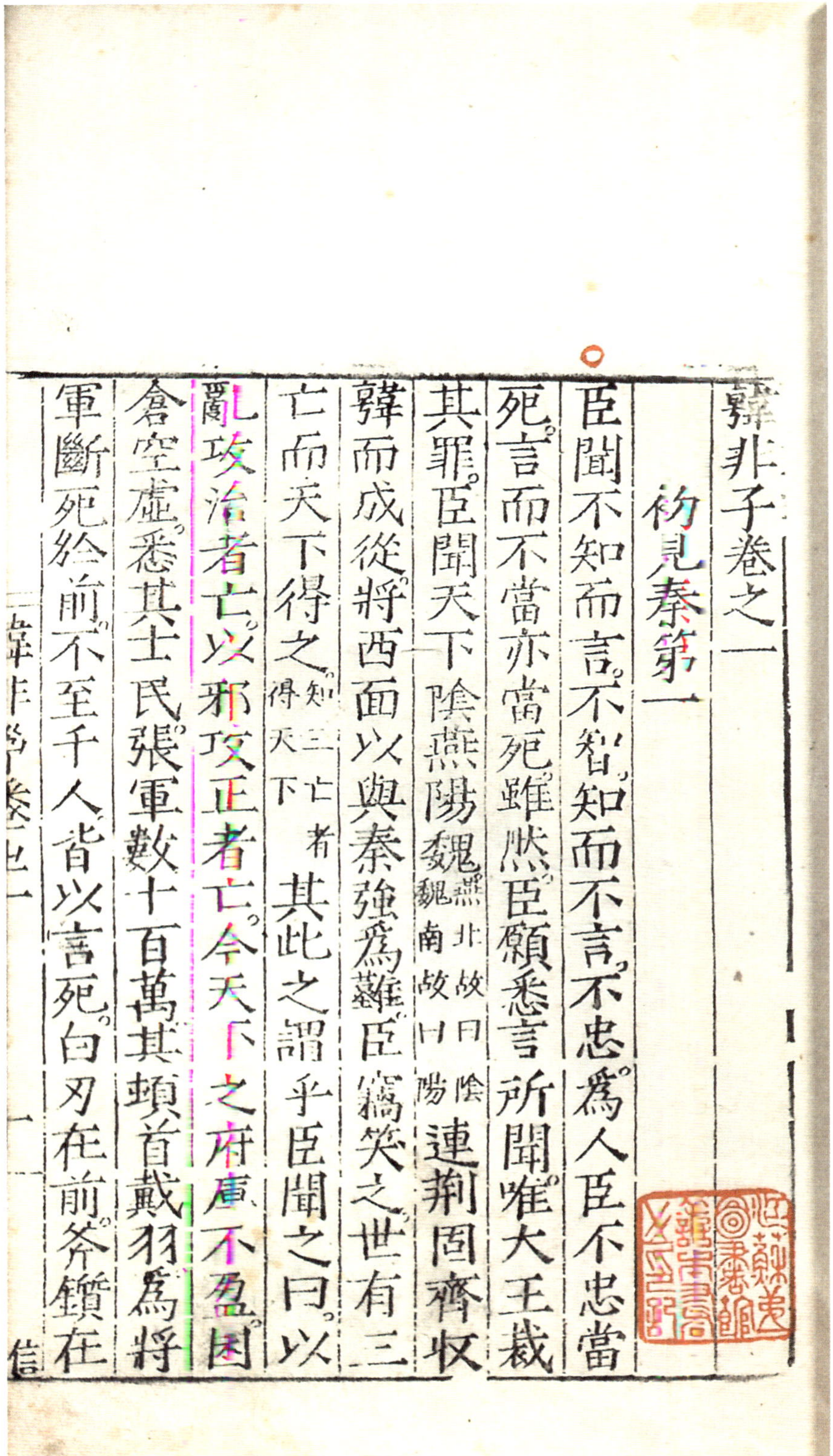
韓非子卷之一
初見秦第一
臣聞不知而言不智知而不言不忠爲人臣不忠當
死言而不當亦當死雖然臣願悉言所聞唯大王裁
其罪臣聞天下陰燕陽魏燕北故曰陰魏南故曰陽連荊固齊收
韓而成從將西面以與秦強爲難臣竊笑之世有三
亡而天下得之知三亡者得天下其此之謂乎臣聞之曰以
亂攻治者亡以邪攻正者亡今天下之府庫不盈囷
倉空虛悉其士民張軍數十百萬其頓首戴羽爲將
軍斷死於前不至千人皆以言死白刃在前斧鑕在
韓非子卷之一　一　信

10416 韓非子二十卷　明嘉靖四十年（1561）張鼎文刻本

匡高 17.9 釐米，廣 13.5 釐米。半葉十行，行二十字，白口，四周單邊。丁丙跋。南京圖書館藏。

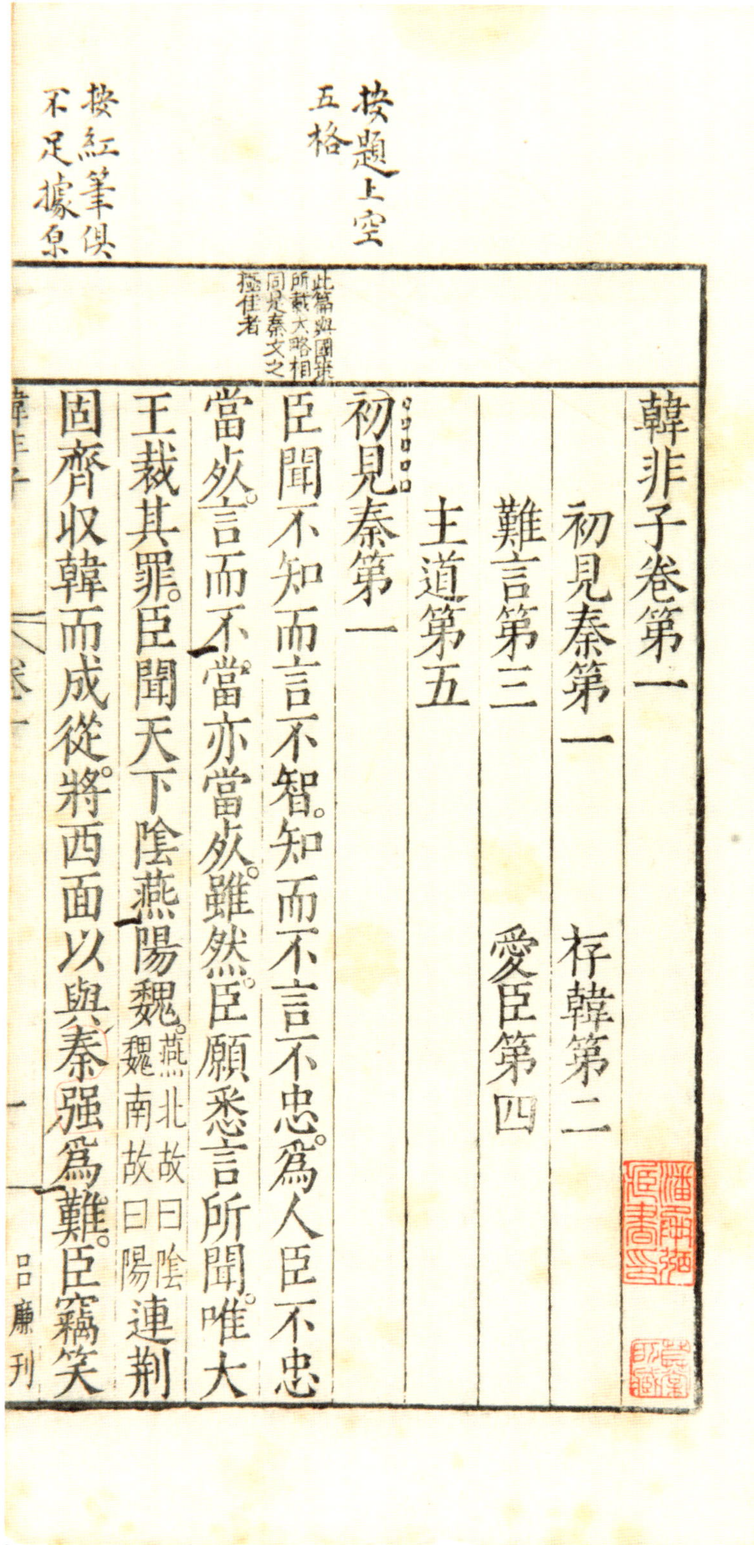
韓非子卷第一
初見秦第一　存韓第二
難言第三　愛臣第四
主道第五
初見秦第一
臣聞不知而言不智。知而不言不忠。爲人臣不忠
當死。言而不當亦當死。雖然臣願悉言所聞。唯大
王裁其罪。臣聞天下陰燕陽魏。燕北故曰陰魏南故曰陽連荆
固齊收韓而成從。將西面以與秦强爲難。臣竊笑
韓非子　卷一　一　呂廉刊

10417 韓非子二十卷　明萬曆十年（1582）趙用賢刻管韓合刻本

匡高 21.9 釐米，廣 12.2 釐米。半葉九行，行十九字，白口，四周單邊。有“獨山莫氏銅井文房藏書印”、“莫棠所藏”、“景鄭秘笈”、“潘承弼藏書印”等印。黄丕烈校。上海圖書館藏。

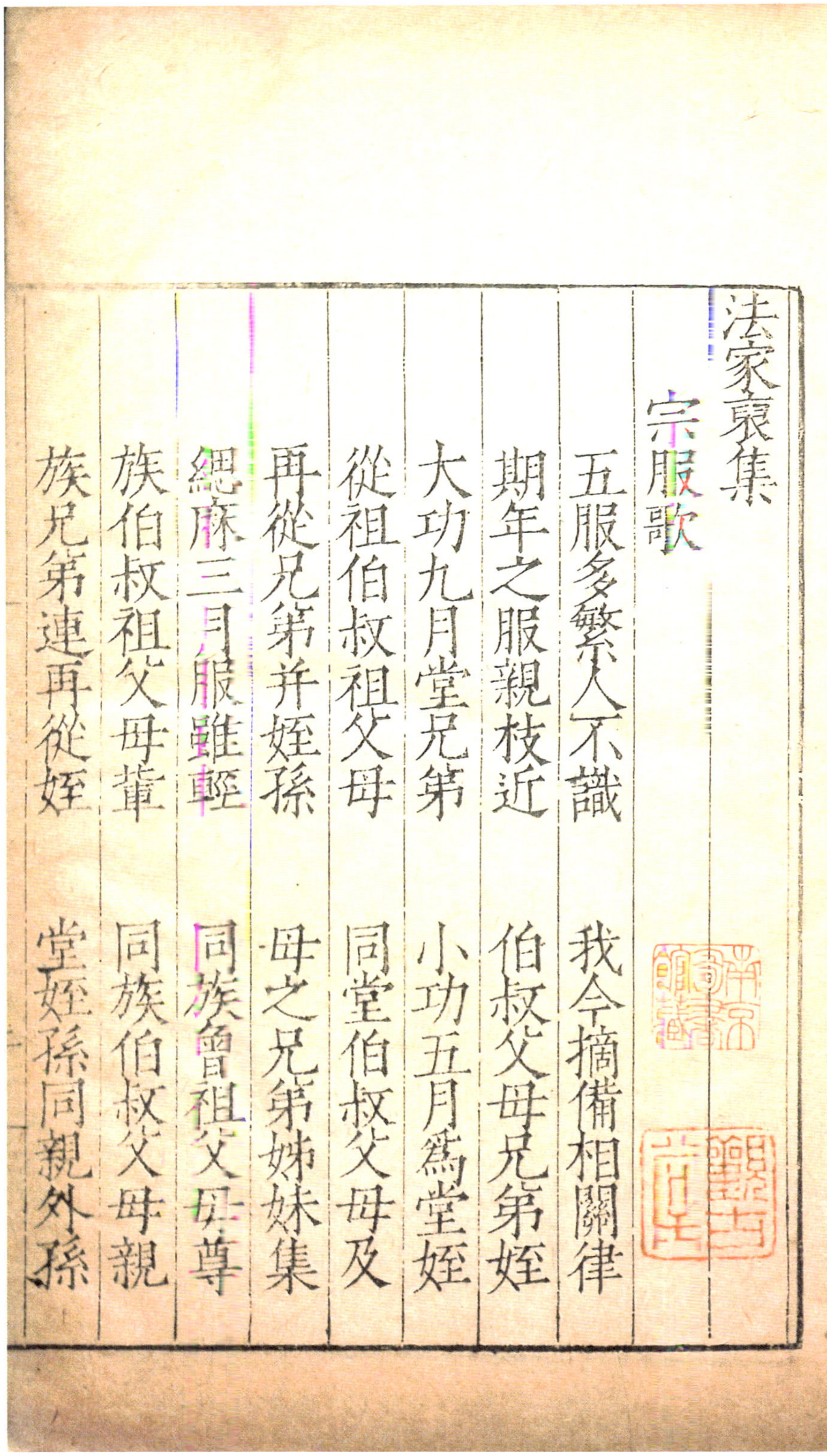

法家裒集

宗服歌

五服多繁人不識　我今摘備相關律
期年之服親枝近　伯叔父母兄弟姪
大功九月堂兄弟　小功五月爲堂姪
從祖伯叔祖父母　同堂伯叔父母及
再從兄弟并姪孫　母之兄弟姊妹集
緦麻三月服雖輕　同族曾祖父母尊
族伯叔祖父母輩　同族伯叔父母親
族兄弟連再從姪　堂姪孫同親外孫

10418 法家裒集一卷（明）蘇祐輯 明嘉靖三十年（1551）唐堯臣刻本

匡高19.1釐米，廣14釐米。半葉十行，行二十字，白口，左右雙邊。有"觀古堂"等印。南京圖書館藏。

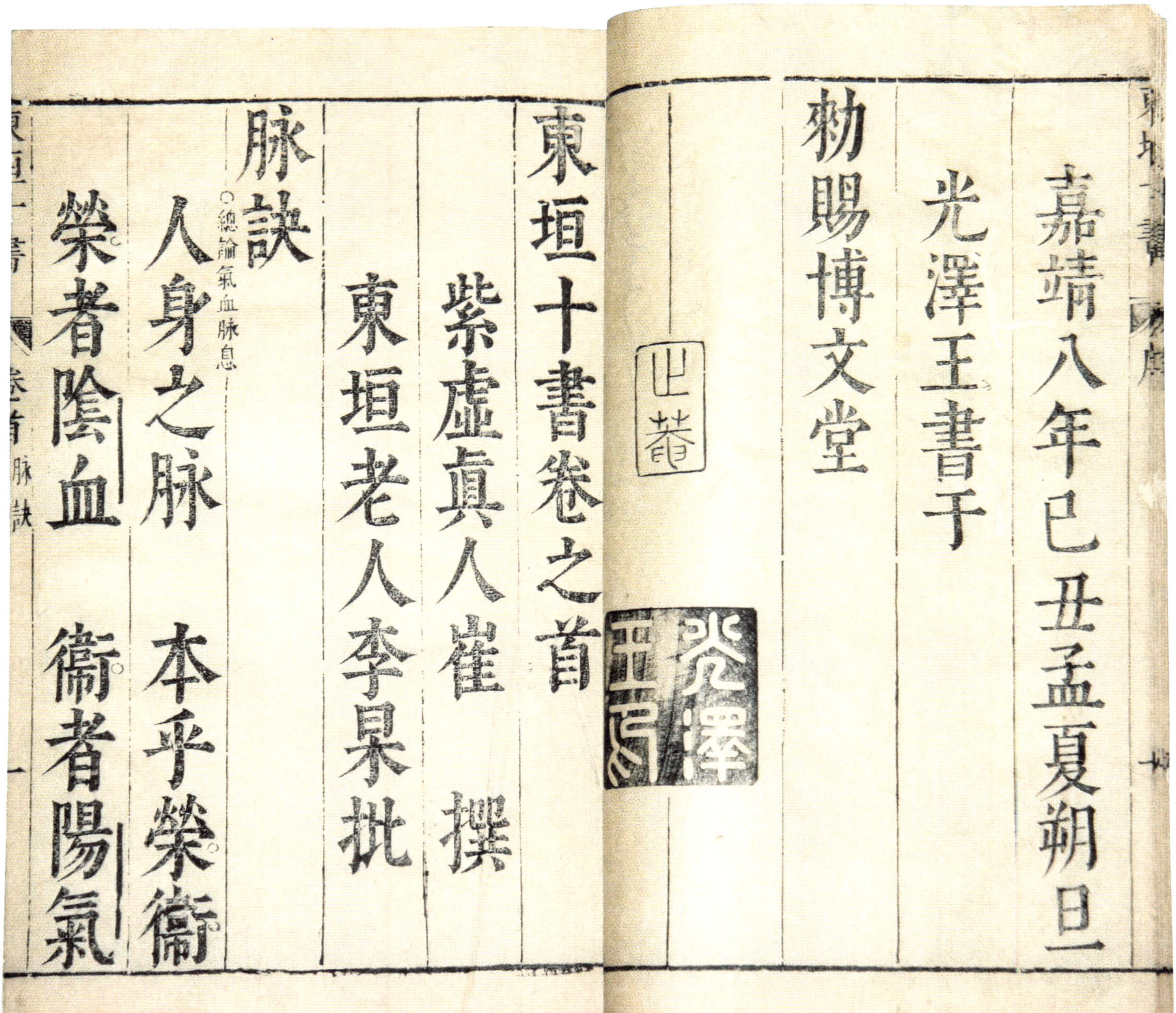

10419 東垣十書三十二卷 明吴門書林德馨堂刻本

匡高21.4釐米，廣14.2釐米。半葉九行，行二十字，白口，四周單邊。蘇州博物館藏。

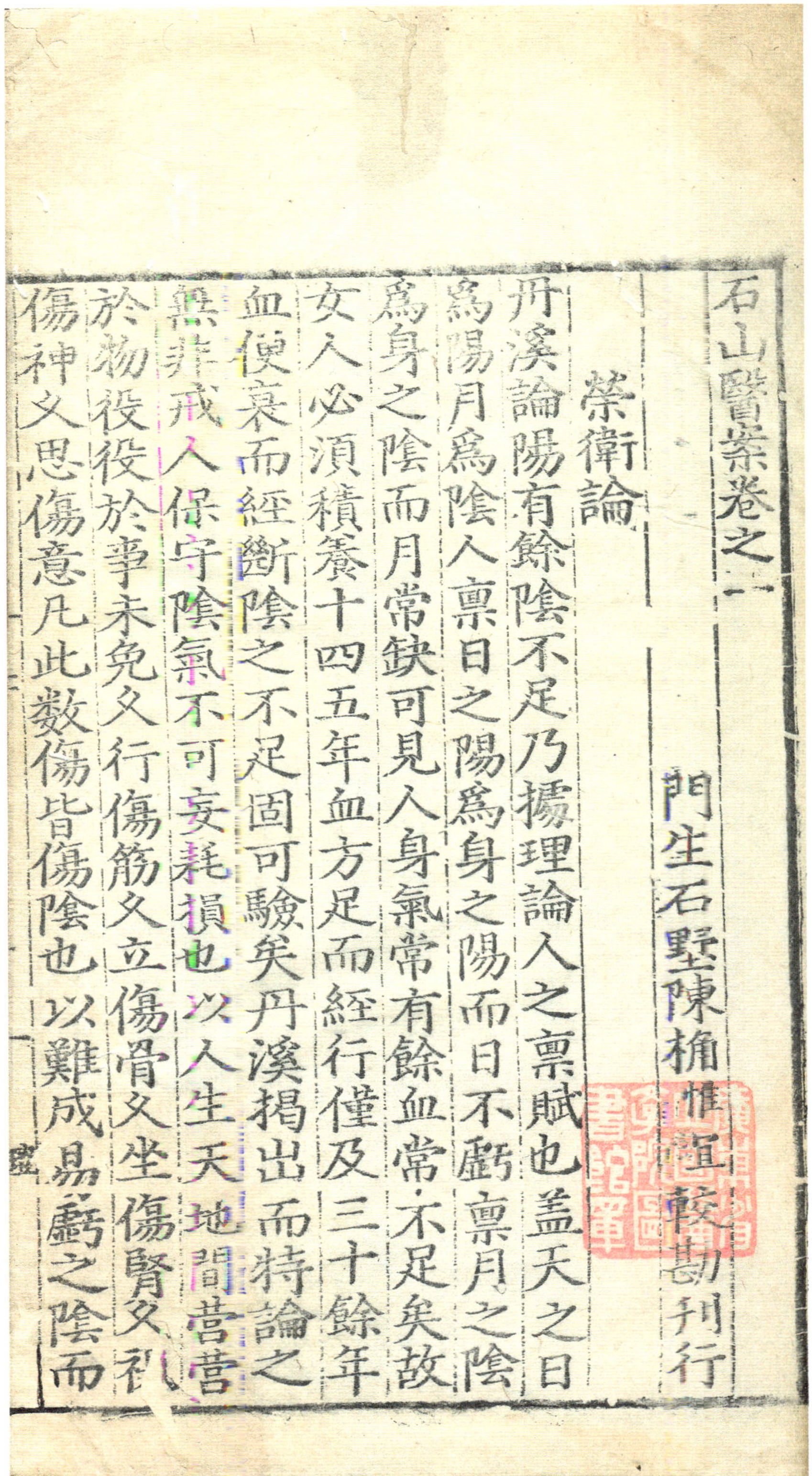
石山醫案卷之一
門生石墅陳桷惟宜較勘刊行
榮衛論
丹溪論陽有餘陰不足乃據理論人之禀賦也盖天之日爲陽月爲陰人禀日之陽爲身之陽而日不虧禀月之陰爲身之陰而月常缺可見人身氣常有餘血常不足矣故女人必須積養十四五年血方足而經行僅及三十餘年血便衰而經斷陰之不足固可驗矣丹溪揭出而特論之無非戒人保守陰氣不可妄耗損也以人生天地間營營於物役役於事未免久行傷筋久立傷骨久坐傷腎久視傷神久思傷意凡此數傷皆傷陰也以難成易虧之陰而

10420 石山醫案八種三十二卷 （明）汪機撰　明嘉靖刻崇禎祁門樸墅增刻本

匡高 19 釐米，廣 13 釐米。半葉十一行，行二十二字，白口，四周單邊。中國中醫科學院圖書館藏。

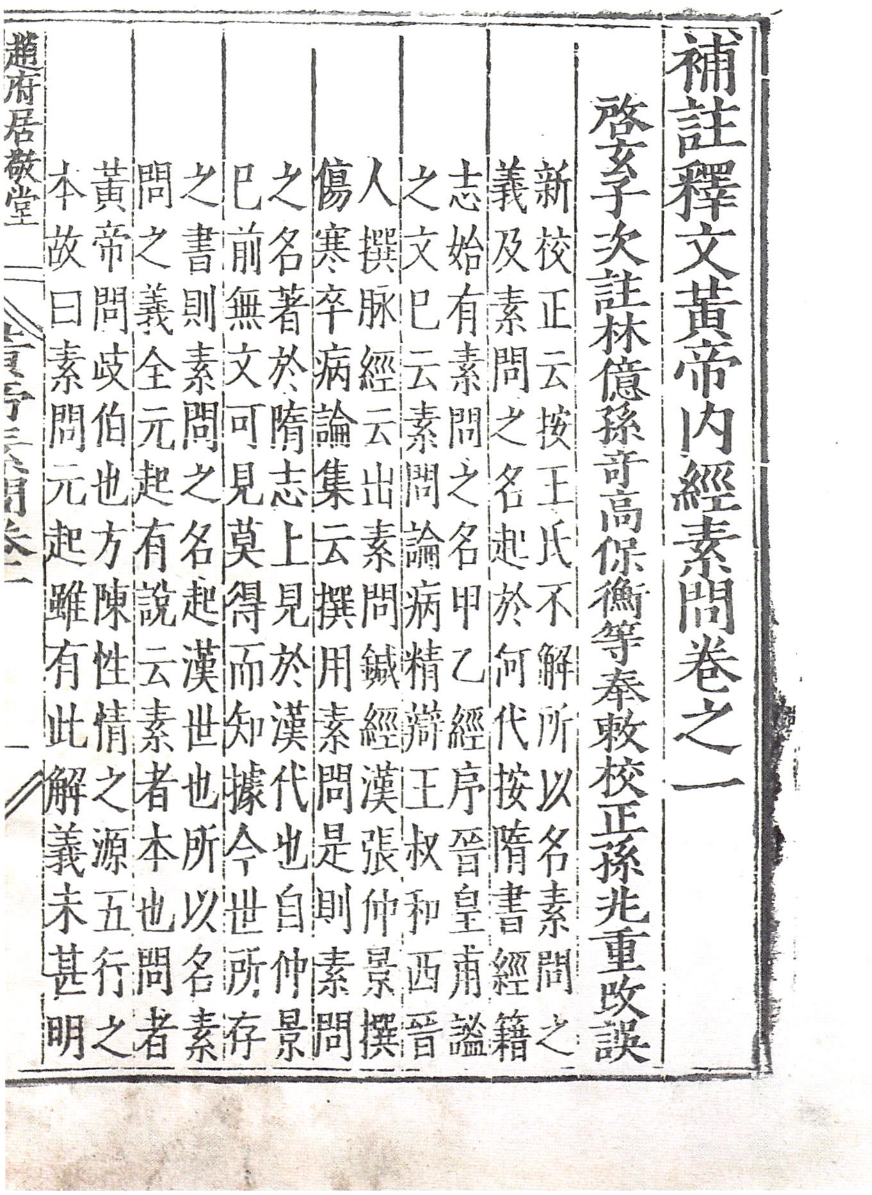
補註釋文黃帝內經素問卷之一
啓玄子次註林億孫奇高保衡等奉敕校正孫兆重改誤
新校正云按王氏不解所以名素問之義及素問之名起於何代按隋書經籍志始有素問之名甲乙經序晉皇甫謐之文已云素問論病精辯王叔和西晉人撰脉經云出素問鍼經漢張仲景撰傷寒卒病論集云撰用素問是則素問之名著於隋志上見於漢代也自仲景已前無文可見莫得而知據今世所存之書則素問之名起漢世也所以名素問之義全元起有說云素者本也問者黃帝問岐伯也方陳性情之源五行之本故曰素問元起雖有此解義未甚明
趙府居敬堂

10421 補註釋文黃帝內經素問十二卷 (唐)王冰註 (宋)林億等校正 (宋)孫兆改誤 **遺篇一卷　黃帝素問靈樞經十二卷** (宋)史崧音釋　明趙府居敬堂刻本

匡高 19.9 釐米，廣 14 釐米。半葉八行，行十七字，黑口，四周雙邊。南京圖書館藏。

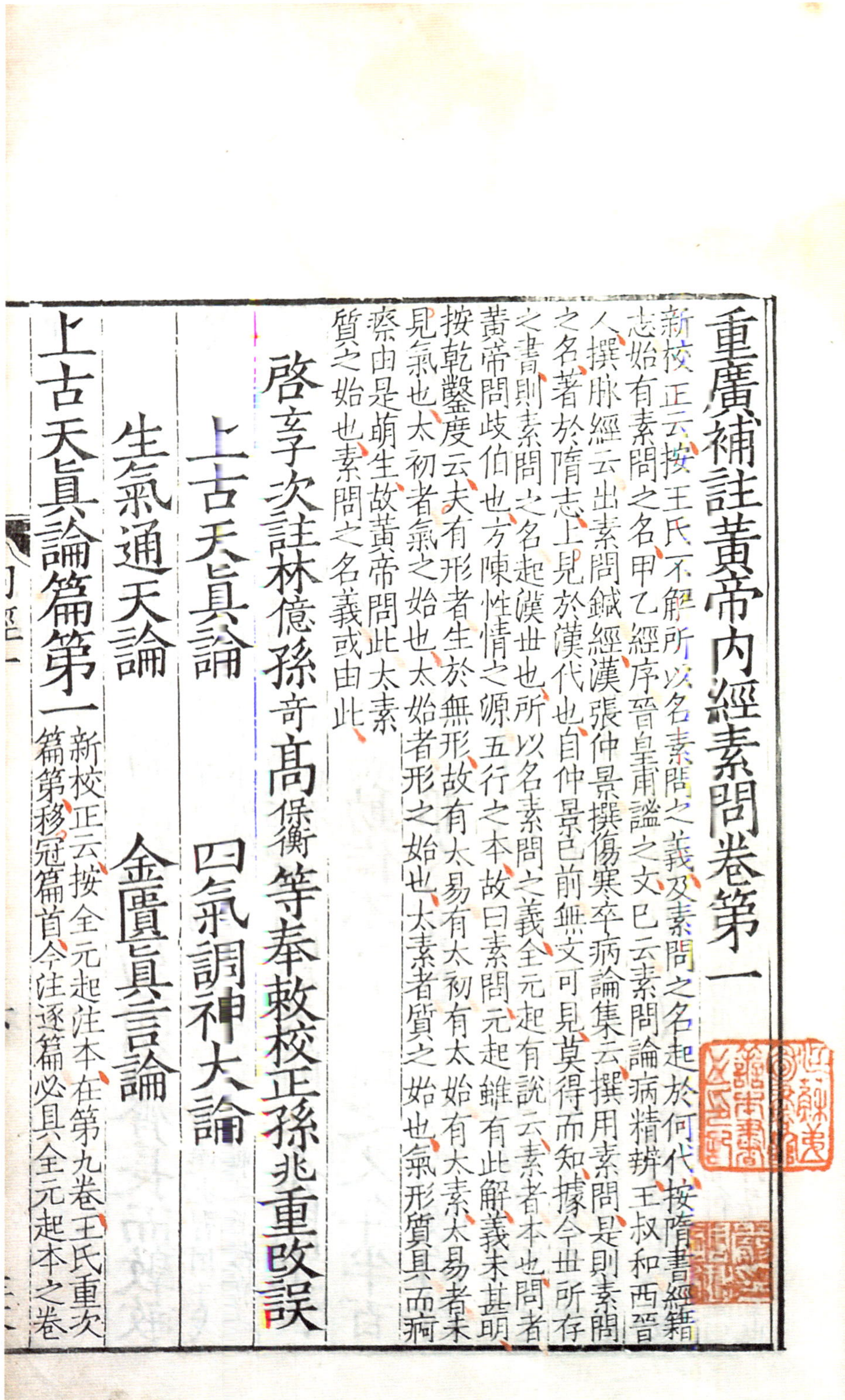

重廣補註黃帝內經素問卷第一

新校正云按王氏不解所以名素問之義及素問之名起於何代按隋書經籍志始有素問之名甲乙經序晉皇甫謐之文已云素問論病精辨王叔和西晉人撰脉經云出素問鍼經漢張仲景撰傷寒卒病論集云撰用素問是則素問之名著於隋志上見於漢代也自仲景已前無文可見莫得而知據今世所存之書則素問之名起漢世也所以名素問之義全元起有說云素者本也問者黃帝問岐伯也方陳性情之源五行之本故曰素問元起雖有此解義未甚明按乾鑿度云夫有形者生於無形故有太易有太初有太始有太素太易者未見氣也太初者氣之始也太始者形之始也太素者質之始也氣形質具而痾瘵由是萌生故黃帝問此太素質之始也素問之名義或由此

啓玄子次註林億孫奇高保衡等奉敕校正孫兆重改誤

上古天眞論　四氣調神大論

生氣通天論　金匱眞言論

上古天眞論篇第一 新校正云按全元起注本在第九卷王氏重次篇第移冠篇首今注逐篇必具全元起本之卷

10422 重廣補註黃帝內經素問二十四卷 （唐）王冰註 （宋）林億等校正 （宋）孫兆改誤 明嘉靖二十九年（1550）顧從德影宋刻本

匡高21.7釐米，廣15.7釐米。半葉十行，行二十字，小字雙行三十字，白口，左右雙邊。丁丙跋。南京圖書館藏。

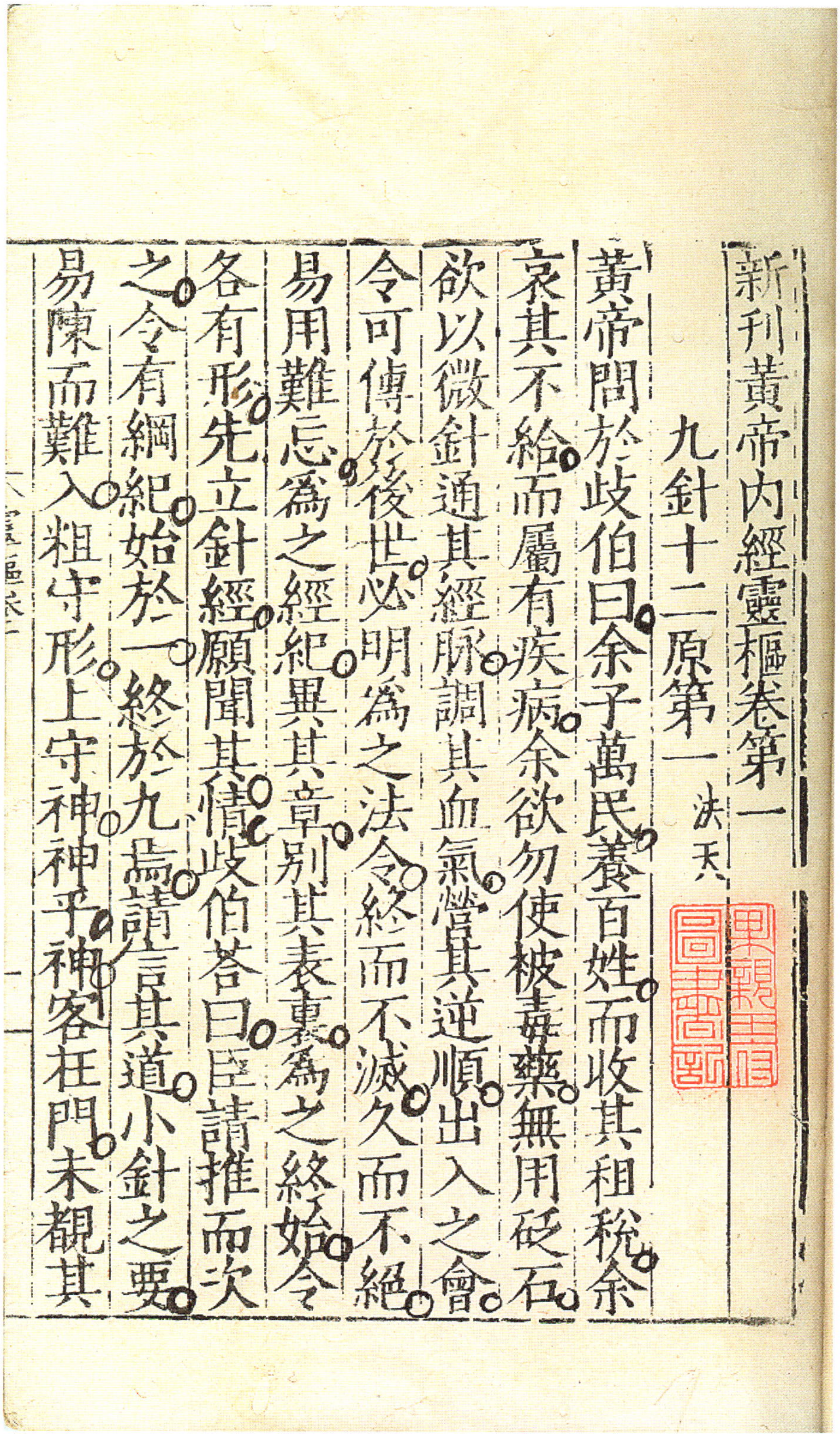
新刊黃帝内經靈樞卷第一
九針十二原第一　法天
黃帝問於岐伯曰余子萬民養百姓而收其租稅余
哀其不給而屬有疾病余欲勿使被毒藥無用砭石
欲以微針通其經脉調其血氣營其逆順出入之會
令可傳於後世必明爲之法令終而不滅久而不絶
易用難忘爲之經紀異其章別其表裏爲之終始令
各有形先立針經願聞其情岐伯荅曰臣請推而次
之令有綱紀始於一終於九焉請言其道小針之要
易陳而難入粗守形上守神神乎神客在門未覩其

10423 新刊黃帝内經靈樞二十四卷 （宋）史崧音釋　明刻本

匡高 21 釐米，廣 15.5 釐米。半葉十行，行二十字，白口，左右雙邊。有"果親王府圖書記"等印。湖南省社會科學院圖書館藏。

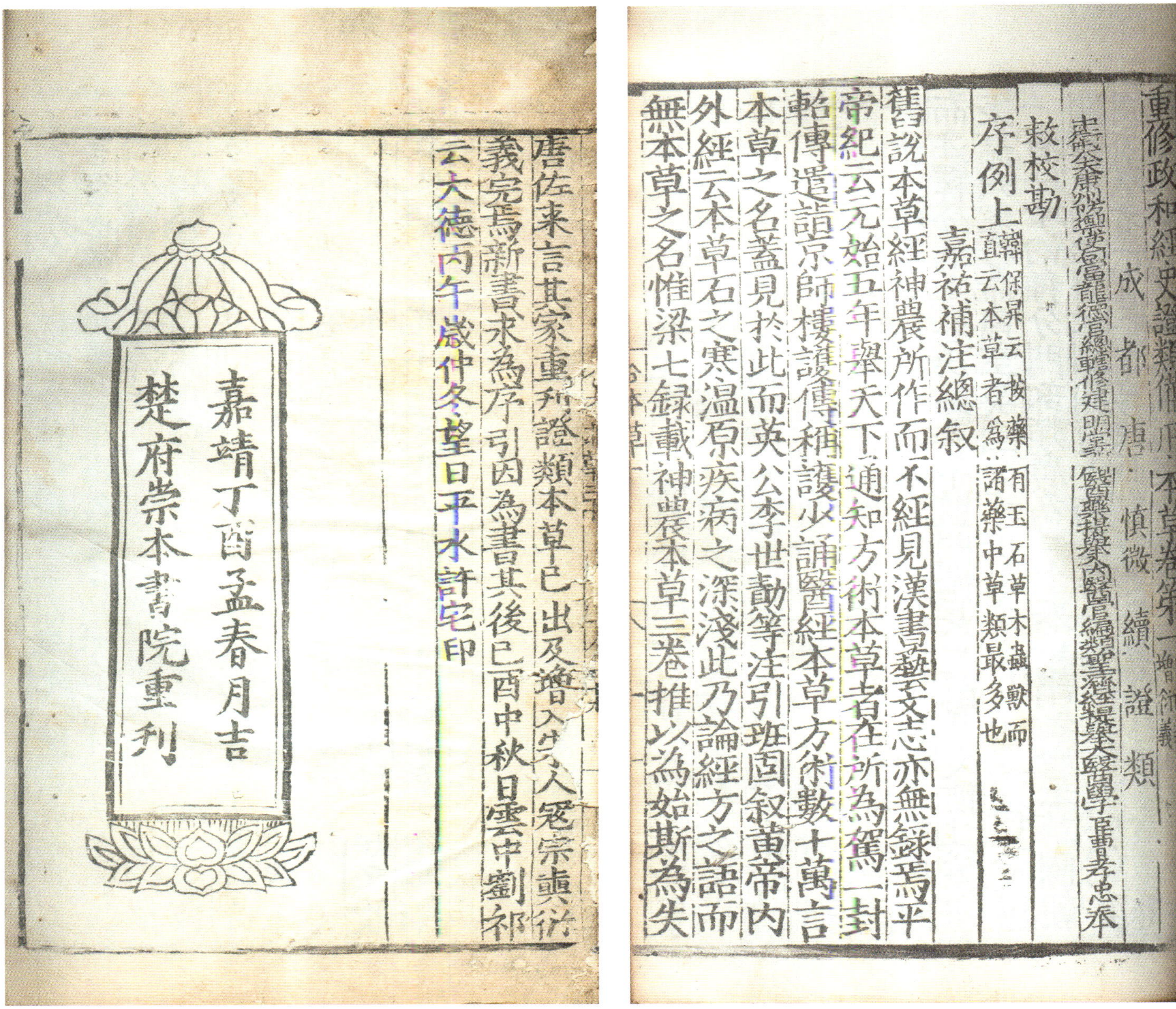

10424 重修政和經史證類備用本草三十卷 （宋）唐慎微撰 （宋）寇宗奭衍義 明嘉靖十六年（1537）楚府崇本書院刻本

匡高 26.3 釐米，廣 17 釐米。半葉十二行，行二十三字，白口，四周單邊。有“嘉靖丁酉孟春月吉楚府崇本書院重刊”牌記。有“曾藏烏程龐氏家”等印。四川大學圖書館藏。

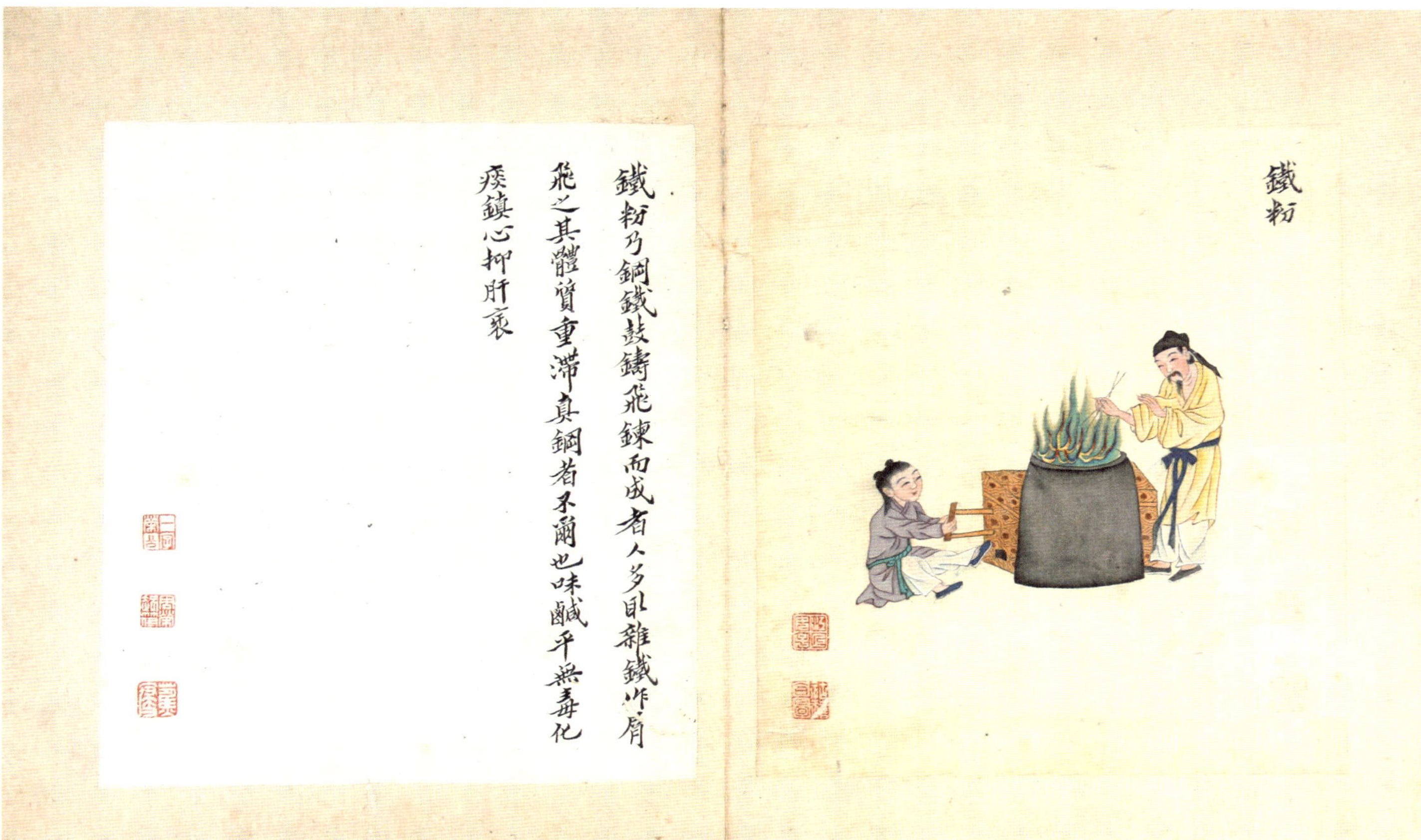

鐵粉乃鋼鐵鼓鑄飛鍊而成者人多以雜鐵作屑飛之其體質重滯真鋼若不爾也味鹹平無毒化痰鎮心抑肝衺

10425 本草圖譜□卷 明周榮起抄周淑祜、周淑禧彩繪本

經折裝。匡高 23.7 釐米，廣 20.5 釐米。半葉八行，行二十至二十二字。國家圖書館藏，存三卷。

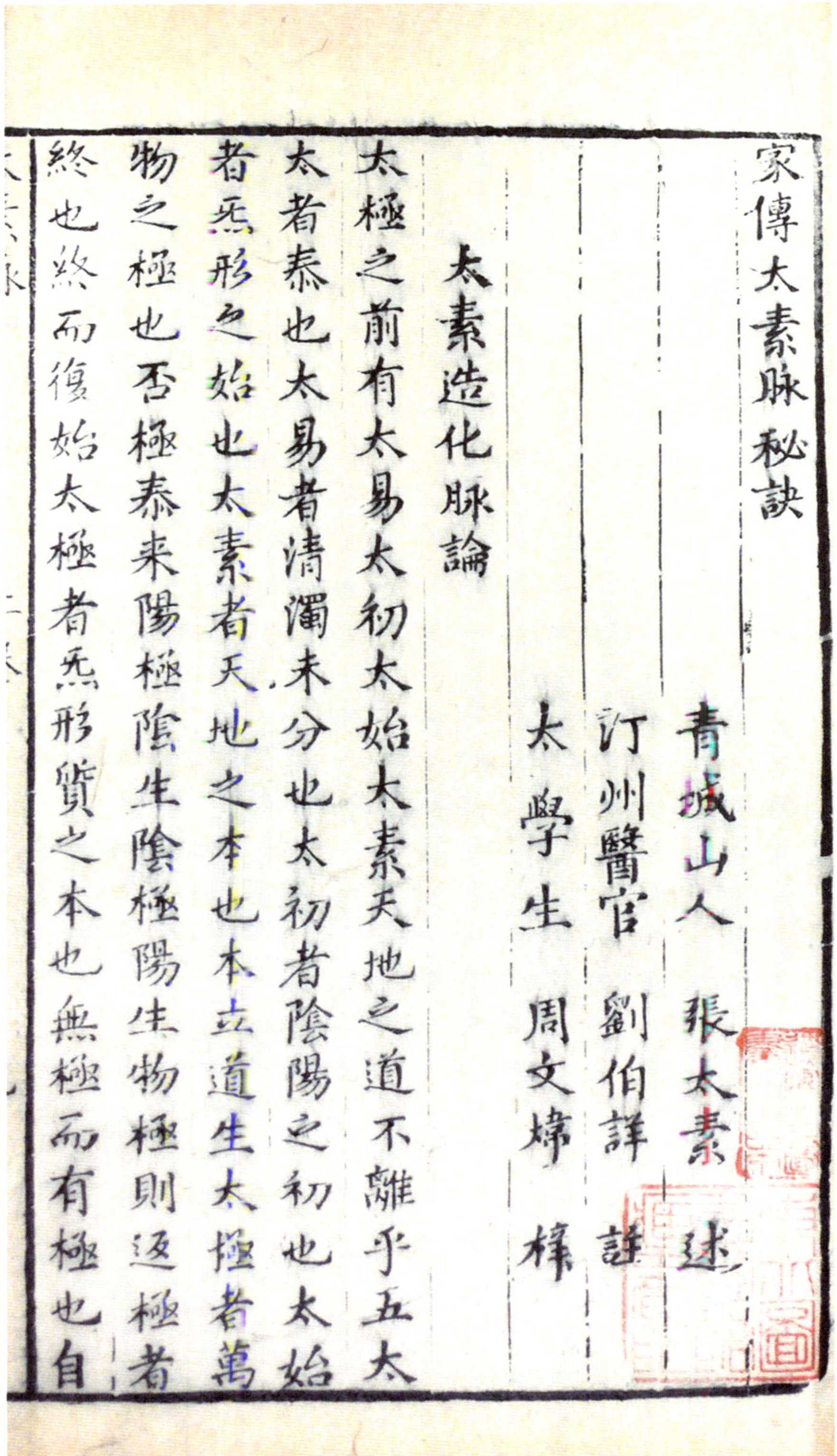

10426 家傳太素脈秘訣二卷 （明）劉伯祥註 明周文煒刻本

匡高22.9釐米，廣14釐米。半葉十行，行二十二字，白口，四周雙邊。遼寧省圖書館藏。

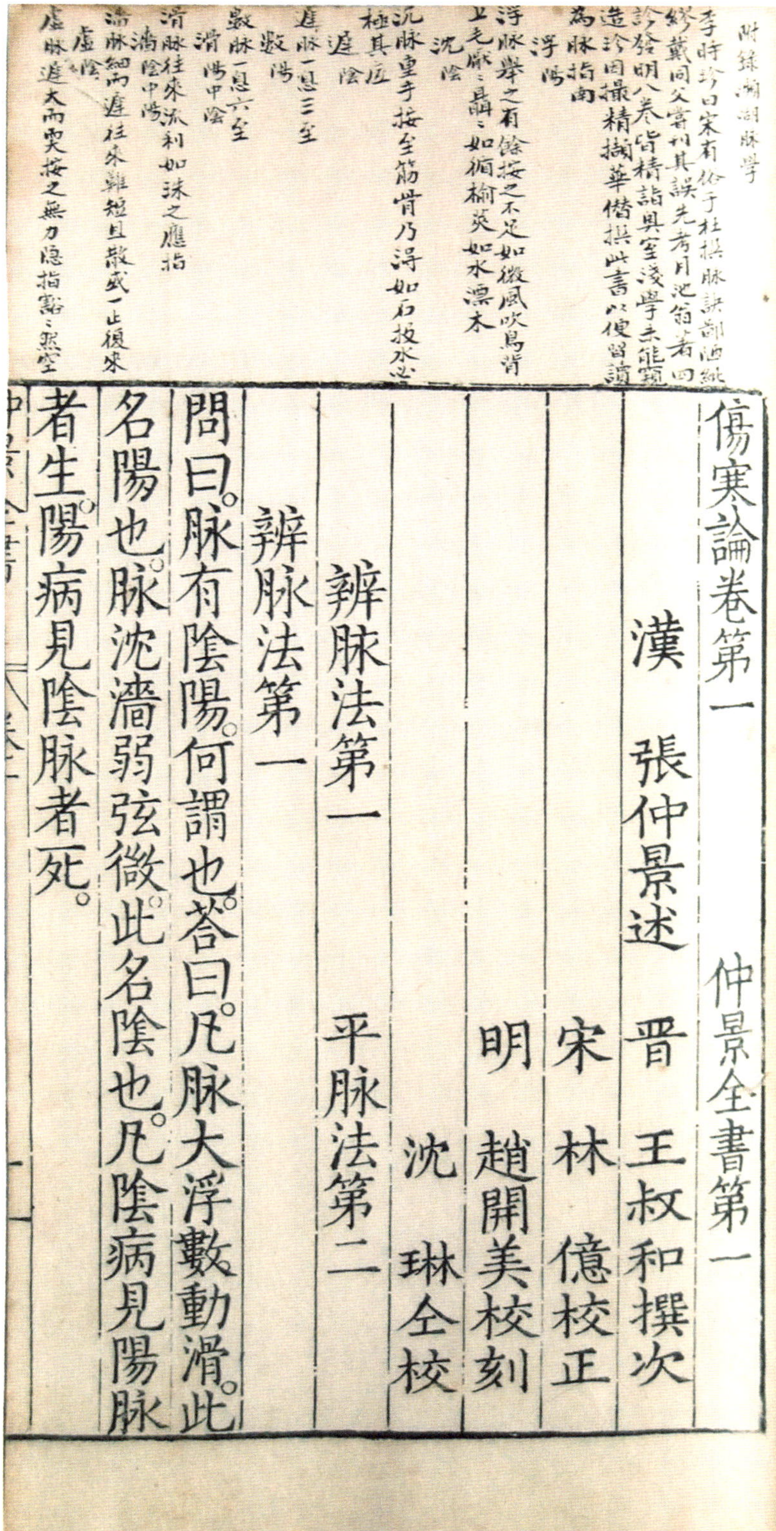

傷寒論卷第一　仲景全書第一
漢　張仲景述　晉　王叔和撰次
宋　林　億校正
明　趙開美校刻
沈　琳仝校
辨脉法第一　平脉法第二
辨脉法第一
問曰。脉有陰陽。何謂也。荅曰。凡脉大浮數動滑。此
名陽也。脉沈濇弱弦微。此名陰也。凡陰病見陽脉
者生。陽病見陰脉者死。

10427 仲景全書二十六卷 （漢）張機撰 明萬曆二十七年（1599）趙開美刻本

匡高 18.5 釐米，廣 13 釐米。半葉十行，行十九字，白口，四周單邊。中國醫科大學圖書館藏。

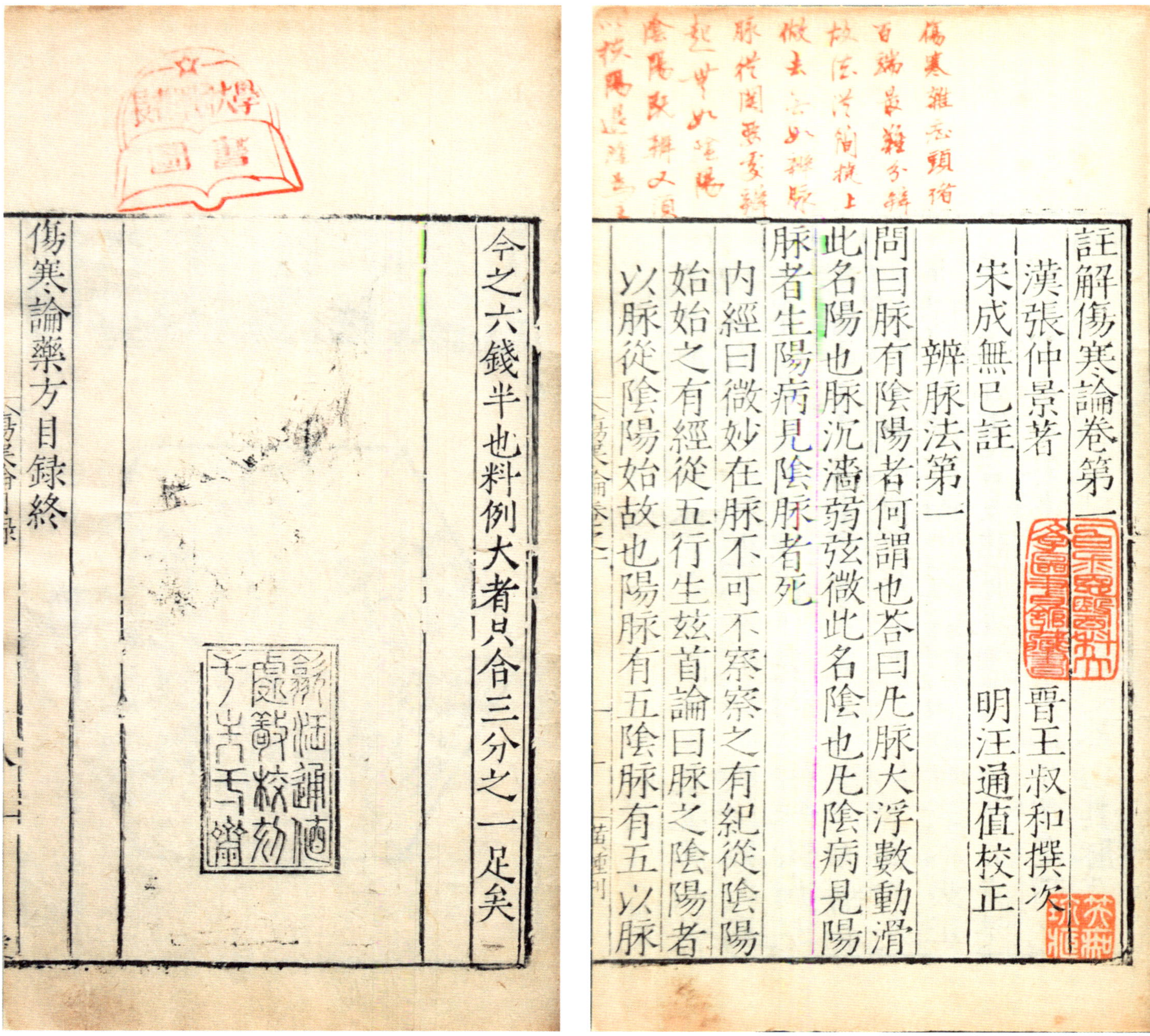

今之六錢半也料例大者只合三分之一足矣

傷寒論藥方目録終

歙汪通直處敬校刻于主式齋

註解傷寒論卷第一

漢張仲景著　晉王叔和撰次

宋成無己註　明汪通值校正

辨脉法第一

問曰脉有陰陽者何謂也荅曰凡脉大浮數動滑此名陽也脉沉濇弱弦微此名陰也凡陰病見陽脉者生陽病見陰脉者死

内經曰微妙在脉不可不察察之有紀從陰陽始始之有經從五行生兹首論曰脉之陰陽者以脉從陰陽始故也陽脉有五陰脉有五以脉

10428 註解傷寒論十卷 （金）成無己撰 **圖解運氣圖一卷** 明嘉靖二十四年（1545）汪通值主式齋刻本

匡高18.5釐米，廣12.5釐米。半葉十行，行十九字，白口，左右雙邊。有"歙汪通直處敬校刻于主式齋"牌記。有"笑痴珍藏"、"太醫世家"等印。吉林大學圖書館藏。

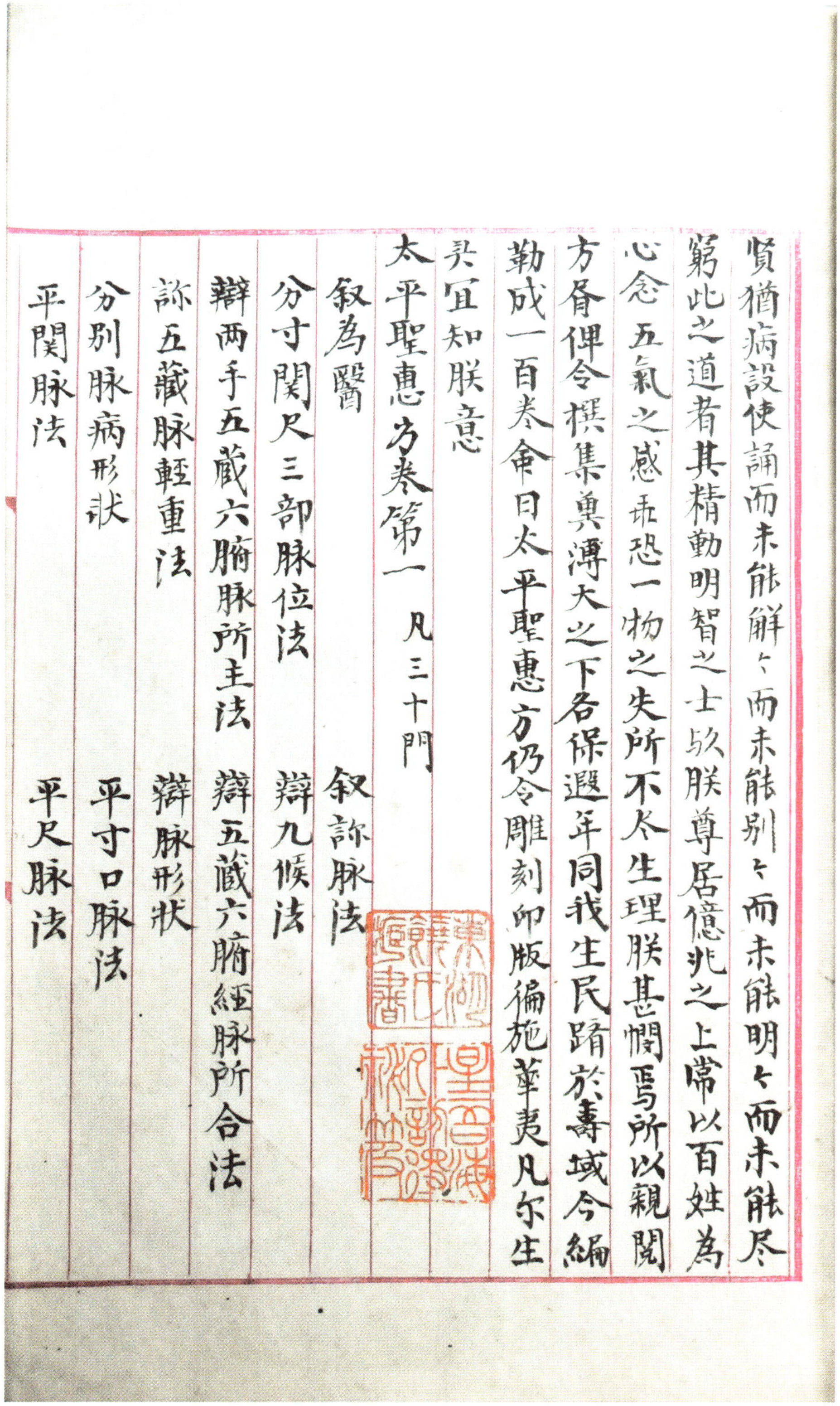
賢猶病設使誦而未能解〻而未能别〻而未能明〻而未能盡
窮此之道者其精勤明智之士歟朕尊居億兆之上常以百姓爲
心念五氣之感乖恐一物之失所不盡生理朕甚憫焉所以親閲
方書俾令撰集冀溥天之下各保遐年同我生民躋於壽域今編
勒成一百卷命曰太平聖惠方仍令雕刻印版徧施華夷凡尔生
靈宜知朕意
太平聖惠方卷第一　凡三十門
叙爲醫　叙診脉法
分寸關尺三部脉位法　辯九候法
辯兩手五藏六腑脉所主法　辯五藏六腑經脉所合法
診五藏脉輕重法　辯脉形狀
分别脉病形狀　平寸口脉法
平關脉法　平尺脉法

10429 太平聖惠方一百卷　（宋）王懷隱等撰 清抄本

匡高22.3釐米，廣16.4釐米。半葉十三行，行二十五字，红格，白口，左右雙邊。有"星吾海外訪得秘笈"、"東湖饒氏藏書"等印。楊守敬跋。四川省圖書館藏。

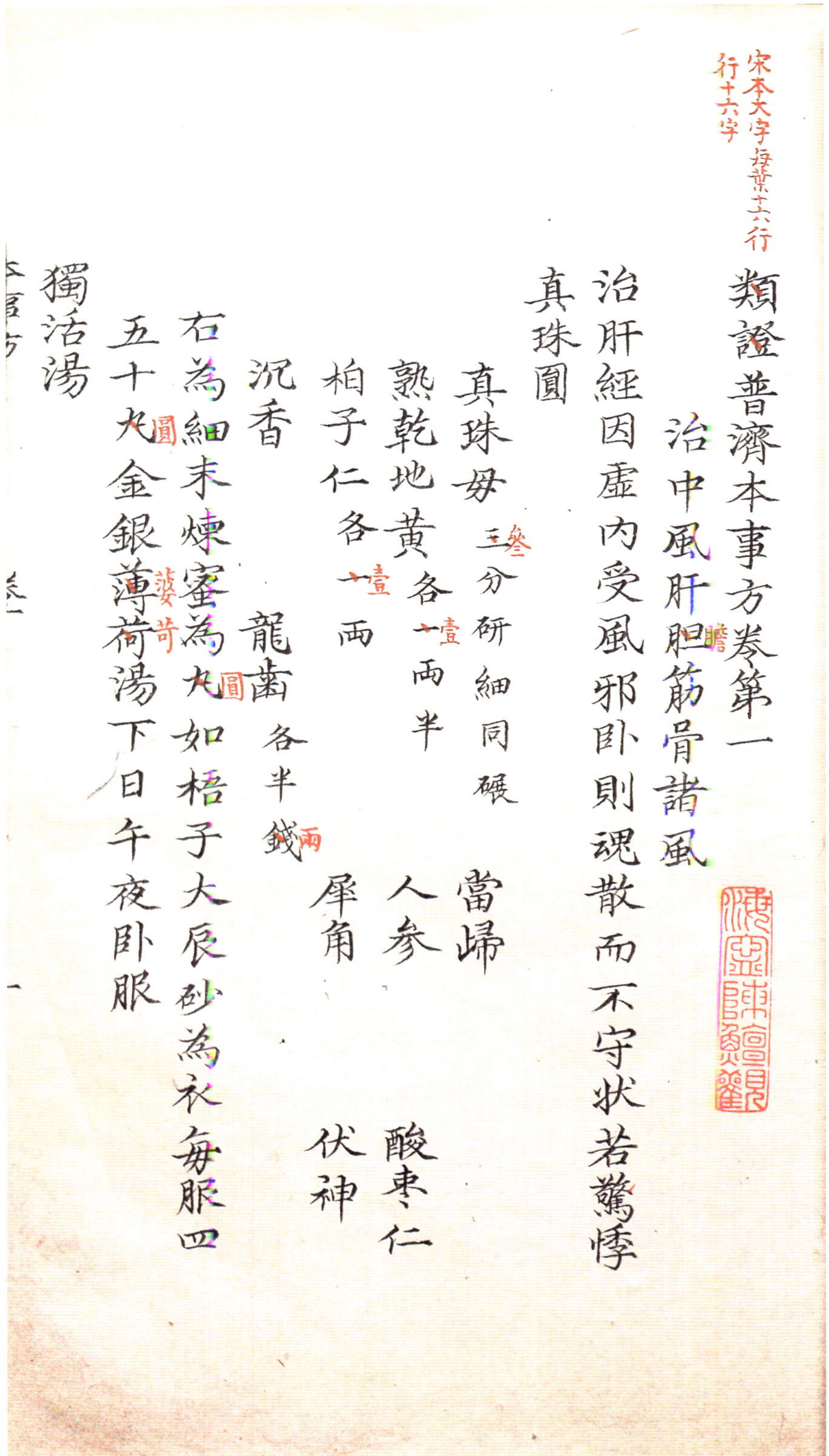

10430 類證普濟本事方十卷　（宋）許叔微撰　清抄本

半葉十一行，行二十字。有“海寧陳鱣觀”等印。陳鱣校跋並録黄丕烈題識，楊沂孫校並跋，丁丙跋。南京圖書館藏。

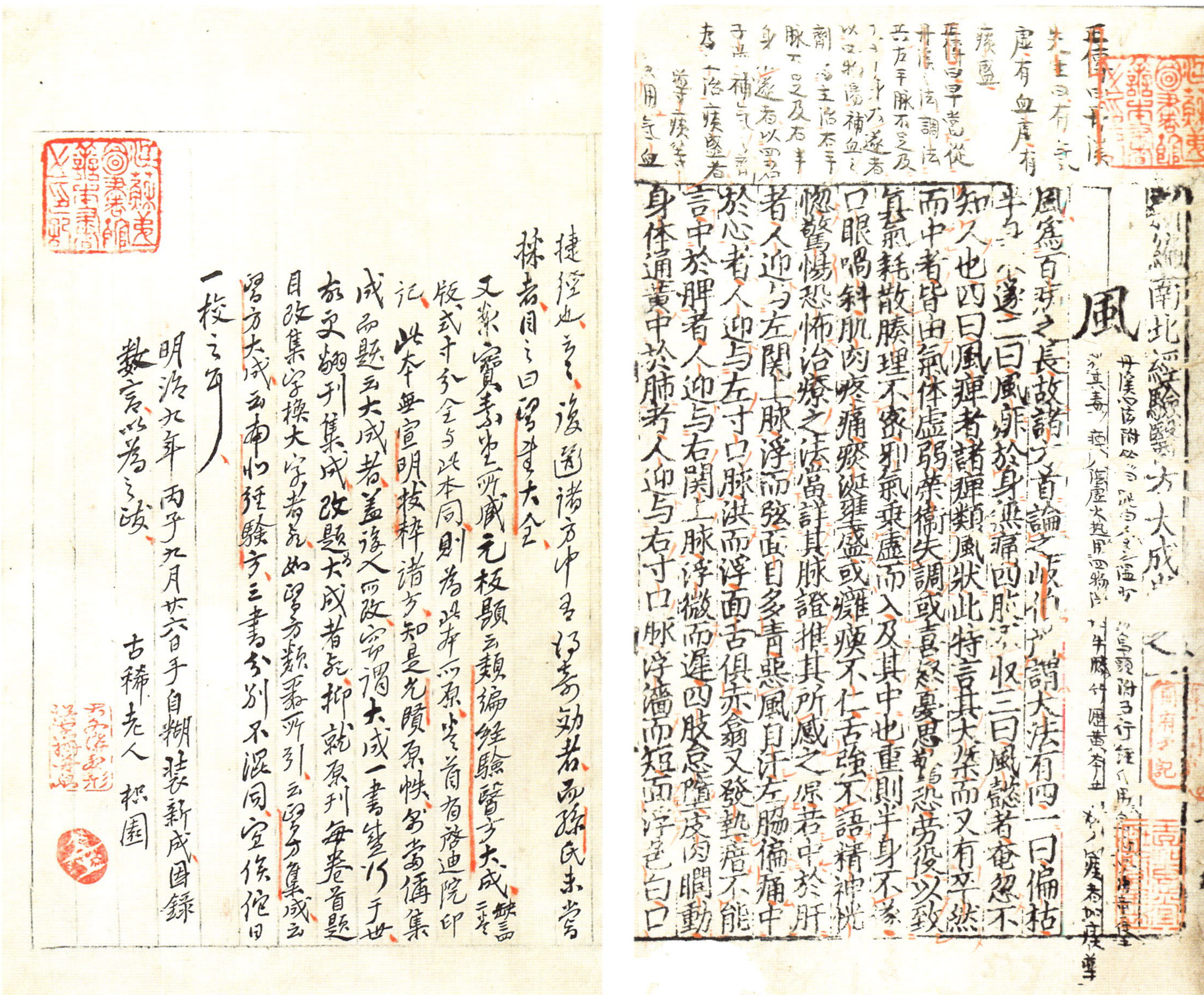

10431 新編南北經驗醫方大成十卷 （元）孫允賢撰 （明）熊彦明輯 明初刻本

匡高17.9釐米，廣12.8釐米。半葉十四行，行二十四字，黑口，四周單邊或左右雙邊。有“錢塘丁氏藏書”、“嘉惠堂藏閲書”等印。丁丙、森立之跋。南京圖書館藏。

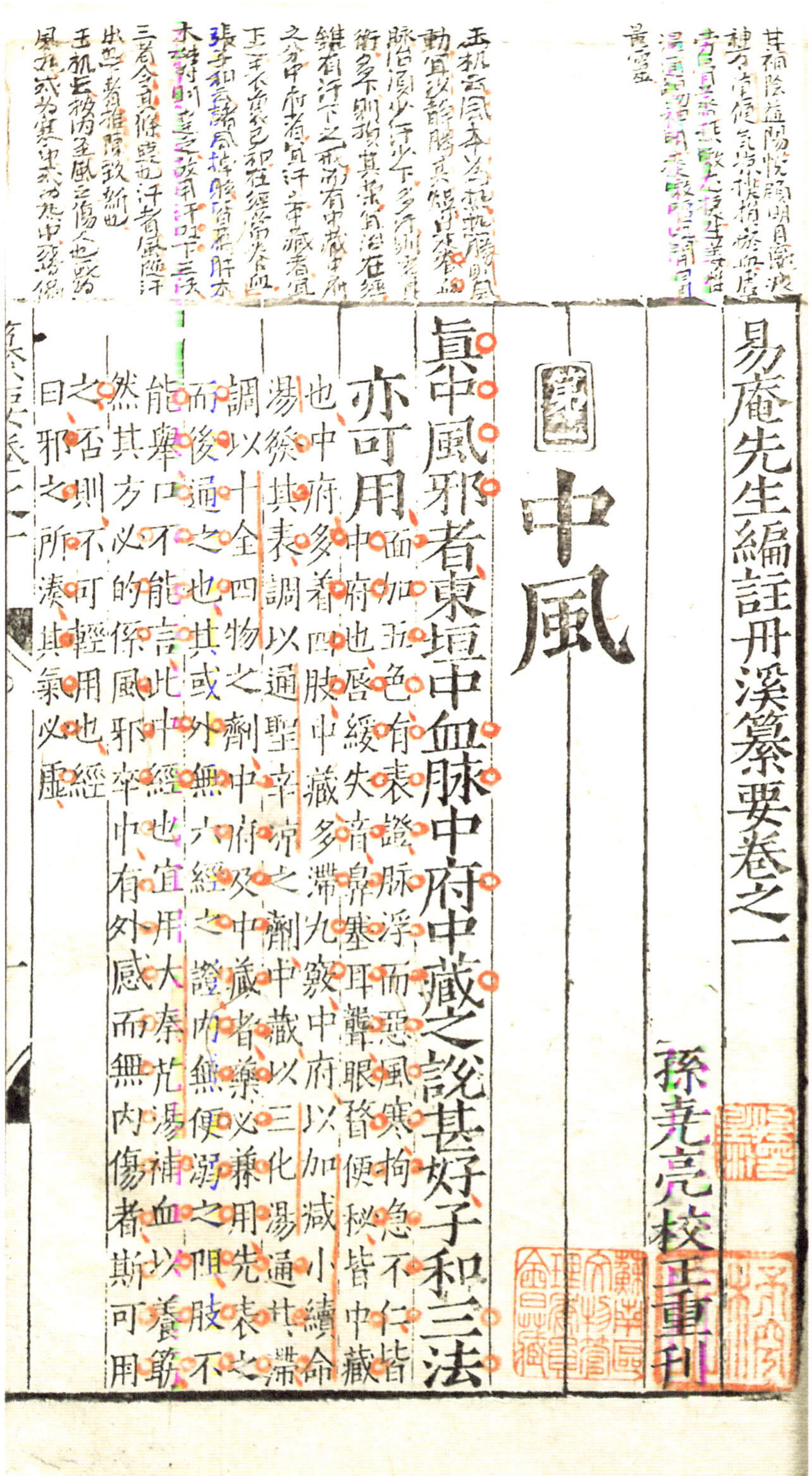
易庵先生編註丹溪纂要卷之一

孫光亮校正重刊

中風

中風邪者東垣中血脉中府中藏之説甚好子和三法亦可用面加五色有表證脉浮而惡風寒拘急不仁皆中府也唇緩失音鼻塞耳聾眼瞀便秘皆中藏也中府多着四肢中藏多滯九竅中府以加減續命湯發其表調以通聖辛涼之劑中藏以三化湯通其滯調以十全四物之劑中府及中藏者藥必兼用先表之而後通之也其或外無六經之證內無便溺之阻肢不能舉口不能言此中經也宜用大秦艽湯補血以養筋然其方必的係風邪卒中有外感而無內傷者斯可用之否則不可輕用也經曰邪之所湊其氣必虛

10432 易庵先生編註丹溪纂要四卷 （元）朱震亨撰 （明）盧和注 明嘉靖刻本

匡高 19 釐米，廣 13.4 釐米。半葉十行，行二十二字，小字雙行同，白口，四周單邊。有“孫印星衍”等印。南京圖書館藏。

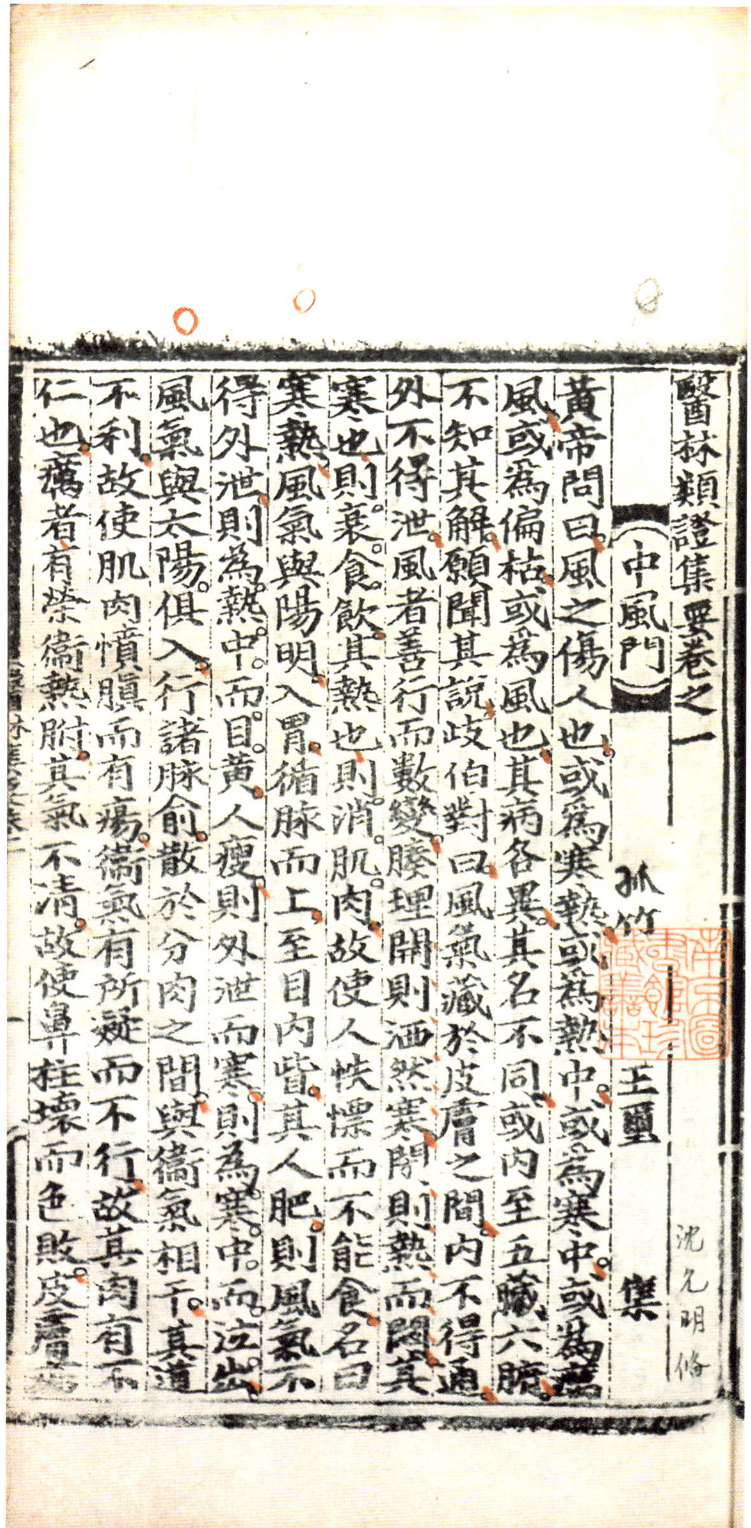

醫林類證集要卷之一

（中風門）　孤竹　王璽　集

沈允明　修

黃帝問曰風之傷人也或爲寒熱或爲熱中或爲寒中或爲癘風或爲偏枯或爲風也其病各異其名不同或內至五藏六腑不知其解願聞其說歧伯對曰風氣藏於皮膚之間內不得通外不得泄風者善行而數變腠理開則洒然寒閉則熱而悶其寒也則衰食飲其熱也則消肌肉故使人怢慄而不能食名曰寒熱風氣與陽明入胃循脉而上至目內眥其人肥則風氣不得外泄則爲熱中而目黃人瘦則外泄而寒則爲寒中而泣出風氣與太陽俱入行諸脉俞散於分肉之間與衛氣相干其道不利故使肌肉憤䐜而有瘍衛氣有所凝而不行故其肉有不仁也癘者有榮衛熱胕其氣不清故使鼻柱壞而色敗皮膚瘍

10433 醫林類證集要十卷　（明）王璽撰　明成化十八年（1482）春德堂刻本

匡高 19.5 釐米，廣 13 釐米。半葉十二行，行二十四字，黑口，四周雙邊。

南京圖書館藏。

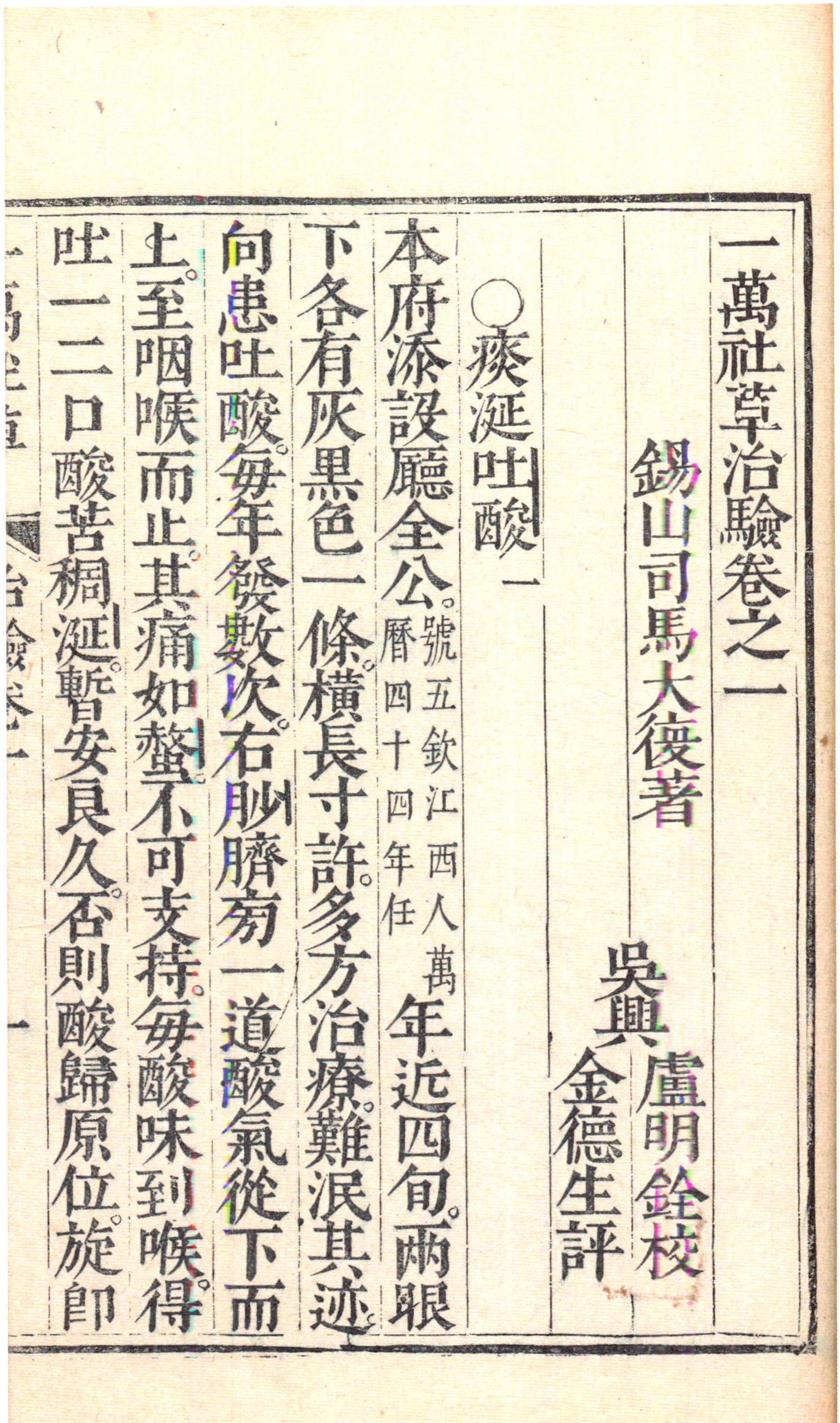

一萬社草治驗卷之一

錫山司馬大復著　吳興盧明銓校　金德生評

○痰涎吐酸　一

本府添設廳全公號五欽江西人萬曆四十四年任年近四旬兩眼下各有灰黒色一條橫長寸許多方治療難泯其迹向患吐酸每年發數次右脇臍旁一道酸氣從下而上至咽喉而止其痛如盤不可支持每酸味到喉得吐一二口酸苦稠涎暫安良久否則酸歸原位旋即

一萬社草治驗卷之一　一

10434 一萬社草十二卷（明）盧明銓輯 明天啓刻本

匡高 21.3 釐米，廣 14.4 釐米。半葉九行，行二十字，白口，四周雙邊。無錫市圖書館藏，存八卷。

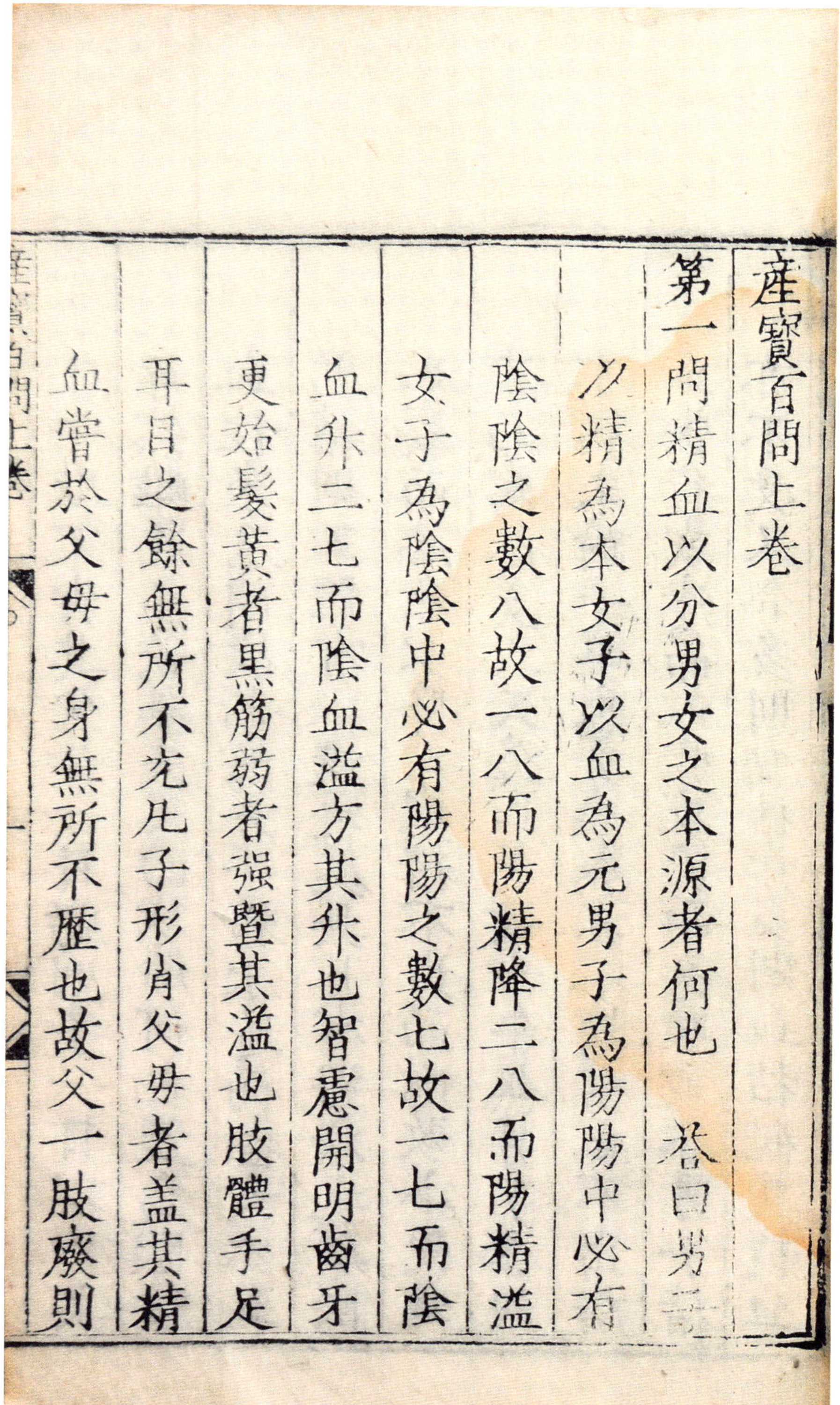

產寶百問上卷

第一問精血以分男女之本源者何也　荅曰男子以精為本女子以血為元男子為陽陽中必有陰陰之數八故一八而陽精降二八而陽精溢女子為陰陰中必有陽陽之數七故一七而陰血升二七而陰血溢方其升也智慮開明齒牙更始髮黃者黑筋弱者强豐其溢也肢體手足耳目之餘無所不充凡子形肖父母者盖其精血嘗於父母之身無所不歷也故父一肢廢則

產寶百問上卷

10435 產寶百問二卷產寶百問前論九篇 （元）朱震亨輯　明嘉靖三十八年（1559）刻本

匡高 22.6 釐米，廣 16 釐米。半葉九行，行二十字，白口，四周雙邊。吉林大學圖書館藏。

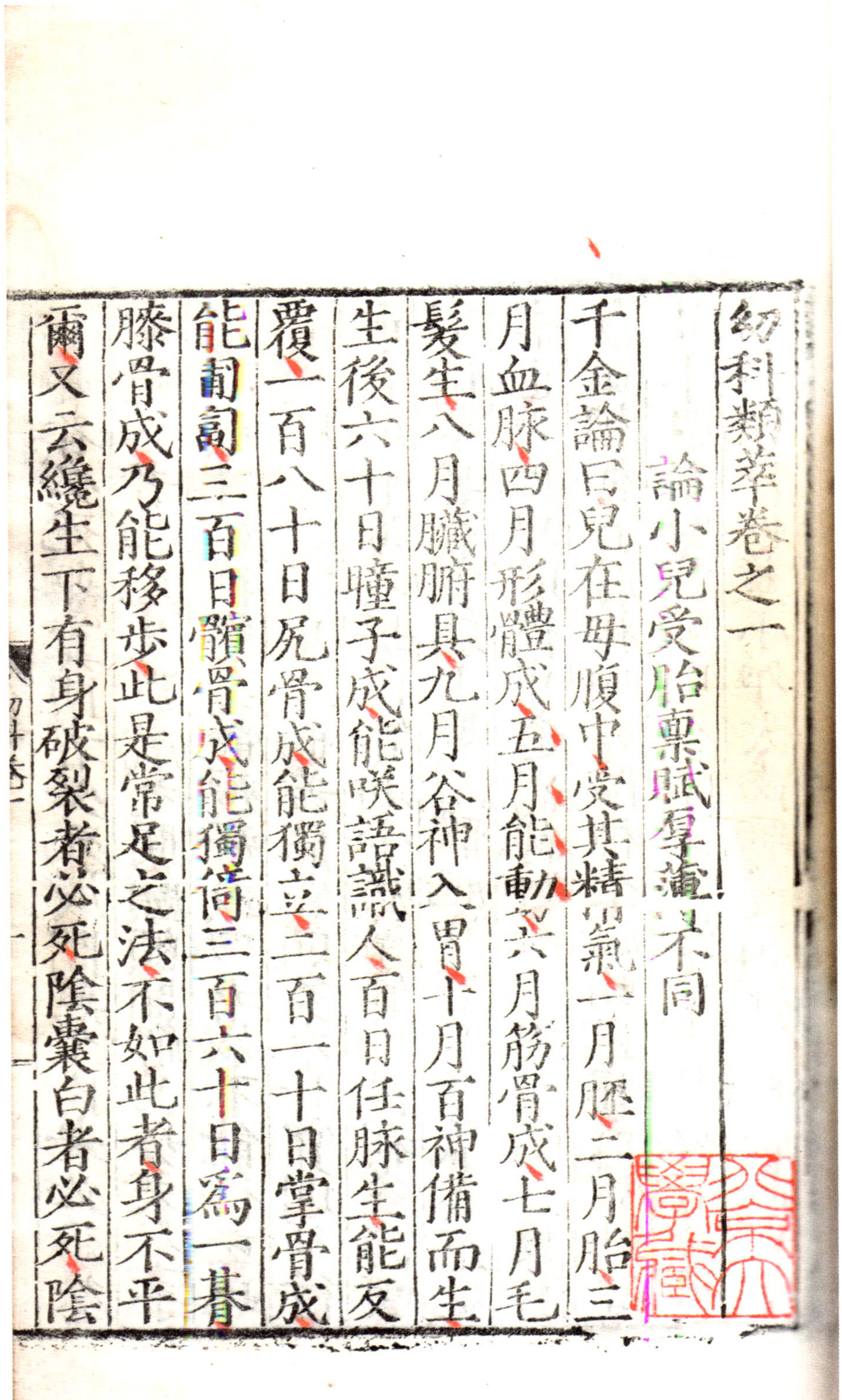
幼科類萃卷之一
論小兒受胎稟賦厚薄不同
千金論曰兒在母腹中受其精氣一月胚二月胎三
月血脉四月形體成五月能動六月筋骨成七月毛
髮生八月臟腑具九月谷神入胃十月百神備而生
生後六十日瞳子成能咲語識人百日任脉生能反
覆一百八十日尻骨成能獨立二百一十日掌骨成
能匍匐三百日髕骨成能獨倚三百六十日爲一朞
膝骨成乃能移步此是常足之法不如此者身不平
爾又云纔生下有身破裂者必死陰囊白者必死陰

10436 幼科類萃二十八卷 明嘉靖十三年（1534）白玶刻本

匡高 19.2 釐米，廣 14.4 釐米。半葉十行，行二十字，白口，左右雙邊。北京大學圖書館藏。

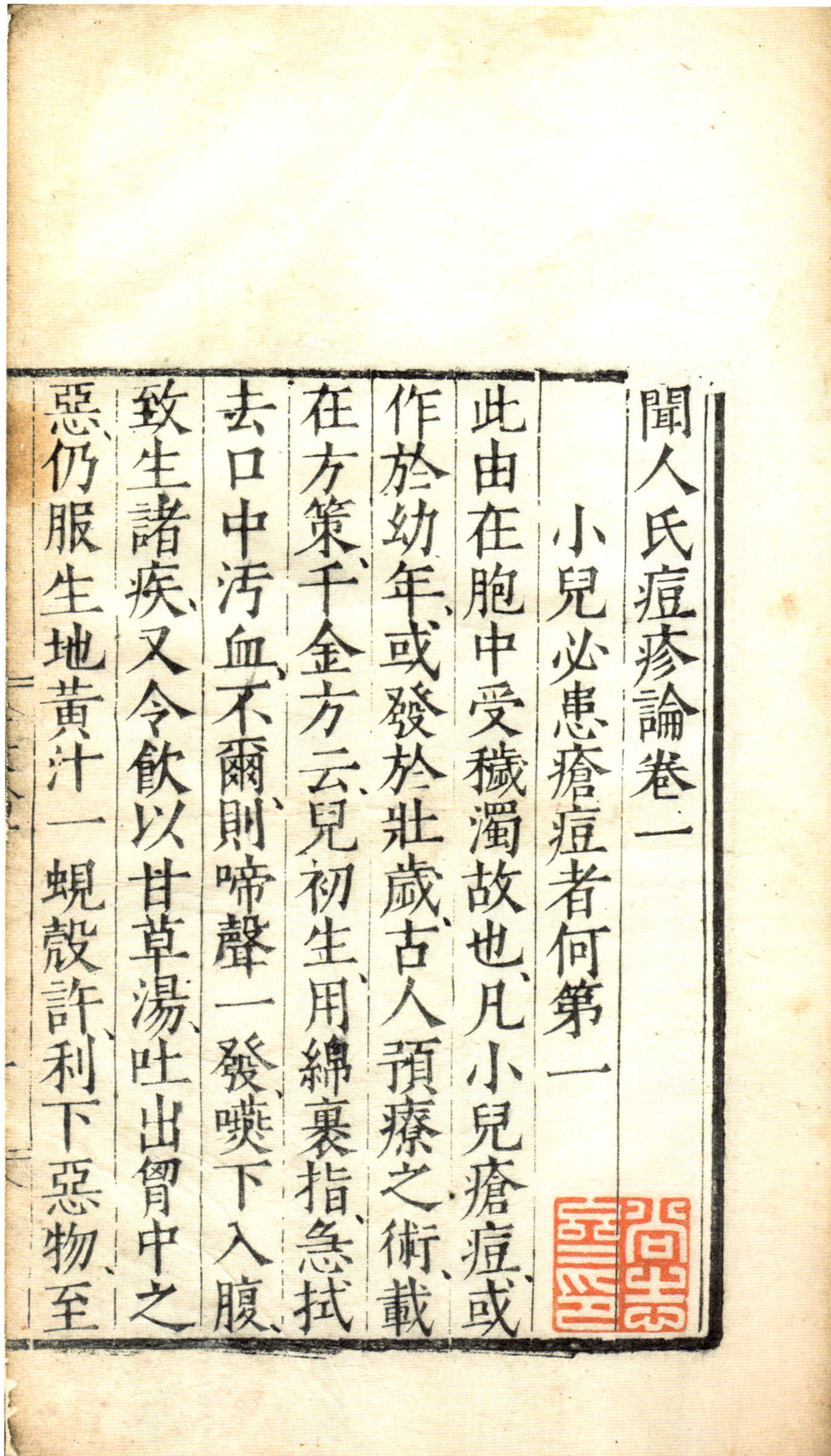
聞人氏痘疹論卷一

小兒必患瘡痘者何第一

此由在胞中受穢濁故也、凡小兒瘡痘、或
作於幼年、或發於壯歲、古人預療之術、載
在方策、千金方云、兒初生、用綿裹指、急拭
去口中汚血、不爾則啼聲一發、嚥下入腹、
致生諸疾、又令飲以甘草湯、吐出胷中之
惡、仍服生地黃汁一蜆殼許、利下惡物、至

10437 聞人氏痘疹論四卷 （宋）聞人規撰　明嘉靖二十三年（1544）黄標刻本

匡高 16.7 釐米，廣 12 釐米。半葉八行，行十六字，白口，左右雙邊。有“尚志齋印”等印。中國中醫科學院圖書館藏。

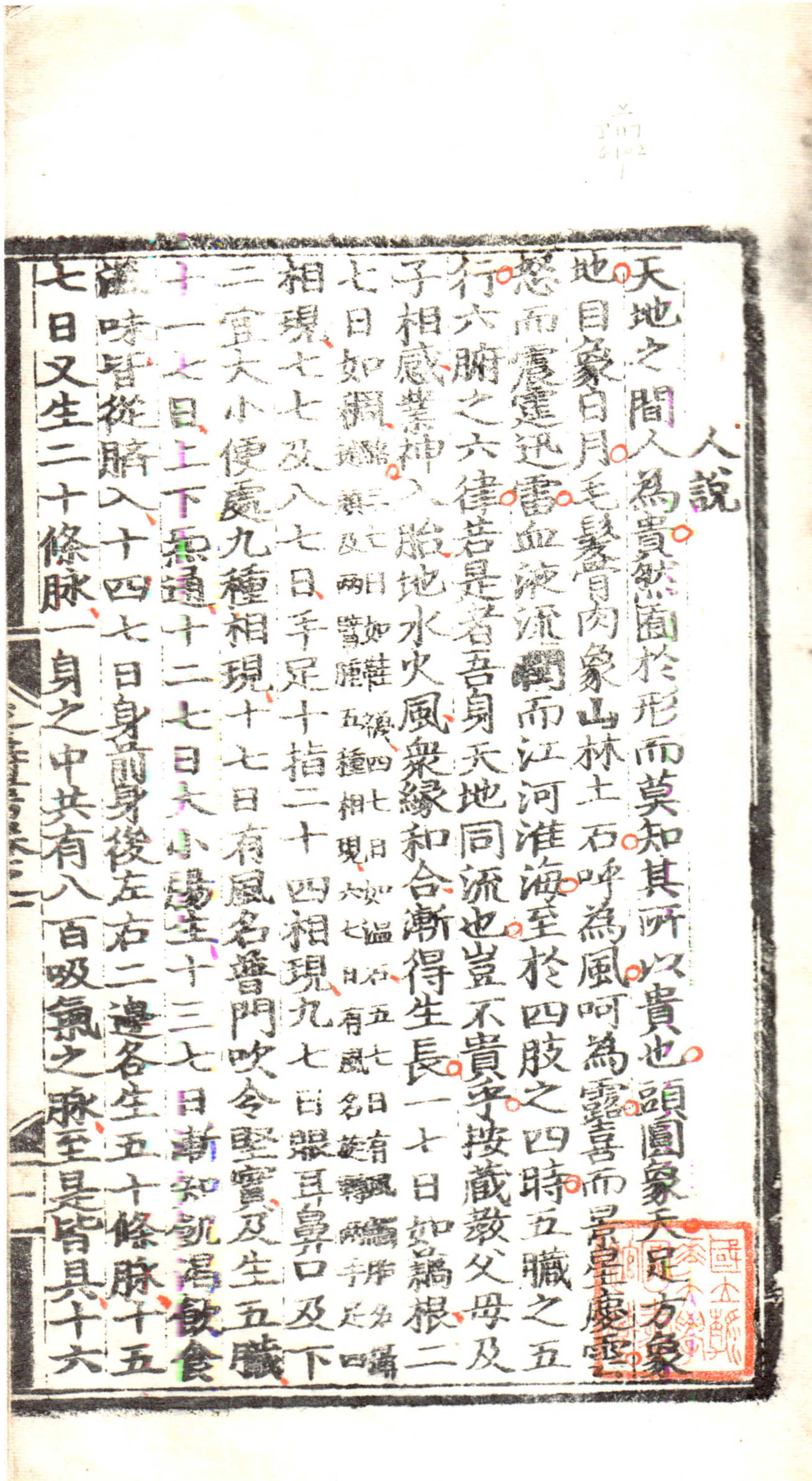

人說

天地之間人爲貴然圄於形而莫知其所以貴也頭圓象天足方象
地目象日月毛髮骨肉象山林土石呼爲風呵爲露喜而景星慶雲
怒而震霆迅雷血液流潤而江河淮海至於四肢之四時五臟之五
行六腑之六律若是者吾身天地同流也豈不貴乎按藏經父母及
子相感業神入胎地水火風衆緣和合漸得生長一七日如藕根二
七日如稠酪[illegible]
相現七七及八七日手足十指二十四相現九七日眼耳鼻口及下
二宜大小便處九種相現十七日有風名普門吹令堅實及生五臟
十一七日上下氣通十二七日大小腸生十三七日漸知飢渴飲食
滋味皆從臍入十四七日身前身後左右二邊各生五十條脈十五
七日又生二十條脈一身之中共有八百吸氣之脈至是皆具十六

10438 養生類纂二十二卷養生月覽二卷 （宋）周守忠撰 明成化十年（1474）謝穎刻本

匡高21釐米，廣13.3釐米。半葉十二行，行二十六字，黑口，四周雙邊。有“汪季子文柏柯庭氏印”等印。清華大學圖書館藏，存十七卷。

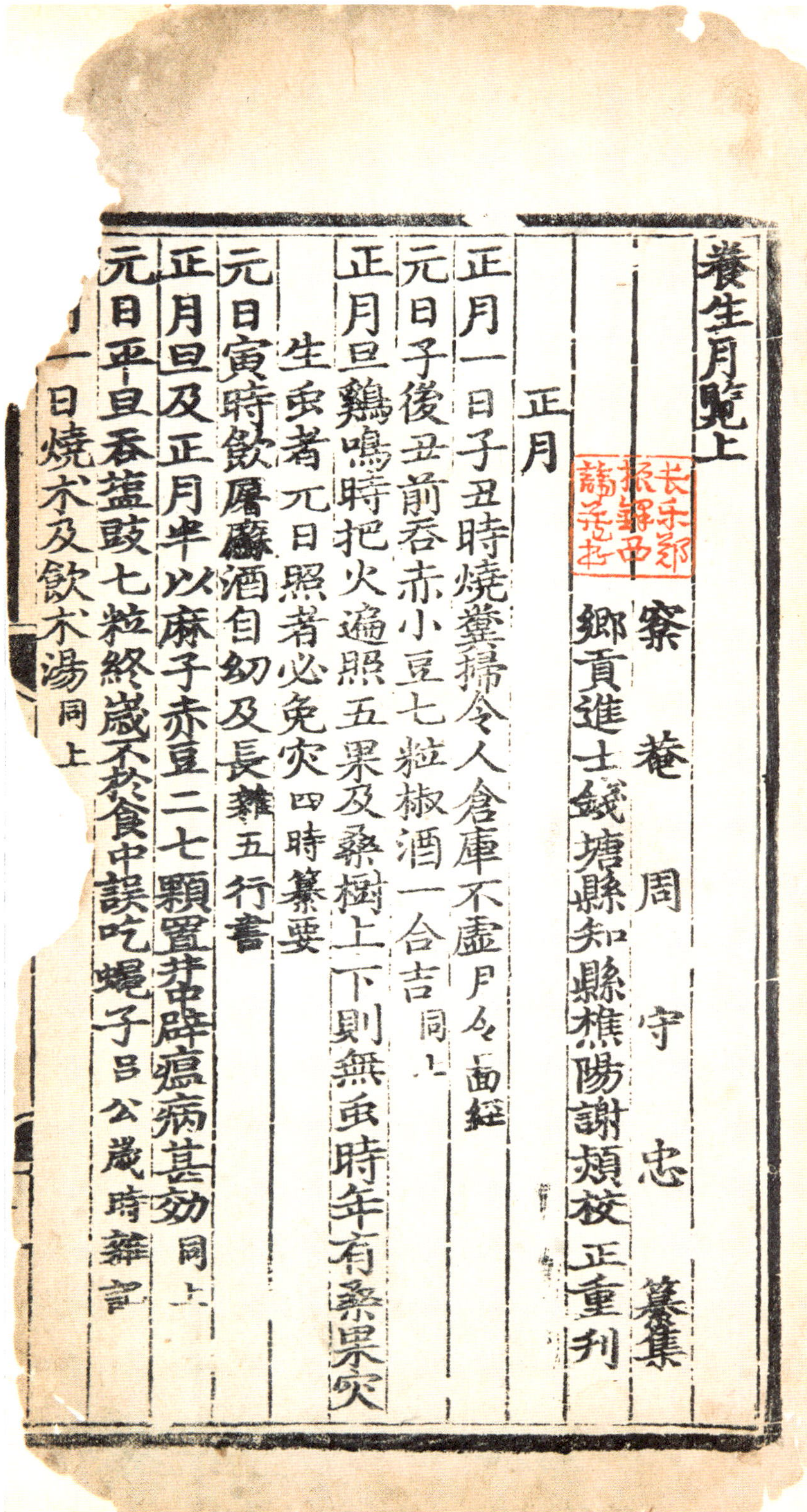
養生月覽上

窾菴周守忠纂集

鄉貢進士錢塘縣知縣樵陽謝頫校正重刊

正月

正月一日子丑時燒糞掃令人倉庫不虛 月令圖經

元日子後丑前吞赤小豆七粒椒酒一合吉 同上

正月旦鷄鳴時把火遍照五果及桑樹上下則無虫時年有桑果災

生虫者元日照者必免災 四時纂要

元日寅時飲屠蘇酒自幼及長 雜五行書

正月旦及正月半以麻子赤豆二七顆置井中辟瘟病甚効 同上

元日平旦吞鹽豉七粒終歲不干食中誤吃蠅子 呂公歲時雜記

□月一日燒朮及飲朮湯 同上

10439 養生月覽二卷 （宋）周守忠撰 明成化十年（1474）謝頫刻本

匡高 21.8 釐米，廣 13.3 釐米。半葉十二行，行二十六字，黑口，四周雙邊。有“長樂鄭振鐸西諦藏書”等印。國家圖書館藏。

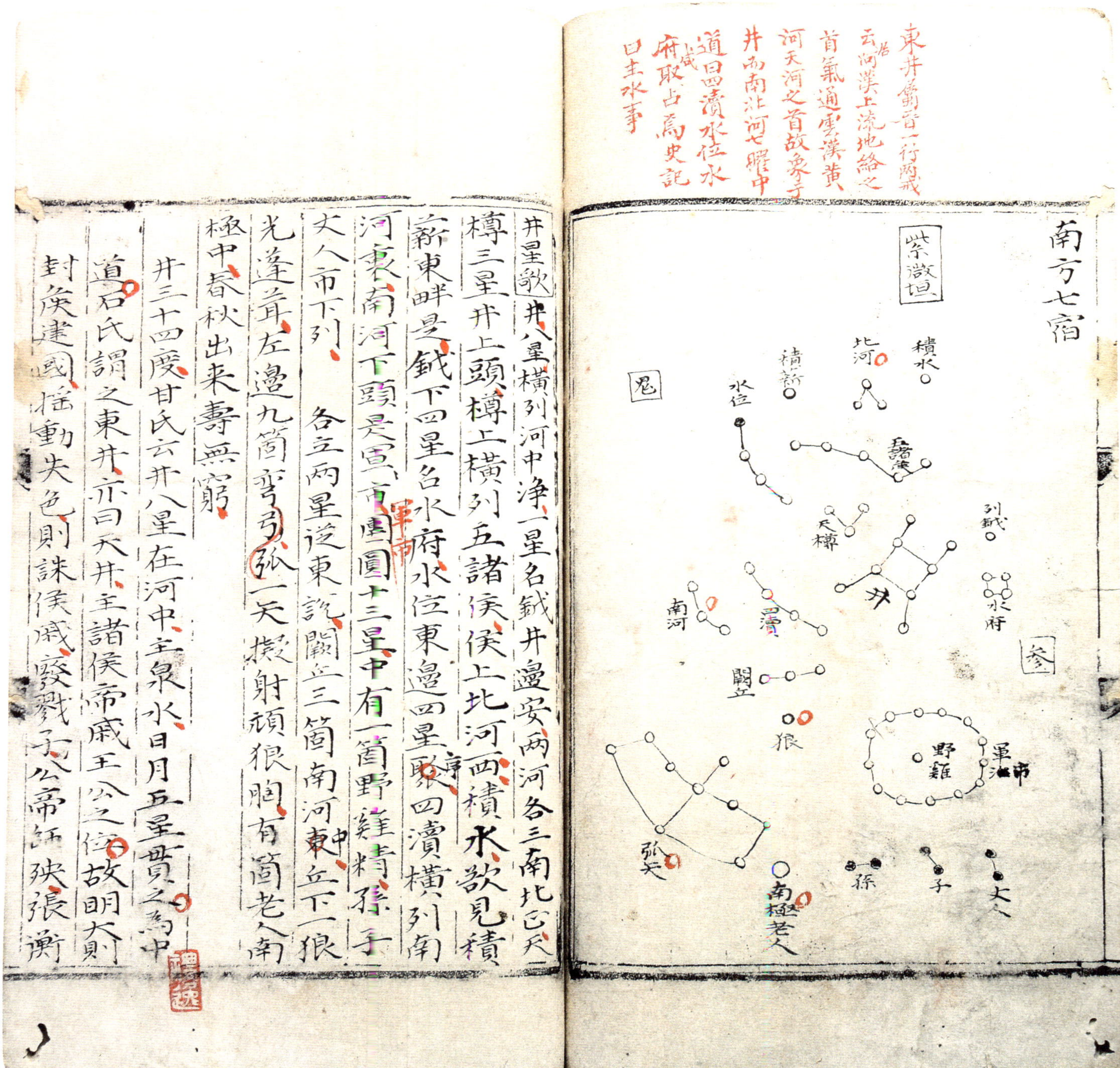

井星歌 井八星橫列河中淨 一星名鉞井邊安 兩河各三南北正 天樽三星井上頭 樽上橫列五諸侯 侯上北河西積水 欲見積薪東畔是 鉞下四星名水府 水位東邊四星序 四瀆橫列南河裏 南河下頭是軍市 軍市團圓十三星 中有一箇野雞精 孫子丈人市下列 各立兩星從東說 闕丘三箇南河東 丘下一狼光蓬茸 左邊九箇彎弓弧 一矢擬射頑狼胸 有箇老人南極中 春秋出入壽無窮

井三十四度 甘氏云井八星在河中 主泉水 日月五星貫之為中道 石氏謂之東井 亦曰天井 主諸侯帝戚三公之位 故明大則封侯建國 搖動失色則誅侯戚 廢戮三公 帝師殃 張衡

南方七宿

10440 步天歌一卷 明抄本

匡高18.6釐米，廣13.2釐米。半葉十行，行二十三至二十五字，白口，四周雙邊。有"閩中徐惟起藏書印"、"鄭氏注韓居珍藏記"、"龔少文收藏書畫印"、"大通樓藏書印"等印。徐𤊹批校。福建省圖書館藏。

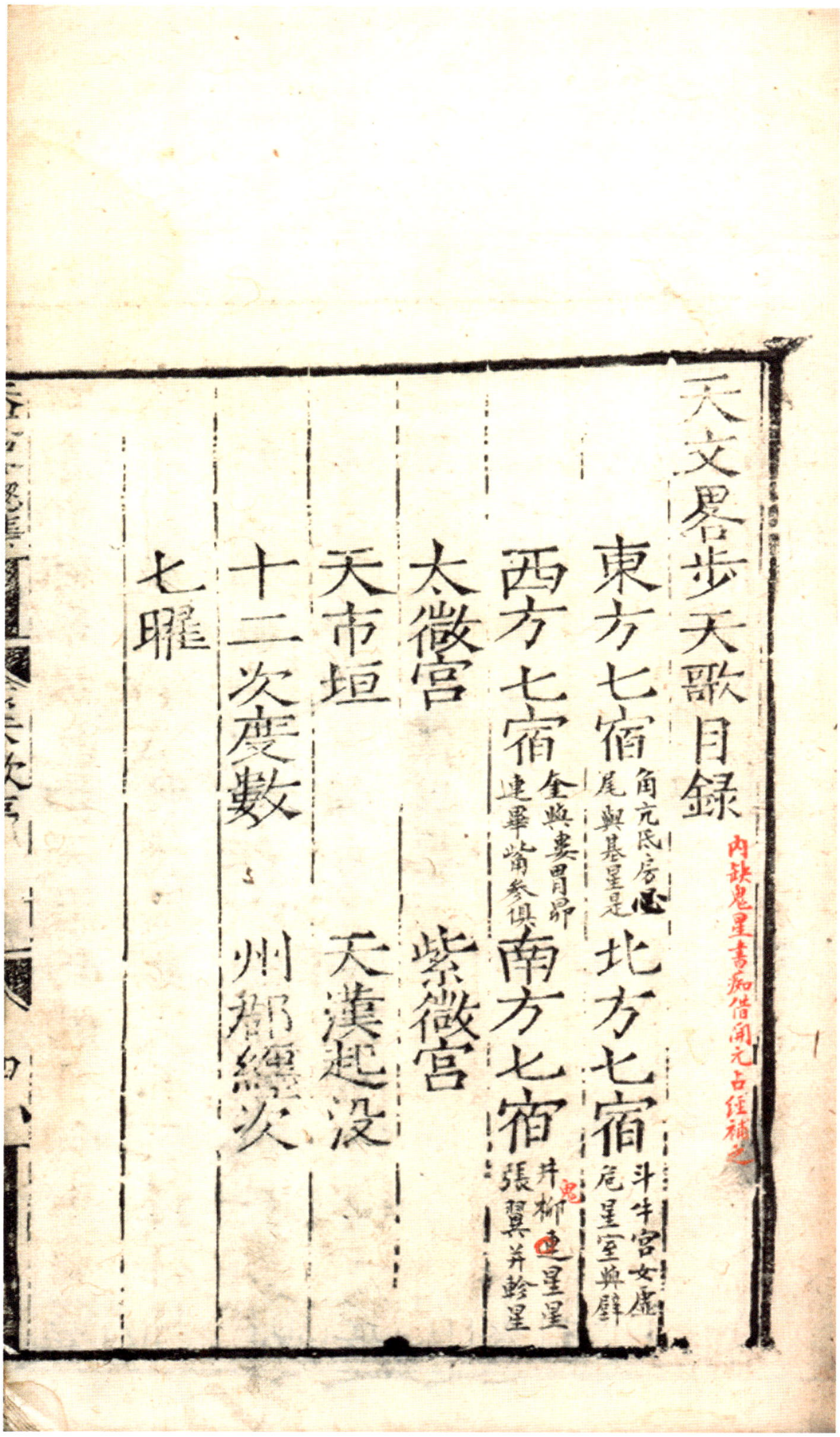

天文畧步天歌目録

東方七宿 角亢氐房心尾與箕星是
北方七宿 斗牛宮女虛危星室與壁
西方七宿 奎與婁胃昴連畢觜參俱
南方七宿 井鬼柳連星星張翼并軫星
太微宫
紫微宫
天市垣
天漢起没
十二次度數
州郡躔次
七曜

内缺鬼星書痴借閲元古經補之

10441 天文略步天歌二卷 明嘉靖刻本

匡高 18.7 釐米，廣 13 釐米。半葉十三行，行二十六字，黑口，左右雙邊。有“曾藏當湖徐眉伯家”等印。中國科學院上海生命科學信息中心藏。

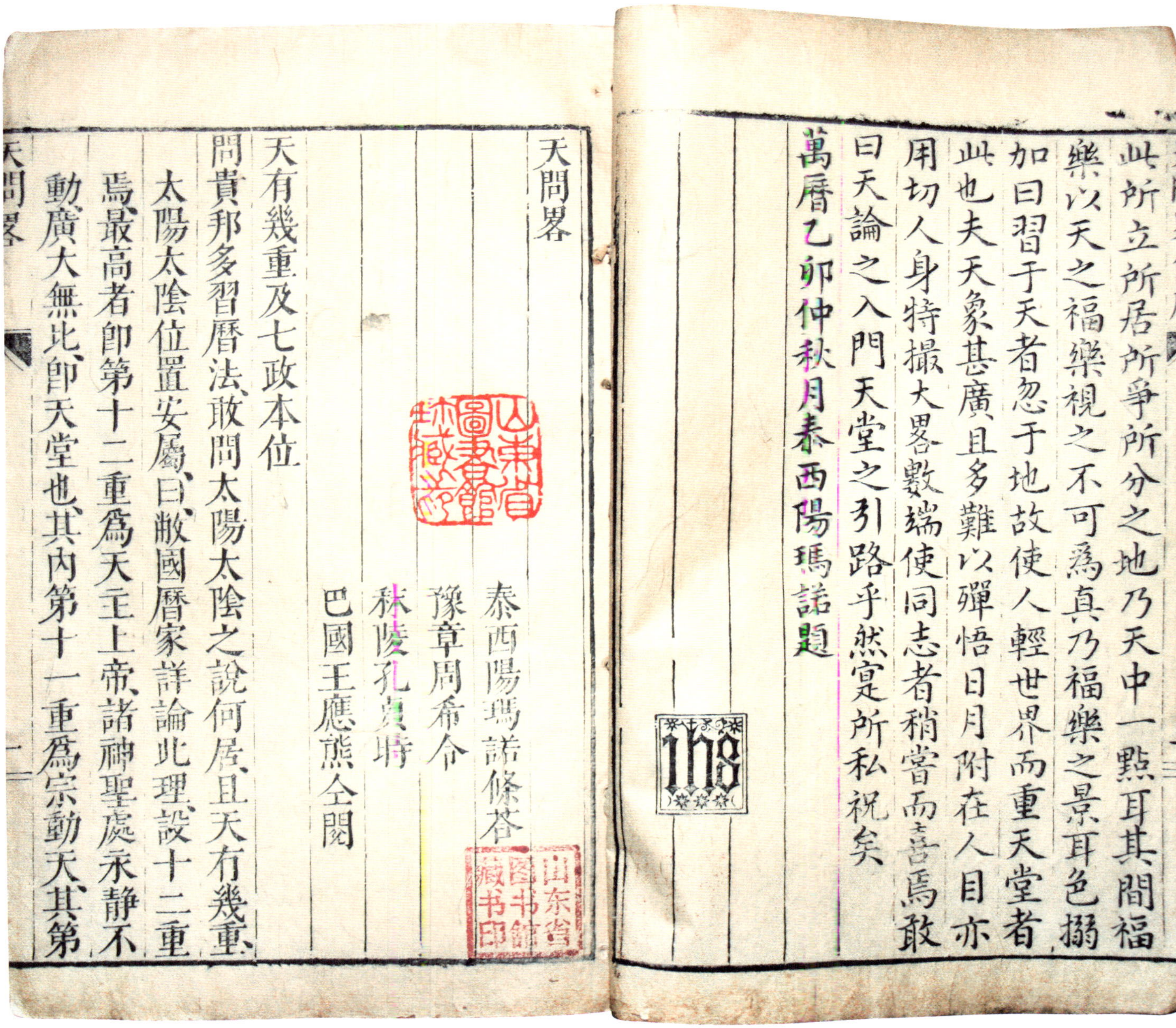

天問畧自序　三

此所立所居所爭所分之地乃天中一點耳其間福
樂以天之福樂視之不可爲真乃福樂之景耳色搦
加曰習于天者忽于地故使人輕世界而重天堂者
此也夫天象甚廣且多難以殫悟日月附在人目亦
用切人身特撮大畧數端使同志者稍嘗而喜焉敢
曰天論之入門天堂之引路乎然寔所私祝矣
萬曆乙卯仲秋月泰西陽瑪諾題

天問畧
泰西陽瑪諾條荅
豫章周希令
秣陵孔貞時
巴國王應熊仝閱
天有幾重及七政本位
問貴邦多習曆法敢問太陽太陰之說何居且天有幾重
太陽太陰位置安屬曰敝國曆家詳論此理設十二重
焉最高者即第十二重爲天主上帝諸神聖處永靜不
動廣大無比即天堂也其內第十一重爲宗動天其第

天問畧　一

10442 天問略一卷　（葡萄牙）陽瑪諾撰　明萬曆刻本

匡高 22.1 釐米，廣 15 釐米。半葉十行，行二十二字，白口，左右雙邊。山東省圖書館藏。

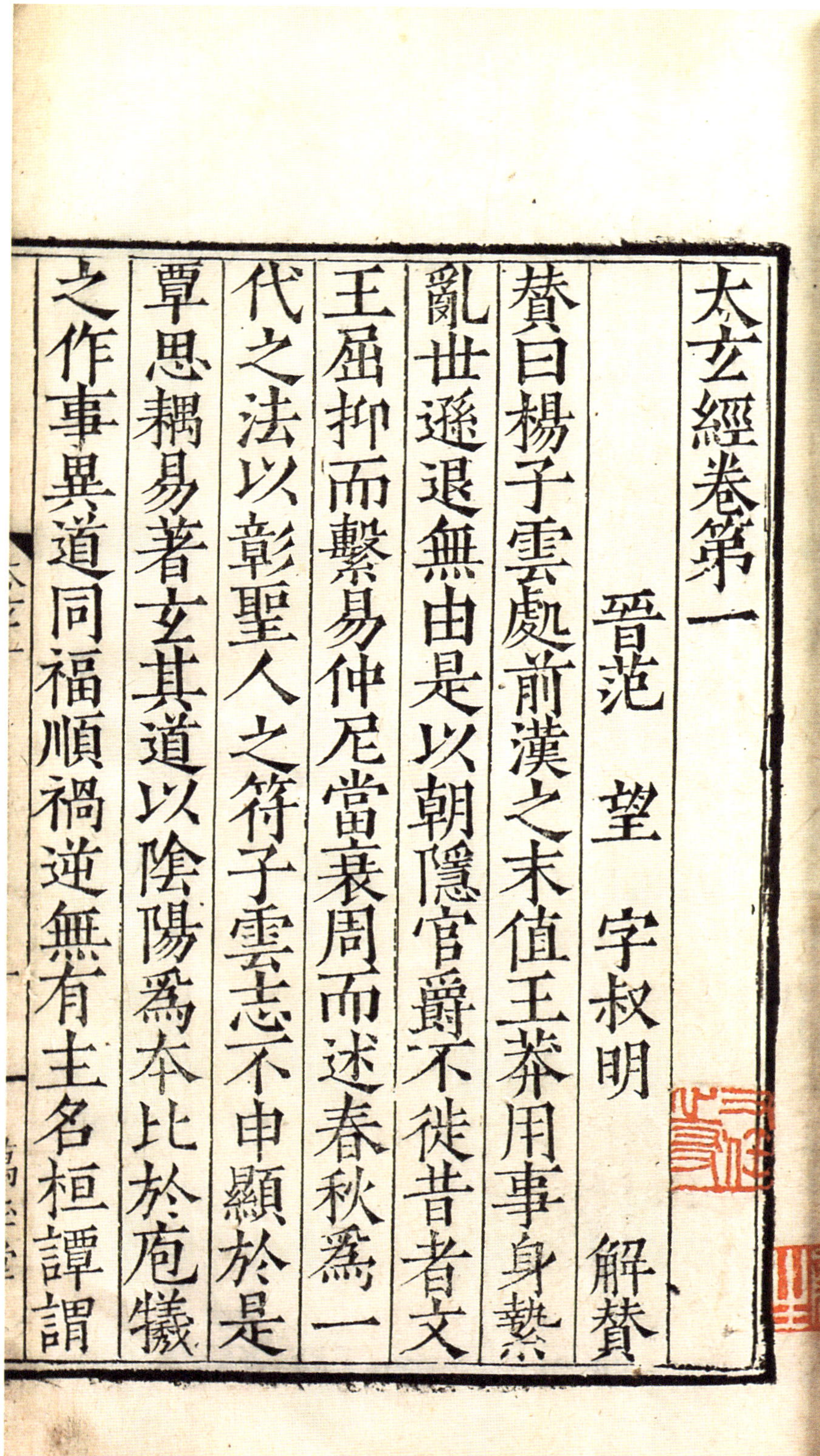

太玄經卷第一

晉范　望　字叔明　解贊

贊曰楊子雲處前漢之末值王莽用事身熱亂世遯退無由是以朝隱官爵不徙昔者文王屈抑而繫易仲尼當衰周而述春秋爲一代之法以彰聖人之符子雲志不申顯於是覃思耦易著玄其道以陰陽爲本比於庖犧之作事異道同福順禍逆無有主名桓譚謂

10443 太玄經十卷 （漢）揚雄撰 （晉）范望解贊 **說玄一卷** （唐）王涯撰 **釋文一卷** 明嘉靖孫沐萬玉堂刻本

匡高 20.5 釐米，廣 13.5 釐米。半葉八行，行十七字，小字雙行同，白口，四周雙邊。有“是書曾藏周元亮家”等印。南京圖書館藏。

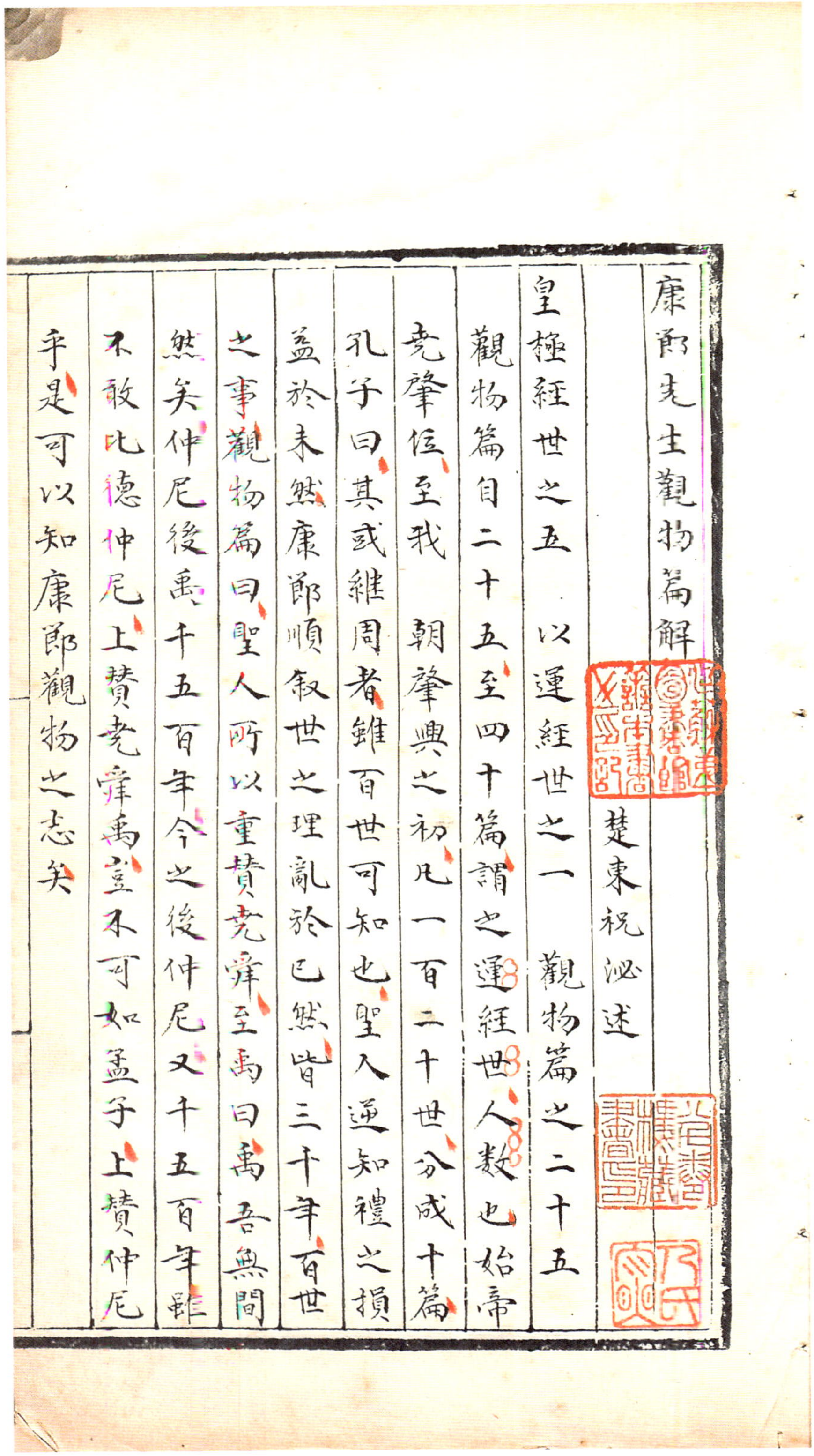

康節先生觀物篇解
楚東祝泌述
皇極經世之五　以運經世之一　觀物篇之二十五
觀物篇自二十五至四十篇謂之運經世人數也始帝
堯肇位至我　朝肇興之初凡一百二十世分成十篇
孔子曰其或繼周者雖百世可知也聖人運知禮之損
益於未然康節順叙世之理亂於已然皆三十年百世
之事觀物篇曰聖人所以重贊堯舜至禹曰禹吾無間
然矣仲尼後禹千五百年今之後仲尼又千五百年雖
不敢比德仲尼上贊堯舜禹豈不可如孟子上贊仲尼
乎是可以知康節觀物之志矣

10444 康節先生觀物篇解五卷附皇極經世解起數訣一卷　（宋）祝泌撰　明抄本

匡高 21.8 釐米，廣 13.9 釐米。半葉十一行，行二十二字，白口，四周雙邊。有“八千卷樓藏書印”等印。孟繼儒、丁丙跋。南京圖書館藏。

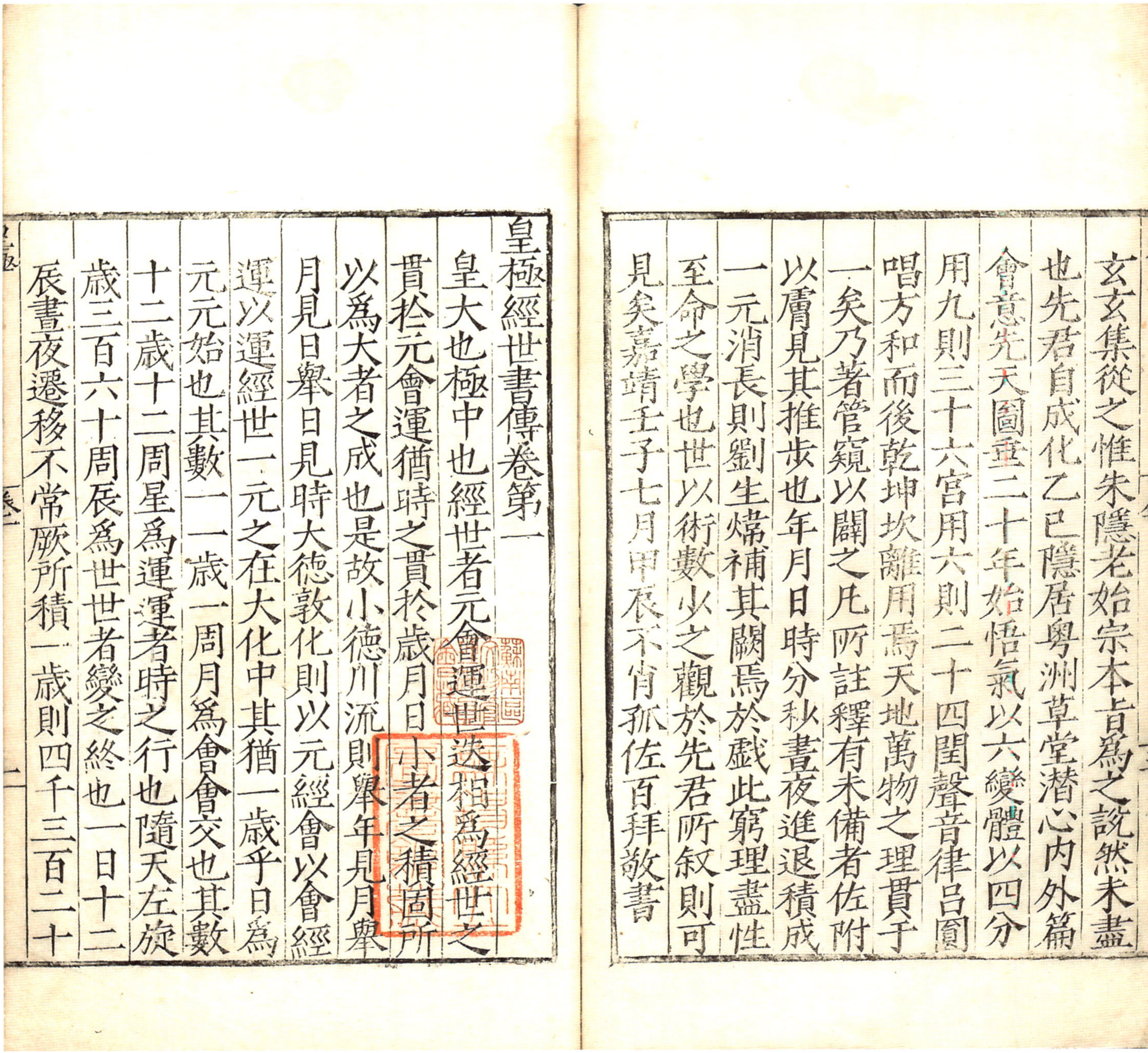

玄玄集從之惟朱隱老始宗本旨爲之說然未盡也先君自成化乙巳隱居粵洲草堂潛心内外篇會意先天圖垂二十年始悟氣以六變體以四分用九則三十六宫用六則二十四閏聲音律呂圓唱方和而後乾坤坎離用焉天地萬物之理貫于一矣乃著管窺以闡之凡所註釋有未備者佐附以膚見其推步也年月日時分秋晝夜進退積成一元消長則劉生熇補其闕焉於戲此窮理盡性至命之學也世以術數少之觀於先君所叙則可見矣嘉靖壬子七月甲辰不肖孤佐百拜敬書

皇極經世書傳卷第一

皇大也極中也經世者元會運世迭相爲經世之貫於元會運猶時之貫於歲月日小者之積固所以爲大者之成也是故小德川流則舉年見月舉月見日舉日見時大德敦化則以元經會以會經運以運經世一元之在大化中其猶一歲乎日爲元元始也其數一一歲一周月爲會會交也其數十二歲十二周星爲運運者時之行也隨天左旋歲三百六十周辰爲世世者變之終也一日十二辰晝夜遷移不常厥所積一歲則四千三百二十

10445 皇極經世書傳八卷 （明）黄畿撰 明嘉靖三十三年（1554）黄佐刻本

匡高 19.3 釐米，廣 13.7 釐米。半葉十行，行二十字，白口，四周單邊。南京圖書館藏。

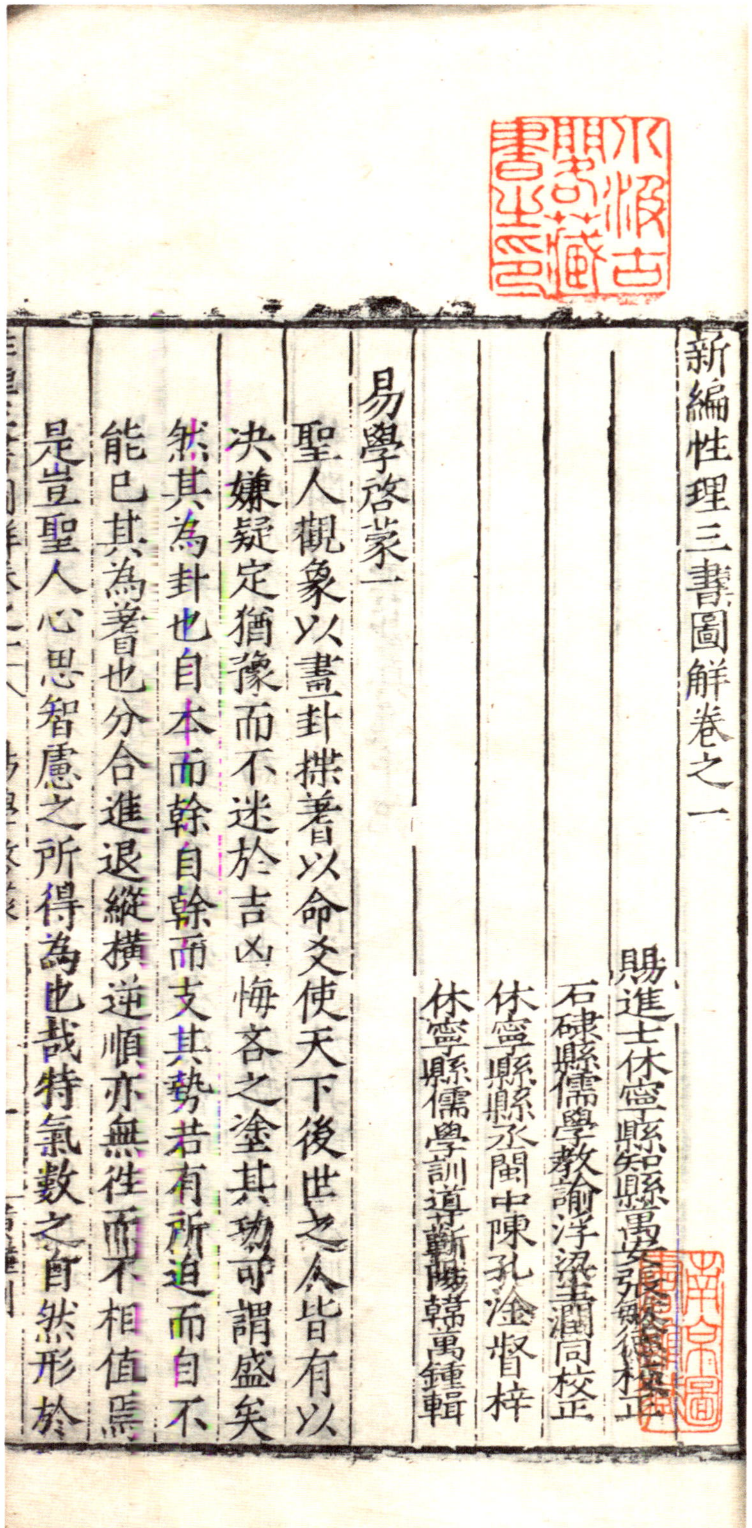

新編性理三書圖解卷之一

賜進士休寧縣知縣禹安張敏德校正
石硤縣儒學教諭浮梁王潤同校
休寧縣縣丞閩中陳孔淦督梓
休寧縣儒學訓導蘄陽韓萬鍾輯

易學啓蒙一

聖人觀象以畫卦揲蓍以命爻使天下後世之人皆有以決嫌疑定猶豫而不迷於吉凶悔吝之塗其功可謂盛矣然其為卦也自本而榦自榦而支其勢若有所迫而自不能已其為蓍也分合進退縱橫逆順亦無往而不相值焉是豈聖人心思智慮之所得為也哉特氣數之自然形於

10446 新編性理三書圖解九卷 （明）韓萬鍾撰 明嘉靖四十一年（1562）張敏德刻本

匡高 19.8 釐米，廣 12.7 釐米。半葉十一行，行二十四字，白口，四周單邊。

南京圖書館藏。

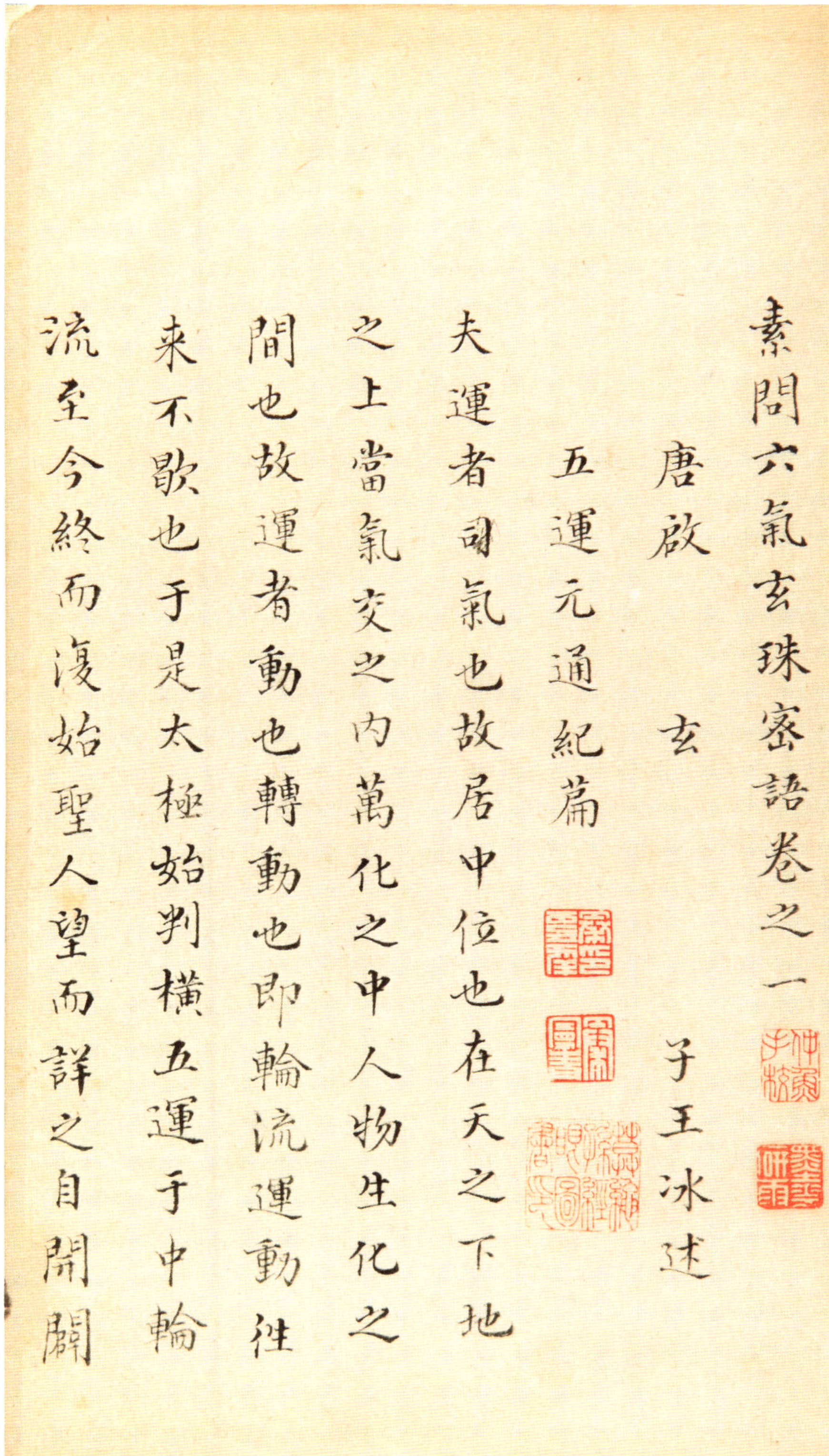

素問六氣玄珠密語卷之一

唐啟玄子王冰述

五運元通紀篇

夫運者司氣也故居中位也在天之下地之上當氣交之內萬化之中人物生化之間也故運者動也轉動也即輪流運動往來不歇也于是太極始判橫五運于中輪流至今終而復始聖人望而詳之自開闢

10447 素問六氣玄珠密語十六卷 題（唐）王冰撰 清抄本

半葉八行，行十六字。有“拜經樓吳氏藏書”、“槎客”、“仲魚”、“莫繩孫經眼圖書印”、“獨山莫氏銅井文房藏書印”、“秦曼青”等印。吳騫、陳鱣、莫友芝跋。上海圖書館藏。

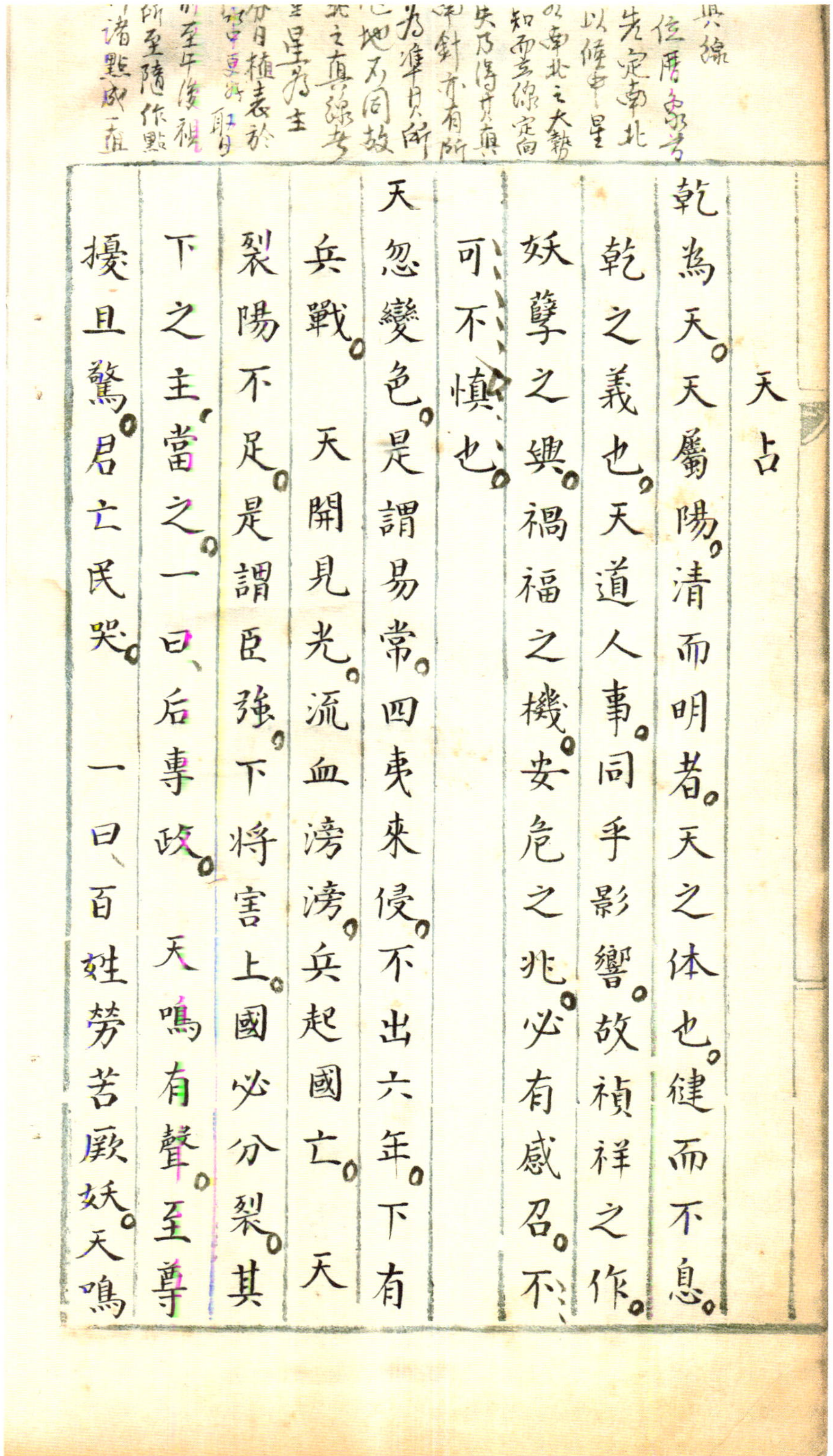

天占

乾為天。天屬陽。清而明者。天之体也。健而不息。乾之義也。天道人事。同乎影響。故禎祥之作。妖孽之興。禍福之機。安危之兆。必有感召。不可不慎也。

天忽變色。是謂易常。四夷來侵。不出六年。下有兵戰。 天開見光。流血滂滂。兵起國亡。 天裂陽不足。是謂臣強。下将害上。國必分裂。其下之主。當之。一曰、后專政。 天鳴有聲。至尊擾且驚。君亡民哭。 一曰、百姓勞苦厥妖。天鳴

10448 象緯占候三卷 明抄本

匡高 23.6 釐米，廣 14.8 釐米。半葉十行，行十八字，蓝格，白口，四周單邊。北京師範大學圖書館藏。

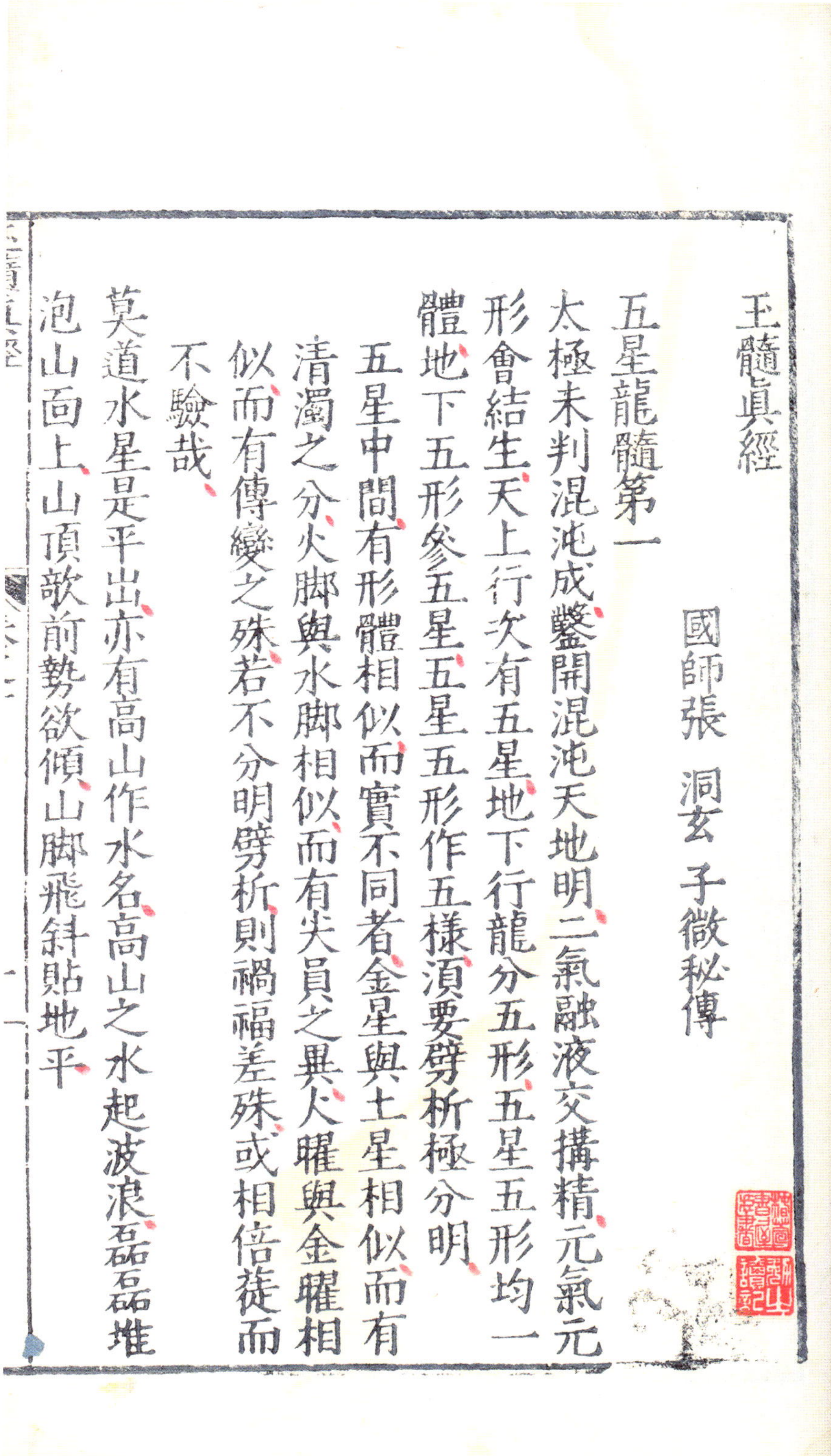

玉髓眞經

國師張　洞玄　子微秘傳

五星龍髓第一

太極未判混沌成鑿開混沌天地明二氣融液交構精元氣元

形會結生天上行次有五星地下行龍分五形五星五形均一

體地下五形參五星五星五形作五樣須要劈析極分明

五星中間有形體相似而實不同者金星與土星相似而有

清濁之分火脚與水脚相似而有尖員之異火曜與金曜相

似而有傳變之殊若不分明劈析則禍福差殊或相倍蓰而

不驗哉

莫道水星是平出亦有高山作水名高山之水起波浪磊磊堆

泡山面上山頂欹前勢欲傾山脚飛斜貼地平

10449 玉髓真經三十卷　（宋）張洞玄撰　（宋）劉允中注釋　（宋）蔡元定發揮　**後卷二十一卷**　明嘉靖二十九年（1550）福州府刻本

匡高 22.4 釐米，廣 15.4 釐米。半葉十二行，行二十四字，白口，四周單邊。有“勉之讀記”、“樁萱書屋藏書”等印。北京大學圖書館藏。

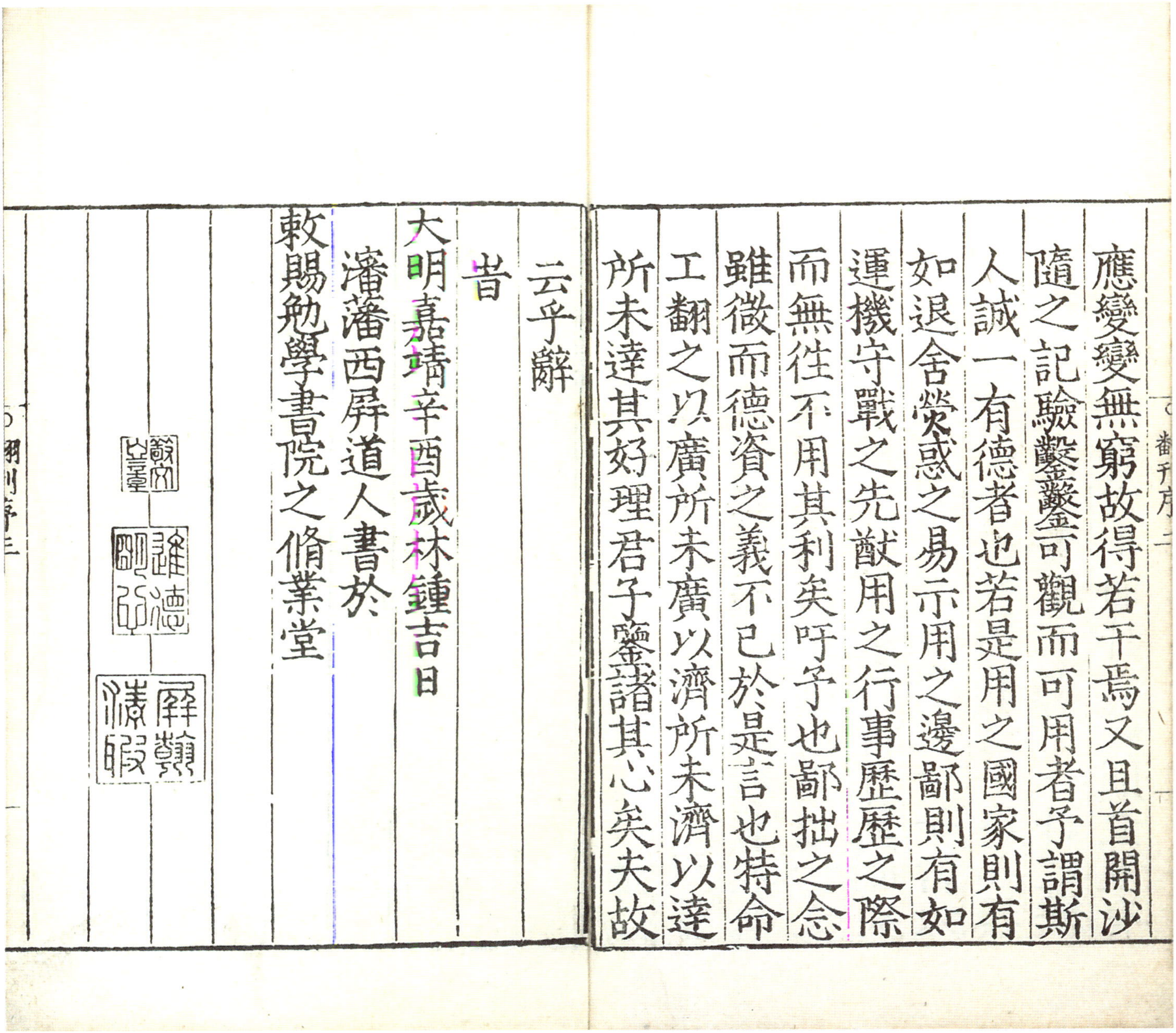
應變變無窮故得若干焉又且首開沙
隨之記驗鑿鑿可觀而可用者予謂斯
人誠一有德者也若是用之國家則有
如退舍熒惑之易示用之邊鄙則有如
運機守戰之先猷用之行事歷歷之際
而無往不用其利矣吁予也鄙拙之念
雖微而德資之義不已於是言也特命
工翻之以廣所未廣以濟所未濟以達
所未達其好理君子鑒諸其心矣夫故
云乎辭
旹
大明嘉靖辛酉歲林鍾吉日
潘藩西屏道人書於
敕賜勉學書院之脩業堂

10450 焦氏易林二卷　題（漢）焦延壽撰　明嘉靖四十年（1561）潘藩勉學書院刻本

匡高18.7釐米，廣14.5釐米。半葉十二行，行二十四字，白口，左右雙邊。有"顧印千里"、"嘉惠堂丁氏藏"等印。顧廣圻跋並録陸貽典校跋，丁丙跋。南京圖書館藏。

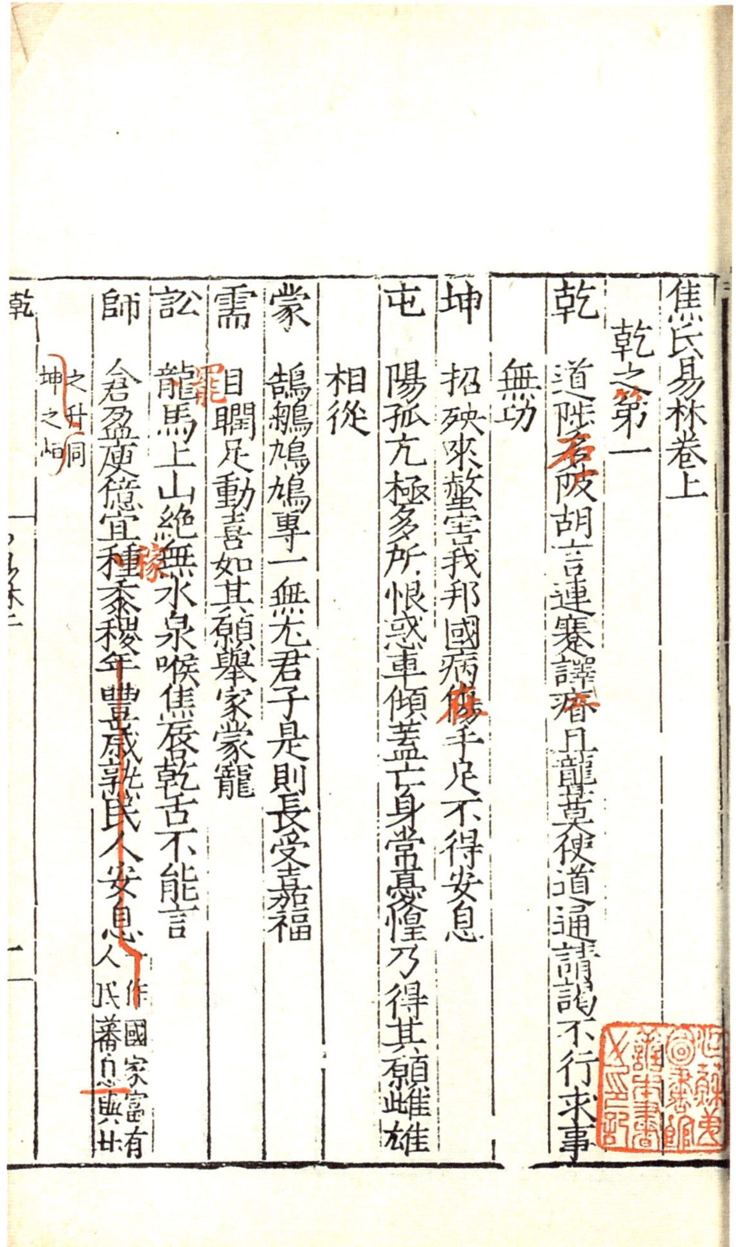

焦氏易林卷上

乾之第一

乾 道陟石阪胡言連蹇譯瘖且聾莫使道通請謁不行求事
無功

坤 招殃來螫害我邦國病傷手足不得安息

屯 陽孤亢極多所恨惑車傾蓋亡身常憂惶乃得其願雌雄
相從

蒙 鵲鵴鳲鳩專一無尤君子是則長受嘉福

需 目瞤足動喜如其願舉家蒙寵

訟 龍馬上山絶無水泉喉焦唇乾舌不能言

師 倉盈庾億宜種黍稷年豐歲熟民人安息 一作國家富有人民蕃息

乾 易林上 一

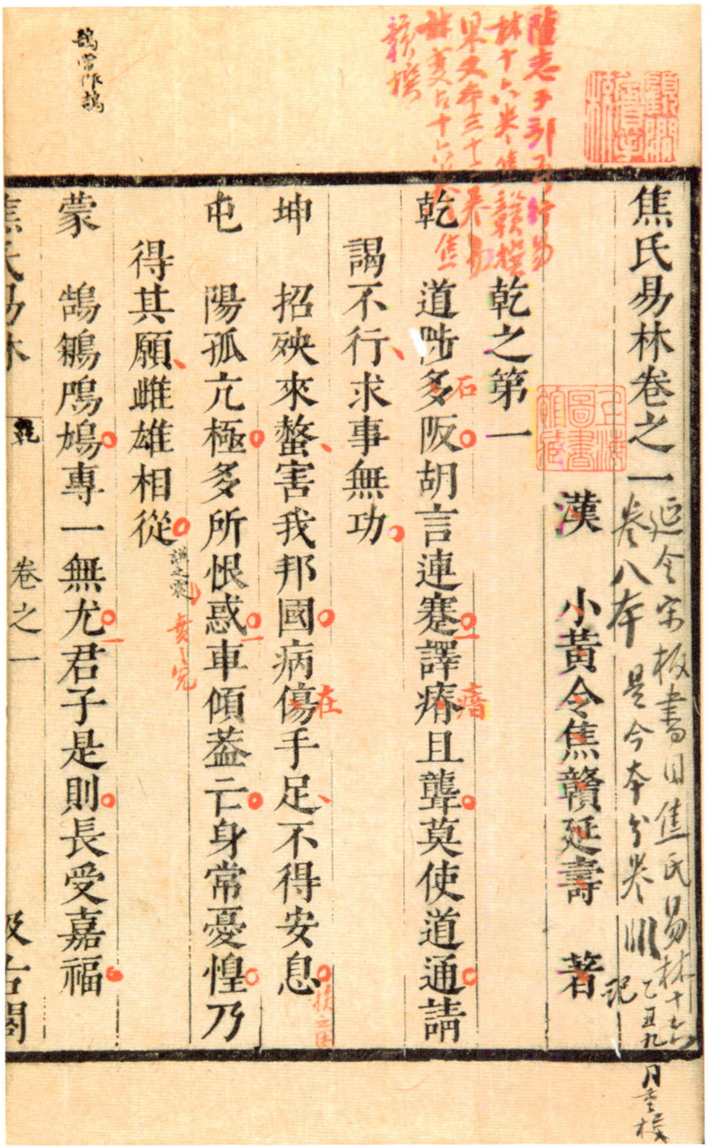
焦氏易林卷之一

漢 小黄令焦贛延壽 著

乾之第一

乾 道陟多阪胡言連蹇譯瘖且聾莫使道通請謁不行求事無功

坤 招殃來螫害我邦國病傷手足不得安息

屯 陽孤亢極多所恨惑車傾蓋亡身常憂惶乃得其願雌雄相從

蒙 鴟鴞鵰鳴專一無尤君子是則長受嘉福

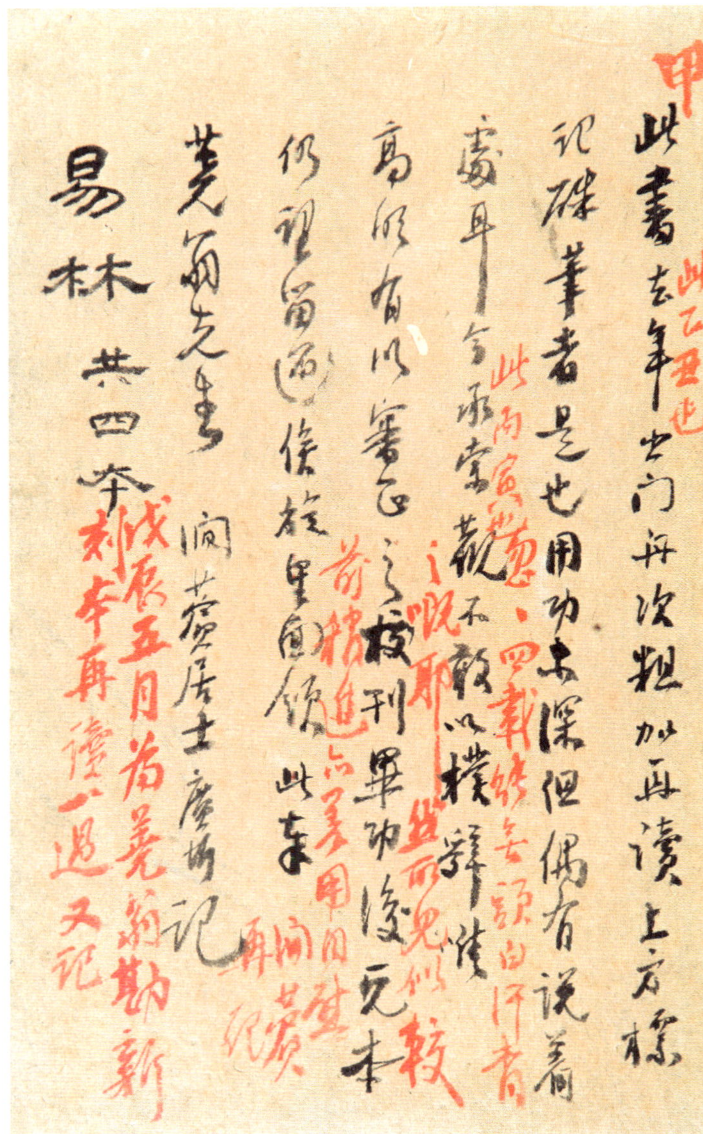

10451 焦氏易林四卷 題（漢）焦延壽撰 明崇禎毛氏汲古閣刻津逮秘書本

匡高 18.3 釐米，廣 13.2 釐米。半葉九行，行十九字，白口，左右雙邊。有“顧澗蘋手校”等印。顧廣圻録陸貽典校並跋。上海圖書館藏。

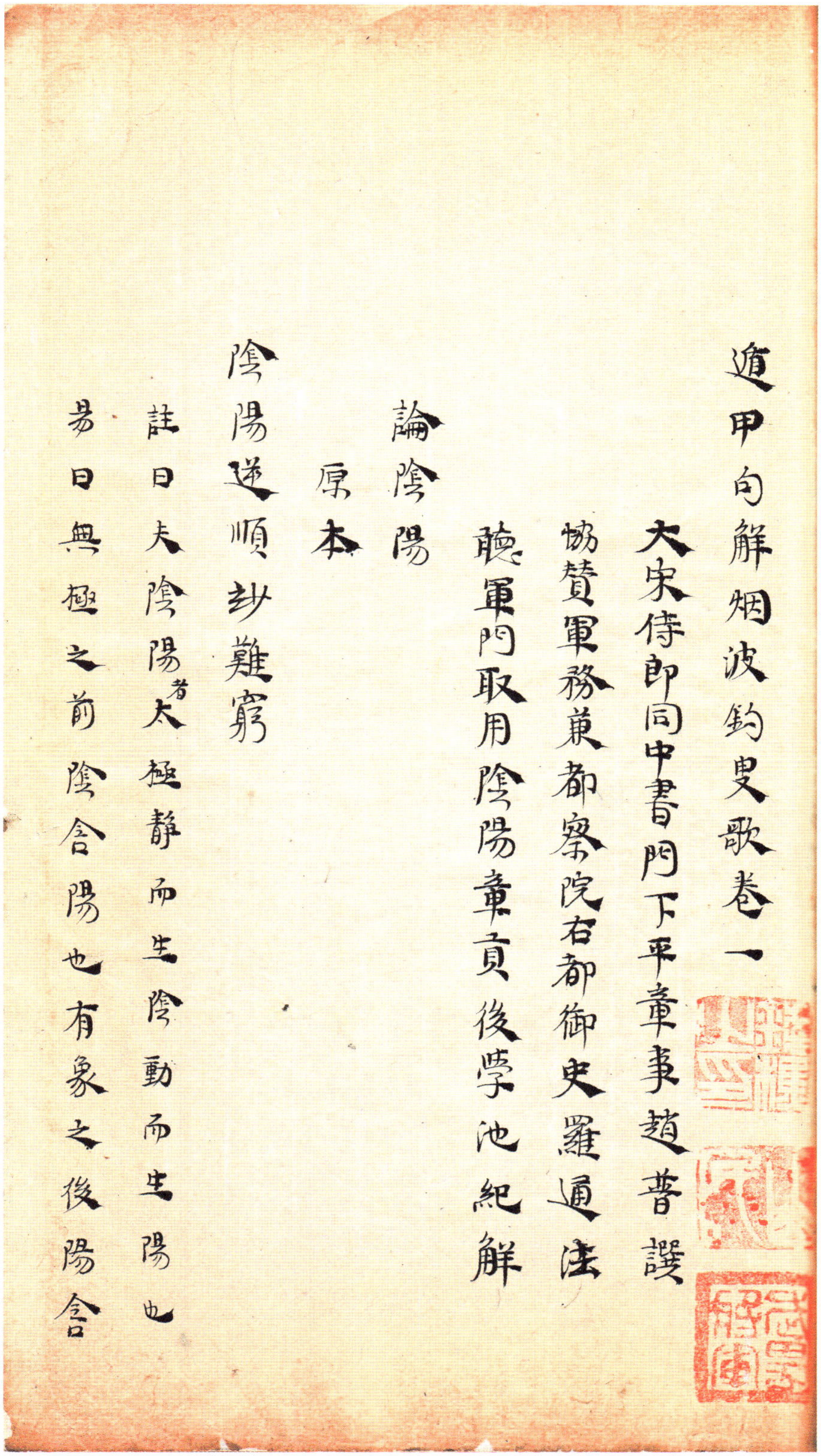
遁甲句解烟波釣叟歌卷一
大宋侍郎同中書門下平章事趙普撰
協賛軍務兼都察院右都御史羅通法
聽軍門取用陰陽童貢後學池紀解
論陰陽
原本
陰陽逆順妙難窮
註曰夫陰陽者太極靜而生陰動而生陽也
易曰無極之前陰含陽也有象之後陽含

10452 遁甲句解烟波釣叟歌十二卷 題（宋）趙普撰（明）羅通遁法（明）池紀解 明抄本

半葉九行，行十七字。有"葉氏菉竹堂藏書"等印。大連圖書館藏。

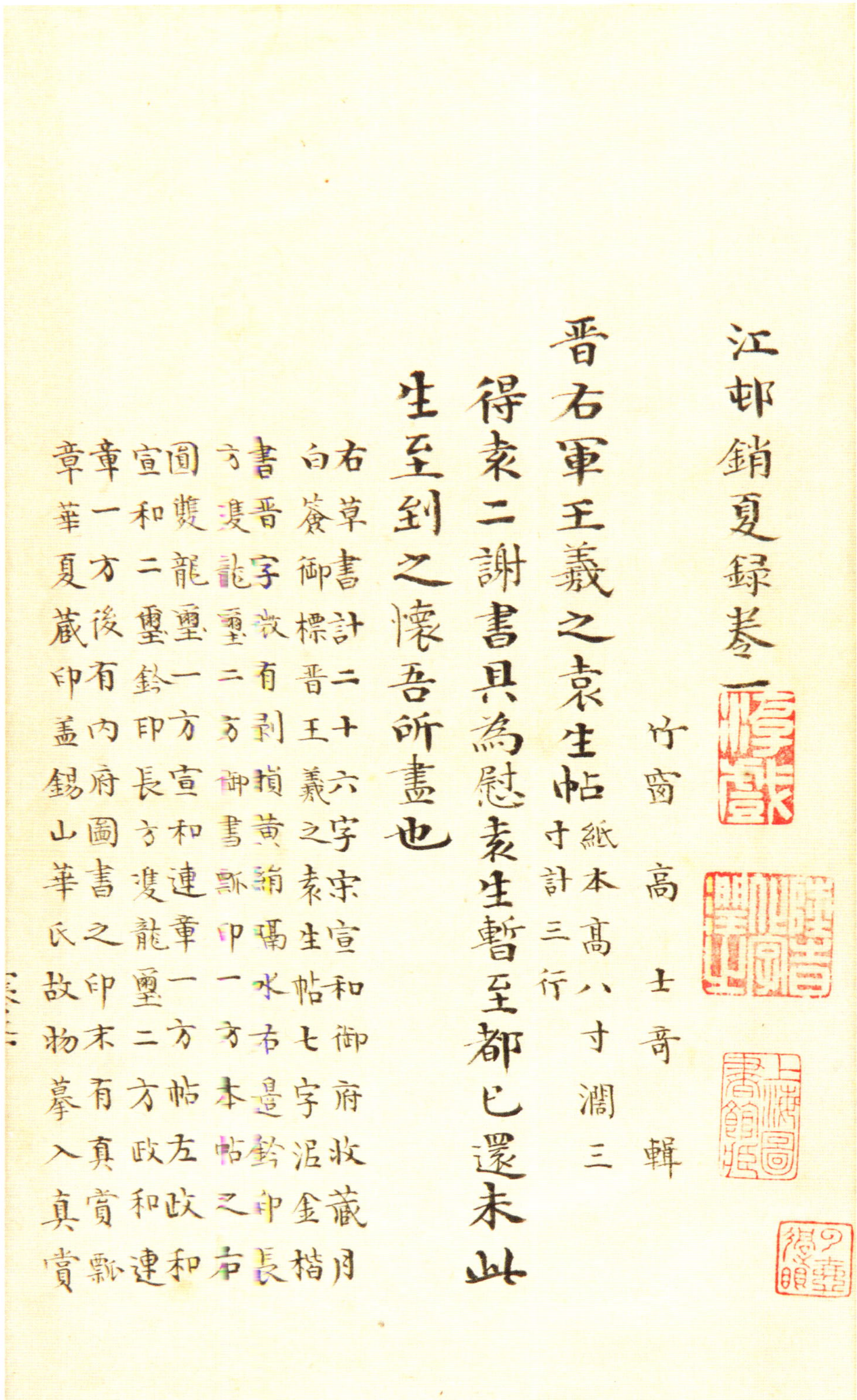

10453 江邨銷夏録三卷 （清）高士奇輯 清乾隆三十七年（1772）陸時化抄本

半葉九行，行十八字。有“陸時化字潤之”、“若波”、“雲壺過眼”等印。陸時化、顧雲跋。上海圖書館藏。

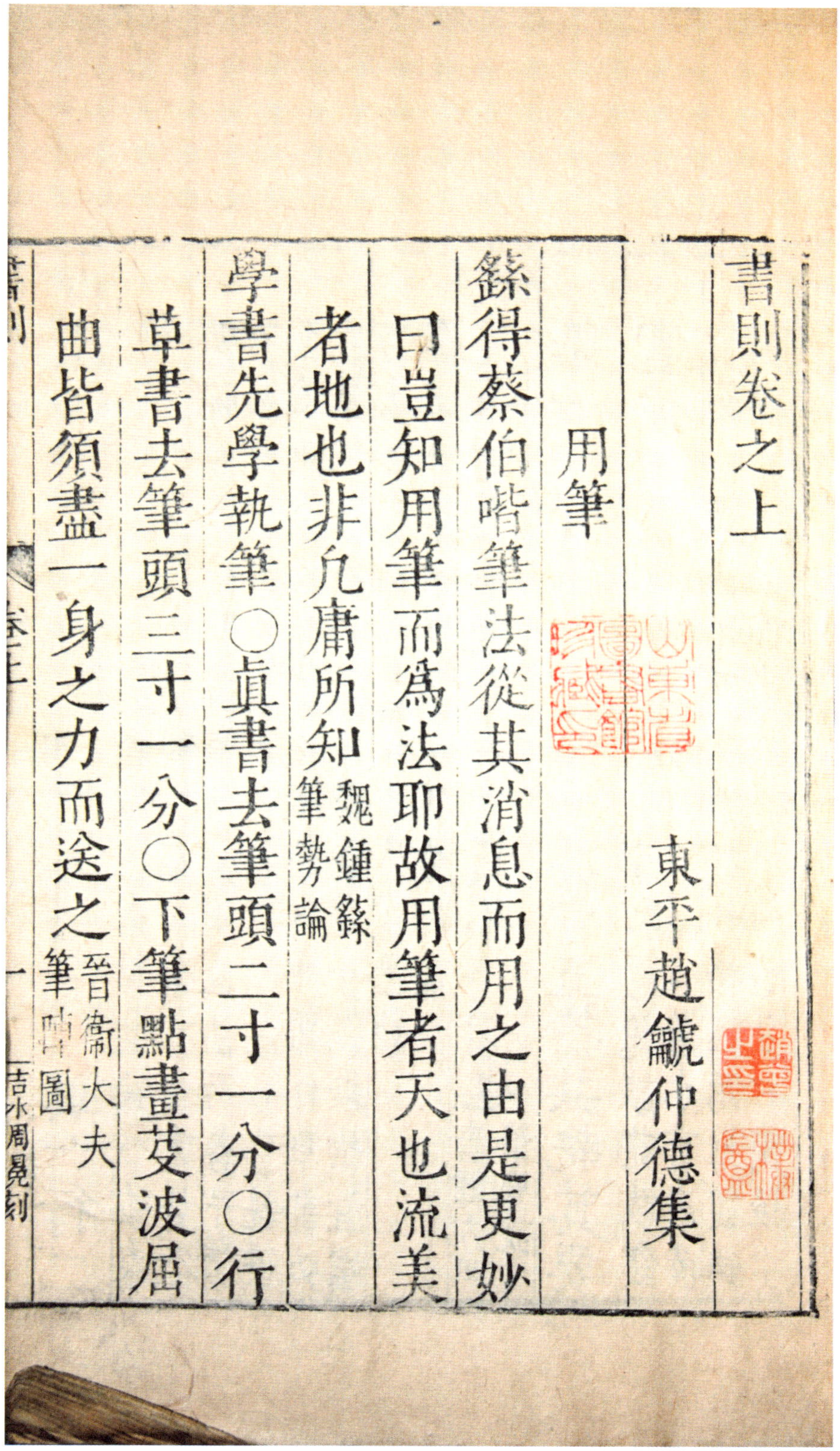
書則卷之上

東平趙鯱仲德集

用筆

繇得蔡伯喈筆法從其消息而用之由是更妙曰豈知用筆而爲法耶故用筆者天也流美者地也非凡庸所知魏鍾繇筆勢論

學書先學執筆○眞書去筆頭二寸一分○行草書去筆頭三寸一分○下筆點畫芟波屈曲皆須盡一身之力而送之晉衛夫人筆陣圖

書則　卷上　一　吉水周晃刻

10454 書則三卷　（元）趙鯱撰　明刻本

匡高 19.2 釐米，廣 13.8 釐米。半葉九行，行十八字，白口，左右雙邊。有“樸盦”、“趙曾之印”等印。山東省圖書館藏。

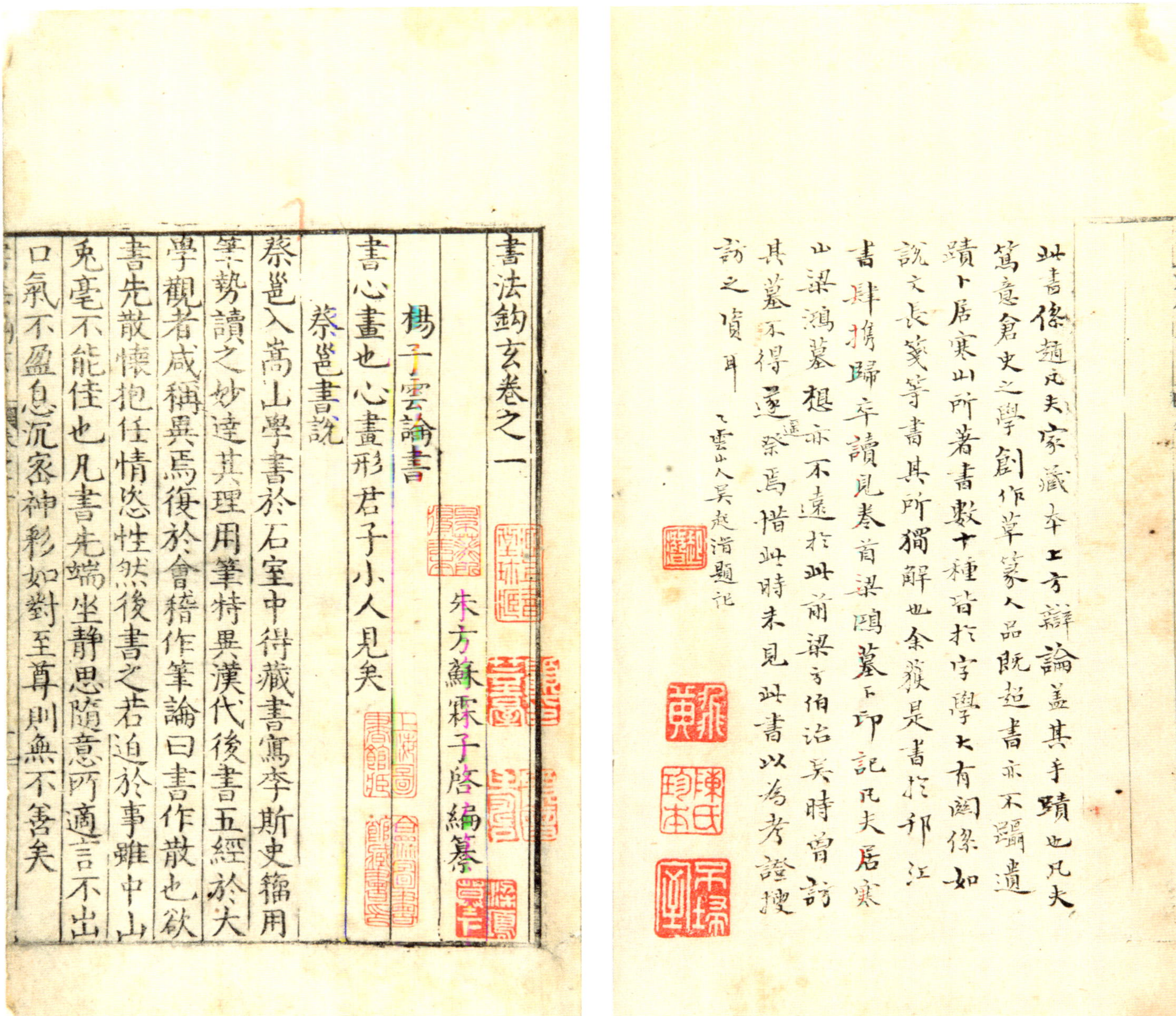
書法鉤玄卷之一
朱方蘇霖子啓編纂
楊子雲論書
書心畫也心畫形君子小人見矣
蔡邕書說
蔡邕入嵩山學書於石室中得藏書寫李斯史籀用筆勢讀之妙達其理用筆特異漢代後書五經於大學觀者咸稱異焉後於會稽作筆論曰書作散也欲書先散懷抱任情恣性然後書之若迫於事雖中山兔毫不能佳也凡書先端坐靜思隨意所適言不出口氣不盈息沉密神彩如對至尊則無不善矣

此書係趙凡夫家藏本上方辯論蓋其手蹟也凡夫篤意倉史之學創作草篆人品既超書亦不羈遺蹟卜居寒山所著書數十種皆於字學大有關係如說文長箋等書其所獨解也余獲是書於邗江書肆携歸卒讀見卷首梁鴻墓下印記凡夫居寒山梁鴻墓想亦不遠於此前梁方伯詒吳時曾訪其墓不得遂祭焉惜此時未見此書以為考證搜訪之資耳
乙雲山人吳起潛題記

10455 書法鉤玄四卷 （元）蘇霖撰 明刻本

匡高 19.1 釐米，廣 13.4 釐米。半葉十一行，行二十字，白口，左右雙邊。有“趙印宧光”、“顧曾壽”、“顧印芸臺”、“起潛”、“景葵所得善本”等印。趙宧光批校，吳起潛跋。上海圖書館藏。

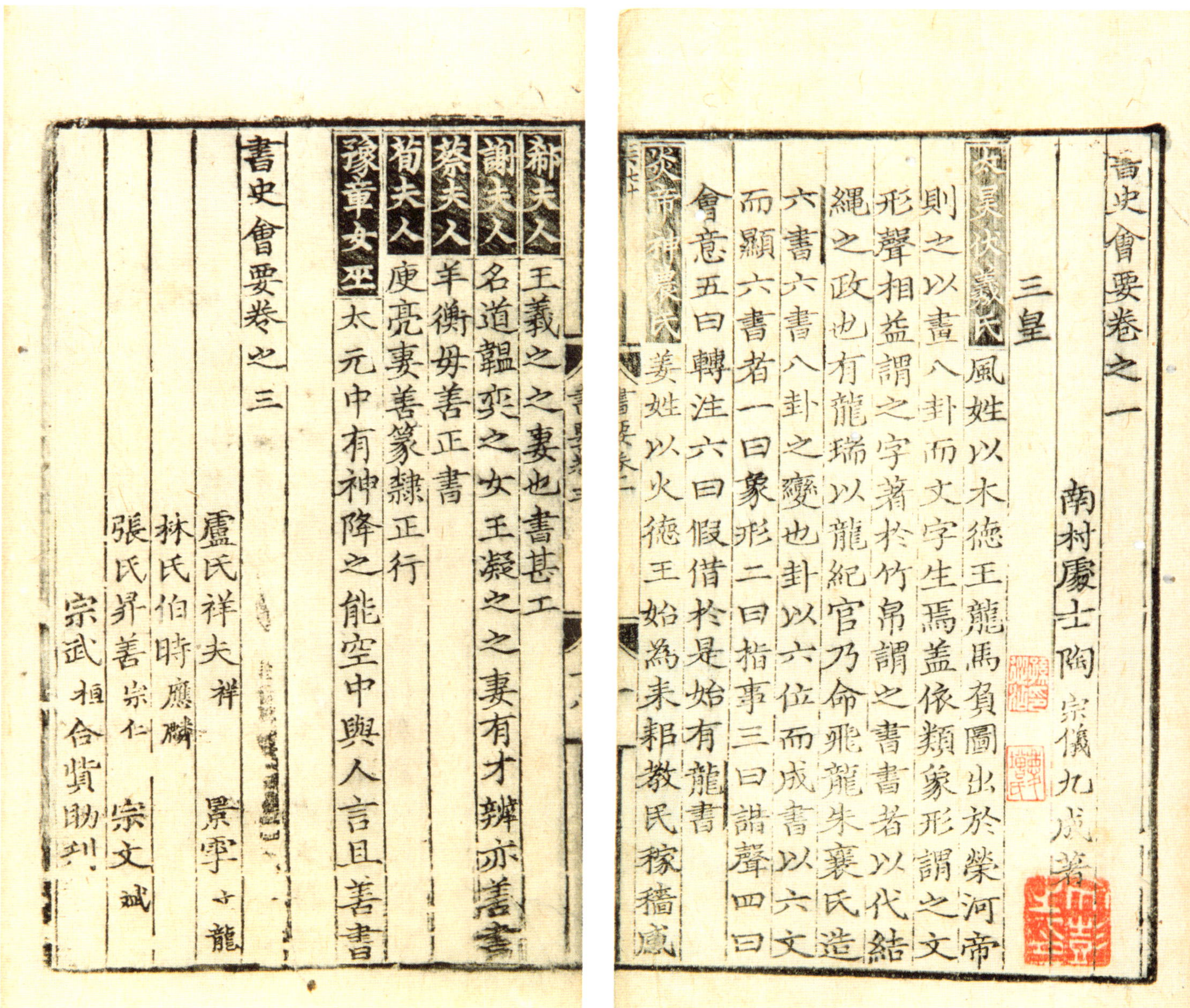

書史會要卷之一

南村處士陶　宗儀九成著

三皇

太昊伏羲氏　風姓以木德王龍馬負圖出於滎河帝則之以畫八卦而文字生焉盖依類象形謂之文形聲相益謂之字著於竹帛謂之書書者以代結繩之政也有龍瑞以龍紀官乃命飛龍朱襄氏造六書六書八卦之變也卦以六位而成書以六文而顯六書者一曰象形二曰指事三曰諧聲四曰會意五曰轉注六曰假借於是始有龍書

炎帝神農氏　姜姓以火德王始為耒耜教民稼穡處

郗夫人　王羲之之妻也書甚工

謝夫人　名道韞奕之女王凝之之妻有才辯亦善書

蔡夫人　羊衡母善正書

荀夫人　庾亮妻善篆隸正行

豫章女巫　太元中有神降之能空中與人言且善書

書史會要卷之三

盧氏祥夫祥　景雩士龍

林氏伯時應麟

張氏昇善宗仁　宗文誠

宗武相合貲助刊

10456 書史會要九卷補遺一卷　（明）陶宗儀撰　明洪武九年（1376）盧祥、林應麟等刻本

匡高 18.6 釐米，廣 10.9 釐米。半葉十一行，行二十字，黑口，左右雙邊。有“文彭之印”、“慶增氏”、“孫印從添”等印。上海圖書館藏。

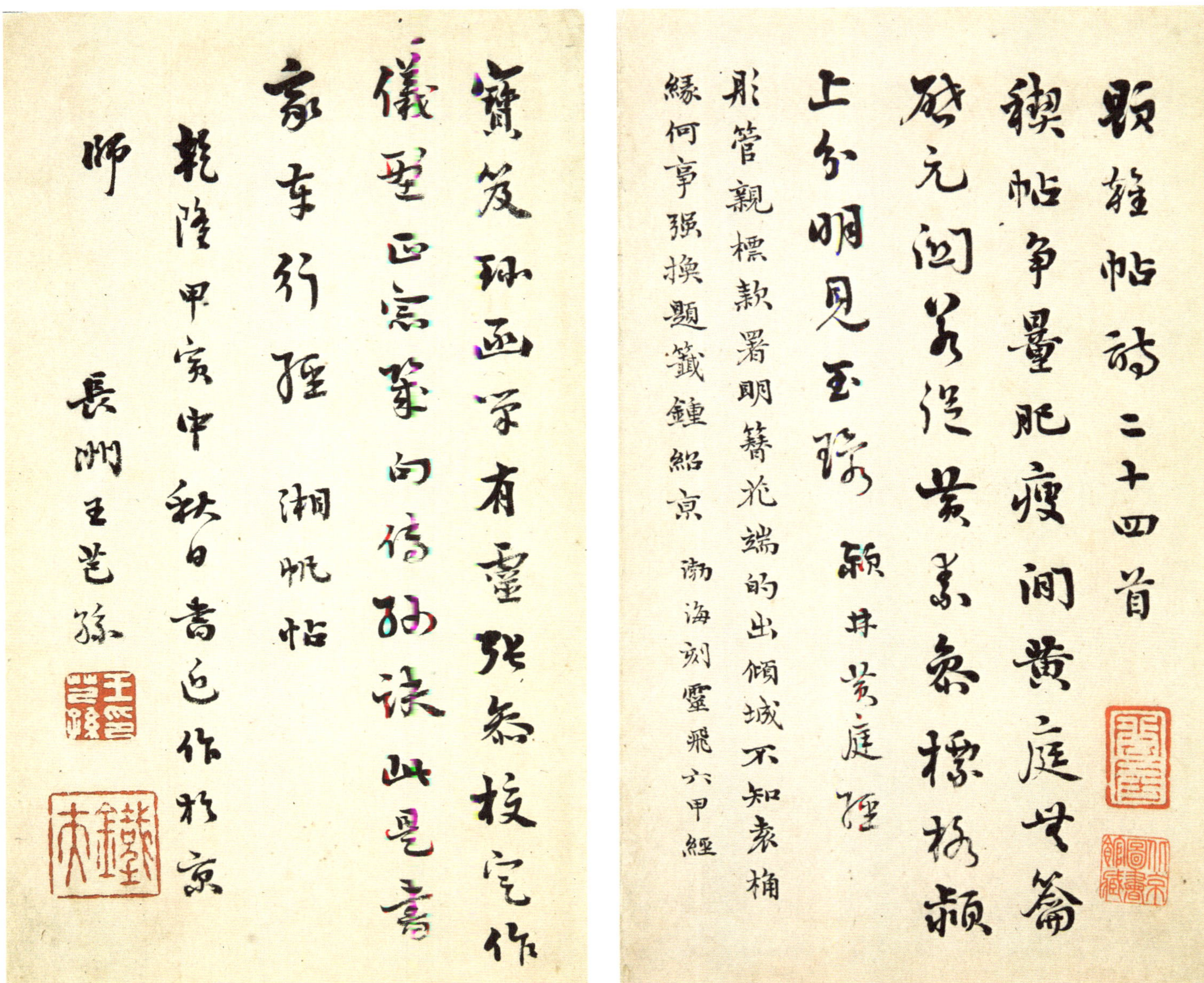

10457 論碑帖詩一卷論書絶句一卷 （清）王芑孫撰 稿本

經折裝。有"王印芑孫"、"鐵夫"等印。端方跋。國家圖書館藏。

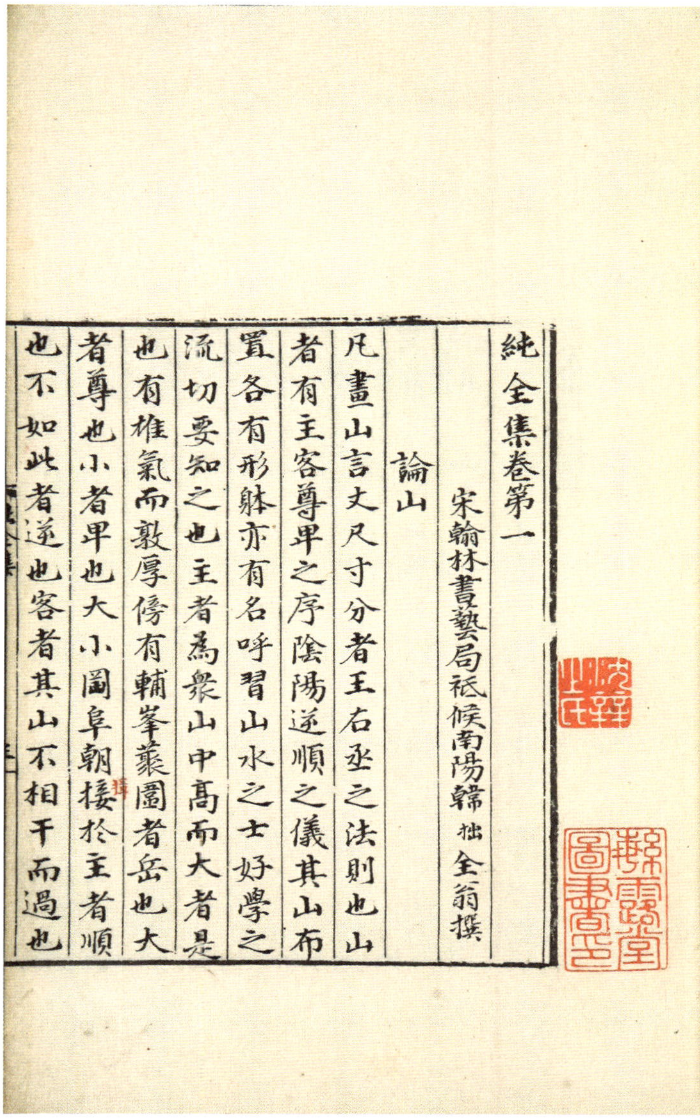
純全集卷第一
宋翰林書藝局祗候南陽韓拙全翁撰
論山
凡畫山言丈尺寸分者王右丞之法則也山
者有主客尊卑之序陰陽逆順之儀其山布
置各有形躰亦有名呼習山水之士好學之
流切要知之也主者為衆山中高而大者是
也有雄氣而敦厚傍有輔峯叢圍者岳也大
者尊也小者卑也大小岡阜朝揖於主者順
也不如此者逆也客者其山不相干而過也

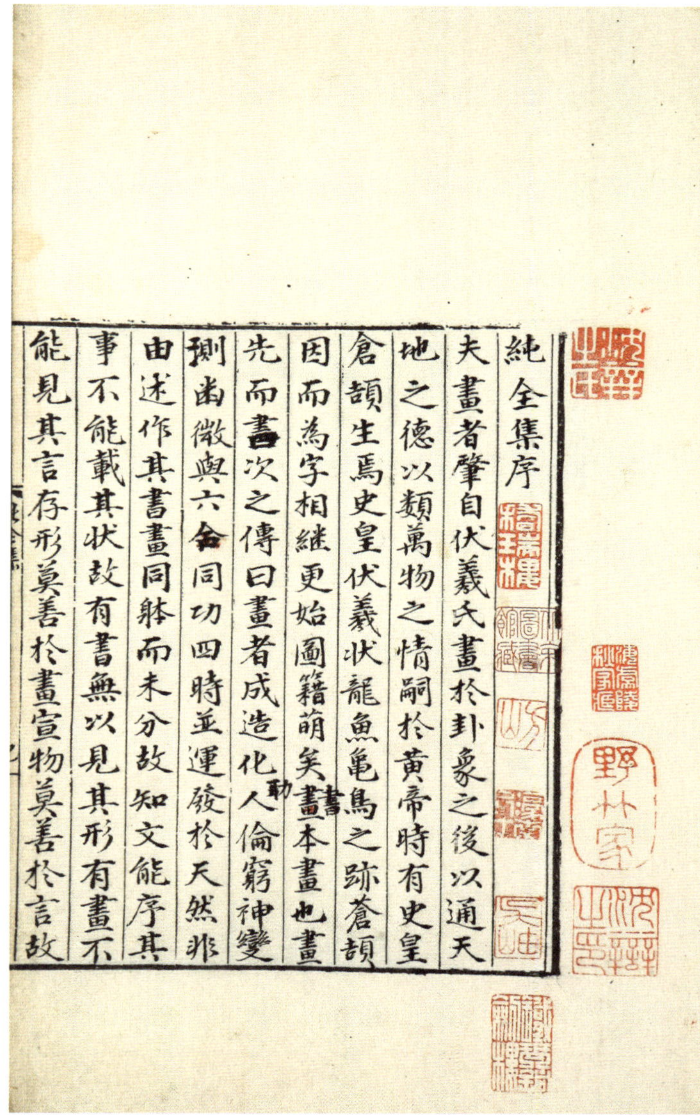
純全集序
夫畫者肇自伏羲氏畫於卦象之後以通天
地之德以類萬物之情嗣於黄帝時有史皇
倉頡生焉史皇伏羲狀龍魚龜鳥之跡蒼頡
因而為字相繼更始圖籍萌矣書本畫也畫
先而書次之傳曰畫者成造化助人倫窮神變
測幽微與六籍同功四時並運發於天然非
由述作其書畫同躰而未分故知文能序其
事不能載其狀故有書無以見其形有畫不
能見其言存形莫善於畫宣物莫善於言故

10458 純全集四卷 （宋）韓拙撰 明沈辨之野竹家抄本

匡高 15.6 釐米，廣 12.9 釐米。半葉十行，行十七字，白口，左右雙邊。有“繁露堂圖書印”、“沈辨之氏”、“野竹家”、“姑蘇吴岫家藏”、“稽瑞樓”、“鐵琴銅劍樓”等印。國家圖書館藏。

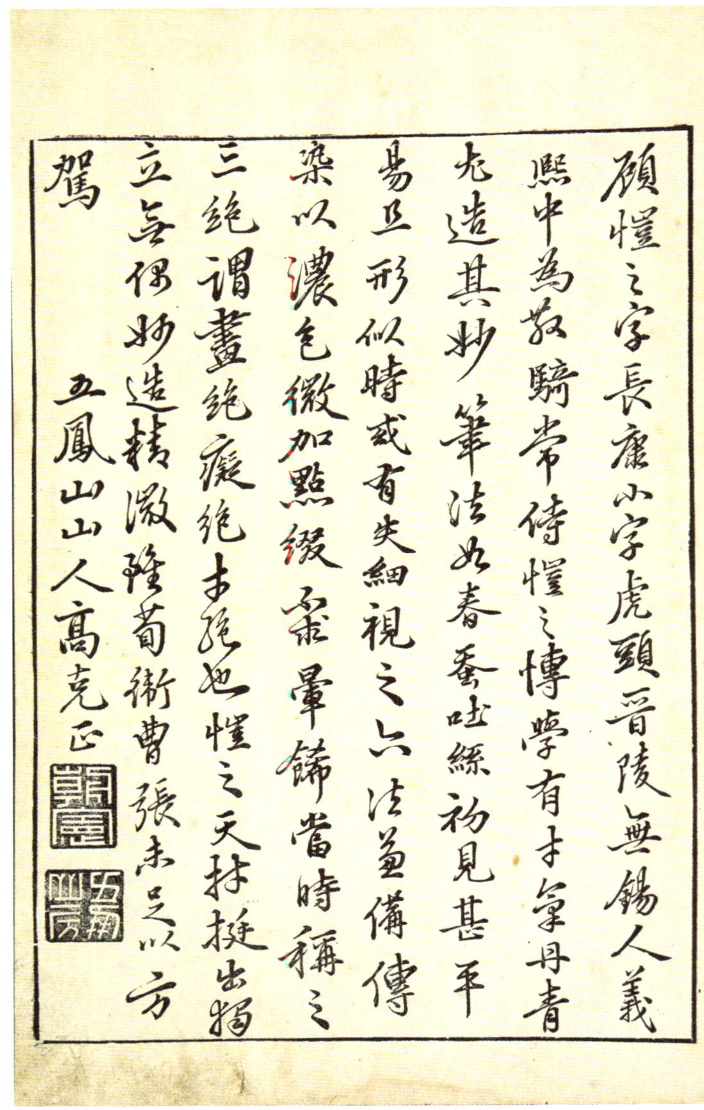

顧愷之字長康小字虎頭晉陵無錫人義
熙中為散騎常侍愷之博學有才氣丹青
尤造其妙筆法如春蠶吐絲初見甚平
易且形似時或有失細視之六法兼備傳
染以濃色微加點綴不求暈飾當時稱之
三絕謂畫絕痴絕才絕也愷之天材挺出獨
立無偶妙造精微陸荀衛曹張未足以方
駕
五鳳山山人高克正

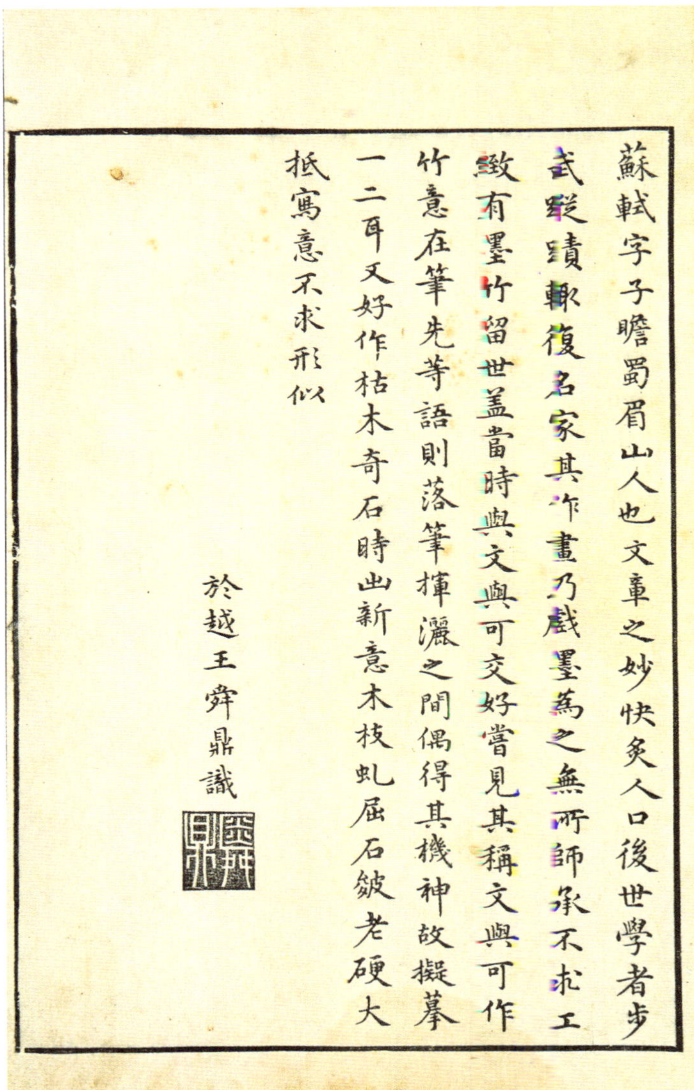

蘇軾字子瞻蜀眉山人也文章之妙快炙人口後世學者步
武蹤蹟輒復名家其作畫乃戲墨爲之無所師承不求工
緻有墨竹留世蓋當時與文與可交好嘗見其稱文與可作
竹意在筆先等語則落筆揮灑之間偶得其機神故擬摹
一二耳又好作枯木奇石時出新意木枝虬屈石皴老硬大
抵寫意不求形似
於越王舜鼎識

10459 歷代名公畫譜四卷 （明）顧炳輯 明萬曆三十一年（1603）顧三聘、顧三錫刻本

匡高 26.9 釐米，廣 19.4 釐米。白口，四周單邊。國家圖書館藏。

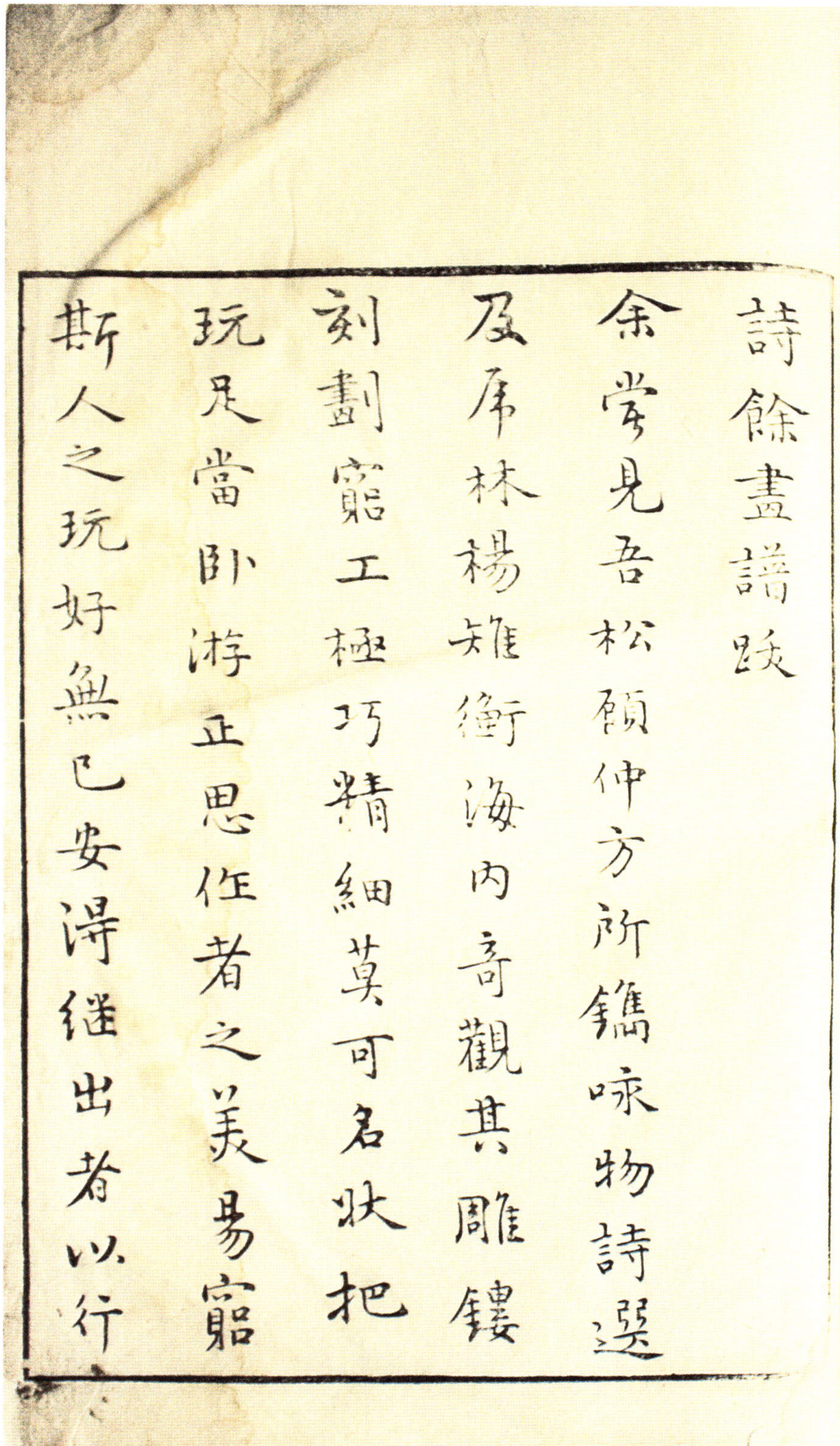

詩餘畫譜跋

余嘗見吾松顧仲方所鐫咏物詩選及屛林楊雉衡海内奇觀其雕鏤刻劃窮工極巧精細莫可名狀把玩足當卧游正思作者之美易窮斯人之玩好無已安淂繼出者以行

10460 詩餘畫譜不分卷 明萬曆四十年（1612）汪□刻本

匡高 23.5 釐米，廣 17 釐米。白口，四周單邊。紹興圖書館藏。

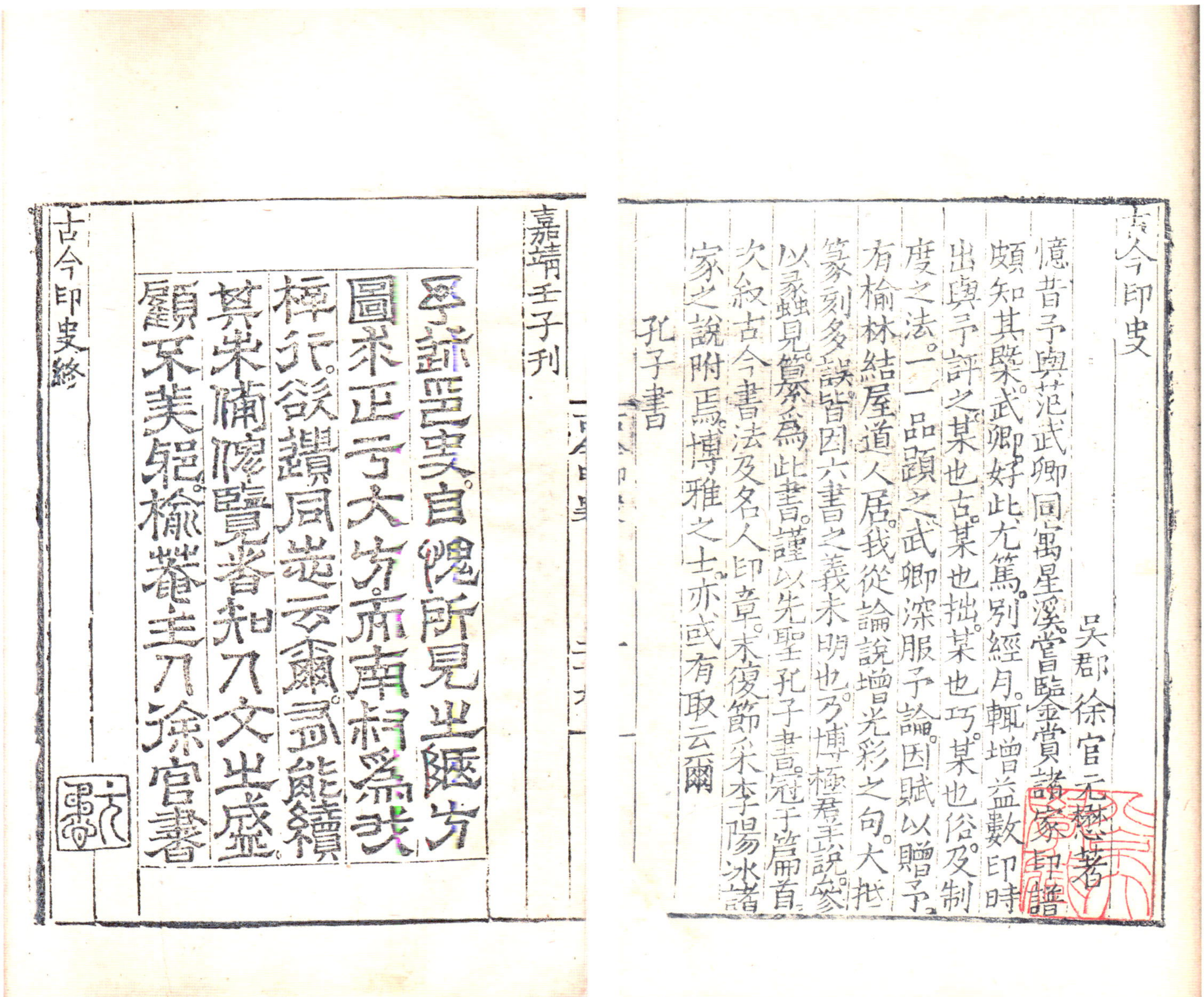

古今印史

吳郡 徐官元懋著

憶昔予與范武卿同寓星溪，嘗臨金賞諸家印譜，頗知其槩。武卿好此尤篤。別經月，輒增益數印，時出與予評之：某也古，某也拙，某也巧，某也俗，及制度之法，一一品題之。武卿深服予論，因賦以贈予，有榆林結屋道人居，我從論說增光彩之句。大抵篆刻多誤，皆因六書之義未明也，乃博極群書說，參以彖蝕見纂，為此書。謹以先聖孔子書冠于篇首，次叙古今書法及名人印章，末復節采李陽冰諸家之說附焉。博雅之士亦或有取云爾。

孔子書

嘉靖壬子刊

古今印史終

10461 古今印史一卷附録一卷 （明）徐官撰 明隆慶三年（1569）自刻本

匡高 16.6 釐米，廣 12.4 釐米。半葉十二行，行十九字，白口，左右雙邊。北京大學圖書館藏。

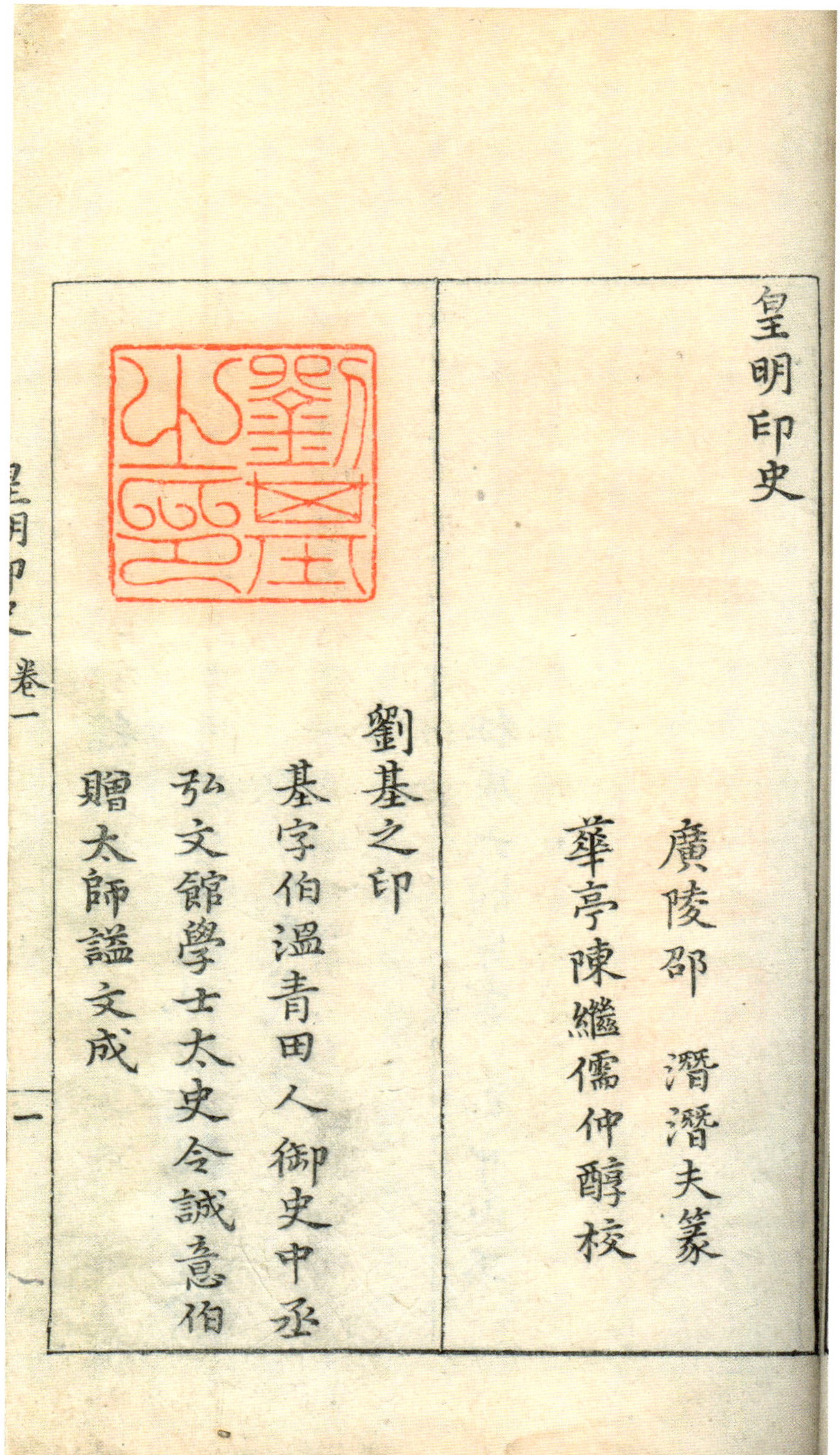
皇明印史

廣陵邵　潛潛夫篆

華亭陳繼儒仲醇校

劉基之印

基字伯溫青田人御史中丞

弘文館學士太史令誠意伯

贈太師謚文成

皇明印史　卷一　一

10462 皇明印史四卷　（明）邵潛篆刻並輯 明天啓刻鈐印本

匡高 19.9 釐米，廣 13.6 釐米。白口，四周單邊。北京師範大學圖書館藏。

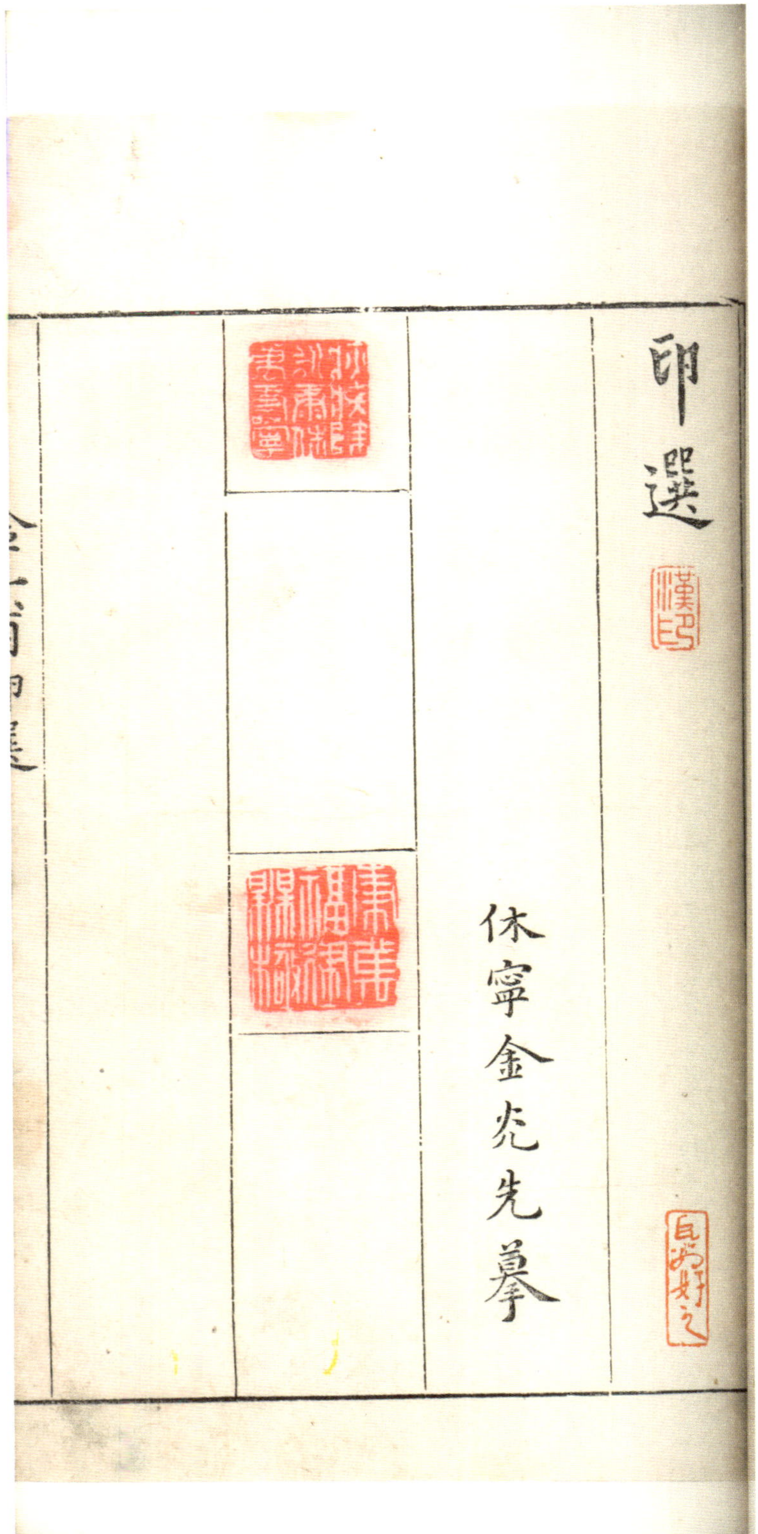
印選
休寧金光先摹

10463 金一甫印選不分卷 （明）金光先篆刻並輯 明萬曆刻鈐印本

匡高 20.5 釐米，廣 14.5 釐米。白口，左右雙邊。蘇州圖書館藏。

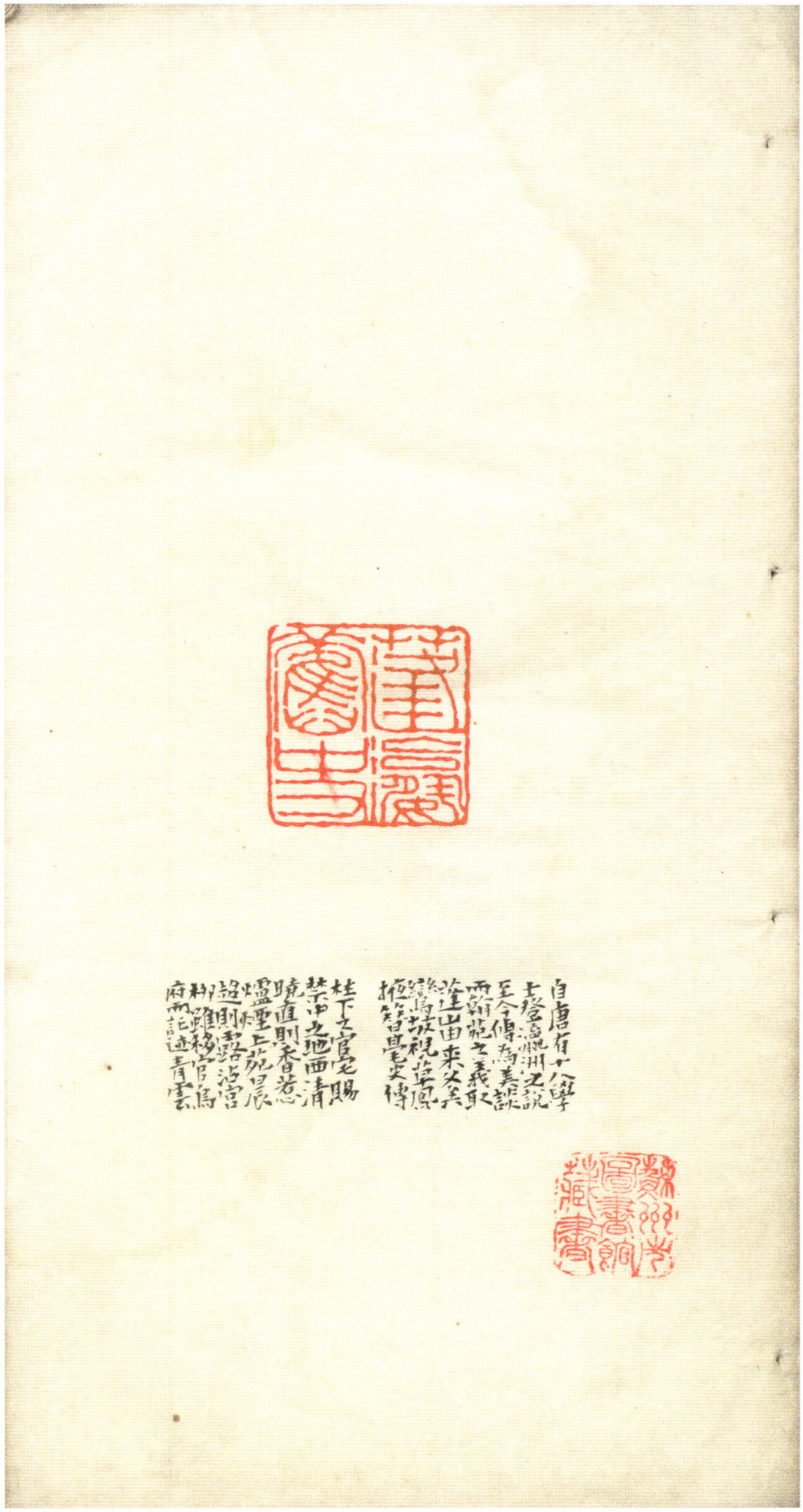

10464 黄易自存印譜一卷 （清）黄易篆刻 清鈐印本

蘇州圖書館藏。

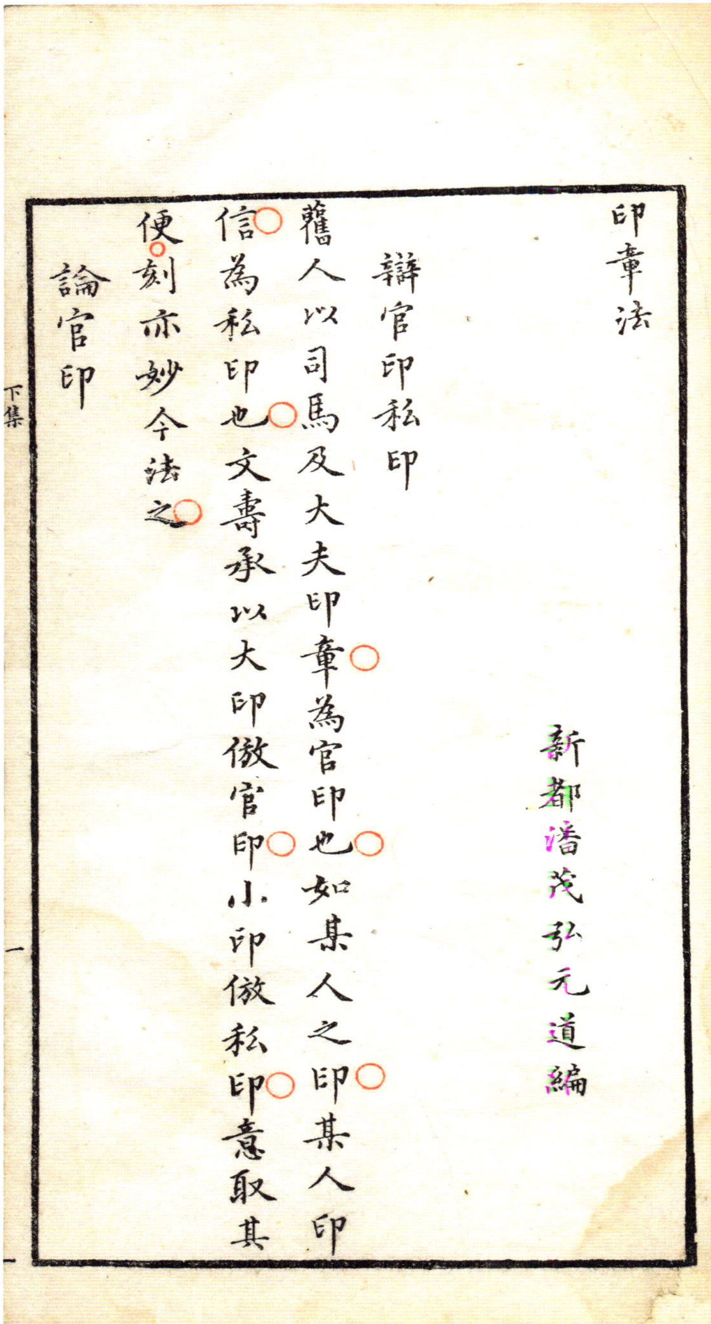
印章法
新都潘茂弘元道編
辯官印私印
舊人以司馬及大夫印章為官印也如某人之印某人印
信為私印也文壽承以大印做官印小印做私印意取其
便刻亦妙今法之
論官印
下集　一

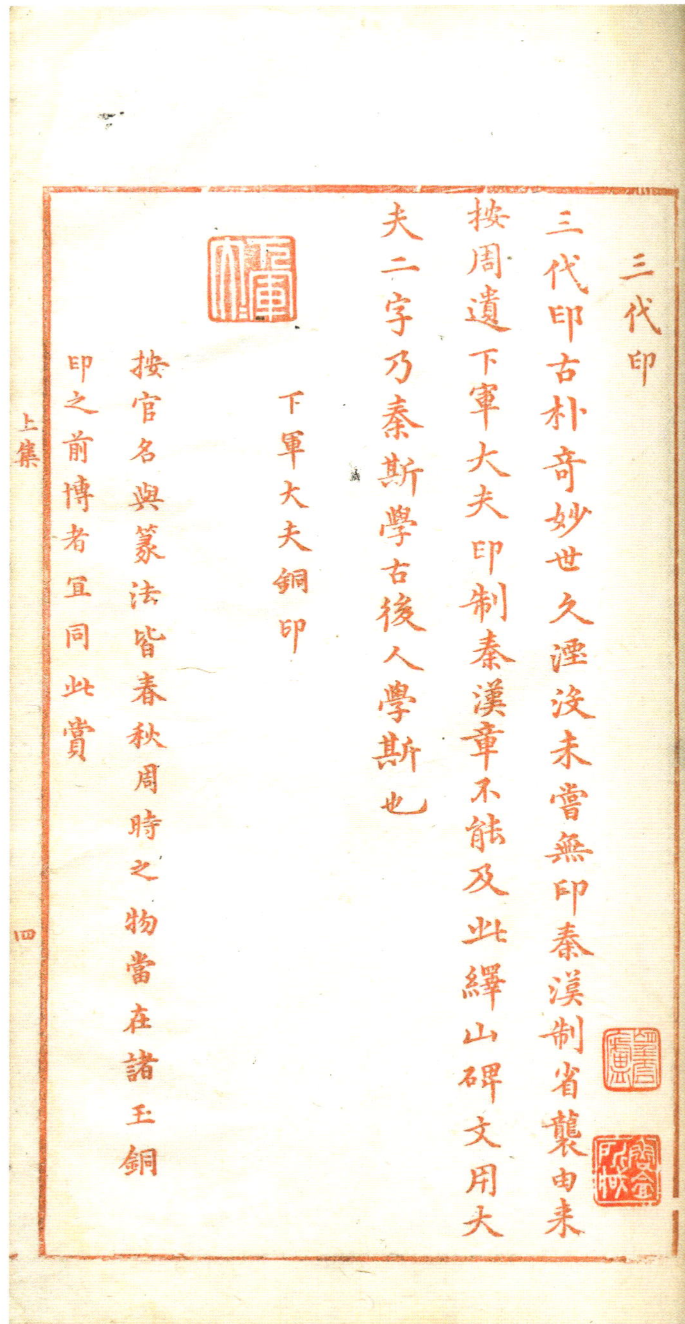
三代印
三代印古朴奇妙世久湮沒未嘗無印秦漢制省襲由來
按周遺下軍大夫印制秦漢章不能及此繹山碑文用大
夫二字乃秦斯學古後人學斯也
下軍大夫銅印
按官名與篆法皆春秋周時之物當在諸玉銅
印之前博者宜同此賞
上集　四

10465 印章法不分卷　（明）潘茂弘撰　明崇禎八年（1635）刻朱墨印本

匡高 20.2 釐米，廣 12.8 釐米。半葉八行，行二十二字，白口，四周單邊。西泠印社藏。

10466 研林鐵書一卷 （清）丁敬篆刻 清鈐印本

白口，四周單邊。蘇州圖書館藏。

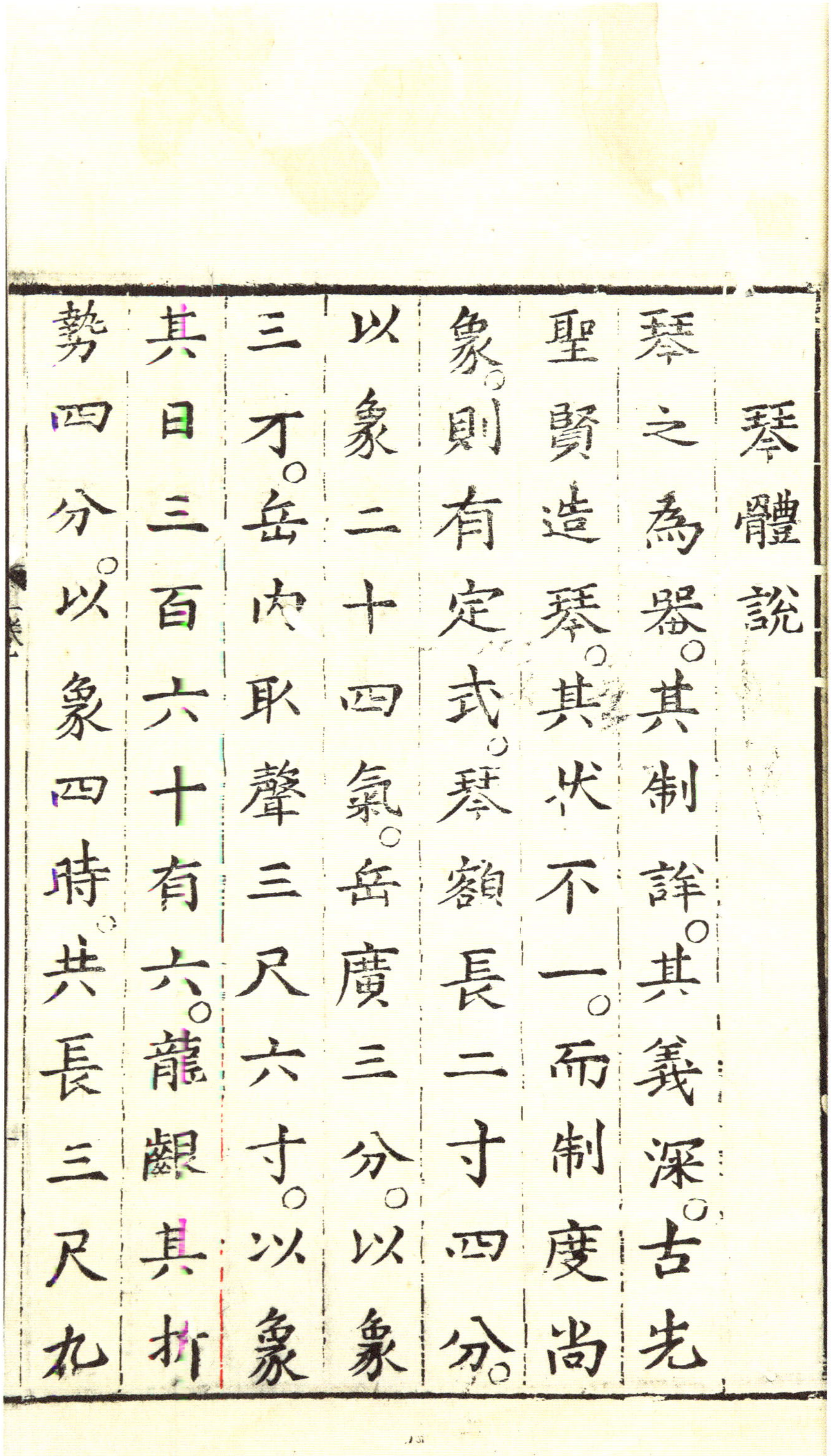
琴體說
琴之為器。其制詳。其義深。古先聖賢造琴。其狀不一。而制度尚象。則有定式。琴額長二寸四分。以象二十四氣。岳廣三分。以象三才。岳內取聲三尺六寸。以象其日三百六十有六。龍齦其折勢四分。以象四時。共長三尺九

10467 太音傳習五卷 （明）李仁撰 明嘉靖四十年（1561）周桂山刻本

匡高 19.6 釐米，廣 14 釐米。半葉八行，行十二字，白口，四周單邊。國家圖書館藏。

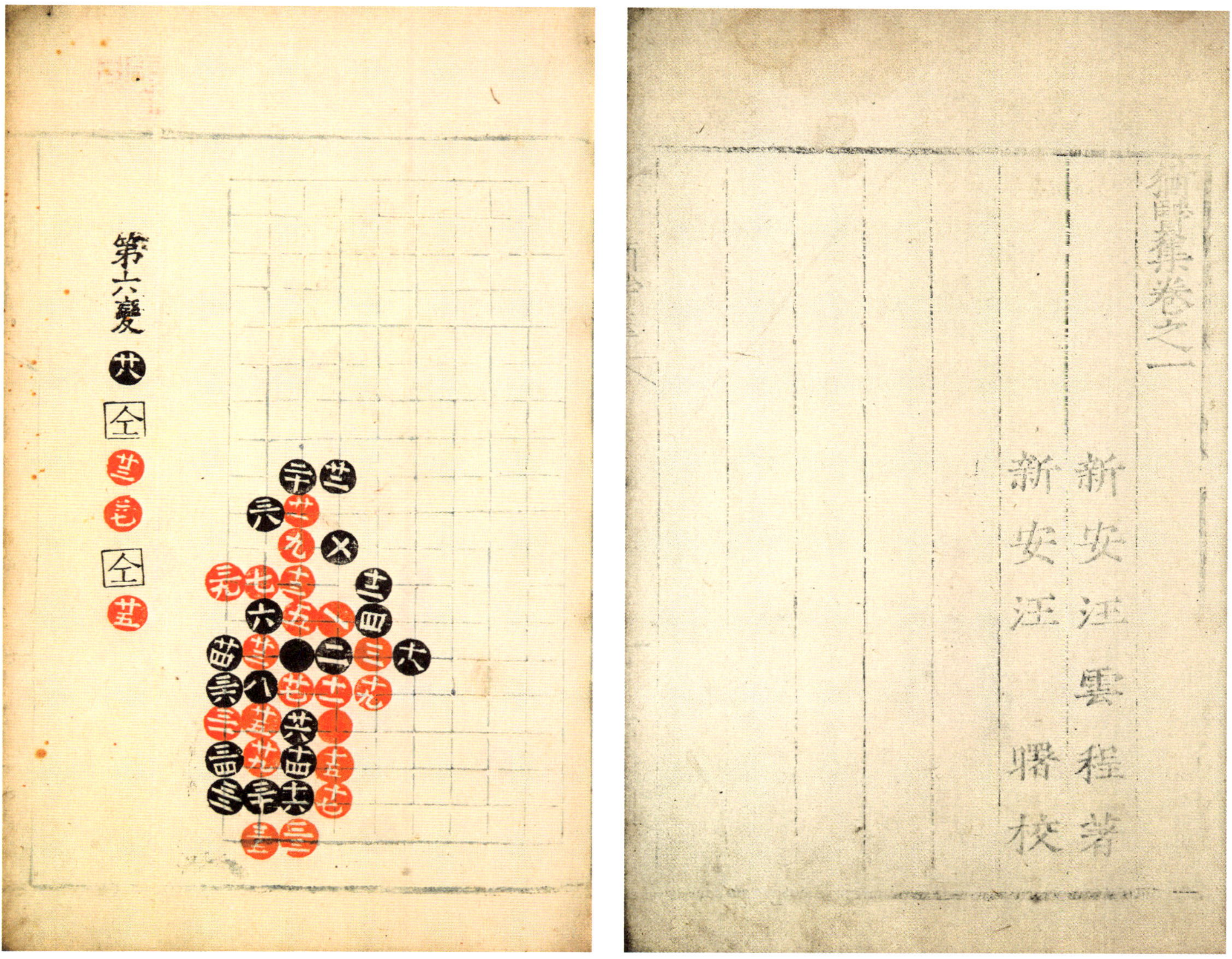

10468 猶賢集四卷 （明）汪雲程撰 明嘉靖活字印本

匡高 22.7 釐米，廣 17.2 釐米。半葉八行，行十八字，白口，四周單邊。國家圖書館藏，存二卷。

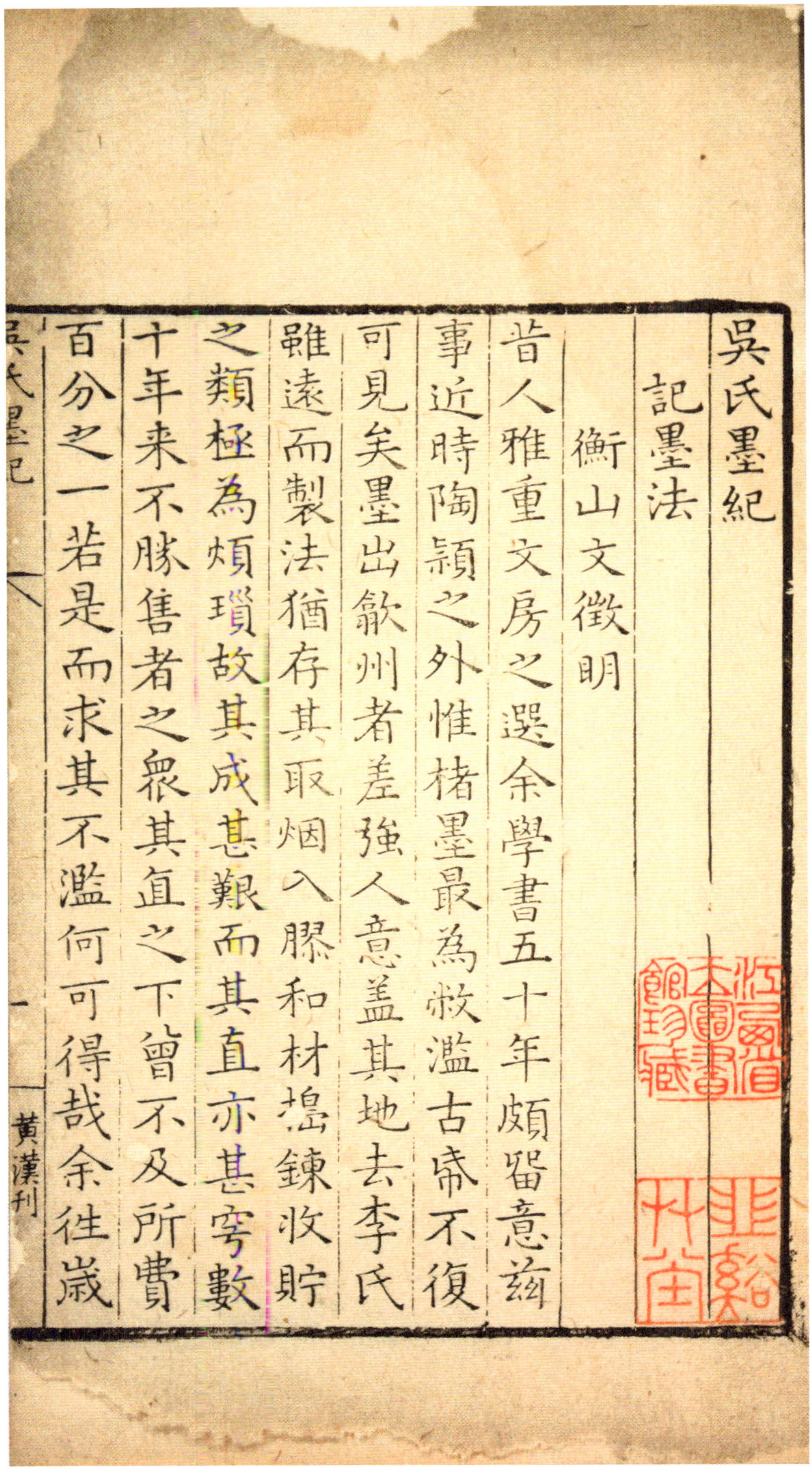
吳氏墨紀

記墨法

衡山文徵明

昔人雅重文房之選余學書五十年頗留意茲事近時陶穎之外惟楮墨最為敝濫古法不復可見矣墨出歙州者差強人意蓋其地去李氏雖遠而製法猶存其取烟入膠和材擣鍊收貯之類極為煩瑣故其成甚艱而其直亦甚穹數十年来不勝售者之衆其直之下曾不及所費百分之一若是而求其不濫何可得哉余往歲

吳氏墨紀 一 黃漢刊

10469 吳氏墨紀一卷 （明）吳楚輯 **山泉吳氏小傳一卷** （明）彭年等撰 **秋水玄思一卷** （明）吳頤元輯 明嘉靖四十年（1561）吳景明刻本

匡高 17.3 釐氵，廣 12.8 釐米。半葉十行，行十八字，白口，四周單邊。江西省圖書館藏二

10470 飲膳正要三卷 （元）忽思慧撰 明景泰七年（1456）内府刻本

匡高 24.7 釐米，廣 18.7 釐米。半葉十行，行二十字，黑口，四周雙邊。無錫市圖書館藏。

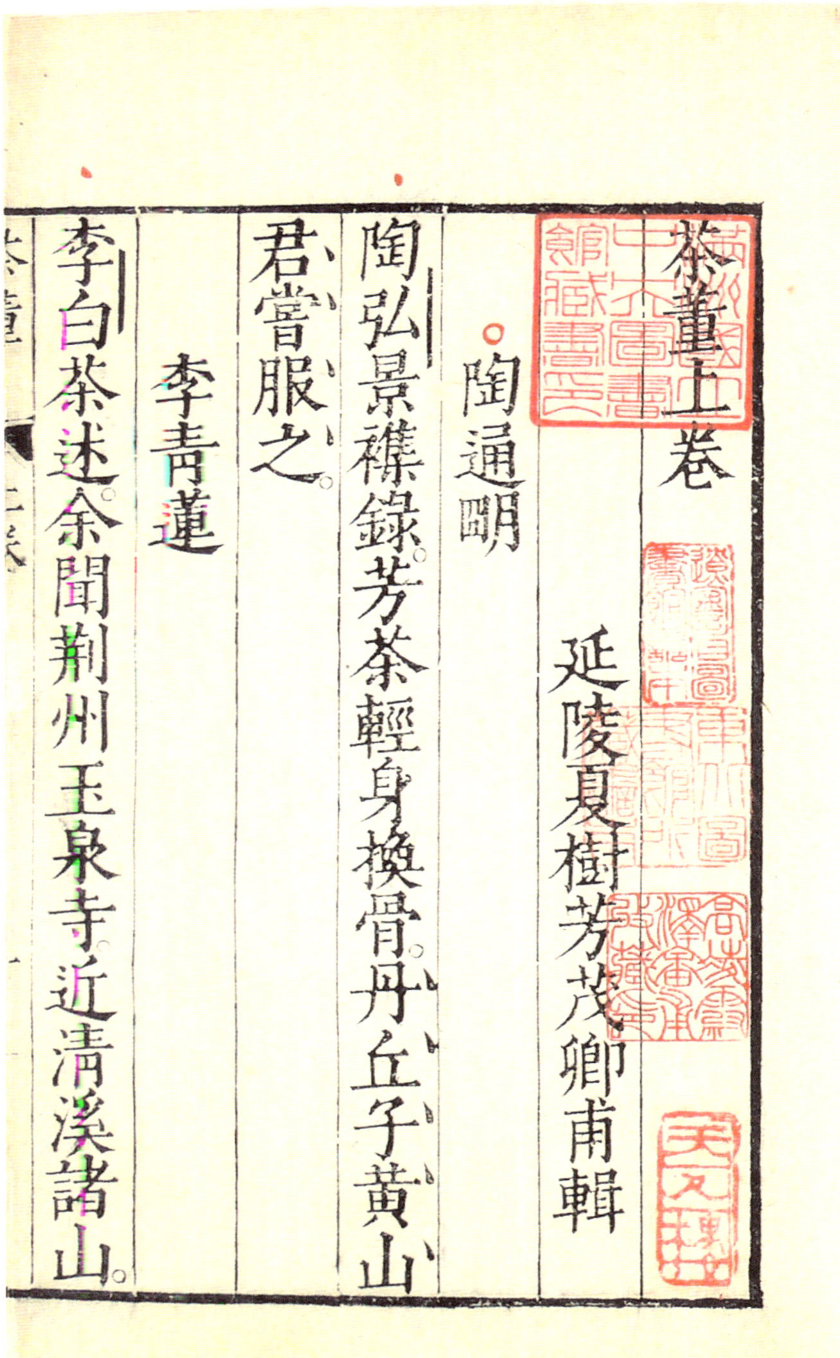

茶董上卷
延陵夏樹芳茂卿甫輯
○陶通明
陶弘景雜録。芳茶輕身換骨。丹丘子黃山君嘗服之。
李青蓮
李白茶述。余聞荊州玉泉寺近清溪諸山。

10471 茶董二卷酒顛二卷 （明）夏樹芳輯 明萬曆夏氏清遠樓刻本

匡高18.7釐米，廣12.5釐米。半葉七行，行十六字，白口，四周單邊。有“高凌霨澤畬甫收藏印”等印。遼寧省圖書館藏。

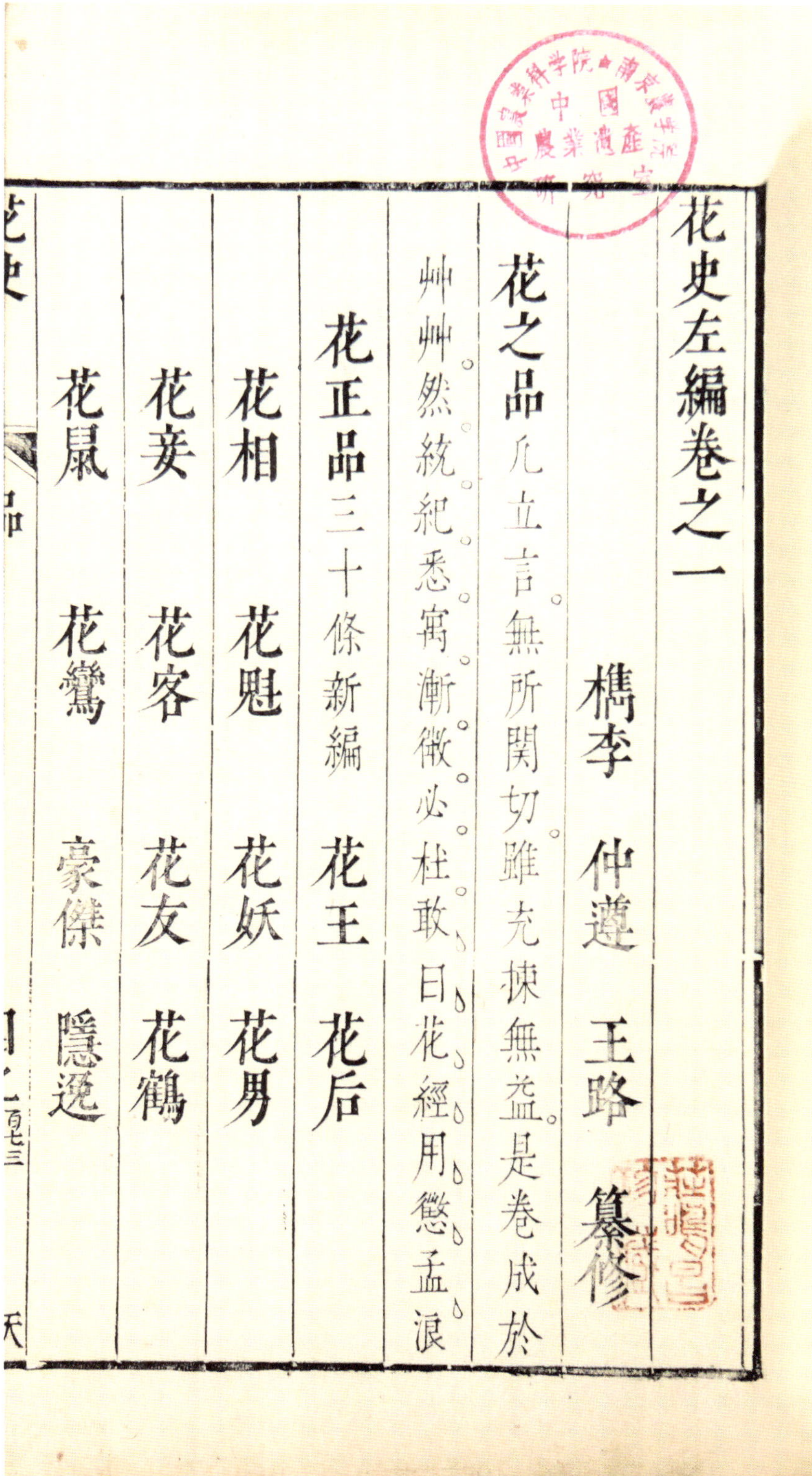
花史左編卷之一
檇李 仲遵 王路 纂修
花之品 凡立言無所關切雖充棟無益是卷成於
艸艸然統紀悉寓漸微必杜敢曰花經用懲孟浪
花正品 三十條新編 花王 花后
花相 花魁 花妖 花男
花妾 花客 花友 花鶴
花鼠 花鸞 豪傑 隱逸

10472 花史左編二十四卷 （明）王路撰 **花塵一卷** 題百花主人輯 明萬曆刻本

匡高 20.7 釐米，廣 12.6 釐米。半葉八行，行二十字，白口，左右雙邊。南京農業大學圖書館藏。

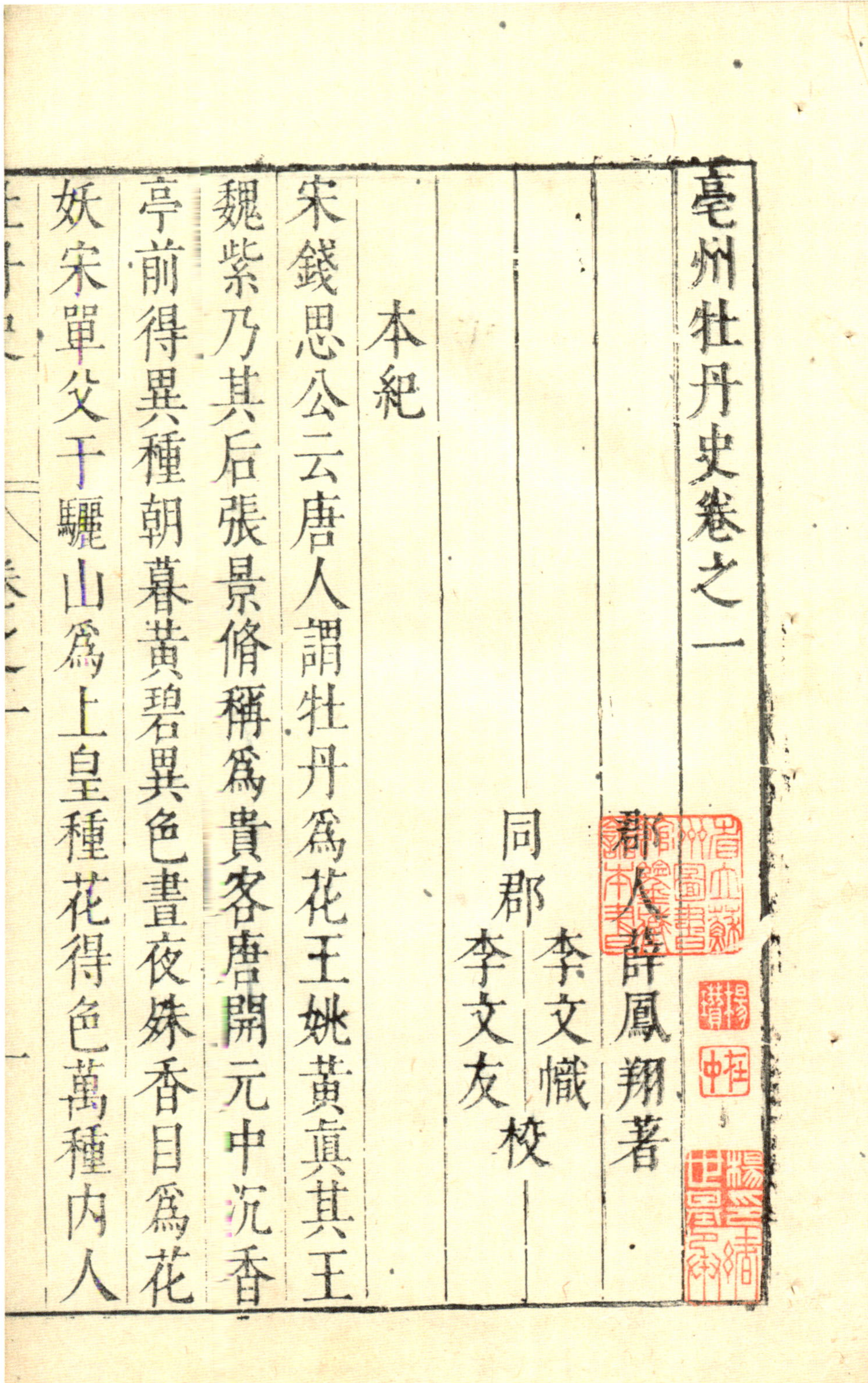

10473 亳州牡丹史四卷 （明）薛鳳翔撰 明萬曆刻本

匡高 21.4 厘米，廣 14 厘米。半葉九行，行十八字，白口，四周單邊。有“四明盧氏抱經樓藏書印”、“楊印世基”、“楊瓚”等印。蘇州圖書館藏。

第四批國家珍貴古籍名録圖録

第六册

中國國家圖書館
中國國家古籍保護中心 編

國家圖書館出版社

第六册目録

第四批國家珍貴古籍名録圖録

少數民族文字珍貴古籍名録

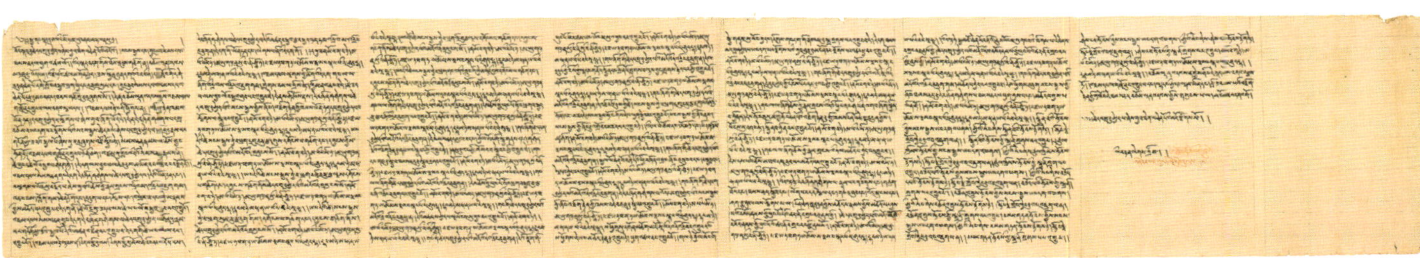

11081 大乘無量壽宗要經 九至十世紀敦煌寫本

卷軸裝。高 31 釐米，廣 180 釐米。敦煌研究院藏，存三紙。

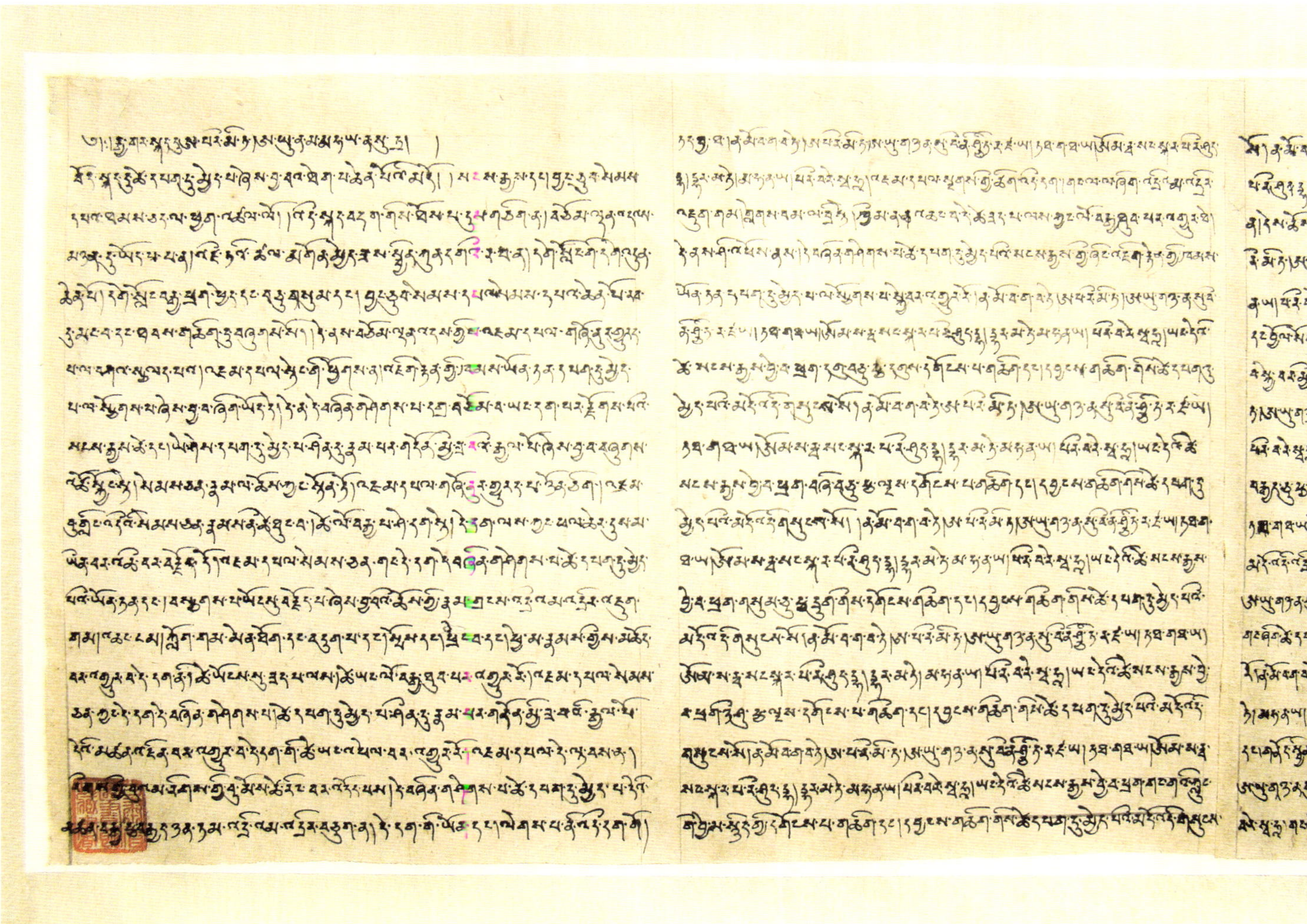

11082 大乘無量壽宗要經 九至十世紀敦煌寫本

卷軸裝。甘肅省圖書館藏，共十件。

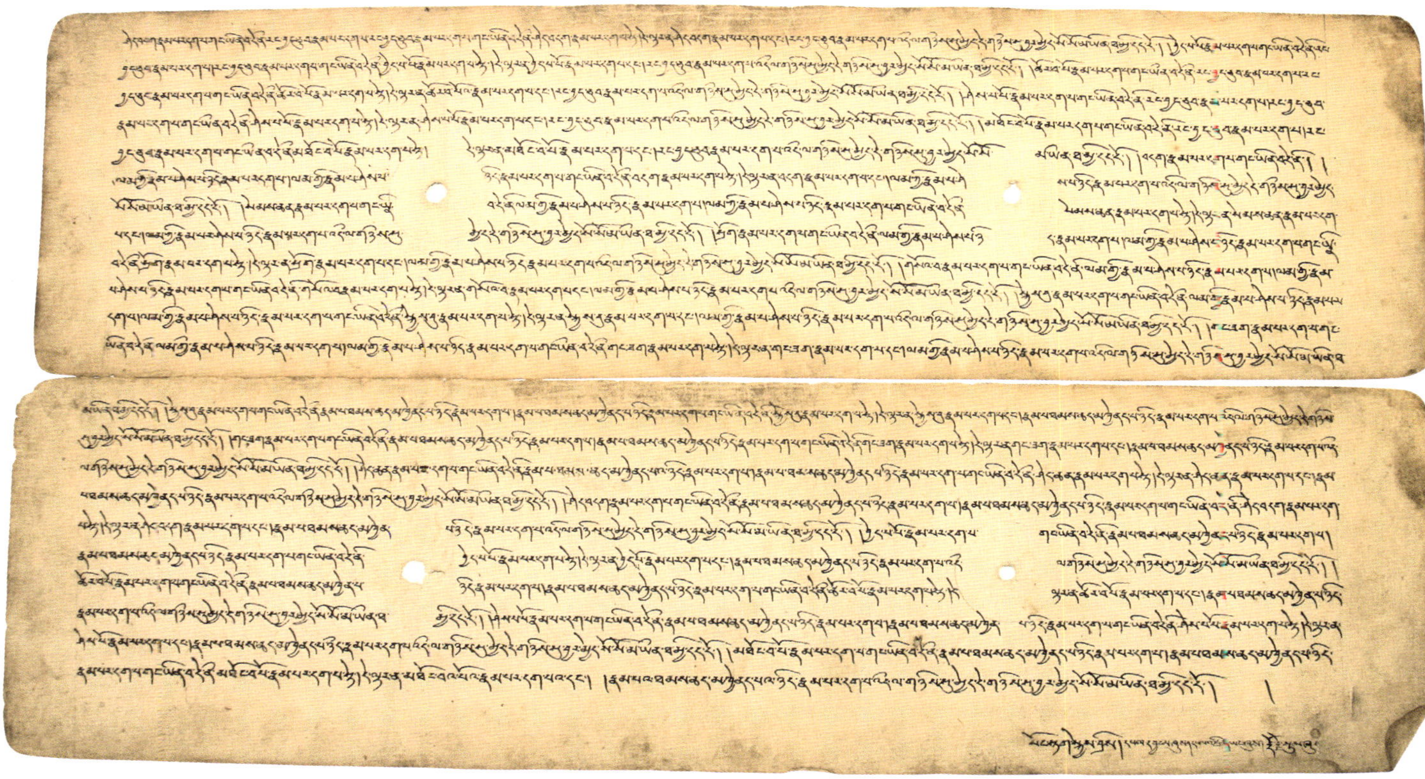

11083 般若波羅蜜多經 九至十世紀寫本

梵夾裝。開本高 20 釐米，廣 72 釐米。西藏自治區貢噶縣曲德寺藏，共五件。

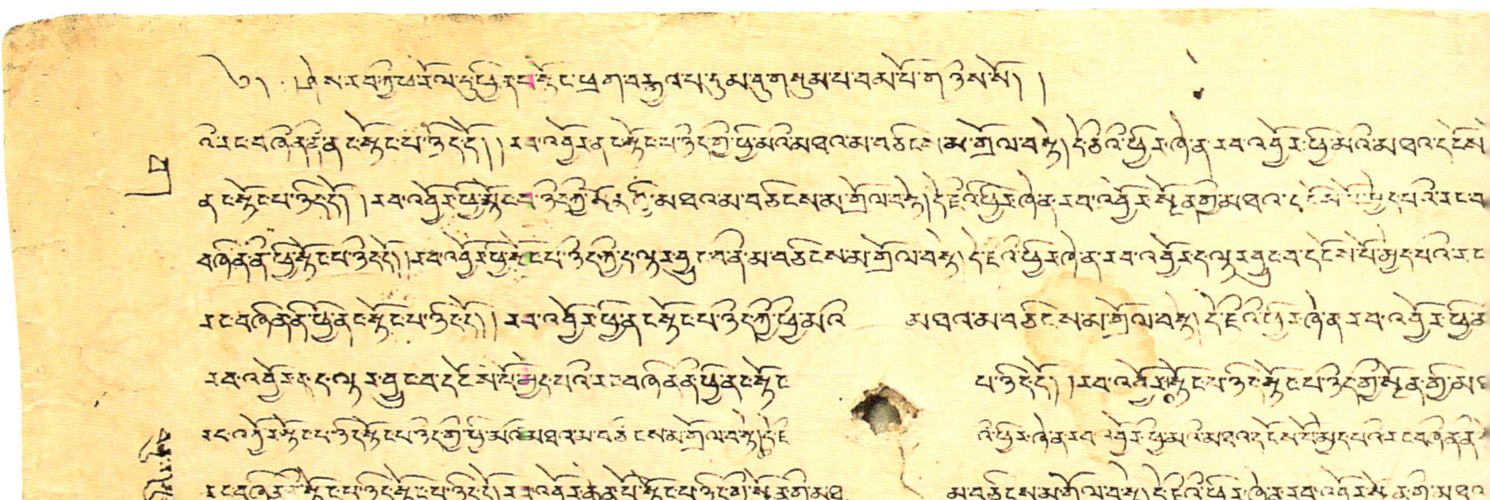

11084 般若波羅蜜多十萬頌 九至十世紀寫本

梵夾裝。甘肅省圖書館藏，共二十件。

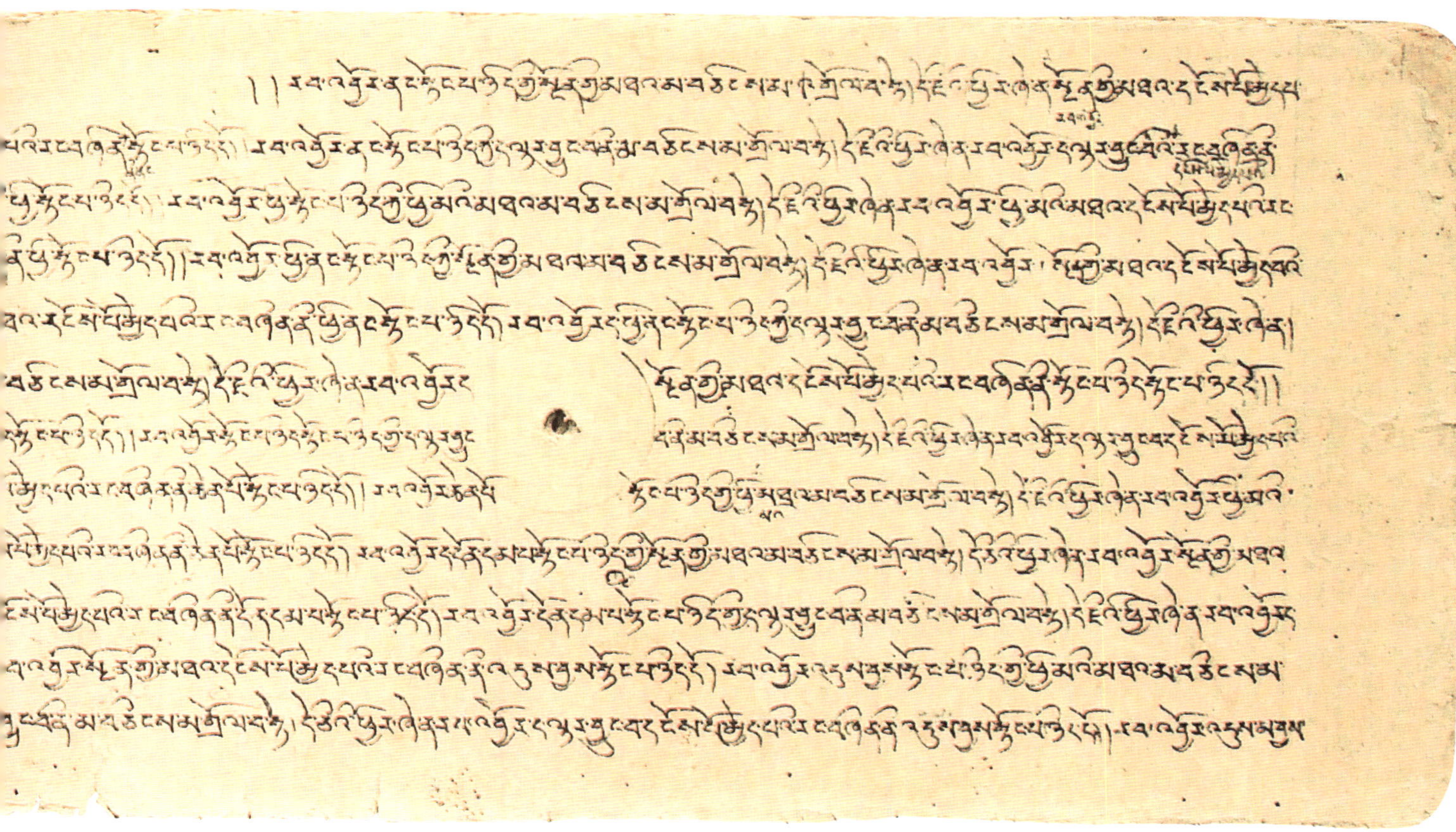

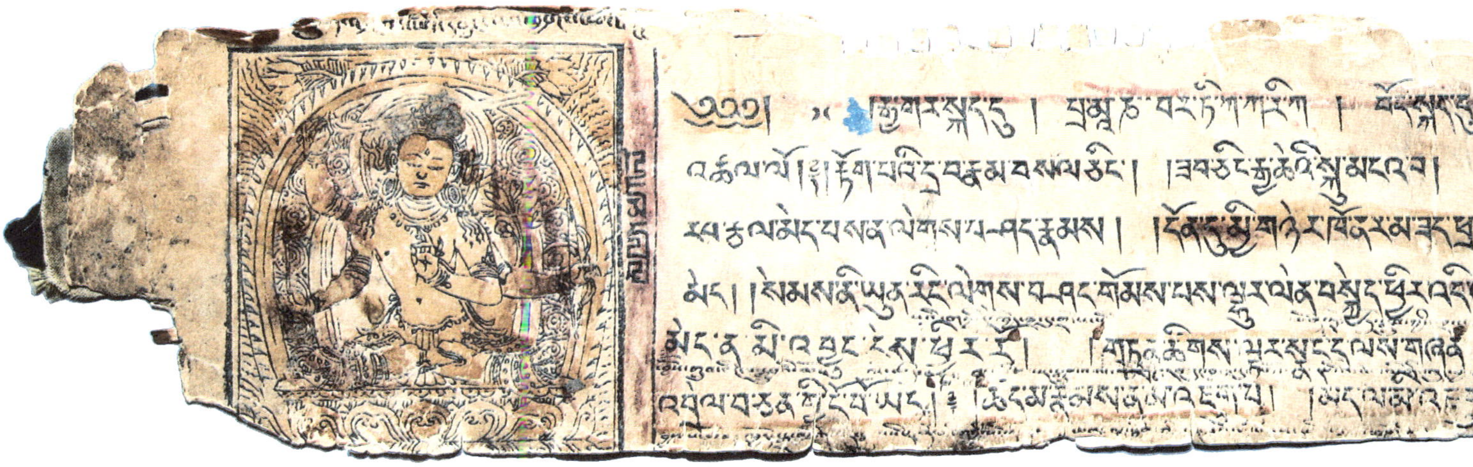

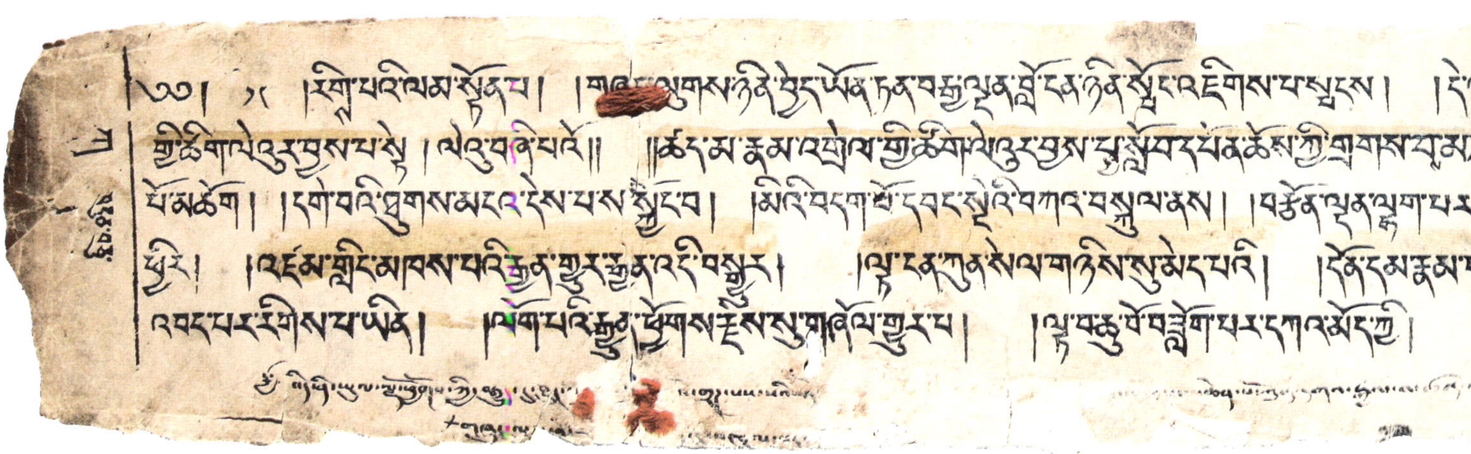

11085 釋量論 （印度）法稱撰 （宋）俄・洛丹西饒等譯 元至元第三帝師達瑪巴拉大都刻本

梵夾裝。匡高 7.5 釐米，廣 54.5 釐米。每葉六行。西藏博物館藏。

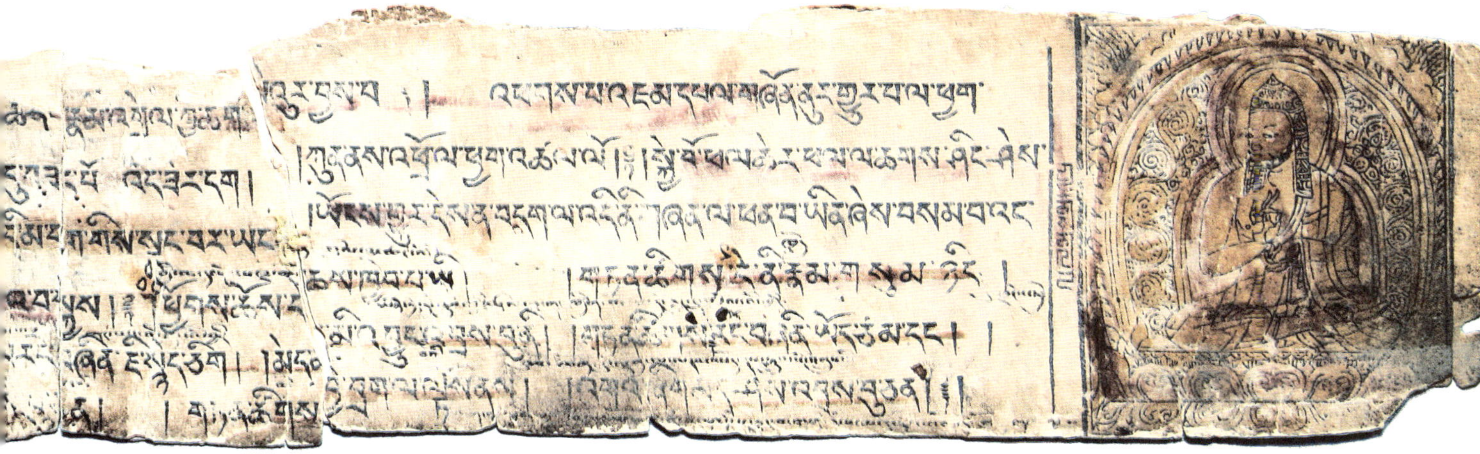

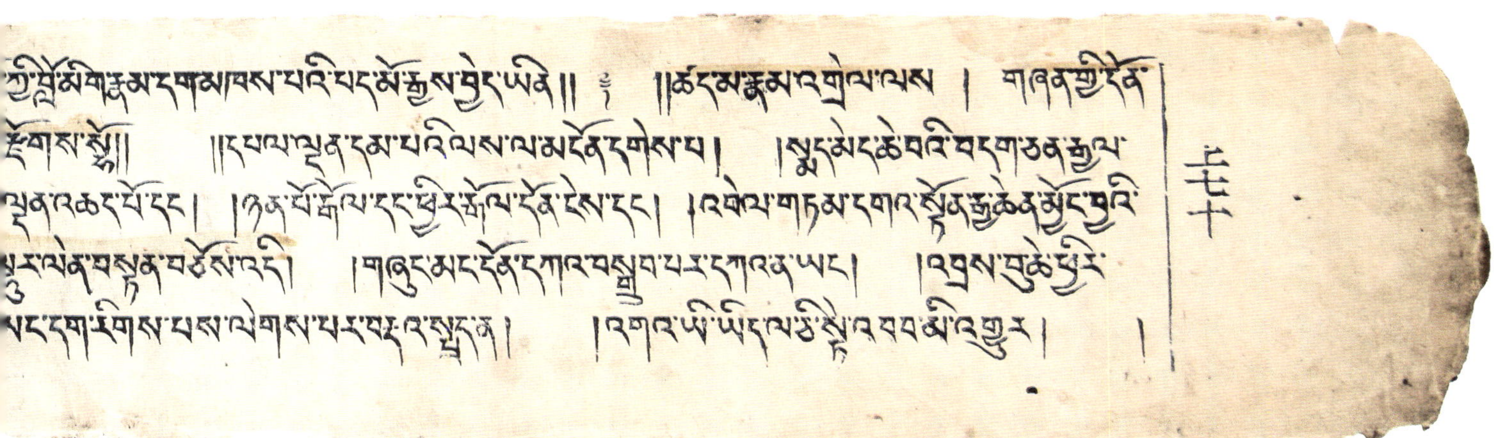

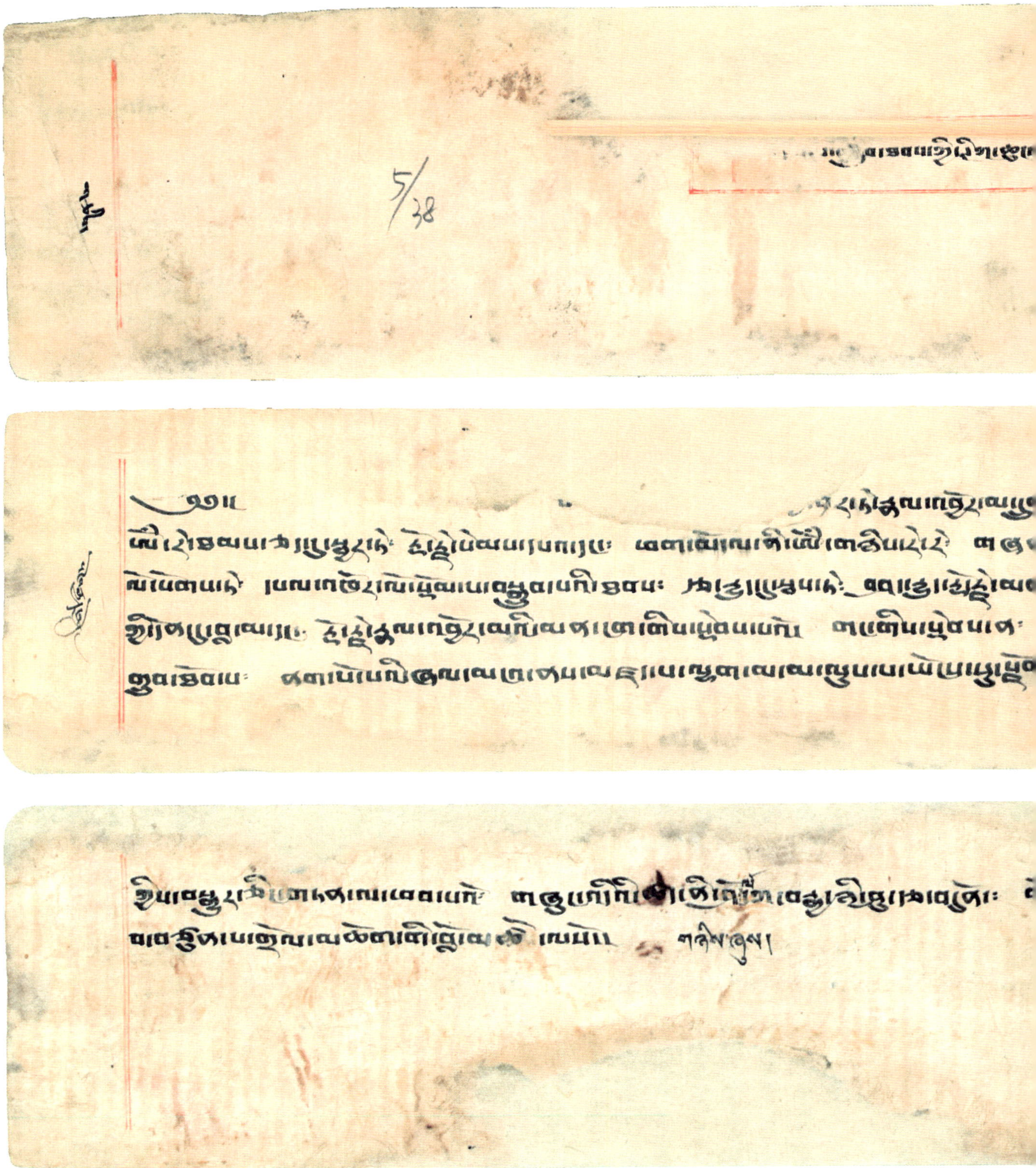

11086 法本詮釋明義 洛加喜若則巴譯 羅錯校 元抄本

梵夾裝。開本高 7 釐米，廣 37.8 釐米。中國民族圖書館藏。

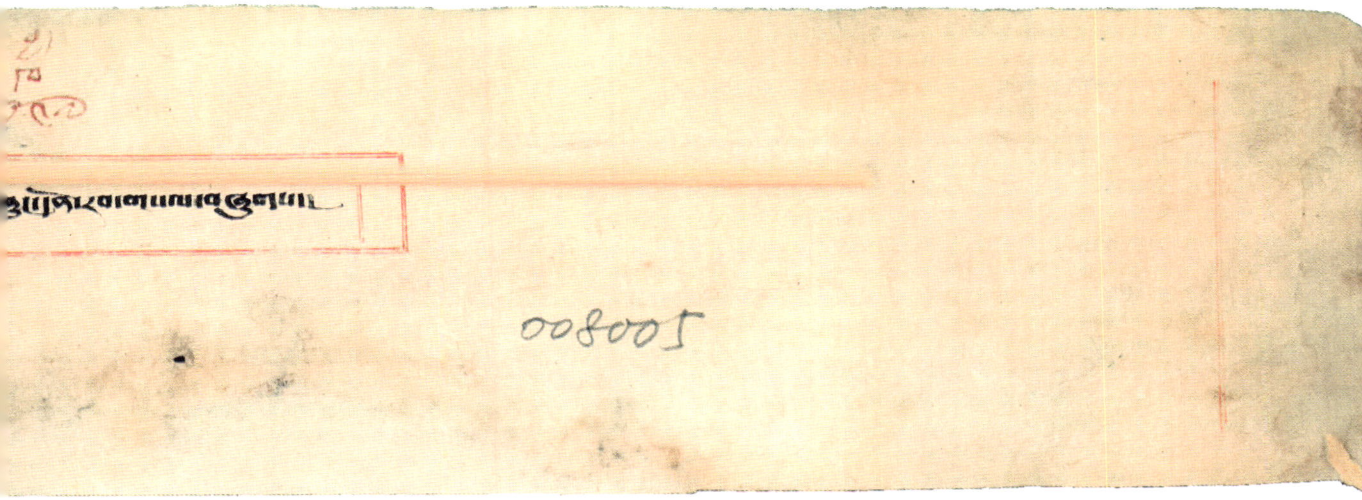

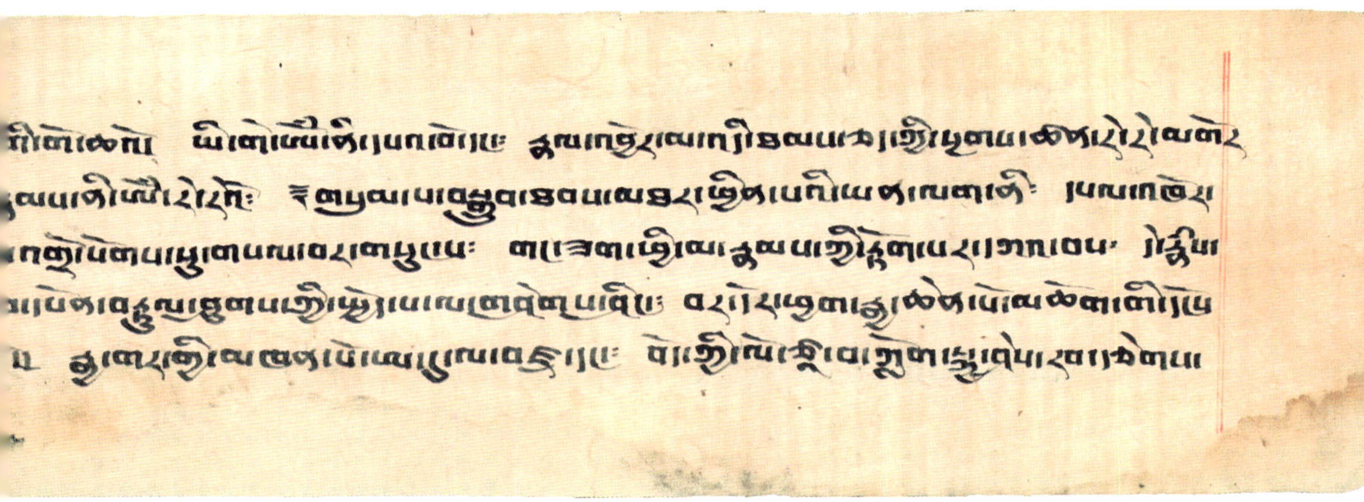

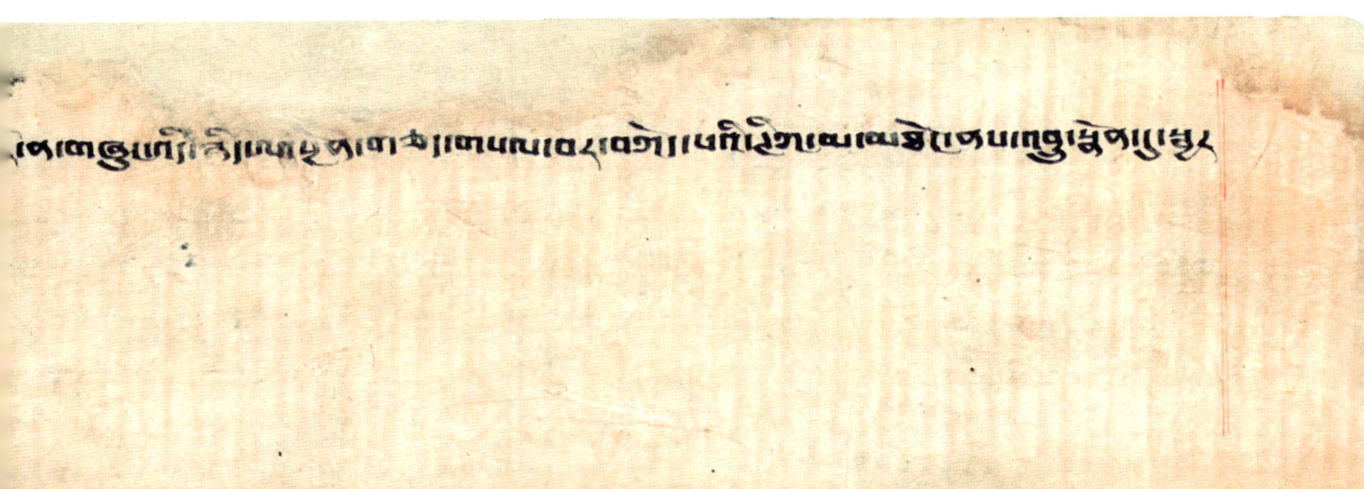

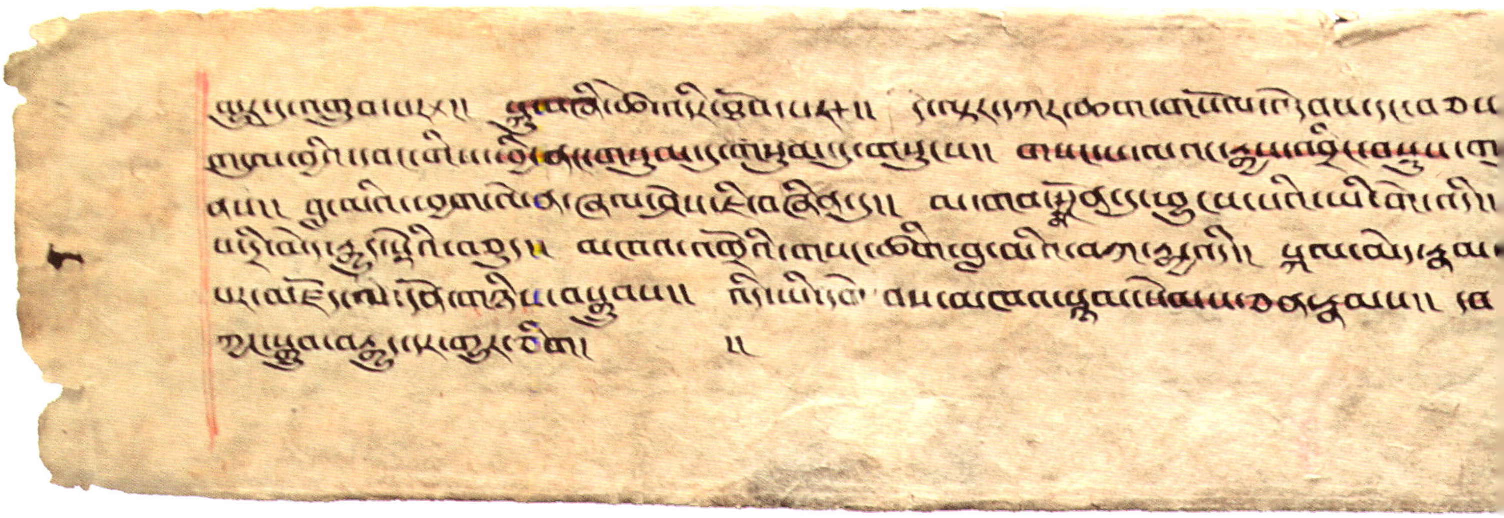

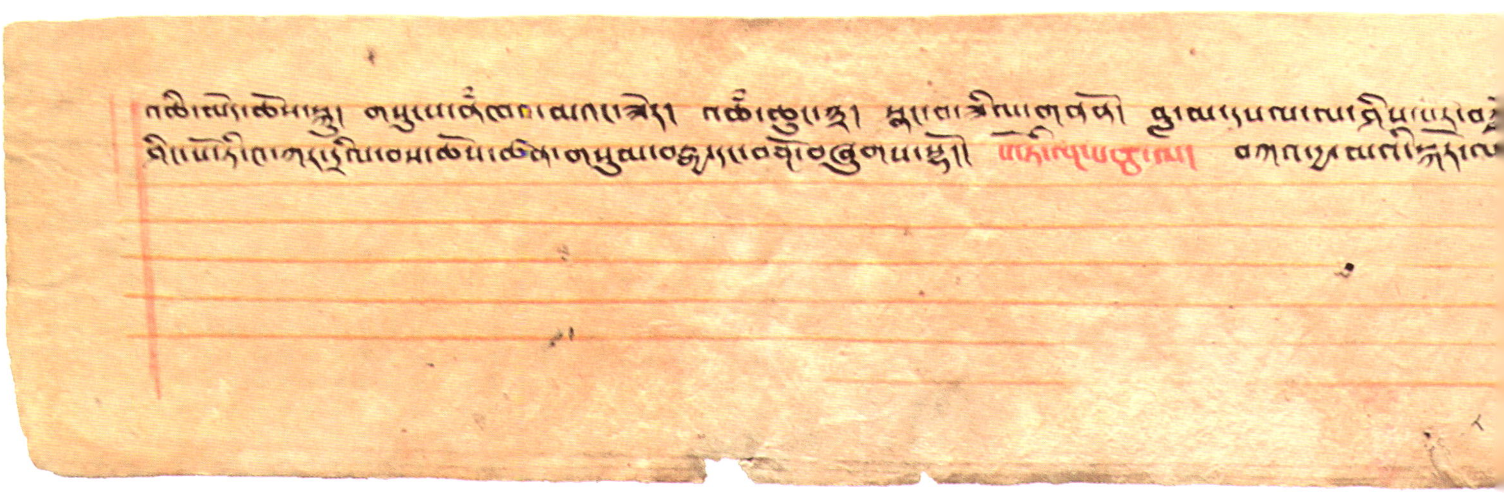

11087 貢唐喇嘛響·尊追扎巴文集目録 響·尊追扎巴撰 元抄本

梵夾裝。開本高 7.5 釐米，廣 48 釐米。西藏圖書館藏。

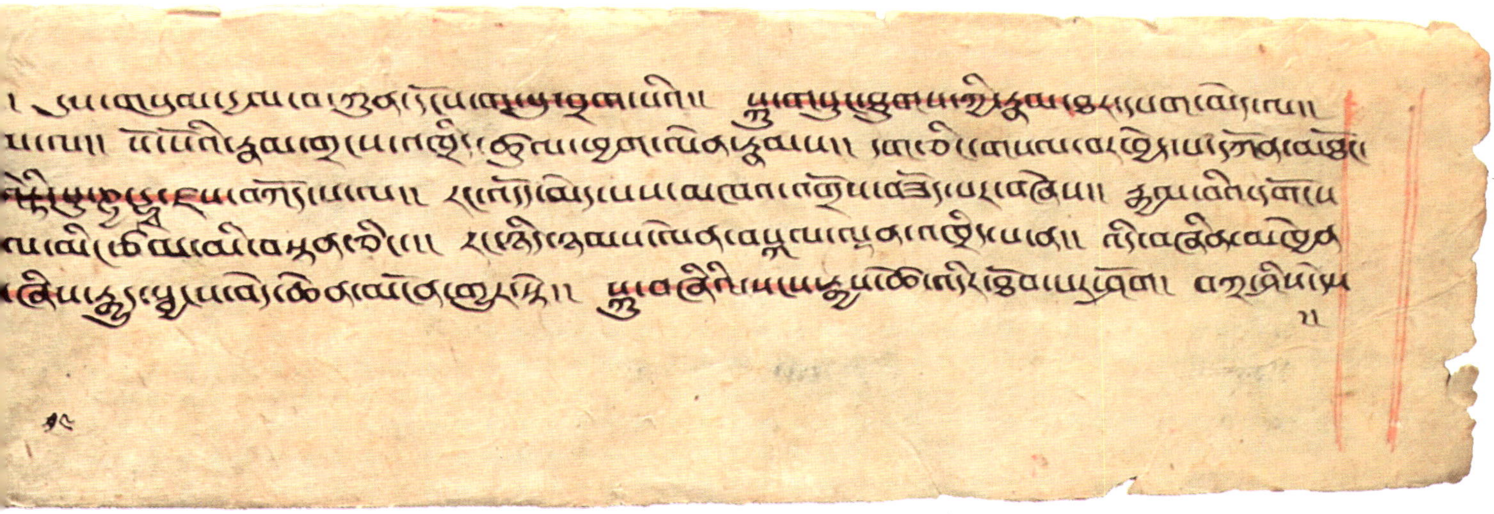

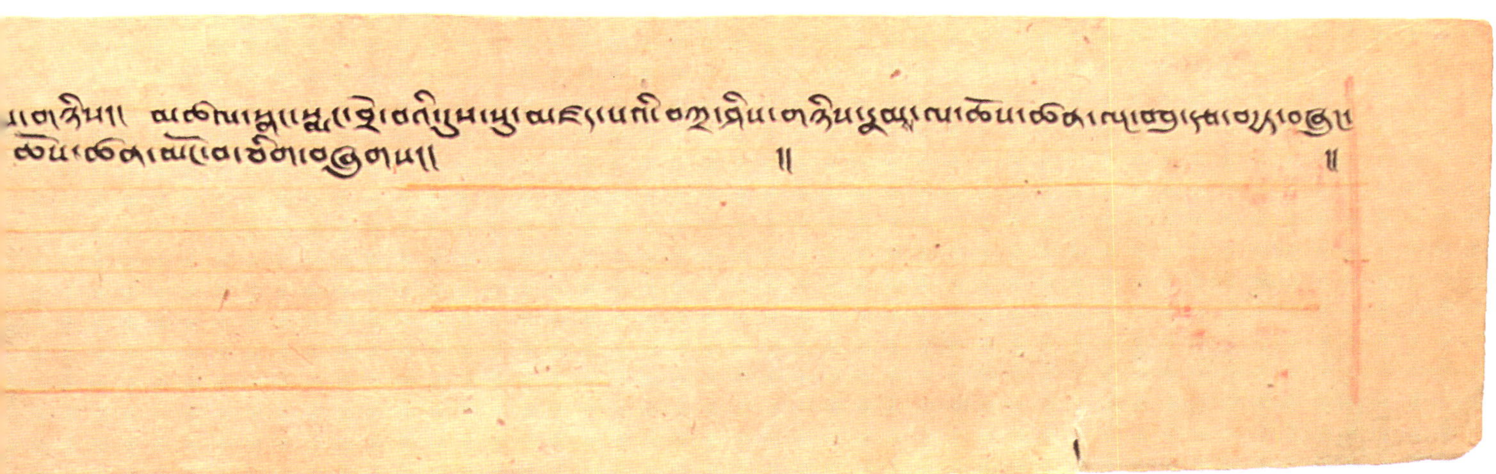

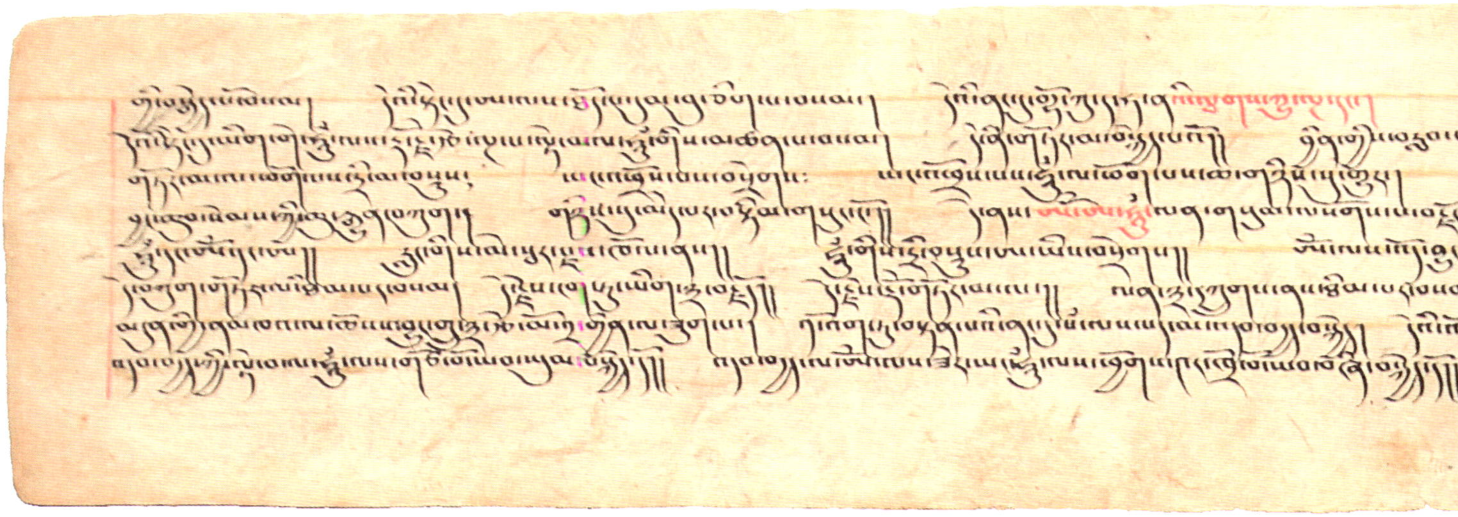

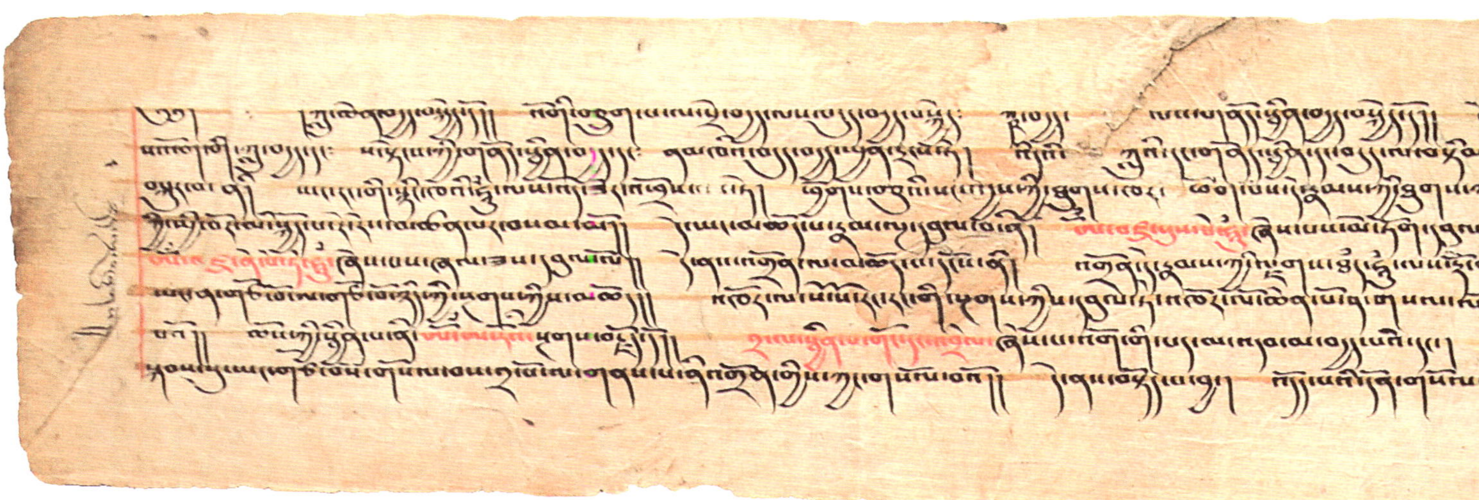

11088 續密概論詮釋 薇巴瑪爾頓注 元抄本

梵夾裝。開本高 9.8 釐米，廣 58 釐米。西藏圖書館藏。

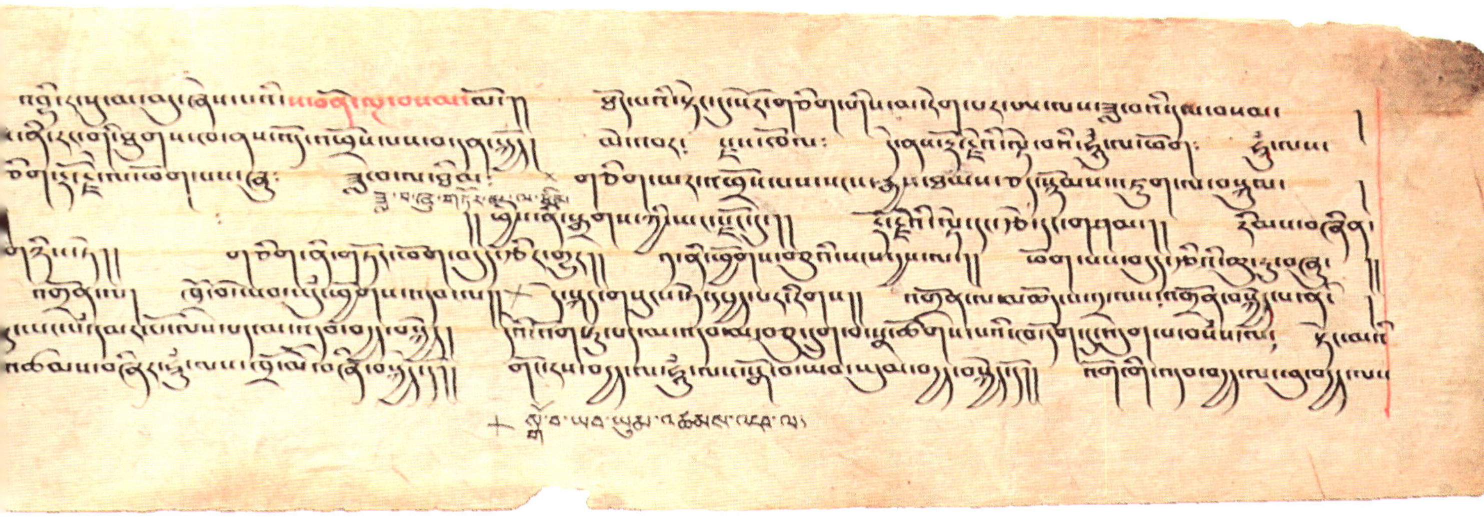

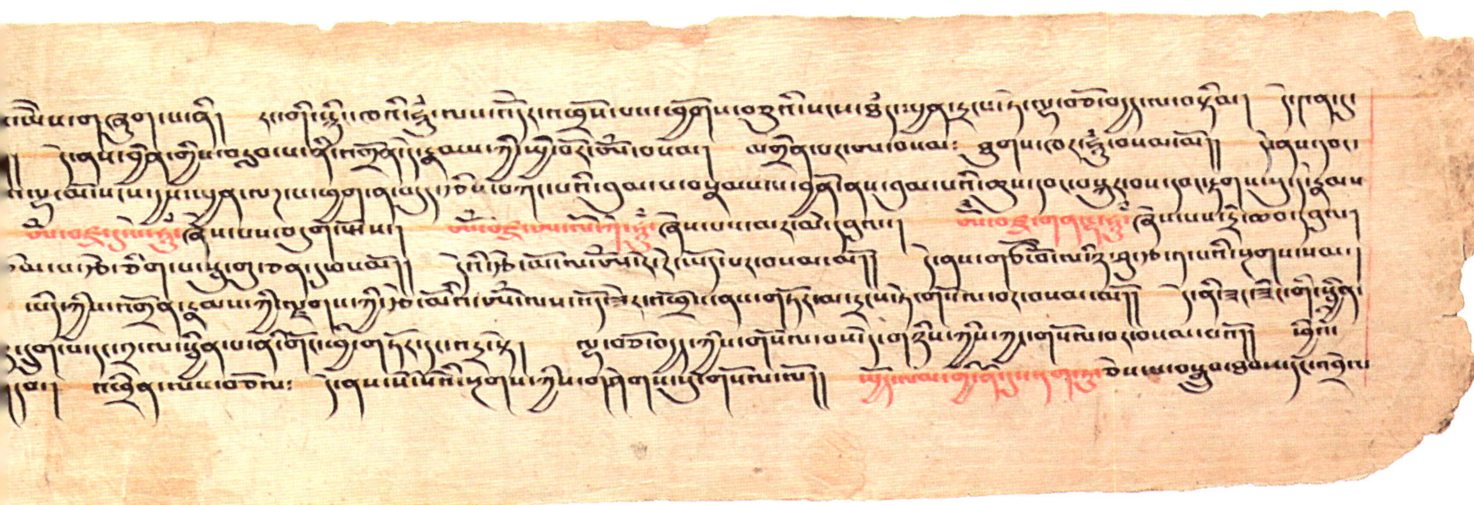

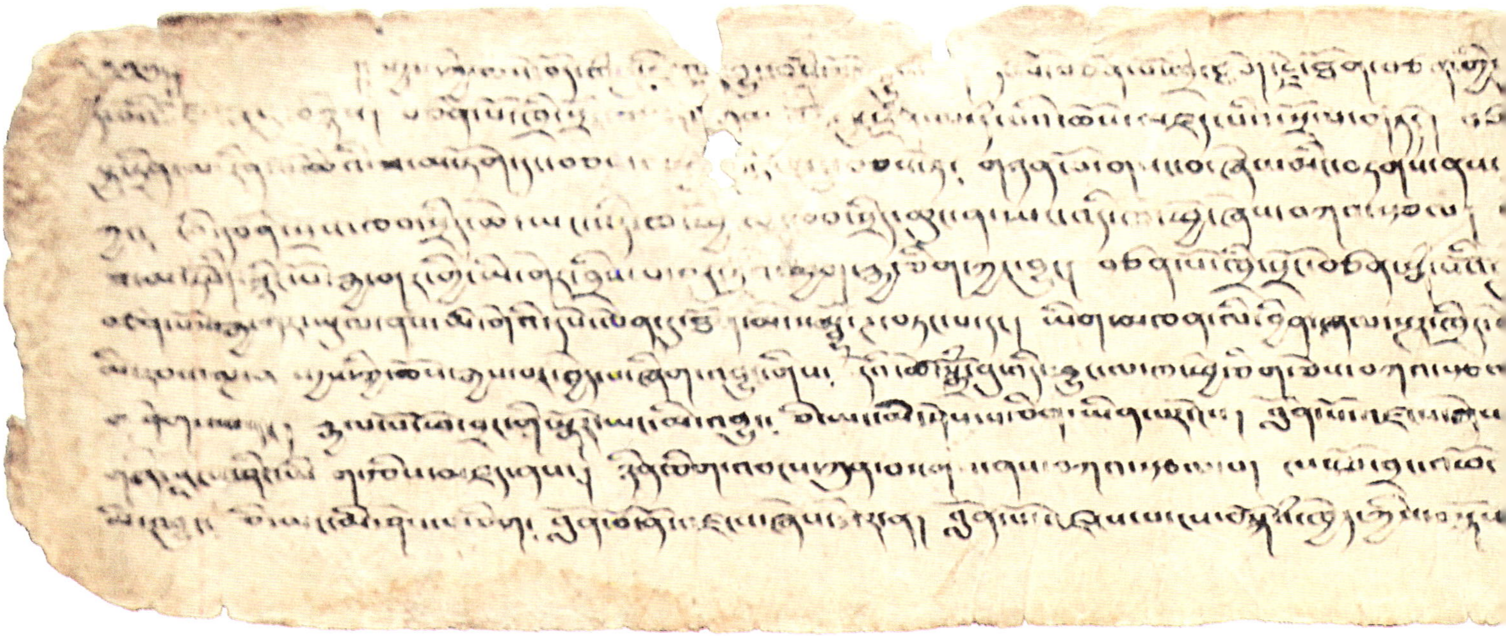

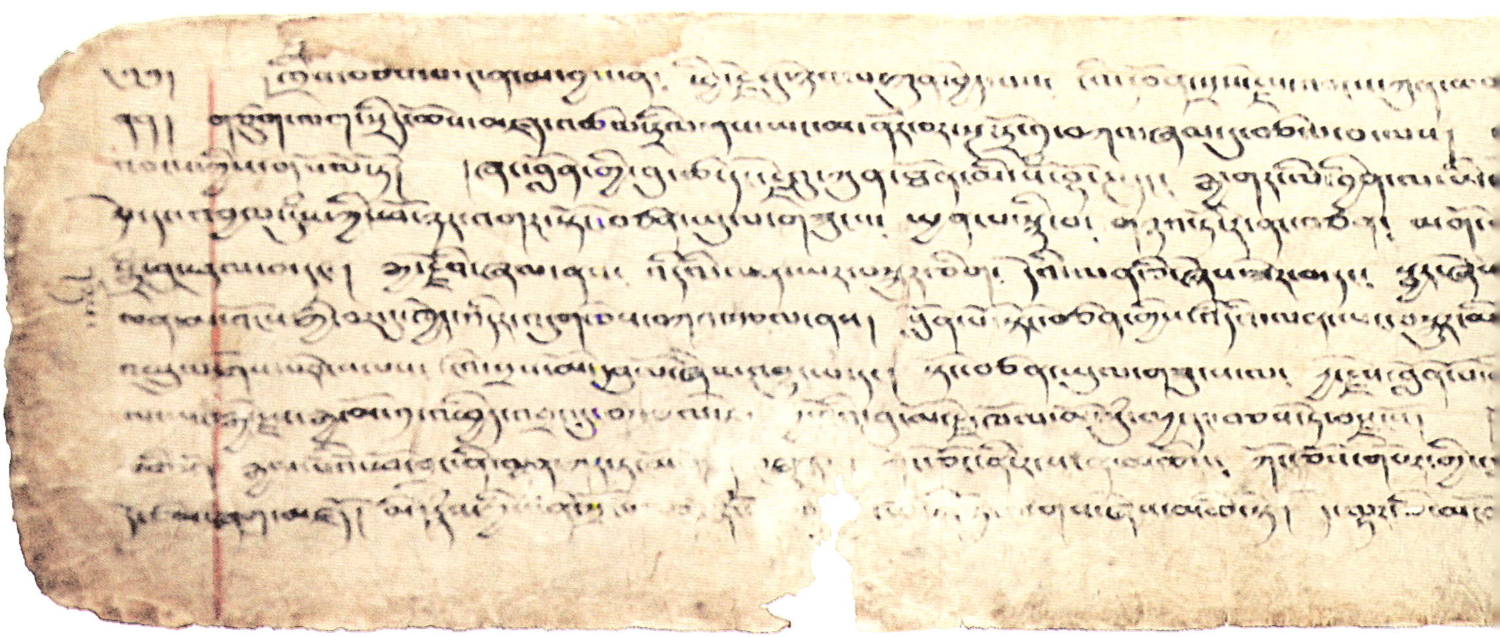

11089 巴協 巴·賽囊撰 元抄本

梵夾裝。開本高 7 釐米，廣 35 釐米。拉薩市政協文史民宗法制委員會藏。

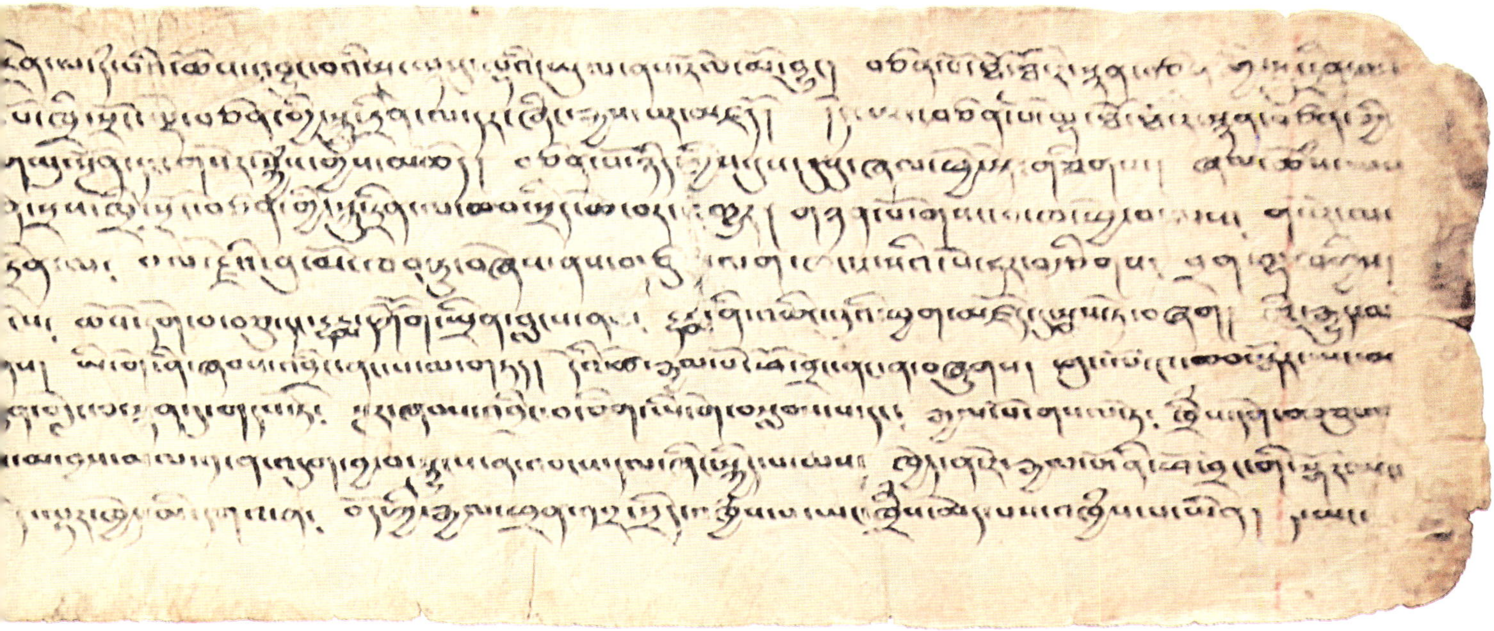

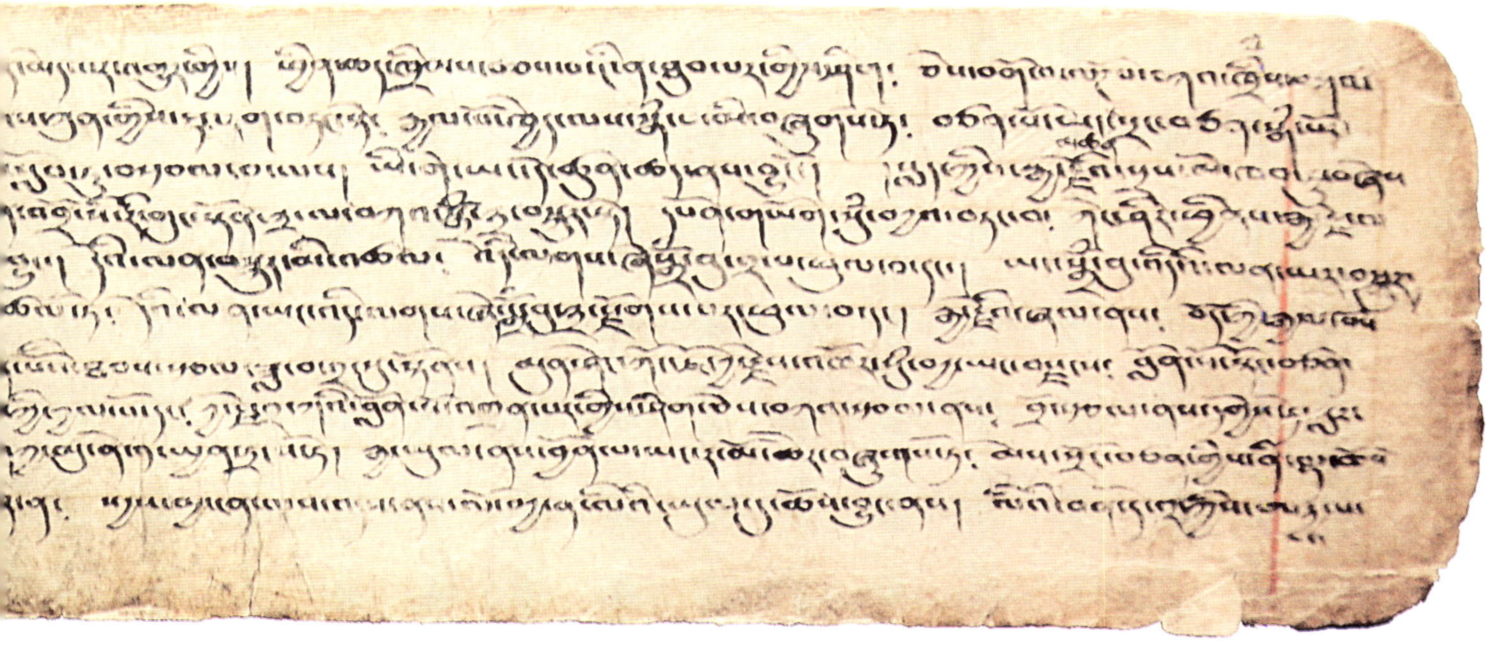

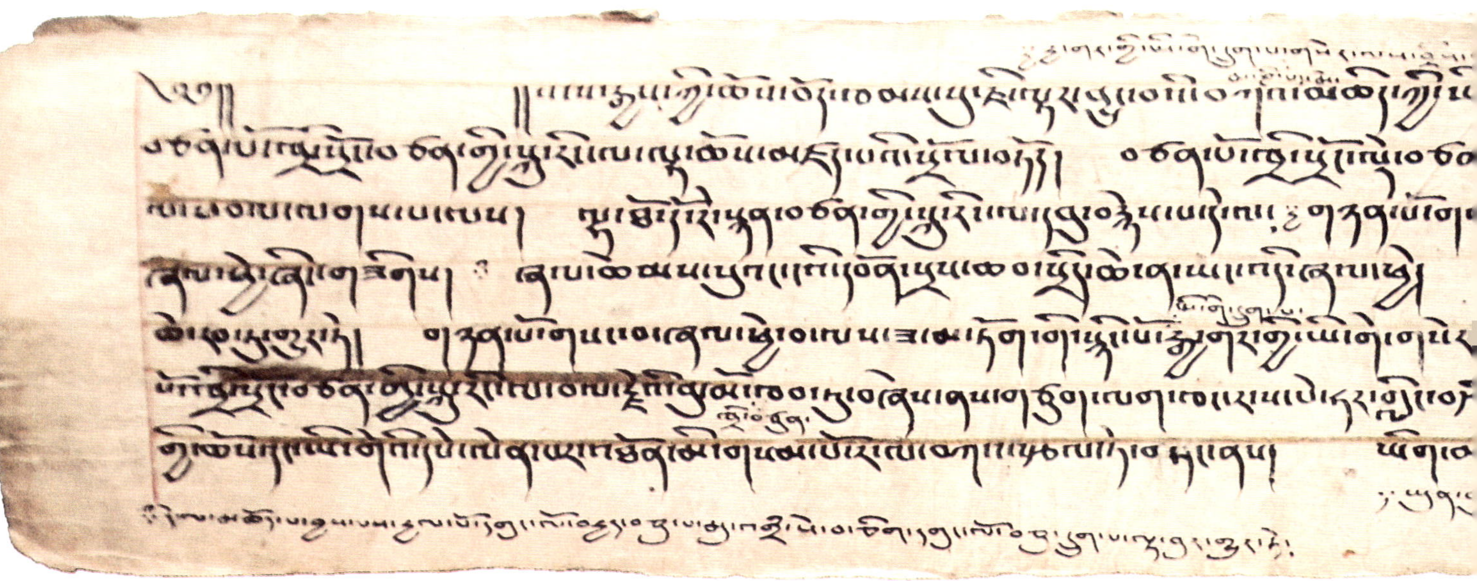

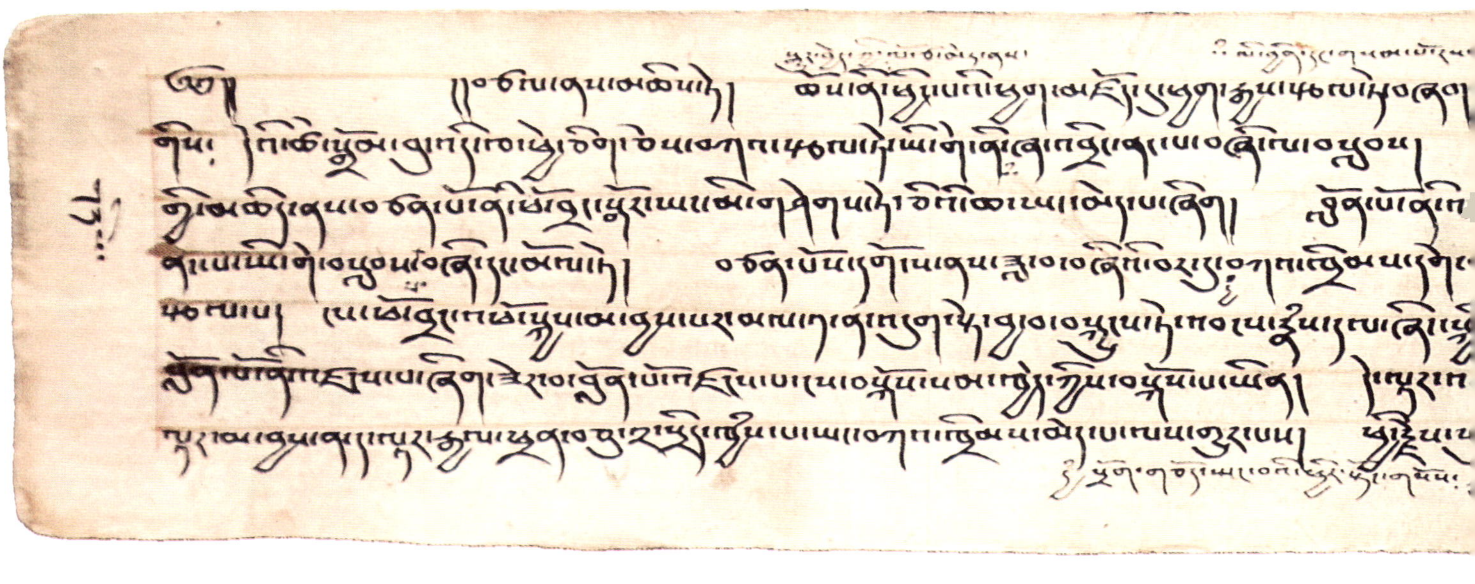

11090 哇協 巴 · 賽囊撰 元抄本

梵夾裝。開本高 7 釐米，廣 35 釐米。拉薩市政協文史民宗法制委員會藏。

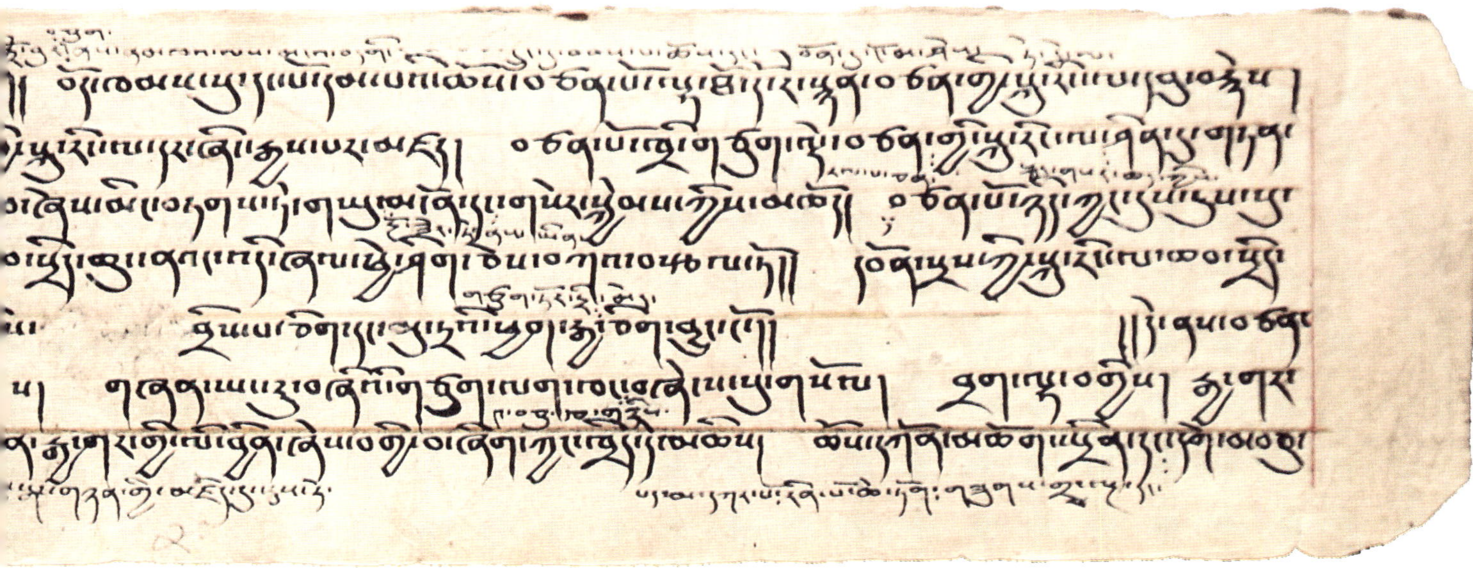

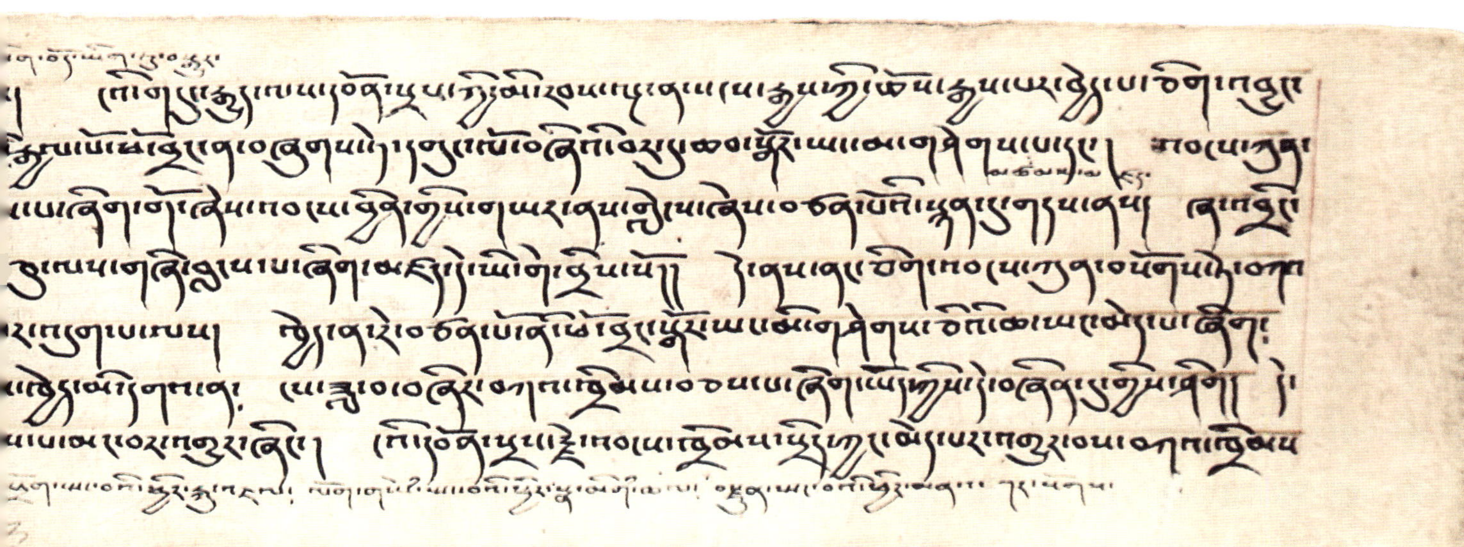

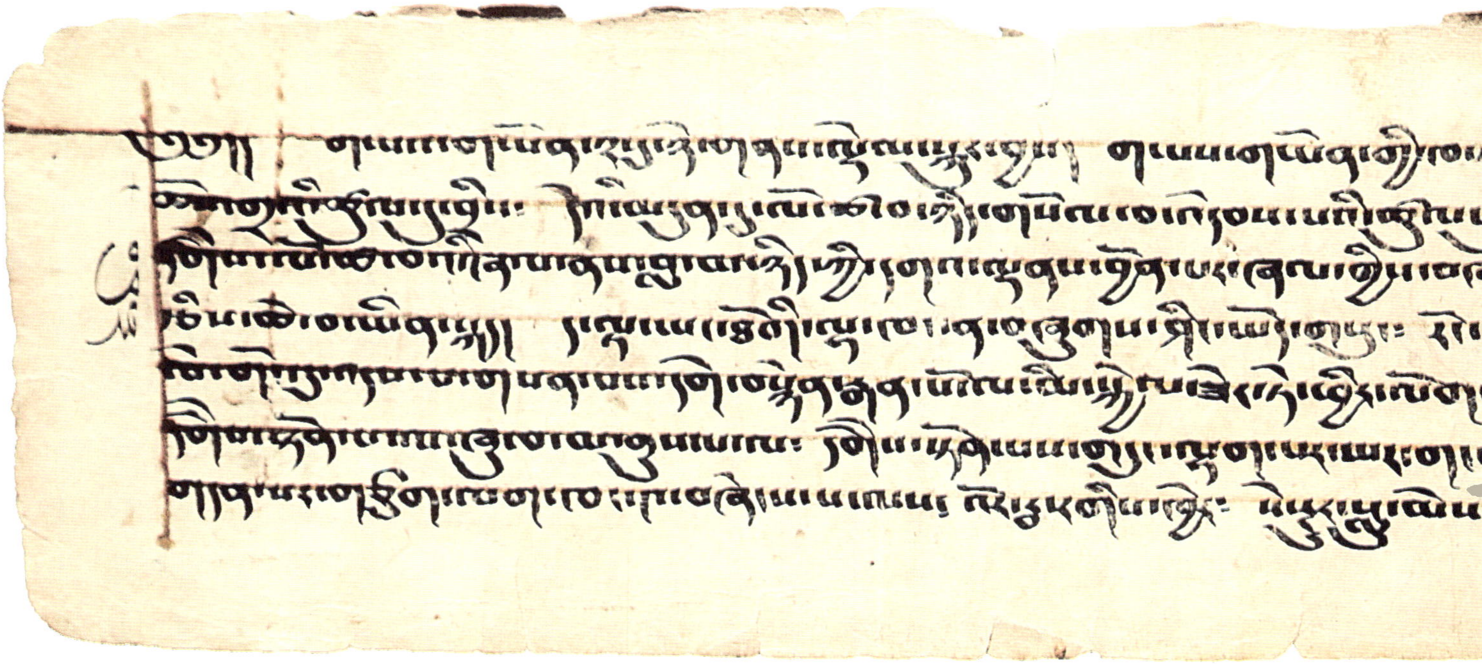

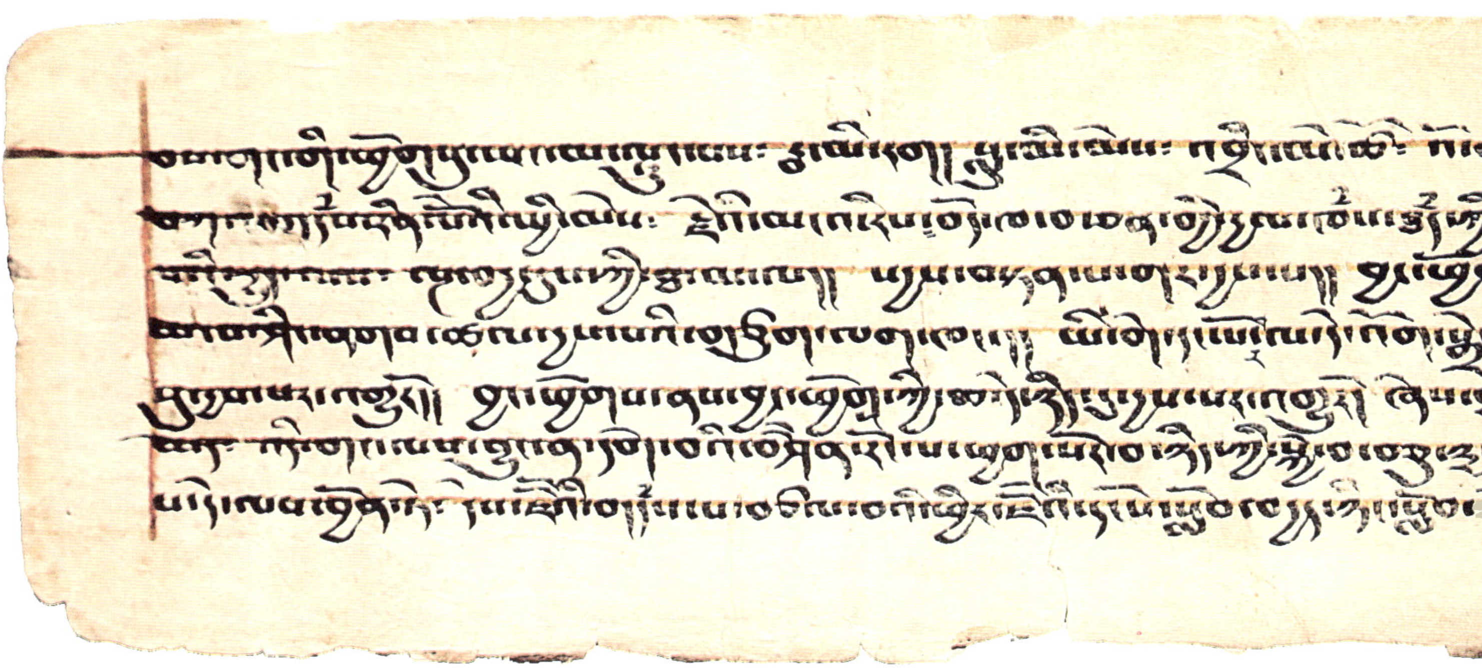

11091 阿底峽傳　傾·朗卡扎撰　元抄本

梵夾裝。開本高 8 釐米，廣 33.5 釐米。拉薩市政協文史民宗法制委員會藏。

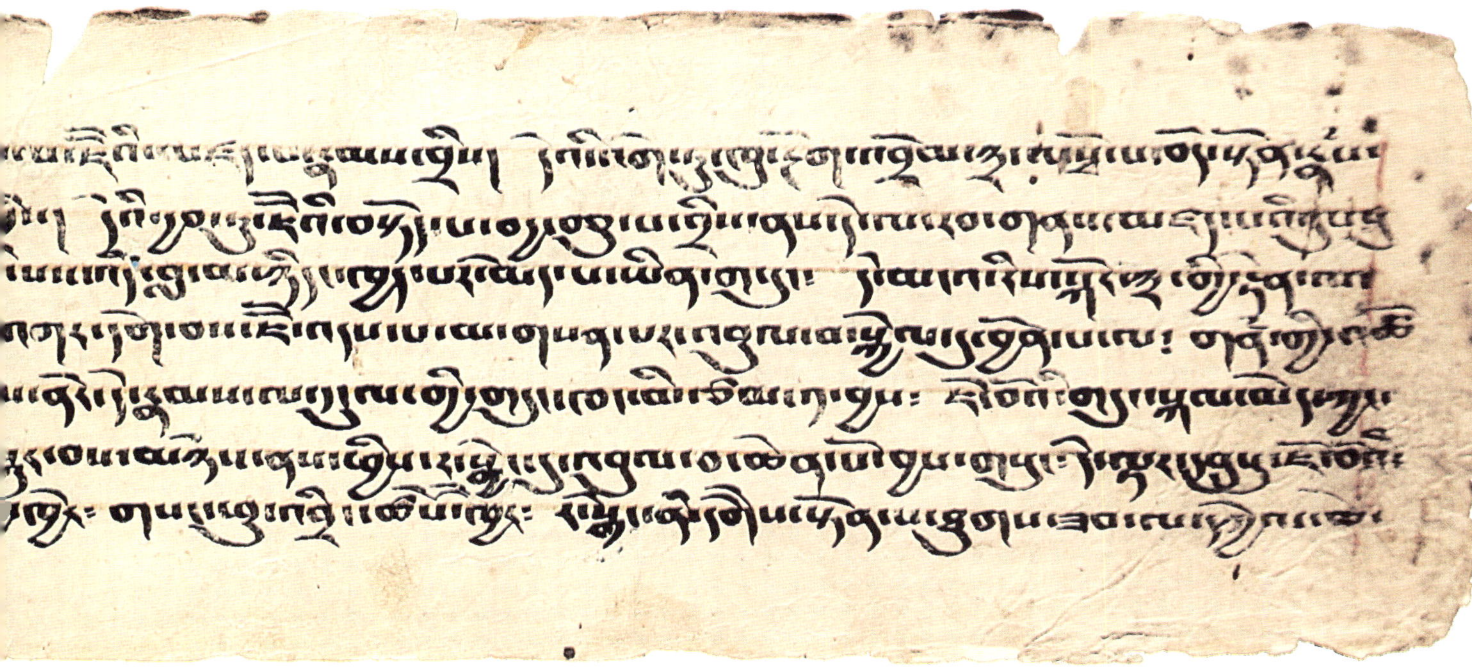

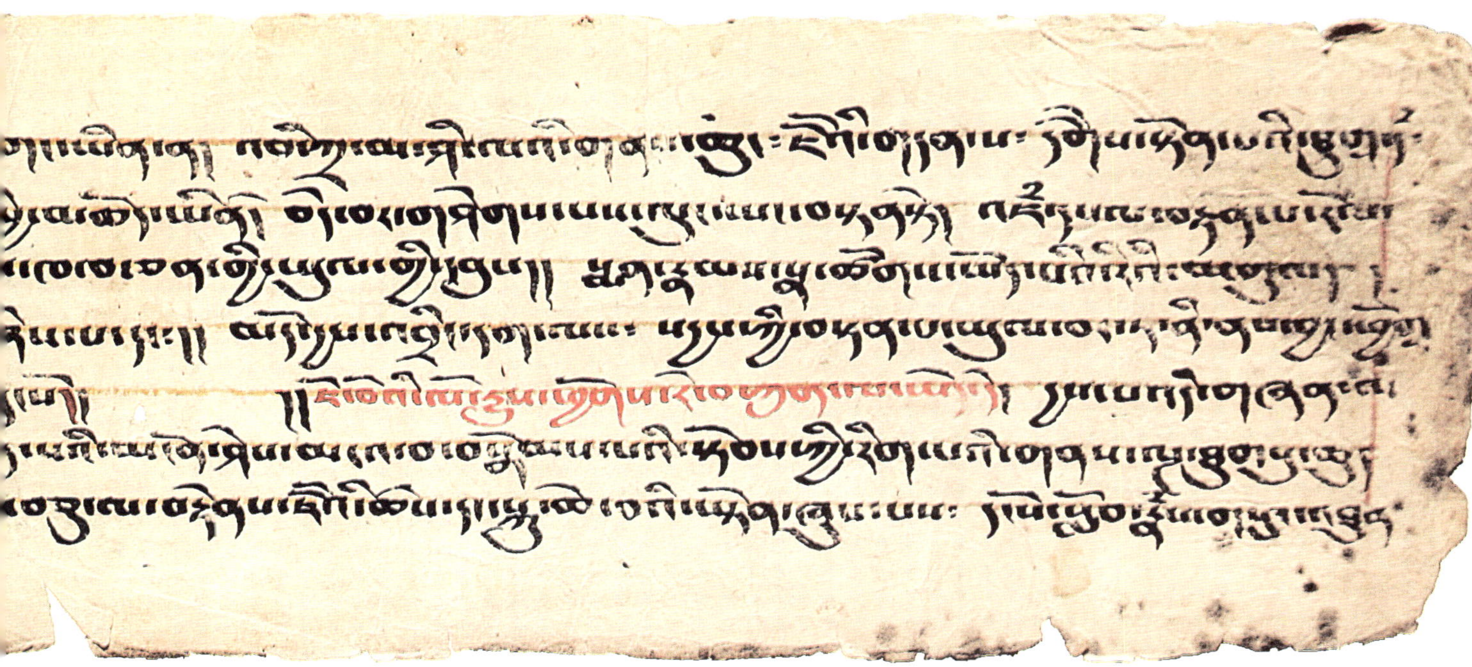

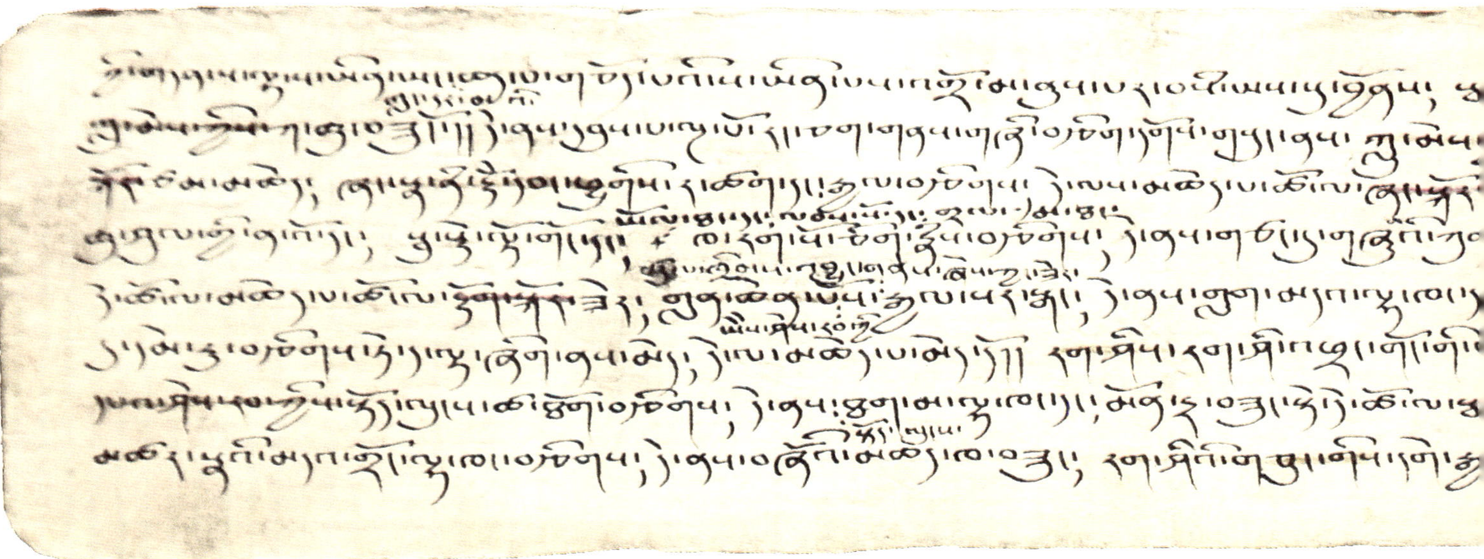

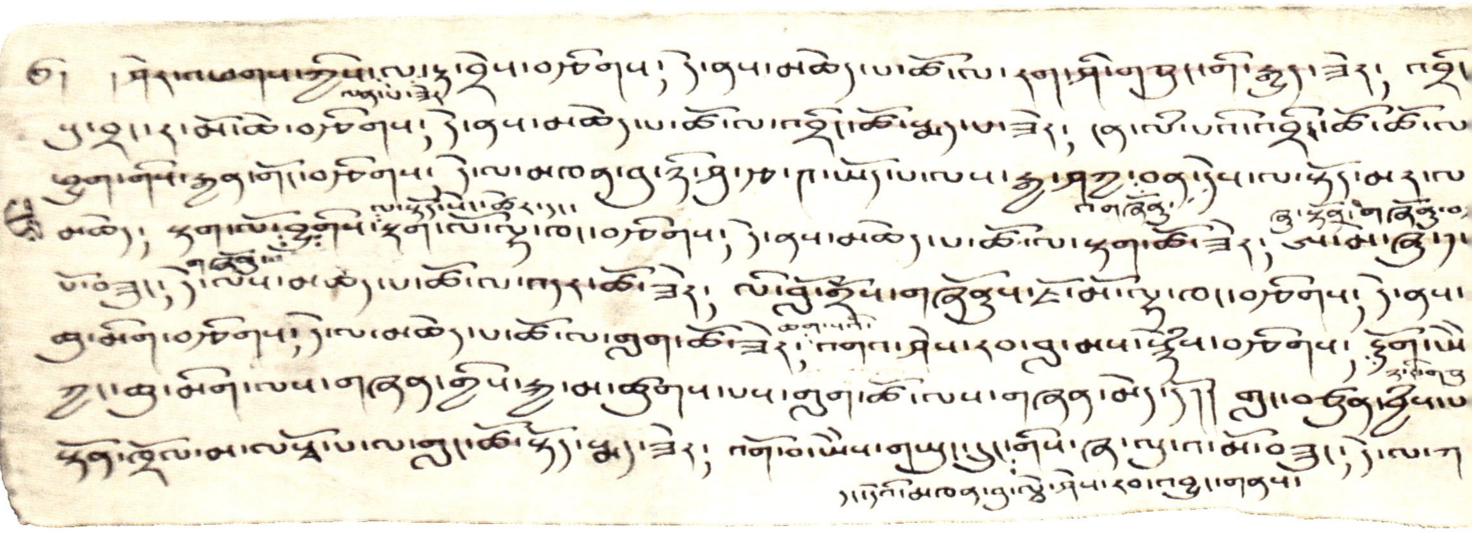

11092 衛藏僧伽支系 （明）尊追森格撰 元抄本

梵夾裝。開本高 7 釐米，廣 35 釐米。拉薩市政協文史民宗法制委員會藏。

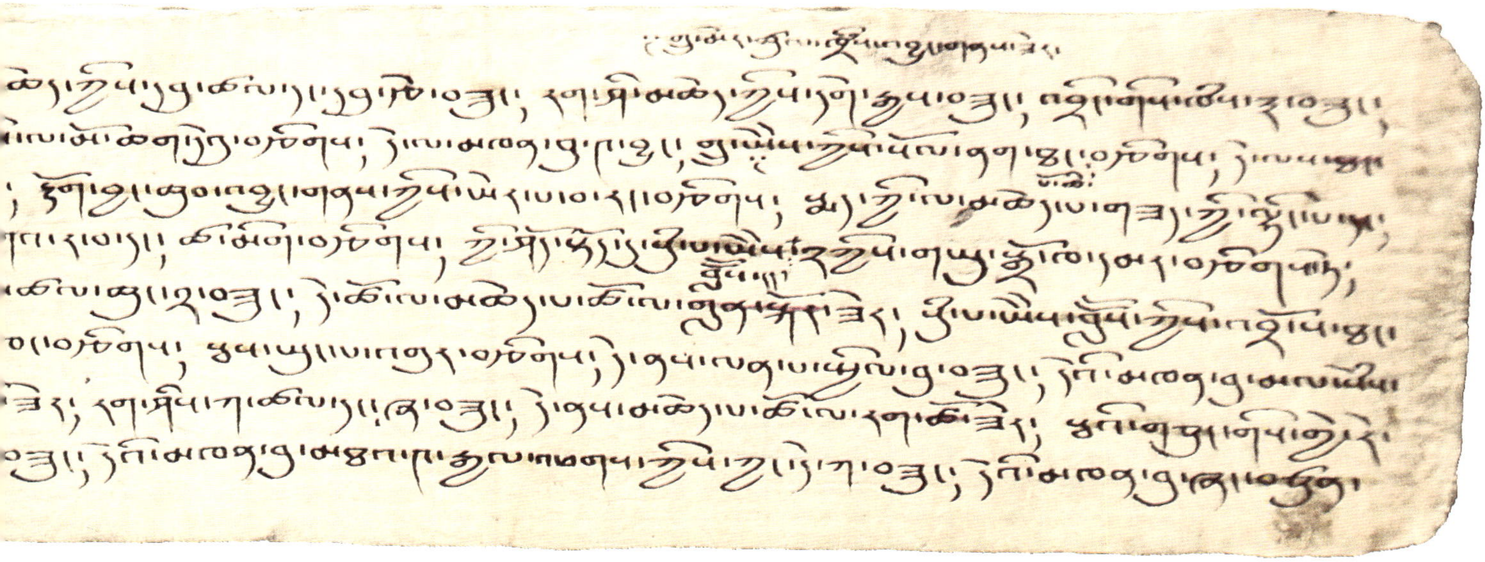

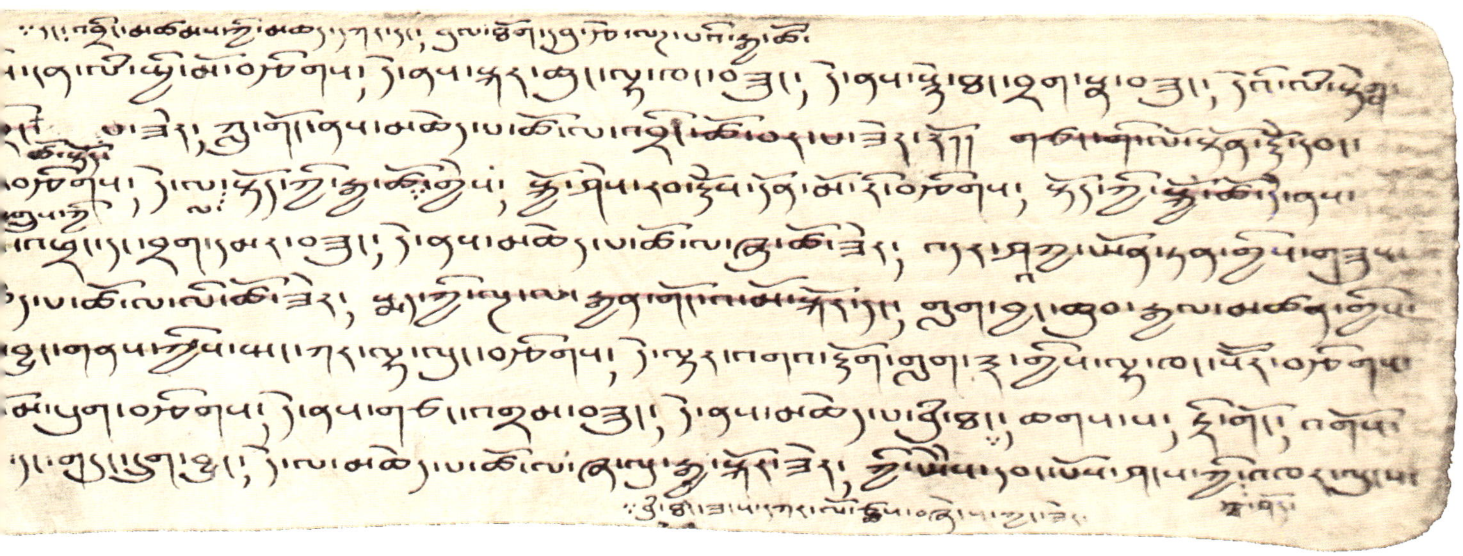

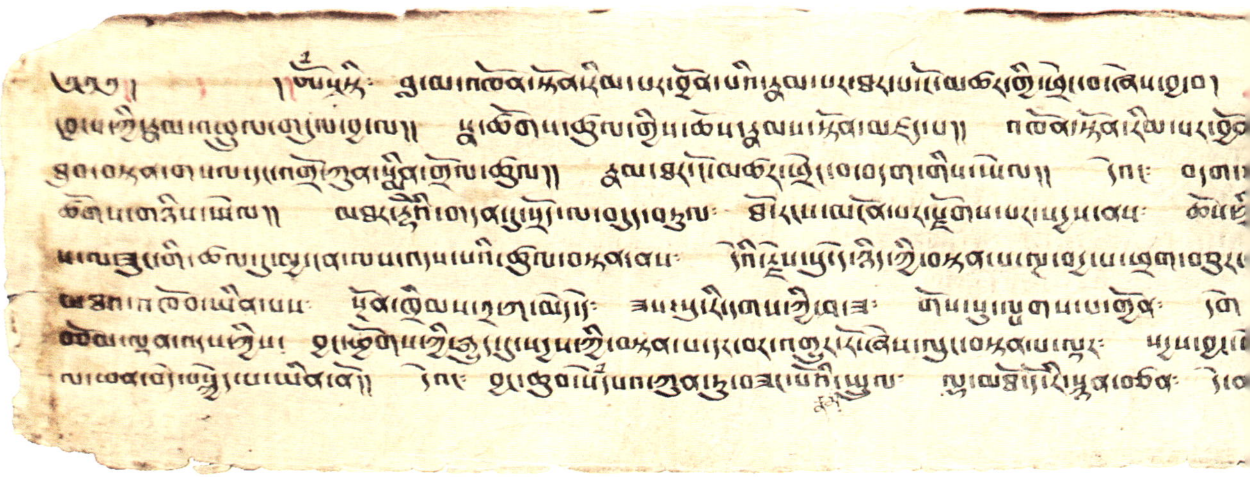

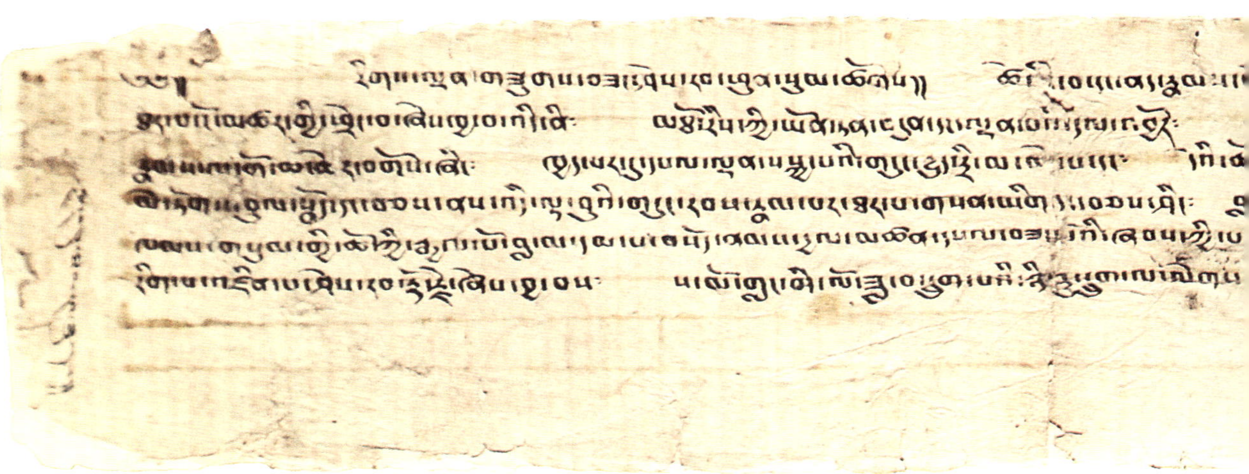

11093 薩迦昆氏史 西繞多吉撰 元抄本

梵夾裝。開本高 7 釐米，廣 35 釐米。拉薩市政協文史民宗法制委員會藏。

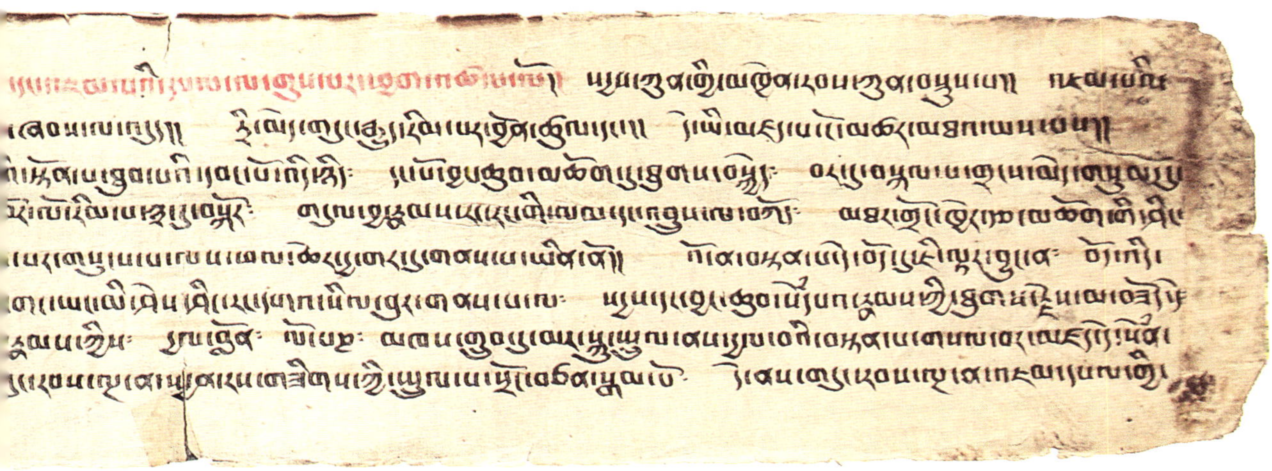

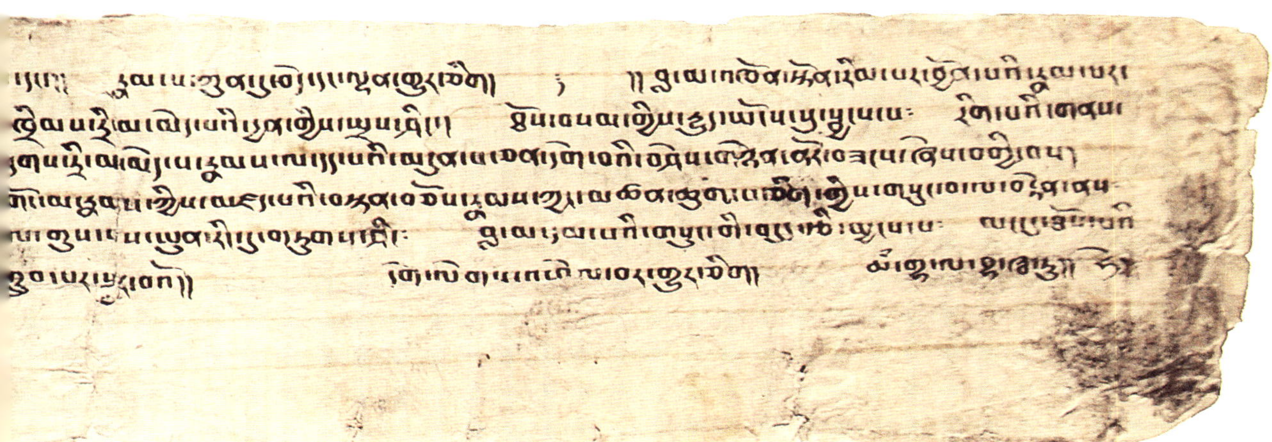

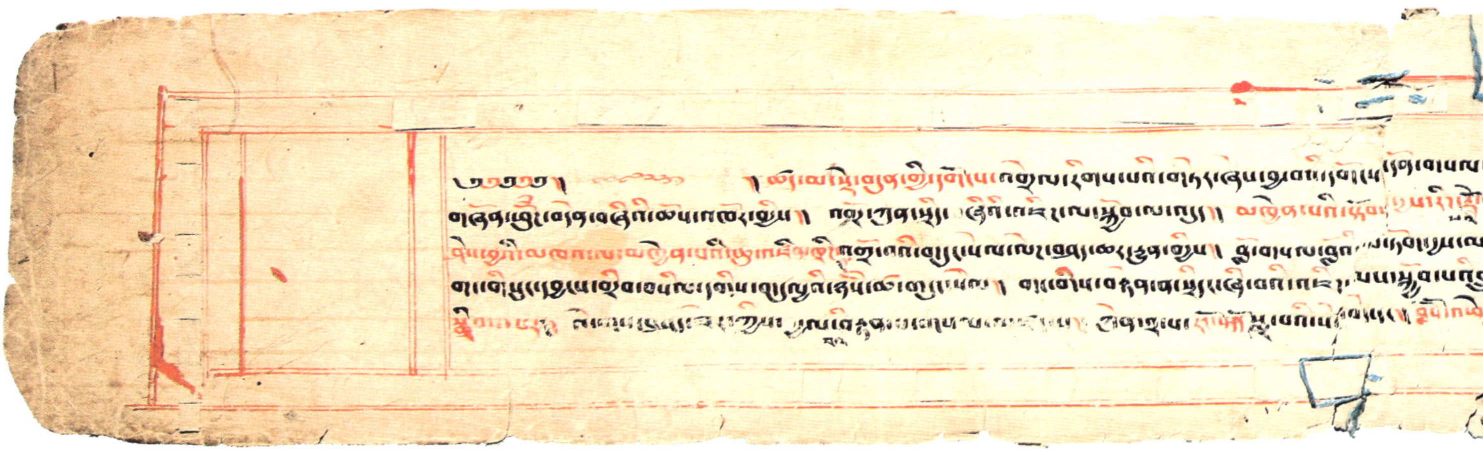

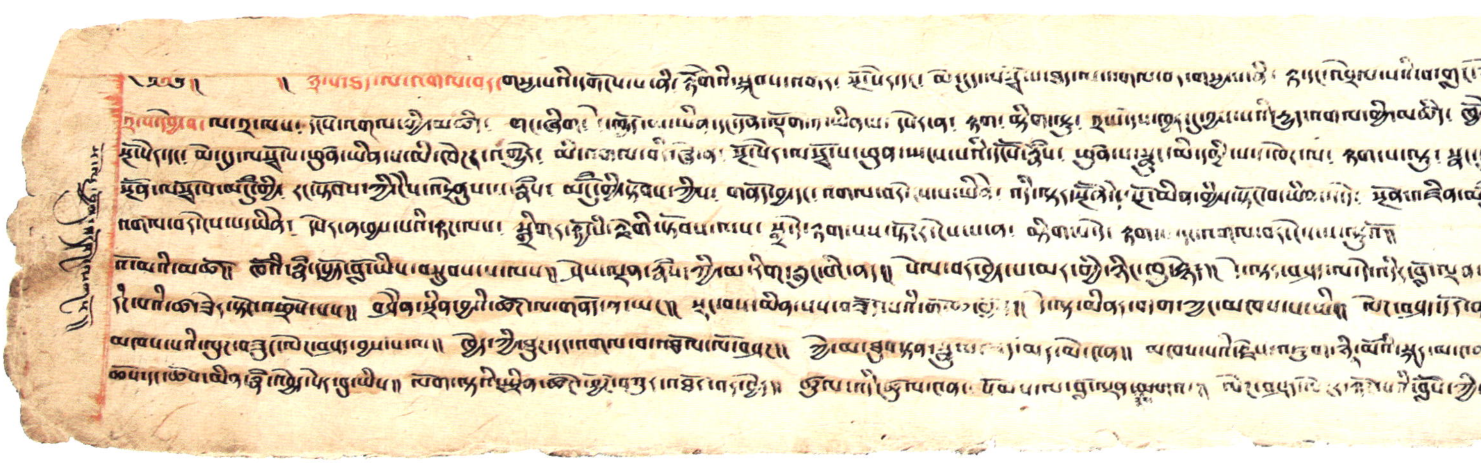

11094 七部量論要義 （宋）薩迦·貢嘎堅贊撰 元抄本

梵夾裝。開本高 10 釐米，廣 64 釐米。西藏博物館藏。

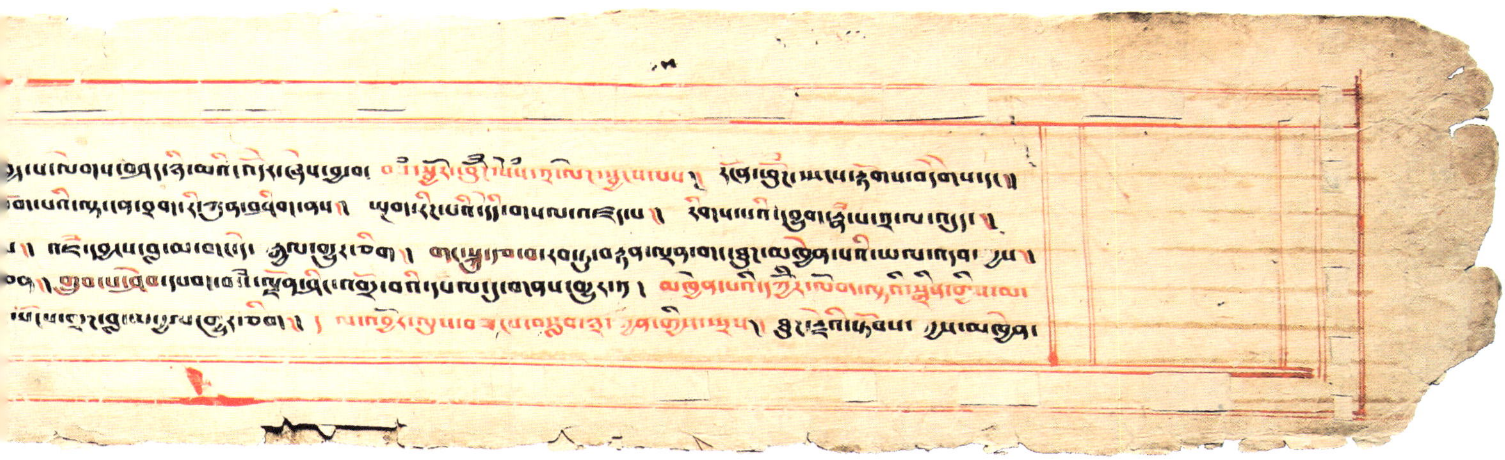

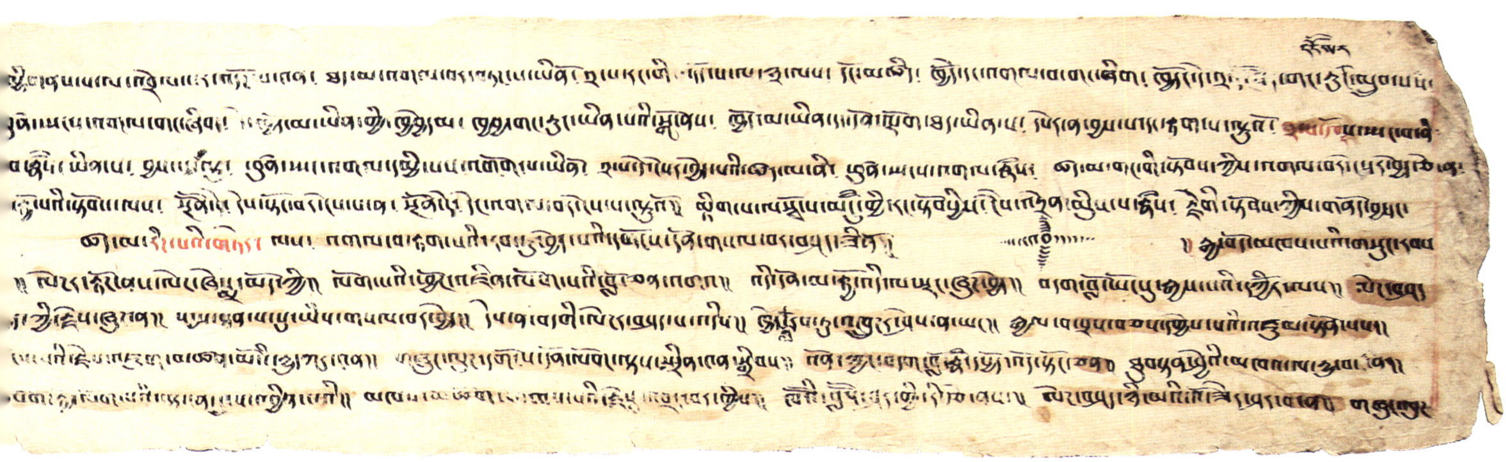

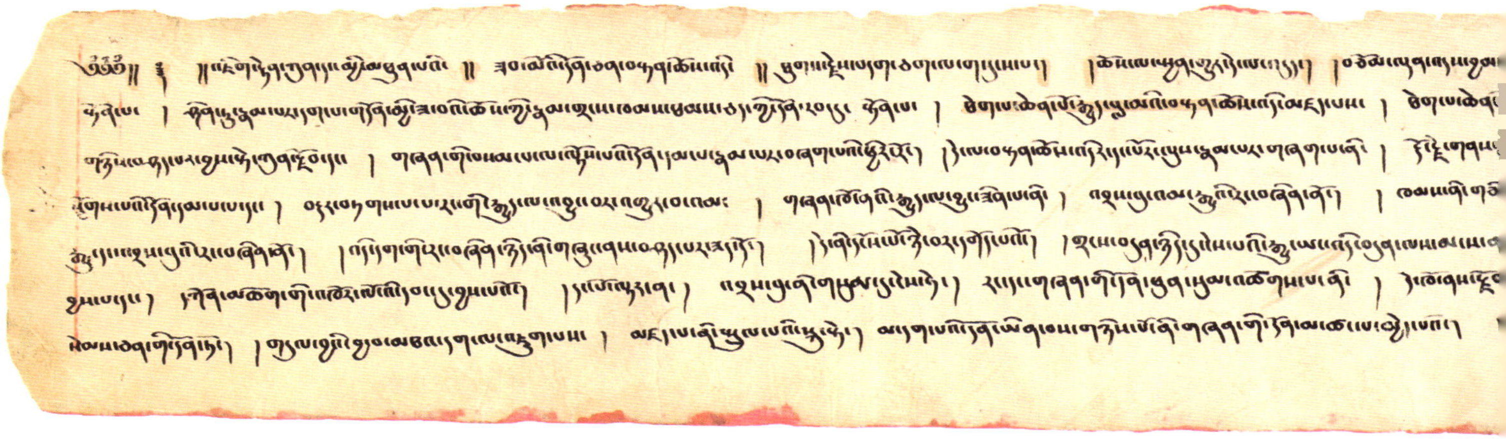

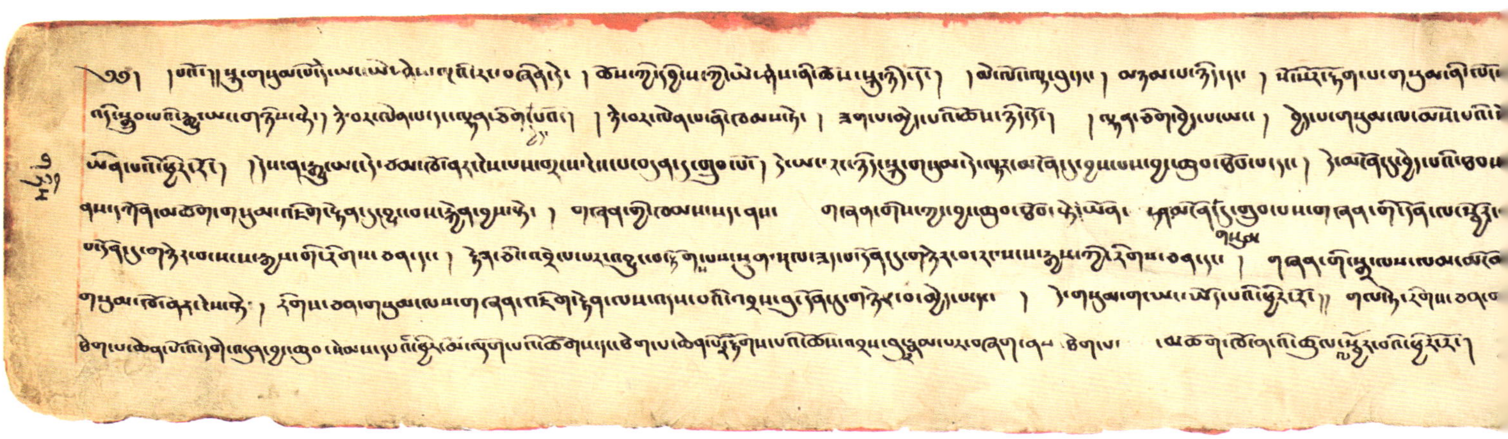

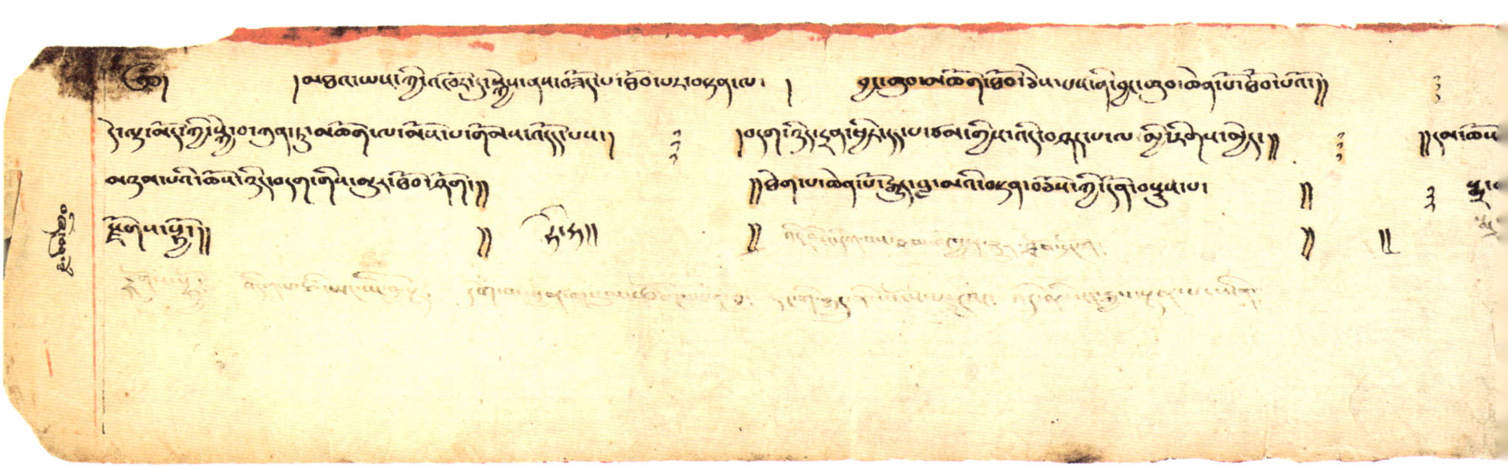

11095 大乘寶性論 （宋）俄·洛丹西饒撰 元抄本

梵夾裝。開本高 9.5 釐米，廣 64 釐米。拉薩市百慈藏文古籍研究室藏。

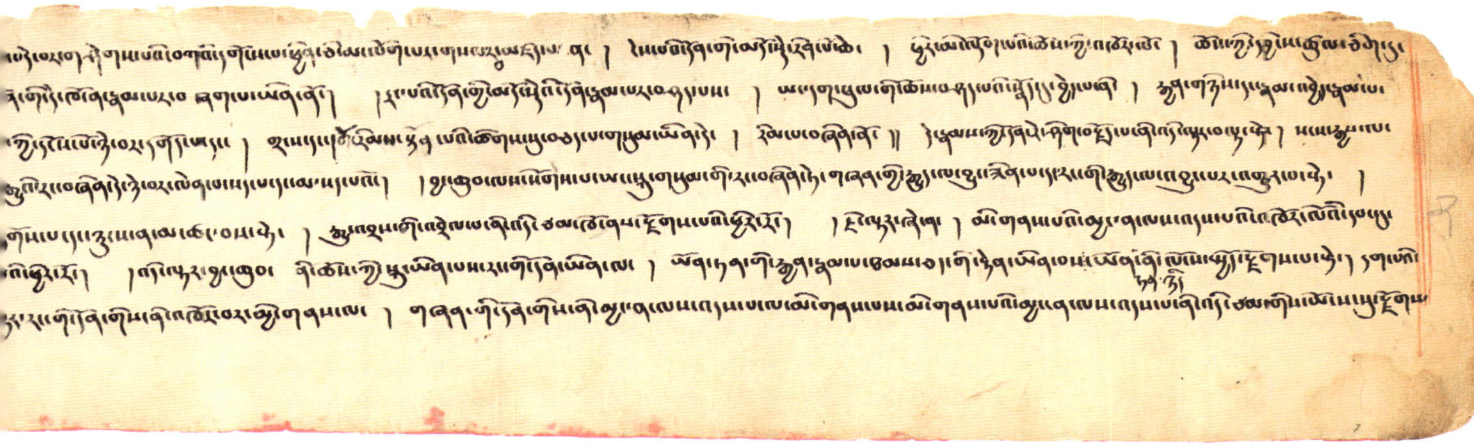

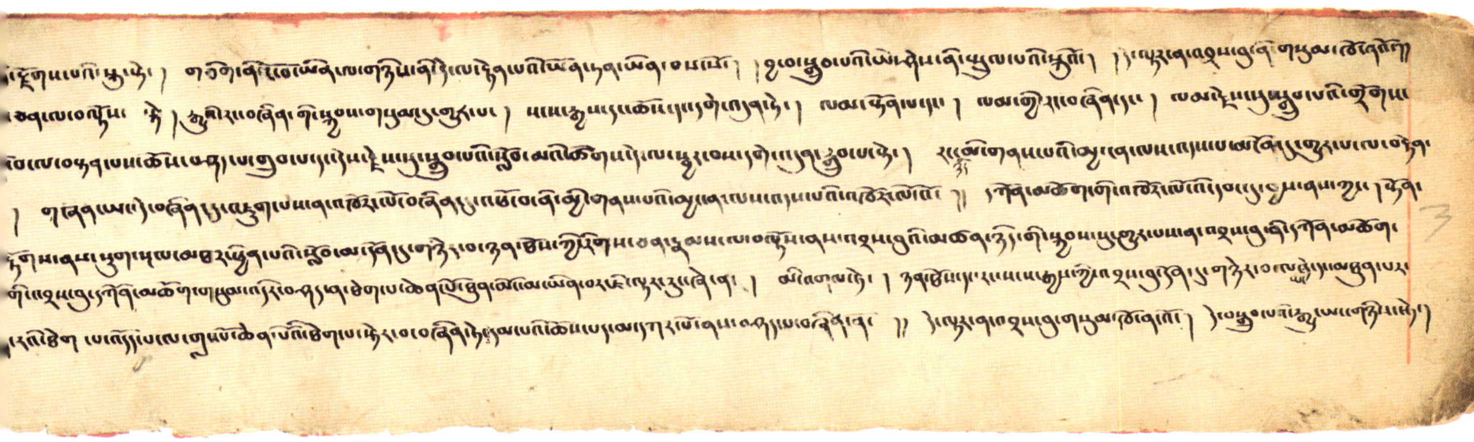

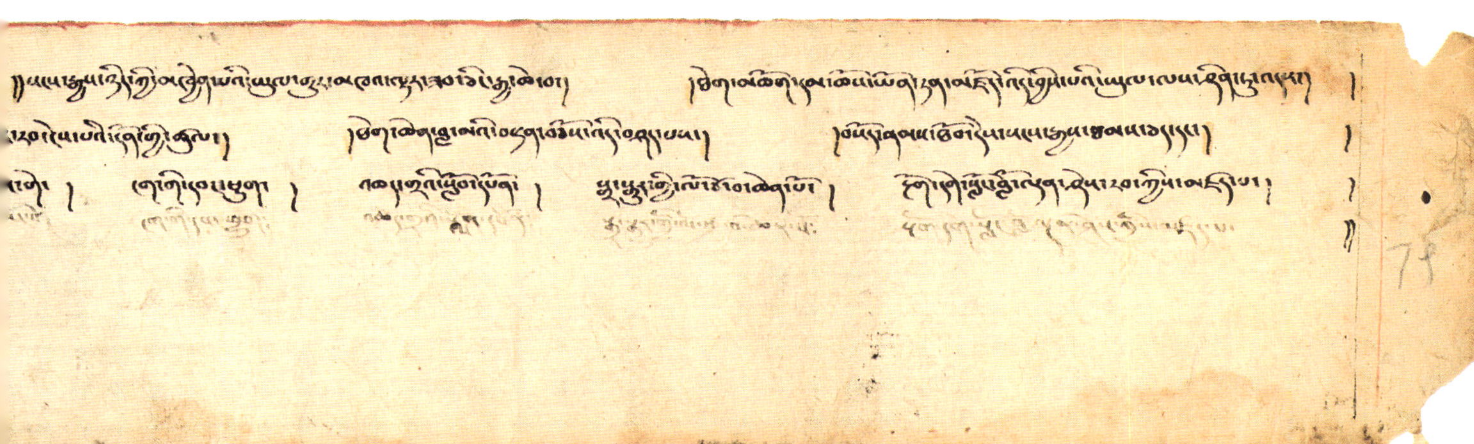

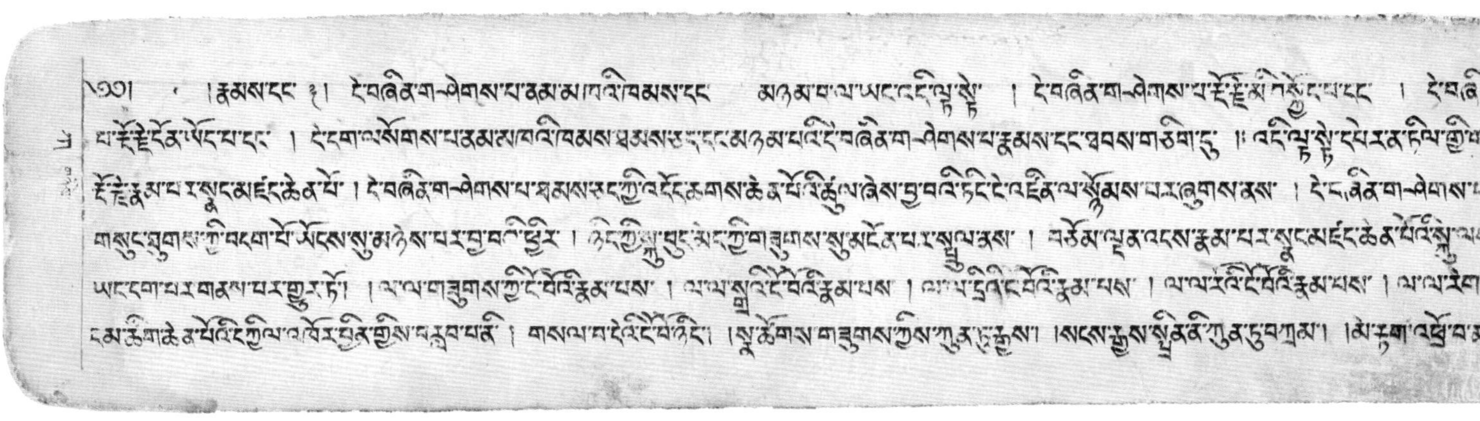

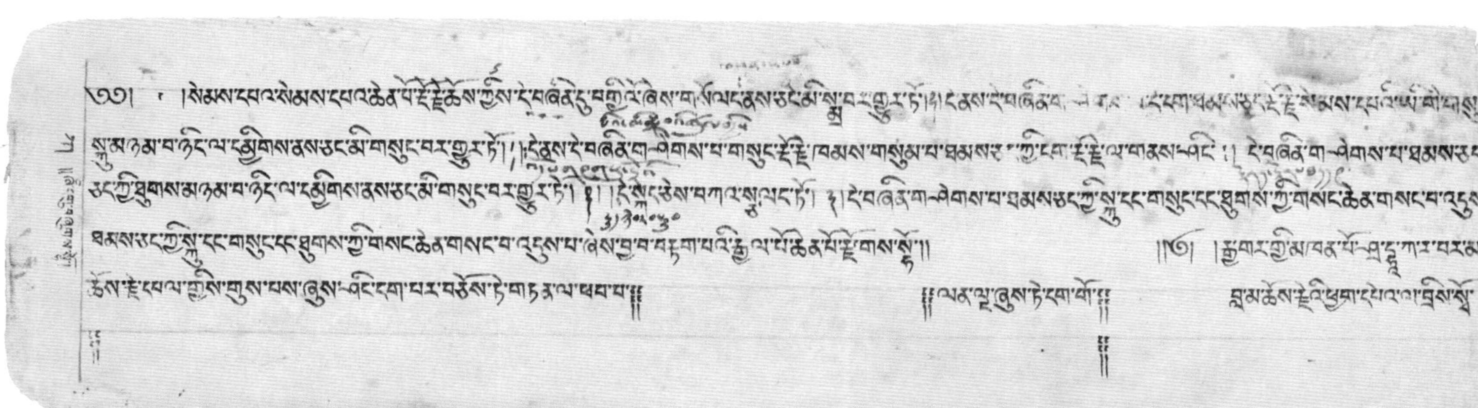

11096 諸續之王具德密宗根本續次第 （宋）仁欽桑波譯 恰譯師曲杰貝校 元抄本

梵夾裝。開本高 8.7 釐米，廣 66 釐米。中國民族圖書館藏。

008002

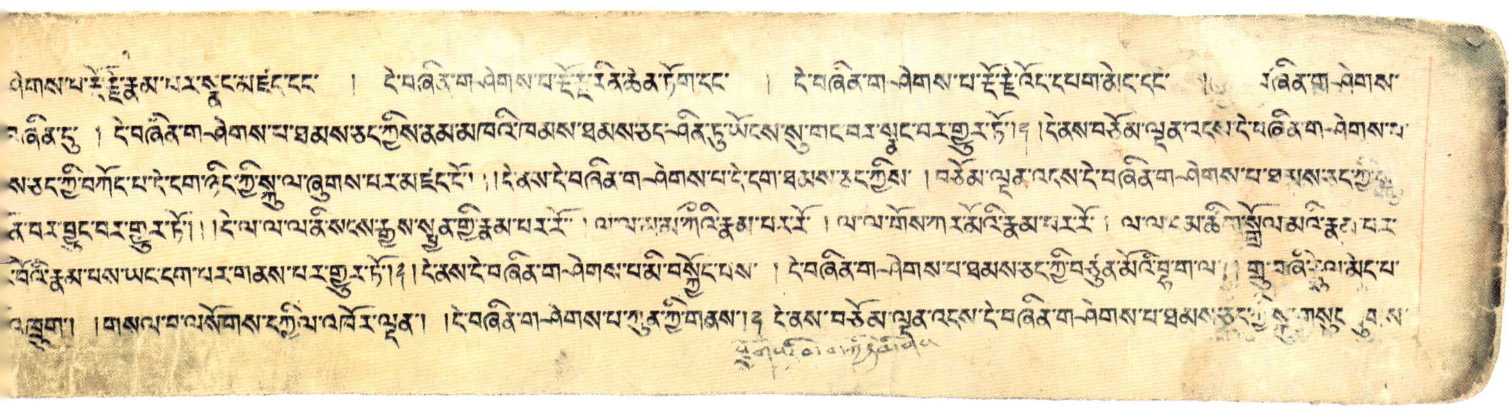

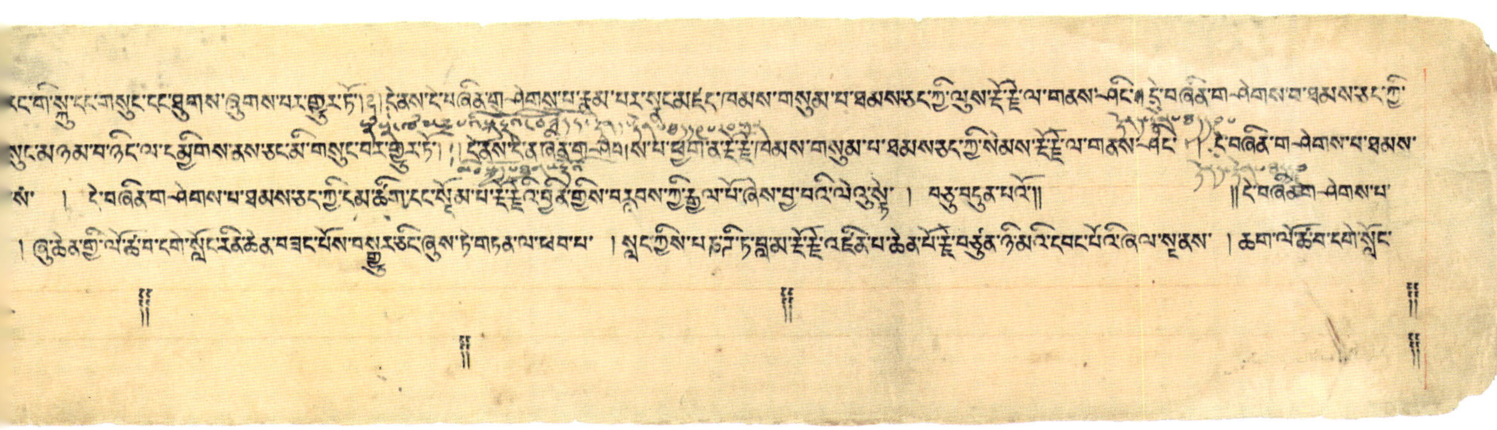

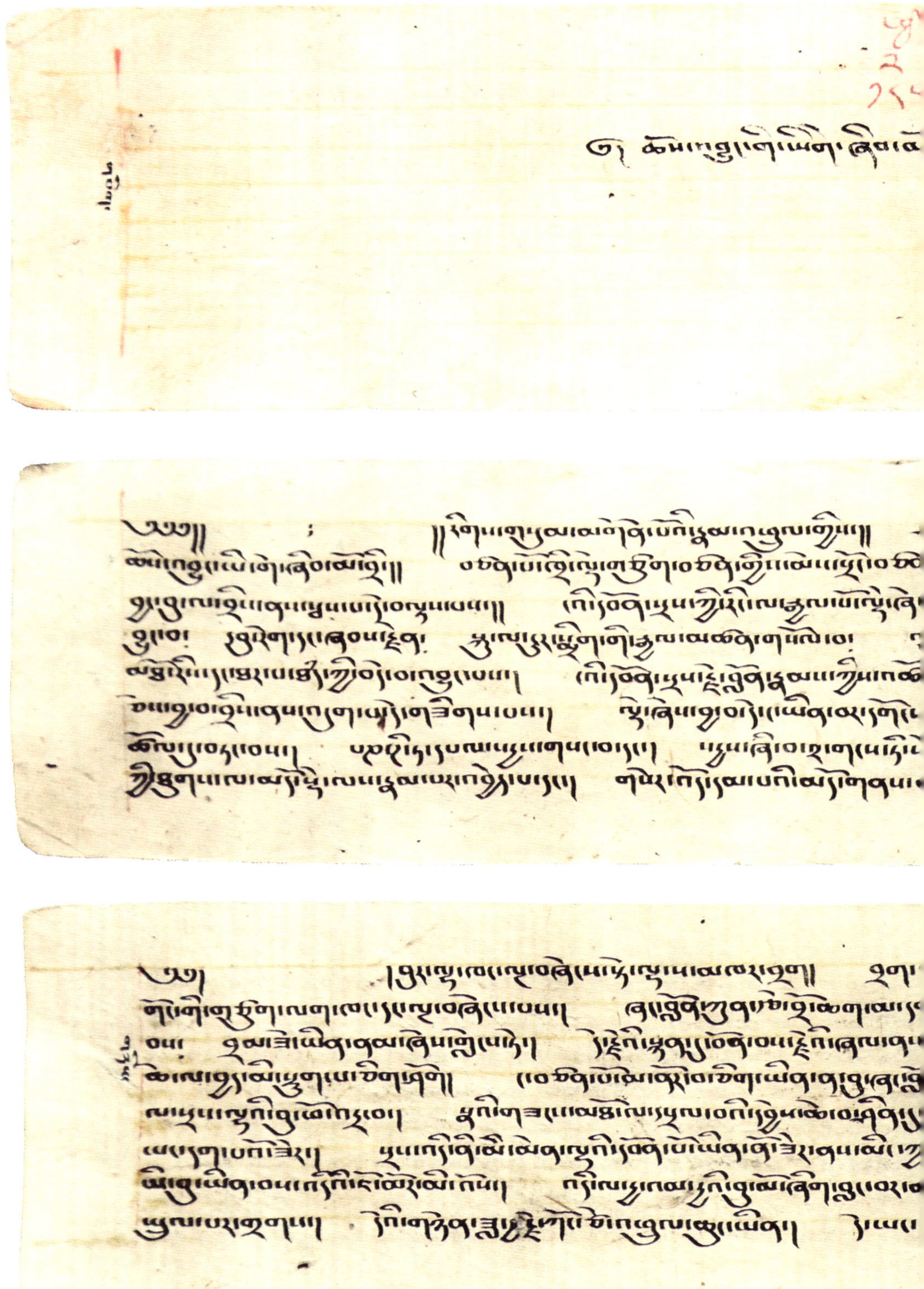

11097 佛教源流詳文 元抄本

梵夾裝。開本高 7 釐米，廣 35 釐米。拉薩市政協文史民宗法制委員會藏。

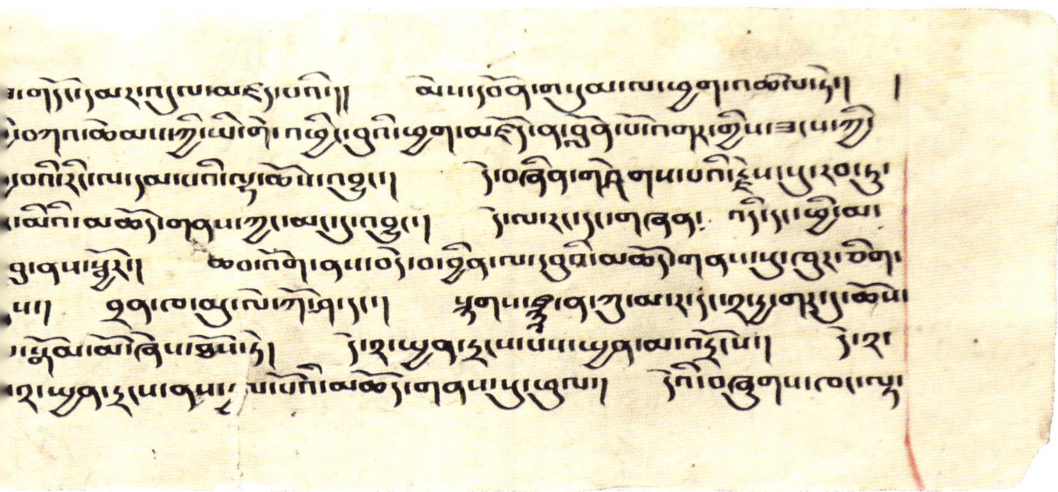

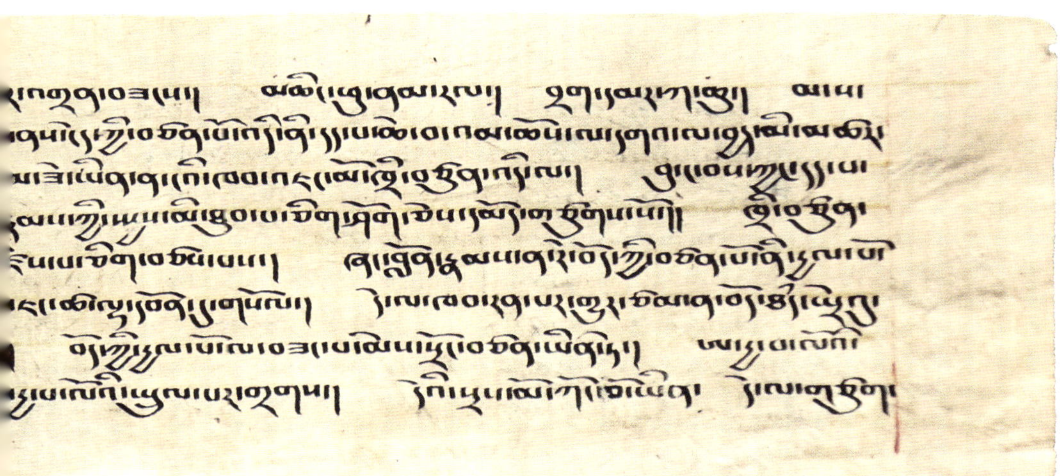

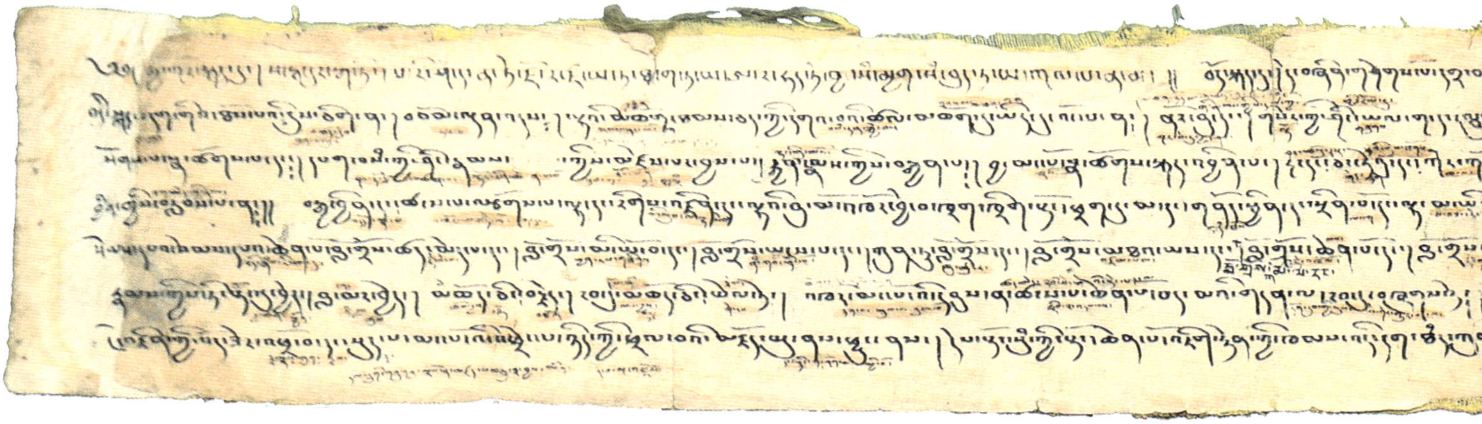

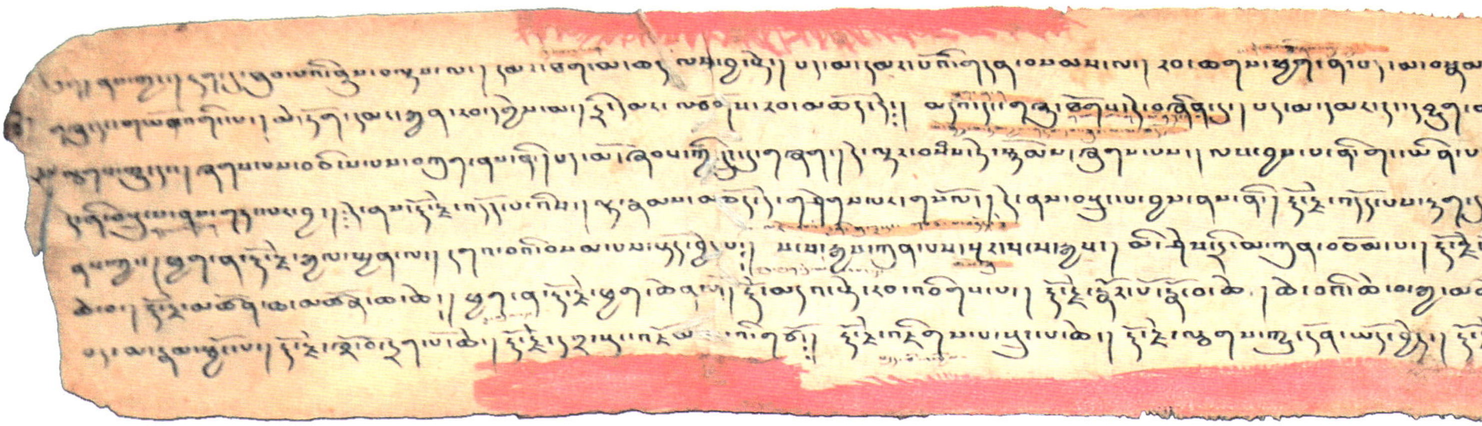

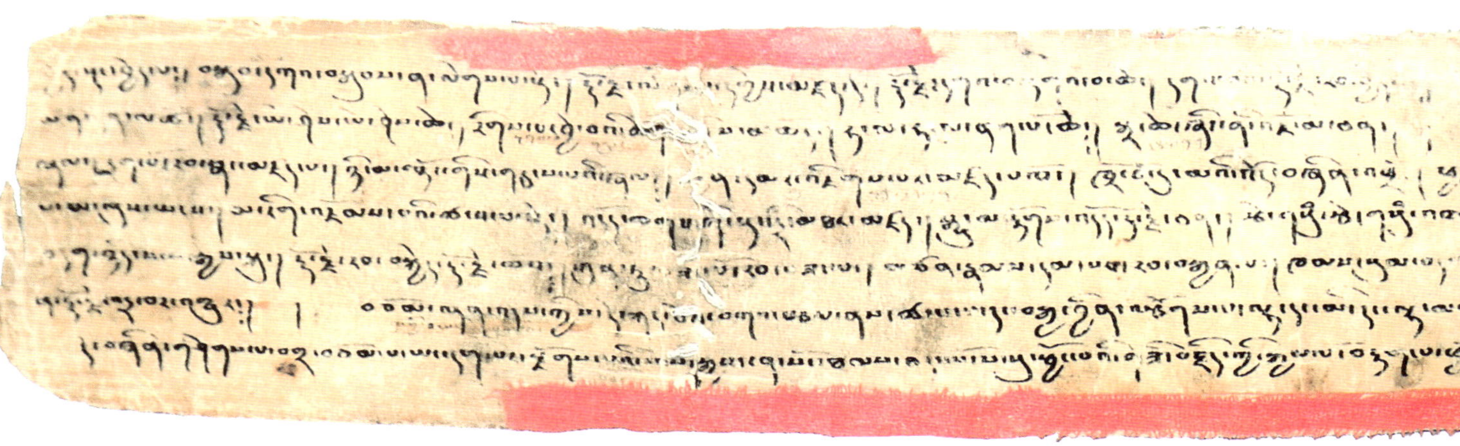

11098 除惡途續注釋本 元抄本

梵夾裝。開本高 9 釐米，廣 64 釐米。西藏博物館藏。

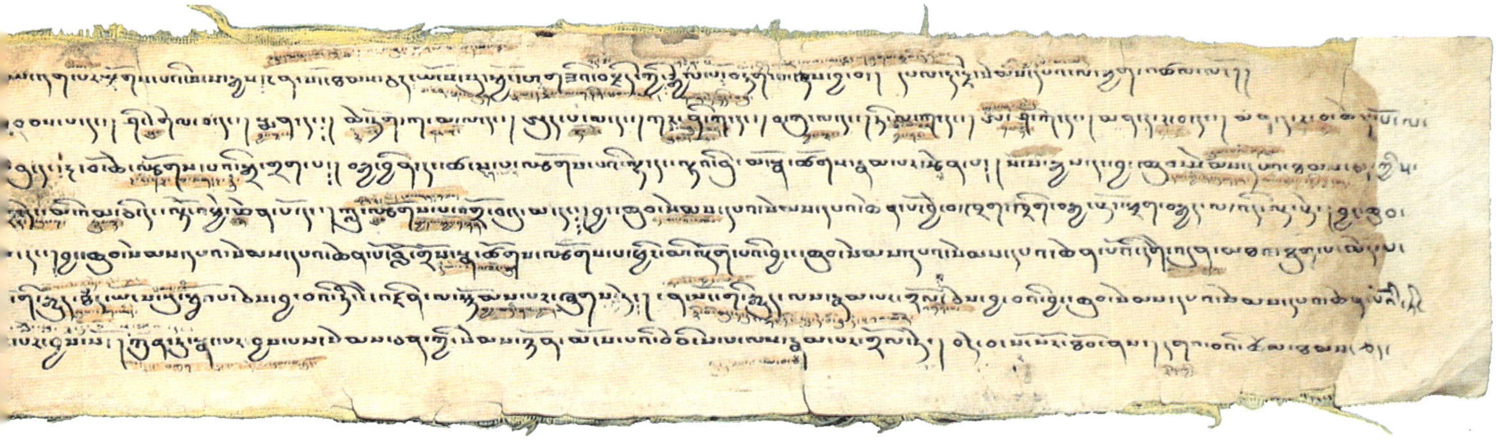

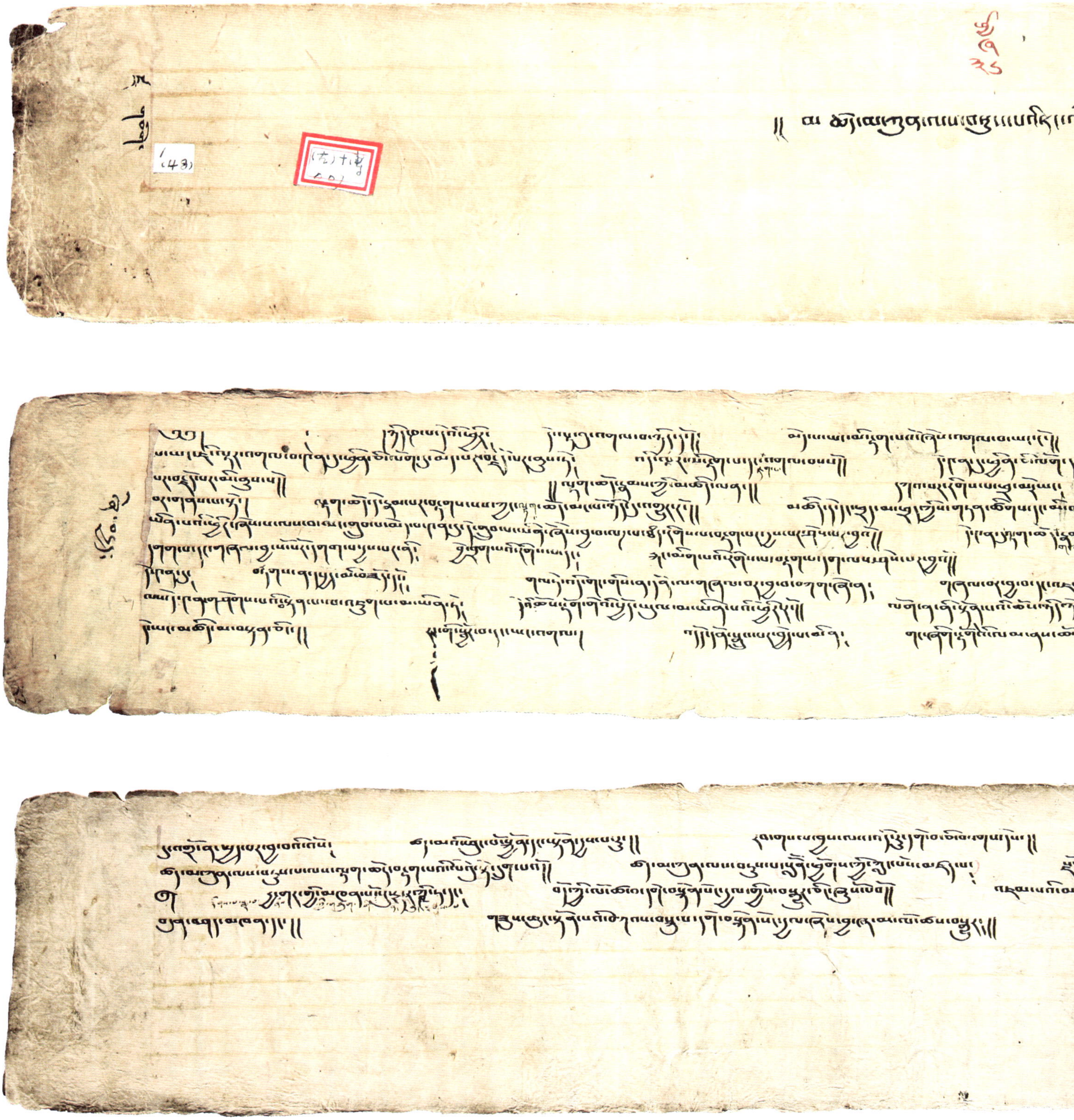

11099 集量論自釋 元抄本

梵夾裝。開本高 10 釐米，廣 66 釐米。西藏博物館藏。

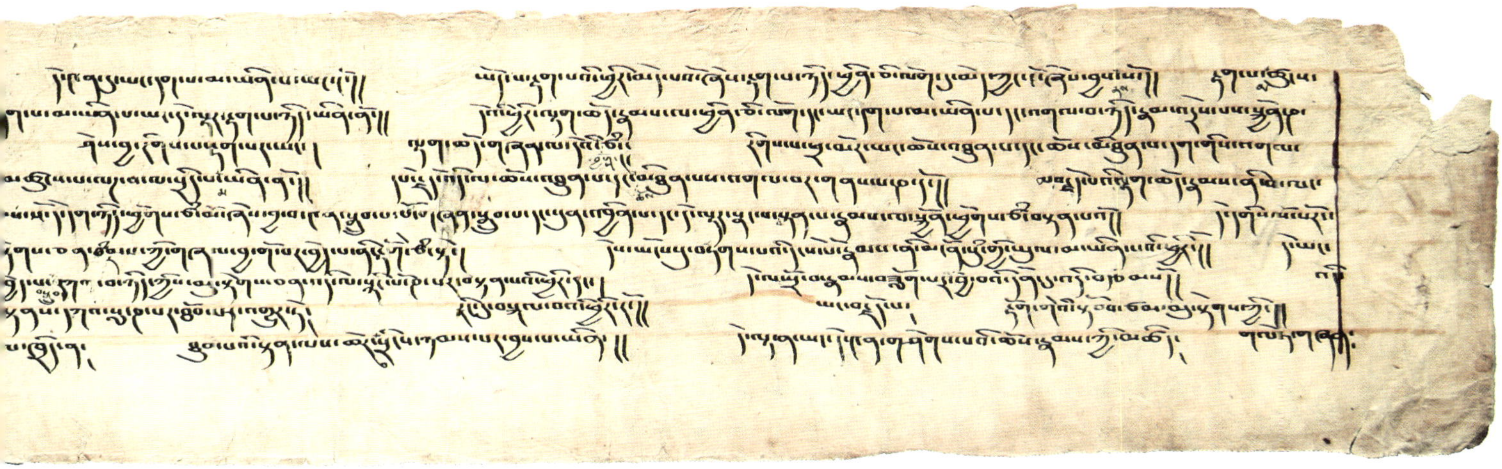

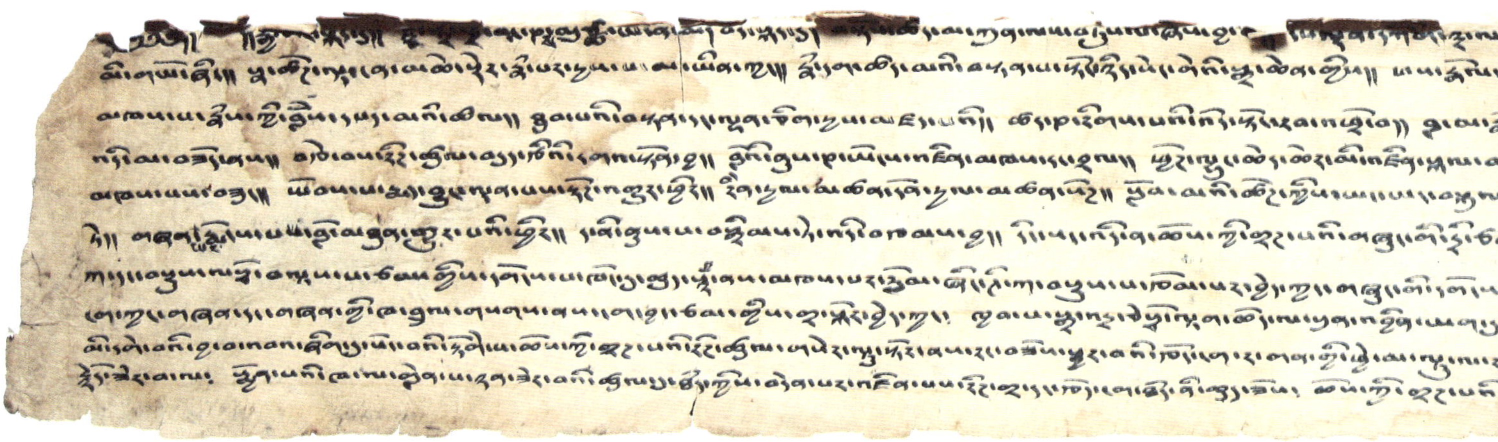

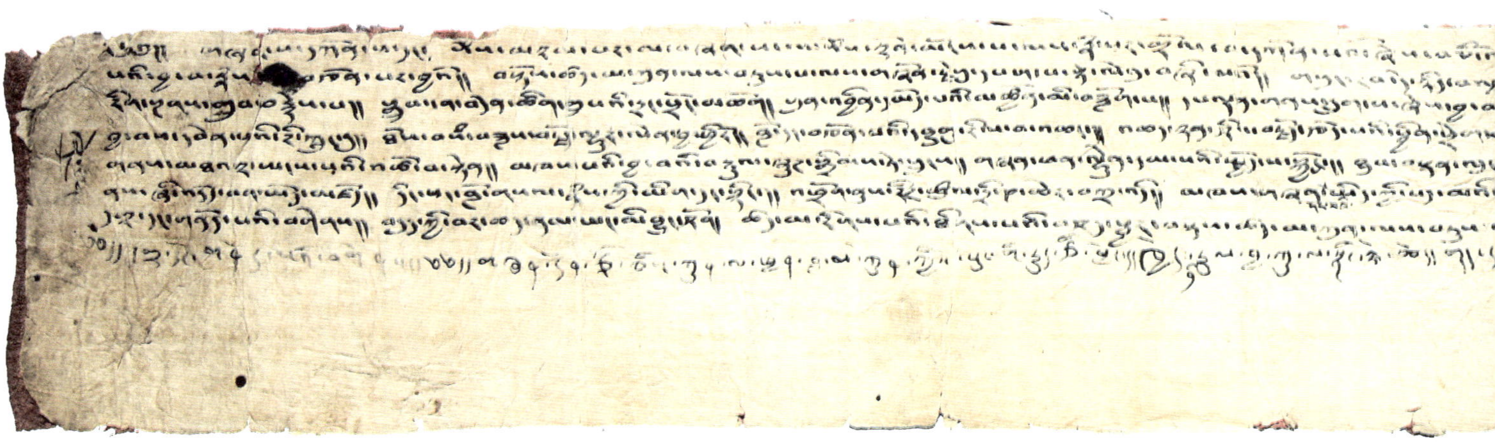

11100 正量理滴論廣論 元抄本

梵夾裝。開本高 10.5 釐米，廣 65 釐米。西藏博物館藏。

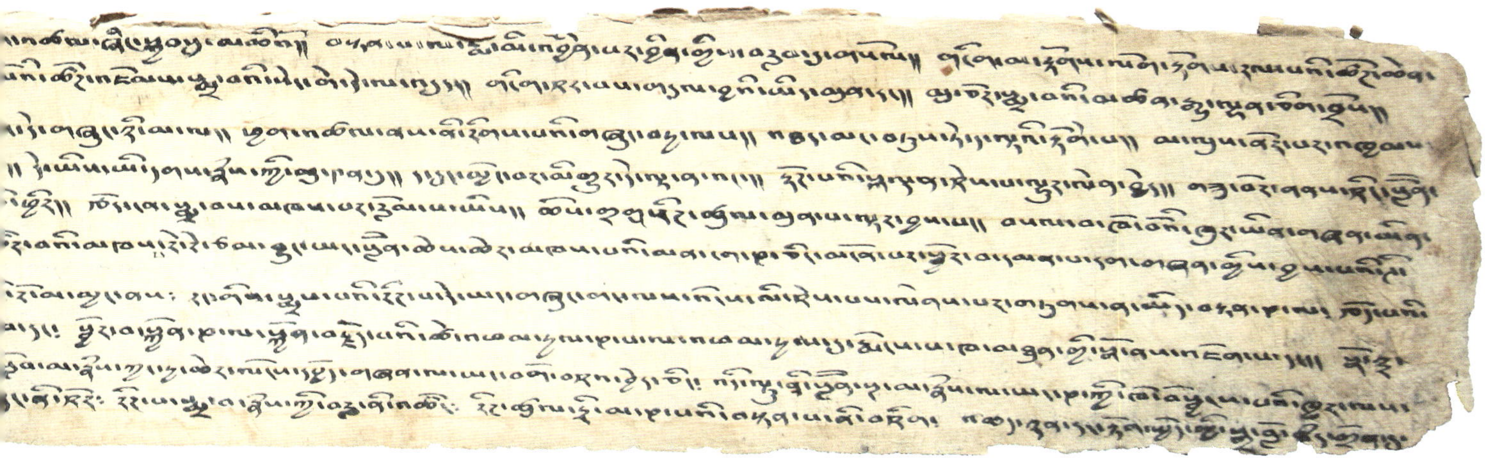

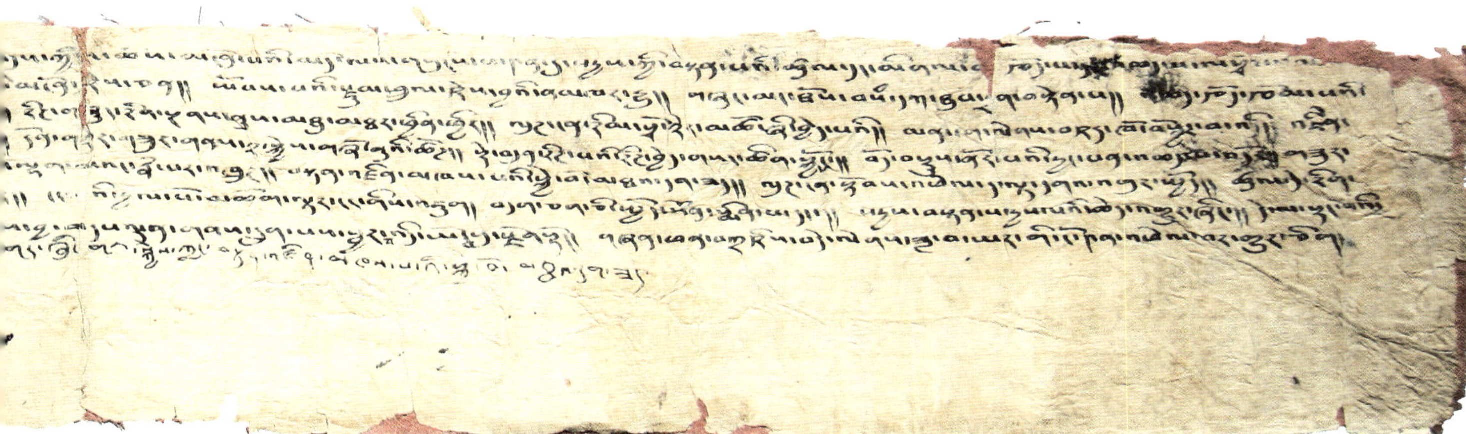

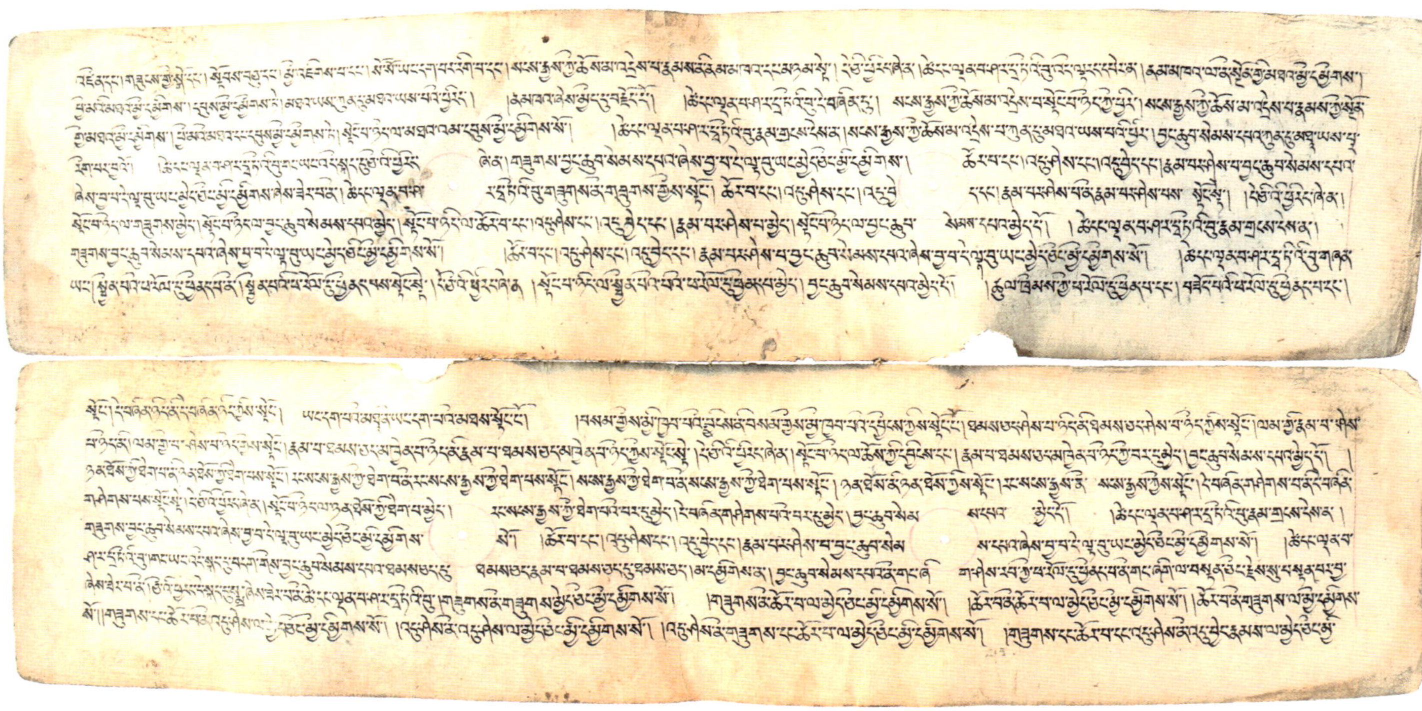

11101 般若波羅蜜多經 元抄本

梵夾裝。開本高 19 釐米，廣 67.9 釐米。西藏自治區江孜縣熱龍寺藏。

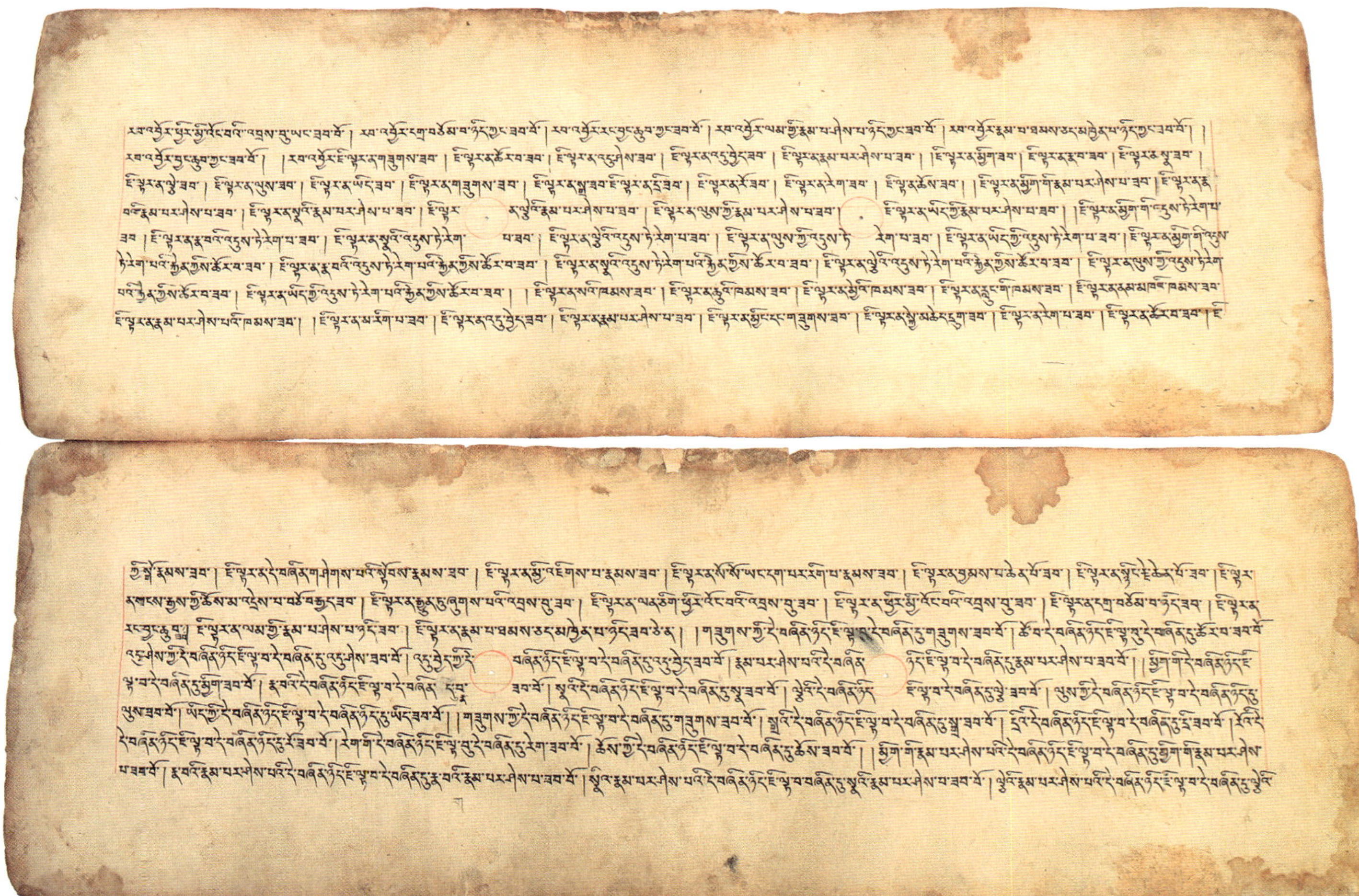

11102 鄂達袞乃·經部 元抄本

梵夾裝。開本高 14 釐米，廣 56.5 釐米。西藏自治區乃東縣温吉如拉康藏。

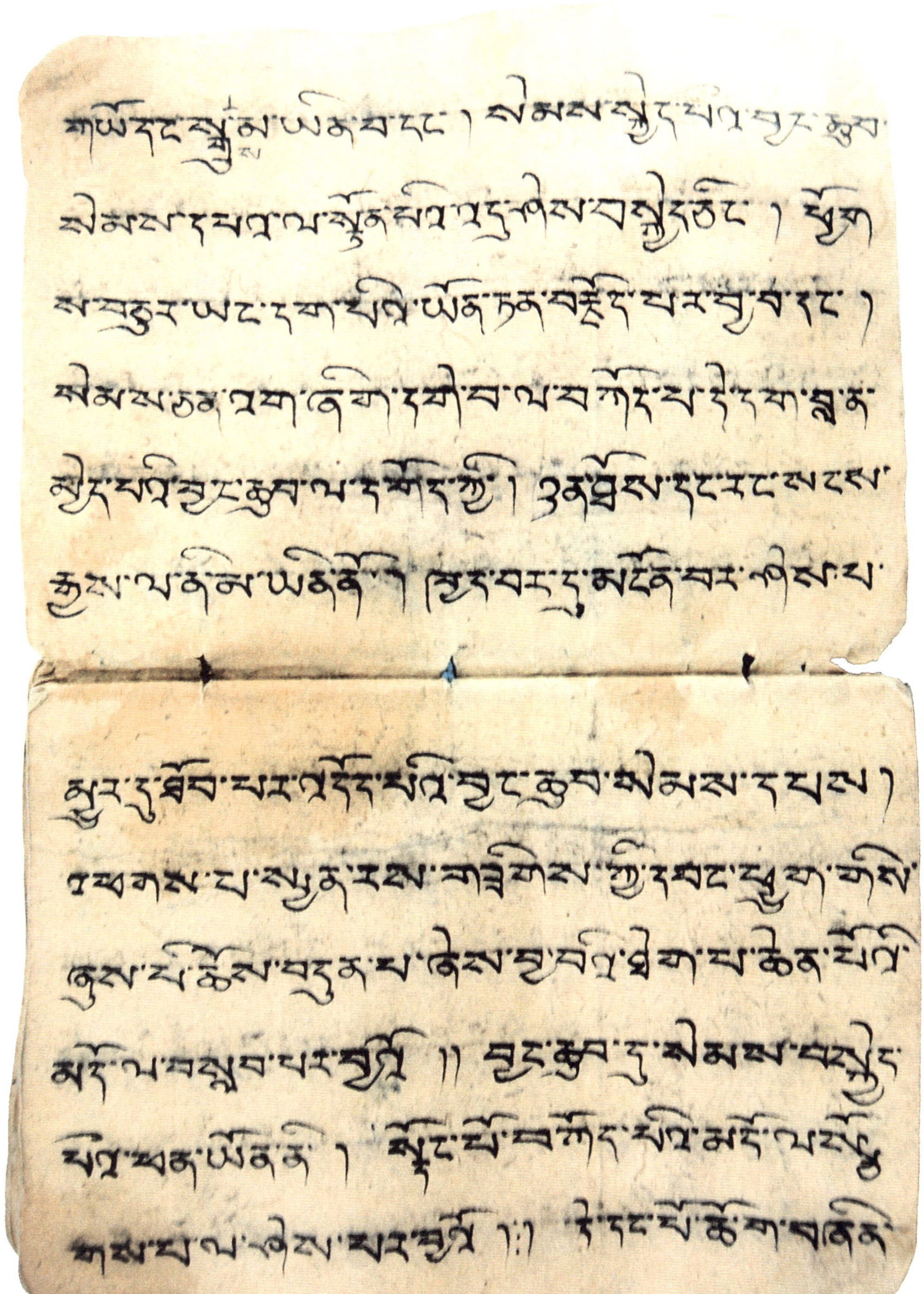

11103 菩薩戒二十一 元抄本

縫繢裝。開本高 10.4 釐米，廣 14.1 釐米。甘肅省瓜州縣博物館藏，存十六葉。

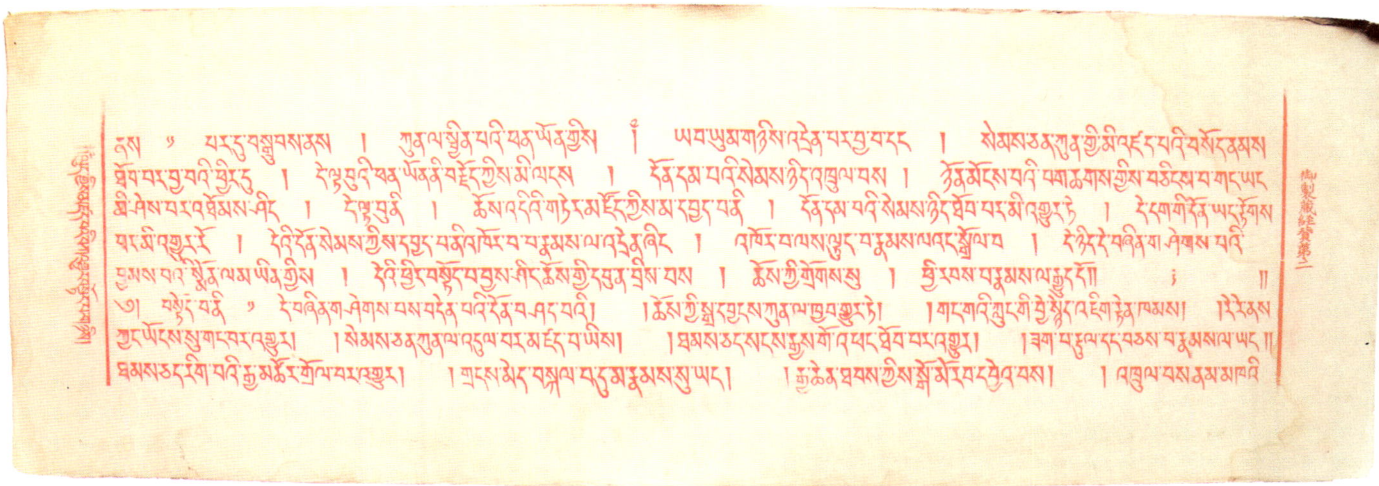

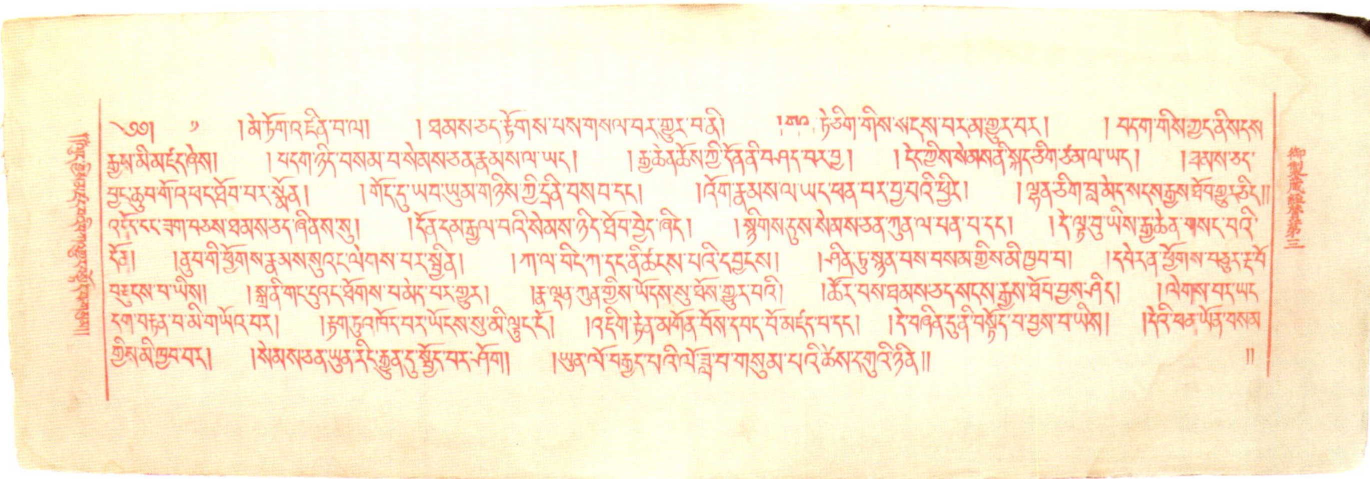

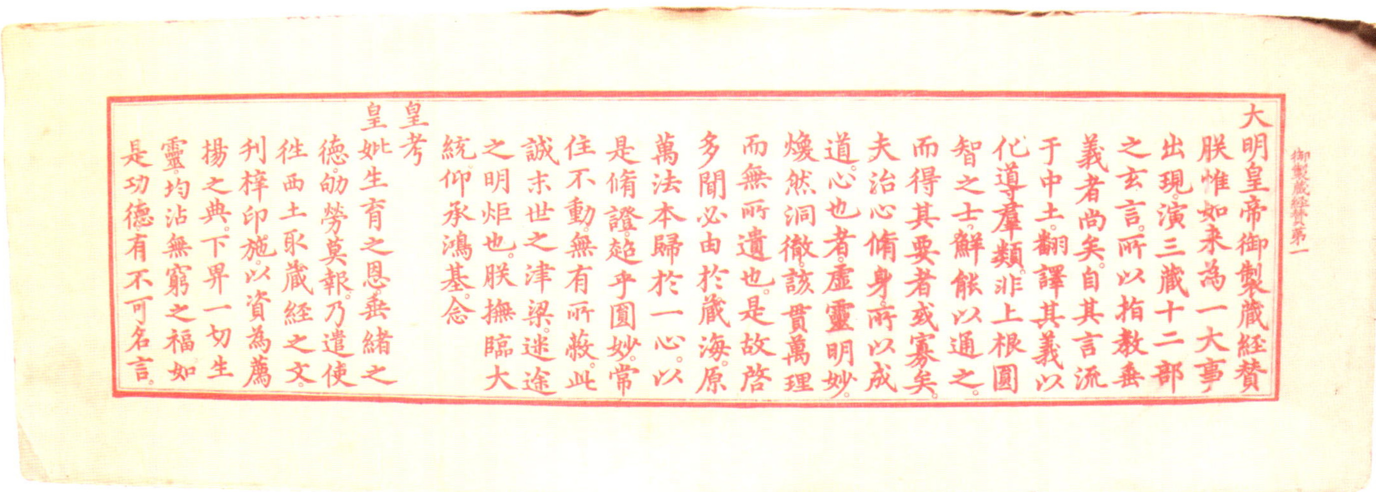
御製藏經贊第一

大明皇帝御製藏經贊
朕惟如來為一大事
出現演三藏十二部
之玄言所以指教垂
義者尚矣自其言流
于中土翻譯其義以
化導羣類非上根圓
智之士鮮能以通之
而得其要者或寡矣
夫治心脩身所以成
道心也者虛靈明妙
燦然洞徹該貫萬理
而無所遺也是故啓
多聞必由於藏海原
萬法本歸於一心以
是脩證超乎圓妙常
住不動無有所蔽此
誠末世之津梁迷途
之明炬也朕撫臨大
統仰承鴻基念
皇考
皇妣生育之恩垂緒之
德劬勞莫報乃遣使
往西土取藏經之文
刊梓印施以資為薦
揚之典下界一切生
靈均沾無窮之福如
是功德有不可名言

11104 甘珠爾 明永樂八年（1410）刻本

梵夾裝。匡高15釐米，廣58釐米。每葉八行，左右單邊。西藏自治區色拉寺藏。

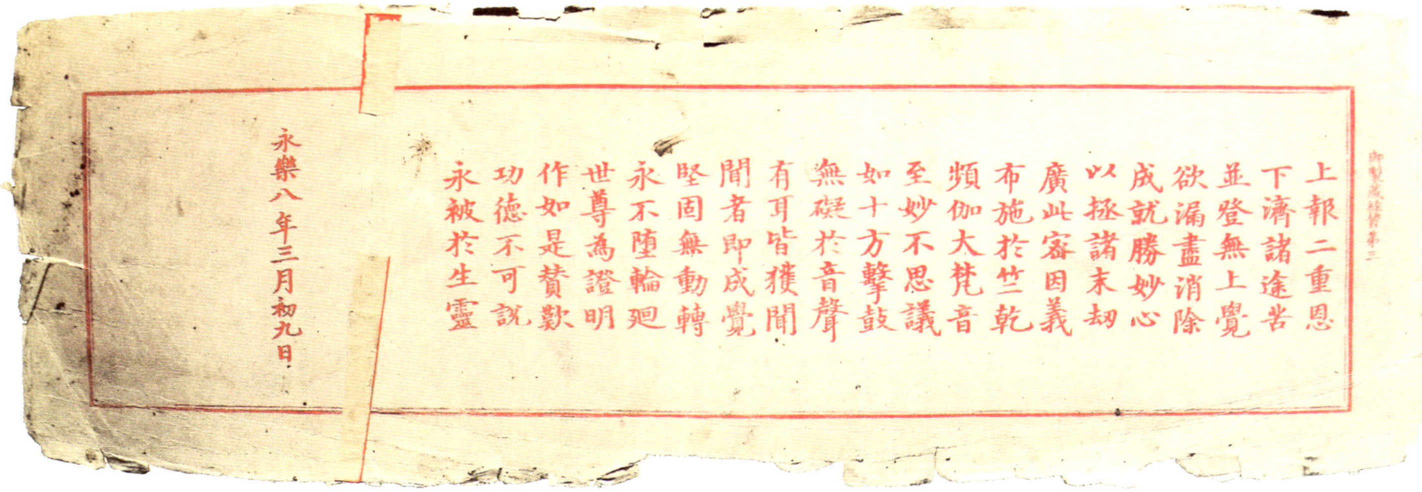

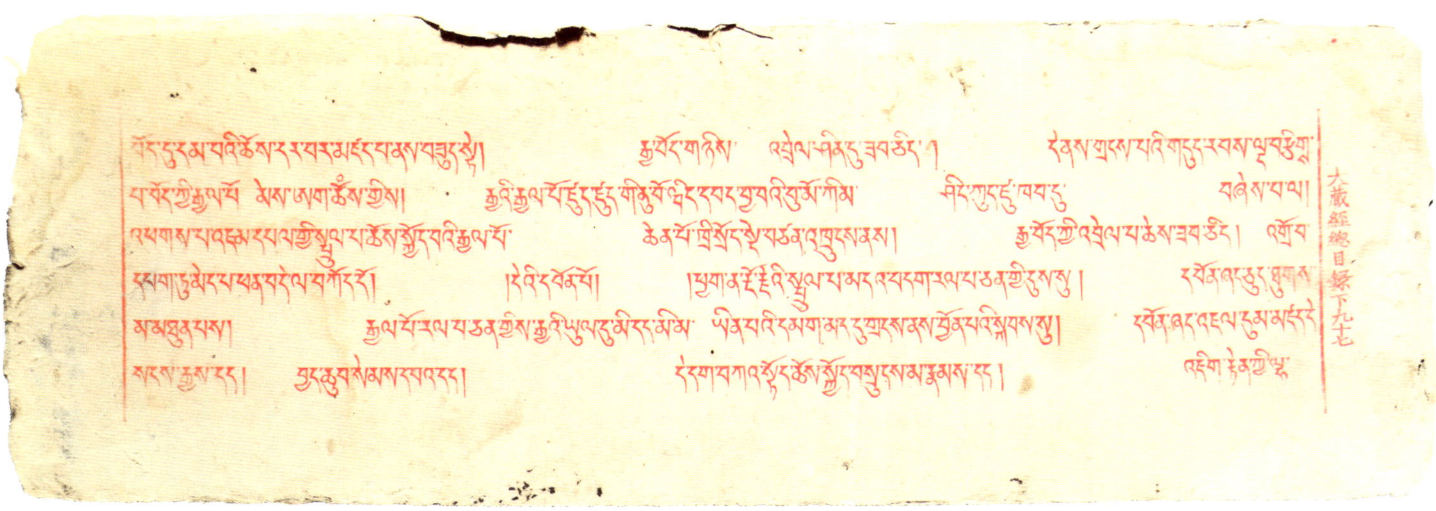

11105 甘珠爾目録 明永樂刻本

梵夾裝。匡高 15 釐米，廣 58 釐米。每葉八行，左右單邊。西藏自治區布達拉宫藏。

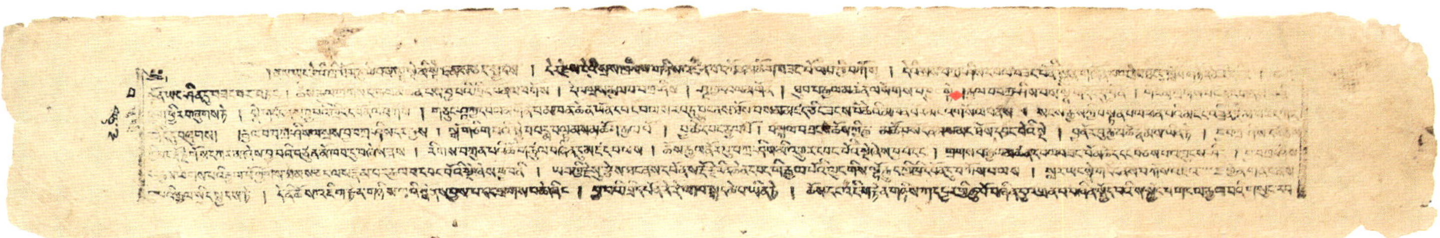

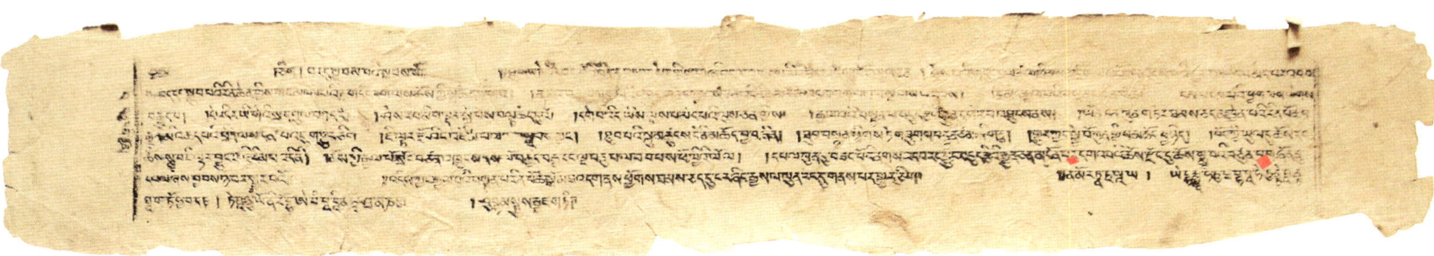

11106 青史 桂·旬努貝撰 明楊巴堅刻本

梵夾裝。匡高 6 釐米，廣 43 釐米。每葉七行，左右雙邊。拉薩市政協文史民宗法制委員會藏。

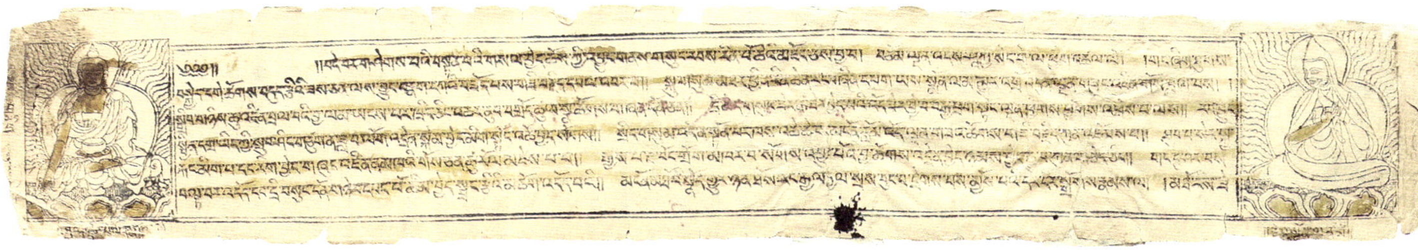

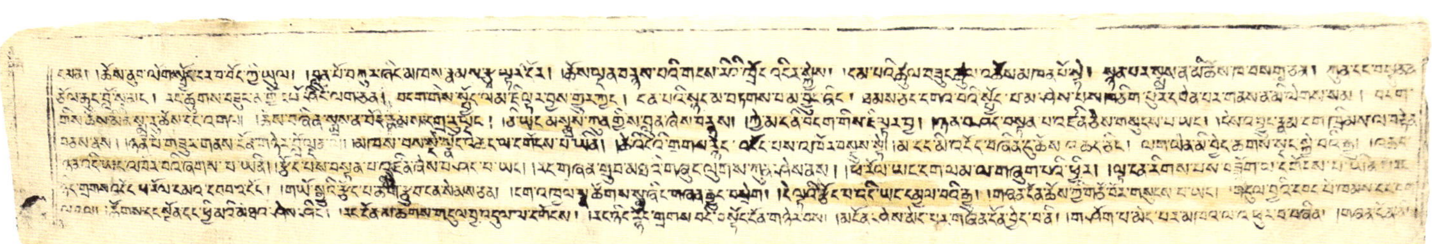

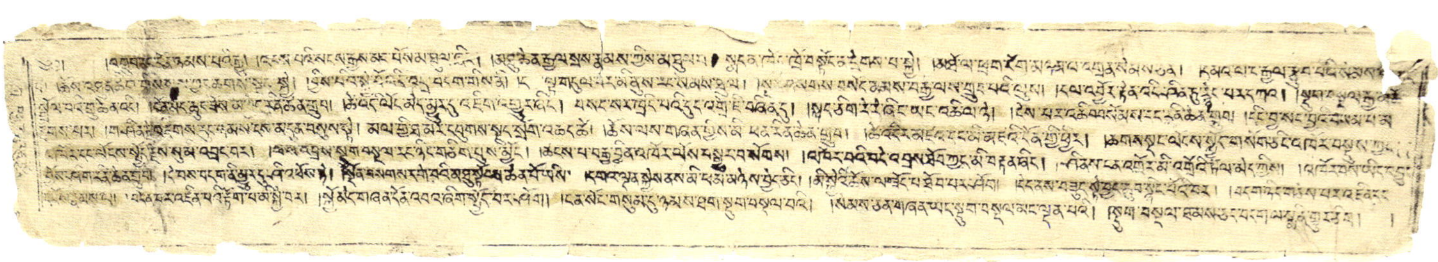

11107 布頓佛教源流 （元）布頓·仁欽珠撰 明刻本

梵夾裝。匡高 7.5 釐米，廣 49 釐米。每葉七行。拉薩市政協文史民宗法制委員會藏。

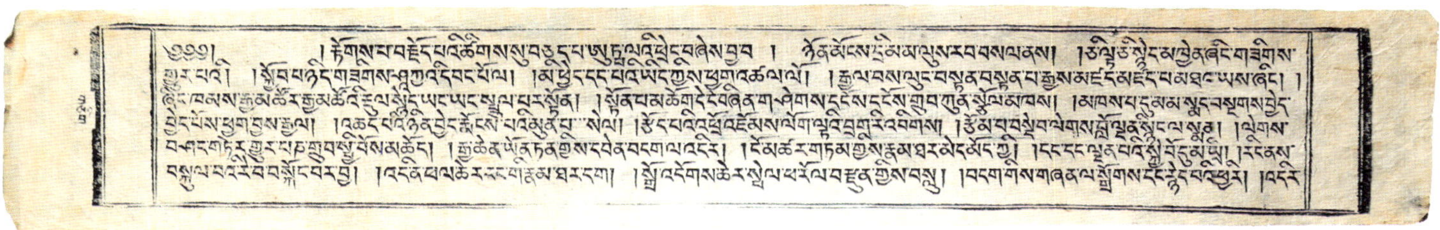

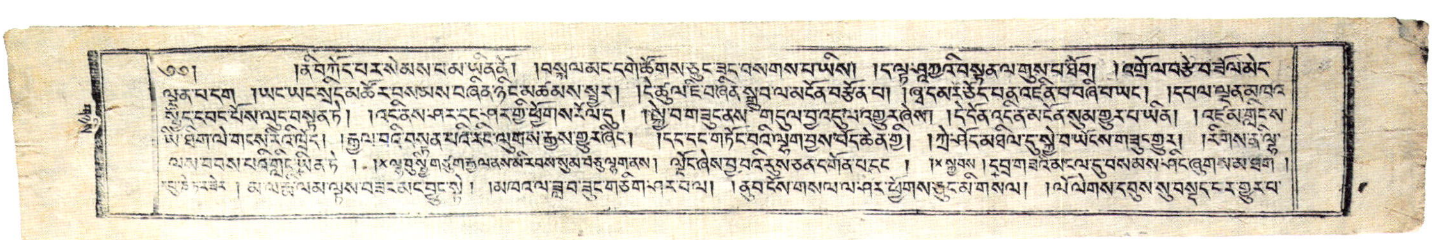

11108 第四世噶瑪夏瑪巴·曲杰扎巴自傳 （明）第四世噶瑪夏瑪巴·曲杰扎巴撰 明刻本

梵夾裝。匡高 6.5 釐米，廣 43 釐米。每葉六行。拉薩市政協文史民宗法制委員會藏。

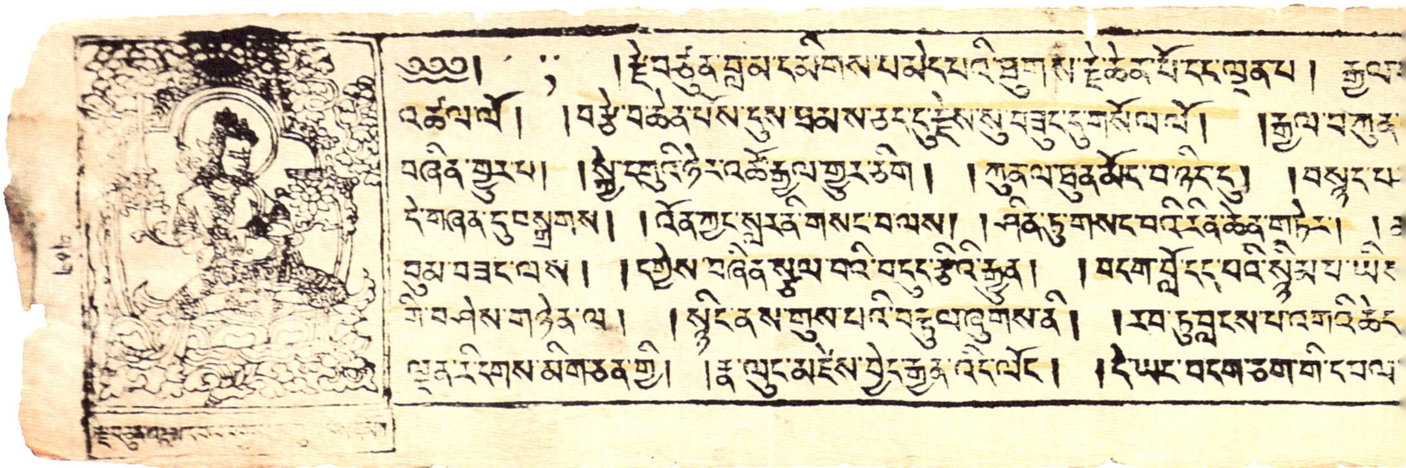

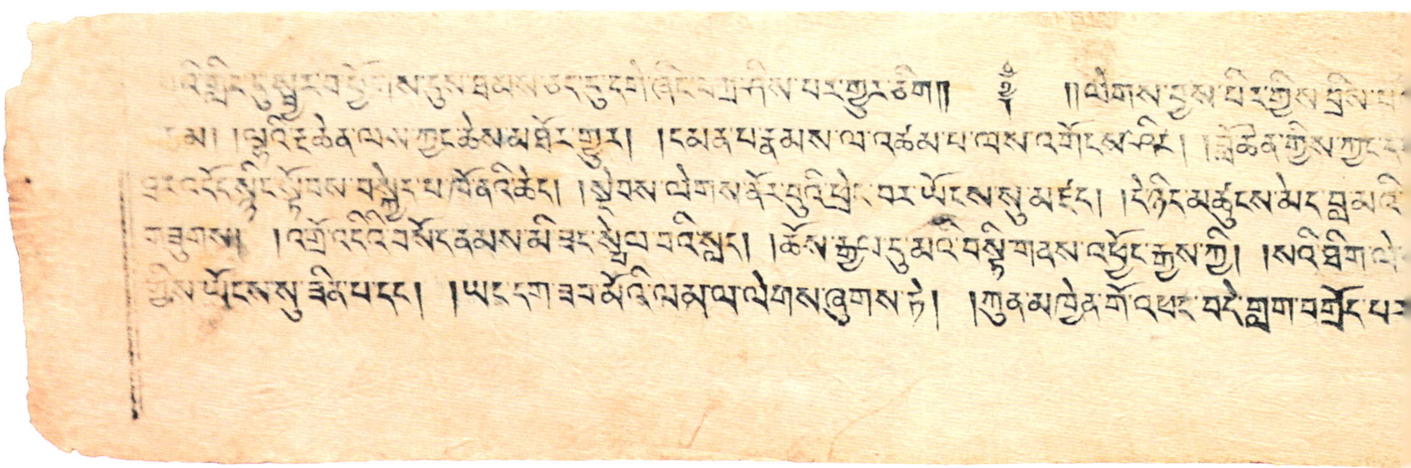

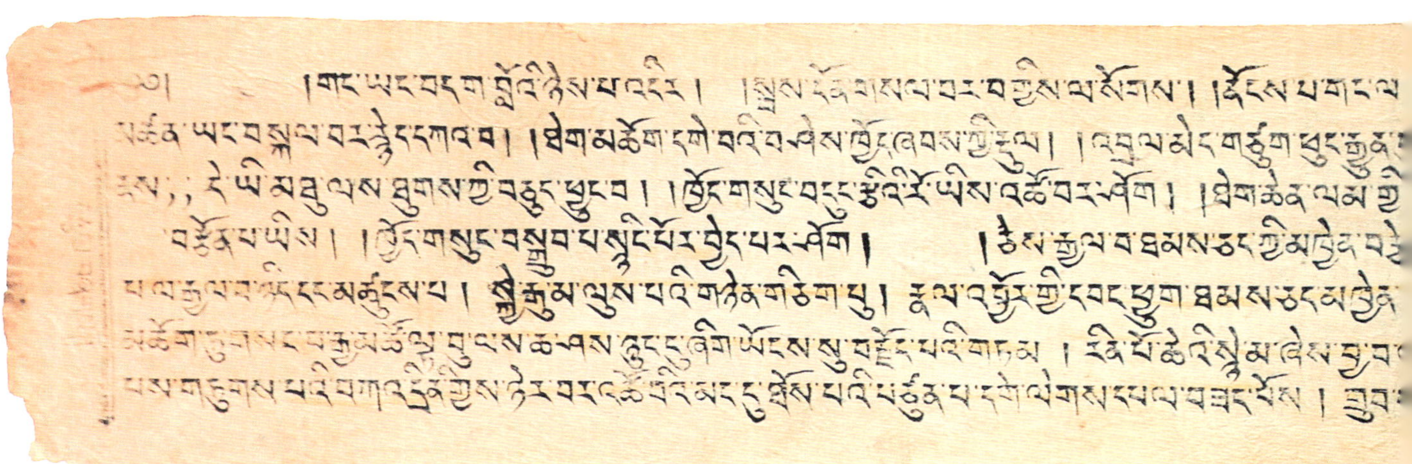

11109 宗喀巴大師密傳 克珠・格勒白桑撰 明刻本

梵夾裝。匡高 6.5 釐米，廣 43 釐米。每葉七行。拉薩市政協文史民宗法制委員會藏。

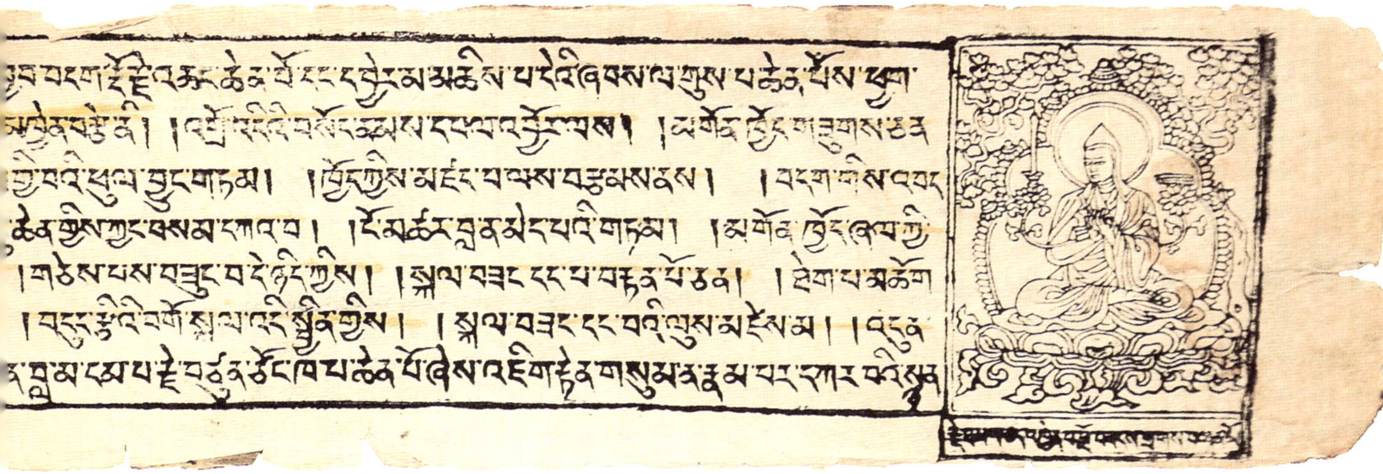

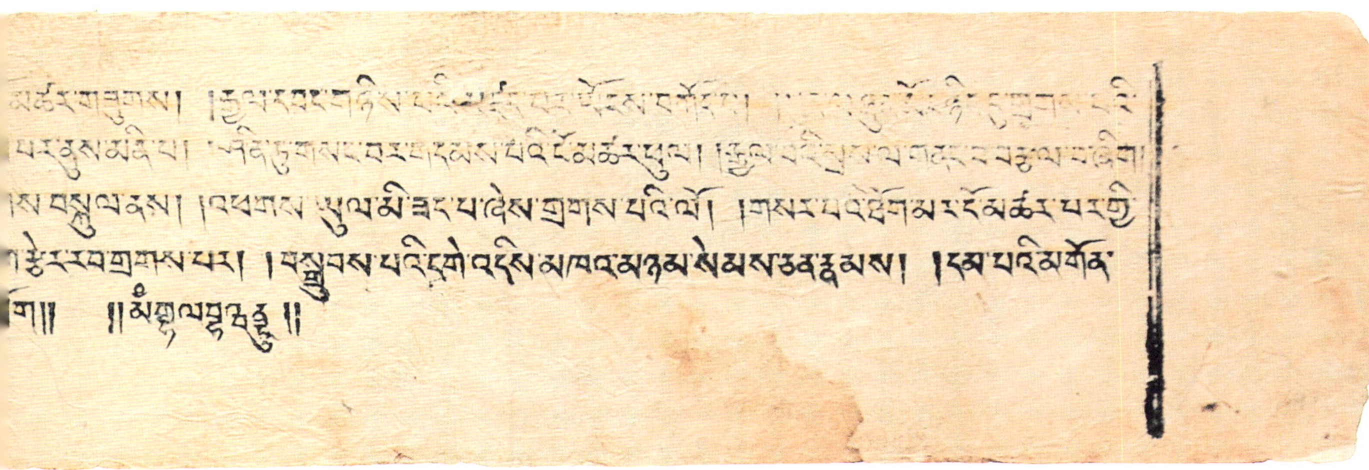

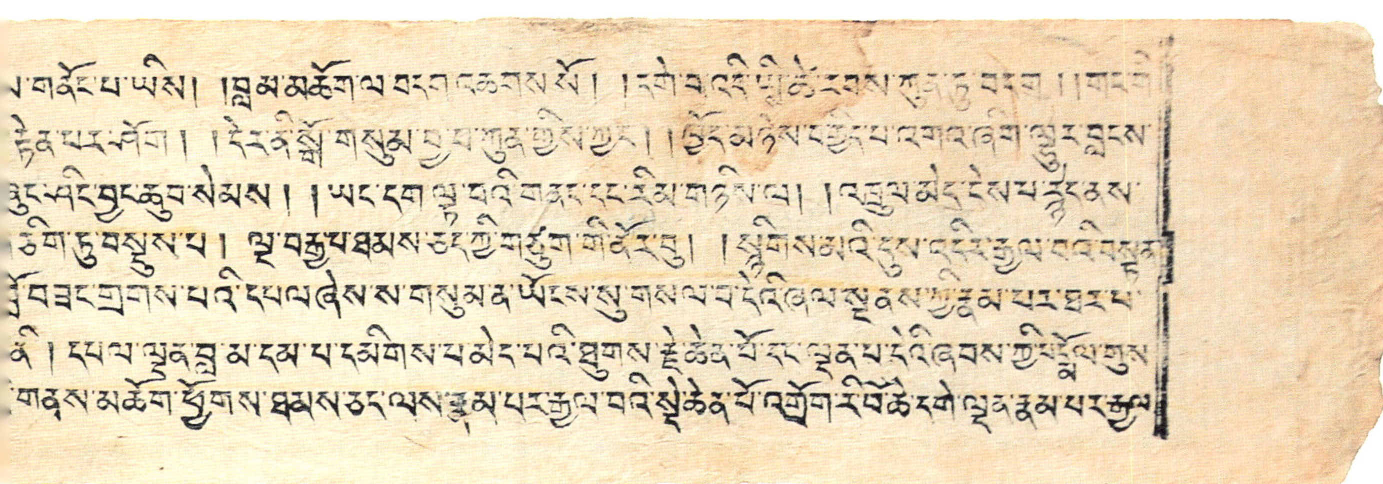

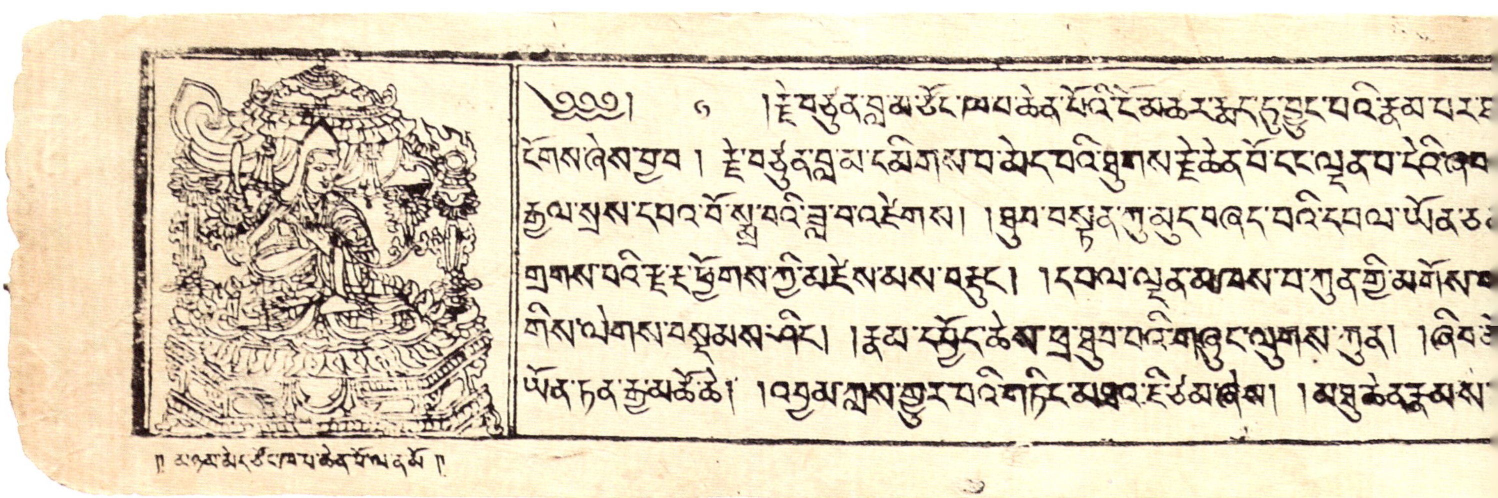

11110 宗喀巴大師傳信仰入門 克珠 · 格勒白桑撰 明刻本

梵夾裝。匡高 6.5 釐米，廣 47 釐米。每葉六行。拉薩市政協文史民宗法制委員會藏。

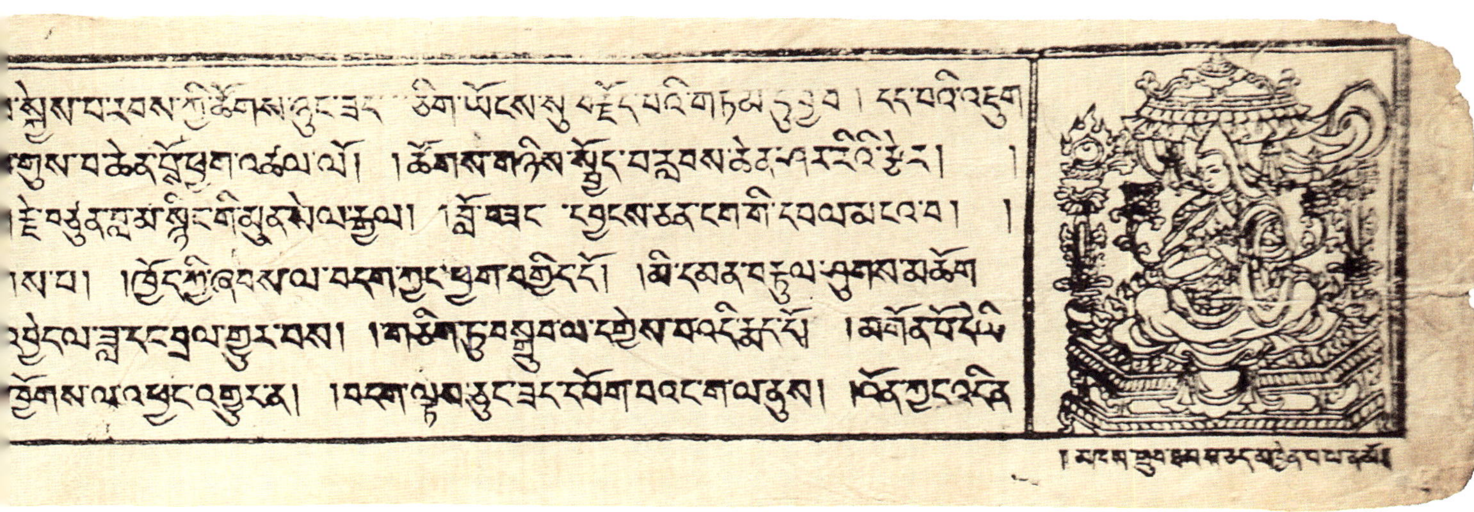

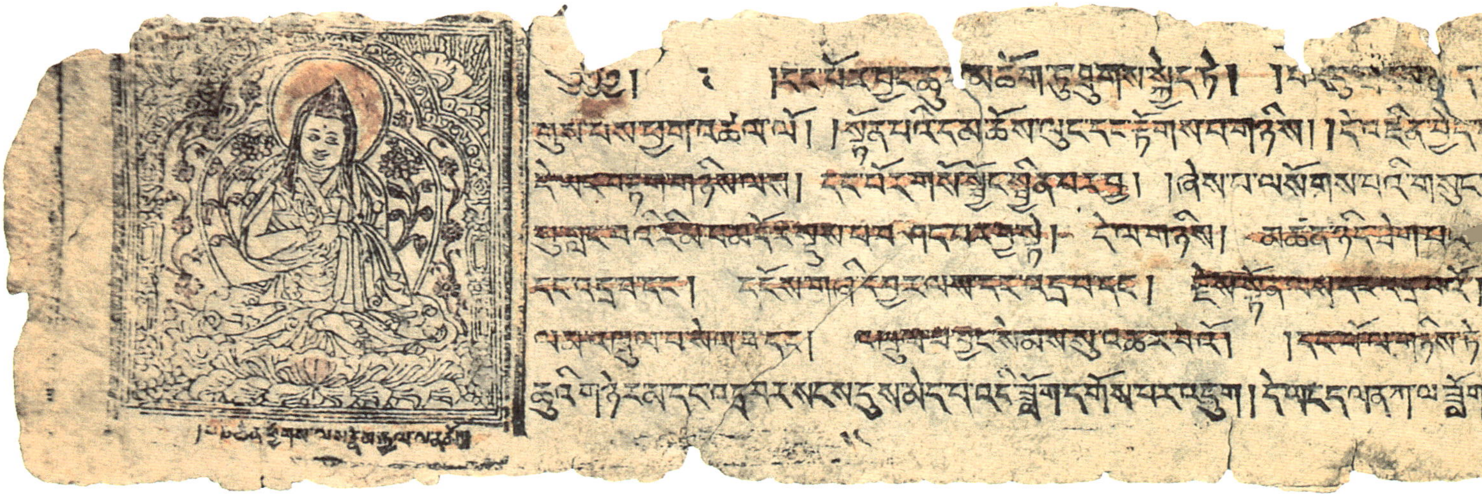

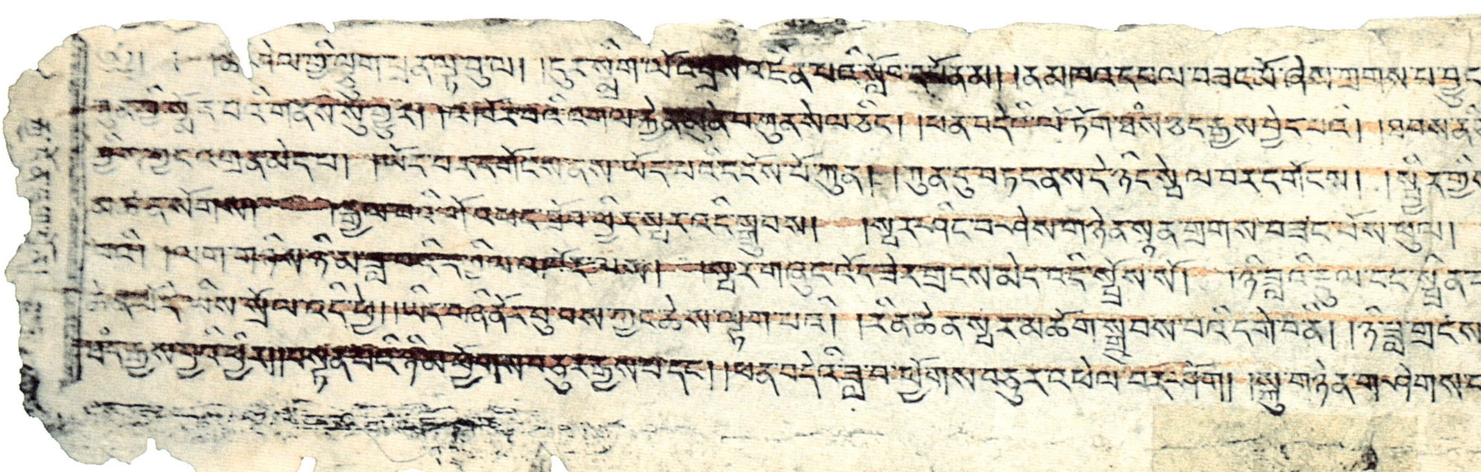

11111 吉祥真實心要法本明鑒 珀東·却勒朗杰撰 明刻本

梵夾裝。匡高 5.5 釐米，廣 44 釐米。每葉七行。西藏自治區色拉寺藏。

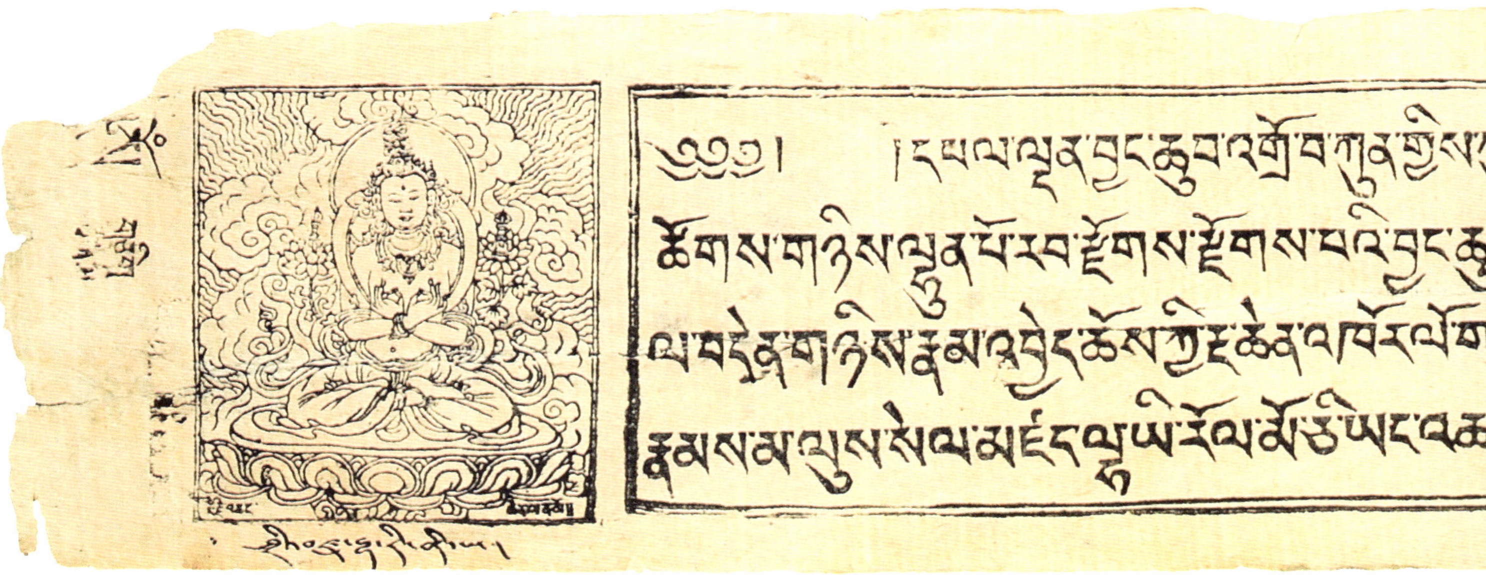

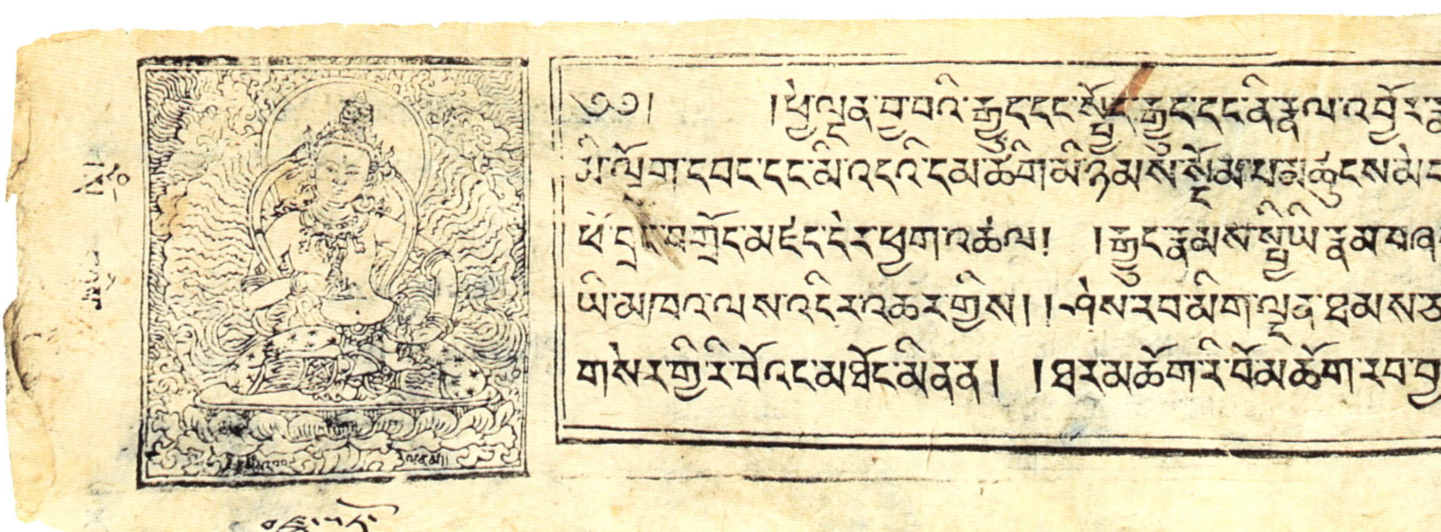

11112 瑜伽四續概論 珀東 · 却勒朗杰撰 明刻本

梵夾裝。開本高 9 釐米，廣 50 釐米。西藏自治區色拉寺藏。

ནས་ཐོབ་ཕྱིར་ཕྱིར་མི་ལྡོག་པའི་ཞུགས་སྐྱོང་རྒྱ་མཚོ་ར་རྒྱ་ཆེན
ག་ཞལ་མེད་དང་དཀྱིལ་འཁོར་ཅི་ཡང་རྒྱས། །རོ་གཅིག་གནས
མཁྱེན་དྲིལ་ཆེན་དཔག་ཡས་མཐའ་ཡས་སྤྲོ་ཐོའི་མ་རིག་གཉིད
།རྣམ་མང་རིགས་དང་སྐྱོང་གཉེན་གྱུ་བ་མཐས་རྣམ་པར

ར་པོར་ལྡན་མེད་པའི་རྒྱུད་སྡེ་རྣམ་བཞིས་བདག་དང་སྔགས་དང་ལྷ་རྣམ་པ་ཀྱི།།
ཅོ་ལ་དཔག་མེད་ལོ་རིམ་རིམ་པར་ཕྱེ་བའི་ལམ་ཟབ་རྒྱ་ཆེན་བྱང་ཆུབ་ཆེན་པོའི་
ཐུན། །མཐའ་དག་སྨོས་པའི་སྣང་བ་མཚུངས་མེད་པ། །འདྲིམས་མེད་དབྱི
གའ་བར་མཛོད། །སྤྱི་སྤྱོད་རྒྱ་མཚོའི་ཕ་རོལ་སོན་གྱུར་ཀྱང་། །དེ་ཉིད
བ་ཀྱི། །གཞལ་མེད་ཡོད་འདོད་བརྩོན་པས་པར་གལ་ཕྱིན། །བུ་རྒྱུད་གསེར

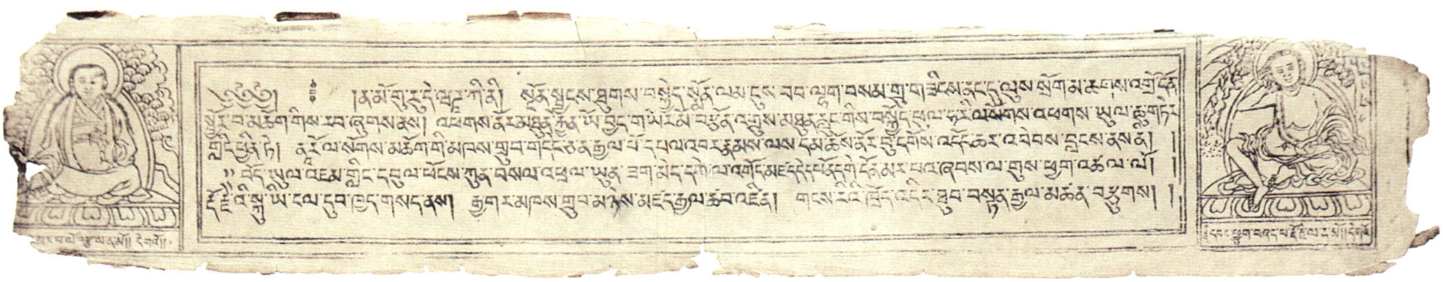

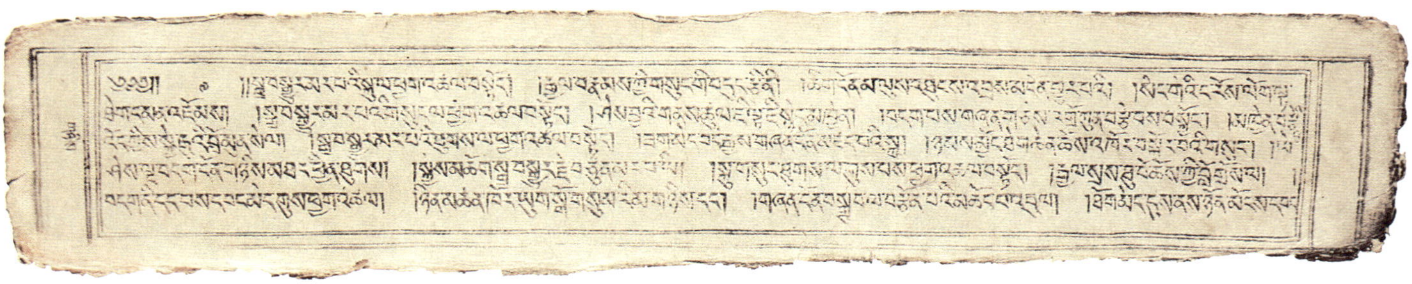

11113 瑪爾巴譯師傳 乳白堅贊撰 明刻本

梵夾裝。匡高 6 釐米，廣 50 釐米。拉薩市政協文史民宗法制委員會藏。

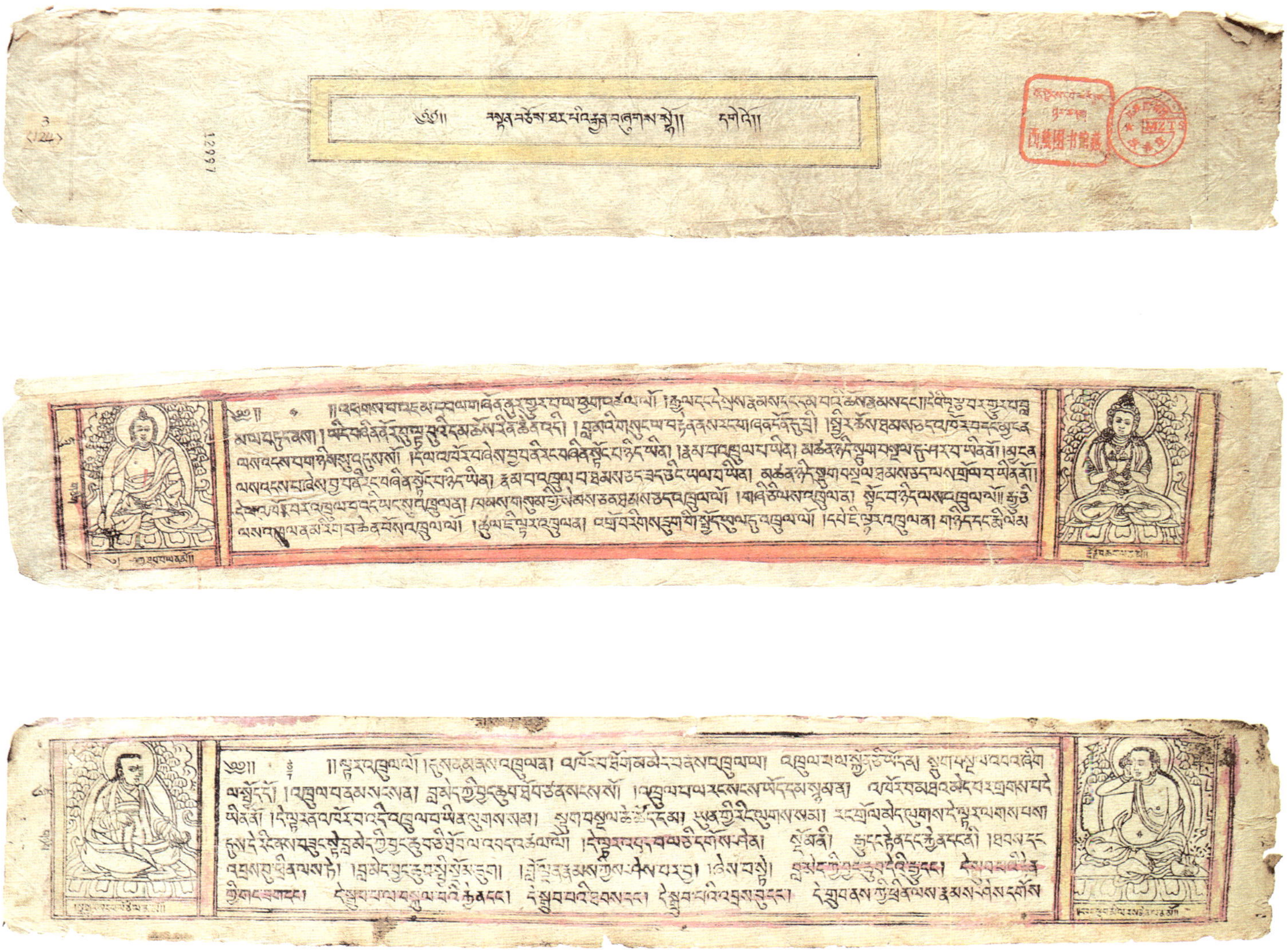

11114 解脱道莊嚴論 塔波醫師 · 索朗仁青撰 明刻本

梵夾裝。匡高 7.5 釐米，廣 46.3 釐米。西藏圖書館藏。

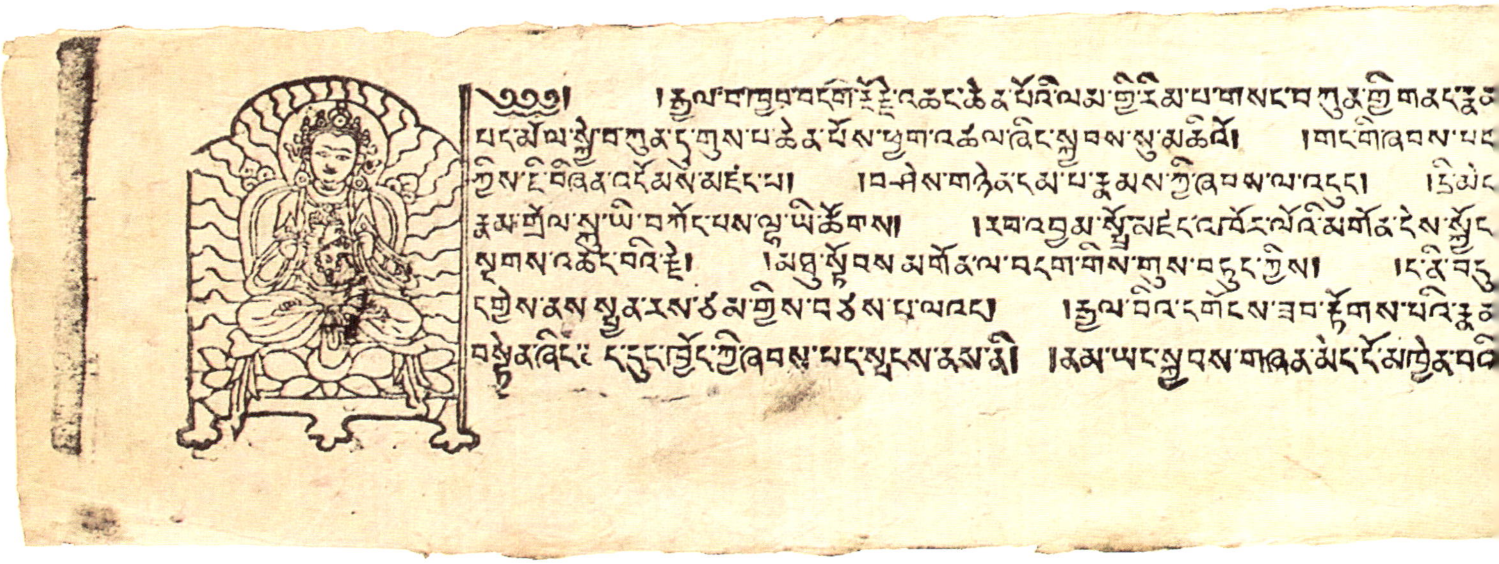

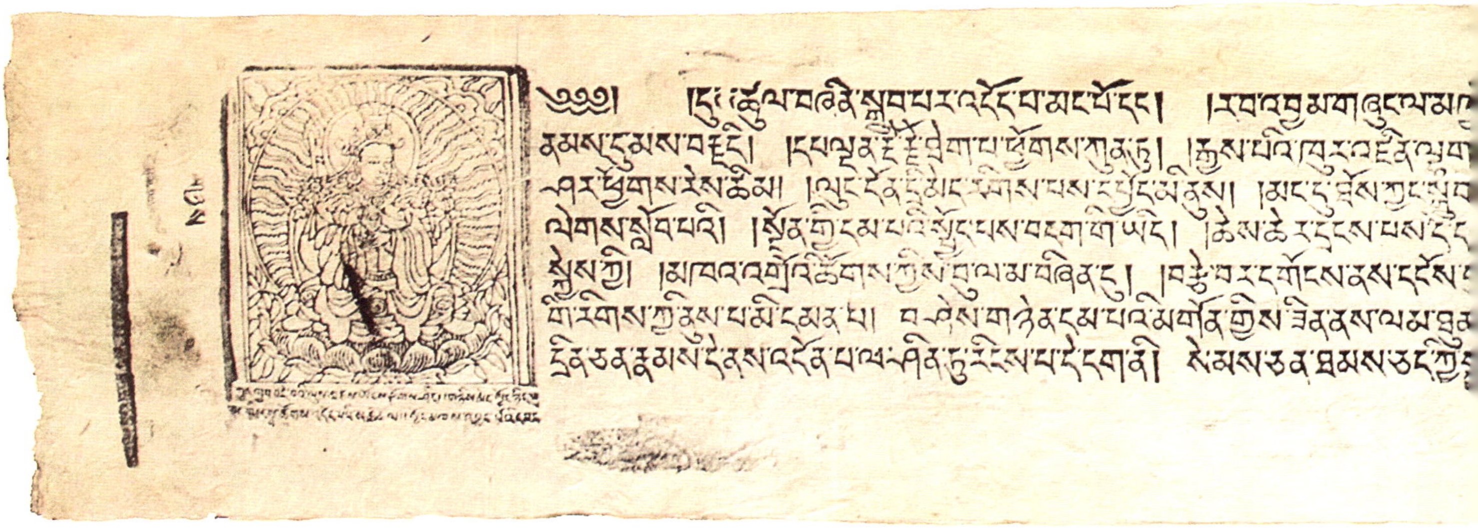

11115 密宗道次第廣論 （明）宗喀巴 · 洛桑扎巴撰 明刻本

梵夾裝。匡高 7 釐米，廣 46.5 釐米。每葉七行。西藏圖書館藏。

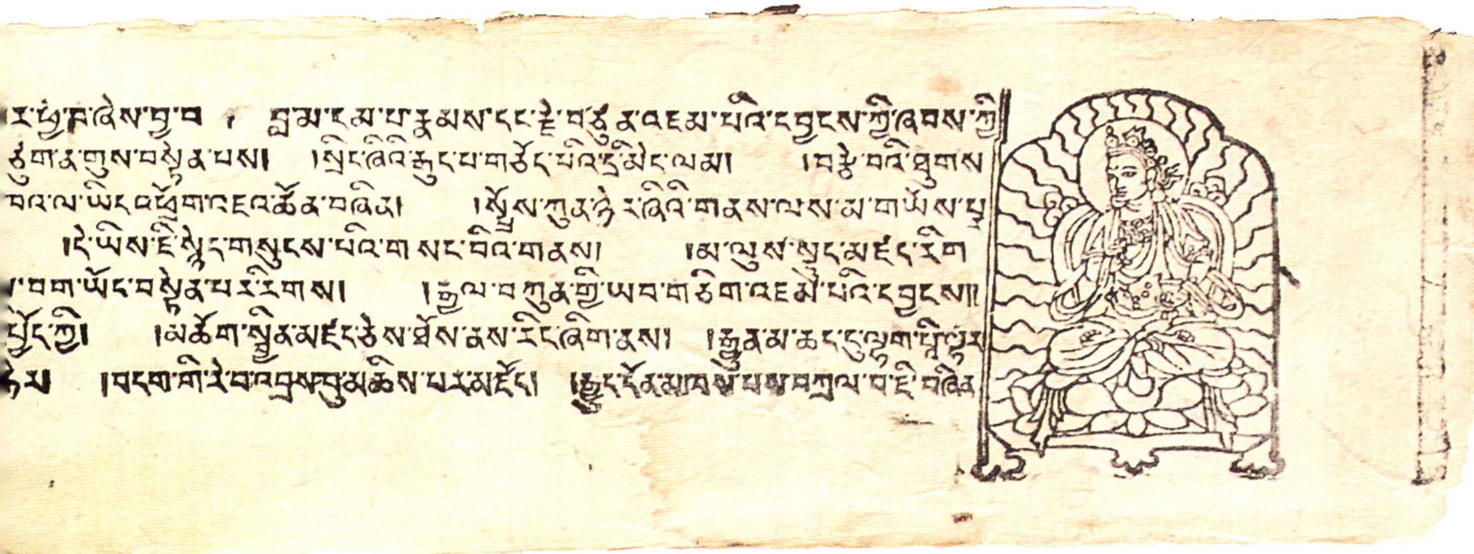

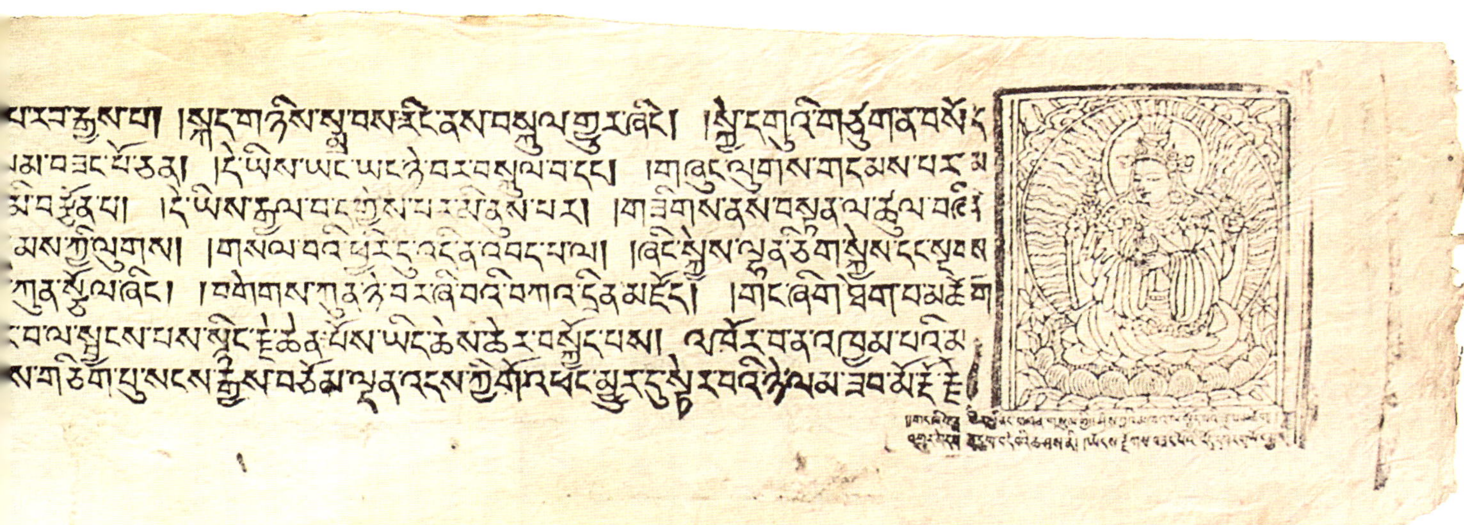

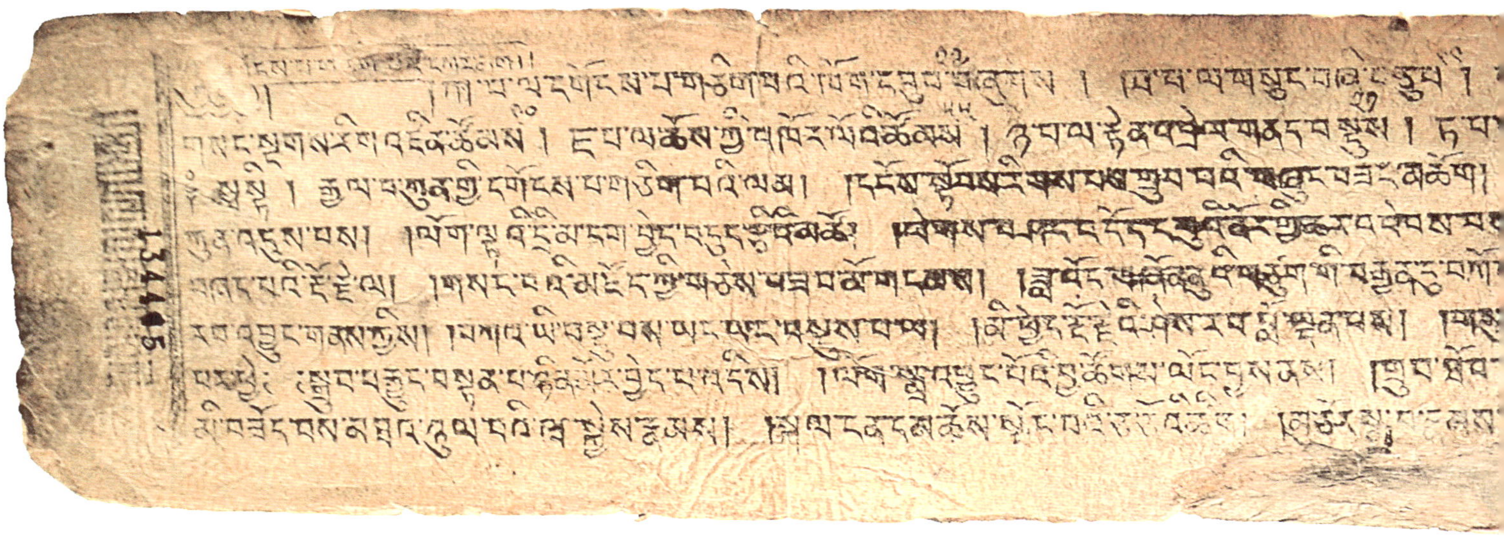

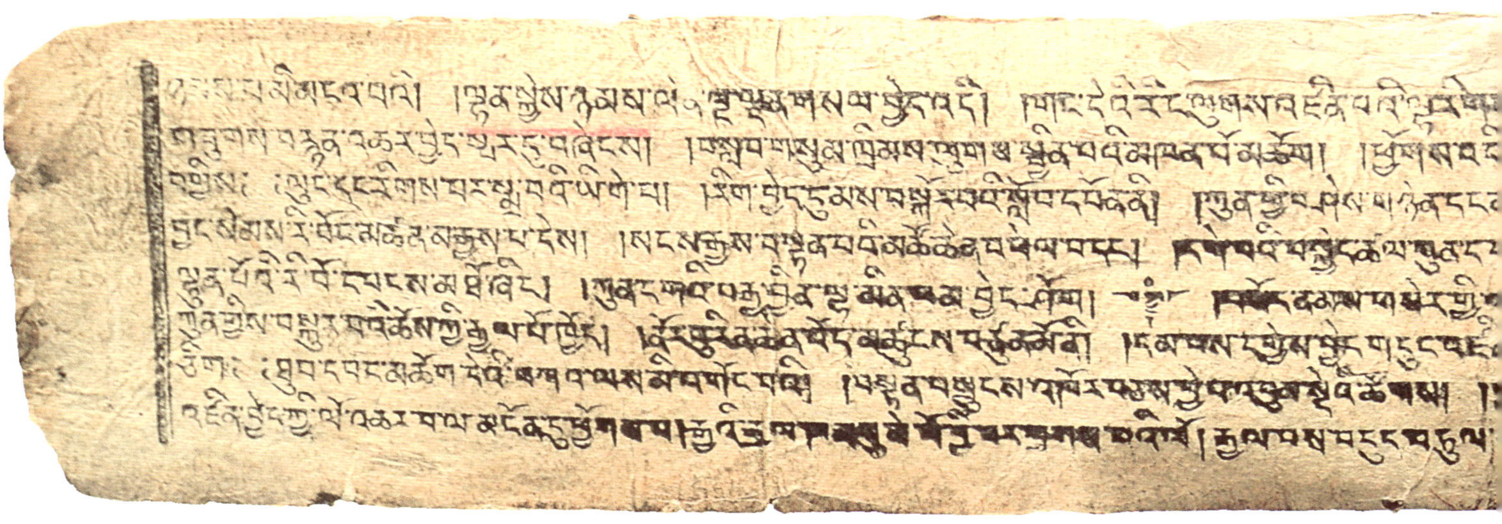

11116 覺巴・仁欽白文集目録 覺巴・仁欽白撰 明刻本

梵夾裝。匡高 6 釐米，廣 43 釐米。每葉八行。西藏圖書館藏。

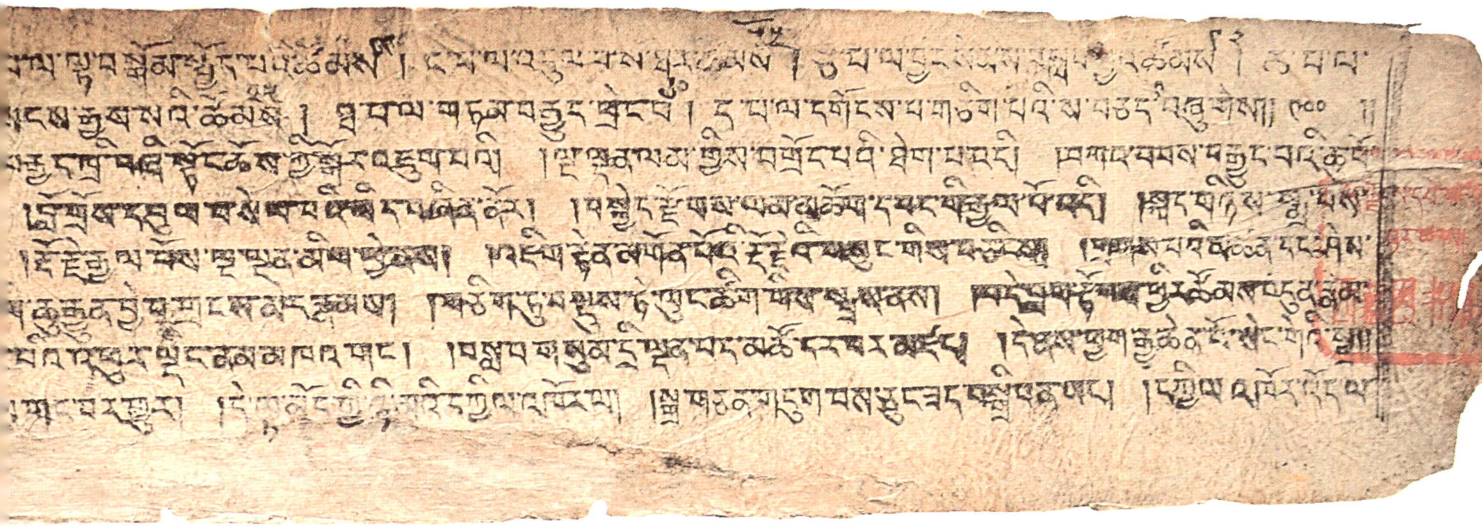

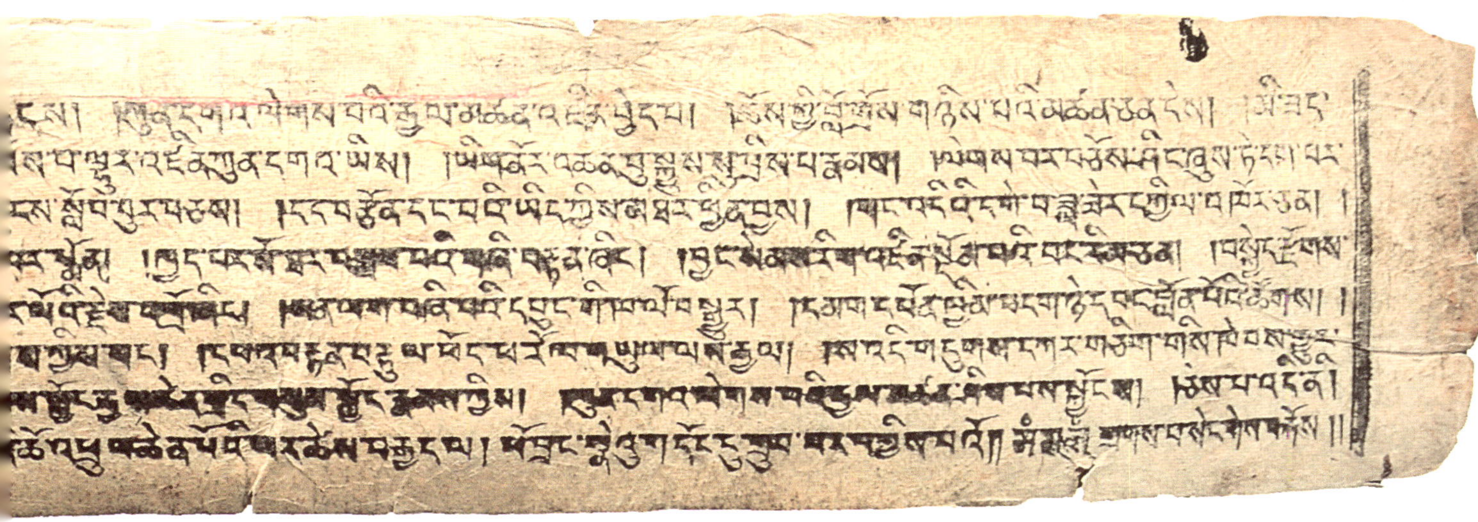

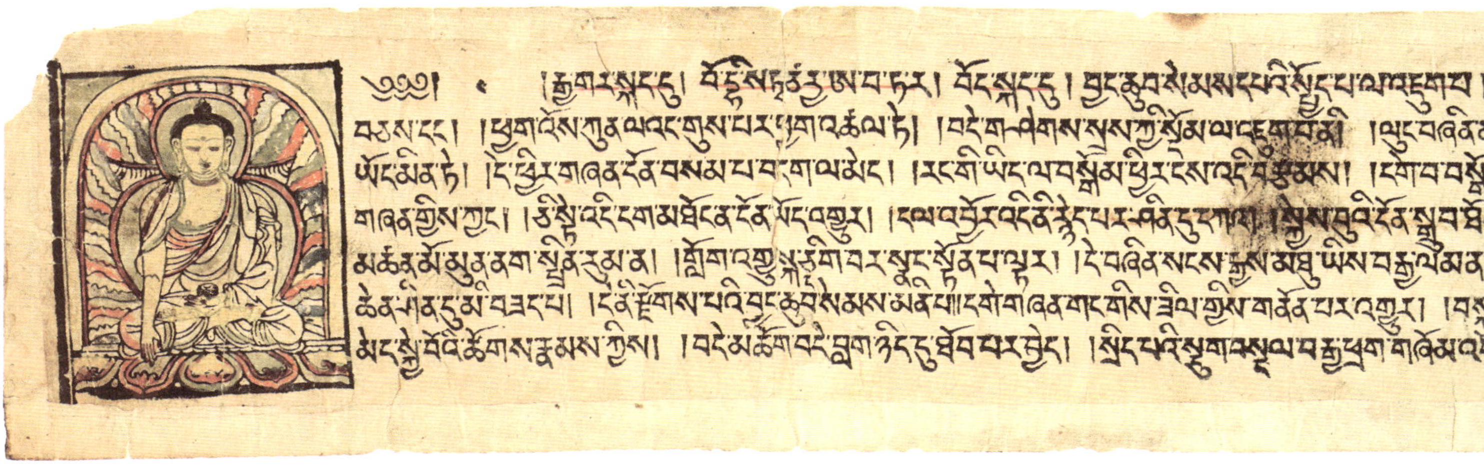

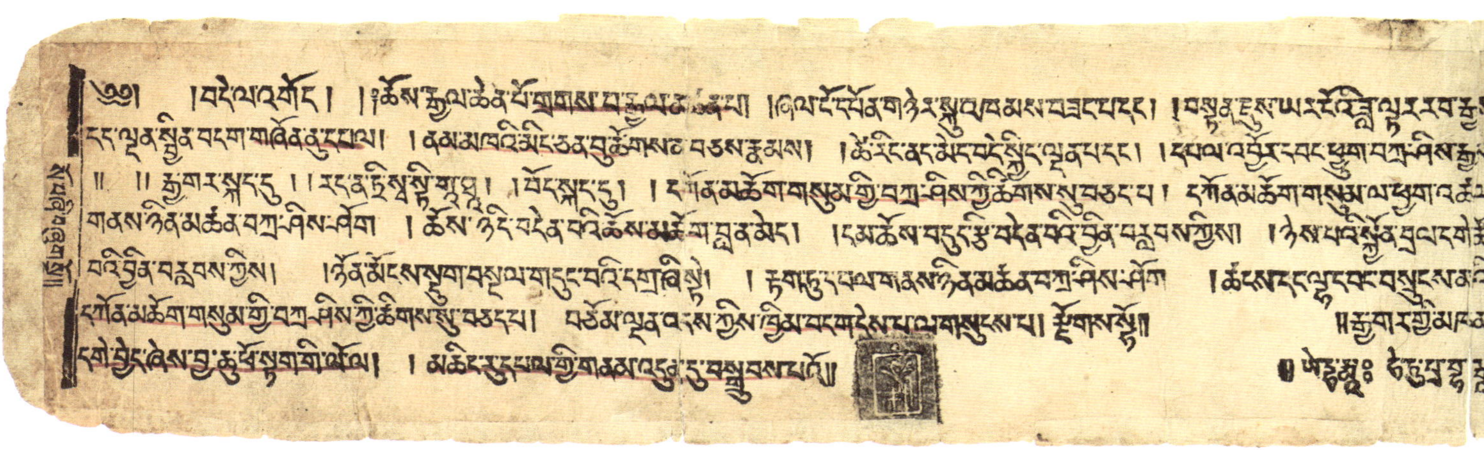

11117 入菩薩行論 賢狄瓦 · 洛智堅贊撰 明刻本

梵夾裝。匡高 7 釐米，廣 62.5 釐米。每葉七行。拉薩市百慈藏文古籍研究室藏。

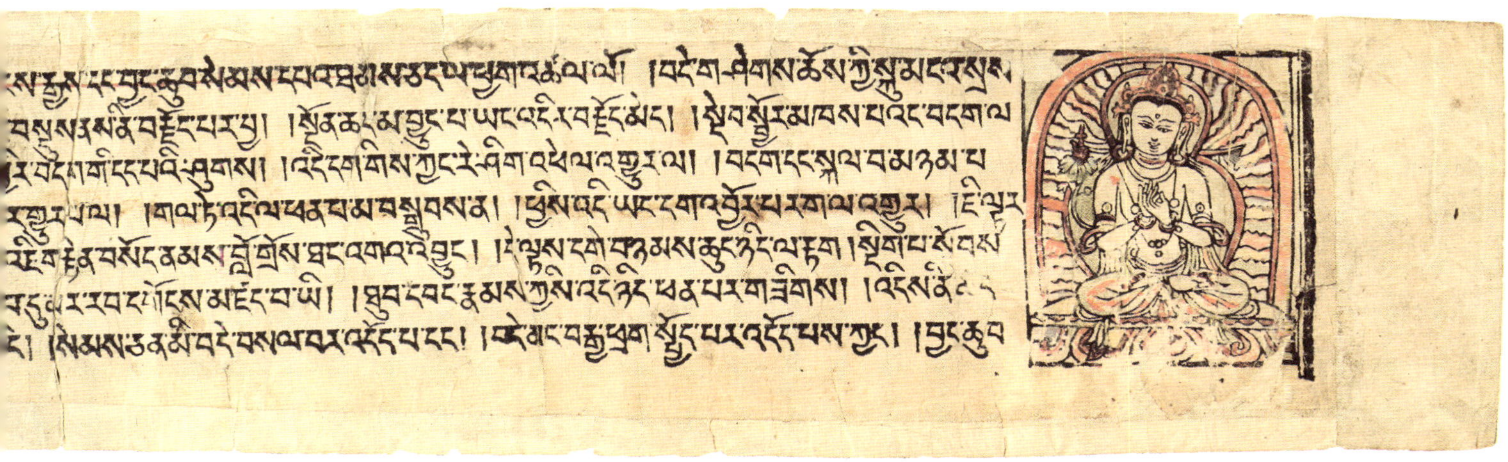

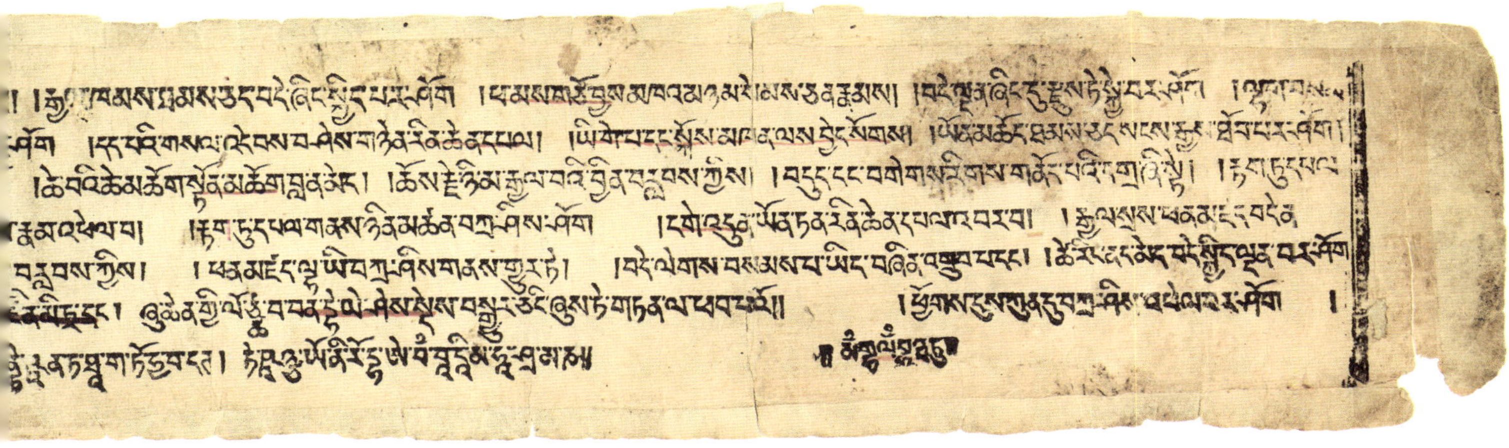

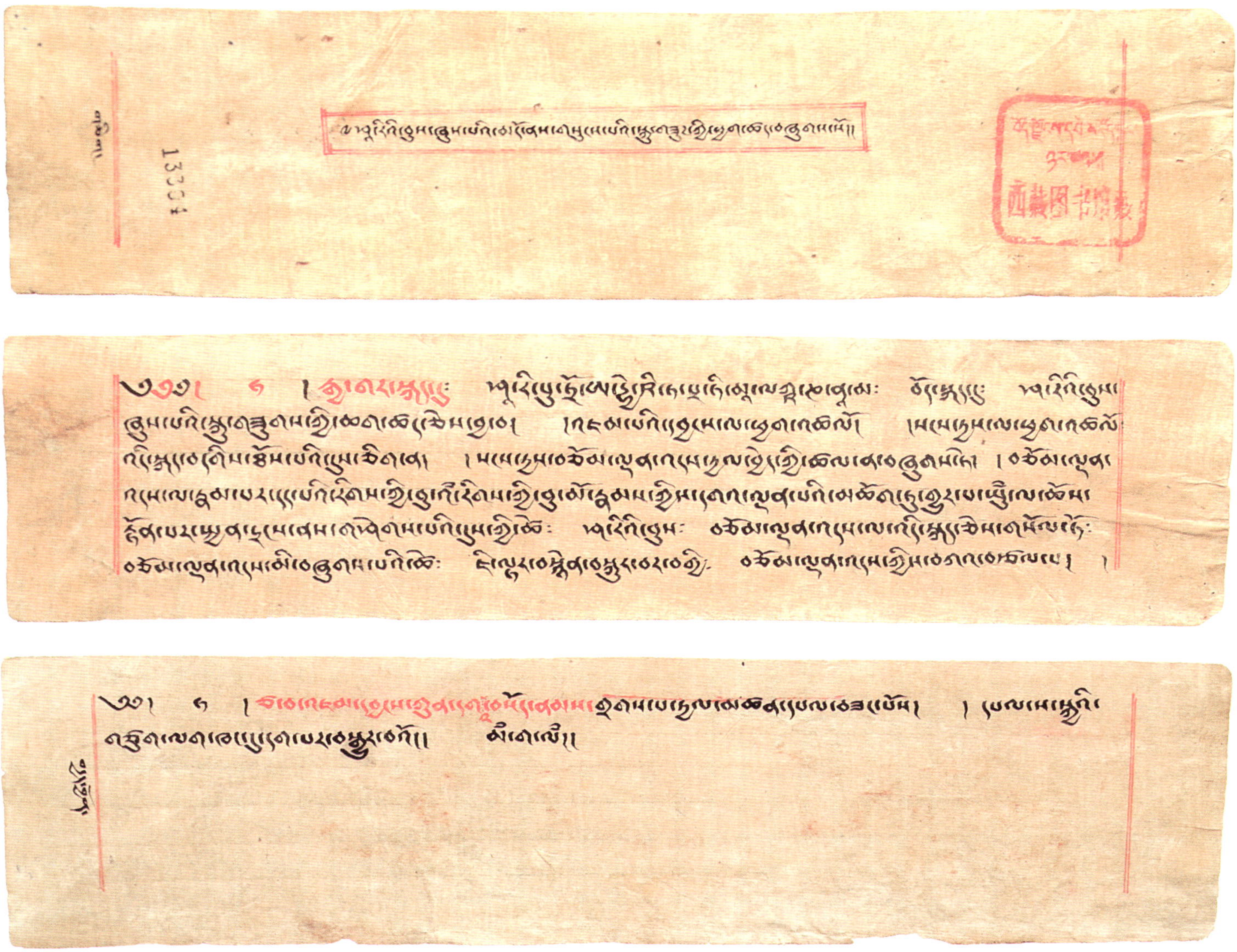

11118 解答舍利佛造像量度經 （明）薩迦·扎巴堅贊譯 明抄本

梵夾裝。匡高 5 釐米，廣 23 釐米。西藏圖書館藏。

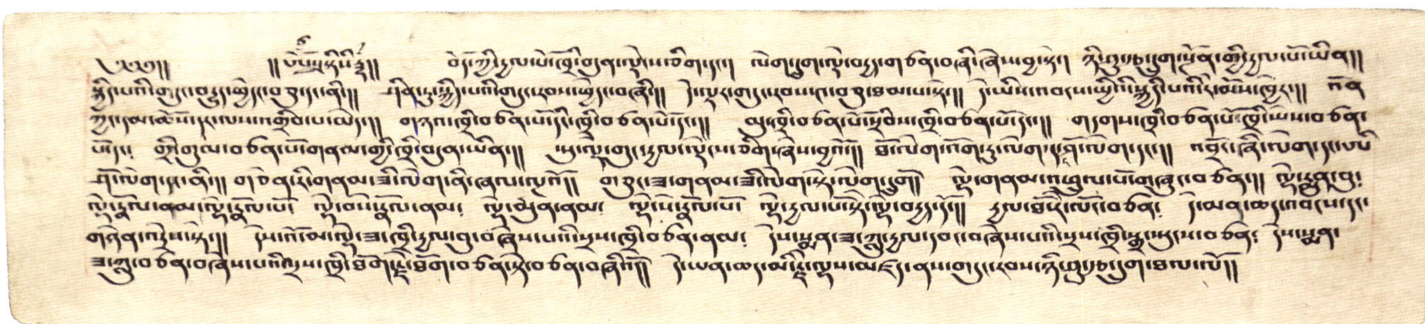

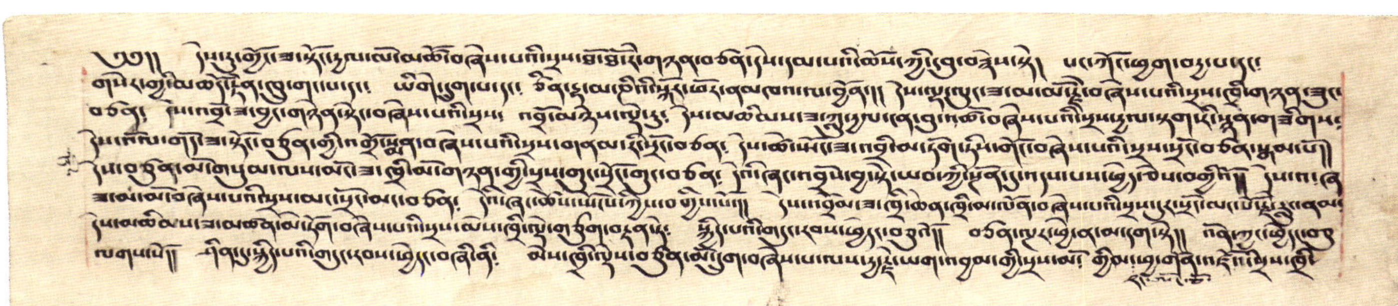

11119 吐蕃歷代贊普 （明）薩迦 · 扎巴堅贊撰 明抄本

梵夾裝。開本高 7 釐米，廣 35 釐米。拉薩市政協文史民宗法制委員會藏。

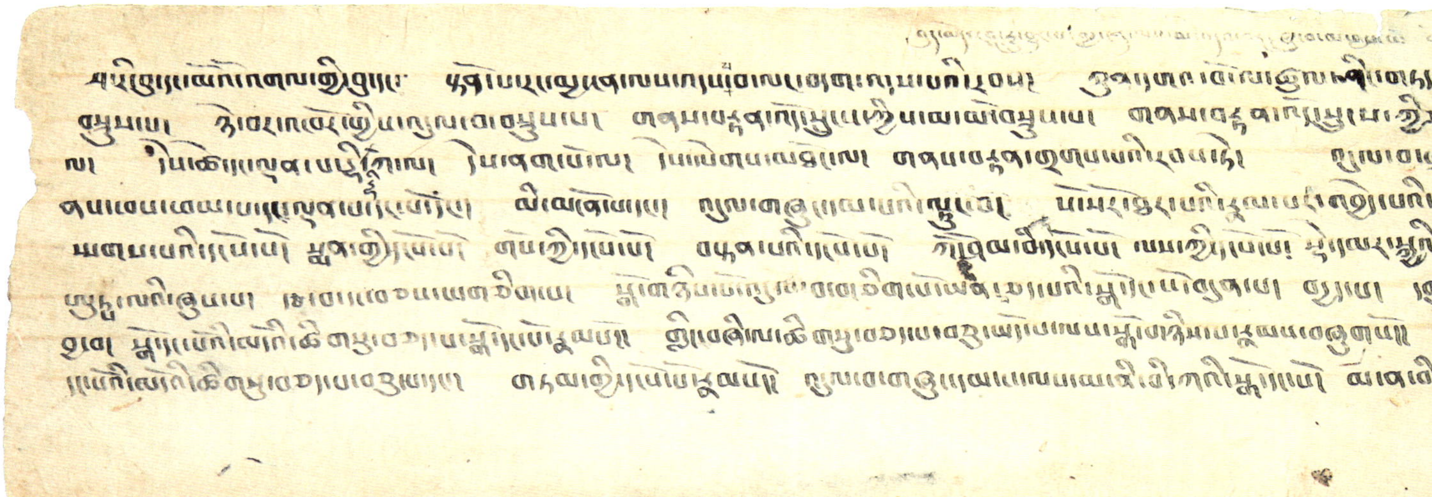

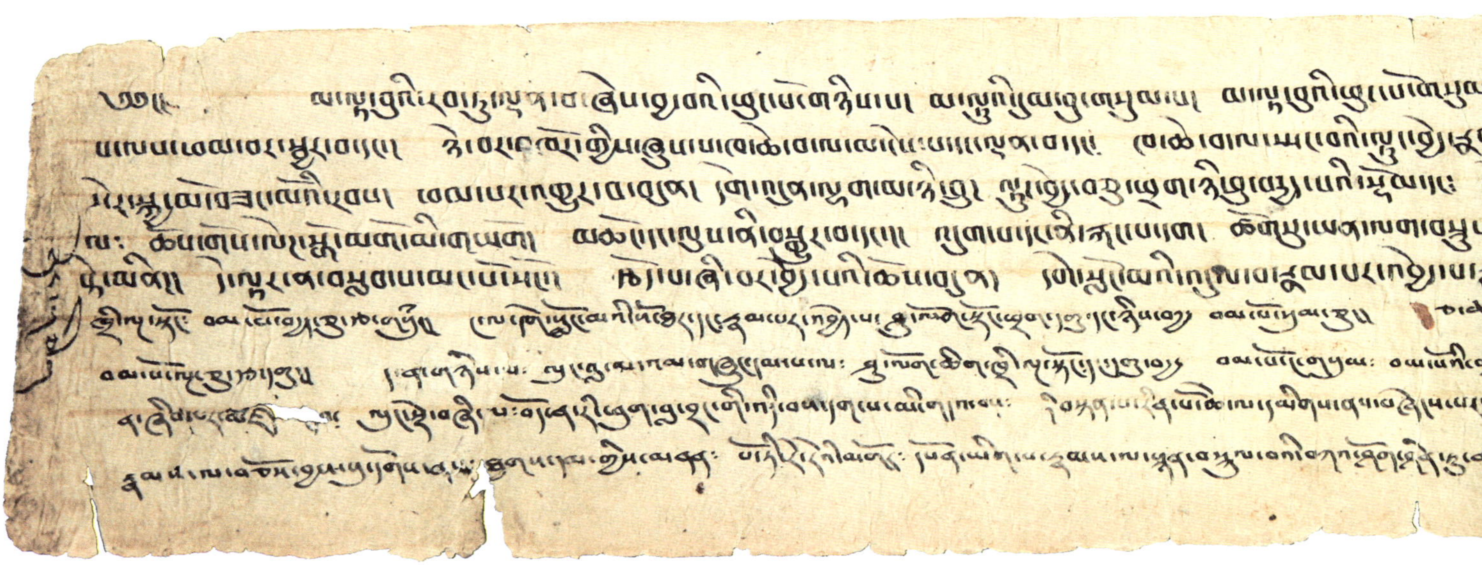

11120 布頓甘珠爾目録 （元）布頓 · 仁欽珠撰 明抄本

梵夾裝。開本高 8 釐米，廣 44 釐米。西藏博物館藏。

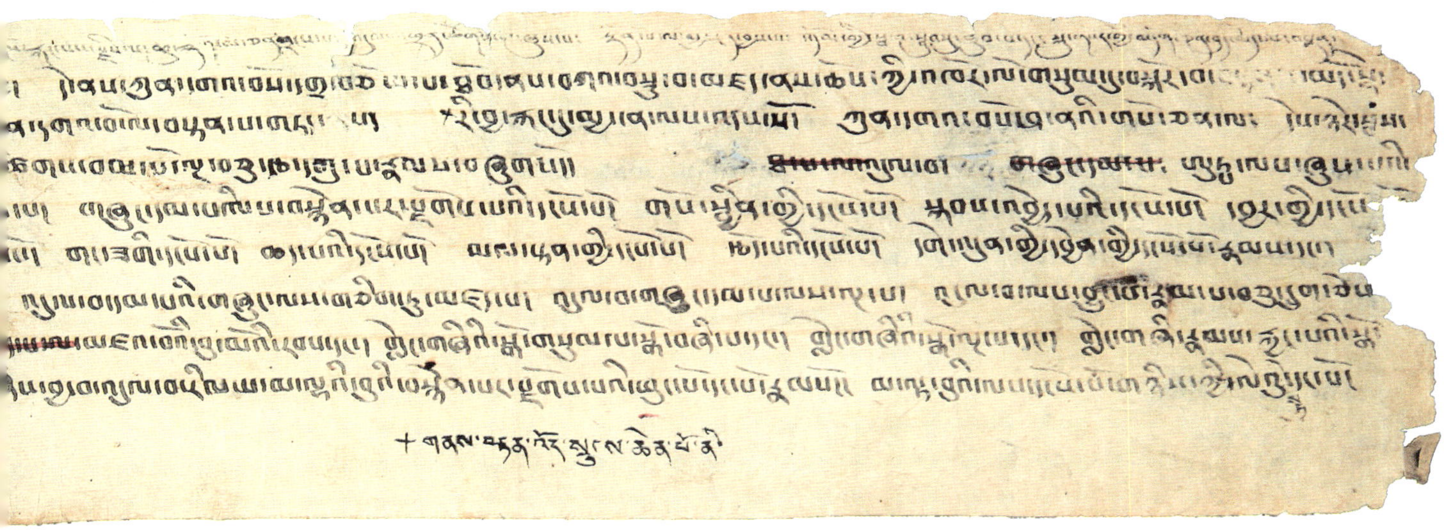

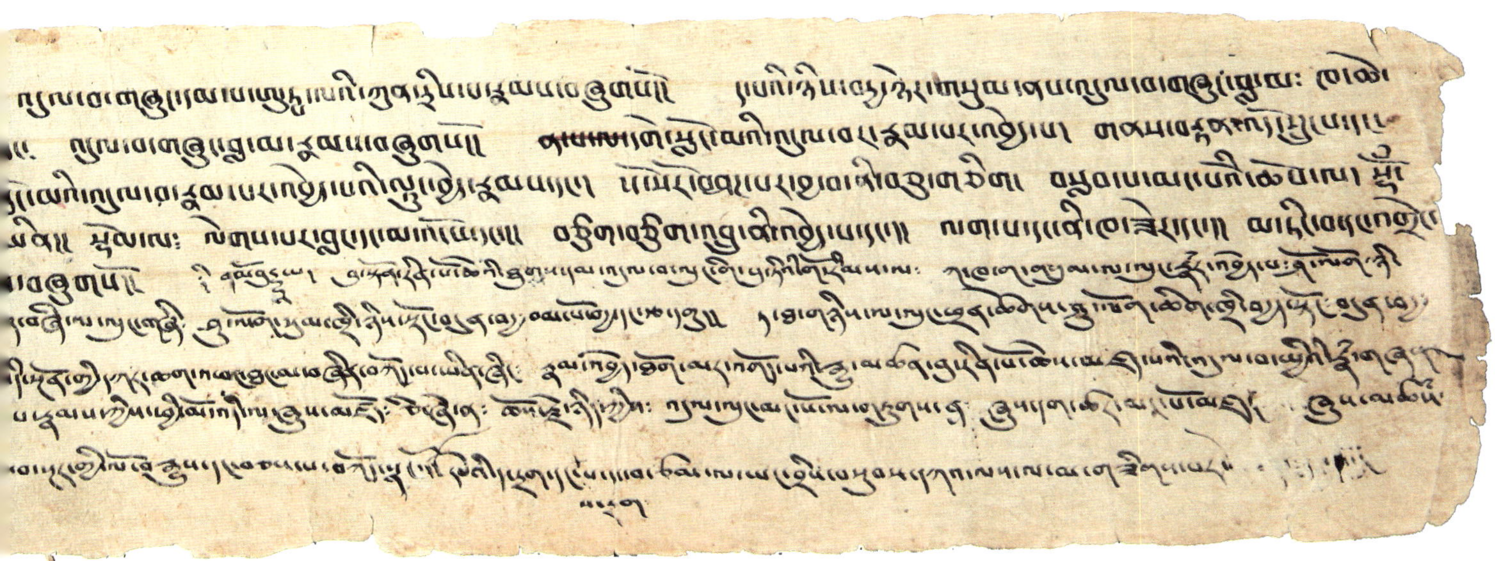

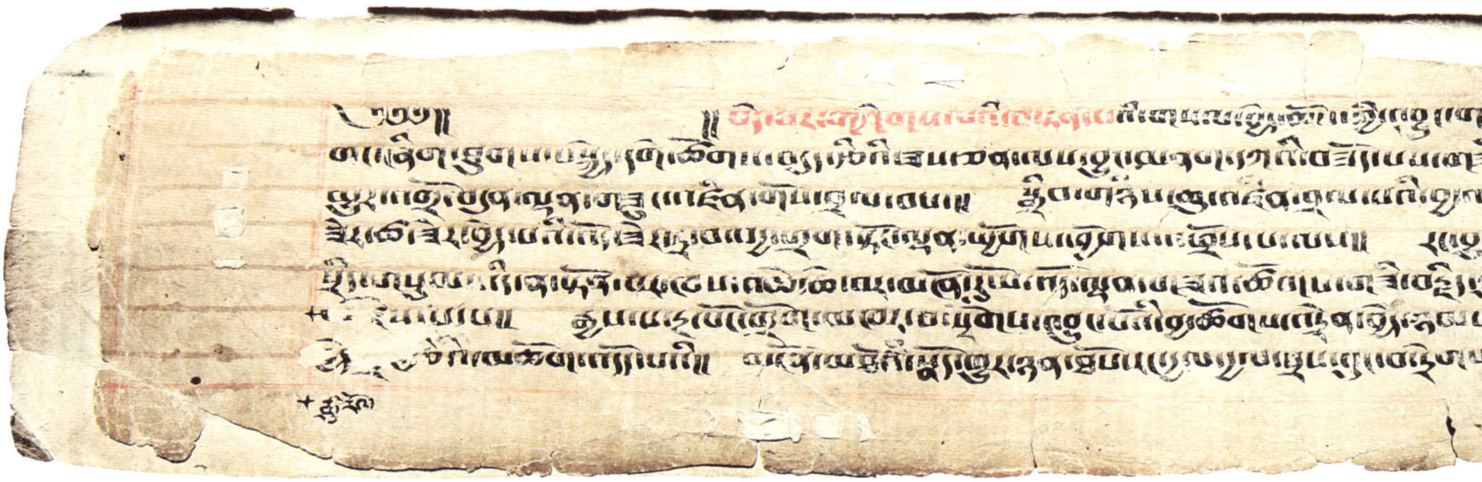

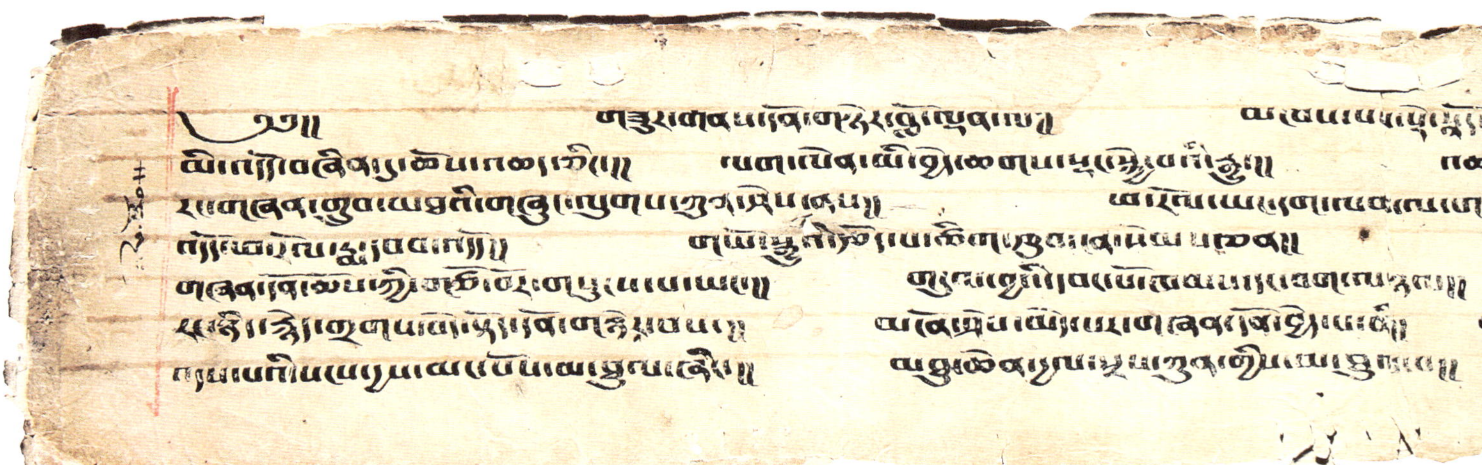

11121 教法源流史 （元）布頓·仁欽珠撰 明抄本

梵夾裝。開本高 8 釐米，廣 50 釐米。西藏博物館藏。

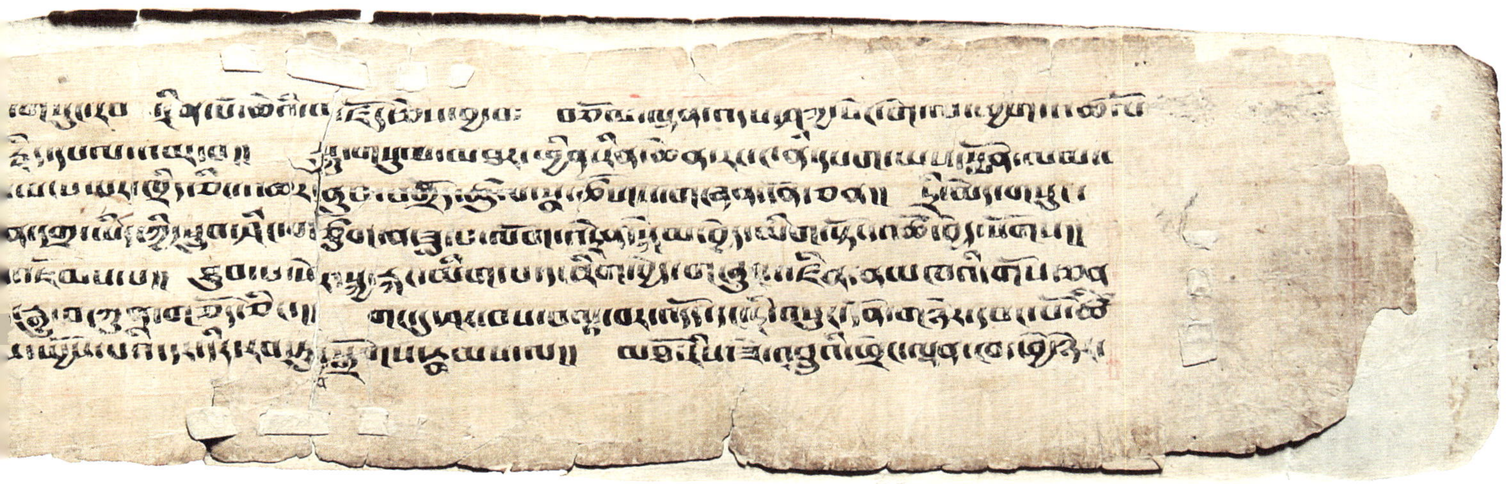

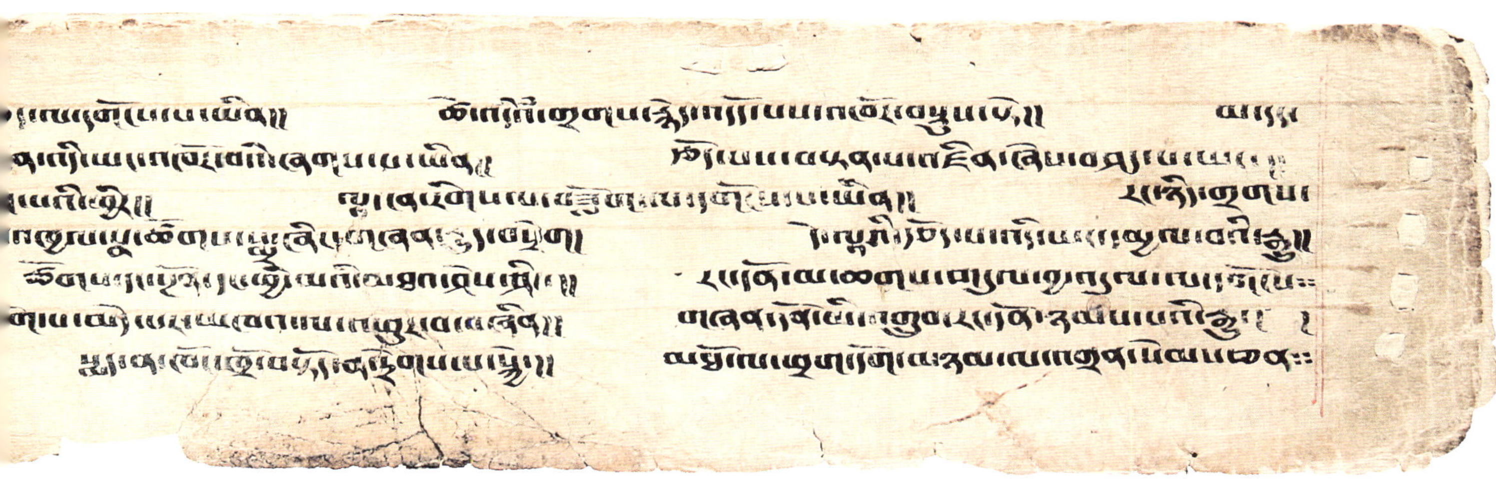

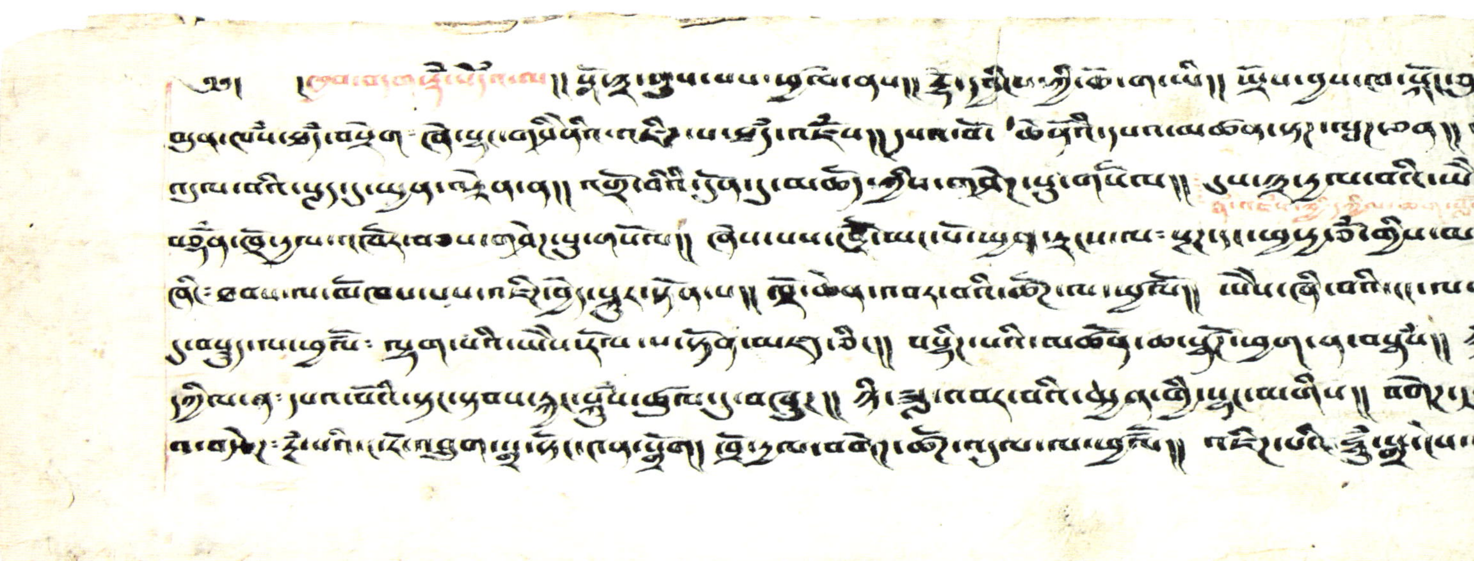

11122 金剛界曼陀羅儀軌　（元）布頓·仁欽珠撰 明抄本

梵夾裝。開本高 8.5 釐米，廣 40 釐米。西藏博物館藏。

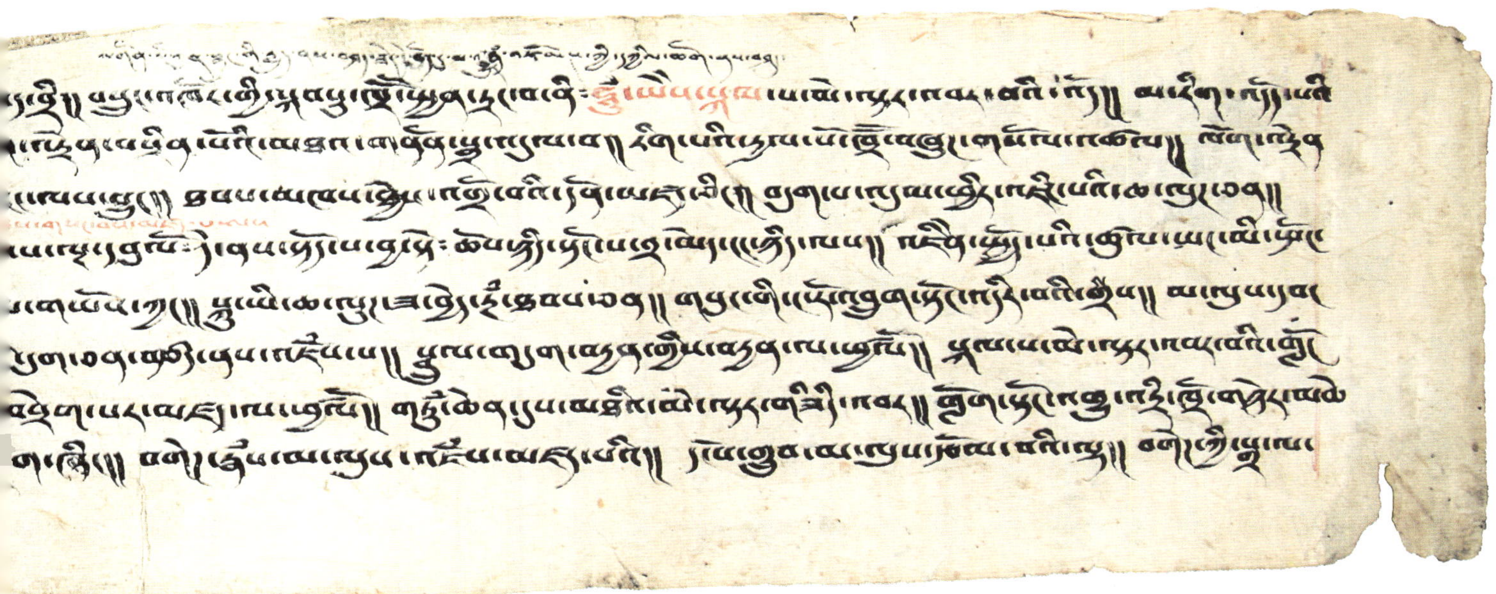

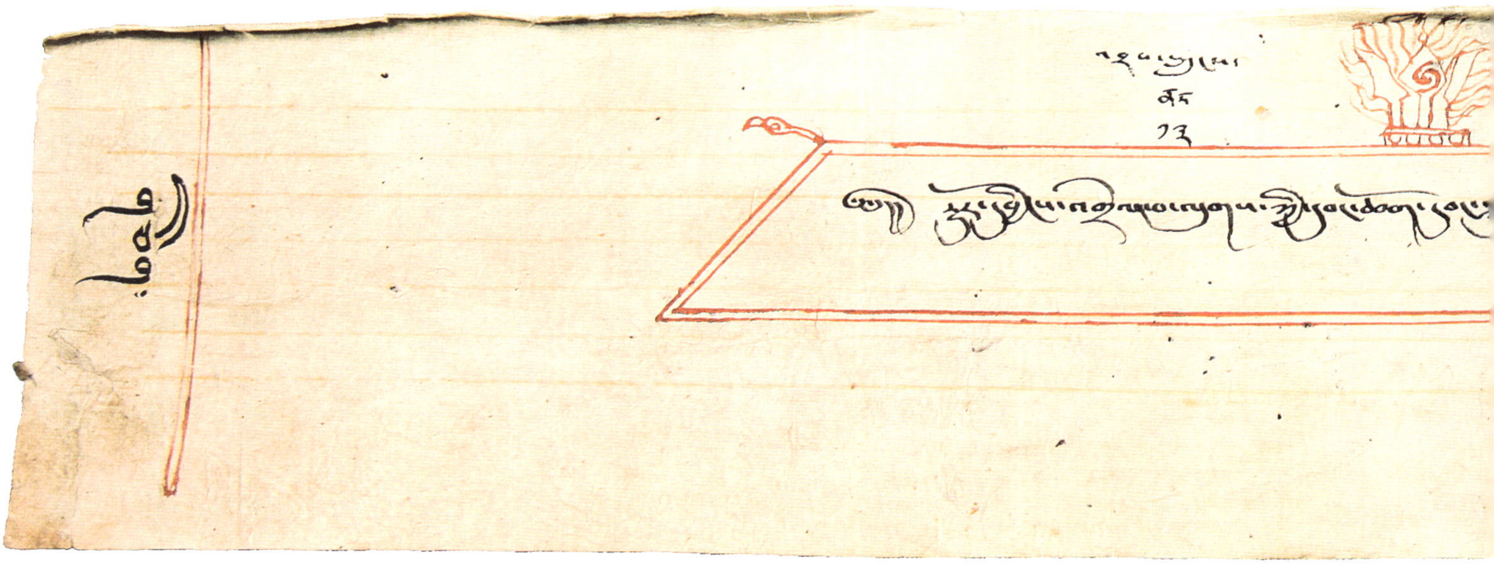

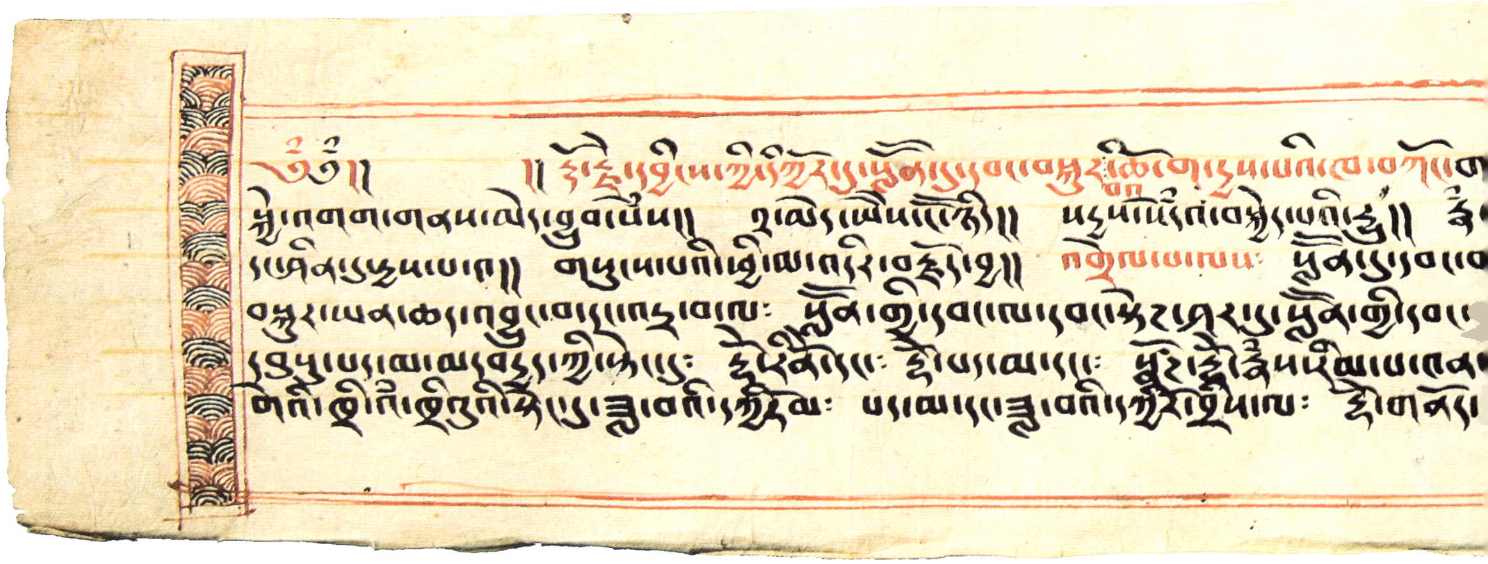

11123 金剛界曼陀羅儀軌灌頂明解 （元）布頓·仁欽珠撰 明抄本

梵夾裝。開本高 8.5 釐米，廣 40 釐米。西藏博物館藏。

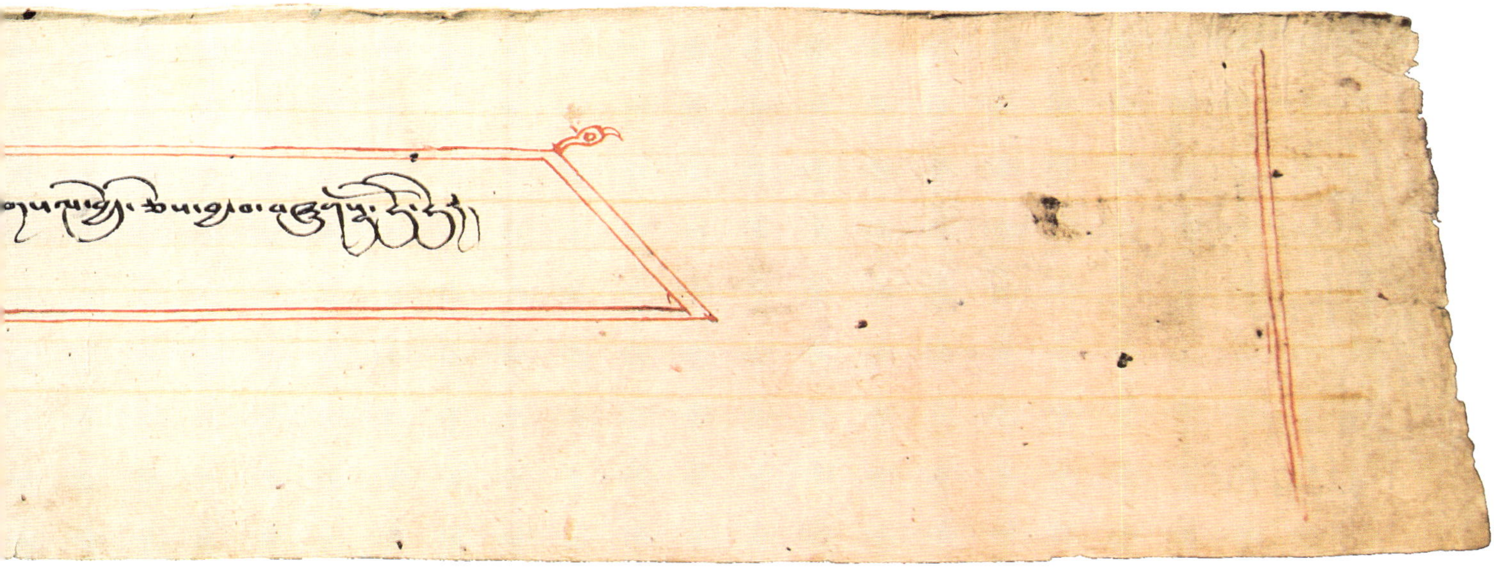

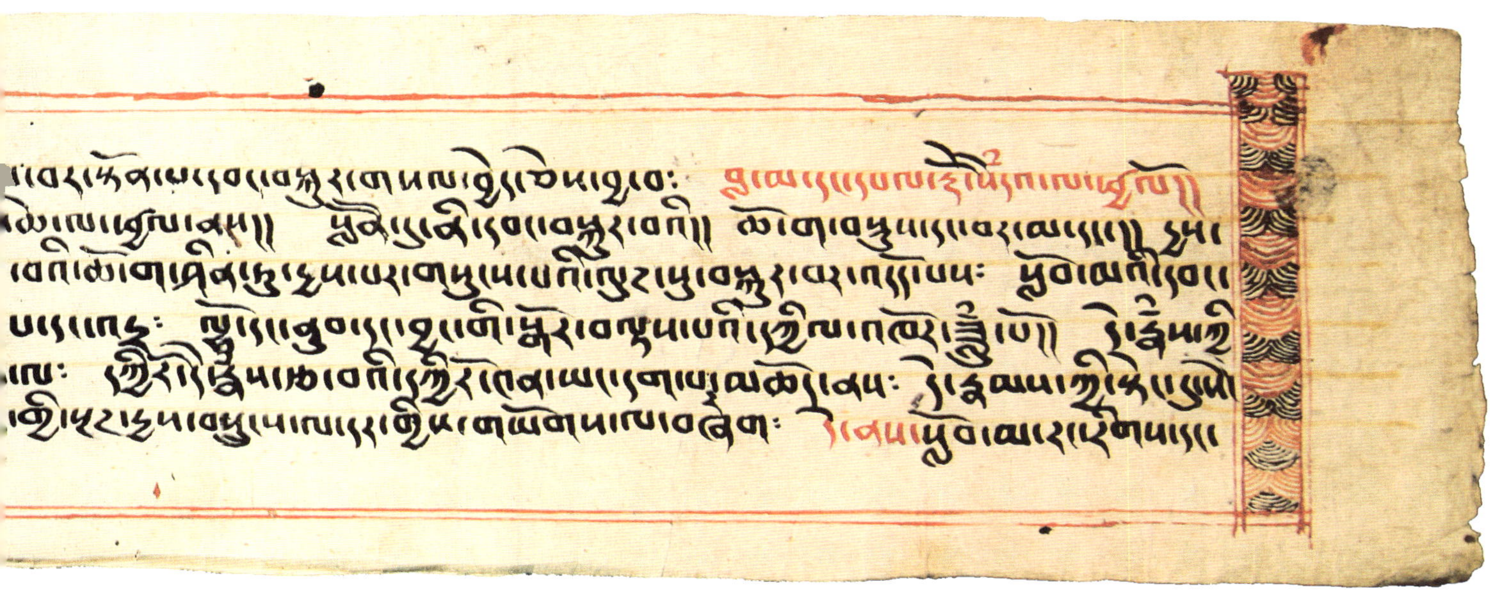

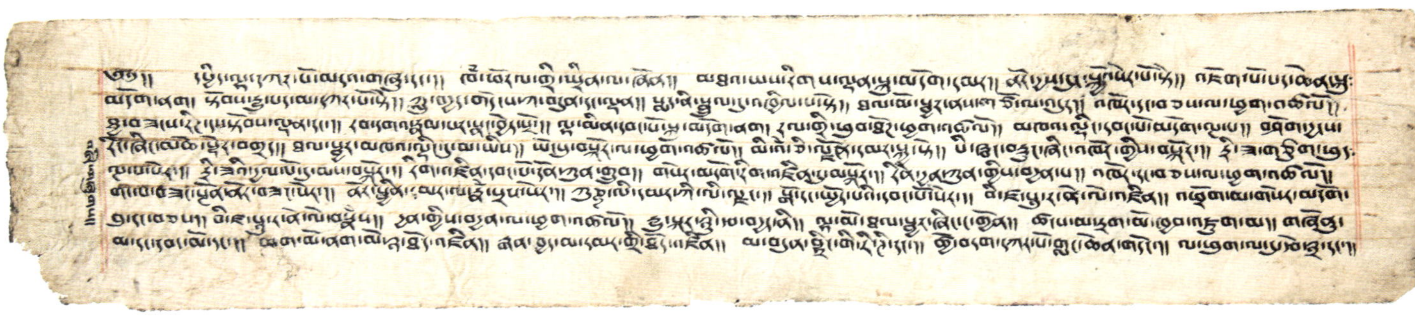

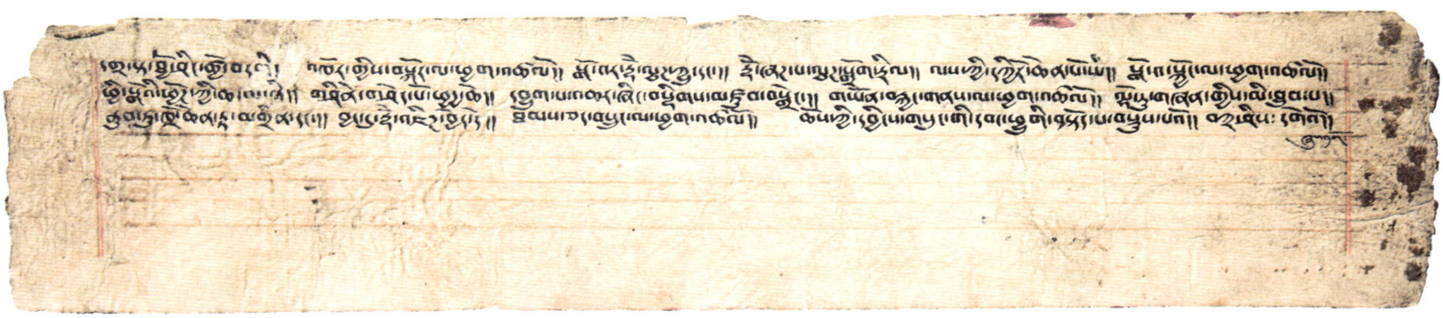

11124 金剛界語自在曼陀羅贊 （元）布頓 · 仁欽珠撰 明抄本

梵夾裝。開本高 8.5 釐米，廣 40 釐米。西藏博物館藏。

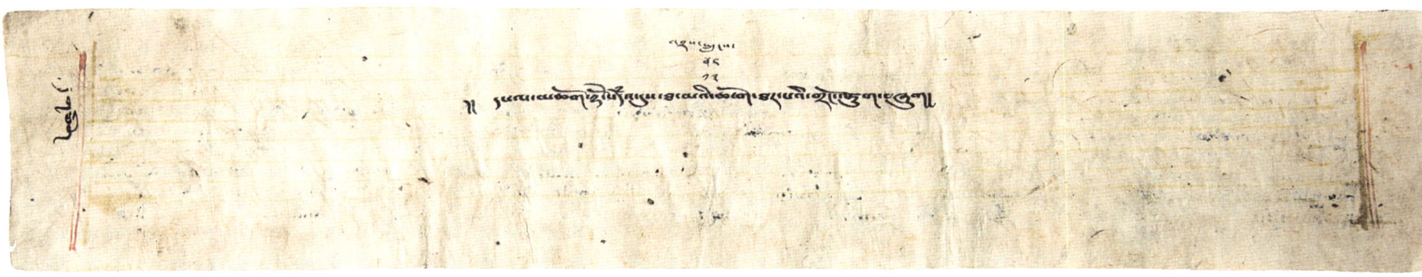

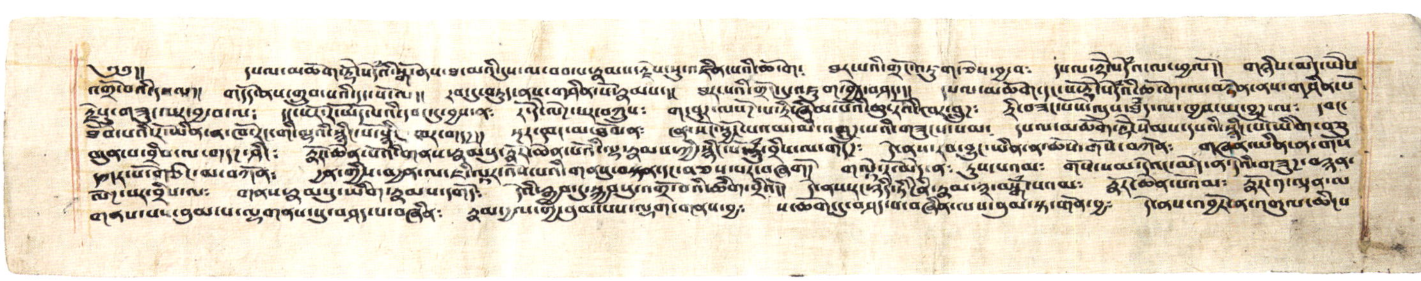

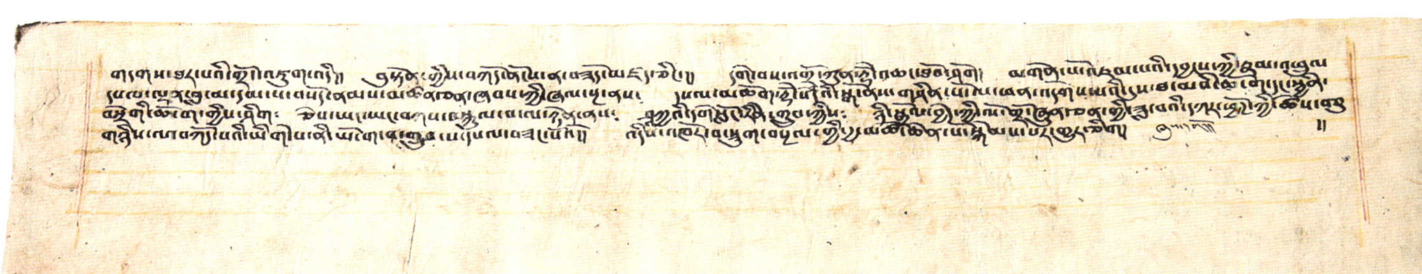

11125 金剛薩埵末日儀軌入解脱城 （元）布頓·仁欽珠撰 明抄本

梵夾裝。開本高 8.5 釐米，廣 40 釐米。西藏博物館藏。

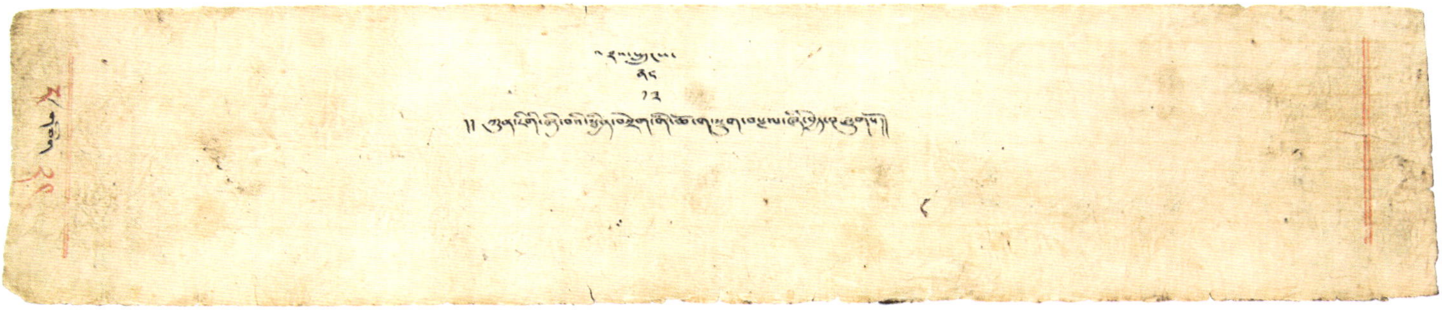

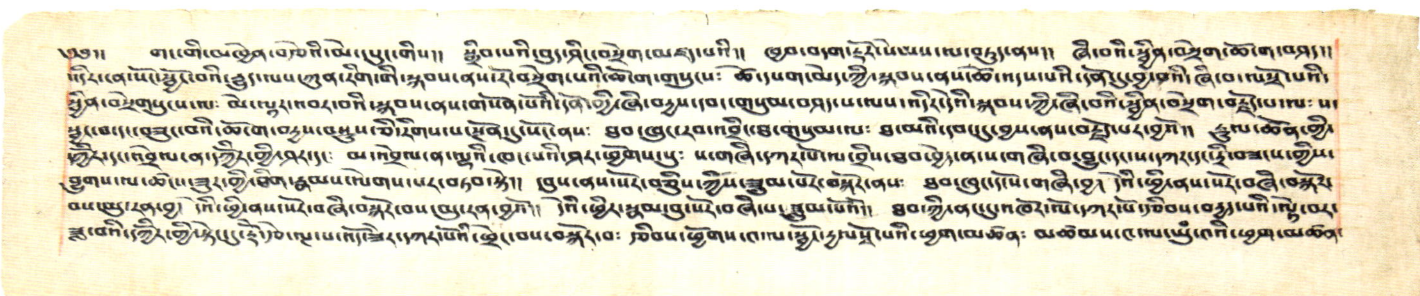

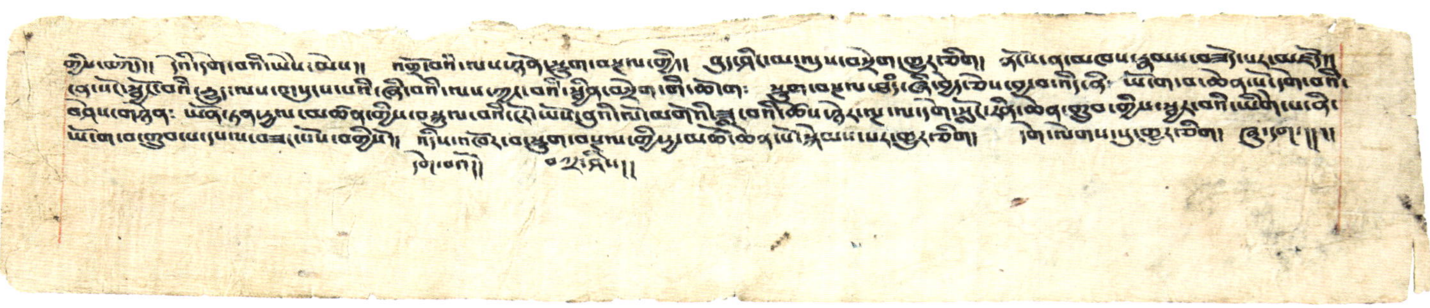

11126 毗盧遮那息災護摩儀軌能息苦厄 （元）布頓·仁欽珠撰 明抄本 梵夾裝。開本高 8.5 釐米，廣 40 釐米。西藏博物館藏。

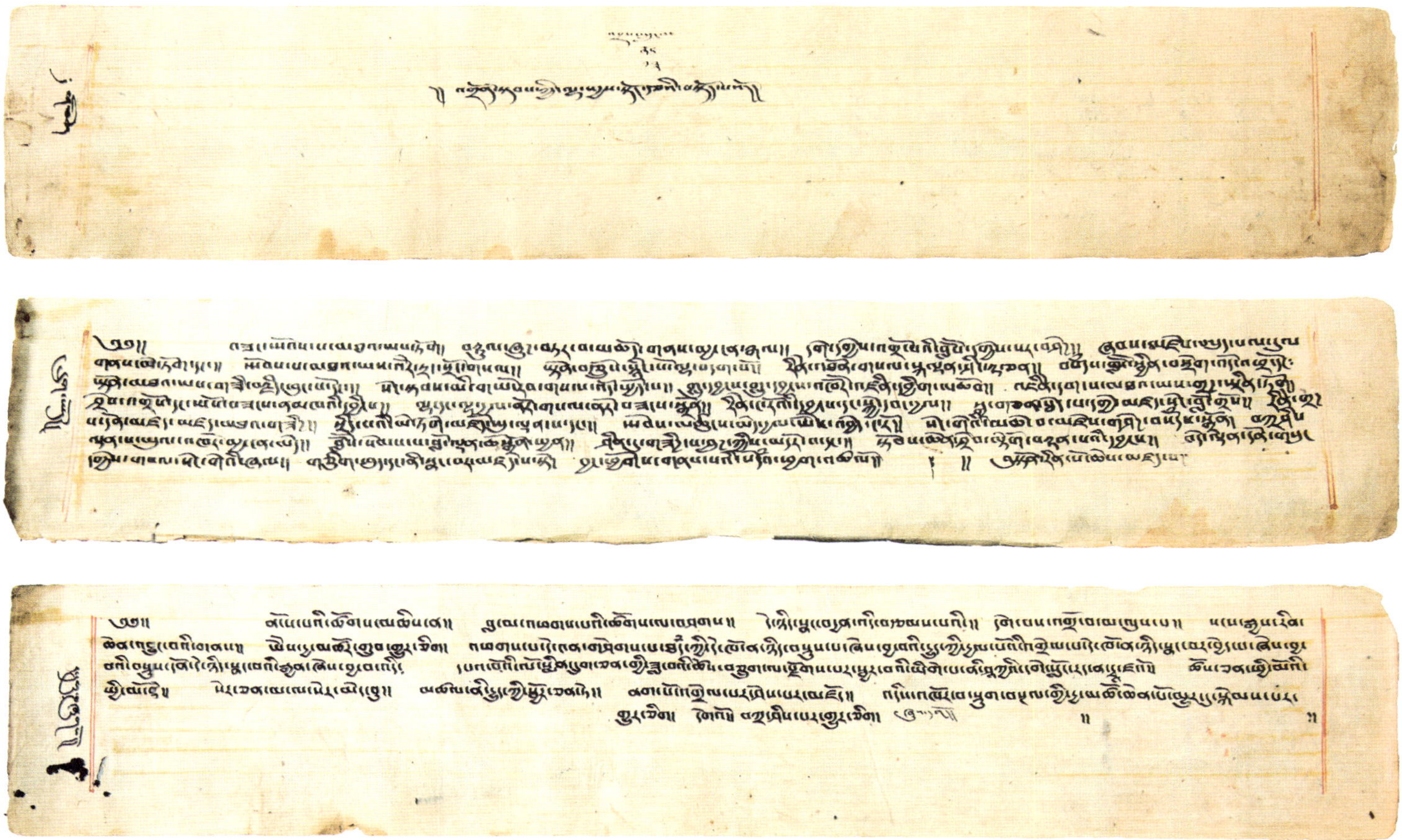

11127 千尊眷侍佛贊 （元）布頓·仁欽珠撰 明抄本

梵夾裝。開本高 8.5 釐米，廣 40 釐米。西藏博物館藏。

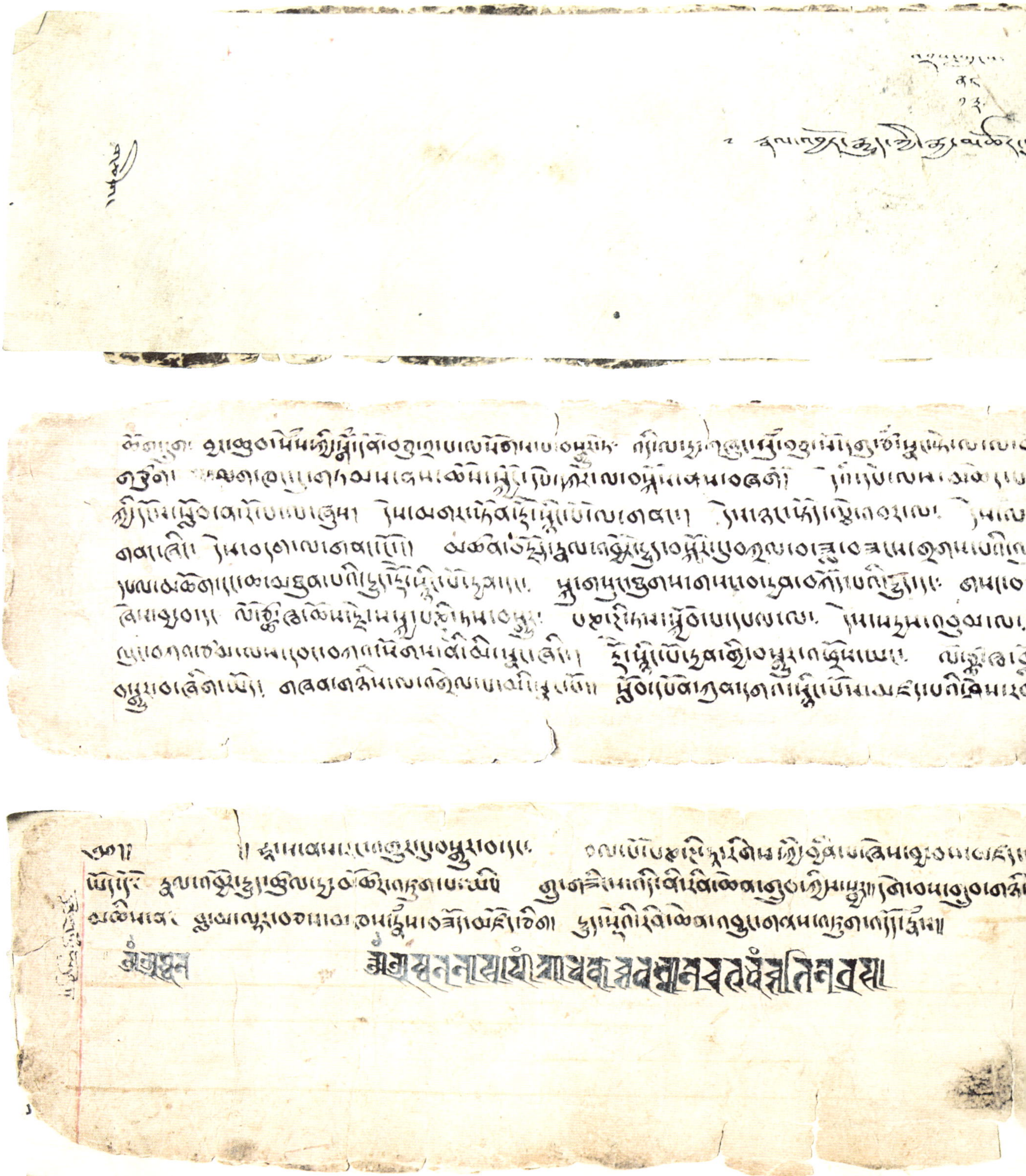

11128 入瑜伽續航海之舟 （元）布頓·仁欽珠撰 明抄本

梵夾裝。開本高 8.5 釐米，廣 40 釐米。西藏博物館藏。

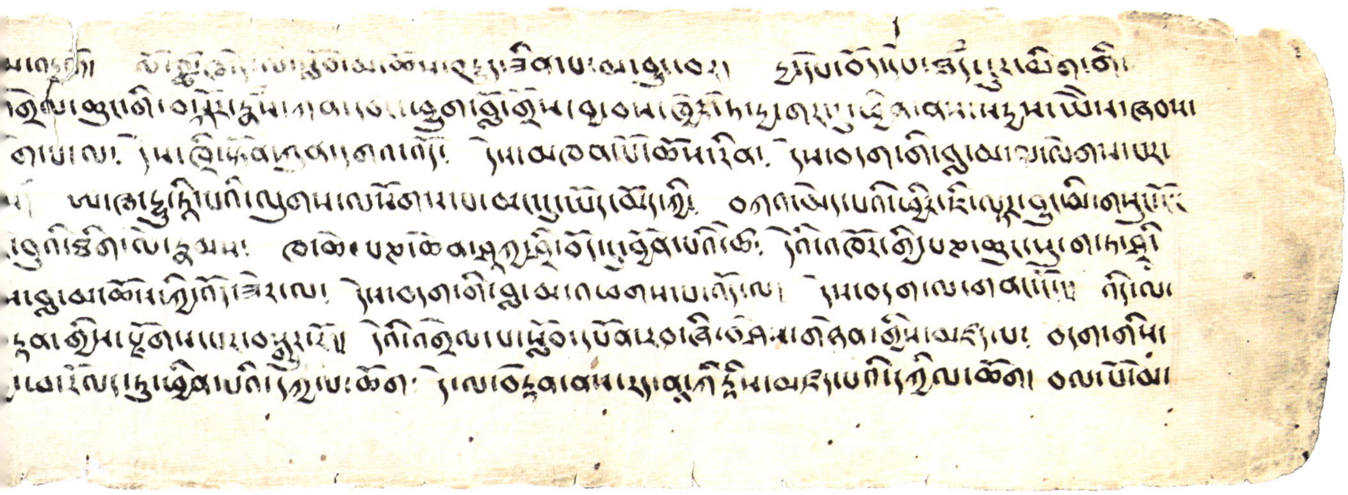

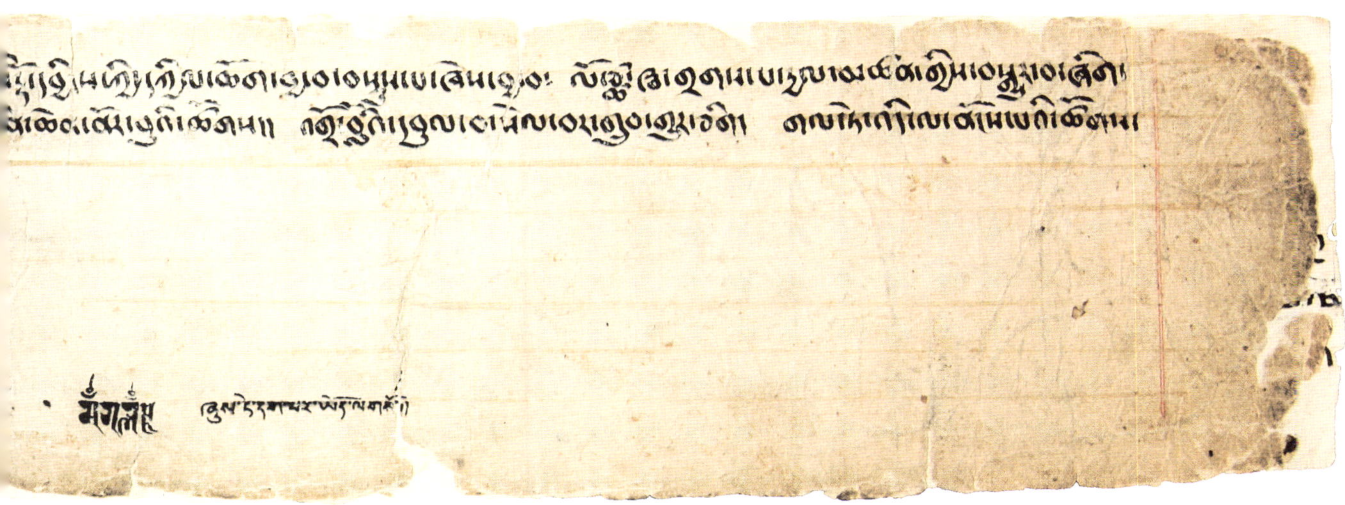

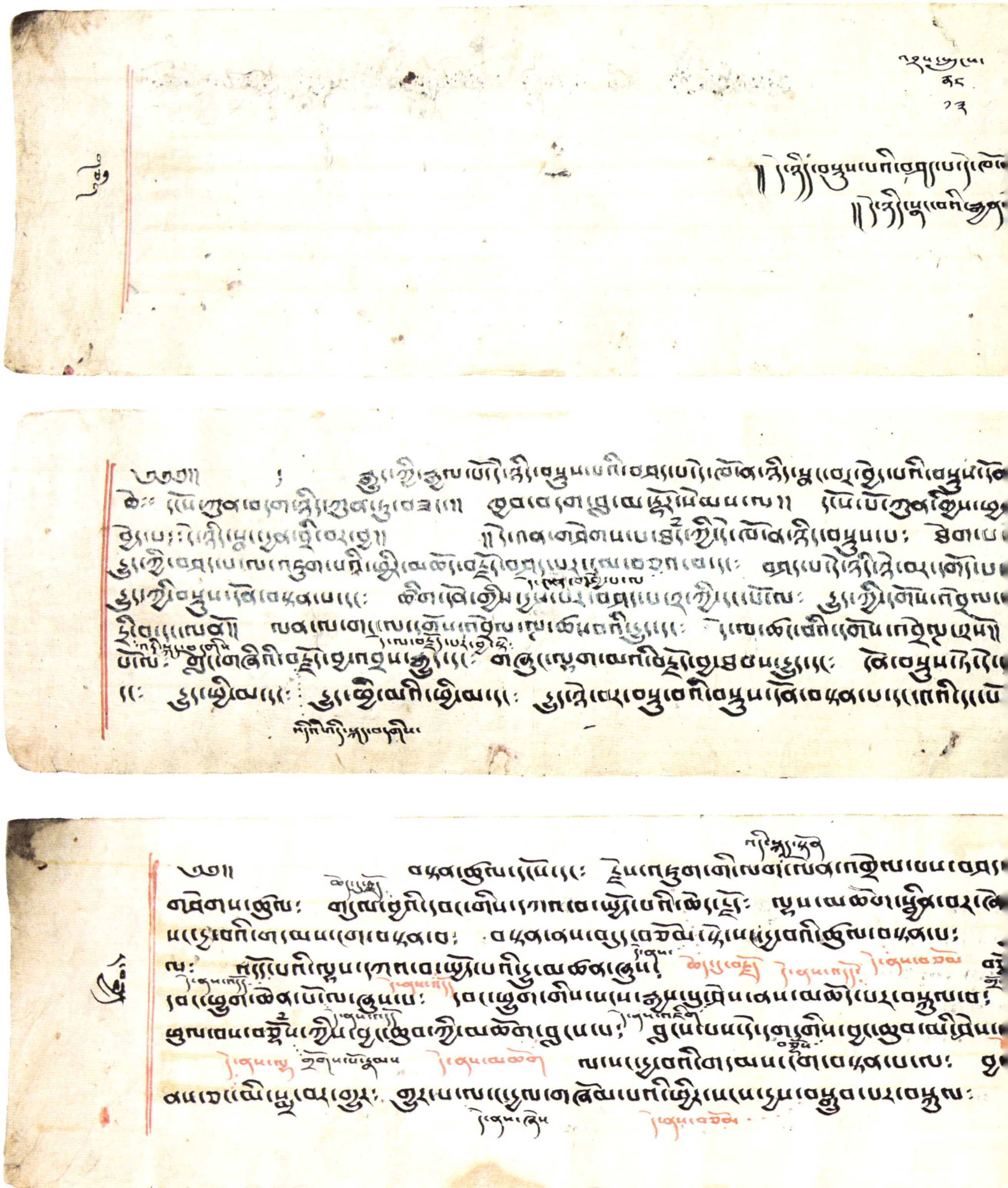

11129 攝真義之釋要布頓仁欽珠 （元）布頓·仁欽珠撰 明抄本

梵夾裝。開本高 8.5 釐米，廣 40 釐米。西藏博物館藏。

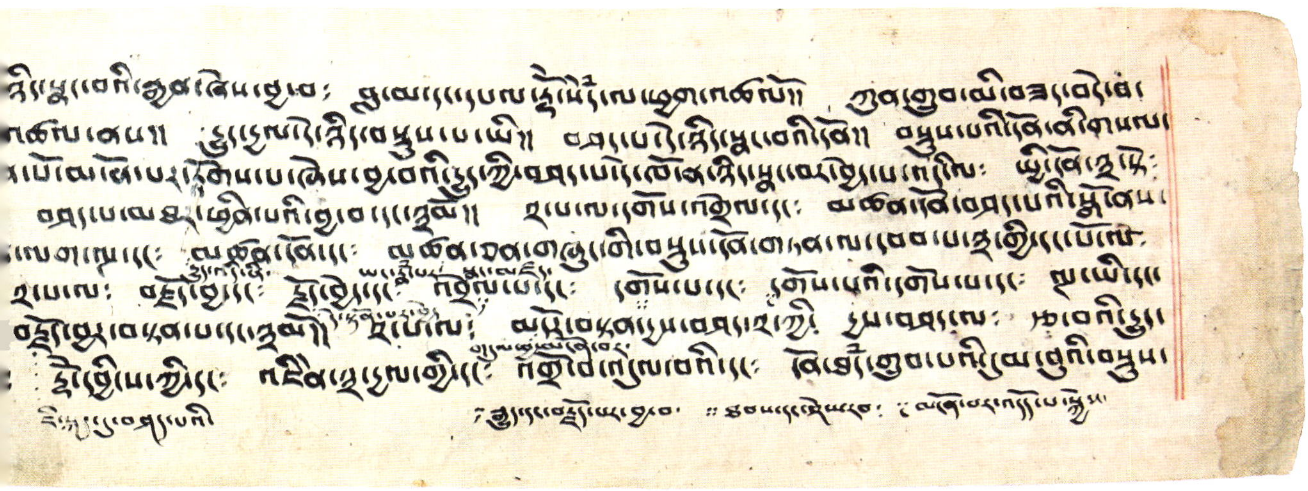

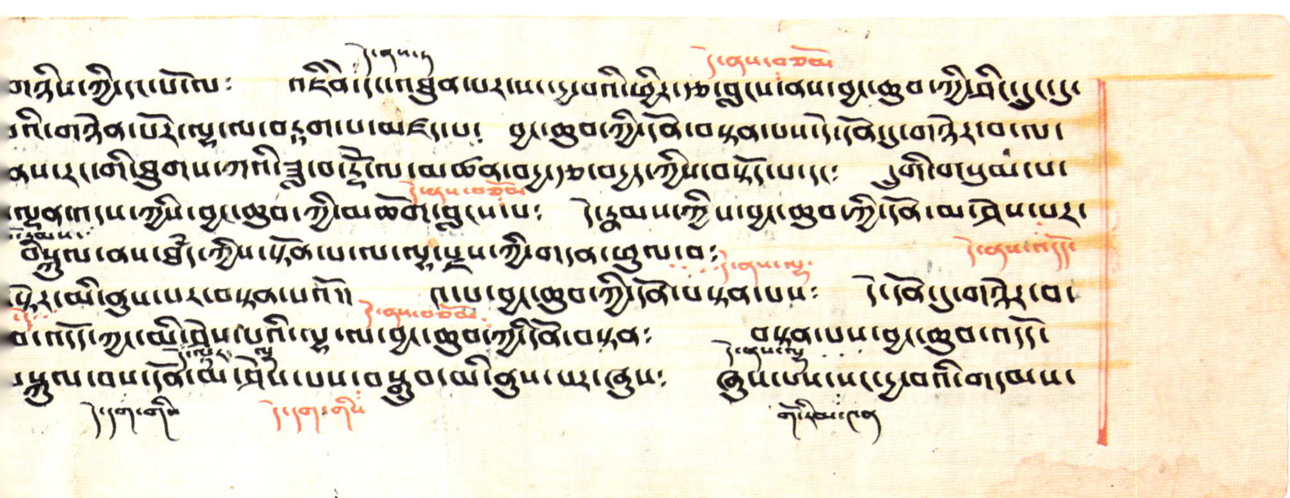

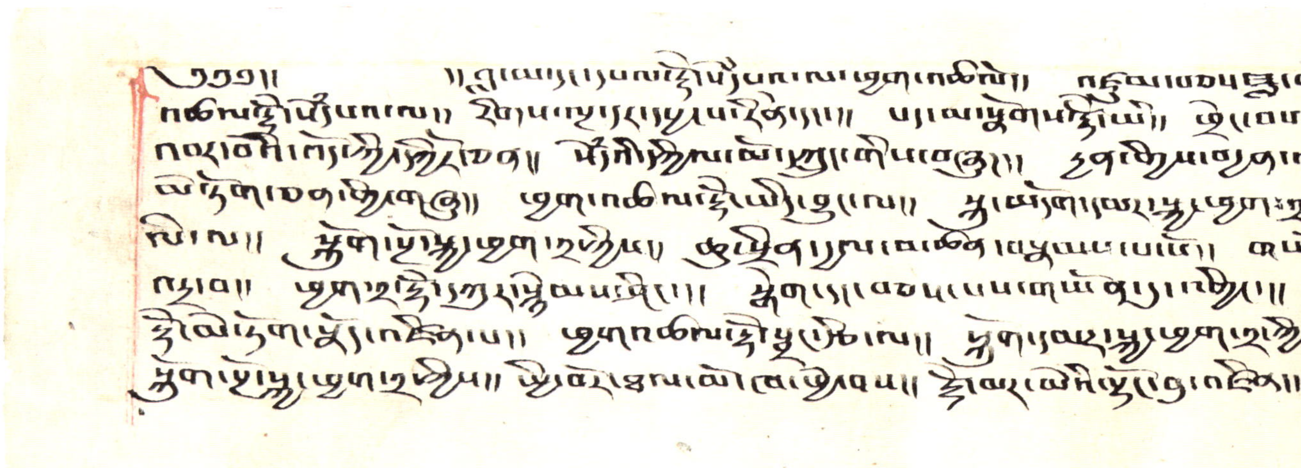

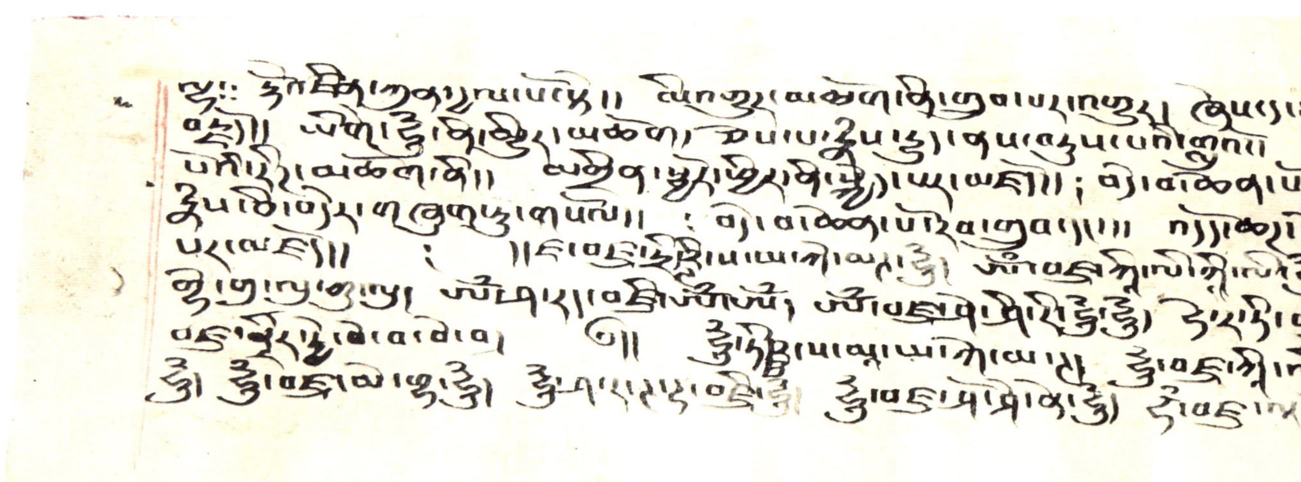

11130 勝吉祥本初續贊 （元）布頓·仁欽珠撰 明抄本

梵夾裝。開本高 8.5 釐米，廣 40 釐米。西藏博物館藏。

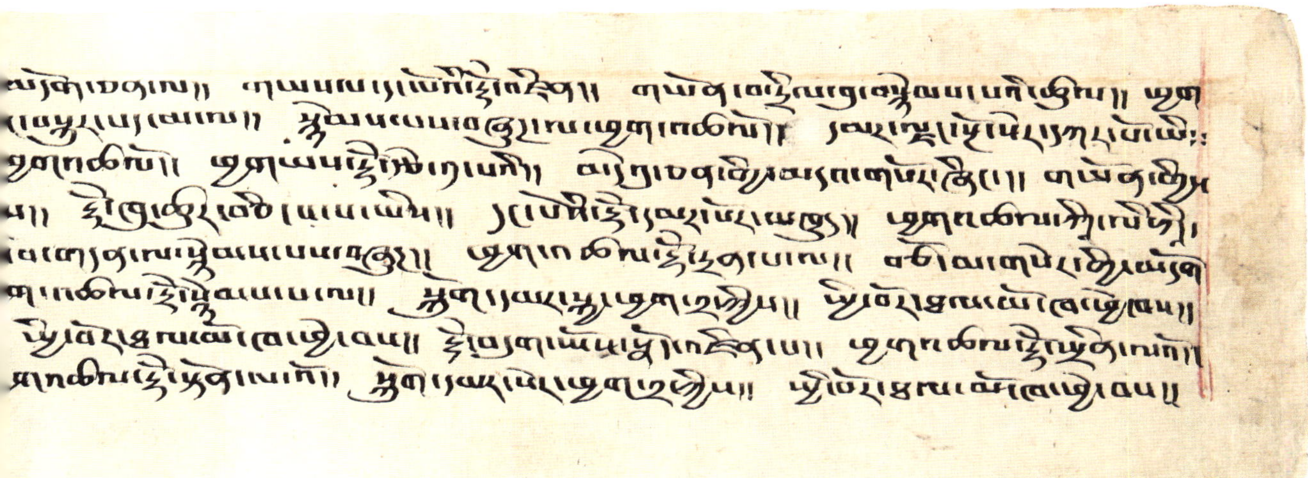

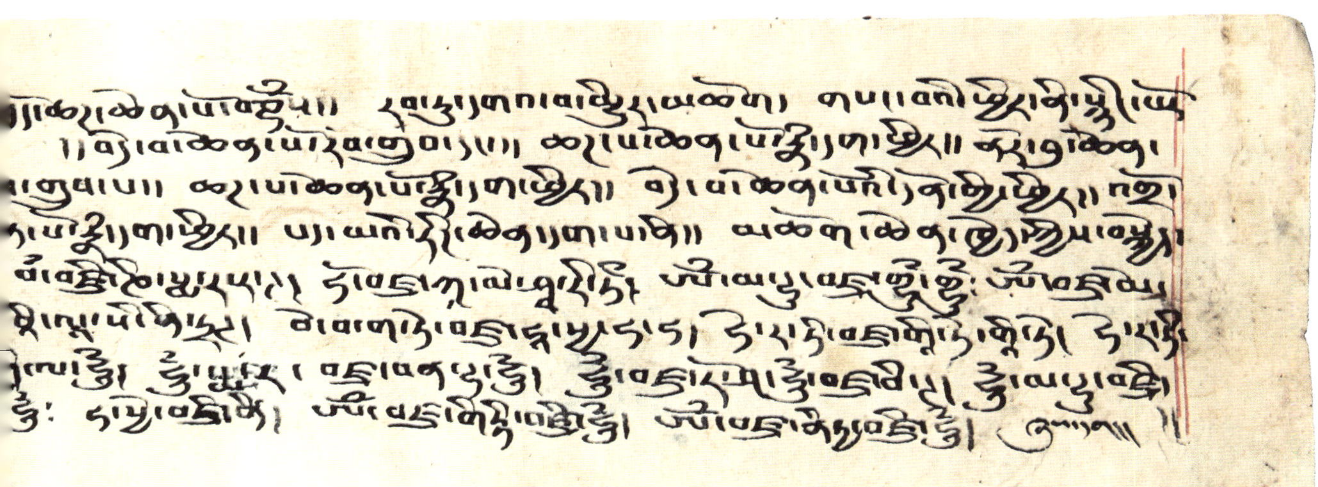

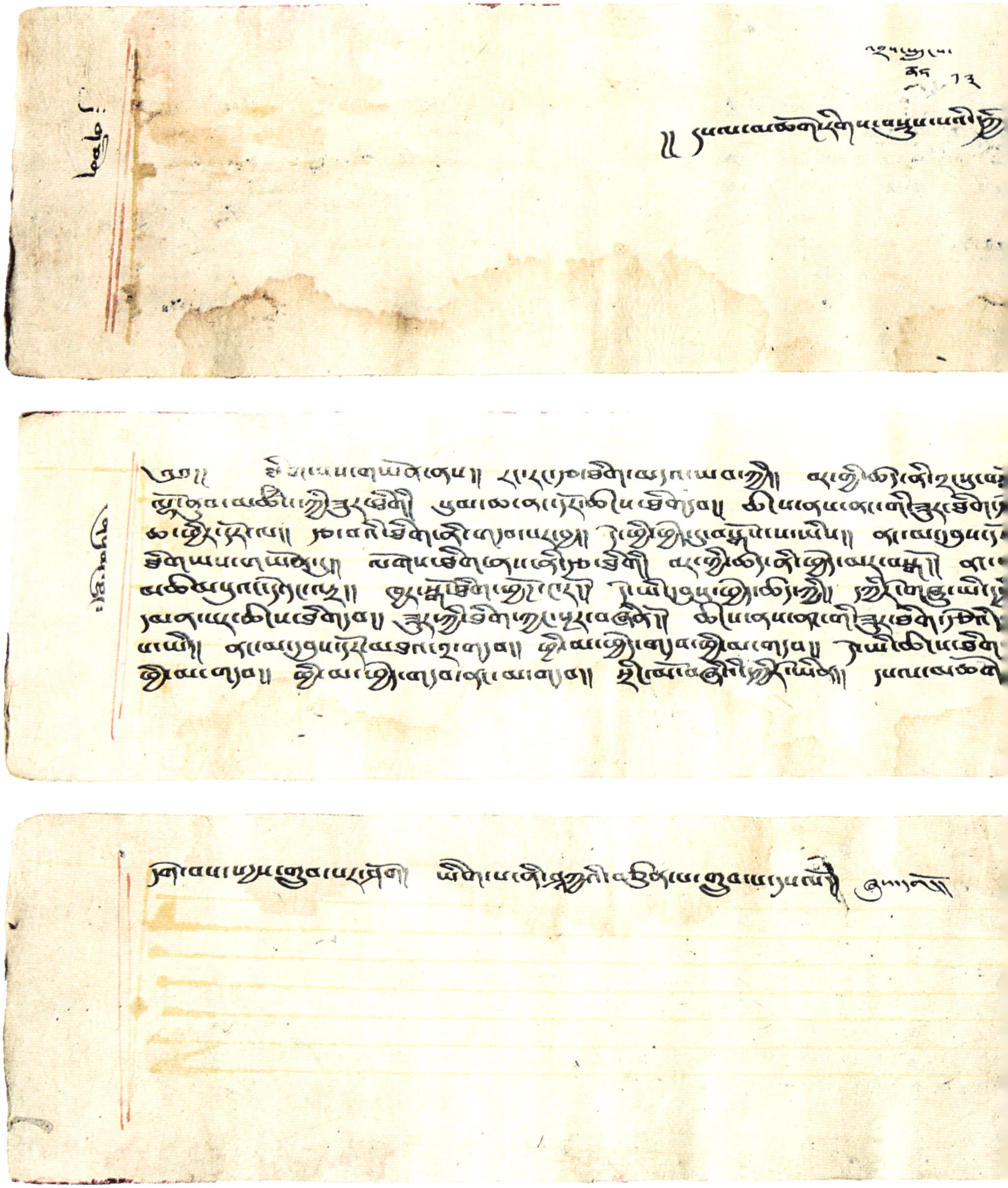

11131 勝吉祥本初續種曼陀羅儀軌量度 （元）布頓·仁欽珠撰 明抄本

梵夾裝。開本高 8.5 釐米，廣 40 釐米。西藏博物館藏。

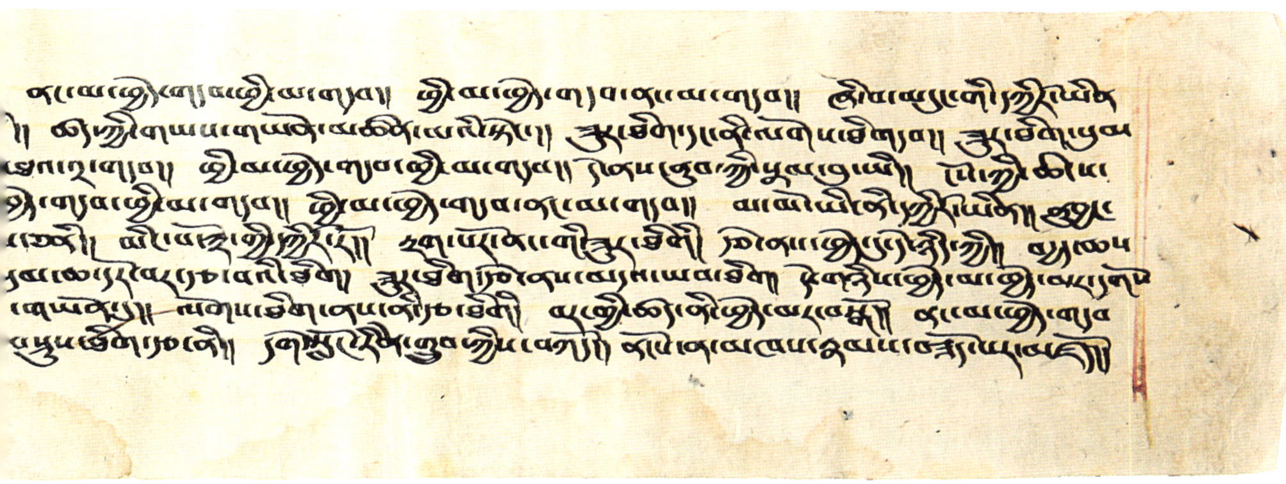

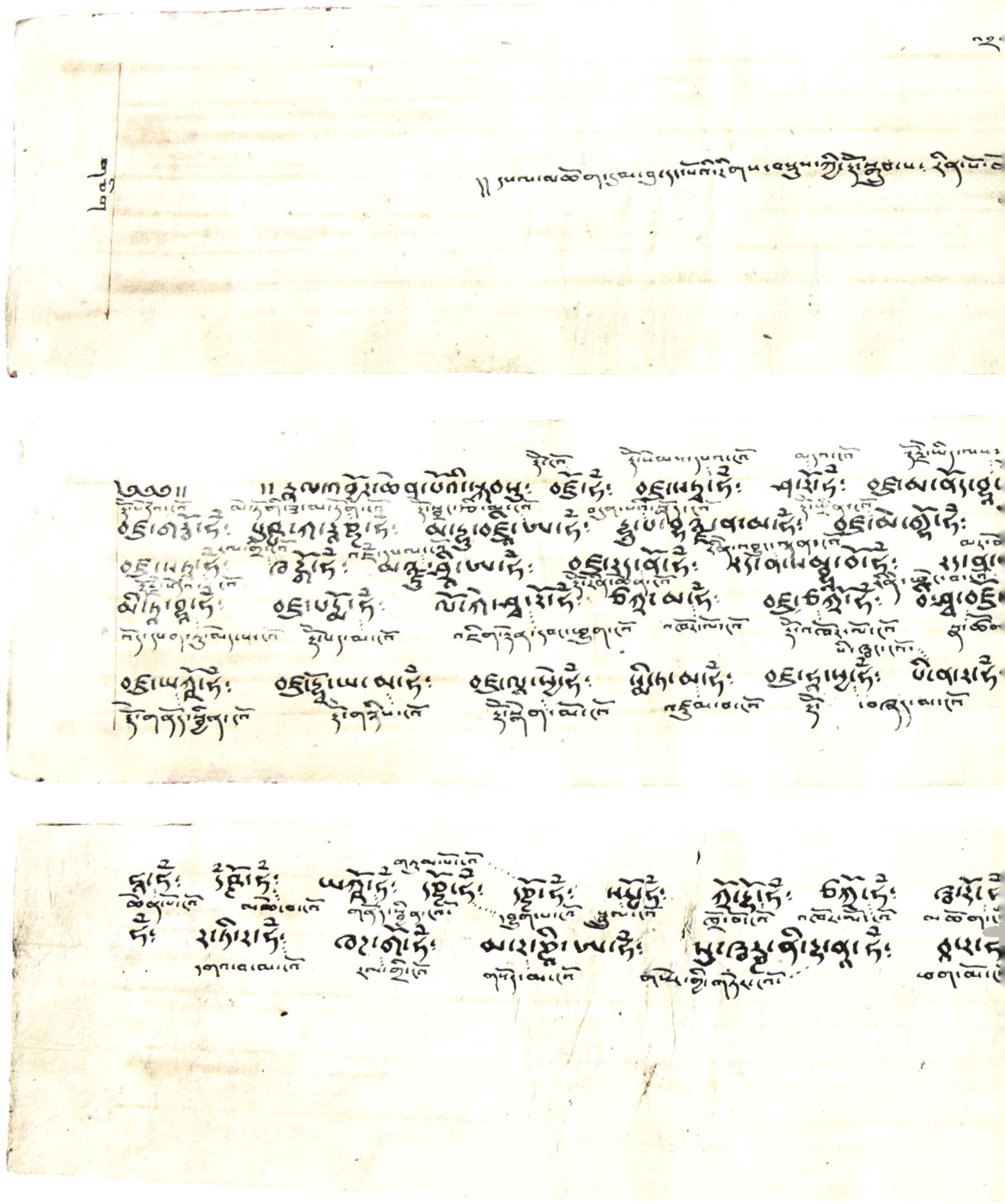

11132 勝吉祥本初續種攝金剛修法 （元）布頓·仁欽珠撰 明抄本

梵夾裝。開本高 8.5 釐米，廣 40 釐米。西藏博物館藏。

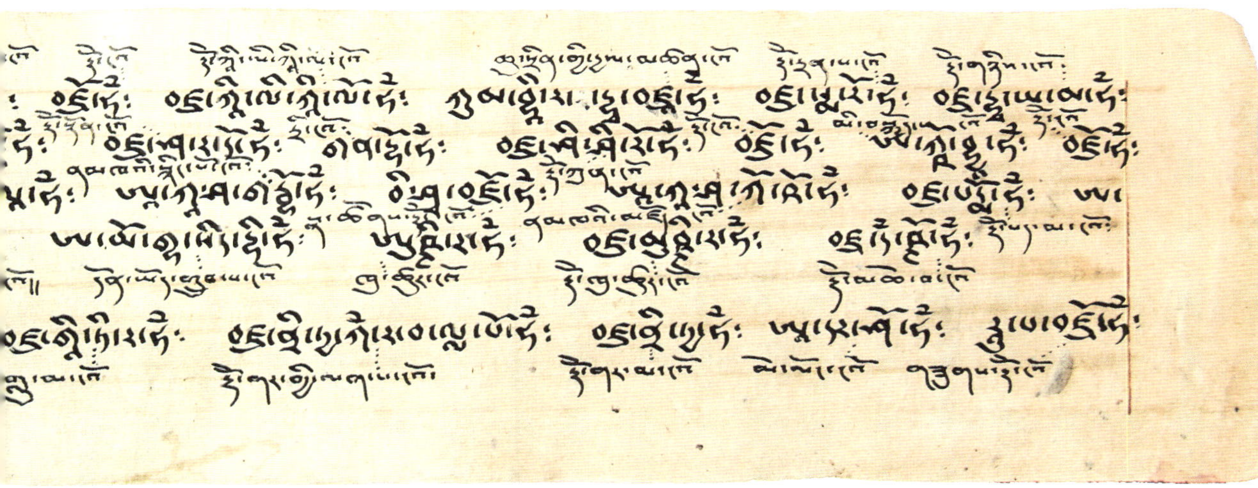

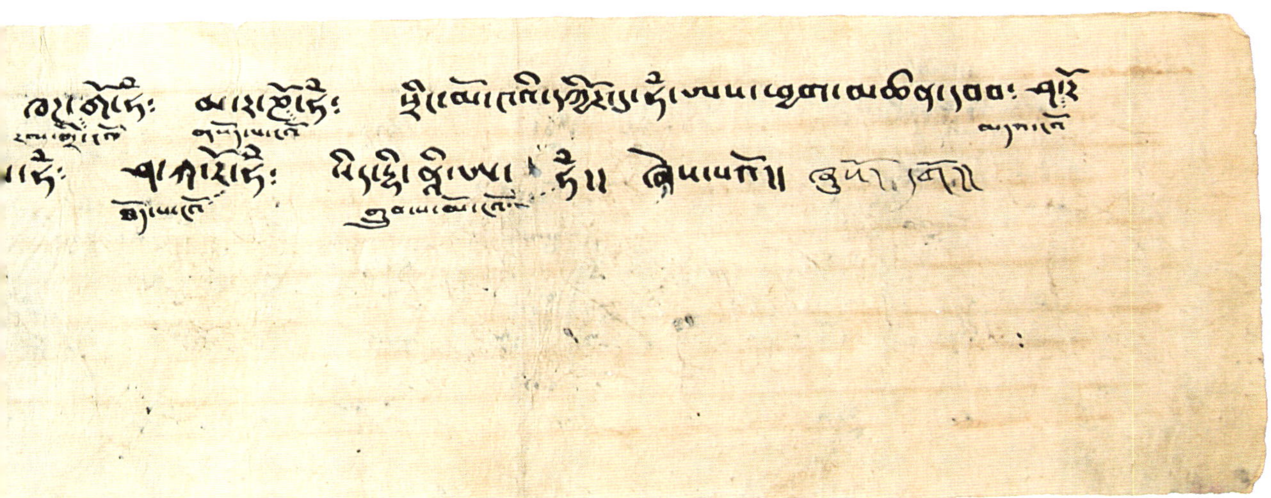

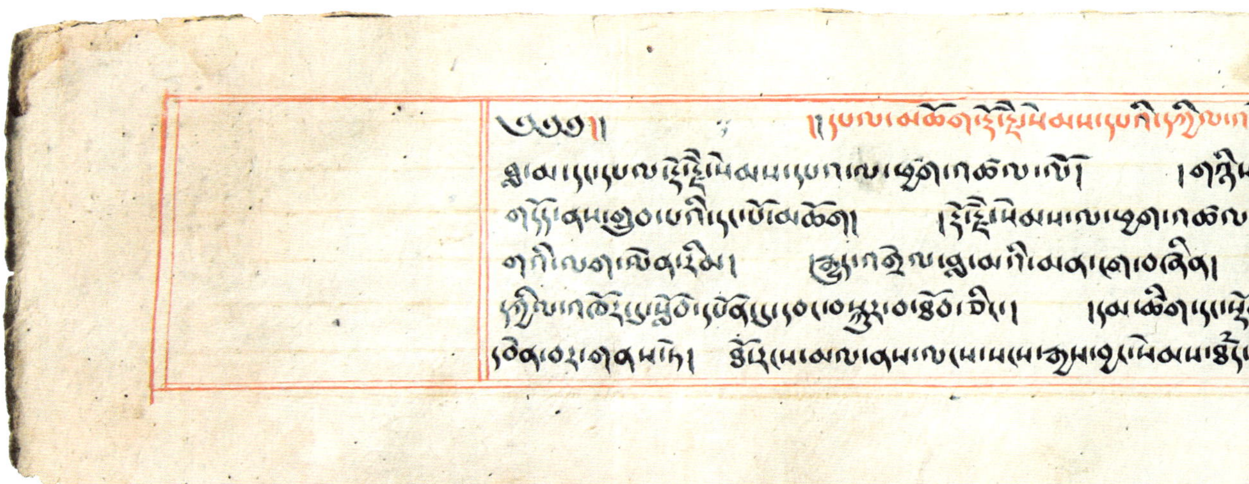

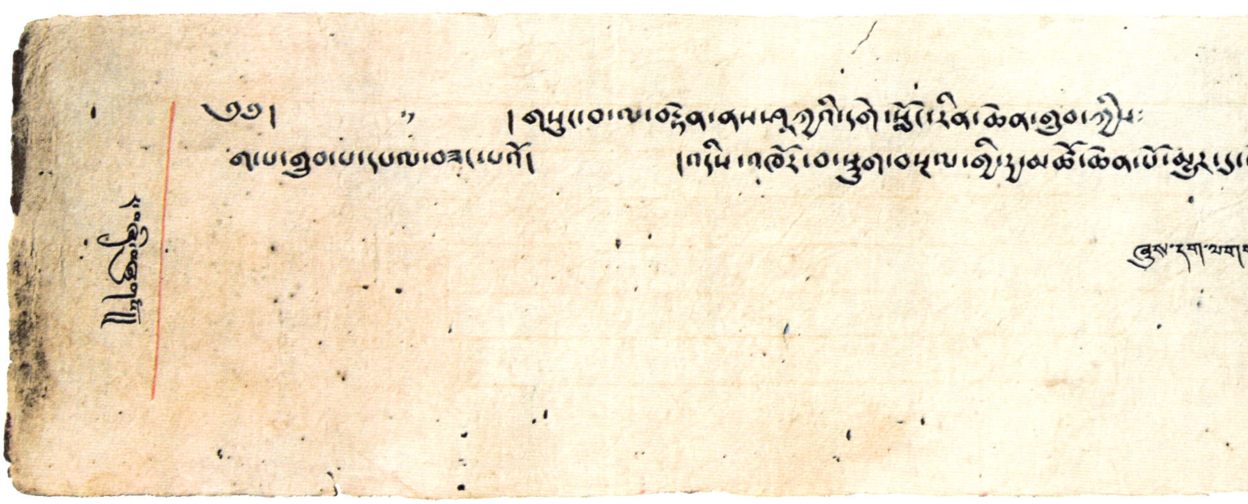

11133 勝吉祥續金剛薩埵曼陀羅儀軌 （元）布頓·仁欽珠撰 明抄本

梵夾裝。開本高 8.5 釐米，廣 40 釐米。西藏博物館藏。

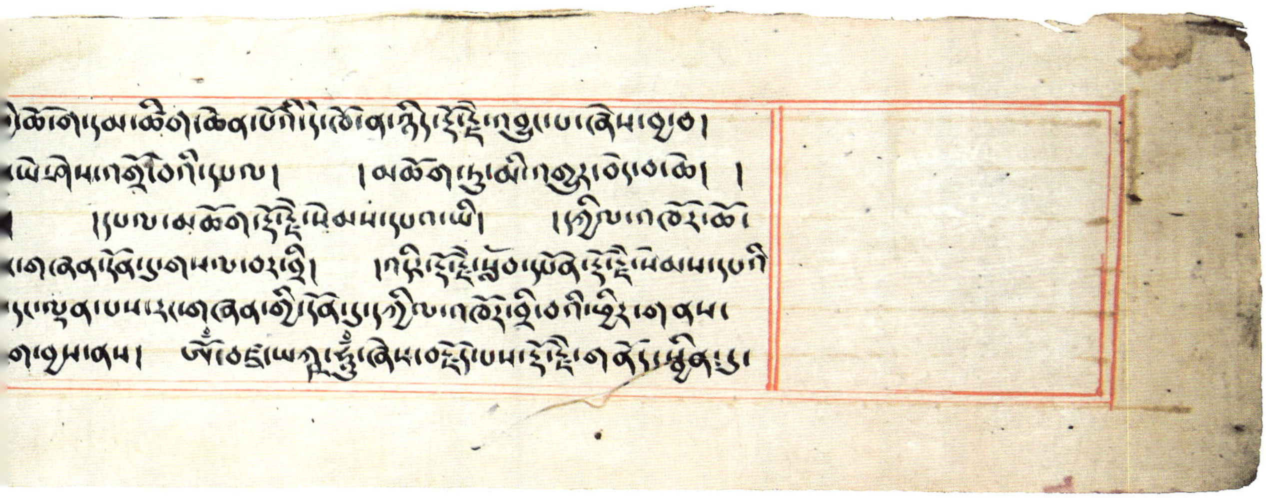

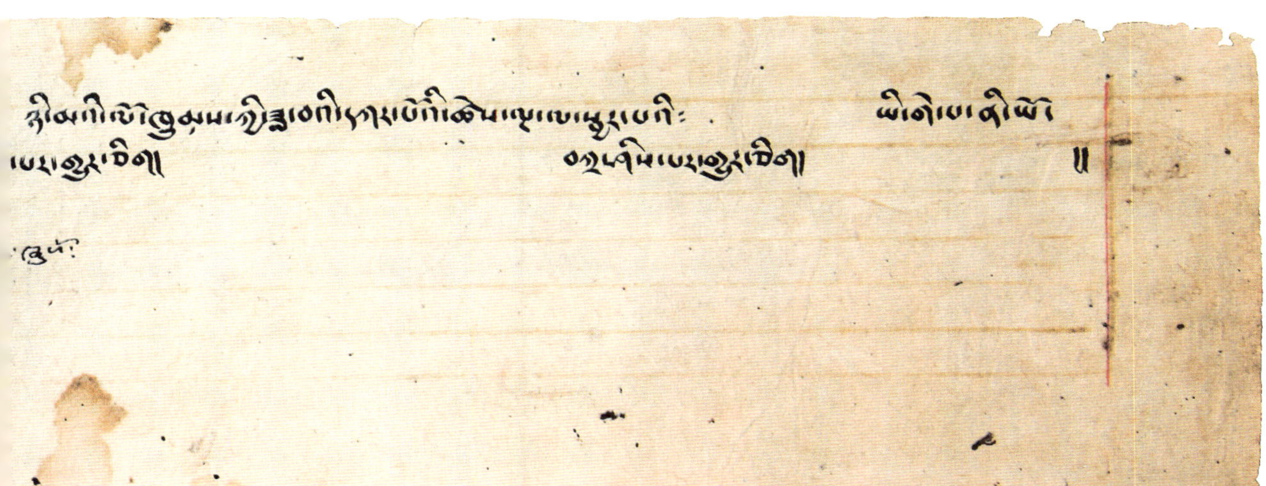

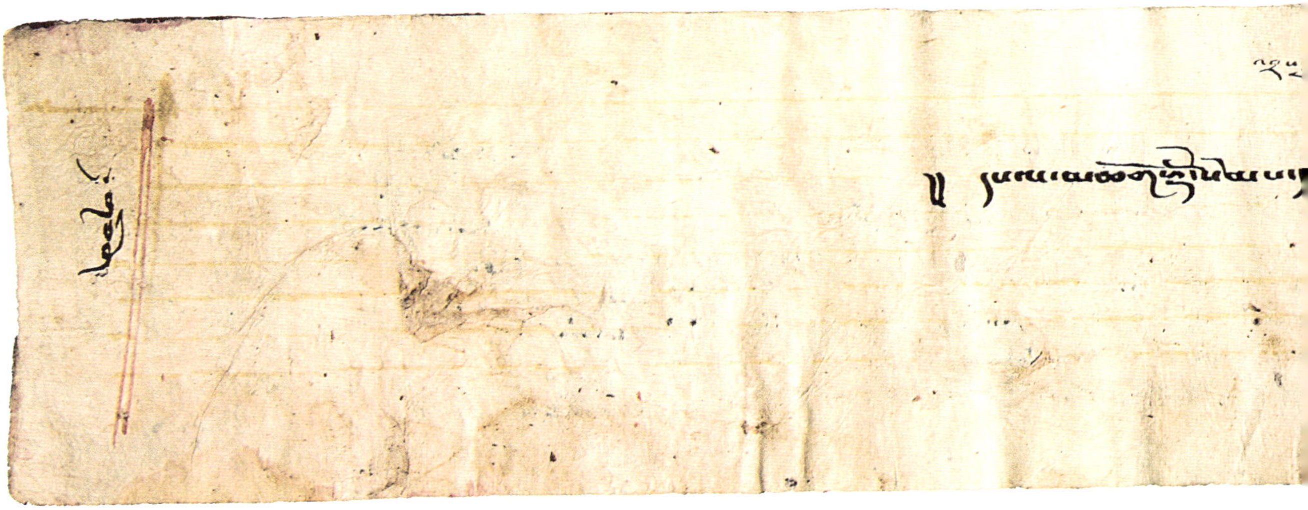

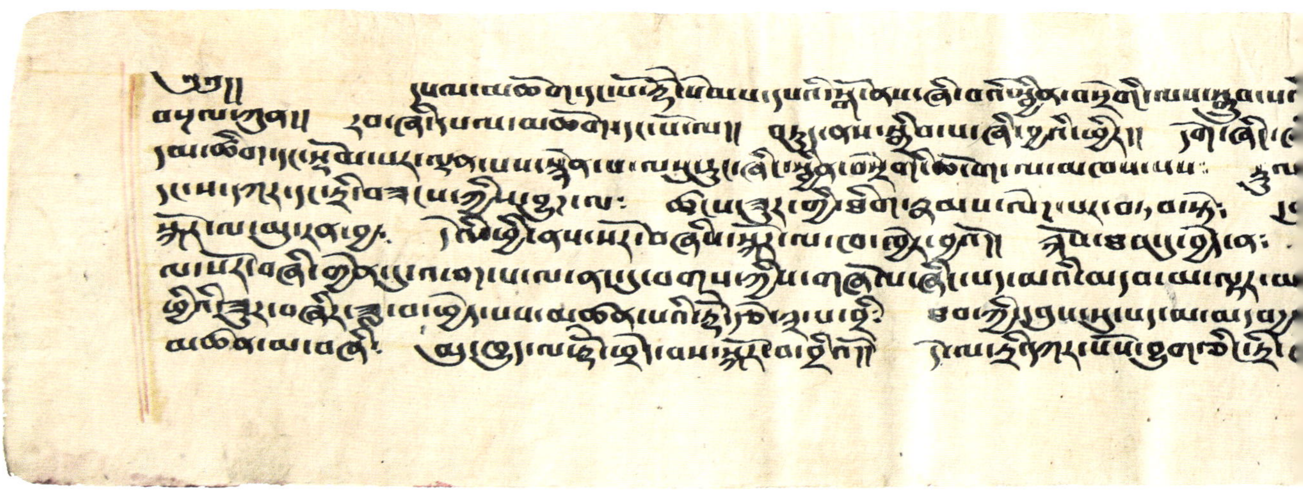

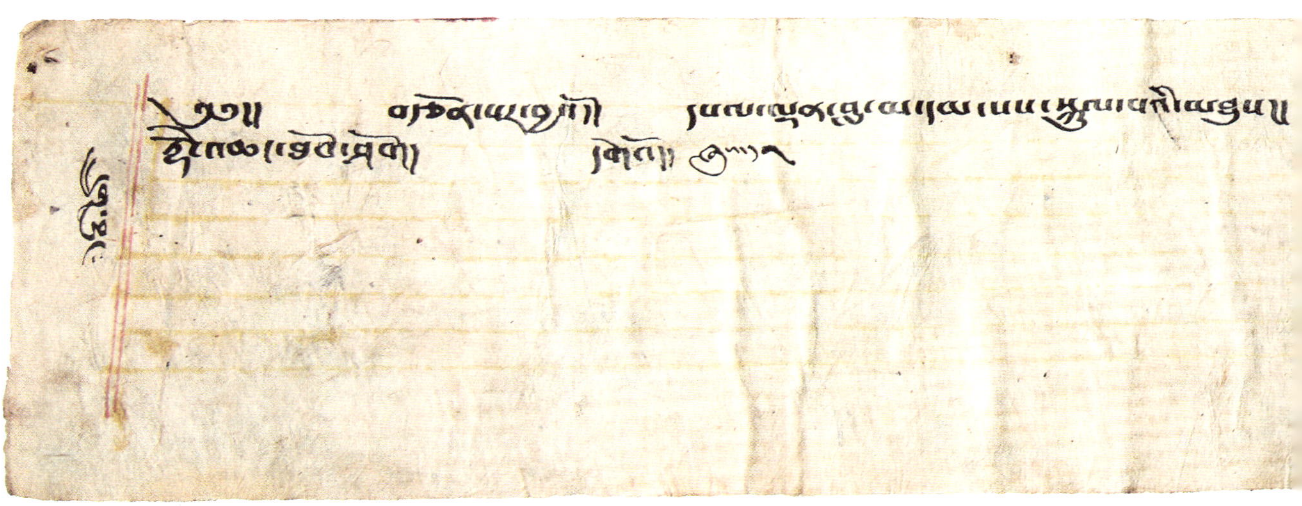

11134 勝吉祥續金剛薩埵息災護摩 （元）布頓 · 仁欽珠撰 明抄本

梵夾裝。開本高 8.5 釐米，廣 40 釐米。西藏博物館藏。

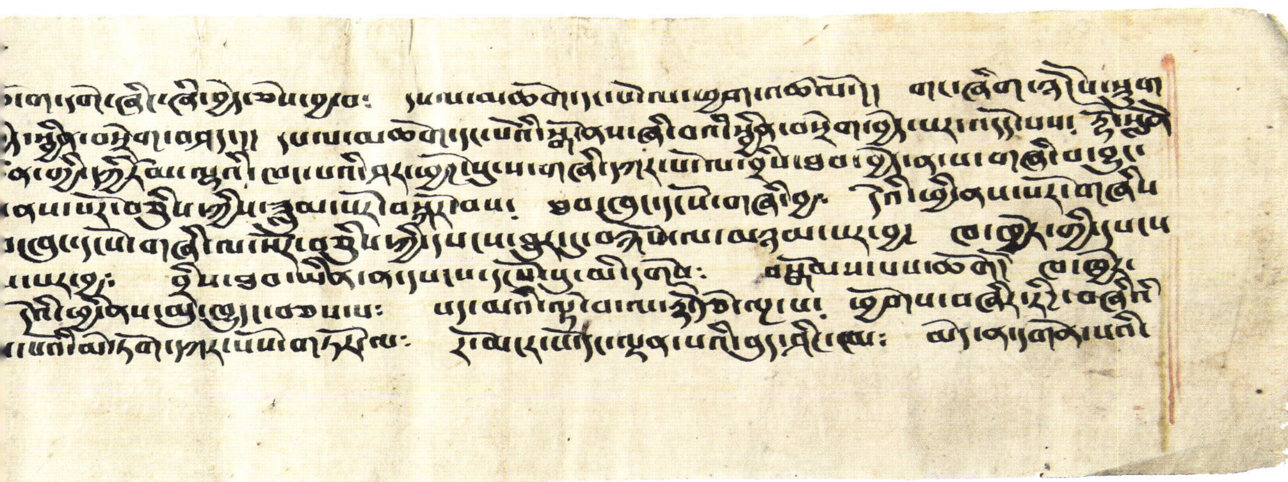

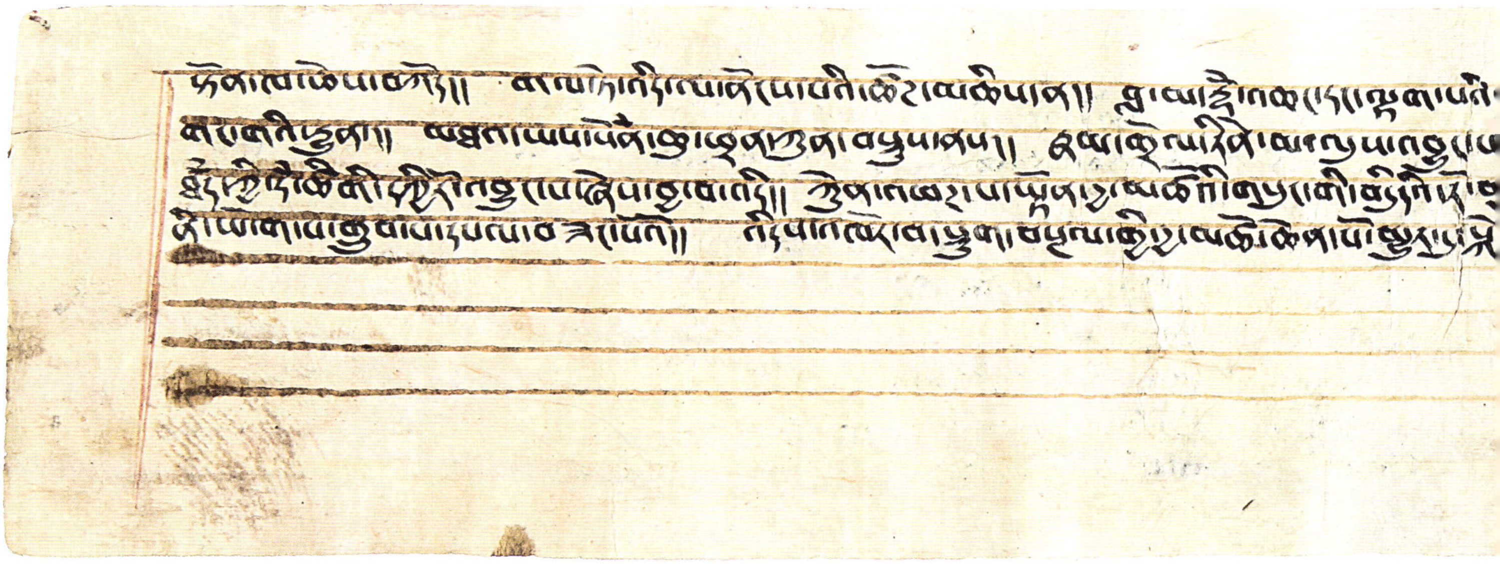

11135 勝吉祥續曼陀羅佛尊吉祥頌 （元）布頓 · 仁欽珠撰 明抄本

梵夾裝。開本高 8.5 釐米，廣 40 釐米。西藏博物館藏。

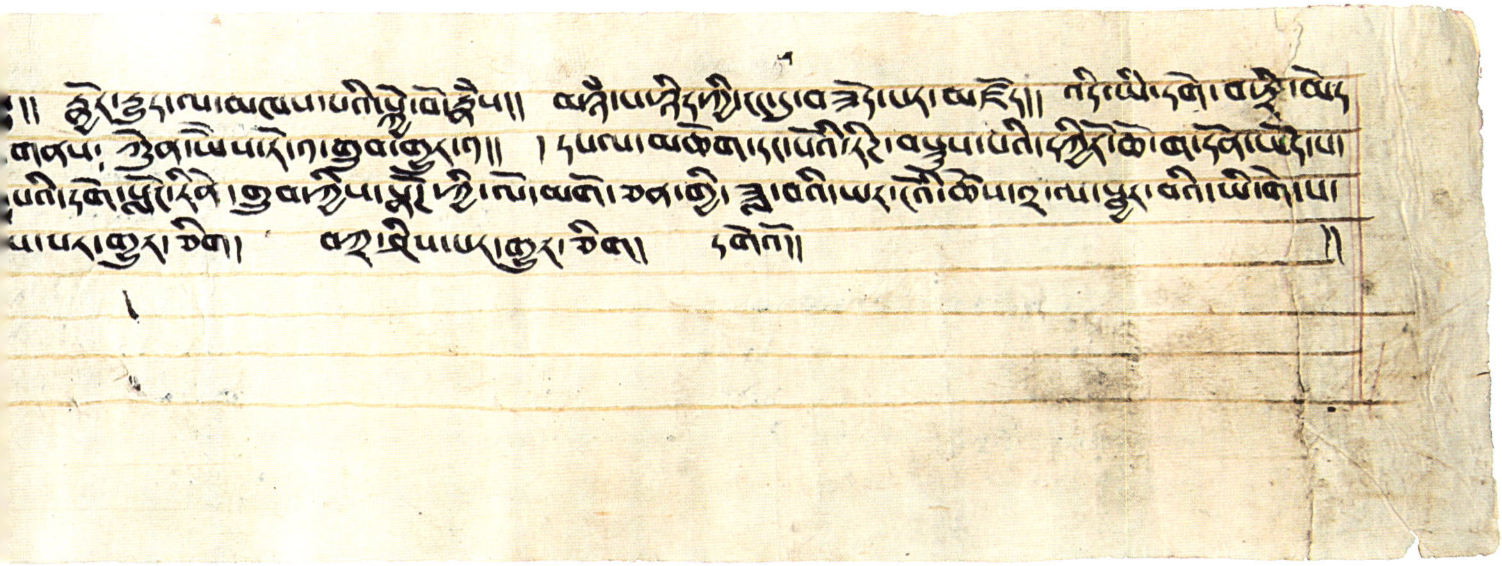

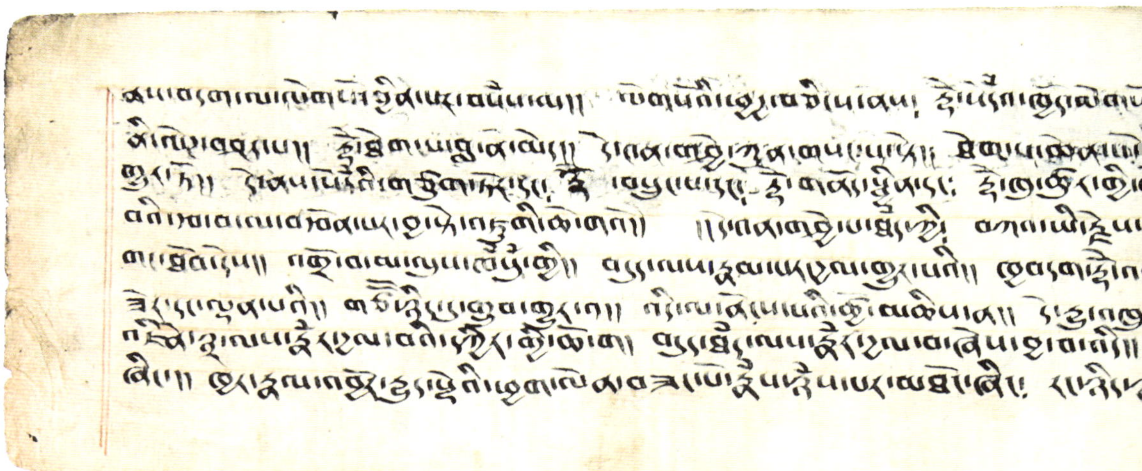

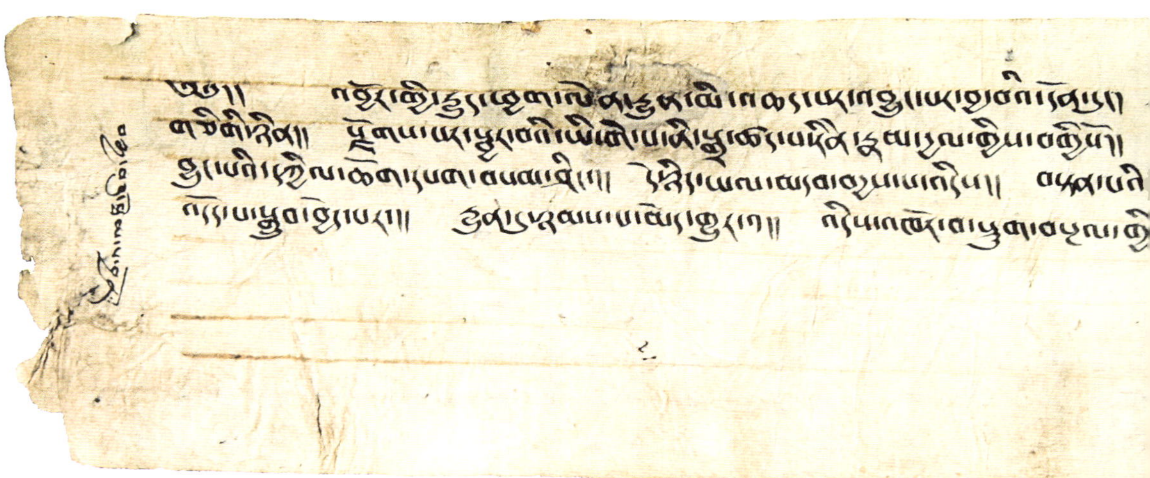

11136 殊勝三界壇城儀軌 （元）布頓・仁欽珠撰 明抄本

梵夾裝。開本高 8.5 釐米，廣 40 釐米。西藏博物館藏。

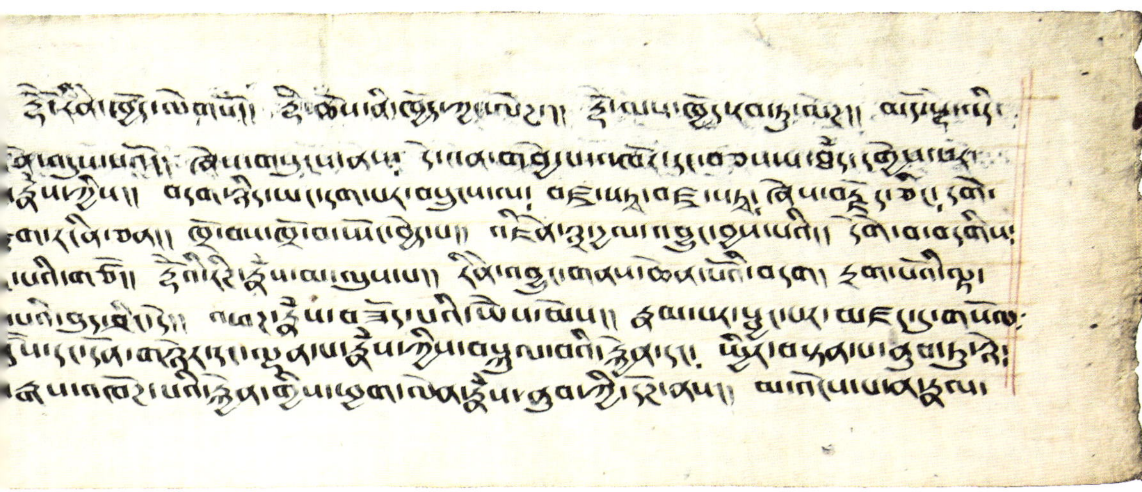

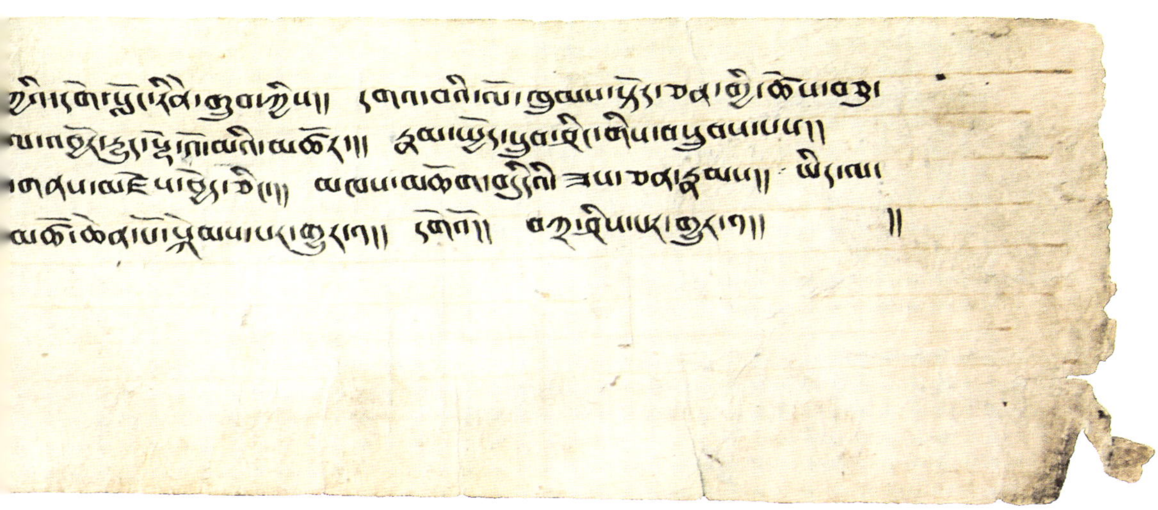

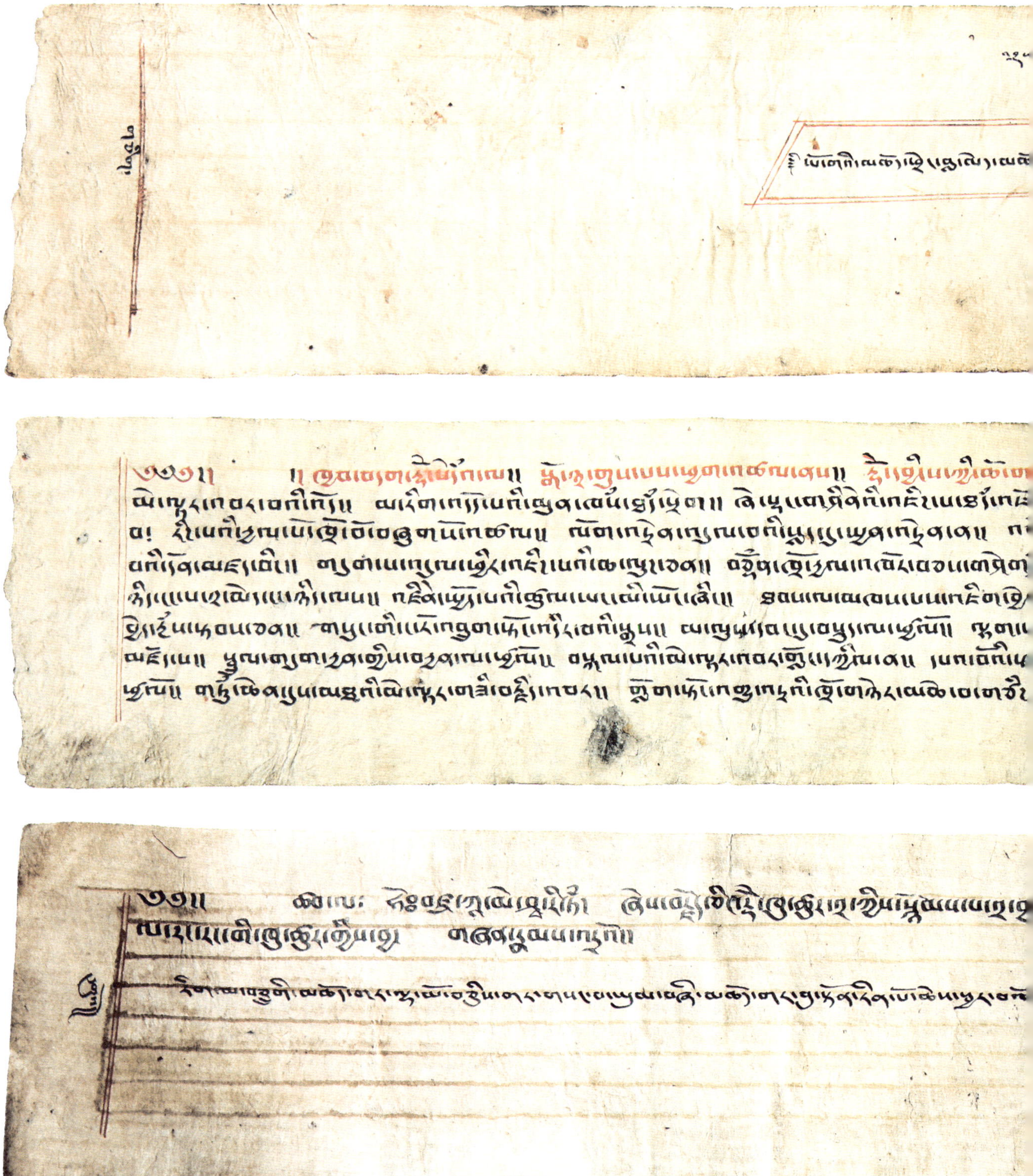

11137 瑜伽供養儀軌無上供養雲 （元）布頓·仁欽珠撰 明抄本

梵夾裝。開本高 8.5 釐米，廣 40 釐米。西藏博物館藏。

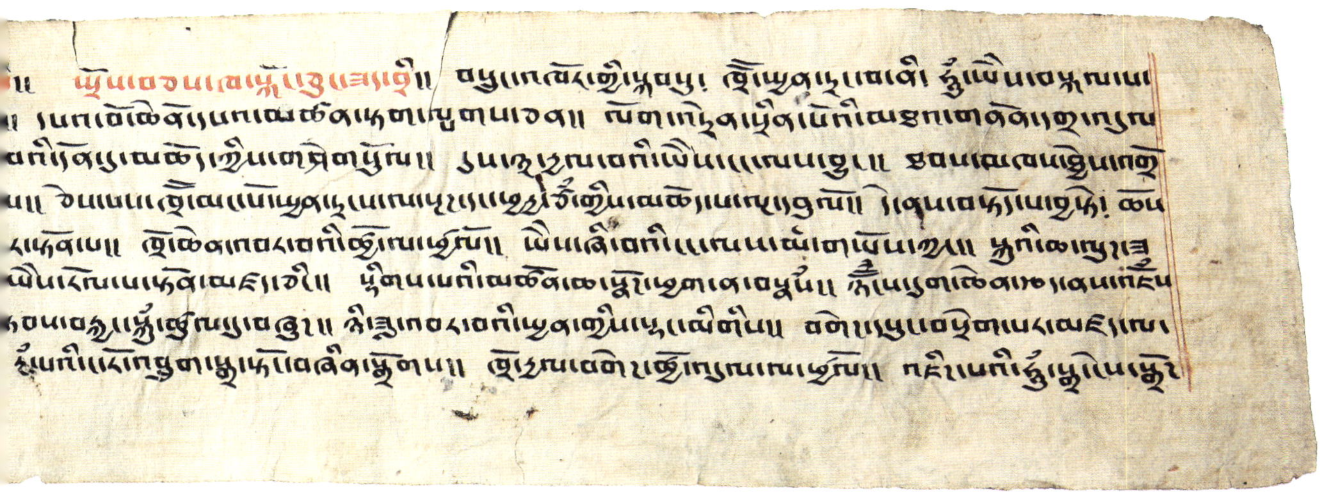

11138 入菩薩行 噶瓦白雜等譯 明抄本

梵夾裝。開本高 8 釐米，廣 44.5 釐米。西藏博物館藏。

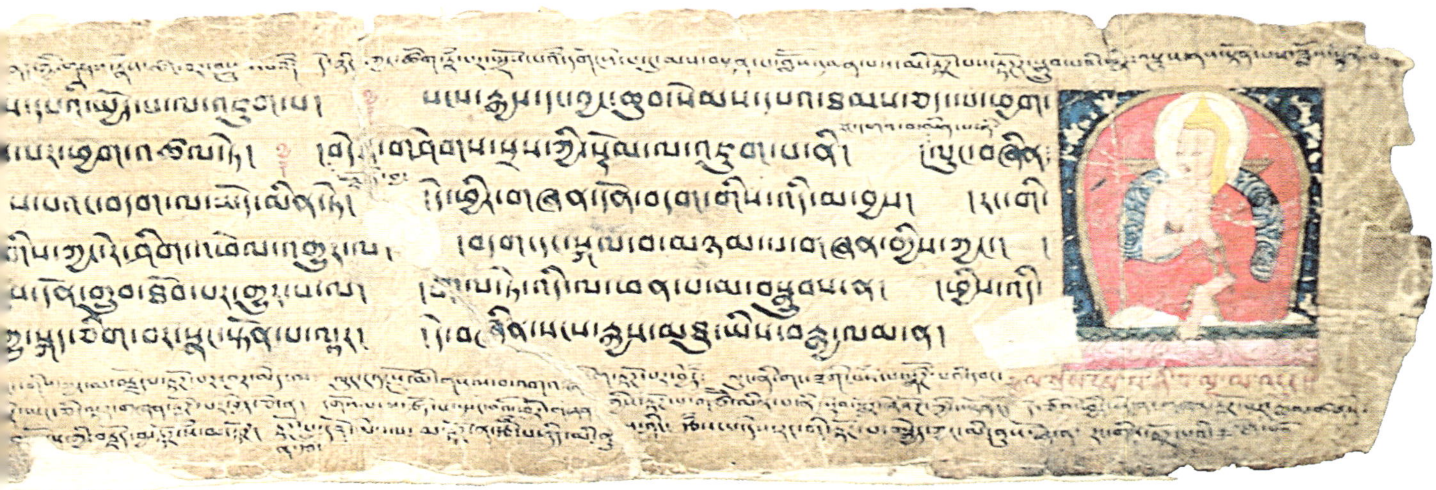

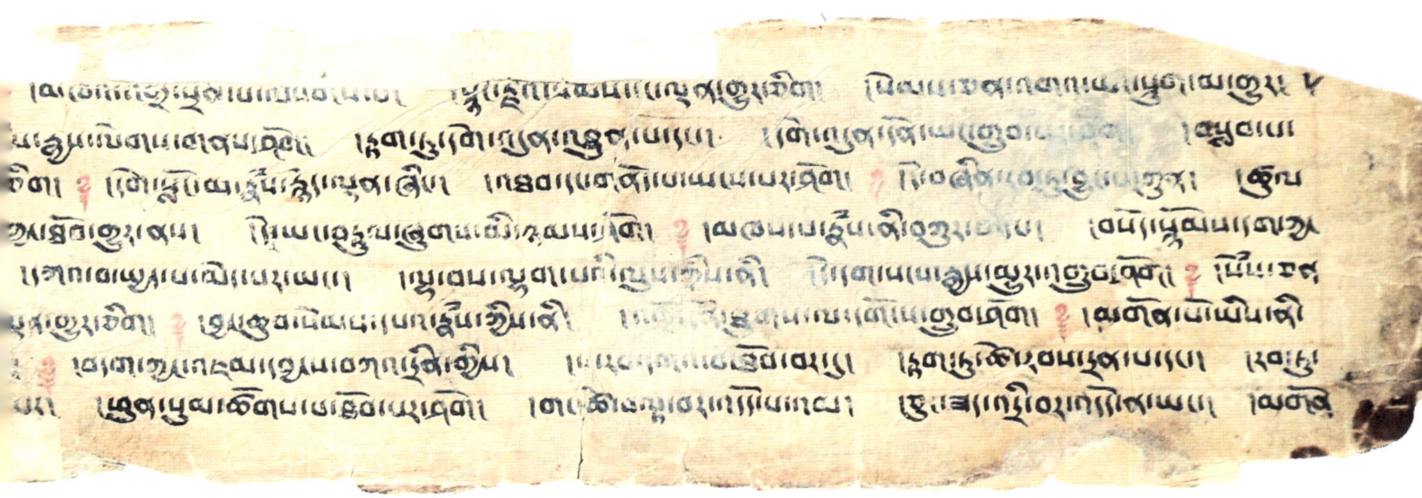

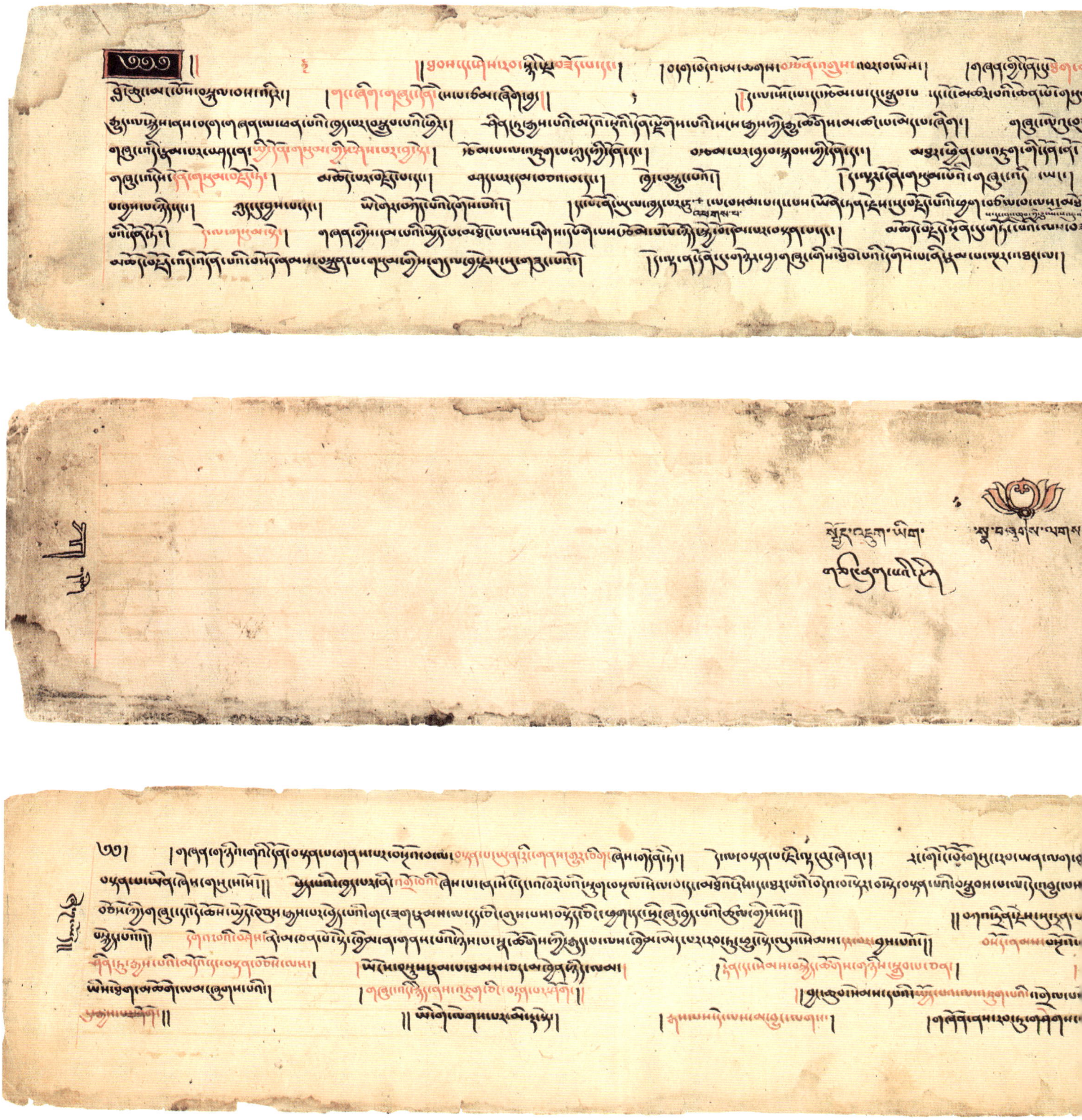

11139 入菩薩行論注釋 （明）尊追森格撰 明抄本

梵夾裝。開本高 11 釐米，廣 68.5 釐米。拉薩市百慈藏文古籍研究室藏。

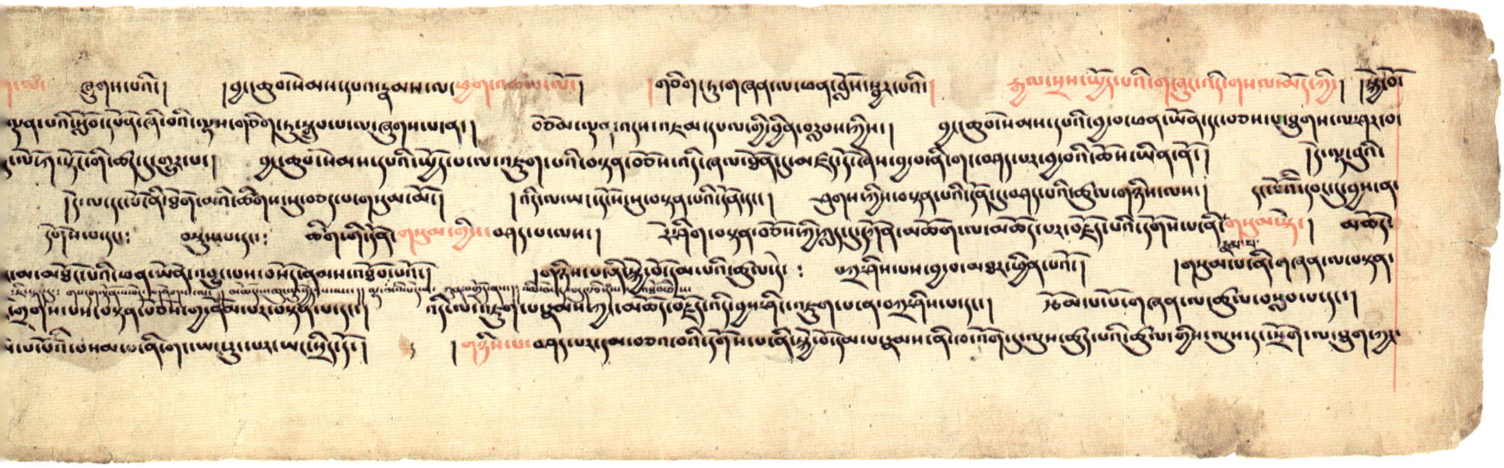

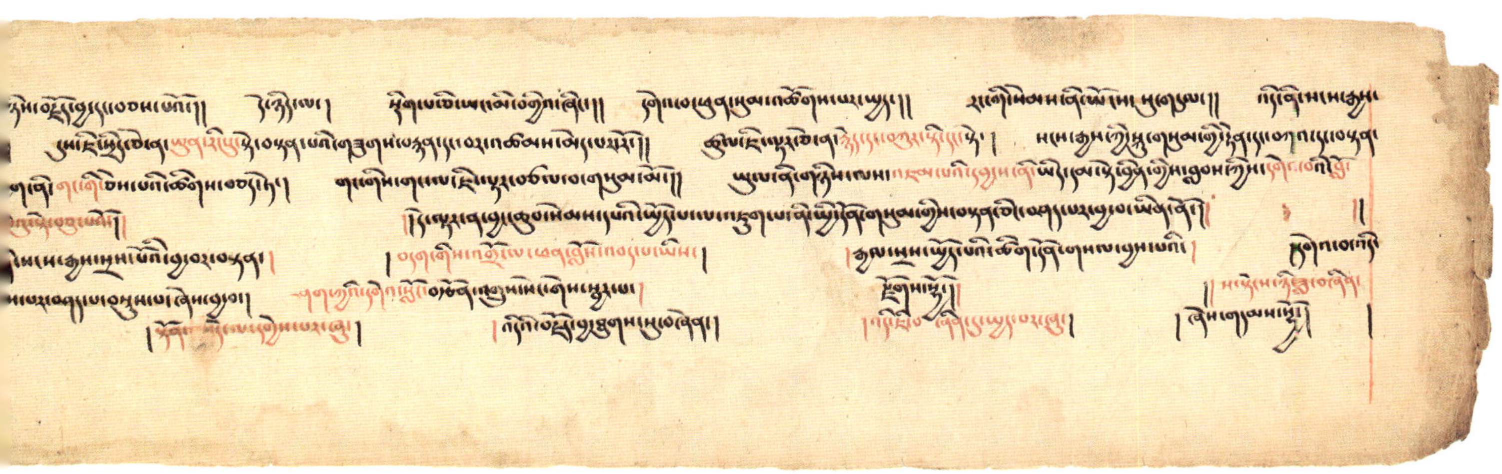

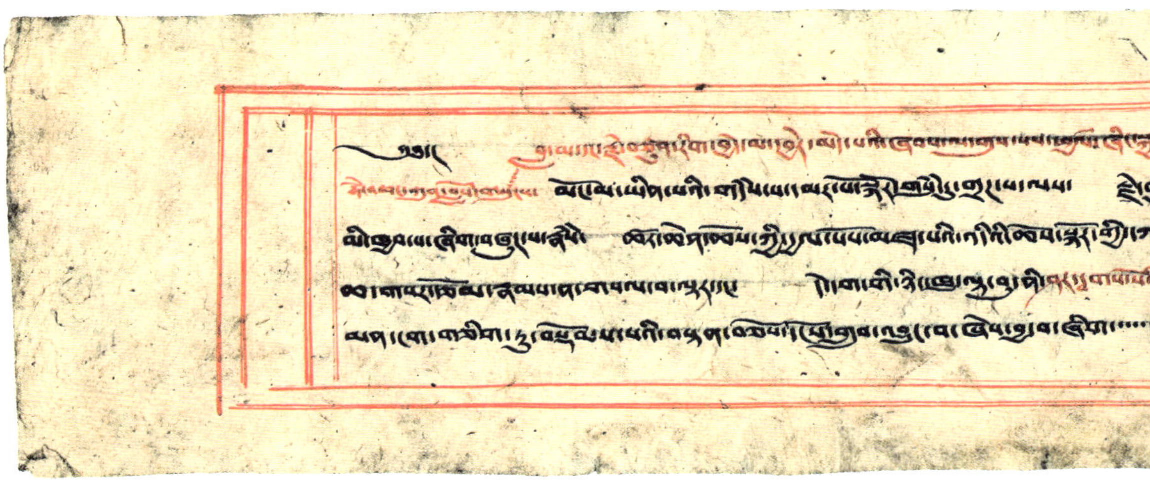

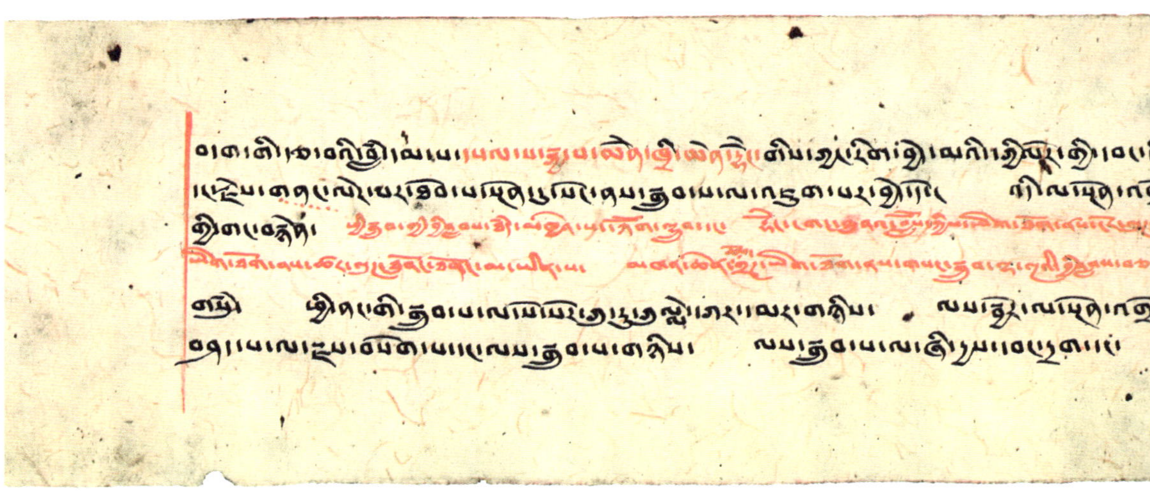

11140 薩迦派深法作明佛母法與釋文 達波・扎西南加撰 貢嘎洛追注釋

明抄本

梵夾裝。開本高 8.5 釐米，廣 43.5 釐米。中國民族圖書館藏。

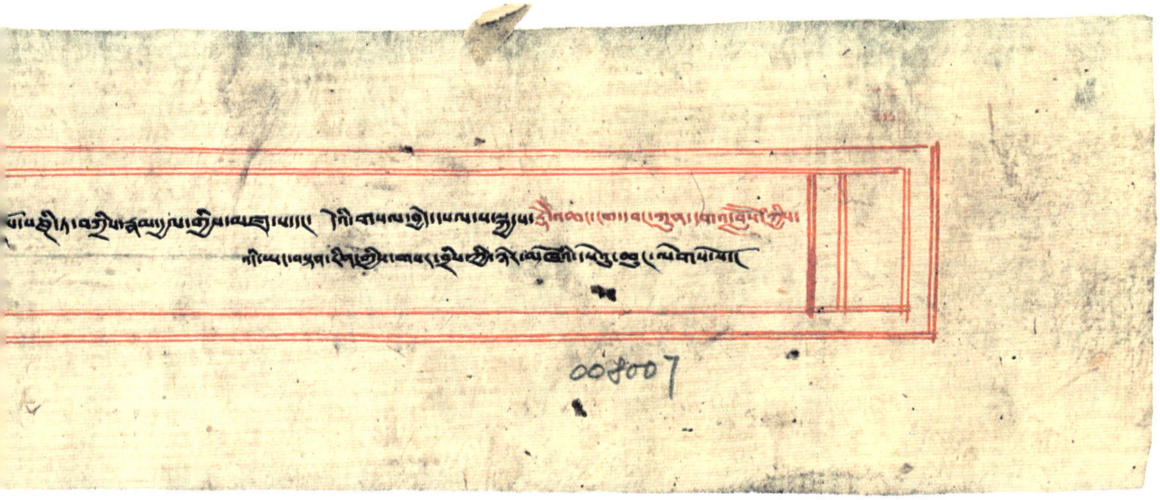

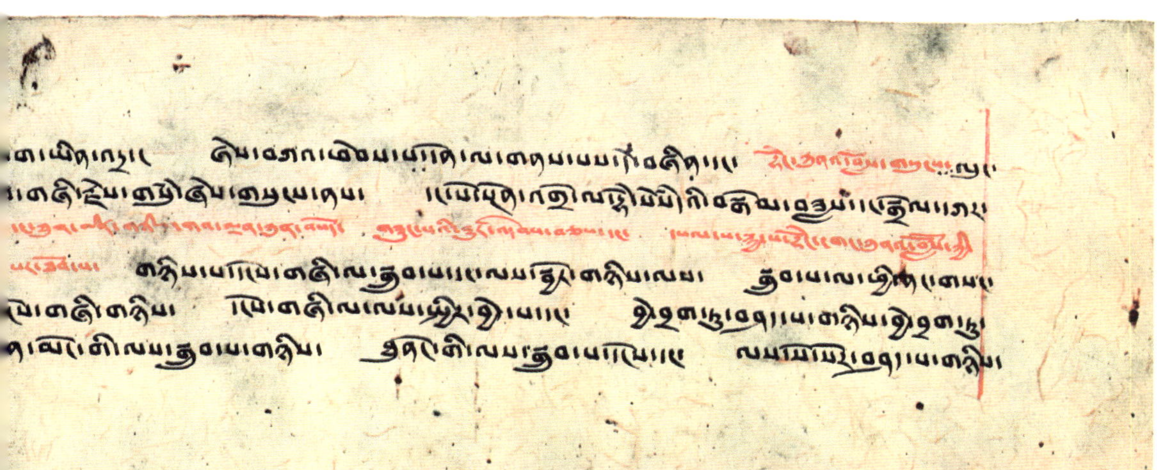

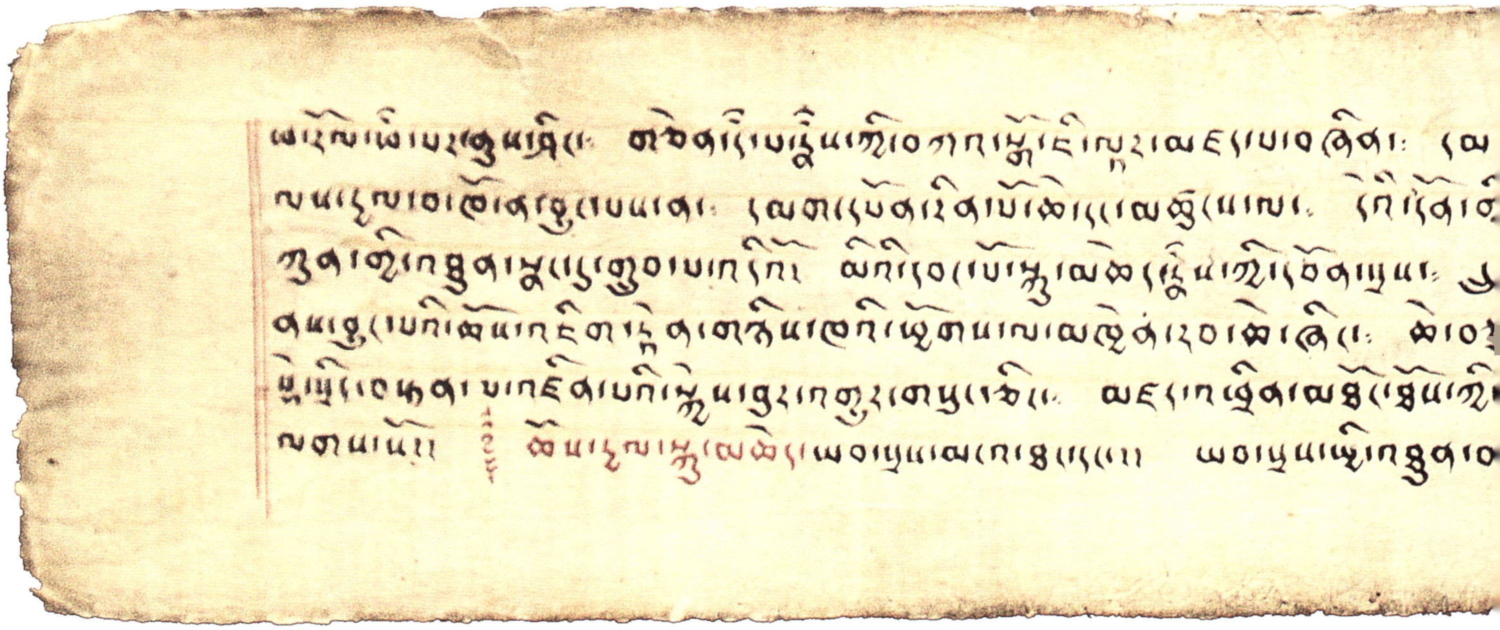

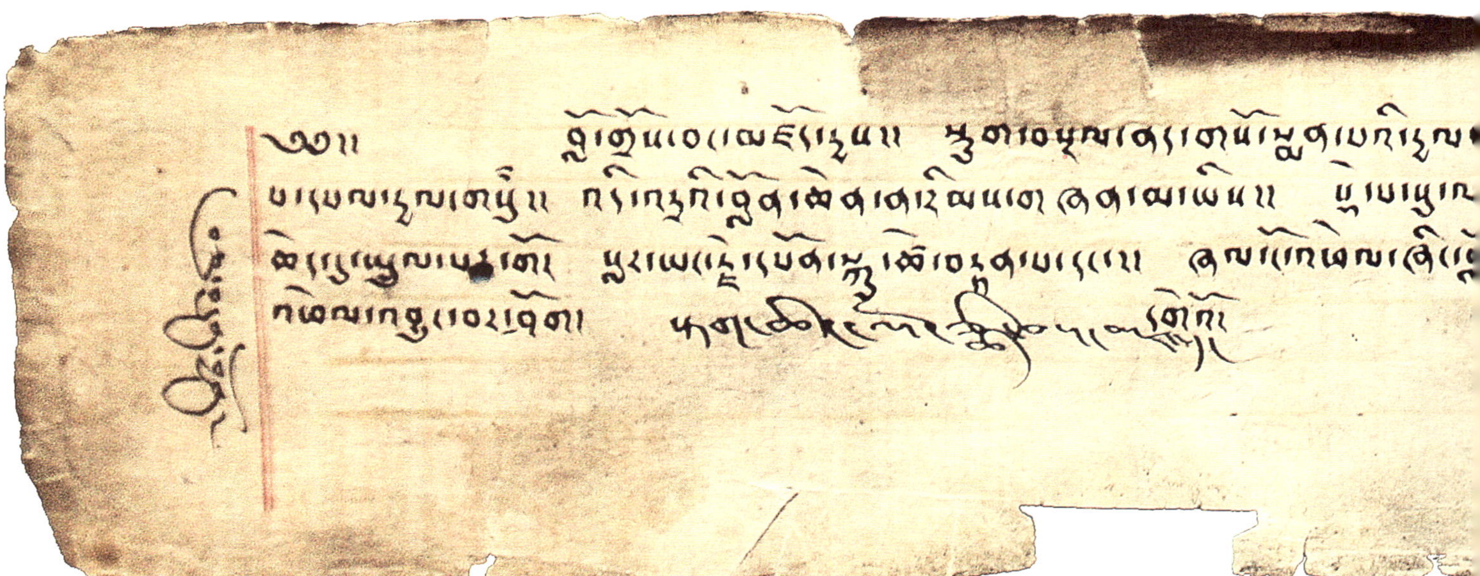

11141 薩迦·霞卡巴傳 達倉·西繞仁青撰 明抄本

梵夾裝。開本高 7 釐米，廣 35 釐米。拉薩市政協文史民宗法制委員會藏。

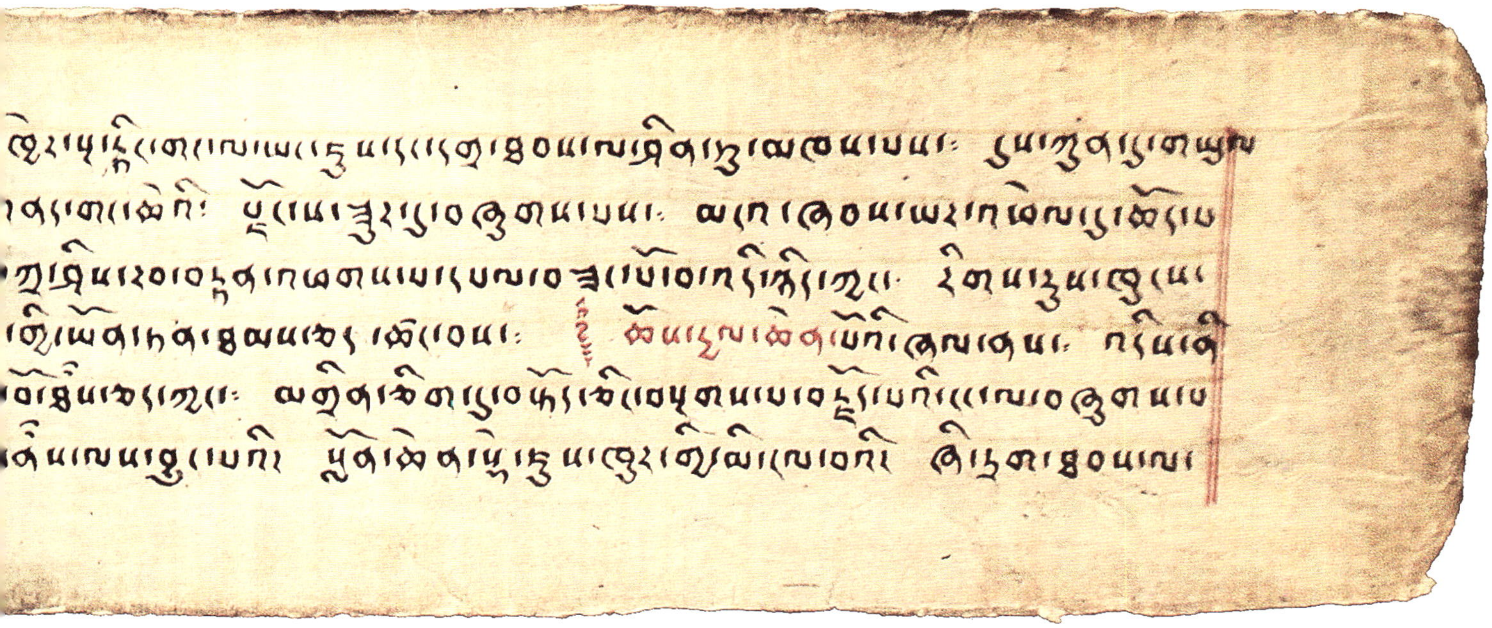

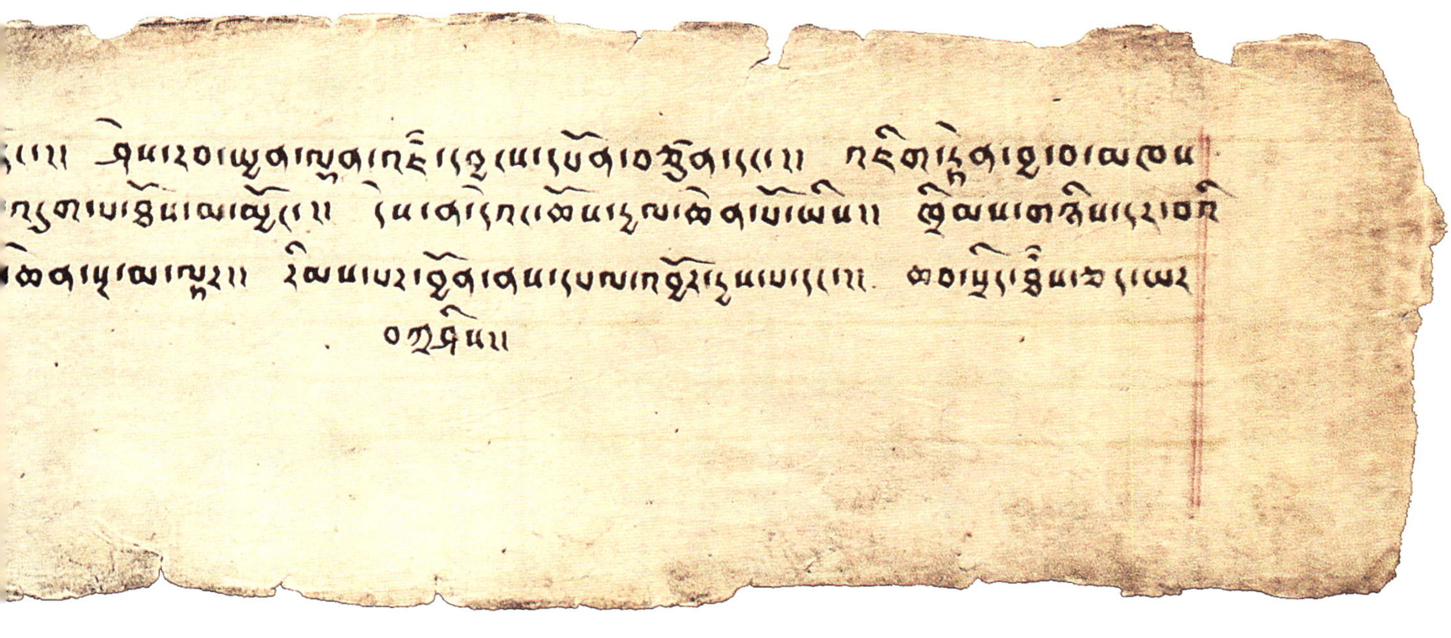

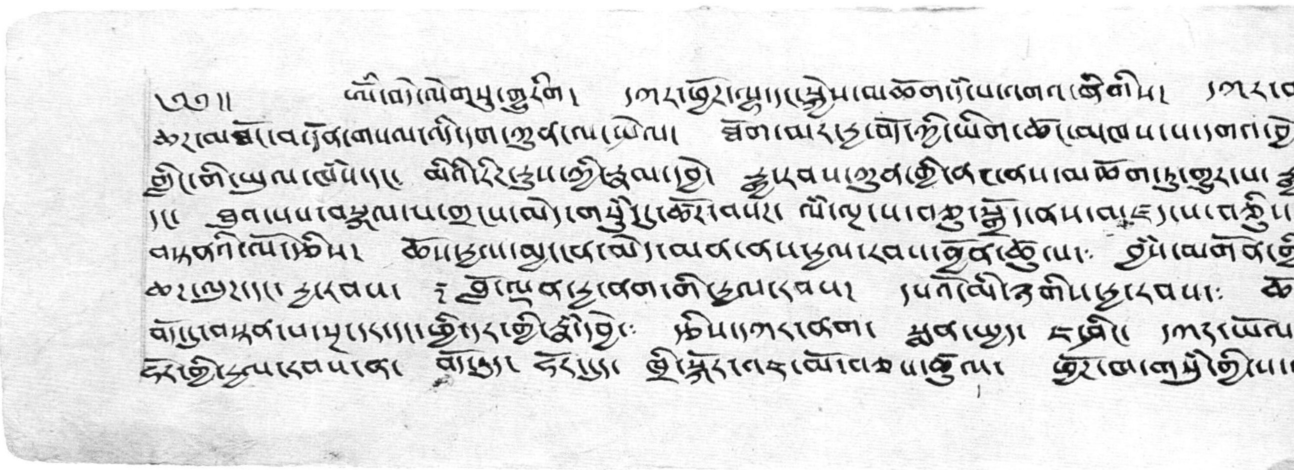

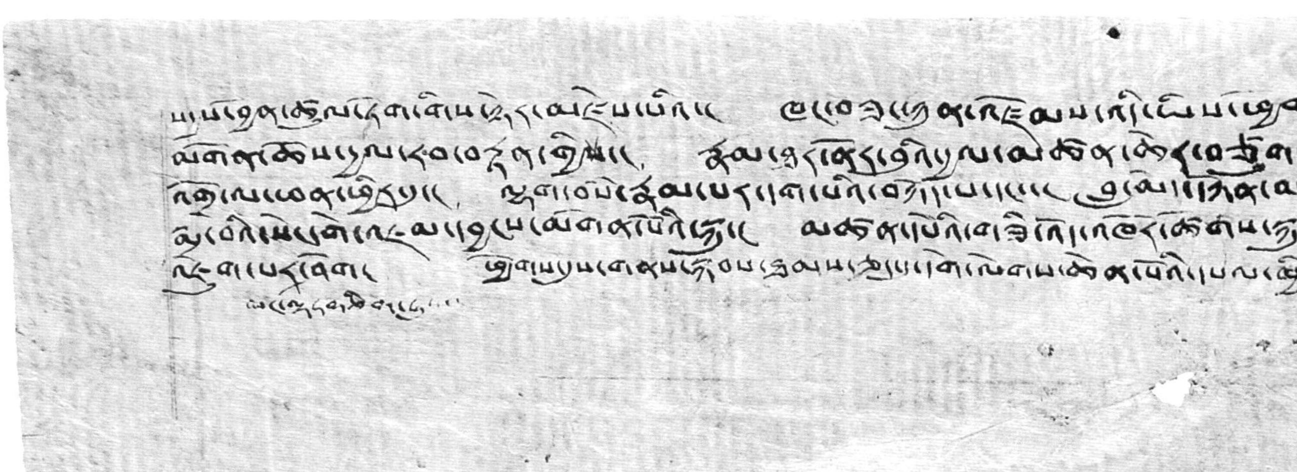

11142 印藏史集目録 達倉·西繞仁青撰 明抄本

梵夾裝。開本高 8.5 釐米，廣 47.5 釐米。拉薩市政協文史民宗法制委員會藏。

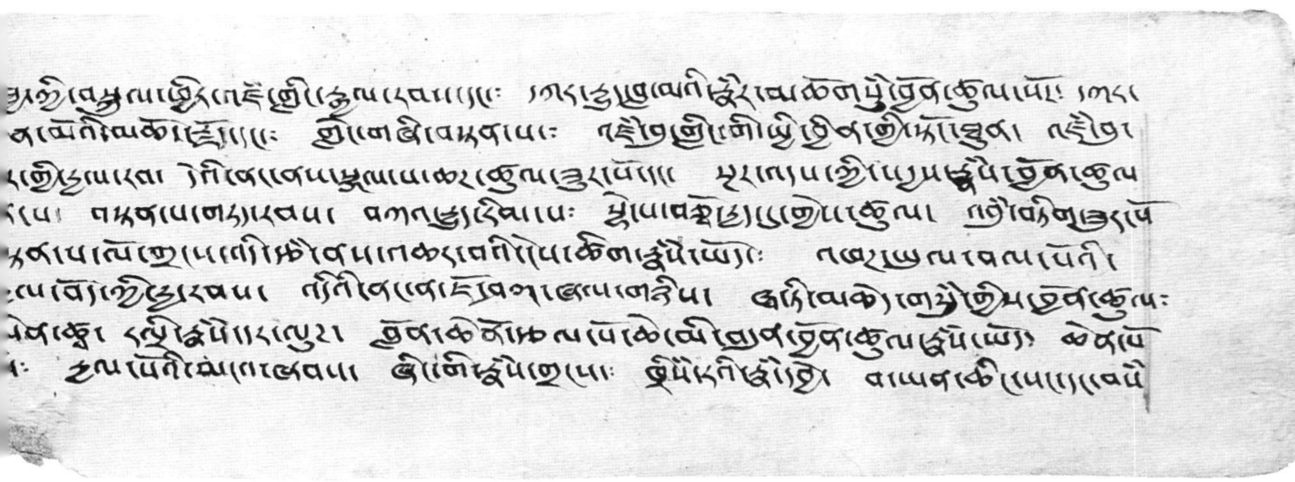

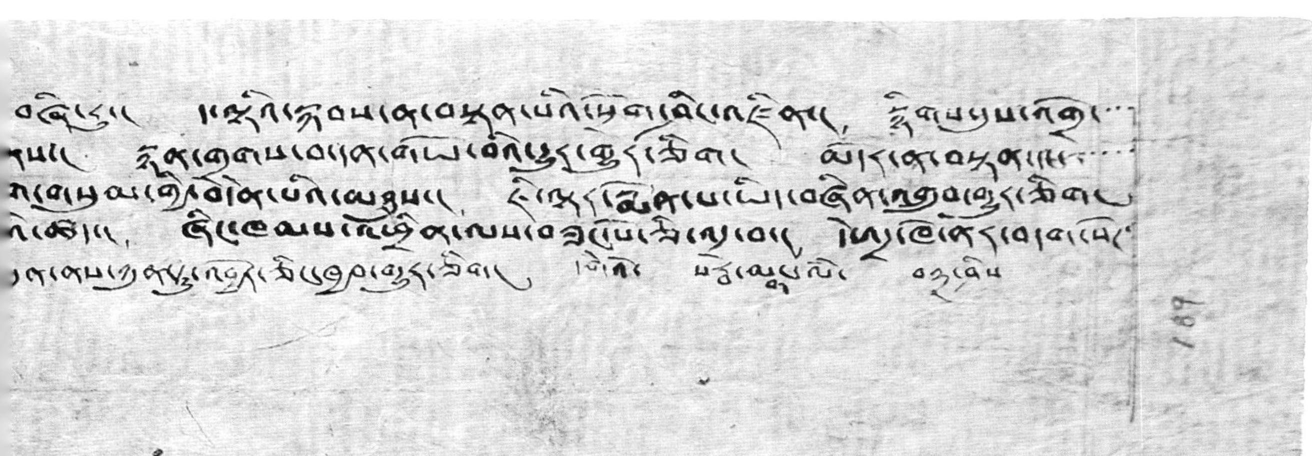

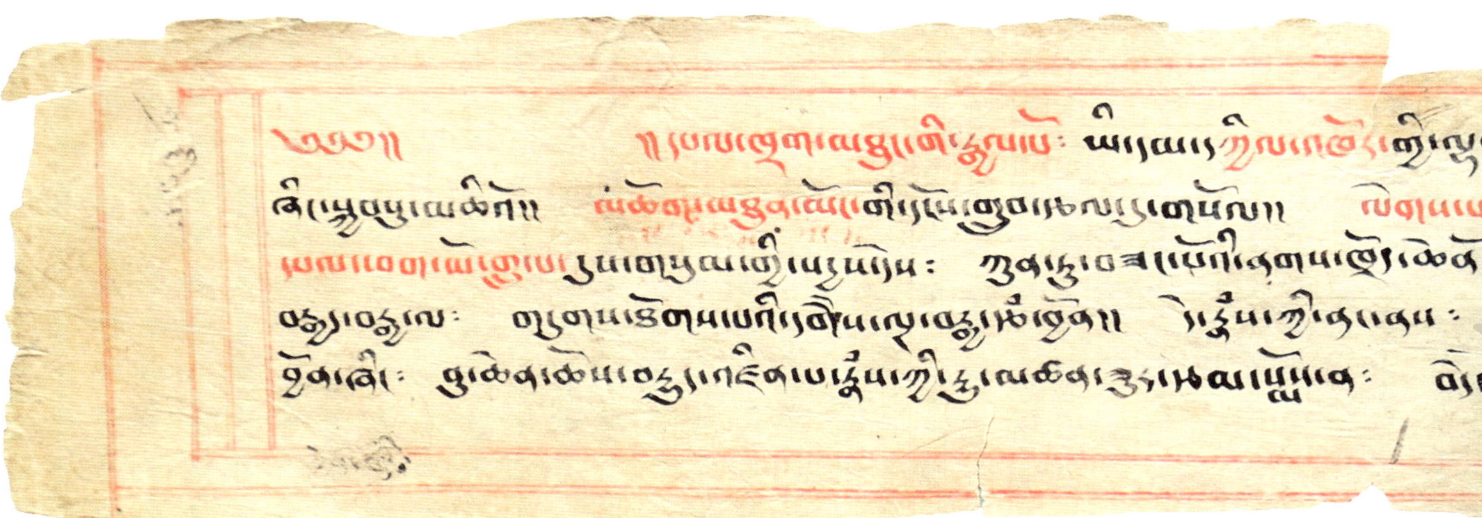

11143 大司徒文集 大司徒·降曲堅贊撰 明抄本

梵夾裝。開本高 8 釐米，廣 45 釐米。拉薩市政協文史民宗法制委員會藏。

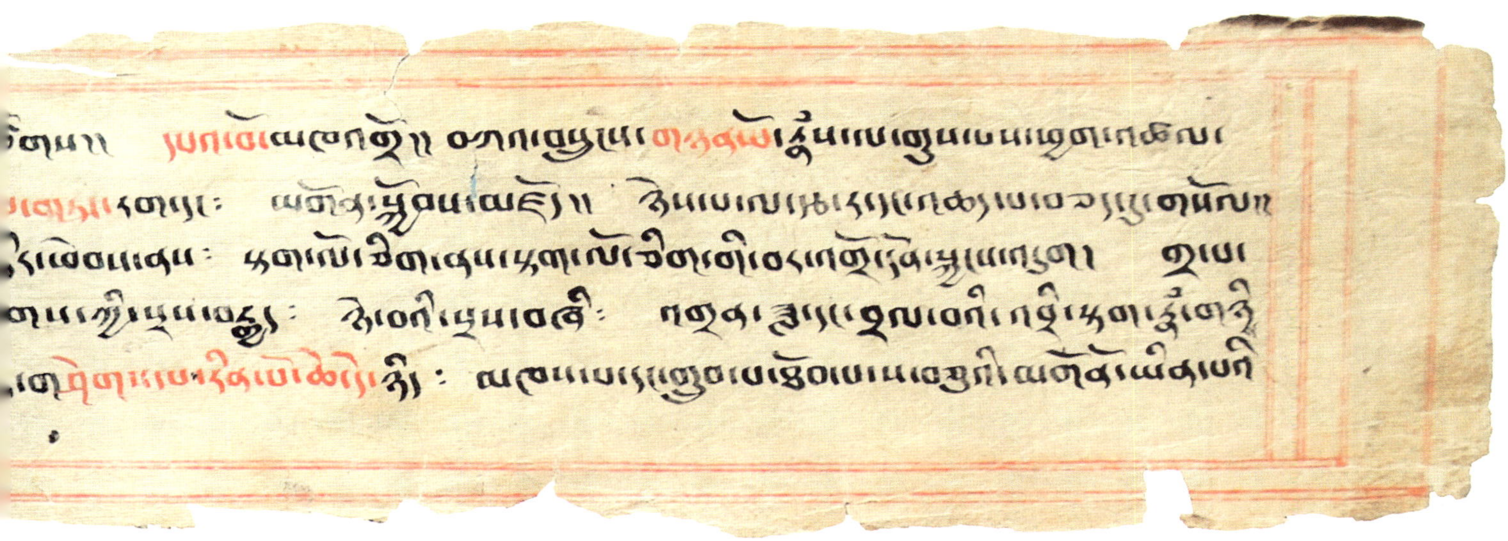

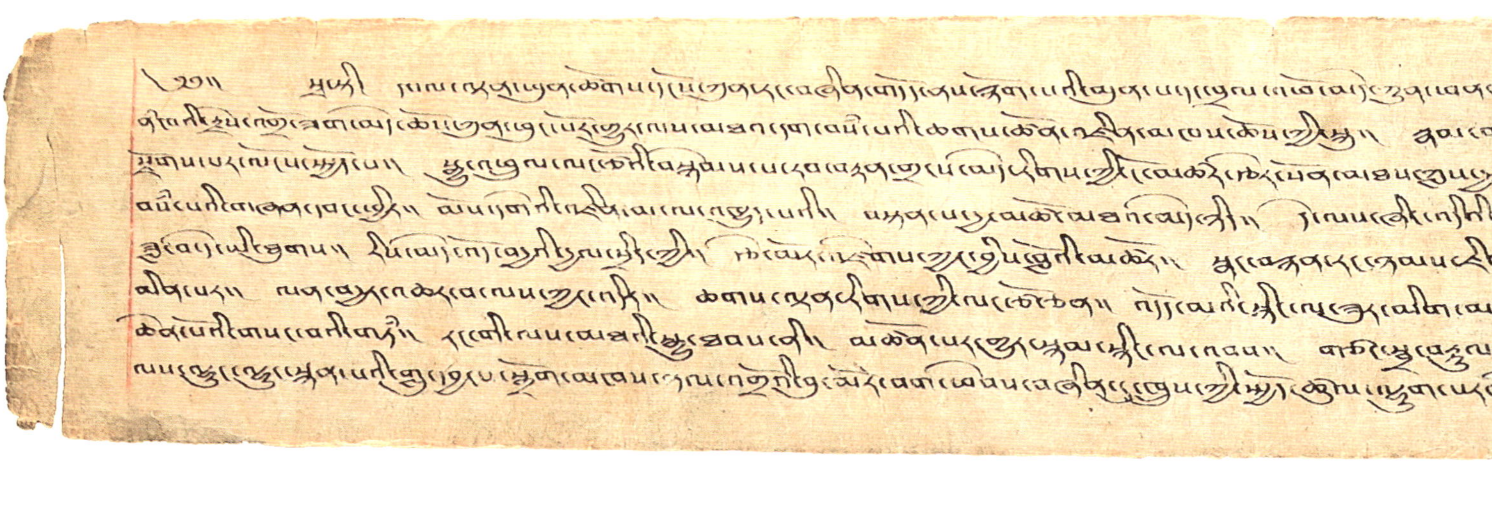

11144 續部目録志 （明）第三世達賴喇嘛索朗嘉措撰 明抄本

梵夾裝。開本高 8 釐米，廣 57 釐米。西藏圖書館藏。

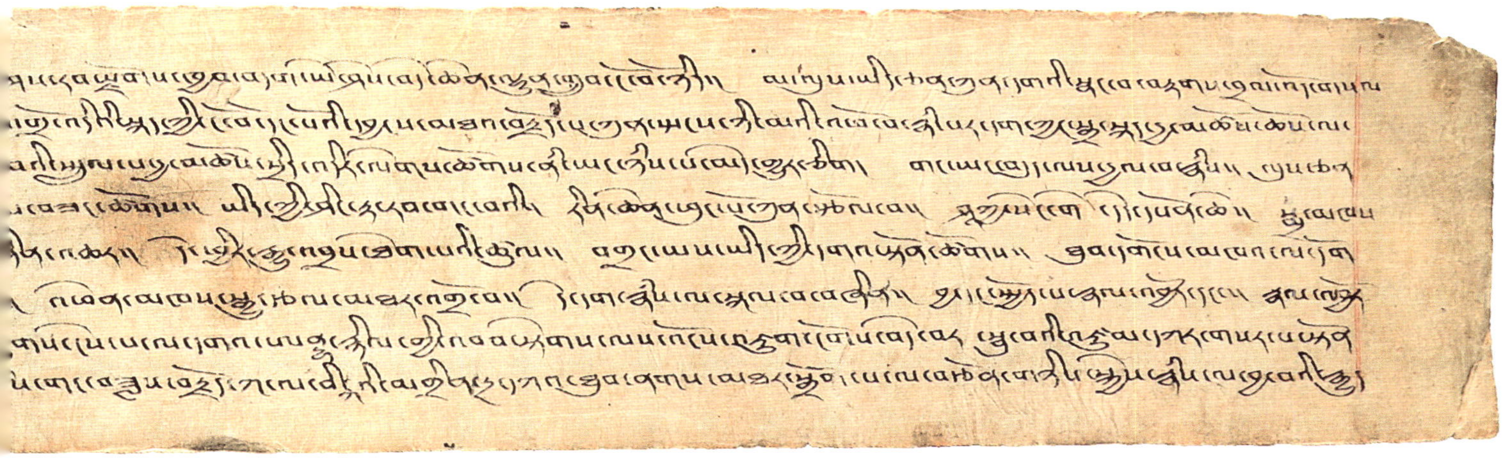

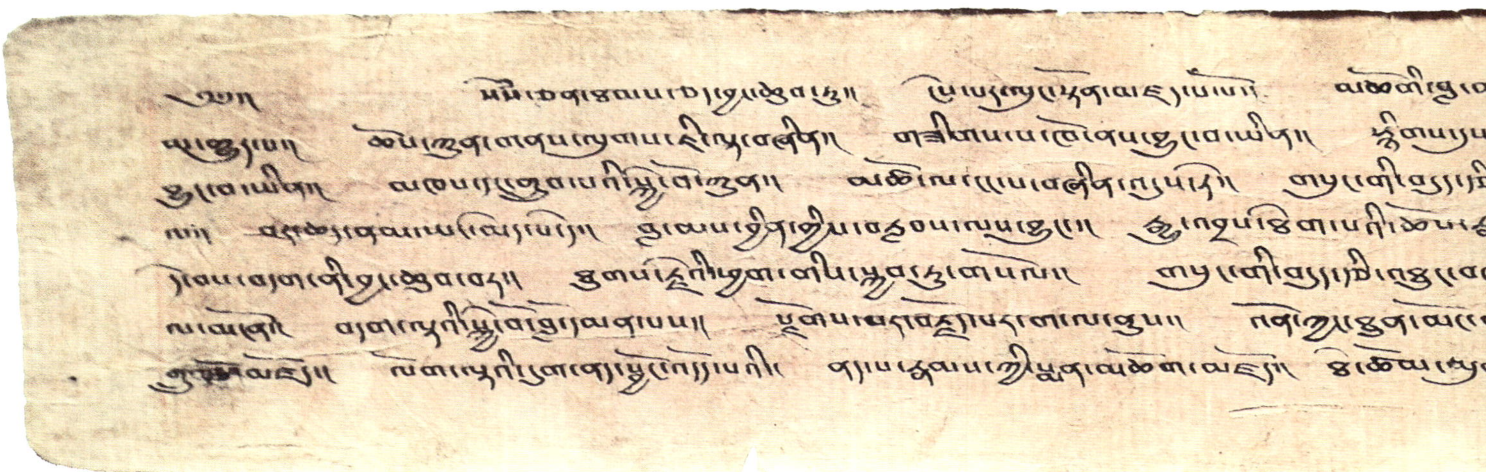

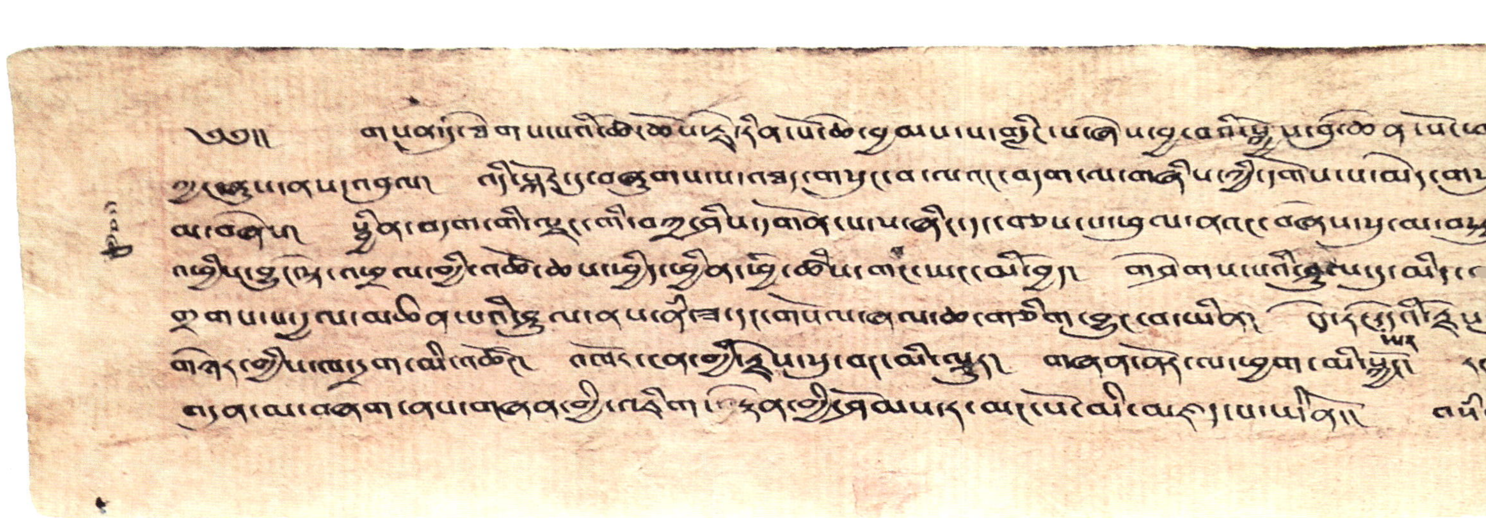

11145 一切智益桑慈巴祥傳 （明）第四世噶瑪夏瑪巴·曲杰扎巴撰 明抄本 梵夾裝。開本高 8 釐米，廣 48 釐米。拉薩市政協文史民宗法制委員會藏。

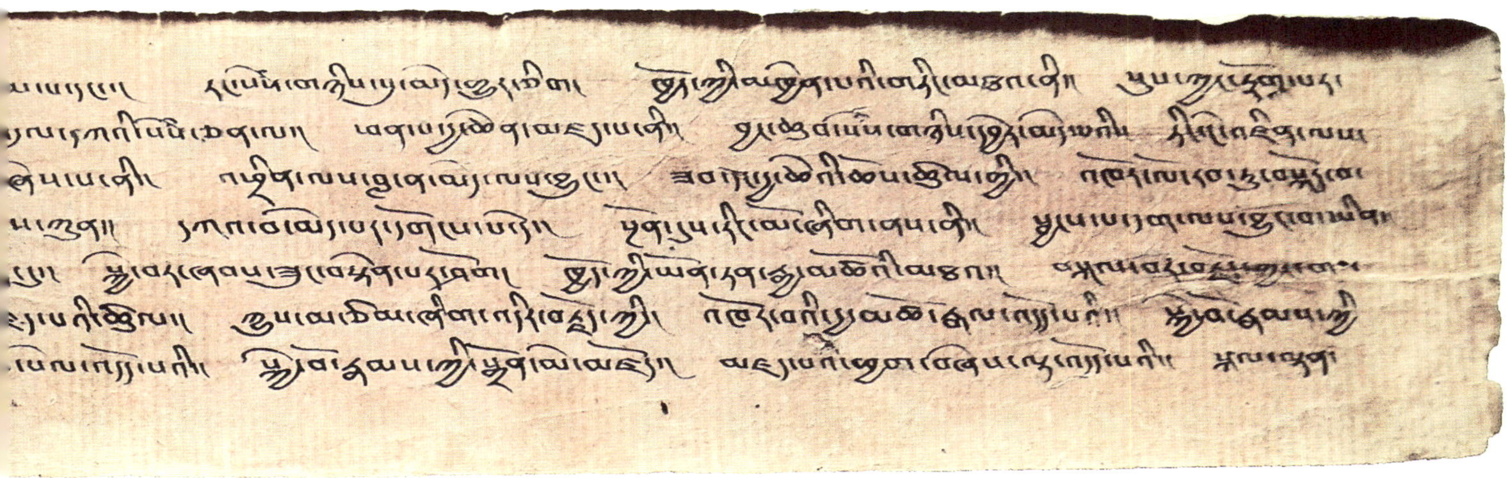

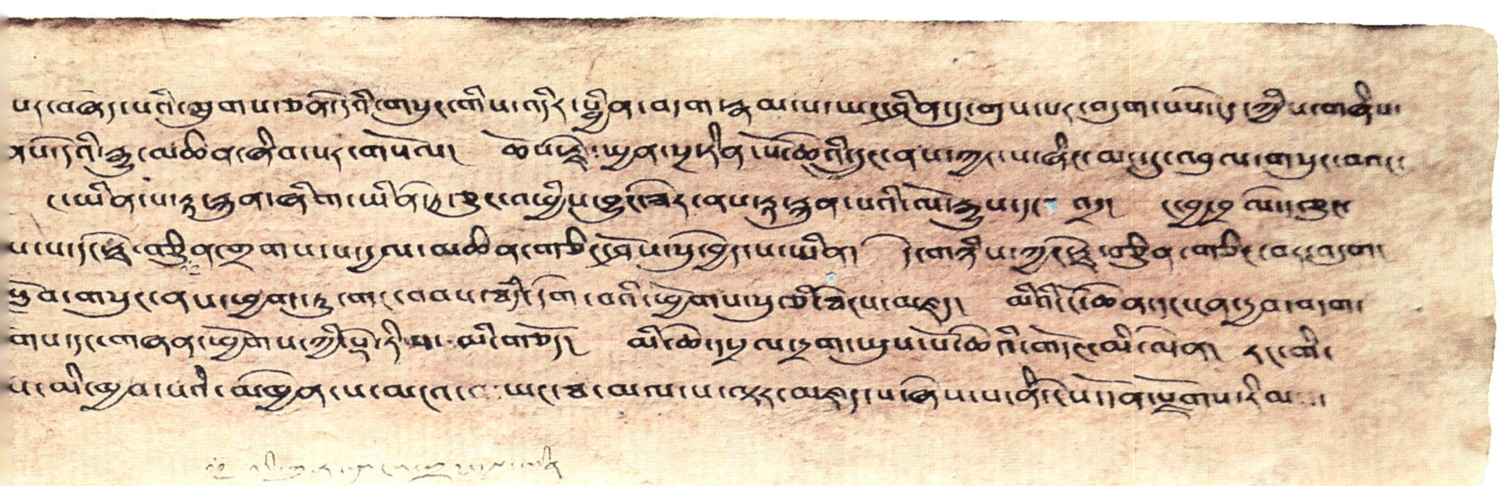

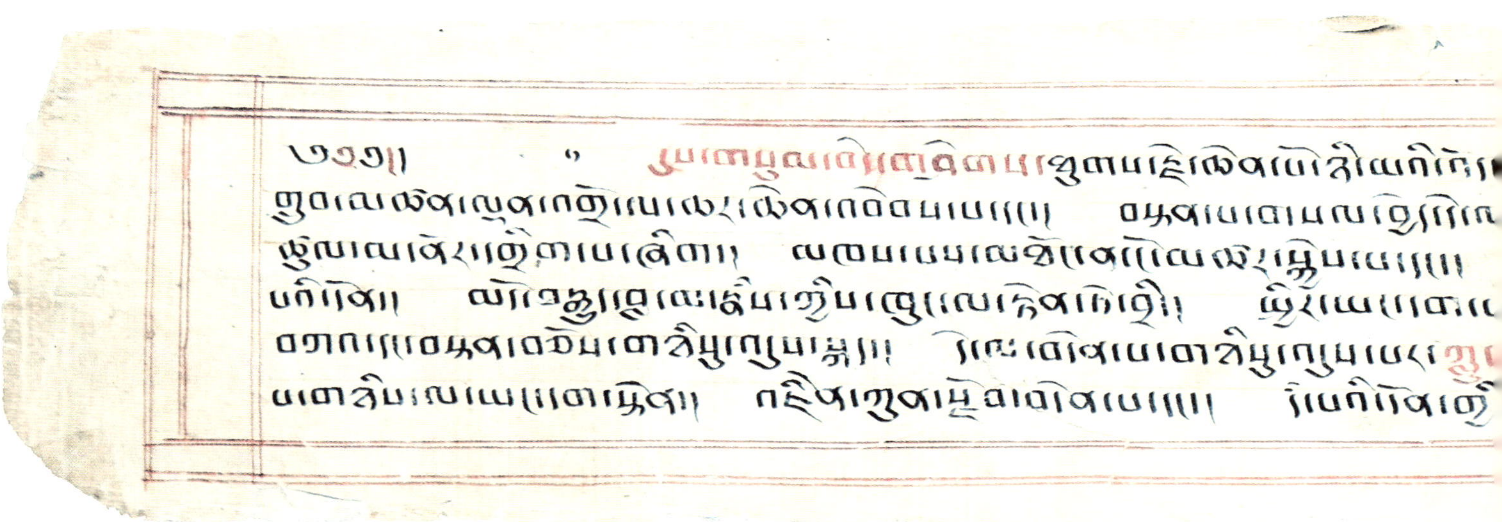

11146 第吾教法史 第吾 · 覺色撰 明抄本

梵夾裝。開本高 8.5 釐米，廣 48.5 釐米。拉薩市政協文史民宗法制委員會藏。

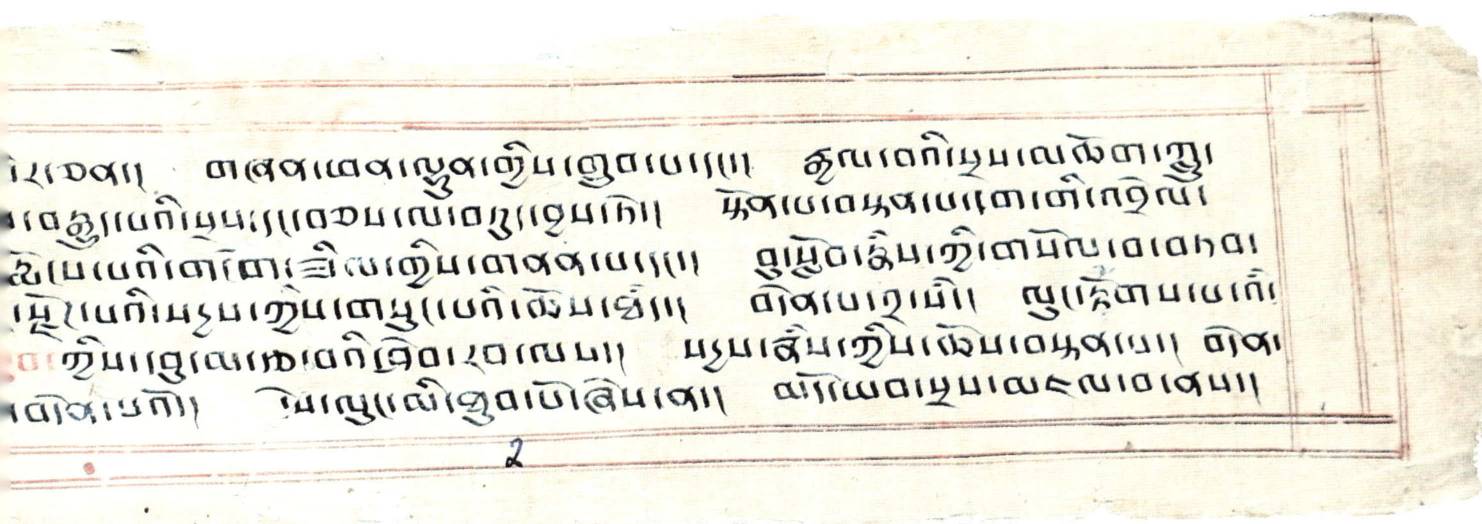

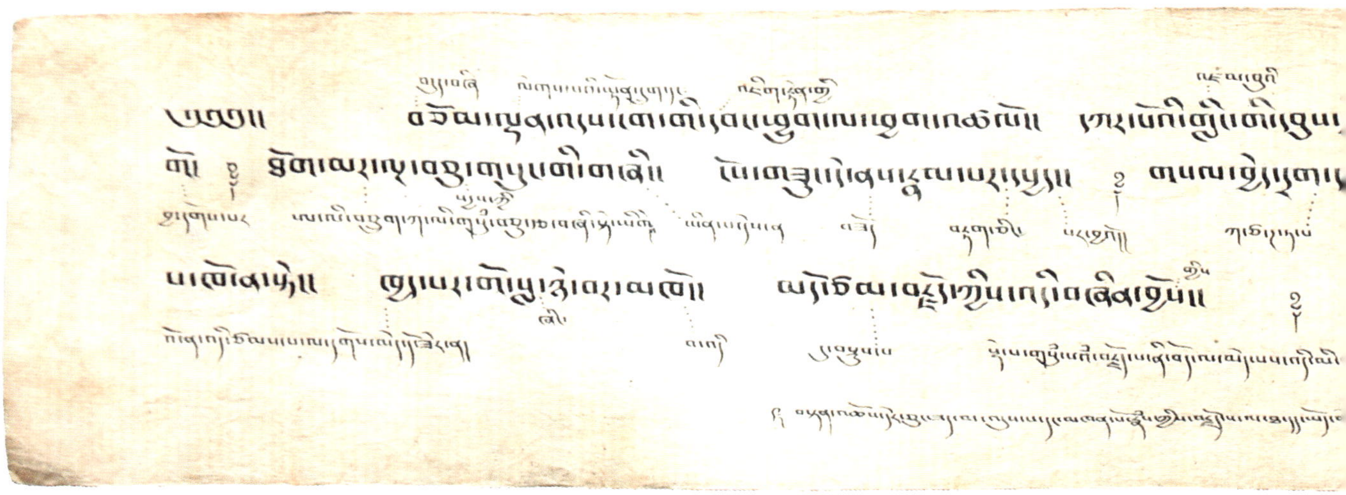

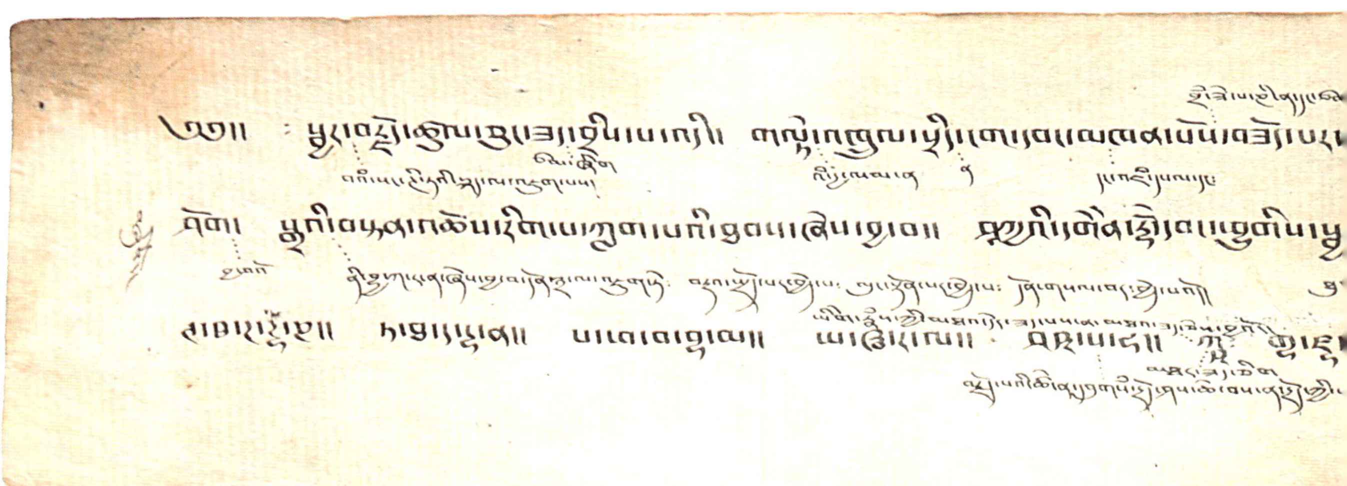

11147 噶爾林著論 多吉旺久等撰 明抄本

梵夾裝。開本高 8 釐米，廣 44.5 釐米。西藏圖書館藏。

西藏图书馆藏
民族文化宮圖書館藏

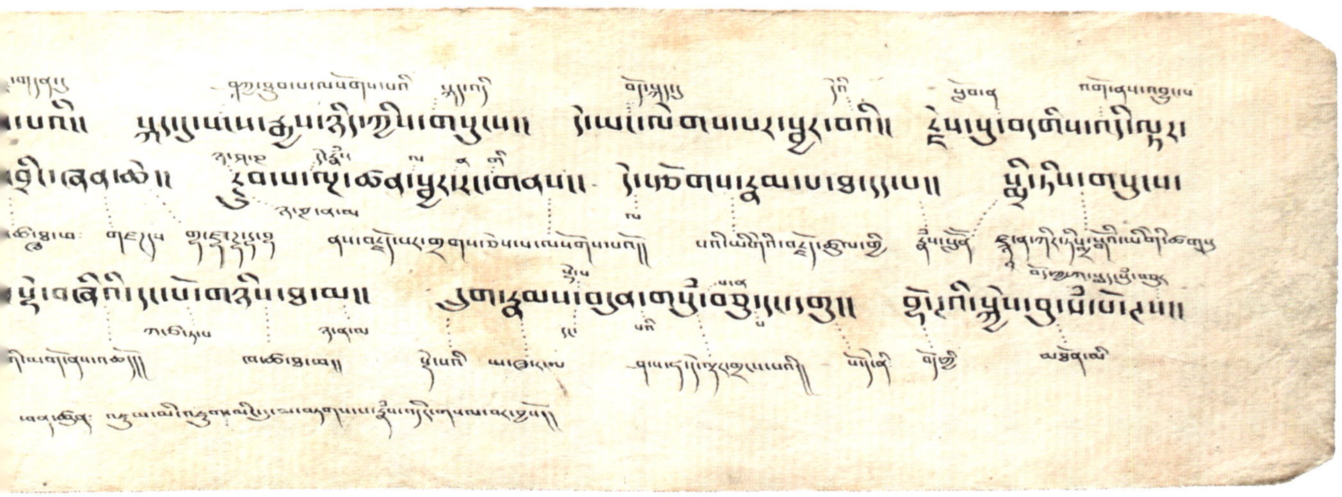

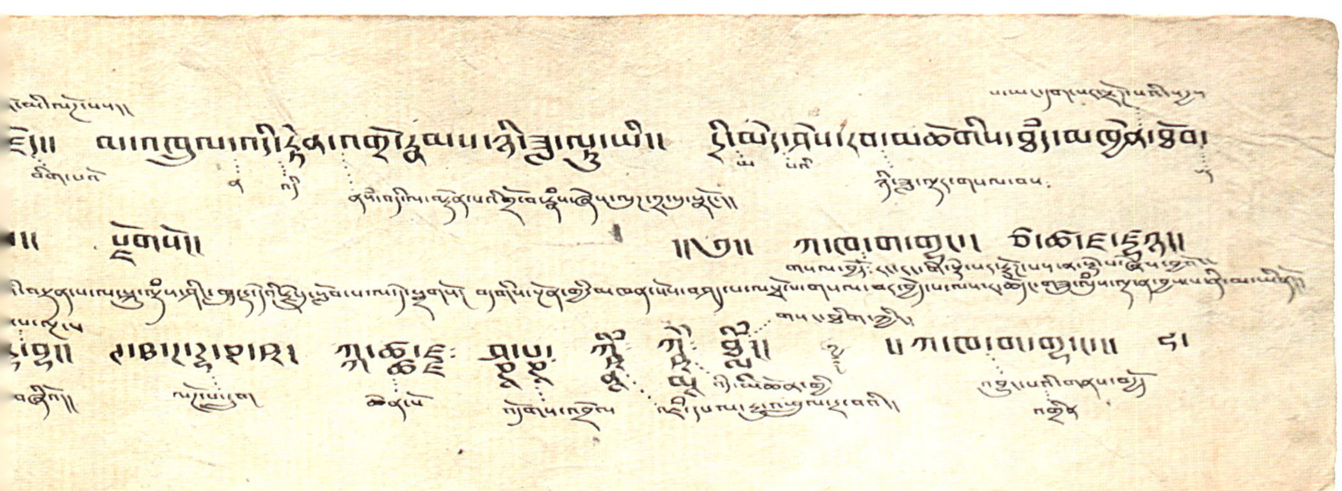

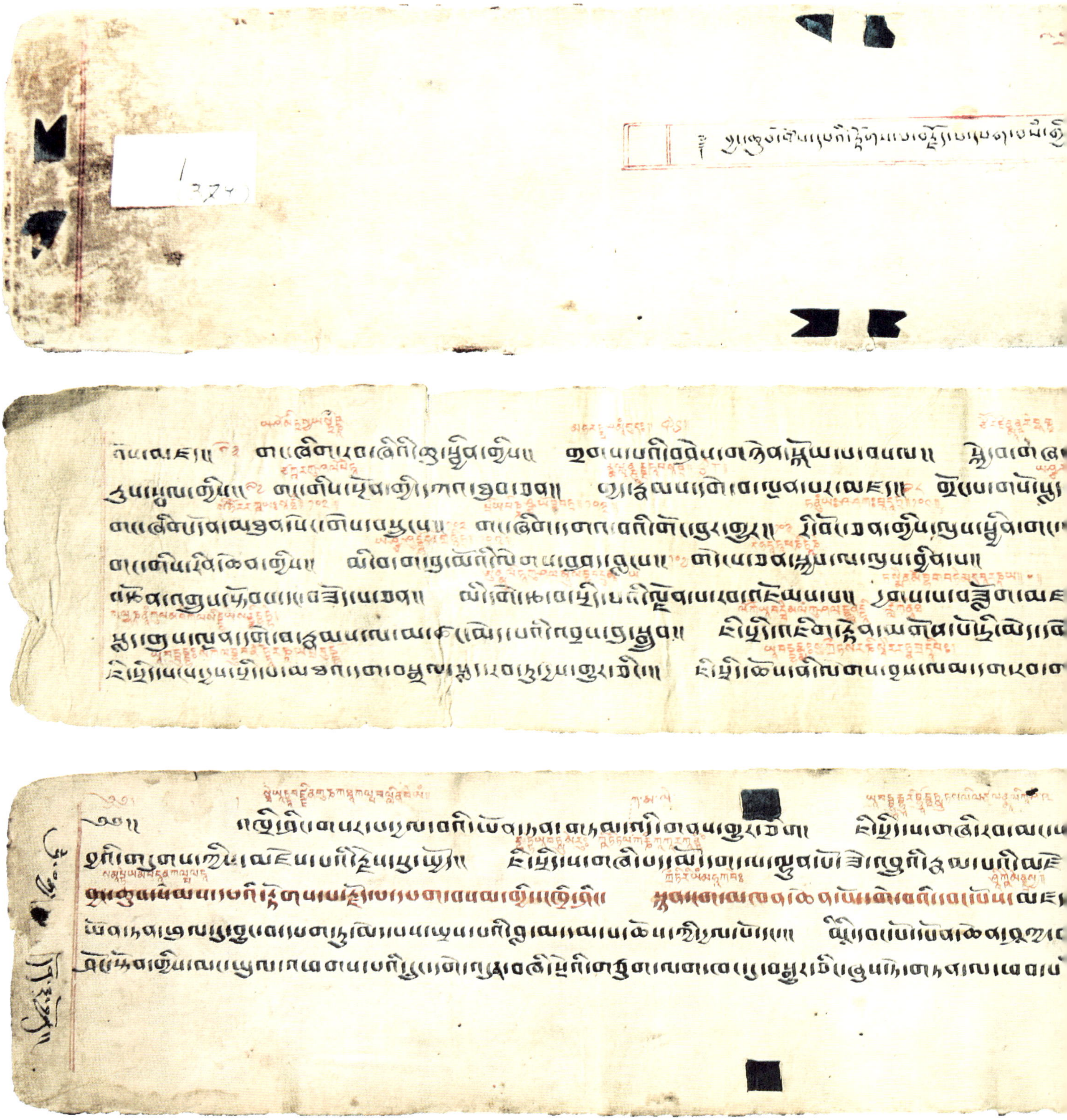

11148 釋尊本生傳如意藤 格衛旺波撰 雄頓・多杰堅贊譯 明抄本

梵夾裝。開本高 7.5 釐米，廣 45 釐米。西藏博物館藏。

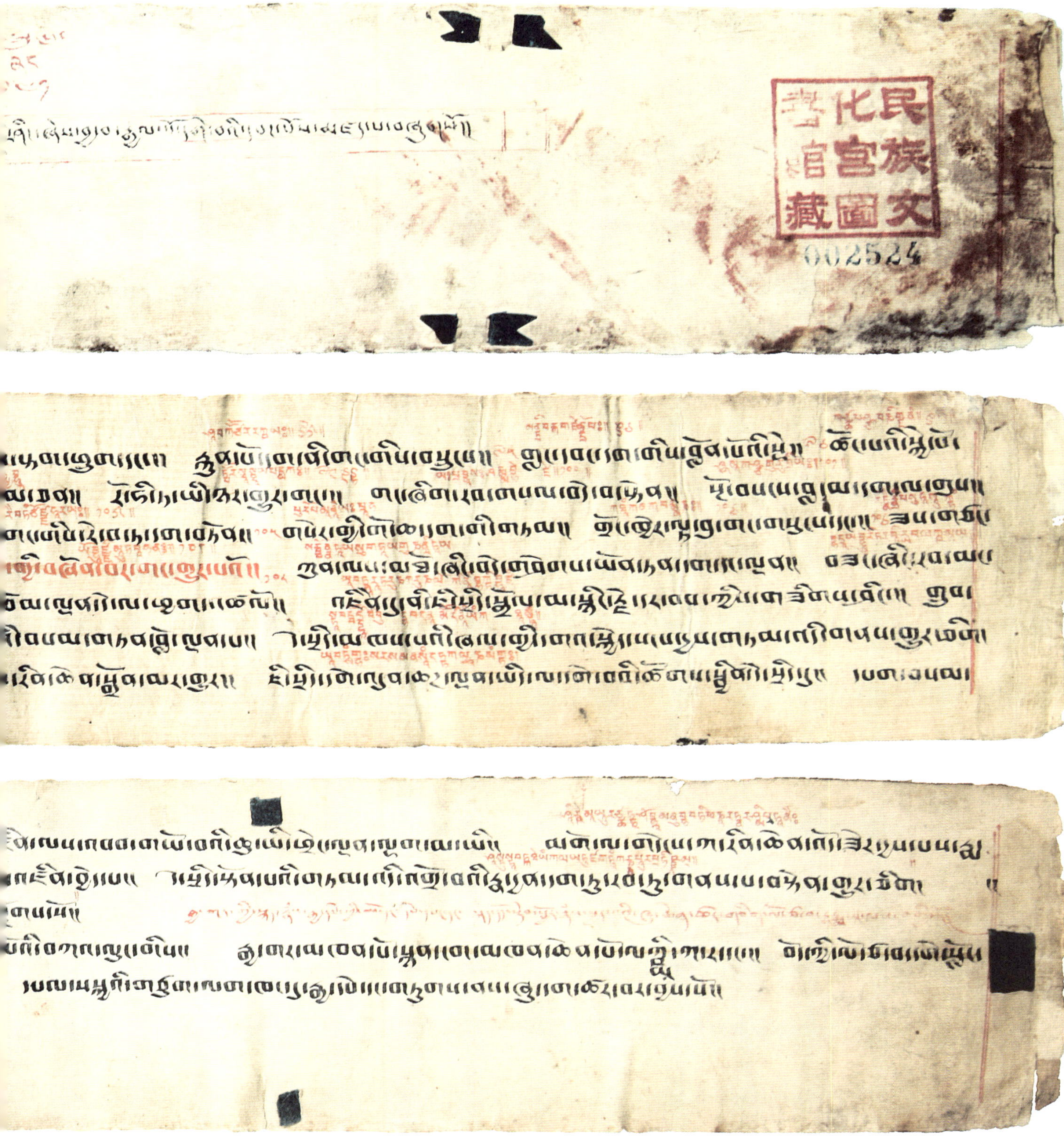

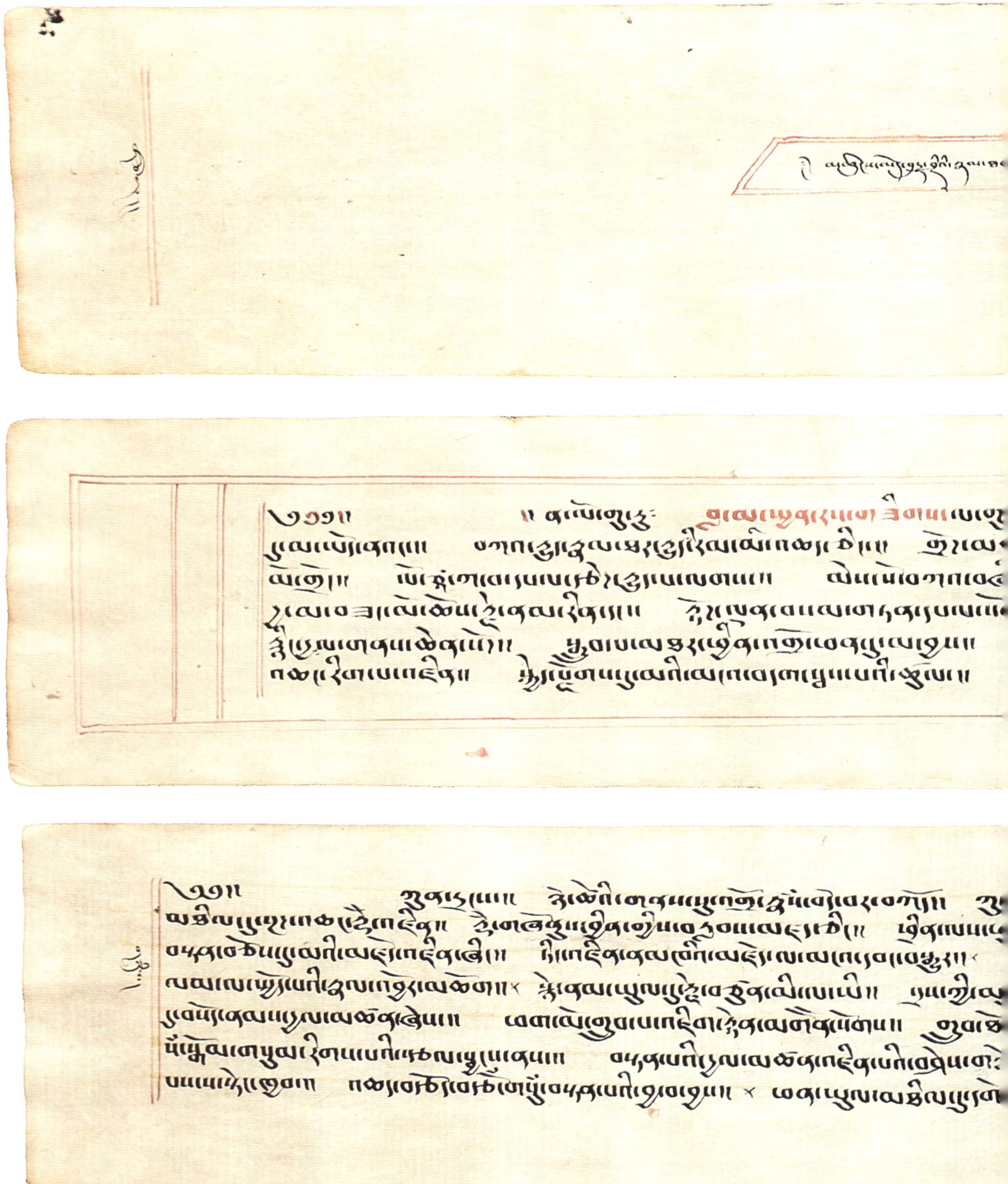

11149 具德上師扎巴仁波切簡傳 故究兒 · 桑杰白撰 明抄本

梵夾裝。開本高 8.5 釐米，廣 44.2 釐米。拉薩市政協文史民宗法制委員會藏。

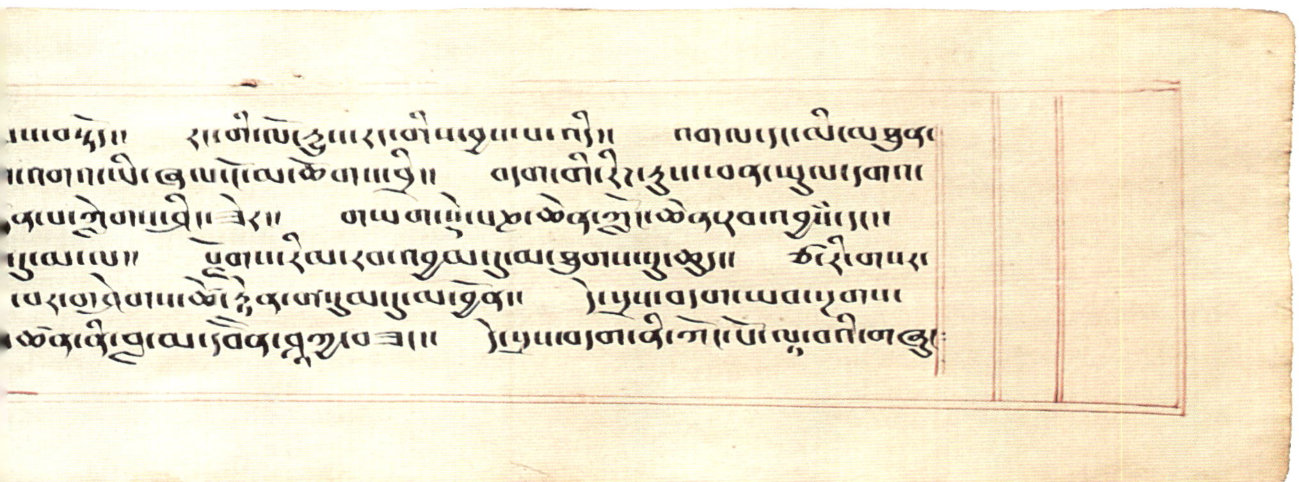

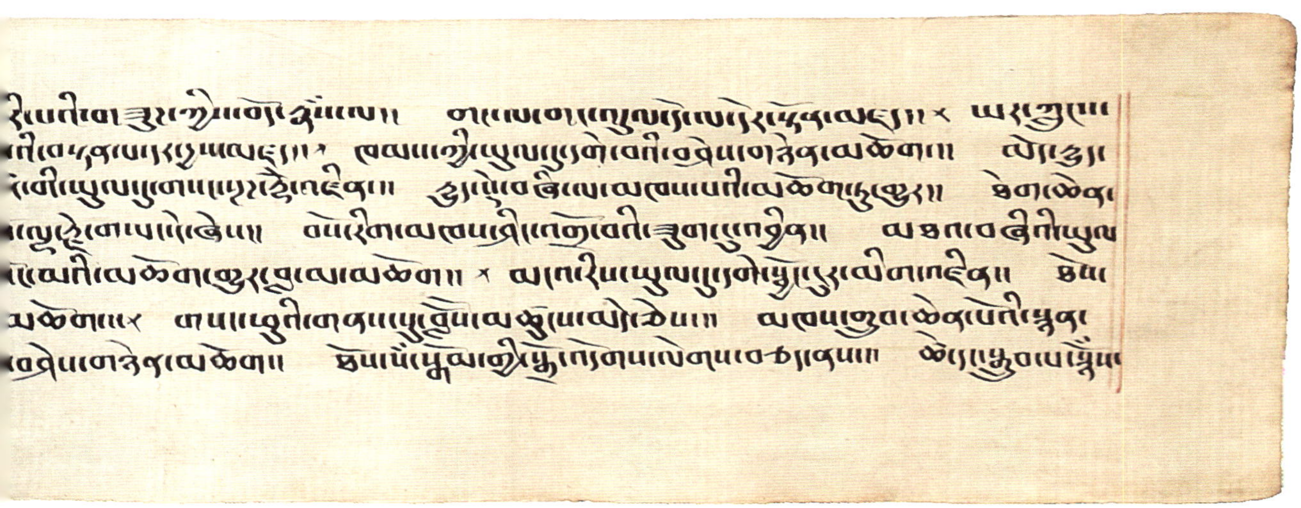

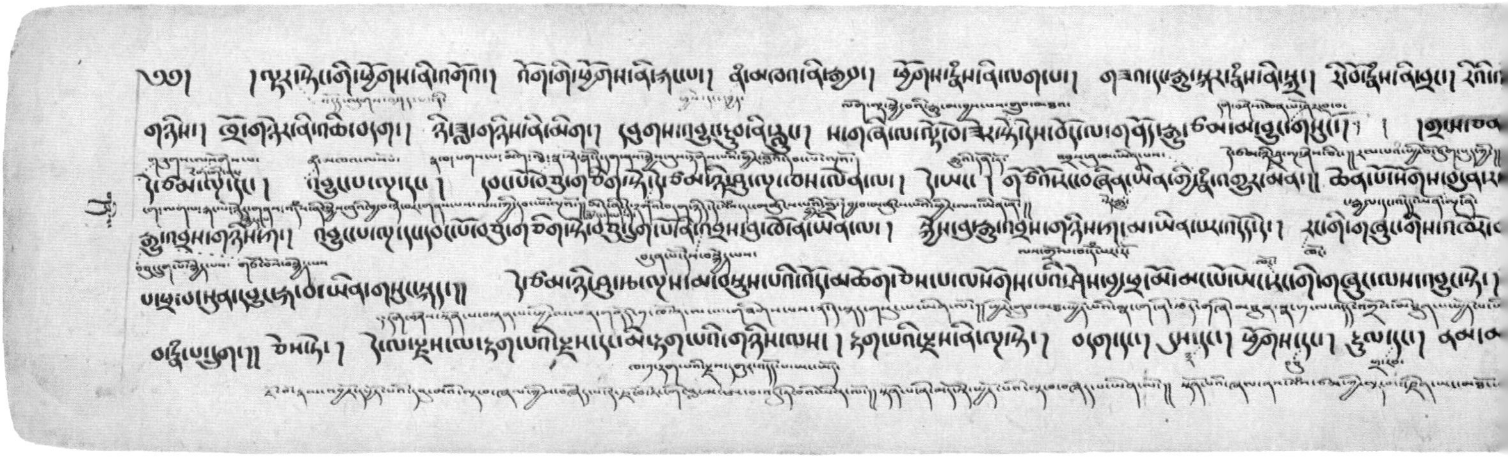

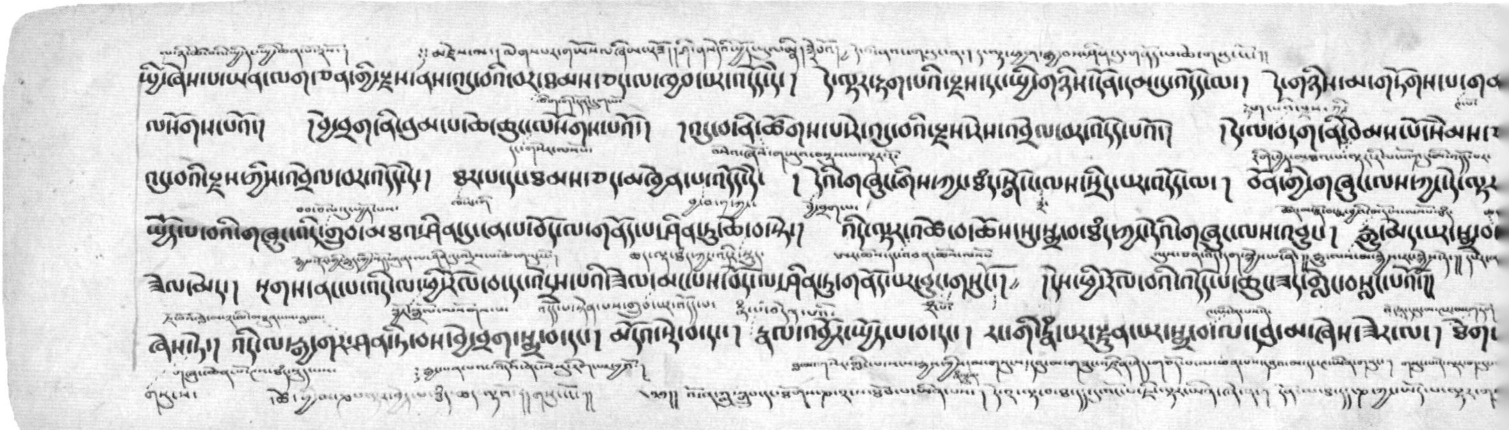

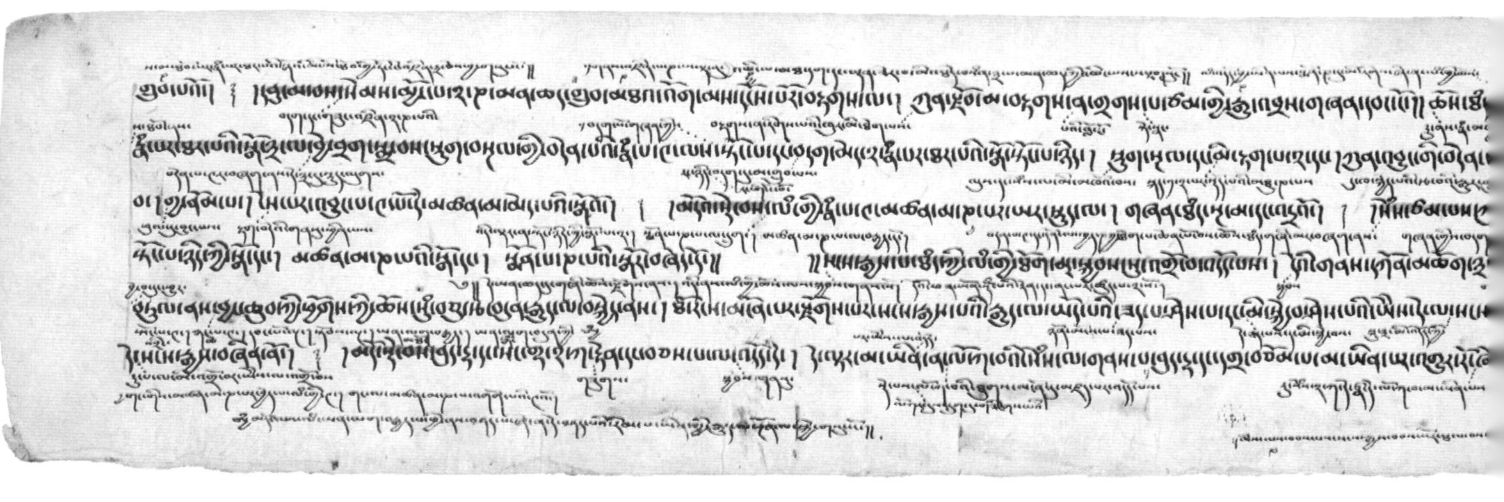

11150 教派廣論 甲且喀瓦 · 益西多杰撰 明抄本

梵夾裝。開本高 10.5 釐米，廣 68 釐米。拉薩市百慈藏文古籍研究室藏。

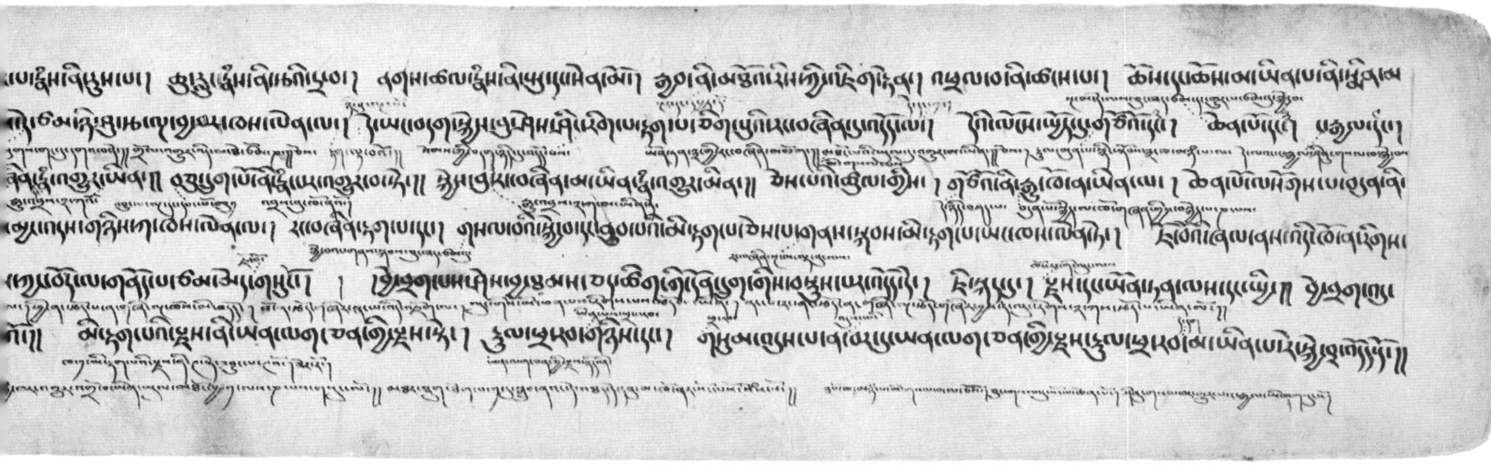

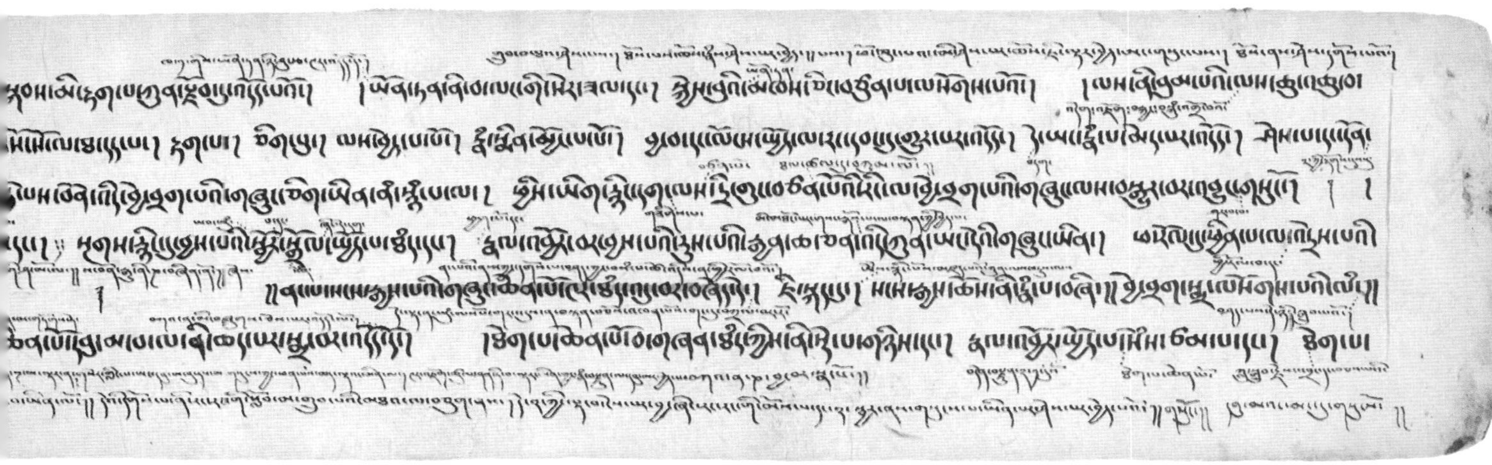

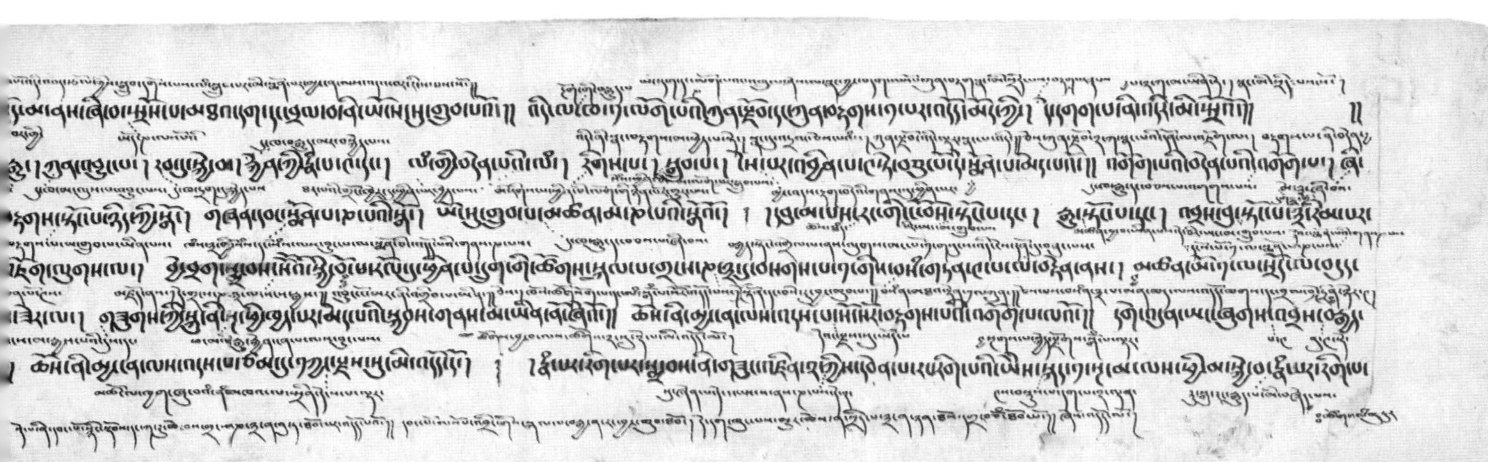

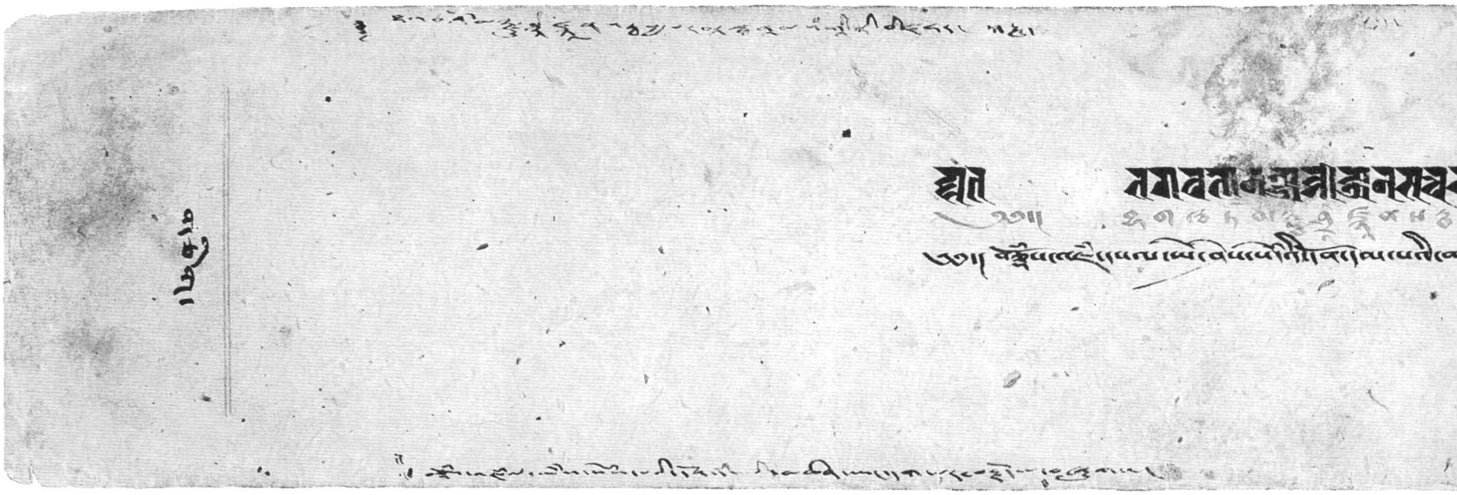

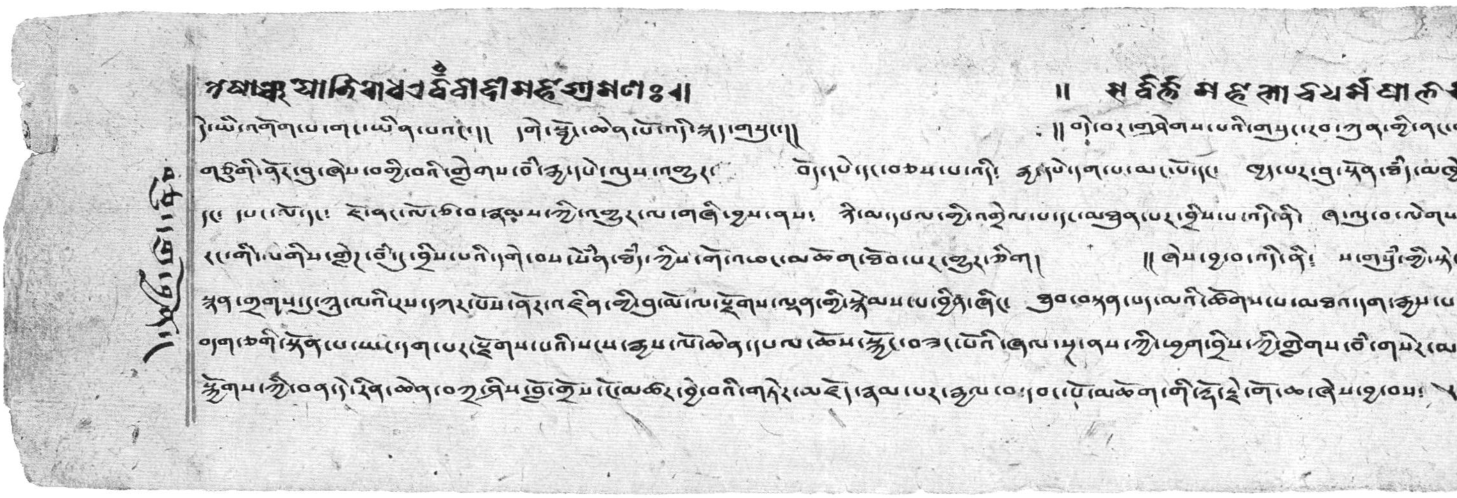

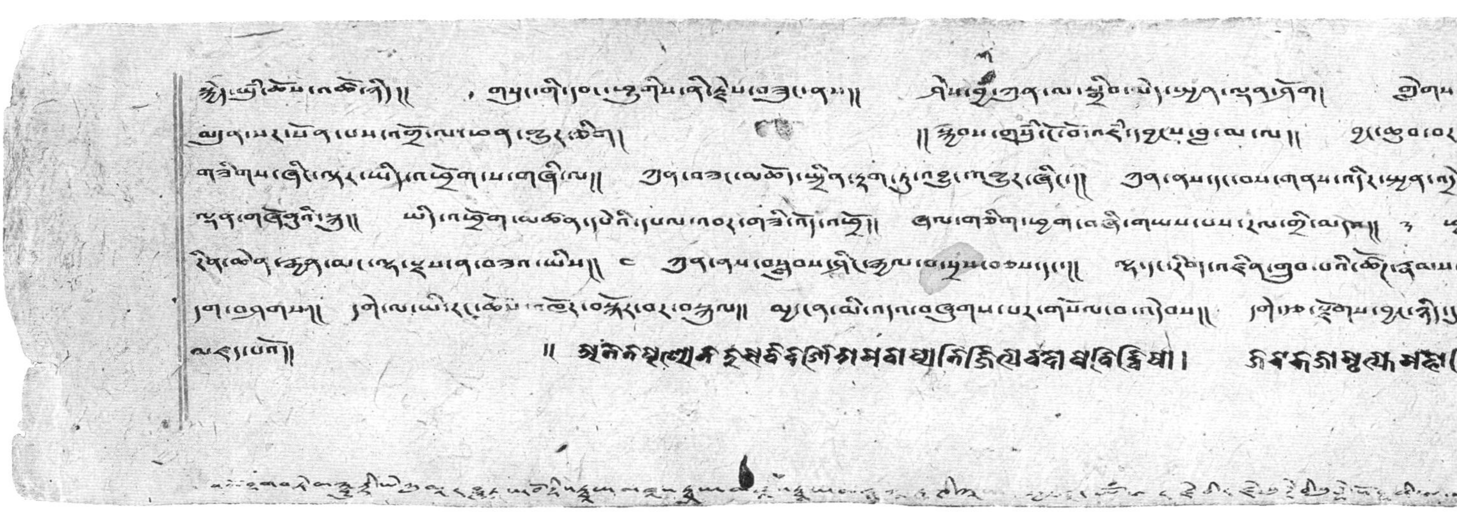

11151 文殊菩薩真言集 賈敦 · 仁青扎西撰 明抄本

梵夾裝。開本高 8 釐米，廣 48.5 釐米。拉薩市百慈藏文古籍研究室藏。

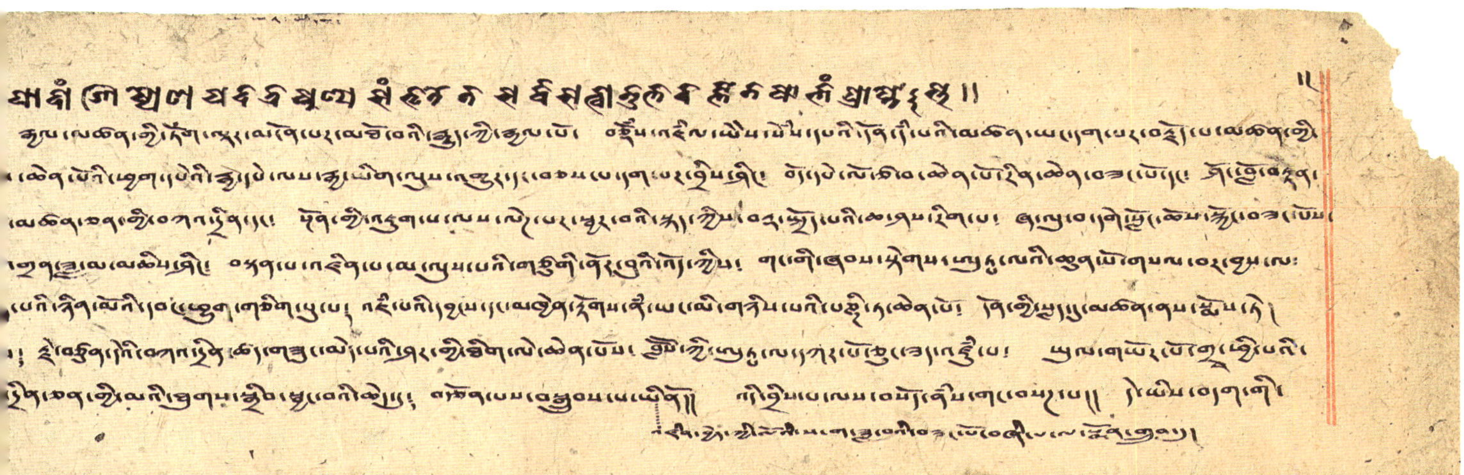

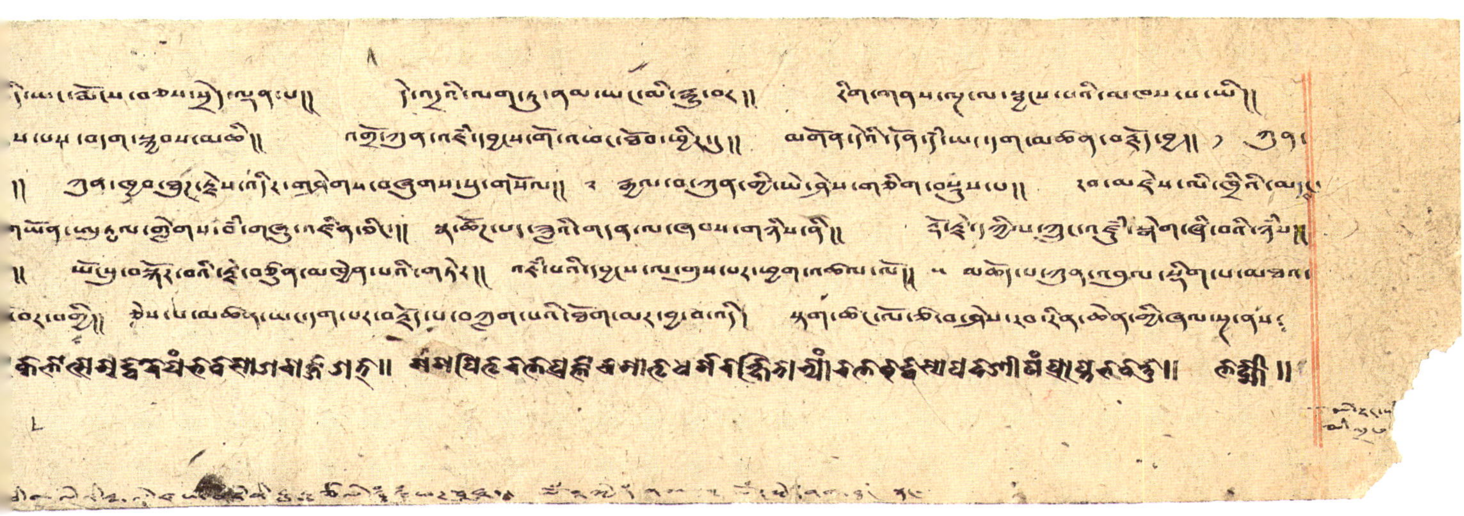

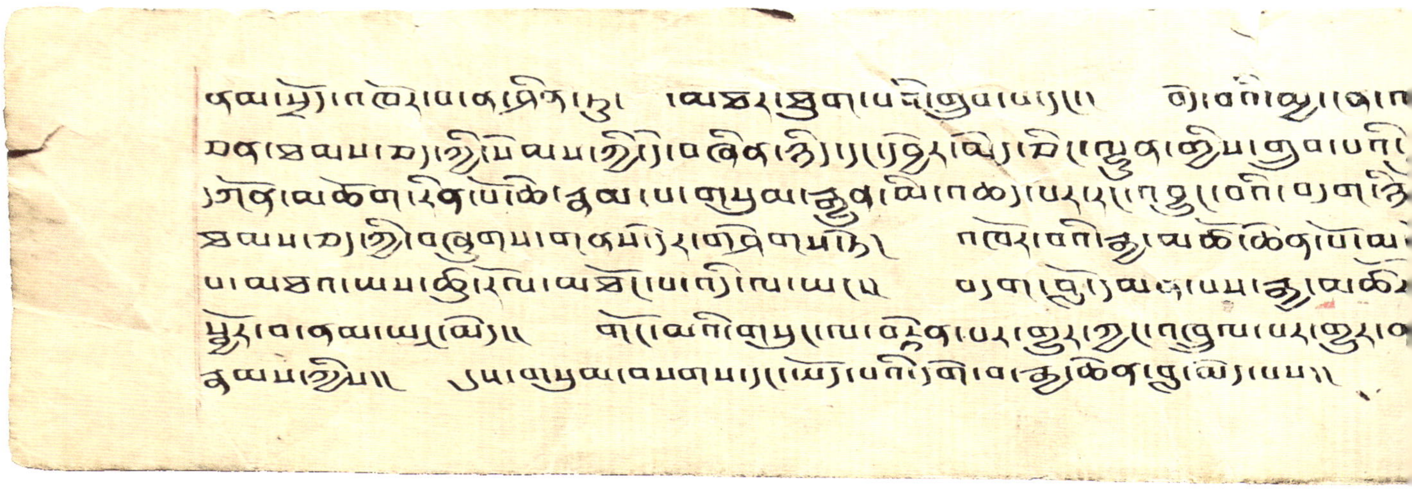

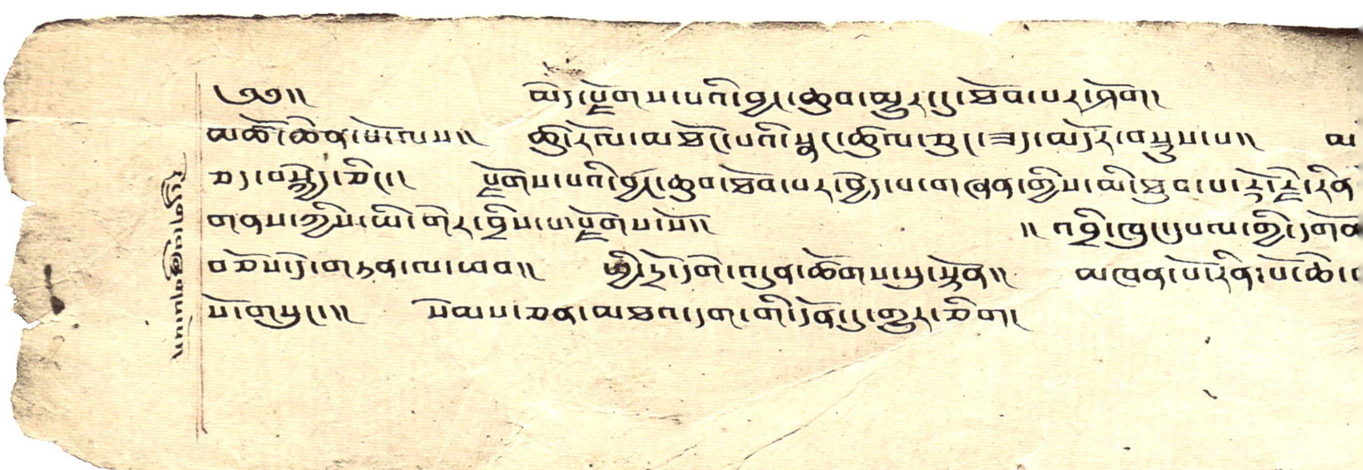

11152 直貢法尊覺巴仁青貝大傳記無敵金剛焰 敬安·西繞瓊乃撰 明抄本

梵夾裝。開本高 7.5 釐米，廣 44.5 釐米。拉薩市政協文史民宗法制委員會藏。

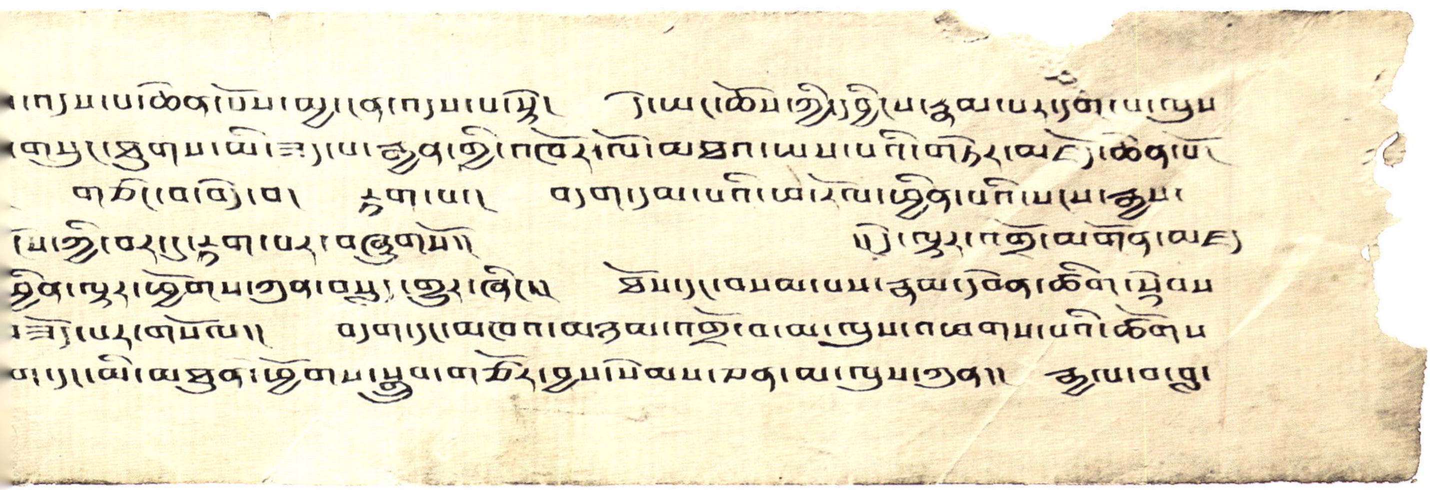

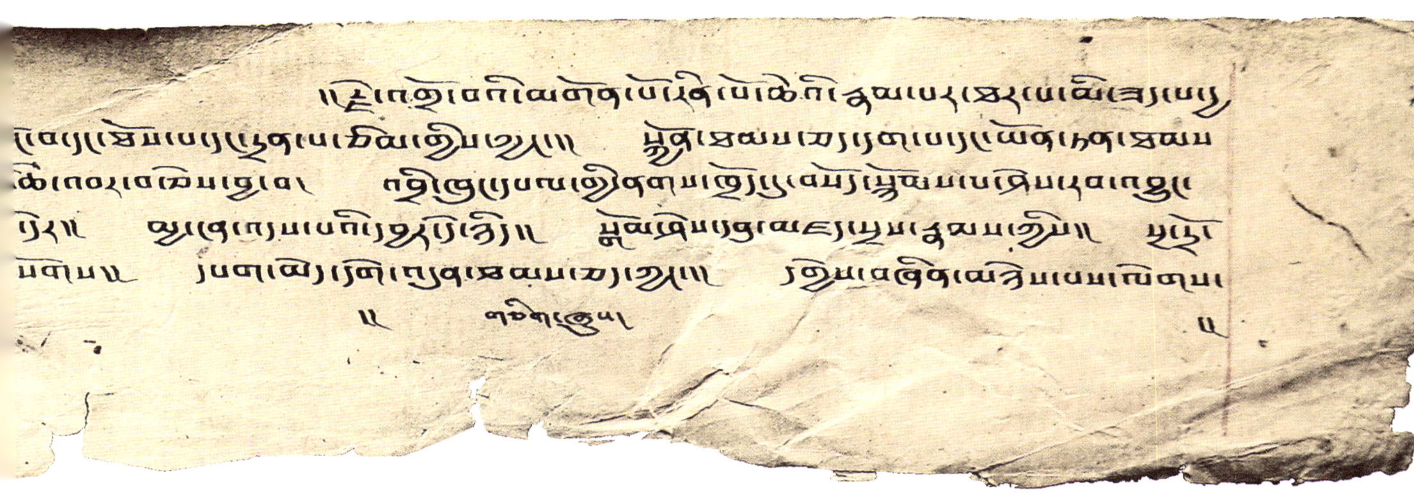

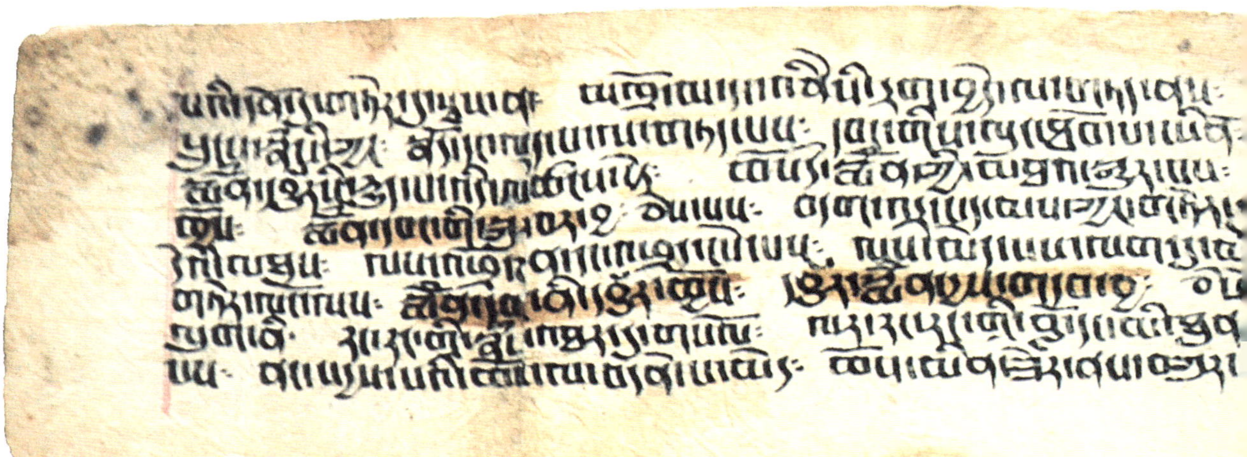

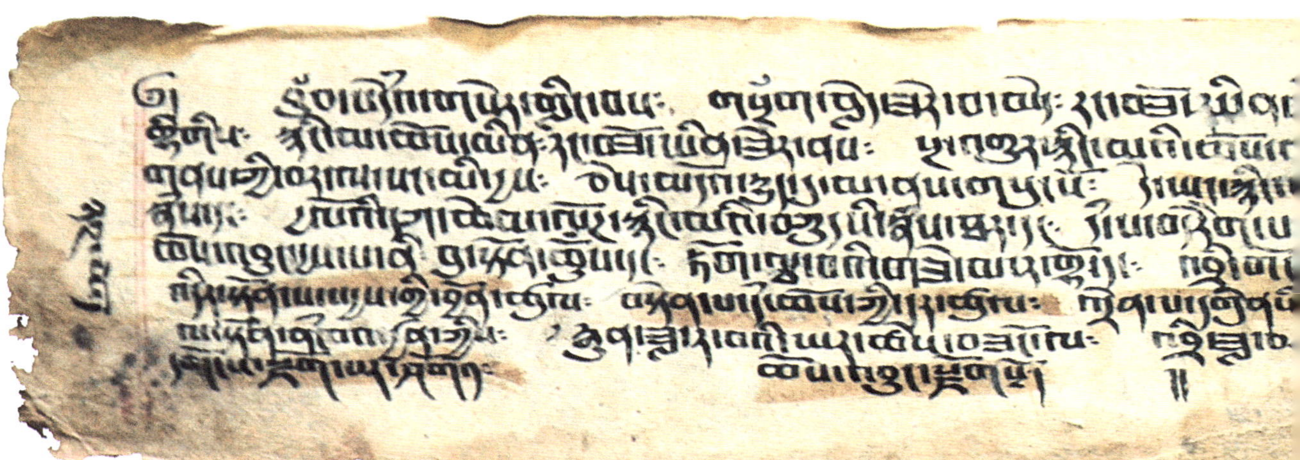

11153 佛教史略 拉頓 · 朗卡堅贊撰 明抄本

梵夾裝。開本高 8 釐米，廣 44 釐米。西藏自治區羅布林卡藏。

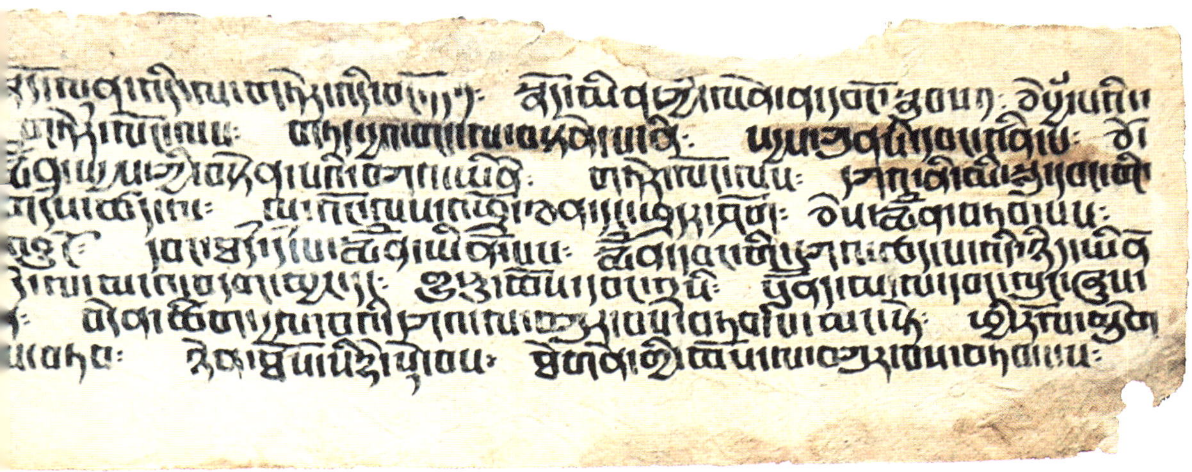

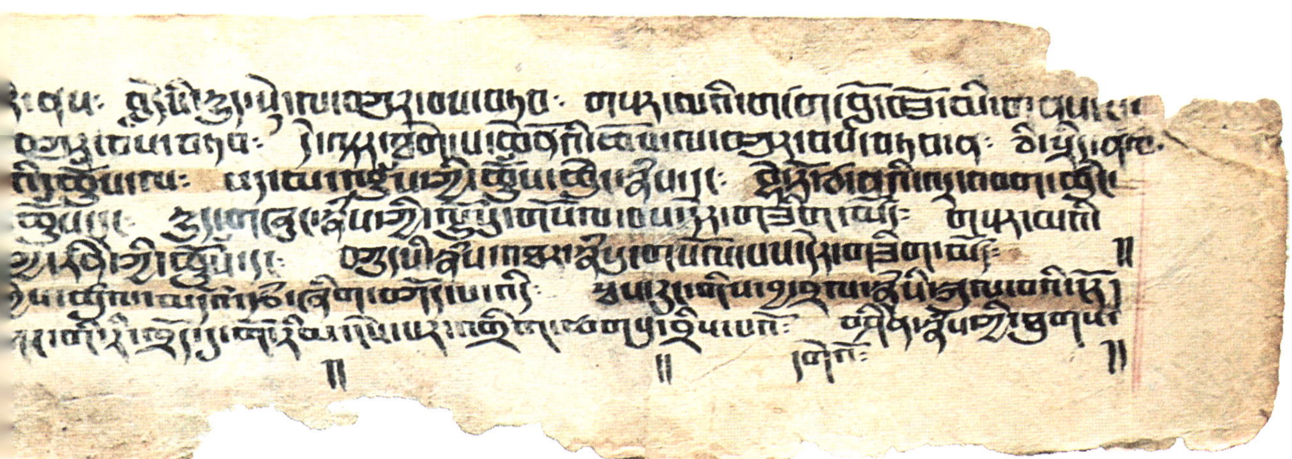

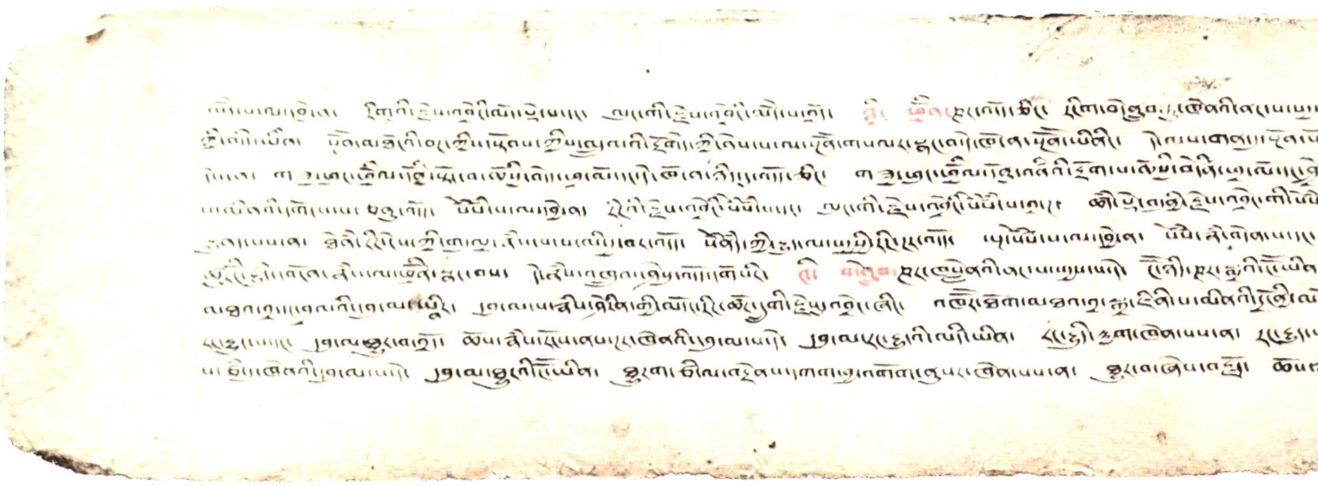

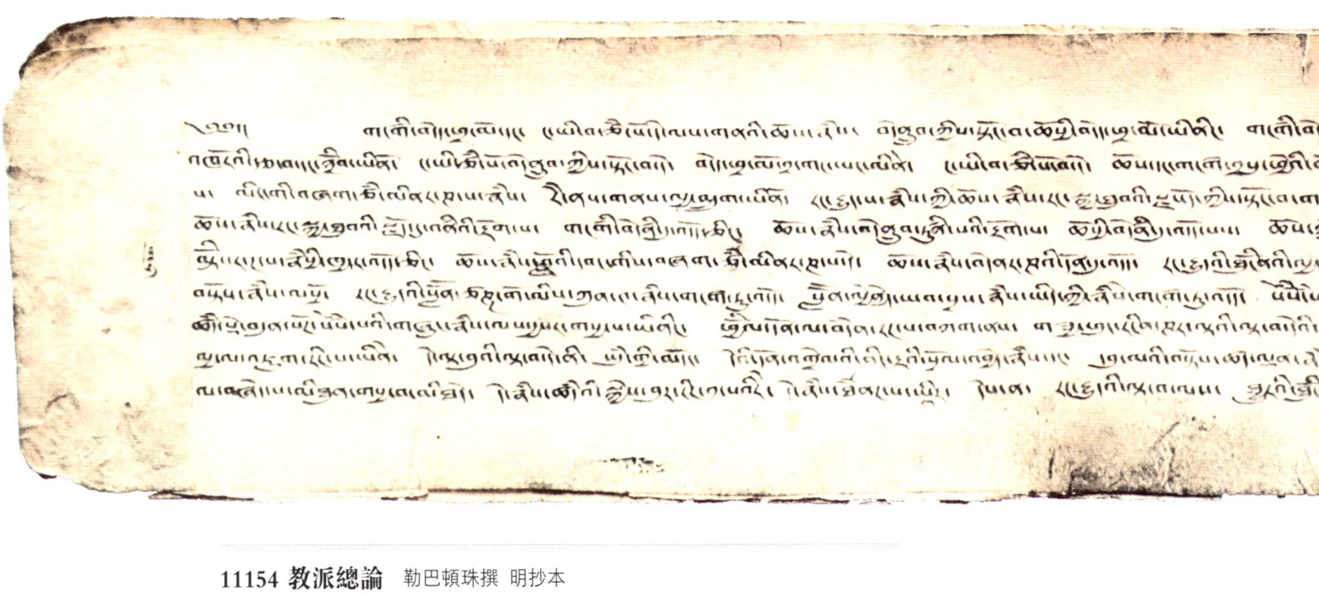

11154 教派總論 勒巴頓珠撰 明抄本

梵夾裝。開本高 12 釐米，廣 63.5 釐米。西藏自治區日喀則市扎什倫布寺藏。

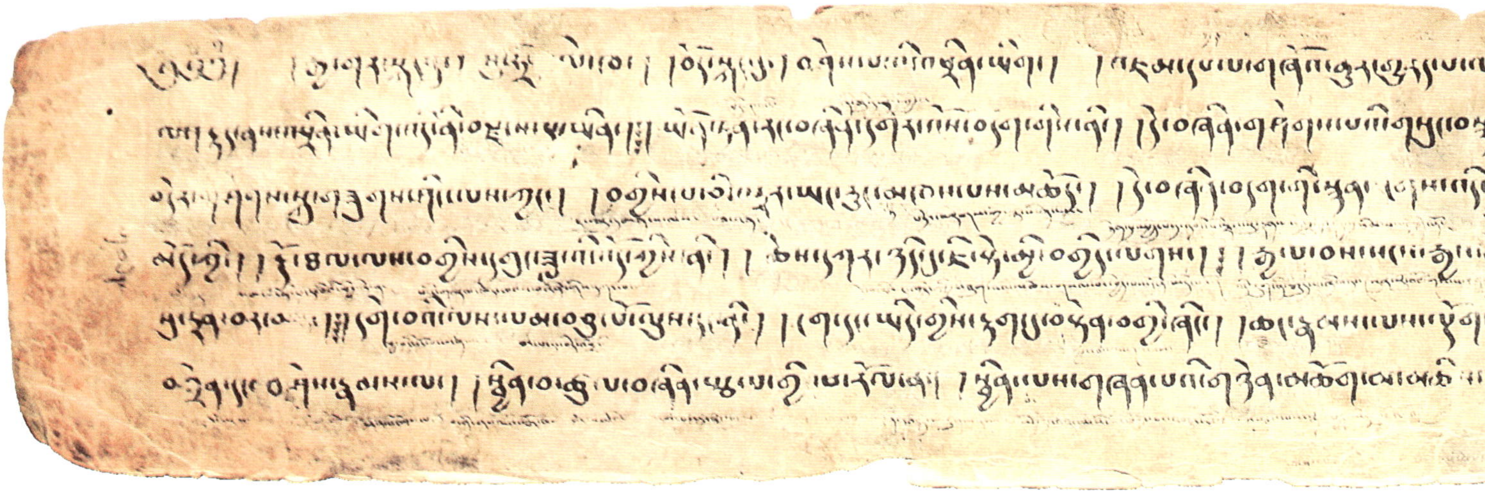

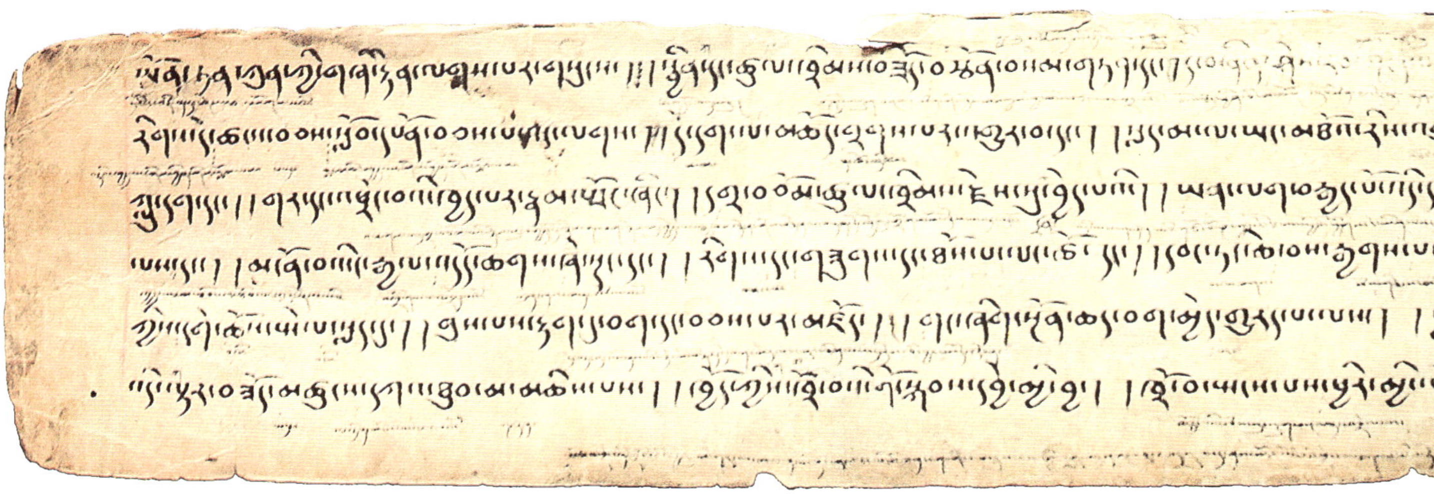

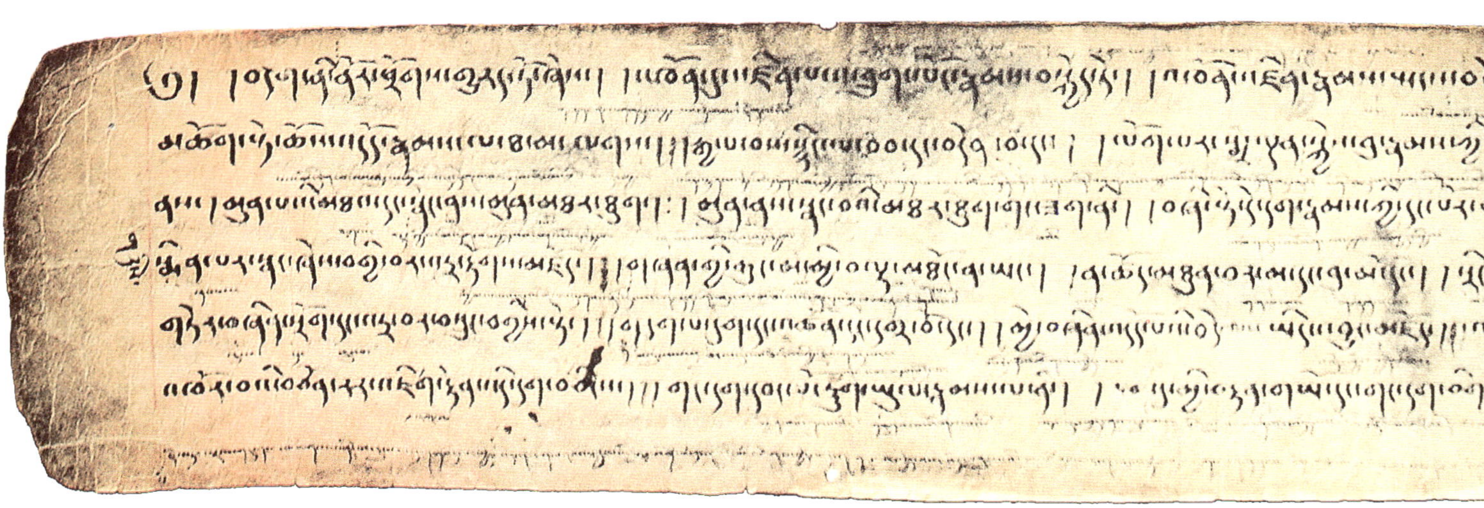

11155 勸誡親友書 明抄本

梵夾裝。開本高 8 釐米，廣 48 釐米。拉薩市政協文史民宗法制委員會藏。

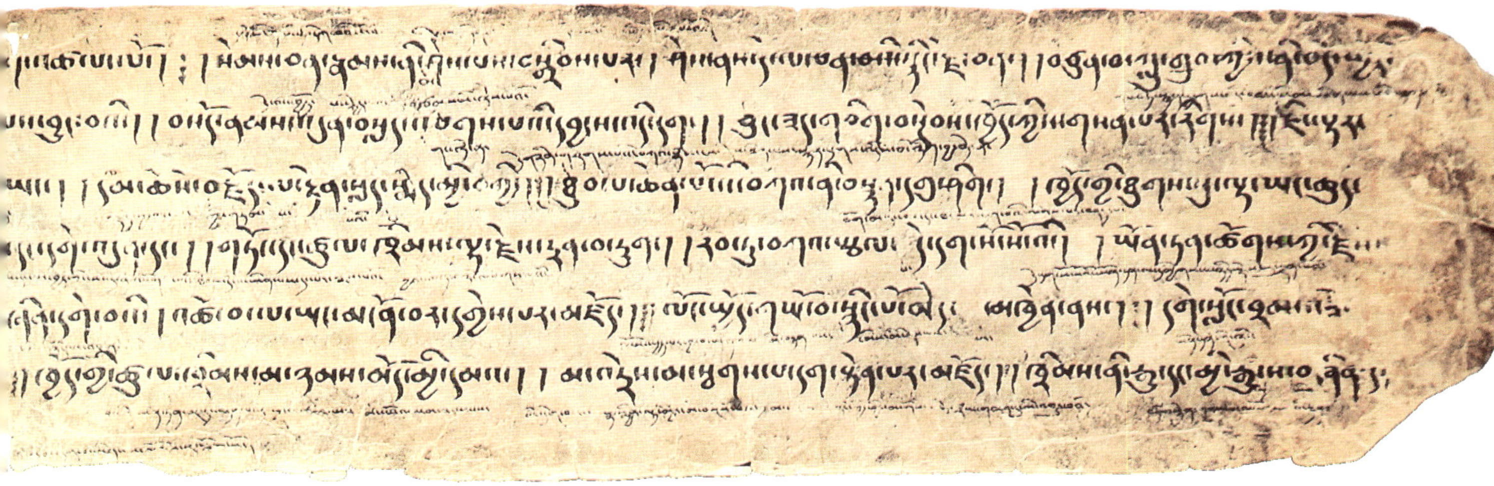

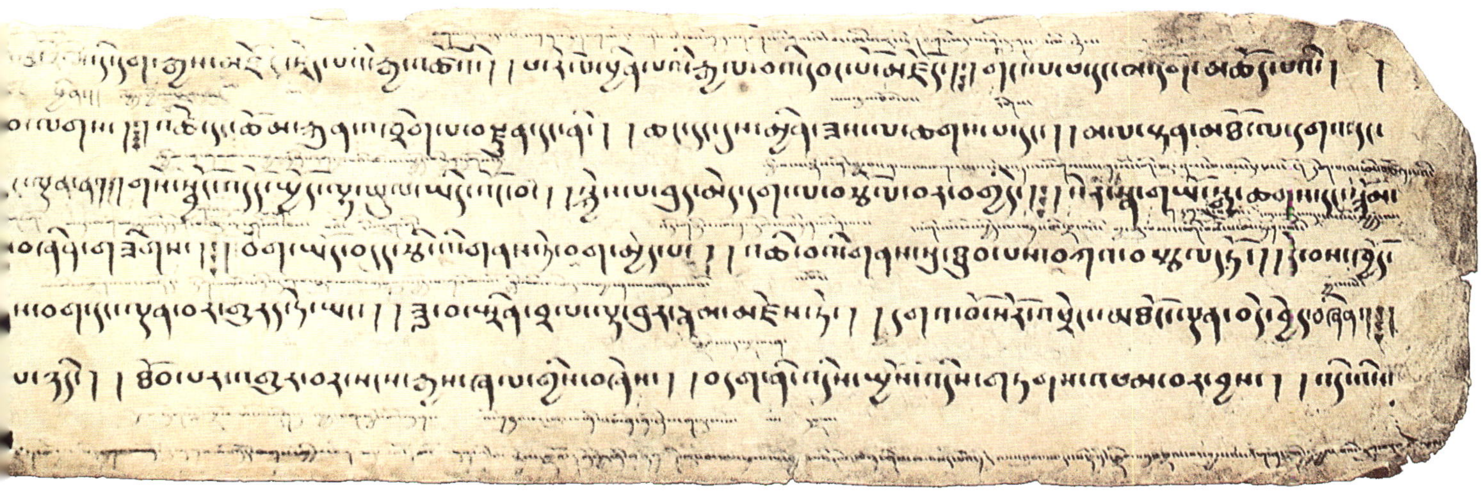

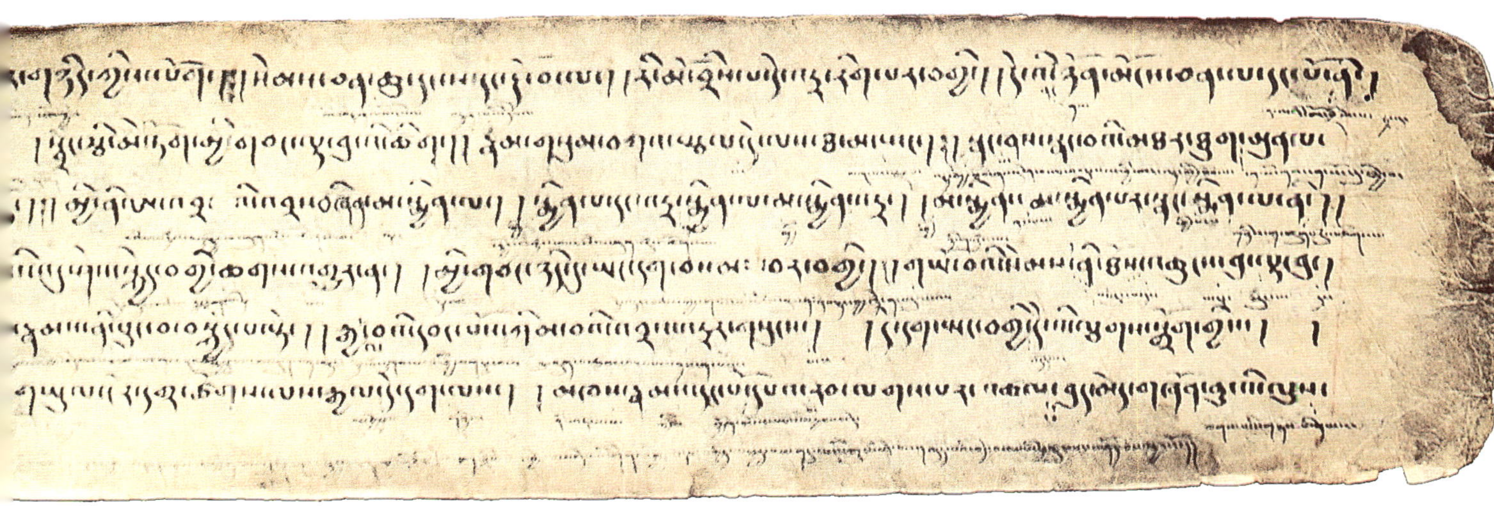

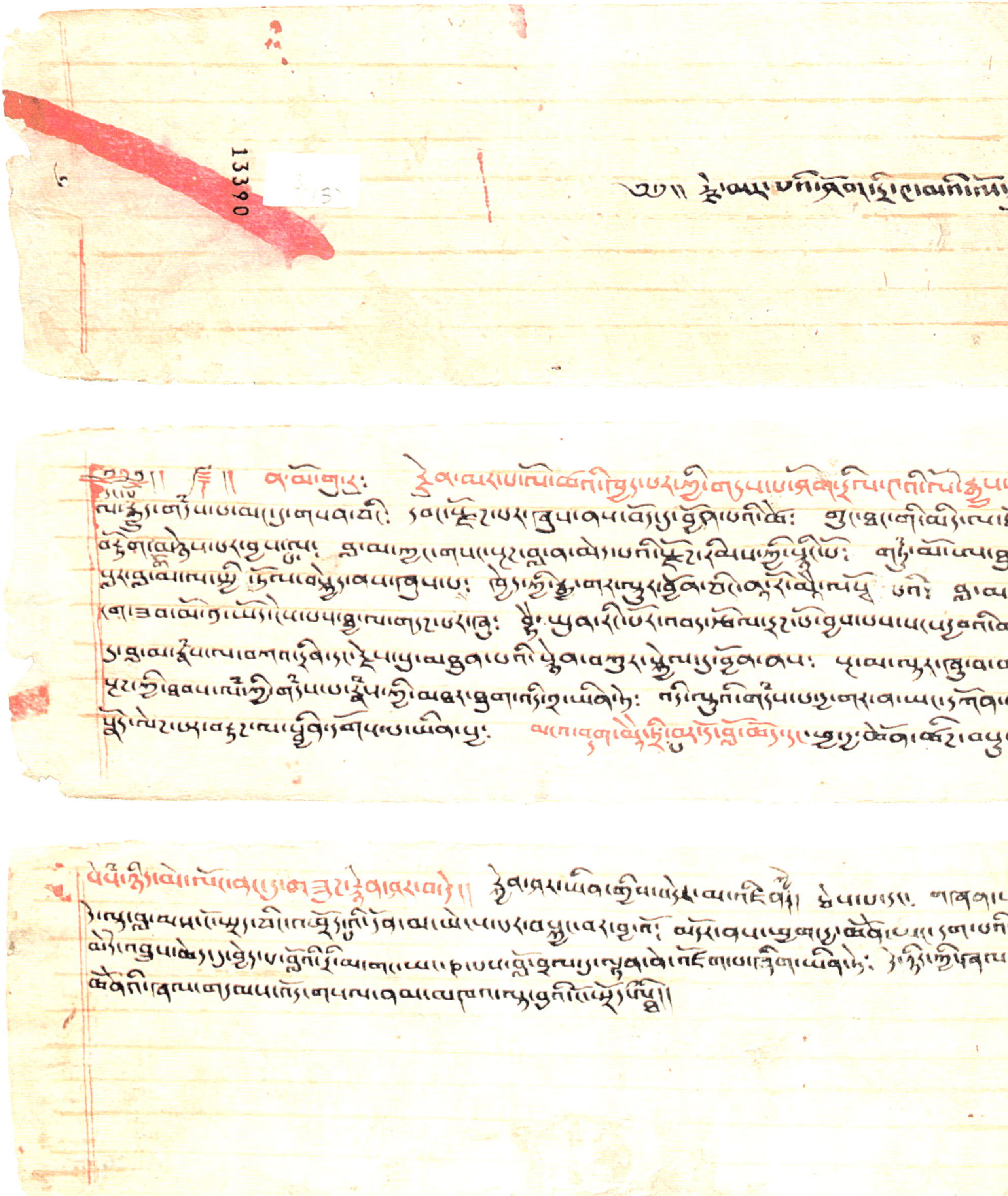

11156 瑪爾巴大師教誡 （宋）瑪爾巴 · 曲吉洛追撰 明抄本

梵夾裝。開本高 9 釐米，廣 47 釐米。西藏圖書館藏。

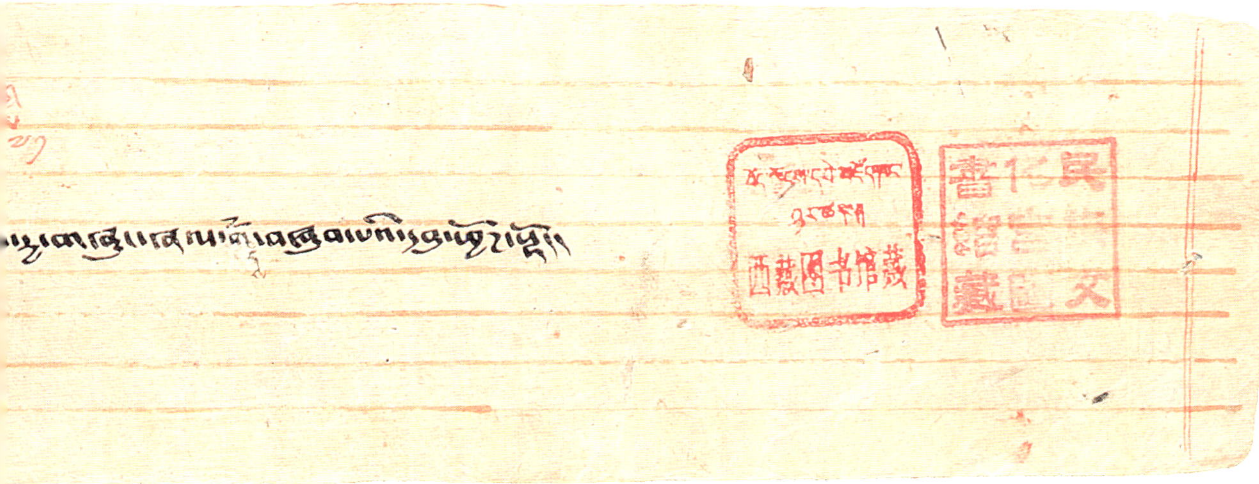

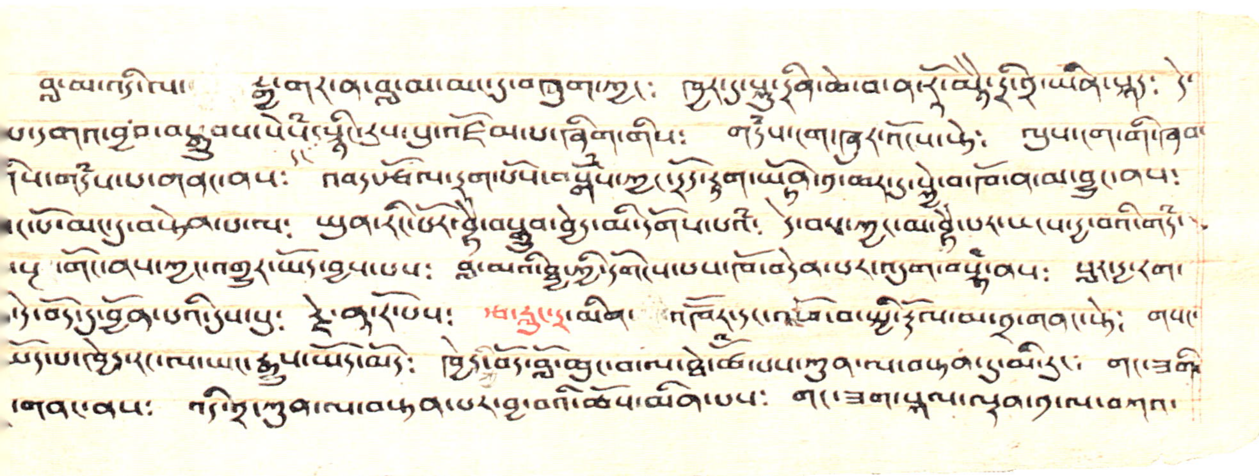

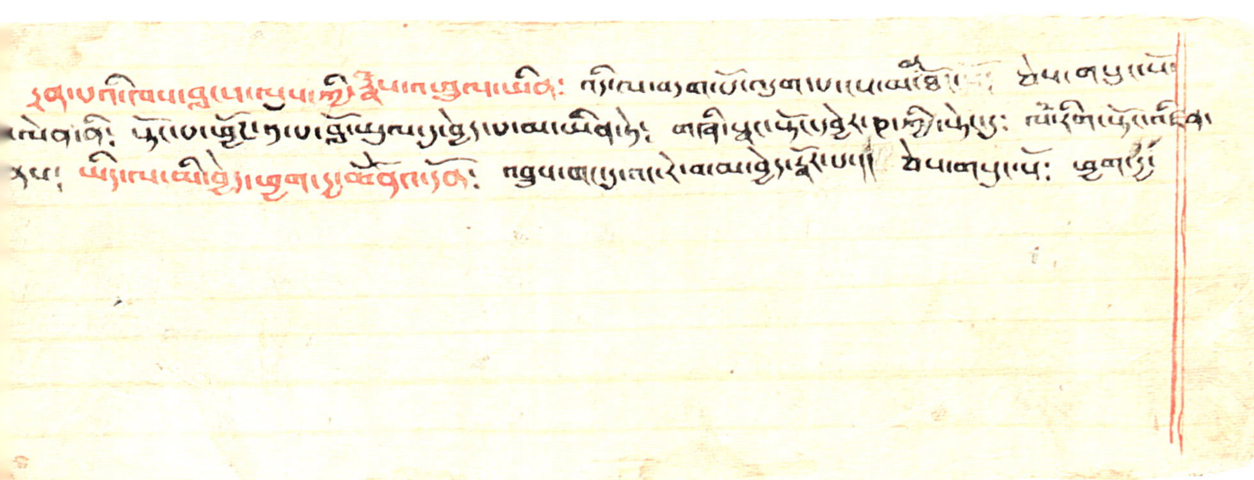

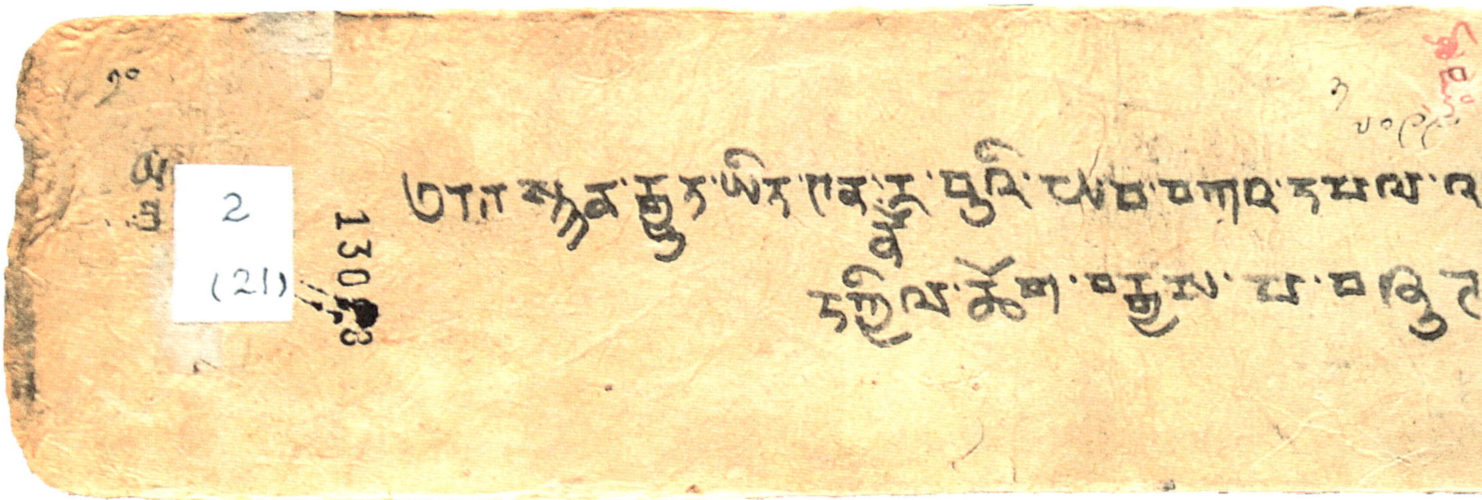

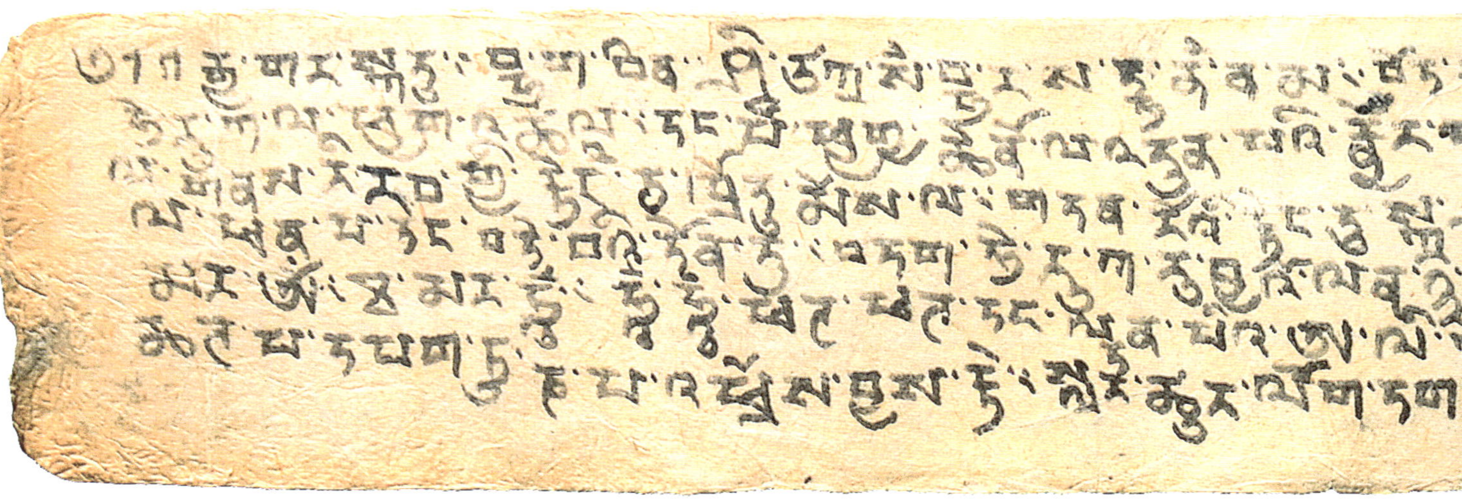

11157 勝樂天城儀軌 （宋）瑪爾巴·曲吉洛追等譯 明抄本

梵夾裝。開本高 6 釐米，廣 35 釐米。西藏圖書館藏。

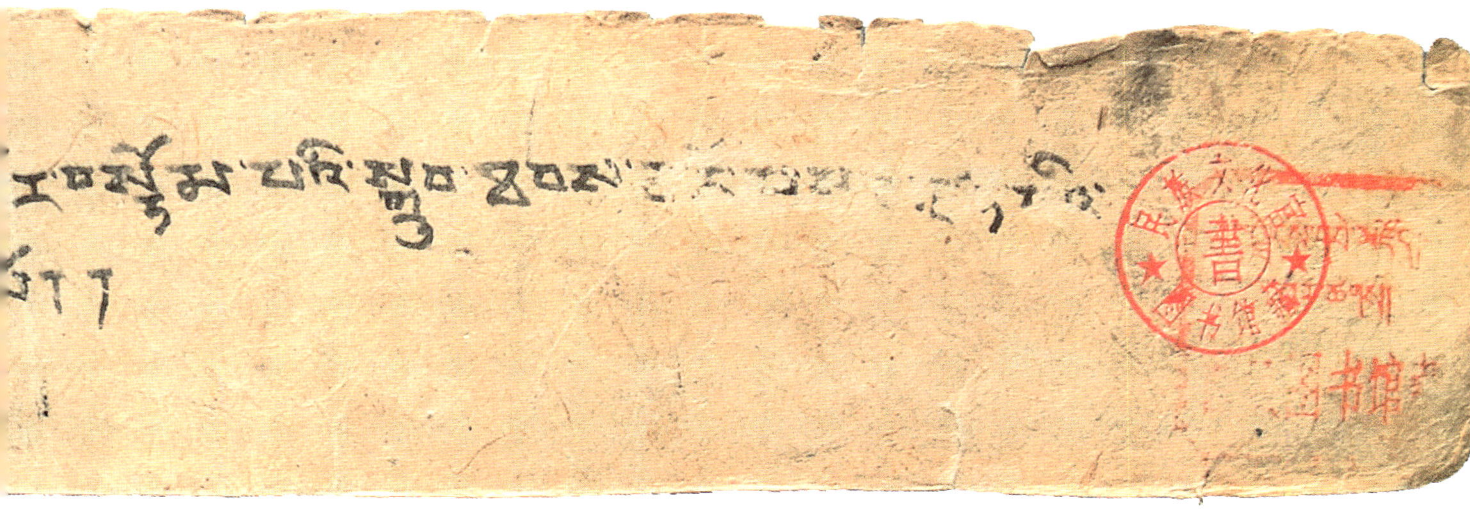

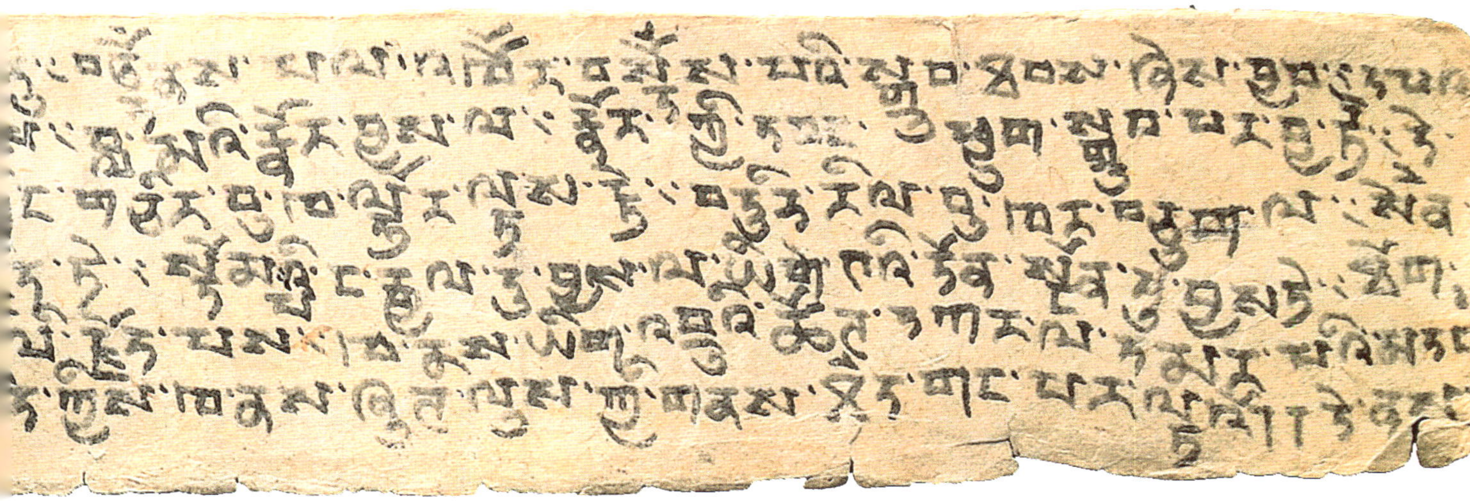

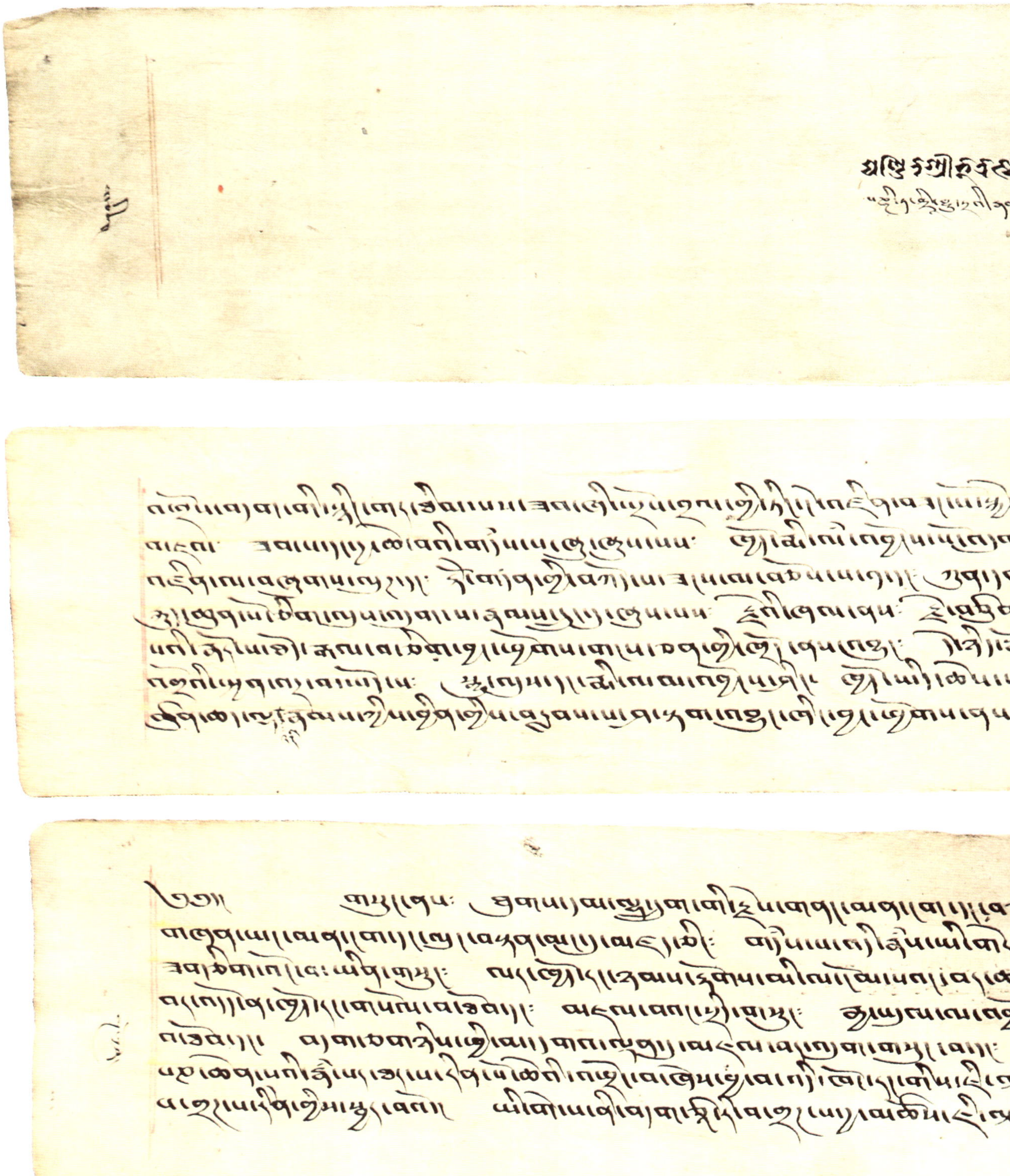

11158 班智達西日布扎傳 米娘·扎巴仁青撰 明抄本

梵夾裝。開本高 8.5 釐米，廣 44.2 釐米。拉薩市政協文史民宗法制委員會藏。

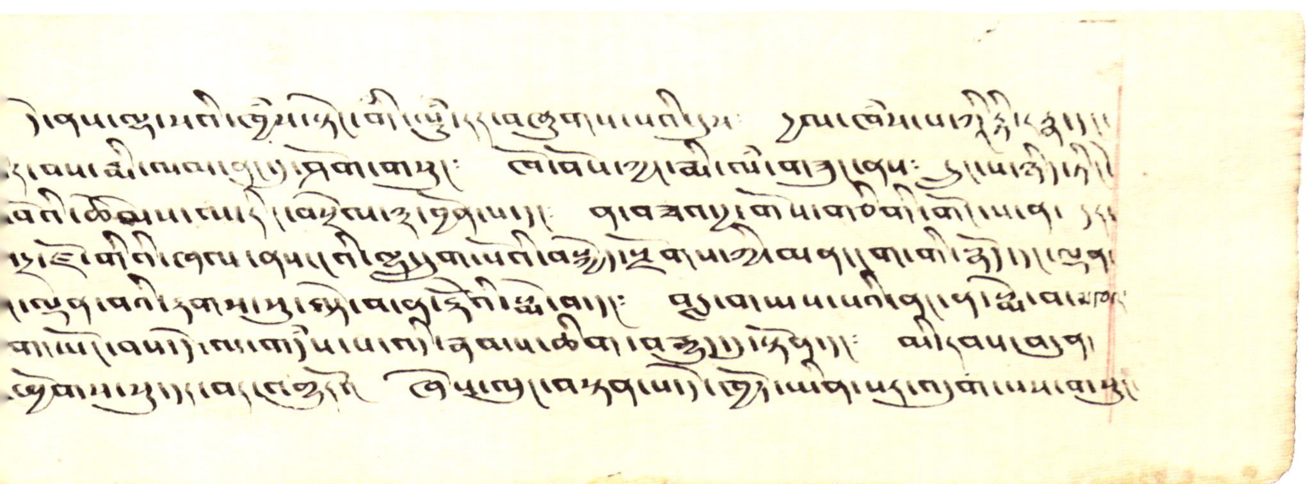

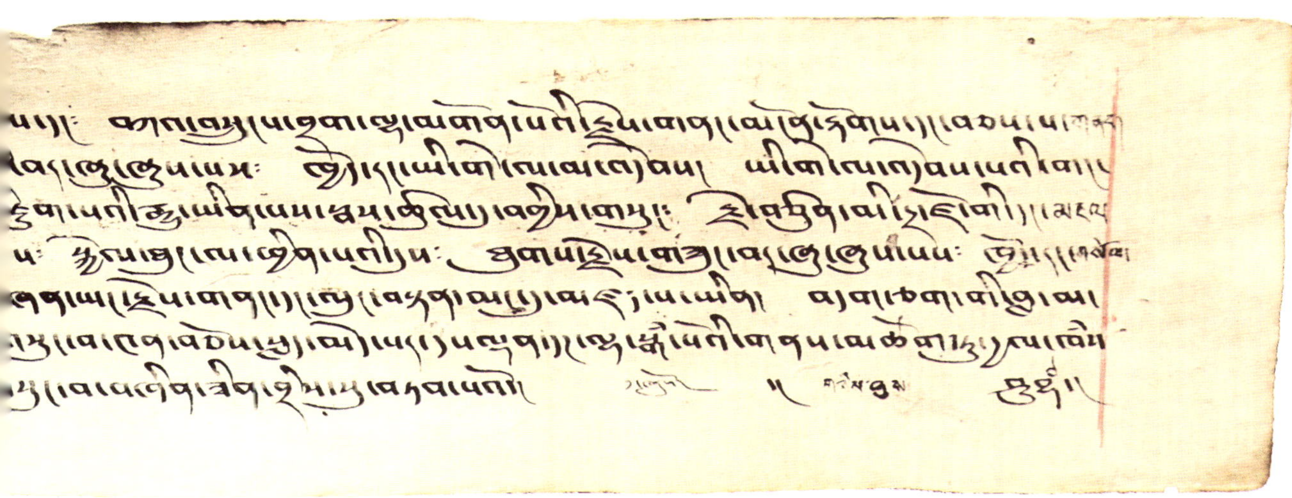

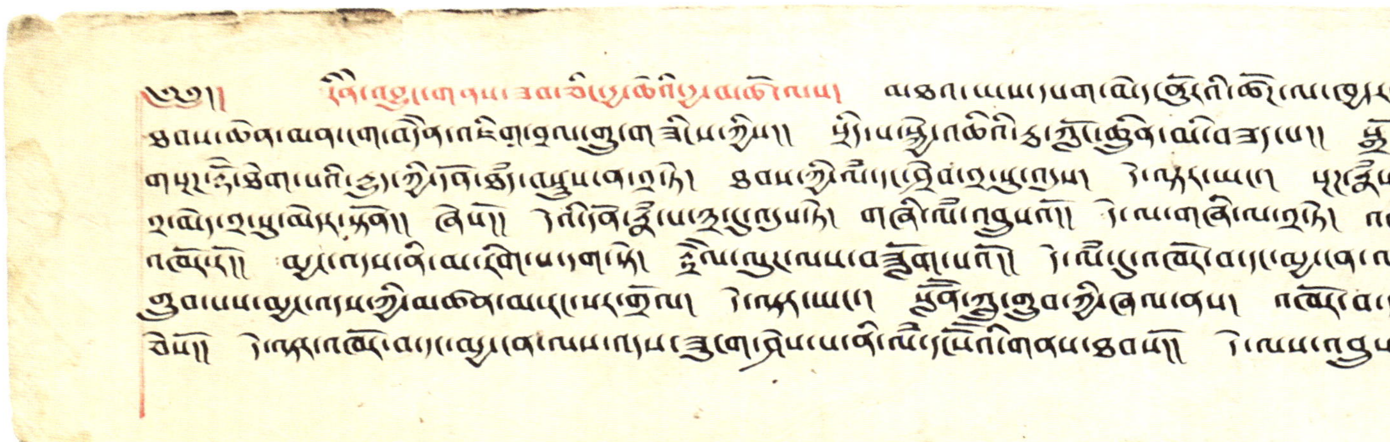

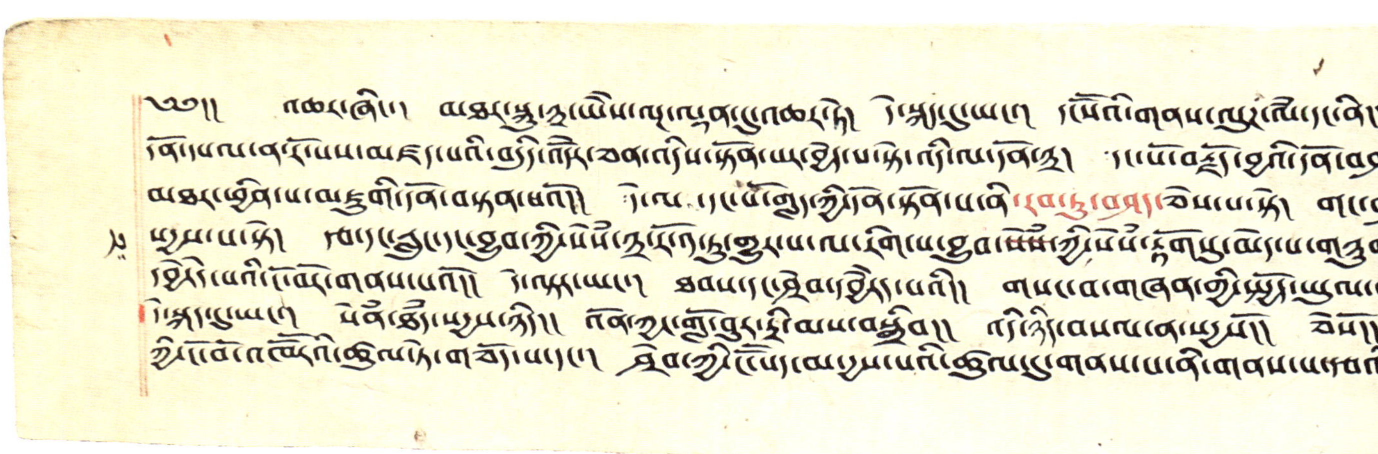

11159 甘露光芒 納若巴撰 明抄本

梵夾裝。開本高 7.5 釐米，廣 44.5 釐米。拉薩市政協文史民宗法制委員會藏。

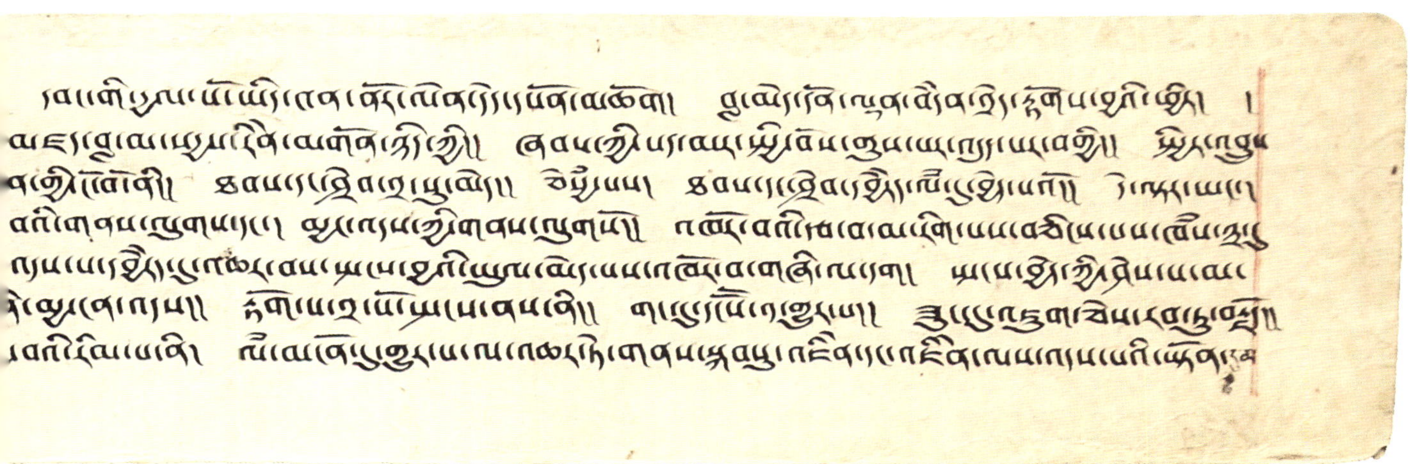

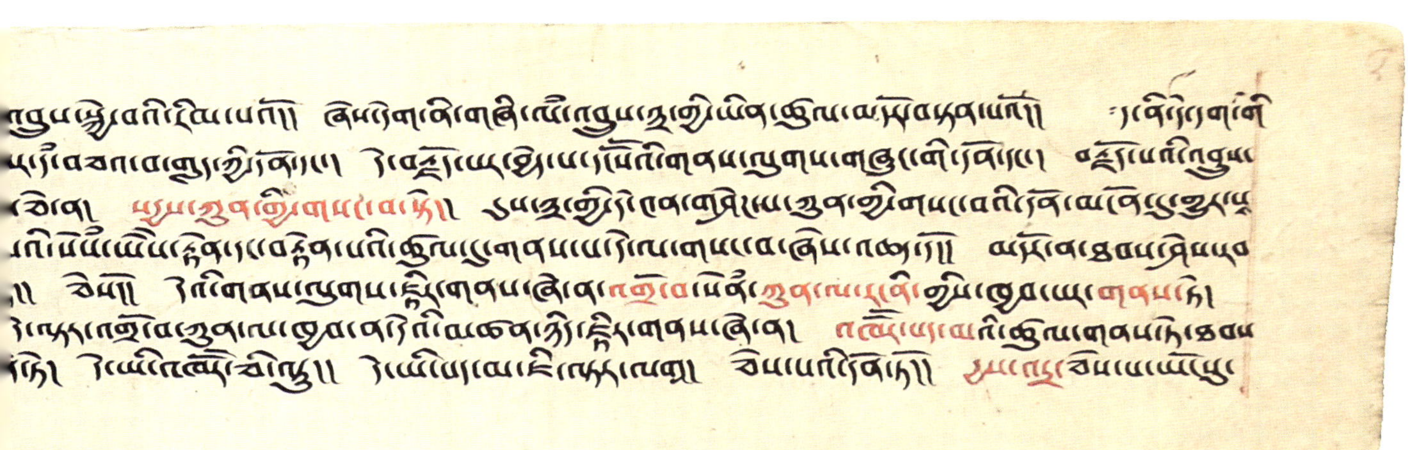

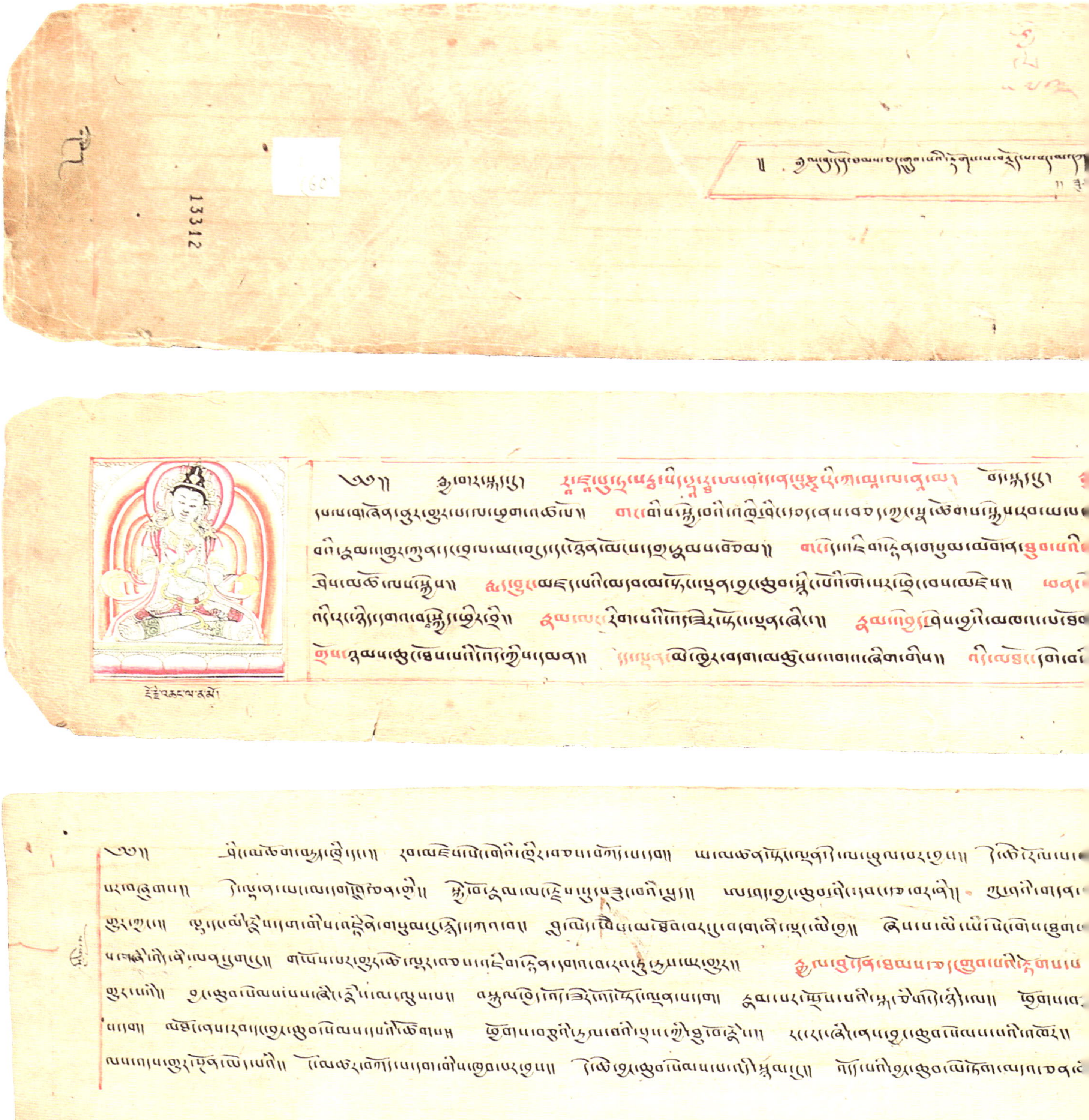

11160 王子悉達本生事記 娘匿桑布撰 明抄本

梵夾裝。開本高 10.5 釐米，廣 63.5 釐米。西藏圖書館藏。

民族文化宮圖書館藏
002876
西藏图书馆藏

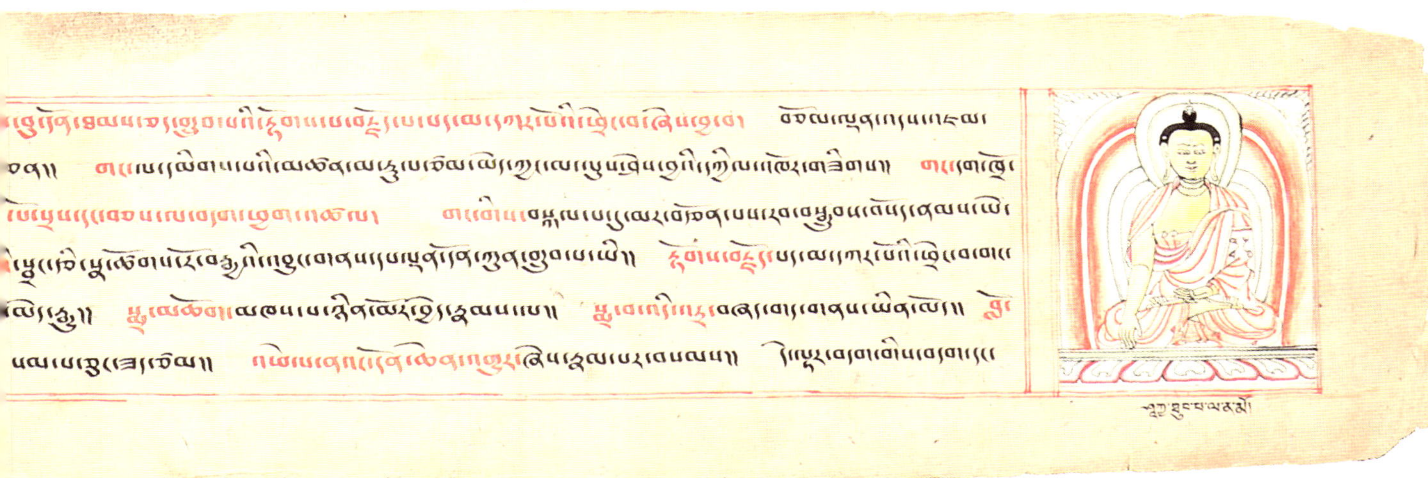

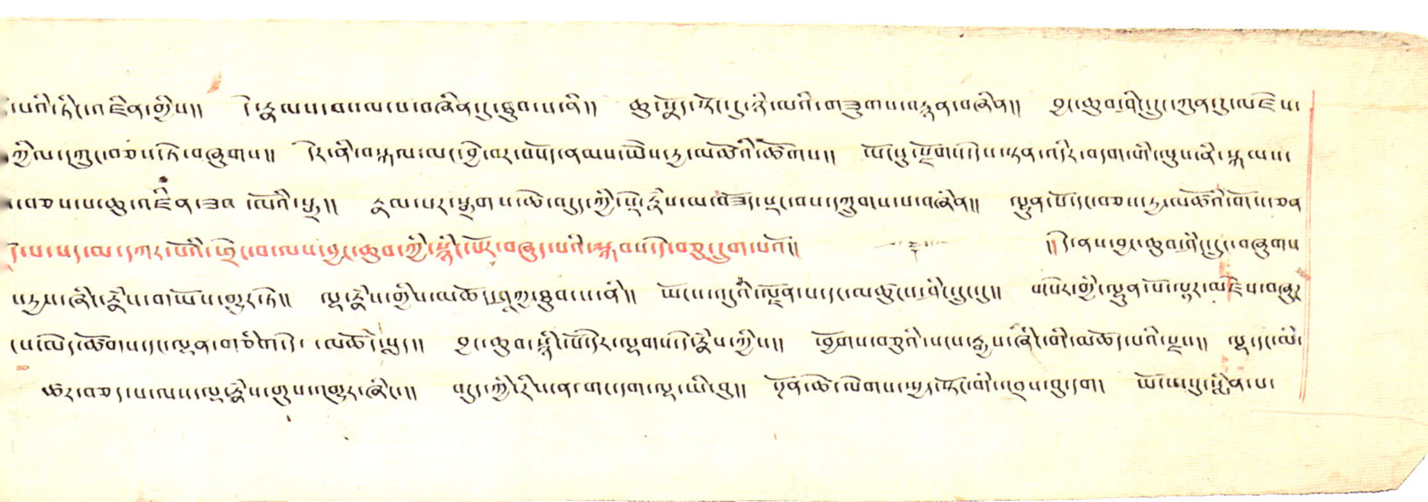

11161 教法源流寶庫 娘普哇・索南桑布撰 明抄本

梵夾裝。開本高 7 釐米，廣 35 釐米。拉薩市政協文史民宗法制委員會藏。

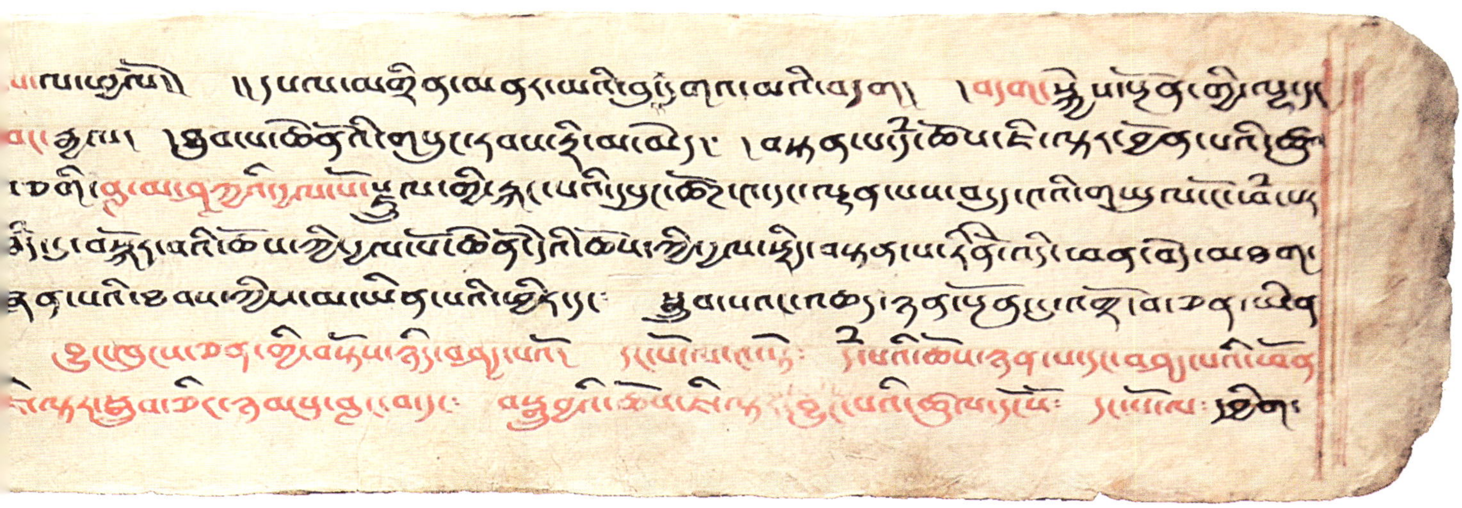

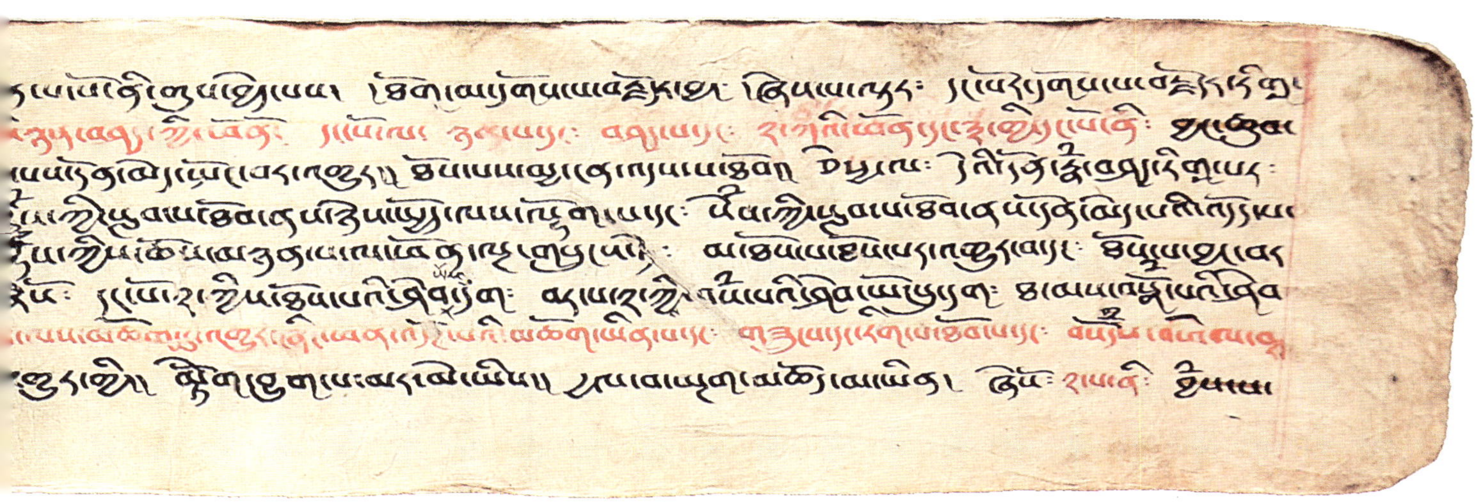

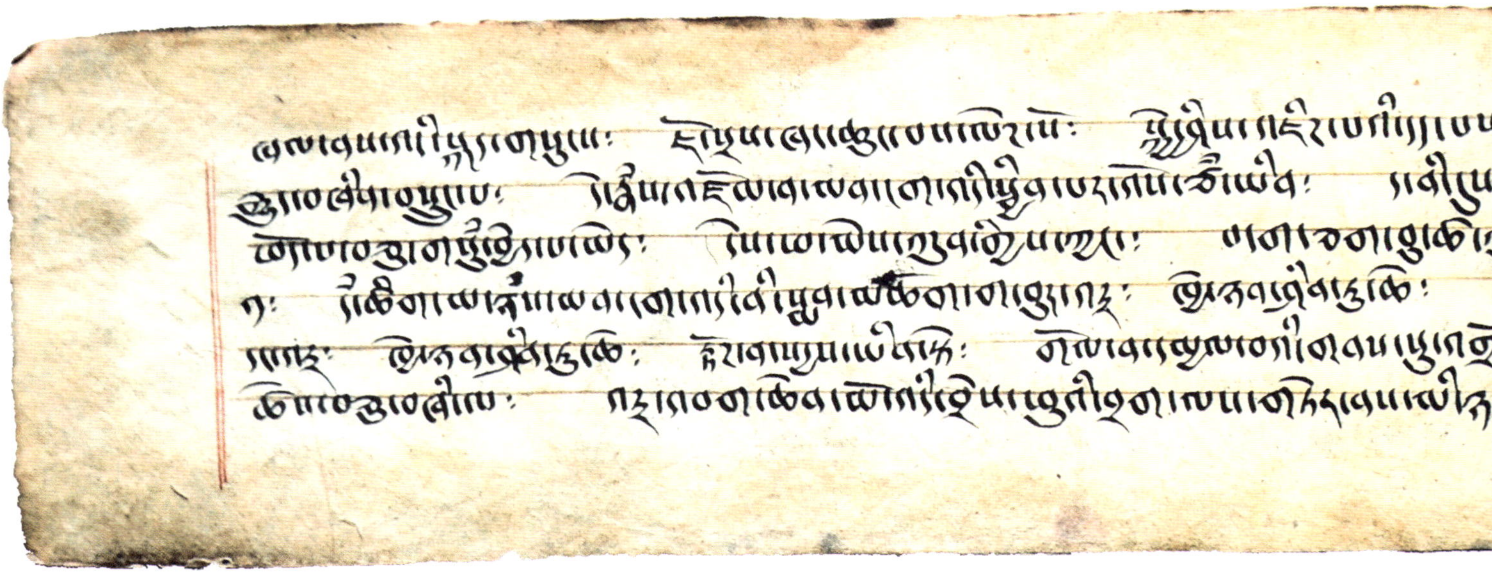

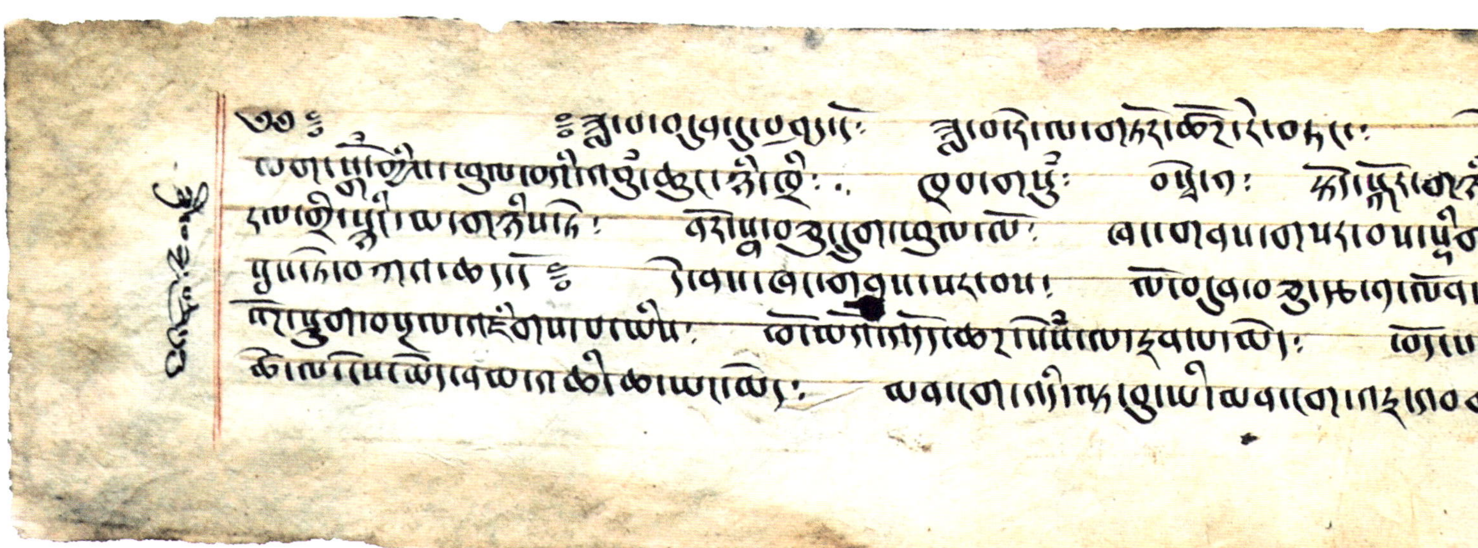

11162 毗盧遮那大師傳 毗盧遮那撰 明抄本

梵夾裝。開本高 8 釐米，廣 44.5 釐米。西藏自治區羅布林卡藏。

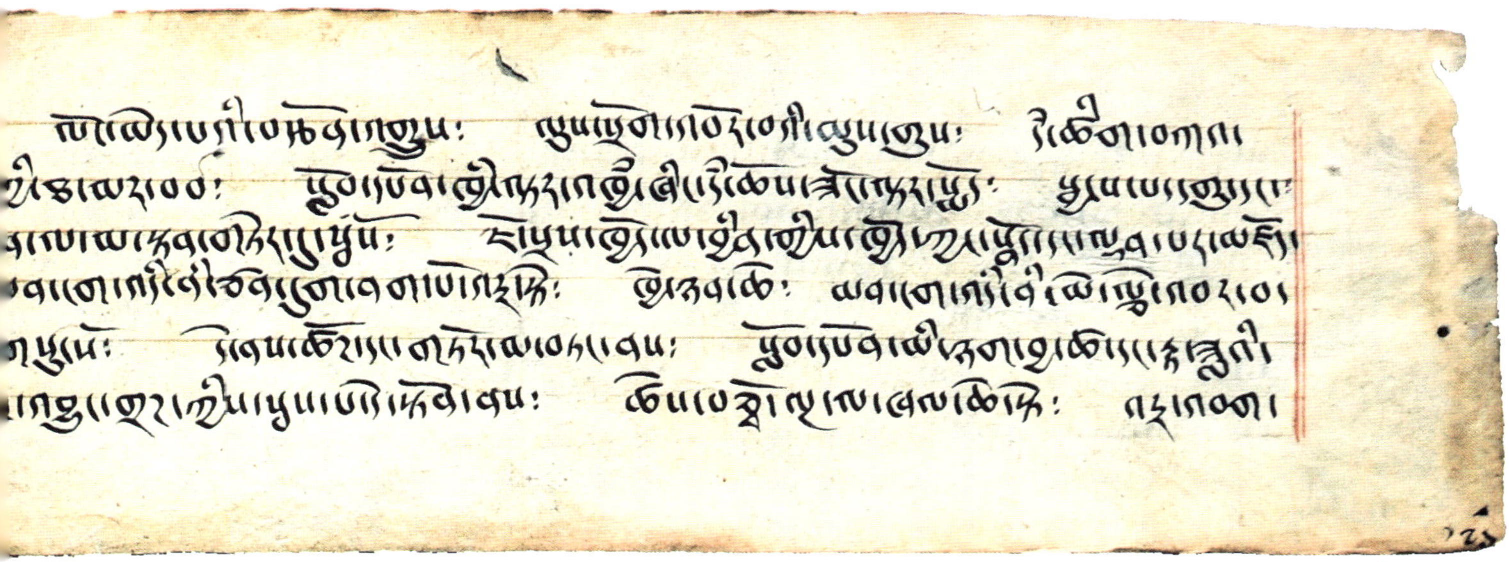

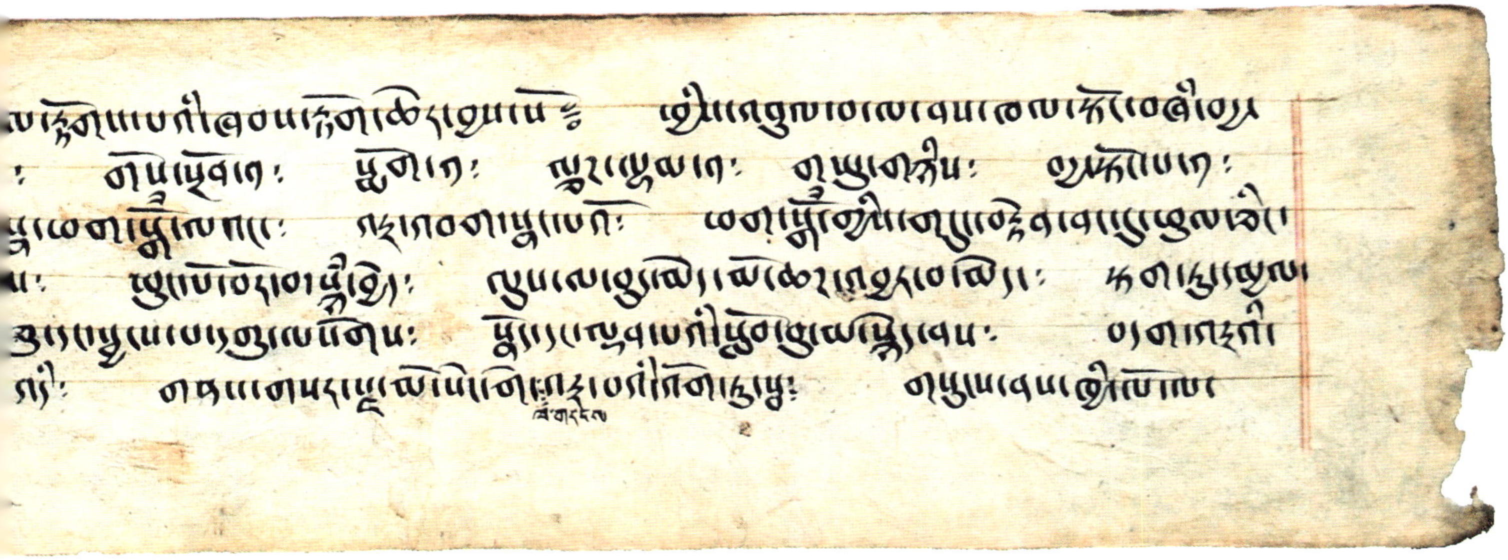

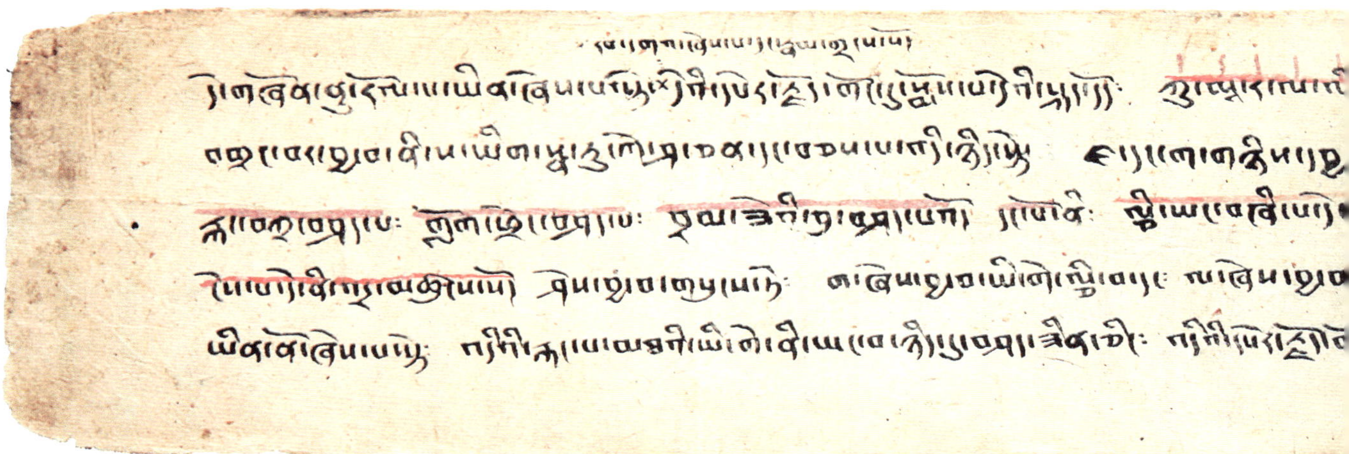

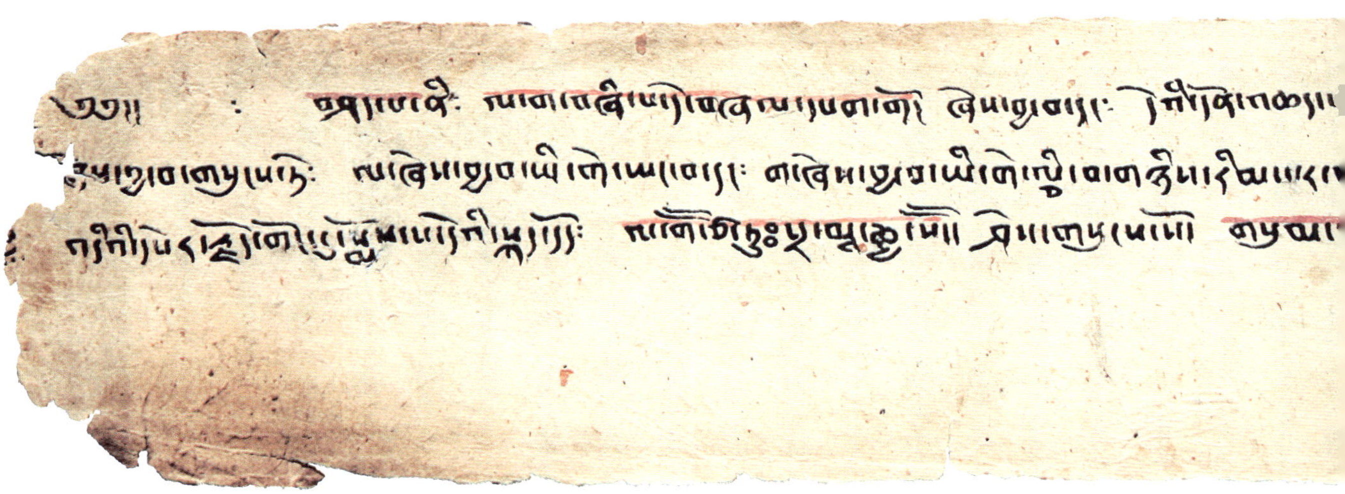

11163 韻律學注釋 仁欽迥乃希瓦譯 明抄本

梵夾裝。開本高 7 釐米，廣 37 釐米。西藏博物館藏。

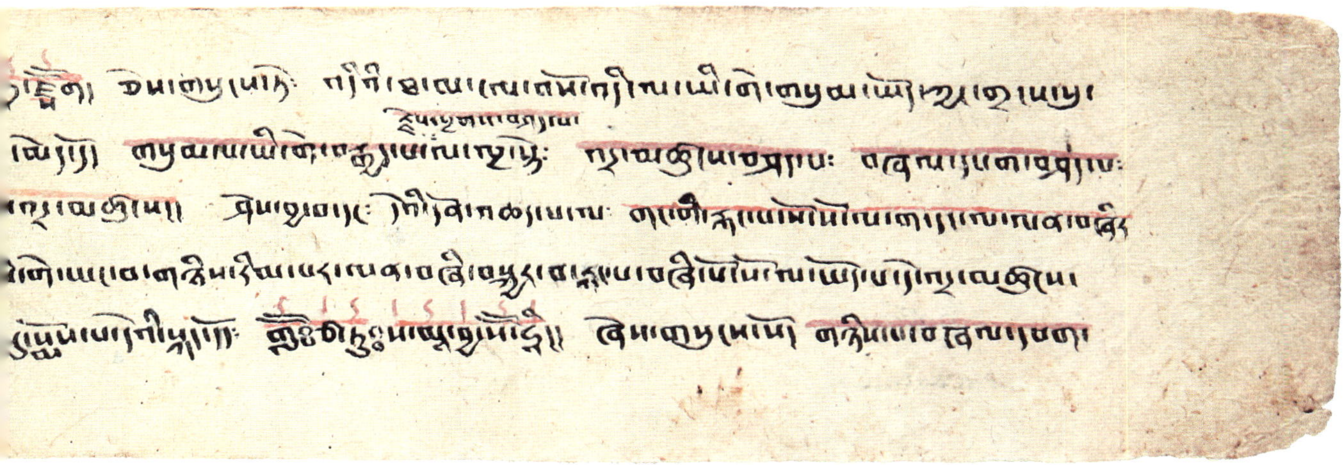

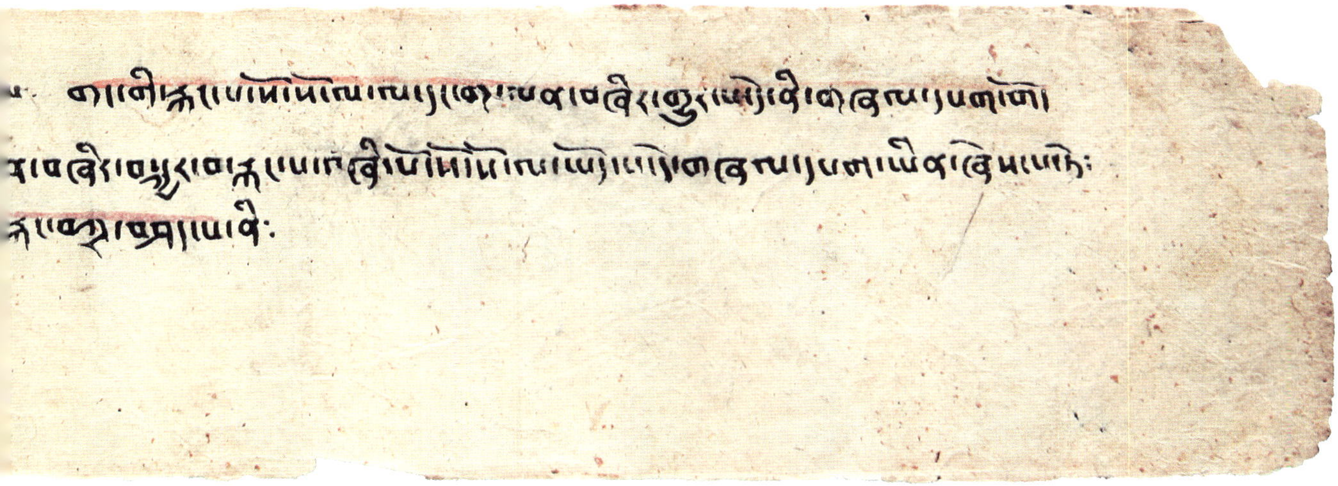

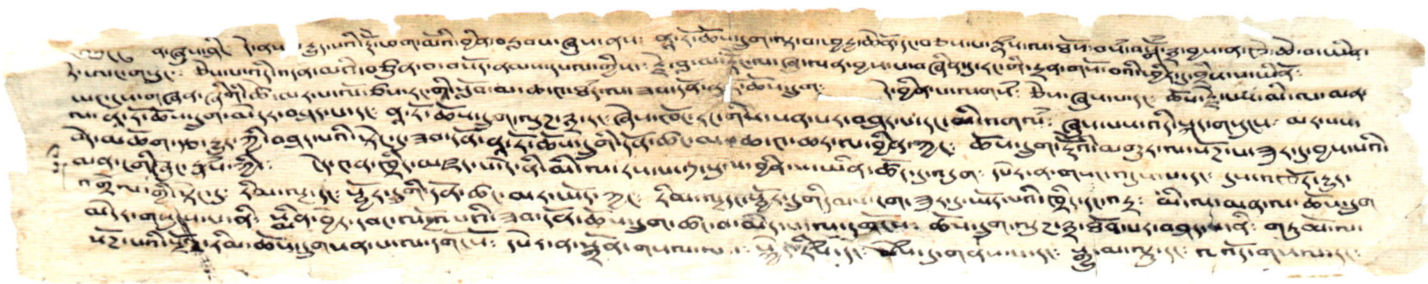

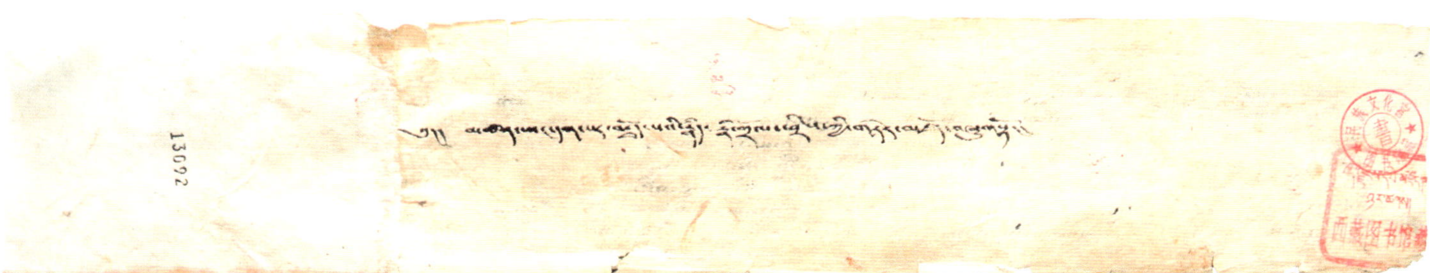

11164 佛說文殊名梵贊 （宋）仁欽桑波等譯 明抄本

梵夾裝。開本高 8 釐米，廣 43 釐米。西藏圖書館藏。

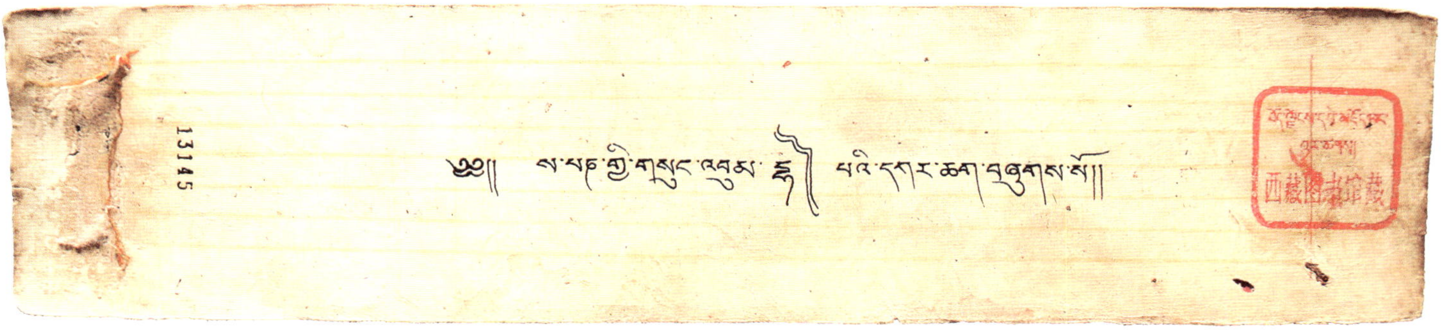

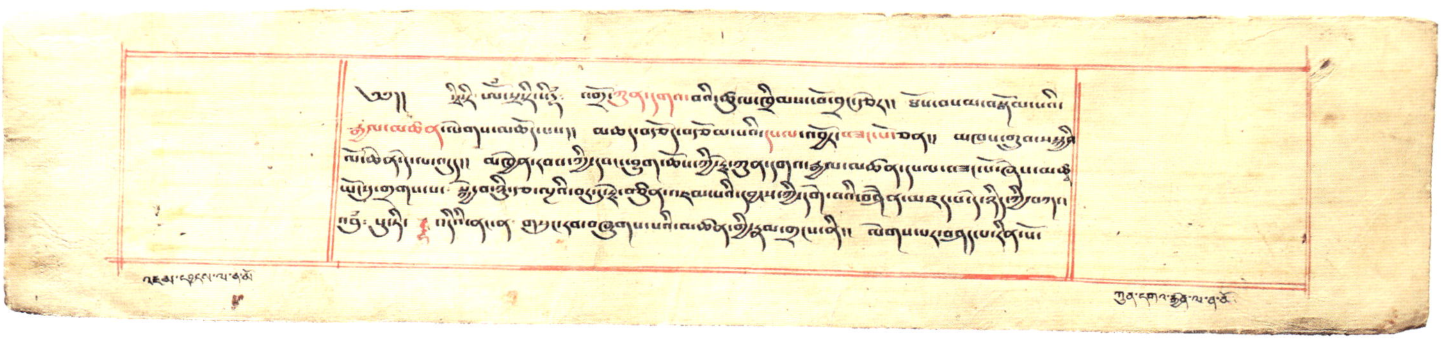

11165 薩迦·貢嘎堅贊文集目録 （宋）薩迦·貢嘎堅贊撰 明抄本

梵夾裝。開本高 8 釐米，廣 35 釐米。西藏圖書館藏。

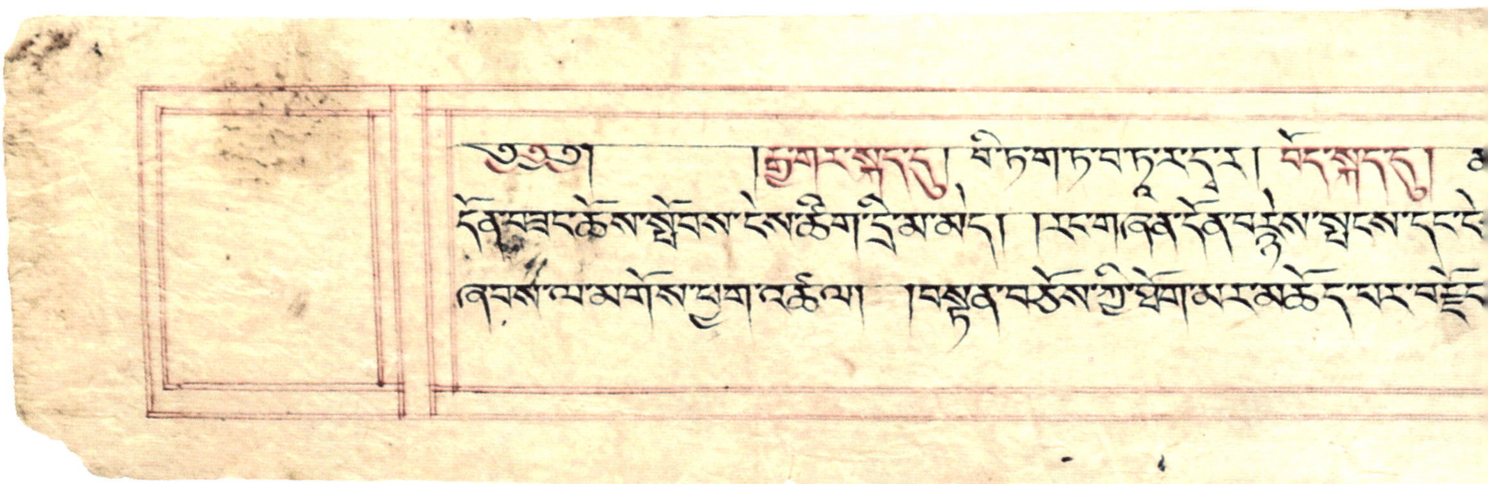

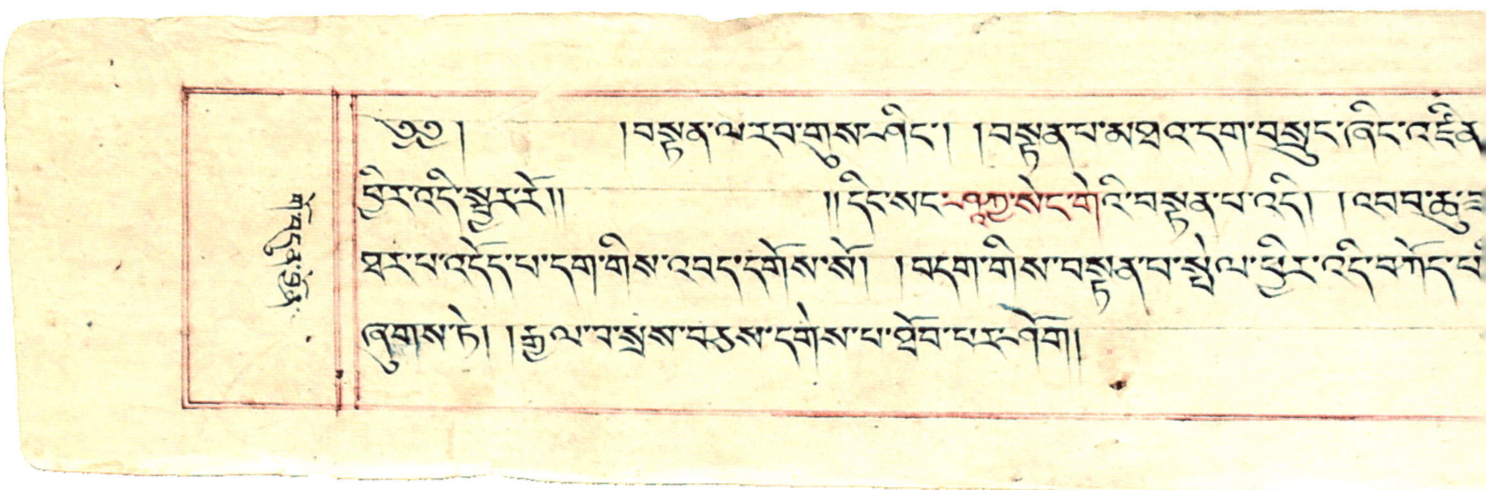

11166 入智者之門 （宋）薩迦・貢嘎堅贊撰 明抄本

梵夾裝。開本高 8 釐米，廣 47 釐米。拉薩市政協文史民宗法制委員會藏。

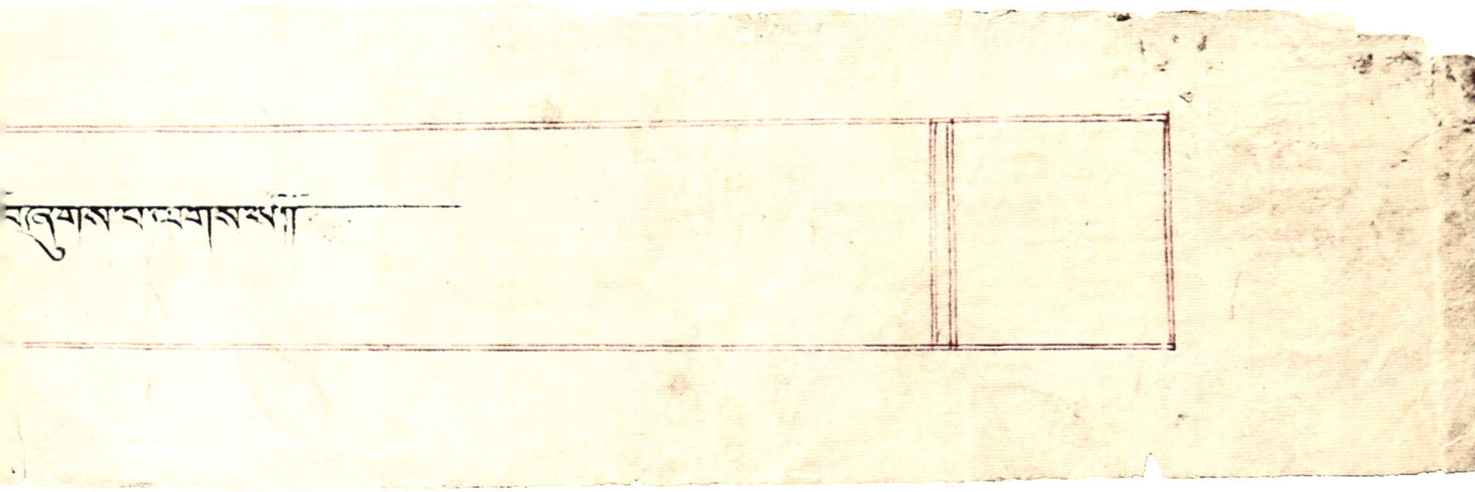

བཞུགས་པ་ལགས་སོ།།

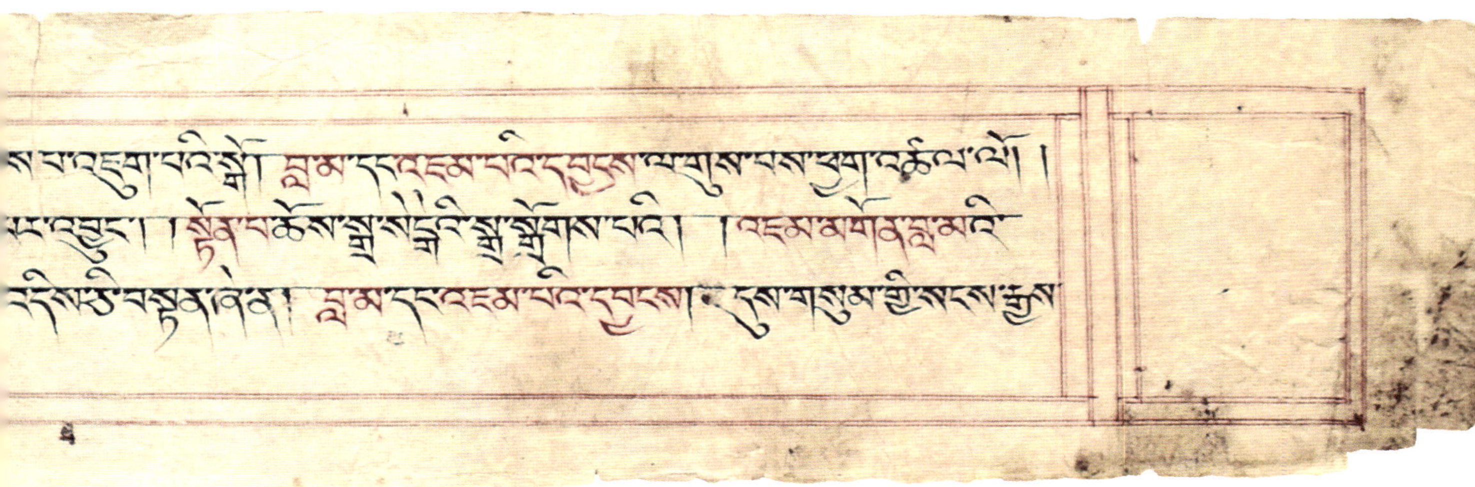

ས་པ་འཇུག་པའི་སྒོ། བླ་མ་དང་འཇམ་པའི་དབྱངས་ལ་གུས་པས་ཕྱག་འཚལ་ལོ། །
པར་འགྱུར། །སྟོན་པ་ཚོས་སྨྲ་སེང་གེའི་སྒྲ་སྒྲོགས་པའི། །འཇམ་མགོན་བླ་མའི
རིས་ཅི་བསྟན་ཞེན། བླ་མ་དང་འཇམ་པའི་དབྱངས། དུས་གསུམ་གྱི་སངས་རྒྱས

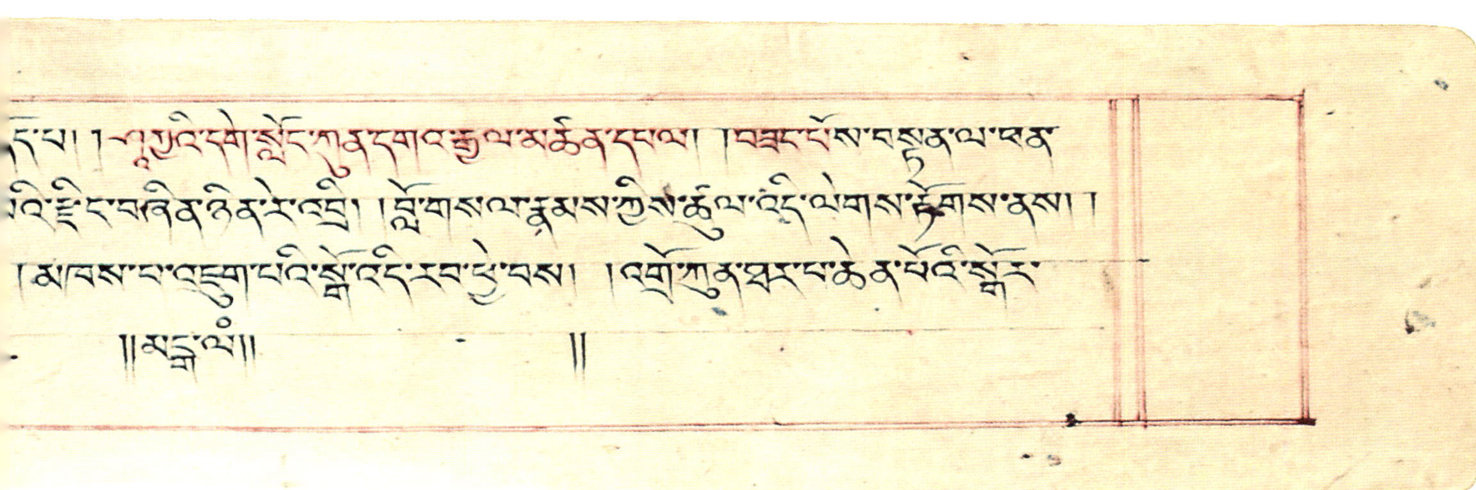

ང་པ། །ཀུ་ཡུའི་དགེ་སློང་ཀུན་དགའ་རྒྱལ་མཚན་དཔལ། །བཟང་པོས་བསྟན་ལ་ཕན
འི་རྗེ་ང་བཞིན་ཉིན་ནར་འབྲི། །བློ་གསལ་རྣམས་ཀྱིས་ཚུལ་འདི་ལེགས་རྟོགས་ནས། །
།མཁས་པ་འཇུག་པའི་སྒོ་འདི་རབ་ཏུ་བས། །འགྲོ་ཀུན་ཕྱར་པ་ཆེན་པོའི་སྒོར
།།མངྒ་ལཾ།། ||

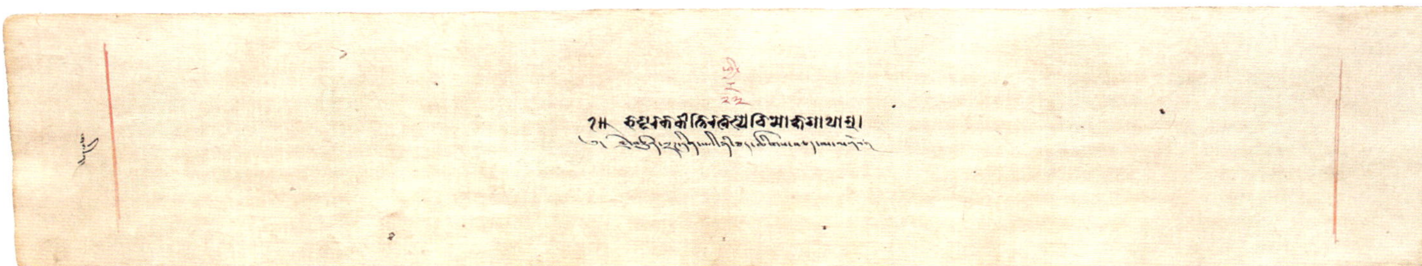

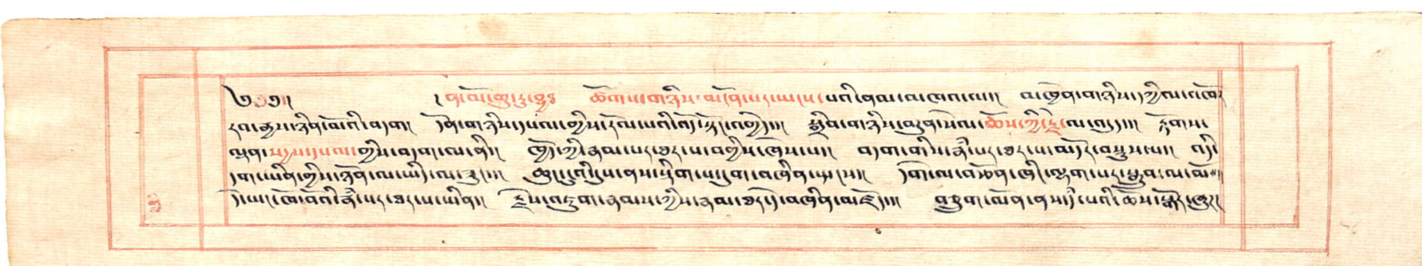

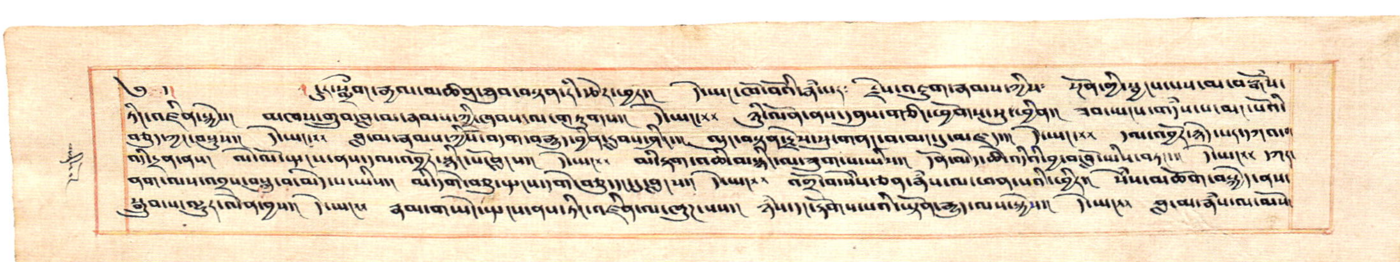

11167 具德上師扎巴仁波切頌傳 桑杰多吉撰 明抄本

梵夾裝。開本高 8.5 釐米，廣 44.2 釐米。拉薩市政協文史民宗法制委員會藏。

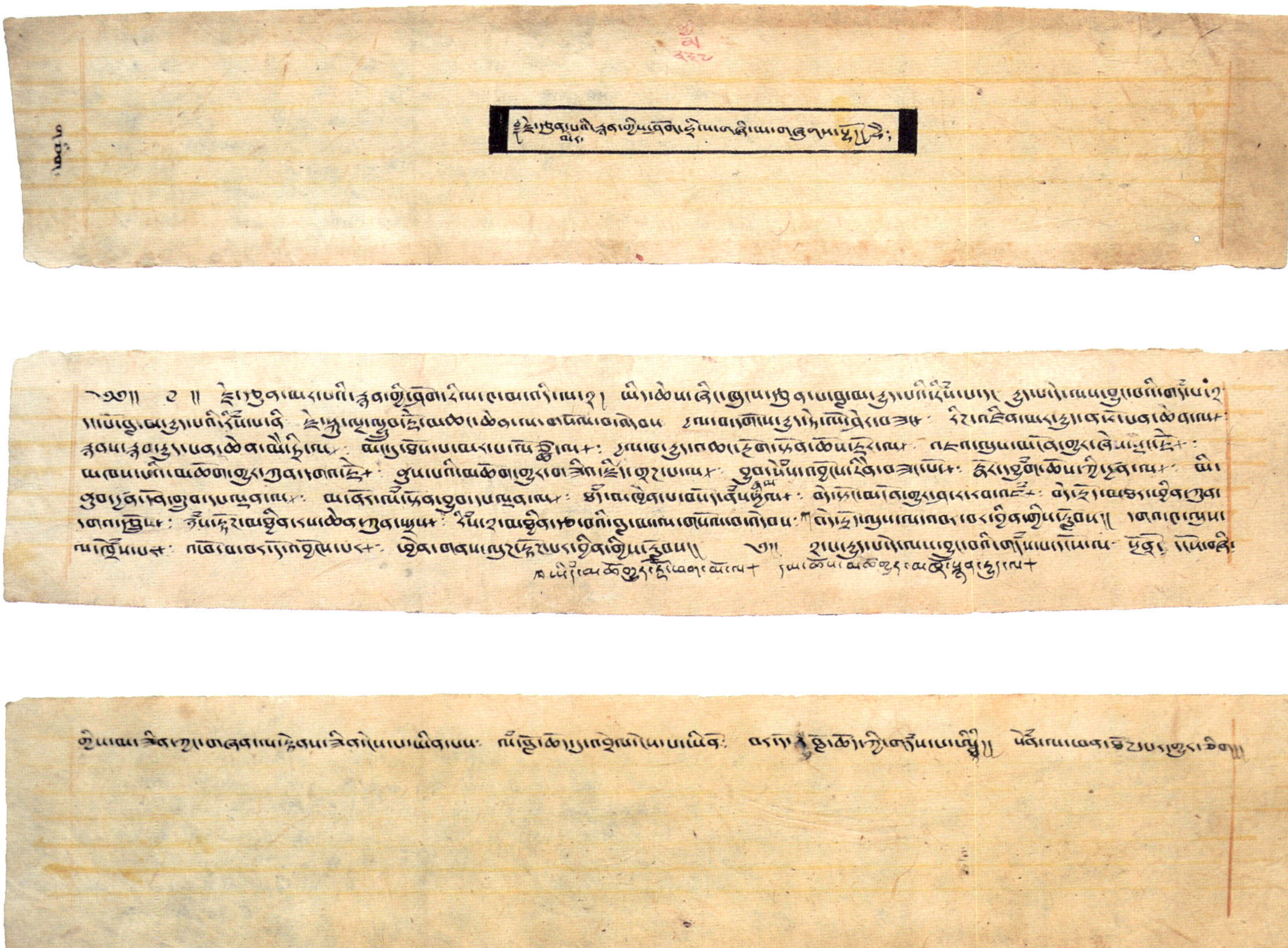

11168 瑪爾巴大師耳傳二要經 尚尊追扎輯 明抄本

梵夾裝。開本高 8 釐米，廣 37 釐米。西藏博物館藏。

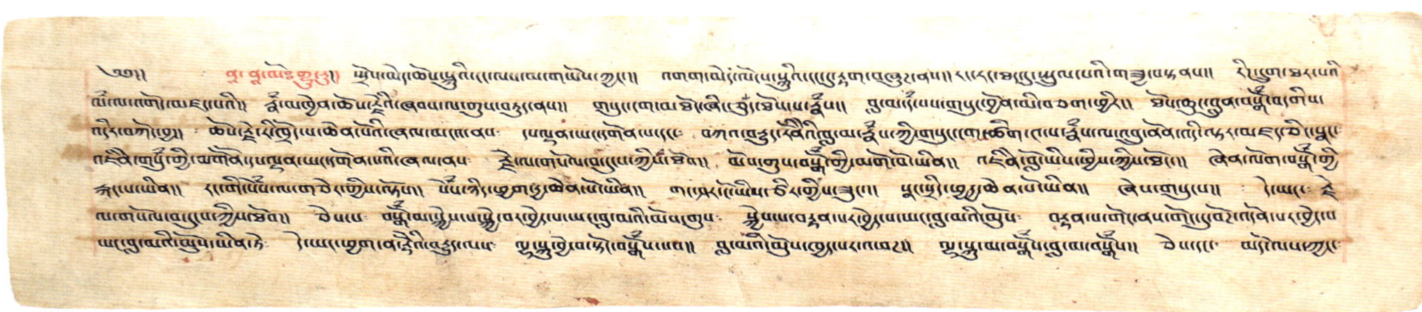

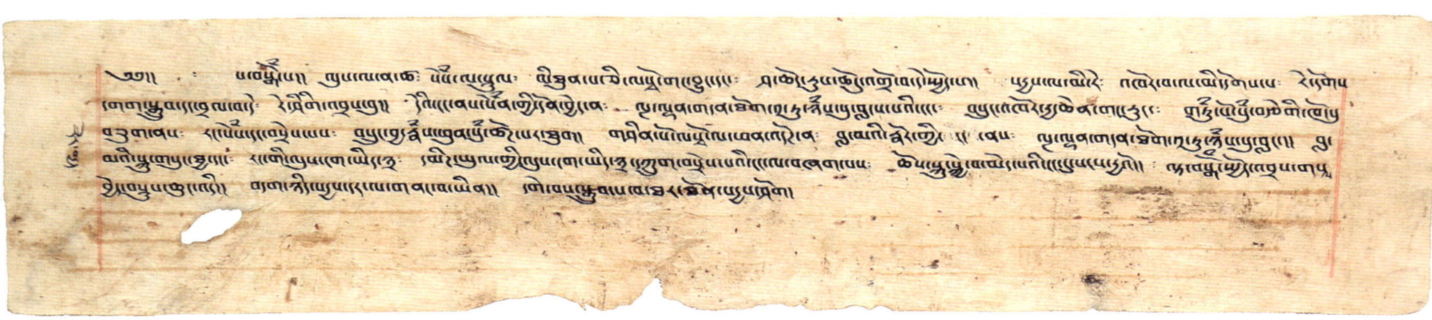

11169 修行教誡 尚尊追扎輯 明抄本

梵夾裝。開本高 8 釐米，廣 37 釐米。西藏博物館藏。

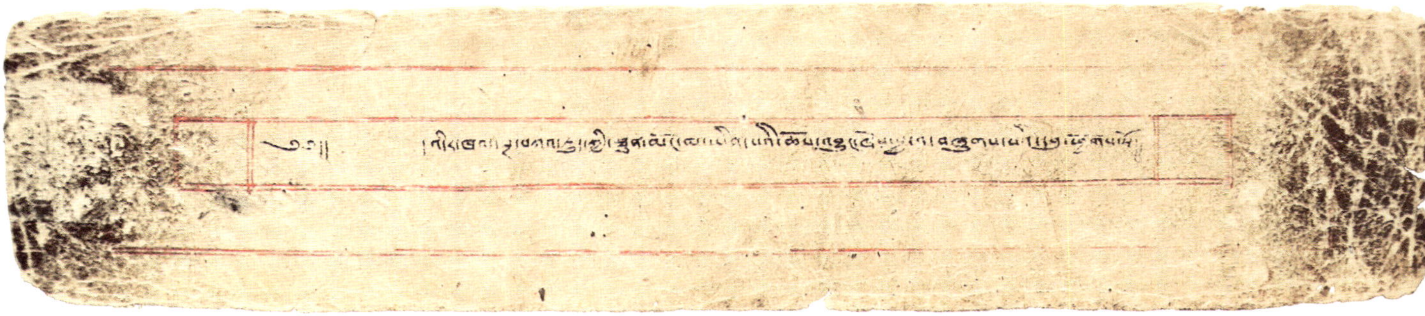

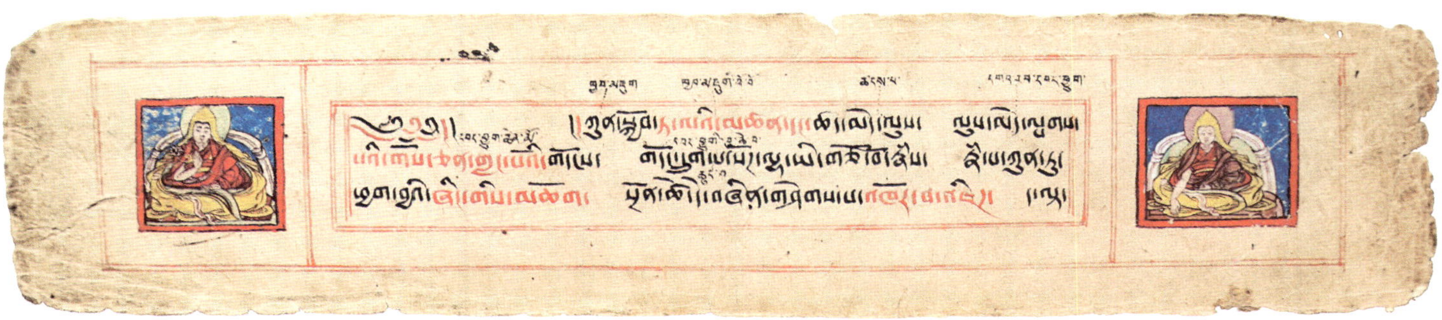

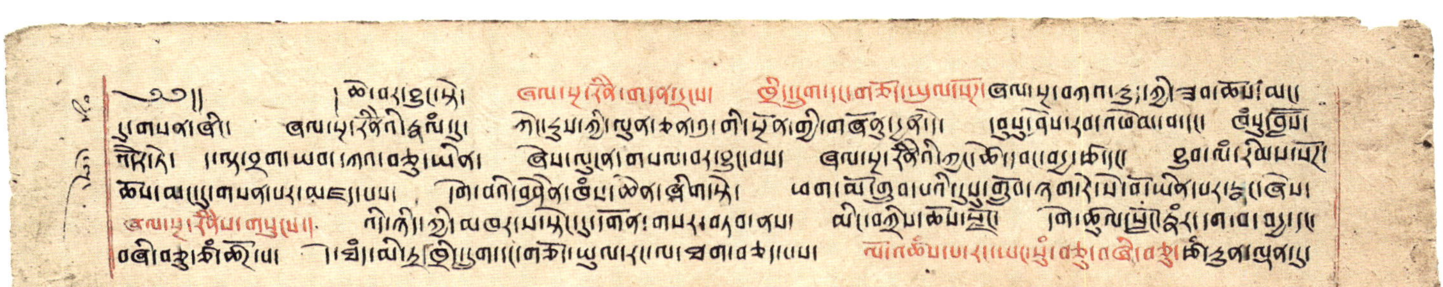

11170 協昂史籍 釋迦拉旺撰 明抄本

梵夾裝。開本高 8 釐米，廣 34 釐米。拉薩市政協文史民宗法制委員會藏。

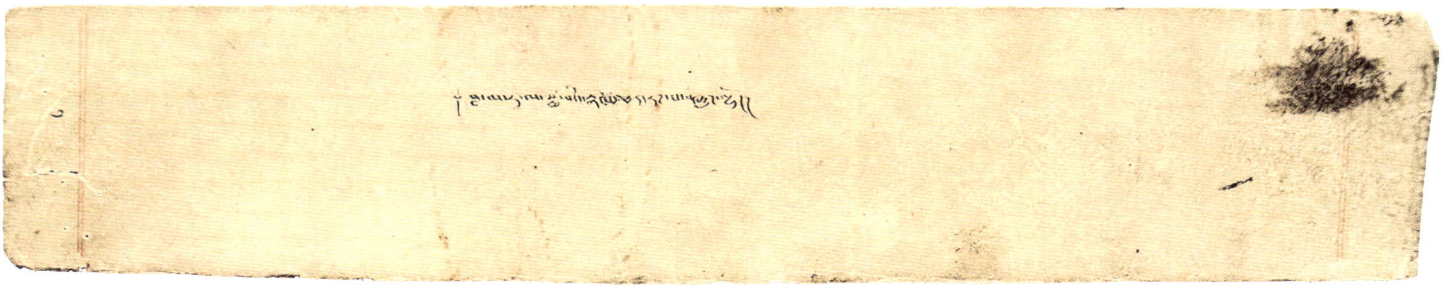

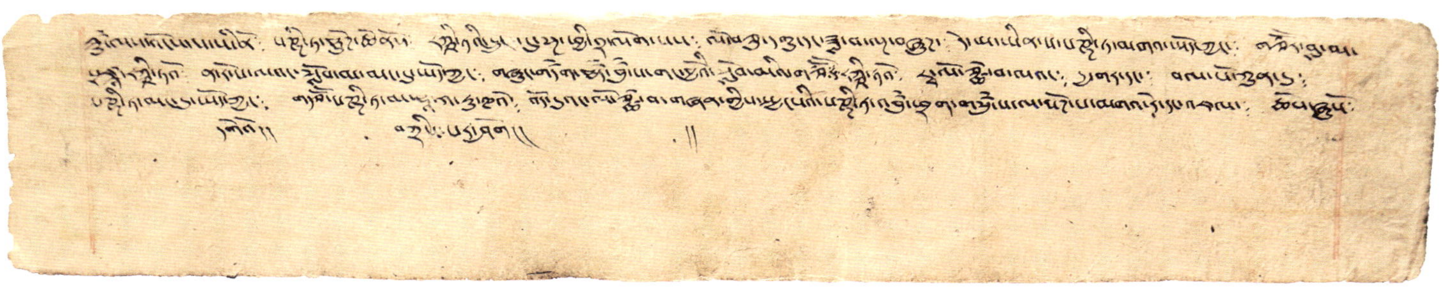

11171 熱・多杰扎譯師傳 烏優巴・曲迥撰 明抄本

梵夾裝。開本高8釐米，廣45釐米。拉薩市政協文史民宗法制委員會藏。

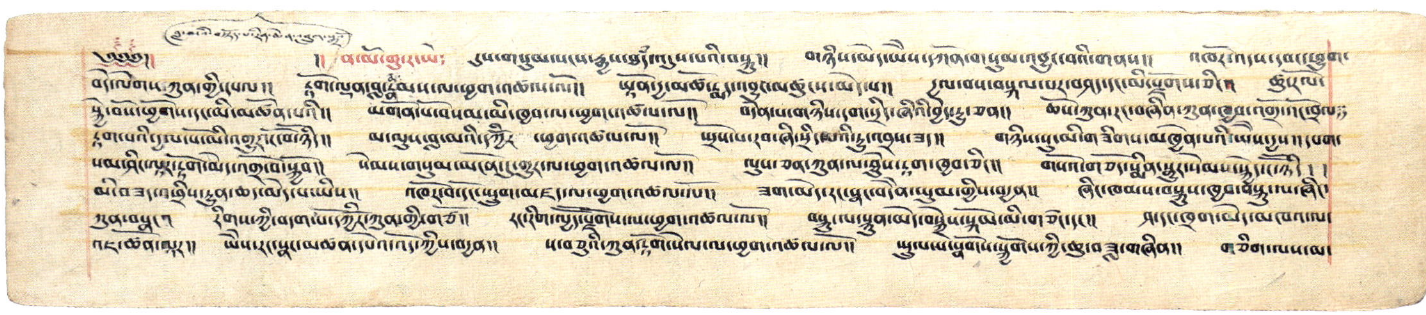

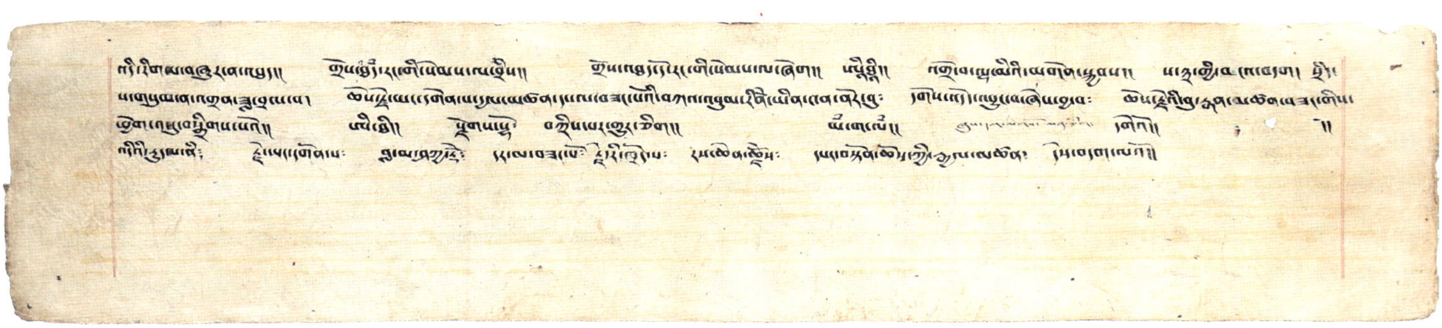

11172 文集如意寶 向玉·扎巴尊哲扎撰 明抄本

梵夾裝。開本高 8 釐米，廣 37 釐米。西藏博物館藏。

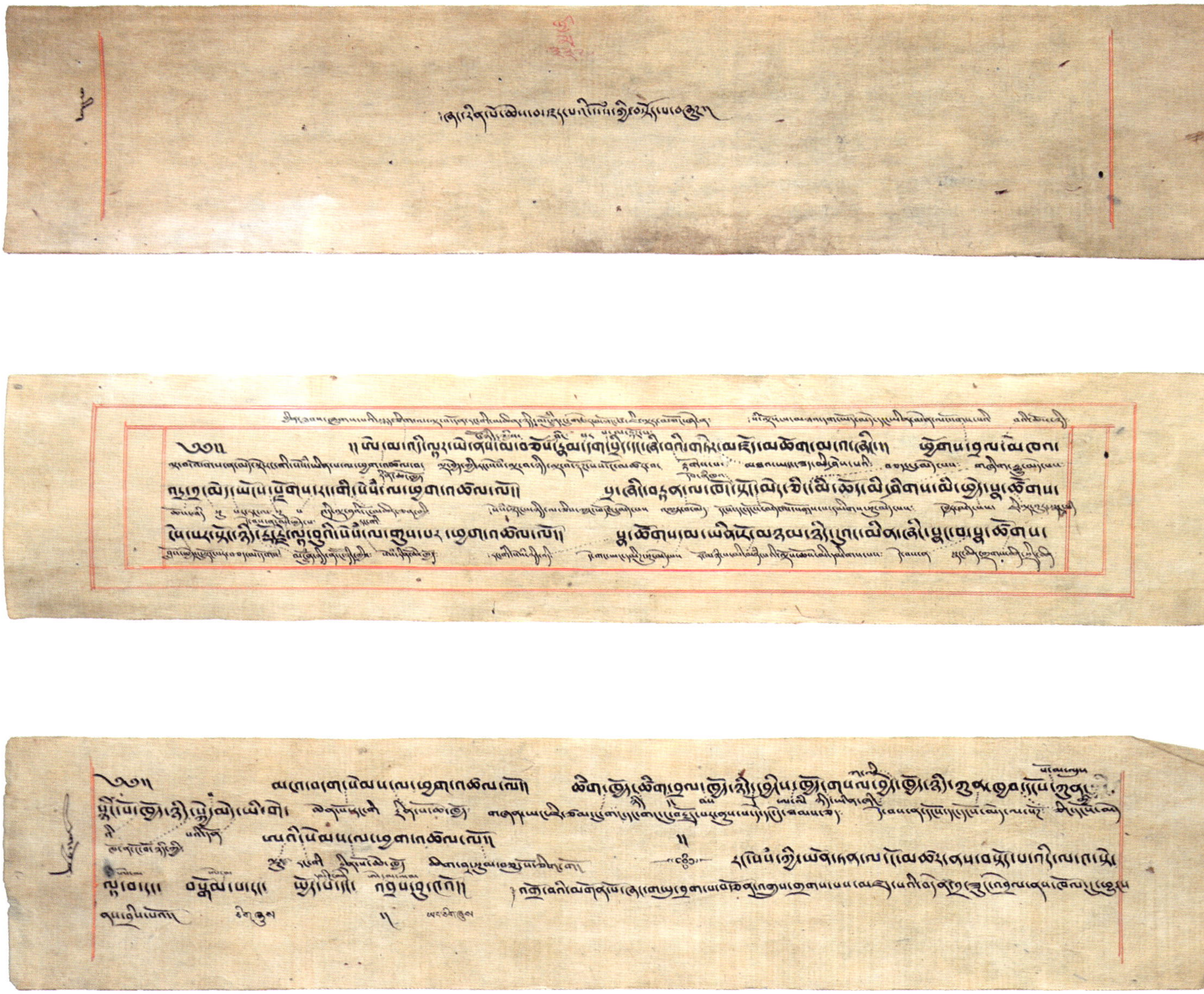

11173 心贊 向玉·扎巴尊哲扎撰 明抄本

梵夾裝。開本高 8 釐米，廣 37 釐米。西藏博物館藏。

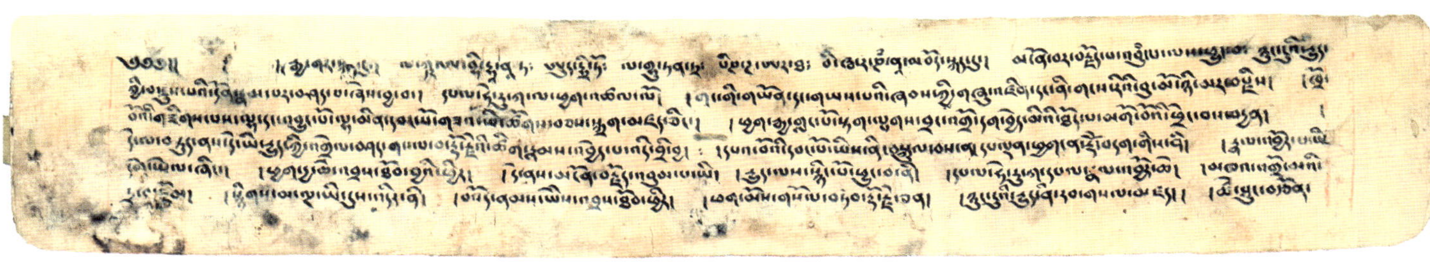

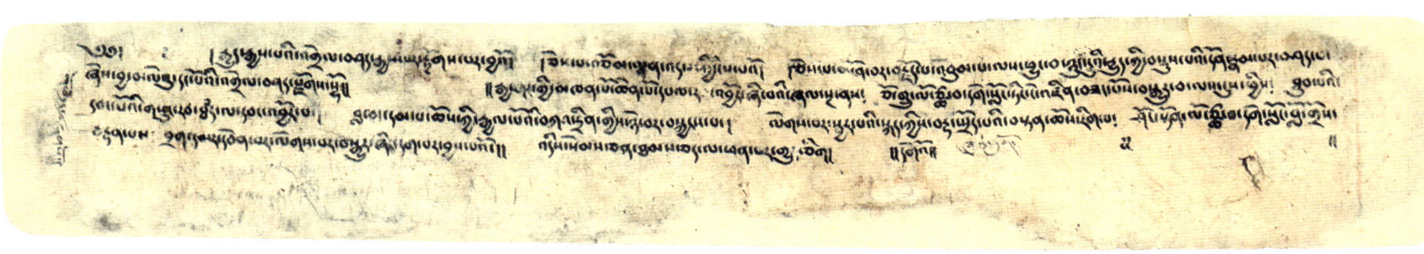

11174 明述十萬之攝小續第一章注釋 雄頓·洛智丹巴譯 明抄本

梵夾裝。開本高 6.6 釐米，廣 38.4 釐米。中國民族圖書館藏。

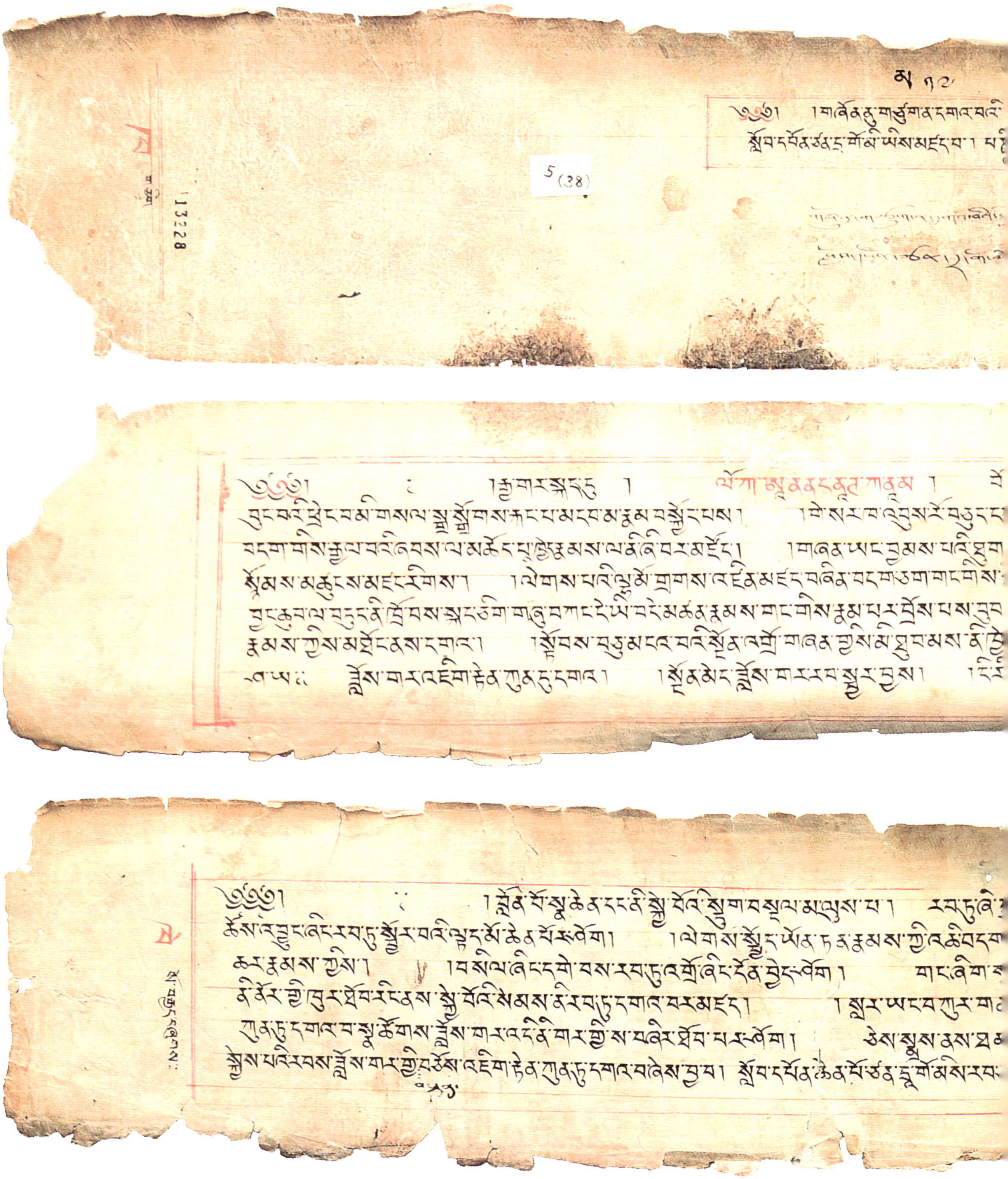

11175 王子悉達本生傳世間衆樂 （明）薩迦·扎巴堅贊等譯 明抄本

梵夾裝。開本高 12 釐米，廣 52 釐米。西藏圖書館藏。

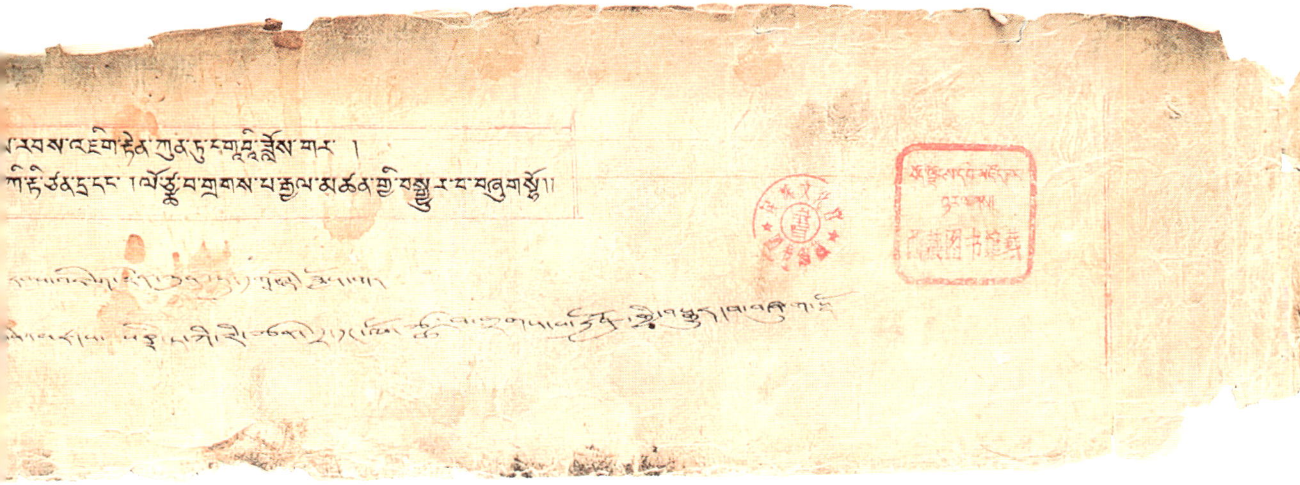

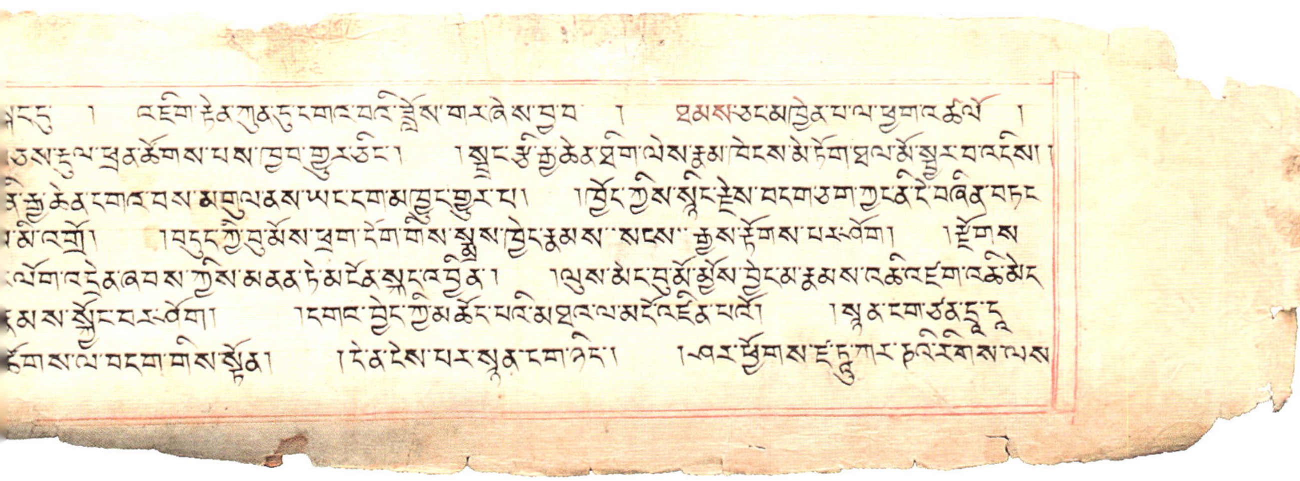

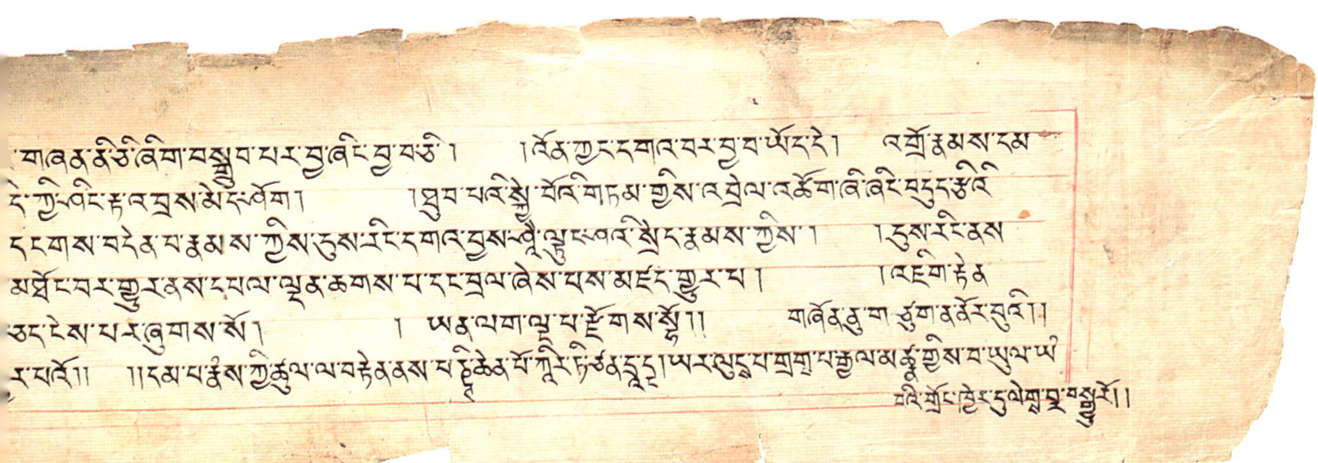

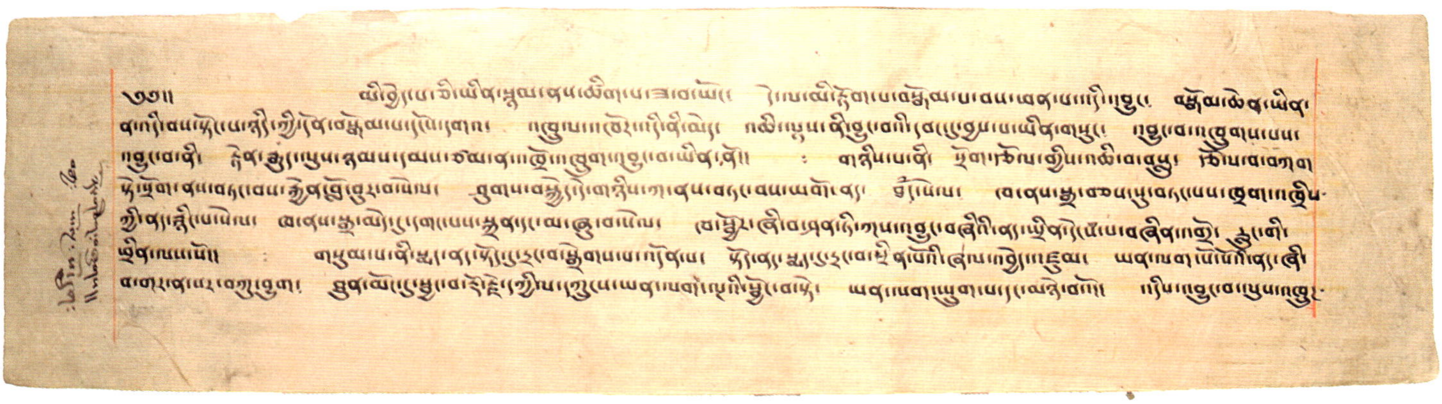

11176 道果法 （明）薩迦·扎巴堅贊撰 明抄本

梵夾裝。開本高 9 釐米，廣 32 釐米。西藏自治區薩迦縣薩迦寺藏。

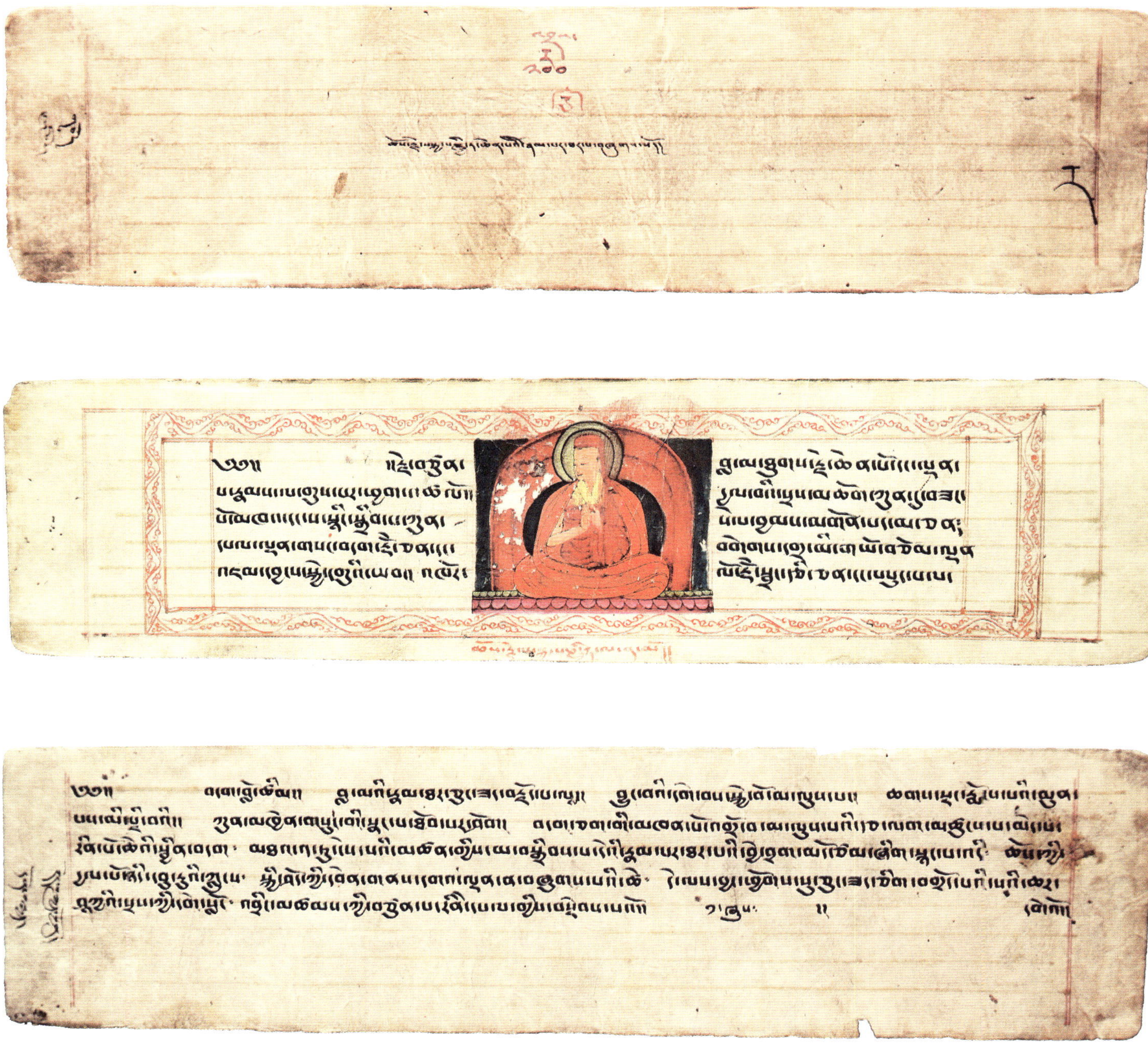

11177 薩迦・貢嘎堅贊傳 尊巴・仁青白撰 明抄本

梵夾裝。開本高 7 釐米，廣 35 釐米。拉薩市政協文史民宗法制委員會藏。

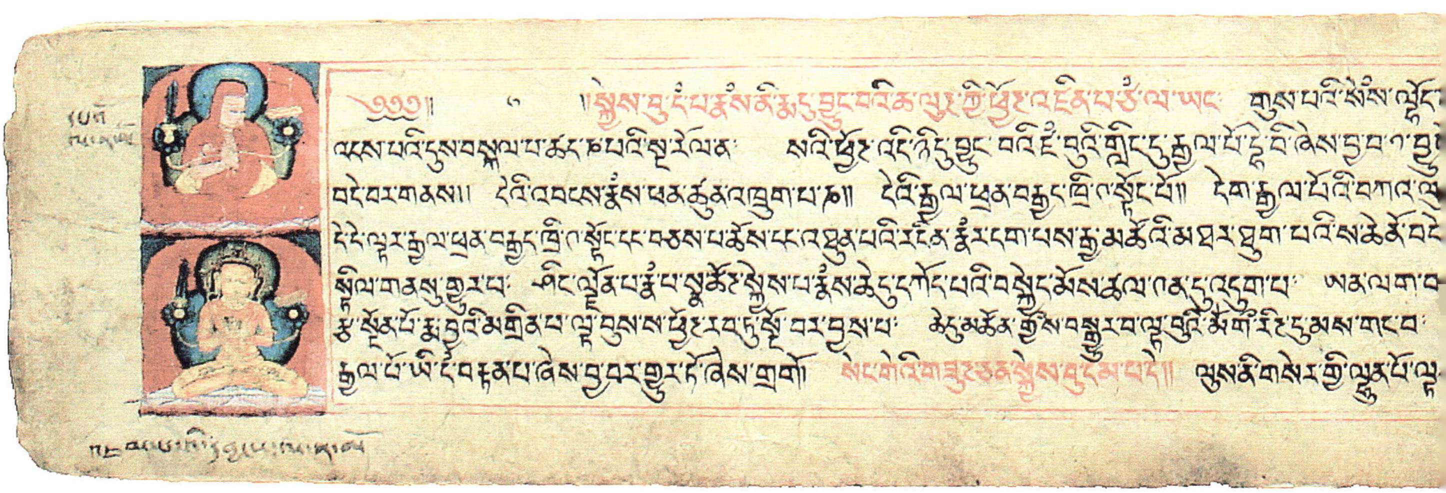

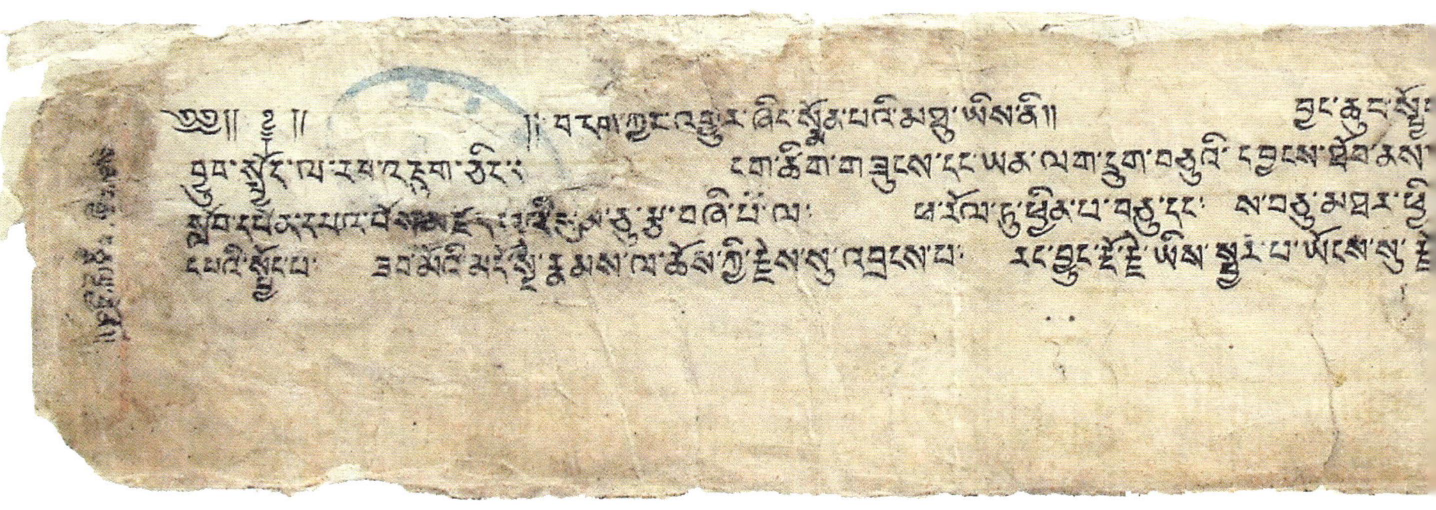

11178 佛本生傳 讓瓊多吉撰 明抄本

梵夾裝。開本高 8.5 釐米，廣 51 釐米。西北民族大學圖書館藏。

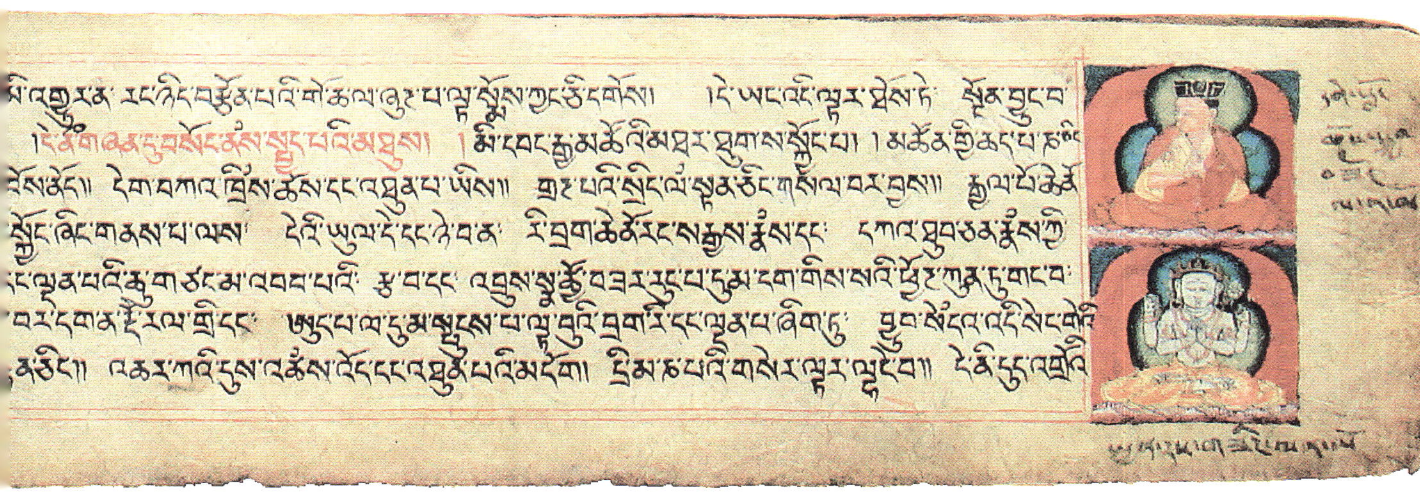

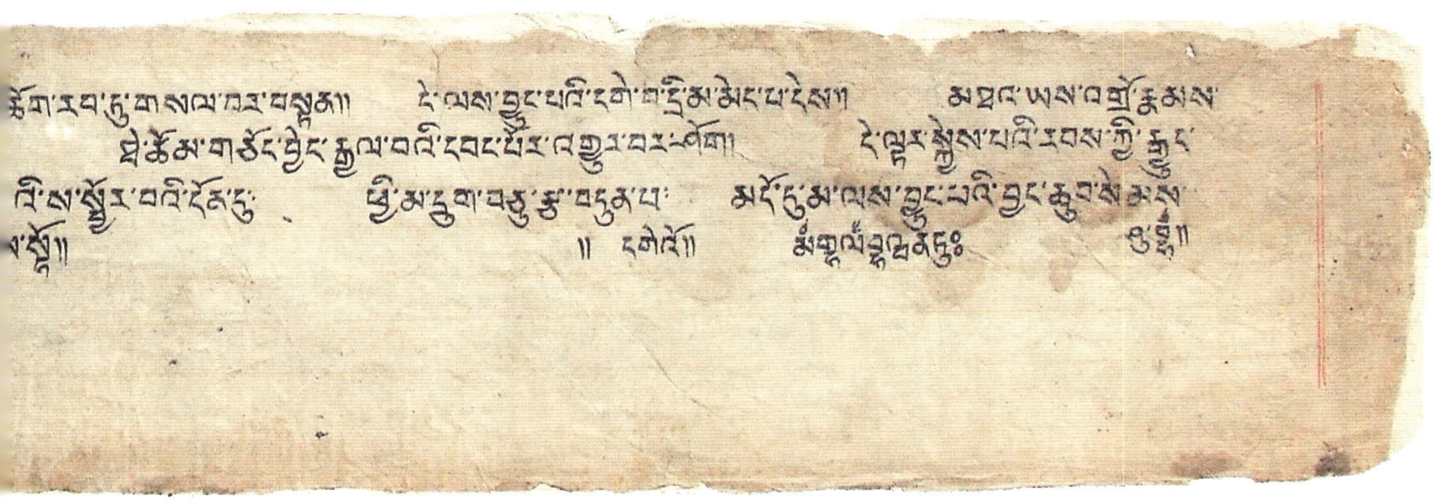

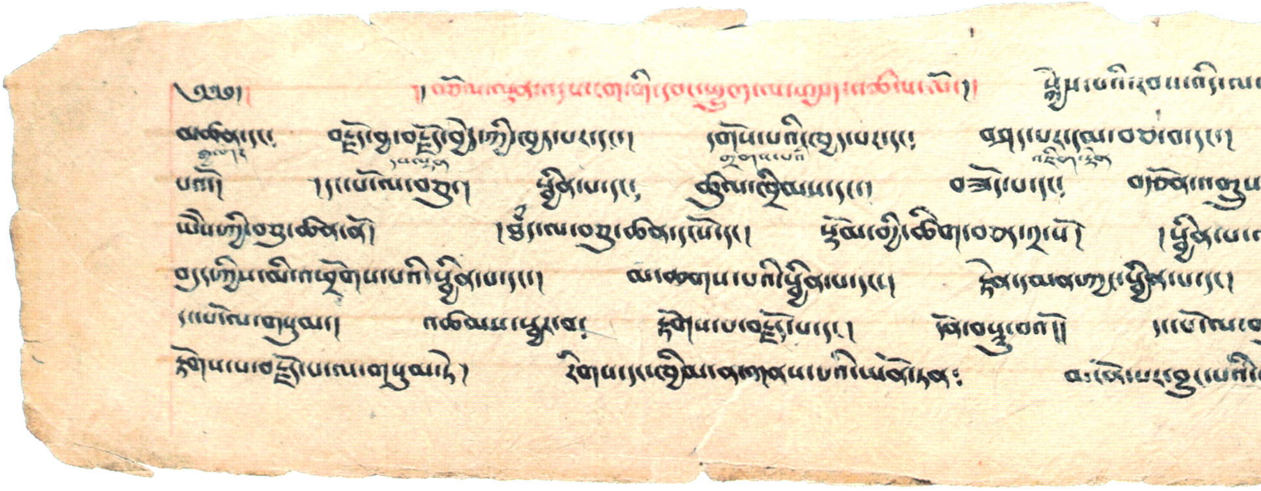

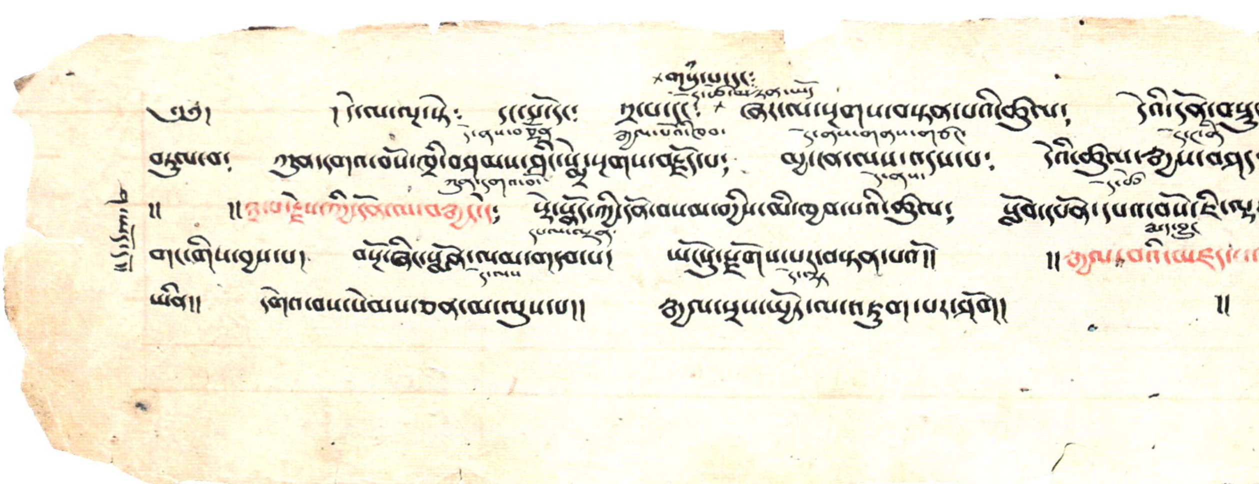

11179 佛本生傳 明抄本

梵夾裝。開本高 10 釐米，廣 53.5 釐米。拉薩市政協文史民宗法制委員會藏。

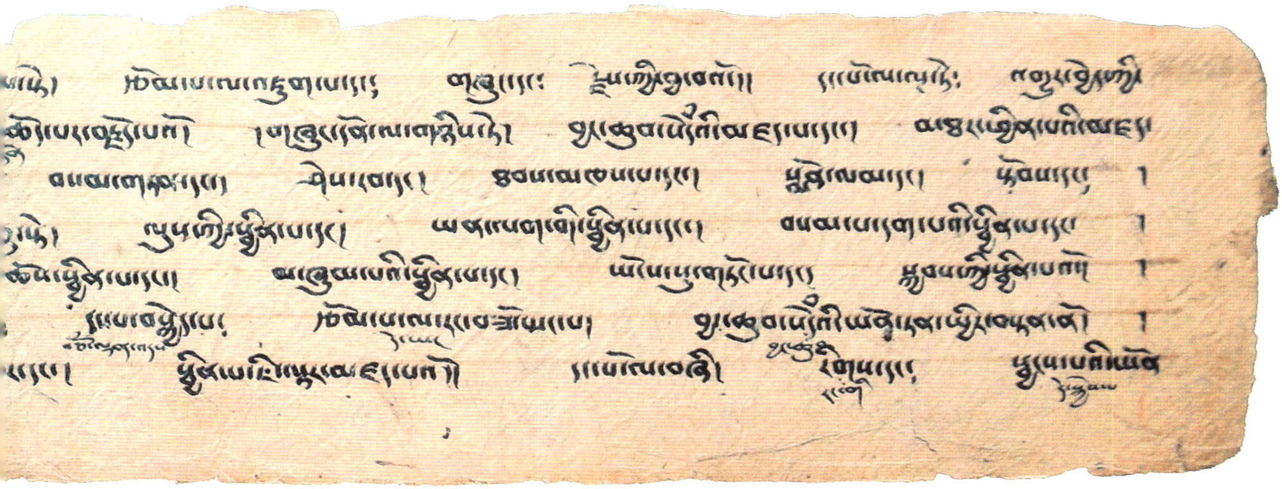

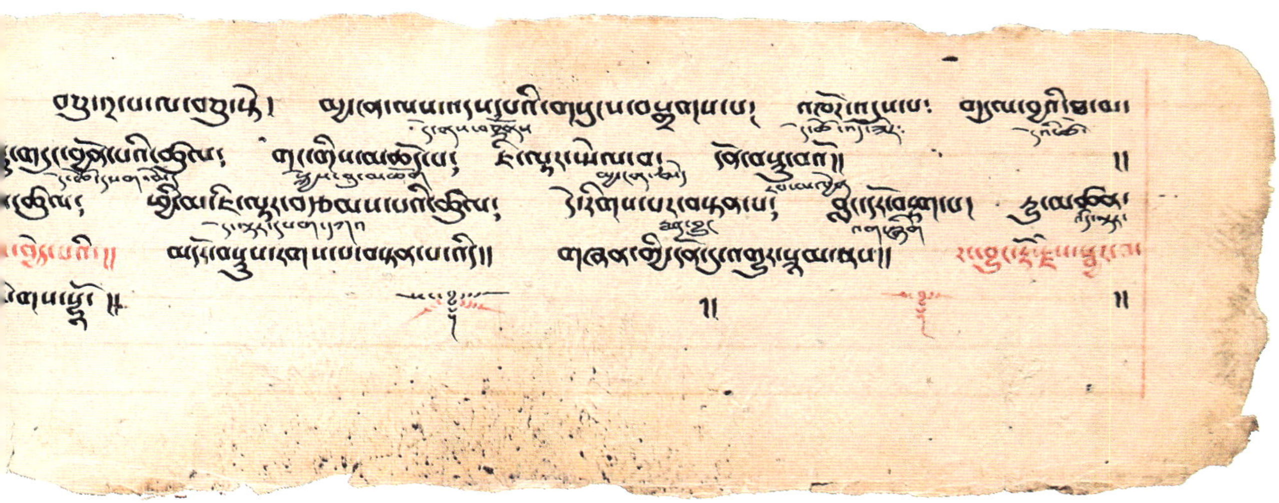

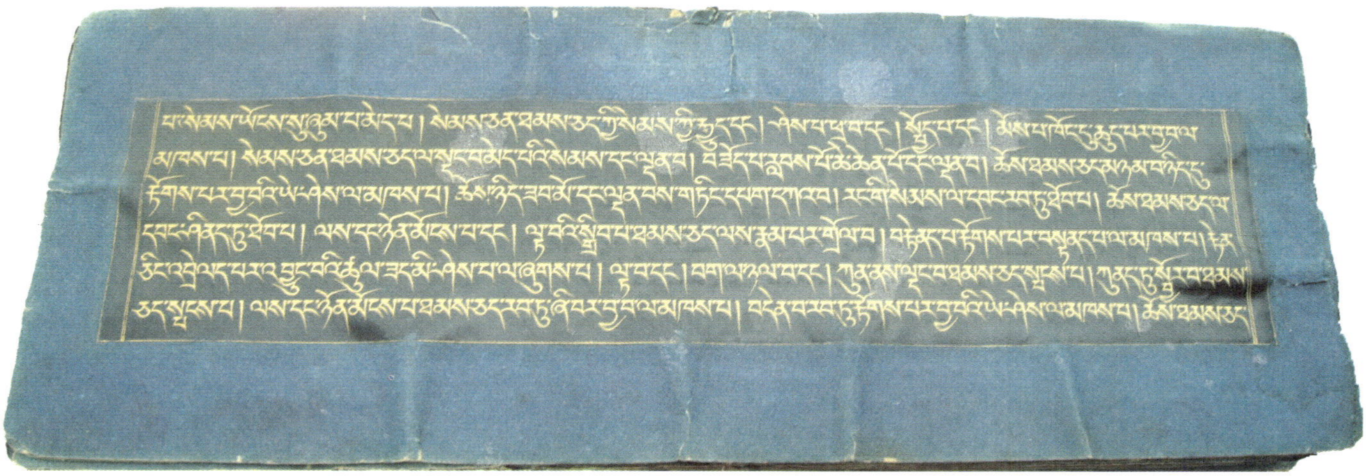

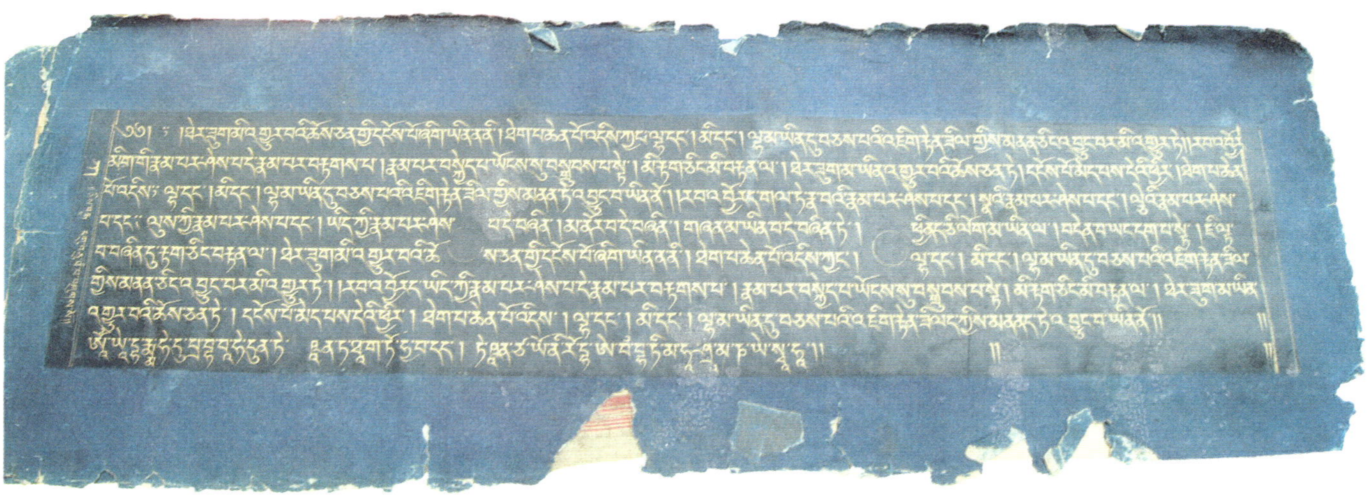

11180 般若波羅蜜多八千頌 明金汁抄本

梵夾裝。開本高 26.7 釐米，廣 71 釐米。西藏自治區仁布縣維色曲林寺藏。

11181 般若波羅蜜多八千頌 明金汁抄本

梵夾装。開本高 27.5 釐米，廣 68.2 釐米。西藏自治區日喀則市俄爾寺藏。

11182 甘珠爾 明金汁抄本

梵夾裝。開本高 26 釐米，廣 71 釐米。西藏自治區日喀則市夏魯寺藏。

11183 般若波羅蜜多經 明金汁抄本

梵夾裝。開本高 33.8 釐米，廣 74 釐米。西藏自治區日喀則市夏魯寺藏。

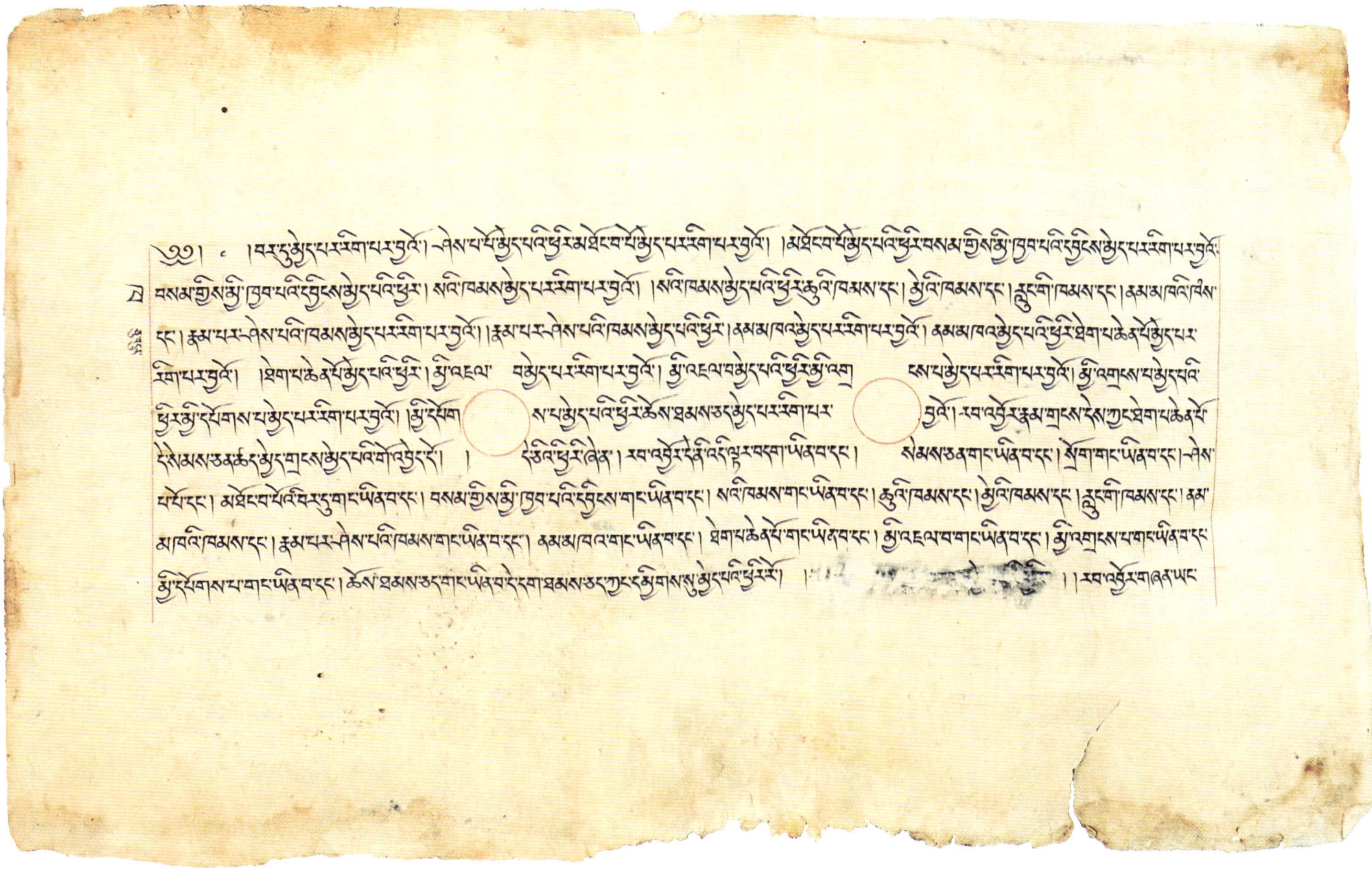

11184 般若波羅蜜多經 明抄本

梵夾裝。開本高 50 釐米，廣 81 釐米。西藏自治區色拉寺藏。

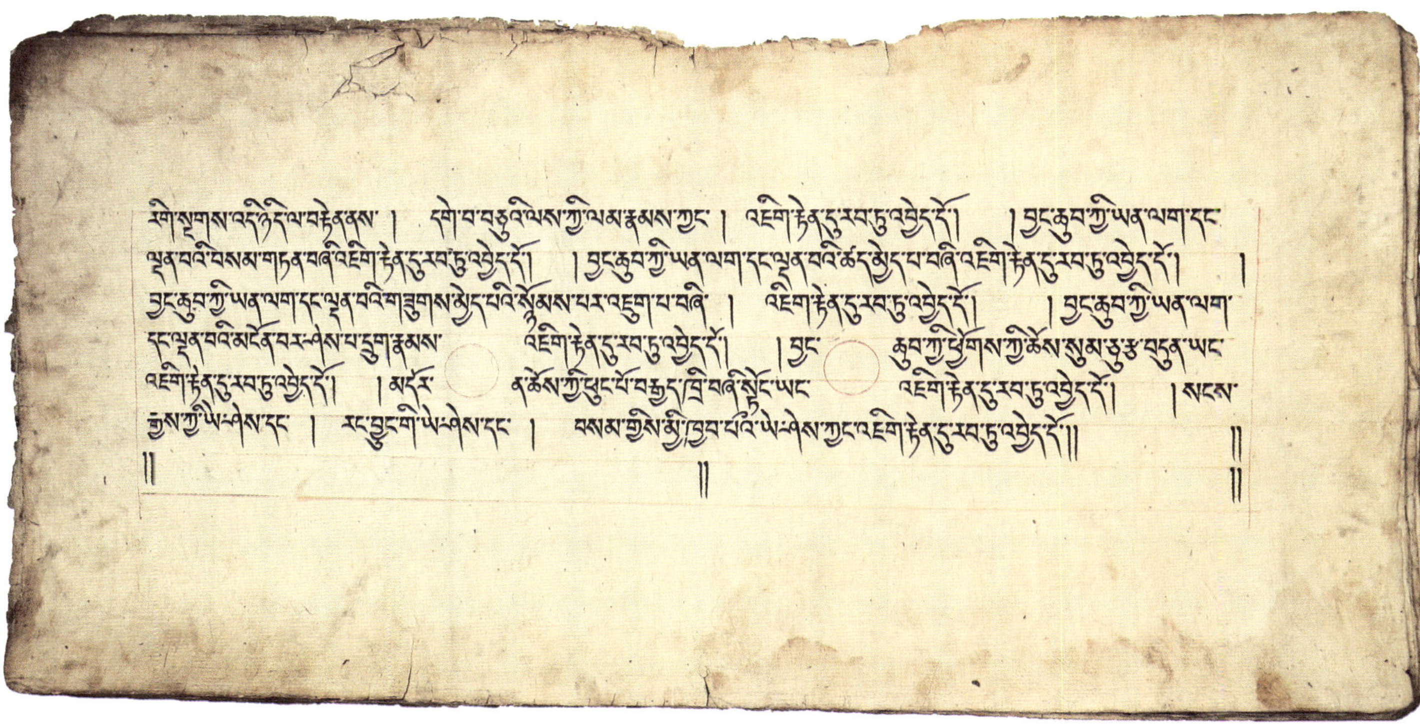
རིག་སྔགས་འདི་ཉིད་ལ་བརྟེན་ནས། །དགེ་བ་བཅུའི་ལས་ཀྱི་ལམ་རྣམས་ཀྱང་། །འཇིག་རྟེན་དུ་རབ་ཏུ་འབྱེད་དོ། །བྱང་ཆུབ་ཀྱི་ཡན་ལག་དང་
ལྡན་པའི་བསམ་གཏན་བཞི་འཇིག་རྟེན་དུ་རབ་ཏུ་འབྱེད་དོ། །བྱང་ཆུབ་ཀྱི་ཡན་ལག་དང་ལྡན་པའི་ཚད་མེད་པ་བཞི་འཇིག་རྟེན་དུ་རབ་ཏུ་འབྱེད་དོ། །
བྱང་ཆུབ་ཀྱི་ཡན་ལག་དང་ལྡན་པའི་གཟུགས་མེད་པའི་སྙོམས་པར་འཇུག་པ་བཞི། །འཇིག་རྟེན་དུ་རབ་ཏུ་འབྱེད་དོ། །བྱང་ཆུབ་ཀྱི་ཡན་ལག
དང་ལྡན་པའི་མངོན་པར་ཤེས་པ་དྲུག་རྣམས་ འཇིག་རྟེན་དུ་རབ་ཏུ་འབྱེད་དོ། །བྱང་ ཆུབ་ཀྱི་ཕྱོགས་ཀྱི་ཆོས་སུམ་ཅུ་རྩ་བདུན་ཡང་
འཇིག་རྟེན་དུ་རབ་ཏུ་འབྱེད་དོ། །མདོར་ ན་ཆོས་ཀྱི་ཕུང་པོ་བརྒྱད་ཁྲི་བཞི་སྟོང་ཡང་ འཇིག་རྟེན་དུ་རབ་ཏུ་འབྱེད་དོ། །སངས་
རྒྱས་ཀྱི་ཡེ་ཤེས་དང་། །རང་བྱུང་གི་ཡེ་ཤེས་དང་། །བསམ་གྱིས་མི་ཁྱབ་པའི་ཡེ་ཤེས་ཀྱང་འཇིག་རྟེན་དུ་རབ་ཏུ་འབྱེད་དོ།། །།
།། ।། ।།

11185 般若波羅蜜多經 明抄本

梵夾裝。開本高 42.5 釐米，廣 83.7 釐米。西藏自治區日喀則市俄爾寺藏。

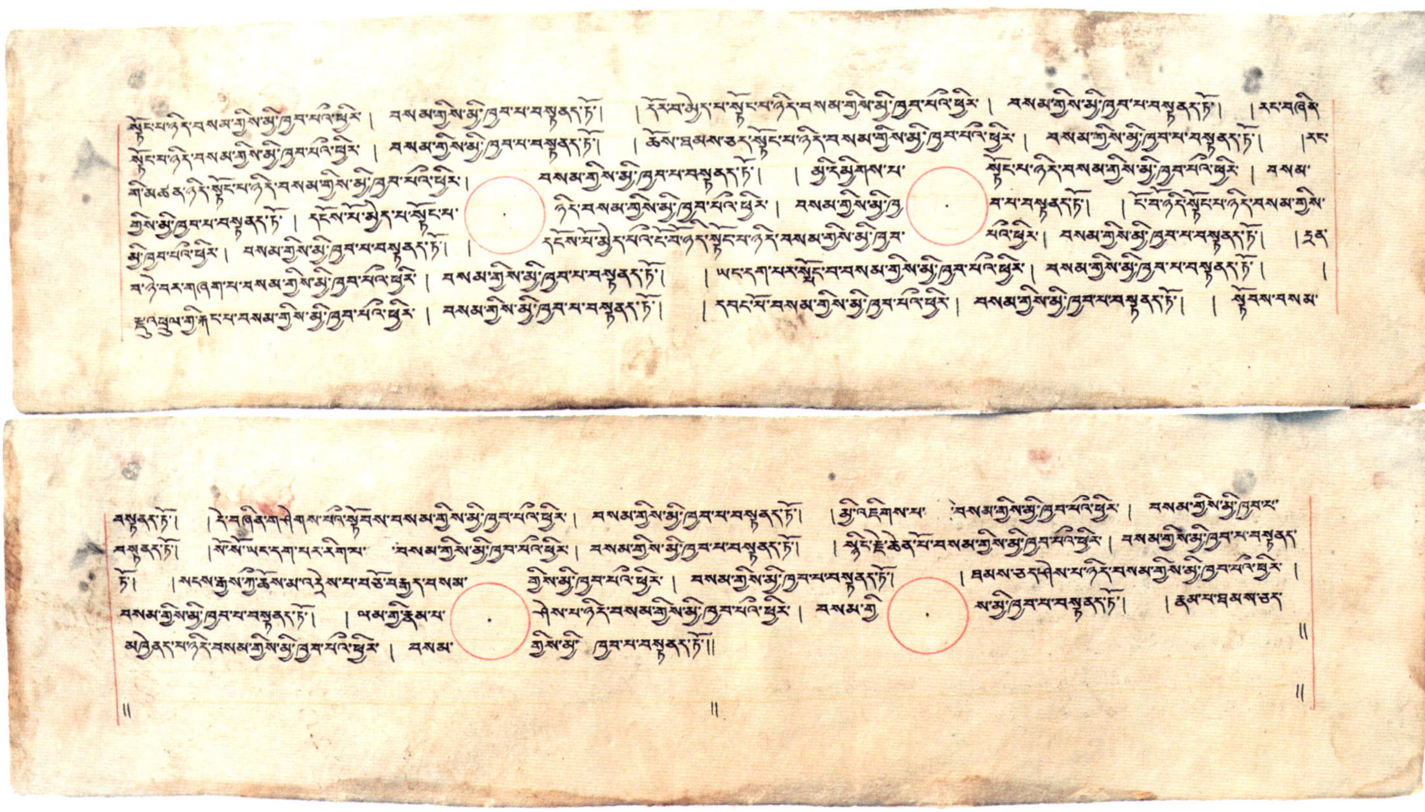

11186 般若波羅蜜多經 明抄本

梵夾裝。開本高 42.5 釐米，廣 83.7 釐米。西藏自治區江孜縣熱龍寺藏。

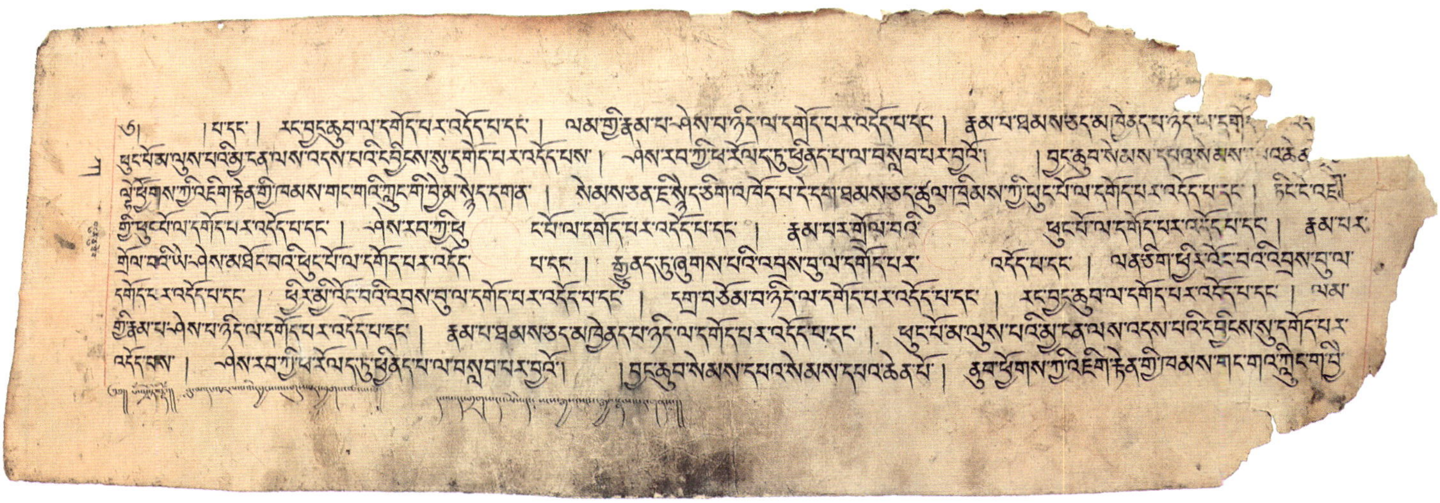

11187 般若波羅蜜多經 明抄本

梵夾裝。開本高 22.2 釐米，廣 67 釐米。西藏自治區薩迦縣薩迦寺藏。

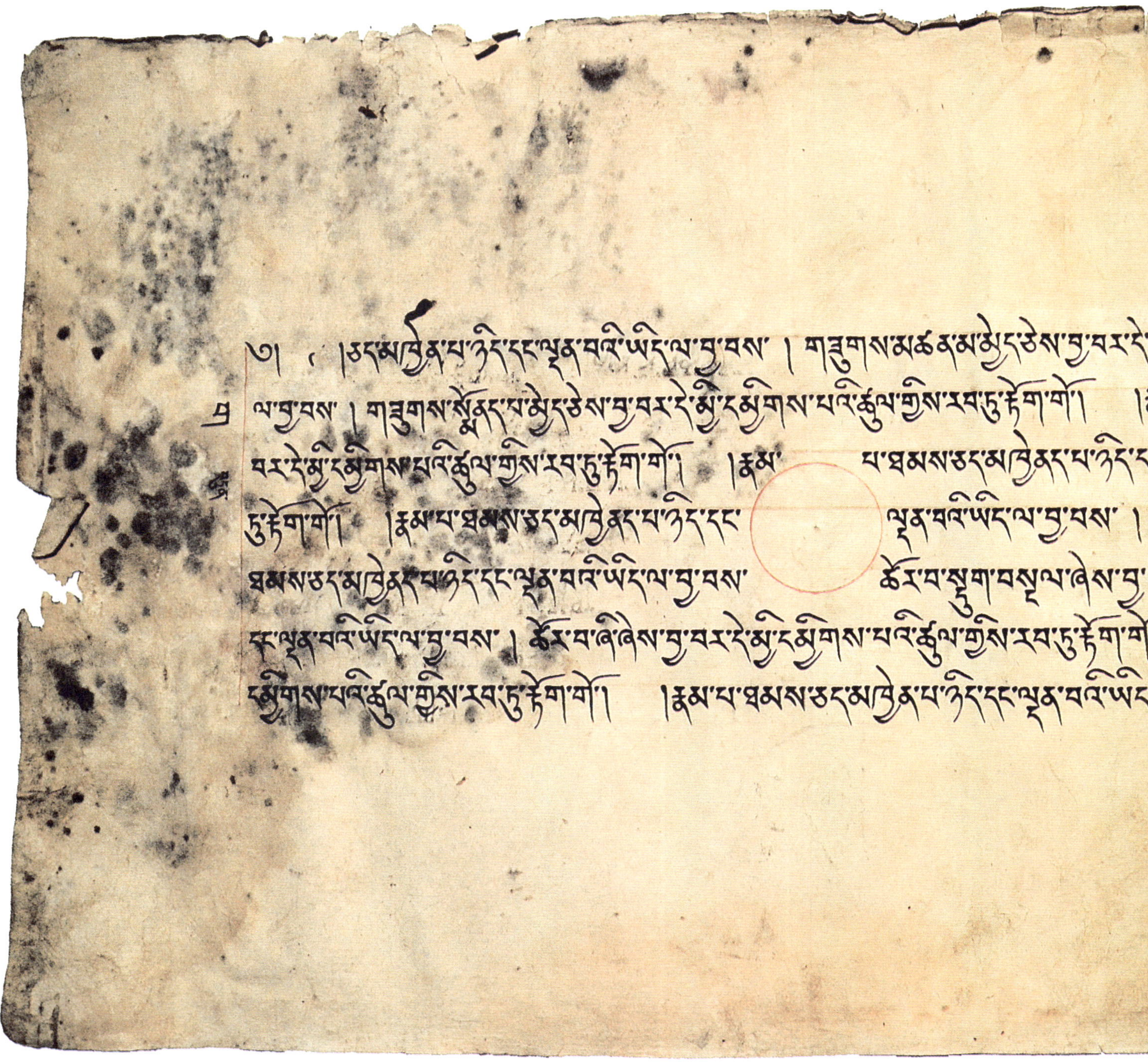

11188 般若波羅蜜多經 明抄本

梵夾裝。開本高 31 釐米，廣 79 釐米。西藏自治區日喀則市夏魯寺藏。

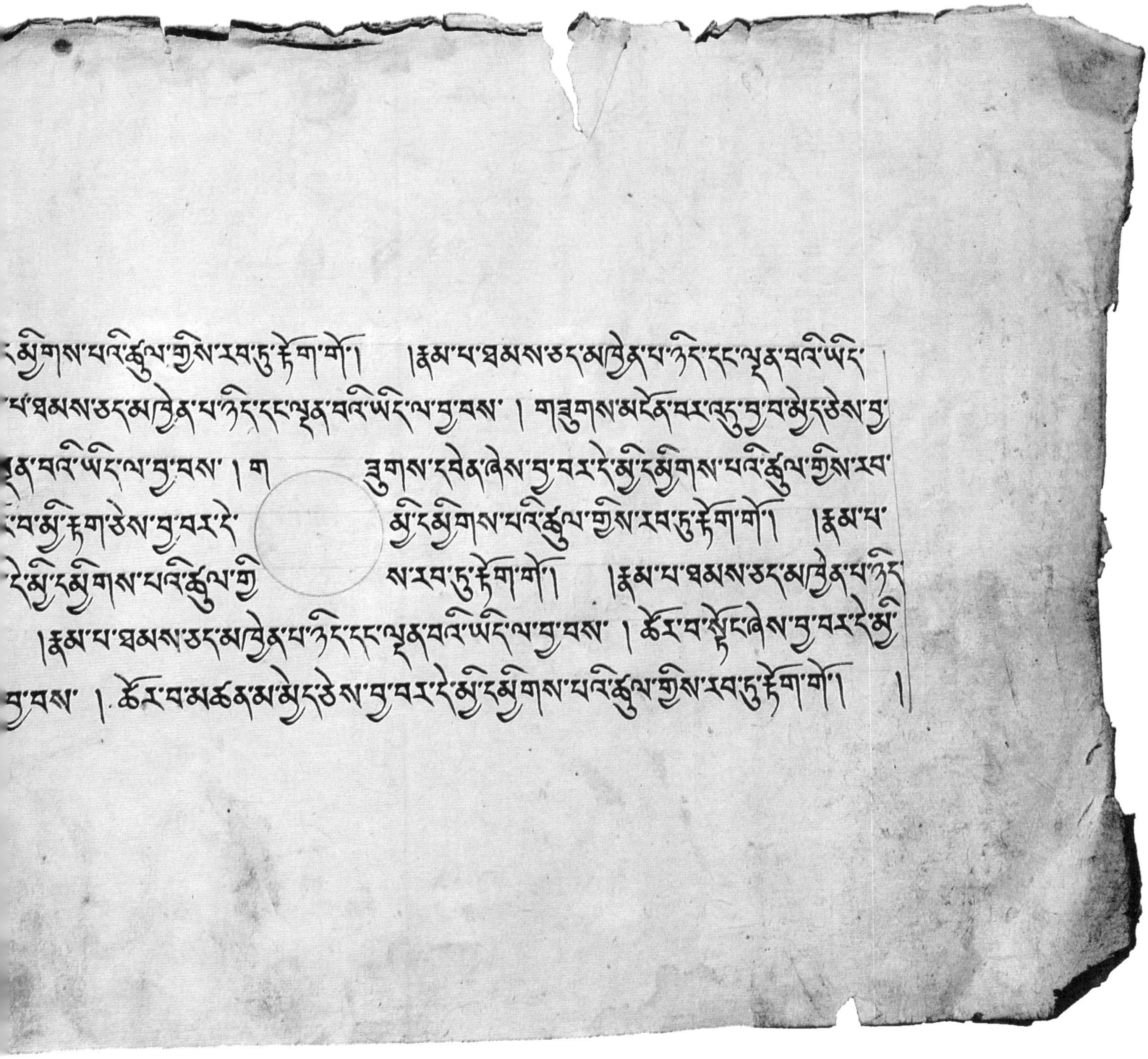

ར་མིགས་པའི་ཚུལ་གྱིས་རབ་ཏུ་རྟོག་གོ། །རྣམ་པ་ཐམས་ཅད་མཁྱེན་པ་ཉིད་དང་ལྡན་པའི་ཡིད་
པ་ཐམས་ཅད་མཁྱེན་པ་ཉིད་དང་ལྡན་པའི་ཡིད་ལ་བྱ་བས། །གཟུགས་མངོན་པར་འདུ་བྱ་བ་མེད་ཅེས་བྱ་
ྡན་པའི་ཡིད་ལ་བྱ་བས། །ག ཟུགས་དབེན་ཞེས་བྱ་བར་དེ་མི་དམིགས་པའི་ཚུལ་གྱིས་རབ་
བ་མི་རྟག་ཅེས་བྱ་བར་དེ་ མི་དམིགས་པའི་ཚུལ་གྱིས་རབ་ཏུ་རྟོག་གོ། །རྣམ་པ་
དེ་མི་དམིགས་པའི་ཚུལ་གྱི ས་རབ་ཏུ་རྟོག་གོ། །རྣམ་པ་ཐམས་ཅད་མཁྱེན་པ་ཉིད་
།རྣམ་པ་ཐམས་ཅད་མཁྱེན་པ་ཉིད་དང་ལྡན་པའི་ཡིད་ལ་བྱ་བས། །ཚོར་བ་སྟོང་ཞེས་བྱ་བར་དེ་མི་
བྱ་བས། །ཚོར་བ་མཚན་མ་མེད་ཅེས་བྱ་བར་དེ་མི་དམིགས་པའི་ཚུལ་གྱིས་རབ་ཏུ་རྟོག་གོ། །

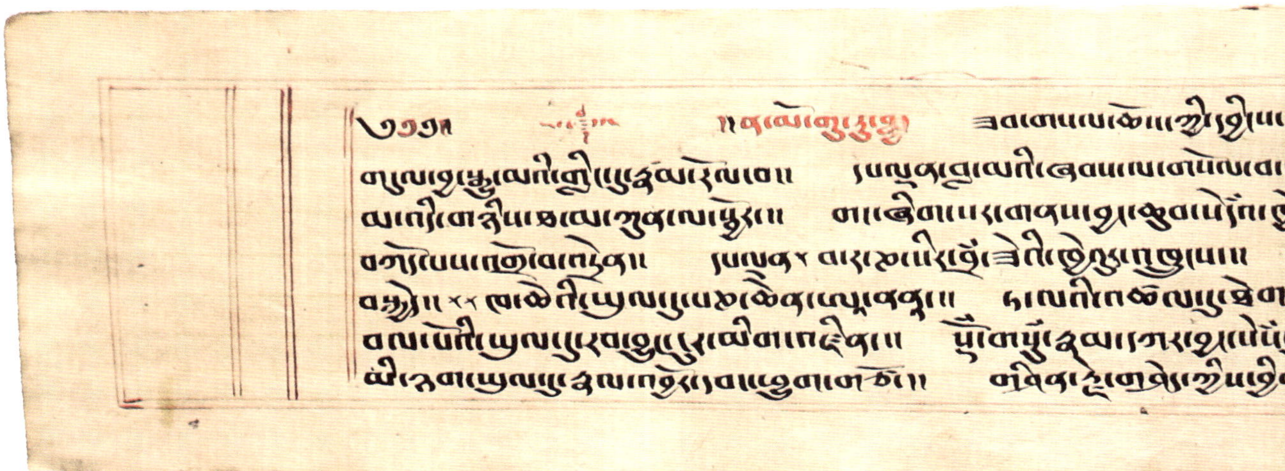

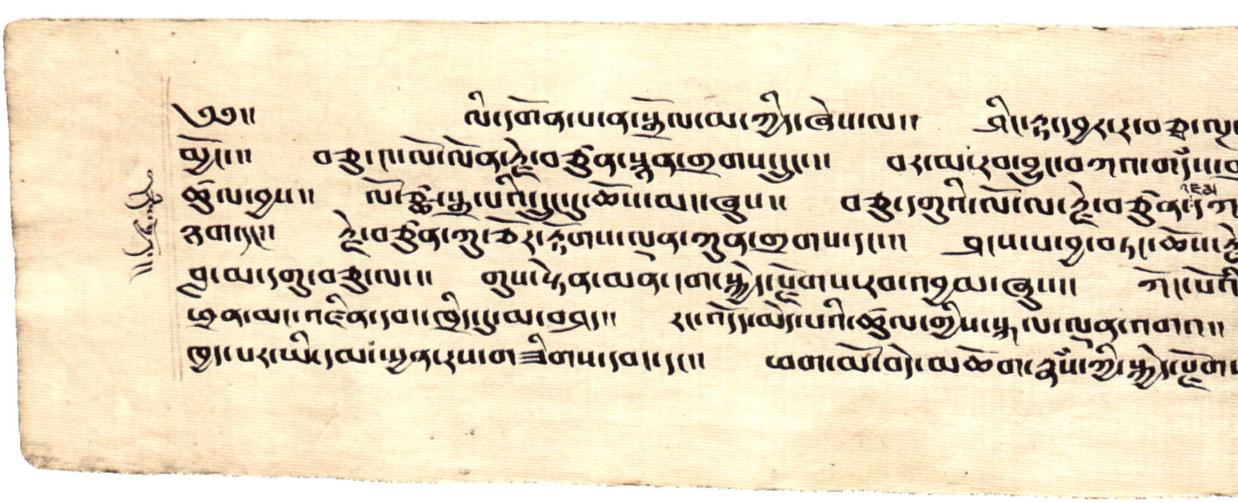

11189 古覺多丹·布達西日傳及祈願文 明抄本

梵夾裝。開本高 6 釐米，廣 44.5 釐米。拉薩市政協文史民宗法制委員會藏。

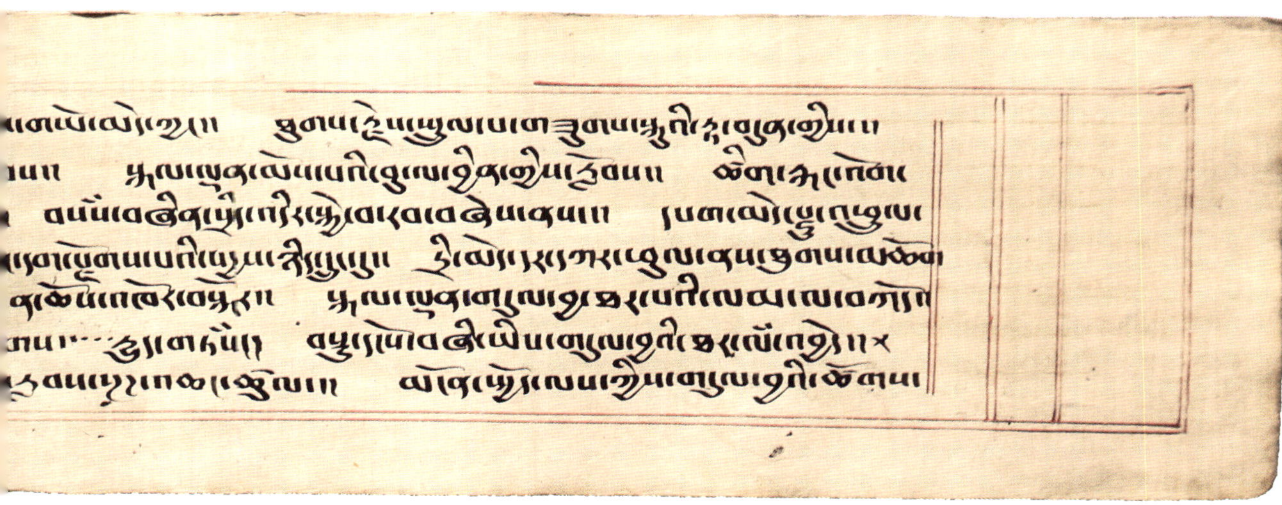

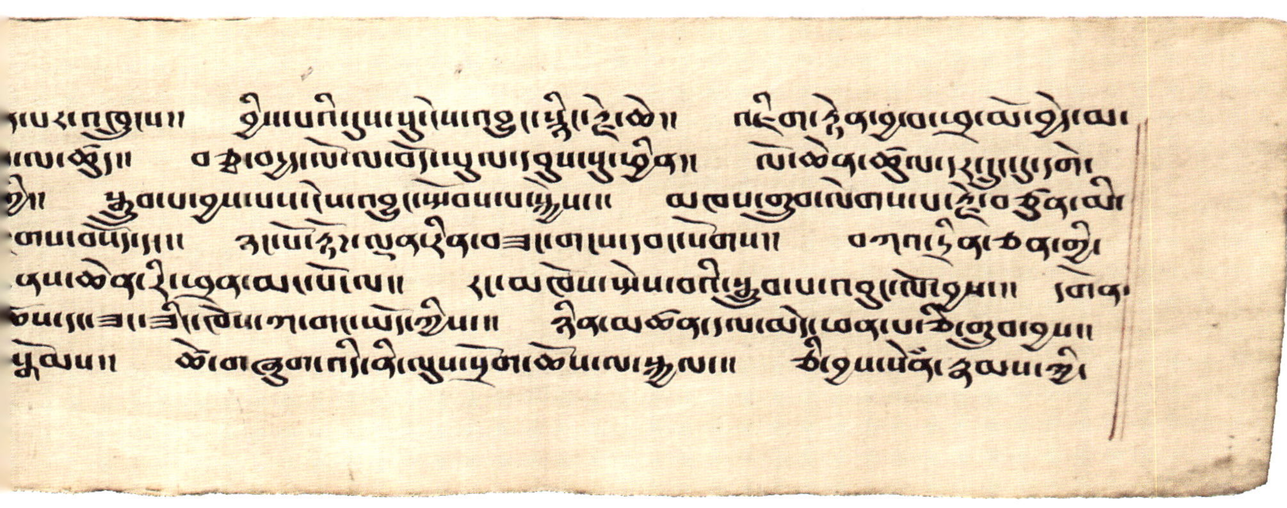

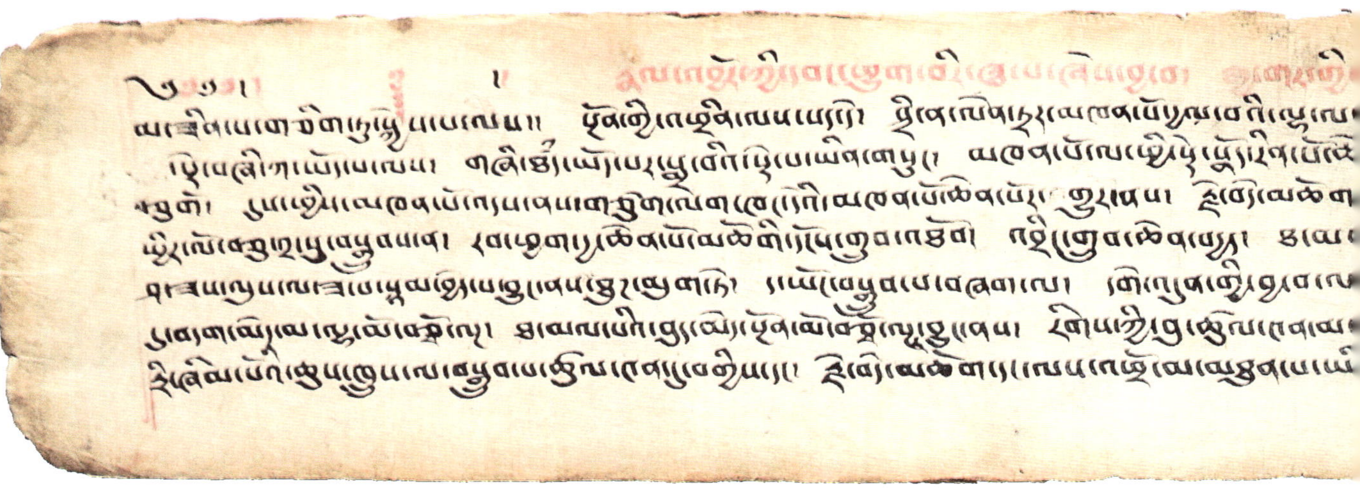

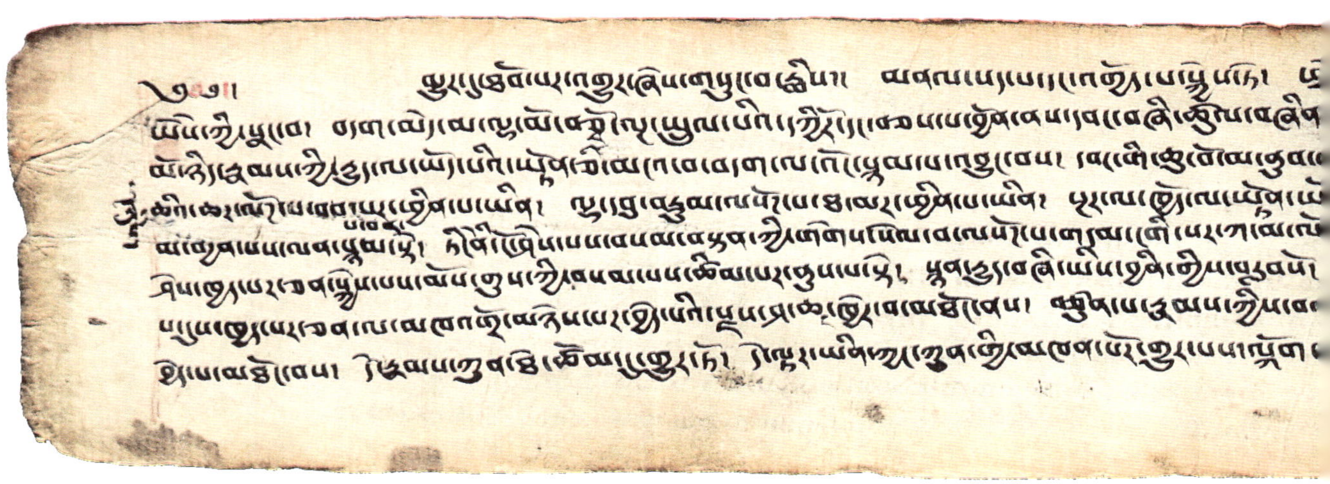

11190 至尊比如巴傳 明抄本

梵夾裝。開本高 7 釐米，廣 35 釐米。拉薩市政協文史民宗法制委員會藏。

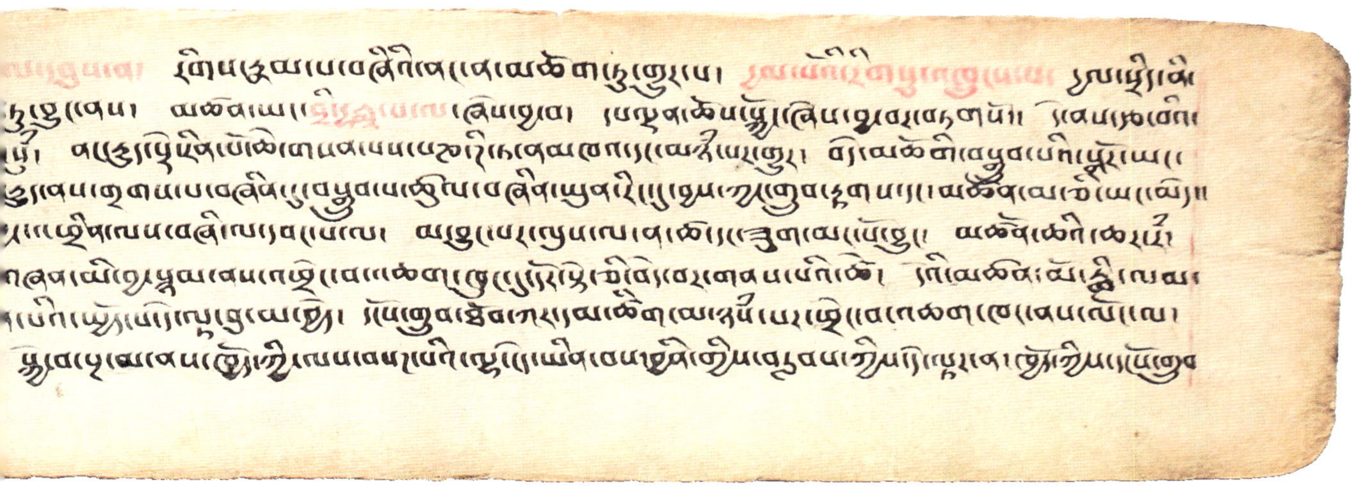

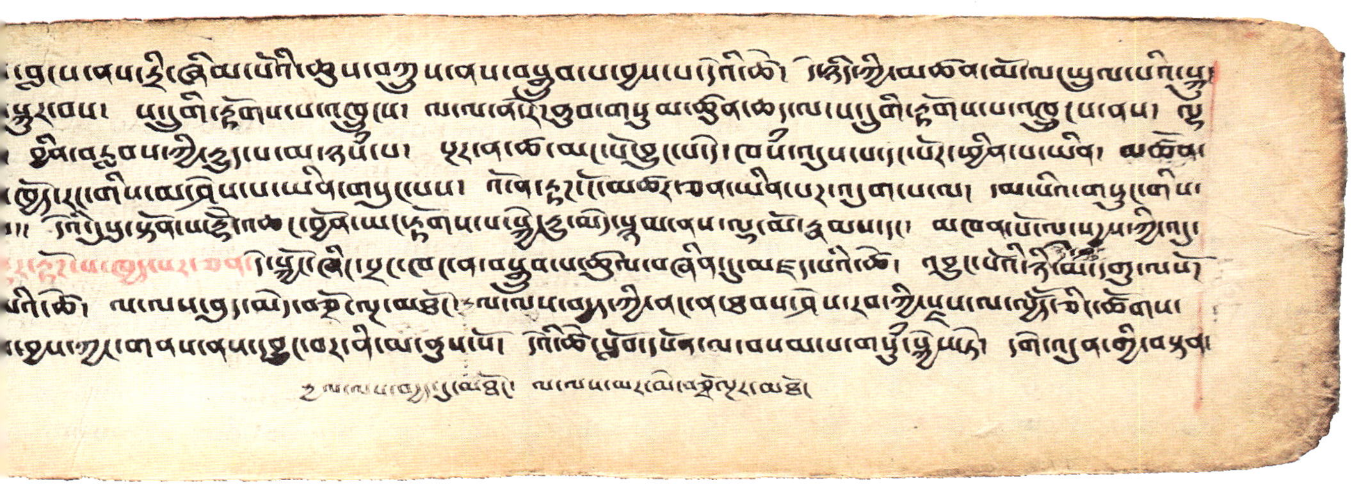

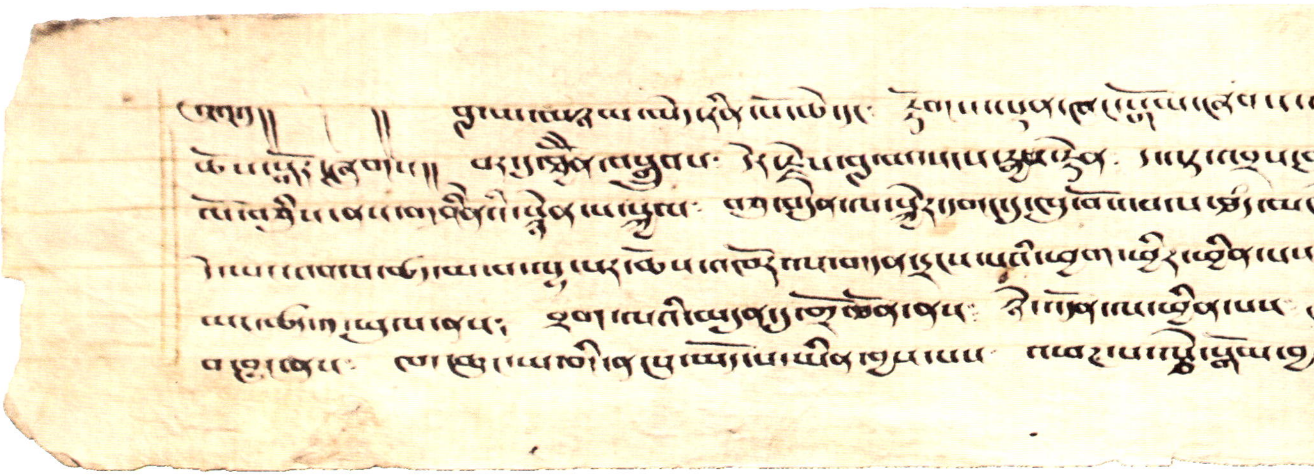

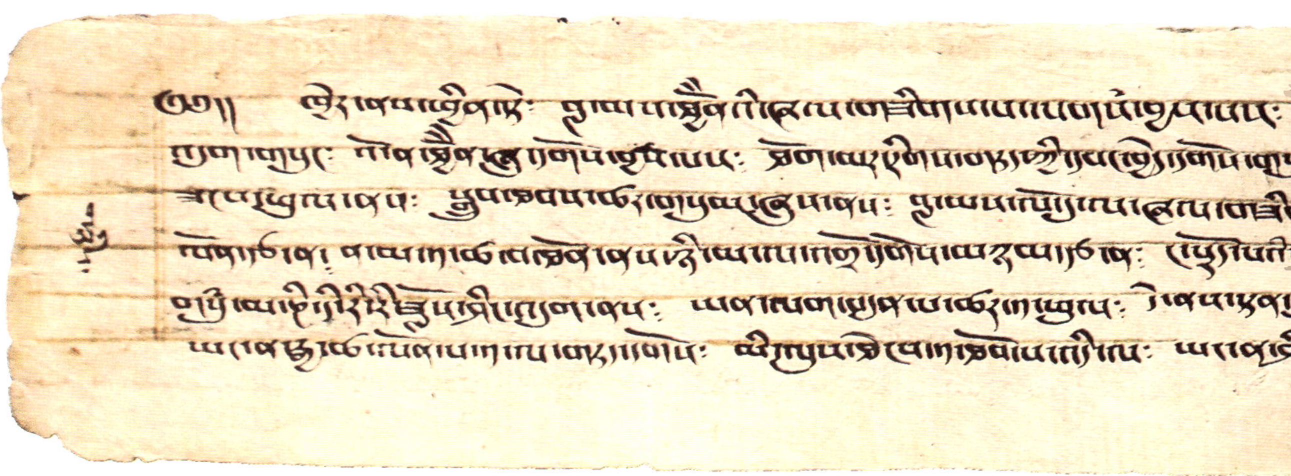

11191 温頓一切智傳 明抄本

梵夾裝。開本高 8.5 釐米，廣 44.2 釐米。拉薩市政協文史民宗法制委員會藏。

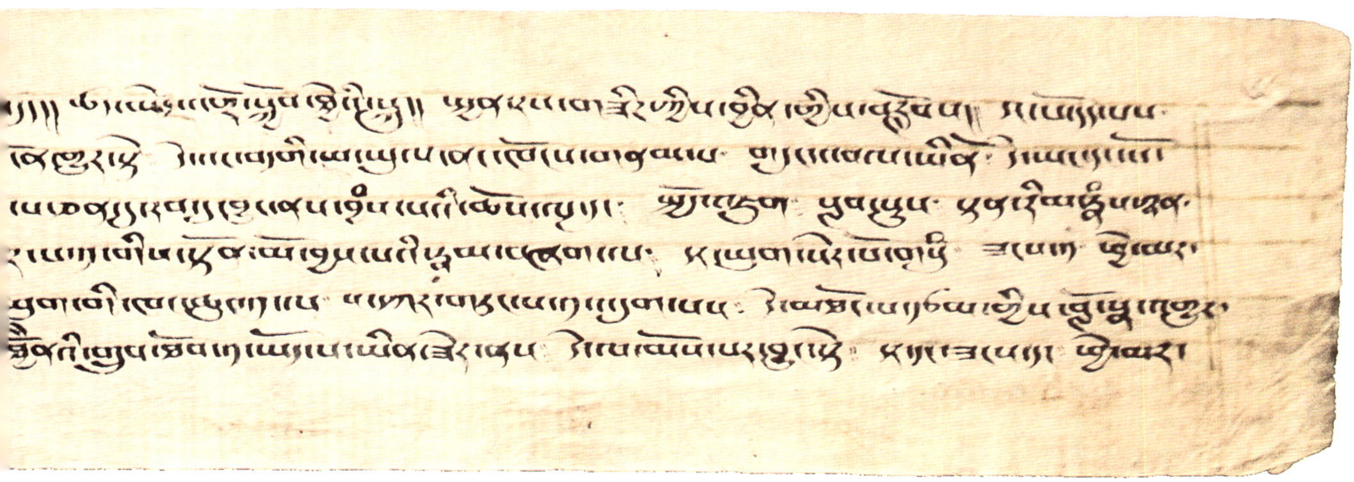

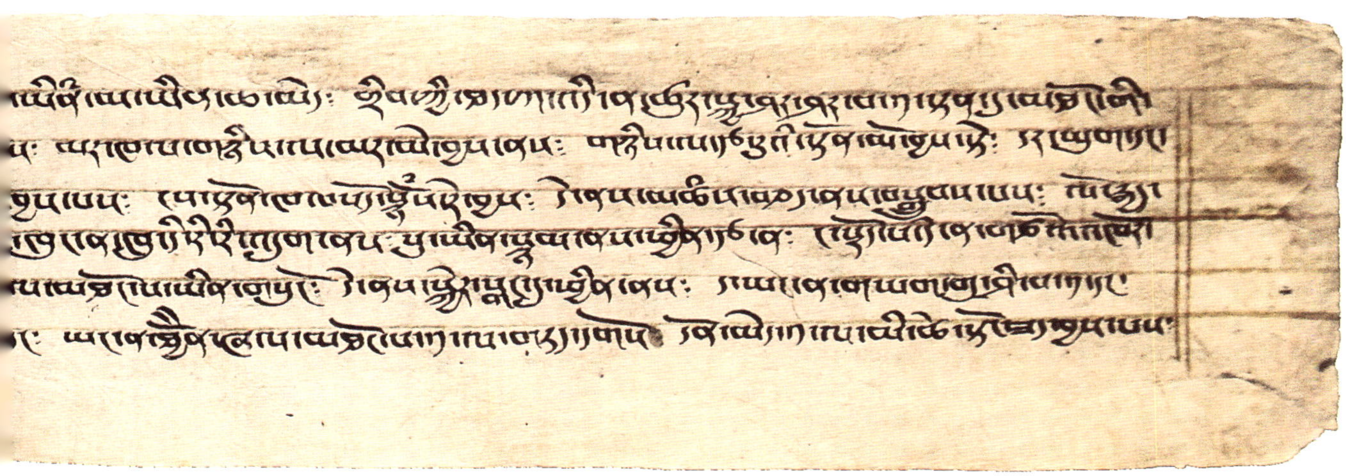

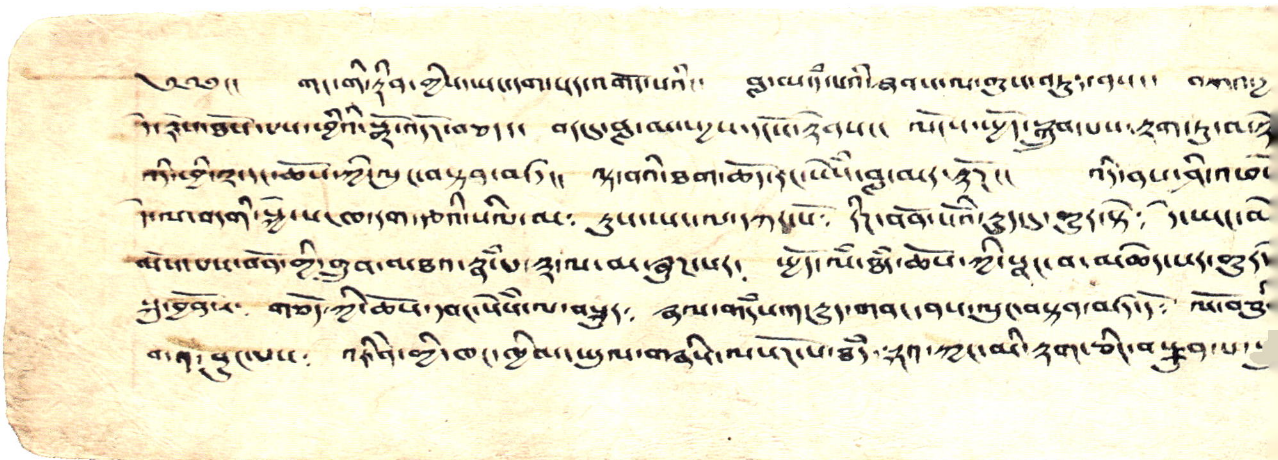

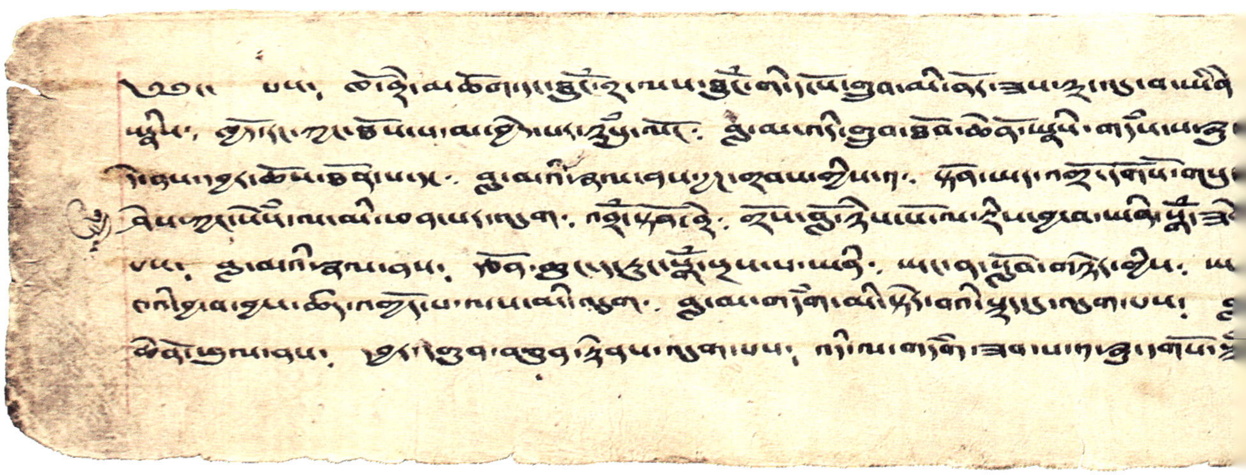

11192 桑杰頓巴傳 明抄本

梵夾裝。開本高 8.5 釐米，廣 44.2 釐米。拉薩市政協文史民宗法制委員會藏。

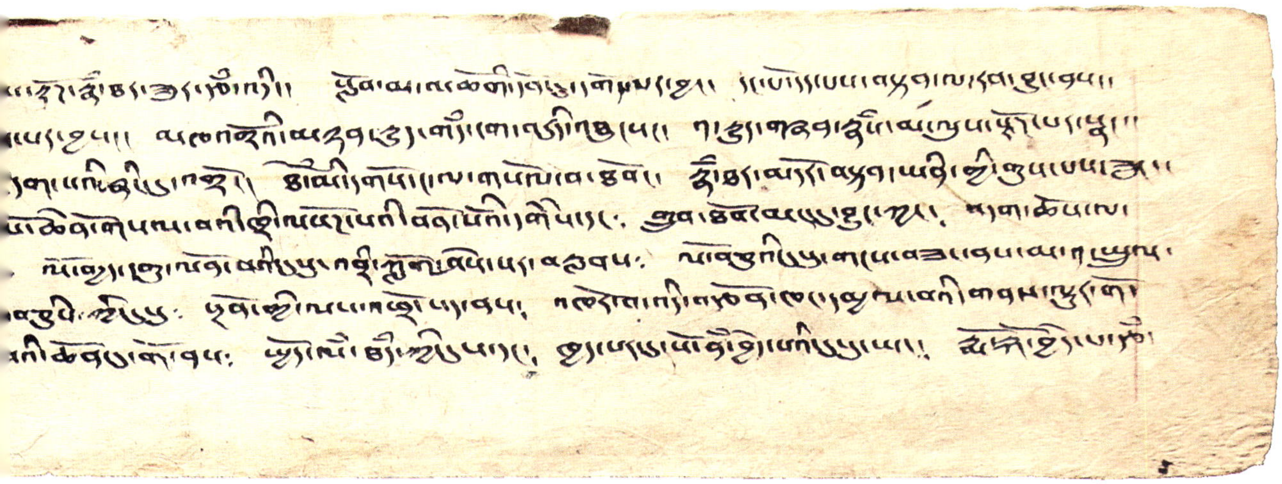

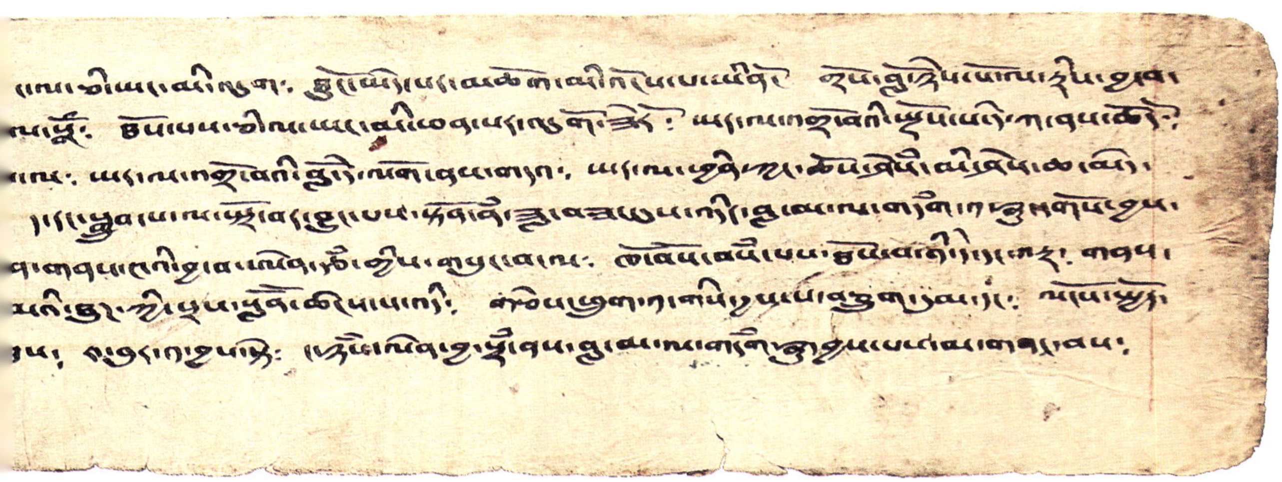

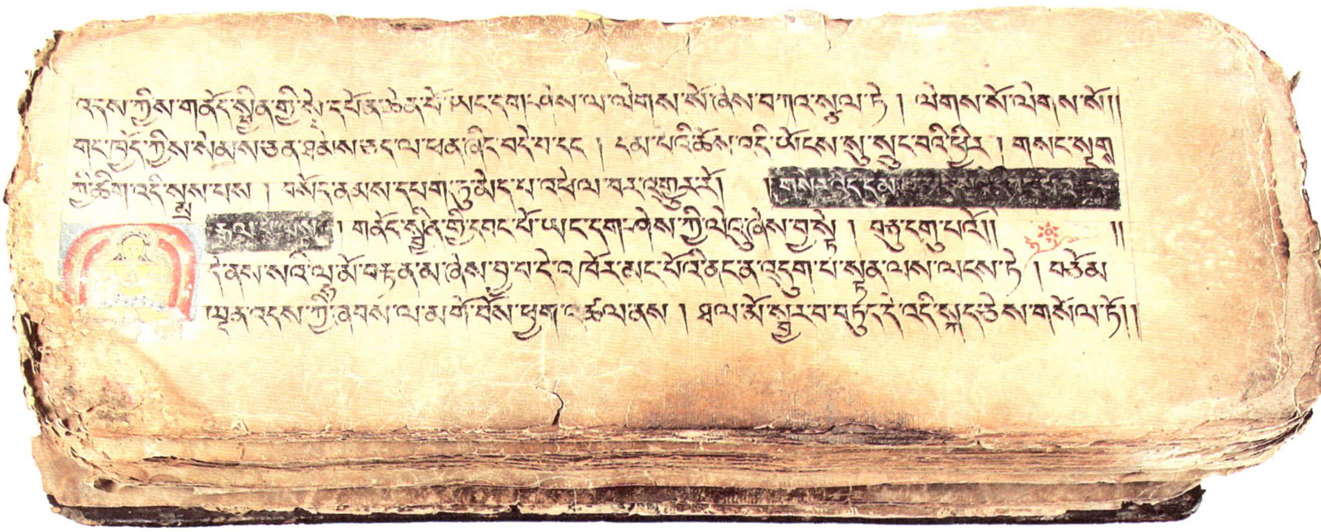

11193 金光明經 明抄本

梵夾裝。開本高 15.6 釐米，廣 43.5 釐米。青海藏醫藥文化博物館藏。

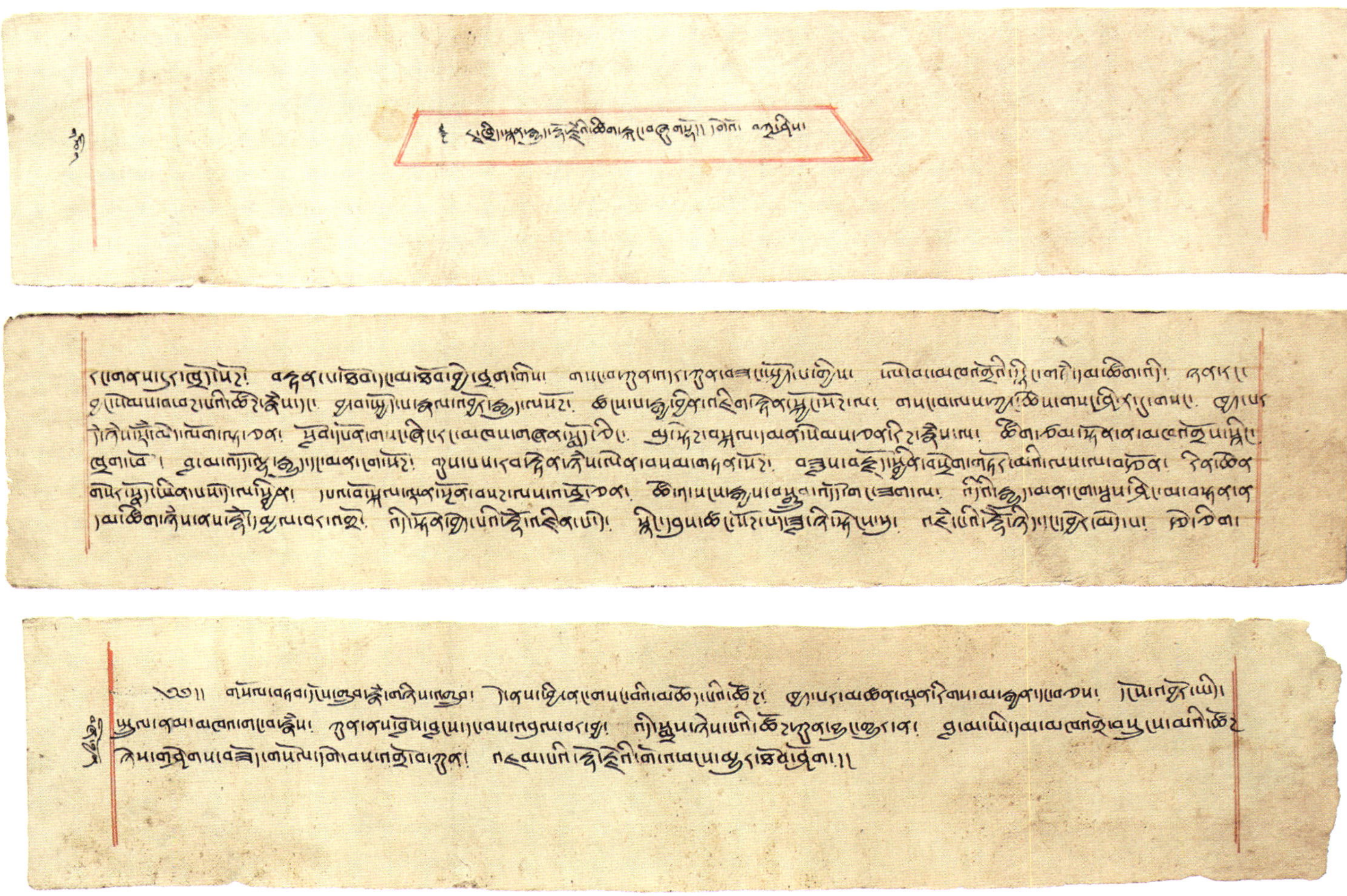

11194 熱赤耳傳金剛偈 明抄本

梵夾裝。開本高 7.5 釐米，廣 45 釐米。拉薩市政協文史民宗法制委員會藏。

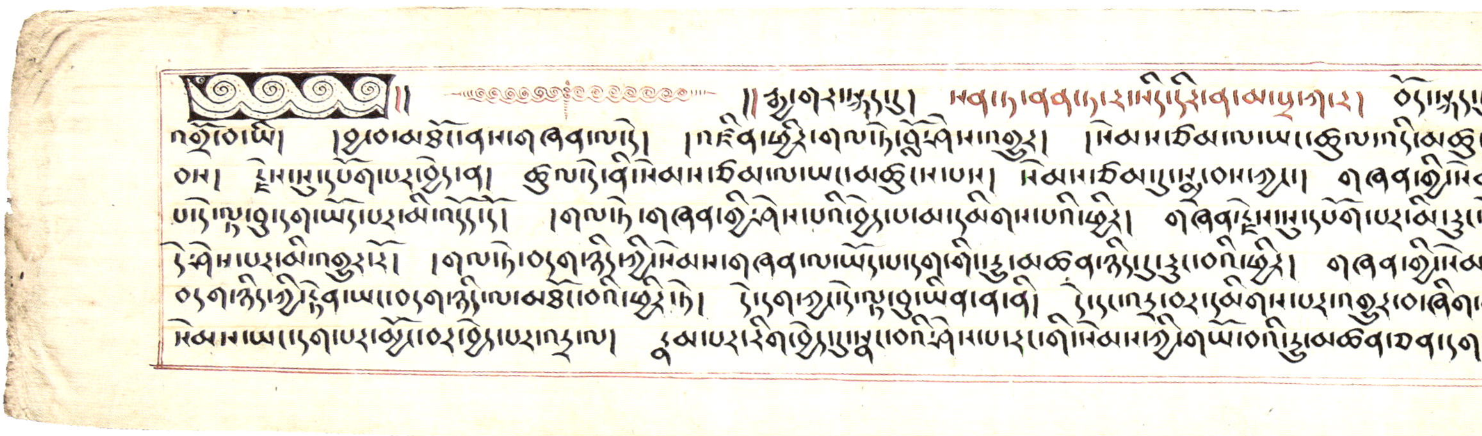

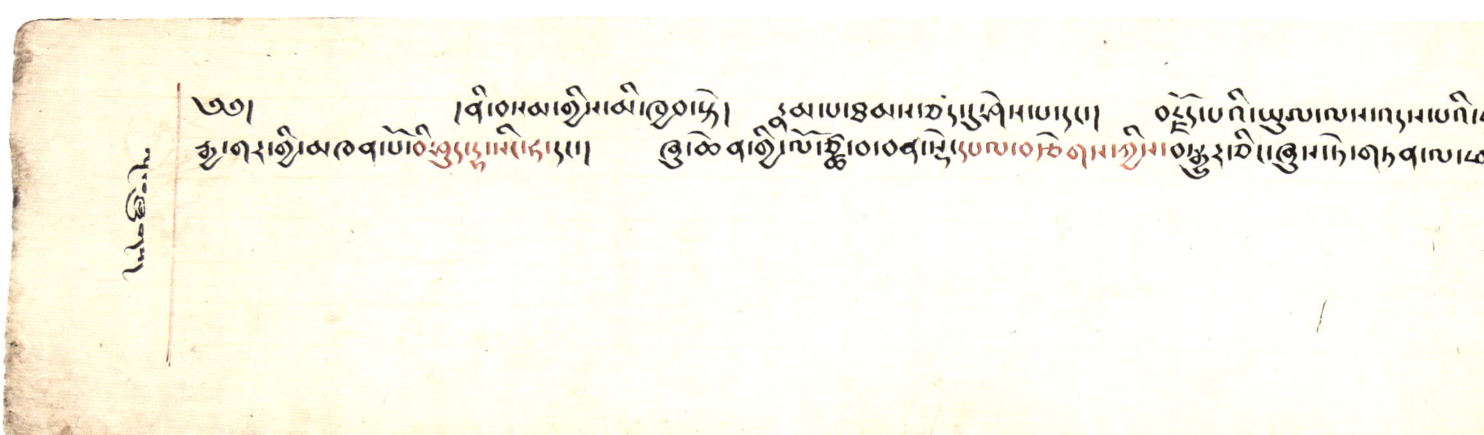

11195 續他論 明抄本

梵夾裝。開本高 10 釐米，廣 65.5 釐米。西藏博物館藏。

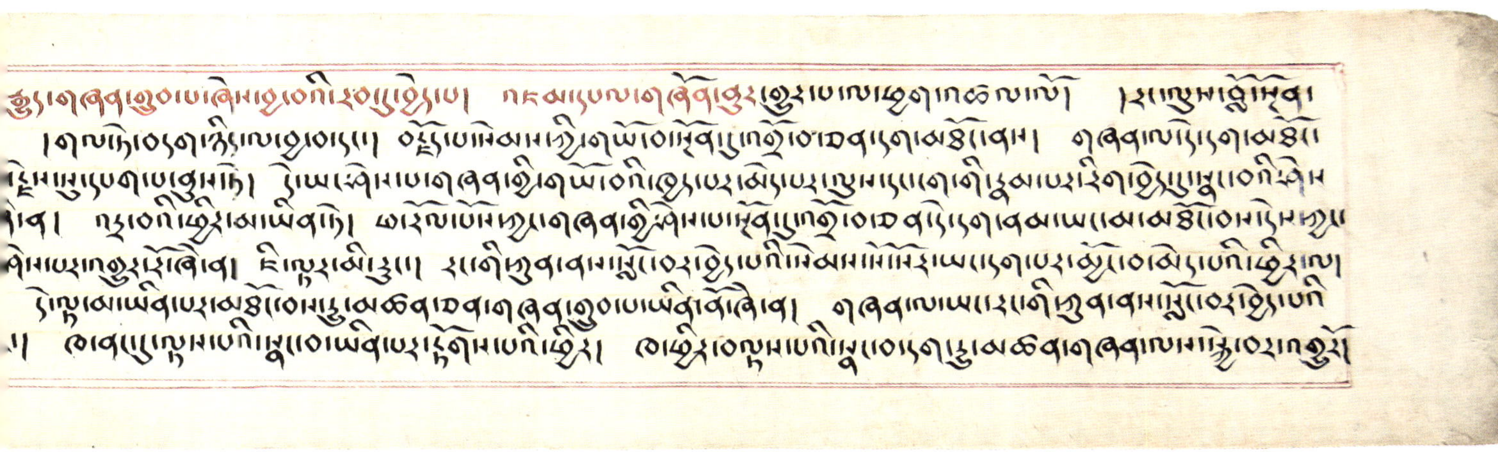

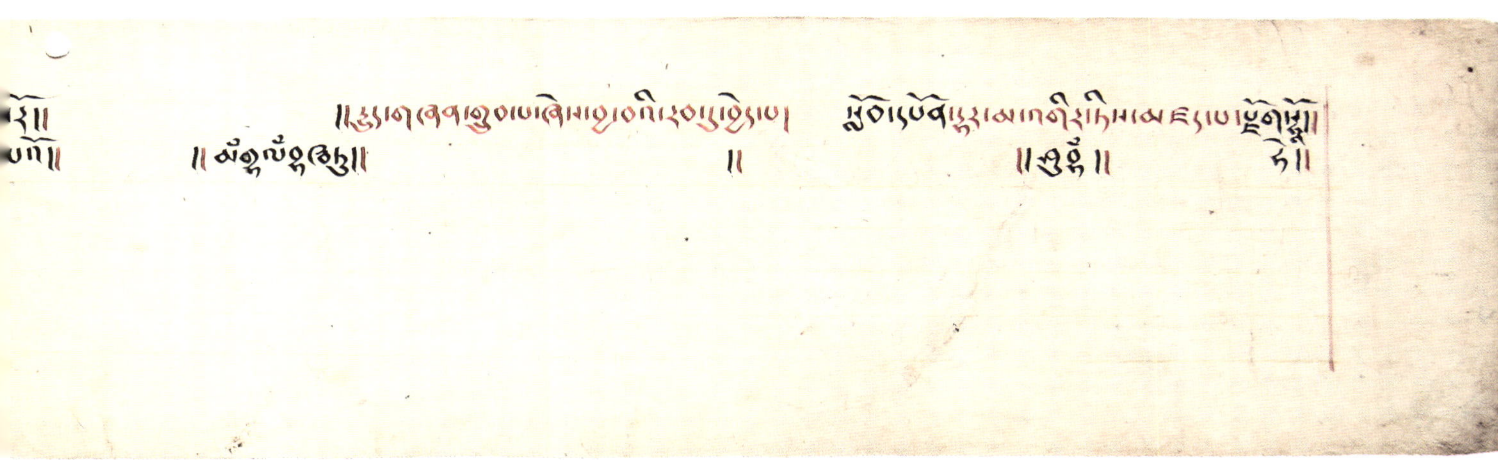

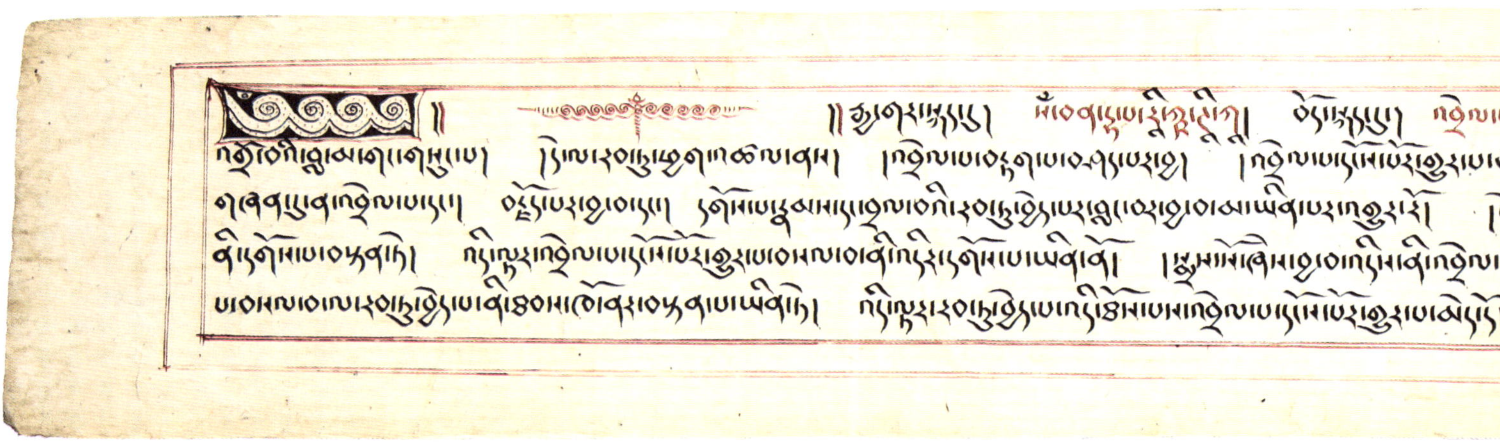

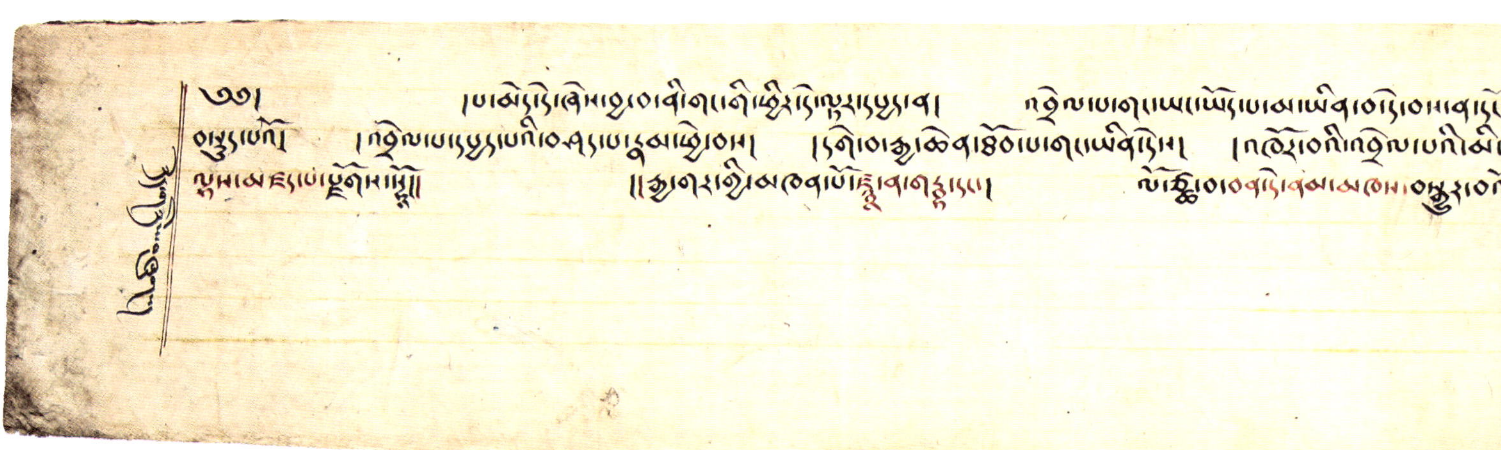

11196 因明關係廣論 明抄本

梵夾裝。開本高 10 釐米，廣 65 釐米。西藏博物館藏。

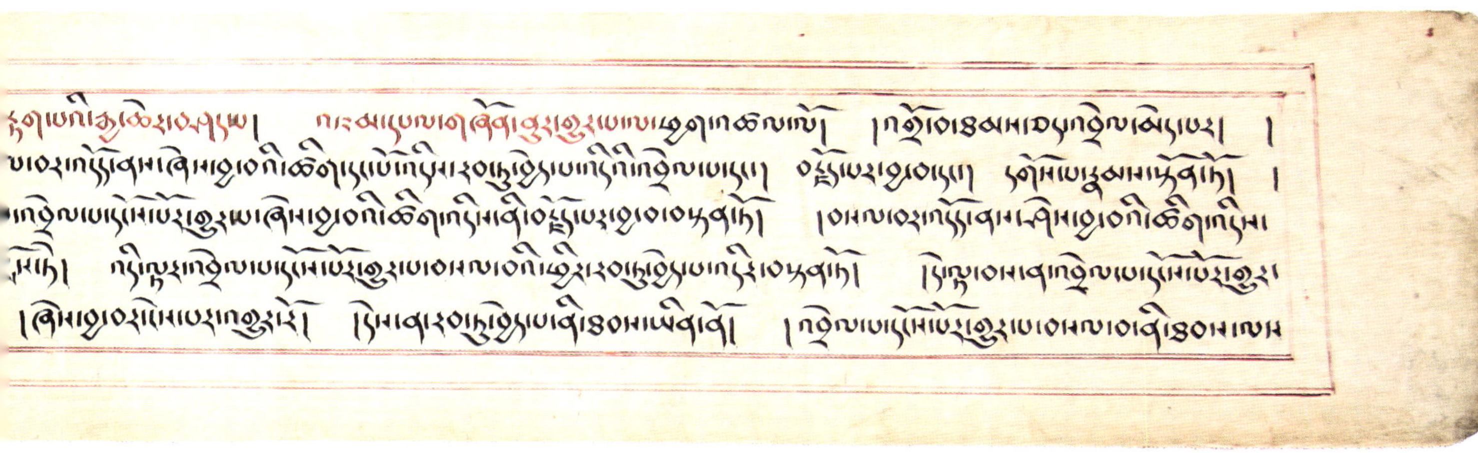

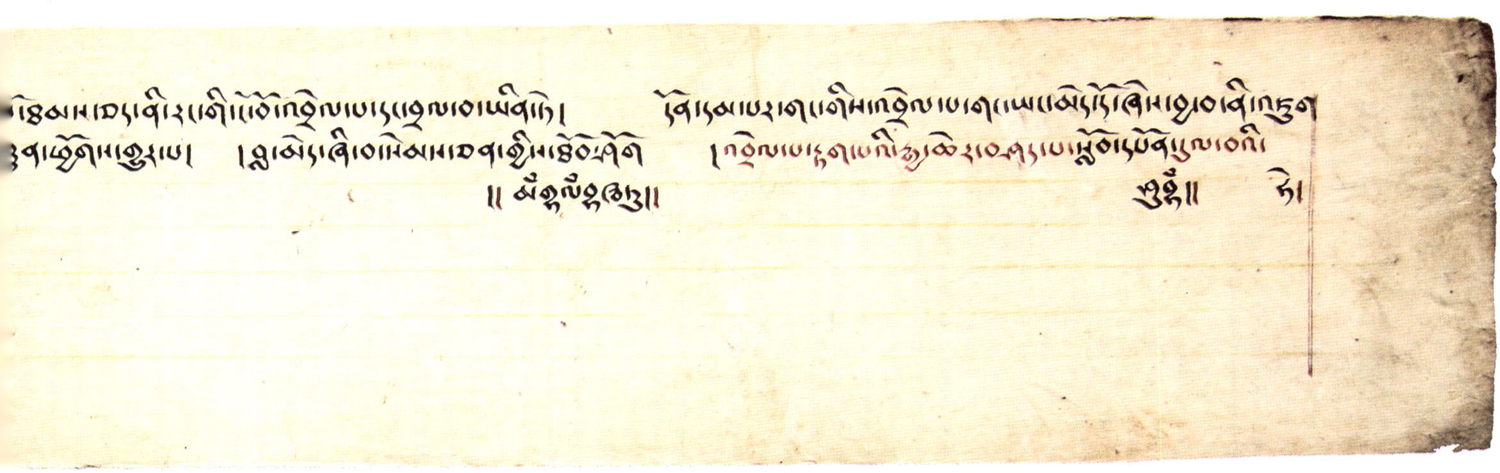

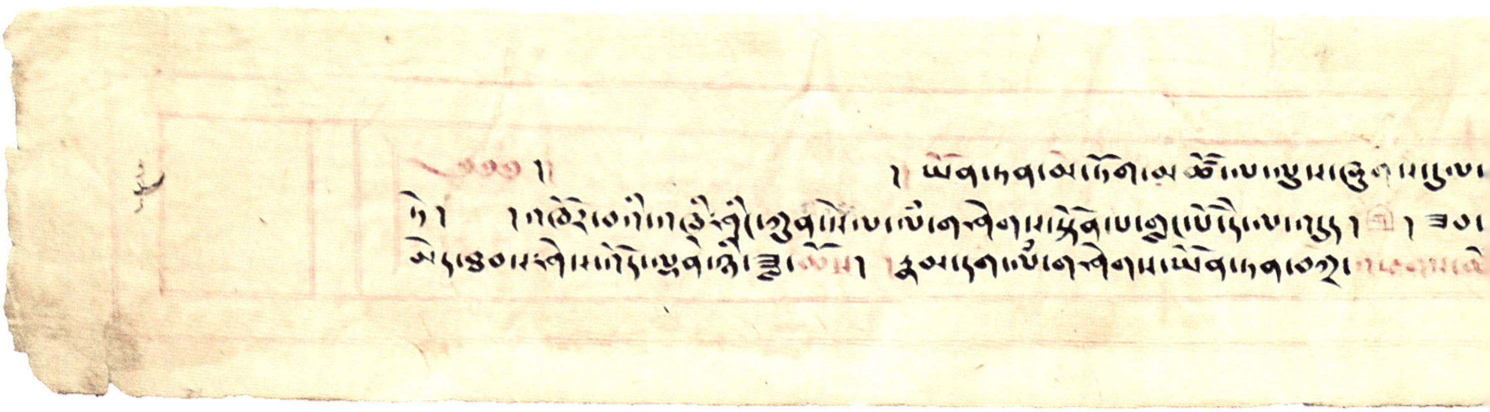

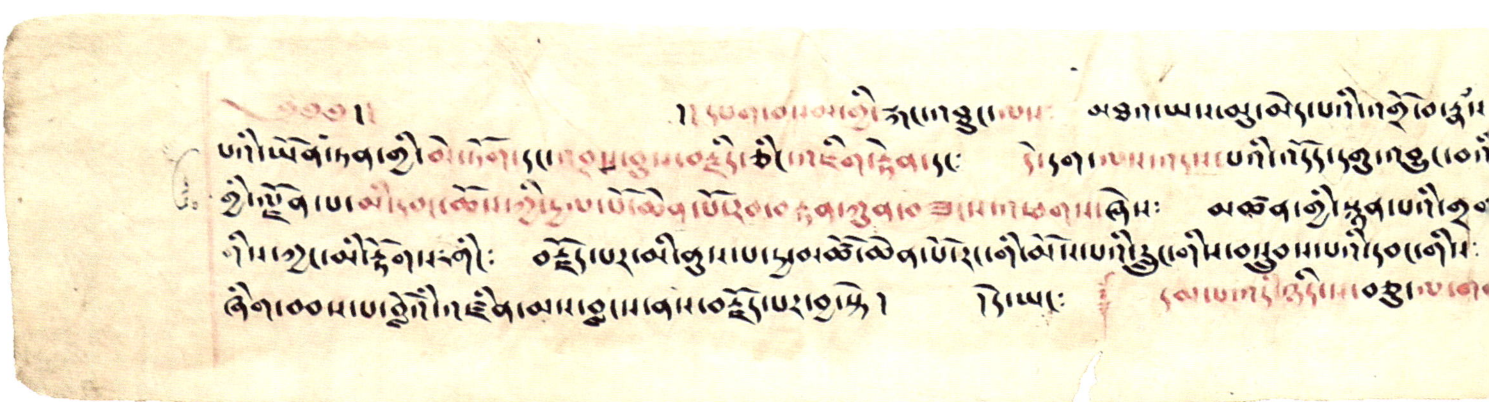

11197 達瑪熱雜傳信仰五穀豐登悉地降雨 （元）布頓·仁欽珠撰 明末抄本

梵夾裝。開本高 6.5 釐米，廣 49 釐米。拉薩市政協文史民宗法制委員會藏。

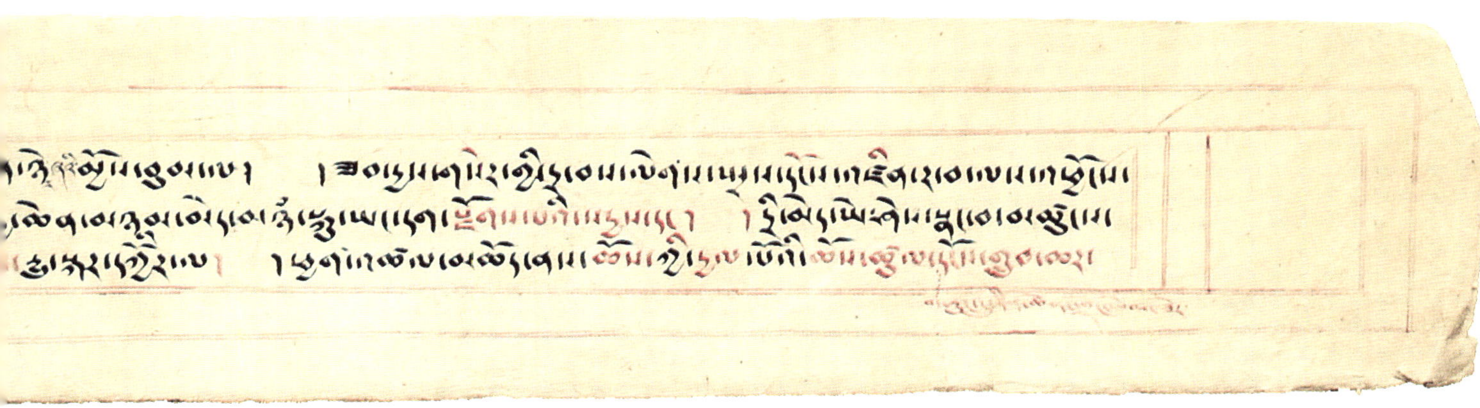

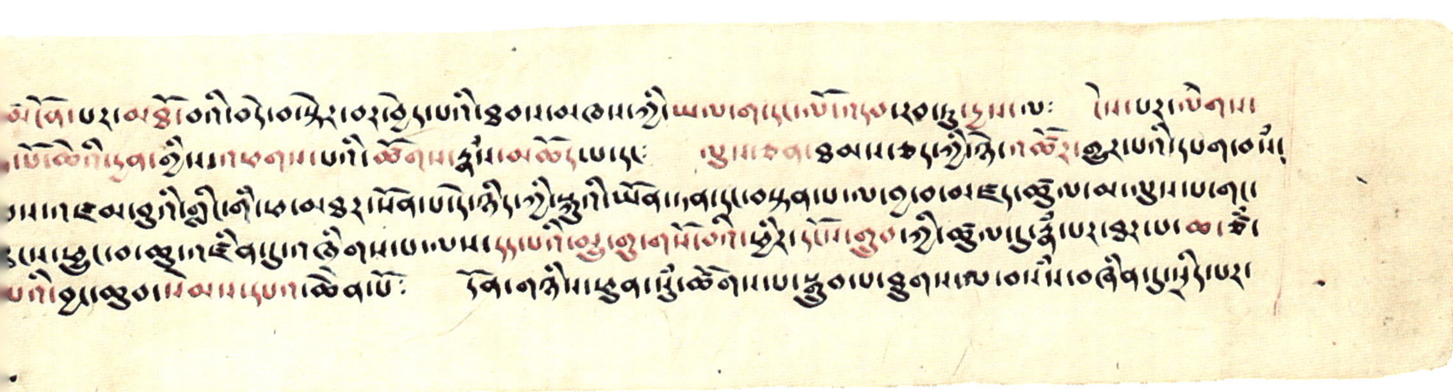

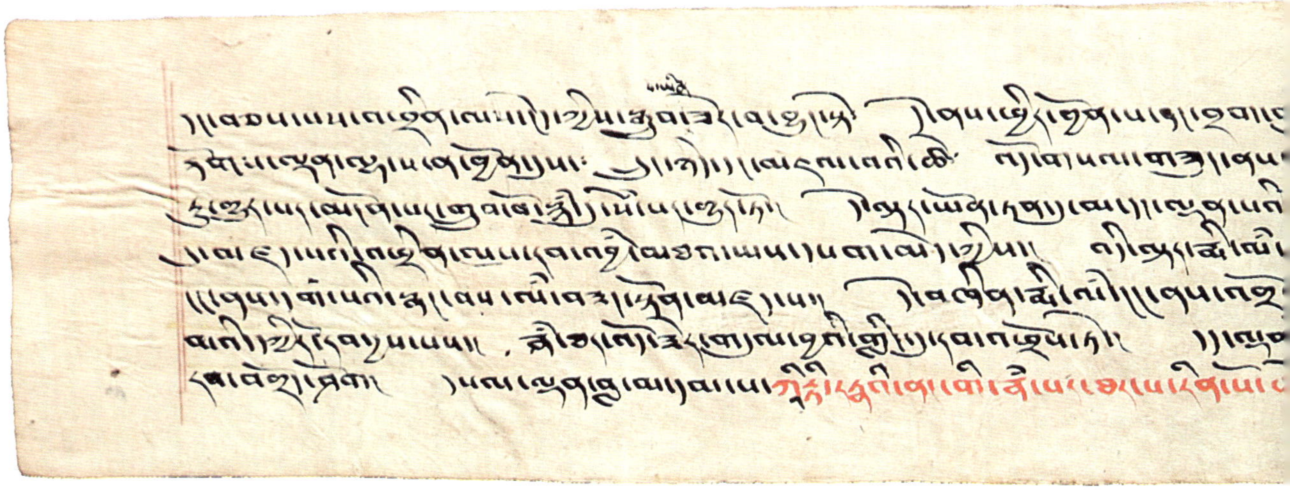

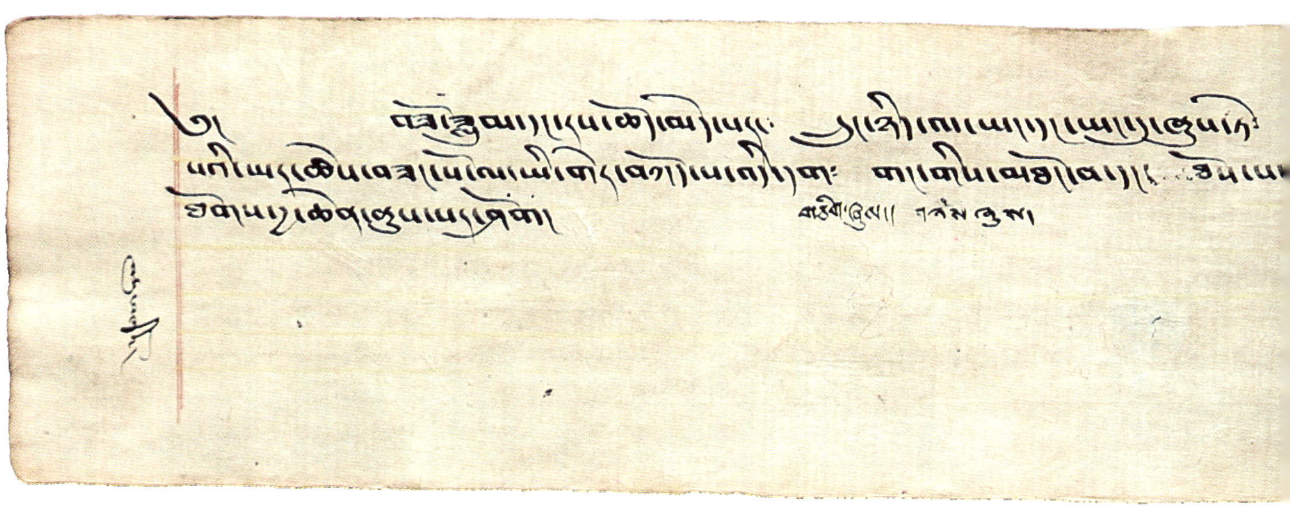

11198 具德上師扎巴仁青內傳寶珠 桑杰多吉撰 明末抄本

梵夾裝。開本高 8.5 釐米，廣 44.2 釐米。拉薩市政協文史民宗法制委員會藏。

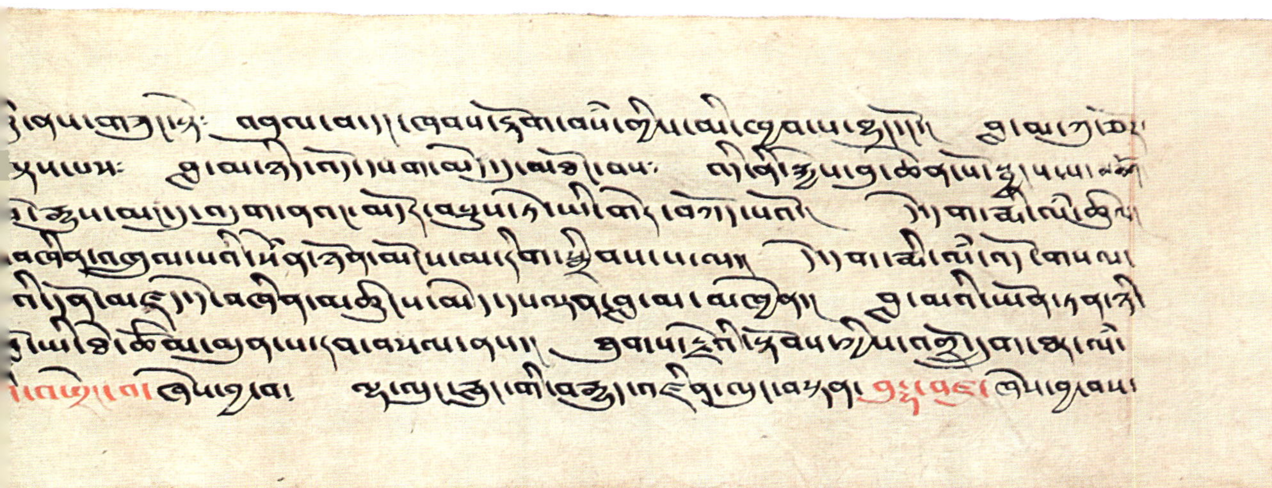

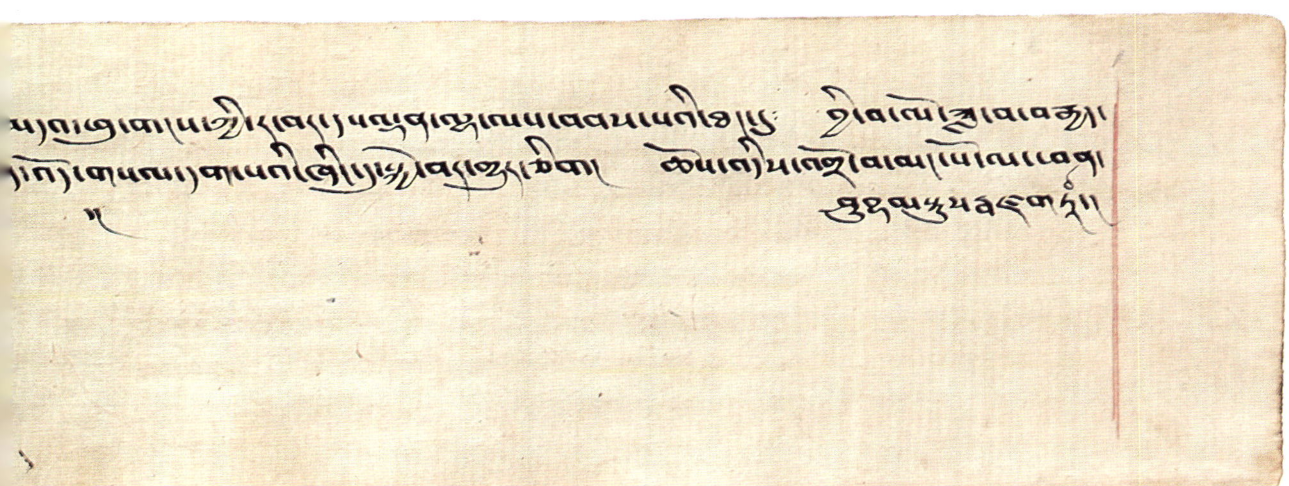

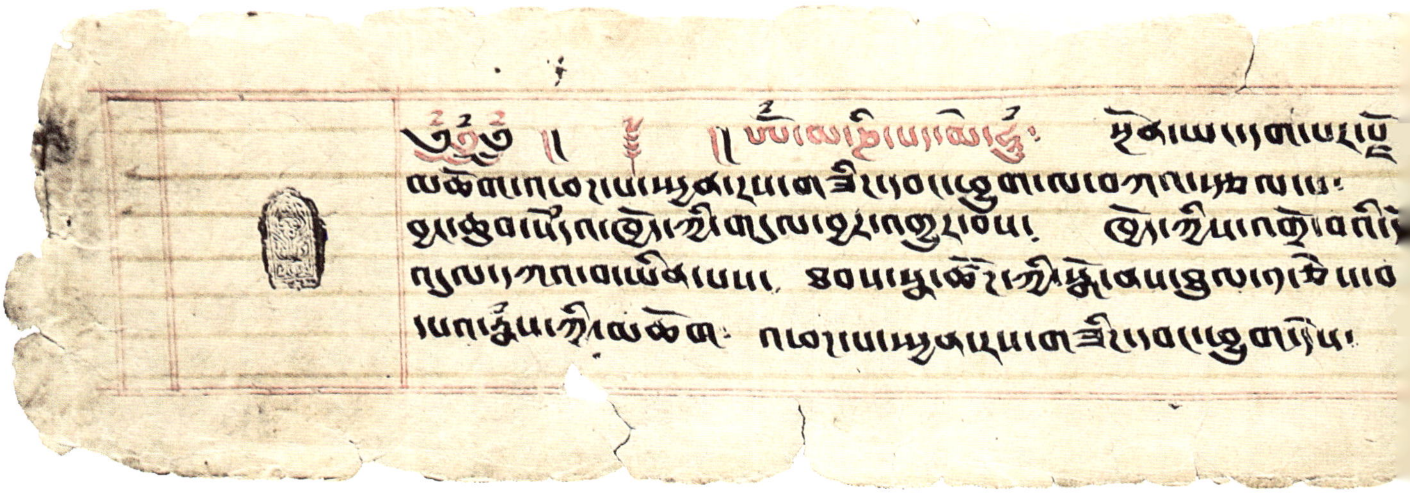

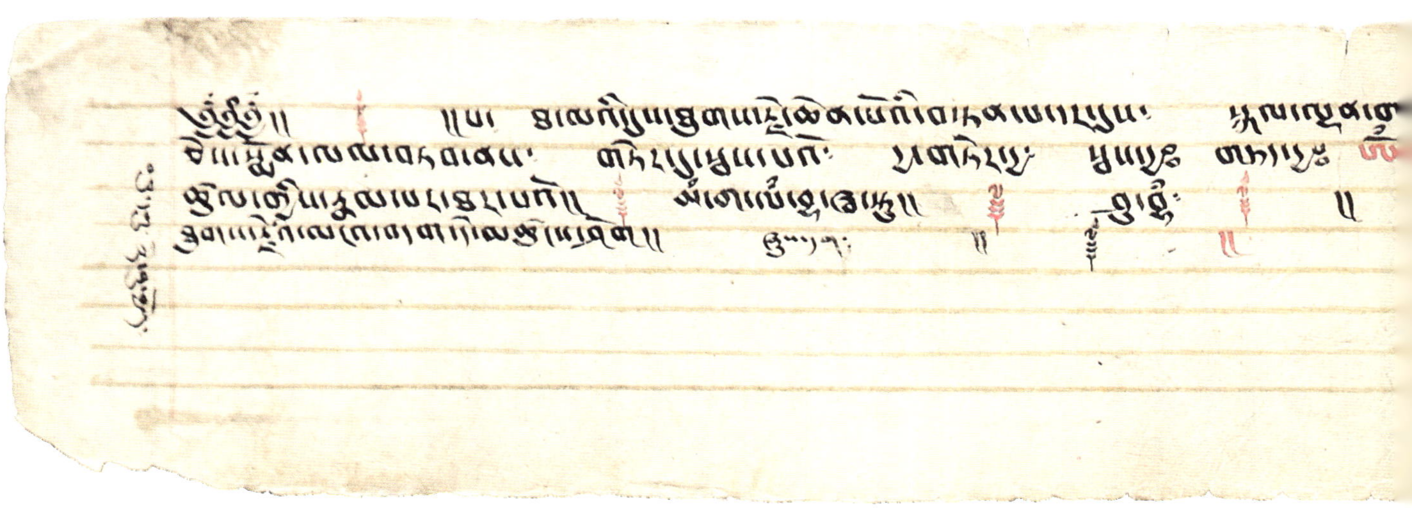

11199 松贊干布傳 明末抄本

梵夾裝。開本高 7 釐米，廣 35 釐米。拉薩市政協文史民宗法制委員會藏。

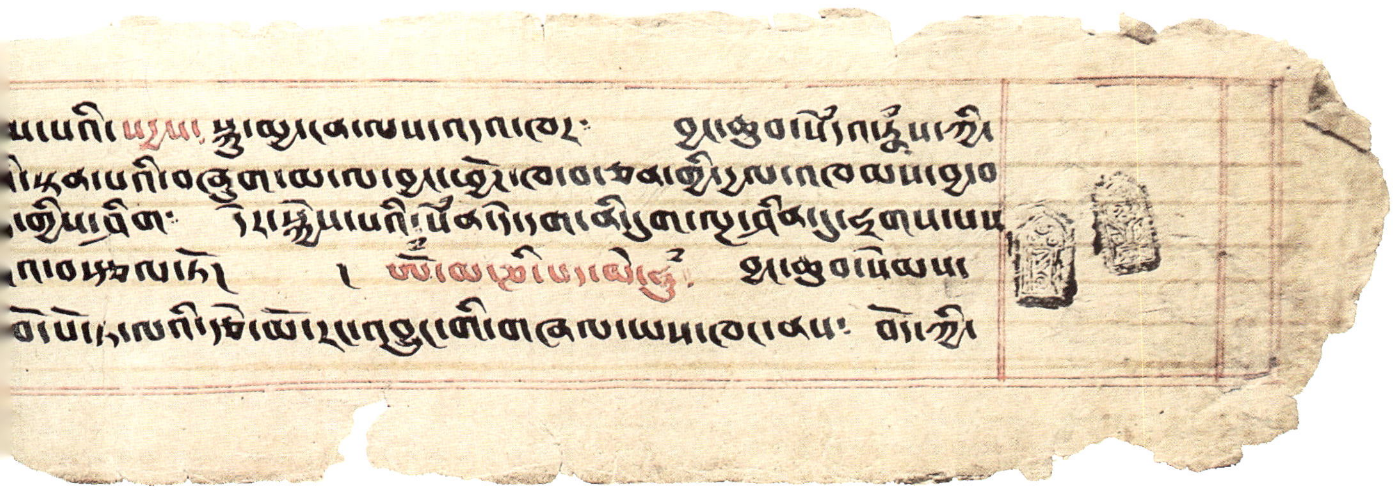

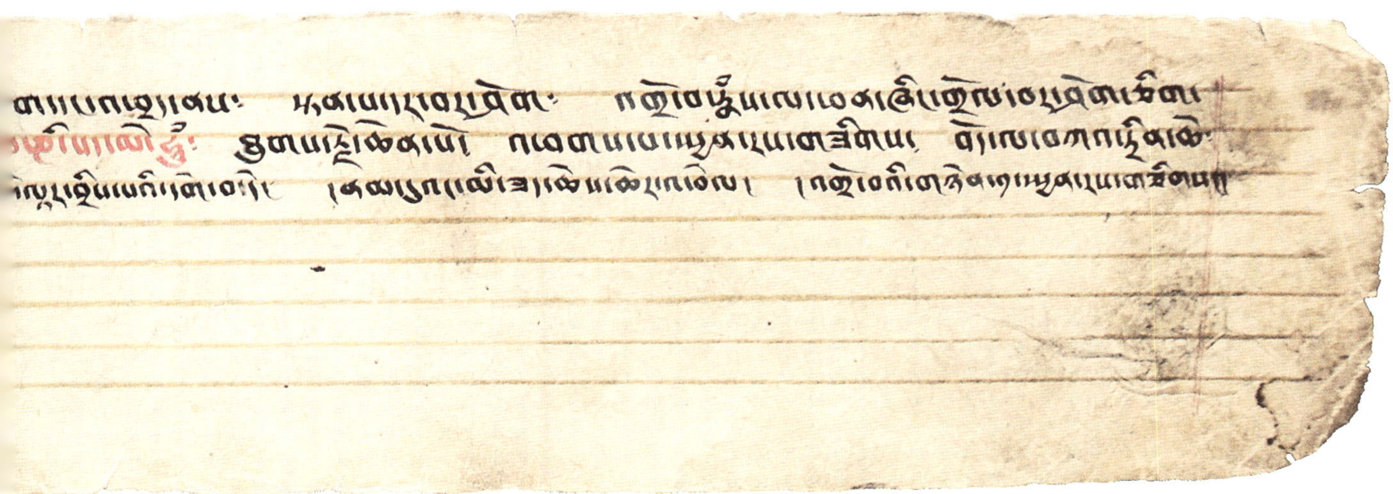

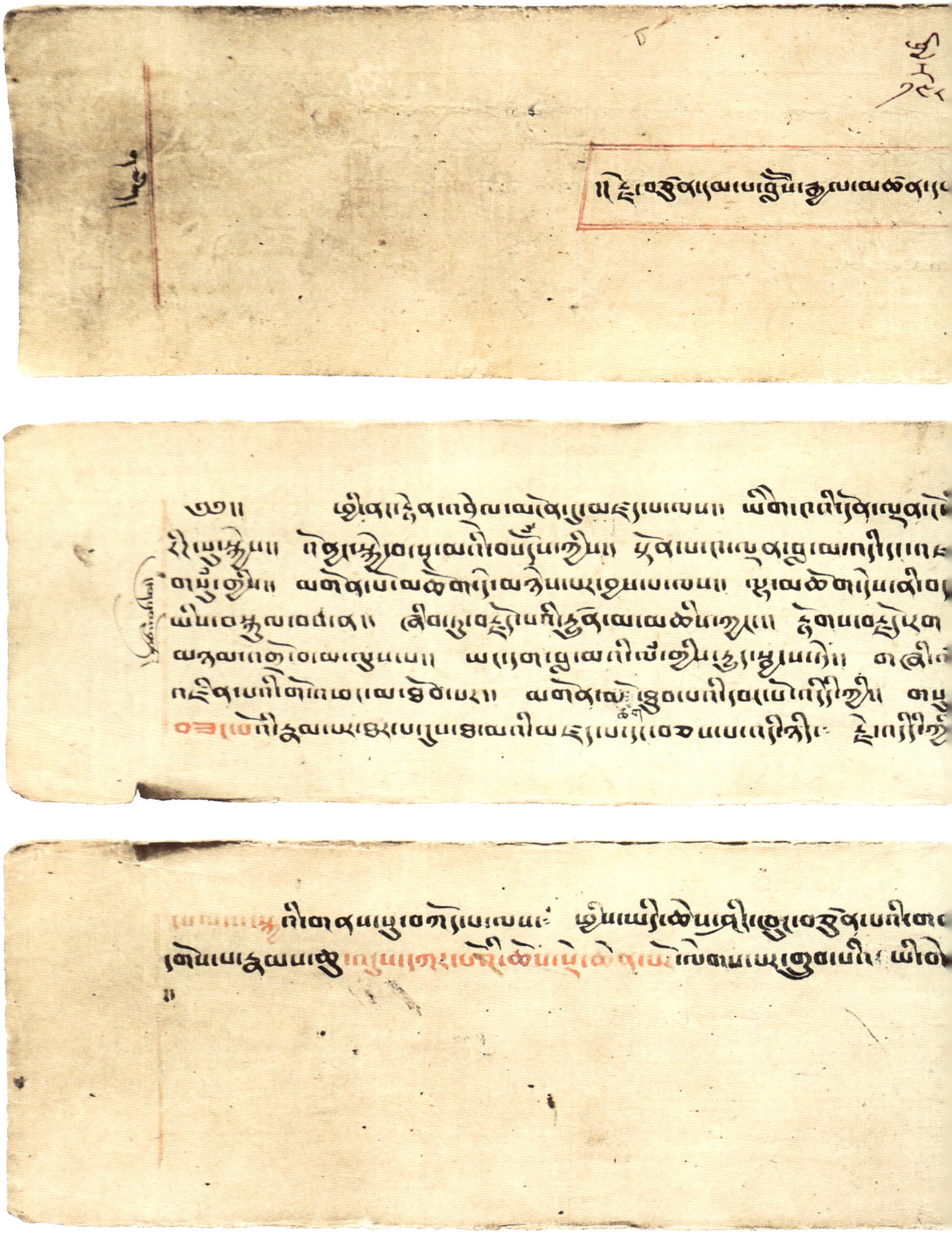

11200 至尊羅追杰參傳·信仰水之寶庫 貢確楚塵撰 明末抄本

梵夾裝。開本高 7 釐米，廣 35 釐米。拉薩市政協文史民宗法制委員會藏。

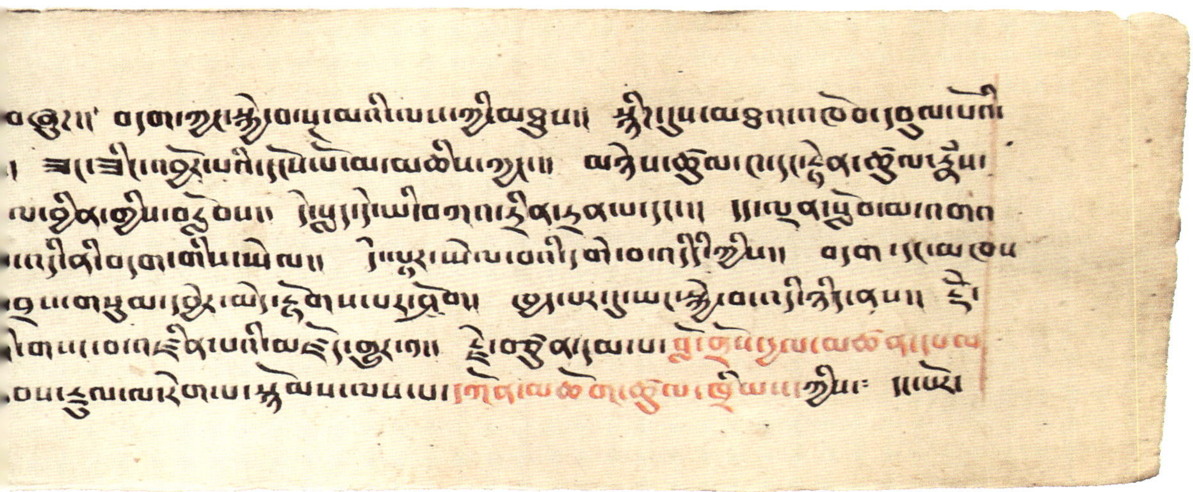

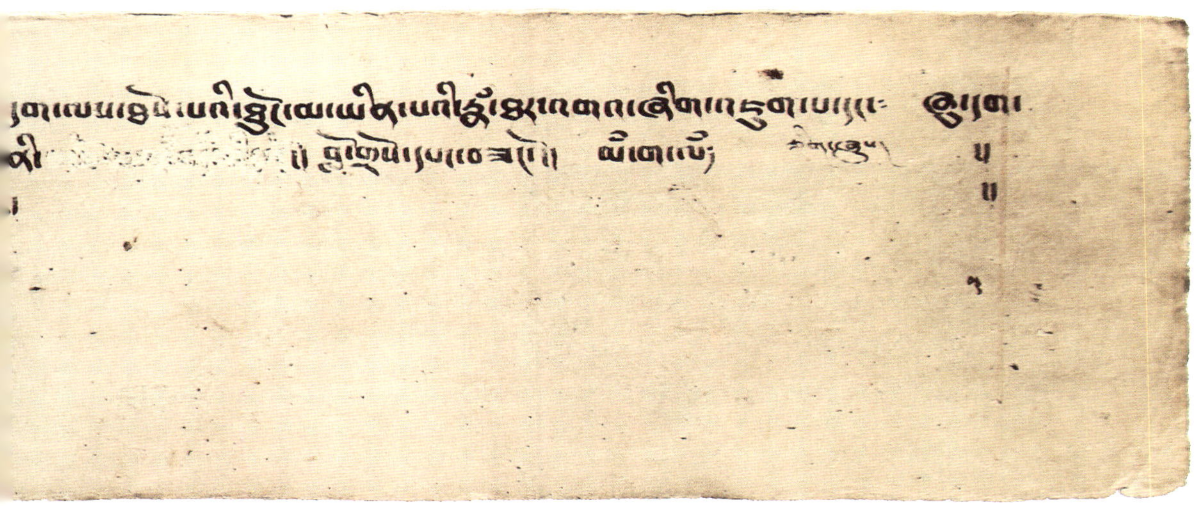

11201 吉祥桑普寺法嗣歷史明鏡 仁青覺丹撰 明末抄本

梵夾裝。開本高 7 釐米，廣 35 釐米。拉薩市政協文史民宗法制委員會藏。

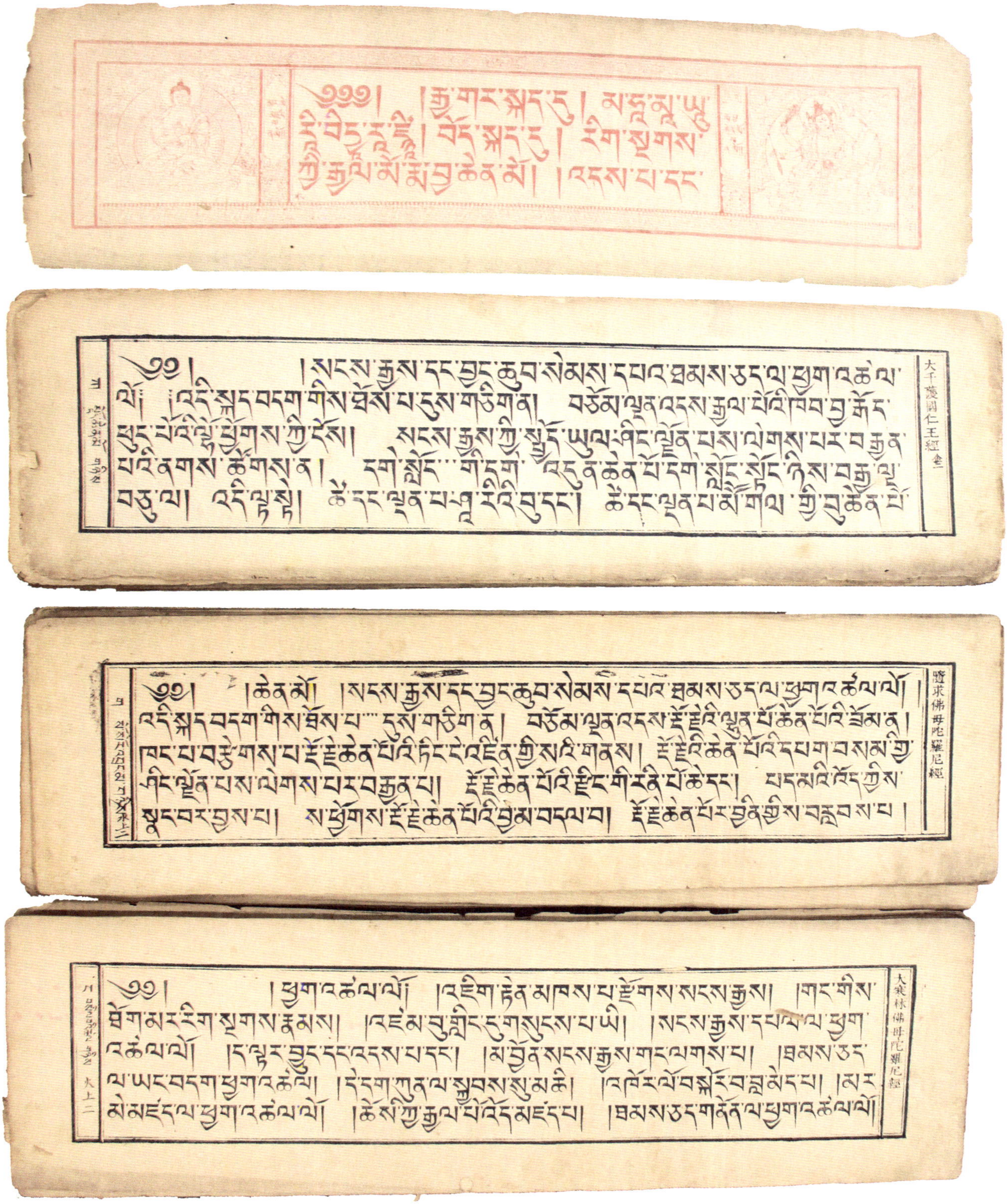

11202 五守護神大乘經 清康熙六十一年（1722）刻本

梵夾裝。開本高 16 釐米，廣 53.5 釐米。匡高 10.3 釐米，廣 40.6 釐米。每葉五行。中國科學院新疆分院文獻信息中心藏。

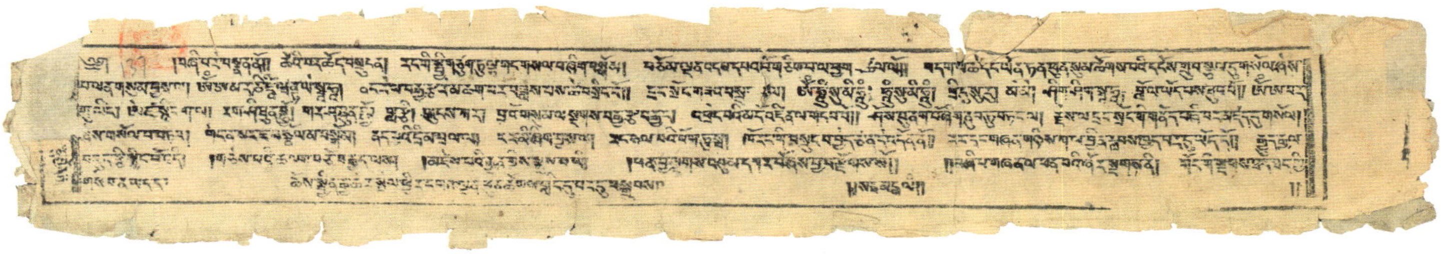

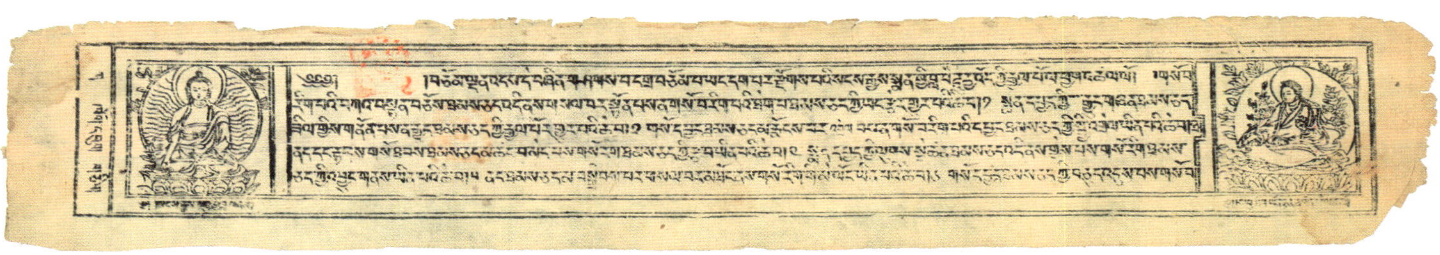

11203 十八醫術與實踐寶集十八卷 宇妥·雲丹貢布撰 清康熙刻本

梵夾裝。開本高 9.5 釐米，廣 54 釐米。匡高 6 釐米，廣 48.5 釐米。中國民族圖書館藏。

11204 甘珠爾 清嘉慶十二年（1807）抄本

梵夾裝。開本高 22.5 釐米，廣 64 釐米。西藏自治區布達拉宮藏。

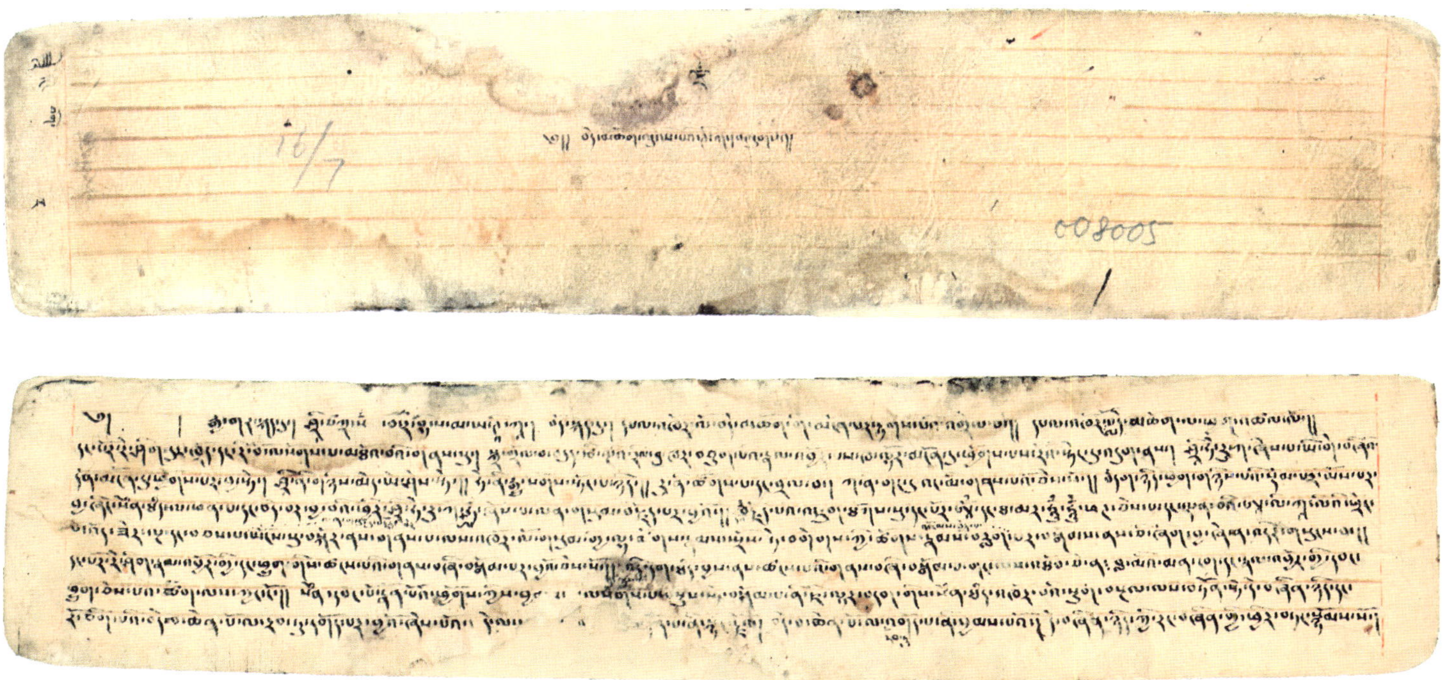

11205 具德勝樂現觀釋 多羅那他輯 清初稿本

梵夾裝。開本高 7.5 釐米，廣 34.2 釐米。中國民族圖書館藏。

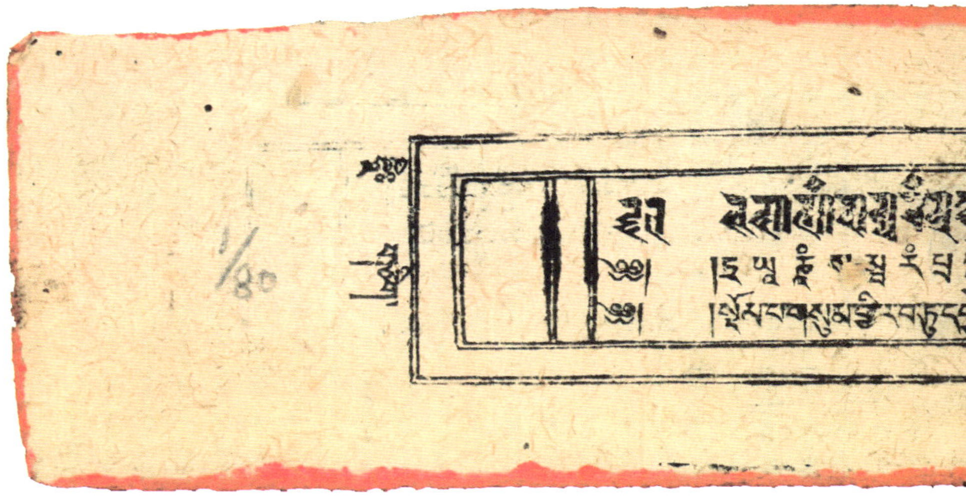

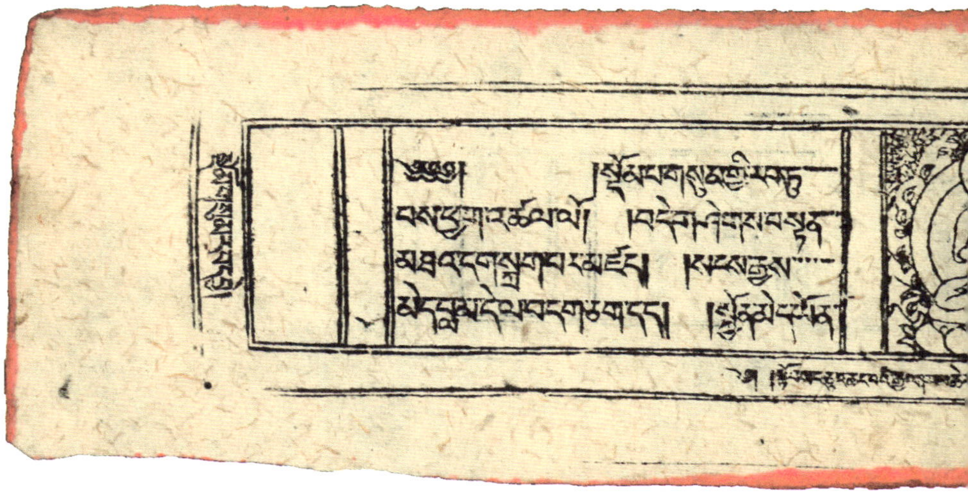

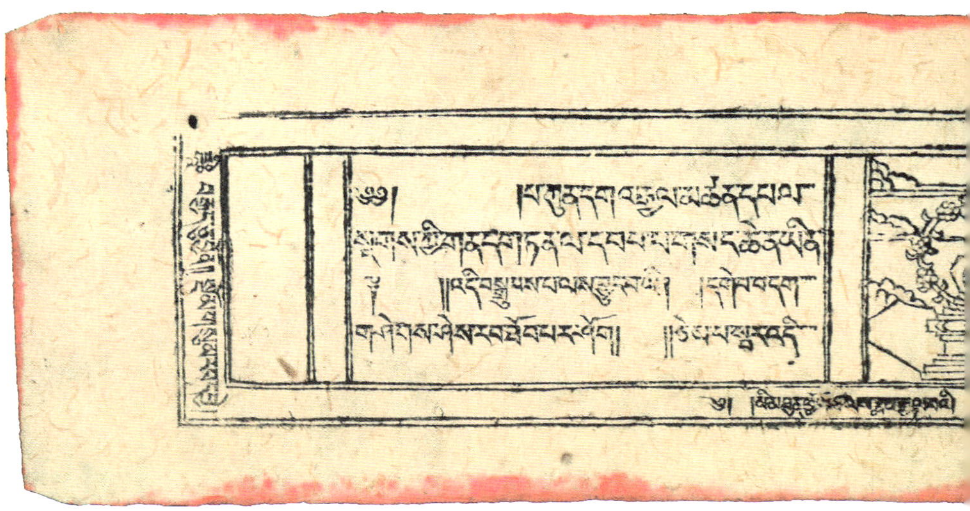

11206 三律儀論説三卷 （宋）薩迦 · 貢嘎堅贊撰 清刻本

梵夾裝。開本高 7.8 釐米，廣 29.7 釐米。匡高 4.8 釐米，廣 24.7 釐米。中國民族圖書館藏。

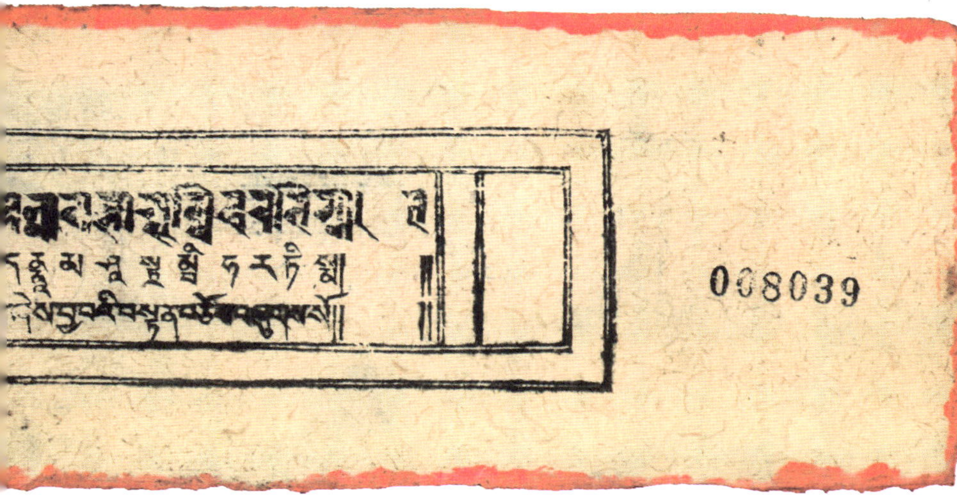

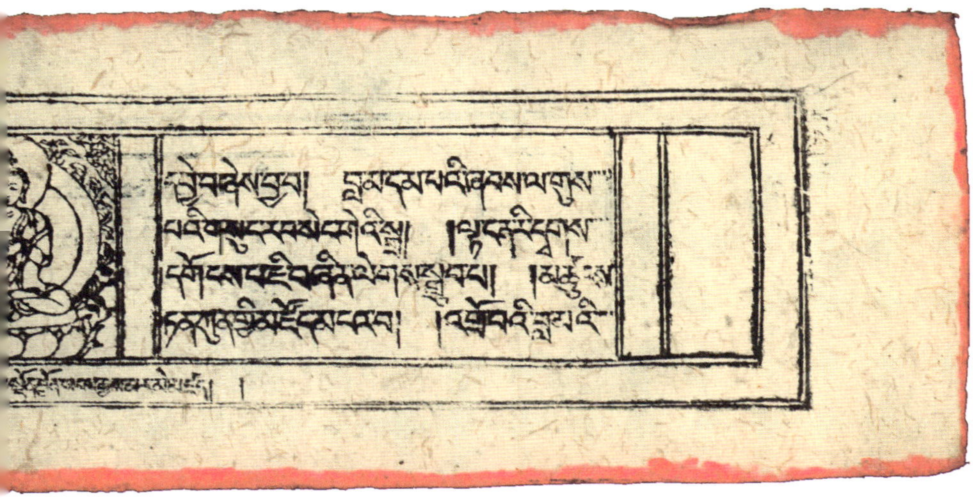

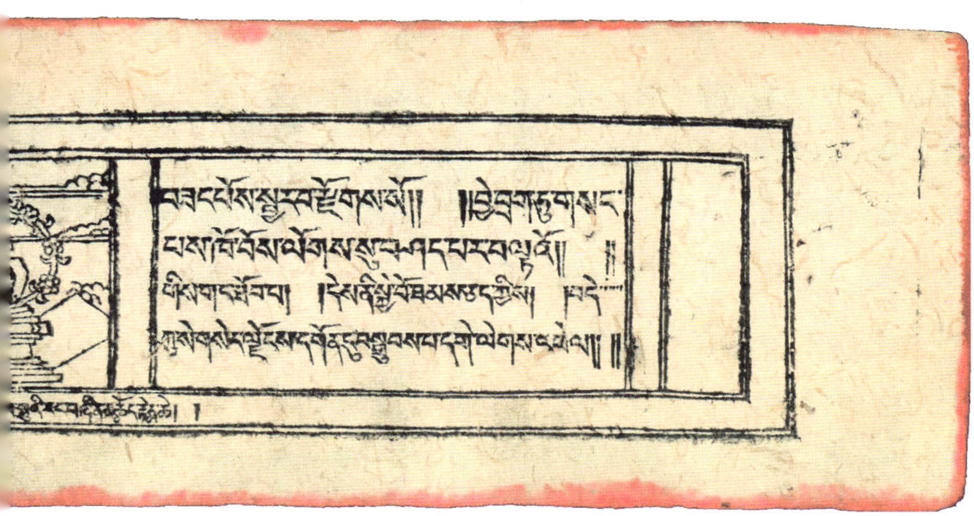

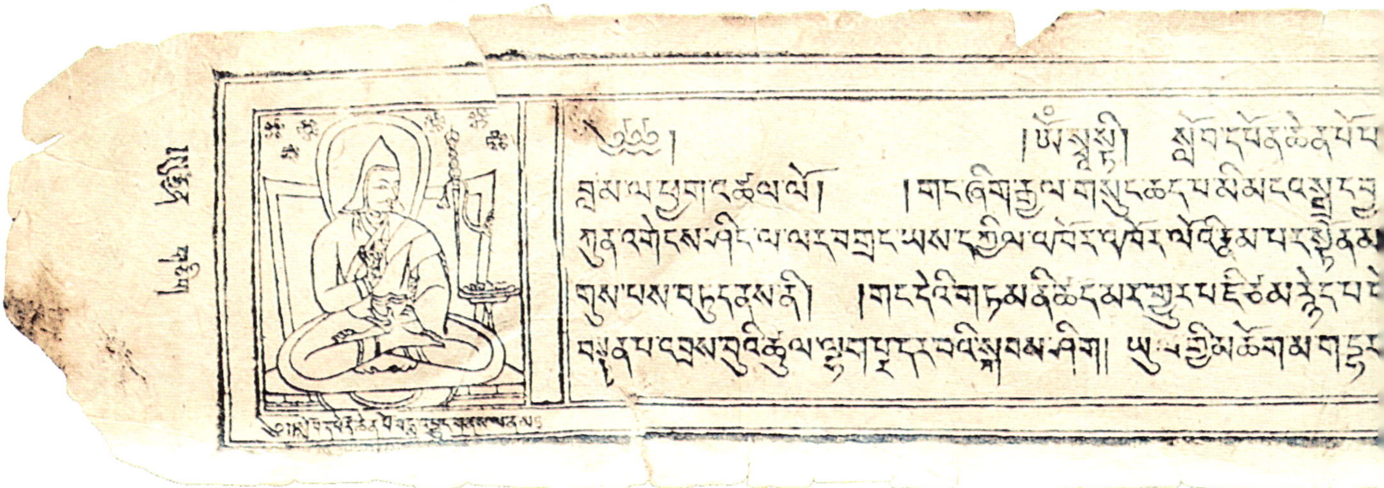

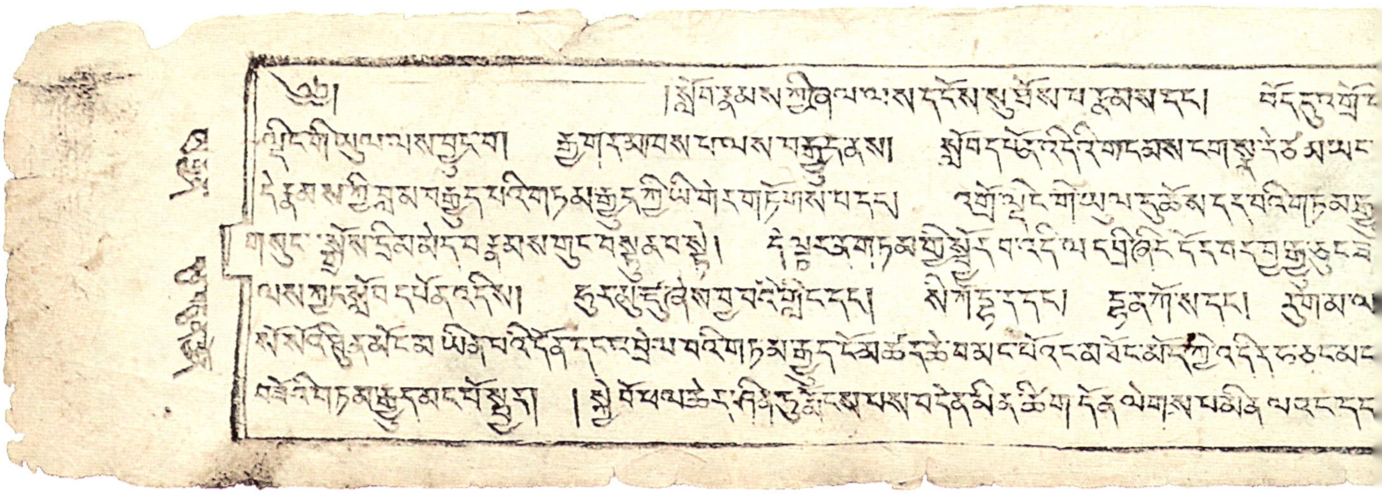

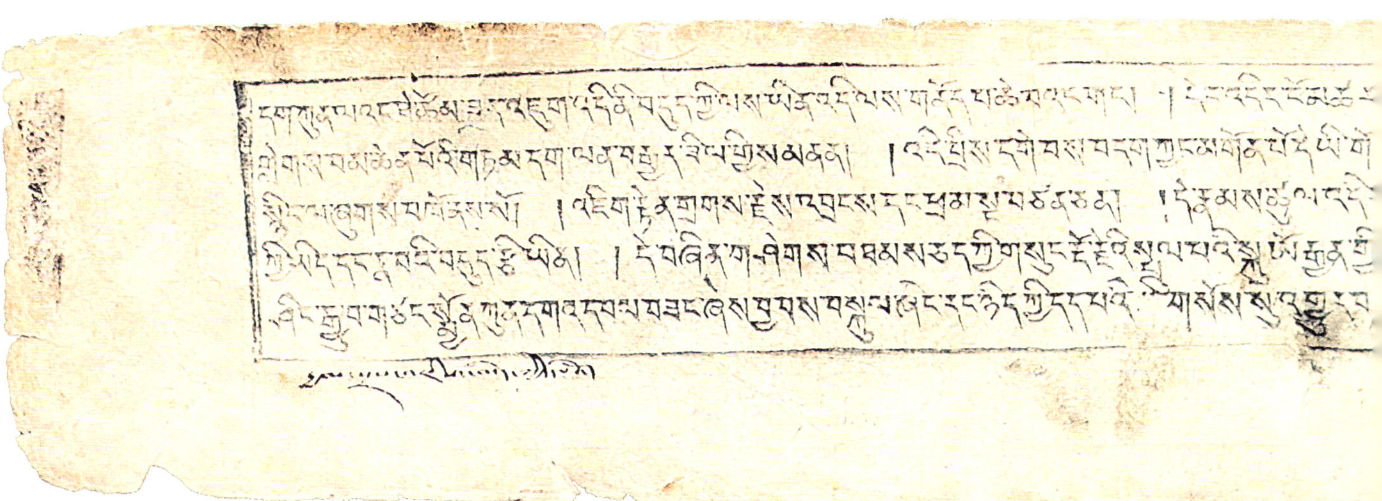

11207 蓮花生傳 覺囊·多羅那他撰 清刻本

梵夾裝。開本高 9 釐米，廣 45 釐米。匡高 7 釐米，廣 43 釐米。拉薩市政協文史民宗法制委員會藏。

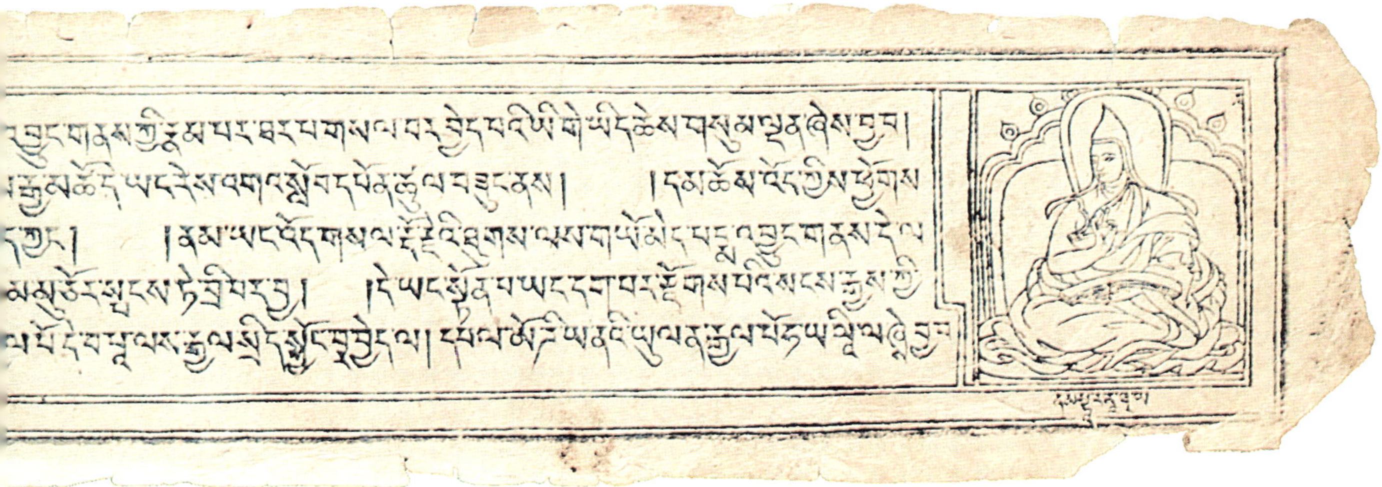

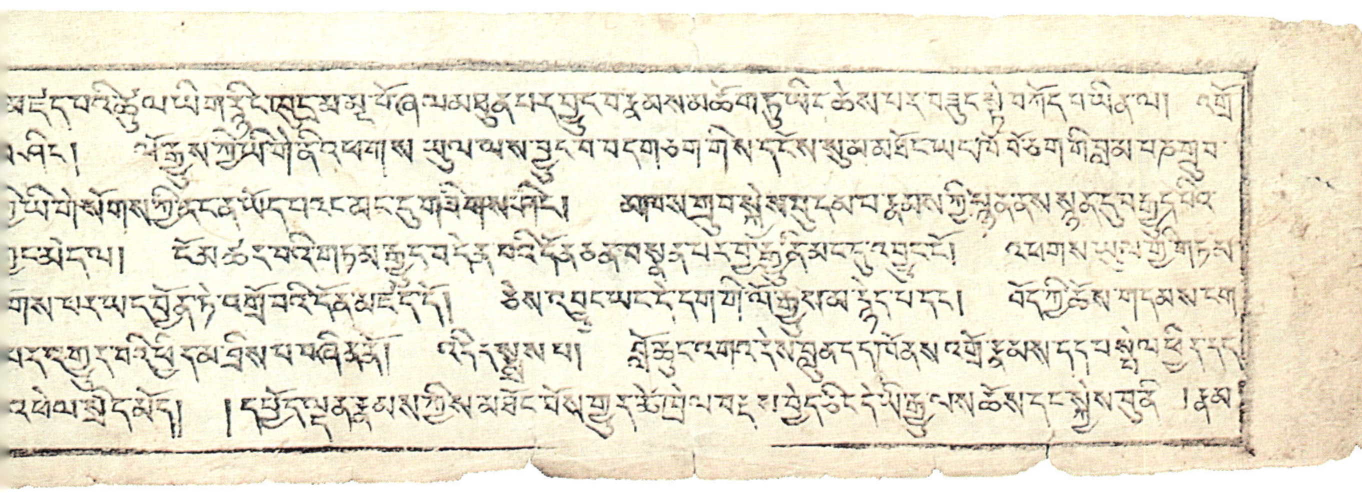

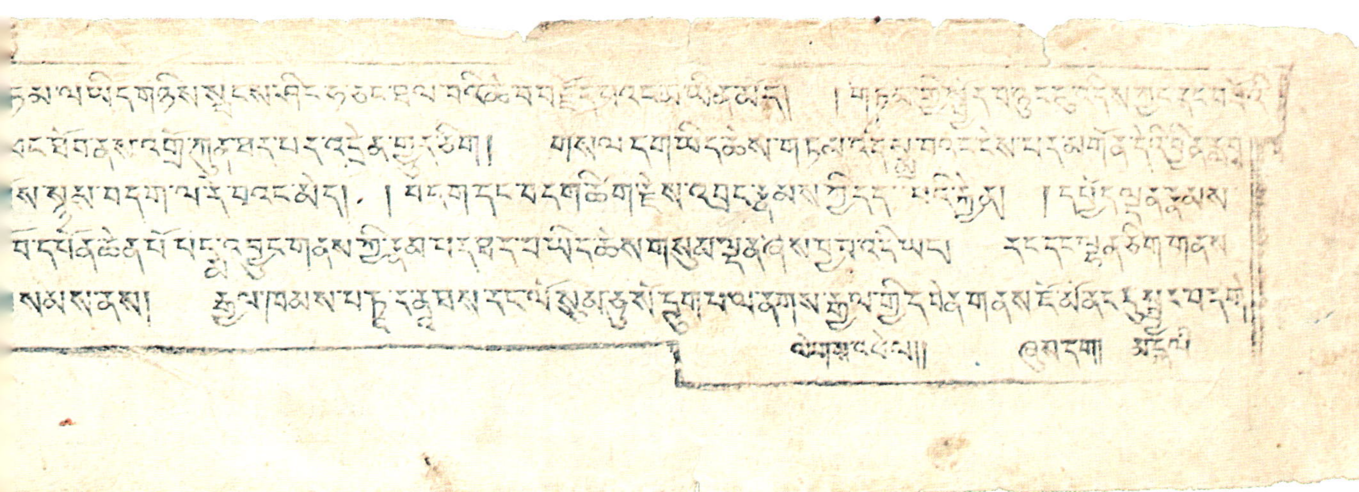

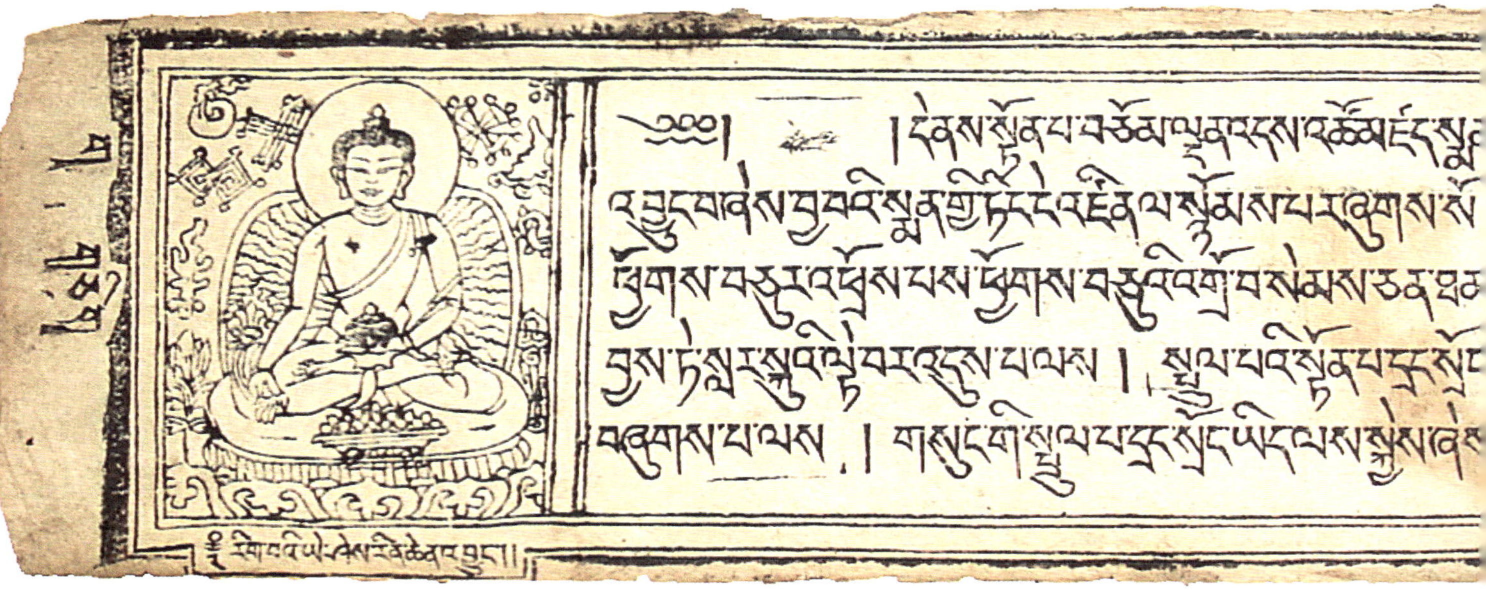

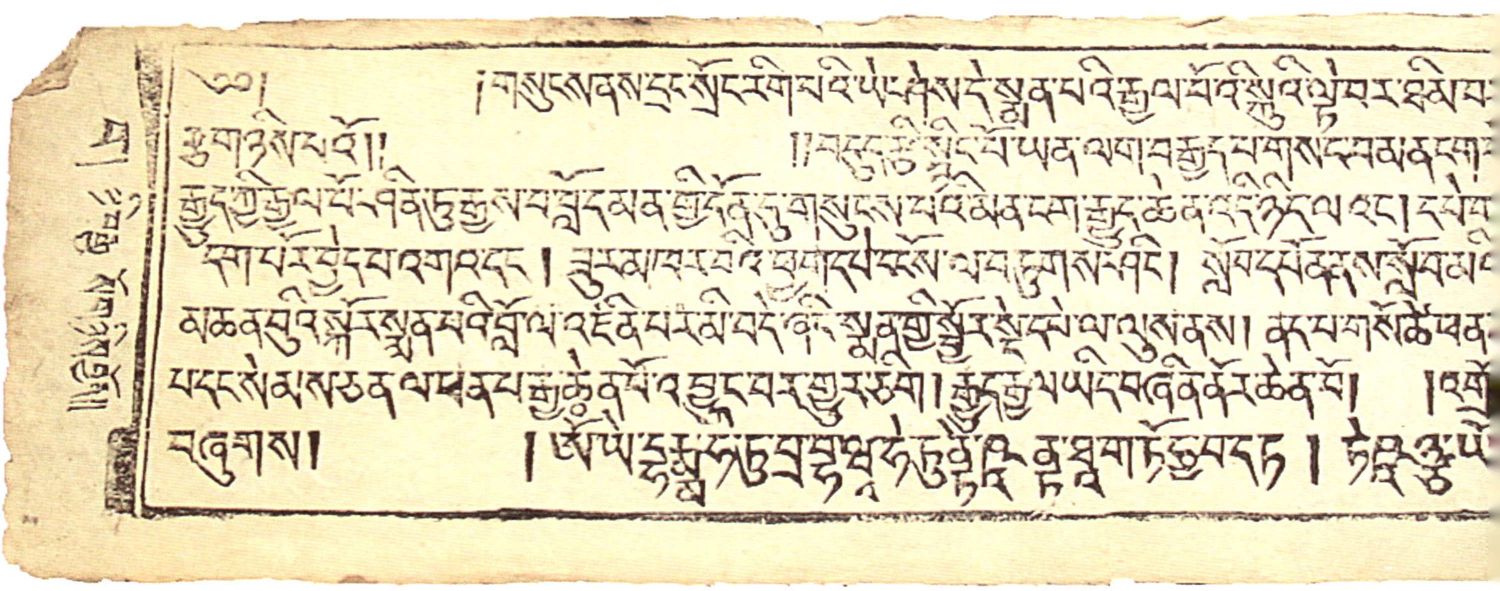

11208 四部醫典 宇妥·雲丹貢布撰 清刻本

梵夾裝。開本高 7.5 釐米，廣 44.5 釐米。匡高 6 釐米，廣 41 釐米。拉薩市曲杰桑布藏。

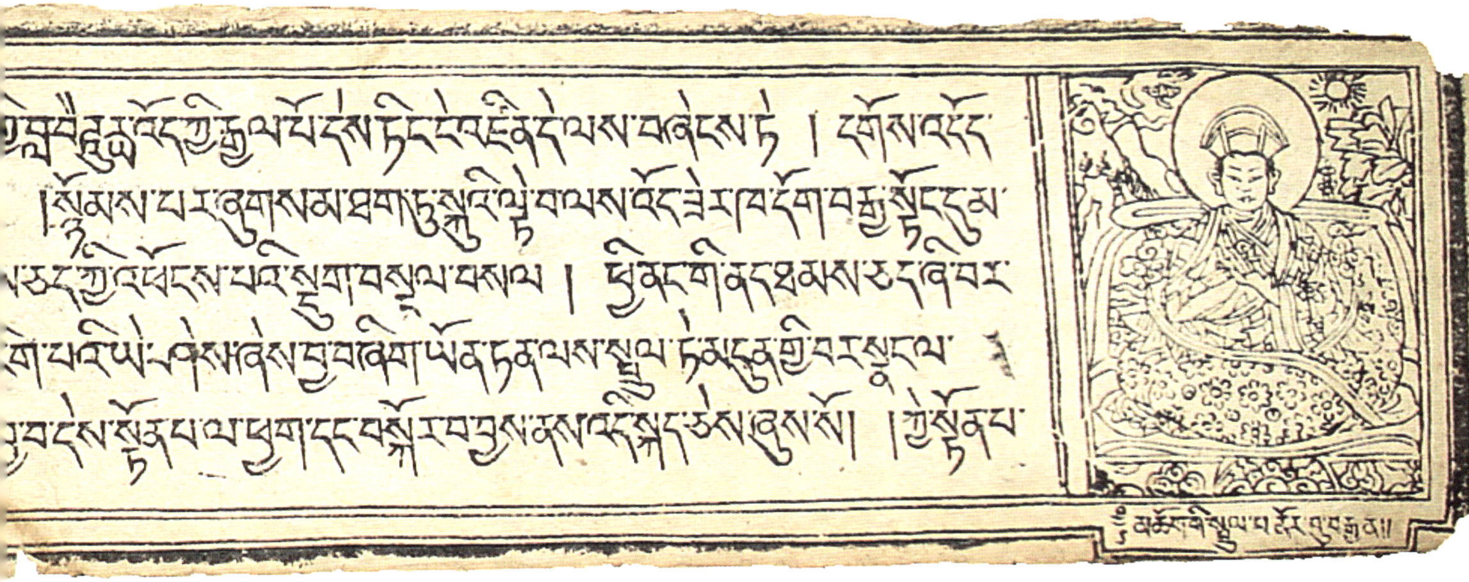

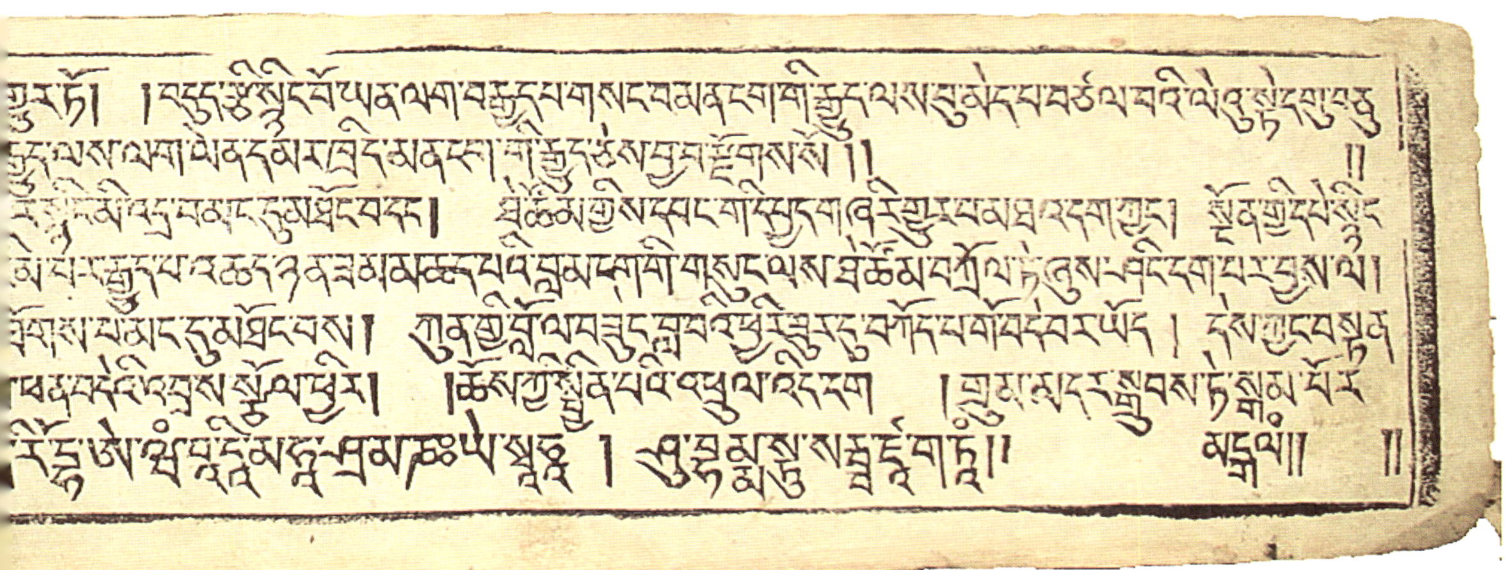

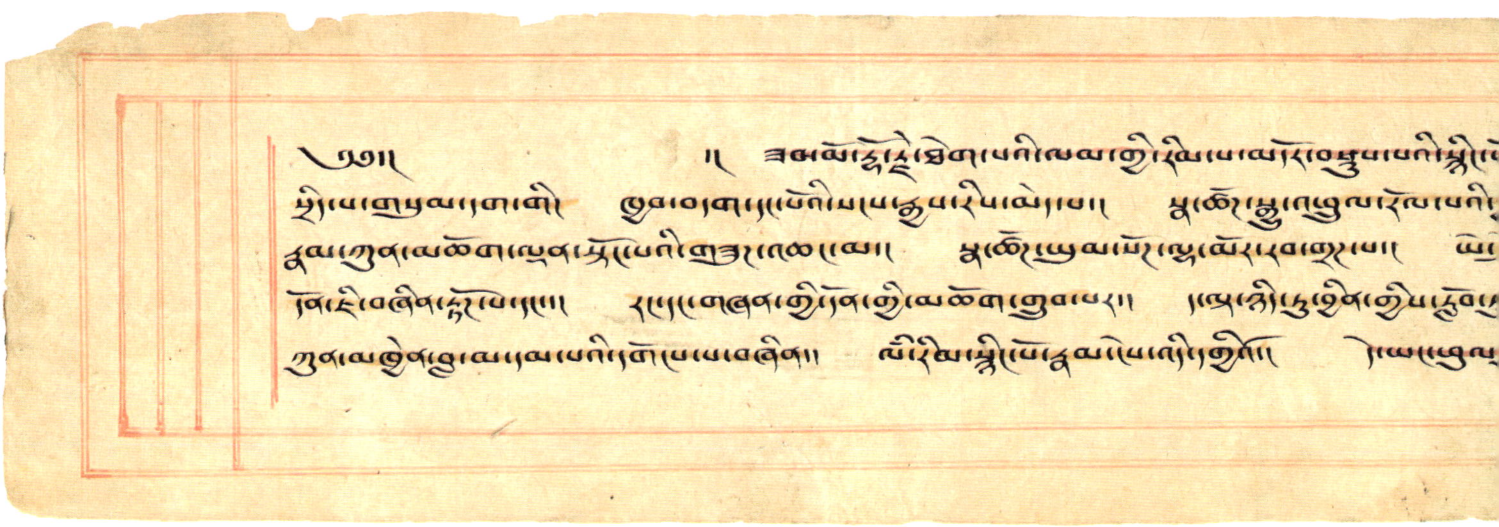

11209 道次第續論 噶瑪·松饒嘉措撰 清初抄本

梵夾裝。開本高 7.9 釐米，廣 44 釐米。西藏自治區布達拉宮藏。

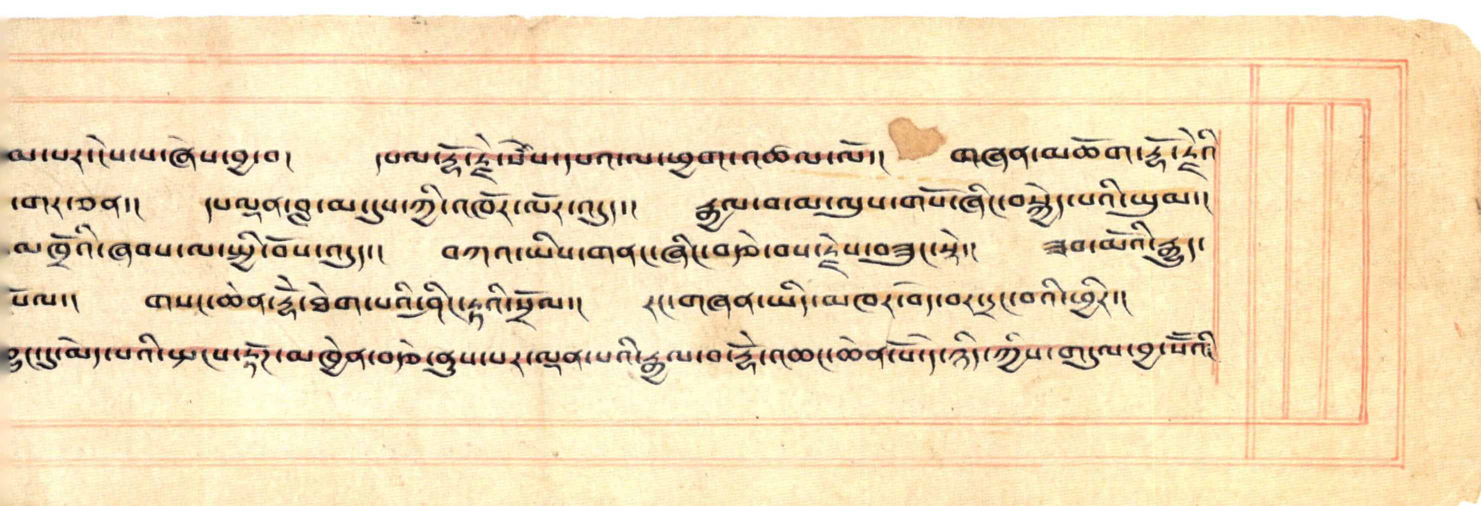

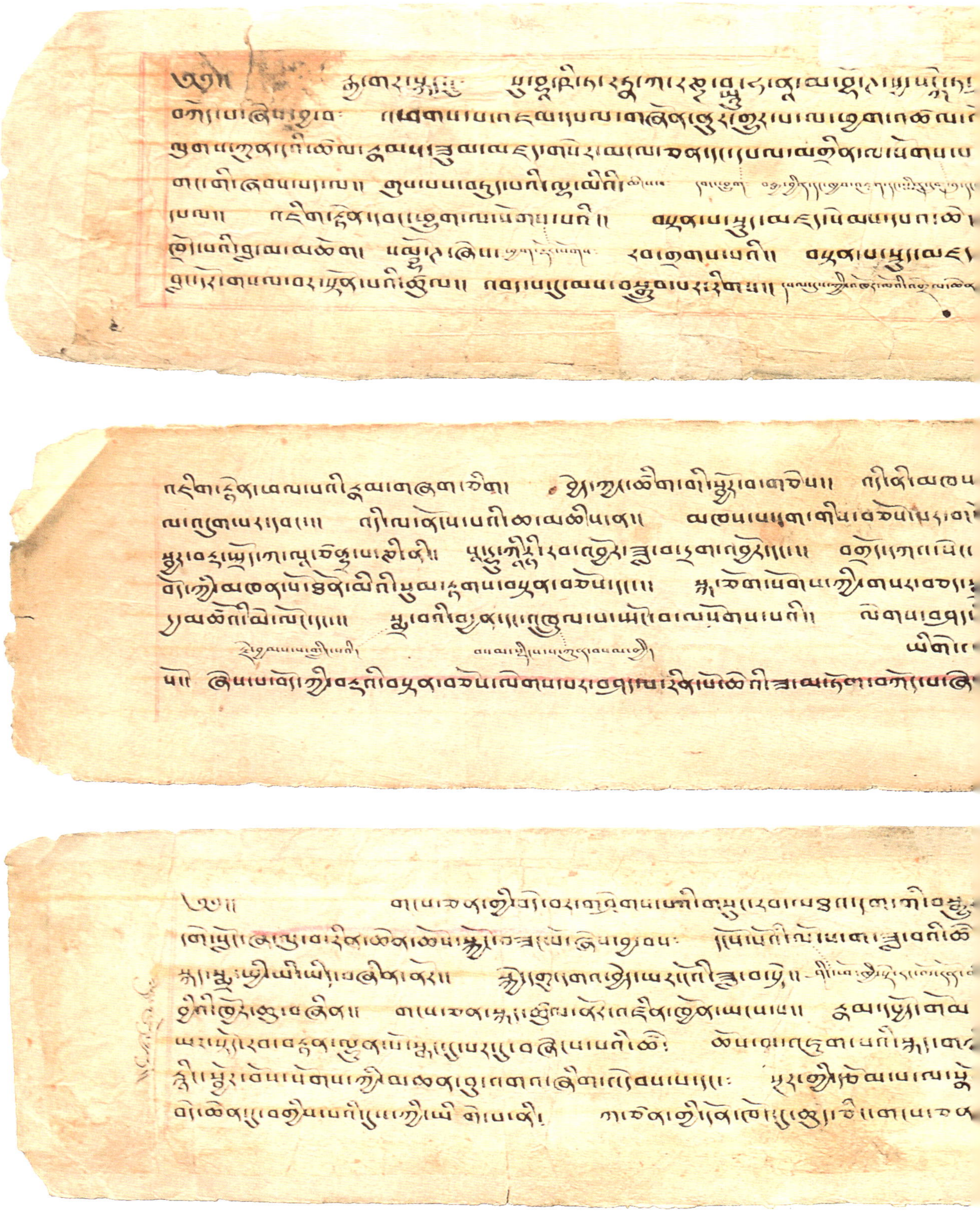

11210 正字寶匣 夏魯·去窘桑布撰 清初抄本

梵夾裝。開本高 9 釐米，廣 47 釐米。西藏圖書館藏。

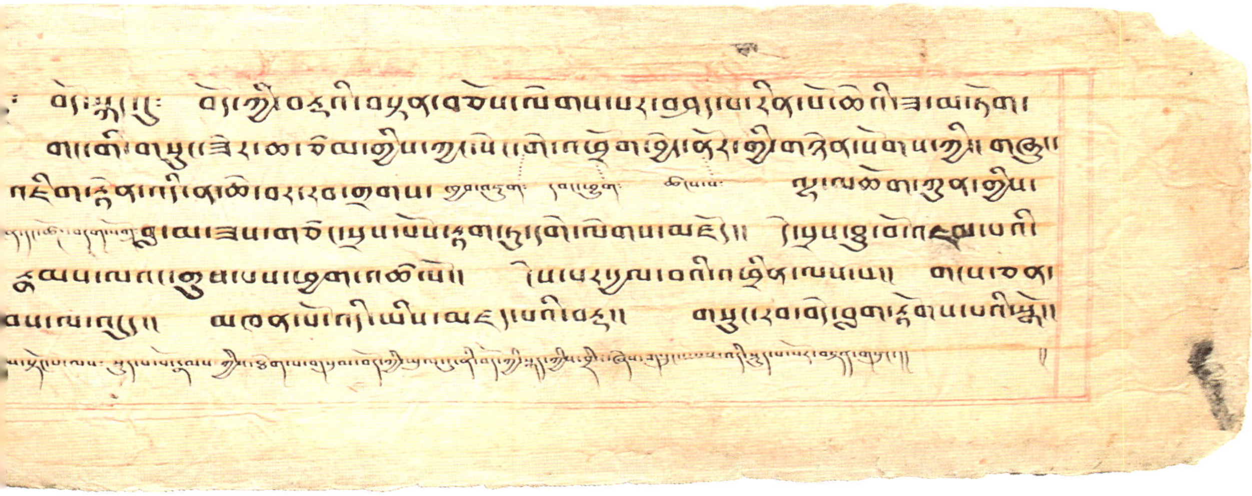

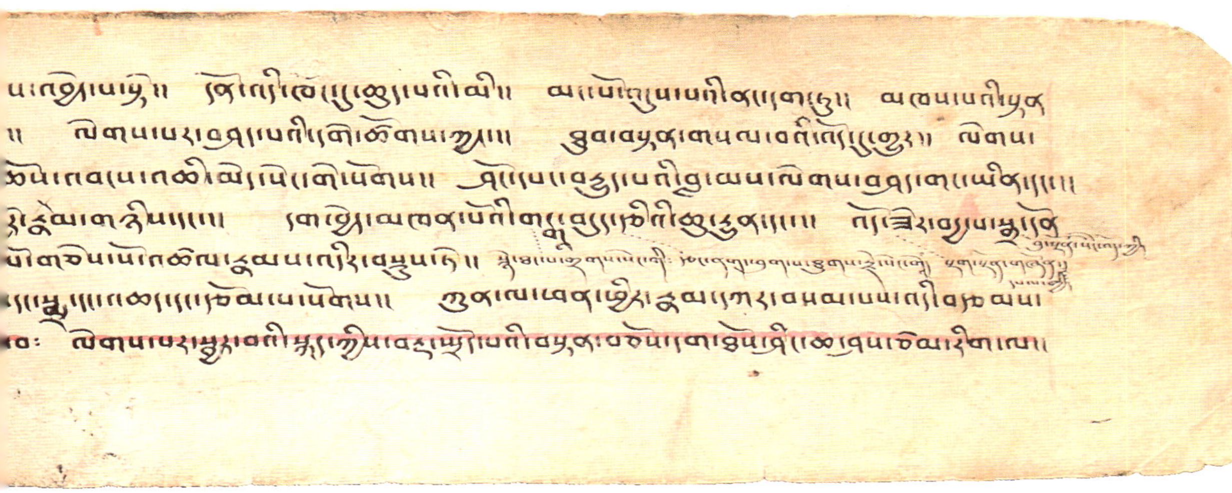

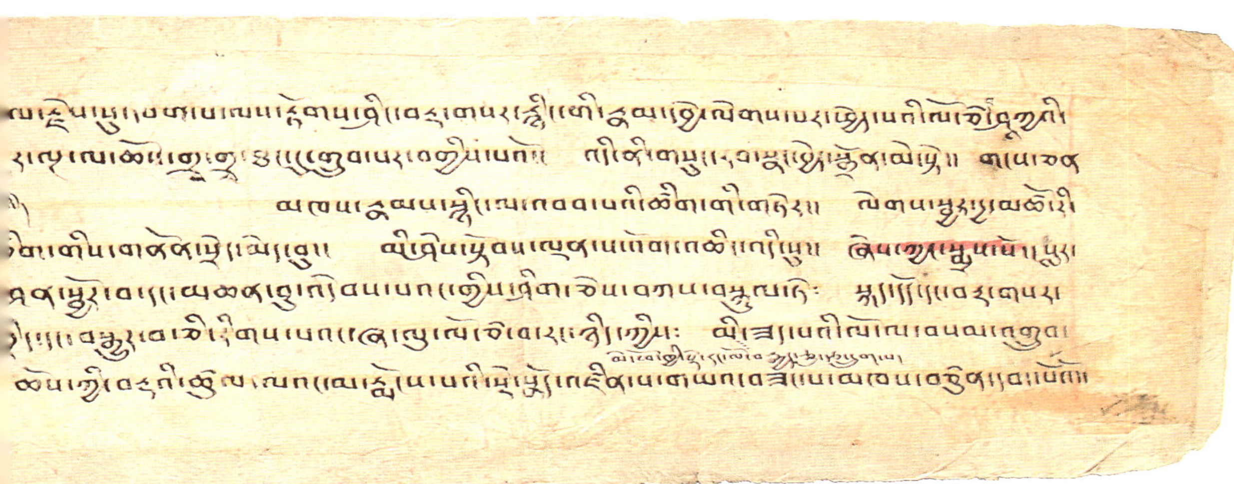

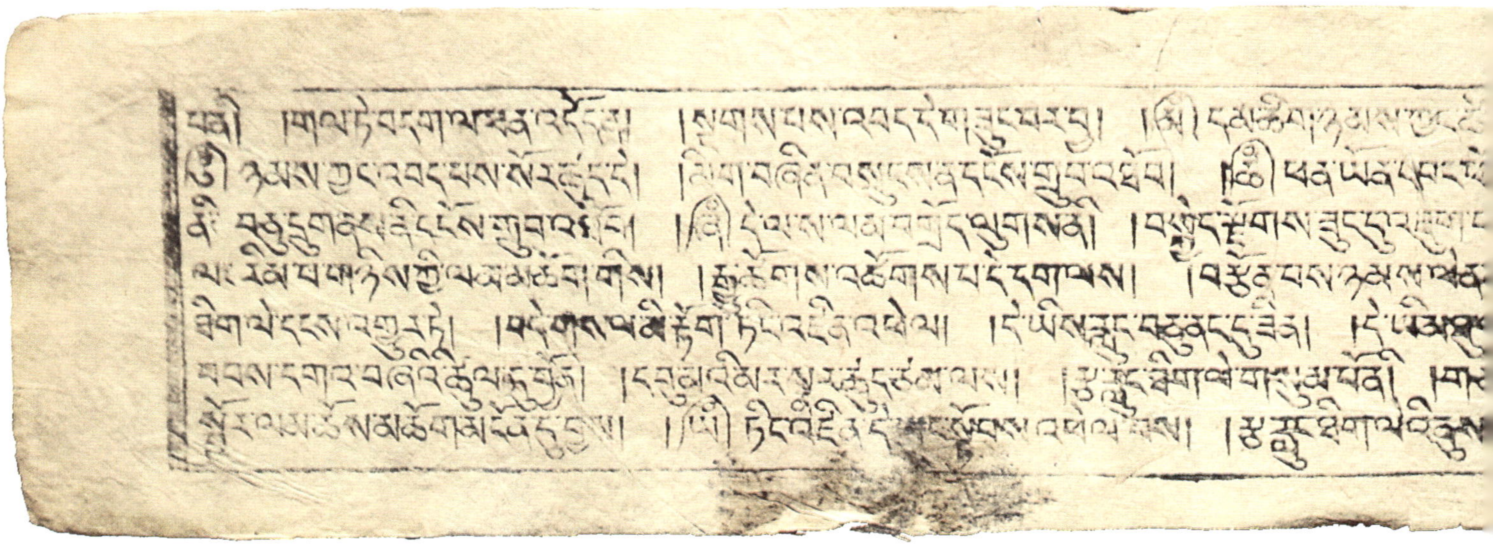

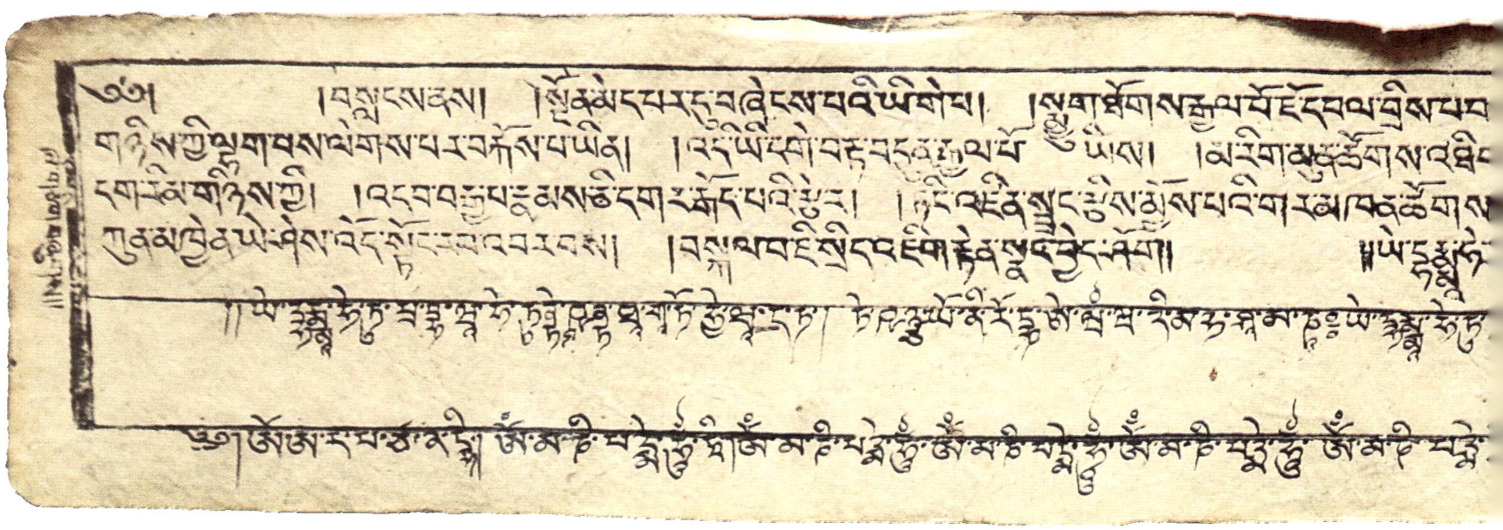

11211 塔波噶舉正法總綱鑰匙 清刻本

梵夾裝。開本高 9.5 釐米，廣 51.5 釐米。匡高 7 釐米，廣 45 釐米。拉薩市政協文史民宗法制委員會藏。

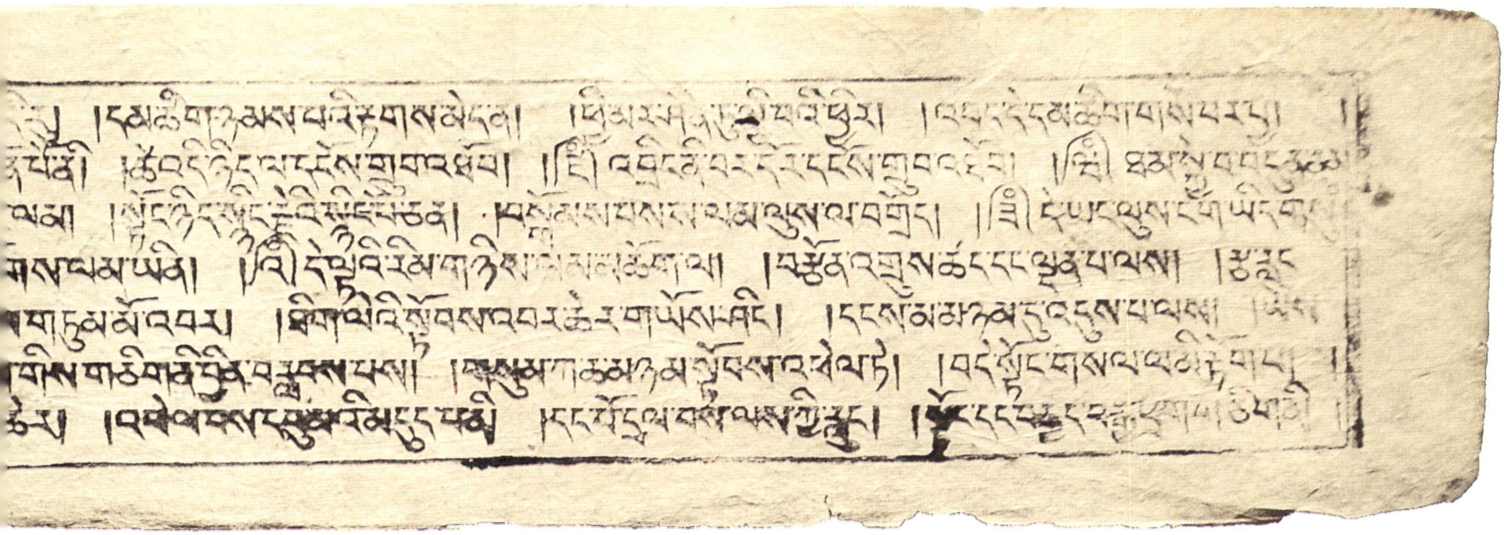

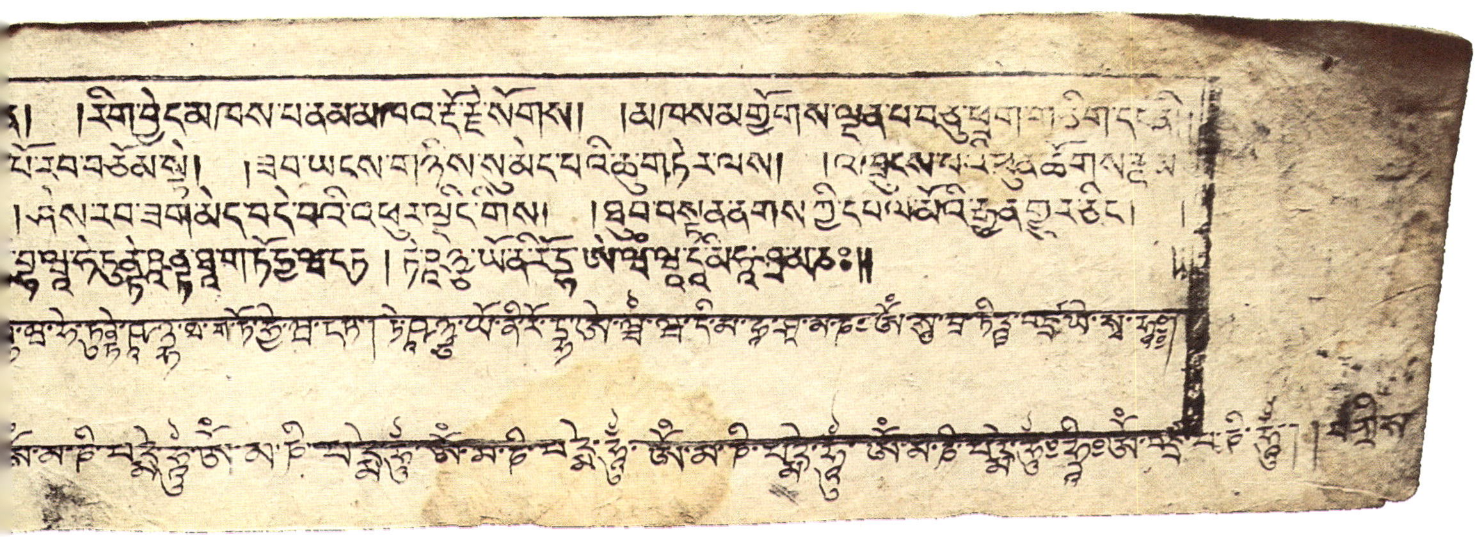

11212 般若波羅蜜多八千頌 清刺綉本

梵夾裝。開本高 8.4 釐米，廣 24.3 釐米。青海藏醫藥文化博物館藏。

11213 松贊干布遺訓 清銀汁抄本

梵夾裝。開本高 23 釐米，廣 62.2 釐米。青海藏醫藥文化博物館藏。

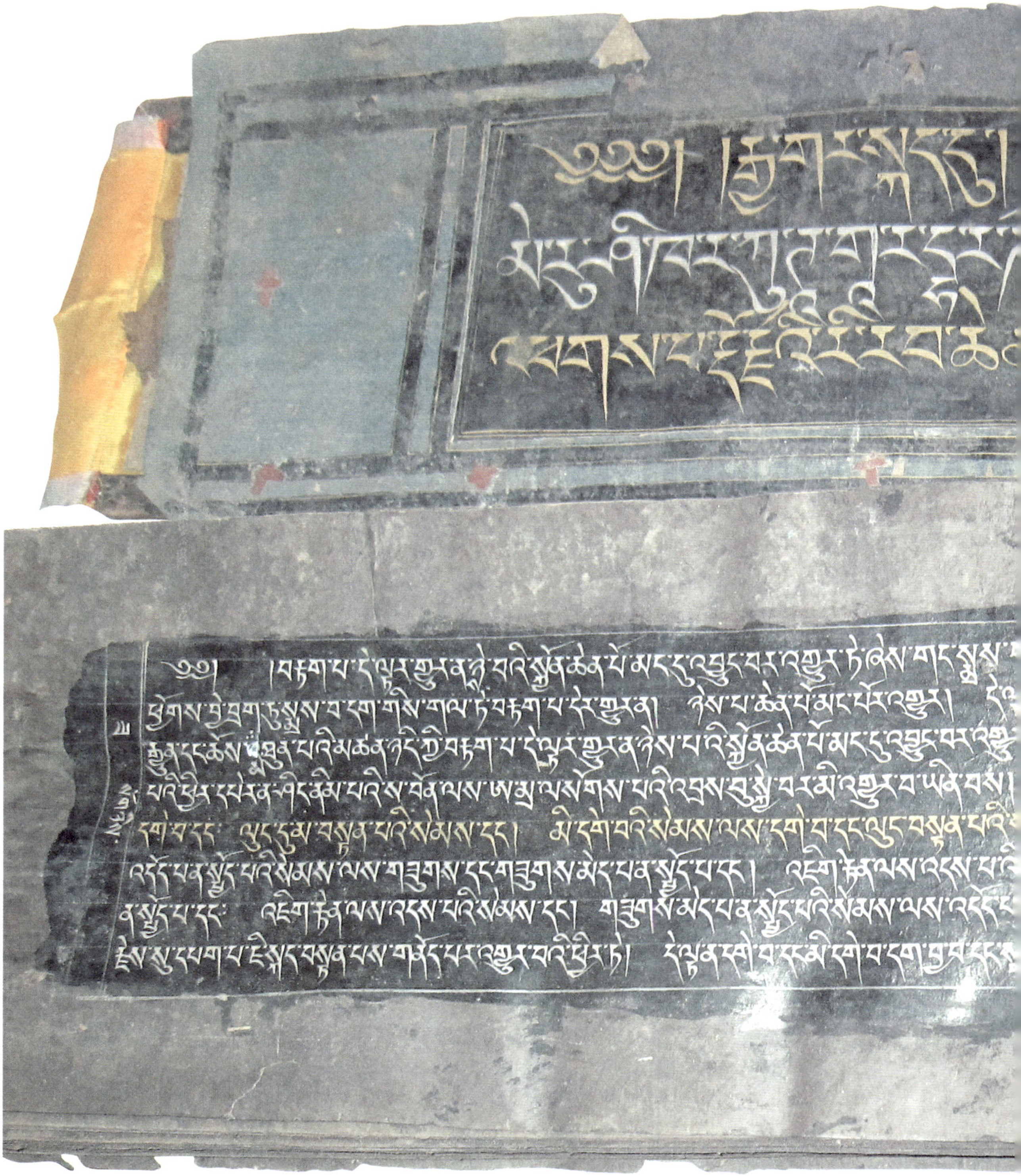

11214 密宗修行次第 清銀汁抄本

梵夾裝。玉樹藏族自治州東倉大藏經珍藏館藏。

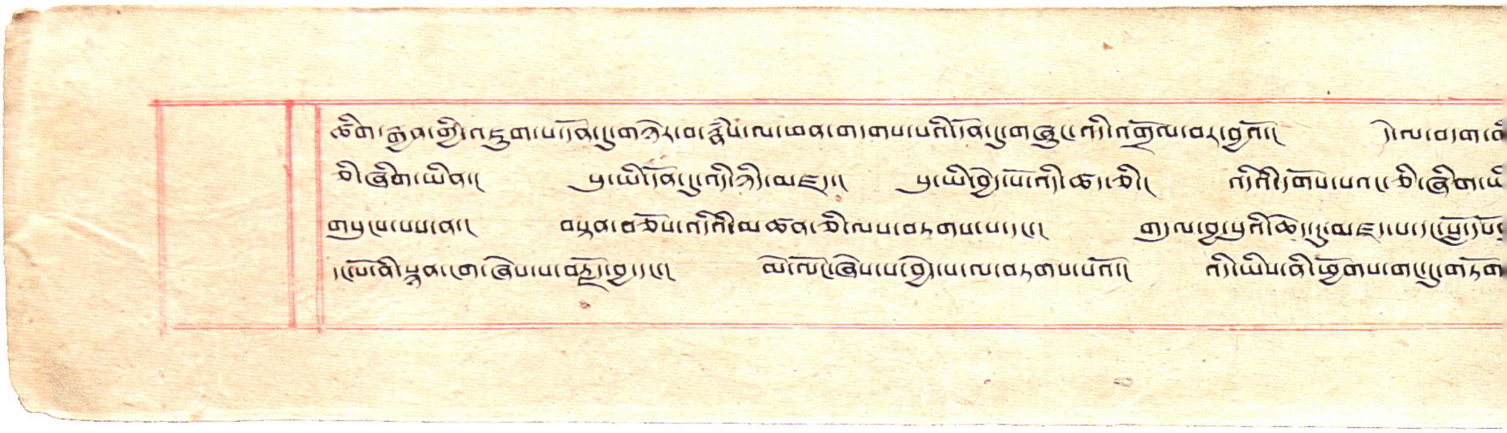

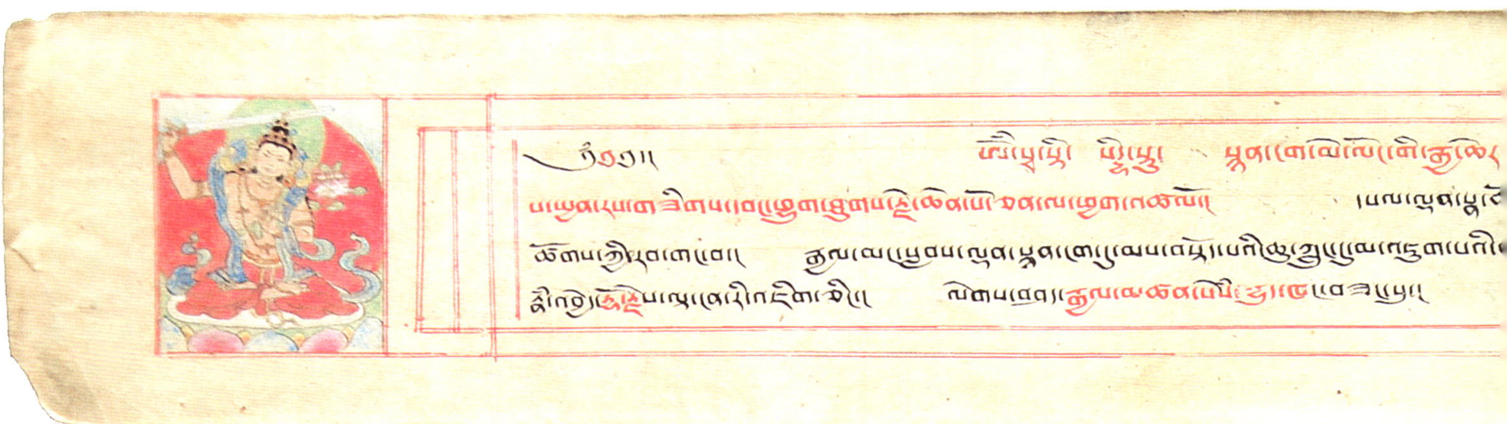

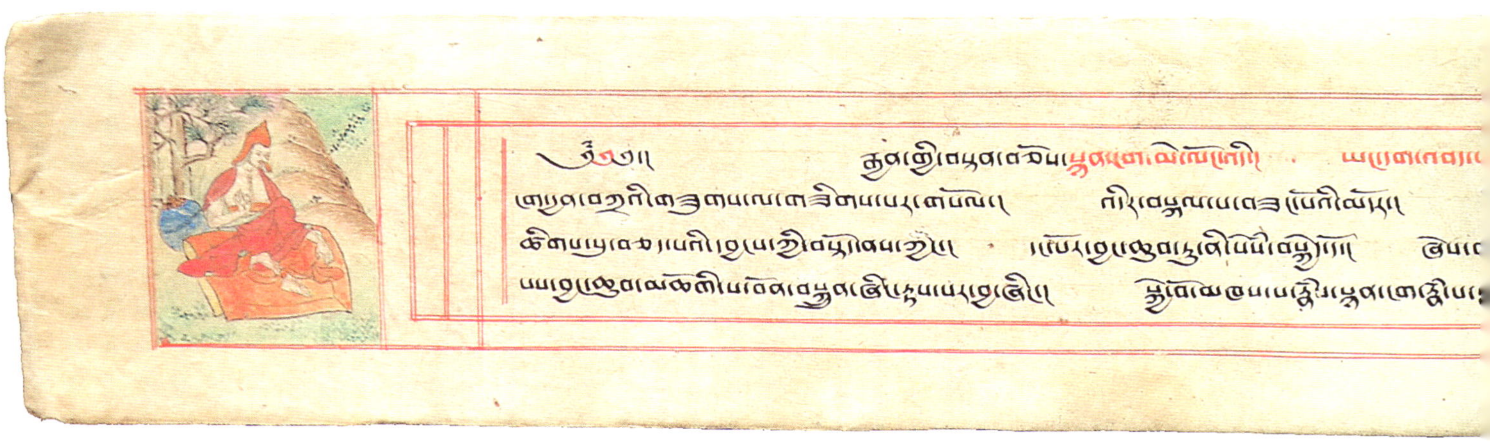

11215 詩鏡注釋 邦 · 羅追丹巴撰 清抄本

梵夾裝。開本高 7 釐米，廣 47 釐米。西藏圖書館藏。

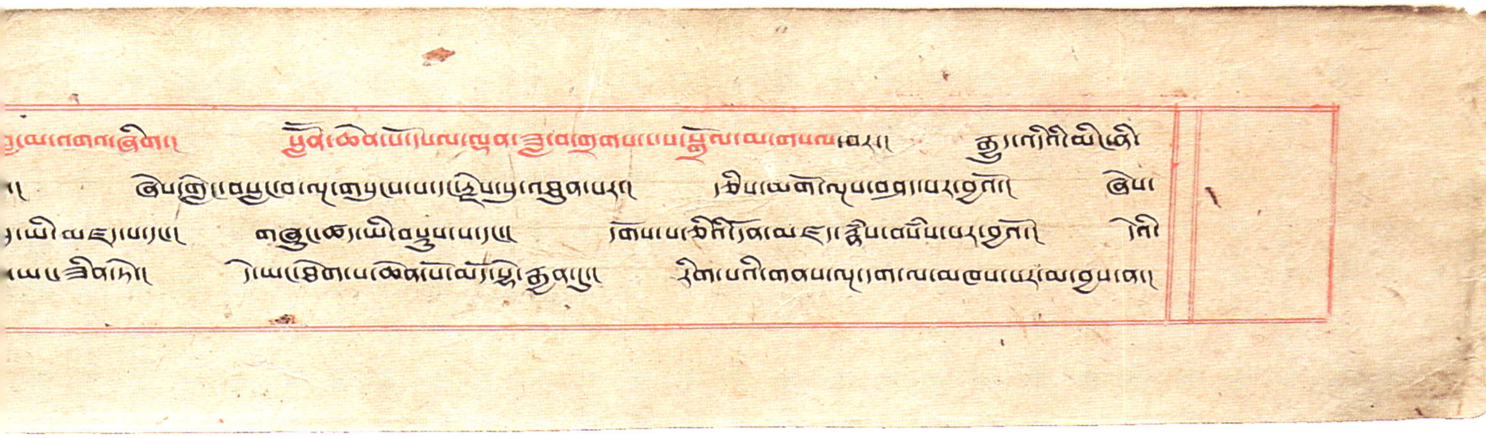

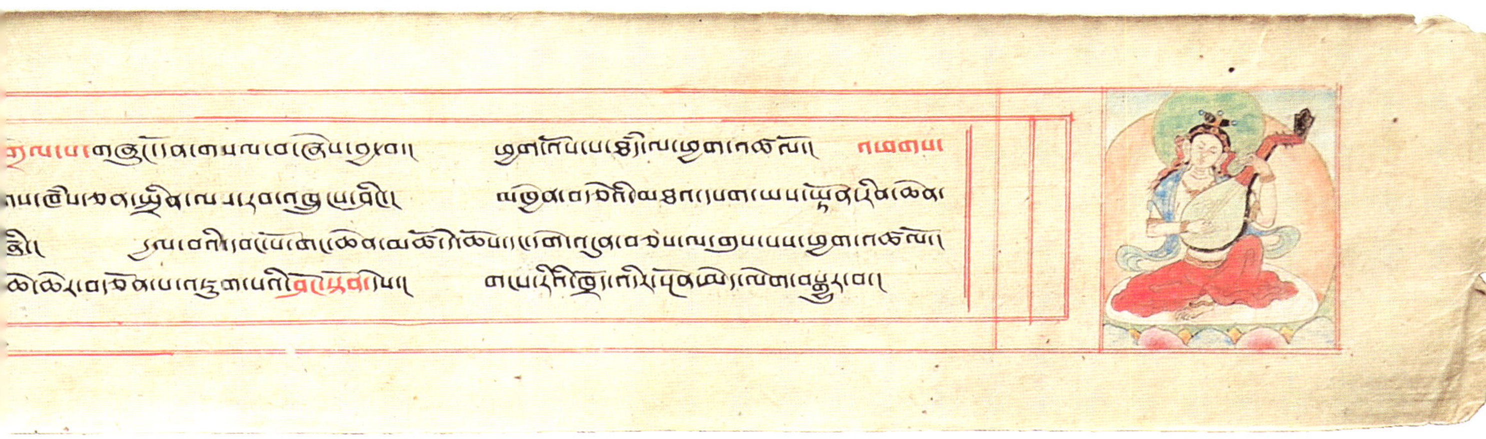

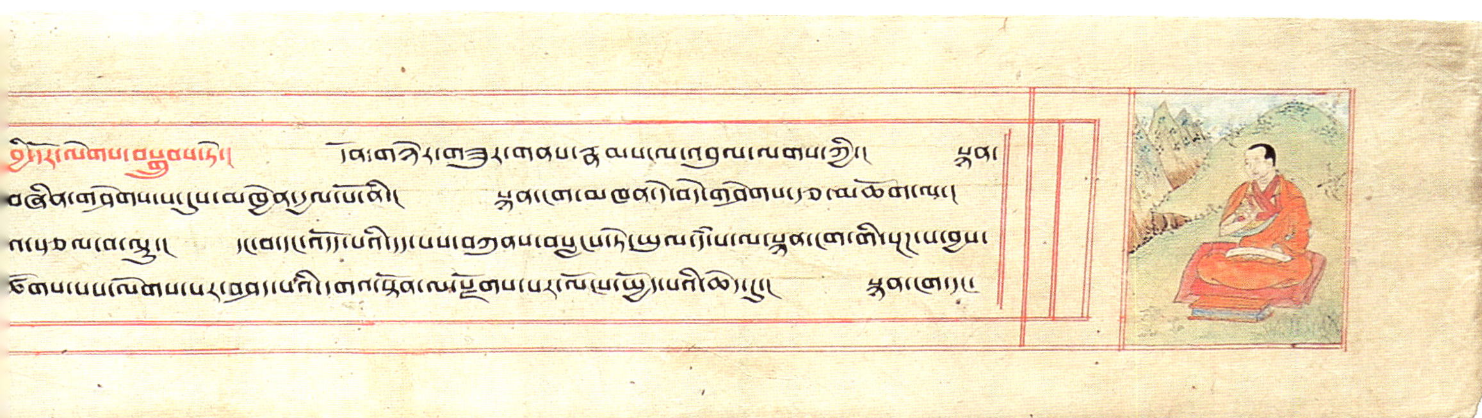

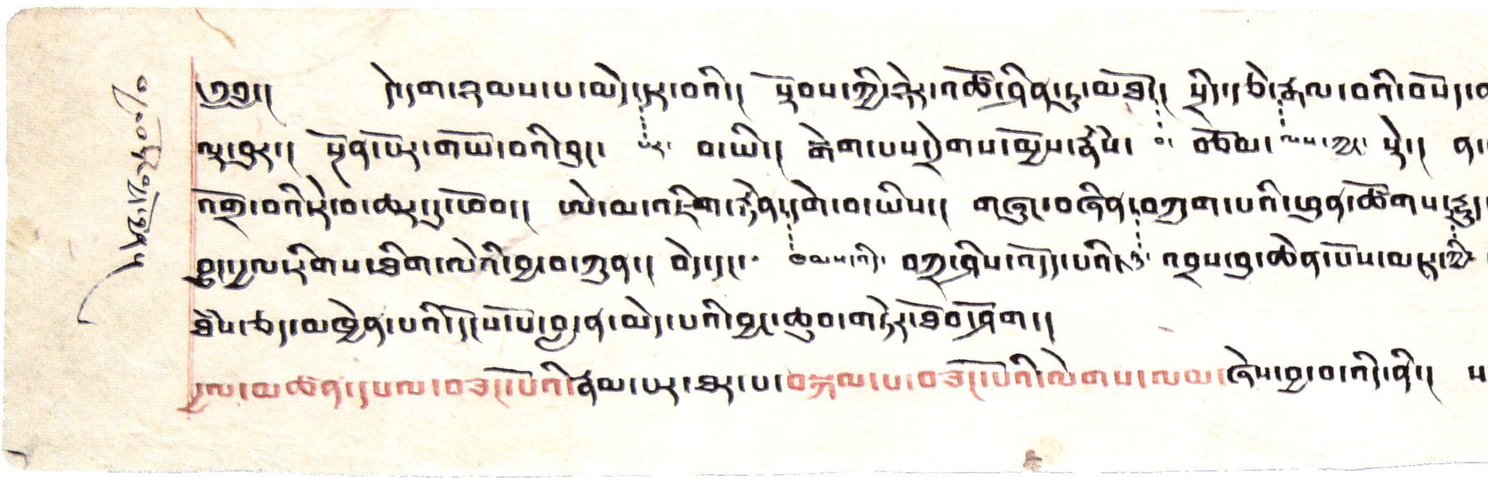

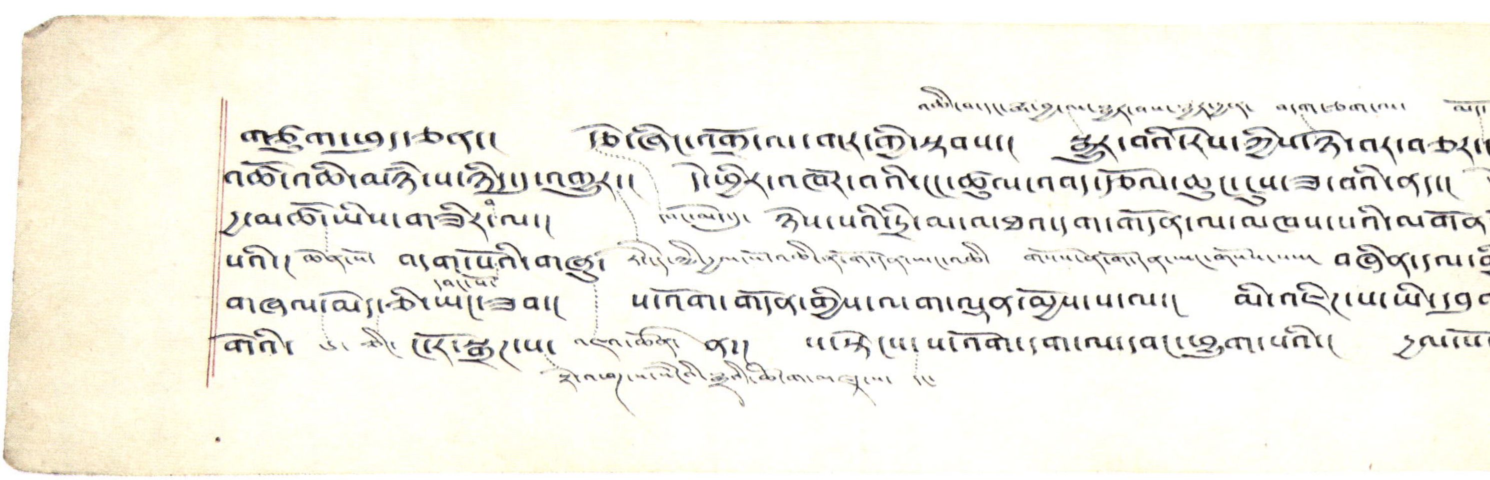

11216 薩迦・貢嘎堅贊傳 仁邦・阿旺久扎撰 清抄本

梵夾裝。開本高 7 釐米，廣 43.5 釐米。西藏博物館藏。

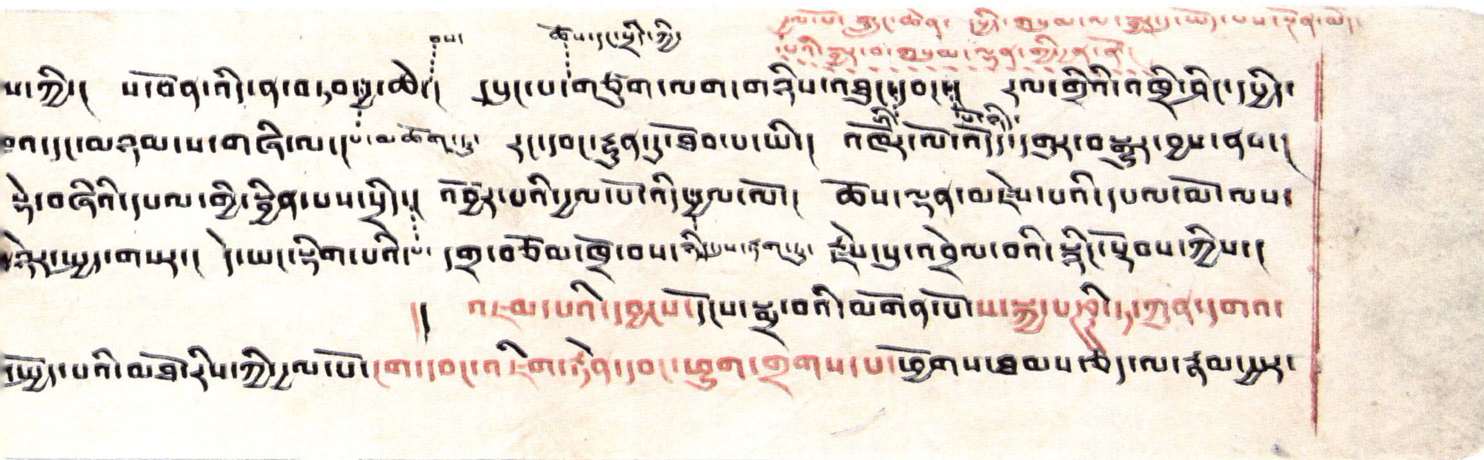

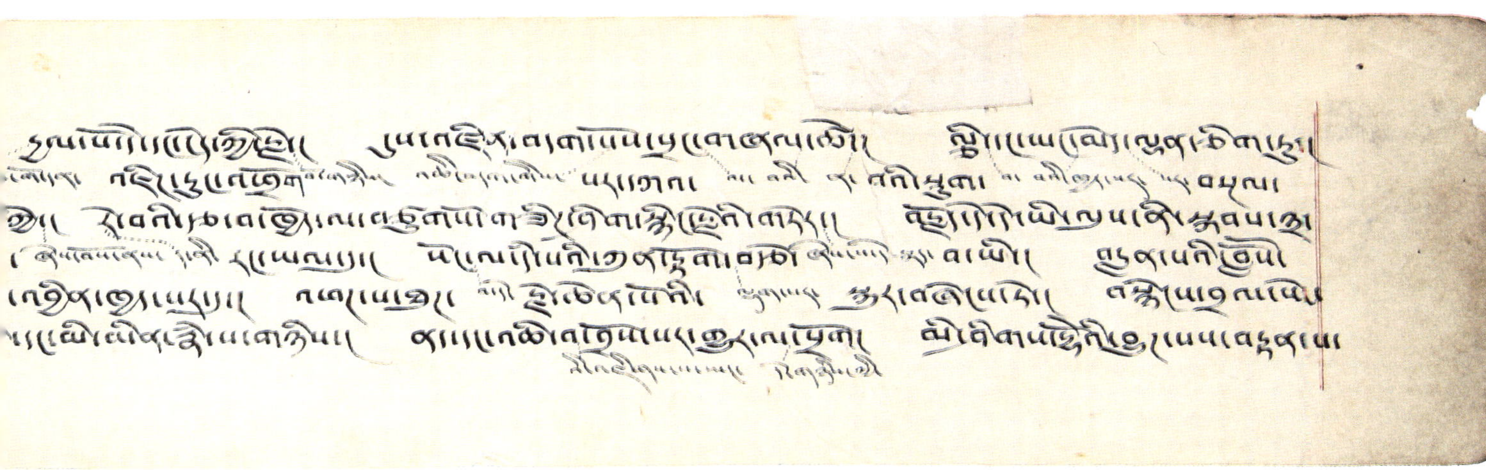

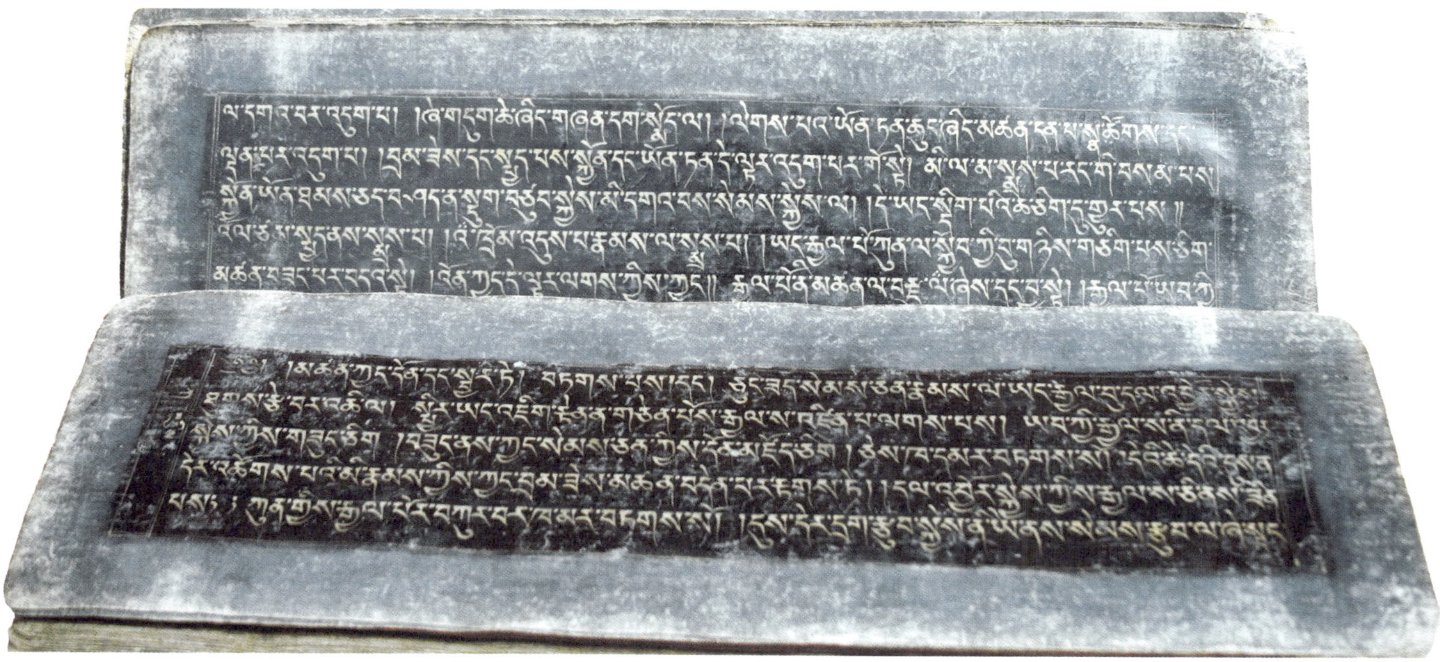

11217 赤吉預言　瓊貴贊撰 清抄本

梵夾裝。開本高 13.5 釐米，廣 34 釐米。西藏自治區尼瑪縣雍仲桑丹林寺藏。

11218 尊勝陀羅尼經 頓巴西熱撰 清抄本

梵夾裝。開本高 19.4 釐米，廣 61.2 釐米。西藏自治區尼瑪縣雍仲桑丹林寺藏。

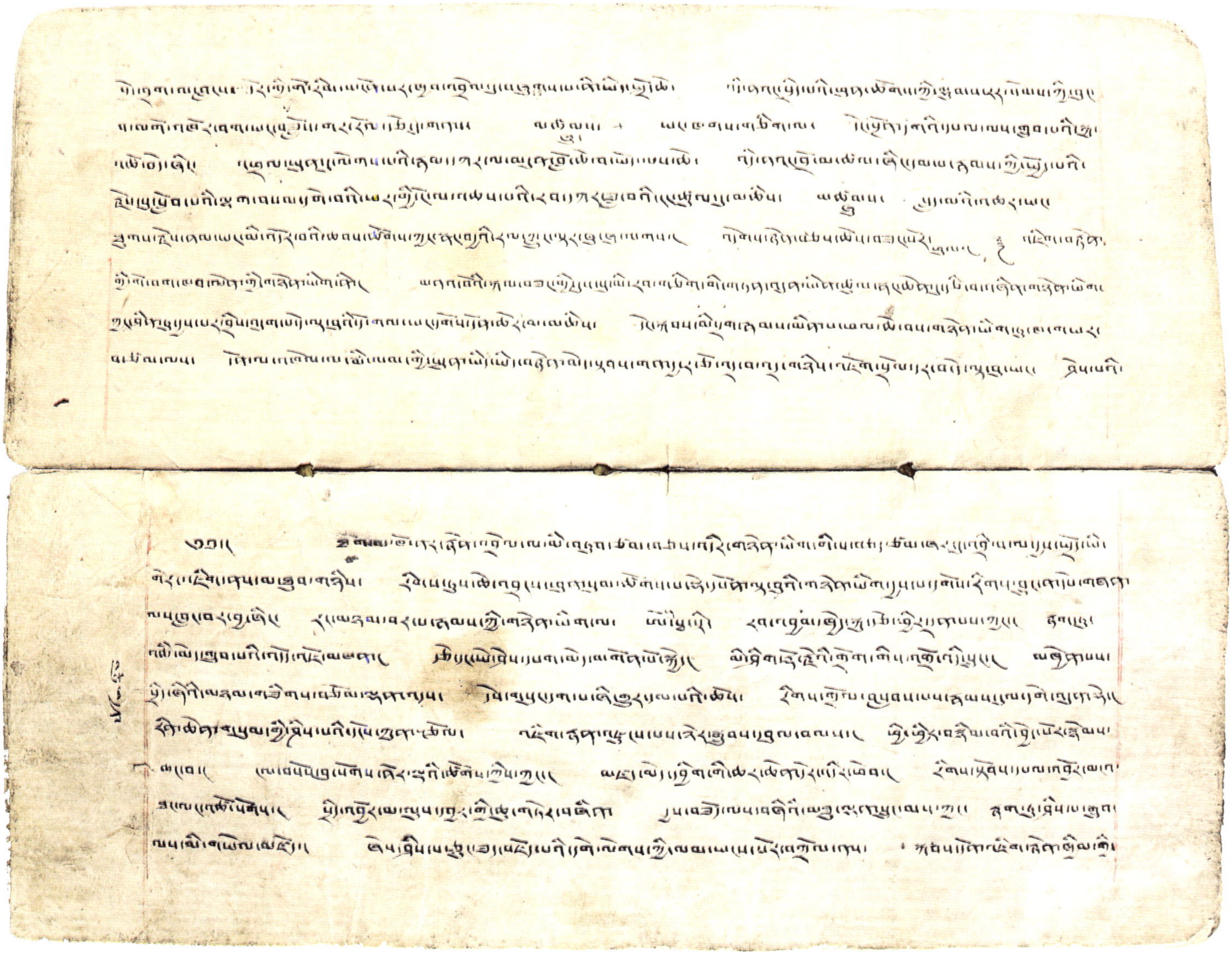

11219 薩迦・貢嘎堅贊等信函 （宋）薩迦・貢嘎堅贊等撰 清抄本

縫繢裝。開本高 15.5 釐米，廣 39 釐米。拉薩市甲日巴・洛桑朗杰藏。

11220 藥物圖釋白銀鏡 松巴·益喜班覺撰 清抄本

梵夾裝。開本高 8.8 釐米，廣 48.5 釐米。青海藏醫藥文化博物館藏。

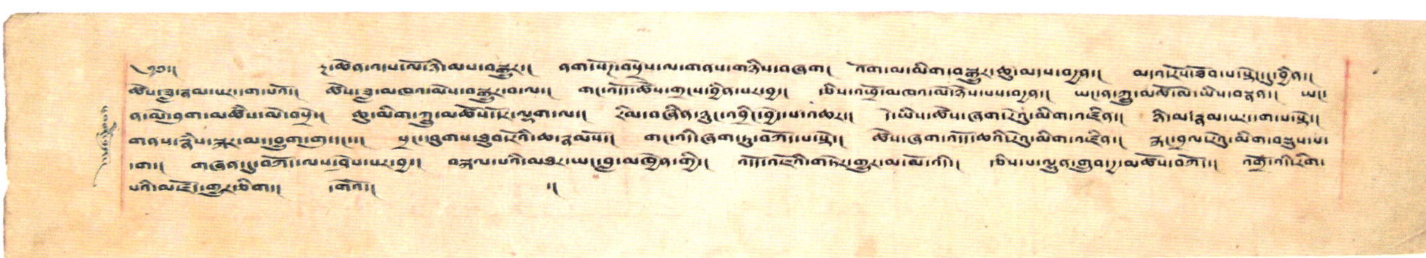

11221 萬年暦表 楞智嘉措撰 清抄本

梵夾裝。開本高 8.5 釐米，廣 47 釐米。西北民族大學圖書館藏。

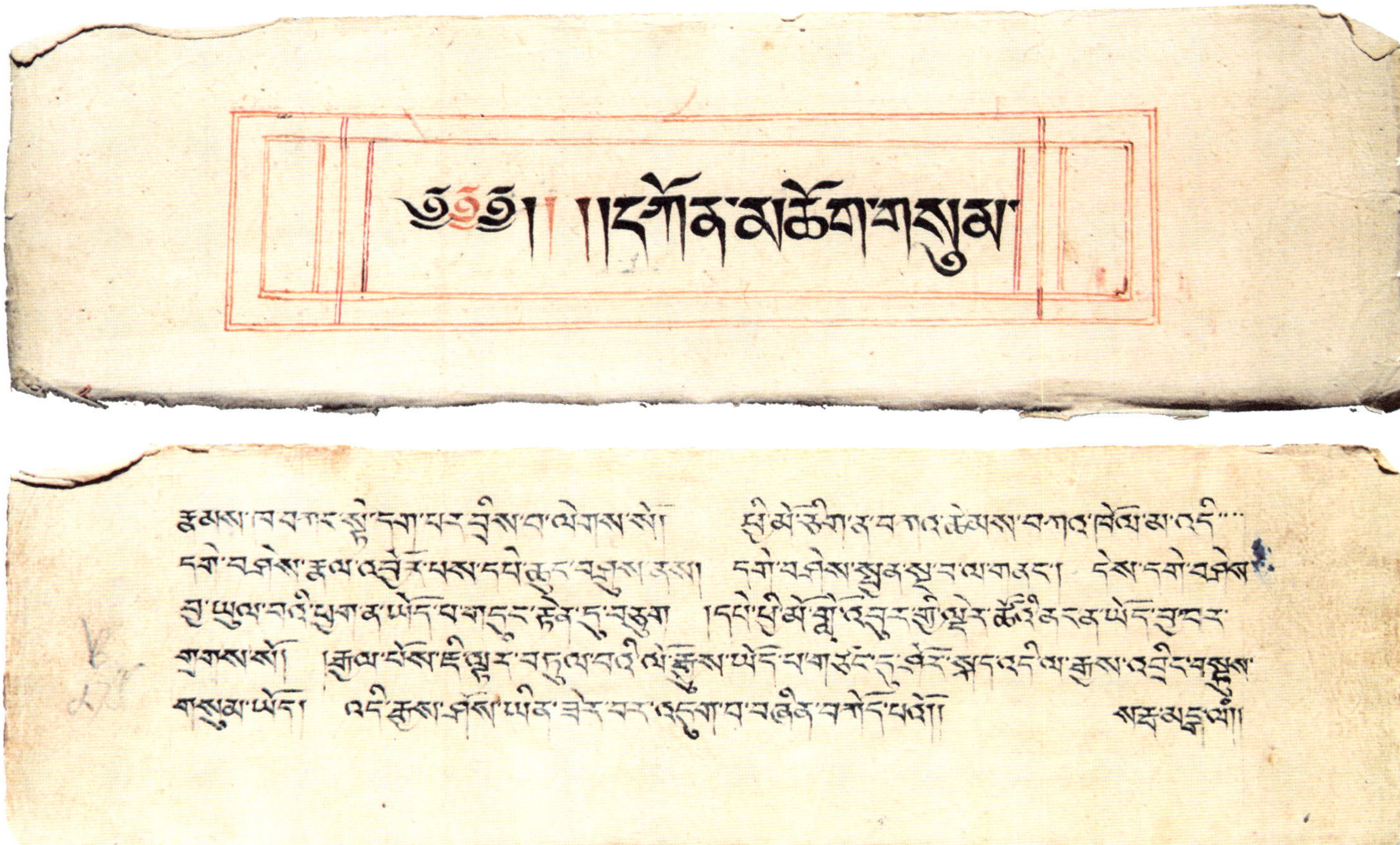

11222 杜間史 清抄本

梵夾裝。開本高 9 釐米，廣 28.5 釐米。西藏博物館藏。

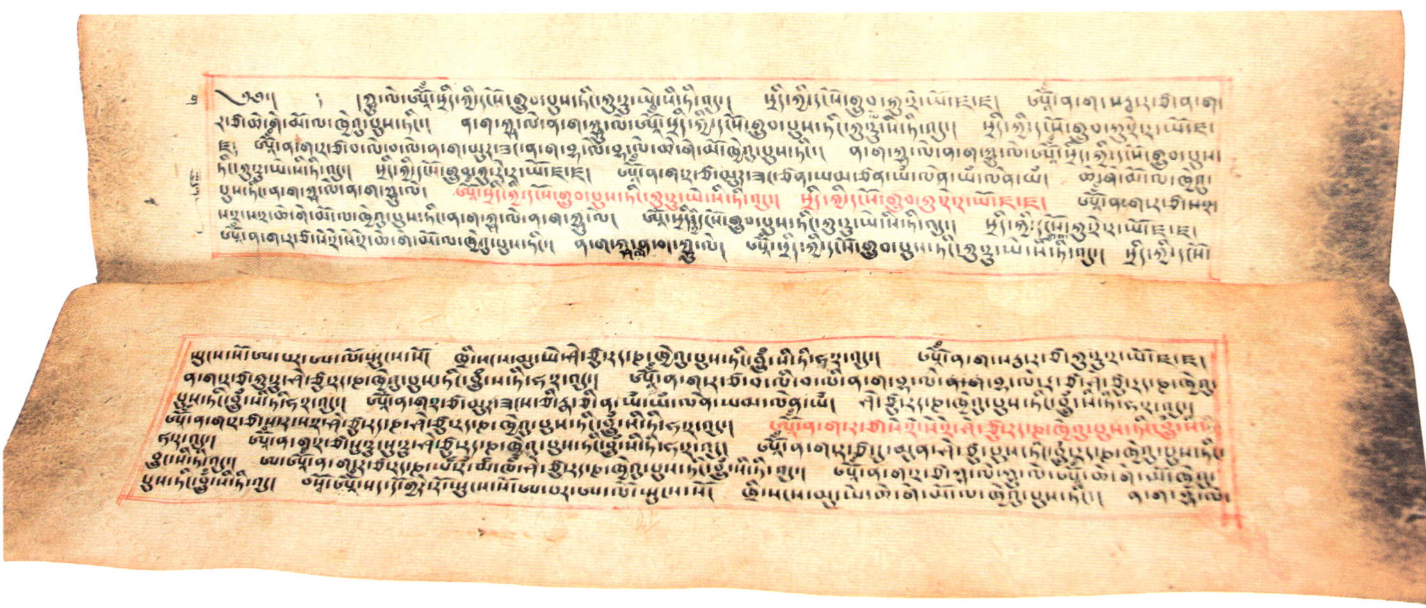

11223 苯教典藏經文 清抄本

梵夾裝。開本高 10 釐米，廣 56 釐米。西藏自治區丁青縣丁青寺藏。

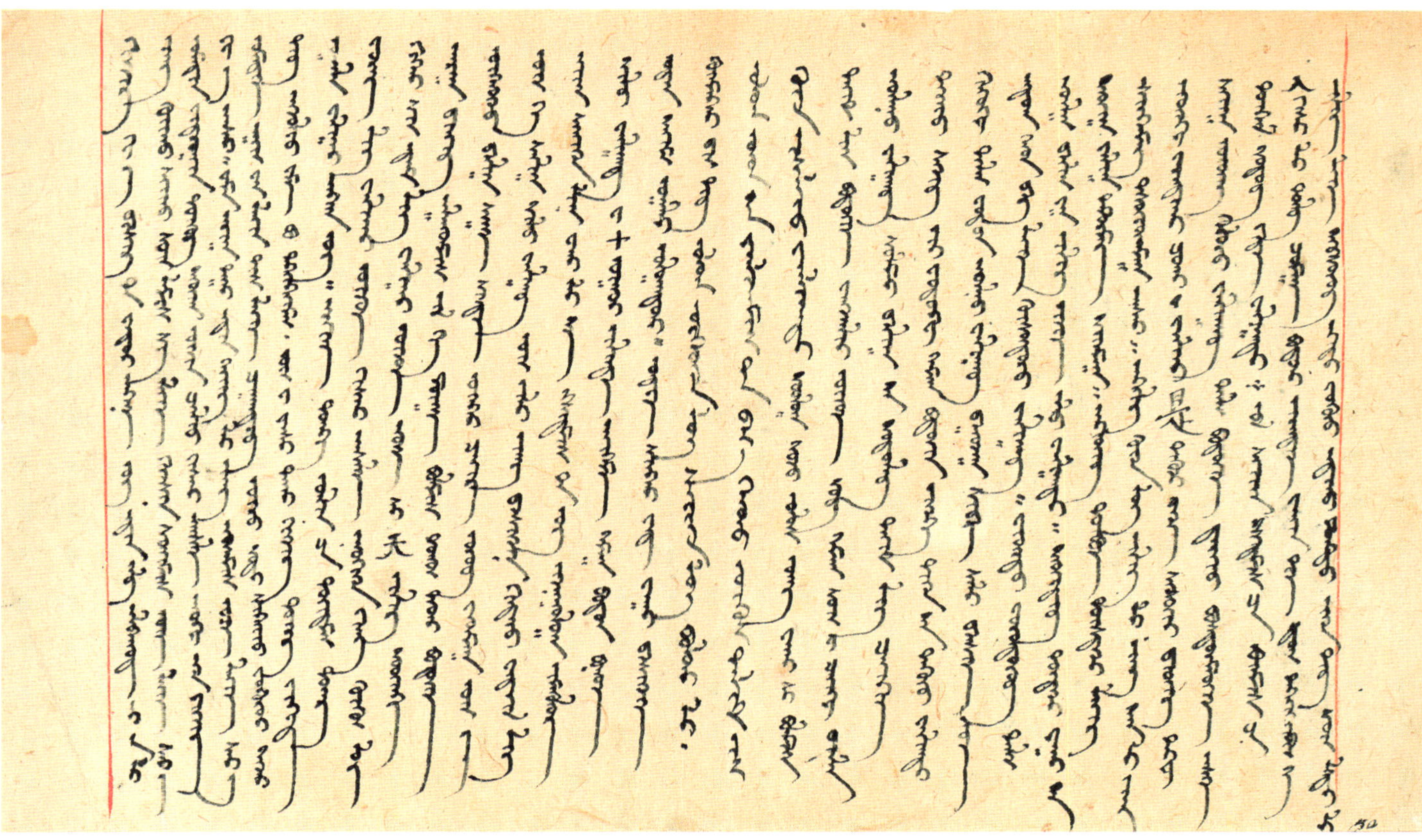

11224 十姓回鶻王及其疆域記録 十至十一世紀寫本

殘葉。開本高 17.5 釐米，廣 29.3 釐米。中國文化遺産研究院藏。

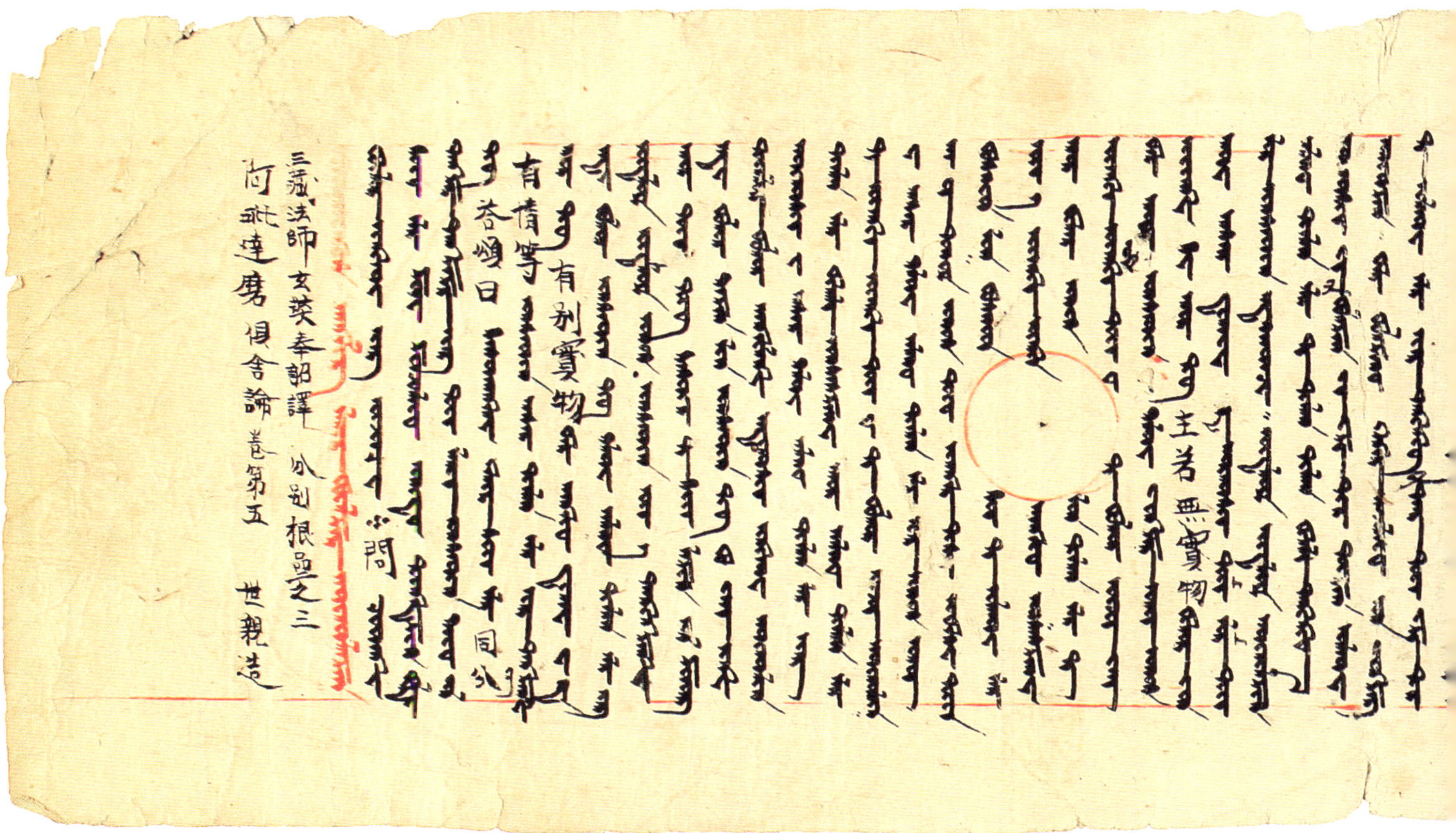

11225 阿毗達磨俱舍論卷第五 元抄本

梵夹装。開本高 13.8 釐米，廣 47.4 釐米。國家圖書館藏。

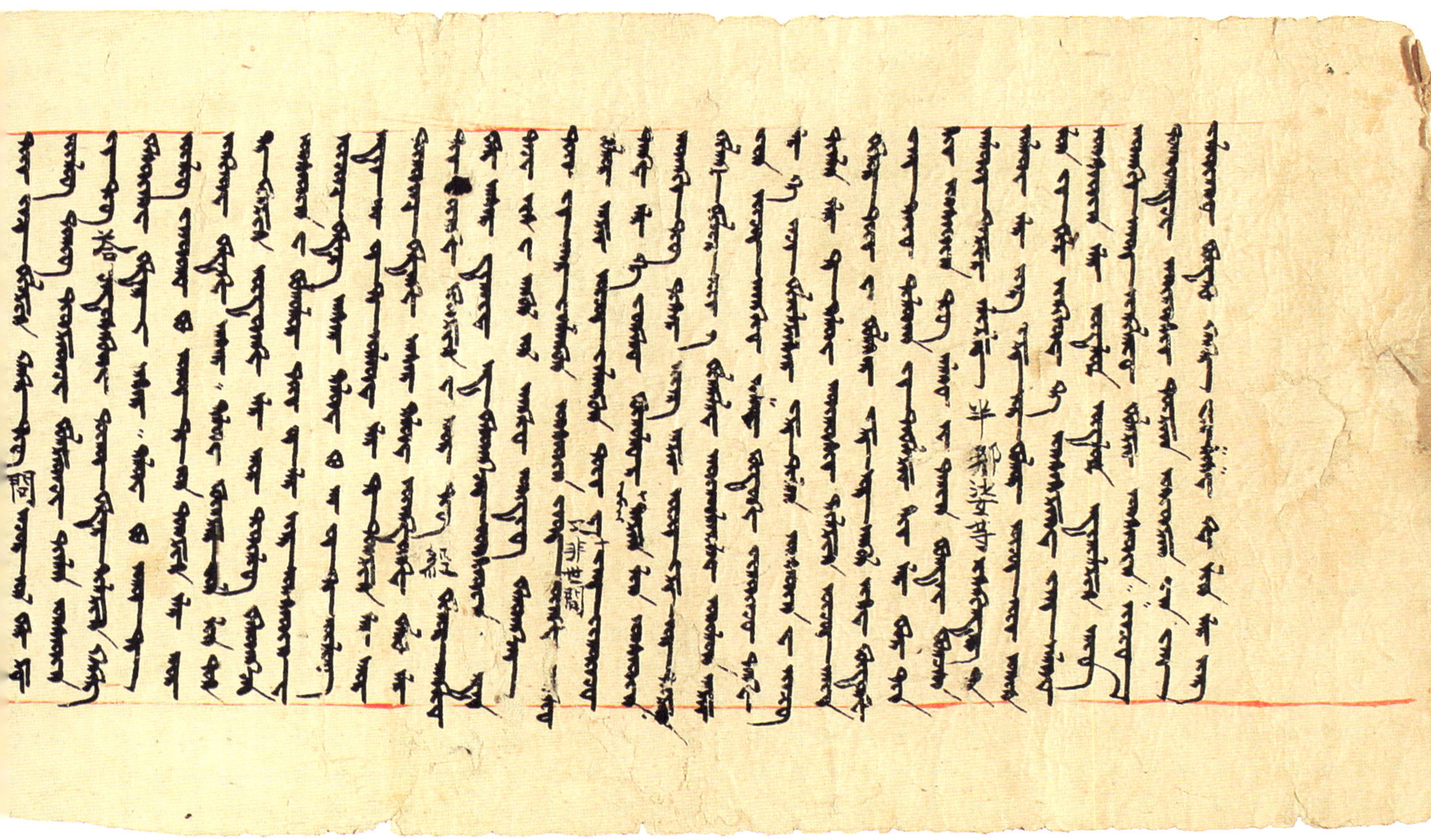

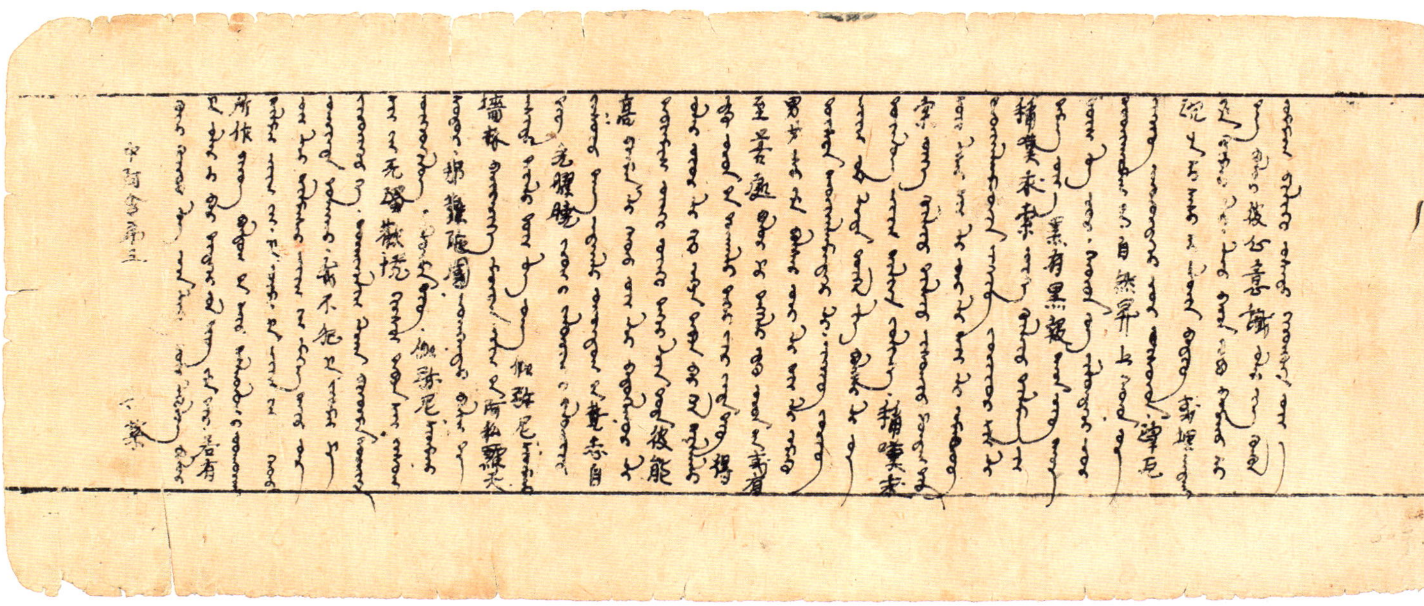

11226 中阿含經卷第三 元抄本

梵夾裝。開本高 15.3 釐米，廣 36 釐米。國家圖書館藏。

11227 雜阿含經卷第一 元抄本

梵夾裝。開本高 14.5 釐米，廣 34.7 釐米。國家圖書館藏。

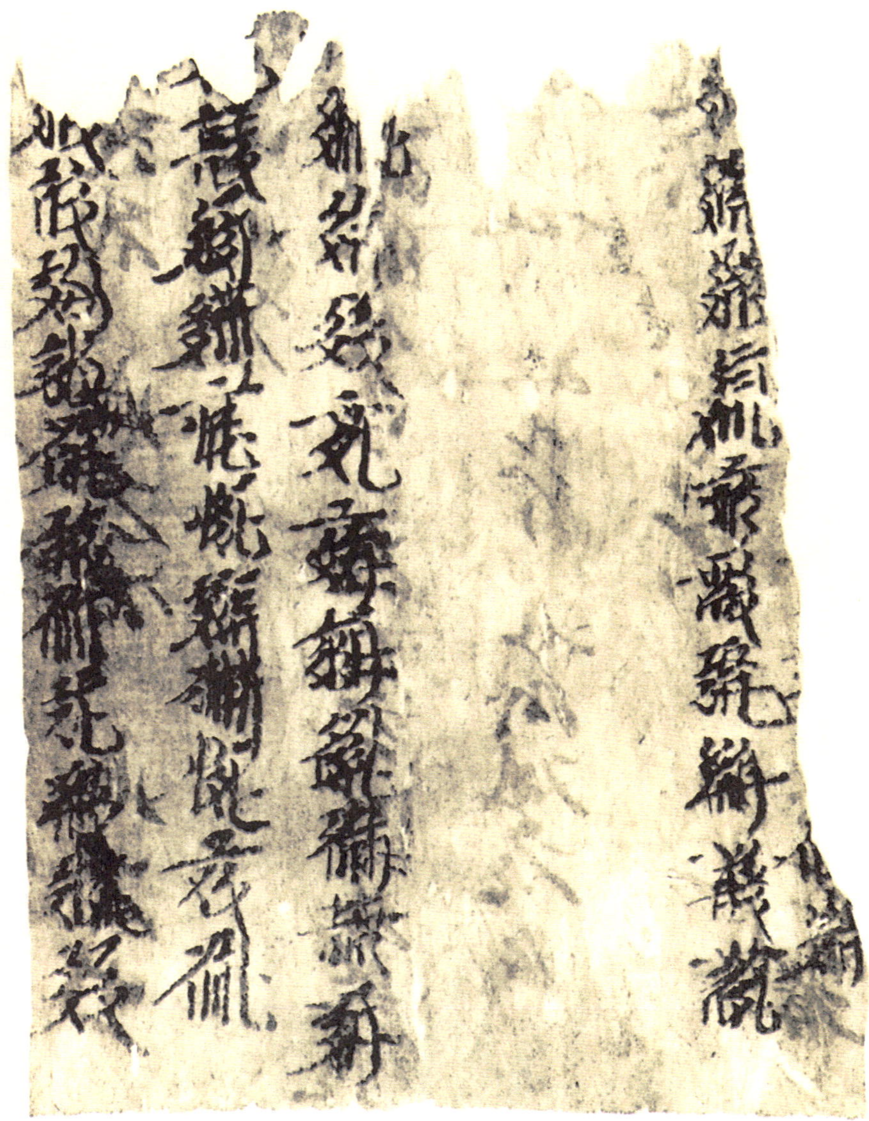

11228 三才雜字 西夏寫本

殘葉。敦煌研究院藏，存一葉。

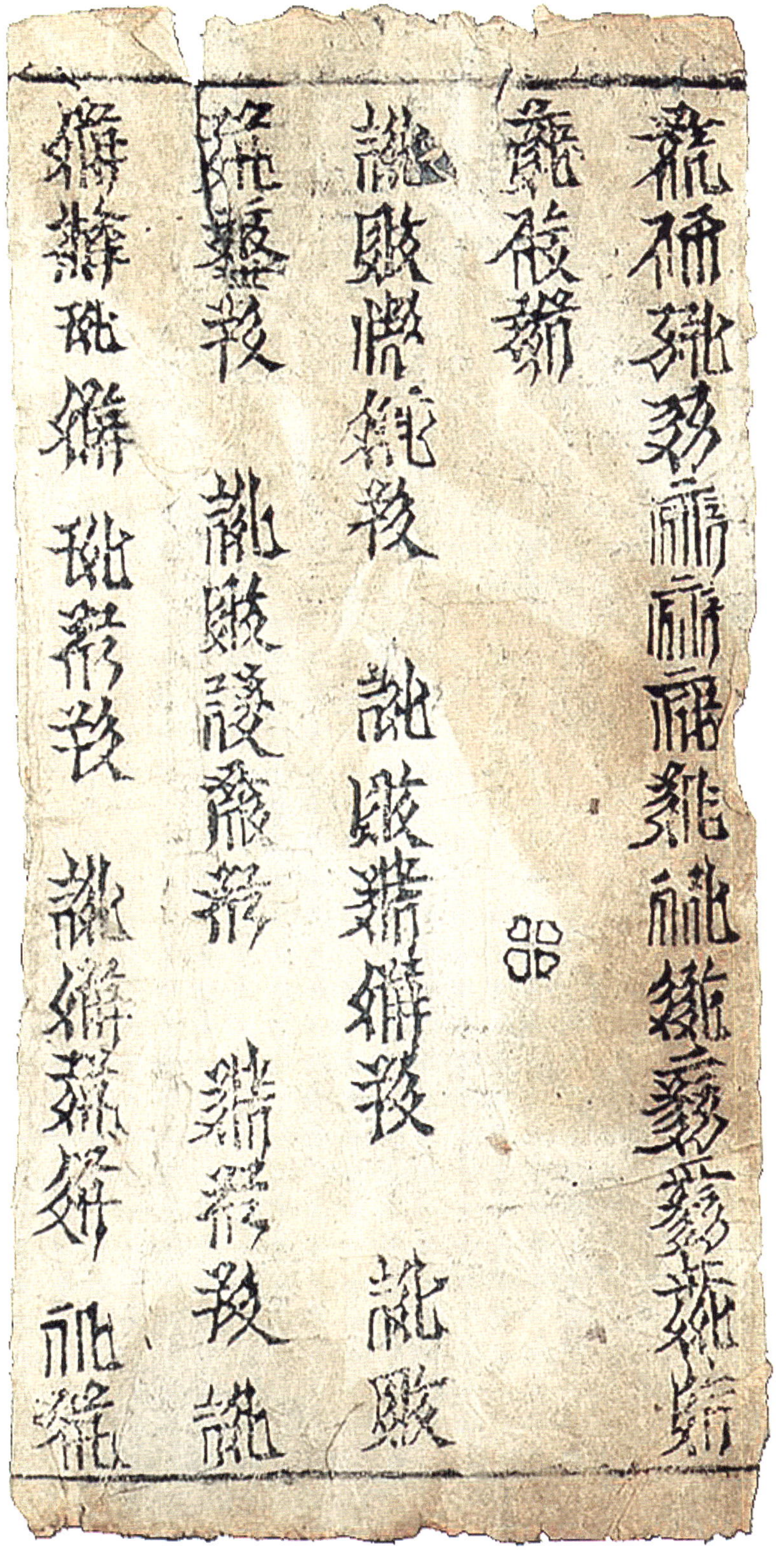

11229 星宿母陀羅尼 西夏刻本

經折裝。開本高 18.5 釐米，廣 8.5 釐米。匡高 16.5 釐米。半葉五行，行十四字，上下單邊。武威市博物館藏，存一葉。

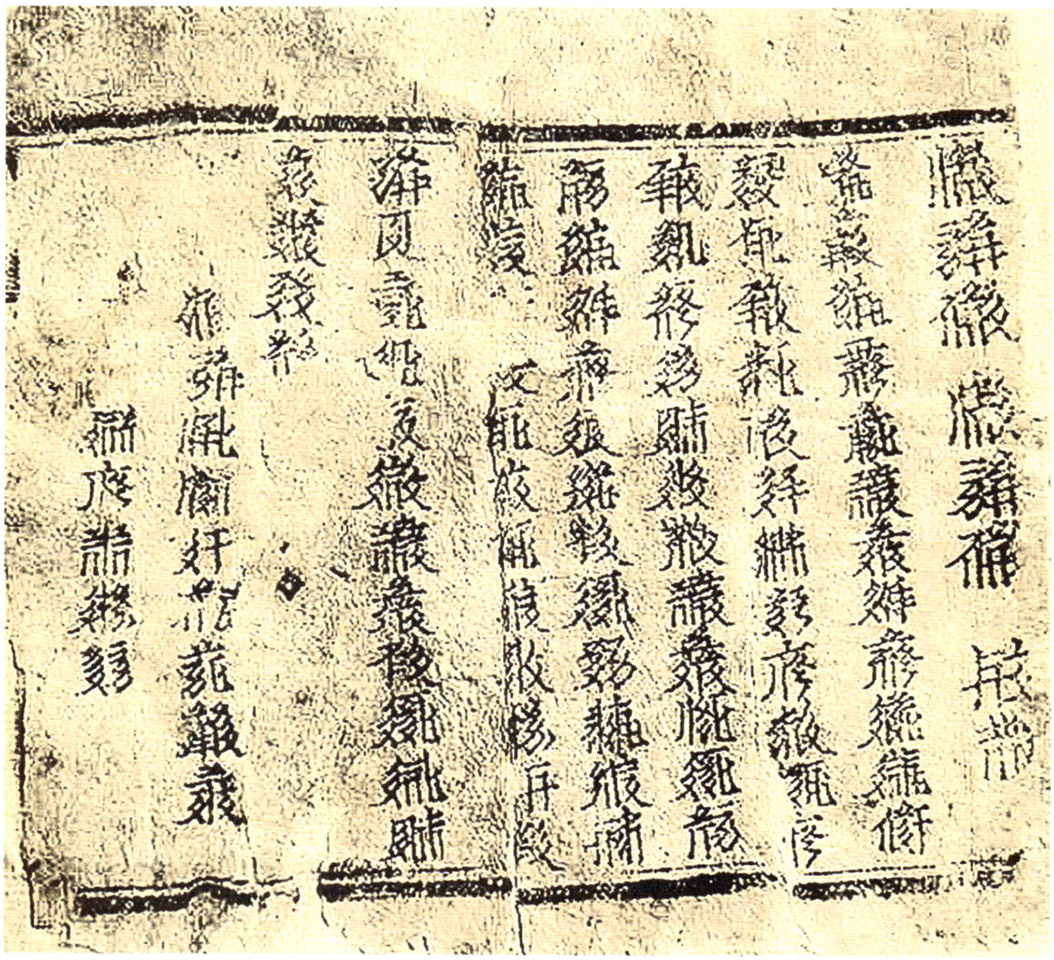

11230 金剛般若波羅蜜多經集一卷 西夏刻本

經折裝。開本高 16 釐米，廣 7 釐米。匡高 10 釐米。半葉五行，上下雙邊。寧夏文物考古研究所藏。

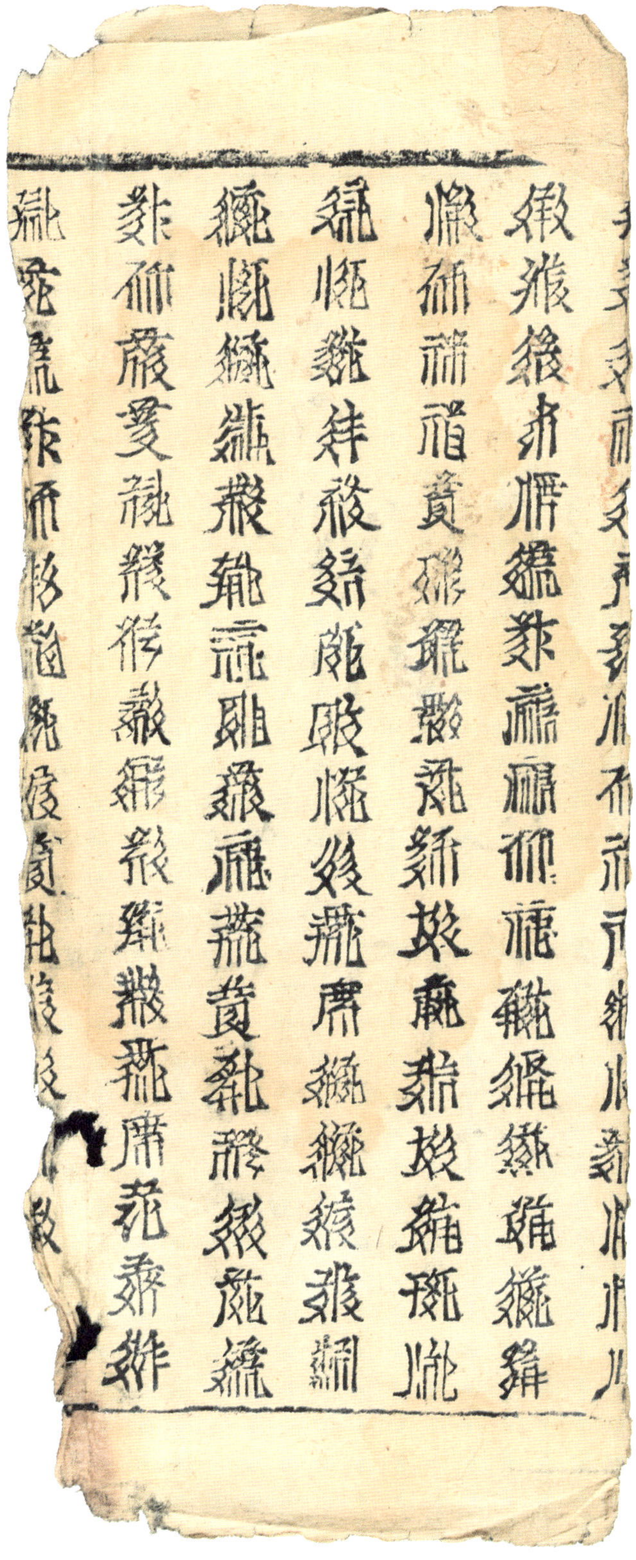

11231 大方廣佛華嚴經卷第五十一 西夏活字本

經折裝。開本高 31.5 釐米，廣 12 釐米。匡高 25 釐米。半葉六行，行十七字。國家圖書館藏。

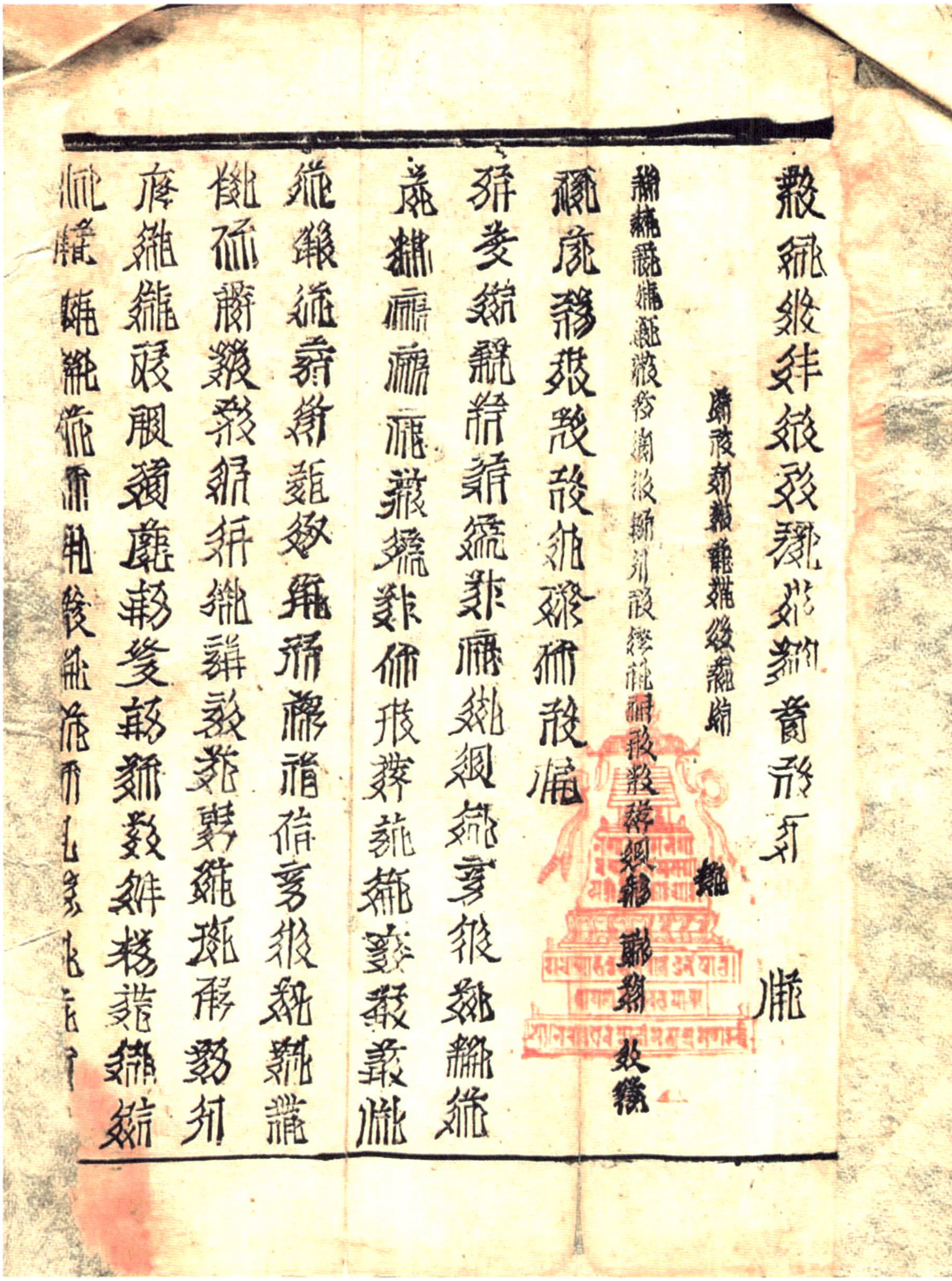

11232 大方廣佛華嚴經卷第七十一 西夏活字本

經折裝。開本高 32.3 釐米，廣 12.1 釐米。匡高 26 釐米。半葉六行，行十七字。國家圖書館藏。

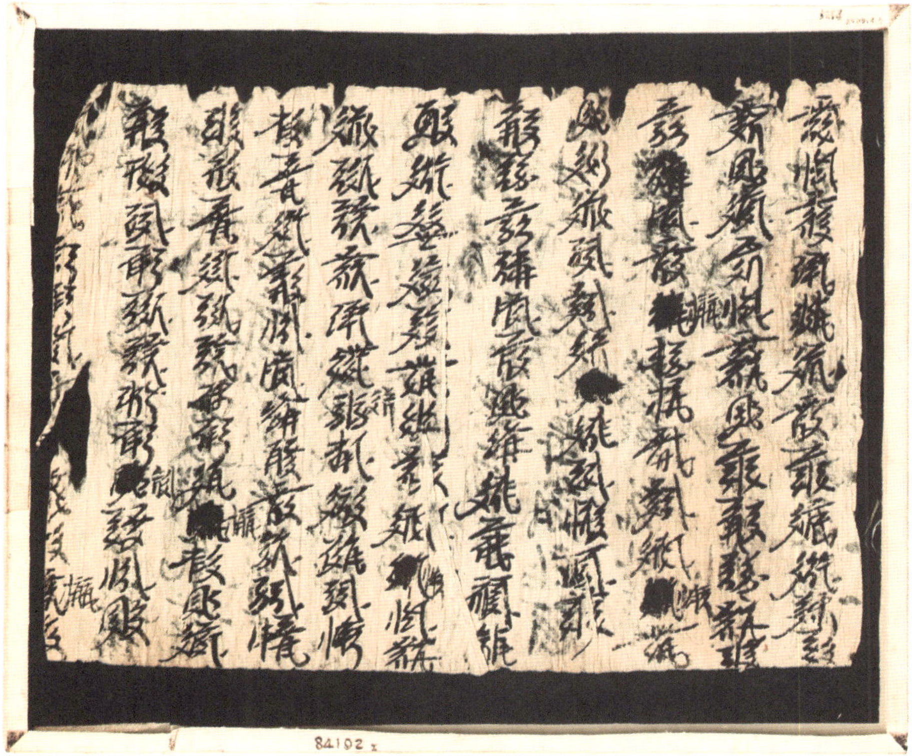

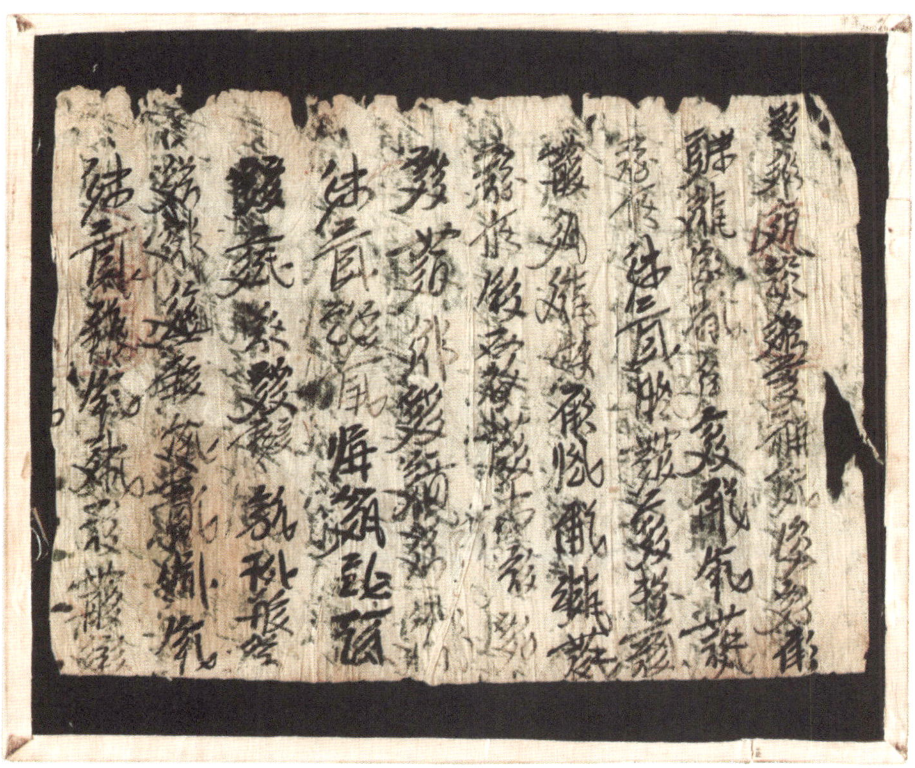

11233 六祖大師法寶壇經 卷背 **瓜州審案記録** 西夏寫本

殘葉。國家圖書館藏，存二葉。

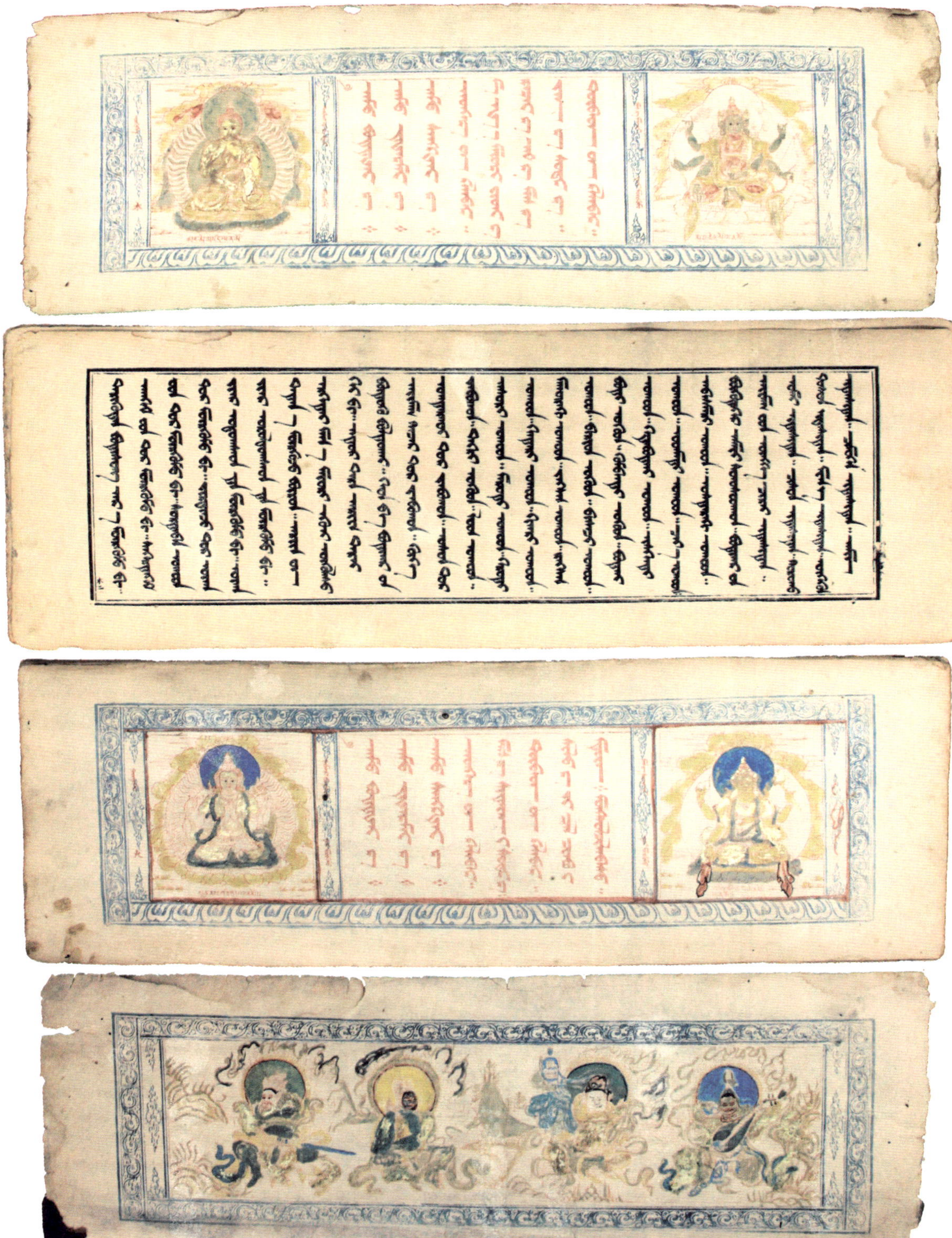

11234 五守護神大乘經 清康熙十二年（1673）刻本

梵夾裝。開本高 19.5 釐米，廣 56 釐米。匡高 13.5 釐米，廣 40.7 釐米。行字不等，四周雙邊。中國科學院新疆分院文獻信息中心藏。

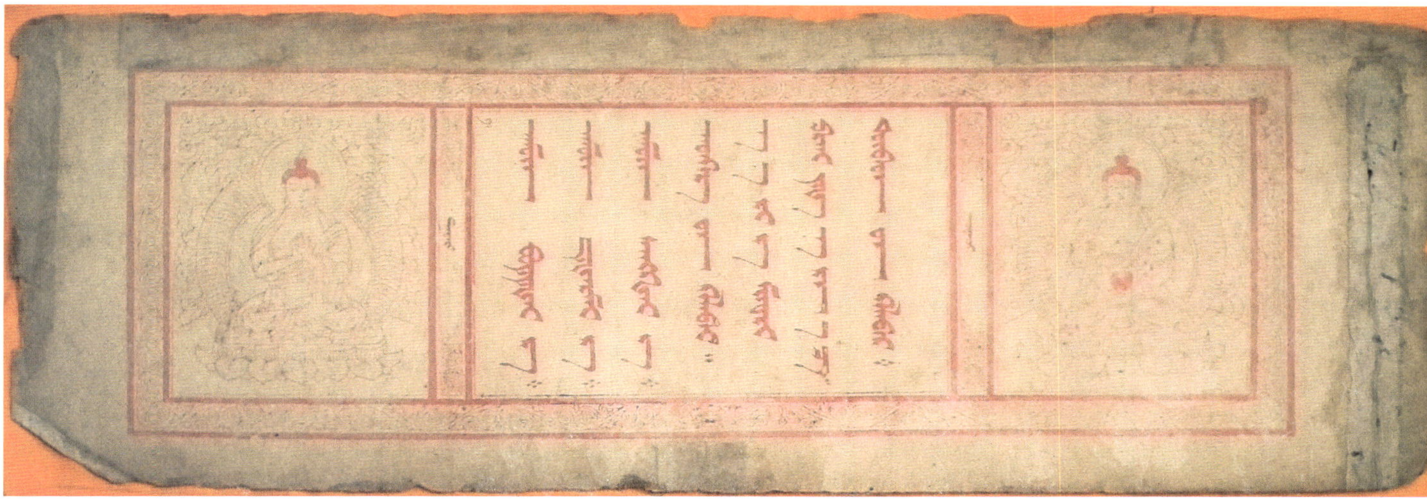

11235 諸品積咒經三卷 （清）蘇魯木 索瑪第阿目格希迪譯 清康熙四十六年（1707）北京刻本

梵夾裝。開本高 23.5 釐米，廣 67.8 釐米。匡高 17.5 釐米，廣 53.5 釐米。行字不等，四周雙邊。中國民族圖書館藏，存二卷。

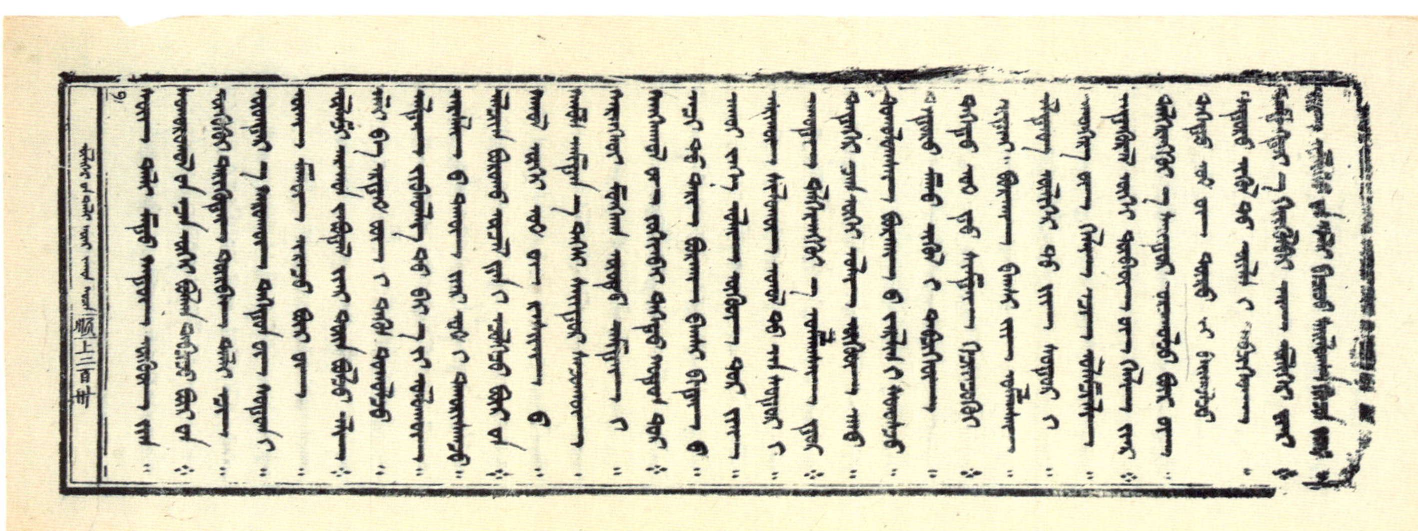

11236 譬喻之海 （明）錫力固什 · 綽爾濟譯 清康熙五十三年（1714）刻本

梵夾裝。開本高 22.4 釐米，廣 58 釐米。匡高 16.4 釐米，廣 52.7 釐米。行字不等，四周雙邊。國家圖書館藏。

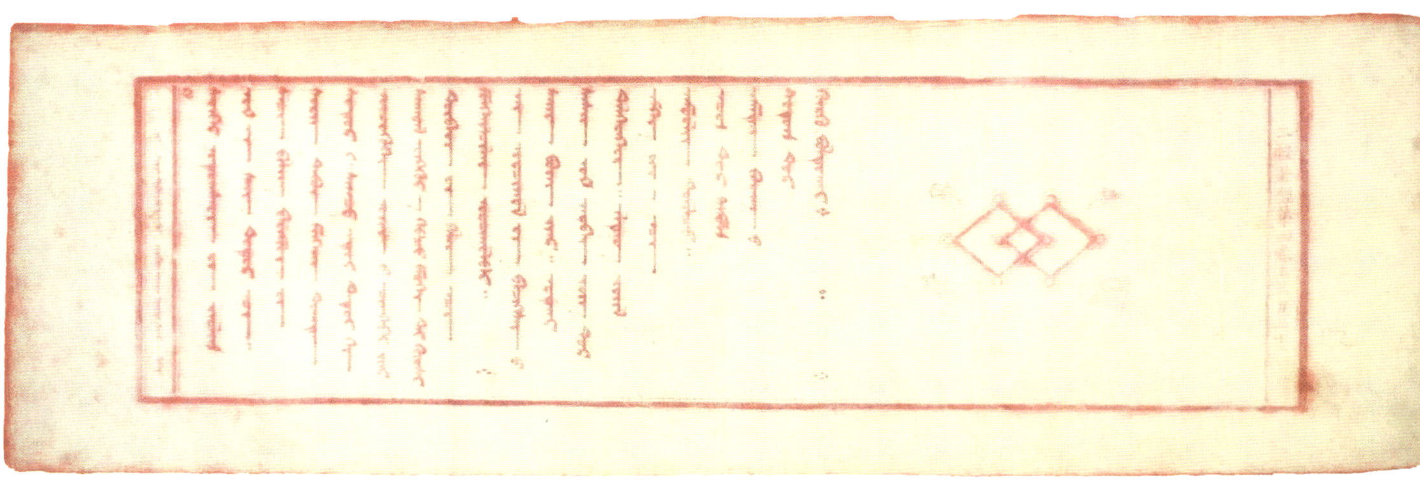

11237 聖般若波羅蜜多二萬五千頌四卷 （明）噶布楚·莫日根·岱固什譯 清康熙五十九年（1720）刻本

梵夾裝。開本高 24.5 釐米，廣 72.8 釐米。匡高 16.5 釐米，廣 58.8 釐米。行字不等，四周雙邊。中國民族圖書館藏。存一卷。

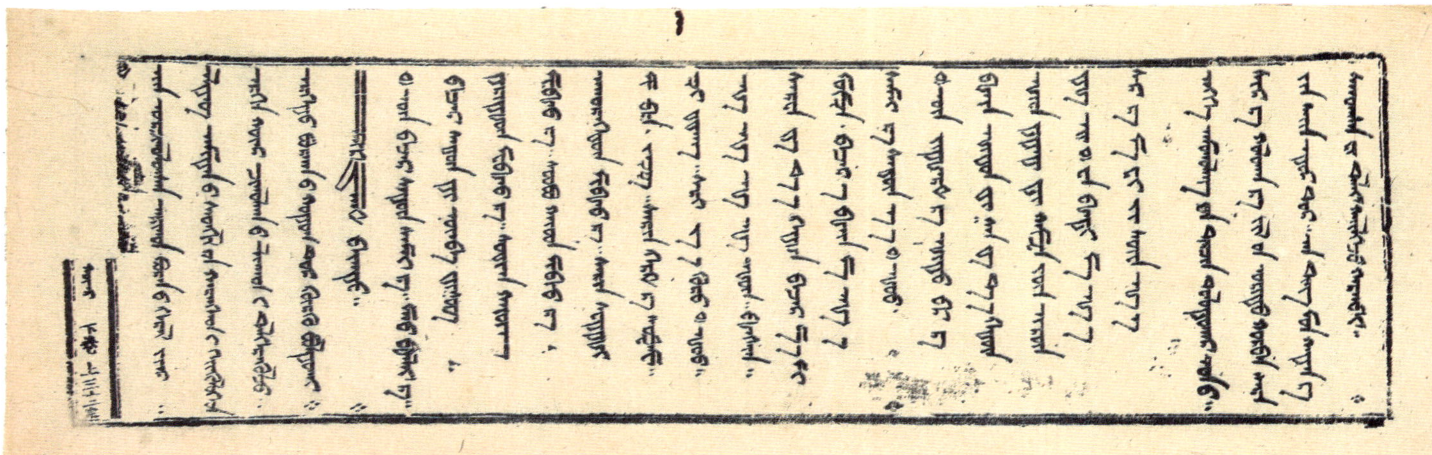

11238 聖懺悔滅罪大解脱普聞成等正覺勝莊嚴大乘經 （明）貢嘎厄斯爾譯 清康熙刻本

梵夾裝。開本高 16.7 釐米，廣 50.6 釐米。匡高 13 釐米，廣 46.6 釐米。行字不等，四周雙邊。國家圖書館藏。

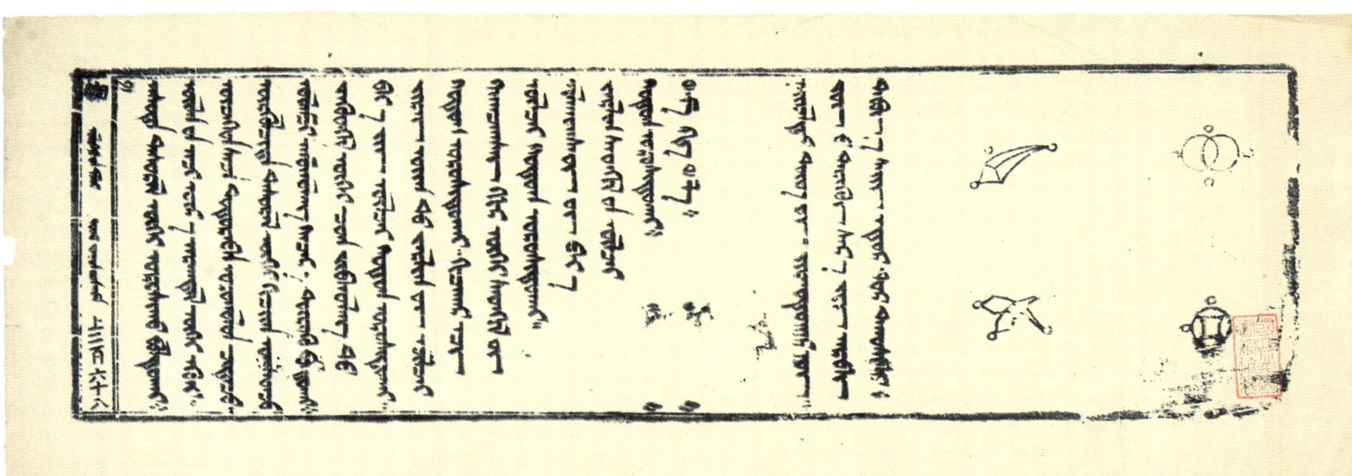

11239 譬喻之海 （明）錫力固什 · 綽爾濟譯 清雍正六年（1728）刻本

梵夾裝。開本高 20.2 釐米，廣 55.5 釐米。匡高 14.2 釐米，廣 50.2 釐米。行字不等，四周雙邊。國家圖書館藏。

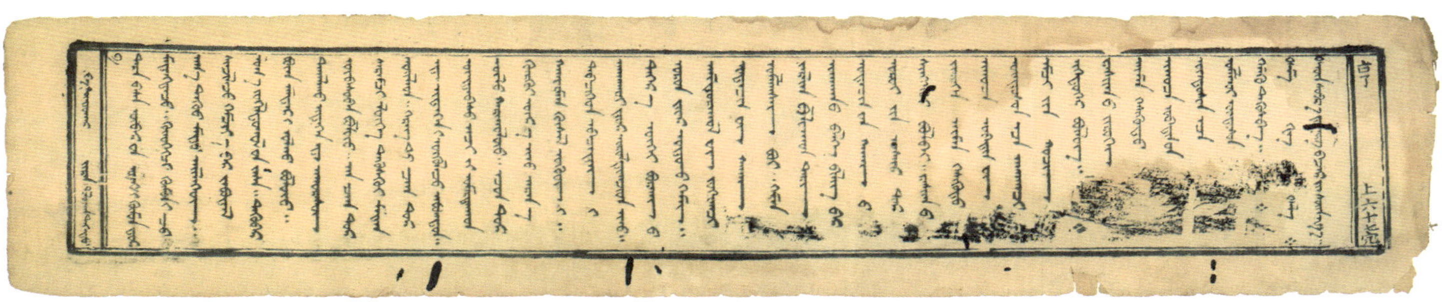

11240 四部醫典四卷 宇妥·雲丹貢布撰（清）敏珠爾多譯 清乾隆北京刻本

梵夾裝。開本高 10.8 釐米，廣 55 釐米。匡高 8 釐米，廣 50.8 釐米。行字不等，四周雙邊。中國民族圖書館藏，存三卷。

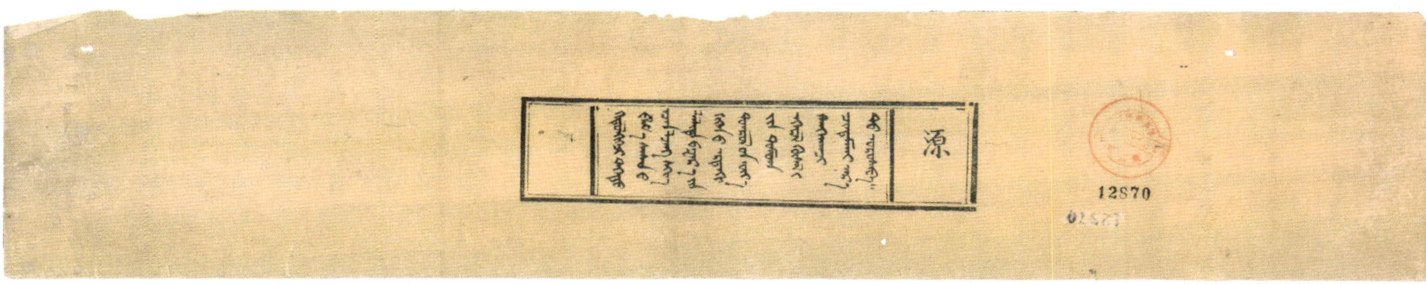

11241 章嘉若必多吉傳酬願如意經 （清）固什·阿旺丹培勒譯 清乾隆北京刻本

梵夾裝。開本高 10.5 釐米，廣 51.5 釐米。匡高 7.5 釐米，廣 45.5 釐米。行字不等，四周雙邊。中國民族圖書館藏。

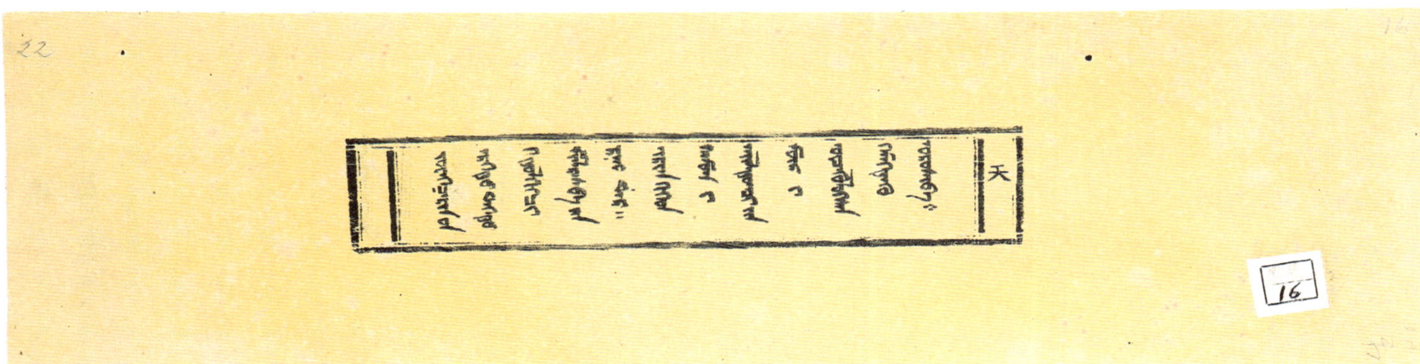

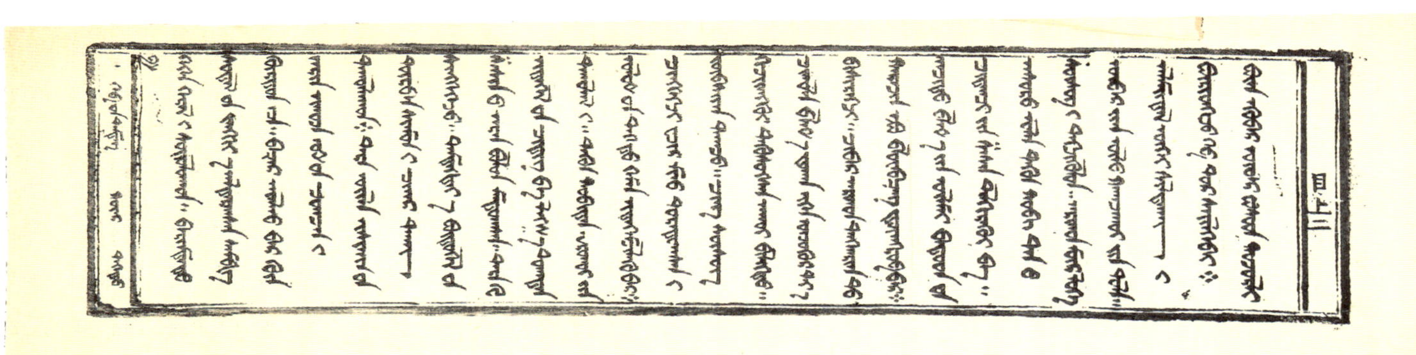

11242 米拉日巴傳 清乾隆刻本

梵夾裝。開本高 11 釐米，廣 42.5 釐米。匡高 8 釐米，廣 37.5 釐米。行字不等，四周雙邊。國家圖書館藏。

11243 能斷金剛般若波羅蜜多經 清中期抄本

梵夾裝。開本高9.5釐米，廣29釐米。行字不等，四周單邊。中國民族圖書館藏。

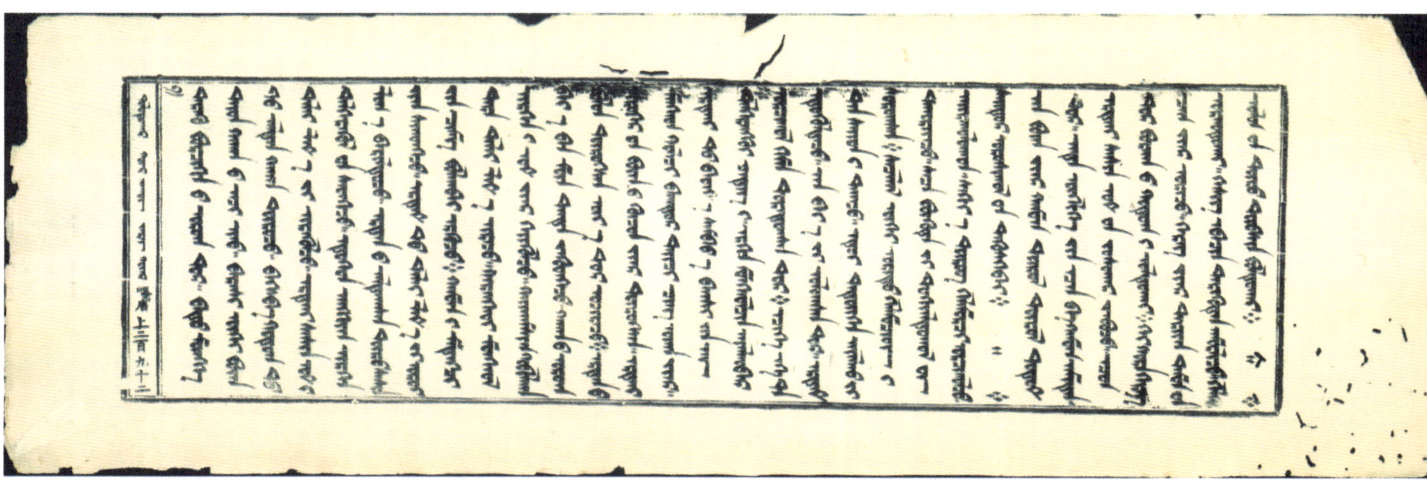

11244 蓮花生大師傳七卷 （明）薩迦·端珠卜譯 清北京刻本

梵夾裝。開本高26釐米，廣61.5釐米。匡高14.7釐米，廣50釐米。行字不等，四周雙邊。中國民族圖書館藏。

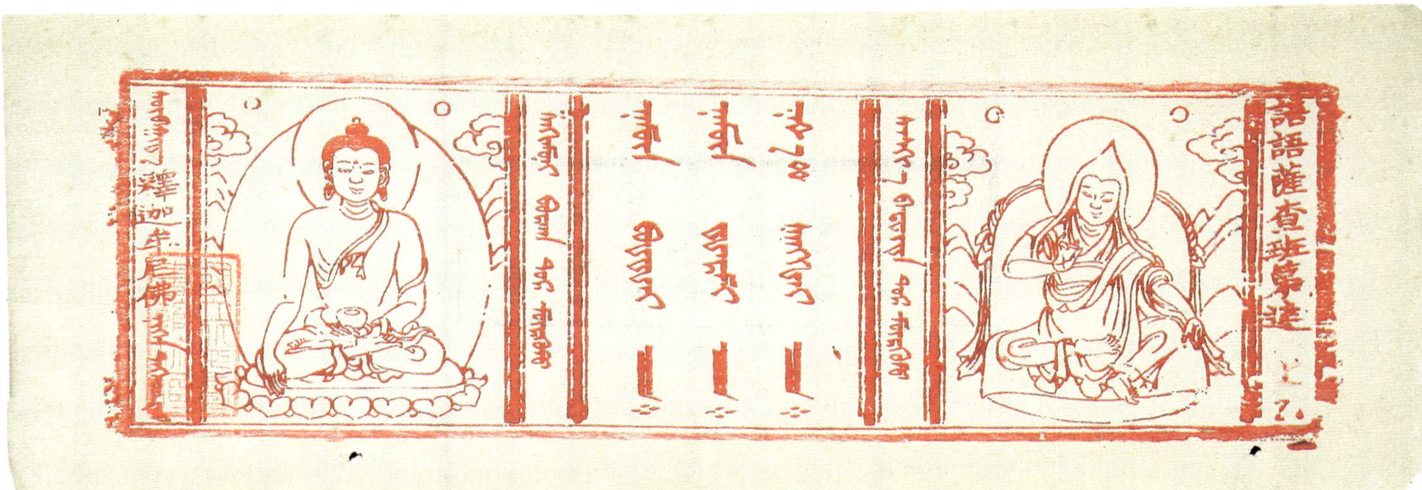

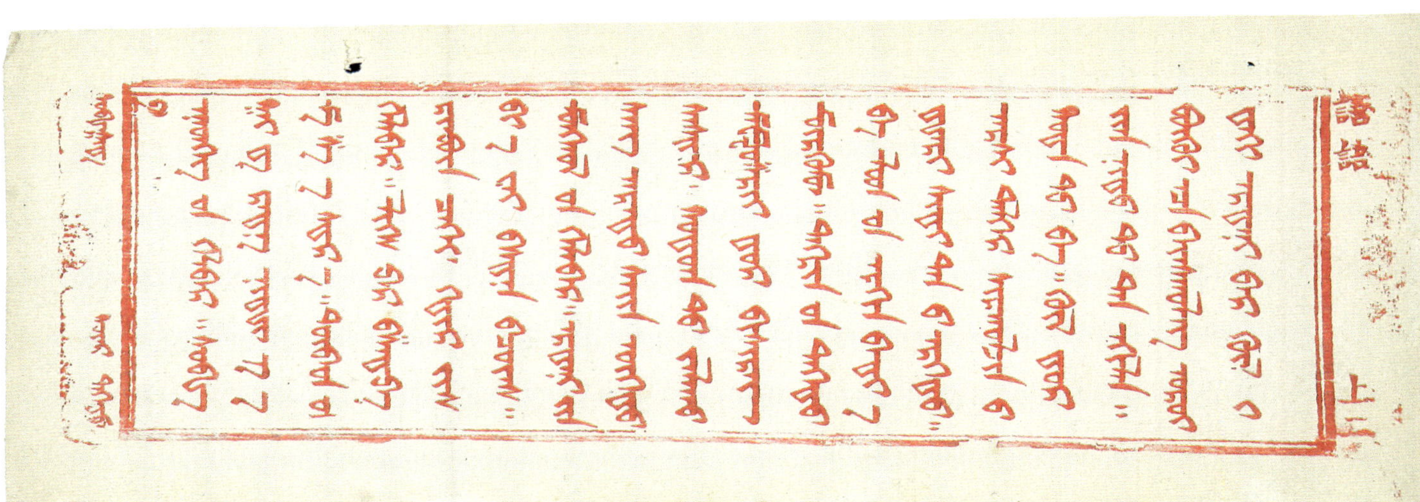

11245 善語寶藏 （宋）薩迦·貢嘎堅贊撰 （清）丹畢堅贊譯 清刻本

梵夾裝。開本高 10.1 釐米，廣 28.7 釐米。匡高 7.4 釐米，廣 24.7 釐米。行字不等，四周雙邊。國家圖書館藏。

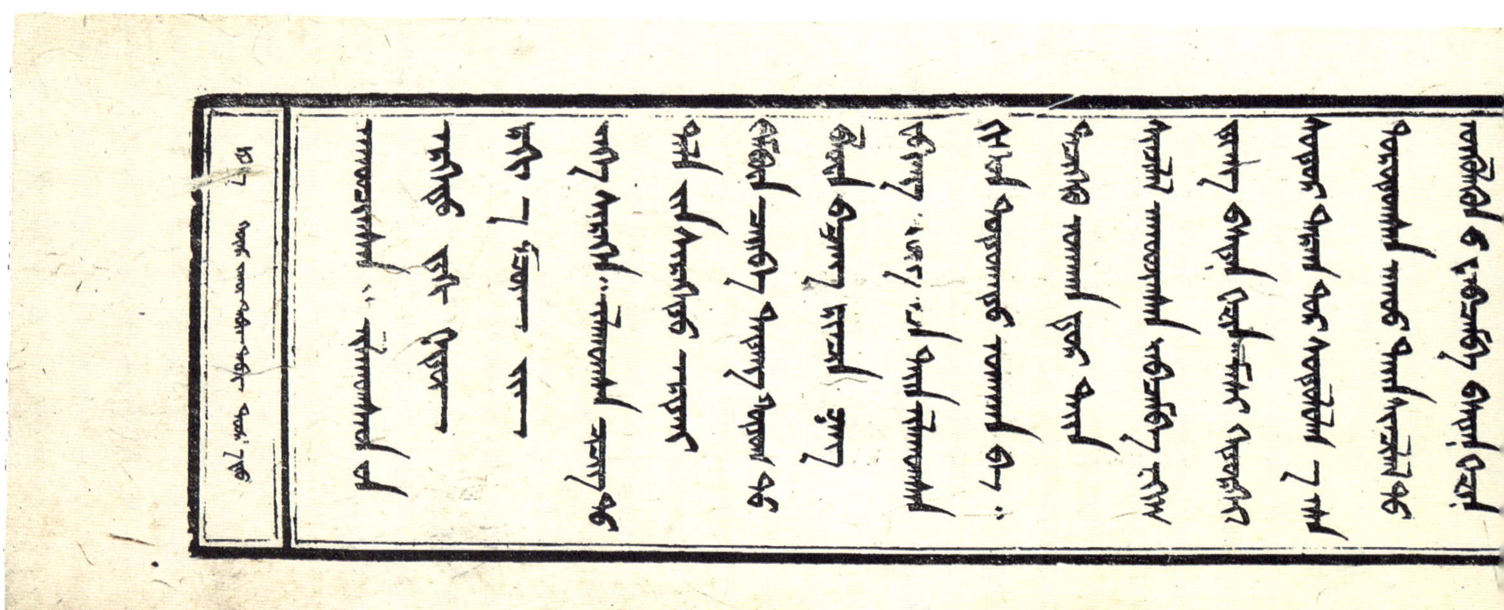

11246 善説蒙文文法語飾 （清）阿旺丹德爾撰 清刻本

梵夾裝。開本高 10.5 釐米，廣 55.6 釐米。匡高 7.2 釐米，廣 50.2 釐米。行字不等，四周雙邊。國家圖書館藏。

蒙文長漢托拉古

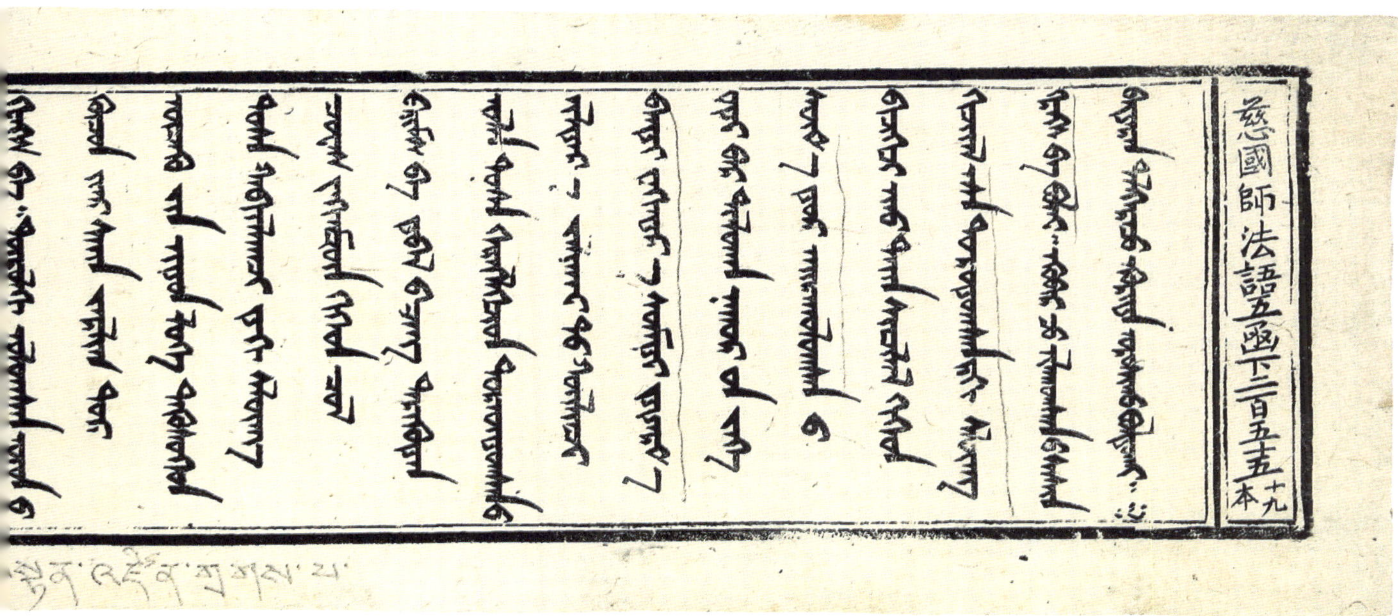
慈國師法語五函下二百五十五本十九

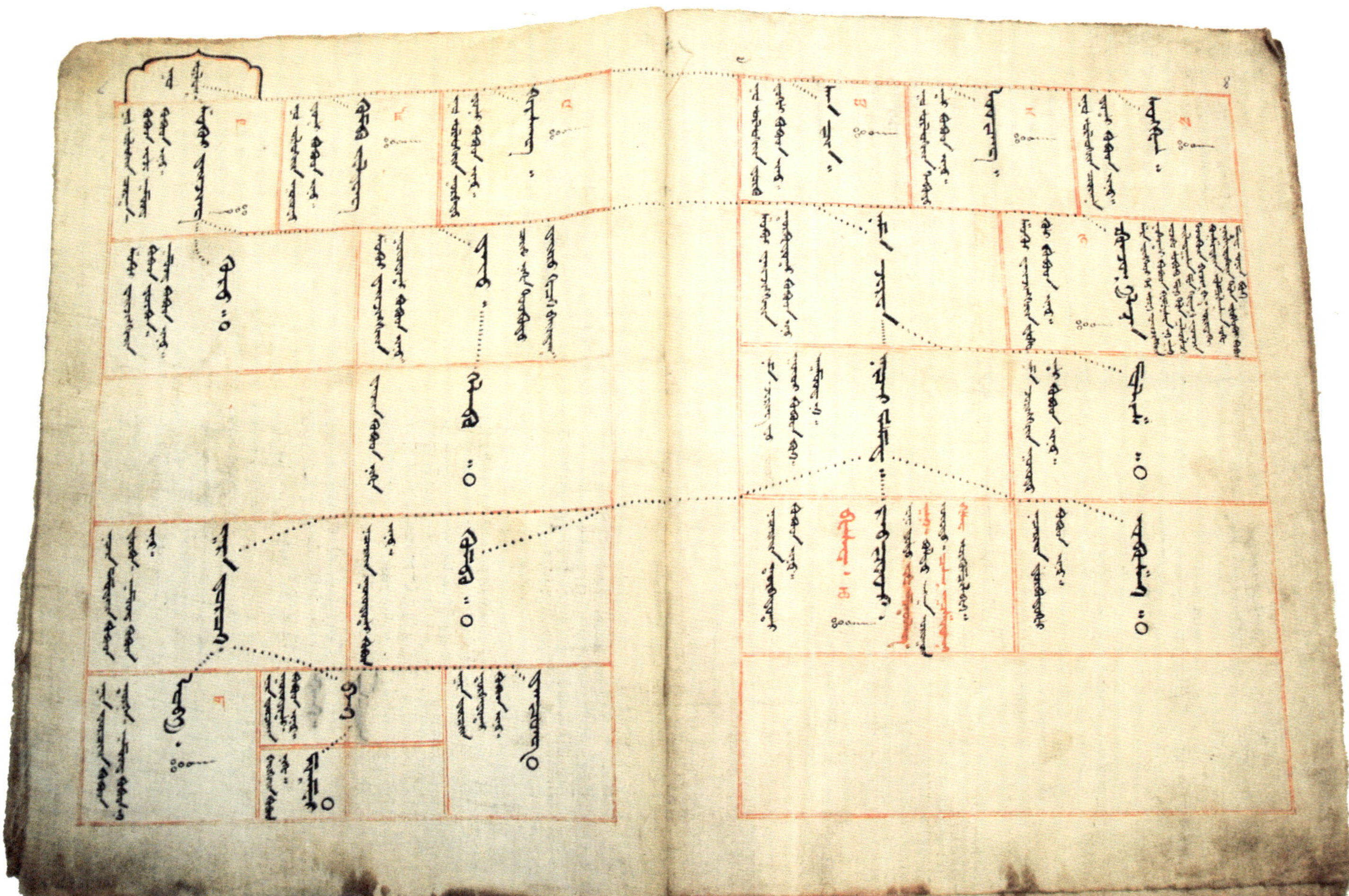

11247 烏訥素珠克圖舊土爾扈特與青色特奇勒圖新土爾扈特之汗諾顔世系源流 清末抄本

綫裝。開本高 36.5 釐米，廣 24.5 釐米。巴音郭楞蒙古自治州和静縣博物館藏。

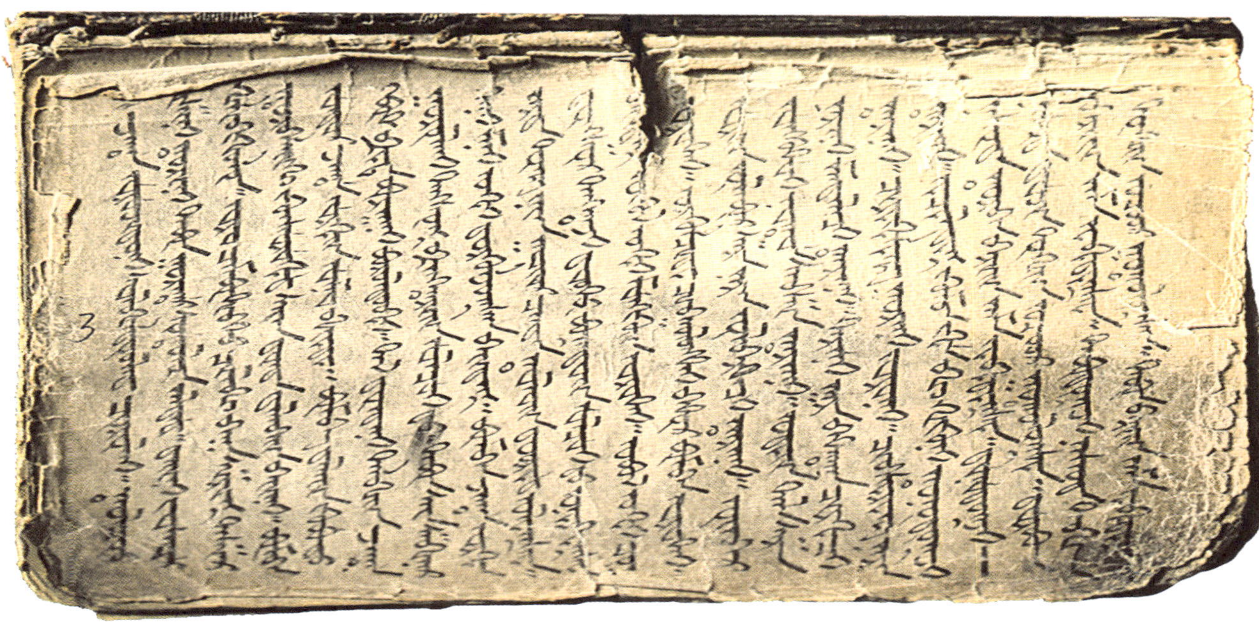

11248 江格爾擊敗殘暴古日古木之章 清抄本

縫繢裝。開本高 17 釐米，廣 20.5 釐米。新疆維吾爾自治區少數民族古籍搜集整理出版規劃領導小組辦公室藏。

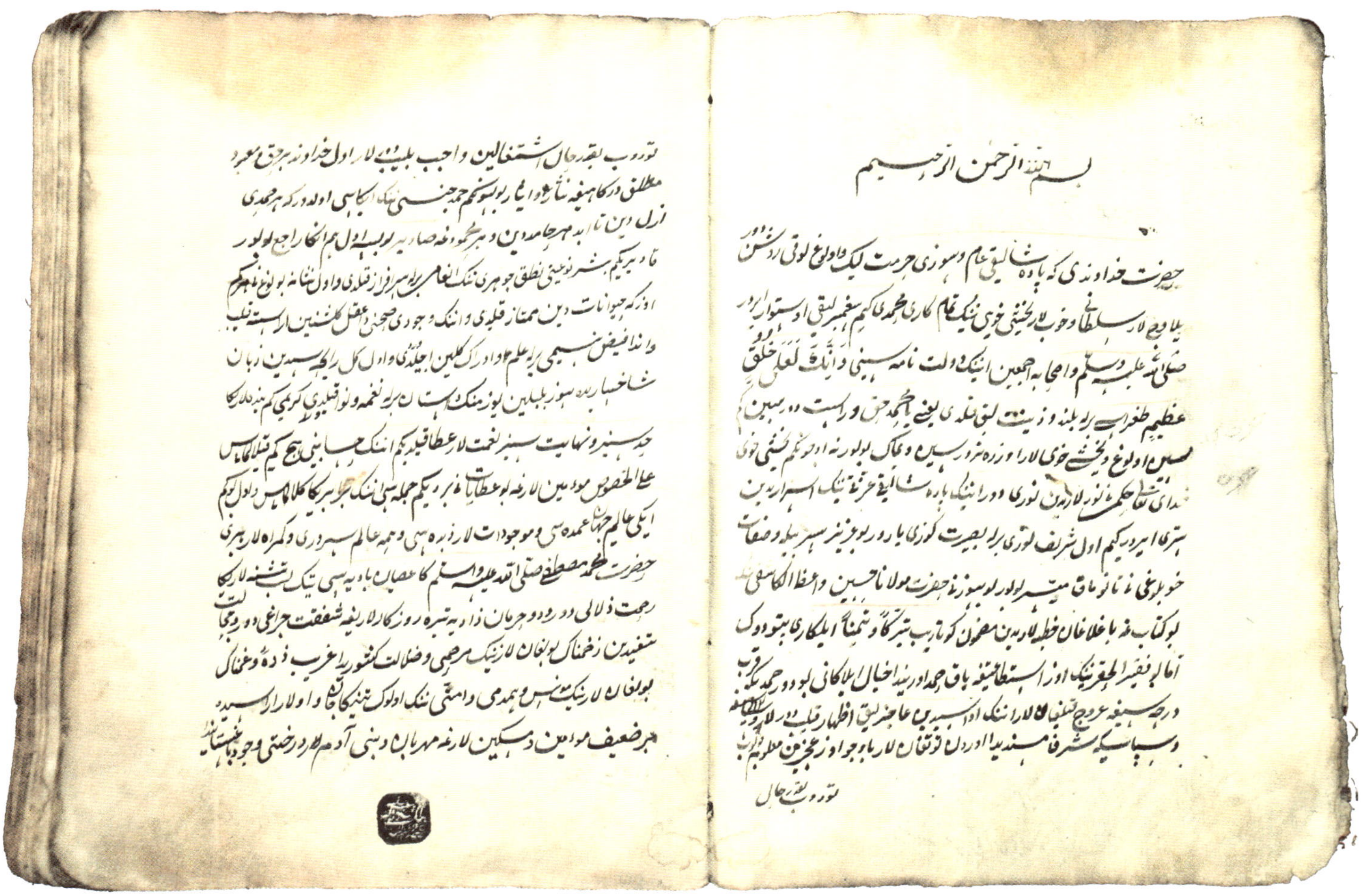

11249 艾合拉庫穆赫斯恁尼（穆斯林美德） 明末抄本

縫繢裝。開本高 28 釐米，廣 20 釐米。新疆維吾爾自治區少數民族古籍搜集整理出版規劃領導小組辦公室藏。

11250 海米塞（五卷詩） 清乾隆四十一年（1776）抄本

縫缋裝。開本高 25 釐米，廣 14.5 釐米。新疆大學圖書館藏。

11251 卡里萊與笛木乃 清嘉慶五年（1800）抄本

縫繢裝。開本高 26 釐米，廣 17 釐米。新疆維吾爾自治區少數民族古籍搜集整理出版規劃領導小組辦公室藏。

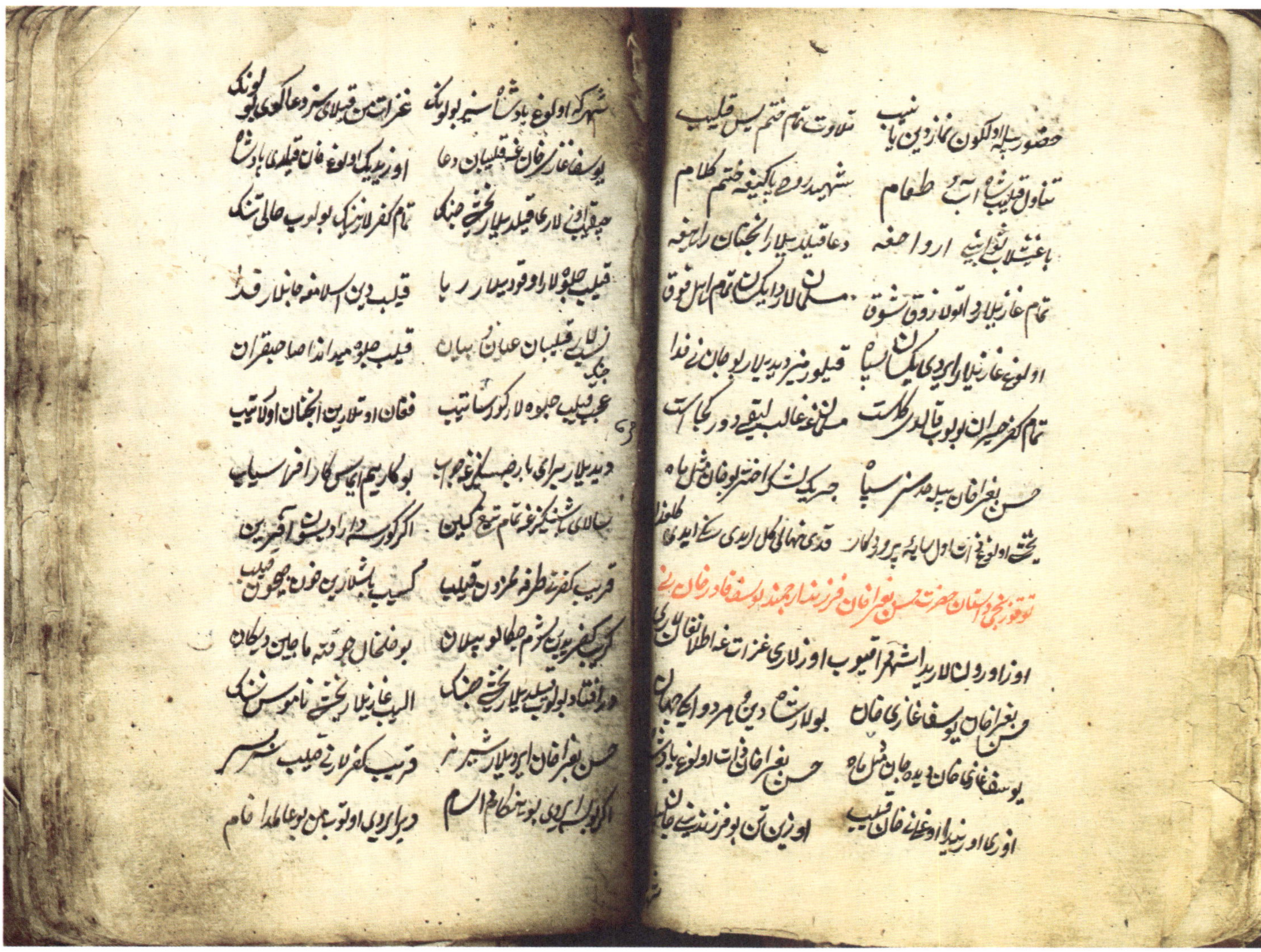

11252 布格拉汗塔孜克日斯（布格拉汗的傳説） 清嘉慶九年（1804）

抄本

縫繢裝。開本高 23.5 釐米，廣 14.4 釐米。新疆大學圖書館藏。

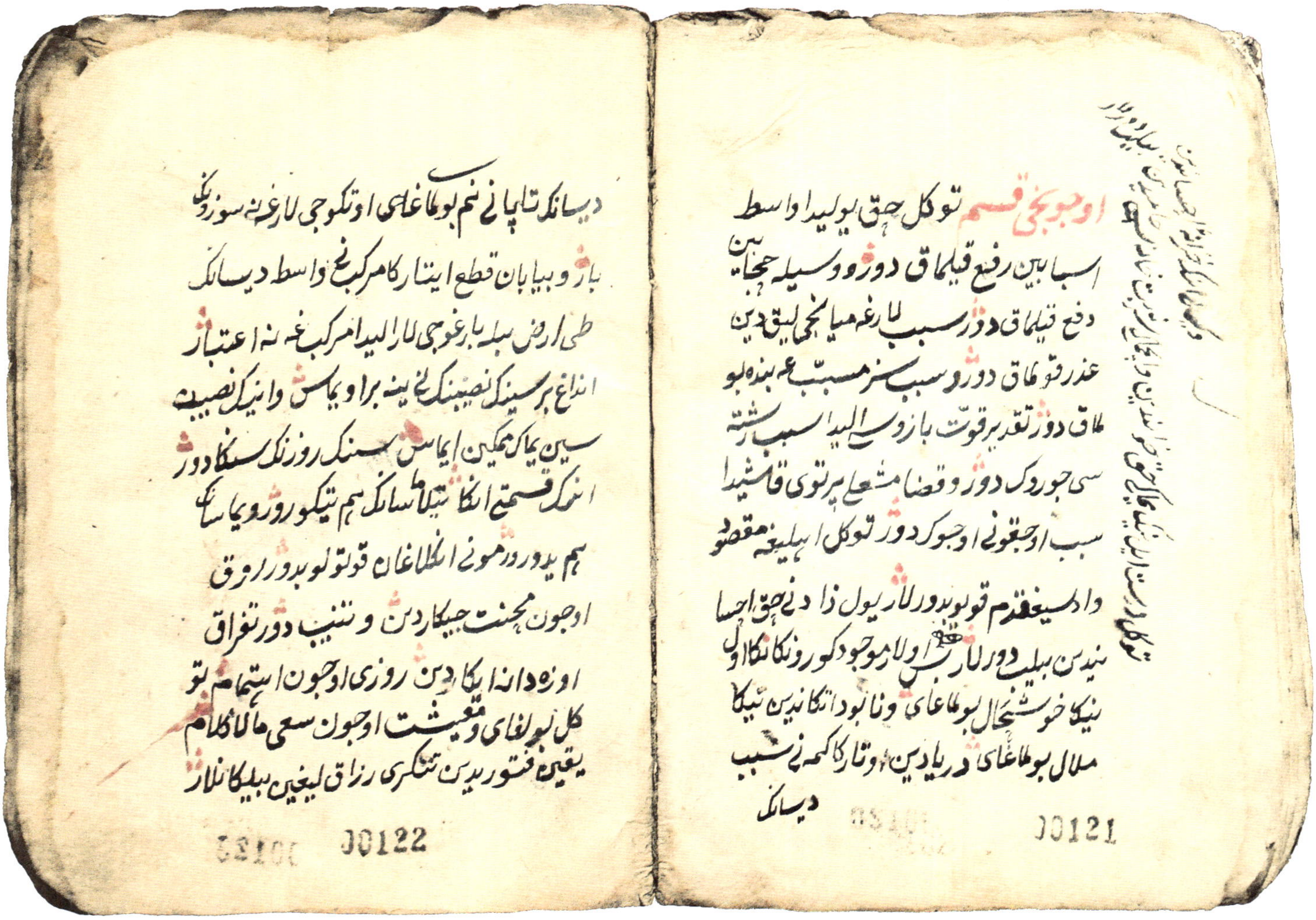

11253 麥赫布布里庫魯夫（鐘心之鎖） 清嘉慶十三年（1808）抄本

縫繢裝。開本高 20 釐米，廣 13 釐米。新疆維吾爾自治區少數民族古籍搜集整理出版規劃領導小組辦公室藏。

11254 安瓦爾蘇海里 清嘉慶二十年（1815）抄本

縫繢裝。開本高 31 釐米，廣 22 釐米。新疆維吾爾自治區少數民族古籍搜集整理出版規劃領導小組辦公室藏。

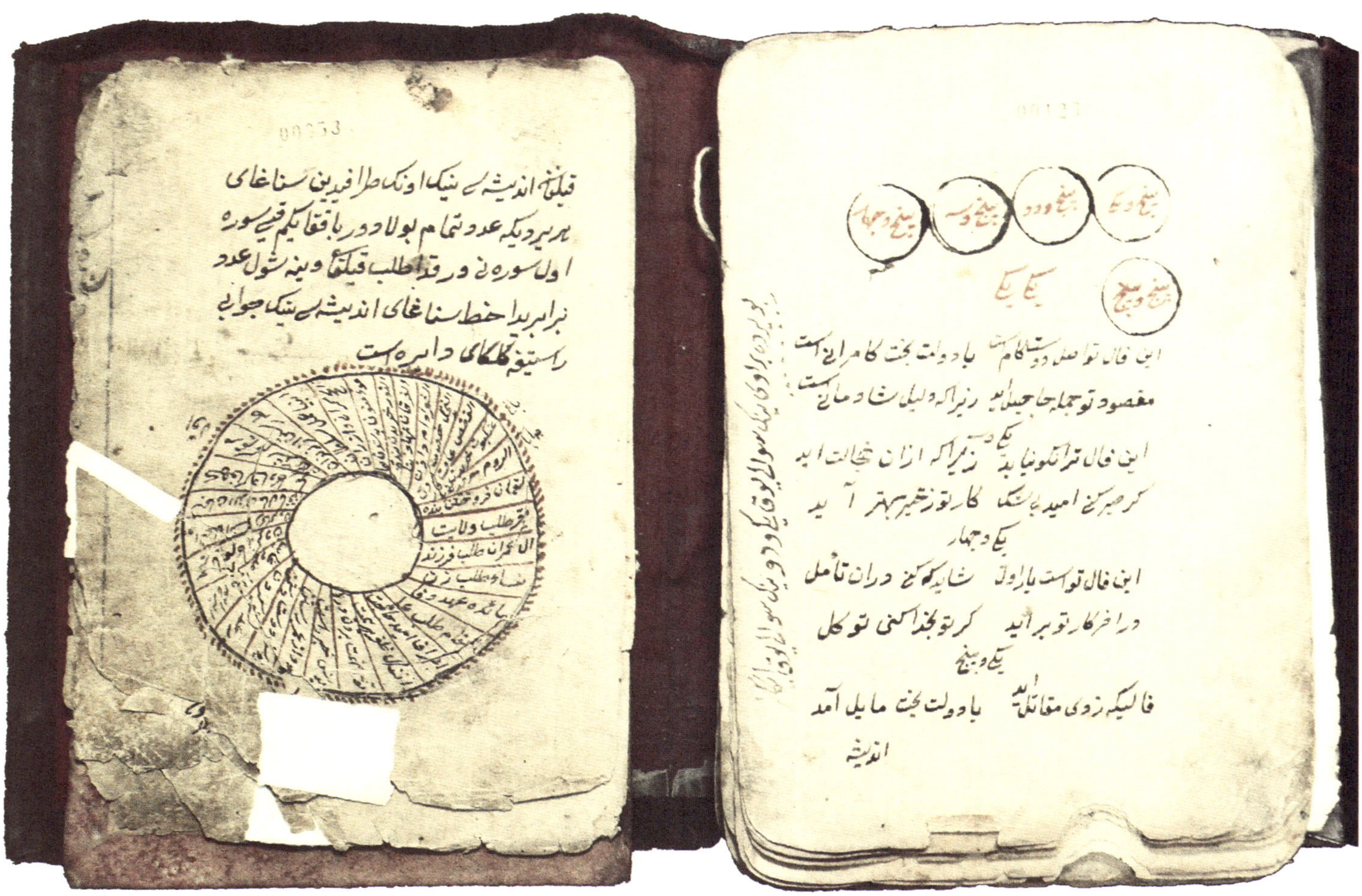

11255 麥吉買吐里－艾合卡姆（斷法叢書） 清嘉慶二十五年（1820）

抄本

縫繢裝。開本高 21.5 釐米，廣 15 釐米。新疆維吾爾自治區少數民族古籍搜集整理出版規劃領導小組辦公室藏。

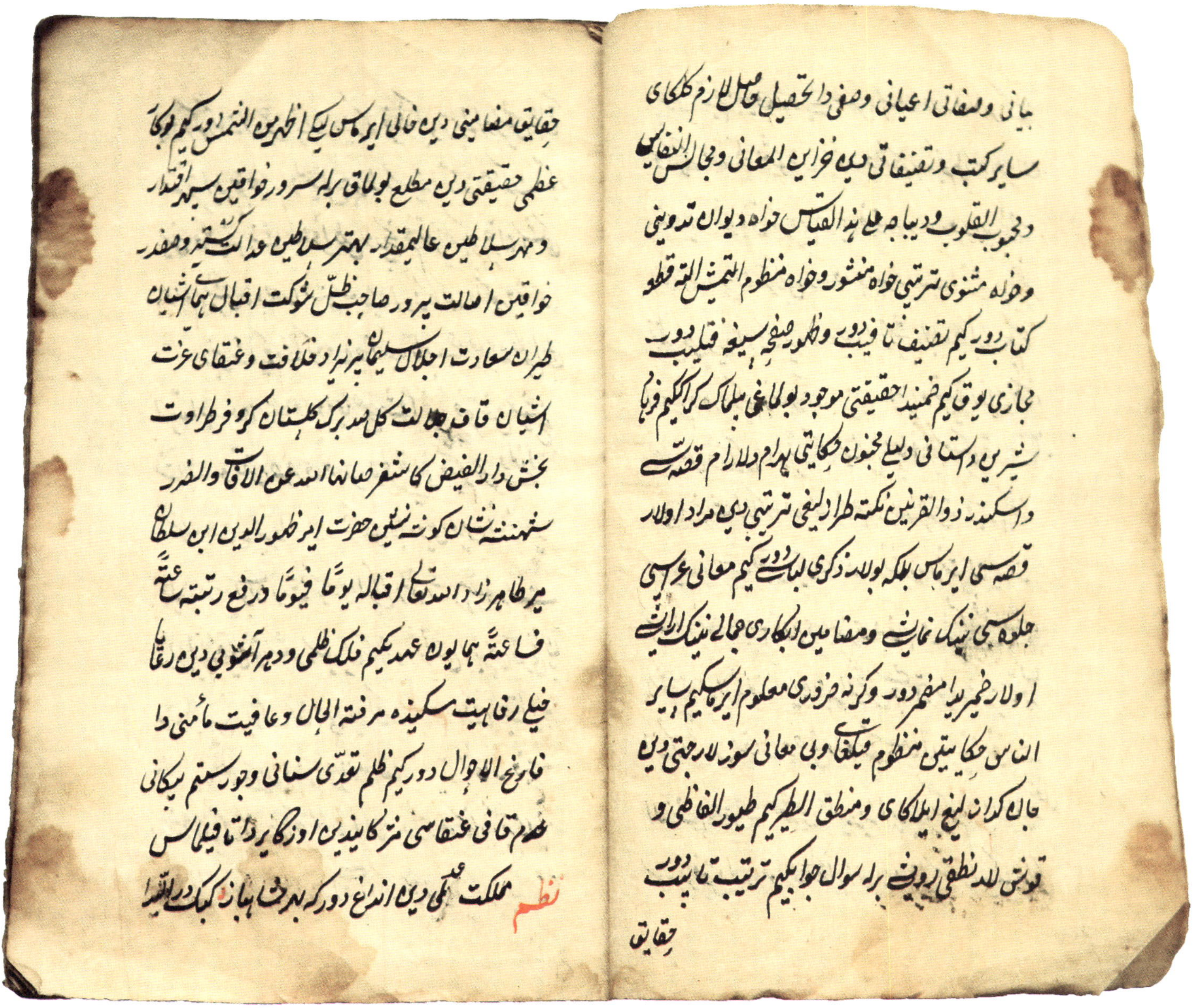

11256 曼特庫特塔伊爾（鳥語） 清嘉慶二十五年（1820）抄本

縫績裝。開本高 25 釐米，廣 15 釐米。新疆維吾爾自治區圖書館藏。

11257 孜牙烏里稀法（治療之光） 清道光六年（1826）抄本

縫績裝。開本高 21 釐米，廣 12 釐米。新疆維吾爾自治區少數民族古籍搜集整理出版規劃領導小組辦公室藏。

11258 蘇圖克·布格拉汗傳 清道光十年（1830）抄本

縫繢裝。開本高 24 釐米，廣 15 釐米。新疆維吾爾自治區少數民族古籍搜集整理出版規劃領導小組辦公室藏。

11259 扎帕爾拿馬（凱旋書） 清同治五年（1866）抄本

縫繢裝。開本高 21.5 釐米，廣 16.8 釐米。新疆社會科學院圖書館藏。

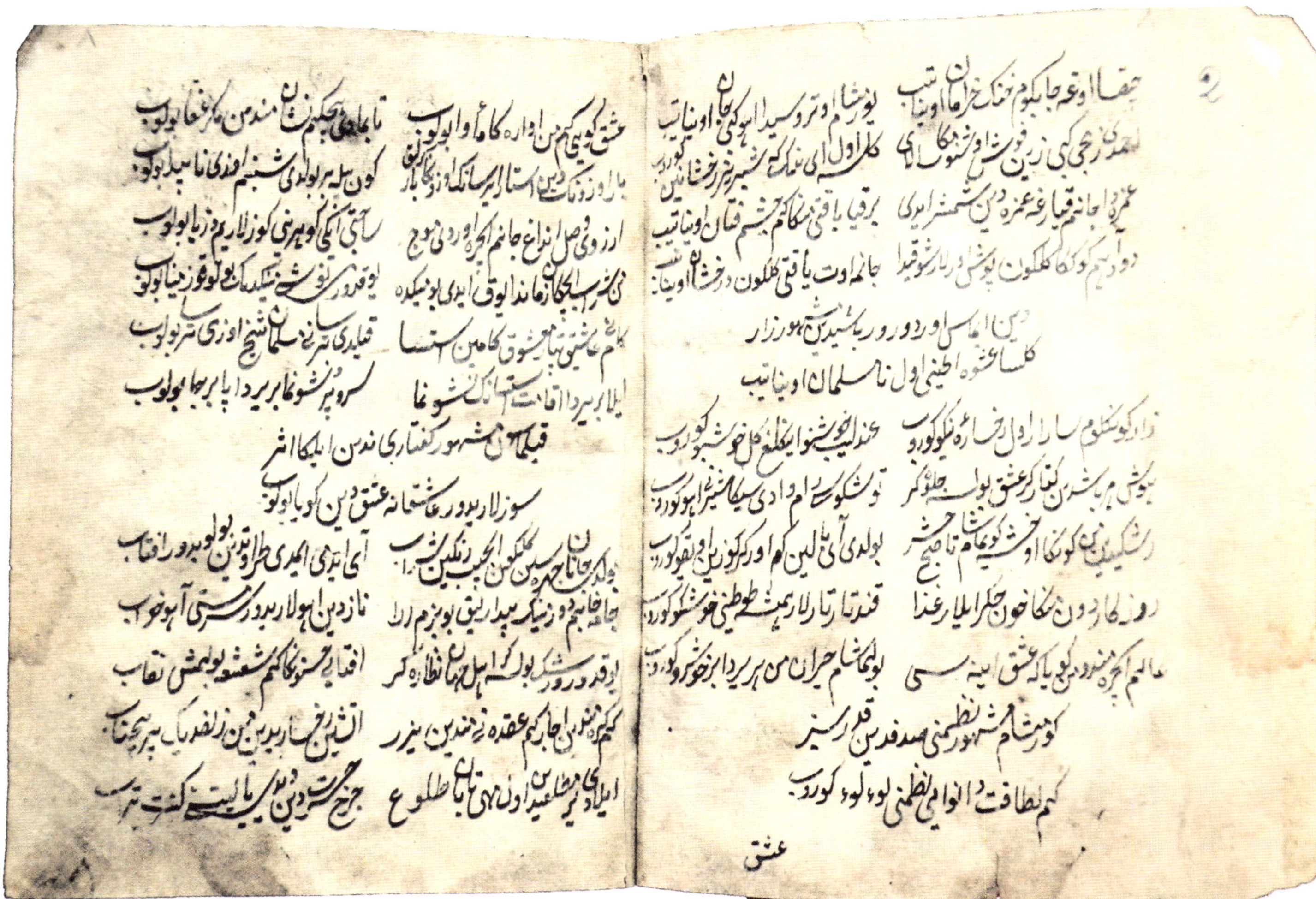

11260 伊布拉音麥稀胡爾詩集（麥稀胡爾詩集） 清同治八年（1869）

抄本

縫繢裝。開本高 26.5 釐米，廣 17 釐米。新疆維吾爾自治區少數民族古籍搜集整理出版規劃領導小組辦公室藏。

11261 埃米爾・穆賽依甫・喀孜傳 清光緒六年（1880）抄本

縫繢裝。開本高 27 釐米，廣 19 釐米。新疆維吾爾自治區少數民族古籍搜集整理出版規劃領導小組辦公室藏。

11262 曼開白提艾孜熱提謝赫阿不都卡迪爾吉拉尼傳（賢人吉拉尼傳） 清光緒十九年（1893）抄本

縫繢裝。開本高 24.5 釐米，廣 16.5 釐米。新疆維吾爾自治區圖書館藏。

11263 太孜克然伊瑪木熱巴尼（伊瑪木熱巴尼傳） 清光緒二十八年（1902）抄本

縫繢裝。開本高 37 釐米，廣 24 釐米。新疆維吾爾自治區圖書館藏。

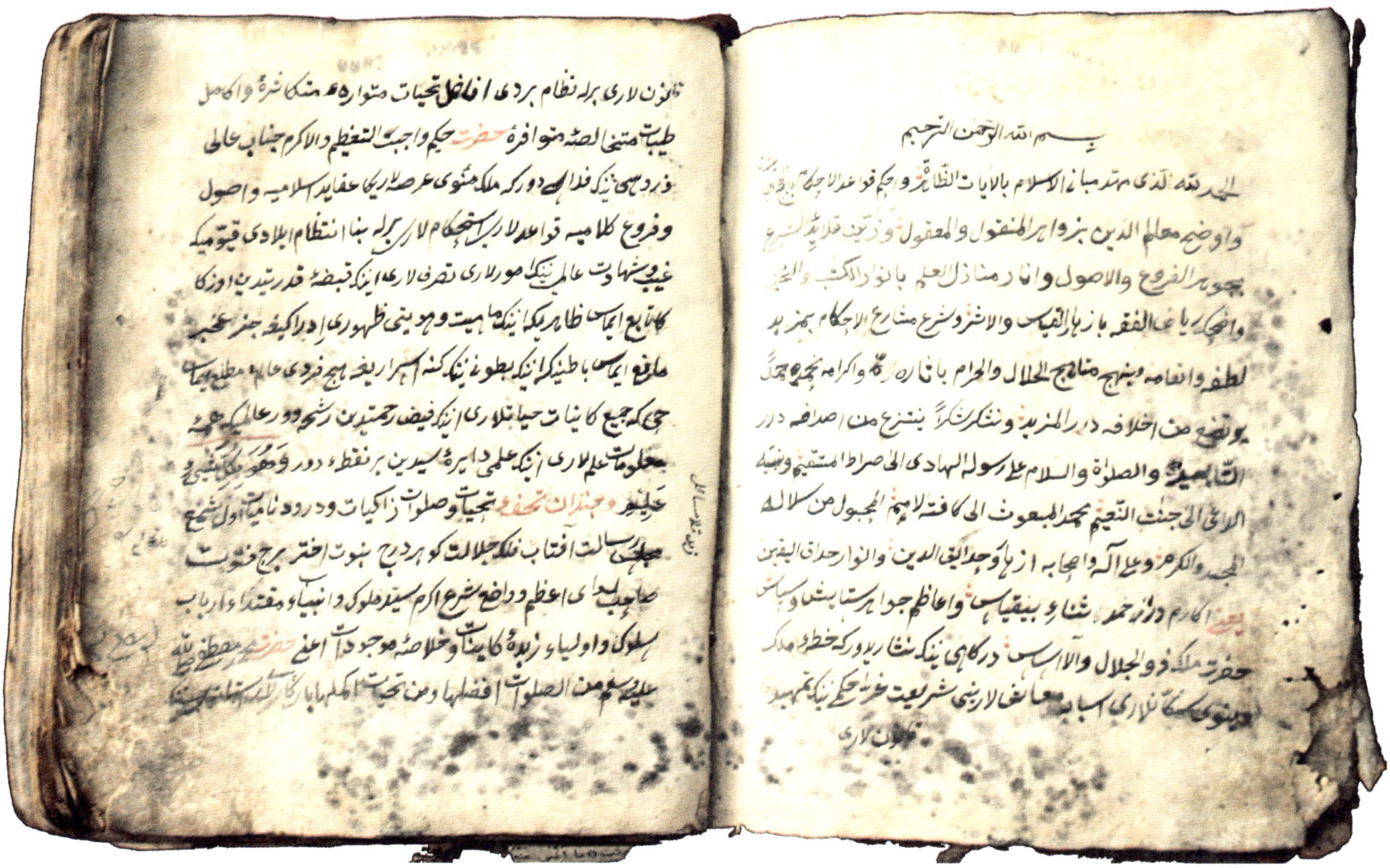

11264 祖布達圖里麥薩依里（精選問答） 清抄本

縫繢裝。開本高 23 釐米，廣 18 釐米。新疆維吾爾自治區少數民族古籍搜集整理出版規劃領導小組辦公室藏。

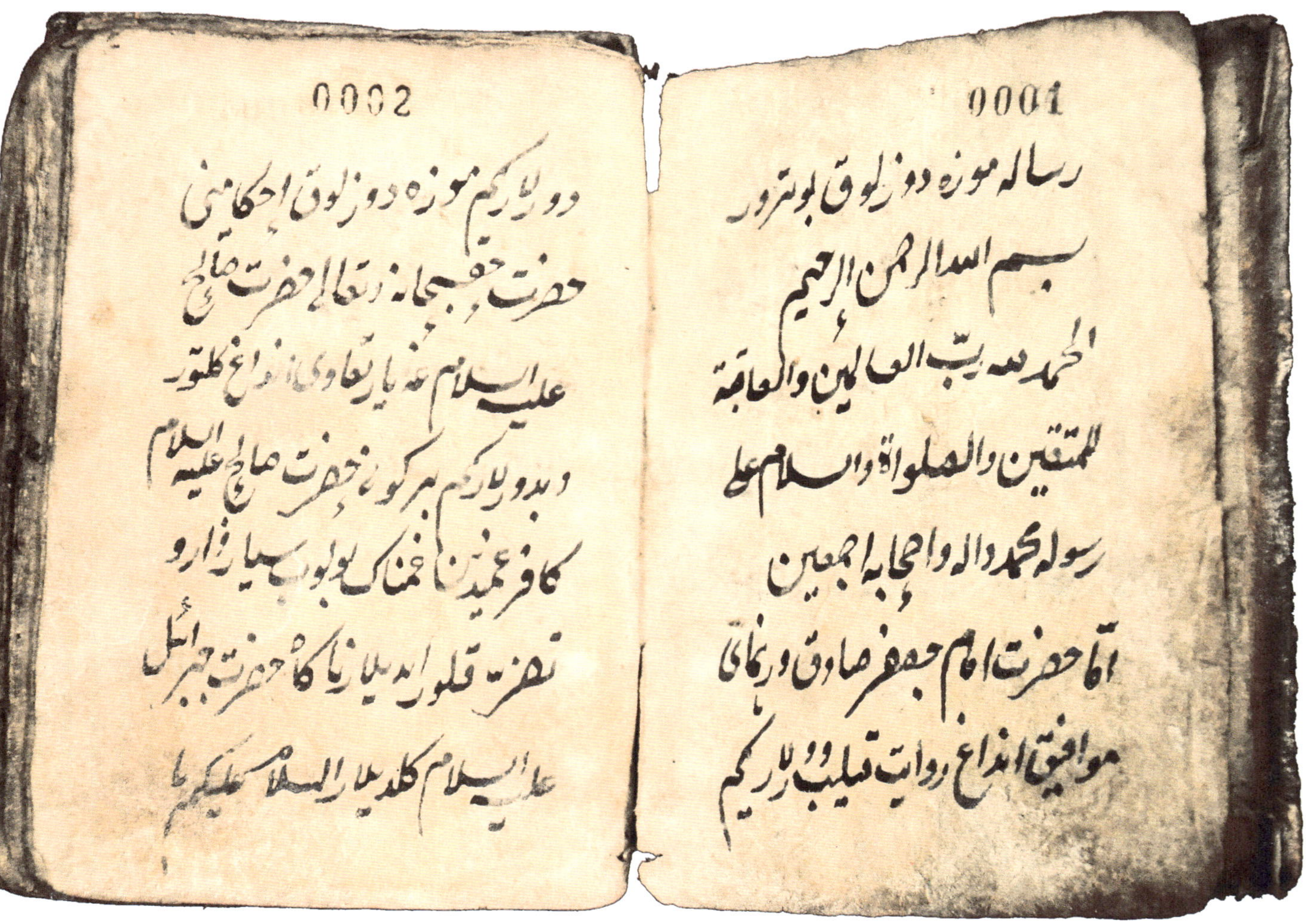

11265 熱沙萊依摩玆朵孜里克（鞋匠工藝經） 清抄本

縫繢裝。開本高 11 釐米，廣 7 釐米。新疆維吾爾自治區少數民族古籍搜集整理出版規劃領導小組辦公室藏。

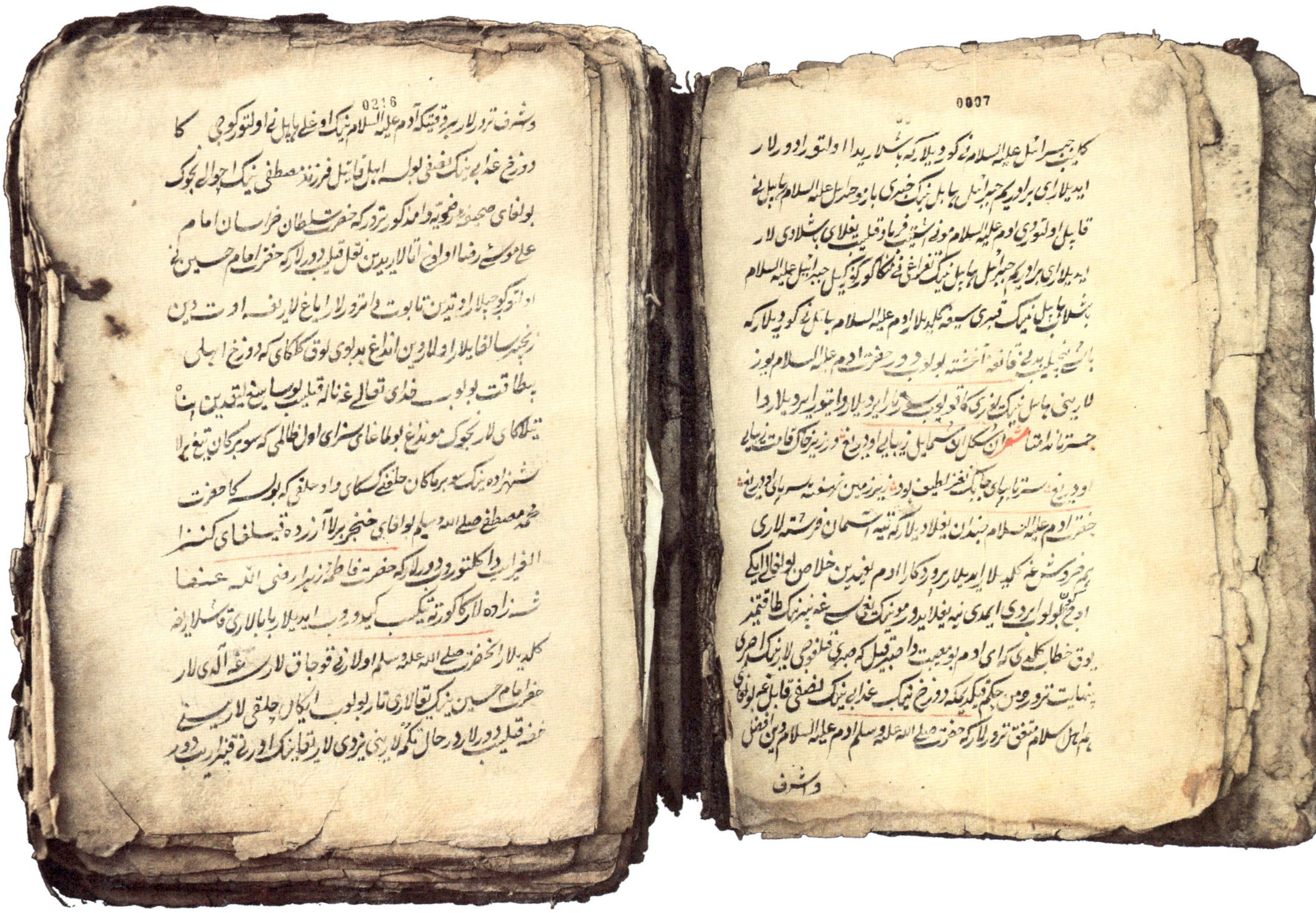

11266 卡爾巴拉烏茹稀（卡爾巴拉戰爭） 清抄本

縫繢裝。開本高 31 釐米，廣 21 釐米。新疆維吾爾自治區少數民族古籍搜集整理出版規劃領導小組辦公室藏。

11267 伊瑪目艾則目（伊瑪目生平事跡傳） 清抄本

縫績裝。開本高 30 釐米，廣 21 釐米。新疆維吾爾自治區少數民族古籍搜集整理出版規劃領導小組辦公室藏。

11268 薩勒納麻（天文之書） 清抄本

縫繢裝。開本高 21 釐米，廣 17 釐米。新疆維吾爾自治區圖書館藏。

11269 伊瑪目艾山與伊瑪目玉賽音塔孜克日（伊瑪目艾山與伊瑪目玉賽音傳） 清抄本

縫繢裝。開本高 30.5 釐米，廣 20 釐米。中國民族圖書館藏。

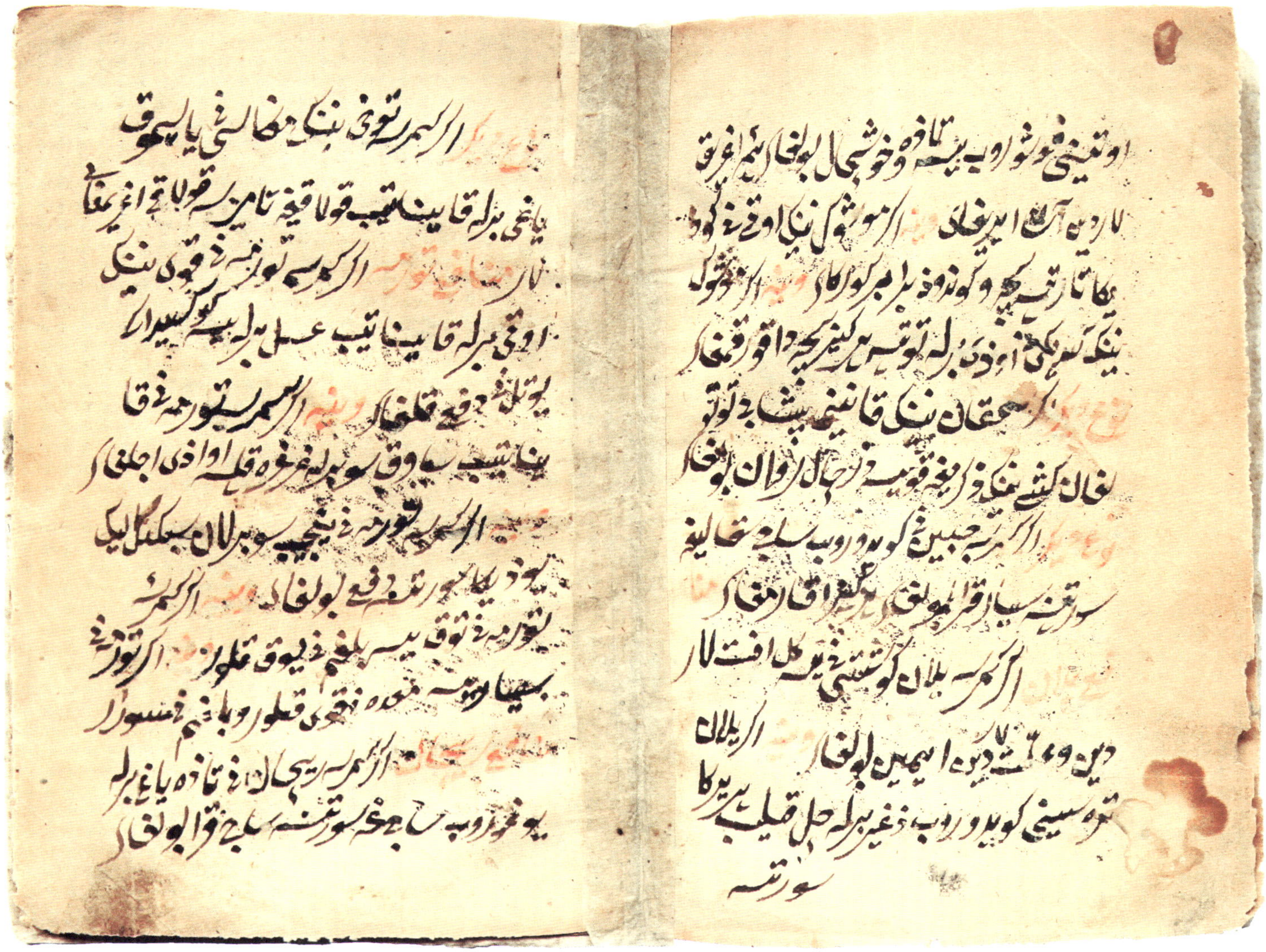

11270 提比吾克曼（醫療手册） 清抄本

縫繢裝。開本高 16.5 釐米，廣 10.8 釐米。新疆維吾爾自治區圖書館藏。

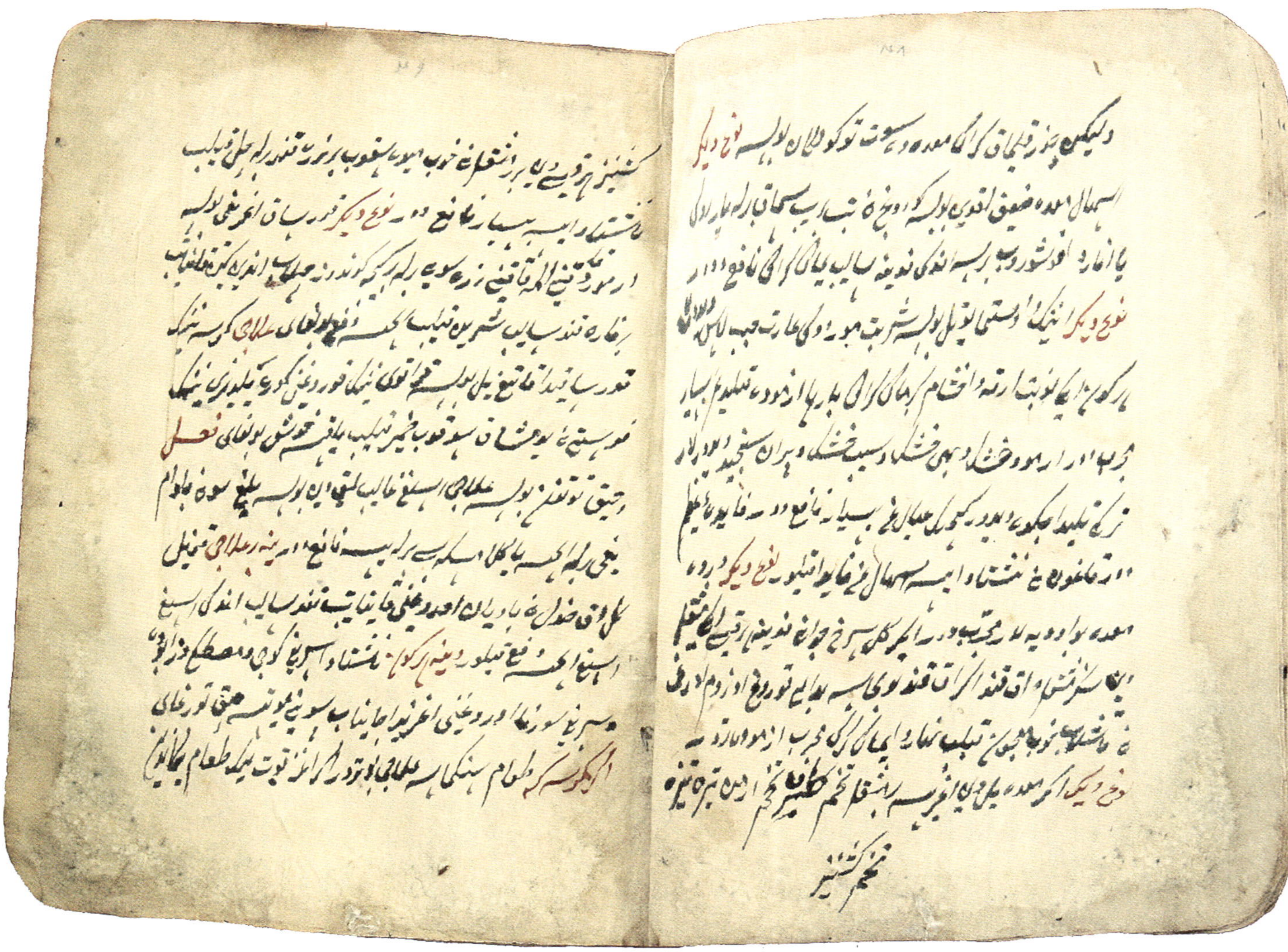

11271 提比·庫爾塞體曼（醫療指南） 清抄本

縫績裝。開本高 25 釐米，廣 19.5 釐米。新疆維吾爾醫學高等專科學校維吾爾醫藥文獻研究所藏。

11272 扎合熱・哈熱孜姆・夏（國王醫學之寶） 清抄本

縫繢裝。開本高 27.5 釐米，廣 18.5 釐米。新疆維吾爾醫學高等專科學校維吾爾醫藥文獻研究所藏。

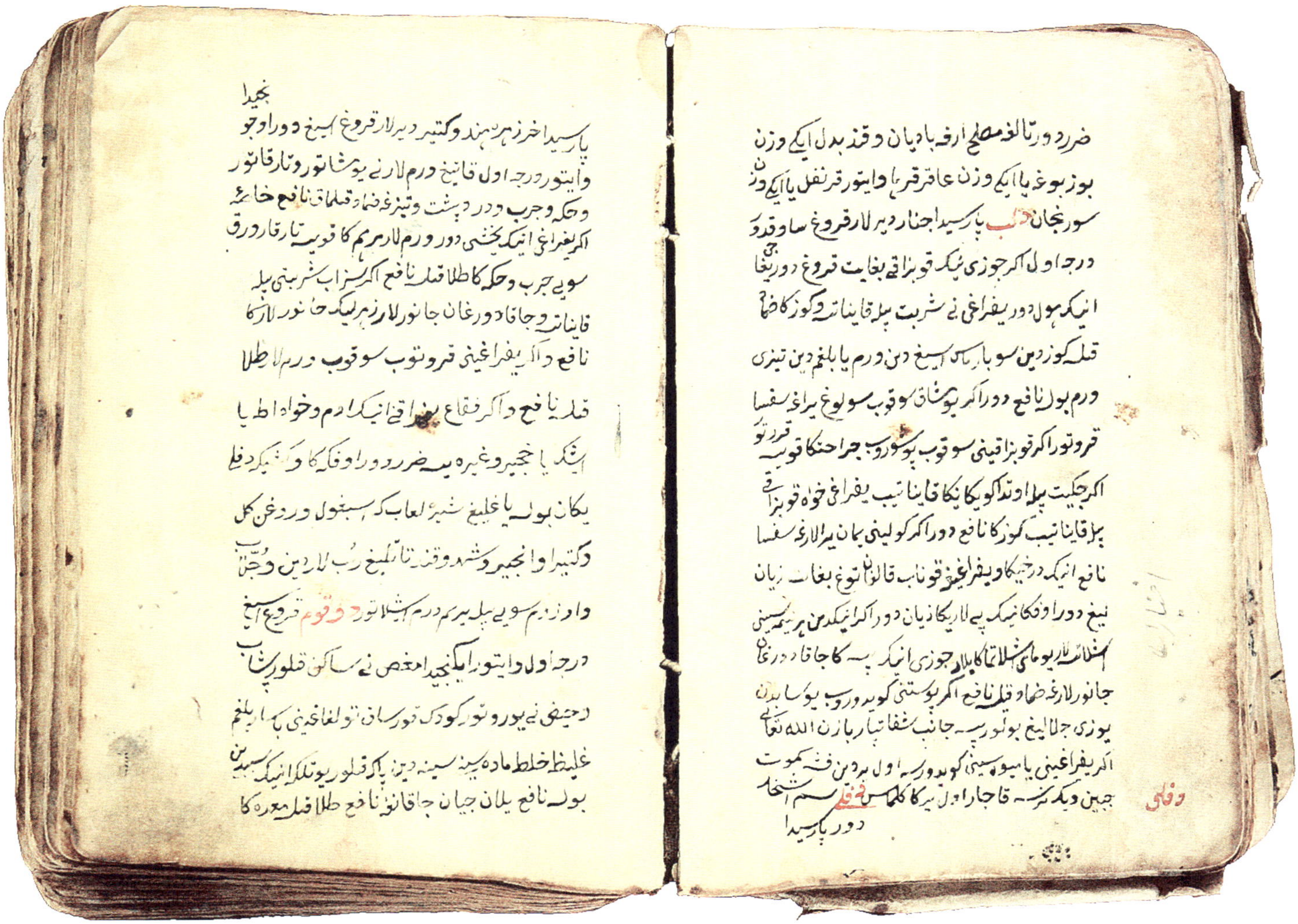

11273 提比·依拉吉（醫療手册） 清抄本

縫繢裝。開本高 19 釐米，廣 11.5 釐米。新疆維吾爾醫學高等專科學校維吾爾醫藥文獻研究所藏。

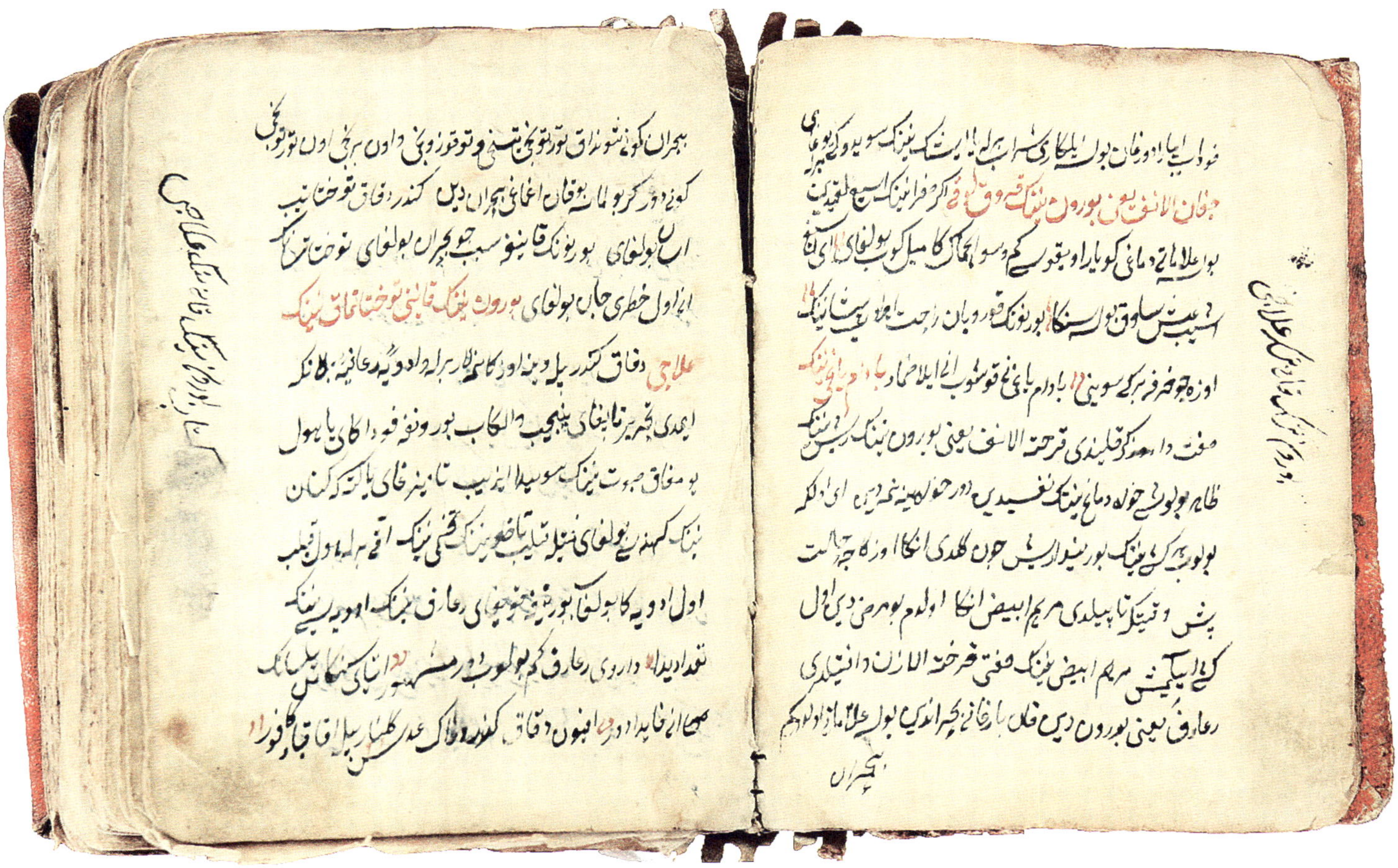

11274 克它備・提比（醫藥書） 清抄本

縫繢裝。開本高 19 釐米，廣 14 釐米。新疆維吾爾醫學高等專科學校維吾爾醫藥文獻研究所藏。

11275 木熱克巴體提比（複方藥物治療手册） 清抄本

縫繢裝。開本高 21.5 釐米，廣 17 釐米。新疆維吾爾醫學高等專科學校維吾爾醫藥文獻研究所藏。

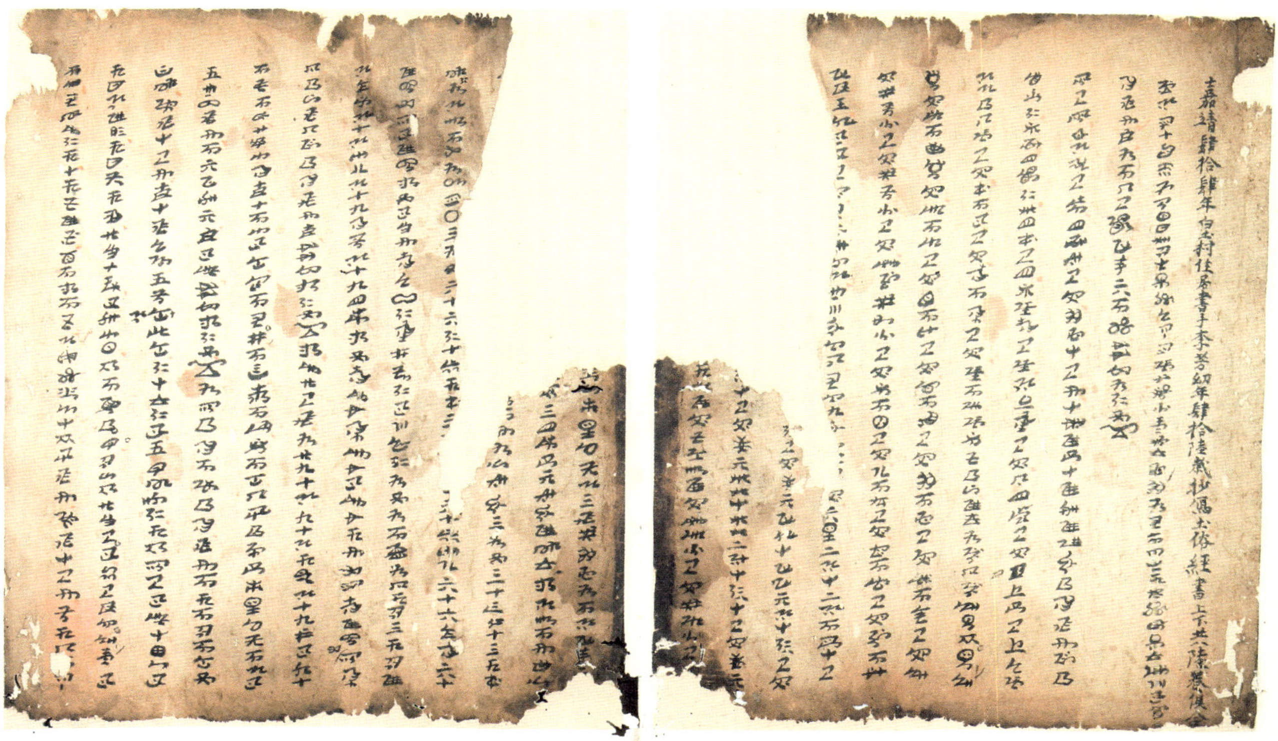

11276 六部經書 明嘉靖四十四年（1565）抄本

經折裝。開本高 37.8 釐米，廣 31.2 釐米。國家圖書館藏。

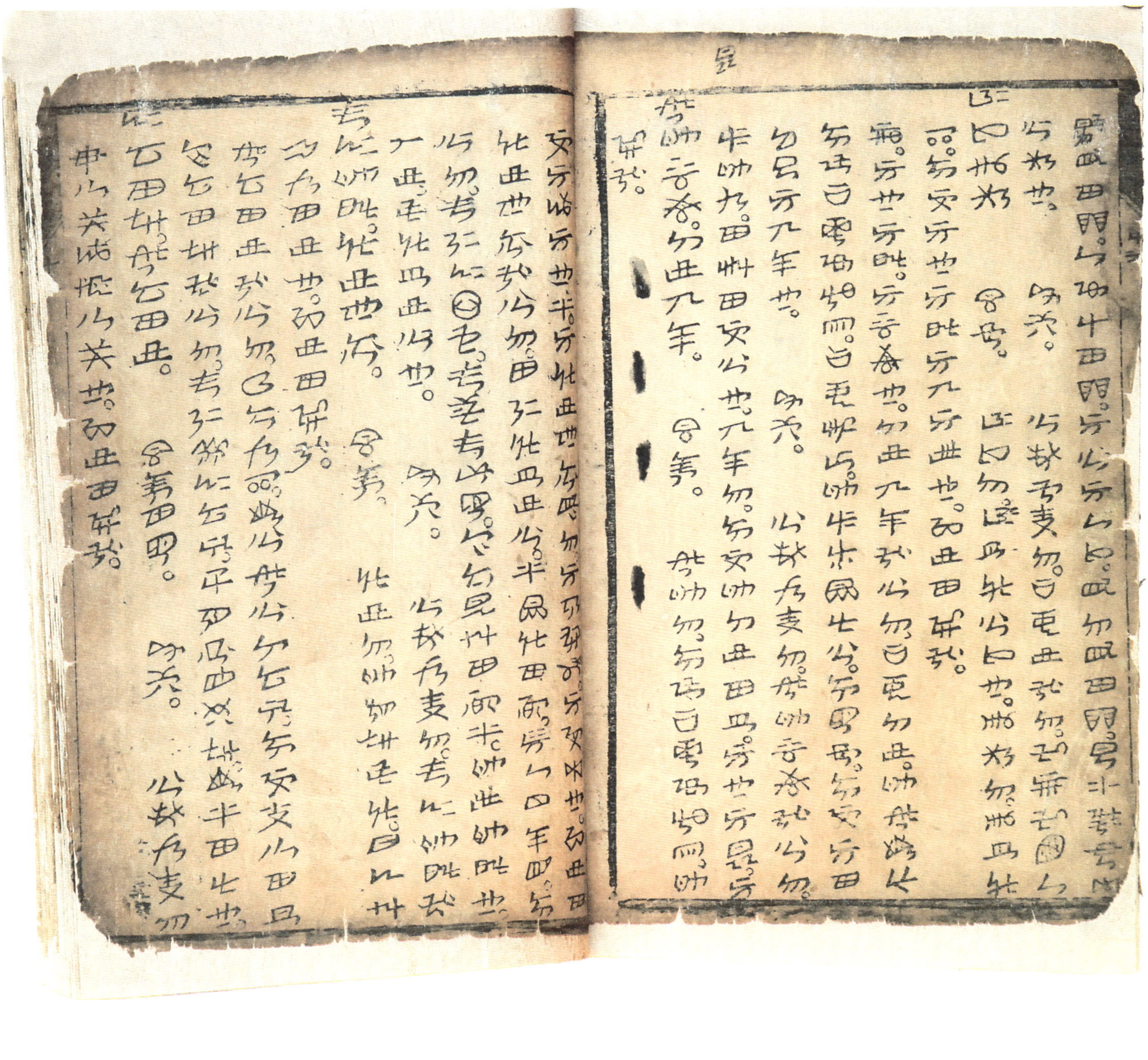

11277 勸善經 明刻本

綫裝。開本高 27 釐米，廣 17.2 釐米。匡高 22.1 釐米，廣 14 釐米。半葉十行，行二十四字。西南民族大學民族文獻研究中心藏。

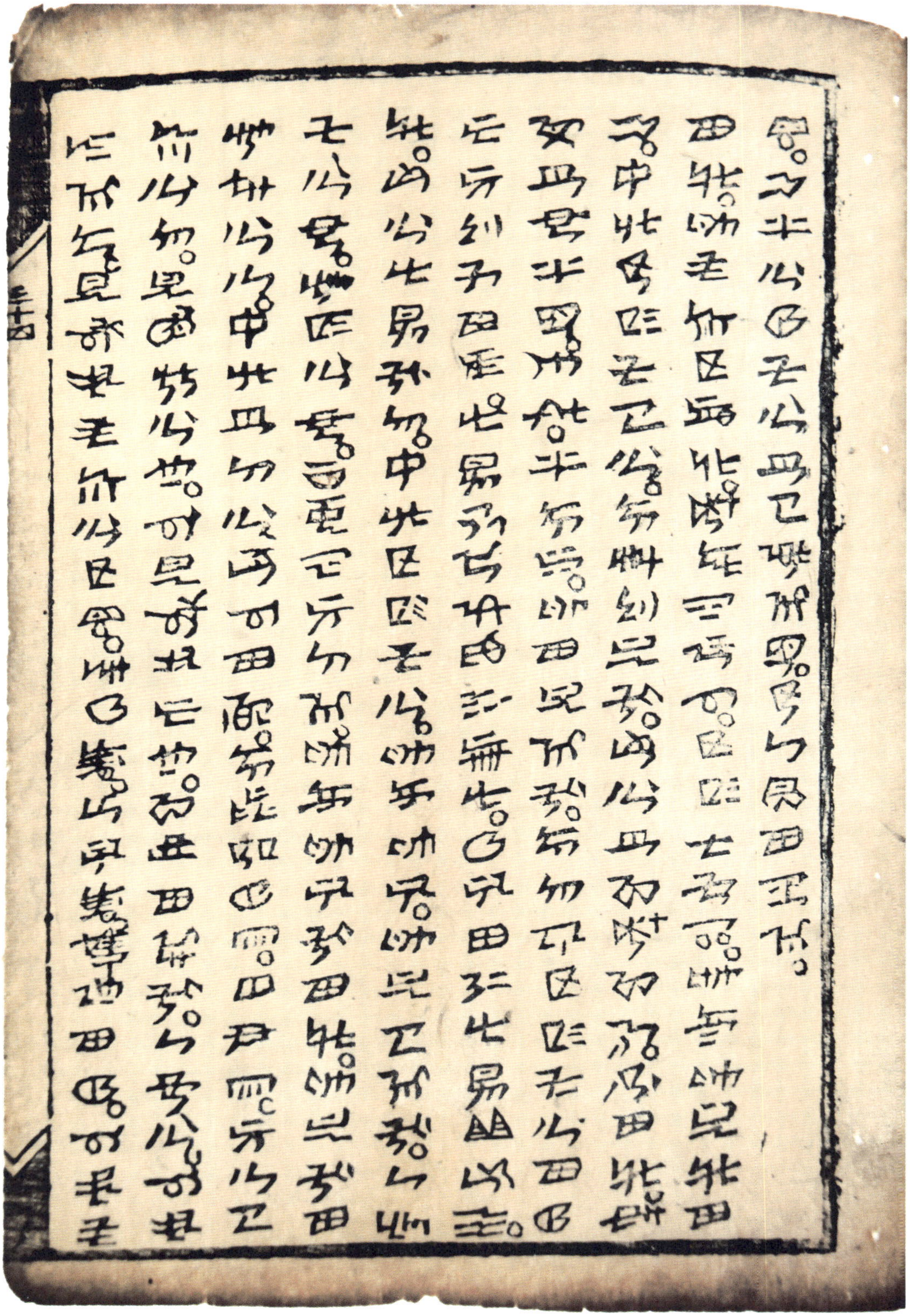

11278 勸善經 明刻本

綫裝。開本高24.8釐米，廣17.2釐米。匡高21.7釐米，廣14.2釐米。半葉十行，行二十四字。楚雄彝族文化研究院藏。

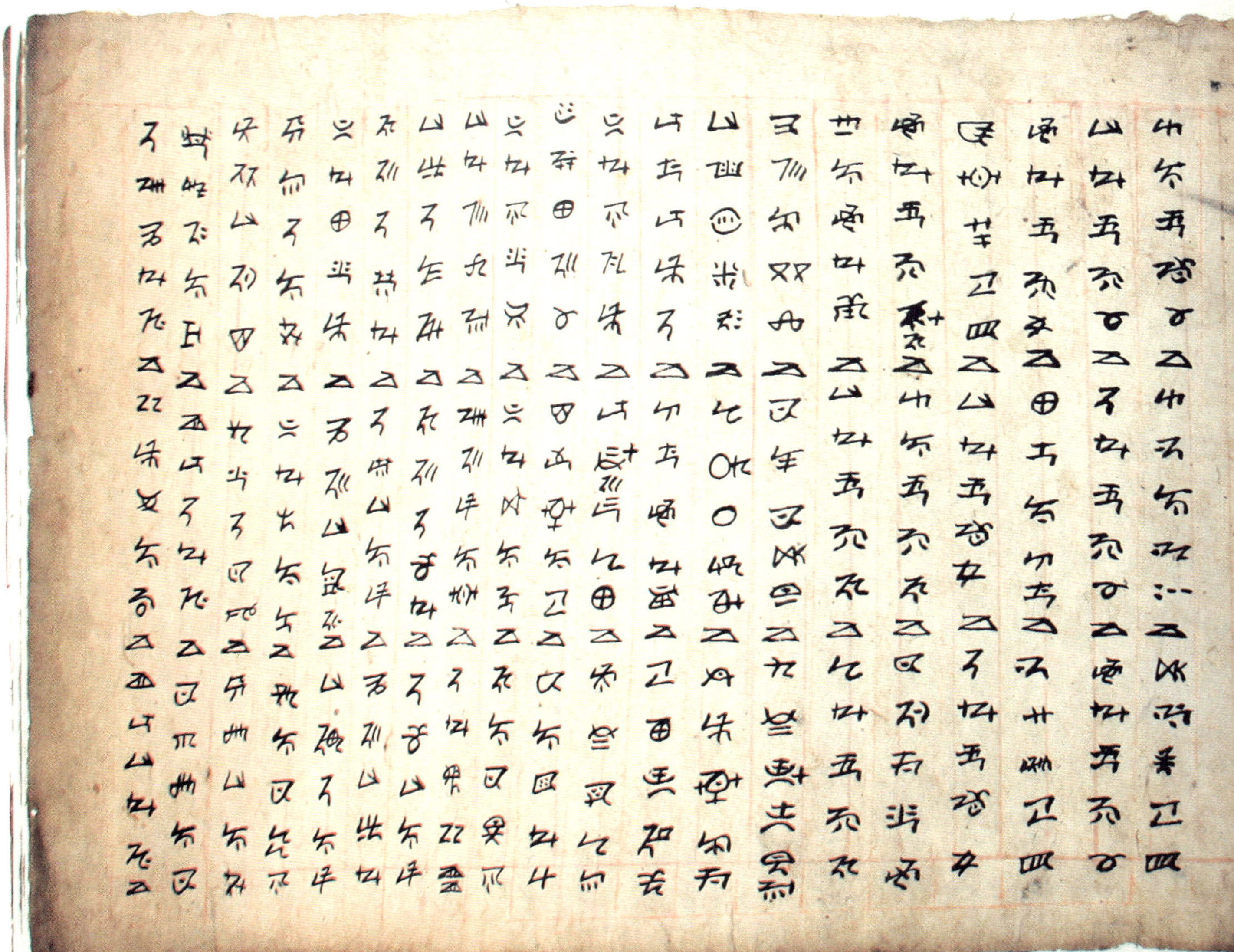

11279 賁查 清乾隆十九年（1754）抄本

綫裝。開本高 25.5 釐米，廣 41.5 釐米。楚雄彝族文化研究院藏。

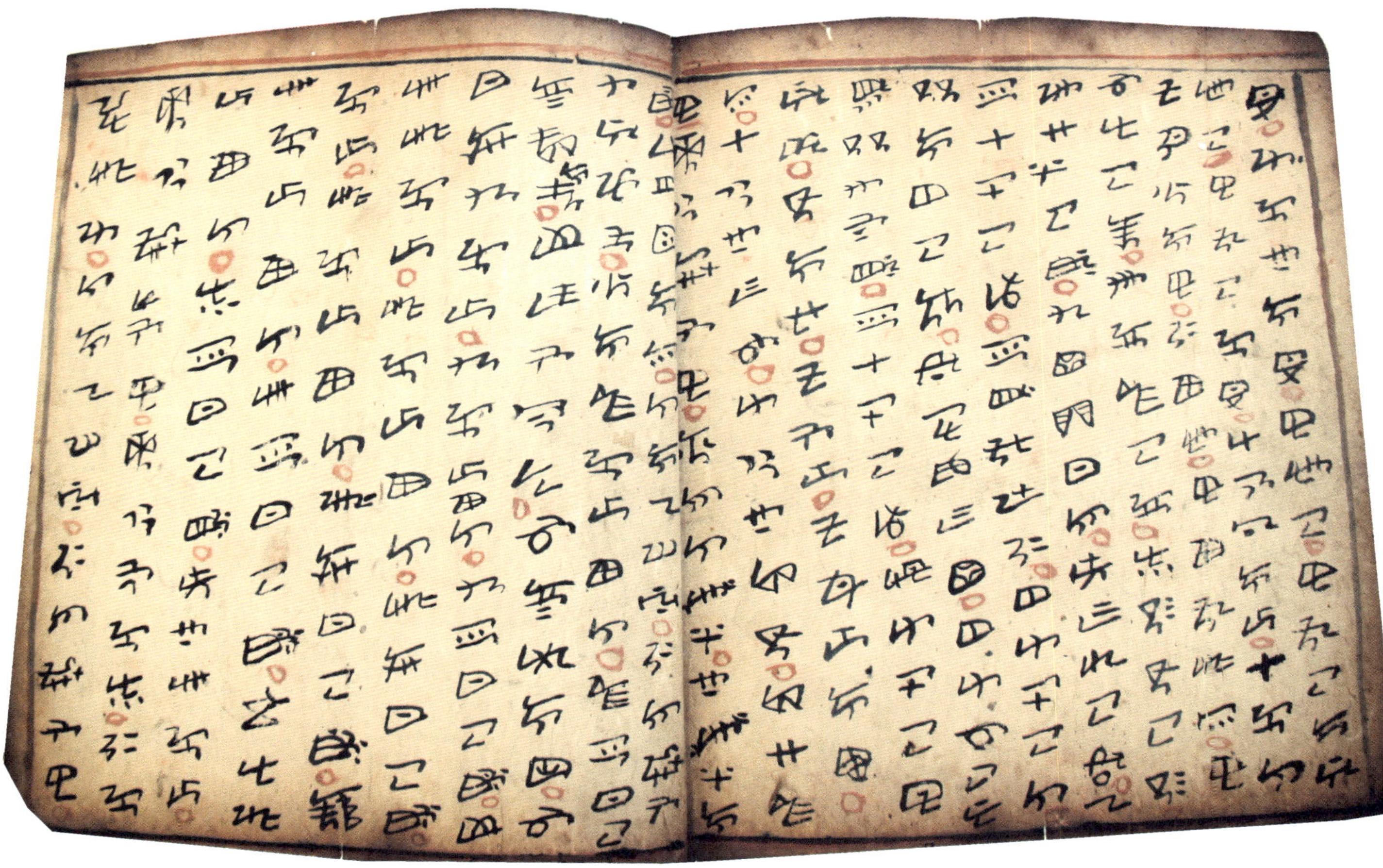

11280 祭奠經 清乾隆三十二年（1767）東戴抄本

綫裝。開本高 24 釐米，廣 20 釐米。楚雄彝族文化研究院藏。

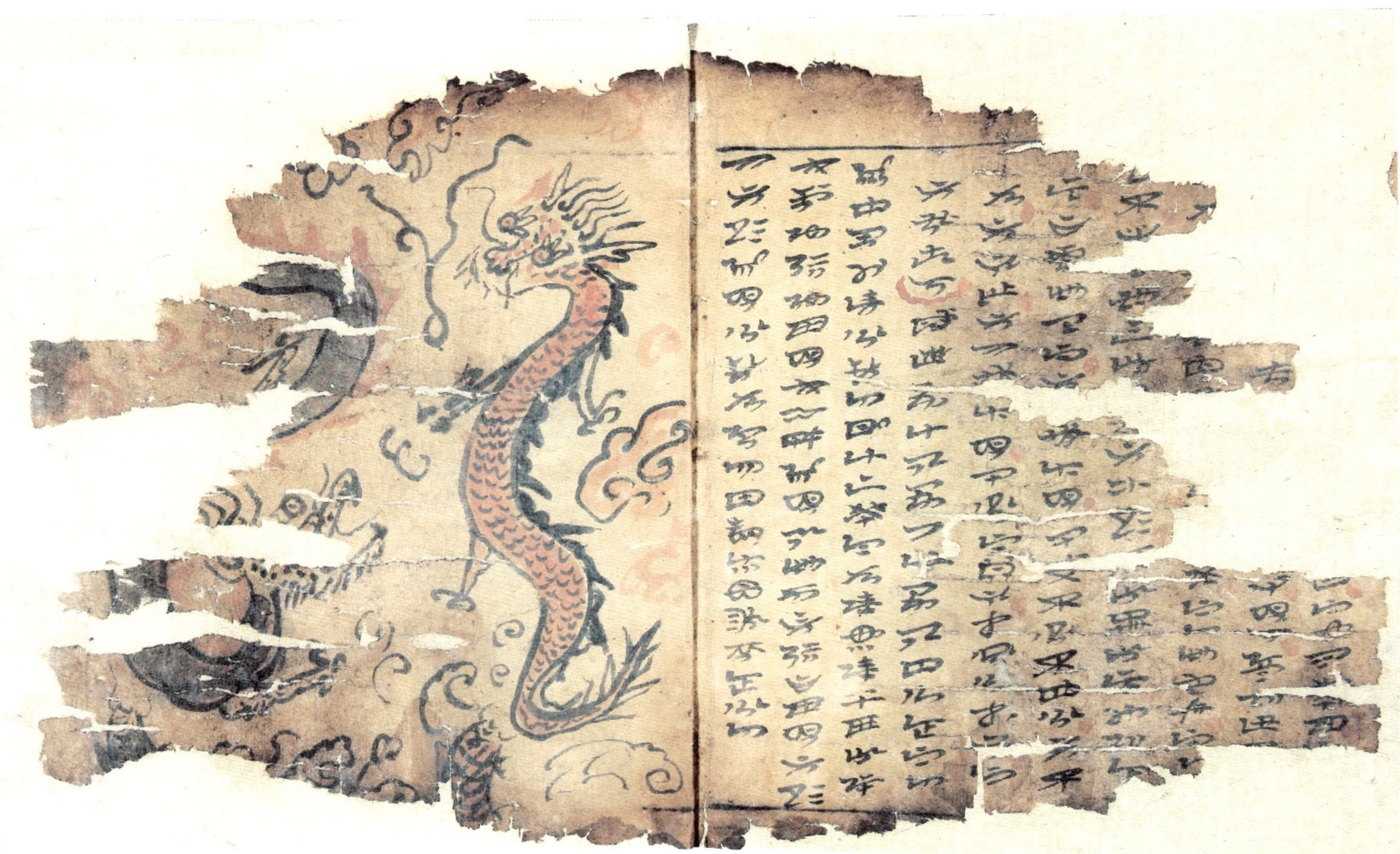

11281 彝漢教典 清乾隆五十八年（1793）抄本

綫裝。開本高 28.7 釐米，廣 26.7 釐米。國家圖書館藏。

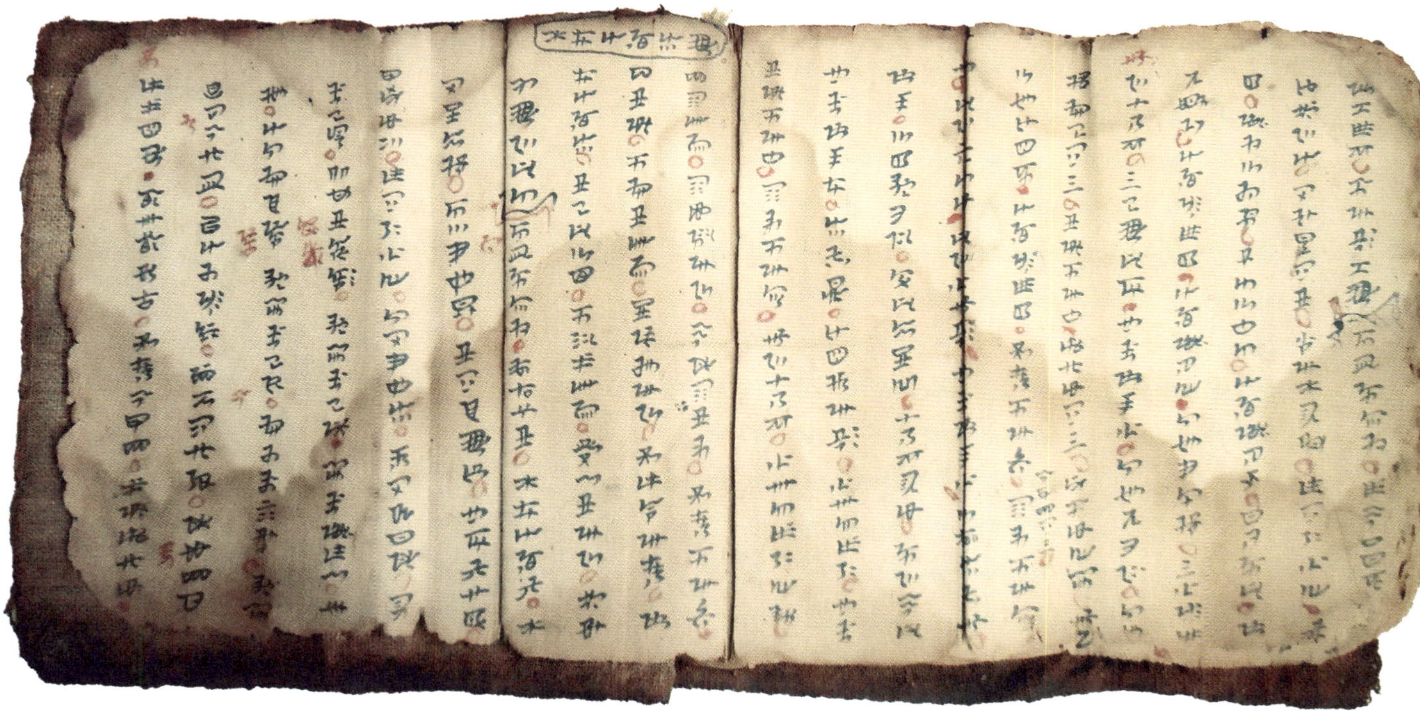

11282 喪儀細沓把 清嘉慶三年（1798）抄本

綫裝。開本高 25 釐米，廣 26.5 釐米。畢節地區彝文文獻翻譯研究中心藏。

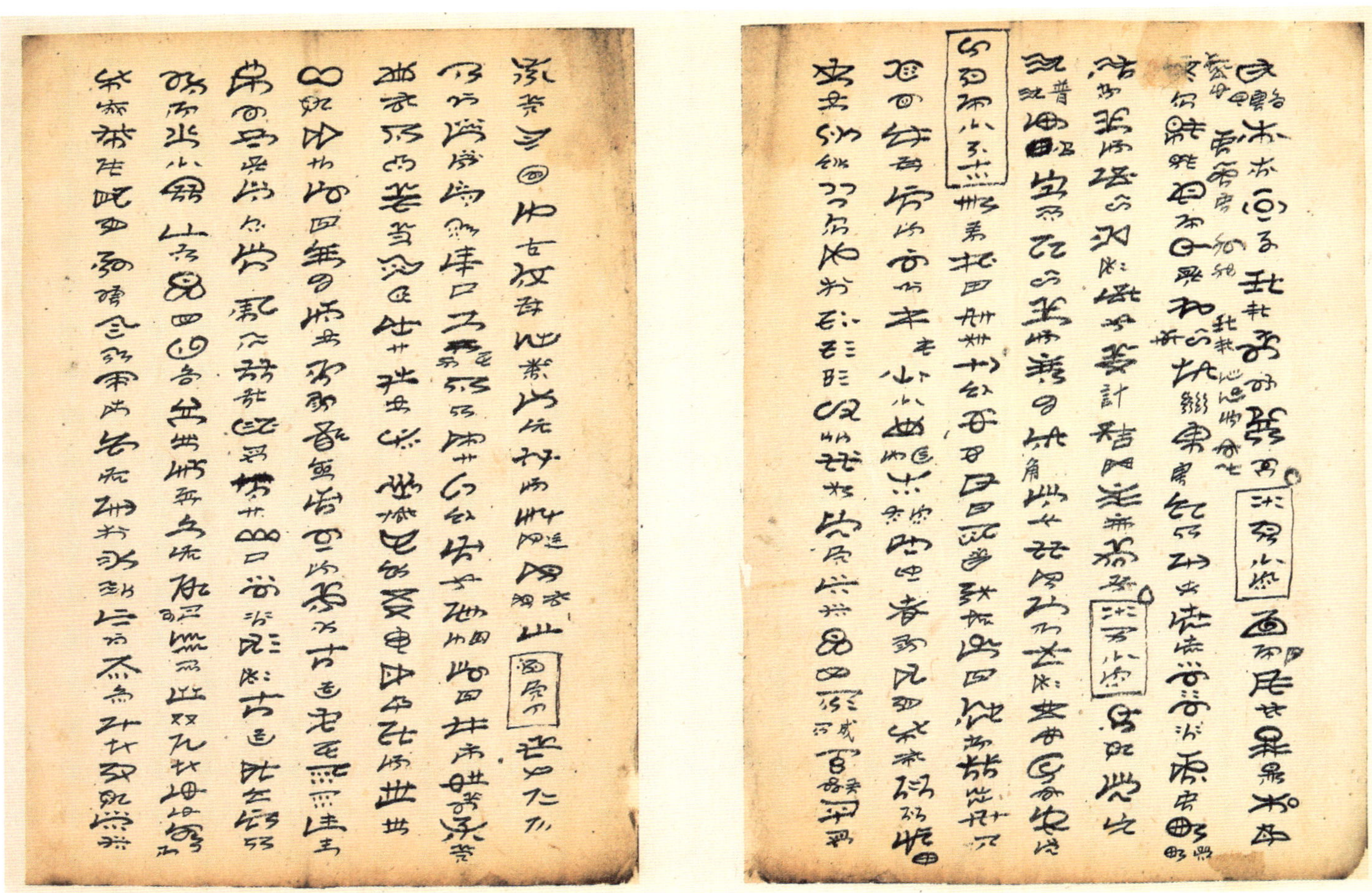

11283 彝文字集 清嘉慶九年（1804）抄本

經折裝。開本高 27.6 釐米，廣 24.7 釐米。國家圖書館藏。

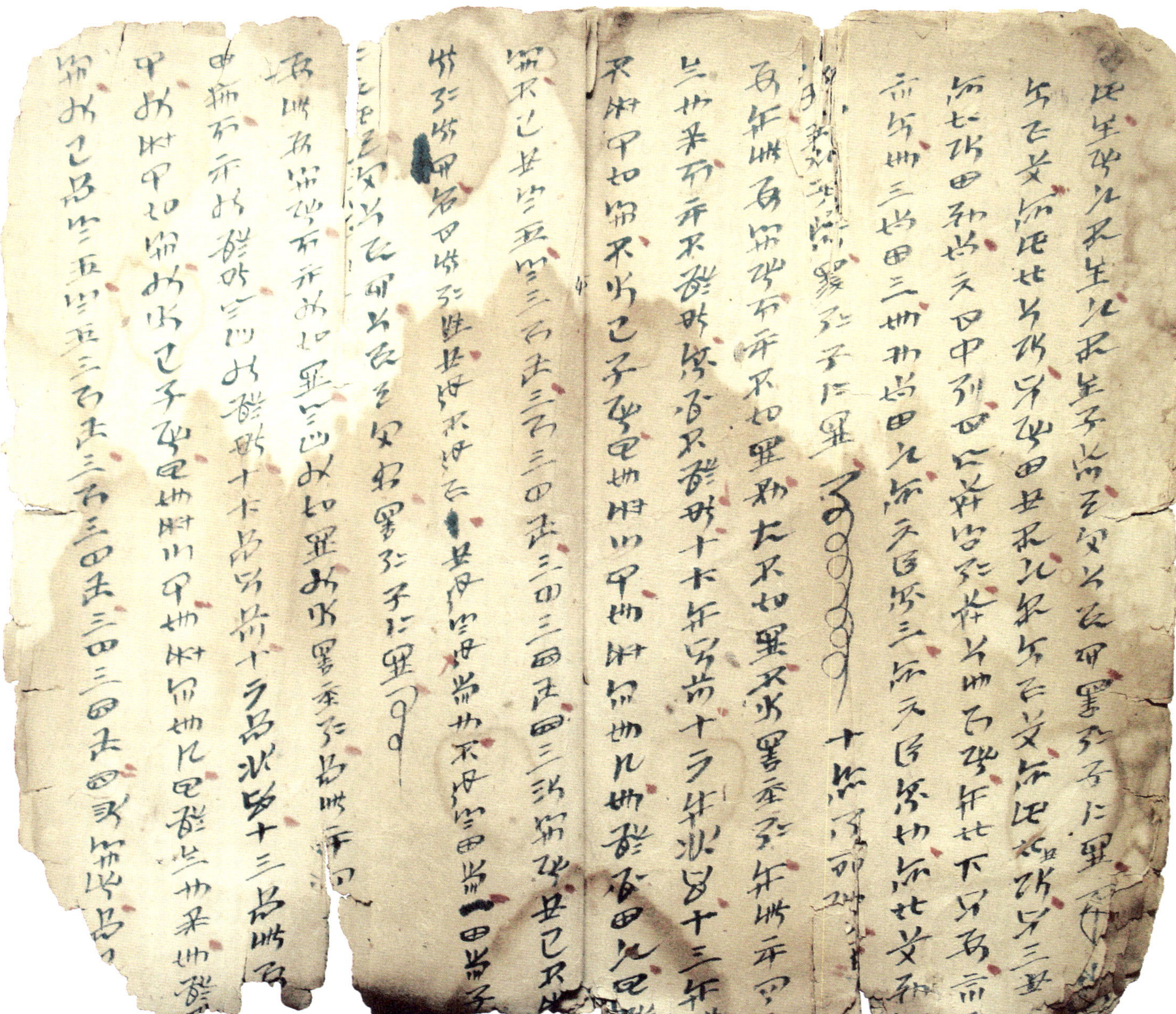

11284 嫁歌歌詞集 清嘉慶抄本

綫裝。開本高 24.5 釐米，廣 15.5 釐米。貴州民族文化宫圖書館藏。

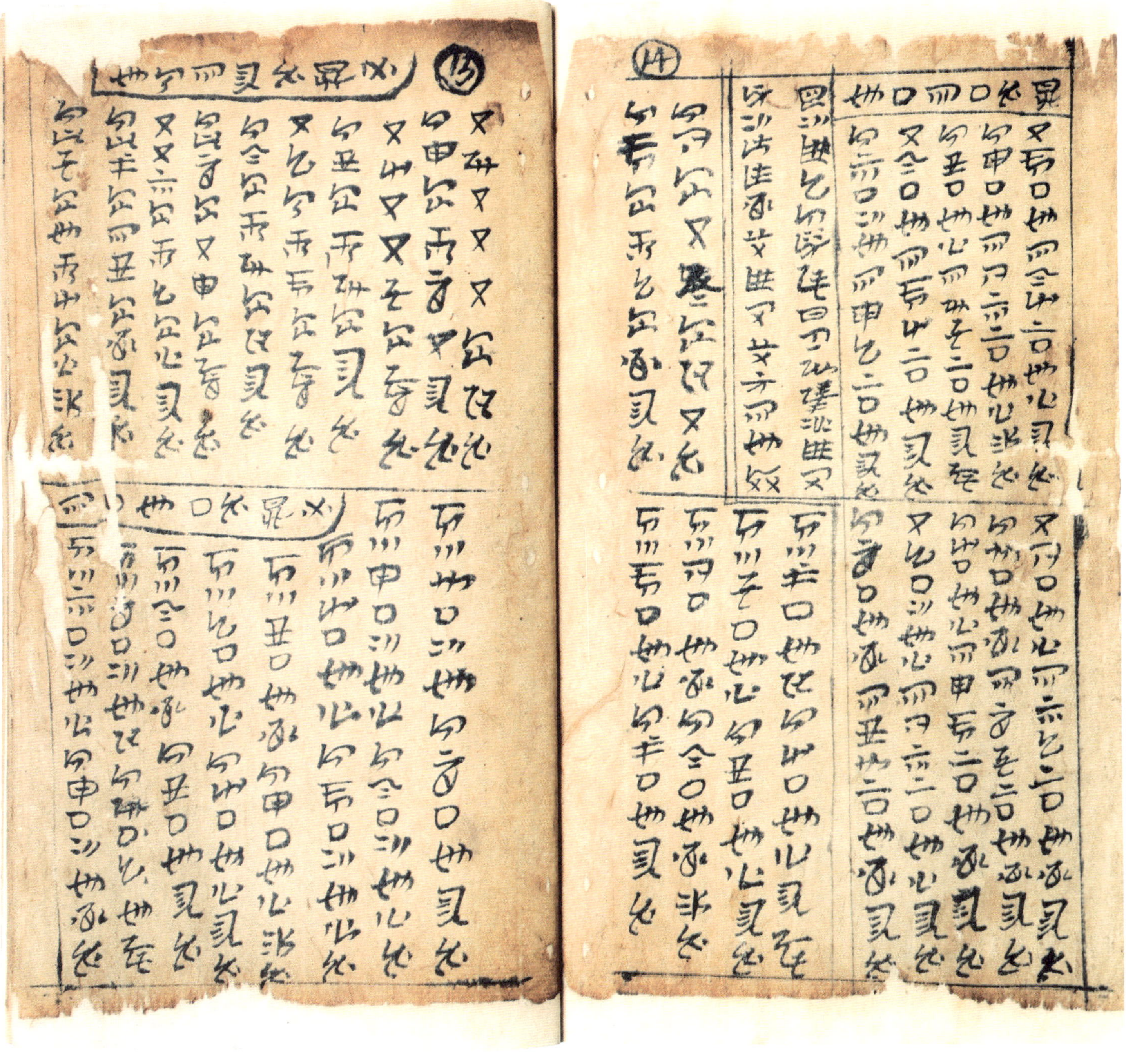

11285 十二部勾則 清道光元年（1821）抄本

綫裝。開本高 24.6 釐米，廣 14.8 釐米。畢節地區彝文文獻翻譯研究中心藏。

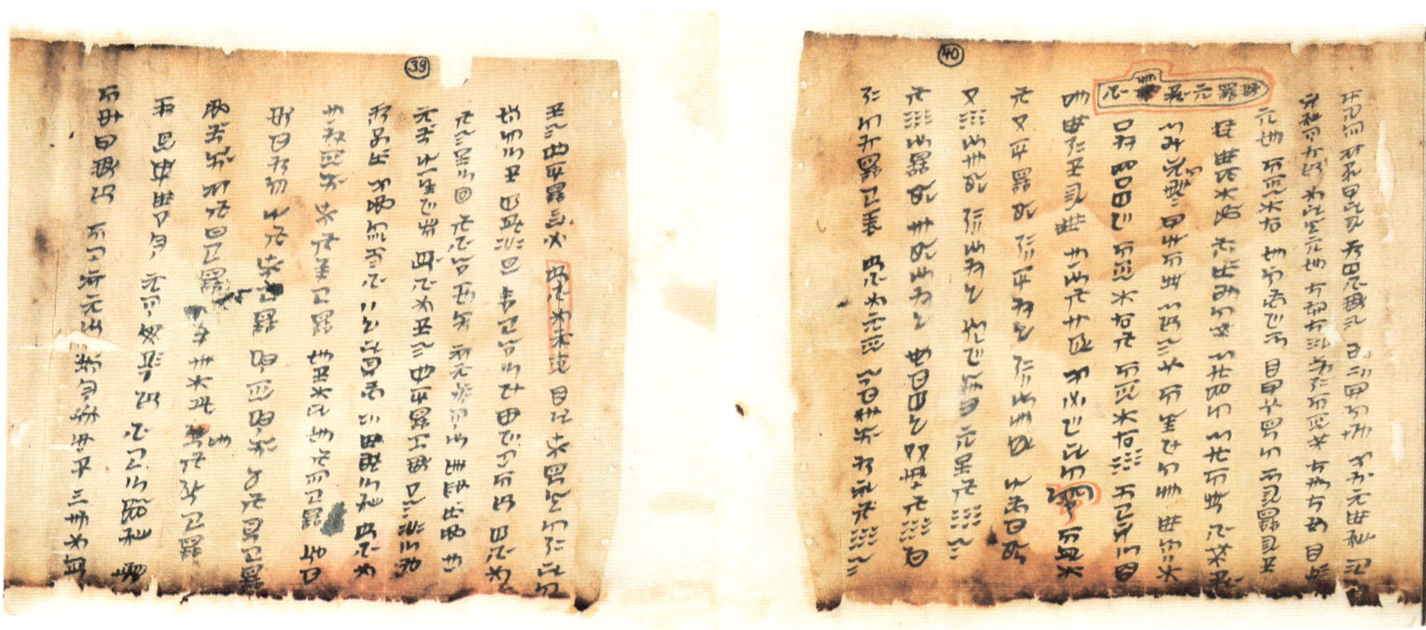

11286 哭祭亡靈經 清道光二年（1822）抄本

綫裝。開本高 25.4 釐米，廣 30 釐米。畢節地區彝文文獻翻譯研究中心藏。

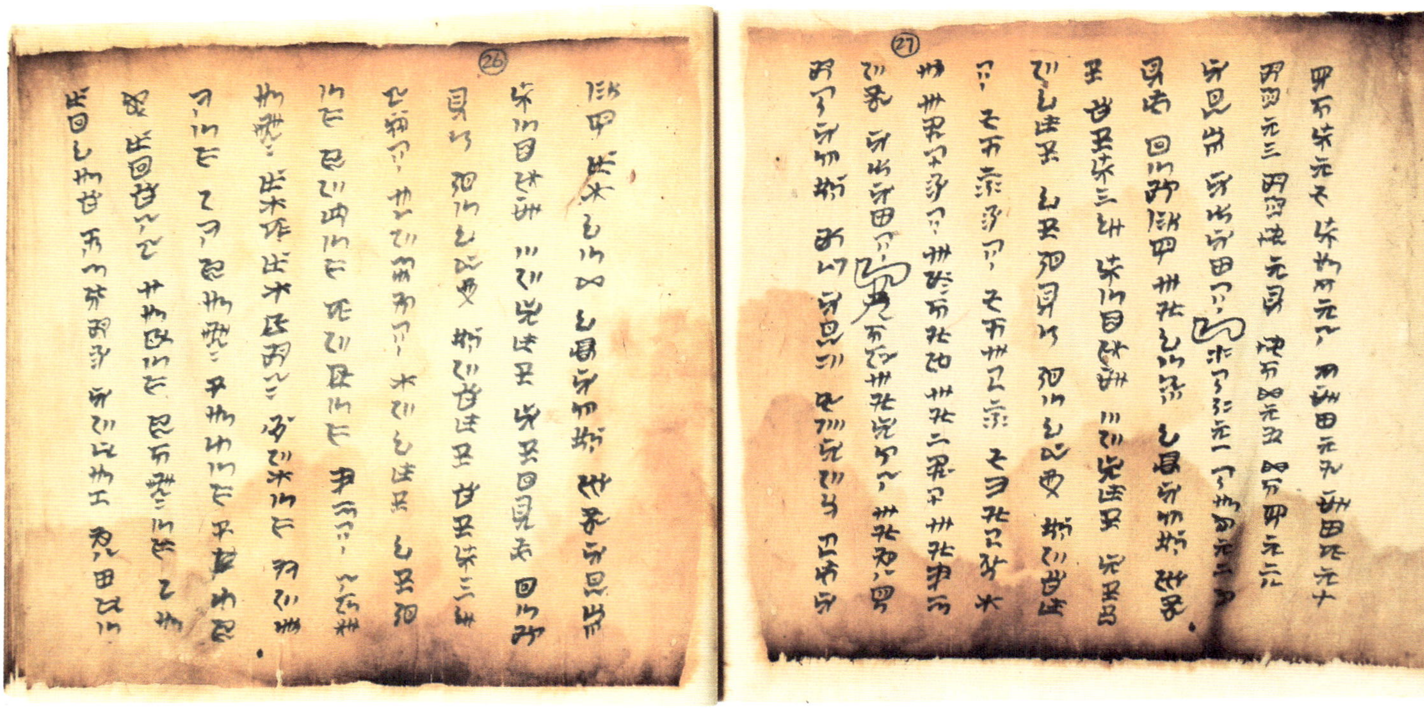

11287 喪祭驅鬼經 清道光四年（1824）抄本

綫裝。開本高 24.5 釐米，廣 24.7 釐米。畢節地區彝文文獻翻譯研究中心藏。

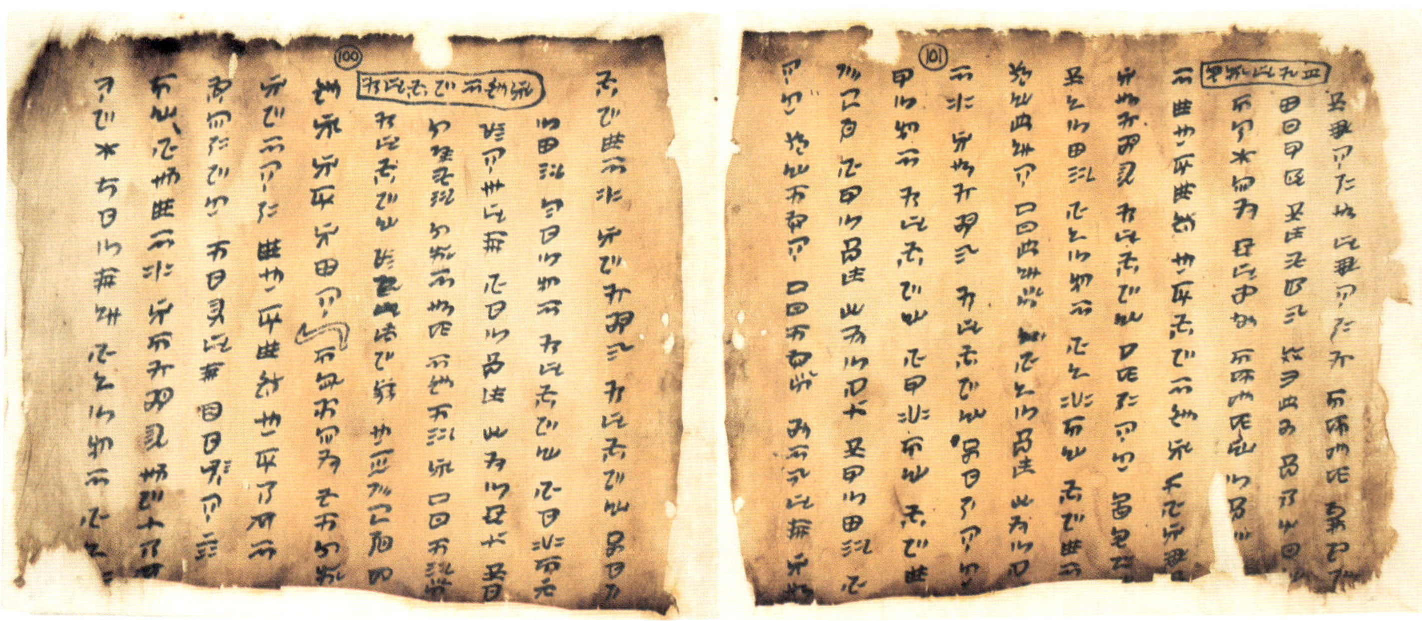

11288 物始紀略 清道光七年（1827）抄本

綫裝。開本高 25.2 釐米，廣 28.7 釐米。畢節地區彝文文獻翻譯研究中心藏。

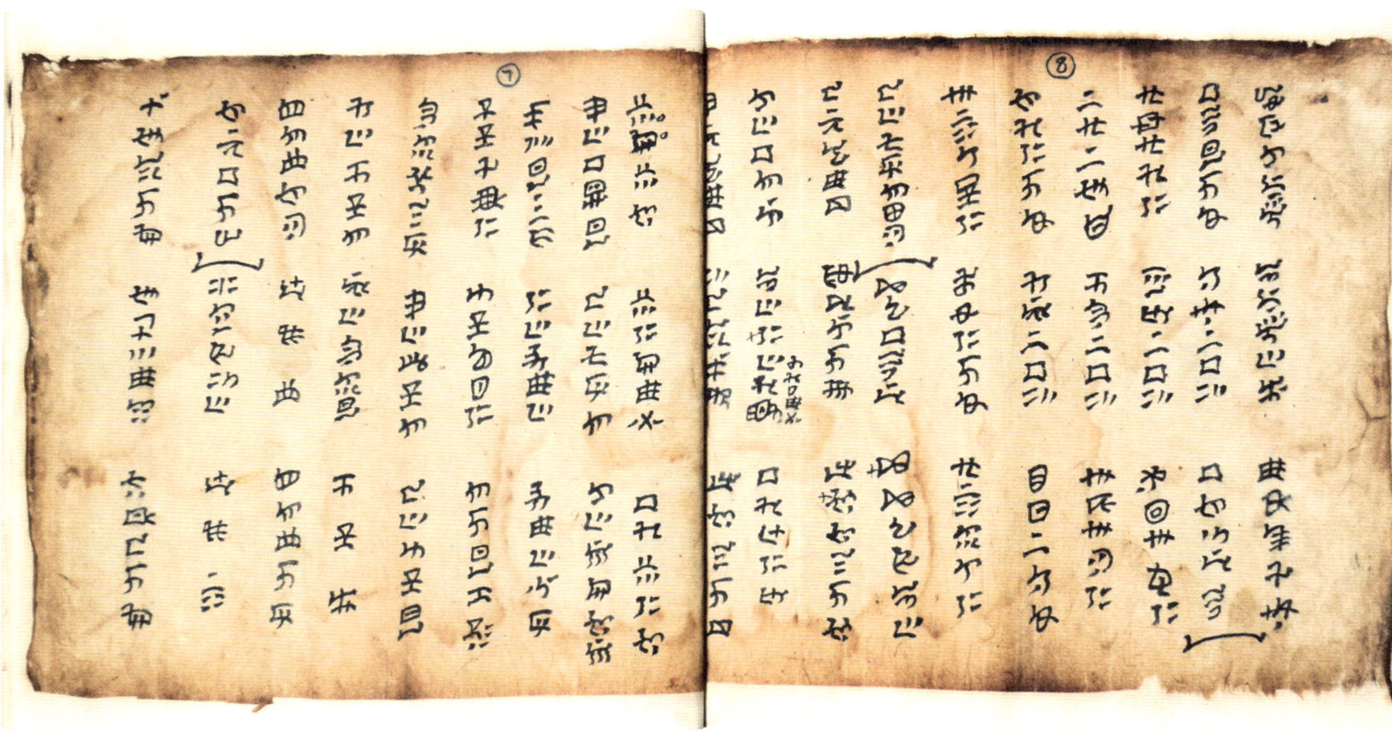

11289 局卓布蘇 清道光八年（1828）抄本

綫裝。開本高 24.9 釐米，廣 27 釐米。畢節地區彝文文獻翻譯研究中心藏。

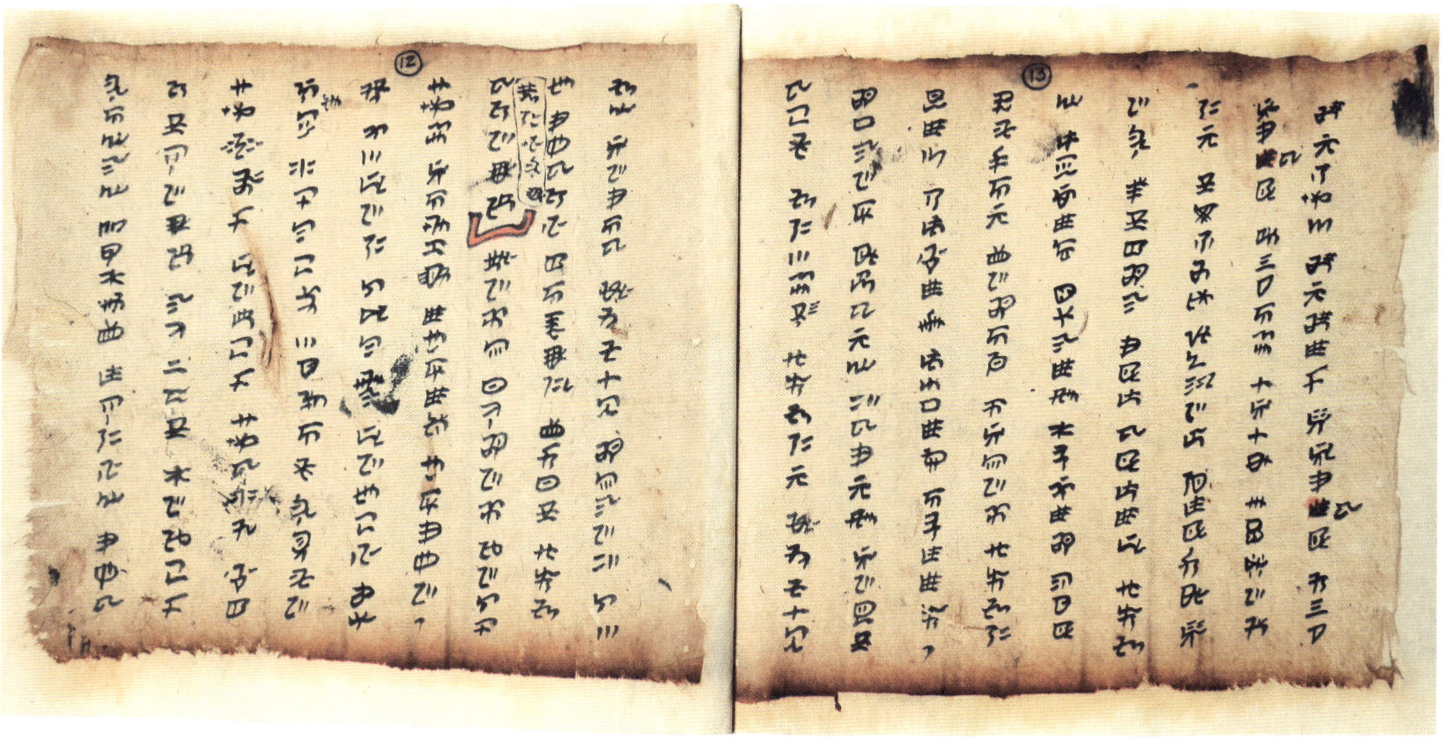

11290 倫理經 清道光八年（1828）抄本

綫裝。開本高 26 釐米，廣 32 釐米。畢節地區彝文文獻翻譯研究中心藏。

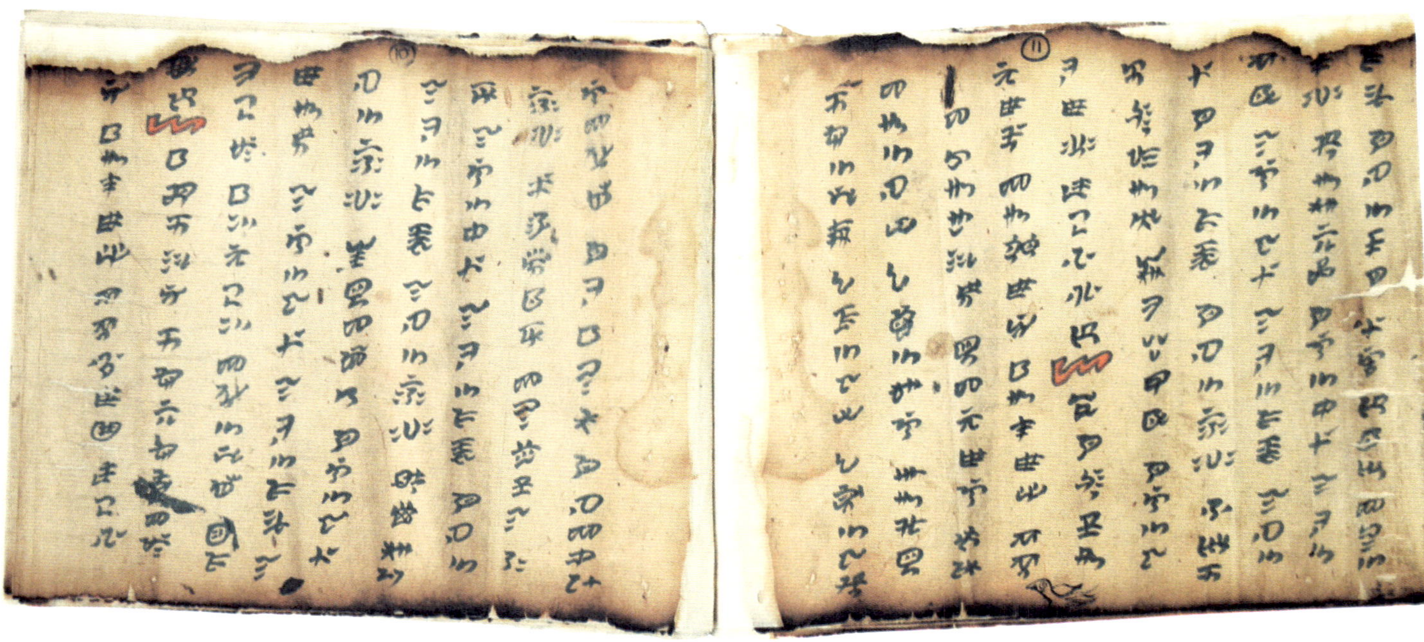

11291 支嘎阿魯喪儀經 清道光九年（1829）抄本

綫裝。開本高 22.7 釐米，廣 23.3 釐米。畢節地區彝文文獻翻譯研究中心藏。

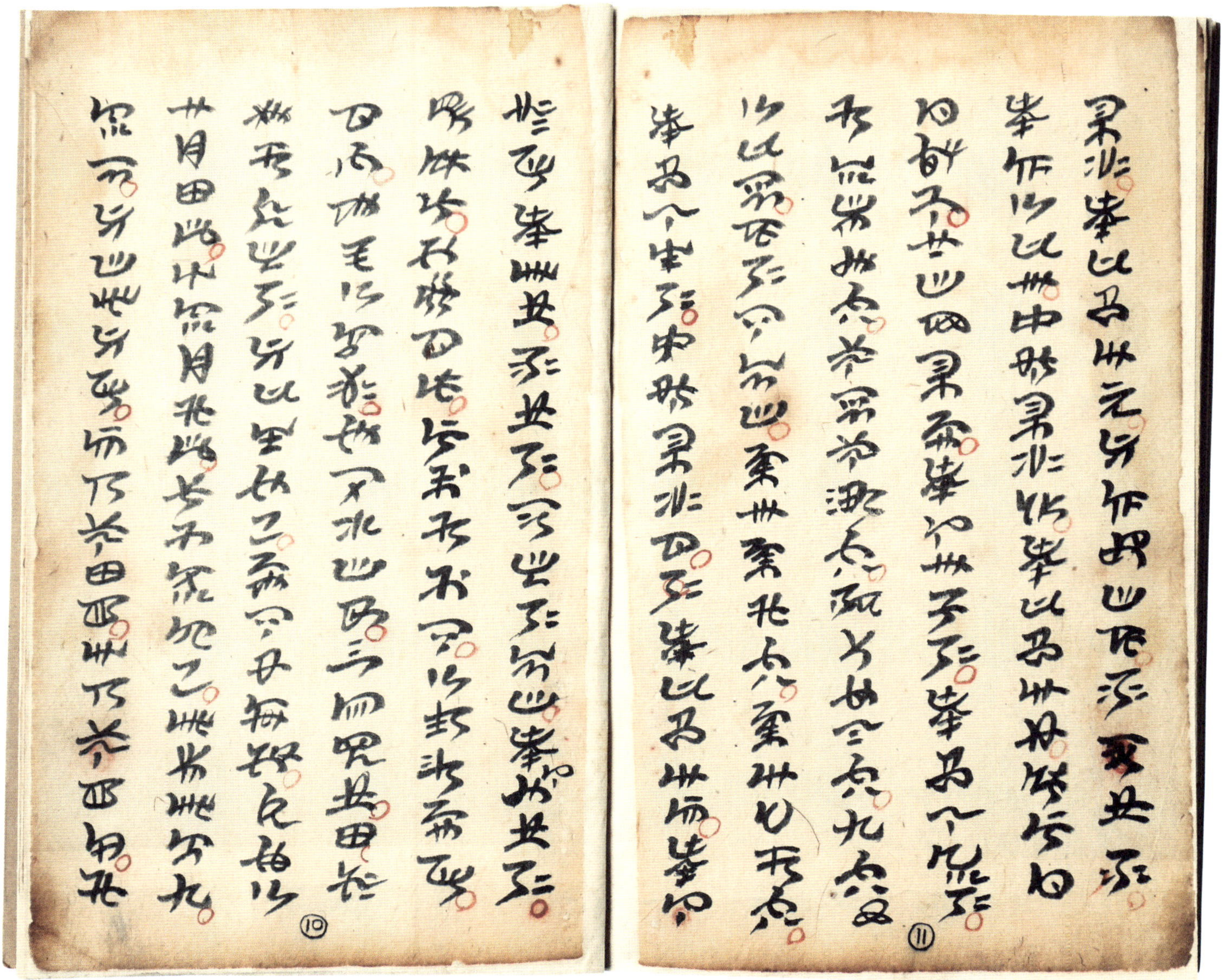

11292 婚姻起源書 清道光十年（1830）抄本

綫裝。開本高 25.6 釐米，廣 15.9 釐米。畢節地區彝文文獻翻譯研究中心藏。

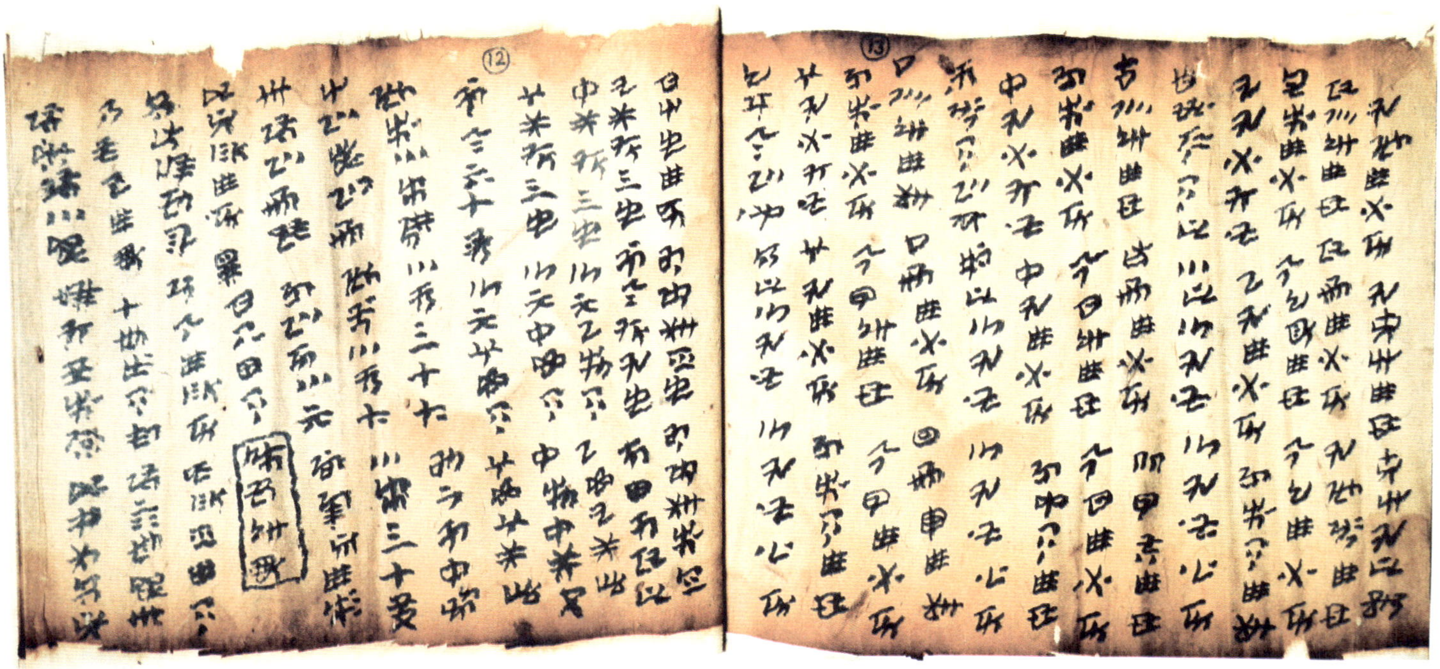

11293 婚嫁曲姐蘇 清道光十年（1830）抄本

綫裝。開本高 24.2 釐米，廣 27.7 釐米。畢節地區彝文文獻翻譯研究中心藏。

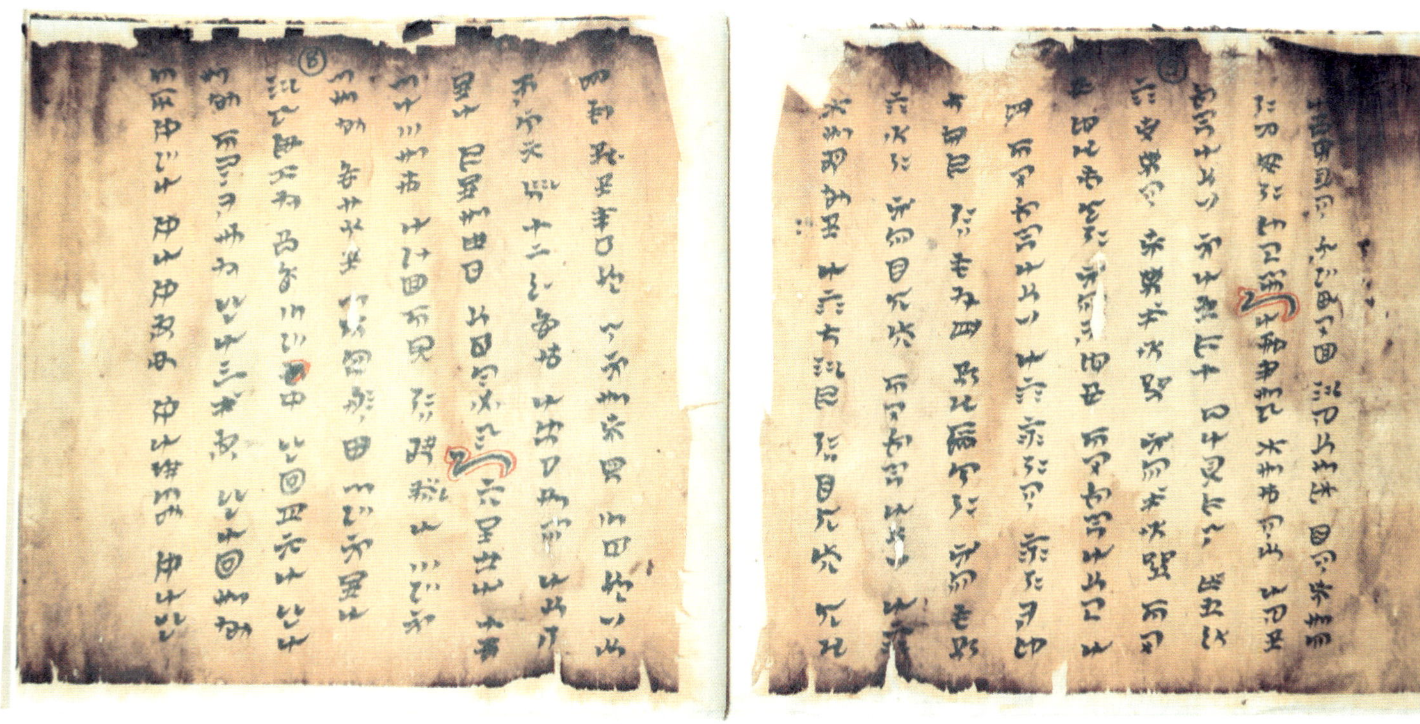

11294 畢摩溯源經 清道光十年（1830）抄本

綫裝。開本高 21.2 釐米，廣 22.4 釐米。畢節地區彝文文獻翻譯研究中心藏。

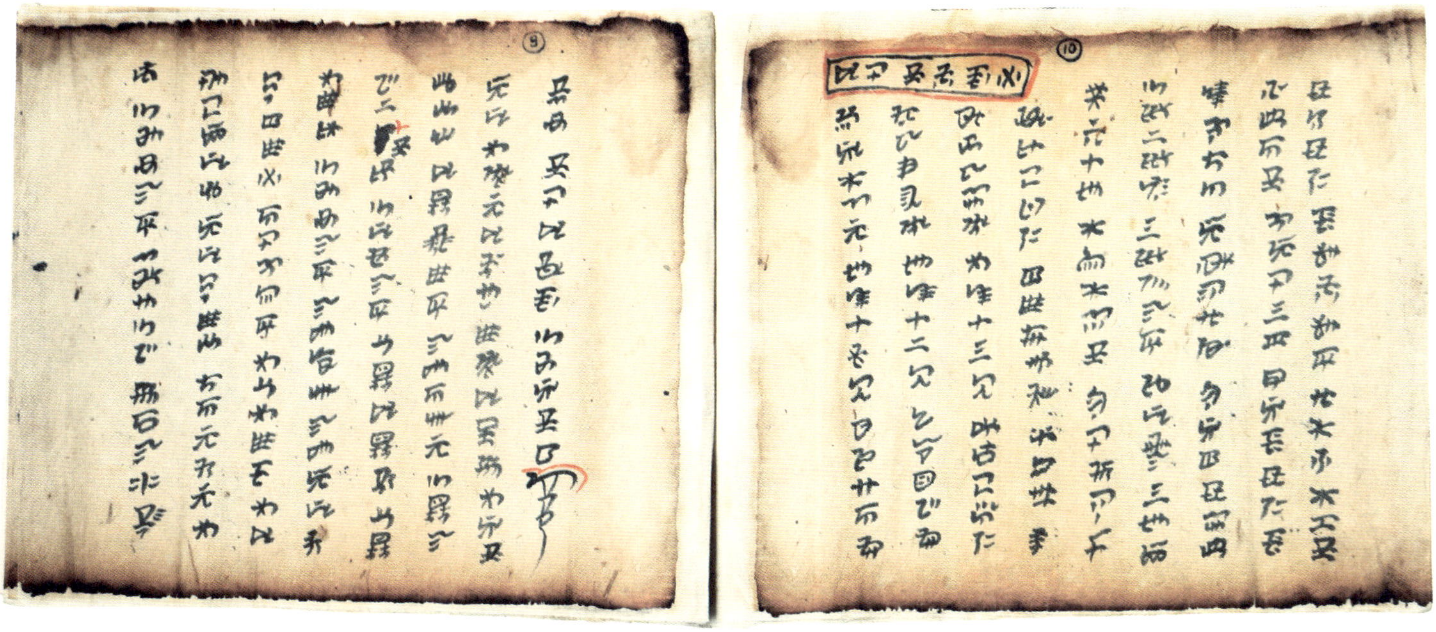

11295 諾漏曲姐書 清道光十年（1830）抄本

綫裝。開本高 23 釐米，廣 27.2 釐米。畢節地區彝文文獻翻譯研究中心藏。

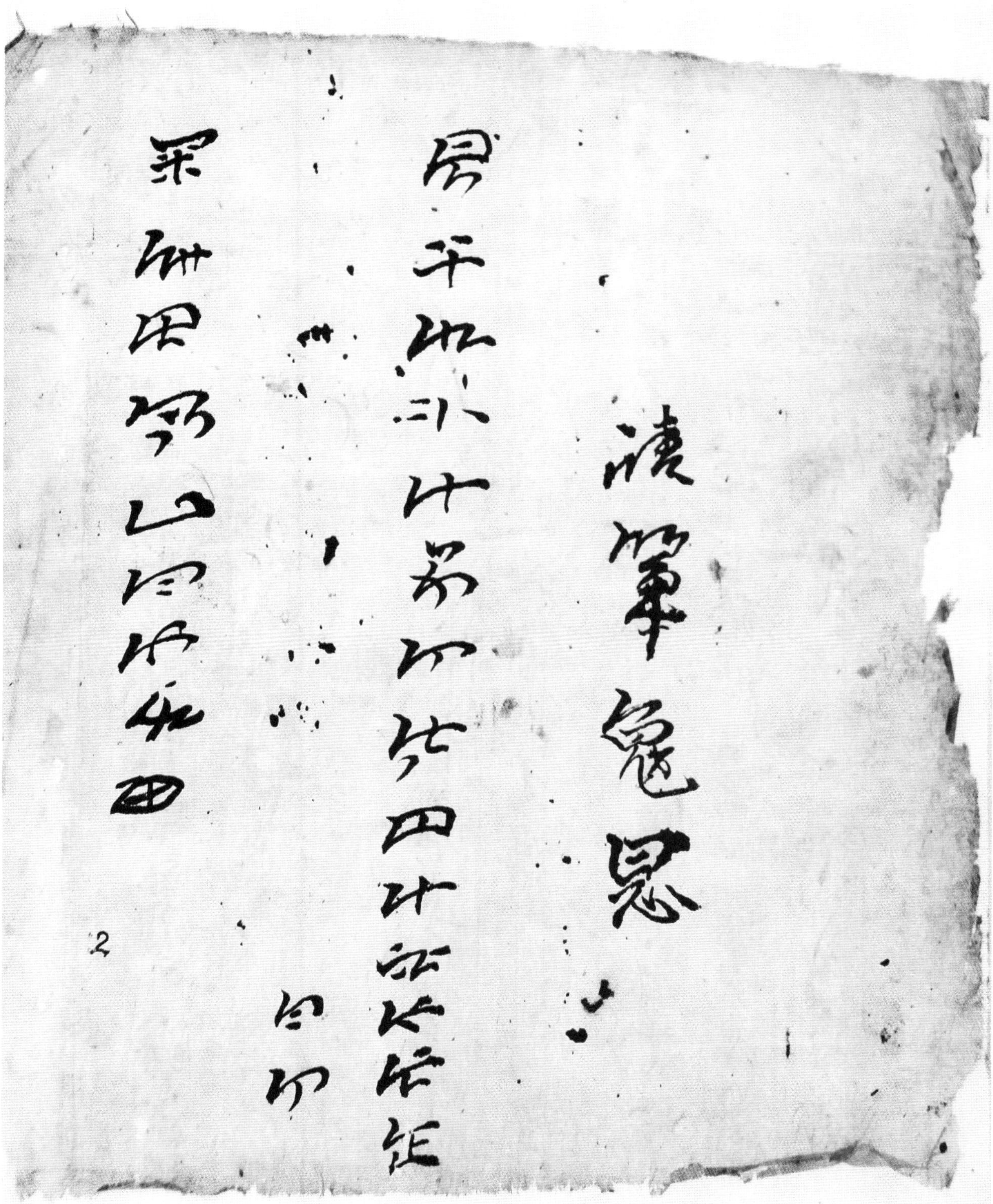

11296 池普納氏族轄地及敘譜書 清道光十年（1830）抄本

綫裝。開本高 18.6 釐米，廣 17.1 釐米。楚雄彝族文化研究院藏。

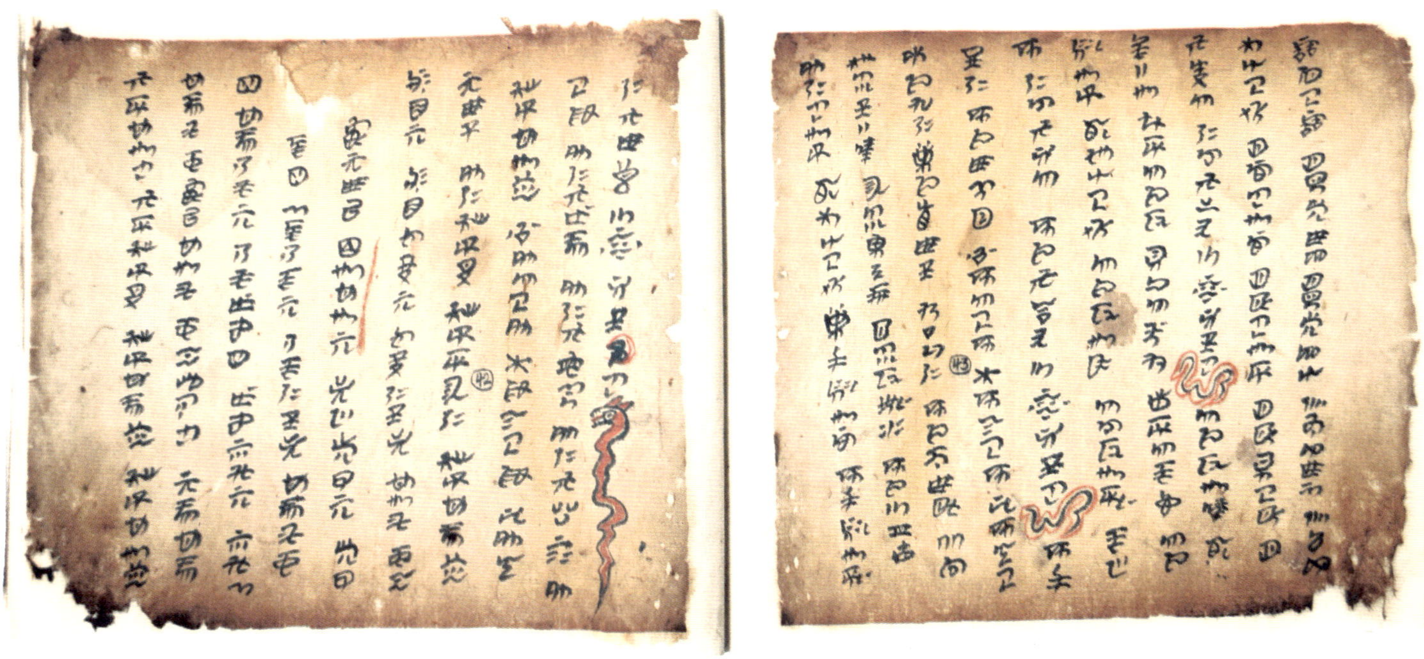

11297 安頓祖靈經 清道光十三年（1833）抄本

綫裝。開本高 22.2 釐米，廣 23.8 釐米。畢節地區彝文文獻翻譯研究中心藏。

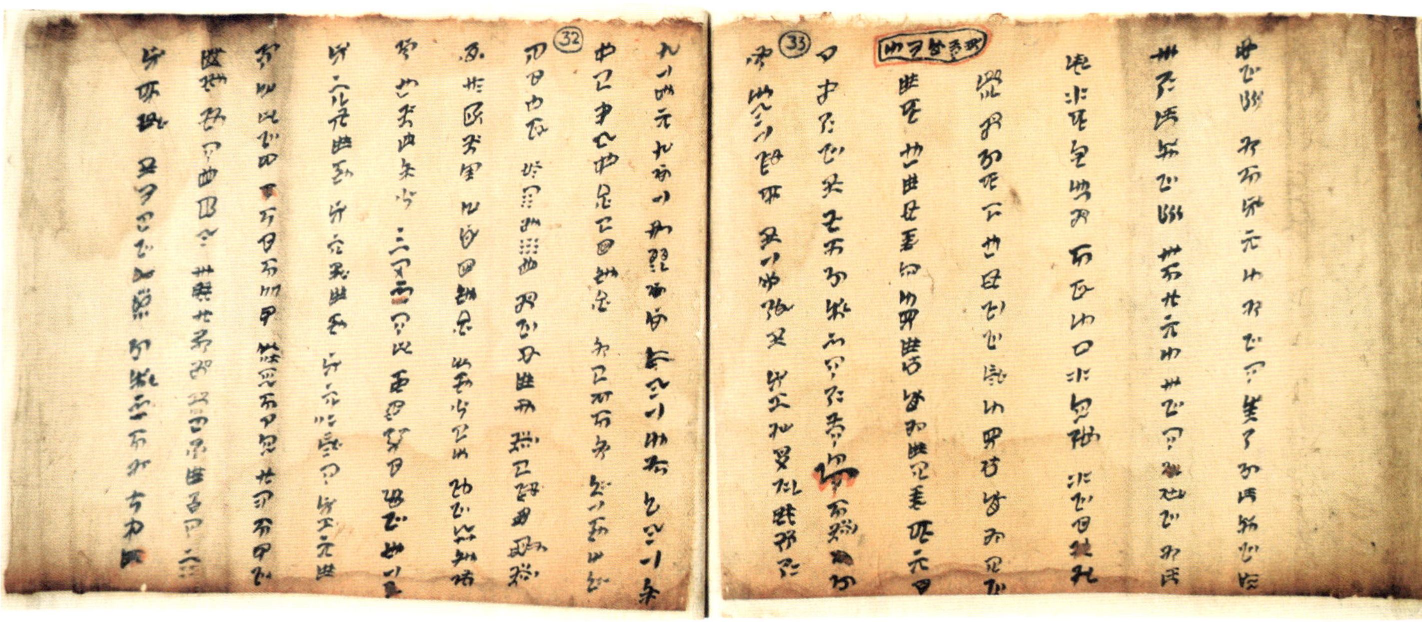

11298 婚姻史話 清道光十三年（1833）抄本

綫裝。開本高 22.1 釐米，廣 24.6 釐米。畢節地區彝文文獻翻譯研究中心藏。

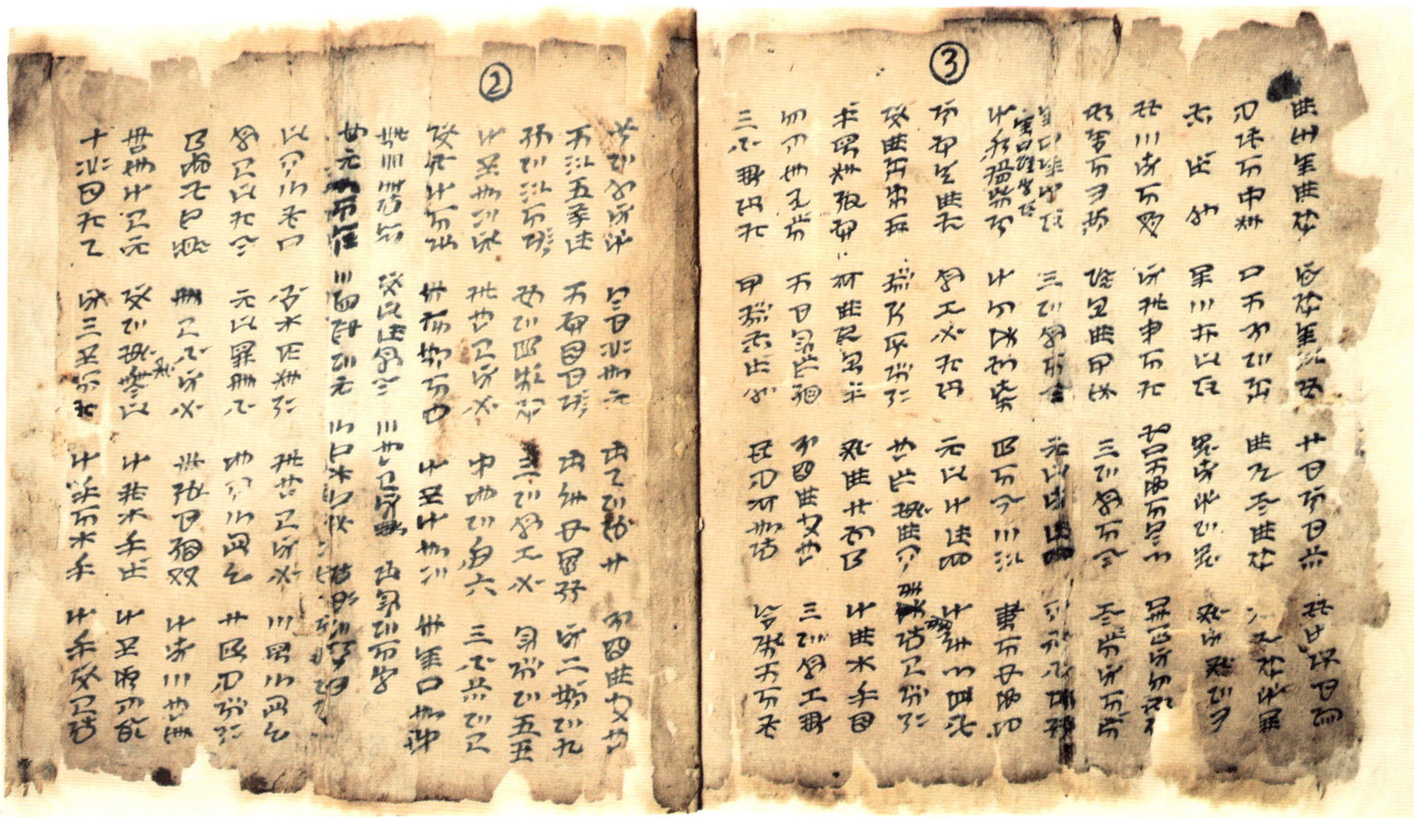

11299 喪祭獻酒經 清道光十四年（1834）抄本

綫裝。開本高 22.8 釐米，廣 21.5 釐米。畢節地區彝文文獻翻譯研究中心藏。

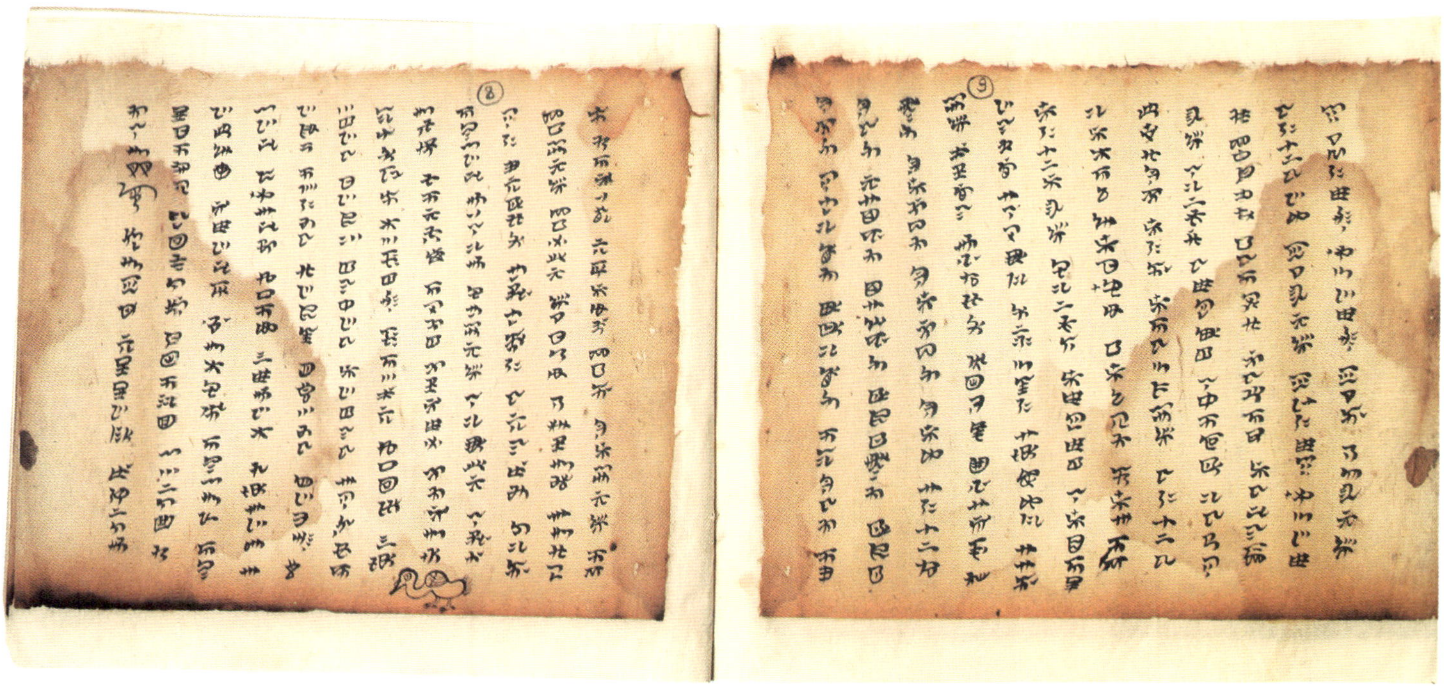

11300 烏撒彝族祭祖經 清道光十五年（1835）抄本

綫裝。開本高 24.6 釐米，廣 29 釐米。畢節地區彝文文獻翻譯研究中心藏。

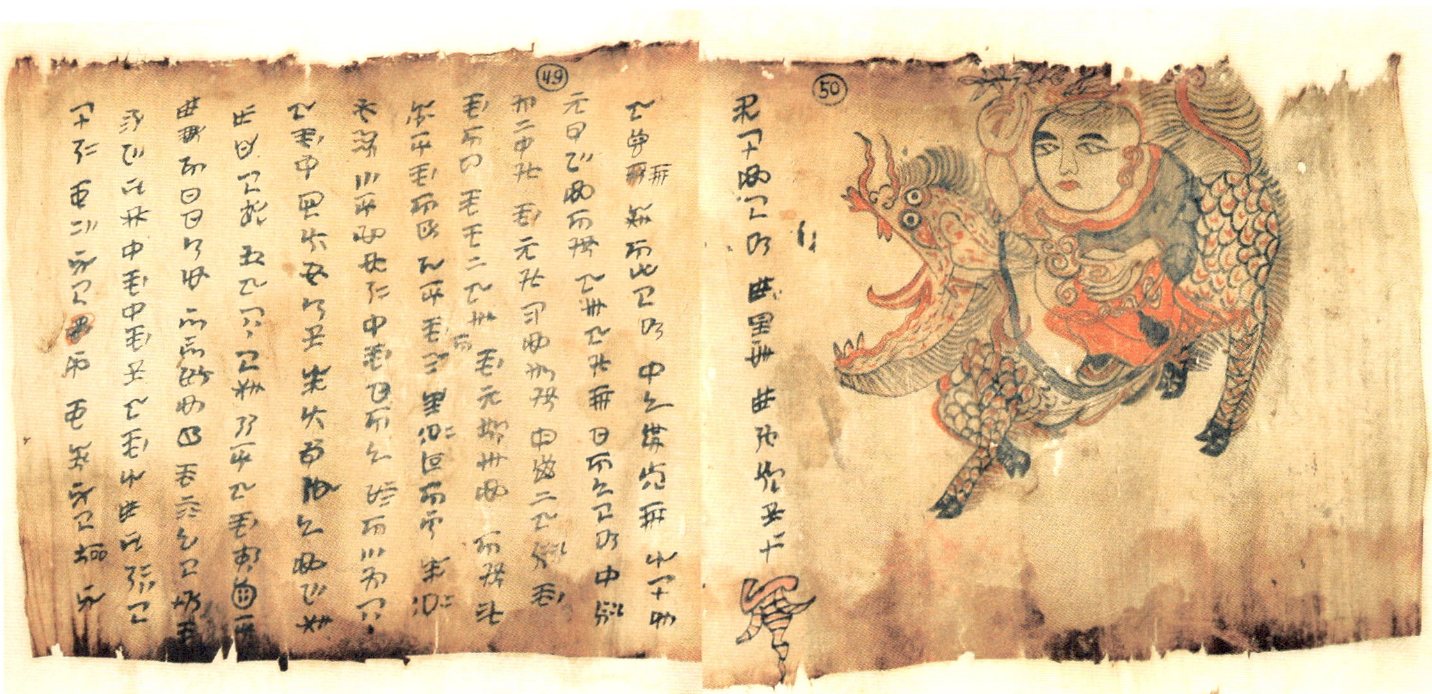

11301 喪葬習俗經 清道光十五年（1835）抄本

綫裝。開本高 27.5 釐米，廣 28.5 釐米。畢節地區彝文文獻翻譯研究中心藏。

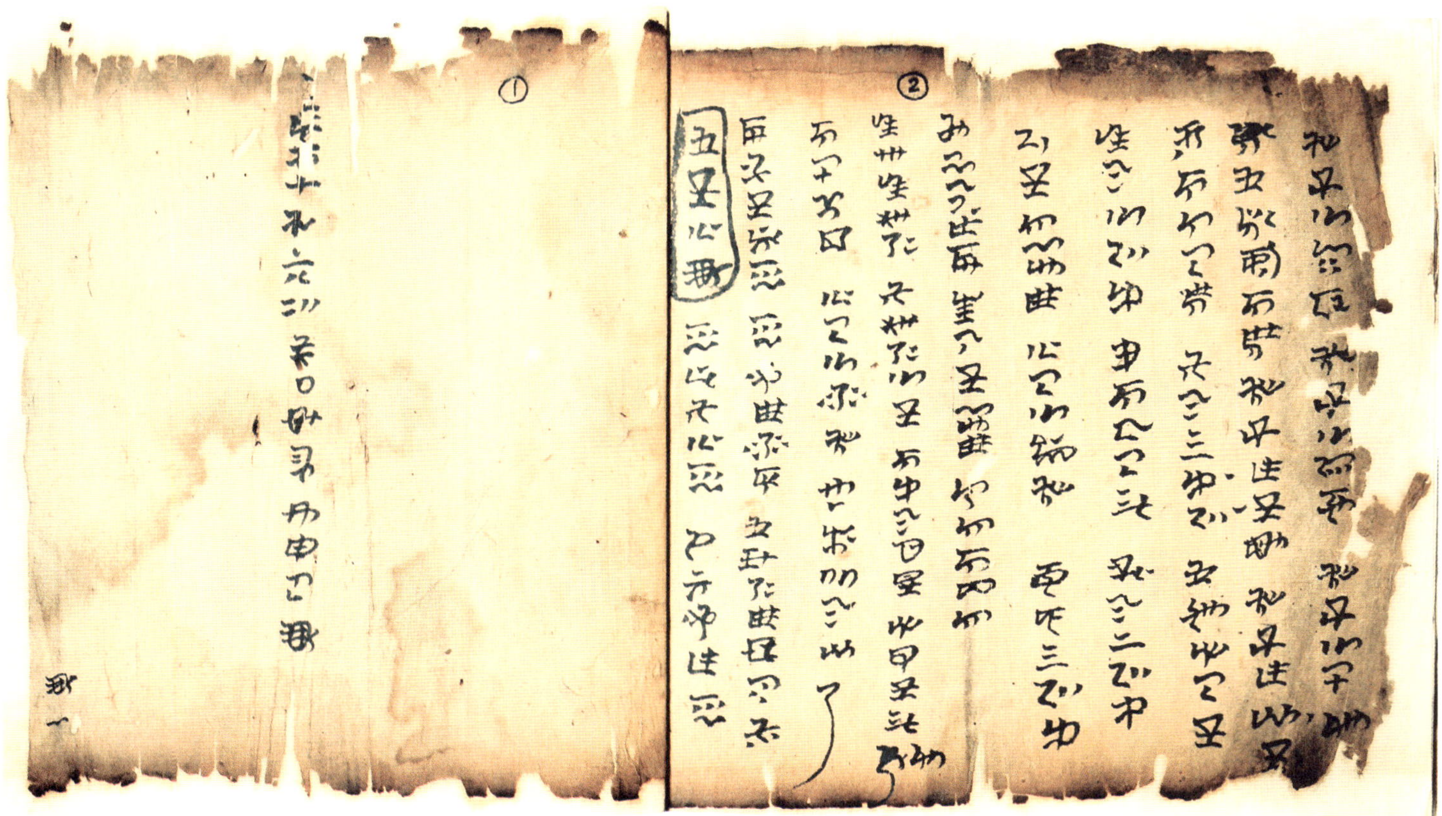

11302 祭祖儀式經 清道光十七年（1837）抄本

綫裝。開本高 24.5 釐米，廣 24.9 釐米。畢節地區彝文文獻翻譯研究中心藏。

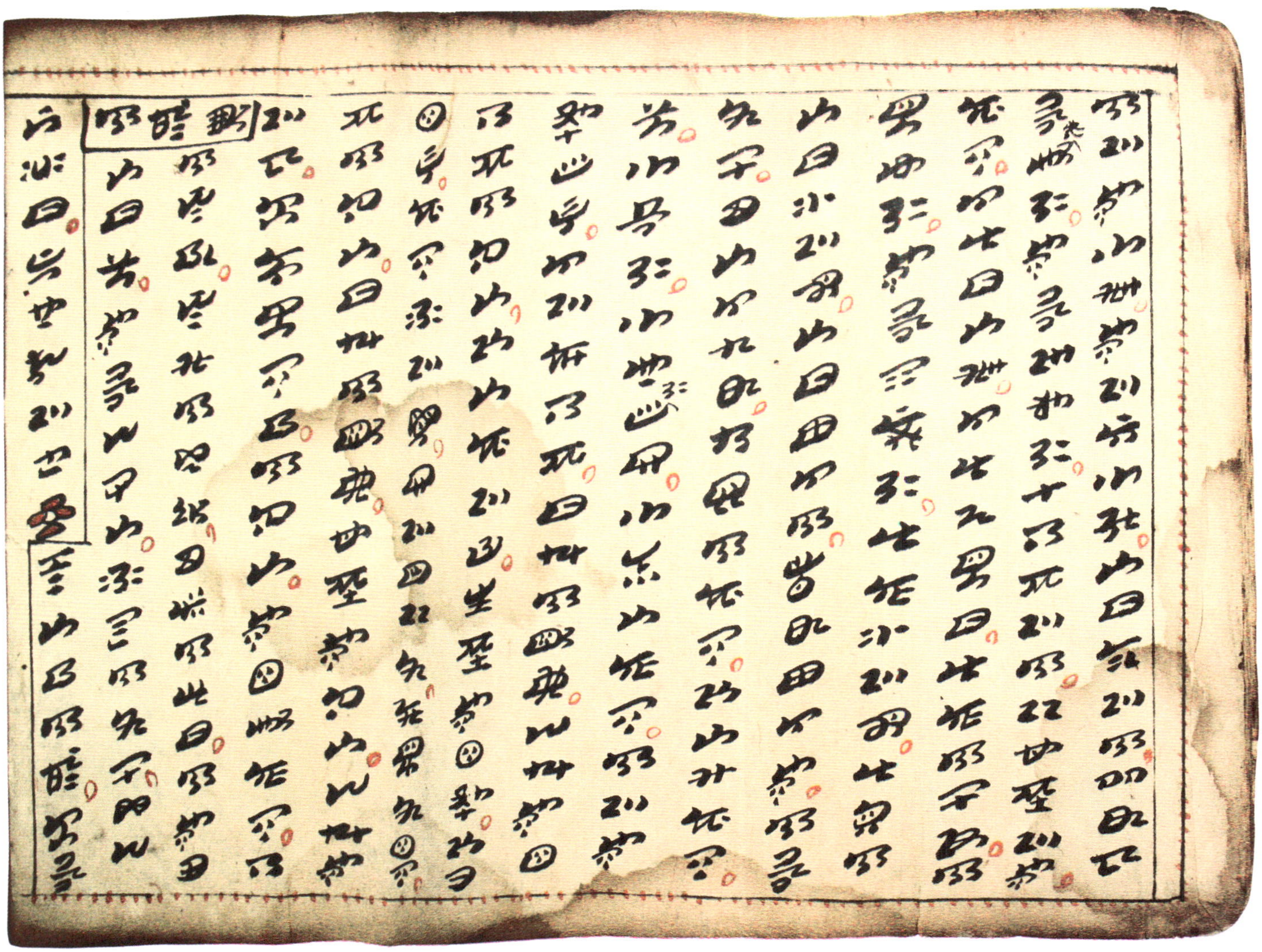

11303 經玉改結開路經 清道光二十二年（1842）抄本

綫裝。開本高25.5釐米，廣35.5釐米。六盤水市少數民族古籍整理辦公室藏。

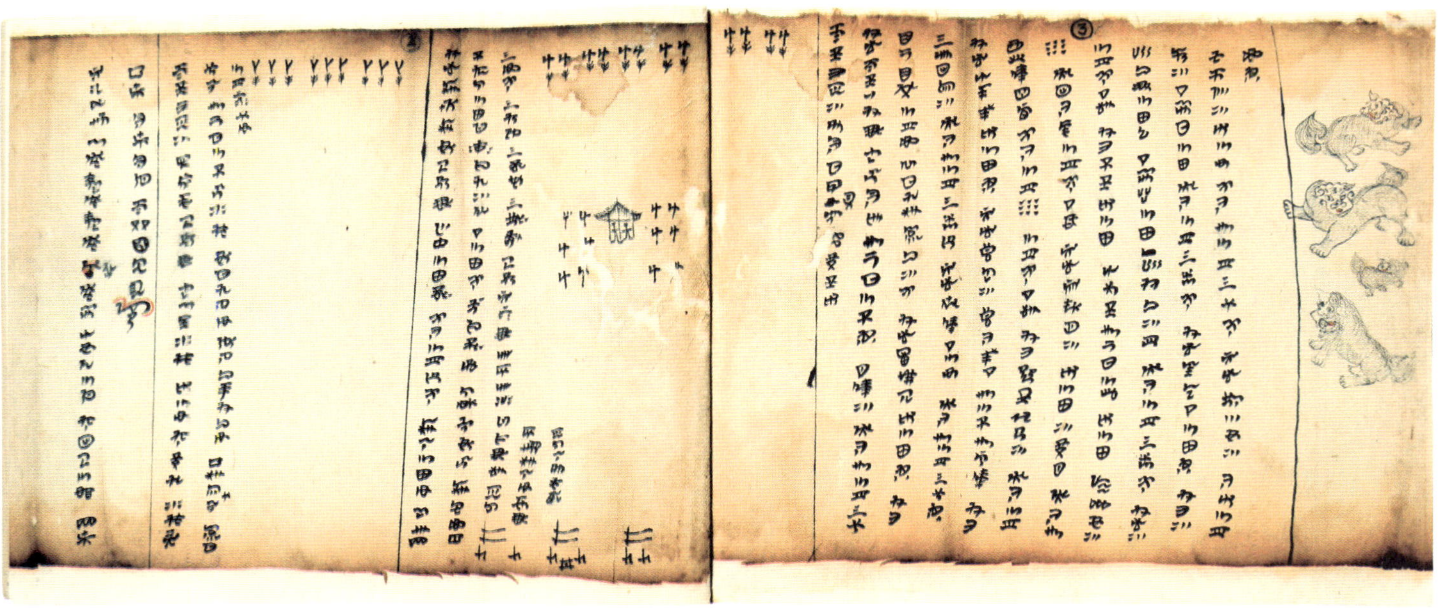

11304 祭祖大典示範經 清道光二十三年（1843）抄本

綫裝。開本高 27 釐米，廣 35.7 釐米。畢節地區彝文文獻翻譯研究中心藏。

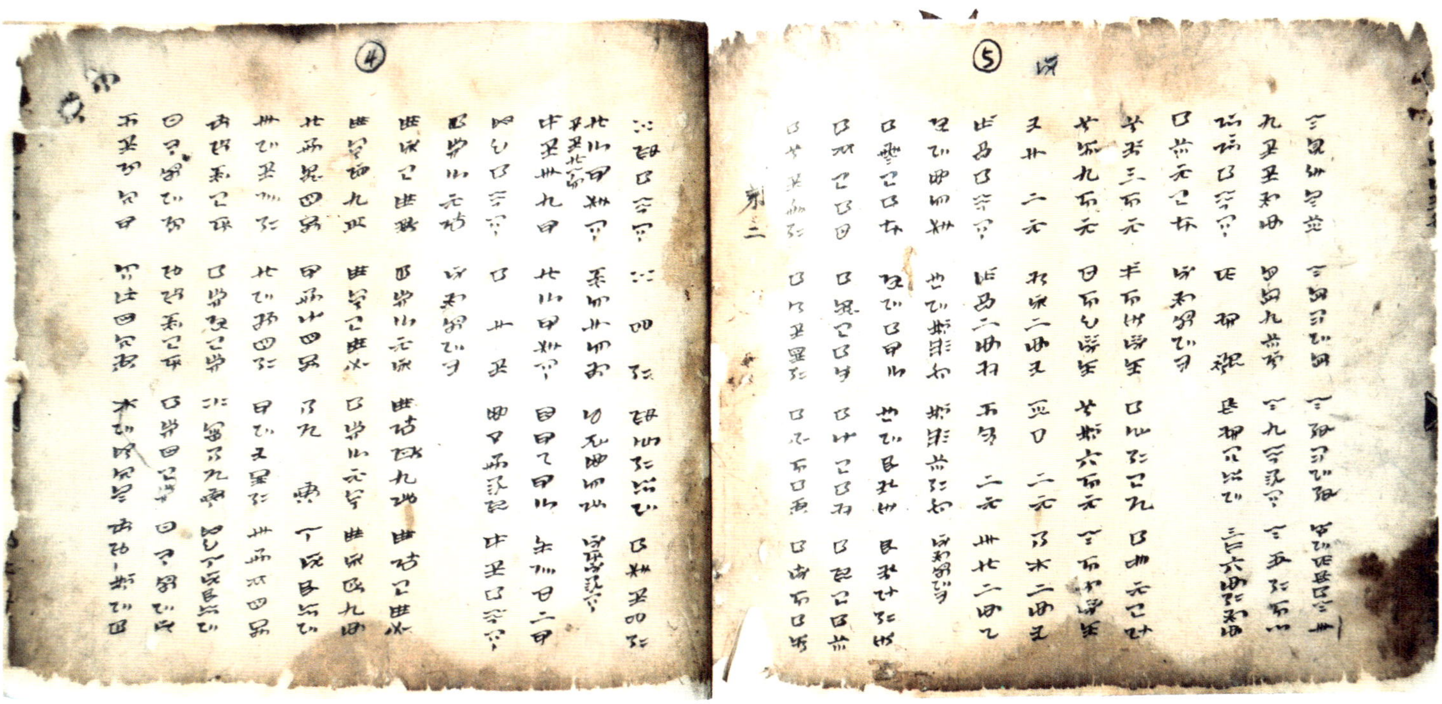

11305 家園消災祈福經 清道光二十四年（1844）抄本

綫裝。開本高 24.3 釐米，廣 25.4 釐米。畢節地區彝文文獻翻譯研究中心藏。

11306 洪水與篤慕 清道光二十六年（1846）抄本

綫裝。開本高 18 釐米，廣 12.4 釐米。貴州民族文化宫圖書館藏。

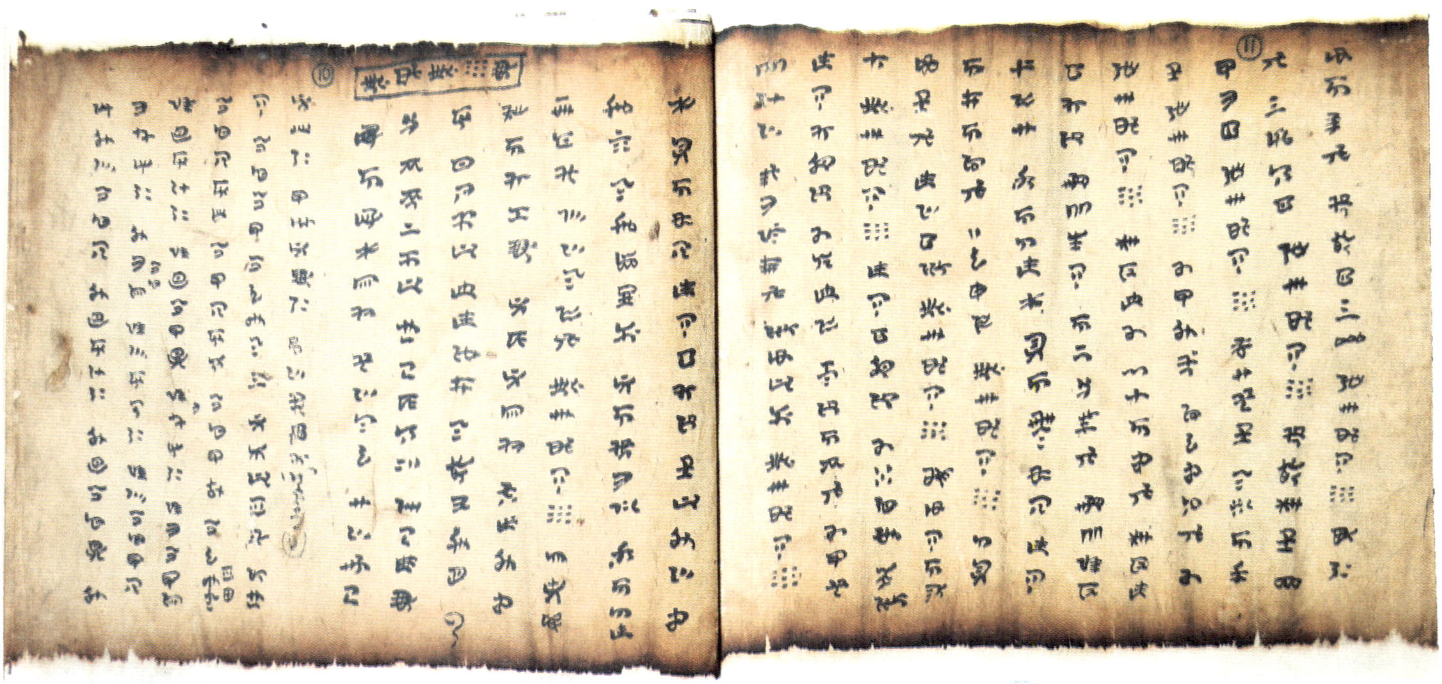

11307 摩史敘史録 清道光二十七年（1847）抄本

綫裝。開本高 24.6 釐米，廣 27.5 釐米。畢節地區彝文文獻翻譯研究中心藏。

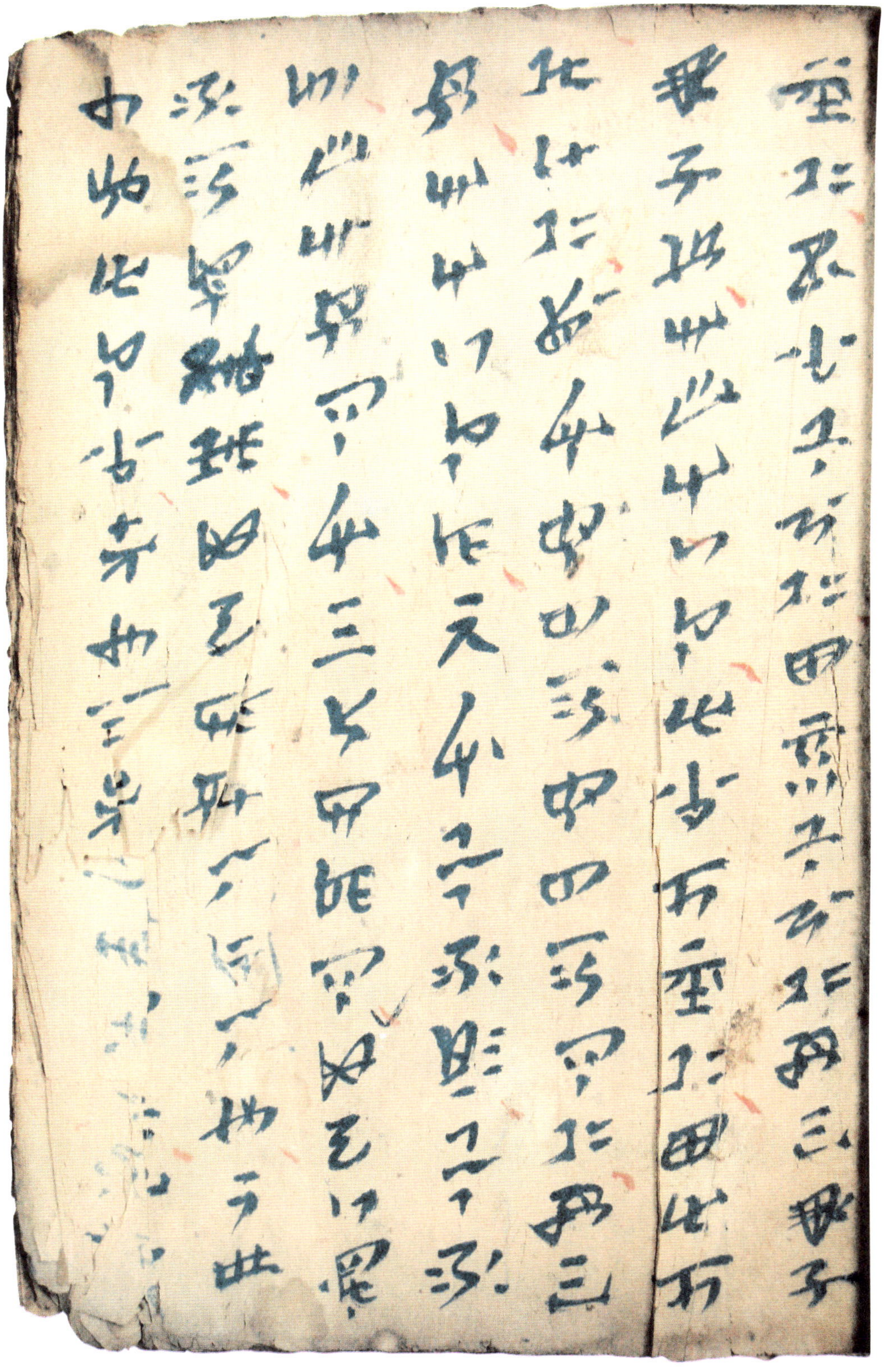

11308 婚儀誦本 清道光三十年（1850）抄本

綫裝。開本高 18.2 釐米，廣 15.5 釐米。貴州民族文化宫圖書館藏。

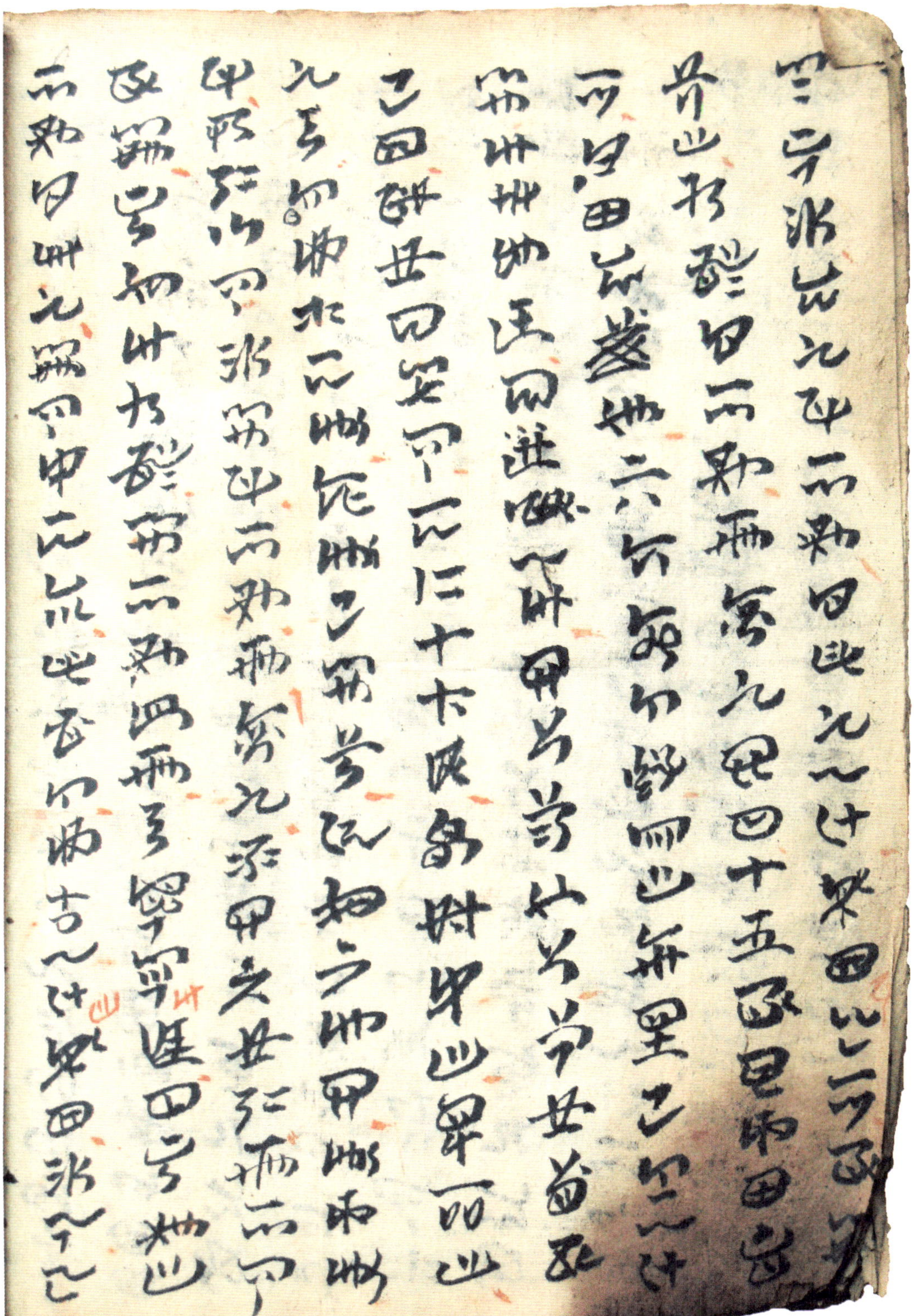

11309 阿哲君長世系 清道光三十年（1850）抄本

綫裝。開本高18釐米，廣14釐米。貴州民族文化宫圖書館藏。

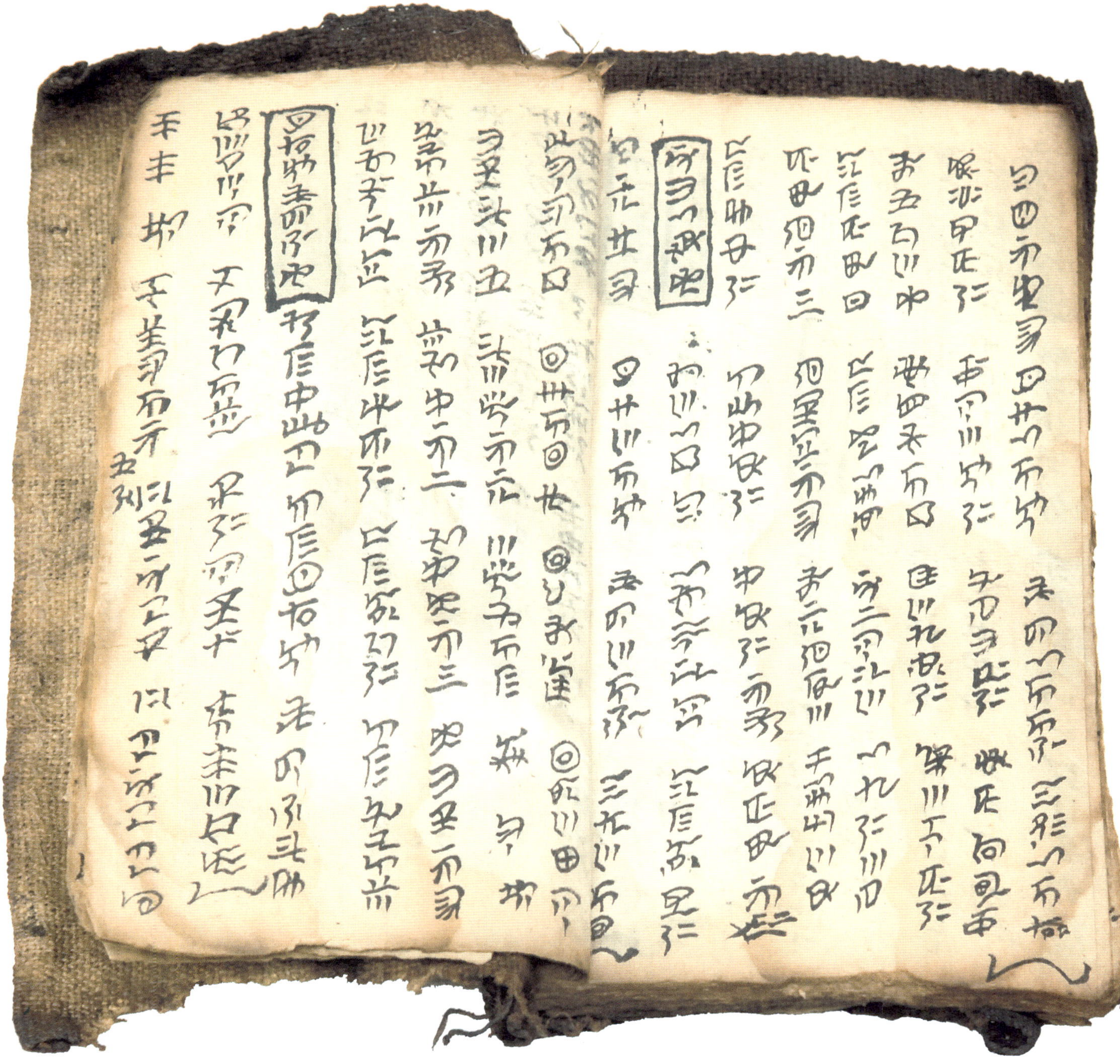

11310 動植物譜 清道光抄本

綫裝。開本高 26 釐米，廣 15 釐米。西南民族大學民族文獻研究中心藏。

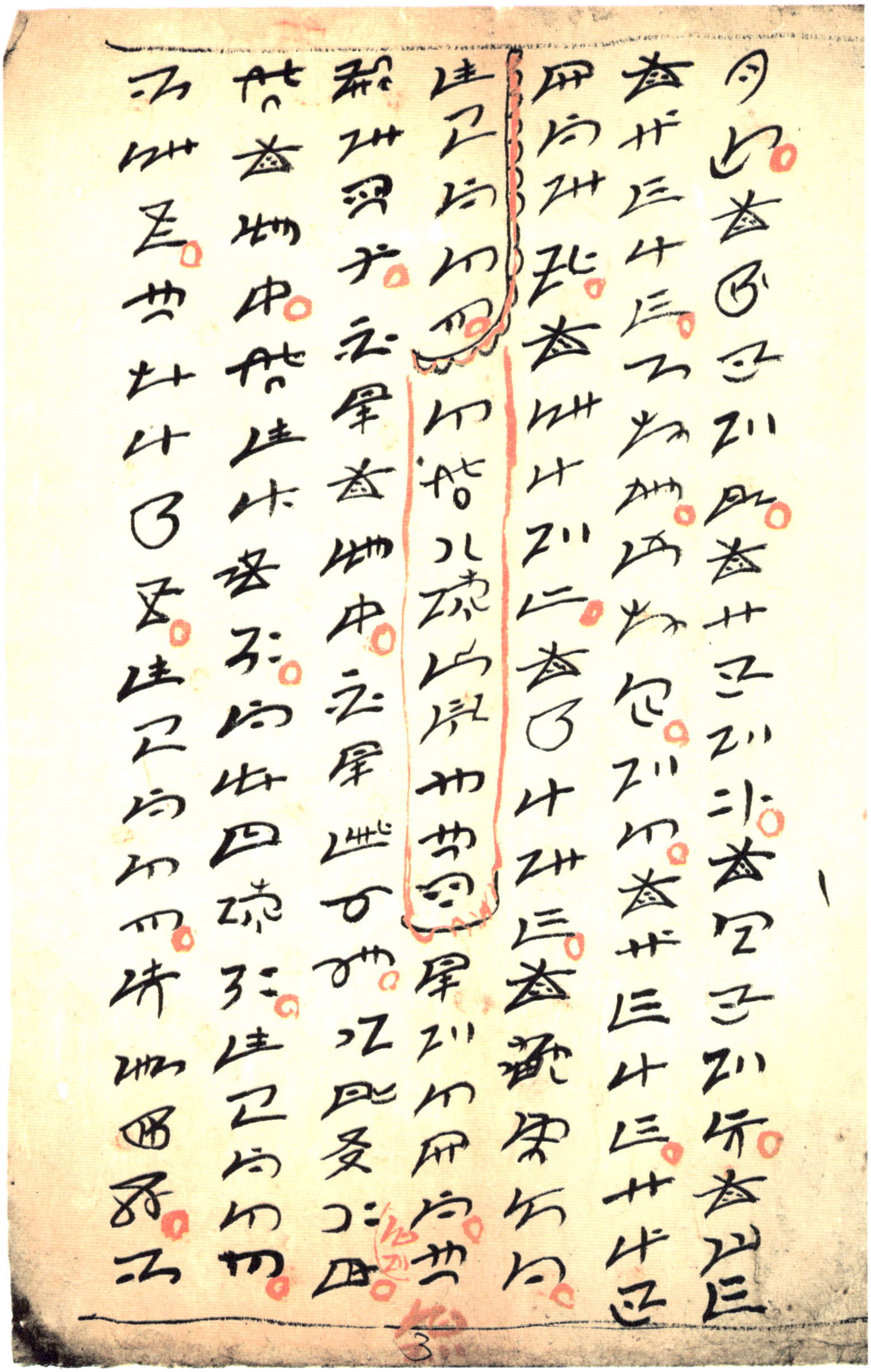

11311 敘譜續代書 清咸豐四年（1854）抄本

綫裝。開本高 27 釐米，廣 17.1 釐米。楚雄彝族文化研究院藏。

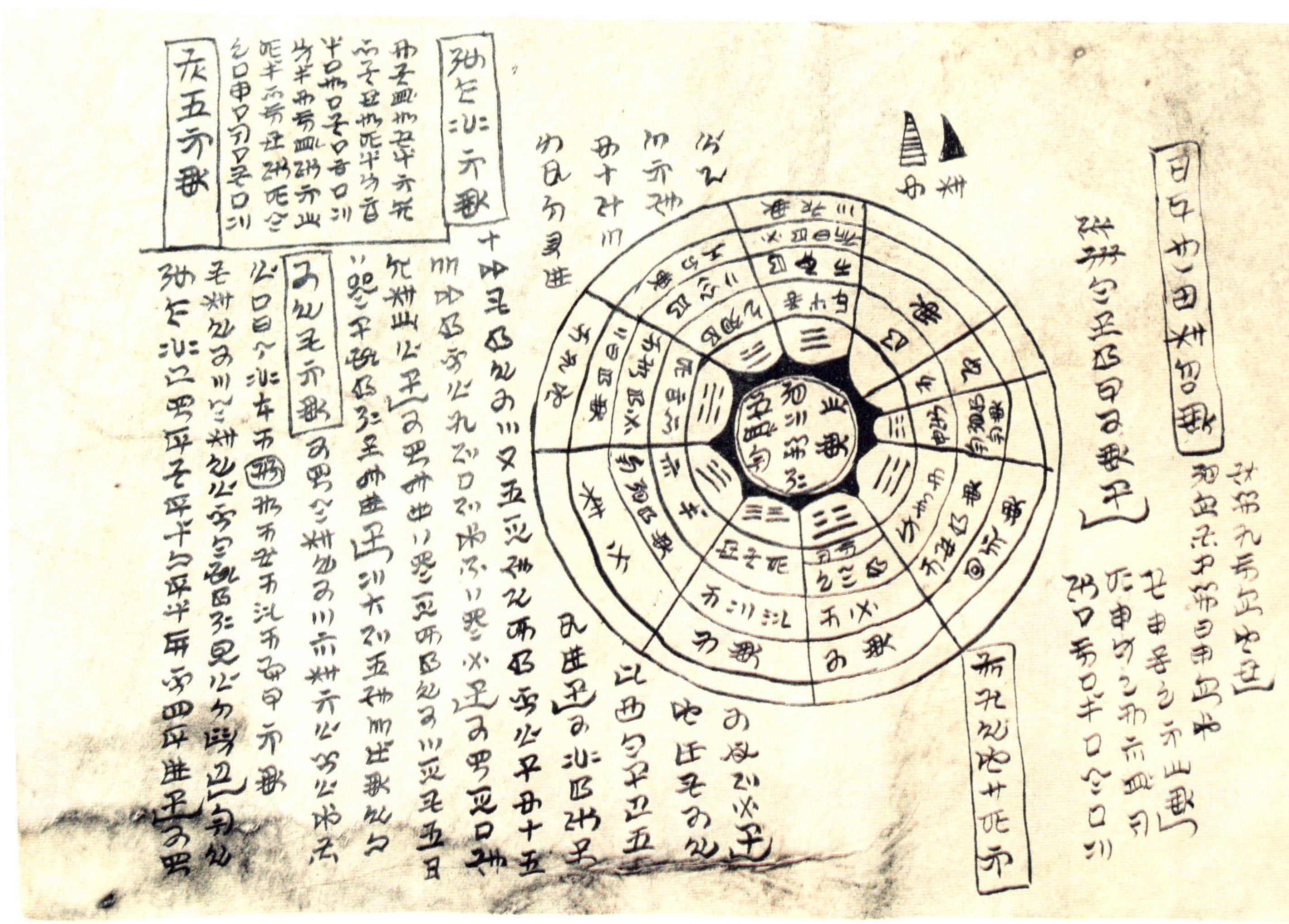

11312 阿魯預測書 清咸豐抄本

綫裝。開本高 28 釐米，廣 41 釐米。貴州民族文化宫圖書館藏。

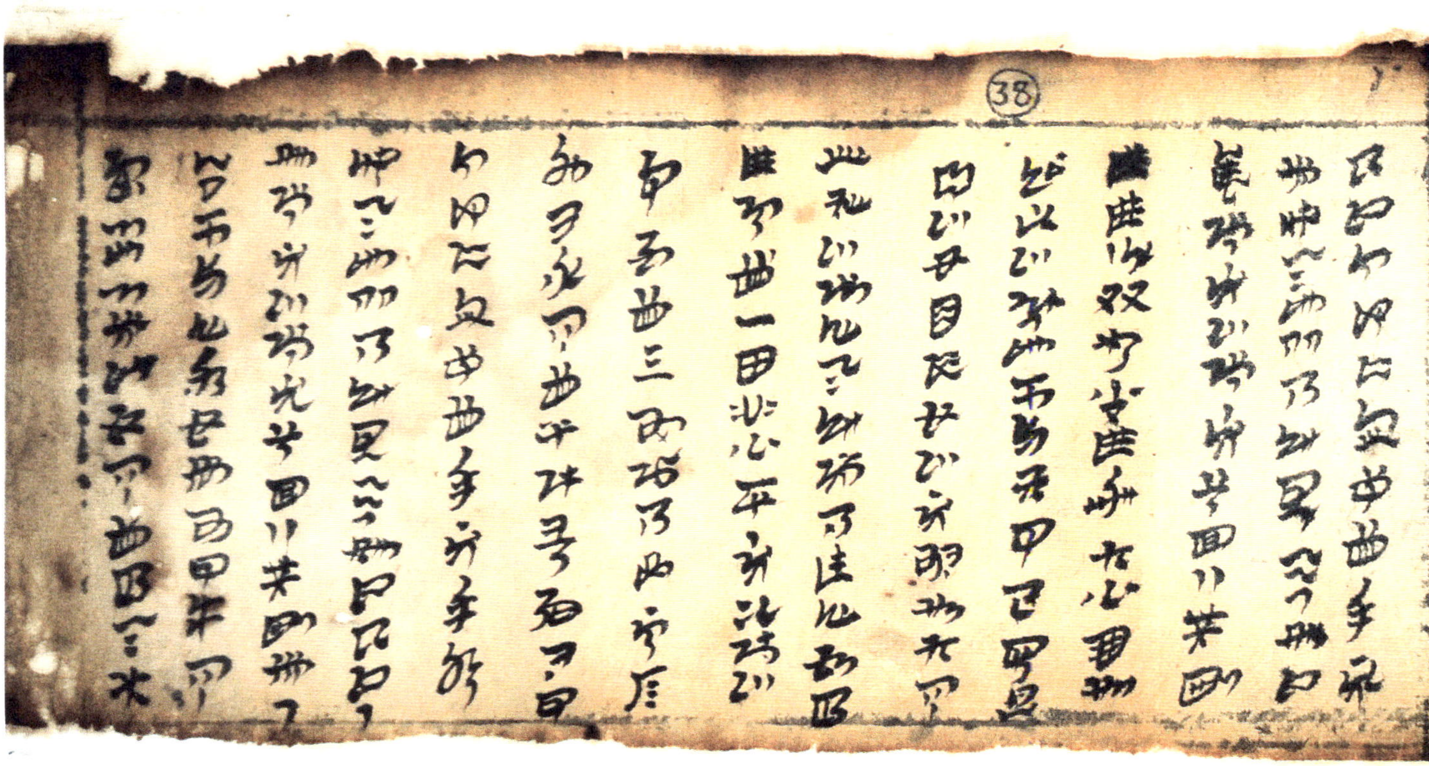

11313 彝家婚禮敘事詩 清同治五年（1866）抄本

綫裝。開本高 12.8 釐米，廣 28 釐米。畢節地區彝文文獻翻譯研究中心藏。

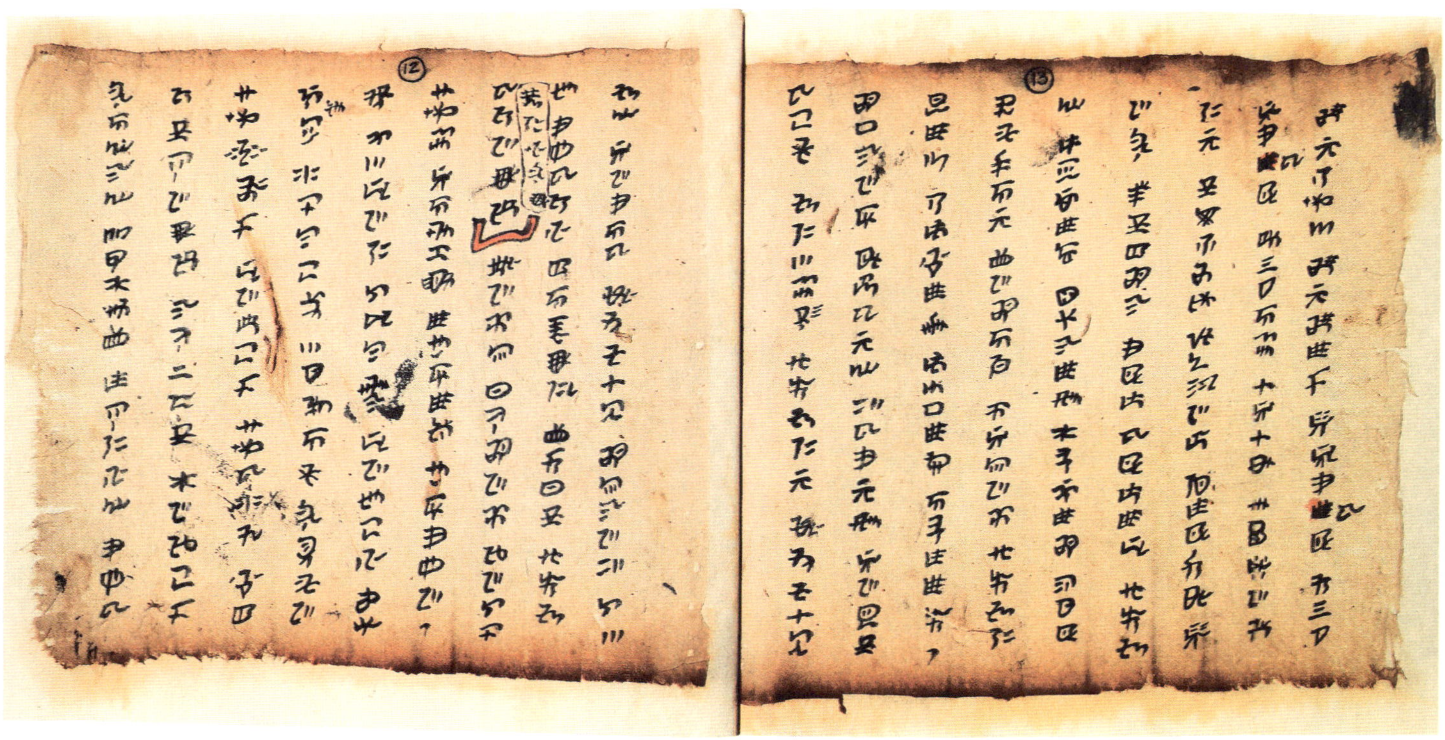

11314 宗法與祭祖 清同治七年（1868）抄本

綫裝。開本高 24 釐米，廣 26.3 釐米。畢節地區彝文文獻翻譯研究中心藏。

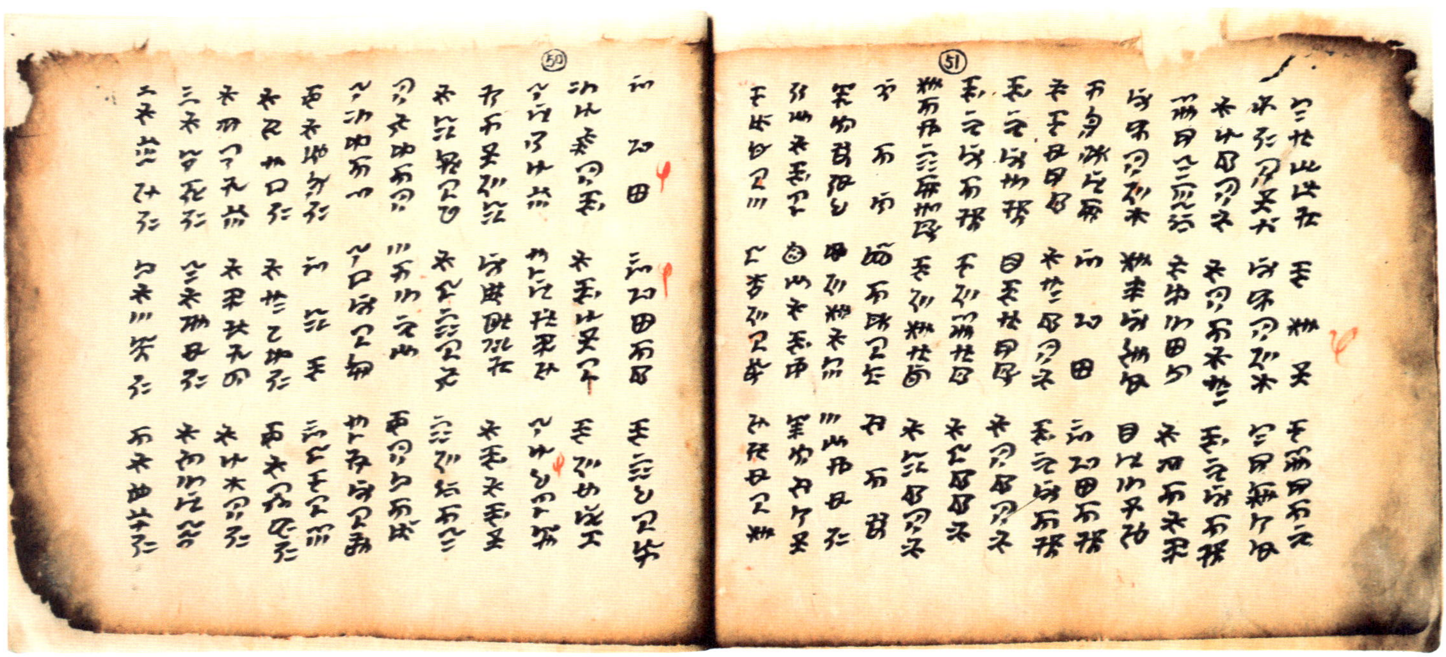

11315 驅病退災書 清光緒十五年（1889）抄本

綫裝。開本高 24.6 釐米，廣 27.6 釐米。畢節地區彝文文獻翻譯研究中心藏。

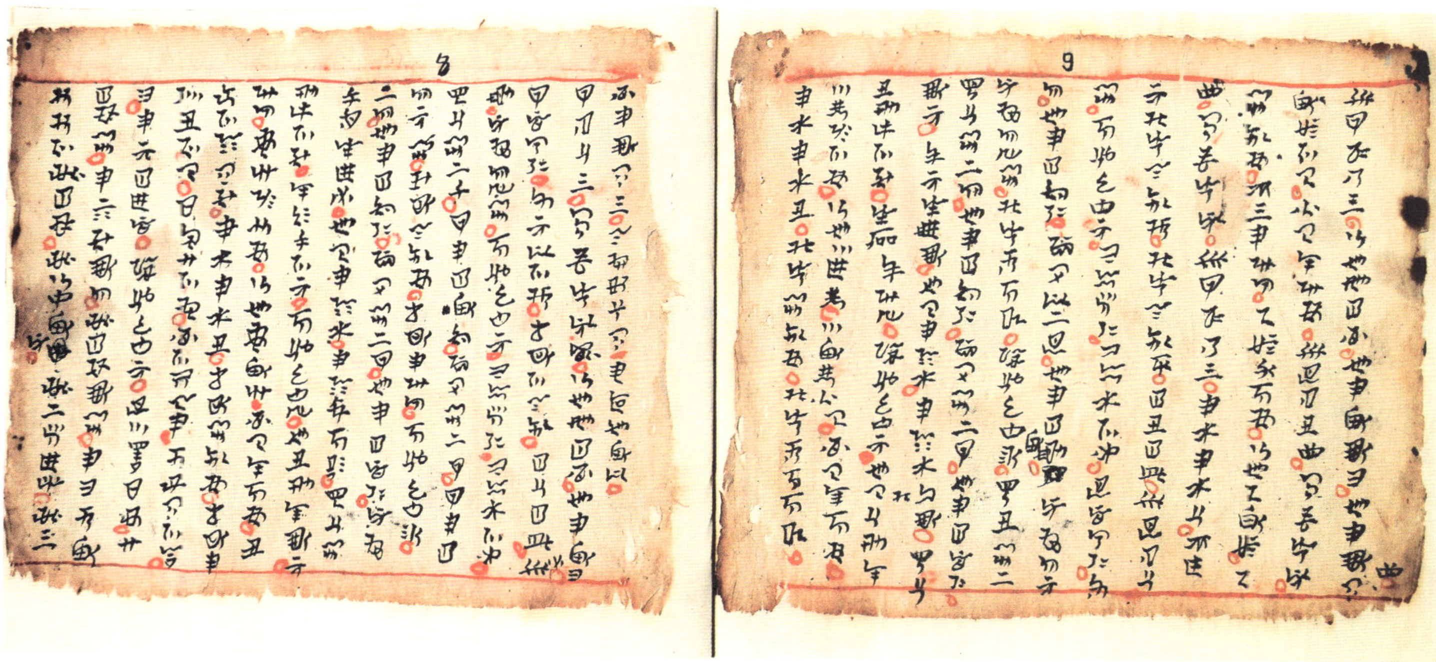

11316 祭奠哭靈書 清光緒二十二年（1896）抄本

綫裝。開本高 24 釐米，廣 27.5 釐米。畢節地區彝文文獻翻譯研究中心藏。

11317 祭場解口舌罪經 清光緒二十三年（1897）李格抄本

綫裝。開本高 19.1 釐米，廣 14.5 釐米。楚雄彝族文化研究院藏。

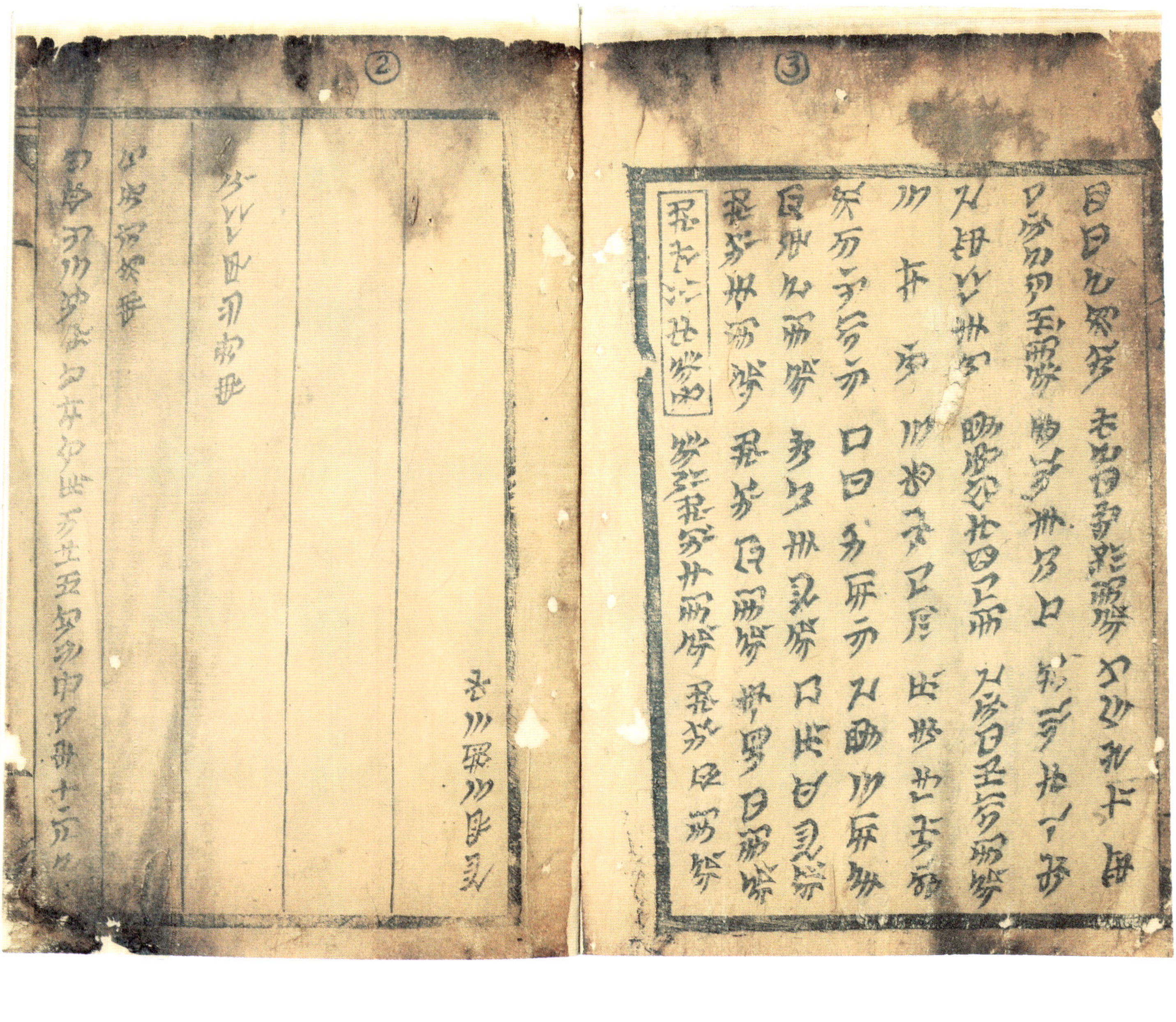

11318 摩史蘇四卷 清光緒二十五年（1899）刻本

綫裝。開本高 25 釐米，廣 15.5 釐米。匡高 20.4 釐米，廣 13.5 釐米。畢節地區彝文文獻翻譯研究中心藏。

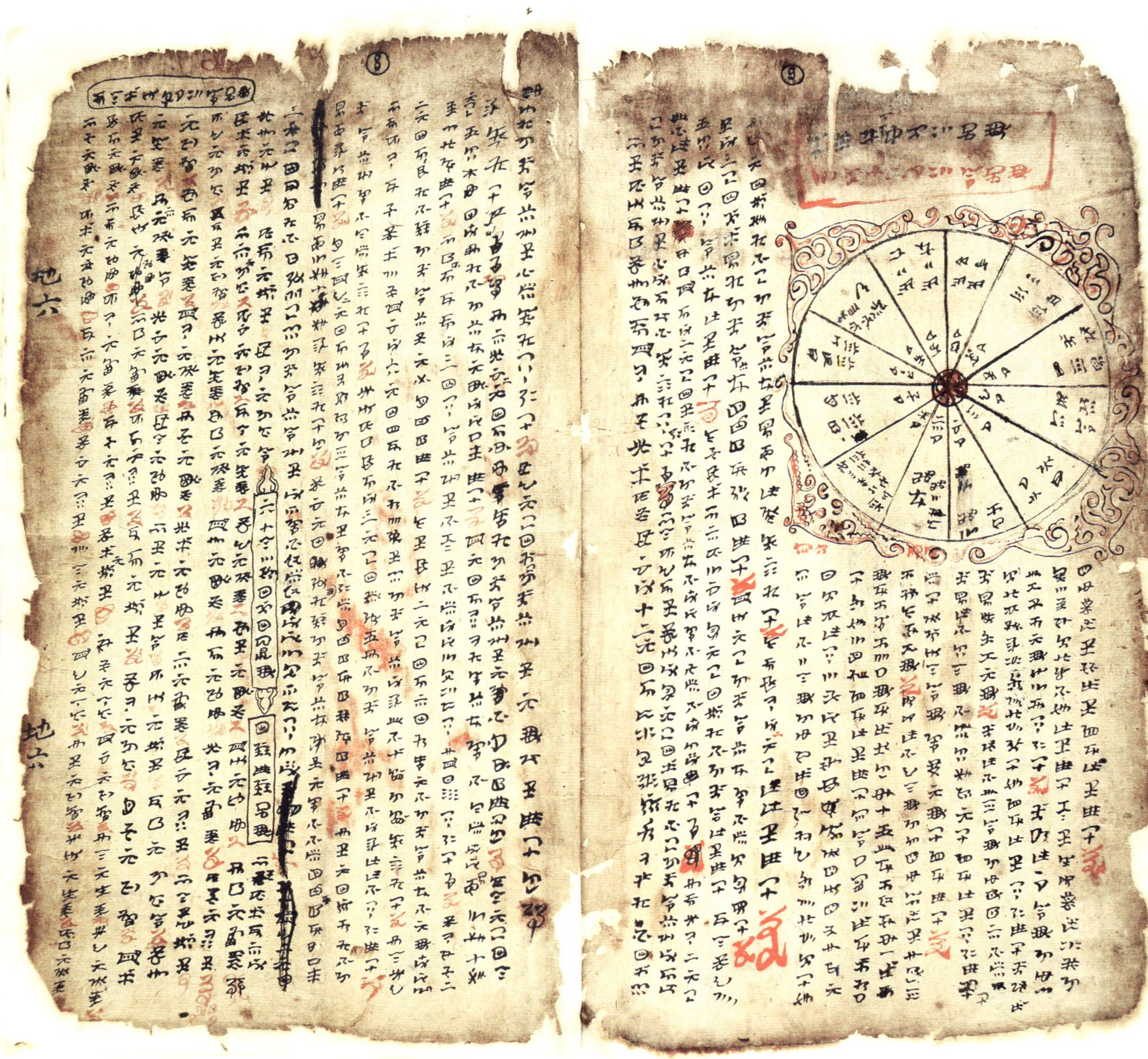

11319 擇期書 清光緒二十六年（1900）抄本

綫裝。開本高 54.5 釐米，廣 32 釐米。畢節地區彝文文獻翻譯研究中心藏。

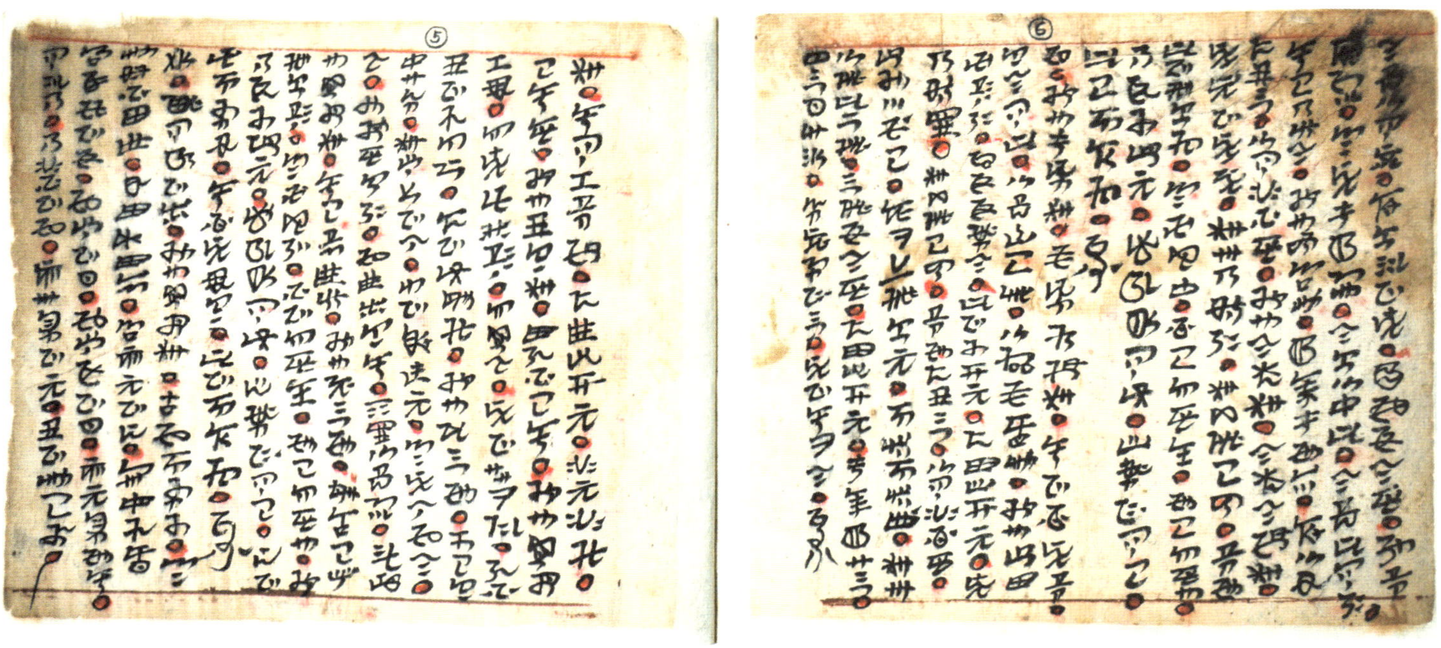

11320 播勒對歌記 清光緒二十七年（1901）抄本

綫裝。開本高 23 釐米，廣 24.5 釐米。畢節地區彝文文獻翻譯研究中心藏。

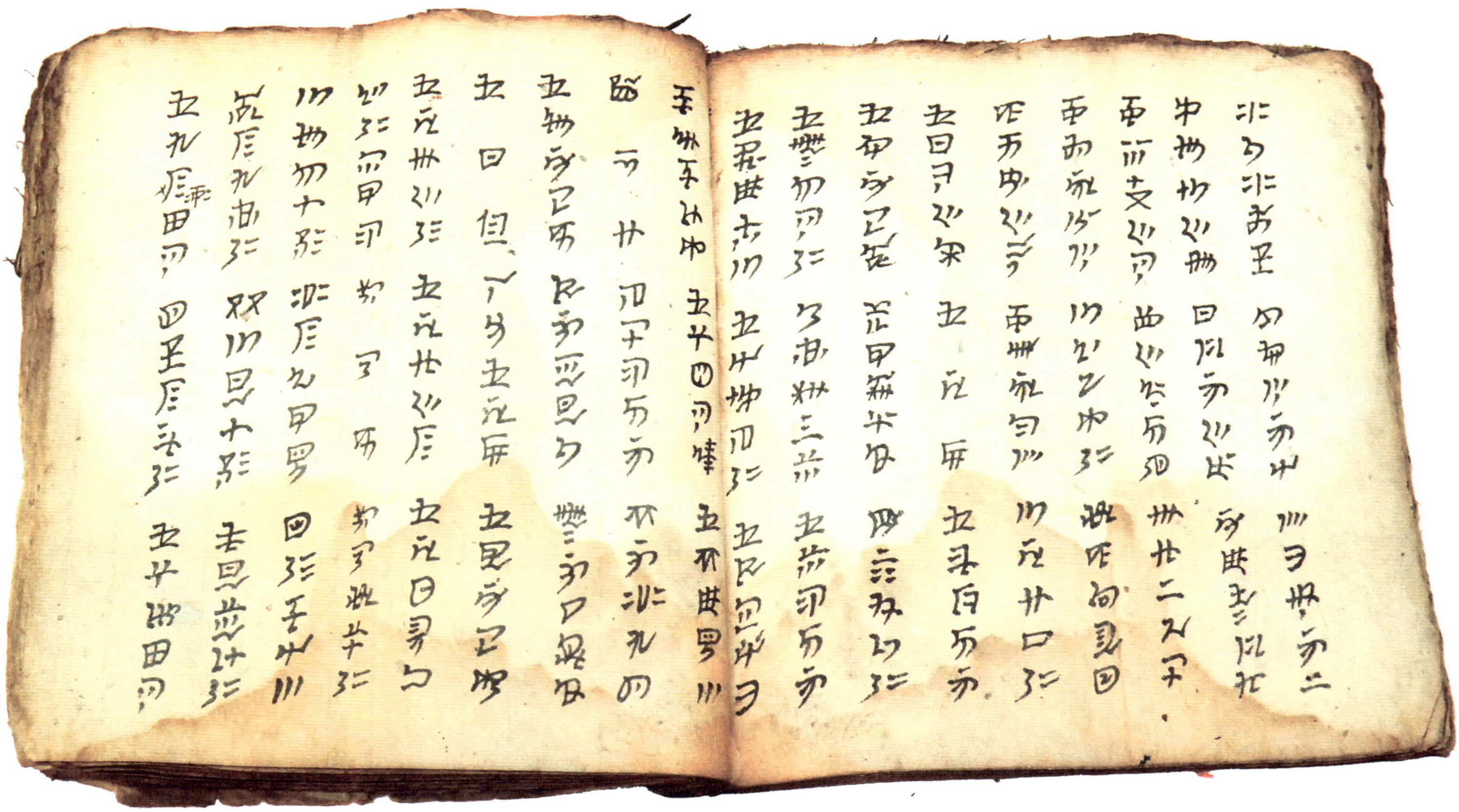

11321 畢摩儀式經 清光緒二十八年（1902）抄本

綫裝。開本高 21 釐米，廣 20 釐米。西南民族大學民族文獻研究中心藏。

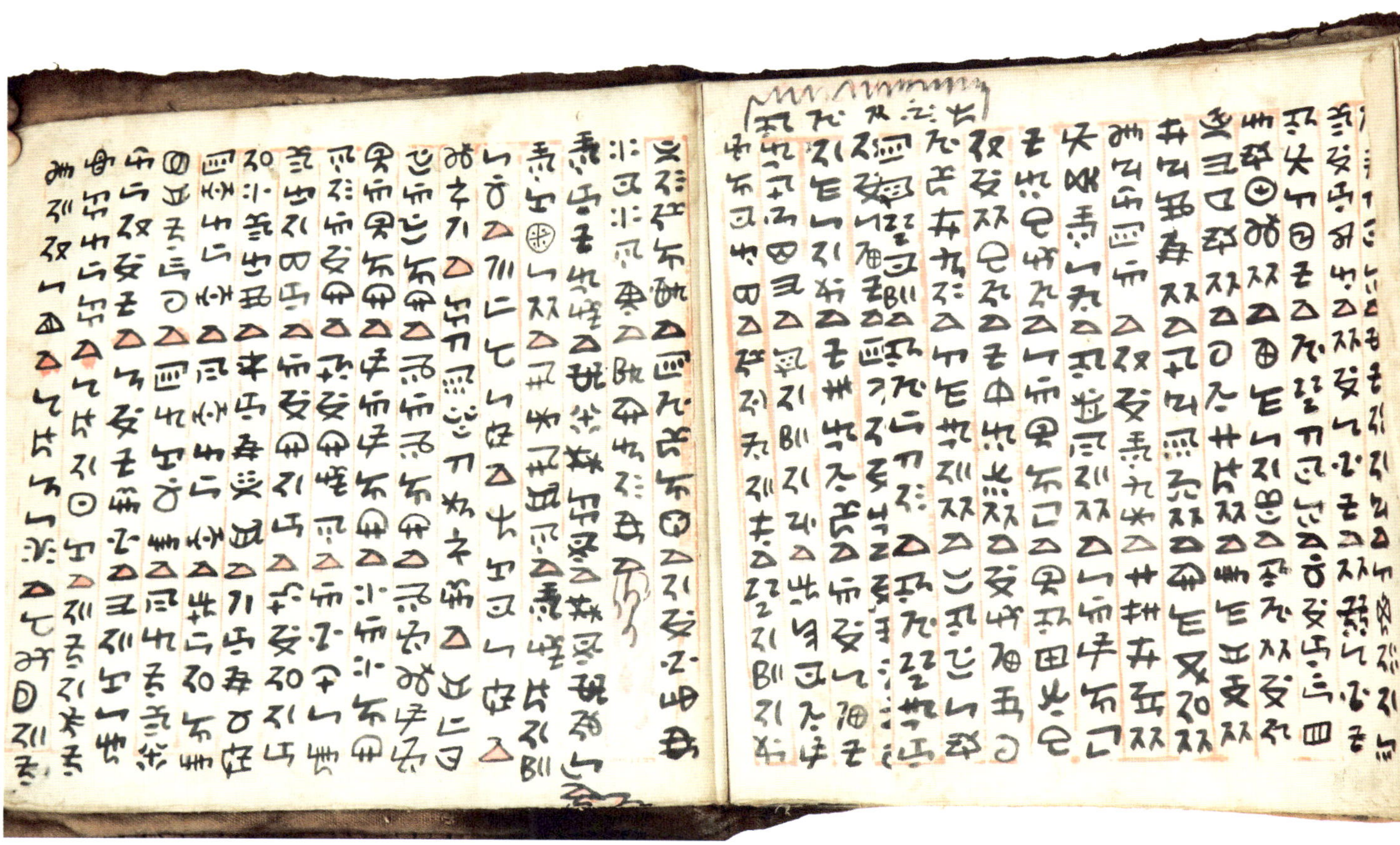

11322 梅查書 清光緒抄本

綫裝。開本高 25.3 釐米，廣 28.5 釐米。西南民族大學民族文獻研究中心藏。

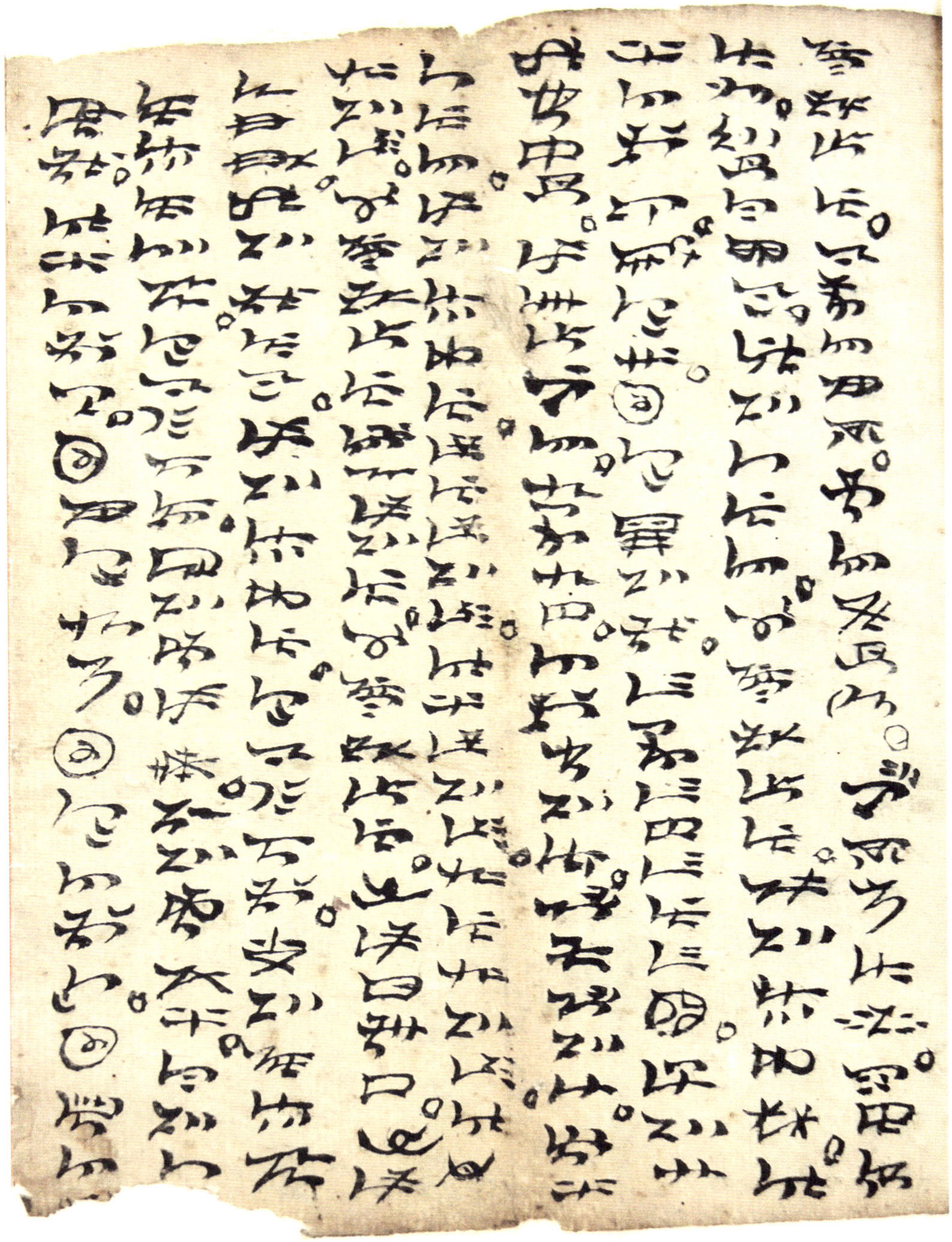

11323 北方尼諾史 清宣統三年（1911）李芝林抄本

綫裝。開本高 23.2 釐米，廣 17 釐米。楚雄彝族文化研究院藏。

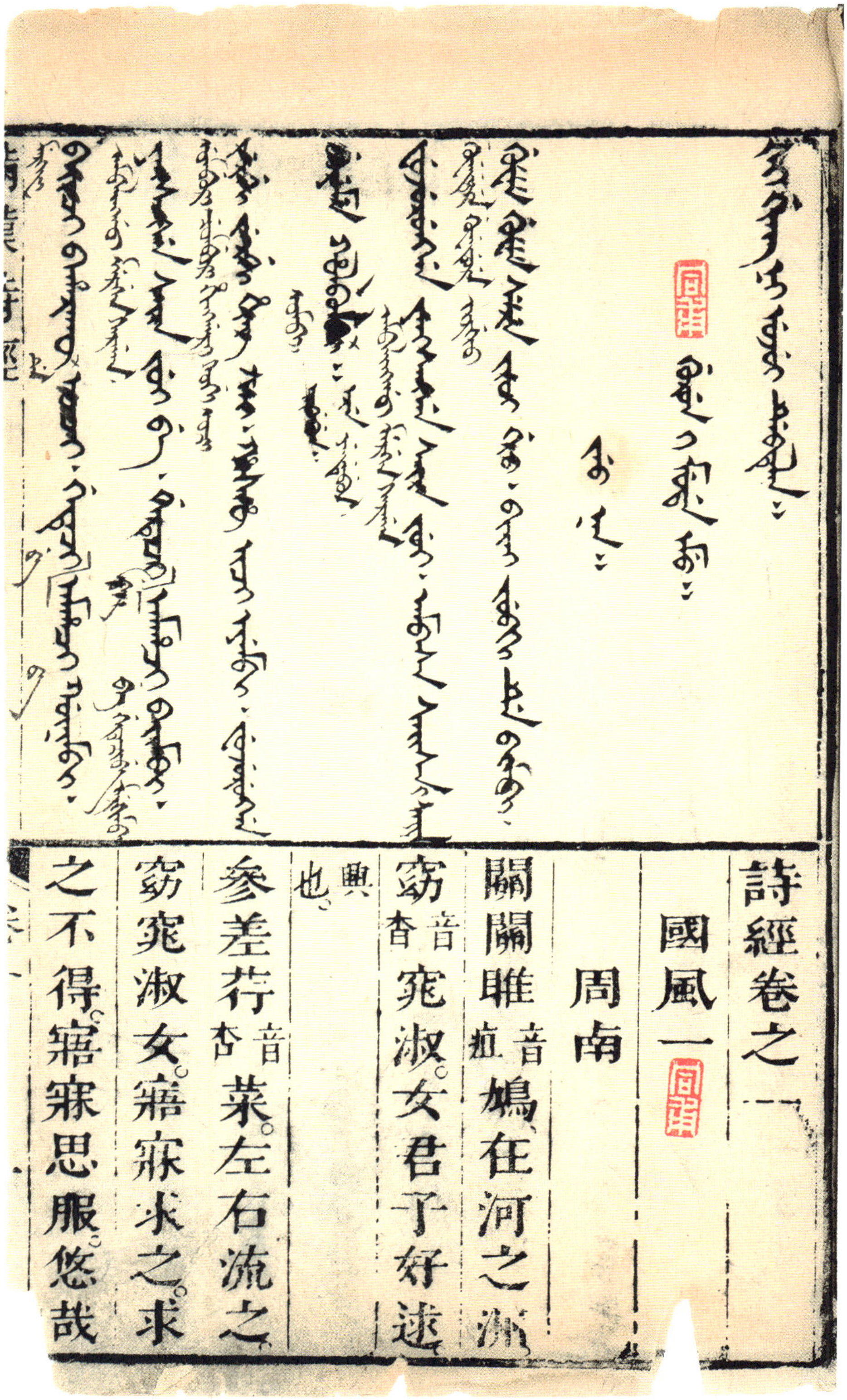

詩經卷之一
國風一
周南
關關雎音疽鳩在河之洲
窈音杳窕淑女君子好逑
興也
參差荇音杏菜左右流之
窈窕淑女寤寐求之
求之不得寤寐思服悠哉

11324 新刻滿漢字詩經六卷 清順治十一年（1654）聽松樓刻本

綫裝。匡高 22.8 釐米，廣 14.7 釐米。半葉九行，白口，左右雙邊，上下兩欄。齊齊哈爾市圖書館藏。

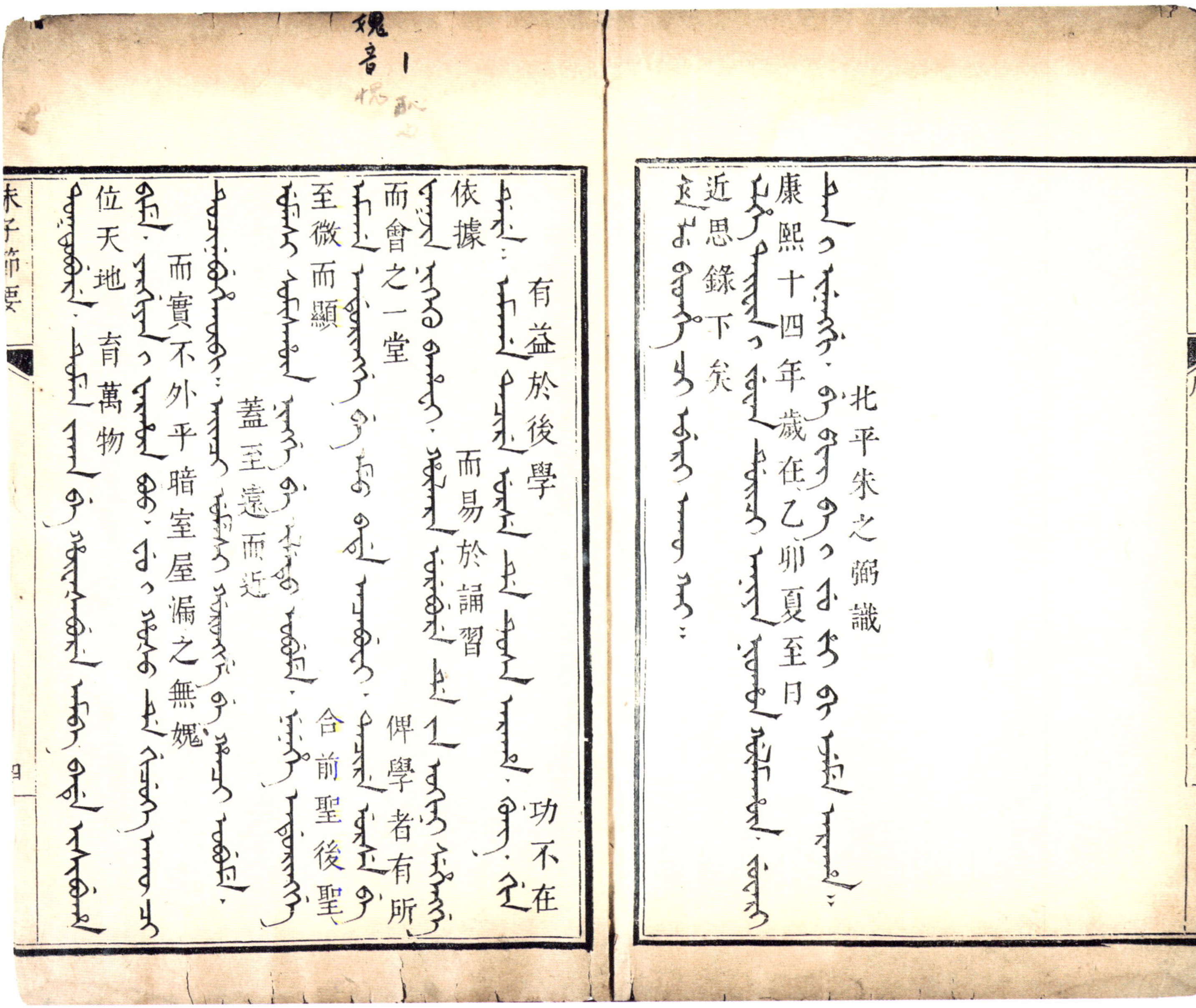

11325 朱子節要十四卷 （宋）朱熹撰 （明）高攀龍輯 清康熙十四年（1675）刻本

綫裝。匡高 20.4 釐米，廣 14.6 釐米。半葉十四行，白口，四周雙邊。國家圖書館藏。

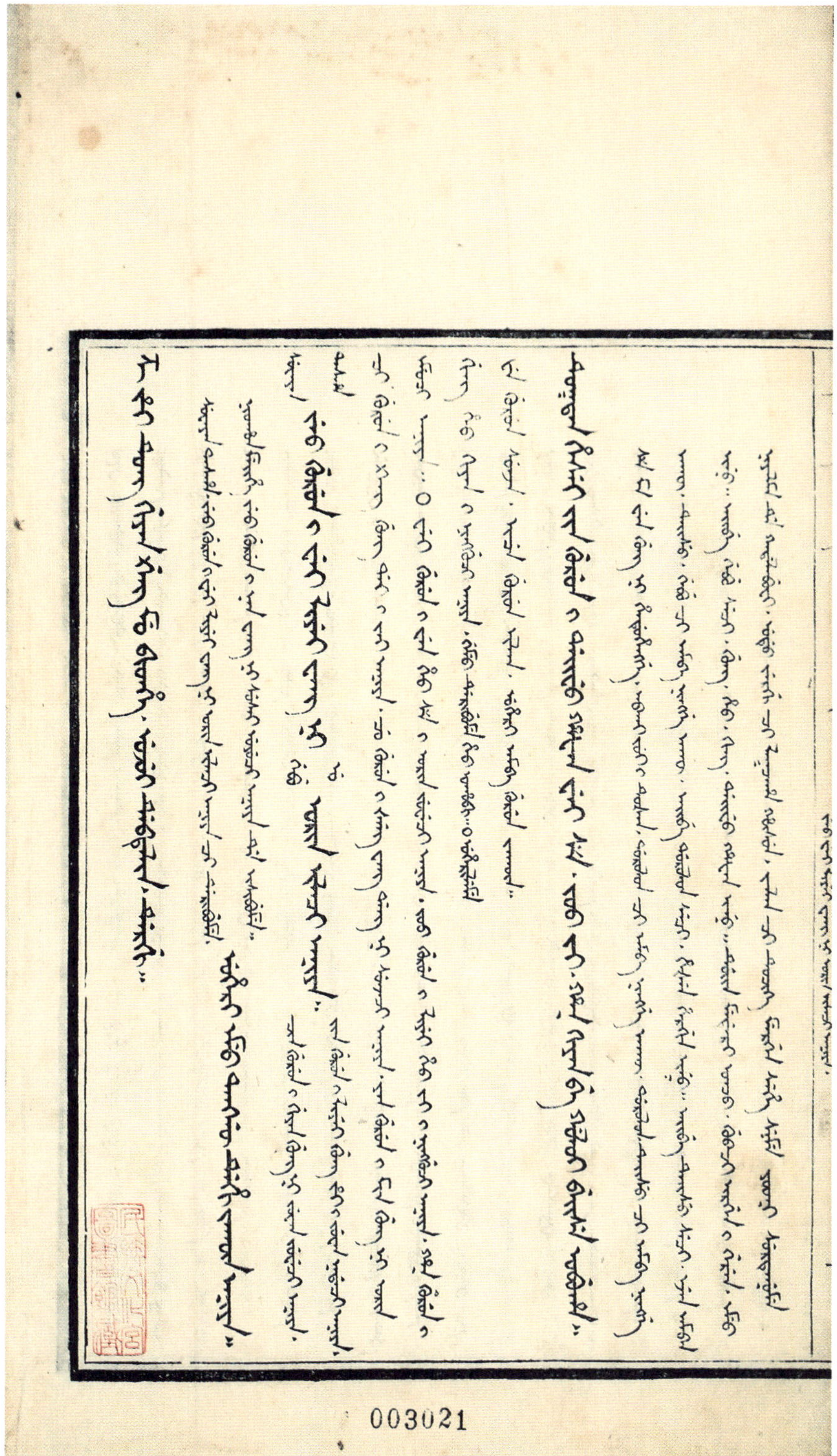

11326 資治通鑒綱目一百十一卷 （清）和素譯 清康熙三十年（1691）內府刻本

綫裝。匡高 23 釐米，廣 16.5 釐米。白口，四周雙邊。中國民族圖書館藏，存二十四卷。

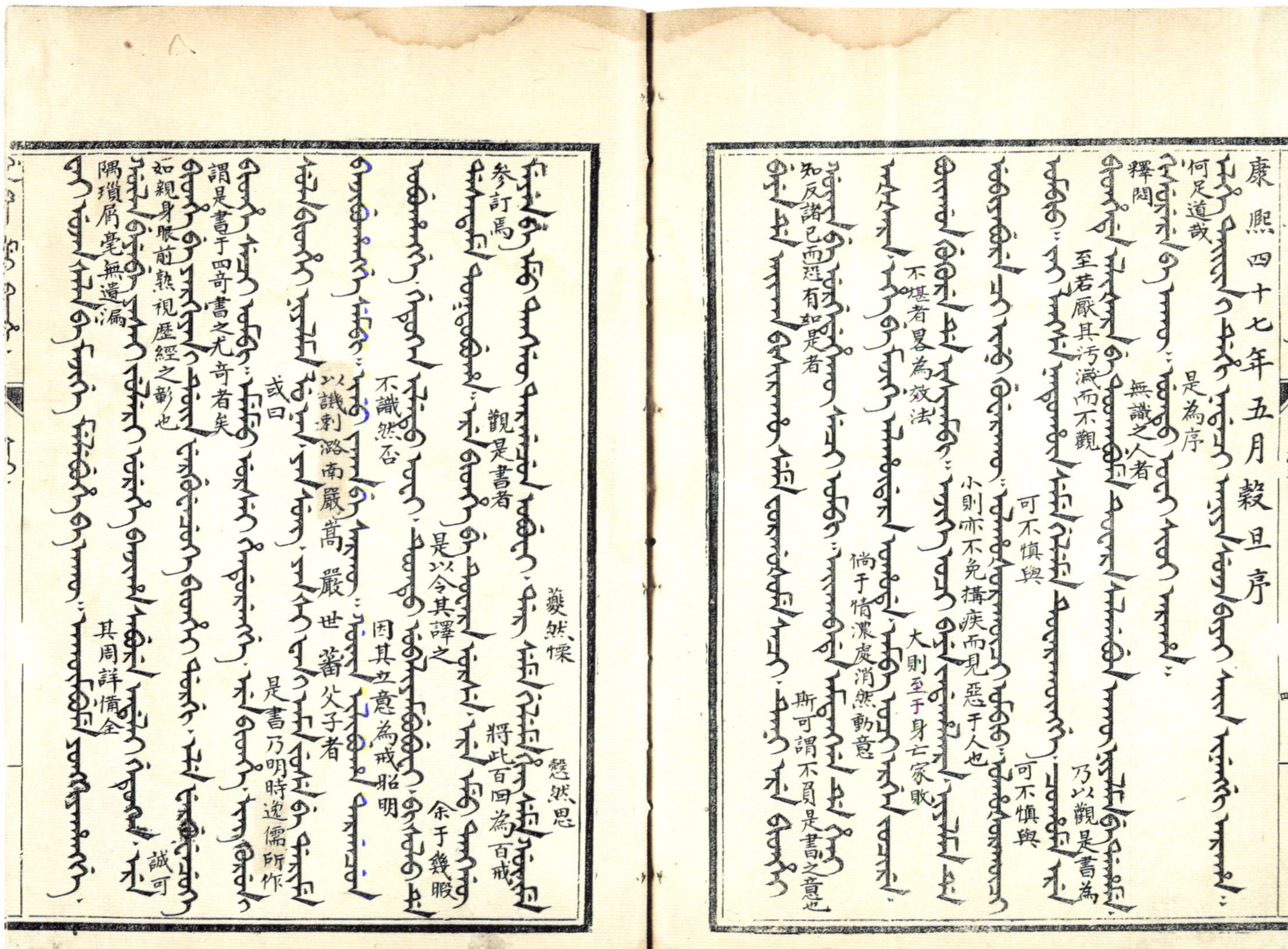

11327 金瓶梅一百回 （明）蘭陵笑笑生撰 清康熙四十七年（1708）刻本

綫裝。匡高 19.8 釐米，廣 14.3 釐米。半葉九行，白口，四周雙邊。國家圖書館藏。

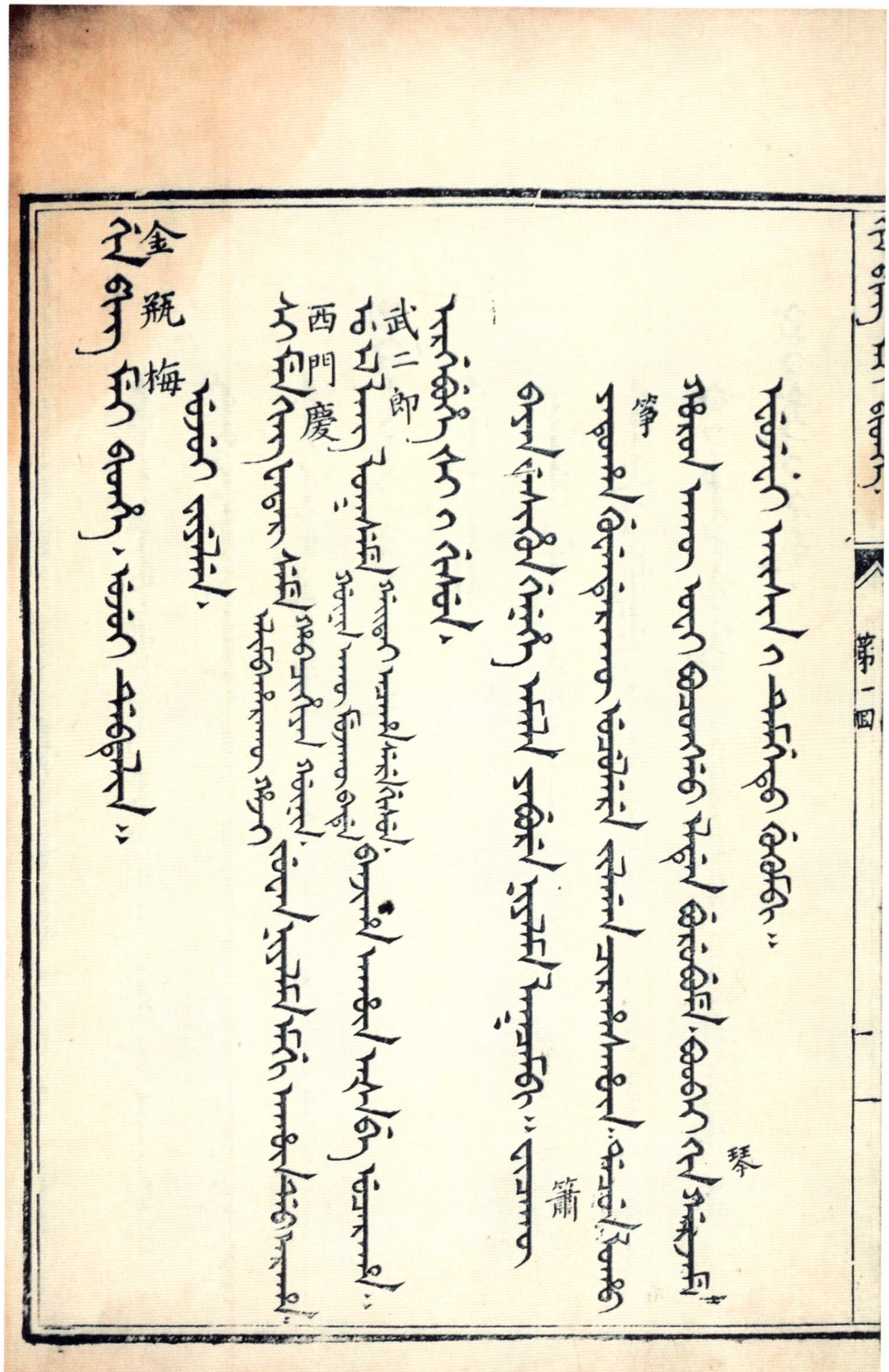

11328 金瓶梅一百回 （明）蘭陵笑笑生撰 清康熙四十七年（1708）刻本

綫裝。匡高 19.6 釐米，廣 14.3 釐米。半葉九行，白口，四周雙邊。中國民族圖書館藏。

11329 御製避暑山莊詩二卷 （清）聖祖玄燁撰 （清）揆敘等注釋 （清）沈喻繪圖 清康熙五十一年（1712）内府刻本

綫裝。匡高 19.5 釐米，廣 13.5 釐米。半葉六行，白口，四周雙邊。國家圖書館藏。

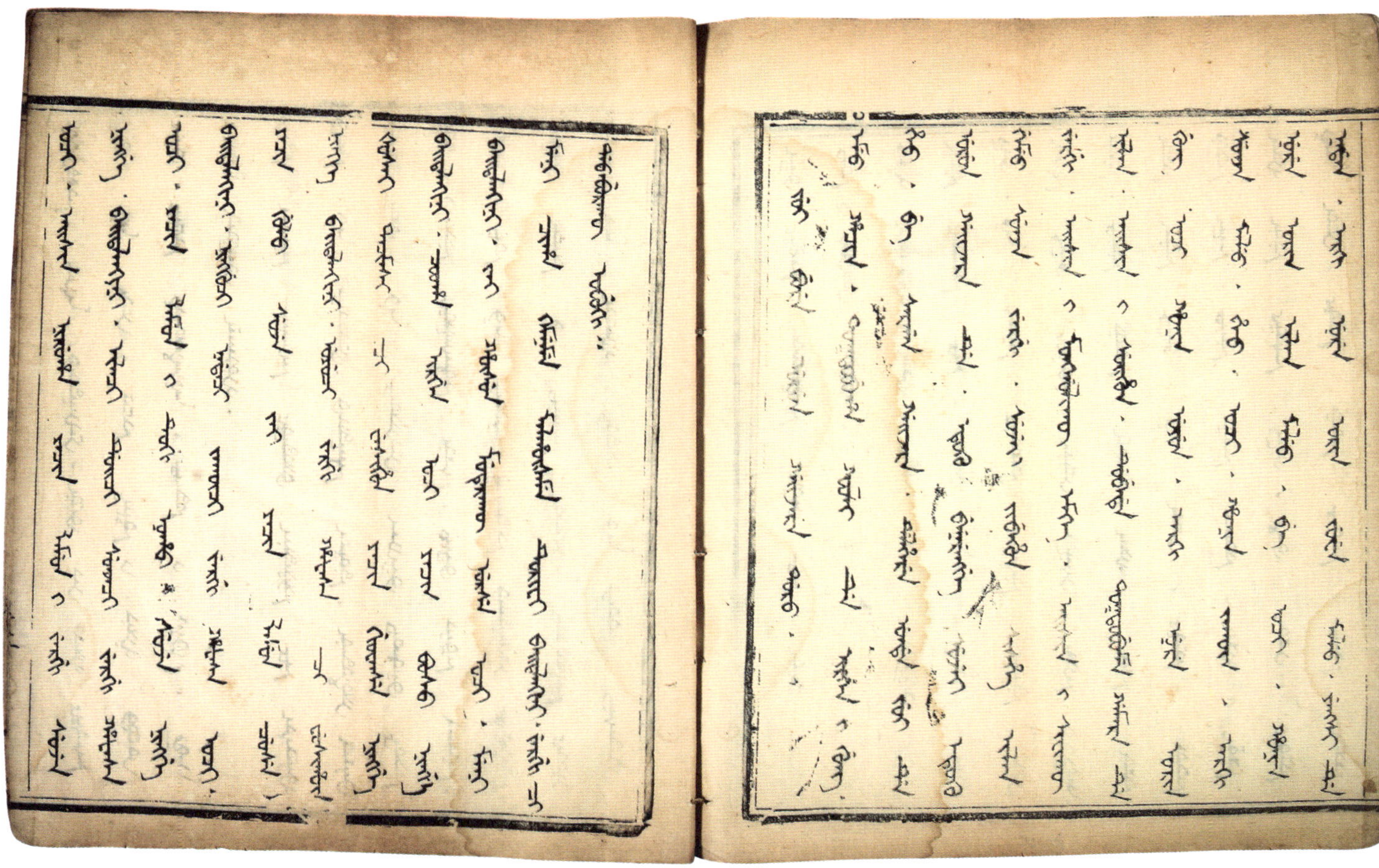

11330 喪葬婚嫁之儀禮 清雍正元年（1723）刻本

綫裝。匡高23.8釐米，廣21釐米。半葉十一行，白口，四周雙邊。國家圖書館藏。

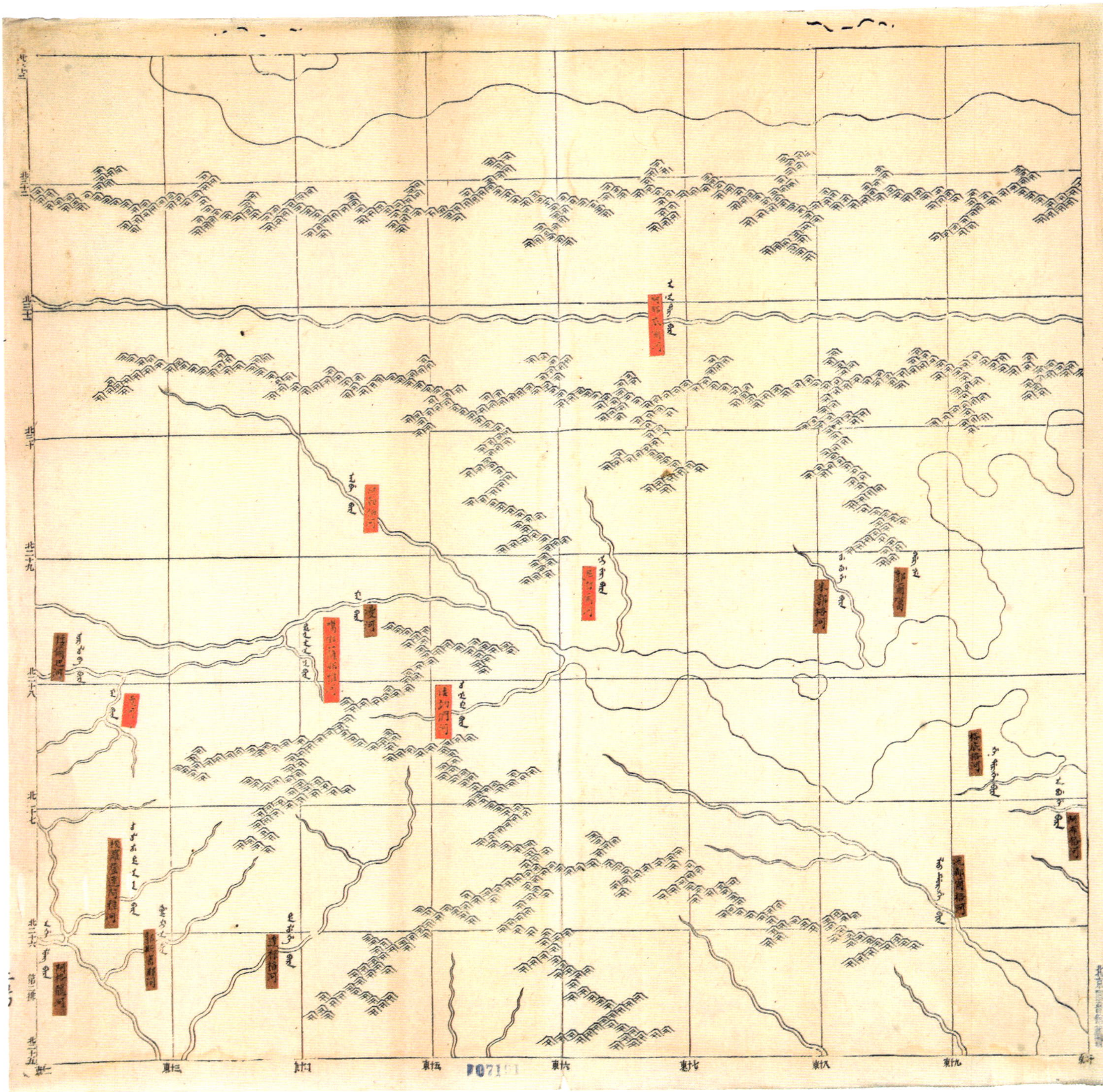

11331 十排皇輿全圖 清乾隆二十四年（1759）刻本

開本高 51 釐米，廣 51 釐米。國家圖書館藏，存一百一幅。

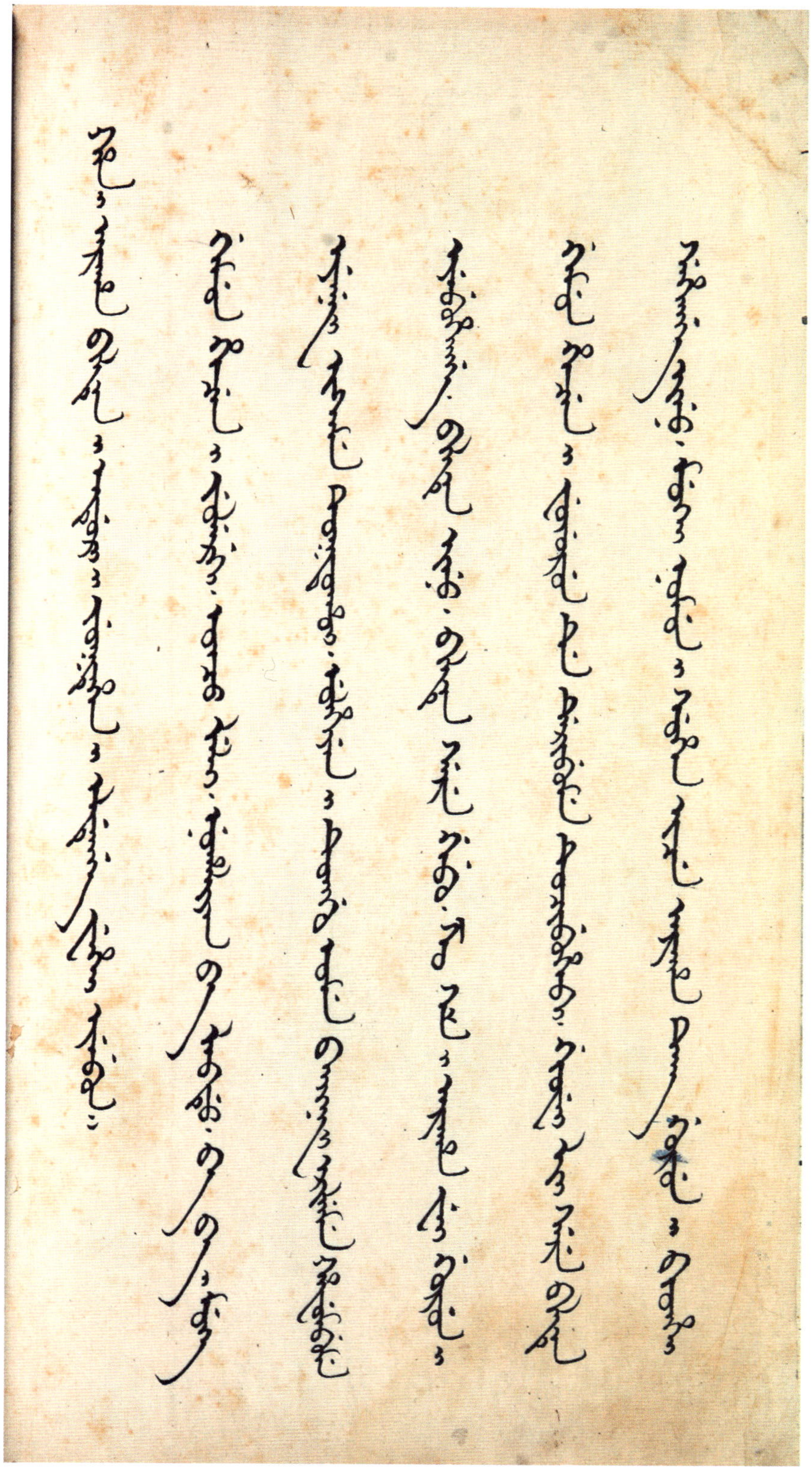

11332 廟碑紀事筆記 （清）瑞保輯録 清乾隆四十年（1775）抄本

綫裝。開本高 30 釐米，廣 18.5 釐米。國家圖書館藏。

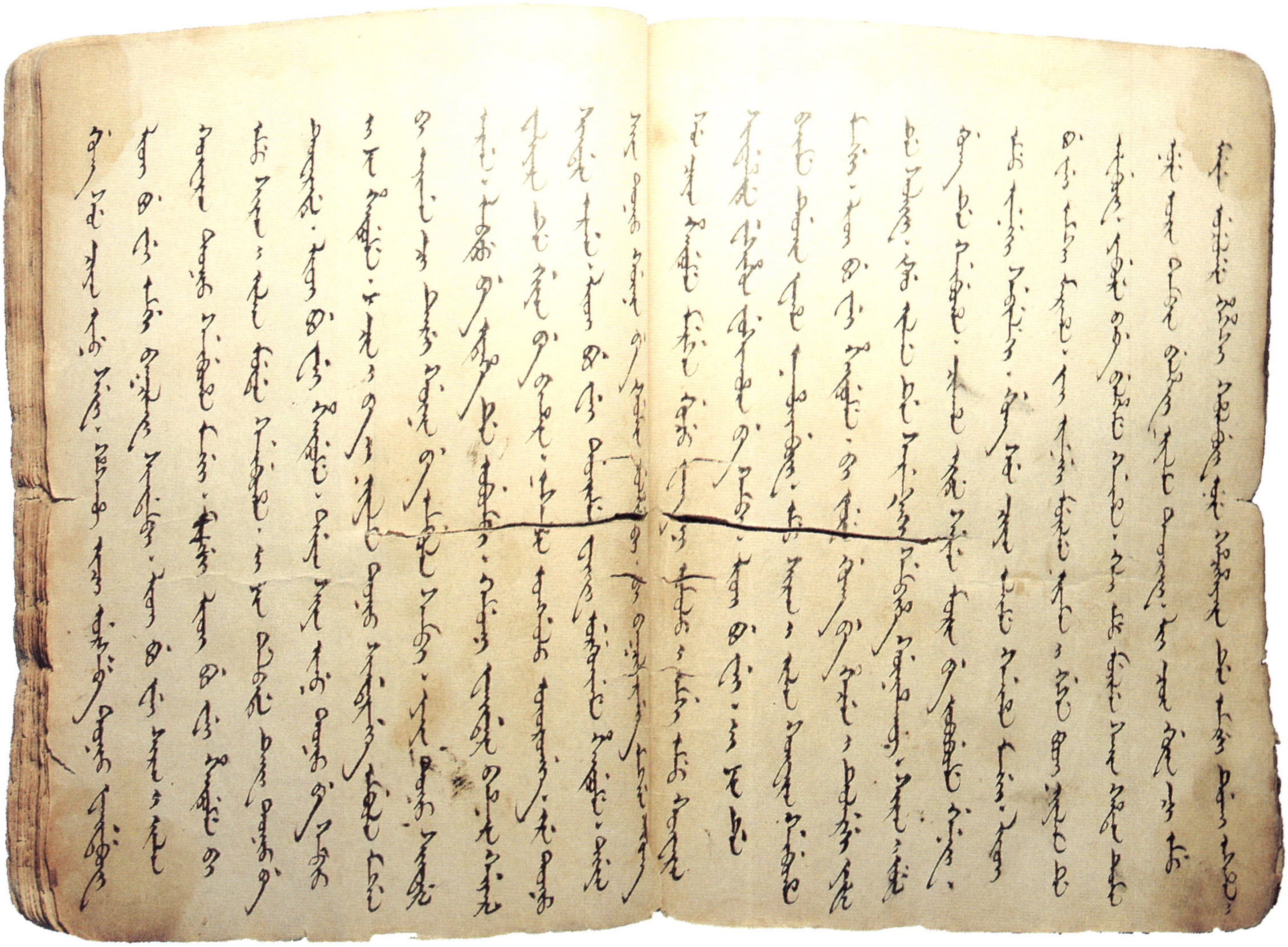

11333 漢國書 清光緒二十四年（1898）抄本

綫裝。開本高 22 釐米，廣 17.5 釐米。伊犁哈薩克自治州文物局藏。

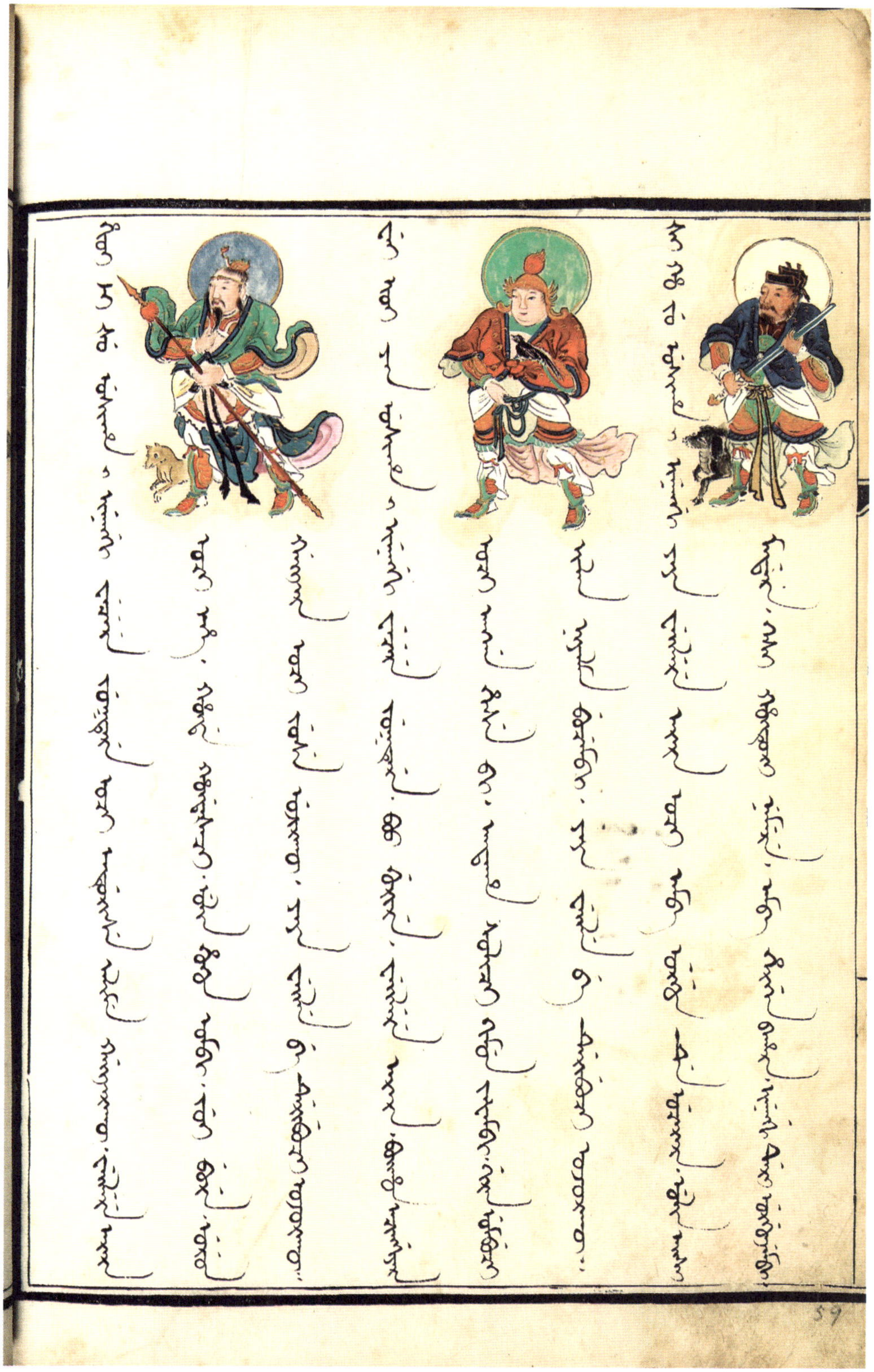

11334 玉匣記 清抄本

綫裝。開本高 34 釐米，廣 23.7 釐米。匡高 27.7 釐米，廣 21 釐米。半葉八行，白口，四周雙邊。國家圖書館藏。

11335 延壽道場·看羊五臟吉兇 清抄本

綫裝。開本高 9.51 釐米，廣 28.2 釐米。雲南省玉龍納西族自治縣圖書館藏。

11336 延壽道場·祭勝利神獻飯 清抄本

綫裝。開本高 8.81 釐米，廣 28.2 釐米。雲南省玉龍納西族自治縣圖書館藏。

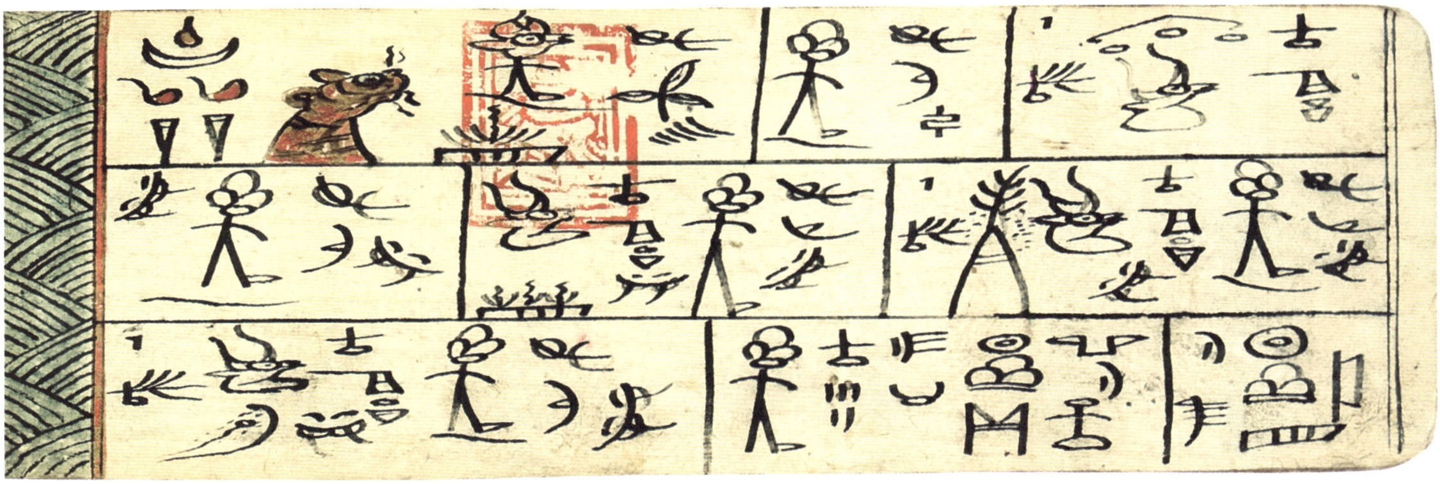

11337 魯般魯饒二册 抄本

綫裝。開本高 9.6 釐米，廣 29 釐米。國家圖書館藏。

11338 蝙蝠使者求靈經 抄本

綫裝。開本高 9 釐米，廣 28.5 釐米。國家圖書館藏。

11339 祭薩拉阿巴解口神經 抄本

綫裝。開本高 9.3 釐米，廣 28.2 釐米。國家圖書館藏。

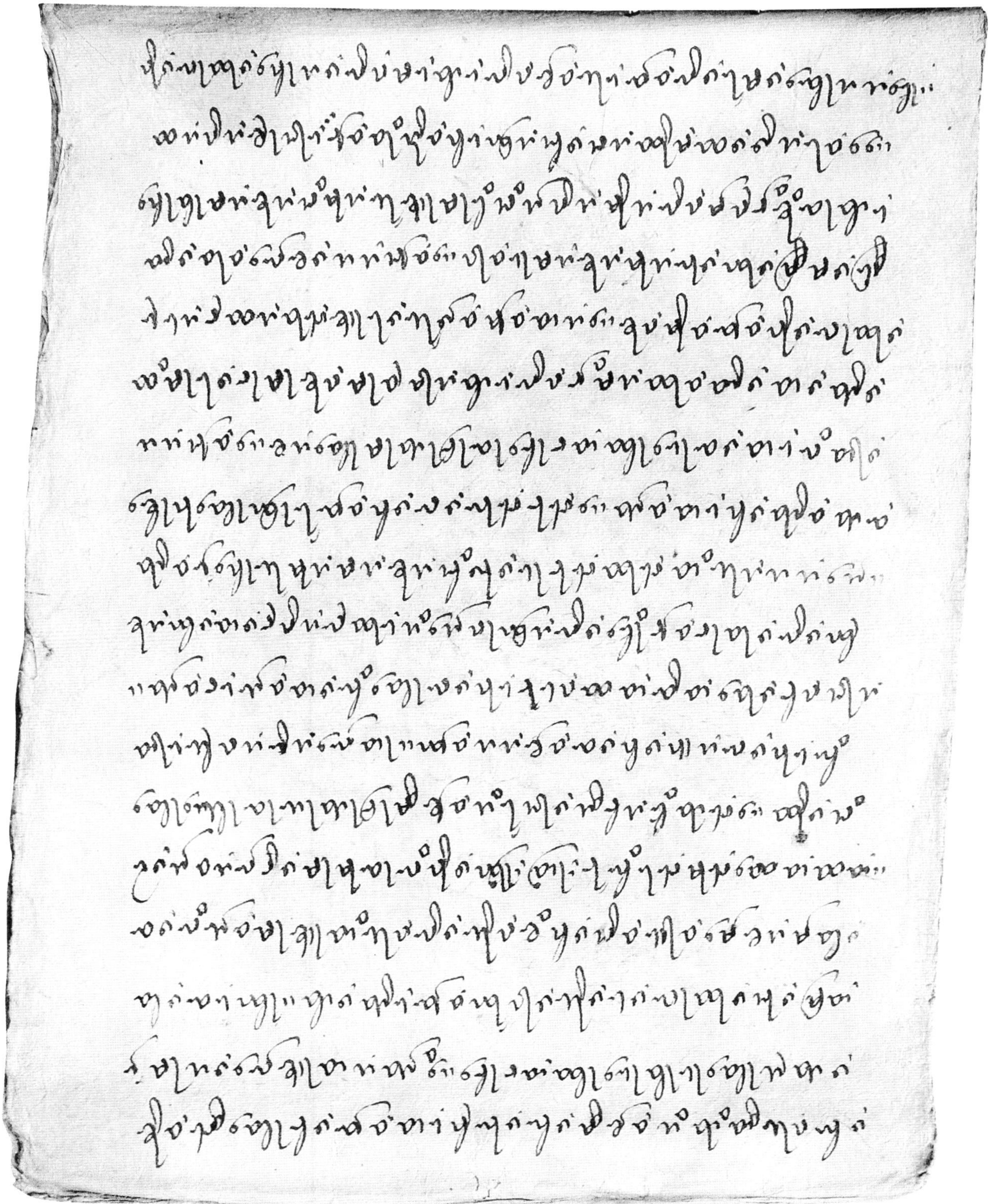

11340 沙薩納芒鑒 清抄本

綫裝。開本高 51 釐米，廣 33 釐米。雲南省少數民族古籍整理出版規劃辦公室藏。

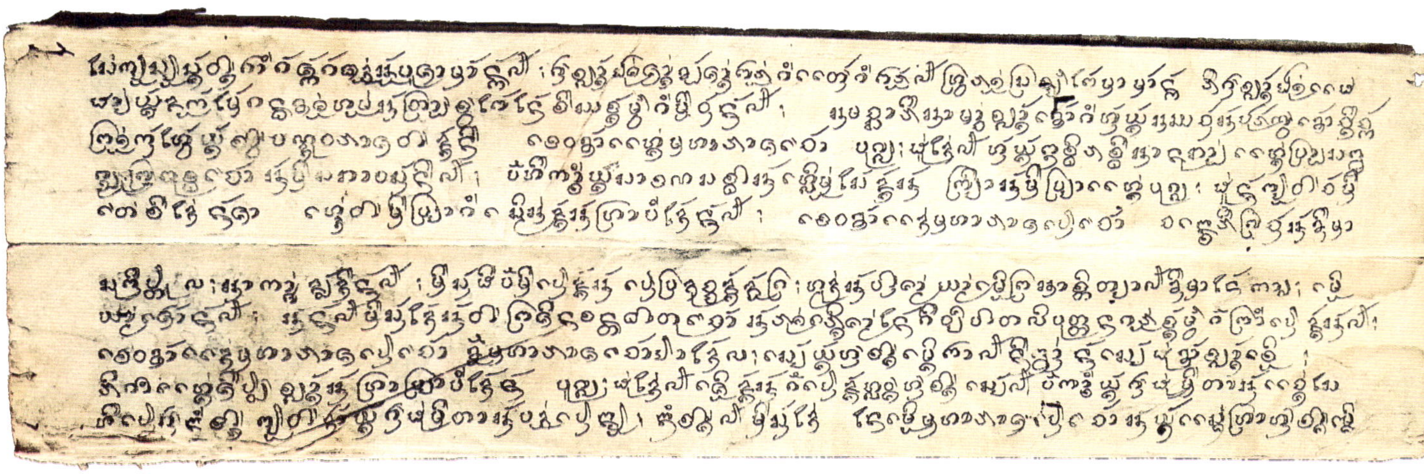

11341 尖達塔度第三册 清抄本

經折裝。開本高 9 釐米，廣 55.5 釐米。重慶市黔江區圖書館藏。

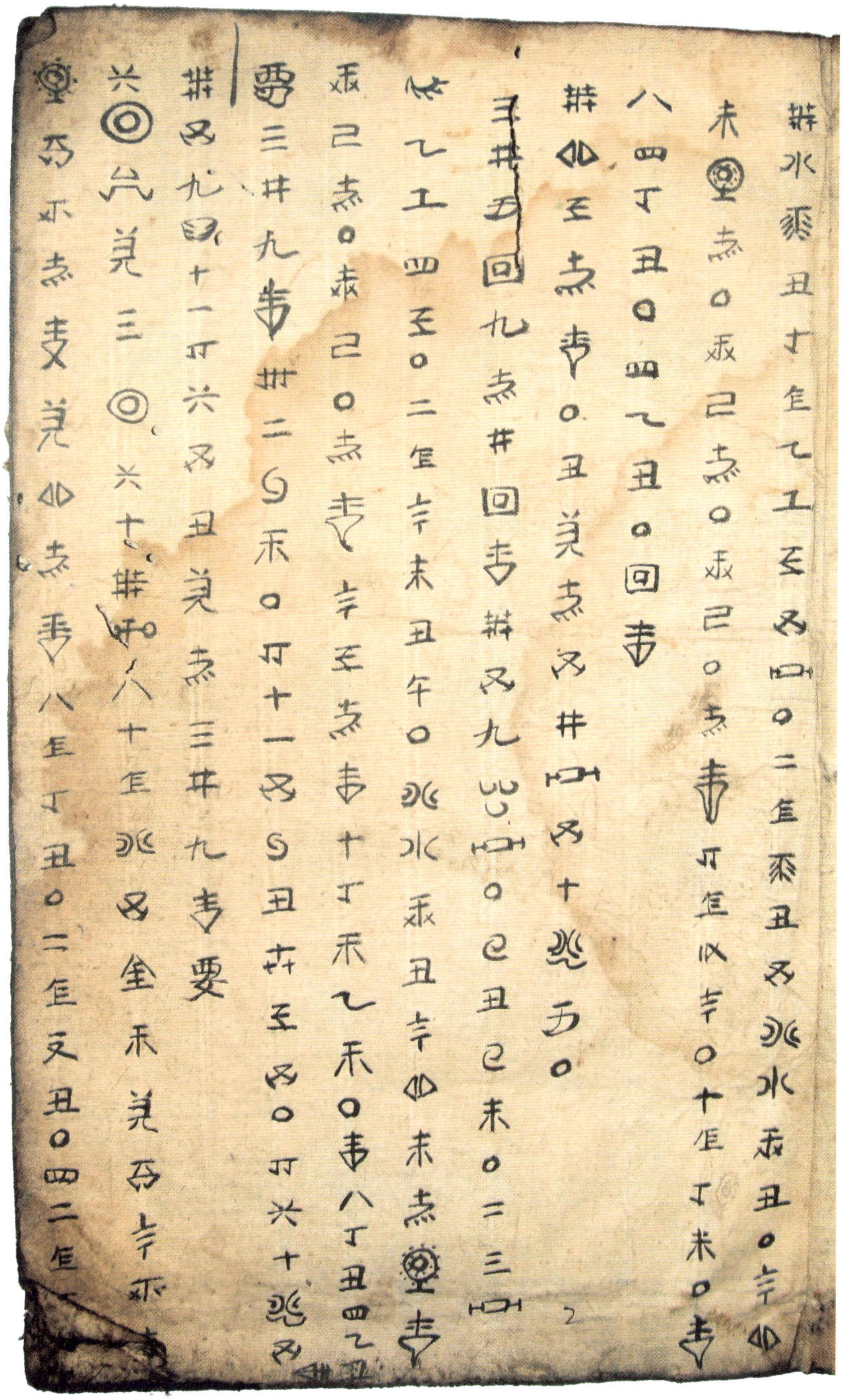

11342 題解書旨 清咸豐元年（1851）抄本

綫裝。開本高 30.5 釐米，廣 19 釐米。貴州省三都水族自治縣檔案館藏。

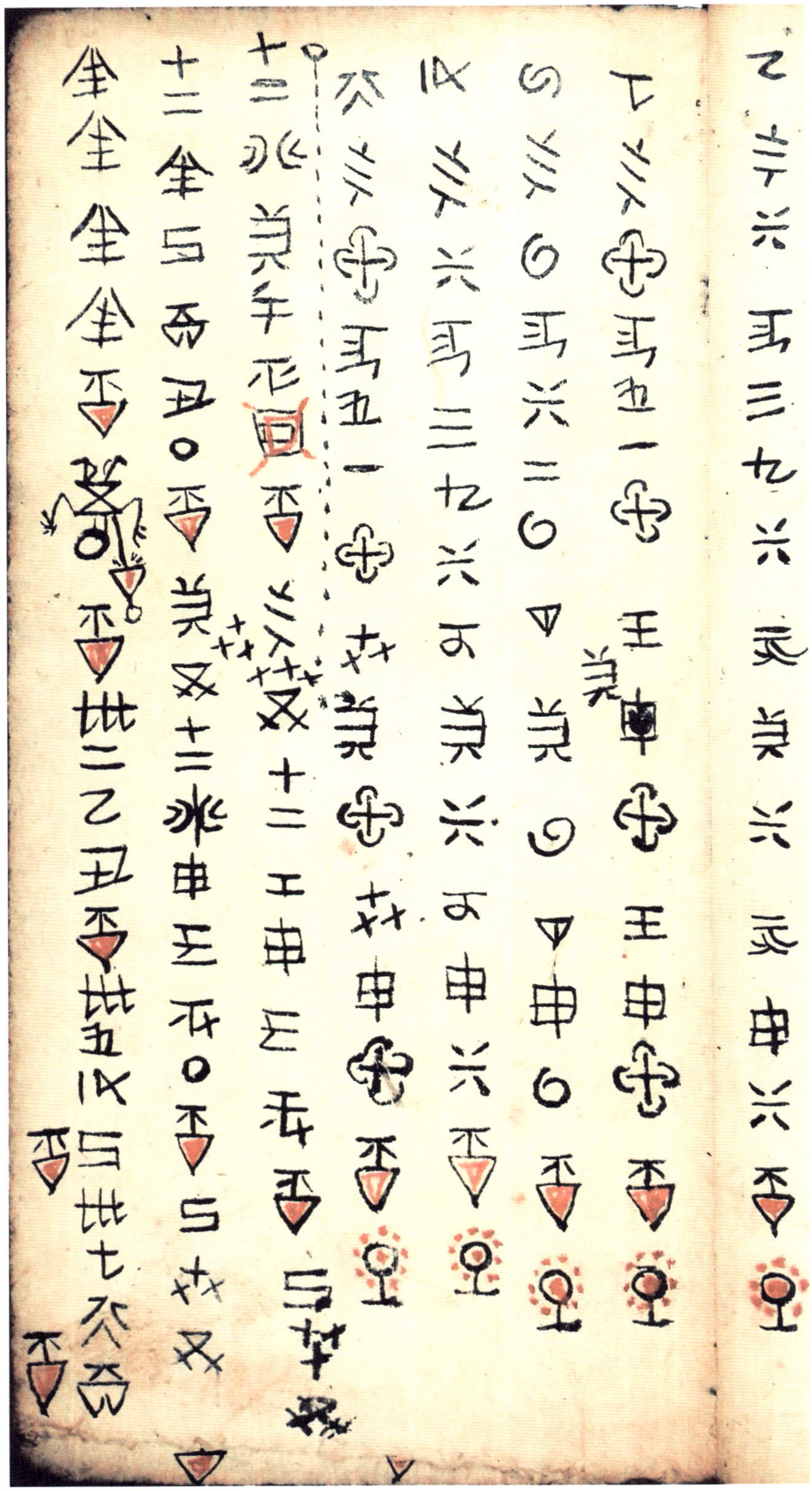

11343 子午卯酉年探 清同治元年（1862）抄本

綫裝。開本高 32.8 釐米，廣 17 釐米。中國民族圖書館藏。

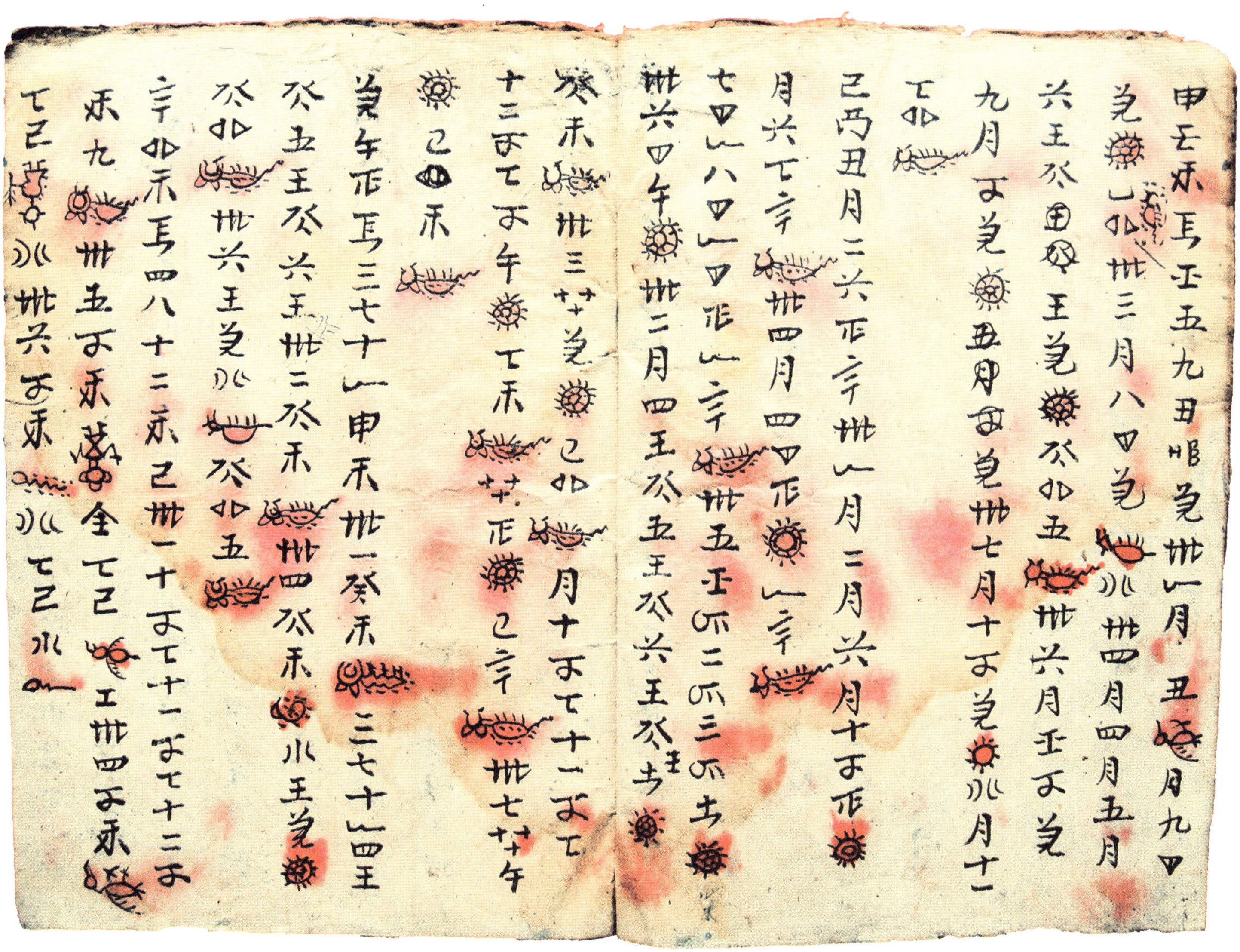

11344 子午卯酉寅申 清同治九年（1870）抄本

綫裝。開本高 23.7 釐米，廣 16.9 釐米。黔南布依族苗族自治州圖書館藏。

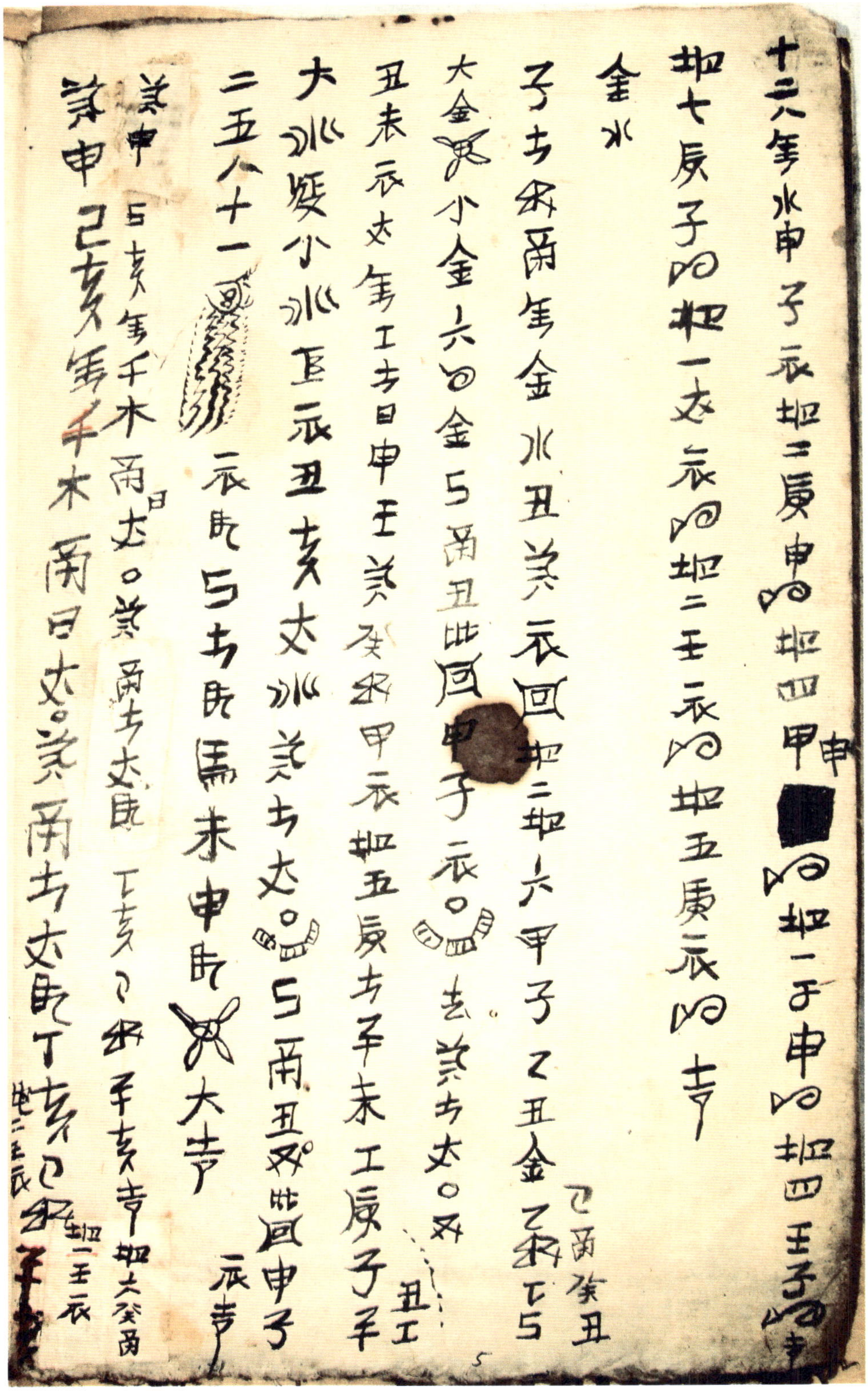

11345 大柱 清光緒二年（1876）韋銀受抄本

綫裝。開本高 31.5 釐米，廣 20.5 釐米。貴州省三都水族自治縣檔案館藏。

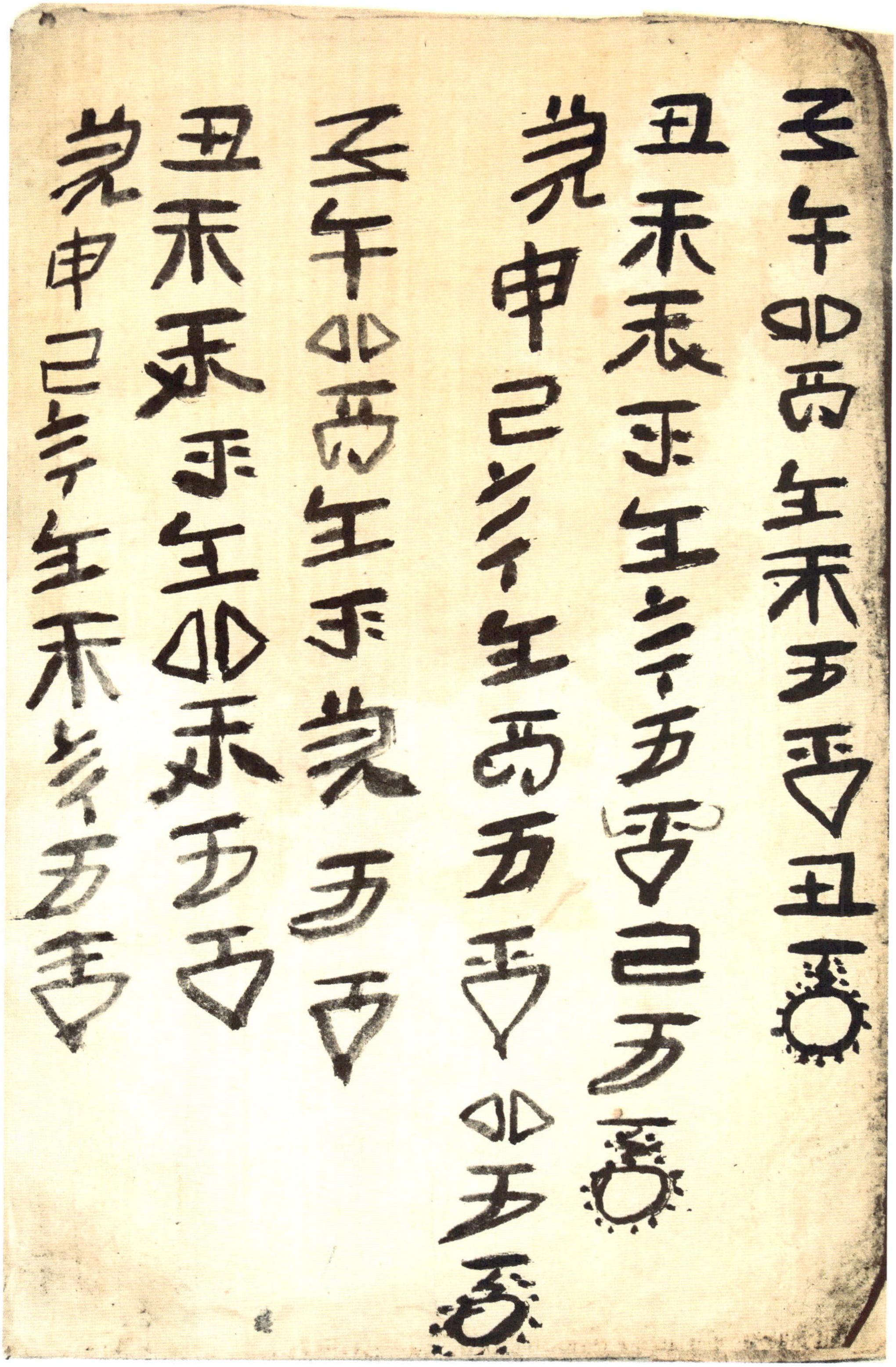

11346 子午卯酉 清光緒八年（1882）陸光文抄本

綫裝。開本高 21 釐米，廣 15 釐米。貴州省三都水族自治縣檔案館藏。

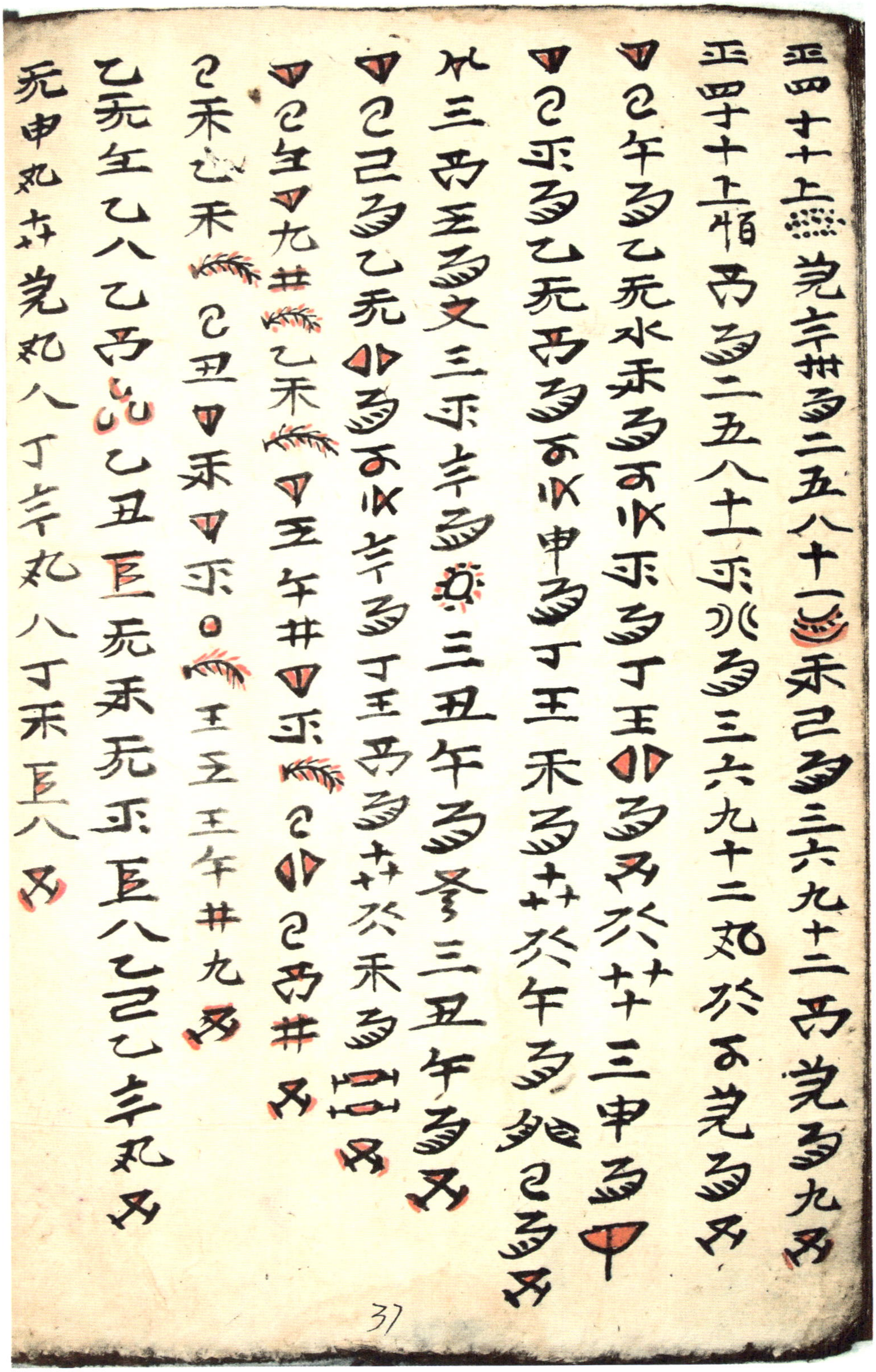

11347 子午年正七 清光緒八年（1882）陸光文抄本

綫裝。開本高 31 釐米，廣 21 釐米。貴州省三都水族自治縣檔案館藏。

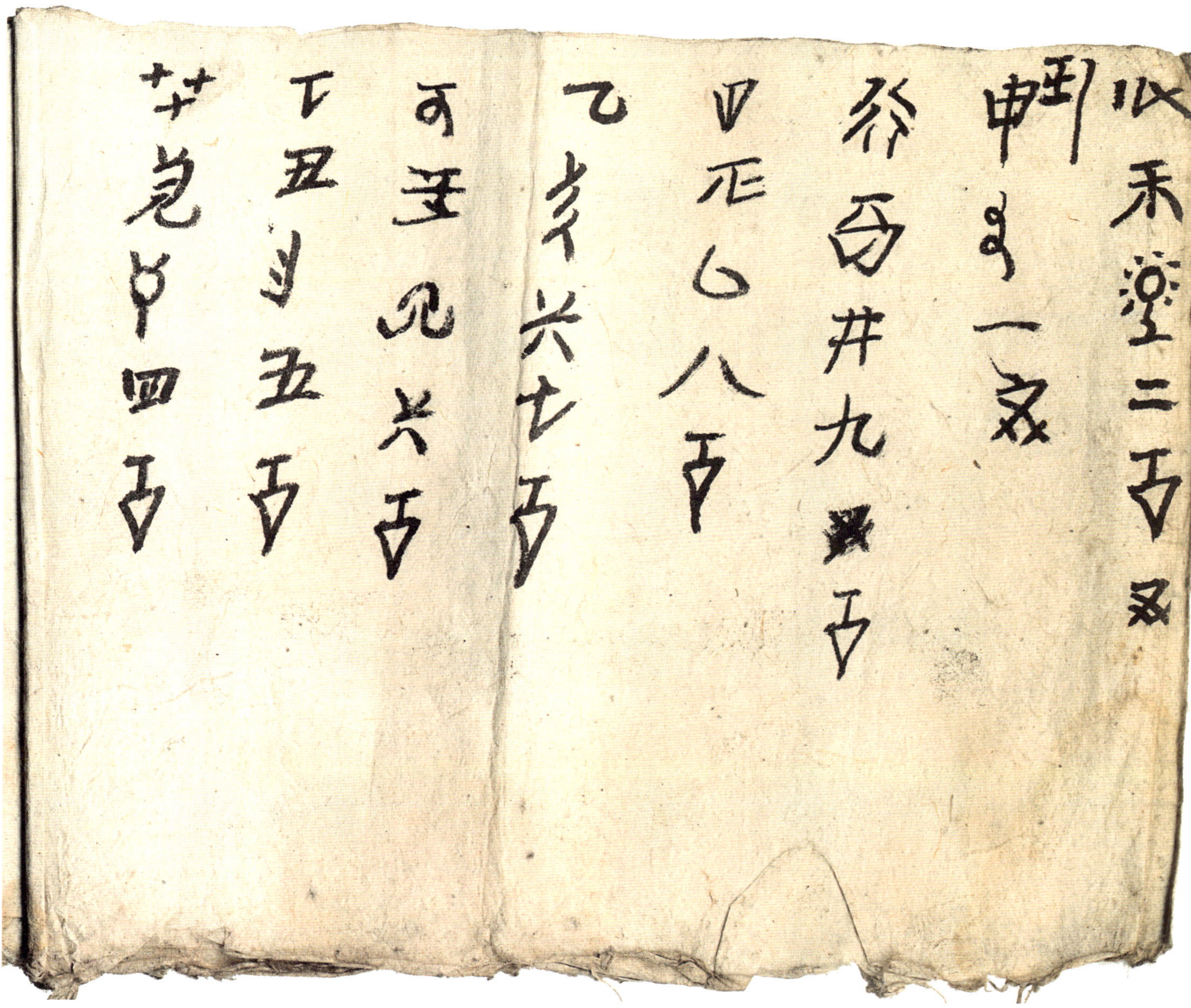

11348 立碑擇吉 清光緒十年（1884）抄本

綫裝。開本高 14 釐米，廣 19 釐米。貴州省荔波縣檔案館藏。

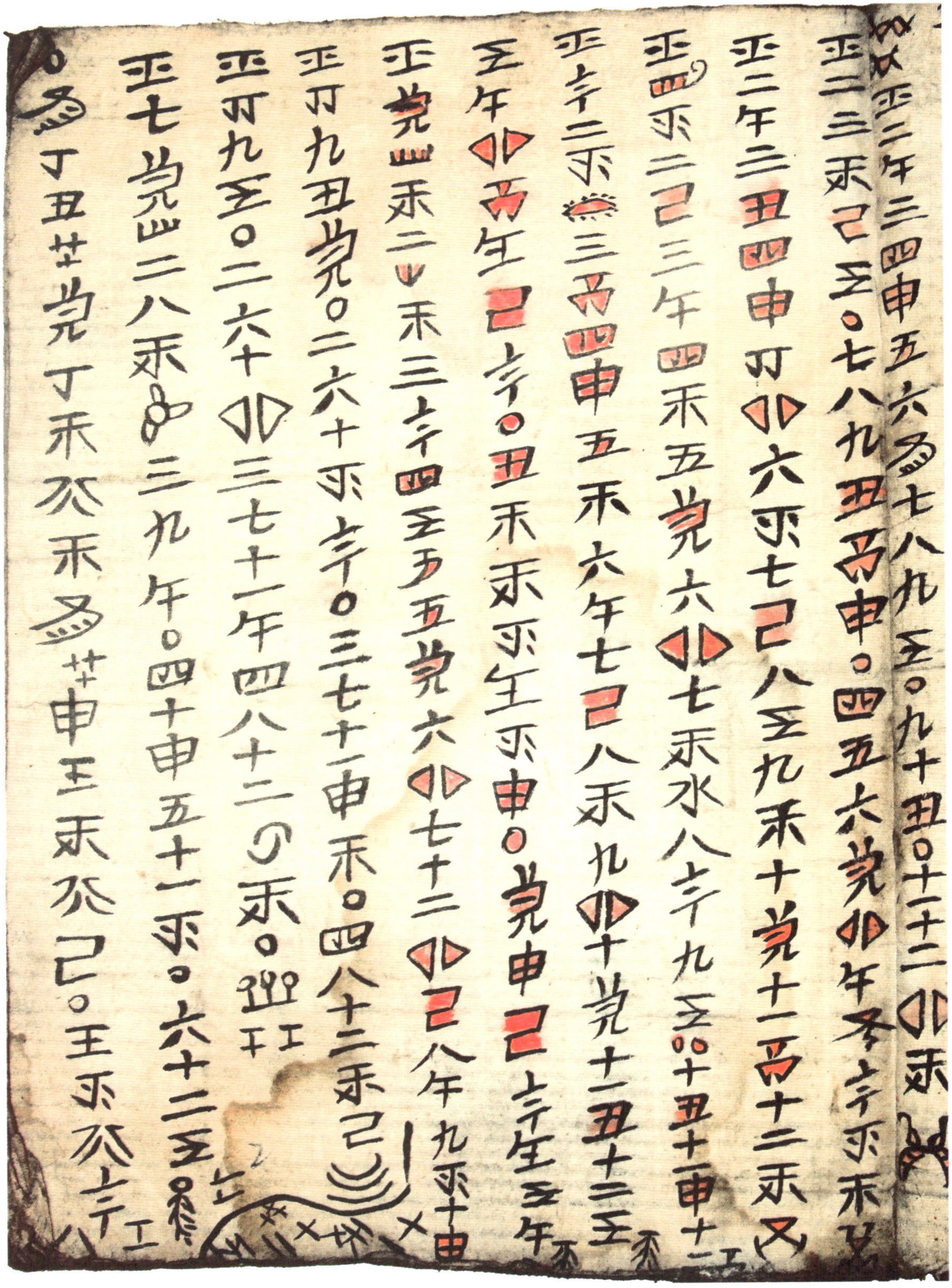

11349 正辰甲　清光緒二十年（1894）抄本

綫裝。開本高 27 釐米，廣 20 釐米。貴州省三都水族自治縣檔案館藏。

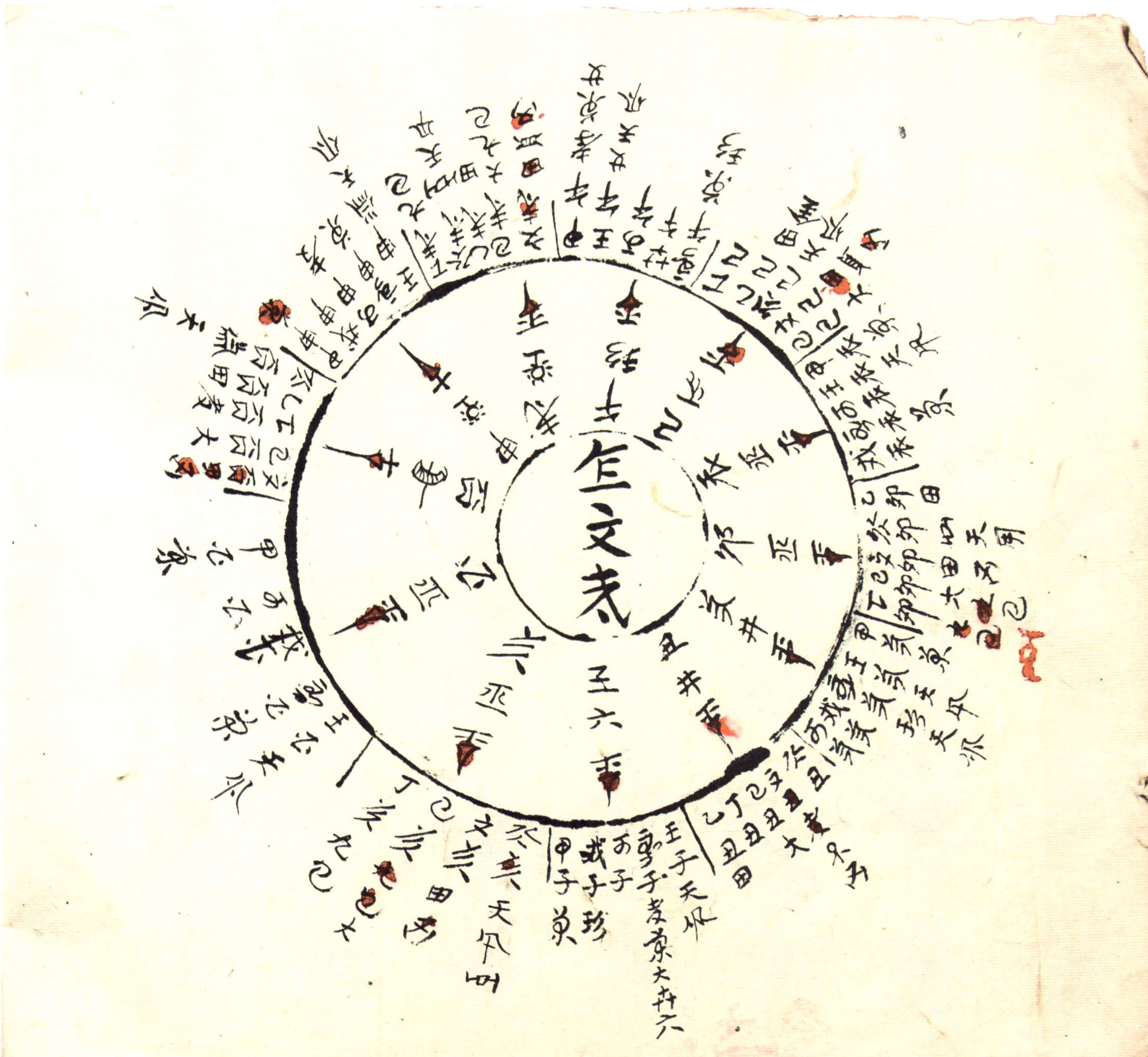

11350 六十年吉兇日 清光緒二十六年（1900）抄本

綫裝。開本高 26.8 釐米，廣 30 釐米。黔南民族師範學院藏。

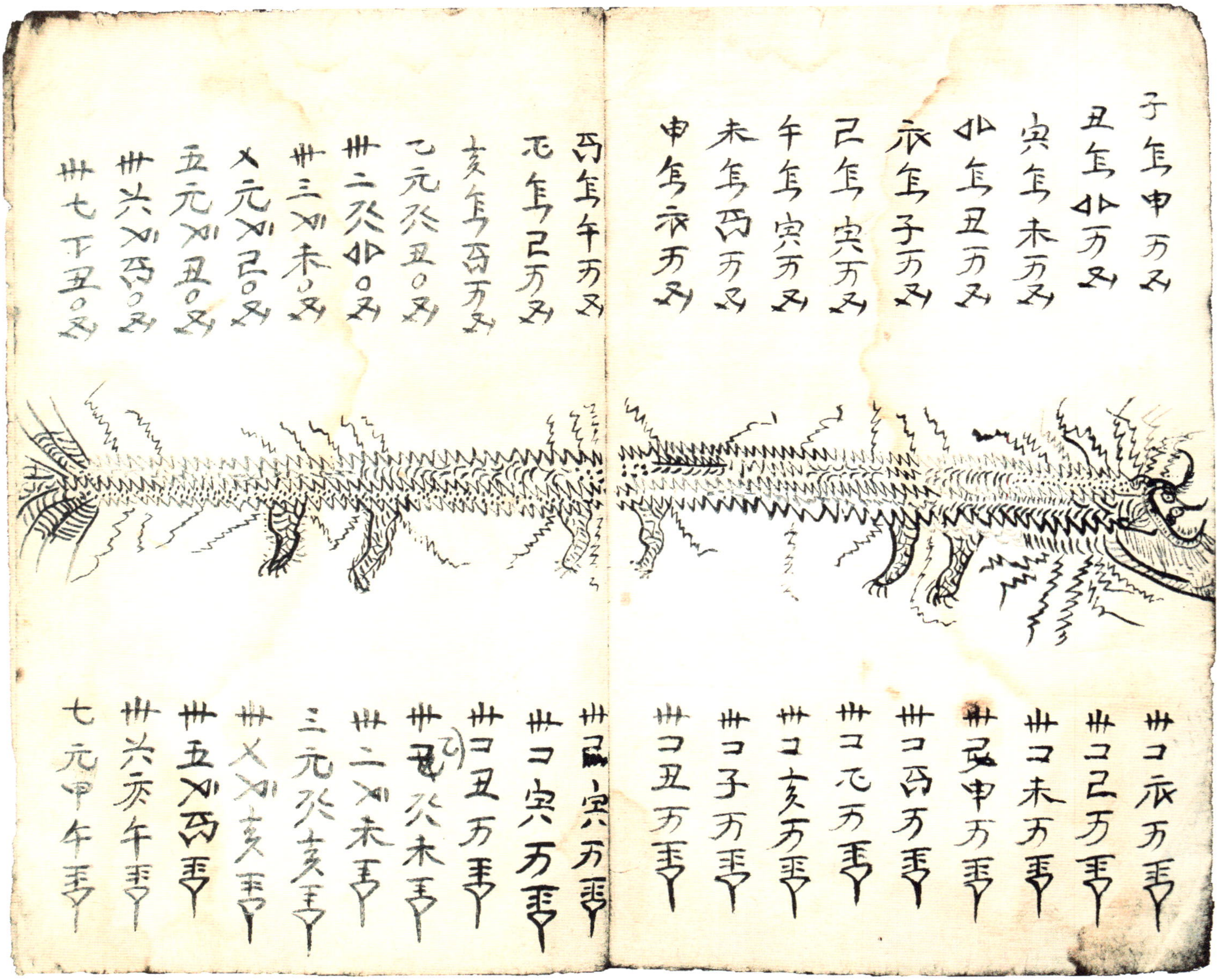

11351 子午卯酉辰 清光緒三十年（1904）抄本

綫裝。開本高 28 釐米，廣 19 釐米。貴州民族文化宫圖書館藏。

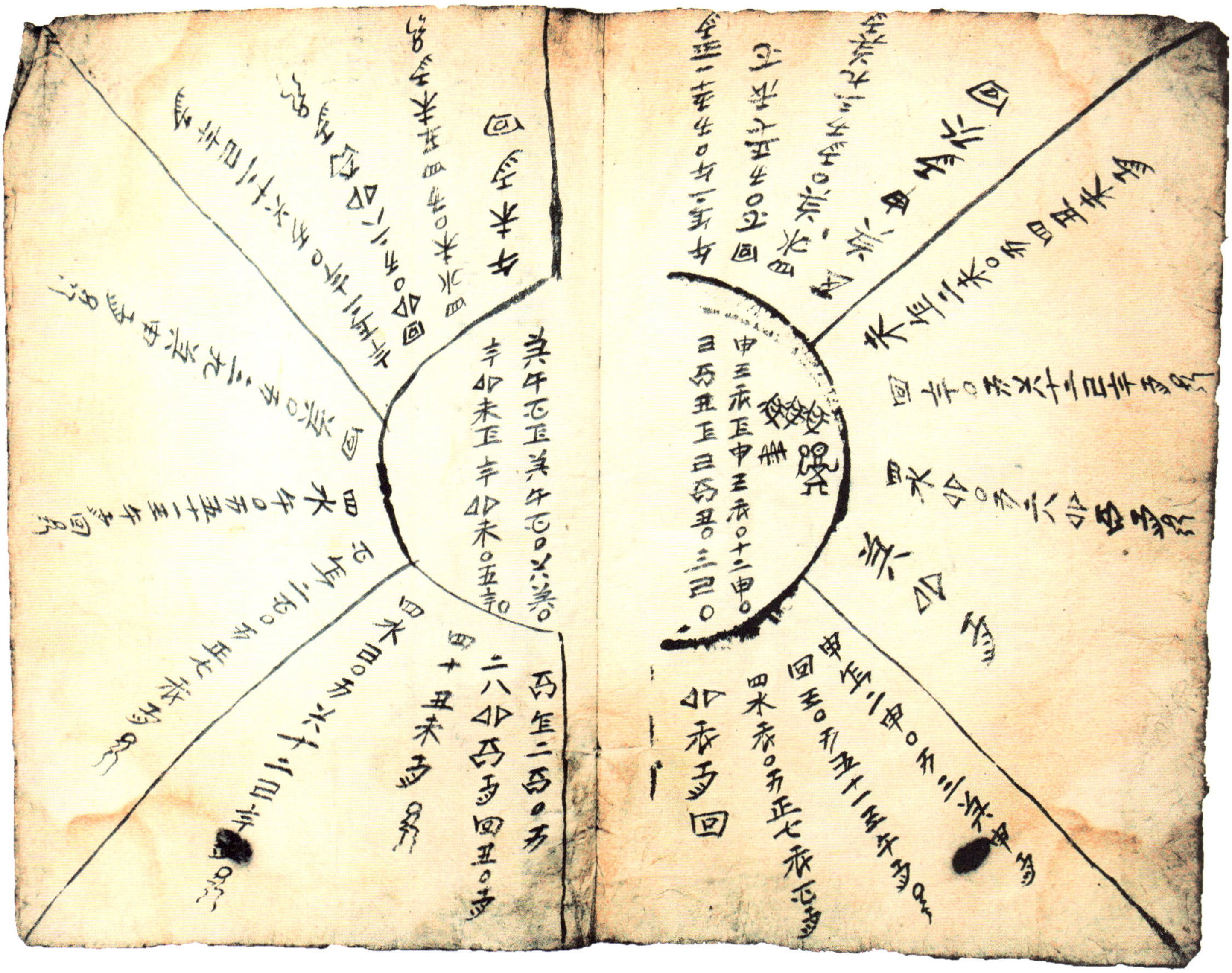

11352 九星配日 清光緒三十年（1904）抄本

綫裝。開本高 27.5 釐米，廣 19.5 釐米。貴州民族文化宫圖書館藏。

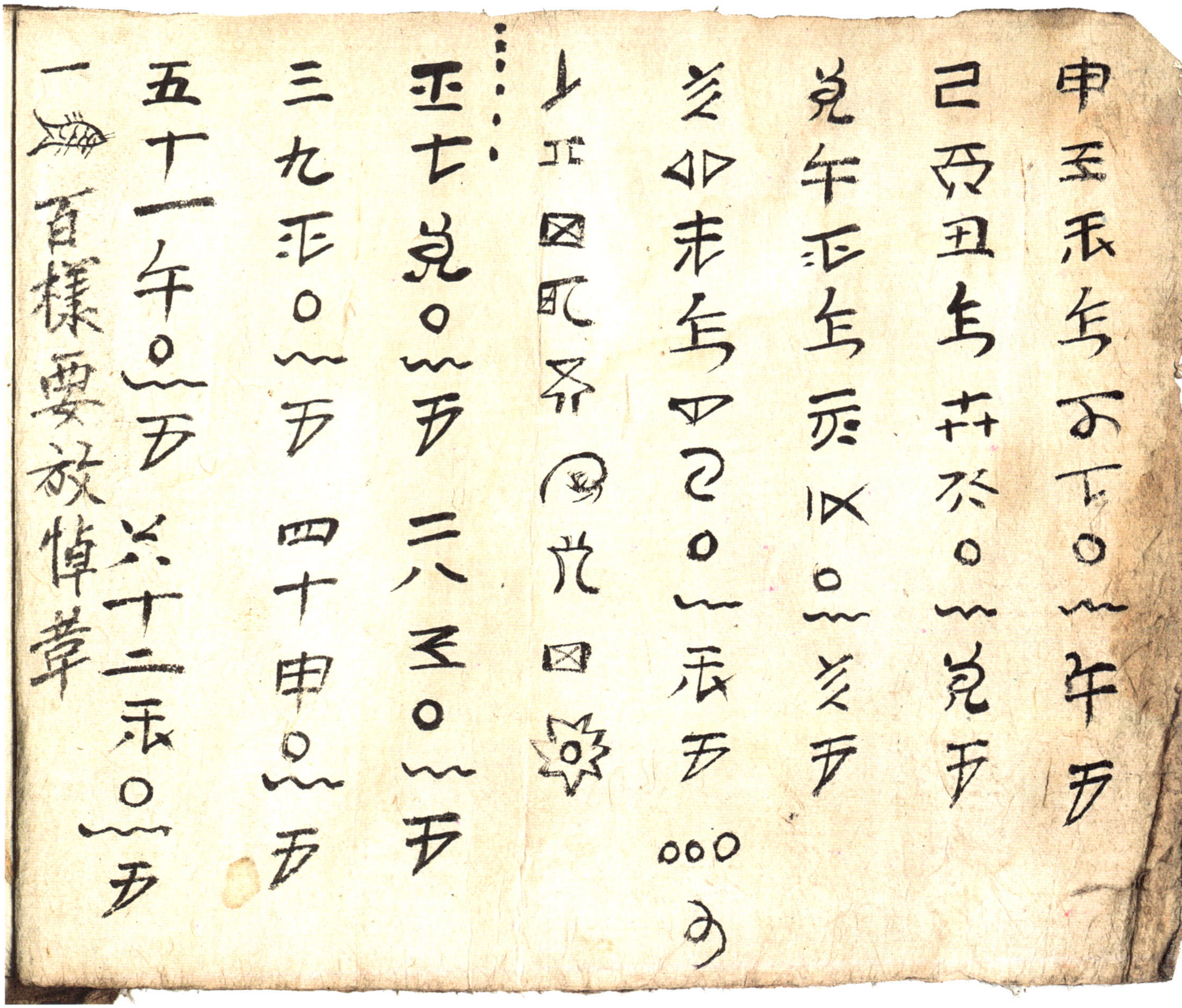

11353 擋華 清光緒三十四年（1908）楊永青抄本

綫裝。開本高 19 釐米，廣 27.5 釐米。貴州省荔波縣檔案館藏。

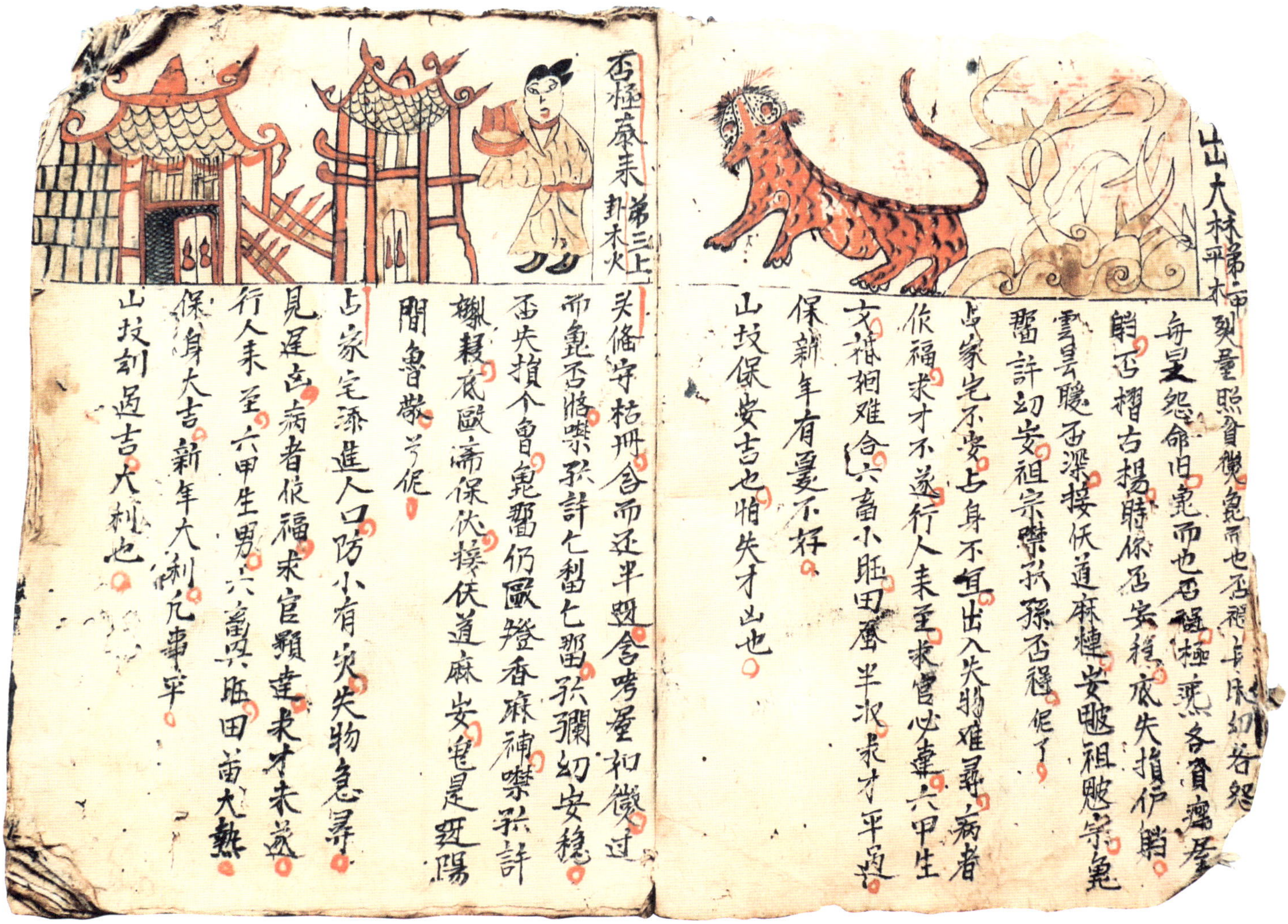

11354 卦書 清道光四年（1824）許文經抄本

綫裝。開本高 28 釐米，廣 19 釐米。廣西壯族自治區少數民族古籍整理出版規劃領導小組辦公室藏。

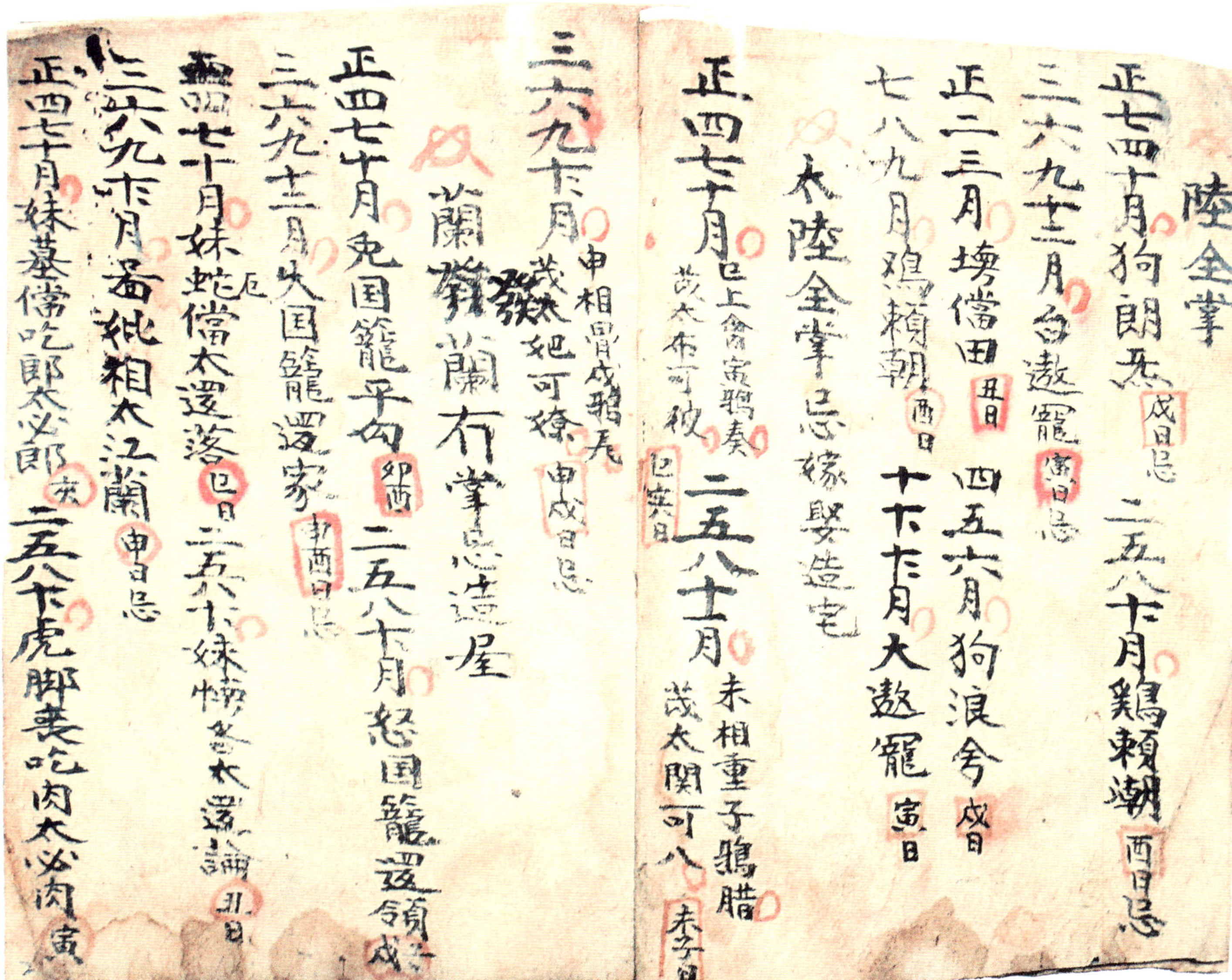

11355 經洛掌書便覓吉日科 清光緒二年（1876）黄道誠抄本

綫裝。開本高 18.7 釐米，廣 14 釐米。廣西壯族自治區少數民族古籍整理出版規劃領導小組辦公室藏。

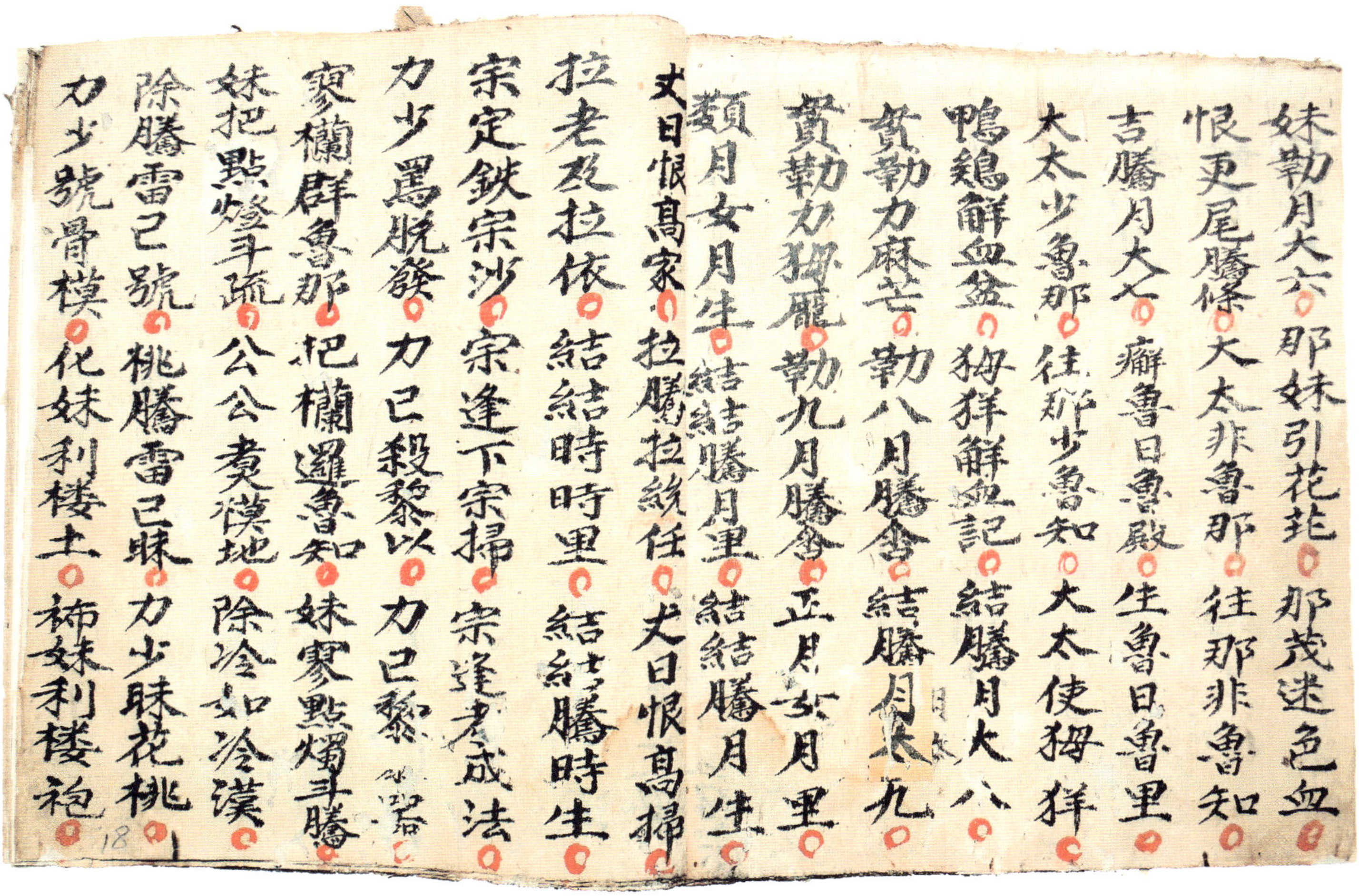

11356 小除服　連滿服在尾　功德牒在尾　清韋道宏抄本

綫裝。開本高 21.3 釐米，廣 19.8 釐米。廣西壯族自治區少數民族古籍整理出版規劃領導小組辦公室藏。

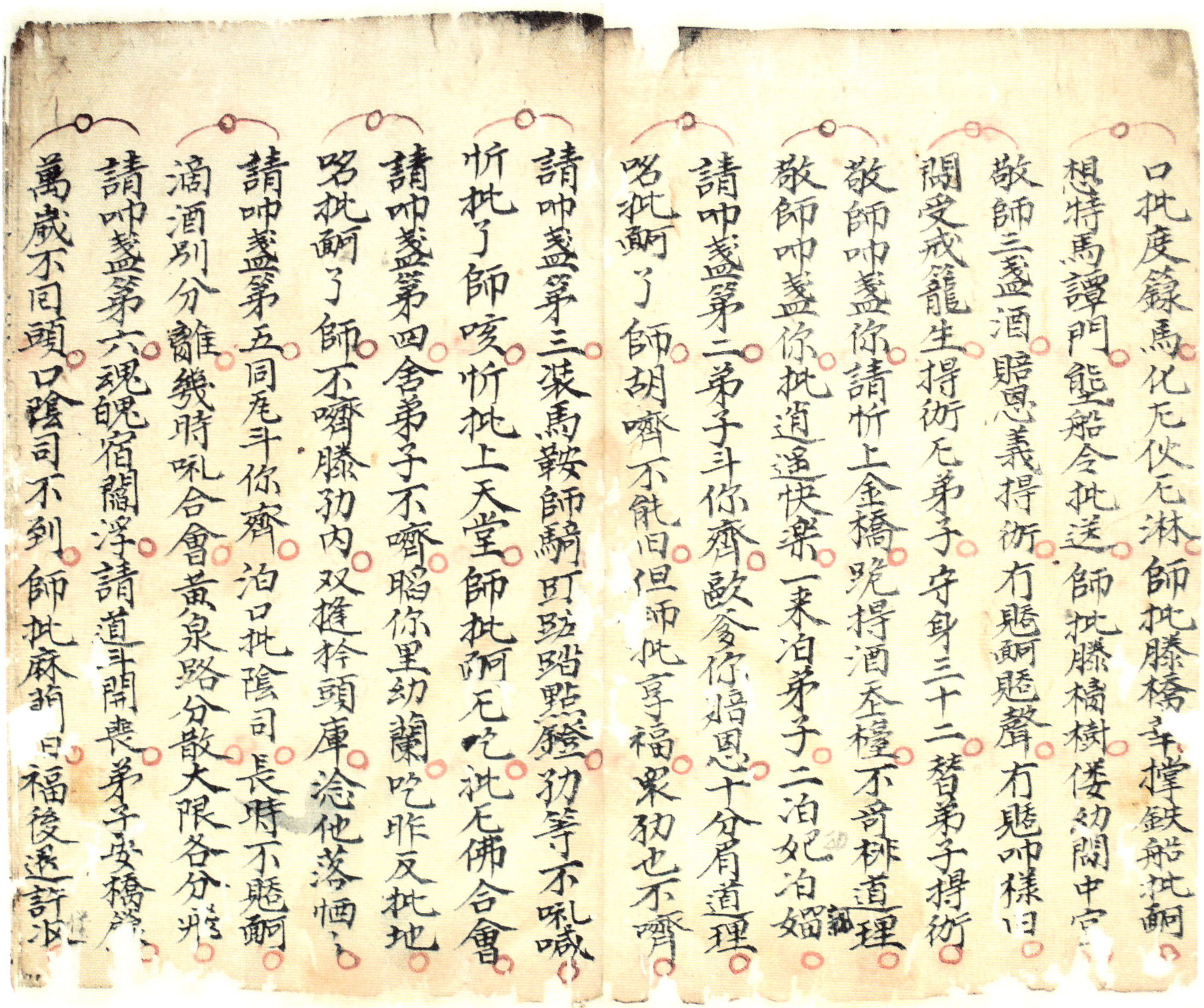

11357 羽化度籙科 清潘道清抄本

綫裝。開本高 26.5 釐米，廣 17.7 釐米。廣西壯族自治區少數民族古籍整理出版規劃領導小組辦公室藏。

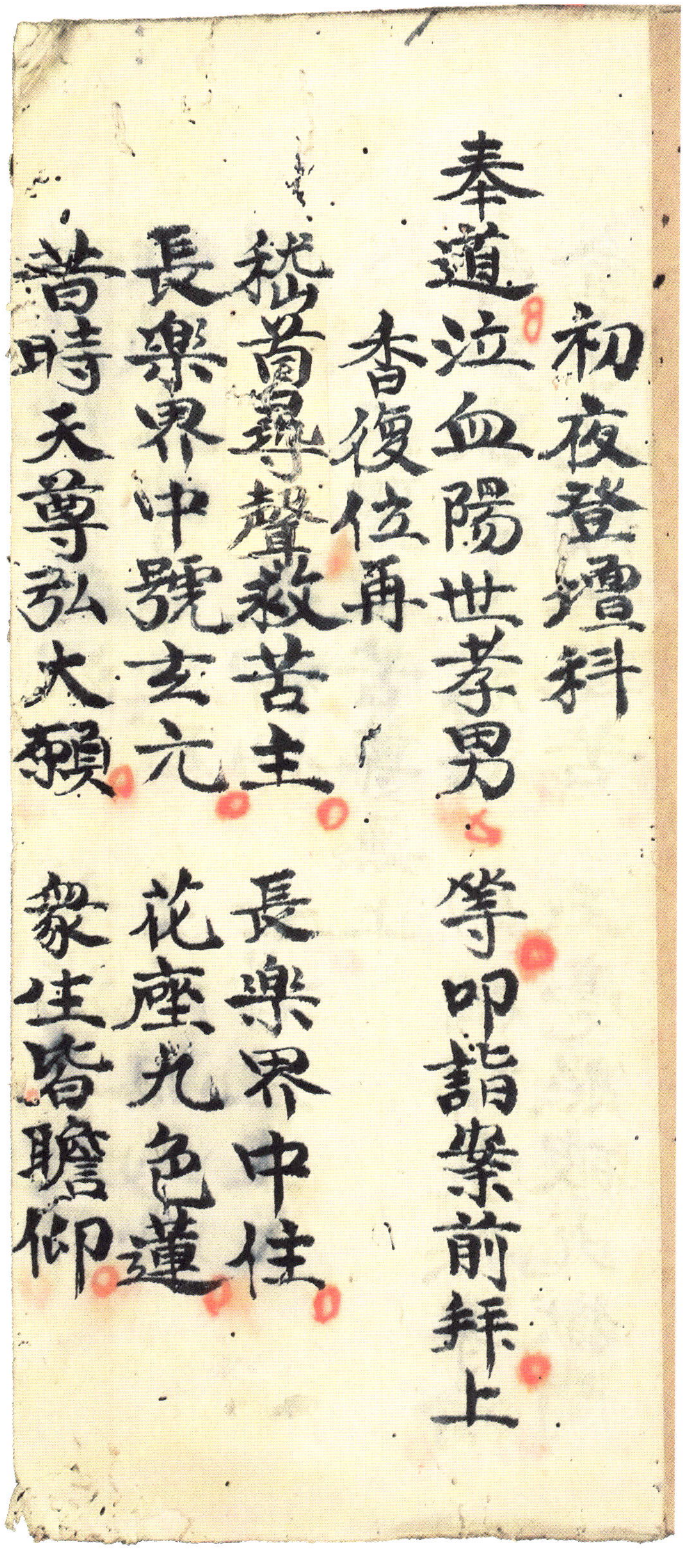
初夜登壇科
奉道泣血陽世孝男　等叩詣案前拜上
香復位再
稽首尋聲救苦主　長樂界中住
長樂界中號玄元　花座光色蓮
普時天尊弘大願　衆生皆瞻仰

11358 初夜登壇科　清末韋學文抄本

綫裝。開本高 29 釐米，廣 14 釐米。中國民族圖書館藏。

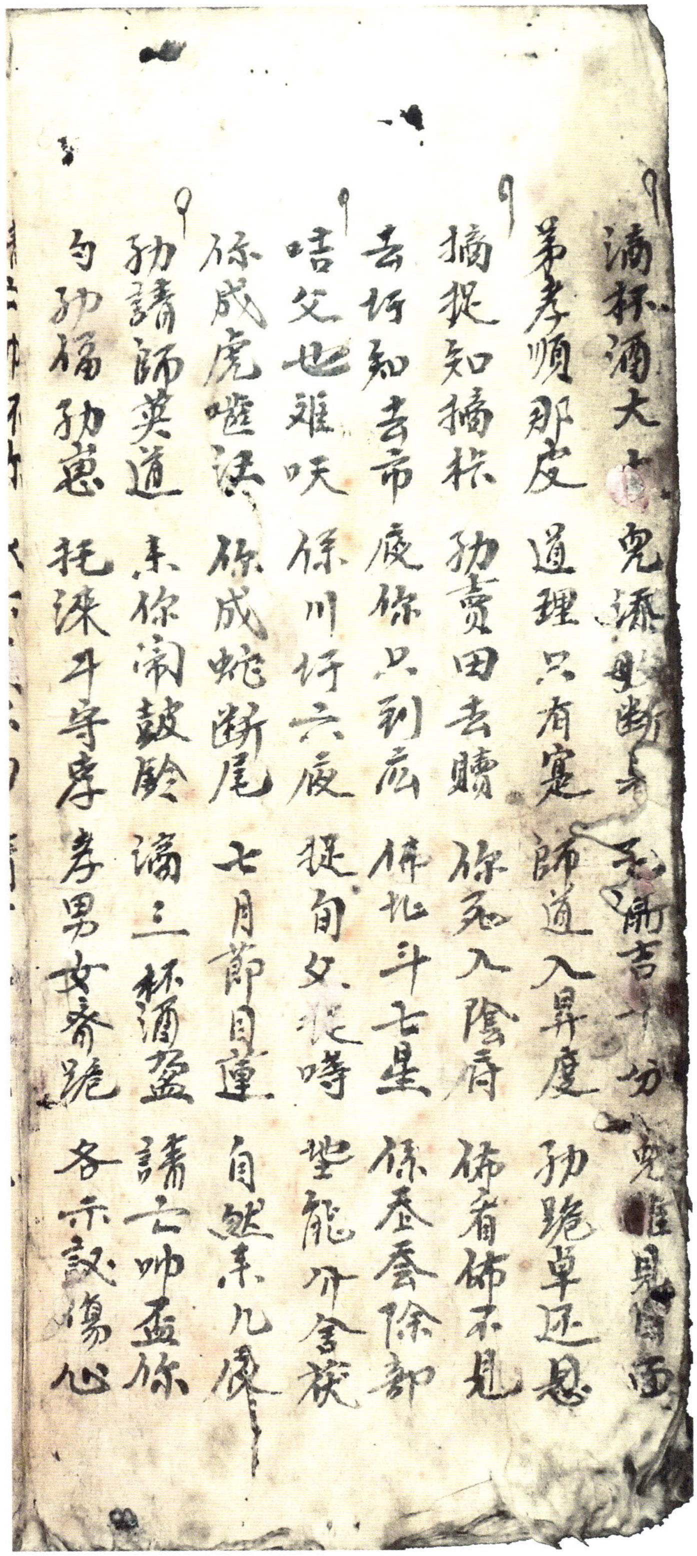

11359 祝別科 清末韋承教抄本

綫裝。開本高 26 釐米，廣 14 釐米。中國民族圖書館藏。

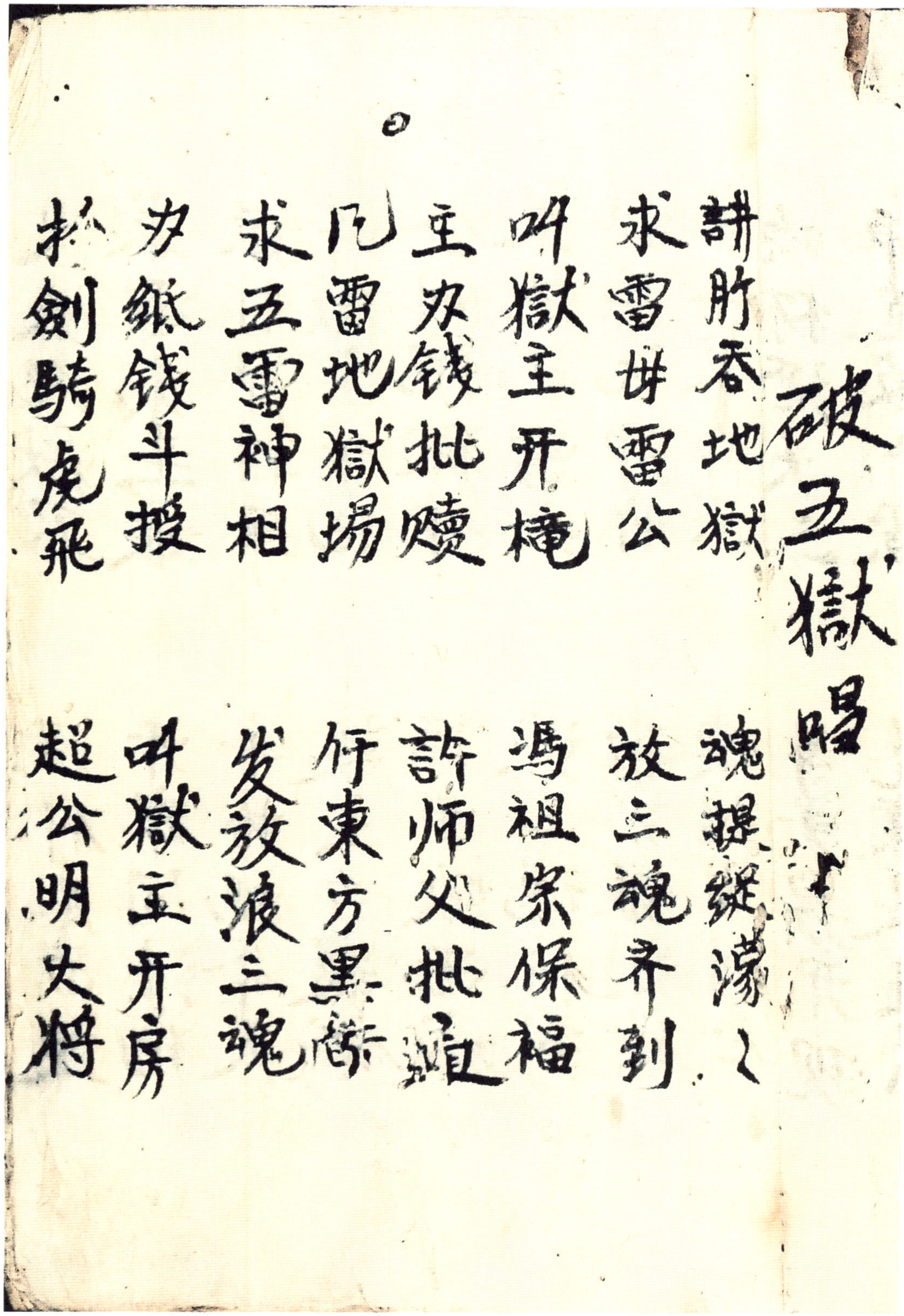
破五獄唱

詳肋吞地獄　魂提綻蕩〻
求雷毋雷公　放三魂齐到
吽獄主开𤼵　馮祖宗保福
王双钱批贖　許师父批追
几雷地獄場　仟東方黑斋
求五雷神相　发放浪三魂
双紙钱斗授　吽獄主开房
扲劍騎虎飛　超公明大將

11360 破五獄唱　清末抄本

綫裝。開本高 20 釐米，廣 13 釐米。中國民族圖書館藏。

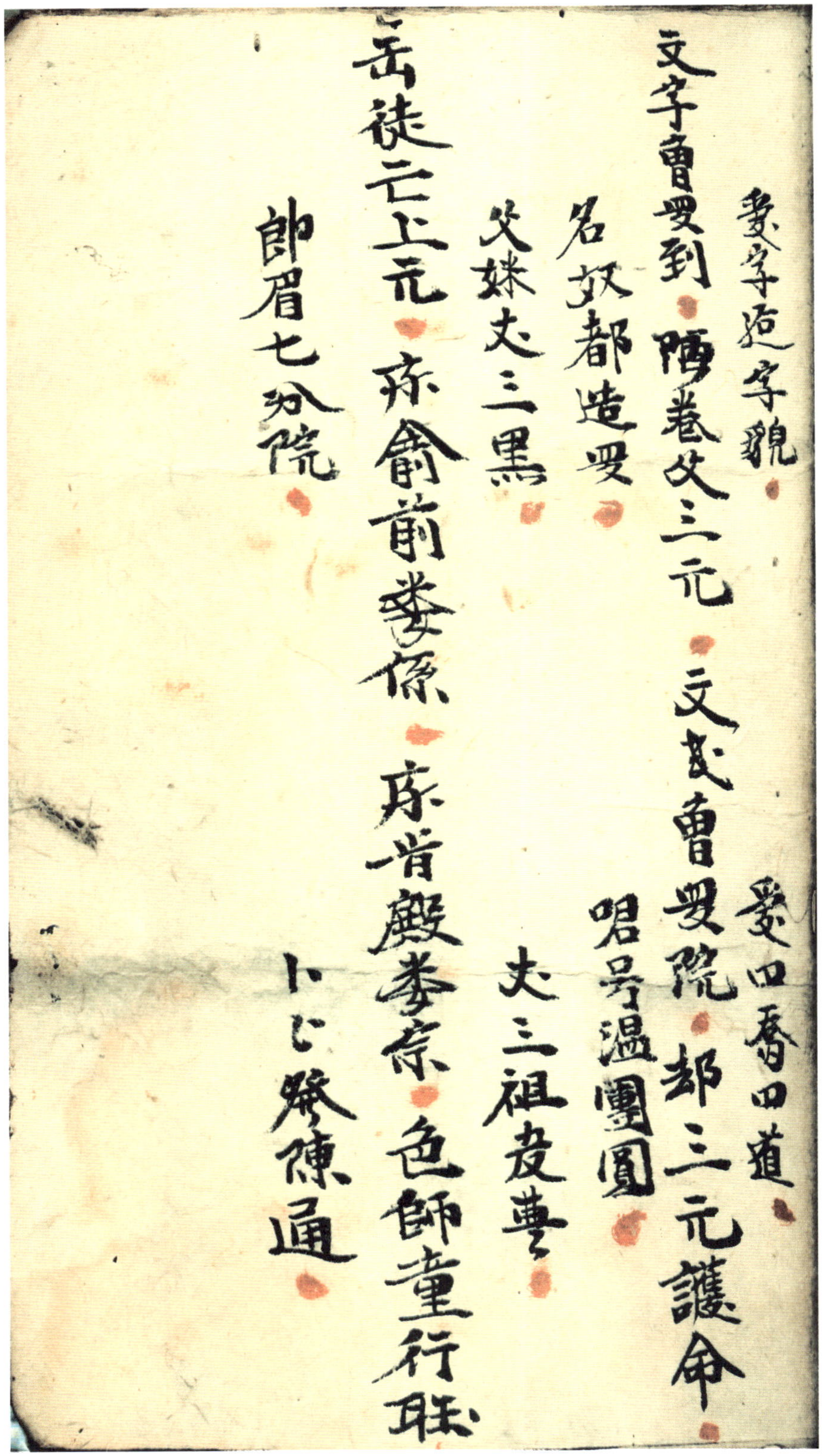

11361 盤古前皇　清嘉慶十六年（1811）抄本

綫裝。開本高 23 釐米，廣 15.5 釐米。貴州省荔波縣民族宗教事務局布依文古籍研究館藏。

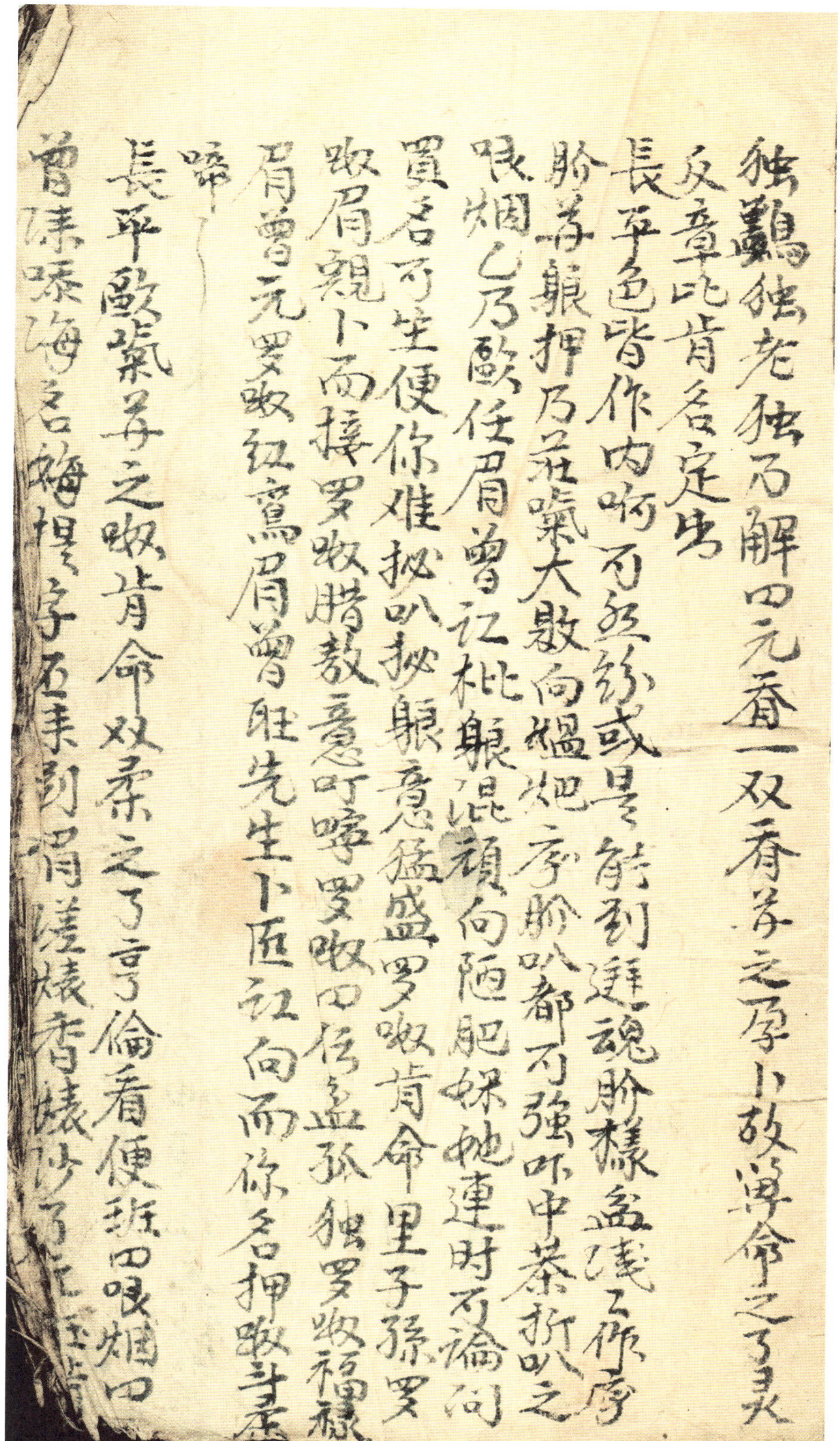

11362 祭解全卷大小通用 清光緒六年（1880）抄本

綫裝。開本高 24 釐米，廣 14 釐米。貴州省荔波縣民族宗教事務局布依文古籍研究館藏。

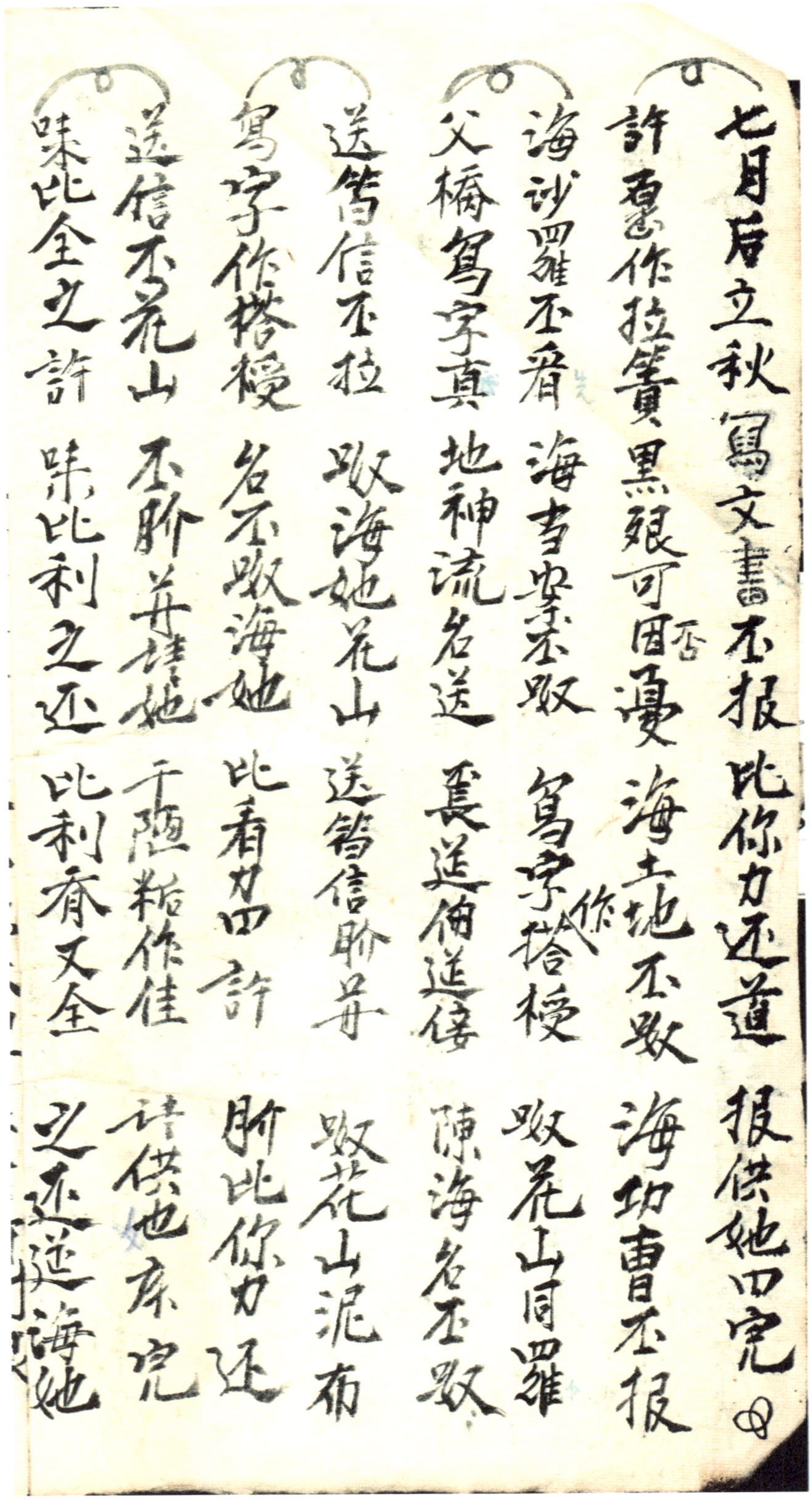

11363 祈請婆王 清光緒三十年（1904）抄本

綫裝。開本高 24.5 釐米，廣 14.5 釐米。貴州省荔波縣民族宗教事務局布依文古籍研究館藏。

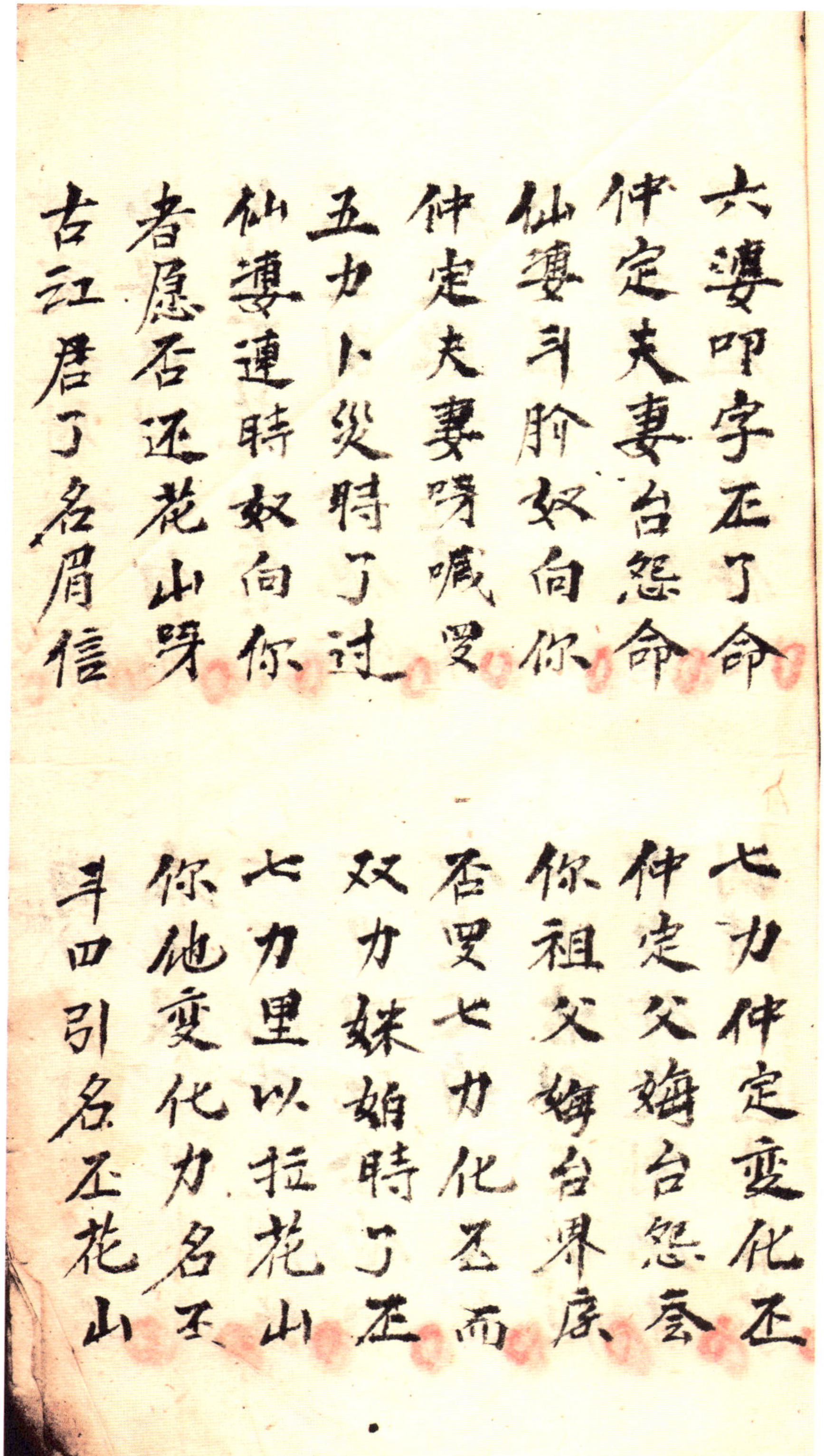

六婁叩字丕了命
仲定夫妻台怨命
仙婁斗肸奴向你
仲定夫妻呀喊罢
五力卜災時了討
仙婁連時奴向你
者愿否还花山呀
古江君了名眉信

七力仲定变化丕
仲定父嫡台怨叁
你祖父悔台界床
否罢七力化丕而
双力妹始時了丕
七力里以拉花山
你他变化力名丕
斗四引名丕花山

11364 鉅鹿氏　清抄本

綫裝。開本高 23.7 釐米，廣 14.3 釐米。貴州省荔波縣民族宗教事務局布依文古籍研究館藏。

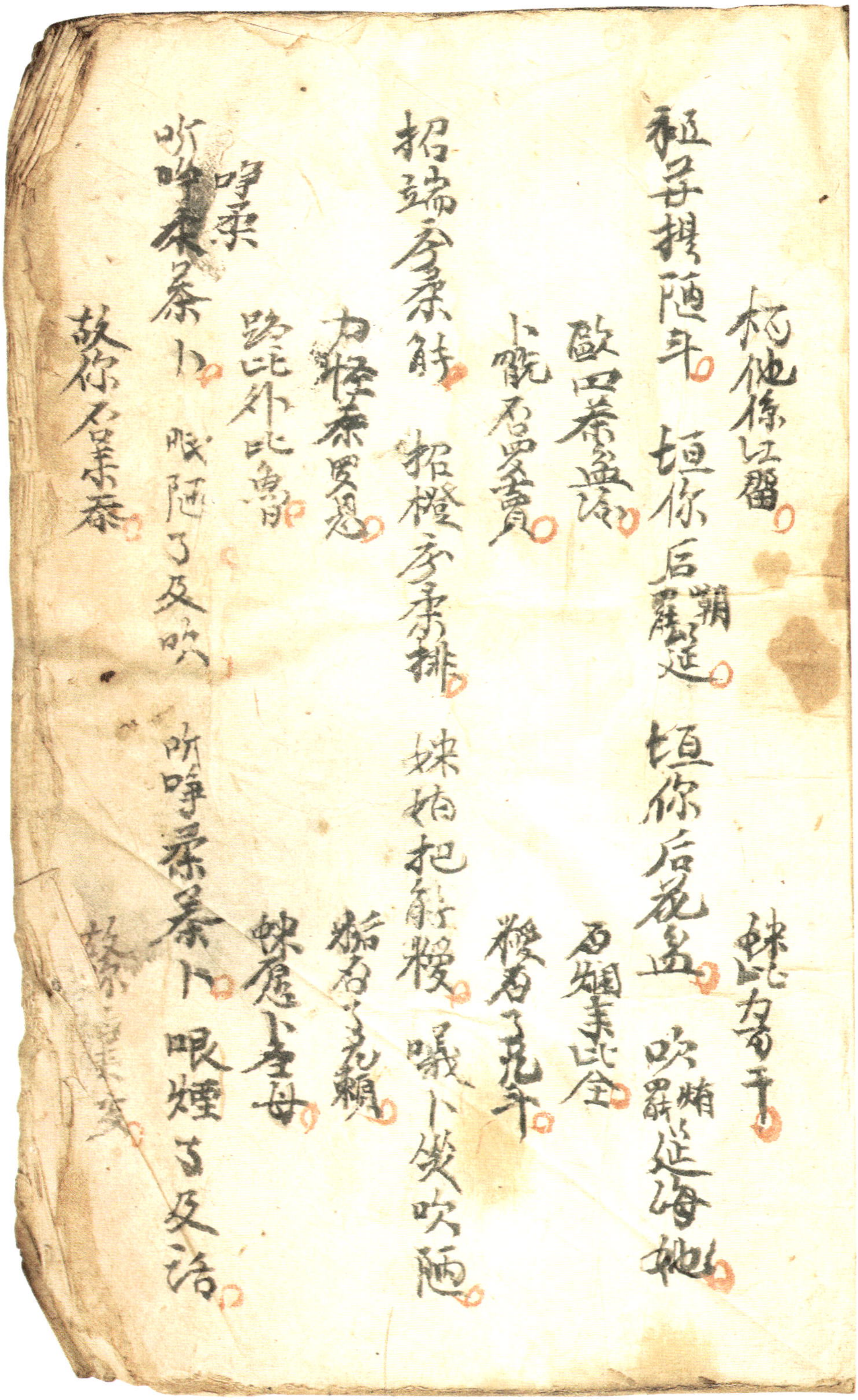

11365 做橋 清抄本

綫裝。開本高 24 釐米，廣 15.7 釐米。貴州省荔波縣民族宗教事務局布依文古籍研究館藏。

11366 九姓回鶻可汗碑 （唐）頡于伽思撰 粟特突厥漢合璧 唐元和九年（814）刻石 清拓本

國家圖書館藏。

[illegible]
常依而住[illegible]
習已功高至聖論心[illegible]
經并三觀資熏即隨[illegible]
[illegible]應須上觀非觀[illegible]
[illegible]必須觀非觀無[illegible]
[illegible]勿自惜也
問此文與[illegible]
論起見即招

第四批國家珍貴古籍名録圖録

其他文字珍貴古籍名録

11367 佛説普遍光明焰鬘清淨熾盛思惟如意寶印心無能勝總持大明王大隨求陀羅尼 北宋景德二年（1005）刻本

開本高 25 釐米，廣 21.2 釐米。有“傳大教梵學沙門秀璋書所將雕板印施功德……景德二年八月　日記”中文題記。1978 年發現於蘇州瑞光塔。蘇州博物館藏。

11368 瑪斯納維 （波斯）魯米著 公元1610年抄本

開本高29釐米，廣21釐米。新疆維吾爾自治區少數民族古籍搜集整理出版規劃領導小組辦公室藏。

Incipit tabula capitulorum libri contra gentiles beati Thome de Aquino. Et primo capitulorum primi libri.

1 Quod sit officium sapientis. Folio p
2 Que sit ĩ hoc opere auctoris intentio. folio p
3 Quis modus possibilis sit diuine veritatis manifestãde. folio p
4 Q veritas diuinoꝝ ad quã naturalis ratio ptingit conuenient hoĩbus credenda pponitur. folio 2
5 Q ea que rõne iuestigari nõ pñt cõuenienter fide tenẽda hominibus pponũtur. folio 3
6 Q assentire his que sũt fidei nõ est leuitatis q̃uis supra rationem sint. folio 3
7 Q vitati fidei xpiane non ɔ̃riat vitas rationis. 4
8 Qualit̃ se habeat humana ratio ad veritatem fidei primã. 4
9 Quis ordo ⁊ modus pcedẽdi sit in hoc opere. 4
10 De opiõne dicentiũ q̃ deum esse demonstrari nõ potest: cũ sit p se notum. 5
11 Reprobatio premisse opinionis ⁊ solutio rationũ pmissaꝝ. 5
12 De opiõne dicẽtiũ q̃ deũ esse demonstrari nõ potest ſ sola fide tenetur. 6
13 Rões ad pbandũ deũ esse. 6
14 Q ad cognitiõnẽ dei oportet vti via remotionis. 9
15 Q deus sit eternus. 9
16 Q in deo nõ ẽ potẽtia passiua sed est actus purus. 9
17 Q deus nõ est materia. 10
18 Q in deo nulla sit ɔpositio 10
19 Q ĩ deo nihil ẽ violẽtũ neq̃ preter naturam. 10
20 Q deus non est corpus. 10
21 Obiectiões ɔ̃ hũc pcessũ. 11
22 Q deus est sua essentia. 13
23 Q in deo idẽ ẽ esse ⁊ essentia. 13
24 Q in deo nõ ẽ accidens. 14
25 Q dĩnũ esse nõ põt designari p additionẽ alicuiꝰ dĩe subalis. 14
26 Q deus nõ sit in aliq̃ genẽ. 14
27 Q deꝰ nõ ẽ esse formale oĩuꝫ. 15
28 Q deus nõ sit forma alicuiꝰ corporis. 16
29 De pfectione dĩna. 16
30 De similitudine creaťe ad deũ. 17
31 Que noĩa ɔ̃ deo pñt pdicari. 17
32 Q dĩna pfectio ⁊ pluralitas nominũ dĩnoꝝ dĩne simplicitati non repugnant. 17
33 Q nihil de deo ⁊ alijs rebus vniuoce pdicatur. 18
34 Q attributa dĩna nõ pdicant̃ de deo ⁊ creaturis pure equoce. 18
35 Q que dicũtur de deo ⁊ creaturis dicuntur analogice. 18
36 Q plura noĩa dicta de deo nõ sũt synonima. 19
37 Q ppões q̃s intellectus noster de deo format nõ sũt vane. 19
38 Q deus est bonus. 19
39 Q deus est sua bonitas. 19
40 Q in deo nõ põt esse malũ. 19
41 Q deus est oĩs boni bonũ. 20
42 Q deus sit sũmũ bonũ. 20
43 Q deus est vnus. 20
44 Q deus est infinitus. 21
45 Q deus est intelligens. 22
46 Q intelligẽ dei ẽ sua essentia. 23
47 Q deꝰ p nihil aliud intelligit q̃ p essentiam suam. 23
48 Q deꝰ pfecte itelligit seipsũ. 24
49 Q deus pmo ⁊ p se solũ seipsum cognoscit 24

50 Q deus cognoscit alia a se. 24
51 Q deus habet ppriam cognitionem de omnibus rebus. 25
52 Rationes ad inquirendum qualiter multitudo intellectoꝝ sit in intellectu diuino. 25
53 Rões q̃ huiusmodi multitudo intelligibilium nõ est nisi in intellectu diuino. 26
54 Solutio rationũ pmissarũ. 26
55 Qualit̃ diuina essentia vna ⁊ simplex sit ppa similitudo ⁊ ratio omniũ intelligibiliũ. 26
56 Q deus oĩa simul intelligit. 27
57 Q in deo non est habitualis cognitio. 27
58 Q cognitio dei non est discursiua. 27
59 Q deus nõ intelligit componendo ⁊ diuidendo. 28
60 Q a deo non excluditur veritas enunciabilium. 28
61 Q deus est veritas. 29
62 Q deꝰ est purissima veritas. 29
63 Q diuina veritas sit prima ⁊ summa veritas. 29
64 Ratiões volẽtiũ subtrahẽ a deo cognitionẽ singularium. 30
65 Ordo dicendoꝝ circa diuinam cognitionem. 30
66 Q deꝰ cognoscit singularia. 30
67 Q deus cognoscit ea q̃ nõ sũt. 31
68 Q deus cognoscit singularia contingentia futura. 32
69 Q deꝰ cogñscit motꝰ voluntatꝫ. 32
70 Q deus cognoscit infinita. 33
71 Q deus cognoscit vilia. 34
72 Q deus cognoscit mala. 34
73 Q deus sit volens. 35
74 Q volũtas dei sit eiꝰ essentia. 35
75 Q principale volitum dei est diuina essentia. 36
76 Q deꝰ volẽdo se vult etiã alia. 36
77 Q deus vno actu voluntatis se ⁊ alia velit. 36
78 Q volitorum multitudo non repugnat simplicitati diuine substantie. 37
79 Q voluntas diuina ad singularia bonorum se extendit. 37
80 Q deus vult etiam ea que nõdũ sunt. 37
81 Q deus de necessitate vult suum esse ⁊ suam bonitatem. 38
82 Q deꝰ nõ de necessitate vult alia a se. 38
83 Rationes ducentes ad incõuenĩens si deus alia a se non necessario velit. ⁊ solutio rationũ premissarum. 38
84 Q deus vult aliqd aliud a se necessitate conditionis uel suppositionis. 39
85 Q voluntas dei non est impossibilium ſm se. 39
86 Q diuina volũtas nõ tollit contingentiam a rebus neq̃ eis necessitatẽ absolutã iponit. 39
87 Q diuine volũtatis potest ratio assignari. 40
88 Q diuine volũtatis nihil potest esse causa. 40
89 Q in deo est liberũ arbitriũ 40
90 Q in deo non sunt passiones affectuum. 40
91 Q in deo sit dilectio ⁊ gaudium non tamen repugnãt diuine pfectioni. 41
92 Q in deo sit amor. 41
93 Q ĩ deo ponãtur esse vtutes. 42
94 Q in deo sunt virtutes morales que sunt circa actiones. 43
95 Q in deo sint virtutes cõtemplatiue. 44

11369 反異教大全 （意大利）托馬斯·阿奎納著 公元 1473-1477 年威尼斯印本

羊皮精裝。開本高 15 釐米，廣 10.5 釐米。國家圖書館藏。

NICOLAI COPERNICI

net, in quo terram cum orbe lunari tanquam epicyclo contineri diximus. Quinto loco Venus nono menſe reducitur. Sextum denique locum Mercurius tenet, octuaginta dierum ſpacio circũ currens. In medio uero omnium reſidet Sol. Quis enim in hoc

pulcherrimo templo lampadem hanc in alio uel meliori loco poneret, quàm unde totum ſimul poſsit illuminare? Siquidem non inepte quidam lucernam mundi, alij mentem, alij rectorem uocant. Trimegiſtus uiſibilem Deum, Sophoclis Electra intuentẽ omnia. Ita profecto tanquam in ſolio regali Sol reſidens circum agentem gubernat Aſtrorum familiam. Tellus quoque minime fraudatur lunari miniſterio, ſed ut Ariſtoteles de animalibus ait, maximam Luna cum terra cognationẽ habet. Cõcipit interea à Sole terra, & impregnatur annno partu. Inuenimus igitur ſub hac

REVOLVTIONVM LIB. I. 10

hac ordinatione admirandam mundi ſymmetriam, ac certũ harmoniæ nexum motus & magnitudinis orbium: qualis alio modo reperiri non poteſt. Hic enim licet animaduertere, non ſegniter contemplanti, cur maior in Ioue progreſſus & regreſſus appareat, quàm in Saturno, & minor quàm in Marte: ac rurſus maior in Venere quàm in Mercurio. Quodque frequentior appareat in Saturno talis reciprocatio, quàm in Ioue: rarior adhuc in Marte, & in Venere, quàm in Mercurio. Præterea quòd Saturnus, Iupiter, & Mars acronycti propinquiores ſint terræ, quàm circa eorũ occultationem & apparitionem. Maxime uero Mars pernox factus magnitudine Iouem æquare uidetur, colore duntaxat rutilo diſcretus: illic autem uix inter ſecundæ magnitudinis ſtellas inuenitur, ſedula obſeruatione ſectantibus cognitus. Quę omnia ex eadem cauſa procedũt, quæ in telluris eſt motu. Quòd autem nihil eorum apparet in fixis, immenſam illorum arguit celſitudinem, quæ faciat etiam annui motus orbem ſiue eius imaginem ab oculis euaneſcere. Quoniam omne uiſibile longitudinem diſtantiæ habet aliquam, ultra quàm non amplius ſpectatur, ut demonſtratur in Opticis. Quòd enim à ſupremo errantium Saturno ad fixarum ſphæram adhuc plurimum intersit, ſcintillantia illorum lumina demonſtrant. Quo indicio maxime diſcernũtur à planetis, quodque inter mota & non mota, maximam oportebat eſſe differentiam. Tanta nimirum eſt diuina hæc Opt. Max. fabrica.

De triplici motu telluris demonſtratio.
Cap. XI.

CVm igitur mobilitati terrenæ tot tantaque errantium ſyderũ conſentiant teſtimonia, iam ipſum motum in ſumma exponemus, quatenus apparentia per ipſum tanquam hypoteſim demonſtrentur, quem triplicem omnino oportet admittere. Primum quem diximus νυχθημέρινον à Græcis uocari, diei noctisque circuitum proprium, circa axem telluris ab occaſu in ortum uergentem, prout in diuerſum mundus ferri putatur, æquinoctialem circulum deſcribendo, quem nonnulli æquidialem dicunt, imitantes ſignificationem Græcorum, apud

c ij quos

11370 天體運行論 （波蘭）尼古拉 · 哥白尼著 公元 1566 年巴塞爾印本

羊皮精裝。開本高 19.8 釐米，廣 11.9 釐米。國家圖書館藏。

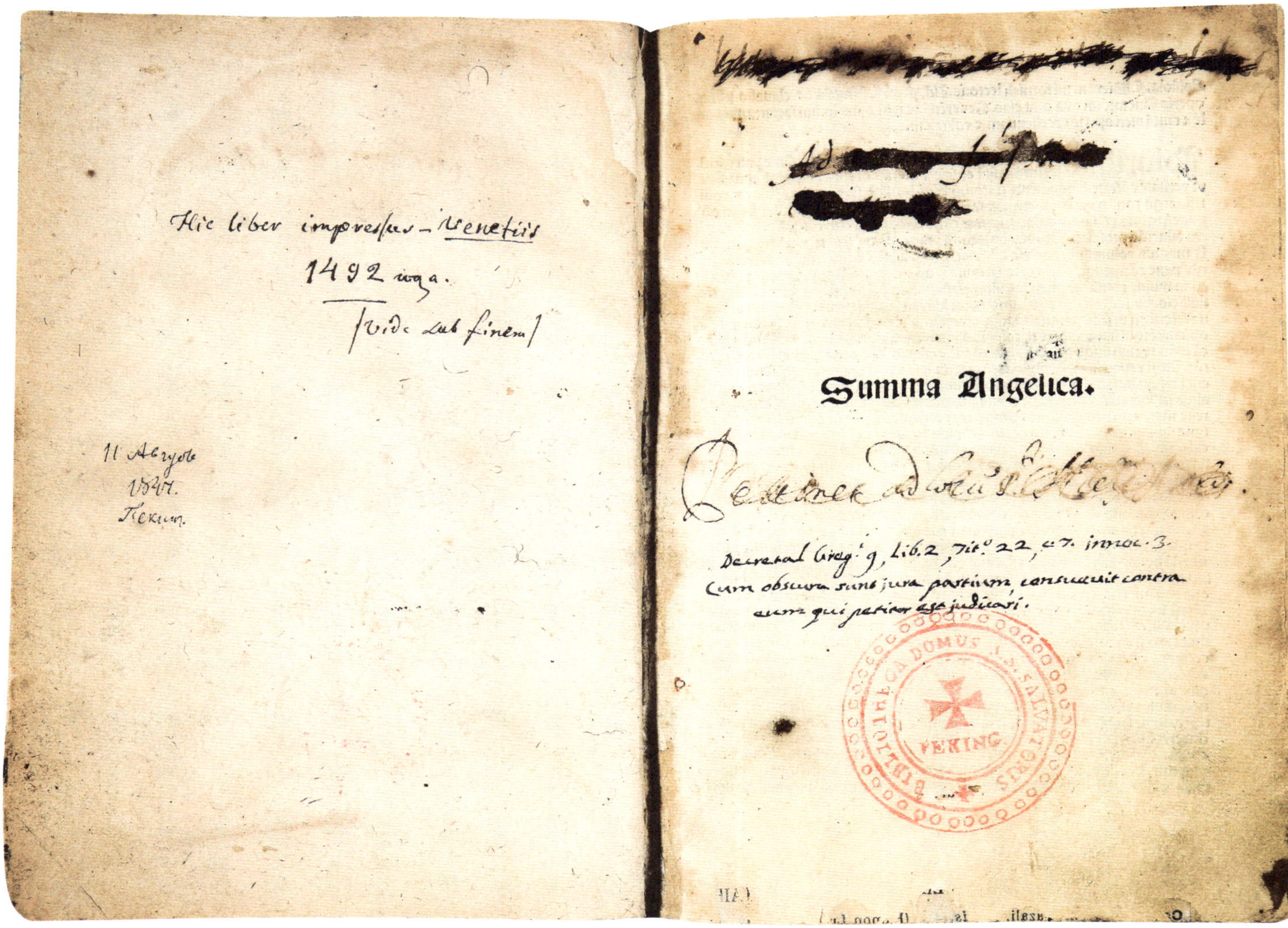

11371 安哲羅全集 （意大利）安哲羅著 公元1492年威尼斯印本

羊皮精裝。開本高16.5釐米，廣11.5釐米。國家圖書館藏。

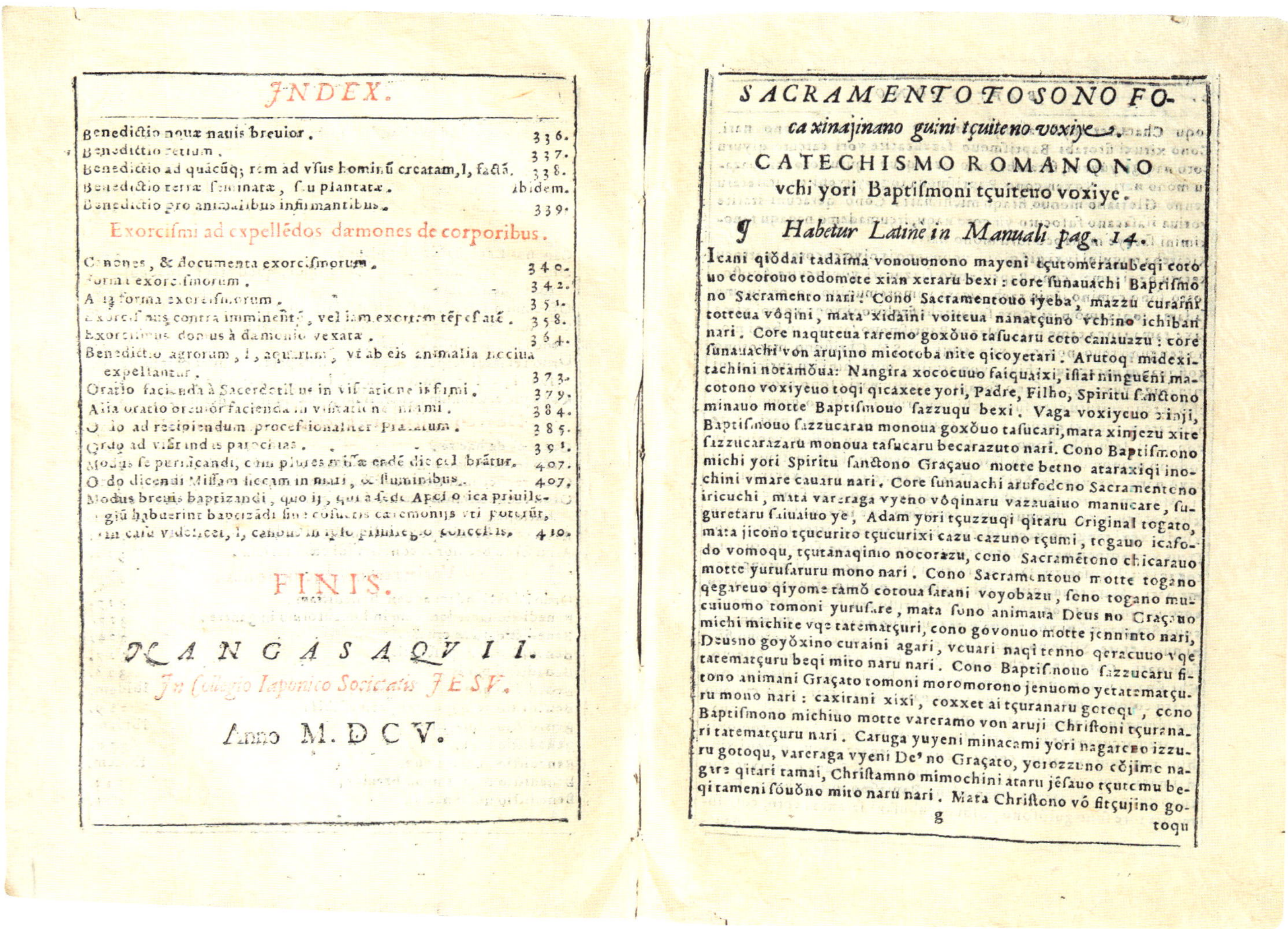

INDEX.

Exorcismi ad expellēdos dæmones de corporibus.

FINIS.

NANGASAQVII.

In Collegio Iaponico Societatis IESV.

Anno M.D.C.V.

SACRAMENTO TO SONO FOca xinajinano guini tçuiteno voxiye.

CATECHISMO ROMANO NO vchi yori Baptismoni tçuiteno voxiye.

¶ *Habetur Latinè in Manuali pag. 14.*

Icani qiŏdai tadaima vonouonono mayeni tçutomerarubeqi coto uo cocorouo todomete xian xeraru bexi: core sunauachi Baptismo no Sacramento nari. Cono Sacramentouo iyeba, mazzu curami totteua vôqini, mata xidaini voiteua nanatçuno vchino ichiban nari. Core naquteua taremo goxŏuo tasucaru coto canauazu: core sunauachi von arujino micotoba nite qicoyetari. Arutoq midexitachini notamŏua: Nangira xococuuo faiquaixi, issai ninguēni macotono voxiyeuo toqi qicaxete yori, Padre, Filho, Spiritu sanctono minauo motte Baptismouo sazzuqu bexi. Vaga voxiyeuo xinji, Baptismouo sazzucaran monoua goxŏuo tasucari, mata xinjezu xite sazzucarazaru monoua tasucaru becarazuto nari. Cono Baptismono michi yori Spiritu sanctono Graçauo motte betno ataraxiqi inochini vmare cauaru nari. Core sunauachi arufodono Sacramentono iricuchi, mata vareraga vyeno vôqinaru vazauaiuo manucare, suguretaru saiuaiuo ye, Adam yori tçuzzuqi qitaru Original togato, mata jicono tçucurito tçucurixi cazu cazuno tçumi, togauo icafodo vomoqu, tçutanaqimo nocorazu, cono Sacramētono chicarauo motte yurusaruru mono nari. Cono Sacramentouo motte togano qegareuo qiyome tamŏ cotoua satani voyobazu, sono togano muciuomo tomoni yurusare, mata sono animaua Deus no Graçauo michi michite vqe tatematçuri, cono govonuo motte jenninto nari, Deusno goyŏxino curaini agari, vcuari naqi tenno qeracuuo vqe tatematçuru beqi mito naru nari. Cono Baptismouo sazzucaru fitono animani Graçato tomoni moromorono jenuomo yetatematçuru mono nari: caxirani xixi, coxxet ai tçuranaru gotoqu, cono Baptismono michiuo motte vareramo von aruji Christoni tçuranari tatematçuru nari. Caruga yuyeni minacami yori nagaruo izzuru gotoqu, vareraga vyeni Deᵒ no Graçato, yorozzuno cŏjime nagare qitari tamai, Christamno mimochini ataru jēsauo tçutemu beqi tameni sŏuŏno mito naru nari. Mata Christono vó fitçujino gotoqu

g

11372 聖事禮典提要 （葡萄牙）路易斯·德·塞凱拉編著 公元 1605 年日本長崎印本

犢皮精裝。開本高 22.5 釐米，廣 16 釐米。國家圖書館藏。

11373 德里格小提琴奏鳴曲 （意大利）德里格作曲 十八世紀稿本

開本高 21 釐米，廣 28.5 釐米。國家圖書館藏。

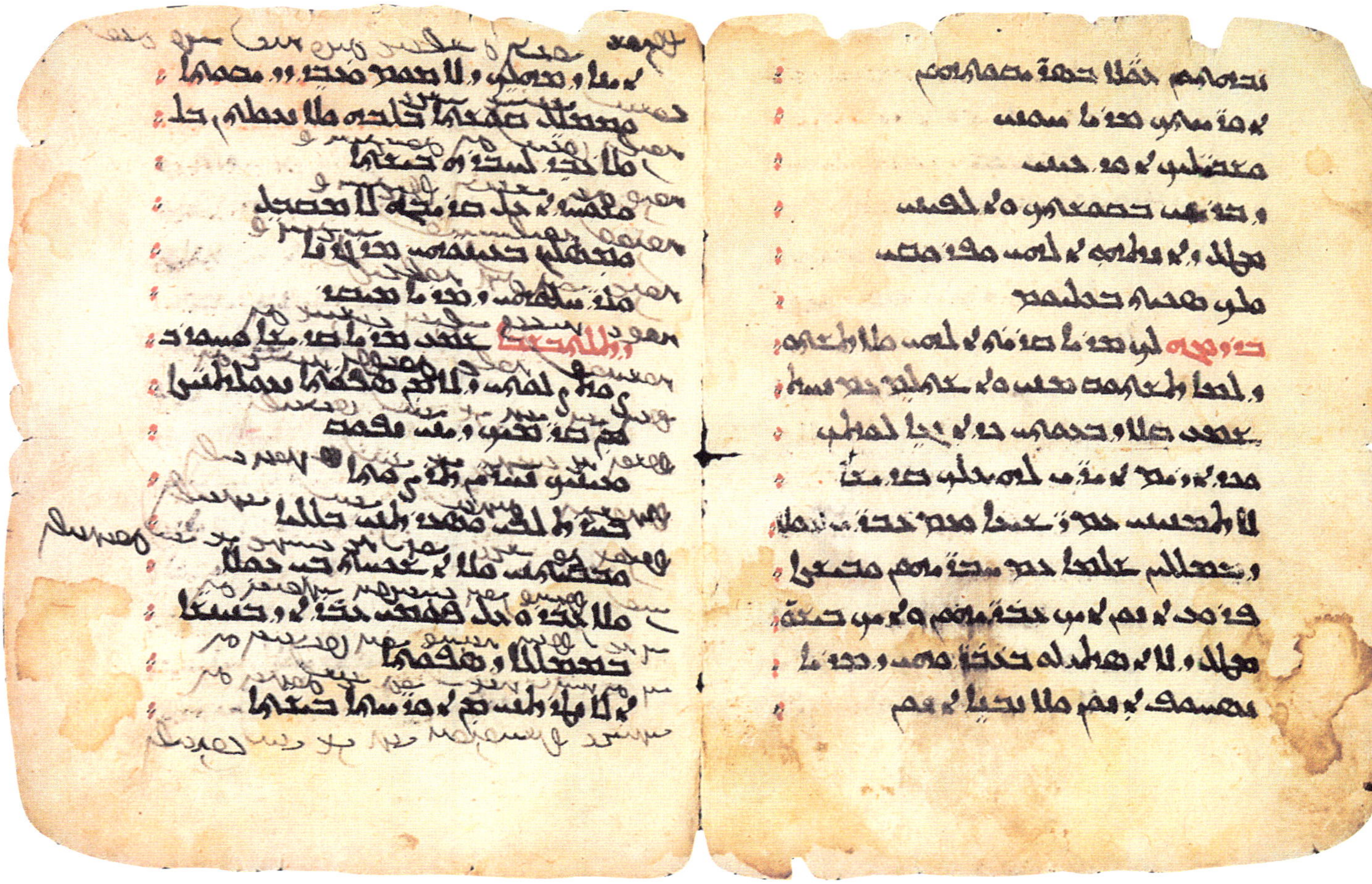

11374 聖經 十三世紀寫本

開本高 19.8 釐米，廣 15.4 釐米。敦煌莫高窟北區第 53 窟出土。敦煌研究院藏，存四頁。